Deutsche Rentenversicherung Bund (Hrsg.)

Sozialmedizinische Begutachtung
für die gesetzliche Rentenversicherung

7. aktualisierte Auflage

Deutsche Rentenversicherung Bund (Hrsg.)

Sozialmedizinische Begutachtung für die gesetzliche Rentenversicherung

7. aktualisierte Auflage

Mit 32 Abbildungen

Deutsche Rentenversicherung Bund
Ruhrstraße 2
10704 Berlin

ISBN-13   978-3-642-10249-3, 7. Auflage, Springer-Verlag Berlin Heidelberg New York
ISBN-13   978-3-540-01296-2, 6. Auflage, Springer-Verlag Berlin Heidelberg New York

Bibliografische Information der Deutschen Nationalbibliothek
Die Deutsche Nationalbibliothek verzeichnet diese Publikation in der Deutschen Nationalbibliografie; detaillierte
bibliografische Daten sind im Internet über http://dnb.d-nb.de abrufbar.

Der Springer Medizin Verlag ist Teil der Fachverlagsgruppe Springer Science+Business Media. springer.de

© Springer-Verlag Berlin Heidelberg 2003, 2011

Planung: Ulrike Hartmann, Heidelberg
Projektmanagement: Ulrike Niesel, Heidelberg
Lektorat: Anne Borgböhmer, Essen
Layout und Einbandgestaltung: deblik Berlin
Satz: Medionet Publishing Services, Ltd., Berlin

SPIN: 12112333

Gedruckt auf säurefreiem Papier 22/2122/UN – 5 4 3 2 1 0

Vorwort zur 7. Auflage

Seit seiner Erstauflage im Jahr 1958 hat sich das aktuell neu überarbeitete Werk für die sozialmedizinische Begutachtung der gesetzlichen Rentenversicherung als unverzichtbar erwiesen. Vor dem Hintergrund von jährlich etwa 370.000 Anträgen auf Rente wegen verminderter Erwerbsfähigkeit und ca. zwei Millionen Anträgen auf Leistungen zur Teilhabe (medizinische und berufliche Rehabilitation) ist die sozialmedizinische Begutachtung von zentraler Bedeutung für nachfolgende Verwaltungs- und Sozialgerichtsentscheidungen. Hierbei ist im Interesse der Versicherten die nötige fachliche Expertise bei der Betrachtung des Einzelfalls wie auch die Gleichbehandlung aller Versicherten zu gewährleisten. Es erscheint daher folgerichtig, den Gutachern – unter Wahrung ihrer notwendigen Unabhängigkeit als Sachverständige – einheitliche, fachlich fundierte Maßstäbe für eine angemessene sozialmedizinische Beurteilung an die Hand zu geben.

Zielgruppe sind in erster Linie Ärzte in den Sozialmedizinischen Diensten und Vertragsgutachter der Rentenversicherungsträger, Ärzte in den Rehabilitationseinrichtungen sowie Mitarbeiter anderer Berufsgruppen, die im Bereich Rehabilitation und (Erwerbsminderungs-)Rente tätig sind. Hierzu zählen insbesondere Juristen und andere Experten im Verwaltungs- und Sozialgerichtsverfahren. Auch die von den Entscheidungen direkt betroffenen Versicherten können sich anhand des vorliegenden Begutachtungsbuches über die allgemeinen fachlichen Grundlagen für eine Beurteilung des individuellen Leistungsvermögens informieren. Verständlichkeit und Transparenz sind dabei integrale Anliegen der sozialmedizinischen Begutachtung wie auch dieses Buches.

Den sich stetig fortentwickelnden rechtlichen Grundlagen für den Zugang zu Erwerbsminderungsrente und Rehabilitationsleistungen trägt die vorliegende Überarbeitung Rechnung. Auch die Grundgedanken des Neunten Sozialgesetzbuches (SGB IX) werden aufgegriffen. Dies gilt für die stärkere Ausrichtung an einer sektorenübergreifenden Vernetzung im Gesundheitssystem wie auch für die Etablierung des bio-psycho-sozialen Modells und der Begrifflichkeiten der Internationalen Klassifikation der Funktionsfähigkeit, Behinderung und Gesundheit (ICF). Auf die Bedeutung aktueller fachlicher Entwicklungen für die

sozialmedizinische Sachaufklärung – beispielsweise in Hinsicht auf neue diagnostische und therapeutische Verfahren – wird in den überarbeiteten Beiträgen eingegangen.

Darüber hinaus werden die weitreichenden Ergebnisse der Kommission zur Weiterentwicklung der Sozialmedizin in der gesetzlichen Rentenversicherung (SOMEKO) berücksichtigt. Diese hatte in ihrem Abschlussbericht 2004 u.a. die Entwicklung eines trägerübergreifenden Qualitätssicherungsverfahrens sowie die Entwicklung und Implementierung von Leitlinien zur sozialmedizinischen Beurteilung als zentrale Handlungsfelder benannt. Mittlerweile liegen für eine Reihe sozialmedizinisch relevanter Krankheitskomplexe im Expertenkreis konsentierte Leitlinien zur sozialmedizinischen Begutachtung vor. Diese beziehen sich sowohl auf die Beurteilung der Leistungsfähigkeit im Erwerbsleben wie auch die der Rehabilitationsbedürftigkeit. Das in Umsetzung befindliche Qualitätssicherungsverfahren konkretisiert die an ein sozialmedizinisches Gutachten zu stellenden Qualitätsanforderungen.

In den fachspezifischen Kapiteln erfolgt eine kompakte krankheitsbezogene Darstellung des komplexen Begutachtungsprozesses. Dabei sind weder eine propädeutische Betrachtung der einzelnen Krankheiten noch eine »kochbuchartige« Anleitung zur Begutachtung Anliegen dieses Buches. Übergeordnetes Ziel des Begutachtungsbuches ist es, die Qualität der sozialmedizinischen Begutachtung für die gesetzliche Rentenversicherung zu fördern und die sozialmedizinische Beurteilung der Versicherten nach einheitlichen Kriterien sicherzustellen.

Die vorliegende überarbeitete Auflage des Begutachtungsbuches gliedert sich weiterhin in einen Allgemeinen und einen Speziellen Teil. Der Allgemeine Teil stellt die Rahmenbedingungen der Begutachtung dar, der Spezielle Teil behandelt systematisch die Begutachtung bei einzelnen Krankheitsbildern. Betrachtet werden hierbei die Auswirkungen von krankheitsbedingten Funktionsstörungen auf die Leistungsfähigkeit im Erwerbsleben.

Im Speziellen Teil ist ein weitgehend einheitlicher Kapitelaufbau umgesetzt. Soweit möglich ist jedem Kapitel ein Abschnitt »Allgemeines« vorangestellt, der alle Gemeinsamkeiten der nachfolgenden Unterkapitel extrahiert, die dann nicht mehr bei jeder Krankheit wiederholt zu werden brauchen. Besonderes Augenmerk wird auf die Begutachtungs- bzw. Beurteilungskriterien gelegt, wobei mit Hilfe der ICF-Basierung die entscheidenden Funktionsparameter für die Beurteilung der Leistungsfähigkeit beschrieben und bewertet werden. In den folgenden Unterkapiteln werden die allgemeinen Ausführungen krankheitsspezifisch ergänzt und präzisiert. Für die eigenständige Lesbarkeit sind die Kapitel und Unterkapitel im Allgemeinen Teil als jeweils umfassende, eigenständige Module konzipiert, wodurch sich z.T. redundante Darstellungen ergeben.

Neu eingebracht wurde ein eigenständiges Kapitel 6 Statistische Auswertungen, das einen Einblick in die umfassenden von der Deutschen Rentenversicherung erhobenen Daten und Auswertungen zu Rehabilitation und Erwerbsminderungsrente erlaubt. Das Anliegen des neuen Kapitels 27 »Symptomkomplexe und ausgewählte Fragestellungen« ist es, auch schwierig einzuordnenden Begutachtungskonstellationen gerecht zu werden. Die Tumorerkrankungen werden im Überblick in einem eigenständigen Kapitel 10 dargestellt, des Weiteren in den jeweiligen fachspezifischen Kapiteln behandelt.

Last not least möchten wir allen Beteiligten Dank sagen, die an der intensiven Überarbeitung des Begutachtungsbuches mitgearbeitet haben. Dies sind in erster Linie die Autoren u. a. aus wissenschaftlichen und Rehabilitationseinrichtungen, aus der Sozialgerichtsbarkeit und dem internen Grundsatzbereich sowie sozialmedizinisch ausgerichteten Institutionen wie der Bundesarbeitsgemeinschaft für Rehabilitation, welche sich erneut in regem Austausch zahlreichen Anregungen und Änderungswünschen gegenüber offen zeigten. Gedankt sei auch dem Redaktionskollegium und den Beratern, die konzeptionell und beratend tätig waren.

Alle Leserinnen und Leser sind eingeladen, die Mitwirkenden durch kritische Sicht und Verbesserungsvorschläge bei der Weiterentwicklung des Werkes zu unterstützen.

Berlin im März 2011
Der Herausgeber

Redaktionskollegium aus dem Bereich Sozialmedizin der Deutschen Rentenversicherung Bund:
Dr. med. Katja Fischer
Sabine Horn
Dr. med. Hanno Irle
Dr. med. Joachim Köhler MPH
Dr. med. Margarete Ostholt-Corsten MPH
Dr. med. Ingrid Pottins
Dr. med. Manfred Rohwetter
Dr. med. Ralf Schönberger
Dr. med. Petra Schuhknecht
Dr. rer. nat. Klaus Timner

Weitere fachspezifische Berater aus der Deutschen Rentenversicherung Bund:
Dr. med. Silke Brüggemann MSc
Dr. jur. Uwe Chojetzki
Doris Diekhans
Dr. med. Johannes Falk
Jörg Gehrke
Dr. med. Astrid Grunow
Dr. med. Thomas Hillmann
Dr. med. Marion Kalwa
Dr. med. Ilona Knorr
Dr. med. Lutz Stollfuß
Dipl.-Med. Martina Wendland

Redaktion und Projektkoordination:
Dr. med. Helga Mai

Inhaltsverzeichnis

Autorenverzeichnis

Prof. Dr. med. Carl-Peter Bauer
Ärztlicher Direktor
Fachklinik Gaißach
Dorf 1
83674 Gaißach

Dr. med. Dipl. Epidemiology/ Biostatistics (Canada) Ulrike Beckmann
Referatsleiterin im Bereich
Reha-Qualitätssicherung,
Epidemiologie, Statistik
Deutsche Rentenversicherung
Bund
Ruhrstraße 2
10709 Berlin

Prof. Dr. med. Wolfgang Beyer
Ärztlicher Direktor Abteilung
Orthopädie - Rheumatologie
Orthopädie-Zentrum
Bad Füssing der Deutschen
Rentenversicherung Bayern Süd
Waldstraße 12
94072 Bad Füssing

Dr. med. Norbert Buhles
Chefarzt der Klinik für Dermatologie und Allergologie
Asklepios Nordseeklinik
Westerland/Sylt
Norderstraße 81
25980 Westerland/Sylt

Dr. jur. Uwe Chojetzki
Referent im Geschäftsbereich
Rechts- und Fachfragen
Deutsche Rentenversicherung
Bund
Ruhrstraße 2
10709 Berlin

Dr. med. Wolfgang Cibis
Bundesarbeitsgemeinschaft für
Rehabilitation (BAR)
Solmsstraße 18
60486 Frankfurt/Main

Ltd. Medizinaldirektor Dr. med. Rainer Diehl
Leitender Arzt Abt. I
Deutsche Rentenversicherung
Hessen
Städelstraße 28
60596 Frankfurt/Main

Dr. med. Arndt Dohmen
Ärztlicher Direktor der
Hochrhein-Eggberg-Klinik
Bergseestraße 57
79713 Bad Säckingen

Prof. Dr. med. Ingo Fietze
Leiter Interdisziplinäres
Schlafzentrum
Interdisziplinäres
Schlafmedizinisches
Zentrum, CCII
Charité – Universitätsmedizin
Berlin
Luisenstraße 13
10117 Berlin

Prof. Dr. med. Jürgen Fischer
Chefarzt der Klinik Norderney
der Deutschen
Rentenversicherung
Westfalen
Kaiserstraße 26
26548 Norderney

Dr. med. Katja Fischer
Bereich Sozialmedizin
Deutsche Rentenversicherung
Bund
Ruhrstraße 2
10709 Berlin

Prof. Dr. med. Klaus Foerster
Osianderstraße 24
72076 Tübingen

Prof. Dr. med. Ingomar-Werner Franz
Am Sägelochbach 1
79682 Todtmoos

Prof. Dr. med. Emanual Fritschka
Chefarzt der Sinntalklinik der
Deutschen Rentenversicherung
Nordbayern
Wernarzer Straße 12
97769 Bad Brückenau

Dr. med. Peter Frommelt
Praxis für Neurorehabilitation
und kognitive Neurologie
Zentrum für ambulante
Neuropsychologie und
Verhaltenstherapie
Schleiermacherstraße 24
10961 Berlin

Jörg Gehrke
Bereich Sozialmedizin
Deutsche Rentenversicherung
Bund
Ruhrstraße 2
10709 Berlin

Dr. med. Christine Göser
Oberärztin Abteilung
Orthopädie - Rheumatologie
Orthopädie-Zentrum
Bad Füssing der Deutschen
Rentenversicherung Bayern Süd
Waldstraße 12
94072 Bad Füssing

Ass. jur. Marion Götz
Leiterin des Bereichs
Rehabilitationsrecht
Deutsche Rentenversicherung
Bund
Ruhrstraße 2
10709 Berlin

Prof. Dr. med. Ekke Haupt
ehem. Leitender Arzt
der Klinik Saale
Reha-Zentrum Bad Kissingen
der Deutschen Rentenversicherung Bund
Euerdorferstraße 8
97688 Bad Kissingen

Dr. med. Wolfgang Hausotter
Facharzt für Neurologie und
Psychiatrie
Martin-Luther-Straße 8
87527 Sonthofen

Lutz Haustein
Berufskundlicher Berater
in der Abteilung Grundsatz
Deutsche Rentenversicherung
Bund
Ruhrstraße 2
10709 Berlin

**Prof. Dr. med. Dr. h. c. mult.
Jürgen Heisel**
Chefarzt Orthopädische
Abteilung
Fachkliniken Hohenurach
Immanuel-Kant-Straße 33
72574 Bad Urach

Dr. med. Martina Hildebrandt
Teilbereichsleiterin
Sozialmedizin
Deutsche Rentenversicherung
Mitteldeutschland
Georg-Schumann-Str. 146
04159 Leipzig

**PD Dr. med.
Christian Hoffmann**
Infektionsmedizinisches
Centrum Hamburg ICH Mitte
Dammtorstraße 27
20354 Hamburg

Sabine Horn
Bereich Sozialmedizin
Deutsche Rentenversicherung
Bund
Ruhrstraße 2
10709 Berlin

Dr. med. Werner Karl Knisel
ehem. Leitender Abteilungsarzt
Klinik Saale
Reha-Zentrum Bad Kissin-
gen der Deutschen Renten-
versicherung Bund
Pfaffstraße 10
97688 Bad Kissingen

**Prof. Dr. med.
Klaus-Dieter Kolenda**
ehem. Chefarzt der Ostseeklinik
Schönberg-Holm
Villenweg 21
24119 Kronshagen

Dr. med. Volker König
Chefarzt Abteilung
Erwachsenenonkologie
Klinik Bad Oexen
Oexen 27
32549 Bad Oeynhausen

Dr. med. Trudbert Layher
Oberarzt Abteilung Innere
Medizin
Krankenhaus Bad Säckingen
Meisenhartweg 14
79713 Bad Säckingen

Prof. Dr. med. Ottmar Leidner
SRH-Gesundheitshochschule
07548 Gera

Dr. med. Ralph Lorenz
Augenarzt
Ernst-Ihle-Straße 13
34613 Schwalmstadt

Dr. med. Helga Mai
Bereich Sozialmedizin
Deutsche Rentenversicherung
Bund
Ruhrstraße 2
10709 Berlin

Dr. phil. Thomas Merten
Klinischer Neuropsychologe
Abteilung Neurologie
Vivantes-Klinikum
im Friedrichshain
Landsberger Allee 49
10249 Berlin

Dr. med. Wolfgang Miehle
ehem. Chefarzt der Klinik
Wendelstein – Rheumazentrum
Reha-Zentrum Bad Aibling der
Deutschen Rentenversicherung
Bund
Kolbermoorer Str. 56
83043 Bad Aibling

Dr. med. Wilhelm Moesch
Grünbergstraße 18
38108 Braunschweig

Barbara Naumann
Gesundheits- und Sozial-
ökonomin (VWA) im Bereich
Reha-Qualitätssicherung,
Epidemiologie, Statistik
Deutsche Rentenversicherung
Bund
Ruhrstraße 2
10709 Berlin

Dr. med. Christiane Niehues
Chefärztin Abteilung
Gynäkologie
MEDIAN Klinik am
Burggraben
Alte Vlothoer Straße 47 – 49
32105 Bad Salzuflen

Prof. Dr. med. Gerd Oehler
Chefarzt der Vitalisklinik
Am Weinberg 3
36251 Bad Hersfeld

**Dr. med. Margarete
Ostholt-Corsten MPH**
Bereich Sozialmedizin
Deutsche Rentenversicherung
Bund
Ruhrstraße 2
10709 Berlin

Eva-Maria Paulus
Leitende Verwaltungsdirektorin
Referatsleiterin in der
Abteilung Grundsatz
Deutsche Rentenversicherung
Bund
Ruhrstraße 2
10709 Berlin

PD Dr. med. Christoph Reichel
Leitender Arzt der
Klinik Hartwald
Reha-Zentrum Bad Brückenau
der Deutschen Renten-
versicherung Bund
Schlüchtener Straße 4
97769 Bad Brückenau

Sabine Roth
Referatsleiterin
Stationäre Versorgung
Verband der Ersatzkassen e.V.
Landesvertretung Bayern
Arnulfstraße 201 a
80634 München

Dr. med. Ralph Olaf Sawal
Chefarzt der Asklepios
Helenenklinik
Laustraße 35
34537 Bad Wildungen

Marion Schneider
Vorsitzende Richterin am
Sächsischen Landessozialgericht
Parkstraße 28
09120 Chemnitz

**PD Dr. rer. pol.
Michael Schuntermann**
ehem. Verband Deutscher
Rentenversicherungsträger
(VDR)
Odenwaldstraße 6
12161 Berlin

**Prof. Dr. med.
Bernhard Schwaab**
Ärztlicher Direktor
Abteilung Kardiologie
Klinik Höhenried der
Deutschen Rentenversicherung
Bayern Süd
82347 Bernried

**Dr. med.
Caspar Friedrich Sieveking**
Chefarzt der Paracelsus-
Wiehengebirgsklinik
Kokenrottstraße 71
49152 Bad Essen

Dr. med. Ulrich Specht
Leitender Arzt
Rehabilitationsklinik
Krankenhaus Mara
Epilepsie-Zentrum Bethel
Maraweg 21
33617 Bielefeld

Dr. rer. nat. Klaus Timner
Bereich Sozialmedizin
Deutsche Rentenversicherung
Bund
Ruhrstraße 2
10709 Berlin

**PD Dr. med.
Winfried Vahlensieck**
Ärztlicher Direktor der
Klinik Wildetal
Chefarzt der Abt. Urologie
Onkologie Nephrologie
Mühlenstraße 8
34537 Bad Wildungen

Prof. Dr. med. Wolfgang Weig
Ärztlicher Direktor der
Magdalenen-Klinik
Bischofsstraße 28
49074 Osnabrück

Prof. Dr. Dr. Bernhard Widder
Ärztlicher Direktor der
Klinik für Neurologie und
Neurologische Rehabilitation
Bezirkskrankenhaus Günzburg
Ludwig-Heilmeyer-Straße 2
89312 Günzburg

Dr. med. Roland Zeh
Chefarzt der Abteilung
Hörstörungen, Tinnitus und
Schwindel
Kaiserberg - Klinik
Am Kaiserberg 8 – 10
61169 Bad Nauheim

Allgemeiner Teil

Rechtliche Grundlagen für Leistungen der gesetzlichen Rentenversicherung

Marion Götz, Sabine Roth (1.1); Uwe Chojetzki (1.2, 1.3)

1.1   Leistungen zur Teilhabe

Marion Götz, Sabine Roth

Das historisch gewachsene gegliederte System der Rehabilitation in der Bundesrepublik Deutschland basiert darauf, dass nicht ein einheitlicher Träger für die Erbringung dieser Sozialleistungen zuständig ist, sondern verschiedene Rehabilitationsträger entsprechend den gesetzlichen Bestimmungen. Nach dem Prinzip der einheitlichen Risikozuordnung soll jeweils derjenige für die Leistung verantwortlich sein, der das finanzielle Risiko ihres Scheiterns trägt. Die mit dieser Differenzierung verknüpfte Einbindung der Leistungen zur Rehabilitation und Teilhabe behinderter Menschen in das jeweilige Recht und die Leistungspraxis der unterschiedlichen Rehabilitationsträger hat sich bewährt. Die Vorteile des gegliederten Systems liegen in der Arbeitsaufteilung und Spezialisierung, in einer besseren Plan- und Steuerbarkeit sowie in mehr Flexibilität der einzelnen Rehabilitationsträger mit ihrem jeweils klar definierten Versorgungsauftrag.

Die Rehabilitationsleistungen der gesetzlichen Rentenversicherung waren bis zum Inkrafttreten des SGB IX im Wesentlichen in den §§ 9–32 SGB VI geregelt. Mit der Kodifikation des SGB IX hat der Gesetzgeber eine einheitliche Grundlage für alle Rehabilitationsträger geschaffen und damit einer lange bestehenden Forderung Rechnung getragen, das Recht der Rehabilitation mit seinen unterschiedlichen Leistungszuständigkeiten transparenter zu gestalten und weiterzuentwickeln. Politisches Ziel war es, anstelle der beklagten Divergenz und Unübersichtlichkeit im Rehabilitationsrecht mehr Bürgernähe und eine verbesserte Zusammenarbeit der Rehabilitationsträger auf der Basis einer einheitlichen Praxis zu erreichen.

Das Gesetz über die Angleichung der Leistungen zur Rehabilitation (RehaAnglG) aus dem Jahre 1974 wurde aufgehoben und das bestehende Rehabilitationsrecht mit dem Schwerbehindertenrecht (SchwbG) zusammengefasst zu einem neuen *Recht zur Teilhabe*. Im Mittelpunkt stehen der behinderte oder von Behinderung bedrohte Mensch und seine gleichberechtigte Teilhabe. Er soll weitgehend das Maß an Selbstbestimmung erhalten, das für jeden Bürger ohne Behinderung selbstverständlich ist. Damit wird das im Grundgesetz verankerte Benachteiligungsverbot (Art. 3 Abs. 3 S. 2 GG) umgesetzt.

Das SGB IX beabsichtigt eine Stärkung individueller Rechtspositionen, z. B. durch *Wunsch- und Wahlrecht* (§ 9 SGB IX) des Rehabilitanden und durch *persönliche Budgets* (§ 17 Abs. 2–6 SGB IX). Damit rückt die Dienstleistungsfunktion der Rehabilitationsträger in den Vordergrund. Ein Kernanliegen besteht in der Organisation eines bürgernahen Zugangs zu den erforderlichen Leistungen und deren Erbringung. Dieser soll u. a. erreicht werden durch eine umfassende, trägerübergreifende Beratung

□ **Tab. 1.1** Rehabilitationsträger nach § 6 Abs. 1 SGB IX

- Gesetzliche Krankenkassen
- Bundesagentur für Arbeit
- Gesetzliche Unfallversicherung
- Gesetzliche Rentenversicherung sowie Alterssicherung der Landwirte
- Kriegsopferversorgung und -fürsorge
- Öffentliche Jugendhilfe
- Sozialhilfe

und Unterstützung der Betroffenen in *Gemeinsamen Servicestellen* (§§ 22 ff. SGB IX) sowie durch ein beschleunigtes *Zuständigkeitsklärungsverfahren* (§ 14 SGB IX).

Der Kreis der *Rehabilitationsträger* (vgl. □ Tab. 1.1) wurde erweitert um die öffentliche Jugendhilfe und die Sozialhilfe, da zu einer umfassenden Teilhabe am Leben in der Gesellschaft neben medizinischen und beruflichen Leistungen zur Rehabilitation in vielen Fällen auch weitere (soziale) Leistungen gehören.

Durch die Zusammenfassung der Rechtsvorschriften zur Rehabilitation und Teilhabe behinderter Menschen wirkt das SGB IX in ähnlicher Weise bereichsübergreifend wie die Regelungen von SGB I, IV und X. Aufgrund der Besonderheiten des gegliederten Systems richten sich die *Zuständigkeiten* und die *Leistungsvoraussetzungen* nach wie vor nach den trägerspezifischen Leistungsgesetzen, d. h. für die Rentenversicherung nach dem SGB VI. Damit werden hohe Anforderungen an Kooperation und Koordination der Träger gestellt. Einerseits müssen die Inhalte der Leistungen nach Art, Intensität und Qualität der eingesetzten Methoden und Verfahren weitgehend gleich gestaltet werden. Andererseits sind darüber hinausgehende, trägerspezifische Leistungskomponenten zu definieren, sofern die Aufgaben eines Rehabilitationsträgers dies im gegliederten System erfordern. Als ein wichtiges Instrument zur Förderung einer reibungslosen Zusammenarbeit der Rehabilitationsträger wurde die *Pflicht zur Vereinbarung gemeinsamer Empfehlungen* in § 13 SGB IX gesetzlich normiert.

Mit dem SGB IX hat der Gesetzgeber auch den Begriff der *Leistungen zur Teilhabe* eingeführt, die sich unterteilen in

- Leistungen zur medizinischen Rehabilitation
- Leistungen zur Teilhabe am Arbeitsleben
- Unterhaltssichernde und andere ergänzende Leistungen
- Leistungen zur Teilhabe am Leben in der Gemeinschaft

Von besonderer Tragweite in verfahrensrechtlicher Hinsicht ist die Vorschrift des § 14 SGB IX, die den Rehabilitationsträgern im Interesse der Leistungsberechtigten eine schnelle Zuständigkeitsklärung und Entscheidung abverlangt; ▶ Abschn. 1.1.5. Unter bestimmten Voraussetzungen kann sich der Betroffene die erforderlichen Leistungen auch *selbst beschaffen* und die ihm entstandenen Kosten vom zuständigen Leistungsträger einfordern (§ 15 SGB IX). Ferner sind Leistungen zur Teilhabe auch im *Ausland* möglich, wenn sie dort bei zumindest gleicher Qualität und Wirksamkeit wirtschaftlicher ausgeführt werden können (§ 18 SGB IX).

Die gesetzliche Rentenversicherung ist Träger von Leistungen zur medizinischen Rehabilitation, Leistungen zur Teilhabe am Arbeitsleben sowie unterhaltssichernden und anderen ergänzenden Leistungen (§ 6 Abs. 1 Nr. 4 SGB IX). Hinzu kommen nach § 31 SGB VI die sonstigen Leistungen zur Teilhabe. Im gegliederten System sind diese Leistungen darauf ausgerichtet, den Auswirkungen einer Krankheit oder Behinderung auf die Erwerbsfähigkeit eines Versicherten entgegenzuwirken oder diese zu überwinden. Dadurch sollen Beeinträchtigungen der Erwerbsfähigkeit des Betroffenen oder sein vorzeitiges Ausscheiden aus dem Erwerbsleben verhindert bzw. seine möglichst dauerhafte Wiedereingliederung in das Erwerbsleben erreicht werden (§ 9 Abs. 1 S. 1 SGB VI).

Die Rentenversicherung konzentriert sich auf Versicherte, bei denen Leistungen erforderlich sind, um sie zur weiteren Ausübung ihrer Erwerbstätigkeit zu befähigen oder um sie wieder in das Erwerbsleben einzugliedern. Leistungen zur Teilhabe haben grundsätzlich Vorrang vor Rentenleistungen, die bei erfolgreich durchgeführten Leistungen nicht oder voraussichtlich erst zu einem späteren Zeitpunkt zu erbringen sind (Grundsatz »Reha vor Rente«, vgl. § 9 Abs. 1 S. 2 SGB VI). Dies gilt während des Bezuges einer Rente entsprechend.

■ **Leistungsvoraussetzungen**

Leistungspflicht und Kostenträgerschaft der Rentenversicherung sind an das Vorliegen bestimmter *versicherungsrechtlicher und persönlicher Voraussetzungen* (§§ 10 und 11 SGB VI) geknüpft.

Nach § 11 SGB VI sind die versicherungsrechtlichen Voraussetzungen erfüllt, wenn einer der folgenden Tatbestände vorliegt:
- Der Versicherte hat im Zeitpunkt der Antragstellung die Wartezeit von 15 Jahren erfüllt.
- Der Versicherte bezieht bei Antragstellung eine Rente wegen verminderter Erwerbsfähigkeit.
- Der überlebende Ehegatte des Versicherten hat Anspruch auf große Witwenrente bzw. Witwerrente wegen verminderter Erwerbsfähigkeit.

Für Leistungen zur medizinischen Rehabilitation liegen darüber hinaus die versicherungsrechtlichen Voraussetzungen in den folgenden Fällen vor:

- Der Versicherte hat in den letzten 2 Jahren vor der Antragstellung 6 Kalendermonate Pflichtbeitragszeiten (»6 aus 24 Monate«) erworben.
- Der Versicherte hat innerhalb von 2 Jahren nach Beendigung einer Ausbildung eine versicherte Beschäftigung oder selbständige Tätigkeit aufgenommen und bis zum Rehabilitationsantrag ausgeübt oder ist nach einer solchen Beschäftigung oder Tätigkeit bis zum Antrag arbeitsunfähig oder arbeitslos gewesen.
- Der Versicherte ist vermindert erwerbsfähig oder verminderte Erwerbsfähigkeit ist in absehbarer Zeit zu erwarten; die allgemeine Wartezeit von 5 Jahren ist erfüllt.

Ferner sind für Leistungen zur Teilhabe am Arbeitsleben die versicherungsrechtlichen Voraussetzungen erfüllt, wenn von einem der folgenden Tatbestände auszugehen ist:
- Ohne diese Leistungen wäre Rente wegen verminderter Erwerbsfähigkeit zu leisten, d. h. ein solcher Rentenanspruch liegt vor oder droht unmittelbar.
- Die Leistungen zur Teilhabe am Arbeitsleben sind unmittelbar im Anschluss an Leistungen zur medizinischen Rehabilitation der Rentenversicherung erforderlich. Die Rentenversicherung ist damit auch für die berufliche Rehabilitation im Einzelfall wesentlich jüngerer Versicherter zuständig, weil hier die o. a. Regel »6 aus 24 Monate« gilt.

Nach § 10 Abs. 1 SGB VI sind die persönlichen Voraussetzungen erfüllt, wenn die Erwerbsfähigkeit des Versicherten wegen Krankheit oder körperlicher, geistiger oder seelischer Behinderung erheblich gefährdet oder gemindert ist und wenn voraussichtlich durch die Leistungen zur Teilhabe
- bei erheblicher Gefährdung der Erwerbsfähigkeit eine Minderung der Erwerbsfähigkeit abgewendet werden kann,
- bei bereits geminderter Erwerbsfähigkeit diese wesentlich gebessert oder wiederhergestellt werden kann oder hierdurch deren wesentliche Verschlechterung abgewendet werden kann,
- bei teilweiser Erwerbsminderung ohne Aussicht auf eine wesentliche Besserung der Erwerbsfähigkeit durch Leistungen zur Teilhabe am Arbeitsleben der Arbeitsplatz erhalten werden kann.

Für im Bergbau tätige Versicherte enthält § 10 Abs. 2 SGB VI eine Sonderregelung.

Die vorgenannten Rechtsbegriffe sind in den *Auslegungsgrundsätzen der Rentenversicherungsträger zu den persönlichen und versicherungsrechtlichen Voraussetzungen der Leistungen zur Teilhabe und zur Mitwirkung der*

Versicherten i. d. F. vom 18.07.2002 näher definiert. Danach gilt – vorbehaltlich künftiger redaktioneller Anpassungen – folgende Auslegung:

Krankheit. Regelwidriger körperlicher, geistiger oder seelischer Zustand.

Behinderung. Die körperliche Funktion, geistige Fähigkeit oder seelische Gesundheit weicht mit hoher Wahrscheinlichkeit länger als sechs Monate von dem für das Lebensalter typischen Zustand ab, und daher ist die Teilhabe am Leben in der Gesellschaft beeinträchtigt.

Erwerbsfähigkeit. Fähigkeit eines Versicherten, unter Ausnutzung der Arbeitsgelegenheiten, die sich ihm nach seinen Kenntnissen und Erfahrungen sowie seinen körperlichen und geistigen Fähigkeiten *im ganzen Bereich des wirtschaftlichen Lebens* bieten, Erwerbseinkommen zu erzielen.

Erhebliche Gefährdung der Erwerbsfähigkeit. Durch die gesundheitlichen Beeinträchtigungen und die damit verbundenen Funktionseinschränkungen ist *innerhalb von drei Jahren* mit einer Minderung der Erwerbsfähigkeit zu rechnen.

Minderung der Erwerbsfähigkeit. Infolge von gesundheitlichen Beeinträchtigungen entstandene, erhebliche und länger andauernde Einschränkung der Leistungsfähigkeit, wodurch der Versicherte seine bisherige oder zuletzt ausgeübte berufliche Tätigkeit nicht oder nicht mehr ohne wesentliche Einschränkungen ausüben kann.

Wesentliche Besserung. Nicht nur geringfügige oder nicht nur kurzzeitige Steigerung der durch gesundheitliche Beeinträchtigungen geminderten Leistungsfähigkeit des Versicherten im Erwerbsleben. Eine wesentliche Besserung liegt nicht vor, wenn nur eine Linderung des Leidens oder eine sonstige Erleichterung in den Lebensumständen erreicht wird oder volle Erwerbsminderung bestehen bleibt, unbeschadet der Sonderregelungen für Versicherte in einer Werkstatt für Behinderte.

Wiederherstellung der Erwerbsfähigkeit. Die Minderung der Leistungsfähigkeit im Erwerbsleben wird dauerhaft behoben.

Abwenden einer wesentlichen Verschlechterung. Durch die Leistungen zur Teilhabe kann eine weitere, nicht nur geringfügige oder nicht nur kurzzeitige Verschlechterung der Erwerbsfähigkeit des Versicherten verhindert werden. Dabei kommt es nicht auf ein rentenrechtlich relevantes Absinken der Leistungsfähigkeit an.

Voraussichtlich. Der angestrebte Erfolg wird mit überwiegender Wahrscheinlichkeit eintreten.

■ Leistungsausschluss

Aus der Aufgabenverteilung im gegliederten System und dem spezifischen Rehabilitationsziel der gesetzlichen Rentenversicherung folgt, dass die Rentenversicherungsträger trotz des Vorliegens der versicherungsrechtlichen und persönlichen Voraussetzungen für Versicherte unter bestimmten Umständen nicht originär zuständig sein können. Die Tatbestände, für die ein Leistungsausschluss gesetzlich festgelegt ist (§§ 12, 13 Abs. 2, 3 SGB VI), werden im Folgenden dargestellt:

- Versicherte, die wegen eines Arbeitsunfalls, einer Berufskrankheit oder einer Schädigung im Sinne des sozialen Entschädigungsrechts gleichartige Leistungen eines anderen Rehabilitationsträgers erhalten können. In diesen Fällen sind als Sondersysteme die gesetzliche Unfallversicherung oder die Kriegsopferversorgung leistungszuständig.
- Versicherte, die Rente wegen Alters von wenigstens zwei Dritteln der Vollrente beziehen oder eine solche Rente beantragt haben. Dieser Personenkreis ist aus Altersgründen bereits aus dem Erwerbsleben ausgeschieden und insofern nicht mehr Zielgruppe von Leistungen zur Teilhabe der gesetzlichen Rentenversicherung. Hierfür sind andere Trägergruppen, insbesondere die gesetzliche Krankenversicherung zuständig.
- Versicherte, die eine Beschäftigung ausüben, aus der ihnen nach beamtenrechtlichen oder entsprechenden Vorschriften Anwartschaft auf Versorgung gewährleistet ist, oder die als Bezieher einer Beamtenversorgung oder beamtenähnlichen Versorgung wegen Erreichens einer Altersgrenze versicherungsfrei sind. Hierfür muss ein anderes Versorgungssystem einstehen.
- Versicherte, die eine Leistung beziehen, die regelmäßig bis zum Beginn einer Rente wegen Alters gezahlt wird. Damit werden insbesondere ältere Versicherte, die bereits dauerhaft aus dem Erwerbsleben ausgeschieden sind und durch entsprechende Lohnersatzleistungen auf die Altersrente hingeführt werden, ausgeschlossen. Für diesen Personenkreis kann das Ziel der Leistungen zur Teilhabe der Rentenversicherung, die Verhinderung des vorzeitigen Ausscheidens aus dem Erwerbsleben, nicht mehr erreicht werden.
- Versicherte, die sich in Untersuchungshaft oder im Vollzug einer Freiheitsstrafe oder freiheitsentziehenden Maßregel der Besserung und Sicherung befinden oder einstweilig nach der Strafprozessordnung untergebracht sind. Dies gilt nicht für Versicherte im

erleichterten Strafvollzug bei Leistungen zur Teilhabe am Arbeitsleben.

– Leistungen zur medizinischen Rehabilitation in der Phase akuter Behandlungsbedürftigkeit einer Krankheit. In diesen Fällen obliegt die medizinische Betreuung grundsätzlich der gesetzlichen Krankenversicherung als Leistung der Krankenbehandlung bzw. Krankenhausbehandlung. Die Rentenversicherung kann hier nur ausnahmsweise Leistungen bei akuter Behandlungsbedürftigkeit übernehmen, wenn diese während einer Leistung zur medizinischen Rehabilitation eintritt. Es handelt sich dabei um die sog. interkurrenten Erkrankungen deren Behandlungskosten nach einer Vereinbarung zwischen der gesetzlichen Kranken- und der Rentenversicherung unter bestimmten Voraussetzungen vom Rentenversicherungsträger mitgetragen werden.

– Leistungen zur medizinischen Rehabilitation anstelle einer sonst erforderlichen Krankenhausbehandlung. Dieser Regelung wird von der Rentenversicherung keine praktische Bedeutung zugemessen, da sich Leistungen zur medizinischen Rehabilitation und Krankenhausbehandlungen grundsätzlich ausschließen. Ist eine Krankenhausbehandlung erforderlich, hat diese Vorrang vor einer Leistung zur medizinischen Rehabilitation.

– Leistungen zur medizinischen Rehabilitation, die dem allgemein anerkannten Standard medizinischer Erkenntnisse nicht entsprechen.

– Leistungen bei Schwangerschaft und Mutterschaft. Ausnahmsweise können diese von der Rentenversicherung übernommen werden, wenn sie während einer Leistung zur medizinischen Rehabilitation durch die Rentenversicherung erforderlich werden. Die Rentenversicherung kann in diesen Fällen von der Krankenversicherung Erstattung ihrer Aufwendungen verlangen.

1.1.1 Leistungen zur medizinischen Rehabilitation

Gemäß §15 Abs. 1 SGB VI erbringen die Träger der Rentenversicherung Leistungen zur medizinischen Rehabilitation nach den §§26 bis 31 SGB IX. Ausgenommen sind die Früherkennung und Frühförderung behinderter und von Behinderung bedrohter Kinder. Die wesentlichen Leistungen ergeben sich aus dem nicht abschließend formulierten Katalog des §26 Abs. 2 SGB IX (vgl. ◻ Tab. 1.2).

Zahnärztliche Behandlung einschließlich der Versorgung mit Zahnersatz wird nur erbracht, wenn sie unmittelbar und gezielt zur wesentlichen Besserung oder Wiederherstellung der Erwerbsfähigkeit, insbesondere zur

◻ **Tab. 1.2** Leistungen zur medizinischen Rehabilitation

Behandlung durch Ärzte, Zahnärzte und Angehörige anderer Heilberufe, soweit deren Leistungen unter ärztlicher Aufsicht oder auf ärztliche Anordnung ausgeführt werden, einschließlich der Anleitung, eigene Heilungskräfte zu entwickeln

– Arznei- und Verbandmittel
– Heilmittel einschließlich physikalischer, Sprach- und Beschäftigungstherapie
– Psychotherapie als ärztliche und psychotherapeutische Behandlung
– Hilfsmittel
– Belastungserprobung und Arbeitstherapie

Ausübung des bisherigen Berufs, erforderlich ist und soweit sie nicht als Leistung der Krankenversicherung oder als vorbeugende Gesundheitshilfe nach SGB XII zu erbringen ist.

Bestandteil der medizinischen Leistungen sind auch medizinische, psychologische und pädagogische Hilfen, die zur Erreichung des Rehabilitationszieles erforderlich sein können. Hierzu gehören Hilfen zur Unterstützung bei Krankheits- und Behinderungsverarbeitung, Aktivierung von Selbsthilfepotentialen, Information und Beratung von Partnern und Angehörigen sowie von Vorgesetzten und Kollegen im Einvernehmen mit den Leistungsberechtigten, Vermittlung von Kontakten zu örtlichen Selbsthilfe- und Beratungsstellen, Hilfen zur psychischen Stabilisierung und zur Förderung der sozialen Kompetenz (u. a. Training sozialer und kommunikativer Fähigkeiten und Umgang mit Krisensituationen) sowie Anleitung und Motivation zur Inanspruchnahme von Leistungen zur medizinischen Rehabilitation.

Leistungen zur medizinischen Rehabilitation können sowohl stationär als auch ambulant erbracht werden. Die geeignete Form der Leistungen zur Teilhabe hängt vom konkreten Einzelfall ab. Dieser notwendigen Flexibilisierung trägt auch §19 Abs. 2 SGB IX Rechnung. Hier werden zwar die Vorteile ambulanter Leistungserbringung hervorgehoben, jedoch wird kein strikter Grundsatz »ambulant vor stationär« festgeschrieben, sondern auf den Einzelfall und die persönlichen Umstände abgestellt.

Stationäre Leistungen werden einschließlich der erforderlichen Unterkunft und Verpflegung in Einrichtungen erbracht, die unter ständiger ärztlicher Verantwortung und unter Mitwirkung von besonders geschultem Personal stehen, soweit die Art der Behandlung dies erfordert. Die Einrichtungen werden entweder vom Rentenversicherungsträger selbst betrieben oder es besteht mit ihnen ein Vertrag. Nach §15 Abs. 3 SGB VI sollen die stationären Leistungen für längstens 3 Wochen erbracht werden. Eine längere Leistungsdauer ist jedoch möglich, wenn sie aus gesundheitlichen Gründen zum Erreichen des Rehabilitationszieles erforderlich ist. Dies ist z. B. grundsätzlich anzunehmen bei psychischen und psychosomatischen sowie Abhängigkeitserkrankungen.

Ambulante Leistungen können eigenständig an die Stelle einer stationären Rehabilitation treten. Ambulante Rehabilitation kann insbesondere sinnvoll sein bei Erkrankungen, für die ein länger dauernder oder wiederholter Rehabilitationsbedarf besteht, bei Erkrankungen, die wechselnde Behandlungsformen notwendig machen, oder in Fällen, die eine enge Einbindung in das berufliche oder familiäre Umfeld erfordern.

Die *Grundsätze und Anwendungsempfehlungen der gesetzlichen Rentenversicherung zur ambulanten medizinischen Rehabilitation* vom 31.10.2001 treffen Aussagen zu den Anforderungen an die ambulante Rehabilitation und die ambulanten Rehabilitationseinrichtungen sowie zu den Zuweisungskriterien. Als Grundlage für den koordinierten Ausbau der ambulanten Rehabilitation dienen die auf der Ebene der Bundesarbeitsgemeinschaft für Rehabilitation (BAR) vereinbarten *Rahmenempfehlungen zur ambulanten medizinischen Rehabilitation* einschließlich ihrer indikationsspezifischen Konzepte.

■ **Anschlussrehabilitation (AHB)**

Eine besondere Form der Leistungen zur medizinischen Rehabilitation ist die *Anschlussrehabilitation* (Abk. für die gesetzliche Rentenversicherung AHB). Bei festgelegten Indikationen (vgl. ◘ Tab. 1.3) kann der Rehabilitationserfolg und damit die dauerhafte Wiedereingliederung des Versicherten in das Erwerbsleben nur erreicht werden, wenn die Leistungen zur medizinischen Rehabilitation im unmittelbaren Anschluss oder in einem engen zeitlichen Zusammenhang mit der Krankenhausbehandlung durchgeführt werden. Hierfür haben die Rentenversicherungsträger ein vereinfachtes und beschleunigtes Verwaltungsverfahren entwickelt.

Eine Anschlussrehabilitation (AHB) wird in besonders spezialisierten Rehabilitationseinrichtungen in ambulanter oder stationärer Form durchgeführt. Um sicherzustellen, dass die Behandlung nahtlos an die Behandlung im Akutkrankenhaus erfolgt, wird die Antragstellung bereits während des Aufenthalts im Akutkrankenhaus vorbereitet. Die Überweisung wird entweder durch Absprache mit dem Akutkrankenhaus und der aufnehmenden Rehabilitationseinrichtung oder aber durch eine direkte Beantragung beim Rentenversicherungsträger organisiert. Der enge zeitliche Zusammenhang mit der Krankenhausbehandlung ist auch dann gewahrt, wenn die Anschlussheilbehandlung bereits vom Akutkrankenhaus eingeleitet wurde und der Patient mit ärztlicher Genehmigung zunächst für einen Zwischenaufenthalt nach Hause entlassen wird. Dieser Zwischenaufenthalt sollte jedoch einen Zeitraum von 14 Tagen nicht überschreiten.

◘ **Tab. 1.3** AHB-Indikationen im Überblick

- Krankheiten des Herzens und des Kreislaufs
- Krankheiten der Gefäße
- Entzündlich-rheumatische Erkrankungen
- Degenerativ-rheumatische Krankheiten und Zustand nach Operationen und Unfallfolgen an den Bewegungsorganen
- Gastroenterologische Erkrankungen und Zustand nach Operationen an den Verdauungsorganen
- Endokrine Krankheiten
- Krankheiten und Zustand nach Operationen an den Atmungsorganen
- Krankheiten der Niere und Zustand nach Operationen an Nieren, ableitenden Harnwegen und Prostata
- Neurologische Krankheiten und Zustand nach Operationen an Gehirn, Rückenmark und peripheren Nerven
- Onkologische Krankheiten
- Gynäkologische Krankheiten und Zustand nach Operationen am weiblichen Genitale

■ **Entwöhnungsbehandlungen**

Für Alkohol-, Medikamenten- und Drogenabhängige sowie bei pathologischem Glücksspiel kann die Rentenversicherung ambulante oder stationäre *Entwöhnungsbehandlungen* erbringen, wenn diese unter Einbeziehung der Prognosekriterien, der Motivation des Patienten, seiner sozialen Situation, der bisherigen Entwicklung seines Suchtverhaltens und der Auswertung somatischer und psychischer Befunde aussichtsreich erscheinen. Näheres insbesondere zur Leistungsabgrenzung zur Krankenversicherung ist der *Vereinbarung Abhängigkeitserkrankungen* vom 04.05.2001 zu entnehmen (siehe auch ▶ Kap. 25).

■ **Stufenweise Wiedereingliederung**

Mit dem SGB IX wurde die stufenweise Wiedereingliederung als neue Leistung der Rentenversicherung in den Katalog der Leistungen zur Rehabilitation und Teilhabe aufgenommen. Durch das Gesetz zur Förderung der Ausbildung und Beschäftigung schwerbehinderter Menschen wurde mit Wirkung zum 1. Mai 2004 die Zuständigkeit der Rentenversicherung erweitert. Seitdem kommt die Weiterzahlung von Übergangsgeld während einer stufenweisen Wiedereingliederung in Betracht, wenn diese im inmittelbaren Anschluss an eine Leistung zur medizinischen Rehabilitation erforderlich ist (§ 51 Abs. 5 SGB IX).

1.1.2 Leistungen zur Teilhabe am Arbeitsleben (LTA)

Leistungen zur Teilhabe am Arbeitsleben nach § 16 SGB VI i. V. m. §§ 33–38, 40 SGB IX werden erbracht, um die Erwerbsfähigkeit behinderter und von Behinderung bedrohter Menschen entsprechend ihrer Leistungsfähig-

> ◘ **Tab. 1.4** Leistungen zur Teilhabe am Arbeitsleben
>   – Leistungen an Versicherte
>
> — Hilfen zur Erhaltung oder Erlangung eines Arbeitsplatzes
>   einschließlich der Beratung und Vermittlung, Trainings-
>   maßnahmen und Mobilitätshilfen. Hierzu gehören u. a.
>   auch Kraftfahrzeughilfen, Hilfsmittel oder technische
>   Arbeitshilfen sowie Wohnungskosten.
> — Berufsvorbereitung, einschließlich der wegen einer
>   Behinderung erforderlichen Grundausbildung
> — Individuelle betriebliche Qualifizierung im Rahmen
>   Unterstützter Beschäftigung
> — Berufliche Ausbildung sowie berufliche Anpassung und
>   Weiterbildung, einschließlich eines bei Inanspruchnahme
>   dieser Leistungen erforderlichen schulischen Abschlusses
> — Gründungszuschuss
> — Kosten einer notwendigen Arbeitsassistenz für schwer-
>   behinderte Menschen als Hilfe zur Erlangung eines
>   Arbeitsplatzes (z. B. Vorlesekraft für Blinde)
> — Sonstige Hilfen zur Förderung der Teilnahme am Arbeits-
>   leben, um behinderten Menschen eine angemessene und
>   geeignete Beschäftigung oder eine selbständige Tätigkeit
>   zu ermöglichen oder zu erhalten.

keit zu erhalten, zu verbessern oder (wieder)herzustellen und ihre Teilhabe am Arbeitsleben möglichst auf Dauer zu sichern (vgl. ◘ Abb. 1.1).

■ **Leistungen an Versicherte**

Nach § 33 SGB IX ergeben sich folgende Leistungen zur Teilhabe am Arbeitsleben für Versicherte (vgl. ◘ Tab. 1.4).

Bei der Auswahl der Leistungen sind die Eignung, Neigung und bisherige Tätigkeit des Versicherten und die Entwicklung auf dem Arbeitsmarkt angemessen zu berücksichtigen. Soweit erforderlich, wird die berufliche Eignung geklärt oder eine Arbeitserprobung durchgeführt. Deren Kosten sowie die erforderlichen Reisekosten, Haushaltshilfe und Kinderbetreuungskosten übernimmt die Rentenversicherung.

Die Dauer der Leistungen hängt von der vorgeschriebenen oder allgemein üblichen Zeitdauer ab, die erforderlich ist, um das angestrebte Teilhabeziel zu erreichen. Bei ganztägigem Unterricht soll eine Weiterbildung in der Regel nicht länger als zwei Jahre dauern, es sei denn, dass das Teilhabeziel nur über eine länger dauernde Leistung erreicht oder die Eingliederungsaussicht nur durch eine länger dauernde Leistung wesentlich verbessert werden kann.

Stationäre Leistungen zur Teilhabe am Arbeitsleben werden in Berufsbildungswerken, Berufsförderungswerken und vergleichbaren Einrichtungen der beruflichen Rehabilitation erbracht, soweit die Art und Schwere der Behinderung oder die Sicherung des Erfolges dies erfordern.

■ **Leistungen an Arbeitgeber**

Leistungen zur Teilhabe am Arbeitsleben können auch als Zuschüsse an Arbeitgeber erbracht werden, insbesondere als

— Ausbildungszuschüsse für betriebliche Bildungsleistungen,
— Eingliederungszuschüsse,
— Zuschüsse für Arbeitshilfen im Betrieb,
— teilweise oder volle Kostenerstattung für eine
  befristete Probebeschäftigung.

■ **Werkstatt für behinderte Menschen**

Können Versicherte aufgrund der Art und Schwere ihrer Behinderung nicht auf dem allgemeinen Arbeitsmarkt erwerbstätig sein, kann die Rentenversicherung Leistungen zur Teilhabe am Arbeitsleben im *Eingangsverfahren* und/ oder *Berufsbildungsbereich* einer anerkannten Werkstatt für behinderte Menschen (WfbM) erbringen. Die Voraussetzungen sowie die Dauer der Leistungen im Eingangsverfahren und Berufsbildungsbereich einer WfbM sind in den §§ 40, 42 SGB IX geregelt.

Für die Erbringung von Leistungen zur beruflichen Teilhabe im *Arbeitsbereich* einer WfbM sind die Träger der Unfallversicherung, der Kriegsopferfürsorge oder der öffentlichen Jugendhilfe zuständig sowie im Übrigen die Träger der Sozialhilfe.

1.1.3 Ergänzende Leistungen

Ergänzende Leistungen können von der Rentenversicherung nur im Zusammenhang mit Leistungen zur medizinischen Rehabilitation oder Leistungen zur Teilhabe am Arbeitsleben und insofern nicht selbständig erbracht werden. Sie bestehen insbesondere aus finanziellen Zuwendungen.

Nach dem durch das Inkrafttreten des SGB IX neugefassten § 28 SGB VI werden die Leistungen zur Teilhabe der gesetzlichen Rentenversicherung außer durch das Übergangsgeld durch die Leistungen nach § 44 Abs. 1 Nr. 2 bis 6 und Abs. 2 sowie §§ 53 und 54 SGB IX ergänzt (vgl. ◘ Tab. 1.5). Das SGB IX hat damit die früher bestehenden, z. T. voneinander abweichenden Vorschriften der einzelnen Rehabilitationsträger zu den ergänzenden Leistungen

> ◘ **Tab. 1.5** Ergänzende Leistungen
>
> — Übergangsgeld
> — Beiträge und Beitragszuschüsse zur Sozialversicherung
> — Ärztlich verordneter Rehabilitationssport in Gruppen un-
>   ter ärztlicher Betreuung und Überwachung, einschließlich
>   Übungen für behinderte oder von Behinderung bedrohte
>   Frauen und Mädchen, die der Stärkung des Selbstbe-
>   wusstseins dienen
> — Ärztlich verordnetes Funktionstraining in Gruppen unter
>   fachkundiger Anleitung und Überwachung
> — Reisekosten
> — Haushaltshilfe und Kinderbetreuungskosten

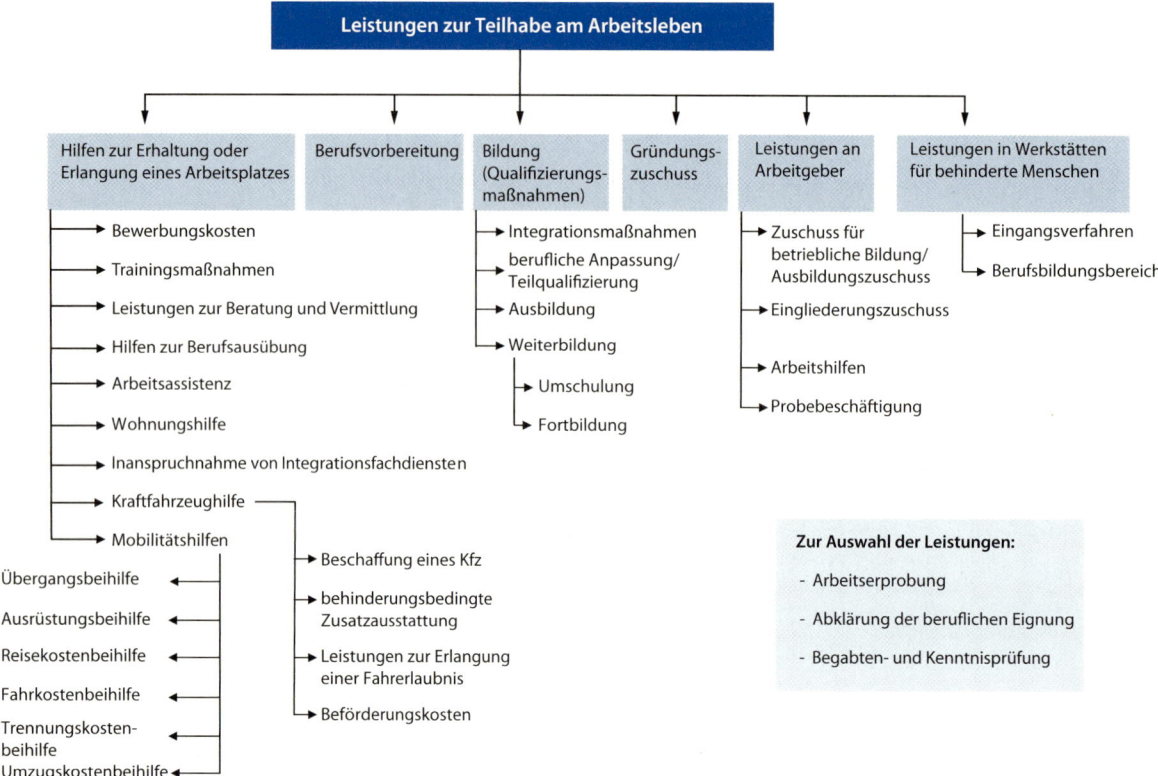

■ **Abb. 1.1** Leistungen zur Teilhabe am Arbeitsleben

zusammengefasst und einheitliche Rechtsgrundlagen geschaffen.

■ Übergangsgeld

Das Übergangsgeld ist eine Barleistung zur Sicherung der wirtschaftlichen Existenz als Ausgleich für entgangenes Einkommen während bzw. im Zusammenhang mit einer Leistung zur Teilhabe. Die Anspruchsvoraussetzungen, Berechnung und Zahlungsweise des Übergangsgeldes sind in den §§ 20 und 21 SGB VI sowie den §§ 45 bis 52 SGB IX geregelt.

Das Übergangsgeld in der gesetzlichen Rentenversicherung basiert bei versicherungspflichtig Beschäftigten, freiwillig Versicherten und pflichtversicherten Selbständigen auf der zu ermittelnden Berechnungsgrundlage. Diese richtet sich im Allgemeinen nach den letzten Arbeitseinkünften sowie bestimmten persönlichen Voraussetzungen. Die Höhe des Übergangsgeldes hängt davon ab, ob der Leistungsempfänger mindestens ein Kind i. S. d. § 32 Abs. 1, 3–5 Einkommensteuergesetz hat oder ob sein Ehegatte oder Lebenspartner einer Erwerbstätigkeit nicht nachgehen kann, weil er den Leistungsempfänger pflegt oder selbst der Pflege bedarf und keinen Anspruch auf Leistungen aus der Pflegeversicherung hat. Das Übergangsgeld beträgt in diesen Fällen 75 v. H. und für die üb-

rigen Leistungsempfänger 68 v. H. der maßgebenden Berechnungsgrundlage.

Die leistungsrechtlichen Vorschriften zum Übergangsgeld sind in einem *Gemeinsamen Rundschreiben der Rentenversicherungsträger zum Übergangsgeld* kommentiert.

■ Rehabilitationssport und Funktionstraining

Um die Behandlungsergebnisse von Leistungen zur medizinischen Rehabilitation langfristig zu sichern, ist im unmittelbaren Anschluss daran die ärztliche Verordnung von Rehabilitationssport und Funktionstraining möglich (§ 28 SGB VI i. V. m. §§ 44 Abs. 1 Nr. 3 und 4 SGB IX). Diese umfassen bewegungstherapeutische Übungen, die als Gruppenbehandlung unter ärztlicher Betreuung im Rahmen regelmäßiger Übungsveranstaltungen durchgeführt werden. Die Übungen müssen auf Art oder Schwere der Behinderung einerseits sowie auf den gesundheitlichen Allgemeinzustand des Einzelnen andererseits abgestimmt sein.

Eine Erweiterung hat sich durch die eigens durch das SGB IX aufgenommene Zielsetzung ergeben, im Rahmen des Rehabilitationssports dem besonderen Hilfebedarf und den besonderen Bedürfnissen behinderter und von Behinderung bedrohter Frauen und Mädchen durch Übungen zur Stärkung des Selbstbewusstseins (sog. Selbstbehauptungskurse) Rechnung zu tragen.

1.1.4 Sonstige Leistungen

Abgesehen von den vorgenannten Leistungen können die Träger der Rentenversicherung *sonstige Leistungen zur Teilhabe* nach § 31 Abs. 1 Nr. 1–5 SGB VI erbringen (vgl. ◻ Tab. 1.6).

Mit Ausnahme der stationären Leistungen zur Eingliederung sowie der Nach- und Festigungskuren wegen Geschwulsterkrankungen sind die Aufwendungen für die sonstigen Leistungen budgetiert. Sie dürfen im Kalenderjahr 7,5 v. H. der Haushaltsansätze für die Leistungen zur medizinischen Rehabilitation, die Leistungen zur Teilhabe am Arbeitsleben und die ergänzende Leistungen nicht übersteigen.

Entsprechend der Vorgabe des Gesetzgebers haben die Rentenversicherungsträger zwecks einheitlicher Gewährung der in § 31 Abs. 1 Nr. 1–5 SGB VI geregelten sonstigen Leistungen *Gemeinsame Richtlinien* verabschiedet.

■ **Leistungen zur Eingliederung in das Erwerbsleben**
Als Leistungen zur Eingliederung von Versicherten in das Erwerbsleben kommen Leistungen zur Rehabilitationsvorbereitung und -nachsorge in Betracht sowie weitere Leistungen, die erforderlich sind, um das Ziel der Rehabilitation zu erreichen oder zu sichern; vgl. die *Gemeinsamen Richtlinien nach § 31 Abs. 1 Nr. 1 SGB VI*. Diese sind in ambulanter oder stationärer Form möglich und setzen das Vorliegen der persönlichen und versicherungsrechtlichen Voraussetzungen voraus.

■ **Leistungen zur Sicherung der Erwerbsfähigkeit**
Zur Sicherung der Erwerbsfähigkeit können nach § 31 Abs. 1 Nr. 2 SGB VI medizinische Leistungen erbracht werden für Versicherte, die eine besonders gesundheitsgefährdende, ihre Erwerbsfähigkeit ungünstig beeinflussende Beschäftigung ausüben. Damit kann die Rentenversicherung auch präventiv tätig werden, ohne den Nachweis einer erheblichen Gefährdung oder bereits eingetretenen Minderung der Erwerbsfähigkeit. Voraussetzung ist allerdings, dass die versicherungsrechtlichen Voraussetzungen

vorliegen. Als besonders gesundheitsgefährdend sind Beschäftigungen mit außergewöhnlich schweren körperlichen oder psychischen Belastungen anzusehen, wenn bei entsprechender Disposition erhöhte Erkrankungsgefahr besteht. Näheres ist den *Gemeinsamen Richtlinien nach § 31 Abs. 1 Nr. 2 SGB VI* zu entnehmen.

■ **Nach- und Festigungskuren wegen Geschwulsterkrankungen**
Nach § 31 Abs. 1 Nr. 3 SGB VI können die Rentenversicherungträger Nach- und Festigungskuren wegen Geschwulsterkrankungen (sog. onkologische Nachsorgeleistungen) erbringen.

Der Kreis der Leistungsberechtigten ist weiter als bei den Leistungen zur medizinischen Rehabilitation und schließt neben Versicherten auch Rentenbezieher sowie ihre Angehörigen ein.

Die *Gemeinsamen Richtlinien nach § 31 Abs. 1 Nr. 3 SGB VI (CA-Richtlinien)* enthalten die notwendigen Leistungsvoraussetzungen und -inhalte. Für Versicherte gelten die gleichen versicherungsrechtlichen Voraussetzungen wie bei Leistungen zur medizinischen Rehabilitation (§ 11 SGB VI); allerdings reicht anstelle einer Wartezeit von 15 Jahren die allgemeine Wartezeit von 5 Jahren aus. Die persönlichen Voraussetzungen nach § 10 SGB VI müssen demgegenüber nicht vorliegen. Es ist also nicht erforderlich, dass durch die onkologischen Nachsorgeleistungen die Erwerbsfähigkeit des Patienten voraussichtlich erhalten, wesentlich gebessert, wiederhergestellt oder eine wesentliche Verschlechterung abgewendet werden kann. Ausreichend ist vielmehr, dass die durch die Tumorerkrankungen oder deren Therapie bedingten körperlichen, seelischen, sozialen und beruflichen Behinderungen positiv beeinflussbar sind. Ferner muss die Diagnose geklärt und eine vorher stattgefundene operative oder Strahlentherapie abgeschlossen sein. Der Patient muss für die onkologischen Nachsorgeleistungen ausreichend belastbar sein und sollte in der Regel allein reisefähig sein.

Die Leistungen umfassen gezielte diagnostische und therapeutische Maßnahmen, die geeignet sind, zur Stabilisierung oder Besserung des Gesundheitszustandes beizutragen und insbesondere Funktionsstörungen zu beseitigen oder auszugleichen. Sie können auch als Anschlussheilbehandlung durchgeführt werden.

Die Leistungsgewährung ist nach den *CA-Richtlinien* bis zum Ablauf eines Jahres nach einer beendeten Primärbehandlung möglich, bei erheblichen Funktionsstörungen im Einzelfall auch bis zum Ablauf von zwei Jahren danach.

■ **Kinderrehabilitation**
Kinder von Versicherten, Beziehern einer Rente wegen Alters oder wegen verminderter Erwerbsfähigkeit und Beziehern einer Waisenrente können nach § 31 Abs. 1 Nr. 4

SGB VI stationäre Kinderheilbehandlungen von der Rentenversicherung erhalten, wenn hierdurch voraussichtlich eine erhebliche Gefährdung ihrer Gesundheit beseitigt oder eine beeinträchtigte Gesundheit wesentlich gebessert oder wiederhergestellt werden kann und dies Einfluss auf die spätere Erwerbsfähigkeit hat. Die Rentenversicherungsträger haben hierzu *Gemeinsame Richtlinien nach § 31 Abs. 1 Nr. 4 SGB VI (Kinderheilbehandlungsrichtlinien)* festgelegt.

Bei akuten Krankheiten und Infektionskrankheiten ist nicht die Rentenversicherung, sondern die Krankenversicherung für die Durchführung der Kinderheilbehandlung leistungszuständig.

Die Leistungen umfassen insbesondere die Gewährung von ärztlicher und nichtärztlicher Therapie, Pflege und Versorgung mit Medikamenten, Unterkunft und Verpflegung in geeigneten Rehabilitationseinrichtungen sowie Übernahme von Reisekosten und sonstigen notwendigen Nebenkosten. Auch die Unterbringung einer Begleitperson kann aus medizinischen Gründen zu Lasten der Rentenversicherung erfolgen.

▪ Zuwendungen an bestimmte Einrichtungen

Als sonstige Leistungen nach § 31 Abs. 1 Nr. 5 SGB VI kann die Rentenversicherung finanzielle Zuwendungen für Einrichtungen erbringen, die auf dem Gebiet der Rehabilitation forschen oder die Rehabilitation fördern. Näheres ist in den *Zuwendungsrichtlinien* geregelt.

1.1.5 Verfahren

Antrag und Zuständigkeitsklärung

▪ Antrag

Leistungen zur Teilhabe setzen grundsätzlich einen Antrag voraus. Sie können allerdings auch von Amts wegen erbracht werden, wenn die Versicherten dem zustimmen (§ 115 Abs. 1, 4 SGB VI).

Die Anträge können unmittelbar beim zuständigen Rentenversicherungsträger, aber auch bei den übrigen Rehabilitationsträgern sowie bei den Gemeinsamen Servicestellen wirksam gestellt werden. Zur Antragsannahme sind alle Sozialleistungsträger sowie Gemeinden befugt. Sie sind verpflichtet, den Antrag unverzüglich an den zuständigen Rehabilitationsträger weiterzuleiten.

▪ Zuständigkeitsklärung nach § 14 SGB IX

Zur Beschleunigung des Antragsverfahrens hat der Gesetzgeber in § 14 SGB IX ein *fristenabhängiges Zuständigkeitsklärungsverfahren* eingeführt. Dieses tritt an die Stelle des früheren Systems der vorläufigen Leistungsverpflichtung bei ungeklärter Zuständigkeit. Damit soll gewährleistet werden, dass der Leistungsberechtigte seine erforderliche Leistung möglichst rasch erhält. Schwierigkeiten hinsichtlich der zum Teil recht zeitaufwändigen Abklärung der Leistungszuständigkeit eines Rehabilitationsträgers gehen nicht (mehr) zu Lasten des Antragstellers, sondern werden erst im Nachhinein im Rahmen des Erstattungsrechts gelöst.

Erstangegangener Träger. Wird ein Antrag auf Leistungen zur Teilhabe bei einem Rehabilitationsträger gestellt, hat dieser als erstangegangener Träger wie folgt zu verfahren:

1. Feststellung der Zuständigkeit

Er hat innerhalb von zwei Wochen festzustellen, ob er nach seinem spezifischen Leistungsgesetz für die beantragten Leistungen sachlich und örtlich zuständig ist. Der Rentenversicherungsträger ist also gehalten, die versicherungsrechtlichen und persönlichen Voraussetzungen, etwaige Ausschlussgründe sowie seine örtliche Zuständigkeit binnen zwei Wochen ab Antragseingang zu klären.

Hält sich der erstangegangene Träger für unzuständig, leitet er den Antrag unverzüglich an den aus seiner Sicht zuständigen (und nunmehr zweitangegangenen) Träger weiter. Andernfalls hat er umgehend den Rehabilitationsbedarf festzustellen und ggf. eine hierfür erforderliche Begutachtung in die Wege zu leiten.

Eine Sonderregelung besteht für die Fälle, in denen die Zuständigkeit von der *Ursache einer Behinderung* (Arbeitsunfall, Berufskrankheit) abhängt. Hier hat der erstangegangene Rehabilitationsträger den Antrag dem Rehabilitationsträger zuzuleiten, der für die Leistung ohne Rücksicht auf die Ursache der Behinderung zuständig wäre.

2. Feststellung des Rehabilitationsbedarfs

Die sozialmedizinische Sachaufklärung hat in der Regel zwei Aufgabenstellungen: Zum einen gilt es, den Rehabilitationsbedarf festzustellen und zum anderen das Vorliegen der medizinischen/persönlichen Voraussetzungen zu prüfen, bei der gesetzlichen Rentenversicherung im Sinne des § 10 SGB VI.

Das SGB IX bezieht sich mit § 14 Abs. 2 Satz 1 i. V. m. Abs. 5 lediglich auf die Feststellung des Rehabilitationsbedarfes durch ein ggf. notwendiges Gutachten. Dazu sieht § 14 Abs. 5 Satz 6 SGB IX vor, dass die in dem Gutachten getroffenen Feststellungen zum Rehabilitationsbedarf den Entscheidungen der (also aller ggf. beteiligten) Rehabilitationsträger zugrunde gelegt werden und nicht nur der Entscheidung des Trägers, der das Gutachten in Auftrag gegeben hat.

Die sozialmedizinische Begutachtung hat insofern umfassend und unter Berücksichtigung aller sozialmedizinischen Aspekte zu erfolgen. Damit sollen unnötige, verfahrensverzögernde und den Betroffenen belastende Mehrfachbegutachtungen vermieden werden; siehe auch § 96 SGB X. Bestehen jedoch aus Sicht des Trägers Zweifel an der sozialmedizinischen Begutachtung oder haben die gutachterlichen Fragestellungen für die Entscheidung keine Relevanz (mehr), so steht es ihm nach dem Grundsatz der unabhängigen Beweiswürdigung frei, z. B. ein Zusatzgutachten oder Zweitgutachten einzuholen.

Ist eine *Begutachtung* erforderlich, hat der Rehabilitationsträger nach § 14 Abs. 5 SGB IX dem Antragsteller in der Regel drei geeignete Sachverständige zur Auswahl zu benennen, die möglichst wohnortnah erreichbar und entsprechend dem individuellen Bedarf barrierefrei zugänglich sind. Laut Gesetz sind hierbei auch die bestehenden sozialmedizinischen Dienste zu berücksichtigen. Die Pflicht zur Benennung von drei Sachverständigen bezieht sich nur auf externe Gutachter. Greifen Rentenversicherungsträger auf eigene sozialmedizinische Dienste zurück, ist eine entsprechende Gutachterbenennung nicht erforderlich. Das Gutachten ist innerhalb von zwei Wochen zu erstellen. Von den Rehabilitationsträgern ist darauf hinzuwirken, dass die Begutachtung unverzüglich – spätestens innerhalb von zwei Wochen nach Beauftragung – erfolgt.

3. Entscheidung über den Antrag

Über den Antrag ist innerhalb von drei Wochen nach Eingang zu entscheiden, sofern der Rehabilitationsbedarf anhand der vorliegenden Unterlagen ohne ein (weiteres) Gutachten festgestellt werden kann. Ist ein Gutachten erforderlich, ergeht die Entscheidung innerhalb von zwei Wochen nach Vorliegen des Gutachtens.

Zweitangegangener Träger. Für diesen gelten die gleichen Entscheidungsfristen wie für den erstangegangenen Träger. Er kann sich jedoch nicht auf eine fehlende Zuständigkeit berufen, da diese mit der Weiterleitung des Antrags an ihn als gegeben normiert ist. Er *muss* demnach leisten, sofern ein Rehabilitationsbedarf besteht. Eine Rückgabe oder eine erneute Weiterleitung des Antrags ist grundsätzlich ausgeschlossen. Kann allerdings der zweitangegangene Träger für die beantragte Leistung nicht Rehabilitationsträger nach § 6 Abs. 1 SGB IX sein, klärt er unverzüglich mit dem nach seiner Auffassung zuständigen Rehabilitationsträger, von wem und in welcher Weise über den Antrag entschieden wird und unterrichtet hierüber den Antragsteller.

Erstattung. Die Prüfung der spezifischen Leistungsvoraussetzungen des zweitangegangenen Rehabilitationsträgers (für die Rentenversicherung nach den §§ 10, 11, 12, 13 SGB VI) ist nachgelagert – nach Leistungsbewilligung – durchzuführen. Im Falle seiner Unzuständigkeit erhält der zweitangegangene Träger die ihm entstandenen Aufwendungen vom eigentlich zuständigen Träger erstattet.

Über die Ausgestaltung des Zuständigkeitsklärungsverfahrens nach § 14 SGB IX ist von den Rehabilitationsträgern auf der Ebene der Bundesarbeitsgemeinschaft für Rehabilitation (BAR) eine *Gemeinsame Empfehlung zur Zuständigkeitsklärung* vereinbart worden.

Aufforderung zur Reha-Antragstellung

In bestimmten, gesetzlich definierten Fällen kann ein Versicherter durch die Krankenkasse (§ 51 Abs. 1 SGB V) oder die Arbeitsagentur (§ 125 Abs. 2 SGB III) aufgefordert werden, einen Antrag auf Leistungen zur Teilhabe bei der Rentenversicherung zu stellen.

Nach *§ 51 Abs. 1 SGB V* kann die Krankenkasse einen Versicherten, dessen Erwerbsfähigkeit nach ärztlichem Gutachten erheblich gefährdet oder gemindert ist, zu einem Antrag auf Leistungen zur medizinischen Rehabilitation oder zur Teilhabe am Arbeitsleben bei der Rentenversicherung auffordern. Kommt der Versicherte dieser Aufforderung nicht nach, entfällt sein Anspruch auf Krankengeld bis zu dem Tag, an dem die Antragstellung nachgeholt wird. Näheres für die Verfahrenspraxis regeln die *Empfehlungen zur Anwendung des § 51 Abs. 1 Satz 1 SGB V*.

Nach *§ 125 Abs. 1 SGB III* hat ein Arbeitsloser auch dann Anspruch auf Arbeitslosengeld, wenn ihm wegen einer nicht nur vorübergehenden Minderung seiner beruflichen Leistungsfähigkeit (mehr als 6 Monate) eine regelmäßige Beschäftigung unter den üblichen Bedingungen des allgemeinen Arbeitsmarkts (mindestens 15 Wochenstunden) nicht zumutbar ist. In diesen Fällen soll ihn das Arbeitsamt auffordern, binnen eines Monats einen Antrag auf Leistungen zur medizinischen Rehabilitation oder zur Teilhabe am Arbeitsleben bei der Rentenversicherung zu stellen. Tut er dies nicht, ruht sein Anspruch auf Arbeitslosengeld bis zum Tag der nachgeholten Antragstellung (§ 125 Abs. 2 SGB III).

Umdeutung des Reha-Antrags in einen Rentenantrag

Nach § 116 Abs. 2 SGB VI gilt ein Antrag auf Leistungen zur medizinischen Rehabilitation oder zur Teilhabe am Arbeitsleben als Antrag auf Rente, wenn Versicherte vermindert erwerbsfähig sind und ein Erfolg der Rehabilitationsleistung nicht zu erwarten ist oder Leistungen zur Rehabilitation und Teilhabe nicht erfolgreich gewesen sind, weil sie die verminderte Erwerbsfähigkeit nicht verhindert haben. Sofern Übergangsgeld gezahlt worden ist und nachträglich für denselben Zeitraum der Anspruch auf eine Rente wegen verminderter Erwerbsfähigkeit festgestellt wird, gilt dieser Anspruch bis zur Höhe des gezahlten Übergangsgeldes als erfüllt. Übersteigt das Übergangsgeld den Betrag der Rente, kann der übersteigende Betrag nicht zurückgefordert werden. Näheres zur Umdeutung siehe ▶ Abschn. 1.2.1.

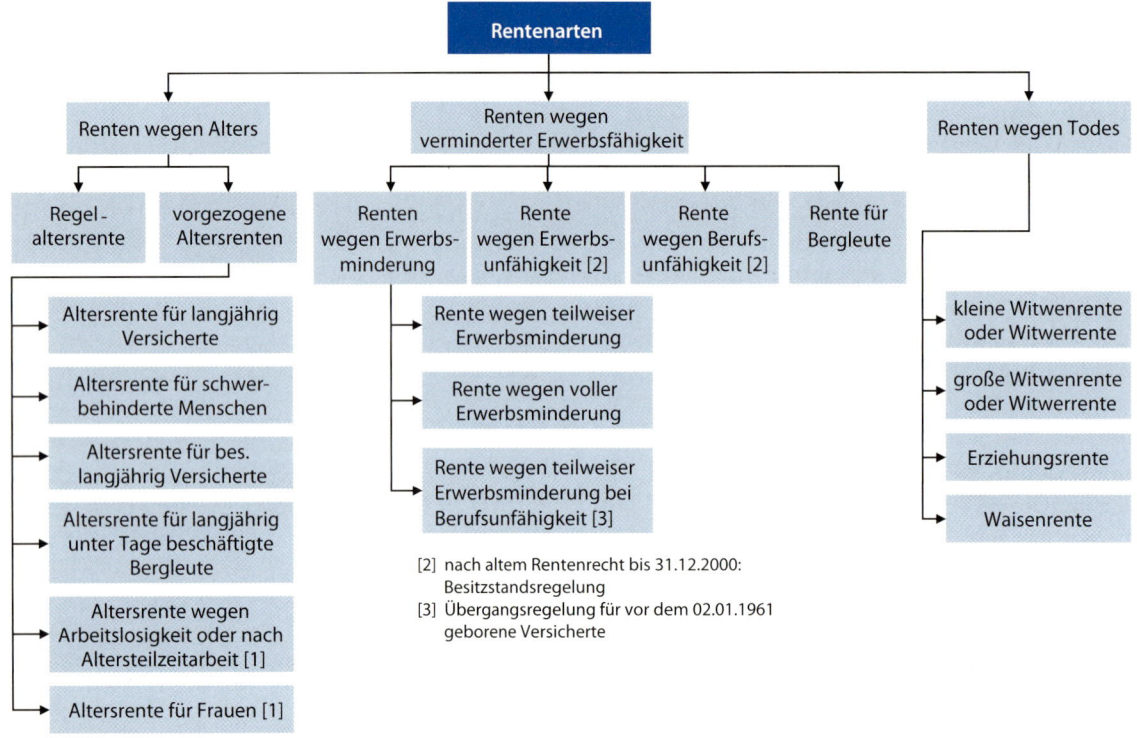

■ Abb. 1.2 Rentenarten

1.2 Renten

Uwe Chojetzki

Die gesetzliche Rentenversicherung bietet Schutz gegen die wirtschaftlichen Folgen von »Erwerbsminderung«, »Alter« und »Tod unter Hinterlassung von Hinterbliebenen«. Dementsprechend gehören zum Leistungsspektrum der gesetzlichen Rentenversicherung Renten wegen verminderter Erwerbsfähigkeit, Renten wegen Alters und Renten wegen Todes (siehe auch ■ Abb. 1.2). Als monatlich wiederkehrende Geldleistungen haben die Renten die Aufgabe, die finanziellen Folgen bereits eingetretener Risiken auszugleichen.

Renten wegen verminderter Erwerbsfähigkeit sind:
- Rente wegen teilweiser Erwerbsminderung (§ 43 SGB VI)
- Rente wegen voller Erwerbsminderung (§ 43 SGB VI)
- Rente für Bergleute (§ 45 SGB VI)
- Rente wegen teilweiser Erwerbsminderung bei Berufsunfähigkeit (§ 240 SGB VI)
- Rente wegen Berufsunfähigkeit (§ 43 SGB VI in der bis 31.12.2000 geltenden Fassung)
- Rente wegen Erwerbsunfähigkeit (§ 44 SGB VI in der bis 31.12.2000 geltenden Fassung)

Renten wegen Alters sind:
- Regelaltersrente (§§ 35, 235 SGB VI)
- Altersrente für langjährig Versicherte (§§ 36, 236 SGB VI)
- Altersrente für schwerbehinderte Menschen (§§ 37, 236a SGB VI)
- Altersrente für besonders langjährig Versicherte (§ 38 SGB VI)
- Altersrente für langjährig unter Tage beschäftigte Bergleute (§§ 40, 238 SGB VI)
- Altersrente wegen Arbeitslosigkeit oder nach Altersteilzeitarbeit (§ 237 SGB VI, nur noch für vor 1952 geborene Versicherte)
- Altersrente für Frauen (§ 237a SGB VI, nur noch für vor 1952 geborene Versicherte)

Renten wegen Todes sind:
- kleine Witwenrente oder Witwerrente (§ 46 SGB VI)
- große Witwenrente oder Witwerrente (§ 46 SGB VI)
- Erziehungsrente (§ 47 SGB VI)
- Waisenrente (§ 48 SGB VI)

Wie Leistungen zur Teilhabe werden auch Renten nur dann geleistet, wenn bestimmte versicherungsrechtliche und persönliche Voraussetzungen erfüllt sind. Auf Renten wegen Alters und Renten wegen Todes wird nachfolgend nur eingegangen, soweit ein sozialmedizinischer Bezug besteht.

1.2.1 Renten wegen verminderter Erwerbsfähigkeit

Die Renten wegen verminderter Erwerbsfähigkeit sollen den teilweisen oder vollen Verlust der Erwerbsfähigkeit infolge Krankheit oder Behinderung finanziell ausgleichen. Von praktischer Bedeutung sind vor allem die Renten wegen teilweiser sowie voller Erwerbsminderung und die Rente wegen teilweiser Erwerbsminderung bei Berufsunfähigkeit. Die Rente für Bergleute ist eine Leistung der knappschaftlichen Rentenversicherung u. a. für Versicherte, die im Bergbau vermindert berufsfähig sind, d. h. wegen Krankheit oder Behinderung eine knappschaftliche Beschäftigung nicht mehr ausüben können. Renten wegen Berufs- und Erwerbsunfähigkeit waren nach dem bis 2000 geltenden Recht zu erbringen und haben nur noch im Rahmen von Übergangsregelungen Bedeutung.

Rehabilitation vor Rente. Leistungen zur Teilhabe haben Vorrang vor Renten wegen verminderter Erwerbsfähigkeit sowie großer Witwen-/Witwerrente wegen verminderter Erwerbsfähigkeit, die bei erfolgreich abgeschlossenen Leistungen zur Teilhabe nicht oder voraussichtlich erst zu einem späteren Zeitpunkt zu erbringen sind. Dieser kurz »Reha vor Rente« genannte Grundsatz ist für alle Leistungsträger in § 8 Abs. 2 SGB IX und speziell für den Bereich der gesetzlichen Rentenversicherung in § 9 Abs. 1 SGB VI verankert. Vor der Bewilligung einer Rente wegen verminderter Erwerbsfähigkeit ist daher stets zu prüfen, ob die festgestellte Minderung der Erwerbsfähigkeit durch Leistungen zur medizinischen Rehabilitation oder zur Teilhabe am Arbeitsleben behoben oder wesentlich gebessert werden kann. Es müssen alle Möglichkeiten genutzt werden, leistungsgeminderte Versicherte wieder in das Erwerbsleben zu integrieren. Besteht bei teilweiser Erwerbsminderung keine Aussicht auf eine wesentliche Besserung der Erwerbsfähigkeit, können Versicherten, die einen Arbeitsplatz innehaben, Leistungen zur Teilhabe am Arbeitsleben gewährt werden, um den Arbeitsplatz zu erhalten.

Rente wegen Berufs- oder Erwerbsunfähigkeit nach dem bis zum 31.12.2000 geltenden Recht (§§ 43, 44 SGB VI)

Mit der Rentenreform 1957 wurde der Begriff der Invalidität durch Berufsunfähigkeit und Erwerbsunfähigkeit abgelöst. Diese Unterscheidung, die auch in dem mit der Rentenreform 1992 in Kraft getretenen SGB VI beibehalten wurde, sollte dem Umstand Rechnung tragen, dass es Versicherte gibt, die trotz einer Minderung ihrer Leistungsfähigkeit noch in der Lage sind, erwerbstätig zu sein und Einkommen zu erzielen.

Eine Rente wegen Berufsunfähigkeit (BU-Rente) wurde gewährt bei einer Einbuße der Erwerbsfähigkeit im bisherigen Beruf bzw. einer zumutbaren Verweisungstätigkeit um mehr als die Hälfte (§ 43 SGB VI a. F.). Bei dieser Rente wurde unterstellt, dass der betroffene Versicherte sein Restleistungsvermögen noch in Erwerbseinkommen umsetzen kann. Rente wegen Erwerbsunfähigkeit (EU-Rente) erhielten Versicherte, die auf nicht absehbare Zeit außerstande waren, noch irgendeine Erwerbstätigkeit auf dem allgemeinen Arbeitsmarkt in gewisser Regelmäßigkeit auszuüben oder mehr als ein geringfügiges Arbeitsentgelt oder Arbeitseinkommen zu erzielen (§ 44 SGB VI a. F.), oder bei denen bei Arbeitslosigkeit bzw. Beschäftigungslosigkeit der Teilzeitarbeitsmarkt als verschlossen anzusehen war. Die Erwerbsunfähigkeitsrente wurde deshalb mit dem Rentenartfaktor 1,0 berechnet, der auch bei einer Rente wegen Alters maßgebend ist. Die Rente wegen Berufsunfähigkeit war demgegenüber mit dem Rentenartfaktor 0,6667 um ein Drittel geringer.

Mit dem Gesetz zur Reform der Renten wegen verminderter Erwerbsfähigkeit vom 20.12.2000 wurde das Recht der Renten wegen verminderter Erwerbsfähigkeit zum 01.01.2001 grundlegend reformiert. Die bisherigen Renten wegen Berufsunfähigkeit- bzw. Erwerbsunfähigkeit wurden durch eine zweistufige Erwerbsminderungsrente ersetzt. Für Versicherte, die am 31.12.2000 bereits Anspruch auf eine Rente wegen Berufsunfähigkeit oder Erwerbsunfähigkeit hatten, wurde das bisherige Recht beibehalten: Der Anspruch auf Berufs- oder Erwerbsunfähigkeitsrente besteht bis zum Erreichen der Regelaltersgrenze weiter, solange die Voraussetzungen vorliegen. Wurde die Rente befristet gewährt, bleibt auch bei einer Verlängerung der Rente das bis zum 31.12.2000 geltende Recht maßgebend, sofern sich der neue Anspruchszeitraum nahtlos an den vorherigen anschließt (§§ 302b, 314b SGB VI).

Rente wegen teilweiser oder voller Erwerbsminderung nach dem ab 01.01.2001 geltenden Recht (§ 43 SGB VI)
- **Versicherungsrechtliche Voraussetzungen**

Vor Eintritt der Erwerbsminderung muss die allgemeine Wartezeit (Mindestversicherungszeit) von fünf Jahren erfüllt sein. Außerdem müssen die Versicherten in den letzten fünf Jahren vor Eintritt der Erwerbsminderung mindestens drei Jahre Pflichtbeitragszeiten für eine versicherte Beschäftigung oder Tätigkeit haben (§ 43 Abs. 1, 2 SGB VI). Zu diesen Pflichtbeitragszeiten gehören auch Zeiten, in denen wegen des Bezugs von Arbeitslosengeld oder Arbeitslosengeld II Versicherungspflicht bestand.

■ Persönliche Voraussetzungen: Teilweise oder volle Erwerbsminderung

Der Versicherte muss wegen Krankheit oder Behinderung auf nicht absehbare Zeit außerstande sein, unter den üblichen Bedingungen des allgemeinen Arbeitsmarktes mindestens sechs Stunden bzw. mindestens drei Stunden täglich erwerbstätig zu sein (§ 43 Abs. 1, 2 SGB VI). Bei einem 3- bis unter 6-stündigen Leistungsvermögen liegt teilweise Erwerbsminderung, bei einem weniger als 3-stündigen Leistungsvermögen liegt volle Erwerbsminderung vor.

■■ Ausgangspunkt Erwerbsfähigkeit

Die Erwerbsfähigkeit des Versicherten ist Ausgangspunkt für die Prüfung, ob ein Leistungsfall der Erwerbsminderung eingetreten ist. Wie schon die RVO enthält auch das SGB VI keine Definition des Begriffs »Erwerbsfähigkeit«, sondern lediglich verschiedene Kriterien der »Minderung« der Erwerbsfähigkeit. In Rechtsprechung und Literatur wird unter Erwerbsfähigkeit die Fähigkeit des Versicherten verstanden, durch Ausübung einer Tätigkeit dem Lebensunterhalt dienendes Entgelt zu erzielen.

Eine Minderung der Erwerbsfähigkeit setzt voraus, dass sie zunächst in vollem Umfang bestanden und sich erst im Laufe der Zeit verringert hat. Eine Leistungseinschränkung, die bereits bei Eintritt in die Versicherung vorhanden war (sog. eingebrachtes Leiden), kann grundsätzlich nicht zu einem Rentenanspruch führen, solange keine wesentliche Verschlechterung des Gesundheitszustandes eingetreten ist.

■■ Ursachen und Dauer der Erwerbsminderung

Die Minderung der Erwerbsfähigkeit muss auf Krankheit oder Behinderung zurückzuführen sein. Zu den durch die Rentenversicherung geschützten Risiken gehört nicht eine Minderung der Erwerbsfähigkeit, die auf anderen als gesundheitlichen Gründen beruht. Sind z. B. berufliche Fähigkeiten mangels deutscher Sprachkenntnisse nicht verwertbar oder sind Berufserfahrungen nutzlos geworden, weil bestimmte Produktionsverfahren grundlegend umgestellt wurden, so hat beim Verlust des Arbeitsplatzes die Arbeitslosenversicherung für den Versicherten einzutreten. Veränderungen der körperlichen Leistungsfähigkeit als Folge des normalen Alterungsprozesses sind ebenfalls nicht als Krankheit oder Behinderung anzusehen. Eine Erwerbsminderung ist erst dann rentenrechtlich relevant, wenn das Leistungsvermögen trotz Ausschöpfens aller therapeutischen Möglichkeiten auf »nicht absehbare Zeit« eingeschränkt ist. Hierunter ist ein Zeitraum von mehr als sechs Monaten zu verstehen.

■■ Umfang der Erwerbsminderung

Bei der Prüfung, ob eine Erwerbsminderung vorliegt, kommt es anders als im Recht der sozialen Entschädigung, im Schwerbehindertenrecht und im Recht der gesetzlichen Unfallversicherung nicht auf einen Grad der Leistungsminderung, sondern auf das *verbliebene individuelle Restleistungsvermögen* an. Dieses Restleistungsvermögen ist im Wege der sozialmedizinischen Begutachtung festzustellen. Die Ermittlungen haben sich auf das positive und negative Leistungsvermögen zu erstrecken (Näheres hierzu in ▶ Abschn. 5.2.6).

Zu unterscheiden sind drei Stufen des quantitativen (zeitlichen) Leistungsvermögens, an die sich jeweils unterschiedliche rechtliche Konsequenzen knüpfen:

Versicherte, die wegen Krankheit oder Behinderung auf nicht absehbare Zeit außerstande sind, unter den üblichen Bedingungen des allgemeinen Arbeitsmarktes mindestens drei Stunden täglich erwerbstätig zu sein, sind *voll erwerbsgemindert* (§ 43 Abs. 2 SGB VI).

Sind diese Voraussetzungen erfüllt, also bei einem weniger als 3-stündigen Leistungsvermögen, erhält der Versicherte eine *Rente wegen voller Erwerbsminderung*. Die Grenze von drei Stunden entspricht der Geringfügigkeitsgrenze in der Arbeitslosenversicherung und wurde gewählt, um die Nahtlosigkeit zwischen den Regelungen der Rentenversicherung und der Arbeitslosenversicherung zu gewährleisten. Die Höhe der vollen Erwerbsminderungsrente orientiert sich mit dem Rentenartfaktor 1,0 an der Höhe einer Altersrente (§ 67 Nr. 3 SGB VI).

Versicherte, die wegen Krankheit oder Behinderung auf nicht absehbare Zeit außerstande sind, unter den üblichen Bedingungen des allgemeinen Arbeitsmarktes mindestens sechs Stunden täglich erwerbstätig zu sein, sind *teilweise erwerbsgemindert* (§ 43 Abs. 1 SGB VI).

Sind diese Voraussetzungen erfüllt, also bei einem 3- bis unter 6-stündigen Leistungsvermögen, wird grundsätzlich eine *Rente wegen teilweiser Erwerbsminderung* geleistet. Diese Rente hat – wie die frühere Berufsunfähigkeitsrente – keine volle Lohnersatzfunktion. Sie wird in Höhe der Hälfte der vollen Erwerbsminderungsrente gezahlt (Rentenartfaktor: 0,5; § 67 Nr. 2 SGB VI). Ausgegangen wird davon, dass die betroffenen Versicherten zur Sicherung ihres Lebensunterhaltes weiteres Einkommen erzielen. Wenn aber für den Versicherten bei Arbeitslosigkeit oder Beschäftigungslosigkeit der Teilzeitarbeitsmarkt verschlossen ist, besteht nach der von der Rechtsprechung entwickelten »konkreten Betrachtungsweise« ein Anspruch auf eine Rente wegen voller Erwerbsminderung.

Wer unter den üblichen Bedingungen des allgemeinen Arbeitsmarktes mindestens sechs Stunden täglich erwerbstätig sein kann, ist nach der gesetzlichen Konzeption *nicht erwerbsgemindert* (§ 43 Abs. 3 SGB VI). Von Versicherten mit einem entsprechenden Leistungsvermögen wird erwartet, dass sie einer Erwerbstätigkeit nachgehen. Finden sie keinen Arbeitsplatz, so fällt dies in den Risikobereich der Arbeitslosenversicherung.

Bei bestimmten qualitativen Leistungseinschränkungen ist allerdings nach der Rechtsprechung unter Umständen auch dann von einer vollen Erwerbsminderung auszugehen, wenn das Leistungsvermögen zeitlich gesehen sechs Stunden und mehr beträgt. Auf einige dieser Leistungseinschränkungen (Erfordernis zusätzlicher unüblicher Arbeitspausen, fehlende Wegefähigkeit, »schwere spezifische Leistungsbehinderung«, »Summierung ungewöhnlicher Leistungseinschränkungen«) wird unten im Zusammenhang mit den üblichen Bedingungen des allgemeinen Arbeitsmarktes eingegangen.

■■ Erwerbstätigkeit auf Kosten der Gesundheit

Einen hohen Beweiswert misst die Rechtsprechung der tatsächlichen Ausübung einer Erwerbstätigkeit bei. Sie kann ein ärztliches Gutachten, nach dem eine Erwerbsminderung besteht, widerlegen. Wird eine Erwerbstätigkeit dagegen »auf Kosten der Gesundheit« ausgeübt, steht dies einem Rentenanspruch nicht entgegen. Eine die Erwerbsminderung nicht ausschließende Erwerbstätigkeit auf Kosten der Gesundheit liegt vor, wenn die Tätigkeit unter unzumutbaren Schmerzen oder einer unzumutbaren Anspannung der Willenskraft verrichtet wird oder für den Versicherten nach ärztlicher Prognose bei weiterer Arbeit in absehbarer Zeit eine Verschlimmerung einzutreten droht. Eine derartige Tätigkeit ist zwar im Hinblick auf den Rentenanspruch unschädlich, der erzielte Verdienst kann allerdings im Rahmen der Hinzuverdienstregelungen die Rentenhöhe mindern oder die Rentenzahlung ganz entfallen lassen (§ 96a SGB VI).

■ Bedeutung des Arbeitsmarktes

Festzustellen ist das zeitliche Leistungsvermögen des Versicherten »unter den üblichen Bedingungen des allgemeinen Arbeitsmarktes«.

■■ Allgemeiner Arbeitsmarkt

Der Arbeitsmarkt ist der Bereich einer Volkswirtschaft, in dem sich Angebot an und Nachfrage nach Arbeit begegnen. Er ist kein homogenes »Ganzes«, sondern setzt sich aus einer Vielzahl von Teilarbeitsmärkten zusammen, z. B. für einzelne Wirtschaftszweige, für verschiedene Berufe/ Qualifikationen, für Frauen und Männer, für Teilzeit- und Vollzeitarbeit oder für Ausbildungsstellen. Der allgemeine Arbeitsmarkt im Sinne des § 43 SGB VI umfasst alle nur denkbaren unselbständigen oder selbständigen Tätigkeiten außerhalb einer beschützenden Einrichtung (z. B. Werkstätte für behinderte Menschen oder Blindenwerkstätte), für die Angebot und Nachfrage besteht. So genannte Schonarbeitsplätze, die nur leistungsgeminderten Betriebsangehörigen vorbehalten sind bzw. speziell für diese eingerichtet werden, sind nicht dem allgemeinen Arbeitsmarkt zuzuordnen. Dem Begriff »allgemein« kommt

somit nur zur Abgrenzung von Sonderbereichen wie z. B. beschützenden Einrichtungen Bedeutung zu. Darüber hinaus hat er keine Relevanz.

■■ Übliche Bedingungen

Die »üblichen Bedingungen« des allgemeinen Arbeitsmarktes betreffen nicht die Tätigkeit selbst, sondern die konkrete Ausgestaltung von Tätigkeiten, wie sie in gesetzlichen Regelungen, Tarifverträgen, Betriebsvereinbarungen etc. zum Ausdruck kommt. Üblich sind Bedingungen dann, wenn Beschäftigungsverhältnisse oder selbständige Tätigkeiten zwar nicht unbedingt in der Mehrzahl, aber zumindest in einer nennenswerten Zahl unter Beachtung derartiger Bedingungen eingegangen oder ausgeübt werden. Von Bedeutung sind in diesem Zusammenhang vor allem die Dauer, Lage und Verteilung der Arbeitszeit, da sich in dieser Hinsicht viele Gesundheitsbeeinträchtigungen besonders störend auswirken. Die Erwerbsfähigkeit eines Versicherten hängt also neben seinem zeitlichen Leistungsvermögen auch von den realen Anforderungen in der Arbeitswelt ab.

Beträgt das zeitliche Leistungsvermögen sechs Stunden und mehr, wird grundsätzlich davon ausgegangen, dass es auch unter den üblichen Bedingungen des allgemeinen Arbeitsmarktes verwertbar ist. Bei einigen qualitativen Leistungseinschränkungen kann eine andere Beurteilung geboten sein. Zu den von der Rechtsprechung in diesem Zusammenhang anerkannten Ausnahmefällen, in denen es an der Erwerbsfähigkeit unter den üblichen Bedingungen des allgemeinen Arbeitsmarktes fehlt, gehören u. a. folgende Leistungseinschränkungen:

Erfordernis zusätzlicher unüblicher Arbeitspausen. Maßstab für den üblichen Umfang von Arbeitspausen sind die Arbeitszeitordnung, tarifvertragliche Regelungen, betriebliche Vereinbarungen und Übung. Benötigt ein Versicherter darüber hinausgehende Pausen, ist er unter Umständen nicht fähig, unter den üblichen Bedingungen des allgemeinen Arbeitsmarktes erwerbstätig zu sein und damit voll erwerbsgemindert. Kurze Arbeitsunterbrechungen, die z. B. aufgrund von häufigen Toilettengängen wie bei M. Crohn oder Blutzuckerkontrollen bei Diabetes mellitus erforderlich sind, gehen jedoch regelmäßig nicht über das übliche Maß der Arbeitspausen hinaus, da Arbeitnehmern in vielen Bereichen des allgemeinen Arbeitsmarktes zusätzlich zu den Arbeitspausen eine sog. persönliche Verteilzeit zugebilligt wird.

Fehlende Wegefähigkeit. Zur Erwerbsfähigkeit gehört auch die Fähigkeit, eine Arbeitsstelle aufsuchen zu können. Bei einem gehbehinderten Versicherten, dem kein Kraftfahrzeug zur Verfügung steht, ist maßgebend, ob er einen Arbeitsplatz unter Benutzung öffentlicher Verkehrsmittel erreichen kann. Nach dem von der Rechtsprechung entwickelten generalisierenden Maßstab ist nicht wegefähig, wer auch unter Verwendung von Hilfsmitteln (z. B. Gehstützen) nicht in der Lage ist, täglich viermal eine Wegstrecke von mehr als 500 Metern mit zumutbarem Zeitaufwand zu Fuß zurückzulegen und zweimal während der Hauptverkehrszeit öffentliche Verkehrsmittel zu benutzen. Für eine Wegstrecke von 500 Metern gilt ein Zeitaufwand von 20 Minuten als nicht mehr zumutbar. Ist Wegefähigkeit nicht gegeben, liegt bei dem Versicherten unabhängig von seinem quantitativen Leistungsvermögen volle Erwerbsminderung vor, es sei denn, er hat einen Arbeitsplatz inne, den er mit der ihm möglichen Wegstrecke tatsächlich erreicht oder ihm wird ein solcher Arbeitsplatz konkret angeboten. Die fehlende Wegefähigkeit kann im Einzelfall durch Zusage bzw. Erbringung von Leistungen zur Teilhabe am Arbeitsleben (z. B. Übernahme der Kosten für Inanspruchnahme eines Fahrdienstes, behindertengerechter Umbau eines Kfz) kompensiert werden. Ein Anspruch auf Rente wegen voller Erwerbsminderung besteht dann nicht mehr.

Schwere spezifische Leistungsbehinderung und Summierung ungewöhnlicher Leistungseinschränkungen.

In den Fällen einer »*schweren spezifischen Leistungsbehinderung*« oder einer »*Summierung ungewöhnlicher Leistungseinschränkungen*« besteht nach der Rechtsprechung des Bundessozialgerichts die Gefahr, dass der allgemeine Arbeitsmarkt schlechthin keine leistungsgerechte Arbeitsstelle mehr bereithält und damit verschlossen ist. Dem Rentenversicherungsträger erwächst in diesen Fällen eine Darlegungslast: Der Arbeitsmarkt ist nur dann als »offen« anzusehen, wenn dem Versicherten zumindest eine seinem Leistungsvermögen entsprechende Berufstätigkeit benannt werden kann. Zu benennen ist kein konkreter Arbeitsplatz, sondern eine Berufstätigkeit mit einer im Arbeitsleben üblichen Berufsbezeichnung. Gelingt die Benennung einer derartigen Tätigkeit nicht, liegt auch bei einem mindestens 6-stündigen Leistungsvermögen volle Erwerbsminderung vor.

Dem Begriff »schwere spezifische Leistungsbehinderung« werden diejenigen Fälle zugerechnet, bei denen bereits eine schwerwiegende Behinderung ein weites Feld von Verweisungsmöglichkeiten versperrt. Dies ist beispielsweise bei Einarmigkeit anzunehmen. Bei der Frage, wann eine »Summierung ungewöhnlicher Leistungseinschränkungen« vorliegt, sind die Besonderheiten des Einzelfalles entscheidend. Die Rechtsprechung hat bisher insoweit keine generalisierenden Vorgaben und Maßstäbe aufgestellt, sondern im Sinne einer Kasuistik lediglich Einzelfallentscheidungen getroffen. Als Summierung ungewöhnlicher Leistungseinschränkungen sind u. a. angesehen worden:

- Besondere Schwierigkeiten hinsichtlich der Gewöhnung und Anpassung an einen neuen Arbeitsplatz,
- das Erfordernis, zwei zusätzliche Pausen von je 15 Minuten einzulegen in Verbindung mit anderen Einschränkungen,
- das Erfordernis, bei der Arbeit halbstündig zwischen Sitzen und Stehen zu wechseln und Gehphasen zwischenzuschalten in Verbindung mit Einschränkungen bei Arm- und Handbewegungen,
- durchschnittlich einmal in der Woche auftretende Fieberschübe mit mehrtägigen (vollständigen) Arbeitsunfähigkeiten,
- Sehstörungen, Beweglichkeitseinschränkungen der Hände, Arbeit nur unter Ausschluss bestimmter Umwelteinflüsse wie Kälte, Nässe und Staub möglich, Ausschluss von knieenden Arbeiten und Arbeiten mit häufigem Bücken.

Verneint wurde eine Summierung ungewöhnlicher Leistungseinschränkungen u. a. beim

- Ausschluss von Tätigkeiten, die überwiegendes Stehen oder ständiges Sitzen erfordern, in Nässe oder Kälte oder mit häufigem Bücken zu leisten sind, besondere Fingerfertigkeit erfordern oder mit besonderen Unfallgefahren verbunden sind,
- Ausschluss von Tätigkeiten im Akkord, im Schichtdienst und an laufenden Maschinen,
- Ausschluss von Tätigkeiten, die besondere Anforderungen an das Seh-, Hör- oder Konzentrationsvermögen stellen,
- Ausschluss von Tätigkeiten, die häufiges Bücken, Treppen- und Leitersteigen, Zwangshaltungen sowie Überkopfarbeiten erfordern.

▪▪ Verschlossenheit des Teilzeitarbeitsmarktes

Versicherte mit einem Restleistungsvermögen von drei bis unter sechs Stunden täglich haben an sich nur Anspruch auf eine Rente wegen teilweiser Erwerbsminderung. Sie erhalten dennoch eine Rente wegen voller Erwerbsminderung, wenn für sie der Teilzeitarbeitsmarkt verschlossen ist. Diese arbeitsmarktbedingte Gewährung voller Erwerbsminderungsrenten geht auf die Rechtsprechung des Bundessozialgerichts zurück. Es entschied bereits 1969 bzw. 1976, dass es bei der Beurteilung, ob ein Versicherter, der aufgrund seines Gesundheitszustandes nur noch Teilzeitarbeit verrichten kann, erwerbsunfähig ist, nicht allein auf das Ausmaß seiner gesundheitlichen Beeinträchtigung, sondern auch auf das Vorhandensein leidensgerechter Teilzeitarbeitsplätze ankommt. Diese so genannte konkrete Betrachtungsweise ist mit der am 01.01.2001 in Kraft getretenen Reform des Rechts der Renten wegen verminderter Erwerbsfähigkeit beibehalten worden.

Im Einzelnen gelten folgende Grundsätze: Hat der Versicherte einen leidensgerechten Teilzeitarbeitsplatz inne oder arbeitet er auf Kosten seiner Gesundheit täglich sechs Stunden oder länger, ist der Teilzeitarbeitsmarkt nicht als verschlossen anzusehen. Folglich besteht nur Anspruch auf eine Rente wegen teilweiser Erwerbsminderung. Im Fall der Arbeits- bzw. Beschäftigungslosigkeit ist zu prüfen, ob für den Versicherten seinem Leistungsvermögen entsprechende Arbeitsplätze in ausreichender Zahl vorhanden sind. Von einem verschlossenen Arbeitsmarkt ist auszugehen, wenn es weder dem Rentenversicherungträger noch der Arbeitsverwaltung gelingt, dem Versicherten innerhalb eines Jahres seit Rentenantragstellung einen geeigneten Teilzeitarbeitsplatz zu vermitteln. Wenn nach Kenntnis des Rentenversicherungsträgers oder der Arbeitsverwaltung mit aller Wahrscheinlichkeit von vornherein nicht (mehr) damit zu rechnen ist, dass dem Versicherten innerhalb eines Jahres ein entsprechender Arbeitsplatz angeboten werden kann, braucht das Jahr nicht abgewartet zu werden; eine Rente wegen voller Erwerbsminderung kann sofort bewilligt werden. Im Hinblick auf die nach wie vor ungünstige Arbeitsmarktlage für gesundheitlich eingeschränkte Teilzeitarbeitskräfte gehen die Rentenversicherungträger regelmäßig ohne weitere Ermittlungen von einem verschlossenen Teilzeitarbeitsmarkt aus.

Rente wegen teilweiser Erwerbsminderung bei Berufsunfähigkeit (§ 240 SGB VI)

Mit der Rentenreform 2001 wurde die Rente wegen Berufsunfähigkeit und damit der Berufsschutz des früheren Rechts abgeschafft. Allerdings besteht für Versicherte, die bei Inkrafttreten der Reform am 01.01.2001 das 40. Lebensjahr bereits vollendet hatten, d.h. vor dem 02.01.1961 geboren sind, Vertrauensschutz. Sie erhalten bei Erfüllung der versicherungsrechtlichen Voraussetzungen eine Rente wegen teilweiser Erwerbsminderung auch dann, wenn sie berufsunfähig sind. Berufsunfähig sind nach der gesetzlichen Definition Versicherte, deren Erwerbsfähigkeit wegen Krankheit oder Behinderung im Vergleich zur Erwerbsfähigkeit von körperlich, geistig und seelisch gesunden Versicherten mit ähnlicher Ausbildung und gleichwertigen Kenntnissen und Fähigkeiten auf weniger als sechs Stunden gesunken ist. Der Kreis der Tätigkeiten, nach denen die Erwerbsfähigkeit von Versicherten zu beurteilen ist, umfasst alle Tätigkeiten, die ihren Kräften und Fähigkeiten entsprechen und ihnen unter Berücksichtigung der Dauer und des Umfangs ihrer Ausbildung sowie ihres bisherigen Berufs und der besonderen Anforderungen ihrer bisherigen Berufstätigkeit zugemutet werden können. Zumutbar ist stets eine Tätigkeit, für die die Versicherten durch Leistungen zur Teilhabe am Arbeitsleben mit Erfolg ausgebildet oder umgeschult worden sind.

Berufsunfähig ist nicht, wer eine zumutbare Tätigkeit mindestens sechs Stunden täglich ausüben kann; dabei ist die jeweilige Arbeitsmarktlage nicht zu berücksichtigen (§ 240 Abs. 2 SGB VI). Ob Berufsunfähigkeit vorliegt, wird in drei Schritten geprüft:

Zunächst ist anhand der vom Versicherten ausgeübten versicherungspflichtigen Beschäftigungen oder Tätigkeiten dessen bisheriger Beruf bzw. Hauptberuf festzustellen. Ausgangspunkt für die Prüfung ist die letzte auf Dauer ausgeübte versicherungspflichtige Beschäftigung/Tätigkeit (siehe auch ▶ Kap. 3.2).

Anschließend werden im Wege der sozialmedizinischen Begutachtung das positive und das negative Leistungsvermögen des Versicherten festgestellt.

Das medizinisch ermittelte qualitative Leistungsvermögen ist sodann in Beziehung zu setzen zu dem Anforderungsprofil des bisherigen Berufs (siehe auch ▶ Kap. 3.2). Kann der Versicherte seinen bisherigen Beruf aus gesundheitlichen Gründen nicht mehr mindestens sechs Stunden täglich ausüben, ist zu klären, ob er auf eine andere Tätigkeit verwiesen werden kann. Diese muss den Kenntnissen und Fähigkeiten des Versicherten entsprechen. Zudem darf sie ihn nicht körperlich oder geistig überfordern und der Versicherte muss in der Lage sein, sie noch mindestens sechs Stunden täglich auszuüben (objektive Zumutbarkeit). Eine Verweisung ist weiterhin nur auf Tätigkeiten möglich, deren Ausübung nicht mit einem unzumutbaren »sozialen Abstieg« verbunden ist (subjektive Zumutbarkeit). Welche Verweisungstätigkeiten dem Versicherten sozial zumutbar sind, bestimmt sich nach dem qualitativen Wert seines bisherigen Berufs. Die Rechtsprechung hat für die Arbeiter- und Angestelltenberufe jeweils ein Mehrstufenschema entwickelt, in dem gleichwertige Berufstätigkeiten zu sog. Leitberufen zusammengefasst und hierarchisch geordnet sind. Bei Arbeitern wird unterschieden zwischen: (1) hochqualifizierten Facharbeitern und Facharbeitern mit Vorgesetztenfunktion, (2) Facharbeitern, (3) angelernten Facharbeitern und (4) ungelernten Arbeitern. Das Mehrstufenschema für Angestellte weist insgesamt sechs Stufen auf (siehe auch ◘ Abb. 3.1). Zumutbar verwiesen werden kann ein Versicherter, gemessen am bisherigen Beruf, nur auf Tätigkeiten derselben oder der nächstniedrigeren Stufe. Ist eine solche Verweisung nicht möglich, liegt Berufsunfähigkeit vor.

Die Höhe der Rente wegen teilweiser Erwerbsminderung bei Berufsunfähigkeit beträgt die Hälfte der vollen Rente (Rentenartfaktor 0,5; § 67 Nr. 2 SGB VI).

Befristung, Beginn, Wegfall und Entzug der Renten wegen verminderter Erwerbsfähigkeit

▪ Befristung

Renten wegen verminderter Erwerbsfähigkeit werden grundsätzlich auf Zeit geleistet. Die Befristung erfolgt für längstens drei Jahre nach Rentenbeginn. Verlängerungen der Rente erfolgen für längstens drei Jahre nach Ablauf der vorherigen Frist (§ 102 Abs. 2 Sätze 1 bis 4 SGB VI). Die Rente kann auch auf kürzere Zeiträume befristet werden, wenn die maßgebliche Erwerbsminderung in dieser Zeit behoben werden kann.

Arbeitsmarktbedingte Erwerbsminderungsrenten werden stets auf Zeit geleistet. Allein aus medizinischen Gründen bewilligte Renten werden grundsätzlich als Zeitrenten geleistet, unbefristet dann, wenn unwahrscheinlich ist, dass die Minderung der Erwerbsfähigkeit behoben werden kann. Dies ist dann anzunehmen, wenn aus ärztlicher Sicht bei Betrachtung des bisherigen Krankheitsverlaufs nach medizinischen Erkenntnissen auch unter Berücksichtigung noch vorhandener therapeutischer Möglichkeiten eine Besserung auszuschließen ist, durch die sich eine rentenrelevante Steigerung der qualitativen und/oder quantitativen Leistungsfähigkeit im Erwerbsleben ergeben würde. Nach einer Gesamtdauer der Befristung von neun Jahren wird vermutet, dass eine künftige Besserung unwahrscheinlich ist (§ 102 Abs. 2 Satz 5 SGB VI).

Bei Erfüllung der entsprechenden Voraussetzungen kann eine Erwerbsminderungsrente auch während einer Leistung zur Teilhabe gezahlt werden. Werden Leistungen zur Teilhabe erbracht, ohne dass zum Zeitpunkt der Bewilligung feststeht, wann die Leistung enden wird, kann bestimmt werden, dass die Erwerbsminderungsrente mit Ablauf des Kalendermonats endet, in dem die Leistung zur Teilhabe beendet wird (§ 102 Abs. 2a SGB VI). Die Befristung erfolgt also ohne Angabe eines kalendermäßig bestimmten Enddatums.

▪ Beginn

Unbefristete Renten werden bei rechtzeitiger Antragstellung von dem Kalendermonat an geleistet, zu dessen Beginn die Anspruchsvoraussetzungen für die Rente erfüllt sind (§ 99 Abs. 1 Satz 1 SGB VI). Befristete Renten werden hingegen frühestens ab Beginn des siebten Kalendermonats nach dem Eintritt der Minderung der Erwerbsfähigkeit geleistet (§ 101 Abs. 1 SGB VI). In solchen Fällen haben ggf. andere Leistungsträger ihre Leistungen bis zum Ende des sechsten Kalendermonats weiter zu zahlen, z. B. die Krankenkassen das Krankengeld.

▪ Wegfall und Entzug

Befristete Renten enden mit Zeitablauf; eine Verlängerung der Rente muss gesondert beantragt und bewilligt werden.

Der Bescheid über eine Rente wegen verminderter Erwerbsfähigkeit kann nach § 48 SGB X aufgehoben und damit die Rente entzogen werden, wenn aufgrund einer wesentlichen Änderung in den tatsächlichen oder rechtlichen Verhältnissen, die beim Erlass des Bescheids vorgelegen haben, die Erwerbsminderung oder Berufsunfähigkeit nicht mehr vorliegt. Dies gilt für Zeit- und Dauerrenten. Eine Änderung in den tatsächlichen Verhältnissen kann sich beispielsweise ergeben durch eine Besserung des Gesundheitszustands, die Erlangung eines geeigneten/leistungsrechten Arbeitsplatzes oder durch den Erwerb neuer Qualifikationen. Liegt bei dem Empfänger einer Rente wegen voller Erwerbsminderung nur noch teilweise Erwerbsminderung vor, so wird die Rente in eine Rente wegen teilweiser Erwerbsminderung umgewandelt. Um die Änderung der Verhältnisse festzustellen, sind u. a. die medizinischen Befunde, die der Rentenbewilligung zugrunde lagen, mit denen am Tag der Überprüfung zu vergleichen. Nur wenn sich die Änderung zwischen diesen beiden Zeitpunkten ereignet hat, liegt eine nachträgliche Änderung der Verhältnisse vor. War der Rentenempfänger schon bei der Rentenbewilligung nicht oder nicht mehr erwerbsgemindert, so war der Rentenbescheid rechtswidrig und kann nur im engen Rahmen des § 45 SGB X zurückgenommen werden. Das ist z. B. bei einer Fehldiagnose der Fall.

Von Seiten der Gerichte werden hohe Anforderungen an das Vorliegen entziehungsrelevanter Sachverhalte gestellt. Auch deshalb hat sich der Gesetzgeber dafür entschieden, dass Erwerbsminderungsrenten im Regelfall zu befristen sind. Anlässlich der Entscheidung über die Verlängerung einer Zeitrente können die gesundheitlichen Verhältnisse nochmals geprüft werden.

▪ Umwandlung in Altersrente

Erwerbsminderungsrenten werden längstens bis zum Erreichen der Regelaltersgrenze geleistet. Danach ist von Amts wegen die Regelaltersrente zu leisten (§ 115 Abs. 3 SGB VI). Für Versicherte, die vor 1947 geboren wurden, liegt die Regelaltersgrenze bei 65 Jahren. Die Regelaltersgrenze wird aufgrund des RV-Altersgrenzenanpassungsgesetzes beginnend mit dem Jahrgang 1947 im Zeitraum 2012 bis 2029 schrittweise vom 65. auf das 67. Lebensjahr angehoben.

Verfahrensfragen

▪ Antragsprinzip

Renten der gesetzlichen Rentenversicherung werden nur auf Antrag erbracht. Der Rentenversicherungsträger entscheidet anhand der eingereichten Unterlagen, Befundberichte oder weiterer Gutachten, ob und welche Leistungen gewährt werden. Nach dem Grundsatz »Reha vor Rente«

werden stets zunächst Möglichkeiten zur Rehabilitation geprüft.

▪ Umdeutung eines Antrags auf Leistungen zur Teilhabe in einen Rentenantrag

War (nur) ein Antrag auf Leistungen zur Teilhabe gestellt worden, kann dieser in einen Rentenantrag umgedeutet werden, wenn der Versicherte vermindert erwerbsfähig ist und

- sich bereits bei Prüfung des Antrags auf Leistungen zur Teilhabe ergibt, dass ein Erfolg einer solchen Leistung nicht zu erwarten ist (§ 116 Abs. 2 Nr. 1 SGB VI) oder
- Leistungen zur medizinischen Rehabilitation oder zur Teilhabe am Arbeitsleben durchgeführt worden sind, diese die verminderte Erwerbsfähigkeit aber nicht verhindert haben (§ 116 Abs. 2 Nr. 2 SGB VI).

Die Umdeutung eines Antrags auf Leistungen zur Teilhabe in einen Rentenantrag bedarf grundsätzlich der Zustimmung des Versicherten. Wenn er die Rente nicht anknüpfend an den Antrag auf Leistungen zur Teilhabe, sondern erst ab einem späteren Zeitpunkt beziehen will, kann er einer Umdeutung widersprechen und einen späteren Zeitpunkt als Rentenbeginn wählen. Dies geschieht häufig dann, wenn noch ein Anspruch auf höheres Krankengeld oder höheres Arbeitslosengeld besteht, der noch ausgeschöpft werden soll.

▪ Einschränkung der Dispositionsfreiheit

Ein Anspruch auf Rente wegen voller Erwerbsminderung hat Vorrang gegenüber einem Anspruch auf Krankengeld oder Arbeitslosengeld. Wird einem Versicherten, der zunächst Krankengeld oder Arbeitslosengeld bezogen hat, rückwirkend eine volle Erwerbsminderungsrente bewilligt, hat die Krankenkasse bzw. Agentur für Arbeit gegen den Rentenversicherungsträger einen Anspruch auf Erstattung der von ihr erbrachten Leistungen, maximal in Höhe der Rentennachzahlung.

Krankenkasse und Agentur für Arbeit können den Versicherten unter bestimmten Voraussetzungen auffordern, innerhalb einer bestimmten Frist einen Antrag auf Leistungen zur medizinischen Rehabilitation oder zur Teilhabe am Arbeitsleben zu stellen. Kommt der Versicherte dieser Aufforderung nicht nach, entfällt bzw. ruht nach Ablauf der Frist der Anspruch auf Kranken- bzw. Arbeitslosengeld (§ 51 Abs. 1, 3 SGB V; § 125 Abs. 2 SGB III). Der Antrag eines vermindert Erwerbsfähigen auf Leistungen zur Teilhabe kann nach Maßgabe des § 116 Abs. 2 SGB VI als Antrag auf Rente gelten. Daher können Krankenkasse und Agentur für Arbeit durch eine Aufforderung nach § 51 Abs. 1 SGB V, § 125 Abs. 2 SGB III Einfluss auf den Beginn der Erwerbsminderungsrente nehmen und da-

mit einen frühzeitigen Wegfall des Anspruchs auf Krankengeld/Arbeitslosengeld bewirken. Krankenkasse und Agentur für Arbeit haben also ein Druckmittel, um die Versicherten in die Leistungszuständigkeit der Rentenversicherung zu überführen.

Um den Krankenkassen/Agenturen für Arbeit diesen vom Gesetzgeber beabsichtigten Vorteil zu erhalten, ist nach der Rechtsprechung des Bundessozialgerichts der Versicherte, der entsprechend der Aufforderung der Krankenkasse/Agentur für Arbeit einen Antrag auf Leistungen zur Teilhabe gestellt hat, hinsichtlich dieses Antrags in seiner Dispositionsfreiheit eingeschränkt: Nur noch mit Zustimmung der Krankenkasse/Agentur für Arbeit kann er den Antrag wirksam zurücknehmen oder seiner Umdeutung in einen Rentenantrag widersprechen. Die Dispositionsbefugnis ist im vorgenannten Sinne unter Umständen auch dann eingeschränkt, wenn der Versicherte von sich aus einen Antrag auf Leistungen zur Teilhabe gestellt hatte und die Krankenkasse/Agentur für Arbeit erst danach eine Aufforderung im Sinne des § 51 Abs. 1 SGB V, § 125 Abs. 2 SGB III ausspricht. Die Krankenkasse/Agentur für Arbeit hat bei der Frage, ob sie einer Disposition des Versicherten zustimmt, die berechtigten Interessen des Versicherten zu berücksichtigen. Überwiegt das Interesse des Versicherten an der Nichtinanspruchnahme der Rente das Interesse der Krankenkasse/Agentur für Arbeit an einer frühestmöglichen Rentenzahlung, muss letztere z. B. der Ablehnung einer Umdeutung durch den Versicherten und damit im Ergebnis einem späteren Rentenbeginn zustimmen.

Die genannten Regelungen sollen gewährleisten, dass die Versicherten nicht nach Belieben die Leistungen der verschiedenen Sozialversicherungszweige in Anspruch nehmen, sondern so früh wie möglich Leistungen von dem für sie vorrangig zuständigen Träger erhalten. Dies ist für erwerbsgeminderte Rentenversicherte die gesetzliche Rentenversicherung.

▪ Mitwirkung des Antragstellers

Dem Antragsteller obliegen im Rentenverfahren Mitwirkungspflichten. Er muss z. B. alle entscheidungserheblichen Tatsachen angeben und sich auf Verlangen des Rentenversicherungsträgers ärztlichen und psychologischen Untersuchungen unterziehen. Kommt der Antragsteller Mitwirkungspflichten nicht nach und wird hierdurch die Aufklärung des Sachverhalts erheblich erschwert, kann die beantragte Rente – wenn ihre Voraussetzungen nicht nachgewiesen sind – versagt werden (§§ 60 bis 67 SGB I). Ausführlich wird auf die Mitwirkung des Versicherten in ▶ Kap. 2.2 eingegangen.

▪ Widerspruch und Klage

Das Rentenverfahren endet mit Erlass eines schriftlichen Bescheides. Ist der Antragsteller mit der Entscheidung nicht einverstanden, kann er den Bescheid durch den Rentenversicherungsträger in einem förmlichen Verfahren, dem Widerspruchsverfahren, überprüfen lassen. Der Widerspruch muss innerhalb eines Monats – bei fehlender oder unrichtiger Rechtsbehelfsbelehrung innerhalb eines Jahres – nach Bekanntgabe des Bescheides erhoben werden. Begründet ist der Widerspruch, soweit der angefochtene Bescheid rechtswidrig ist. Die Rechtswidrigkeit kann insbesondere auf der falschen Anwendung von Rechtsnormen oder auf der unzulänglichen Ermittlung oder fehlerhaften Bewertung der entscheidungserheblichen Tatsachen beruhen. Ist der Widerspruch ganz oder teilweise begründet, wird ihm im Umfang der Begründetheit abgeholfen. Soweit der Widerspruch unbegründet ist, wird er mit einem Widerspruchsbescheid ganz oder teilweise zurückgewiesen. Binnen eines Monats nach Bekanntgabe des Widerspruchsbescheides kann der Versicherte beim zuständigen Sozialgericht Klage erheben. Es ist nicht möglich, ohne vorheriges Widerspruchsverfahren zu klagen. Das Widerspruchsverfahren hat nämlich nicht nur den Zweck, dem Versicherungsträger eine Eigenkontrolle zu ermöglichen, es dient auch und vor allem der Entlastung der Sozialgerichtsbarkeit.

Erhebt der Versicherte keinen Widerspruch, wird der Bescheid mit Ablauf der Widerspruchsfrist bestandskräftig, d. h. die Entscheidung des Versicherungsträgers wird auf Dauer verbindlich. Ein bestandskräftiger Bescheid kann nur unter bestimmten, im SGB X geregelten Voraussetzungen zurückgenommen oder aufgehoben werden. Praktisch bedeutsam ist die Aufhebung des Rentenbescheids bei Besserung des Gesundheitszustands.

1.2.2 Weitere Rentenarten mit sozialmedizinischem Bezug

▪ Altersrente für schwerbehinderte Menschen

Eine Altersrente für schwerbehinderte Menschen (§§ 37, 236a SGB VI) können Versicherte erhalten, die die Wartezeit von 35 Jahren erfüllt haben und die bei Beginn der Rente als schwerbehinderte Menschen anerkannt sind. Schwerbehindert sind Personen mit einem Grad der Behinderung (GdB) von wenigstens 50 (§ 2 Abs. 2 SGB IX). Das Vorliegen einer Behinderung und den Grad der Behinderung stellen die für die Durchführung des Bundesversorgungsgesetzes (BVG) zuständigen Behörden fest. Die Rentenversicherungsträger sind an deren Feststellung gebunden. Versicherte, die vor 1951 geboren sind, können nach einer Übergangsregelung eine Altersrente für schwerbehinderte Menschen auch dann beziehen, wenn

sie bei Beginn der Rente berufs- oder erwerbsunfähig nach dem am 31.12.2000 geltenden Recht sind.

Für Versicherte, die vor 1952 geboren wurden, liegt die reguläre Altersgrenze bei 63 Jahren und die Altersgrenze für den vorzeitigen, abschlagsbehafteten Rentenbezug bei 60 Jahren. Diese Altersgrenzen werden aufgrund des RV-Altersgrenzenanpassungsgesetzes im Zeitraum 2012 bis 2029 beginnend mit dem Jahrgang 1952 schrittweise jeweils um zwei Jahre auf das 65. bzw. 62. Lebensjahr angehoben. Versicherte, die bereits am 01.01.2007 als schwerbehinderte Menschen anerkannt waren, vor dem 01.01.1955 geboren sind und vor dem 01.01.2007 mit ihrem Arbeitgeber Altersteilzeitarbeit vereinbart haben, sind nach einer Vertrauensschutzregelung von der Anhebung der Altersgrenzen ausgenommen.

Die Altersgrenze für den abschlagsfreien Bezug der Altersrente für schwerbehinderte Menschen lag ursprünglich bei 60 Jahren. Von 2001 bis 2003 wurde sie schrittweise auf 63 Jahre angehoben. Nach einer in diesem Zusammenhang getroffenen Vertrauensschutzregelung können Versicherte, die vor dem 17.11.1950 geboren sind und am Stichtag 16.11.2000, das war der Tag der 3. Lesung des betreffenden Gesetzes im Deutschen Bundestag, schwerbehindert, berufs- oder erwerbsunfähig nach dem am 31.12.2000 geltenden Recht waren, bei Erfüllung aller Voraussetzungen weiterhin ab dem 60. Lebensjahr ohne Abschlag in Rente gehen. Dabei kommt es nicht auf das Datum der Anerkennung der Schwerbehinderung oder der Feststellung der Erwerbsminderung an, sondern auf das Vorliegen des entsprechenden Sachverhalts am Stichtag. Das bedeutet, dass in Einzelfällen noch bis zum Jahr 2013 nachträglich geprüft werden muss, ob eine Schwerbehinderung oder eine Erwerbsminderung am Stichtag bereits vorgelegen hatte.

▪ Große Witwen-/Witwerrente wegen verminderter Erwerbsfähigkeit

In versicherungsrechtlicher Hinsicht setzen Hinterbliebenenrenten voraus, dass der Verstorbene zur Zeit seines Todes die allgemeine Wartezeit von fünf Jahren zurückgelegt hatte oder ihm zu diesem Zeitpunkt eine Versichertenrente zustand.

Eine große Witwen-/Witwerrente wird zunächst dann geleistet, wenn der hinterbliebene Ehegatte das 45. Lebensjahr vollendet hat. Diese Altersgrenze wird aufgrund des RV-Altersgrenzenanpassungsgesetzes von 2012 bis 2029 stufenweise auf das 47. Lebensjahr angehoben. Vor dem 45. Lebensjahr haben Anspruch auf große Witwen-/Witwerrente unter anderem hinterbliebene Ehegatten,

- die erwerbsgemindert sind (§ 46 Abs. 2 SGB VI),
- die vor dem 02.01.1962 geboren und berufsunfähig sind oder

die am 31.12.2000 bereits berufsunfähig oder erwerbsunfähig waren und dies ununterbrochen sind (§ 242a Abs. 2 SGB VI).

Nach Ablauf des Sterbevierteljahres, in dem eine volle Rente gezahlt wird, beträgt die große Witwen-/Witwerrente 60 % der Rente des verstorbenen Versicherten. Im Falle der Wiederheirat entfällt der Anspruch auf Witwen-/Witwerrente. Der überlebende Ehegatte erhält dann eine Abfindung in Höhe des zweifachen Jahresbetrags der weggefallenen Rente. Das Recht der Hinterbliebenenrenten wurde zum 01.01.2002 grundlegend reformiert. Die Änderungen kommen allerdings aufgrund langfristig wirkender Übergangsregelungen nur allmählich zum Tragen. Für Hinterbliebene, die von dem neuen Recht betroffen sind, ergeben sich u. a. folgende Änderungen:

- Ein Anspruch auf Witwen-/Witwerrente setzt grundsätzlich voraus, dass die Ehe mindestens ein Jahr gedauert hat. Bei kürzeren Ehen wird vermutet, dass die Ehe geschlossen wurde, um eine Hinterbliebenenversorgung zu erlangen. Eine Rente wird nur geleistet, wenn diese Vermutung im Einzelfall widerlegt werden kann.
- Die große Witwen-/Witwerrente beträgt nur noch 55 % der Versichertenrente.
- Hinterbliebene, die Kinder erzogen haben, erhalten zur Witwen- oder Witwerrente einen Zuschlag.

Waisenrente wegen körperlicher, geistiger oder seelischer Behinderung

Kinder verstorbener Versicherter haben Anspruch auf Waisenrente (§ 48 SGB VI). Wenn noch ein unterhaltspflichtiger Elternteil lebt, wird eine Halbwaisenrente gezahlt; ist kein unterhaltspflichtiger Elternteil mehr vorhanden, eine wesentlich höhere Vollwaisenrente. Waisenrenten werden grundsätzlich bis zum 18. Geburtstag des Kindes geleistet. Unter anderem wenn die Waise wegen körperlicher, geistiger oder seelischer Behinderung außerstande ist, sich selbst zu unterhalten, besteht der Anspruch längstens bis zur Vollendung des 27. Lebensjahres. Eine Behinderung im vorgenannten Sinne ist gegeben, wenn die körperliche Funktion, geistige Fähigkeit oder seelische Gesundheit der Waise mit hoher Wahrscheinlichkeit länger als sechs Monate von dem für das Lebensalter typischen Zustand abweicht und daher die Teilhabe der Waise am Leben in der Gesellschaft beeinträchtigt ist (§ 48 Abs. 4 SGB VI i. V. m. § 2 Abs. 1 Satz 1 SGB IX). Entsprechende Behinderungen können auch durch Krankheiten bewirkt werden. Unter den Begriff »Behinderung« fallen dagegen keine Krankheiten, deren Verlauf sich auf eine im Voraus abschätzbare kurze oder längere Dauer beschränkt (sog. akute Krankheiten).

1.3 Schnittstellen zu anderen Sozialleistungsbereichen

Uwe Chojetzki

1.3.1 Grundsicherung für Arbeitsuchende (SGB II)

Die Grundsicherung für Arbeitsuchende umfasst Leistungen zur Eingliederung in Arbeit und Leistungen zur Sicherung des Lebensunterhalts. Zu Letzteren gehört das Arbeitslosengeld II. Eine Voraussetzung für den Bezug von Arbeitslosengeld II ist die Erwerbsfähigkeit. Erwerbsfähig im Sinne des SGB II ist, »wer nicht wegen Krankheit oder Behinderung auf absehbare Zeit außerstande ist, unter den üblichen Bedingungen des allgemeinen Arbeitsmarktes mindestens drei Stunden täglich erwerbstätig zu sein« (§ 8 Abs. 1 SGB II). Diese Regelung lehnt sich an die Definition der vollen Erwerbsminderung in § 43 Abs. 2 SGB VI an. Als erwerbsfähig sind alle Personen anzusehen, die nicht voll erwerbsgemindert im Sinne des § 43 Abs. 2 SGB VI sind. Die Beurteilung der Erwerbsfähigkeit im Sinne des SGB II richtet sich also nach rentenversicherungsrechtlichen Kriterien.

Träger der Grundsicherung für Arbeitsuchende sind die Bundesagentur für Arbeit sowie die kreisfreien Städte und Kreise. Die Agentur für Arbeit hat festzustellen, ob der Arbeitsuchende erwerbsfähig ist. Der kommunale Träger, ein anderer Träger, der bei voller Erwerbsminderung zuständig wäre (z. B. ein Rentenversicherungsträger), oder die Krankenkasse, die bei Erwerbsfähigkeit Leistungen der Krankenversicherung zu erbringen hätte, können der Feststellung der Agentur für Arbeit widersprechen. Bis 2010 entschied im Widerspruchsfall eine gemeinsame Einigungsstelle. Die Einigungsstelle sollte eine einvernehmliche Entscheidung anstreben, zog im notwendigen Umfang Sachverständige hinzu und entschied mit der Mehrheit der Mitglieder (§§ 44a, 45 SGB II a. F.). Die Entscheidung der Einigungsstelle war für die an der Entscheidung beteiligten Träger bindend. Zum 01.01.2011 wurde das Einigungsstellenverfahren abgeschafft. Im Widerspruchsfall entscheidet seitdem die Agentur für Arbeit, nachdem sie eine gutachterliche Stellungnahme des nach § 109a Abs. 4 SGB VI zuständigen Rentenversicherungsträgers eingeholt hat. Die Agentur für Arbeit ist bei der Entscheidung über den Widerspruch an das Gutachten des Rentenversicherungsträgers gebunden. Die gutachterliche Stellungnahme zur Erwerbsfähigkeit bindet darüber hinaus alle Leistungsträger nach dem SGB II, SGB III, SGB V, SGB VI und SGB XII (§ 44a SGB II).

Die Rentenversicherung hat mit der Bundesagentur für Arbeit eine Verfahrensvereinbarung über die Zusammenarbeit bei der Beurteilung der Leistungsfähigkeit von

Arbeitsuchenden im Sinne des SGB II getroffen. Sie zielt darauf ab, den Aufwand für alle Beteiligten zu begrenzen, insbesondere unnötige Doppeluntersuchungen und unterschiedliche Beurteilungen der Leistungsfähigkeit von Arbeitsuchenden zu vermeiden. Wenn im Einzelfall die Leistungsfähigkeit von Arbeitsuchenden, die die versicherungsrechtlichen Voraussetzungen für eine Erwerbsminderungsrente erfüllen, unterschiedlich beurteilt wird, sollen diese Divergenzen zwischen den ärztlichen Diensten der Agentur für Arbeit und des Rentenversicherungsträgers erörtert und möglichst ausgeräumt werden. Nach der Erörterung entscheidet der Rentenversicherungsträger abschließend über den Rentenantrag. Die Arbeitsagentur erkennt die im Rentenverfahren abgegebene ärztliche Stellungnahme als für sich verbindlich an. Diese Regelungen haben zur Folge, dass bei den genannten Arbeitsuchenden ein förmlicher Widerspruch des Rentenversicherungsträgers gegen die Feststellung der Agentur für Arbeit zur Erwerbsfähigkeit regelmäßig entfällt.

1.3.2 Grundsicherung im Alter und bei Erwerbsminderung (§§ 41 bis 46 SGB XII)

Die Grundsicherung im Alter und bei Erwerbsminderung ist eine steuerfinanzierte, Bedürftigkeit voraussetzende Leistung zur Sicherung des notwendigen Lebensunterhalts älterer und dauerhaft voll erwerbsgeminderter Personen. Sie wurde 2003 eingeführt und war zunächst in einem eigenen Gesetz geregelt. Zum 01.01.2005 wurde die Grundsicherung im Alter und bei Erwerbsminderung in das Sozialhilferecht (SGB XII) integriert und ist seitdem eine besondere Leistung der Sozialhilfe.

Anspruch auf Grundsicherung im Alter und bei Erwerbsminderung haben u. a. bedürftige Personen mit gewöhnlichem Aufenthalt im Inland, die das 18. Lebensjahr vollendet haben und unabhängig von der jeweiligen Arbeitsmarktlage, also aus medizinischen Gründen, voll erwerbsgemindert im Sinne des § 43 Abs. 2 SGB VI sind und bei denen unwahrscheinlich ist, dass die volle Erwerbsminderung behoben werden kann (§ 41 Abs. 1 und 3 SGB XII). Ob eine Person aus medizinischen Gründen dauerhaft voll erwerbsgemindert ist, prüft und entscheidet auf Ersuchen des Sozialhilfeträgers der zuständige Rentenversicherungsträger. Die Entscheidung des Rentenversicherungsträgers ist für den ersuchenden Sozialhilfeträger bindend. Wurde bereits in einem Rentenverfahren oder bei einer Begutachtung nach § 44a SGB II zur Erwerbsfähigkeit (siehe ▶ Abschn. 1.3.1) eine dauerhafte volle Erwerbsminderung festgestellt, entfällt eine erneute Prüfung des Leistungsvermögens (§ 45 SGB XII, § 109a Abs. 2 und 4 SGB VI).

Die Leistungen der Grundsicherung im Alter und bei Erwerbsminderung entsprechen weitestgehend den Leistungen der Hilfe zum Lebensunterhalt (§§ 27 bis 40 SGB XII). Ein wesentlicher Unterschied zur Hilfe zum Lebensunterhalt besteht darin, dass Unterhaltsansprüche gegenüber Kindern oder Eltern unberücksichtigt bleiben, sofern deren jährliches Gesamteinkommen unter 100.000 Euro liegt. Mit dieser Regelung soll »verschämter Altersarmut« entgegengewirkt werden. Ältere Menschen machten in der Vergangenheit Sozialhilfeansprüche oft nicht geltend, um einen Rückgriff des Sozialhilfeträgers auf unterhaltspflichtige Kinder zu vermeiden.

Die Grundsicherung im Alter und bei Erwerbsminderung ist primär für die dauerhaft voll erwerbsgeminderten Personen von Bedeutung, die die versicherungsrechtlichen Voraussetzungen für eine Rente aus der gesetzlichen Rentenversicherung nicht erfüllen. Für Rentenberechtigte kommt ein (ergänzender) Bezug von Grundsicherungsleistungen dann in Betracht, wenn die Rente wegen voller Erwerbsminderung den notwendigen Lebensunterhalt im Sinne des SGB XII nicht vollständig deckt.

1.3.3 Gesetzliche Unfallversicherung (SGB VII)

Die gesetzliche Unfallversicherung hat die Aufgabe, Arbeitsunfälle, Berufskrankheiten und arbeitsbedingte Gesundheitsgefahren zu verhüten und nach Eintritt eines Versicherungsfalls die Gesundheit und Leistungsfähigkeit des Versicherten wiederherzustellen (insbesondere durch Heilbehandlung, Leistungen zur Teilhabe) und ihn oder seine Hinterbliebenen zu entschädigen (insbesondere durch Verletzten- und Hinterbliebenenrenten).

Verletztenrenten werden gewährt, wenn die Erwerbsfähigkeit des Versicherten infolge eines Versicherungsfalls (Arbeitsunfall oder Berufskrankheit) länger als 26 Wochen um mindestens 20 % gemindert ist. Erwerbsfähigkeit im Sinne der gesetzlichen Unfallversicherung ist die Fähigkeit des Versicherten, sich unter Ausnutzung der Arbeitsgelegenheiten, die sich ihm nach seinen Kenntnissen und Fähigkeiten im ganzen Bereich des wirtschaftlichen Lebens bieten, einen Erwerb zu verschaffen. Der Grad der Minderung der Erwerbsfähigkeit (MdE) richtet sich nach dem Umfang der verminderten Arbeitsmöglichkeiten auf dem gesamten Gebiet des Erwerbslebens. Die Höhe der Verletztenrente hängt ab vom Grad der Minderung der Erwerbsfähigkeit und dem Jahresarbeitsverdienst vor dem Eintritt des Versicherungsfalls. Bei völligem Verlust der Erwerbsfähigkeit wird eine Jahresrente in Höhe von 2/3 des Jahresarbeitsverdienstes gezahlt (Vollrente). Bei einer geringeren Erwerbsminderung wird der Teil der Vollrente gezahlt, der dem Grad der Erwerbsminderung entspricht

(Teilrente), wobei für die Feststellung des Grads der Erwerbsminderung nur Minderungen von wenigstens 10 % zu berücksichtigen sind. Die Verletztenrente orientiert sich mit der Anknüpfung an den Jahresarbeitsverdienst, anders als die Erwerbsminderungsrente der gesetzlichen Rentenversicherung, nicht an dem Einkommensniveau des gesamten Erwerbslebens, sondern am aktuellen Einkommen des Versicherten.

Neben einem Anspruch auf Verletztenrente aus der gesetzlichen Unfallversicherung kann zugleich ein Anspruch auf Rente wegen verminderter Erwerbsfähigkeit aus der gesetzlichen Rentenversicherung bestehen. In diesem Fall wird die Erwerbsminderungsrente insoweit nicht geleistet, als die Summe der zusammentreffenden Rentenbeträge einen bestimmten Grenzbetrag übersteigt (§ 93 SGB VI). Die Verletztenrente wird also in voller Höhe geleistet, auf die Erwerbsminderungsrente wird ggf. der Betrag angerechnet, der den Grenzbetrag übersteigt. Mit der Absenkung der Erwerbsminderungsrente soll einer »Überversorgung« begegnet werden.

Weiterführende Literatur

Ruland F: Rentenversicherung, in: von Maydell B, Ruland F, Becker U (Hrsg.) Sozialrechtshandbuch. S. 801–875. Baden-Baden: Nomos Verlag, 4. Auflage, 2008

Seidel E: Das Rentenversicherungsrecht – Die gesicherten Risiken, in: von Maydell B, Ruland F (Hrsg.) Handbuch der gesetzlichen Rentenversicherung. Neuwied: Hermann Luchterhand Verlag, 1990

Verband Deutscher Rentenversicherungsträger, VDR (Hrsg.): Die Erwerbsminderungsrente, Grundsätze der gesetzlichen Rentenversicherung, in: Deutsche Rentenversicherung (DRV) 2002, S. 81–213

Rechtliche Rahmenbedingungen der Begutachtung im Verwaltungs- und Sozialgerichtsverfahren

Marion Schneider

2.1   Der medizinische Sachverständige

2.1.1   Die Aufklärung des Sachverhalts – Aufgabe von Verwaltung und Rechtsprechung

Die Behörden im Bereich der Sozialverwaltung und die Gerichte der Sozialgerichtsbarkeit haben den Sachverhalt in eigener Zuständigkeit von Amts wegen aufzuklären, ohne an das Vorbringen und die Beweisanträge der Beteiligten gebunden zu sein (§ 20 SGB X, § 103 SGG). Sozialverwaltung wie Sozialgerichte müssen daher von sich aus alle Möglichkeiten zur Klärung entscheidungserheblicher Tatsachen ausschöpfen. Die Verwaltung z. B. darf also nicht etwa nur die vom Antragssteller vorgebrachten Angaben berücksichtigen. Vielmehr liegt die Verantwortung für die erforderliche Sachaufklärung bei der Verwaltung selbst. Ergibt sich ein Anhalt für das Vorliegen einer anspruchsbegründenden gesundheitlichen Beeinträchtigung, haben Verwaltung bzw. Sozialgericht dem von Amts wegen nachzugehen. Lässt z. B. ein beigezogener Arztbrief die Möglichkeit offen, dass der eine Erwerbsminderung geltend machende Antragsteller an einer bislang noch nicht bekannten Erkrankung leidet, die ihrerseits für die Beurteilung der Leistungsfähigkeit und damit des Anspruchs erheblich sein könnte, hat die Verwaltung diesbezüglich zu ermitteln, ggf. ein Gutachten einzuholen.

Bei ihren Ermittlungen sind Verwaltung und Sozialgerichte nicht auf bestimmte Beweismittel beschränkt, sondern vielmehr zu Ermittlungen jeder Art befugt. Die Verwaltung als Teil der Exekutive wie die Gerichte der Sozialgerichtsbarkeit haben den Sachverhalt umfassend aufzuklären. Als Mittel zur Sachaufklärung können sowohl von Verwaltung wie Sozialgericht in weitem Umfang medizinische Unterlagen aus ambulanter und stationärer Behandlung und Akten bzw. Unterlagen anderer Sozialleistungsträger und sonstiger Stellen beigezogen werden. Sozialgerichte und ihnen zuvor die Verwaltung können Auskünfte aller Art einholen; sie können von Ärzten Befundberichte anfordern. Außerdem besteht in jedem Stadium des Verfahrens die Möglichkeit – nach Lage des Falles ggf. auch die Pflicht – Beteiligte anzuhören. Dies ist ein oftmals unentbehrliches Mittel zur Sachaufklärung. Zur Durchführung der Amtsermittlung zählt nicht zuletzt, Zeugen und Sachverständige zu vernehmen oder schriftliche Gutachten einzuholen.

Festzuhalten bleibt: Mögen Verwaltung und Rechtsprechung im Verfassungsgefüge des sozialen Rechtsstaats unterschiedliche Funktionen wahrnehmen und sich insoweit unterscheiden, sind beide in gleicher Weise an Gesetz und Recht gebunden (Art. 20 Abs. 3 GG). Dieser Bindung folgend sind sowohl die Verwaltung als auch die Gerich-te verpflichtet, den entscheidungserheblichen Sachverhalt von Amts wegen aufzuklären und dabei ein Höchstmaß an Sorgfalt aufzuwenden. Insoweit besteht kein Unterschied darin, ob ein medizinisches Sachverständigengutachten für eine Verwaltungsentscheidung (z. B. Rentenantrag) erforderlich ist oder der richterlichen Beurteilung dient. Soweit sich gleichwohl einzelne Unterschiede im Verfahrensablauf und Verfahrensinhalt zwischen den im Verwaltungsverfahren eingeholten Gutachten gegenüber sozialgerichtlich in Auftrag gegebenen Gutachten ergeben mögen, wird darauf gesondert eingegangen.

Hinzuweisen bleibt darauf, dass gerade auch im Verwaltungsverfahren Gutachten nicht »parteiisch« zu erstellen sind. Das Verwaltungsgutachten hat die gleiche finale Funktion zur Sachaufklärung wie das Gerichtsgutachten. Gutachten aus Verwaltungsverfahren stellen keine »Parteigutachten« dar. Hier wie dort beantwortet der beauftragte Sachverständige die Beweisfragen, die ihm gestellt werden, als Arzt nach »bestem Wissen und Gewissen«.

2.1.2   Sachverständiger und sachverständiger Zeuge – Abgrenzungen und Begriffsbestimmungen

Der Arzt ist jeweils für diejenigen Bereiche seines Gebietes als *Sachverständiger* anzusehen, in denen er *besondere Kenntnisse und Erfahrungen* besitzt. In dieser Funktion gibt er gegenüber dem gerichtlichen, behördlichen oder auch privaten Auftraggeber eine Beurteilung aus Tatsachen auf Grund seiner besonderen Sachkunde und der Fragestellung der Beweisanordnung ab. Die hier relevanten »Tatsachen« sind die Befunde, die er in der Regel durch selbst ausgeführte Untersuchungen erhoben und unter Berücksichtigung der Dokumente und Befunde etwaiger früherer Untersuchungen ausgewertet hat. Lediglich bei reinen Aktengutachten stehen dem Sachverständigen neben dem Akteninhalt als »Tatsachen« nur die Dokumente und Befunde früherer Untersuchungen zur Verfügung.

Darüber hinaus bleibt auf die Abgrenzungsproblematik gegenüber dem *Zeugen* und dem *sachverständigen Zeugen* hinzuweisen. Zeuge, sachverständiger Zeuge und Sachverständiger sind nach den einzelnen Prozess- und Verfahrensordnungen jeweils Beweismittel (vgl. die §§ 373 ff., 402 ff. und 414 ZPO, § 118 SGG, § 98 VwGO, § 21 SGB X, §§ 46 Abs. 2 und 64 Abs. 6 Satz 1 ArbGG, §§ 72 ff. StPO). Der Zeuge bekundet sein – zumeist zufällig erlangtes – Wissen über bestimmte Tatsachen. Demgegenüber gibt der Sachverständige dem Richter auf Grund seiner besonderen Qualifikation und der Nutzung seines Wissens, seiner Erfahrungen und der Fachliteratur eine *Bewertung* der ihm vorliegenden »Tatsachen«, seien diese nun eigene Untersuchungen oder Voruntersuchungen, unter Berücksichtigung der Aktenlage wieder, kraft derer dem Richter die Rechtsanwendung ermöglicht wird. Auch wenn das Gericht dem Sachverständigen nicht die Entscheidung überlassen darf, sondern zu prüfen hat, ob die gutachtlich getroffene Äußerung überzeugend ist, darf sich der Richter trotz der Notwendigkeit einer Beweiswürdigung und damit der richterlichen Bewertung einer gutachtlich getroffenen Äußerung *nicht ohne eigene genügende Sachkenntnis über das Gutachten hinwegsetzen.* Hat er ernsthafte Zweifel, muss er ggf. einen weiteren Sachverständigen zu der gleichen Frage bestellen. Die Entscheidung, welcher von mehreren voneinander abweichenden gutachterlichen Äußerungen zu folgen ist, gehört zu den schwierigsten, oft nicht objektiv lösbaren Problemen der Rechtsfindung.

Im Unterschied zum Sachverständigen soll der *sachverständige Zeuge* seine ohne einen Zusammenhang mit einem gerichtlichen Auftrag gezogenen Wahrnehmungen bekunden und daraus Schlüsse ziehen. Klassischer Anwendungsfall ist die Übermittlung der bei dem jeweiligen Patienten bestehenden Befunde im Rahmen der Erstellung eines Befundberichts oder einer richterlichen Vernehmung über den Gesundheitszustand des Patienten. Damit nimmt der sachverständige Zeuge, wie bereits die bloße Wortbezeichnung erkennen lässt, eine Zwischenstellung zwischen Zeugen und Sachverständigen ein:

- Sachverständige berichten über Erfahrungssätze ihrer Wissenschaft und ziehen daraus Schlussfolgerungen, sie vermitteln die bei ihnen gegebene besondere Sachkunde.
- Sachverständige Zeugen bekunden dagegen allein Tatsachen oder Zustände, zu deren Wahrnehmung es der besonderen Sachkunde bedarf.

Ein Arzt kann demnach, je nach Beauftragung, Sachverständiger oder sachverständiger Zeuge sein. Letztes wird dann anzunehmen sein, wenn vom Auftraggeber (Gericht bzw. Verwaltung) die Bekundung von Tatsachen verlangt wird, die er als Arzt kraft seiner medizinischen Sachkunde wahrgenommen hat; dann ist der Arzt als sachverständiger Zeugen berufen. Geht es dagegen darum, dass der Arzt – über die Bekundung von Tatsachen hinaus – aus medizinischen Erkenntnissen bestimmte Schlussfolgerungen ziehen soll, ist er als Sachverständiger beauftragt.

Die Unterschiede ergeben sich vor allem in der verfahrensrechtlichen Stellung: Der sachverständige Zeuge ist gerade nicht Sachverständiger, sondern Zeuge. Auf ihn finden daher andere Rechtsregeln Anwendung als auf den Sachverständigen. So klar die Grenzziehung mithin ist, mag es Grenzfälle geben, in denen die Zuordnung nicht offensichtlich ist. Typisches Beispiel: Der behandelnde Arzt, der einen Behandlungs- und Befundbericht abgibt,

ist sachverständiger Zeuge. Wird er außerdem aufgefordert, zum Leistungsvermögen seines Patienten oder zu Fragen der Rehabilitationsfähigkeit Auskunft zu geben, kann er, soweit von ihm *besondere Kenntnisse und Erfahrungen und wissenschaftliche Erfahrungssätze* in Bezug auf die konkrete Beauftragung eingesetzt werden müssen, unabhängig von der Auftragsbezeichnung als Sachverständiger anzusehen sein.

Soweit sich für den beauftragten Arzt im Einzelfall Zweifel ergeben, ob eine Beauftragung als Sachverständiger oder als sachverständiger Zeuge vorliegt, ist ihm anzuraten, mit dem Auftraggeber (Verwaltung bzw. Gericht) *vor der Wahrnehmung des Auftrags Rücksprache* zu halten.

2.1.3 Funktion und Bedeutung von Sachverständigengutachten – Kriterien für die Auswahl von Sachverständigen

Gerade in sozialrechtlichen Angelegenheiten und damit namentlich im Zusammenhang mit Ansprüchen, die gegen gesetzliche Rentenversicherungsträger erhoben werden, kann nur ein begrenzter Teil der Verfahren ohne die Erhebung von Gutachten abgeschlossen werden. Die sich am medizinischen Sachverstand ausrichtende Beurteilung des Bestehens etwa einer Erwerbsminderung als Voraussetzung für die Zuerkennung eines entsprechenden Rentenanspruchs oder die Prognose für die Wiedereingliederung als Voraussetzung für die Geltendmachung eines Anspruchs auf medizinische Rehabilitation erfordern vielfach eine (sozial)medizinische Begutachtung. Es bleibt darauf hinzuweisen: Die Beurteilung von Ansprüchen im Bereich der gesetzlichen Rentenversicherung erfordert weithin die Erstattung von medizinischen Sachverständigengutachten.

Die damit aufgeworfene Frage, welche Ärzte als geeignete Sachverständige im Einzelfall in Betracht kommen, obliegt dem Auftraggeber und damit der Verwaltung bzw. den Sozialgerichten. Nicht jeder Arzt ist für alle Bereiche seines Faches per se als Sachverständiger anzusehen. Er ist vielmehr in der Regel nur dann als Sachverständiger zu bestellen, wenn er auf dem aus dem Beweisbeschluss oder der Auftragsstellung hervorgehenden Teil seines Gebietes durch besondere Kenntnisse und Erfahrungen ausgewiesen ist. Die Wahl geeigneter Sachverständiger unter diesen Gesichtspunkten ist eine besonders verantwortungsvolle Aufgabe für den Richter und die Verwaltung gleichermaßen.

Dem Gutachter kommt die Aufgabe zu, im Rahmen der Diagnostik unter Einsatz der hierfür geeigneten Untersuchungsmethoden Befunde zu erheben und zu beurteilen sowie auf Grund der Aktenlage und seiner Untersuchungsergebnisse die Fragestellungen der Beweisanordnung so zu beantworten, dass dem Richter oder im weitesten Sinne dem Auftraggeber die Rechtsanwendung ermöglicht wird. Für sämtliche Aufgabenfelder benötigt der Sachverständige ein *besonderes Fachwissen*, das dem Auftraggeber fehlt. Verwaltung und Gerichte sind mangels eigener medizinischer Sachkunde nicht in der Lage, einen medizinischen Sachverhalt angemessen zu bewerten. In diesem Sinne ist der Sachverständige Helfer des Auftraggebers. Bei gerichtlicher Sachverständigentätigkeit wird diese besondere Beziehung zwischen Richter und Sachverständigem auch durch die Bestimmung unterstrichen, dass der Richter die Tätigkeit des Sachverständigen erforderlichenfalls zu leiten hat. Dies geschieht bei Gerichtsgutachten in der Regel ausschließlich durch den Inhalt des Beweisbeschlusses.

Der Richter ist im Bereich der Medizin nicht ausgebildet. Er ist allerdings auf dem Gebiet der Medizin, denkt man nur an die Sozialgerichte, vielfach mit Halbwissen ausgestattet, welches jedoch die erforderliche Sachkunde nicht zu ersetzen vermag. Auch wenn die dem Richter im Einzelfall zugänglichen medizinischen Informationen geeignet sein mögen, im Rahmen der Beweisanordnung sachlich zutreffende Fragen zu stellen, fehlt ihm die hinreichende Sachkunde, die es ihm ermöglichen würde, ein Verfahren ohne die Einholung eines erforderlichen medizinischen Sachverständigengutachtens abzuschließen.

Hieraus werden sowohl die *Bedeutung des Gutachtens* als auch die *Stellung des Sachverständigen* deutlich: Das Gutachten soll dem Auftraggeber zur Klärung eines medizinischen Sachverhaltes verhelfen, die ihm selbst mangels eigener Sachkunde nicht möglich ist. Nicht selten ergibt sich für den Sachverständigen auf Grund des Aktenstudiums und seiner Untersuchungsergebnisse auch die Notwendigkeit, eine *Erweiterung der Beweisanordnung* vorzuschlagen. Dem Probanden gegenüber, auch wenn dieser der Auftraggeber ist, nimmt der Sachverständige insofern eine andere Stellung als seinem Patienten gegenüber ein, als er bei dieser Aufgabe ausschließlich zu einer möglichst objektiven Bewertung nach pathologisch-anatomischen und funktionellen Gesichtspunkten verpflichtet ist und sich dabei nicht durch Vorstellungen und Äußerungen des Probanden beeinflussen lassen darf.

Damit ist das *Gutachten* als die Anwendung besonderer medizinischer Erkenntnisse und Erfahrungen auf einen Einzelfall im Hinblick auf eine bestimmte, zumeist aus rechtlichen Gründen gebotene Fragestellung zu verstehen. Im Rahmen eines Sachverständigengutachtens hat der beauftragte Arzt aus Tatsachen und Sachverhalten, die sich aus den eigenen Untersuchungen oder den Akten einschließlich der Voruntersuchungen ergeben, mit Hilfe seiner besonderen Befähigung Schlussfolgerungen zu ziehen. Im Unterschied zum Befundbericht, der eine bloße Zustandsbeschreibung auf Grund von Unter-

suchungsergebnissen enthält, ist das ärztliche Gutachten dadurch gekennzeichnet, dass es auf Grund des von dem Urheber eingebrachten besonderen Kenntnis- und Erfahrungsschatzes eine wissenschaftlich begründete Schlussfolgerung enthält und die Fragen der Beweisanordnung beantwortet.

2.1.4 Die Beauftragung des Sachverständigen

Ein Arzt kann in unterschiedlichster Form als Sachverständiger beauftragt werden, etwa von einem privaten Auftraggeber (Privatperson, Versicherungsgesellschaft), einer Verwaltungsbehörde, einem Gericht oder einer Staatsanwaltschaft. Im hier gegebenen Zusammenhang geht es um zwei Auftraggeber: Einerseits um die Beauftragung durch ein Sozialgericht, andererseits durch einen Rentenversicherungsträger.

Im Verwaltungsverfahren und im Gerichtsprozess ist dem Sachverständigen eine im Wesentlichen gleiche Rolle zugewiesen. Gleichgültig, wer den Gutachtenauftrag erteilt hat, ob also der Versicherungsträger oder das Gericht: In beiden Fällen hilft der Sachverständige medizinischen Laien bei der Sachaufklärung, ordnet den medizinischen Sachverhalt und trägt im weitesten Sinne zur Wahrheitsfindung bei.

Je nachdem, von wem er beauftragt ist, kommt ihm die Stellung eines medizinischen Helfers und Beraters entweder der Verwaltung oder des Gerichts zu. Der Sachverständige entscheidet damit nicht selbst, sondern trägt mit seinem medizinischen Fachwissen, seinen aus medizinischer Praxis gewonnenen Erfahrungen und seinem fachkundigen Rat dazu bei, dass die Verwaltung, im Streitfall das Gericht, die Entscheidung findet. In dieser Funktion gerät der Arzt als Sachverständiger allerdings leicht in Gefahr, mit einer Rolle versehen zu werden, die ihm gesetzlich nicht zukommt: Vielfach wird er zum eigentlichen Herrn des Verfahrens gemacht. So wird behauptet, in der heutigen Sozialordnung besäßen die Ärzte die Schlüssel, mit deren Hilfe sich Fächer zu Sozialleistungen vielfältiger Art öffnen ließen. Mit der Brille der Versicherten gesehen, ist diese Behauptung – so irrig sie ist – nicht einmal übertrieben, wenn man sich die Rolle vergegenwärtigt, die dem Arzt im Sozialstaat zufällt. An welche Sozialleistung oder soziale Vergünstigung man auch denkt, ob an Krankengeld oder Rente wegen Erwerbsminderung, ob an den Schwerbehindertenschutz oder an Rehabilitation, im Kern geht es immer darum: Krankheit ist Merkmal von gesetzlichen Tatbeständen, aus denen sich Rechtsansprüche gegen Sozialleistungsträger ableiten. Wo der Bürger aus Krankheitsgründen eine Sozialleistung beantragt, überall begegnet er dem Arzt, von dessen Beurteilung aus seiner Sicht viel, wenn nicht alles abhängt. Für ihn liegt der Gang zum medizinischen Sachverständigen stets vor der Entscheidung über seinen Leistungsantrag. In dieser Situation ist es nicht verwunderlich, dass er den medizinischen Sachverständigen für denjenigen hält, der das letzten Endes entscheidende Wort spricht.

Rechtlich jedoch liegt die Entscheidungskompetenz allein bei der Verwaltung oder beim Gericht. Der Sachverständige muss deshalb nicht nur bei seinen Gesprächen mit dem zu Begutachtenden, sondern auch in seiner gutachtlichen Aussage den Eindruck vermeiden, als sei er es, der entscheidet, ob die beantragte Sozialleistung zusteht. Er muss vor allem darauf bedacht sein, medizinische und außermedizinische Kompetenzen nicht zu verwischen.

Gutachten im Auftrag eines Sozialgerichts

Bereits die Benennung als »Gerichtsgutachten« weist aus, dass der Auftraggeber des Sachverständigen ein Gericht ist. Zwischen diesem und dem Sachverständigen besteht ein öffentlich-rechtliches Rechtsverhältnis, das seine rechtlichen Grundlagen in den einschlägigen Prozessordnungen findet. Das Sozialgerichtsgesetz (SGG) als maßgebliche Grundlage für den sozialgerichtlichen Gutachtensauftrag verweist dazu auf die Vorschriften des Zivilprozessrechts (vgl. § 118 Abs. 1 Satz 1 SGG; §§ 402 ff. ZPO). Auf diese Vorschriften wird im Folgenden abgestellt.

Anders als im Verwaltungsverfahren stehen sich im Rechtsstreit der erfolglos gebliebene Antragsteller als Kläger und der Rentenversicherungsträger als Beklagter gegenüber. Sie sind damit Parteien eines Streitfalles (»Beteiligte«; vgl. § 69 SGG), zwischen denen in prozessualer Hinsicht »Waffengleichheit« herrscht. Aus diesem Grund zeichnet sich das gerichtliche Prozessrecht durch Formstrenge aus (§§ 402 bis 414 ZPO).

Auftraggeber des Sachverständigen ist immer das Gericht, niemals eine Partei oder ein Beteiligter eines Verfahrens. Der gerichtlich beauftragte Sachverständige ist daher gegenüber dem Prozessbeteiligten niemals – weder gegenüber dem Kläger noch dem Rentenversicherungsträger – vertraglich gebunden. Er unterliegt ausschließlich einem als öffentlich-rechtliches Vertragsverhältnis zu beurteilenden Rechtsverhältnis gegenüber dem beauftragten Gericht. Dies ist keine unnötige Förmlichkeit, sondern beruht im Gegenteil auf der besonderen Rolle, die dem Gericht gegenüber den Prozessbeteiligten obliegt. Der Richter ist der Unparteilichkeit verpflichtet. Er muss jeden Eindruck der Parteilichkeit vermeiden, etwa dergestalt, dass der Versicherungsträger mit seinen Gutachten eine bevorrechtigte Stellung einnähme. Vielmehr hat der Richter den gesamten Prozessstoff und damit auch die im Verwaltungsverfahren beigezogenen Gutachten ebenso unparteiisch und neutral zu würdigen wie das Vorbringen der Beteiligten.

Die Beauftragung des Sachverständigen erfolgt durch Beweisbeschluss des Gerichtes (§ 118 SGG sowie die § 404 i. V. m. § 358 ZPO). Beweisbeschlüsse sind nach Beweisthema, Beweismittel und Beweisführer gegliedert. Der Sachverständige ist an die Fragestellung im Rahmen des Beweisthemas gebunden. Er sollte sich an die mit dem Beweisthema abgesteckten sachlichen Grenzen der Begutachtung streng halten. Eine Auftragsüberschreitung des mit dem Beweisbeschluss gezogenen Rahmens ist dem Sachverständigen verwehrt. Sollte sich eine Unklarheit oder offenkundige Lücke im Rahmen des – von einem Nichtmediziner verkündeten – Beweisbeschlusses ergeben, so empfiehlt sich die unmittelbare Rückfrage gegenüber dem Gericht. Das Gericht bestellt eine bestimmte Person als Gutachter. Gerade wegen der Pflicht zur persönlichen Gutachtenerstattung kommt die Beauftragung einer Klinik oder einer Institution als solcher nicht in Betracht.

Für das sozialgerichtliche Verfahren besteht die Besonderheit, dass der Kläger gem. § 109 SGG die Einholung eines Gutachtens bei einem von ihm bestimmten Sachverständigen beantragen kann. Das Sozialgericht hat dem grundsätzlich nachzukommen. Dies ändert aber nichts daran, dass das Gericht (und nicht der den Antrag i. S. d. § 109 SGG stellende Kläger) Auftraggeber ist.

§ 118 SGG i. V. m. § 407a Abs. 2 ZPO verbietet, dass der Sachverständige den ihm vom Gericht erteilten Gutachtenauftrag auf einen anderen Arzt überträgt. Daher muss auch der gerichtliche Beweisbeschluss klar erkennen lassen, welche Person zum Sachverständigen ernannt wird. Dieser Sachverständige – und nur er – hat die Pflicht, das Gutachten vorzubereiten und zu erstellen. Das Gericht will gerade seine Antwort zu dem mit seiner Hilfe aufzuklärenden medizinischen Sachverhalt hören, nicht die eines anderen. Selbstverständlich darf er zur Vorbereitung des Gutachtens *Hilfskräfte* hinzuziehen; er ist jedoch gesetzlich verpflichtet, seine Hilfskräfte namhaft zu machen und den Umfang ihrer Tätigkeit anzugeben, soweit sie nicht bloß Dienste »von untergeordneter Bedeutung« geleistet haben (§ 407a Abs. 2 ZPO). Der Sinn aller dieser Beweisvorschriften liegt darin, dem gerichtlich bestellten Sachverständigen eine unabhängige, über den streitenden Parteien stehende Stellung zu sichern.

Die vorstehenden Ausführungen machen deutlich, dass dem Sachverständigen *eine herausragende Bedeutung bei der prozessualen Wahrheitsfindung* zukommt: Das Sozialgericht bedient sich, wie z. B. auch die Zivil- oder Strafgerichte, des Sachverständigen zur Entscheidungsfindung. Die deshalb gegebene Notwendigkeit einer Kooperation zwischen dem Sachverständigen und dem Gericht ist evident. Der medizinische Sachverständige sollte sich allerdings verdeutlichen, dass er im Verhältnis zum Gericht nicht selbst zur rechtlichen Bewertung berufen ist. Er ist und bleibt vielmehr dessen Gehilfe. Dabei darf freilich nicht übersehen werden, dass die Sozialgerichte, die vielfach über medizinische Sachverhalte zu befinden haben, auf die *Mithilfe des medizinischen Sachverständigen angewiesen* sind. Auch wenn sich das Gericht im Rahmen einer Sachverständigenbestellung dem Gutachter nicht ausliefern und damit die Aufgabe der Entscheidungsfindung nicht auf diesen übertragen darf, bleibt dennoch hervorzuheben, dass ein Gericht nur selten von gutachterlich getroffenen Bewertungen abweichen wird. Gerade dies verdeutlicht die Verantwortung des Sachverständigen.

Gutachten im Auftrag eines Rentenversicherungsträgers

Von Versicherungsträgern und Gerichten werden gleiche Beweismittel mit dem gleichen Ziel eingesetzt, den Sachverhalt aufzuklären und eine Entscheidung zu finden. Auch dem Rentenversicherungsträger obliegt es, den Sachverhalt von Amts wegen aufzuklären (§ 20 SGB X; ▶ Abschn. 2.2.1). Dieser Rechtspflicht folgend, hat sich der Rentenversicherungsträger der Beweismittel zu bedienen, die er nach seinem pflichtgemäßen Ermessen für erforderlich hält. Damit hat er auch die Möglichkeit, nach Lage des Falles aber auch die Rechtspflicht, »Sachverständige zu vernehmen« oder »die schriftliche Äußerung von Sachverständigen einzuholen« (vgl. § 21 Abs. 1 SGB X).

Gerade bei der Einholung von Gutachten auf der Verwaltungsebene besteht hinsichtlich des Formzwanges allerdings ein Unterschied zu den Gerichtsgutachten. Zwar kann der Verwaltungsträger den Sachverständigen sowohl in einem »nichtförmlichen« als auch einem »förmlichen« Verwaltungsverfahren heranziehen. Allerdings besteht für den Bereich des Sozialrechts der Grundsatz der »Nichtförmlichkeit« des Verwaltungshandelns (vgl. § 9 SGB X). Der Versicherungsträger ist folglich nicht an derart strenge Verfahrensregeln gebunden wie die Gerichte.

Art und Umfang der Ermittlungen werden im Verwaltungsverfahren nach pflichtgemäßem Ermessen bestimmt (§ 20 Abs. 1 SGB X). Dem Versicherungsträger ist gesetzlich die Aufgabe übertragen, den Sachverhalt mit dem Ziel zu ermitteln, Entscheidungsreife herbeizuführen. Dabei bedient er sich der Beweismittel, die er für erforderlich hält; insbesondere kann er Zeugen und Sachverständige vernehmen. Der insoweit einschlägige § 21 SGB X stellt eine Vorschrift dar, die einen Bogen zum gerichtlichen Prozessrecht der ZPO schlägt.

Dies bedeutet, dass dem von der Verwaltung erteilten Gutachtenauftrag nicht dieselbe Förmlichkeit zukommt wie dies für die gerichtliche Beauftragung gilt. Doch muss auch er zumindest das Beweisthema klar festlegen, also bestimmte Beweisfragen enthalten. Die Vorschrift, dass der Gutachtenauftrag nicht auf einen anderen Arzt übertragbar ist, gilt zwar nicht. Trotzdem ist es nicht in das freie Belieben des beauftragten Arztes gestellt, einen Auftrag kurzerhand weiterzuleiten.

2.1.5 Die Pflicht zur Begutachtung

Gegenüber den Gerichten und damit auch in sozialgerichtlichen Angelegenheiten ist der Arzt gesetzlich verpflichtet, Gutachten zu erstellen. Voraussetzung ist, dass er gerichtlich zum Sachverständigen bestellt worden ist (§ 118 Abs. 1 Satz 1 SGG i. V. m. § 407 ZPO). Dieser Begutachtungspflicht kann sich der Arzt, aus der besonderen Stellung seines Berufes folgend, nur schwer entziehen (vgl. §§ 406, 408, 411 ZPO).

Demgemäß hat der medizinische Sachverständige einem gerichtlichen Auftrag zur Gutachtenerstattung Folge zu leisten, soweit ihm nicht ein Gutachtenverweigerungsrecht zusteht; vergleiche hierzu ▶ Abschn. 2.1.6.

Unabhängig davon wird aber das Gericht – dem Grundsatz der Kooperation entsprechend – auch im eigenen Interesse den Sachverständigen von der Pflicht zur Gutachtenerstattung entbinden, wenn dieser z. B. arbeitsüberlastet ist oder auch den Probanden zuvor selbst behandelt hat. Dem beauftragten Sachverständigen ist anzuraten, solche, die Gutachtenerstellung verzögernde oder gar hindernde Gründe dem Gericht anzuzeigen. Der Griff zum Telefon schadet ihm ebenso wenig wie zuvor dem Richter, der einen Gutachter, ohne diesen zu kennen, möglicherweise erstmals beauftragt.

Im *Verwaltungsverfahren* besteht eine vergleichbare Verpflichtung ausdrücklich dann, wenn die Erstattung eines Gutachtens unverzichtbar ist, um zu entscheiden, ob ein Leistungsanspruch entstanden, eine Sozialleistung zu erbringen, fortzusetzen oder zu entziehen ist, ruht oder wegfällt oder in welcher Höhe sie zusteht (vgl. zum Ganzen § 21 Abs. 3 SGB X). Wegen der Verweisung auf § 407 ZPO können Ärzte dieser Begutachtungspflicht auch im Verwaltungsverfahren nur schwer ausweichen. Sie haben, wie § 407 ZPO dies apodiktisch ausdrückt, »der Ernennung Folge zu leisten«. Bei grundloser Weigerung, den Gutachtenauftrag zu erfüllen, können sogar – im Verwaltungsverfahren allerdings nicht vom Versicherungsträger, sondern nur auf dessen Antrag vom zuständigen Sozialgericht – Zwangsmittel eingesetzt werden (§ 22 SGB X). Auch hier gilt: Ebenso wie mit den Sozialgerichten sollte der beauftragte Arzt mit dem Auftraggeber auf der Grundlage einer vertrauensvollen Zusammenarbeit kooperieren.

Die vorstehenden Regeln gelten im Verwaltungsverfahren namentlich für beauftragte externe Ärzte. Für die dem Versicherungsträger angehörenden Ärzte beruht die Begutachtungspflicht entweder auf dienstrechtlicher Grundlage (Beamte) oder sie ergibt sich aus arbeitsvertraglichen Pflichten (Angestellte). Darüber hinaus verweist § 21 Abs. 3 SGB X generell für Sachverständige, gleichgültig in welchen Rechtsbeziehungen sie zum Versicherungsträger stehen, auf Vorschriften der Zivilprozessordnung über

- das Recht, ein Gutachten zu verweigern (§ 408),
- die Ablehnung von Sachverständigen (§ 406) und
- die Vernehmung von Angehörigen des öffentlichen Dienstes (§ 408 Abs. 2).

2.1.6 Weigerungsgründe

Zur Verweigerung der Erstattung eines Gutachtens ist der Sachverständige aus gleichen Gründen wie ein Zeuge berechtigt (§ 118 Abs. 1 Satz 1 SGG i. V. m. den Bestimmungen der ZPO). Die ZPO zählt im Einzelnen namentlich verwandtschaftliche Beziehungen und sonstige sachliche Gründe auf. Außerdem ist dem Versicherungsträger wie dem Gericht die Möglichkeit eingeräumt, den Sachverständigen aus Zweckmäßigkeitsgründen von seiner Begutachtungspflicht zu entbinden, z. B. bei beruflicher Überlastung oder bei Fehlen der erforderlichen speziellen Sachkunde. Ein Weigerungsrecht zur Gutachtenerstattung besteht auch, wenn der medizinische Sachverständige der ärztlichen Schweigepflicht unterliegen würde (§ 408 Abs. 1 i. V. m. §§ 383 ff. ZPO).

Liegen solche Hinderungsgründe vor, sollte der Sachverständige seinem Auftraggeber unverzüglich Mitteilung geben und zugleich um Freistellung von dem Gutachtenauftrag nachsuchen.

Gerade hierbei ist dem Sachverständigen die enge Kooperation mit dem Gericht anzuraten. Verweigert der von einem Gericht bestellte Sachverständige die Auftragsübernahme ohne entsprechenden Grund, teilt er eine persönliche Verhinderung zur Gutachtenerstattung dem Gericht nicht unverzüglich mit oder lässt er gesetzte Abgabefristen ohne wichtigen Grund verstreichen, so steht dem Gericht das Recht zur Erteilung einer Ordnungsstrafe in der Form eines Ordnungsgeldes zu. Die Entscheidung ist beschwerdefähig.

2.1.7 Sachverständiger und Proband

Wie eingangs dargelegt, ist der Sachverständige, sei er sozialgerichtlich oder von einem Rentenversicherungsträger beauftragt, der Objektivität und Neutralität unbedingt verpflichtet.

Nicht zu verkennen ist allerdings, dass der medizinische Sachverständige – ob nun im Verwaltungs- oder im Gerichtsverfahren – eine schwierige Doppelrolle einnimmt, denn er ist Arzt und Gutachter zugleich. Wie für jeden Arzt gilt damit auch für ihn der Pflichtkreis der ärztlichen Berufsordnung, und zwar uneingeschränkt. Diese Doppelfunktion verlangt im Rahmen des Gutachtenauftrags Bemühungen, die Gesundheit des Probanden zu schützen, nicht zu gefährden und eine Gesundung des Gutachtenpatienten nicht zu behindern. Der prozessrechtlichen Eidesformel des § 410 ZPO folgend, die auch im sozialgerichtlichen Verfahren (§ 118 SGG) und dem Verwaltungsverfahren (§ 21 SGB X) gilt, hat der Sachverständige sein Gutachten

- unparteiisch und
- nach bestem medizinischen Wissen und ärztlichen Gewissen

zu erstellen. Dies verlangt im Verhältnis des Sachverständigen gegenüber dem Probanden nach Neutralität. Es sei daran erinnert, dass die Erstellung des Gutachtens der Klärung eines medizinischen Sachverhalts dient. Zu dieser medizinischen Klärung ist der Auftraggeber mangels eigener medizinischer Kompetenz nicht in der Lage und daher insoweit auf den Sachverständigen angewiesen. Daher nimmt der Arzt als Sachverständiger dem Probanden gegenüber insofern eine andere Stellung als seinem Patienten gegenüber ein, als er bei dieser Aufgabe ausschließlich zu einer möglichst objektiven Bewertung nach pathologisch-anatomischen und funktionellen Gesichtspunkten verpflichtet ist. Dies gilt selbst in den Fällen, in denen der Proband – z. B. bei der Einholung eines Privatgutachtens – der Auftraggeber ist. Der Sachverständige darf sich dabei ebensowenig durch Vorstellungen und Äußerungen des Probanden wie im Verhältnis zu Dritten beeinflussen lassen. Er ist bei der Wahrnehmung seiner gutachtlichen Aufgabe nicht an Weisungen gebunden und nur seinem ärztlichen Gewissen unterworfen.

2.1.8 Die Ablehnung des Sachverständigen

Der gerichtliche wie der von der Verwaltung beauftragte Sachverständige kann wegen Besorgnis der Befangenheit abgelehnt werden (§ 118 Abs. 1 Satz 1 SGG, § 406 ZPO und § 60 SGG). Besorgnis der Befangenheit setzt das Vorliegen eines Grundes voraus, der geeignet ist, Misstrauen gegen die Unparteilichkeit des Sachverständigen zu rechtfertigen. Aber auch dem Sachverständigen selbst steht ein Recht auf Selbstablehnung zur Seite (§ 48 ZPO).

Beispiele für Ablehnungsgründe: Freundschaft zum Sachverständigen oder Zwistigkeiten mit ihm; unsachliche oder gar beleidigende Bemerkungen während der Untersuchung oder im Gutachten; erkennbar einseitige Parteinahme zugunsten eines Prozessbeteiligten, im Verwaltungsverfahren zu Ungunsten des Gutachtenpatienten; frühere Erstattung eines Privatgutachtens in derselben Sache; noch andauernde Behandlung als Patient des zum Sachverständigen bestellten Arztes; Ausstellung eines

Attestes mit Stellungnahme zu dem durch Gutachten zu klärenden Sachverhalt.

Keine Ablehnungsgründe: Mangel an Sachkunde; Fehler bei der Begutachtung; Tätigkeit als Sachverständiger in früheren, inzwischen beendeten Verfahren; abgeschlossene ärztliche Behandlung, besonders in einer Klinik.

Für die Vernehmung von Beamten und sonstigen Personen des öffentlichen Dienstes als Sachverständige gelten Vorschriften entweder des Bundes- oder Landesbeamtenrechts oder für die im Angestelltenverhältnis tätigen Ärzte (§ 408 Abs. 2 ZPO), namentlich aus zwei Blickpunkten:

- der Amtsverschwiegenheit und
- der Nebentätigkeit besonders bei externer Begutachtung.

Fallgestaltungen sind z. B. die besondere Nähe zu einem Beteiligten aus persönlichen oder beruflichen Gründen, vor allem aber die Abgabe unbesonnener und vorschneller Erklärungen des Sachverständigen über den vermutlichen Prozessausgang.

2.1.9 Rechte und Pflichten des Sachverständigen

Allgemein unterliegt der Sachverständige denselben Sorgfaltspflichten wie der privatrechtlich beauftragte. Demgemäß hat er nach dem geltenden ärztlichen Berufsrecht mit der notwendigen Sorgfalt zu verfahren und nach bestem Wissen und Gewissen seine ärztliche Überzeugung auszusprechen.

Darüber hinaus ergeben sich in Folge der richterlichen Bestellung des Sachverständigen besondere prozessualen Pflichten (vgl. § 118 SGG i. V. m. § 407a ZPO). So ist er z. B. zum Erscheinen vor Gericht verpflichtet, wenn ihn das Gericht zu einer mündlichen Verhandlung ordnungsgemäß geladen hat. Eine Delegation des Sachverständigen an einen Mitarbeiter ist unzulässig und steht dem Nichterscheinen vor Gericht gleich. Dieses wird in diesen Fällen ein Ordnungsgeld verhängen.

Grundlage für den prozessualen Pflichtengehalt ist namentlich § 407a ZPO, dessen Zielsetzung darin liegt, im Gerichtsprozess die Zusammenarbeit zwischen Sachverständigen, Richtern und Prozessbeteiligten zu verbessern sowie eine rasche und trotzdem richtige Erledigung von Rechtsstreitigkeiten zu fördern. Daraus ergeben sich vor allem die folgenden Pflichten:

- Der Sachverständige hat unverzüglich zu prüfen, ob der Auftrag in sein Fachgebiet fällt und erledigt werden kann, ohne weitere Sachverständige hinzuzuziehen.
- Er ist nicht befugt, den Auftrag auf einen anderen zu übertragen, hat die Personen, deren Mitarbeit er sich bedient, namhaft zu machen und den Umfang ihrer Tätigkeit anzugeben.
- Hat er Zweifel an Inhalt und Umfang des Auftrages, so hat er unverzüglich eine Klärung durch das Gericht herbeizuführen.
- Auf Verlangen des Gerichts hat er Akten und sonstige zur Begutachtung beigezogene Unterlagen sowie Untersuchungsergebnisse unverzüglich herauszugeben oder mitzuteilen.
- Das Gericht wiederum soll den Sachverständigen auf diese seine Pflichten hinweisen.

Im Verwaltungsverfahren ergeben sich für den Sachverständigen der Sache nach keine wesentlichen Unterschiede. Zwar verweist § 21 Abs. 3 SGB X nicht unmittelbar auf § 407a ZPO. Gleichwohl unterliegt der Sachverständige auch beim Rentenversicherungsträger einem allgemeinen Pflichtenkatalog:

- Unverzügliche Prüfung der eigenen Fachkunde zur Erfüllung gerade dieses Gutachtenauftrags.
- Keine Weiterleitung eines persönlich gebundenen Auftrags ohne Zustimmung des Versicherungsträgers.
- Unverzügliche Klärung von Zweifeln an Inhalt und Umfang des Auftrags.
- Rückgabe von Akten und sonstigen Unterlagen an den Versicherungsträger zusammen mit dem fertiggestellten Gutachten.

2.1.10 Grenzen der Kompetenz

Es versteht sich von selbst, dass der Sachverständige, sei er in gerichtlichem oder im Auftrag der Verwaltung tätig, streng darauf zu achten hat, bei der Erarbeitung der gutachtlichen Bewertungen seine Fachkompetenz nicht zu überschreiten, andernfalls eine Haftung die Folge sein kann.

Der Sachverständige sollte daher stets darauf bedacht sein, weder seine medizinische Fachkompetenz noch den Rahmen seines Gutachtenauftrags zu überschreiten. Der Gutachtenauftrag ist Expertenauftrag, aber eben nur für das Gebiet, auf dem der Sachverständige Experte ist: das Gebiet der Medizin. Ärztliche Gutachten sind Hilfsmittel bei der Sachaufklärung. Der Sachverständige hilft der Verwaltung oder dem Gericht auf dem Wege zum Ziel, eine Entscheidung zu finden. Diese auf das vorbereitende Stadium des Verfahrens beschränkte Funktion macht die Grenzen seiner Kompetenz deutlich.

Sofern Sachkunde und Erfahrungen des Sachverständigen daher nicht ausreichen, sollte er beim Auftraggeber des Gutachtens anregen, die offenen nichtmedizinischen Fragen selbst zu klären. Notfalls kann – und muss – er eine gutachtliche Aussage ablehnen. Er darf sich nicht, nur weil er als Gutachter befragt wird, eine Antwort abringen, die nicht stichhaltig ist und die er mit gutem Gewissen nicht zu geben vermag. Die Aufgabe, Sachaufklärung zu betreiben und schließlich eine Entscheidung zu treffen, ist gesetzlich nicht ihm, sondern dem Versicherungsträger und im Rechtsstreit dem Gericht übertragen (§ 20 SGB X, § 103 SGG).

Das Reichsversicherungsamt (RVA) hat zu diesem Fragenkomplex frühzeitig in einem Rundschreiben vom 31.12.1901 klar und eindeutig Stellung genommen (Amtliche Nachrichten 1902, S. 178):

»Die ärztlichen Gutachten haben den Zweck, dass mit Hilfe der ärztlichen Wissenschaft festgestellt wird, woran der Rentenbewerber leidet und inwiefern er durch diese Leiden an dem freien Gebrauch seiner körperlichen und geistigen Kräfte behindert wird. Die alsdann noch offene Frage, ob die festgestellten Leiden und deren Auswirkungen auf den Kräftegebrauch die Fähigkeit zu einem hinreichenden Arbeitsverdienst zulassen, liegt nicht auf ärztlichem Gebiet, hierüber haben die rechtsprechenden Instanzen nach ihrer freien richterlichen Überzeugung zu entscheiden.«

Diese Feststellungen haben der Sache nach auch heute noch uneingeschränkt Geltung. Sie finden in der Praxis jedoch trotz gleichlautender Hinweise des Bundessozialgerichts (vgl. BSGE 9, 206; BSG Sozialrecht 2200 § 1247 Nr. 12) oft zu geringe Beachtung.

Ärzte dürfen es sich daher nicht gefallen lassen, auf außermedizinisches Gebiet gedrängt zu werden. Sie sind keine Sachverständigen für allgemeine Fragen zum Arbeits- und Erwerbsleben. Bei Anträgen auf Rente wegen Erwerbsminderung erstrecken sich ihre Aufgaben darauf, die gesundheitlichen Verhältnisse festzustellen und danach die Leistungsfähigkeit im Erwerbsleben zu beurteilen. Gutachtliche Aussagen zur Leistungsfähigkeit für bestimmte Berufstätigkeiten setzen spezielle arbeitsmedizinische Fachkenntnisse voraus. Gewiss mag es Berufe geben, über die sich jedermann ein zutreffendes Bild machen kann. Auch bieten einige Sammlungen zur Berufskunde einen Anhalt. Bei zahlreichen Berufen liegt aber nicht offen zutage, welche Anforderungen sie stellen.

Für *Verwaltungsverfahren* gilt, jedenfalls im Ausgangspunkt, die gleiche Regel wie für Gerichtsverfahren: Der Mediziner sollte sich hüten, sich als Sachverständiger zu weit auf nichtmedizinische Gebiete vorzuwagen. Die im unaufhörlichen Wandel begriffene Arbeitswelt verlangt eine gleiche Mobilität und Aktualität von berufskundlichen Aussagen. Berufe geraten in den Sog des technischen Wandels, viele verschwinden völlig, noch mehr verändern sich, andere entstehen neu. Wer berufliche Leistungsanforderungen verlässlich beurteilen möchte, muss die körperlichen und psychischen Belastungen und Beanspru-

chungen kennen, die aus realen Arbeitsbedingungen der heutigen Industriegesellschaft hervorgehen. Häufig wird es genügen, in Sammlungen zur Berufskunde Einblick zu nehmen. Doch wird es immer wieder Fälle geben, in denen auch solche Sammlungen nicht weiterhelfen.

Der von einem Versicherungsträger beauftragte Sachverständige ist gleichwohl freier gestellt als im Gerichtsprozess, weil das Verwaltungsverfahren weniger förmlich verläuft. Daher steht es ihm auch frei, den für die medizinische Beurteilung wesentlichen Sachverhalt zu vervollständigen, wenn er Lücken im Tatsachenstoff findet. Soweit er es für zweckmäßig und sinnvoll hält, ist er ohne weiteres befugt, sachdienliche Erkundigungen einzuziehen und z. B. mit Hilfe dazu geeigneter Stellen Leistungsanforderungen in Berufen zu klären, die ihm nicht oder nicht genau genug bekannt sind.

2.1.11 Formen der Erstellung von Gutachten

Sachverständigengutachten werden ganz überwiegend als *schriftliches Gutachten* erstattet. Der Auftraggeber hat damit eine bleibende Entscheidungshilfe, die im Rahmen einer nur mündlichen Äußerung fehlt. Gerade im gerichtlichen Bereich werden nahezu ausschließlich schriftliche Gutachten eingeholt. Soweit – in wenigen Fällen – ein Richter im Einzelfall auch einen »Termingutachter« bevorzugen mag, ist davon abzuraten. Oftmals ist in diesen Fällen der Aussagewert solcher Gutachten mangels Vorhandenseins der erforderlichen technischen Ressourcen vor Ort (also im Gericht) oder auch nur wegen der Kürze der zur Verfügung stehenden Zeit nur sehr begrenzt. Unabhängig davon ist die Notwendigkeit des schriftlichen Vorliegens einer gutachtlichen Äußerung offensichtlich. Insbesondere der Richter hat mit einem schriftlich erstatteten Gutachten die Möglichkeit einer hinreichenden Vorbereitung auf die mündliche Verhandlung. Daher legen die einschlägigen Prozessordnungen die Möglichkeit der richterlichen Anordnung einer schriftlichen Begutachtung nahe (vgl. nur § 411 ZPO für den Zivilprozess).

Hinzuweisen ist auf die Notwendigkeit einer mündlichen Erläuterung des schriftlichen Gutachtens, die im Einzelfall in Betracht kommen kann. Der Richter z. B. hat im Rahmen seines pflichtgemäßen Ermessens zu beurteilen, ob das Erscheinen des Sachverständigen zur mündlichen Erläuterung erforderlich ist. Die Anordnung wird in den Fällen notwendig, in denen Zweifel oder Unklarheiten zu beseitigen sind. Die mündliche Erläuterung des schriftlichen Gutachtens kann die Möglichkeit bieten, die bereits vorhandene schriftliche Ausarbeitung mündlich zu verfestigen – ggf. aber auch zu korrigieren.

Wie bereits dargelegt (Termingutachten), lassen die einschlägigen Verfahrensbestimmungen die Erstattung eines mündlichen Gutachtens zu (vgl. § 411 ZPO, § 118 Abs. 1 Satz 1 SGG, § 46 Abs. 2 Satz 1 ArbGG, § 98 VwGO, § 82 und 161a StPO sowie § 26 VwVfG und 21 SGB X). Das mündliche Gutachten kann geeignet sein, Missverständnisse und offen erscheinende Fragen sofort zu klären. Nachteilig gegenüber dem schriftlichen Gutachten sind indessen die mögliche Ungenauigkeit und letztlich die denkbare Missdeutung des gesprochenen Wortes. Da insbesondere in Gerichtsverhandlungen nur sehr begrenzte Zeit zur Verfügung steht, ist die Möglichkeit einer ungenauen mündlichen Darstellung evident. Zudem sind die Prozessbeteiligten oftmals nicht in der Lage, in der zur Verfügung stehenden Zeit ihre Fragen vollständig anzubringen. Mündliche Gutachten sollten daher die Ausnahme bleiben, zumal sie sich für die Bewertung komplizierter Sachverhalte kaum eignen dürften.

In sozialrechtlichen Fragestellungen kommen oft »Begutachtungen nach Lage der Akten« vor. Insoweit eröffnen § 21 SGB X und § 106 Abs. 3 Nr. 5 SGG auch die Möglichkeit, von einer Untersuchung des Probanden abzusehen, so dass dessen Untersuchung nicht zum Auftragsinhalt zählt. Der jeweilige Auftraggeber, z. B. das Sozialgericht, stellt bei der Erteilung eines Gutachtenauftrages zumeist klar heraus, ob eine Untersuchung des Probanden in ambulanter oder stationärer Form zu erfolgen hat. Gleichwohl wird zur Vorsicht geraten: Wird dem Sachverständigen deutlich, dass in der Beweisanordnung nicht vorgesehene zusätzliche Untersuchungen notwendig sind oder dass die Bestellung weiterer Sachverständiger aus anderen Gebieten erforderlich erscheint, so muss er das Einverständnis des Auftraggebers sofort nach Eingang des Gutachtenauftrages, noch vor Durchführung der Untersuchung einholen. Wird eine stationäre Untersuchung vom Sachverständigen für erforderlich gehalten, obwohl der Auftraggeber nur eine ambulante Untersuchung vorgegeben hat, bedarf es ebenfalls einer vorherigen Zustimmung durch den Auftraggeber.

Hinzuweisen bleibt auf folgende weitere Verfahrenskonstellationen: Die Verwaltung und die Gerichte können ggf. ein weiteres Gutachten einholen. Hierbei ist für den Auftraggeber der Sachverhalt mit einem bereits vorliegenden Gutachten nicht hinreichend geklärt. In diesem Falle wird der Auftraggeber einen anderen Sachverständigen heranziehen und von diesem ein neues – weiteres – Gutachten einholen, wenn die Sachkunde des früheren Gutachters zweifelhaft ist, das Erstgutachten von unzutreffenden tatsächlichen Voraussetzungen ausgegangen oder in sich widersprüchlich ist oder wenn dem neuen Sachverständigen auf neuen wissenschaftlichen oder technischen Erkenntnissen beruhende Forschungsmittel zur Verfügung stehen. In einem solchen Fall hat sich der beauftragte (weitere) Sachverständige mit dem bis dahin angefallenen Prozessstoff auseinanderzusetzen. Von einem »Obergutachten« sollte weder hierbei noch im Ganzen gesprochen werden. Dieses Wort ist den Verfahrensbestimmungen fremd. Ein prozessualer Begriff des »Obergutachtens« existiert schlicht nicht.

Schließlich bleibt auf die Besonderheit hinzuweisen, dass ein Gutachten auch als »gemeinschaftliches« bzw. als »Teamgutachten« zu erstellen ist. Auch hier gilt, dass bei Unklarheiten hinsichtlich der Auftragserteilung bzw. des Auftragsinhalts vor Ausführung Rücksprache mit dem Auftraggeber gehalten werden sollte.

2.1.12 Der Aufbau des schriftlichen Sachverständigengutachtens

Wie dargelegt, dürfte das schriftliche Gutachten der Regelfall sein. Verwertbarkeit und auch Überzeugungskraft des Gutachtens steigen in dem Maße, wie der Verfasser eines Gutachtens dieser Ausgangslage Rechnung trägt. In diesem Sinne stellt ein Gutachten das Bindeglied zwischen medizinischem und juristischem Sachverstand dar. Daher sollte das Gutachten nicht ausschließlich von medizinischer Fachsprache geprägt, sondern von einer für den medizinisch unkundigen Leser verständlichen Ausdrucksform getragen sein.

Unerlässlich sind folgende Einzelheiten über die Auftragserteilung:

1. Auftraggeber (Geschäftszeichen) und Datum der Auftragserteilung
2. Bestellung des Sachverständigen
3. Auftragsgegenstand
4. Präzise Wiedergabe des Auftragsinhalts (Beweisfragen)
5. Gedrängte Wiedergabe des Akteninhalts
6. Objektive Befundung
7. Beantwortung der Beweisfragen
8. Ggf. Literaturverzeichnis

■ **Einzelheiten**

Anknüpfungstatsachen. Für Gerichtsverfahren schreibt § 404a ZPO vor, dass das Gericht bestimmt, welche Tatsachen der Sachverständige seiner Beurteilung zugrunde legen soll, soweit der Sachverhalt noch nicht eindeutig feststeht. Dies gilt auch für das Verwaltungsverfahren. Bei einem eindeutigen Sachverhalt reicht es aus, auf den Akteninhalt zu verweisen. Freilich muss auch dabei Klarheit herrschen. Der Sachverständige hat nicht die Aufgabe, sich mühsam aus Akten zusammenzusuchen, welcher Sachverhalt für ihn wohl erheblich sein könnte. Grundsätzlich hat das Gericht ihm den gesamten Tatsachenstoff für das Gutachten zu liefern, die Tatsachen kenntlich zu machen, auf denen das Gutachten aufbauen soll (sog. »Anknüpfungstatsachen«).

Befundtatsachen. Die Befunde (»Befundtatsachen«) hat der Sachverständige selbst zu ermitteln. Darunter werden die Wahrnehmungen verstanden, die nur er – kraft seiner medizinischen Sachkunde – machen kann. Er ist also berechtigt und verpflichtet, Informationen mit dem Ziel einzuholen, sich die medizinische Grundlage für seine gutachtliche Beurteilung zu schaffen. Solche Befundtatsachen werden vor allem in die Anamnese aufgenommen, der je nach dem Gutachtenthema besonderes Gewicht zukommt. Den Beweisfragen angepasst, muss sie, soweit im Einzelfall erforderlich, eine sachgemäße Sozial-, Berufs- und Arbeitsanamnese umfassen.

Andererseits ist es *im Übrigen* Aufgabe des Gerichts bzw. der Verwaltung, den über das medizinische Aufgabenfeld hinaus reichenden Tatsachenstoff zu klären. Es fällt also in den Bereich des Auftraggebers, z. B. Ermittlungen zur vollständigen Sachaufklärung zu führen und die dazu erforderliche Verwaltungsarbeit zu leisten, die ohne medizinische Sachkunde erledigt werden kann (vgl. auch § 20 SGB X). Zu dieser Aufgabe gehört es, die Sache zur Begutachtung so vorzubereiten, dass sie gewissermaßen »arztreif« wird.

Untersuchung. Soweit der Gutachtenauftrag nicht auf eine Erstattung nach Aktenlage begrenzt ist, sondern sich – wie im Regelfall – auf eine Untersuchung des Probanden erstreckt, muss das Gutachten sowohl über die eingesetzten Untersuchungsverfahren und deren Dokumentation als auch über die Ergebnisse der Untersuchung berichten. Es muss insbesondere erkennen lassen, ob und in welchem Maße der Gutachter Hilfskräfte zur Ausführung einzelner Untersuchungen herangezogen hat.

Folgerungen. Als *Bindeglied* zwischen Auftragserteilung und dem von dem Gutachter gewonnenen Ergebnis muss das Gutachten die Folgerungen aus den der Begutachtung zugrunde liegenden Anknüpfungstatsachen (Akteninhalt) und der gutachtlichen Untersuchung aufweisen. Neben einer exakten Beantwortung der Fragestellung sollte das Gutachten auch kenntlich machen, ob dem Sachverständigen eine Fragestellung als nicht hinreichend aufklärbar erscheint.

Insbesondere bei der Frage nach dem Bestehen oder Nichtbestehen von *Ursachenzusammenhängen* sollte das Gutachten von Vorsicht getragen sein. Je nach Rechtsgebiet kann dem Begriff des Ursachenzusammenhangs ein unterschiedlicher Bedeutungsgehalt zuteil werden. Dem Sachverständigen ist hier dringend anzuraten, sich bei Unklarheiten mit dem Auftraggeber, meist einem Gericht, in Verbindung zu setzen, um sich über den genauen Be-deutungsinhalt Klarheit zu verschaffen. Erst dann wird das Gutachten im Rahmen der von dem Gutachter zu treffenden Folgerungen überhaupt verwertbar.

Zusammenfassung. Die Begutachtung sollte mit einer Zusammenfassung der Ergebnisse abgeschlossen werden, die die Fragestellung beantwortet. Das Gutachten schließt mit der **Unterschrift** des Sachverständigen. Es ist eigenhändig von dem Sachverständigen zu unterschreiben. Ihm ist zu empfehlen, die Versicherung abzugeben, das Gutachten unparteiisch und nach bestem Wissen und Gewissen erstattet zu haben.

2.1.13 Unabhängigkeit des Gutachters

Im Verwaltungsverfahren, außerhalb einer mündlichen Verhandlung aber auch im gerichtlichen Verfahren, ist der Arzt oft der einzige, der dem Probanden persönlich gegenübertritt. Gerade unter diesem Blickwinkel trifft ihn eine besondere ärztliche Verantwortung. In seiner Stellung als Sachverständiger obliegt ihm nicht lediglich die dem Arzt schlechthin zukommende Aufgabe der Krankheitserkennung und -behandlung. Gerade wegen des ihm zugewiesenen Auftrags, kraft seiner besonderen Qualifikation, seiner Erfahrung und seines besonderen Fachwissens dem Auftraggeber (Verwaltung oder Gericht) die Rechtsanwendung – mithin die Entscheidung über einen Antrag oder eines Rechtsstreits – überhaupt erst zu ermöglichen, ist ihm eine Rolle zugewiesen, die in erster Linie *Unparteilichkeit* verlangt. Die dem Sachverständigen übertragene besondere Aufgabe schließt sowohl einseitiges Engagement zu Gunsten des Probanden als auch zu Gunsten der Verwaltung aus. Wer dem Gutachtenpatienten ein – falsch verstandenes – »Wohlwollen« entgegenbringt, verfehlt ebenso den Gutachtenauftrag wie derjenige Sachverständige, der seine Rolle in der des »Entscheiders« sieht. Richtig ist allein, dass der Sachverständige jedem Eindruck von Parteilichkeit entgegenwirken muss.

In diesem Verständnis erweist sich die Stellung des Sachverständigen als die eines Unabhängigen: Der Sachverständige hat sein Gutachten nach bestem Wissen und Gewissen zu erstellen. Daran ändert sich auch nichts, wenn sein Auftraggeber Art und Umfang der sachverständigen Tätigkeit anleitet. Dies ist Folge der sich aus dem jeweiligen Sachverhalt ergebenden Fragestellungen, ändert aber an der fachlichen Unabhängigkeit und der Eigenverantwortung des Sachverständigen nichts.

2.2   Die Mitwirkung des Versicherten

2.2.1   Ausgangslage

Maßgebend für die gerichtliche Überprüfung ist der vom Kläger behauptete Anspruch, das »Klagebegehren«. Der Kläger bestimmt mit seinem Vorbringen, ob und in welchem Umfang er seinen Streitfall mit der Verwaltung durch das Gericht entscheiden lassen will. Das Gericht entscheidet insoweit »über die vom Kläger erhobenen Ansprüche« (§ 123 SGG), ohne jedoch an die Fassung der Anträge gebunden zu sein. Dabei ist es eine der wichtigsten Aufgaben des Richters gerade im sozialgerichtlichen Verfahren, in dem in besonders großer Zahl rechtlich unerfahrene Bürger auftreten, das Klagevorbringen sachgerecht zu würdigen, den mutmaßlichen Willen des Klägers zu erforschen und darauf hinzuwirken, dass sachdienliche Klageanträge gestellt werden.

Auch im Verwaltungsverfahren geht es darum, dass die Behörde, hier der Rentenversicherungsträger, über einen vom Versicherten geltend gemachten Anspruch zu befinden hat. In diesem Sinne finden die vorstehenden Darlegungen sinngemäß Anwendung. Auch hier geht es darum, dass die Verwaltung überwiegend einem in sozialrechtlichen Belangen oft unerfahrenen Antragsteller gegenübersteht. Die gesetzliche Rentenversicherung gewährt unter anderem auf Antrag Sozialleistungen nach Maßgabe des SGB VI, z. B. Rehabilitationsleistungen oder Renten wegen Erwerbsminderung. Ob die Antragsteller einen Anspruch auf eine Leistung aus der Rentenversicherung haben, diese noch zu Recht beziehen oder ob der »Leistungsfall« nicht gegeben ist, setzt eine Ermittlung des Sachverhaltes voraus.

Sowohl die Sozialversicherungsträger als auch die Gerichte der Sozialgerichtsbarkeit haben daher die Aufgabe, den Sachverhalt vollständig aufzuklären. Alle für die Entscheidung erheblichen Tatsachen sind zu ermitteln.

2.2.2   Amtsermittlung

Anders als insbesondere im zivilgerichtlichen Verfahren unterliegen die Verwaltungen der Sozialleistungsträger und die Sozialgerichte bei der Beurteilung über die jeweils geltend gemachten Ansprüche der Pflicht, den Sachverhalt *von Amts wegen* aufzuklären. Die der Amtsermittlung verpflichtete Behörde – damit auch der Rentenversicherungsträger – bestimmt daher sowohl die Art als auch den Umfang der Ermittlungen. An das Vorbringen und die Beweisanträge der Beteiligten ist sie nicht gebunden. Ihre Ermittlungen erstrecken sich auf alle bedeutsamen Umstände des Einzelfalles, und zwar gerade auch, wenn diese für den Rechtsuchenden günstig sind (vgl. § 20 SGB X). In

gleicher Weise legt § 103 SGG fest, dass die Gerichte der Sozialgerichtsbarkeit den Sachverhalt von Amts wegen erforschen; an das Vorbringen und die Beweisanträge der Beteiligten besteht auch hier keine Bindung.

2.2.3   Die Rolle des Versicherten

Wegen der Amtsermittlung ist dem Versicherten nach der verfahrensrechtlichen Ausgangslage zwar weder im Verfahren vor dem Rentenversicherungsträger noch vor den Sozialgerichten die Pflicht auferlegt, die den jeweiligen Anspruch begründenden Tatsachen in bestimmter Art und Weise vorzutragen oder zu substantiieren. Überdies geht die Pflicht zur Erforschung des Sachverhaltes so weit, dass weder die Verwaltung noch das (Landes-)Sozialgericht im Falle der Weigerung eines Betroffenen zur Mitwirkung berechtigt wäre, jegliche Amtsermittlung zu unterlassen. Jedenfalls müssen diejenigen entscheidungserheblichen Beweise erhoben werden, die ohne Mitwirkung beigetrieben werden können. Zum Beispiel verletzt ein Sozialgericht die ihm obliegende Amtsermittlung, wenn es nach der Weigerung des Klägers, sich vom Sachverständigen untersuchen zu lassen, ein Gutachten nicht einholt, ohne festzustellen, ob eine Untersuchung überhaupt erforderlich ist oder die Erstattung eines Gutachtens nach Aktenlage ausreicht.

Eine andere Frage ist indes, dass der Versicherte im eigenen Interesse bei der Erforschung und Feststellung des Sachverhaltes nach Kräften mitwirken sollte. Vielfach kann die Verwaltung – nichts anderes gilt für die Gerichte – den entscheidungserheblichen Sachverhalt ohne die Mitwirkung des Rechtsuchenden nicht aufklären, wie dies vor allem bei Ermittlungen im Bereich medizinischer Sachverhalte der Fall ist. Dies wird gerade am Beispiel der gesetzlichen Rentenversicherung deutlich, wie etwa die Ansprüche auf Renten wegen Erwerbsminderung oder auf Rehabilitation belegen.

Dem Erfordernis der Mitwirkung des Betroffenen tragen die einschlägigen verfahrensrechtlichen Bestimmungen Rechnung. Allgemein bestimmt § 21 Abs. 2 SGB X, dass »die Beteiligten« (hierzu zählt auch der Antragsteller!) bei der Ermittlung des Sachverhaltes »mitwirken« sollen. In Konkretisierung dieser Vorschrift und darüber hinaus legen sowohl die Verfahrensbestimmungen des SGB I (§§ 60 bis 67 SGB I) als auch die prozessualen Regelungen des SGG (§ 103 Satz 1 Halbsatz 2 SGG) die dem Betroffenen auferlegten Pflichten zur Mitwirkung im Verwaltungs- und sozialgerichtlichen Verfahren nach Inhalt, Reichweite und Rechtsfolgen fest. Die in diesen Vorschriften getroffenen Regelungen sollte der Antragsteller bzw. Rechtsuchende im eigenen Interesse befolgen. Aus ihnen, vor allem aus den allgemeinen Bestimmungen des SGB I, ergibt sich grundlegend, dass der Rechtsuchende, will er seinen Anspruch mit Erfolg durchsetzen, im Sinne einer Obliegenheit hierbei zur Mitwirkung verpflichtet ist.

2.2.4 Die Rolle des Sachverständigen

Obgleich der Antragsteller bzw. Rechtsuchende Adressat der Mitwirkungspflicht ist, muss auch der Sachverständige ihr Rechnung tragen. Der Anspruch auf Rehabilitationsleistungen und auf Renten wegen Erwerbsminderung setzt unter anderem voraus, dass die jeweiligen (sozial-)medizinischen Tatbestandsmerkmale vorliegen. Ihre Ermittlung ist eine der wesentlichen Aufgaben des Sachverständigen. Er soll auf Grund seiner medizinischen Sachkenntnisse Befunde erheben und sozialmedizinisch bewerten. In seiner Verantwortung liegt, mit seinem Fachwissen im jeweiligen Einzelfall zu prüfen, welche Maßnahmen im Rahmen der Sachaufklärung erforderlich sind. Weil die Begutachtung Teil des Beweiserhebungsverfahrens ist, sind auch die Grundsätze der Verhältnismäßigkeit zwischen Mittel und Zweck im Sinne des »Übermaßverbotes« zu beachten. Vom Versicherten darf nur die Mitwirkung an den im Einzelfall »erforderlichen« Maßnahmen verlangt werden. Sind mehrere Maßnahmen für den Begutachtungszweck »geeignet«, ist die für den Versicherten am geringsten belastende einzusetzen.

Die Beurteilung, ob der Versicherte gegenüber dem Sachverständigen z. B. eine Lungenfunktionsdiagnostik oder auch eine therapeutische Maßnahme als »unzumutbar« ablehnen darf, ob also eine Maßnahme das Übermaßverbot verletzt, setzt auf Seiten des Sachverständigen die Kenntnis über die wesentlichen einschlägigen Regelungen voraus. In seiner Stellung als Sachverständiger muss der Arzt daher gerade auch hier den erforderlichen Wissensstand aufweisen, andernfalls läuft er Gefahr, ein wegen der Verletzung von Verfahrensvorschriften nicht verwertbares Gutachten zu erstellen. Wie allgemein bei der Erstattung eines Sachverständigengutachtens ergibt sich auch hier: Zweifelsfragen über die Reichweite von Mitwirkungspflichten sollte der Sachverständige rechtzeitig mit seinem Auftraggeber, der Verwaltung oder dem Gericht abklären.

2.2.5 Übersicht über die Mitwirkungspflichten

Namentlich die Pflichten zur Mitwirkung, ihre Grenzen sowie die Pflicht zur Duldung der im Rahmen der Sachaufklärung von dem Versicherten geforderten Maßnahmen sind für die Sozialleistungsträger in den §§ 60 bis 67 SGB I gesetzlich festgelegt. Diese Vorschriften gliedern

sich in die allgemeine Pflicht zur Angabe von Tatsachen und zum persönlichen Erscheinen. Besondere Beachtung aus der Sicht des Sachverständigen verdienen die nachfolgenden Bestimmungen:

- § 62 SGB I legt Inhalt und Umfang der Pflicht zur Mitwirkung bei Untersuchungsmaßnahmen fest.
- Weitergehend verpflichten die §§ 63 und 64 SGB I zur Teilnahme an Leistungen zur medizinischen Rehabilitation und Teilhabe am Arbeitsleben.
- § 65 SGB I zieht jeweils die Grenze der dem Betroffenen auferlegten Mitwirkungspflicht.
- Schließlich erstrecken sich die §§ 66 und 67 SGB I auf die jeweiligen Rechtsfolgen bei fehlender oder verspäteter Mitwirkung.

Bezüglich des Wortlautes dieser Vorschriften wird auf ▶ Abschn. 2.2.12 verwiesen. Von besonderem Interesse sind für den Sachverständigen die Fragen, welche rechtlichen Grenzen bei der Durchführung von Untersuchungs- und Heilbehandlungsmaßnahmen gezogen sind bzw. in welchen Fällen eine Mitwirkungsobliegenheit des Probanden nicht besteht. Von gleichem Interesse ist die Frage nach den rechtlichen Folgen eines Verstoßes gegen die Mitwirkungsobliegenheit.

Diese Fragen werden in den folgenden Abschnitten behandelt. Wiederum im Vordergrund steht aus der Sicht des Sachverständigen die in § 65 Abs. 1 Nr. 2, Abs. 2 SGB I geregelte Frage nach der »Zumutbarkeit« einer Maßnahme. Wie im Allgemeinen kommt es entscheidend darauf an, ob und inwieweit der Sachverständige den Probanden hinreichend aufklärt.

2.2.6 Aufklärungspflichten

Jeder ärztliche körperliche Eingriff unterliegt – in Abhängigkeit von der Belastung, den zu erwartenden Unannehmlichkeiten für den Patienten und dem Gefährdungsgrad – der Aufklärungspflicht und der wirksamen Einwilligung des Patienten. Erst die vollständige Aufklärung versetzt den Patienten in die Lage, in Ausübung seines Selbstbestimmungsrechtes eine wirksame Einwilligung in die jeweilige ärztliche Maßnahme zu erteilen.

Auch innerhalb von medizinischen Aufgaben, die der Arzt als Sachverständiger gegenüber seinem Probanden wahrzunehmen hat, gilt im Ausgangspunkt nichts anderes. Gerade auch der Sachverständige ist gut beraten, wenn er den Probanden sorgfältig aufklärt, die Gründe für die notwendige Untersuchung nennt und eine Risikoabwägung vornimmt. Auch insoweit ist der Proband in die Lage versetzt, in eine ihn belastende oder möglicherweise gefährdende Untersuchung oder Therapiemaßnahme rechtswirksam einzuwilligen. Erst die Nennung der Gründe, warum der Sachverständige eine Untersuchung für erforderlich hält, ermöglicht dem Versicherten folglich die Entscheidung darüber, ob er einen diagnostischen Eingriff, der ja nicht der Förderung seiner Gesundheit, sondern der Entscheidungsfindung über eine Sozialleistung dient, dulden will oder nicht. Auch belastende Therapiemaßnahmen sind erst dann der Frage nach der Duldungspflicht zugänglich und werfen erst dann die Frage nach Mitwirkungspflichten auf, wenn ihn der Sachverständige über den Umfang, das Ziel und ggf. dabei auftretende Nebenwirkungen oder Unannehmlichkeiten umfassend informiert hat.

Erst die dem betroffenen Versicherten auf der Grundlage einer vollständigen Aufklärung ermöglichte Risikoabwägung zwischen den Belastungen der Untersuchung oder der therapeutischen Maßnahme erlaubt folglich, seine Mitwirkung bei der Sachaufklärung und damit der Untersuchung oder der therapeutischen Maßnahme wirksam zu verlangen.

2.2.7 Grenzen der Mitwirkung

§ 65 SGB I legt in seinem Absatz 1 unter anderem fest, dass Mitwirkungspflichten nicht bestehen, soweit ihre Erfüllung dem Betroffenen »aus einem wichtigen Grund nicht zugemutet werden kann«. Hierbei handelt es sich um eine besondere Ausprägung des allgemeinen Verhältnismäßigkeitsgebotes. Es geht um jeden die Willensbildung bestimmenden Umstand, der die Weigerung des Probanden als berechtigt erscheinen lassen kann. Dies richtet sich in der Regel nach einem objektiven Maßstab, der unter Heranziehung von Grundrechtspositionen und dem jeweiligen Ausmaß der Betroffenheit des Probanden zu beurteilen ist. Liegt ein wichtiger Grund vor, besteht die Mitwirkungspflicht nicht.

Als »wichtiger Grund« sind mit anderen Worten all diejenigen Gründe anzuerkennen, welche die Motive des Betroffenen als berechtigt erscheinen lassen. Bei der Prüfung der Zumutbarkeit der Mitwirkung könnten vornehmlich Gründe aus dem privaten Bereich des Klägers in Betracht zu ziehen sein. Danach können Behandlungen und Untersuchungen, die mit erheblichen Schmerzen verbunden sind oder die einen erheblichen Eingriff in die körperliche Unversehrtheit bedeuten, abgelehnt werden.

Die in Absatz 2 festgelegten Grenzen der Zumutbarkeit von Untersuchungen und Behandlungen sind für den Sachverständigen von besonderer Bedeutung. Im Unterschied zu Absatz 1 ist die Grenze der Mitwirkung nur in dem Fall zu beachten, in dem der Proband sich hierauf tatsächlich beruft. Dies setzt notwendig die angemessene Aufklärung gegenüber dem Probanden voraus.

Einzelheiten werden in den nachfolgenden Abschnitten behandelt. Auch hier gilt: In Zweifelsfragen sollte der Sachverständige mit seinem Auftraggeber Rücksprache halten.

2.2.8 Mitwirkung bei Untersuchungen

Der Betroffene soll sich auf Verlangen des Leistungsträgers ärztlich bzw. psychologisch untersuchen lassen, soweit dies für die Entscheidung über den jeweiligen Anspruch erforderlich ist. Hierbei geht es um ärztliche und psychologische Diagnostik, die nach dem Stand der medizinischen Wissenschaft zur Feststellung des Gesundheitszustandes des Untersuchten angezeigt und erforderlich sind. Dazu zählen Beobachtungen und Messungen, die Entnahme von Blut und anderen Körperflüssigkeiten oder die Einhaltung einer Diät oder Medikation zu diagnostischen Zwecken. Die Maßnahmen unterstehen der persönlichen Verantwortung eines approbierten Arztes bzw. Psychologen. Untersuchungen können sowohl im ambulanten wie auch stationären Rahmen indiziert sein.

Zu den Untersuchungsverfahren zählen:
- Anamneseerhebung,
- körperliche Untersuchung,
- psychometrische und psychiatrische Untersuchungen,
- Blutabnahme (Ohrläppchen, Finger, Vene),
- Elektrodiagnostik (EKG, Belastungs-EKG, EEG),
- Lungenfunktionsdiagnostik,
- Ultraschall (ohne intraluminale Verfahren),
- Röntgenuntersuchungen (ohne Kontrastmittel),
- Computertomographie (ohne Kontrastmittel),
- Kernspintomographie.

Bedingt zumutbar und damit auch im Wesentlichen duldungspflichtig sind Untersuchungsverfahren, die zwar eine größere Belastung darstellen, aber je nach Einzelfall keine nennenswert höhere Gefährdung darstellen. Hierher gehören z. B. Röntgenuntersuchungen und Computertomographien mit und ohne Kontrastmittel. Injektionen für diagnostische Verfahren (subkutan, intravenös, intramuskulär) sind nach besonderer Risikoabwägung ebenfalls bedingt zumutbar. Vom Sachverständigen ist dabei die aktuelle Strahlenschutzverordnung zu beachten. Im Gutachtenzusammenhang ergibt sich selten eine rechtfertigende Indikation für die Anwendung von Röntgenstrahlen.

Nicht zumutbar sind Kontrastmitteldarstellungen von Körperhohlräumen, die mit größeren Belastungen, körperlichen Eingriffen und höheren Gefährdungen einhergehen. Unabhängig von möglichen wissenschaftlichen Diskussionen über das tatsächliche Ausmaß der Gefährdung oder Belastung des Patienten gelten alle nuklearmedizinischen Untersuchungsverfahren als nicht zumutbar.

Allerdings bleibt auf den Fall hinzuweisen, in welchem der Proband nach ausreichender Aufklärung eine vorgeschlagene Untersuchung duldet. In diesem Fall darf die Untersuchung unabhängig von der Frage der Zumutbarkeit oder Duldungspflicht durchgeführt werden, wenn sie zur Klärung des Sachverhaltes beiträgt.

2.2.9 Mitwirkung bei Behandlung und medizinischer und beruflicher Rehabilitation

Im Ausgangspunkt ist der Versicherte auch im Rahmen von Behandlungsmaßnahmen und Leistungen zur Teilhabe zur Duldung der Maßnahme und allgemein zur aktiven Mitwirkung verpflichtet. Dies gilt namentlich für solche ärztlichen Eingriffe, die keinen Schaden für Leben und Gesundheit bergen, die nicht mit erheblichen Schmerzen verbunden sind und die keinen erheblichen Eingriff in die körperliche Unversehrtheit bedeuten. Er muss z. B. die ihm vom Sachverständigen auferlegten Verhaltensregeln (etwa Diät, Einnahme von Medikamenten, kein Alkohol- oder Nikotinkonsum) beachten.

§ 63 SGB I legt darüber hinaus fest, dass sich der Betroffene auf Verlangen des Leistungsträgers einer Heilbehandlung unterziehen soll, wenn zu erwarten ist, dass sie eine Besserung seines Gesundheitszustandes herbeiführen oder eine Verschlechterung verhindern wird. Es kommt jede Maßnahme in Betracht, die geeignet ist, einen bestehenden oder drohenden regelwidrigen körperlichen, seelischen oder Geisteszustand zu beheben, zu mildern oder zu vermeiden. Insoweit besteht auf Seiten des Leistungsträgers wie auch des Gerichts ein Auswahlermessen, ob und bejahendenfalls welche Maßnahme im Einzelfall in Betracht zu ziehen ist.

Die Zumutbarkeit und Duldungspflicht therapeutischer Maßnahmen kann grundsätzlich nach den gleichen Kriterien beurteilt werden, wie sie zuvor bei der Frage der Zumutbarkeit diagnostischer Maßnahmen beschrieben worden sind. Neben den für eine erfolgreiche Behandlung notwendigen und duldungspflichtigen diagnostischen Maßnahmen sind demzufolge auch die therapeutischen Maßnahmen duldungspflichtig und zumutbar, wenn sie keine Gefahren für Leben oder Gesundheit bergen, nicht mit erheblichen Schmerzen verbunden sind und keinen erheblichen Eingriff in die körperliche Unversehrtheit bedeuten. Diese Kriterien erfüllen ohne Weiteres medikamentöse Behandlungen, bei denen erhebliche Nebenwirkungen (Organgefährdungen, länger dauernde Beeinträchtigungen des Wohlbefindens oder der Psyche) nicht

zu befürchten sind oder nur mit einem sehr geringen Wahrscheinlichkeitsgrad vorkommen.

Unter Abwägung der möglichen Nebenwirkungen gehören im Wesentlichen zu den zumutbaren therapeutischen Maßnahmen z. B.:

- Diabetesbehandlung (oral, Insulin),
- Herz-Kreislauf stützende, rhythmisierende Medikamente,
- anfallsverhindernde Medikamente,
- Antibiotika u. a.

Auch weitergehende therapeutische Maßnahmen, die leistungsmindernde Schmerzzustände oder Funktionsstörungen bessern können, sind zumutbar und duldungspflichtig. Sie umfassen z. B.:

- physiotherapeutische Maßnahmen,
- psychotherapeutische Behandlungen,
- logopädische Behandlung,
- Anwendung von Prothesen und anderen Körperersatzstücken,
- weitere Heil- und Hilfsmittel.

Wenn mit hoher Wahrscheinlichkeit medizinisch davon ausgegangen werden kann, dass z. B. eine regelmäßige Medikamenteneinnahme, eine balneophysikalische Maßnahme oder das Tragen einer Prothese den Eintritt des Leistungsfalles verhindern könnte und dies zumutbar ist, hat sie der Versicherten zu dulden und muss nach seinen Kräften hierbei mitwirken. Bei der Beurteilung des Leistungsvermögens für die Entscheidung über eine beantragte Erwerbsminderungsrente kann dann von der durch die medizinischen Maßnahmen zu erwartenden Verbesserung des Gesundheitszustandes ausgegangen werden. Dies gilt in besonderem Maße für Rehabilitationsleistungen, weil diese gerade die Erwartung der gesundheitlichen Verbesserung und damit den Erhalt oder die Wiederherstellung der Erwerbsfähigkeit voraussetzen.

Die Mitwirkungspflicht des Versicherten unterliegt indessen Grenzen, wenn eine mangelnde Compliance vorliegt und medizinisch notwendige Maßnahmen vom Versicherten nicht bewusst oder tendenziell verweigert werden. Eine ungenügende Compliance kann dabei in psychischen Veränderungen und besonderen persönlichen Lebensumständen begründet sein.

Therapeutische Maßnahmen, die erhebliche körperliche oder psychische Nachteile mit sich bringen können, insbesondere auch operative Eingriffe, deren Gefährdungsgrad grundsätzlich nicht vernachlässigbar ist, müssen vom Probanden nicht geduldet werden und unterliegen daher keiner Duldungspflicht. Insoweit besteht auch keine Mitwirkungspflicht. Zum Beispiel kann bei einer rentenrelevanten Einschränkung der Gehfähigkeit durch eine Koxarthrose bei mit hoher Wahrscheinlichkeit zu erwartender Wiederherstellung der Gehfähigkeit durch eine Totalendoprothese diese Operation vom Versicherten nicht abverlangt werden.

2.2.10 Folgen fehlender Mitwirkung

Verweigert der Versicherte die notwendige Sachaufklärung gegenüber dem Sachverständigen, lehnt er insbesondere die Teilnahme an einer Begutachtung ab, sollte ihm der Sachverständige deutlich machen, dass er eine Begutachtung nicht durchführen kann und die Akten dem Auftraggeber zurückreichen muss. Der Sozialleistungsträger hat nachfolgend zu prüfen, ob der bis dahin – ohne die Begutachtung – ermittelte Sachverhalt für eine abschließende Entscheidung ausreicht. Hierbei ist er auf die Mitteilung des Gutachters angewiesen, aus welchen Gründen der Proband die Mitwirkung verweigert hat und weshalb die vom Versicherten abgelehnte Maßnahme für eine Sachaufklärung und die sozialmedizinische Beurteilung notwendig ist.

Ist die unterlassene Mitwirkung erforderlich und zumutbar, wird der Sozialleistungsträger die beantragte Sozialleistung nach Anhörung des Betroffenen versagen. Er muss ihn aber auf die Folgen der fehlenden Mitwirkung schriftlich hinweisen und ihm unter Fristsetzung Gelegenheit zur Nachholung geben. Kommt der Versicherte dieser Aufforderung nach, darf der geltend gemachte Anspruch nicht wegen fehlender Mitwirkung verneint werden.

2.2.11 Praktisches Vorgehen

Ein sozialmedizinisch tätiger Sachverständiger oder rehabilitativ tätiger Arzt wird sich im Laufe des Verfahrens bis zur Entscheidung über eine Sozialleistung bzw. bei der Durchführung einer Rehabilitationsmaßnahme wiederholt mit den Fragen der Zumutbarkeit, der Duldungspflicht und letztendlich der Mitwirkungspflicht konfrontiert sehen. Die nachfolgenden Empfehlungen sollte er als Richtschnur für die vollständige Wahrnehmung seines Gutachtenauftrages im Zusammenhang mit dem Bestehen von Mitwirkungsobliegenheiten auf Seiten des Probanden zu Grunde legen:
1. Welcher medizinische Aufwand ist erforderlich, um die Beweisfragen vollständig zu beantworten?
2. Reichen die dem Sachverständigen verfügbaren Beweismittel (Arztbriefe, Befundberichte, Reha-Entlassungsberichte, Gutachten anderer Sozialleistungsträger, Akteninhalte usw.) für eine Begutachtung nach Aktenlage aus oder können wenigstens aufwändige,

evtl. belastende Doppeluntersuchungen vermieden werden?
3. Ist eine ausreichend sichere medizinische Ermittlung und sozialmedizinische Wertung des Sachverhaltes nur auf der Grundlage einer körperlichen Untersuchung möglich?
4. Sind weitergehende diagnostische, evtl. auch apparative Untersuchungen erforderlich, gerechtfertigt und angemessen?

2.2.12 Relevante Gesetzestexte (SGB I)

- **§ 60 Angabe von Tatsachen**

(1) Wer Sozialleistungen beantragt oder erhält, hat
1. alle Tatsachen anzugeben, die für die Leistung erheblich sind, und auf Verlangen des zuständigen Leistungsträgers der Erteilung der erforderlichen Auskünfte durch Dritte zuzustimmen,
2. Änderungen in den Verhältnissen, die für die Leistung erheblich sind oder über die im Zusammenhang mit der Leistung Erklärungen abgegeben worden sind, unverzüglich mitzuteilen,
3. Beweismittel zu bezeichnen und auf Verlangen des zuständigen Leistungsträgers Beweisurkunden vorzulegen oder ihrer Vorlage zuzustimmen.

Satz 1 gilt entsprechend für denjenigen, der Leistungen zu erstatten hat.

(2) Soweit für die in Absatz 1 Satz 1 Nr. 1 und 2 genannten Angaben Vordrucke vorgesehen sind, sollen diese benutzt werden.

- **§ 61 Persönliches Erscheinen**

Wer Sozialleistungen beantragt oder erhält, soll auf Verlangen des zuständigen Leistungsträgers zur mündlichen Erörterung des Antrags oder zur Vornahme anderer für die Entscheidung über die Leistung notwendiger Maßnahmen persönlich erscheinen.

- **§ 62 Untersuchungen**

Wer Sozialleistungen beantragt oder erhält, soll sich auf Verlangen des zuständigen Leistungsträgers ärztlichen und psychologischen Untersuchungsmaßnahmen unterziehen, soweit diese für die Entscheidung über die Leistung erforderlich sind.

- **§ 63 Heilbehandlung**

Wer wegen Krankheit oder Behinderung Sozialleistungen beantragt oder erhält, soll sich auf Verlangen des zuständigen Leistungsträgers einer Heilbehandlung unterziehen, wenn zu erwarten ist, dass sie eine Besserung seines Gesundheitszustands herbeiführen oder eine Verschlechterung verhindern wird.

§ 64 Leistungen zur Teilhabe am Arbeitsleben

Wer wegen Minderung der Erwerbsfähigkeit, anerkannter Schädigungsfolgen oder Arbeitslosigkeit Sozialleistungen beantragt oder erhält, soll auf Verlangen des zuständigen Leistungsträgers an Leistungen zur Teilhabe am Arbeitsleben (berufliche Rehabilitation) teilnehmen, wenn bei angemessener Berücksichtigung seiner beruflichen Neigung und seiner Leistungsfähigkeit zu erwarten ist, dass sie seine Erwerbs- oder Vermittlungsfähigkeit auf Dauer fördern oder erhalten werden.

§ 65 Grenzen der Mitwirkung

(1) Die Mitwirkungspflichten nach den §§ 60 bis 64 bestehen nicht, soweit

1. ihre Erfüllung nicht in einem angemessenen Verhältnis zu der in Anspruch genommenen Sozialleistung oder ihrer Erstattung steht oder
2. ihre Erfüllung dem Betroffenen aus einem wichtigen Grund nicht zugemutet werden kann oder
3. der Leistungsträger sich durch einen geringeren Aufwand als der Antragsteller oder Leistungsberechtigte die erforderlichen Kenntnisse selbst beschaffen kann.
   (2) Behandlungen und Untersuchungen,
4. bei denen im Einzelfall ein Schaden für Leben oder Gesundheit nicht mit hoher Wahrscheinlichkeit ausgeschlossen werden kann,
5. die mit erheblichen Schmerzen verbunden sind oder
6. die einen erheblichen Eingriff in die körperliche Unversehrtheit bedeuten,
   können abgelehnt werden.

(3) Angaben, die dem Antragsteller, dem Leistungsberechtigten oder ihnen nahestehende Personen (§ 383 Abs. 1 Nr. 1 bis 3 Zivilprozessordnung) die Gefahr zuziehen würden, wegen einer Straftat oder einer Ordnungswidrigkeit verfolgt zu werden, können verweigert werden.

§ 66 Folgen fehlender Mitwirkung

(1) Kommt derjenige, der eine Sozialleistung beantragt oder erhält, seinen Mitwirkungspflichten nach §§ 60 bis 62, 65 nicht nach und wird hierdurch die Aufklärung des Sachverhalts erheblich erschwert, kann der Leistungsträger ohne weitere Ermittlungen die Leistung bis zur Nachholung der Mitwirkung ganz oder teilweise versagen oder entziehen, soweit die Voraussetzungen der Leistung nicht nachgewiesen sind. Dies gilt entsprechend, wenn der Antragsteller oder Leistungsberechtigte in anderer Weise absichtlich die Aufklärung des Sachverhaltes erheblich erschwert.

(2) Kommt derjenige, der eine Sozialleistung wegen Pflegebedürftigkeit, wegen Arbeitsunfähigkeit, wegen Gefährdung oder Minderung der Erwerbsfähigkeit, anerkannten Schädigungsfolgen oder wegen Arbeitslosigkeit beantragt oder erhält, seinen Mitwirkungspflichten nach §§ 62 bis 65 nicht nach und ist unter Würdigung aller Umstände mit Wahrscheinlichkeit anzunehmen, dass deshalb die Fähigkeit zur selbständigen Lebensführung, die Arbeits-, Erwerbs- oder Vermittlungsfähigkeit beeinträchtigt oder nicht verbessert wird, kann der Leistungsträger die Leistung bis zur Nachholung der Mitwirkung ganz oder teilweise versagen oder entziehen.

(3) Sozialleistungen dürfen wegen fehlender Mitwirkung nur versagt oder entzogen werden, nachdem der Leitungsberechtigte auf diese Folge schriftlich hingewiesen worden ist und seiner Mitwirkungspflicht nicht innerhalb einer ihm gesetzten angemessenen Frist nachgekommen ist.

§ 67 Nachholung der Mitwirkung

Wird die Mitwirkung nachgeholt und liegen die Leistungsvoraussetzungen vor, kann der Leistungsträger Sozialleistungen, die er nach § 66 versagt oder entzogen hat, nachträglich ganz oder teilweise erbringen.

Literatur

Becker P: Das professionelle Gutachten – Anforderungen aus rechtlicher Sicht. Med Sach 105:82–92, 2008

Cibis W: Das professionelle Gutachten – Besonderheiten in der Rentenversicherung. Med Sach 105: 100–103, 2008

Dörfler H, Eisenmenger W, Lippert HD (Hrsg.): Das medizinische Sachverständigengutachten – Rechtliche Grundlagen, relevante Klinik, praktische Anleitung. Berlin; Heidelberg; New York: Springer-Verlag, 1999 ff. (Loseblatt)

Hennies G: Rechtsgrundlagen der Begutachtung im System der sozialen Sicherung, in: Marx HH (Hrsg.): Medizinische Begutachtung – Grundlagen und Praxis, 6. Aufl., Thieme Verlag, Stuttgart 1997

Hennies G: Zumutbarkeit diagnostischer Maßnahmen. Med Sach 87: 189–192, 1991

Kater H: Das ärztliche Gutachten im sozialgerichtlichen Verfahren, Schmidt-Verlag, Berlin 2008

Lampert G: Sind Röntgenuntersuchungen bei der Begutachtung mit der Röntgenverordnung vereinbar? Med Sach 92: 37–40, 1996

Lindner JP: Relevanz der Medizintechnik für die medizinische Begutachtung – aus Sicht eines Sozialrichters. Med Sach 95: 37–42, 1999

Lüdtke PB: Sachverstand und Entscheidung in der medizinischen Begutachtung, MedSach 76 (1980) 2

Maydell Bv: Das medizinische Gutachten im Sozialgerichtsprozeß. JbFfS S. 403–413, 1988/1989

Maydell Bv: Mitwirkungspflicht des Betroffenen sowie Aufklärungspflicht und Haftung des Sachverständigen. SGB S. 392–398, 1987

Rauschelbach HH: Ärztliche Begutachtung im Spannungsfeld zwischen Medizin, Recht und Auftraggeber, MedSach 75 (1979) 22

Scholz JF, Wittgens H: Arbeitsmedizinische Berufskunde, 2. Aufl., Gentner Verlag, Stuttgart 1992

Widder B, Hausotter W, Marx P, Puhlmann HU, Wallesch CW: Empfehlungen zur Schmerzbegutachtung. Med Sach 98: 27–29, 2002

Arbeitsmedizinische und berufskundliche Aspekte

Martina Hildebrandt, Klaus Timner, Wilhelm Moesch (3.1);
Lutz Haustein (3.2)

3.1   Arbeitsmedizinische Aspekte

Martina Hildebrandt, Klaus Timner, Wilhelm Moesch

Neue Techniken fördern und fordern den Menschen speziell in der Arbeitswelt. Der Wandel der Arbeit lässt sich exemplarisch an der Einführung von Personalcomputern, Internet und Mobiltelefonen erkennen. Arbeit stellt zunehmend Anforderungen an mentale und psychische Fähigkeiten, gekoppelt mit permanentem Lernen im und für den Beruf. Zum Wandel der Arbeit kommt hinzu, dass die Lebensarbeitszeit vor Beginn der Altersrente ausgedehnt wurde. Länger arbeiten zu ermöglichen bei guter Gesundheit und nicht nachlassenden psychischen Kräften sind aktuelle Herausforderungen, die gerade die arbeitsmedizinische Betreuung von Arbeitnehmern und die fachspezifische Beratung der Arbeitgeber herausfordert. Spezielle Beratungs- und Kooperationsangebote der Deutschen Rentenversicherung können zusätzlich genutzt werden. Arbeitssicherheitsgesetz (ASiG) [20] und Arbeitsschutzgesetz (ArbSchG) [2] haben neben anderen gesetzlichen Vorgaben, Verordnungen und Regeln dazu beigetragen, dass Arbeit und Arbeitsbedingungen stetig an den Menschen angepasst wurden. Betriebs- und Werksärzte können die Rehabilitation sowie die Wiedereingliederung des Arbeitnehmers im Rahmen des Betrieblichen Eingliederungsmanagements unterstützen.

3.1.1   Belastung und Beanspruchung

Die Interaktion zwischen Mensch und Arbeit folgt physiologischen Abläufen, die näherungsweise mit dem Belastungs-Beanspruchungs-Konzept nach Rohmert und Rutenfranz beschrieben werden können. Neben den physiologischen Parametern werden zunehmend psychische Faktoren berücksichtigt, um die Wechselwirkung von Mensch und Arbeit zutreffend beschreiben zu können.

Belastung

Unter Belastung werden alle von außen auf den Menschen einwirkenden Einflussfaktoren zusammengefasst, die eine Veränderung im Organismus auslösen. Die Reaktionen sind mit physikalischen, chemischen oder biologischen Methoden messbar. Belastungen können danach unterschieden werden, ob sie aus einer Arbeitsaufgabe oder durch einen Arbeitsumgebungsfaktor entstehen.

- **Arbeitsaufgabe**
  - Arbeitsinhalte (Aufgabenspektrum, Handlungsspielraum, Vielfalt, Schwierigkeitsgrad, Verantwortung)
  - Arbeitsmittel (Werkzeuge, Maschinen, Geräte, Computer, Telefonanlagen, Schutzkleidung Schutzhandschuhe, Atemschutzgeräte)
  - Arbeitshaltung (Hocken, Knien, Kriechen, Zwangshaltung durch ungünstige oder unphysiologische Körperhaltung; Untertagearbeit, Gerüstarbeit, Arbeit auf schwankendem Boden)
  - Arbeitsplatzgestaltung (Barriere in Form eines nicht ergonomisch ausgerichteten Arbeitstisches oder eines geräuschvollen Großraumbüros; Förderfaktoren durch höhenverstellbares Arbeitspult, Schallschutzwand)
  - Arbeitsorganisation (Stück- und Zeitakkordarbeit, Nachtschicht, Wechselschicht, Gruppenarbeit, flexible Arbeitseinsatzzeiten nach Arbeitsanfall, Arbeitsablauf, Informationsaustausch, Kommunikation, Führung)

- **Arbeitsumgebung**
  - Beleuchtung (Helligkeit auf Arbeitsflächen, in Räumen und Gängen, Blendung durch Lichtquellen)
  - Klima (Hitze- oder Kälteeinwirkung, Wärmestrahlung, Raumlufttemperatur, Luftfeuchtigkeit und Luftgeschwindigkeit an Arbeitsplätzen)
  - Lärm
  - Gefahrstoffe (Gifte, Krankheitserreger)
  - Physikalische Einwirkungen (Vibration, Schall, Strahlen, Druck)
  - Chemische Einwirkungen (Staub, Rauch, Gase, Säure, Lauge, Öle, Fette, Lösungsmittel)

Mit unterschiedlichen gesetzlichen Vorgaben und Normen wird die bauliche Ausgestaltung von Arbeitsstätten geregelt. So werden beispielsweise Vorgaben für Erste Hilfe-Stellen, Toiletten, Waschräume, Bodenbeläge, Verkehrswege, Fluchtwege, Beleuchtungsstärke, Raumtemperatur und Feuerlöscheinrichtungen festgelegt.

Einen Einblick in die Belastungen der Arbeitswelt bieten Beschäftigtenumfragen, die beispielsweise vom Bundesinstitut für Berufsbildung (BiBB), dem Institut für Arbeitsmarkt und Berufsforschung (IAB) und der Bundesanstalt für Arbeitschutz und Arbeitsmedizin (BAuA) in bestimmten Zeitabständen durchgeführt werden [8, 11], vgl. ◘ Tab. 3.1.

Für die tatsächliche Belastung in Teilbereichen von Arbeitsprozessen wurden Toleranzwerte für die körperliche Arbeit bestimmt. Dazu gehören beispielsweise das Heben und Tragen von Lasten als typische Arbeitsaufgaben, die je nach Häufigkeit und Belastungsdauer sowie nach Schwere und zurückgelegter Transportstrecke bemessen werden können. Einige Orientierungswerte sind vom Arbeitskreis »Manuelle Handhabung von Lasten« des Hauptverbandes der Berufsgenossenschaften (HVBG) zusammengestellt worden. Bei hohen Belastungen sollten

◻ Tab. 3.1 Umfrageergebnisse 2005/2006 zu beruflichen Belastungen [8, 11]

Arbeitsbedingung und Belastungen	davon betroffen: (in Prozent)	davon fühlen sich belastet: (in Prozent)
Arbeit im Stehen	56	26
Arbeit im Sitzen	53	20
Arbeit unter Zwangshaltungen	14	51
Heben, Tragen schwerer Lasten: >10 kg (Frauen), >20 kg (Männer)	23	52
Starke Erschütterungen, Stöße, Schwingungen	5	54
Arbeit unter Lärm	24	52
Umgang mit gefährlichen Stoffen, Strahlung	7	36
Rauch, Gase, Staub, Dämpfe	14	57
Kälte, Hitze, Nässe, Feuchtigkeit, Zugluft	21	53
Öl, Fett, Schmutz, Dreck	18	32
Arbeitsdurchführung in allen Einzelheiten vorgeschrieben	23	30
Ständig wiederkehrende Arbeitsvorgänge	51	14
Starker Termin- und Leistungsdruck	53	59
Nicht Erlerntes / Beherrschtes wird verlangt	9	39
Arbeiten an der Grenze der Leistungsfähigkeit	17	69

◻ Tab. 3.2 Orientierungswerte zu Hebe- und Tragehäufigkeit für eine Ganztagsschicht: Männer [1]

Lastgewicht kg	Heben, Absetzen, Umsetzen, Halten Dauer < 5 Sekunden	Tragen Trageentfernung 5 bis < 10 m	Trageentfernung 10 bis < 30 m	Trageentfernung ≥ 30 m
< 10	Im Allgemeinen keine Einschränkungen			
10 bis < 15	1000 ×	500 ×	250 ×	100 ×
15 bis < 20	250 ×	100 ×	100 ×	50 ×
20 bis < 25	100 ×	50 ×	50 ×	
≥ 25	Nur in Verbindung mit speziellen präventiven Maßnahmen			

◻ Tab. 3.3 Orientierungswerte zu Hebe- und Tragehäufigkeit für eine Ganztagsschicht: Frauen [1]

Lastgewicht kg	Heben, Absetzen, Umsetzen, Halten Dauer < 5 Sekunden	Tragen Trageentfernung 5 bis < 10 m	Trageentfernung 10 bis < 30 m	Trageentfernung ≥ 30 m
< 5	Im Allgemeinen keine Einschränkungen			
5 bis < 10	500 x	500 x	250 x	100 x
10 bis < 15	250 x	100 x	100 x	50 x
≥ 15	Nur in Verbindung mit speziellen präventiven Maßnahmen			

technische Hilfen als eine Form der speziellen präventiven Maßnahme eingesetzt werden [1].

Orientierungswerte zu Hebe- und Tragehäufigkeiten von Lasten für eine Ganztagesschicht [1] für Männer und Frauen sind in ◘ Tab. 3.2 und ◘ Tab. 3.3 dargestellt.

Beanspruchung

Unter Beanspruchung versteht man die Reaktion eines Menschen auf eine einwirkende Belastung. Die Beanspruchung hängt von Art, Dauer und Stärke der Belastung sowie von individuellen Faktoren ab. Die Beanspruchungsreaktionen sind variabel in ihrem Ausprägungsgrad wie auch in ihrer Ausprägungsform. Eine definierte Arbeitsbelastung führt nicht notwendigerweise zu einem gleichförmigen Blutdruckanstieg, zu einer einheitlichen Herzfrequenzbeschleunigung oder zu einem uniformen Fehleranstieg infolge von Ermüdung. Individuelle Faktoren, die in der Konstitution des Belasteten liegen, sowie Training, Erfahrenheit oder Motivation beeinflussen die wahrgenommene Beanspruchung. Quantitative Unterschiede bei den Beanspruchungsreaktionen können sich zwischen Individuen zeigen, die der gleichen Belastung ausgesetzt sind. Das Messen von Beanspruchung ist aufwändiger als das Bestimmen der Belastung. Die lineare Dosis-Wirkungsbeziehung kann bei Untersuchungen nach dem Belastungs-Beanspruchungs-Konzept nicht immer erwartet werden.

3.1.2 Arbeitsschwere

Die Einteilung der körperlichen Arbeitsschwere, wie sie beispielsweise im Bereich der Deutschen Rentenversicherung benutzt wird, folgt weitgehend der REFA-Klassifikation (**Re**ichsausschuss **f**ür **A**rbeitszeitermittlung seit 1924, ab 1946 Verband für Arbeitsstudien-REFA e.V., ab 1995 REFA-Verband für Arbeitsgestaltung, Betriebsorganisation und Unternehmensentwicklung e.V., seit 2000 REFA Bundesverband e. V. als Spitzenorganisation) [17].

- **Körperlich leichte Arbeit** ist Handhaben leichter Werkstücke und Handwerkszeuge, Tragen von weniger als 10 Kilogramm, Bedienen leichtgehender Steuerhebel und Kontroller oder ähnlicher mechanisch wirkender Einrichtungen und lang dauerndes Stehen oder ständiges Umhergehen (bei Dauerbelastung). Bis zu 5 Prozent der Arbeitszeit (oder zweimal pro Stunde) können mit mittelschweren Arbeitsanteilen belastet sein. Belastende Körperhaltungen (Zwangshaltungen, Haltearbeit) erhöhen die Arbeitsschwere um eine Stufe.
- **Körperlich leichte bis mittelschwere Arbeit** wird als Begriff bei der sozialmedizinischen Beurteilung der Leistungsfähigkeit im Erwerbsleben benutzt. Der Anteil an mittelschwerer körperlicher Arbeit beträgt bis zu 50 Prozent der Arbeitszeit der sonst leichten Arbeit.
- **Körperlich mittelschwere Arbeit** liegt vor beim Handhaben von etwa 1 bis 3 Kilogramm schwergehender Steuereinrichtungen, beim unbelasteten Begehen von Treppen und Leitern (als Dauerbelastung), Heben und Tragen mittelschwerer Lasten in der Ebene von 10 bis 15 Kilogramm oder beim Hantieren, die den gleichen Kraftaufwand erfordern. Auch körperlich leichte Arbeiten mit zusätzlicher Ermüdung durch Haltearbeit mäßigen Grades sowie beispielsweise ein Arbeiten am Schleifstein, mit Bohrwinden und Handbohrmaschinen werden als körperlich mittelschwere Arbeit eingestuft. Es können auch bis zu 5 Prozent der Arbeitszeit (oder zweimal pro Stunde) schwere Arbeitsanteile enthalten sein. Belastende Körperhaltungen (Haltearbeit, Zwangshaltungen) erhöhen die Arbeitsschwere um eine Stufe.
- **Körperlich schwere Arbeit** ist gegeben beim Tragen von 20 bis zu 40 Kilogramm schweren Lasten in der Ebene oder beim Steigen unter mittleren Lasten und beim Handhaben von Werkzeugen (über 3 Kilogramm Gewicht), auch bei Arbeiten mit Kraftwerkzeugen mit starker Rückstoßwirkung, beim Schaufeln, Graben und Hacken. Mittelschwere Arbeiten in angespannter Körperhaltung, zum Beispiel in gebückter, kniender oder liegender Stellung können als schwere Arbeit eingestuft werden. Belastende Körperhaltungen (Zwangshaltungen, Haltearbeit) erhöhen die Arbeitsschwere um eine Stufe.

Die Einteilung der körperlichen Arbeitsschwere beruht auf stoffwechselphysiologischen Untersuchungen mit Messung des Sauerstoffverbrauchs während der Arbeit. Psychische Belastungen durch Arbeitsprozesse und mentale Anforderungen durch die Arbeitsaufgaben werden in dieser REFA-Einteilung nicht erfasst.

3.1.3 Arbeitszeit

Mit der Dauer von Arbeitszeiten können gesundheitliche Beeinträchtigungen zusammenhängen. Schlafstörungen, Rückenschmerzen, Herzbeschwerden oder Magenbeschwerden nehmen nach Befragungsergebnissen bei Erwerbstätigen mit steigender Arbeitsdauer zu. Ein Beeinträchtigungsrisiko besteht ebenso beim Zusammentreffen mehrerer potentiell gefährdender Arbeitsbedingungen, wie etwa Schichtarbeit mit gleichzeitig hoher körperlicher oder mentaler Belastung [40].

Die tägliche Dauer der Arbeitszeit, die wöchentliche Arbeitszeit, die Sonn- und Feiertagsarbeit, die Überstunden und Mehrarbeit, die Zeitintervalle zwischen der Arbeit und nicht zuletzt die gesetzliche Pause bei der Arbeit werden durch das Arbeitszeitgesetz (ArbZG) geregelt [4]. Das Arbeitszeitgesetz legt Mindestzeiten und Höchstgrenzen fest. Mit den Bestimmungen des Bundesurlaubsgesetzes (BUrlG), das Umfang und Dauer des Urlaubs vorschreibt, werden Zeiten der Arbeit und Zeiten der Erholung geregelt [12]. Für bestimmte Personengruppen, beispielsweise für Jugendliche (Jugendarbeitsschutzgesetz) oder werdende Mütter (Mutterschutzgesetz) gelten zusätzliche Regeln [21, 31]. In Tarif- und Arbeitsverträgen müssen die gesetzlichen Mindestanforderungen eingehalten werden, darüber hinausgehende Vereinbarungen sind möglich.

Die Zeiten der Arbeit haben sich in den letzten Jahren für viele Arbeitnehmer geändert. Feste Uhrzeiten für Arbeitsbeginn und Arbeitsende wurden aufgegeben und durch flexible Arbeitszeiten ersetzt. Minus- oder Plusstunden im vertraglich vereinbarten Arbeitspensum verändern die Wochen- oder Monatsarbeitszeit. Zeitkonten, Jobsharing, Kurzarbeit, Mehrarbeit oder Altersteilzeit sind Beispiele für den Wandel des Begriffs Arbeitszeit.

Normalarbeitszeit

Arbeitszeit im Sinne des Arbeitszeitgesetzes ist die Zeit vom Beginn bis zum Ende der Arbeit ohne die Ruhepause. Im Bergbau unter Tage zählen die Ruhepausen als Arbeitszeit. Nach dem Arbeitszeitgesetz darf die werktägliche Arbeitszeit acht Stunden nicht überschreiten. Sie kann auf bis zu zehn Stunden verlängert werden, wenn innerhalb von sechs Kalendermonaten oder innerhalb von 24 Wochen im Durchschnitt 8 Stunden werktäglich nicht überschritten werden. Nachtzeit im Sinne dieses Gesetzes ist die Zeit von 23 bis 6 Uhr, in Bäckereien und Konditoreien die Zeit von 22 bis 5 Uhr. Nachtarbeit im Sinne des Gesetzes ist jede Arbeit, die mehr als zwei Stunden Nachtzeit umfasst.

Schicht- und Nachtarbeit

Schichtarbeit ist Arbeit zu wechselnder oder konstant ungewöhnlicher Arbeitszeit, beispielsweise als ausschließliche Arbeit während der Nacht (Dauernachtschicht). Damit können unphysiologische Belastungssituationen entstehen, die die Arbeitsqualität beeinträchtigen oder Gesundheitsstörungen verursachen oder verstärken. Wo immer möglich, sollte Arbeiten synchron zum zirkadianen Rhythmus ermöglicht und vor allem Nachtarbeit vermieden werden.

Es gibt keine spezifische Erkrankung durch Nachtarbeit. Häufig genannte Beschwerden sind:
- Schlafstörungen,
- Appetitlosigkeit,
- Magenbeschwerden,
- innere Unruhe, Nervosität,
- bei Schlafdefizit vorzeitige Ermüdbarkeit.

Arbeitgeber müssen Nachtarbeitnehmern arbeitsmedizinische Untersuchungen anbieten (§ 6 Arbeitszeitgesetz). Bei der arbeitsmedizinischen Erstuntersuchung ist zu achten auf [34]:
- chronisch-rezidivierende Magen-Darmstörungen (rezidivierende Ulcera, Colitis ulcerosa, Morbus CROHN),
- chronische Herz-Kreislauferkrankungen (Bluthochdruck, Arteriosklerose, koronare Herzkrankheit),
- Stoffwechselstörungen (Diabetes mellitus, Schilddrüsenfunktionsstörung),
- Anfallsleiden (auch in der Familienanamnese),
- Suchtkrankheiten (Alkohol-, Drogen- und Medikamentenmissbrauch),
- chronische, schwere Schlafstörungen,
- organische und funktionelle Psychosen,
- schwere, vegetative Störungen,
- Nachtblindheit (falls für die spezielle Tätigkeit relevant),
- sonstige schwere chronische Erkrankungen mit erheblichen Funktionseinschränkungen (Asthma-Anfälle),
- individuelle Eigenschaften (Schlafgewohnheiten).

Gesundheitliche Bedenken gegen Nachtarbeit können beispielsweise bestehen bei Personen mit:
- chronischer Gastritis (histologisch bereits gesichert) mit erheblicher Funktionsstörung,
- chronischen Erkrankungen des Magen-Darmtraktes (rezidivierende Ulcera, Colitis ulcerosa, Morbus CROHN),
- chronischen aktiven (progredienten) Krankheiten der Leber,
- Diabetes mellitus (mit erheblichen Schwankungen der Blutzuckerwerte),
- nicht kompensierbaren endokrinen Störungen,
- Herz-Kreislaufleiden von Krankheitswert,
- nach Organtransplantation mit instabiler Transplantatfunktion,
- chronisch ausgeprägter Niereninsuffizienz,
- Nachtblindheit stärkeren Ausmaßes (falls für die spezielle Tätigkeit relevant),
- Lungenfunktionsstörungen von Krankheitswert,
- Anfallsleiden jeglicher Genese,
- vom Biorhythmus abhängiger Medikamentenaufnahme (nach Organtransplantation),
- psycho-vegetativen Störungen von Krankheitswert,
- ausgeprägten psychotischen, neurotischen oder organisch bedingten psychischen Störungen,
- chronischen Schlafstörungen,
- Alkohol-, Drogen- und Medikamentenabhängigkeit.

Diese Aufstellung weist auf potentielle Kontraindikationen hin. Die Befreiung von Nachtarbeit ist bei chronischen, behandlungsbedürftigen Erkrankungen (Bluthochdruck, Diabetes) keinesfalls die Alternative für eine wirksame Therapie [34].

3.1.4   Arbeitsorganisation

Der Arbeitsablauf sollte so organisiert sein, dass Ausführbarkeit, Schädigungslosigkeit, Beeinträchtigungsfreiheit und Persönlichkeitsförderlichkeit gewährleistet sind.

Arbeitspausen

Arbeitspausen richten sich gegen die Ermüdung während der Arbeitsverrichtung. Unter Ermüdung wird hier eine tätigkeitsgebundene, reversible Minderung der Leistungsfähigkeit verstanden, die an peripheren und zentralen Ermüdungssymptomen erkennbar ist und eine physiologische Schutzfunktion darstellt. Diese Belastungsreaktion grenzt sich von Schädigungsprozessen ab, die mit dauerhafter Veränderung biologischer Strukturen oder Funktionen einhergehen. Die Ermüdung ist durch Erholung reversibel.

Zeichen der Ermüdung sind beispielsweise [30]:

- Nachlassen der Muskelkraft,
- Sauerstoffverbrauchszunahme bei gleichbleibender Belastung,
- Herzfrequenzzunahme bei gleichbleibender Belastung,
- Herabsetzung der Empfindlichkeitsschwelle von Sinnesorganen (Auge, Ohr),
- Wahrnehmungsstörungen,
- Beeinträchtigung der Auge-Hand-Koordination,
- Nachlassen der Aufmerksamkeit,
- Abnahme der Konzentration,
- Nachlassen des Planungs- und Handlungsvermögens (Nachlässigkeit, voreilige Entscheidungen, Tolerieren eigener Fehler),
- Antriebsstörungen,
- Veränderungen im Sozialverhalten (erhöhte Reizbarkeit, verminderte Bereitschaft zur Weitergabe von Informationen).

Arbeitspausen sind Arbeitsunterbrechungen, die zur Erholung und Wiederherstellung der Leistungsfähigkeit genutzt werden können. Der Erholungswert einer Arbeitspause hängt unter anderem von der individuellen Leistungsfähigkeit (Alter, Geschlecht, Trainings- und Gesundheitszustand), der geleisteten Arbeit, der Länge des vorausgegangenen Arbeitsabschnittes und seinen Wiederholungen ab. Da der Erholungswert in den ersten Minuten nach Pausenbeginn am höchsten ist und mit zuneh-

mender Pausendauer abnimmt, sind häufige Kurzpausen gegen Ermüdung effektiver als eine größere Pause nach längerer Arbeitsphase. Gegen Ermüdung nach körperlicher Belastung hilft bereits die 5-Minutenpause [33].

Die Länge der Arbeitszeit bestimmt die Dauer der Ruhepausen. Nach § 4 des Arbeitszeitgesetzes ist die Arbeit bei einer Arbeitszeit von mehr als sechs bis zu neun Stunden durch im Voraus feststehende Ruhepausen von mindestens 30 Minuten zu unterbrechen. Bei einer Arbeitszeit von mehr als neun Stunden muss eine Ruhepausenzeit von insgesamt 45 Minuten eingehalten werden. Die Ruhepausen nach Satz 1 können in Zeitabschnitte von jeweils mindestens 15 Minuten aufgeteilt werden. Länger als sechs Stunden hintereinander dürfen Arbeitnehmer nicht ohne Ruhepause beschäftigt werden.

Bei Tätigkeiten innerhalb eines Arbeitspensums von 3 bis unter 6 Stunden ist keine gesetzliche Pause vorgesehen. Betriebsvereinbarungen sowie Tarif- und Arbeitsverträge können hier Pausen schaffen.

Taktgebundene Arbeit

Das Arbeitstempo wird durch die vorgegebene Zeit für eine Arbeitsverrichtung bestimmt. Dabei wird entweder die Arbeitszeit pro Arbeitsverrichtung vorgegeben oder die Anzahl der Verrichtungen pro Zeiteinheit. Akkordarbeit dient dazu, mit gesteigertem Arbeitstempo ein höheres Entgelt zu erzielen. Für Mitglieder des Fahrpersonals von Lastkraftwagen und Omnibussen gilt, dass sie nicht nach den zurückgelegten Fahrtstrecken oder der Menge der beförderten Güter entlohnt werden dürfen.

Der Arbeitsfluss wird bei taktgebundener Arbeit meistens durch Fließbänder gewährleistet, die die Arbeit zum Arbeitnehmer bringen. In modernen Fertigungsstraßen können Arbeitnehmer während der Montage das Fließband begleiten oder in einer Arbeitsgruppe organisiert sein, die ein Gerät oder eine Maschine gemeinsam zusammensetzt. Das Einhalten des Arbeitstempos wird mit optischen und akustischen Signalen unterstützt, so dass der Einzelne, aber auch die Arbeitsgruppe am Fließband im Takt bleiben kann. Taktgebundene Arbeit kann isoliert betrachtet körperlich leicht sein, da sie meistens im Sitzen mit der Möglichkeit zum Haltungswechsel ausgeübt werden kann, häufig kein Spezialwissen voraussetzt und schnell innerhalb weniger Wochen erlernbar ist.

3.1.5   Arbeitsweg

Der Arbeitsweg ist die Strecke von der Wohnung zum Arbeitsplatz und zurück. Sowohl die Wegelänge, als auch die Wegedauer charakterisieren die Mobilität des Arbeitsnehmers. Nur 46 Prozent der Arbeitnehmer erreichten 2008 ihren Arbeitplatz innerhalb von 10 km. 60 Prozent der

Arbeitnehmer fuhren 2008 mit dem Auto zur Arbeit, 13 Prozent nutzten öffentliche Verkehrsmittel. 9 Prozent gingen zu Fuß zur Arbeit, 8 Prozent kamen mit dem Fahrrad [35]. Für 4 Prozent lag der Arbeitsplatz 50 km und mehr entfernt. 90 Minuten für den Weg zur Arbeit sind nach einem Arbeitsgerichtsurteil zumutbar [36]. Die benötigte Zeit für den Arbeitsweg wird der Arbeitszeit nicht zugerechnet. Davon gibt es Ausnahmen, die in Tarif- und Arbeitsverträgen festgelegt sind. Der Arbeitsweg ist ein Belastungsfaktor, der nicht unmittelbar im Zusammenhang mit der Arbeit steht.

Während des Weges von der Wohnung zur Arbeitsstätte und zurück sind Arbeitnehmer gesetzlich unfallversichert, unabhängig vom benutzen Transportmittel. Verletzungen auf dem Arbeitsweg und Unfallfolgen sind Wegeunfälle und werden als Arbeitsunfälle behandelt (§ 8 SGB VII). Unter den rund 886.000 meldepflichtigen Arbeitsunfällen registrierten die Unfallversicherungen der gewerblichen Wirtschaft und der öffentlichen Hand 2009 rund 179.000 Wegeunfälle, davon 456 mit tödlichem Ausgang [16].

3.1.6   Arbeitsumgebung

Beleuchtung

Die Beleuchtung sollte auf die Tätigkeit abgestimmt sein und eine gleichmäßige, harmonische Raumausleuchtung ermöglichen. Blendung ist nach Möglichkeit zu vermeiden oder zu begrenzen. Tageslicht ist Kunstlicht vorzuziehen. Bei Kunstlichteinsatz ist auf richtige Lichtfarbe und Farbwiedergabe zu achten. Die Arbeitsstättenverordnung (ArbStättV) regelt Mindestanforderungen [3].

Lärm

Lärm ist unerwünschter Schall, der das körperliche, seelische oder soziale Wohlbefinden beeinträchtigt. Lärm ist ein Hauptstörfaktor bei der Arbeit. Lärm schränkt Sprachverständlichkeit ein, behindert das Signalhören und erhöht die Unfallgefährdung. Lärm ist Stress, der zu psychischer Fehlbelastung und zur Minderung der Leistungsfähigkeit führen kann. Lärm kann zu einem Gehörschaden mit vorübergehendem oder dauerndem Hörverlust führen sowie zu Ohrgeräuschen (Tinnitus). Lärminduzierter Hörverlust zeigt sich im Tonaudiogramm in einer Verschlechterung der Hörschwelle (sogenannte Hörschwellenabwanderung). Die Entwicklung eines Hörschadens wird durch Dauerlärmexposition, Lärm mit Schalldruckspitzen oder durch Knall- und Explosionstrauma begünstigt.

Die Lärmbelastung wird durch verschiedene Faktoren bestimmt:

- Schalldruckpegel, der als Lautstärke wahrgenommen wird. Je höher der Schalldruckpegel, desto störender ein Geräusch.
- Frequenzzusammensetzung. Hohe Frequenzen stören mehr als tiefe. Ton haltende Geräusche ziehen die Aufmerksamkeit des Exponierten an und wirken dadurch lästig.
- Zeitliche Abfolge. Impulsartige oder intermittierende Geräusche wirken belästigender als kontinuierliche Geräusche.
- Expositionszeit. Je länger die Exposition, desto störender wirkt sie.

Die Lärmbelastung wird als sogenannter Beurteilungspegel gemessen und in dB(A) angegeben. Ein Anstieg um 3 dB entspricht einer Verdopplung des Schalldruckpegels. Das Geräusch wird als doppelt so laut wahrgenommen. 4 Stunden Lärmexposition bei 88 dB(A) schädigen wie 1 Stunde Lärmexposition bei 94 dB(A). Bereits 4,8 Minuten sind bei 105 dB(A) so schädlich wie 15 Minuten bei 100 dB(A) oder 30 Minuten bei 97 dB(A) [6]. Das Risiko der Innenohrschädigung durch Lärmeinwirkung wächst mit dem Pegel und der Expositionsdauer. Unter der gleichen Belastung können bei Lärmexponierten unterschiedliche Hörschäden entstehen [41].

Für Pausenräume gilt zum Vergleich nach der Arbeitsstättenverordnung eine Lärmpegelgrenze von 55 dB(A). Bei einfacher oder überwiegend mechanisierter Büroarbeit sollen 70 dB(A) nicht überschritten werden [3].

In Deutschland sind etwa 4 bis 5 Millionen Beschäftigte Gefährdungen ihrer Sicherheit und Gesundheit durch Lärmeinwirkungen ausgesetzt. Die Berufskrankheit »Lärmschwerhörigkeit" gehört, trotz erheblicher Präventionserfolge bei den schweren, rentenberechtigten Fällen, weiterhin zu den am häufigsten anerkannten Berufskrankheiten. 2008 wurden 13.546 Fälle von Berufskrankheiten anerkannt. In 5.158 Fällen handelte es sich um eine Lärmschwerhörigkeit [19].

Aktuell wird mit der seit 2007 gültigen Lärm- und Vibrations-Arbeitsschutzverordnung (LärmVibrationsArbSchutzV) dem Lärm bei der Arbeit begegnet [29]. Die Unfallverhütungsvorschrift »Lärm« (UVV BG B3 »Lärm«) entfiel. Die LärmVibrationsArbSchutzV gilt für Betriebe, die nicht dem Bundesbergbaugesetz unterliegen. Die Verordnung soll den Schutz der Beschäftigten vor Beeinträchtigungen des Hörvermögens, sowie vor tatsächlichen und möglichen Gefährdungen in ihrer Gesundheit und Sicherheit durch Lärm bei der Arbeit gewährleisten. Die Gefährdungsbeurteilung »Lärm« umfasst die Wechsel- oder Kombinationswirkungen mit arbeitsbedingten ototoxischen Substanzen oder Vibration.

Die LärmVibrationsArbSchV legt Grenzwerte für die Einwirkung von Schalldruckpegel über einen 8-Stundenzeitraum fest und verbindet sie mit Schutzmaßnahmen. Die einzuleitenden Schutzmaßnahmen richten sich nach der Höhe des Lärmexpositionspegels oder nach dem Spitzenschalldruckpegel.

Untere Auslösewerte für Schutzmaßnahmen:
- Tageslärmexpositionspegel $L_{EX,8h}$: 80 dB(A)
- Spitzenschalldruckpegel $L_{pC,peak}$: 135 dB(C)

Obere Auslösewerte für Schutzmaßnahmen:
- Tageslärmexpositionspegel $L_{EX,8h}$: 85 dB(A)
- Spitzenschalldruckpegel $L_{pC,peak}$: 137 dB(C)

Unter Gehörschutz maximal zulässige Expositionswerte:
- Tageslärmexpositionspegel $L_{EX,8h}$: 85 dB(A)
- Spitzenschalldruckpegel $L_{pC,peak}$: 137 dB(C)

Bei Erreichen oder Überschreiten der unteren Auslösewerte gilt:
- Sicherstellen einer arbeitsmedizinischen Beratung
- Unterweisung zu den Gesundheitsgefahren
- Bereitstellung von geeignetem Gehörschutz
- Anbieten von arbeitsmedizinischen Vorsorgeuntersuchungen (Grundsatz G 20)

Mit den oberen Auslösewerten verbinden sich:
- Kennzeichnung des Lärmbereichs
- Pflicht zur Erstellung eines Lärmminderungprogramms
- Sorge trage, dass Gehörschutz bestimmungsgemäß verwendet wird
- Regelmäßige Veranlassung von arbeitsmedizinischen Vorsorgeuntersuchungen

In Bergbaubetrieben wird in §11 der Gesundheitsschutz-Bergverordnung (GesBergV) der Lärmschutz geregelt [22]. Als Grenzwerte gelten:

Expositionsgrenzwerte in untertätigen Arbeitsstätten:
- Tageslärmexpositionspegel $L_{EX,8h}$: 85 dB(A)
- Spitzenschalldruckpegel $L_{pC,peak}$: 137 dB(C)

Expositionsgrenzwerte in übertätigen Arbeitsstätten:
- Tageslärmexpositionspegel $L_{EX,8h}$: 87 dB(A)
- Spitzenschalldruckpegel $L_{pC,peak}$: 140 dB(C)

Untere Auslösewerte:
- Tageslärmexpositionspegel $L_{EX,8h}$: 80 dB(A)
- Spitzenschalldruckpegel $L_{pC,peak}$: 135 dB(C)

Obere Auslösewerte:
- Tageslärmexpositionspegel $L_{EX,8h}$: 85 dB(A)
- Spitzenschalldruckpegel $L_{pC,peak}$: 137 dB(C)

Lärmbelastete Tätigkeiten findet man in der metallverarbeitenden Industrie, bei Arbeiten mit Druckluthämmern, in Nagelfabriken, in der Holzbearbeitung (Kreissäge, Hobelmaschine), bei Arbeiten an Motor- oder Turbinenprüfständen, bei Bodenpersonal im Luftverkehr, in Getränkeabfüllanlagen, an Webstühlen in der Textilindustrie, in der Bauindustrie, Druck- und Papierindustrie. Für Band- oder Orchestermusiker gelten die Grenzwerte der Lärm-VibrationsArbSchV im Übrigen auch.

Neben der Gehörschädigung kann Lärm extraaurale Wirkungen haben. Es sind dies vor allem vegetative und psychische Reaktionen, wobei die psychischen sowie die psychosomatischen Reaktionen weniger durch den Lärm, sondern eher durch die damit einher gehende Belästigung hervorgerufen werden [42]. Unter Lärmeinwirkung wird berichtet über: Erhöhte Herzschlagfrequenz, erhöhten Blutdruck, Verengung peripherer Gefäße, Anstieg von Adrenalin und Noradrenalin im Blut, Schlaf- und Konzentrationsstörungen, Störungen des sozialen Wohlbefindens [26, 33, 42].

Klimatische Bedingungen

Die Arbeitsstättenverordnung regelt Raumtemperaturen in Abhängigkeit von Arbeitsschwere und Arbeitshaltung. Für gute Luftqualität und ausreichenden Luftaustausch muss gesorgt werden. Kalte Wand- und Fensterfronten müssen isoliert werden. Zugluft ist zu vermeiden; hierbei ist auch der Luftstrom von Gerätelüftern zu beachten. Ein übermäßiges Aufheizen der Räume durch Sonneneinstrahlung ist zu verhindern; gegebenenfalls sind Fensterjalousien anzubringen.

Klima wird bestimmt durch Lufttemperatur, Luftfeuchtigkeit, Luftgeschwindigkeit, Wärmestrahlung. Die Beurteilung der am Arbeitsplatz auftretenden thermischen Belastung ist weiterhin abhängig von der Arbeitsschwere (Wärmeerzeugung durch Muskelarbeit und Erhöhung des Grundumsatzes), der Expositionsdauer und der getragenen Schutzkleidung.

Hinsichtlich der Luftqualität hat der Arbeitgeber nach der Arbeitsstättenverordnung die erforderlichen Maßnahmen vorzunehmen, um die nicht rauchenden Beschäftigten in Arbeitsstätten wirksam vor den Gesundheitsgefahren durch Tabakrauch zu schützen.

■ Hitze

Hitze ist ein Klimazustand, bei dem auf Grund äußerer Wärmebelastung die Abfuhr der vom Körper erzeugten Wärme erschwert ist. Durch die physiologische Thermoregulation steigen Herzfrequenz, Blutdruck, Hautdurchblutung und Schweißsekretion an.

Hitzearbeit ist Arbeit, bei der es infolge kombinierter Belastung aus Hitze, körperlicher Arbeit und gegebenenfalls Bekleidung zu einer Erwärmung des Körpers und damit zu einem Anstieg der Körpertemperatur kommt. Dadurch können Gesundheitsschäden entstehen. Arbeitsmedizinische Vorsorgeuntersuchungen sind nach dem berufsgenossenschaftlichen Grundsatz (G 30) für Hitzearbeiter vorgesehen. Gesundheitliche Bedenken gegen die Beschäftigung an Hitzearbeitsplätzen können beispielsweise bestehen bei Personen mit Herz- und Kreislauferkrankungen, chronischen Atemwegserkrankungen, Stoffwechselerkrankungen (Diabetes mellitus), mit chronischen Nieren- und Magen-Darmerkrankungen und mit Suchterkrankungen (Alkoholkrankheit) [25].

Hitzearbeitsplätze findet man in der Eisen- und Stahlindustrie, in der Glas- und Keramikindustrie, im Bergbau sowie in Großküchen und Wäschereien.

▪ Kälte

Kälte ist störend niedrig empfundene Temperatur. Auf Kälte reagiert der Körper mit einer Minderdurchblutung im Hautbereich zur Drosselung des Wärmeverlusts und Erhalt der Körperkerntemperatur von 37°.

In kalter Umgebung gelten Arbeiten als noch erträglich, wenn die mittlere Hauttemperatur nicht unter 30° sinkt und die Körperkerntemperatur nicht unter 36° fällt. Unterkühlungen bis hin zu Erfrierungen an Fingern, Zehen, Nase, Kinn oder Ohren können bereits bei diesen Temperaturgrenzen auftreten, was durch Kälteschutzkleidung nicht immer ausreichend vermeidbar ist [13]. Zur Klassifizierung von Kältebereichen nach DIN 33403-5 [15, 18] vgl. ◻ Tab. 3.4.

Gesundheitsgefahren entstehen bereits bei leichten Abweichungen vom Behaglichkeitstemperaturbereich. Kältebedingte Minderdurchblutung von Haut und Extremitäten beeinträchtigen Beweglichkeit, Sensibilität und Geschicklichkeit. Reaktionsvermögen, Aufmerksamkeit und Leistungsfähigkeit sinken, wodurch die Unfallgefährdung steigt.

Beschäftigte dürfen ab minus 25° Celsius sich maximal zwei Stunden am Stück in dem Kältebereich aufhalten. Danach ist eine Pause von mindestens 15 Minuten zum Aufwärmen vorgeschrieben. In Räumen mit einer Temperatur von weniger als minus 25 Grad Celsius darf ein Arbeitnehmer sich täglich maximal acht Stunden aufhalten. Die Arbeitsplätze befinden sich beispielsweise in Kühlräumen, Gefrierräumen, Gefriertrockenräumen und Tieftemperaturversuchskammern. Bei Kältearbeit muss eine persönliche Schutzausrüstung getragen werden, die der Temperatur und der Arbeitsaufgabe entspricht. Gesicht, Hände und Füße müssen geschützt sein. Bei Beschäftigten, die länger als 15 Minuten bei Temperaturen unter minus 25 Grad Celsius arbeiten, müssen arbeitsmedizinische Vorsorgeuntersuchungen durchgeführt worden sein. Wenn in Räumen mit Temperaturen unter minus 45 Grad Celsius gearbeitet werden soll, müssen zudem vorab

◻ **Tab. 3.4** Kältebereicheinteilung (nach DIN 33403-5) [15, 18]

Kälte-bereich	Bezeichnung	Lufttemperatur (Celsius)
I	kühler Bereich	+15° bis +10°
II	leicht kalter Bereich	unter +10° bis −5°
III	kalter Bereich	unter −5° bis −18°
IV	sehr kalter Bereich	unter −18° bis −30°
V	tiefkalter Bereich	unter −30°

die zulässigen Aufenthalts- und Aufwärmzeiten von der Berufsgenossenschaft festgelegt sein in Absprache mit der für den medizinischen Arbeitsschutz zuständigen staatlichen Behörde. Die arbeitsmedizinischen Vorsorgeuntersuchungen erfolgen nach dem berufsgenossenschaftlichen Grundsatz (G 21).

In den Wintermonaten gilt für Beschäftigte des Baugewerbes die Winterarbeitsschutzverordnung. Sie regelt unter anderem die Bereitstellung von zusätzlicher Kleidung oder der Baustellenbeheizung auf Kosten des Arbeitgebers.

Gesundheitliche Bedenken gegen Kältearbeit können bestehen bei [14]:
- Erkrankungen des Herzens und des Kreislaufsystems,
- Erkrankungen der Atmungsorgane, Erkrankungen des Blutes,
- Erkrankungen der Haut, falls diese die Durchblutung beeinflussen,
- Erkrankungen der Nieren und der ableitenden Harnwege,
- Erkrankungen des rheumatischen Formenkreises und damit verwandter Zustände,
- Erkrankungen des äußeren Auges,
- Epilepsie und anderen Anfallsleiden,
- Neigung zu Kälteüberempfindlichkeitsreaktionen (Kälteurtikaria, Kältehämoglobinurie),
- nicht ausgeheilten Schädel- und Hirnverletzungen,
- Neigung zu Alkoholmissbrauch,
- Betäubungsmittelsucht und andere Suchtformen.

Stäube, Rauche, Gefahrstoffe

Stäube und Rauche gehören zur Gruppe der Gefahrstoffe. Sie werden in feste Gefahrstoffe, flüssige Gefahrstoffe und in der Luft schwebende Gefahrstoffe (Stäube, Rauche) unterteilt. Der Umgang mit Gefahrstoffen ist unter anderem im Chemikaliengesetz (ChemG), der Gefahrstoffverordnung (GefStoffV), den Technischen Regeln für Gefahrstoffe (TRGS), im Sozialgesetzbuch VII (SGB VII) sowie in den Unfallverhütungsvorschriften (UVV) und

3

dem sonstigen Regelwerk der gesetzlichen Unfallversicherungsträger geregelt.

Der Schutz der Beschäftigten und anderer Personen vor Gefährdungen ihrer Gesundheit und Sicherheit durch Gefahrstoffe und der Schutz der Umwelt vor stoffbedingten Schädigungen wurde mit Gefahrstoffverordnung (GefStoffV) von 2004 neu geregelt [38]. Die Gefahrstoffverordnung hat die bisherigen Vorgaben für Maximale Arbeitsplatzkonzentration (MAK) und Technische Richtkonzentrationen (TRK) durch den Arbeitsplatzgrenzwert (AGW) ersetzt.

MAK-Wert. Der MAK-Wert (Maximale Arbeitsplatzkonzentration) bestimmte die höchstzulässige Konzentration eines Arbeitsstoffs (Schadstoff) in der Luft im Bereich des Arbeitsplatzes. Nach dem Stand der Kenntnis wurde davon ausgegangen, dass bei dieser Konzentration auch bei wiederholter und langfristiger (in der Regel täglicher 8-stündiger) Exposition bei 40-stündiger Wochenarbeitszeit im Allgemeinen die Gesundheit der Beschäftigten nicht beeinträchtigt wurde und diese nicht unangemessen belästigte. In den Sicherheitsdatenblättern der jeweiligen Einsatzstoffe waren die MAK-Werte nachzulesen.

TRK-Wert. Für gefährliche Stoffe, bei denen keine toxikologisch-arbeitsmedizinisch begründete maximale Arbeitsplatzkonzentration aufgestellt werden konnte, war die Technische Richtkonzentrationen (TRK) maßgebend. Technische Richtkonzentrationen gaben die Konzentration eines Stoffes in der Luft am Arbeitsplatz an, die nach dem Stand der Technik vermieden werden konnte.

Die Technischen Regeln (TR) waren für den Umgang mit Gefahrstoffen ausgelegt. Sie gaben den Stand der Technik, Arbeitsmedizin und Arbeitshygiene sowie sonstige gesicherte wissenschaftliche Erkenntnisse für Tätigkeiten mit Gefahrstoffen, einschließlich deren Einstufung und Kennzeichnung, wieder.

AGW-Wert. Verbindlich ist jetzt der Arbeitsplatzgrenzwert als Grenzwert für die zeitlich gewichtete durchschnittliche Konzentration eines Stoffes in der Luft am Arbeitsplatz in Bezug auf einen gegebenen Referenzzeitraum. Er gibt an, bei welcher Konzentration eines Stoffes akute oder chronische schädliche Auswirkungen auf die Gesundheit im Allgemeinen nicht zu erwarten sind.

BAT-Wert. Bei den biologischen Arbeitsplatztoleranzwerten (BAT-Werte) handelt es sich um die höchstzulässige Konzentration eines Stoffes oder daraus entstehender Stoffwechselprodukte im Körper, bei der nach gegenwärtigem Wissensstand die Gesundheit nicht gefährdet wird. Sie wurden 2004 durch die biologische Grenzwert (BGW) abgelöst.

BGW-Wert. Der BGW ist der Grenzwert für die toxikologisch-arbeitsmedizinisch abgeleitete Konzentration eines Stoffes und seiner Metaboliten im entsprechenden biologischen Material, bei dem im Allgemeinen die Gesundheit eines Beschäftigten nicht beeinträchtigt wird. Die BGW legen Grenzwerte für Ergebnisse von Blut- und Urinuntersuchungen fest.

Persönliche Schutzmaßnahmen können bei der Arbeit vorgeschrieben werden. Dadurch entsteht eine zusätzliche Belastung, wie beispielsweise bei Asbestentsorgung durch das Tragen von Atemschutz. Die körperliche Arbeitsschwere erhöht sich, auch bei einer leichten körperlichen Aufsichttätigkeit.

Stäube sind disperse Verteilungen fester Stoffe in Gasen mit Teilchengrößen unter $200\,\mu m$, entstanden durch mechanische Prozesse oder durch Aufwirbelung.

Rauche sind disperse Verteilungen feinster (Teilchengröße unter $1\,\mu m$) fester Stoffe in einem Gas, insbesondere in Luft.

Stäube und Rauche werden in erster Linie über die Atemwege, den Magen-Darm-Trakt und die Haut aufgenommen. Die Gefährdung geht auf toxische, chemisch-irritative, kanzerogene, allergisierende und fibrinogene Reaktionen im Körper aus. Art und Ausmaß der jeweiligen Gesundheitsgefährdung ergeben sich aus der Art und der Zusammensetzung des Staubes, der Teilchengröße und der Teilchenform sowie aus der Staubkonzentration und Dauer der Einwirkung.

Toxische Stäube und Rauche enthalten beispielsweise Schwermetalle, wozu auch Bleiverbindungen zählen. Gefahrenarbeitsbereiche sind beispielsweise:

- Verhüttung von Bleierzen
- Herstellung von bleihaltigen Farben, Entfernung bleihaltiger Anstriche
- Bearbeitung bleihaltiger Metalle
- Akkumulatorenherstellung
- Herstellung von Bleiglas
- Entsorgung/Recycling bleihaltiger Altmaterialien

Fibrinogene Stäube sind beispielsweise Quarz- und Asbeststäube. Staublungenerkrankung, Silikose und Asbestose können die Folgen langjähriger und intensiver Exposition sein. Gefährdet sind Personen unter anderem in diesen Arbeitsbereichen:

- Bergbau
- Stein- und Bauindustrie
- Keramische Industrie
- Gießerei
- Asbestzementindustrie
- Asbesttextilindustrie
- Chemische Industrie

◘ **Tab. 3.5** Tagesexpositionswerte für Vibrationen nach LärmVibrationsArbSchV [5, 29]

Parameter	Hand-Arm-Vibrationen	Ganzkörper-vibrationen
Auslösewert	A(8) = 2,5 m/s^2	A(8) = 0,5 m/s^2
Expositions-grenzwert	A(8) = 5,0 m/s^2	Z-Richtung: A(8) = 0,8 m/s^2 X-, Y-Richtung: A(8) = 1,15 m/s2

◘ **Tab. 3.6** Belastungen durch Hand-Arm-Vibrationen und zulässige Einsatzzeiten [5, 29]

Gerät	Beschleu-nigung (m/s^2)	Zeit bis zum Erreichen des Auslösewer-tes (min)	Zeit bis zum Erreichen des Expositions-grenzwertes (min)
Bohr-hammer	20	8	30
Schlag-bohr-maschine	16	12	47
Vibrations-stampfer	10	30	120

━ Herstellen, Ver- und Bearbeiten von Wärme-, Schall- und Feuerschutzisolierungen

Allergisierende Stäube sind beispielsweise Ursache für das Bäckerasthma (Mehlstauballergie) und die exogen allergische Alveolitis (Farmer- oder Drescher-Lunge) durch Staub aus verschimmeltem Heu, Stroh oder Getreide.

Krebserregende Stäube enthalten unter anderem Asbest (Lungenkarzinome, Mesotheliome von Rippenfell, Bauchfell und Perikard) und/oder stammen von Buchen- und Eichenholz ab (Adenokarzinome der Nasenhaupt- und Nasennebenhöhlen).

Mechanische Schwingungen

Die Auswirkungen von Vibrationen auf den Arbeitenden sind abhängig von der Amplitude (Schwingweg), der Schwinggeschwindigkeit und der Schwingbeschleunigung sowie von der Expositionsdauer. Neben einer Minderung der Leistungsfähigkeit verursachen Vibrationen bei längerer Einwirkung und entsprechender Größe auch Gesundheitsschäden. Dagegen richtet sich die Lärm- und Vibrations-Arbeitsschutzverordnung (LärmVibrations-ArbSchV). Hier werden Auslösewerte und Expositionsgrenzwerte für **Hand-Arm-Vibrationen** und **Ganzkörpervibrationen** getrennt beschrieben (vgl. ◘ Tab. 3.5). Sie beziehen sich auf Tages-Vibrationsexpositionswerte A(8), die als gemittelte Werte über eine Achtstundenschicht gemessen wurden. Bei den Ganzkörpervibrationen unterscheiden sich die Werte in den drei Schwingungsrichtungen (X, Y, Z) [5, 29].

Bei Erreichen der Auslösewerte müssen die Beschäftigten über die Gefährdung durch Vibrationen und über die vorgesehenen Schutzmaßnahmen unterwiesen werden. Die Beschäftigten haben Anspruch auf eine arbeitsmedizinische Vorsorgeuntersuchung. Der Arbeitgeber muss ein Vibrationsminderungsprogramm mit technischen und organisatorischen Maßnahmen durchführen.

Beispiele für Hand-Arm-Vibrationsbelastungen durch Arbeitsgeräte und zulässige Einsatzzeiten sind in ◘ Tab. 3.6 dargestellt.

Ganzkörpervibrationen spielen eine Rolle beim Fahren von Erdbaumaschinen, forst- und landwirtschaftlichen Maschinen oder von Gabelstaplern auf unbefestigten oder holperigen Fahrbahnen. Unter den Arbeitsfaktoren, die bandscheibenbedingte Erkrankungen der Lendenwirbelsäule mit verursachen und verschlimmern können, wird die langjährige Einwirkung von Ganzkörpervibrationen im Sitzen als besondere Gefahrenquelle angesehen. Stoßhaltige Belastungen erhöhen die Gesundheitsgefährdung. Betroffen sind beispielsweise Fahrer von folgenden Fahrzeugen und fahrbaren Arbeitsmaschinen [10]:

━ Baustellen-LKW in unebenen Gelände
━ land- und forstwirtschaftliche Schlepper
━ Bagger, besonders bei Verwendung von Abbruchhämmern und Fräsen
━ Grader (Straßenhobel, Bodenhobel, Erdhobel)
━ Schürfwagen, Dumper, Muldenkipper
━ Rad- und Kettenlader, Planierraupen, Raddozer
━ Gabelstapler auf holperigen Fahrbahnen
━ Militärfahrzeuge im Gelände
━ Wasserfahrzeuge in Gleitfahrt bei Seegang

Bei nachgewiesenen Wirbelsäulenveränderungen oder anamnestisch bekannten Wirbelsäulen- und Bandscheibenerkrankungen können arbeitsmedizinische Bedenken für den Einsatz in diesen Arbeitsbereichen bestehen. Mit der Berufskrankheit Nr. 2110 wurden »Bandscheibenbedingte Erkrankungen der Lendenwirbelsäule durch langjährige, vorwiegend vertikale Einwirkung von Ganzkörperschwingungen im Sitzen, die zur Unterlassung aller Tätigkeiten gezwungen haben, die für die Entstehung, die Verschlimmerung oder das Wiederaufleben der Krankheit ursächlich waren oder sein können«, in die Liste der Berufskrankheiten aufgenommen [7].

Schädigende Hand-Arm-Vibrationen können von vielen Maschinen und Werkzeugen ausgehen, die im Hoch-

und Tiefbau, im Tunnelbau, in Steinbrüchen und bei der Steinbearbeitung, im Bergbau, in Kesselschmieden, Gussputzereien sowie im Schiffs- und Straßenbau verwendet werden. Dazu gehören beispielsweise Abbauhammer, Bodenfräser, Drehschrauber, Hochdruckreiniger, Innenrüttler, Kombihammer, Laubbläser, Motorsense, Niethammer, Oberfräse, Planieregge, Rasenmäher, Schleifmaschine, Stichsäge, Tacker, Vibrationsstampfer oder Winkelschleifer [10].

Als Folgen können Verletzungen im Knochen- und Gelenksystem und im Gefäß- und Nervensystem der Arme auftreten. Je größer die Andruckkraft und Greifkraft beim Handhaben der Werkzeuge ist, desto intensiver wird das Hand-Arm-System an die Vibrationsquelle angekoppelt. Knochen- und Gelenkschäden werden in erster Linie durch tieffrequente Vibrationen zwischen 8 und 50 Hz verursacht. Neben Ellenbogengelenk, Schulter-Schlüsselbeingelenk, handgelenksnahem Ellen-Speichengelenk sind die Handwurzelknochen verletzungsgefährdet. Arthrosis deformans, Spontanfrakturen, Pseudarthrosen (beispielsweise Os navikulare), Malazien (beispielsweise Os lunatum), Osteochondrosis dissecans sind möglich. Die »Erkrankungen durch Erschütterungen bei Arbeit mit Druckluftwerkzeugen oder gleichartig wirkenden Werkzeugen und Maschinen« werden unter Nr. 2103 in der Liste der Berufskrankheiten berücksichtigt.

Die »vibrationsbedingten Durchblutungsstörungen an den Händen, die zur Unterlassung aller Tätigkeiten gezwungen haben, die für die Entstehung, die Verschlimmerung oder das Wiederaufleben der Krankheit ursächlich waren oder sein können«, werden seit 1976 als Berufskrankheit anerkannt. Die Durchblutungsstörungen können auf Vibrationsfrequenzen von 20 bis 1000 Hz zurückgeführt werden. Das vibrationsbedingte vasospastische Syndrom (VVS), das auch als Weißfingerkrankheit bezeichnet wird, ist als Berufskrankheit Nr. 2104 in der BK-Liste aufgeführt. Ein vibrationsbedingtes vasospastisches Syndrom kann einzeln oder in Kombination mit den oben genannten Gelenk- oder Knochenschäden auftreten. Arbeiten mit Vibrationsbelastungen in Kälte erhöht das Risiko zusätzlich. Präventiv kann die Vibrationsbelastung durch konstruktionstechnische Veränderungen eingedämmt werden oder arbeitsorganisatorisch durch Begrenzen der persönlichen Expositionszeit. Vibrationshemmende, gefütterte Schutzhandschuhe gehören zur persönlichen Schutzausrüstung [9].

Das Bundesministerium für Arbeit und Soziales hat das Karpaltunnel-Syndrom in die Liste der Berufskrankheiten als weitere Berufskrankheit im Zusammenhang mit Hand-Arm-Vibrationsbelastungen aufgenommen.

3.1.7 Aspekte arbeitsmedizinischer Beurteilung

Die arbeitsmedizinische Beurteilung richtet sich zum einen auf die Belastungsfaktoren der Arbeit aus. Dabei werden das Gefährdungspotential und die Methoden beschrieben, mit denen die Gefährdung minimiert werden kann. Zum anderen erstreckt sich die arbeitsmedizinische Beurteilung auf das Leistungsvermögen des Arbeitnehmers und auf die Beanspruchung durch die Arbeitsbelastungsfaktoren. Betriebliche Gegebenheiten, technische Möglichkeiten, individuelle Gesundheitsrisiken und Gesundheitsstörungen gehen in die arbeitsmedizinische Bewertung von Arbeit und Mensch ein.

Fähigkeitsprofil

Das Fähigkeitsprofil des Arbeitnehmers muss individuell erstellt werden und wird in einem weiteren Arbeitsschritt mit dem spezifischen Anforderungsprofil der Arbeit oder des Arbeitsplatzes gegenübergestellt. Der Arbeitsmediziner berät Arbeitnehmer wie Arbeitgeber, wie die aufgedeckten Defizite aus arbeitsmedizinischer Sicht behoben werden könnten.

Für die eingehendere Leistungsdiagnostik mit Bezug zu Arbeit und Arbeitsplatz stehen inzwischen verschiedene Assessmentverfahren zur Verfügung. Die Leistungsfähigkeit der Probanden wird unter standardisierten Bedingungen mit definierten Arbeitsbelastungen getestet, wie sie beispielsweise in der gewerblichen Wirtschaft tatsächlich vorkommen. Die Assessmentverfahren bemühen sich darum, Lerneffekte bei der Untersuchung, Über- und Unterforderung aufzudecken oder wahrscheinlich zu machen. Tolerieren höchster Belastungen sowie erbrachte Spitzenleistungen können bei arbeitsmedizinischen Untersuchungen dopingverdächtig sein, ein Problem, das sich in der sozialmedizinischen Beurteilung der Leistungsfähigkeit im Erwerbsleben weniger stellt. Die Ist-Leistung kann das individuelle Fähigkeitsprofil prägen ohne jedoch einen Endzustand beschreiben zu müssen. Beispielsweise zeigen Arbeitswiederholungen einen Trainingseffekt auf, der unter realen Arbeitsbedingungen genutzt werden kann. Das Aufdecken der Ressourcen, das Bewusstmachen von nutzbaren Fähigkeitsreserven und die Unterstützung durch technische Hilfen zum Abbau von Barrieren sind elementare Bausteine auch der arbeitsmedizinischen Beurteilung. Das Fähigkeitsprofil kann für Maßnahmen der Prävention und der Rehabilitation genutzt werden.

Für die Leistungsfähigkeitsuntersuchungen können verschiedene Verfahren benutzt werden. Dazu zählt beispielsweise die Evaluation der funktionellen Leistungsfähigkeit (EFL) mit festgelegten Untersuchungstechniken durch geschulte und zertifizierte Untersucher. Die Unter-

Tab. 3.7 Evaluation funktioneller Leistungsfähigkeit (EFL)	
Last hantieren/Kraft	**Haltung/Beweglichkeit**
– Heben Boden zu Taillenhöhe	– Arbeit über Kopfhöhe
– Heben Taillen-/Überkopfhöhe	– Bücken im Sitzen/Stehen
– Heben horizontal	– Rotation im Sitzen/Stehen
– Schieben, Drücken, Ziehen	– Kriechen, Knien, Hocken
– Tragen rechts/links	– wiederholte Kniebeuge
– Tragen vorne beidhändig	
– Handkraft rechts/links	**Fortbewegung**
Länger dauernde Haltung	– Gehen
– Sitzen, Stehen	– Treppe steigen
Handkoordination	– Leiter steigen
– Geschicklichkeit rechts/links	– Gehen auf Balken

suchung erstreckt über zwei Tage. Die 29 Einzeltests erstrecken sich auf Haltung und Beweglichkeit, Handkoordination, Fortbewegung sowie auf die statische Haltung. Getestet werden unter anderem folgende Parameter wie in ◘ Tab. 3.7 zusammengestellt [23, 28].

Mit ERGOS kann die Leistungsfähigkeit durch Arbeitssimulation untersucht werden. Bei einer arbeitsplatzbezogenen Rehabilitation (stationär, ambulant) können neben den diagnostischen Erkenntnissen gleichzeitig therapeutische Ziele verfolgt werden (Wiedereingliederung am Arbeitsplatz, Training for the Job) [27].

Darüber hinaus existieren zur Untersuchung der individuellen arbeitsbezogenen funktionellen Leistungsfähigkeit weitere Testverfahren, beispielsweise der Arbeitssimulator des SAPPHIRE Arbeitskapazitäten Systems oder die Profilvergleichsverfahren »Integration von Menschen mit Behinderung in die Arbeitswelt« (IMBA) und »Merkmalprofile zur Eingliederung Leistungsgewandelter und Behinderter in Arbeit« (MELBA).

Anforderungsprofil

Das Anforderungsprofil charakterisiert die zu verrichtende Arbeit und den Arbeitsplatz. Die Arbeitsanamnese sollte grundlegende Informationen enthalten. Benötigt werden unter anderem:

- Jetzige berufliche Stellung mit Beschreibung des derzeitigen oder letzten Arbeitsplatzes.
- Räumliche Verhältnisse, Mobiliar, Geräte.
- Art der Tätigkeit: muskuläre und geistige Belastung, Verantwortung, Körperhaltung, Körperfortbewegung.

- Zu bearbeitendes oder zu fertigendes Produkt (Größe, Volumen, Gewicht).
- Benötigte und zur Verfügung stehende Werkzeuge, Hilfsmittel. Sie können die Arbeit erleichtern (Flaschenzug zum Heben von Lasten), aber auch zu einer zusätzlichen Belastung führen (Hantieren mit schwerem Gerät).
- Äußere Einflüsse (Stäube, Rauche, Gefahrstoffe, Klima (Hitze, Kälte, Nässe), Lichtverhältnisse).
- Persönliche Schutzmaßnahmen (Belastung durch Tragen von Atemschutz, Kommunikationseinschränkung durch Gehörschutz), Arbeitsschutz-, technische Arbeitssicherheitseinrichtungen.
- Arbeitsorganisation (Schichtarbeit, Akkordarbeit, taktgebundene Arbeit, Einzelarbeit, Gruppenarbeit).
- Arbeitsatmosphäre, psychische Belastung.

Weitere Informationen über Arbeitsanforderungen und erforderliche Qualifikationen für einzelne Tätigkeiten können über das BerufeNet der Bundesagentur für Arbeit (berufenet.arbeitsagentur.de) bezogen werden.

Der Abgleich von Fähigkeits- und Anforderungsprofil führt zur Einschätzung der beruflichen Leistungsfähigkeit im zuletzt ausgeübten oder im erlernten Beruf und zu Hinweisen auf das Restleistungsvermögen. Maßnahmen zur Teilhabe am Arbeitsleben können gezielt geplant werden.

Arbeitsmedizinische Vorsorgeuntersuchungen

Die arbeitsmedizinische Vorsorge wird als Teil der arbeitsmedizinischen Präventionsmaßnahmen im Betrieb angesehen. Sie umfasst die Beurteilung der individuellen Wechselwirkungen von Arbeit und Gesundheit, die individuelle arbeitsmedizinische Aufklärung und Beratung der Beschäftigten, die arbeitsmedizinischen Vorsorgeuntersuchungen sowie die Nutzung von Erkenntnissen aus diesen Untersuchungen für die Gefährdungsbeurteilung und für sonstige Maßnahmen des Arbeitsschutzes. Arbeitsmedizinische Vorsorgeuntersuchungen sind ein spezieller Teil der arbeitsmedizinischen Vorsorge, die seit Dezember 2008 durch die Verordnung zur arbeitsmedizinischen Vorsorge (ArbMedVV) geregelt ist [39]. Arbeitsmedizinische Vorsorgeuntersuchungen dienen der Früherkennung arbeitsbedingter Gesundheitsstörungen sowie der Feststellung, ob bei Ausübung einer bestimmten Tätigkeit eine erhöhte gesundheitliche Gefährdung besteht. Arbeitsmedizinische Vorsorgeuntersuchungen umfassen Pflicht-, Angebots- und Wunschuntersuchungen.

Pflichtuntersuchungen sind arbeitsmedizinische Vorsorgeuntersuchungen, die bei bestimmten besonders gefährdenden Tätigkeiten zu veranlassen sind. Angebotsuntersuchungen sind arbeitsmedizinische Vorsorgeunter-

3

◻ **Tab. 3.8** DGUV Grundsätze für arbeitsmedizinische Vorsorgeuntersuchungen [14]

G 1.1	Mineralischer Staub, Teil 1: Silikogener Staub	**G 25**	Fahr-, Steuer- und Überwachungstätigkeiten
G 1.2	Mineralischer Staub, Teil 2: Asbestfaserhaltiger Staub	**G 26**	Atemschutzgeräte
G 1.3	Mineralischer Staub, Teil 3: Künstlicher mineralischer Faserstaub der Kategorie 1 oder 2 (Aluminuimsili-katwolle)	**G 27**	Isocyanate
G 1.4	Staubbelastung	**G 28**	Monochlormethan (Chlormethan, Methylchlorid)
G 2	Blei oder seine Verbindungen (mit Ausnahme der Bleialkyle)	**G 29**	Toluol und Xylol
G 3	Bleialkyle	**G 30**	Hitzearbeiten
G 4	Gefahrstoffe, die Hautkrebs oder zur Krebsbildung neigende Hautveränderungen hervorrufen	**G 31**	Überdruck
G 5	Glykoldinitrat oder Glycerintrinitrat (Nitroglykol oder Nitroglycerin)	**G 32**	Cadmium oder seine Verbindungen
G 6	Schwefelkohlenstoff (Kohlenstoffdisulfid)	**G 33**	Aromatische Nitro- oder Aminoverbindungen
G 7	Kohlenmonoxid	**G 34**	Fluor oder seine anorganischen Verbindungen
G 8	Benzol	**G 35**	Arbeitsaufenthalt im Ausland unter besonderen klimatischen und gesundheitlichen Belastungen
G 9	Quecksilber oder seine Verbindungen	**G 36**	Vinylchlorid
G 10	Methanol	**G 37**	Bildschirmarbeitsplätze
G 11	Schwefelwasserstoff	**G 38**	Nickel oder seine Verbindungen
G 12	Phosphor (weißer)	**G 39**	Schweißrauche
G 13	Tetrachlormethan (Tetrachlorkohlenstoff)	**G 40**	Krebs erzeugende und erbgutverändernde Gefahr-stoffe – allgemein
G 14	Trichlorethen (Trichlorethylen) und andere Chlorkohlenwasserstoff-Lösungsmittel	**G 41**	Arbeiten mit Absturzgefahr
G 15	Chrom-VI-Verbindungen	**G 42**	Tätigkeiten mit Infektionsgefährdung
G 16	Arsen oder seine Verbindungen (mit Ausnahme des Arsenwasserstoffs)	**G 43**	Biotechnologie
G 17	Tetrachlorethen (Perchlorethylen)	**G 44**	Hartholzstäube
G 18	1,1,2,2-Tetrachlorethan oder Perchlorethan	**G 45**	Styrol
G 19	Dimethylformamid	**G 46**	Belastungen des Muskel- und Skelettsystems ein-schließlich Vibrationen
G 20	Lärm	**A1**	Leitfaden für die Lungenfunktionsprüfung
G 21	Kältearbeiten	**A2**	Leitfaden für die Ergometrie
G 22	Säureschäden der Zähne	**A3**	Leitfaden für das Biomonitoring
G 23	Obstruktive Atemwegserkrankungen	**A4**	Leitfaden zur Diagnostik von Muskel-Skelett-Erkran-kungen
G 24	Hauterkrankungen (mit Ausnahme von Hautkrebs)		

suchungen, die bei bestimmten besonders gefährdenden Tätigkeiten anzubieten sind. Wunschuntersuchungen sind arbeitsmedizinische Vorsorgeuntersuchungen, die der Arbeitgeber den Beschäftigten nach § 11 Arbeitsschutzgesetz zu ermöglichen hat [2].

Entsprechend dem Zeitpunkt ihrer Durchführung werden arbeitsmedizinische Vorsorgeuntersuchungen unterschieden in:

▬ Erstuntersuchungen, die vor Aufnahme einer bestimmten Tätigkeit durchgeführt werden;

- Nachuntersuchungen, die während einer bestimmten Tätigkeit oder anlässlich ihrer Beendigung durchgeführt werden;
- nachgehende Untersuchungen, die nach Beendigung einer bestimmten Tätigkeit, bei denen nach längeren Latenzzeiten Gesundheitsstörungen auftreten können, durchgeführt werden.

Im Anhang der ArbMedVV sind arbeitsmedizinische Pflicht- und Angebotsuntersuchungen sowie weitere Maßnahmen der arbeitsmedizinischen Vorsorge im Einzelnen aufgeführt. Beispielsweise werden Pflichtuntersuchungen bei extremer Hitzebelastung, extremer Kältebelastung, bei Tätigkeiten mit Lärmexposition oder Tätigkeiten mit Exposition durch Vibrationen aufgelistet.

Arbeitsmedizinische Untersuchungen werden daneben beispielsweise durch die Strahlenschutzverordnung, die Röntgenverordnung, die Gefahrstoffverordnung, Biostoffverordnung oder durch die Gentechnik-Sicherheitsverordnung vorgegeben.

Die Träger der gesetzlichen Unfallversicherung haben mit der Unfallverhütungsvorschrift »Arbeitsmedizinische Vorsorge« (BGV A4 / GUV 0.6 / UVV 1.2) [24], mit den Berufsgenossenschaftlichen Grundsätzen für arbeitsmedizinische Vorsorgeuntersuchungen sowie mit den dazu gehörenden Handlungsanleitungen für die arbeitsmedizinische Vorsorge (BGI 504) Instrumente geschaffen, um das Gesundheitsrisiko bei der Arbeit so gering wie möglich zu halten. Die Deutsche Gesetzliche Unfallversicherung (DGUV) führt diese Grundsätze als DGUV Grundsätze fort. In den aktuellen Versionen der DGUV Grundsätze sind die rechtlichen Vorgaben der Verordnung zur arbeitsmedizinischen Vorsorge (ArbMedVV) von 2008 berücksichtigt [14].

Die DGUV Grundsätze sind allgemein anerkannte Leitlinien für die Vorsorge bei spezifischen arbeitsbedingten Gesundheitsgefahren. Sie liefern dem Betriebs- und Werkarzt die Grundlage für eine qualitativ einheitliche Vorgehensweise in der arbeitsmedizinischen Vorsorge (vgl. ◻ Tab. 3.8).

In Deutschland werden jährlich rund 5 Millionen arbeitsmedizinische Vorsorgeuntersuchungen durchgeführt. Davon entfallen auf Untersuchungen nach einzelnen Grundsätzen [32]:

- G 37   Bildschirmarbeitsplätze   24 %
- G 20   Lärm   17 %
- G 25   Fahr-, Steuer- und Überwachungstätigkeiten   16 %
- G 42   Infektionskrankheiten   14 %
- G 24   Hauterkrankungen   11 %
- G 26   Atemschutzgeräte   8 %
- Verschiedene weitere Grundsätze: insgesamt   10 %

Bei arbeitsmedizinischen Vorsorgeuntersuchungen, die nach den Berufsgenossenschaftlichen Grundsätzen im Zusammenhang mit einer Tätigkeit, beispielsweise Tätigkeiten unter Lärm (G 20) oder an Bildschirmarbeitsplätzen (G 37), durchgeführt wurden, werden die Ergebnisse in standardisierter Form dem Arbeitgeber und dem Arbeitnehmer schriftlich mitgeteilt. Danach kann die arbeitsmedizinische Vorsorgeuntersuchung ergeben:

- keine gesundheitlichen Bedenken
- keine gesundheitlichen Bedenken unter bestimmten Voraussetzungen
- befristete gesundheitliche Bedenken
- dauernde gesundheitliche Bedenken.

Die Vorsorgeuntersuchung für Arbeiten an Bildschirmgeräten nach G 37 kann beispielsweise ergeben, dass das Sehvermögen des Arbeitnehmers für die Tätigkeit ausreicht. Arbeitnehmer wie Arbeitgeber erhalten die arbeitsmedizinische Mitteilung, dass gegen die Bildschirmarbeit keine arbeitsmedizinischen Bedenken bestehen. Fallen bei der arbeitsmedizinischen Untersuchung Sehprobleme auf, kann dem Arbeitnehmer durch den Betriebs- oder Werkarzt empfohlen werden, die festgestellte Sehbeeinträchtigung augenärztlich untersuchen zu lassen. Bis zum Vorliegen der augenärztlichen Resultate können zeitlich befristete arbeitsmedizinische Bedenken dem Arbeitnehmer wie auch dem Arbeitgeber übermittelt werden. Darüber hinaus können dauerhafte arbeitsmedizinische Bedenken gegen Bildschirmarbeit bestehen, wenn die Sehbeeinträchtigung trotz optimaler Korrektur oder technischen Hilfen nicht ausreichend kompensiert werden kann. Ein Verbot von Bildschirmarbeit ist mit der G 37 nicht begründbar.

Bei Tätigkeiten, die mit einem höheren Gesundheitsgefährdungspotential verbunden sind, kann die entsprechende Unfallverhütungsvorschrift die Einsatzfähigkeit eines Mitarbeiters restriktiv regeln und davon abhängig machen, ob nach vorgeschriebenen Belastungsuntersuchungen keine arbeitsmedizinischen Bedenken vorliegen. Dies trifft beispielsweise für Feuerwehrleute zu, die im Einsatz Atemschutzgeräte tragen sollen. Neben dem Atemschutzgerät müssen Feuerwehrleute oftmals Ausrüstungsgegenstände von über 30 kg bei Einsätzen tragen. Werden nach dem BG-Grundsatz (G 26) medizinische Bedenken erhoben, weil beispielsweise die 150-Wattstufe in der vorgeschriebenen Ergometrie unerreichbar war, darf der Feuerwehrmann nicht zu diesen Einsätzen herangezogen werden.

⬛ **Tab. 3.9** Vorschriften und Regelwerk der gesetzlichen Unfallversicherung

Inhalt	Gewerbliche Berufsgenos-senschaften	Gemeindeunfallver-sicherungsverbände, Unfallkassen
Unfallver-hütungsvor-schriften	BGV	GUV-V
Regeln für Sicherheit und Gesundheits-schutz	BGR	GUV-R
Informationen	BGI	GUV-I
Grundsätze	BGG	GUV-G

⬛ **Tab. 3.10** Kategorien für BG-Vorschriften

Allgemeine Vorschriften/Betriebliche Arbeits-schutzorganisation	BGV A
Einwirkungen	BGV B
Betriebsart/Tätigkeiten	BGV C
Arbeitsplatz/Arbeitsverfahren	BGV D

Vorschriften, Regeln, Informationen und Merkblätter

Die zahlreichen Vorschriften, Regeln, Informationen und Merkblätter aus den Bereichen der Arbeitssicherheit und des Arbeitsschutzes sind in den letzten Jahren durch eine neue Systematik übersichtlicher zusammengefasst worden. Die Systematik gilt für Berufsgenossenschaften (BG) und andere Träger der gesetzlichen Unfallversicherung (GUV) gleichermaßen.

In den Vorschriften (V) werden Schutzziele sowie branchen- oder verfahrensspezifische Forderungen an den Arbeits- und Gesundheitsschutz benannt. Die Regeln (R) konkretisieren und erläutern die Vorschriften. Sie enthalten allgemein anerkannte Regeln für Sicherheit und Gesundheitsschutz. Die Informationen (I) enthalten spezielle Veröffentlichungen für bestimmte Branchen, Tätigkeiten, Arbeitsmittel oder Zielgruppen. Mit den Grundsätzen (G) wird die Prüfung von technischen Arbeitsmitteln oder arbeitsmedizinischer Grundsätze festgelegt (vgl. ⬛ Tab. 3.9).

Die Unfallverhütungsvorschriften werden zusätzlich in Kategorien unterteilt (vgl. ⬛ Tab. 3.10).

Für die GUV-V besteht mit der GUV S eine weitere Kategorie für Schulen, Kindertageseinrichtungen und Hochschulen.

3.2   Berufskundliche Aspekte in der Sozialmedizin

Lutz Haustein

Gegenstand der Berufskunde (engl.: occupational studies) ist die Recherche, Analyse, Beschreibung, Bewertung und Systematisierung beruflicher Tätigkeiten. Sie bezieht sich im Allgemeinen und Besonderen auf die physischen und psychischen Anforderungen von Tätigkeiten. Zudem werden in der Berufskunde die Zugangsvoraussetzungen von Berufen und Berufsausübungsformen untersucht und bewertet. Im Ergebnis können die gewonnenen berufskundlichen Informationen in Beratungsprozesse einfließen, Grundlage für gutachterliche Stellungnahmen bilden oder bei der Entwicklung des Arbeits- und Ausbildungsmarktes berücksichtigt werden.

Innerhalb der Sozialversicherung findet die Berufskunde in der Bundesrepublik Deutschland insbesondere bei der Unfallversicherung, der Arbeitslosenversicherung und der Rentenversicherung Anwendung. Bei der Arbeitslosenversicherung sind die Anwendungsfelder der Berufskunde in der Berufsberatung, in der Arbeitslosenvermittlung sowie in der Arbeitsmarkt- und Berufsforschung zu finden. In der Rentenversicherung kann die Berufskunde bei der beruflichen Rehabilitation (Leistungen zur Teilhabe am Arbeitsleben) und im Falle der Erwerbsminderung zur Anwendung kommen.

In Sozialgerichtsverfahren um Rente wegen Erwerbsminderung kann das Gericht berufskundliche Sachverständige mit der Erstellung von Gutachten beauftragen. Ihre Aufgabe besteht darin, von einem neutralen Standpunkt aus und unter Berücksichtigung des sozialmedizinischen Leistungsbildes noch mögliche Erwerbstätigkeiten aufzuzeigen und die Einsatzfähigkeit für Tätigkeiten unter den üblichen Bedingungen des allgemeinen Arbeitsmarktes zu beurteilen.

3.2.1   Der allgemeine Arbeitsmarkt

Juristisch betrachtet handelt es sich beim »**allgemeinen Arbeitsmarkt**« um einen unbestimmten Rechtsbegriff (siehe auch ▶ Abschn. 1.2.1) [37]. Der allgemeine Arbeitsmarkt umfasst rentenrechtlich betrachtet **jedwede Tätigkeit, die es unter marktüblichen Bedingungen in nennenswerter Anzahl** gibt. Dies schließt sowohl versicherungspflichtige als auch beruflich selbstständige Tätigkeiten mit ein. Mit dem Inkrafttreten der Reform der Renten wegen verminderter Erwerbsfähigkeit am 01.01.2001 kommt dem Begriff »allgemein« nur noch in Abgrenzung zu Sonderbereichen wie den Werkstätten für behinderte Menschen Bedeutung zu. Zuvor waren unter den Tätigkeiten des allgemeinen Arbeitsmarktes **geistig einfache**

und körperlich leichte oder mittelschwere Arbeiten zu verstehen. Nach wie vor kann dieser Ausschnitt des allgemeinen Arbeitsmarktes als Ausgangspunkt für die gedankliche Vorstellung von Erwerbstätigkeiten gewählt werden. Als geistig einfach können Tätigkeiten bezeichnet werden, die keinerlei Vorbildung voraussetzen und nach einer kurzen Einweisungszeit von wenigen Stunden ausgeübt werden können. Sollte beispielsweise das psychische Leistungsvermögen nicht einmal mehr unterdurchschnittliche geistige Anforderungen zulassen, kann die Erwerbsfähigkeit betroffener Personen derart erheblich eingeschränkt sein, dass Tätigkeiten unter den üblichen Bedingungen des allgemeinen Arbeitsmarktes nicht mehr verrichtet werden können.

Bei der Feststellung der Erwerbsminderung von Versicherten tritt daher eine besonders enge Verknüpfung von sozialmedizinischen und berufskundlichen Fragestellungen zutage. Aus sozialmedizinischer Sicht wird ein quantitatives Leistungsvermögen sowohl für die letzte berufliche Tätigkeit als auch für andere Tätigkeiten des allgemeinen Arbeitsmarktes dargelegt. Dabei zu berücksichtigen und zusätzlich zur zeitlichen Leistungsfähigkeit (quantitatives Leistungsvermögen) anzugeben sind die vorliegenden Funktionseinschränkungen und verbliebenen Fähigkeiten (qualitatives Leistungsvermögen). In diesem Zusammenhang gewinnen Detailkenntnisse beruflicher Anforderungen an Bedeutung, über die Sozialmediziner nicht ohne Weiteres verfügen und die dann eine berufskundliche Stellungnahme erfordern. Die Bearbeitung berufskundlicher Gesichtspunkte ist trägerunterschiedlich organisiert.

Gravierende gesundheitliche Einbußen können eine **schwere spezifische Leistungsbehinderung** bzw. eine **Summierung ungewöhnlicher Leistungseinschränkungen** begründen. Dabei ist zunächst zu beachten, dass es sich hier um zwei Rechtsbegriffe handelt, die sich als juristische Schlussfolgerung aus der sozialmedizinischen Beurteilung des qualitativen (positiven und negativen) Leistungsvermögens ergeben können. Die Frage, ob eine schwere spezifische Leistungsbehinderung oder eine Summierung ungewöhnlicher Leistungseinschränkungen vorliegen, kann daher nicht aus sozialmedizinischer Sicht beantwortet werden, sondern muss einer rechtlichen Würdigung unterzogen werden. Fällt die Antwort bejahend aus, ergibt sich automatisch das Benennungserfordernis einer konkreten Tätigkeit des allgemeinen Arbeitsmarktes. Nun reicht es nicht mehr aus, auf »jedwede« Tätigkeit des allgemeinen Arbeitsmarktes zu verweisen. Sollte eine noch mögliche Tätigkeit nicht konkret beschrieben werden können, die es zudem auch noch in nennenswerter Anzahl in der Bundesrepublik Deutschland gibt (in der Regel 300 freie oder besetzte Arbeitsplätze), wäre von einer vollen Erwerbsminderung gemäß § 43 Abs. 2 SGB VI auszugehen. Eine schwere spezifische Leistungsbehinde-

rung kann z. B. vorliegen bei gravierenden funktionellen Einschränkungen der Gebrauchshand. Eine Summierung ungewöhnlicher Leistungseinschränkungen kann vorliegen, wenn mehrere Einschränkungen – die jeweils nur einzelne Verrichtungen oder Arbeitsbedingungen betreffen – zusammengenommen das mögliche Arbeitsfeld in erheblichem Umfang zusätzlich einengen (siehe auch ▶ Abschn. 1.2.1).

Eine möglichst umfassende Beschreibung im Sinne einer vollständigen Aufzählung aller relevanten Leistungseinschränkungen aus sozialmedizinischer Sicht ist die Voraussetzung für eine sachgerechte Verwaltungsentscheidung. Dabei ist zu beachten, dass nicht allein schon eine besonders große Anzahl an Leistungseinschränkungen ohne Weiteres zu einer Summierung ungewöhnlicher Leistungseinschränkungen führt. Vielmehr kommt es auf deren Auswirkungen auf die Erwerbsfähigkeit an.

Oftmals werden in den Renten- oder Sozialgerichtsverfahren die unbestimmten Rechtsbegriffe der schweren spezifischen Leistungsbehinderung oder der Summierung ungewöhnlicher Leistungseinschränkungen im Rahmen einer Maximalforderung vorgebracht.

3.2.2 Verweisbarkeit

Bei Versicherten, die vor dem 02.01.1961 geboren wurden, kann es auch nach der Reform der Renten wegen verminderter Erwerbsfähigkeit am 01.01.2001 gemäß § 240 SGB VI noch auf die Frage der Berufsunfähigkeit ankommen. Mit dem Begriff der Verweisbarkeit wird die Bandbreite der noch zumutbaren beruflichen Tätigkeiten bei der Beurteilung der Erwerbsfähigkeit umschrieben (siehe auch ▶ Abschn. 1.2.1). Auf Grundlage der sozialmedizinischen Beurteilung des Leistungsvermögens ist gemäß § 240 SGB VI zunächst zu prüfen, ob noch eine Einsatzfähigkeit für die bisherige berufliche Tätigkeit gegeben ist. Aus rentenrechtlicher Sicht kommt es dabei nicht nur auf den letzten konkreten Arbeitsplatz an, sondern es sind alle noch üblichen Ausübungsformen der relevanten Berufstätigkeit zu berücksichtigen.

§ 240 SGB VI Rente wegen teilweiser Erwerbsminderung bei Berufsunfähigkeit

(1) Anspruch auf Rente wegen teilweiser Erwerbsminderung haben bei Erfüllung der sonstigen Voraussetzungen bis zum Erreichen der Regelaltersgrenze auch Versicherte, die

1. vor dem 2. Januar 1961 geboren und
2. berufsunfähig sind.

(2) Berufsunfähig sind Versicherte, deren Erwerbsfähigkeit wegen Krankheit oder Behinderung im Vergleich zur Erwerbsfähigkeit von körperlich, geistig und seelisch gesunden Versicherten mit ähnlicher Ausbildung und gleichwertigen Kenntnissen und Fähigkeiten auf weniger als sechs Stunden gesunken ist. Der Kreis der Tätigkeiten, nach denen die Erwerbsfähigkeit von Versicherten zu beurteilen ist, umfasst alle Tätigkeiten, die ihren Kräften und Fähigkeiten entsprechen und ihnen unter Berücksichtigung der Dauer und des Umfangs ihrer Ausbildung sowie ihres bisherigen Berufs und der besonderen Anforderungen ihrer bisherigen Berufstätigkeit zugemutet werden können. Zumutbar ist stets eine Tätigkeit, für die die Versicherten durch Leistungen zur Teilhabe am Arbeitsleben mit Erfolg ausgebildet oder umgeschult worden sind. Berufsunfähig ist nicht, wer eine zumutbare Tätigkeit mindestens sechs Stunden täglich ausüben kann; dabei ist die jeweilige Arbeitsmarktlage nicht zu berücksichtigen.

6 Tätigkeiten der **Führungsebene mit hoher Qualität**, die regelmäßig auf einem Hochschulstudium beruhen und die üblicherweise mit einem Bruttoarbeitsentgelt an der Beitragsbemessungsgrenze bewertet werden.

5 Tätigkeiten, die ein **abgeschlossenes Studium** an einer Fachhochschule bzw. einer wissenschaftlichen Hochschule erfordern

4 Tätigkeiten, die eine **Meisterprüfung** oder den **Abschluss einer Fachschule** voraussetzen

3 Tätigkeiten, die eine längere als zweijährige, **regelmäßig 3-jährige Ausbildung** erfordern

2 b Tätigkeiten, die eine **Ausbildung von mehr als 1 bis zu 2 Jahren** erfordern (obere Gruppe der sog. »Angelernten«)

2 a Tätigkeiten, die eine **Ausbildung von 3 bis zu 12 Monaten** erfordern (untere Gruppe der sog. »Angelernten«)

1 **ungelernte** Tätigkeiten

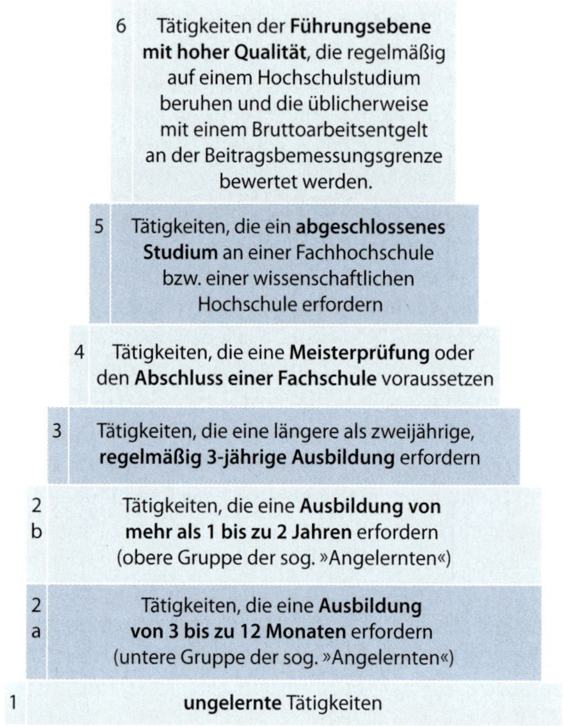

◘ Abb. 3.1 Mehrstufenschema für Angestellte
Quelle: Rechtshandbuch der Deutschen Rentenversicherung Bund zu § 240 SGB VI

Nach § 240 SGB VI kommt es also auch auf die Leistungsfähigkeit im bisherigen Beruf an. Dabei ist zunächst zu beachten, dass die sozialmedizinische Beurteilung des Leistungsvermögens im Hinblick auf die letzte berufliche Tätigkeit erstellt wird, die aber nicht mit dem bisherigen Beruf im rentenrechtlichen Sinne übereinstimmen muss. Aus rentenrechtlicher Sicht ist der **bisherige Beruf in aller Regel die letzte versicherungspflichtige Tätigkeit**. Eine zuletzt ausgeübte Tätigkeit im Rahmen der beruflichen Selbstständigkeit, für die keine Pflichtbeiträge zur GRV entrichtet wurden, wäre also bei der Bestimmung des bisherigen Berufs nicht zu berücksichtigen. Zudem werden u.a. pflichtversicherte Tätigkeiten in einer Arbeitsbeschaffungsmaßnahme (ABM) oder für eine nicht erwerbsmäßige Pflegetätigkeit nach § 3 SGB VI ebenfalls nicht berücksichtigt. Bei der ABM handelt es sich nicht um eine auf Dauer ausgerichtete Tätigkeit und die nicht erwerbsmäßige Pflege stellt keine Erwerbtätigkeit dar. Wurde eine frühere (höherwertige) versicherungspflichtige Tätigkeit aus gesundheitlichen Gründen aufgegeben und danach eine andere (geringer qualifizierte) Tätigkeit ausgeübt, ist ggf. die frühere Tätigkeit als bisheriger Beruf zu berücksichtigen. Die (retrospektive) Beurteilung, ob eine vorherige Tätigkeit tatsächlich aus gesundheitlichen Gründen aufgegeben wurde, ist anhand geeigneter Unterlagen aus sozialmedizinischer Sicht zu begründen. Idealerweise sind die Ermittlungen zum bisherigen Beruf schon vor der ersten sozialmedizinischen Begutachtung abgeschlossen.

Die sozialmedizinische Beurteilung der Leistungsfähigkeit in der letzten beruflichen Tätigkeit ergibt sich aus einem Abgleich der ermittelten Funktionsstörungen und verbliebenen Fähigkeiten mit den beruflichen Belastungsfaktoren, soweit diese bekannt sind. Die Leistungsfähigkeit im Beruf ist auf unter 6 Stunden täglich gesunken, wenn entscheidende Anforderungen eines Berufes nicht mehr erfüllt werden können. Neben sozialmedizinischen Kenntnissen sind hier konkrete Kenntnisse der Arbeitswelt erforderlich, die bei Sozialmedizinern nicht unbedingt vorausgesetzt werden können. Deshalb erfolgen ergänzende Stellungnahmen unter berufskundlichen Aspekten wenn

- die beruflichen Belastungsfaktoren nicht ausreichend bekannt sind,
- der rentenrechtlich maßgebende bisherige Beruf ermittelt werden muss oder
- Verweisungstätigkeiten zu benennen sind.

Kann der bisherige Beruf aus gesundheitlichen Gründen nicht mehr ausgeübt werden, ist zu prüfen, ob Versicherte auf eine anderweitige Tätigkeit verwiesen werden können. Neben der **gesundheitlichen Zumutbarkeit** dieser Tätigkeit muss auch die **soziale Zumutbarkeit** geprüft werden (siehe ◘ Abb. 3.1 Mehrstufenschema). Zur sogenannten Verweisbarkeit hat das Bundessozialgericht seit Jahrzehnten eine Fülle von Einzelfragen entschieden, deren systematische Darstellung weit über den Rahmen des vorliegenden Buches hinausgehen würde. Die Aufgabe der Sozialmedizin im Bereich der Rentenversicherung besteht an dieser Stelle darin, die relevanten Leistungseinschränkungen so umfassend und konkret wie möglich darzustellen. Diese detaillierten sozialmedizinischen Angaben zum qualitativen Leistungsvermögen sind die Basis, auf der eine berufskundliche Stellungnahme erfolgt, die zu der abschließenden Entscheidung über den Rentenantrag beiträgt.

Literatur

1 Arbeitskreis »Manuelle Handhabung von Lasten« des Hauptverbandes der Berufsgenossenschaften. In: Meixner T (2004) Kraftakt. Arbeit und Gesundheit. 56(8): 7–11

2 Arbeitsschutzgesetz vom 7. August 1996 (BGBl. I S. 1246), das zuletzt durch Artikel 15 Absatz 89 des Gesetzes vom 5. Februar 2009 (BGBl. I S. 160) geändert worden ist

3 Arbeitsstättenverordnung vom 12. August 2004 (BGBl. I S. 2179), die zuletzt durch Artikel 9 der Verordnung vom 18. Dezember 2008 (BGBl. I S. 2768) geändert worden ist

4 Arbeitszeitgesetz vom 6. Juni 1994 (BGBl. I S. 1170, 1171), das zuletzt durch Artikel 7 des Gesetzes vom 15. Juli 2009 (BGBl. I S. 1939) geändert worden ist

5 Bau BG (Hrsg) (2008) A 197 Baustein. Schwingungseinwirkungen auf das Hand-Arm-System. Medien und Praxishilfen. Bau BG 07/2008. www.bgbau-medien.de/site/asp/ dms.asp?url=/bausteine/A_197/A_197.htm (aufgerufen Juni 2010)

6 Berufsgenossenschaft Metall Süd (BGMS) (Hrsg): Berufsgenossenschaftliche Vorschrift für Sicherheit und Gesundheit bei der Arbeit. BGV B3. Unfallverhütungsvorschrift Lärm vom 1. Januar 1990 in der Fassung vom 1. Januar 1997, aktualisierte Fassung Januar 2005

7 Berufskrankheiten-Verordnung vom 31. Oktober 1997 (BGBl. I S. 2623), die zuletzt durch die Verordnung vom 11. Juni 2009 (BGBl. I S. 1273) geändert worden ist

8 BIBB Bundesinstitut für Berufsbildung (o. J.) BIBB/BAuA-Erwerbstätigenbefragung 2005/2006-Ergebnisse online. www.bibb.de/de/26901.htm (aufgerufen im April 2010)

9 Bundesanstalt für Arbeitsschutz und Arbeitsmedizin (o. J.) Merkblatt zur Berufskrankheit Nr. 2103 der Anlage zur Berufskrankheiten-Verordnung (BKV)-Erkrankungen durch Erschütterungen bei Arbeit mit Druckluftwerkzeugen oder gleichartig wirkenden Werkzeugen

10 Bundesministerium für Arbeit und Soziales: Technische Regeln zur Lärm- und Vibrationsschutzverordnung, Teil 1 Beurteilung der Gefährdung durch Vibrationen, BM Arbeit und Soziales, Ausgabe Januar 2010, Gemeinsames Ministerialblatt 14/15 vom 10. März 2010

11 Bundesministerium für Arbeit und Soziales (Hrsg): Sicherheit und Gesundheit bei der Arbeit 2008. Unfallverhütungsbericht Arbeit. Dortmund, Berlin, Dresden, 2010

12 Bundesurlaubsgesetz vom 08. Januar 1963 (BGBl I S. 2), zuletzt geändert durch Gesetz vom 25. September 1996 (BGBl. I S. 1476)

13 Bux K: Klima am Arbeitsplatz. Stand arbeitswissenschaftlicher Erkenntnisse – Bedarfsanalyse für weitere Forschung. Bundesanstalt für Arbeitsschutz und Arbeitsmedizin. 1. Aufl., Dortmund, 2007. www.baua.de/de/Publikationen/Fachbeitraege/Gd45.html (aufgerufen Juni 2010)

14 Deutsche Gesetzliche Unfallversicherung (Hrsg): DGUV Grundsätze für arbeitsmedizinische Vorsorgeuntersuchungen. 5. vollst. neu bearb. Aufl, Gentner, Stuttgart, 2010

15 Deutsche Gesetzliche Unfallversicherung (Hrsg): BG Information Beurteilung des Raumklimas. Gesund und fit im Kleinbetrieb 1. BGI 7003. Carl Heymanns, Köln, 2008

16 Deutsche Gesetzliche Unfallversicherung Spitzenverband (o. J.) Arbeits- und Wegeunfallgeschehen. www.dguv.de/inhalt/zahlen/au_wu/index.jsp (aufgerufen März 2011)

17 Deutsche Rentenversicherung Bund: Sozialmedizinisches Glossar der Deutschen Rentenversicherung. DRV-Schriften Band 81, 2008. Berlin. www.deutsche-rentenversicherung.de

18 DIN 33403-5 : Klima am Arbeitsplatz und in der Arbeitsumgebung: Ergonomische Gestaltung von Kältearbeitsplätzen, 1997

19 Dt. Ärzteblatt, 2010, Zahl der Woche 107(9): A364

20 Gesetz über Betriebsärzte, Sicherheitsingenieure und andere Fachkräfte für Arbeitssicherheit vom 12. Dezember 1973 (BGBl. I S. 1885), das zuletzt durch Artikel 226 der Verordnung vom 31. Oktober 2006 (BGBl. I S. 2407) geändert worden ist

21 Gesetz zum Schutze der arbeitenden Jugend (Jugendarbeitsschutzgesetz – JArbSchG) vom 12. April 1976 (BGBl. I S. 965), zuletzt geändert durch das Gesetz vom 24. Februar 1997 (BGBl. I S. 311)

22 Gesundheitsschutz-Bergverordnung vom 31. Juli 1991 (BGBl. I S. 1751), die zuletzt durch Artikel 2 der Verordnung vom 10. August 2005 (BGBl. I S. 2452) geändert worden ist

23 Grosser V (2007) EFL-Test zur Einschätzung von Arbeitsfähigkeit und beruflicher Rehabilitation. TraumaBerufskrankh (Suppl. 1) 9: 587–589

24 Hauptverband der Berufsgenossenschaften (HVBG): BGV A4. Arbeitsmedizinische Vorsorge (bisher VBG 100) vom 1. April 1993 / Fassung 1. Januar 1997. Carl Heymanns, Köln, 2005

25 Hauptverband der gewerblichen Berufsgenossenschaften: Hitzearbeit. BG-Information BGI 579. Carl Heymanns Verlag, Köln, 2007

26 Jansen G, Haas J: Kompendium Arbeitsmedizin. 2.Aufl, TÜV Media, Köln, 1998

27 Kaiser H et al: Der Stellenwert des Arbeitssimulationsgerätes ERGOS als Bestandteil der diagnostischen Begutachtung. Die Rehabilitation, 2000, 39: 175–184, 2000

28 Kaiser H et al: Der Stellenwert des EFL-Verfahrens nach Susan Isernhagen in der medizinischischen und beruflichen Rehabilitation. Die Rehabilitation, 2000, 39: 297–306

29 Lärm- und Vibrations-Arbeitsschutzverordnung vom 6. März 2007 (BGBl. I S. 261), die durch Artikel 5 der Verordnung vom 18. Dezember 2008 (BGBl. I S. 2768) geändert worden ist

30 Münzberger E: Modularer Lehrbrief »Einführung in die Arbeitsmedizin«. Universität Rostock, Medizinische Fakultät, Institut für Präventivmedizin (IPM), 2005. Letzte Revision 11.02.2008. www.arbmed.uni-rostock.de/lehrbrief/netlehre.htm (aufgerufen April 2010)

31 Mutterschutzgesetz (Gesetz zum Schutze der erwerbstätigen Mutter) in der Fassung der Bekanntmachung vom 20.06.2002

(BGBl. I S. 2318) zuletzt geändert durch Gesetz vom 17.03.2009 (BGBl. I S. 550) m.W.v. 01.01.2009 (rückwirkend)

32   Referat Arbeitsmedizin und Gesundheitsförderung des Bayerischen GUVV (o. J.) Kniffelige Fragen zum Thema Arbeitsmedizinische Vorsorgeuntersuchungen. www.guvv-bayern.de/Internet_I-Frame/07_Presse/HI_Arbeitsmedizin.php (aufgerufen Juni 2010)

33   Ruppe K: Arbeitsmedizin systematisch. 1.Aufl, Uni-Med, Bremen, 1995

34   Seibt A et al: Nacht- und Schichtarbeit. Leitlinie. Deutsche Gesellschaft für Arbeitsmedizin und Umweltmedizin e.V. (DGAUM). Jena, 2006

35   Statistisches Bundesamt (o.J.) Pendler: Die Mehrheit nimmt weiter das Auto. 30.10.2009. www.destatis.de/jetspeed/portal/cms/ Sites/destatis/ Internet/DE/Content/ Publikationen/STATmagazin/ Arbeitsmarkt/2009__10/2009__10Pendler,templateI (aufgerufen Juni 2010)

36   Urteil des Arbeitsgerichts Frankfurt/Main, 1 Ca 5428/07, Urteil vom 09.11.2007

37   Verband Deutscher Rentenversicherungsträger – VDR (Hrsg): Die Erwerbsminderungsrente, Grundsätze der gesetzlichen Rentenversicherung, in: Deutsche Rentenversicherung (DRV) 2002, S. 81–213

38   Verordnung zum Schutz vor Gefahrstoffen (Gefahrstoffverordnung – GefStoffV) Vom 23. Dezember 2004 (BGBl. I S 3758), geändert durch Artikel 2 der Verordnung vom 23. Dezember 2004 (BGBl. I S 3855), durch Artikel 2 der Verordnung vom 11. Juli 2006 (BGBl. I S 1577), durch Artikel 442 der Neunten Zuständigkeitsanpassungsverordnung vom 31. Oktober 2006 (BGBl. I S 2407), durch Artikel 4 der Verordnung zur Umsetzung der EG-Richtlinien 2002/44/EG und 2003/10/EG zum Schutz der Beschäftigten vor Gefährdungen durch Lärm und Vibrationen vom 6. März 2007 (BGBl. I S 261), durch Artikel 2 der Verordnung vom 12. Oktober 2007 (BGBl. I S 2382) und durch Artikel 2 der Verordnung vom 18. Dezember 2008 (BGBl. I S 2768)

39   Verordnung zur arbeitsmedizinischen Vorsorge vom 18. Dezember 2008 (BGBl. I 44S. 2768)

40   Wirtz A et al: Lange Arbeitszeiten und Gesundheit. Bundesanstalt für Arbeitsschutz und Arbeitsmedizin. Dortmund. Version 1, 2009 (aufgerufen im April 2009)

41   Wissenschaftlicher Beirat der Bundesärztekammer: Gehörschäden durch Lärmbelastungen in der Freizeit. Dt. Ärzteblatt 1999, 96: A1081–A1084

42   Zülch G et al: Messen, Beurteilen und Gestalten von Arbeitsbedingungen. 2.Aufl, Haefner, Heidelberg, 1999

Ausgewählte Klassifikationssysteme

Margarete Ostholt-Corsten (4.1); Michael Schuntermann (4.2)

4.1   Die ICD-10

Margarete Ostholt-Corsten

Die Internationale statistische Klassifikation der Krankheiten und verwandter Gesundheitsprobleme (ICD, International Statistical **C**lassification of **D**iseases and Related Health Problems) der Weltgesundheitsorganisation (WHO) dient weltweit zur Verschlüsselung von Diagnosen, Symptomen, Verletzungen und sonstigen Gründen für die Inanspruchnahme des Gesundheitswesens. Die ICD ist Teil der Familie der internationalen gesundheitsrelevanten WHO-Klassifikationen.

Die ICD entstand vor über 100 Jahren aus einem Internationalen Todesursachenverzeichnis. Im Laufe der Jahre erfolgten eine Weiterentwicklung und ein Ausbau zu einem komplexen Verschlüsselungswerk für Mortalität und Morbidität. Seit der 6. Revision 1948 wird die ICD in der Verantwortung der WHO weiterentwickelt, heute liegt sie in der 10. Revision, der ICD-10, vor.

Die WHO arbeitet derzeit an der 11. Revision der ICD, mit einer Einführung ist vermutlich erst nach 2014 zu rechnen.

Das Deutsche Institut für Medizinische Dokumentation und Information (DIMDI) erstellt als WHO-Kooperationszentrum im Auftrag des Bundesministeriums für Gesundheit (BMG) die deutschsprachigen Fassungen der ICD-10. In Deutschland wird die ICD in den Fassungen ICD-10-WHO für die Verschlüsselung von Todesursachen und ICD-10-GM für die Verschlüsselung von Krankheiten, Symptomen und Verletzungen in der medizinischen Versorgung eingesetzt.

Für die Todesursachenverschlüsselung haben alle WHO-Mitgliedsstaaten die ICD in der aktuellen Version der WHO anzuwenden, da die Verschlüsselung die Basis für eine international vergleichbare Todesursachenstatistik bildet. In Deutschland wird für diesen Zweck als deutschsprachige Ausgabe der WHO-Originalversion die ICD-10-WHO verwendet.

Die ICD-10-WHO besteht aus drei Bänden:
- Band 1: Einführung, drei- und vierstellige Systematik und Morphologieschlüssel [1]
- Band 2: Einführung in die ICD, Regelwerk für die Verschlüsselung von Mortalität und Morbidität sowie Überblick über die Geschichte der Klassifikation [2]
- Band 3: Alphabetisches Verzeichnis von Diagnosen, Ursachen von Verletzungen, Vergiftungen sowie unerwünschten Wirkungen von Arzneimitteln und Chemikalien [3].

▪ ICD-10-GM

Während für die Mortalitätsverschlüsselung die aktuelle WHO-Version anzuwenden ist, kann die Verschlüsselung der in den Gesundheitseinrichtungen behandelten Krankheiten den Erfordernissen der einzelnen WHO-Mitgliedsstaaten angepasst werden.

Die ICD-10-GM (German Modification) ist die an das deutsche Gesundheitswesen angepasste Fassung, die gegenüber der WHO-Version insbesondere im vier- und fünfstelligen Bereich zusätzliche Kodes enthält. Eine Anpassung ist wegen der Anforderungen für Morbiditätsstatistiken und zunehmend für Abrechnungszwecke erforderlich. Nach Einführung eines pauschalierten Entgeltsystems für Krankenhausleistungen zum 1.1.2004 wird so eine Abrechnung nach dem G-DRG-System (German Diagnosis Related Groups) ermöglicht. Auch die Einführung einer morbiditätsbedingten Gesamtvergütung im vertragsärztlichen Bereich im Jahr 2009 stellt spezielle Anforderungen an die medizinische Dokumentation.

Die ICD-10-GM ist seit dem 1.1.2004 einheitlich in Deutschland anzuwenden. Sie löst die zuvor bestehenden unterschiedlichen Fassungen der ICD-10 für die Deutschen Rentenversicherung (DRV), für den ambulanten sowie für den stationären Bereich der Gesetzlichen Krankenversicherung (GKV) ab. Unterschiede in der Verschlüsselung betreffen noch den Gebrauch des Zusatzkennzeichens für die Diagnosensicherheit und die Stelligkeit der anzugebenden Schlüsselnummern. Im Bereich der DRV und im ambulanten Bereich der GKV ist die Angabe des Zusatzkennzeichens für die Diagnosensicherheit obligatorisch, im stationären Bereich der GKV wird auf diese Angabe verzichtet. In Teilen des ambulanten Bereichs der GKV ist statt einer ansonsten geforderten endständigen, d. h. bis zu fünfstelligen, Verschlüsselung eine vierstellige Verschlüsselung zulässig.

Zurzeit wird die ICD-10-GM jährlich aktualisiert. Änderungen, Ergänzungen und Korrekturen ergeben sich vor allem aus den Erfordernissen des G-DRG-Systems, aber auch durch den medizinischen Fortschritt und die Vorgaben der WHO. Das DIMDI wird bei den Aktualisierungsarbeiten von einer Arbeitsgruppe beraten, die vom Kuratorium für Fragen der Klassifikation im Gesundheitswesen (KKG) eingesetzt worden ist und aus Mitgliedern der im KKG vertretenen Institutionen und Organisationen besteht. Die jährlich aktualisierten Versionen der ICD-10-GM werden vom DIMDI auf deren Internetseiten zum Download bereitgestellt (www.dimdi.de). Die jeweiligen Änderungen zur Version des Vorjahrs können in Aktualisierungslisten nachvollzogen werden.

Die ICD-10-GM wird vom DIMDI als Systematisches Verzeichnis [4] und als Alphabetisches Verzeichnis [5] herausgegeben. Regeln für die Verschlüsselung von Diagnosen in der stationären Versorgung (§ 301 SGB V) der GKV sind zusätzlich in den Deutschen Kodierrichtlinien festgehalten, die nicht vom DIMDI, sondern von der Deutschen Krankenhausgesellschaft, dem GKV-Spitzenverband, dem Verband der privaten Krankenversicherung

◻ Tab. 4.1 Kapitelübersicht der ICD-10-GM, Version 2011

Kapitel	Gliederung	Titel
I	A00–B99	Bestimmte infektiöse und parasitäre Krankheiten
II	C00–D48	Neubildungen
III	D50–D90	Krankheiten des Blutes und der blutbildenden Organe sowie bestimmte Störungen mit Beteiligung des Immunsystems
IV	E00–E90	Endokrine, Ernährungs- und Stoffwechselkrankheiten
V	F00–F99	Psychische und Verhaltensstörungen
VI	G00–G99	Krankheiten des Nervensystems
VII	H00–H59	Krankheiten des Auges und der Augenanhangsgebilde
VIII	H60–H95	Krankheiten des Ohres und des Warzenfortsatzes
IX	I00–I99	Krankheiten des Kreislaufsystems
X	J00–J99	Krankheiten des Atmungssystems
XI	K00–K93	Krankheiten des Verdauungssystems
XII	L00–L99	Krankheiten der Haut und der Unterhaut
XIII	M00–M99	Krankheiten des Muskel-Skelett-Systems und des Bindegewebes
XIV	N00–N99	Krankheiten des Urogenitalsystems
XV	O00–O99	Schwangerschaft, Geburt und Wochenbett
XVI	P00–P96	Bestimmte Zustände, die ihren Ursprung in der Perinatalperiode haben
XVII	Q00–Q99	Angeborene Fehlbildungen, Deformitäten und Chromosomenanomalien
XVIII	R00–R99	Symptome und abnorme klinische und Laborbefunde, die anderenorts nicht klassifiziert sind
XIX	S00–T98	Verletzungen, Vergiftungen und bestimmte andere Folgen äußerer Ursachen
XX	V01–Y84	Äußere Ursachen von Morbidität und Mortalität
XXI	Z00–Z99	Faktoren, die den Gesundheitszustand beeinflussen und zur Inanspruchnahme des Gesundheitswesens führen
XXII	U00–U99	Schlüsselnummern für besondere Zwecke

und dem Institut für das Entgeltsystem im Krankenhaus erstellt und gepflegt werden [6]. Die Kodierregeln unterstützen primär die Abrechnung mit DRGs (Diagnosis Related Groups).

4.1.1 Gesetzliche Grundlagen

■ **Gesetzliche Krankenversicherung**

Die Übermittlung und Aufbereitung von Leistungsdaten werden im SGB V geregelt. Ärzte, die an der vertragärztlichen Versorgung teilnehmen, sind nach § 295 SGB V verpflichtet, den jeweils gültigen Schlüssel der ICD in der vom Deutschen Institut für medizinische Dokumentation und Information herausgegebenen Fassung anzuwenden. Entsprechendes gilt nach § 301 SGB V für die zugelassenen Krankenhäuser.

■ **Gesetzliche Rentenversicherung**

In der »Allgemeinen Verwaltungsvorschrift über die Statistik in der Rentenversicherung« (RSVwV) vom 5.12.2007 ist in § 4 (für Leistungen zur Teilhabe) und § 6 (für Renten wegen verminderter Erwerbsfähigkeit) festgelegt, dass eine Verschlüsselung von Diagnosen nach der jeweils in Deutschland gültigen Fassung der ICD erfolgt.

4.1.2 Basisinformationen zur ICD-10

Die ICD-10 ist ein eindimensionales Klassifizierungssystem mit einer baumartigen Verzweigungsstruktur. Ausgehend von 22 Kapiteln (◻ Tab. 4.1) gelangt man über Untergruppen zu Kategorien (dreistellige Notation) und Subkategorien (vierstellige Notation). In der ICD-10-GM-Fassung werden zusätzlich fünfte Stellen differenziert. Der Schlüssel der ICD-10 ist alphanumerisch, er beginnt mit einem Buchstaben an erster Stelle, auf den an den weiteren Stellen Ziffern folgen.

▪ Sonderzeichen

Hinter einigen Schlüsselnummern finden sich Symbole (†, *, !); Schlüsselnummern mit einem Stern (*) oder Ausrufezeichen (!) dürfen nur in Ergänzung zu anderen Schlüsselnummern verwendet werden.

Im Kreuz-Stern-System der ICD-10 kennzeichnet der Stern (*) die lokalisierte Manifestation oder Komplikation und das Kreuz (†) die entsprechende Grundkrankheit. Kreuz und Stern dienen als Verweissystem; bei entsprechendem Krankheitsbild sind gewöhnlich beide Sachverhalte zu verschlüsseln.

Beispiel Kreuz-Stern

E10.31†   Entgleister Diabetes mellitus mit Augenkomplikationen und

H28.0*   Diabetische Katarakt

Ein Ausrufezeichen (!) kennzeichnet einige Schlüsselnummern der ICD-10-GM. Diese sind nur zusätzlich in Kombination mit nicht derart ausgewiesenen Schlüsseln zu verwenden. Sie können benutzt werden, um eine Diagnose zu spezifizieren.

Beispiel Ausrufezeichen

G82.6!   zur Angabe der funktionalen Höhe einer Schädigung des Rückenmarkes

4.1.3 Hinweise zur ICD-10 im Bereich der gesetzlichen Rentenversicherung

Wie in allen medizinischen Versorgungsbereichen wird die Diagnose auch in der Rehabilitation und bei Renten wegen verminderter Erwerbsfähigkeit im Bereich der Deutschen Rentenversicherung als Basisinformation benötigt. Daher ist es bedeutsam, dass die Diagnose möglichst exakt das vorliegende Krankheitsbild benennt und einem Diagnosenschlüssel zugeordnet wird. Hilfreich bei der Suche nach geeigneten Diagnoseschlüsseln, die in der eigenen Routine nicht regelmäßig vorkommen, können das Alphabetische Verzeichnis zur ICD-10-GM und auch ICD-Suchmaschinen im Internet sein.

Für eine komplexe Diagnose muss die Verschlüsselung gewählt werden, die die Erkrankung vollständig abbildet. Separate Kodierungen von Begleit- und Folgeerkrankungen sind häufig erforderlich. Es ist die höchstmögliche Differenzierungsebene zu verwenden. Eine dreistellige Kodierung ist nach Einführung der ICD-10-GM nur dann erlaubt, wenn eine tiefere Differenzierung im Schlüsselverzeichnis nicht vorgesehen ist.

Die Reihenfolge der Diagnosen orientiert sich grundsätzlich an ihrer Bedeutung in Hinblick auf die getroffene Beurteilung des Leistungsvermögens bzw. auf die Rehabilitationsleistung. Davon abweichend hat die DRV festgelegt, dass bei Rehabilitationsleistungen wegen maligner Erkrankungen die Karzinomdiagnose an erster Stelle verschlüsselt wird und bei Entwöhnungsbehandlungen die Suchtdiagnose zuerst. Bei Renten wegen Erwerbsminderung geht hingegen immer diejenige Diagnose verschlüsselt in die Statistik ein, mit der die gravierendste Leistungsminderung verbunden ist.

▪ Die Broschüre »Diagnosenschlüssel ICD-10-GM« der Deutschen Rentenversicherung

Von der Deutschen Rentenversicherung Bund wird als übersichtliche Arbeitshilfe die Broschüre »Diagnosenschlüssel ICD-10-GM« als Auszug für den internen Gebrauch in der Deutschen Rentenversicherung herausgegeben [7]. Der Auszug enthält alle Schlüsselnummern. In den Kapiteln XV bis XVII (Schwangerschaft/Perinatalperiode/Angeborene Fehlbildungen) sind jedoch nur Gruppenübersichten dargestellt, da es sich um sozialmedizinisch für die Rentenversicherung nicht relevante Kapitel handelt. In der Broschüre werden außerdem wichtige Hinweise zur Verschlüsselung im Bereich der Deutschen Rentenversicherung gegeben.

Weitere Informationen zur ICD-10-GM stehen auf den Internetseiten der Deutschen Rentenversicherung (www.deutsche-rentenversicherung.de) im Verzeichnis Sozialmedizin und Forschung\Klassifikationen\ICD-10 zur Verfügung.

4.2 Die ICF

Michael Schuntermann

Die ICF (International Classification of Functioning, Disability and Health [19], deutsch: Internationale Klassifikation der Funktionsfähigkeit, Behinderung und Gesundheit [8]) ist die Nachfolgerin der Internationalen Klassifikation der Schädigungen, Fähigkeitsstörungen und Beeinträchtigungen (ICIDH) von 1980 [18]. Die ICF wurde von der 54. Vollversammlung der WHO, an der auch Vertreter der Bundesregierung teilgenommen haben, im Mai 2001 verabschiedet. Das bio-psycho-soziale Modell, auf dem die ICIDH in Ansätzen basiert, wurde mit der ICF erheblich erweitert und damit der Lebenswirklichkeit Betroffener besser angepasst. Insbesondere wird nun der gesamte Lebenshintergrund der Betroffenen (Kontextfaktoren: Umweltfaktoren, personbezogene Faktoren) berücksichtigt; vgl. ▫ Abb. 4.1. Im Neunten Buch des Sozialgesetzbuches (SGB IX) – Rehabilitation und Teilhabe behinderter Menschen – und im Gesetz zur Gleichstellung behinderter

Menschen wurden wesentliche Aspekte der ICF unter Berücksichtigung der in Deutschland historisch gewachsenen und anerkannten Besonderheiten aufgenommen. Die Rentenversicherung hat im Dezember 2002 eine grundsätzliche Stellungnahme zur ICF abgegeben [13]. Diese ist eine der Grundlagen für die folgenden Ausführungen.

4.2.1 Das Konzept der ICF

Der zentrale Inhalt der ICF ist im Begriff *funktionale Gesundheit* zusammengefasst. Eine Person ist funktional gesund, wenn vor dem Hintergrund ihrer Kontextfaktoren (materielle, soziale und verhaltensbezogene Umweltfaktoren, personbezogene oder persönliche Faktoren)

1. ihre körperlichen und mentalen Funktionen sowie ihre Körperstrukturen allgemein anerkannten statistischen Normen entsprechen (Konzepte der *Körperfunktionen und -strukturen*),
2. sie all das tut oder tun kann, was von einem Menschen ohne Gesundheitsproblem (im Sinn der ICD) erwartet wird (Konzept der *Aktivitäten*),
3. sie ihr Dasein in allen Lebensbereichen, die ihr wichtig sind, in der Weise und dem Umfang entfalten kann, wie es von einem Menschen ohne Beeinträchtigung der Körperfunktionen oder -strukturen oder der Aktivitäten erwartet wird (Konzept der *Teilhabe an Lebensbereichen*).

> **Definitionen:**
>
> **Körperfunktionen** sind die physiologischen Funktionen von Körpersystemen (einschließlich psychische Funktionen).
> **Körperstrukturen** sind anatomische Teile des Körpers, wie Organe, Gliedmaßen und ihre Bestandteile.
> **Schädigungen** sind Beeinträchtigungen einer Körperfunktion oder -struktur wie z. B. eine wesentliche Abweichung oder ein Verlust.
> **Aktivitäten** bezeichnen die Durchführung von Aufgaben oder Handlungen durch einen Menschen. *Beeinträchtigungen der Aktivität* sind Schwierigkeiten, die ein Mensch bei der Durchführung einer Aktivität haben kann.
> **Teilhabe** ist das Einbezogensein in eine Lebenssituation oder einen Lebensbereich. *Beeinträchtigungen der Teilhabe* sind Probleme, die ein Mensch beim Einbezogensein in eine Lebenssituation oder einen Lebensbereich erlebt.
> **Kontextfaktoren** umfassen Umweltfaktoren und personbezogene Faktoren.
> **Umweltfaktoren** bilden die materielle, soziale und einstellungsbezogene Umwelt ab, in der Menschen leben und ihr Dasein entfalten.
> ▼

> **Personbezogene Faktoren** sind der individuelle Hintergrund des Lebens und der Lebensführung einer Person (Eigenschaften und Attribute) und umfassen Gegebenheiten, die nicht Teil ihres Gesundheitsproblems oder -zustandes sind, wie z. B. Alter, Geschlecht, Charakter, Lebensstil, Coping, sozialer Hintergrund, Bildung/Ausbildung, Beruf, Erfahrung, genetische Prädisposition. Sie sind in der ICF nicht klassifiziert.

In diesem Zusammenhang spricht die WHO auch von *Funktionsfähigkeit* (functioning). Funktionsfähigkeit umfasst alle Aspekte der funktionalen Gesundheit.

Eine Beeinträchtigung der funktionalen Gesundheit oder Funktionsfähigkeit bzw. eine funktionale Problematik besteht, wenn in wenigstens einem der genannten Bereiche eine Beeinträchtigung vorliegt, d. h. eine Funktionsstörung, ein Strukturschaden, eine Einschränkung einer Aktivität oder eine Beeinträchtigung der Teilhabe an einem Lebensbereich.

Insbesondere die Teilhabe an Lebensbereichen kann durch Gegebenheiten der Umwelt wie Einstellungen, Werte und Überzeugungen der Menschen in einer Gesellschaft, das politische und Rechtssystem eines Landes mit seinen Vorschriften, Verfahrensweisen und Standards, die Art des Gesundheits- und Bildungswesens sowie des Wirtschafts- und Verkehrswesens und die Art der zur Verfügung stehenden Güter und Technologien beeinträchtigt (*Barrieren*, z. B. fehlende Teilzeitarbeitsplätze) oder unterstützt (*Förderfaktoren*, z. B. soziale Unterstützung und Anerkennung) werden.

Eine funktionale Problematik wird meist durch eine Krankheit ausgelöst. Eine Person, deren funktionale Gesundheit beeinträchtigt ist, muss jedoch nicht im engeren Sinn krank sein, also z. B. der akutmedizinischen Versorgung bedürfen. Hintergrund einer Beeinträchtigung der funktionalen Gesundheit können auch Verletzungen, Unfälle oder angeborene Leiden sein. Eine funktionale Problematik kann für die betrachtete Person eine Eigendynamik entwickeln (z. B. drohender Verlust der Eingliederung in das Erwerbsleben), die für die Person erheblich schwerer wiegt als die zugrunde liegende Krankheit.

Heilt eine Krankheit vollständig aus (restitutio ad integrum) und bestehen auch keine anderweitigen Erkrankungen, kann hieraus nicht notwendigerweise geschlossen werden, dass die betreffende Person auch funktional gesund ist. Beispielsweise kann eine Person, deren psychische Krankheit geheilt wurde, dennoch Stigmatisierungen erleben, die ihre Teilhabe an bestimmten Lebensbereichen auf Grund der Einstellungen in der Gesellschaft (Barrieren) erschweren oder unmöglich machen. Eine Krankheit braucht nicht manifest zu sein, um eine Beeinträchtigung der funktionalen Gesundheit auszulösen; vgl. die Einschränkung der Teilhabe an bestimmten Lebensbereichen durch eine bekannt gewordene HIV-Infektion.

Die ICF definiert *Behinderung* als negative Wechselwirkung zwischen einer Person mit einem Gesundheitsproblem (ICD) und ihren Kontextfaktoren auf ihre funktionale Gesundheit (insbesondere die Teilhabe an einem oder mehreren Lebensbereichen), d. h. jede Beeinträchtigung der funktionalen Gesundheit. Dieser Behinderungsbegriff dient damit als Oberbegriff zu Beeinträchtigungen der funktionalen Gesundheit auf den Ebenen der Körperfunktionen/-strukturen, Aktivitäten und Teilhabe. Damit fällt auch jede Funktionsstörung oder jeder Strukturschaden, der weder mit Beeinträchtigungen der Aktivitäten noch der Teilhabe einhergeht, unter den Behinderungsbegriff der ICF. Dieser Behinderungsbegriff ist wesentlich weiter gefasst als der des SGB IX; vgl. ◼ Abb. 4.2. Es sollte in Deutschland im Bereich der Sozialleistungsträger nur der Behinderungsbegriff des SGB IX verwendet werden, um Missverständnisse zu vermeiden. Der Behinderungsbegriff der ICF kann mit »Beeinträchtigung der funktionalen Gesundheit« oder »Beeinträchtigung der Funktionsfähigkeit« umschrieben werden.

Das »Normalitätskonzept«, auf welchem das Modell der funktionalen Gesundheit basiert, dürfte in den meisten Fällen angemessen sein. Im Einzelfall sollte es jedoch kritisch überprüft werden.

Die ICF ist eine Klassifikation, mit welcher der Zustand der funktionalen Gesundheit einer Person zum gegenwärtigen Zeitpunkt beschrieben oder für einen späteren Zeitpunkt (z. B. in sechs Monaten) in Abhängigkeit vom Krankheitsbild prognostiziert werden kann. Insbesondere ermöglicht sie es, Beeinträchtigungen in den Bereichen der

1. Funktionen und Strukturen des menschlichen Organismus,
2. Tätigkeiten (Aktivitäten) aller Art einer Person und
3. Teilhabe an Lebensbereichen (z. B. Erwerbsleben, Erziehung/Bildung, Selbstversorgung, usw.)

vor dem Hintergrund möglicher Förderfaktoren und Barrieren standardisiert zu dokumentieren.

In ◼ Abb. 4.1 ist das bio-psycho-soziale Modell der Komponenten der Gesundheit, auf dem die ICF basiert, skizziert. Nach diesem komplexen Interdependenzmodell variiert der Zustand der funktionalen Gesundheit mit dem Gesundheitsproblem und den Kontextfaktoren, und eine Beeinträchtigung der funktionalen Gesundheit kann neue Gesundheitsprobleme nach sich ziehen. Jedes Element des Modells kann als Ausgangspunkt für mögliche neue Probleme herangezogen werden. So kann eine längere Bettlägerigkeit einer Person (Aktivitätseinschränkung) eine Muskelatrophie (Schädigung) bewirken. Eine langzeitarbeitslose Person (Beeinträchtigung der Teilhabe) kann eine Depression entwickeln oder alkoholabhängig

◼ **Abb. 4.1** Das bio-psycho-soziale Modell. Komponenten der Gesundheit nach der ICF.

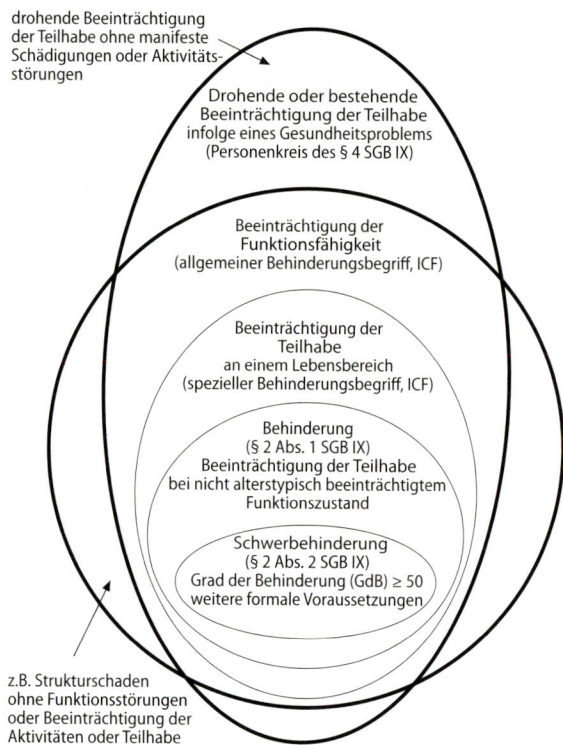

◼ **Abb. 4.2** Beeinträchtigungen der Funktionsfähigkeit nach ICF und SGB IX.

werden. Dieses Modell ist wesentlich aussagefähiger und wirklichkeitsnäher als das eher eindimensionale Krankheitsfolgenmodell der ICIDH von 1980 mit der Abfolge: Gesundheitsproblem → Schädigung → Beeinträchtigung der Aktivitäten → Beeinträchtigung der Teilhabe.

Die Frage, ob eine Person im Sinne der ICF behindert *ist* oder behindert *wird*, wird mit dem bio-psychosozialen Modell dialektisch gelöst, da »Behinderung« als negative Wechselwirkung zwischen dem Gesundheitsproblem (ICD) und den Kontextfaktoren (Umweltfaktoren, personbezogene Faktoren) einer Person betrachtet wird. Wird das Gesundheitsproblem als gegeben vorausgesetzt, dann kann der Einfluss der Kontextfaktoren auf die Entwicklung einer Behinderung beliebig zwischen

»sehr hoch« und »sehr niedrig« sein, je nach Konstellation der Kontextfaktoren. Der Einfluss kann beurteilt werden, wenn die Konstellation der Kontextfaktoren modellhaft variiert wird. Kann z. B. eine Person infolge ihres Gesundheitsproblems noch halbtags arbeiten und möchte sie dies auch, werden im aktuellen Wirtschaftssystem jedoch nicht genug Teilzeitarbeitsplätze zur Verfügung gestellt, dann hat bei dieser Person dieser Umweltfaktor (Einstellungen in der Wirtschaft als Barriere) einen sehr hohen Einfluss auf die Beeinträchtigung ihrer Teilhabe am Erwerbsleben. In einer Wirtschaft hingegen, in der für gesundheitlich Beeinträchtigte genügend Teilzeitarbeitsplätze zur Verfügung stehen (Einstellungen in der Wirtschaft als Förderfaktor), käme es unter sonst gleichen Voraussetzung praktisch kaum zu einer Beeinträchtigung der Teilhabe am Erwerbsleben. Theoretisch gibt es nur einen Fall, bei dem eine Person behindert *ist*. Das ist dann der Fall, wenn sich die Behinderung nach Art und Umfang nicht ändert, welche Konstellation von Kontextfaktoren auch immer betrachtet wird. Daher ist das bio-psycho-soziale Modell der Komponenten der Gesundheit der ICF für die Rehabilitation besonders wichtig.

4.2.2 Ziele, Bedeutung und Grenzen der ICF

Das wichtigste Ziel der ICF ist, eine gemeinsame Sprache für die Beschreibung der funktionalen Gesundheit zur Verfügung zu stellen, um die Kommunikation zwischen Fachleuten im Gesundheits- und Sozialwesen, insbesondere in der Rehabilitation, sowie den Menschen mit Beeinträchtigungen ihrer Funktionsfähigkeit zu verbessern. Darüber hinaus stellt sie ein systematisches Verschlüsselungssystem für Gesundheitsinformationen bereit und ermöglicht Datenvergleiche zwischen Ländern, Disziplinen im Gesundheitswesen, Gesundheitsdiensten sowie im Zeitverlauf. Die Bedeutung der ICF für Rehabilitation und sozialmedizinische Begutachtung lässt sich wie folgt skizzieren:

- Alle modernen Definitionen des Begriffs der Rehabilitation basieren auf der ICF (ICIDH). Die Wiederherstellung oder wesentliche Besserung der Funktionsfähigkeit insbesondere auf den Ebenen der Aktivitäten und der Teilhabe an Lebensbereichen einer Person ist eine zentrale Aufgabe der Rehabilitation. Daher ist die ICF für die Rehabilitation bei der Feststellung des Reha-Bedarfs, bei der funktionalen Diagnostik, der Erarbeitung von Reha-Zielen, dem Reha-Management, der Interventionsplanung und der Evaluation rehabilitativer Maßnahmen nutzbar.
- Der Abbau von Barrieren – welche die Teilhabe erschweren oder unmöglich machen – in der Gesellschaft und materiellen Umwelt und der Ausbau von

Förderfaktoren – welche die Teilhabe trotz erheblicher gesundheitlicher Beeinträchtigungen wiederherstellen oder unterstützen –, sind wichtige Aufgaben der Gesundheits- und Sozialpolitik sowie der Behinderten- und Menschenrechtspolitik. Abbau von Barrieren und Ausbau von Förderfaktoren sind jedoch auch bei der Rehabilitation zu berücksichtigen.

Insbesondere zwei Aspekte sind es, welche die Grenzen der ICF aufzeigen:

- Die ICF ist keine Klassifikation funktionaler Diagnosen, sondern mit ihr können funktionale Befunde und Symptome (Schädigungen bestimmter Funktionen oder Strukturen, Einschränkungen bestimmter Aktivitäten, Beeinträchtigung der Teilhabe in bestimmten Lebensbereichen, Vorhandensein oder Fehlen von Barrieren oder Förderfaktoren) angegeben werden. Darüber hinaus können mit ihr das positive und negative Funktions- und Strukturbild (Organismus), Aktivitätsbild und Teilhabebild einschließlich der relevanten Umweltfaktoren (i. S. von Barrieren und Förderfaktoren) beschrieben werden.
- Sie ist kein Assessmentinstrument (Methoden und Instrumente zur Beschreibung und Beurteilung der Körperfunktionen/-strukturen, der Aktivitäten und der Teilhabe). Auf ihrer Grundlage können jedoch solche Instrumente entwickelt bzw. weiterentwickelt werden [12].

4.2.3 Die Teilklassifikationen der ICF

Die ICF enthält folgende Teile; vgl. ◻ Tab. 4.2:
- Klassifikation der Körperfunktionen (einschließlich des mentalen Bereichs)
- Klassifikation der Körperstrukturen
- Klassifikation der Aktivitäten/Teilhabe in Form von Lebensbereichen (s. u.)
- Liste der Umweltfaktoren.

Die Klassifikationen der Körperfunktionen, der Körperstrukturen und der Aktivitäten/Teilhabe enthalten Bereiche, in denen Beeinträchtigungen auftreten können, jedoch in der Regel nicht die Bezeichnungen der Beeinträchtigungen selbst (wichtigste Ausnahme: Schmerz). Beeinträchtigungen der Funktionen und Funktionsstörungen werden jedoch in den Ein- und Ausschlusskriterien genannt.

▪ Körperfunktionen

Die Namen der Items der Klassifikation der Körperfunktionen beginnen i. d. R. mit dem Wort »Funktionen« [z. B. b110: Funktionen des Bewusstseins, b210: Funktionen

◻ **Tab. 4.2** Klassifikationen der ersten Gliederungsstufe

Körperfunktionen
1. Mentale Funktionen
2. Sinnesfunktionen und Schmerz
3. Stimm- und Sprechfunktionen
4. Funktionen des kardiovaskulären, hämatologischen, Immun- und Atmungssystems
5. Funktionen des Verdauungs-, des Stoffwechsel- und des endokrinen Systems
6. Funktionen des Urogenital- und reproduktiven Systems
7. Neuromuskuloskeletale und bewegungsbezogene Funktionen
8. Funktionen der Haut und der Hautanhangsgebilde

Körperstrukturen
1. Strukturen des Nervensystems
2. Das Auge, das Ohr und mit diesen in Zusammenhang stehende Strukturen
3. Strukturen, die an der Stimme und dem Sprechen beteiligt sind
4. Strukturen des kardiovaskulären, des Immun- und des Atmungssystems
5. Mit dem Verdauungs-, Stoffwechsel- und endokrinen System in Zusammenhang stehende Strukturen
6. Mit dem Urogenital- und dem Reproduktionssystem in Zusammenhang stehende Strukturen
7. Mit der Bewegung in Zusammenhang stehende Strukturen
8. Strukturen der Haut und Hautanhangsgebilde

Aktivitäten/Teilhabe
1. Lernen und Wissensanwendung
2. Allgemeine Aufgaben und Anforderungen
3. Kommunikation
4. Mobilität
5. Selbstversorgung
6. Häusliches Leben
7. Interpersonelle Interaktionen und Beziehungen
8. Bedeutende Lebensbereiche
9. Gemeinschafts-, soziales und staatsbürgerliches Leben

Umweltfaktoren
1. Produkte und Technologien
2. Natürliche und vom Menschen veränderte Umwelt
3. Unterstützung und Beziehungen
4. Einstellungen
5. Dienste, Systeme und Handlungsgrundsätze

des Sehens (Sehsinn), b710: Funktionen der Gelenkbeweglichkeit]. Dieses Wort weist auf die Frage hin, ob die den betreffenden Konstrukten unterliegenden Phänomene (wie »Bewusstsein«), die betreffenden Körpersysteme (wie »Sehsinn«) oder deren Attribute (wie »Gelenkbeweglichkeit«) ihre Aufgabe oder ihren Zweck usw. erfüllen oder nicht. Nur dies ist Gegenstand der Betrachtung [11].

■ **Körperstrukturen**

Körperstrukturen sind die strukturellen oder anatomischen Teile des Körpers wie Organe, Gliedmaßen und ihre Bestandteile. Sie sind nach Körpersystemen klassifiziert.

Als Standard für die Strukturen wird die statistische Norm für Menschen angesehen.

■ **Aktivitäten und Teilhabe: Lebensbereiche**

Die Bezeichnung »Aktivitäten/Teilhabe« charakterisiert Lebensbereiche. Diese können als »Aktivitätenbereiche« (Bereiche menschlichen Tuns) und als »Teilhabebereiche« (Bereiche menschlicher Daseinsentfaltung) interpretiert werden. In beiden Fällen stehen unterschiedliche Fragestellungen im Vordergrund.

Aktivitäten (Leistung und Leistungsfähigkeit): Das, was Menschen tun oder tun können, sind im Sinn der ICF Aktivitäten, z.B. alle Tätigkeiten und Handlungen, die zu den Lebensbereichen »berufliche Tätigkeit«, »Selbstversorgung«, »Kommunikation« oder »Mobilität« gehören. Aktivitäten können unter zwei Gesichtspunkten betrachtet werden,
1. der *Leistung* (Umfang und Art der Durchführung einer Aktivität unter realen Lebensbedingungen, insbesondere unter den gegenwärtigen Alltagsbedingungen der betrachteten Person mit ihren Förderfaktoren und Barrieren) und
2. der *Leistungsfähigkeit* (maximales Leistungsvermögen der Person bezüglich der Aktivität unter Testbedingungen oder hypothetischen Bedingungen wie Standard-, »Ideal-«, bzw. »Optimal«-bedingungen).

Das Konzept der Aktivitäten berücksichtigt in Ansätzen die Ergebnisse der Handlungstheorie [9]. Danach kommt es genau dann zu einer Handlung (ICF: Leistung), wenn die Person (1) hierzu körperlich, geistig, seelisch sowie ggf. ausbildungsmäßig hinreichend leistungsfähig ist, (2) die Gegebenheiten (ICF: Umweltfaktoren) es ihr objektiv erlauben, diese Leistungsfähigkeit in die Handlung umzusetzen, und (3) sie hierzu auch den Willen hat.

Im Hinblick auf Rehabilitation und die sozialmedizinische Begutachtung ist eine zentrale Frage, wie es erreicht werden kann, dass eine Person mit einer funktionalen Problematik wieder die geforderte Leistung erbringt (Verbesserung der Leistungsfähigkeit und/oder Abbau von Barrieren und Ausbau von Förderfaktoren, z.B. Arbeitsplatzanpassung).

Teilhabe (Menschenrechte und subjektive Erfahrung): Wird hingegen die Teilhabe an einem Lebensbereich betrachtet, stellen sich andere Fragen. Diese betreffen zum einen den Zugang zu Lebensbereichen, die Eingliederung, das Einbezogensein und die Daseinsentfaltung in Lebensbereichen, sowie in diesen unabhängig, gleichberechtigt und selbstbestimmt zu handeln (Menschenrechte, Sozialrecht [10], § 1 SGB IX), und zum anderen Zufriedenheit, Wertschätzung und Anerkennung sowie erlebte gesundheitsbezogene Lebensqualität in Lebensbereichen (subjektive Erfahrung [15, 14]). Fragen dieser Art sind ebenfalls für die Rehabilitation und sozialmedizinische Begutachtung wichtig, weil sie sich auf die Zielsetzung von Interventionen und den Umgang mit der betroffenen Person beziehen.

Die Beurteilung der Teilhabe an einem Lebensbereich konnte in der ICF wegen der sehr unterschiedlichen Vorstellungen der Vertreter der Mitgliedsländer der WHO leider nicht optimal gelöst werden. Im Ergebnis wurde »Teilhabe« mit »Leistung« gleichgesetzt. Dieses Problem sollte in der Revision der ICF angegangen werden.

Umweltfaktoren. Umweltfaktoren bilden die materielle, soziale und einstellungsbezogene Umwelt, in der Menschen leben und ihr Leben gestalten. Diese Faktoren liegen außerhalb des Individuums und können seine Aktivitäten und Teilhabe, aber auch seine Körperfunktionen oder Körperstrukturen positiv oder negativ beeinflussen. Die Klassifikation der Umweltfaktoren wird dazu verwendet, Barrieren und Förderfaktoren zu identifizieren.

4.2.4 Beurteilungsmerkmale

Die ICF enthält verschiedene Beurteilungsmerkmale, um den Zustand der funktionalen Gesundheit auf Item-Ebene der vier Klassifikationen zu charakterisieren. Das erste (allgemeine) Beurteilungsmerkmal gibt das Ausmaß eines Problems an und ist für alle Klassifikationen formal gleich. Bei den Umweltfaktoren kann dieses Beurteilungsmerkmal auch positiv wirkende Umweltfaktoren (Förderfaktoren) beschreiben. Alle anderen Beurteilungsmerkmale sind klassifikationsspezifisch. Ohne Angabe der Scores (Ausprägungen) zumindest der obligatorischen Beurteilungsmerkmale ist eine Kodierung sinnlos.

Das allgemeine Beurteilungsmerkmal wird zur Kodierung von Problemen bei Körperfunktionen, Körperstrukturen, Aktivitäten/Teilhabe sowie zur Kodierung von Umweltfaktoren in Form von Barrieren oder Förderfaktoren verwendet. Seine Kodierung ist einheitlich und lautet wie folgt (wobei »xxx« für ein beliebiges Item steht):

xxx.0:	nicht vorhanden (kein, ohne, vernachlässigbar, …)
xxx.1:	leicht ausgeprägt (gering, niedrig, …)
xxx.2:	mäßig ausgeprägt (mittel, ziemlich, …)
xxx.3:	erheblich ausgeprägt (hoch, extrem, …)
xxx.4:	voll ausgeprägt (vollständig, komplett, …)
xxx.8:	nicht spezifiziert
xxx.9:	nicht anwendbar

4.2.5 Die ICF unter sozialmedizinischen Aspekten

Für die sozialmedizinische Beurteilung sind nicht die Krankheitsdiagnosen (ICD-10, siehe ▶ Kap. 4.1) ausschlaggebend, sondern die für die Leistungsfähigkeit im Erwerbsleben maßgebenden Krankheitsfolgen unter Berücksichtigung von Kontextfaktoren. Diese bio-psycho-soziale Betrachtung ist in der sozialmedizinischen Begutachtung schon lange etabliert. Die im ▶ Kap. 4.2 dargestellte *Internationale Klassifikation der Funktionsfähigkeit, Behinderung und Gesundheit (ICF)* stellt hierfür ein Bezugssystem zur Verfügung. Bei der Diskussion über die mit dem SGB IX an die Begutachtung gestellten trägerübergreifenden Anforderungen wurde die ICF berücksichtigt. Die Deutsche Rentenversicherung hat in ihrem Grundsatzpapier zur ICF das zugrunde liegende Modell und die möglichen Bereiche für die Implementierung dargestellt [13] und betont, dass noch Unklarheit darüber besteht, in welcher Form die ICF speziell bei der sozialmedizinischen Begutachtung sinnvoll und nützlich eingesetzt werden kann. Von Bedeutung dabei ist, dass die ICF vorrangig zur Beschreibung einer Querschnittsbetrachtung (»Momentaufnahme«) geeignet ist. Bei der sozialmedizinischen Beurteilung sind aber Aussagen zur Längsschnittbetrachtung (insbesondere zur Prognose und zur Indikation einer Behandlung/Intervention) wesentlicher Bestandteil. Schwierigkeiten können sich bei der Frage nach den jeweils für die Beurteilung der individuellen Leistungsfähigkeit heranzuziehenden Kontextfaktoren bieten. Aus sozialmedizinischer Sicht sind für die Beurteilung grundsätzlich nur diejenigen Faktoren zu berücksichtigen, die einen engen Bezug zum Gesundheitsproblem aufweisen.

Da die ICF eine krankheitsunabhängige Klassifikation ist, ist sie bei sozialmedizinischen Fragestellungen immer unter Berücksichtigung der vorliegenden gesundheitlichen Störungen und Krankheiten zu verwenden. In diesem Sinne kann die ICF als Basis für eine gemeinsame Sprache für die bio-psycho-sozialen Dimensionen von Krankheit und Krankheitsfolgen genutzt werden.

Auf die verschiedenen Bereiche der Körperstrukturen, Körperfunktionen, Aktivitäten und Teilhabe wurde weiter oben bereits eingegangen. Hinsichtlich der Vielzahl möglicher Kontextfaktoren wurde darauf hingewiesen, dass nur diejenigen, die mit dem Gesundheitsproblem in Zusammenhang stehen, bei der sozialmedizinischen Beurteilung zu berücksichtigen sind. Umweltfaktoren, die sich auf die konkreten Arbeitsbedingungen beziehen, sind beispielsweise Schicht- oder Akkordarbeit, Tätigkeiten mit besonderer körperlicher oder psychomentaler Belastung bzw. hoher Verantwortung. Kontextfaktoren können die Leistungsfähigkeit im Erwerbsleben grundsätzlich unterschiedlich beeinflussen. Der Gutachter hat dabei immer zu prüfen, welche der im Einzelfall wirksamen fördernden oder hemmenden Kontextfaktoren einen Bezug zum Gesundheitsproblem aufweisen. Hierzu zählen beispielsweise medikamentöse Behandlung, Gebrauch von Hilfsmitteln oder gesundheitsbezogene Lebensführung einschließlich Umgang mit sog. Alltagsdrogen (Nikotin und Alkohol). Persönliche Wünsche, berufliche Neigungen, Arbeitslosigkeit oder finanzielle Vorstellungen dürfen bei der Beurteilung der Leistungsfähigkeit im Erwerbsleben aber keine Rolle spielen.

Die Einbindung des ICF-Modells in den Begutachtungsprozess sollte insbesondere dazu dienen, den Bereich der funktionalen Gesundheit im Zusammenhang mit dem individuellen Lebenshintergrund in einheitlichen Begrifflichkeiten (»gemeinsame Sprache«) abzubilden, wobei nicht nur defizit- sondern auch ressourcen-orientierte Faktoren berücksichtigt werden. Dabei ist zwischen »Leistungsfähigkeit im Erwerbsleben« und »Teilhabe am Erwerbsleben« deutlich zu unterscheiden: Für die Teilhabe am Erwerbsleben spielt nicht nur die vorhandene Leistungsfähigkeit, sondern je nach Einzelfallkonstellation eine Vielzahl weiterer Faktoren eine Rolle, wie z. B. Verfügbarkeit eines entsprechenden Arbeitsplatzes, persönliche Lebensumstände, Motivation und/oder finanzielle Aspekte.

4.2.6   Ergänzende Hinweise

Die ICF kann in verschiedenen Stufen angewendet werden: (1) nur Berücksichtigung des bio-psycho-sozialen Modells der Komponenten der Gesundheit, (2) als informeller »Leitfaden« oder (3) zur Dokumentation (Verschlüsselung). Die unterschiedlichen Stufen bauen aufeinander auf. Derzeit stehen die Punkte 1 und 2 in Deutschland im Vordergrund.

Auf Grund der Komplexität der Materie empfiehlt die WHO Schulungen in der Anwendung der ICF. Sie wird auch Schulungsmaterialien in englischer Sprache entwickeln. Die Deutsche Rentenversicherung Bund führt regelmäßig trägerübergreifende Schulungen zur ICF durch. Für den deutschsprachigen Raum steht ein Lehrbuch zur ICF zur Verfügung [14].

Personbezogene Faktoren spielen in der Rehabilitation und sozialmedizischen Begutachtung eine bedeutende Rolle. Sie sind jedoch derzeit in der ICF nicht klassifiziert. Einen ersten Vorschlag für die Klassifikation personbezogener Faktoren hat die MDK-Gemeinschaft zur Diskussion gestellt [17]. Ein überarbeiteter Vorschlag folgte 2010 [8a].

Funktionale Probleme bei Kindern und Jugendlichen können mit der ICF nur bedingt beschrieben werden. Da-

her hat die WHO eine besondere ICF für Kinder und Jugendliche erarbeitet und veröffentlicht [20]. Eine deutschsprachige Fassung soll zeitnah erscheinen .

Literatur

1   Deutsches Institut für Medizinische Dokumentation und Information (DIMDI): Internationale Statistische Klassifikation der Krankheiten und verwandter Gesundheitsprobleme, 10. Revision, Version 2011 der WHO, Band 1. http://www. dimdi.de/dynamic/de/klassi/downloadcenter/icd-10-who/version2011/systematik/

2   Deutsches Institut für Medizinische Dokumentation und Information (DIMDI): Internationale Statistische Klassifikation der Krankheiten und verwandter Gesundheitsprobleme, 10. Revision, Version 2011 der WHO, Band 2. http://www.dimdi.de/dynamic/de/klassi/downloadcenter/icd-10-who/version2011/regelwerk/

3   Deutsches Institut für Medizinische Dokumentation und Information (DIMDI): Internationale Statistische Klassifikation der Krankheiten und verwandter Gesundheitsprobleme, 10. Revision, Version 2011 der WHO, Band 3. http://www.dimdi.de/dynamic/de/klassi/downloadcenter/icd-10-who/version2011/alphabet/

4   Deutsches Institut für Medizinische Dokumentation und Information (DIMDI): Internationale Statistische Klassifikation der Krankheiten und verwandter Gesundheitsprobleme, 10. Revision, German Modification, Version 2011, Systematisches Verzeichnis. http://www.dimdi.de/dynamic/de/klassi/downloadcenter/icd-10-gm/version2011/systematik/

5   Deutsches Institut für Medizinische Dokumentation und Information (DIMDI): Internationale Statistische Klassifikation der Krankheiten und verwandter Gesundheitsprobleme, 10. Revision, German Modification, Version 2011, Alphabetisches Verzeichnis (Diagnosenthesaurus). http://www.dimdi.de/dynamic/de/klassi/downloadcenter/icd-10-gm/version2011/alphabet/

6   Institut für das Entgeltsystem im Krankenhaus (InEK): Deutsche Kodierrichtlinien, Version 2011: http://www.g-drg.de/cms/index.php/inek_site_de/G-DRG-System_2011/Kodierrichtlinien/Deutsche_Kodierrichtlinien_2011

7   Deutsche Rentenversicherung: Diagnosenschlüssel ICD-10-GM, Version 2010, Auszug für den internen Gebrauch in der gesetzlichen Rentenversicherung. Deutsche Rentenversicherung Bund (Hrsg.) Berlin, 2009

8   Deutsches Institut für Medizinische Dokumentation und Information (DIMDI): Internationale Klassifikation der Funktionsfähigkeit, Behinderung und Gesundheit (Deutsche Fassung der ICF), Köln 2005. http://www.dimdi.de

8a Grotkamp S et al: Personbezogene Faktoren der ICF – Entwurf der AG „ICF" des Fachbereichs II der Deutschen Gesellschaft für Sozialmedizin und Prävention. Gesundheitswesen 72: 908–916, 2010

9   Nordenfelt L: Action, ability and health: Essays in the philosophy of action and welfare. Dordrecht: Kluwer Academic Publishers, 2000

10 Rioux MH: When Myths Masquerade as Science: Disability Research from an Equality-Rights Perspective. In: Disability Studies: Past, Present and Future, edited by Len Barton and Mike Oliver, Chapter 7, Leeds: The Disability Press. 1997

11 Schuntermann MF: Some remarks to ICIDH-2 beta-2-version: Are the items named correctly? RIVM Newsletter 3 (2): 1–3, 2000

12 Schuntermann MF: ICIDH und Assessments. Physikalische Medizin 11: 28–34, 2001

13   Schuntermann MF: Grundsatzpapier der Rentenversicherung zur Internationalen Klassifikation der Funktionsfähigkeit, Behinderung und Gesundheit (ICF) der Weltgesundheitsorganisation (WHO). Deutsche Rentenversicherung (DRV) 1–2: 52–59, 2003

14   Schuntermann MF: Einführung in die ICF: Grundkurs – Übungen – offene Fragen. 3. überarb. Aufl., ecomed Medizin, Landsberg/ Lech, 2009

15   Ueda S, Okawa Y: Subjective Dimension of Functioning and Disability: what is it and what is it for? Disability and Rehabilitation; 25: 596-601, 2003

16   Verband Deutscher Rentenversicherungsträger, VDR (Hrsg.): Kommission zur Weiterentwicklung der Rehabilitation in der gesetzlichen Rentenversicherung (Reha-Kommission). Abschlussberichte, Band IV, Teilband 2: EDV- und Dokumentationsverfahren. Darmstadt: Dissertationsdruck, 1991

17   Viol M, Grotkamp S, van Treeck B, Nüchtern E, Hagen T, Manegold B, Eckardt S, Penz M, Seger W: Personbezogene Kontextfaktoren, Teil I: Ein erster Versuch zur systematischen, kommentierten Auflistung von geordneten Anhaltspunkten für die sozialmedizinische Begutachtung im deutschen Sprachraum. Gesundheitswesen; 68: 747-759, 2006

18   Word Health Organization (WHO), Mathesius RG, Jochheim KA, Barolin GS, Heinz C: ICIDH – International Classification of Impairments, Disabilities and Handicaps (Deutsche Übersetzung). Berlin, Wiesbaden: Ullstein Mosby, 1995

19   World Health Organization: International Classification of Functioning, Disability and Health (ICF). Genf: WHO, 2001. URL http://www.who.int/classification/icf. Deutschsprachige Fassung: DIMDI (Hrsg.), Internationale Klassifikation der Funktionsfähigkeit, Behinderug und Gesundheit (ICF). MMI Medizinische Medien Informations GmbH, Neu Isenburg, 2005. URL: http://www.dimdi.de

20   World Health Organization: International Classification of Functioning, Disability and Health: Children & Youth Version: ICF-CY. Genf: WHO, 2007

21   World Health Organization, WHO: International Statistical Classification of Diseases and Related Health Problems (ICD). Tenth Revision. Genf: WHO, 1992. URL http://www.who.int/whosis/icd10

Die sozialmedizinische Begutachtung

Wolfgang Cibis (Einleitung, 5.1, 5.2, 5.3.1 – 5.3.8); Eva-Maria Paulus (5.3.9); Helga Mai, Jörg Gehrke, Wolfgang Cibis (5.4)

- **Einleitung**
Wolfgang Cibis

Die soziale Sicherung ist eine wichtige Lebensgrundlage für jeden Menschen. Die Solidargemeinschaft schützt den Versicherten, der seinerseits bestimmte Pflichten hat, wie z. B. Beitragszahlungen, dafür aber auch Anspruch auf bestimmte Leistungen, beispielsweise die Rehabilitation (Leistungen zur Teilhabe) oder die Erwerbsminderungsrente. Das gesamte Sozialrecht wird im Sozialgesetzbuch (SGB) zusammenfasst. Die gesetzlichen Grundlagen für die Gesetzliche Rentenversicherung (GRV) sind speziell im SGB VI aufgeführt. Daneben gelten aber auch Bestimmungen aus anderen Sozialgesetzbüchern, insbesondere das trägerübergreifende Recht des SGB IX, das sich mit den Leistungen zur Teilhabe bzw. der Rehabilitation beschäftigt. Dabei ergeben sich nach den versicherungsrechtlichen Bedingungen für die verschiedenen Sozialleistungsträger jeweils eine unterschiedliche Klientel und eine grundsätzlich geregelte Vorrangigkeit der Zuständigkeit für gleichartige Leistungen.

Um festzustellen, ob Versicherte bei der GRV Ansprüche auf eine Erwerbsminderungsrente oder auf Leistungen zur Teilhabe (Rehabilitation) haben und wie diese ggf. zu gestalten sind, bedarf es einer entsprechenden Sachaufklärung. Dabei werden die versicherungsrechtlichen Voraussetzungen von der Verwaltung geklärt und die medizinischen (persönlichen) Voraussetzungen vom medizinischen Sachverständigen, dem ärztlichen/sozialmedizinischen Gutachter. Die abschließende Entscheidung über die Leistungen trifft die Verwaltung [59].

Das sozialmedizinische Gutachten dient dem Auftraggeber als maßgebliche Grundlage (Beweismittel) für die Entscheidung über die beantragte Sozialleistung. Dabei erfüllt der sozialmedizinische Gutachter nicht die Funktion des behandelnden Arztes, der die Anliegen der Antragsteller unterstützt, sondern die Funktion des objektiven und neutralen Sachverständigen. Er ist durch die ärztliche (Muster-)Berufsordnung (§ 25 MBO) zur Wahrheit verpflichtet und unabhängig: »Bei der Ausstellung ärztlicher Gutachten und Zeugnisse haben Ärztinnen und Ärzte mit der notwendigen Sorgfalt zu verfahren und nach bestem Wissen ihre ärztliche Überzeugung auszusprechen« [11]. Dies betrifft die Erhebung und insbesondere die Bewertung der Untersuchungsbefunde. Der ärztliche Gutachter ist in seiner gutachterlichen Tätigkeit eigenverantwortlich und inhaltlich nicht an Weisungen gebunden. Er hat keine juristischen Festlegungen zu treffen und sollte sich als medizinischer Sachverständiger ausschließlich auf (sozial-)medizinische Angaben beschränken.

Der Versicherte selbst begegnet dem Gutachter einerseits mit bestimmten Ansprüchen und Erwartungen, andererseits hat er bei der Sachaufklärung und ggf. dann später auch bei den Leistungen zur Teilhabe (der Reha-

bilitation) aktiv mitzuarbeiten (siehe § 60–67 SGB I Mitwirkung des Leistungsberechtigten). Er erwartet zu Recht, dass die Gleichbehandlung der Versicherten gewährleistet und die Qualität der Begutachtung gesichert wird.

Der Gutachter andererseits muss die erforderlichen fachlichen Kenntnisse besitzen und ein aufmerksamer Zuhörer und Beobachter sein. Er soll dem zu Begutachtenden das Gefühl vermitteln können, dass er ihm vorurteilsfrei und neutral gegenübersteht.

Auch für den ärztlichen Gutachter gilt die ärztliche Schweigepflicht. Der Schutz der Privatsphäre ist ein in Artikel 1. und 2. des Grundgesetzes geschützter Bereich. Die Schweigepflicht wird in der Berufsordnung (§ 9 MBO) formuliert [11] und der Verstoß gegen sie ist nach § 203 Abs. 1 Nr. 1 Strafgesetzbuch ein Straftatbestand. Für die gutachterliche Tätigkeit ist der Arzt aufgrund der entsprechenden Erklärung des Versicherten in den Antragsformularen der Sozialleistungsträger von der Schweigepflicht gegenüber dem Auftraggeber entbunden.

5.1 Begutachtungsanlass und Fragestellungen

Wolfgang Cibis

Sozialmedizinische Gutachten können mit unterschiedlichen Anlässen und damit auch mit sehr unterschiedlichen Fragestellungen verknüpft sein. Im Bereich der GRV werden die meisten sozialmedizinischen Gutachten im Zusammenhang mit Anträgen auf Leistungen zur Teilhabe und auf Erwerbsminderungsrenten erstellt.

Bei folgenden Anlässen ist eine sozialmedizinische Sachaufklärung erforderlich:

1. Anträge auf Leistungen zur Teilhabe (medizinische Rehabilitation) nach § 15 SGB VI.
2. Anträge auf Leistungen zur Teilhabe am Arbeitsleben (berufsfördernde Leistungen) nach § 16 SGB VI.
3. Anträge auf Rente wegen Erwerbsminderung bzw. teilweiser Erwerbsminderung bei Berufsunfähigkeit nach §§ 43 und 240 SGB VI.
4. Änderung der Verhältnisse im Rentennachprüfverfahren.
5. Anträge auf große Witwenrente und Witwerrente (bei Berufsunfähigkeit oder Erwerbsunfähigkeit) nach § 242a SGB VI.
6. Erweiterte medizinische Sachaufklärung im Rechtsmittelverfahren.
7. Anträge auf onkologische Rehabilitationsleistungen nach § 31 Abs. 1 Ziffer 3 SGB VI.
8. Anträge auf stationäre Rehabilitation für Kinder und Jugendliche nach § 31 Abs. 1 Ziffer 4 SGB VI.
9. Anträge auf Leistungen zur Teilhabe nach § 51 Abs. 1 SGB V.

10. Anträge auf Prüfung einer möglichen verminderten Erwerbsfähigkeit (bei Minderung der Leistungsfähigkeit) nach § 125 SGB III.
11. Prüfung der Umdeutung eines Reha-Antrags in einen Rentenantrag nach § 116 SGB VI.
12. Anträge auf Waisenrente bei Behinderung (§ 48 SGB VI).
13. Anträge auf Sozialleistungen gemäß zwischenstaatlicher Regelungen.
14. Anträge auf Leistungen nach dem Gesetz über eine bedarfsorientierte Grundsicherung im Alter und bei Erwerbsminderung (§ 45 SGB XII)
15. Anträge auf Leistungen zur Grundsicherung für Arbeitsuchende (§ 8 SGB II).

Die unterschiedlichen Aufgaben von Gutachter und Verwaltung sind in den Auslegungsgrundsätzen des VDR [59] näher erläutert (siehe auch ▶ Kap. 1):

»Das Vorliegen von Krankheit und Behinderung sowie deren aktuelle und zu erwartende Auswirkungen auf die Leistungsfähigkeit des Versicherten im Erwerbsleben sind Gegenstand ärztlicher/sozialmedizinischer Feststellungen und Beurteilungen unter Berücksichtigung aller im Einzelfall relevanter Aspekte.

Die Entscheidung, ob eine erhebliche Gefährdung oder bereits eine Minderung der Erwerbsfähigkeit vorliegt und auch die anderen Leistungsvoraussetzungen erfüllt sind, trifft auf der Grundlage der ärztlichen Angaben die Verwaltung.«

Diese Unterscheidung differenziert die grundsätzliche Aufgabenteilung zwischen Ärzten und Verwaltung. Die zentrale Fragestellung an den Arzt ist mit der Beurteilung der **Leistungsfähigkeit** des Versicherten im Erwerbsleben verknüpft, während die Verwaltung den entscheidungsrelevanten Bezug zur **Erwerbsfähigkeit** des Versicherten und daraus resultierenden Leistungsansprüchen herstellt.

5.1.1 Grundsätzliche Fragen

▪ **Vor der Begutachtung**
Kann das Gutachten zeitgerecht erstellt werden? Insbesondere wegen der Fristsetzungen durch das SGB IX, wonach das ärztliche Gutachten bei Anträgen zur Teilhabe innerhalb von zwei Wochen zu erstellen ist, kommt dieser Frage große Bedeutung zu. Kann das Gutachten nicht zeitgerecht erstellt werden, muss der Auftrag ggf. zurückgegeben werden.

Gibt es andere Gründe, den Gutachtenauftrag abzulehnen bzw. zurückzugeben? Auch für die ärztliche Begutachtung im Verwaltungsverfahren der GRV sind die für die Sozialgerichte entsprechend §§ 407 und 407a der Zivil-

prozessordnung (ZPO) definierten Pflichten eines Sachverständigen von Bedeutung, wonach der Sachverständige unverzüglich prüfen muss, ob die eigene Fachkompetenz für die Erfüllung des Auftrages ausreicht. Sollte die Fachkompetenz nicht gegeben sein und erscheint eine Begutachtung auf einem anderen Fachgebiet vorrangig, muss der Vorgang an den Auftraggeber zurückgesandt werden. Ein persönlich gebundener Auftrag darf nicht ohne Zustimmung des Versicherungsträgers weitergeleitet werden [4].

Der Gutachtenauftrag sollte ebenso zurückgegeben werden, wenn der zu Untersuchende ein Patient des Gutachters ist, dies in den zurückliegenden zwei Jahren war oder wenn er mit ihm verwandt oder verschwägert ist. Zudem wird es im Einzelfall Konstellationen geben, in denen die Bedingungen einer objektiven Untersuchung aufgrund von Befangenheit nicht gewährleistet sind [51].

Ein schützenswertes Arzt-Patienten-Verhältnis (Vertrauensverhältnis) existiert bei der gutachterlichen Untersuchung zwar nicht [50]. Trotzdem ist eine grundsätzliche Vertrauensbasis zwischen Gutachter und Proband von besonderer Bedeutung [31]. Fordert ein Proband die Anwesenheit einer Begleitperson bzw. eines Beistandes bei der Begutachtung, ist dies möglicherweise durch ein Misstrauen gegen die Objektivität und/oder die Fachkompetenz des Sachverständigen begründet. Auch wenn es wohl einen grundsätzlichen Anspruch des Beteiligten gibt, sich bei der gutachterlichen Untersuchung durch einen Beistand begleiten zu lassen ([14, 50]), kann es für den Gutachter Gründe geben, die Begutachtung unter diesen Bedingungen abzulehnen.

Vor allem bei der Begutachtung von Menschen mit psychischen und psychosomatischen Störungen/Erkrankungen – aber nicht nur dort – kann die Gegenwart einer dritten Person, sei es eines Familienmitgliedes oder eines »Zeugen«, dazu führen, dass die Sachaufklärung unvollständig bleibt und das Gutachtenergebnis in nicht sachgerechter Weise beeinflusst wird [31].

Die Anwesenheit eines Beistands kann rechtlich »untunlich« sein (z.B. wenn die erforderliche Tatsachenfeststellung erschwert oder sonst der Aufklärung des Sachverhaltes abträglich ist); sie kann »unzumutbar« sein (z.B. wenn zu befürchten ist, dass der Beistand die Untersuchung behindert, indem er versucht, den Sachverständigen in Streitgespräche zu verwickeln oder die Untersuchung zu manipulieren). Die Anwesenheit eines Beistands kann »überflüssig« sein (z.B. wenn es um eine rein apparategestützte Tatsachenfeststellung geht, etwa bei Röntgen- oder Laboruntersuchungen). Der Beistand kann zuhören, zusehen, mitschreiben, aber nicht fotografieren oder Tonbandaufzeichnungen machen. Die berechtigten Interessen des Versicherten sind gegenüber dem Ziel der vom Gutachter vorzunehmenden Sachaufklärung abzuwägen. Einem diffusen Misstrauen gegen die Unparteilichkeit des Sachverständigen kann vielleicht erfolgreich begegnet werden, in dem der Sachverständige über den Ablauf der Untersuchung informiert und ggf. ein Dreiergespräch nach Beendigung der Begutachtung anbietet [50].

Liegen alle für die Begutachtung relevanten Unterlagen vor? Der Gutachter hat Anspruch darauf, dass ihm vorhandene medizinische Unterlagen vor der Erstellung des Gutachtens übermittelt werden. Sind zuvor noch bestimmte Sachverhalte zu klären, ist eine umgehende Rücksprache mit dem Auftraggeber notwendig.

■ **Bei der Begutachtung**

Neben Datum und Uhrzeit sollte bei der Begutachtung schriftlich fixiert werden, ob die Identität des zu Untersuchenden anhand eines offiziellen Dokuments festgestellt wurde. Das Gutachten selbst ist Ergebnis und Dokumentation der Begutachtung. Dabei sind in Abhängigkeit vom Gutachtenauftrag und ggf. verwendeten Formularen meist weitere Sachverhalte zu dokumentieren bzw. spezielle Fragen zu beantworten, wie z. B. im Formularsatz des ärztlichen Gutachtens für die GRV:

- Besteht Arbeitsunfähigkeit? Seit wann? Aufgrund welcher Erkrankung?
- Wird an einem Disease-Management-Programm (DMP) oder an integrierter Versorgung (IV) teilgenommen?
- Wer sind die behandelnden Ärzte? Welche Fachrichtung?
- Können bei Vorliegen einer psychischen Krankheit oder einer geistigen oder seelischen Behinderung die Angelegenheiten noch selbst besorgt werden?
- War für die Fahrt zur Untersuchung eine Begleitperson erforderlich?
- Sind die ggf. festgestellten Gesundheitsschäden bzw. die Leistungsminderung (vermutlich) verursacht durch Arbeitsunfall, Berufskrankheit, Wehrdienstbeschädigung, Fremdverschulden (z. B. Unfall, gemäß Opferentschädigungsgesetz)?

Die entscheidende Frage nach der Leistungsfähigkeit des Versicherten im Erwerbsleben und deren Beeinflussung oder Bedrohung durch Krankheit oder Behinderung muss durch den ärztlichen Gutachter sowohl im Formular als auch im freien Text ausführlich beantwortet werden. Die Begutachtung für die GRV erfolgt nach finalen Gesichtspunkten, d. h. die sozialmedizinische Beurteilung orientiert sich primär am Endzustand und erfolgt unabhängig von den Ursachen dafür. Von diesem Prinzip wird nur bei der Frage nach eventueller Verursachung einer Leistungs-

minderung durch Arbeitsunfälle etc. wegen möglicher Regressforderungen abgewichen.

Nicht die Diagnostik von Krankheit und/oder Behinderung steht im Mittelpunkt der Begutachtung, sondern das Herausarbeiten der Beeinträchtigung von Körperstrukturen und -funktionen und der damit verbundenen Beeinträchtigungen von Aktivitäten und Teilhabe sowie deren sozialmedizinische Bewertung (gemäß SGB VI und SGB IX). Die Internationale Klassifikation der Funktionsfähigkeit, Behinderung und Gesundheit (ICF) kann dabei als Basis für eine »gemeinsame Sprache« für die Beschreibung der funktionalen Gesundheit genutzt werden (vgl. ▶ Kap. 4.2).

Die Beziehung zwischen der Schädigung bzw. Beeinträchtigung von Körperstrukturen und -funktionen ist ebenso plausibel abzuleiten wie die Wechselwirkung zur Aktivitätsebene.

- Welche Schädigungen von Körperstrukturen liegen vor?
- Welche Körperfunktionen sind beeinträchtigt?
- Welche Beeinträchtigungen von Aktivitäten und Teilhabe liegen vor?
- Lassen sich die Beeinträchtigungen von Aktivitäten und Teilhabe aus den Schädigungen der Körperstrukturen und -funktionen ableiten?
- Welche Kontextfaktoren (personbezogen, Umweltfaktoren) sind zu berücksichtigen?
- Welche Einflüsse haben die Beeinträchtigungen der Aktivitäten speziell auf die Teilhabe am Arbeitsleben?

Es handelt sich bei diesen Ableitungen nicht um eine völlig neue Betrachtungsweise in der sozialmedizinischen Begutachtung, jedoch stellt sie in ihrer systematischen Erhebung einen neuen geforderten Standard dar und erzwingt den Umgang mit neuen Begrifflichkeiten. Die Besonderheiten und Einschränkungen im Zusammenhang mit der sozialmedizinischen Begutachtung sind in ▶ Abschn. 4.2.6 trägerübergreifend dargestellt.

Eines macht die Betrachtungsweise der ICF auch für die sozialmedizinische Begutachtung deutlich: Nachvollziehbar und plausibel wird eine sozialmedizinische Beurteilung nur durch eine folgerichtige Verknüpfung von

- Anamnese und Befund,
- Anamnese, Befund und Diagnosen,
- Anamnese, Befund, Diagnosen und Epikrise,
- Anamnese, Befund, Diagnosen, Epikrise und sozialmedizinischer Beurteilung der Leistungsfähigkeit.

Ein übersichtlicher Aufbau des Gutachtens, eine klare Ausdrucksweise und eine auch für Nicht-Mediziner verständliche Sprache sowie die Verwendung der Begrifflichkeiten der ICF (soweit passend) fördern nicht nur die Brauchbarkeit für den Auftraggeber, sondern auch die

Transparenz für alle anderen in Frage kommenden Nutzer (z. B. Versicherte, Sozialgerichte, andere Sozialleistungsträger).

- **Die zuletzt ausgeübte Tätigkeit und die üblichen Bedingungen des Arbeitsmarktes**

Die sozialmedizinische Beurteilung der Leistungsfähigkeit im Erwerbsleben ergibt sich aus dem qualitativen und quantitativen Leistungsvermögen. Der ärztliche Gutachter muss mit Hilfe von Anamnese, körperlicher Untersuchung, Vorbefunden und ggf. Ergebnissen medizinisch-technischer Untersuchungen feststellen, ob und in welchem Umfang Fähigkeitsstörungen vorhanden sind und welche Beeinträchtigungen von Aktivitäten und Teilhabe (am Erwerbsleben) daraus resultieren, das verbleibende Potential an Fähigkeiten beschreiben und es in den gesetzlich vorgegebenen zeitlichen Rahmen eingliedern.

Das individuelle Fähigkeitsprofil des Untersuchten muss zunächst mit den Anforderungen der zuletzt ausgeübten Tätigkeit abgeglichen werden. Dies setzt voraus, dass der ärztliche Gutachter im Rahmen der Berufsanamnese die bei dieser Tätigkeit anfallenden Belastungen möglichst genau erfragt hat. Nur dann kann er die Frage beantworten, ob das festgestellte qualitative Leistungsvermögen noch mit dem speziellen Anforderungsprofil der letzten maßgeblichen Tätigkeit in Einklang zu bringen ist, ob und ggf. unter welchen Bedingungen der Untersuchte an seinen alten Arbeitsplatz zurückkehren kann, ob eine stufenweise Wiedereingliederung oder z. B. eine Leistung zur Teilhabe am Arbeitsleben erforderlich sind oder ob die letzte Tätigkeit eventuell nur noch zeitlich reduziert ausgeübt werden kann. Zu berücksichtigen sind nur solche Tätigkeiten, die versicherungspflichtig und nicht nur vorübergehend ausgeübt wurden.

Anschließend muss der zeitliche Umfang bestimmt werden, in dem eine Tätigkeit entsprechend dem positiven und negativen Leistungsvermögen – d. h. ohne Bezug zu einem konkreten Arbeitsplatz – ausgeübt werden kann (allgemeiner Arbeitsmarkt ▶ Kap. 1.2). Ob dieses beschriebene Leistungsvermögen den üblichen Bedingungen des allgemeinen Arbeitsmarktes entspricht oder bereits die Voraussetzungen für eine Rentenleistung erfüllt sind, unterliegt abschließend einer Prüfung durch die Verwaltung, ggf. unter Einbeziehung des berufskundlichen Dienstes (siehe auch ▶ Kap. 3.2).

5.1.2 Fragen an den Gutachter bei Anträgen auf Erwerbsminderungsrente

Da die rechtliche Grundlage für eine Rente wegen Erwerbsminderung eine qualitative und/oder quantitative Einschränkung der Leistungsfähigkeit ist, beziehen sich die Fragen der Verwaltung an den medizinischen Sachverständigen auf folgende Aspekte:

- Welches Leistungsvermögen liegt in qualitativer Hinsicht vor?
- Ist bei dem Versicherten die Leistungsfähigkeit im Erwerbsleben quantitativ gemindert
  - bezogen auf das positive und negative Leistungsvermögen?
  - bezogen auf die zuletzt ausgeübte Tätigkeit?
  - Seit wann bestehen diese Einschränkungen der Leistungsfähigkeit?
- Ist eine Besserung des Leistungsvermögens unwahrscheinlich?
- Sofern eine Besserung innerhalb eines 3-Jahreszeitraumes möglich scheint: Sind genauere Angaben über die zu erwartende Dauer der Einschränkung der Leistungsfähigkeit möglich?
- Kann die Leistungsfähigkeit im Erwerbsleben voraussichtlich durch Leistungen zur Teilhabe wesentlich gebessert oder eine Verschlechterung verhindert werden?
- Gibt es Hinweise auf Schadensfälle/Unfälle, die eine rentenrelevante Leistungsminderung (mit)verursacht haben und damit einen möglichen Regressanspruch des Rentenversicherungsträgers auslösen könnten?

Das **positive Leistungsvermögen** beschreibt die Fähigkeiten, über die der Versicherte unter Berücksichtigung der festgestellten Funktionseinbußen noch verfügt, dies im Hinblick auf die zumutbare körperliche Arbeitsschwere, die Arbeitshaltung und die Arbeitsorganisation.

Das **negative Leistungsvermögen** umfasst die qualitativen Einschränkungen, d. h. alle Fähigkeiten, die insbesondere an einem Arbeitsplatz aufgrund der festgestellten Funktionseinbußen nicht mehr abgefordert werden können, oder auch Kontextfaktoren (z. B. Bedingungen am Arbeitsplatz), die krankheits- oder behinderungsbedingt nicht mehr zumutbar sind.

Positive wie negative Leistungsmerkmale müssen sich aus dem festgestellten Krankheitsbild und den dokumentierten Beeinträchtigungen von Körperstrukturen und -funktionen herleiten lassen. Diese Einschränkungen können sich auf den Bewegungs- und Halteapprat (z. B. Bücken, Hocken, Knien) und/oder auf Gefährdungs- und Belastungsfaktoren (z. B. Kälte, Nässe, Wärme/Hitze) beziehen, aber auch auf die geistig/psychische Belastbarkeit oder die Sinnesorgane. Es muss also stets auch (je nach

Fachgebiet zumindest orientierend) dargelegt werden, ob die geistige Leistungsfähigkeit eingeschränkt ist oder psychische Auffälligkeiten vorliegen. Zur geistigen Beanspruchung gehören u. a. auch das Arbeiten unter besonderer Konzentration (z. B. an Steuer- und Sichtgeräten), ferner die Verantwortung für andere Personen oder Arbeitserfolge. Weiterhin sollten die Ergebnisse von orientierenden Untersuchungen der Sinnesorgane berücksichtigt werden. Der Hinweis auf eine Schwerhörigkeit z. B. kann die qualitative Einschränkung »keine Tätigkeit unter Lärmbelastung« nach sich ziehen.

Auf der Grundlage der qualitativen Beurteilung der Leistungsfähigkeit ist dann eine Aussage dazu erforderlich, in welchem zeitlichen Umfang täglich gearbeitet werden kann. Es geht dabei nicht um kurzfristig mögliche Spitzenleistungen, sondern um die täglich regelmäßig zu erbringende Ausdauerleistungsfähigkeit. Der Gesetzgeber gibt dafür seit 01.01.2001 eine dreigeteilte Zeitschiene vor mit den Kategorien »6 Stunden und mehr«, »3 bis unter 6 Stunden« und »weniger als 3 Stunden«.

Dass einzelne Fähigkeiten nur zeitweise bzw. in zeitlich begrenztem Umfang abgefordert werden können, muss sich nicht negativ auf das quantitative Leistungsvermögen auswirken. Wegen einer Kniegelenksschädigung können z. B. verschiedene Funktionen/Aktivitäten nur kurzfristig/ weniger häufig (Dauer/Frequenz) oder gar nicht möglich sein (Hinknien, in der Hocke arbeiten, Treppensteigen). Wenn dies beim positiven und negativen Leistungsvermögen korrekt beschrieben und berücksichtigt wurde, erwächst allein daraus keine zeitliche Leistungsminderung.

Andererseits können einzelne qualitative Einschränkungen der Leistungsfähigkeit oder deren Kombination so gravierend sein, dass sie zu einem zeitlich geminderten oder ganz erloschenen Leistungsvermögen führen. Dies ergibt sich aber nicht einfach aus einer »Theorie des überlaufenden Fasses« durch die Anzahl der Einschränkungen, sondern u. U. aus der zentralen Bedeutung einer einzelnen Einschränkung. Dazu gehört beispielsweise die Fähigkeit, einen Arbeitsplatz aufsuchen zu können. Ein Versicherter mag theoretisch in der Lage sein, eine körperlich leichte Tätigkeit überwiegend im Sitzen auszuüben. Ist es ihm aber wegen einer erheblichen Gehbehinderung nicht möglich, einen so gearteten Arbeitsplatz unter Bedingungen zu erreichen, die im Begriff der Wegefähigkeit (siehe auch ▶ Kap. 1.2) definiert sind, wird er »im Ergebnis« als voll erwerbsgemindert einzustufen sein.

Solange wesentliche Funktionseinschränkungen kompensiert werden können – eigenständig durch Training oder durch personbezogene oder Umweltfaktoren – muss keine relevante Einschränkung des quantitativen Leistungsvermögens vorliegen. Jede rehabilitative Hilfsmöglichkeit, die geeignet ist, Beeinträchtigungen der Erwerbsfähigkeit oder das vorzeitige Ausscheiden aus dem Erwerbsleben zu verhindern, ist in diesem Sinne gleichzeitig mit zu prüfen und zu nutzen. Das verlangt die gesetzliche Vorrangstellung von Leistungen zur medizinischen Rehabilitation und/oder Teilhabe am Arbeitsleben vor einer Rentenleistung (§ 9 SGB VI und § 8 SGB IX).

Sollte die Ausdauerfähigkeit für körperlich schwere oder auch mittelschwere Arbeit z. B. auf 3 bis unter 6 Stunden herabgesetzt sein, resultiert daraus keine quantitative Leistungsminderung, wenn körperlich leichte Tätigkeiten noch 6 Stunden und mehr erbracht werden können. Erst wenn auch körperlich leichte Tätigkeiten nicht mehr in diesem zeitlichen Umfang möglich sind, schlägt die qualitative Leistungsminderung in eine quantitative um. Einschränkungen der Konzentrationsfähigkeit und Aufmerksamkeit können zu einer quantitativen Leistungsminderung führen. Bei einer deutlichen Beeinträchtigung des Antriebs oder einer Störung des Zeitgitters (z. B. bei einem hirnorganischen Psychosyndrom) kann das quantitative Leistungsvermögen auch ganz erloschen sein.

Die qualitative und quantitative Beurteilung der Leistungsfähigkeit setzt eine abwägende Einschätzung voraus, welche sich aus dem klinischen Gesamtbild ergeben und nachvollziehbar begründet sein muss.

▪ Die Zeitgrenzen

Wie sind die aktuellen Zeitgrenzen bei der quantitativen Beurteilung der Leistungsfähigkeit zu verstehen? Nach dem Recht bis 31.12.2000 war der zeitliche Umfang, in dem eine Tätigkeit ausgeführt werden konnte, durch die Begriffe »vollschichtig«, »halb- bis unter vollschichtig«, »unter halbschichtig bis zwei Stunden« und »weniger als zwei Stunden« (sog. aufgehobenes Leistungsvermögen) geregelt. Diese zeitlichen Abstufungen haben für Bestandsrenten weiterhin Gültigkeit. Mit dem Recht ab 01.01.2001 wurden die aktuell geltenden Zeitbereiche »6 Stunden und mehr«, »3 bis unter 6 Stunden« und »unter 3 Stunden« eingeführt, die im SGB gleichermaßen in den Büchern II, III, VI und XII Anwendung finden.

Der Anspruch auf eine (teilweise) Erwerbsminderungsrente entsteht erst bei einem Leistungsvermögen von unter sechs Stunden. Damit führt nicht jede objektivierbare Funktionsstörung zum Rentenanspruch. Erst bei einer wesentlichen Minderung der Leistungsfähigkeit besteht eine rechtserhebliche Erwerbsminderung.

Da die früher unscharfen Begriffe durch genaue Zeitgrenzen ersetzt wurden, entsteht leicht der Eindruck, dass man jetzt die quantitative Leistungsfähigkeit eines Versicherten auch stunden- oder gar minutengenau angeben müsse. Dies ist jedoch weder möglich noch nötig.

Der Mensch ist als biologisches Wesen naturgemäß Schwankungen in seiner Leistungsfähigkeit unterworfen, dies gilt vor allem für die Ausdauerleistung. Bei allen Funktionen des menschlichen Körpers kann ein rhythmischer Wechsel zwischen Kräfteverbrauch und Kräfterestauration bzw. Arbeit und Erholung festgestellt werden [30]. Aber auch der Trainingszustand und insbesondere die Motivation sind wichtige, oft sogar die wichtigsten Parameter für die realisierte Ausdauerleistung. Bei der Beurteilung der Leistungsfähigkeit sind die diesbezüglichen Entwicklungsmöglichkeiten, insbesondere die rehabilitativen, entsprechend zu beachten. Kleinere Schwankungen, etwa in der Dimension der persönlichen Verteilzeit oder etwas darüber hinaus, sind – in Bezug auf Phasen etwas ungünstigerer Belastbarkeit – meist durch zumutbare Anstrengung kompensierbar. Dabei müssen ggf. vorhandene Gefährdungs- und Belastungsfaktoren angemessen berücksichtigt werden.

Die Beurteilung der Leistungsfähigkeit im Erwerbsleben erfolgt unter Beachtung der qualitativen Einschränkungen sowie der beruflichen Belastungsfaktoren. Grundsätzlich orientiert sich die Beurteilung nicht an seltenen Spitzenleistungen, sondern an der zumutbaren durchschnittlichen beruflichen Belastbarkeit. Diese kann neben den objektivierten Beeinträchtigungen von Körperstrukturen und -funktionen auch abhängig von Tagesschwankungen, Trainingszustand und Motivation sein.

Besserungsmöglichkeiten durch Teilhabeleistungen sollten gerade in diesen Fällen geprüft werden. Vom Gutachter wird eine sachgerecht begründete Einschätzung der zeitlichen (Dauer-)Belastbarkeit unter Berücksichtigung des positiven und negativen Leistungsvermögens allgemein sowie für die zuletzt ausgeübte Tätigkeit erwartet. Dabei sollte er keine exakten Zeiten angeben, sondern sich auf die verlangten Stundenbereiche beschränken.

■ Beurteilung der Dauer einer Leistungsminderung

Nach dem Recht bis 31.12.2000 wurden Berufs- und Erwerbsunfähigkeitsrenten nur dann befristet, wenn begründete Aussicht bestand, dass die Minderung der Erwerbsfähigkeit in »absehbarer« Zeit behoben werden konnte.

Dabei musste es nach gutachterlicher Einschätzung wahrscheinlich sein, dass die Minderung der Erwerbsfähigkeit in »absehbarer Zeit« (Zeitraum von maximal drei Jahren) behoben sein konnte. Als wahrscheinlich war die Möglichkeit anzusehen, der nach sachgerechter und vernünftiger Abwägung aller wesentlichen Umstände gegenüber jeder anderen Möglichkeit ein deutliches Übergewicht zukam. Die einfache Möglichkeit einer Besserung oder Heilung des Gesundheitszustandes genügte hier nicht.

Mit der Neuregelung der Renten wegen verminderter Erwerbsfähigkeit ab 01.01.2001 wurde das Regel-Ausnahme-Prinzip umgekehrt. Jetzt werden Renten wegen Erwerbsminderung grundsätzlich befristet, also auf Zeit geleistet. Eine unbefristete Rente kommt jetzt nur dann

in Frage, wenn unwahrscheinlich ist, dass die Minderung der Erwerbsfähigkeit behoben werden kann. Hiervon ist auch nach einer Gesamtdauer der Befristung von neun Jahren auszugehen (§ 102 Abs. 2 SGB VI).

Die darauf aufbauende Frage nach der Prognose lässt sich nur beantworten unter Berücksichtigung des zu erwartenden Verlaufs der vorliegenden Krankheit oder der Krankheitsfolgen unter adäquater Behandlung, z. B. durch eine entsprechende Medikation, Operation, Rehabilitation, Übungs- und Trainingseffekte und der Berücksichtigung vorhandener und noch herbeizuführender Kontextfaktoren im beruflichen oder privaten Bereich. Erst wenn der festgestellte Zustand/Prozess unumkehrbar und nicht kompensierbar ist, kann auf eine zeitliche Befristung verzichtet werden.

Zu prospektiven Aussagen wird der Gutachter sowohl im Bereich des Renten- als auch des Reha-Verfahrens aufgefordert, allerdings mit jeweils unterschiedlichem Blickwinkel. Im Rentenverfahren geht es um die Einschätzung, was als **un**wahrscheinlich anzusehen ist, im Reha-Verfahren möchte man eine Aussage zum wahrscheinlichen (voraussichtlichen) Reha-Ergebnis haben.

Erklärungsbedürftig ist die Bedeutung von »unwahrscheinlich« im Zusammenhang mit § 102 SGB VI.

»Unwahrscheinlich« erklärt sich leider nicht einfach als das Gegenteil von »wahrscheinlich«, und »wahrscheinlich« ist wiederum nicht eindeutig definiert bzw. abhängig vom Kontext der Verwendung. Sehr gerne wird auf die Philosophie verwiesen: nach KANT bedeutet Wahrscheinlichkeit »das Fürwahrhalten aus unzureichenden Gründen, die aber zu den zureichenden ein größeres Verhältnis haben, als die Gründe für das Gegenteil«. Dies mag in vielen Fällen bei nur zwei alternativen Möglichkeiten (z. B. ja – nein) noch eine hilfreiche Erklärung sein. In diesem Sinne wird in den »Auslegungsgrundsätzen der Rentenversicherungsträger zu den persönlichen und versicherungsrechtlichen Voraussetzungen der Rehabilitationsleistungen und zur Mitwirkung der Versicherten« der Begriff »voraussichtlich« als »der angestrebte Erfolg wird mit überwiegender Wahrscheinlichkeit eintreten« beschrieben.

An die Beurteilung des zum Zeitpunkt der Begutachtung vorliegenden Zustandes schließt sich eine Aussage über die zu erwartende Entwicklung an. Bei diesem sehr komplexen Vorgang wird akzeptiert, dass sich die sog. Wahrheit zwar nicht sicher aufdecken lässt, der Gutachter ihr jedoch sehr nahe kommt und seine Aussagen zur Prognose der Wahrheit ähnlich sind. Die Komplexität ergibt sich durch die große (individuelle) Variabilität von Krankheitsverläufen (therapiert oder auch nicht therapiert) und zahlreicher nicht durch Krankheit bedingter (persönlicher) Einflussgrößen, von denen hier beispielhaft nur die Motivation genannt werden soll.

Nach Auslegung der Deutschen Rentenversicherung ist die Unwahrscheinlichkeit der Besserung [61] dann anzunehmen, wenn

1. aus ärztlicher Sicht
2. bei Betrachtung des bisherigen Verlaufes
3. nach medizinischen Erkenntnissen
4. auch unter Berücksichtigung noch vorhandener therapeutischer Möglichkeiten
5. eine Besserung auszuschließen ist,
6. durch die sich eine rentenrelevante Steigerung der qualitativen und/oder quantitativen Leistungsfähigkeit ergeben würde.

Diese sechs Punkte sind genauer zu betrachten:

Um die Bedeutung des »Ausschließens einer Besserung« (5) richtig einzuschätzen, sind die zuvor aufgeführten Rahmenbedingungen zu beachten. Der Anfang des Bedingungssatzes »aus ärztlicher Sicht« (1) weist auf die Person des Arztes hin, die zu einer eigenen/persönlichen Überzeugung kommt, was also (akzeptierte) Subjektivität bedeutet. Die zweite Eingangsbedingung – »bei Betrachtung des bisherigen Verlaufes« (2) – kennzeichnet die empirische Basis eines individuellen Geschehens. Der Ausdruck »nach medizinischen Erkenntnissen« (3) führt auf die wissenschaftliche Grundlage (Evidence based Medicine) der gutachterlichen Betrachtung/Bewertung zurück, die kein Willkürakt sein darf. Die weitere Rahmenbedingung »auch unter Berücksichtigung noch vorhandener therapeutischer Möglichkeiten« (4) lässt den Gutachter auch das noch vorhandene Potential therapeutischer Interventionsmöglichkeiten beachten. Wer z. B. aus persönlichen Gründen eine mögliche, die Leistungsfähigkeit vermutlich deutlich verbessernde Operation jetzt ablehnt, kann seine Meinung später eventuell ändern. Der letzte o. a. Satzteil (6) kennzeichnet einen logischerweise selbstverständlichen Umstand: Auf der jeweils ausschlaggebenden Ebene der quantitativen oder qualitativen Leistungsfähigkeit darf die mögliche Besserung nicht marginal sein, sondern muss prinzipiell »rentenrelevant« sein, so dass sie die medizinische Basis für eine Änderung der Entscheidung im Verwaltungsverfahren darstellen kann.

Bei allen Erkrankungen, die einen unsicheren Spontanverlauf (mit Besserungsmöglichkeit) beinhalten, muss für eine individuelle Prognose des Begutachteten aus der Kenntnis der Verläufe einer großen Zahl von ähnlichen Krankheitsfällen auf den Einzelfall (rück)geschlossen werden.

Ist der mögliche Verlauf unklar, ungewiss oder auch wegen fehlender Informationen nicht beurteilbar, ist die infrage kommende Besserung (im Zweifelsfall) im o. g. Sinne nicht unwahrscheinlich.

Zeitrenten können theoretisch auch für den Zeitraum bis zum Abschluss einer Rehabilitationsleistung bewilligt werden, wenn eine bestehende Erwerbsminderung durch Leistungen zur medizinischen oder beruflichen Rehabilitation voraussichtlich zu beheben ist.

Nach einer Gesamtdauer der vorangegangenen Befristungen von neun Jahren ist davon auszugehen, dass nunmehr eine Besserung unwahrscheinlich ist. Die Rente ist dann unbefristet, also auf Dauer zuzuerkennen.

Krankheiten, die bei ausgeschöpfter Therapie typischerweise eine dauerhafte Einschränkung der Leistungsfähigkeit verursachen, sind beispielsweise eine ausgeprägte globale pulmonale Insuffizienz bei einer chronisch obstruktiven Lungenerkrankung oder irreversible gravierende neurologische Defizite nach zerebralen Blutungen, zerebraler Mangeldurchblutung bei Schlaganfall oder nach Schädel-Hirn-Traumata, Residuen nach schweren Gehirninfektionen oder auch ein fortgeschrittener Morbus ALZHEIMER.

Ungeachtet der ärztlichen Beurteilung, ob eine dauernde oder vorübergehende Erwerbsminderung vorliegt, wird die volle Erwerbsminderungsrente stets auf Zeit geleistet, wenn – bei einem Leistungsvermögen von 3 bis unter 6 Stunden – der Anspruch auch von der Arbeitsmarktlage abhängig ist (§ 102 SGB VI).

5.1.3 Spezielle Fragen bei Anträgen auf Leistungen zur Teilhabe

Bei Anträgen auf Leistungen zur Teilhabe (Rehabilitation) hat der ärztliche Gutachter die Aufgabe, bei der Klärung der Frage mitzuwirken, ob die persönlichen/medizinischen Voraussetzungen für die beantragte Leistung erfüllt sind. Der Gutachter hat die Reha-Bedürftigkeit, die Reha-Fähigkeit und die positive Reha-Erfolgsprognose sozialmedizinisch zu prüfen. Dies sind die Kriterien der medizinischen Zugangsbedingungen. Sie ergeben sich aus der sozialmedizinischen Interpretation der gesetzlichen Vorgaben der §§ 9 und 10 des SGB VI und sind somit trägerspezifisch auszulegen (siehe Definitionen im ▶ Kap. 1).

Unter dem Aspekt des SGB IX (▶ Kap. 1.1) und unter Berücksichtigung der ICF (▶ Kap. 4.2) sollte eine »trägerübergreifende«, d. h. grundlegende Betrachtung bzw. Feststellung der **funktionalen Gesundheit** (bio-psychosoziales Modell der ICF) erfolgen (siehe auch ▶ Kap. 4.2).

Auf der Ebene der Bundesarbeitsgemeinschaft für Rehabilitation (BAR) wurde zwischen den gesetzlichen Reha-Trägern eine »Gemeinsame Empfehlung nach § 13 Abs. 1 i.V.m. § 13 Abs. 1 Nr. 4 SGB IX für die Durchführung von Begutachtungen möglichst nach einheitlichen Grundsätzen (Gemeinsame Empfehlung »Begutachtung«) vom 22.02.2004« vereinbart [7], um Gutachten für Leistungen zur Teilhabe so zu gestalten, dass die erhobenen Befunde und Beurteilungen möglichst auch bei der Prüfung der Voraussetzungen für Leistungen anderer Rehabilitationsträger verwendet werden können.

Im Rahmen der gutachterlichen Klärung der Notwendigkeit und der Zielsetzung einer Leistung zur Teilhabe sind u. a. folgende Kriterien sozialmedizinisch zu prüfen:

Rehabilitationsbedürftigkeit im trägerübergreifenden Sinn. Rehabilitationsbedürftigkeit ergibt sich aus einer gesundheitlich bedingten drohenden oder bereits manifesten Beeinträchtigung der Teilhabe, die über die kurative Versorgung hinaus den mehrdimensionalen und interdisziplinären Ansatz der Rehabilitation erforderlich macht. Dabei bezieht sich das gesundheitliche Problem auf die Schädigungen der Körperfunktionen und Körperstrukturen und die Beeinträchtigungen der Aktivitäten unter Berücksichtigung der Kontextfaktoren.

Rehabilitationsfähigkeit im trägerübergreifenden Sinn
Der Begriff der Rehabilitationsfähigkeit bezieht sich auf die somatische und psychische Verfassung des behinderten oder von Behinderung bedrohten Menschen (z. B. körperliche Belastbarkeit, Motivation bzw. Motivierbarkeit) und seine Belastbarkeit für die Inanspruchnahme einer geeigneten Leistung zur Teilhabe.

Rehabilitationsprognose im trägerübergreifenden Sinn. Die Rehabilitationsprognose ist eine sozialmedizinisch begründete Wahrscheinlichkeitsaussage für den Erfolg der Leistung zur Teilhabe auf der Basis

- der Erkrankung,
- des bisherigen Verlaufs,
- des Kompensationspotentials und
- der Rückbildungsfähigkeit unter Beachtung und Förderung individueller Ressourcen (Rehabilitationspotential einschließlich psychosozialer Faktoren).

Um eine Begriffsverwirrung zu vermeiden, sollten die bislang üblichen trägerspezifischen Begriffe – Reha-Bedürftigkeit, Reha-Fähigkeit, positive Reha-Erfolgsprognose und Reha-Motivation – möglichst nicht verändert werden, da sie für die Klärung der leistungsrechtlichen *Zuständigkeit* weiterhin ihre Gültigkeit haben. Auch vor Einführung des SGB IX war die tatsächliche Durchführung der Rehabilitation bzw. die Festlegung der Reha-Ziele auf dieser Ebene nicht grundsätzlich unterschiedlich bei den Reha-Trägern. Unter dem seit langem von allen Sozialleistungsträgern akzeptierten ganzheitlichen Ansatz der Rehabilitation nach dem bio-psycho-sozialen Modell der funktionalen Gesundheit gibt es nur Differenzierungen bei den Klientel-Zuständigkeiten, aber nicht bei dem vom SGB IX als »Reha-Bedarf« bezeichneten Reha-Inhalt und den individuellen Reha-Zielen.

- **Wann ergibt sich eine Zuständigkeit für die Deutsche Rentenversicherung?**

Für die GRV ist – für die Frage der Zuständigkeit – **Rehabilitationsbedürftigkeit** dann gegeben, wenn die Erwerbsfähigkeit des Versicherten aus medizinischen Gründen erheblich gefährdet oder gemindert ist. Dabei ergibt sich das Vorliegen von Rehabilitationsbedürftigkeit aus der zusammenfassenden Bewertung aller wesentlichen sozialmedizinischen Faktoren wie

- Funktionseinschränkungen,
- Fähigkeitsstörungen,
- Risikokonstellationen,
- Kombination von Gesundheitsstörungen bzw. Multimorbidität,
- bisheriger Therapie,
- Erfordernis der Koordination mehrerer Therapieformen,
- hohem Schulungsbedarf,
- Problemen bei der Krankheitsbewältigung.

Die **Rehabilitationsfähigkeit** bezieht sich auf die somatische und psychische Belastbarkeit des Versicherten für die Teilnahme an einer geeigneten Rehabilitation, d. h. er muss in der Lage sein, das Angebot aktiver und passiver therapeutischer Leistungen wahrnehmen zu können. Dabei gilt grundsätzlich, dass der Rehabilitand mit öffentlichen Verkehrsmitteln allein reisefähig sein soll. Falls im Einzelfall notwendig, besteht aber die Möglichkeit, mit Hilfe einer Begleitperson oder auch durch eine Pkw-Verwendung den Rehabilitationsort zu erreichen. Der Rehabilitand muss sich zudem innerhalb der Rehabilitationseinrichtung selbst versorgen können, darf also nicht pflegebedürftig sein. Allerdings gilt es dabei natürlich indikationsbezogen Besonderheiten angemessen zu berücksichtigen.

Die im § 10 des SGB VI geforderte zweite, konjunktionale Bedingung der voraussichtlichen Wirkung dieser Reha-Leistungen wird als **positive Reha-Erfolgsprognose** bezeichnet. Wie bereits erwähnt, soll hier eine prospektive Aussage getroffen werden, die sich am allgemeinen Reha-Erfolg orientiert, somit am Erreichen des trägerspezifischen Reha-Ziels. Die individuellen Reha-Ziele können, je nach gegebener Voraussetzung, dabei sehr unterschiedlich sein.

Bei erheblicher Gefährdung der Erwerbsfähigkeit soll deren Minderung voraussichtlich abgewendet werden können. Dabei wird nicht vorausgesetzt, dass die als Gefahr gesehene Minderung der Erwerbsfähigkeit zu einem tatsächlichen Rentenanspruch führen können müsste.

Bei bereits geminderter Erwerbsfähigkeit soll diese voraussichtlich wesentlich gebessert oder wiederhergestellt oder eine wesentliche Verschlechterung abgewendet werden können.

Und letztlich soll bei teilweiser Erwerbsminderung ohne Aussicht auf eine wesentliche Besserung der Erwerbsfähigkeit der Arbeitsplatz durch Leistungen zur Teilhabe am Arbeitsleben (LTA = berufsfördernde Leistungen) voraussichtlich erhalten werden können.

Unter Berücksichtigung der »Auslegungsgrundsätze der Rentenversicherungsträger« heißt das, dass die Stabilisierung des Leistungsvermögens im Erwerbsleben, letztendlich die Vermeidung oder zumindest das Hinausschieben einer teilweisen oder vollen Erwerbsminderungsrente mit überwiegender Wahrscheinlichkeit erreicht werden sollte. Dies bedeutet schließlich, dass funktionelle Beeinträchtigungen, die einem rehabilitativen Behandlungsansatz gar nicht zugänglich oder so gravierend sind; dass das Rehabilitationsziel der GRV nicht erreicht werden kann, eine Rehabilitation zu Lasten der Rentenversicherung ausschließen. In diesem Fall kann ein Antrag des Versicherten auf Leistungen zur Teilhabe vom Rentenversicherungsträger in einen Antrag auf Erwerbsminderungsrente »umgedeutet« werden (§ 116 Abs. 2 Nr. 1 SGB VI). Soweit Reha-Ziele anderer Sozialleistungsträger der medizinischen Rehabilitation (Leistungen zur Teilhabe) noch erreichbar sind, insbesondere der Krankenversicherung, ergibt sich deren leistungsrechtliche Zuständigkeit aus den für sie geltenden gesetzlichen Bestimmungen. Eine Rehabilitation mit dem Ziel der Vermeidung einer Pflegebedürftigkeit oder zur Besserung des Gesundheitszustandes kann z. B. stattdessen indiziert sein. Dieser Sachverhalt ist bei der Begutachtung entsprechend zu bewerten.

Die im SGB IX neu geregelte Zuständigkeitsklärung und die Leistungsverpflichtung des zweitangegangenen Leistungsträgers ist kein grundsätzlich gutachterliches Problem.

Natürlich beeinflusst die Motivation des Versicherten, das Angebot einer Rehabilitation für sich annehmen zu können (**Reha-Motivation**), die Prognose erheblich. Die Empfehlung von Reha-Leistungen im Rentenantragsverfahren muss begleitet sein von der expliziten Bereitschaft und erkennbaren Motivation des Versicherten, an einer Rehabilitation konstruktiv mitzuwirken. Aufgabe des Gutachters ist es deshalb auch, diese Umstände näher zu ergründen. Unter besonderen Umständen, z. B. bei Suchterkrankungen, kann der Aufbau von Motivation auch ein Teilziel der Rehabilitation sein.

In Einzelfällen kann sich die Frage ergeben, ob für die Durchführung von Leistungen zur Teilhabe die Anwesenheit einer Begleitperson notwendig ist. Dies ist nicht nur häufig bei der Rehabilitation von Kindern und Jugendlichen zu prüfen (siehe ► Kap. 28), sondern kann vereinzelt auch bei Erwachsenen zu klären sein. In beiden Fällen ergibt sich die Notwendigkeit einer Einzelfallprüfung, ob anderenfalls die Durchführung der Rehabilitation unmöglich, die Erfolgsaussicht gemindert oder der dauerhafte Reha-Erfolg gefährdet ist. In diesem Sinne müssen also medizinische Gründe für die Notwendigkeit einer Begleitperson sprechen.

■ Gibt es medizinisch begründete Empfehlungen zur Reha-Gestaltung und Zuweisungssteuerung?

Um die Rehabilitation optimal zu gestalten, sind unter Berücksichtigung der Einzelfallgestaltung vom Rentenversicherungsträger u. a. Festlegungen zu treffen über Art, Dauer, Umfang und Ort der Rehabilitation. An dieser Stelle ist zur Information insbesondere auf das Reha-Rahmenkonzept der GRV zu verweisen [48], das eine allgemeine Übersicht bietet, und auf die indikationsspezifischen Reha-Rahmenkonzepte und Arbeitshilfen, die z. B. von der BAR (http://www.bar-frankfurt.de) zu beziehen sind.

Nach den gesetzlichen Vorschriften (§ 15 Abs. 3 SGB VI) sollen stationäre Leistungen zur medizinischen Rehabilitation für drei Wochen erbracht werden. Sie können für einen längeren Zeitraum erbracht werden, wenn dies erforderlich ist, um das Rehabilitationsziel zu erreichen.

Seit der sozialrechtlichen Gleichstellung der ambulanten Reha-Leistungsform werden von der GRV nicht nur stationäre Leistungen zur Teilhabe erbracht. Der Begriff »ambulante Rehabilitation« wird zur Bezeichnung der umfassenden nicht-stationären Rehabilitation verwendet. Zwar gibt es keine gesetzliche Vorrangigkeit von ambulanten vor stationären Reha-Leistungen wie bei der GKV (§ 40 SGB V), aber je nach Erfordernis und Möglichkeiten werden auch von der GRV ambulante Reha-Leistungen erbracht, die mittlerweile einen Anteil von insgesamt etwa 10 % ausmachen [16]. Dabei zeichnen sich vor allem der orthopädische und kardiologische Indikationsbereich durch innovative Konzepte und eine dynamische Entwicklung von Einrichtungen und Rehabilitandenzahlen aus. Auch im Bereich der Nachsorge werden die Vorteile der wohnortnahen Rehabilitation vielfach genutzt [42].

■ Dringlichkeit von Rehabilitationsleistungen

Zwar ist mit Inkrafttreten des SGB IX die Frage, wie dringlich eine Rehabilitationsleistung (Leistung zur Teilhabe) ist, in den Hintergrund getreten, da die vorgegebenen Fristen und Verfahren praktisch alle Fälle zu »Eilfällen« machen, jedoch ergibt sich immer noch eine tatsächliche Bedeutung im Zusammenhang mit dem Ausschluss von Leistungen nach § 12 Abs. 2 Satz 2 SGB VI. Danach werden Leistungen zur medizinischen Rehabilitation nicht vor Ablauf von vier Jahren nach Durchführung solcher oder ähnlicher Leistungen zur Rehabilitation erbracht, deren Kosten aufgrund öffentlich-rechtlicher Vorschriften getragen oder bezuschusst worden sind. Dies gilt nicht, wenn vorzeitige Leistungen aus gesundheitlichen Gründen dringend erforderlich sind.

Eine solche Vier-Jahresbefristung ist sozialmedizinisch kaum verständlich, da sie eine grundsätzliche zeitliche Regelhaftigkeit der Rehabilitation unterstellt. Gelegentlich werden diese gesetzgeberischen Vorgaben von Versicherten derart interpretiert, dass »Wiederholungsmaßnahmen« nach vier Jahren ein automatischer und sinnvoller Reha-Rhythmus seien und lediglich »vorzeitige« Leistungen »dringend« erforderlich sein müssten. Aber jede erforderliche Rehabilitation sollte nicht einfach regelhaft, sondern primär zu einem sinnvollen Zeitpunkt durchgeführt werden.

Was ist also dringend? Die Dringlichkeit beantwortet die Frage nach der spätesten zeitlichen Abfolge einer notwendigen rehabilitativen Intervention, bei der der Reha-Erfolg noch uneingeschränkt zu gewährleisten bzw. zu erwarten ist. Dringlichkeit bedeutet in diesem Sinne keine Wertigkeit, d. h. gibt keine Auskunft über die individuelle Bedeutung einer medizinischen Rehabilitation.

- **Leistungen zur Teilhabe am Arbeitsleben (LTA = berufliche Rehabilitation) nach §§ 16 ff. SGB VI in Verbindung mit §§ 33 bis 38 und 40 SBG IX**

Jeder Gutachter hat auch die Frage zu beantworten, ob Leistungen zur Teilhabe am Arbeitsleben zu prüfen sind. Hierzu zählen z. B.:

- Leistungen zur Erhaltung oder Erlangung eines Arbeitsplatzes (z. B. durch Hilfen zur Berufsausübung, Arbeitsassistenz, Mobilitätshilfen, Kraftfahrzeughilfen wie behindertengerechte Zusatzausstattung),
- Berufsvorbereitung,
- berufliche Bildung durch Qualifizierungsmaßnahmen wie berufliche Anpassung, Ausbildung oder Weiterbildung in einem Berufsförderungswerk oder einem Betrieb,
- Gründungszuschuss,
- Leistungen an Arbeitgeber wie Eingliederungszuschuss, Probebeschäftigung, Zuschuss für Arbeitshilfen im Betrieb,
- Leistungen in Werkstätten für behinderte Menschen.

Nicht selten ist die Sachaufklärung bei Anträgen auf Leistungen zur Teilhabe am Arbeitsleben über die rein medizinische Begutachtung hinaus um weitere Ermittlungen im Hinblick auf die Eignung (Kenntnisse und Fähigkeiten) sowie Neigungen des Versicherten zu ergänzen. Dies kann beispielsweise in Form einer Berufsfindung oder Arbeitserprobung in einem Berufsförderungswerk durch-

geführt werden. Die hier veranlassten psychologischen Tests, ergänzt durch berufspraktische Belastungserprobungen, erlauben eine fundierte Aussage über die Leistungsfähigkeit und die gegebenenfalls in Frage kommenden Formen der Leistungen zur Teilhabe am Arbeitsleben.

Von wesentlicher Bedeutung für eine positive Rehabilitations-Erfolgsprognose sind die schulische und berufliche Qualifikation des Versicherten und die Qualität der zuletzt ausgeübten Tätigkeit. Bei Versicherten ohne Berufsausbildung und mit einer zuletzt ausgeübten Tätigkeit ohne besondere qualifizierende Merkmale wird sich eine berufliche Rehabilitation in der Regel nicht auf eine Maßnahme in Form einer zweijährigen Qualifizierung richten können. Hier ist die Verweisbarkeit auf den allgemeinen Arbeitsmarkt gegeben.

Die Kenntnis aller möglichen Formen der beruflichen Rehabilitation wird von einem sozialmedizinischen Gutachter nicht erwartet. Wesentlich für ihn ist allerdings das Wissen, dass die berufliche Rehabilitation zum Leistungsspektrum der gesetzlichen Rentenversicherung gehört und dass die Frage der Indikation auch bei Anträgen auf andere Leistungen im Einzelfall zu prüfen ist. Die Leistungen zur Teilhabe am Arbeitsleben, insbesondere wenn sie eine länger dauernde Qualifizierungsmaßnahme beinhalten, sind natürlich ohne eine entsprechende Motivation des Versicherten in ihrem Erfolg gefährdet.

Im Bereich der Leistungen zur Teilhabe am Arbeitsleben gehört es nicht zu den Aufgaben des Gutachters, konkrete Leistungen zu empfehlen. Hierfür fehlen ihm in aller Regel die erforderlichen Fachkenntnisse. Damit gehört auch nicht die Beurteilung der Rehabilitationsprognose zu seinem Aufgabenbereich. Allerdings muss er sich im Einzelfall zur Belastbarkeit für eine in Aussicht genommene Leistung aus medizinischer Sicht äußern und auch zu der Frage, ob medizinische Bedenken gegen die in Aussicht genommene spätere Tätigkeit bestehen.

- **Die Verfahren nach § 51 SGB V und § 125 SGB III**

Die gesetzliche Krankenversicherung kann arbeitsunfähige Versicherte, deren Erwerbsfähigkeit nach ärztlichen Gutachten erheblich gefährdet oder gemindert ist, auffordern, innerhalb einer Frist von 10 Wochen einen Antrag auf Leistungen zur Rehabilitation zu stellen. Kommt der Versicherte dieser Aufforderung nicht nach, entfällt sein Anspruch auf Krankengeld mit Ablauf der Frist bis zu dem Tag, an dem die Antragstellung nachgeholt wird (§ 51 SGB V).

Von der Krankenversicherung wird im Wesentlichen bei zwei Fallgestaltungen nach § 51 SGB V vorgegangen: Im ersten Fall besteht bei schon länger anhaltendem Krankenstand die Möglichkeit, dass die Dauer der Arbeitsunfähigkeit durch Leistungen zur medizinischen Rehabilitation verkürzt werden kann.

Bei der zweiten Fallkonstellation liegt möglicherweise schon ein quantitativ eingeschränktes Leistungsvermögen vor, das durch Leistungen zur medizinischen Rehabilitation wieder hergestellt werden soll.

Hinzuweisen ist darauf, dass der Antrag nach § 51 SGB V auch auf eine Leistung zur Teilhabe am Arbeitsleben gerichtet sein kann. Dies kann dann der Fall sein, wenn der Versicherte zwar bezogen auf die zuletzt ausgeübte Tätigkeit auf Dauer arbeitsunfähig ist, sein Leistungsvermögen aber im Übrigen quantitativ nicht eingeschränkt ist. Den vom Medizinischen Dienst der Krankenkassen im Rahmen des § 51 SGB V zu erstellenden Gutachten sollten derartige Konstellationen zu entnehmen sein.

Oft ist eine zusätzliche Begutachtung durch die gesetzliche Rentenversicherung entbehrlich. Soweit gleichwohl eine weitere Sachaufklärung für erforderlich gehalten wird, hat der Gutachter im Verfahren nach § 51 SGB V daher die Leistungsfähigkeit des Versicherten sowohl unter dem Aspekt Leistungen zur medizinischen Rehabilitation oder Leistungen zur Teilhabe am Arbeitsleben zu prüfen als auch unter dem einer eingeschränkten Leistungsfähigkeit mit der Folge einer Berentung wegen Erwerbsminderung.

In aller Regel liegt bei Verfahren nach § 51 SGB V Arbeitsunfähigkeit vor. Sie ist gegeben, wenn der Versicherte aufgrund von Krankheit seine zuletzt ausgeübte Tätigkeit nicht mehr oder nur unter der Gefahr der Verschlimmerung der Erkrankung ausführen kann. Die Arbeitsunfähigkeit bezieht sich bei bestehendem Arbeitsverhältnis auf das Anforderungsprofil dieser Tätigkeit und ist nicht mit Minderung der Erwerbsfähigkeit gleichzusetzen, die sich auf das Anforderungsprofil des allgemeinen Arbeitsmarktes bezieht. Bei Versicherten, die zum Zeitpunkt des Eintritts der Arbeitsunfähigkeit arbeitslos sind, ist Maßstab für die Arbeitsunfähigkeit nicht die zuletzt vor der Arbeitslosigkeit ausgeübte Erwerbstätigkeit, sondern der Tätigkeitsbereich, der für eine Vermittlung des Arbeitslosen in Betracht kommt. Dies orientiert sich an den Bestimmungen des SGB III.

Eine ähnliche Regelung besteht im Bereich der Arbeitslosenversicherung (§ 125 Abs. 2 SGB III). Hier kann die Agentur für Arbeit einen Versicherten, dessen Vermittelbarkeit auf dem Arbeitsmarkt krankheitsbedingt voraussichtlich länger als sechs Monate nicht gegeben sein wird, auffordern, innerhalb eines Monats einen Antrag auf Leistungen zur Rehabilitation zu stellen. Kommt der Arbeitslose dieser Aufforderung nicht nach, ruht sein Anspruch auf Arbeitslosengeld ab Ablauf der Frist bis zum Tage der (späteren) Antragstellung.

■ Sonstige Leistungen nach § 31 SGB VI

Abweichend von den sog. Regelleistungen nach den §§ 9 ff. SGB VI sind die sog. Sonstigen Leistungen nach § 31

SGB VI mit etwas anderen Zielsetzungen möglich; vgl. ▶ Kap. 1.1.

Nach § 31 Abs. 1 Satz 1 **Nr. 1** SGB VI können auch Leistungen zur Eingliederung von Versicherten ins Erwerbsleben erbracht werden, insbesondere nachgehende Leistungen zur Sicherung des Erfolges der Leistungen zur Teilhabe. Solche Nachsorgeleistungen sollen in einem direkten zeitlichen Zusammenhang mit der vorherigen Leistung zur Teilhabe stehen und bis sechs Monate danach abgeschlossen sein.

Nach § 31 Abs. 1 Satz 1 **Nr. 2** SGB VI können stationäre medizinische Leistungen zur Sicherung der Erwerbsfähigkeit für Versicherte erbracht werden, die eine besonders gesundheitsgefährdende, ihre Erwerbsfähigkeit ungünstig beeinflussende Beschäftigung ausüben. Diese mehr präventiv ausgerichtete Leistungsmöglichkeit wurde in der Vergangenheit nur sehr wenig ausgeschöpft und dürfte auch zukünftig wohl kaum für die Begutachtung eine Rolle spielen.

Nach § 31 Abs. 1 Satz 1 **Nr. 3** SGB VI können Nach- und Festigungskuren wegen Geschwulsterkrankungen für Versicherte, Bezieher einer Rente sowie ihre Angehörigen erbracht werden. Auch wenn hier im Text das Wort »Kuren« verwendet wird, ist darauf hinzuweisen, dass es sich hier um onkologische Rehabilitationsleistungen handelt. Hier ist nicht die »wahrscheinliche« Wiedereingliederung ins Erwerbsleben die Zugangsvoraussetzung, sondern die wesentliche Besserung der funktionalen Gesundheit das primäre Ziel. Auch wegen der schwierigen prognostischen Abschätzbarkeit des Verlaufs bei malignen Erkrankungen ergibt sich hier eine besondere Betrachtung des Sachverhaltes. In den »Richtlinien für die Erbringung von onkologischen Nachsorgeleistungen bei malignen Geschwulst- und Systemerkrankungen« (»CA-Richtlinien«) werden die Rahmenbedingungen näher erläutert. Danach können (gemäß § 3) onkologische Nachsorgeleistungen erhalten:

- Versicherte, bei denen nach sozialmedizinischen Erkenntnissen die Wiedereingliederung in das Erwerbsleben nicht mehr möglich erscheint, bei denen aber gleichwohl Funktionsstörungen erfolgreich kompensiert werden können.
- Bezieher einer Rente aus der gesetzlichen Rentenversicherung (Rentenbezieher).
- Nicht versicherte Ehegatten, Lebenspartner und Kinder (Angehörige) von Versicherten und von Rentenbeziehern entsprechend den vorgenannten Spiegelstrichen.

Die Leistungen werden bis zum Ablauf eines Jahres nach beendeter Primärbehandlung gewährt. Darüber hinaus können spätestens bis zum Ablauf von zwei Jahren nach beendeter Primärbehandlung Maßnahmen im Einzelfall erbracht werden, wenn erhebliche Funktionsstörungen entweder durch die Tumorerkrankung selbst oder durch Komplikationen bzw. Therapiefolgen vorliegen.

Folgende Fragestellungen ergeben sich für den Gutachter:

Ist die onkologische Diagnose ausreichend geklärt? Weder eine Präkanzerose noch ein Carcinoma in situ und erst Recht kein »Verdacht auf Malignom« begründen eine solche Rehabilitationsleistung. Hat eine operative oder Strahlentherapie stattgefunden, so muss diese Behandlung abgeschlossen sein. Eine noch laufende zytostatische Behandlung ist kein grundsätzlicher Hinderungsgrund für onkologische Nachsorgeleistungen. Von besonderer Bedeutung ist hierbei natürlich eine gute Zusammenarbeit zwischen Tumorzentrum und onkologischer Rehabilitationseinrichtung. Die durch die onkologische Erkrankung oder deren Therapie bedingten körperlichen, seelischen, sozialen und beruflichen Behinderungen sollen positiv beeinflussbar sein. Zudem muss selbstverständlich eine ausreichende Belastbarkeit für onkologische Nachsorgeleistungen gegeben sein und die entsprechende Reisefähigkeit, d. h. der Betreute soll in der Regel allein reisefähig sein.

Nach § 31 Abs. 1 Satz 1 **Nr. 4** SGB VI können Leistungen zur Rehabilitation bei Kindern und Jugendlichen als Angehörige von Versicherten erbracht werden; vgl. hierzu
▶ Kap. 28.

5.2   Das sozialmedizinische Gutachten

Wolfgang Cibis

Das ärztliche Gutachten für die gesetzliche Rentenversicherung hat die zentrale Aufgabe zu erfüllen, die medizinische Grundlage für eine sachgerechte Verwaltungsentscheidung im Reha- und Rentenverfahren zu schaffen. Der Schwerpunkt der sozialmedizinischen Begutachtung liegt in der Ermittlung und Bewertung der medizinischen Fakten im Hinblick auf die Leistungsfähigkeit des Versicherten im Erwerbsleben. Die sozialmedizinische Beurteilung der Leistungsfähigkeit ist Ausgangspunkt einerseits für die Reha-Indikationsstellung und andererseits für die verwaltungsseitige Entscheidung über das Vorliegen der medizinischen Anspruchsvoraussetzungen für eine volle oder teilweise Erwerbsminderungsrente. In einem Leitfaden »Das ärztliche Gutachten für die gesetzliche Rentenversicherung« wurden *Hinweise zur Begutachtung* im Reha- und Rentenverfahren formuliert [58]. In diesen wurden einheitliche Rahmenbedingungen, definierte Anforderungen sowie ein einheitlicher Formularsatz erarbeitet und dadurch die Grundlagen für eine größere Transparenz und Vergleichbarkeit der Gutachten sowie eine einheitliche Dokumentations- und Bewertungsbasis geschaffen. Diesem Ziel dient auch der für alle Rentenversicherungsträger einheitliche Gutachtenvordruck im Reha- und Rentenantragsverfahren. Die relevanten Fragestellungen des Gutachtenauftrags sind in der Regel dem Gutachtenformular zu entnehmen. Für Fragestellungen, bei denen die medizinische Sachaufklärung unterhalb der Anforderungen an ein (Fach-)Gutachten anzusiedeln ist, werden entsprechend angepasste Instrumente, wie verschiedene Formblätter und Dokumentationsbögen, eingesetzt. Die von der Deutschen Rentenversicherung Bund veröffentlichten Formulare und Hinweise zur Begutachtung sind auf der Internetseite (*www.deutsche-rentenversicherung-bund.de*) abrufbar.

An die inhaltliche Gesamtdarstellung und an die formale Gestaltung des Gutachtens werden konkrete Anforderungen gestellt. Dazu gehört auch die Einhaltung der vorgegebenen Gliederung des Gutachtens, wie sie in den o. g. *Hinweisen zur Begutachtung* [58] festgelegt ist. Insbesondere ist auf eine folgerichtige und schlüssige Verknüpfung von Anamnese, Befund, Diagnosen, Epikrise und sozialmedizinischer Beurteilung der Leistungsfähigkeit zu achten. Das Gutachten muss übersichtlich aufgebaut und in seiner Sprache klar und auch für Nicht-Mediziner verständlich sein. Klarheit in Sprache, Schrift und Layout erhöhen zudem die Akzeptanz.

5.2.1   Vorbereitung der Begutachtung

Für eine umfassende, korrekte und zeitlich praktikable sozialmedizinische Sachaufklärung und Beurteilung ist es erforderlich, dass der Gutachter in die schon vorhandenen medizinischen Unterlagen bereits vor der eigentlichen Begutachtung Einsicht genommen hat. Der Gutachter hat Anspruch darauf, dass ihm Ergebnisse ambulanter Behandlungen, Entlassungsberichte aus Rehabilitationseinrichtungen und Krankenhäusern sowie Berichte anderer Sozialleistungsträger vor der Erstellung des Gutachtens übermittelt werden. Einige Unterlagen wird der Arzt vom Versicherten erst am Tage der Begutachtung erhalten. Auch über deren Inhalt sollte er sich ausreichend informieren. Das ermöglicht dem Gutachter, sich anhand der Unterlagen bereits frühzeitig über krankengeschichtliche Daten zu informieren, die eigene Diagnostik daran auszurichten und bereits vorliegende medizinische bzw. sozialmedizinische Untersuchungsergebnisse in die Begutachtung einzubeziehen.

5.2.2 Anamnese

Die Anamnese gehört zu den wichtigsten Bestandteilen des Gutachtens. Die gründliche und gezielte Anamnese ist Voraussetzung dafür, dass die im weiteren Prozess der Begutachtung erhobenen Befunde und Diagnosen in der Epikrise richtig gewertet werden und die Leistungsfähigkeit des Versicherten im Erwerbsleben auch korrekt festgestellt werden kann. Deshalb ist schon bei der Erhebung der Anamnese die konkrete Fragestellung des Versicherungsträgers zu berücksichtigen. Diese bezieht sich insbesondere auf die qualitative und quantitative Leistungsfähigkeit des Versicherten im Erwerbsleben, auf prognostische Aspekte, z. B. hinsichtlich einer Erwerbsminderung auf Dauer, und/oder auf die Indikation zu einer Leistung zur medizinischen Rehabilitation bzw. Teilhabe am Arbeitsleben. Der Gutachter kann diese Fragen nur dann sozialmedizinisch fundiert beantworten, wenn er die festgestellten gesundheitlichen Störungen in Beziehung zur beruflichen Tätigkeit und – soweit für die Fragestellung von Belang – auch zum weiteren sozialen Umfeld setzen kann (z. B. Tagesablauf, Freizeitgestaltung). Von wesentlicher Bedeutung sind konkrete Angaben zu beruflichen Belastungen. Daher ist es wichtig, dass der Gutachter neben den medizinischen Daten in der Arbeits- und Sozialanamnese auch die wesentlichen Kontextfaktoren, insbesondere die berufsbezogenen Informationen ermittelt. Die Anamnese sollte sich anhand der Vorgaben in den *Hinweisen zur Begutachtung* gliedern in die Familienanamnese, Eigenanamnese sowie Arbeits- und Sozialanamnese. Eine biographische Anamnese ist nur bei psychiatrischen Gutachten erforderlich.

Die Berücksichtigung der ICF (siehe auch ▶ Kap. 4.2) kann bei der Erhebung und Dokumentation der Anamnese hilfreich sein. Dabei spielen vielfältige Einflussfaktoren auf die Krankheit bzw. Krankheitsfolgen und ihre Auswirkungen auf die Leistungsfähigkeit in Alltag und Beruf eine Rolle. Diese liegen sowohl in der Person des Versicherten selbst (z. B. Alter, Konstitution) als auch außerhalb (z. B. Lebensumstände, beruflicher Kontext). Anhand des biopsycho-sozialen Modells und der unterschiedlichen Ebenen der Auswirkungen der Krankheit/Krankheitsfolgen lässt sich die Anamnese bereits systematisch strukturieren. So können sich bei korrekter Mitwirkung des Probanden in der Anamnese bereits Funktions-, Aktivitäts- und Teilhabestörungen abzeichnen, die im weiteren Begutachtungsablauf zu evaluieren sind. Hinsichtlich der Kontextfaktoren ist zu differenzieren, ob es sich um Aspekte handelt, die im Zusammenhang mit dem Gesundheitsproblem zu sehen sind oder nicht. Beispielsweise kann die Information einer zusätzlichen häuslichen Belastung durch die Pflege chronisch kranker Angehöriger wertvoll sein für die kausale Einschätzung von psychophysischen Erschöpfungssymptomen, die aus Krankheitsfaktoren allein nicht erklärbar sind.

So könnte die Anamnese bei einem Versicherten mit Koxarthrose beispielsweise die Fragen nach Gelenkschmerzen, -beweglichkeit und Muskelkraft (Ebene der *Funktionen*), Fragen zur Mobilität (z. B. zur Gehstrecke, Treppensteigen, Sitzen und Stehen, Benutzung öffentlicher Verkehrsmittel), zur Selbstversorgung (z. B. Selbständigkeit im An- und Auskleiden) und zu bedeutenden Lebensbereichen wie Arbeit und Beschäftigung (Ebene der *Aktivitäten* und *Teilhabe*) umfassen. Darüber hinaus sind die für die nachfolgende Beurteilung der Leistungsfähigkeit und Prognose einschließlich der Empfehlung geeigneter Interventionsmöglichkeiten relevanten *Kontextfaktoren* zu erheben.

Familienanamnese Die Familienanamnese sollte die wesentlichen Angaben zu familiären gesundheitlichen Belastungen enthalten, z. B. Herz-Kreislauf-, Stoffwechsel-, Lungenerkrankungen, psychische und bösartige Erkankungen.

Eigenanamnese In der Eigenanamnese sind aufzuführen die Kinderkrankheiten mit Folgeschäden, schwere Akuterkrankungen, Beginn und Verlauf chronischer Erkrankungen, zeitliche Angaben zu Krankenhausaufenthalten und Rehabilitationsleistungen, Unfälle einschließlich Berufserkrankungen und Arbeitsunfälle, bei Frauen auch Angaben zur gynäkologischen Anamnese. Allergische Dispositionen (z. B. Arbeitsplatzumgebung, Tierhaltung) sind zu erwähnen, ebenso Angaben zu Risikofaktoren, Gebrauch von Genussmitteln (Alltagsdrogen) und Suchtstoffen. Weiterhin aufzuführen sind Angaben zur vegetativen Anamnese und zu Appetit, Durst, Speisenunverträglichkeit, Gewichtsverhalten, Stuhlgang, Nykturie, Husten, Auswurf und Schlaf.

Jetzige Beschwerden Die aktuelle Anamnese umfasst die jetzigen Beschwerden, die anhand der Beschwerdeschilderung des Patienten dokumentiert werden müssen. Die Beschwerden sind ihren Symptomkomplexen zugeordnet strukturiert aufzuzeichnen (z. B. retrosternales Druckgefühl bei gleichzeitigem Schmerz in den Kiefergelenken und im linken Arm). Wichtig sind der Beschwerdeverlauf und seine Folgen für Beruf und Alltagsleben. Der Gutachter sollte nach typischen Symptomen im Hinblick auf spezielle Erkrankungen fragen und dabei differenzialdiagnostische Erwägungen anstellen. Besonders gezielt ist nachzufragen, wenn vermeintliche Widersprüche zwischen vorliegenden medizinischen Unterlagen und Angaben des Versicherten bestehen. Weiterhin sollte der Gutachter dem Versicherten Gelegenheit geben, sein subjektives Krankheitsverständnis darzustellen. Aus diesen

Angaben kann der Gutachter entscheidende Erkenntnisse gewinnen zu verschiedenen persönlichen, berufsbezogenen und psychosozialen Aspekten, die im Einzelfall z. B. die Krankheitsbewältigung bzw. Kompensationsmechanismen unterstützen oder hemmen können.

Therapie Die Therapie umfasst die medikamentösen und nicht-medikamentösen Behandlungsformen. Es sind Angaben erforderlich zur Dauer- und Bedarfsmedikation, zum Zeitraum (seit wann), zur Dosis und zur Frage, mit welchem Erfolg oder Misserfolg und welchen Nebenwirkungen die Behandlung erfolgte. Weiterhin sollte ein Hinweis auf weitere Therapien, deren Art, Häufigkeit, Erfolg, Misserfolg oder Folgeerscheinungen z. B bei Operationen gegeben werden. Es sollte bei der Angabe der behandelnden Ärzte auch deren Fachrichtung und Anschrift enthalten sein. Die sorgfältige Erfassung der Therapie unter Berücksichtigung des Krankheitsverlaufes mit Angabe der Behandlungsart, der subjektiven Einstellung des Versicherten zur Behandlung (ggf. auch Compliance-Probleme) ist für die weitere prognostische Einschätzung sehr wertvoll und kann entsprechend hilfreich sein bei der Prüfung der Indikation zu einer weiterführenden Maßnahme (kurativ, rehabilitativ).

Biographische Anamnese Eine biographische Anamnese ist in der Regel nur bei psychiatrischen Gutachten erforderlich. Grundsätzlich sind vom Gutachter nur solche Fragen zu stellen, die für die Feststellung der Leistungsfähigkeit bzw. der Indikation für eine Leistung zur Teilhabe von Bedeutung sind. Bei psychischen Störungen kann die biographische Vorgeschichte wesentliche Erkenntnisse liefern, die zur diagnostischen Einordnung der Störung, zur Beurteilung des Leistungsvermögens und zur prognostischen Einschätzung des weiteren Krankheitsverlaufes beitragen können. In der biographischen Anamnese sollte die ausführliche Erhebung der Lebensgeschichte des Patienten enthalten sein. Diese umfasst auch Besonderheiten der frühkindlichen Entwicklung, der sozialen Herkunft, des späteren Lebensweges im Hinblick auf Familie, Partnerschaft und Beruf, so dass Zusammenhänge von Lebensgeschichte, Erkrankungsbeginn, -art und -verlauf zu erkennen sind.

Berufs- und Arbeits- und Sozialanamnese Dieser sollten vor allem die beruflichen und sozialen Belastungen zu entnehmen sein. Es sind Angaben erforderlich zur Berufsausbildung und konkrete Informationen darüber, ob diese Ausbildung mit oder ohne Abschluss erfolgte. Das Arbeitsschicksal ist zu skizzieren; dies umfasst auch die Gründe für evtl. Berufswechsel, Umschulungen und Qualifizierungsmaßnahmen sowie die Beschreibung der jetzigen Tätigkeit einschließlich Arbeitsplatz und Arbeitsat-mosphäre. Wichtig sind vor allem krankheitsbedingte Gründe, die zu einem Wechsel oder Änderungen der beruflichen Tätigkeit geführt haben. Besondere psychische und physische Belastungen am Arbeitsplatz sollten möglichst konkret beschrieben werden, u. a. Art, Dauer und Häufigkeit der verschiedenen Tätigkeiten, Arbeitsschwere, Körperhaltung, spezielle Belastungen, Arbeitszeit und Arbeitsorganisation. Der Gutachter sollte auch Fragen zur betriebsärztlichen Betreuung und zum Weg zur Arbeitsstelle stellen. Gelegentlich kann es für die spätere epikritische Wertung und Beurteilung der Leistungsfähigkeit sehr hilfreich sein, sowohl die subjektiven Angaben des Versicherten als auch, wenn möglich, noch weitere Informationen zum Arbeitsplatz (z. B. über den Betriebsarzt) einzuholen und zu vergleichen. Weiterhin ist anzugeben, ob aktuell Arbeitslosigkeit besteht, ob und ggf. seit wann und warum beim Versicherten Arbeitsunfähigkeit (gemäß AU-Bescheinigung) vorliegt. Diese Informationen können wertvolle Ergänzungen im Hinblick auf die gutachterliche Einschätzung der Krankheitsgeschichte wie auch zum Bezug unterschiedlicher Leistungen (z. B. Krankengeldbezug, Arbeitslosengeld) geben.

Familiäre Situation Auch hier gilt ähnlich wie bei den Ausführungen zur biographischen Vorgeschichte: Angaben zur familiären Situation und deren Belastungen sowie zum Freizeitverhalten sollten nur insoweit gemacht werden, als sie für die Feststellung der Leistungsfähigkeit oder eine Leistung zur Teilhabe von Bedeutung sind. Grundsätzlich ist hierbei besondere Zurückhaltung geboten, insbesondere wenn es um konkrete Angaben über »Dritte« geht.

Umstände der Antragstellung, bisherige Sozialleistungen Die Hintergründe der Antragstellung sind zu erfragen und ggf. durch wen die Aufforderung zur Antragstellung erfolgte. Dies kann insbesondere bei in Betracht kommenden Leistungen zur Teilhabe von Bedeutung sein, da für eine positive Reha-Erfolgsprognose i. d. R. eine aktive Mitwirkung des Versicherten von Bedeutung ist. Dabei sind mögliche motivationale Defizite aber auch vor dem Krankheitshintergrund zu beurteilen. Bei Abhängigkeitserkrankungen ist eine Fremdmotivation zur medizinischen Rehabilitation nicht selten. Hier ist gezielt nach den Umständen der Antragstellung zu fragen. Weiterhin sind Angaben erforderlich zu der bisherigen Gewährung von Sozialleistungen (evtl. auch im Herkunftsland): z. B. Leistungen zur Teilhabe, Rente, Krankengeld, Renten der Berufsgenossenschaft (MdE), Arbeitslosengeld I/II, Sozialhilfe, frühere und aktuelle weitere Anträge auf Sozialleistungen (u. a. auf Leistungen zur Teilhabe, Rente, ggf. Rechtsmittelverfahren). Zu erheben ist ein ggf. festgestellter Grad der Schädigungsfolgen (GdS) bzw. Grad der Behinderung (GdB), auch wenn diese anderen Sozialrechtsbereichen zuzuordnen sind und keine direkten Schlussfolgerungen für die Feststellungen der gesetzlichen Rentenversicherung zulassen.

5.2.3 Untersuchung

Die Untersuchung beinhaltet die allgemeine klinische Untersuchung und medizinisch-technische Diagnostik einschließlich Funktionsdiagnostik z. B. durch Assessments. Die klinische Untersuchung muss die Informationen aus der Anamneseerhebung und Auswertung früher erstellter Befunde und sonstiger Unterlagen berücksichtigen. Grundlage der gutachterlichen Beurteilung des Leistungsvermögens im Erwerbsleben ist die Beschreibung der dafür relevanten Funktionen und Aktivitäten.

Die Berücksichtigung des Denkmodells der ICF kann auch bei der Erhebung und Wertung der Befunde, sowohl im Bereich der klinischen Untersuchung als auch der medizinisch-technischen Diagnostik, ein Hilfsmittel für die systematische Zuordnung in die entsprechenden Ebenen der »funktionalen Problematik« sein. Auf dieser Grundlage können die Schädigungen von Körperstrukturen und Funktionen und Beeinträchtigungen von Aktivitäten und Teilhabe überprüft und beschrieben werden. Nähere Erläuterungen zum Begriff der »Funktionalen Problematik« finden sich in ▶ Kap. 4.2.

Für eine Nachvollziehbarkeit der aus den einzelnen Begutachtungsschritten gewonnenen Erkenntnisse, insbesondere im Hinblick auf die sozialmedizinische Beurteilung, ist es wichtig, dass die Befunde möglichst präzise beschrieben und die entsprechenden Ebenen (Struktur, Funktion und/oder Aktivität) der funktionalen Problematik, denen die Befunde jeweils zuzuordnen sind, berücksichtigt werden. So bezieht sich beispielsweise die Beschreibung eines Röntgenbefundes auf die Strukturebene (morphologischer Befund); mit »Funktionsaufnahmen« können zusätzliche Aussagen zur Funktionsebene getroffen werden. Die Kenntnis der jeweiligen Ebene, auf der ein Befund festgestellt wird, ist insbesondere deshalb wichtig, da die Befunde eine sehr unterschiedliche Wertigkeit für die einzelnen Ebenen besitzen. Beispielsweise muss ein pathologischer Röntgenbefund (z. B. Osteochondrose der LWS) nicht zwangsläufig eine Störung der Funktionsfähigkeit (z. B. Schmerzen und/oder Bewegungseinschränkung) bedeuten und die Funktionsstörung (z. B. eingeschränkte Entfaltbarkeit der LWS) kann sich wiederum in unterschiedlicher Weise auf die LWS-bezogenen Aktivitäten auswirken (z. B. Bücken, Aufrichten). Aufgrund des komplexen Zusammenspiels verschiedener Funktionen und der vielfältigen Einflussmöglichkeiten können sich einzelne Funktionsstörungen auf eine bestimmte zugehörige Aktivität sehr unterschiedlich auswirken und u. U. völlig oder teilweise kompensiert werden. Der Gutachter sollte deshalb bei der Untersuchung, Dokumentation und Bewertung der Befunde berücksichtigen, dass zwischen den einzelnen Ebenen keine Korrelation bestehen muss.

Untersuchung von Strukturen/Funktionen und Aktivitäten In der kurativmedizinischen Diagnostik, die von der klinischen Konstellation zur entsprechenden Diagnose führen soll, beziehen sich die Untersuchungen schwerpunktmäßig auf die Strukturebene (z. B. Röntgenbild, Sonographie) und Funktionsebene (z. B. Echokardiographie). Bei der sozialmedizinischen Begutachtung geht es letztlich um die Feststellung der Leistungsfähigkeit (Aktivitätsebene). Einzelne Aktivitäten können zwar mit diagnostischen Instrumenten zur Aktivitäts-/Leistungsdiagnostik untersucht werden, der überwiegende Teil muss aber indirekt von den verbliebenen bzw. eingeschränkten Funktionen (Schädigungsebene) abgeleitet werden. Daher sind die Funktionen und deren Einschränkungen präzise zu beschreiben, möglichst mit Maßangaben. Die medizinisch-technische Zusatzdiagnostik sollte der Objektivierung von Funktionseinbußen dienen. Zur Objektivierung von Funktionen bzw. Funktionseinschränkungen gibt es unterschiedliche Instrumente und Methoden, beispielsweise klinische Funktionstests (vigorimetrische Untersuchung, Prüfung der Gelenkbeweglichkeit), Ergometrie, Spirometrie und auch psychometrische Testverfahren. Die für die sozialmedizinische Beurteilung der Leistungsfähigkeit wesentlichen Aktivitätseinschränkungen sind unter Berücksichtigung ihrer Komplexität von den Funktionsstörungen abzuleiten.

An dieser Stelle ist auf die Assessmentinstrumente hinzuweisen. Assessments dienen als Instrumente für eine gezielte Funktions- und Leistungsdiagnostik, deren Ergebnisse der Gutachter dann den Anforderungen des Einzelfalles entsprechend einordnen muss. Für diese Kernaufgabe des sozialmedizinischen Begutachtungsprozesses bleibt der Gutachter auch weiterhin uneingeschränkt verantwortlich. Der gezielte Einsatz geeigneter Hilfsinstrumente kann aber zu einer verbesserten Datenbasis führen und dadurch dem Gutachter einen engeren Beurteilungskorridor zur Einschätzung des Leistungsvermögens ermöglichen. Die Entscheidung über die Auswahl und den Einsatz eines Assessments ist vor dem Hintergrund der Eignung für die jeweilige Fragestellung und der Aussagekraft der Methode zu treffen. Die Assessmentinstrumente reichen von einfachen Messmethoden, wie z. B. Neutral-Null-Methode, über technisch-apparative Standardverfahren zur Funktionsdiagnostik, wie Spirometrie, bis hin zu komplexen Verfahren zur Aktivitätsdiagnostik. Zu diesen gehören typischerweise die FCE-Systeme (»functional capacity evaluation-systems«) mit ihren Schwerpunkten

EFL (Evaluation funktioneller Leistungsfähigkeit) und ERGOS als computergestütztes Arbeitssimulationssystem. Auch solche komplexen Assessments zur Aktivitätsdiagnostik stellen nur eine Ergänzung der klinischen Befunde dar. Standardisierte aktivitätsbezogene Untersuchungen sind in der sozialmedizinischen Begutachtung der GRV bislang nicht fest etabliert.

Klinischer Untersuchungsbefund Der Versicherte muss unter Berücksichtigung der jeweiligen Fragestellung untersucht und das Untersuchungsergebnis in seiner Gesamtheit dokumentiert und übersichtlich gegliedert werden. Eine Beschränkung lediglich auf einzelne Körperregionen ist unzureichend. Auch bei allen Fachgutachten wird ein orientierender klinischer Gesamtstatus mit Angabe von zumindest Größe und Gewicht, Blutdruck und Pulsfrequenz erwartet sowie allgemeine Angaben zum Hör- und Sehvermögen. Dies ist besonders wichtig, wenn fachgebietsbezogene Symptome oder Befunde (z. B. Sehstörungen oder Tinnitus) an einen Zusammenhang mit anderen Erkrankungen (z. B. arterielle Hypertonie) denken lassen. Außerdem sollten klinische Hinweise auf Erkrankungen, die außerhalb des jeweiligen Fachgebietes liegen, dokumentiert werden (z. B. äußerlich sichtbare Veränderungen wie Zyanose, Ikterus oder Verhaltensauffälligkeiten).

Messbare Untersuchungsbefunde sollten unter Angabe ihrer Messgröße und Dimension (z. B. Neutral-Null-Methode, vergleichende Umfangsmessungen in cm u. a. m.), ggf. mit Einbeziehung von Messblättern, aufgezeigt werden.

Die pauschale Zusammenfassung des Befundes in »unauffällig« oder »o. B.« ist nicht ausreichend. Normalbefunde sind aufzuführen, insbesondere wenn

- entsprechende Beschwerden vorgetragen werden,
- pathologische Vorbefunde vorliegen,
- das Krankheitsbild korrelierende pathologische Befunde erwarten lässt (z. B. M. Hodgkin, bei dem Milzgröße und Lymphknotenstatus unauffällig sind),
- die Untersuchung im symptomfreien Intervall einer typischerweise in Schüben oder klinisch sehr wechselhaft (mit Exazerbationen) verlaufenden Krankheit (z. B. Asthma bronchiale, chronische Polyarthritis, Enzephalomyelitis disseminata) erfolgt.

Eine orientierende Prüfung der Sinnesorgane ist erforderlich.

Eine neurologische Untersuchung ist – vor allem wenn sie nicht durch einen Nervenarzt erfolgt – in ihrem Umfang aufzuzeigen (z. B. Angabe, ob die Sensomotorik geprüft wurde). Beschreibungen des Bewegungsablaufes (z. B. Stand, Gang, Sitzen, beim Aus- und Ankleiden, Aufrichten von der Untersuchungsliege) sind weitere wichtige Informationen. Unabhängig vom jeweiligen Fachgebiet müssen psychische Auffälligkeiten beachtet und mitgeteilt werden.

Medizinisch-technische Diagnostik Die medizinisch-technische Diagnostik ist gezielt einzusetzen und sollte sich individuell nach dem Krankheitsbild richten. Die Diagnostik muss angemessen und zumutbar sein; ein Routineprogramm ist abzulehnen. Die Wirtschaftlichkeit muss beachtet werden. Daraus ergibt sich, dass eine weiterführende Diagnostik nicht erforderlich ist, wenn bereits aus den mitgebrachten medizinischen Unterlagen der Umfang der Funktionsdefizite abgeleitet und die Leistungsfähigkeit durch den klinischen Befund bereits beurteilt werden kann. Eine medizinisch-technische Diagnostik ist auch dann nicht erforderlich, wenn keinerlei Hinweise auf eine organbezogene Leistungseinschränkung bestehen.

Entsprechend der Röntgenverordnung sind bereits erstellte Befunde bildgebender Untersuchungen beizuziehen. Untersuchungen, die in ein anderes Fachgebiet gehören, sollten diesem vorbehalten sein.

5.2.4 Diagnosen

Diagnosen sind möglichst übersichtlich mit Schädigungen von Körperfunktionen, Beeinträchtigungen der Aktivitäten und der Teilhabe anzugeben und auch für Nichtmediziner verständlich zu formulieren. Sie sind

- nach dem Schweregrad (ggf. mit Klassifikation und/oder Stadieneinteilung) ihrer funktionalen Einschränkungen zu ordnen und
- als Diagnose mit Angabe der Funktionseinschränkungen anzugeben (z. B. operative Gelenkversteifung nach traumatischer Hüftkopfnekrose rechts).

Sozialmedizinisch relevante chronische Erkrankungen, die aktuell erscheinungsfrei sind, sollten so mit ihrer Diagnose beschrieben werden. Das Aufzeigen funktionell bedeutungsloser Diagnosen ist nicht erforderlich (z. B. Appendektomie 1988). Die Formulierung »Zustand nach« ist wenig aussagekräftig. Sie enthält keine Information über zwischenzeitliche Abheilung oder fortbestehende Funktionseinbußen. Die Diagnosen werden nach der jeweils gültigen ICD-GM (GM = German Modification) verschlüsselt.

5.2.5 Epikrise

In der Epikrise erfolgt die zusammenfassende Darstellung der Erkrankungen und der damit verbundenen klinischen Auswirkungen. Sie ist damit die Grundlage für die nachfolgende sozialmedizinische Beurteilung der Leistungsfähigkeit einschließlich der Reha-Indikationsstellung.

Jeweils auf den Einzelfall bezogen sollte die Epikrise die Manifestation einschließlich Lokalisation und Schweregrad sowie den Verlauf aller die Leistungsfähigkeit beeinflussenden Erkrankungen enthalten. Krankheiten ohne Bedeutung für das Leistungsvermögen sollten als solche benannt werden. Dabei gilt es, die Anamnese, die erhobenen Befunde, die bisherige Therapie und die noch denkbaren therapeutischen und rehabilitativen Möglichkeiten kritisch zu würdigen. Besonderheiten des Krankheitsverlaufs sind zu benennen, beispielsweise Aussagen zur Dauer und Frequenz der Schübe bei diskontinuierlichem Krankheitsverlauf. Wichtige Vorbefunde (Krankenhaus- und Rehabilitations-Entlassungsberichte, mitgereichte Untersuchungsergebnisse, Gutachten anderer Sozialleistungsträger) sind einzubeziehen und ggf. differenzialdiagnostische Überlegungen darzustellen und zu bewerten. Dies umfasst auch die Dokumentation von Widersprüchen, wenn sich medizinische Aussagen in Berichten und Attesten gutachterlich nicht bestätigen lassen oder erhobene Befunde durch Beobachtungen innerhalb und außerhalb des Untersuchungsvorganges in Frage zu stellen sind. Vor allem bei einer Diskrepanz zwischen erhobenem Befund und geschilderten Beschwerden sollten mögliche Zusammenhänge mit psychosomatischen oder psychiatrischen Erkrankungen in die differenzialdiagnostischen Überlegungen einbezogen werden. Weiterhin ist darauf hinzuweisen, wenn besondere Probleme bei der Begutachtung (z. B. Sprachschwierigkeiten, auffällige Verhaltensweisen) aufgetreten sind. Die Anregung einer weiteren fachspezifischen Begutachtung muss entsprechend begründet werden. In jedem Fall sind prognostische Aussagen zum weiteren Verlauf zu treffen, unter Berücksichtigung der bisherigen Therapie und weiterer therapeutischer Möglichkeiten einschließlich medizinischer Rehabilitation oder Leistungen zur Teilhabe am Arbeitsleben.

Wenn das Konzept der ICF bereits in Anamnese und Untersuchung/Diagnostik systematisch berücksichtigt wurde, kann in der Epikrise an die dargestellten Elemente der funktionalen Gesundheit nahtlos angeknüpft werden. Die durchgängige Verwendung der ICF-Begrifflichkeiten mit systematischer Ableitung der jeweiligen krankheitsbezogenen Befunde auf die Ebenen der Körper-Strukturen/-Funktionen und Aktivitäten (Teilhabe) unter Berücksichtigung der gesundheitlich relevanten Kontextfaktoren kann dazu beitragen, den Begutachtungsvorgang transparenter und nachvollziehbarer zu machen. Durch systematische Einordnung der anamnestischen Angaben und objektiven Befunde in die einzelnen Ebenen der funktionalen Gesundheit kann das Konzept der ICF auch bei der Bewertung subjektiver Beschwerden, widersprüchlicher oder nicht zu bestätigender Befunde helfen.

Auf der trägerübergreifenden Ebene der BAR wurde unter Berücksichtigung der Anforderungen an die Reha-Begutachtung durch das SGB IX eine erste trägerübergreifende Grundlage zur Begutachtung erarbeitet (www.bar-frankfurt.de) [7]. Sie soll der Verbesserung der Transparenz und der trägerübergreifenden Kooperation dienen und berücksichtigt auch die ICF (siehe auch ▶ Abschn. 5.1.3).

5.2.6 Sozialmedizinische Beurteilung

Reha-Bedürftigkeit   Im Sinne des SGB IX soll bei der sozialmedizinischen Beurteilung sowohl im Renten- als auch Reha-Antragsverfahren eine (trägerübergreifend angelegte) Prüfung vorgenommen werden, ob bzw. welche Leistungen zur Teilhabe zu empfehlen sind. Für den Bereich der sozialmedizinischen Reha-Indikationsstellung im Sinne der GRV wird auch auf ▶ Kap. 5.1 verwiesen.

- **Sozialmedizinische Beurteilung der Leistungsfähigkeit**

Die sozialmedizinische Beurteilung der Leistungsfähigkeit ist der zentrale Anknüpfungspunkt für die nachfolgenden Verwaltungsentscheidungen in den Leistungsbereichen Rehabilitation und Erwerbsminderungsrenten. Die Beurteilung der Leistungsfähigkeit beschreibt das Fähigkeitsprofil des Versicherten und setzt es in Beziehung zu den Anforderungen der zuletzt ausgeübten Tätigkeit. Auf der Grundlage der qualitativen Leistungsmerkmale erfolgt dann die Beurteilung des quantitativen (zeitlichen) Leistungsvermögens. Die sozialmedizinische Beurteilung der Leistungsfähigkeit wird sowohl in freier als auch in standardisierter Form auf dem entsprechenden Bogen (Schlussblatt) des Gutachtenformularsatzes dokumentiert, wobei auf Übereinstimmung zu achten ist.

Individuelles qualitatives Leistungsvermögen (positives und negatives Leistungsvermögen)   Es sind die Fähigkeiten zu beschreiben, über die der Versicherte unter Berücksichtigung der festgestellten Funktions- und Aktivitätseinbußen im Hinblick auf die noch zumutbare körperliche Arbeitsschwere, die Arbeitshaltung und die Arbeitsorganisation noch verfügt (positives Leistungsvermögen) und welche krankheitsbedingt nicht mehr bestehen (negatives Leistungsvermögen).

Die positiven wie negativen Leistungsmerkmale müssen sich aus den in der Epikrise erörterten Gesundheitsstörungen herleiten lassen. Damit ergeben sich die qualitativen Einschränkungen der Leistungsfähigkeit aus dem Krankheitsbild anhand bestehender Beeinträchtigungen von Funktionen und Aktivitäten. Einschränkungen können sich beziehen z. B. auf die geistige/psychische Belastbarkeit, Sinnesorgane, Bewegungs- und Haltungsapparat oder Gefährdungs- und Belastungsfaktoren.

Die zentrale Frage an den ärztlichen Gutachter bezieht sich auf die Leistungsfähigkeit des Versicherten im Erwerbsleben und deren Beeinflussung oder Bedrohung durch Krankheit oder Behinderung. Er hat die Auswirkungen von Krankheit/Behinderung auf die Funktions-/Aktivitätsebene plausibel abzuleiten und letztlich die Folgen für die Teilhabe am Erwerbsleben festzustellen. Dabei muss er berücksichtigen, welche Kontextfaktoren ihre Wirkung entfalten, d. h. welche personbezogenen und/oder Umweltfaktoren verstärkend oder hemmend wirken.

Individuelles quantitatives Leistungsvermögen Die zeitliche Einstufung des Leistungsvermögens hat große sozialrechtliche Relevanz. Einschränkungen des quantitativen Leistungsvermögens resultieren häufig aus komplexen Funktions- oder Aktivitätsstörungen mit unzureichenden Kompensationsmechanismen oder vorzeitiger Dekompensation, beeinträchtigter Leistungskontinuität bei psychiatrischen Krankheitsbildern, neuropsychologischen Defektzuständen und schweren chronischen Schmerzsyndromen.

Qualitative Einschränkungen der Leistungsfähigkeit haben eine sehr unterschiedliche Bedeutung für das quantitative Leistungsvermögen. Viele der qualitativen Einschränkungen der Leistungsfähigkeit bleiben ohne Auswirkung auf das quantitative Leistungsvermögen. Es gibt aber auch qualitative Einschränkungen der Leistungsfähigkeit, die das quantitative Leistungsvermögen vollständig aufheben können. Zu berücksichtigen ist dabei die Kompensationsfähigkeit sowohl auf Organ- als auch Aktivitätsebene einschließlich günstig wirkender Kontextfaktoren. Das bedeutet, dass keine relevante Einschränkung des quantitativen Leistungsvermögens vorliegen muss, wenn wesentliche Funktions- und/oder Aktivitätsstörungen kompensiert werden können.

Teilzeitbeschäftigte Versicherte sind unabhängig vom aktuellen Arbeitsumfang zu beurteilen. Bei einer selbst gewählten Teilzeittätigkeit kann nicht von vornherein davon ausgegangen werden, dass auch nur eine der jeweiligen Arbeitszeit entsprechende Leistungsfähigkeit besteht. Eine zum Zeitpunkt der gutachterlichen Untersuchung bestehende Arbeitsunfähigkeit ist nicht gleichzusetzen mit einem aufgehobenen Leistungsvermögen.

Herleitung des Leistungsvermögens Es gibt viele Kontextfaktoren (siehe ▶ Kap. 4.2), die sich auf die Leistungsfähigkeit auswirken können und deshalb bei der Begutachtung zu berücksichtigen sind. Hierzu gehören insbesondere spezielle Arbeitsbedingungen, die im qualitativen Leistungsvermögen zu berücksichtigen sind, wie z. B. Vermeidung von Pollenexposition bei Floristen mit entsprechender allergischer Diathese. Es gibt aber auch Beispiele für Kontextfaktoren, die für sich allein keine Einschränkung der Leistungsfähigkeit begründen können, wie z. B. die Vermittelbarkeit am Arbeitsmarkt, eine bestehende Arbeitslosigkeit, die »Entwöhnung« von einer beruflichen Tätigkeit, das Lebensalter des Versicherten, eine »Doppelbelastung«, z. B. die Pflege kranker Eltern oder eines behinderten Kindes neben der Erwerbstätigkeit, sowie die Anerkennung eines Grades der Behinderung (GdB) oder eines Grades der Schädigungsfolgen (GdS) (Versorgungsamt) oder einer Minderung der Erwerbsfähigkeit (MdE) (Berufsgenossenschaft). Diesen letztgenannten Begriffen liegen andere Rechtsgrundlagen und Beurteilungskriterien zugrunde.

Die qualitative und quantitative Beurteilung der Leistungsfähigkeit setzt eine abwägende Einschätzung voraus, die sich aus dem klinischen Gesamtbild ergibt und nachvollziehbar begründet sein muss. Dies gilt vor allem für die Merkmale, die eine Rente wegen Erwerbsminderung zur Folge haben können (z. B. quantitativ eingeschränktes Leistungsvermögen, fehlende Wegefähigkeit, betriebsunüblicher Pausenbedarf).

Die sozialmedizinische Beurteilung der Leistungsfähigkeit ergibt ein Fähigkeitsbild des Versicherten, das mit den Anforderungen der letzten beruflichen Tätigkeit in Beziehung zu setzen ist. Maßgeblich ist die zuletzt nicht nur vorübergehend ausgeübte versicherungspflichtige berufliche Tätigkeit. Besondere Fragestellungen des Auftraggebers sind zu beachten.

Der Gutachter hat festzustellen, welche Krankheiten (oder Behinderungen) vorliegen (vorgelegen haben), welche Folgen/Wechselwirkungen daraus für die Fähigkeiten und Aktivitäten resultieren und welche persönlichen Konsequenzen sich daraus für die Teilhabe ergeben. Daher werden bei der sozialmedizinischen Begutachtung nicht nur die Ergebnisse der Funktionsdiagnostik berücksichtigt, sondern zusätzlich möglichst standardisierte Beurteilungsinstrumente für die Leistungsfähigkeit im Erwerbsleben (Assessments) eingesetzt. Die Prüfungsbedingungen sind abzugleichen mit den konkreten Anforderungen der beruflichen Tätigkeit. Der Gutachter hat die gewonnenen Assessment-Ergebnisse in Bezug auf die Leistungsfähigkeit im Erwerbsleben zu bewerten. Da sich die Beurteilung der arbeitsbezogenen Belastungen an den Gegebenheiten des Einzelfalles orientieren muss, sind auch die Ergebnisse komplexer Instrumente zur Leistungsdiagnostik immer unter Berücksichtigung der für die Leistungsfähigkeit relevanten somatischen, psychischen und sozialen

Komponenten zu bewerten. Dafür ist die fachliche Qualifikation des Gutachters äußerst wichtig, damit nicht durch »scheinbar objektive« Daten falsche Schlüsse gezogen werden und letztlich eine fehlerhafte Beurteilung der Leistungsfähigkeit resultiert. Zur Problematik der Beurteilung hinsichtlich der zeitlichen Abstufung der Leistungsfähigkeit wird insbesondere auf ▶ Kap. 5.1 verwiesen.

Leistungsfall Der Beginn einer leistungsrelevanten Einschränkung im Erwerbsleben soll möglichst exakt festgelegt werden, z. B.

- auf ein akutes Ereignis (Herzinfarkt, Hirninfarkt, Unfall) oder
- auf eine akute Verschlechterung des Krankheitsbildes.

Der Zeitpunkt des Beginns der Leistungsminderung ist bei solchen akuten Ereignissen meist relativ leicht zu ermitteln. Wesentlich schwieriger wird es, wenn die Leistungsfähigkeit im Rahmen einer chronischen bzw. schleichend progredient verlaufenden Erkrankung beeinträchtigt wurde. Dann gestaltet sich die zeitliche Festlegung der Leistungsminderung für den Gutachter meist äußerst schwierig, da er bei der retrospektiven Einschätzung in der Regel auf Daten angewiesen ist, die keine sicheren Rückschlüsse auf die damals tatsächlich vorhandene medizinische Konstellation erlauben. Hilfsweise muss der Gutachter in diesen Fällen beispielsweise zurückgreifen

- auf den Beginn der letzten Arbeitsunfähigkeit, wenn das Ausmaß der jetzigen Erkrankung bereits zu diesem Zeitpunkt vorgelegen hat,
- auf das Datum der Berufs-/Arbeitsaufgabe aus Krankheitsgründen,
- auf das Datum des Renten- oder Rehabilitationsantrages oder
- auf eine krankheitsgeschichtliche Rekonstruktion bei diskontinuierlichem Verlauf.

Voraussichtliche Dauer der Leistungseinschränkung
Der Gesetzgeber schreibt vor, dass Renten wegen Erwerbsminderung zeitlich befristet zu leisten sind, es sei denn, es ist unwahrscheinlich, dass die Minderung der Erwerbsfähigkeit behoben werden kann, was letztlich spätestens nach einer Befristung von neun Jahren anzunehmen ist (§ 102 SGB VI). Damit muss sich der Gutachter auch zur voraussichtlichen Dauer der Leistungseinschränkung äußern. Falls der Gutachter eine Besserung der Leistungsfähigkeit für unwahrscheinlich hält, hat er dies anzugeben und entsprechend zu begründen. In allen anderen Fällen (wenn also eine Besserung der Leistungsminderung nicht unwahrscheinlich ist), wird dies je nach prognostischer Einschätzung eine Zeitrente von ein bis zu drei Jahren zur Folge haben.

5.3 Weitere Aspekte der Begutachtung

Wolfgang Cibis

5.3.1 Der ärztliche Gutachter

An die Rolle des Arztes werden hohe und komplexe Anforderungen geknüpft [26, 32, 35, 51]. Ärztliches Wissen, ärztliches Können, ärztliche Erfahrung und ärztliches Verhalten sind in ihrer Gesamtheit die Basis für einen »guten Arzt«. Es können sich vielfältige Rollenkonflikte ergeben [54, 55, 56].

Die geforderte Rolle des ärztlichen Gutachters ist die eines unabhängigen, unparteiischen und objektiven Sachverständigen [26, 32, 35, 51]. Aus der Sicht der Verwaltung wird er oft nur als »Erfüllungsgehilfe« gesehen, in den Augen des zu Begutachtenden ist er aber für die entscheidende Weichenstellung im Antragsverfahren verantwortlich, eine Art »Gatekeeper« für die Solidargemeinschaft. Für die Akzeptanz bei allen Beteiligten ist eine valide sozialmedizinische Bewertung allein allerdings nicht ausreichend. Gelingt es dem ärztlichen Gutachter jedoch, die korrekte sozialmedizinische Beurteilung auch transparent und nachvollziehbar zu machen, so leistet er einen Beitrag zum sozialen Frieden.

Eine besondere Konfliktsituation besteht für den in der medizinischen Rehabilitation tätigen Arzt, der in der überwiegenden Zeit in der üblichen Arzt-Patient-Beziehung meist das entsprechende Vertrauen des Rehabilitanden erhält und am Ende mit seinem Reha-Entlassungsbericht und der darin enthaltenen sozialmedizinischen Beurteilung in die Rolle des unparteilichen und neutralen Gutachters wechseln muss; vgl. auch ▶ Abschn. 2.1.7. Insofern stellt das ärztliche Entlassungsgespräch oft eine besondere Herausforderung für beide Seiten dar.

Zu empfehlen ist eine frühzeitige Offenheit gegenüber dem Versicherten bezüglich der Aufgabenstellung des Sozialmediziners in der Rehabilitation. Hilfreich dürfte z. B. in einer Rehabilitationseinrichtung eine regelhafte Einbindung des Ober- oder Chefarztes in den Prozess der Beurteilung der Leistungsfähigkeit sein, wodurch der mögliche Rollenkonflikt des Einzelnen entschärft werden kann.

5.3.2 Der Gutachtenbegriff

Der Gutachtenbegriff ist nicht für alle Rechtsgebiete einheitlich. Im Sozialmedizinischen Glossar der Deutschen Rentenversicherung [18] wird der Begriff wie folgt definiert:

> *»Allgemein sind Gutachten das dokumentierte Ergebnis einer Begutachtung durch einen Sachverständigen, in dem die Fragen des Auftraggebers begründend beantwortet wer-*

den. *Der Auftraggeber selbst verfügt nicht über die spezifischen Kenntnisse und fachlichen Erfahrungen, die er für seine Aufgabenerfüllung benötigt, und beauftragt deshalb zur Sachverhaltsklärung einen entsprechend Sachverständigen. Wesentliches gemeinsames Merkmal eines jeden Gutachtens ist, dass es eine wissenschaftlich begründete Schlussfolgerung enthält, so dass es auch überprüft und nachvollzogen werden kann.*

Ein (sozial)medizinisches Gutachten ist insofern das Ergebnis der Anwendung medizinischer Erkenntnisse und Erfahrungen durch einen (sozial)medizinischen Sachverständigen auf einen Einzelfall bezogen.

Im Bereich der Rentenversicherung sind besondere Qualitätskriterien des Gutachtens im Einzelnen formale und inhaltliche Gestaltung, medizinisch-wissenschaftliche Grundlagen, Verständlichkeit, Vollständigkeit und Transparenz und übergeordnet Plausibilität und Schlüssigkeit, Nachvollziehbarkeit und Neutralität. Eine produktbezogene Qualitätssicherung der Begutachtung (des Gutachtens) ergibt sich nur, wenn die Überprüfung der Qualitätskriterien auch für andere Sachverständige möglich ist.

Gutachten nach persönlicher Untersuchung und Befragung beinhalten hierbei erhobene und bewertete Befunde und setzen sie in Bezug zu den in den Akten vorhandenen Angaben. Gutachten nach Aktenlage (Aktengutachten, Aktenlagegutachten), also nach einer Begutachtung ohne aktuelle persönliche Untersuchung und Befragung durch den Sachverständigen, können nur dann erstellt werden, wenn der Gutachter die Fragestellung (Beweisfragen) anhand der Aktenlage und ggf. ergänzend herangezogener Befunde beantworten kann.

Die qualitativen Anforderungen an Gutachten sind in allen Fällen gleich, es muss beim Sachverständigen der gleiche Grad der persönlichen Überzeugung erreicht werden, wie es bei einer Begutachtung mit persönlicher Untersuchung und Befragung möglich ist.

Ein Gutachten muss für seinen Bestimmungszweck geeignet sein und die Fragen des Auftraggebers umfassend beantworten.«

Bei Begutachtungen nach Aktenlage sind die vorhandenen Angaben zu medizinischen Befunden wie auch zu vorangegangenen Beurteilungen in ihrer Gesamtheit zu erfassen und in Bezug auf die relevante Fragestellung auszuwerten. Es ist dabei nicht möglich, die Vollständigkeit und Wahrhaftigkeit der dokumentierten Daten zu überprüfen, wenn sie z. B. zu anderen Zwecken gezielt erhoben wurden, so dass für die aktuelle Fragestellung notwendige Angaben nicht niedergelegt wurden. In solchen Fällen kann die Entscheidungsfindung des Gutachters erschwert sein und eine genaue Konsistenzprüfung erfordern [44].

In Sozialgerichtsverfahren vorgelegte Gutachten, die in einem anderen Gerichtsverfahren eingeholt wurden, gelten nicht als Beweis durch Sachverständige, sondern als Urkundenbeweis. Es ist zwar denkbar, dass sie für das Gericht als alleinige Entscheidungsgrundlage dienen, meist sind sie jedoch dafür nicht geeignet, da sie nach einer ganz anderen Fragestellung erstattet wurden. Wenn es zur Klärung des Vorliegens von Tatbestandsmerkmalen auf den aktuellen Gesundheitszustand des Antragstellers ankommt, ist ein Gutachten mit Befragung und körperlicher Untersuchung notwendig [53].

Entsprechend den vorgegebenen Fragestellungen kann bei Anträgen auf Rehabilitation bzw. Teilhabeleistungen und Erwerbsminderungsrenten in der GRV in geeigneten Fällen eine Beurteilung nach Aktenlage durchgeführt werden. Dabei muss der gleiche Grad an persönlicher Überzeugung beim Gutachter erreicht werden, wie dies bei der Begutachtung mit körperlicher Untersuchung erwartet wird. Gleichwohl muss man sich darüber im Klaren sein, dass das Lesen von Befunden und Fremdbeurteilungen im Kopf des Gutachters ein anderes, eher distanzierteres Bild entstehen lässt, als wenn er durch persönlichen Umgang mit dem Probanden eigenes Erleben und Sinneserfahrungen mit einbringen kann. Zudem können bei der Begutachtung mit körperlicher Untersuchung Unklarheiten durch direkte Rückfragen beim Untersuchten ausgeräumt und die Anamnese mit aktueller Schwerpunktsetzung fokussiert erhoben werden. Auch wenn darauf hinzuweisen ist, dass auch dieses »Bild« und diese Beurteilung letztlich an einen Dritten korrekt weiter vermittelt werden muss, so dürfte doch klar sein, dass jede weitere »Zwischenstation« Veränderungen (positive wie negative) verursachen kann. Abhilfe schaffen können auch hier nur das Einhalten von Standards und eine systematische Qualitätssicherung.

Wenn bei multimorbiden Antragstellern verschiedene Fachgutachten gleichzeitig in Auftrag gegeben wurden, müssen diese letztlich in einer Zusammenschau aller Befunde einer *eigenständigen* sozialmedizinischen Gesamtbewertung unterzogen werden. Es ist eine Aufgabe des »Prüfarztes« eines sozialmedizinischen Dienstes, diese »Begutachtung nach Aktenlage« vorzunehmen. Dabei ist der Prüfarzt eigenständiger Gutachter. Die Funktion eines sog. »Obergutachters« gibt es allerdings nicht. Der Begriff suggeriert, dass es spezielle Gutachten oder Gutachter gäbe, denen bei Zweifelsfragen die Befugnis zukomme, die endgültige Entscheidung zu treffen. Die gutachterliche Wahrheitsfindung unterliegt aber keinem hierarchischen Prinzip, wie etwa bei gerichtlichen Urteilen. Widersprüche zwischen Sachverständigengutachten sind nicht nach formalen Regeln zu lösen, sondern allein anhand einer Würdigung der jeweiligen Argumente [53].

5.3.3 Konkrete »Anhaltspunkte«

Die Komplexität der sozialmedizinischen Sachaufklärung in Verbindung mit dem Wunsch nach Standardisierung und Gleichbehandlung der Versicherten lässt immer wieder die Forderung nach »konkreten Anhaltspunkten« für die Bewertung von Funktionseinschränkungen in Analogie zum Sozialen Entschädigungsrecht (SER) und Schwerbehindertenrecht (SGB IX) aufkommen. Die »Anhaltspunkte für die ärztliche Gutachtertätigkeit im Sozialen Entschädigungsrecht und nach dem Schwerbehindertenrecht« gingen zum 01.01.2009 auf in den »Versorgungsmedizinischen Grundsätzen« der Versorgungsmedizin-Verordnung [12]. Sie beinhalten Empfehlungen, Erläuterungen und rund 900 Richtwerte für die medizinische Begutachtung (in Hinsicht auf GdS = Grad der Schädigungsfolgen, GdB = Grad der Behinderung), die ausschließlich im Sozialen Entschädigungsrecht und Schwerbehindertenrecht anzuwenden sind. Wenn mit dem Grad der Schädigungsfolgen und dem Grad der Behinderung das Maß für die Beeinträchtigung der Teilhabe am Leben in der Gemeinschaft gemeint ist, wird einheitlich die Abkürzung GdS benutzt. GdS und GdB werden nach gleichen Grundsätzen bemessen. Beide Begriffe unterscheiden sich lediglich dadurch, dass der GdS nur auf die Schädigungsfolgen (also kausal) und der GdB auf alle Gesundheitsstörungen unabhängig von ihrer Ursache (also final) bezogen ist. Beide Begriffe haben die Auswirkungen von Funktionsbeeinträchtigungen in allen Lebensbereichen und nicht nur die Einschränkungen im allgemeinen Erwerbsleben zum Inhalt. GdS und GdB sind ein Maß für die körperlichen, geistigen, seelischen und sozialen Auswirkungen einer Funktionsbeeinträchtigung aufgrund eines Gesundheitsschadens. Aus dem GdB und GdS ist nicht auf das Ausmaß der Leistungsfähigkeit zu schließen. GdB und GdS sind grundsätzlich unabhängig vom ausgeübten oder angestrebten Beruf zu beurteilen, es sei denn, dass bei Begutachtungen im sozialen Entschädigungsrecht ein besonderes berufliches Betroffensein berücksichtigt werden muss. GdB und GdS setzen stets eine Regelwidrigkeit gegenüber dem für das Lebensalter typischen Zustand voraus. Dies ist insbesondere bei Kindern und alten Menschen zu beachten.

Die Bedingungen im Sozialen Entschädigungsrecht und Schwerbehindertenrecht lassen sich somit nicht einfach auf die sozialmedizinische Beurteilung im Reha- und Rentenrecht übertragen. Während auf der einen Seite ein Nachteilsausgleich für primär statische Zustände geschaffen werden soll, geht es auf der anderen Seite bei der Frage der Rehabilitation (Leistungen zur Teilhabe) oder der Erwerbsminderungsrente mehr um eine Betrachtung der Dynamik der funktionellen Störungen ihrer Auswirkungen auf die Erwerbsfähigkeit im Einzelfall. Dabei kann die Berücksichtigung der Kontextfaktoren von entscheidender Bedeutung sein. Denn es wird nicht isoliert der Schaden betrachtet, sondern die daraus erwachsenden Fähigkeits- und Aktivitätsstörungen und ihre tatsächliche Bedeutung für die Teilhabe im konkreten Einzelfall. Wegen der Vielzahl der möglichen individuellen Konstellationen auf der Ebene der Schädigungen und der Fähigkeitsstörungen ist eine Abbildung in einem Zahlensystem (zum Beispiel als »Grad der Minderung der Leistungsfähigkeit«) nicht sinnvoll möglich. Deshalb kann auch eine Bestimmung des Schweregrades chronischer Krankheiten, die in vielen Fällen möglich wäre, nicht in ein einfaches Bewertungssystem umgesetzt werden. Die standardisierte Zuordnung eines Krankheitsbildes zu bestimmten Schweregraden gibt in Stufen das Ausmaß von Funktionseinschränkungen bzw. das Fortschreiten des Krankheitsprozesses wieder, ist aber für sich betrachtet noch kein Parameter für die Leistungsfähigkeit im Erwerbsleben. Das Schweregrad-Instrumentarium ist nur *ein* Bestandteil auf dem Weg zur objektiven Beurteilung *einer* speziellen chronischen Erkrankung. Die hinterfragte Leistungsfähigkeit im Erwerbsleben ist eher ein »Bild« (qualitative und quantitative Leistungsfähigkeit), das mit anderen »Bildern« (Anforderungsprofilen des Arbeitsmarktes) verglichen werden muss. Dabei ist grundsätzlich weniger ein defizitorientierter Ansatz, als vielmehr eine positive Betrachtung des »Restleistungsvermögens« sinnvoll.

5.3.4 Objektivierung und Objektivität

Da der beauftragte Gutachter in verschiedener Hinsicht selbst eine Art »Messinstrument« darstellt, ist seine Objektivität ebenso wie die Objektivierung der von ihm erhobenen und dokumentierten Befunde von besonderer Bedeutung.

Objektivität bedeutet, dass Befundung und Bewertung vom Gutachter sachlich, unvoreingenommen und unparteilich vorgenommen werden. Da bei einer Begutachtung mit persönlicher Untersuchung immer zwei Individuen miteinander agieren, lassen sich naturgemäß (störende) subjektive Einflüsse nicht vollständig vermeiden [5]. Bekannte Interaktionsphänomene sind Übertragung und Gegenübertragung, die natürlich auch bei der Gutachter-Proband-Beziehung eine Rolle spielen [6, 13, 62]. Aber auch eine Begutachtung ohne persönlichen Kontakt, lediglich auf der Grundlage der vorliegenden Befunde, kann keine absolute Objektivität garantieren. Ein Gutachter ist eine Persönlichkeit mit Gefühlen, Wünschen, individueller Sozialisation, Ausbildung und Erfahrungen, wodurch seine Entscheidungen beeinflusst werden können. Andererseits werden auch bestimmte persönliche Eigenschaften beim Gutachter erwartet, wie z. B. Geduld, Einfühlungsvermögen und die Fähigkeit zur Selbstkontrolle und Selbstkritik, um die Sensitivität und Spezifität der Beurteilung zu erhöhen. Ist er sich dessen bei der sozialmedizinischen Beurteilung der Leistungsfähigkeit bewusst, wird er alle diese Einflüsse auf seine Entscheidung kritisch reflektieren. Daneben kann es im Einzelfall für eine objektive Entscheidung sinnvoll sein, die eigene Meinung mit der anderer Experten abzugleichen. Dies kann auch im Rahmen von Fortbildungen oder durch Rückgriff auf Leitlinien erfolgen. Außerdem dienen der Objektivität die Einhaltung allgemein anerkannter Standards, nachvollziehbare Begründungen und eine systematische Qualitätssicherung der Begutachtung.

Wo unter standardisierten Rahmenbedingungen primär technisch-apparative Befunde zu erheben sind, wie bei Laborbefunden, Röntgenuntersuchungen usw., lässt sich in aller Regel eine ausreichende Objektivierung erreichen (sog. »harte Daten«). Schwieriger ist die Bewertung der Fähigkeits- bzw. Aktivitäts- und Teilhabestörungen im Zusammenhang mit den Kontextfaktoren. Diese bedingt zwangsläufig die persönliche und direkte Interaktion von Proband und Untersucher. Um hier die größtmögliche Objektivität zu erreichen, sollte ein besonderes Gewicht auf die Anwendung indikationsspezifischer Beurteilungskriterien gelegt werden. Es sind ja nicht primär die Krankheiten, sondern die dadurch bedingten Folgen zu erkennen und sozialmedizinisch zu werten. Die Benutzung konsentierter oder evidenzbasierter Kriterien (z. B. Leitlinien zur sozialmedizinischen Beurteilung der Leistungsfähigkeit) vereinfacht sowohl die Gleichbehandlung der Versicherten als auch die korrekte Bewertung des Einzelfalls, der durch Aktivitäts- und Teilhabestörungen sowie individuelle Kontextfaktoren charakterisiert ist.

Die subjektiven Klagen oder Schmerzangaben eines Antragstellers müssen im Gutachten soweit wie möglich durch gezielte Fragestellungen und Beobachtungen neben dem Untersuchungsgang objektiviert werden (▶ Kap. 5.4.). Im psychosomatischen Indikationsbereich bedarf es des Nachweises eines psychopathologischen Befundes [17]. Gerade für diese Fälle benötigt man den *medizinischen* Sachverständigen.

Die Befunde, die der Gutachter als »Messinstrument« selbst erhebt, wie der allgemeine klinische Gesamteindruck, Hinweise auf konvergierende oder divergierende anamnestische Angaben oder auf konkrete Einschränkungen im Alltagsablauf, spontane Verhaltens- und Bewegungsmuster in der Begutachtungssituation usw., werden meist als sog. »weiche Daten« bezeichnet, da sie aus der subjektiven Wahrnehmung und Darstellung durch den Gutachter resultieren und ihnen deshalb oft eine gewisse Unsicherheit zugeschrieben wird. Man sollte sich aber davor hüten, den auf objektiven Untersuchungs- und Messmethoden beruhenden sog. »harten Daten« gene-

rell ein zu großes Gewicht zu geben, da sie nicht unbedingt funktionsbezogen erhoben werden. Beispielsweise sind röntgenologisch als schwer eingestufte Wirbelsäulenveränderungen nicht unbedingt mit entsprechenden Funktionseinschränkungen verbunden (siehe auch ▶ Abschn. 26.3.4). Die Plausibilität der gutachterlichen Beurteilung ergibt sich aus einer Vielzahl von Befunden und Eindrücken [38] wie ein aus vielen Einzelheiten bestehendes Bild, das eben »stimmig« sein muss, um zu überzeugen. vgl. auch ▶ Kap. 27.2.

5.3.5 Bedeutung exakter Grenzwerte

Für viele Bereiche der Beurteilung der Leistungsfähigkeit fehlen geeignete Instrumente, die es dem Gutachter ersparen würden, eine in der Gesamtschau der Befunde eher allgemeine Einschätzung abgeben zu müssen. Die anzugebenden Leistungsgrenzen, z. B Gewichtsangaben wie max. 10 kg beim Tragen und Heben von Lasten ohne Hilfsmittel, suggerieren ein exaktes Messergebnis, 9,999 kg wären somit noch erlaubt, 10,001 kg aber bereits gefährlich. In biologischen Systemen gibt es aber typischerweise solche exakten Grenzen nicht. Gutachterliche Angaben wie z. B. »dem Probanden kann regelmäßig eine Gehstrecke von 513 Meter zugemutet werden« oder er könne »regelmäßig 3 Stunden und 24 Minuten körperlich leichte Arbeiten verrichten« gehören nicht in ein seriöses Gutachten.

5.3.6 Ermessens-/Beurteilungsspielraum

Ermessensentscheidungen werden im Verwaltungsbereich getroffen, wenn der Gesetzgeber z. B. die Möglichkeit vorgesehen hat, es einer Behörde selbst zu überlassen, zwischen verschiedenen richtigen Möglichkeiten auszuwählen (§ 39 SGB I). Das Ermessen muss aber richtig ausgeübt werden, es darf kein Ermessensfehler vorliegen [39]. Für einen Arzt bedeutet der »Ermessensspielraum« eher die Bewegungs- und Entscheidungsfreiheit, die er dadurch hat, dass Vorschriften oder Gesetze etwas offenlassen. Für die Problematik der »richtigen« sozialmedizinischen Beurteilung der Leistungsfähigkeit im Erwerbsleben passt diese Begrifflichkeit aber nicht. Bei der Suche nach der sozialmedizinischen »Wahrheit« kann man meistens nicht zwischen verschiedenen richtigen Möglichkeiten wählen, sondern es ist deutlich zu machen, welche man mit welcher Wahrscheinlichkeit für die richtige oder angemessene hält. Deshalb stellt sich eher die Frage nach dem ärztlichen Beurteilungsspielraum. Der Arzt ist in seiner gutachterlichen Tätigkeit eigenverantwortlich und nicht weisungsgebunden, aber er hat das Gutachten mit der nötigen Sorgfalt und nach bestem Wissen und

Gewissen zu erstellen. Er hat fachliche Standards einzuhalten, muss die normativen Vorgaben des Auftraggebers berücksichtigen und seinen persönlichen Sachverstand plausibel und nachvollziehbar bei der Beantwortung der gutachterlichen Fragen einsetzen. Sofern dabei Sachverhalte zu bewerten sind, ohne dass die Möglichkeit zu einer standardisierten und objektiven Beurteilung gegeben ist, darf die subjektive Überzeugung des Gutachters aufgrund persönlicher Erfahrung ausschlaggebend sein, was aber im Gutachten entsprechend erkennbar sein muss. Insofern kann ein und derselbe Versicherte von verschiedenen Gutachtern ggf. durchaus verschieden beurteilt werden, ohne dass eine fehlerhafte Begutachtung vorliegen muss. Einheitliche Beurteilungskriterien und eine Weiterentwicklung der Qualitätssicherung der sozialmedizinischen Begutachtung sind dabei zielführend für die Gleichbehandlung der Versicherten.

5.3.7 Migrationshintergrund als Kontextfaktor bei der Begutachtung

Die Begutachtung von Migranten und Arbeitnehmern ausländischer Herkunft stellt oft wegen sehr ungünstiger Kontextfaktoren eine besondere Herausforderung an den Gutachter dar [15, 29, 33, 34, 63]; vgl. hierzu auch ► Abschn. 26.1.3. Migranten sind Personen, die ihren Wohnsitz in andere Länder verlegt haben. Die Erfüllung der Gleichbehandlung aller Versicherten bei adäquater Berücksichtigung der individuellen Gegebenheiten ist oft wegen vorhandener vielschichtiger Probleme ausgesprochen schwierig. Bei der Begutachtung muss bewusst sein, dass es nicht Aufgabe der gesetzlichen Rentenversicherung sein kann, Sozialkonflikte oder soziokulturelle Besonderheiten zu entschädigen. Vielmehr müssen die Beurteilungskriterien Anwendung finden, nach denen die Gemeinschaft aller Versicherten beurteilt wird, worin aber auch eingeschlossen ist, dass den Besonderheiten des Einzelfalles Rechnung getragen wird. Dabei muss auch eine kritisch-abwägende Wertung transkultureller und ethnomedizinischer Hintergründe – sofern dies von Bedeutung ist, wie z. B. in der Psychiatrie – im Gutachten Berücksichtigung finden. »Pseudo-ethnologische« Gutachten sind jedoch zu vermeiden [27].

5.3.8 Auf Kosten der Gesundheit

Gelegentlich wird an den Gutachter die Frage gestellt, ob die tatsächliche Ausübung einer beruflichen Tätigkeit unmittelbar auf Kosten der Gesundheit erfolgt. Das auf der Grundlage der sozialmedizinischen Begutachtung festgestellte Leistungsvermögen ist nämlich auch dann maßgebend, wenn der Versicherte darüber hinausgehend weiterhin erwerbstätig ist und unmittelbar auf Kosten der Gesundheit arbeitet. Dies ist dann der Fall, wenn mit dieser Tätigkeit eine unmittelbare und konkrete Gefahr der Verschlechterung des Gesundheitszustandes des Versicherten verbunden ist. Das dürfte in der Praxis selten gegeben sein und muss medizinisch sehr sorgfältig und nachvollziehbar begründet werden. Die gesetzlich festgelegten Hinzuverdienstgrenzen schließen einen Missbrauch aus.

Zudem ist darauf zu achten, ob der Versicherte tatsächlich noch vollschichtig erwerbstätig ist oder ob der Arbeitgeber eine nur noch zeitlich eingeschränkte Leistungsfähigkeit des Versicherten akzeptiert und ihn »vergönnungsweise« nominell vollschichtig beschäftigt. In diesem Fall gilt die ärztlich festgestellte quantitativ eingeschränkte Leistungsfähigkeit mit den entsprechenden sozialrechtlichen Folgen. Aber auch hier gelten die Hinzuverdienstgrenzen, die den Zahlbetrag der Rente begrenzen.

Allerdings hat die tatsächlich ausgeübte Tätigkeit nach Auffassung des Bundessozialgerichtes einen hohen Beweiswert. Wenn der Versicherte nicht unmittelbar auf Kosten der Gesundheit arbeitet und auch nicht »vergönnungsweise« erwerbstätig ist, kann u. U. das Vorliegen einer vollen Erwerbsminderung verneint werden, selbst wenn ein ärztliches Gutachten ein aufgehobenes Leistungsvermögen angibt.

5.3.9 Datenschutz und Schweigepflicht

Eva-Maria Paulus

Bei der sozialmedizinischen Begutachtung sind auch datenschutzrechtliche Aspekte zu beachten.

Über grundsätzliche Rechte und Pflichten der Mitwirkung des Versicherten bei der sozialmedizinischen Sachaufklärung gibt ► Kap. 2.2 Auskünfte. Neben diesen Rechten und Pflichten der Mitwirkung ergeben sich aber auch Rechte des Versicherten aus dem Bereich des Datenschutzes, die bei der Begutachtung zu berücksichtigen sind.

Grundsätzlich gilt das so genannte Verbot mit Erlaubnisvorbehalt. Dies ergibt sich aus dem im Grundgesetz verankerten Recht auf informationelle Selbstbestimmung. Das bedeutet, dass solange keine Erlaubnis zur Erhebung, Verarbeitung oder Nutzung der Daten vorliegt, diese auch nicht vorgenommen werden darf. In der Regel kann die Erlaubnis dadurch zu Recht angenommen werden, dass der Antragsteller zur Begutachtung erscheint und sich auch begutachten lässt.

In einem solchen Fall ist sowohl die Erhebung, als auch die Verarbeitung und Nutzung der Daten unkritisch.

Problematisch kann es im Einzelfall werden, wenn der Antragsteller zwar grundsätzlich in die Begutachtung eingewilligt hat und auch aktiv mitwirkt, in deren Verlauf oder später jedoch dem Gutachter die Weitergabe oder Verwertung bestimmter Befunde oder Erkenntnisse mit Hinweis auf die ärztliche Schweigepflicht verbieten möchte und damit seine Einwilligung teilweise rückgängig macht. Gleiches könnte auch im Rahmen einer Rehabilitation geschehen und dort z. B. auch andere Mitglieder des Reha-Teams wie psychologische Psychotherapeuten betreffen, denen ggf. untersagt werden soll, an den Arzt oder andere Mitglieder des Reha-Teams bestimmte oder überhaupt Angaben weiterzugeben.

Sofern solche Informationen für die Rehabilitation oder Leistungsbeurteilung keine (wesentliche) Rolle spielen, sind sie ohnehin nicht zu berichten und auch nicht schriftlich zu dokumentieren. In diesem Sinne ist der Gutachter von der Schweigepflicht grundsätzlich nur »teilentbunden«. Was nicht zur Sache gehört, das gehört nicht ins Gutachten.

Handelt es sich dagegen um wesentliche Informationen, gilt unverändert der Grundsatz, dass der Gutachter sein Gutachten unparteiisch und nach bestem ärztlichen Wissen und Gewissen zu erstellen hat. Hierbei ist er weder weisungsgebunden, noch darf er sich durch Vorstellungen und Äußerungen des Probanden oder im Verhältnis zu Dritten beeinflussen lassen (vgl. ▶ Abschn. 2.1.7).

Da der Versicherte entsprechend dem Grundrecht der informationellen Selbstbestimmung grundsätzlich über die Erhebung, Verarbeitung und Nutzung seiner Daten allein zu entscheiden hat, kann es passieren, dass nach dem Willen des Versicherten bestimmte Befunde, Angaben oder Daten nicht an den RV-Träger mitgeteilt werden sollen.

In einem solchen Fall hat der Gutachter zu prüfen, ob er den Gutachtenauftrag mit diesen Einschränkungen durch den Versicherten noch erfüllen kann oder ihn – ebenfalls unter Hinweis auf die Einwendungen des Versicherten – zurückgeben muss, da evtl. Sinn und Zweck der Begutachtung in Frage gestellt werden. Bei derartigen Vorbehalten des Versicherten sind ggf. weder eine »Wahrheitsfindung« noch eine transparente und nachvollziehbare Begründung der sozialmedizinischen Beurteilung im Gutachten möglich, und der Rentenversicherungsträger kann sich evtl. nicht der Beweismittel bedienen, die er nach seinem pflichtgemäßen Ermessen für erforderlich hält (siehe ▶ Abschn. 2.1.4). Daher liegt es in solchen Fällen im Ermessen des Rentenversicherungsträgers zu entscheiden, ob entweder dem Versicherten der Anspruch wegen fehlender Mitwirkung gem. § 66 SGB I zu versagen ist oder ob die ansonsten vorliegenden Erkenntnisse für eine sachgerechte Verwaltungsentscheidung ausreichen.

Gleiches gilt für die Problematik im Zusammenhang mit einer Rehabilitation. Eine umfassende Sachaufklärung (auch im Sinne des SGB IX) ist ggf. nicht möglich, wenn nur Teilbefunde nach Vorgaben des Versicherten verwendet werden dürfen. Der betroffene psychologische Psychotherapeut z. B. müsste das Reha-Team über die Beschränkung durch den Versicherten (allgemein) informieren, worauf dann über die Möglichkeit einer sinnvollen Weiterführung der gesamten Rehabilitation im Einzelfall entschieden werden muss. Sollten die Reha-Ziele im weiteren Verlauf letztlich doch nicht erreicht werden, muss vom zuständigen Arzt auch über den möglichen Einfluss auf die sozialmedizinische Leistungsbeurteilung entschieden werden. Im Reha-Entlassungsbericht ist dieser Umstand auf jeden Fall entsprechend zu berücksichtigen und in der Bedeutung extra zu würdigen.

5.4 Qualitätsmanagement und Qualitätssicherung

Helga Mai, Jörg Gehrke, Wolfgang Cibis

Qualität ist seit jeher ein zentraler Begriff im Bereich Produktion und Dienstleistung. Für den Anwendungsbereich des Qualitätsmanagements ist der Fachbegriff Qualität international vereinheitlicht und bedeutet verkürzt: Qualität ist die an den Anforderungen gemessene realisierte Beschaffenheit [23]. Qualität sollte nicht dem Zufall überlassen werden. Planung, Umsetzung, Prüfung und Verbesserung der Erstellung von Produkten/Dienstleistungen sollten systematisch in ein Qualitätsmanagementsystem eingebunden und kontinuierlich fortentwickelt werden. Seit Ende der 80er-Jahre des vorangegangenen Jahrhunderts etablierte sich zunächst in der technischen Fertigungsindustrie, später in vielen weiteren Branchen die Normengruppe DIN EN ISO 9000ff (DIN steht für Deutsches Institut für Normung e. V., EN für den Anerkennungsstatus durch das Comité Européen de Normalisation, ISO für International Organisation for Standardization). Die DIN EN ISO 9000ff-Normen beschreiben die Grundlagen und Begriffe, Anforderungen sowie Empfehlungen zur Leistungsverbesserung in Qualitätsmanagementsystemen. Seit ihrer Fassung 2000 ist die DIN EN ISO 9000ff-Normenreihe prozessorientiert aufgebaut und besser für Dienstleistungen anwendbar. Mit der Einführung von Qualitätsmanagementsystemen gewann auch das Thema Zertifizierung immer mehr an Bedeutung [46]. Die **Zertifizierung** stellt ein Verfahren mit schriftlicher Bestätigung (Zertifikat) nach Prüfung durch Dritte dar, dass ein Produkt oder eine Organisation in ihrer Gesamtheit festgelegte Anforderungen erfüllt.

Qualitätsmanagement (QM) Qualitätsmanagement wird nach den DIN-Normen definiert als aufeinander abgestimmte Tätigkeiten zum Leiten und Lenken einer Organisation bezüglich Qualität, die üblicherweise das

Festlegen der Qualitätspolitik und der Qualitätsziele, die Qualitätsplanung, die Qualitätslenkung, die Qualitätssicherung und die Qualitätsverbesserung umfassen (DIN EN ISO 9000:2005, Abs. 3.2.8) [23].

Qualitätsmanagementsystem. Unter Qualitätsmanagementsystem verstehen die DIN-Normen ein Managementsystem zum Leiten und Lenken einer Organisation bezüglich der Qualität, d. h. die zur Verwirklichung des Qualitätsmanagements erforderliche Organisationsstruktur, Verfahren, Prozesse und Mittel (DIN EN ISO 9000:2005, Abs. 3.2.3) [23]. Bei der Gestaltung ihrer QM-Systeme sind die Organisationen grundsätzlich frei.

Total Quality Management (TQM). Von besonderer Bedeutung ist das sog. *Umfassende Qualitätsmanagement*, das auch als *Total Quality Management (TQM)* bezeichnet wird. Darunter versteht man eine auf die Mitwirkung aller Mitglieder gestützte Managementmethode einer Organisation, die Qualität in den Mittelpunkt stellt und durch Zufriedenstellung der Kunden auf langfristigen Geschäftserfolg sowie auf Nutzen für die Mitglieder der Organisation und für die Gesellschaft zielt (DIN EN ISO 8402:1995, Abs. 3.7) [22].

Qualitätssicherung (QS). Nach den Din-Normen ist die Qualitätssicherung ein Teil des Qualitätsmanagements, der auf das Erzeugen von Vertrauen darauf gerichtet ist, dass Qualitätsanforderungen erfüllt werden, somit eine Organisation alle festgelegten, üblicherweise vorausgesetzten und verpflichtenden Erfordernisse und Erwartungen erfüllt (DIN EN ISO 9000:2005, Abs. 3.2.12) [23]. Vor 1994 wurde unter dem Begriff Qualitätssicherung das gesamte Qualitätsmanagement verstanden, seit 1994 ist die Qualitätssicherung nach internationaler Übereinkunft nur noch ein Teil des Qualitätsmanagements. Unter Qualitätssicherung fällt z. B. die Darlegung qualitätsrelevanter Informationen nach innen (betriebliches Qualitätsberichtswesen, Selbstbewertung, Managementreview) und außen (Qualitätsberichte, Zertifizierung, Qualitätspreise).

Viele auch heute noch übliche Begriffe und Definitionen entstammen dem technischen Bereich und müssen für den Dienstleistungsbereich »übersetzt« werden. Während im technischen Bereich das Normen-System der DIN EN ISO seit Jahrzehnten fest etabliert ist, dort entsprechende Qualitätsmanagementsysteme installiert und Zertifizierungen danach durchgeführt werden, wurde für den Dienstleistungs- und Gesundheitsbereich erst später eine dienstleistungsnähere Ausgestaltung des DIN EN ISO-Systems geschaffen. Ferner wurde von großen europäischen Industrieunternehmen unterschiedlicher Branchen 1988 die European Federation for Quality Management (EFQM) gegründet und diese entwickelte ein umfassendes Modell des Managements for Excellence mit entsprechenden Qualitätsaudits (systematische Überprüfungen anhand festgelegter Kriterien) und Qualitätspreisen (z. B. European Quality Award). Spezielle Zertifizierungen für Krankenhäuser entwickelten zuerst die JOINT-Commission on Accreditation of Healthcare Organizations (JCAHO; USA), später die Kooperation für Transparenz und Qualität im Gesundheitswesen (KTQ; Deutschland). Unterschiedliche, auch rehabilitationsspezifische Qualitätsmanagementsysteme und Zertifizierungen existieren, orientieren sich häufig an den etablierten Systemen bzw. stellen einen Cross-Walk unterschiedlicher Systeme in ein gemeinsames Rahmenkonzept oder eine spezifische Weiterentwicklung dar.

Der auch im Gesundheitswesen mittlerweile etablierte Begriff des **Kunden** ist im sozialmedizinischen Kontext nicht unproblematisch. Laut DIN EN ISO 9000:2005, Abs. 3.3.5 [23] ist ein Kunde eine Organisation oder eine Person, die ein Produkt empfängt, wobei auch eine Dienstleistung ein Produkt darstellt. Ein Kunde kann der Organisation angehören (interner Kunde) oder ein Außenstehender (externer Kunde) sein. Kundenorientierung bedeutet, sich an den Wünschen des Kunden zu orientieren. Im sozialmedizinischen Kontext unterscheidet sich nicht nur die typische Arzt-Patient-Beziehung, sondern auch die Beziehung zwischen Gutachter und Antragsteller bzw. Probanden deutlich von der üblichen Beziehung zwischen Dienstleister und Kunden/Käufer in der Wirtschaft. Der Gutachter »verkauft« dem zu Begutachtenden nichts, jedenfalls nicht direkt. Als »Kunden« kann man eher den RV-Träger als direkten Auftraggeber sehen. Als Vertreter der Versichertengemeinschaft/Solidargemeinschaft hat der Sozialleistungsträger kein natürliches Interesse an einer Gewinnmaximierung (Non-Profit-Organisation), er hat eine gesetzliche Aufgabe zu erfüllen, dies muss er allerdings effektiv und effizient tun. Insofern ist ihm daran gelegen, seine Aufgabe sachgerecht und angemessen zu erfüllen. Der ärztliche Gutachter hat bei der sozialmedizinischen Sachaufklärung die klar zugewiesene Position des unabhängigen und unparteilichen Sachverständigen und damit eine gewisse »Garantenstellung« für ein neutrales und sachbezogenes Bewertungssystem.

5.4.1 Rechtliche Rahmenbedingungen der Qualitätssicherung im Gesundheitswesen

Ein wichtiger Bestandteil der ärztlichen Berufsausübung ist die Sicherung der Qualität der eigenen Arbeit. In den letzten beiden Jahrzehnten wuchs die Notwendigkeit, Qualitätssicherung (QS) und Qualitätsmanagement (QM) systematisch zu betreiben und für die Öffentlichkeit transparent zu machen. Die Ärzteschaft hat sich seit 1988 in den Ärztlichen Berufsordnungen ausdrücklich zur Teilnahme an Qualitätssicherungsmaßnahmen verpflichtet. Beim 96. Deutschen Ärztetag 1993 wurden »10 Thesen der Ärzteschaft zur medizinischen Qualitätssicherung und Qualitätsverbesserung« beschlossen (siehe ◘ Tab. 5.1), die vom 101. Deutschen Ärztetag 1998 nochmals bekräftigt wurden.

Seit 1989 verpflichtete der Gesetzgeber bundesweit die Beteiligten im Gesundheitswesen in §137 SGB V zur Entwicklung und Durchführung von Qualitätssicherungsmaßnahmen. Die Landesgesetzgeber nahmen entsprechende Vorgaben in den Heilberufgesetzen auf. Die Einrichtung einer Bundesgeschäftsstelle für Qualitätssicherung (BQS) war ein weiterer Schritt zur Umsetzung des §137 SGB V i. d. F. vom 01.01.2000.

Nach der in **§ 135 SGB V** zunächst geschaffenen Verpflichtung zur Teilnahme an externen Maßnahmen der Qualitätssicherung wurden Vertragsärzte, medizinische Versorgungszentren, zugelassene Krankenhäuser, Erbringer von Vorsorgeleistungen und Rehabilitationsmaßnahmen und Einrichtungen mit einem Versorgungsvertrag nach §111a SGB V verpflichtet, einrichtungsintern ein Qualitätsmanagement einzuführen und weiterzuentwickeln. Für nach §108 SGB V zugelassene Krankenhäuser legte der Gemeinsame Bundesausschuss 2004 als grundsätzliche Anforderung an das verpflichtende interne Qualitätsmanagement fest, dass die Grundlage hierfür das Prinzip des umfassenden Qualitätsmanagements [auch Total Quality Management (TQM)] sein soll.

In **§ 137 SGB V** wurden Kriterien für die indikationsbezogene Notwendigkeit und Qualität der im Rahmen der Krankenhausbehandlung durchgeführten diagnostischen und therapeutischen Leistungen sowie die Mindestanforderungen an die Strukturqualität einschließlich im Abstand von fünf Jahren zu erfüllender Fortbildungspflichten der Fachärzte vereinbart. Alle zwei Jahre (begonnen 2004/2005) haben nun die zugelassenen Krankenhäuser einen strukturierten Qualitätsbericht zu veröffentlichen, in dem Art und Anzahl der Leistungen sowie der Stand der Qualitätssicherung darzulegen sind.

Mit dem GKV-Modernisierungsgesetz wurde zum 01.01.2004 der Gemeinsame Bundesausschuss (G-BA) eingerichtet, dessen Träger die Spitzenverbände der Krankenkassen, die Deutsche Krankenhausgesellschaft, die Kassenärztliche Bundesvereinigung (KBV) und die Kassenzahnärztliche Bundesvereinigung (KZBV) sind. Nach **§ 137** i. V. m. **§ 92 SGB V** konkretisiert der G-BA, welche ambulanten oder stationären Leistungen entsprechend §70 SBG V ausreichend, zweckmäßig und wirtschaftlich sind und beschließt die erforderlichen Richtlinien. Der G-BA kann dabei die Erbringung oder Verordnung von Leistungen einschränken, wenn nach dem allgemeinen

◘ **Tab. 5.1** Thesen der Ärzteschaft zur medizinischen Qualitätssicherung und Qualitätsverbesserung

1. Qualitätssicherung ist seit jeher eine der ärztlichen Berufsausübung immanente gemeinschaftliche Aufgabe der Ärzteschaft.
2. Qualitätssicherung umfasst alle Bereiche ärztlicher Berufsausübung und muss im Sinne eines Qualitätssicherungsmanagements in gleicher Weise in allen Versorgungsbereichen durchgeführt werden.
3. Qualitätssicherung dient ausschließlich der Sicherung und Verbesserung der Patientenversorgung und ist daher kein Selbstzweck.
4. Qualitätssicherung bedient sich problemadäquater Methoden.
5. Qualitätssicherung bedarf bei uneingeschränkter Wahrung des Patientengeheimnisses des Vertrauensschutzes. Dabei gilt der Grundsatz: Selbstkontrolle vor Fremdkontrolle.
6. Qualitätssicherung setzt valide Daten und enge Kooperation aller Beteiligten voraus.
7. Qualitätssicherung ist nicht vorrangig Forschung, sondern ein zielorientierter, innovativer fortdauernder und interdisziplinärer Prozess in allen medizinischen Versorgungsbereichen. Sie bedient sich wissenschaftlicher Methoden zur Entwicklung und Evaluation geeigneter Maßnahmen zur Anwendung in Praxis und Klinik.
8. Qualitätssicherung darf nicht mit Maßnahmen zur Verbesserung der Wirtschaftlichkeit im Gesundheitswesen verwechselt werden, auch wenn mit den Methoden der Qualitätssicherung eine Verbesserung der Wirtschaftlichkeit erreicht werden kann.
9. Qualitätssicherung bedarf angemessener personeller und organisatorischer Strukturen. Diese sind mit Kosten verbunden.
10. Für den finanziellen Mehraufwand, der den Teilnehmern an Qualitätssicherungsmaßnahmen entsteht, sind zusätzliche notwendige Finanzmittel bereitzustellen. Dies ist durch die Erhöhung der betreffenden Budgets durch den Gesetzgeber zu regeln.

Stand der medizinischen Erkenntnisse der diagnostische oder therapeutische Nutzen, die Notwendigkeit oder die Wirtschaftlichkeit nicht nachgewiesen sind. Zur Umsetzung seiner gesetzlichen Aufgaben gemäß §90 ff. und §137 SGB V gründete der G-BA das fachlich unabhängige Institut für Qualität und Wirtschaftlichkeit im Gesundheitswesen (IQWiG). G-BA und IQWiG sind Einrichtungen im Geltungsbereich des SGB V Gesetzliche Krankenversicherung, wirken jedoch in andere Rechtsbereiche (SGB VI, VII, IX) hinein.

§ 20 SGB IX regelt für **alle** Rehabilitationsträger die Vereinbarung gemeinsamer Empfehlungen zur Sicherung und Weiterentwicklung der Qualität der Leistungen, insbesondere zur barrierefreien Leistungserbringung, sowie für die Durchführung vergleichender Qualitätsanalysen. Mit Inkrafttreten des GKV-Wettbewerbsstärkungsgesetzes zum 01.04.2007 wurden im § 20 SGB IX Abs. 2a auch die Einführung eines internen Qualitätsmanagements und die Teilnahme am Zertifizierungsverfahren für stationäre Rehabilitationseinrichtungen verpflichtend festgeschrieben. Die Spitzenverbände der Rehabilitationsträger vereinbarten im Rahmen der Bundesarbeitsgemeinschaft für Rehabilitation die Anforderungen an ein einrichtungsinternes Qualitätsmanagement sowie ein einheitliches, unabhängiges Zertifizierungsverfahren (www.bar-frankfurt.de) [8].

Gemäß § 4 der **(Muster-)Berufsordnung für die deutschen Ärztinnen und Ärzte** sind Ärztinnen und Ärzte, die ihren Beruf ausüben, verpflichtet, sich in dem Umfange beruflich fortzubilden, wie es zur Erhaltung und Entwicklung der zu ihrer Berufsausübung erforderlichen Fachkenntnisse notwendig ist. Seit dem 107. Deutschen Ärztetag 2004 haben Ärztinnen und Ärzte auf Verlangen ihre Fortbildung gegenüber der Ärztekammer durch ein Fortbildungszertifikat einer Ärztekammer nachzuweisen. Ärztinnen und Ärzte sind verpflichtet, an den von der Ärztekammer eingeführten Maßnahmen zur Sicherung der Qualität der ärztlichen Tätigkeit teilzunehmen und der Ärztekammer die hierzu erforderlichen Auskünfte zu erteilen. Ferner verpflichtet § 25 der (Muster-)Berufsordnung die Ärztinnen und Ärzte, bei der Ausstellung ärztlicher Gutachten und Zeugnisse mit der notwendigen Sorgfalt zu verfahren und nach bestem Wissen ihre ärztliche Überzeugung auszusprechen. Gutachten und Zeugnisse, zu deren Ausstellung Ärztinnen und Ärzte verpflichtet sind oder die auszustellen sie übernommen haben, sind innerhalb einer angemessenen Frist abzugeben (www.bundesaerztekammer.de) [11].

5.4.2 Qualitätsentwicklung in Rehabilitation und Sozialmedizin in der gesetzlichen Rentenversicherung

■ **Reha-Qualitätssicherung**

Im Bereich der Rehabilitation hat die Gesetzliche Rentenversicherung (GRV) eine führende Rolle eingenommen und im Jahre 1994 ein Qualitätssicherungsprogramm eingeführt [49]. Seither wurde ein umfassendes System zur Reha-Qualitätssicherung (QS) von der Deutschen Rentenversicherung aufgebaut: Unterschiedliche Aspekte der Qualität der Rehabilitation werden berücksichtigt, möglichst viele Rehabilitanden und Rehabilitationseinrichtungen werden einbezogen, die Datenerhebungen erfolgen regelmäßig. Qualitätsunterschiede in der rehabilitativen Versorgung werden durch eine kontinuierliche spezifische und umfängliche Berichterstattung, die den Dialog der Verantwortlichen aus den Rehabilitationseinrichtungen mit den Vertretern der Leistungsträger fördert, aufgezeigt. Damit ist eine wesentliche Voraussetzung für eine kontinuierliche Qualitätsentwicklung geschaffen worden [36].

Ein umfangreiches QS-Instrumentarium, bestehend aus Rehabilitandenfragebogen, Peer Review-Verfahren und Strukturerhebungsbogen, wurde zunächst für den Bereich der stationären medizinischen Rehabilitation entwickelt, um indikationsbezogen Rehabilitationseinrichtungen in Bezug auf Struktur-, Prozess- und Ergebnisqualität zu vergleichen (www.deutsche-rentenversicherung.de). Da die gesetzliche Rentenversicherung ein seit Jahren gut ausgebautes Dokumentationssystem besitzt, besteht die Möglichkeit, ohne zusätzlichen Aufwand Routinedaten zur Qualitätsmessung einzusetzen, z.B. zur Dokumentation der therapeutischen Leistungen. Darüber hinaus dienen die Versichertendaten und die Angaben aus dem Ärztlichen Reha-Entlassungsbericht zur Beschreibung der Rehabilitanden und möglicher Einflussgrößen (Alter, Geschlecht, Diagnosen etc.) auf die Ergebnisqualität. Zur Ergebnisbewertung werden auch die routinemäßig vorliegenden Informationen über den Erwerbsverlauf nach Rehabilitation herangezogen. Die Visitation von Reha-Einrichtungen durch Vertreter der Leistungsträger validiert und ergänzt die vorliegenden Daten »vor Ort«.

Die Instrumente und Verfahren der Qualitätssicherung werden kontinuierlich angepasst und auf weitere Versorgungsbereiche, wie die ambulante Rehabilitation, die Rehabilitation von Kindern und Jugendlichen sowie die Leistungen zur Teilhabe am Arbeitsleben, ausgeweitet [37]. Eine umfassende Qualitätsbewertung der Rehabilitationseinrichtungen ist einerseits für eine Belegung durch die Rentenversicherung notwendig. Andererseits werden die erhobenen Daten der Qualitätssicherung auch für versorgungsorientierte und Forschungsfragestellungen genutzt. Aktuelle Informationen über die Reha-Qualitätssicherung der Deutschen Rentenversicherung sind abrufbar unter http://www.deutsche-rentenversicherung.de > Deutsche Rentenversicherung > Rehabilitation > Reha-Qualitätsicherung.

■ **Qualitätssicherung der sozialmedizinischen Begutachtung**

Den erhöhten Anforderungen der Qualitätssicherung an alle Akteure im Gesundheitswesen Rechnung tragend, werden auch im Bereich der sozialmedizinischen Begutachtung zunehmend Bestrebungen zur Qualitätssicherung aufgenommen. Die Qualität sozialmedizinischer Begutachtung beeinflusst nicht nur die Leistungsentscheidung des zuständigen Rentenversicherungträgers, sondern legt auch die Grundlage für eine Gleichbehandlung der Versicherten. Systematische Qualitätssicherung ist daher auch für die sozialmedizinische Begutachtung in der gesetzlichen Rentenversicherung und die daran mitwirkenden Ärzte zwingend erforderlich. Unter dem Aspekt, dass Qualitätssicherung ein unverzichtbarer Bestandteil jeder ärztlichen Tätigkeit ist, erhöht auch eine qualitativ hochwertige Dokumentation und Begründung der medizinischen Ermittlungsschritte sowie der abschließenden Beurteilung die Akzeptanz der sozialmedizinischen Begutachtung. Vor diesem Hintergrund misst die gesetzliche Rentenversicherung der Qualitätssicherung eine herausragende Bedeutung zu [52], die in ein umfassendes Qualitätsmanagement-Konzept einzubinden ist und kontinuierlich weiterentwickelt werden muss.

Die Begutachtung wird in der gesetzlichen Rentenversicherung durch trägerspezifische Sozialmedizinische Dienste durchgeführt. Trotz unterschiedlicher Strukturen und Prozesse bei den einzelnen Rentenversicherungsträgern wurden in der gesetzlichen Rentenversicherung Maßnahmen ergriffen, zu einer vergleichbaren Ergebnisqualität in der sozialmedizinischen Begutachtung zu kommen. Dazu gehören

- verbindliche Hinweise zur Erstellung ärztlicher Gutachten für die gesetzliche Rentenversicherung [58],
- Leitlinienprogramm der Deutschen Rentenversicherung (www.deutsche-rentenversicherung.de),
- Qualitätszirkelarbeit,
- bundesweite sozialmedizinische Fortbildungsmaßnahmen (www.deutsche-rentenversicherung.de),
- Einsatz hausinterner Qualitätssicherungsprogramme der einzelnen Rentenversicherungsträger [57].

Nach der Erfahrung deutlicher Impulse aus der vormaligen Reha-Kommission für die Weiterentwicklung der Rehabilitation in der gesetzlichen Rentenversicherung wurde im Jahr 2002 die trägerübergreifende »Kommission zur Weiterentwicklung der Sozialmedizin in der gesetzlichen Rentenversicherung« (SOMEKO) vom Verband Deutscher Rentenversicherungsträger (VDR) eingerichtet. In ihrer zweijährigen Tätigkeit arbeitete diese zu Themen wie Rolle der Sozialmedizin in der sozialen Sicherung, Qualität der sozialmedizinischen Beurteilung sowie dem Management der sozialmedizinischen Sachaufklärung als zentrale Anliegen der Sozialmedizin in der gesetzlichen Rentenversicherung [60]. Einer Bestandsaufnahme folgte die Formulierung von konkreten Handlungsfeldern und die Ausarbeitung von Empfehlungen, die trägerübergreifend bei allen Sozialmedizinischen Diensten in die Praxis umgesetzt werden sollten. Dazu gehörten insbesondere:

1. Festlegung eines gemeinsamen Verfahrens zur Erstellung von Leitlinien zur Begutachtung mit entsprechendem Konsensusverfahren,
2. Entwicklung eines trägerübergreifenden Konzepts zur systematischen Qualitätssicherung der sozialmedizinischen Begutachtung,
3. Erstellung eines sozialmedizinischen Glossars zur Förderung einer gemeinsamen Sprache [18],
4. Ausarbeitung eines einheitlichen Selbstauskunftsbogens für Anträge auf Rehabilitation und Erwerbsminderungsrente zwecks verbesserter Kommunikation mit Versicherten.

Die Ergebnisse der SOMEKO [60] und der eingesetzten Arbeitsgruppen waren die Grundlage für die Umsetzung dieser Aufgaben, die mit der Organisationsreform der Deutschen Rentenversicherung zum 01.10.2005 vom VDR auf die Deutsche Rentenversicherung Bund (Geschäftsbereich Sozialmedizin und Rehabilitation) übertragen wurde, die dies in Kooperation mit den anderen Trägern der Deutschen Rentenversicherung fortführt. Für das Handlungsfeld der Qualitätssicherung im Bereich der sozialmedizinischen Begutachtung ist ein Peer Review-Verfahren vorgesehen, bei dem erfahrene Sozialmediziner der Rentenversicherungträger, sogenannte »Peers«, anhand strukturierter und standardisierter Vorgaben die Ergebnisqualität von Gutachten prüfen [21]. Peers (»Gleichgestellte«) sind Angehörige einer Berufsgruppe oder berufene Fachleute, die im Rahmen eines Peer Review-Verfahrens die eigene Leistungsfähigkeit sowie die der Kollegen – unter Anwendung eines strukturierten Prozesses – kontinuierlich, systematisch und kritisch reflektieren. Die Systematik des Qualitätssicherungsverfahrens wird in ▶ Abschn. 5.4.4 ausgeführt.

5.4.3 Leitlinien

Leitlinien werden in der Medizin als wichtiges Qualitätsmerkmal einer bedarfsgerechten Gesundheitsversorgung sowie als Mittel für einen schnellen und flächendeckenden Wissenstransfer von der Wissenschaft in die Praxis gesehen. Sie aggregieren wissenschaftliche Evidenz zu bestimmten Fragestellungen und fungieren als systematisch entwickelte Entscheidungshilfen über die angemessene ärztliche Vorgehensweise bei speziellen gesundheitlichen Problemen im Rahmen der strukturierten medizinischen Versorgung [28]. Sie haben somit eine anleitende wie Qualität sichernde Funktion.

■ Methodik der Leitlinienerstellung und -bewertung
Nachdem der Sachverständigenrat für die Konzertierte Aktion im Gesundheitswesen im Jahr 1995 die Arbeitsgemeinschaft der Wissenschaftlichen Medizinischen Fachgesellschaften (AWMF) gebeten hatte, Leitlinien für die Diagnostik und Therapie zu entwickeln, wurden in kurzer Folge über 1.000 Leitlinien erstellt. Die großen Qualitätsunterschiede dieser Leitlinien führten dazu, dass heute für jede Leitlinie ein Methoden-Report zu erstellen ist, aus dem Träger/Finanzierung, Herausgeber, Patientenbeteiligung, Themenauswahl/Priorisierung, Entwicklung

und Konsensusprozess, Gültigkeitsdauer/Aktualisierung, Darstellung, Verbreitung und Implementierung, Evaluation und Qualitätsindikatoren sowie redaktionelle Unabhängigkeit, Darlegung von Interessenkonflikten und der Empfehlungsgrad zu ersehen sind [9] (erhältlich unter www.versorgungsleitlinien.de/methodik/reports).

In Deutschland haben sich die Arbeitsgemeinschaft der Wissenschaftlichen Medizinischen Fachgesellschaften (AWMF) sowie das Ärztliche Zentrum für Qualitätssicherung in der Medizin (ÄZQ) in besonderem Maße bei der Entwicklung von Leitlinien profiliert [1]. Die methodischen Anforderungen an die Leitlinienentwicklung wurden aktualisiert bzw. entwickelt, so dass nun auch eine bessere internationale Abstimmung von Leitlinien möglich ist [45]. Hierzu wurde das Deutsche Instrument zur methodischen Leitlinien-Bewertung (DELBI) erarbeitet (www.delbi.de) [2], dessen Einsatz bei der Entwicklung neuer sowie zur Bewertung und Aktualisierung bestehender Leitlinien empfohlen wird. Das Instrument wird auch als Grundlage für Entscheidungsträger empfohlen, die Empfehlungen über die Anwendung von Leitlinien in der Versorgungspraxis abgeben wollen.

Nach dem Regelwerk der AWMF werden nur Leitlinien in das AWMF-Register aufgenommen, die der AWMF bereits vor Beginn ihrer Erarbeitung in einem strukturierten Anmeldeverfahren gemeldet und nach Abschluss der Erarbeitung von den Vorständen der herausgebenden Fachgesellschaft(en) verabschiedet wurden (www.uni-duesseldorf.de/WWW/AWMF).

Hervorzuheben ist das **Programm für Nationale VersorgungsLeitlinien** (www.versorgungsleitlinien.de) als eine gemeinsame Initiative von BÄK, KBV und AWMF zur Qualitätsförderung in der Medizin. Hier werden mit großem Aufwand evidenzbasierte ärztliche Entscheidungshilfen für die strukturierte medizinische Versorgung (Disease Management, Integrierte Versorgung) erarbeitet [1, 3] (erhältlich unter http://www.leitlinien.de/clearingverfahren/clearingberichte/index/view).

Als Beschlüsse der Vorstände von BÄK und KBV von Juni 1997 wurden die »Beurteilungskriterien für Leitlinien in der medizinischen Versorgung« bekannt gemacht [10]. Definitionen, Ziele und Qualitätskriterien für Leitlinien zeigt ◘ Tab. 5.2.

Die Bundesärztekammer definiert die Verbindlichkeit von Richtlinien, Leitlinien, Empfehlungen und Stellungnahmen wie folgt:

»Die Qualität der ärztlichen Berufsausübung orientiert sich an Maßstäben, die von Experten, insbesondere der Medizin, aber auch der Rechtswissenschaften, der Philosophie, der Ethik und der Theologie, erarbeitet werden. Im deutschen Sprachgebrauch haben sich Begriffe etabliert, deren Verbindlichkeit in der unten genannten Reihenfolge abnimmt:

◘ **Tab. 5.2** Leitlinien: Definition, Ziele und Qualitätskriterien"

Leitlinien	– sind systematisch entwickelte Entscheidungshilfen über angemessene ärztliche Vorgehensweise bei speziellen gesundheitlichen Problemen, – stellen den nach einem definierten, transparent gemachten Vorgehen erzielten Konsens mehrerer Experten aus unterschiedlichen Fachbereichen und Arbeitsgruppen (ggf. unter Berücksichtigung von Patienten) zu bestimmten ärztlichen Vorgehensweisen dar, – sind wissenschaftlich begründete und praxisorientierte Handlungsempfehlungen, – sind Orientierungshilfen im Sinne von »Handlungs- und Entscheidungskorridoren«, von denen in begründeten Fällen abgewichen werden kann oder sogar muss, – werden regelmäßig auf ihre Aktualität hin überprüft und ggf. fortgeschrieben. – Methodische Instrumente zur Erstellung von Leitlinien sind unter anderem Konsensuskonferenzen, Delphi-Analysen, Therapiestudien, Metaanalysen.
Leitlinien dienen	– der Sicherung und Verbesserung der gesundheitlichen Versorgung der Bevölkerung, – der Berücksichtigung systematisch entwickelter Entscheidungshilfen in der ärztlichen Berufspraxis, – der Motivation zu wissenschaftlich begründeter und ökonomisch angemessener ärztlicher Vorgehensweise unter Berücksichtigung der Bedürfnisse und Einstellungen der Patienten, – der Vermeidung unnötiger und überholter medizinischer Maßnahmen und unnötiger Kosten, – der Information der Öffentlichkeit (Patienten, Kostenträger, Verordnungsgeber, Fachöffentlichkeit und andere) über notwendige und allgemein übliche ärztliche Maßnahmen bei speziellen Gesundheitsrisiken und Gesundheitsstörungen.
Qualitätskriterien für Leitlinien	– Transparenz – Gültigkeit (Validität) – Zuverlässigkeit und Reproduzierbarkeit – Multidisziplinäre Entwicklung – Anwendbarkeit – Flexibilität – Klarheit, Eindeutigkeit – Dokumentation der Leitlinienentwicklung – Planmäßige Überprüfung – Überprüfung der Anwendung – Kosten-Nutzen-Verhältnis – Verfügbarkeit der Leitlinie

Richtlinien sind meist von Institutionen veröffentlichte Regeln des Handelns und Unterlassens, die dem einzelnen Arzt einen geringen Ermessensspielraum einräumen. Ihre Nichtbeachtung kann Sanktionen nach sich ziehen. Eine ähnliche Verbindlichkeit wie Richtlinien haben **Standards**, die als normative Vorgaben bezüglich der Erfüllung von Qualitätsanforderungen verstanden werden und durch ihre i.d. R. exakte Beschreibung einen mehr technisch-imperativen Charakter haben.

Demgegenüber sind **Leitlinien** systematisch entwickelte Entscheidungshilfen über angemessene Vorgehensweisen bei speziellen diagnostischen und therapeutischen Problemstellungen. Sie lassen dem Arzt einen Entscheidungsspielraum und »Handlungskorridore«, von denen in begründeten Einzelfällen auch abgewichen werden kann.

Empfehlungen und Stellungnahmen wollen die Aufmerksamkeit der Ärzteschaft und der Öffentlichkeit auf änderungsbedürftige und beachtenswerte Sachverhalte lenken. Ein **Memorandum** dient mit seinem Inhalt der umfassenden Information und Aufklärung. Seine Inhalte sollen für die Urteilsbildung des Arztes über den aktuellen Stand des Wissens ggf. auch über veraltetes Wissen von Nutzen sein.« (www.bundesaerztekammer.de)

- **Leitlinien zur sozialmedizinischen Begutachtung**

Die Kommission zur Weiterentwicklung der Sozialmedizin in der gesetzlichen Rentenversicherung (SOMEKO) hat in ihrem Abschlussbericht 2004 [60] die Entwicklung und Implementation von Leitlinien zur sozialmedizinischen Beurteilung in der gesetzlichen Rentenversicherung als zentrales Handlungsfeld herausgestellt. Im Vordergrund stehen dabei Leitlinien zur sozialmedizinischen Beurteilung der Leistungsfähigkeit im Erwerbsleben sowie zum Reha-Zugang.

Bei der sozialmedizinischen Beurteilung geht es um die Prüfung eines medizinischen Sachverhaltes und seine sozialmedizinische Bewertung. Aus Schädigungen, Fähigkeitsstörungen und Beeinträchtigungen werden im Rahmen des sozialmedizinischen Bewertungsprozesses sozialrechtlich relevante Kategorien (Erwerbsminderungsrente, Leistung zur Rehabilitation und Teilhabe) gewonnen. Hierfür werden qualitative (positives und negatives Leistungsvermögen) und quantitative (Abgleich des Leistungsvermögens mit den Anforderungen der beruflichen Tätigkeit) Leistungseinschränkungen bestimmt.

Dabei werden individuelle Informationen über Versicherte mit regelhaften Daten über geschädigte Funktionen sowie beeinträchtigte Aktivitäten und Teilhabe unter Berücksichtigung von Kontextfaktoren durch Wissen und Erfahrung des Sozialmediziners in Verbindung gebracht.

In diesem Prozess sollen sozialmedizinische Leitlinien zur sozialmedizischen Beurteilung

- aktuelle, wissenschaftlich begründete und praxisorientierte Handlungsempfehlungen geben,
- zur Vereinheitlichung von ärztlichen Beurteilungsprozessen beitragen. Dadurch werden
- Transparenz und Nachvollziehbarkeit im Verwaltungsverfahren erhöht mit dem Ziel der
- Gewährleistung einer Gleichbehandlung aller Versicherten.
- Orientierungshilfen im Sinne von »Handlungs- und Entscheidungskorridoren« sein, von denen in begründeten Fällen abgewichen werden kann oder sogar muss.

Leitlinien leisten daher einen wichtigen Beitrag zur Qualitätssicherung im Bereich der sozialmedizinischen Beurteilung, andererseits sind Leitlinien selbst Gegenstand der Reflexion. So werden offene Fragen der sozialmedizinischen Beurteilung – z.B. die sozialmedizinische Urteilsbildung oder die Entwicklung standardisierter funktionaler und arbeitsplatzspezifischer Assessmentsysteme – zunehmend Gegenstand von Forschungsprojekten.

In der gesetzlichen Rentenversicherung wurde inzwischen eine Reihe von Leitlinien zur sozialmedizinischen Beurteilung der Leistungsfähigkeit im Erwerbsleben (Erwerbsminderungsrente) sowie zur Rehabilitationsbedürftigkeit (Reha-Zugang bei Leistungen zur medizinischen Rehabilitation und bei Leistungen zur Teilhabe am Arbeitsleben) erstellt. Die Leitlinien finden über die sozialmedizinischen Dienste der Träger der gesetzlichen Rentenversicherung hinaus auch bei anderen Sozialleistungsträgern und Sozialgerichten Verwendung.

Weitere Grundlagen der sozialmedizinischen Begutachtung für die gesetzliche Rentenversicherung sind

- die allgemeinen und indikationsbezogenen Ausführungen im vorliegenden Werk,
- *Der ärztliche Reha-Entlassungsbericht – Leitfaden zum einheitlichen Entlassungsbericht in der medizinischen Rehabilitation der gesetzlichen Rentenversicherung* [19], ferner
- *Das ärztliche Gutachten für die gesetzliche Rentenversicherung – Hinweise zur Begutachtung* [58].

- **Evidenzbasierung**

Leitlinien werden evidenzbasiert erstellt. Bei der evidenzbasierten Medizin (EbM) handelt es sich um den gewissenhaften, ausdrücklichen und vernünftigen Gebrauch der gegenwärtig besten externen, wissenschaftlichen Evidenz für Entscheidungen in der medizinischen Versorgung individueller Patienten. Das heißt, dass Entscheidungen, die Patienten betreffen, ausdrücklich auf der Grundlage von empirisch nachgewiesener Wirksamkeit getroffen werden.

Die Praxis der EbM bedeutet die Integration individueller klinischer Expertise mit der bestmöglichen externen Evidenz aus systematischer Forschung. EbM ist damit eine Vorgehensweise des ärztlichen Handelns, Patienten individuell auf der Basis des besten zur Verfügung stehenden Wissens zu versorgen. Sie hat das Ziel, sichere, präzise und wirksame Therapien bzw. Untersuchungsverfahren zu identifizieren. Mit Hilfe von sogenannten Evidenzklassen bzw. Evidenzgraden wird die wissenschaftliche Aussagefähigkeit klinischer Studien beurteilt. Je höher die Evidenzklasse, desto besser ist die wissenschaftliche Begründbarkeit für eine Therapieempfehlung. Nach den Empfehlungen der AHCPR (Agency for Healthcare Research and Quality) unterscheidet man die Evidenzklassen I bis IV. Studien der Klasse Ia, also Metaanalysen randomisierter, kontrollierter Studien, haben die höchste Evidenz, Studien der Klasse IV, d. h. Expertenmeinungen, die geringste.

Eine weitere Klassifizierung von Leitlinien ist die S-Klassifizierung (Stufenklassifizierung). Hierbei geht es nicht um inhaltliche Kriterien, sondern um die Methodik der Leitlinienentwicklung: Nach dem System der Arbeitsgemeinschaft der Wissenschaftlichen Medizinischen Fachgesellschaften (AWMF) werden Behandlungs-Leitlinien in drei Entwicklungsstufen von S1 bis S3 entwickelt und klassifiziert, wobei S3 die höchste Qualitätsstufe ist.

- S1: von einer Expertengruppe im informellen Konsens erarbeitet
- S2: eine formale Konsensfindung oder eine formale »Evidenz«-Recherche hat stattgefunden
- S3: Leitlinie mit zusätzlichen/allen Elementen einer systematischen Entwicklung (Logik-, Entscheidungs- und »Outcome«-Analyse, Bewertung der klinischen Relevanz wissenschaftlicher Studien und regelmäßige Überprüfung)

Methodische Einschränkungen. Da sich die Evidenzbasierte Medizin auf vorhandene Studien bezieht, ist es erforderlich, die jeweilige Studienlage kritisch zu hinterfragen. Der einfache Transfer von EbM-Daten/-Erkenntnissen auf die Alltagspraxis kann bereits durch die Rahmenbedingungen bei der Studienerstellung (Stichprobengröße, anderes Gesundheitssystem, Ein- und Ausschlusskriterien) problematisch sein. Insbesondere multimorbide Patienten, wie sie bei der sozialmedizinischen Begutachtung besonders häufig vorkommen, werden im Studiendesign nur selten berücksichtigt. Häufig liefern Studien auch eher Informationen über die Wirksamkeit unter Idealbedingungen (Efficacy) statt über die Wirksamkeit unter Alltagsbedingungen (Effectiveness).

5.4.4 Qualitätssicherung der sozialmedizinischen Begutachtung

Der Prozess der Feststellung der sozialmedizinischen Befunde und ihre Bewertung nach ärztlicher Überzeugung ist ein sehr komplexes, individuelles Geschehen, bleibt aber grundsätzlich überprüfbar nach wissenschaftlichen Kriterien (z. B. Validität, Objektivität, Plausibilität, Reliabilität). Am Ende steht als Produkt das Gutachten mit einer abschließenden sozialmedizinischen Leistungsbeurteilung zur Verfügung, das ggf. auf der Grundlage ausreichend vorliegender medizinischer Unterlagen zustande gekommen ist (Gutachten nach Aktenlage) oder zusammen mit einer persönlichen Untersuchung und Befragung des Versicherten.

Gutachten unterliegen in allen Disziplinen einer gewissen Beurteilungsvarianz, wie Dickmann und Brooks [24] beispielhaft an einer Fallstudie bei psychiatrischen Problemkonstellationen illustrierten. Es zeigte sich, dass die an der Studie beteiligten Gutachter zu einem hohen Maß uneinig in der Leistungsbeurteilung waren. Während die Autoren dieses Ergebnis als sehr unbefriedigend ansahen, hielt Linden [41] dagegen, dass es keine wissenschaftlichen Grundlagen für die Entscheidungsfindung und -begründung in der Begutachtung gibt. Aufgrund einer Vielzahl zu berücksichtigender Informationen wie Art und Schwere der Erkrankung, Kontextfaktoren, Verlauf soziodemographischer Daten, ist es schwierig, immer Einigkeit in der Beurteilung herzustellen.

Diese kontroverse Diskussion um das Dilemma einer einerseits komplexen, andererseits möglichst einheitlich vorzunehmenden sozialmedizinischen Begutachtung macht deutlich, wie wichtig die systematische Qualitätssicherung und kontinuierliche Qualitätsverbesserung der sozialmedizinischen Begutachtung entsprechend einem einheitlichen Anforderungsprofil und einheitlichen Beurteilungskriterien sind. Dabei geht es insbesondere auch darum, die Gleichbehandlung aller Versicherten zu gewährleisten und der sozialmedizinischen Verantwortung gegenüber der Solidargemeinschaft und den Versicherten gerecht zu werden [40].

Bei dem Bemühen um Qualitätssicherung ist eine Auseinandersetzung mit den bekannten Ebenen der Struktur-, Prozess- und Ergebnisqualität sinnvoll. Damit wird klarer, dass die Dienstleistung eines Sozialmediziners die Abgabe eines Produktes (Gutachten) sein kann, das durch einen Prozess (sozialmedizinische Sachaufklärung) innerhalb bestimmter Strukturen (z. B. sozialmedizinischer Dienst) erstellt wird und bestimmten Qualitätsanforderungen entsprechen muss.

Forderungen der Auftraggeber nach Transparenz und Nachvollziehbarkeit sozialmedizinischer Betrachtungen, Schnelligkeit der Auftragserfüllung mit möglichst minimalem Kostenaufwand müssen Berücksichtigung finden. Allerdings ist dies nicht immer widerspruchsfrei mit allen Qualitätsanforderungen an die sozialmedizinische Begutachtung zu erreichen, da z.B. fachliche Qualifikation, sachgerechte Beweiserhebung, korrekte Dokumentation und empathischer Umgang mit kranken und behinderten Menschen letztlich auch entsprechende Zeit und damit Geld kosten. Hier sind also Prioritäten zu setzen: Qualität ist vorrangig zu gestalten, Laufzeiten und Kosten sind nachrangig zu optimieren/minimieren.

■ **Strukturqualität**

Um die geforderte Prozess- und Ergebnisqualität zu ermöglichen, bedarf es angemessener struktureller Voraussetzungen.

Auch wenn die Sozialmedizinischen Dienste bzw. die sozialmedizinischen Gutachter bei den verschiedenen Rentenversicherungsträgern in unterschiedliche Organisationsstrukturen eingebunden sind, so kann doch allgemein als Forderung festgehalten werden, dass die äußeren Rahmenbedingungen, die medizinisch-technische Ausstattung und die Arbeitsorganisation bis hin zur Fachkompetenz der Gutachter und auch des Fachpersonals geeignet sein müssen, den Begutachtungsprozess derart zu ermöglichen, dass die geforderten Standards der Prozess- und Ergebnisqualität auch erreicht werden können. Die Begutachtungskosten sind möglichst gering zu halten. Dazu gehören z.B. ein intelligentes, modernes Management der sozialmedizinischen Sachaufklärung bzw. des Sozialmedizinischen Dienstes und valide Assessmentsysteme. Gleichwohl müssen die personelle und sachliche Ausstattung und das zugebilligte Budget ausreichend bemessen sein, um die auf allen Ebenen geforderte Qualität zu ermöglichen.

Für den Auftraggeber (RV-Träger) als Kunden könnte zusätzlich zu den o.g. Gutachten-Faktoren z.B. ein modernes Dokumentations- und Archivierungssystem, die Verwendung einer modernen EDV-Anlage für raschen und sicheren Datentransfer oder eine fachlich hoch qualifizierte Ärzteschaft für spezielle Fragestellungen oder Widerspruchsverfahren genannt werden.

■ **Prozessqualität**

Die sozialmedizinische Sachaufklärung hat nach bestimmten einheitlichen Vorgaben, Regeln und Richtlinien zu erfolgen, um die gewünschte Ergebnisqualität zu ermöglichen. Am Beginn steht ein klar definierter Auftrag mit eindeutigen Fragestellungen. Im Rahmen der ganzheitlichen Betrachtung umfasst die Prozessebene den Bereich von der Auftragsannahme über den Ablauf der Begutachtung selbst, also Untersuchungsgang und Abfassung des Gutachtens, bis zur Abgabe des Ergebnisses, unter Einbeziehung der Qualitätssicherung der medizinisch-technischen Abläufe und Informationssysteme und der Einhaltung der Aufklärungs- und Sicherheitsstandards. Evidenzbasierte Leitlinien können den Gutachter dabei unterstützen und den möglichen Weg korridorartig aufzeigen.

Eine Standardisierung des Untersuchungsvorganges fördert die Vollständigkeit und innere Logik sich ergänzender Teilkomponenten. Da die Eigenverantwortlichkeit des ärztlichen Sachverständigen auch angesichts normierender Empfehlungen/Leitlinien erhalten bleibt, obliegt ihm die Auswahl der diagnostischen Technik. Der Auftraggeber kann aber Vorgaben zu Art und Umfang der für bestimmte Gutachten erforderlichen Diagnostik machen, deren Grenzen vom Gutachter nur nach Rücksprache mit dem Auftraggeber ggf. überschritten werden dürfen. Ziel ist es, im gewünschten Umfang vollständige und reproduzierbare Befunde zu ermitteln und zu dokumentieren. Dabei spielen die Gütekriterien der angewandten Assessmentsysteme eine wesentliche Rolle.

Eine Qualitätssicherung der Begutachtung als Prozess ist wegen der Komplexität des Geschehens als besonders schwierig anzusehen. Während im Reha-Qualitätssicherungsprogramm der GRV aus dem Produkt Reha-Entlassbericht auf die Qualität des Reha-Prozesses rückgeschlossen wird, beschränkt sich das in der GRV entwickelte trägerübergreifende Qualitätssicherungsverfahren der sozialmedizinischen Begutachtung auf die Überprüfung der Ergebnisqualität von Gutachten. Die Überprüfung der Prozessqualität greift tief in die trägerspezifischen unterschiedlichen Abläufe ein und bleibt in erster Linie der trägerinternen Qualitätssicherung vorbehalten.

■ **Ergebnisqualität**

Im Mittelpunkt der Qualitätssicherung der sozialmedizinischen Begutachtung steht das ärztliche Gutachten als Ergebnis des Begutachtungsprozesses. Die Gliederung und das Anforderungsprofil des ärztlichen Gutachtens für die gesetzliche Rentenversicherung werden vom Auftraggeber standardmäßig vorgegeben (*Das ärztliche Gutachten für die gesetzliche Rentenversicherung – Hinweise zur Begutachtung* [58]; siehe auch ▶ Kap. 5.2). Das sozialmedizinische Gutachten soll medizinisch-wissenschaftlich den feststellbaren Sachverhalten gerecht werden und zudem für den Auftraggeber hilfreich zur Erfüllung seiner Aufgaben sein. Es muss insofern sachlich richtig, rechtmäßig, aktuell und vollständig sein, darf dabei aber unter Wahrung der Intimität und des Datenschutzes nur die zur Erfüllung der Aufgaben notwendigen Daten enthalten. Die Kernstücke sind die Epikrise, die idealerweise ein klares Bild vom medizinischen Sachverhalt vermittelt, und die sozialmedizinische Leistungsbeurteilung, die in nachvollziehbarer Weise die Einschätzung transparent macht.

Sprachliche Klarheit und Verständlichkeit sind dabei von grundlegender Bedeutung. Grundlage dafür ist eine gemeinsame Sprache. In diesem Sinne hilfreich sind die Klassifikationen ICD-10 für das Phänomen Krankheit und die ICF als ein einheitliches bio-psycho-soziales Grundmodell für das Verstehen von Gesundheit und Behinderung (siehe ▶ Kap. 4) sowie das Sozialmedizinische Glossar [18]. Weiterhin soll Transparenz bezüglich der angeführten medizinischen Informationen – z.B. Untersuchungsbefunde – bestehen, hier sind Referenzbereiche und im Einzelfall ggf. vorhandene Fehlermöglichkeiten oder Grenzen der Untersuchungsmethoden aufzuzeigen.

Wichtig ist auch die zeitgerechte Erstellung eines Gutachtens, was durch die Vorgaben des SGB IX bei der Feststellung des Reha-Bedarfs nochmals von besonderer Bedeutung ist.

■ **Entwicklung von Prüfverfahren
in der gesetzlichen Rentenversicherung**

Zur Qualitätsanalyse von Gutachten werden entsprechende Assessmentsysteme benötigt. Einen ersten Schritt in die Richtung Qualitätssicherung der sozialmedizinischen Begutachtung stellte z.B. der Prüfbogen dar, der in der Publikation *Das ärztliche Gutachten für die gesetzliche Rentenversicherung – Hinweise zur Begutachtung* veröffentlicht wurde [58]. Verschiedene RV-Träger entwickelten eigene Lösungen der systematischen Qualitätssicherung der sozialmediznischen Begutachtung, wobei dem Peer Review-Verfahren früh eine zentrale Rolle zukam [43, 60]. Dabei analysieren und bewerten Fachgutachter unter Zugrundelegung vereinbarter, kritischer Maßstäbe das Produkt *Sozialmedizinisches Gutachten*. Jeder Prüfer kann wechselseitig auch Geprüfter sein. Durch eine gemischte und vor allem wechselnde Zusammensetzung der Prüfergruppen und Verwendung einer verbindlichen Gutachtenanleitung als einheitlichem Maßstab soll dabei im Längsschnitt eine möglichst hohe Einheitlichkeit der Bewertungen erreicht werden.

Um eine Gleichbehandlung der Versicherten bei allen Rentenversicherungsträgern zu erreichen, ist ein einheitliches Bewertungssystem für sozialmedizinische Gutachten aller Träger unabdingbar. Ein solch trägerübergreifendes Qualitätssicherungskonzept wurde gemäß dem Abschlussbericht der Kommission zur Weiterentwicklung der Sozialmedizin in der gesetzlichen Rentenversicherung (SOMEKO) [60] entwickelt. Es hat zum Ziel, ein einheitliches Vorgehen bei der sozialmedizinischen Begutachtung und damit die Gleichbehandlung der Versicherten in der gesetzlichen Rentenversicherung zu gewährleisten. Langfristig wird durch die Anwendung eines einheitlichen Qualitätssicherungskonzeptes nicht nur eine kontinuierliche interne Qualitätsverbesserung bei den einzelnen Trägern ermöglicht, sondern auch die Vergleichbarkeit der Begutachtungsqualität zwischen den verschiedenen Trägern geschaffen. Die Qualitätskriterien können als Modul der trägereigenen Qualitätssicherung eingesetzt werden, ergänzt beispielsweise durch Visitationen und Einsicht in die Akten. Gleichzeitig sollen die Grundlagen dieses Qualitätssicherungsverfahrens auch in Qualitätszirkeln einsetzbar sein.

■ **Trägerübergreifendes Qualitätssicherungsverfahren der sozialmedizinischen Begutachtung**

Die trägerübergreifende Qualitätssicherung der sozialmedizinischen Begutachtung erfolgt durch ein Peer Review-Verfahren, in das alle Rentenversicherungträger einbezogen werden und bei dem erfahrene und entsprechend geschulte Fachkollegen Gutachten einer Einzelfallprüfung unterziehen [25]. Peer Review-Verfahren kommt im Gesundheitswesen ein hoher Stellenwert zu, da erfahrene Ärztinnen und Ärzte aufgrund ihrer langjährigen Tätigkeit am besten in der Lage sind, einen medizinischen Sachverhalt zu beurteilen. Für die Qualitätssicherung der sozialmedizinischen Begutachtung wurde die Variante eines strukturierten Peer Review gewählt, bei dem eine repräsentative Zahl zufällig gezogener Gutachten pro Träger standardisiert über einen vorgegebenen Prüffragenkatalog geprüft wird. Als Peers kommen erfahrene und vorab geschulte Sozialmediziner der Rentenversicherungsträger zum Einsatz. Die Erfassung der Qualität der Gutachten wird durch Qualitätskriterien abgebildet, die die Qualität von sozialmedizinischen Gutachten determinieren. In einem Konsensusverfahren unter Beteiligung der Leitenden Ärzte der Rentenversicherung wurden nachfolgende Qualitätskriterien als Messgrößen für das Peer Review-Verfahren vereinbart [20]; vgl. ◻ Tab. 5.3.

■■ **Qualitätskriterien**

Einzelkriterien. Sechs Einzelkriterien erfragen Einzelaspekte des Gutachtens: *Formale Gestaltung, Verständlichkeit, Transparenz, Vollständigkeit, Medizinisch-wissenschaftliche Grundlagen* und *Wirtschaftlichkeit*. Diese Einzelkriterien sind in einer unterschiedlichen Anzahl an Prüffragen operationalisiert, mittels derer die zu prüfenden Gutachten nach einer vorgegebenen Bewertungsmatrix (Mängelkategorien) zu bewerten sind. Die Mängel sind vom Peer schriftlich zu formulieren. Während die Bewertung der Einzelkriterien Mängel benennt, die durch das interne Qualitätsmanagement des Trägers aufgenommen und einer Verbesserung zugeführt werden können, übernimmt das Übergeordnete Kriterium *Nachvollziehbarkeit des Gutachtens* die Funktion eines K.O.-Kriteriums. Liegen hier gravierende Mängel vor, ist das Gutachten nicht verwertbar und damit »durchgefallen«.

■ **Tab. 5.3** Qualitätskriterien zur Erfassung der Qualität von sozialmedizinischen Gutachten in der GRV

Bezeichnung des Qualitätskriteriums	Merkmale und Prüfinhalte
Einzelkriterien	Kriterien beziehen sich auf einzelne Aspekte des Gutachtens. Mängel liefern Hinweise für fortlaufende Qualitätsverbesserung.
Formale Gestaltung	Geprüft werden die Einhaltung der formalen Anforderungen an das Gutachten gemäß den Gliederungsvorgaben der DRV-Schrift (Band 21) sowie die Verwendung des einheitlichen Formularsatzes der Deutschen Rentenversicherung, bestehend aus Deckblatt und Schlussblatt Teil 1 und Teil 2.
Verständlichkeit	Geprüft werden die sprachliche Darstellung des Gutachtens sowie der Umgang mit medizinischer Fachsprache und sozialrechtlichen Begriffen und Aussagen.
Transparenz	Geprüft wird, inwieweit die verwendeten Verfahren, Methoden und Instrumente beschrieben werden und die Kriterien zur Beurteilung der Befunde im Gutachten dargelegt sind, ferner ob die Herkunft von anamnestischen Informationen und Befunden erkennbar ist.
Vollständigkeit	Geprüft wird, inwieweit Anamnese, Befunde, Diagnosen und Epikrise vollständig dargestellt und die sozialmedizinischen Fragestellungen vollständig beantwortet sind.
Medizinisch-wissenschaftliche Grundlagen	Geprüft wird, inwieweit der allgemein anerkannte Stand medizinischer Erkenntnisse eingehalten wird und die Begutachtungsliteratur der Deutschen Rentenversicherung berücksichtigt wird.
Wirtschaftlichkeit	Geprüft wird, inwieweit Verfahren, Methoden und Instrumente der Diagnostik geeignet und notwendig waren und inwieweit der Gutachter Sinn und Zweck einer Untersuchung ersichtlich gemacht hat und in der Epikrise auch Schlüsse daraus zieht.
Übergeordnetes Kriterium	— Kriterium bezieht sich auf das gesamte Gutachten. — Mängel bei diesem Kriterium können das ganze Gutachten in Frage stellen.
Nachvollziehbarkeit des Gutachtens	Geprüft wird die Argumentationskette, d.h. die logische Verknüpfung der verschiedenen Begutachtungsschritte und schlüssige Herleitung der sozialmedizinischen Beurteilung der Leistungsfähigkeit. Die Zielgrößen sind die sozialmedizinische Beurteilung der quantitativen und qualitativen Leistungsfähigkeit, von Beginn und Dauer der Leistungsminderung sowie des Reha-Bedarfs. Geprüft wird auch die Einhaltung des Neutralitätsgebotes.

Manual zum Peer Review-Verfahren der Qualitätssicherung der sozialmedizinischen Begutachtung [20]

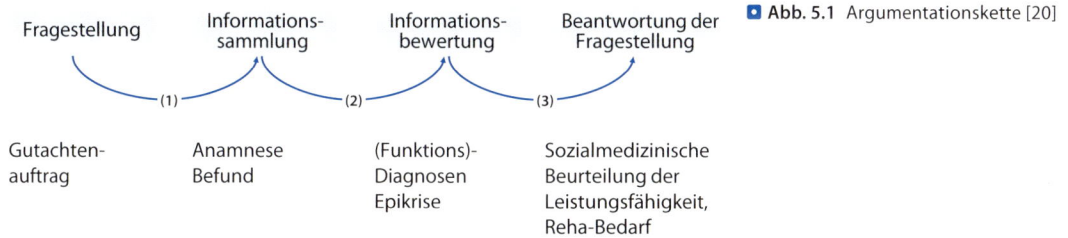

■ **Abb. 5.1** Argumentationskette [20]

Übergeordnetes Kriterium. Mittels des Übergeordneten Kriteriums *Nachvollziehbarkeit des Gutachtens* wird das Gutachten als Ganzes bezüglich der inneren Logik überprüft und mittels einer Ampelbewertung bewertet. Gegenstand der Bewertung ist die Argumentationskette, die iterativ in logischen Schritten und ohne Brüche zu einer sozialmedizinischen Beurteilung hinführen soll (s. ■ Abb. 5.1).

Die Zielgrößen der Überprüfung sind die sozialmedizinische Beurteilung des quantitativen und qualitativen Leistungsvermögens, von Beginn und Dauer einer Leistungsminderung sowie des Reha-Bedarfs. Entscheidend für die Bewertung ist dabei, ob nennenswerte Brüche in der Argumentationskette vorliegen und ob der Sozialmediziner solche Brüche überbrücken kann. Die Ampelbewertung GRÜN kennzeichnet, dass keine nennenswerten Brüche in der Argumentationskette vorliegen. Bei der Ampelbewertung GELB liegen Brüche in der Argumentationskette vor, jedoch ermöglichen es die im Gutachten enthaltenen sozialmedizinischen Informationen dem Peer, diese durch entsprechende Neu-Bewertung zu

überbrücken und das Gutachtenergebnis damit nachzu-
vollziehen. Bei der Ampelbewertung ROT liegen Brüche
in der Argumentationskette vor, die vom Sozialmediziner auch mittels Neu-Bewertung der sozialmedizinischen
Informationen nicht mehr überbrückt werden können.
Auch ein gravierender Verstoß gegen das Neutralitätsge-
bot kann hier zur Ampelbewertung ROT führen.

Es besteht keine zwangsläufige Korrelation zwischen
den Kriterienebenen *Einzelkriterien* und *Übergeordnetes
Kriterium*. Die abzufragenden Qualitätskriterien sind in
einem Prüffragenkatalog und einem Prüfbogen mit Bewertungsmatrix in einem Manual für die Peers niedergelegt [20]. ◘ Tab. 5.3 zeigt die im Verfahren zur Qualitätssicherung der sozialmedizinischen Begutachtung zu über-
prüfenden Qualitätskriterien.

Zwei wichtige Gütekriterien zur Beurteilung eines
Prüfsystems sind Validität und Reliabilität. Ein Mindestmaß an Validität und Reliabilität ist eine notwendige,
aber nicht hinreichende Voraussetzung für ein akzeptab-
les Prüfsystem und sollte entsprechend evaluiert werden.
Dies ist auch Bestandteil der Einführung des Qualitätssicherungsverfahrens.

Die sozialmedizinische Sachaufklärung und Begutachtung sind bei der Bearbeitung von Reha- und Ren-
tenanträgen in der Regel für das Ergebnis entscheidend.
Daher wird die sozialmedizinische Sachaufklärung/Be-
gutachtung als ein Kerngeschäft der gesetzlichen Rentenversicherung angesehen [60]. Die trägerübergreifende
Kooperation und die Angleichung der Verfahren führen
ebenso wie das trägerübergreifende Qualitätssicherungsverfahren der sozialmedizinischen Begutachtung zur
Schaffung einer adäquaten Datenbasis für die umfassende Erfassung sozialmedizinischer Leistungen. Dies kann
als Ausgangsbasis für ein mögliches Benchmarking auf
Bundesebene sowie für einen kontinuierlichen Verbesse-
rungsprozess beim einzelnen Träger im Interesse der Versicherten angesehen werden.

Literatur

1   Arbeitsgemeinschaft der Wissenschaftlichen medizinischen Fachgesellschaften (AWMF), Ärztliche Zentralstelle Qualitätssicherung
(ÄZQ): Das Leitlinien-Manual vom AWMF und ÄZQ. Entwicklung
und Implementierung von Leitlinien in der Medizin. Z Arztl Fortbild Qualitätssich 2001; 95 (Suppl I): 4-84
2   Ärztliches Zentrum für Qualität in der Medizin (ÄZQ), Arbeitsgemeinschaft der Wissenschaftlichen Medizinischen Fachgesellschaften (AWMF): Deutsches Instrument zur methodischen
Leitlinien-Bewertung (DELBI). Fassung 2005/2006 + Domöne 8.
2008. Available from: http://www.delbi.de
3   Ärztliches Zentrum für Qualität in der Medizin (ÄZQ), Ärztliche
Zentralstelle Qualitätssicherung (ÄZQ): Leitlinien-Clearingberich-
te, 2000-2004. 2004
4   Berchtold J: Juristische Anforderungen an sozialmedizinische
Gutachten: Vorüberlegungen zur Kommunikation in einer
schwierigen Beziehung. Deutsche Rentenversicherung (DRV) 54
(6–7): 415–425, 1999
5   Bock HE: Von der Schwierigkeit des Gutachters bei der objektiven
Beurteilung des Patienten. Med Sach 77 (1): 3–6, 1981
6   Bühne M: Die psychosomatische Grundhaltung des Gutachters.
Med Sach 93 (4): 121–125, 1997
7   Bundesarbeitsgemeinschaft für Rehabilitation, BAR (Hrsg.): »Gemeinsame Empfehlung nach § 13 Abs. 1 i.V.m. § 12 Abs. 1 Nr. 4
SGB IX für die Durchführung von Begutachtungen möglichst
nach einheitlichen Grundsätzen (Gemeinsame Empfehlung »Begutachtung«) vom 22.03.2004« in: Gemeinsame Empfehlungen
der Bundesarbeitsgemeinschaft für Rehabilitation, Frankfurt am
Main, Dezember 2005, S. 22–36
8   Bundesarbeitsgemeinschaft für Rehabilitation, BAR (Hrsg.): Vereinbarung zum internen Qualitätsmanagement nach § 20 Abs. 2a
SGB IX). Frankfurt am Main, 2009
9   Bundesärztekammer (BÄK), Kassenärztliche Bundesvereinigung
(KBV), Arbeitsgemeinschaft der Wissenschaftlichen Medizinischen Fachgesellschaften (AWMF): Programm für Nationale
VersorgungsLeitlinien. Methoden-Report, 4. Auflage. 2010
10   Bundesärztekammer und Kassenärztliche Bundesvereinigung:
Beurteilungskriterien für Leitlinien in der medizinischen Versorgung. Dt Ärztebl 94 (33): C1622–C1623, 1997
11   Bundesärztekammer: (Muster-)Berufsordnung für die deutschen
Ärztinnen und Ärzte. www.bundesaerztekammer.de/downloads/
MBOStand20061124.pdf. Zugegriffen: 18.10.2010
12   Bundesministerium für Arbeit und Soziales, Referat Information,
Publikation, Redaktion (Hrsg.): »Versorgungsmedizin-Verordnung
– Versorgungsmedizinische Grundsätze«, 53107 Bonn, Stand:
Januar 2009
13   Burgemeister W: Zur Gegenübertragung in der Begutachtungssituation. Med Sach 95 (5): 150–152, 1999
14   Claas I: »Beistände« bei Begutachtungen – aus anwaltlicher Sicht.
MED SACH 103 1/2007, Seite 24–26
15   Collatz J, Koch E, Salman R, Machleit W (Hrsg.): Transkulturelle
Begutachtung: Qualitätssicherung sozialgerichtlicher und sozialmedizinischer Begutachtung für Arbeitsmigranten in Deutschland. Das transkulturelle Psychoforum, Band 1. Berlin: VWB, Verl.
für Wiss. und Bildung, 1997
16   Deutsche Rentenversicherung: Rentenversicherung in Zeitreihen.
DRV-Schriften Bd. 22. Deutsche Rentenversicherung Bund (Hrsg).
Berlin 2008
17   Deutsche Rentenversicherung Bund (Hrsg): Leitlinien für die
sozialmedizinische Beurteilung von Menschen mit psychischen
Störungen. DRV-Schriften, Band 68. Bad Homburg: WDV Wirt-
schaftsdienst, 2006
in Vorbereitung: Deutsche Rentenversicherung: Leitlinien für die
sozialmedizinische Begutachtung – Sozialmedizinische Beurteilung bei psychischen und Verhaltensstörungen. Deutsche Rentenversicherung Bund (Hrsg). Berlin 2011
18   Deutsche Rentenversicherung Bund (Hrsg.): Sozialmedizinisches
Glossar der Deutschen Rentenversicherung. DRV-Schriften, Band
81. Berlin: Deutsche Rentenversicherung Bund, Geschäftsbereich
Presse- und Öffentlichkeitsarbeit, Kommunikation, 2009
19   Deutsche Rentenversicherung: Der ärztliche Reha-Entlassungsbericht – Leitfaden zum einheitlichen Entlassungsbericht in der
medizinischen Rehabilitation der gesetzlichen Rentenversicherung 2009. Berlin 2009
20   Deutsche Rentenversicherung: Qualitätssicherung der sozialmedizinischen Begutachtung – Bericht zur Umsetzung des »Qualitätssicherungsverfahrens der sozialmedizinischen Begutach-

tung« - Sachstand. Manual zum Peer Review-Verfahren. Deutsche Rentenversicherung Bund (Hrsg.), Berlin April 2011

21   Deutsche Rentenversicherung: Qualitätssicherung der sozialmedizinischen Begutachtung – Bericht zur Umsetzung des »Qualitätssicherungsverfahrens der sozialmedizinischen Begutachtung« – Aktueller Sachstand. Berlin, Juli 2009

22   Deutsches Institut für Normung: DIN: EN ISO 8402, Begriffe des QM, Februar 1995. Berlin: Beuth Verlag

23   Deutsches Institut für Normung: Qualitätsmanagement und Statistik – Begriffe, 5. Auflage 2009. Berlin: Beuth Verlag

24   Dickmann JRM, Brooks A: Das psychiatrische Gutachten im Rentenverfahren – wie reliabel? Fortschr Neurol Psychiat (2007), 75: 357-401

25   Dorenburg U: Instrumente zur Qualitätssicherung in Einrichtungen der medizinischen Rehabilitation. Rehabilitation (1999), 38, I-VIII

26   Dörfler H, Eisenmenger W, Lippert HD (Hrsg.): Das medizinische Gutachten – Rechtliche Grundlagen, relevante Klinik, praktische Anleitung. Band 1. Berlin; Heidelberg; New York: Springer-Verlag, 2002

27   Ebner G: Grundlagen transkultureller Begutachtung. In: Hegemann T (Hrsg.): Transkulturelle Psychiatrie: Konzepte für die Arbeit mit Menschen aus anderen Kulturen. Bonn: Psychiatrie Verlag, 2001

28   Europarat, Verbindung der Schweizer Ärztinnen und Ärzte, Ärztliche Zentralstelle Qualitätssicherung, Ludwig Boltzmann Institut für Krankenhausorganisation: Entwicklung einer Methodik für die Ausarbeitung von Leitlinien für optimale medizinische Praxis. Empfehlung Rec (2001)13 des Europarates am 10. Oktober 2001 und Erläuterndes Memorandum. Deutschsprachige Ausgabe. Z Arztl Fortbild Qualitätssich 2002; 96 (Suppl III): 3-60

29   Gardemann J, Salman R: Migrationsspezifische Begutachtung im Spannungsfeld von Medizin, Recht, Psychologie und Politik – Bericht über eine interdisziplinäre Fachtagung. Gesundheitswesen 64: 645–650, 2002

30   Grandjean E: Physiologische Arbeitsgestaltung – Leitfaden der Ergonomie. Landsberg am Lech: Ecomed, 4. Auflage, 1991

31   Hausotter W: »Beistände« bei Begutachtungen – aus Sicht des medizinischen Sachverständigen. MED SACH 103 1/2007, Seite 27–29.

32   Hausotter W: Aufgaben und Stellung des ärztlichen Gutachters. Gesundheitswesen 62: 468–472, 2000.

33   Hausotter W: Begutachtung von Migranten und Arbeitnehmern ausländischer Herkunft. Med Sach 98 (5): 161–166, 2002

34   Hegemann T, Salman R (Hrsg.): Transkulturelle Psychiatrie: Konzepte für die Arbeit mit Menschen aus anderen Kulturen. Bonn: Psychiatrie-Verlag, 2001

35   Jessnitzer K: Der gerichtliche Sachverständige: Ein Handbuch für die Praxis. Begründet von Kurt Jessnitzer. Fortgeführt von Günter Frieling. Bearbeitet von Jürgen Ulrich. Köln; Bonn; München: Heymann, 11. Auflage, 2001

36   Klosterhuis H, Baumgarten E, Beckmann U, Erbstößer S, Lindow B, Naumann B, Widera T, Zander J: Ein aktueller Überblick zur Reha-Qualitätssicherung der Rentenversicherung. Rehabilitation 2010; 49: 1-12

37   Klosterhuis H, Baumgarten E, Beckmann U, Erbstößer S, Lindow B, Naumann B, Widera T, Zander J: Ein aktueller Überblick zur Reha-Qualitätssicherung der Rentenversicherung. Rehabilitation, Jg. 49, S. 356–367, 2010

38   Körner M: Messen und Ermessen jenseits von Vermessenheit – Zur Anatomie des ärztlichen Begutachtungsprozesses am Beispiel der Beurteilung des Leistungsvermögens in der gesetzlichen Rentenversicherung. Med Sach 95 (3): 77–81, 1999

39   Langenheim H: Möglichkeiten und Grenzen einer Steuerung des Reha-Budgets. Deutsche Rentenversicherung (DRV) 53 (12): 870–878, 1998

40   Legner R, Cibis W: Qualitätssicherung in der sozialmedizinischen Begutachtung. Rehabilitation, 46, 57-61, 2007

41   Linden M: Das psychiatrische Gutachten – wie reliabel? Fortschr Neurol Psychiat (2007), 75: 379-381

42   Lindow B, Klosterhuis H, Naumann B: Ambulante Rehabilitation – ein Versorgungsbereich profiliert sich: RV aktuell7/2007, 206–213

43   LVA Hamburg: Qualitätssicherung in der sozialmedizinischen Begutachtung: Manual des Soziälärztlichen Dienstes der LVA Hamburg. Stand: 6. Dezember 2002

44   Marx HH, Klepzig H (Hrsg.): Medizinische Begutachtung innerer Krankheiten: Grundlage und Praxis. Stuttgart; New York: Thieme, 7. Auflage, 1997

45   Ollenschläger G, Marshall C, Qureshi S, Rosenbrand K, Burgers J, Mäkelä M, Slutsky J: Improving the quality of health care:using international collaboration to inform guideline programmes by founding the Guidelines International Network (G-I-N). Qual Saf Health Care 2004; 13(6): 455-60

46   Pfitzinger E: Projekt DIN EN ISO 9001:2008 – Vorgehensmodell zur Implementierung eines Qualitätsmanagementsystems. DIN Deutsches Institut für Normung (Hrsg.) 2009. Berlin: Beuth Verlag

47   Philipp M: Zur Bedeutung der objektivierten Beschwerdeschilderung für die psychiatrische Rentenbegutachtung. Med Sach (5/2010), 106: 181-186

48   Rahmenkonzept Verband Deutscher Rentenversicherungträger, VDR: Rahmenkonzept zur medizinischen Rehabilitation in der gesetzlichen Rentenversicherung – Empfehlungen des Verbandes Deutscher Rentenversicherungträger. Deutsche Rentenversicherung (DRV) 49 (10–11): 633–665, 1994

49   Reha-QS Verband Deutscher Rentenversicherungträger, VDR: Das Reha-Qualitätssicherungsprogramm der gesetzlichen Rentenversicherung – Perspektiven und Ziele. Deutsche Rentenversicherung (DRV) 49 (11): 746–750, 1994

50   Roller S: »Beistände« bei Begutachtungen – aus richterlicher Sicht. MED SACH 103 1/2007, Seite 30–32

51   Rösner N: Unabhängigkeit und Unparteilichkeit oder Besorgnis der Befangenheit bei Sachverständigen – aus Sachverständigensicht. Med Sach 91 (2): 40–44, 1995

52   Schliehe F: Praktische Sozialmedizin und Rehabilitation – Zur Entwicklung und den Herausforderungen eines Fachbereichs. Gesundheitswesen, 67, 74-80, 2005

53   Stevens-Barthol E: Das medizinische Gutachten im Sozialgerichtsprozess. In: Ehlers APF (Hrsg.): Medizinisches Gutachten im Prozess – anwaltliche Strategie und Taktik beim Umgang mit Sachverständigen. München: Verlag C.H. Beck, 2. Auflage, 2000

54   Troschke Jv, Schmidt H (Hrsg.): Ärztliche Entscheidungskonflikte. Falldiskussionen aus rechtlicher, ethischer und medizinischer Sicht. Medizin in Recht und Ethik. Stuttgart: Enke-Verlag, 1983

55   Troschke Jv: Die Kunst, ein guter Arzt zu werden. Anregungen zum Nach- und Weiterdenken. Bern: Verlag Hans Huber, 2001

56   Troschke Jv: Die Vermittlung von Haltungen und Fähigkeiten eines »guten Arztes« als fächerübergreifendes Lehrziel der ärztlichen Ausbildung. Psychomed 15 (1): 28–35, 2003

57   Ueberschär I: Qualitätssicherung bei der sozialmedizinischen Sachaufklärung in der Deutschen Rentenversicherung. Gesundheitswesen, 70, 690-695, 2008

58   Verband Deutscher Rentenversicherungträger, VDR (Hrsg.): Das ärztliche Gutachten für die gesetzliche Rentenversicherung – Hinweise zur Begutachtung. DRV-Schriften, Band 21. Bad Homburg: WDV Wirtschaftsdienst, 2000. Ergänzungsblätter auf http://www.deutsche-rentenversicherung.de

59 Verband Deutscher Rentenversicherungsträger, VDR (Hrsg.):
    Richtlinien, Empfehlungen und Vereinbarungen zur Rehabilita-
    tion in der gesetzlichen Rentenversicherung (Reha-Richtlinien).
    DRV-Schriften, Band 17. Bad Homburg: WDV Wirtschaftsdienst,
    1999

60 Verband Deutscher Rentenversicherungsträger, VDR: Abschluss-
    bericht der Kommission zur Weiterentwicklung der Sozialmedizin
    in der gesetzlichen Rentenversicherung (SOMEKO). VDR (Hrsg.),
    Frankfurt/Main, DRV-Schriften, 2004, Band 53

61 Verband Deutscher Rentenversicherungsträger, VDR: Die Er-
    werbsminderungsrente, Grundsätze der gesetzlichen Rentenver-
    sicherung. Deutsche Rentenversicherung (DRV) 57 (2–3): 81–213,
    2002

62 Winckler P, Foerster K: Zum Problem der »zumutbaren Willensan-
    spannung« in der sozialmedizinischen Begutachtung. Med Sach
    92 (4): 120–124, 1996

63 Zimmermann E: Kulturelle Mißverständnisse in der Medizin:
    ausländische Patienten besser versorgen. Bern: Verlag Hans
    Huber, 2000

Statistische Auswertungen

Ulrike Beckmann, Barbara Naumann

6.1   Grundlagen

Die Deutsche Rentenversicherung verfügt über umfassende Statistiken zur Rehabilitation und Berentung der Versicherten. Sie bietet auch die Möglichkeit für vertiefende Analysen der Routinedatenbestände. Die Inanspruchnahme der medizinischen und beruflichen Rehabilitation ebenso wie die Bewilligung von Erwerbsminderungsrenten können unter sozialmedizinischen Fragestellungen untersucht werden. Darüber hinaus ist es im Rahmen von Versicherungsverlaufsdaten realisierbar, den Verbleib im Erwerbsleben nach der Rehabilitation wie auch die Rehabilitationsleistungen im Zusammenhang mit einer Erwerbsminderungsrente darzustellen.

Die Dokumentation der sozialmedizinisch relevanten Leistungsdaten der Deutschen Rentenversicherung (DRV) zur medizinischen und beruflichen Rehabilitation sowie zu den Erwerbsminderungsrenten hat eine lange Tradition. Neben den Überblicksdarstellungen werden im zeitlichen Verlauf – differenziert nach Diagnose, Geschlecht, Alter etc. – »Morbiditätszahlen« der gesetzlich Rentenversicherten in den Fachstatistiken veröffentlicht (Hrsg. Deutsche Rentenversicherung Bund, [4, 5, 6a, 6b, 7a, 7b]). Dabei handelt es sich in der Regel um Querschnittsstatistiken von allen Trägern der DRV. Darüber hinaus können Längsschnittangaben aus den prozessproduzierten Datenbeständen untersucht werden. Da in der gesetzlichen Rentenversicherung der größte Teil der in Deutschland lebenden Erwerbsbevölkerung versichert ist, lassen sich hieraus repräsentative Aussagen über diese Population gewinnen [16].

Für das statistische Berichtswesen der DRV werden die Daten von Verwaltungsvorgängen (u.a. Rentenbescheide, Reha-Antrags- und Erledigungsdaten, Rentenversicherungsbeiträge) bei den Rentenversicherungsträgern gespeichert und im Folgejahr an die Datenstelle bei der DRV Bund gemeldet. Nach § 79 Viertes Sozialgesetzbuch (SGB IV) sind Übersichten zu den Geschäfts- und Rechnungsergebnissen sowie weiteres Material dem Bundesministerium für Arbeit und Sozialordnung bzw. den zuständigen obersten Verwaltungsbehörden der Länder vorzulegen. Inhalt, Art und Form der Unterlagen werden durch die Allgemeine Verwaltungsvorschrift über die Statistik der Rentenversicherung (RSVwV) geregelt. Ein einheitliches Berichtswesen soll alle erforderlichen Informationen zur sozialen Sicherung auf Verwaltungsebene bereitstellen, aber auch die Nutzung der Routinedaten für epidemiologische Fragestellungen und die Gesundheitssystemforschung ermöglichen. Bei der Interpretation dieser Daten ist jedoch eine gute Kenntnis der Datenerhebung und -aufbereitung sowie der rechtlichen Grundlagen – wie z. B. Zugangsbedingungen, Gesetzesänderungen – erforderlich.

6.2   Inanspruchnahme medizinischer Rehabilitation

Im Jahr 2009 wurden 1.638.294 Anträge auf Leistungen zur medizinischen Rehabilitation bei der Deutschen Rentenversicherung gestellt, im gleichen Zeitraum 1.102.671 Leistungen bewilligt. ◘ Abb. 6.1 zeigt die Entwicklung der Anträge und Bewilligungen seit dem Jahr 2002 im Überblick. Nach einem Rückgang bis zum Jahr 2005 steigen sowohl die Anträge als auch die bewilligten Leistungen stetig.

Im Jahr 2009 wurden insgesamt 935.892 Leistungen zur medizinischen Rehabilitation durch die DRV durchgeführt und in den Datensätzen vollständig erfasst. Die Anzahl der beantragten, bewilligten und abgeschlossenen Leistungen zur medizinischen Rehabilitation sollten jedoch nicht direkt, auf ein Jahr bezogen, miteinander verglichen werden, da das Verhältnis durch unterschiedliche Bezugszeiträume, Wartezeiten, mögliche Änderungen der Nichtantrittsquote bzw. unterschiedliche Behandlungsdauern beeinflusst wird.

Von besonderem Interesse ist epidemiologisch die Krankheit, die die Inanspruchnahme einer Rehabilitationsleistung begründet, d.h. die sozialmedizinisch relevante Diagnose. Diese wird am Ende einer Rehabilitation im ärztlichen Entlassungsbericht als erste Entlassungsdiagnose klassifiziert und dokumentiert. Hierbei wird die jeweils gültige Version der Internationalen statistischen Klassifikation der Krankheiten und verwandter Gesundheitsprobleme genutzt. Aktuell wird die 10. Revision (ICD 10) in Deutschland für den Bereich der ambulanten und stationären Versorgung (German Modification) – abgekürzt ICD-10-GM, Version 2010 – für das Jahr 2010 verwendet.

Es besteht die Möglichkeit sehr differenzierter Analysen auf vier- und fünfstelliger Ebene der Diagnosenschlüssel (Beispiel: E10.31 Entgleister Diabetes mellitus mit ophthalmischer Manifestation). In den veröffentlichten Fachstatistiken der Deutschen Rentenversicherung finden sich jedoch in der Regel aggregierte Daten auf der Ebene von dreistelligen Schlüsselnummern (Beispiel: M50 Zervikale Bandscheibenschäden), ICD-Unterkapiteln (Beispiel: I20–I25 Ischämische Herzkrankheiten) oder ICD-Kapiteln (Beispiel: C00–D48 Neubildungen). Sozialmedizinisch relevante oder zahlenmäßig häufig vorkommende Diagnosen werden zu sogenannten Diagnosengrundgruppen zusammengefasst, die im Wesentlichen den in der Rentenversicherung häufig vorkommenden ICD-Kapiteln entsprechen.

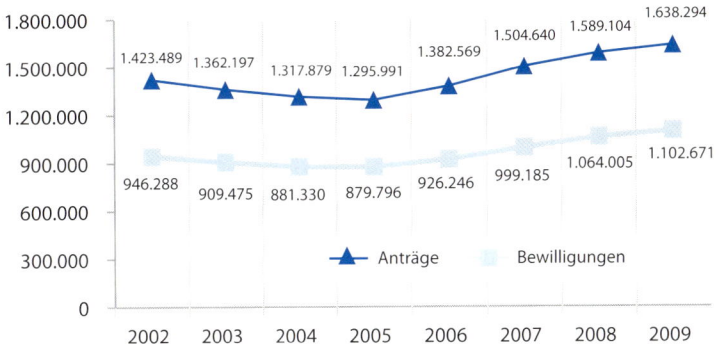

Abb. 6.1 Deutsche Rentenversicherung: Medizinische Rehabilitation, Anträge und Bewilligungen, 2002 – 2009. Quelle: S. 190 und S. 194 in [5]

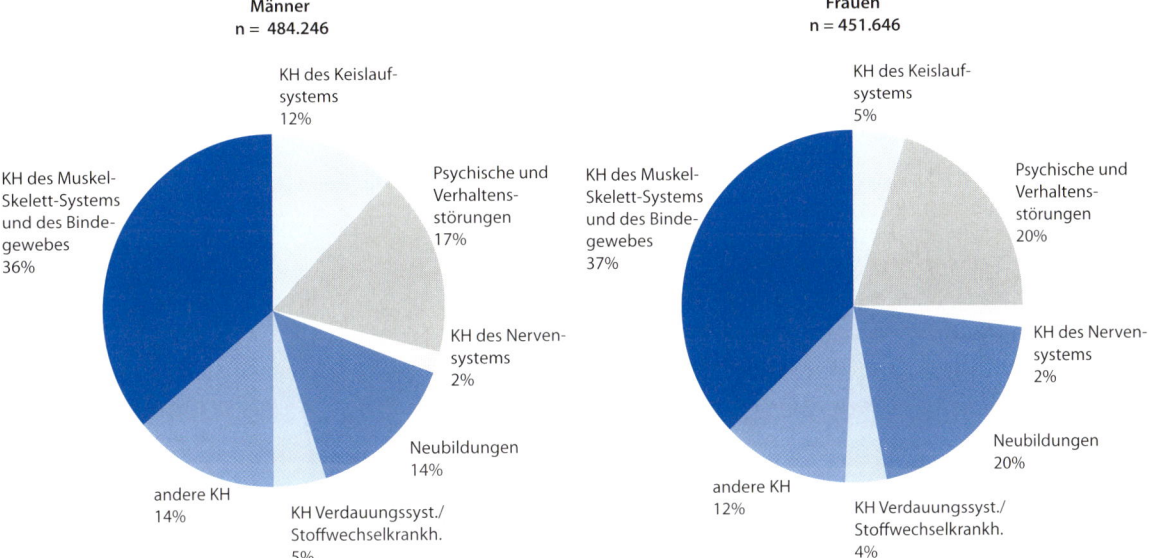

Abb. 6.2 Deutsche Rentenversicherung: Medizinische Rehabilitation – Indikationsverteilung, abgeschlossene Leistungen 2009. Quelle: S. 199 und S. 201 in [5]

Leistungen zur medizinischen Rehabilitation bei Männern und Frauen

In ▪ Abb. 6.2 ist das Krankheitsspektrum der durchgeführten Reha-Leistungen für Männer (n = 484.246) und Frauen (n = 451.646) bezogen auf die Diagnosengrundgruppen dargestellt. Sowohl bei Männern als auch bei Frauen sind die Krankheiten des Muskel-Skelett-Systems und des Bindegewebes mit mehr als einem Drittel der Fälle häufigster Behandlungsanlass. Bei den Frauen folgen mit jeweils 20 % die Neubildungen sowie die Psychischen und Verhaltensstörungen, die bei den Männern inzwischen mit 17 % den zweiten Rang einnehmen.

Eine Auflistung der 20 häufigsten dreistelligen Reha-Entlassungsdiagnosen im Jahr 2009 zeigen die folgende ▪ Tab. 6.1 (bei Männern) und ▪ Tab. 6.2 (bei Frauen). In diesen Darstellungen sind etwa 60 % aller stationären Leistungen zur medizinischen Rehabilitation eingeschlossen. Annähernd 10 % der verschlüsselten Diagnosen entfallen bei den Männern auf M54 »Rückenschmerzen« und bei den Frauen auf C50 »Bösartige Neubildung der Brust-

drüse (Mamma)«. Bei den männlichen Rehabilitanden sind sieben der 20 häufigsten Reha-Entlassungsdiagnosen aus dem Kapitel Krankheiten des Muskel-Skelett-Systems und des Bindegewebes, bei den Rehabilitandinnen sogar acht. Aus dem Kapitel Psychische und Verhaltensstörungen finden sich bei den Männern fünf und bei den Frauen sechs. Auch hier bildet sich – wie zu erwarten – die in ▪ Abb. 6.2 beschriebene Indikationsverteilung ab.

Leistungen zur Anschlussrehabilitation (AHB)

Das Krankheitsspektrum stellt sich anders dar bei der Analyse spezifischer Reha-Versorgungsbereiche, deren Angebote nicht das gesamte Leistungsspektrum der Deutschen Rentenversicherung abdecken. So ist die Anschlussrehabilitation (AHB) eine rehabilitative Versorgung in einem engen zeitlichen Zusammenhang mit einem vorherigen stationären Krankenhausaufenthalt. Die AHB-Indikationsgruppen sind definiert über die akutmedizinisch versorgten Erkrankungen unter Berücksichtigung der Reha-Voraussetzungen und Kontraindikationen. Die über die ICD verschlüssel-

◻ **Tab. 6.1** Deutsche Rentenversicherung: Abgeschlossene Leistungen zur medizinischen Rehabilitation, die 20 häufigsten Erstdiagnosen bei Männern, 2009

Rang	ICD-10	Bezeichnung	408.097	100,0%
1	M54	Rückenschmerzen	40.593	9,9%
2	M51	Sonstige Bandscheibenschäden	25.919	6,4%
3	C61	Bösartige Neubildung der Prostata	24.811	6,1%
4	F10	Psychische und Verhaltensstörungen durch Alkohol	22.860	5,6%
5	I25	Chronische ischämische Herzkrankheit	19.067	4,7%
6	M16	Koxarthrose (Arthrose des Hüftgelenkes)	11.921	2,9%
7	M17	Gonarthrose (Arthrose des Kniegelenkes)	11.492	2,8%
8	M53	Sonstige Krankheiten der Wirbelsäule und des Rückens, anderenorts nicht klassifiziert	10.856	2,7%
9	F32	Depressive Episode	9.053	2,2%
10	F43	Reaktionen auf schwere Belastungen und Anpassungsstörungen	7.679	1,9%
11	I63	Hirninfarkt	7.601	1,9%
12	I21	Akuter Myokardinfarkt	7.308	1,8%
13	F33	Rezidivierende depressive Störung	7.272	1,8%
14	F19	Psychische und Verhaltensstörungen durch multiplen Substanzgebrauch und Konsum anderer psychotroper Substanzen	6.733	1,6%
15	M75	Schulterläsionen	6.118	1,5%
16	E11	Nicht primär insulinabhängiger Diabetes mellitus (Typ 2)	5.738	1,4%
17	C18	Bösartige Neubildung des Kolons	4.776	1,2%
18	E66	Adipositas	4.360	1,1%
19	C34	Bösartige Neubildung der Bronchien und der Lunge	4.310	1,1%
20	M47	Spondylose	4.132	1,0%
Summe			242.599	59,4%

Quelle: Statistik der Deutschen Rentenversicherung (vormals VDR Statistik) Rehabilitation 2009 [6b]

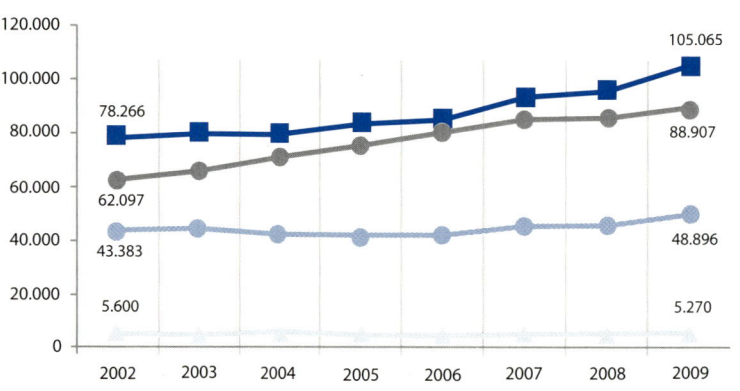

◻ **Abb. 6.3** Deutsche Rentenversicherung: Anschlussrehabilitation (AHB) nach ausgewählten Indikationsgruppen, 2002–2009. Quelle: S. 211 und 212 in [5]

■ Entzündliche- und degenerative-rheumatische KH, Zustand n. Operationen u. Unfallfolgen a. d. Bewegungsapparat
● Onkologische KH
● KH des Herzens u. d. Kreislauf
   Gastroenterologische Erkrankung u. Zustand nach Operationen a. d. Verdauungsorganen

■ **Tab. 6.2** Deutsche Rentenversicherung: Abgeschlossene Leistungen zur medizinischen Rehabilitation, die 20 häufigsten Erstdiagnosen bei Frauen, 2009

Rang	ICD-10	Bezeichnung	397.799	100,0%
1	C50	Bösartige Neubildung der Brustdrüse (Mamma)	43.251	10,9%
2	M54	Rückenschmerzen	34.785	8,7%
3	M53	Sonstige Krankheiten der Wirbelsäule und des Rückens, anderenorts nicht klassifiziert	18.694	4,7%
4	M51	Sonstige Bandscheibenschäden	18.247	4,6%
5	F33	Rezidivierende depressive Störung	17.793	4,5%
6	F32	Depressive Episode	17.134	4,3%
7	F43	Reaktionen auf schwere Belastungen und Anpassungsstörungen	13.946	3,5%
8	M17	Gonarthrose (Arthrose des Kniegelenkes)	13.332	3,4%
9	M16	Koxarthrose (Arthrose des Hüftgelenkes)	11.601	2,9%
10	F10	Psychische und Verhaltensstörungen durch Alkohol	6.538	1,6%
11	F45	Somatoforme Störungen	6.467	1,6%
12	J45	Asthma bronchiale	5.524	1,4%
13	C18	Bösartige Neubildung des Kolons	5.088	1,3%
14	M75	Schulterläsionen	4.750	1,2%
15	F41	Andere Angststörungen	4.644	1,2%
16	M50	Zervikale Bandscheibenschäden	4.556	1,1%
17	M47	Spondylose	4.004	1,0%
18	I25	Chronische ischämische Herzkrankheit	3.433	0,9%
19	C54	Bösartige Neubildung des Corpus uteri	3.334	0,8%
20	I63	Hirninfarkt	3.309	0,8%
Summe			240.430	60,4%

Quelle: Statistik der Deutschen Rentenversicherung (vormals VDR Statistik) Rehabilitation 2009 [6b]

ten Reha-Diagnosen werden für die statistische Analyse den AHB-Indikationen zugeordnet. Insgesamt steigen die AHB-Fallzahlen in den letzten Jahren, machen mittlerweile einen Anteil von ca. 30% an allen medizinischen Rehabilitationen aus und gewinnen weiter an Bedeutung [14].

■ Abb. 6.3 zeigt die AHB-Indikationsentwicklung der Jahre 2002 bis 2009. Die entzündlich- und degenerativ-rheumatischen Krankheiten und Zustände nach Operationen an den Bewegungsorganen (entsprechend ICD-Kapitel »Krankheiten des Muskel-Skelett-Systems und des Bindegewebes« sowie ICD-Kapitel »Verletzungen, Vergiftungen und Folgen äußerer Ursachen«) nehmen im Beobachtungszeitraum um 34% (von 78.266 auf 105.065) zu, die onkologischen Krankheiten sogar um 43% (von 62.097 auf 88.907). Die Krankheiten des Herzens, des Kreislaufs und der Gefäße steigen auf 48.896 im Jahr 2009 leicht an gegenüber den Vorjahren. Gastroenterologische und endokrine Krankheiten nehmen dagegen leicht ab.

■ **Ambulante Leistungen zur medizinischen Rehabilitation**

Die Durchführung der Rehabilitation in ambulanter Form hat in den letzten Jahren insbesondere in der Orthopädie an Bedeutung gewonnen [1]. So werden in dieser Indikation bereits 19% aller Leistungen ambulant durchgeführt. Die ■ Abb. 6.4 zeigt die ambulanten orthopädischen Reha-Leistungen nach Bundesland im Jahr 2009. Diese Leistungen werden vorwiegend in den Ballungsräumen in Anspruch genommen, da hier die Versorgungsstrukturen seit Längerem gut ausgebaut und leichter erreichbar sind. Eine hohe Inanspruchnahme ambulanter Reha-Formen zeigt sich jedoch auch in Flächenländern, in denen die Reha-Träger (Gesetzliche Kranken- und Rentenversicherung) entsprechende Aufbauaktivitäten der Leistungserbringer unterstützen.

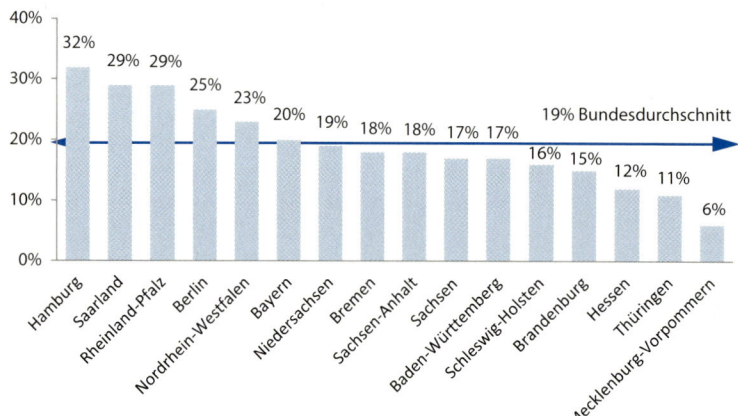

◘ Abb. 6.4 Deutsche Rentenversicherung: Anteil ambulanter Reha-Leistungen wegen Krankheiten des Muskel-Skelett-Systems und des Bindegewebes nach Bundesland 2009. Quelle: Sonderauswertung aus der Reha-Statistik-Datenbasis, Deutsche Rentenversicherung Bund 2010

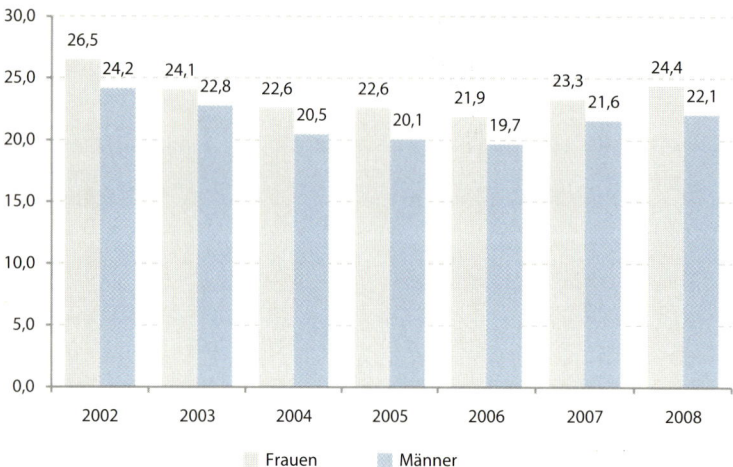

◘ Abb. 6.5 Deutsche Rentenversicherung: stationäre medizinische Leistungen pro 1.000 aktiv Versicherte, 2002 - 2008. Quelle: S. 209 und 210 in [5]

■ **Stationäre Leistungen zur medizinischen Rehabilitation im Verhältnis zur Anzahl der Versicherten**

Da die Inanspruchnahme von Leistungen u. a. auch durch die demografische Entwicklung – die Gesamtzahl der berechtigten Versicherten und die Altersstruktur – beeinflusst wird, ist dies bei Betrachtungen im zeitlichen Vergleich zu berücksichtigen. Dabei ist die Berechnung von altersstandardisierten Raten hilfreich, um Gruppen mit unterschiedlicher Altersstruktur sinnvoll vergleichen zu können. Hierfür werden in den Altersgruppen die »rohen« Raten neu berechnet und auf eine Standardpopulation (hier: Alterstruktur der aktiv Versicherten der Rentenversicherung im Jahr 2003) bezogen. Als aktiv Versicherte werden alle Versicherten der gesetzlichen Rentenversicherung gezählt, für die im betrachteten Zeitraum Pflichtbeitragszeiten, freiwillige Beitragszeiten, geringfügige Beschäftigungszeiten oder Anrechnungszeiten im Versicherungskonto gespeichert wurden.

Die durchgeführten (abgeschlossenen) Reha-Leistungen der Jahre 2002 bis 2008 für Männer und Frauen werden in ◘ Abb. 6.5 altersstandardisiert – jeweils bezogen auf die o. g. Standardpopulation – dargestellt. Die altersstandardisierte Reha-Inanspruchnahme bezogen auf

1.000 aktiv Versicherte des Vorjahres der Frauen ging von 26,5 im Jahr 2002 zurück, hatte einen Tiefststand mit 21,9 im Jahr 2006, steigt in den letzten Jahren wieder an und liegt aktuell bei 24,4 Reha-Leistungen pro 1.000 aktiv Versicherte. Der Trend bei den Männern ist im zeitlichen Verlauf ähnlich, jedoch ist die Inanspruchnahmerate bei den Männern mit 22,1 im Jahr 2008 wie im gesamten Beobachtungszeitraum geringer als bei den Frauen. Die höhere Inanspruchnahme durch Frauen wird auch in anderen Versorgungsbereichen des Gesundheitssystems deutlich [15]. Die geschlechtsspezifischen Unterschiede könnten einerseits auf methodischen Artefakten (Versichertenstatus) und biologischen Unterschieden beruhen. Andererseits ist das gesundheitsrelevante Verhalten durch geschlechtsspezifische Erfahrungen und die Sozialisation zu erklären.

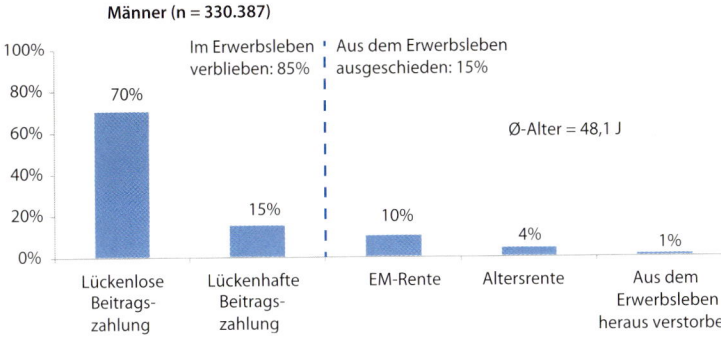

Männer (n = 330.387)

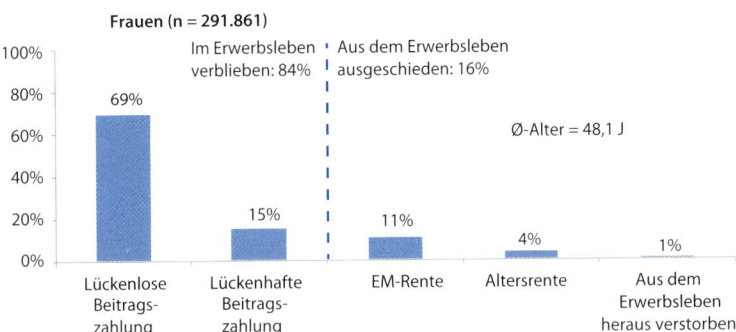

Frauen (n = 291.861)

🔲 **Abb. 6.6** Deutsche Rentenversicherung: Sozialmedizinischer 2-Jahres-Verlauf nach Rehabilitation im Jahr 2006. Quelle: Sonderauswertung aus der Reha-Statistik-Datenbasis, Deutsche Rentenversicherung Bund 2010

6.3 Sozialmedizinischer 2-Jahres-Verlauf nach medizinischer Rehabilitation

Die Daten zur Rehabilitation werden von der Rentenversicherung für Längsschnittbetrachtungen mit weiteren Leistungs- und Versicherungsdaten personenbezogen in der Reha-Statistik-Datenbasis »RSD« zusammengeführt [11]. Neben soziodemografischen Merkmalen werden krankheitsbezogene Variablen (u.a. Diagnosen, Arbeitsunfähigkeit, Reha-Leistungen, Erwerbsminderungsrenten) und versorgungsbezogene Aspekte (u.a. Art der Reha-Leistung, Art der Reha-Einrichtung, Ergebnis der Reha-Leistung, Nachsorge) mit Angaben zur Erwerbstätigkeit (u.a. Pflichtbeiträge, Arbeitslosigkeit, Einkommen, Berentung) in Beziehung gesetzt. Damit kann u.a. der sozialmedizinisch relevante Verlauf nach Rehabilitation dargestellt werden [11, 16].

🔲 Abb. 6.6 zeigt den 2-Jahres-Verlauf für Rehabilitandinnen und Rehabilitanden, die im Jahr 2006 eine Leistung zur medizinischen Rehabilitation abgeschlossen haben. 85% der Männer und 84% der Frauen sind im 2-Jahres-Zeitraum im Erwerbsleben mit vollständiger oder lückenhafter Beitragszahlung (aus Erwerbstätigkeit, Arbeitsunfähigkeit, Arbeitslosigkeit) verblieben. Von den Männern und Frauen erhielten weitere 4% eine Altersrente. 10% der männlichen und 11% der weiblichen Rehabilitanden erhielten eine Erwerbsminderungsrente, jeweils 1% verstarb aus dem Erwerbsleben heraus. Als Einflussfaktoren auf den sozialmedizinischen Verlauf nach medizinischer Rehabilitation können u.a. das Alter der Rehabilitanden, die sozialmedizinisch relevante Reha-Diagnose, weitere Erkrankungen, die Sozialschicht oder auch der Wohnort angesehen werden.

6.4 Kontinuität der rehabilitativen Versorgung

Um den Erfolg nach einer medizinischen Rehabilitation nachhaltig zu festigen, werden ambulante, berufsbegleitende Versorgungsangebote für diejenigen Patientinnen und Patienten vorgehalten, die einer länger andauernden Betreuung und Behandlung bedürfen. Diese Nachsorgeleistungen werden als Unterstützung der Betroffenen bei der Fortführung der in der Reha-Einrichtung begonnenen Aktivitäten angeboten, um den Rehabilitationserfolg zu festigen.

▪ Rehabilitations-Nachsorge

Die Zahl der Nachsorgeleistungen der Deutschen Rentenversicherung insgesamt hat sich im Zeitraum 2005 bis 2009 mehr als verdoppelt (siehe 🔲 Abb. 6.7). Insbesondere haben die Reha-Nachsorgeprogramme der DRV-Träger (z.B. Intensivierte Rehabilitationsnachsorge – IRENA, Kardiologische Reha-Nachsorge – KARENA, Curriculum Hannover) von 35.033 Leistungen im Jahr 2005 auf 108.575 im Jahr 2009 zugenommen. Auch Rehabilitationssport

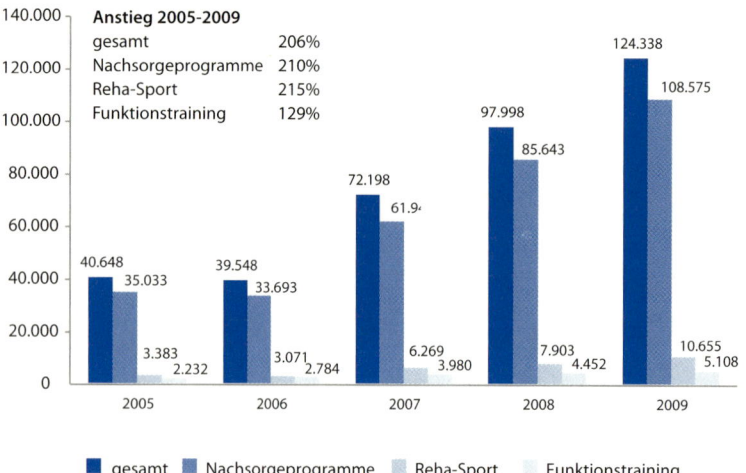

☐ **Abb. 6.7** Deutsche Rentenversicherung: Abgeschlossene Nachsorgeleistungen, 2005 – 2009. Quelle: [6b]

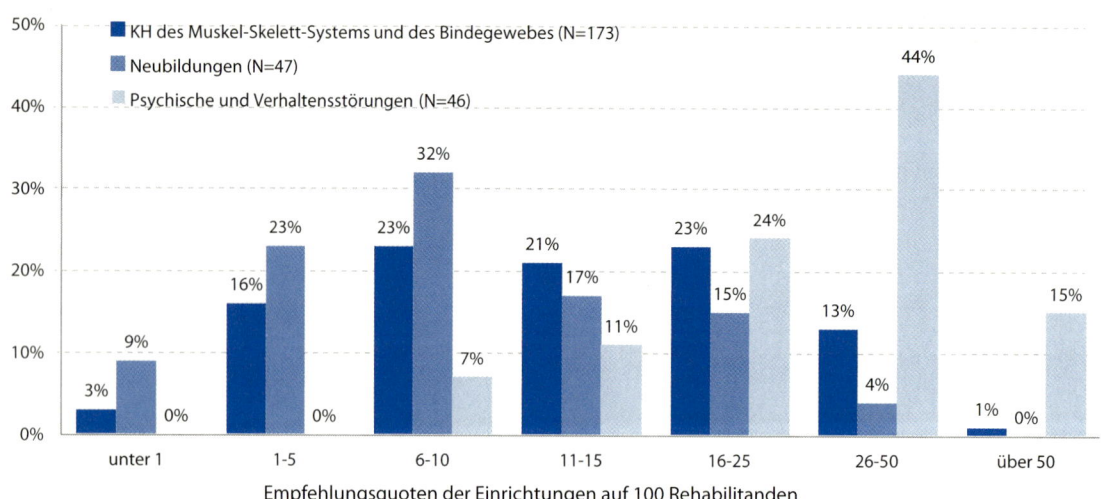

☐ **Abb. 6.8** Stufenweise Wiedereingliederung – Empfehlungsquoten nach Indikationsbereich. Quelle: [3]

und Funktionstraining verzeichnen in diesem Zeitraum erhebliche Anstiege.

Stufenweise Wiedereingliederung

Eine weitere Leistung im Rahmen der medizinischen Rehabilitation ist die Stufenweise Wiedereingliederung. In einem Forschungsprojekt konnte gezeigt werden, dass ca. 15 % der untersuchten Fälle (n = 21.454, u. a. arbeitsunfähig bei Entlassung) von der Reha-Einrichtung eine Empfehlung zur Stufenweisen Wiedereingliederung erhielten. Etwa die Hälfte dieser Versicherten folgte danach der Empfehlung [3]. Das Empfehlungsverhalten variiert jedoch erheblich zwischen den einzelnen Reha-Einrichtungen. Hierbei spielt der Indikationsbereich der Reha-Einrichtungen eine wesentliche Rolle, wie auch ☐ Abb. 6.8 zeigt. Psychosomatische Reha-Einrichtungen weisen die höchste Empfehlungsquote auf: Fast die Hälfte der Einrichtungen (44 %) fallen in die Einrichtungs-Kategorie »26

bis 50 Empfehlungen« pro 100 Rehabilitanden. Die Empfehlungsquoten der orthopädischen Einrichtungen sind ebenfalls relativ hoch.

6.5 Inanspruchnahme beruflicher Rehabilitation

Neben der medizinischen Rehabilitation erbringt die Deutsche Rentenversicherung auch Leistungen zur Teilhabe am Arbeitsleben (LTA = berufliche Rehabilitation) für Versicherte, die die medizinischen und versicherungsrechtlichen Voraussetzungen erfüllen. Auch diese Leistungen sollen dazu beitragen, die Erwerbsfähigkeit zu sichern bzw. die Wiedereingliederung in das Erwerbsleben zu fördern [10]. Als Einflussgrößen auf die Inanspruchnahme werden einerseits der Gesundheitszustand, ander-

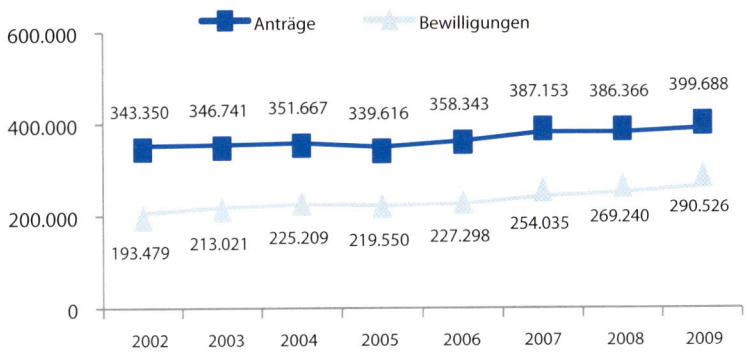

□ **Abb. 6.9** Deutsche Rentenversicherung: Leistungen zur Teilhabe am Arbeitsleben, Anträge und Bewilligungen, 2002 – 2009. Quelle: [6b]

□ **Tab. 6.3** Deutsche Rentenversicherung: Ausgewählte Leistungen zur Teilhabe am Arbeitsleben, 2002 – 2009

Jahr	LTA Insgesamt	Erhaltung/Erlangung Arbeitsplatz	Kfz-Hilfen	Berufliche Bildung	Leistungen an Arbeitgeber	Werkstatt für behinderte Menschen
2002	102.912	24.841	4.158	30.498	9.775	6.577
2003	99.142	25.173	2.867	28.935	9.690	6.991
2004	102.773	24.375	3.094	31.496	11.132	7.429
2005	110.329	29.808	3.617	32.342	10.938	9.075
2006	104.159	28.728	3.681	28.627	10.435	10.014
2007	110.809	34.950	3.163	27.335	10.545	10.156
2008	121.069	40.540	3.120	27.731	10.666	10.731
2009	132.259	46.588	3.387	29.721	10.286	10.806

Quelle: Statistik der Deutschen Rentenversicherung (vormals VDR Statistik) Rehabilitation 2009 [6b]

seits aber auch die konkrete individuelle Arbeitsplatzsituation und der Arbeitsmarkt angesehen [9].

- **Anträge und Bewilligungen zur beruflichen Rehabilitation**

□ Abb. 6.9 zeigt die Anträge und Bewilligungen zur beruflichen Rehabilitation in den Jahren 2002 bis 2009. Ein stetiger Anstieg ist zu verzeichnen. Im Jahr 2009 wurden 399.688 Anträge auf LTA gestellt und 290.526 Bewilligungen ausgesprochen. Auch hier gilt, dass die Antrags-, Bewilligungs- und Durchführungsdaten eines Kalenderjahres – wie in der medizinischen Rehabilitation – nicht direkt aufeinander zu beziehen sind (vgl. ▶ Kap. 6.2).

- **Leistungsspektrum der beruflichen Rehabilitation**

Das Leistungsspektrum der Leistungen zur Teilhabe am Arbeitsleben (berufliche Rehabilitation) umfasst u.a. Leistungen zur Erhaltung oder Erlangung eines Arbeitsplatzes, Kfz-Hilfen, Leistungen zur beruflichen Bildung, Leistungen an Arbeitgeber (z.B. Eingliederungszuschuss), Leistungen in einer Werkstatt für behinderte Menschen (WfbM). In □ Tab. 6.3 werden ausgewählte Leistungen zur beruflichen Rehabilitation dargestellt. Auf die Anzahl der Vermittlungsbescheide wird verzichtet, da sich das Verwaltungsverfahren hierzu im Beobachtungszeitraum änderte. Vermittlungsbescheide werden als Zusage weiterer Leistungen nach einer beruflichen Bildungsmaßnahme bewilligt. Unter der Voraussetzung, dass ein geeigneter Arbeitsplatz gefunden wird, ist hierbei z.B. an eine Kostenerstattung für eine leidensgerechte Umgestaltung dieses Arbeitsplatzes zu denken. Leider wird ein erheblicher Teil dieser Leistungen nicht realisiert, da keine geeignete Beschäftigung gefunden wird. Insgesamt stiegen die Leistungen zur Teilhabe am Arbeitsleben von 102.912 im Jahr 2002 auf 132.259 im Jahr 2009 an. Dabei wurden vor allem Leistungen erbracht, die der Erhaltung eines vorhandenen Arbeitsplatzes dienen bzw. die Erlangung eines Arbeitsplatzes im Fokus haben. Zeitlich aufwändige Leistungen zur beruflichen Bildung waren im Beobachtungszeitraum eher rückläufig.

Exemplarisch für das Krankheitsspektrum in der beruflichen Rehabilitation werden die beruflichen Bildungsleistungen untersucht: Mehr als die Hälfte der Männer (64%) und Frauen (57%) erhalten diese wegen einer Krankheit des Skeletts, der Muskeln und des Bindegewebes. Bei 25% der Frauen und etwa 12% der Männer werden psychische Störungen (inkl. Sucht) als sozialmedizinisch relevant angegeben.

◘ Tab. 6.4 Deutsche Rentenversicherung: Leistungen zur beruflichen Bildung pro 10.000 Versicherte*, altersstandardisierte Raten 2002 – 2008

Jahr	Bildungsleistungen insgesamt	Qualifizierungsmaß-nahmen	Aus-, Weiterbildung	Integrations-maßnahmen
2002	9,6	3,0	3,7	2,9
2003	8,9	1,5	4,6	2,8
2004	9,7	1,4	5,3	3,0
2005	10,1	1,3	5,5	3,3
2006	8,7	1,0	4,8	3,0
2007	8,3	0,8	4,2	3,3
2008	8,4	0,9	4,0	3,5

* Aktiv Versicherte am 31.12. des Berichtsvorjahres, ohne geringfügig Beschäftigte, ohne Verzicht auf die Versicherungsfreiheit. Standardisierungspopulation: Summe Männer u. Frauen 1999

Quelle: Sonderauswertung (2009) aus Statistikband Rehabilitation 2008, Bd. 174 [6a] und Statistikband Versicherte 2007/2008, Bd. 175 [4]

■ **Altersstandardisierte Reha-Raten bei Leistungen zur Teilhabe am Arbeitsleben**

Um einen zeitlichen Vergleich der Inanspruchnahme von Leistungen zur Teilhabe am Arbeitsleben unabhängig von der Änderung der Alterszusammensetzung der Versichertenpopulation durchzuführen, werden in ◘ Tab. 6.4 altersstandardisierte Reha-Raten betrachtet (vgl. ▶ Kap. 6.2). Der Altersaufbau wird dadurch im gesamten Beobachtungszeitraum gleich gesetzt. Die Inanspruchnahme von Bildungsleistungen insgesamt schwankt in den Jahren 2002 bis 2008 zwischen 8,3 und 10,1 Rehabilitationen auf 10.000 Versicherte, die Aus- und Weiterbildungen zwischen 3,7 und 5,5. Während die Inanspruchnahme von speziellen Qualifizierungen im betrachteten Zeitraum tendenziell rückläufig ist, nimmt die Inanspruchnahme von Integrationsmaßnahmen eher zu.

6.6 Sozialmedizinischer Status nach einer beruflichen Rehabilitation

Ziel der Leistungen zur Teilhabe am Arbeitsleben ist die Wiedereingliederung in das Erwerbsleben. Der Erfolg der Rehabilitation kann daran gemessen werden, wie hoch der Anteil der Rehabilitanden ist, der nach dem Ende der Leistung dauerhaft erwerbstätig ist [9]. Die Daten der DRV bieten hierzu die Möglichkeit, die Beitragszahlungen zur Rentenversicherung, den Erwerbsverlauf und andere Daten anhand der Routinemeldungen zu analysieren.

Die Wiedereingliederung nach Bildungsleistungen, die im Jahr 2005 endeten, ist in ◘ Abb. 6.10 dargestellt. Der Eingliederungsstatus wird als sogenannter »Sozialmedizinischer Status« sechs, zwölf und 24 Monate nach Ende der Leistung erhoben. Da die geschlechtsspezifischen Unterschiede eher gering sind, wird hier nur die Gesamtgruppe betrachtet. Pflichtversichert beschäftigt sind im sechsten Monat nach dem Leistungsende 31 %, nach einem Jahr 37 % und nach zwei Jahren 43 %. Zeitgleich sinkt der Anteil der arbeitslos gemeldeten von 45 % auf 29 %. Der Anteil der langfristig Arbeitsunfähigen liegt bei 3–5 %. In den ersten zwölf Monaten nach LTA erhalten ca. 8 % eine weitere Leistung zur beruflichen Rehabilitation. Nach insgesamt zwei Jahren beziehen 6 % der Ausgangsgruppe eine Erwerbsminderungsrente. Der Anteil von Personen mit unbekanntem Status nach zwei Jahren (15 %) ist schwierig zu beurteilen, da dies z. B. ein Ausscheiden aus dem Erwerbsleben oder eine nicht versicherungspflichtige selbständige Tätigkeit bedeuten kann.

6.7 Ausscheiden aus dem Erwerbsleben durch Erwerbsminderungsrenten

Falls eine rehabilitative Leistung nicht erfolgreich war oder kein Erfolg prognostiziert werden kann, wird bei Vorliegen der medizinischen und versicherungsrechtlichen Voraussetzungen eine Erwerbsminderungsrente (EM-Rente) bewilligt. Im Jahr 2009 wurden 173.028 Rentenzugänge wegen Erwerbsminderung in der Statistik der DRV erfasst, das entspricht knapp 14 % aller Rentenzugänge.

■ **Indikationsbezogener Zugang zur Erwerbsminderungsrente**

In ◘ Abb. 6.11 ist der EM-Rentenzugang für die Jahre 2005 bis 2009 nach Indikationsgruppen dargestellt. Psychische und Verhaltensstörungen sind in den letzten Jahren am häufigsten die Ursache einer Berentung wegen Erwerbsminderung (64.469 EM-Renten im Jahr 2009). Hier hält der Trend der Zunahme weiterhin an. Krankheiten

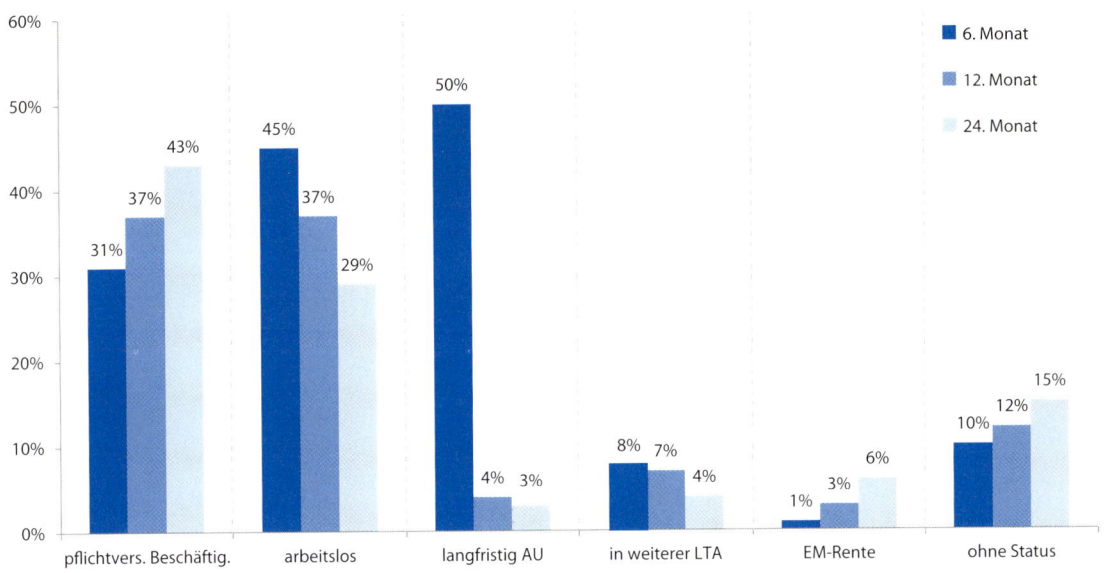

Abb. 6.10 Deutsche Rentenversicherung: Eingliederungsstatus im 6., 12., 24. Monat nach beruflicher Bildungsmaßnahme im Jahr 2005. Quelle: Sonderauswertung aus der Reha-Statistik-Datenbasis, Deutsche Rentenversicherung Bund 2009

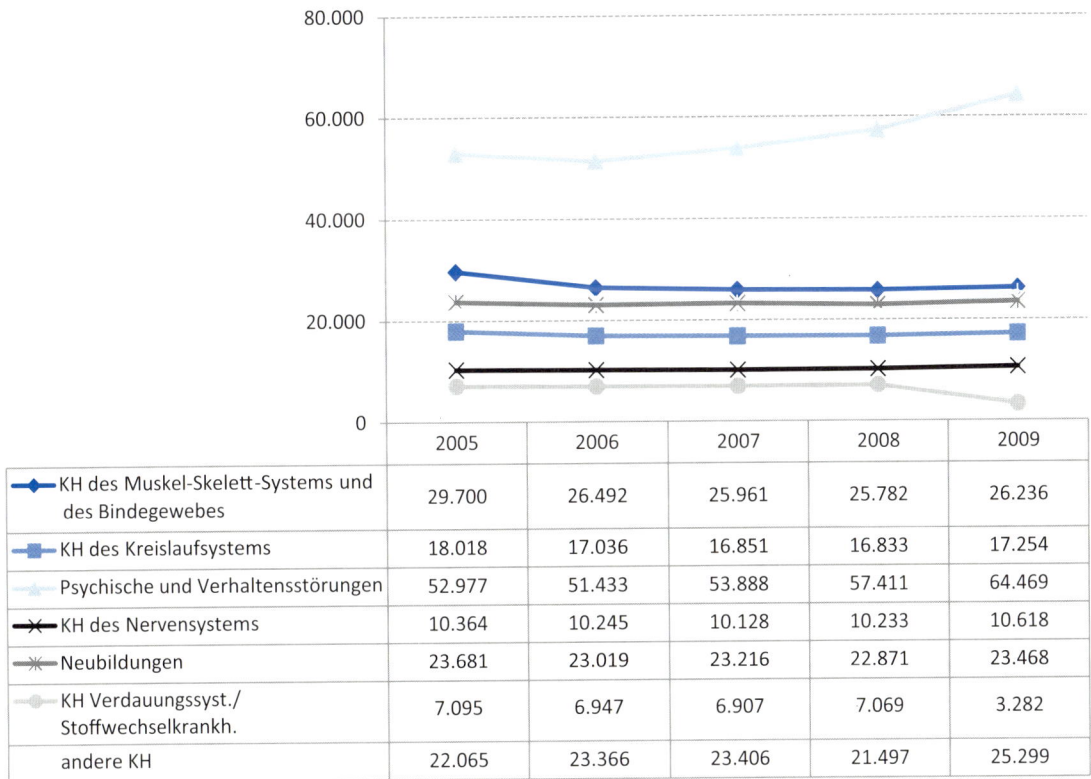

	2005	2006	2007	2008	2009
KH des Muskel-Skelett-Systems und des Bindegewebes	29.700	26.492	25.961	25.782	26.236
KH des Kreislaufsystems	18.018	17.036	16.851	16.833	17.254
Psychische und Verhaltensstörungen	52.977	51.433	53.888	57.411	64.469
KH des Nervensystems	10.364	10.245	10.128	10.233	10.618
Neubildungen	23.681	23.019	23.216	22.871	23.468
KH Verdauungssyst./ Stoffwechselkrankh.	7.095	6.947	6.907	7.069	3.282
andere KH	22.065	23.366	23.406	21.497	25.299

Abb. 6.11 Deutsche Rentenversicherung: Erwerbsminderungsrentenzugänge nach ausgewählten Diagnosengruppen, 2005 – 2009. Quelle: [7b]

des Muskel-Skelett-Systems und des Bindegewebes waren im Jahr 2009 in 26.236 Fällen Berentungsursache und 23.468 Renten wurden wegen einer Neubildung geleistet. Die Krankheiten des Kreislaufsystems führten in den letzten Jahren weniger häufig in die EM-Rente.

Insgesamt ist das Krankheitsspektrum bei der medizinischen Rehabilitation und dem Rentenzugang infolge Erwerbsminderung in der Deutschen Rentenversicherung unterschiedlich. Zwar finden sich in beiden Bereichen die Krankheiten des Muskel-Skelett-Systems und des Bindegewebes, Psychische und Verhaltensstörungen sowie Neu-

Tab. 6.5 Deutsche Rentenversicherung: Rentenzugänge wegen verminderter Erwerbsfähigkeit*, die 20 häufigsten Erstdiagnosen, Männer, 2009

Rang	ICD-10	Bezeichnung	90.427	100%
1	F10	Psychische und Verhaltensstörungen durch Alkohol	5.633	6,2%
2	F32	Depressive Episode	3.515	3,9%
3	F20	Schizophrenie	3.419	3,8%
4	F33	Rezidivierende depressive Störung	3.361	3,7%
5	M54	Rückenschmerzen	3.021	3,3%
6	I63	Hirninfarkt	2.782	3,1%
7	I25	Chronische ischämische Herzkrankheit	2.677	3,0%
8	C34	Bösartige Neubildung der Bronchien und der Lunge	2.250	2,5%
9	J44	Sonstige chronische obstruktive Lungenkrankheit	1.914	2,1%
10	M51	Sonstige Bandscheibenschäden	1.752	1,9%
11	M17	Gonarthrose (Arthrose des Kniegelenkes)	1.591	1,8%
12	F43	Reaktionen auf schwere Belastungen und Anpassungsstörungen	1.349	1,5%
13	I42	Kardiomyopathie	1.227	1,4%
14	F45	Somatoforme Störungen	1.201	1,3%
15	F41	Andere Angststörungen	1.151	1,3%
16	F60	Spezifische Persönlichkeitsstörungen	1.127	1,2%
17	E11	Nicht primär insulinabhängiger Diabetes mellitus (Typ 2)	1.105	1,2%
18	M16	Koxarthrose (Arthrose des Hüftgelenkes)	1.053	1,2%
19	I70	Atherosklerose	986	1,1%
20	G35	Multiple Sklerose (Encephalomyelitis disseminata)	879	1,0%
Summe			41.993	46,4%

* Ohne Renten für Bergleute wegen Vollendung des 50. Lebensjahres
Quelle: Statistik der Deutschen Rentenversicherung (vormals VDR Statistik) Rentenzugang 2009, Bd. 178 [7b]

bildungen als häufigste Diagnosegruppen. Während der erste Rang in der medizinischen Rehabilitation von den Krankheiten der Bewegungsorgane eingenommen wird, nehmen bei den EM-Rentenzugängen die psychischen Störungen in den letzten Jahren – bei den Frauen seit 1997, bei den Männern seit 2003 – diesen Platz ein.

Tab. 6.5 und **Tab. 6.6** zeigen die 20 häufigsten Erstdiagnosen, die bei Männern und Frauen im Jahr 2009 zur Berentung wegen Erwerbsminderung führten. Damit kann fast die Hälfte des Krankheitsspektrums dieser Leistungen dargestellt werden (Männer: 46%, Frauen: 55%). Am häufigsten sind mit 6% der verschlüsselten Diagnosen bei den Männern »Psychische und Verhaltensstörungen durch Alkohol« angegeben. Bei den Frauen werden depressive Störungen (rezidivierende depressive Störung, depressive Episode) mit insgesamt 17% auf den ersten beiden Rangplätzen genannt. Bei den Berentungen wegen Erwerbsminderung stammen bei den Männern acht der

20 häufigsten Diagnosen aus dem Kapitel Psychische und Verhaltensstörungen, bei den Frauen sogar elf. Aus dem Kapitel Krankheiten des Muskel-Skelett-Systems und des Bindegewebes finden sich bei den Männern und Frauen jeweils vier der 20 häufigsten EM-Renten-Diagnosen.

Altersspezifische Zugangsraten bei Erwerbsminderungsrenten

Wie bei der Betrachtung der medizinischen und beruflichen Rehabilitation kann auch hier der Bezug auf die jeweilige Versichertenpopulation für Vergleichszwecke sinnvoll sein. Altersspezifische Zugangsraten der Jahre 2002 und 2007 für Männer und Frauen sind in **Abb. 6.12** dargestellt. Deutlich wird, dass die Häufigkeit der Berentung mit dem Alter in allen untersuchten Gruppen etwa ab dem Alter von 45 Jahren ansteigt bis zum Alter von 58 Jahren. Im »rentennahen« Alter sinkt dieser Anteil, da eventuell mehr Versicherte sich für eine vorgezo-

◨ Tab. 6.6 Deutsche Rentenversicherung: Rentenzugänge wegen verminderter Erwerbsfähigkeit, die 20 häufigsten Erstdiagnosen, Frauen, 2009

Rang	ICD-10	Bezeichnung	80.702	100%
1	F33	Rezidivierende depressive Störung	7.404	9,2%
2	F32	Depressive Episode	6.286	7,8%
3	C50	Bösartige Neubildung der Brustdrüse (Mamma)	3.603	4,5%
4	F45	Somatoforme Störungen	2.864	3,5%
5	F43	Reaktionen auf schwere Belastungen und Anpassungsstörungen	2.800	3,5%
6	F20	Schizophrenie	2.487	3,1%
7	F41	Andere Angststörungen	2.432	3,0%
8	M54	Rückenschmerzen	2.138	2,6%
9	G35	Multiple Sklerose (Encephalomyelitis disseminata)	2.104	2,6%
10	M17	Gonarthrose (Arthrose des Kniegelenkes)	1.623	2,0%
11	F60	Spezifische Persönlichkeitsstörungen	1.607	2,0%
12	F10	Psychische und Verhaltensstörungen durch Alkohol	1.423	1,8%
13	C34	Bösartige Neubildung der Bronchien und der Lunge	1.124	1,4%
14	M51	Sonstige Bandscheibenschäden	1.123	1,4%
15	J44	Sonstige chronische obstruktive Lungenkrankheit	1.079	1,3%
16	I63	Hirninfarkt	1.067	1,3%
17	F34	Anhaltende affektive Störungen	994	1,2%
18	F25	Schizoaffektive Störungen	940	1,2%
19	F31	Bipolare affektive Störung	817	1,0%
20	M16	Koxarthrose (Arthrose des Hüftgelenkes)	716	0,9%
Summe			44.631	55,3%

Quelle: Statistik der Deutschen Rentenversicherung (vormals VDR Statistik) Rentenzugang 2009, Bd. 178 [7b]

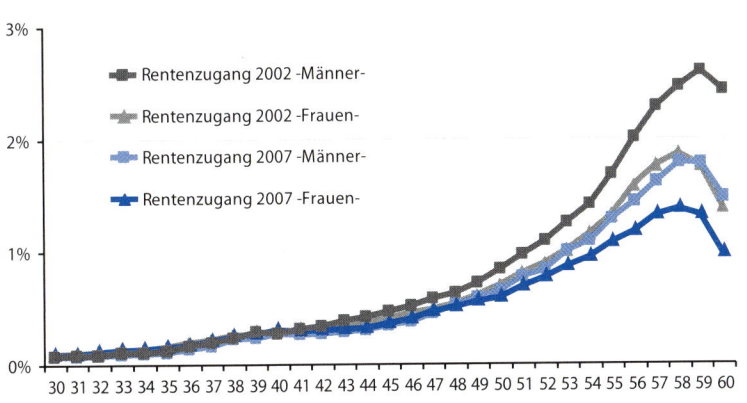

◨ Abb. 6.12 Deutsche Rentenversicherung: Erwerbsminderungsrentenzugänge pro 1.000 aktiv Versicherte, 2002 und 2007. Quelle: [7a]

EM-Rentenzugänge (ohne Renten an Bergleute wegen Vollendung des 50. Lebensjahrs) pro 1.000 aktiv Versicherte (ohne ausschließlich geringfügig Beschäftigte)

gene Altersrente entscheiden [13]. Die Berentungsintensität liegt bei den Männern höher als bei den Frauen. Dies könnte durch häufigere Nichterfüllung der versicherungs- rechtlichen Voraussetzungen, z.B. durch Versicherungslücken bei Nichterwerbstätigkeit der Frauen, bedingt sein. Die EM-Rentenzugangsrate ist im Jahr 2007 bei Männern

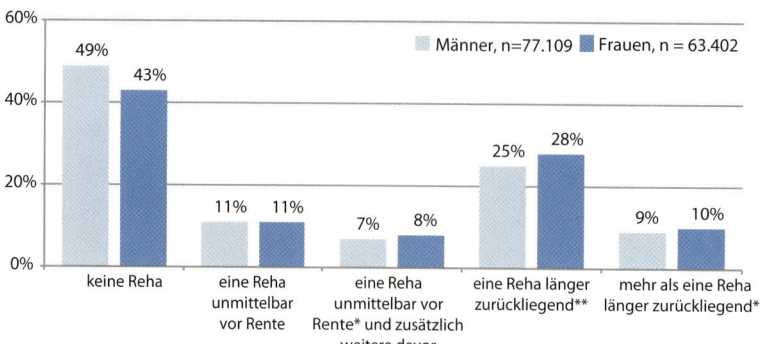

Abb. 6.13 Deutsche Rentenversicherung: Fünf-Jahres-Reha-Anamnese vor Erwerbsminderungsrente im Jahr 2006. Quelle: Sonderauswertung aus der Reha-Statistik-Datenbasis, Deutsche Rentenversicherung Bund 2009

* Die med. Reha-Leistung wurde innerhalb von 6 Mon. vor Rentenbescheid beendet
** Das Ende der med. Reha-Leistung(en) fiel in der Zeitraum vom 7. Mon. bis zu 5 Jahre vor Rentenbescheid

und Frauen geringer als im Jahr 2002. Ob dies als positives Ergebnis zielgerichteter Maßnahmen wie »Reha vor Rente« zu interpretieren ist oder eher auf gesetzliche Regelungen – wie die Auswirkungen der Rentenreformen – zurückzuführen ist, bleibt zu diskutieren.

6.8   Rehabilitation vor Rente

Die Betrachtung des sozialversicherungspflichtigen Erwerbsverlaufs nach medizinischer bzw. nach beruflicher Rehabilitation wurde in ▶ Kap. 6.3 als Sozialmedizinischer Verlauf und in ▶ Kap. 6.6 als Sozialmedizinischer Status dargestellt. Bei diesen Untersuchungen wird jeweils das Ausscheiden aus dem Erwerbsleben durch EM-Renten als »unerwünschtes« Ereignis definiert. Eine weitere Möglichkeit der Längsschnittanalyse der Daten der DRV wird im Folgenden dargestellt: Die Rehabilitationsleistungen, die fünf Jahre vor Bewilligung einer EM-Rente durchgeführt wurden, werden als Reha-Anamnese analysiert. Hierbei ist zu unterscheiden, ob ein oder mehrere Rehabilitationsleistungen unmittelbar, d. h. im Zusammenhang mit der EM-Renten-Bewilligung, erfolgten oder länger zurücklagen. Hieraus kann jedoch keine Aussage über den individuellen (Miss-) Erfolg einer Reha-Leistung getroffen werden [13].

▶ Abb. 6.13 zeigt die Reha-Anamnese im Fünf-Jahreszeitraum vor EM-Rente im Jahr 2006 für Männer und Frauen. Für knapp die Hälfte der Männer (49 %) und 43 % der Frauen galt der Grundsatz »Reha vor Rente« nicht. Zu erklären ist dies einerseits damit, dass eine Rehabilitation in der Regel bei nicht positiver Erwerbsprognose nicht bewilligt werden sollte. Andererseits kann eine Unterinanspruchnahme der Rehabilitation, bedingt durch das Fehlen eines Reha-Antrags, unterstellt werden. Bei 18 % der männlichen und 19 % der weiblichen EM-Rentner wurde mindestens eine Rehabilitation im unmittelbaren zeitlichen Zusammenhang mit der Berentung durchgeführt,

bei einem weiteren Drittel innerhalb des fünfjährigen Beobachtungszeitraums.

Diagnosebezogen stellt sich die Reha-Anamnese unterschiedlich dar; so erhalten insbesondere Versicherte mit schwerwiegenden psychiatrischen Erkrankungen im Vorfeld der EM-Berentung nur selten eine medizinische Rehabilitation. Hingegen haben fast zwei Drittel der EM-Rentner mit Krankheiten des Muskel-Skelett-Systems eine Rehabilitation im Fünf-Jahreszeitraum vor der Berentung absolviert.

Literatur

1   Baumgarten E, Lindow B, Klosterhuis H: Wie gut ist die ambulante Rehabilitation? Aktuelle Ergebnisse der Reha-Qualitätssicherung. In: Deutsche Rentenversicherung Bund (Hrsg), RVaktuell, Jg 55, Nr 11, S 335–342, 2008

2   Beckmann U, Klosterhuis H, Naumann B: Suchtrehabilitation durch die Rentenversicherung. In: Deutsche Hauptstelle für Suchtfragen e. V. (Hrsg), Jahrbuch Sucht 2010, S 127–140, 2010

3   Bürger W, Glaser-Möller N, Kulik B, Pallenberg C, Stapel M: Stufenweise Wiedereingliederung zulasten der gesetzlichen Rentenversicherung – Ergebnisse umfassender Routinedatenanalyse und Teilnehmerbefragung. In: Schliehe F, Bengel J, Jäckel W.H, Koch U, Petri B, Schönle P.W (Hrsg), Die Rehabilitation, 50 (2) 74-85, 2011

4   Deutsche Rentenversicherung: Statistik der Deutschen Rentenversicherung (vormals VDR Statistik) Versicherte 2007/ 2008, Bd 175. Deutsche Rentenversicherung Bund (Hrsg.). Berlin, Februar 2010

5   Deutsche Rentenversicherung: Rentenversicherung in Zeitreihen. DRV-Schriften Bd 22. Deutsche Rentenversicherung Bund (Hrsg.). Berlin, Oktober 2010

6a Deutsche Rentenversicherung: Statistik der Deutschen Rentenversicherung (vormals VDR Statistik) Rehabilitation 2008, Bd 174. Deutsche Rentenversicherung Bund (Hrsg.). Berlin, Oktober 2009

6b Deutsche Rentenversicherung: Statistik der Deutschen Rentenversicherung (vormals VDR Statistik) Rehabilitation 2009, Bd 179. Deutsche Rentenversicherung Bund (Hrsg.). Berlin, Oktober 2010

7a Deutsche Rentenversicherung: Statistik der Deutschen Rentenversicherung (vormals VDR Statistik) Rentenzugang 2008, Bd 173. Deutsche Rentenversicherung Bund (Hrsg.). Berlin, September 2009

7b Deutsche Rentenversicherung: Statistik der Deutschen Renten-
    versicherung (vormals VDR Statistik) Rentenzugang 2009, Bd 178.
    Deutsche Rentenversicherung Bund (Hrsg.). Berlin, Juli 2010

8   Deutsche Rentenversicherung: Reha-Bericht 2010: Die medizini-
    sche und berufliche Rehabilitation der Rentenversicherung im
    Licht der Statistik. Deutsche Rentenversicherung Bund (Hrsg.).
    Berlin, Juni 2010

9   Erbstößer S, Verhorst H, Lindow B, Klosterhuis H: Leistungen zur
    Teilhabe am Arbeitsleben durch die Deutsche Rentenversiche-
    rung – ein Überblick. In: Deutsche Rentenversicherung Bund
    (Hrsg), RVaktuell, Jg 55, Nr 11, S 343–350, 2008

10 Klosterhuis H, Zander J, Naumann B: Rehabilitation der Renten-
    versicherung – Inanspruchnahme und Qualitätssicherung. In:
    Schmidt E (Hrsg), Die BG – Prävention, Organisation, Recht, Nr 9, S
    396–402, 2009

11 Klosterhuis H, Zollmann P, Grünbeck P: Verlaufsorientierte
    Auswertungen zur Rehabilitation – aktuelle Ergebnisse aus der
    Reha-Statistik-Datenbasis. In: VDR (Hrsg), Deutsche Rentenversi-
    cherung, Jg 59, Nr 5, S 287–296, 2004

12 Korsukéwitz C: Medizinische Rehabilitation kardiologischer AHB-
    Patienten der Deutschen Rentenversicherung. In: Bruckenberger
    E (Hrsg), Herzbericht 2009, S. 177-193, 2010

13 Korsukéwitz C, Rehfeld U: Rehabilitation und Erwerbsminderung
    – ein aktueller Überblick. In: Deutsche Rentenversicherung Bund
    (Hrsg), RVaktuell, Jg 56, Nr 10, S 335–344, 2009

14 Korsukéwitz C, Rehfeld U: Rehabilitation und Erwerbsminde-
    rungsrenten – aktueller Stand und Entwicklungen. In: Deutsche
    Rentenversicherung Bund (Hrsg), RVaktuell, Jg 55, Nr 9, S 274–
    284, 2008

15 Lademann J, Kolip P: Gesundheit von Frauen und Männern im
    mittleren Lebensalter. In: Robert Koch Institut (Hrsg), Schwer-
    punktbericht Gesundheitsberichterstattung des Bundes, The-
    menheft, 2005

16 Rehfeld U, Klosterhuis H: Daten der Rentenversicherung (RV) für
    Sekundäranalysen zur Erwerbstätigkeit, Alterssicherung, Rehabi-
    litation und Berentung. In: Swart E, Ihle P (Hrsg) Routinedaten im
    Gesundheitswesen, Handbuch Sekundärdatenanalyse: Grund-
    lagen, Methoden und Perspektiven, Reihe Gesundheitswissen-
    schaften, Huber Verlag, S 149–165, 2005

Links zu Statistikdaten der Deutschen Rentenversicherung

http://www.deutsche-rentenversicherung.de > Deutsche Rentenver-
    sicherung > Statistik
http://www.deutsche-rentenversicherung.de > Deutsche Renten-
    versicherung > Statistik > Statistik-Broschüren der Deutschen
    Rentenversicherung
http://www.forschung.deutsche-rentenversicherung.de > Statisti-
    ken

Spezieller Teil

Krankheiten des Stütz- und Bewegungssystems

Wolfgang Beyer, Christine Göser, Jürgen Heisel (7.1);
Wolfgang Beyer, Christine Göser (7.2); Jürgen Heisel (7.3 bis 7.5)

7.1 Allgemeines

Wolfgang Beyer, Christine Göser, Jürgen Heisel

7.1.1 Sozialmedizinische Bedeutung

Im Jahr 2009 wurden in der gesetzlichen Rentenversicherung insgesamt 1.234.017 Leistungen zur medizinischen Rehabilitation und sonstige Leistungen zur Teilhabe durchgeführt, hiervon 1.091.098 im stationären Bereich. Auf die Diagnosegrundgruppe Muskeln/Skelett/Bindegewebe entfielen hiervon allein 434.651 Fälle, was einem prozentualen Anteil von circa 35 % entspricht. Damit stehen die muskuloskelettalen Krankheiten weiterhin mit großem Abstand vor den onkologischen, psychischen und kardiovaskulären Krankheiten an der Spitze der rehabilitationsrelevanten Erkrankungen. An erster Stelle innerhalb dieser Diagnosegruppe steht mit Abstand der sogenannte unspezifische oder auch myofascial benannte Rückenschmerz, häufig auch als Lumbalsyndrom oder degeneratives LWS Syndrom kodiert. Er ist der häufigste Grund für eingeleitete und durchgeführte Rehabilitationsleistungen. Bei den Ursachen für Berentung wegen verminderter Erwerbsfähigkeit stellen Erkrankungen des Bewegungsapparates die dritthäufigste Ursache dar (26.233 Berentungen 2009). Je nach Rechenweise und Berücksichtigung/Nichtberücksichtigung indirekter Kosten wird allein durch den Rückenschmerz die Volkswirtschaft mit jährlich je nach Quelle zwischen 7 und 30 Milliarden Euro belastet.

Mit großem Abstand folgen dann die Arthrosen der großen Gelenke, speziell die Gon- und Koxarthrose. Hier hat sich die Gewichtung weg von der konservativen Rehabilitationsleistung hin zur postoperativen Anschlussrehabilitation deutlich verschoben. So wurden ebenfalls im Jahr 2007 in Deutschland insgesamt 152.338 Hüftprothesen und 136.262 Kniegelenksprothesen implantiert, wobei circa zwei Drittel dieser Patienten, wenn auch nicht immer zu Lasten der gesetzlichen Rentenversicherung, postoperativ eine Rehabilitation in Anspruch nahmen. Es wird diskutiert, dass die mittlerweile flächendeckende Einführung der DRGs zu einer Verlagerung von pflegerischen und therapeutischen Maßnahmen und damit verbunden von Kosten in den Bereich der Rehabilitation geführt hat.

7.1.2 Diagnostik

Bei der Diagnostik aller Krankheiten des Haltungs- und Bewegungssystems stehen weiterhin unverändert an erster Stelle Anamnese und klinischer Befund. Durch eine klar strukturierte Anamnese können nach Auffassung erfahrener Kliniker bis zu 70 % der diagnoserelevanten Informationen gewonnen werden.

◻ Tab. 7.1 Merkmale von Schmerz

Lokalisation	Körperregion, punctum maximum, oberflächlich, tiefsitzend, gelenkbezogen, einseitig, bilateral.
Qualität	hell (oberflächlich), dumpf (tiefsitzend), scharf, brennend, stechend, klopfend, pochend, quälend, bohrend, einschießend, ziehend, krampfartig, elektrisierend.
Quantität	vage, kaum, gering, schwach, mäßig, stark, invalidisierend, unerträglich; evtl. Graduierung (0–10).
Häufigkeit	akut, plötzlich, anfallsartig, subakut, schleichend, langsam progredient, remittierend, rezidivierend, gelegentlich, schubweise, schmerzfreie Intervalle, gleichbleibend, zunehmend.
Auslösung	durch äußere Umstände, intensivierende oder lindernde Faktoren; Abhängigkeit von Belastung, Bewegungsmuster, Körperhaltung, Tageszeit, Witterung, Temperatur; Anlaufschmerz (sog. Startschmerz), Endphasenschmerz, Besserung unter mechanischer Entlastung, Ruheschmerz.

▪ Anamnese

Allgemeine und vegetative Anamnese, Medikamenten- und Sozialanamnese sind integraler Bestandteil fachorthopädischer Gutachten. Selbstverständlich sind auch Angaben zur bisherigen Diagnostik und Therapie, aber auch dem Ansprechen auf unterschiedliche Therapieverfahren erforderlich. Eine speziell in der Orthopädie sehr wichtige Frage ist, ob der Schmerz des Patienten durch bestimmte mechanische Muster ausgelöst oder provoziert werden kann und/oder ob er auch in Ruhe besteht. So spricht z. B. eine Schmerzverstärkung beim Husten, Pressen oder Niesen für eine Bandscheibenproblematik, während frühmorgendliche Rückenschmerzen mit Besserung durch Bewegung ein klassisches Symptom seronegativer Spondyloarthropathien sind. Eine Schmerzprovokation bei Extension bzw. Reklination gegebenenfalls mit resultierender Schmerzausstrahlung in das Gesäß oder das Bein gilt als Hinweis für eine lumbale spinale Stenose und/oder Spondylarthrose, eine Zunahme der Beschwerden bei der Flektion bzw. Vorneige für eine primär diskogene oder myofasciale Ursache (vgl. ◻ Tab. 7.1).

Wichtig sind auch Hinweise zu früheren Unfällen oder Verletzungen, hier sind oftmals auch versicherungsrechtliche Aspekte von Bedeutung. Anamnestisch sind immer Angaben zu Tumorerkrankungen zu erheben. Besonders beim Mammakarzinom ist zu berücksichtigen, dass hier auch noch nach bis zu zwanzig Jahren Spätmetastasen möglich sind. Angeborene oder erworbene Formstörungen sind zu erfragen, wie z. B. Wirbelsäulenverkrümmungen, Beinachsenfehler, Asymmetrien, Verschmächtigungen, Verdickungen etc. Neben möglichen Ursachen ist hier auch oftmals der Verlauf von Bedeutung. Funktionsstörungen können unterschiedliche Bereiche des Alltags oder des Berufes betreffen, wie Einschränkungen der Gehfähigkeit (Zeit und Distanz), des Treppensteigens (z. B. Hinweise auf retropatellare Schmerzursachen), des Sitzens und des Stehens.

Obligat sind Angaben zu orthopädischen Hilfsmitteln wie Einlagen, Orthesen, Miedern etc.; diese sollten auch auf Gebrauchsspuren hin untersucht werden. Speziell bei chronischen Schmerzpatienten sind die täglichen Aktivitäten sowie Probleme bei der Selbstversorgung und Haushaltsführung zu dokumentieren. Hier sind neben den berufsbezogenen Einschränkungen auch die Aspekte des sozialen Lebens bzw. der sozialen Integration zu berücksichtigen.

■ **Klinische Untersuchung**

Die klinische Untersuchung erfolgt unter funktionellen Gesichtspunkten. Sie erfordert nur wenige Hilfsmittel. Neben einer von allen Seiten zugänglichen Liege (eine nur von einer Seite zugängliche Liege führt nachweislich zu systemischen Fehlern im Rechts-/Linksvergleich) sind noch ein Stift, ein Maßband, ein Winkelmesser, ein Reflexhammer, eine Vibrationsstimmgabel nach Rydel-Seiffer, eine Kaltenbachnadel und ein Wardenberg-Rädchen erforderlich.

Die Untersuchung beginnt mit dem Betreten des Untersuchungsraumes, erfasst alltägliche Funktionen wie das Händeschütteln, das An- und Auskleiden, das Aufknöpfen eines Hemdes, die Standsicherheit beim Ausziehen einer Hose etc. Im Weiteren erfolgt sie systematisch und standardisiert, zunächst im Stehen, dann im Gehen, bei Vor- und Seitneige sowie Rotation (statische und dynamische Inspektion), im Sitzen, in der Rücken-, der Bauch- und der Seitenlage. Die Bestimmung des Bewegungsumfangs von Gelenken und Wirbelsäule erfolgt nach der Neutral-Null-Methode im Seitvergleich und in allen Bewegungsebenen und wird meist auf einem standardisierten Untersuchungsbogen festgehalten. Es wird grundsätzlich erst die aktive Beweglichkeit geprüft. Wenn hier eine Einschränkung angegeben oder demonstriert wird, ist die passive Untersuchung anzuschließen. Komplexbewegungen wie der Schürzen- und Nackengriff oder der Spitz- und Schlüsselgriff sind zwar nicht detailliert messbar, jedoch für die berufliche und alltägliche Belastbarkeit von hoher Bedeutung.

Eine weit verbreitete standardisierte Befunderhebung ist die der Berufsgenossenschaften und privaten Unfallversicherungen (s. ◘ Abb. 7.1). Hier werden auch einfache Funktionen wie das Zeichen nach Schober (Wegstrecke zwischen dem Dornfortsatz des ersten Sakralwirbels und

10 cm weiter cranial in Neutralstellung und Vorbeuge), das Zeichen nach Ott (Wegstrecke zwischen dem Dornfortsatz des siebten Halswirbels und 30 cm caudal) sowie der am häufigsten gemessene Fingerbodenabstand bestimmt. Man muss aber ausdrücklich darauf hinweisen, dass all diese Testverfahren weder ausreichend sensibel noch spezifisch sind. So gehen beispielsweise in den Fingerbodenabstand neben der eigentlich zu messenden Wirbelsäulenbeweglichkeit auch die Hüftgelenksbeweglichkeit, die Dehnbarkeit der ischiocruralen Muskulatur und weitere Parameter ein. Die alleinige Beschränkung auf Vor- und Rückneige ist ungenügend. Um alle Funktionsstörungen oder -defizite zu erfassen, müssen alle Funktionen von Gelenken und Muskulatur (siehe oben) untersucht und abgefragt werden. Wie an den Extremitätengelenken mittlerweile Standard, so ist auch an den Bewegungssegmenten der Wirbelsäule eine Untersuchung in allen drei Ebenen des Raumes obligat. Ziel der manuellen Diagnostik ist es, eine Funktionsstörung aufzudecken und genau segmental und anatomisch-topographisch zuzuordnen sowie die Aktualität bzw. klinische Relevanz zu bestimmen.

In den meisten Fällen genügt die klinische Untersuchung der Muskulatur auf isometrische Kraft und Verkürzung. In Einzelfällen können muskuläre Defizite bei gutachterlichen Fragestellungen oder aber zur Erstellung eines optimalen Therapieplanes durch standardisierte Tests (Hebetest nach Pile, Kraftausdauertests nach Spring, Tests nach Müller und Hille) oder aber moderne computerunterstützte Geräte (z. B. Schnell, David oder backcheck) objektiviert und quantifiziert werden. Für einige dieser Geräte existieren alters- und geschlechtsspezifische Normwerte; hier muss jedoch eine gewisse Skepsis gelten, da diese Studien teilweise erhebliche methodische Schwächen aufweisen. Bei Patienten mit chronischen Rückenschmerzen finden sich sehr häufig Defizite der Extensoren, wobei hier die Korrelation, nicht hingegen die Kausalität als gesichert gilt. Tonische oder posturale Muskeln (z. B. obere Anteile des M. trapezius) reagieren auf Pathologien nicht mit einer Kraftabschwächung, sondern mit einer Verkürzung. Deshalb sollten die mittlerweile ebenfalls weitgehend standardisierten und in den Fachbüchern der Manuellen Medizin und Physiotherapie nachlesbaren Untersuchungstests gezielt eingesetzt werden.

Bei speziellen Fragestellungen kann es nicht genügen, die isometrische Kraft von Muskeln zu testen, sondern auch deren exzentrische Funktion zu prüfen. Muskeltonus, Myogelosen, tender und trigger points (denen in der neueren Literatur eine entscheidende Bedeutung speziell beim unspezifischen oder myofascialen Rückenschmerz zukommt) können derzeit nur palpatorisch nachgewiesen werden, weshalb die strukturierte Palpation von Muskeln unabdingbar ist.

Az.:   , Name:

Messblatt Wirbelsäule
(nach der Neutral-0-Methode)

Größe in cm: Gewicht in kg:

HWS

Abb. 1

Vorneigen/Rückneigen   (Abb. 1)

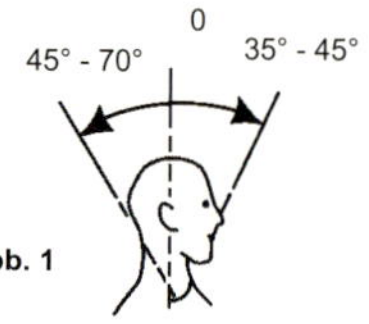

Seitneigen   re./li.   (Abb. 2)

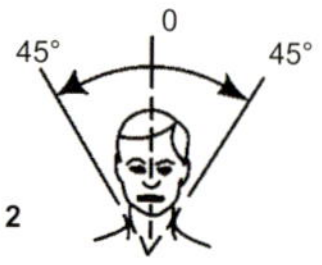

Abb. 2

Drehen   re./li.   (Abb. 3)

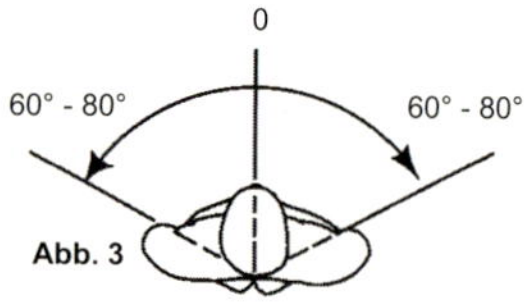

Abb. 3

Kinnspitzenschulterhöhenabstand
bei maximaler Drehseitneigung re./li.

BWS und LWS

Seitneigen   re./li.   (Abb. 4)

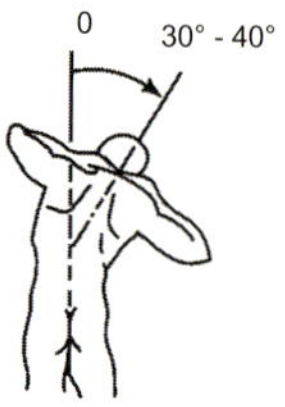

Abb. 4

Drehen im Sitzen   re./li.   (Abb. 5)

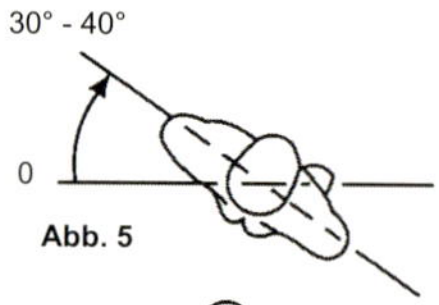

Abb. 5

Liegen/Jugulumabstand (cm)   (Abb. 6)
Aktive Aufrichtung aus Rückenlage
Messstrecke Liege - DF C7

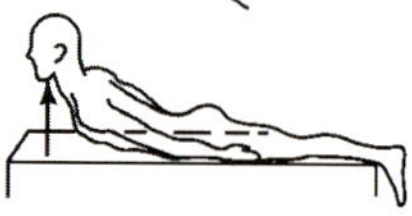

Abb. 6

Finger - Boden - Abstand (cm)
a) Ott   (Abb. 7)
   Messstrecke DF C7 30 cm caudal
b) Schober   (Abb. 7)
   Messstrecke DF S1 10 cm cranial
c) Messstrecke 10 cm mit Mittelpunkt (Abb. 7)
   DF L 1

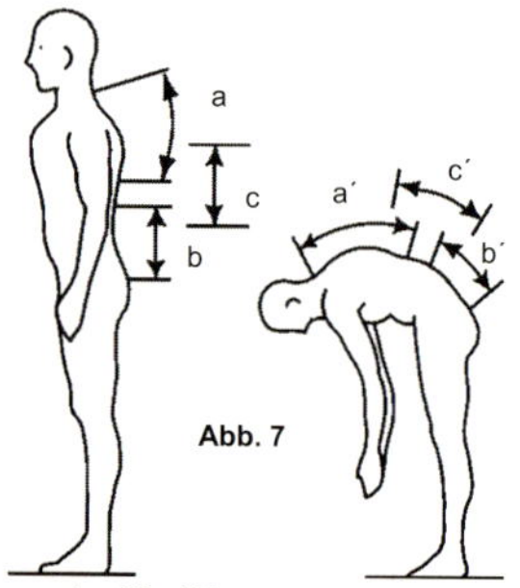

Beckentiefstand (cm) re./li.

Seitverbiegung

Schulterstand (rechts tief/links tief)

Sagittale Verbiegung (kyphotische oder lordotische Fehlform):

Abb. 7

a : a´ = 30 : 32
b : b´ = 10 : 15
c : c´ = 10 : 13

F 6222 0805 Messblatt Wirbelsäule BK 2108, 2109, 2110

▫ **Abb. 7.1** Standardisiertes Messblatt nach der Neutral-Null-Methode
Quelle: http://www.dguv.de/formtexte/aerzte/index.jsp

Bei den Umfangsmessungen ist auf eine exakt reproduzierbare Untersuchungsposition zu achten, Messdifferenzen bis 0,5 cm sind als Messungenauigkeiten zu interpretieren und nicht verwertbar. Zu zahlreichen Untersuchungsverfahren liegen mittlerweile exakte Angaben zur Validität, Sensitivität und Spezifität bzw. zur intra- und interindividuellen Reliabilität vor und sind in entsprechenden Publikationen wie auch im Internet einsehbar.

Zwar subjektiv geprägt und für den Patienten unangenehm bzw. schmerzhaft, wissenschaftsmethodisch jedoch von höherer Aussagekraft sind die sogenannten Provokationstests. Hier werden Gelenke auf Kompression, Bänder und Sehnen auf Zugbelastung, Muskeln auf Druckschmerzhaftigkeit hin getestet. Auch hier sind standardisierte Ausgangspositionen obligat (vgl. ◘ Tab. 7.2).

Selbstverständlich sind auch der arterielle und venöse Status zu erfassen. Bei einigen orthopädischen Krankheitsbildern ist dies von entscheidender Bedeutung (z. B. Differentialdiagnose der Claudicatio intermittens zwischen spinaler Stenose und peripherer arterieller Verschlusserkrankung).

Mit der orientierenden neurologischen Untersuchung gelingt die Abgrenzung radikulärer Störungen von pseudoradikulären. Bei den radikulären Läsionen resultiert eine Minussymptomatik: Abschwächung oder Verlust des zugehörigen Muskeleigenreflexes, Abschwächung der groben Kraft des/der zugehörigen Kennmuskeln (Paresegrad) sowie Abschwächung der Ästhesie und strenger dermatombezogen der Algesie. Zusätzlich existieren sogenannte Spannungszeichen im Sinne eines Zeichens nach Lasègue, BRAGARD oder Neri an der unteren, im Sinne eines upper limp neural test (ULNT 1–3) an der oberen Extremität. All diesen Tests ist gemein, dass man die Verschiebbarkeit von Spinalnerven bzw. peripheren Nerven gegenüber ihrer Umgebung untersucht (für den Interessierten finden sich hier im Internet unter den Suchbegriffen »Neurodynamik« bzw. »David Butler« entsprechende Erläuterungen). Bei den pseudoradikulären Läsionen hingegen ist der Muskeleigenreflex unverändert seitengleich, der Muskel ermüdet zwar schneller, ist jedoch nicht paretisch, im Dermatom findet sich eine Dys- und/oder Hyperästhesie bzw. -algesie. Häufig vernachlässigt wird die Prüfung der Tiefensensibilität, die insbesondere bei der spinalen Stenose aber auch in der differentialdiagnostischen Abgrenzung zu Polyneuropathien (am häufigsten seien hier die diabetische und die alkoholische genannt) eine große Rolle spielt.

■ **Apparative Untersuchungen**

Die **Sonographie** besitzt ihren Stellenwert in der Diagnostik von Weichteilveränderungen. An erster Stelle steht somit die differentialdiagnostische Abklärung von intra- und extraartikulären Gelenkerkrankungen gefolgt von der

◘ **Tab. 7.2** Typische klinische Symptomatik zur Differenzierung spezieller Strukturstörungen

Kapsuläre Irritation	Eine Annäherung der gelenkumspannenden Muskulatur führt nicht zu einer Verbesserung des Gelenkspieles; nach isometrischer muskulärer Anspannung keine Erweiterung des Gelenkspieles; fest-elastisches Endgefühl; aktive und passive Bewegungen sind in die gleiche Richtung schmerzhaft.
Muskuläre Irritation	Positive Widerstandstests in mittlerer Annäherung, positive Provokationstests in maximaler Dehnung; Weiterbewegung nach isometrischer muskulärer Anspannung möglich; distales Weiterbewegen des Gelenkes bei proximal angenähertem Muskel möglich (zweigelenkig arbeitender Muskel); weich-elastisches Endgefühl; aktive und passive Bewegungen sind in entgegengesetzter Richtung schmerzhaft.
Artikuläre Irritation	Eine veränderte Muskelspannung sowie die einer isometrischen Muskelanspannung folgende Entspannung haben keinen wesentlichen Einfluss auf die Bewegungsamplitude des betroffenen Gelenkes; hart-elastisches Endgefühl; aktive und passive Bewegungen sind in die gleiche Richtung schmerzhaft bzw. eingeschränkt.
Nervale Irritation	Im Falle einer Dehnung des Nervs kommt es zu einem plötzlich einschießenden Spontanschmerz; evt. Druckdolenz im anatomischen Verlauf des Nervens (sog. Ringing-Bell-Phänomen); Verringerung der Bewegungsamplitude des betroffenen Gelenkes im Falle einer klinischen Vorspannung des Nervs.

Diagnostik von Sehnenerkrankungen wie beispielsweise der Achillessehne. Beispielhaft sei hier das Schultergelenk mit seinen Nebengelenken genannt (Erguss, Synovialitis, Impingementsyndrome, Defekte der Rotatorenmanschette, Bursitiden etc.). Im Gegensatz zur Kernspintomographie besitzt sie den Vorteil der dynamischen Untersuchung von Kapsel- und Sehnenstrukturen. Allerdings ist sie wesentlich stärker von der Erfahrung und dem Können des Untersuchers abhängig als andere diagnostische Verfahren. In der Rheumatologie hat die hochauflösende power doppler Sonographie (10–12 MHz) den Vorteil, auch eine Synovialitis mit vermehrter Durchblutung des Kapselbandapparates nachweisen zu können und somit vom Patienten geklagte Arthralgien als entzündlich bedingt verifizieren zu können.

Das konventionelle **Röntgenbild** besitzt bei dem Verdacht auf eine primäre Gelenkerkrankung weiterhin mit den höchsten Stellenwert. Zwar ist es mit ihr nicht möglich, eine Früharthrose zu diagnostizieren (dies bleibt der Kernspintomographie vorbehalten), sie dient aber dem Nachweis bzw. Ausschluss einer so genannten präarthrotischen Deformität (wie beispielsweise einer Hüftdysplasie) und anderer differentialdiagnostisch zu erwägenden Krankheiten. Beim sogenannten unspezifischen Rückenschmerz ohne radikuläre Symptomatik und ohne bestehende red flags (alarmierende Zeichen, die einer sofortigen weitergehenden Abklärung bedürfen, vgl. ◘ Tab. 7.5) ist sie nicht zielführend und wird in zahlreichen nationalen Leitlinien zumindest in den ersten sechs Wochen nach Krankheitsbeginn als entbehrlich, überflüssig und teilweise sogar als schädlich eingestuft. Trotz der modernen Schnittbildverfahren bietet das einfache Röntgenbild auch weiterhin einige wesentliche Vorteile: Da es auch unter Belastung, also im Stehen angefertigt werden kann, ergeben sich zusätzliche Informationen zur Statik (z. B. Beckenschiefstand, Skoliosen und deren Beeinflussbarkeit z. B. durch einen Schuhausgleich; Beinachsen etc.), des Weiteren sind sogenannte Funktionsaufnahmen der Wirbelsäule (in maximaler Flektion oder Extension) zum Nachweis von Instabilitäten oftmals der einzige bzw. zuverlässigste diagnostische Baustein. Der fehlende Nachweis schließt eine Instabilität nicht aus, da mit dieser Untersuchungsmethode nur die Endpunkte der Bewegung erfasst werden. Somit ist nur der positive Nachweis verwertbar.

Die **Computertomographie** ist lediglich in der Auflösung von Knochenstrukturen der Kernspintomographie überlegen, so dass sie überwiegend bei der Beurteilung von Knochenverletzungen bzw. -veränderungen eingesetzt werden soll. Im Bereich der Extremitäten dient sie dem Nachweis von Rotations- und Torsionsfehlern sowie dem Nachweis von Prothesenlockerungen oder -sinterungen. Im Bereich der Wirbelsäule sind die Frakturdiagnostik und -klassifikation, die Beurteilung des knöchernen Durchbaus von Spondylodesen und die Möglichkeit der Kombination mit einer Myelographie und Diskographie bei speziellen Fragestellungen weiterhin eine Domäne.

Für die Beurteilung von Wirbelsäulenkrankheiten hingegen ist speziell beim Vorliegen einer radikulären Symptomatik die **Kernspintomographie** (MRT, NMR) die Methode der Wahl. Weitere Indikationen sind der Nachweis intraspinaler und vertebraler Raumforderungen, entzündlicher Veränderungen und postoperativ die Differenzierung eines Rezidivbandscheibenvorfalls von Narbengewebe. Inwieweit die in letzter Zeit propagierten Systeme, die eine Untersuchung nicht nur im Liegen, sondern im Sitzen – also unter Belastung – ermöglichen, tatsächlich zu einem erweiterten bzw. relevanten Informationsgewinn führen, bleibt abzuwarten. Auch zur Beurteilung intraartikulärer Strukturen (Knorpel, Bänder, Menisci etc.) ist die Kernspintomographie heute nicht mehr wegzudenken. Durch den Einsatz eines intraartikulären Kontrastmittels können heute auch Krankheitsbilder wie das Impingement des Hüftgelenkes, die früher nicht oder nur schwer objektivierbar waren, nachgewie-

sen werden. Weitere wichtige Indikationen sind die Früherfassung von Knochenumbaustörungen (z. B. Hüftkopfnekrosen, Osteochondrosen, sog. bone bruise bei Gelenkverletzungen im Sinne eines Knochenödems als Nachweis einer stattgefundenen Verletzung bzw. Traumatisierung).

Zum Nachweis oder Ausschluss einer Osteoporose ist die **Osteodensitometrie** unumgänglich, im Röntgenbild werden erst Kalksalzminderungen von circa 30 % erkennbar. Als klinisch relevante und in der Osteologie anerkannte Methode hat sich die DXA durchgesetzt. In Einzelfällen ist auch die quantitative Computertomographie angezeigt, Messergebnisse mittels Ultraschall an der Ferse und weitere sind zumindest gutachterlich nicht aussagekräftig.

Die **Szintigraphie** besitzt eine hohe Sensitivität und geringe Spezifität. Sie dient unverändert dem Nachweis von Skelettmetastasen, dem Befallsmuster bei entzündlichen Gelenkerkrankungen und im Einzelfall der Differenzierung veraltete/akute Knochenverletzung. Auch zum Nachweis von Prothesenlockerungen oder schleichenden Infekten nach der Implantation von Prothesen wird sie eingesetzt. Hier ist aber auch auf nicht seltene falsch negative Ergebnisse hinzuweisen.

Die **Elektromyographie** wird schwerpunktmäßig bei neurologischen Defiziten eingesetzt, um klinisch erhobene Befunde zu verifizieren oder zu verwerfen, speziell aber auch für Verlaufsbeobachtungen. Klassische Indikationen sind deshalb periphere Engpasssyndrome wie z. B. das Karpaltunnelsyndrom, aber auch radikuläre Läsionen zervikal und lumbal (hier ist zu beachten, dass nach akuten Nervenschädigungen erst nach circa 14 Tagen Veränderungen im EMG verifizierbar sind) sowie deutlich seltener primäre Muskelerkrankungen. Hier ist bisweilen zuvor eine Kernspintomographie erforderlich, um eine optimale Ableitungsstelle lokalisieren zu können. Elektromyographische Untersuchungen zum Nachweis und zur Objektivierung von lokalen Muskelverhärtungen speziell an der Wirbelsäule sind derzeit von wissenschaftlichem Interesse, für die gutachterliche Praxis jedoch noch ohne Bedeutung.

Laboruntersuchungen sind bei degenerativen Krankheiten – mit Ausnahme von speziellen wissenschaftlichen Fragestellungen – nicht zielführend und dienen ausschließlich der differentialdiagnostischen Abklärung. Bei entzündlich-rheumatischen Krankheiten sind sie (BKS, CRP, Blutbild; Rheumafaktoren, ANA, Elektrophorese, HLA B 27, Komplement, CCP-AK und weitere) oftmals von entscheidender Bedeutung, werden bisweilen aber auch fehlinterpretiert. So schließt beispielsweise ein fehlender Rheumafaktor eine rheumatoide Arthritis nicht aus, umgekehrt ist ein positives HLA B 27 nicht beweisend für eine Spondyloarthritis. Laboruntersuchungen sollten

Krankheitsbild	Kalzium	Phospat	AP
Solitäre Knochen-zyste	n	n	n
Osteoporose	n	n	n
Osteomalazie, Rachitis, Vitamin-D-Mangel	n – ↓	n – ↓	⇑
Vitamin-D-Über-dosierung	⇑	↑	n – ↑
Hyperpara-thyreoidismus	⇑	⇓	⇑
Hypopara-thyreoidismus	⇓	⇑	n
Knochenmetastasen	n – ↑	↑ – ↓	n – ↑
Multiples Myelom	n – ↑	↑ – ↓	n – ↑
Morbus Paget	n	n – ↑	⇑

Tab. 7.3 Kalzium- und Phosphatspiegel sowie alkalische Phosphatase bei Knochenstoffwechselerkrankungen

Zeichenerklärung: n = normal, ↓ = leicht erniedrigt, ⇓ = stark erniedrigt, ↑ = leicht erhöht, ⇑ = stark erhöht

stets abhängig von Anamnese und Befund differenziert und individuell adaptiert angeordnet werden. Wichtig sind sie weiterhin bei der differentialdiagnostischen Abklärung von Knochenstoffwechselerkrankungen, Plasmocytomen, Tumoren oder Metastasen (siehe Tab. 7.3).

■ **Assessments**

Die meisten Assessments sind strukturierte, in der Regel validierte und evaluierte Fragebögen. Unterschieden wird zwischen allgemeinen, also krankheits- bzw. diagnoseunabhängigen Instrumenten, die die Lebensqualität erfassen, und spezifischen, d.h. gelenk- oder diagnosebezogenen Instrumenten. Mit diesen Fragebögen ist es möglich, die Beeinträchtigung von wichtigen Alltagsfunktionen und beruflichen Tätigkeiten quantitativ und qualitativ zu erfassen, aber auch – eine entsprechende Änderungssensitivität vorausgesetzt – die Ergebnisse therapeutischer Interventionen zu messen und zu quantifizieren. Der Vorteil besteht darin, dass man meist alters- und geschlechtsspezifische Norm- bzw. Vergleichswerte heranziehen kann. Nachteile bestehen darin, dass sie weitgehend von der Compliance der Patienten abhängen und speziell bei chronischen Schmerzpatienten nur bedingt tauglich sind. Mittlerweile existiert zu diesem Thema eine umfangreiche, für den Einzelnen oft kaum mehr überschaubare Literatur. Hilfestellungen sind durch die Methodenberatung der bundesweit etablierten Rehabilitationsforschungsverbünde und -stellen sinnvoll und möglich.

Zur Beurteilung der allgemeinen Lebensqualität hat sich im deutschsprachigen Raum der von Jäckel und Gerdes entwickelte IRES weitgehend durchgesetzt, international ist der SF-36 am meisten verbreitet.

Oftmals existieren konkurrierende Assessments, die sich je nach Fragestellung unterscheiden. So wird beispielsweise zur Beurteilung von Knieerkrankungen häufig der HSS (Hospital of Special Surgery Score) [27], zur Beurteilung von Hüfterkrankungen der Harris-Hip-Score, bei Schultererkrankungen der Constant Score und bei Wirbelsäulenerkrankungen der Funktionsfragebogen Hannover (FFbH) eingesetzt. In Tab. 7.4 werden beispielhaft drei weitverbreitete Scores zur Beurteilung der Funktion von Knie- und Hüftgelenkserkrankungen gegenübergestellt.

Ein bewährtes und einfaches Instrument der Dokumentation des Krankheitsverlaufes der rheumatoiden Arthritis ist der DAS28 (disease activity score). Er gibt jedoch keine Aussage über die Behinderung der Patienten im Alltag. Zur Erfassung der Behinderung im Alltag wird derzeit im deutschsprachigen Raum vorwiegend der HAQ (Health Assessment Questionnaire) verwendet. Die Patienten können diesen Fragebogen weitgehend eigenständig ausfüllen. Bei den Spondyloarthropathien gilt der BASDAI (Bath Ankylosing Spondylitis Disease Activity Index) als Standard zur Beurteilung der Krankheitsaktivität, der BASFI (Bath Ankylosing Spondylitis Functional Index) als der zur Behinderung im Alltag.

Weitere Assessments, die auf komplexe Fähigkeitsstörungen abzielen, sind die EFL (Evaluation funktioneller Leistungsfähigkeit) nach Isernhagen, Blankenship oder ERGOS®.

Die EFL wurde in den Vereinigten Staaten von Susan Isernhagen entwickelt; mit insgesamt 29 standardisierten funktionellen Leistungstests wie Heben, Tragen, Überkopfarbeiten, Handkoordination und anderen wird die Belastbarkeit für häufige physische Anforderungen während der Arbeit untersucht und gemessen. Sie dient einer möglichst realitätsgerechten und detaillierten Beurteilung der körperlichen Leistungsmöglichkeiten und soll somit insbesondere eine objektive Basis für die sozialmedizinische Beurteilung liefern und eine optimale berufliche Rehabilitation ermöglichen.

Die Verfechter dieses diagnostischen Ansatzes betonen, dass die Zuverlässigkeit durch den Test/Retestvergleich, durch den Vergleich mit den Ergebnissen von Tests mit ähnlicher biomechanischer Belastung, den Vergleich mit klinischen Befunden und den Vergleich der Selbsteinschätzung der Belastbarkeit mit den effektiven Testdaten gewährleistet sei. Die Kritiker oder Skeptiker betonen, dass trotz zunehmender Publikationen in den letzten Jahren zu diesem Verfahren die unzureichende Standardisierung und Absicherung der Gütekriterien, die Kosten

◻ Tab. 7.4 Assessmentverfahren zur Beurteilung der Funktion bei Knie- und Hüftgelenkserkrankungen*

	HSS-Score	Harris-Hip-Score	Staffelstein-Score
ADL´s	22 Punkte	47 Punkte	40 Punkte
Hinken		ja	ja
Gehstrecke	ja	ja	ja
Treppensteigen	ja	ja	ja
Öffentliche Verkehrsmittel	ja	ja	ja
Gehhilfen	ja	ja	ja
Sitzen		ja	
Aufstehen			ja
Schuhe/Socken anziehen		ja	ja
Toilette, Körperpflege			ja
Schmerzen	30 Punkte	44 Punkte	40 Punkte
in Ruhe	ja	ja	ja
bei ersten Schritten		ja	
beim Gehen	ja	ja	ja
nach längerem Gehen		ja	
Schmerzmittel		ja	ja
Bewegungsmaße	22 Punkte	47 Punkte	40 Punkte
Beugung	ja	ja	ja
Streckung	ja		ja
Abduktion		ja	ja
Außenrotation		ja	
Innenrotation		ja	
Adduktion		ja	
Sonstiges	10 Punkte	1 Punkt	10 Punkte
Muskelkraft	ja		ja
Instabilität	ja		
Varus/Valgus	ja		
Beinlängendiffernz		ja	

* nach persönlicher Mitteilung Prof. Müller-Fahrnow (†)

und der zeitliche und personelle Aufwand, die bisweilen unzureichende Akzeptanz bei den Patienten, die unzureichende Vergleichbarkeit der Systeme und der Einfluss psychologischer und verhaltensbedingter Faktoren auf die Testergebnisse auch weiterhin problematisch sei. Berichtet wurde sowohl über eine Zunahme der Beschwerden durch das Testverfahren, als auch über für die Probanden überraschende und motivierende Ergebnisse ob ihrer nachweislich höheren als zuvor subjektiv empfundenen Leistungsfähigkeit.

Eine Alternative stellt das seit 20 Jahren in den USA eingesetzte und seit einigen Jahren auf dem deutschen Markt flächendeckend eingesetzte Arbeitssimulationsgerät ERGOS® dar. An 5 verschiedenen Arbeitsstationen werden über 240 Aufgaben und deren Abläufe simuliert, die gewonnenen Leistungsdaten werden mit Anforderungsdaten einer EDV-gestützten Arbeitsplatzdatenbank mit zz. circa 14.000 analysierten Tätigkeiten in unterschiedlichen Branchen verglichen. Die Arbeitssimulation stützt sich dabei auf Datenbanken und bildet genormte bzw. standardisierte Arbeitsanforderungen nach.

7.1.3   Begutachtungskriterien

Trotz aller Fortschritte der klinischen und apparativen Diagnostik bestehen bei der Begutachtung der Krankheiten des Haltungs- und Bewegungssystems unverändert die gleichen Prinzipien und Probleme wie vor vielen Jahren.

Während im Bereich der Extremitäten die so genannten »objektiven« Befunde speziell in der Bildgebung häufig mit den »subjektiv« empfundenen Beschwerden des Patienten korrelieren, gilt dies bei den zahlenmäßig bedeutsamsten Wirbelsäulenbeschwerden meist nicht. Das Ausmaß speziell degenerativer Veränderungen lässt sich ohne klinischen und anamnestischen Kontext nicht interpretieren und gutachterlich würdigen.

Letztendlich orientiert sich die sozialmedizinische Einschätzung an zwei entscheidenden Kriterien, dem Schmerz und der – eingeschränkten – Funktion. Betreffend die Beurteilung bzw. gutachterliche Würdigung von Schmerzen sei auf das ▶ Kap. 26 verwiesen. An dieser Stelle sei nur angemerkt, dass Schmerz per definitionem eine unangenehme Sinnes- und Gefühlsempfindung ist, die mit tatsächlicher oder potentieller Gewebeschädigung verbunden ist [13]. Dies bedeutet zwangsläufig, dass Schmerz nicht messbar und immer subjektiv ist und für die gutachterliche Einschätzung letztendlich nur soweit wie möglich eine Antwortverzerrung ausgeschlossen werden muss. Dies kann durch anamnestische oder dokumentierte Angaben, durch wiederholte Untersuchungen möglicherweise in unterschiedlichen Ausgangspositionen und eine kritische Würdigung der Plausibilität erfolgen. In der täglichen Praxis findet sich aber gar nicht so selten das Gegenteil, die Dissimulation, also die Tatsache, dass Patienten von ihnen wahrgenommene Schmerzen leugnen oder herunterspielen, da sie Angst vor den resultierenden Folgen für ihre berufliche und damit soziale Zukunft haben. Hier ist der Spagat zwischen ärztlichem Ethos, sozialer Verantwortung und neutraler gutachterlicher Tätigkeit oftmals besonders schwer und fordert vom Arzt eine kritische Hinterfragung seiner Rolle.

Begutachtungskriterien für eine gestörte oder eingeschränkte Funktion sind im Einzelnen die Stabilität, die Muskulatur, Bewegungsausmaße, Bewegungsabläufe und Kompensationsmechanismen und die hieraus resultierenden Einschränkungen der Aktivitäten des täglichen Lebens bzw. der Teilhabe. Hier bietet sich oftmals auch der Einsatz der oben beschriebenen Assessmentverfahren an.

Die Stabilität von Knochen, Gelenken, Sehnen und Bändern ist die Voraussetzung für deren ungestörte Belastbarkeit. Instabilitäten lassen sich klinisch direkt (z. B. Lachmantest am Kniegelenk) oder bisweilen nur indirekt über entsprechende sekundäre strukturelle Veränderungen (z. B. reparative Veränderungen an einem Bewegungssegment der Wirbelsäule) nachweisen. Instabilitäten gel-

ten als disponierender Faktor für Arthrosen, wobei prognostische Aussagen i. d. R. Erfahrungswerte darstellen.

Kraft, Tonus und Ausdauer der Muskulatur lassen sich klinisch nur orientierend prüfen. Auch apparative Messsysteme (z. B. Isokinetik, back-check, Handdynamometer) werden durch Motivation und nicht-orthopädische Faktoren (Kreislauf, Atmung) maßgeblich beeinflusst. Entsprechend ungenau sind die Aussagen, die zu diesen Parametern bei der Begutachtung möglich sind. Durch repetitive Messungen und eine Mittelwertbildung kann ein Teil dieser Problematik vermindert werden; dies ist jedoch speziellen Fragestellungen vorbehalten.

Bei der Bestimmung von Bewegungsausmaßen existieren alters- und geschlechtsspezifische Normwerte. Wichtig ist hier die Gesamtbetrachtung, die isolierte Beurteilung eines Gelenkes oder Wirbelsäulenabschnittes führt nicht selten zu Fehlschlüssen.

Im Alltag dominieren komplexe Bewegungsmuster wie Gehen, Hinsetzen, einen Gegenstand tragen oder ziehen etc. In die Beurteilung solcher Muster fließen auch Adaptations- und Kompensationsmechanismen ein. So kann eine eingeschränkte Unterarmumwendbewegung durch eine entsprechende Schulterbewegung (Abduktion und Rotation) ausgeglichen werden. Deshalb ist die Beobachtung der Spontanmotorik mitunter aussagekräftiger als eine isolierte Funktionsprüfung.

Für die Beurteilung von Kompensationsmöglichkeiten sind nicht nur die Untersuchung der Nachbargelenke von Bedeutung, sondern auch die der kontralateralen Extremität, der gesamten Bewegungskette und die bereits programmierten Bewegungsabläufe (z. B. Händigkeit).

7.1.4   Sozialmedizinische Beurteilung

Anhand der o. g. Begutachtungskriterien lassen sich Schädigungen von Körperstrukturen und -funktionen sowie Beeinträchtigungen von Aktivitäten und Teilhabe des Probanden in aller Regel gut beurteilen.

■ Mobilität

Sie umfasst sowohl die Bewegungen zum Halten und Ändern der Körperposition als auch die Fortbewegung, das Transportieren von Gegenständen und den Gebrauch von Hilfs- und Transportmitteln. Ein Gutachten hat darzulegen, ob und inwieweit die Mobilität des Probanden beeinträchtigt ist. Dies ist insbesondere für die Beurteilung der sogenannten Wegefähigkeit von Bedeutung. Selbst bei grundsätzlich vorhandener vollschichtiger Leistungsfähigkeit ist stets zu prüfen, ob viermal täglich einschließlich kurzer Pausen jeweils innerhalb von 20 Minuten ein Fußweg von und zu Arbeitsplätzen bzw. von und zu öffentlichen Verkehrsmitteln und von dort zum Arbeitsplatz bzw. zur Wohnung von mehr als 500 Metern noch regelmäßig bewältigt werden kann.

■ **Gewichtsangaben**

In der Rechtsprechung und Begutachtungspraxis übliche Grenzwerte oder Angaben z. B. zum Heben und Tragen von Lasten sind trotz moderner Untersuchungsmethoden wie EFL oder ERGOS® etc. nur als biologische Schätz- und Erfahrungswerte (also auch abhängig von Konstitution und Habitus) und nicht als physikalische Messwerte zu verstehen. Betreffend die Belastbarkeit mit unterschiedlichen Gewichten ist ein Bezug zu typischen Alltagsgegenständen hilfreich: 1 kg entspricht einem Paket Zucker, 3 kg entsprechen einem leichten Postpaket, 8–10 kg einem großen Waschmittelpaket und 12 kg einem Kasten Mineralwasser.

■ **Selbstversorgung**

Hierzu gehören elementare Dinge wie sich waschen, seinen Körper pflegen, die Toilette benutzen, das An- und Auskleiden, Essen und Trinken etc.

■ **Haushaltsführung**

Dies beinhaltet u. a. das Beschaffen und Möblieren des Wohnraums, das Beschaffen aller Waren und Dienstleistungen des täglichen Bedarfs, das Zubereiten der Mahlzeiten, das Erledigen von Hausarbeiten wie Putzen, Waschen, Trocknen, Bügeln, Müll entsorgen, das Reparieren und Pflegen von Kleidung, Gegenständen, Einrichtung, Pflanzen und Tieren.

■ **Soziale Aktivitäten**

Hier sei erstmals der ausdrückliche Hinweis auf die ICF gegeben. Beispielsweise sind in dieser Klassifikation die Funktionen Gehen und sich fortbewegen mit den Ziffern d450–d469 hinterlegt. Es werden nicht nur Entfernungen erfasst, sondern beispielsweise auch die Fähigkeit, Hindernisse zu umgehen (»in der Weise zu gehen, dass sich bewegenden oder festen Gegenständen, Menschen, Tieren und Fahrzeugen ausgewichen wird, wie auf einem Markt oder in einem Laden gehen, im Straßenverkehr gehen oder diesen umgehen oder in belebten Gegenden gehen«). Ein wichtiger Aspekt ist hier auch die Möglichkeit der Teilhabe an Veranstaltungen des öffentlichen und sozialen Lebens.

■ **Erwerbsleben**

Welche motorischen und sensorischen Anforderungen, wie z. B. Stehen, Gehen, Sitzen, Knien, Hocken, Bücken, Klettern, Steigen, Überkopfarbeiten, Gewichtsbelastung, feinmotorische Arbeiten der Hände, erfordert der Arbeitsplatz und wieweit sind diese ggf. beeinträchtigt. Speziell bei größeren Arbeitgebern existieren hier meist gut dokumentierte und strukturierte Angaben, die beim betriebsärztlichen Dienst angefragt werden können. Erfahrungsgemäß unterscheiden sich hier die Angaben der Probanden nicht selten erheblich von den exakt und objektiv erfassten Vorgaben.

■ **Kontextfaktoren**

Dies beinhaltet zum einen äußere Einflüsse wie Hitze, Kälte, Nässe, Zugluft etc., aber auch Leistungen zur Teilhabe am Arbeitsplatz wie eine ergonomische Arbeitsplatzgestaltung. Anders als in der Unfallversicherung oder im Schwerbehindertenrecht ist hier der zeitliche Verlauf von Krankheiten zu würdigen. So ist beispielsweise nach einer Anschlussrehabilitation (AHB bzw. AHR) oftmals noch keine definitive Aussage, sondern nur eine prognostische Abschätzung zum Zeitpunkt der Wiederaufnahme der beruflichen Tätigkeit bzw. zu einer definitiven Leistungsbeurteilung möglich.

■ **Zeitangaben**

Häufig werden zeitliche Begrenzungen angefordert und angegeben, ohne dass man sich der genauen Definitionen bewusst ist. Es existieren jedoch klare Definitionen:
- Gelegentlich: bis zu 5 % der Arbeitszeit
- Zeitweise: bis zu 10 % der Arbeitszeit
- Häufig (= überwiegend): 51 – 90 % der Arbeitszeit
- Ständig: mehr als 90 % der Arbeitszeit

7.2 Wirbelsäule

Wolfgang Beyer, Christine Göser

Rückenschmerzen haben sich in den westlichen Industrienationen zu einer für die Volks- und Gesundheitspolitik enorm bedeutsamen Krankheit entwickelt. Je nach gewählter Studienpopulation und Studiendesign schwanken die Angaben zur Punktprävalenz zwischen 15 und 33 %, die zur Lebensprävalenz zwischen 12 und 86 % [23].

Zunächst müssen primäre Wirbelsäulenkrankheiten von solchen Krankheitsbildern differenziert werden, bei denen im Sinne eines übertragenen Schmerzes dieser zwar im Bereich des Achsorganes wahrgenommen wird, seine Ursache jedoch in anderen Organsystemen zu suchen ist. Hierzu gehören beispielsweise Rückenschmerzen bei primär gynäkologischen Krankheiten, bei Erkrankungen des Urogenitaltraktes, bei internistischen und neurologischen Erkrankungen wie arterielle Durchblutungsstörungen, Lymphomen, Leukämien usw. Diese Abgrenzung erfolgt durch Anamnese, körperliche Untersuchung sowie zahlreiche apparative Zusatzuntersuchungen. Es sprengt den Rahmen dieses Beitrages, hier die gesamte Differentialdiagnose abzuhandeln; dieser Aspekt darf jedoch insbesondere bei Therapieresistenz nie aus den Augen verloren werden. Deshalb muss die Differentialdiagnose auch immer ärztliche Aufgabe sein und kann nicht an ärztliches Assistenzpersonal delegiert werden.

Bei den sogenannten primären oder genuinen Wirbelsäulenerkrankungen erfolgte früher die Einteilung überwiegend nach pathologisch-anatomischen Gesichtspunkten. Dies erwies sich zunehmend als problematisch, da es nur bei einigen wenigen sogenannten spezifischen Krankheitsbildern gelang, zwischen den mittels klinischer und apparativer Diagnostik erhobenen Befunden einerseits und Beschwerdebild andererseits ausreichend sichere Korrelationen oder gar Kausalitäten herzustellen.

Insbesondere bei degenerativen Veränderungen, aber auch bei Bandscheibenleiden wurde dieser Zusammenhang durch epidemiologische Studien der letzten Jahre zunehmend in Frage gestellt. So fanden sich bei Querschnittuntersuchungen mittels Kernspintomographie bei beschwerdefreien Probanden in bis zu 2/3 pathologische Veränderungen an den Bandscheiben, umgekehrt finden sich häufig Patienten mit Beschwerden ohne sicher abgrenzbares pathologisch-anatomisches Korrelat [12]. Auch die mittlerweile etablierte und akzeptierte manuelle Medizin kann insbesondere wegen einer teilweise ungenügenden Reliabilität, aber auch Validität, dieses Problem nicht befriedigend lösen. Gleiches gilt für die inzwischen weit verbreiteten Testsysteme zur Messung der isometrischen Maximalkraft der rückenumgreifenden Muskulatur, aber auch für weitere Assessmentverfahren. Aus diesem Grund hat sich für diese zahlenmäßig größte Gruppe der Wirbelsäulenbeschwerden, die ausschließlich durch das Fehlen spezifischer Symptome und Befunde definiert ist und die ätiologisch nicht eindeutig zugeordnet werden kann, international der Begriff »unspezifischer Rückenschmerz« oder »low back pain« (LBP) durchgesetzt.

Grundsätzlich wird die Prognose des akuten unspezifischen Rückenschmerzes mit oder ohne Therapie als benigne eingestuft. So sind nach 1–4 Wochen 90 % der Patienten schmerzfrei, allerdings kommt es bei 35 % nach mehr als 6 Monaten zu rekurrierenden oder chronischen Schmerzen. Bei circa 10 % der Patienten hingegen besteht von Anfang an ein kontinuierlicher Schmerz, der dann persistiert bzw. chronifiziert. Gerade diese kleine Gruppe der chronifizierten Patienten ist aus volkswirtschaftlicher und sozialmedizinischer Sicht bedeutsam, da sie das Gros der indirekten Kosten verursacht. So kehren nach einer Arbeitsunfähigkeit von 6 Monaten noch 50 % der Patienten an ihren Arbeitsplatz zurück, nach 18 Monaten sind es nur noch circa 20 % [28].

Häufigkeit und Ausmaß der Chronifizierung sind weitgehend unabhängig von der gestellten Diagnose und in der Regel multikausal. Entsprechend werden individuelle, biomechanische und psychosoziale Risikofaktoren unterschieden (www.backpaineurope.org). Auf der individuellen Ebene gelten Rauchen und Übergewicht als schwache

(OR 1–2) und vorbestehende Schmerzen als mäßige (OR 3–4), auf der biomechanischen Ebene schweres Heben und Ganzkörperschwingungen als mäßige und statische und dynamische Belastung sowie ungünstige Körperhaltung als starke (OR =/> 5) Risikofaktoren. Als schwache psychosoziale Risikofaktoren gelten Arbeitsunzufriedenheit, Arbeitstempo und Entscheidungsunsicherheit, als mäßige der Sozialstatus sowie die emotionale Verfassung.

7.2.1 Degenerative Erkrankungen der Halswirbelsäule

Zunächst kann hier allgemein auf die im Internet abrufbaren »Leitlinien für die sozialmedizinische Begutachtung – Leistungsfähigkeit bei Bandscheiben- und bandscheiben-assoziierten Erkrankungen« (Stand: Juni 2009) auf der Homepage der Deutschen Rentenversicherung (www.deutsche-rentenversicherung.de) verwiesen werden.

Klassifikation und Stadieneinteilung

In der Literatur finden sich sehr unterschiedliche Klassifikationen. Einige gehen von der Schmerzausbreitung bzw. -wahrnehmung aus (Differenzierung in lokale Zervikalsyndrome, zervikobrachiale, zervikozephale und zerviko-medulläre Syndrome), andere hingegen orientieren sich an der Lokalistation bzw. Topographie (oberes, mittleres und unteres Zervikalsyndrom) oder der Ätiologie (diskogen, arthrogen, ligamentär, myofascial, entzündlich-destruktiv). Bei in den Arm ausstrahlenden Beschwerden muss differenziert werden, ob eine Affektion von Spinalnerven bzw. Nervenwurzeln vorliegt. Dies führt zu radikulären Beschwerden im Sinne einer Minussymptomatik (Abschwächung der Kennmuskeln, Abschwächung der dermatombezogenen Ästhesie und Algesie, Abschwächung des jeweiligen Muskeleigenreflexes). Eine Besonderheit an der oberen Extremität besteht darin, dass hier die segmentale Gliederung deutlich unschärfer ist als an der unteren und deshalb nicht immer »lehrbuchgerechte« Befunde resultieren. Auch hat sich in den letzten Jahren zunehmend die Untersuchung der gestörten Neuromobilität (upper limp tension test) analog zur Testung des Lasegue-Phänomen an der unteren Extremität etabliert. Findet sich kein neurologisches Defizit, spricht man bei einer Schmerzausstrahlung in den Arm und Dys- oder Hyperästhesien von einer sogenannten pseudoradikulären Symptomatik, die meist myofascial oder arthrogen bedingt ist. Liegt eine Einengung des Spinalkanals (durch Bandscheibengewebe, eine Verknöcherung des hinteren Längsbandes, eine Hypertrophie der Ligg. flava, eine Randzackenbildung bei Spondyl- und/oder Uncovertebralarthrosen, congenital) vor, spricht man von spinaler Stenose. Diese kann zu einer Kompression des Rückenmarks und der langen Bahnen im Sinne einer zervikalen Myelopathie führen. Entsprechend resultiert eine Spastik an den unteren Extremitäten mit gesteigerten Muskeleigenreflexen und einer Ataxie; pathologische Reflexe (z. B. BABINSKI, Oppenheim und Gordon) lassen sich nachweisen. Mischbilder mit radikulären Ausfällen an der oberen Extremität sind durchaus möglich. Deshalb ist auch bei zervikalen Beschwerden eine orientierende neurologische Untersuchung der unteren Extremitäten obligat.

Spezifische krankheitsbedingte Beeinträchtigungen

Die beschriebenen Schmerzen, Bewegungseinschränkungen und neurologischen Ausfälle führen je nach Ausprägung, Dauer, subjektivem Krankheitsverständnis und Coping zu Einschränkungen zahlreicher Aktivitäten, wie im Bereich der körperlichen Belastung (Tragen, Bewegen und Handhaben von Gegenständen, Feinmotorik der Hände, Beibehalten und Verändern der Körperposition, Ausdauer, Selbstversorgung), bei der Fortbewegung (Gehstrecke, Wegefähigkeit, Treppensteigen, schnelles Laufen) oder im Bereich der komplexen Aufgabenbewältigung am Arbeitsplatz (Umgang mit Stress, Zeitdruck, psychischen Anforderungen, Verantwortung, Schichtarbeit). Oftmals resultiert eine Einschränkung der Partizipation mit beruflichem Abstieg, Arbeitsplatzverlust, sozialer Isolierung und Stigmatisierung oder Verlust der sozialen Unterstützung

Spezielle Diagnostik und Sachaufklärung

Die Anamnese betreffend wird auf ▶ Kap. 7.1.2 verwiesen. Alle klinischen Untersuchungsverfahren lassen sich vier Prinzipien zuordnen:

A: Stellungsdiagnosik: Hier wird visuell, palpatorisch oder mit technischen Verfahren (Bildgebung, Oberflächenrekonstruktion, Ultraschalltopometrie u. a.) die Stellung von Knochen, Extremitätenanteilen oder Wirbelsäulenabschnitten zueinander beurteilt (Lordose, Kyphose, Skoliose, Beckenschiefstand etc.). Diese Untersuchungstechnik ist relativ einfach, jedoch für die Interpretation und gutachterliche Würdigung von Befunden wenig aussagekräftig (warum steht z. B. jemand mit gebeugtem Kniegelenk? Dies kann durch eine Kniebeugekontraktur, eine Parese des Quadriceps, eine anatomische oder funktionelle Beinverlängerung oder aber nur gewohnheitsmäßig bedingt sein).

B: Provokationstests: Hier werden anatomische Strukturen gezielt und systematisch belastet mit dem Ziel, den Schmerz des Patienten zu reproduzieren. Gelenke werden durch Kompression belastet, Muskeln und Sehnen durch Anspannen aus Dehnstellung gegen Widerstand, Bänder durch Zugbelastung und nervale Strukturen durch Kompression (Spurling-Test und Kemp-Manöver) und Verschiebbarkeit gegen die Umgebung (Lasègue, BRAGARD, upper limb tension test etc.). Diese Tests sind für den Patienten unangenehm und sind abhängig von der Mitarbeit des Patienten. Im gutachterlichen Bereich ist es bisweilen erforderlich, aus unterschiedlichen Ausgangspositionen und wiederholt zu testen, um Hinweise auf Simulation oder Aggravation zu bestätigen oder zu verwerfen.

C: Reflektorisch (algetische) Krankheitszeichen: Diese beruhen auf dem Prinzip der Nozireaktion, was bedeutet, dass durch die Reizung von Schmerzmeldern in der Peripherie auf segmentaler Ebene reflektorisch Veränderungen von Trophik und Tonus von Haut, Subcutis, Bindegewebe, Muskel und Periost resultieren. Hierzu gehören die Verquellung von Cutis und Subcutis (Hautfalte nach Max Kiebler), lokale Muskelverspannungen, Myogelosen, Triggerpunkte, die Sell'schen Irritationspunkte und viele mehr. Gemeinsam ist ihnen, dass sie zwar sensibel und klinisch einfach nachweisbar sind, jedoch eine relativ geringe Spezifität besitzen. So sind sie sowohl bei der Hyper- als auch bei der Hypomobilität eines Bewegungssegmentes der Wirbelsäule regelmäßig nachzuweisen.

D: Funktionsdiagnostik: Hier sind die jeweiligen Funktionen anatomischer Strukturen gezielt und systematisch zu prüfen. Die Funktion eines Bandes wird durch einen entsprechenden Instabilitätstest geprüft. Das bedeutet, dass ligamentäre Strukturen unter Zug gebracht werden und die Verschieblichkeit der beiden Gelenkpartner zueinander quantifiziert wird (z.B Schubladentest am Kniegelenk oder atlantoaxialer Instabilitätstest). Bei Gelenken wird die Beweglichkeit in allen drei Ebenen des Raums beurteilt und bei Muskeln die Isometrie, bei speziellen Fragestellungen auch die Exzentrik und die Konzentrik geprüft. Für die Funktionsuntersuchung nervaler Strukturen sind immer die segmentale Sensibilität (Ästhesie und Algesie), die grobe Kraft der Kennmuskeln und die zugehörigen Muskeleigenreflexe sowie die Neuromobilität (Neurodynamik) zu testen.

Bei Vorliegen von sogenannten red flags (vgl. ◻ Tab. 7.5) sind zunächst Standardröntgenaufnahmen in zwei Ebenen anzufertigen, bei besonderen Fragestellungen Schrägaufnahmen (Weite der Neuroforamina) oder Funktionsaufnahmen (Instabilitäten bzw. Gefügelockerungen). Liegen keine red flags vor, sind sofortige Röntgenaufnahmen nicht zwingend; es kann (nach den meisten Literaturstellen) bis zu sechs Wochen zugewartet werden. Auch im Rahmen einer Begutachtung ist stets eine rechtfertigende Indikation zu fordern und zu dokumentieren. Betreffend die Indikationen der Computertomographie, der Kernspintomographie, der Szintigrahie und der Elektro-

▣ Tab. 7.5 „Red flags», „yellow flags» und „non organic physical signs» nach Waddell

Red flags	Alarmzeichen, die sofortiger Abklärung bedürfen:	
	Anamnese	Tumoren, Steroide, HIV, Immunsuppression, Drogen, Trauma, Osteoporose, Gewichtsverlust, Fieber; keine Besserung in Ruhe; Alter > 50 bzw. < 18 Jahre, Therapieresistenz über 6–7 Wochen hinaus
	Klinisch	Reithosenanästhesie, Paresen, Caudasyndrom, Kontinenzstörungen, weitere neurologische Symptome
	Laborbefunde	auffällig
	Radiologisch	nachgewiesene Knochendestruktionen
Yellow flags	Risikofaktoren einer drohenden Chronifizierung:	
	Biologisch	höheres Alter, degenerative Prozesse, Mikrotraumen
	Psychisch	psychosoziale Überforderung oder Traumatisierung, mangelnde assertive Kompetenz, emotionale Beeinträchtigungen (Depression, Angst), passive Grundeinstellung, inadäquates Krankheitsmodell, operante Faktoren (»Krankheitsgewinn«)
	Beruflich	Schwerarbeit (Heben/Tragen schwerer Lasten), monotone Körperhaltung, Vibrationsexposition, geringe berufliche Qualifikation, berufliche Unzufriedenheit
	Lebensstil	Rauchen, Übergewicht, geringe Kondition
	Iatrogen	mangelnde Respektierung der Multikausalität
Non organic physical signs	Hinweise auf nicht-somatische Rückenschmerzen:	
	Empfindlichkeit	Lumbaler Schmerz bei oberflächlicher Berührung der Beckenkämme
	Simulation	Lumbaler Schmerz bei axialem Druck auf den Kopf bzw. bei gemeinsamer Rotation von Schulter- und Beckengürtel
	Scheinmanöver	Unterschied der Schmerzreaktion zwischen Lasègueschem Zeichen und dem slump test
	Neuroanatomie	Segmental nicht zuordenbare sensible oder motorische Defizite
	Überreaktion	Auffallendes Stöhnen und Gestikulieren

myographie kann auf das ▶ Kap. 7.1.1 verwiesen werden. Die Bedeutung der NLG liegt insbesondere in der genauen Lokalisation der Schädigung eines Nervs, also an der oberen Extremität am häufigsten bei der Differentialdiagnose einer Wurzelirritation C6 zu einem Karpaltunnelsyndrom.

Krankheitsspezifische Begutachtungskriterien, Zielkriterien

Letztendlich können drei Funktionen unterschieden werden

Stabilität. Die Anforderungen an die Stabilität der Wirbelsäule nehmen von kranial nach kaudal zu. Besonderen Belastungen sind meist die Übergangsregionen der drei Wirbelsäulenabschnitte ausgesetzt. Die Stabilität wird überwiegend durch die Bandscheiben bzw. das diskoligamentäre Gleichgewicht, die kleinen Wirbelbogengelenke und immer durch die autochtone Rückenmuskulatur gewährleistet, wobei die in der Tiefe gelegenen monosegmentalen Muskeln wohl eine größere funktionelle Bedeutung besitzen als die oberflächlich gelegenen plurisegmentalen Muskeln. Lediglich im Bereich der Kopfgelenke sind auch Bandstrukturen von großer Bedeutung. Eine verminderte statische Belastbarkeit bedingt qualitative, bisweilen auch quantitative Einschränkungen der Arbeitsschwere und Arbeitshaltung. Vibrationsbelastungen sind zu vermeiden. Entscheidend für die Belastbarkeit ist die Kompensation der strukturellen Läsionen durch die Muskulatur, die Instabilitäten und Hypermobilitäten zumindest bis zu einem gewissen Grad kompensieren kann.

Mobilität. Während die oberen Wirbelsäulenabschnitte vorwiegend die Beweglichkeit des Kopfes und den Einsatz der Arme bestimmen, bedingen Störungen der Beweglichkeit und Stabilität der Lendenwirbelsäule Beeinträchtigungen der Steh- und Gehfähigkeit. Gemessen wird die Beweglichkeit im Bereich der HWS mit der Neutral-Null-

Methode, wobei die Rotation auch in Inklination und Reklination zu dokumentieren ist, der Kinn-Jugulum-Abstand in maximaler Inklination und Reklination sowie der Hinterkopf-Wand-Abstand. In qualitativer Hinsicht ist die dynamische Wirbelsäulenbelastbarkeit eingeschränkt für Wirbelsäulenzwangshaltungen, Bewegungsmonotonien, häufige Überkopfarbeiten, aber auch Tätigkeiten, die eine gute Rundumsicht erfordern. Kompensationsmöglichkeiten sind von der möglichst freien Beweglichkeit der Nachbarwirbelsäulenabschnitte abhängig. Kälte, Nässe und Zugluft können muskuläre Verspannungen auslösen oder verstärken und sollten deshalb vermieden werden.

Störungen der Schutzfunktion der Wirbelsäule. Bei intakter Struktur und Funktion der Wirbelsäule werden Rückenmark und Spinalnerven vor Kompression oder Irritation geschützt. Sehr häufig kann es bei degenerativen Veränderungen an der Wirbelsäule (Bandscheibenvorfall, Osteophytenbildung bei Spondylose, Uncovertebralarthrose und Spondylarthrose etc.) zu einer Schädigung der Spinalnerven, der langen Bahnen und/oder des Myelons kommen, so dass neben der Schmerzwahrnehmung ein entsprechendes neurologisches Defizit bzw. eine entsprechende neurologische Symptomatik resultiert. Wenn sich die Kompression nervaler Strukturen langsam entwickelt, bestehen auch hier teilweise erstaunliche Kompensationsmöglichkeiten. Deshalb dürfen mittels bildgebender Verfahren gewonnene Befunde auch hier immer nur in Zusammenschau mit der Anamnese und dem klinischen Befund interpretiert und gutachterlich gewürdigt werden.

Schmerz und Ausmaß der Funktions- und Strukturstörung korrelieren nur gering. Es ist sehr schwierig und im Einzelfall bisweilen unmöglich, mit ausreichender Zuverlässigkeit die Ursache des Schmerzes einer bestimmten anatomischen Struktur zuzuordnen. Am klarsten und einfachsten ist dies immer dann, wenn ein neurologisch verifizierbarer Befund nachweisbar ist. Hier sind lediglich Ort und Art der Kompression anhand bildgebender Verfahren und apparativer Diagnostik zu bestimmen und zu prüfen, ob die klinischen und anamnestischen Angaben hiermit konkordant sind. Bei fehlendem neurologischem Befund sind als mögliche Ursachen Spondylarthrosen, Segmentinstabilitäten, muskuläre Verspannungen, ligamentäre Überlastungen, aber auch (nach der neueren Literatur) von zunehmender Bedeutung fasciale Strukturen sowie der sogenannte diskogene Schmerz zu erwägen. Wurde noch vor Jahren apodiktisch behauptet, dass eine Bandscheibendegeneration per se keine Schmerzen auslösen könne, da die Bandscheibe ja nicht innerviert sei, weiß man heute, dass es bei der Degeneration zum Einsprossen von Nervenendigungen und Nozizeptoren in die Bandscheibe kommen kann und deshalb Schmerzen durchaus auftreten können. Selbstverständlich ist auch die Differen-

tialdiagnose beispielsweise zur Somatisierungsstörung zu erwägen.

Bei nachweisbaren neurologischen Ausfällen ist immer – auch wenn hier für die meisten Verfahren keine hohe wissenschaftliche Evidenz besteht – die Notwendigkeit operativer Verfahren zu prüfen. Ansonsten sind konservative Therapieverfahren angezeigt. Diese umfassen physikalische Therapieverfahren einschließlich Physiotherapie, Bewegungs- und Schmerztherapie. Auf eine adäquate und frühzeitige medikamentöse Therapie ist besonders zu achten. Für Details darf auf die entsprechenden nationalen und internationalen Leitlinien und die im Internet abrufbaren Datenbänke wie Cochrane Collaboration oder up to date (teilweise gebührenpflichtig) verwiesen werden. Entgegen der weit verbreiteten Ansicht, dass degenerative Krankheiten immer progredient seien, ist festzuhalten, dass dies zwar für die Befunde in der Bildgebung gilt, nicht jedoch für die Schmerzen und die klinisch relevanten Funktionseinschränkungen.

Spezifische sozialmedizinische Beurteilung

Halswirbelsäulenerkrankungen wirken sich in mehrfacher Hinsicht auf das Leistungsvermögen aus.

Die Bewegungseinschränkung vermindert die rasche Orientierung im Raum, hierdurch sind zahlreiche Tätigkeiten nicht oder nur eingeschränkt möglich, wie z.B. Arbeiten am Bau, Autofahren, Montagearbeiten, Überkopfarbeiten etc. Die Beurteilung der Leistungsfähigkeit erfolgt anhand der relativ einfach zu erhebenden Bewegungseinschränkungen und der hieraus resultierenden Funktionseinschränkungen.

Instabilitäten, meist im Rahmen entzündlicher Erkrankungen der HWS (bei der rheumatoiden Arthritis sind in bis zu 40 % die Kopfgelenke mitbetroffen), wesentlich seltener posttraumatisch, haben als Leitsymptom Schmerzen bei Haltungskonstanz (z.B. längeres Sitzen mit geneigtem Kopf). Sie können zu erheblichen qualitativen Leistungsbeeinträchtigungen bis hin zu einem aufgehobenen Leistungsvermögen führen. Der objektivierbare Nachweis mittels Funktionsaufnahmen bzw. für die Rotationsinstabilität mittels Funktions-CT oder -MRT ist zu fordern.

Radikuläre oder pseudoradikuläre Beschwerden führen je nach Ausmaß und Lokalisation zu unterschiedlichen Funktionseinschränkungen im Bereich der oberen Extremitäten und sind entsprechend ihres Funktionsdefizits gutachterlich zu würdigen. Die sozialmedizinische Beurteilung orientiert sich an den messbaren und reproduzierbaren Funktionseinschränkungen der oberen Extremität und setzt eine gewissenhafte neurologische und orthopädische Untersuchung der betreffenden Dermatome und Myotome voraus.

Erkrankungen der oberen Halswirbelsäule können entsprechend ihrer nervalen Verschaltung zu sogenannten zervikozephalen Syndromen führen mit Einschränkung der Konzentrationsfähigkeit und weiterer kognitiver Fähigkeiten, Schwindel und hieraus resultierenden Defiziten in den Bereichen Koordination und Orientierung im Raum sowie Ohrgeräuschen und weiteren zentralnervösen Defiziten. Eine ergänzende neuropsychologische Begutachtung ist hier in den meisten Fällen unabdingbar.

Postoperativ besteht in der Regel eine Arbeitsunfähigkeit von mindestens sechs, in der Regel aber zwölf bis hin in Einzelfällen und abhängig vom gewählten Operationsverfahren und der konkreten Tätigkeit von maximal vierundzwanzig Wochen, danach hat die sozialmedizinische Beurteilung sich am klinischen Befund zu orientieren. Keinesfalls darf der Beurteilung allein der bildgebende Befund zu Grunde gelegt werden, da z. B. auch bei beschwerdefreien und klinisch völlig unauffälligen Patienten abhängig vom Alter in bis zu 30 % Bandscheibenvorfälle nachgewiesen werden können.

■ **Medizinische Rehabilitation**

Solange keine eindeutige Operationsindikation vorliegt (z. B. Tumor, abszedierende bakterielle Entzündung, zunehmendes neurologisches Defizit etc.) bzw. eine solche fachärztlich ausgeschlossen wurde, sind konservative Therapieansätze erforderlich. Oftmals reichen hier die kassenärztlich ambulanten Therapien nicht aus, so dass frühzeitig – auch unter dem Aspekt der Verhinderung einer Chronifizierung – eine medizinische Rehabilitation einzuleiten ist. Spätestens nach sechs Wochen sollte diese Therapieoption erwogen werden. Es spricht viel dafür, dass die Ergebnisse einer medizinischen Rehabilitation speziell beim Rückenschmerz umso günstiger sind, je eher sie eingeleitet wird. Ob sie ambulant oder stationär erfolgen soll, hängt maßgeblich sowohl von den Möglichkeiten vor Ort als auch von den individuellen Voraussetzungen des Patienten (Komorbidität, privates und berufliches Umfeld etc.) ab.

■ **Leistungen zur Teilhabe am Arbeitsleben**

Zum Teil können Bewegungseinschränkungen unabhängig von ihrer Ursache durch entsprechende Hilfsmittel (z. B. Schrägbrett auf dem Schreibtisch, Anpassung der Rückspiegel bzw. Einbau einer Videokamera beim Rückwärtseinparken) ausgeglichen bzw. kompensiert werden. Bei Instabilitäten kann durch interne (Muskelaufbau) und externe (Orthese) Stabilisierung versucht werden, die Beschwerden zu reduzieren und die Leistungsfähigkeit zu verbessern bzw. zu erhalten. Eine Operationsindikation sollte – die Zustimmung des Patienten vorausgesetzt – immer geprüft werden. Die Möglichkeiten für Leistungen zur Teilhabe am Arbeitsplatz sind immer zu erwägen

und gemeinsam mit dem Patienten, dem Sozialdienst und wenn möglich mit dem betriebsärztlichen Dienst des Versicherten zu prüfen und ggf. in die Wege zu leiten. Spezifische berufliche Schulungsmaßnahmen spielen im Vergleich zu Erkrankungen der Lendenwirbelsäule eine wesentlich geringere Rolle.

■ **Erwerbsminderung**

Die wichtigste Beurteilungsgrundlage ist der klinisch relevante Funktionsbefund. Hier sind korrelierende Angaben zum Alltagsablauf sowie zu Freizeitaktivitäten auf Plausibilität zu prüfen. Rein funktionelle Befunde ohne klinische oder leistungsrelevante bedeutsame Funktionseinschränkung sind in der Regel für die sozialmedizinische Begutachtung nicht zu berücksichtigen. In der Leitlinie zur sozialmedizinischen Beurteilung der Leistungsfähigkeit bei Bandscheiben- und bandscheibenassoziierten Erkrankungen der DRV wird zum Beispiel festgehalten, dass bei einer Abweichung von der Normbeweglichkeit nach der Neutral-Null-Methode um 20 Grad, bei fehlender Instabilität, fehlender neurologischer Symptomatik und nur leichten radiologischen Degenerationszeichen für schwere körperliche Arbeit nicht von einer relevanten Leistungsminderung auszugehen ist und bei einer Abweichung von 30 Grad und mehr für die Rotation eine Belastbarkeit für körperlich maximal mittelschwere Tätigkeiten gegeben ist. Treten zusätzlich rezidivierende Nervenwurzelirritationen ohne bleibende Ausfälle auf, sei die Belastbarkeit auf leichte körperliche Tätigkeiten beschränkt. Bei einer schmerzbedingten Fixierung eines Wirbelsäulenabschnittes mit anhaltenden sensiblen und motorischen Ausfällen sowie Zeichen einer Nervenwurzelkompression in der Schnittbilddiagnostik sei in der Regel das Leistungsvermögen zumindest zeitlich befristet auch für leichte körperliche Tätigkeiten aufgehoben. Bei einer um mehr als zwei Drittel der Norm schmerzhaft eingeschränkten Halswirbelsäulenbeweglichkeit sei das Leistungsvermögen meist auch für leichte körperliche Tätigkeiten erloschen. Wegen der oben beschriebenen Komplexität der Problematik und den individuell sehr unterschiedlichen Auswirkungen müssen diese Empfehlungen jedoch immer an den Einzelfall angepasst werden.

7.2.2 Degenerative Erkrankungen der Brust- und Lendenwirbelsäule

Klassifikationen und Stadieneinteilung

Die Klassifikation ist auch hier international nicht einheitlich und kann nach unterschiedlichen Aspekten erfolgen.

Pathologisch-anatomische und somit auch bildgebende Zuordnung. Unterschieden werden im Nativröntgenbild Chondrosen (Bandscheibenverschmälerungen), Osteochondrosen (zusätzliche Sklerosierung der angrenzenden Grund- und Deckplatten), Spondylosen (Randzackenbildung an den Wirbelkörpern) und Spondylarthrosen sowie im Bereich der BWS Arthrosen der Costotransversalgelenke, im CT oder besser MRT Bandscheibendegeneration (z. B. black disc), Bandscheibenprotrusion und Bandscheibenprolaps.

Klinisch-neurologische Zuordnung. Unterschieden werden lediglich lokale Beschwerden (Lumbalsyndrom, Thorakalsyndrom) von solchen mit Beschwerden bzw. Ausstrahlung in die Beine (Lumboischialgie). Bei diesen ist sorgfältig zu differenzieren zwischen solchen mit neurologischem Defizit (radikuläre bzw. im Bereich der BWS medulläre Symptomatik) und solchen ohne neurologisch verifizierbare, ausschließlich muskuläre und subjektive Veränderungen (pseudoradikuläre Symptomatik).

Da bei Wirbelsäulenbeschwerden ohne Affektion neuraler Strukturen die kausale Zuordnung zu degenerativen Veränderungen nur sehr eingeschränkt möglich ist, werden viele Wirbelsäulenbeschwerden als unspezifisch bezeichnet. In diesem Fall erfolgt die Nomenklatur meist nach der Dauer der Beschwerden. Akut bedeutet meist bis 6 Wochen, subakut bis zu 12 Wochen und chronisch länger als 12 Wochen bestehend. Diese Nomenklatur hat jedoch ihre Schwäche darin, dass Wirbelsäulenbeschwerden meist nicht gleichmäßig bestehen, sondern oftmals rezidivieren. In diesem Fall existieren keine international verbindlichen oder einheitlichen Definitionen.

Spezifische krankheitsbedingte Beeinträchtigungen

Je nach erhobenem Befund und angegebenen Beschwerden stehen unterschiedliche Funktionsstörungen im Mittelpunkt. Bewegungseinschränkungen und bewegungs- und belastungsabhängige Schmerzen können das Heben und Tragen von Lasten, das Bücken, aber auch das Arbeiten in Zwangshaltungen erheblich beeinträchtigen. Neurologische Defizite sind entsprechend ihrer funktionellen Auswirkungen zu werten. Insbesondere das Gehen, aber auch das Stehen auf Leitern oder Gerüsten sind häufig eingeschränkt. Generell sind längere monotone Haltungen zu vermeiden, die Möglichkeit zum Haltungswechsel sollte gegeben sein.

Spezielle Diagnostik und Sachaufklärung

Wie bereits erwähnt steht die klinische (einschließlich der neurologischen) Untersuchung an erster Stelle. Bei fehlendem neurologischem Defizit dient die Bildgebung ausschließlich dem Ausschluss differentialdiagnostisch zu erwägender Krankheitsbilder, bei degenerativen und/oder

funktionellen Erkrankungen ist sie nicht zielführend oder beweisend.

Im angloamerikanischen Schrifttum spricht man nach Erhebung der Anamnese und des klinischen Befundes zum einen von sogenannten »red flags«, »yellow flags« (Risikofaktoren einer drohenden Chronifizierung) sowie von den sogenannten »non organic signs« nach Waddell (Hinweise für nicht somatisch bedingte Rückenschmerzen), vgl. ◘ Tab. 7.5. Zur Notwendigkeit und zum Zeitpunkt des Einsatzes bildgebender Verfahren finden sich in der Literatur sehr unterschiedliche Angaben bis hin zu differierenden Leitlinien. Nach den internationalen ACR Appropriateness Criteria (www.acr.org) wird eine Skalierung von 1 (= am wenigsten geeignet) bis 9 (= am besten geeignet) vorgenommen. Beim unkomplizierten Rückenschmerz ohne Warnsignale erhalten das Nativröntgenbild, das Knochenszintigramm, die Computertomographie, die Myelographie, die CT-Myelographie, das MRT und das MRT mit Kontrastmittel jeweils ein Rating von 2. Bei Rückenschmerzen mit Radikulopathie wird die Einstufung wie folgt vorgenommen: Nativ-MRT 8, Computertomographie 5, CT-Myelographie 5, Röntgen 4, MRT mit Kontrastmittel 4, Myelographie 2 und Knochenszintigramm ebenfalls 2.

Der Einfluss psychosomatischer Vorgänge ist im Bereich der Wirbelsäule speziell bei chronischen Schmerzpatienten anders als an den Extremitäten erheblich und unbestritten en. Psychologische Risikofaktoren betreffend existieren unterschiedliche Modelle. Es existieren das weithin bekannte Stress-Muskelspannung-Schmerz-Modell, das Fear-Avoidance-Modell, das Avoidance-Endurance-Modell sowie das operante Modell [22]. Beim Fear-Avoidance-Modell reagiert der Patient auf den akuten Schmerz mit Katastrophieren/Angst. Dies führt über ein Vermeidungsverhalten zur Inaktivität und damit zur muskulären Insuffizienz und damit wiederum zur Chronifizierung von Schmerzen. Beim Avoidance-Endurance-Modell wird dies dahingehend erweitert, als dass der Patient auf den akuten Schmerz auch mit Ignoranz bzw. positiver Stimmung reagieren kann, dieses kann über suppressives Verhalten zu einer übermäßigen Aktivität mit muskulärer Hyperaktivität führen und hierdurch wiederum zu einer Chronifizierung der Schmerzen.

Zum Screening psychosozialer Risikofaktoren betreffend einer drohenden Chronifizierung des akuten Rückenschmerzes dienen der acute low back pain screening questionnaire (www.nzgg.org.nz/download/files/screening-questionnaire.pdf) sowie im deutschsprachigen Raum der SPR (Screening psychosozialer Risikofaktoren) (www.pm.ruhr-uni-bochum.de/.../msg00124.htm). Dieser besitzt eine Reliabilität von über 0.80 und eine prospektive Validität für Schmerzen von bis zu 6 Monaten von

80 % bzw. Rückkehr an den Arbeitsplatz innerhalb von 6 Monaten von 80–90 %.

Krankheitsspezifische Begutachtungskriterien, Zielkriterien

Hier gelten grundsätzlich die gleichen wie an der HWS genannten Kriterien. Betreffend der Kompensationsmechanismen ist insbesondere die Funktion der Hüftgelenke von wesentlicher Bedeutung.

Spezifische sozialmedizinische Beurteilung

■ Medizinische Rehabilitation

Drei Aspekte sind für eine erfolgreiche medizinische Rehabilitation unabdingbar:

Eine **frühzeitige** Einleitung, um eine drohende Chronifizierung zu vermeiden. Neben der Auswahl geeigneter Patienten (Rehabilitationsbedürftigkeit und -fähigkeit) ist für die Prognose die Dauer der Erkrankung entscheidend. Spätestens nach 8 Wochen persistierender Schmerzen bzw. 4 Wochen Arbeitsunfähigkeit muss eine umfassende Diagnostik durchgeführt, eine spezifische Ursache und/oder Operationsindikation ausgeschlossen oder nachgewiesen werden. Liegt diese nicht vor, ist im Einzelfall (psychosoziales Umfeld, Therapieoptionen vor Ort, Begleiterkrankungen, Krankheitsverständnis des Patienten und des Umfeldes) zu klären, ob weiter kurative Maßnahmen einzuleiten sind oder aber ob eine Rehabilitationsmaßnahme einzuleiten ist. In den meisten Fällen erfolgt dies zu spät.

In der internationalen Literatur herrscht Konsens, dass isolierte Interventionen wenig Erfolg versprechend sind. Erfolgreiche Konzepte sind immer **interdisziplinär und multiprofessionell**. Neben rein medizinischen Inhalten sind verhaltenstherapeutische, bewegungstherapeutische und pädagogische Module unabdingbar. Inwieweit die Einbeziehung auch spezifischer arbeitsplatz- oder berufsbezogener Elemente zu tatsächlich besseren Ergebnissen führt, ist noch nicht ausreichend belegt. Eine ausreichende Intensität (meist werden 100 Stunden angegeben) ist erforderlich.

Dass die gezielte Zuweisung von Patienten mit deutlicher psychischer Komorbidität in psychosomatische Kliniken zu besseren Ergebnissen führt als die Zuweisung in eine orthopädische Klinik, die verhaltenstherapeutische, entspannungstechnische, pädagogische und bewegungstherapeutische Ansätze in ihr Therapiekonzept integriert hat, konnte nicht nachgewiesen werden. Sie sollte deshalb auf Patienten mit deutlich ausgeprägten Begleiterkrankungen bzw. auf die mit im Vordergrund stehender psychischer Krankheit beschränkt werden.

In den letzten Jahren zeigte sich eindeutig, dass die medizinische Rehabilitation (mit wenigen Ausnahmen) wirksam, jedoch nicht **nachhaltig** ist. Die derzeit bestehenden Möglichkeiten (Verordnung von IRENA, Funktionstraining z. B. der Deutschen Rheumaliga, die Kooperation mit Werks- und Betriebsärzten sowie niedergelassenen Kollegen) sollten unbedingt mehr genutzt und eingesetzt werden.

■ Leistungen zur Teilhabe am Arbeitsleben

Diese sind vielfältig und umfassen unter anderem Hilfen zur Erhaltung oder Erlangung eines Arbeitsplatzes, Berufsvorbereitung, Trainingsmaßnahmen, berufliche Ausbildung, Gründungszuschuss, Kraftfahrzeughilfen, Hilfsmittel und technische Arbeitshilfen sowie Leistungen an den Arbeitgeber (siehe auch ▶ Kap. 1.1.2). In der täglichen Praxis ist bei Rückenschmerzpatienten, die täglich mehr als 4 Stunden Auto fahren müssen, bei stärker vibrierenden Fahrzeugen (z. B. Traktoren) bereits ab 2 Stunden, die Verordnung von rückengeeigneten Kfz-Sitzen zu prüfen. Bei Patienten mit überwiegend sitzenden Berufen und statischer Haltearbeit (PC-Arbeitsplatz) ist ein rückengerechter Bürostuhl meist von Nöten, wann aber immer möglich ist die Umwandlung eines »statischen« Arbeitsablaufes in einen »dynamischen« vorzuziehen. Dies bedeutet kurze Unterbrechungen, ein wenn noch so kurzer Wechsel Sitzen, Gehen, Stehen, Dehnübungen etc. Stehpulte sind hier eine Möglichkeit, wobei darauf zu achten ist, dass ein Bein in leichter Beugestellung abgestellt werden kann, andernfalls resultiert bei der i. d. R. vorliegenden Schwäche der Bauchmuskulatur eine Hyperlordosierung der LWS mit resultierender Enge des Spinalkanals und Provokation der Facettengelenke. In der Praxis werden sie aber von den Patienten meist nur wenig benutzt.

■ Erwerbsminderung

Hier kann auf die in der Leitlinie der DRV [7] veröffentlichten Eckpunkte (❑ Tab. 7.6, ❑ Tab. 7.7) verwiesen werden. Selbstverständlich handelt es sich hier nur um Anhaltspunkte. Die individuellen und sozialen Kontextfaktoren sind entsprechend zu berücksichtigen und immer im Einzelfall zu werten.

Eine Besonderheit stellt das Postnukleotomiesyndrom dar. Hier kommt es nach einer vorübergehenden Verbesserung der Beschwerdesyptomatik postoperativ wieder zu zunehmenden Schmerzen. Differentialdiagnostisch abzuklären sind eine postoperative Infektion (Klinik, Labor, Bildgebung), eine Instabilität (Funktionsaufnahmen), ein Rezidiv oder eine überschießende Narbenbildung (MRT mit Kontrastmittel). Die sozialmedizinische Beurteilung folgt hier den Kriterien der Beurteilung chronischer Schmerzpatienten.

◻ Tab. 7.6 Eckpunkte für die sozialmedizinische Beurteilung der Leistungsfähigkeit

Diagnose	Funktionsstörung	Einschränkung qualitativ	Einschränkung quantitativ
Leichte degenerative Veränderungen, nicht fixierte Fehlhaltungen: Hyperlordose, Hyperkyphose, Skoliose, Flachrücken, muskuläre Verspannungen	Leichtgradige Bewegungseinschränkung, zunehmender Schmerz bei schwerer körperlicher Arbeit	Körperlich mittelschwere, gelegentlich schwere Arbeiten	6 Stunden und mehr
Nukleusprolaps ohne radikuläre Symptomatik, Nukleusprotrusion, Spondylarthrosis deformans	Leicht- bis mittelgradige Bewegungs- und Entfaltungseinschränkung, kurzstreckige Segmentfixierungen	Maximal körperlich mittelschwere Arbeiten; kein überdurchschnittlich häufiges Bücken, Heben und Tragen, Überkopfarbeiten (HWS)	6 Stunden und mehr
Nukleusprolaps mit rezidivierender radikulärer Symptomatik, kompensierte Instabilität	Mittelgradige Bewegungs- und Entfaltungseinschränkung, mehrsegmentale Fixierung, rezidivierende sensible und/oder motorische Ausfälle	Körperlich leichte Tätigkeiten; Gelegenheit zum Haltungswechsel; keine Bewegungsmonotonien; kein überdurchschnittlich häufiges Bücken, Heben, Tragen, Überkopfarbeiten (HWS)	6 Stunden und mehr
Nukleusprolaps mit anhaltender radikulärer Symptomatik, Instabilität	Mittel- bis schwergradige Bewegungs- und Entfaltungseinschränkung, Fixierung eines Wirbelsäulenabschnitts, Fußheber- oder Fußsenkerschwäche, Störung der Feinmotorik der Hände oder des kraftvollen Zugriffs	Körperlich leichte Tätigkeiten; Gelegenheit zum Haltungswechsel; keine Bewegungsmonotonien; kein überdurchschnittlich häufiges Bücken, Heben und Tragen, Überkopfarbeiten (HWS); nicht auf unebenen Böden, Leitern und Gerüsten; keine überdurchschnittlichen Ansprüche an die Feinmotorik der Hände oder die Handkraft	unter 3 Stunden
Zervikale Spinalkanalstenose ohne Myelopathie	Mittelgradige schmerzhafte Bewegungseinschränkung, rezidivierende Dysästhesien der Hände	Leichte körperliche Tätigkeiten; ohne überdurchschnittlich häufiges Heben, Tragen, Überkopfarbeiten	6 Stunden und mehr
Zervikale Spinalkanalstenose mit Myelopathie	Mittelgradige schmerzhafte Bewegungseinschränkung, spastische Gangstörung		unter 3 Stunden
Lumbale Spinalkanalstenose	Schmerzhafte Einschränkung der möglichen Wegstrecke	Eventuell eingeschränkte Wegefähigkeit	6 Stunden und mehr
Zervikale Spinalkanalstenose mit Myelopathie	Spastisch, ataktische Gangstörungen		unter 3 Stunden

Leitlinie zur sozialmedizinischen Beurteilung der Leistungsfähigkeit bei Bandscheiben- und bandscheibenassoziierten Erkrankungen [7]

7.2.3 Sonstige Erkrankungen der Wirbelsäule

▪ Spondylolisthese (Wirbelgleiten)

Grundsätzlich werden das degenerative Wirbelgleiten und das Wirbelgleiten bei einer vorbestehenden Spondylolyse bds. – die Spondylolisthesis vera – unterschieden. Obwohl die nur beim Menschen nachgewiesene Spondylolyse nie bei Geburt nachzuweisen ist, werden neben exogenen auch genetische Faktoren angenommen. Hierfür spricht,

dass die Prävalenz in Deutschland mit circa 6 %, bei manchen Eskimostämmen hingegen mit 50 % angegeben wird. Als exogene Faktoren werden repetitive Mikrotraumen während des Wachstumsalters angenommen, wofür die relative Häufung bei Sportlern mit Hyperextensionen (Speerwerfer, Kunstturner, Delphinschwimmer) spricht. Interessanterweise scheint der Spondylolisthesis nur bei Jugendlichen und jüngeren Erwachsenen ein Krankheitswert zuzukommen. So finden sich bei unter Zwanzigjährigen mit Rückenschmerzen in fast 40 % eine Olisthesis,

◘ Tab. 7.7 Postoperative Belastbarkeit

Nach Nukleotomie oder Bandscheibenimplantation (2 bis 6 Monate postoperativ)	6 Stunden und mehr	für körperlich mittelschwere bis schwere Tätigkeiten
Nach Laminektomie / Hemilaminektomie (3 bis 12 Monate postoperativ)	6 Stunden und mehr	für körperlich leichte Tätigkeiten
Nach einsegmentaler Spondylodese zervikal (3 Wochen bis 6 Monate postoperativ)	6 Stunden und mehr	für körperlich leichte bis mittelschwere Tätigkeiten
Nach einsegmentaler Spondylodese lumbal (3 bis 12 Monate postoperativ - bei Versorgung mit PLIF früher)	6 Stunden und mehr	für körperlich leichte bis mittelschwere Tätigkeiten
Nach mehrsegmentaler Spondylodese zervikal und lumbal als Ersteingriff (nach maximal 12 Monaten postoperativ)	6 Stunden und mehr	für körperlich leichte Tätigkeiten
Nach mehrsegmentaler Spondylodese zervikal und lumbal als Folgeeingriff	meist unter 3 Stunden auf Dauer	
Nach operativer Versorgung einer zervikalen Spinalkanalstenose mit Myelopathie	meist unter 3 Stunden auf Dauer	
Nach operativer Versorgung einer lumbalen Spinalkanalstenose mit Claudicatio (nach 3 bis 6 Monaten postoperativ)	meist 6 Stunden und mehr	

Nach allen operativen Eingriffen an der Wirbelsäule ergibt sich Rehabilitationsbedarf. Bei den Spondylodesen ist zu bedenken, dass häufig postoperativ eine Ruhigstellung mit Korsett erfolgt, das erst nach 3 bis 6 Monaten abtrainiert wird. In dieser Phase sollte die medizinische Rehabilitationsleistung beginnen.

Leitlinie zur sozialmedizinischen Beurteilung der Leistungsfähigkeit bei Bandscheiben- und bandscheibenassoziierten Erkrankungen [7]

bei über Fünfundvierzigjährigen mit Rückenschmerzen hingegen nur in etwa 5 %, was ziemlich genau der Auftretenswahrscheinlichkeit entspricht.

Die Betroffenen beklagen vornehmlich Schmerzen bei Haltungskonstanz (z. B. längeres Stehen auf der Stelle), bei höhergradiger Instabilität auch neurologische Ausfälle. Klinisch findet sich zum einen bei der manualmedizinischen Untersuchung eine segmentale Instabilität, bei stärkerem Gleitvorgang auch eine Stufe in der Dornfortsatzreihe ein Segment weiter cranial, sowie i.d. R. eine vermehrte Lordosierung oberhalb des betroffenen Segmentes. Der Nachweis der Spaltbildung gelingt am besten mit der Röntgenschrägaufnahme, der Gleitprozess wird in der Seitaufnahme nach Meyerding quantifiziert. Häufig werden auch Röntgenfunktionsaufnahmen im seitlichen Strahlengang angefertigt, um das Ausmaß der Instabilität im Gleitsegment verifizieren zu können. Auch die Funktionsmyelographie zum Nachweis einer Kompression des Duralsackes hat hier eine ihrer wenigen klaren Indikationen. Eine Progredienz tritt meist nur im Jugendalter auf.

Die Einschränkung der körperlichen Leistungsfähigkeit geht nicht direkt bzw. linear mit dem Röntgenbefund einher. Sie ergibt sich aus der Schmerzsymptomatik, einem nachweisbaren neurologischen Defizit, dem Ausmaß der Instabilität im Gleitsegment und der nachgewiesenen Kompression des Duralsackes und/oder der Spinalnerven (meist L5). Bei erwiesener Progredienz oder ab Stadium II sind nur körperlich leichte Tätigkeiten zumutbar, überwiegend im Sitzen.

■ **Einsteifende Spondylose**

Bei der Spondylosis hyperostotica (M. Forestier) kommt es zu einer ausgeprägten Ausbildung von hypertrophen, zuckergussartigen Wirbelkörperspangen, die zu einer (fast) vollständigen, in der Regel schmerzlosen aufgehobenen Beweglichkeit der Brust-, Lenden- und seltener Halswirbelsäule führen können. Bisweilen wird eine Korrelation mit Stoffwechselerkrankungen (Diabetes mellitus, Fettstoffwechselstörungen, Lebererkrankungen) beschrieben. Eine Kombination mit Fibroostosen an Becken und Fersenkämmen ist möglich. Bei der Leistungsbeurteilung sind das Vermeiden von Rumpfbewegungen mit Belastung und Erschütterungen sowie die beeinträchtigte Ausgleichsbeweglichkeit mit hierdurch bedingter erhöhter Absturzgefahr zu berücksichtigen.

■ **Spinalkanalstenose**

Ein enger Spinalkanal kann entweder primär (z. B. bei Mucopolysaccharidosen) oder sekundär durch degenerative Wirbelsäulenveränderungen wie z. B. Spondylarthrosen bedingt sein. Er kann mono- oder plurisegmental auftreten. Im Bereich der Halswirbelsäule kann dies zum Krankheitsbild der zervikalen Myelopathie, im Bereich der Lendenwirbelsäule zu dem der spinalen Stenose mit

Claudicatio spinalis führen. Die Weite des Spinalkanals kann im CT oder MRT exakt bestimmt werden, neben dem Durchmesser kann mit entsprechender Software auch die Fläche bestimmt werden. Für jedes einzelne Segment existieren geschlechtsbezogene Normwerte. Für die Begutachtung ist nicht die Weite des Spinalkanals, sondern das Beschwerdebild des Patienten entscheidend. Da ein neurologisches Defizit in der Frühphase der spinalen Stenose nur bei stärkerer Lordosierung der LWS auftritt, sind die oftmals im Liegen und nach längerem Sitzen erhobenen Befunde bisweilen falsch negativ.

■ Wirbelvariationen

Wirbelvariationen treten meist in den sogenannten Übergangsregionen auf und sind sehr häufig. Hierzu gehören die Lumbalisation von S1, die Sacralisation von L5, der Megatransversus L5, die Atlashypoplasie, die atlantoaxiale oder atlantoaxiale Fusion, die Halsrippe und weitere. Die Angaben zur Häufigkeit schwanken zwischen 15 und 30 % [27]. Grundsätzlich kommt diesen Variationen kein Krankheitswert zu, lediglich im Einzelfall können sie für Beschwerden oder aber ein neurologisches Defizit (z. B. Halsrippe) verantwortlich sein. Bei der Häufigkeit dieser Variationen einerseits und von sogenannten unspezifischen Rückenschmerzen andererseits ist verständlich, dass eine hohe Korrelation besteht, ohne dass daraus auf die Kausalität geschlossen werden kann.

■ Wirbelsäulendeformierungen

Es handelt sich um krankhafte Abweichungen in der Frontal- (Skoliosen) bzw. Sagittalebene (pathologische Kyphosen und Lordosen bzw. Rund- und/oder Hohlrücken).

Skoliosen: Man unterscheidet idiopathische, neuromuskuläre und kongenitale sowie Skoliosen bei Systemerkrankungen. Die idiopathische ist mit Abstand am häufigsten, ihre Ursache ist letztendlich unbekannt. Neben der Seitverbiegung liegen eine Fehlrotation der Wirbel und eine Torsion (Verwringung) der Wirbelsäule vor, die zum Scheitelpunkt hin zunimmt und für den klinisch oftmals führenden Rippenbuckel oder Lendenwulst verantwortlich ist. Je nach dem Zeitpunkt des Entstehens werden infantile (bis zum dritten Lebensjahr), juvenile (4.–10. Lebensjahr) und adoleszente (nach dem 10. Lebensjahr bis Wachstumsende) Skoliosen unterschieden. Eine weitere Klassifizierung unterscheidet rechtskonvexe thorakale, rechtskonvexe thorakolumbale, linkskonvexe lumbale und doppelbogige Skoliosen. Der Schweregrad wird trotz neuerer Messmethoden immer noch an den Röntgenaufnahmen bestimmt, für die Seitausbiegung nach der Methode von Cobb, für die Rotation nach Nash und Moe.

Das Ergebnis der Begutachtung hängt ab vom Schweregrad, von Funktionseinschränkungen der Wirbelsäule und der Atmung, von Beschwerden und ggf. erfor-derlichen Operationen. Adoleszente Skoliosen mit einer Hauptkrümmung von weniger als 20 Grad sind in 80 % der Fälle nicht progredient oder neigen sogar zu einer spontanen Besserung, sie führen nur in Ausnahmefällen zu einer Beeinträchtigung. Skoliosen bis zu einem Cobbwinkel von 40 Grad lumbal bzw. 50 Grad thorakal erlauben leichte bis mittelschwere Tätigkeiten im Gehen, Stehen und Sitzen ohne häufiges und schweres Heben und Tragen sowie Bücken. Schmerzhafte degenerative Veränderungen, eine nicht kompensierbare Wirbelsäulenfehlstatik (Lotabweichung, Drehgleiten), restriktive Lungenfunktionsstörungen sowie eine bei Skoliosen über 70 Grad häufige Rechtsherzinsuffizienz sind gesondert zu berücksichtigen und limitieren die Belastbarkeit oft wesentlich stärker als die Grunderkrankung. Nach korrigierenden und stabilisierenden operativen Eingriffen wird das Leistungsvermögen beeinflusst durch die Anzahl der versteiften Segmente, die Funktionsfähigkeit der angrenzenden Wirbelsäulenabschnitte sowie evtl. aufgetretene neurologische Ausfälle.

Haltungsfehler entstehen als Folge sogenannter muskulärer Dysbalancen bzw. muskulärer Insuffizienzen. So können abgeschwächte und/oder verkürzte Muskeln zu einer vermehrten Beckenkippung und hieraus resultierendem Hohlkreuz der Lendenwirbelsäule mit konsekutiver Überlastung der Wirbelbogengelenke (»Facettensyndrom«) führen. Im Bereich der Brustwirbelsäule führt eine Insuffizienz der Rückenstreckmuskulatur zu einer vermehrten Thorakalkyphose (Rundrücken). Eine vermehrte Kyphose der Brustwirbelsäule (»Rundrücken«) kann muskulär (Haltungsinsuffizienz, Lähmungen etc.), aber auch knöchern durch Missbildungen, Unfälle, Entzündungen oder Fehlwachstum bedingt sein. Am häufigsten ist der Morbus Scheuermann, auch idiopathische juvenile Kyphose oder Adoleszentenkyphose genannt. Röntgenologisch finden sich unregelmäßig gestaltete Grund- und Deckplatten, sog. Schmorlsche Knötchen, verschmälerte Intervertebralräume sowie mehr oder weniger stark ausgeprägte Deformierungen der Wirbelkörper um mehr als 5 Grad im Sinne einer Keilwirbelbildung. Die Prävalenz beträgt je nach zugrunde gelegten Kriterien zwischen 0,4 und 8,3 bzw. 25,4 %. Während ältere Arbeiten eine Korrelation zwischen Beschwerden und Ausmaß der Kyphose beschreiben, kommen neuere Untersuchungen zu dem Ergebnis, dass unbehandelte Fälle kein höheres Risiko von später auftretenden Rückenschmerzen als radiologisch unauffällige Altersgenossen besitzen. Problematisch sind allerdings kyphotische Versteifungen am dorsolumbalen Übergang. Bei schweren Fällen treten oftmals Beschwerden im Bereich der kompensatorischen Hyperlordosen auf. Deshalb sind nicht nur Tätigkeiten mit vermehrter Vorbeugehaltung, sondern auch mit vermehrter Reklination zu vermeiden.

Die verminderte Lendenlordose, der Flachrücken, führt möglicherweise zu einer eingeschränkten Dämpfungsfunktion; entsprechend sollten Erschütterungen und axiale Belastungen möglichst reduziert werden.

Die Diagnostik erfolgt klinisch mittels der sog. Verkürzungstests der manuellen Medizin bzw. bzw. mit dem Haltungstest nach Matthiaß oder apparativ mittels entsprechender Geräte (z. B. Zebris, back-check o.a.). Problematisch ist die hohe Prävalenz dieser Befunde. So fanden sich bei fast 11.000 Flugbewerbern der Bundeswehr bei mehr als 30 % verstärkte Thorakalkyphosen bzw. Lendenlordosen. Zum anderen sind die Normwerte oftmals unzureichend definiert. Wesentliche Funktionseinbußen resultieren meist nicht, ansonsten kann an dieser Stelle betreffend der Therapie und der Begutachtung auf den sog. unspezifischen Rückenschmerz verwiesen werden.

▪ Entzündliche Wirbelsäulenerkrankungen

Je nachdem welche Struktur der Wirbelsäule betroffen ist, werden Spondylitis (Entzündung des Wirbelkörpers), Spondylodiscitis (Entzündung der Bandscheibe) und Spondylarthritis (Entzündung der kleinen Wirbelsäulengelenke) differenziert. Selbstverständlich sind Übergänge und Mischformen möglich. Die weitere Einteilung erfolgt in Entzündungen mit und ohne Erregernachweis.

Spondylitis mit Erregernachweis: Potentielle Erreger sind Bakterien, Pilze, aber auch Parasiten und Viren. Die Erreger gelangen am häufigsten über die Blutbahn, seltener über die Lymphbahn oder aber direkt im Rahmen von diagnostischen oder therapeutischen Interventionen (z. B. Punktionen, Operationen; sogenannte iatrogene Infektionen) an die Wirbelsäule. Am häufigsten sind heute die iatrogenen Infektionen, gefolgt von der an Häufigkeit wieder zunehmenden Tuberkulose. Aber auch Patienten mit Immundefekten und Immunsuppression (HIV, Drogenabhängige, Rheumatiker mit entsprechender Medikation) sind gefährdet. In der Anfangsphase sind (Ruhe)schmerz und ggf. Fieber und Schüttelfrost, heftiger Klopfschmerz sowie eine ausgeprägte Schonhaltung die führenden klinischen Symptome, das Röntgenbild kann noch unauffällig sein. Mit der sehr sensiblen, aber unspezifischen Skelettszintigraphie, aber auch mit der Kernspintomographie ist die Frühdiagnose möglich. Richtungsführend sind oftmals die erhöhten Entzündungswerte im Blut, die aber speziell nach Operationen nicht immer eindeutig zu interpretieren sind. Wenn möglich wird der Erreger bestimmt und eine gezielte Antibiose eingeleitet. Die operative Sanierung des Infektes kann erforderlich sein. Die Ausheilung und die damit sich ergebende Funktionseinschränkung hängt von der Ausdehnung des Infektes, der Resistenz des Erregers, dem Zeitpunkt der Diagnosestellung, der durchgeführten Therapie und von weiteren Faktoren ab. Im günstigsten Fall resultiert ein Blockwirbel mit

minimaler Bewegungseinschränkung und unbedeutender Einschränkung der Belastbarkeit, aber auch eine Ausheilung in erheblicher Fehlstellung (Gibbus, »Buckel«) mit reduzierter Belastbarkeit des Achsorganes (kein schweres Heben oder Tragen, keine einseitigen Belastungen) ist möglich. In Einzelfällen greift die Infektion auf die Weichteile oder den Spinalkanal über, dies wiederum kann zu einem neurologischen Defizit bis hin zur Querschnittssymptomatik führen und ist dann entsprechend gutachterlich zu werten. Eine Besonderheit besteht in der grundsätzlichen Gefahr des Wiederaufflackerns einer Entzündung, was auch nach Jahren oder Jahrzehnten möglich ist.

Rheumatische Wirbelsäulenaffektionen, Spondyloarthropathien: Sehr häufig ist hier ein Mitbefall der Hals-, seltener der Lenden- und Brustwirbelsäule bei der rheumatoiden Arthritis. Im Bereich der Halswirbelsäule kommt es in bis zu vierzig Prozent zu einer Mitbeteiligung der Kopfgelenke, wobei die Entzündung zu einer Zerstörung des stabilisierenden Bandapparates führt und Instabilitäten resultieren. Es kommt zu starken Bewegungs- und Ruheschmerzen, neurologische Ausfälle bis hin zum Tod durch Druck auf das obere Halsmark sind möglich. Diese Rückenmarkskompression ist bereits bei extremen Bewegungen möglich, so dass einzelne Autoren das prophylaktische Tragen einer Halsorthese beim Autofahren empfehlen. Die Diagnose erfordert Funktionsaufnahmen der Halswirbelsäule, im Fall einer sogenannten Rotationsinstabilität u. U. auch ein Funktions-Computertomogramm oder -MRT. Die klinischen und auch manualmedizinischen Tests besitzen keine hohe Validität und Sensibilität.

Die sonstigen Spondyloarthropathien sind häufig HLA-B 27 assoziiert, d.h. mit einem bestimmten Oberflächenantigen der weißen Blutkörperchen kombiniert. Hierzu gehören der Morbus Bechterew, jetzt Spondylitis ankylosans genannt. Während das HLA-B 27 bei circa 6 % der »gesunden Bevölkerung« zu finden ist, besitzen bis zu 95 % der Bechterewpatienten diesen genetischen Marker. Dies bedeutet aber auch, dass es durchaus Patienten mit negativem HLA-B 27 gibt und dass umgekehrt der alleinige Nachweis dieses Parameters die Diagnose nicht zulässt. Eine ebenfalls häufige »Unart« ist die Kontrolle dieses Parameters, da er sich – wie die Blutgruppe auch – während des Lebens nicht verändert. Während man früher davon ausging, dass überwiegend junge Männer betroffen sind, weiß man heute, dass die Erkrankung wohl fast genau so häufig Frauen betrifft, wenngleich mit in der Regel deutlich blanderem Verlauf. Die Angaben zur Prävalenz schwanken zwischen 0,1 und 2,0 %.

Typisch ist der morgendliche tiefsitzende Rückenschmerz mit pseudoradikulärer Ausstrahlung, der sich im Laufe des Tages und bei Belastung eher bessert und gut auf nichtsteroidale Antiphlogistika anspricht, sowie die eingeschränkte Atemtiefe (< 2,5 cm in Höhe des vierten Intercostalraumes) bei Mitbeteiligung der Costotransversalgelenke, die zunehmende Einsteifung, aber auch der oftmals geklagte Fersenschmerz. Bisweilen kommt es auch zu einer Arthritis der großen und mittelgroßen Gelenke, bevorzugt von Knie- und/oder Hüftgelenk. Häufig ist in 4–40 % die Iritis bzw. Iridozyklitis, eine Aorteninsuffizienz, Kardiomyopathie sowie Reizleitungsstörung in 2–10 % sowie eine Amyloidose der Niere in bis zu 8 %, so dass bei der Begutachtung oftmals internistische Zusatzgutachten erforderlich sind. Die röntgenologischen Veränderungen an der Wirbelsäule und am Iliosacralgelenk sind typisch. Obwohl es zu einer fast vollständigen Einsteifung des Achsskeletts kommen kann und durch die Mitbeteiligung der Rippenwirbelgelenke auch erhebliche Einschränkungen im Bereich der Atmung resultieren können, besitzen diese Patienten oftmals eine außergewöhnlich hohe Motivation und sind trotz ihrer Behinderungen erstaunlich gut in der Gesellschaft integriert. Bei der beruflichen Integration leisten auch die Selbsthilfegruppen gute Dienste.

Weitere entzündliche Wirbelsäulenerkrankungen kommen im Rahmen der Arthritis psoriatica, des Morbus REITER und bei Morbus CROHN und Colitis ulcerosa vor.

7.2.4 Traumafolgen und Folgen operativer Eingriffe

Zunächst ist grundsätzlich zu unterscheiden, ob nach dem Trauma oder der Operation ein neurologisches Defizit besteht oder nicht. Je nach Ausmaß (monoradikuläre Symptomatik bis hin zur kompletten Tetraplegie) sind hier die Prinzipien der neurologischen Begutachtung bzw. die dieser zu Grunde liegenden Funktionseinschränkungen zu berücksichtigen. Eine exakte und umfassende neurologische Untersuchung ist deshalb obligat. Sie umfasst die Prüfung der Sensibilität (segmentale Hypästhesie und Hypalgesie), der Motorik (Paresegrad einzelner Kennmuskeln), des Reflexverhaltens (Abschwächung der Muskeleigenreflexe, Nachweis pathologischer Reflexe wie BABINSKI, Oppenheim oder Gordon) sowie der sogenannten Neurodynamik (z. B. Lasegue oder BRAGARD an der unteren sowie upper limb tension test an der oberen Extremität).

Bei der klinisch-orthopädischen Untersuchung sind Hypo- und Hypermobilitäten bzw. Instabilitäten einzelner Segmente zu erfassen und zu bewerten. Bisweilen sind hier auch Funktionsaufnahmen der Wirbelsäule in Inklination und Reklination (in Einzelfällen auch in Seitneige) hilfreich. Der Nachweis von Rotationsinstabilitäten mit Hilfe der Computertomographie oder der Kernspintomographie bleibt ausgewählten und seltenen Fragestellungen vorbehalten (z. B. Rotationsinstabilitäten der Kopfgelenke). Bei der sozialmedizinischen Beurteilung

ist jedoch nicht nur die Funktionseinschränkung des betroffenen Segmentes zu beurteilen, sondern auch die Gesamtauswirkung auf Statik und Dynamik. Dies hängt zum einen von der Lokalisation (so wirken sich beispielsweise kyphotische Fehlstellungen im thorakolumbalen Übergangsbereich funktionell wesentlich ungünstiger aus als im mittleren BWS-Bereich), zum anderen von den Kompensations- und Adaptationsfähigkeiten der benachbarten Wirbelsäulenabschnitte (und somit vom Lebensalter, degenerativen Vorschädigungen etc.) ab. Keinesfalls darf sich die sozialmedizinische Beurteilung allein an bildgebenden Befunden orientieren. Degenerative Veränderungen und Bandscheibenvorfälle im CT oder MRT sind extrem häufige Befunde, die – was mittlerweile durch zahlreiche Studien belegt ist – zu keinerlei Beschwerden und klinisch relevanten Funktionseinbußen führen müssen. Anders formuliert besitzen diese Befunde eine hohe Sensibilität bei sehr geringer Spezifität.

Im klinischen Alltag kommt der Schmerzanamnese oftmals die entscheidende Bedeutung zu. Deshalb ist diese umfassend und genau zu erheben und auf Plausibilität zu überprüfen, Hinweise auf Aggravation und auch Simulation sind abzuklären und gegebenenfalls zu dokumentieren. Hier gelten die an anderer Stelle (vgl. ▶ Kap. 27.2) in diesem Buch dargestellten Grundsätze.

Die häufigste Wirbelsäulenoperation ist die lumbale Diskektomie, hier finden sich für Deutschland Angaben zwischen 40.000 und 100.000 Operationen jährlich. Je nach Beruf geht man üblicherweise von einer Arbeitsunfähigkeit von 6 bis maximal 12 Wochen aus. Bei komplikationslosem Verlauf bestehen danach lediglich Einschränkungen für das ständige oder überwiegende Heben und Tragen schwerer Lasten sowie für Arbeiten in Zwangshaltung, leicht- bis mittelschwere Arbeiten können in der Regel über sechs Stunden täglich verrichtet werden. Wichtig zu wissen ist, dass fünf Jahre postoperativ lediglich 13 % der operierten Patienten schmerzfrei sind, circa 60 % sind noch im gleichen Beruf tätig und knapp 12 % vorzeitig berentet [29]. 35 % befinden sich in ständiger ärztlicher Behandlung, 23 % klagen über ständige Rückenschmerzen und 70 % über erneut aufgetretene Rückenschmerzen [30] (vgl. ▶ Kap. 7.2.4). Bei postoperativ neu bzw. wieder aufgetretenen Beschwerden ist ein Postnukleotomiesyndrom, ein Rezidivprolaps und in der Frühphase eine Spondylodiscitis differentialdiagnostisch zu erwägen bzw. abzugrenzen.

Bei Spondylodesen im Bereich der Lendenwirbelsäule ist nach spätestens 12 Wochen von einem knöchernen Durchbau auszugehen. Liegen in den Nachbarsegmenten keine wesentlichen funktionellen oder strukturellen Störungen vor, kann ab diesem Zeitpunkt für leichte körperliche Tätigkeiten eine mehr als sechsstündige Leistungsfähigkeit angenommen werden, nach sechs Monaten liegt in der Regel auch eine Belastbarkeit für mittelschwere Tätigkeiten vor. Bei Spondylodesen im Bereich der HWS sind zusätzliche Leistungseinschränkungen (Überkopfarbeiten, eingeschränktes Gesichtsfeld etc.) abhängig vom klinischen Befund.

Bandscheibenprothesen werden zunehmend häufig sowohl im Bereich der HWS als auch der LWS implantiert. Wenngleich harte bzw. verlässliche Daten fehlen, ist davon auszugehen, dass bei der sozialmedizinischen Beurteilung die bei den Spondylodesen und Diskektomien üblichen Einschränkungen betreffend Bewegungsumfang und Überlastung der Nachbarsegmente entfallen, dass aber andererseits die Belastbarkeit (Heben und Tragen schwerer Lasten, mittelschwere Arbeiten etc.) geringer einzustufen ist, um nicht eine frühzeitige Lockerung zu riskieren.

Die sozialmedizinische Leistungsbeurteilung bei Dekompressionen (z. B. spinale Stenose, zervikale Myelopathie) orientiert sich primär am neurologischen Befund, bezüglich der mechanischen Belastbarkeit kann man sich an die Grundsätze der Nukleotomie anlehnen.

7.3   Obere Extremitäten

Jürgen Heisel

Eine gute Funktionalität sowie eine ausreichende Kraftentfaltung sind für den Einsatz der oberen Extremitäten im täglichen Leben unverzichtbar, wobei hierzu i. Allg. ein Arbeitseinsatz der Arme unter visueller Kontrolle vor dem Körper als wichtige Voraussetzung gegeben sein muss. Beeinträchtigungen der Funktionalität einzelner Gelenke erfordern häufig Kompensationsmechanismen und bringen ebenso wie eine Herabsetzung der Kraftentfaltung und evtl. der Stabilität qualitative Einschränkungen des Leistungsvermögens mit sich.

7.3.1   Allgemeines

■ **Diagnostik**
Körperliche Untersuchung. Zunächst Erhebung von Globalbefunden (zusammengesetzte Bewegungsabläufe wie Nacken- und Schürzengriff, Führen der Hand zum Gesicht; Einsatz der Arme beim Ablegen der Kleidung und Schuhe u. a.). Als zweiter Schritt sollte dann eine detaillierte Untersuchung der Funktionsabläufe der einzelnen Gelenke unter Berücksichtigung der standardisierten Neutral-Null-Methode erfolgen.

Bildgebende Verfahren. *Radiologische* Abklärung der betroffenen Körpergelenke in zumindest zwei Strahlengängen vor allem zum Erfassen des Ausmaßes evtl. bestehender degenerativer Veränderungen. *Sonographische*

Befundung der Schulterweichteile als nicht invasive und nicht strahlenbelastende Methode mit durchaus hoher Aussagekraft. Nur bei besonderen Fragestellungen ist eine *kernspintomographische* Untersuchung erforderlich (z. B. differenzierte Beurteilung der Rotatorenmanschette der Schulter). Eine *szintigraphische* Abkärung kommt zur Beurteilung der Entzündungsaktivität (z. B. im Falle einer Erkrankung des rheumatischen Formenkreises mit häufiger Mitbeteiligung der Fingergelenke) in Frage.

■ **Begutachtungskriterien**
Stabilität. Die Gewichtsbelastung ist wesentlich geringer als an der unteren Wirbelsäule oder an den Beinen; unter diesem Gesichtspunkt haben auffällige Weichteilbefunde mit möglichen lokalen Irritationen der Kapsel- bzw. Sehnenansätze eine größere Bedeutung als knöcherne Veränderungen im Gelenkbinnenraum. Eine instabiles Schultergelenk bzw. eine (Teil)Instabilität im Bereich der Fingergelenke schränken das Leistungsvermögen zwar qualitativ ein, bringen jedoch in aller Regel keine wesentlichen zeitlichen Begrenzungen der täglichen Arbeitszeit mit sich.

Beweglichkeit. Für die oberen Extremitäten bedeutsam ist der Greifraum der Arme vor dem Körper, wobei v. a. der Einsatz der Arme bis etwa zur Augenhöhe wichtig ist. Im Falle spezieller Affektionen der Schultergelenke ist der Greifraum oberhalb dieser Grenze limitiert. Eingeschränkte Rotationsbeweglichkeit im Ellenbogengelenk mit Kompensationsmöglichkeit über die homolaterale Schulter.

Muskulatur. Standardisiertes Messen der Muskelumfänge 15 cm oberhalb sowie 10 cm unterhalb des radialen Humerusepikondylus im Seitenvergleich. Die Differenz der Händigkeit kann bei körperlich starkem Einsatz im Oberarmbereich bis zu 1,5 cm, an den Unterarmen bis zu 1,0 cm betragen; bei Durchführung körperlich weniger stark belastender Tätigkeiten beträgt die Umfangsdifferenz in den allermeisten Fällen 5 mm und weniger. Der Muskelumfang ist ein sehr empfindlicher Parameter für den zeitlichen Einsatz der betroffenen Extremität im täglichen Leben (früh einsetzende Schonatrophie). Zu beachten ist jedoch, dass ein nicht genutzter Arm zu ödematöser Schwellung neigt und diese klinisch von einer fehlenden Muskelatrophie abzugrenzen ist. Zusätzlich ist eine Bestimmung des muskulären Tonus durch willkürliches Anspannen (abhängig von der Mitarbeit des Probanden) möglich.

Gelenkflächen. Inkongruenzen sind meist aufgrund nur geringer axialer Belastungen weniger bedeutungsvoll als im Bereich der unteren Extremitäten. Ulnaköpfchen, Langfingergrund- und -mittelgelenke sind häufige Prädilektionsstellen bei Erkrankungen des rheumatischen Formenkreises; Daumensattelgelenke, Langfingermittel- und -endgelenke sind häufig bei Polyarthrosen betroffen.

Achsabweichungen. Meist Folge einer kindlichen suprakondylären Fraktur. Für den täglichen Einsatz der betroffenen Extremität in der Regel ohne wesentliche Relevanz.

Längendifferenzen. Auch Unterschiede von 2–3 cm im Ober- und Unterarmbereich (z. B. als Frakturfolge) sind ohne wesentliche sozialmedizinische Relevanz.

Reizzustände. Konstitutionsabhängig werden bei diadochokinetischen und auch kraftvollen Bewegungsabläufen, viel häufiger als im Bereich der unteren Extremitäten, Beschwerdebilder der Sehnenansätze berichtet. Hier sind exakte Kenntnisse über die Art der beruflichen Betätigung erforderlich; eine sinnvolle qualitative Limitierung gewisser Belastungsmuster ist zu empfehlen. Gelenkbinnenreizzustände werden, auch bei deutlicheren degenerativen Veränderungen, eher selten beobachtet.

Amputationen. Die Länge des Amputationsstumpfes wird gemessen von der Schulterhöhe bis zum Stumpfende bei gestrecktem Restarm.

Der *Verlust eines Armes* bedeutet eine erhebliche Beeinträchtigung manueller Tätigkeiten, erst recht, wenn die Händigkeit betroffen ist. Außerdem wird die kontralaterale Extremität kompensatorisch vermehrt gefordert. In der Frühphase nach der Amputation ist eine medizinische Rehabilitation mit sinnvollem Einhandtraining erforderlich. Leichte Tätigkeiten, die auch mit nur einem Arm durchgeführt werden können, sind über sechs Stunden möglich, sofern an diesem Arm keine weiteren Störungen vorliegen. Eine *Doppelarm-* oder *Doppelhandamputation* führt zu schweren Beeinträchtigungen der Selbstversorgung sowie des Leistungsvermögens im Erwerbsleben. In besonders günstig gelagerten Einzelfällen sind leichte Tätigkeiten an behindertengerechten Arbeitsplätzen möglich. Bei diesen Rehabilitanden sind vorab meist umfangreiche Berufsfindungsmaßnahmen erforderlich.

▪ **Sozialmedizinische Beurteilung**

Mobilität. Eine gute Globalfunktion der oberen Extremitäten ist vor allem für den Greifakt vor dem Körper bedeutungsvoll. Zum beruflichen Einsatz ist des Weiteren zumindest eine gut funktionierende Hand erforderlich, wobei die kontralaterale Extremität auf die Einsatzmöglichkeit einer Beihand überprüft werden sollte.

Selbstversorgung. An- und Ablegen der Kleidung, Durchführung der Körperhygiene (Haare waschen, Zähne putzen, Genital- und Afterhygiene), Öffnen und

◻ Tab. 7.8 Bewegungsmaße des Schultergelenkes

Art der Bewegung	Grad
Anteversion/Retroversion	180 / 0 / 40
Abduktion/Adduktion	170 / 0 / 40
Außenrotation/Innenrotation	
– Arm am Körper anliegend	60 / 0 / 90
– Arm 90° abduziert (Hochrotation)	80 / 0 / 70

Schließen eines Geldbeutels, Umgang mit Hartgeld und Geldscheinen u. a. m.

Haushaltsführung. Zubereiten und selbstständiges Einnehmen der Mahlzeiten, Putzen der Wohnung, Betten machen, Abfallbeseitigung u. a. m.

Soziale Aktivitäten. Sportliche Aktivitäten. Bedienen eines Kraftfahrzeuges ohne spezielle Zurichtung möglich (Lenkrad, Gangschaltung u. a.)? Halten und Tragen von Gegenständen (Einkaufstasche u. a.).

Erwerbsleben. Einsatz eines oder beider Arme vor dem Körper oberhalb der Schulterebene möglich? Ausgabe von Arbeitsgeräten als Magazinarbeiter? Fein- und Sortierarbeiten? Bedienen einer Tastatur? Anheben von Gegenständen vom Boden auf Knie- bzw. Becken- oder gar Schulterhöhe? Halten bzw. Bewegen schwerer Lastgewichte vor dem Körper auf ebener Erde bzw. Tragen von Gegenständen (z. B. Aktenmaterial).

7.3.2 Schultergürtel und Oberarm

▪ **Biomechanik**

Das *Schulterhauptgelenk* zwischen Skapula und Humeruskopf erlaubt bei fixiertem Schulterblatt eine Armhebung nach vorne und zur Seite von jeweils 90°. Die *Schulternebengelenke*, u. a. zwischen Skapula und Klavikula bzw. Skapula und Schulter, gewährleisten nahezu die Hälfte der Anteversion und Abduktion des Armes, und zwar über die Verschieblichkeit des Schulterblattes auf dem dorsalen knöchernen Thorax (zu den Bewegungsmaßen vgl. ◻ Tab. 7.8).

▪ **Diagnostik**

Körperliche Untersuchung. *Inspektion:* Schultergeradstand? Konfiguration der schulterumspannenden Muskulatur im Seitenvergleich, insbesondere Überprüfung auf Atrophie des Supra- bzw. Infraspinatusmuskels, Kontur des Bizepsbauches (Distalisierung als Hinweis für Abriss der langen Bizepssehne). Knöcherne Prominenz des

◨ Tab. 7.9 Klinische Teste zur Schmerzprovokation im Bereich des Schultergürtels und ihre Aussagekraft

Name des Tests	Klinische Durchführung und Symptomatik	Diagnostischer Hinweis auf...
Jobe-Test	Spürbare Kraftminderung bei der Abduktion des 80-90° im Schultergelenk seitlich abgewinkelten Armes gegen Widerstand	Schädigung bzw. (Teil-)Ruptur der Sehne des Supraspinatus
Lift off-Test	Hängender, innenrotierter Arm, der Handrücken wird nach hinten auf den Rücken gelegt; schmerzhafte Einschränkung und Kraftminderung beim Anheben des Armes	Schädigung bzw. (Teil-)Ruptur der Sehne des Subscapularis
Drop arm-sign (Fallarm-Test)	Spontanes Herabfallen des im Schultergelenk 90° passiv abduzierten Armes beim Loslassen	Schwere globale Schädigung der Rotatorenmanschette, v. a. der Supraspinatussehne
Innenrotator-Test	Spontane Innenrotation des hängenden Armes im Schultergelenk	Ruptur der Supra- und Infraspinatussehnen
Außenrotator-Test I	Schmerzhafte Beeinträchtigung der kraftvollen Außenrotation des am Körper angelegten, im Ellenbogengelenk 90° gebeugten Armes gegen Widerstand	Schädigung bzw. (Teil-)Ruptur der Sehne des Infraspinatus (und evtl. des M. teres minor)
Außenrotator-Test II	Schmerzhafte und kraftgeminderte Hochrotation des 90° im Schultergelenk abgewinkelten Armes gegen Widerstand	Schädigung der Außenrotatoren (bei ausgeschaltetem M. deltoideus)
Painful arc	Schmerzangabe bei aktiver/passiver Abduktion zwischen 60 und 120°	globales Zeichen für einen subakromialen Reizzustand
Yergason-Test	Supination gegen Widerstand bei 90° flektiertem und proniertem Unterarm	Schädigung der langen Bizepssehne

Schultereckgelenkes als Hinweis auf arthrotische Veränderungen; Konturvergröberung des Sternoklavikulargelenkes als Hinweis auf möglichen entzündlichen Prozess (z. B. reaktive Arthritis). Typische druckschmerzhafte Palpationspunkte wie Processus coracoideus (ventral), Tuberculum majus, Schultereckgelenk, Sulcus intertu-

bercularis bei 10° Innenrotation (lange Bizepssehne) (vgl. ◨ Tab. 7.9).

Stabilitätsprüfung. Apprehensionstest [schmerzhafte Subluxation des Humeruskopfes bei Außenrotation und Abduktion (vordere Instabilität)]; hinterer bzw. unterer Schubladentest; Klaviertastenphänomen als klinisches Zeichen für eine Instabilität des Schultereckgelenkes.

Röntgen. *Schulter in 2 Ebenen:* Darstellung von Humeruskopf, Schulterpfanne und Schultereckgelenk; Beurteilung der Gelenkkongruenz; Überprüfung auf Subluxations- oder Luxationsstellung bzw. freie Gelenkkörperbildung; Darstellung periartikulärer Verkalkungen (vor allem im Bereich der Supraspinatussehne). *Innenrotations- bzw. Außenrotationsaufnahme (Schwedenstatus):* Darstellung einer HILL-SACHS-Läsion im Gefolge einer Schulterluxation. *Skapula-Spezialaufnahme* (tangentialer Strahlengang) zur Überprüfung auf fehlverheilte Fraktur oder Tumor. *Laterale transthorakale Aufnahme* (stehender Patient mit angehobenem kontralateralem Arm) zur Überprüfung auf anteriore oder posteriore Subluxationsstellung. *Laterale Y-Projektion* mit Darstellung des Schulterblattes zur Überprüfung der Kongruenz des Humeroglenoidalgelenkes; Ausmaß einer Dislokation nach Tuberculum majus-Fraktur. *Schulterpanoramaaufnahme* (beide Schultern a. p. auf einer Kassette mit einer Gewichtsbelastung von 15 kg) zum Nachweis einer Instabilität des Schultereckgelenkes (Einteilung nach TOSSY).

Sonographie. Differenzierte Darstellung der Rotatorenmanschette (Kaliberabschwächung, lokale Ausdünnung, Inhomogenität, Verkalkung u. a.), der Bursa subacromialis und subdeltoidea (Vernarbung, Flüssigkeitsfüllung), entzündliche Reizzustände der langen Bizepssehne (entzündlicher Hof?).

Computertomographie. Lediglich zur Frühdiagnostik einer Humeruskopfnekrose bzw. zur Überprüfung einer Fragmentdislokation im Falle einer Stückfraktur erforderlich.

Kernspintomographie. Überprüfung einer möglichen Schädigung der Rotatorenmanschette bzw. des Labrum glenoidale; frühestmögliche Abklärung auf Knochenumbaustörung (Humeruskopfnekrose).

Szintigraphie. Nur bei Verdacht auf Affektion im Rahmen einer Erkrankung des rheumatischen Formenkreises sinnvoll (Beurteilung der Aktivität).

■ **Begutachtungskriterien**

Bei der Begutachtung von Läsionen der Schultern und Oberarme sind folgende Parameter von Bedeutung:

Stabilität. Gelenkführung durch schulterumspannende Muskulatur; mögliche dorsale, ventrale sowie kaudale Subluxationsphänomene (eine vordere Instabilität mit Subluxationsneigung wird in Abduktion und Außenrotation überprüft). Unsicherheit beim Halten und Greifen von Gegenständen.

Beweglichkeit. Beweglichkeit (in allen drei Ebenen) unter Berücksichtigung von Haupt- und Nebengelenken: Bewegungsmaß, Komplexbewegungen (Nacken- bzw. Schürzengriff), Ausgleichsbewegungen (z. B. über das Ellenbogengelenk), Händigkeit (seitendifferente Beschwielung der Hohlhand als Ausdruck einer längeren Schonung der Extremität).

Ein freier Nacken- und Schürzengriff belegen eine ausreichende Globalfunktion der Schulter, was den wichtigen Einsatz der oberen Extremität vor dem Körper, aber auch für Überkopfhaltungen ermöglicht. Bezüglich der Muskelkraft ist auf die Konfiguration der Schulterkappe im Seitenvergleich (M. deltoideus) zu achten, Überprüfung der Oberarmmuskulatur, insbesondere der Kraftentfaltung des M. trizeps und des M. bizeps im Seitenvergleich. Im Falle einer Arthrodese des Humeroglenoidalgelenkes in Funktionsstellung (Anteversion und Abduktion von jeweils 30°, Innenrotation) kann die Hand noch problemlos zum Mund und zur Stirn geführt werden. Unter diesem Aspekt spielt eine gute Funktionalität der Nachbargelenke (Ellenbogen- und Handgelenk), aber auch der mittleren und unteren Halswirbelsäule eine kompensatorisch wichtige Rolle.

Achs- und Rotationsfehler. *Achsfehler* von 10-30° sind im Oberarmbereich ohne wesentliche sozialmedizinische Relevanz. *Drehfehler* des Humerusschaftes von mehr als 20° (nahezu immer posttraumatisch bedingt) bringen nicht selten deutliche qualitative Einschränkungen des Armes im täglichen Leben mit sich und können über den Schultergürtel und das homolaterale Ellenbogengelenk bisweilen nur unzufriedenstellend kompensiert werden.

Reizzustände. Reizzustände betreffen vor allem das Schultereckgelenk, des Weiteren die Rotatorenmanschette und den Verlauf der langen Bizepssehne im Bereich des Sulcus intertubercularis.

■ **Sozialmedizinische Beurteilung**

Läsionen des Schultergelenkes und auch des Oberarmes haben typische qualitative Einschränkungen des Leistungsvermögens zur Folge, wobei vor allem Überkopfar-

beiten, Arbeiten über Schulterhöhe und in Armvorhalteposition qualitativ beeinträchtigt sind. Heben und Tragen von Lastgewichten über 10 kg sowie Arbeiten mit ausgestreckten Armen sind bei degenerativen Veränderungen der Rotatorenmanschette häufig limitiert. Axiale Belastungen der Schultergelenke und Arme im täglichen Leben kommen nur bei schweren körperlichen Tätigkeiten vor und sind bei auffälliger muskulärer Kraftminderung nur limitiert möglich. Umwendebewegungen setzen bei guter Funktionalität des Ellenbogengelenkes meist auch eine ausreichende Funktionalität der Rotatorenmanschette voraus.

Im Falle einer *bilateralen* Schädigung der Schulterhauptgelenke sind Bewegungsmuster i. Allg. nur noch vor dem Körper und auch nur mit limitiertem Krafteinsatz möglich. In aller Regel können Fein- und Sortierarbeiten ohne zeitliche Einschränkung verrichtet werden, ebenso das Bedienen einer Tastatur. Bei Tätigkeiten mit Materialausgabe können Einschränkungen verbleiben.

■ **Einzelne Krankheitsbilder**

Die sozialmedizinische Beurteilung richtet sich nach den oben dargestellten Regeln. Besonderheiten sind bei den einzelnen Krankheitsbildern aufgeführt.

Omarthrose. Bei jüngeren Menschen im erwerbsfähigen Alter eher selten; posttraumatisch (Humeruskopffraktur), nach Luxationen, im Gefolge einer Osteonekrose oder postentzündlich, auch bei Rotatorenmanschettenarthropathie. Typischer Belastungsschmerz bei maximalem Funktionsausschlag (Abduktion, Hochrotation), Bewegungseinschränkung, Krepitation, sekundäre Atrophie der Mm. supraspinatus, infraspinatus und deltoideus. Konservative medikophysikalische und krankengymnastische Behandlung. Bei hochschmerzhaften Zustandsbildern ohne konservativen Behandlungserfolg Indikation zur Alloarthroplastik bzw. Arthrodese. In schwerwiegenden Fällen ambulante oder stationäre Rehabilitation.

Qualitative Einschränkungen des Leistungsvermögens sind abhängig vom Ausmaß der degenerativen Veränderungen und Funktionsdefizite: Keine schweren und ausschließlich mittelschweren Tätigkeiten; kein Heben, Tragen bzw. Bewegen von Lastgewichten über 6–8 kg, keinerlei Überkopfarbeiten (Augenhöhe), keine Arbeiten mit längerer Armvorhaltung unter Belastung, keine Tätigkeiten unter Kälte-, Nässe und Zuglufteinfluss. Leichte bis gelegentlich mittelschwere Arbeiten mit Armhaltung vor dem Körper sind in aller Regel sechs Stunden oder mehr verrichtbar, z. B. auch Fein- und Sortierarbeiten.

Humeruskopfnekrose. Nicht selten bilaterale aseptische Nekrose mit späterem Zusammensintern und Einbruch der knorpeligen Kopfkalotte. Ursache ist in den meisten

Fällen eine hochdosierte Kortikoidmedikation, z.B. im Rahmen der Chemotherapie einer Leukämie oder eines Morbus Hodgkin. Lokale, teilweise bewegungsabhängige Schmerzen bei zunächst noch guter Funktion. Frühdiagnose im MRT; ein Nachweis im Röntgenbild ist oft erst um 3–4 Monate zeitlich versetzt möglich. Mit der Zeit zunehmende Bewegungseinschränkung und Ausbildung einer Omarthrose. Therapie symptomatisch, da es sich zumeist um jüngere Patienten handelt. Bei persistierenden Schmerzbildern Indikation zum endoprothetischen Gelenkersatz. Leistungsvermögen: → Omarthrose.

Akromioklavikulargelenksarthrose. Bei jungen Menschen meist posttraumatisch, im höheren Lebensalter meist degenerativ. Lokaler Belastungs- und Druckschmerz, *painful arc* mit Beschwerden in der letzten Phase der Anteversion und vor allem der Abduktion (120°–180°) des Armes im Schulterhauptgelenk. Primär konservative Behandlung, bei Beschwerdepersistenz arthroskopische oder offene AC-Gelenksresektion. Es besteht eine qualitative Einschränkung des Leistungsvermögens mit Ausschluss längerer Arbeiten über Schulterhöhe einschließlich Überkopfarbeiten sowie von Tätigkeiten mit Heben und Tragen von Lasten über 10–12 kg. Nach operativer Sanierung bestehen i. Allg. keine wesentlichen Einschränkungen der Schultergelenksbelastbarkeit mehr.

Rotatorenmanschettenarthropathie. Supraspinatussehnen-Ansatztendopathie, Teil- oder Komplettruptur der Rotatorenmanschette, Bursitis subacromialis bzw. subdeltoidea, Bizepssehnentendinitis u.a. typische, belastungsabhängige Reizzustände (Impingement-Symptomatik im Falle einer begleitenden Bursitis subacromialis) mit positiven Provokationstests. Tendinitis calcarea bei degenerativer Kalkeinlagerung in den Sehnenansatz des M. supraspinatus (Selbstauflösung bei Einbruch in die Bursa subacromialis möglich). Beurteilung im statischen und dynamischen Sonogramm, in Einzelfällen zusätzliche MRT-Abklärung. Primär konservative Therapie, bei Beschwerdepersistenz arthroskopische oder offene Akromioplastik (subakromiale Dekompression). In Einzelfällen ambulante oder stationäre Rehabilitation. Das Leistungsvermögen entspricht etwa der Situation einer Omarthrose.

Schulter(teil)steife. Fibrosierung und Schrumpfung der Schultergelenkkapsel mit nachfolgender schmerzhafter Bewegungseinschränkung (Capsulitis adhaesiva, frozen shoulder). Weiterer Kausalfaktor ist eine überlagernde Zervikobrachialgie. Typisch ist der relativ feste, schmerzhafte Bewegungsanschlag im Schultergelenk vor allem bei Abduktion, Hochrotation und Anteversion. Intensive medikophysikalische und krankengymnastische Behandlung

über Wochen und Monate, auch im Rahmen einer ambulanten oder stationären Rehabilitation; evtl. Narkosemobilisation. Im Allgemeinen ist z.T. nach langmonatigem Verlauf eine Restitutio ad integrum möglich, so dass eine bleibende Erwerbsminderung nicht zu erwarten ist.

Schulterinstabilität. Eine habituelle Schulterluxation *nach vorne unten* ist zumeist Folge einer traumatischen Luxation mit Abriss des knorpeligen Labrum glenoidale (Bankart-Läsion) und einer knöchernen Impression des Humeruskopfes (Hill-Sachs-Läsion). Eine Luxation *nach außen* bei kraftvoller Hochrotation beruht auf einer Dysplasie des Glenoids. Im Falle einer traumatischen Genese mit bleibender Instabilität wird zur operativen Stabilisierung (Kapselshift, Bandplastik) geraten. Bei einer persistierenden Schulterinstabilität Vermeiden von belastenden Bewegungsmustern mit Heben und Tragen schwerer Lasten sowie Tätigkeiten mit Überkopfhaltung der Arme; Unsicherheit beim Halten und Greifen. Nach einer erfolgreichen operativen Stabilisierung verbleiben i. d. R. nur geringfügige, für den Einsatz im Erwerbsleben kaum relevante Beeinträchtigungen des maximalen Bewegungsausschlages.

- **Folgen von Frakturen**

Subkapitale Humerusfraktur. Anatomische Fehlstellungen werden nicht selten gut toleriert und kompensiert. Die Belastbarkeit des betroffenen Armes wird limitiert durch die Schulterbeweglichkeit (v.a. Anteversion, Abduktion, Hochrotation), durch die Gelenkkongruenz (Subluxation? sekundäre degenerative Veränderungen?) sowie durch eine mögliche primäre oder sekundäre Schädigung der Rotatorenmanschette.

Humerusschaftfraktur. Eine Verkürzung und/oder ein leichter Achsfehler sind ohne wesentliche Bedeutung. Ein Rotationsfehler kann sich deutlicher behindernd auswirken. Posttraumatische Schäden der angrenzenden Gelenke sind die Ausnahme. In Einzelfällen bleiben Funktionsstörungen infolge einer Schädigung des N. radialis bzw. einer Volkmannschen Kontraktur bestehen.

- **Folgen operativer Eingriffe**

Rekonstruktion der Rotatorenmanschette. Arthroskopische oder offene Versorgung einer frischen Rotatorenmanschettenläsion; plastische Rekonstruktion älterer Veränderungen (v.a. bei jüngeren Patienten), evtl. mit gleichzeitiger Akromioplastik. Ziel ist die Wiederherstellung einer stabilen und schmerzfreien Funktionaliät des Schulterhauptgelenkes. Postoperativ ist eine Behandlungsdauer von durchaus 3-4 Monaten anzunehmen. Das Leistungsvermögen hängt ab vom Ausmaß der regressiven Veränderungen der Sehnen, einem möglicherweise persistierenden subakromialen Impingement sowie vom Bewegungsspiel der Schulter.

Akromioplastik. Arthroskopische oder offene Resektion des AC-Gelenkes bei degenerativen Veränderungen des Schultereckgelenkes (Akromioklavikulargelenksarthrose) bzw. der Rotatorenmanschette mit Impingement (Rotatorenmanschettenarthropathie). Ziel ist die Beschwerdereduktion, vor allem beim kraftvollen Einsatz bzw. bei Überkopfhaltung des betroffenen Armes. Bei erfolgreichem Eingriff verbleibt i. Allg. keine wesentliche qualitative Leistungseinschränkung.

Arthrodese des Schulter(haupt)gelenkes. Operative Versteifung des Humeroglenoidalgelenkes in Funktionsstellung (Anteversion von 40–50°, Abduktion von 50–60°, mittlere Rotation). Sie wird heute nur noch selten durchgeführt im Falle hochschmerzhafter Destruktionen bzw. einer subjektiv nicht tolerierten Instabilität (habituelle Luxationsneigung). Knöchern stabile Ausheilung nach 12 Wochen. Nach geglücktem Eingriff können leichte bis gelegentlich mittelschwere Tätigkeiten mit Armhaltung vor dem Körper und ohne spezielle Beanspruchung der betroffenen Extremität durchgeführt werden.

Endoprothese des Schulter(haupt)gelenkes. Gesamtfallzahl 2007: 9 300. Alloplastischer Ersatz des Humeroglenoidalgelenkes mit meist zementierter, seltener zementfreier Endoprothese, humeraler Teilprothese oder inverser Delta-Endoprothese (letztere bei Rotatorenmanschettenarthropathie). Indikation (sehr selten bei jüngeren Patienten!) primär bei Trümmerfrakturen des Humeruskopfes, sekundär bei degenerativen posttraumatischen oder entzündlich-rheumatischen Gelenkdestruktionen oder Humeruskopfnekrose. Eine postoperative stationäre Rehabilitation (AHB) ist in vielen Fällen erforderlich. Postoperative Arbeitsunfähigkeit nicht selten 3–4 Monate. Auch bei gelungenem Eingriff verbleiben in den meisten Fällen mehr oder weniger deutliche qualitative Einschränkungen der Schulter-Arm-Belastbarkeit, vor allem hinsichtlich der groben Kraft.

- **Folgen von Amputationen**

Schulter(gelenks)exartikulation. Bei fehlendem Stumpf ergibt sich meist keine befriedigende Möglichkeit zur funktionstüchtigen prothetischen Versorgung. Längerfristig kommt es aufgrund asymmetrischer Gewichtsverteilung zu einer Skoliose der Brustwirbelsäule mit muskulärer Dysfunktion. Leistungsvermögen auf Dauer qualitativ deutlich eingeschränkt.

Oberarmamputation. Die Fixation einer Exoprothese am hängenden, konischen Oberarmstumpf ist technisch schwierig. Eine Winkelosteotomie des knöchernen Humerusstumpfes kann Vorteile bringen. Das Kunstglied sollte über Drahtzüge und Schlingen zur gesunden Schulter einen Grobgriff zwischen Daumen und Langfingern ermöglichen. Das Ellenbogengelenk bleibt dabei in Funktionsstellung ruhiggestellt. Mit der Hand der Gegenseite kann der Unterarm der Prothese zu ihrem optimalen Einsatz gedreht werden. Alternativen sind eine über Kontraktionen synergistischer Muskeln elektronisch gesteuerte Fremdkraftprothese oder eine leichte, aber funktionslose Schmuckprothese. Leistungsvermögen auf Dauer qualitativ deutlich eingeschränkt.

7.3.3 Ellenbogen und Unterarm

- **Biomechanik**

Der Ellenbogen setzt sich aus dem humeroulnaren Scharniergelenk und dem radioulnaren Drehgelenk zusammen. Ein leichter Cubitus valgus ist normal (Frauen > Männer). Beim weiblichen Geschlecht liegt nicht selten eine leichte Überstreckbarkeit von 5–10° vor. Im Humeroulnargelenk erfolgt die Beuge- und Streckbewegung (0/0/140°), seine Gebrauchsstellung liegt zwischen 60–90°. Der radioulnare Gelenkanteil erlaubt die wichtige Umwendebewegung der Hand (Pro- und Supination; physiologisches Bewegungsspiel 80/0/70°). Der radiale und ulnare Epikondylusbereich stellen die anatomischen Ursprungspunkte für die handgelenks- und fingergelenksbewegende Muskulatur dar.

- **Diagnostik**

Körperliche Untersuchung. Gelenkumfang im Seitenvergleich; Bewegungsausmaß bezüglich Beugung/Streckung, Ein- und Auswärtsrotation. Palpation des radialen bzw. des ulnaren Humerusepikondylus; kraftvolle Dorsalextension bzw. Palmarflexion des Handgelenkes gegen Widerstand (Provokationsteste bei V. a. Epikondylitis); Speichenköpfchen; Kollateralbandstabilität, Gelenkreiben.

Röntgen. *Ellenbogengelenk in 2 Ebenen* (a. p., möglichst in voller Streckung): Beurteilung der gelenkbildenden Anteile von Humerus, Radius und Ulna sowie des Gelenkspaltes; freie Gelenkkörper; Darstellung periartikulärer Ossifikationen.

- **Begutachtungskriterien**

Stabilität. Beurteilung der kollateralen Bandverbindungen (Varus- bzw. Valgusstress); Stabilität des Speichenköpfchens.

Beweglichkeit. Ein Streckdefizit von 10-20° ist funktionell unbedeutend. Beträgt dieses jedoch 30° und mehr, kommt es zu deutlicheren Beeinträchtigungen. Eine Beugefähigkeit von 90-100° erlaubt einen durchaus guten Arbeitseinsatz des betroffenen Armes. Die Gebrauchsstellung für das Bedienen einer Tastatur, das Schreiben sowie den Greifakt ist die Pronation, wobei hier 50° für eine Tätigkeit mit Anforderungen an das manuelle Geschick ausreichen. Eine Einsteifung in Mittelstellung bzw. in Supinationshaltung (sog. »Spuckhand«) führt zu einer erheblichen Gebrauchsminderung des betroffenen Armes. Eine Einschränkung der Umwendebewegungen des Unterarmes erschwert den Einsatz von Hand und Fingern deutlich, vor allem wenn die günstige Gebrauchsstellung von 60°–90° Beugung nicht erreicht wird.

■ **Sozialmedizinische Beurteilung**

Läsionen des Ellenbogengelenkes haben typische qualitative Einschränkungen des körperlichen Leistungsvermögens zur Folge: Mittelschwere Tätigkeiten können nur noch mit zeitlichen Einschränkungen, schwere Tätigkeiten i. Allg. überhaupt nicht mehr verrichtet werden. Heben und Tragen von Lastgewichten sind eingeschränkt auf etwa 10–12 kg; insbesondere Tätigkeiten, die eine kraftvolle Beugung bzw. kraftvolle Umwendebewegungen erfordern, sind limitiert. Bei Weichteilirritationen sind auch weniger kraftvolle diadochokinetische Bewegungsabläufe eingeschränkt. Im Falle einer beeinträchtigten Ellenbogengelenksfunktion werden vermehrte Kompensationsmechanismen durch das homolaterale Schultergelenk notwendig.

■ **Einzelne Krankheitsbilder**

Die sozialmedizinische Beurteilung richtet sich nach den oben dargestellten Regeln. Besonderheiten sind bei den einzelnen Krankheitsbildern aufgeführt.

Ellenbogengelenksarthrose. In Fehlstellung verheilte intraartikuläre Frakturen, Chondromatosis synovialis, avaskuläre Nekrose, Gelenkentzündung führen langfristig zur Arthrose. Langsam progrediente aktive und passive Bewegungseinschränkung (Extension/Flexion), Gelenkschwellung, Ergussbildung (aktivierte Arthrose), belastungsabhängiger Bewegungsschmerz. Bei Therapieresistenz Arthrodese in Funktionsstellung (jüngerer Patient) bzw. Alloarthroplastik (älterer Patient). Leichte, auch feinmanuelle Arbeiten sind bei Armhaltung vor dem Körper i. Allg. ohne zeitliche Einschränkung verrichtbar. Auf Dauer keine schweren, allenfalls noch gelegentlich mittelschwere Tätigkeiten; kein Heben, Tragen und/oder Bewegen von Lasten über 8 kg; keine Arbeitsabläufe mit diadochokinetischem Bewegungsmuster (Extension/Fle-

xion, Pro-/Supination); keine Arbeiten unter Kälte-, Nässe- und Zuglufteinfluss.

Chondromatose des Ellenbogengelenkes. Metaplastische Veränderung der Synovialmembran mit Bildung multipler, teils sessiler, teils freier Gelenkkörper. Meist chronische Gelenkschwellung, belastungsabhängige stechende lokale Schmerzen, evtl. Gelenkblockierung. Indikation zur (radikalen) Synovektomie mit Gelenkkörperentfernung. Das Leistungsvermögen hängt ab vom Funktionsspiel des Gelenkes sowie vom Ausmaß der degenerativen Veränderungen.

Morbus Panner. Relativ seltene avaskuläre Nekrose des Capitulum humeri bei Kindern und Jugendlichen vor dem Wachstumsabschluss; in seltenen Fällen Dissektion (Osteochondrosis dissecans). Radiologisch umschriebene subchondrale Verdichtung mit sklerotischem Randsaum. Meist lokale Schmerzbilder ohne wesentliche Funktionseinschränkung. Therapie symptomatisch, temporäre Schonung. Nur in Einzelfällen mit röntgenmorphologisch ausgeprägter Störung Herdanbohrung mit dem Ziel der Revaskularisierung. Im Falle einer Dissektion mit häufiger Gelenkblockade Indikation zur arthroskopischen Gelenkkörperentfernung (sog. Gelenkmaus). Abheilung meist folgenlos. Nach Dissektion besteht allerdings ein präarthrotischer Gelenkflächendefekt; in diesen Fällen qualitative Einschränkungen nach dem klinischen Bild.

Ellenbogengelenksinstabilität. Posttraumatische oder postentzündliche Luxationsneigung des Speichenköpfchens. Meist deutliche Einschränkung bei allen Arbeiten, die einen kraftvollen Einsatz des Armes erfordern. Frage der Kompensationsfähigkeit durch die kontralaterale obere Extremität.

Radiale/ulnare Humerusepikondylitis (Epicondylopathia, »Tennisarm«). Akute oder chronische Irritation der Sehnenursprünge von Handgelenks- und Fingerextensoren im Bereich des radialen (lateralen) bzw. von Handgelenks- und Fingerflexoren im Bereich des ulnaren (medialen) Humerusepikondylus. Auslöser sind lokale (muskuläre) Fehl- bzw. Überbeanspruchungen mit sekundärer Ausbildung degenerativen Granulationsgewebes. Lokale Druckdolenz, positive Provokationsteste mit heftigen lokalen, teilweise nach distal fortgeleiteten Beschwerden bei der kraftvollen Extension bzw. Flexion des Handgelenkes und/oder der Pronation bzw. Supination des Unterarmes gegen Widerstand auch zum Ausschluss einer HWS-Überlagerung. Therapie konservativ mit temporärer konsequenter Schonung (evtl. 2–3wöchige Ruhigstellung des Ellenbogen- und Handgelenkes), lokale Antiphlogese einschließlich Infiltration von Kristallkortikoiden, Tragen einer Epikondylitisspange, Krankengymnastik (Querfriktion, postisometrische Relaxation). Bei persistierenden Beschwerden operative Entlastung der Sehnenansätze durch Desinsertion bzw. lokale Denervation.

Temporäre, bei chronischem Verlauf bleibende qualitative Einschränkungen: Keine Arbeiten mit häufigem kraftvollen Zupacken der Hände, kein Tragen von Lasten über 5 kg, keine monotonen, häufig wiederkehrenden Bewegungsabläufe (z. B. Sortierarbeiten), keine diadochokinetischen Bewegungsmuster (z. B. Schraubendrehen, Fönen); prophylaktisches Tragen einer Epikonylitisspange (Bandage).

Sulcus Nervi ulnaris-Syndrom. Mechanische Kompression des N. ulnaris im Bereich des Ellenbogengelenkes bei Dysplasie des Sulcus N. ulnaris oder lokalen posttraumatischen Störungen. Periphere Parästhesien, vor allem bei Flexion im Ellenbogengelenk (Dehnung). Bei chronischem Druck evtl. Handmuskelatrophie. Behandlung lokal konservativ. Nur bei hartnäckig persistierenden Beschwerdebildern operative Neurolyse mit Verlagerung des N. ulnaris in die Ellenbeuge.

Ausschluss schwerer körperlicher Tätigkeiten sowie von Bewegungsmustern mit Heben und Tragen sowie Bewegen von Lasten über 8–10 kg; keine Arbeiten mit häufigen diadochokinetischen Funktionsabläufen im Ellenbogengelenk.

Bursitis olecrani. Rezidivierende Schleimbeutelentzündung im Streckbereich des Ellenbogengelenkes durch chronischen mechanischen Druck. Behandlung symptomatisch, Ausschaltung der Noxe, evtl. Bursektomie. Vermeiden von Arbeitsabläufen mit lokaler mechanischer Druckbelastung der Ellenbogen. Evtl. Tragen einer speziellen Polsterung. I. Allg. keine wesentliche Beeinträchtigung.

■ **Folgen von Frakturen**
Ellenbogenfrakturen. Supra- oder perkondyläre Ellenbogenfrakturen oder Epiphysenlösungen im Kindesalter führen oft zu einer Wachstumsstörung mit Achsfehler. Häufig resultiert ein funktionell meist unbedeutendes Streckdefizit von 20–30°. Im Erwachsenenalter sind Ellenbogenfrakturen mit Gelenkflächenbeteiligung (Trochlea humeri, Olekranon, Proc. coronoideus) und einer bleibenden Kongruenzstörung (Belastungsarthralgien, Arthrose) häufiger. Sozialmedizinisch relevant sind lediglich verbliebene deutliche funktionelle Beeinträchtigungen (s. Ellenbogengelenksarthrose)

Schaftfrakturen von Elle oder Speiche. Schaftfrakturen von Elle oder Speiche mit Einstauchung (Verkürzung)

und auch mittlere Achsfehler führen in aller Regel zu keiner wesentlichen Beeinträchtigung der Belastbarkeit des betroffenen Armes. Limitierend sind die Stabilität und Funktionalität (v. a. Pro- und Supinationsfähigkeit) der angrenzenden Gelenke sowie das Ausmaß sekundärer degenerativer Veränderungen (Ellenbogengelenksarthrose, Handgelenksarthrose).

■ **Folgen operativer Eingriffe**
Arthrodese des Ellenbogengelenkes. Operative Versteifung des Humeroulnargelenkes in Gebrauchsstellung (80° Flexion, Pronation) v. a. bei posttraumatischer Destruktion, aber auch bei entzündlich-rheumatischen Erkrankungen mit schmerzhafter Bewegungseinschränkung und Instabilität. Die Gebrauchsfähigkeit für mittelschwere und schwere Arbeiten, für Heben, Tragen und Bewegen von Lasten über 8 kg sowie für diadochokinetische Bewegungen im Unterarm ist auch bei stabiler Gelenkführung auf Dauer beeinträchtigt. Leichte bis gelegentlich mittelschwere Tätigkeiten mit Armhaltung vor dem Körper sind in aller Regel ohne zeitliche Einschränkung verrichtbar.

Endoprothese des Ellenbogengelenkes. Gesamtfallzahl 2007: < 500. Ersatz des humeroulnaren Gelenkes mit meist zementierter, achsgeführter Endoprothese. Indikation vor allem bei rheumatischer, seltener bei posttraumatischer Gelenkdestruktion mit Instabilität sowie bei frischen Trümmerfrakturen ohne Möglichkeit einer suffizienten Osteosynthese. Die postoperative Arbeitsunfähigkeit beträgt 8–12 Wochen. Im Allgemeinen verbleiben ein geringes Beuge- und Streckdefizit, oft auch eine Einschränkung der Pro- und Supination. Leichte bis gelegentlich mittelschwere Arbeitsabläufe mit überwiegender Armhaltung vor dem Körper sind meist sechs Stunden oder mehr durchführbar. Keine schweren und mittelschweren Arbeiten, kein kraftvolles Zupacken, kein Heben, Tragen und Bewegen von Lasten über 8 kg, keine Tätigkeiten mit diadochokinetischen Umwendebewegungen des Unterarmes.

■ **Folgen von Amputationen**
Die Länge eines Unterarmstumpfes wird gemessen vom radialen Humerusepikondylus bis zur Stumpfspitze bei gestrecktem Restarm.

Ellenbogen(gelenks)exartikulation. Hier bestehen i. Allg. günstigere Fixationsmöglichkeiten für ein Kunstglied. Prothesenversorgung wie bei einer Oberarmamputation.

Unterarmamputation. Die Stumpflänge ist von entscheidender Bedeutung für eine optimale (myoelektrische) prothetische Versorgung, die ein mechanisches Greifen zwischen Daumen und Langfingern und eine gute Pro- und Supination ermöglichen soll.

7.3.4 Hand und Finger

- **Biomechanik**

Das *Radiokarpalgelenk* liegt zwischen der Speichenbasis und der proximalen Handwurzelreihe, das *Radioulnargelenk* zwischen dem Ulnaköpfchen und der Handwurzel und das *Interkarpalgelenk* zwischen der proximalen und distalen Handwurzelreihe. Im Radiokarpalgelenk erfolgen die Palmarflexion, Radial- und Ulnarabduktion, im Interkarpalgelenk die Dorsalextension (Normalwerte für die Globalextension/-flexion: 60°/0/70°; Radialabduktion/Ulnarabduktion: 30°/0/40°). Im Radioulnargelenk sind nur geringfügige Bewegungsausschläge im Rahmen der Pro- und Supination möglich. Die Gebrauchsstellung der Hand ist eine leichte Extension von 10° sowie eine mittlere Abduktion.

Ein funktionsfähiges *Daumensattelgelenk* ist für die Opposition des 1. Fingers zur Resthand und damit für den kraftvollen Greifakt essentiell. Die *Langfingergrundgelenke* sind funktionslimitierte Kugelgelenke; im *Daumenendgelenk* sowie in sämtlichen *Langfingermittel- und -endgelenken* sind lediglich Scharnierbewegungen möglich.

Eine Handgelenksarthrose entsteht meist posttraumatisch. Das Ulnaköpfchen gilt als typischer früher Manifestationsort für entzündliche Erosionen des rheumatischen Formenkreises. Degenerative Veränderungen betreffen in erster Linie die Daumensattelgelenke sowie die Langfingermittel- und -endgelenke (Polyarthrose Typ Bouchard bzw. Typ Heberden). Auch das Handskelett ist bevorzugte Frühlokalisation von entzündlich-rheumatischen Veränderungen (Langfingergrund- und -mittelgelenke), wobei neben den knöchernen Gelenkanteilen auch die umgebenden Sehnenstrukturen mit betroffen sind. Typisch sind in diesen Fällen lokale Schwellungen und radiologisch fassbare Erosionen; im Spätstadium kommt es zu Ulnardeviationen in den Langfingergrundgelenken, zu Knopfloch-, Schwanenhals- und Entenschnabeldeformitäten mit Instabilitäten und dann radiologisch ausgeprägten Destruktionen (→ rheumatoide Arthritis).

Leichte Fehlstellungen z. B. nach distaler Radiusfraktur oder eine mittlere Extensionseinschränkung des Handgelenkes spielen funktionell meist keine wesentliche Rolle. Flexionsbehinderungen werden i. Allg. schlecht toleriert und erschweren den kraftvollen Handeinsatz.

- **Diagnostik**

Körperliche Untersuchung. Zur körperlichen Untersuchung von Hand und Fingern vgl. ◘ Tab. 7.10.

◘ **Tab. 7.10** Körperliche Untersuchung Hand und Finger

Komplexbewegungen	An- und Ausziehen, Aufknöpfen eines Hemdes, Greifen eines Glases bzw. eines Stiftes; Schreiben
Sensibilität	Überprüfung der sensiblen Versorgungsgebiete aller Handnerven, insbes. im Bereich der Finger
Trophik und Durchblutung	Radialispuls, Kapillardurchblutung, trophische Nagelveränderungen, Mykose?
Grobgriff	Daumen gegen alle Langfinger
Schlüsselgriff	Daumen gegen den Zeigefinger
Spitz- und Feingriffe	Daumen gegen die einzelnen Langfinger
Flaschengriff	Daumen gegen sämtliche Langfinger
Faustschluss	kraftvolles Zupacken möglich?
Kraftentfaltung	Überprüfung beim gekreuzten Händedruck
Bewegungsumfang	Handgelenk (Extension, Flexion, Radial- und Ulnarabduktion), Daumensattelgelenke (Oppositionsfähigkeit), Daumengrund- und -endgelenke sowie sämtliche Langfingergrund-, -mittel- und -endgelenke
Händigkeit	evtl. unterschiedliche muskuläre Situation der Unterarme
Hohlhandbeschwielung	(evtl. mit exogenem Pigment) Hinweis für den täglichen Einsatz der Hand
Muskulatur	ggf. Atrophie im Thenar- bzw. Hypothenarbereich oder der Interossealmuskulatur
Weichteile	Verhärtung der Hohlhandfaszie, Kontrakturen?

Röntgen. *Handgelenke in 2 Ebenen:* gelenkbildende Anteile von Radius, Ulna und Handwurzel, Usuren und Erosionen (Ulnaköpfchen) im Falle einer rheumatoiden Arthritis, Erfassung freier Gelenkkörper sowie periartikulärer Verkalkungen. *Hand in 2 Ebenen:* Handwurzelknochen, Metakarpalia, Phalangen; Gelenkspalte mit evtl. arthrotischen Veränderungen; gelenknahe Demineralisation (rheumatoide Arthritis). *Scaphoid-Spezialaufnahmen in 4 Ebenen:* Nachweis einer Kahnbeinfraktur bzw. -pseudarthrose. *Karpaltunnel-Axialaufnahme:* Knöcherne Einengung z. B. im Gefolge einer Radiusbasis- bzw. Navikularefraktur. *Finger in 2 Ebenen:* fehlverheilte Fraktur, knöcherner Bandausriss, Luxation, entzündliche (erosive) und degenerative (polyarthrotische) Veränderungen.

▪ Begutachtungskriterien

Stabilität. Eine stabile Handgelenksfunktion ist vor allem beim Greifakt sowie beim Heben und Tragen schwerer Lastgewichte von über 5 kg erforderlich; eine federnde Elle mit leichter Instabilität im Bereich des distalen Radioulnargelenkes spielt i. Allg. keine wesentliche Rolle.

Beweglichkeit. Eine exakte Darstellung der Einzel- und Komplexbewegungen mit definierten Griffleistungen ist insbesondere zur Beurteilung von Tätigkeiten mit grob- bzw. feinmanuellen Bewegungsabläufen (Fein- und Sortierarbeiten, Bedienen einer Tastatur u. a.) erforderlich.

Muskelkraft. Das kraftvolle Durchführen der Fein- und Spitzgriffe ist vor allem für Halteleistungen, für das Arbeiten mit Werkzeugen, das Arbeiten an Maschinen u. a. wesentlich.

Reizzustände. Entzündliche Irritationen im Rahmen rheumatischer Erkrankungen führen oft zu erheblichen qualitativen Einschränkungen des Leistungsvermögens. Nicht entzündliche degenerative polyarthrotische Veränderungen bringen, trotz teilweise erheblicher klinischer oder röntgenologischer Auffälligkeiten, i. Allg. nur mäßige Reizzustände und damit auch nur leichtere qualitative Beeinträchtigungen des körperlichen Leistungsvermögens mit sich.

▪ Sozialmedizinische Beurteilung

Einschränkungen der feinmanuellen Leistungen führen zu einer erheblichen Gebrauchsminderung der Hand, die auch bei guter Funktionstüchtigkeit der kontralateralen oberen Extremität in aller Regel nicht ersetzt und auch kaum kompensiert werden kann. In diesen Fällen sind beim Leistungsvermögen daher erhebliche qualitative Abstriche zu machen. Bei erhaltenen Grobfunktionen verbleibt noch eine Einsatzmöglichkeit der Hand als sog. Beihand für das Fixieren oder Balancieren eines Gegenstandes. Überprüft werden sollte, ob eine Hilfsmittelversorgung mit Griffanpassung bei Arbeits- und Schreibgeräten die Einsatzmöglichkeiten einer funktionsgestörten Hand verbessert. Die ergotherapeutische Analyse der Restfunktionen im Hinblick auf eine sinnvolle Arbeitsplatzgestaltung ist in Einzelfällen sinnvoll.

▪ Einzelne Krankheitsbilder

Die sozialmedizinische Beurteilung richtet sich nach den oben dargestellten Regeln. Besonderheiten sind bei den einzelnen Krankheitsbildern aufgeführt.

Handgelenksarthrose. Meist posttraumatischer degenerativer Aufbrauch des Radiokarpalgelenkes, z. B. nach handgelenksnaher Radiusfraktur mit Gelenkbeteiligung oder Handwurzelbruch. Belastungsabhängiges Schmerzbild mit Schwellneigung und Funktionsbeeinträchtigung. Versuch einer Stabilisierung mittels Walkledermanschette. Zum Ausschalten maximaler (schmerzhafter) Bewegungsausschläge evtl. Einsatz einer Handgelenksorthese. Bei konservativ refraktären heftigen Beschwerden Arthrodese des Radiokarpalgelenkes in Funktionsstellung.

Leichte bis gelegentlich mittelschwere Tätigkeiten sind i. d. R. möglich. Kraftvolles Zupacken ist durch den Einsatz einer stabilisierenden Handgelenksorthese oft wieder möglich. Keine handwerklichen Arbeiten mit diadochokinetischen Bewegungsmustern wie Pro-/Supination, Extension/Flexion. Das Schreiben auf einer Tastatur mit zehn Fingern ist möglich.

Lunatummalazie (Morbus Kienböck). Meist spontan auftretende aseptische Knochennekrose des Mondbeines. Im Verlauf nicht selten Zusammensinterung des Knochens mit Entwicklung einer Radiokarpalarthrose. Relative OP-Indikation (Radiusverkürzungsosteotomie, STT-Arthrodese, Lunatum-Resektion). Das Leistungsvermögen wird bestimmt vom klinischen Bewegungsausmaß des Handgelenkes sowie vom Ausprägungsgrad einer nicht seltenen sekundären Arthrose.

Scaphoid-Pseudarthrose. Falschgelenkbildung im Gefolge eines nicht ausgeheilten Kahnbeinbruches. Bei belastungsabhängigen Schmerzbildern operative Stabilisierung. Auch hier wird das Leistungsvermögen durch die klinische Gelenkfunktion sowie das Ausmaß sekundärarthrotischer Veränderungen bestimmt.

Fingerpolyarthrose, Rhizarthrose. Degenerative, im Spätstadium destruierende, jedoch nicht entzündlich-rheumatische Veränderungen der Daumensattelgelenke (Rhizarthrose), der Langfingermittelgelenke (Typ BOUCHARD) und/oder der Langfingerendgelenke (Typ HEBERDEN). Vorkommen in erster Linie bei Frauen (postklimakterisch). Vergrößerung der Gelenkkonturen, lokale Druckdolenz, Überempfindlichkeit bei Kälte sowie beeinträchtigter Gelenkfunktion (Spitz- und Feingriffe) bei meist gut erhaltenem Grobgriff. Symptomatische Behandlung. Bei hochschmerzhafter Rhizarthrose Resektion des Os trapezium mit nachfolgender Daumenverkürzung, jedoch durchaus guter Kraftentfaltung bei der Opposition oder Implantation einer Endoprothese zu überlegen.

Qualitative Beeinträchtigung der Greiffunktion der Hand (z. B. für Fein- und Sortierarbeiten, kraftvolles Zupacken). Eine Arthrose im Daumensattelgelenk behindert alle typischen Griffarten. Das Bedienen einer leichtgängigen Tastatur ist in den meisten Fällen noch stundenweise möglich. Ausschluss von Arbeiten unter Einfluss von Kälte, Nässe und Zugluft.

Handgelenksganglion. In den meisten Fällen streckseitig lokalisierte, mit visköser Flüssigkeit prall gefüllte, teilweise bindegewebig gekammerte Aussackung der Gelenkkapsel. Gelegentliche lokale, unter Belastung verstärkte Schmerzbilder. In diesen Fällen Zerdrücken des Ganglions bzw. Stichelung. Bei Rezidiv operative Entfernung Therapie der Wahl. In der Regel keine qualitative Leistungseinschränkung.

Tendovaginitis. Überlastungsbedingte abakterielle Entzündung der Sehnenscheiden im Bereich des distalen Unterarmes (v. a. in Höhe des 1. Strecksehnenfaches). Bewegungsabhängige Beschwerden, lokale Schwellung mit Druckdolenz, evtl. Krepitation. Symptomatische lokale Maßnahmen, Schonung, evtl. temporäre Ruhigstellung. Bei Beschwerdepersistenz operative lokale Dekompression (Retinakulumspaltung). Nur bei chronischen Veränderungen bleibende qualitative Einschränkung des kraftvollen Handeinsatzes sowie diadochokinetischer Bewegungsabläufe im Hand- und in den Fingergelenken.

Karpaltunnelsyndrom. Kompression des N. medianus im Bereich des Karpaltunnels. Meist degenerativ, seltener postentzündlich (z. B. rheumatoide Arthritis) oder posttraumatisch (Radiusfraktur loco typico, Navikularefraktur). Nächtliche Schmerzen und periphere Dysästhesien der Finger I–III, lokale Klopfdolenz (TINEL-HOFFMANN-Zeichen), Thenaratrophie mit Kraftverlust des Daumens (Flaschengriff). Konservative Behandlung meist nur vorübergehend wirksam. Operation bei persistierenden Beschwerden: sog. Medianusdekompression durch Karpaltunnelspaltung mit Diszision des Lig. carpi transversum. Nach gelungener Operation i. Allg. keine bleibende Beeinträchtigung der Leistungsfähigkeit.

Morbus DUPUYTREN. Derbe, knotige Strangbildung der Hohlhandfaszie mit sekundärer Umscheidung der Flexorensehnen der Finger und Einwachsen in die Subkutis. Vorkommen v. a. bei Männern (IV. und V. Strahl). Schubweiser progredienter Verlauf mit zunehmender Beugekontraktur der Langfinger. Beeinträchtigung der Funktionalität der Hand erst spät, da die eingeschränkte Extension der Langfinger zunächst weniger ins Gewicht fällt. Ist ein Finger bereits stark in die Hohlhand eingeschlagen, ist auch eine Grobgriff nicht mehr möglich. Relative Operationsindikation mit Exstirpation der Hohlhandfaszie im fortgeschrittenem Stadium; evtl. sogar Amputation des 5. Fingers mit Hohlhandverschmälerung nach ADELMANN (wenn dieser beim Greifakt erheblich behindern sollte). In Abhängigkeit vom Ausmaß der lokalen Veränderungen qualitative Beeinträchtigung des Arbeitseinsatzes der Hand beim kraftvollen Zupacken, bei Fein- und Sortierarbeiten sowie beim Flaschengriff.

Ski-Daumen. Posttraumatische Instabilität des Daumengrundgelenkes (ulnares Seitenband). Lokaler Schmerz, Kraftminderung beim festen Spitzgriff. Diagnose durch Röntgen-Stressaufnahme. Relative Indikation zur operativen Bandplastik bei veralteten Fällen. Im Falle einer bleibenden Instabilität Kraftminderung v. a. beim Spitz- und beim Schlüsselgriff.

Komplexes regionales Schmerzsyndrom (Abk. CRPS. Synonym: Algodystrophie. Früher: Morbus SUDECK). Schmerzhafte Dystrophie der Hand mit lokalen Durchblutungsstörungen der Weichteile und des knöchernen Handskeletts (auch im Bereich des Fußes vorkommend). Auslöser ist eine nicht zwingend adäquate exogene Noxe (Trauma, operativer Eingriff) mit nachfolgender reflektorischer neurovegetativer Entgleisung. Vorkommen v. a. bei Frauen im mittleren Lebensalter. *Stadium I:* Lokale Entzündung mit ödematöser Schwellung, Spontan- und Belastungsschmerzen, überwärmte und glänzende Haut. *Stadium II:* Feinfleckige Entkalkung im Röntgenbild mit Rarefizierung der Spongiosa. *Stadium III:* Haut- und Muskelatrophie, zunehmende Funktionsstörungen mit Kontrakturen. Therapie stadienabhängig: NSAR (nichtsteroidale Antirheumatika), durchblutungsfördernde Substanzen, Stellatumblockade, Sedativa, milde Krankengymnastik bis zur Schmerzgrenze. Oft langwierige (ambulante) Rehabilitation. Entscheidend ist die verbliebene Funktionalität der Hand- und Fingergelenke (Faustschluss, Spitz- und Feingriffe u. a.). Nicht selten resultieren nicht unerhebliche qualitative Beeinträchtigungen bis hin zum Extremfall einer völlig gebrauchsunfähigen (evtl. auch schmerzhaften) Hand.

- **Folgen von Frakturen**

Mittelhand- und Fingerfrakturen. Die Globalfunktion der Hand ist nur in ganz seltenen Fällen dauerhaft beeinträchtigt. Entscheidend sind die verbliebene Funktionalität sowie das Ausmaß der sekundären degenerativen Veränderungen (→ Handgelenksarthrose, → Polyarthrose, → Rhizarthrose). In aller Regel verbleibt keine wesentliche Einschränkung der Belastbarkeit der betroffenen Hand.

- **Folgen operativer Eingriffe**

Arthrodese des Handgelenkes. Operative Versteifung (Osteosynthese mit Platte/Schrauben, Metallkrampen, Fixateur externe) des Radiokarpalgelenkes in Gebrauchsstellung wegen einer hochschmerzhaften Destruktion (z. B. im Gefolge einer rheumatoiden Arthritis, eines handgelenksnahen Speichenbruches, einer Lunatummalazie, einer Navikulare-Pseudarthrose u. ä.). Ziel ist die Wiederherstellung einer stabilen und belastbaren Armsituation. Knöchern stabile Ausheilung nach 10–12 Wochen zu erwarten. Postoperative Arbeitsunfähigkeit 3–4 Monate. Leichte bis gelegentlich mittelschwere Tätigkeiten sind in aller Regel über sechs Stunden möglich. Keine schweren körperlichen Arbeiten, kein kraftvolles Zupacken, kein Heben und Tragen schwerer Lasten über 8–10 kg, keine Tätigkeiten mit diadochokinetischen Umwendebewegungen des Unterarmes.

Endoprothese des Handgelenkes. Gesamtfallzahl 2007: < 200. Ersatz des Radiokarpalgelenkes mit meist zementierter Alloplastik. Indikation in erster Linie bei rheumatoider Arthritis mit hoch schmerzhaftem Bild und Fehlstellung. Postoperative Arbeitsunfähigkeit 8–12 Wochen. Im Allgemeinen verbleibt ein mittleres Streck- und Beugedefizit. Sozialmedizinisch sind nur noch leichte Arbeitsabläufe, durchaus über sechs Stunden tgl. durchführbar. Keine mittelschweren Tätigkeiten, kein kraftvolles Zupacken, kein Heben, Tragen und Bewegen von Lasten über 8 kg. Keine ausschließlichen Sortierarbeiten.

Eingriffe im Bereich der Hohlhand. (Teil-)fasziektomie bei Morbus DUPUYTREN (s. o.), Ringbandspaltung bei fibrinösen Umbauveränderungen der Sehnenscheiden der Fingerbeuger mit sog. schnellendem Finger. Postoperative Wundheilung nicht selten prolongiert. In den meisten Fällen ist spätestens nach 12 Wochen in Abhängigkeit von einem eventuell verbleibenden Funktionsdefizit wieder von einer weitgehend uneingeschränkten Einsatzmöglichkeit der betroffenen Hand im täglichen Leben auszugehen.

Eingriffe im Bereich des Daumensattelgelenkes, v. a. bei degenerativer Polyarthrose. Zum Erhalt einer guten Funktion ohne wesentliche Kraftentfaltung (z. B. Bedienen einer Tastatur) ist die Implantation einer Daumensattelgelenksendoprothese überlegenswert. Steht mehr der Krafterhalt beim Spitzgriff im Vordergrund und spielt ein geringer Funktionsverlust keine große Rolle (Arbeiter mit manuellen Tätigkeiten), kommt eine Exstirpation des Os trapezium mit Sehneninterpositionsplastik in Frage. Von wesentlicher Bedeutung ist der Erhalt der Opponierbarkeit des Daumens mit guter Durchführbarkeit der Spitz- und Feingriffe.

Arhrodesen im Bereich der Langfingergelenke. Spickdrahtarthrodese betroffener Langfingergelenke in Funktionsstellung (leichte Flexion), um bei erhaltener Oppositionsfähigkeit des Daumens einen schmerzfreien Spitzgriff zu ermöglichen. Zwar führt dies zu einer gewissen Funktionsverbesserung der Hand, dennoch verbleiben qualitative Beeinträchtigungen bzgl. Fein- und Sortierarbeiten.

■ **Folgen von Amputationen**
Handamputation. Prothetische Versorgung wie im Falle einer Unterarmamputation, auch Schmuckhand ohne Funktion. Als wertvolle Alternative zu einer prothetischen Versorgung – vor allem im Falle eines bilateralen Handverlustes – bietet sich die KRUKENBERG-Plastik an, bei der Elle und Speiche durch operative Trennung mit gleichzeitiger adäquater muskulärer Versorgung zur Durchführung eines durchaus kraftvollen Zangengriffes ermächtigt werden. Bei ergonomischer Hilsmittelversorgung wird so der Schreibakt möglich. Bleibende deutliche qualitative Beeinträchtigung gegeben.

Daumenamputation. Von entscheidender Bedeutung ist die Länge des Stumpfes, der evtl. noch einen Restgreifakt ermöglicht. Bei völligem Verlust ist ein kraftvolles Zugreifen nicht mehr denkbar, bei einigem Geschick geht der Arbeitseinsatz jedoch über eine Beihand hinaus. Vor allem bei jüngeren Menschen relative Indikation zur Daumenplastik (durch operative Verlagerung des Zeige- oder Kleinfingers bzw. Ersatz durch eine Zehe) mit dem Ziel der Wiederherstellung einer Greiffunktion.

Langfingeramputation. Im Falle eines Verlustes einzelner Finger bleibt der Greifakt meist ausreichend gut erhalten, die Gebrauchsfähigkeit der Hand ist kaum beeinträchtigt. Ein Fingerteilverlust ist sozialmedizinisch irrelevant. Bei Verlust aller Langfinger ist ein Zugreifen völlig aufgehoben, Arbeitseinsatz der Extremität dann nur noch im Sinne einer Beihand denkbar. Eine – allerdings nur begrenzt mechanisch belastbare – Prothesenversorgung ist bei Erhalt von Fingerstümpfen möglich.

7.4 Untere Extremitäten

Jürgen Heisel

Die unteren Extremitäten dienen der individuellen Fortbewegung, was eine weitgehend schmerzfreie und auch ausreichende Funktionalität der axial belasteten Körpergelenke voraussetzt. Liegen erhebliche Beeinträchtigungen vor (z. B. im Falle von Lähmungen), müssen besondere Maßnahmen ergriffen werden, um dem Betroffenen das Erreichen eines Arbeitsplatzes zu ermöglichen; des Weiteren ist in diesen Fällen immer nur noch eine Tätigkeit in ausschließlich sitzender Körperhaltung denkbar.

7.4.1 Allgemeines

■ **Diagnostik**
Körperliche Untersuchung. Zunächst ist wiederum auf die Globalfunktion bezüglich der Gangabwicklung im

getragenen Schuhwerk und auch barfuß zu ebener Erde, evtl. unter Einsatz weiterer Hilfsmittel zu achten; Überprüfung der Gang- und Standvarianten (Zehengang, Fersengang, Einbeinstand, Einnehmen des tiefen Hocksitzes, Aufrichten aus gebückter Körperhaltung, Treppauf- bzw. Treppabgehen, Besteigen eines Stuhles). Zu erfassen ist zunächst die ökonomische Abfolge des Gangaktes selbst mit evtl. Auffälligkeiten (Hinken aufgrund einer muskulären Schwäche, einer Verkürzung u. a.); im Weiteren ist dann in jedem Falle eine detaillierte palpatorische und funktionelle Untersuchung der großen und kleinen Gelenke erforderlich.

- ■ **Begutachtungskriterien**

Stabilität. Überprüfung vor allem der Hüft-, Knie- und Sprunggelenke auf muskuläre bzw. ligamentäre Führung unter Belastungssituationen. Notwendigkeit des Tragens spezieller Orthesen bzw. Einsatz sonstiger Hilfsmittel.

Beweglichkeit. Globales Bewegungsausmaß der Gelenke im Hinblick auf das Einnehmen spezieller Körperhaltungen beim Arbeitseinsatz (im Stehen, im Sitzen, Hockstellung, Bückstellung u. a.). Für das Hüft- und Kniegelenk ist eine ausreichende Funktionalität auch für eine sitzende Körperhaltung zu fordern, beim Sprunggelenk ist die Stabilität bedeutsamer als die Funktionalität.

Muskulatur. Standardisierte Messung der Muskelumfänge im Oberschenkelbereich 20 und 10 cm oberhalb sowie im Unterschenkelbereich 15 cm unterhalb des medialen Kniegelenksspaltes jeweils im Seitenvergleich (empfindlicher Parameter für eine längere Schonung mit dann deutlicher Umfangsdifferenz von > 1 cm). Außerdem ist eine Bestimmung des muskulären Tonus durch willkürliches Anspannen des Probanden (abhängig von dessen Mitarbeit) möglich.

Achsenfehler. Meist idiopathische, häufiger auch posttraumatische Ursache. Aufgrund der axialen Belastung im täglichen Leben häufige konsekutive asymmetrische Gelenkbeanspruchung (vor allem der Hüft- und Kniegelenke) mit Begünstigung einer sekundären Arthrose. Unter diesem Aspekt spielen konservative achskorrigierende Maßnahmen (z. B. Verordnung einer Schuhaußen- bzw. -innenranderhöhung zur Verlagerung der Trageachse des Beines), zur Verbesserung der Prognose bereits bestehender degenerativer Veränderungen eine wesentliche Rolle.

Längendifferenzen. Die Gesamtlänge eines Beines ist die Strecke von der Spina iliaca anterior superior bis zur Außenknöchelspitze. Die Länge des Oberschenkels wird von der Spina iliaca anterior superior bis zum medialen Kniegelenksspalt, die des Unterschenkels vom medialen

◻ Tab. 7.11 Therapierichtlinien bei Beinverkürzung

Verkürzung	Therapeutische Maßnahmen
0,50–0,75 cm	keine
0,75–1,00 cm	Absatzerhöhung oder Einlage
< 1,50 cm	Absatzerhöhung und Einlage
1,50–3,00 cm	Sohlenerhöhung (Zwischensohle), Ballenrolle, evtl. kontralaterale Absatzminderung am Konfektionsschuhwerk
3,00–7,00 cm	orthopädisches Maßschuhwerk mit eingearbeitetem Längenausgleich
7,00–12,0 cm	orthopädisches Maßschuhwerk mit Innenschuh
> 12,0 cm	orthopädischer Etagenschuh (Spezialorthese) mit Fuß in maximaler Equinusstellung
ab 3,00 cm	relative Operationsindikation zur Längenkorrektur

Kniegelenksspalt bis zur Innenknöchelspitze gemessen. Im Stehen zeigt die Höhe der Kniebeugefalten an, wo die Verkürzung liegt: bei gleicher Höhe im Oberschenkel, bei ungleicher Höhe zumindest teilweise im Unterschenkel.

Reale Beinlängenunterschiede ab 1,0 cm sind ausgleichsbedürftig (vgl. ◻ Tab. 7.11), und zwar sowohl im Konfektions- als auch im Arbeitsschuhwerk. Sie führen zu einer asymmetrischen Belastung der Iliosakralgelenke und zur kompensatorischen Lumbalskoliose (Idem-Skoliose nach homolateral, Kontra-Skoliose nach kontralateral) mit Fehlbeanspruchung der lumbalen Rückenstreckmuskulatur und entsprechenden Schmerzbildern. Da die Distanz der horizontalen Beckenkammhälften aufgrund des Drehpunktes in den Hüftgelenken nahezu doppelt so groß ist wie das tatsächliche Ausmaß der einseitigen Beinverkürzung, wird die Höhe einer Fersenunterlage durch Unterlegen von Brettchen bis zum Beckengeradstand bestimmt. Bei jahrelangem unkorrigiertem Beinlängenunterschied ist der Ausgleich in vorsichtigen Einzelschritten über einen längeren Zeitraum durchzuführen.

Virtuelle (funktionelle) Beinlängenunterschiede sind meist Folge von Achsenfehlern (Genu varum, Genu valgum) oder Hüftkontrakturen (Adduktion mit Verkürzung, Abduktion mit Verlängerung). Hier ist ein alleiniger Längenausgleich ohne adäquate Behandlung der zugrunde liegenden Störung nicht sinnvoll. Von einer *variablen* Beinlänge spricht man im Falle einer rezidivierenden einseitigen Funktionsstörung des Kreuz-Darmbein-Gelenkes (Beeinträchtigung der Nutation). Auch hier ist eine technische Beinlängenkorrektur kontraproduktiv.

Amputationen. Der *Verlust einer unteren Extremität* bringt immer eine deutliche Einschränkung der quantitativen Geh- und Stehleistung mit sich. Für die Gesamtmobilität bedeutungsvoll ist die Kompensationsmöglichkeit durch ein gesundes und voll belastbares kontralaterales Bein. Eine stationäre Frührehabilitation ab der 3. Woche nach dem (Teil)Absetzen des Beines mit adäquater prothetischer Versorgung und anschließender gezielter Gangschulung (sog. Prothesengebrauchsschulung) ist daher unbedingt ratsam. Sozialmedizinisch sind i. Allg. nur noch körperlich leichtere Tätigkeiten (meist ohne zeitliche Einschränkung) in überwiegend sitzender Körperhaltung durchführbar.

Bei einem *gleichzeitigen Verlust beider Beine im Oberschenkel* ist in aller Regel eine Gehfähigkeit, auch bei einer optimalen Prothesenanpassung nicht zu erwarten; hier sollte im Rahmen der Rehabilitation auf ein Rollstuhl- und Transfertraining abgezielt werden.

Nach beidseitigem Verlust des rechten und des linken Beines, *auf der einen Seite im Oberschenkel, auf der anderen Seite im Unterschenkel* ist ein Gehvermögen mit Prothesen prinzipiell zu erreichen, der Rehabilitationsverlauf jedoch langwierig und für den betroffenen Patienten oft anstrengend; das Restleistungsvermögen ist dauerhaft erheblich beeinträchtigt, eine über sechsstündige Arbeit ist in der Regel kaum mehr möglich, es sei denn, dass ein rollstuhlgerechter Arbeitsplatz vorhanden ist. Nach bilateralem Unterschenkelverlust ist bei optimaler Nachbetreuung ein befriedigendes Gehen mit Kunstgliedern durchaus erreichbar, so dass bei Menschen im jüngeren und mittleren Lebensalter eine berufliche Reintegration angestrebt werden sollte.

Voraussetzung für den kontinuierlichen Gebrauch von Prothesen sind jedoch immer belastbare Stumpfverhältnisse sowie selbstverständlich eine passgerechte Prothese. Letzteres kann insbesondere in den ersten Monaten nach einer Amputation wegen Veränderungen am Stumpf durch Atrophie der Weichteile häufige Nachpassungen der Prothese erfordern.

Hilfsmittel. Konfektionsschuhwerk (evtl. mit spezieller Zurichtung wie Außen- bzw. Innenranderhöhung, Abrollhilfe, Einlagenversorgung u. a.), orthopädische Schuhe (mit Gebrauchsspuren?), stützende Orthesen (Textil, metallisch geführt mit Gelenk), Gehhilfen (Handstock, Fischergehstock, Unterarmgehstütze, Vierfüßlergehstütze, Achselgehstütze), Rollator, Rollstuhl.

- **Sozialmedizinische Beurteilung**

Gehstrecke. 4 × mehr als 500 Meter »an einem Stück« in jeweils maximal 20 Minuten als Mindestleistung (generalisierender Maßstab), evtl. unter Einsatz einer kontralateralen Gehstütze; bei einseitiger Schädigung einer Extremität Überprüfung der Kompensationsfähigkeit der kontralateralen Seite. Bei bilateraler Affektion (z. B. im Falle einer fortgeschrittenen Arthrose der Hüft- und Kniegelenke) ist die Gehstrecke oft deutlich beeinträchtigt, so dass ein Arbeitsplatz evtl. nicht mehr in der hierfür adäquaten Zeit erreicht werden kann (vgl. ▶ Kap. 3).

Mobilität. Überprüfung der Stabilität der hüftumspannenden und auch der Oberschenkelmuskulatur (M. quadriceps femoris) als wichtiges Kriterium für das Gehen auf unebenem Gelände, Besteigen von Leitern und Gerüsten, häufiges Begehen von Treppen, Arbeiten in Hock- oder Bückstellung. Auch hier Überprüfung auf Kompensationsfähigkeit durch die kontralaterale untere Extremität. Gang- und Standsicherheit; muskuläre oder ligamentäre Instabilität der Gelenke, deutliche Bewegungseinschränkungen bzw. Kontrakturen, fortgeschrittene degenerative Veränderungen (vor allem der Hüft- und Kniegelenke). Folgen peripherer Nervenlähmungen können zu einer erheblichen Beeinträchtigung der Gebrauchsfähigkeit einer unteren Extremität führen. Überprüfung erforderlich, ob durch Einsatz einer Gehhilfe oder Orthese bei Kompensationsfähigkeit durch das kontralaterale Bein eine ausreichende Belastbarkeit gegeben ist. Evtl. Limitierung des beruflichen Einsatzes auf überwiegend sitzende Tätigkeiten mit nur gelegentlicher Geh- und Stehbelastung ohne Heben und Tragen von Lastgewichten über 5–6 kg.

7.4.2 Becken, Hüfte, Oberschenkel

- **Biomechanik**

Der Beckengürtel verbindet den Rumpf mit den beiden freien unteren Extremitäten. Für eine optimale Lastübertragung mit Standfestigkeit spielt die Stabilität der muskulären Führung die wesentliche Rolle, für ein zügiges und gleichmäßiges Fortbewegen eine gute Funktionalität der nachgeordneten Gelenke.

Die Iliosakralgelenke (ISG) verbinden als sog. Amphiarthrosen die Wirbelsäule mit dem Becken; ihr Bewegungsspiel ist auf eine Nutation beschränkt, die im Zuge der Oberkörperanteklination im Stehen bzw. im Einbeinstand im Zuge des Anbeugens des kontralateralen Beines im Hüftgelenk erfolgt. Reversible Funktionsstörungen mit konsekutiven Beschwerdebildern vor allem beim Sitzen (sog. pseudoradikuläres Syndrom, Blockierung) sind häufig (dann Versuch der manuellen Mobilisation sinnvoll); primäre arthrotische Veränderungen kommen nur selten vor, einseitige oder doppelseitige entzündliche Störungen (Sakroiliitis) sind meist Frühsymptome von Erkrankungen des rheumatischen Formenkreises (→ Spondylarthritiden), seltener Ausdruck einer chronischen mechanischen Fehlbelastung (Bewegungsmaße: vgl. ◘ Tab. 7.12).

◘ Tab. 7.12 Bewegungsmaße des Hüftgelenkes

Art der Bewegung	Grad
Flexion/Extension	110–120 / 0 / 10
Abduktion/Adduktion	45 / 0 / 30
Innenrotation/Außenrotation	
Rückenlage, Hüfte gebeugt (90°)	30 / 0 / 40
Bauchlage, Hüfte gestreckt (0°)	40 / 0 / 50

■ Diagnostik

Körperliche Untersuchung. *Inspektion:* Beckengeradstand; Konfiguration der hüftumspannenden und Oberschenkelmuskulatur; Achsfehlstellung, Rotationsfehler (außen- bzw. innenrotiertes Bein). *Palpation:* druckschmerzempfindliche ventrale Hüftgelenkskapsel unterhalb des Leistenbandes, typische Ansatzirritation im Bereich des lateralen und dorsalen Trochanter major, der Spina iliaca anterior superior bzw. inferior, des dorsalen Beckenkammes bzw. der hinteren Beckenkammspinen oder der Adduktorenursprungspunkte. *Funktionsbefundung:* Instabilität der hüftumspannenden Muskulatur (TRENDELENBURGsches Zeichen, DUCHENNEsches Zeichen), Bewegungsausschlag des Hüftgelenkes in drei Ebenen (Beugung/Streckung, An- und Abspreizung, Ein- und Auswärtsdrehung, siehe ◘ Tab. 7.12); DREHMANNsches Zeichen (Durchführung einer spontanen Außenrotation im Zuge der Hüftflexion im Falle einer früheren Hüftkopfepiphysenlösung), Scherenphänomen (bilaterales DREHMANNsches Zeichen). Gangbild (Verkürzungs-, Schmerz-, Schonungs-, Lähmungshinken), vermehrte Einwärtsdrehung des Beines (z. B. bei Coxa antetorta), Beinachse (X-Beinstellung, O-Beinstellung), Beinverkürzung.

Streckdefizite im Hüftgelenk werden durch eine Hyperlordosierung (Hohlkreuz) der LWS kompensiert und nicht selten übersehen. Prüfung durch den THOMASschen Handgriff: Die lumbale Lordose wird durch Beugen der kontralateralen Hüfte in Rückenlage des Patienten ausgeglichen. Dadurch hebt sich der ipsilaterale Oberschenkel im Falle eines Streckdefizits von der Unterlage ab.

Röntgen. *Beckenübersicht:* Beckenform, Iliosakralgelenke, Hüftkopf und -pfanne, Gelenkspalt, Weichteilverkalkungen, Winkelmaße (CCD-Winkel: Schenkelhalswinkel, normal 120–130°; CE-Winkel: Zentrum-Eckenwinkel als Maß für die Hüftkopfüberdachung, unter 20° Hüftpfannendysplasie; AC-Winkel: Azetabulum-Winkel als Maß für die Hüftpfannenentwicklung im Kleinkindesalter). *Hüftgelenk in 2 Ebenen:* Gelenkkongruenz, Winkelmessung, degenerative Veränderungen, Verlaufskontrolle nach Endoprothese. LAUENSTEIN-*Aufnahme:* ventraler

Anteil des Hüftkopfes z. B. bei Epiphyseolyse. *Ala- und Obturatum-Aufnahmen:* Darstellung des vorderen bzw. hinteren Pfannenrandes. RIPPSTEIN-*Aufnahme:* Messung des Antetorsionswinkels des Schenkelhalses. *Hüftkopfkonturaufnahme nach* SCHNEIDER: Ausdehnung einer ventral lokalisierten partiellen Hüftkopfnekrose. *ISG-Einblick-Aufnahme:* mögliche Affektion des Iliosakralgelenkes (z. B. bei Erkrankungen des rheumatischen Formenkreises).

Computertomographie. Computertomographie ist nur sehr selten erforderlich, z. B. zur exakten Lokalisation von Frakturfragmenten von Hüftkopf und/oder Azetabulum (koronarer Strahlengang) bzw. zum Frühnachweis einer aseptischen Hüftkopfnekrose.

Kernspintomographie. Frühestmögliche Darstellung einer Hüftkopfnekrose (3–4 Monate vor einem positiven Befund im Nativröntgenbild).

■ Begutachtungskriterien

Stabilität. Insuffizienz der pelvitrochantären Muskulatur bei Coxa vara, Lähmung des Gluteälnervs, Hüftgelenks(sub)luxation, Resektionshüfte u. a. (TRENDELENBURGsches Zeichen) mit deutlicher Beeinträchtigung der Geh- und Stehfähigkeit; evtl. kontralaterale Gehhilfe erforderlich; Tätigkeiten evtl. nur noch in überwiegend sitzender Körperhaltung zumutbar.

Beweglichkeit. Funktionsstellung ist eine jeweils leichte Flexion, Abduktion sowie Außenrotation. Für einen regelgerechten Gang genügt eine Extension bis zur Nullstellung. Eine Beugekontraktur bis 5° wird meist toleriert. Ab 20° Extensionsdefizit entstehen Probleme beim Sitzen (deutliche Hyperlordose der LWS). Bei einer Beugefähigkeit von über 80° sind Sitzen und Gehstrecke i. Allg. nicht wesentlich eingeschränkt. Eine mäßige (bis hälftige) Beeinträchtigung von Ab- und Adduktion wird subjektiv oft kaum wahrgenommen. Auch eine Einschränkung der Rotation ist kaum relevant. Eine mäßige Außenrotationskontraktur spielt unter globalen funktionellen Gesichtspunkten ebenfalls keine große Rolle. Im Falle einer Hüftankylose oder Hüftarthrodese ist eine individuelle ergonomische Arbeitsplatzgestaltung mit Höhenverstellbarkeit von Sitz- und Arbeitsflächen unerlässlich. Evtl. sollte auf der betroffenen Seite eine Abklappmöglichkeit der Sitzhälfte bestehen (sog. Arthrodesenstuhl).

Muskulatur. Überprüfung der hüftumspannenden Muskulatur im Rahmen der Gang- und Standvarianten sowie des Einbeinstandes; Ausmessen der Muskelumfänge im Oberschenkelbereich 20 bzw. 10 cm oberhalb des inneren Kniegelenksspaltes. Erfassung des muskulären Tonus durch willkürliches Anspannen (Mitarbeit des Patienten erforderlich). Auch deutlichere, klinisch fassbare Defekte nach Muskelfaserrissen sind bezüglich der Belastbarkeit in den meisten Fällen irrelevant.

Gelenkflächen. Das Hüftgelenk ist als zentral liegende Einheit im Körper hohen axialen Belastungen beim Gehen und Stehen ausgesetzt. Gelenkinkongruenzen führen nicht selten zu vorzeitigen Aufbrauchserscheinungen (eine Coxa valga zur kranio-lateralen, eine Coxa vara zur Pfannengrundarthrose). Konzentrische Gelenkspaltverschmälerungen ohne schwerwiegende knöcherne Destruktion sind hinweisend auf eine entzündliche Komponente, Hüftkopfdeformierungen mit halskrausartigen Ausziehungen sprechen eher für eine nicht entzündliche Destruktion. Im Falle deutlicher Veränderungen mit konzentrischer Bewegungseinschränkung Überprüfung der Kompensationsfähigkeit durch die kontralaterale Extremität.

Achsabweichungen. Im Falle ungünstiger Hebelverhältnisse am Schenkelhals im Sinne einer *Coxa vara* (kurzer Hebelarm) wird eine muskuläre Insuffizienz begünstigt. Aus einer *Coxa valga* (langer Hebelarm) resultiert eine vermehrte muskuläre Kraftforderung mit Neigung zu Sehnenansatzproblemen im Bereich der Trochanterregion.

Beinlängendifferenzen. Eine reale Beinlängendifferenz bis zu 3 cm ist problemlos durch eine entsprechende Schuhzurichtung ausgleichbar.

Reizzustände. Koxalgien (z. B. als Ausdruck einer aktivierten Arthrose) äußern sich typischerweise durch einen schmerzhaften Palpationsbefund der ventralen Hüftgelenkskapsel (unterhalb des Leistenbandes) mit Beschwerden bei der Überstreckung. Irritationen im Flankenbereich bzw. Druckschmerzempfindlichkeiten in Höhe der Trochanter-Region, auch Empfindlichkeiten im Bereich des Schambeines, sprechen eher für insertionstendopathische Affektionen der hüftbewegenden Muskelgruppen.

- **Sozialmedizinische Beurteilung**

Gravierende Störungen der Hüftgelenksfunktion beeinträchtigen das körperliche Leistungsvermögen und die Gehstrecke. Einer Kompensationsmöglichkeit durch die kontralaterale untere Extremität kommt große Bedeutung zu. Im Allgemeinen sind nur Tätigkeiten überwiegend im Sitzen, ohne längere Geh- und Stehbelastung, mit Gelegenheit zum Haltungswechsel, ohne Arbeiten auf unebenem Gelände, ohne Besteigen von Leitern und Gerüsten und ohne Heben, Tragen sowie Bewegen schwerer Lastgewichte möglich.

Eine über die qualitativen Einschränkungen des Leistungsvermögens hinausgehende zusätzliche quantitative Limitierung ist bei einer gleichzeitig bestehenden erheblichen Affektion der Rumpfwirbelsäule (ausgeprägte Fehlstatik mit frühzeitiger muskulärer Dekompensation; chronisch rezidivierende Lumboischialgie bei Nukleuspulposus-Prolaps; schwere degenerative lumbale Facettenarthrose; lumbale Instabilität im Sinne einer Spondylolisthese u. a. m.) denkbar. In diesen Fällen empfiehlt sich die Durchführung einer stationären Rehabilitation mit abschließender sozialmedizinischer Beurteilung, u. U. eine befristete Erwerbsminderungsrente.

Bestehen deutliche klinische Beeinträchtigungen und ausgeprägte radiologische Veränderungen, so bietet der → alloplastische Gelenkersatz auch bei jüngeren Menschen eine gute Möglichkeit der Wiederherstellung einer zumindest zufriedenstellenden Funktionalität und auch (beruflichen) Belastbarkeit (→ Endoprothese des Hüftgelenkes).

Operative Eingriffe im Bereich der unteren Extremitäten werden in der überwiegenden Anzahl erforderlich auf Grund bestehender degenerativer Aufbrauchserscheinungen der Gelenke. Die hierdurch hervorgerufene klinische Beschwerdesymptomatik ist in aller Regel längere Zeit einer konservativen Behandlung durchaus gut zugänglich, wobei das Ausmaß der statischen und dynamischen Belastung im Tagesablauf, so v. a. auch unter sozialmedizinischen Aspekten, den bestehenden Veränderungen qualitativ angepasst werden muss. Unter diesem Aspekt stehen operative Behandlungsstrategien als ultima ratio i. Allg. am Ende der Behandlungskette. Vordringliche therapeutische Ziele sind hier natürlich die Reduktion bzw. gar Ausschaltung subjektiver Beschwerdebilder, die (Wieder)Herstellung evtl. verloren gegangener Stabilität, die Verbesserung einer evtl. eingeschränkten Bewegungsfunktion, der Gehstrecke und damit der (axialen) Belastbarkeit (bei dann möglichst optimalem Funktionserhalt; *»Stabilität geht vor Funktionalität«*).

- **Einzelne Krankheitsbilder**

Die sozialmedizinische Beurteilung richtet sich nach den oben dargestellten Regeln. Besonderheiten sind bei den einzelnen Krankheitsbildern aufgeführt.

Coxa valga, Coxa vara, Coxa antetorta. Zumeist bilaterale, wachstumsbedingte Fehlstellung im Schenkelhalsbereich: Coxa valga > 140°, Coxa vara < 115°, Coxa antetorta mit konsekutiver Einwärtsdrehfehlstellung des Beines und innenrotiertem Gangablauf. Teilweise verbunden mit einer Kongruenzstörung im Hüftgelenk (Präarthrose). Belastungskoxalgien, bei Coxa vara relative Insuffizienz der pelvitrochanteren Muskulatur mit Hüfthinken (TRENDELENBURG). In aller Regel keine wesentliche Beeinträchtigung des Leistungsvermögens und der Gehstrecke. In Fällen rezidivierender Belastungsbeschwerden sollten spezielle hüftgelenksbeanspruchende Bewegungsabläufe weitgehend ausgeschlossen werden.

Hüft(pfannen)dysplasie. Kongenitale Reifungsstörung der Hüftpfanne mit (Sub-)Luxationsneigung. Mädchen >> Jungen, familiäre Häufung, in 40–45 % bilateral. Meist kombiniert mit einer Coxa valga antetorta. Früherkennung durch Screening mittels Ultraschall und frühzeitige Therapie im Säuglingsalter. Bei Behandlungsbeginn jenseits des 1. Lebensjahres verbleibt eine Gelenkinkongruenz mit möglicher Dysplasiekoxarthrose als Spätfolge. Das Leistungsvermögen hängt ab von der Stabilität und Kraftentfaltung der hüftumspannenden Muskulatur (Trendelenburg-Zeichen) sowie vom Ausmaß einer sekundären Koxarthrose.

Periarthropathia coxae. Sehnenansatzendopathie im Bereich des Trochanters, evtl. mit sekundären fibroostotischen Veränderungen. Behandlung konservativ: Ausschaltung der auslösenden Noxe, Sportpause, Krankengymnastik (Querfriktion, postisometrische Relaxation), lokale Infiltration mit Kristallkortikoiden. Im Allgemeinen verbleibt keine wesentliche Einschränkung des Leistungsvermögens. Bei chronischen Verläufen Ausschluss hüftgelenksbelastender Bewegungsmuster wie langes Stehen und Gehen, häufiges Treppensteigen über mehr als eine Etage oder Gehen auf unebenem Gelände.

Coxa saltans. Schnappen des Tractus iliotibialis am Trochanter major im Verlauf der Hüftbeugung, evtl. verbunden mit Schmerzempfinden. Bei chronischem Verlauf Entwicklung einer Bursitis trochanterica und lokaler Reizzustände. Therapie lokal physikalisch, in hartnäckigen Fällen operative Traktopexie. Limitierung der Bewegungen, die zum Traktusschnappen führen. Überwiegend sitzende Tätigkeit.

Hüftkopfnekrose. Meist kranioventral lokalisierter Knocheninfarkt des Femurkopfes; nicht selten zeitlich versetzt bilateral auftretend. Männer >> Frauen, meist im 30.–40. Lebensjahr. Auslöser ist meist eine Durchblutungsstörung der A. circumflexa femoris medialis (funktionelle Endarterie), seltener auch posttraumatische oder degenerative Ursachen. Risikofaktoren sind Fettstoffwechselstörungen, Alkohol- und Nikotinabusus sowie eine längere systemische Kortikoidmedikation. Erhebliche Belastungsschmerzen bei noch guter Gelenkfunktion. Früher Nachweis im NMR, Veränderungen im Röntgenbild erst nach 3–4 Monaten. Behandlung durch Schmerzabdeckung und Entlastung. Gelenkerhaltende Operationen sind allenfalls im Frühstadium erfolgreich. In der Regel kommt es

im Verlauf von 1–2 Jahren zur Ausbildung einer schweren destruktiven Arthrose mit Indikation zur Hüfttotalendoprothese. Arbeitsunfähigkeit im akuten Stadium. Das Leistungsvermögen hängt ab vom Ausmaß der sekundären Koxarthrose.

Protrusio acetabuli. Unphysiologisch tiefe, ins kleine Becken hineinragende Hüftpfanne, meist bei Coxa vara. Evtl. Beeinträchtigung der Hüftfunktion, vor allem Abduktion und Rotation. Begünstigung der Entstehung einer Pfannengrundarthrose. Einschränkungen des Leistungsvermögens abhängig von der Hüftbeweglichkeit und vom Ausmaß einer möglichen Sekundärarthrose.

Koxarthrose. In jüngeren Lebensjahren vor allem posttraumatische oder dysplastische sekundäre Koxarthrose, z. B. bei Pfannendysplasie, nach Morbus Perthes (Kindesalter), Epiphyseolyse (Adoleszentenalter), Hüftkopfnekrose, bei Erkrankungen des rheumatischen Formenkreises. Im höheren Lebensalter meist idiopathische primäre Koxarthrose (25–30 %). Trotz auffälligem Röntgenbild meist langjährige subjektive Kompensation mit lediglich überlastungsbedingten Schmerzen in der Leiste, die nicht selten bis zum Kniegelenk ausstrahlen. Bei Aktivierung Schonbeugung der Hüfte mit lokaler Druckdolenz der ventralen Kapselweichteile. Allmählich zunehmende Einschränkung zunächst der Innenrotation mit späterer Außenrotationskontraktur, dann der Abduktion mit Ausbildung einer Adduktionskontraktur, schließlich der Extension (Kontraktur der ventralen Hüftgelenkskapsel) mit kompensatorischer Hyperlordose der Lendenwirbelsäule und typischem Gangbild, zuletzt zunehmendes Flexionsdefizit. Im Röntgenbild typische Gelenkspaltverschmälerung, Entrundung des Hüftkopfes mit späterer Ausbildung zystisch-sklerotischer Destruktionen sowie von halskrauseartigen Exophyten und evtl. Zusammensintern.

Ausschöpfen der konservativen medikophysikalischen und krankengymnastischen Behandlungspalette mit dem Ziel des Erreichens einer kompensierten Situation; häufigere Maßnahmen der ganztägig ambulanten oder stationären Rehabilitation zum Erhalt der Gelenkbeweglichkeit und Vermeidung eines operativen Eingriffes (zeitliche Verschiebung nach hinten) sinnvoll. Gelenkerhaltendes operatives Vorgehen im Sinne einer intertrochantären Osteotomie evtl. auch einer Arthrolyse im Frühstadium bei jüngeren Patienten überlegenswert. Bei einem femuroazetabulären Impingement (FAI), initiiert z. B. durch eine beginnende knöcherne Halskrausebildung im Bereich des Schenkelhalses, ist auch eine arthroskopische Sanierung möglich mit dann deutlich verkürzter postoperativer Rekonvaleszenz.

Im Falle fortgeschrittener Destruktionen alloplastischer Gelenkersatz (Endoprothese des Hüftgelenkes).

Zur Vermeidung überlastungsbedingter Beschwerden (Dekompensation der Arthrose) sollten hüftgelenksstrapazierende Bewegungsmuster ausgeschlossen werden. Daher sind keine schweren sowie keine ausschließlich mittelschweren körperlichen Tätigkeiten mehr zumutbar, kein Heben und Tragen bzw. Bewegen von Lasten über 10–15 kg, kein Arbeiten in Hock- oder Bückstellung bzw. in kniender Körperhaltung, keine Tätigkeiten in Vorbeugehaltung des Oberkörpers, keine Arbeiten auf unebenem Gelände, kein Besteigen von Leitern und Gerüsten, kein häufiges Treppensteigen, keine ausschließliche Steh- und Gehbelastung; Arbeiten unter Ausschluss von Kälte, Nässe und Zugluft. Die Gehstrecke ist in Abhängigkeit vom Ausmaß der degenerativen Veränderungen eingeschränkt. Der Einsatz einer kontralateralen Gehstütze ist überlegenswert.

Positives Leistungsbild: Im Allgemeinen ist von einem über sechsstündigen Leistungsvermögen für leichte bis gelegentlich mittelschwere Tätigkeiten in überwiegend sitzender Körperhaltung auszugehen (in Einzelfällen unter ergonomischen Gesichtspunkten Höhenverstellbarkeit der Arbeits- und Sitzfläche, evtl. auch Abklappbarkeit der homolateralen Sitzhälfte erforderlich); Arbeiten in wohltemperierten Räumen; gelegentliche Geh- und Stehbelastung in den meisten Fällen möglich.

Bedeutsamkeit der Kompensationsfähigkeit durch eine weitgehend belastbare kontralaterale Extremität. Im Falle einer ausgeprägten bilateralen Störung kommt nur noch eine nahezu ausschließlich sitzende Tätigkeit in Betracht. Bei gleichzeitig vorliegenden erheblichen Störungen im Bereich der Rumpfwirbelsäule (Instabilität der LWS bzw. des lumbosakralen Überganges, ausgeprägter degenerativer Bandscheibenschaden, statische Fehlhaltung mit erheblichen muskulären Dysfunktionen u. ä.) können aufgrund der hierdurch bedingten Behinderungen eines längeren Sitzens unter Umständen auch quantitative Beeinträchtigungen des Restleistungsvermögens resultieren.

Koxitis. Hochschmerzhafte Entzündung des Hüftgelenkes mit meist rascher, irreparabler Destruktion des Gelenkknorpels und Ausbildung einer Koxarthrose. Ursache: unspezifische (dann meist subakut) oder spezifische (v. a. tuberkulöse) Infektionen, rheumatisch (dann oft schleichender Verlauf), seltener reaktiv nach einer Infektion. Für die Leistungsbeurteilung entscheidend ist das Ausmaß der Koxarthrose.

Morbus Perthes. Ischämische Knochennekrose des Hüftkopfes im Kindesalter (3.–12. LJ), in 10–20 % doppelseitig. Jungen : Mädchen = 4 : 1. Die Prognose ist umso schlechter, je später die Erkrankung beginnt. Krankheitsverlauf über 2–4 Jahre in vier Stadien. Ausheilung mit Deformierung des Hüftkopfes (Coxa vara, Hirtenstabdeformität). Im Falle einer bleibenden deutlichen Kongruenzstörung Entwicklung einer sekundären Koxarthrose. Entscheidend für die Belastbarkeit sind das Funktionsspiel des betroffenen Hüftgelenkes, seine muskuläre Stabilität (Trendelenburgsches Zeichen, Duchenne-Hinken) sowie das Ausmaß der Kongruenzstörung bzw. der bereits bestehenden Arthrose.

Epiphyseolyse des Femurkopfes. Wachstumsstörung im Bereich der Femurkopfepiphysenfuge mit lokaler Auflockerung und meist langsamem (Lenta-Form), seltener abruptem (akute Form) Abrutschen der knöchernen Kopfkalotte nach dorsokaudal. Jungen > Mädchen, häufig bei adipösem Hochwuchs mit unterentwickelten Gonaden, meist zwischen dem 10. und 16. Lebensjahr, in 50–60 % bilateral. Bei der Lenta-Form uncharakteristische Leisten- oder Knieschmerzen, schnelle Ermüdbarkeit, Schonhinken, Drehmannsches Zeichen (Hüftabduktion bei Flexion des außenrotierten Beines). Bei der akuten Form hochgradiger Belastungsschmerz des betroffenen Beines mit Bewegungseinschränkung der Hüfte. Pathognomonischer Röntgenbefund in der Lauenstein-Aufnahme.

Therapie operativ: bei Abrutschen unter 20° Spickung mit Kirschnerdrähten bzw. Stabilisierung mit 3-Lamellennagel, zwischen 20°–50° intertrochantäre valgisierende und flektierende Korrekturosteotomie, über 50° subkapitale Osteotomie. Prognose bei frühzeitiger Diagnose und adäquater Operation gut, wenngleich immer eine Restinkongruenz des Hüftgelenkes (Coxa vara epiphysarea) als Präarthrose verbleibt (sozialmedizinisch relevant, auch schon bei der Berufswahl). In Einzelfällen sekundäre Hüftkopfnekrose. Nach optimaler operativer Versorgung über Jahre und Jahrzehnte meist keine wesentlichen Beeinträchtigungen. Bei vorzeitigen sekundären degenerativen Veränderungen evtl. qualitative Leistungsminderung.

■ **Folgen von Frakturen**

Beckenfrakturen. Frakturen des *Os ilium* heilen ohne Folgen für die Beckenstabilität aus. Bei Beteiligung der *Iliosakralgelenke* (z. B. Fugensprengung) oder im Falle einer *Symphysensprengung* sind oft operative Maßnahmen erforderlich. Verbleibt eine Instabilität, die v. a. beim Einbeinstand zum Tragen kommt, sind Arbeiten mit längerem Gehen und Stehen, Tätigkeiten auf unebenem Gelände u. a. nicht mehr zumutbar. *Sitz- und Schambeinfrakturen* sind für die Stabilität des Beckens und für die Hüftgelenksfunktion unbedeutend. Nach Ausheilung verbleibt keine Einschränkung der körperlichen Belastbarkeit. *Azetabulumfrakturen* bedürfen bei Gelenkflächeninkongruenz immer einer peniblen operativen Rekonstruktion. Sie gelten als Präarthrose, unter vermehrter axialer Belastung wird die Entstehung einer Koxarthrose begünstigt.

Schenkelhalsfrakturen. Schenkelhalsfrakturen werden eingeteilt in die intrakapsulär gelegenen medialen Schenkelhalsfrakturen (Typ Pauwels I–III bzw. GARDEN I–IV), die extrakapsulären lateralen Schenkelhalsfrakturen sowie die per- und subtrochantären (proximalen) Femurfrakturen (Einteilung nach AO (Arbeitsgemeinschaft Osteosynthese), je nach Lokalisation, Fragmentierung und Stabilität). Von entscheidender Bedeutung sind nach der knöchernen Ausheilung der Fraktur die muskuläre Stabilität und die Funktionalität des betroffenen Hüftgelenkes sowie das Ausmaß bereits vorhandener sekundärer Aufbrauchserscheinungen.

Femurfrakturen. Femurfrakturen können zu Beinverkürzungen und Fehlstellungen führen. Eine diaphysäre Einstauchung mit Beinverkürzung von bis zu 3 cm sowie ein leichterer Achsfehler von 10–15° sind irrelevant. Beinlängendifferenzen von über 0,75 cm sollten sofort durch entsprechende Schuhzurichtung ausgeglichen werden. Stärkere Achsfehler begünstigen auf längere Sicht bei starker axialer Belastung die Entwicklung einer Sekundärarthrose des gleichseitigen Hüft- und Kniegelenkes. Ein deutlicher Rotationsfehler wirkt sich durch Überlastung des homolateralen Hüftgelenkes negativ auf die Gangabwicklung aus. Nach einer Marknagelung kommt es im Bereich der Glutealmuskulatur oberhalb des Trochanter major nicht selten zu Weichteilverknöcherungen (»Kallushütchen«), die beim längeren Sitzen Beschwerden machen können. Nach fehlverheilten suprakondylären oder kondylären Frakturen kann sich durch übersteigerte (einseitige) Kniegelenksbelastung eine Gonarthrose entwickeln.

Femurosteomyelitis. Eine blande Femurosteomyelitis ohne wesentliche entzündliche Aktivität (Abklärung durch Labordiagnostik, evtl. Tomographie und Szintigraphie) schränkt das Leistungsvermögen nur unwesentlich ein. Im Falle einer chronischen Fistelung mit täglich erforderlichen Verbandswechseln besteht die Notwendigkeit einer operativen Sanierung und somit Arbeitsunfähigkeit.

■ **Folgen operativer Eingriffe**

Beckenosteotomie. »Pfannenverbessernder« Eingriff im Falle einer Inkongruenz des Hüftgelenkes zwecks Optimierung der axialen Lastverteilung, z. B. durch CHIARI-Osteotomie, Schwenkplastik nach TÖNNIS, appositionelle Pfannendachplastik. Hierdurch soll einer vorzeitigen Arthrose entgegengesteuert werden. Die knöcherne Ausheilung bis zur Vollbelastung dauert mindestens 3 Monate, die Arbeitsunfähigkeit postoperativ nicht selten 4 Monate und länger. Das Leistungsvermögen hängt ab vom Ausmaß einer bereits bestehenden Koxarthrose, von der pelvitrochanteren muskulären Stabilität sowie vom funktio-

nellen Bewegungsspiel der Hüfte. Gelingt der Eingriff, ist i. Allg. mit einem über sechsstündigen Leistungsvermögen für leichte bis gelegentlich mittelschwere körperliche Tätigkeiten in überwiegend sitzender Körperhaltung zu rechnen. Die Gehstrecke ist nur bei erheblichen Funktionsstörungen beeinträchtigt.

Intertrochantäre Korrekturosteotomie. Intertrochantäre Umstellungsosteotomie mittels Winkelplatte und Schrauben (varisierend, valgisierend, derotierend, flektierend, extendierend) zur Korrektur einer Fehlstellung im Schenkelhalsbereich (Coxa vara, Coxa valga, Coxa antetorta). Damit sollen bei jüngeren Patienten die Biomechanik des Hüftgelenkes verbessert, belastungsabhängige Beschwerden reduziert und eine vorzeitige Arthrose vermieden werden. Postoperative Teilentlastung der operierten Extremität für 8–12 Wochen, Arbeitsunfähigkeit 3–4 Monate, stationäre Rehabilitation nur im Einzelfall erforderlich. Das Leistungsvermögen wird bestimmt durch die pelvitrochantere muskuläre Stabilität (TRENDELENBURG), die Gelenkfunktion sowie das Ausmaß einer bereits vorhandenen Arthrose. In der Regel besteht nach einem gelungenen Eingriff ein über sechsstündiges Leistungsvermögen für leichte und zumindest gelegentlich mittelschwere Arbeiten ohne ausschließliche Geh- und Stehbelastung. Die Gehstrecke ist nicht wesentlich eingeschränkt.

Endoprothese des Hüftgelenkes. Gesamtfallzahl 2007: 152.300 Primäreingriffe, 21.800 Wechseloperationen; Geschlechtsverteilung Frauen : Männer = 6 : 4; durchschnittliches Operationsalter: 65 Jahre. Ersatz des Hüftgelenkes mit zementfreier, teil- oder vollzementierter Endoprothese, Hüftkopfkappe, femoraler Teil- bzw. Totalendoprothese. Heutzutage Indikationsstellung auch bei jüngeren Patienten, die noch im Erwerbsleben stehen. Postoperative Rehabilitation i. Allg. über mindestens 12 Wochen (operierende Klinik etwa 2 Wochen; stationäre oder ganztägig ambulante Therapie in einer AHB-Einrichtung, dann ambulante Weiterbetreuung). Dauer der Arbeitsunfähigkeit abhängig von der Vorgeschichte und Art der Endoprothese etwa 2–4 Monate.

Für die körperliche Belastbarkeit wesentlich ist die Funktionalität des Gelenkes (Restbeugekontraktur mit erforderlicher Kompensation über die untere Lendenwirbelsäule, Beugebeeinträchtigung z. B. im Falle ausgeprägter periartikulärer Ossifikationen, Gelenkstabilität, TRENDELENBURGsches Zeichen), seltener Außenrotationsfehler (bei persistierender Kontraktur oder bei Fehlimplantation der Stielkomponente). Eine Beeinträchtigung der Rotation ist kaum relevant. Ausgleich einer nicht selten postoperativen Beinlängenzunahme am Schuhwerk, wenn die Differenz > 0,75 cm beträgt.

Im Allgemeinen über sechsstündiges Leistungsvermögen für leichte bis gelegentlich mittelschwere Tätigkeiten. Auf Dauer keine ausschließlich mittelschweren und keine schweren körperlichen Arbeiten. Keine ausschließliche Geh- und Stehbelastung (Anteil an sitzender Tätigkeit zumindest 40 %). Unter Umständen sind Rotationsfehler zu beachten, die evtl. die Gehfähigkeit beeinträchtigen können. Kein tiefes Sitzen wegen Luxationsgefahr beim Aufstehen aus maximaler Hüftbeugung, kein Gehen auf unebenem Gelände, kein Besteigen von Leitern und Gerüsten, kein häufiges Treppensteigen. Keine Arbeiten im Hocksitz, keine Tätigkeiten mit häufigem Bücken (Luxationsgefahr); kein Heben, Tragen bzw. Bewegen von Lasten über 10 kg; keine Arbeiten unter Kälte-, Nässe- und Zuglufteinfluss. Gehstrecke begrenzt, in aller Regel sind jedoch Wege von 1.000–1.500 m mehrmals am Tag zumutbar. Bei muskulären Beschwerdebildern (pelvitrochantäre Insuffizienz) Einsatz eines kontralateralen Handstockes ratsam.

Arthrodese des Hüftgelenkes. Versteifung des Hüftgelenkes in Funktionsstellung, d. h. Flexion 10–15°, Abduktion 5°, Außenrotation 5°. Heutzutage selten indiziert, z. B. bei Kontraindikation zur Implantation einer Hüftendoprothese wie im Falle einer bakteriellen oder tuberkulösen Koxitis. Langer postoperativer Zeitraum bis zur knöchernen Stabilisierung (3–4 Monate) bei nicht unerheblicher Misserfolgsquote. Nach geglücktem Eingriff ist das betroffene Bein weitgehend schmerzfrei belastbar. Das Gangbild ist mäßig, das Sitzen deutlicher behindert. Außerdem kommt es zu einer konsekutiven kompensatorischen Überlastung der Lendenwirbelsäule sowie des homolateralen Kniegelenkes.

Leichte bis gelegentlich mittelschwere Tätigkeiten in überwiegend sitzender Körperhaltung. Hierbei sind eine Stuhlauflage (Arthrodesenkissen) oder gar ein Arthrodesenstuhl erforderlich. Arbeiten nur noch ebenerdig in geschlossenen, wohltemperierten Räumen; keine Hock- oder Bückstellung. Gehstrecke beeinträchtigt, Wege von 1.000–1.200 m sind i. Allg. jedoch zumutbar; evtl. kontralateraler Gehstock.

Resektionshüfte (Girdlestone-Situation). Operative Entfernung von Femurkopf und -hals z. B. wegen eitriger Koxitis oder nach dem Ausbau einer infizierten Endoprothese, jeweils mit Belassen der instabilen Defektsituation. Ein Fortbewegen ohne Gehhilfe ist nur über kurze Strecken möglich. Bei persistierender, fistelnder Infektion besteht ein aufgehobenes Leistungsvermögen. Nach Ausheilung der Entzündung sind leichte Tätigkeiten in ganz überwiegend sitzender Körperhaltung bei möglicher Kompensation durch die kontralaterale untere Extremität im Einzelfall noch denkbar. Die Gehstrecke ist deutlich eingeschränkt, 500–800 m mit Gehhilfe können möglich sein.

■ **Folgen von Amputationen**

Hüft(gelenks)exartikulation. Indikation vor allem bei tumorösen Destruktionen oder aber als ultima ratio im Falle einer schweren persistierenden Infektion nach Hüft-TEP. Zur (exo)prothetischen Versorgung ist ein Beckenkorb mit Umfassung der Gegenseite erforderlich. Ein unterstützungsfreies Gehen ist in aller Regel nicht umzusetzen. Auch beim Sitzen besteht eine starke Beeinträchtigung. Leistungsvermögen und Gehstrecke sind erheblich eingeschränkt. Nur in Ausnahmefällen ist noch von einer Belastbarkeit von 3 Stunden oder mehr auszugehen. Öffentliche Verkehrsmittel sind nur sehr begrenzt nutzbar. Ein Pkw muss umgerüstet werden: breiter Einstieg, Sitzverlängerung, Umbau der Bedienungspedale.

Oberschenkelamputation. Entscheidend sind eine ausreichende Stumpflänge (gemessen vom Tuber ossis ischii bis zum Stumpfende), eine optimale Myoplastik ohne »Weichteilpseudarthrose« und entzündungsfreie Hautverhältnisse. Meist ist eine prothetische Versorgung möglich. Bei gutem Sitz kann auf kurzen Strecken nicht selten auf eine kontralaterale Gehhilfe verzichtet werden. In seltenen Einzelfällen (z. B. bei ultrakurzem Stumpf) ist ein stabilisierender Beckengurt erforderlich.

7.4.3 Kniegelenk und Unterschenkel

■ **Biomechanik**

Das Kniegelenk verbindet Ober- mit Unterschenkel. Anatomisch ist es ein Drehwinkelgelenk (sog. Trochlogynglimus). Im Zuge der Beugebewegung führt die asymmetrisch geformte Femurkondyle auf dem Tibiaplateau eine gleichzeitige Rollbewegung nach ventral durch (Scharniergelenk mit wandernder Achse). In der Endphase der Streckung kommt es zu einer Schlussrotation nach außen von etwa 10°. Bei gebeugtem Knie sind darüber hinaus um eine Längsachse eine Innen- und Außenrotation von 20–30° möglich. Das physiologische Bewegungsspiel bezüglich Extension/Flexion liegt beim Mann bei 0°/0°/140°, bei der Frau besteht nicht selten eine leichte Überstreckbarkeit von 5–10°. Die Funktionsstellung ist eine leichte Flexion von 5°. Die Beinachse unter Belastung in stehender Körperhaltung beträgt normalerweise 6–7° Valgus.

Die Stabilisierung des Kniegelenkes erfolgt über zwei rotationslimitierende Kreuzbänder sowie über ein sehr starkes mediales sowie ein eher schwächeres laterales Kollateralband. Zusätzlich besteht eine eher mäßige muskuläre Führung. Eine knöcherne Gelenkstabilisierung fehlt. Intraartikulär gleichen der halbmondförmige Innenmeniskus sowie der halbkreisförmige Außenmeniskus die Inkongruenzen der Gelenkflächen von Oberschenkelrolle und Schienbeinkopf aus. Die Kniescheibe liegt als Sesambein in der Kniestrecksehne und bildet mit dem ventralen Anteil der Oberschenkelrolle das sog. Femoropatellargelenk. Unter biomechanischen Gesichtspunkten ist sie als Hypomochlion bei der muskulären Kraftübertragung vom Ober- auf den Unterschenkel bedeutungsvoll.

- **Diagnostik**

Körperliche Untersuchung. *Inspektion:* O-Bein/X-Bein; Kapselschwellung (Knieumfang im Seitenvergleich), Unterschenkelödem. *Palpation/Funktion:* Druckschmerz des (medialen, lateralen) Gelenkspaltes bzw. der Kapsel- oder Kollateralbandansatzpunkte, Patellaspiel, Patellaanpress- und -verschiebeschmerz, ZOHLEN-Zeichen, Kniekehle (Vorwölbung?), Gelenkreiben, Gelenkerguss, Meniskusprovokationsteste, Kollateralbandführung (Valgus- bzw. Varusstress), Kreuzbandführung (Schubladentest, LACHMANN-Test), Streckung und Beugung (minimaler Abstand Ferse–Oberschenkel im Seitenvergleich); Wadenumfang (gemessen 15 cm unterhalb des inneren Kniegelenksspaltes im Seitenvergleich).

Röntgen. *Kniegelenk in 2 Ebenen (a.p. möglichst im Stehen):* gelenkbildende Anteile (mechanische Achse 87°, anatomische Achse beim Erwachsenen 5–7° Valgus), ligamentäre Verknöcherungen. *Patella axial:* Beurteilung der Patellaform (Einteilung nach WIBERG) sowie des Alignments. *FRICKsche Tunnelaufnahme:* Nachweis freier Gelenkkörper. *Stressaufnahmen (Varus, Valgus):* Objektivierung einer Kollateralbandinstabilität.

Sonographie. Einsatz vor allem zur Darstellung der Weichteile im Bereich der Kniekehle, z. B. bei V. a. auf Ganglionbildung.

Computertomographie. Computertomographie ist nur in Einzelfällen sinnvoll, z. B. zur exakten Lokalisation von Frakturfragmenten (koronarer Strahlengang).

Kernspintomographie. In Einzelfällen zur Abklärung pathologischer Gelenkbinnenstrukturen (Menisken, Kreuzbänder, Knorpeloberflächen) sinnvoll.

Arthroskopie. Unter gutachterlichen Fragestellungen ist auch auf Arthroskopieberichte zurückzugreifen.

- **Begutachtungskriterien**

Stabilität. Eine *Bandinstabilität* erfordert verstärkte muskuläre Kompensationsmechanismen. Oft verbleibt eine Unsicherheit bei plötzlich unvorhergesehen von außen

einwirkenden Krafteinflüssen sowie beim Gehen auf unebenem Gelände.

Beweglichkeit. Ein *Streckdefizit* im Kniegelenk von bis zu 5° wird beim Gehen weitgehend kompensiert und fällt funktionell kaum ins Gewicht. Ab 10° kommt es zu einer mäßigen, ab 20° zu einer deutlichen und ab 30° zu einer erheblichen Beeinträchtigung der Gangabwicklung mit funktioneller Beinverkürzung und Problemen bei der Kraftübertragung mit vermehrter Muskelarbeit (v. a. beim Begehen von Treppen) sowie einer Gangunsicherheit auf unebenem Untergrund. Eine *Beugefähigkeit* von 110° reicht aus für einen normalen Einsatz im täglichen Leben. Ist die Flexion ab 100° limitiert, resultiert eine Beeinträchtigung des Fahrradfahrens, ab 90° eine deutliche Behinderung beim Treppauf- und -abgehen, bei der Benutzung öffentlicher Verkehrsmittel sowie auch beim Einnehmen des tiefen Hocksitzes. Die komplette *Einsteifung* eines Kniegelenkes z. B. nach Kniearthrodese bringt Beeinträchtigungen beim Gehen, beim längeren Sitzen und vor allem beim Aufrichten aus einer sitzenden Körperhaltung mit sich.

Gelenkflächen. (Arthrotische) Veränderungen der Gelenkflächen führen oft zu belastungsabhängigen Beschwerden. Im *Femorotibialgelenk* erhöhen Körpergewicht und Traglasten im Stehen und Gehen sowie beim Aufstehen aus ruhender Körperhaltung den axialen Druck auf die Gelenkflächen. Im *Femoropatellargelenk* presst ein kraftvoller Einsatz der Quadrizepsmuskulatur die Kniescheibe in ihr femorales Gleitlager; z. B. beim Tragen schwerer Lasten, beim Bergauf- und Bergab- bzw. Treppauf- und Treppabgehen sowie beim Einnehmen der bzw. Aufrichten aus der Hockstellung.

Muskulatur. Standardisierte Messung des Muskelumfanges 15 cm unterhalb des inneren Kniegelenksspaltes (Wade) im Seitenvergleich; Differenzen von 1,0 cm und mehr weisen auf eine längere Schonung bzw. Entlastung des betroffenen Beines hin (z. B. auf Grund einer persistierenden radikulären Störung oder einer posttraumatischen Situation). Überprüfung des muskulären Tonus durch willkürliches Anspannen (Mitarbeit des Patienten erforderlich). Selbst auffällige, klinisch fassbare Defekte nach Muskelfaserrissen sind bezüglich der Belastbarkeit in den meisten Fällen irrelevant.

Achsabweichung. Im Falle einer Achsabweichung im O- oder X-Sinne kommt es über die Verlagerung der Tragachse des Beines nach innen oder außen zu einer asymmetrischen Lastübertragung vom Oberschenkel auf den Unterschenkel mit Entwicklung einer einseitigen Arthrose (Genu varum, Genu valgum).

Reizzustände. Gonalgien (z. B. als Ausdruck einer aktivierten Arthrose) äußern sich typischerweise durch eine (synoviale) Kapselschwellung mit schmerzhaftem anteromedialen und anterolateralen Palpationsbefund sowie Belastungsarthralgien; Irritationen im Bereich der tibialen Kapselansatzpunkte, des Pes anserinus, des Ober- bzw. des Unterrandes der Patella, der Tuberositas tibiae oder der proximalen Anteile des dorsalen Schienbeinkopfes sprechen eher für insertionstendopathische Affektionen der kniebewegenden Muskulatur bzw. der ligamentären Strukturen.

■ Sozialmedizinische Beurteilung

Ebenso wie für das Hüftgelenk gilt es auch bei Affektionen des Kniegelenkes bei der Beurteilung des körperlichen Leistungsvermögens und der Gehstrecke unter sozialmedizinischen Gesichtspunkten die Möglichkeit der Kompensation durch eine schmerzfrei belastbare kontralaterale untere Extremität zu beachten; evtl. Einsatz einer Gehhilfe.

■ Einzelne Krankheitsbilder

Die sozialmedizinische Beurteilung richtet sich nach den oben dargestellten Regeln. Besonderheiten sind bei den einzelnen Krankheitsbildern aufgeführt.

Genu varum und Genu valgum. O- bzw. X-Bein-Fehlstellung mit asymmetrischer axialer Belastung des Kniegelenkes (normal sind 6–7° Valgus). Die Folge sind Belastungsgonalgien mit Kniebinnenreizzuständen und Kapselschwellung, Meniskopathien sowie die Entwicklung einer sekundären Gonarthrose. Therapie symptomatisch (medikophysikalische und krankengymnastische Palette). Optimierung der Lastverteilung durch Sohlenaußenranderhöhung bei Genu varum, Sohleninnenranderhöhung bei Genu valgum. Relative Operationsindikation im Sinne der Achskorrektur (kniegelenksnahe Umstellungsosteotomie). Die körperliche Belastbarkeit wird bestimmt durch das Ausmaß degenerativer Aufbrauchserscheinungen mit entsprechenden lokalen Reizzuständen, die Stabilität des Gelenkes sowie eine bestehende Funktionseinschränkung.

Gonarthrose. Degenerativer Aufbrauch des Kniegelenkes idiopathischer, aber auch posttraumatischer sowie entzündlich-rheumatischer Genese. Einflussfaktoren: dispositionelle Veranlagung, Beinachsenfehler, traumatische Vorschädigung des Gelenkknorpels, der Menisken und/ oder Bänder, Stoffwechselstörungen (Chondrokalzinose, Hyperurikämie u. a.), Übergewicht. Ziel einer konservativen Behandlung (medikophysikalisch, intraartikuläre Kristallkortikoide, Krankengymnastik u. a.) ist das Erreichen eines kompensierten, d. h. beschwerdefreien bzw. beschwerdearmen Zustandes. Im Falle der Dekompensation

(aktivierte Arthrose) belastungsabhängige Schmerzen, Kniegelenkserguss, Bewegungseinschränkung (Streck- und Beugebehinderung). Radiologische Diagnostik durch Belastungsaufnahmen im Stehen sowie durch Patella-axial-Aufnahmen. Die Indikation zu gelenkerhaltenden Eingriffen (knorpelsanierende Eingriffe, kniegelenksnahe Umstellungsosteotomie) bzw. zum endoprothetischen Ersatz hängt ab vom Schweregrad der degenerativen Veränderungen, vom bestehenden Funktionsdefizit sowie vom Lebensalter des Patienten. Evtl. diagnostische Arthroskopie zur exakten Erfassung von Ausmaß und Lokalisation der Arthrose. Bereits angelegte regressive Veränderungen sind nicht mehr rückbildungsfähig. Um eine Dekompensation der Arthrose zu vermeiden, sollten kniegelenksstrapazierende Aktivitäten vermieden werden. Von großer Wichtigkeit ist auch die Möglichkeit der Kompensation und Entlastung durch die kontralaterale Extremität.

Im Allgemeinen ist von einem über sechsstündigen Leistungsvermögen für leichte bis gelegentlich mittelschwere Tätigkeiten in temperierten Räumen und überwiegend im Sitzen, durchaus mit gelegentlicher Geh- und Stehbelastung auszugehen. Keine schweren sowie ausschließlich mittelschweren Tätigkeiten, keine Arbeiten mit ständigem Stehen und Gehen, mit Heben, Tragen sowie Bewegen von Lasten über 10–15 kg, in Hock- oder Bückstellung, im Knien, auf unebenem Gelände, kein Besteigen von Leitern und Gerüsten, kein häufiges Treppensteigen, keine Kälte-, Nässe- und Zugluftexposition. Abhängig vom Ausmaß der degenerativen Veränderungen ist die Gehstrecke eingeschränkt. Ein kontralateraler Gehstock ist überlegenswert. Bei ausgeprägter bilateraler Gonarthrose sind nur noch Arbeiten in überwiegend sitzender Körperhaltung möglich. Bei dekompensiertem Beschwerdebild besteht evtl. auch eine quantitative Leistungseinschränkung.

Meniskusdegeneration, Meniskusläsionen. Überwiegend degenerative, seltener traumatische Schädigung des Innen- oder Außenmeniskus. Belastungsabhängiges Schmerzbild, vor allem bei Rotationsbewegungen sowie in Hockstellung; gonalgische Reizzustände mit Ergussbildung, Gelenkblockade (Streckhemmung). Arthroskopische Sanierung (Teilresektion, Refixation) empfehlenswert. Nach optimaler operativer Sanierung meist lange Zeit gut kompensierter Zustand ohne wesentliche Beeinträchtigungen. Begünstigung einer späteren Gonarthrose.

Meniskusganglion. Gallertige Degeneration meist des Außenmeniskus mit druckdolenter lokaler Schwellung in Höhe des Gelenkspaltes und bewegungsabhängigem Schnappen. Operative Ganglionexstirpation zusammen mit Teilresektion des Meniskus (sonst Rezidivneigung).

Nach erfolgreicher operativer Sanierung verbleiben i. Allg. keine relevanten Störungen. In Einzelfällen Präarthrose.

Chondropathia patellae und Retropatellararthrose. Degenerativer Aufbrauch der Kniescheibengelenkfläche mit resultierendem belastungsabhängigem femoropatellaren Schmerzsyndrom. Idiopathisch, bei Beinachsenfehlern, bei Patella- bzw. Gleitlagerdysplasie, posttraumatisch (vor allem nach Patellafraktur mit Gelenkflächenbeteiligung). Konservative Behandlungspalette mit dem Ziel des Erreichens einer kompensierten Belastungssituation (→ Gonarthrose). Evtl. Versorgung mit einer textilen kniestabilisierenden Orthese.

Tätigkeiten mit besonderer Beanspruchung des femoropatellaren Gelenkes sind auszuschließen: keine Arbeiten mit ausssschließlicher Steh- und Gehbelastung, auf unebenem Gelände, mit häufigem Besteigen von Treppen, auf Leitern und Gerüsten, in Hockstellung, unter Kälte-, Nässe- und Zuglufteinfluss, auch mit häufigem Wechsel zwischen Sitzen und Stehen. Tragen von flachem Schuhwerk ist empfehlenswert. Gehstrecke nur bei ausgeprägten degenerativen Veränderungen eingeschränkt.

Patellainstabilität. Rezidivierende bzw. habituelle Kniescheibenluxation vor allem nach lateral im Zuge der Kniebeugung bzw. bei inadäquatem Trauma. Hypermobilität der Patella, evtl. belastungsabhängiges retropatellares Schmerzbild (→ Chondropathia patellae). Röntgenologisch oft Dysplasie der Kniescheibe, evtl. mit Gleitlagerdysplasie. Auf längere Sicht Begünstigung der Entstehung einer sekundären → Retropatellararthrose. Im Falle erheblicher Beschwerden Tragen einer kniescheibenstabilisierenden Orthese, operative Optimierung des Weichteilalignments (mediale Kapselraffung), evtl. mit Medialisierung der Tuberositas tibiae. Leistungsbeurteilung: → Chondropathia patellae, Retropatellararthrose.

Poplitealzyste. Kniekehlenganglion, BAKER-Zyste. Meist dorsomedial gelegene Ausstülpung der hinteren Kniegelenkskapsel (Zyste mit stielartiger Verbindung zum Gelenk). Ganz überwiegend Folge einer Kniebinnenerkrankung mit vermehrter Bildung von Synovialflüssigkeit und hierdurch bedingtem länger andauerndem Innendruck. Prall elastische Vorwölbung (vor allem bei Kniestreckung tastbar), charakteristisches Spannungsgefühl in der Kniekehle mit schmerzhafter Beugebewegung. Diagnosesicherung durch Sonographie, evtl. Arthrographie. Abklärung der Kniebinnensituation (evtl. arthroskopische Sanierung) und Ausschluss einer entzündlich-rheumatischen Erkrankung erforderlich, Exstirpation des Ganglions bei persistierenden Beschwerdebildern (Rezidive möglich). Längerandauernde Arbeiten in Hockstellung sind nicht möglich. Die Gehstrecke ist nicht beeinträchtigt.

Osteochondrosis dissecans. Subchondrale aseptische Knochennekrose meist im Bereich des lateralen Randes der medialen Femurkondyle, seltener im Bereich der lateralen Kondyle oder der Patellarückfläche. Doppelseitiges Auftreten in etwa 25 %. Vorkommen gehäuft im Kindes- und Jugendalter mit nicht selten spontaner Rückbildung noch vor dem 12. Lebensjahr. Diagnose im Frühstadium durch Kernspintomogramm, sonst radiologisch. Belastungsabhängige Beschwerden, bei Ausbildung eines freien Gelenkkörpers (Gelenkmaus mit leerem Mausbett) Reizknie mit Einklemmungserscheinungen. Nach Dissektion verbleibt eine präarthrotische Deformität. Therapie symptomatisch, evtl. temporäre Entlastung. Im fortgeschrittenen Stadium evtl. Anbohrung (mit dem Ziel der Revaskularisierung des Nekrosebezirkes). Im Falle einer frischen Dissektion Versuch der Refixation, im Spätstadium autologe Knorpelknochenplastik bzw. autologe Chondrozyten-Transplantation. Die körperliche Belastbarkeit ist abhängig vom Bewegungsspiel des betroffenen Kniegelenkes, vom Auftreten möglicher Kniebinnenreizzustände sowie vom Ausprägungsgrad möglicher degenerativer Veränderungen (→ Gonarthrose).

Femurrollennekrose (Morbus Ahlbäck). Segmentale Osteonekrose des inneren Femurkondylus. Idiopathisch, seltener nach systemischer oder lokaler Kortikoidbehandlung; v. a. bei älteren Menschen, Frauen >> Männer. Plötzlicher Beginn mit erheblichen Ruhe- und Belastungsschmerzen im inneren Kniegelenksbereich, Kapselschwellung und Gelenkerguss; zunehmend arthrotische Veränderungen. Im Frühstadium Entlastung und symptomatische Behandlung. Im fortgeschrittenen Stadium mit großer Defektzone Implantation einer monokondylären Schlittenendoprothese. Die körperliche Belastbarkeit hängt ab vom Bewegungsspiel des betroffenen Kniegelenkes, vom Auftreten möglicher Kniebinnenreizzustände sowie vom Ausprägungsgrad der degenerativen Veränderungen (→ Gonarthrose).

Chondromatosis synovialis. Metaplastische Veränderung der Synovialmembran mit Bildung multipler, teils sessiler, teils freier Gelenkkörper. Meist chronische Gelenkschwellung, belastungsabhängige lokale Schmerzbilder, evtl. Gelenkblockade. Indikation zur möglichst radikalen Synovektomie mit Entfernung sämtlicher Gelenkkörper. Meist deutliche qualitative Einschränkung des körperlichen Leistungsvermögens, abhängig vom Funktionsspiel des Gelenkes sowie vom Ausmaß möglicher sekundärer Veränderungen (→ Gonarthrose).

Persistierende Kniebandinstabilität. Unzureichende Stabilität der Kollateralbänder bzw. Kreuzbänder. Meist posttraumatisch, sehr selten idiopathische Bandlaxizität.

Belastungsabhängige Schmerzen, Umknickneigung und Unsicherheitsgefühl vor allem beim Treppabwärtsgehen und beim Gehen auf unebenem Gelände. Diagnosesicherung durch Röntgenaufnahmen im Valgus- bzw. Varus-Stress. Krankengymnastische Behandlung mit gezieltem Auftrainieren der Quadrizepsmuskulatur, Tragen einer kniestabilisierenden Orthese (externe Schienung). Vor allem im Falle einer Rotationsinstabilität (Kreuzbänder) sind sekundäre degenerative Meniskusveränderungen zu befürchten; unter diesem Aspekt bei Patienten im jüngeren und mittlerem Lebensalter Indikation zur (autologen) Bandplastik → Kniebandplastik.

Leichte bis gelegentlich mittelschwere körperliche Tätigkeiten sind i. Allg. ohne zeitliche Einschränkung verrichtbar. Vermeidung kniestrapazierender Bewegungsmuster wie Hockstellung oder Bückstellung, kein Gehen auf unebenem Gelände, kein Arbeiten auf Leitern und Gerüsten, kein häufiges Begehen von Treppen, kein Heben, Tragen und Bewegen schwerer Lasten > 10–15 kg, keine ausschließlich gehenden und stehenden Tätigkeiten. Beeinträchtigung beim Gehen ohne Augenkontrolle. Evtl. Möglichkeit zum plötzlichen Abstützen (z. B. Handlauf an einer Treppe u. ä.). Die Gehstrecke ist in aller Regel nicht wesentlich eingeschränkt.

Morbus Osgood-Schlatter. Relativ häufige aseptische Knochennekrose der Tuberositas tibiae. Ätiologie: Sportliche Überlastung? (verstärkter Zug am Lig. patellae?). Vor allem bei Jungen, bevorzugt zwischen dem 10.–14. Lebensjahr. Typischer lokaler Belastungsschmerz, druckbedingte Schwellung, Schmerzverstärkung bei kraftvoller Extension des Kniegelenkes gegen Widerstand. Temporäre Schonung, lokale Antiphlogese, Sportpause. Gute Prognose. In Einzelfällen verbleibt eine deutliche Prominenz der Tuberositas tibiae, die beim Knien schmerzen kann; dann evtl. operative Entfernung. Beim Arbeiten evtl. Tragen einer abpolsternden Schutzkappe aus Gummi.

Achillessehnenruptur. Meist komplette Rissbildung etwa 3–4 cm oberhalb des Ansatzpunktes am Fersenbein (nicht zwingend adäquates Trauma bei oft gegebener degenerativer Vorschädigung). Akuter Schmerz mit typischem Knall, Zehenspitzenstand unmöglich, lokale Druckdolenz, Schwellung, tastbare Gewebelücke. Im Liegen kann eine aktive Plantarflexion durch die Sehne des M. plantaris erhalten sein. Diagnosesicherung durch sonographische Kontrolle. Operative Versorgung, anschließende sechswöchige Ruhigstellung bzw. frühfunktionelle Behandlung unter axialer Entlastung. Dauer der Arbeitsunfähigkeit bei Sitzberufen etwa 3–4 Wochen, bei Tätigkeiten mit überwiegender stehender und gehender Körperhaltung 7–10 Wochen. Nach optimaler operativer Versorgung verbleibt i. Allg. bis auf eine geringe Beein-

trächtigung der Dorsalextension im oberen Sprunggelenk keine wesentliche Leistungseinschränkung.

■ **Folgen von Frakturen**

Frakturen mit Beteiligung des Kniebinnenbereiches. Nach einer Schädigung tragender Gelenkflächen (Oberschenkelrolle, Schienbeinkopf oder Kniescheibe) verbleibt, abhängig von der Qualität der anatomischen Wiederherstellung, eine präarthrotische Deformität. Belastungsgonalgien, → Gonarthrose, → Retropatellararthrose.

Unterschenkelschaftfrakturen. Diaphysäre Frakturen des Schienbeines (evtl. auch gleichzeitig des Wadenbeines) meist als Folge eines direkt einwirkenden Traumas. Osteosynthetische Versorgung mit intramedullärem Tibiamarknagel, mit Platte oder durch Fixateur externe.

Eine Ausheilung unter leichter Verkürzung (durch entsprechende Schuhzurichtung ohne Probleme kompensierbar) sowie geringe Achsfehler bis zu 5° sind klinisch kaum relevant. Im Falle eines stärkeren Achsfehlers und bei Rotationsfehlern resultiert eine Fehlbelastung des femorotibialen und des femoropatellaren Gelenkes sowie auch der Sprunggelenke mit Begünstigung der Entwicklung einer sekundären Arthrose (→ Gonarthrose, → Retropatellararthrose, obere → Sprunggelenksarthrose) mit entsprechenden qualitativen Einschränkungen der Belastbarkeit des betroffenen Beines.

Tibiaosteomyelitis. Eine blande Tibiaosteomyelitis ohne wesentliche entzündliche Aktivität (Abklärung durch Labordiagnostik, evtl. Tomographie und Szintigraphie) schränkt das Leistungsvermögen nur unwesentlich ein. Im Falle einer chronischen Fistelung mit täglich erforderlichen Verbandswechseln besteht die Notwendigkeit einer operativen Sanierung und somit Arbeitsunfähigkeit im Sinne der Krankenversicherung.

■ **Folgen operativer Eingriffe**

Kniegelenksnahe Umstellungsosteotomie. Achskorrigierender Eingriff im suprakondylären femoralen (v. a. beim Genu valgum) oder infrakondylären tibialen (v. a. beim Genu varum) Bereich zur Verbesserung der axialen Lastverteilung. Hierdurch soll einer vorzeitigen Arthroseentwicklung entgegengewirkt bzw. ihre Progredienz verlangsamt werden. Die knöcherne Ausheilung nach der Osteosynthese (Platte mit Schrauben, Metallklammern, Fixateur externe) dauert etwa 3 Monate, die postoperative Arbeitsunfähigkeit 4 Monate. Das Leistungsvermögen hängt ab vom Ausmaß der bereits bestehenden degenerativen Gelenkveränderungen (→ Gonarthrose) und den hierdurch möglicherweise bedingten Gelenkbinnenreizzuständen sowie der Bandstabilität und Funktionaliät des Knies.

Kniebandplastiken. In den meisten Fällen ist das vordere Kreuzband (autologer Ersatz z. B. durch Anteile des Lig. patellae bzw. der Sehne des M. semitendinosus), seltener das hintere Kreuzband und in Ausnahmefällen auch das mediale oder laterale Kollateralband betroffen. Dauer der postoperativen Arbeitsunfähigkeit nicht selten 3–4 Monate. Ambulante oder im Einzelfall auch stationäre Rehabilitation zwischen der 2.–8. Woche sinnvoll. Das Leistungsvermögen wird bestimmt durch das Ausmaß bereits vorhandener sekundärarthrotischer Veränderungen (→ Gonarthrose); i. Allg. ist bei gelungenem Eingriff wieder eine volle Belastbarkeit und auch Sportfähigkeit zu erwarten.

Knorpelsanierende Eingriffe am Kniegelenk. Arthroskopisch oder offen durchgeführte operative Eingriffe bei degenerativen Veränderungen der kartilaginären Gelenkflächenanteile (reine Lavage, Gelenktoilette, Microfracturing, Mosaikplastik, Chondrozytentransplantation u. a. m.) zur Verbesserung der Gelenkmechanik und damit der Belastbarkeit des Kniegelenkes. Indikationsstellung v. a. bei therapieresistenten Arthralgien und hartnäckigen Reizzuständen. Art des Eingriffes abhängig von der Lokalisation und vom Ausmaß der degenerativen Veränderungen sowie vom Lebensalter des Patienten. Postoperativ ist bei aufwändigeren Knorpelplastiken oft eine konsequente axiale Entlastung für 8–12 Wochen erforderlich. Dann ist eine ambulante Behandlung oder ganztägig ambulante Rehabilitation zwischen der 2. und 8. Woche durchaus sinnvoll. Dauer der postoperativen Arbeitsunfähigkeit nicht selten 3–4 Monate. Das Leistungsvermögen wird bestimmt durch das Ausmaß der bereits vorhandenen arthrotischen Veränderungen; i. Allg. ist mit qualitativen Beeinträchtigungen im Arbeitsleben, evtl. auch der Gehstrecke zu rechnen (→ Gonarthrose).

Patellektomie. Operative Entfernung der Kniescheibe als ultima ratio bei schwerer Femoropatellararthrose mit sonst therapierefraktären Beschwerden. Postoperative Arbeitsunfähigkeit mindestens 6–8 Wochen (stabile Ausheilung des verbliebenen Kniestreckapparates), evtl. weitere ganztägig ambulante/stationäre Rehabilitation mit gezielter Aufschulung der kniestabilisierenden Muskulatur. Es verbleibt durchaus öfter eine nicht unerhebliche Beeinträchtigung der Gang- und Standsicherheit v. a. beim Treppensteigen durch verminderte Kraftentfaltung des M. quadriceps, vor allem beim Aufstehen aus sitzender Körperhaltung bzw. beim Aufrichten aus der Hock- oder Bückstellung. In Einzelfällen ist das Tragen einer teilstabilisierenden Textilorthese überlegenswert.

Leichte bis gelegentlich mittelschwere Tätigkeiten in überwiegend sitzender Körperhaltung mit nur gelegentlicher Geh- und Stehbelastung sind i. Allg. sechs Stunden und mehr zumutbar. Kein Heben und Tragen sowie Bewegen von Lasten über 10 kg, keine Arbeiten in Hock- oder Bückstellung, keine Arbeiten, die einen häufigen Wechsel zwischen Sitzen und Stehen bzw. Gehen erfordern. Die Gehstrecke ist beeinträchtigt; 1.000 m sind jedoch i. d. R. ohne große Probleme zu bewältigen. Ein kontralateraler Handstock ist meist erforderlich.

Endoprothese des Kniegelenkes. Gesamtfallzahl 2007: 136.400 Primäreingriffe, 9.600 Wechseloperationen; Geschlechtsverteilung Frauen : Männer = 7 : 3; durchschnittliches Operationsalter: 69 Jahre. Ersatz des Kniegelenkes mit zementfreier, teilzementierter oder vollzementierter Schlitten-, ungekoppelter Oberflächen- oder gekoppelter Scharnierendoprothese im Falle konservativ therapieresistenter Beschwerdebilder im Zuge schwerergradiger degenerativer, posttraumatischer oder entzündlichrheumatischer Gelenkdestruktionen (→ Gonarthrose). Indikationsstellung in erster Linie bei Patienten im höheren Lebensalter (meist nicht mehr im Erwerbsleben). Postoperative Rehabilitation i. Allg. über mindestens 12 Wochen (operierende Klinik etwa 2 Wochen; stationäre oder ganztägig ambulante Rehabilitation in einer AHB-Einrichtung, dann ambulante Weiterbetreuung). Arbeitsfähigkeit unabhängig von der Art der implantierten Endoprothese im Regelfall nach etwa 3–4 postoperativen Monaten anzunehmen.

Für die Beurteilung der körperlichen Belastbarkeit wesentlich ist die Funktionalität (Streckdefizit > 10° ungünstig für die Gangabwicklung; Beugefähigkeit von < 90° ungünstig beim Treppensteigen u. ä.) sowie die Stabilität des Gelenkes (kollateraler Bandapparat, Streckapparat, Oberschenkelmuskulatur; evtl. verbleibende Beeinträchtigung der Gangabwicklung). Eine biomechanisch fehlerhafte Gelenkführung, femoropatellare Irritationen oder eine schleichende Infektion können nicht unerhebliche lokale Reizzustände, oft mit Gelenkergussbildung, verursachen mit dann deutlich eingeschränkter Beweglichkeit und (axialer) Belastbarkeit.

Im Allgemeinen besteht ein über sechsstündiges Leistungsvermögen für leichte bis gelegentlich mittelschwere Tätigkeiten. Ausschließlich mittelschwere und schwere Arbeiten sind nicht mehr zumutbar. Keine einseitige Geh- und Stehbelastung (Anteil sitzender Tätigkeit zumindest 50 %), kein Gehen auf unebenem Gelände, kein Besteigen von Leitern und Gerüsten, kein häufiges Treppensteigen, keine Arbeiten in gebückter Haltung, kniend oder im Hocksitz, kein Heben, Tragen bzw. Bewegen von Lastgewichten > 10 kg. Die Gehstrecke ist begrenzt, in aller Regel sind jedoch Strecken von 1.000–1.200 m mehrmals täglich zumutbar, evtl. unter Benutzung eines kontralateral eingesetzten Handstockes.

Arthrodese des Kniegelenkes. Operative Versteifung in Funktionsstellung (10° Flexion, 5° Valgus). Vor allem bei jüngeren Menschen im Falle einer eitrigen Gonitis, Rückzugsmöglichkeit nach septisch fehlgeschlagener Knieendoprothese (dann aufgrund des schlechten Knochenlagers höhere Misserfolgsquote). Nach geglücktem Eingriff ist das betroffene Bein i. Allg. gut und schmerzfrei belastbar, die Gangabwicklung ist nur mäßig behindert. Die konsekutive reale und virtuelle Beinverkürzung von 2 cm und mehr sollte im Hinblick auf ein besseres Gangbild nicht ganz ausgeglichen werden. Außerdem resultiert eine deutliche Beeinträchtigung beim längeren Sitzen. Weiterhin Rückwirkung auf das kompensatorisch funktionell vermehrt geforderte homolaterale Hüftgelenk.

Leichte und gelegentlich mittelschwere körperliche Tätigkeiten ohne ausschließliche gehende und stehende Körperhaltung sind i. d. R. ohne zeitliche Einschränkung verrichtbar. Keine Arbeiten auf unebenem Gelände, auf Leitern und Gerüsten, kein häufiges Begehen von Treppen, keinerlei Arbeiten in Hock- oder Bückstellung. Aufgrund der Beeinträchtigung beim Sitzen ist unter ergonomischen Gesichtspunkten eine erhöhte Sitzposition erforderlich. Gehstrecken von 1.000 m am Stück sind in aller Regel ohne Probleme möglich.

■ **Folgen von Amputationen**
Die Länge eines Unterschenkelstumpfes wird gemessen vom medialen Kniegelenksspalt bis zur Stumpfspitze bei gestrecktem Restbein.

Knie(gelenks)exartikulation. Prothetische Versorgung ähnlich wie bei einer Oberschenkelamputation. Aufgrund der anatomisch schlechteren Weichteildeckung oft akribischere und aufwändigere Schaftgestaltung erforderlich, dafür ist die Belastbarkeit des Stumpfes jedoch deutlich besser und die Kraft wegen des längeren Hebelarmes größer.

Unterschenkelamputation. Wie bei der Oberschenkelamputation sind für eine sichere Prothesenführung die knöcherne Stumpflänge und die muskuläre Weichteildeckung entscheidend. Nur in seltenen Einzelfällen ist ein Oberschenkelschaft notwendig, eine medial und lateral knieumfassende Versorgung oder die Fixierung mittels eines Silikonliners genügt. In aller Regel ist ein unterstützungsfreies Gehen möglich.

7.4.4 Sprunggelenk und Fuß

■ **Biomechanik**
Das obere Sprunggelenk (OSG), gebildet aus der Knöchelgabel und dem Sprungbein (sog. tibiotalares Gelenk) ist ein rein knöchern geführtes Scharniergelenk. Sein physiologisches Bewegungsspiel bezüglich Extension und Flexion beträgt 20°/0/50°, gemessen in leichter Knieflexion mit Entlastung des zweigelenkigen M. gastrocnemius. Der hintere Anteil des unteren Sprunggelenkes (sog. vorderes und hinteres subtalares Gelenk) wird aus der Unterfläche des Sprungbeines sowie der Oberfläche des Fersenbeines gebildet; hier erfolgen die Pro- und Supination des Fußes (sog. Fußkantung im Sinne einer Kippbewegung). Die Stabilität dieses Gelenkes wird gesichert durch die drei lateralen Anteile des Außenbandapparates.

Der vordere Anteil des unteren Sprungelenkes, das sog. CHOPARTsche Gelenk (medial: talonavikular, lateral: calcaneoculboidal) ermöglicht eine Verwringungsbewegung des Mittelfußes gegen den Rückfuß, die den Abrollmechanismus beim Gehen ergänzt. Im LISFRANCschen Gelenk zwischen Tarsus und Metatarsus (Amphiarthrosen) erfolgt die Verwringung des Mittelfußes.

Das Fußlängsgewölbe zwischen Ferse und Mittelfußköpfchen sowie das Fußquergewölbe dienen dem optimalen Auffangen der axialen Last. Unterstützend wirken hier ein straffer Bandapparat sowie ein ausgewogenes muskuläres Gleichgewicht. Sämtliche Gelenke der Großzehe und der Langzehen erlauben lediglich Scharnierbewegungen, die in die Endphase der Fußabrollung integriert werden.

Degenerative Veränderungen des oberen und der einzelnen Anteile des unteren Sprunglenkes sind fast immer posttraumatischer Genese (→ obere und untere Sprungelenksarthrose). Das Großzehengrundgelenk ist früher Manifestationsort einer Gichtarthritis, die Langzehengrund- und -mittelgelenke sind häufige Prädilektionsstellen einer → rheumatoiden Arthritis.

■ **Diagnostik**
Körperliche Untersuchung. Globale Überprüfung der Gangabwicklung (Abrollvorgang des Fußes) im Schuhwerk und barfuß zu ebener Erde; Zehen- und Fersengang, Einnehmen des tiefen Hocksitzes mit Überstreckung im oberen Sprunggelenk. *Inspektion:* Knöchelschwellung, Fehlstellung des Fußes (Knick-, Senk-, Spreiz-, Platt-, Hohl-, Klumpfuß), Fußsohlenbeschwielung (einseitige Minderung als Ausdruck einer Schonung, atypisch als Hinweis auf Fehlbelastung); Fußrückenödem, Konturvergrößerung des Großzehengrundgelenkes (z. B. beim Hallux rigidus), Langzehenschwellung (bei rheumatoider Arthritis), Zehenfehlstellung (Hallux valgus, Hammerzehen, Krallenzehen), Klavus, Mykose; livide Verfärbung bei arterieller Durchblutungsstörung? *Palpation/Funk-*

tion: Druckdolenz der Kapselansatzpunkte medial, lateral und ventral; laterale Kapselbandinstabilität des OSG; Druckempfindlichkeit der plantaren Sehnenansätze am Kalkancus oder der Mittelfußköpfchen; Beweglichkeit des oberen und unteren Sprunggelenkes, des CHOPART- und LISFRANCschen Gelenkes sowie sämtlicher Zehengelenke (Kontrakturen?). Fußpulse. Überprüfung auf globale (z. B. im Falle einer Polyneuropathie) oder segmentale sensible Dysfunktionen.

Röntgen. *Sprunggelenk in 2 Ebenen a. p. in 20–25° Innenrotation:* gelenkbildende Anteile. *Gehaltene Aufnahmen:* Nachweis einer Bandinstabilität. *Fuß in 2 Ebenen a. p. und seitlich oder a. p. und schräg:* Beurteilung des Fußgewölbes; Usuren, Erosionen? *Vorfuß in 2 Ebenen:* Beurteilung der Zehen. *Kalkaneus in 2 Ebenen:* Nachweis einer Fersenbeinfraktur bzw. -pseudarthrose oder eines Fersensporns.

■ **Begutachtungskriterien**

Stabilität. Im Falle einer persistierenden lateralen Kapselbandinstabilität mit Beeinträchtigung des Gehens auf unebenem Gelände kommt als Alternative zu einem operativ-stabilisierenden Eingriff der Einsatz einer teilimmobilisierenden Orthese in Frage.

Beweglichkeit. Eine leichte Beeinträchtigung der Dorsalextension im *oberen Sprunggelenk* von 10° wird i. Allg. gut toleriert. Wird lediglich die Nullstellung erreicht, ist der Abrollvorgang des Fußes behindert, evtl. wird dann am Konfektionsschuhwerk eine spezielle Zurichtung erforderlich (bilaterale Absatzerhöhung, Schmetterlingsrolle bzw. Abrollsohle). Außerdem ist in diesen Fällen das Einnehmen des tiefen Hocksitzes nur noch schwer möglich. 25–30° Flexion genügen meist für ein unauffälliges Gehen.

Eine Funktionsstörung im *subtalaren Gelenk* führt zur Behinderung der Fußkantung und damit zu einer Beeinträchtigung beim Gehen auf unebenem Gelände.

Eine Aufhebung der *Mittelfuß- und Vorfußverwringung* im CHOPART- bzw. LISFRANC-Gelenk spielt keine wesentliche Rolle. Bei Tragen korrekten (Arbeits-)Schuhwerkes mit optimaler Fußbettung liegen keine nennenswerten Beeinträchtigungen der Belastbarkeit und Gehstrecke vor.

Eine Streckbehinderung im *Großzehengrundgelenk* (Hallux rigidus) und auch in den *Langzehengrundgelenken* beeinträchtigt das Abrollen des Fußes in der letzten Gangphase. Eine Beugebehinderung ist zumeist irrelevant. Ebenso fallen Bewegungsstörungen der übrigen Zehengelenke funktionell nicht ins Gewicht.

Muskulatur. Eine gute Funktionalität der plantaren Muskelgruppen ist bei adäquater Schuhversorgung auch im

Falle deutlicher Deformitäten sozialmedizinisch von untergeordneter Bedeutung.

Gelenkflächen. Degenerative Veränderungen der Knorpelflächen im Bereich der Sprunggelenke sind meist traumatischer Genese; in Abhängigkeit vom klinischen Beschwerdebild sollte eine (teil)immobilisierende Orthesen- oder gar eine spezielle Schuhversorgung zur Verbesserung der axialen Belastbarkeit der Extremität versucht werden. Aufbrauchserscheinungen im Bereich der Zehengelenke sind meist degenerativer Natur; adäquate (Teil) Entlastung und Weichpolsterung durch Einlagenversorgung oder Schuhzurichtung sinnvoll.

Achsabweichungen. Achsabweichungen im Sinne eines Pes varus bzw. valgus v. a. im Gefolge einer labilen Fußdeformität (Ausgleich durch spezielle Einlagen), seltener fixierte Kontraktur (z. B. beim Klumpfuß) mit der Notwendigkeit einer individuellen Schuhfertigung.

Reizzustände. Arthralgische Reizzustände im Sprunggelenks- und Fußbereich (v. a. degenerativer Genese) gehen weniger mit einer synovialen Kapselschwellung einher als vielmehr mit typischen Belastungs- und Bewegungsschmerzen. Häufiger sind Metatarsalgien im Gefolge einer Fußdeformität mit Überlastungsproblematik der Kapsel-Bandansätze, auch Sehnenansatzirritationen am Tuber calcanei, am Ursprungspunkt des Lig. plantare longum am Kalkaneus sowie im Ansatzbereich des M. tibialis posterior, des M. tibialis anterior sowie der peronealen Muskeln; seltene tarsale Engpasssymptomatik im medialen Fußbereich.

■ **Sozialmedizinische Beurteilung**

Ähnlich wie bei der Hüft- und Kniegelenksregion spielen hier die Einzelkriterien wie axiale Belastbarkeit der Extremität, Sicherheit und Ökonomie des Gangablaufes, Standsicherheit, Gehstrecke sowie Kompensierbarkeit durch ein belastbares kontralaterales Bein (evtl. unter Einsatz einer Gehilfe und/oder Versorgung mit speziellem Schuhwerk) eine wesentliche Rolle.

■ **Einzelne Krankheitsbilder**

Die sozialmedizinische Beurteilung richtet sich nach den oben dargestellten Regeln. Besonderheiten sind bei den einzelnen Krankheitsbildern aufgeführt.

Arthrose des oberen/unteren Sprunggelenkes. Degenerativer Aufbrauchsschaden des tibiotalaren, des subtalaren und/oder des CHOPART-Gelenkes. Meist posttraumatisch (fehlverheilte Knöchel-, Talus- oder Kalkaneusfrakturen), seltener Talusosteochondrose und Erkrankungen des rheumatischen Formenkreises. Beschwerden v. a. bei offenem Schuhwerk und beim Gehen auf instabiler Unterlage, Bewegungseinschränkung, Schwellneigung. Medikophysikalische Therapie; Tragen einer adäquaten Schuhzurichtung (z. B. Abrollhilfe, zurückgesetzte Ballenrolle, Pufferabsätze, Einlagenversorgung), evtl. Verordnung von orthopädischem Schuhwerk. Bei Beschwerdepersistenz → Sprunggelenksarthrodese; auch relative Indikation zur Endoprothese des oberen Sprunggelenkes.

Tragen leidensgerechten (Arbeits-)Schuhwerkes. Keine längerdauernden Arbeiten in ausschließlich gehender und/oder stehender Körperhaltung, keine häufigen Tätigkeiten im Hocksitz, kein Gehen auf unebenem Gelände, kein Besteigen von Leitern und Gerüsten. Gehstrecke bei ausgeprägten Veränderungen evtl. beeinträchtigt (Handstock). Wichtig ist die Kompensationsfähigkeit einer gut belastbaren kontralateralen Extremität. In den meisten Fällen können leichte bis gelegentlich mittelschwere Tätigkeiten mit der Möglichkeit des häufigeren Einnehmens einer sitzenden Arbeitshaltung sechs Stunden und mehr verrichtet werden.

Persistierende laterale Kapsel-/Bandinstabilität des oberen Sprungelenkes.
Angeborene Laxität oder posttraumatische Insuffizienz des äußeren Kapselbandapparates im Bereich des oberen Sprunggelenkes. Daraus resultieren Gang- und Standunsicherheit, eine Neigung zur »habituellen Distorsion« mit häufigem Umknicken im Supinationssinne und nicht selten lokale belastungsabhängige Schmerzen und Schwellungen. Exakte Diagnose durch gehaltene Röntgenaufnahmen.

Zur Vorbeugung eines Umknicktraumas Tragen von stabilem Schuhwerk evtl. mit Sohlenaußenranderhöhung (etwa 5 mm) oder Absatzverbreiterung. Tragen einer externen stabilisierenden Orthese. Bei persistierendem, subjektiv beeinträchtigendem Unsicherheitsgefühl operative stabilisierende Bandplastik indiziert. Kein Gehen auf unebenem Gelände, kein Besteigen von Leitern und Gerüsten. Kein ausschließliches Stehen und Gehen. Die Gehstrecke ist bei Tragen adäquaten Schuhwerkes i. Allg. nicht beeinträchtigt.

Senkfuß, Spreizfuß, Plattfuß, Hohlfuß.
Angeborene oder erworbene Fußdeformitäten mit Abflachung bzw. Aufhebung des Längs- und/oder Quergewölbes bzw. mit einem übersteigerten Längsgewölbe. Bei monotoner länger dauernder axialer Belastung (Übergewicht) metatarsalgische Beschwerdebilder. Versorgung des (Arbeits)Schuhwerkes mit individuell nach Abdruck gefertigten Einlagen. Berufliche Tätigkeiten ohne ständiges monotones Gehen oder Stehen. Die Gehstrecke ist nicht beeinträchtigt.

Spitzfuß.
Perstisierende Fehlstellung im oberen Sprunggelenk mit Unmöglichkeit der aktiven Dorsalextension. Bei *schlaffem Spitzfuß*, z. B. als Folge einer Wurzelschädigung S1 oder einer peripheren Peronaeusläsion, genügt i. d. R. das Tragen einer Fußheberorthese (Peronaeusfeder). Bei *kontraktem Spitzfuß*, etwa infolge einer kongenitalen Fußdeformität, sind spezielle orthopädische Schuhzurichtungen erforderlich (Absatzerhöhung bds., Innenschuh u. a.). Relative Indikation zur operativen Korrektur durch Sehnentransposition (schlaff), Verlängerung der Achillessehne, knöcherne Fußwurzelkorrektur(kontrakt).

Das Tragen korrekten (Arbeits)Schuhwerkes bzw. einer unterstützenden Orthese ist erforderlich. Behinderung bei überwiegend stehenden und gehenden Tätigkeiten, auch bei Arbeiten in Hock- oder Bückstellung; kein Arbeiten auf unebenem Gelände, Leitern oder Gerüsten. Gehstrecke nur in Einzelfällen deutlicher beeinträchtigt (→ Sprunggelenksarthrose).

Klumpfuß.
Kombinierte kongenitale Fußdeformität im Sinne eines Pes equinovarus (Fehlstellung im Spitz- und O-Fuß) mit gleichzeitiger Vorfußadduktion sowie fakultativem Hohlfuß. Zusätzlich besteht eine Insuffizienz der Peronealmuskulatur (Klumpfußwade). Konservative manuelle Redression im Säuglingsalter. Oft sind operative Korrekturen der kontrakten Weichteile unumgänglich. Bei Persistenz einer deutlichen Fehlstellung knöcherne Korrektur nach Wachstumsabschluss (untere Sprunggelenksarthrodese). In der Regel verbleibt eine Fußfehlform, evtl. mit Belastungsschmerzhaftigkeit und Beeinträchtigung der Gangabwicklung. Lebenslanges konsequentes Tragen von Schuhen mit gutem Fußbett (optimalerweise individuell gefertigt), in Einzelfällen auch von orthopädischen Schuhen erforderlich.

Das Tragen korrekten (Arbeits-)Schuhwerkes ist unerlässlich. Gehstrecke in Einzelfällen beeinträchtigt (→ Sprunggelenksarthrose, → Spitzfuß).

Kongenitaler Plattfuß (Talus verticalis).
Seltene kongenitale Störung mit angeborener Fehlstellung des Talus, Verkürzung der Achillessehne sowie Fehlfunktion der Peronealmuskulatur. Kontrakter Rückfuß-Valgus, Vorfußadduktion, abgeflachtes Fußgewölbe evtl. mit konvexer Fußsohle (sog. Schaukel- bzw. Tintenlöscherfuß). Frühe konservative redressierende Maßnahmen. Bei sehr kontrakter Situation operative Reposition im Alter von 4–6 Monaten. Es verbleibt immer eine deutliche anatomische Störung des Fußes; unter diesem Gesichtspunkt Schuhversorgung mit optimaler Fußbettung, in Einzelfällen sogar orthopädisches Schuhwerk erforderlich.

In aller Regel resultieren bleibende qualitative Einschränkungen nur bezüglich Tätigkeiten mit ausschließlicher Geh- und Stehbelastung sowie für Arbeiten auf unebenem Gelände.

Fersensporn. Verknöcherung des Achillessehnen-Ansatzpunktes am Fersenbein (*dorsaler F.*) bzw. des Ursprungspunktes des Lig. plantare longum am Fersenbein (*plantarer F.*). Bei langem Stehen lokale Reizzustände mit Belastungsschmerz. Ein radiologisch auffälliger Befund ist nicht immer klinisch relevant. Versorgung des Schuhwerkes mit dorsaler Weichpolsterung bzw. mit weicher Einlage und individueller lokaler Hohlbettung. Lokale Kristallkortikoidinfiltration bei hartnäckig persistierenden lokalen Beschwerden. In Ausnahmefällen ist eine operative Intervention indiziert.

Korrekte Fußbettung im Arbeitsschuhwerk. Berufliche Tätigkeit ohne mehrstündiges monotones Stehen und/oder Gehen. Gehstrecke i. Allg. nicht beeinträchtigt.

Morbus Ledderhose. Sehr selten auftretende, dann oft progredient in Schüben verlaufende Verschwielung der Plantaraponeurose mit lokalen Belastungsschmerzen. Versorgung des Schuhwerkes mit weicher (Korkleder) Einlage und individueller Hohlbettung des betroffenen Bereiches. Eine operative Entfernung der Gewebeverhärtung ist bei Beschwerdepersistenz sinnvoll.

Korrekte Fußbettung im Arbeitsschuhwerk. Berufliche Tätigkeit ohne mehrstündiges monotones Stehen und/oder Gehen. Gehstrecke i. Allg. nicht beeinträchtigt.

Hallux rigidus, Hallux valgus, Hammer- und Krallenzehen. Degenerativer Aufbrauch, evtl. mit X-Fehlstellung im Bereich des Großzehengrundgelenkes. Spreizfußbedingte Kontrakturstellung der Langzehengelenke. Häufige »Schuhkonflikte« mit Druckstellen über dem lateralen und dorsalen ersten Mittelfußköpfchen, dorsaler Clavus über dem Langzehenmittelgelenk. Tragen breiter Schuhe mit gut gearbeitetem Fußbett, evtl. durchgehende weiche Einlagen, Abrollhilfe. Bei Beschwerdepersistenz operative Sanierung, z. B. Resektionsarthroplastik I nach Brandes, Korrekturosteotomie MFK I, Hohmannsche Resektionsarthroplastik Langzehenmittelgelenk u. a. m.

Die korrekte Fußbettung im Arbeitsschuhwerk ist zu beachten. Der Verlust der Dorsalextension im Großzehengrundgelenk behindert bei jedem Schritt. Auch eine Beeinträchtigung der Streckung in den Langzehengrundgelenken führt zu einer deutlichen Behinderung der Fußabrollung und damit zu einer Einschränkung der Gehfähigkeit. Ein Funktionsverlust des Großzehenendgelenkes sowie der Langzehenmittel- und -endgelenke ist ohne wesentliche sozialmedizinische Relevanz.

Sprunggelenksdistorsion. Traumatisches Umknicken im oberen Sprunggelenk im Supinationssinne. Lokale Schwellung und Druckdolenz des lateralen Kapsel-/Bandapparates, Supinations- und Plantarflexionsschmerz ohne Instabilität. Frühzeitige lokale Kryotherapie, Fußhochlagerung, evtl. temporäre Immobilisation und Schonung. Dauer der Arbeitsunfähigkeit etwa 7–10 Tage.

Bleibende Beeinträchtigungen sind nicht zu erwarten. Bei persistierenden lokalen Beschwerden ist evtl. eine temporäre Schuhaußenranderhöhung hilfreich.

Außenbandruptur des Sprunggelenkes. Einriss des Lig. fibulotalare anterius und/oder des Lig. fibulocalcaneare im Zuge eines Supinations- oder Adduktionstraumas. Schwellung und Hämatombildung unterhalb und vor dem Außenknöchel, lokale Druckdolenz, Supinations- und Plantarflexionsschmerz, klinisch und radiologisch durch gehaltene Aufnahmen nachweisbare vermehrte laterale Aufklappbarkeit bzw. übersteigerte ventrale Talusverschieblichkeit. Temporäre Ruhigstellung im Schienenverband in Pronationsstellung, nach Abschwellen Zinkleimverband oder Tape-Verband, lokale Kryotherapie, lokale und systemische Antiphlogese, Fußhochlagerung, evtl. bei eingeschränkter Belastbarkeit Thromboseprophylaxe. Operation heutzutage nur noch in wenigen Einzelfällen mit erheblicher Schädigung. Arbeitsunfähigkeit im Falle eines Sitzberufes 2–4 Wochen, bei vornehmlich gehender und stehender Körperhaltung 4–6 Wochen. Dann ist i. Allg. bei evtl. noch angelegter orthetischer Schienung eine ausreichende Belastbarkeit möglich. Bei bleibender Bandinsuffizienz ist eine sekundäre Bandplastik zu überlegen.

Im Falle einer bandstabilen Ausheilung keine bleibende Beeinträchtigung. Evtl. vorübergehende geringe Schuhaußenranderhöhung (0,5 cm) bzw. Einsatz einer sprunggelenksstabilisierenden Orthese (Knöchelsocke). Nur in Ausnahmefällen bleibende qualitative Beeinträchtigungen, z. B. bei persistierender Instabilität mit Umknickneigung; dann Probleme beim Gehen auf unebenem Gelände sowie beim Heben und Tragen schwerer Lasten über längere Strecken.

▪ Folgen von Frakturen

Knöchelfrakturen. Laterale Frakturen vom Typ Weber A werden konservativ, solche vom Typ Weber B oder C (Schädigung der Syndesmose) operativ behandelt. *Innenknöchelfrakturen* werden rotationsstabil mit Draht- oder Schrauben versorgt. Postoperative Entlastung sechs Wochen, weitere 3–6 Wochen Arbeitsunfähigkeit. Rehabilitation nicht erfoderlich. In Einzelfällen verbleibt eine leichte Extensions- und/oder Flexionsbehinderung. Sekundärarthrosen sind bei korrekter Operation eher selten.

Talus- oder Kalkaneusfrakturen. Talus- oder Kalkaneusfrakturen führen selbst nach guter operativer Rekonstruktion zu oft erheblichen Funktionseinschränkungen mit unweigerlichem Auftreten einer Sekundärarthrose des unteren Sprunggelenkes und hierfür typischen belastungsabhängigen Beschwerden, die mit einer orthopädischen Schuhzurichtung oder gar orthopädischem Schuhwerk gebessert werden können.

Mittelfußfrakturen. Mittelfußfrakturen zeigen unter konservativer Therapie (meist temporäre Gipsruhigstellung) eine gute Ausheilungstendenz. Schmerzbilder unter Belastung bei verbliebener Fehlstellung können meist durch eine Einlage mit individueller Fußbettung deutlich reduziert werden.

Großzehengrundgliedfrakturen. Großzehengrundgliedfrakturen werden im temporären Unterschenkel-Gipsverband für sechs Wochen ruhiggestellt. In der Regel keine bleibenden Folgen.

Langzehenfrakturen. Langzehenfrakturen und Großzehenendgliedfrakturen werden für etwa 4–6 Wochen in einem Pflasterzügelverband temporär immobilisiert. Arbeitsunfähigkeit bei Berufen mit sitzender Tätigkeit 2–4 Wochen, sonst 6–8 Wochen. Nur in Ausnahmefällen verbleiben subjektiv beeinträchtigende Störungen.

■ **Folgen operativer Eingriffe**

Endoprothese des oberen Sprunggelenkes. Gesamtfallzahl 2007: 1.520. Ersatz des tibiotalaren Gelenkes mit zementfreier, teilzementierter oder vollzementierter Oberflächen-Scharnierendoprothese. Postoperative Rehabilitation i. Allg. über mindestens 12 Wochen: operierende Klinik etwa 2 Wochen; stationäre oder ganztägig ambulante Rehabilitation in einer AHB-Einrichtung, dann ambulante Weiterbetreuung. Arbeitsfähigkeit unabhängig von der Art der implantierten Endoprothese meistens nach etwa 3–4 postoperativen Monaten anzunehmen.

In aller Regel können leichte bis gelegentlich mittelschwere körperliche Tätigkeiten wieder über sechs Stunden verrichtet werden. Überwiegend sitzende Körperhaltung, kein langes Stehen oder Gehen, kein Gehen auf unebenem Gelände, kein Besteigen von Leitern und Gerüsten, kein häufiges Begehen von Treppen, kein Arbeiten in Hock- oder Bückstellung.

Arthrodese des oberen Sprunggelenkes. Versteifung des tibiotalaren Gelenkes, bei Männern in neutraler Nullstellung, bei Frauen oft in geringer Spitzfußstellung zum Tragen von Schuhen mit leichtem Absatz. Knöcherne Ausheilung nach stabiler Osteosynthese in etwa 12 Wochen. Rehabilitation i. Allg. nicht erforderlich. Bei geglücktem Eingriff resultiert ein gut und schmerzfrei belastbares Bein. Allerdings ist die Pseudarthrosenrate hoch. Wegen des Verlustes der Plantarflexion und Dorsalextension des

Fußes bei erhaltener Fußkantung und Vorfußverwringung ist die Versorgung der Konfektionsschuhe mit einer Abrollhilfe sinnvoll.

Adäquates (Arbeits-)Schuhwerk. Keine Arbeiten in Hock- oder Bückstellung, auf unebener Fläche oder auf Leitern und Gerüsten. Behinderung beim Treppauf- und Treppabsteigen. Die muskuläre Wadenpumpe ist weniger effizient, daher ist wegen Ödemneigung gelegentlich eine Kompressionsstrumpfversorgung nötig. Gehstrecken von 1.000 m und mehr sind meist problemlos zu bewältigen.

Arthrodese des unteren Sprunggelenkes. Versteifung des subtalaren Gelenkes, evtl. auch des Chopart-Gelenkes in Neutralstellung, nicht selten mit gleichzeitiger korrigierender Fußwurzelosteotomie. Knöcherne Ausheilung bei stabiler Osteosynthese nach 12–16 Wochen. Rehabilitation i. Allg. nicht erforderlich. Bei geglückter Operation resultiert ein gut und schmerzfrei belastbares Bein. Es verbleibt ein Verlust der Fußkantungsbewegungen, evtl. auch der Vorfußverwringung bei erhaltener Plantarflexion und Dorsalextension im oberen Sprunggelenk. In aller Regel reichen Konfektionsschuhe mit individuellem Fußbett aus. Nur in Einzelfällen ist die Versorgung mit orthopädischem Schuhwerk zwingend erforderlich.

Adäquates (Arbeits-)Schuhwerk. Keine Arbeiten auf unebener Fläche oder auf Leitern und Gerüsten, Behinderung beim Treppauf- und Treppabsteigen, die Gehstrecke ist im Regelfall nicht beeinträchtigt.

Korrektureingriffe im Bereich des Vorfußes. Bei *Hallux valgus* Resektions(interpositions)arthroplastik (Keller/Brandes) oder MFK-I-Osteotomie; bei *Hallux rigidus* Arthrodese oder Endoprothese des Großzehengrundgelenkes bzw. Resektionsarthroplastik; bei *dekompensiertem Spreizfuß* mit schweren rezidivierenden Metatarsalgien Mittelfußosteotomien nach Helal; bei *Krallen-/Hammerzehen* Resektionsarthroplastik (Hohmann); bei *Langzehengrundgelenksdestruktionen* (v. a. bei rheumatoider Arthritis) MFK-Köpfchenresektion. Auch nach abgeschlossener Wundheilung verbleibt oft über einen Zeitraum von 3–4 Monaten eine hartnäckige lokale Schwellneigung mit Belastungsbeschwerden. Volle axiale Belastung (teilweise im vorfußentlastenden Spezialschuh) ist i. d. R. nach sechs Wochen möglich, freies Gehen nicht selten erst ab der 12. postoperativen Woche.

Für etwa 3–6 Monate postoperativ sollte keine ausschließlich sitzende Tätigkeit ohne die Möglichkeit der Fußhochlagerung bzw. einer kurzfristigen Geh- und Stehbelastung (Einsatz der Wadenpumpe) verrichtet werden. Ab dem 6. Monat verbleiben im Falle eines geglückten Eingriffes i. Allg. keine schwerwiegenden Leistungsbeeinträchtigungen.

■ **Folgen von Amputationen**

Fußamputation. Angestrebt wird die optimale Endbelastungfähigkeit bei erhaltenen Fersenweichteilen; z. B. beim PIROGOFF-Stumpf, bei dem das Fersenbein mit belastungsfähigem Fersenpolster unter die distale Tibia eingestellt wird. Noch besser belastbar ist die SYME-Amputation, die einer Exartikualtion im Sprunggelenk entspricht und bei der zur Weichteildeckung ebenfalls das Fersenpolster verwendet wird. Versorgung mit orthopädischem Innenschuh bzw. Orthoprothese beim SYME-Stumpf. Nicht selten resultieren deutlichere Beeinträchtigungen durch Weichteilprobleme und muskuläre Imbalancen.

Mittelfußamputation. Amputationslinie bevorzugt im Bereich der CHOPARTschen bzw. LISFRANCschen Gelenklinie. In der Regel erlaubt eine gute orthopädische Schuhversorgung ein sicheres, unterstützungsfreies Gehen.

Zehenamputation. Mit adäquatem Schuhwerk resultiert aus einem Großzehenverlust allenfalls eine geringe, aus einem (kompletten) Langzehenverlust meist keine wesentliche funktionelle Beeinträchtigung. Das Leistungsvermögen wird häufig durch die ursächliche bzw. begleitende internistische Störung wie z. B. Diabetes mellitus oder arterielle Verschlusskrankheit limitiert (vgl. ▶ Kap. 12, ▶ Kap. 14).

7.5 Kombinationsschäden und Systemerkrankungen

Jürgen Heisel

Zahlreiche Krankheitsbilder des Halte- und Bewegungssystems sind nicht auf eine einzelne Körperregion beschränkt. Sie manifestieren sich an mehreren Gelenken (Polyarthrose), an Sehnen und Muskulatur (Tendomyosen), diffus (Osteoporose, Osteomalazie) oder polytop (Erkrankungen des rheumatischen Formenkreises, Metastasen) am Skelett; einige sind typisch für bestimmte Lebensphasen (aseptische Knochennekrosen, Skelettmissbildungen).

7.5.1 Allgemeines

Die Begutachtung dieser Kombinationsschäden und Systemerkrankungen richtet sich wie immer nach Art und Lokalisation der Funktionsstörungen, welche sich hier oft zu vielgestaltigen und komplexen Beschwerdebildern kombinieren. Die sozialmedizinische Beurteilung muss diese Details berücksichtigen, sie umfasst aber mehr als die Kumulation von Einzelheiten.

■ **Diagnostik**

Körperliche Untersuchung. Habitus, globale Körperhaltung (Haltungsschwäche, Haltungsfehler); Gang- und Standvarianten; evtl. Erfassung eines typischen Befallsmusters. Detaillierte Untersuchung der Stabilität und Funktionalität der oberen Extremitäten, der Wirbelsäule sowie der unteren Extremitäten (s. o.).

Röntgen. Röntgen in Abhängigkeit vom subjektiven Beschwerdebild sowie von der klinischen Situation (s. o.); evtl. in Einzelfällen zusätzlich *Wirbelsäulenganzaufnahme a. p.* und *seitlich im Stehen, Beinganzaufnahmen a. p. im Stehen.*

Szintigraphie. Szintigraphie zur Erfassung des Befallsmusters einer entzündlich-rheumatischen Erkrankung oder bei V. a. auf eine Metastasierung sinnvoll.

■ **Begutachtungskriterien**

Lokale Funktion. Die Untersuchung und Beurteilung einzelner Gelenke bzw. Wirbelsäulenabschnitte richtet sich nach den Ausführungen der ▶ Kap. 7.1 bis 7.4. Noch bedeutungsvoller sind bei diesen Krankheitsbildern die Erfassung von Ausweichbewegungen im Falle einer persistierenden Störung sowie Art und Umfang kompensatorischer Funktionsabläufe.

Regionale Funktion. Globalfunktionen eines ganzen Armes oder Beines bzw. der Wirbelsäule als Ganzes ohne detaillierte Berücksichtigung der einzelnen Gelenke.

Gesamtfunktion. Sind gleichzeitig mehrere Extremitäten und/oder Wirbelsäulenabschnitte in ihrer Funktion beeinträchtigt, so resultiert i. Allg. neben einer qualitativen Beeinträchtigung auch eine zeitlich limitierte Belastbarkeit des betroffenen Patienten.

Zeitlicher Verlauf. Sowohl der Spontanverlauf einer Erkrankung als auch der Zeitbedarf und die Begleiterscheinungen der akutmedizinischen Therapie bzw. der medizinischen und beruflichen Rehabilitation spielen für die Begutachtung eine bedeutsame Rolle (z. B. medikamentöse Dauertherapie, schubweiser Verlauf, stetige chronische Progredienz).

Schmerzzustände. Vor allem multilokuläre Affektionen degenerativer und/oder entzündlicher Veränderungen können das Leistungsvermögen nicht nur qualitativ, sondern auch quantitativ deutlich einschränken. Nicht selten kommt es insbesondere bei sozialen Problemen oder längerem Krankheitsverlauf zu zusätzlichen psychischen Störungen, die für den orthopädischen Gutachter in ihrer

Auswirkung von den Folgen morphologisch fassbarer Störungen gelegentlich schwer abzugrenzen sind.

Kompensationsmechanismen. Leidensgerechter, ergonomisch ausgerüsteter Arbeitsplatz, adäquate Hilfsmittelversorgung; stressfreie Umgebung mit evtl. häufigeren Arbeitspausen u. a. m.

- **Sozialmedizinische Beurteilung**

Bei degenerativen Erkrankungen der Wirbelsäule und/oder der Extremitätengelenke spielen für die Beurteilung des körperlichen Leistungsvermögens einerseits die Gesamtmobilität des Patienten die wesentliche Rolle, andererseits das klinische Bewegungsspiel der jeweils betroffenen Körperregion, die Möglichkeit der muskulären Kraftentfaltung, das Auftreten überlastungs- bzw. fehlbelastungsbedingter Irritationen von Gelenkbinnenanteilen oder periartikulären Strukturen sowie das tatsächliche Ausmaß der bestehenden regressiven Aufbraucherscheinungen. Zu beachten ist, dass unter Ausnutzung milder konservativer Behandlungsstrategien zwar viele dieser Erkrankungen in der bildgebenden Diagnostik teilweise beeindruckende morphologische Veränderungen zeigen, letztendlich jedoch bei Vermeidung spezieller kinetischer und/oder statischer Belastungen der betroffenen Körperregion oft ein kompensierter (klinisch stummer oder symptomarmer) Zustand erreicht werden kann. Die adäquate Anpassung der Arbeitstätigkeit einerseits, des Arbeitsplatzes bzw. seiner Umgebung andererseits im Hinblick auf persistierende Beeinträchtigungen sind bei allen den Haltungs- und Bewegungsapparat global betreffenden Erkrankungen von essentieller sozialmedizinischer Bedeutung, wobei mögliche Kompensationsmechanismen z. B. durch eine weniger stark geschädigte kontralaterale Extremität unter gutachterlichen Gesichtspunkten ebenfalls beachtet werden müssen.

Kombinationsschäden und Systemerkrankungen der Haltungs- und Bewegungsorgane zeigen in vielen Fällen einen periodenhaften Verlauf, nicht selten auch eine deutliche Progression der krankmachenden Veränderungen. In diesem Zusammenhang sollte u. U. die häufigere Durchführung rehabilitativer Leistungen unter ambulanten oder stationären Bedingungen zum Erhalt der Leistungsfähigkeit und zur Vermeidung einer Erwerbsminderung überlegt werden, wobei sich hieraus eine vorzeitige Indikation für eine Rehabilitation ergeben kann.

7.5.2 Polyarthrose

Viel häufiger als die entzündlich-rheumatischen Erkrankungen (vgl. ▶ Kap. 8) sind mit zunehmendem Lebensalter die nicht entzündlichen *degenerativen Veränderungen* der Wirbelsäule und Extremitätengelenke. In der allgemein- und fachärztlichen Praxis stellen sie die zweithäufigste Ursache für eine Behandlung und für die Attestierung von Arbeitsunfähigkeit dar; sie sind auch die häufigste Begründung für einen Antrag auf Leistungen zur Teilhabe.

- **Diagnostik**

Klinische Untersuchung. Zunächst globale Erfassung des Befallsmusters; anschließend detaillierte Befunderhebung der einzelnen Körpergelenke (Stabilität, Funktionalität, Binnenreizzustände u. a.; s. o.).

Röntgen. Erfassung der morphologischen Situation v. a. des Hand- bzw. auch des Fußskeletts (s. o.); hier ist das Ausmaß der tatsächlich nachweisbaren Veränderungen nicht zwingend mit einem entsprechendem Krankheitswert gleichzusetzen.

Szintigraphie. Im Rahmen der Begutachtung in aller Regel entbehrlich (da keine entzündliche Affektion anzunehmen).

- **Begutachtungskriterien**

Aufgrund der teilweise deutlichen Komplexität der Krankheitsbilder wird nicht selten eine aufwändige klinische Bewertung der globalen (Rest)Funktionen erforderlich, bevor dann detailliert auf die symptomführenden Krankheitsstörungen eingegangen werden muss (s. o.).

- **Sozialmedizinische Beurteilung**

Primär regressive Veränderungen des mesenchymalen Gewebes ohne echte Entzündungszeichen; konsekutive reaktive und reparative Prozesse der betroffenen Gelenkbinnenstrukturen bzw. der periartikulären Weichteile (begünstigende Faktoren siehe ▫ Tab. 7.13).

Bei Auftreten regressiver Veränderungen unweigerliche Tendenz zur Progression, vor allem unter weiterer kinetischer oder statischer Belastung der betroffenen Körperregion mit sekundärer Ausbildung reparativer Umbauvorgänge (knöcherne Ausziehungen der Gelenkumschlagfalten im Sinne von Osteophyten; Fibrosierungen der periartikulären Strukturen mit Funktionseinschränkung u. a. m.). Typischer Anlaufschmerz (arthrotischer Startschmerz) nach längerer Einnahme einer ruhenden Körperhaltung; lokale Reizzustände mit periartikulärer Schwellung, Begünstigung muskulärer Dysfunktionen mit Verspannungen und Schmerzbildern, zu-

◻ Tab. 7.13 Ätiologische Faktoren für die Ausbildung globaler degenerativer Gelenkveränderungen

Primäre Störungen	– dispositionelle individuelle biologische Fehlanlage des Gelenkknorpels (minderwertig belastbares Gewebe aufgrund genetischer Faktoren; z. B. idiopathische Störungen, Chondrodystrophien u. a.) – im Wirbelsäulenbereich Degeneration der Zwischenwirbelscheiben mit nachfolgender Protrusion bzw. Prolaps
Sekundäre Störungen	– kongenitale isolierte oder kombinierte Fehlanlage mit sekundärer Fehlbelastung und Instabilität (z. B. Gelenkdysplasien) – kindliche oder juvenile Wachstumsstörungen (→ Morbus Perthes, → Epiphyseolyse des Femurkopfes u. a. m.) – posttraumatische Störungen nach Verletzung von nur unvollständig reparablen Binnenstrukturen (Gelenkknorpel, stabilisierender Bandapparat, Meniskusstrukturen) – Folgen entzündlich-bakterieller Gelenkprozesse mit nachfolgender meist schwerer Knorpeldestruktion – metabolische Störungen (z. B. Hyperurikämie, Chondrokalzinose, Ochronose) – endokrine Stoffwechselstörungen (z. B. Hyperparathyreoidismus, Hypothyreose, Diabetes mellitus) – Hämophilien mit Neigung zu rezidivierenden Gelenkbinnenblutungen

◻ Tab. 7.14 Operative Differenzialtherapie und ihre Erfolgsaussichten bei Affektionen unterschiedlicher Körpergelenke

Betroffene Gelenke	Gelenk-toilette	Resektions-arthro-plastik	Alloar-thro-plastik	Arthro-dese
Schulter-gelenk	++	(+)	++	+
Akromio-klavikular-gelenk	+	+++	–	–
Sternoklavi-kulargelenk	+	+++	–	–
Ellenbogen-gelenk	++	(+)	++	+
Handgelenk	(+)	(+)	(+)	++
Daumen-gelenke	++	++	+	++
Langfinger-grund-gelenke	++	+	+	–
Langfinger-mittel-gelenke	++	–	+	++
Langfinger-endgelenke	+	–	–	++
Hüftgelenk	+	(+)	+++	(+)
Kniegelenk	+++	–	+++	+
Femoropa-tellargelenk	+	(+)	++	–
oberes Sprung-gelenk	+	–	+	++
unteres Sprung-gelenk	(+)	–	–	++
Großzehen-grund-gelenk	(+)	• +++	+	++
Langzehen-grund-gelenke	(+)	+++	–	–
Langzehen-mittel-gelenke	–	++	–	++
Langzehen-endgelenke	–	–	–	++

Zeichenerklärung: +++ sehr gute Erfolgsaussicht, Therapie der Wahl, ++ gute Erfolgsaussicht, + im Einzelfall sinnvoll, (+) unsichere Erfolgsaussicht, – wenig sinnvoll

nehmende Bewegungseinschränkung, Deformitäten und Instabilitäten.

Labordiagnostik allenfalls bei akzentuierten Reizzuständen mit geringen Auffälligkeiten.

Radiologisch auffällige Befunde gehen nicht zwingend einher mit einer tatsächlichen subjektiven klinischen Störung; oft bestehen, vor allem bei Vermeidung von Fehlbelastungen, kompensierte Zustandsbilder.

Konservative Behandlungspalette (medikamentös, physikalisch, krankengymnastisch, balneologisch, orthetisch) sinnvoll; operative Behandlungsmaßnahmen im Frühstadium bei gegebener Fehlbelastung eines Gelenkes zur Verbesserung der Lastverteilung (Korrektur präarthrotischer Deformitäten); im Falle fortgeschrittener Veränderungen gelenkerhaltende Maßnahmen (z. B. Lavage, Gelenktoilette, Resektionsarthroplastiken), gelenkstabilisierende Maßnahmen (z. B. Arthrodese) bzw. künstlicher Gelenkersatz (siehe ◻ Tab. 7.14).

Um das 40. Lebensjahr werden zumindest röntgenmorphologisch bei mehr als der Hälfte der Bevölkerung typische degenerative Aufbrauchserscheinungen einzelner oder mehrerer Körpergelenke und auch der Wirbelsäule (HWS, BWS, LWS) vorgefunden; ab dem 65. Lebensjahr ist dann praktisch jeder Mensch betroffen. Die individuelle Beurteilung des körperlichen Restleistungsvermögens erfolgt vor allem unter Würdigung der klinischen Situation differenziert für die jeweilige Körperregion, wobei eine Bilateralität bzw. ein gleichzeitiges Betroffensein von Wirbelsäule und unteren Extremitäten zu erheblichen qualitativen und eventuell auch quantitativen Beeinträchtigungen des körperlichen Restleistungsvermögens Anlass geben kann. So sind zum Beispiel bei einer schweren Wirbelsäulenaffektion mit Instabilität keine längerdauernden sitzenden Tätigkeiten mehr möglich; bestehen gleichzeitig erhebliche Veränderungen der Hüft- und Kniegelenke mit Begrenzung einer stehenden und gehenden Arbeitshaltung, so ist u. U. nicht mehr von einer zeitlich uneingeschränkten Leistungsfähigkeit auf dem allgemeinen Arbeitsmarkt auszugehen.

Zu vermeiden sind jeweils spezielle gelenkbelastende Bewegungsmuster, wobei sowohl einseitige uniforme statische Belastungen als auch monotone Bewegungsabläufe (vor allem bei gleichzeitiger Lastaufnahme) nur noch begrenzt möglich sind.

Siehe auch → Omarthrose (▶ Kap. 7.3.2), → Ellenbogengelenksarthrose (▶ Kap. 7.3.3), → Handgelenksarthrose (▶ Kap. 7.3.4), → Polyarthrose der Hände (▶ Kap. 7.3.4), → Koxarthrose (▶ Kap. 7.4.2), → Gonarthrose (▶ Kap. 7.4.3), → obere und untere Sprunggelenksarthrose (▶ Kap. 7.4.4), → degenerative Wirbelsäulenveränderungen (▶ Kap. 7.2).

7.5.3 Tendomyosen

Generalisierte Tendomyosen treten bei etwa 3 % der Bevölkerung auf. Ganz überwiegend (> 90 %) sind davon Frauen betroffen.

■ Diagnostik
Klinische Untersuchung. Detaillierte palpatorische Befunderhebung (evtl. in unterschiedlicher Reihenfolge der einzelnen Untersuchungsgänge unter Setzung von Markierungspunkten) erforderlich (tender points, Triggerpunkte, Kontrollpunkte mit jeweils definierter Druckbelastung; s. u.). Bewertung der Schwingungsfähigkeit und der Stimmungslage; Erfragen von life events in der Anamnese (Schicksalsschlag, Ehescheidung, Verlust des Arbeitsplatzes, Mobbing u. a.).

Röntgen. Meist wenig aussagekräftig; Ausschluss degenerativer Gelenkveränderungen, von Fibroostosen sowie von periartikulären Affektionen erforderlich.

Sonographie. Ausschluss degenerativer perartikulärer Weichteilprozesse (z. B. im Bereich des Schultergelenkes).

Szintigraphie. Im Allgemeinen wenig aussagekräftig.

Labordiagnostik. Ausschluss entzündlicher (rheumatischer) Affektionen.

■ Begutachtungskriterien
Da bei diesen globalen Störungen klinisch tatsächlich fassbare Funktionsdefizite nur selten vorliegen, in aller Regel auch radiologische und laborserologische Auffälligkeiten fehlen, sollte der orthopädische Gutachter lediglich die aktuelle Situation unter Würdigung des Zustandes der Haltungs- und Bewegungsorgane beurteilen und auf die Notwendigkeit einer neurologisch-psychiatrischen Zusatzbegutachtung verweisen (psychische Komorbidität, Antwortverzerrungen, Schmerzverarbeitungsstörung?).

■ Sozialmedizinische Beurteilung
Unter orthopädischen Gesichtspunkten ist bei derartigen, klinisch nur schwer fassbaren Störungen in aller Regel von einem zeitlich nicht eingeschränkten Leistungsvermögen auf dem allgemeinen Arbeitsmarkt für leichte körperliche Tätigkeiten auszugehen; mittelschwere Arbeitsabläufe, Tätigkeiten mit kinetischen Kraftspitzen, mit vermehrten Halteleistungen, monotone Bewegungsabläufe, Arbeiten unter Stress bzw. unter Kälte-, Nässe- und Zuglufteinfluss sind weitgehend auszuschließen. Eine wesentliche Beeinträchtigung der Gehstrecke liegt i. Allg. nicht vor.

■ Fibromyalgie-Syndrom
Das Fibromyalgie-Syndrom ist seit den ersten Beschreibungen in den 1970er Jahren ein auch in Fachkreisen umstrittenes Krankheitsbild. 1980 publizierten Wolfe et al. [33] für das American College of Rheumatology (ACR) scheinbar eindeutige diagnostische Kriterien. Nach dieser Definition ist von einem »primären« Fibromyalgie-Syndrom auszugehen, wenn nach Ausschluss einer die Symptomatik erklärenden entzündlichen, neoplastischen oder sonstigen Ursache 11 von 18 »tender points« (meist Sehnenansätze) druckschmerzhaft sind sowie ggf. zusätzlich Befindlichkeitsstörungen wie Müdigkeit, Schlafstörungen, funktionelle Darmstörungen und psychische Auffälligkeiten bestehen. Eine »sekundäre Fibromyalgie« (mit identischem Beschwerdebild) soll hingegen von einer organischen Grundkrankheit ausgehen. Es folgte über Jahrzehnte eine kontroverse Debatte, in der einige Autoren auch eine rein psychische Genese der Beschwerden postulierten und eine eigene Krankheitsentität verneinten [8, 11] – im Jahr 2003 forderte Wolfe sogar selbst dazu auf, die von ihm entwickelten Diagnosekriterien nicht mehr zu verwenden [34].

2008 entwickelte dann die Deutsche Interdisziplinäre Vereinigung für Schmerztherapie (DIVS) unter Beteiligung aller relevanten Fachgesellschaften eine Leitlinie auf S3-Niveau [14], AWMF-Leitlinien-Register 041/004. Eine eindeutige Ursache für das Beschwerdebild kann demnach nicht benannt werden, es finden sich allerdings mit hohem Evidenzgrad Zusammenhänge mit psychischen Erkrankungen (affektiven Störungen, Somatisierungsstörungen), unspezifischen Veränderungen zerebraler Transmittersysteme, Stress am Arbeitsplatz sowie einer dysfunktionalen Krankheitsverarbeitung. Daher wird eine mehrdimensionale Definition des Fibromyalgie-Syndroms (FMS) empfohlen: chronic widespread pain (CWP) = chronischer Schmerz in mehreren Körperregionen, zusätzlich weitere körperbezogene Beschwerden wie Müdigkeit/Schlafstörungen, Steifigkeits-/Schwellungsgefühl an Händen, Füßen und Gesicht, Druckschmerzempfindlichkeit. Weitere körperbezogene Beschwerden sind häufig. Ein Teil der FMS-Patienten weisen Kriterien einer Somatisierungsstörung auf. Zwischen 40 und 80 % erfüllen die Kriterien einer Angst- oder depressiven Störung.

Hinsichtlich therapeutischer Interventionen gibt es eine 1a-Evidenz für die Wirksamkeit einer multimodalen Therapie, bestehend aus aerobem Ausdauertraining, Schulungen und verhaltenstherapeutischen Verfahren. Bei drohender Minderung der Erwerbsfähigkeit kann eine solche Therapie im Rahmen einer medizinischen Rehabilitation in einer geeigneten Einrichtung angezeigt sein. Die Beurteilung der Leistungsfähigkeit richtet sich auch bei diesen Probanden nach dem Ausmaß der körperlichen und psychischen Funktionseinschränkungen.

■ **Myofasziale Schmerzsyndrome**
Synonym: (extraartikulärer) Weichteilrheumatismus. Klinisch noch weniger exakt definiert. Globale, polytope chronische Myalgie mit diffusen druckdolenten Triggerpunkten sowie negativen Kontrollpunkten; ebenfalls erhebliche psychovegetative Begleitstörungen (s. o.).

Die Attestierung einer Erwerbsminderung ist bei diesen Krankheitsbildern kontraproduktiv und führt eher zu einem Krankheitsgewinn mit weiterer psychischer Fixierung. In der Regel können leichte körperliche Tätigkeiten mit gleichmäßigen Bewegungsabläufen ohne kinetische Kraftspitzen sechs Stunden und mehr verrichtet werden; monotone Bewegungsabläufe, Akkordarbeiten, Stress und körperliche Zwangshaltungen sollten vermieden werden; keine Tätigkeiten mit Heben, Tragen und Bewegen von Lastgewichten von über 5 kg; Arbeiten in wohltemperierten Räumen unter Ausschluss von Kälte, Nässe und Zugluft; arbeitsübliche Pausen genügen. Die Gehstrecke ist i. d. R. nicht wesentlich eingeschränkt.

7.5.4 Osteopenie, Osteoporose, Osteomalazie

Bei diesen Veränderungen handelt es sich um unterschiedliche Stoffwechsel- oder morphologische Störungen des knöchernen Skeletts.

■ **Diagnostik**
Körperliche Untersuchung. Globale Körperhaltung; Verkürzung der Rumpfwirbelsäule aufgrund zusammengesinterter Wirbelkörper (Tannenbaumphänomen der Haut; Rundrücken im Sinne eines Witwenbuckels, Aufsitzen des unteren Rippenbogens auf dem Beckenkamm, relative Überlänge der Arme); lokale oder ubiquitäre Klopf- und/oder Druckdolenz v. a. der Dornfortsatzreihe; Skelettdeformierungen (femorale O-Verbiegung, Säbelbeine u. a. m.).

Röntgen. *BWS, LWS in 2 Ebenen (jeweils im Stehen):* Fehlhaltung bzw. Deformität (Globalkyphose, Skoliose, Rotationslisthese u. a.), Knochenstruktur, Strahlentransparenz; frische oder ältere (Spontan) Frakturen. *Beckenübersicht:* Coxa vara, Spongiosastruktur des Schenkelhalses, schleichende Fraktur? *Klinisch deformierte Körperregion (untere Extremität unter Belastung im Stehen) mit angrenzendem Gelenk in 2 Ebenen:* Erfassung osteomalazischer Knochenbezirke.

■ **Osteodensitometrie**
Sonographische Messung, z. B. im Bereich des Fersenbeines allenfalls als Grobscreening geeignet (keine Strahlenbelastung). Valide Werte liefert lediglich die *CT-Messung* (z. B. DEXA), standardisiert im Bereich des Schenkelhalses, der LWS oder der Radiusbasis. Zur Stadieneinteilung der Osteoporose vgl. ▪ Tab. 7.15.

Labordiagnostik. Im Falle einer Osteopenie oder Osteoporose in aller Regel wenig aussagekräftig. Bei einer Osteomalazie dagegen typische Befundkonstellation mit normalem bis leicht erniedrigtem Serumkalzium, deutlich erniedrigtem Serumphosphat sowie stark erhöhter alkalischer Phosphatase (siehe ▪ Tab. 7.3).

■ **Begutachtungskriterien**
Osteoporotische und auch osteomalazische Veränderungen spielen für die Stabilität und Belastbarkeit v. a. der Wirbelsäule sowie der unteren Extremitäten eine wesentliche Rolle. Subjektives Beschwerdebild, die Kraftentfaltung der Rückenstreck- und der hüftumspannenden Muskulatur, eine nach einer Fraktur (Oberarmkopf, Wirbelkörper, Schenkelhals) eingetretene Fehlstellung mit hieraus resultierenden funktionellen Beeinträchtigungen sowie das evtl. fortbestehende Frakturrisiko sind gutach-

◼ Tab. 7.15 Stadieneinteilung der Osteoporose (WHO, 1994)

Grad	Definition
0	*Osteopenie* BMD < -1 bis -2,5 SD im T-Score keine Frakturen
1	*präklinische Osteoporose* BMD < -2,5 SD im T-Score keine Frakturen
2	*symptomatische Osteoporose* BMD < -2,5 SD im T-Score bereits eine bis drei Wirbelkörperfrakturen
3	*symptomatische Osteoporose* BMD < -2,5 SD im T-Score bereits mehr als drei Wirbelkörperfrakturen oder andere Frakturen (Schenkelhals, radiale Speichenbasis u. a.)

BMD = Bone mineral density (Knochenmineraldichte)

terlich zu bewerten. In allen Fällen sollte die Effektivität einer medikamentösen anabolen und evtl. auch antikatabolen Therapie überprüft bzw. vor Abgabe einer Bewertung des Leistungsvermögens abgewartet werden.

■ **Sozialmedizinische Beurteilung**

Die gutachterliche Beurteilung ist abhängig von der jeweiligen Grunderkrankung; im Falle einer Osteopenie oder einer mäßigen Osteoporose sind i. d. R. leichte und gelegentlich mittelschwere Tätigkeiten mit gleichmäßigen Bewegungsabläufen ohne kinetische Kraftspitzen ohne zeitliche Einschränkung möglich; keine Akkordarbeiten; Arbeiten in wohltemperierten Räumen unter Ausschluss von Kälte, Nässe und Zugluft; keine monotone, möglichst wechselnde Körperhaltung, keine Zwangsposition; kein Heben, Tragen bzw. Bewegen von Lastgewichten > 8–10 kg. Gehstrecke in der Regel nicht beeinträchtigt.

Bei symptomatischer Osteoporose, klinisch symptomatischer Osteomalazie sowie bei tumorösen Destruktionen wird das körperliche Leistungsvermögen durch die Grunderkrankung wesentlich bestimmt; in vielen Fällen ist die Belastbarkeit im Berufsleben bleibend beeinträchtigt.

■ **Osteopenie**

Abnahme an Knochengewebe, die sowohl die anorganischen als auch die organischen Bestandteile in etwa gleichem Ausmaß betrifft; spongiöse Strukturen sind stärker betroffen als kortikale. Im Röntgenbild erhöhte gleichmäßige Strahlentransparenz; Osteodensitometrie (siehe ◼ Tab. 7.15). Allenfalls uncharakteristische Beschwerden; Ausdruck eines typischen Alterungsprozesses des Knochenskeletts.

■ **Osteoporose**

Im Gegensatz zur Osteopenie über die Alters- und Geschlechtsnorm hinausgehende Minderung der Gesamtknochenmasse, wobei der Verlust an anorganischen Bestandteilen etwas größer ist als der an organischen Strukturen (Verschlechterung der Mikroarchitektur des Knochens). Es resultiert eine vermehrte Knochenbrüchigkeit.

Epidemiologie: Jede 4. Frau > 60 Jahre ist betroffen. Bis zum 76. Lebensjahr kommt es bei > 30 % der Bevölkerung zu einer pathologischen Fraktur. Im jüngeren Lebensalter, in der Prämenopause sowie bei Männern wird eine Osteoporose nur selten beobachtet; vgl. ◼ Tab. 7.16.

Ätiologie und Einteilung: Low turn over mit verminderter Knochenneubildung (ungenügende anabole Situation); high turn over mit verstärkter Knochenresorption (katabole Situation).

Klinik: Zunehmender Rundrücken mit reaktiven fehlstatischen muskulären Beschwerden, häufiger Spontanschmerz; im Spätstadium Haltungsverfall, Tannenbaumphänomen der Haut. Frakturneigung (BWS, LWS, Schenkelhalsregion, Oberarmkopf, distale Speichenbasis u. a.).

Röntgen: Verminderung der Knochendichte erst ab einem Verlust von 30–40 % nachweisbar; Rarefizierung der Spongiosatrabekel im Spätstadium. Zur Stadieneinteilung durch Osteodensitometrie vgl. ◼ Tab. 7.15).

Labor: Meist unauffällig (siehe ◼ Tab. 7.3).

Therapie: Systemische Analgesie, physikalische Maßnahmen, milde Krankengymnastik, gleichmäßige Bewegung; standardisierte medikamentöse Abdeckung (antikatabol und dann anabol bei high turn over, anabol bei low turn over), ggf. Versorgung mit speziellen Rumpforthesen.

■ **Osteomalazie**

Generalisierte Knochenerweichung mit unzureichender Mineralisation der Grundsubstanz (sog. qualitative Strukturschädigung).

Ätiologie und Einteilung: siehe ◼ Tab. 7.17.

Klinik: rasche Ermüdbarkeit, erhebliche Muskelschmerzen, sekundäre Knochenverbiegungen (u. a. Beinachsenfehler, Glockenthorax, Wirbelsäulenfehlkrümmungen).

Im *Röntgenbild* neben den typischen Zeichen einer → Osteoporose pathognomonische LOOSERsche Umbauzonen, verwaschene Konturunschärfe der Spongiosabälkchen, multiple (meist nur inkomplette) Frakturen.

Labor: evtl. leicht erniedrigter Kalziumspiegel, Phosphatwert deutlich erniedrigt, alkalische Phosphatase deutlich erhöht; vgl. ◼ Tab. 7.3.

Therapie: adäquate Behandlung der jeweiligen Grunderkrankung. Bezüglich der klinischen Beschwerden der Haltungs- und Bewegungsorgane → Osteoporose.

◘ Tab. 7.16 Ätiologie und Einteilung der Osteoporosen

Primäre Osteoporosen	*Idiopathisch*	juvenil, adult, prämenopausal, präsenil
	Postmenopausal (Typ I)	v. a. im Bereich der Wirbelkörper der BWS und oberen LWS
	Senil (Typ II)	Rumpfwirbelsäule, Schenkelhalsregion, Humeruskopf, distaler Radius
Sekundäre Osteoporosen	*Endokrin-metabolisch*	Hyperparathyreoidismus, Hyperthyreose, Akromegalie, Cushing-Syndrom, Diabetes mellitus, Homozystinurie, Hypogonadismus
	Parainfektiös-immunogen	rheumatoide Arthritis, Spondylitis ankylosans
	Myelogen-onkologisch	Plasmozytom, lymphoproliferative Erkrankungen, diffuse Knochenmarkskarzinose
	Inaktivität, Immobilisation	lange Bettruhe, Paraplegie
	Iatrogen-medikamentös	längere systemische Glukokortikoidgabe, längere Thyroxin-Einnahme, Laxantienabusus
	Folge komplexer Osteopathien	renale Osteopathie, Osteogenesis imperfecta, intestinale Malabsorption

◘ Tab. 7.17 Ätiologie und Einteilung der Osteomalazien

Vitamin-D-Mangel	Mangelernährung (Umwelt, vegetarische Kost, Senium), Maldigestion (Pankreasinsuffizienz, verminderte Gallensekretion, Z. n. Gastrektomie), Malabsorption (Pankreasinsuffizienz, Z. n. Dünndarmresektion, Sprue), Bildungsstörung (ungenügende UV-Lichtexposition)
Störungen des Vitamin-D-Stoffwechsels	Leberzirrhose (Aufbaustörung), Niereninsuffizienz (sog. Pseudo-Vitamin-D-Mangel)
Störungen des Phosphatstoffwechsels	Kongenitaler Phosphatdiabetes (Phosphaturie), Debré-DeTonie-Fanconi-Syndrom (Phosphaturie, Glukosurie, Aminoazidurie), kongenitale renal-tubuläre Azidose (Lightwood-Butler-Albright-Syndrom), Knochen- und mesenchymale Tumoren
Phosphatmangel	Kongenitale Hypophosphatasie

7.5.5 Knochentumoren und Skelettmetastasen

Bösartige primäre Knochentumoren können im Bereich des Skeletts in jedem Lebensalter auftreten, die Inzidenz ist in den letzten Jahren gleichbleibend. Knöcherne Metastasen sind eher eine Domäne im Lebensalter > 60 Jahren. Eine verbesserte bildgebende Frühdiagnostik und moderne, funktionserhaltende operative Behandlungsstrategien bieten heute für eine Vielzahl an Patienten eine deutlich verbesserte Prognose als noch vor 20 Jahren.

▪ Diagnostik

Klinische Untersuchung. Tumoröse Destruktionen des Knochengewebes führen meist zu einer derben, eng lokalisierten druckschmerzempfindlichen Schwellung; uncharakteristischer Belastungsschmerz, nur selten Funktionseinschränkung eines Gelenkes. Spontanfraktur im fortgeschrittenen Stadium.

Röntgen. Bei *primären Knochentumoren* oft zunächst nur auffällige periostale Reaktion mit dann fortschreitenden knöchernen Destruktionen. Bei *metastatischen Absiedelungen* klassischer Befund der Osteolyse (überwiegende Beteiligung der spongiösen Knochenanteile mit oft unscharfer Begrenzung, Kompaktaanteile meist erst sekundär betroffen), hyperplastische Reaktionen v. a. bei Prostatakarzinom-Metastasen.

Labordiagnostik. Meist nur uncharakteristische Erhöhung einiger Entzündungsparameter; im Falle eines Plasmozytoms hohe BSG, atypische Elektrophorese.

■ Primäre Knochentumoren

Im jüngeren Lebensalter in erster Linie **Osteosarkome** und Ewing-**Sarkome** im Bereich der unteren Extremitäten, v. a. kniegelenksnah. Bei frühzeitiger Diagnose und adäquater zytostatischer Therapie in Kombination mit einem radikalen operativen Vorgehen (heutzutage ganz überwiegend gelenkerhaltend möglich) liegen die Überlebensquoten bei über 50 %. Im mittleren und höheren Lebensalter handelt es sich meistens um ein **Chondrosarkom** oder ein **Plasmozytom**.

■ Skelettmetastasen

Diese treten überwiegend im mittleren und höheren Lebensalter auf. Häufigste Ursache ist ein *hypernephroides Nierenzellkarzinom*, ein *Bronchialkarzinom*, ein *Mammakarzinom*, ein *Prostatakarzinom* sowie ein *Schilddrüsenkarzinom*. Häufigste Lokalisationen sind die thorakale und lumbale Wirbelsäule, der Schenkelhals und das proximale Femur.

■ Begutachtungskriterien

Tumorfreiheit bzw. Stadium einer Remission nach operativer oder zytostatischer Behandlung? Ausreichende Stabilität und Funktionalität der betroffenen Skelettabschnitte? Notwendigkeit und Ausmaß einer orthetischen Versorgung? Ausreichende Gehstrecke gegeben?

■ Sozialmedizinische Beurteilung

Im Falle einer tumorösen Erkrankung im Jugend- und jungen Erwachsenenalter, auch nach der operativen Intervention (alloplastischer Gelenkersatz im Bereich der unteren Extremitäten, evtl. Umkehrplastik nach Borgreve mit anschließender orthetischer Versorgung, Amputation) noch langwierige, meist sehr aggressive zytostatische Behandlung erforderlich. Während dieses Zeitraumes ist von einer wesentlichen körperlichen Leistungsfähigkeit auf dem allgemeinen Arbeitsmarkt nicht auszugehen. Im Stadium der Remission wird die körperliche Belastbarkeit von der Funktionalität der betroffenen Extremität sowie dem Ausmaß einer möglichen bleibenden Defektsituation bestimmt. Bei einer metastatischen Tumorabsiedelung im Bereich des Skeletts wird das Restleistungsvermögen zusätzlich von der Grunderkrankung mitbestimmt; in vielen Fällen ist von einem aufgehobenen Leistungsvermögen auszugehen.

7.5.6   Aseptische Knochennekrosen

Aseptische Knochennekrosen sind lokalisierte, v. a. durchblutungsbedingte Störungen des knöchernen Skeletts mit Manifestation in unterschiedlichen Lebensepochen.

■ Diagnostik

Klinische Untersuchung. Uncharakteristische lokale Beschwerden, verstärkt bei körperlicher Belastung; meist keine nennenswerte Funktionseinschränkung.

Röntgen. Für die jeweilige Störung typischer Befund.

Labordiagnostik. In aller Regel unauffällig.

■ Begutachtungskriterien

Erfassung einer evtl. bestehenden lokalen Funktionseinschränkung; Überprüfung auf mögliche sekundär arthrotische Veränderungen, die sich auch auf die Geh- und Stehfähigkeit auswirken können.

■ Sozialmedizinische Beurteilung

Knöcherne Störungen im *Kindes- und Jugendalter* heilen meist ohne wesentliche bleibende Folgen aus (Ausnahmen: Epiphyseolyse des Hüftkopfes, M. Perthes; vgl. ▶ Kap. 7.4.2) und beeinträchtigen das körperliche Restleistungsvermögen in aller Regel allenfalls geringgradig qualitativ. Im *mittleren Lebensalter* steht die aseptische Hüftkopfnekrose (vgl. ▶ Kap. 7.4.2), im *höheren Lebensalter* der Morbus Ahlbäck (vgl. ▶ Kap. 7.4.3) im Vordergrund mit bleibender, teilweise deutlicher Beeinträchtigung des Leistungsvermögens.

■ Krankheitsbilder im Kindes-, Jugend- und Adoleszentenalter

Störungen des Knochenwachstums im Bereich der Epiphysen bei Kindern und Jugendlichen (vgl. ❏ Tab. 7.18) können als reine Ossifikationsstörung (sog. aseptische Osteochondrose) u. U. mit begleitender Knochennekrose, seltener auch mit einer Knorpelnekrose (Osteochondronekrose) einhergehen. Als Ursache wird ein vorübergehend gestörtes Gleichgewicht zwischen lokaler Belastung und Belastbarkeit (Durchblutungsstörung? Vermehrte Aktivität? Übersteigertes Körpergewicht? Anomalie des Knorpel- und Kollagenstoffwechsels?) vermutet.

Die Beschwerden sind belastungsabhängig und treten daher vor allem im Bereich der unteren Extremitäten auf. Frühdiagnose nur im MRT. Die Veränderungen im Röntgenbild folgen den Schmerzen 3–4 Monate später: zuerst Aufhellung, dann ein Nebeneinander von Verdichtungs- und Auflockerungszonen (Fragmentation, Reparation). Im weiteren Verlauf kommt es zu eventuell über Jahre andauernden Umbauvorgängen der Epiphyse mit sekundärer Deformierung.

Im Bereich der oberen Extremitäten aufgrund meist fehlender axialer Beanspruchung lediglich Beobachtung, Sportpause, temporäre Schonung; im Bereich der unteren Extremitäten strengere Schonung, evtl. über längere Zeit axiale Entlastung.

☐ **Tab. 7.18** Aseptische Knochennekrosen im Kindes- und Jugendalter	
Obere Extremitäten	Proximaler Humerus, Capitulum humeri (Morbus Panner), Speichenköpfchen, Olekranon, Ulnaköpfchen, Os lunatum (Morbus Kienböck), Os naviculare, Metakarpalköpfchen, Basis der Phalangen, Endphalanx V.
Thorax, Wirbelsäule, Becken	Sternales Ende der Klavikula, sternales Rippenende (Tietze-Syndrom), Grund- und Deckplatten der Wirbelkörper von BWS und oberer LWS (Morbus Scheuermann), Crista iliaca, Os sacrum, Synchondrose Sitzbein/Schambein, Symphyse, Sitzbeinapophyse, Spina iliaca anterior inferior.
Untere Extremitäten	Hüftkopf (Morbus Perthes), Trochanter major, innere Tibiametaphyse, Tuberositas tibiae (Morbus Osgood-Schlatter), Patella (Morbus Sinding-Larsen), Apophyse des Innenknöchels, Apophyse des Außenknöchels, Apophyse des Kalkaneus (Haglund-Exostose), Os naviculare pedis (Morbus Köhler I), Köpfchen MFK II (Morbus Köhler II), Os metatarsale V.

☐ **Tab. 7.19** Aseptische Knochennekrosen im Erwachsenenalter	
Lokalisation	**Ätiologie**
Humeruskopf	vor allem bei längerdauernder systemischer Kortikoidtherapie
Os lunatum	ständige Mikrotraumen (z. B. Arbeiten mit Pressluftwerkzeugen) Minusvariante der Elle? Gefäßanomalie?
Femurkopf	alimentäre Störungen (Fettstoffwechsel, Alkoholmissbrauch, Diabetes u. a.) nach längerdauernder systemischer Kortikoidtherapie
Talus	posttraumatisch

Spätestens mit Abschluss der Skelettreife sind die Wachstumsstörungen ausgeheilt, evtl. unter Hinterlassung einer anatomischen Deformierung oder gar einer Gelenkinkongruenz (→ Morbus PERTHES); in Einzelfällen Entwicklung einer Arthrose als Spätfolge mit dann typischen Belastungsarthralgien und Funktionseinschränkungen; unter diesen Gesichtspunkten können dann auch qualitative Einschränkungen der körperlichen Belastbarkeit verbleiben. Dies gilt es insbesondere bereits im Jugendalter bei der Berufswahl zu berücksichtigen.

- **Krankheitsbilder im Erwachsenenalter**

Ätiologie: Arterielle Durchblutungsstörungen mit nachfolgender knöcherner Infarzierung; aufgrund der Zusammensinterung des nekrotischen Bezirkes sekundäre Auswirkungen auf angrenzende Gelenke mit möglichem Einbruch des Knorpelüberzuges und Ausbildung einer Sekundärarthrose möglich.

Lokalisation: vgl. ☐ Tab. 7.19.

7.5.7 Skelettmissbildungen

Einige angeborene Missbildungen des knöchernen Skeletts sind durchaus häufig; z. B. beträgt die Inzidenz einer kongenitalen Hüftpfannendysplasie 2 %, die eines kongenitalen Klumpfußes 0,4 %. Da erhebliche sekundäre Spätschäden zu erwarten sind, erfolgt hier bereits im Säug-

lings- und Kleinkindesalter ein systematisches Screening sowie eine intensive konservative, z. T. auch operativ-korrigierende Therapie. Andere Krankheitsbilder werden im späteren Leben ohne Behandlung kompensiert bzw. können unter funktionellen Gesichtspunkten nicht zufriedenstellend verbessert werden. In vielen Fällen lässt sich aber der Funktionsverlust durch eine adäquate apparatetechnische Versorgung in Grenzen halten.

- **Allgemeines**

Der Untersuchungsgang richtet sich nach der betroffenen Körperregion (vgl. ► Kap. 7.1 bis 7.4). Dabei sind sowohl die verwendeten Hilfsmittel als auch die individuelle Kompensationsfähigkeit zu berücksichtigen. Komplexe Behinderungen erfordern einen großen orthopädisch-funktionellen Sachverstand, um die limitierenden Befunde klar herauszuarbeiten und zu bewerten.

- **Systemerkrankungen**

Osteogenesis imperfecta (Glasknochenkrankheit). Erbliche Störung der Knochen- und Zahnbildung mit Knochenbrüchigkeit und Schwerhörigkeit. Vier unterschiedliche Formen mit autosomal-rezessivem bzw. autosomal-dominantem Erbgang. Bei den nicht frühzeitig letalen Formen bleibende Verbiegungen von fehlverheilten Frakturen, Sekundärarthrosen und Minderwuchs. Nach der Pubertät bessert sich die Knochenbrüchigkeit. In Abhängigkeit von den funktionellen Defiziten bestehen erhebliche qualitative und quantitative Einschränkungen des Leistungsvermögens.

MARFAN-Syndrom (Arachnodaktylie). Autosomal dominant erbliche Bindegewebsstörung verbunden mit Hochwuchs, langen und dünnen Extremitäten, progredienter Kyphoskoliose, Spinnenfingern, Augenlinsenektopie, Mitralklappenprolaps, Aortenaneurysmen. Kardiovaskuläre

Komplikationen sind die häufigste Todesursache. Zumeist besteht seit der Kindheit ein aufgehobenes Leistungsvermögen.

Chondrodysplasien. Erbliche Störungen der enchondralen Ossifikation. Zahlreiche verschiedene Formen. **Achondroplasie** mit dysproportioniertem Minderwuchs: Größe bis 130 cm, kurze Extremitäten, langer Rumpf, großer Kopf. **Spondyloepiphysäre Dysplasie** mit Befall der Wachstumsfugen im Bereich der Wirbelsäule, Minderwuchs, Rundrücken. **Multiple epiphysäre Dysplasie** mit Befall der Wachstumsfugen der unteren Extremitäten und Sekundärarthrosen. Meist resultieren erhebliche qualitative motorische Einschränkungen und eine frühzeitige quantitative Leistungsminderung. Die Intelligenz ist nicht beeinträchtigt.

Mukopolysaccharidosen. Gruppe von fünf Stoffwechselstörungen (HURLER, HUNTER, SANFILIPPO, MORQUIO-BRAILSFORD, MAROTEAUX-LAMY), die mit polytopen Dystrophien der Wirbelsäule und Gelenke und oft mit einer geistigen Behinderung einhergehen. In der Regel besteht seit der Kindheit ein aufgehobenes Leistungsvermögen.

Arthrogryposis multiplex congenita. Multiple, oft symmetrische Gelenkkontrakturen mit im Verlauf des Wachstums auftretenden Deformitäten von Wirbelsäule und Gliedmaßen (die Gelenke wirken wie ausgestopft): Streckluxation der Kniegelenke, Hüftgelenksluxation, Streckkontraktur der Ellenbogengelenke, Adduktions-/Innenrotationskontraktur der Schultergelenke, Klumpoder Schaukelfüße. In der Regel besteht seit der Kindheit ein aufgehobenes Leistungsvermögen. Die Intelligenz ist nicht beeinträchtigt.

EHLERS-DANLOS-Syndrom. Unterschieden werden elf Typen unterschiedlicher Heredität mit kongenitaler allgemeiner Bindegewebsschwäche, Hypermobilität sämtlicher Körpergelenke, Hyperlaxität und Verletzlichkeit der Haut, Weichteilverkalkungen, Osteopenie. Das körperliche Leistungsvermögen wird begrenzt durch die Stabilität der betroffenen Gelenke und durch die nicht seltene Skoliose. In der Regel bestehen erhebliche qualitative Einschränkungen.

Multiple kartilaginäre Exostosen. Überschießende Neubildung der Spongiosa vor allem im metaphysären kniegelenksnahen Bereich mit Druckschädigung der umgebenden Weichteile. Das Risiko einer malignen Entartung (Chondrosarkom) nach dem 20. Lebensjahr wird mit etwa 20 % angegeben. Operative Abtragung beeinträchtigender Exostosen. Qualitative Einschränkungen resultieren zumeist aus einer Minderbelastbarkeit des Kniegelenkes.

- **Lokalisierte Krankheitsbilder im Bereich der oberen Extremität**

Dysmelien. Amelie = Fehlen einer Extremität, Peromelie = Fehlen eines Extremitätenabschnittes, Phokomelie = intersegmentaler Defekt (z. B. Hand am Schultergürtel). Prothetische Versorgung ab dem 1. Lebensjahr mit intensiver Schulung notwendig. Leistungsbeurteilung individuell nach dem Ausmaß des Defektes und der funktionellen Kompensation.

Klavikulaaplasie (kleidokraniale Dysplasie). Partielle oder komplette Fehlanlage des Schlüsselbeines. Hypermobilität des Schultergürtels: Die Schultern können vor der Brust zusammengeführt werden. Im Allgemeinen keine Therapie, da Beschwerdefreiheit. Wegen der Instabilität des Schultergürtels kein schweres Heben und Tragen, keine Überkopfarbeiten.

Sprengelsche Deformität. Schulterblatthochstand mit unterentwickelter Schultergürtelmuskulatur, oft kombiniert mit Fehlbildungen von HWS und BWS. Die funktionellen Auswirkungen sind i. d. R. gering.

Radioulnare Synostose. Meist angeborene knöcherne Verbindung von proximaler Elle und Speiche; auch posttraumatisch als sog. Brückenkallus. Aufhebung der Unterarmdrehung (Pronation) mit Ausweichbewegungen im Schulter- und Ellenbogengelenk sowie kompensatorischer Hypermobilität des homolateralen Handgelenkes. Operative Korrektur nur bei limitierter Anpassungsfähigkeit. Es resultiert lediglich eine qualitative Beeinträchtigung der Armfunktion.

Madelungsche Deformität. Kongenitale Entwicklungsstörung der distalen Radiusepiphyse mit konsekutiver Ulnar- und Volarabweichung der Hand und bleibender Bewegungseinschränkung des Handgelenkes, die auch durch eine operative (kosmetische) Stellungskorrektur der Hand nicht gebessert wird. Frühzeitige Entwicklung einer Radiokarpalgelenksarthrose. Deutliche qualitative Einschränkungen der körperlichen Leistungsfähigkeit gegeben.

Klumphand. Angeborener Defekt des Radius, seltener der Ulna, mit nachfolgender Verkürzung des Unterarmes und Abweichung der Hand. Konservative redressierende Behandlung im Säuglingsalter, operative Korrektur im 1. Lebensjahr. Es resultiert eine bleibende Behinderung der Handgelenks- und evtl. auch der Handfunktion, an die sich der Betroffene im Laufe des Lebens oft erstaunlich gut adaptiert.

Spalthand. Krebsscherenartiges Erscheinungsbild (kosmetisches Problem), dabei gute Funktion beim Spitzgriff und in der Feinmotorik der Finger.

Syndaktylie, Polydaktylie. Verwachsung eines oder mehrerer Finger bzw. Anlage eines zusätzlichen Fingers. Unter kosmetischen und funktionellen Gesichtspunkten sollte bereits im Kleinkindesalter operiert werden. In aller Regel verbleiben keine wesentlichen Beeinträchtigungen.

■ **Lokalisierte Krankheitsbilder im Bereich der unteren Extremität**

Proximaler fokaler Femurdefekt (PFFD). Proximale longitudinale Fehlbildung unterschiedlichen Ausmaßes. Bei geringer Ausprägung genügt ein Beinlängenausgleich am Schuhwerk. In schweren Fällen mit Hypoplasie oder Aplasie der Fibula ist i. d. R. eine orthetische/prothetische Versorgung erforderlich. Bei ausgeprägter Mobilitätsbeeinträchtigung Einschränkung auf überwiegend sitzende Tätigkeiten ohne längeres Stehen und/oder Gehen.

Kongenitale Kniegelenksluxation. Dislokation der Tibia nach ventral und proximal auf Grund eines angeborenen fehlenden vorderen Kreuzbandes. Frühe geschlossene Reposition und Retention, seltener operatives Vorgehen. Meist bleibendes Beugedefizit und Entwicklung einer vorzeitigen Gonarthrose. In der Regel orthetische Versorgung erforderlich. Anzustreben ist eine Tätigkeit in überwiegend sitzender Körperhaltung.

Tibiaaplasie, Tibiahypoplasie. Durch das Fehlen der Tibia entsteht eine erhebliche Varusfehlstellung des Unterschenkels. Evtl. ist eine operative Fibulaunterstellung mit dann belastungsfähiger Situation möglich, meist aber eine orthetische Versorgung mit Kniestabilisierung bei oft fehlendem oder geschwächtem Kniestreckapparat erforderlich. Eine überwiegend sitzende Tätigkeit ist anzustreben.

Fibulaaplasie, Fibulahypoplasie. Häufigster longitudinaler Defekt der unteren Extremität, evtl. mit ausgeprägter Beinverkürzung und Fehlanlage des Fußes. Klinisch besteht eine Unterschenkelantekurvation mit Valgusstellung des Fußes. In schweren Fällen SYME-Amputation mit danach belastungsfähiger Prothese. In leichteren Fällen zunächst orthetische Versorgung und später aufwändige Korrektur- und Verlängerungsosteotomien. Auch hier ist eine überwiegend sitzende Tätigkeit erforderlich.

Crus varum congenitum (kongenitale Unterschenkelpseudarthrose). Grunderkrankung: Neurofibromatosis

RECKLINGHAUSEN. Varusdeformität des Unterschenkels, bei der es auf Grund von Spontanfrakturen mit schlechter Heilungstendenz zur Ausbildung einer Pseudarthrose kommt. Häufig Entwicklung einer progredienten kurzbogigen Skoliose. Orthetische Versorgung des Unterschenkels bis zum 5.–6. Lebensjahr, dann stabile osteosynthetische Versorgung der Tibia. Das körperliche Leistungsvermögen wird v. a. durch die Skoliose und durch die neurologischen Folgen der Grunderkrankung limitiert.

Klumpfuß. Vgl. ► Kap. 7.4.4.

Syndaktylie, Polydaktylie. Verwachsung einer oder mehrerer Zehen bzw. Anlage eines zusätzlichen Zehs. Operative Korrektur unter kosmetischen Gesichtspunkten bzw. zur Ermöglichung einer normalen Schuhversorgung. Kein bleibendes Funktionsdefizit.

Literatur

1   Baumgartner R, Botta P: Amputationen und Prothesenversorgung an der unteren Extremität. Stuttgart: Enke Verlag, 2. Auflage, 1995

2   Baumgartner R, Botta P: Amputationen und Prothesenversorgung an der oberen Extremität. Stuttgart: Enke Verlag, 2. Auflage, 1998

3   Bengel J, Koch U (Hrsg.): Grundlagen der Rehabilitationswissenschaften. Berlin: Springer Verlag, 2000

4   Buckup K: Klinische Tests an Knochen, Gelenken und Muskeln. Stuttgart; New York: Thieme Verlag, 1995

5   Bundesministerium für Arbeit und Sozialordnung (Hrsg.): Versorgungsmedizin-Verordnung - Versorgungsmedizinische Grundsätze, 53107 Bonn, Stand: Januar 2009

6   Delbrück H, Haupt E (Hrsg.): Rehabilitationsmedizin. München; Wien; Baltimore: Verlag Urban & Schwarzenberg, 2. Auflage, 1998

7   Deutsche Rentenversicherung: Leitlinien für die sozialmedizinische Begutachtung – Leistungsfähigkeit bei Bandscheiben- und bandscheibenassoziierten Erkrankungen. Deutsche Rentenversicherung Bund (Hrsg.). Berlin, Juni 2009. www.deutsche-rentenversicherung.de

8   Ehrlich GE: Pain is real; fibromyalgia isn't (editorial). J Rheumatol 2003; 30: 1666–1667

9   Frisch H: Programmierte Untersuchung des Bewegungsapparates. Berlin; Heidelberg: Springer Verlag, 6. Auflage, 1995

10   Greenspan A: Skelettradiologie. München; Jena: Urban & Fischer, 3. Auflage, 2002

11   Hadler NM: »Fibromyalgia« and the medcalization of misery (editorial). J Rheumatol 2003; 30: 1668–1670

12   Hald HJ, Danz B, Schwab R, Burmeister K, Bahren W: Radiologische Wirbelsäulenveränderungen bei asymptomatischen jungen Männern. Rofo Fortschr Geb Roentgenstr Neuen Bildgeb Verfahren 163 (1): 4 – 8, 1995

13   Hasenbring M, Hallner D, Klasen B: Psychologische Mechanismen der Schmerzchronifizierung. Schmerz 2001, 15, 442–447

14   Häuser W: Fibromyalgiasyndrom. Leitlinie zu einer Fiktion? Schmerz 2008, 22: 239-240

15 Heisel J, Jerosch J: Rehabilitation nach Hüft- und Knieendoprothese. Deutscher Ärzte-Verlag Köln, 2007

16 Heisel J: Diagnostik und Behandlungsstrategien beim Fibromyalgie-Syndrom. In: Imhoff AB (Hrsg.) Fortbildung Orthopädie 2.
Darmstadt: Steinkopff Verlag, 1999, 4

17 Heisel J: Entzündliche Gelenkerkrankungen. Bücherei des Orthopäden, Band 58. Stuttgart: Enke Verlag, 1992

18 Heisel J: Rehabilitation des Hüftgelenkes. In: Stahl C, Zeidler H,
Koebke J, Lorenz R (Hrsg.) Klinische Arthrologie. Landsberg/Lech:
Ecomed Verlagsgesellschaft, 2002

19 Hohmann D, Uhlig R: Orthopädische Technik. Stuttgart: Enke
Verlag, 7. Auflage, 1982

20 Jerosch J, Castro WHM (Hrsg.): Orthopädisch-traumatologische
Gelenkdiagnostik. Stuttgart: Enke Verlag, 1995

21 Jerosch J, Heisel J: Endoprothesenschule – Rehabilitations- und
Betreuungskonzepte für die ärztliche Praxis. Köln: Deutscher
Ärzte-Verlag, 1996

22 Karsdorp P, Vlaeyen WS: Chronic pain: avoidance or endurance?
European Journal of Pain vol 13 iss 6, 551–553 4, 2009

23 Lühmann D, Müller VE, Raspe H: Präention von Rückenschmerzen.
Expertise im Auftrag der Bertelsmann-Stiftung und der Akademie
für Manuelle Medizin, Universität Münster. Abschlussbericht,
2004

24 Müller W, Lautenschläger J: Die generalisierte Tendomyopathie
(GTM). Teil I: Klinik, Verlauf und Differentialdiagnose. Z Rheumatol
49: 11, 1990

25 Müller W, Lautenschläger J: Die generalisierte Tendomyopathie
(GTM). Teil II: Pathogenese und Therapie. Z Rheumatol 49: 22,
1990

26 Niethard FU: Kinderorthopädie. Stuttgart; New York: Thieme
Verlag, 1997

27 Rompe G, Erlenkämper A, Schiltenwolf M, Hollo D: Begutachtung
der Haltungs- und Bewegungsorgane. Thieme Verlag. 5. Auflage.
2009

28 Schiltenwolf M, Henningsen P: Muskuloskelettale Schmerzen.
Deutscher Ärzteverlag. 2006

29 Schwerdtfeger A, Heisel J: Klinische und sozialmedizinische Spät-
ergebnisse nach monosegmentaler lumbaler Bandscheibenope-
ration (5 Jahre poststationär). Orth Praxis 37: 791 – 793, 2001

30 Schwerdtfeger A, Heisel J: Langzeiteffizienz einer AHB nach Band-
scheibenoperation. Orth Praxis 33: 441 – 444, 1977

31 Verband Deutscher Rentenversicherungsträger, VDR (Hrsg.):
Sozialmedizinische Begutachtung in der gesetzlichen Rentenversicherung. Stuttgart; Jena; New York: G. Fischer, 5. Auflage, 1995

32 Wirth CF, Bischoff HP: Praxis der Orthopädie. Stuttgart: Thieme
Verlag, 3. Auflage, 2000

33 Wolfe F, Smythe HA, Yunus MB, Bennett RM, Bombardier C, Gol-
denberg DL, Tugwell P, Campbell SM, Abeles M, Clark P: The American College of Rheumatology 1990 criteria for the classification
of fibromyalgia: report of the multicenter criteria committee.
Arthritis Rheum 1990, 33: 160-172

34 Wolfe F: Stop using the ACR criteria in the clinic (editorial). J
Rheumatol 2003; 30: 1671-1672

Entzündlich-rheumatische Erkrankungen

Wolfgang Miehle, Sabine Horn, Anette Schulz

Die entzündlich-rheumatischen Erkrankungen manifestieren sich am Stütz- und Bewegungsapparat und knüpfen insoweit an das vorige Kapitel an. Gemeinsam ist ihnen ein immunologischer Prozess, der zahlreiche weitere Organe mit einbeziehen kann, was das Spektrum möglicher Krankheitserscheinungen und -folgen beträchtlich erweitert.

8.1 Allgemeines

Aus dem vielfältigen Symptomenspektrum der »rheumatischen« Krankheitsbilder ergeben sich Querbezüge zu fast allen Fachkapiteln dieses Buches. Für die Begutachtung ist es entscheidend, die jeweils *funktionslimitierenden* Befunde klar herauszuarbeiten und die Beurteilung darauf aufzubauen.

8.1.1 Sozialmedizinische Bedeutung

Man unterscheidet drei große Gruppen entzündlich-rheumatischer Erkrankungen:

- die entzündlichen Gelenkerkrankungen (Polyarthritiden),
- die entzündlichen Erkrankungen der Wirbelsäule und einzelner Gelenke (Spondarthritiden),
- die entzündlich-rheumatischen Erkrankungen der Gefäße und des Bindegewebes (Vaskulitiden und Kollagenosen).

In Deutschland erkranken pro Jahr 20–30/100.000 Männer und 40–60/100.000 Frauen neu an Polyarthritiden. Die Häufigkeit in der erwachsenen Gesamtbevölkerung Deutschlands wird mit 0,5 % bis 0,8 % angegeben [33]. 1.423 EM-Rentenzugänge im Jahr 2009 beruhten auf einer Polyarthritis, das entspricht 0,3 % aller Erwerbsminderungs(EM)-Rentenzugänge. Das Durchschnittsalter bei Berentung lag bei 52,6 Jahren. Für eine klinisch relevante Spondylitis ankylosans (Morbus Bechterew) wird in Europa eine Häufigkeit von 0,5 % angenommen. Im Jahr 2009 gingen 626 EM-Rentenzugänge auf eine Spondarthritis zurück bei einem Durchschnittsalter bei Rentenbeginn von 52,9 Jahren. Die Prävalenz des Lupus erythematodes, der sozialmedizinisch bedeutendsten Erkrankung unter den Kollagenosen, liegt bei 0,1 % der Bevölkerung. 651 EM-Rentenzugänge im Jahr 2009 wurden verursacht durch entzündlich-rheumatische Erkrankungen der Gefäße und des Bindegewebes. Das Durchschnittsalter bei Rentenbeginn betrug 48,8 Jahre. ◘ Tab. 8.1 zeigt die im Jahr 2009 erbrachten medizinischen Rehabilitationsleistungen wegen entzündlich-rheumatischer Erkrankungen.

◘ **Tab. 8.1** Leistungen zur medizinischen Rehabilitation 2009

	Männer	Frauen	Gesamt
Polyarthritiden	1.922	4.196	6.118
Spondarthritiden	2.777	1.738	4.515
Kollagenosen	411	1.445	1.856

Quelle: Statistik der Deutschen Rentenversicherung, Rehabilitation 2009

Die sozialmedizinische Beurteilung der Leistungsfähigkeit bei entzündlich-rheumatischen Erkrankungen wird erschwert durch die sehr variablen Verläufe, das unterschiedliche Ansprechen auf therapeutische Maßnahmen, den individuellen Umgang der Betroffenen mit Schmerzen und die enge Verzahnung von Funktionsstörungen am Bewegungsapparat und an inneren Organen.

8.1.2 Diagnostik

Ausgangspunkt der Diagnostik ist eine breit angelegte internistische Untersuchung, an die sich ein rheumatologischer Status anschließt. Die allgemeinen Hinweise zur Begutachtung in ▶ Kap. 5 und die orthopädischen Untersuchungstechniken aus ▶ Kap. 7 werden als bekannt vorausgesetzt.

▪ Anamnese

Neben Familien- und Eigenanamnese sind folgende Aspekte zu erfragen: *Allgemeinsymptome* wie Müdigkeit, Fieber, Gewichtsabnahme; *Symptome am Bewegungsapparat* wie Morgensteife, Gelenkschmerzen, -schwellungen, Schmerzen und Bewegungseinschränkungen der Wirbelsäule; *Symptome durch Manifestation an anderen Organsystemen* wie Magen-Darm-Trakt, Nieren, Lunge, an der Haut, den Augen, dem Zentralnervensystem sowie *psychische Symptome*.

Im Vordergrund steht die Schmerzanamnese: *Ausprägung, Art und Lokalisation des Schmerzes*: artikulär, extraartikulär, ossär, ubiquitär; *Abhängigkeit von Tageszeiten*: Morgensteife, nächtliche Schmerzen; *Beeinflussung durch*: Ruhe, Bewegung, Belastung und Medikamente; *Krankheitsbeginn*: »donnernd« oder schleichend; mon-, olig- oder polyartikulär; *Krankheitsverlauf*: durchgehend, chronisch rezidivierend, schubweise mit spontanen oder therapieinduzierten Remissionen. *Therapie, Therapieerfolge und -misserfolge*: medikamentös, operativ, physikalisch; *Beeinträchtigungen von Funktionen und Aktivitäten* in Alltag und Beruf.

- **Körperliche Untersuchung**

Wirbelsäule, Gelenke und Weichteile werden systematisch »von Kopf bis Fuß« untersucht (Inspektion, Palpation, Funktionsprüfung). Zu achten ist auf Schwellungen, ihre Kontur (spindel- oder knötchenförmig, daktylitisch) und Konsistenz (sulzig, weich, fluktuierend, derb, knöchern), ihren Bezug zu Gelenken (intra-/interartikulär), Sehnen, Sehnenscheiden und Schleimbeuteln. Bei jeder Arthralgie (*subjektiv empfundener Gelenkschmerz*) ist eine sorgfältige Untersuchung auf klinische Hinweise für eine Arthritis (*Gelenkentzündung*) erforderlich. Die Arthritis geht mit Schmerzen, Schwellung, Rötung, Überwärmung und Bewegungseinschränkungen einher, gelegentlich auch mit Ergussbildung. *Bewegungsketten*, z. B. Hand-, Ellbogen- und Schultergelenk der gleichen Seite, müssen sorgfältig analysiert werden. Daneben wird ein internistischer Status erhoben.

- **Laborwerte**

Laborchemische Hinweise auf eine Systementzündung erhält man durch unspezifische Entzündungszeichen wie Blutsenkung (BSG), C-reaktives Protein (CRP) und Elektrophorese. Fachspezifisch – vgl. spezielle Krankheitsbilder – wird dann nachgehakt [Rheumafaktoren, verschiedene Auto-Antikörper (z. B. Antikörper gegen cyclische citrullinierte Peptide (anti-CCP), genetische Marker sowie ggf. Histologie/Zytologie]. Fast alle entzündlich-rheumatischen Erkrankungen bieten aber in der Frühphase kein eindeutiges diagnosespezifisches Laborprofil.

- **Bildgebende Verfahren**

Konventionelles Röntgen, Sonographie, Computertomographie, Kernspintomographie und Skelettszintigraphie haben jeweils eine spezifische diagnostische Validität; vgl. hierzu ▶ Kap. 7. Hervorzuheben ist die *Kernspintomographie* zum Nachweis initialer Erosionen, zur optimalen Abbildung des Rückenmarks in der Sagittalebene, zur Aktivitätsbeurteilung von entzündlichem Pannusgewebe und zur Darstellung des hyalinen Gelenkknorpels. Die *Skelettszintigraphie* weist Regionen mit beschleunigtem knöchernem Umbau nach und kann bei unklaren Arthralgien helfen, Arthritiden auszuschließen.

8.1.3 Begutachtungskriterien

Die meisten entzündlich-rheumatischen Erkrankungen beeinträchtigen Struktur, Funktion, Aktivität und Partizipation. Infolge ihres individuell variablen Verlaufes entziehen sie sich jedoch einer schematischen Beurteilung. Viele Betroffene sind typische Schmerzpatienten mit allen damit verbundenen Problemen bei der Begutachtung; vgl. ▶ Kap. 26.

- **Allgemeinsymptome**

Subjektive Allgemeinsymptome wie z. B. Schwäche, Müdigkeit oder Schmerz können die Lebensqualität drastisch senken, sind aber schwierig zu beurteilen. Typischerweise finden sich bei vielen Kollagenosen eine gesteigerte Ermüdbarkeit, Abgeschlagenheit, myalgiforme Schmerzen und Leistungsminderung. Ähnliche, somatisch schwer einzuordnende Symptome treten auch bei anderen rheumatischen Krankheiten auf und lassen sich nur durch eine genaue Tagesablaufs- und Freizeitanamnese sowie Verhaltensbeobachtungen neben dem Untersuchungsgang objektivieren. Je nach Krankheitsbild sind sie unterschiedlich beeinflussbar.

- **Befallsmuster von Wirbelsäule und Gelenken**

Die funktionalen Auswirkungen entzündlich-rheumatischer Manifestationen im Bereich der Wirbelsäule und der peripheren Gelenke werden durch Lokalisation und Anzahl der betroffenen Gelenke oder Abschnitte bestimmt. Das Befallsmuster von Wirbelsäule und Gelenken ist sowohl diagnostisch wegweisend als auch für die sozialmedizinische Beurteilung bedeutungsvoll. Sind beispielsweise *Bewegungsketten* der oberen (Schulter, Ellenbogen, Hand) bzw. unteren (Hüfte, Knie, Sprunggelenke) Extremitäten oder bei einer Sp.a. (Spondylitis ankylosans) neben den ISG-Gelenken ein oder mehrere Wirbelsäulenabschnitte betroffen, können sich die Funktionsstörungen wechselseitig negativ beeinflussen.

- **Viszerale Manifestationen**

Viszerale Manifestationen sind obligat beim systemischen Lupus erythematodes und bei der progressiv systemischen Sklerose, fakultativ bei der chronischen Polyarthritis, der Spondylitis ankylosans oder bei Borreliosen. Sie fehlen bei vielen Spondarthritiden oder reaktiven Arthritiden.

- **Beurteilung im Quer- und Längsschnitt**

Im Verlauf einer jahrelangen Erkrankung erfasst die Begutachtung immer nur einen *Querschnittsbefund*, der durch eine retrospektive und prospektive *Längsschnittbetrachtung* zu ergänzen ist. So ist die entzündliche Aktivität zum Zeitpunkt der Begutachtung allein wenig aussagekräftig; sie wird es aber dann, wenn sie über Jahre persistiert und dies weiterhin zu erwarten ist. Mit Ausnahme fortgeschrittener Fälle mit irreversiblen Destruktionen ist auch bei Funktionsdefiziten zu unterscheiden, ob diese Resultat einer längeren Krankheitsentwicklung oder eine Momentaufnahme der aktuellen (sub)akuten Krankheitssituation sind.

Therapie und Prognose entzündlich-rheumatischer Erkrankungen haben sich in den letzten Jahren erheblich gewandelt. Durch ihre rasche entzündungshemmende und destruktionsverhindernde Wirkung spielen Methotrexat (MTX) und biotechnologisch hergestellte Substanzen (sog. Biologica) wie TNFα- oder Interleukin-6-Hemmer [47, 48] in der Behandlung eine weitaus größere Rolle als die sog. Basistherapeutika früherer Jahre. Nur die Berücksichtigung der aktuellen therapeutischen Möglichkeiten erlaubt hier eine sachgerechte Beurteilung.

8.1.4   Sozialmedizinische Beurteilung

Zusammenfassend beruht die sozialmedizinische Beurteilung entzündlich-rheumatischer Krankheiten auf den Puzzle-Teilen: »Ausmaß der Schädigungen und Funktionsstörungen der betroffen Gelenke und/oder Wirbelsäulenabschnitte«, »Ausmaß der Schädigungen und Funktionsstörungen innerer Organe, Nerven oder Sinnesorgane bei Manifestationen außerhalb des Bewegungsapparates«, »Würdigung des bisherigen Verlaufs«, »individuelle Prognoseerstellung« und »Ausmaß der Beeinträchtigung durch den Schmerz«. Für die sozialmedizinische Beurteilung der Leistungsfähigkeit im Erwerbsleben sind unter anderem folgende Kriterien zu beachten:

- *Arbeitszeit und Arbeitsorganisation*; z. B. keine Frühschicht bei lang anhaltender Morgensteife, keine Nachtschicht bei chronischen Schmerzen mit gestörtem Schlaf
- *Arbeitsschwere und Arbeitshaltung*; z. B. keine körperlich schweren Tätigkeiten, überwiegend sitzende Tätigkeit bei Befall der Gelenke der unteren Extremitäten, Berücksichtigung technischer Hilfen (z. B. Arthrodesenstuhl, Stehpult)
- *Bewegungs- und Haltungsapparat*; z. B Gebrauchsfähigkeit der Hände, Gang- und Standsicherheit, Bücken
- *Witterungseinflüsse*; z. B. keine Belastung durch Kälte, Nässe, Hitze, UV-Exposition
- *Aufmerksamkeit und Konzentration*; z. B. keine überdurchschnittlichen Ansprüche an das Konzentrationsvermögen bei chronischen Schmerzen

■ Leistungen zur Teilhabe
Die meisten entzündlich-rheumatischen Krankheiten beginnen vor dem 45. Lebensjahr. Bei 25–30 % der an einer chronischen Polyarthritis Erkrankten besteht bereits nach 4–6 Jahren eine volle oder teilweise Erwerbsminderung [38]. Ein klar definiertes Ziel ist es, diese meist jungen Menschen in der familiären und beruflichen Aufbauphase so lange wie möglich im Erwerbsleben zu halten. Dabei können sowohl medizinische Rehabilitationen als auch Leistungen zur Teilhabe am Arbeitsleben indiziert sein.

Medizinische Rehabilitation. Insbesondere in frühen Krankheitsphasen kann eine medizinische Rehabilitation mit ihrem multimodalen Behandlungskonzept dazu beitragen, Patienten im Erwerbsleben zu halten. Voraussetzung dafür sind konzeptgeschulte Teams (Ärzte, Psychologen, Physiotherapeuten, Ergotherapeuten, Sozialarbeiter usw.) und eine suffiziente Nachbehandlung.

Leistungen zur Teilhabe am Arbeitsleben können in Form von innerbetrieblicher Umsetzung, Qualifizierungsmaßnahmen, aber auch ergonomischen Arbeitsplatzanpassungen erforderlich werden.

8.2   Krankheitsbilder

8.2.1   Polyarthritiden

Zu den entzündlich-rheumatischen Gelenkerkrankungen gehören die rheumatoide Arthritis (RA) und die juvenile idiopathische Arthritis (JIA, früher M. STILL).

Rheumatoide Arthritis (RA)
Die rheumatoide Arthritis ist eine entzündlich-systemische Bindegewebserkrankung unklarer Ätiologie und teilerforschter Pathogenese. Sie manifestiert sich vorwiegend an den Gelenken, involviert als Systemerkrankung auch Sehnenscheiden, Bursen, Blutgefäße, Augen, seröse Häute (Polyserositis) und innere Organe. Bei der polyätiologischen Entstehung der chronischen Polyarthritis spielen genetische, autoimmunologische und infektiöse Faktoren eine entscheidende Rolle [10].

■ Diagnostik
Bei der Diagnostik einer rheumatoiden Arthritis waren bisher die hierfür maßgeblichen ACR-Kriterien (◙ Tab. 8.2) zu berücksichtigen. Diese Klassifikation beruht aber auf Daten von Patienten mit siebenjähriger Krankheitsdauer und wurde deshalb zu Gunsten der neuen ACR/EULAR-Kriterien 2010 verlassen, die eine wesentlich frühere Diagnosestellung (◙ Tab. 8.3) und damit auch eine frühe Behandlung ermöglichen.

Anamnese. Eine sorgfältige Anamnese besitzt für die Diagnose der RA einen hohen Stellenwert.

Körperliche Untersuchung. Durch die Inspektion können Gelenkdeformierungen, Wirbelsäulenfehlhaltungen oder -formen, Veränderungen der Haut (DD z. B. Psoriasis) und der Augen (z. B. Iritis, Konjunktivitis, Episkleritis), Schwellungen der Sehnen, Sehnenscheiden, Bursen und Ganglien (z. B. BAKER-Zyste) objektiviert werden. Finden sich Rötung, Schwellung, verstrichenes »Berg-und-Tal-Relief« (z. B. der Metakarpophalangealgelenke?), charakteristische Fußsohlenbeschwielungen?

■ **Tab. 8.2** ACR-Kriterien zur Diagnose der rheumatoiden Arthritis

Kriterium	Definition
1. Morgensteife	Morgensteife in einem Gelenk von mindestens einer Stunde Dauer bis zum vollständigen Abklingen
2. Arthritis in 3 oder mehr Gelenkregionen	Fluktuierende Kapselschwellung (nicht knöcherne Verdickung) in mindestens 3 Gelenkregionen, objektiv beobachtet. Die 14 möglichen Gelenkregionen sind: proximale Interphalangealgelenke, Metakarpophalangealgelenke, Hand-, Ellenbogen-, Knie-, Sprunggelenke und Metatarsophalangealgelenke
3. Arthritis an Hand- oder Fingergelenken	Befall mindestens eines Hand-, Metakarpophalangeal- oder proximalen Interphalangealgelenkes
4. Symmetrische Arthritis	Gleichzeitiger beidseitiger Befall derselben Gelenkregion
5. Rheumaknoten	Subkutane Knoten über Knochenvorsprüngen oder gelenknahen Streckseiten
6. Rheumafaktornachweis	Jegliche Methode, deren positiver Rheumafaktornachweis < 5 % bei einer normalen Kontrollgruppe liegt
7. Radiologische Veränderungen	Typische Röntgenveränderungen in der dorsopalmaren Handaufnahme mit gelenknaher Osteoporose und (oder) Erosionen der betroffenen Gelenke. Arthrotische Veränderungen allein reichen nicht aus.

Vier der 7 Kriterien müssen zur Klassifikation erfüllt sein, die Kriterien 1–4 müssen mindestens 6 Wochen lang bestehen. Nach ARNETT et al. [3]

Dem »diagnostischen Händedruck« (GAENSLEN-Zeichen) an Händen und Füßen folgen die Messung der groben Kraft und die Prüfung und Beschreibung der Feinmotorik der Hände. Bei den Funktionsprüfungen der Hand sind Kraft- und Präzisionsgriffe, Fingerkuppen-Hohlhand-Abstand, Faustschluss und Knopftest durchzuführen.

Danach werden systematisch Gelenk für Gelenk, die Wirbelsäule und die Weichteile untersucht. Aktive/passive Beweglichkeit, Tonus, Hyper- oder Hypotrophie der Muskulatur, Gelenkstabilität, Erguss werden beschrieben. Wichtig ist auch die Untersuchung von Sehnen und Sehnenscheiden – es gibt »reine« Sehnen(scheiden)verläufe der RA. Ein spezieller Blick gilt den Kiefergelenken, die nicht nur prodromal von Bedeutung sind, sondern über eine Temporomandibulararthritis erkranken können, was

■ **Tab. 8.3** ACR/Eular-Kriterien 2010 zur Diagnose der rheumatoiden Arthritis (RA) [2]

Kriterium	Definition	
1. Gelenkbeteiligung	Je nach Art und Zahl der betroffenen Gelenke	0 bis 5 Punkte
2. Serologische Parameter	Rheumafaktor und anti-CCP negativ	0 Punkte
	Rheumafaktor oder anti-CCP niedrig positiv	2 Punkte
	Rheumafaktor oder anti-CCP hoch positiv	3 Punkte
3. Akutphasenreaktion	CRP und BSR normal	0 Punkte
	CRP oder BSR erhöht	1 Punkt
4. Dauer der Arthritis	Beschwerden, die 6 Wochen oder länger bestehen	1 Punkt

Es ergibt sich eine Skala von 0–10 Punkten. Bei einem Score von 6 und mehr wird die Diagnose RA gestellt.

zu Kauschmerzen und/oder einer verkleinerten Mundöffnung führen kann.

Begleitende periphere Kompressionssyndrome (z. B. Karpaltunnelsyndrom) werden durch EMG/ENG und klinisch z. B. durch das PHALENsche, TINELsche, das Flaschen-Zeichen untersucht.

Bildgebende Verfahren. Nach wie vor dominiert das konventionelle Röntgen: z. B. Hände in 2 Ebenen d. p. und in 25° Supination oder 45° Pronation. Die Kernspintomographie wird für Weichteilprozesse (Aktivität eines Pannusgewebes, frühe Knochenödeme, frühe Erosionen), die Computertomographie bei knöchernen Veränderungen (obere HWS) eingesetzt. Sehr aussagekräftig ist bei BAKER-Zysten, Sehnenscheidenentzündungen, Schulter- und Hüftgelenken die Ultraschalluntersuchung.

Labor. BSG, CRP, Rheumafaktor und anti-CCP [8] müssen nach aktueller Klassifikation zur Diagnosestellung bestimmt werden. Antinukleäre Antikörper (ANA), Antikörper gegen DNA (anti-DNA) oder gegen Mitochondrien (AMA), extrahierbare Antikörper (ENA), wie SS-A, SS-B, die auch auf ein sekundäres SJÖGREN-Syndrom hinweisen können, sind dagegen eher für die Differenzialdiagnose oder die Verlaufsbeurteilung nützlich. Prognostisch günstig sind niedrige Rheumafaktoren und ein niedrig-persistierendes Entzündungsniveau sowie der Nachweis von HLA-DR2; prognostisch ungünstig sind ein initial hoher IgM-Rheumafaktor, persistierend hohe Enzündungszeichen, die Allele des HLA-DR4/DR1 (0401, 0404, 0408 und 0101), insbesondere wenn homozygot vorhanden, und aszendierende oder persistierend hohe antinukleäre Antikörper.

Begutachtungskriterien

Schmerzen. Neben den Funktionsstörungen stehen bei der RA meist die Schmerzen im Vordergrund. Liegen Funktionseinschränkungen an Wirbelsäule und Gelenken vor, muss bei der Untersuchung unterschieden werden, ob sie allein schmerzreflektorisch oder bereits durch ossär destruierende Prozesse verursacht werden.

Gelenkbefallsmuster. Diagnostisch wie funktionell spielt die Hand des chronischen Polyarthritikers eine bedeutende Rolle. Der symmetrische Befall beider Handgelenke ist typisch und kommt bei anderen systemischen Arthritiden nur sehr selten vor. Sehr häufig erkranken – ebenfalls symmetrisch – die Metakarpophalangealgelenke (MCP) und proximalen Interphalangealgelenke (PIP). Häufig – gerade initial – wird die Beteiligung der Zehengrund- und -mittelgelenke übersehen. In absteigender Häufigkeit sind Knie-, Ellbogen-, Sprung- und Hüftgelenke befallen. Zu beachten – wenn auch selten – sind die Temporomandibulargelenke.

Achsenbeteiligung. In 60–70 % persistierend aktiver Verläufe kommt es zu einer Arthritis der Atlantookzipital- und Atlantoaxialgelenke. Prognostisch relevant sind die ventrale (25–40 %) und die seltenere (0,9–3,7 %) vertikale Dislokation (pseudobasiläre Impression) von Atlas und Dens, deren Stabilität, Mobilität und die Weite des Rückenmarkkanals. Typische Folgen sind hartnäckige Nacken- und Hinterkopfschmerzen, Nackensteife, Schädigungen kaudaler Hirnnerven sowie vegetativer und sensibler Bahnen, zervikale Wurzelsyndrome und Symptomatik i. S. e. vertebrobasilären Insuffizienz. Im Bereich von HWK 3–7 treten Diszitis, Spondylodiszitis, Spondylarthritis, Step-ladder-Dislokation eventuell mit der Folge einer zervikalen Myelopathie und häufig therapiebedingt eine Osteoporose auf [23].

Extraartikuläre und viszerale Manifestationen. Die extraartikulären und viszeralen Manifestationen sind teilweise vaskulitisch, teilweise nichtvaskulitisch verursacht. Der Rheumatologe sucht nach subkutanen oder pulmonalen Rheumaknoten (12–15 %), digitalen Nekrosen, nach einer Pleuritis oder Perikarditis, einer sekundären Nieren-Amyloidose (5–8 %), Lungenfibrosen oder Gangrän (1–2 %). Nichtvaskulitische periphere Nervenkompressionssyndrome wie das Karpaltunnelsyndrom oder Tarsaltunnelsyndrom lassen sich in 45 %, zervikale Myelopathien in 20 % objektivieren [10].

Verlauf. Spontanremissionen sind sehr selten, therapeutische häufiger. Heute wird in der internistischen Rheumatologie so früh und so aggressiv wie möglich (nötig)

behandelt. Gelingt das, kommt es nicht zu anhaltenden Zerstörungen der Gelenk- oder Bindegewebsstrukturen.

Bei der Behandlung orientiert man sich am DAS28 (disease activity score), wobei der »grüne« Bereich des DAS (fehlende oder niedrige Krankheitsaktivität) zwischen 0 und 3.2 liegt. Der »gelbe« Bereich (mittlere Krankheitsaktivität) wird durch Werte zwischen 3.2 und 5.1 gekennzeichnet. DAS-Werte von 5.1 und darüber liegen im »roten« Bereich (hohe Krankheitsaktivität).

Therapieziel bei der Behandlung einer rheumatoiden Arthritis sind DAS-Werte im »grünen«, besser noch im »tiefgrünen« Bereich (0–2.6). Werden solche Werte dauerhaft erreicht, ist die Erkrankung auch im Hinblick auf die langfristige Prognose gut kontrolliert und ein Fortschreiten von entzündlichen Gelenkveränderungen nicht zu erwarten. Folgende Parameter fließen in den DAS28 ein:

- Anzahl der druckschmerzhaften Gelenke (0–28; Messung an 28 definierten Gelenken)
- Anzahl der geschwollenen Gelenke (0–28)
- Blutkörperchensenkungsgeschwindigkeit (mm/h)
- Einschätzungen von Krankheitszustand/Krankheitsaktivität durch den Patienten (0–100 mm VAS)

Der DAS28 wird dann nach einer Formel mit einer Berechnungshilfe errechnet [15].

Die Behandlung erfolgt neben einer möglichen Therapie mit nicht steroidalen Antirheumatika (NSAR) und bedarfsweise einem Glukokorticoid mit DMARDs (Disease modifying antirheumatic Drugs) nach einem therapieerfolgs- und zeitgesteuerten Schema. Üblich sind dabei MTX, MTX und Leflunomid oder MTX und TNFα- Inhibitor. Früh gegeben, wirken Methotrexat und »Biologicals« wie TNFα-Hemmer und Interleukin-6-Hemmer am besten [47, 48].

Sozialmedizinische Beurteilung

Wie in ▶ Kap. 8.1.3 dargelegt, ist eine Betrachtung im Querschnitt und Längsschnitt erforderlich. Bei der Querschnittsbetrachtung einer RA werden die Befunde auf den verschiedenen Ebenen (humoral, bildgebend, funktionserfassend usw.) festgelegt. Entscheidenden Anteil an der *sozialmedizinischen Beurteilung* eines RA-Patienten haben die Einordnung des Spontanverlaufs, die retrospektive und aktuelle Bewertung des Entzündungsniveaus (persistierend hoch, niedrig, schwankend), das Gelenkbefallsmuster (Bewegungskette, Gebrauchshand, obere/untere Extremitätengelenke), das Mitbetroffensein der oberen Halswirbelsäule und mögliche viszerale Manifestationen (Vaskulitiden).

Medizinische Rehabilitation. Menschen mit RA haben einen hohen und frühzeitigen Bedarf an Leistungen zur medizinischen Rehabilitation, da sie einem hohen Risiko dauerhafter Einschränkungen von Funktionen und Aktivitäten im Alltag sowie der sozialen Teilhabe ausgesetzt sind. Da viele Betroffene noch im Erwerbsleben stehen, sollte bei anhaltenden Funktionsstörungen schnell eine medizinische Rehabilitationsleistung eingeleitet werden. Das multimodale Therapiekonzept der medizinischen Rehabilitation ist für die RA besonders geeignet, weil neben der Behandlung der Grunderkrankung und der Funktionsstörungen häufig eine Erprobung ergonomischer Hilfsmittel oder auch eine Arbeitsplatzerprobung erforderlich ist, so dass Leistungen zur medizinischen Rehabilitation und Leistungen zur Teilhabe am Arbeitsleben ineinandergreifen. Nach endoprothetischem Gelenkersatz großer Gelenke ist eine Anschlussrehabilitation obligat.

Leistungen zur Teilhabe am Arbeitsleben können erforderlich sein, wenn beispielsweise vorher ausgeübte schwere oder mittelschwere körperliche Tätigkeiten oder Tätigkeiten mit hohen Anforderungen an die Feinmotorik auf Grund von Funktionsstörungen der Wirbelsäule oder Gelenke nicht mehr ausgeübt werden können.

Erwerbsminderung. Bei früh einsetzender erfolgreicher Therapie gelingt es meist, das Leistungsvermögen für körperlich leichte Tätigkeiten, überwiegend im Sitzen in geschlossenen Räumen in Tagesschicht, zu erhalten. Zusätzliche qualitative Einschränkungen ergeben sich bei dem typischen Befall der Finger- und Zehen-Gelenke für Arbeiten, die überdurchschnittliche Ansprüche an die Feinmotorik oder die Handkraft/den Festgriff stellen, für Tätigkeiten auf unebenen Böden, Leitern und Gerüsten. Ist die entzündliche Aktivität trotz adäquater Therapie ständig hoch, bestehen Kontraindikationen für eine effektive Therapie, ist die Handfunktion stark eingeschränkt oder steht die Gelenkdestruktion im Vordergrund, so dass bereits mehrere große wie kleine Gelenke endoprothetisch ersetzt werden mussten, kann das Leistungsvermögen auf weniger als drei Stunden absinken.

Juvenile idiopathische Arthritis (JIA)

Nach neuester Nomenklatur sind juvenile idiopathische Arthritiden als Krankheiten definiert, die bei Kindern unter 16 Jahren zu einer ärztlich diagnostizierten Gelenkschwellung von über 6 Wochen Dauer führen, die nicht mechanisch induziert ist [29]. Im Übergang zum Erwachsenenalter und später differieren die Subtypen. Drei von ihnen – die seropositive juvenile Arthritis, die juvenile idiopathische Arthritis psoriatica und die mit Enthesitiden verlaufende JIA – finden im Erwachsenenalter Äquivalente. Andere Verlaufsformen, wie die systemische Arthritis, andere Arthritiden und die an wenigen Gelenken persistierende Oligarthritis spielen in der Beurteilung im Erwachsenenalter keine entscheidende Rolle.

Die Prävalenz aktiver juveniler Arthritiden im Erwachsenenalter liegt zwischen 0,00011 und 0,0005 % [25]; letzteres entspräche in Deutschland etwa 2.000 Erkrankten. Früher nahm man an, dass 80–90 % im Erwachsenenalter beschwerdefrei werden. Arbeiten der letzten Jahre zeigen jedoch, dass jeder zweite Erwachsene noch aktiv erkrankt ist [12, 24].

Die Langzeitprognose wird durch Wachstumsstörungen, Osteopenie, Osteoporose, Visusminderung nach Iritis und durch persistierende Arthritiden und Sekundärarthrosen bestimmt. Funktionell ist etwa jeder 10. Erwachsene mit JIA deutlich beeinträchtigt, bevorzugt Patienten mit polyartikulärem Verlauf [13]. Sekundäre Koxarthrosen erfordern häufig eine frühzeitige endoprothetische Versorgung [28]. Während allgemeine Wachstumsstörungen an Bedeutung verlieren, finden sich lokale Wachstumsstörungen (z. B. Mikrognathie) noch relativ häufig. Im Mittelpunkt stehen die Langzeitschäden der Augen. Häufige, nicht selten foudroyante (Irido-)Zyklitiden führen bei 15–50 % der Betroffenen zu Sehminderungen [20].

8.2.2 Spondarthritiden

Unter den Spondarthritiden (syn. Spondylarthropathien) wird eine größere Gruppe rheumatischer Erkrankungen zusammengefasst, deren gemeinsames Bindeglied die häufige Mitbeteiligung der Wirbelsäule ist und bei denen kein Rheumafaktor nachgewiesen werden kann. Dazu zählen:
- Spondylitis ankylosans (M. Bechterew),
- Arthritis psoriatica,
- reaktive Arthritiden,
- Morbus REITER,
- enteropathische Arthritiden (bei M. CROHN und Colitis ulcerosa),
- juvenile Oligoarthritis Typ II,
- undifferenzierte Spondarthritiden.

Die inzwischen von der ESSG (European Arthropathie Study Group) und ASAS (Assessment of SpondyloArthritis international Society) entwickelte neue Klassifikation (◻ Tab. 8.4) gestattet eine frühzeitige Diagnosestellung und gewährleistet damit auch einen schnellen Therapiebeginn.

Spondylitis ankylosans (Sp.a.)

Die Spondylitis ankylosans (Morbus Bechterew, ankylosierende Spondylitis, AS) verläuft wechselnd progredient und ist nach heutigem Stand der Medizin nicht heilbar. Sie kommt schließlich von selbst zur Ruhe, was in jedem

◻ Tab. 8.4 Klassifikationskriterien der ESSG (European Spondylarthropathy Study Group) für Spondylarthropathien

A. Hauptkriterien

Entweder	Oder
Entzündlicher Rücken-schmerz	Asmmetrische Arthritis der unteren Extremität
und	

B. Nebenkriterien

mindestens eines oder mehrere der nachfolgenden Neben-kriterien

- Positive Familiananmnese für M. Bechterew, Psoriasis, Uveitis, reaktive Arthritis, M. Crohn, Colitis ulcerosa

Aktuell oder anamnestisch
- Psoriasis
- CED
- Alternierender Gesäßschmerz
- Enthesiopathie (Fersenschmerz, Achillessehen-, Plantara-poneurosen-Insertionsschmerz)
- Nicht- gonorrhoische Urethritis oder Zervizitis oder akute Diarrhoe jeweils innerhalb eines Monats vor Beginn der Arthritis
- Sakroiliitis (bilateral Grad 2–4 oder unilateral Grad 3–4)

Sind ein Hauptkriterium und eines oder mehrere Nebenkrite-rien erfüllt, wird die Diagnose Spondarthropathie gestellt.

◻ Tab. 8.5 Modifizierte New-York-Kriterien zur Diagnose der Spondylitis ankylosans

A. Diagnose

Klinische Kriterien:	*Radiologische Kriterien:*
1. Tieflokalisierte Kreuz-schmerzen und -steifigkeit von ≥ 3 Monaten, die nicht durch Ruhe, sondern durch Bewegung vermindert werden 2. Bewegungseinschränkun-gen der Lendenwirbelsäule in der sagittalen und frontalen Ebene 3. Alters- und geschlechts-adaptiert verminderte Atembreite	- Beidseitige Sakroiliitis, Grad II–IV - Einseitige Sakroiliitis, Grad III–IV

B. Klassifikation

Definitive Spondylitis anky-losans:	*Wahrscheinliche Spondylitis ankylosans:*
- Einseitige Sakroiliitis, Stadium III oder IV, - bzw. bilaterale Sakroiliitis, Stadium II–IV + ein klinisches Kriterium	1. Wenn alle klinischen Kriterien erfüllt sind oder 2. einseitige (III, IV) oder bilaterale Sakroiliitis (II–IV)

Nach van der Linden et al., 1984 [45]

Stadium der Erkrankung möglich ist. Diagnostisch werden neben den oben angeführten Kriterien der ESSG am häufigsten die modifizierten New-York-Kriterien genutzt (◻ Tab. 8.5). Das früher angenommene Verhältnis Männer zu Frauen von 10:1 wurde infolge besserer diagnostischer Möglichkeiten auf 4:1 korrigiert, wobei möglicherweise weiterhin die Erkrankungshäufigkeit bei Frauen unterschätzt wird [32, 34]. Kontrovers wird beurteilt, ob die Prognose bei Frauen günstiger ist als bei Männern. Schwere Verläufe gibt es bei beiden Geschlechtern, eine periphere Gelenkbeteiligung ist bei Frauen 3–4mal häufiger als bei Männern.

- **Diagnostik**

Leitsymptom ist der *entzündliche Rückenschmerz.* Die Diagnose entzündlicher Rückenschmerz wird gestellt, wenn vier der nachfolgenden fünf Kriterien erfüllt sind:
- Beginn vor dem 40. Lebensjahr
- Schleichender Beschwerdebeginn
- Dauer ≥ 3 Monate
- Morgensteife über mindestens 30 Minuten
- Besserung durch Bewegung [9, 27, 33]

Bei den modifizierten New-York-Kriterien ergibt sich die Diagnose aus der Verbindung von klinischen und radiologischen Befunden.

Anamnese. Typisch sind dumpf empfundene Kreuzschmerzen mit Ausstrahlung in die Darmbeinschaufeln und zur Hinterseite der Oberschenkel bis zur Kniekehle. Die Schmerzen treiben die Betroffenen nachts oder frühmorgens aus dem Bett, sie bessern sich durch Bewegung und verstärken sich durch Husten, Niesen, Pressen und Erschütterungen. Oft nicht vom Schmerz zu trennen ist eine morgendliche Steife der Lendenwirbelsäule. Vor den Kreuzschmerzen können Arthralgien, Arthritiden oder Gelenkergüsse auftreten, vorwiegend in Form von Mon- oder Oligarthritiden der Knie-, Sprung-, Hüft- oder selten der Schultergelenke. Gezielte Fragen erfassen frühere Iridozyklitiden, Fersenschmerzen, Schmerzen an den Übergängen vom Sternum zu den Rippen und dem Rippenknorpel. Wichtig ist auch die Frage nach Spondarthritiden in der Familie.

Körperlicher Befund. Das Mennellsche Zeichen signalisiert einen Verschiebeschmerz zwischen Os ilium und Os sacrum, das Vorlaufzeichen weist auf eine einseitige Hyper- oder Hypomobilität im Kreuzbein-Darmbeingelenk hin. Die Bewegungsmaße von HWS (Rotation, Seitneigung, Ante-/Retroversion, Kinn-Sternum-Abstand und Hinterhaupt-Wand-Abstand), BWS (Ott) und LWS (Schober, Macrae und Wright) und die thorakolum-

◘ **Tab. 8.6** Stadieneinteilung der Spondylitis ankylosans n. Ott und Wurm

Stadium	Klinik	Röntgen	Funktion
I	Bewegung bessert den Schmerz. MENNELLsches Zeichen pathologisch. Insertionsschmerzen.	Iliosakrale Arthritis	Beginnende Funktionseinschränkung der Wirbelsäule durch nicht fixierte Fehlhaltungen.
II	SCHOBER, OTT und MACRAE pathologisch. Abgeflachte Lordose der LWS. Hyperkyphose der oberen BWS.	Iliosakrale Arthritis. Kastenwirbel (Spondylitis anterior).	Versteifung eines Wirbelsäulenabschnittes. Differenz zwischen Wirbelsäulenbewegungen mit u. ohne Belastung weist auf Reserven hin.
III	Kinn-Sternum- und Hinterhaupt-Wand-Abstand vergrößern sich. Alle Messzeichen pathologisch.	Iliosakrale Arthritis. Ein bis zwei überbrückende Syndesmophyten (Spondylitis anterior)	Knöcherne Thoraxcompliance reduziert. Wirbelsäule bis auf die HWS versteift und funktionslos.
IV	Fußballbauch. Bügelbrettrücken. Hüft-, Knie-, Schulterkontrakturen. »Pseudo-PARKINSON«-Gang.	Partielle/komplette ISG-Ankylose. Mehrere überbrückende ventrale und laterale Syndesmophyten (Bambusstab).	Wirbelsäulenbeweglichkeit funktionell vollständig aufgehoben.

bale Rotation bei fixiertem Becken werden in ▶ Kap. 7.12 ausführlicher dargestellt. Zu achten ist auf Thoraxkompressionsschmerz, Klopfschmerz einzelner Wirbelkörper sowie auf die Atembreite, die bei pathologischem Ausfall durch eine Lungenfunktionsmessung zu ergänzen ist.

Labor. Die *Entzündungsparameter* (BSG, CRP) sind selten so hoch wie im Rahmen der rheumatoiden Arthritis. Als sensitives Akute-Phase-Protein hat sich das Haptoglobin herausgestellt. Das *HLA-B27* gilt zwar als genetischer Marker, beweist aber nicht die Diagnose und kommt auch bei Gesunden vor. Auch der Krankheitsverlauf hängt nicht vom HLA-B27 ab.

Bildgebende Verfahren .
Eine zunehmend verwendete Methode gerade in der Frühdiagnostik der AS ist die *Kernspintomographie,* die mit der exzellenten Darstellung von Knorpelalterationen, subchondralen Knochenmarködemen und der Möglichkeit der Graduierung der Entzündungsaktivität häufig die Frühdiagnose einer Iliosakralgelenksarthritis gestattet. Das *konventionelle Röntgen* bleibt zur Verlaufsdokumentation schon aus Kostengründen die Methode der Wahl. Das gilt insbesondere für Manifestationen an der Wirbelsäule wie Spondylitis anterior, Diszitis, Spondylodiszitis, Syndesmophyten, Mixtaosteophyten usw.

▪ **Begutachtungskriterien**
Den typischen Verlauf der AS zeigt die Stadieneinteilung in ◘ Tab. 8.6. Im Verlauf können an der Wirbelsäule Komplikationen wie axiale Osteoporose, Wirbelkörperfrakturen und Pseudoarthrosen auftreten. Letztere besitzen ein erhebliches Schmerzpotential. Darüber hinaus sind im konkreten Einzelfall zahlreiche weitere Kriterien zu be-

rücksichtigen, die sich aus dem variablen Krankheitsverlauf ergeben:

Arthritiden. Weit häufiger als bei einer »Wirbelsäulenkrankheit« vermutet, entwickeln sich Arthritiden der stammnahen Gelenke (Hüften, Knie, Schultern; in 30–50 %), aber auch der kleinen peripheren Gelenke (Finger, Zehen, Hand, Ellbogen; in 8–12 %). Diese peripheren Arthritiden ähneln der rheumatoiden Arthritis, verlaufen jedoch milder und weniger destruktiv. Eine Bewegungseinschränkung der Schulter-, Hüft- oder Kniegelenke beraubt den BECHTEREW-Patienten im Endstadium mit gebeugter, versteifter Wirbelsäule und eingeschränktem HEPPschem Blickwinkel der letzten Möglichkeit, sich aufzurichten und seinem Gegenüber in die Augen zu schauen.

Enthesitis. Allen Spondarthritiden eigen sind Entzündungen der Sehnen-, Band- und Kapselinsertionen. Prädilektionsorte sind die Ligg. interspinalia der Halswirbelsäule, Insertionsstellen an Scham- und Sitzbein, an der Achillessehne und der Plantarfaszie. Diese Enthesitiden bestimmen im Rahmen einiger AS-Verläufe das Schmerzgeschehen und legen das »Schmerzniveau« fest. Die Sehnenansätze sind druckdolent, aber auch in Ruhe und ohne äußere Einflüsse sehr schmerzhaft.

Augen. Initial erkranken Vorderkammer (Iritis) und Ziliarkörper (Iridozyklitis) eines Auges in fast 100 % einseitig. Im Verlauf wechseln HLA-B27-positive Patienten in ca. 60 % zwischen beiden Augen. Prognostisch sind die Häufigkeit der Iritisrezidive pro Jahr und ihre Folgen (hintere Synechien) relevant.

Lungen. Die Entzündung der Kostovertebral- und Kostosternalgelenke führt zu einer restriktiven Ventilationsstörung unterschiedlicher Schwere. Extrem selten sind kavernöse Oberlappenfibrosen. Sie können zystoid oder diffus konfiguriert und mit Aspergillus und/oder Mykobakterien besiedelt sein.

Herz. Etwa 2 bis 4 % aller Patienten mit Spondylitis ankylosans leiden unter einer mesaortitisch induzierten Aorteninsuffizienz, einem AV-Block ersten Grades und Herzrhythmusstörungen.

Amyloidose. Eine über Jahrzehnte persistierende hohe Entzündungsaktivität führt in bis zu 8,5 % zur sekundären Amyloidose [18].

▪ Sozialmedizinische Beurteilung

Die sozialmedizinische Leistungsbeurteilung bei der AS orientiert sich am Verlauf, an Ausmaß und Art der Einsteifung der Wirbelsäule, der Entzündungsaktivität, dem Mitbefall peripherer Gelenke und den daraus resultierenden Funktionsstörungen, sowie an Begleit- oder Folgeerkrankungen. Daneben ist zu berücksichtigen, ob die therapeutischen Möglichkeiten ausgeschöpft wurden. Die Therapie besteht im Wesentlichen aus Physiotherapie und Medikation. Eingesetzt werden meist gut wirksame nicht steroidale Antirheumatika und inzwischen als »Basistherapeutikum« (DMARD = Disease modifying antirheumatic Drug) TNF-alpha-Inhibitoren, die gerade bei der AS häufig sehr schnell und effektiv wirken. Die Entzündungsaktivität geht zurück, die Verknöcherungen schreiten allerdings trotzdem fort.

Medizinische Rehabilitation. Da die Sp.a. typischerweise vor dem 40. Lebensjahr beginnt, kann es bereits frühzeitig zu einer Gefährdung der Leistungsfähigkeit kommen, so dass eine medizinische Rehabilitation indiziert ist. Das multimodale Therapiekonzept der medizinischen Rehabilitation ist bei der Sp.a. besonders effektiv, weil die physikalische Therapie einen entscheidenden Therapiebaustein darstellt und die Therapiemotivation der Betroffenen überdurchschnittlich hoch ist. Nach endoprothetischem Gelenkersatz großer Gelenke ist eine Anschlussrehabilitation obligat.

Leistungen zur Teilhabe am Arbeitsleben können erforderlich sein, wenn beispielsweise vorher ausgeübte schwere oder mittelschwere körperliche Tätigkeiten oder Tätigkeiten mit hohen Anforderungen an die Feinmotorik auf Grund von Funktionsstörungen der Wirbelsäule oder Gelenke nicht mehr ausgeübt werden können.

Erwerbsminderung. Unter adäquater Therapie bleibt bei den meisten Betroffenen das Leistungsvermögen zumindest für körperlich leichte Tätigkeiten überwiegend im Sitzen, mit Gelegenheit zum Haltungswechsel erhalten. Zu einer Leistungsminderung kann es kommen, wenn die Entzündungsaktivität trotz ausgeschöpfter Therapie anhält, wenn Kontraindikationen für eine adäquate Therapie (z. B. alte Tbc) vorliegen oder wenn die Wirbelsäule langstreckig in ungünstiger Haltung eingesteift ist. Daneben bestimmen die Funktionsstörungen mitbefallener peripherer Gelenke und der Augen sowie häufig auch eine Einschränkung der Lungenfunktion die Leistungsfähigkeit.

Arthritis psoriatica

Die Arthritis psoriatica ist eine rheumafaktor-negative Systemarthritis, die *vor* (10–15 %), *gleichzeitig* mit (15–20 %) oder *nach* (65–80 %) einer Psoriasis auftreten kann. Die Prävalenz der Psoriasis liegt bei 2–5 % [11], wovon jeder 12. bis 15. an einer Arthritis erkrankt (Prävalenz: 0,13–0,17 %) [43]. Für die Diagnose einer *Arthritis psoriatica sine psoriase* sind spezifische, anderen Arthritiden mit Ausnahme des Morbus REITER nicht eigene bildgebende Befunde erforderlich.

▪ Diagnostik

Charakteristisch sind der meist asymmetrische Befall der Finger- und Zehengelenke einschließlich distaler Interphalangealgelenke im Strahl und die Veränderungen im Röntgenbild. In bis zu 40 % der Fälle ist die Wirbelsäule mitbetroffen. Autoimmunphänomene und viszerale Manifestationen sind viel seltener als bei der RA.

▪ Begutachtungskriterien

Der Gutachter muss zwei Krankheitsbilder (Arthritis und Psoriasis) beurteilen, in manchen Fällen auch drei, wenn eine Spondylarthritis dazu kommt.

Schmerz. Zu differenzieren ist die Schmerzgenese. Die Psoriasisarthritis verläuft sehr häufig mit Arthralgien, ohne dass eine Arthritis vorliegt. Die Mitreaktion von peri- und interartikulären Geweben (Daktylitis, Wurstzehen, Wurstfinger) und die Enthesitis von vorderem Schambein, großen Trochanteren, Achillessehnen usw. stellen ein eigenes, nichtarthrogenes Schmerzpotential dar. Enthesitische Reaktionen an den Dornfortsätzen der Halswirbelsäule, eventuell begleitet von Spondarthritiden, weisen auf eine bipolare Achsenmanifestation (Halswirbelsäule und Iliosakralgelenke) hin.

Gelenkbefallsmuster. Verlaufsform (❏ Tab. 8.7) und Destruktionspotential spielen eine entscheidende Rolle. Mutilierende Verläufe (Windmühlenhände) beeinträchtigen Gelenkstrukturen und -funktionen erheblich. In abgeschwächter Form gilt dies auch für die symmetrischen olig- oder polyartikulären Verläufe. Abhängig von den

◘ **Tab. 8.7** Verlaufsformen der Arthritis psoriatica	
Verlaufsformen	**Häufigkeit**
1. **Arthritis mutilans** mit rapid-aggressivem Destruktionspotential	2–5 %
2. Olig- oder Polyarthritis mit Betonung **distaler Interphalangealgelenke** mit mittlerem bis deutlichem Destruktions-potential	15–25 %
3. **Symmetrische** Polyarthritis mit mittlerem bis deutlichem Destruktionspotential	25–35 %
4. **Asymmetrische** Polyarthritis mit mildem bis mittlerem Destruktionspotential	40–55 %
5. **Axiale** Manifestation (iliosakrale Arthritis oder Spondarthritis)	25–30 %

Die Verlaufsformen überschneiden sich (Mehrfachnennungen). Eine axiale Mitbeteiligung ist bei allen Verläufen möglich.

jeweils betroffenen Gelenken und Bewegungsketten und im Fall der Mutilation ist die Prognose schlechter als bei der RA, im Fall der symmetrisch polyartikulär Erkrankten ähnlich schlecht. Dagegen erfordern pauci- oder oligartikuläre Arthritiden mit mildem bis mäßigem Destruktionspotential eventuell nur funktionsirrelevanter Gelenke ein kritisches Abwägen.

Achsenbeteiligung. Die iliosakrale Arthritis im Rahmen einer Arthritis psoriatica verläuft in der Regel milder und schmerzärmer als die der Spondylitis ankylosans. Das gilt auch für die Wirbelsäulenmanifestationen. Wie im Rahmen anderer Spondarthritiden erkranken häufig auch Synchondrosen (manubriosternal, symphysär) und kostovertebrale Gelenke.

Psoriasis. Häufig muss der internistische Rheumatologe die Frage nach der sozialmedizinischen Einschätzung der Psoriasis mitbeantworten. In Zweifelsfällen sollte jedoch ein dermatologisches Gutachten erstellt werden; vgl. hierzu ▶ Kap. 20.

▪ **Sozialmedizinische Beurteilung**

Bei der sozialmedizinischen Leistungsbeurteilung sind die Variabilität der Entzündungsaktivität (z. B. Remissionsphasen), das Befallsmuster (z. B. ausschließlich distale Finger- und Zehengelenke, Oligarthritis, symmetrische Polyarthritis, Achsenbeteiligung), das Ausmaß der Destruktionen (z. B. mutilierende Arthritis) und der Einfluss der Psoriasis (Art und Ausmaß) zu berücksichtigen. Daneben muss geprüft werden, ob die therapeutischen Optionen genutzt wurden. Medikamentös werden bei der Psoriasisarthritis nicht steroidale Antirheumatika eingesetzt

◘ **Tab. 8.8** Häufige Erreger reaktiver Arthritiden	
Brucellen	Brucellen-Arthritis
Spirochäten (Borrelia burgdorferi)	Lyme-Arthritis
Streptokokken	Rheumatisches Fieber, Streptokokken-Arthritis
Salmonellen, Shigellen, Chlamydien, Mykoplasmen, Gonokokken	REITER-Syndrom
Yersinien	Yersinien-Arthritis
Rötelnviren	Röteln-Arthritis
Hepatitis B und C	Arthralgien, Arthritiden

und als DMARDs Methotrexat, Sulfasalazin Leflunomid, Ciclosporin und TNF-alpha Blocker [4]. Medizinische Rehabilitationen oder Leistungen zur Teilhabe am Arbeitsleben können erforderlich sein.

Medizinische Rehabilitation. Eine Indikation für eine medizinische Rehabilitation kann sich sowohl aus der Wirbelsäulen- und Gelenkerkrankung als auch aus der Hauterkrankung ergeben.

Leistungen zur Teilhabe am Arbeitsleben werden erforderlich, wenn beispielsweise vorher ausgeübte schwere oder mittelschwere körperliche Tätigkeiten oder Tätigkeiten mit hohen Anforderungen an die Feinmotorik auf Grund von Funktionsstörungen der Wirbelsäule oder Gelenke nicht mehr ausgeübt werden können.

Erwerbsminderung. Die sozialmedizinische Leistungsbeurteilung folgt den Kriterien wie bei RA oder Sp.a., wobei die Hautveränderungen gesondert berücksichtigt werden müssen. Zu einer auch quantitativen Leistungsminderung kommt es bei den aggressiven mutilierenden Verläufen.

Reaktive Arthritiden

Reaktive Arthritiden treten nach bakteriellen oder viralen Primärinfektionen auf. Ihre Verknüpfung mit HLA-B27 und die fakultative axiale Manifestation begründen die Einordnung zu den Spondarthritiden.

▪ **Nach gastrointestinalen und urogenitalen Infektionen**

Neben den in ◘ Tab. 8.8 aufgeführten Erregern sind auch Meningokokken, Treponema pallidum, Parasiten (Toxoplasmen) sowie Impfungen (Röteln) in der Lage, Arthritiden zu induzieren. Die Primärinfektion ist oft asymptomatisch, was die Diagnose erschwert.

Urogenitale Infektionen werden antibiotisch behandelt, was aber keinen Einfluss auf die Entwicklung einer reaktiven Arthritis (30–45 %) hat. Arthritiden nach gastrointestinalen Infektionen limitieren sich nach 4–6 Monaten und werden in weniger als 20 % chronisch. Die Chronizität scheint an HLA-B27 gekoppelt zu sein.

Typisch sind der »donnernde« Beginn und die nur in ca. 2/3 der Fälle bestehende Korrelation mit HLA-B27. Gewichttragende Gelenke (Knie-, Sprunggelenk, Vorfuß) erkranken dominierend. Viele reaktive Arthritiden limitieren sich selbst nach einigen Monaten. Und nicht zuletzt: Nichts wird leichter »konstruiert« als eine reaktive Arthritis, wenn der zeitliche Zusammenhang (zwei bis maximal acht Wochen) zwischen den einzelnen Symptomen nicht beachtet wird.

Eine heute extrem selten gewordene Sonderform der reaktiven Arthritis nach urogenitalen oder gastroenteralen Infektionen stellt der M. REITER dar mit der Symptomtrias Oligoarthritis, Konjunktivitis und Urethritis, bei dem sich in 12–26 % der Fälle im Verlauf eine Spondarthritis entwickelt.

Selbstlimitierende Verläufe reaktiver Arthritiden spielen sozialmedizinisch keine Rolle. Bei den chronisch-rezidivierenden Verläufen sind Rezidivintervalle und -dauer maßgebend. Lediglich die durchgehend chronischen Erkrankungen, häufig eine Mischung von Arthralgien und Arthritiden, führen zu Strukturschäden und Funktionsdefiziten, die das Leistungsvermögen einschränken können.

■ **Nach Borrelieninfektionen**

Bei der Lyme-Borreliose entstehen stadienabhängig im Verlauf der Zeit Symptome an der Haut, den Gelenken, der Muskulatur, den Augen und dem ZNS. »Den Spontanverlauf« der Lyme-Borreliose gibt es nicht. Zwischen den einzelnen Stadien gibt es Überschneidungen. Auch können ein oder zwei Stadien symptomlos durchlaufen werden. Erst spät wird die Krankheit dann klinisch manifest.

Die Diagnose der Lyme-Arthritis ist ausschließlich durch die Kombination von klinischen Befunden, anamnestischen Daten und Labordaten möglich, aber nicht durch isolierte Laborbefunde (»endemische« Durchseuchung mit Borrelien-tragenden Zecken!). Den Erreger in der Kultur zu isolieren, gelingt bei der Lyme-Borreliose meist nicht. Mit der PCR (Polymerase-Ketten-Reaktion) wird versucht, den Erreger in Synovia, Liquor und bioptischen Hautstanzen nachzuweisen. IgM-Antikörper treten vor IgG-Antikörpern auf. Letztere persistieren nicht selten auf mittelhohem Niveau. Dennoch sind sie eher als Durchseuchungs- denn als Ätiopathogenesetiter zu interpretieren. Positive IgM- und IgG-Titer im Serum (ELISA) müssen immer im Immunoblot abgesichert werden.

Bereits im Stadium II können heftige Arthralgien und Myalgien auftreten. Die (unbehandelte) Lyme-Borreliose entwickelt sich dann im Stadium III zur Lyme-Arthritis, einer rezidivierenden Olig- oder Monarthritis (Kniegelenk!), die häufig von daktylitischen Finger- und Zehenschwellungen sowie Enthesitiden begleitet ist.

Prognostisch bedeutsam sind etwa 10 % aller Lyme-Arthritiden, die chronisch werden und bei denen sich Erosionen nachweisen lassen. Dauerhafte, sehr schwere Gelenkschäden entstehen selten. Prognostisch von großer Relevanz sind Neuroborreliosen, die sich als subakute Enzephalopathie, Leukoenzephalitis und axonale Polyneuropathie manifestieren, vgl. ▶ Kap. 23.3.2.

Neuroborreliosen stehen in ihrer Symptomatik (radikulärer Schmerz, Parästhesien) ebenso wie das sog. »Post-Lyme-Syndrom« [5] nicht selten in der Nähe des »Fibromyalgie-Syndroms« und des »Chronic Fatigue Syndroms«, können andererseits aber auch dem zerebralen systemischen Lupus erythematodes mit neuropsychiatrischen Symptomen ähneln.

Während – adäquat behandelt – der Löwenanteil der Lyme-Borreliosen ausheilt, werden chronische Lyme-Arthritiden und Neuroborreliosen, flankiert von Arthritiden und Arthralgien sowie Myalgien, nicht selten zum Gegenstand sozialmedizinischer Betrachtungen. Auch bei ihnen gilt es, sich mit dem Problem der Müdigkeit, Abgeschlagenheit und Leistungsschwäche auseinander zu setzen.

Enteropathische Spondarthritiden

Die Beziehung zwischen Darmentzündungen und Spondarthritiden reicht von den reaktiven Arthritiden nach Infektionen (z. B. Yersinien) über die Hypothese, dass Klebsiellen bei der Spondylitis ankylosans ursächlich eine Rolle spielen [7], bis zum Morbus CROHN und zu mikroskopischen Entzündungen von Ileum oder Colon [6]. Auch bei der Colitis ulcerosa finden sich Haut- und Schleimhautläsionen (15,9 %), Augenläsionen (9,7 %) und Gelenk- bzw. Wirbelsäulenmanifestationen (39 %) [31].

Die Koinzidenz einer chronisch-entzündlichen Darmerkrankung (CED) mit einer AS ist 100–200mal häufiger, als es einem zufälligen Zusammentreffen entspräche [35]. Diagnostische Kriterien der chronisch-entzündlichen Darmerkrankungen finden sich in ▶ Kap. 16 und für die Spondarthritiden in ▶ Kap. 8.3. Für die Begutachtung ist von Bedeutung, welches der beiden Krankheitsbilder jeweils dominiert. Überwiegt das gastrointestinale Geschehen, ist zur Begutachtung immer ein Gastroenterologe zu Rat zu ziehen. Häufig findet sich parallel zu den CED eine blande verlaufende Spondarthritis (diskrete Sakroiliitis und Funktionseinschränkung der Lendenwirbelsäule). Andererseits kann sich bei koinzidentell schlechterem Verlauf die Schwere beider Krankheiten nicht nur addieren, sondern potenzieren.

8.2.3 Kollagenosen

Systemischer Lupus erythematodes (SLE)

Der systemische Lupus erythematodes (SLE) ist eine schubweise verlaufende, chronisch-entzündliche Autoimmunerkrankung mit obligater viszeraler Beteiligung. Charakteristisch ist der Nachweis von Autoantikörpern gegen Zellkernbestandteile. Die Ätiologie ist unbekannt. Frauen erkranken 5–7mal häufiger als Männer [19]. Das Prädiktionsalter liegt zwischen dem 15. und 30. Lebensjahr, ein zweiter Erkrankungsgipfel in der 5. bis 7. Lebensdekade. Das Krankheitsbild ist extrem variabel.

■ **Diagnostik**

Die häufigsten Symptome des systemischen Lupus erythematodes (SLE) im Verlauf zeigt ◻ Tab. 8.9. Die Erkrankung kann schleichend oder hochakut beginnen. Sie verläuft zumeist in Schüben. Nahezu alle Organe können involviert und die Symptome zu unterschiedlichen Zeitpunkten manifest werden. Entsprechend schwierig sind die Diagnose und die Festlegung eindeutiger Spontanverläufe. Erschwerend kommt hinzu, dass sich die Verlaufsformen mittelfristig ändern.

Dennoch hat die wissenschaftliche Forschung in den letzten Jahren – nicht zuletzt spezifischer Therapieansätze wegen – erhebliche Anstrengungen unternommen, um »SLE-Subsets« (= spezielle Spontanverläufe) herauszuarbeiten.

Als für die sozialmedizinische Begutachtung (meist) nicht relevant können der medikamenteninduzierte SLE und der diskoide LE (er entwickelt sich nur in ca. 5 % aller Fälle zum systemischen Lupus erythematodes) ausgeklammert werden.

Dagegen müssen charakteristische Spontanverläufe, das primäre Antiphospholipidantikörper-Syndrom und der subakut kutane LE genauer aufgeschlüsselt werden.

Das sekundäre Antiphospholipidantikörper-Syndrom im Rahmen des systemischen Lupus erythematodes ist durch den Nachweis von Lupusantikoagulans und Antiphospholipidantikörpern, arterielle und venöse Thromben, rezidivierende Aborte und eine Thrombozytopenie gekennzeichnet. Die Abgrenzung vom primären Antiphospholipidantikörpersyndrom gründet sich auf das Fehlen von Symptomen, die beim SLE sehr häufig sind, wie Arthritiden, Polyserositiden, Hautmanifestationen (diskoider LE, Schmetterlingserythem), eine Lymphopenie sowie Anti-ds-DNA- (und ENA-)Antikörper.

Erschwerend für die prognostische Einschätzung ist, dass sich die Verlaufsform des SLE in kurzen, aber auch in mittelfristig bis langen Zeiträumen ändern kann. ◻ Tab. 8.9 zeigt, dass die schweren bis sehr schweren Organmanifestationen, einschließlich des Lupus mit neuropsychischen Symptomen, die funktionelle Defizite verursachen,

◻ **Tab. 8.9** Häufigste Symptome des systemischen Lupus erythematodes zu Beginn und im Verlauf der Erkrankung

> 50 – < 85	Prozent
Allgemeinsymptome	70/85
Arthralgien	75/85
Arthritiden	62/74
Entheme	48/70
Nephritiden	44/77
< 49 – 30	**Prozent**
Photosensitivität	29/45
ZNS-Beteiligung	21/47
Raynaud-Symptomatik	26/46
Pulmonale Erkrankungen	20/37
Schleimhautulzerationen	15/39
< 30	**Prozent**
Augen, Lymphadenopathie	25/32
Peri-Myokarditis, Thrombozytopenie	20/29

Nach Schröder et. al., 2000 [36] und Hiepe, 2001 [17]

nur in maximal 50 % der Fälle auftreten, während sonst unspezifische Symptome im Vordergrund stehen, was das frühzeitige Stellen einer Diagnose und die Leistungsbeurteilung erschwert.

Die vielfältigen Symptome des SLE sind in ◻ Tab. 8.10 dargestellt.

■ **Begutachtungskriterien**

Allgemeinsymptome. Sozialmedizinisch schwer fassbare Symptome wie Abgeschlagenheit, gesteigerte Ermüdbarkeit und Leistungsinsuffizienz bestehen i. d. R. nicht nur im Arbeitsleben – sie ziehen sich auch durch Urlaube oder Freizeitaktivitäten. Sie trotzen häufig ärztlichen Behandlungsmaßnahmen und persistieren über lange Erkrankungsverläufe. Trotz hoher Motivation ist die Symptomatik nicht durch Willensanstrengung zu überwinden. Beeinträchtigungen in allen Lebensbereichen ergeben sich durch das beim SLE nicht seltene sekundäre Sjögren-Syndrom (z. B. Lesen, Bildschirmarbeit, Sprechen), die Folgen eines sekundären Antiphospholipidantikörper-Syndroms (z. B. Thrombosen, Abortrsisiko usw.) und die häufigen bakteriellen, viralen, mykotischen und parasitären Infektionen (z. B. gehäufte Arbeitsunfähigkeitszeiten). Auch beim SLE hat der Zeitpunkt der Begutachtung Relevanz. Je später im Verlauf, desto größer ist die Wahrscheinlichkeit von Folgekrankheiten. Proteinurien, Hypertonie und koronare Herzerkrankungen (vor allem

◻ Tab. 8.10 Klassifkationskriterien der ARA (American Rheumatology Association) von 1982 für den systemischen Lupus erythematodes	
Schmetterlingserythem	fixiertes Erythem, das flach oder erhaben im Bereich der Wangen, meist unter Aussparung der nasolabialen Falten lokalisiert ist
Diskoide Hautveränderungen	erythematöse, erhabene Hautflecken mit adhärenten keratotischen Anteilen und follikulärem Verschluss; atrophische Narben können in älteren Läsionen auftreten
Photosensitivität	vom Patienten anamnestisch angegebene Hautrötungen, die infolge einer ungewöhnlichen Reaktion auf Sonnenlicht auftreten
Orale Ulzerationen	durch einen Arzt festgestellte orale oder nasopharyngeale Ulkusbildungen, gewöhnlich schmerzlos
Arthritis	nichterosive Arthritis mit dem Befall von zwei oder mehr peripheren Gelenken, charakterisiert durch Steife, Schwellung oder Gelenkerguss
Serositis	▬ Pleuritis-typische Anamnese für einen Pleuraschmerz oder ein Reiben, das auskultatorisch durch einen Arzt festgestellt wird, oder Nachweis eines Pleuraergusses oder ▬ Perikarditis – gesichert durch ein EKG oder durch ein Reibegeräusch oder durch den Nachweis eines perikardialen Ergusses
Nierenerkrankung	▬ persistierende Proteinurie von mehr als 0,5 g/d oder > 3+, wenn eine Quantifizierung nicht durchgeführt wird, oder ▬ zelluläre Zylinder, Erythrozyten-, Hämoglobin-, granuläre, tubuläre oder gemischte Zylinder
Neurologische Erkrankung	▬ Krampfanfall ohne offensichtliche Medikamenteninduktion und nach Ausschluss einer metabolischen Stoffwechselstörung ▬ Psychose – ohne offensichtliche Medikamenteninduktion und nach Ausschluss einer metabolischen Stoffwechselstörung
Hämatologische Erkrankung	▬ hämolytische Anämie – mit Retikulozytose oder ▬ Leukopenie < 4.000/µl – zwei oder mehrmaliger Nachweis oder ▬ Lymphopenie < 1.500/µl bei zwei oder mehr Untersuchungen oder ▬ Thrombozytopenie < 100.000/µl ohne die Einnahme eines möglicherweise ursächlichen Medikamentes
Immunologische Erkrankung	▬ positiver LE-Zell-Test oder ▬ Anti-DNA: Ak gegen native dsDNA in einem erhöhten Titer oder ▬ Anti-Sm: Nachweis von Ak gegen Sm-Antigene oder ▬ falsch positiver serologischer Test für Syphilis*, positiv mehr als 6 Monate lang, gesichert über einen Treponema-pallidum-Immobilisationstest oder Fluoreszenz-Treponema-Ak-Absorptionstest * Mittlerweile ist bekannt, dass die falsch positive Syphilisreaktion bei LE-Patienten auf Antiphospholipid-Ak zurückzuführen ist. Die Sensitivität spezifischer Tests (ELISA) auf Antiphospholipid-Ak ist höher als die Syphilistests. Ihr Nachweis sollte als gleichwertig spezifisch gelten. Nach Tan et. al. [41]
Antinukleäre Antikörper	Nachweis eines erhöhten antinukleären Antikörpertiters in der Immunfluoreszenz oder einem gleichwertigen Test zu einem bestimmten Zeitpunkt, ohne Zusammenhang zu einem Medikament, das mit einem sog. medikamentös induzierten Lupussyndrom assoziiert sein kann.
Wenn mindestens vier der elf Kriterien positiv sind, kann die Diagnose SLE gestellt werden.	

Quelle: Nach Tan et al. [41]

nach langdauernder – auch low-dose – Glukokortikoid-Therapie) sind zu beachten [21, 30].

Gelenke. Nahezu 85 % der Arthritiden verlaufen nicht destruierend, 15 % führen zu RA-ähnlichen Bildern (Deviation der Langfinger, Deformationen), die letztlich auch fassbare funktionelle Einschränkungen mit sich bringen.

Nieren. Lupus-Nephritiden sind WHO-graduiert und führen – bioptisch objektiviert – zu unterschiedlichen Organschäden, Funktionsstörungen und Prognosen.

Haut. Der subakut kutane LE ist durch eine ausgeprägte Dermatitis und Photosensitivität charakterisiert. Betroffen sind häufig das Gesicht, der Körperstamm und die Arme. Der Nachweis von SS-A- und SS-B-Antikörpern gelingt meist. Für den systemischen Lupus erythematodes typische Marker (wie z. B. Antikörper gegen ds-DNA) finden sich in weniger als 50 % der Fälle. Viszerale Manifestationen (Polyserositiden, Nephritiden) sind deutlich seltener und verlaufen milder.

Verlauf. Wir erfassen heute den Verlauf des milden systemischen Lupus erythematodes (immunologische Diagnostik) zunehmend besser. Auch haben sich die therapeutischen Möglichkeiten erheblich verbessert. Therapeutisch eingesetzt werden Immunsuppressiva, Glukokortikoide und Zytostatika. Insofern wundert es nicht, dass die Fünfjahresüberlebensrate 1995 noch < 50 % – im Jahr 2000 dagegen > 90 % liegt. Allerdings ist zwischen der frühen Letalität schwerer unbeherrschbarer SLE-Verläufe und der Spätmortalität (Krankheits- und Therapiefolgen; [21]) zu differenzieren.

■ **Sozialmedizinische Beurteilung**

Neben den o. g. Begutachtungskriterien sind für die sozialmedizinische Beurteilung des SLE die prognostischen Parameter zu berücksichtigen. Hierzu zählen insbesondere Nieren-, ZNS-Beteiligung, KHK und Infektionsneigung.

Die sozialmedizinische Beurteilung kann sich nicht allein auf die diagnostischen Kriterien und die zum Zeitpunkt der Begutachtung objektivierten Funktions- und Aktivitätsstörungen stützen, sie ergibt sich vielmehr aus der zusammenfassenden Retrospektive, Erfolg oder Misserfolg medikamentöser Therapie und prognostischen Faktoren. Funktionsstörungen an den Gelenken sind seltener zu berücksichtigen als Störungen der Nierenfunktion, die Häufigkeit von Infektionen im Verlauf, Folgen thromboembolischer Ereignisse, eine ZNS-Beteiligung oder eine KHK.

Sjögren-Syndrom

Das primäre Sjögren-Syndrom (Sicca-Syndrom) ist eine chronische Autoimmunerkrankung exokriner Drüsen mit den Leitsymptomen Xerostomie und Keratokonjunktivitis sicca. In ca. 20 % der Fälle erkranken extraglanduläre Organe. Außerdem besteht ein erhöhtes Risiko, an einem malignen Lymphom zu erkranken. Das sekundäre Sjögren-Syndrom begleitet häufig die rheumatoide Arthritis, den systemischen Lupus erythematodes, die progressiv-systemische Sklerose sowie autoimmune Hepatitiden und Thyreoiditiden. Primäres und sekundäres Sjögren-Syndrom sind etwa gleich häufig. Die Ursache der Erkrankung ist unbekannt. Frauen erkranken neunmal häufiger als Männer.

■ **Diagnostik**

Es dominieren glanduläre Symptome, die durch den Funktionsverlust exokriner (Augen, Mund, Vagina) und endokriner Drüsen (Pankreas) hervorgerufen werden. Die dominierenden Erscheinungen sind Mundtrockenheit und Augentrockenheit. Daneben spielen extraglanduläre Manifestationen und Symptome eine Rolle wie Müdigkeit, Abgeschlagenheit, Leistungsinsuffizienz, Myalgien, Arthralgien, Raynaud-Phänomen. Diagnostisch unterstützend sind viele Kriteriensets, von denen einer angeführt wird (◘ Tab. 8.11).

◘ **Tab. 8.11** Diagnostische Kriterien des Sjögren-Syndroms

1. *Okuläre Symptome:* Trockene Augen (≥ 3 Monate) oder Fremdkörpergefühl oder Benutzen künstlicher Tränen > 3mal täglich
2. *Orale Symptome:* Trockener Mund (≥ 3 Monate) oder Speicheldrüsenschwellung als Erwachsener oder Notwendigkeit des Trinkens beim Genuss trockener Speisen
3. *Augenbefunde:* Schirmer-Test[a] (≤ 5 mm in 5 min) oder Van-Bijsterveld-Score[b]
4. Histopathologie (Lippenspeicheldrüsenbiopsie): Fokus-Score[c] ≥ 1
5. *Speicheldrüsenmanifestation:* Speicheldrüsenszintigraphie pathologisch oder Parotissialographie pathologisch oder Speichelflussmessung unstimuliert ≤ 1,5 ml in 15 Minuten[d]
6. *Autoantikörper:* Anti-SS-A-(Ro-) oder Anti-SS-B-(La)-Antikörper oder ANA positiv

– Ein sicheres primäres Sjögren-Syndrom wird angenommen, wenn mindestens 4 Kriterien, davon mindestens eines der Kriterien 4 und 6 (Kriterium 6 nur SS-A oder SS-B) positiv sind.
– Das sichere sekundäre Sjögren-Syndrom erfordert den Nachweis von Kriterium 1 oder 2 und zwei weitere positive Kriterien (nur 3, 4 oder 5).

Ausschlusskriterien

– Lymphome, AIDS, Sarkoidose, Graft-versus-host-Reaktion, Sialadenose, Einnahme von Antidepressiva, Antiparkinsonmitteln, Neuroleptika oder Parasympathomimetika

a. Schirmer-Test: Filterpapierstreifen in die untere Konjunktivalfalte legen und 5 min belassen. Pathologisch bei < 5 mm Befeuchtung.
b. Van-Bijsterveld-Score: Semiquantitative Bestimmung epithelialer Defekte durch Anfärbung der Bindehaut und Hornhaut mit Bengalrosa. Es wird eine Punktbewertung mit maximal 9 Punkten für jedes Auge zugrunde gelegt. Ein pathologischer Ausfall besteht bei mehr als 4 Punkten.
c. Ein Fokus ist eine Agglomeration von mindestens 50 mononukleären Zellen; der Fokus-Score wird definiert als die Anzahl von Foci pro 4 mm² Drüsengewebe.
d. Dieses Kriterium ist bei älteren Patienten auszuschließen.

Nach Vitali et al. [46]

■ **Begutachtungskriterien**

Keratokonjunktivitis. Die verminderte Tränensekretion führt zu Sehstörungen mit Schleiersehen, Fremdkörpergefühl, Augenrötung, Juckreiz, Lichtscheu, Unverträglichkeit von Kontaktlinsen und Problemen beim Lesen, Fernsehen und Bildschirmarbeit. Nachts ist die Tränenproduktion geringer, was die Beschwerden verstärkt. Als Komplikationen treten Blepharitis und Hornhautulcera auf.

Xerostomie. Die Mundtrockenheit führt zu Schluckstörungen, Sprechproblemen, Mundgeruch, Geschmacksstörungen, Karies, Zahnfleisch- und Schleimhautentzündungen, Soor und Rhagaden.

Allgemeinsymptome. Wie beim systemischen Lupus erythematodes sind Müdigkeit, Abgeschlagenheit und ein allgemeiner Leistungsabfall häufig.

Gelenkbeteiligung. Beim sekundären SJÖGREN-Syndrom dominieren die Symptome der jeweiligen Grunderkrankung. Das primäre SJÖGREN-Syndrom entwickelt in 10–20 % eine milde erosive Arthritis, die oft über längere Zeiträume stationär verläuft. In 30 % der Fälle finden sich jedoch persistierende hochaktive Krankheitsverläufe mit Organkomplikationen [39].

■ Sozialmedizinische Beurteilung

Das Sicca-Syndrom beeinträchtigt zahlreiche berufliche und Alltagsaktivitäten. Tränen- und/oder Speichelflüssigkeit müssen regelmäßig substituiert werden. Die Betroffenen müssen häufig trinken, regelmäßig Medikamente (Augentropfen, künstlicher Speichel) verwenden, Entwässerndes meiden (Alkohol, Kaffee, Tee, Diuretika). Sie vertragen Luftzug, trockene/heiße/kalte Luft, Staub und Rauch nicht. Die Xerostomie stört bei Nahrungsaufnahme und Kommunikation (Sprechen). Arbeiten in Großraumbüros, in zugigen Räumen, in Küchen (Dämpfe), in Hitze/Kälte, mit Staubexposition sind beim Sicca-Syndrom ungeeignet, ebenso Sprechberufe wie Verkäufer, Lehrer, Dozent sowie Berufe mit überwiegender Bildschirmtätigkeit.

Progressiv-systemische Sklerose (PSS)

Unter dem Oberbegriff *Sklerodermie* werden die progressiv-systemische Sklerose (PSS), die zirkumskripte Sklerodermie und sog. Overlap-Syndrome gesehen. Die Ätiologie ist ungeklärt. Im Mittelpunkt der Pathogenese stehen ein veränderter Bindegewebsstoffwechsel sowie ein gestörtes Gefäß- und Immunsystem.

Die *limitierte* Verlaufsform beginnt mit einem ödematösen Stadium (»puffy fingers«), das im Verlauf von Jahren in ein induratives Stadium mit Verdickung und Verhärtung der Haut, Madonnenfingern, dermatogenen Kontrakturen, Mikrostomie und Tabaksbeutelmund übergeht. Bei der *diffusen* Verlaufsform sind diese Veränderungen in den ersten Monaten und Jahren rasch progredient, und die Patienten haben ein hohes Risiko, Organmanifestationen zu entwickeln [14].

Bei den *generalisierten* Sklerodermien werden drei Verlaufsformen unterschieden. Beim Typ I sind Akren und Hände bis zum Handgelenk befallen, beim Typ II geht die Ausdehnung der Veränderungen über die Handgelenke hinaus nach proximal und beim Typ III findet sich eine Stammsklerodermie. Eine Sonderform des Typ I ist das CREST-Syndrom mit einer guten Prognose [16].

■ Diagnostik

Können antinukleäre Antikörper (ANA) nicht nachgewiesen werden, ist die Diagnose einer PSS unwahrscheinlich. Diagnostisch wegweisend sind Scl-70 (in 20–70 % bei diffuser PSS), Zentromer-Antikörper (in 20–40 % bei initialer PSS und 80 % bei CREST), PM-Scl (in 25–75 % bei PM-PSS Overlap), U1-RNAP und U2-RNP (in 20–30 % bei limitierter PSS) und SS-A bzw. SS-B (in 60–90 % beim sekundären SJÖGREN-Syndrom) [10].

■ Begutachtungskriterien

Bei der Vielfalt möglicher Krankheitserscheinungen ist eine systematische Bestandsaufnahme erforderlich, auf der die gutachterliche Beurteilung aufbaut. Es bestehen zahlreiche Querverbindungen zu anderen Kapiteln dieses Buches.

Haut. Die Indurationen können je nach Lokalisation, Ausdehnung und Dicke funktional unbedeutend sein oder zu schwersten Behinderungen führen. Das nahezu obligate RAYNAUD-Syndrom führt zu »Rattenbissnekrosen« an Finger- und Zehenkuppen, die nur unter Substanzverlust (Fingerverkürzung) heilen. Beim CREST-Syndrom (**C**alcinosis, **R**AYNAUD, **E**sophagus, **S**klerodermie, **T**eleangiektasie), einer Sonderform der limitierten Sklerodermie, finden sich Weichteilverkalkungen, am häufigsten an den Radialseiten der Finger und am Ellenbogen.

Gelenke. Nahezu alle Sklerodermie-Patienten leiden unter Morgensteife, Arthralgien und Arthritiden, die jedoch nur in 10–15 % zu Gelenkerosionen führen. Weitaus häufiger als arthrogene sind dermatogene Kontrakturen die Ursache für ein Bewegungsdefizit.

Ösophagus. Leitsymptome einer Ösophagusmotilitätsstörung sind Schluckstörungen, Sodbrennen und Dysphagie. Sie werden am besten durch ein Ösophagusfunktionsszintigramm objektiviert.

Lunge. Interstitielle Pneumonitis und fibrosierende Alveolitis sind durch die Röntgen-Thoraxaufnahme, eine hochauflösende CT-Technik und Lungenfunktionsuntersuchungen objektivierbar. Die bronchoalveoläre Lavage kann zwischen beiden Verläufen differenzieren und ist für die Aktivitätsbeurteilung relevant. Eine pulmonale Hypertonie tritt häufig in späten Verlaufsphasen der limitierten kutanen PSS auf [40].

Nieren. Maligne Hypertonie und (terminale) Niereninsuffizienz sind auch heute noch ein Risiko für PSS-Patienten, auch wenn sich ihre Prognose durch den Einsatz von ACE-Hemmern verbessert hat.

Tab. 8.12 Symptome bei (Dermato)Polymyositis	
Muskelschwäche	
Proximale untere Extremität	94–96 %
Proximale obere Extremität	70 %
Distale Muskulatur	32 %
Halsmuskulatur	60 %
Dysphagie	27 %
Gesichtsmuskulatur	3–5 %
Muskelschmerzen	58 %
Muskelatrophie	62 %

Herz. Myokardfibrosen (in bis zu 50 %) sind die Ursache für meist tachykarde Herzrhythmusstörungen, Herzinsuffizienz und Perikardergüsse.

■ **Sozialmedizinische Beurteilung**

Die sozialmedizinische Beurteilung des Leistungsvermögens sowie der Rehabilitationsbedürftigkeit (medizinisch und beruflich) ergeben sich aus den konkreten Befunden des Einzelfalls sowie der Verlaufsform. Bei einem isolierten CREST-Syndrom ohne wesentliche Defekte an den Fingern ist die Leistungsfähigkeit für körperlich leichte Tätigkeiten meist erhalten. Bei systemischen Sklerosen des Typs II und III mit dermatogenen Fingerkontrakturen und/oder ausgeprägten Funktionsstörungen von Herz und Niere sinkt das quantitative Leistungsvermögen unter drei Stunden.

(Dermato)Polymyositis

Für die heterogenen Gruppen der seltenen »myositischen Syndrome« gibt es keine allgemein gültige Klassifikation. Zu den häufigsten entzündlichen Systemerkrankungen der Skelettmuskulatur gehören die Polymyositis und die (Dermato)Polymyositis (mit charakteristischen Hautveränderungen).

■ **Diagnostik**

Leitsymptom ist die symmetrische, vorwiegend proximale Muskelschwäche des Beckens und/oder Schultergürtels. Der Beginn kann foudroyant oder auch schleichend sein. ■ Tab. 8.12 zeigt die am häufigsten betroffenen Muskelgruppen. Nicht immer sind unspezifische Entzündungszeichen und/oder Autoantikörper nachweisbar. Die Muskelbiopsie aus dem M. vastus lateralis sollte nicht am Ende der Bemühungen stehen [26].

■ **Begutachtungskriterien**

Allgemeinsymptome. Häufige Allgemeinsymptome sind Fieber, Arthralgien, Arthritiden und als Resultat vaskulitischer Abläufe intestinale, pulmonale und kardiale Mitreaktionen. Besonders letztere führen in fast 70 % zu Klappenfunktionsstörungen (Mitralklappenprolaps), Tachyarrhythmien und Kardiomyopathien [42].

Muskulatur. In der Regel ist die Muskulatur der limitierende Faktor für das Leistungsvermögen. Muskelschmerzen werden als »extremer Muskelkater« geschildert. Geklagt wird anfangs über eine rasche Ermüdbarkeit z. B. beim Wandern. Im weiteren Verlauf wird es schwierig, sich von einem Stuhl oder aus der Hocke aufzurichten, Treppen zu steigen oder die Wäsche aufzuhängen. Kopfbeuger und -strecker erkranken häufig, auch eine Dysphagie kann sich entwickeln.

Die Myositis wird durch erhöhte Myoglobinwerte und Muskelenzyme (CK, Aldolase, ASAT, ALAT, LDH) nachgewiesen. Zumeist wird die CK als Aktivitätsparameter genutzt. Die Muskelkraft ist standardisiert messbar: Die Skala reicht von 5 (volles Bewegungsausmaß gegen Widerstand) bis 0 (vollständige Lähmung, keine Kontraktion). Muskelatrophie und -ödem werden durch Kernspintomographie und Computertomographie erfasst. Myopathische Aktionspotentiale objektiviert das Elektromyogramm.

Hautbefunde. Die kutanen Befunde der Dermatomyositis manifestieren sich als »GOTTRONS sign«: Papeln ähnelnde violette Rötungen, die häufig über den Metakarpophalangealgelenken lokalisiert sind. Am Decolleté, den Streckseiten der Arme und Beine entwickeln sich häufig symmetrisch flächenhafte Erytheme oder heliotrope Exantheme.

Verlauf. Spontanverläufe der (Dermato)Polymyositis sind nur wenig untersucht, da in der Regel eine Behandlung mit Glukokortikoiden und Immunsuppressiva erfolgt. Immer liegt ein Verlauf über mehrere Jahre – mit einem Aktivitätsmaximum in den ersten fünf Jahren – vor. Etwa ein Fünftel aller Fälle verläuft über 10 Jahre. Prognostisch ungünstig sind der Nachweis von Anti-Jo-1-Antikörpern und Anti-SRP-Antikörpern. Während für die Polymyositis kein erhöhtes Malignomrisiko besteht, scheint die Dermatomyositis ein deutlich erhöhtes Risiko zu haben [22, 49].

■ **Sozialmedizinische Beurteilung**

Leistungen zur Teilhabe machen in aktiven Phasen keinen Sinn und können eher schaden. In inaktiven, klinisch ruhigen Abschnitten dagegen sind sie indiziert. Bei der sozialmedizinischen Begutachtung sind Allgemeinsymptome (z. B. Abgeschlagenheit, Gewichtsverlust) ebenso zu beachten wie die speziellen muskulären Symptome (z. B. Muskelschwäche und -schmerzen). Einen wichtigen Stel-

◼ **Tab. 8.13**	Symptome bei Mischkollagenosen
> 80 %	Arthralgien, Arthritiden, RAYNAUD-Phänomen
60–70 %	Diffuse Handschwellungen, Lungenveränderungen (Pleuritis), Myositiden, Ösophagusmotilitätsstörungen
20–40 %	(Poly)Serositis, Fieber, PSS-ähnliche Hautveränderungen, Lymphadenopathie
< 15 %	Hepatomegalie, Nierenmanifestationen, neurologische Symptome

lenwert besitzt der Zeitpunkt der Begutachtung im Rahmen der Längsschnittbetrachtung.

Mischkollagenose

Die Mischkollagenose (mixed connective tissue disease, MCTD) ist ein unscharf und uneinheitlich abgegrenztes Krankheitsbild [44]. Als SHARP-Syndrom [37] beschrieben wurde wohl die milde Verlaufsform dessen, was heute als Mischkollagenose bezeichnet wird. Etwa in 65 bis 85 % aller in der Literatur beschriebenen Verläufe entwickeln sich Mischkollagenosen zu einem spezifischen Krankheitsbild [1].

Die Symptomatik ist recht vielgestaltig (◼ Tab. 8.13). Letztlich sind es die Mischung und Ausprägung von Symptomen und Befunden, die eine Mischkollagenose einordnen lassen. Diagnostisch ist die häufige Verknüpfung des Nachweises von HLA-DR4 und hochtitriger U1-snRNP von Bedeutung.

Die klinischen Zeichen der Mischkollagenose wie Müdigkeit, Gewichtsabnahme, RAYNAUD-Syndrom, diffuse Schwellungen der Hände/Finger, Fingerspitzen-Ulzera, Hautsymptome der progressiv-systemischen Sklerose und/oder des SLE treten selten alle gleichzeitig auf und der Gutachter wird immer wieder mit der »Kollagenosenmüdigkeit« als vorherrschendem Symptom konfrontiert. Im Gegensatz zur Müdigkeit bei somatoformen Schmerzstörungen beruht diese aber auf einer breiteren empirischen Basis.

Literatur

1 Alarcon GS: Early undifferentiated connective tissue disease. Arthritis Rheum 39: 403–414, 1996

2 Aletaha D, Neogi T, Silman J et al: 2010 rheumatoid Arthritis Classifivation Criteria. Arthritis & Rheumatism Vol. 62, N0. 9, 2010: 2569–2581

3 Arnett FC, Edworthy SM, Bloch DA: The American Rheumatism Association for the classification of rheumatoid arthritis. Arthritis Rheum 31: 315–324, 1988

4 Boehncke W, Friedrich M, Kaltwasser J et al: Psoriasis-Arthritis – eine interdisziplinäre Herausforderung. Dtsch Arztbl 2006; 103(21) A1455–A1461

5 Cairns V, Godwin J: Post-Lyme-borreliosis syndrome: a meta-analysis of reported symptoms. Int. J. Epidemiol. (December 2005) 34 (6): 1340–1345

6 de Vos M, Mielants H, Cuvelier C et al: Long-term evaluation of gut inflammation in patients with spondyloarthropathy. Gastroenterology 110 (6): 1696–1703, 1996

7 Ebringer A, Ahmadi K, Fielder M et al: Molecular mimicry: the geographical distribution of immune responses to Klebsiella in ankylosing spondylitis and its relevance to therapy. Clin Rheumatol 15 (Suppl. 1): 57–61, 1996

8 Egerer K, Feist E, Burmester G: Serologische Diagnostik der rheumatoiden Arthritis, Antikörper gegen citrullinierte Antigene. Dtsch Arztbl Int 2009; 106(10): 159–163

9 Falkenbach A, Rudwaleit M: Frühe Diagnosestellung bei entzündlich-rheumatischen Rückenschmerzen. Journal für Mineralstoffwechsel 2006; 13(2), 52–56

10 Fehr K: Rheumatoide Arthritis. In: Miehle W, Fehr K, Schattenkirchner M, Tillmann K (Hrsg.): Rheumatologie in Praxis und Klinik, S. 425–587. Stuttgart; New York: Georg Thieme Verlag, 2. Auflage, 2000

11 Feyertag J, Dunky A: Arthritis psoriatica. Journal für Mineralstoffwechsel 2005; 12(4), 105–109

12 Flatø B, Lien G, Smerdal A et al: Prognostic factors in juvenile rheumatoid arthritis: A case controll study revealing early predictors and outcome after 14.9 years. J Rheumatol 2003 Feb; 30(2):386–93

13 Foster H, Marshall N: JCA in adult life: A study of long-term outcome in patients with JCA or adult RA. Clin Rheumatol 19: 326–329, 2000

14 Genth E: Systemische Sklerose. In: Zeidler H, Zacher J, Hiepe F (Hrsg.): Interdisziplinäre klinische Rheumatologie, S. 904–920. Berlin; Heidelberg; New York: Springer Verlag, 2001

15 Goekoop-Ruiterman Y, de Vries-Bouwstra J, Kerstens P et al: DAS-driven therapie versus routine care in patients with recent-onset active rheumatoid arthritis. Ann Rheum Dis 2010, 69:65–69

16 Hettenkofer H-J: Rheumatologie. Thieme Verlag, 4. Auflage 2001, 99–106

17 Hiepe F: Systemischer Lupus erythematodes. In: Zeidler H, Zacher J, Hiepe F (Hrsg.): Interdisziplinäre klinische Rheumatologie, S. 865–887. Berlin; Heidelberg; New York: Springer Verlag, 2001

18 Jayson MIV, Salmon PR, Harrison W: Amyloidosis in ankylosing spondylitis. Brit Med J III: 492, 1971

19 Kleinert S, Feuchtenberger M, Tony H-P: Systemischer Lupus erythematodes. Internist 2010, 51, 1013–1028

20 Kotaniemi K, Aho K, Kotaniemi A: Uveitis as a cause of visual loss in arthritides and comparable conditions. J Rheumatol 28: 309–312, 2001

21 Manger K, Manger B: Kommentar: Konsequenzen der verbesserten Prognose des SLE. Z Rheumatol 61: 532–533, 2002

22 Maoz CR, Langevitz P, Livneh A et al: High incidence of malignances in patients with dermatomyositis and polymyositis: An 11-year-analysis. Semin Arthritis Rheum 27 (5): 319–324, 1998

23 Miehle W: Rheumatoide Arthritis. Diagnose und Therapie. Stuttgart; New York: Georg Thieme Verlag, 2. Auflage, 1999

24 Minden K, Niewerth M, Ganser G et al: Erwachsene mit juveniler idiopathischer Arthritis – Krankheitsfolgen und Versorgungssituation. Akt Rheumatol 27: 249–254, 2002

25 Minden K, Niewerth M, Listing J et al: Long-term outcome of patients with juvenile idiopathic arthritis. Arthritis Rheum 46: 2392–2401, 2002

26 O'Rourke KS, Iske RW: Muscle biopsy. Curr Opin Rheumatol 7 (6): 462–468, 1995

27   O´Shea F, Salonen D, Inman R: The Challenge of Early Diagnosis in Ankylosing Spondylitis. J Rheumatol 34(1) 2007, 5–7

28   Packham JC, Hall MA: Long-term outcome in juvenile idiopathic arthritis. Total joint replacements in JIA. Abstracts of the XIVth European League Against Rheumatism Congress. Ann Rheum Dis 6: 359, 1999

29   Petty RE, Southwood TR, Baum J et al: Revision of the proposed classification criteria for idiopathic arthritides of childhood: Durban 1997. J Rheumatol 25, 1998

30   Rapp CA, Berner B, Müller GA: Long-term analysis of clinical disease activity and chronic organ damage in patients with systemic lupus erythematosus. Z Rheumatol 61: 521–531, 2002

31   Rath HC, Herfarth HH: Extraintestinale Manifestationen bei chronisch entzündlichen Darmerkrankungen. Versicherungsmedizin 54 (1): 16–19, 2002.

32   Rautenstrauch J: Morbus Bechterew: Alte Mythen und neue Therapien. Dtsch Ärztebl 2002; 99(14): A-910/B-762/C-711

33   Robert Koch Institut Statistisches Bundesamt: Entzündlich rheumatische Erkrankungen. (Hrsg.: List M, Ziese T) Gesundheitsberichterstattung des Bundes Heft 49, 05/2010

34   Rudwaleit M, Sieper J: Klassifikation und Diagnose der frühen Spondylitis ankylosans: Eine Herausforderung. Morbus-Bechterew-Journal Nr.106, 2006 5–8

35   Schölmerich J, Stange EF: Chronisch entzündliche Darmerkrankungen. Internist 42, 2001

36   Schröder JO, Harten P, Euler HH: Systemischer Lupus erythematodes. In: Miehle W, Fehr K, Schattenkirchner M, Tillmann K (Hrsg.): Rheumatologie in Praxis und Klinik, S. 909–953. Stuttgart; New York: Georg Thieme Verlag, 2. Auflage, 2000

37   Sharp GC, Irvin WS, Tan EM et al: Mixed connective tissue disease – an apparently distinct rheumatic disease syndrome associated with a specific antibody to an extractable nuclear antigen (ENA). Amer J Med 52: 148–159, 1972.

38   Sokka T, Kautiainen H, Möttönen T et al: Work disability in rheumatoid arthritis 10 years after diagnosis. J Rheumatol 26 (8): 1681–1685, 1999

39   Späth M, Krüger K: Sjögren-Syndrom. In: Miehle W, Fehr K, Schattenkirchner M, Tillmann K (Hrsg.): Rheumatologie in Praxis und Klinik, S. 1042–1056. Stuttgart; New York: Georg Thieme Verlag, 2. Auflage, 2000

40   Stupi AM, Stehen VD, Owens GR et al: Pulmonary hypertension in the CREST syndrome variant of systemic sclerosis. Arthritis Rheum 29: 515–524, 1986

41   Tan EM, Cohen AS, Fries JF et al: The 1982 revised criteria for the classification of systemic lupus erythematosus. Arthritis Rheum 25: 1271–1277, 1982

42   Taylor AJ, Wortham DC, Burge JR et al: The heart in polymyositis: A prospective evaluation of 26 patients. Clin Cardiol 16: 802–808, 1993

43   Taylor WJ: Epidemiology of psoriatic arthritis. Curr Opin Rheumatol 14: 98–103, 2002.

44   van den Hoogen FJH, van de Putte LBA: Is mixed connective tissue disease a myth? In: Isenberg DA, Tucker LA (Hrsg.): Controversies in rheumatology, Band 9:4, S. 87–95. London: Bailliére Tindall, 1995

45   van der Linden SH, Valkenburg A, Cats A: Evaluation of diagnostic criteria for ankylosing spondylitis: A proposal for modification of the New York criteria. Arthritis Rheum 27: 361–368, 1984

46   Vitali C, Moutsopoulos HM, Bombardieri S, the European Community Study Group on diagnostic criteria for Sjoegrens syndrome: Sensitivity and specifity of tests for occular and oral involvement in sjoegrens syndrome. Ann Rheum Dis 53: 637–647, 1994

47   Weinblatt ME, Bathon JM, Kremer JM et al: Safety and efficacy of etanercept beyond 10 years of therapy in North American patients with early and long-standing rheumatoid arthritis. Arthritis Care Res (Hoboken). 2010 Oct 18. [Epub ahead of print]

48   Woodrick R, Ruderman EM. Anti-interleukin-6 therapy in rheumatoid arthritis. Bull NYU Hosp Jt Dis. 2010; 68 (3):211–7

49   Zantos D, Zhang Y, Felson D: The overall and temporal association of cancer with polymyositis and dermatomyositis. J Rheumatol 21/10: 1855–1859, 1994

Hämatologische und immunologische Krankheiten

Volker König

9.1   Allgemeines

Das Blut erfüllt Transport-, Gerinnungs- und Abwehrfunktionen, vermittelt durch Blutzellen und -plasma. Die zellulären Bestandteile (Erythro-, Leuko- und Thrombozyten) werden im Knochenmark aus hämatopoetischen Stammzellen gebildet; Syntheseort der plasmatischen Gerinnung ist die Leber. Blutzellen und Gerinnungsfaktoren unterliegen einem ständigen Umsatz im Körper. Störungen dieses Systems beeinträchtigen die o. g. Funktionen und wirken sich letztlich auf den Gesamtorganismus aus.

- **Sozialmedizinische Bedeutung**

Hämatologische Erkrankungen sind weit verbreitet, aber nur selten sozialmedizinisch relevant für die Rentenversicherung, denn in den meisten Fällen handelt es sich um benigne Formen (z. B. Anämien), die therapeutisch gut zu beeinflussen sind. Bedeutsam sind in erster Linie maligne Formen bzw. Erkrankungen, deren Therapie schwierig und/oder mit gravierenden unerwünschten Arzneimittelwirkungen (UAW) belastet ist. Die Vielfalt der Krankheitsbilder macht an dieser Stelle eine Beschränkung auf die Wichtigsten erforderlich. Eine klare Abgrenzung zwischen benignen und malignen Systemerkrankungen ist nicht immer möglich, da es im Verlauf benigner Erkrankungen zu Transformationen kommen kann.

Aus arbeitsmedizinischer Sicht wichtig ist, dass hämatologische Erkrankungen bei beruflicher Exposition gegenüber Benzol bei Überschreiten entsprechender Grenzwerte als Berufskrankheit anerkennungsfähig sind. Dies trifft zu auf folgende Erkrankungen: myelodysplastisches Syndrom (MDS; ▶ Kap. 9.3.2), aplastische Anämie (SAA und VSAA; ▶ Kap. 9.2.2), akute Leukämie (AML und ALL; ▶ Kap. 9.3.3 und Kap. 9.3.4), chronische lymphatische Leukämie (CLL; ▶ Kap. 9.3.6), Non-HODGKIN-Lymphom (NHL; ▶ Kap. 9.3.7) (BK-Nr. 1318) [4, 18].

9.2   Benigne Erkrankungen

9.2.1   Erkrankungen der Erythrozyten, Anämien

Anämie (Blutarmut) bedeutet eine Verringerung der Sauerstofftransportkapazität des Blutes, entweder durch Verminderung der Anzahl der Erythrozyten und/oder Verminderung des roten Blutfarbstoffes (Hämoglobin). Folge ist eine Störung der sauerstoffabhängigen Energieerzeugung in den Mitochondrien der Zellen im gesamten Körper. Die Ursachen für Anämien sind vielfältig.

Formen

Sozialmedizinisch relevante Formen sind in ◘ Tab. 9.1 dargestellt.

Spezifische krankheitsbedingte Beeinträchtigungen nach ICF

Die systemischen Auswirkungen einer Anämie können auf der Ebene der Körperstrukturen und -funktionen durch Schädigung der Sauerstofftransportfunktion des Blutes alle Organe betreffen und zu folgenden funktionellen Einschränkungen führen:

- Ermüdbarkeit, Abgeschlagenheit, Muskelschwäche
- verminderte Leistungsfähigkeit, Störung der allgemeinen Ausdauerleistung
- Atemnot
- verminderte Konzentrationsfähigkeit, Merkfähigkeitsstörungen
- Schwindel, Ohrensausen
- Schmerzen (Kopf, Glieder, Herz)
- Kälteüberempfindlichkeit

In Abhängigkeit vom Ausmaß der Funktionseinschränkungen können Aktivitäten und Teilhabe der Betroffenen beeinträchtigt sein.

Spezielle Diagnostik, Sachaufklärung

Die Basisdiagnostik verschafft einen Überblick über die aktuell bestehende Situation und bildet die Grundlage für evtl. notwendige weitere Untersuchungen in Abhängigkeit von der jeweiligen Fragestellung. Zur Basisdiagnostik zählen: Anamnese, körperliche Untersuchung. Labor: CRP, Blutbild (Hämoglobinwert, Erythrozyten-, Thrombozytenzahl), Differentialblutbild inkl. Retikulozyten, Hämolyseparameter (LDH, Bilirubin, Haptoglobin, Fragmentozyten), Gerinnungsparameter, ggfs. Knochenmarkzytologie u. -histologie. Ein erweitertes Screening ist erforderlich, wenn Subtypen von Anämien differenziert werden müssen. In der Regel kann in der Begutachtungssituation auf extern erhobene Befunde zurückgegriffen werden.

Begutachtungskriterien, Zielkriterien

- Kardiorespiratorische und muskuläre Belastbarkeit
- Knochenmarkfunktion/Erythropoese
- Krankheitsaktivität/Frequenz und Auslöser hämolytischer Krisen
- Transfusionsfrequenz/Ausmaß der resultierenden Eisenüberladung/Komorbiditäten
- Notwendigkeit einer medikamentösen Dauerbehandlung mit potentiellen Nebenwirkungen

◻ Tab. 9.1 Formen und Ursachen von Anämien

Formen und Ursachen	Beispiel	Behandlungsoptionen
Verlust von Erythrozyten (z. B. infolge chronischer Blutung)	Ulcusblutung	Substitution von Erythrozytenkonzentraten ggf. auch Eisen
Störung der Erythropoese (Stammzellschädigung)	Aplastische Anämie ▶ Kap. 9.2.2 Anämie bei Myelodysplasie	Je nach Ausprägungsgrad der Erkrankung: ▬ Substitution von Erythrozytenkonzentraten ▬ Stammzelltransplantation
Erhöhter Verbrauch von Erythrozyten (z. B. infolge Hämolyse)	Hämolytische Anämien: ▬ Kugelzellanämie (hereditäre Sphärozytose) ▬ Glucose-6-Phosphat-Dehydrogenasemangel (Favismus) ▬ Autoimmunhämolyse (AIHA) ▬ medikamentös induzierte Autoimmunhämolyse	Substitution von Erythrozytenkonzentraten Expositionsprophylaxe Steroide Weglassen des Medikaments
Gestörte/fehlerhafte Hämoglobin- bzw. Hämsynthese	▬ Thalassämie ▬ Sichelzellanämie ▬ Hämoglobinopathie ▬ sideroblastische Anämie	Ggfs. Substitution von Erythrozytenkonzentraten
Substratmangel	z. B. infolge ▬ Eisenmangels ▬ Vitamin-B-12-Mangels ▬ Folsäuremangels	Substitution von ▬ Eisen ▬ Vitamin B 12 ▬ Folsäure
Sekundäre Anämien	z. B. infolge Niereninsuffizienz	Substitution von Erythropoetin ggfs. auch Erythrozytenkonzentrate

Sozialmedizinische Beurteilung

Sozialmedizinisch von Bedeutung ist die Abgrenzung reversibler von nicht reversiblen Störungen. Sofern die Ursache einer Anämie auf einer chronischen Blutung oder einem Substratmangel (Vitamin B12, Eisen, Folsäure) beruht, kann sie durch die Substitution des entsprechenden Faktors therapeutisch beeinflusst werden. Beeinflussbar sind auch die hämolytischen Anämien, wenn das auslösende Agens (z. B. Medikament oder Fava-Bohne) bekannt ist und durch eine Expositionsprophylaxe hämolytische Krisen vermieden werden können.

Bei irreversiblen Störungen sind Fragen der Anpassung des Patienten an die Anämie, Häufigkeit und Ausmaß hämolytischer Krisen, der Bedarf an Bluttransfusionen und die daraus resultierende mögliche Eisenüberladung des Organismus mit Schäden u. a. an Herz, Leber, Pankreas und Hypophyse von Bedeutung und müssen bei der sozialmedizinischen Beurteilung berücksichtigt werden. Gleiches gilt für Organschäden und Funktionsstörungen, die im Rahmen von rezidivierenden Hämolysen auftreten können (z. B. Splenomegalie).

Nicht selten treten Anämien im Kontext anderer Erkrankungen auf wie z. B. bei der Niereninsuffizienz. Bei der Feststellung des Leistungsvermögens müssen dann die weiteren – aus der Grunderkrankung bzw. Komorbidität resultierenden – Funktionsstörungen entsprechend berücksichtigt werden. Das gilt insbesondere für Anämien, denen eine Schädigung der hämatopoetischen Stammzellen zugrunde liegt. Hier ist nicht nur die Bildung und Regeneration von Erythrozyten behindert, sondern auch die der Leuko- und Thrombozyten (vgl. ▶ Kap. 9.2.2.)

Sofern wegen einer chronischen Anämie in regelmäßigen Abständen Bluttransfusionen erforderlich sind, besteht im Regelfall ein Leistungsvermögen von weniger als 6 Stunden pro Tag, besonders wenn der Beruf erhöhte körperliche bzw. psychomentale Anforderungen stellt. Einschränkungen der körperlichen Leistungsfähigkeit infolge der chronischen Anämie und/oder einer Kardiomyopathie (siehe auch ▶ Kap. 13) infolge Eisenüberladung lassen sich durch ergometrische Untersuchungen bestimmen. Substitutionsbedingte Leberfunktionsstörungen, ein sekundärer Diabetes mellitus oder Störungen anderer endokriner Drüsen werden durch entsprechende Laboruntersuchungen festgestellt und sind bei der sozialmedizinischen Beurteilung zu berücksichtigen. Neuropsychologische Defizite lassen sich durch geeignete Testverfahren aufdecken. Die Adaptationsspanne bei chronischer Anämie ist außerordentlich breit. Besteht keine Transfusionsbedürftigkeit, so kann selbst bei relativ niedrigen Hämoglobinwerten ein Leistungsvermögen von

◻ **Tab. 9.2** Einteilung und Diagnosekriterien der aplastischen Anämie: 2 von 3 Kriterien müssen erfüllt sein [23]			
Zellreihe	**Mäßig schwere aplastische Anämie (MAA)**	**schwere aplastische Anämie (SAA)**	**sehr schwere aplastische Anämie (VSAA)**
Granulozyten	< 1.000/µl	< 500/µl	< 200/µl (obligat für VSAA)
Thrombozyten	< 50.000/µl	< 20.000/µl	< 20.000/µl
Retikulozyten	< 60.000/µl	< 20.000/µl	< 20.000/µl

mehr als 3 Stunden bis zu mehr als 6 Stunden pro Tag für leichte körperliche Tätigkeiten gegeben sein. Zur Beurteilung des Leistungsvermögens nach **allogener Stammzelltransplantation (SZT)** vgl. ▶ Kap. 9.4.

■ **Medizinische Rehabilitation**

Eine medizinische Rehabilitation bei chronischer Anämie kann indiziert sein, wenn es zu Funktionsbeeinträchtigungen infolge häufiger Erythrozytensubstitution mit Eisenüberladung und Organschäden gekommen ist (z. B. Kardiomyopathie bzw. Bronzediabetes) oder eine allogene SZT durchgeführt wurde.

■ **Teilhabe am Arbeitsleben**

Die Notwendigkeit von Leistungen zur Teilhabe am Arbeitsleben ist individuell festzustellen, bei Anämien sind diese jedoch selten indiziert.

■ **Erwerbsminderung**

Die Feststellung einer Minderung der Leistungsfähigkeit bei Anämien sollte befristet getroffen werden, da über den weiteren Krankheitsverlauf oft keine Klarheit besteht.

9.2.2 Erkrankungen der weißen Blutzellen

Erkrankungen der weißen Blutzellen führen zu unterschiedlich ausgeprägten Immundefekten auf zellulärer Ebene (Leukopenien, Leukozytose) mit entsprechender Abwehrschwäche. Abwehrstörungen können darüber hinaus auftreten, wenn humorale Faktoren (Antikörper, Komplement) verändert sind.

Formen

■ **Sekundäre Immundefekte durch Knochenmarkerkrankungen**
Siehe ▶ Kap. 9.3.

■ **Iatrogen verursachte Immundefekte bei immunsuppressiver Therapie**
Siehe ▶ Kap. 9.4.1.

■ **Immundefekt bei erworbenem Immunmangelsyndrom (HIV-Infektion)**
Siehe ▶ Kap. 11.

■ **Aplastische Anämie**

Die nosologische Zuordnung der aplastischen Anämien in das Kapitel »Erkrankungen der weißen Blutkörperchen« resultiert aus den Komplikationen, die den Krankheitsverlauf bestimmen. Der zugrunde liegende Blutstammzelldcfckt führt zu einer Panzytopenie, kann aber lange Zeit ausschließlich mit einer (moderaten) Anämie verbunden sein. Komplikationen sind im fortgeschrittenen Stadium infolge der Leuko- und/oder Thrombopenie zu erwarten.

Die Einteilung der aplastischen Anämie erfolgt in drei Schweregrade ◻ Tab. 9.2. Sie basiert auf der Anzahl von Leuko- und Thrombozyten sowie der Retikulozyten als Ausdruck der Knochenmarkreserve. Je nach Schweregrad der Erkrankung stehen neben den Funktionseinschränkungen durch die Anämie die Zeichen der Abwehrschwäche sowie Blutungskomplikationen im Vordergrund. Eine Indikation zur Behandlung ist im Stadium SAA und VSAA und/oder bei schwerer Zytopenie einer einzelnen Zellreihe gegeben.

Die Therapie der aplastischen Anämie erfolgt meist supportiv u. a. mittels Transfusion von Erythrozytenkonzentraten, Immunsuppression sowie antibiotischer und -mykotischer Behandlung bei Infektionen. Eine kurative Behandlung gelingt nur durch allogene SZT (vgl. ▶ Kap. 9.4). Im Stadium der SAA ist die Letalität hoch (unbehandelt ca. 75 %, mit supportiver Therapie ca. 50 %, mit immunsuppressiver Therapie oder allogener SZT < 20 %).

Spezifische krankheitsbedingte Beeinträchtigungen nach ICF

Die Einschränkungen werden bestimmt durch Schädigungen der Funktionen des Immunsystems (z. B. Infektgefährdung), der Sauerstofftransportfunktion und Gerinnungsfunktionen des Blutes.

Spezielle Diagnostik/Sachaufklärung

Die Sachaufklärung in der sozialmedizinischen Begutachtungssituation umfasst die Anamnese und den vollständigen bisherigen Krankheitsverlauf sowie die laborchemische und hämatologische Basisdiagnostik. Soweit für die sozialmedizinische Beurteilung Befunde einer extern durchgeführten speziellen hämatologischen Diagnostik von Bedeutung sind, sollten diese beigezogen werden.

Begutachtungskriterien/Zielkriterien

- Kardiorespiratorische und muskuläre Belastbarkeit
- Knochenmarkfunktion (Granulo-, Lympho-, Erythro- und Thrombopoese)
- Art und Ausmaß des Immundefektes
- Häufigkeit und Schwere von Infektionskrankheiten
- Häufigkeit stationärer Behandlungsbedürftigkeit
- Irreversible Organschäden nach Infektionen und/ oder Blutungen
- Notwendigkeit einer Dauerprophylaxe und -therapie von (opportunistischen) Infektionen (Antibiotika, Antimykotika, Immunglobuline) mit potentiellen Nebenwirkungen
- Möglichkeit einer allogenen SZT

Sozialmedizinische Beurteilung

Die aplastische Anämie verläuft in der Regel chronisch progredient (10 % Spontanremissionen). Die Leistungsfähigkeit Betroffener ist abhängig vom Stadium der Erkrankung. Kann der Erkrankungsverlauf durch entsprechende Prophylaxe oder Therapie stabilisiert werden, so kann die Erwerbsfähigkeit über einen langen Zeitraum erhalten sein. Einschränkungen ergeben sich für die Ausübung von Tätigkeiten mit Infektgefährdung (z. B. in Kälte und Nässe, ständigem Publikumsverkehr), hoher körperlicher Belastung sowie Tätigkeiten mit hohem Gefährdungspotential für Verletzungen. Organschäden, die infolge transfusionsbedingter chronischer Eisenüberladung aufgetreten sind (vgl. ▶ Kap. 9.2.1) sowie weitere Komorbiditäten sind bei der Beurteilung entsprechend zu berücksichtigen. Zur Beurteilung des Leistungsvermögens nach allogener SZT vgl. ▶ Kap. 9.4.

■ Medizinische Rehabilitation

Eine medizinische Rehabilitation bei aplastischer Anämie kann indiziert sein, wenn es zu Funktionsbeeinträchtigungen infolge häufiger Erythrozytensubstitution mit Eisenüberladung und Organschäden gekommen ist (z. B. Kardiomyopathie) oder eine allogene SZT durchgeführt wurde.

■ Teilhabe am Arbeitsleben

Die Notwendigkeit von Leistungen zur Teilhabe am Arbeitsleben ist individuell festzustellen, bei aplastischer Anämie sind diese jedoch selten indiziert.

■ Erwerbsminderung

Die Feststellung einer Minderung der Leistungsfähigkeit bei aplastischer Anämie sollte befristet getroffen werden, da über den weiteren Krankheitsverlauf oft keine Klarheit besteht.

9.2.3 Erkrankungen der Thrombozyten, hämorrhagische Diathesen

Störungen der Hämostase werden verursacht durch Erkrankungen der Blutgefäße, der Thrombozyten sowie der plasmatischen Gerinnung. Das von-Willebrand-Syndrom nimmt eine Zwischenstellung zwischen Thrombozytopathie und Koagulopathie ein. Dieses Kapitel beschäftigt sich ausschließlich mit den sozialmedizinisch relevanten, das Erwerbsalter betreffenden Formen.

Formen
■ Erworbene Thrombozytopenien

Autoimmunthrombozytopenie: Es handelt sich um Thrombozytopenien durch plättchenreaktive Autoantikörper. Sie können als idiopathische thrombozytopenische Purpura (ITP, M. Werlhof) auftreten oder infekt-/medikamentös assoziiert bzw. im Rahmen maligner Lymphomerkrankungen vorkommen (z. B. bei der chronischen lymphatischen Leukämie, vgl. ▶ Kap. 9.3.6.) Die Verläufe sind bei Erwachsenen einmalig oder auch schubweise rezidivierend. Therapie bei manifester Blutungsneigung: Kortikosteroide, ggf. Splenektomie, Immunsuppressiva (Ciclosporin, Azathioprin) oder Zytostatika (Cyclophosphamid), Immunglobuline, monoklonale Antiköper (Rituximab).

HIV-assoziierte Immunthrombozytopenie: Siehe ▶ Kap. 11.

■ Thrombozytopathien

Von-Willebrand-Syndrom (vWS): Angeborene Thrombozytopathie, bei der ein quantitativer oder qualitativer Defekt des von-Willebrand-Faktors (vWF) vorliegt, der für die Adhäsion der Thrombozyten am Subendothel und die Stabilisierung von Faktor VIIIc verantwortlich ist. Unterschieden werden drei Typen, von denen nur zwei aufgrund ihrer Ausprägung sozialmedizinisch relevant sind: Der Typ 2 (betrifft 15-20 % der Fälle) ist charakterisiert durch eine qualitative Veränderung des vWF mit klinisch variablen Blutungsneigungen. Beim sehr seltenen Typ 3 (< 1 %) ist der vWF stark vermindert oder fehlt gänzlich. Es kann zu schwersten Blutungen kommen. Die Therapie erfolgt symptomatisch (vWF-haltiges Faktor VIII- bzw. Plasmakonzentrat, Antifibrinolytika).

Von dem angeborenen ist das erworbene (sekundäre) vWS abzugrenzen. Es kommt in Assoziation mit lympho-

und myeloproliferativen Neoplasien, immunologischen und kardiovaskulären Erkrankungen vor.

■ Koagulopathien

Störungen der plasmatischen Gerinnung, die durch Gerinnungsfaktoren vermittelt wird. Ein wesentlicher Teil der Gerinnungsfaktoren wird in der Leber gebildet, daher kann es bei schweren Leberfunktionsstörungen zu einer sekundären Koagulopathie kommen (siehe ▶ Kap. 16).

Hämophilie A und B: X-chromosomal-rezessiv vererbte Gerinnungsstörung mit verminderter Aktivität von Faktor VIII (Hämophilie A) bzw. Faktor IX (Hämophilie B). Die Einteilung in Schweregrade orientiert sich an der verbleibenden Restaktivität der Gerinnungsfaktoren (vgl. ▣ Tab. 9.4). Liegt diese bei < 1 %, können spontane Gelenk- und Weichteilblutungen auftreten. Die Therapie besteht in der Substitution von Gerinnungsfaktoren, unter der etwa 25 % der Betroffenen als Komplikation eine Hemmkörperhämophilie (Bildung von Autoantikörpern) ausbilden.

Hemmkörperhämophilie: Die Hemmkörperhämophilie ist eine erworbene Koagulopathie, die auf der Bildung spezifischer Antikörper (Auto-/Alloantikörper) gegen bestimmte Blutgerinnungsfaktoren beruht. Die Ursache der Antikörperbildung ist oft nicht bekannt. Sie wird beobachtet bei Autoimmunkrankheiten (rheumatoide Arthritis, systemischer Lypus erythematodes), Malignomerkrankungen, postpartal oder bei Hämophilie A bzw. B. Charakteristisch sind plötzliche heftige spontane Blutungen in Haut, Weichteile und Muskulatur bei vorher klinisch unauffälligen Patienten (Mortalität 10–20 %). Die Therapie ist symptomatisch (u. a. Bluttransfusionen, Faktorersatz, Plasmapherese, Immunsuppressiva, Steroide).

Spezifische krankheitsbedingte Beeinträchtigungen nach ICF

Die Einschränkungen werden bestimmt durch Schädigungen der Gerinnungsfunktionen (z. B. Einblutungen in innere Organe bzw. Gelenke) und der Sauerstofftransportfunktion des Blutes. Die Beeinträchtigungen am Bewegungsapparat manifestieren sich am häufigsten am Kniegelenk. Schwere und Ausmaß lassen sich nur individuell anhand des jeweiligen Einzelfalls beurteilen. Auf die entsprechenden organspezifischen Kapitel sei verwiesen. Als Therapiefolge kam es in der Vergangenheit gehäuft zu HIV-Infektionen (vg. ▶ Kap. 11).

Spezielle Diagnostik, Sachaufklärung

Anamnese, körperliche Untersuchung. Basisdiagnostik Labor: CRP, Blutbild (Thrombozytenzahl, Hämoglobin), Differentialblutbild, Prothrombinzeit, aktivierte partielle Thromboplastinzeit, Thrombinzeit, Fibrinogen. Die Basisdiagnostik verschafft einen Überblick über die aktuell be-

Thrombozytenzahl [/µl]	Bewertung
> 80.000	— Keine Blutungsneigung — Operative Eingriffe in schwieriger Lokalisation (z. B. Auge, Gehirn) sind möglich
50.000–80.000	— Verstärkte Blutung bei Verletzung, keine Spontanblutungen — Operative Eingriffe in einfacher Lokalisation (z. B. Abdomen) sind möglich — Punktionen (Lumbalpunktion, Organpunktionen) sind möglich
30.000–50.000	— Verstärkte Hautblutungen bei Mikrotraumen („blaue Flecken"), diskrete petechiale Blutungen an prädisponierten Körperpartien (Streckseiten der Extremitäten)
< 30.000	— Zunehmende Spontanblutungen (Petechien) am ganzen Körper, Nasenbluten, Haut- und Schleimhautblutungen, Gefahr zerebraler, renaler und intestinaler Blutungen

▣ **Tab. 9.3** Blutungsneigung in Abhängigkeit von der Thrombozytenzahl

stehende Situation und bildet die Grundlage für evtl. notwendige weitere Untersuchungen in Abhängigkeit von der jeweiligen Fragestellung. In der Regel kann der Gutachter in der sozialmedizinischen Beurteilungssituation auf die Ergebnisse der extern durchgeführten, differenzierten hämatologischen Diagnostik zurückgreifen.

Begutachtungskriterien, Zielkriterien

▬ Krankheitsaktivität/Blutungsfrequenz/Blutungsintensität
▬ Knochenmarkfunktion/Thrombozytenzahl (vgl. ▣ Tab. 9.3)
▬ Restaktivität von Blutgerinnungsfaktoren bei Hämophilie (vgl. ▣ Tab. 9.4)
▬ Notwendigkeit einer medikamentösen Dauerbehandlung mit potentiellen Nebenwirkungen
▬ Blutungsbedingte Sekundärschäden an Gelenken und inneren Organen

Sozialmedizinische Beurteilung

Die Beurteilung des Leistungsvermögens orientiert sich am klinisch eruierbaren Blutungsrisiko (auslösende Faktoren, Frequenz, Dauer, Stärke) sowie an den Komorbiditäten. Bei der Abschätzung des beruflichen Anforderungsprofils ist insbesondere auf ein mögliches Verletzungsrisiko – z. B. bei gefahrengeneigten Tätigkeiten – zu achten. Für nicht-iatrogene Gerinnungsstörungen ist wichtig, ob es sich um eine reversible oder irreversible Erkrankung

◻ Tab. 9.4 Blutungsneigung bei Hämophilie in Abhängigkeit von der Restaktivität der Faktoren VIII und IX [24, 31]

Erkrankung	Restaktivität	Symptomatik	Therapie
Leichte Hämophilie	5–20 %	Postoperative und posttraumatische Blutungen	Hämophilie A: Desmopressin Prophylaktische Substitution bei operativen Eingriffen
Mittelschwere Hämophilie	1– < 5 %	Postoperative und posttraumatische Blutungen, gelegentliche Spontanblutungen in große Gelenke und Muskulatur	Prophylaktische Substitution bei operativen Eingriffen; Substitution bei Blutung.
Schwere Hämophilie	< 1 %	Rezidivierende Spontanblutungen in große Gelenke und Muskulatur	Regelmäßige prophylaktische Substitution

handelt, ob und in welchem Ausmaß eine Substitution mit gerinnungsfördernden Komponenten erforderlich ist bzw. ob ein Transfusionsbedarf mit den Folgen einer Eisenüberladung (vgl. ▶ Kap. 9.2.1) existiert. Deutliche Einschränkungen sind bei Typ 3 des VON-WILLEBRAND-Syndroms gegeben, wobei auch hier in Einzelfällen ein über sechsstündiges Leistungsvermögen erreicht werden kann, wenn leichte körperliche Tätigkeiten ohne erhöhtes Verletzungsrisiko möglich sind. Eine Tätigkeit mit Gefährdungspotential durch stumpfe Traumen ist auszuschließen (z. B. Polizist im Außendienst, Bauhelfer). Bei der schweren Hämophilie sind nur körperlich leichte Arbeiten ohne Verletzungsrisiko zumutbar. Der Gerinnungsdefekt allein begrenzt das quantitative Leistungsvermögen gewöhnlich nicht. Leistungsmindernd sind häufig Arthrosen der großen Gelenke infolge rezidivierender Gelenkeinblutungen (vgl. ▶ Kap. 7). Bei Hemmkörperhämophilie müssen bei der Beurteilung der Leistungsfähigkeit sowohl das Blutungsrisiko als auch UAW der immunsuppressiven Behandlung (vgl. ▶ Kap. 9.4.3) berücksichtigt werden. Meist sind diese Versicherten aufgrund des komplizierten Verlaufes zumindest zeitweilig nicht mehr über sechs Stunden einsetzbar.

■ **Medizinische Rehabilitation**

Eine medizinische Rehabilitation kann indiziert sein, wenn z. B. infolge chronisch rezidivierender Gelenkeinblutungen Funktionsstörungen am Bewegungsapparat auftreten.

■ **Teilhabe am Arbeitsleben**

Die Notwendigkeit von Leistungen zur Teilhabe am Arbeitsleben kann im Einzelfall indiziert sein, wenn z. B. Tätigkeiten im Stehen oder Knien nicht mehr ausgeführt werden können (wie bei Installateuren oder Fliesenlegern nach Kniegelenksersatz).

■ **Erwerbsminderung**

Die Feststellung einer Minderung der Leistungsfähigkeit muss bei Hämophilien oft auf Dauer ausgesprochen werden, da die Folgen der Blutungskomplikationen häufig therapeutisch nicht ausreichend gebessert werden können

9.3 Maligne Erkrankungen

9.3.1 Allgemeines

Die Inzidenz maligner Systemerkrankungen (Lymphome und Leukämien) wird in Deutschland auf ca. 24.000 Fälle pro Jahr geschätzt. Ihr Anteil an allen Krebserkrankungen beträgt etwa 8 % (◻ Tab. 10.1). Zu den Risikofaktoren zählen u. a. ionisierende Strahlung, chemische Noxen, Zigarettenrauchen, vorangegangene Behandlungen wegen maligner Erkrankung, Infektionskrankheiten mit Assoziation zu Leukämien und Lymphomen sowie eine familiäre/genetische Belastung.

Maligne Systemerkrankungen lassen sich aufgrund der erreichbaren Therapieergebnisse in 2 Gruppen einteilen (vgl. ◻ Tab. 9.5).

Sofern die Möglichkeit einer Heilung besteht, ist das Ergebnis häufig nur mit einer intensiven, zeitaufwändigen Behandlung und größeren Belastung für den Patienten zu erreichen. Ist keine Heilung möglich – auch weil der Allgemeinzustand des Patienten zu schlecht für eine intensive Behandlung ist – so wird das primäre Ziel der Therapie die Verbesserung der Lebensqualität und die Verhinderung einer Pflegebedürftigkeit sein.

Für einige Erkrankungen, die durch eine konventionelle Behandlung nicht geheilt werden können, stellt die **allogene** Stammzelltransplantation (SZT) eine Therapieoption mit Heilungschance dar. Allerdings kommt dieses Verfahren wegen der Intensität und Toxizität der Vorbehandlung (Konditionierung) nicht für jeden Patienten in Betracht. Die autologe SZT stellt im Vergleich zur konventionellen Behandlung ein intensiviertes Therapiever-

◻ **Tab. 9.5** Maligne Systemerkrankungen: Möglichkeit der Heilung durch konventionelle antineoplastische Behandlung

heilbar	nicht heilbar
Hodgkin-Lymphom	Chronische lymphatische Leukämie
Aggressives Non-Hodgkin-Lymphom	Chronische myeloische Leukämie
Indolentes Non-Hodgkin-Lymphom (Diagnose im Stadium I-II, nicht leukämisch verlaufend)	Indolentes Non-Hodgkin-Lymphom (Diagnose im Stadium III-IV, und/oder leukämisch verlaufend)
Akute lymphatische Leukämie	Multiples Myelom
Akute myeloische Leukämie	Myeloproliferative Neoplasien (Polyzythämia vera, essentielle Thrombozythämie)

fahren dar, von dem man nach heutiger Anschauung nur in Ausnahmefällen eine definitive Heilung erwarten darf, welches aber u. U. zu lang dauernden Remissionen mit guter Lebensqualität führen kann (vgl. ▶ Kap. 9.4).

Spezielle Diagnostik/Sachaufklärung

Die Sachaufklärung in der Begutachtungssituation umfasst die Anamnese, den bisherigen Krankheitsverlauf (Beginn der Erkrankung, durchgeführte Therapien sowie Ergebnisse und Nebenwirkungen der Behandlung) sowie die körperliche Untersuchung (einschl. Lymphknotenstatus). Die Labordiagnostik kann sich auf die (hämatologische) Basisdiagnostik beschränken. Soweit die Situation es erfordert, sollten extern erhobene Befunde (spezielle hämatologische Diagnostik z. B. zur Knochenmarkfunktion) beigezogen werden. Das gilt ebenso für die bildgebende Diagnostik (wie z. B. Röntgen-Thorax, sonographische und computertomographische oder MRT-Befunde).

Charakteristika maligner Systemerkrankungen

Maligne Systemerkrankungen beeinträchtigen Sauerstofftransport, Immunabwehr und Aufrechterhaltung der Hämostase. Neben verringerten Funktionen können diese auch krankhaft gesteigert sein. Weil Blut sämtliche Organe durchströmt, kann potentiell jedes Organ des Körpers beeinträchtigt werden. Bestimmte Lymphome und Leukämien können darüber hinaus tumorbildend wachsen (»Chlorom«) und lebenswichtige Körperstrukturen oder -funktionen durch Kompression oder Infiltration in Mitleidenschaft ziehen (z. B. Wachstum eines Lymphoms im Rückenmarkkanal → Querschnittsyndrom).

Therapeutische Möglichkeiten

Die Behandlung maligner Systemerkrankungen und das Ansprechen auf die Therapie sind sehr unterschiedlich. Durch die Entwicklung und den Einsatz neuer, zielgerichteter Medikamente haben sich die Therapieoptionen in den vergangenen Jahren häufig verändert und vielfach verbessert. Ziel der Behandlung ist es, die Erkrankung vollständig oder teilweise zurückzudrängen (komplette oder partielle Remission ▶ Kap. 10.4.2) oder das Fortschreiten aufzuhalten. Die Therapie erfolgt in der Regel nach definierten Behandlungsstandards oder im Rahmen wissenschaftlicher Studien: Zum Einsatz kommen zytostatische Chemotherapie, Strahlenbehandlung, Antikörper- und Immuntherapie, z. T. kombiniert als Radioimmuntherapie, sowie die SZT (vgl. ▶ Kap. 9.4). Ein operatives Vorgehen kommt nur im Ausnahmefall in Betracht. Die therapeutische Strategie berücksichtigt Art und Stadium der Erkrankung, besondere prognostische bzw. Risikofaktoren sowie Alter und klinischen Zustand des Patienten. Bei manchen Systemerkrankungen ist nach Beendigung einer intensiven antineoplastischen Initialtherapie eine weitere über einen begrenzten Zeitraum oder auch dauerhaft durchzuführende Erhaltungstherapie erforderlich. Andere maligne Erkrankungen werden wiederum ohne intensive Initialbehandlung dauerhaft in Intervallen antineoplastisch therapiert.

Therapiefolgen und Folgen der Immunsuppression

Zu den Folgen antineoplastischer Therapien vgl. ▶ Kap. 10.5.2.

Zu den Folgen von immunsuppressiver Behandlung vgl. ▶ Kap. 9.4.1.

Krankheits- u. therapiebedingte Beeinträchtigungen nach ICF

Zur Beeinträchtigungen durch antineoplastische Therapie vgl. ▶ Kap. 10.6.

Begutachtungskriterien, Zielkriterien

- Beeinträchtigungen nach Abschluss der Primärtherapie inkl. Auswirkungen auf Aktivität und Teilhabe des Patienten
- Krankheitsaktivität/Remissionsstatus (B-Symptomatik mit ungewolltem Gewichtsverlust, Fieber und/oder Nachtschweiß)
- Geschwindigkeit, mit der eine komplette Remission erreicht wurde
- Wahrscheinlichkeit eines Rückfalls/einer Progression
- Zeitdauer bis zum Eintreten einer Progression
- Notwendigkeit einer Erhaltungs-/Dauertherapie mit potentiellen Nebenwirkungen

◻ **Tab. 9.6** Sozialmedizinische Beurteilung bei malignen Systemerkrankungen: Gefährdungsfaktoren und berufliche Einschränkungen

Problemstellung	Einschränkung bei	Beispiel für Ausschluss	Objektivierung
Anämie	Tätigkeiten mit hoher körperlicher Leistungsanforderung	Bauarbeiter, Tierpfleger (große Tiere), Landwirt	Labor
Leukozytopenie, Immunsuppression	Arbeiten mit Kindern, häufigem Publikumsverkehr, Arbeiten bei Hitze, Kälte, Nässe, Zugluft, starken Temperaturschwankungen, Schicht- und Nachtarbeit	Kindergärtnerin, Lehrer, Sprechstundenhilfe, Schalterbeamter, Gärtner, Berufskraftfahrer	Labor, Klinik, Anamnese Gefährdung: Leukozyten < 3.000/µl Neutrophile Granulozyten < 1500/µl
Thrombozytopenie	Tätigkeiten mit erhöhter Verletzungsgefahr	Handwerker, Fensterputzer, Forstarbeiter	Labor, Klinik, Anamnese Gefährdung: Thrombozyten < 80.000/µl
Myokardinsuffizienz	Tätigkeiten mit hoher körperlicher Leistungsanforderung	Bauarbeiter	Gehstrecke, Echokardiographie, Ergometrie, Spiroergometrie
Lungenfibrose	Tätigkeiten mit hoher körperlicher Leistungsanforderung	Bauarbeiter	Gehstrecke, Spirometrie, Bodyplethysmographie, Spiroergometrie
Gleichgewichts-/ Konzentrations-/ Merkfähigkeitsstörungen	Gefahrengeneigte Tätigkeit, Arbeit mit Instrumenten und Maschinen, Tätigkeiten mit Verantwortung für Personen und Maschinen	Maschinenführer, Lehrer	d2-Test, psychometrische Tests, neurologische Untersuchung
Toxische Polyneuropathie der Hände	Manuelle Tätigkeiten mit besonderen Anforderungen an die Feinmotorik, Oberflächen- und Tiefensensibilität	Operativ tätige Ärzte, Zahntechniker, Uhrmacher, Näherin, Goldschmied	Neurologische Untersuchung
Toxische Polyneuropathie der Füße	Tätigkeiten, bei denen Stand- und Gangsicherheit wichtig sind (Ersteigen von Leitern und Gerüsten)	Dachdecker, Fensterputzer, Bauarbeiter (Hochbau)	Neurologische Untersuchung

— weitere Therapieoptionen wie z. B. Möglichkeit der Durchführung einer allogenen SZT
— Komorbiditäten

Das Ansprechen der malignen Systemerkrankung auf die Therapie ist ein wesentlicher Gesichtspunkt bei der Abschätzung des weiteren Verlaufs. Als positives Zeichen ist zu werten, wenn die Erkrankung durch die initiale Therapie innerhalb kurzer Zeit stark zurückgedrängt wird. Negative Zeichen sind dagegen ein protrahiertes oder fehlendes Ansprechen auf die Therapie oder eine Krankheitsprogression unter Therapie. Ebenfalls ungünstig für den weiteren Verlauf ist das Auftreten eines Rezidivs. Die Erkrankung bekundet damit ihre besondere Bösartigkeit. Außerdem ändert sich häufig mit einem Rezidiv die Natur der Erkrankung, indem sich die Dynamik der Erkrankung beschleunigt.

Sozialmedizinische Beurteilung

Die sozialmedizinische Beurteilung sollte möglichst nach abgeschlossener Therapie – sofern diese zu erwarten ist – und einer ausreichenden Phase der Rekonvaleszenz erfolgen. Nach z. T. langwieriger Therapie von Systemerkrankungen resultieren die Funktionseinschränkungen meist aus der (Spät-) Toxizität der antineoplastischen Behandlung und/oder Bestrahlung (◻ Tab. 10.3). Die Beurteilung des erwerbsbezogenen Leistungsvermögens orientiert sich an den Funktionsstörungen geschädigter Organsysteme (vgl. die Kapitel zu den einzelnen Organsystemen). Daneben sind auch psychische und psychoonkologische Aspekte zu berücksichtigen. Sie fokussieren auf das mentale Leistungsvermögen und die Krankheitsverarbeitung des Patienten.

Nicht selten kommt es bei malignen Systemerkrankungen vor, dass eine sozialmedizinische Beurteilung des Leistungsvermögens unter dauerhaft durchzuführender (Erhaltungs-)Therapie erfolgen muss. Hier sind nicht nur Funktionsstörungen an Organsystemen zu berücksichtigen, sondern gleichermaßen das Therapieregime, die individuelle Verträglichkeit der Behandlung und die Prognose des Betroffenen. Das Leistungsvermögen kann bei diesen Versicherten vollständig bzw. teilweise erhalten oder ganz aufgehoben sein.

Die verbleibenden Funktionsstörungen und die daraus resultierenden qualitativen Einschränkungen des Leistungsvermögens werden mit dem beruflichen Anforderungsprofil abgeglichen. Ist eine Tätigkeit im Bezugsberuf nicht mehr möglich, so prüft der Gutachter, ob eine andere (fiktive) Tätigkeit unter den üblichen Bedingungen des allgemeinen Arbeitsmarktes ausgeführt werden kann. Typische Problemstellungen zeigt ◘ Tab. 9.6.

Zur autologen oder allogenen SZT vgl. ▶ Kap. 9.4.

▪ Medizinische Rehabilitation

Eine medizinische Rehabilitation ist nach abgeschlossener Therapie einer malignen Systemerkankung indiziert und sollte in einer onkologischen Facheinrichtung durchgeführt werden. Erfolgt eine Dauer- oder Erhaltungstherapie, so kann diese während der Rehabilitation fortgesetzt werden.

▪ Teilhabe am Arbeitsleben

Die Notwendigkeit von Leistungen zur Teilhabe am Arbeitsleben ist individuell festzustellen.

▪ Erwerbsminderung

Resultieren aus der malignen Systemerkrankung bzw. den Folgen der antineoplastischen Therapie gravierende Funktionsstörungen, so sollte die Feststellung der verminderten Leistungsfähigkeit zeitlich befristet getroffen werden, da über den weiteren Krankheitsverlauf oft keine Klarheit besteht.

9.3.2   Myelodysplastische Syndrome (MDS)

Die MDS sind eine Gruppe heterogener, erworbener klonaler Erkrankungen der Blutstammzellen, die mit Bildungs- und Reifungsstörungen der Hämatopoese verbunden sind. Unterschieden werden das primäre MDS (Ursache unbekannt) und sekundäre Formen (nach vorangegangener zytostatischer Therapie und/oder Strahlenbehandlung oder nach Einwirkung anderer chemischer Noxen). Das Risiko, 5-10 Jahre nach zytostatischer Therapie ein sekundäres MDS zu entwickeln, liegt bei 3–20 %. Ein Übergang des MDS in eine akute myeloische Leukämie ist bei 25–30 % der Betroffenen zu beobachten (◘ Tab. 9.8 und ▶ Kap. 9.3.3). Eine definitive Heilung ist ausschließlich durch allogene SZT möglich.

Klassifikation und Stadieneinteilung

Zur Klassifikation der WHO vgl. ◘ Tab. 9.7.

Medianes Überleben sowie das Risiko für die Transformation eines MDS in eine akute myeloische Leukämie (AML) und die Dauer bis zur Transformation lassen sich entsprechend dem »WHO adapted Prognostic Scoring System« (WPSS) abschätzen (vgl. ◘ Tab. 9.8).

▪ Therapie

Bei der Therapieentscheidung müssen neben Krankheitsmerkmalen (WHO-Subtyp, WPSS-Risikoprofil, vgl. ◘ Tab. 9.8) die individuellen Patientenbesonderheiten (Alter, Allgemeinzustand) berücksichtigt werden. Beim **Niedrigrisiko-MDS** stehen supportive Maßnahmen im Vordergrund: Substitution von Erythrozyten- und/oder Thrombozytenkonzentraten, Behandlungsversuch mit Erythropoetin, Antibiotikaprophylaxe, ggfs. Eisendepletionsbehandlung. Im Falle eines **Hochrisiko-MDS** kann zusätzlich eine antineoplastische Behandlung erforderlich werden: Intensive Chemotherapien sind ausschließlich bei jüngeren Patienten in gutem Allgemeinzustand sinnvoll. Hier wird in 60-65 % der Fälle nach Induktionschemotherapie eine komplette Remission erreicht, die zudem noch länger erhalten werden kann, wenn anschließend eine **autologe** SZT durchgeführt wird (erreichbare Überlebensrate nach 4 Jahren: ca. 30–35 %). Noch bessere Ergebnisse werden bei Hochrisiko-Patienten durch die **allogene** SZT (vgl. ▶ Kap. 9.4) erreicht (krankheitsfreies Überleben nach 6 Jahren 40 %). Aus diesem Grunde sollten Erkrankte < 50 Jahre bei entsprechendem WHO-Subtyp diesem Verfahren zugeführt werden.

Spezifische krankheits- und therapiebedingte Beeinträchtigungen nach ICF

Die systemischen Auswirkungen ergeben sich in erster Linie aus der Anämie und können auf der Ebene der Körperstrukturen und -funktionen durch Schädigung der Sauerstofftransportfunktion des Blutes alle Organe betreffen. Im weiteren Verlauf mit Entwicklung einer Leukopenie und Thrombopenie entstehen weitere Einschränkungen durch Schädigungen der Funktionen des Immunsystems (z. B. Infektgefährdung) und der Gerinnungsfunktionen des Blutes. Bei häufigen Transfusionen entwickelt sich eine Eisenüberladung, die zu sekundären Organschäden v. a. des Herzens führen kann. Zu den Beeinträchtigungen durch antineoplastische Therapie vgl. ▶ Kap. 10.6.

Krankheitsspezifische Begutachtungskriterien, Zielkriterien

- wie ▶ Kap. 9.3.1 und zusätzlich:
- Knochenmarkfunktion (-reserve)
- Transfusionsfrequenz
- Organschäden durch Transfusionshämosiderose
- Häufigkeit und Schwere vorangegangener infektiöser Episoden
- Häufigkeit und Schwere von Blutungskomplikationen

◘ Tab. 9.7 Klassifikation der myelodysplastischen Syndrome nach WHO [30]

WHO-Subtyp	Dysplastische Zellreihen	Blasten im peripheren Blut [%]	Blasten im Knochenmark [%]	Risiko Übergang in AML [%]	Medianes Überleben [Monate]	Anteil an allen MDS [%]
RCUD = Refraktäre Zytopenie mit unilineärer Dysplasie	Erythropoese *oder* Granulopoese *oder* Megakaryopoese	< 1	< 5	8	63	9
RARS = Refraktäre Anämie mit Ringsideroblasten	Nur Erythropoese	< 1	< 5	1,5	63	8
RCMD = Refraktäre Zytopenie mit multilineärer Dysplasie	Mindestens 2 Zellreihen	< 1	< 5	14	36	46
MDS unklassifizierbar	Granulopoese +- Megakaryopoese	< 1	< 5	-	-	< 1
MDS mit 5q-Anomalie	Erythropoese +- Megakaryopoese	< 1	< 5	8	82	4
RAEB-I = Refraktäre Anämie mit Blastenexzess I	1–3 Zellreihen	< 5	5–9	17	13	15
RAEB-II = Refraktäre Anämie mit Blastenexzess II	1–3 Zellreihen	5–19	10–19	25	9	18

◘ Tab. 9.8 WHO adaptiertes prognostisches Scoring System (WPSS) der myelodysplastischen Syndrome [22, 21]

Punkte	WHO-Typ	Karyotyp	Transfusionsbedarf	Knochenmarkfibrose Grad II-III
0	RCUD/RARS/5q-	Normal, -Y, del(5q), del(20q)	< 1 Transfusion / 2 Monate über einen Zeitraum vom 3 Monaten	Nicht vorhanden
1	RCMD	Andere Aberrationen	>= 1 Transfusion / 2 Monate über einen Zeitraum vom 3 Monaten	Vorhanden
2	RAEB I	Komplexe Aberrationen, Anomalien von Chromosom 7		
3	RAEB II	-		

Risikogruppen	Score	Anteil [%]	Medianes Gesamtüberleben [Jahre]	Risiko der AML- Transformation [%]
Sehr niedriges Risiko	0	12	> 10	< 10 % in 15 Jahren
Niedriges Risiko	1	18	> 5	10-20 % in 5 Jahren
Intermediäres Risiko	2	23	~ 4	30-40 % in 5 Jahren
Hohes Risiko	3-4	25	~ 2	30 % in 3 Jahren
Sehr hohes Risiko	5-6	22	~ 1	> 50 % in 1 Jahr

Spezifische sozialmedizinische Aspekte

Eine realistische Chance der Rückkehr in den Arbeitsprozess besteht für MDS-Patienten mit niedrigem Risiko (hier steht oft als alleiniges Symptom die chronische Anämie im Vordergrund, vgl. ▶ Kap. 9.2) oder nach allogener SZT (▶ Kap. 9.4). Patienten mit ungünstigem Risikoprofil (hohes oder intermediäres Risiko I und II) werden nur mit geringer Wahrscheinlichkeit in das Erwerbsleben zurückkehren. Hier sind kurze Überlebenszeiten und eine rasche Transformation in eine akute myeloische Leukämie zu erwarten.

9.3.3 Akute myeloische Leukämien (AML)

Die AML ist eine maligne Erkrankung mit klonaler Vermehrung von Zellen des blutbildenden Systems, insbesondere der Granulo- und Monopoese. Unterschieden werden primäre und sekundäre Formen (zur WHO-Klassifikation der AML vgl. ◘ Tab. 9.9). Letztere können als Folgeerkrankung auftreten, z. B. durch Transformation eines myelodysplastischen Syndroms (vgl. ▶ Kap. 9.3.2), einer myeloproliferativen Erkrankung oder aplastischen Anämie. Die Inzidenz der AML beträgt bis zum 45. Lebensjahr 3–4/100.000/Jahr und steigt mit zunehmendem Lebensalter. Das mediane Erkrankungsalter liegt bei 63 Jahren.

Klassifikation und Stadieneinteilung

Die Einteilung der AML erfolgt nach der WHO-Klassifikation (vgl. ◘ Tab. 9.9); die frühere FAB-Klassifikation [3] wird nur noch bei den anderweitig nicht klassifizierbaren Formen der AML verwendet.

Die Prognose einer AML ist abhängig vom Alter des Patienten (<= 60 Jahre, > 60 Jahre), vom Karyotyp (Zyto-/Molekulargenetik), vom Ansprechen auf die erste Induktionstherapie (% Blasten im Knochenmark an Tag 15) und von der Leukozytenzahl bei Diagnosestellung. Danach erfolgt eine Einteilung in eine Niedrig-, eine Standard- und eine Hochrisikogruppe. Zu den prognostischen Kennzahlen der AML vgl. ◘ Tab. 9.10.

▪ Therapie

Standard ist eine zytostatische Chemotherapie, bestehend aus einer Induktionsphase (2–3 Zyklen einer Kombinationsbehandlung mit Cytosinarabinosid/Anthrazyklin) und einer risikostratifizierten weiteren Konsolidierungstherapie. Bei etwa 65–75 % der unter 60-jährigen und bei 40-60 % der über 60-jährigen Patienten lässt sich eine komplette Remission erreichen. Sofern nach der Induktionstherapie keine komplette Remission eintritt, ist die Prognose ausgesprochen ungünstig. In diesen Fällen ist – sofern die Situation es zulässt – eine frühzeitige allogene

◘ **Tab. 9.9** WHO-Klassifikation der akuten myeloischen Leukämie [30, 15]

Kategorien	Leukämieformen
AML mit spezifischen zytogenetischen Veränderungen	– AML mit t(8;21)(q22;q22); AML1/ETO – AML mit abnormen Knochenmarkeosinophilen und inv(16)(p13q22) oder t(16;16)(p13;q22); CBFβ/MYH11 – Akute Promyelozytenleukämie – AML M3 mit t(15;17)(q22;q11-12) (PML/RARa) – und Varianten – AML mit 11q23-(MLL-)Anomalien
AML mit multilineärer Dysplasie	– AML mit vorausgegangener Myelodysplasie/myeloproliferativem Syndrom – De-novo-AML ohne vorausgegangenes Syndrom
AML und MDS, therapieassoziiert	– AML/MDS nach Gabe von Alkylanzien – AML/MDS nach Therapie mit Topoisomerase-II-Inhibitoren – AML/MDS nach sonstiger Chemo-/Strahlentherapie
AML, nicht anderweitig klassifiziert	– AML, minimal differenziert (FAB M0) – AML ohne Ausreifung (FAB M1) – AML mit Ausreifung (FAB M2) – Akute myelomonozytäre Leukämie (FAB M4) – Akute monozytäre Leukämie (FAB M5a, b) – Akute Erythroleukämie (FAB M6) – Akute Megakaryoblastenleukämie (FAB M7) – Akute Basophilenleukämie – Akute Panmyelose mit Myelofibrose – Myelosarkom/Chlorom

◘ **Tab. 9.10** Prognostische Kennzahlen der akuten myeloischen Leukämie

	Alter > 60 Jahre	Alter < 60 Jahre		
		Niedrigrisiko	Standardrisiko	Hochrisiko
Remissionsrate [%]	30–50	80–95	70–80	40–50
Medianes Überleben [Jahre]	< 1	> 5	2–3	< 1
5-Jahres-Überlebensrate [%]	10–15	60–70	35–45	15–20
Rezidivrate [%]	80	25–30	40–45	60

◻ Tab. 9.11 Relative Häufigkeit verschiedener Immunphänotypen der akuten lymphatischen Leukämie [2]

Zuordnung			Immunphänotyp			Frequenz [%]
B-Linien-ALL	Reifegrad nimmt zu	↓	Pro-B-ALL	→	B-Vorläufer-ALL	12
		↓	Common-ALL (c-ALL)	→		45
		↓	Prä-B-ALL	→		15
		↓	B-ALL			3
T-Linien-ALL	Reifegrad nimmt zu	↓	Pro-T-ALL	→	Early-T-ALL	3
		↓	Prä-T-ALL	→		4
		↓	Thymische T-ALL			12
		↓	Reife T-ALL			6

SZT (► Kap. 9.4) eine sinnvolle Therapieoption. Sie bietet die Möglichkeit einer Heilung und sollte auch bei allen anderen Betroffenen – soweit möglich – nach der Konsolidierungstherapie durchgeführt werden. Eine medikamentöse Erhaltungstherapie über 2 Jahre ist nur bei der akuten Promyelozytenleukämie (AML FAB M3) angezeigt.

Spezifische krankheits-/therapiebedingte Beeinträchtigungen nach ICF

Die systemischen Auswirkungen einer AML können auf der Ebene der Körperstrukturen und -funktionen durch Schädigung der Sauerstofftransportfunktion des Blutes, des Immunsystems und der Gerinnungsfunktionen des Blutes viele Organe betreffen und zu folgenden Funktionseinschränkungen führen: (meist zeitlich begrenztes) Fatigue-Syndrom mit Merkfähigkeits- und Konzentrationsstörungen, Schilddrüsenunterfunktion, hormonelle Störungen der Keimdrüsen mit Infertilität/Sterilität. Seltener treten Herzrhythmusstörungen oder Myokardinsuffizienz nach Einsatz von Anthrazyklinen auf bzw. Störungen des Gasaustausches nach schwerer Pneumonie. Zur Stammzelltransplantation vgl. ► Kap. 9.4, zur Beeinträchtigungen durch antineoplastische Therapie vgl. ► Kap. 10.6.

Krankheitsspezifische Begutachtungskriterien, Zielkriterien

Siehe ► Kap. 9.3.1.

Spezifische sozialmedizinische Aspekte

Hochrisiko-Patienten, bei denen wegen eines fehlenden Spenders oder aus anderen Gründen keine allogene SZT durchgeführt werden kann, werden nur mit sehr geringer Wahrscheinlichkeit in das Erwerbsleben zurückkehren. Die Rezidivrate ist hoch, das mediane Überleben nur kurz. Ähnliches gilt für Patienten > 60 Jahre. Bei Niedrigrisiko-Patienten besteht die höchste Chance einer Rückkehr in das Erwerbsleben. Bei Standardrisiko-Patienten

entscheidet der individuelle Verlauf (Ansprechen auf die Chemotherapie, Möglichkeit einer SZT).

9.3.4   Akute lymphatische Leukämien (ALL)

Die ALL ist eine maligne Erkrankung mit klonaler Vermehrung von Vorläuferzellen des lymphatischen Abwehrsystems. Sie gehört zur Gruppe der Non-HODGKIN-Lymphome (vgl. ► Kap. 9.3.7) und stellt eine leukämische Variante dar. Die Inzidenz beträgt über alle Altersgruppen 1,5/100.000 pro Jahr, am höchsten im Kindesalter < 4 Jahre: 6/100.000 pro Jahr.

Klassifikationen und Stadieneinteilung

Die Klassifikation einer ALL erfolgt nach Immunphänotypisierung: Hierbei wird der Subtyp durch Antikörper, die bestimmte Molekülstrukturen an der Zelloberfläche erfassen, genauer bestimmt (vgl. ◻ Tab. 9.11).

Die Prognose einer ALL ist von zahlreichen Faktoren abhängig (vgl. ◻ Tab. 9.12, ◻ Tab. 9.13, ◻ Tab. 9.14).

▪ Therapie

Die Primärtherapie einer ALL kann bis zu 2½ Jahre dauern und hängt vom Immunphänotyp ab: Standardbehandlung bei einer B-Vorläufer- oder T-Linien-ALL ist eine Induktions-Chemotherapie (bestehend aus einer Vorphase sowie einer mehrphasigen Kombinations-Chemotherapie unter Einsatz von Dexamethason, Vincristin, Anthrazyklinen, Asparaginase, Cyclophosphamid, Cytosinarabinosid und Mercaptopurin). Höchstrisiko-Patienten werden darüber hinaus zusätzlich mit Imatinib (Tyrosinkinaseinhibitor) behandelt. Der Induktionsbehandlung folgt eine risikoadaptierte Konsolidierungstherapie. Bei Hoch- und Höchstrisiko-Patienten wird eine frühzeitige allogene SZT nach Erreichen der 1. kompletten Remission angestrebt. Eine autologe SZT ist zu erwägen, wenn kein Fremdspen-

◘ Tab. 9.12 Ungünstige prognostische Faktoren bei akuter lymphatischer Leukämie [11, 12]

Variable	Ungünstige Beeinflussung der Prognose
Alter	> 65 Jahre
Leukozytenzahl	> 30.000/µl
Zeit bis zum Erreichen der kompletten Remission	> 2–4 Wochen
Immunphänotyp	Pro-B-ALL, Early-T-ALL (Pro-T-ALL und Prä-T-ALL), reife T-ALL
Zyto-/Molekulargenetik	t(9;22)/BCR-ABL, t(4;11)/ALL1-AF4
Minimale Resterkrankung (MRD) nach Induktionstherapie	> 10^{-4}

◘ Tab. 9.13 Risikogruppen der akuten lymphatischen Leukämie

Standardrisiko	B-Vorläufer-ALL, wenn Folgendes zutrifft: komplette Remission nach Induktion I und Leukozytenzahl < 30.000/µl; keine Pro-B-ALL bzw. t(4;11)/ALL1-AF4-positive ALL; keine t(9;22)/BCR-ABL-positive ALL Thymische T-ALL
Hochrisiko	B-Vorläufer-ALL, wenn Folgendes zutrifft: Komplette Remission erst nach Induktion II oder Leukozytenzahl > 30.000/µl, pro-B-ALL bzw. t(4;11)/ALL1-AF4-postitive ALL, keine t(9;22)/BCR-ABL-positive ALL Early T-ALL (Pro-T-ALL und Prä-T-ALL) Reife T-ALL
Höchstrisiko	t(9;22)/BCR-ABL-positive ALL

◘ Tab. 9.14 Prognostische Kennzahlen der akuten lymphatischen Leukämie

	Alter > 65 Jahre	Alter < 65 Jahre			B-ALL
		B-Vorläufer-/T-Linien-ALL			
		Standardrisiko	Hochrisiko	Höchstrisiko	
Remissionsrate (%)	< 50	75–85	70–80	70	80–100
5-Jahres-Leukämiefreies Überleben	10–20	30–60	20–50	< 20	50–65

der zur Verfügung steht. Sofern keine SZT erfolgt, wird bei Höchstrisiko-Patienten die Konsolidierungstherapie mit Imatinib fortgesetzt, während Standardrisiko-Patienten zytostatisch weiterbehandelt werden (Verwendung von Zytostatika, die bei der Induktionstherapie nicht zum Einsatz kamen). Im Anschluss an die Konsolidierungsphase wird eine Erhaltungstherapie durchgeführt (Methotrexat/Mercaptopurin), die bei molekularem Nachweis maligner Zellen intensiviert wird.

Bei Vorliegen einer B-ALL wird mit hohen Dosen verschiedener Zytostatika (hochdosiertes Methotrexat und Cytosinarabinosid, Cyclophosphamid, Ifosfamid, Rituximab) in kurzen Chemotherapiezyklen über 6 Monate therapiert. Keine Erhaltungstherapie, da weitgehend wirkungslos.

Parallel zur systemischen Chemotherapie erhalten alle ALL-Patienten eine ZNS-Prophylaxe zur Risikoreduktion eines ZNS-Rezidivs. Sie besteht aus intrathekal verabreichtem Methotrexat bzw. einer Kombination aus Cytosinarabinosid und Dexamethason sowie einer prophylaktischen Bestrahlung des Schädels. Bei **T-ALL** mit initialem Mediastinaltumor erfolgt nach Abschluss der Induktions-

chemotherapie eine Mediastinalbestrahlung, sofern im Bereich des Mediastinums noch Resttumor vorhanden ist.

Spezifische krankheitsbedingte Beeinträchtigungen nach ICF

Die systemischen Auswirkungen einer ALL können auf der Ebene der Körperstrukturen und -funktionen durch Schädigung der Sauerstofftransportfunktion des Blutes, des Immunsystems und der Gerinnungsfunktionen des Blutes viele Organe betreffen und zu folgenden Funktionseinschränkungen führen: u. a. (meist zeitlich begrenztes) Fatigue-Syndrom mit Merkfähigkeits- und Konzentrationsstörungen, Schilddrüsenunterfunktion, hormonelle Störungen der Keimdrüsen mit Infertilität/Sterilität. Zur Stammzelltransplantation vgl. ► Kap. 9.4, zu Beeinträchtigungen durch antineoplastische Therapie vgl. ► Kap. 10.6.

Begutachtungskriterien, Zielkriterien

Siehe ► Kap. 9.3.1.

Spezifische sozialmedizinische Aspekte

Höchstrisiko-Patienten werden ohne SZT nur mit sehr geringer Wahrscheinlichkeit in das Erwerbsleben zurückkehren. Die Rezidivrate ist hoch, das mediane Überleben kurz. Gleiches gilt für Patienten > 65 Jahre. Bei Standardrisiko-Patienten besteht die höchste Chance einer Rückkehr in die Berufstätigkeit, bei Hochrisiko-Patienten entscheidet der individuelle Verlauf (Ansprechen auf die Chemotherapie, Möglichkeit einer SZT).

9.3.5 Chronische myeloische Leukämien (CML)

Die CML ist eine neoplastische klonale myeloproliferative Erkrankung, ausgehend von der pluripotenten hämatopoetischen Stammzelle. Charakteristisch ist ein positiver Nachweis eines BCR-ABL-Fusionstranskriptes (Philadelphiachromosom). Abzugrenzen ist die Philadelphiachromosom-negative-CML, die zu den MDS/MPN-Überlappungskrankheiten gerechnet wird.

Klassifikation und Stadieneinteilung

Die klassische dreistufige Einteilung der CML nach der 1. chronischen, 2. akzelerierten und 3. Blasten-Phase wurde mit der Überarbeitung der WHO-Klassifikation myeloproliferativer Neoplasien im Jahr 2008 um die molekulare Pathogenese erweitert (◘ Tab. 9.15).

Die Prognose von CML-Patienten errechnet sich aus dem Alter Betroffener, der Milzgröße und Thrombozytenzahl sowie dem Myeloblastenanteil (Risikoscores nach Sokal, Hasford [26, 17]) im Knochenmark bei Diagnosestellung.

- **Therapie**

Die CML ist durch konventionelle Behandlung nicht heilbar, dennoch hat sich ihre Prognose seit dem routinemäßigen Einsatz von Imatinib (Tyrosinkinaseinhibitor) im Jahre 2001 [25] wesentlich verbessert. Therapieziele sind **hämatologisches Ansprechen** (Normalisierung der peripheren Blutwerte und der Milzgröße), **zytogenetisches Ansprechen** (Reduktion des Anteils Philadelphia-Chromosom-positiver Metaphasen im Knochenmark) und **molekulares Ansprechen** (Reduktion von BCR-ABL-DNA, -RNA oder -Protein). Nur bei Patienten in hämatologischer Remission sind zytogenetische und molekulare Remissionen zu erwarten. Diese sind Voraussetzung für einen günstigen Langzeitverlauf. Die Therapie mit Imatinib muss auch nach Erreichen einer zytogenetischen Remission fortgeführt werden. Sie ist mit geringen UAW belastet und führt zu einer 5-Jahres-Überlebensrate von 89 %. Neuere Daten zeigen, dass sich die Therapieergebnisse durch eine Kombinations-/Erhaltungstherapie mit

◘ **Tab. 9.15** Einteilung der chronischen myeloischen Leukämie [29]

Stadium	Blasten im peripheren Blut	Molekulargenetische Veränderungen
Chronische Phase	< 10	t(9;22)
Akzelerierte Phase	10 – 30	Isochromosom 17, Trisomie 8, Trisomie 19
Blastenphase	> 30	Mutation/Deletion p53, ras, Rb, p15, p16

Interferon alpha weiter verbessern lassen [7]. Spricht die Erkrankung auf Imatinib nicht mehr an, so stehen Tyrosinkinaseinhibitoren der zweiten Generation (Nilotonib, Dasatinib oder Bosutinib) zur Verfügung.

Bei Unverträglichkeit gegenüber Tyrosinkinaseinhibitoren wird Interferon alpha eingesetzt (das früher verabreichte Hydroxyurea kommt nur noch ausnahmsweise zum Einsatz). In etwa 70–80 % können stabile hämatologische Remissionen und in 5–15 % dauerhafte zytogenetische Remissionen erreicht werden.

Einziges Therapieverfahren mit definitiver Heilungschance ist die allogene SZT. Sie kann indiziert sein bei Imatinibresistenz, fortgeschrittener Erkrankung (Akzelerations- oder Blastenphase) oder in der Hochrisikosituation unabhängig vom Ansprechen auf Imatinib.

Spezifische krankheits- und therapiebedingte Beeinträchtigungen nach ICF

Da die jahrelange Anfangsphase der CML asymptomatisch verläuft, dominieren auf der Ebene der Schädigungen der Körperstrukturen und -funktionen die Folgen der Therapie mit Tyrosinkinaseinhibitoren am Magen-Darm-Trakt (Diarrhö, Übelkeit), dem muskuloskelettalen System (Muskelkrämpfe, Gelenkschmerzen), dem Nervensystem (Kopfschmerzen) und durch Ödeme oder Exanthem. Seltener kommt es zu Zytopenien und Lebertoxizität.

Interferon-α wird deutlich schlechter toleriert als Tyrosinkinaseinhibitoren. Unter Dauertherapie können Schweißausbrüche, Fieber, Müdigkeit, Abgeschlagenheit und Schwäche auftreten. Diese Beschwerden lassen sich durch Paracetamol zumeist lindern. Zusätzlich können Leukopenie, Thrombopenie, Haarausfall, Depressionen und Schilddrüsenfunktionsstörungen beobachtet werden. Zu den Beeinträchtigungen durch antineoplastische Therapie vgl. ▶ Kap. 10.6.

Begutachtungskriterien, Zielkriterien

Siehe ▶ Kap. 9.3.1.

◘ Tab. 9.16 Stadieneinteilung der chronischen lymphatischen Leukämie nach Binet [5]

Stadium	Lymphknoten-schwellungen	Lymphozyten in Blut und Knochenmark	Lymphozyten im Knochenmark	Hämoglobin [g/dl]	Thrombozyten [/µl]
A	</= 2 befallene Regionen	< 10.000/µl	< 30 %	> 10	> 100.000
B	3–5 befallene Regionen	< 10.000/µl	< 30 %	> 10	> 100.000
C	Wie Binet A oder B			< 10 oder	< 100.000

◘ Tab. 9.17 Prognosefaktoren bei chronischer lymphatischer Leukämie

Parameter	Günstig	Ungünstig
Stadium nach Binet	A	B, C
Leukozytenzahl	< 50.000/µl	> 50.000/µl
Lymphozytenverdoppelungszeit	> 12 Monate	< 12 Monate
Laktatdehydrogenase (LDH)	Normal	Erhöht
b_2-Mikroglobulin im Serum	Normal	Erhöht
Thymidinkinase im Serum	Normal	Erhöht
CD23 im Serum	Normal	Erhöht
Zytogenetik	Del(13q)	del(11q), del(17p)
CD38-Expression	< 30 %	> 30 %
IgV (variable Ig Schwerketten-Genregion)	Mutiert	Unmutiert
Zelluläre Expression der Tyrosinkinase ZAP70	Normal	Erhöht
Ansprechen auf Purinanaloga	Vorhanden	Fehlt

Spezifische sozialmedizinische Aspekte

In chronischer Phase unter laufender Behandlung mit Imatinib und nur geringfügigen Nebenwirkungen besteht im Regelfall vollschichtiges Leistungsvermögen für leichte bis mittelschwere Tätigkeiten, sofern das berufliche Belastungsprofil sowie Komorbiditäten dem nicht entgegenstehen. Treten Nebenwirkungen auf, die sich durch supportive Behandlung (Paracetamol, Magnesium, Calcium, Diuretika, Steroide) kompensieren lassen, so ist meist ebenfalls vollschichtiges Leistungsvermögen gegeben. Auch bei Therapie mit Interferon-α kann unter Komedikation mit Paracetamol das Leistungsvermögen erhalten sein. Treten allerdings ausgeprägte UAW auf, die sich wenig beeinflussen lassen, so kann das Leistungsvermögen teilweise oder ganz aufgehoben sein.

9.3.6 Chronische lymphatische Leukämie vom B-Zell-Typ (B-CLL) Kleinzelliges lymphozytisches B-Zell-Lymphom (SLL)

Beide Erkrankungen repräsentieren nach heutigem Verständnis eine Erkrankung durch dieselbe Zelle, die chronische lymphatische Leukämie stellt hierbei die leukämische Variante des indolenten, kleinzelligen lymphozytischen B-Zell-Lymphoms dar. Die CLL ist die häufigste Leukämie des Erwachsenalters. Betroffen sind in erster Linie ältere Personen (Altersmedian ca. 70 Jahre).

Klassifikation und Stadieneinteilung

Zur Einteilung der malignen Lymphome vgl. ▶ Kap. 9.3.7. Bei der Stadieneinteilung der CLL wird in Europa vorwiegend die Klassifikation nach Binet (◘ Tab. 9.16) verwendet.

Wichtige Prognosefaktoren (◘ Tab. 9.17) sind das Stadium der Erkrankung, die Zytogenetik sowie der Geschwindigkeitszuwachs der Tumorzellmasse (Lymphozytenverdoppelungszeit).

■ Therapie

Im Stadium Binet A ist keine spezifische Therapie erforderlich. Sie wird erst eingeleitet im Stadium Binet B mit klaren Zeichen der Progredienz, im Stadium Binet C, bei B-Symptomatik (Fieber, Nachtschweiß, ungewollter Gewichtsverlust) sowie bei Autoimmunhämolyse mit klinisch symptomatischer Anämie oder Autoimmunthrombozytopenie mit Blutungsgefahr.

Als Standardtherapie wird eine Kombination aus Fludarabin und Cyclophosphamid verabreicht. Jüngere, belastbare Patienten erhalten zusätzlich Rituximab (humanisierte monoklonale Antikörper). Auch ist bei ihnen im Falle eines frühen Rezidivs oder Progresses eine allogene SZT in Erwägung zu ziehen. Bei älteren Patienten mit Komorbidität wird eher eine Monotherapie gewählt wie z. B. Bendamustin oder Chlorambucil.

Spezifische krankheits- und therapiebedingte Beeinträchtigungen nach ICF

In der Regel treten bei Patienten < 60 Jahre krankheits- und therapiebedingte Beeinträchtigungen selten auf. Das mit der CLL assoziierte Antikörpermangelsyndrom ist auf der Ebene der Körperstrukturen und -funktionen Ausdruck einer Schädigung des Immunsystems und bedingt eine Abwehrschwäche mit Infektneigung, die sich unter Therapie verstärken kann. Ausgeprägte Müdigkeit, Abgeschlagenheit, Schwäche sowie verminderte Kondition und Ausdauerleistung treten vor allem bei älteren Patienten und/oder in schlechtem Allgemeinzustand auf. Bei älteren Patienten hängen Beeinträchtigungen und damit die Lebensqualität weitaus mehr von Komorbiditäten ab. Bezüglich Beeinträchtigungen durch antineoplastische Therapie ▶ Kap. 10.6.

Begutachtungskriterien, Zielkriterien

Siehe ▶ Kap. 9.3.1.

Spezifische sozialmedizinische Aspekte

Die Anzahl der noch im Berufsleben stehenden Patienten ist wegen der Altersverteilung der CLL gering. Im frühen Stadium (Binet A) und bei langsamer Progredienz der Erkrankung sind die meisten Patienten praktisch asymptomatisch und nicht leistungsgemindert.

Anders ist die Situation, wenn im fortgeschrittenen Stadium eine Therapiebedürftigkeit vorliegt. Wird jedoch bei Patienten mit günstiger Zytogenetik (= günstiger Prognose) eine komplette Remission erreicht, so ist auch hier die Wahrscheinlichkeit einer Rückkehr in eine Berufstätigkeit hoch. Das verbliebene Restleistungsvermögen ist von den vorhandenen Funktionseinschränkungen abhängig. Komorbiditäten sind entsprechend zu berücksichtigen.

9.3.7 Maligne Lymphome

Maligne Lymphome sind Erkrankungen des lymphatischen Abwehrsystems. Zur Klassifizierung sind verschiedene Einteilungen gebräuchlich: Die histologische Einteilung ordnet die Lymphome zwei Gruppen zu und differenziert nach Hodgkin- und Non-Hodgkin-Lymphomen (90–95 % aller Fälle). In einer neueren Einteilung der WHO (vgl. ◘ Tab. 9.18) werden die Lymphome in Abhängigkeit von ihrer Herkunft (B- oder T-Zellreihe) 29 Subtypen zugeordnet [16]. Der größte Anteil entfällt dabei auf die B-Zell-Lymphome, zu denen, wie man heute weiß, auch das Hodgkin-Lymphom gehört. Lymphatische Leukämien versteht man heute als leukämische Variante der entsprechenden Non-Hodgkin-Lymphome (z. B. chronische lymphatische Leukämie, vgl. ▶ Kap. 9.3.6).

Klassifikation und Stadieneinteilung

Zur Stadieneinteilung maligner Lymphome vgl. ◘ Tab. 9.19.

Formen

Es werden ausschließlich die häufig vorkommenden, sozialmedizinisch relevanten Lymphome erörtert.

■ Non-Hodgkin-Lymphome (NHL)

Je nach Verlauf werden bei den NHL indolente und aggressive Lymphome unterschieden. »Indolent« bedeutet hierbei, dass die Erkrankung über einen längeren Zeitraum hinweg annähernd stationär bleiben kann bzw. nur langsam voranschreitet und häufig nur wenige Beschwerden verursacht. Indolente Lymphome sind nach heutiger Einschätzung nur im Frühstadium bei nichtleukämischem Verlauf heilbar. »Aggressiv« bedeutet, dass die Erkrankung rasch fortschreitet und deutliche Beschwerden verursacht, so dass sofortige Behandlung notwendig ist. Aggressive Lymphome sind nach heutigem Kenntnisstand prinzipiell heilbar, sofern der Patient für die entsprechend intensive Behandlung belastbar ist.

■■ Extranodales Marginalzonenlymphom (MZL) = MALT-Lymphom

Indolentes B-Zell-Lymphom des Mucosa-assoziierten Lymphgewebes. Es ist zu 90 % im Magen lokalisiert, zu 6 % im Jejunum und zu 4 % im Duodenum, Colon oder Rektum. Sehr selten sind Lunge, Haut, Schilddrüse, Speicheldrüse, Auge betroffen. Ätiologisch haben Infektionserreger (z. B. Helicobacter pylori) eine Bedeutung. Abzugrenzen sind extranodale B-Zell-Lymphome mit diffusgroßzelligem Wachstum, die klinisch einen aggressiven Verlauf nehmen und wie diffus-großzellige Lymphome behandelt werden. Unter den Magenlymphomen entfallen knapp 40 % auf extranodale Marginalzonenlympho-

◘ Tab. 9.18 WHO-Klassifikation der Lymphome [16]

Zuordnung	Entität
	Non-HODGKIN-Lymphom
B-Vorläufer	Vorläufer B-lymphoblastisches Lymphom/Leukämie
Non-HODGKIN-Lymphom vom B-Zell-Typ, reifzellig	B-Zell chronische lymphatische Leukämie/kleinzelliges lymphozytisches B-Zell-Lymphom
	B-Zell Prolymphozytenleukämie
	Lymphoplasmozytisches Lymphom (M. Waldenström)
	Splenisches Marginalzonenlymphom (mit/ohne villöse Lymphozyten)
	Nodales Marginalzonenlymphom (mit/ohne monozytoide Zellen)
	Extranodales Marginalzonenlymphom des Mucosa-assoziierten Lymphgewebs (MALT)
	Haarzell-Leukämie
	Plasmazellmyelom/Plasmozytom
	Follikuläres Lymphom
	Mantelzell-Lymphom
	Diffuses großzelliges B-Zell-Lymphom
	Mediastinales (thymisches) großzelliges B-Zell-Lymphom
	Primäres Effusionslymphom
	BURKITT Lymphom/Leukämie
T-Vorläufer	Vorläufer T-lymphoblastisches Lymphom/Leukämie
	Blastisches NK-Lymphom
Non-HODGKIN-Lymphom vom T-Zell-Typ, reifzellig	T-Zell Prolymphozytenleukämie
	T-Zell großzelliges granuliertes lymphozytisches Lymphom/Leukämie
	Aggressive NK-Zell-Leukämie
	Adultes T-Zell Lymphom/Leukämie (HTLV1-positiv)
	Extranodales NK-/T-Zell-Lymphom (nasaler Typ)
	Enteropathie-assoziiertes T-Zell-Lymphom
	Hepatosplenisches gd T-Zell-Lymphom
	Subkutanes pannikulitis-artiges T-Zell-Lymphom
	Mycosis fungoides/SÉZARY-Syndrom
	Primär kutanes anaplastisch großzelliges Lymphom, T-/Null-Zell-Typ
	Peripheres T-Zell Lymphom (nicht näher spezifiziert)
	Angioimmunoblastisches T-Zell Lymphom
	Primär systemisches anaplastisches großzelliges Lymphom, T-/Null-Zell-Typ
HODGKIN-Lymphom	HODGKIN-Lymphom
	HODGKIN-Lymphom, lymphozytenprädominanter Typ
	HODGKIN-Lymphom, Klassischer Typ — Noduläre Sklerose — lymphozytenreicher Typ — Gemischte Zellularität — Lymphozytenarmer Typ

□ **Tab. 9.19** Stadieneinteilung maligner Lymphome nach Ann Arbor (1971) [9]

Stadium	Definition
I	Befall einer Lymphknotenregion oder Vorliegen eines extranodalen Herdes
II	Befall von zwei oder mehr Lymphknotenregionen und/oder Vorliegen extranodaler Herde auf der gleichen Seite des Zwerchfells
III	Befall von zwei oder mehr Lymphknotenregionen und/oder Vorliegen extranodaler Herde auf beiden Seiten des Zwerchfells
III$_1$	Subphrenische Lokalisation, beschränkt auf Milz, zöliakale und/oder portale Lymphknoten allein oder gemeinsam
III$_2$	Subphrenische Lokalisation mit Beteiligung paraaortaler, mesenterialer, iliakaler und/oder inguinaler Lymphknoten allein oder gemeinsam
IV	Disseminierter Befall eines oder mehrerer extralymphatischer Organe mit oder ohne Befall von Lymphknoten
Zusätze	
A	Fieber und/oder Nachtschweiß und/oder Gewichtsverlust *nicht* vorhanden
B	Fieber und/oder Nachtschweiß und/oder Gewichtsverlust vorhanden
E	Extranodaler/extralymphatischer Befall
S	Milzbefall
X	Große Tumormasse = Bulk = Bulky Disease (> 10 cm maximaler Durchmesser bei Erwachsenen)

□ **Tab. 9.20** Prognostische Faktoren bei follikulärem Lymphom: „Follicular Lymphoma Prognostic Index» (FLIPI) und 10-Jahres-Überlebensrate [8]

	Niedriges Risiko	Intermediäres Risiko	Hohes Risiko
> 4 befallene Lymphknoten	<= 1 Risikofaktor	2 Risikofaktoren	>= 3 Risikofaktoren
Erhöhte LDH			
Lebensalter > 60 Jahre			
Stadium III/IV			
Hämoglobin < 12 g/dl			
10-Jahres-Überlebensrate	71 %	51 %	36 %

Follikuläres Lymphom (FL)

Follikuläre Lymphome (FL) machen etwa 22-35 % aller Lymphome aus. Der Verlauf kann sowohl indolent als auch aggressiv sein. Die histologische Einteilung der FL erfolgt nach Wachstumsmuster (follikulär vs. diffus). Die Lebenserwartung Betroffener ist abhängig vom Stadium und individuellen Prognosefaktoren (vgl. □ Tab. 9.20), im Median sind es 12-14 Jahre [27, 8]. 80 % der Patienten werden in einem fortgeschrittenen Stadium (III und IV) diagnostiziert. Die Therapie besteht im Stadium I und II in einer Involved- oder Extended-Field Bestrahlung (30–40 Gy). In 40 % der Fälle ist die Behandlung kurativ. Im fortgeschrittenen Stadium ist das Therapieziel palliativ. Die Indikation zur Chemo-(immuno-)therapie (z. B. R-CHOP: Rituximab, Cyclophosphamid, Doxorubicin, Vincristin, Prednisolon) wird durch das Auftreten von Symptomen bestimmt. Eine Behandlungsalternative stellt die Hochdosis-Chemotherapie mit autologer SZT dar. Damit können bei einem selektionierten Patientengut (Patienten < 65 Jahre, keine Komorbiditäten, wenige Vortherapien, chemotherapiesensible Erkrankung) hohe Remissionsraten erreicht werden.

Diffus-großzelliges Lymphom (DLBCL)

DLBCL bilden mit 30-40 % die häufigste Subgruppe der malignen Lymphome. Es handelt sich um rasch wachsende, aggressive Formen. Durch fünf prognostische Marker werden vier Risikogruppen definiert □ Tab. 9.21). Therapieziel und Voraussetzung für eine Heilung ist das Erreichen einer kompletten Remission in möglichst kurzer Zeit. Dies kann bei ca. 70 % der Patienten erreicht werden, hiervon wird etwa die Hälfte geheilt. Die Stratifikation der Patienten erfolgt nach Alter, Risiko und Komorbidität. Die Standardbehandlung besteht aus einer mehrere

me. Mehr als 70 % aller Marginalzonenlymphome des Magens sind bei Diagnosestellung im Stadium I und II. Die Standardbehandlung besteht in einer Involved Field (IF-) Radiatio. Wird im Stadium I Helicobacter pylori nachgewiesen, so ist eine Eradikationsbehandlung sinnvoll. Diese ist zumeist dann erfolgreich, wenn *keine* Translokation t(11;18)(q21;q21) vorliegt. Eine komplette Remission ist dann allein durch die Eradikation in 70–80 % der Fälle erreichbar. Bei fortgeschrittener Erkrankung (Stadium III und IV) besteht die Indikation zur Chemotherapie (R-CHOP: Rituximab, Cyclophosphamid, Doxorubicin, Vincristin, Prednisolon) mit zusätzlicher abdomineller Bestrahlung. Eine Operation ist beim MALT-Magenlymphom ausschließlich in Notfällen gerechtfertigt (z. B. bei nicht beherrschbarer Blutung oder Perforation).

◻ Tab. 9.21 Aggressive Non-Hodgkin-Lymphome: Einteilung in Risikogruppen nach dem altersadjustierten International Prognostic Index (aaIPI) [28]

Risikofaktoren:
Fortgeschrittenes Stadium (Stadium III oder IV)
Erhöhte LDH-Werte im Serum
Reduzierter Allgemeinzustand (WHO Performance Status >= 2, Karnofsky <= 70 %)

Risiko-gruppe	Anzahl Risi-kofaktoren	Rate kompletter Remissionen [%]	5-Jahres-Überle-bensrate [%]
Patienten < 60 Jahre			
Niedrig	0	92	86
Inter-mediär niedrig	1	78	66
Inter-mediär hoch	2	57	53
Hoch	3	46	58
Patienten ≥ 60 Jahre			
Niedrig	0	91	46
Inter-mediär niedrig	1	71	45
Inter-mediär hoch	2	56	41
Hoch	3	36	37

Zyklen umfassenden Chemo(-immuno-)therapie nach dem R-CHOP-Protokoll. In Abhängigkeit von der Risiko-konstellation und Ausbreitung des Tumors erfolgen eine intrathekale ZNS-Prophylaxe und (adjuvante) Involved Field Radiatio. Im Falle eines Rezidivs wird bei jüngeren, belastbaren Patienten nach Hochdosistherapie mit Rituximab eine autologe und ggf. auch eine allogene SZT angestrebt. Für ältere Patienten stehen verschiedene andere Rezidiv-Behandlungsprotokolle zur Verfügung.

▪ Hodgkin-Lymphom (HL)

HL sind Lymphome der B-Zellreihe (zur Klassifikation und Stadieneinteilung vgl. ◻ Tab. 9.18 und ◻ Tab. 9.19). Die Häufigkeitsverteilung ist zweigipflig: 20.–30. Lebensjahr sowie > 60. Lebensjahr. Die Therapiestrategie beim HL richtet sich nach dem Stadium der Erkrankung und vorhandenen Risikofaktoren wie großer Mediastinaltumor, extranodaler Befall, erhöhte Blutsenkungsgeschwindigkeit, Anzahl der befallenen Lymphknotenareale. Die

Behandlung umfasst unterschiedliche, standardisierte Zytostatikaregimes sowie eine Involved Field Radiatio. Die Prognose beim HL ist gut. Im Stadium I und II beträgt die 5-Jahres-Überlebensrate 95–100 % (ohne Risikofaktoren) bzw. 90–95 % (mit Risikofaktoren); auch im Stadium III-IV liegt die Rate noch bei 85–90 %. Selbst nach Behandlung eines Rezidivs beträgt das 4-Jahres-Überleben zwischen 15 und 50 %. Ungünstig ist der Verlauf, wenn der Patient unter initialer Therapie keine komplette oder partielle Remission erreicht.

Spezifische krankheits- und therapiebedingte Beeinträchtigungen nach ICF

Je nach Lokalisation, Stadium und Therapie unterschiedlich (zu den Folgen der Chemotherapie siehe ► Kap. 10.5.2). Auf der Ebene der Körperstrukturen und -funktionen bestehen in erster Linie Schädigungen infolge lymphombedingter Kompression wie Ileus, obere Einflussstauung, Querschnittsyndrom, Hirnödem, nach Stammzelltransplantation siehe ► Kap. 9.4.

Krankheitsspezifische Kriterien, Zielkriterien

Siehe ► Kap. 9.3.1

Spezifische sozialmedizinische Aspekte

Schädigungsfolgen der Behandlung und Komorbiditäten sind zu berücksichtigen und mit dem beruflichen Anforderungsprofil abzugleichen.

Unter den malignen Lymphomen nimmt das Hodgkin-Lymphom eine Sonderstellung ein: Betroffene werden in einem hohen Prozentsatz (> 90 %) geheilt, daher wird die Wiederaufnahme einer beruflichen Tätigkeit nach Therapieende im Regelfall möglich sein.

Dagegen müssen bei den Non-Hodgkin-Lymphomen die agressiven und indolenten Lymphome getrennt betrachtet werden, da sie sich in Abhängigkeit vom Stadium und Krankheitsverlauf stark voneinander unterscheiden:

Wird bei Betroffenen mit aggressivem Non-Hodgkin-Lymphom eine komplette Remission erreicht, so ist die Chance der dauerhaften Reintegration in das Berufsleben hoch. Selbst nach Behandlung eines Rezidivs mit dem Ergebnis einer kompletten Remission ist diese Chance gegeben. Spricht der Patient primär nicht auf die Behandlung an oder schreitet die Erkrankung innerhalb eines Jahres nach der Primärbehandlung fort, so ist die Wahrscheinlichkeit einer Rückkehr in den Arbeitsprozess gering.

Indolente Non-Hodgkin-Lymphome werden im frühen Stadium (I-II) der Erkrankung mit kurativem Ansatz therapiert, so dass die berufliche Tätigkeit nach Abschluss der Behandlung zumeist wieder aufgenommen werden kann. Befindet sich die Erkrankung im Stadium III-IV oder liegt ein primär leukämischer Verlauf vor, so kann zwar eine komplette Remission erreicht werden, aber eine

Tab. 9.22 Stadieneinteilung des multiplen Myeloms nach Durie und Salmon (1975) [10]

Stadium	Definition	Myelomzellmasse [10^{12} Zellen/m² KOF]
I	Hb > 10 g/dl, Ca++ < 12 mg/l, IgG < 50 g/l, IgA < 30 g/l, Leichtkettenausscheidung im Urin < 4 g/24h, Knochen normal oder max. 1 solitäre Läsion	< 0,6
II	Weder Stadium I noch III	0,6–1,2
III	Hb < 8,5 g/dl, Ca++ > 12 mg/l, IgG > 70 g/l, IgA > 50 g/l, Leichtkettenausscheidung im Urin > 12 g/24h, multiple Knochenläsionen	> 1,2
Zusätze		
A	Serumkreatinin < 2 mg/dl	
B	Serumkreatinin >= 2 mg/dl	

Tab. 9.23 Stadieneinteilung des multiplen Myeloms nach dem Internationalen Staging System (ISS) [13]

Stadium	Definition	Medianes Überleben [Monate]
I	b_2-Mikroglobulin < 3,5 mg/l und Albumin > 3,5 g/dl	62
II	Weder Stadium I noch III	44
III	b_2-Mikroglobulin > 5,5 mg/l	29

Tab. 9.24 Altersabhängiges relatives 10-Jahres-Überleben bei Standardtherapie des multiplen Myeloms [6]

Alter [Jahre]	Relativer Anteil [%]	10-Jahres-Überlebensrate [%]
< 50	8,2	41
50–59	16	28
60–69	25	16
70–79	50	11
> 80	0,8	6
Gesamt	100	17

definitive Heilung ist nicht zu erwarten. Dennoch ist bei Erreichen einer kompletten Remission die Rückkehr in eine berufliche Tätigkeit meist möglich. Kann keine komplette Remission erreicht werden, so ist eine Rückkehr in eine berufliche Tätigkeit zwar möglich, aber häufig nicht von langer Dauer. Bei Rezidiv ist die erneute Wiederaufnahme einer beruflichen Tätigkeit unwahrscheinlich.

Besonderheit beim extranodalen Marginalzonenlymphom des Magens (MALT-Lymphom): Nach der in seltenen Fällen erfolgten Gastrektomie bestehen die gleichen Funktionsstörungen wie bei Gastrektomie nach Magenkarzinom, vgl. ▶ Kap. 16.2.

9.3.8 Multiples Myelom (MM)

Das MM ist eine klonale Neoplasie der terminal differenzierten B-Lymphozyten (Plasmazellen), die zu einem diffusen, multilokulären Befall des Knochenmarkes führt und mit einer Zerstörung der Knochen einhergeht. Die Folgen sind Instabilität von Skelettabschnitten, Spontanfrakturen und Schmerzen. Abzugrenzen vom multiplen Myelom sind zwei Vorstufen: die monoklonale Gammopathie unklarer Signifikanz (MGUS) sowie das indolente Myelom (smoldering Myeloma). Die MGUS ist charakterisiert durch eine monoklonale Antikörperproduktion (Konzentration des monoklonalen Antikörpers < 3 g/dl) und einen Plasmazellanteil im Knochenmark < 10 %. Es verursacht keine Organschäden. Dem eigentlichen MM geht praktisch immer eine MGUS voraus. Patienten mit

MGUS und multiplem Myelom haben ein deutlich erhöhtes Risiko für Thrombosen. Abzugrenzen vom multiplen Myelom ist auch das selten auftretende **solitäre Plasmozytom**, welches lediglich einen singulären Herd verursacht und durch Bestrahlung, ggf. Operation, kurativ behandelt werden kann.

Klassifikation und Stadieneinteilung

Die klassische auf Laborbefunden und röntgenologischen Daten basierende Stadieneinteilung nach Durie und Salmon (■ Tab. 9.22) wird zunehmend vom International Staging System (ISS) (■ Tab. 9.23) abgelöst.

Prognostische Faktoren sind das Stadium (vgl. ■ Tab. 9.22 und ■ Tab. 9.23), die Zytogenetik, der Geschwindigkeitszuwachs der Tumorzellmasse (Lymphozytenverdoppelungszeit) und das Alter des Patienten (vgl. ■ Tab. 9.24).

■ Therapie

Indikation zur Chemotherapie ist gegeben im Stadium II mit Progression und im Stadium III. Standardbehandlung bei Patienten < 65 Jahren ist die autologe Stammzelltransplantation (▶ Kap. 9.4), von der besonders Patienten unter 50 Jahren überproportional profitieren. Bei älteren Patienten wird wegen der geringeren Belastbarkeit für intensive Therapiestrategien stattdessen eine intermittierende Chemotherapie mit Melphalan, Prednisolon und Thalidomid durchgeführt (statt Prednisolon kommt auch Dexamethason, statt Thalidomid Lenalidomid oder Bortezomib zum Einsatz). Bei Befall tragender Skelettabschnitte (Becken, Wirbelsäule, Femur) ist zur Schmerzlinderung und Verringerung der Frakturgefährdung eine zusätzliche lokale Strahlentherapie angezeigt. Operative Maßnahmen sind bei pathologischen Frakturen in tragenden Abschnitten des Skeletts erforderlich und zur (prophylaktischen) Stabilisierung destruierter Wirbelkörper in Erwägung zu ziehen.

Das MM ist meist nicht heilbar. Supportive Maßnahmen stehen bei der Behandlung der zahlreichen Komplikationen im Vordergrund: symptomatische Schmerzbehandlung, Transfusion von Erythrozyenkonzentraten, Therapieversuch mit Erythropoetin, Substitution von Immunglobulinen, Antibiotika- und antimykotische Prophylaxe bei Granulozytopenie < 500/µl, Therapie mit Bisphosphonaten, Behandlung des Hyperkalzämie- oder Hyperviskositätssyndroms, Dialyse bei Niereninsuffizienz.

Spezifische krankheits- und therapiebedingte Beeinträchtigungen nach ICF

Da für die Mehrzahl der Patienten keine kurative Behandlungsoption gegeben ist, verläuft das multiple Myelom chronisch progredient, unterbrochen durch mehr oder weniger erfolgreiche Behandlungen. Medizinisch von Bedeutung sind hierbei Schädigungen der Körperstrukturen und -funktionen, insbesondere der Funktionen der Knochen (pathologische Frakturen infolge Osteolysen, Schmerzen), der Sauerstofftransportfunktion des Blutes (Anämie), der Funktion des Immunsystems (Infektneigung), der Funktionen der Harnbildung und -ausscheidung (Niereninsuffizienz) sowie UAW (Zytopenie, toxische Polyneuropathie, Thrombosen, Thromboembolie) ▶ Kap. 10.5.2.

Krankheitsspezifische Begutachtungskriterien, Zielkriterien

Siehe ▶ Kap. 9.3.1

Spezifische sozialmedizinische Aspekte

Menschen im erwerbsfähigen Alter sind selten vom MM betroffen. Das mediane Alter bei Erstdiagnose beträgt 65 Jahre. Sofern bei noch im Berufsleben stehenden Patienten durch autologe SZT eine komplette Remission und damit Stabilisierung des Krankheitsverlaufs erreicht werden, ist eine Rückführung in das Erwerbsleben zumeist möglich. Dies dürfte im Regelfall auch auf das kurativ behandelbare solitäre Plasmozytom zutreffen. Sind potentiell instabile Osteolysen in tragenden Abschnitten des Skeletts (Wirbelsäule, Becken, Ober-/Unterschenkel) vorhanden oder ist bereits eine pathologische Fraktur aufgetreten, so muss das verbleibende Frakturrisiko abgeschätzt werden. Meist ist dann das Leistungsvermögen aufgehoben.

Erhebliche Leistungseinschränkungen können sich auch durch (manchmal schwer beeinflussbare) Schmerzen bzw. durch die UAW einer Schmerztherapie ergeben. Zur sozialmedizinischen Beurteilung bei chronischer Niereninsuffizienz/chronischer Dialyse siehe ▶ Kap. 17.

9.3.9 Polycythaemia vera (PV)

Definition. Philadelphia-Chromosom negative, chronisch myeloproliferative, klonale Stammzellerkrankung mit überwiegender, von Erythropoetin (EPO) unabhängiger Steigerung der Erythropoese. Sie zählt nach der aktuellen WHO-Klassifikation zu den myeloproliferativen Neoplasien (MPN) [29, 20]. Von der PV zu unterscheiden sind familiäre oder angeborene Polyzythämien, die durch Hämoglobinopathien, genetische Störungen des Erythrozytenstoffwechsels oder Mutation des Erythropoetin-Rezeptorgens verursacht werden.

Klassifikation und Stadieneinteilung

Die Klassifikation und Stadieneinteilung der Polycythaemia vera ist in ◻ Tab. 9.25 dargestellt.

▪ Therapie

Ziel der Behandlung ist die Linderung vorhandener Beschwerden, die Verhinderung thrombotischer/ thromboembolischer Ereignisse oder auch Blutungen, die Lebensverlängerung durch Verzögerung der Entwicklung einer Myelofibrose, eines myelodysplastischen Syndroms oder einer akuten Leukämie. Zur Anwendung kommen regelmäßige Aderlässe mit isovolämischer Hämodilution durch Elektrolytlösung (angestrebter Hämatokrit: 40–45 %). Zusätzlich Hemmung der Thrombozytenaggregation mit Acetylsalicylsäure (nicht bei Thrombozyten > 1.000.000/µl).

Im fortgeschrittenen Stadium (Thrombozyten > 800.000, starke Größenzunahme von Leber und Milz) kann eine zytoreduktive Therapie mit Hydroxyurea, Interferon-α oder auch Anagrelide angezeigt sein. Gegebenenfalls sind supportive Maßnahmen zur Behandlung des aquagenen Pruritus, der Hyperurikämie oder auch die Milzbestrahlung bzw. Splenektomie erforderlich. Eine allogene Stammzelltransplantation ist bei Patienten mit Erstdiagnose < 35 Jahren in Erwägung zu ziehen. Das mediane Überleben beträgt 18 Monate ohne und 14 Jahre mit Therapie.

◻ Tab. 9.25 Klassifikation und Stadieneinteilung der Polycythaemia vera

Phase	Definition	Dauer
Chronische Phase	erhöhte Erythrozytenproduktion, Erythrozytose, Thrombosen, Thromboembolien.	bis zu 20 Jahren
Progrediente Spätphase	periphere Zytopenie, extramedulläre Hämatopoese mit Splenomegalie, sekundäre Markfibrose, Infektanfälligkeit, Bildung von Autoantikörpern gegen Erythrozyten und/oder Thrombozyten	Monate bis wenige Jahre

Spezifische krankheits- und therapiebedingte Einschränkungen nach ICF

— Müdigkeit, Abgeschlagenheit, Schwäche
— Verminderte Kondition und Ausdauerleistung
— Konzentrations-/Gedächtnisstörungen
— Einschränkungen der Mobilität und Beweglichkeit bei Gelenkschmerzen (Arthritis urica)
— Einschränkungen bzgl. der Sinneswahrnehmung (Seh-/Hörstörungen)
— Häufig psychische Beeinträchtigungen bis hin zu Depressionen, z. B. bei Kopfschmerz, Tinnitus, aquagenem Pruritus, Erythromelalgie (Überwärmung und marmorierte Rötung an Handflächen, Unterschenkeln oder Fußsohlen, Burning-Feet-Syndrom)

Als Folge von Mikrozirkulationsstörungen können Gefäßverschlüsse mit den entsprechenden, jeweils organbezogenen Einschränkungen resultieren. Die Rate thromboembolischer Komplikationen beträgt ca. 3–5 % *pro Jahr* (ab Diagnosestellung). Die Gesamtrate thromboembolischer Komplikationen liegt zwischen 20 und 40 %, die Blutungsrate < 5 %. Bezüglich therapiebedingter Einschränkungen siehe ▶ Kap. 10.5.2.

Krankheitsspezifische Begutachtungskriterien, Zielkriterien

— Häufigkeit und Schwere von Komplikationen mit Schädigung von Organsystemen (Thrombosen, Embolien, Myokardinfarkt, Hirninfarkt)
— Wirksamkeit und Frequenz der Aderlasstherapie
— Notwendigkeit einer medikamentösen Dauerbehandlung mit potentiellen Nebenwirkungen
— Komorbiditäten

Spezifische sozialmedizinische Aspekte

Ist in chronischer Phase unter wirksamer Dauertherapie die Krankheitssituation stabil (Hämatokrit < 45 %, Thrombozyten < 600.000/µl), so bestehen im Allgemeinen keine wesentlichen Einschränkungen. Treten Thrombosen, Embolien oder ischämische Ereignisse mit der Folge von Organschädigungen ein, so ist das Leistungsvermögen entsprechend reduziert, vgl. ▶ Kap. 13–16 und 23. Liegt eine progrediente Spätphase mit peripherer Zytopenie, erhöh-ter Infektanfälligkeit und/oder Splenomegalie vor, so ist das Leistungsvermögen aufgehoben.

9.3.10 Essentielle Thrombozythämie (ET)

Die ET gehört zur Gruppe der chronisch myeloproliferativen Neoplasien (MPN) [29, 20]. Ursache ist eine klonale Stammzellerkrankung mit überwiegender Steigerung der Megakaryopoese. Die Klinik ist durch thromboembolische Komplikationen, hämorrhagische Diathese (infolge funktionsgestörter Thrombozyten) und im fortgeschrittenen Stadium durch Splenomegalie bestimmt. Die Prävalenz der ET liegt bei 1/10.000; das mediane Erkrankungsalter bei Diagnosestellung beträgt 55 Jahre. Von der ET zu unterscheiden sind sekundäre (reaktive) Thrombozytosen bei chronischer Infektion/Entzündung sowie aus paraneoplastischer, regenerativer sowie posttraumatischer Ursache und nach Splenektomie.

Klassifikation und Stadieneinteilung

Zur Stadieneinteilung bei essentieller Thrombozythämie vgl. ◻ Tab. 9.26.

▪ **Therapie**

Ziel der Therapie ist die Verminderung bzw. Stabilisierung der Thrombozytenzahl, um Beschwerden durch Mikrozirkulationsstörungen zu lindern und thrombembolischen Komplikationen sowie Blutungen vorzubeugen. Parallel vorhandene kardiovaskuläre Risikofaktoren (arterielle Hypertonie, Diabetes mellitus, Hypercholesterinämie, Adipositas, Nikotinabusus) sollten behandelt bzw. beseitigt werden.

Bei **intermediärem Risiko** (z. B. bei koronarer Herz- oder peripherer arterieller Verschlusskrankheit, bei Erythromelalgie bzw. sonstigen Mikrozirkulationsstörungen) erfolgt – sofern keine Kontraindikationen (Ulkuskrankheit, erhöhte Blutungsneigung, gleichzeitige Anagrelidtherapie) bestehen – eine Behandlung mit Acetylsalicylsäure.

Eine zytoreduktive Therapie ist bei **Hochrisikopatienten** mit sehr hohen Thrombozytenwerten (> 1.500.000/µl) angezeigt. Sie wird bei Patienten > 60 Jahre mit Hydro-

Tab. 9.26 Stadieneinteilung bei essentieller Thrombozythämie [1, 14]

Stadium	Kriterien	Frequenz	Therapeutische Strategie
Niedriges Risiko	Alter < 60 Jahre *und* Thrombozyten < 1.500.000/µl *und* asymptomatisch (Risiko für thrombotische/ Blutungskomplikationen: 2 %/Jahr pro Patient) *und* keine schweren Blutungen	30 %	Allgemeine Maßnahmen zur Senkung des Thromboembolierisikos: Gewichtsreduktion, regelmäßige Bewegung, effiziente Behandlung kardiovaskulärer Risikofaktoren
Intermediäres Risiko	Alter < 60 Jahre *und* Thrombozyten < 1.500.000/µl *und* asymptomatisch bzw. lediglich milde Störung der Mikrozirkulation *und* Vorliegen hereditärer oder erworbener kardiovaskulärer Risikofaktoren (arterielle Hypertonie, Diabetes, Übergewicht und Nikotinabusus)	20 %	ASS 50–100 mg/Tag
Hohes Risiko	Alter > 60 Jahre *oder* Thrombozyten > 1.500.000/µl *oder* Thrombotische/thromboembolische *oder* Blutungskomplikationen	50 %	Symptomlinderung, Zytoreduktion

xyurea, bei jüngeren Patienten mit PEG-Interferon oder Anagrelide durchgeführt.

Die Prognose wird durch das Auftreten von Thrombosen oder schweren Blutungen bestimmt. Innerhalb der ersten 10 Jahre nach Diagnosestellung besteht kein Unterschied zwischen der Lebenserwartung von Patienten mit ET und einer gesunden Kontrollpopulation. Die Lebenserwartung nach Ablauf von 10 Jahren scheint dagegen eingeschränkt [32]. Die Entwicklung einer sekundären Myelofibrose (2,8 % innerhalb von 36 Monaten [19]) sowie der Übergang in eine akute Leukämie sind möglich.

Spezifische krankheits- und therapiebedingte Beeinträchtigungen nach ICF

Etwa ein Drittel aller Patienten ist zum Zeitpunkt der Diagnosestellung beschwerdefrei und bleibt dies auch über viele Jahre. Wenn Symptome auftreten, lassen sich diese auf der Ebene der Körperstrukturen und -funktionen beschreiben als Schädigung der Funktionen des hämatologischen Systems: Mikrozirkulationsstörungen im Sinne von peripheren Durchblutungsstörungen an Händen und Füßen, Schwindel, Kopfschmerzen, Sehstörungen und Erythromelalgie. Das Risiko für arterielle und venöse Thrombosen ist bei ET erhöht und liegt bei Patienten über 60 Jahren bei ca. 15 % pro Jahr. Zusätzlich besteht eine erhöhte Blutungsneigung, insbesondere bei hohen Thrombozytenzahlen (> 1.500.000/µl) wegen eines dann auftretenden sekundären VON-WILLEBRAND-Syndroms, vgl. ▶ Kap. 9.2.3. Bezüglich der therapiebedingten Schädigungen siehe ▶ Kap. 10.5.2.

Krankheitsspezifische Begutachtungskriterien, Zielkriterien

- Häufigkeit und Schwere von Komplikationen mit Schädigung von Organsystemen (Thrombosen, Embolien, Myokardinfarkt, Hirninfarkt, Blutungen)
- Wirksamkeit der medikamentösen Behandlung
- Nebenwirkungen der medikamentösen Behandlung
- Komorbiditäten

Spezifische sozialmedizinische Aspekte

Bei niedrigem Risiko (▶ Tab. 9.26) bestehen keine wesentlichen Einschränkungen. Bei intermediärem Risiko mit Vorliegen hereditärer oder erworbener kardiovaskulärer Risikofaktoren oder bei Auftreten von Thrombosen, Embolien oder ischämischen Ereignissen orientiert sich die Beurteilung des Leistungsvermögens an den Ausführungen der entsprechenden anderen Fachgebiete, vgl. ▶ Kap. 13–16 und 23. Bei hohem Risiko und entsprechend notwendiger zytoreduktiver Therapie kann das Leistungsvermögen eingeschränkt sein (z. B. bei Therapie mit PEG-Interferon).

9.4   Stammzelltransplantation (SZT)

Die Transplantation hämatologischer Blutstammzellen gehört heute zu den Routineverfahren in der Therapie hämatologischer Systemerkrankungen. Behandlungsziel ist die Optimierung einer vorausgehenden antineoplastischen Behandlung bzw. die Kuration einer Erkrankung, die auf anderem Wege nicht heilbar wäre. Unterschieden werden zwei Verfahren: die autologe SZT, bei der dem

Empfänger seine eigenen, in einer Phase der Remission gewonnenen Blutstammzellen übertragen werden und die allogene SZT, bei der Zellen eines nach Gewebe-(HLA)-Merkmalen ausgewählten Fremdspenders transfundiert werden. Die Übertragung erfolgt wie eine Bluttransfusion intravenös. Die Stammzellen wandern vom Blut ins Knochenmark, siedeln sich dort an und beginnen mit der Bildung von Blutzellen.

Der eigentlichen Stammzellübertragung geht eine intensive Vorbehandlung des Patienten – die sogenannte Konditionierung – voraus. Sie dient dazu, noch vorhandene bösartige Zellen zu beseitigen und das Mikromilieu im Knochenmark auf die Aufnahme neuer übertragener Stammzellen vorzubereiten. Bei **allogener SZT** besteht die Konditionierung aus einer intensiven Chemotherapie (ggfs. zusätzliche Ganzkörperbestrahlung), die je nach verabfolgter Dosisintensität das vorhandene Knochenmark entweder komplett (myeloablative Konditionierung) oder nur partiell zerstört (nicht-myeloablative Konditionierung). Der Vorteil des nicht-myeloablativen, dosisreduzierten Vorgehens ist die geringere Toxizität, es kann daher auch bei älteren Patienten > 60 Jahren zum Einsatz kommen. Darüber hinaus ist eine begleitende immunsuppressive Behandlung erforderlich, um eine Abstoßungsreaktion (Graft-versus-Host-Disease, GvHD) zwischen Spenderzellen und Empfängerorganismus zu verhindern/reduzieren. Durch die Immunsuppression, die bis zu 12 Monate nach der allogenen SZT fortgeführt wird und erst dann langsam reduziert werden kann, besteht eine erhebliche Infektionsgefahr. Bei chronischer GvHD muss die immunsuppressive Therapie u. U. dauerhaft fortgeführt werden, so dass dann auch die Abwehrschwäche mit Infektionsgefährdung weiterbesteht. Die Therapie einer allogenen STZ ist eingreifend, birgt aber eine potentielle Heilungschance. Demgegenüber ist bei **autologer SZT** die Gefahr einer möglichen Rückübertragung maligner Zellen mit der Gefahr eines Rezidivs gegeben.

Die Indikation für eine autologe bzw. allogene SZT ist von verschiedenen Faktoren abhängig, u. a. von der Art und dem bisherigem Verlauf der Erkrankung und vom Alter des Patienten. Allogene SZT werden als Routineverfahren eingesetzt u. a. bei der akuten myeloischen und lymphatischen Leukämie (▶ Kap. 9.3.3, ▶ Kap. 9.3.4), der schweren aplastischen Anämie (▶ Kap. 9.2.2), sowie (selten) bei der chronischen myeloischen Leukämie (▶ Kap. 9.3.5). Autologe SZT kommen regelmäßig bei jüngeren Patienten mit multiplem Myelom (▶ Kap. 9.3.8) zum Einsatz.

9.4.1 Spezifische therapiebedingte Schädigungen und Beeinträchtigungen

Graft-versus-Host Disease (GvHD)

Eine gefürchtete Komplikation, insbesondere nach allogener SZT, ist die Abstoßungsreaktion (GvHD). Sie kann akut oder chronisch – auch mit einer gewissen Latenz nach durchgeführter Transplantation z. B. nach Absetzen/Reduzierung der immunsuppressiven Therapie – auftreten und sich an verschiedenen Organsystemen manifestieren. Für die sozialmedizinische Beurteilung ist in erster Linie die chronische Form von Bedeutung. Sie kann mit dauerhaften Funktionsschäden an Organen verbunden sein. Die GvHD manifestiert sich in erster Linie an der Haut (79 %), der Leber (73 %), der Mundschleimhaut (72 %) und dem Auge (47 %). Der Darm (16 %), das Muskel- bzw. Bindegewebe und die Lunge sind seltener betroffen (je 11 %).

Infektionen/Infektgefährdung

In der Akutphase der Transplantation ist wegen der Immunsuppression und der Abwehrstörung im Rahmen der Grunderkrankung eine konsequente Infektionsprophylaxe (Medikamente, Körperhygiene, keimarme Ernährung) erforderlich und im Falle einer manifesten Infektion, die sehr häufig durch Pneumocystis jiroveci oder Cytomegalieviren ausgelöst wird, eine antiinfektiöse Therapie. Mit zeitlichem Abstand zum Transplantationszeitpunkt, Regeneration des Knochenmarks, Aufbau einer Immunkompetenz und Reduktion der immunsuppressiven Therapie mindert sich die Gefahr von Infektionen.

Sofern jedoch wegen einer chronischen GvHD die Fortsetzung der Immunsuppression über Monate/Jahre erforderlich ist, besteht die Gefahr von Infektionen weiterhin. Selbst wenn nach erfolgreicher, komplikationsloser SZT eine Immunsuppression nicht mehr notwendig ist, besteht oft keine vollständige Immunkompetenz des Transplantierten. Dieser Aspekt ist bei einer sozialmedizinischen Beurteilung zu berücksichtigen.

Nach allogener SZT und unter Immunsuppression können therapiebedingt folgende Schädigungen und Funktionsstörungen an den Organen auftreten (vgl. ◪ Tab. 9.27, ◪ Tab. 9.28).

◪ Tab. 9.28 stellt Medikamentennebenwirkungen bei immunsuppressiver Therapie dar.

Toxizitäten (zytostatische Chemotherapie, Bestrahlung) und länger dauernde immunsuppressive Behandlung begünstigen das Auftreten von Zweitneoplasien nach SZT. Die Latenzzeit beträgt einige Jahre und ist u. a. abhängig von der Art der verabreichten Zytostatika.

▣ Tab. 9.27 Synopsis möglicher Schäden und Funktionsstörungen nach SZT

Schädigungsort/ Organ	Funktionsstörung	Ursachen
Herz	– Herzinsuffizienz – Koronare Herzkrankheit	Chemotherapie Bestrahlung
Atemwege	– Interstitielle Pneumonie, Bronchiolitis obliterans (10 % der Patienten mit chronischer GvHD) – Restriktive/obstruktive Lungenfunktionsstörung – chronische Sinusitis	Infektionen, Ödem, Toxizität der Konditionierung, GvHD, Folgezustand nach rezidivierenden Infekten
Nieren / Harnwege	– Rezidivierende Harnwegsinfektionen – »Marrow Transplant Nephropathie« – Niereninsuffizienz, Nephrotisches Syndrom – Hämolytisch-urämisches Syndrom/ mikroangiopathische hämolytische Anämie (MAHA)	Nebenwirkungen der medikamentösen / immunsuppressiven Therapie
Bewegungsapparat	– Muskelschwäche durch transplantationsassoziierte Myopathie – Osteoporose – Hüftkopfnekrosen	Hormonmangel, Folge der Ganzkörperbestrahlung, Nebenwirkungen der immunsuppressiven Therapie, Behandlung mit Kortikosteroiden, Vitamin-D-Mangel, Ernährungsstörungen
Immunsystem	– Hashimoto-Thyreoiditis mit nachfolgender Hypothyreose – Autoimmunthrombozythämien, autoimmunhämolytische Anämien, Granulozytopenie – Übertragung von Allergien vom Spender zum Empfänger (Transfer von Asthma bronchiale, Psoriasis, Nahrungsmittelallergien)	Bildung von Antikörpern
Hormonsystem	– Hypothyreose (25–60 % der Transplantierten) – Funktionsstörungen der Nebennieren – Mangel an Wachstumshormon – Bei Frauen: Störungen der Ovarialfunktion. Folge: Östrogenmangel, Amenorrhoe, postmenopausale Beschwerden, Libidoverlust, erhöhtes Risiko für Osteoporose – Bei Männern: Androgenmangel. Störungen der Spermatogenese, Libidoverlust, erhöhtes Risiko für Osteoporose	Ganzkörperbestrahlung Nebenwirkung immunsuppressiv wirkender Kortikosteroide
Fertilität	– Störungen der gonadalen Funktion, sie erholt sich bei 25 % der Männer und 15 % der Frauen	
Haut	– Schädigung der Haut durch/nach GvHD – Trockene Haut – Brüchige Nägel	Reduzierte Talgproduktion, verringerte Aktivität der Schweißdrüsen Verschlechterung der Nährstoffversorgung in der Nagelmatrix
Mundschleimhaut und Zähne	– Karies, Parodontose – Sicca-Syndrom – Mucositis/Pharyngitis mit der Folge erhöhter Infektanfälligkeit und Entwicklung von Zahnschäden.	Immunsuppression/Störung der Immunabwehr Verminderte Speichelproduktion infolge Schädigung der Speicheldrüse durch Chemotherapie/Bestrahlung GvHD
Augen	– Katarakt – Glaukom – Keratitis herpetica – Keratokonjunktivitis bei Sicca-Syndrom	Folge der Behandlung mit Kortikoiden Häufige Nebenwirkung von Ciclosporin Schädigung der Tränendrüse mit verminderter Tränenproduktion

9

⬛ Tab. 9.27 Synopsis möglicher Schäden und Funktionsstörungen nach SZT

Schädigungsort/ Organ	Funktionsstörung	Ursachen
Nervensystem/Hirn	– Kognitive Störungen – Verzögerte Reaktionszeit – Reduzierte Aufmerksamkeitszeit und Konzentration – Gedächtnis- und Merkfähigkeitsstörungen – Störungen des Kurzzeitgedächtnisses – Polyneuropathien	Leukencephalopathie bzw. Nervenschädigung nach Schädel- oder Ganzkörperbestrahlung sowie nach Chemotherapie (insbesondere nach Methotrexat und Cytosinarabinosid intrathekal) Chemotherapie

⬛ Tab. 9.28 Wirkung und Nebenwirkungen von Immunsuppressiva

Substanz	Wirkungen	Nebenwirkungen
Kortikosteroide	T-Zell-abhängige Immunreaktionen	Steroidmyopathie, Steroiddiabetes
Azathioprin	Vor allem T-Zell-Reaktionen (T-Suppressorlymphozyten stärker als T-Helferlymphozyten), jedoch auch B-Zell-Reaktionen	Leberfunktionsstörungen, Muskel- und Gelenkschmerzen, Panzytopenie, allgemeine gastrointestinale Symptome
Cyclophosphamid	Schwächung der B-Zell-Reaktion stärker als der T-Zell-Reaktion, Suppression der Monozyten und Makrophagenfunktion	Panzytopenie, Kardiomyopathie
Methotrexat	T-Zell- und B-Zell-Reaktionen	Interstitielle Pneumonie, Nephrotoxizität, Leukenzephalopathie
Ciclosporin A	T-Zell-spezifisch	Nephrotoxizität, Hepatotoxizität, gastrointestinale Beschwerden, Parästhesien, arterielle Hypertonie, Anämie, Ödeme, Hyperkaliämie, Myopathie, Polyneuropathie, Enzephalopathie, Paresen
Mycophenolatmofetil	T-Zell-spezifisch	Fieber, Muskel- und Gelenkschmerzen, grippeartige Symptome, gastrointestinale Symptome, neurologische Symptome und psychische Störungen, Hyperglykämie, Hypertonie, Herzrhythmusstörungen
Tacrolimus	T-Zell-spezifisch	Neurologische Symptome und psychische Störungen, Nierenfunktionsstörungen, Hyperglykämie, gastrointestinale Symptome, Hypertonie, Anämie, Thrombozytopenie, Leukozytose, Lungenfunktionsstörungen, Gelenkschmerzen, Fieber

9.4.2 Begutachtungskriterien, Zielkriterien

In der Behandlungskette einer hämatologischen Systemerkrankung ist eine allogene SZT häufig die ultima ratio. Sie birgt zwar die Chance einer Heilung, ist aber mit zahlreichen therapiebedingten Risiken behaftet. Kriterien der Begutachtung sind:

– Beeinträchtigungen von Aktivität und Teilhabe nach abgeschlossener Therapie
– Krankheitsaktivität/Remissionsstatus
– Wahrscheinlichkeit eines Rückfalls/einer Progression
– Auftreten eines akuten/chronischen GvHD
– Notwendigkeit einer immunsuppressiven Dauertherapie mit potentiellen Nebenwirkungen bei chronischer GvHD

9.4.3 Sozialmedizinische Beurteilung

Die sozialmedizinische Beurteilung des erwerbsbezogenen Leistungsvermögens nach allogener SZT sollte nach einer ausreichenden Phase der Rekonvaleszenz erfolgen. Sie orientiert sich am Remissionsstatus und/oder an den therapiebedingten Funktionsstörungen geschädigter Organsysteme (⬛ Tab. 10.3, vgl. auch die Kapitel zu den einzelnen Organsystemen). Diese resultieren meist aus der (Spät-) Toxizität der vorausgegangenen antineoplastischen Behandlung und/oder den Folgen der Bestrahlung.

Weiterhin ist bei der sozialmedizinischen Beurteilung zu berücksichtigen, dass Transplantierte zum Schutz vor Abstoßungsreaktionen über einen Zeitraum von vielen Monaten immunsuppressive Medikamente erhalten, die nicht nur zu Nebenwirkungen und Funktionsschäden an

Organen führen können (vgl. ◘ Tab. 9.28), sondern auch mit einer erhöhten Infektanfälligkeit des Betroffenen verbunden sind. Bei chronischer Abstoßungsreaktion ist eine Dauertherapie mit Immunsuppressiva erforderlich. Bei der sozialmedizinischen Beurteilung sind die Funktionsstörungen des abstoßungsgefährdeten Organs, das Therapieregime, die individuelle Verträglichkeit der Behandlung und die Prognose des Betroffenen entsprechend zu würdigen. Qualitative Einschränkungen des Leistungsvermögens unter Immunsuppression ergeben sich aus ◘ Tab. 9.6.

Neben den somatischen Beeinträchtigungen sind in die sozialmedizinische Beurteilung auch psychische und psychoonkologische Aspekte einzubeziehen. Sie fokussieren auf das mentale Leistungsvermögen sowie die Krankheitsverarbeitung des Betroffenen. Nicht selten ist dabei ein (meist zeitlich begrenztes) Fatigue-Syndrom zu berücksichtigen.

In Abhängigkeit von den vorliegenden Funktionsstörungen kann das Leistungsvermögen bei Stammzelltransplantierten vollständig bzw. teilweise erhalten oder ganz aufgehoben sein.

Die Funktionsstörungen der Organe und die daraus resultierenden qualitativen Einschränkungen des Leistungsvermögens werden mit dem beruflichen Anforderungsprofil abgeglichen. Ist eine Tätigkeit im Bezugsberuf nicht mehr möglich, so prüft der Gutachter, ob eine andere (fiktive) Tätigkeit unter den üblichen Bedingungen des allgemeinen Arbeitsmarktes möglich ist. Typische Problemstellungen zeigt ◘ Tab. 9.6.

■ **Medizinische Rehabilitation**

Nach allogener SZT ist in der Regel eine medizinische Rehabilitation angezeigt. Sie sollte in einer onkologischen Facheinrichtung durchgeführt werden.

■ **Leistungen zur Teilhabe am Arbeitsleben**

Die Notwendigkeit von Leistungen zur Teilhabe ist individuell festzustellen.

■ **Erwerbsminderung**

Die meisten Betroffenen haben zum Zeitpunkt der Begutachtung nach allogener SZT eine lange Behandlungskette hinter sich und sind bereits zeitlich befristet aus dem Erwerbsleben ausgeschieden. Sofern die SZT bei diesen Patienten zu keiner Remission der Grunderkrankung geführt hat, ist von einer dauerhaften Erwerbsminderung auszugehen.

Sofern bei Remission aus den Folgen der antineoplastischen oder auch immunsuppressiven Therapie gravierende Funktionsstörungen einzelner Organsysteme hervorgehen, sollte die Feststellung der verminderten Leistungsfähigkeit zeitlich befristet getroffen werden. Über den weiteren Krankheitsverlauf besteht oft keine Klarheit.

Literatur

1   Barbui T et al: Practice guidelines for the therapy of essential thrombocythemia. A statement from the Italian Society of Hematology, the Italian Society of Experimental Hematology and the Italian Group for Bone Marrow Transplantation. Haematologica, 2004. 89(2): p. 215-32

2   Bene MC et al: Proposals for the immunological classification of acute leukemias. European Group for the Immunological Characterization of Leukemias (EGIL). Leukemia, 1995. 9(10): p. 1783–6

3   Bennett JM et al: Proposals for the classification of the acute leukaemias. French-American-British (FAB) co-operative group. Br J Haematol, 1976. 33(4): p. 451-8

4   Berufskrankheitenverordnung (BKV), Anlage 1. BGBl, 2009. I(30): p. 1273

5   Binet JL et al: A new prognostic classification of chronic lymphocytic leukemia derived from a multivariate survival analysis. Cancer, 1981. 48(1): p. 198–206

6   Brenner H, Gondos A, Pulte D: Recent major improvement in long-term survival of younger patients with multiple myeloma. Blood, 2008. 111(5): p. 2521–6

7   Burchert A et al: Sustained Molecular Response With Interferon Alfa Maintenance After Induction Therapy With Imatinib Plus Interferon Alfa in Patients With Chronic Myeloid Leukemia. J Clin Oncol, 2010

8   Buske C et al: The Follicular Lymphoma International Prognostic Index (FLIPI) separates high-risk from intermediate- or low-risk patients with advanced-stage follicular lymphoma treated frontline with rituximab and the combination of cyclophosphamide, doxorubicin, vincristine, and prednisone (R-CHOP) with respect to treatment outcome. Blood, 2006. 108(5): p. 1504–8

9   Carbone PP et al: Report of the Committee on Hodgkin's Disease Staging Classification. Cancer Res, 1971. 31(11): p. 1860–1

10 Durie BG, Salmon SE: A clinical staging system for multiple myeloma. Correlation of measured myeloma cell mass with presenting clinical features, response to treatment, and survival. Cancer, 1975. 36(3): p. 842–54

11 Faderl S et al: Adult acute lymphoblastic leukemia: concepts and strategies. Cancer, 2010

12 Gokbuget N, Hoelzer D: Treatment of adult acute lymphoblastic leukemia. Semin Hematol, 2009. 46(1): p. 64–75

13 Greipp PR et al: International staging system for multiple myeloma. J Clin Oncol, 2005. 23(15): p. 3412–20

14 Griesshammer M: Risk factors for thrombosis and bleeding and their influence on therapeutic decisions in patients with essential thrombocythemia. Semin Thromb Hemost, 2006. 32(4 Pt 2): p. 372–80

15 Haferlach T et al: Genetic classification of acute myeloid leukemia (AML). Ann Hematol, 2004. 83 Suppl 1: p. S97–100

16 Harris NL et al: The World Health Organization classification of neoplastic diseases of the hematopoietic and lymphoid tissues. Report of the Clinical Advisory Committee meeting, Airlie House, Virginia, November, 1997. Ann Oncol, 1999. 10(12): p. 1419–32

17 Hasford J et al: A new prognostic score for survival of patients with chronic myeloid leukemia treated with interferon alfa. Writing Committee for the Collaborative CML Prognostic Factors Project Group. J Natl Cancer Inst, 1998. 90(11): p. 850–8

18 Henry J, Brüning T: Erkrankungen des Blutes, des blutbildenden und lymphatischen Systems durch Benzol. IPA-Journal, Institut für Prävention und Arbeitsmedizin der Deutschen gesetzlichen Unfallversicherung, Ruhr-Universität Bochum, 2009. 01/09: p. 6–10

19 Kvasnicka HM, Thiele J. The impact of clinicopathological studies on staging and survival in essential thrombocythemia, chronic idiopathic myelofibrosis, and polycythemia rubra vera. Semin Thromb Hemost, 2006. 32(4 Pt 2): p. 362–71

20 Levine RL, Gilliland DG: Myeloproliferative disorders. Blood, 2008. 112(6): p. 2190–8

21 Malcovati L, Nimer SD: Myelodysplastic syndromes: diagnosis and staging. Cancer Control, 2008. 15 Suppl: p. 4–13

22 Malcovati L et al: Time-dependent prognostic scoring system for predicting survival and leukemic evolution in myelodysplastic syndromes. J Clin Oncol, 2007. 25(23): p. 3503–10

23 Marsh JC et al: Guidelines for the diagnosis and management of aplastic anaemia. Br J Haematol, 2009. 147(1): p. 43–70

24 Oldenburg J, Barthels M: Angeborene Koagulopathien am Beispiel der Hämophilie A und B, Hemmkörperhämophilie. Hamostaseologie, 2008. 28(5): p. 335–47

25 Savage DG, Antman KH: Imatinib mesylate--a new oral targeted therapy. N Engl J Med, 2002. 346(9): p. 683–93

26 Sokal JE et al: Prognostic discrimination in »good-risk« chronic granulocytic leukemia. Blood, 1984. 63(4): p. 789–99

27 Solal-Celigny P et al: Follicular lymphoma international prognostic index. Blood, 2004. 104(5): p. 1258–65

28 Sweetenham JW: Diffuse large B-cell lymphoma: risk stratification and management of relapsed disease. Hematology Am Soc Hematol Educ Program, 2005: p. 252–9

29 Tefferi A, Vardiman JW: Classification and diagnosis of myeloproliferative neoplasms: the 2008 World Health Organization criteria and point-of-care diagnostic algorithms. Leukemia, 2008. 22(1): p. 14–22

30 Vardiman JW et al: The 2008 revision of the World Health Organization (WHO) classification of myeloid neoplasms and acute leukemia: rationale and important changes. Blood, 2009. 114(5): p. 937–51

31 White GC, 2nd, et al: Definitions in hemophilia. Recommendation of the scientific subcommittee on factor VIII and factor IX of the scientific and standardization committee of the International Society on Thrombosis and Haemostasis. Thromb Haemost, 2001. 85(3): p. 560

32 Wolanskyj AP et al: Essential thrombocythemia beyond the first decade: life expectancy, long-term complication rates, and prognostic factors. Mayo Clin Proc, 2006. 81(2): p. 159–66

Weiterführende Literatur

Deutsche Rentenversicherung: Leitlinien für die sozialmedizinische Begutachtung – Rehabilitationsbedürftigkeit bei onkologischen Erkrankungen. Deutsche Rentenversicherung Bund (Hrsg.). Berlin, Januar 2011. www. deutsche-rentenversicherung.de

Deutsche Rentenversicherung: Leitlinien für die sozialmedizinische Begutachtung – Sozialmedizinische Beurteilung bei Mammakarzinom. Deutsche Rentenversicherung Bund (Hrsg.). Berlin, Januar 2011. www. deutsche-rentenversicherung.de

Onkologische Erkrankungen (Übersichtskapitel)

Spezielle Krankheitsbilder → s. organbezogene Kapitel

Volker König

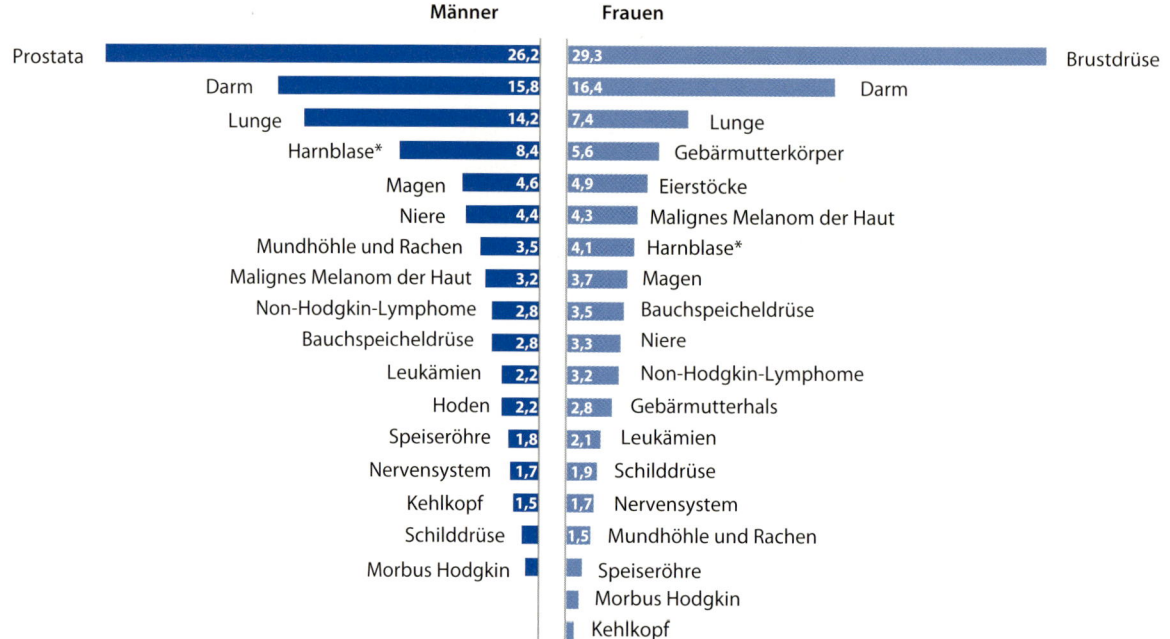

Männer   **Frauen**

Prostata   26,2   29,3   Brustdrüse
Darm   15,8   16,4   Darm
Lunge   14,2   7,4   Lunge
Harnblase*   8,4   5,6   Gebärmutterkörper
Magen   4,6   4,9   Eierstöcke
Niere   4,4   4,3   Malignes Melanom der Haut
Mundhöhle und Rachen   3,5   4,1   Harnblase*
Malignes Melanom der Haut   3,2   3,7   Magen
Non-Hodgkin-Lymphome   2,8   3,5   Bauchspeicheldrüse
Bauchspeicheldrüse   2,8   3,3   Niere
Leukämien   2,2   3,2   Non-Hodgkin-Lymphome
Hoden   2,2   2,8   Gebärmutterhals
Speiseröhre   1,8   2,1   Leukämien
Nervensystem   1,7   1,9   Schilddrüse
Kehlkopf   1,5   1,7   Nervensystem
Schilddrüse   1,5   Mundhöhle und Rachen
Morbus Hodgkin   Speiseröhre
                                                                                         Morbus Hodgkin
                                                                                               Kehlkopf

Abb. 10.1 Prozentualer Anteil ausgewählter Tumorlokalisationen an allen Krebsneuerkrankungen ohne nicht-melanotischen Hautkrebs in der Bundesrepublik Deutschland (2006). Quelle: Schätzung der Dachdokumentation Krebs im Robert-Koch-Institut [28]

10.1   Sozialmedizinische Bedeutung

Onkologischen Erkrankungen kommt wegen ihrer Häufigkeit eine große, über das Medizinische hinausgehende ökonomische und sozialpolitische Bedeutung zu. Im Jahre 2006 erkrankten ca. 426.800 Menschen in Deutschland an Krebs (229.200 Männer, 197.600 Frauen), vgl. ☐ Tab. 10.1.

Die häufigste Krebsart ist bei Männern Prostatakrebs, bei Frauen Brustkrebs. An zweiter Stelle steht bei beiden Geschlechtern der Darmkrebs, gefolgt von Lungentumoren, siehe ☐ Abb. 10.1 [28].

Für einige Tumorentitäten konnte in den letzten 20 Jahren ein deutlicher Anstieg verzeichnet werden, während andere Tumorarten seltener festgestellt wurden. Konkret lassen sich folgende wichtige Veränderungen registrieren:

- deutliche Zunahme beim Prostatakarzinom [16]
- Zunahme beim Darmkrebs bei beiden Geschlechtern [15]
- Zunahme beim malignen Melanom der Haut [9, 8]
- Zunahme beim Mammakarzinom [13]
- Zunahme beim Schilddrüsenkarzinom der Frau [27]
- Zunahme beim Lungenkarzinom der Frau [1]
- Plateau bei den Non-HODGKIN-Lymphomen [6]
- Abnahme bei Leukämien
- Abnahme beim Magenkrebs
- Abnahme beim Eierstockkrebs
- Abnahme beim Gebärmutterhalskrebs

Gründe für ansteigende Zahlen liegen u. a. in einer verbesserten, früheren Erkennung, aber auch in Veränderungen der Lebensgewohnheiten. Ein weiterer wichtiger Grund für den relativen Anstieg von Tumorerkrankungen in den letzten 20 Jahren dürfte im demographischen Wandel mit einer zunehmend älter werdenden Bevölkerung zu sehen sein. Krebs ist in erster Linie eine Erkrankung des höheren Lebensalters. Betrachtet man die Alterspyramide der Bundesrepublik Deutschland, so kann man erwarten, dass diese Tendenz weiter anhält. So werden 2010 ca. 450.000 Menschen in Deutschland neu an Krebs erkranken. Der hierbei zu erwartende Anstieg der jährlichen Fallzahl gegenüber dem Jahr 2006 von ca. 23.000 Fälle (5,3 %) dürfte hierbei fast ausschließlich durch die zunehmende Überalterung bedingt sein. Parallel zu dieser Entwicklung konnten in den letzten Jahren bedeutende Fortschritte bei der Krebsbehandlung erreicht werden. Inzwischen stehen für einige Krebsarten innovative, hochwirksame und in der Regel kostenintensive Behandlungsmöglichkeiten zur Verfügung. Sie werden nicht nur wegen der guten Verträglichkeit auch bei Tumorpatienten in höherem Alter, sondern auch in fortgeschrittenen Stadien der Krebserkrankung eingesetzt. Patienten, die früher rasch verstorben wären, werden nunmehr behandelt und geheilt oder zumindest gebessert. Die sozialmedizinischen Verläufe von Tumorpatienten zeigen, dass ein großer Teil der im erwerbsfähigen Alter Betroffenen nach Abschluss der Behandlung die Berufstätigkeit wieder aufnimmt.

▣ **Tab. 10.1** Fallzahl, Inzidenz und Mortalität von Krebserkrankungen in Deutschland (2006) nach [28]

Tumorentität	Fallzahl		Inzidenz (pro 100.000 und Jahr)		Mortalität (pro 100.000 und Jahr)	
	Männer	Frauen	Männer	Frauen	Männer	Frauen
Mundhöhle und Rachen	7.930	2.930	19,7	7,0	7,4	1,7
Speiseröhre	4.100	1.090	10,2	2,6	7,0	1,5
Magen	10.620	7.230	26,3	17,2	11,2	6,0
Darm	36.300	32.440	90,0	77,1	25,4	15,8
Bauchspeicheldrüse	6.380	6.980	15,8	16,6	12,6	9,0
Kehlkopf	3.430	460	8,5	1,1	2,6	0,4
Lunge	32.500	14.600	80,6	34,7	53,7	18,1
Malignes Melanom der Haut	7.360	8.470	18,3	20,1	2,4	1,5
Brustdrüse		57.970		137,9		25,5
Gebärmutterhals		5.470		13,0		2,5
Gebärmutterkörper		11.140		26,5		3,0
Eierstock		9.670		23,0		8,0
Prostata	60.120		149,1		21,2	
Hoden	4.960		12,3		0,3	
Niere und ableitende Harnwege	10.050	6.440	24,9	15,3	7,5	3,2
Harnblase	19.360	8.090	48,0	19,2	6,5	2,0
Nervensystem	3.880	3.290	9,6	7,8	5,9	4,1
Schilddrüse	1.620	3.660	4,0	8,7	0,5	0,6
HODGKIN-Lymphom	1130	890	2,8	2,1	0,3	0,2
Non-HODGKIN-Lymphome	6.410	6.350	15,9	15,1	5,2	3,4
Leukämien	5.080	4.220	12,6	10,0	7,0	4,3

Leukämie = akute lymphatische Leukämie (ALL), chronische lymphatische Leukämie (CLL), akute myeloische Leukämie (AML) und chronische myeloische Leukämie (CML).

Der vor dem Hintergrund des demografischen Wandels zunehmende Anteil älterer Tumorpatienten und die verbesserten Behandlungsmöglichkeiten werden künftig längere Überlebenszeiten und chronifizierte Verläufe mit sich bringen. Damit ist aber auch eine erhöhte Multimorbidität der Betroffenen mit nicht unerheblichen sozioökonomischen Auswirkungen zu erwarten.

Mit den »Diagnosis Related Groups« (DRG) wurde ein Vergütungssystem geschaffen, welches für Akutkliniken einen Anreiz bietet, Patienten nach möglichst zügiger Akutbehandlung in den nächsten Behandlungssektor zu entlassen. Indirekt ist mit dieser neuen Regelung auch der Rehabilitationsbereich betroffen, weil nicht selten wesentliche Teile der Behandlung in den Reha-Sektor verlagert werden.

Die medizinische Rehabilitation wird von onkologischen Patienten zunehmend in Anspruch genommen. Bei der RV beträgt der Anteil onkologischer Patienten (ICD C00-C99) an der Gesamtzahl der medizinischen Rehabilitationen aktuell etwa 16 %. Im Jahr 2009 waren es insgesamt 153.007 Patienten, die eine derartige Leistung zu Lasten der RV in Anspruch nahmen.

Im selben Jahr wurden ca. 23.500 Krebspatienten wegen Minderung der Erwerbsfähigkeit berentet. Das entspricht einem Anteil von 14 %, bezogen auf die Anzahl der insgesamt neu Berenteten.

10.2   Diagnostik

Die Diagnostik in der Begutachtungssituation dient der Erfassung des aktuellen Erkrankungszustandes und der Feststellung ggf. vorhandener Funktionseinschränkungen. In der Regel liegen bei Tumorpatienten die relevanten Informationen zum Krankheitsverlauf (wie Ausbreitungsstadium der Tumorerkrankung zum Zeitpunkt der Erstdiagnose, bisherige Therapieverfahren und -ergebnisse) vor. Sofern das nicht der Fall ist, müssen sie vom sozialmedizinischen Gutachter beigezogen werden.

Je nach aktueller Problemstellung sind die vorliegenden Befunde evtl. durch weitere Diagnostik zu ergänzen. Je nach Aufwand sind diese Untersuchungen vom Gutachter selbst oder vom Behandler durchzuführen.

Folgende Untersuchungsmethoden kommen zum Einsatz:

- Eigen-, Fremd- und Familienanamnese
- Körperliche Untersuchung
- Labor (Blut-/Urinuntersuchungen)
- Bildgebende Diagnostik (Ultraschall, konventionelles Röntgen inkl. Mammographie, Szintigraphie, Computertomographie (CT), Kernspintomographie, Positronenemissionstomographie (PET), PET-CT
- Funktionsuntersuchungen (Lungenfunktionsprüfung, Ergometerbelastung)
- Endoskopie (Bronchoskopie, Ösophagogastroduodenoskopie, Koloskopie, Rektoskopie)
- Gewinnung von Tumormaterial mit histologischer und/oder zytologischer Untersuchung

10.3   Charakteristika onkologischer Erkrankungen

Im Regelfall werden maligne Erkrankungen durch Zufall (ohne besondere Symptomatik), im Rahmen einer Früherkennungsuntersuchung oder bei Abklärung unspezifischer Beschwerden diagnostiziert. Die weitere Diagnostik soll Art und Charakter der Erkrankung identifizieren, um den besten Weg für das weitere Procedere zu finden. Je nach Tumorart würde die Erkrankung ohne Therapie entweder rasch fortschreiten oder auch über einen längeren Zeitraum hinweg stationär bleiben. Es ist Ziel der Primärdiagnostik abzuschätzen, um welche Art und welches Ausmaß einer malignen Erkrankung es sich handelt, um geeignete therapeutische Maßnahmen einzuleiten oder auch zunächst abzuwarten (»Watch and Wait«). In der Mehrzahl der Fälle ist eine sofortige Behandlung in Form einer Operation, Bestrahlung und/oder systemischen antineoplastischen Therapie erforderlich.

Nach Ende der Akutbehandlung stellt sich bei der Mehrzahl der Patienten zunächst ein stabiler Zustand ein, unabhängig davon, ob die Erkrankung komplett beseitigt werden konnte oder nicht. Nicht selten resultieren aber auch – ausgelöst durch den Tumor selbst oder durch Nebenwirkungen/Komplikationen der Therapie – körperliche und/oder seelische Beeinträchtigungen. Die Diagnose einer Krebserkrankung stellt einen tiefen Einschnitt im Leben des Patienten dar: Er sieht sich einer Situation gegenüber, die völlig unvermutet eintritt und nunmehr Kontrolle über sein Leben erlangt. Die Bedrohung durch eine potentiell tödliche Krankheit sowie die Hilflosigkeit und Abhängigkeit von professionellen Helfern führt in fast allen Fällen zu psychischen Belastungen, die für den weiteren Krankheits- und Rehabilitationsverlauf von Bedeutung sein können.

Es gibt Patienten, die durch die verbleibenden Funktionsstörungen im Alltag und Beruf kaum oder gar nicht beeinträchtigt sind. Andererseits sind immer wieder Fälle zu beobachten, bei denen selbst nach kompletter Beseitigung der malignen Erkrankung sowohl aus somatischen als auch psychischen Gründen eine Rückkehr in das Erwerbsleben nicht gelingt. In jedem Falle sollten Patienten nach einer Krebsbehandlung die verfügbaren Hilfsangebote (medizinische und berufliche Rehabilitation, ggf. psychoonkologische Betreuung, Beratung zur Reintegration durch soziale Dienste etc.) nutzen, um diese Entwicklung zu vermeiden.

10.4   Therapeutische Möglichkeiten

10.4.1 Therapieverfahren

Die Therapie maligner Erkrankungen umfasst einerseits lokale Behandlungsmethoden, hierzu zählen Operation (inkl. endoskopische Operationen), Strahlentherapie und Hyperthermie, andererseits die antineoplastische medikamentöse Behandlung als systemisches Therapieverfahren. Häufig werden mehrere Therapiemodalitäten kombiniert eingesetzt. Operation und Bestrahlung sind meist in einem überschaubaren Zeitraum abgeschlossen. Die medikamentöse Behandlung hingegen muss unter Umständen über mehrere Monate, in manchen Fällen auch dauerhaft fortgeführt werden. Zytostatische Chemotherapien werden häufig intravenös mit Substanzen hoher Toxizität durchgeführt, die unter keinen Umständen ins umliegende Gewebe gelangen dürfen (Paravasat). Um Paravasate zu vermeiden, haben sich in der Praxis zur sicheren Applikation zentralvenöse Dauerkatheter (Portsystem, Hickman-/Broviac-Katheter) bewährt. Über ein solches System können auch 24-stündige medikamentöse Infusionen, Transfusionen von Blutprodukten und parenterale Ernährung sicher zugeführt werden.

Kriterien	WHO-Kriterien	RECIST-Kriterien
Messung der Läsion	Zweidimensional: Produkt aus längstem Durchmesser in axialer Schicht und vertikal dazu	Eindimensional: längster Durchmesser in axialer Schicht
Beurteilung		
Komplette Remission (CR)	Komplettes Verschwinden aller beobachteten Läsionen	Komplettes Verschwinden aller Zielläsionen
Partielle Remission (PR)	≥ 50 % Rückgang des Produktes in einer oder mehreren beobachteten Läsionen	≥ 30 % Rückgang des Durchmesser aller Zielläsionen
Stabiler Zustand (SD)	Weder Remission noch Progression	Weder Remission noch Progression
Progression (PD)	≥ 25 % Zunahme des Produktes in einer oder mehreren beobachteten Läsionen oder Auftreten neuer Läsionen	≥ 20 % Zunahme der Summe der Durchmesser aller Zielläsionen oder Auftreten neuer Läsionen
Evaluierte Läsionen	Keine maximale Anzahl festgelegt	Maximal 10 pro Patient Maximal 5 pro Organ

◘ **Tab. 10.2** Remissionsbeurteilung bei malignen soliden Tumorerkrankungen: Vergleich zwischen WHO- und RECIST-Kriterien [21, 32]

WHO: World Health Organisation. *RECIST*: Response Evaluation Criteria in Solid Tumors.

10.4.2 Therapieergebnis

Das Therapieergebnis wird nach dem Ende der Behandlung nach objektivierbaren Kriterien evaluiert (Restaging) und bildet den Ausgangspunkt für die posttherapeutische Beobachtung und Nachsorge. Die Beurteilung des Therapieergebnisses (Remissionsbeurteilung, Remissionsstatus) erfolgt bei soliden Tumoren nach den Kriterien der WHO, neuerdings auch nach den RECIST-Kriterien, vgl. ◘ Tab. 10.2. Die Einschätzung ist auch für die sozialmedizinische Beurteilung des Leistungsvermögens wichtig, da bei unzureichendem Therapieansprechen in der Regel mit baldiger Progression der malignen Erkrankung gerechnet werden muss.

Bei Leukämien werden Behandlungsergebnisse anhand konventioneller Beurteilungskriterien sowie zusätzlich durch Bestätigung oder Ausschluss einer minimalen Resterkrankung (= MRD-Status) evaluiert.

10.5 Therapiefolgen

10.5.1 Operationsfolgen

Wie alle chirurgischen Eingriffe unterliegen auch Krebsoperationen dem allgemeinen Operations- und Narkoserisiko. Sie können darüber hinaus bei ungünstiger Lokalisation und Ausdehnung des Tumors zur Entstellung führen und das Körperbild verändern. Typische Komplikationen bzw. Operationsfolgen sind:
- Lungenemphysem (z. B. nach Lobektomie/Segmentresektion der Lunge)
- Harninkontinenz (z. B. nach radikaler Prostatektomie)
- Stuhlinkontinenz (z. B. nach Operation im Bereich Anus/Rektum)
- Arm-/Bein-/Halslymphödem (z. B. nach Dissektion axillärer, inguinaler/pelviner bzw. zervikaler Lymphknoten)
- Organverlust
- Stoma (z. B. nach Rektumamputation → Kolostoma, Zustand nach Zystektomie → Ileumkonduit)
- Stimmverlust (z. B. nach Laryngektomie → Tracheostoma oder N. recurrens-Läsion)
- Amputation (z. B. nach Resektion eines Osteosarkoms)
- Querschnittsyndrom (z. B. nach Operation im Bereich des Wirbelkanals)
- neurologische Defizite (z. B. nach Operation eines Gehirntumors)

Komplizierend können sich auch nach Tumoroperationen Narkosefolgen einstellen (z. B. eine Myokardinsuffizienz, insbesondere bei älteren Patienten mit vorbestehender Herzerkrankung).

10.5.2 Folgen von systemischer antineoplastischer Therapie und Bestrahlung

Bei intensiver systemischer antineoplastischer Therapie bzw. bei multimodalem Behandlungsansatz mit Kombination von Radio- und systemischer antineoplastischer Therapie können beim Patienten multiple Schäden an Organen auftreten (◘ Tab. 10.3). Darüber hinaus kann sich ein – meist zeitlich begrenzter – Erschöpfungszustand entwickeln [11, 20, 26, 31, 18, 22].

◻ Tab. 10.3 Chronische Schädigungsfolgen durch systemische antineoplastische Behandlung oder Radiatio (nach [30])

Geschädigtes System	Gestörte Funktion	Untersuchungen zur Objektivierung	Schädigungsfaktor	Schädigungsfolge
Knochenmark	Zellbildung	Blut-/Knochenmark-untersuchung	Cytosinarabinosid, Fludarabin, Etoposid, Carboplatin, Alemtu-zumab, Cladribin, großflächige Bestrahlung des Skeletts (Becken, Wirbelsäule)	Panzytopenie: Schwäche, Infektgefährdung, Blutungs-neigung
Herz-Kreislauf-system	Pumpfunktion des Herzens	Echokardiografie, Ergometrie, Spiroergometrie	Doxorubicin, Daunorubicin, Epi-rubicin, Idarubicin, Mitoxantron, Trastuzumab, 5-Fluorouracil, Cyclophosphamid, Ifosfamid, Paclitaxel, Bestrahlung des Medi-astinums (Koronarsklerose)	Kardiomyopathie: Schwäche, Tachykardie, Atemnot, Ödeme
Lunge	Gasaustausch Ausscheidung, Entgiftung (gasförmig)	Bodypletysmo-graphie, Spiroergometrie	Cyclophosphamid, Etoposid, Bleomycin, Busulfan, BCNU, CCNU, Cytosinarabinosid, Chloram-bucil, Methotrexat, Melphalan, Bestrahlung des Mediastinums (Pneumonitis)	Lungenfibrose: Schwäche, Atemnot
Gastrointesti-naltrakt	Energiezufuhr	Body-Mass-Index, Albumin im Serum, Vigorimetrie	Abdominelle oder Ganzkörper-bestrahlung; GvHD=Graft versus Host Disease bei Transplantat-abstoßung, insbes. nach Knochen-marktransplantation	Energieverwertungsstörung: Marasmus, Kachexie
Speichel- und Tränendrüsen	Speichel-/ Tränen-produktion		Bestrahlung im Kopf-/Hals-Be-reich, Bendamustin	Sicca-Syndrom: Trockene Augen, trockener Mund
Leber	Eiweißsynthese, Ausscheidung, Entgiftung (fettlöslich)	Labor: Biliru-bin, Albumin, Pseudocholin-esterase, Thrombo-plastinzeit	Methotrexat, Etoposid, Busul-fan, Chlorambucil, DTIC, BCNU, CCNU, Hochdosischemotherapie, GvHD der Leber bei Transplantat-abstoßung, insbes. nach Knochen-marktransplantation	Leberfibrose, -zirrhose, Lebervenenverschluss-syndrom (VOD) Müdigkeit, Abgeschlagenheit, Schwäche, Ikterus
Niere und ableitende Harnwege	Homöostase von Wasser und Elektrolyten, Ausscheidung, Entgiftung (wasserlöslich)	Kreatinin, Kreatinin-clearance	Cisplatin, Cyclophosphamid, Ifos-famid, Busulfan, Melphalan, BCNU, CCNU, Methotrexat, Mitomycin, Aminoglykoside, Vancomycin, Amphotericin B (Pathogenese: z. B. Tumorlysesyndrom)	Chronische Niereninsuffizienz: Ödeme, Salz-/Wasserreten-tion, Exsikkose mit Salz-Wasserverlust, Schrumpf-blase (Z. n. hämorrhagischer Zystitis)
Zentrales Ner-vensystem	Kognition, Gedächtnis, Konzentration, Aufmerksamkeit	D2-Test, Mini-Mental-Status (Screening)	Methotrexat, Cytosinarabinosid, Ifosfamid, Cisplatin, Carboplatin, Cyclophophamid, 5-Fluorouracil, Fludarabin, Asparaginase, Pro-carbazin, Thiotepa, BCNU, CCNU, Zustand nach Schädelbestrahlung > 24 Gy, Ganzkörperbestrahlung	Störungen von Wahrneh-mung, Gedächtnis, Konzentra-tion und Aufmerksamkeit
Peripheres Nervensys-tem	Sensibilität, Motorik	Neurologische Untersuchung, Elektroneuro-graphie, Elektromyo-graphie	Vincristin, Cisplatin, Carboplatin, Paclitaxel, Docetaxel, Thalidomid, Bortezomib, Chlorambucil	Polyneuropathie: Kribbeln, Schmerzen oder taubes Gefühl in den Extremitäten (vorwiegend Hände und Füße)
Audito-risches/ vestibuläres System	Gehör-/ Gleichge-wichtsorgan	Audiometrie, Nystagmographie	Cisplatin, Carboplatin, Furosemid, Aminoglykoside, Vancomycin	Hörminderung, Hörverlust, Ohrensausen, Schwindel

◨ Tab. 10.3 Fortsetzung.

Geschädigtes System	Gestörte Funktion	Untersuchungen zur Objektivierung	Schädigungsfaktor	Schädigungsfolge
Auge	Optische Wahrnehmung, Sehen	Augenärztliche Untersuchung	Doxorubicin, 5-Fluorouracil, Tamoxifen, Cytosinarabinosid, Cisplatin, Vincristin, Methotrexat, Mitomycin, Procarbazin, Chlorambucil, Busulfan, BCNU, CCNU	Sehminderung, Sehschwäche
Muskulatur	Bewegung, Motorik, Kraft	Ergometrie, Handkraftmessung (Vigorimetrie)	Vincristin, Paclitaxel, Docetaxel Cytosinarabinosid, Kortikosteroide, Ernährungsstörungen	Fatigue-Syndrom: Schwäche, verminderte Kondition und Ausdauer
Skelett	Stützfunktion des Skeletts	Osteodensiometrie	Kortikosteroide, Methotrexat, Ifosfamid, Bisphosphonate	Osteoporose, aseptische/ avaskuläre Knochennekrose, Knochenschmerzen (Wirbelsäule)
Haut	Protektive Funktion gegenüber der Umwelt	Dermatologische Untersuchung, Auflichtmikroskopie, Histologie	Bleomycin, Ifosfamid, Cyclophosphamid, Busulfan, Cytosinarabinosid, Methotrexat, 5-Fluorouracil, Docetaxel, Z. n. Bestrahlung (Radiodermatitis), GvHD der Haut bei Transplantatabstoßung, insbes. nach Knochenmarkstransplantation	Hautirritation, Hautausschlag, Juckreiz, Hand-Fuß-Syndrom
Fertilität, Hormonbildung in den Keimdrüsen	Reproduktion, Hormonsynthese	Spermiogramm, Hormonuntersuchungen	Cyclophosphamid, Ifosfamid, Paclitaxel, Docetaxel Vincristin, Procarbazin, Doxorubicin, Bestrahlung im kleinen Becken	Unterfunktion der Keimdrüsen: Sterilität, Hormonmangel (Geschlechtshormone), Osteoporose
Endokrines System	Hormonproduktion	Klinik, Laboruntersuchungen	Asparaginase, Cyclophosphamid, Bestrahlung im Kopf-Hals-Bereich, Schädelbestrahlung, Ganzkörperbestrahlung	Diabetes mellitus, inadäquate Sekretion von ADH, Unterfunktion von Schilddrüse und Hirnanhangsdrüse

10.6 Krankheitsbedingte Beeinträchtigungen nach ICF

Funktions- und Fähigkeitsstörungen sowie Beeinträchtigungen ergeben sich durch die Tumorerkrankung sowie deren Behandlung. Da je nach Tumorentität, Stadium der Erkrankung und Risikoprofil die Behandlungen differieren, können sich auch unterschiedliche Behinderungsprofile entwickeln. Auf der Ebene der Körperfunktionen und -strukturen kann es u. a. zu folgenden Schädigungen kommen:

Konditions-/Muskelschwäche: Kennzeichen ist die Verringerung der Regulationsbreite des Herz-Kreislauf-Systems. Ursachen: therapie- bzw. krankheitsbedingte Immobilisierung mit Muskelabbau, leukopeniebedingte Infektionen (katabole Stoffwechsellage), Ernährungsstörungen oder Medikamentennebenwirkungen (Kortikosteroide, Immunsuppressiva). Objektivierbar durch Messung der Gehstrecke, Ergometrie, ggf. Spiroergometrie.

Atemnot: Ursachen sind Konditionsschwäche (infolge körperlicher Inaktivität), Anämie, Kardiotoxizität

z. B. nach Chemotherapie durch Anthrazykline oder Fluoropyrimidine [17, 29], pulmonale Schädigung nach Bestrahlung im Mediastinalbereich oder nach Therapie mit Bleomycin [25] oder Cyclophosphamid. Auch eine vorbestehende Komorbidität kommt selbstverständlich ursächlich in Betracht, z. B. bei vorbestehender koronarer Herzkrankheit. Objektivierbar durch Echokardiographie bzw. Spiroergometrie (Spirometrie plus Ergometrie unter gleichzeitiger Messung der Blutgase).

Periphere Polyneuropathien: Ursache sind toxische Schädigungen peripherer Nerven durch antineoplastische Medikamente (z. B. Cisplatin) [10, 7, 4, 34]. Seltener kommen periphere Polyneuropathien als Paraneoplasie vor. Schmerzhafte Dys- und Parästhesien können den Schlaf erheblich beeinträchtigen und auch zu Ataxien bis hin zur Gehunfähigkeit führen. Eine unter zytostatischer Therapie beginnende Neuropathie kann noch nach Absetzen der Medikamente fortschreiten. Rückbildungen nach Ende der Chemotherapie sind möglich. Eine Beurteilung der resultierenden Funktionsstörungen ist erst frühestens

6 Monate nach Beendigung der Behandlung sinnvoll. Eine kausale Therapiemöglichkeit besteht nicht.

Wassereinlagerungen: Können Myokardinsuffizienz oder Nierenfunktionsstörungen anzeigen, letztere können nach Behandlung mit Cyclophosphamid, Ifosfamid und Platinderivaten [19] auftreten. Auch eine hochdosierte diuretische Behandlung mit Furosemid (durch Harnsäureanstieg) oder Gabe anderer nephrotoxischer Medikamente (z. B. antibiotische Behandlung durch Aminoglykoside) können Nierenstörungen verursachen. Ein plötzlicher Zerfall maligner Zellen zu Beginn einer zytostatischen Chemotherapie kann ein Tumorlysesyndrom (Verstopfung der Nierenkanälchen mit Harnsäurekristallen) zur Folge haben. Objektivierung: Messung des Körpergewichtes im Zeitverlauf.

Ernährungsstörungen: Können sich nach intensiver Chemo-/Strahlentherapie als Folge ausgeprägter Stomatitis, Mucositis, Inappetenz, Übelkeit, Erbrechen und Durchfall entwickeln und starke Gewichtsverluste nach sich ziehen. Als Bestrahlungsfolge können sich Briden (Gefahr des Darmverschlusses) und/oder Darmfisteln entwickeln. Bei Operationen im Bereich des oberen Verdauungstraktes (Ösophagus, Magen, Bauchspeicheldrüse) kommt es häufig zu Ernährungsstörungen durch Fettfehlverwertung, die aber zumeist medikamentös kompensiert werden können. Langwierige Ernährungsstörungen treten auch bei chronischer Graft-versus-Host Disease (▶ Kap. 9.4.1) des Darmes und der Leber nach allogener Stammzelltransplantation auf. Objektivierung: Body-Mass-Index, Messung der Gehstrecke, Ergometrie, Handkraftmessung (Vigorimetrie).

Hormonstörungen: Nach Bestrahlung im Kopf-Hals-Bereich kann sich eine Schilddrüsenunterfunktion (Hypothyreose) entwickeln. Nach intensiver Chemotherapie kann zusätzlich die endokrine Funktion der Gonaden gestört sein (Östrogen-/Testosteronmangel), was neben einer erhöhten Gefährdung für Osteoporose auch Stimmungsschwankungen und Depressionen nach sich ziehen kann. Ein vorzeitiger Eintritt der Menopause ist ebenfalls möglich. Objektivierung: klinische Untersuchung und Laboruntersuchung.

Störungen am Skelett: Verringerung der Knochendichte mit Osteoporose und ggf. Frakturgefährdung durch Immobilisierung, Mangelernährung, langdauernde Behandlung mit Kortikosteroiden, als Nebenwirkung bestimmter Zytostatika (Methotrexat, Ifosfamid), bei antihormoneller Behandlung oder nach Gabe von Filgrastim (G-CSF) im Zuge einer Hochdosistherapie. Eine avaskuläre Nekrose des Kieferknochens kann nach längerer (> 2 Jahre) Gabe von Bisphosphonaten auftreten (Frequenz: 2–3 %) [23, 33].

Sterilität/Infertilität: Insbesondere nach Chemotherapie werden in Abhängigkeit vom applizierten Schema und dem Alter des Patienten Störungen der Fertilität in unterschiedlicher Frequenz beobachtet. Die Rekonstitution einer Azoospermie bei Männern bzw. Amenorrhoe bei Frauen hängt von Art und Dosis der verabfolgten Medikamente ab.

Hörstörungen, Störungen des Gleichgewichtssinns: Können nach intensiver Chemotherapie mit Platinderivaten, nach hochdosierter Gabe von Furosemid oder anderer ototoxischer Medikamente (z. B. antibiotische Behandlung durch Aminoglykoside) auftreten. Auch eine Schädelbestrahlung mit mehr als 30 Gy kann kleine Gefäße in Mitleidenschaft ziehen und entsprechende Störungen auslösen. Objektivierung: klinische Untersuchung, Audiometrie, Elektronystagmographie.

Trockene Schleimhäute (Sicca-Syndrom): Trockene Augen, trockener Mund nach Bestrahlung von Halslymphknoten, trockener Genitalbereich bei Frauen nach Beckenbestrahlung. Erhöhte Gefährdung für Virus- und Pilzinfektionen. Objektivierung: klinische Untersuchung.

Bewegungsstörungen: Können Ausdruck eines ZNS-Befalls durch Tumorzellen sein oder nach Bestrahlung des Zentralnervensystems, der Wirbelsäule oder des Rückenmarkkanals auftreten. Ursächlich kommen z. B. eine Rückenmarkschädigung/Myelitis oder eine Schädigung von Wirbelkörpern in Betracht. Objektivierung: klinische Untersuchung.

Psychische Veränderungen: Kognitive Defizite (Konzentrations-/Merkfähigkeitsstörungen) zeigen sich nach intensiver Chemotherapie, insbesondere mit Cytosinarabinosid, BCNU und Cisplatin (»Chemobrain«) [5, 24] und/oder Bestrahlung (insbesondere Schädelbestrahlung). Objektivierung: klinische Untersuchung, d2-Test [2].

Eine erhebliche psychische Belastung resultiert aus dem Erleben einer lebensbedrohlichen Erkrankung und deren intensiver Behandlung mit ggf. zur Infektionsprophylaxe notwendiger Isolierung, dem Erleben der völligen Abhängigkeit von Helfern sowie dem (zeitweisen) Verlust der sozialen Rollen. In gesteigerter Form kann es zur Manifestation von psychischen Störungen (reaktive Depression, Angststörungen, Anpassungsstörung) kommen. Objektivierung: Exploration durch psychiatrisch-psychotherapeutisches Konsil. Testung der Belastungen durch spezifisches psychologisches Testinstrument (PHQ, HADS, EORTC QLQ-C30) [17, 32, 33].

Zweitneoplasie: Nach intensiver Chemotherapie ist das Risiko eines Zweitmalignoms erhöht, insbesondere wenn parallel eine Bestrahlung durchgeführt wurde (kumulatives Risiko 3 % nach 10 Jahren, 15–20 % nach 15 Jahren). Bei sekundärer akuter myeloischer Leukämie (▶ Kap. 9.3.3) scheint ein Zusammenhang mit der zytostatischen Chemotherapie, besonders der Verwendung von Alkylantien und Topoisomerase II-Hemmern zu bestehen, während sich sekundäre solide Tumoren, z. B. Mammakarzinome, häufig im Bereich früherer Bestrahlungsfelder manifestieren. Das Risiko einer Zweitneoplasie ist deutlich erhöht, wenn die Primärbehandlung im Kindesalter erfolgte.

10.7 Begutachtungskriterien, Zielkriterien

Als Begutachtungskriterien werden aus der Tumorerkrankung resultierende Beeinträchtigungen und Funktionsstörungen herangezogen, unter Berücksichtigung der nachfolgenden Aspekte:

- Körperliche und mentale Leistungsfähigkeit
- Krankheitsaktivität/Remissionsstatus
- Notwendigkeit einer medikamentösen Dauerbehandlung mit potentiellen Nebenwirkungen
- Rezidiv- bzw. Progressionswahrscheinlichkeit
- Zeitdauer bis zum Eintreten der Progression
- Komorbiditäten

10.8 Sozialmedizinische Beurteilung

Die sozialmedizinische Beurteilung ist individuell auf die Besonderheiten des Patienten auszurichten. Komorbiditäten sind entsprechend zu berücksichtigen. Bei der Feststellung des Leistungsvermögens ist unbedingt darauf zu achten, dass die Begutachtung in ausreichendem zeitlichen Abstand zur durchgeführten Akuttherapie erfolgt und zwar dann, wenn die Rekonvaleszenz des Patienten als abgeschlossen betrachtet werden kann (Faustregel: Dauer der Therapie = Dauer der Rekonvaleszenz). Viele unmittelbar in Zusammenhang mit der Therapie auftretende Beeinträchtigungen wie physische und psychische Erschöpfung, Gewichtsabnahme, Infektanfälligkeit etc. sind dann kompensiert, so dass erforderliche Untersuchungen zur körperlichen Leistungsfähigkeit (z. B. Ergometrie) durchgeführt werden können und überhaupt erst sinnvoll sind. Nach einer Anschlussrehabilitation sollte sich, insbesondere wenn noch eine adjuvante Chemotherapie fortgeführt werden muss, die sozialmedizinische Beurteilung am wahrscheinlichsten zukünftigen Verlauf (ca. 9–18 Monate prospektiv) orientieren. Wichtig hierfür ist die prognostische Einschätzung der Erkrankung, für die folgende Aspekte von Bedeutung sind:

- Tumorentität
- Tumorgröße: kleiner bis mittelgroßer Tumor (Stadium T1–T3) ohne Infiltration umgebender Strukturen; großer Tumor (T4) mit Infiltration umgebender Strukturen
- Resektionsstatus: komplette Entfernung des Tumors = R0-Resektion; Verbleiben mikroskopischer oder

makroskopisch sichtbarer Tumorreste = R1-/R2-Resektion.

- Lymphknotenstatus (kein Nachweis von Tumorzellen in Lymphknoten = N0-Situation; Nachweis von Tumorzellen in Lymphknoten = N1-/N2-Situation)
- keine Fernmetastasen (M0) versus Fernmetastasen (M1). Fernmetastasen können ein- oder zweizeitig operativ entfernt werden, sofern technisch möglich
- Krankheitsaktivität/Remissionsstatus: Tumoraktivität nicht vorhanden bzw. vorhanden, erkennbar an Rezidiv/Progression der Erkrankung

Große Tumoren im Stadium T4 mit Infiltration umgebender Strukturen (z. B. Mammakarzinom mit Befall von Haut und/oder Brustmuskel, Kolonkarzinom mit Befall des Bauchfells) sind ähnlich zu bewerten wie nach Operation verbliebene Tumorreste (R1-/R2-Resektion). Bei T4-Tumor, R1-/R2-Resektion, N1-, N2- bzw. M1-Situation schließt sich an die Operation häufig noch eine Bestrahlung oder systemische antineoplastische Behandlung an, was insgesamt zu einer Verzögerung des Behandlungsverlaufs und der Rekonvaleszenz führt. Sind bei der Primärdiagnose Fernmetastasen vorhanden, so liegt ein fortgeschrittenes Erkrankungsstadium vor. Dies bedeutet jedoch nicht zwingend, dass ein dauerhaft aufgehobenes Leistungsvermögen anzunehmen ist. Ein Beispiel dafür sind ausgedehnt metastasierte Hodenkarzinome, die auch im weit fortgeschrittenen Stadium noch kurativ behandelbar sind. Bei den meisten Tumorentitäten ist jedoch in diesem Stadium davon auszugehen, dass eine Rückkehr in den Beruf nicht sehr wahrscheinlich ist.

Die Tumorentität spielt folglich bei der Einschätzung der Prognose eine wesentliche Rolle, ebenso die Beurteilung der Krankheitsdynamik resp. -aktivität (klinischer Verlauf, Größenänderung der Metastasen in der bildgebenden Diagnostik im Zeitverlauf). Orientierende allgemeine Anhaltspunkte sind ◘ Tab. 10.4, ◘ Tab. 10.5 und ◘ Tab. 10.6 zu entnehmen. Die beim initialen Staging erarbeiteten somatischen Befunde (◘ Tab. 10.4, Gruppen 1–3) sowie der Remissionsstatus (Rezidiv bzw. Progression ja oder nein) korrelieren zur sozialmedizinischen Prognose in Abhängigkeit vom funktionalen Status nach Rehabilitation (◘ Tab. 10.5, Behinderungsbild, Gruppen A–C).

Gruppe 1 entspricht hierbei den Patienten, die ausreichend früh diagnostiziert werden konnten und bei denen die Primärbehandlung durch ein lokales Behandlungsverfahren (Operation und/oder Bestrahlung) innerhalb kurzer Zeit erfolgreich abgeschlossen werden konnte (Patienten sind potentiell geheilt). Diese Patientengruppe profitiert ausgesprochen gut von einer nachfolgenden medizinischen Rehabilitation.

Gruppe 2 sind jene Patienten, bei denen zwar der Tumor komplett entfernt werden konnte, jedoch durch

◘ Tab. 10.4 Sozialmedizinische Beurteilung bei Krebserkrankung: Somatische Befunde

	Gruppe 1	Gruppe 2	Gruppe 3
Tumorgröße	kleiner bis mittelgroßer Tumor (T1–T3)	kleiner bis mittelgroßer Tumor (T1–T3)	kleiner bis mittelgroßer Tumor (T1–T3) *oder* großer Tumor mit Infiltration umgebender Strukturen (T4)
Histopathologischer Resektionsstatus	Lokalbefund potentiell kurativ behandelt (R0)	Lokalbefund potentiell kurativ behandelt (R0)	Lokalbefund nicht kurativ behandelt (R1–R2)
Lymphknotenstatus	keine Lymphknotenmetastasen (N0)	Lymphknotenmetastasen (N1–3)	keine Lymphknotenmetastasen (N0) *oder* Lymphknotenmetastasen (N1–3)
Fernmetastasen	keine Fernmetastasen (M0)	keine Fernmetastasen (M0)	keine Fernmetastasen (M0) *oder* Fernmetastasen (M1)
Rezidiv/Progression	kein Rezidiv/keine Progression	kein Rezidiv/keine Progression	kein Rezidiv/keine Progression *oder* Rezidiv/Progression

◘ Tab. 10.5 Sozialmedizinische Beurteilung bei Krebserkrankung: Funktionaler Status nach Rehabilitation bzw. zum Zeitpunkt der Begutachtung

	Gruppe A	Gruppe B	Gruppe C
Beeinträchtigungen und Funktionsstörungen	Körperliche und/oder seelische Beeinträchtigungen beseitigt oder voll kompensiert	Körperliche und/oder seelische Beeinträchtigungen vorhanden, aber kompensierbar	Körperliche und/oder seelische Beeinträchtigungen vorhanden, nicht kompensierbar

◘ Tab. 10.6 Sozialmedizinische Beurteilung der Leistungsfähigkeit bei Krebserkrankung: Orientierende Bewertung von Befundkonstellationen

Befundkonstellation	1A, 1B 2A 3A	1C 2B, 2C 3B, 3C	1C 2C 3C
	↓	↓	↓
Sozialmedizinische Beurteilung	6 Stunden und mehr pro Tag für die letzte berufliche Tätigkeit oder andere Tätigkeiten	6 Stunden und mehr pro Tag bzw. 3 bis unter 6 Stunden pro Tag für die letzte berufliche Tätigkeit, ggf. auch für andere Tätigkeiten	< 3 Stunden pro Tag für die letzte berufliche Tätigkeit, ggf. auch für andere Tätigkeiten
Einschränkungen	Verteilung nach Schädigungsmuster		

Lymphknotenbefall eine erhöhte Wahrscheinlichkeit für das Verbleiben maligner Zellen im Körper gegeben ist. Daher wird zusätzlich zum lokalen Behandlungsverfahren (Operation und/oder Bestrahlung) häufig eine systemische antineoplastische Therapie (z. B. antihormonelle Therapie, Chemotherapie, Radioimmuntherapie, Radiojodtherapie) durchgeführt. Diese verzögert den Behandlungsablauf und letztlich die Wiedereingliederung in den Beruf. Für diese Patientengruppe ist eine onkologische Rehabilitation meist ebenfalls sinnvoll.

Gruppe 3 sind Patienten mit fortgeschrittener Erkrankung. Bei gutem bis sehr gutem Allgemeinzustand bzw. jüngeren Patienten (< 65 Jahren) kann eine intensive multimodale Therapie (Operation und/oder Bestrahlung und/oder systemische antineoplastische Therapie) durchgeführt werden. Eine Heilung lässt sich jedoch hierdurch nur im Ausnahmefall erreichen. Durch die intensive Behandlung ist die Rekonvaleszenz deutlich verzögert, eine Wiedereingliederung in den Beruf fraglich, häufig nicht oder nicht auf Dauer möglich. Bei schlechtem Allgemeinzustand bzw. älteren Patienten (> 70 Jahren) wird der Schwerpunkt der Behandlung auf der Linderung von Beschwerden liegen (palliative Therapie). Eine onkologische Rehabilitation kann für diese Patienten sinnvoll sein, sofern Rehabilitationsfähigkeit besteht.

Erneute Krankheitsaktivität (Rezidiv, Progression) verschlechtert die Gesamtsituation: Ein Rezidiv wird analog Gruppe 3 bewertet. Je früher nach dem Ende der

Primärbehandlung ein Rezidiv auftritt (insbesondere innerhalb der ersten zwei Jahre), desto aggressiver ist die Erkrankung und umso ungünstiger ist die Prognose einzuschätzen. Tritt nach erfolgreicher Rezidivbehandlung erneut ein (zweites) Rezidiv auf, so ist die Lebenserwartung zumeist auf wenige Monate, in günstigen Fällen auf 1–2 Jahre beschränkt. Eine berufliche Wiedereingliederung nach Rezidivbehandlung ist möglich, aber häufig nur von kurzer Dauer. Bei einem zweiten Rezidiv liegt meist ein Leistungsvermögen von unter 3 Stunden für jede Tätigkeit vor (zur sozialmedizinischen Beurteilung der verschiedenen Fallkonstellationen vgl. ◻ Tab. 10.6).

Die Befundkonstellation 3A ist selten. Die allgemeinen Fortschritte auf dem Gebiet der Krebsbehandlung haben dazu geführt, dass auch Patienten mit ungünstigem Tumorstadium (Gruppe 3) bei gutem Leistungsvermögen (wenig Beeinträchtigungen) dennoch mittelfristig in den Arbeitsprozess wieder eingegliedert werden können. Dies ist jedoch nicht immer sofort möglich. Ob der Patient bzw. die Patientin während der Zeit der Rekonvaleszenz arbeitsunfähig bleibt (finanzielle Absicherung durch Krankengeldbezug) oder eine befristete Erwerbsminderungsrente erhält, wird man von der voraussichtlichen Dauer der Rekonvaleszenz und dem bisherigen Verlauf abhängig machen.

Die Befundkonstellation 1C ist ebenfalls selten, kommt jedoch u.a bei ausgeprägter psychischer Komorbidität vor. Bestätigt sich bei Konstellation 1C nach Ablauf der ersten Zeitrente die positive somatische Einschätzung (der Patient ist also weiterhin potentiell geheilt), die psychische Komorbidität besteht aber weiterhin, muss möglicherweise erneut eine zeitlich befristete Leistungsminderung festgestellt werden. In diesem Fall ist ergänzend ein psychiatrisches Zusatzgutachten notwendig.

10.8.1 Medizinische Rehabilitation

Eine medizinische Rehabilitation ist indiziert nach Operation, Bestrahlung oder systemischer antineoplastischer Therapie einer malignen Erkrankung unter der Voraussetzung, dass Funktionseinschränkungen körperlicher oder seelischer Art vorliegen.

10.8.2 Teilhabe am Arbeitsleben

Die im Rahmen einer Krebserkrankung oder -therapie auftretenden Funktionsstörungen können Leistungseinschränkungen im Beruf zur Folge haben. In Abhängigkeit vom Ausmaß der bestehenden Störungen sind u.U. Umstrukturierungen eines vorhandenen Arbeitsplatzes erfor-

derlich. Hier können Leistungen zur Teilhabe am Arbeitsleben (vgl. ▶ Kap. 1.1) sinnvoll sein.

Exkurs: Dauertherapie mit Opioiden

Eine Dauertherapie mit Opioiden steht in der Regel einer Berufstätigkeit nicht entgegen. Es können aber mentale Einschränkungen resultieren, die der Ausübung bestimmter Tätigkeiten (z.B. mit hohen Anforderungen an Konzentration und Aufmerksamkeit) entgegenstehen. Die Fahrtüchtigkeit ist unter Opiatbehandlung ebenfalls nicht grundsätzlich eingeschränkt, sofern der Therapieverlauf stabil und der Allgemeinzustand des Patienten gut ist. Die Fahrtüchtigkeit ist aufgehoben in der Einstellungsphase eines Opioids, bei Dosiskorrekturen (Erhöhung, Reduktion) oder bei Wechsel des Opioids. Ausgeschlossen sind unter Opiattherapie Schicht- oder Nachtarbeit sowie die Tätigkeit als Berufskraftfahrer.

10.8.3 Erwerbsminderung

Der Einsatz neuer antineoplastischer Medikamente und immunologischer Strategien hat wesentlichen Einfluss auf die Krankheitsverläufe von Krebspatienten genommen. Dennoch handelt es sich bei einer Krebserkrankung um eine potentiell tödliche Krankheit. In vielen Fällen liegt – je nach Tumorstadium und Ausprägung vorhandener Funktionsstörungen – eine Minderung der Erwerbsfähigkeit vor.

Von einer Erwerbsminderung auf Dauer kann ausgegangen werden, wenn aus ärztlicher Sicht eine dauerhafte Besserung unwahrscheinlich ist. Das dürfte bei sehr weit fortgeschrittenen Krebsleiden, bei denen alle Behandlungsoptionen ausgeschöpft sind, der Fall sein.

Bei den meisten neu aufgetretenen und behandelten Krebserkrankungen besteht jedoch keine Klarheit über den Krankheitsverlauf. Es ist – sofern das Leistungsvermögen aufgehoben ist – von einer zeitlich befristeten Leistungsminderung auszugehen.

Literatur

1   Beelte AK, Pritzkuleit R, Katalinic A: Lungenkrebsinzidenz und -mortalität – aktuelle Trends und Hochrechnungen aus dem Krebsregister Schleswig-Holstein. Dtsch Med Wochenschr 133(28–29): 1487–1492, 2008

2   Berg D, Erlwein M: Gute Resultate im Aufmerksamkeits-Belastungs-Test (Test d2) nur aufgrund hoher Konzentrationsfähigkeit? Psychologie in Erziehung und Unterricht 38: 59–62, 1991.

3   Bhatia S, Robison LL, Oberlin O, Greenberg M, Bunin G, Fossati-Bellani F, Meadows AT: Breast cancer and other second neoplasms after childhood Hodgkin's disease. N Engl J Med 334(12): 745–751, 1996

4   Culy CR, Clemett D, Wiseman LR: Oxaliplatin. A review of its pharmacological properties and clinical efficacy in metastatic

colorectal cancer and its potential in other malignancies. Drugs 60(4): 895–924, 2000

5   Dietrich J, Han R, Yang Y, Mayer-Proschel M, Noble M: CNS progenitor cells and oligodendrocytes are targets of chemotherapeutic agents in vitro and in vivo. J Biol 5(7): 22, 2006

6   Dreyling M, ed. Epidemiologie maligner Lymphome. 11–2004 ed. Lymphome: Neue Erkenntnisse und Therapiestrategien, ed. W. Hiddemann, M. Dreyling, und H. Stein. 2004, Thieme Verlag: Stuttgart. 220

7   Eckel F, Schmelz R, Adelsberger H, Erdmann J, Quasthoff S, Lersch C: Prophylaxe der Oxaliplatin-induzierten Neuropathie mit Carbamazepin. Eine Pilotstudie. Dtsch Med Wochenschr 127(3): 78–82, 2002

8   Garbe C, Leiter U: Melanoma epidemiology and trends. Clin Dermatol 27(1): 3–9, 2009

9   Garbe C, Orfanos CE: Epidemiologie des malignen Melanoms in der Bundesrepublik Deutschland im internationalen Vergleich. Onkologie 12(6): 253–262, 1989

10 Hilkens PH, ven den Bent MJ: Chemotherapy-induced peripheral neuropathy. J Peripher Nerv Syst 2(4): 350–361, 1997

11 Jean-Pierre P, Figueroa-Moseley CD, Kohli S, Fiscella K, Palesh OG, Morrow GR: Assessment of cancer-related fatigue: implications for clinical diagnosis and treatment. Oncologist 12 Suppl 1: 11–21, 2007

12 Jocham HR, Dassen T, Widdershoven G, Halfens RJ: Quality-of-life assessment in a palliative care setting in Germany: An outcome evaluation. Int J Palliat Nurs 15(7): 338–345, 2009

13 Katalinic A: Sinkende Mortalität bei steigender Inzidenz beim Mammakarzinom. Geburtshilfe und Frauenheilkunde 69: 237–239, 2009

14 Kendel F, Wirtz M, Dunkel A, Lehmkuhl E, Hetzer R, Regitz-Zagrosek V: Screening for depression: Rasch analysis of the dimensional structure of the PHQ-9 and the HADS-D. J Affect Disord: 2009.

15 Knöpnadel J, Altenhofen L, Brenner G: Epidemiologie und gesundheitsökonomische Bedeutung des Darmkrebses in Deutschland. Internist 44(3): 268–274, 276–267, 2003

16 Kraywinkel K, Lehnert M, Semjonow A, Hense HW: Aktuelle Daten zur Epidemiologie des Prostatakarzinoms : Ergebnisse aus dem Regierungsbezirk Münster. Urologe 47(7): 853–859, 2008

17 Kruger A, Wojnowski L: Kardiotoxizität von Anthrazyklinen – ein ungelöstes Problem. Dtsch Arztebl 103(37): A-2393/B-2077/C-1998, 2006.

18 Kuhnt S, Ernst J, Singer S, Ruffer JU, Kortmann RD, Stolzenburg JU, Schwarz R: Fatigue in cancer survivors – prevalence and correlates. Onkologie 32(6): 312–317, 2009

19 Launay-Vacher V, Rey JB, Isnard-Bagnis C, Deray G, Daouphars M, European Society of Clinical Pharmacy Special Interest Group on Cancer C: Prevention of cisplatin nephrotoxicity: state of the art and recommendations from the European Society of Clinical Pharmacy Special Interest Group on Cancer Care. Cancer Chemother Pharmacol 61(6): 903–909, 2008

20 Lipman AJ, Lawrence DP: The management of fatigue in cancer patients. Oncology (Williston Park) 18(12): 1527–1535; discussion 1536–1528, 2004

21 Miller AB, Hoogstraten B, Staquet M, Winkler A: Reporting results of cancer treatment. Cancer 47(1): 207–214, 1981

22 Minton O, Stone P: A systematic review of the scales used for the measurement of cancer-related fatigue (CRF). Ann Oncol 20(1): 17–25, 2009

23 Pazianas M, Miller P, Blumentals WA, Bernal M, Kothawala P: A review of the literature on osteonecrosis of the jaw in patients with osteoporosis treated with oral bisphosphonates: prevalence, risk factors, and clinical characteristics. Clin Ther 29(8): 1548–1558, 2007

24 Penitzka S, Steinvorth S, Sehlleier S, Fuss M, Wannenmacher M, Wenz F: Erfassung kognitiver Funktionen nach prophylaktischer und therapeutischer Ganzhirnbestrahlung mittels neuropsychologischer Testverfahren. Strahlenther Onkol 178(5): 252–258, 2002.

25 Pottek TS, Hartmann M, Bokemeyer C: Nachsorge und Spättoxizitäten bei Hodentumoren. Dtsch Arztebl 102(48): A-3342/B-2823/C-2642, 2005

26 Rao AV, Cohen HJ: Fatigue in older cancer patients: etiology, assessment, and treatment. Semin Oncol 35(6): 633–642, 2008

27 Reiners C, Geling M, Luster M, Farahati J, Mäder U: Epidemiologie des Schilddrüsenkarzinoms. Onkologe 11(1): 11–19, 2005

28 Robert-Koch-Institut, Deutschland GEKID: Krebs in Deutschland 2005–2006. Häufigkeiten und Trends. Gesundheitsberichterstattung des Bundes. 7. überarbeitete Auflage 2010

29 Saif MW, Shah MM, Shah AR: Fluoropyrimidine-associated cardiotoxicity: revisited. Expert Opin Drug Saf 8(2): 191–202, 2009

30 Schmoll H, Höffken K, Possinger K, (Hrsg.). Kompendium Internistische Onkologie. 4. Auflage 2005, Springer-Verlag: Berlin

31 Stone PC, Minton O: Cancer-related fatigue. Eur J Cancer 44(8): 1097–1104, 2008

32 Therasse P, Arbuck SG, Eisenhauer EA, Wanders J, Kaplan RS, Rubinstein L, Verweij J, Van Glabbeke M, van Oosterom AT, Christian MC, Gwyther SG: New guidelines to evaluate the response to treatment in solid tumors. European Organization for Research and Treatment of Cancer, National Cancer Institute of the United States, National Cancer Institute of Canada. J Natl Cancer Inst 92(3): 205–216, 2000

33 Van Poznak C, Estilo C: Osteonecrosis of the jaw in cancer patients receiving IV bisphosphonates. Oncology (Williston Park) 20(9): 1053–1062; discussion 1065–1056, 2006

34 Verstappen CC, Heimans JJ, Hoekman K, Postma TJ: Neurotoxic complications of chemotherapy in patients with cancer: clinical signs and optimal management. Drugs 63(15): 1549–1563, 2003

Weiterführende Literatur

Deutsche Rentenversicherung: Leitlinien für die sozialmedizinische Begutachtung – Rehabilitationsbedürftigkeit bei onkologischen Erkrankungen. Deutsche Rentenversicherung Bund (Hrsg.). Berlin, Januar 2011. www. deutsche-rentenversicherung.de

Deutsche Rentenversicherung: Leitlinien für die sozialmedizinische Begutachtung – Sozialmedizinische Beurteilung bei Mammakarzinom. Deutsche Rentenversicherung Bund (Hrsg.). Berlin, Januar 2011. www. deutsche-rentenversicherung.de

HIV-Infektion und AIDS

Christian Hoffmann, Klaus-Dieter Kolenda

11.1   Allgemeines

Die Infektion mit dem weltweit verbreiteten Humanen Immunschwäche(HI)-Virus (Subtyp 1 oder 2) führt beim Menschen in der Folge zur Zerstörung des Immunsystems, begleitet von lebensbedrohlichen typischen opportunistischen Infektionen und Malignomen.

Das HI-Virus ist ein Retrovirus, zu dessen wesentlichen Zielzellen CD4-Rezeptor-positive T-Lymphozyten zählen. Allerdings werden auch Makrophagen, Monozyten und Nervenzellen befallen. Die HIV-Infektion wird durch einen positiven ELISA-Test diagnostiziert, der stets mit einem Western-Blot-Bestätigungstest verifiziert werden muss. Nach Infektion mit dem Virus kann es bis zu sechs Monate dauern, bis eine Serokonversion eintritt und der HIV-Test positiv wird.

Im Anschluss an die akute Infektion beginnt meist eine längere Phase klinischer Latenz. Die Dauer dieser Phase, in der die Betroffenen körperlich gar nicht oder kaum beeinträchtigt sind, kann sehr variieren, wofür wahrscheinlich in erster Linie Wirtsfaktoren wie genetische Polymorphismen verantwortlich sind. Der Infektionsmodus scheint hingegen keinen wesentlichen Einfluss auf den Verlauf der Infektion zu haben. In mindestens der Hälfte der Fälle geht mit der akuten Infektion ein mehrwöchiges Krankheitsbild einher, das oft mit einem Pfeifferschen Drüsenfieber verwechselt wird. Gelegentlich finden sich bereits in diesem Stadium schwere Komplikationen wie HIV-Pneumonien oder HIV-Enzephalitiden.

Im weiteren Verlauf der Erkrankung ist meist ein über Jahre allmählich fortschreitender CD4-Zellzahlabfall zu beobachten. Mit zunehmendem CD4-Zellverlust kommt es zunächst zu leichteren Infektionen wie zum Beispiel Mundsoor, oraler Haar-Leukoplakie oder Herpes zoster. In dieser Phase, in der die CD4-Zellen meist zwischen 200-500/µl liegen, bestehen oft erste allgemeine Symptome wie Nachtschweiß, Abgeschlagenheit und vermehrte Müdigkeit. Die körperliche Leistungsfähigkeit kann gemindert sein. Fast alle schweren opportunistischen Infektionen und AIDS-Komplikationen treten erst ab CD4-Zellen unterhalb von 100-200/µl auf. Die Krankheitsverläufe variieren stark: AIDS-definierende Erkrankungen können mit einer Latenz von 3 bis 5 Jahren nach Exposition auftreten. Im Mittel sind sie ohne antiretrovirale Therapie nach etwa 6-12 Jahren zu erwarten.

Die wichtigsten Erkrankungen werden unter dem Begriff AIDS (Acquired Immune Deficiency Syndrom) zusammengefasst (vgl. ◘ Tab. 11.1). An AIDS erkrankt zu sein bedeutet dabei, mindestens eine AIDS-definierende Erkrankung erlitten zu haben.

Mit der Einführung der antiretroviralen Kombinationstherapien, für die sich auch im deutschsprachigen Raum die englische Abkürzung HAART (highly active antiretroviral therapy) durchgesetzt hat, ist es in den westlichen Industrienationen zu einem dramatischen Rückgang sämtlicher AIDS-definierender Erkrankungen gekommen. In Europa hat sich die AIDS-Inzidenz zwischen 1994 und 1998 auf weniger als ein Zehntel reduziert. Erkrankungen wie die CMV-Retinitis oder atypische Mykobakteriosen sind inzwischen fast Raritäten. HAART hat nicht nur die Inzidenzen gesenkt, sondern besitzt auch einen immensen Einfluss auf den Verlauf AIDS-definierender Erkrankungen. Bestimmte Infektionen, für die noch immer keine spezifischen Therapien existieren, können unter HAART ausheilen oder zumindest einen deutlich prolongierten Verlauf nehmen. Zahlreiche Prophylaxen oder Erhaltungstherapien können bei ausreichender Immunrekonstitution gefahrlos abgesetzt werden. Den Erfolgen von HAART stehen allerdings auch Probleme gegenüber. Unerwünschte Wirkungen, Multidrug-Resistenzen und Compliance-Aspekte treten immer mehr in den Vordergrund und gewinnen somit auch an sozialmedizinischer Relevanz.

11.1.1 Sozialmedizinische Bedeutung

Derzeit sind weltweit etwa 33 Millionen Menschen mit HIV infiziert, in Deutschland waren es im Jahr 2008 nach Schätzungen des Robert-Koch-Instituts (RKI) ca. 63.500 Menschen, davon 11.700 Frauen. Es wird von einer jährlichen – seit Jahren wieder leicht ansteigenden – Neuinfektionsrate von 2.000–3.000 Personen ausgegangen. Die Zahl der bisher manifest an AIDS erkrankten Personen beträgt ca. 10.500. Die wesentlichen Übertragungswege in Deutschland waren neben homosexuellen Kontakten (41 %), heterosexuelle Kontakte (12 %) und Spritzentausch bei intravenösem Drogenkonsum (9 %). Migranten aus Hochprävalenzgebieten, vor allem aus Afrika, stellen inzwischen bei den Neuinfektionen die zweitgrößte Gruppe (14 %) dar. Übertragungen durch Blutprodukte oder die Mutter-Kind-Transmission spielen dagegen nur noch eine untergeordnete Rolle. HIV-Infektionen durch akzidentelle Verletzungen sind ebenfalls sehr selten. Dieses liegt an der Verfügbarkeit einer antiretroviralen Postexpositionsprophylaxe und dem insgesamt niedrigen Infektionsrisiko.

11.1.2 Klassifikationen und Stadieneinteilung

Als Stadien-Einteilung hat sich die CDC(Center of Disease Control and Prevention)-/WHO-Klassifikation von 1993 durchgesetzt (siehe ◘ Tab. 11.1 und ◘ Tab. 11.2). Sie berücksichtigt sowohl klinische Befunde als auch Laborparameter und erlaubt eine grobe Einschätzung der indi-

◘ Tab. 11.1 Klinische Kategorien der HIV-Infektion nach der CDC-Klassifikation

Kategorie A Asymptomatische HIV-Infektion	Kategorie C AIDS-definierende Erkrankungen

Kategorie A
Asymptomatische HIV-Infektion

- Akute, symptomatische (primäre) HIV-Infektion
- Persistierende generalisierte Lymphadenopathie

Kategorie B
Krankheitssymptome oder Erkrankungen, die nicht in die Kategorie C fallen, dennoch aber der HIV-Infektion ursächlich zuzuordnen sind oder auf eine Störung der zellulären Immunabwehr hinweisen. Hierzu zählen:

- Bazilläre Angiomatose
- Entzündungen des kleinen Beckens, besonders bei Komplikationen eines Tuben- oder Ovarialabszesses
- Herpes zoster bei Befall mehrerer Dermatome oder nach Rezidiven in einem Dermatom
- Idiopathische thrombozytopene Purpura
- Konstitutionelle Symptome wie Fieber über 38,5 Grad Celsius oder eine > 1 Monat bestehende Diarrhoe
- Listeriose
- Orale Haarleukoplakie
- Oropharyngeale Candidose
- Vulvovaginale Candidose, die entweder chronisch (> 1 Monat) oder nur schlecht therapierbar ist
- Zervikale Dysplasien oder Carcinoma in situ
- Periphere Neuropathie

Kategorie C
AIDS-definierende Erkrankungen

- Candidose von Bronchien, Trachea oder Lungen
- Candidose, ösophageal
- CMV-Infektionen (außer Leber, Milz, Lymphknoten)
- CMV-Retinitis (mit Visusverlust)
- Enzephalopathie, HIV-bedingt
- Herpes simplex-Infektionen: chronische Ulzera (> 1 Monat bestehend) oder Bronchitis, Pneumonie, Ösophagitis
- Histoplasmose, disseminiert oder extrapulmonal
- Isosporiasis, chronisch, intestinal, > 1 Monat bestehend
- KAPOSI-Sarkom
- Kokzidiomykose, disseminiert oder extrapulmonal
- Kryptokokkose, extrapulmonal
- Kryptosporidiose, chronisch, intestinal, > 1 Monat bestehend
- Lymphom, BURKITT
- Lymphom, immunoblastisch
- Lymphom, primär zerebral
- Mycobacterium avium complex oder M. kansasii, disseminiert oder extrapulmonal
- Mycobacterium, andere oder nicht identifizierte Spezies disseminiert oder extrapulmonal
- Pneumocystis Pneumonie
- Pneumonien, bakteriell rezidivierend (> 2 innerhalb eines Jahres)
- Progressive multifokale Leukenzephalopathie
- Salmonellen-Septikämie, rezidivierend
- Tuberkulose
- Toxoplasmose, zerebral
- Wasting-Syndrom
- Zervix-Karzinom, invasiv

◘ Tab. 11.2 Laborkategorien der HIV-Infektion nach der CDC-Klassifikation

Kategorie 1:	> 500 CD4-Zellen/µl
Kategorie 2:	200 bis 499 CD4-Zellen/µl
Kategorie 3:	< 200 CD4-Zellen/µl

viduellen Situation des HIV-Infizierten sowie des Schweregrads der Erkrankung. Die klinischen Kategorien A, B und C unterscheiden asymptomatische, symptomatische und AIDS-Patienten; die immunologischen Kategorien 1–3 differenzieren CD4-Zellen > 500/µl, 200–499/µl und < 200/µl. Nach einer erstmals getroffenen Zuordnung ist eine Rückstufung nicht möglich (in den USA wird auch eine CD4-Zellzahl unter 200/µl immer als »AIDS« gewertet).

11.2 Therapeutische Möglichkeiten

Zur antiretroviralen Behandlung der HIV-Infektion stehen mittlerweile fünf Wirkstoffklassen zur Verfügung: Nukleosidanaloga (NRTI), Nicht-Nukleosidische-Reverse-Transkriptase-Inhibitoren (NNRTI) und Proteaseinhibitoren (PI). Die erst seit Kurzem zur Verfügung stehenden Entry- und Integrase-Inhibitoren kommen bislang nur bei vorbehandelten Patienten zum Einsatz.

Mit der Anzahl der CD4-Zellen und laborchemisch ermittelter Viruslast (Kopien/ml) stehen zwei Surrogatmarker zur Verfügung, mit deren Hilfe eine gute Einschätzung der immunologischen Situation und der Krankheitsaktivität möglich ist. Darüber hinaus dienen sie neben der klinischen Symptomatik als wichtige Entscheidungshilfen bei der Frage, ob eine antiretrovirale Therapie begonnen werden soll. Der optimale Zeitpunkt für den Therapiebeginn wird allerdings kontrovers diskutiert. Aktuell ist – bedingt durch die effektiveren und besser verträglichen Medikamente – ein Trend zu einem früheren Therapiebeginn zu beobachten. Als Schwellenwert gelten derzeit bei asymptomatischen Patienten 350 CD4-Zellen/µl. Ein früherer Therapiebeginn wird nur bei symptomatischen

Patienten oder bei Patienten mit sehr hoher Viruslast (> 100.000 Kopien/ml) favorisiert.

Für die Primärtherapie besteht Konsens, dass mindestens drei verschiedene Substanzen eingesetzt werden müssen, um die Gefahr der Resistenzbildung zu minimieren. Hierbei werden meistens Regime aus 2 NRTI plus 1 NNRTI oder einem PI verwendet. Bei den meisten Patienten lässt sich die Viruslast so innerhalb weniger Wochen auf Werte unterhalb der Nachweisgrenze, die derzeit bei 50 Kopien/ml liegt, senken. Bei dauerhafter Virussuppression ist meist innerhalb mehrerer Monate eine immunologische Restauration zu beobachten, deren Ausmaß individuell stark variieren kann. Vor allem bei jüngeren Patienten, die über kaum noch nachweisbare CD4-Zellen verfügen, können Anstiege bis hin in Normbereiche zu beobachten sein. Eine vollständige Immunrekonstitution ist jedoch eher selten, und insbesondere bei initial schwerer und länger bestehender Immunschwäche bleibt oft auch nach Jahren intensiver HAART ein partieller Immundefekt bestehen.

Eine eindeutige Überlegenheit einer spezifischen Kombination hat sich bislang nicht gezeigt, so dass sich die Auswahl des Regimes häufig an individuellen Gegebenheiten wie Compliance, Begleiterkrankungen und -medikation, aber auch an den Bedürfnissen des Patienten hinsichtlich Pillenzahl und Einnahmemodalitäten orientiert. Eine Umstellung der Therapie ist bei nicht ausreichender Virussuppression und/oder eines Wiederanstiegs der Plasmavirämie angezeigt, da unter insuffizienter Therapie die Entwicklung von Resistenzen droht. Bei intensiv vorbehandelten Patienten ist mitunter der Einsatz von vier, fünf oder mehr Substanzen notwendig. Durch die Einführung neuer Substanzklassen und PI bzw. NNRTI der zweiten Generation ist die Zahl der Patienten, bei denen sich aufgrund von Multidrug-Resistenzen keine ausreichende Virussuppression mehr erzielen lässt, insgesamt relativ klein.

Angesichts der rasanten Entwicklung der antiretroviralen Therapie sind allgemeingültige prognostische Aussagen bei HIV-Infizierten nur noch schwer zu treffen. Dies gilt auch für AIDS-Patienten. Derzeit wird davon ausgegangen, dass die Lebenserwartung HIV-infizierter Personen ohne Koinfektion mit dem Hepatitis-C-Virus in etwa der von Typ-1-Diabetikern entspricht. Eine Eradikation erscheint mit den aktuell zur Verfügung stehenden Wirkstoffklassen nicht möglich. Neben dem Verlauf von CD4-Zellen und Viruslast spielen mehr und mehr individuelle Faktoren wie die Therapie-Vorgeschichte und die sich aufgrund der Resistenzlage und Begleitumstände ergebende therapeutische Perspektive eine Rolle.

Viele Patienten kontaktieren erst einen Arzt, wenn AIDS-Erkrankungen bereits manifest geworden sind. Durch HAART kann auch hier noch oft eine deutli-

che Immunrekonstitution erreicht und die AIDS-definierende Erkrankung zur Ausheilung gebracht werden. An AIDS erkrankt zu sein, impliziert daher keineswegs zwangsläufig ein dauerhaft aufgehobenes berufliches Leistungsvermögen. Andererseits kann auch trotz des Fehlens einer AIDS-Erkrankung in der Vorgeschichte das berufliche Leistungsvermögen stark gemindert sein. Das ist z. B. möglich bei chronischen Therapiekomplikationen wie zum Beispiel einer Lipodystrophie oder einer schweren Polyneuropathie. Die in den Anfängen der Epidemie bewährten Schemata, die sich strikt am Ausmaß der Immunschwäche und an der unabänderlichen und irreversiblen Progression der Infektion orientierten, reflektieren die individuelle gesundheitliche Situation der Betroffenen nur noch unzureichend. Eine sozialmedizinische Beurteilung orientiert sich von daher nicht nur am aktuellen Beschwerdebild, sondern erfordert genaue Kenntnisse der medizinischen und therapeutischen Vorgeschichte.

11.3   Krankheitsbilder

Im Folgenden werden einige wesentliche Krankheitsbilder beschrieben, die bei der sozialmedizinischen Begutachtung von Relevanz sein können. Unterschieden wird dabei zwischen den klassischen AIDS-definierenden Erkrankungen, deren Relevanz in den letzten Jahren eher abgenommen hat, sowie einigen Nicht-AIDS-definierenden Erkrankungen.

11.3.1 AIDS-definierende Erkrankungen

▪ Pneumocystis-jiroveci Pneumonie (PCP)

Diese schwere, lebensbedrohliche interstitielle Pneumonie ist noch immer eine der häufigsten AIDS-definierenden Erkrankungen. Bei Letalitätsraten von bis zu 90 % in den 80er Jahren erfordert die PCP auch heute fast immer eine mehrwöchige stationäre Behandlung und nicht selten eine maschinelle Beatmung. In der Regel ist von einer langen Arbeitsunfähigkeit und Rekonvaleszenzzeit von 2–4 Monaten auszugehen. Unter Immunrekonstitution sind Rezidive selten. Eine orale – früher lebenslang notwendige – PCP-Prophylaxe ist nur bei fehlendem bzw. nicht ausreichendem Anstieg der CD4-Zellen erforderlich. In der Mehrzahl der Fälle heilt eine PCP heute komplett aus und nur selten bleiben Spätfolgen wie Pneumothoraces zurück. Nach längerer Beatmung kann allerdings eine chronische respiratorische Insuffizienz persistieren.

▪ Zerebrale Toxoplasmose

Sie ist die häufigste opportunistische Infektion des ZNS und führt, je nach Lokalisation der Herde, zu neurologischen Ausfällen wie Paresen, aber auch zu Sensibilitäts-, Sprach-, Koordinations- und Gangstörungen. Ohne Therapie verläuft die zerebrale Toxoplasmose tödlich. Die antiparasitäre Therapie mit Sulfonamiden ist schwierig und muss über mehrere Monate durchgeführt werden. Eine mehrmonatige Arbeitsunfähigkeit ist die Regel. Unter HAART-vermittelter Immunrekonstitution sind jedoch komplette Heilungen möglich und Rezidive sehr viel seltener geworden. Die früher lebenslang erforderlichen Erhaltungstherapien können bei ausreichender Immunrekonstitution sogar abgesetzt werden. Allerdings sind neurologische Residuen bis hin zur Halbseitenlähmung auch heute noch keine Seltenheit. Mitunter bleibt aufgrund von Narbenbildungen eine lebenslang antikonvulsiv zu therapierende Epilepsie bestehen.

■ **Soor-Ösophagitis**

Im Gegensatz zur oropharyngealen Candidose ist die Soor-Ösophagitis AIDS-definierend. Sie ist eine der häufigsten AIDS-Erkrankungen. Fast immer liegt ein schwerer Immundefekt von < 200 CD4-Zellen/μl vor, oft besteht zeitgleich eine andere AIDS-Erkrankung wie zum Beispiel eine PCP. Leitsymptom ist eine Dysphagie mit postprandial retrosternalen Schmerzen, die bei längerem Bestehen zu Gewichtsabnahme führen kann. Unter systemischer antimykotischer Therapie heilt die Soor-Ösophagitis in der Regel innerhalb weniger Wochen aus. Nur bei Resistenzen und fehlender Immunrekonstitution kann sie selten zu einem dauerhaften sozialmedizinischen Problem werden.

■ **Cytomegalievirus(CMV)-Infektion**

Sie sind meist späte Komplikationen der HIV-Infektion. Die CMV-Retinitis tritt nur selten oberhalb von 50 CD4-Zellen/μl auf. Sie ist potentiell visusbedrohend und in der Prä-HAART-Ära erblindeten bis zu 30 % der Patienten. Rezidive waren die Regel, die Überlebenszeiten lagen bei weniger als 12 Monaten. Das berufliche Leistungsvermögen war fast immer aufgehoben. Heute sind narbige Ausheilungen und ein Absetzen der Erhaltungstherapien möglich. Einmal aufgetretene Visusdefekte bleiben jedoch bestehen. Zudem werden auch Neovaskularisationen beschrieben, die trotz nachgewiesener CMV-Ausheilung noch nach mehreren Jahren den Visus progredient beeinträchtigen. Neben Retina können bei CMV-Infektionen auch der Darm mit Colitiden mit schweren, lebensbedrohlichen Durchfällen sowie die Lunge betroffen sein. Gefürchtet ist überdies die CMV-Enzephalitis, die auch trotz adäquater CMV-Therapie und trotz einer HAART-vermittelten Immunrekonstitution oft schwere und dauerhafte kognitive Defizite hinterlässt. In diesen Fällen besteht fast immer ein aufgehobenes berufliches Leistungsvermögen.

■ **KAPOSI-Sarkom (KS)**

Das KS ist der häufigste AIDS-assoziierte Tumor. Er wird durch das humane Herpesvirus HHV-8 verursacht und manifestiert sich meist kutan und/oder mukokutan. Der Verlauf variiert individuell sehr stark. Verläufe von wenigen und über Jahre hinweg stabilen Hautläsionen bis hin zu einem fulminant-progressiven und generalisierten Befall mit viszeraler Beteiligung sind möglich. In der Mehrzahl der Fälle imponieren die Hautveränderungen als soziales und psychisch belastendes Stigma. Das KS kann Lymphödeme verursachen, die sehr schmerzhaft sein und die Gehfähigkeit beeinträchtigen können. Pulmonaler und intestinaler Befall mit Atelektasen, Pneumonien, Pneumothoraces oder Perforationen sind mit einer ungünstigen Prognose behaftet. In diesen Fällen bedarf das KS einer palliativen Therapie mit Interferon oder Chemotherapie. Hier besteht meist ein aufgehobenes berufliches Leistungsvermögen.

■ **Non-HODGKIN-Lymphome (NHL)**

Für HIV-Patienten liegt das relative Risiko für die Entwicklung von Non-HODGKIN-Lymphomen ca. 150-mal höher als in der Normalbevölkerung. Bestimmte Entitäten wie immunoblastische oder primär zerebrale Lymphome sind noch sehr viel häufiger. Ein fortgeschrittenes Stadium mit oft extranodalem Befall ist die Regel. In der HAART-Ära scheint sich die Überlebenszeit, die früher im Median bei unter einem Jahr lag, zu verlängern. Allerdings birgt die Standard-Chemotherapie (CHOP) bei Immunschwäche erhebliche Risiken hinsichtlich infektiöser Komplikationen. Auch sind Rezidive häufig. Allerdings sind bei Erreichen einer Vollremission und einer HAART-vermittelten Immunrekonstitution eine Heilung und damit eine volle Wiederherstellung der beruflichen Leistungsfähigkeit möglich.

■ **Progressive multifokale Leukenzephalopathie (PML)**

Die PML ist eine durch das Polyomavirus JCV verursachte Entmarkungskrankheit des ZNS. Je nach Lokalisation bestehen Sprachstörungen, Paresen und kognitive Defizite bis hin zur Demenz. Eine wirksame spezifische Therapie existiert nicht, die einzige Möglichkeit bleibt die antiretrovirale Therapie bzw. Immunrekonstitution. Früher führte die PML innerhalb von 6 Monaten zum Tod, in letzter Zeit wurden deutlich günstigere Verläufe beschrieben. Allerdings persistieren in der Mehrzahl der Fälle residuelle Syndrome. Es besteht fast immer ein dauerhaft aufgehobenes berufliches Leistungsvermögen.

■ **Tuberkulose und atypische Mykobakteriosen**

Infektionen mit Mykobakterien sind bei HIV ein wichtiges Problem. Als fakultativ opportunistische Infektion tritt die Tuberkulose bei HIV-Patienten oft auch bei noch gutem Immunstatus auf. Sie verläuft bei HIV-Patienten überdurchschnittlich häufig foudroyant und erfordert eine mindestens neunmonatige tuberkulostatische Therapie, die durch komplexe Interaktionen mit HAART oft noch erschwert wird. Eine mehrmonatige Arbeitsunfähigkeit ist die Regel, vor allem bei Lungen-Tuberkulose. Obligat mit einer schweren Immunschwäche (< 50 CD4-Zellen) assoziiert sind atypische Mykobakteriosen bzw. Infektionen mit MAC (Mycobacterium avium complex). Unbehandelt verursachen sie ein TB-ähnliches Krankheitsbild, bei dem Gewichtsabnahme, Schwäche, Fieber und Diarrhoen dominieren. Im HAART-Zeitalter sind jedoch Heilungen und ein Absetzen der früher lebenslangen Erhaltungstherapien möglich.

■ Kryptosporidiose

Immunkompetenten Personen verursachen Kryptosporidien eine passagere Enteritis. Bei starker Immunschwäche geht eine Infektion mit diesen ubiquitären Protozoen mit profusen Diarrhoen einher, die über eine chronische Dehydratation bzw. Elektrolytverlust ein cholera-ähnliches, mitunter letales Krankheitsbild verursachen können. Therapeutische Optionen sind limitiert, die wirkungsvollste Therapie ist HAART. Hier sind Ausheilungen möglich.

■ HIV-Enzephalopathie

Bedingt durch die Neurotropie der HIV-Viren war die HIV-Enzephalopathie in der Prä-HAART-Ära eine sehr häufige Spätkomplikation und betraf 10–15 % der Patienten. Von anderen neurologischen opportunistischen Infektionen unterscheidet sie sich durch einen meist schleichenden Verlauf. Klinisch stehen ein langsam fortschreitender Verlust der kognitiven Fähigkeiten mit Konzentrations- und Gedächtnisstörungen sowie Wesensveränderungen im Vordergrund, die nicht selten in eine Demenz münden. Psychosen, Koordinationsstörungen und fokale neurologische Störungen sind möglich. In der HAART-Ära sind auch hier erstaunliche Besserungen möglich, individuell aber nur schlecht vorhersagbar. Von einem dauerhaft aufgehobenen beruflichen Leistungsvermögen ist in der Mehrzahl der Fälle auszugehen. Ähnliches gilt auch für seltenere neurologische HIV-Komplikationen wie Myelopathie, Polyradikulitis und Polyneuropathie.

■ Kryptokokken-Meningitis

Die durch Cryptococcus neoformans verursachte Kryptokokken-Meningitis kommt nur bei schwerem Immundefekt vor. Auch trotz intensiver antimykotischer Therapie verläuft die Kryptokokkose dabei häufig letal. Allerdings sind in jüngster Zeit auch hier Heilungen beschrieben worden, nachdem nach mehrmonatiger antimykotischer

Therapie unter HAART eine Immunrekonstitution erzielt werden konnte.

■ Wasting-Syndrom

Unter dem klassischen Wasting-Syndrom versteht man eine ungewollte Gewichtsabnahme von mindestens 10 % des ursprünglichen Körpergewichts, die gleichzeitig mit persistierenden Diarrhoen oder Abgeschlagenheit und/oder Fieber ohne erkennbare infektiöse Ursache auftritt. Die Patienten sind meist stark geschwächt, das berufliche Leistungsvermögen ist aufgehoben. Früher sehr häufig, ist das Wasting-Syndrom im HAART-Zeitalter selten geworden. Allerdings bestehen oft fließende Übergänge zum antiretroviral induzierten Lipodystrophie-Syndrom.

11.3.2 Nicht-AIDS-definierende Erkrankungen

Im Verlauf einer HIV-Infektion können neben AIDS-definierenden Erkrankungen eine Reihe anderer Krankheitsbilder und Komplikationen auftreten, die zwar nicht AIDS-definierend sind, jedoch das berufliche Leistungsvermögen trotzdem erheblich beeinträchtigen können. Hierzu zählen zum Beispiel die HIV-assoziierte Kardiomyopathie, pulmonale Hypertonie und Nephropathie. Ebenfalls häufig liegen hämatologische Störungen vor, insbesondere eine infektionsbedingte Anämie sowie eine HIV-assoziierte Thrombozytopenie. Des Weiteren besteht ein enger Zusammenhang mit verschiedenen Dermatosen wie zum Beispiel Follikulitiden, Mollusca contagiosa, Dermatophytosen, seborrhoischen Dermatitiden oder verschiedenen Formen der Psoriasis. Weitere Nicht-AIDS-definierende Erkrankungen, die bei HIV-Patienten eine relevante Rolle spielen, sind der Morbus Hodgkin oder Analkarzinome. Die sozialmedizinische Beurteilung richtet sich nach der individuellen Schwere der Erkrankung. Dies gilt auch für die ebenfalls häufigen Koinfektionen mit Hepatitis B oder Hepatitis C.

Die Erfolge antiretroviraler Therapien sind durch unerwünschte Wirkungen der Langzeittherapie belastet. Zu einem wesentlichen Morbiditätsfaktor hat sich die Lipodystrophie entwickelt, eine 1998 erstmals beschriebene Störung des Fettstoff-Metabolismus. Nukleosidanaloga und Proteasehemmer wirken dabei wahrscheinlich synergistisch. Die Lipodystrophie äußert sich in einer komplexen, individuell variablen Umverteilung des Körperfettes, die meist in den ersten zwei bis drei Jahren unter antiretroviraler Therapie auftritt. Dabei kann es zu einer erheblichen Zunahme des intraabdominalen Fettes mit Vermehrung des Bauchumfanges sowie eine Fettansammlung im Nacken (sog. »Buffalo Hump«) kommen. Bei Frauen ist überdies oft eine massive Vergrößerung der Brüste zu beobachten. Im Gegensatz dazu besteht meistens eine Atrophie des subkutanen Fettgewebes vor allem im Gesicht, im Gesäß und an den Extremitäten. Klinisch wirken die Patienten krank und ausgezehrt. Frauen und Männer sind gleichermaßen betroffen. Die Lipodystrophie kann nicht nur zu erheblichen psychischen Beeinträchtigungen bis hin zur völligen sozialen Isolation führen, sie kann sogar – zum Beispiel bei Fettansammlung im Bauch, Brüsten und Nacken – die körperliche Leistungsfähigkeit und sogar Beweglichkeit erheblich beeinträchtigen. Auch die gastrointestinale Motilität kann gestört sein. Appetitlosigkeit, Übelkeit und Völlegefühl sind die Folgen. Die therapeutischen Optionen der Lipodystrophie sind beschränkt, eine spezifische Therapie existiert nicht. Im Einzelfall sind operative Maßnahmen erforderlich. Meist ist die Lipodystrophie mit einem komplexen metabolischen Syndrom aus Dyslipidämie und Insulinresistenz assoziiert. Obwohl bislang eindeutige Daten fehlen, lassen die Laborveränderungen vieler Patienten für die Zukunft eine Zunahme kardiovaskulärer Komplikationen erwarten.

Häufig besteht bei Menschen mit erworbenem Immunmangelsyndrom eine psychische Komorbidität in Form von Anpassungsstörungen bzw. einer Erschöpfungssymptomatik mit Kopfschmerzen, Abgeschlagenheit, Konzentrationsstörungen, Müdigkeit und vermehrtem Schlafbedürfnis (▶ Kap. 27.3.2).

Sozialmedizinisch bedeutsam kann auch eine periphere Polyneuropathie sein, die sowohl durch das HI-Virus selbst als auch durch antiretrovirale Substanzen verursacht werden kann. Hartnäckige, oft nachts auftretende Dysästhesien vor allem an den Füssen und Händen können die Lebensqualität erheblich einschränken und eine Ausübung bestimmter Berufe erschweren. Weitere Nebenwirkungen der antiretroviralen Therapie, die die Arbeitsfähigkeit und berufliche Leistungsfähigkeit dauerhaft einschränken können, sind Laktatazidosen und rezidivierende Pankreatitiden.

11.4 Spezifische krankheits- bzw. therapiebedingte Beeinträchtigungen nach ICF

Die HIV-Infektion manifestiert sich auf der Ebene von Funktionen und Strukturen des menschlichen Organismus sehr unterschiedlich. Alle Organe können vom HI-Virus betroffen oder durch opportunistische Infektionen in Mitleidenschaft gezogen sein: Die Symptome reichen von allgemeiner körperlicher Schwäche und Abgeschlagenheit, verbunden mit Gewichtsverlust und chronischen Diarrhoen bis hin zu Störungen der Hämatopoese, zum Auftreten von Malignomen und Versagen wichtiger Orga-

ne z. B. infolge Kardiomyopathie, Nephropathie oder respiratorischer Insuffizienz.

Weiterhin können die mentalen Funktionen (Gedächtnis, Denken, höhere kognitive Funktionen) gestört sein, z. B. im Rahmen einer HIV-Enzephalopathie, oder auch die Funktionen des Sehens und des vestibulären Systems, z. B. bei CMV- und Herpes Zoster-Erkrankung und Toxoplasmose. Unter dem Einfluss von Medikamenten kann der Geschmackssinn beeinträchtigt sein. Darüber hinaus können sich Langzeittoxizitäten entwickeln mit erheblichen metabolischen Störungen. Als Begleitsymptome können Depressivität und Angstzustände im Rahmen der Krankheitsverarbeitung auftreten.

Bei Patienten mit einer HIV-Infektion können sich Einschränkungen der Aktivitäten z. B. im Bereich der körperlichen Belastungsfähigkeit (Tragen, Bewegen und Handhaben von Gegenständen, Ausdauer, Selbstversorgung), bei der Fortbewegung (Gehstrecke, Treppensteigen, Bergangehen, Wegefähigkeit), auf dem Gebiet der komplexen Aufgabenbewältigung am Arbeitsplatz (Umgang mit Stress, Zeitdruck, psychischen Anforderungen und Verantwortung) oder im Bereich der Krankheitsbewältigung (fehlende Akzeptanz der Erkrankung) ergeben.

Die soziale Beeinträchtigung, die aus einer HIV-Infektion resultieren kann, wird nach der ICF mit der Beeinträchtigung an der Teilhabe (Partizipation) an Lebensbereichen dargestellt. So kann auf der sozialen Ebene die Erkrankung mit einem beruflichen Abstieg oder einem Arbeitsplatzverlust verbunden sein. Darüber hinaus kann eine soziale Isolierung betroffener Menschen auftreten, z. B. aufgrund einer Stigmatisierung infolge der Erkrankung oder auch entstellender Krankheitsbilder wie bei Kaposi-Sarkom oder Lipodystrophie.

11.5 Diagnostik und Sachaufklärung

Zur Sachaufklärung gehören Anamnese, der körperliche Untersuchungsbefund und die apparative Diagnostik sowie aktuelle Vorbefunde. Das betrifft insbesondere das Ergebnis der HIV-spezifischen Befunde (CD4-Zellzahl und Viruslast).

Die Anamnese umfasst Angaben zum bisherigen Krankheitsverlauf: Stadium der Erkrankung, bisher durchgemachte und direkt/indirekt mit der HIV-Infektion in Zusammenhang stehende Erkrankungen, bisher mit/ohne Erfolg durchgeführte medikamentösen Therapie, aktuelle Beschwerdesymptomatik, bestehende Fähigkeitsstörungen, Beeinträchtigungen im Alltag, in der Freizeit und im Beruf. Darüber hinaus ist eine ausführliche Sozial- und Berufsanamnese, eine Beschreibung der aktuellen beruflichen Tätigkeit und eventuell vorhandener tätigkeitsbezogener Belastungsfaktoren und Beeinträchtigungen am Arbeitsplatz erforderlich. Erfragt werden sollten auch bisherige Arbeitsunfähigkeitszeiten, möglichst mit Angaben des Grundes.

Die körperliche Untersuchung umfasst neben Gewicht und Größe auch den Lymphknotenstatus sowie die Inspektion der Haut, den kardiopulmonalen und den neurologischen/psychischen Befund.

Ergänzt wird die sozialmedizinische Begutachtung durch die apparative Diagnostik. Sie kann, abhängig von der klinischen Symptomatik, nicht invasive Untersuchungsmethoden zur Beurteilung der allgemeinen sowie der kardialen und pulmonalen Belastbarkeit wie z. B. die üblichen Laboruntersuchungen, das Ruhe-EKG, die Ergometrie, die Echokardiographie, die Lungenfunktionsuntersuchung, die Blutgasanalyse, die Spiegelung des Augenhintergrundes und die Sonographie des Abdomens umfassen. Der Röntgen-Thoraxbefund und die HIV-spezifischen Untersuchungsbefunde ergeben sich in der Regel aus den vorliegenden Vorbefunden.

11.6   Begutachtungskriterien, Zielkriterien

Begutachtungskriterien für die Belange der gesetzlichen Rentenversicherung müssen in besonderem Maße die Funktionen und Aktivitäten einbeziehen, die für die Teilhabe am Erwerbsleben wesentlich sind. Sie umfassen neben der körperlichen und mentalen Leistungsfähigkeit die Beeinträchtigungen und Funktionsstörungen.

Darüber hinaus muss bei der Begutachtung HIV-Infizierter immer einbezogen werden:
- Häufigkeit und Schwere vorangegangener opportunistischer Infektionen und Komplikationen mit Schädigung von Organsystemen
- Dauer der Infektion, Krankheitsaktivität, Immunstatus, Vorbehandlung und Ansprechen auf die Therapie
- Erwarteter Krankheitsverlauf unter Berücksichtigung weiterer therapeutischer Optionen
- Notwendigkeit einer medikamentösen Dauerbehandlung unter Beachtung unerwünschter Wirkungen
- Komorbiditäten

11.7   Sozialmedizinische Beurteilung

Die sozialmedizinische Beurteilung der Leistungsfähigkeit eines Menschen mit erworbenem Immunmangelsyndrom ist – obwohl es sich in erster Linie um ein somatisches Leiden handelt – aufgrund der Komplexität des Krankheitsbildes schwierig. Da es sich um eine Systemerkrankung handelt, können Funktionsstörungen an vielen Organen vorhanden sein. Sie sind im Rahmen der Beurteilung zu berücksichtigen und durch entsprechende

Funktionsuntersuchungen zu objektivieren. Das gilt auch für eine evtl. bestehende psychische Komorbidität, die ggfs. eine zusätzliche Begutachtung erforderlich macht. Darüber hinaus müssen Begleiterkrankungen (wie z. B. Koinfektionen mit Hepatitis C oder B) in die sozialmedizinische Beurteilung einbezogen werden, da sie sich in Abhängigkeit von der Schwere auf das Leistungsvermögen auswirken können.

Wie unter ▶ Kap. 11.1 und ▶ Kap. 11.2 dargestellt, ist heute das Stadium der Erkrankung für die berufliche Leistungsbeurteilung nicht mehr alleine ausschlaggebend. In den Krankheitsstadien A und B werden die Patienten zeitweise arbeitsunfähig sein. Die berufliche Leistungsfähigkeit wird aber in der Regel für leichte und mittelschwere Arbeiten nicht beeinträchtigt sein. Ausnahmen können vorkommen infolge ausgeprägter therapiebedingter Lipodystrophie oder schwerer Polyneuropathie der Beine mit Einschränkung der Wegefähigkeit. Auch eine gravierende komorbide psychische Störung kann ein aufgehobenes Leistungsvermögen bedingen.

Selbst bei Vorliegen einer AIDS-Erkrankung wird in vielen Fällen unter einer wirksamen antiretroviralen Therapie die vollschichtige berufliche Leistungsfähigkeit für leichte Arbeiten lange Zeit erhalten bleiben. Das kann z. B. für Patienten gelten, die eine Pneumocystis jiroveci-Pneumonie (PCP), eine zerebrale Toxoplasmose oder eine Soor-Ösophagitis (siehe oben) durchgemacht haben. Dagegen wird bei Vorliegen einer HIV-Enzephalopathie, einer progressiven multifokalen Leukenzephalopathie (PML), eines Wasting-Syndroms oder bei ausgedehnten Kaposi-Sarkomen der Haut oder innerer Organe das berufliche Leistungsvermögen meist aufgehoben sein.

11.7.1 Medizinische Rehabilitation

Aufgrund der unterschiedlichen Verläufe und Beschwerdebilder kann eine medizinische Rehabilitation bei HIV-Patienten in allen Krankheitsstadien angezeigt sein. Die Indikation und die differenzielle Zuweisung in eine Reha-Einrichtung richten sich nach den festgestellten Funktionsstörungen, Einschränkungen der Aktivitäten und Störungen der Teilhabe.

Wie bei allen chronischen Erkrankungen richten sich die Reha-Ziele auf die Bewältigung der Krankheit, auf das Empowerment sowie die physische und psychische Stabilisierung aus. Eine besondere Bedeutung kommt der Förderung der Compliance hinsichtlich der antiretroviralen Therapie zu und der Beratung im Hinblick auf die Einnahme der Medikamente. Symptomorientiert steht bei untergewichtigen Patienten darüber hinaus eine an den individuellen Bedürfnissen ausgerichtete hyperkalorische Ernährungstherapie im Mittelpunkt, bei Patienten mit psychischen/psychosomatischen Störungen eine Beratung hinsichtlich dieser Problemlage bzw. Einleitung weiterer zielgerichteter Maßnahmen.

Bislang werden Leistungen zur medizinischen Rehabilitation unter der Diagnose HIV/AIDS nur relativ selten durchgeführt. Möglicherweise wird jedoch in vielen Fällen eine Begleit- oder Folgeerkrankung (z. B. Depression, Polyneuropathie) als Erstdiagnose genannt. Es ist nicht auszuschließen, dass auch die Angst vor Stigmatisierung für manche Versicherte eine Rolle spielt.

11.7.2 Leistungen zur Teilhabe am Arbeitsleben

Im Rahmen einer sozialmedizinischen Begutachtung kann festgestellt werden, ob für einen leistungseingeschränkten HIV-Infizierten Leistungen zur Teilhabe am Arbeitsleben (LTA) in Betracht zu ziehen sind. LTA kommen dann in Frage, wenn das berufliche Leistungsvermögen bei der zuletzt ausgeübten Tätigkeit gefährdet oder gemindert ist, aber auf dem allgemeinen Arbeitsmarkt mindestens für leichte Arbeiten ein Leistungsvermögen von 6 Stunden und mehr besteht.

11.7.3 Erwerbsminderung

Eine Erwerbsminderungsrente auf Dauer resultiert nur dann, wenn gravierende, dauerhafte, das quantitative Leistungsvermögen beeinträchtigende Funktionsstörungen vorliegen und aus ärztlicher Sicht eine Besserung des Gesundheitszustandes voraussichtlich nicht eintreten wird (Unwahrscheinlichkeit der Besserung). Da die Krankheitsverläufe HIV-Infizierter sehr variabel und häufig bei Antragstellung noch nicht alle Therapieoptionen ausgeschöpft sind und somit die Wahrscheinlichkeit einer Besserung besteht, sollte die Erwerbsminderungsrente in der Regel auf maximal drei Jahre befristet werden.

Die Entscheidung, eine vorzeitige Berentung ins Auge zu fassen, ist immer folgenschwer. Die Betroffenen haben aufgrund des Alters meist nur eine niedrige Rente zu erwarten und für viele fällt die mit dem Arbeitsplatz meist verbundene soziale Unterstützung dann weg. Es sollte bei leistungseingeschränkten HIV-Patienten immer überlegt werden, ob nicht eine Tätigkeit in einem Zeitumfang von 3 bis unter 6 Stunden möglich ist, da ihnen in diesem Fall eine Rente wegen teilweiser Erwerbsminderung zustehen kann.

Weiterführende Literatur

Deutsch-Österreichische Leitlinien zur Therapie der HIV-Infektion. September 2008. http://www.daignet.de

European AIDS Clinical Society (EACS): Guidelines for the clinical management and treatment of HIV-infected adults in Europe. October 2008. http://www.eacs.eu

Hoffmann C, Rochstroh JR (Hrsg.): HIV 2009. Ein Arbeitsbuch. Medizin Fokus Verlag, Hamburg 2009. Webseite: http://www.hivbuch.de

Kolenda KD, Hoffmann C: Rehabilitation, sozialmedizinische Beurteilung und Beratung bei HIV-infizierten Patienten. Rehabilitation 2006; 45: 102–109

US Department of Health and Human Services: Guidelines for the use of antiretroviral agents in HIV-1-infected adults and adolescents. November 3, 2008. http://www.aidsinfo.nih.gov/ContentFiles/AdultandAdolescentGL.pdf

Metabolische und endokrine Krankheiten

Rainer Diehl, Werner Knisel, Ekke Haupt

12.1   Allgemeines

12.1.1 Sozialmedizinische Bedeutung

Metabolischen und endokrinen Erkrankungen ist gemeinsam, dass sie oft über viele Jahre symptomlos oder mit geringen Beschwerden und Beeinträchtigungen einhergehen. Aufgrund des geringen »Leidensdruckes« besteht die Gefahr, dass sie lange Zeit unerkannt und unbehandelt bleiben und es deshalb zu irreversiblen Folgeschäden kommt.

Eine erfolgreiche Behandlung der chronischen Erkrankungen ist zudem in hohem Maße von der Selbstverantwortung und Eigenaktivität der Patienten abhängig. Häufig erfordert sie eine intensive Beratung, Motivierung und Schulung mit dem Ziel der rechtzeitigen »Hilfe zur Selbsthilfe« – und damit typischen Herausforderungen, Inhalten und Zielen einer medizinischen Rehabilitation.

Leistungen zur medizinischen Rehabilitation für die gesetzliche Rentenversicherung mit einer endokrinen oder Stoffwechselerkrankung als Hauptdiagnose (ICD-10-Nr. E00–E90) wurden im Jahr 2009 für 20.469 Versicherte (12.834 Männer, 7.635 Frauen, 20.368 stationär, 101 ambulant) durchgeführt. Wesentlich häufiger sind dagegen Stoffwechselerkrankungen als Nebendiagnose bei Leistungen zur medizinischen Rehabilitation.

Im Jahr 2009 wurden insgesamt 3.698 Renten wegen verminderter Erwerbsfähigkeit für 2.300 Männer und 1.398 Frauen aufgrund einer endokrinen oder Stoffwechselerkrankung bewilligt.

12.1.2 Diagnostik

- ▪ **Anamnese**

Neben den oft nur auf gezielte Befragung zu erfassenden aktuellen allgemeinen und zunächst eher untypischen Krankheitserscheinungen (Gewichtsveränderung, Ermüdung, Konzentrations- oder Muskelschwäche) gilt es zunächst, den zeitlichen Verlauf, aber auch wesentliche verhaltens- und personbezogene Kontextfaktoren sowie zugrunde liegende, teilweise komplexe Risikofaktorkonstellationen, die Familienanamnese, bisherige Therapien und die subjektive Krankheitseinsicht und Therapiemotivation des Patienten, seine Einstellung zur Krankheit sowie mögliche Folgekrankheiten zu erfragen und zu berücksichtigen.

- ▪ **Körperliche Untersuchung**

In ähnlich differenzierter Weise gilt es, bei der körperlichen Untersuchung zum Teil vielgestaltige und oft nur subtile Krankheitszeichen an verschiedensten Organsystemen (z. B. Haut-, Muskel- oder Nervensystem) zu »erspü-

ren« und im Gesamtkontext zu beurteilen. Dies erfordert beim endokrinologischen und Stoffwechsel-Patienten immer die Erhebung eines sorgfältigen Ganzkörperstatus.

- ▪ **Laboruntersuchungen**

Metabolische und endokrine Erkrankungen umfassen zahlreiche biochemisch fassbare Funktionsstörungen. Laborwerte sind sowohl für Diagnosesicherung und Therapiesteuerung wie für die Verlaufsbeurteilung in gleichem Maße bedeutsam.

- ▪ **Bildgebende Verfahren**

Ergänzend zur vorab geschilderten Funktionsdiagnostik, die bei metabolischen und endokrinen Erkrankungen in der Regel vorrangig von Bedeutung ist, können bildgebende Befunde zur Lokalisationsdiagnostik, aber auch zur Abschätzung von Dignität und/oder Operabilität regionaler Befunde hinzukommen. Besondere Bedeutung weisen dabei jene Verfahren auf, die neben morphologischen und regionalen Aussagen zusätzlich auch funktionale Informationen beinhalten (wie z. B. szintigraphische oder angiographische Verfahren).

12.1.3 Begutachtungskriterien

Grundsätzlich sind die funktionalen Auswirkungen endokriner Erkrankungen auf die für die Leistungsfähigkeit wesentlichen, so genannten »leistungserbringenden Organsysteme« (Herz-Kreislauf-, Atmungs-, Bewegungs- und Nervensystem unter Einbeziehung der Sinnesorgane) zu berücksichtigen.

Gerade aufgrund der zum Teil gravierenden Diskrepanz zwischen zunächst noch geringen subjektiven Beschwerden und geringer Krankheitseinsicht (die häufig auch noch trotz erster Beeinträchtigungen weiter fortbesteht) einerseits sowie hohem Risikopotential für irreversible Folgeerkrankungen andererseits, bekommen (tertiär) präventive Gesichtspunkte, aber auch die Einschätzung mentaler Fähigkeiten als Voraussetzung eines adäquaten Selbst- und Therapiemanagements in der Behandlung besondere Bedeutung für die Begutachtung.

Ein Schwerpunkt jeder Begutachtung ist die (oft retrospektive) Verlaufsbeurteilung.

12.1.4 Sozialmedizinische Beurteilung

Aufgrund der häufigen Komplexität möglicher Gefährdungsfaktoren der Erwerbsfähigkeit sind endokrine und Stoffwechsel-Erkrankungen vielfach Rehabilitationsindikationen »par excellence«, die oftmals mit einem umfassenden, interdisziplinären und ganzheitlichen Rehabilitationsansatz optimale Therapieergebnisse erzielen lassen.

Erst bei am Ende irreversiblen Folgeschäden an den für die Leistungsfähigkeit relevanten Organsystemen sowie nach einem längeren Therapieverlauf mit zunehmenden Komplikationen und/oder Folgeerkrankungen kann sich eine Minderung der Leistungsfähigkeit auf Dauer ergeben.

12.2 Krankheitsbilder

12.2.1 Diabetes mellitus

Der **Diabetes mellitus Typ 1** ist eine relativ seltene Autoimmunerkrankung mit ca. 500.000 Betroffenen in Deutschland. In den letzten zehn Jahren hat der medizinische Fortschritt zu einer erheblichen Verbesserung der Einstellungsqualität insulinbehandelter Diabetiker geführt. Dies wurde erreicht durch zunehmend atraumatischere Techniken bei der Blutzuckerselbstkontrolle, die Einführung sehr kurz, aber auch sehr lang wirksamer (Analog-)Insuline für die intensivierte Insulintherapie sowie auch durch immer unkompliziertere Injektionstechniken durch Pens und die Einstellungsmöglichkeit mit Insulinpumpen. Dem Ziel eines möglichst individuellen und flexiblen Tagesablaufs insulinabhängiger Diabetiker hat man sich dadurch entscheidend genähert.

Der **Diabetes mellitus Typ 2** ist in rund 90 % aller Fälle mit Adipositas assoziiert und damit oft als Teil des metabolischen Syndroms (siehe ▶ Kap. 12.2.2) aufzufassen. Mit der drastischen Zunahme von Übergewicht und Adipositas in Deutschland ist davon auszugehen, dass nahezu 10 % der Bevölkerung betroffen sind. Vielen Diabetikern ist die Erkrankung nicht bekannt, da sie initial meist asymptomatisch verläuft. Gleichzeitig wurde durch die CODE-2-Studie (Costs of Diabetes in Europe – Type 2) der Typ 2-Diabetes als die teuerste Einzelerkrankung der Deutschen gekennzeichnet [8, 13]. Ca. 10 % der Kosten des deutschen Gesundheitssystems, d. h. jährlich 15 Milliarden Euro, gehen zu seinen Lasten. Dabei ist bemerkenswert, dass nur ca. 7 % dieser gewaltigen Summe für Arzneimittelausgaben zur Blutzuckersenkung ausgegeben werden müssen. In ähnlicher Relation verhalten sich die ambulanten Behandlungskosten. Dies bedeutet, dass der übrige gewaltige Rest für eigentlich unnötige »Reparaturkosten«, d. h. für Kosten zur Behandlung von Folgeerkrankungen ausgegeben werden muss.

Mittlerweile ist der Typ 2-Diabetes – vor Jahren noch verharmlosend als »Altersdiabetes« bezeichnet –, dessen Inzidenz aber in immer jüngere Generationen, selbst bis ins Kinderalter herab reicht, eine der häufigsten Ursachen für Erblindungen in Deutschland.

Jede zweite Dialyse wird wegen einer diabetischen Nephropathie durchgeführt. Jährlich werden etwa 30.000 Amputationen an den unteren Extremitäten erforderlich. Die koronare Herzerkrankung, häufigste Todesursache in Deutschland, ist bei Typ 2-Diabetikern noch fünf Mal häufiger. Auf dieses Szenario wurde bereits 1995 durch die Veröffentlichungen der Kissinger-Diabetes-Interventionsstudie (KID) hingewiesen [5, 6, 7]. Mittlerweile hat die Gesundheitspolitik versucht, mit der Einführung von Disease-Management-Programmen für Typ 2-Diabetes zu reagieren.

Akute Probleme der Stoffwechseleinstellung und -führung sollten angesichts der zur Verfügung stehenden modernen Behandlungsmöglichkeiten keine Rolle mehr spielen. Deren optimierter Einsatz setzt allerdings eine strukturierte und den individuellen Bedürfnissen des Einzelnen angepasste Diabetikerschulung voraus.

Der Fokus der medizinischen Begutachtung richtet sich auf Leistungseinschränkungen durch die heute so weit verbreiteten Zweit- bzw. Folgeerkrankungen (Retinopathie, Nephropathie, Neuropathie, diabetischer Fuß). Diese sind entscheidend für den Verlauf, für Diagnostik, Therapie, Beurteilung der Leistungsfähigkeit und Prognose bei Personen mit Diabetes mellitus. Darüber hinaus ist eine Hypoglykämie-Wahrnehmungsstörung von großer Bedeutung.

Die **diabetische Retinopathie,** die allein auf die Blutzuckererhöhung zurückgeführt werden kann, ist eine der typischen diabetischen Folgeerkrankungen. Man unterscheidet proliferative von nichtproliferativen Formen, wobei erstere zu Glaskörpereinblutungen, Bildung von fibroglinösem Narbengewebe und Netzhautablösung führen können. Hiermit sind erhebliche Gefährdungen durch Visusverminderung bis hin zur Erblindung gegeben (▶ Kap. 21.2).

Die **diabetische Nephropathie** des Typ 1-Diabetikers ist häufig eine Mikroangiopathie. Beim Typ 2-Diabetiker tritt sie verstärkt in der Ausprägung einer Nephrosklerose auf, bedingt durch eine Häufung einzelner Risikofaktoren, die neben dem erhöhten Blutzucker auch noch die häufig begleitende arterielle Hypertonie und Dyslipoproteinämie beinhalten. Sie ist dementsprechend auch beim Typ 2-Diabetes wesentlich häufiger anzutreffen. Das erste Zeichen der diabetischen Nephropathie äußert sich in einer Mikroalbuminausscheidung. Erst in späteren Stadien kommt es zu einer ausgeprägteren Proteinurie, die auch im üblichen Urinbefund erkennbar ist, und schließlich dann sehr spät zu einer Serumkreatininerhöhung. Die frühen Stadien bleiben leider auch heute noch sehr häufig unerkannt. Deshalb ist die Entwicklung bis zur terminalen Niereninsuffizienz besonders bei Typ 2-Diabetikern (d. h. den Menschen mit einem angeblich »leichten« Diabetes) häufig. Sie könnte durch eine konsequente Stoffwechseleinstellung und Hypertoniebehandlung häufig vermieden werden (▶ Kap. 17.2).

Man geht heute davon aus, dass etwa ein Drittel aller Polyneuropathien metabolischen, d.h. diabetischen Ursprungs sind; vgl. ▶ Kap. 23.2.5. Eine **diabetische Neuropathie** kann die Leistungsfähigkeit im Erwerbsleben erheblich einschränken:

Autonome kardiale Polyneuropathien mit Herzfrequenzstarre beeinträchtigen die körperliche Belastbarkeit; autonome gastrale Polyneuropathien führen durch eine Gastroparese mit unberechenbarer Entleerung des Speisebreis zu einer schweren Stoffwechsellabilität; periphere Polyneuropathien des schlecht eingestellten Langzeitdiabetikers, der über unerträgliche Schmerzen in den unteren Extremitäten klagt, sind oft nur durch kontinuierliche Einnahme stark wirksamer Analgetika in den Griff zu bekommen.

Dem Auftreten derartiger gravierender Störungen gehen jedoch Stadien ohne oder mit nur geringen Leistungseinschränkungen voraus. Sie bedürfen einer differenzierten neurologischen Diagnostik.

Allerdings gibt es derzeit kaum objektive Parameter zur Sicherung der Diagnose einer peripheren diabetischen Polyneuropathie. Da der Gutachter häufig auf die subjektiven Angaben des Probanden angewiesen ist, spielen Aspekte der Plausibilität eine besondere Rolle.

Die Bestimmung der Nervenleitgeschwindigkeit erfasst nur die markhaltigen Nerven und nicht die marklose Schmerzleitung. Die Diagnose muss sich also im Wesentlichen auf die differenzierte Anamnese stützen: Die im Vordergrund stehende »symmetrische distale Neuropathie« beginnt mit typischen Symptomen am distalen Ende der längsten Nerven, d.h. im Vorfuß mit Taubheit, Ameisenlaufen, Pelzigkeitsgefühl und später mit »Burning feet« und dem Gefühl, dass die Bettdecke lästig auf den Beinen ist. Charakteristisch für polyneuropathische Beschwerden ist, dass sie am Tage weniger ausgeprägt sind als nachts (Schmerzen, gestörter Nachtschlaf). Sofern über Sensibilitätsausfälle an den Händen geklagt wird, sind auch gestörte Muskeleigenreflexe und ein gestörtes Vibrationsempfinden an den Beinen zu erwarten.

Das wichtigste Instrument zur Diagose einer Polyneuropathie ist der Stimmgabel-Test mit der kalibrierten Stimmgabel nach RYDEL-SEIFFER. Sie wird in Schwingung gebracht und an den Extremitäten von distal nach proximal auf die verdächtigen Regionen aufgesetzt, insbesondere auf die Malleolus medialis und das laterale Endgelenk der ersten Zehe. Die Schwelle der Vibrationsempfindung lässt sich an einer Skala semiquantitativ ablesen. Weitere wichtige Utensilien für das Neuropathie-Screening sind ein Wattebausch bzw. ein Neurofilament zur Feststellung der Berührungsempfindlichkeit.

Während der typische diabetisch-neuropathische Fuß warm, trocken und schmerzunempfindlich ist, weisen zusätzliche Veränderungen der Muskeltrophik, der Hauttrophik, des Nagelwachstums und der Schweißsekretion bei Hyperkeratosen oder gar Ulcera auf das Vorliegen einer symmetrischen, distalen, vorwiegend sensiblen Form einer diabetischen Polyneuropathie hin.

Demgegenüber sind alle weiteren diabetischen Polyneuropathieformen eher selten, vor allem die asymmetrische, proximale, vorwiegend motorische Form des Beckengürtels und Oberschenkels, sowie auch der neuropathische Befall der Hirnnerven III, IV und VI. Sie haben auch eine wesentlich bessere Prognose als die distalen sensiblen Formen, weil sie sich bei einer Verbesserung der Stoffwechselsituation relativ schnell zurückbilden können.

Noch seltener sind die bereits erwähnten schweren autonomen Polyneuropathieformen mit Leistungseinschränkungspotential, die praktisch nur Typ 1-Langzeit-Diabetiker mit jahrzehntelanger schlechter Einstellung aufweisen. Autonome Polyneuropathieformen treten häufig zusammen mit einer sensomotorischen Neuropathie auf, besonders wenn diese in ein Stadium mit Spontanschmerz, Dysästhesien und Temperaturempfindungsstörungen getreten sind.

Die Feststellung von Schädigungen einzelner Organsysteme erfordert oft eine komplizierte Diagnostik. Diese ist noch relativ einfach bei Störungen des kardiovaskulären Systems mit den Symptomen beispielsweise einer Ruhetachykardie oder einer eingeschränkten Herzfrequenzvariabilität, die im EKG im VALSALVA-Versuch nachgewiesen werden kann.

Bei den Störungen des gastrointestinalen Systems mit Magenatonie, mangelhafter Peristaltik oder verzögerter Magenentleerung mit den Symptomen der Übelkeit, Erbrechen, Völlegefühl sowie erschwerter Diabeteskontrolle ist die Diagnostik bei weitem schwieriger. Gelegentlich werden Isotopenuntersuchungen oder ein ^{13}C-Oktanoat-Atemtest erforderlich. Häufig beschränkt man sich auf den Nachweis der eingeschränkten Herzfrequenzvariabilität und schließt bei typischen Symptomen dann auf eine gleichzeitig vorliegende Gastroparese. Schwere autonome Neuropathieformen, die die berufliche Leistungsfähigkeit Betroffener einschränken, sind heutzutage aufgrund verbesserter Versorgungssituationen kaum noch anzutreffen und werden auch in der diabetologischen Rehabilitation selten gesehen.

Das **diabetische Fußsyndrom** bedeutet einen Symptomenkomplex verschiedener Krankheitsbilder, die durch unterschiedliche Ätiologien und Pathomechanismen gekennzeichnet sind. Gemeinsam ist, dass Beschwerden und Verletzungen am Fuß des Patienten zu Komplikationen bis hin zur Amputation der Extremität führen können. Mit ca. 27.000 Amputationen pro Jahr ist das diabetische

Fußsyndrom eine weit verbreitete Komplikation und birgt ein erhebliches Potential für Leistungseinschränkungen im Berufsleben.

Das diabetische Fußsyndrom umfasst zwei verschiedene Pathogenesetypen: den neuropathisch-infizierten und den ischämischen Typ. Mit etwas über 70 % überwiegt die neuropathische Komponente, entweder zu 50 % isoliert oder als Mischtyp in Verbindung mit einer Makroangiopathie in Form einer peripheren arteriellen Verschlusskrankheit. Nur in ca. 20 % der Fälle liegt ein rein ischämischer Typ vor.

Der mit der sensiblen Polyneuropathie der unteren Extremitäten verbundene Sensibilitätsausfall lässt beispielsweise den Druck zu engen Schuhwerks unbemerkt, so dass es leicht zum »Wundlaufen« der Füße kommt und ideale Eintrittspforten für Bakterien geschaffen werden. Die sensorische Polyneuropathie ist außerdem mit einem Sistieren der Schweiß- und Talgsekretion der Fußhaut verbunden, so dass die Haut an den Füßen spröde und rissig wird. Schließlich kommt es durch sensomotorische Störungen zur Atrophie der kleinen Fußmuskel, zunächst der Zehenextensoren, wodurch es zu einer charakteristischen Klauenzehenstellung kommt, die ihrerseits wiederum zu Druckumverteilung der Fußsohle und Mehrbelastung im Fußsohlenballenbereich sowie an der Ferse führen. Hier entwickeln sich dann Hornhautschwielen, die ganz besonders zu Rissen und Gewebeläsionen unter der Schwiele führen, so dass sich dann mit eindringenden Keimen das typische »Mal perforans« entwickeln kann.

All dies läuft meist ohne jegliche Schmerzen für den Patienten ab und bleibt auch deshalb unbemerkt, weil die eigentlich erforderliche eigenständige tägliche Fußinspektion nicht durchgeführt wird oder durchgeführt werden kann. Diese Funktion müsste dann ein Familienangehöriger übernehmen und regelmäßig durch den behandelnden Arzt kontrolliert werden. Hier besteht großer Schulungsbedarf auf allen Ebenen, um die enorme Gefahr für die immer noch viel zu zahlreich Betroffenen abzuwenden.

Bei Vorliegen eines Druckgeschwürs ist die Druckentlastung des Fußes von wesentlicher Bedeutung, die in den beginnenden Stadien mit orthopädischen Einlagen zur Druckumverteilung auf einen größeren Bereich der Fußsohle abzielen muss [12]. Ist bereits ein Mal perforans entstanden, werden umfangreichere orthopädietechnische Versorgungen benötigt.

In den Spätstadien, in denen es nach monate- bzw. jahrelangen Infektionen in tiefen Wunden zu chronischen Osteomyelitiden gekommen ist, oder sich noch zusätzlich eine diabetische Osteopathie entwickelt hat, kann es zu einem völlig schmerzlosen Zusammensintern der Interphalangen und/oder der Mittelfußknochen kommen, d. h. zu der typischen Ausprägung eines »Charcot-Fußes«. Er

ist keine Seltenheit und ein in der Rehabilitationspraxis häufig gesehenes Krankheitsbild. Nicht selten sind einzelne Betroffene trotz eines grotesk verformten Fußskeletts wegen der völligen Symptomlosigkeit im Alltag wenig beeinträchtigt. Bei diesen Ausnahmefällen bestehen aber in der Regel keine offenen Wunden, und die orthopädische Schuhversorgung ist generell gut, was leider heutzutage noch nicht dem Regelfall entspricht.

Eine **Hypoglykämie-Wahrnehmungsstörung,** d. h. die Empfindung für niedrige Blutglukosekonzentrationen, kann sich im Laufe des Lebens eines Diabetikers ändern. Bei Langzeit-Diabetikern kann die Hypoglykämie-Wahrnehmung eingeschränkt sein oder fehlen. Dies ist gefährlich, weil dann die Kohlenhydrataufnahme als erforderliche Schutzmaßnahme des insulinspritzenden Diabetikers durch Wegfall der Warnsymptome nicht oder zu spät erfolgt.

Die Symptome der Hypoglykämie sind durch die Sekretion der Gegenregulationshormone Adrenalin, Noradrenalin, Glukagon und Kortisol bestimmt. Bei Typ 1-Diabetikern mit langer Diabetesdauer kann ihre Sekretion eingeschränkt sein, was nicht nur zu einem schnelleren Blutzuckerabfall und verlangsamtem Blutzuckeranstieg nach einer Hypoglykämie, sondern auch zu einer Einschränkung der Symptomwahrnehmung im Rahmen der Hypoglykämie führen kann. Verloren gehen also in erster Linie die markanten, adrenerg vermittelten Symptome einer Hypoglykämie, wie Tachykardie, Unruhe, Zittern, Heißhunger und Schweißneigung. Die wesentlich unspezifischeren neuroglykopenischen Symptome, wie Konzentrationsschwäche, unkontrolliertes Verhalten, Sprach- und Sehstörungen, Somnolenz und Müdigkeit sind dagegen erhalten, werden zu Beginn einer sich anbahnenden Hypoglykämie vom Patienten häufig aber nicht als gefährliche Warnhinweise gewertet und deshalb i. d. R. übersehen [3].

Hier setzt das speziell für solche Patienten entwickelte Hypoglykämie-Wahrnehmungstraining an. Außerdem werden die Patienten geschult, die Blutzuckerselbstkontrolle noch häufiger als ohnehin schon sonst bei der intensivierten Insulintherapie durchzuführen.

Klassifikationen und Stadieneinteilungen

Ätiologisch wie auch pathophysiologisch ist der Diabetes mellitus keine einheitliche Erkrankung (◘ Tab. 12.1). Zugrunde liegt ein Defekt der Insulinsekretion und/oder der Insulinwirkung. Kennzeichnend ist die **Hyperglykämie** (zu hoher Blutzucker) in Verbindung mit Störungen des Kohlenhydrat-, Fett- und Eiweißstoffwechsels sowie entsprechende Folgeschäden. Die **Hypoglykämie** (Unterzuckerung) ist dagegen häufig keine Diabetesmanifestation, sondern kann im Rahmen einer blutzuckersenkenden Behandlung auftreten. Die Deutsche Diabetes-Gesellschaft

◘ Tab. 12.1 Klassifikation des Diabetes mellitus (WHO, 1999)

Typ 1

Autoimmun

Idiopathisch

Typ 2

Vorwiegend Insulinresistenz

Vorwiegend Sekretionsdefekt

Andere spezifische Formen

Genetische Defekte der Beta-Zell-Funktion

Genetische Defekte der Insulinwirkung

Erkrankungen des exokrinen Pankreas

Endokrinopathien

Medikamenten- oder Chemikalien-induziert

Infektionen

Seltene Formen des immun-mediatisierten Diabetes

Andere genetische Syndrome, die mit einem Diabetes assoziiert sein können

Schwangerschafts-Diabetes

http://whqlibdoc.who.int/hq/1999/WHO_NCD_NCS_99.2.pdf

hat zu den meisten Themenfeldern der Diagnostik und Therapie des Diabetes mellitus evidenzbasierte Leitlinien und Praxisleitlinien herausgegeben, die ständig aktualisiert werden (www.deutsche-diabetes-gesellschaft.de).

Wie bei vielen anderen chronischen Erkrankungen und Behinderungen erfordern gerade auch die Früherkennung, Verlaufskontrolle und Therapie des Diabetes mellitus eine kundige, wachsame und dauerhafte Mitwirkung des aufgeklärten Patienten selbst, der zum wesentlichen (Co-)Therapeuten seiner eigenen Erkrankung werden muss.

Dies beginnt mit der möglichst frühzeitigen und sensiblen Erfassung initialer Erkrankungssymptome sowie der selbstkritischen Analyse des bisherigen Lebensstils bezüglich Ernährung und/oder körperlicher Aktivität und reicht bis zur aktiven Mitarbeit in Diätetik und Blutzuckerselbstkontrolle sowie zur flexiblen Selbstgestaltung des Insulinregimes bei der intensivierten Insulintherapie oder auch einer Insulinpumpentherapie.

Wesentliche Säulen in der Langzeitbehandlung des Diabetes mellitus sind deshalb die Schulung des Patienten, konsequente Therapie der Stoffwechselstörung (durch bewusste Ernährung, körperliche Aktivität, orale Antidiabetika und/oder Insulintherapie) sowie achtsame Selbst-

kontrolle des Patienten hinsichtlich Körpergewicht, Blutzucker und auch der häufig begleitenden Hypertonie.

Spezifische krankheitsbedingte Beeinträchtigungen nach ICF

Endokrinologische und Stoffwechsel-Erkrankungen, die nahezu sämtliche Organsysteme und die allgemeine Leistungsfähigkeit betreffen können, erfordern eine ganzheitliche Beurteilungsweise mit differenzierter Erfassung des primären Schadensbildes (an Körperfunktionen und -strukturen) unter Einbeziehung resultierender funktionaler Einschränkungen und Fähigkeitsstörungen bei Aktivitäten bis hin zu Beeinträchtigungen der Teilhabe unter Berücksichtigung der individuellen Kontextfaktoren.

Krankheitsbedingte Beeinträchtigungen ergeben sich vor allem durch den täglichen Mehraufwand für Blutzuckerselbstkontrollen, bewusste planvolle möglichst regelmäßige Ernährung, Durchführung der Insulininjektionen bzw. Anwendung der Insulinpumpentherapie, sowie die Abstimmung körperlicher Aktivitäten mit der Wirkung blutzuckersenkender Medikamente, v. a. beim Insulin. Wenn all dies erfolgreich praktiziert wird, ergeben sich für die Mehrzahl der Typ 1- und mehr noch der Typ 2-Diabetiker kaum darüber hinaus gehende Beeinträchtigungen ihres privaten und beruflichen Alltages durch die Stoffwechselerkrankung selbst.

Wohl aber können sich erhebliche Beeinträchtigungen aus den Folgeerkrankungen ergeben. Hier können zum Beispiel Funktionen des Sehens, des Schmerzes, der Nahrungsaufnahme sowie der Bewegung und Belastbarkeit betroffen sein. Hierdurch können Aktivitäten und Teilhabe in nahezu allen Lebensbereichen eingeschränkt werden.

Spezielle Diagnostik, Sachaufklärung

Die Diagnostik des Diabetes mellitus als Erkrankung mit multiplen (körperlichen und psychischen) Folgeerscheinungen erfordert immer neben der gründlichen körperlichen Untersuchung mit Erhebung des psychischen Befundes gezielte Funktions- und Laboruntersuchungen zur Erfassung des aktuellen Ist-Zustandes wie auch zur dauerhaften Verlaufsbeurteilung.

▪ Anamnese

Symptome sind in der Frühphase des Typ 2-Diabetes kaum vorhanden. Deshalb verzögert sich die erste Diagnosestellung nicht nur in Deutschland um fünf bis zehn Jahre. Bei jedem zweiten Patienten in der kardiologischen Rehabilitation mit Bypass-Operation oder perkutaner Coronar-Intervention (PCI) ist das akute kardiologische Geschehen erst der (zu) späte Zeitpunkt, an dem endlich der Typ 2-Diabetes als auslösender Risikofaktor erkannt und dann erst (viel zu spät) behandelt wird.

Die typischen Symptome des unerkannten Langzeitdiabetikers oder auch des schlecht eingestellten Diabetikers wie Polydipsie, Polyurie, Gewichtsverlust, Schwäche, Pruritus oder Nykturie sollten beim gut eingestellten Diabetiker nicht mehr vorhanden sein. So dominieren in der Begutachtung eher anamnestische Fragen zu adäquaten Kenntnissen über die Diabeteserkrankung und Behandlung einschließlich bisheriger Schulungen bzw. zur Diätetik und/oder Blutzuckerselbstmessung, zum Insulinregime und zu den Injektionstechniken, aber auch vor allem zum frühzeitigen Erkennen von Hyperglykämie- bzw. Hypoglykämiesymptomen sowie zu fördernden oder belastenden Kontextfaktoren. Weiterhin gilt besondere Aufmerksamkeit der anamnestischen Erfassung diabetischer Folgeerkrankungen und der Erhebung eines entsprechenden körperlichen Befundes. Während die diätetisch und medikamentös gut eingestellte Diabetiker lange Zeit scheinbar gesund und ohne Einschränkung seiner Aktivitäten sein kann, können einzelne Folgeerkrankungen insbesondere dann, wenn sie kombiniert auftreten, oft leistungs- und teilhabelimitierend werden.

- **Apparative Diagnostik**

Neben der früher so bedeutsamen Bestimmung des Nüchternblutzuckers ist heute eher für die Früherkennung (v. a. des Typ 2-Diabetes) die Bestimmung des postprandialen Glukosewertes mindestens 1 ½ Stunden nach kohlenhydratreicher Mahlzeit bedeutsam. Der anschließende »Glukosebelastungstest« nach oraler Glukosegabe zur Insulinprovokation sichert die Diagnose. Für die Verlaufskontrolle erlaubt die Bestimmung des glykolysierten Hämoglobins HbA_1c eine längerfristige Abschätzung der Stoffwechseleinstellung. Hinzu kommen zur Erfassung der Folgeerkrankungen die Bestimmung von Mikroalbumin im Urin und der harnpflichtigen Substanzen im Blut sowie die ophthalmologische Kontrolle des Augenhintergrundes.

Beim Typ 1-Diabetes ist heute die sogenannte intensivierte oder funktionelle Insulintherapie mit Mahlzeitenangepasster Injektion eines Kurzzeitinsulins und 1–2 maliger Injektion eines Langzeitinsulins pro Tag die Standardtherapie. Voraussetzung für eine erfolgreiche Anwendung dieser Therapieform oder der analog durchzuführenden Insulinpumpentherapie sind mindestens 4 tägliche Blutzuckerselbstkontrollen, sorgfältige Dokumentation der gemessenen Blutzuckerwerte und der applizierten Insulindosen sowie die spezielle Registrierung anamnestischer Besonderheiten wie z. B. Unterzuckerungen. Gelegentlich im Falle drohender hyperglykämischer Entgleisung kommt die Acetonbestimmung im Harn hinzu. Unzureichende Stoffwechseleinstellung, nicht selten kombiniert mit häufigen und/oder schweren Unterzuckerungen, hat meistens ihren Ursprung darin, dass diese Basisanforderungen nicht erfüllt werden. Wenn trotz mehrfacher Schulungen bei schlechter Stoffwechseleinstellung keine adäquate Dokumentation der Stoffwechselselbstkontrollen vorgelegt werden kann, sollten ggf. zusätzlich bestehende psychomentale Begleiterkrankungen ausgeschlossen werden.

Auch beim Diabetes mellitus Typ 2 haben Verlaufskontrollen der Stoffwechseleinstellung (Gewicht, Blutzucker oder HbA_1c, Mikroalbumin im Urin) in der Regel mehr Bedeutung als aufwändige morphologische Diagnostik. Wie beim Typ 1-Diabetes ist es wichtig, sich ein Bild zu verschaffen über Schulungsstand, angewandtes Schulungswissen, Dokumentation der Stoffwechselselbstkontrollen und mögliche psychische Probleme, die eine eigenständige Behandlung erforderlich machen könnten.

Krankheitsspezifische Begutachtungskriterien, Zielkriterien

Bei Diagnose und Verlaufskontrolle des Diabetes mellitus (aber auch anderer endokriner Krankheitsbilder) nehmen vor allem funktionsdiagnostische Untersuchungen unter Berücksichtigung der zugrunde liegenden Regelkreise eine besondere Rolle ein. Dies entspricht weitgehend der funktionalen Beurteilung des Gutachters, der sich ohnehin weniger an regionalen oder morphologischen Befunden, sondern viel mehr an ihren funktionalen Auswirkungen orientieren sollte. Während die unmittelbaren Symptome der Diabeteserkrankung nur bei unzureichend eingestellter Stoffwechselsituation von leistungsbegrenzender Bedeutung sein können, hat das besondere Augenmerk des Gutachters den funktionalen Auswirkungen und Aktivitätseinschränkungen durch Komplikationen und Folgeerkrankungen zu gelten. Leider wird hierbei häufig der Grenzbereich individueller Therapie- und Kooperationsbereitschaft des Patienten erreicht, in dem sich Verbesserung des Informationsstandes und des Selbstmanagements nicht immer erzwingen lassen, auch wenn der Patient hierdurch gravierende Auswirkungen auf das noch verbleibende Leistungsvermögen und die restliche Lebenserwartung in Kauf nimmt. Neben der Erfassung des aktuellen Insulinbedarfs und der Konstanz der bisherigen Stoffwechselführung ist insbesondere der Selbstgefährdung und Leistungslimitierung durch wiederkehrende Hypoglykämien besondere Beachtung zu schenken.

Beim Diabeter Typ 2 sind Konstanz der Stoffwechseleinstellung und Führung mit konsequenter Kalorien- und Gewichtsreduktion unter Berücksichtigung des Hypoglykämierisikos entscheidend, besonders bei insulinspritzenden Typ 2-Diabetikern. Besonderheiten der Begutachtung beim Typ 2-Diabetes bestehen einerseits in der Erfassung von Risikofaktoren unter Einbeziehung möglicher Kontextfaktoren auch vor dem Hintergrund einer möglichen Reha-Indikation sowie andererseits in der Berücksichtigung bereits eingetretener Komplikationen und/oder Folgeerkrankungen. Hier orientiert sich die Beurteilung der Leistungsfähigkeit an den funktionalen Einschränkungen bzw. den verbliebenen Aktivitäts- und Teilhabemöglichkeiten. Bei guter Stoffwechseleinstellung ohne Folgeerkrankungen ist in der Regel von keiner wesentlichen Aktivitäts- und/oder Teilhabestörung auszugehen.

Spezifische sozialmedizinische Beurteilung

Die Leistungseinschränkungen von Diabetikern werden oftmals mehr als kompensiert durch die disziplinierte Selbstorganisation und das konsequente Therapiemanagement gut geschulter Diabetiker (insbesondere Typ 1-Diabetiker), die aufgrund ihrer Diabetesschulung und ihrer disziplinierten »Eigentherapie« Eigenschaften und Fähigkeiten entwickelt haben, die sehr wohl auch dem Arbeitsprozess und dem Arbeitgeber zugute kommen können.

Ähnlich wie bei Epilepsiekranken ist auch bei Diabetikern die Konstanz und Verlässlichkeit der medikamentösen Therapie zur Vermeidung akuter Anfälle bzw. Stoffwechselentgleisungen (Hypoglykämien) entscheidend.

Berufswahl. Diabetiker können nahezu alle Berufe ausüben. Einschränkungen ergeben sich allerdings bei der Behandlung mit blutzuckersenkenden Medikamenten, die Hypoglykämiepotential beinhalten, also z. B. Sulfonylharnstoffe, Glinide und insbesondere Insulin. Bei der Berufsausübung muss darauf geachtet werden, dass hypoglykämiegefährdete Diabetiker weder sich selbst noch andere gefährden.

Die Unfallverhütungsvorschriften der Berufsgenossenschaften untersagen aus Haftungsgründen die Be-

◘ Tab. 12.2 Für Diabetiker weniger geeignete Tätigkeiten

Arbeiten mit Selbstgefährdung	Dachdecker, Gerüstarbeiter, Schornsteinfeger, Hochofenarbeiter, Bergführer, Telegraphenarbeiter, Bauarbeiter an Hochbauten, Tätigkeiten an Maschinen mit Unfallgefahr durch rotierende Teile, Pressen, Stanzen, Walzen, Bohrmaschinen oder an Hochöfen; Elektriker, Chemiearbeiter
Arbeiten mit Fremdgefährdung	Personenbeförderung (Omnibusfahrer, Lokomotivführer, Pilot), Verkehrskontrollen (Fluglotse, Schrankenwärter), Überwachungsfunktionen (Controller im Kernkraftwerk), berufsmäßiger Waffengebrauch (Polizist, Soldat, Werkschutz)

Nach den Unfallverhütungsvorschriften der Berufsgenossenschaften.

schäftigung von Diabetikern an den in der ◘ Tab. 12.2 aufgelisteten Arbeitsplätzen.

Bei der Erstmanifestation eines Typ 2-Diabetes bei einem Berufskraftfahrer oder bei einem bekannten Typ 2-Diabetiker, bei dem nicht hypoglykämieträchtige Medikamente versagt haben und evtl. nunmehr eine Insulinbehandlung ansteht, kann die Beurteilung der Kraftfahrtauglichkeit eine besondere Rolle spielen [2]. Für solche Probleme hat der Ausschuss Soziales der Deutschen Diabetes Gesellschaft Leitlinien formuliert (vgl. Übersicht »Kraftfahrtauglichkeit von Diabetikern«).

Außerdem können Krankheitskomplikationen und Therapienebenwirkungen zu einer Beeinträchtigung der Fahrtauglichkeit des Diabetikers führen; vgl. ◘ Tab. 12.3.

Kraftfahrtauglichkeit von Diabetikern

Leitsätze

– Wer als Diabetiker zu schweren Stoffwechselentgleisungen mit Hypoglykämien mit Kontrollverlust, Verhaltensstörungen oder Bewusstseinsbeeinträchtigungen oder Hyperglykämien mit ausgeprägten Symptomen wie z. B. Schwäche, Übelkeit, Erbrechen oder Bewusstseinsbeeinträchtigungen neigt, ist nicht in der Lage, den gestellten Anforderungen zum Führen von Kraftfahrzeugen beider Gruppen* gerecht zu werden.

– Wer nach einer Stoffwechseldekompensation erstmals oder wer überhaupt neu eingestellt wird, ist so lange nicht in der Lage, den gestellten Anforderungen zum Führen von Kraftfahrzeugen beider Gruppen gerecht zu werden, bis die Einstellphase durch Erreichen einer ausgeglichenen Stoffwechsel-

lage (inkl. der Normalisierung des Sehvermögens) abgeschlossen ist.

– Bei ausgeglichener Stoffwechsellage sind im Umgang mit der Erkrankung informierte Diabetiker, die mit Diät, oralen Antidiabetika oder mit Insulin behandelt werden, in der Lage, Kraftfahrzeuge der Gruppe 1 sicher zu führen.

– Wer als Diabetiker mit Insulin behandelt wird, ist in der Regel nicht in der Lage, den gestellten Anforderungen zum Führen von Kraftfahrzeugen der Gruppe 2 gerecht zu werden. Ausnahmen setzen außergewöhnliche Umstände voraus, die in einem ausführlichen Gutachten im Einzelnen zu beschreiben sind. Neben regelmäßigen ärztlichen Kontrollen sind Nachbegutachtungen im Abstand von höchstens 2 Jahren erforderlich.

– Diabetiker, die mit oralen Antidiabetika vom Sulfonylharnstofftyp behandelt werden, sind in der Lage, den gestellten Anforderungen zum Führen von Kraftfahrzeugen der Gruppe 2 gerecht zu werden, wenn vor der Genehmigung eine gute Stoffwechselführung ohne Hypoglykämien über etwa 3 Monate vorlag. Nachbegutachtungen sind im Abstand von höchstens 3 Jahren erforderlich.

Begründung: Diabetiker, die keine Krankheitszeichen zeigen und erwarten lassen, sind beim Führen von Kraftfahrzeugen beider Gruppen in der Lage, den gestellten Anforderungen gerecht zu werden. Dieses gilt für den größten Teil aller Diabetiker. Die Voraussetzungen zum sicheren Führen von Kraftfahrzeugen können jedoch eingeschränkt oder ausgeschlossen sein, wenn durch unzureichende Behandlung, durch Nebenwirkungen der Behandlung oder durch Komplikationen der Erkrankung verkehrsgefährdende Gesundheitsstörungen bestehen oder zu erwarten sind. Diese Diabetiker bedürfen der individuellen Beurteilung in der Frage, ob ihre Fähigkeiten den Mindestanforderungen zum Führen von Kraftfahrzeugen entsprechen.

Das verkehrsmedizinische Risiko kann sich im Verlauf der Diabeteserkrankung so schnell ändern, dass die nach § 23 FeV vorgeschriebenen Befristungen der Fahrerlaubnis für Fahrzeuge der Gruppe 2 unzureichend sind. Diese Fristen können ggf. im Einzelfall verkürzt werden.

Nach verkehrsmedizinischen Aspekten können drei Gruppen von Diabetikern entsprechend ihrer Behandlungsart und Kontrollbedürftigkeit unterschieden werden:

a. Nur mit Diät sowie mit Diät und Medikamenten zur Besserung der Insulinresistenz (Biguanide, Insulinsensitizer) und/oder Pharmaka zur Resorptionsverzögerung von Nährstoffen behandelte Diabetiker: Diabetiker dieser Gruppe können uneingeschränkt am öffentlichen Straßenverkehr teilnehmen.
b. Mit Diät und oralen Antidiabetika vom Sulfonylharnstofftyp behandelte Diabetiker: Diabetiker dieser Gruppe sind eher selten durch Hypoglykämien gefährdet. Sie können in der Regel uneingeschränkt den gestellten Anforderungen beim Führen eines Kraftfahrzeuges gerecht werden.
c. Mit Diät und Insulin, auch mit Insulin und oralen Antidiabetika behandelte Diabetiker: Diabetiker dieser Gruppe sind vom Grundsatz her hypoglykämiegefährdet. Sie sind deshalb in der Regel nicht in der Lage, den gestellten Anforderungen zum Führen von Kraftfahrzeugen der Gruppe 2 gerecht zu werden. Kraftfahrzeuge der Gruppe 1 und auch der Unterklassen C1, C1E können sie jedoch führen,

wenn davon auszugehen ist, dass sie auftretende Hypoglykämien und Hyperglykämien bemerken und erfolgreich behandeln können. In der Regel setzt dieses Stoffwechselselbstkontrollen voraus.

Die Hypoglykämie kann in der Regel rechtzeitig erkannt und behandelt werden. Der Betroffene erkennt sie an Warnzeichen wie Schweißausbruch, Zittern, Blässe, Sehstörungen, Heißhunger und/oder anderen Symptomen. Es gibt aber auch Diabetiker, bei denen sich die Bewusstseinsveränderungen oder Verhaltensstörungen so plötzlich oder ohne typische Warnzeichen einstellen, dass der Betroffene keine Gegenmaßnahmen ergreifen kann. Diese Diabetiker sind nicht in der Lage, den gestellten Anforderungen zum Führen von Kraftfahrzeugen gerecht zu werden, es sei denn, dass sie durch geeignete Maßnahmen, wie z. B. Therapieänderungen, Wahrnehmenstraining, Blutzuckerselbstkontrollen vor und während jeder Fahrt, derartige Hypoglykämien zuverlässig verhindern können.

Die hyperglykämische Stoffwechselentgleisung, die bis zum Präkoma oder Koma diabeticum führen kann, geht mit vermehrter Erschöpfbarkeit, psychischer Verlangsamung und im späten Stadium mit schwerem Krankheitsgefühl und ausgeprägten Symptomen einher. Sie macht den Betroffenen fahrunsicher.

Eine gesonderte verkehrsmedizinische Beurteilung erfordern im Zusammenhang mit dem Diabetes die krankheitsbedingten Komplikationen, vor allem die Retinopathia diabetica. Bei einer Retinopathie kommt es auf das Sehvermögen an, das dann regelmäßig überprüft werden sollte.

Weitere Komplikationen wie Nephropathia diabetica, kardiale und zerebrale Angiopathien, Hypertonie, periphere Neuropathie oder andere können von sich aus über eine Einschränkung der Organfunktion die Voraussetzungen zur Bewältigung der gestellten Anforderungen beim Führen eines Kraftfahrzeuges einschränken oder aufheben.

Ihre Beurteilung muss den Beurteilungsgrundsätzen folgen, die für diese Krankheitsgruppen vorgesehen sind.

(Nach: Begutachtungs-Leitlinien zur Kraftfahrereignung, Kap. 3.5 Diabetes mellitus [1])

*   Gruppe 1: Führer von Fahrzeugen der Klassen A, A1, B, BE, M, S, L und T.
    Gruppe 2: Führer von Fahrzeugen der Klassen C, C1, CE, C1E, D, D1, DE, D1E und Fahrerlaubnis zur Fahrgastbeförderung.

◻ Tab. 12.3 Krankheitskomplikationen, die zu einer Beeinträchtigung der Fahrtauglichkeit führen können

Folgende Krankheitskomplikationen und Therapienebenwirkungen können zu einer Beeinträchtigung der Fahrtauglichkeit des Diabetikers führen:	– Retinopathie, Glaukom – Schwere Nephropathie – Kardiale und cerebrale Angiopathie – Hypertonus – Periphere und autonome diabetische Neuropathie (insbesondere eingeschränkte Hypoglykämie-Wahrnehmung) – Labile Stoffwechsellage mit Entgleisungen (insbesondere Hypoglykämien)
Ärztliche Richtlinien für Kraftfahrzeug-führende Diabetiker:	– Regelmäßige Blutzucker-Selbstkontrollen und ärztliche Blutzuckerkontrollen – Regelmäßige allgemeinärztliche Untersuchungen – Aufklärung über mögliche Beeinträchtigungen der Fahrtüchtigkeit durch den Arzt, Dokumentation (Schutz vor straf- und zivilrechtlichen Konsequenzen)

Nach: Begutachtungs-Leitlinien zur Kraftfahrereignung, Kap. 3.5 Diabetes mellitus [1]

Sozialmedizinische Arbeitsplatzvorgaben, die noch auf starren Insulinregimen mit Mischinsulinen gründen, gehören seit vielen Jahren nicht mehr zur Alltagsrealität insulinabhängiger berufstätiger Diabetiker. Jeder Diabetiker kann heute seine Insulindosis an private (Wochenende, Urlaubsreise, Sport) wie berufliche Aktivitäten (Dienstreise, Montageeinsatz) adaptieren, wenn er ausreichend geschult ist und das Gelernte auch anwendet.

Schichtarbeit, Nachtarbeit. Häufig wechselnde Arbeitszeiten stellen besonders hohe Anforderungen an die Anpassung der Insulindosierung und sollten daher nach Möglichkeit vermieden werden. Kontinuierliche Nachtarbeit wie bei einem Pförtner oder einer Krankenschwester ist hingegen weniger ein Problem.

Akkordarbeit. Arbeiten unter Zeitdruck oder gelegentliche Mehrarbeit, insbesondere wenn sie einer gewissen Regelmäßigkeit unterliegt, kann der geschulte insulinabhängige Diabetiker bewältigen.

Pausenbedarf. Bei der früheren unflexiblen Behandlung mit zweimaligen Gaben von Mischinsulin waren regelmäßige Zwischenmahlzeiten obligat, für die immer wieder zusätzliche Pausen gefordert wurden. Sie können mit

den kurzwirksamen (Analog)-Insulinen heute meist völlig entfallen und sind in der Regel durch die jedem Arbeitnehmer zustehenden persönlichen Verteilzeiten ausreichend abgedeckt.

Bei ausreichender Einstellungsqualität bestehen für alle behandelten Typ 2-Diabetiker keinerlei Einschränkungen in Bezug auf Arbeitsplatzanforderungen. Bei dem heute möglichen differenzierten, vielfach auch kombinierten Einsatz oraler Antidiabetika mit unterschiedlichem Wirkungsmechanismus und somit reduziertem Hypoglykämiepotential sind bei der geschulten und motivierten Mitarbeit der Betroffenen keine Probleme zu erwarten. Weder berufliche Stresssituationen noch Schicht-, Nacht- und Akkordarbeit bereiten i. d. R. Probleme. Die Notwendigkeit zusätzlicher Pausen ergibt sich nicht mehr.

Die Einschätzung der qualitativen und quantitativen Leistungsfähigkeit hängt wesentlich ab von der konsequenten Umsetzung des Schulungswissens und der Trainingserfahrung in dauerhaftes und gewissenhaftes Selbstmanagement, insbesondere bei der intensivierten Insulintherapie oder Insulinpumpentherapie. Hierbei sind leistungsfördernde wie auch leistungshemmende persönliche wie umweltbedingte Kontextfaktoren in die Beurteilung mit einzubeziehen, um die Bedeutung aktueller Therapiekomplikationen (z. B. Hypoglykämie) wie auch späterer Folgeerkrankungen und Komplikationen angemessen berücksichtigen zu können.

■ Sozialmedizinische Beurteilung der Folgekrankheiten

Diabetische Retinopathie. Die sozialmedizinische Beurteilung orientiert sich am Ausmaß der Funktionseinschränkung. Deren Feststellung kann sich nur am Visusverlust orientieren, wobei man davon ausgehen kann, dass eine Reduktion auf den Visus 0,4 immer noch das Lesen einer Tageszeitung ermöglicht. Bei jungen Typ 1-Langzeit-Diabetikern ist aber beim Vorliegen einer proliferativen Retinopathie mit Visusverlust rechtzeitig an die Umschulung auf einen Sehschwachenberuf zu denken.

Diabetische Nephropathie. Für die Beurteilung der Leistungsfähigkeit gelten bei Diabetikern mit Nierenerkrankungen die gleichen Einschränkungen der Leistungsfähigkeit wie bei Nichtdiabetikern mit Nierenerkrankungen; vgl. hierzu ► Kap. 17.

Diabetischer Fuß. Ulkusgefährdete Stellen des Fußes dürfen nicht belastet werden. Daher sind jedwede Tätigkeiten, die mit einer Fußbelastung verbunden sind, zu vermeiden. Zudem muss darauf geachtet werden, dass die Möglichkeit besteht, entsprechende druckentlastende Schuhe am Arbeitsplatz zu tragen. Da diese generell aus weichem Material bestehen müssen, sind Arbeiten eingeschränkt, bei denen der Fuß mechanischen Belastungen (auch durch Arbeitsschutzschuhe), Nässe, Kälte oder Schmutz ausgesetzt ist. Speziell bei Vorliegen von Ulzerationen sind Arbeiten, die eine erhöhte Infektionsgefährdung bzw. eine verzögerte Wundheilung zur Folge haben, wie die Expositionen von Kälte, Hitze, Schmutz und Feuchtigkeit, zu vermeiden.

Hypoglykämie-Neigung. Für Patienten mit gestörter Hypoglykämie-Wahrnehmung birgt das Berufsleben zahlreiche Gefahren. Die Ausübung bestimmter Tätigkeiten, die mit einem hohen Selbst- und Fremdgefährdungspotential verbunden sind, ist nicht mehr möglich. Das sind z. B. Arbeiten in exponierten Positionen (wie auf Gerüsten oder Leitern), als Kraftfahrer im öffentlichen Verkehr (z. B. als Busfahrer oder Flugzeugführer) oder als Mitarbeiter im Außendienst, der täglich lange Fahrten mit einem PKW unternehmen muss mit unregelmäßiger Nahrungsaufnahme.

Sofern von einem Patienten mit Diabetes mellitus im Rahmen einer sozialmedizinischen Begutachtung eine Hypoglykämie-Neigung als wesentliche Leistungseinschränkung vorgetragen – und manchmal auch aggraviert – wird, ist dieser Aspekt entsprechend zu berücksichtigen. Dem Probanden ist zu vermitteln, dass die Anerkennung dieser gravierenden Leistungseinschränkung auch die private PKW-Nutzung verbietet.

Dieser Hinweis erhöht die Bereitschaft, das im Hypoglykämie-Wahrnehmungstraining Gelernte ernster zu nehmen und häufigere dokumentierte Blutzucker-Selbstkontrollen, z. B. beim Antritt und im Verlauf einer längeren PKW-Fahrt, durchzuführen.

- **Medizinische Rehabilitation**

Die Deutsche Rentenversicherung verfügt seit 2003 über Leitlinien zur Rehabilitationsbedürftigkeit bei Stoffwechsel- und gastroenterologischen Krankheiten sowie Adipositas mit speziellen Darstellungen unter anderem zum Diabetes mellitus und zur Adipositas [1a]. Mehr als 80 % aller Typ 2-Diabetiker sind übergewichtig. Dabei würde die Reduktion des Körpergewichtes nur um einige wenige Kilogramm die Stoffwechselsituation entscheidend verbessern können. Grundsätzlich ist eine Rehabilitation bei Diabetes mellitus immer dann besonders sinnvoll, wenn ein multimodaler Therapiebedarf auf verschiedenen somatischen und psychosozialen Ebenen vorliegt. Moderne Rehabilitationsangebote in qualifizierten Rehabilitationseinrichtungen für Stoffwechselerkrankungen bieten ein multidisziplinäres mehrdimensionales Therapieangebot mit dem Schwerpunkt »Empowerment« und der Vermittlung von Copingstrategien (Bewältigungsstrategien). Ziel ist eine Befähigung der Betroffenen zum selbstverantwortlichen Umgang mit der eigenen Erkrankung einschließlich der selbstständigen Festlegung und Verfolgung von individuellen Therapiezielen. Hierdurch ist nach heutigem Kenntnisstand am ehesten eine langfristig erfolgreiche Behandlung von Lebensstil-abhängigen Stoffwechselstörungen möglich [9, 10]. Als wesentliches Element der Langzeitbehandlung ist die medizinische Rehabilitation im Disease-Management-Programm (DMP) ausdrücklich für Typ 2-Diabetiker vorgesehen.

Rehabilitationsbedarf im Sinne einer erheblichen Gefährdung der Erwerbsfähigkeit liegt beim Diabetes mellitus häufig und z. T. bereits frühzeitig vor. Mitunter ist der Gutachter zunächst auch mit anderen eher schmerzhaften Antragsdiagnosen z. B. am Stütz- und Bewegungssystem konfrontiert, welche die endokrine bzw. metabolische Grunderkrankung unerwähnt lassen. Dann sollte er diese rechtzeitig erkennen und sie bei der Indikationsstellung zur medizinischen Rehabilitation berücksichtigen.

- **Erwerbsminderung**

Eine rentenrelevante Leistungsminderung besteht i. d. R. erst bei gravierenden, dann oft irreversiblen, komplexen Folge- und Spätschäden. Die sozialmedizinische Beurteilung erfolgt in der Regel durch ein internistisches Gutachten. Zusätzlich können weitere organbezogene Fachgutachten erforderlich sein (zum Beispiel auf opthalmologischem Gebiet).

12.2.2 Metabolisches Syndrom

Hinter diesem Begriff verbirgt sich ein Cluster von Stoffwechselstörungen, ein Symptomkomplex aus Adipositas, gestörtem Kohlenhydrat- und Fettstoffwechsel sowie arterieller Hypertonie. Gemäß Definition des »National Cholesterol Education Program« (NCEP) müssen für ein »Metabolisches Syndrom« mindestens drei von fünf Kriterien erfüllt sein: Taillenumfang über 102 cm bei Männern oder über 88 cm bei Frauen, Nüchternblutzucker über 6,1 mmol/l (110 mg/dl) oder antidiabetische Medikation, HDL-Cholesterin unter 1,0 mmol/l (40 mg/dl) bei Männern oder unter 1,3 mmol/l (50 mg/dl) bei Frauen, Triglyceride über 1,7 mmol/l (150 mg/dl) und Blutdruck über 130/85 mmHg. Das metabolische Syndrom stellt eine Hochrisikokonstellation für kardiovaskuläre Folgeerkrankungen dar [14]. Das metabolische Syndrom ist aber keine einheitliche Erkrankung (Diagnose) und erscheint als solche auch nicht in der ICD-10.

Seine wichtigsten Krankheitskomponenten sind der **Typ 2-Diabetes** (▶ Kap. 12.2.1), die arterielle Hypertonie auf dem Boden einer generalisierten Atherosklerose und die Dyslipoproteinämie. Vor dem Hintergrund einer polygenetischen Belastung sind Fehlernährung und Bewegungsmangel die entscheidenden ätiologischen Faktoren des metabolischen Syndroms. Über eine viszerale Adipositas entsteht eine Insulinresistenz, welche eine Schlüsselrolle in der Akzeleration der Atherosklerose spielt.

Die **arterielle Hypertonie** ist ein zentraler Bestandteil des metabolischen Syndroms und bestimmt maßgebend die Einschätzung des kardiovaskulären Risikos. Besonders wichtig ist deshalb eine effektive Blutdruckeinstellung. Sie beeinflusst nicht nur die klassischen Folgeschäden des Hypertonus selbst, sondern wirkt sich darüber hinaus günstig auf die mikro- und makroangiopathischen Folgekrankheiten des Typ 2-Diabetes aus. Eine ausführliche Darstellung des Themas findet sich in ▶ Kap. 13.2.2.

Dyslipoproteinämien spielen weniger in der Begutachtung als bei der Primär- und Sekundärprävention atherogener Herz-Kreislauf-Erkrankungen eine Rolle. Diese aber stellen in Deutschland – wie in vielen Industrieländern – nach wie vor die häufigste Todesursache dar. Daran hat das metabolische Syndrom einen großen Anteil. Neben der Erhöhung atherogener Lipide wie dem LDL-Cholesterin ist gerade im Rahmen des metabolischen Syndroms eine Verminderung des antiatherogenen HDL-Cholesterins von besonderer Bedeutung. Die Höhe der Triglyceride gilt vor allem als Indikator für die Insulinresistenz, die sich ansonsten laborchemisch nur schwer fassen lässt. Die Kombination Hypertriglyceridämie mit niedrigem HDL-Cholesterin ist die klassische Lipidkonstellation des metabolischen Syndroms und mit einem hohen atherogenen Risiko verbunden. Gesamt-Cholesterin und LDL-Cholesterin sind dagegen beim metabolischen Syndrom häufig nur wenig erhöht. Es lassen sich aber mit speziellen Labormethoden vermehrt kleine, besonders dichte LDL-Partikel nachweisen, die als vermehrt atherogen gelten.

Klassifikationen und Stadieneinteilungen

Für die Unterscheidung von Untergewicht, Normalgewicht sowie den verschiedenen Graduierungen von Übergewicht bis hin zur ausgeprägten Adipositas wird üblicherweise der Body-Mass-Index (BMI) verwendet. Die von der WHO stammende Klassifikation ist in ◻ Tab. 12.4 wiedergegeben.

Eine Zusammenstellung der Fettstoffwechselstörungen mit erhöhtem Atheroskleroserisiko ist in ◻ Tab. 12.5 enthalten. Es wird unterschieden zwischen primären Fettstoffwechselstörungen und sekundären Formen, die bei erfolgreicher Behandlung der Grundkrankheit oder Absetzen des auslösenden Medikaments wieder zum Verschwinden gebracht werden können. Die primären Störungen haben in der Regel einen hereditären Hintergrund mit teils monogenetischer Ursache (LDL-Rezeptordefekt bei familiärer Hypercholesterinämie), teils polygenetischer Belastung (z. B. polygenetische Hypercholesterinämie). In den meisten Fällen sind jedoch ungünstige (vor

◻ **Tab. 12.4** Body-Mass-Index (BMI) – Klassifikation nach WHO

Kategorie	BMI (kg/m²)
Untergewicht	Kleiner als 18,5
Normalgewicht	18,5 – 24,9
Übergewicht	25 oder größer
Präadipositas	25 – 29,9
Adipositas	30 oder größer
Adipositas Grad I	30 – 34,9
Adipositas Grad II	35 – 39.9
Adipositas Grad III (per magna)	40 oder größer

Berechnung des Body-Mass-Index: Körpergewicht in Kilogramm/Körpergröße in Meter zum Quadrat.
Beispiel: Bei einer Körpergröße von 1,80 Meter und einem Körpergewicht von 76 Kilogramm ist der BMI: $76 : 1,8^2 = 76 : 3,24 = 23,5$

allem zu fettreiche) Ernährung und Übergewicht wesentlich an der Ausprägung der Fettstoffwechselstörung beteiligt.

Spezifische krankheitsbedingte Beeinträchtigungen nach ICF

Adipositas ist ein wesentlicher Faktor für die Entwicklung von Skeletterkrankungen, Bluthochdruck, Diabetes mellitus Typ 2, Herz-Kreislauf-Erkrankungen, obstruktiven Lungenerkrankungen, Fettleber, Cholelithiasis sowie für das Schlafapnoe-Syndrom. Diese Folgeerkrankungen bestimmen im Wesentlichen die vorhandenen spezifischen Beeinträchtigungen nach der ICF. Auch ohne spezielle Folgeerkrankungen leiden viele Betroffene vor allem bei Adipositas II. und III. Grades unter einer herabgesetzten allgemeinen Leistungsfähigkeit, rascher Dyspnoe bei geringen Belastungen, eingeschränkter Beweglichkeit und Koordinationsfähigkeit, sowie nicht zuletzt unter erheblichen psychischen Belastungen bis hin zu depressiven Entwicklungen. Durch diese Folgen kann ein eigenständiger Rehabilitationsbedarf entstehen und diese Faktoren sind auch bei sonstigen sozialmedizinischen Fragestellungen zu beachten.

Spezielle Diagnostik, Sachaufklärung

Nur selten ist die Adipositas durch genetische Syndrome oder endokrine Störungen wie Hypothyreose oder Hypercortisolismus bedingt. Häufiger sind Medikamente wie Corticosteroide, Psychopharmaka oder Insulin bei Typ 2-Diabetes als begünstigende Faktoren bei einer Gewichtszunahme beteiligt. Diese Zusammenhänge sind durch eine sorgfältige Anamnese zu klären. Grundsätzlich

Tab. 12.5 Fettstoffwechselstörungen mit erhöhtem Atheroskleroserisiko

Hyperlipidämieform	Erhöhte Lipidfraktion	Symptome
Primäre Hyperlipidämien		
Polygene Hypercholesterinämie	LDL	Xanthoma, Arcus lipoides corneae
Familiäre Hypercholesterinämie	LDL	sehr hohes Risiko für KHK
Kombinierte Hyperlipidämie	LDL u./o. VLDL	bei Chylomikronämie Risiko der Pankreatitis
Remnant-Lipoproteinämie	LDL, VLDL	
Sekundäre Hyperlipidämien		
Übergewicht	VLDL, (LDL)	klinische Erscheinungen weitgehend
Kost mit reichlich tierischem Fett	(VLDL), LDL	von Grunderkrankung bestimmt
Alkoholabusus	VLDL, HDL	
Nikotinabusus	VLDL, LDL	eventuell Xanthome und Zeichen der
Diabetes mellitus Typ 2	VLDL, CHYL	arteriellen Durchblutungsstörung
Hypothyreose	VLDL, HDL, LDL	Risiko der KHK
Gestagene, Androgene	LDL	bei Chylomikronämie Risiko der Pankreatitis
Glukokortikoide	VLDL, LDL	
Diuretika	VLDL, LDL	

sollten auch familiäres Auftreten von Übergewicht, die zeitliche Entwicklung des Übergewichtes, Hinweise auf Ess-Störungen sowie bisherige Behandlungen einschließlich gewichtsreduzierender Medikamente und bariatrischer Operationen erfragt werden.

Die ganz überwiegende Mehrzahl adipöser Menschen weist einen ungesunden Lebensstil auf mit hyperkalorischer Fehlerernährung und Bewegungsmangel. Dies ist den meisten Betroffenen nicht hinreichend bewusst.

Die erfolgreiche langfristige Therapie der Adipositas setzt eine ausreichende Fähigkeit zur Selbstreflexion voraus, Motivation zu zielorientiertem Handeln sowie die physischen und psychischen Bedingungen zu einer nachhaltigen Lebensstiländerung.

Wichtiger Bestandteil der Sachaufklärung ist die Eingrenzung des Atheroskleroserisikos. Neben der absoluten Höhe der Lipidparameter spielt dabei das individuelle Gefäßrisiko eine besondere Rolle. Bei bereits bekannter koronarer Herzkrankheit muss ein besonders niedriger LDL-Cholesterinwert unter 100 mg/dl angestrebt werden, während bei niedrigem Gefäßrisiko auch höhere Werte akzeptiert werden können. Bei Menschen mit Kombination des Lipidrisikos mit weiteren Risiken wie Bluthochdruck, Rauchen und/oder Diabetes mellitus vervielfältigt sich das Arterioskleroserisiko. Deshalb, und weil statistisch gesehen das Koronarrisiko parallel zum Cholesterinspiegel und der LDL/HDL-Relation bereits im Bereich des »Normalen« ansteigt, ist die Festlegung auf allgemeinverbindliche Grenzbereiche schwierig und kann nur in-

dividuell vorgenommen werden. Sie richtet sich nach der Anamnese, nach evtl. durchgemachten arteriosklerotischen Herz-Kreislauf-Erkrankungen, nach arteriosklerosefördernden Begleiterkrankungen (Hypertonie, Diabetes mellitus) und sonstigen Risikokonstellationen (Rauchen, körperliche Inaktivität etc.).

Krankheitsspezifische Begutachtungskriterien

Der Gutachter muss sich in erster Linie mit den Folgeerkrankungen der Adipositas, der diabetischen Stoffwechsellage mit Insulinresistenz, arterieller Hypertonie und Dyslipoproteinämie auseinandersetzen, die nach den Regeln der entsprechenden Fachgebiete beurteilt werden. Daneben sollten auch die unspezifischen Adipositas-assoziierten Beeinträchtigungen nicht unterschätzt oder übersehen werden. Eine wichtige Begutachtungsaufgabe besteht häufig darin, die individuellen Voraussetzungen des Probanden für eine erfolgversprechende Therapie zu bewerten.

Spezifische sozialmedizinische Beurteilung

Während die Begutachtung für den Rehabilitationszugang auch das Gefährdungspotential von vorhandener arterieller Hypertonie, Diabetes mellitus, Adipositas oder Dyslipoproteinämie berücksichtigen muss, sind für die Begutachtung der Leistungsfähigkeit im Erwerbsleben die eingetretenen Folgeschäden relevant. Da bei Entstehung und Behandlung von Hypertonie, Diabetes, Adipositas sowie

Fettstoffwechselstörung gerade im Rahmen des metabolischen Syndroms Lebensstilfaktoren und deren langfristige Veränderung eine große Rolle spielen, sind prognostische sozialmedizinische Einschätzungen auch stark abhängig von den personen- und verhaltensbezogenen Kontextfaktoren der Betroffenen.

12.2.3 Erkrankungen der Schilddrüse

Die wichtigste Schilddrüsenerkrankung mit der größten volkswirtschaftlichen epidemiologischen Bedeutung ist die endemische Struma, die als Jodmangelstruma aufzufassen ist. Primär liegt eine euthyreote Stoffwechsellage vor.

Davon zu unterscheiden sind hyperthyreote Schilddrüsenerkrankungen, die hauptsächlich autoimmunbedingt sind (Basedow-Krankheit/Morbus Basedow) oder Schilddrüsenautonomien in verschiedenen Ausprägungen. Ebenfalls eine Autoimmunerkrankung stellt die Hashimoto-Thyreoiditis dar, die im Erwachsenenalter am häufigsten für eine primäre Hypothyreose verantwortlich ist.

Einzelne Krankheitsbilder
■ Jodmangelstruma
Alimentärer, z. T. regionaler Jodmangel führt zu einer diffus hyperplastischen Struma, die später in eine adenomatöse Knotenstruma übergeht. Zu hoffen ist, dass durch die seit einiger Zeit verbesserte Möglichkeit einer Jodprophylaxe auch in Deutschland die hohe Prävalenz der endemischen Struma und ihrer vielfältigen Folgekrankheiten weiter reduziert werden kann [4].

■ Schilddrüsenadenome
Bei alimentärem Jodmangel proliferieren die Follikel entweder fokal (Adenom) oder diffus (disseminierte Autonomie). Sie produzieren dann bevorzugt das jodärmere und stoffwechselaktivere Trijodthyronin (T3). Die Hormonproduktion ist autonom, d. h. sie unterliegt nicht mehr der hypothalamisch-hypophysären Regulation. Der Nachweis der Autonomie wird geführt durch ein niedriges basales Thyroidea-stimulierendes Hormon (TSH) bzw. einen supprimierten Thyrothropin-Releasing-Hormon-(TRH)-Test bei normalen (latente Hyperthyreose) oder hohen (manifeste Hyperthyreose) peripheren Hormonspiegeln (T3, T4).

■ Immunthyreopathien
Die Pathogenese der Immunthyreopathien ist nur zum Teil aufgeklärt. Nach dem klinischen Bild unterscheidet man u. a. Hashimoto-Thyreoiditis, Riesenzell-Thyreoiditis De Quervain und Basedow-Krankheit (Morbus Basedow).

Mit Ausnahme des Letzteren spielen diese Erkrankungen für die sozialmedizinische Begutachtung keine wesentliche Rolle, weil sie gut behandelt werden können und keine langfristigen Folgeschäden zu erwarten sind.

■ Basedow-Krankheit (Morbus Basedow)
Die Basedow-Krankheit (Morbus Basedow) verläuft sehr variabel. Die Hälfte der Patienten erlebt eine spontane Remission ihrer Hyperthyreose, die andere Hälfte bedarf auf Dauer einer ablativen Therapie. Nach 1–2 Jahren Behandlung mit Thyreostatika muss ein Auslassversuch unternommen und bei Auftreten einer Rezidiv-Hyperthyreose über eine Strumektomie oder Radiojodtherapie entschieden werden. Leider sind über Jahre verschleppte Krankheitsverläufe sehr häufig. Selbst wenn medikamentöse, nuklearmedizinische oder operative Therapien zur Euthyreose geführt haben, persistieren häufig die klinischen Symptome wie innere Unruhe, Schlaflosigkeit, Durchfälle, heftige Gemütsreaktionen und plötzliche Schwächezustände noch über Monate. Ein rasches und zielgerichtetes Krankheitsmanagement ist daher bei dieser Erkrankung besonders angebracht.

■ Endokrine Orbitopathie
Sie findet sich nur bei der Immunthyreopathie vom Typ der Basedow-Krankheit (Morbus Basedow) [erkennbar an der Erhöhung der Thyreotropin-Rezeptor-Antikörper (TRAK)]. Hierbei kommt es zu einer immunologisch vermittelten lymphozytären Infiltration von Fett-, Muskel- und Bindegewebe im Retrobulbärraum mit Exophthalmus, Motilitätsstörungen der Augenmuskeln (Doppelbilder) und mangelndem Lidschluss (Hornhautläsionen). Die endokrine Orbitopathie verläuft über lange Jahre mit häufigen Rezidiven. Ohne rechtzeitige systemische Glukokortikoidtherapie in Verbindung mit einer Retrobulbärbestrahlung drohen schwere Hornhautschäden, persistierende Doppelbilder und in ca. 10 % der Fälle eine Erblindung durch Kompression des N. opticus. Eine augenärztliche Zusatzbegutachtung ist häufig erforderlich (siehe ► Kap. 21). Doppelbilder als einziger Befund sind gewöhnlich nur dann relevant, wenn sie nicht nur beim Blick nach rechts oder links außen, sondern auch beim Blick geradeaus auftreten.

■ Hypothyreosen
Erworbene Unterfunktionszustände der Schilddrüse, am häufigsten infolge einer lymphozytären Thyreoiditis (Hashimoto), werden heute zumeist rechtzeitig erkannt und verursachen bei sachgerechter Substitution keine Leistungseinschränkung im Alltagsleben. Patienten mit Myxödem gibt es (fast) nicht mehr. Eine angeborene Schilddrüsenunterfunktion wird i. d. R. beim Neugeborenen-Screening erkannt und adäquat substituiert.

Schilddrüsenkarzinome

Etwa 90 % sind follikuläre und papilläre Karzinome, weitaus seltener sind medulläre (5 %) oder anaplastische Formen. Nicht selten wird ein differenziertes Karzinom zufällig vom Pathologen nach Operation einer Struma nodosa entdeckt. Therapie der Wahl ist die totale Thyreoidektomie, u. U. gefolgt von einer Radiojodbehandlung beim follikulären und papillären Karzinom bzw. einer externen Bestrahlung beim medullären und anaplastischen Karzinom, das kein Jod aufnimmt. Danach ist eine lebenslange Substitution mit L-Thyroxin notwendig, die zu einer leichten TSH-Suppression führen sollte, ohne dass eine Hyperthyreosis factitia ausgelöst wird.

Spezifische krankheitsbedingte Beeinträchtigungen nach ICF

Bei unbehandelter Hyper- und Hypothyreose können erhebliche körperliche und psychische Einschränkungen der Aktivitäten vorhanden sein, die eine Teilhabestörung nach sich ziehen. In der Regel aber lässt sich durch medikamentöse Maßnahmen – eventuell ergänzt durch Operation und/oder Radiojodtherapie bei Hyperthyreose – eine rasche Euthyreose erreichen, sodass weiter bestehende Funktionseinschränkungen nicht mehr auf die hormonelle Situation zurückgeführt werden müssen. Dagegen können Operationskomplikationen wie Sprachstörungen durch eine Rekurrensparese, ein schwer einstellbarer parathyreopriver Hypoparathyreoidismus oder Bewegungseinschränkungen nach tumorbedingter Neck dissection auch längerfristig relevante Teilhabestörungen verursachen. Ein spezielles Problem stellt die endokrine Orbitopathie im Rahmen einer BASEDOW-Krankheit (Morbus BASEDOW) dar. Diese mitunter sehr schwierig und nur mit großem Aufwand zu behandelnde, auffällige Begleiterkrankung kann durch lang anhaltende Sehstörungen, Doppelbilder oder Lichtempfindlichkeit gerade Menschen mit hohen Anforderungen an ihre Sehkraft erheblich beeinträchtigen und so zu gravierenden sozialmedizinischen Konsequenzen führen.

Spezielle Diagnostik, Sachaufklärung

Veränderungen des Halsumfanges, Schmerzen und Kloßgefühl führen meist rasch zur Verdachtsdiagnose einer Schilddrüsenerkrankung. Typische Symptome wie Atemnot, Heiserkeit sowie Ohrenschmerzen können Ausdruck von entzündlichen, aber auch malignen Erkrankungen sein.

Anamnese

Bei der Anamneseerhebung sind Fragen nach Beeinträchtigung durch Herzrhythmusstörungen, nach Veränderungen des Körpergewichtes, Wärme- oder Kälteintoleranz sowie nach Obstipation oder Diarrhö wichtig. Informa-

tionen über Veränderungen der psychischen Stabilität, gesteigerte Unruhe und Nervosität sowie auffallende Interessenverluste weisen möglicherweise auf Über- oder Unterfunktionszustände hin. Vor allem bei älteren Patienten können sich Schilddrüsenerkrankungen mono- oder oligosymptomatisch darstellen, beispielsweise in Form eines gesteigerten Schlafbedürfnisses bei vermehrter Müdigkeit oder in einer abnehmenden Konzentrationsfähigkeit.

Labordiagnostik

Als Suchtest bzw. zum Ausschluss einer Schilddrüsenfehlfunktion sowie zur Therapieüberwachung bei Schilddrüsenhormon-Substitution eignet sich eine Bestimmung des basalen Thyroidea-stimulierenden Hormons (TSH). Messungen der Schilddrüsenhormone (T3 und T4) werden bei pathologischem TSH abhängig von der klinischen Symptomatik eingesetzt. Der Thyrotropin-Releasing-Hormon-(TRH)-Test gilt als letzte Instanz bei widersprüchlichen Befunden. Autoantikörper gegen Schilddrüsen-Peroxidase (TPO-AK) und Thyreoglobulin-Antikörper (TAK) dienen dem Nachweis einer Autoimmunthyreoititis. Bei der BASEDOW-Krankheit (Morbus BASEDOW) werden die Thyreotropin-Rezeptor-Antikörper (TRAK) als pathognomonisch angesehen, die das entscheidende differenzialdiagnostische Kriterium zur Abgrenzung gegenüber Hyperthyreosen aufgrund von Autoimmunthyreoitiden oder diffusen und fokalen Schilddrüsenautonomien sind.

Bildgebende Verfahren

Die Sonographie ermöglicht den Nachweis diffuser Schilddrüsenvergrößerungen oder knotiger Veränderungen, die Unterscheidung von liquiden und soliden Arealen sowie die ultraschallgeführte Feinnadelpunktion suspekter Befunde. Prinzipiell sollte jeder palpable und sonographisch solide Knoten punktiert werden. Allerdings scheint die Punktion von Befunden ≤ 1–1,5 cm Durchmesser bei fehlenden klinischen Zeichen nicht sinnvoll. Dies gilt insbesondere für glatt begrenzte echodichte Knoten, die erfahrungsgemäß ein sehr geringes Malignomrisiko tragen. Bei der Schilddrüsenszintigraphie mit ^{99m}Tc-Pertechnetat, das ähnlich dem Jodid in die Thyreozyten aufgenommen wird, steht die Gewinnung funktionaler Informationen im Vordergrund. Sie wird z. B. gezielt eingesetzt zum Nachweis einer fokalen oder disseminierten Autonomie bei Hyperthyreose und nach Ausschluss einer Autoimmunpathogenese.

Krankheitsspezifische Begutachtungskriterien

Entscheidend ist häufig die Frage hormoneller Über- und Unterfunktionen einschließlich deren möglicher Substituierbarkeit bzw. Therapierbarkeit, aber auch die Auswirkungen lokaler Verdrängungsprozesse (Struma, Exophthalmus) sowie möglicher Leistungseinschränkungen durch die Therapie.

Spezifische sozialmedizinische Beurteilung

Für Rehabilitation und Beurteilung der Leistungsfähigkeit sind – neben der endokrinen Opthalmopathie – vor allem postoperative Folgezustände nach Thyreoidektomie mit Komplikationen wie Rekurrensparese oder parathyreoprivem Hypoparathyreoidismus sowie maligne Schilddrüsenerkrankungen mit ihren Folgezuständen nach Operation, Radiojodtherapie und externer Bestrahlung von Bedeutung.

12.2.4 Erkrankungen anderer endokriner Drüsen

Hypothalamus und Hypophyse

Der Hypothalamus hat durch die Kontrolle der Funktion von Hypophysenvorder- und -hinterlappen eine zentrale Stellung im endokrinen System. Außerdem ist er an der Regulation des Wasser-Elektrolyt-Haushalts, des Appetits und Essverhaltens, der Regulation der Körpertemperatur und des zirkadianen Rhythmus beteiligt. Er beeinflusst Schlaf, Emotion und Verhalten.

Erkrankungen der hypothalamisch-hypophysären Achse sind selten. Als Ursachen kommen vorrangig Tumoren und Operationsfolgen in Betracht. Wichtige lokale Symptome bei hypothalamisch-hypophysären Krankheitsbildern unterschiedlichster Ätiologie sind Kopfschmerzen, insbesondere bei Hypophysentumoren, sowie bedingt durch die Nähe zum N. opticus Sehstörungen und Gesichtsfeldausfälle im Sinne eines Chiasma-Syndroms.

Hypophysentumoren. Nach histologischen Kriterien sind Hypophysentumoren fast immer gutartig und metastasieren nicht. Aufgrund ihrer Lokalisation führen sie aber zu einer Vielzahl von Symptomen, die auf die Raumforderung oder auf endokrine Fehlfunktionen zurückgehen können. Typisch sind z. B. Störungen von Visus und Gesichtsfeld (Chiasma-Syndrom) sowie endokrine Ausfallserscheinungen, seltener eine eigene Hormonproduktion.

Kraniopharyngeom. Kraniopharyngeome entstammen dem Rachendach und nicht der Hypophyse selbst. Sie wachsen extra- oder intrasellär und sind nicht hormonaktiv. Aufgrund ihrer Lokalisation, Progressionstendenz und der Neigung zur Invasion sind sie regional oft nicht vollständig zu kontrollieren und neigen zu Rezidiven. Klinische Symptome sind ein Diabetes insipidus, Sehstörungen und eine Hypophysenvorderlappen-(HVL)-Insuffizienz. Im Einzelfall können große, weit in die Hypothalamusre-

gion sich ausdehnende Tumoren beobachtet werden, die selbst bei differenzierter Untersuchung keine Störungen der hypothalamisch-hypophysären Funktionen aufweisen.

Prolaktinom. Histologisch handelt es sich um ein chromophobes Adenom. Leitsymptome der Hyperprolaktinämie sind bei der Frau Amenorrhoe und sehr viel seltener Galaktorrhoe, beim Mann Libidoverlust und Impotenz. Einer der größten Erfolge der klinischen Endokrinologie ist der Einsatz von Dopaminantagonisten bei Prolaktinomen. Das gilt auch für andere hormonaktive Hypophysenadenome; in den allermeisten Fällen werden eine Normalisierung der Hormonkonzentrationen und eine Regression der Tumorgröße erreicht. Ein solcher Behandlungsversuch sollte insbesondere bei Prolaktinomen immer der Entscheidung zu einer transsphenoidalen Hypophysenoperation voran gestellt werden.

Hypophysenvorderlappen-(HVL)-Insuffizienz. Hypophysäre Unterfunktionszustände, seien sie kompressionsbedingt durch Tumorwachstum oder aber als Operationsfolge nach einem transsphenoidalen hypophysären Eingriff verursacht, lassen sich durch eine adäquate Substitutionstherapie gut ausgleichen und stellen die Leistungsfähigkeit des Betroffenen in der Regel wieder her, selbst wenn alle drei wichtigen Achsen der hypophysären Steuerung (adrenokortikotrop, thyreotrop und gonadotrop) gestört sind.

In Einzelfällen weisen Betroffene unbestimmte Befindlichkeitsstörungen auf. Dazu gehören ein Leistungsabfall im Laufe des Tages trotz ausgeglichener Substitutionslage und eine Kreislaufinstabilität mit Orthostasesymptomatik. Diese Patienten lassen sich dann häufig durch die zusätzliche Gabe eines Mineralokortikoids (z. B. Fludrocortison) stabilisieren.

Die medizinische Rehabilitation solcher Patienten erfordert spezielles Fachwissen und Behandlungsstrategien, die einerseits die Grundeinstellung der Substitutionstherapien bei Ausfällen hypophysär-glandulärer Achsen und andererseits die Schulung über Selbstadaptionsmöglichkeiten an die alltäglichen Belastungen und somit die Eingliederung in das Berufsleben zum Ziel haben.

Hypophysenhinterlappen-(HHL)-Insuffizienz. Eine Störung der Synthese oder Sekretion von Antidiuretischem Hormon (ADH) führt zum Diabetes insipidus centralis, der auch nach transsphenoidalen Operationen im Bereich der Sella in 5–10 % der Fälle vorübergehend auftritt. Er ist abzugrenzen von einem fehlenden Ansprechen der Sammelrohre der Nieren auf ADH, dem Diabetes insipidus renalis.

Beiden gemeinsam ist eine Polyurie von 10–20 l/24h (bei Tag und bei Nacht). Die Patienten leiden unter extremem Durst und überleben nur kurze Zeit ohne Flüssigkeitsaufnahme. Behandelt wird mit Desmopressin (20 µg intranasal ≈ 400–600 µg oral), dessen Wirkung ungefähr 10 Stunden lang anhält.

Vom Diabetes insipidus abzugrenzen ist die psychogene Polydipsie. Patienten mit Diabetes insipidus haben immer eine Nykturie, solche mit psychogener Polydipsie typischerweise nicht. Die weitere diagnostische Abklärung erfolgt unter stationären Bedingungen mit einem Durstversuch (Urin-Osmolalität). Eine Behandlung mit Desmopressin ist hier kontraindiziert.

■ **Spezielle Diagnostik, Sachaufklärung**

Die Anamnese sollte u. a. bisherige Krankheitsentwicklung, Risikofaktoren, bereits eingetretene Komplikationen und Folgeerscheinungen, bisher erfolgte Therapien einschließlich hormoneller Substitutionsbehandlungen und ggf. Folgeerscheinungen wie resultierende Aktivitäts- und/oder Teilhabestörungen erfassen.

Die körperliche Untersuchung erbringt zwar im Einzelfall recht typische Befunde [z. B. so genannte »Blickdiagnosen« bei Akromegalie, BASEDOW-Krankheit (Morbus BASEDOW), hypophysäres CUSHING-Syndrom (Morbus CUSHING)], sollte aber dennoch primär an den funktionalen Einschränkungen mit möglichen Aktivitäts- und Teilhabeeinschränkungen orientiert sein.

Die Differenzialdiagnose zwischen der Insuffizienz einer peripheren Drüse (primäre Insuffizienz) und der zentralen Störung der glandotropen Hypophysenvorderlappen-Hormonsekretion ist durch die einmalige Bestimmung des jeweiligen glandotropen Hormons möglich. Bei primärer Insuffizienz ist das Hypophysenvorderlappenhormon auf Grund des fehlenden negativen Feedbacks erhöht. Stimulationstests für die glandotropen Hormone lassen sich nur in Kenntnis der peripheren Hormonspiegel interpretieren. Hierbei gilt es wiederum, der zirkadianen Rhythmik, dem Zyklustag und der Begleitmedikation auf die Ergebnisse der Hormonanalytik Rechnung zu tragen.

Bei den bildgebenden Verfahren hat die Kernspintomographie (MRT, NMR) den höchsten Stellenwert. Daneben gibt es aber auch eine Indikation für Schädelübersichtsaufnahmen, Computertomographie (CT) und Angiographie. Die CT eignet sich nur zum Nachweis größerer Prozesse. Beim Nachweis von Verkalkungen ist das CT geeigneter als die Kernspintomographie. Für die Beurteilung einer parasellären Tumorausdehnung ist die CT dagegen ungeeignet.

Die Perimetrie ist bei tumorbedingten Sehstörungen die wichtigste Untersuchung und im Gegensatz zur Visusprüfung die sensitivste Methode, auch zur Früherkennung eines Hypophysentumorrezidivs.

■ **Krankheitsspezifische Begutachtungskriterien**

Neben hormonellen Ausfallserscheinungen, die durch Substitution in der Regel gut ausgleichbar sind, können mitunter z. T. auch lokale irreversible Verdrängungserscheinungen (z. B. Einschränkungen von Gesichtsfeld und/oder Augenmotilität bei Hirntumoren oder Exophthalmus) bzw. Therapiefolgen nach operativen Eingriffen (z. B. das seltener gewordene »Frontalhirnsyndrom«) leistungsmindernde Bedeutung mit Folgen für Rehabilitationsbedarf bzw. Erwerbsminderung bekommen.

Nebenschilddrüsen

Die vier oder mehr (auch atypisch gelegenen) Nebenschilddrüsen (Epithelkörperchen) regeln den Kalziumhaushalt. Der primäre Hyperparathyreoidismus ist eine autonome Mehrsekretion von Parathormon (PTH) und führt zur Hyperkalzämie. Der Hypoparathyreoidismus mit Hypokalzämie und Tetanie ist meist auf eine Halsoperation zurückzuführen.

Ursache eines *primären* Hyperparathyreoidismus (HPT) ist ein Nebenschilddrüsenadenom. Diagnostisch wegweisend ist eine Hyperkalzämie. Die häufigste Komplikation sind Nierensteine. Spätfolgen wie eine terminale Niereninsuffizienz infolge Nephrokalzinose oder ausgedehnte Weichteilverkalkungen sind selten geworden. Die Behandlung besteht in der Parathyreoidektomie. Die nichtinvasive Lokalisationsdiagnostik hat eine geringe Trefferquote. Ein erfahrener Chirurg aber findet in über 95 % das Adenom beim Ersteingriff. Nach erfolgreicher Parathyreoidektomie verbleibt meist keine Leistungsminderung. Der *sekundäre* HPT mit Hypokalzämie und Hyperphosphatämie bei Niereninsuffizienz (siehe ▶ Kap. 17) bildet sich mit deren Behandlung zurück. Der *tertiäre* HPT ist eine autonome Parathormon-Sekretion auf dem Boden eines sekundären HPT und wird wie der primäre operativ behandelt. Die Leistungsbeurteilung richtet sich hier nach der Grunderkrankung.

Ursache eines Hypoparathyreoidismus sind meist Operationen wie Thyreoidektomie oder Neck dissection. Hierbei muss die Nebenschilddrüse nicht unbedingt ganz entfernt worden sein, es genügt auch eine Unterbrechung der Blutzufuhr. Das Risiko eines Hypoparathyreoidismus nach Thyreoidektomie liegt bei erfahrenen Chirurgen unter 2 %, steigt aber bei Zweit- oder Drittoperationen auf bis zu 5 % an. Die Hypokalzämie führt zu Aktivitätsstörungen wie der neuromuskulären Übererregbarkeit, die sich durch Hyperkaliämie und Hypomagnesiämie verstärkt. Typisch ist die Tetanie mit Verkrampfungen der Hand- (»Pfötchen«) und Fußmuskulatur, Parästhesien perioral sowie an Finger- und Zehenspitzen und den Zeichen nach CHVOSTEK und TROUSSEAU. Bei chronischen Hypokalzämien ist die Symptomatik oft nur gering ausgeprägt. Durch Substitution mit Kalzium und Vitamin-D-Analoga lässt sich die Hypokalzämie rasch normalisieren. Bleibende Funktionseinbußen sind damit nicht verbunden.

Nebennieren

Funktionsanomalien der Nebennieren sind selten. Der Erfahrene weiß, dass bei der häufigen systemischen Adipositas keine »Drüsenstörung« vorliegt und nur in den wenigen Fällen mit dysproportionierter Stammadipositas, Büffelnacken und schmächtigen Extremitäten ein Dexametasonhemmtest zum Ausschluss oder Nachweis eines CUSHING-Syndroms angezeigt sein kann.

CUSHING-Syndrom. Das hypophysäre CUSHING-Syndrom (Morbus CUSHING) geht zurück auf ein Hypophysenadenom mit Adreno-Corticotroper Hormon-(ACTH)-Sekretion und Überproduktion von Kortisol in der Nebennierenrinde: sogenanntes *zentrales* CUSHING-Syndrom (85 % der Fälle). Ursache des *adrenalen* CUSHING-Syndroms ist ein Tumor der Nebennierenrinde (Inzidenz 0,2–1,0/10⁵).

Nach erfolgreicher operativer Revision und unter adäquater Substitution (die nach Hypophysen-Operationen häufiger und nach einseitiger Adrenalektomie praktisch nie erforderlich ist) sind bleibende Funktionseinbußen nicht zu erwarten. Allerdings verzögert sich in Einzelfällen die rechtzeitige Erkennung des Krankheitsbildes, so dass bereits Folgeerkrankungen wie Diabetes mellitus, Hypertonie und Osteoporose zu Funktionseinschränkungen geführt haben können. Solche Krankheitsverläufe sind heutzutage aber glücklicherweise selten.

CONN-Syndrom. Der primäre Hyperaldosteronismus ist charakterisiert durch die Trias Hypertonie, metabolische Alkalose und Hypokaliämie. Das Vollbild ist eher selten. Subklinische Formen sind aber mit einer Prävalenz von 2,6–11 % in Spezialambulanzen eine durchaus häufige Hypertonieursache. Bis zu 90 % dieser Patienten sind normokaliämisch. Zum Screening eignet sich der Aldosteron-Renin-Quotient (ARQ). Er wird durch Betablocker oder ACE-Hemmer kaum beeinflusst, wohl aber durch Spironolacton. Bei pathologischem ARQ ist ein Bestätigungstest (z. B. NaCl-Belastung) indiziert. Da es sich um eine potentiell heilbare Erkrankung handelt, ist ein Screening bei jüngeren normokaliämischen Hypertonikern zu empfehlen, wenn mehr als zwei Antihypertensiva zur Behandlung erforderlich sind. Durch eine möglichst frühzeitige, kausale Behandlung ist bei einem Teil dieser Patienten wieder ein uneingeschränktes Leistungsvermögen zu erreichen bzw. zu erhalten.

Phäochromozytom. Hierbei handelt es sich um einen Katecholamine sezernierenden Tumor der chromaffinen Zellen des Nebennierenmarkes (90 %) oder der Paraganglien. Etwa jeder tausendste Hypertoniker leidet an einem Phäochromozytom. Charakteristisch ist ein konstanter oder mit Blutdruckkrisen auftretender Hypertonus. Bei vorbestehendem Bluthochdruck weist die Trias aus Kopfschmerzen, Schwitzen und Tachykardie mit 94 % Spezifität und 90 % Sensitivität auf ein Phäochromozytom hin; ohne diese Symptome ist es weitgehend ausgeschlossen. Die hypertensiven Krisen werden i. d. R. nicht durch Angst oder Stress ausgelöst. Therapie der Wahl ist die operative Entfernung. Im sozialmedizinischen Sinn problematisch ist auch hier weniger die Behandlung, sondern die späte Diagnose mit Folgeerkrankungen, die der Gutachter dann berücksichtigen muss.

Nebennierenrinden-(NNR)-Insuffizienz. Bei der *primären* NNR-Insuffizienz, der ADDISON-Krankheit (Morbus ADDISON), ist die Produktion von Kortison, Aldosteron und adrenalen Androgenen vermindert und das ACTH dementsprechend erhöht.

Störungen der hypophysären ACTH-Sekretion bei HVL-Insuffizienz oder unter Kortisontherapie führen zur *sekundären* NNR-Insuffizienz, die vorwiegend die Glukokortikoidproduktion betrifft.

In beiden Fällen entwickeln sich Schwäche, Adynamie und Hypoglykämieneigung; Stress und interkurrente Erkrankungen können dann eine ADDISON-Krise auslösen. Spezifisch für die *primäre* NNR-Insuffizienz sind eine Hyperpigmentation von Handfurchen, Schleimhäuten und Narben durch das ACTH-kosezernierte Peptid Melanozyten-stimulierendes Hormon (MSH) sowie eine Hypotonie, Hypovolämie, Hyponatriämie und Hyperkaliämie infolge Mineralokortikoidmangel.

Die lebenslang erforderliche Substitution muss den Glukokortikoid- und Mineralokortikoidmangel ausgleichen, z. B. mit 20–10–10 mg Hydrokortison plus 0,05–0,2 mg/d Fludrocortison morgens. Die Dosierung muss der Sekretionsrhythmik (Schichtarbeiter) angepasst werden. Bei fieberhaften Infekten oder Zahnextraktionen muss die Kortison-Dosis über einige Tage verdoppelt bis verdreifacht werden.

Unter adäquater Substitution sind Patienten mit der ADDISON-Krankheit (Morbus ADDISON) gut leistungsfähig, obwohl dies von einzelnen Betroffenen immer wieder in Frage gestellt wird. Häufig fehlt es aber auch an einer gezielten Schulung für diese Patienten, die lernen müssen, ihre Substitutionsdosis alltäglichen Belastungen wie Wochenend-Seminar, Interkontinentalflug oder Urlaubsstress anzupassen.

Literatur

1   Bundesanstalt für Straßenwesen (Hrsg.): Begutachtungs-Leitlinien zur Kraftfahrereignung. Wirtschaftsverlag NW, Bergisch-Gladbach 2010. Siehe auch www.bast.de

1a Deutsche Rentenversicherung: Leitlinien für die sozialmedizinische Begutachtung – Stoffwechsel- und gastroenterologische Krankheiten sowie Adipositas. Deutsche Rentenversicherung Bund (Hrsg.), Berlin, Januar 2011. www. deutsche-rentenversicherung.de

2   Haupt E: Behandlung mit insulinotropen oralen Antidiabetika. In: Mehnert H, Standl E, Usadel KH (Hrsg.): Diabetologie in Klinik und Praxis, S. 237–242. Stuttgart; New York: Thieme, 4. Auflage, 1999

3   Haupt E: Klinischer Alltag, Akutkomplikationen und Führung älterer Diabetiker. In: Rosak C (Hrsg.): Angewandte Diabetologie, S. 190–211. Bremen; London; Boston: Uni Med Verlag, 2000

4   Haupt E, Koch HH: Schilddrüsenerkrankungen. In: Rietbrock N, Staib AH, Loew D (Hrsg.): Klinische Pharmakologie, S. 360–368. Darmstadt: Steinkopff, 4. Auflage, 2001

5   Haupt E, Herrmann R, Benecke-Timp A et al: The KID-Study I. Structural Baseline Characteristics of the Federal Insurance for Salaried Employees Institution (BfA) diabetic patients in inpatient rehabilitation. Exp Clin Endocrinol Diabetes 104: 370–377, 1996

6   Haupt E, Herrmann R, Benecke-Timp A et al: The KID-Study II. Socioeconomic Baseline Characteristics, psycho-social strain, standard of current medical care and education of the Federal Insurance for Salaried Employees Institution (BfA) diabetic patients in inpatient rehabilitation. Exp Clin Endocrinol Diabetes 104: 378–386, 1996

7   Haupt E, Herrmann R, Benecke-Timp A et al: The KID-Study III. Impact of inpatient rehabilitation on the metabolic control of type I and type II diabetics – a one year follow-up. Exp Clin Endocrinol Diabetes 104: 420–430, 1996

8   Jönsson B: Revealing the cost of type 2 diabetes in Europe. Diabetologia 45: 5–12, 2002

9   Knisel W: Rehabilitation bei Stoffwechselkrankheiten. In: Morfeld M, Mau W, Jäckel W, Koch U (Hrsg.): Rehabilitation, Physikalische Medizin und Naturheilverfahren, S. 112–125. München; Jena: ELSEVIER Urban und Fischer, 1. Auflage, 2007

10 Knisel W: Bedeutung und Behandlung von Risikoerkrankungen: Diabetes mellitus. In: Rauch B, Middeke M, Bönner G, Karoff M, Held K (Hrsg.): Kardiologische Rehabilitation, S. 64–70. Stuttgart; New York: Thieme Verlag, 1. Auflage, 2007

11 Lehnert H (Redaktion): Rationelle Diagnostik und Therapie in Endokrinologie, Diabetologie und Stoffwechsel. Stuttgart; New York: Thieme Verlag, 2. Auflage, 2003

12 Werner G, Diehl R, Klimczyk K, Rude J: Checkliste Physikalische und Rehabilitative Medizin. Stuttgart: Thieme Verlag, S. 215 –217, 2. Auflage, 2000

13 Williams R, van Gaal L, Lucioni C: Assessing the impact of complications on the costs of type 2 diabetes. Diabetologia 45: 13–17, 2002

14 Wirth A: Bedeutung und Behandlung von Risikoerkrankungen. Adipositas und Metabolisches Syndrom: Bedeutung und Behandlung. In: Rauch B, Middeke M, Bönner G, Karoff M, Held K (Hrsg.): Kardiologische Rehabilitation, S. 59–64. Stuttgart; New York: Thieme Verlag, 1. Auflage, 2007

Weiterführende Literatur

Nationale VersorgungsLeitlinie zum Typ-2-Diabetes. www.versorgungsleitlinien.de

Herz-Kreislauf-Erkrankungen

Bernhard Schwaab, Ingomar-Werner Franz

13.1   Allgemeines

Herz-Kreislauf-Erkrankungen führen je nach Art und Schweregrad zu einer Verringerung der körperlichen Belastbarkeit. Hieraus können sich auch Einschränkungen im Beruf und dem sozialen Leben der Patienten ergeben. Daher ist ein wesentliches Ziel der Begutachtung, die körperliche Belastbarkeit möglichst umfassend und objektiv zu erfassen.

Physiologische Grundlagen der Belastungsanpassung des Herzkreislaufsystems und pathophysiologische Veränderungen, die zur Einschränkung der Belastbarkeit führen können, können hier nur kurz erwähnt werden. Es ist wichtig festzustellen, dass die physiologische Anpassung an körperliche Belastung neben der adäquaten Funktion des Herzens auch eine Steigerung der Ventilation und eine funktionstüchtige Skelettmuskulatur erfordert. Daneben sind der Hämoglobin-Gehalt des Blutes (z. B. Anämie), die energieliefernden Prozesse in der Muskulatur (z. B. aerob vs. anaerob) sowie zentralnervöse und peripherneurologische Regulationsprozesse (z. B. Koordination) für die körperliche Belastbarkeit von großer Bedeutung. Auch die Motivation ist eine wesentliche Einflussvariable.

13.1.1   Sozialmedizinische Bedeutung

Die Aufgabe der sozialmedizinischen Begutachtung ist deshalb nicht nur, durch objektive Untersuchungsmethoden die Pumpfunktion des Herzens, vor allen Dingen unter Belastungsbedingungen, zu beschreiben, sondern auch pathophysiologische Gegebenheiten anderer Organe wie zum Beispiel der Lunge oder der Skelettmuskulatur zu berücksichtigen.

Die große sozialmedizinische Bedeutung von Herz-Kreislauf-Krankheiten drückt sich in der großen Anzahl von Leistungen zur Rehabilitation sowie der Häufigkeit von Erwerbsminderungsrenten (◘ Tab. 13.1) aus.

13.1.2   Kardiologische Diagnostik

Ziel der kardiologischen Diagnostik ist es, durch Befragung und Untersuchung des Patienten mögliche Störungen der Herz-Kreislauffunktion aufzudecken und diese durch spezielle Untersuchungsverfahren zu objektivieren. Zur Befundung heranzuziehen sind stets frühere Berichte der vorbehandelnden Ärzte, weil diese Aufschluss über Verlauf und Prognose geben können. Aus der Zusammenführung aller Befunde ergibt sich die Beurteilung des Leistungsvermögens im Erwerbsleben.

▪ Anamnese

Störungen auf allen Ebenen der kardialen Funktion können zu typischen Beschwerden wie zum Beispiel thorakale Beschwerden, Luftnot, Palpitation, Schwindel und/oder Harndrang führen, die vom Patienten nicht immer dem Herzen zugeordnet werden. Sie treten häufig im Zusammenhang mit bestimmten Tätigkeiten und Zeitpunkten auf, sind jedoch nicht immer ein guter Indikator für die Schwere der jeweiligen Erkrankung. Zu fragen ist stets nach dem zeitlichen Beginn und dem jeweiligen Verlauf, sowie nach bereits erfolgter bzw. geplanter Diagnostik. Wichtig ist auch nach einer schon erfolgten Therapie (operativ, interventionell, medikamentös) zu fragen und insbesondere das Resultat nach der Therapie mit einer evtl. Veränderung der Beschwerde-Symptomatik zu erfassen. Die aktuell eingenommene Medikation ist vollständig zu erheben. Auch sind kardiovaskuläre Risikofaktoren einschließlich einer familiären Belastung zu dokumentieren.

Nach Erhebung der Sozial- und Berufsanamnese muss eine möglichst objektive Arbeitsplatzanalyse erfolgen. Was arbeitet der zu Beurteilende konkret? Kann die Belastung bewältigt werden? Welche Beschwerden treten während der Arbeit auf? In diesem Zusammenhang sind natürlich die Fragen zur Situation am Arbeitsplatz von besonderer Wertigkeit. Erforderlich ist eine Tätigkeitsbeschreibung bezüglich der Notwendigkeiten von schwerem Heben und Tragen (Pressatmung), hohe Verantwortung, Publikumsverkehr, Arbeiten unter Zeitdruck mit ständiger Ablenkung und bezüglich des Arbeitsrhythmus (insbesondere Schichtarbeiten mit Nachtdienst). Zu fragen ist auch nach Eigen- und Fremdgefährdung (Wechselwirkung zwischen Krankheit und Arbeitsauftrag) und nach belastenden Umweltfaktoren. Die sich hieraus ergebende Arbeitsbelastung muss im Einklang mit den physiologischen Leistungsreserven stehen. Wie lange und aus welchen Gründen bestanden Arbeitsunfähigkeitszeiten? Weiterhin sollten der Weg zur Arbeitsstätte (Wegefähigkeit), das Arbeitsklima, die Betriebsgröße, die Vertretungsmöglichkeiten (das subjektive Belastungs- und Beanspruchungsgefühl) und die berufliche Zufriedenheit berücksichtigt werden.

▪ Körperliche Untersuchung

Die körperliche Untersuchung erfasst Befunde der Rechtsherzinsuffizienz mit oberer Einflussstauung, Lebervergrößerung, peripheren Ödemen und der Linksherzinsuffizienz mit Dyspnoe oder Tachypnoe. Die Auskultation der Lunge zeigt typische Befunde der Stauung oder der bronchialen Obstruktion (siehe ▶ Kap. 13.2.4). Die Auskultation des Herzens bietet bei Vitien schon bei geringem Schweregrad erste und typische Hinweise. Durch Auskultation werden Hals- und Inguinalgefäße sowie die A. abdominalis (evtl. Nierengefäße) beurteilt. Der Pulsstatus wird an den unteren Extremitäten palpatorisch er-

◻ **Tab. 13.1** Leistungen zur medizinischen Rehabilitation und Rentenzugänge wegen verminderter Erwerbsfähigkeit nach SGB VI bei Versicherten der Deutschen Rentenversicherung im Jahr 2009 mit Herz-Kreislauf-Krankheiten (1. Diagnose, ohne zerebrovaskuläre Krankheiten)

ICD-10-Nr.	Diagnose	Stationäre Leistungen zur medizinischen Rehabilitation		Ambulante Leistungen zur medizinischen Rehabilitation		Erwerbsminderungsrenten	
		Frauen	Männer	Frauen	Männer	Frauen	Männer
I20–25	Ischämische Herzkrankheiten	5.267	27.317	585	3.558	618	2.990
I10–15	Hypertonie	2.767	4.225	39	95	411	747
I05–09, I34–39	Herzklappenfehler und Herzfehlbildungen	777	2.383	32	116	129	244
I42, I50	Kardiomyopathien und Herz-insuffizienz	668	2.276	32	147	483	1.926
I44–49	Herzrhythmusstörungen	555	1.381	20	64	209	368
I30–33, I40	Entzündliche Herzkrankheiten	175	464	16	53	24	56
I26–28	Pulmonale Hypertonie und Cor pulmonale	675	859	35	66	100	103
I00–02, I51	Sonstige Herz-Kreislauf-Krankheiten	97	160	3	9	23	47
Z95	Kardiovaskuläres Implantat/Transplantat	1.137	4.682	91	518	33	133
I00–I52, Z95	Herz-Kreislauf-Krankheiten	12.130	43.794	856	4.630	2.046	6.652
A00–Z99	Alle Diagnosen	410.513	419.309	441.152*	66.870*	80.702	90.427

* Etwa jede sechste ambulante Leistung zur medizinischen Rehabilitation konnte keiner Diagnosegruppe zugeordnet werden. Bei stationären Leistungen zur medizinischen Rehabilitation beträgt dieser Anteil rund 4 %.

Quelle: Statistik der Deutschen Rentenversicherung, Rehabilitation 2009 [6], Rentenzugang 2009 [5]

fasst. Der Ruheblutdruck wird an beiden Armen, gegebenenfalls zusätzlich im Stehen, gemessen. Erfasst werden müssen stets die Körpergröße und das Gewicht sowie der Bauchumfang.

■ **Elektrokardiographie**

Das Ruhe-EKG dokumentiert den Grundrhythmus, zeigt Abnormalitäten der Erregungsausbreitung und -rückbildung, Änderungen der elektrischen Herzachse, Residuen einer früheren Myokardischämie sowie Hinweise auf eine linksventrikuläre Hypertrophie. Einige Kriterien sind jedoch unspezifisch. Das Belastungs-EKG ist unverändert die zentrale und am häufigsten angewandte Methode zum Nachweis einer myokardialen Ischämie (▶ Kap. 13.2.1) sowie zur Beurteilung des Rhythmus- und Blutdruckverhaltens (▶ Kap. 13.2.5 und ▶ Kap. 13.2.2) unter körperlichen Belastungen. Das 24-h-Langzeit-EKG erfasst bradykarde und tachykarde Rhythmusstörungen und kann einen Bezug herstellen zwischen den Beschwerden des Patienten zu bestimmten Zeiten und möglichen Herzrhythmusstörungen (▶ Kap. 13.2.5).

Tab. 13.2 Beurteilung des linksventrikulären enddiastolischen Durchmessers (LVEDD) mit Hilfe der Echokardiographie

LVEDD	Linker Ventrikel
< 56 mm	Normal
56–60 mm	leichtgradig dilatiert
61–69 mm	mittelgradig dilatiert
> 70 mm	hochgradig dilatiert

Tab. 13.3 Beurteilung der linken Vorhofdimension mit Hilfe der Echokardiographie

LA-Durchmesser	Linker Vorhof
< 40 mm	normal
41–45 mm	leichtgradig dilatiert
46–50 mm	mittelgradig dilatiert
> 50 mm	hochgradig dilatiert

Tab. 13.4 Die Ejektionsfraktion (EF) (aus Echokardiogramm bzw. Ventrikulographie) beschreibt die linksventrikuläre systolische Funktion in Ruhe

Ejektionsfraktion (EF)	Linksventrikuläre Funktion
> 60 %	normal
50–60 %	leichte Funktionsstörung
40–50 %	mittelschwere Funktionsstörung
< 40 %	schwere Funktionsstörung

24-h-Blutdruckmessung (ABDM)

Die ambulante automatisierte Blutdruckmessung über 24 Stunden ist ein etabliertes Verfahren, welches Aufschluss gibt über das tatsächliche Vorhandensein sowie die Tag-Nacht-Verteilung einer arteriellen Hypertonie. Die Durchführung dieser Methode am Arbeitsplatz ermöglicht z.B. eine bessere Einschätzung der Auswirkungen der beruflichen Tätigkeit auf den Blutdruck. Darüber hinaus können die Effekte einer antihypertensiven Therapie objektiviert werden. Beachtet werden muss allerdings die mögliche blutdrucksteigernde Wirkung durch die Messapparatur, insbesondere während der Nacht.

Röntgenthoraxuntersuchung

Das Röntgen zur kardialen Diagnostik hat durch die Einführung der Echokardiographie stark an Bedeutung verloren und dient vor allen Dingen zur Beurteilung der Volumenbeladung (Lungenstauung, Pleuraerguss) und des Lungenparenchyms sowie zur orientierenden Beurteilung der Lungengefäße sowie der Aorta thoracica und des ebenfalls abgebildeten Achsenskelettes.

Echokardiographie

Die Echokardiographie hat sich heute als Standard in der Beurteilung vieler kardiologischer Fragestellungen durchgesetzt. Mit Hilfe der zweidimensionalen Echokardiographie kann die Größe der Herzinnenräume (Tab. 13.2, Tab. 13.3) sowie deren Verhältnis zueinander erfasst werden. Auch regionale Wandbewegungsstörungen können meistens sicher diagnostiziert werden. Mit Hilfe der M-Mode-Echokardiographie können die systolische und diastolische Dimension sowie die systolische Funktion des linken (Tab. 13.4) und rechten Ventrikels bestimmt werden. Darüber hinaus sind auch eine Messung der Wanddicken und eine Bestimmung der linksventrikulären Muskelmasse möglich. Die Aorta ascendens kann, soweit von transthorakal einsehbar, mitbeurteilt werden [3].

Neben der linksventrikulären systolischen Funktionseinschränkung hat insbesondere die Herzinsuffizienz mit erhaltener systolischer Funktion (HFNEF: Heart Failure with Normal Ejection Fraction) enorm an Bedeutung gewonnen. Die echokardiographische Diagnostik der diastolischen Dysfunktion, die im höheren Alter und bei Patienten mit Diabetes mellitus Typ 2 zusätzliche Bedeutung erhält, ermöglicht die Differenzierung in eine funktionelle frühdiastolische Relaxationsstörung und in eine meist strukturelle spätdiastolische Compliancestörung [21]. Des Weiteren werden wichtige Informationen über die Klappenfunktion und mögliche Shunt-Vitien erhoben (▶ Kap. 13.2.3). Bei schlechter transthorakaler Beschallbarkeit kann die Echokardiographie auch transösophageal erfolgen, was die Abbildungsverhältnisse erheblich verbessert.

Für die Echokardiographie besteht jedoch die Einschränkung, dass es sich um eine Ruhemessung handelt und die Belastungsreaktion anhand dieser Ruhe-Parameter nicht immer sicher eingeschätzt werden kann, was zu einer Unter- oder Überschätzung der Pumpfunktion unter Belastungsbedingungen führen kann. Mit Hilfe der Stress-Echokardiographie (siehe ▶ Kap. 13.2.1) kann ebenfalls nicht-invasiv die kardiale Funktion unter Belastung beurteilt werden (siehe ▶ Kap. 13.2.1).

Spiroergometrie

Die Spiroergometrie umfasst neben der Durchführung einer klassischen Ergometrie die gleichzeitige Messung der Atemgase (O_2 und CO_2) und des Atemfluss- bzw. Atemzugvolumens sowie der Atemfrequenz über ein Mundstück oder eine Atemmaske. Daraus lassen sich viele Parameter bestimmen, deren Informationsgehalt deutlich über das Ergebnis einer üblichen Ergometrie hinaus geht [20, 38]. Insbesondere kann mit Hilfe der Spiroergometrie die Differenzialdiagnose einer Dyspnoe (z.B. kardial oder

⬛ Tab. 13.5 Stadien einer Funktionsbeeinträchtigung des Herzens nach Roskamm und Reindell [33]

I	Gestörte Fluss-Druck-Beziehung nur bei Belastung. HZV in Ruhe und während Belastung normal.
II	Gestörte Fluss-Druck-Beziehung in Ruhe. HZV in Ruhe und während Belastung normal.
III	HZV während Belastung eingeschränkt.
IV	HZV in Ruhe eingeschränkt.

HZV: Herzzeitvolumen

⬛ Tab. 13.6 Linksventrikulärer enddiastolischer Druck (LVEDP) und linksventrikuläre Funktionsstörung

LVEDP	Linksventrikuläre Funktion
< 12 mmHg	normal
12–16 mmHg	leichte Funktionsstörung
16–25 mmHg	mittelschwere Funktionsstörung
> 25 mmHg	schwere Funktionsstörung

pulmonal bedingt, Trainingsmangel?) eingegrenzt werden. Darüber hinaus gelingt es eher, die tatsächliche Ausbelastung eines Patienten zu beurteilen (z. B. Überschreitung der anaeroben Schwelle?). Mit Hilfe des Sauerstoffpulses kann abgeschätzt werden, ob der linke Ventrikel ab einer bestimmten Belastungsgrenze nicht mehr in der Lage ist, das Schlagvolumen zu steigern (Plateaubildung) als Zeichen einer Funktionseinschränkung unter Belastung. Die bessere Kontrolle der Patientencompliance sowie die umfassendere Darstellung der kardio-pulmonal-muskulären Belastbarkeit (Watt, peakVO$_2$, VO$_2$-AT, RQ, AF, VE, VE/VCO$_2$ slope) sind besonders für die Beurteilung einer möglichen Dauerleistungsfähigkeit von großem Vorteil.

■ **Myokardszintigraphie**

Szintigraphische Untersuchungen des Herzens haben durch die Stress-Echokardiographie deutlich an Bedeutung verloren, werden aber noch zur Diagnostik einer Ischämiereaktion bzw. einer Myokardnarbe durchgeführt.

■ **Rechtsherzkatheter-Untersuchung**

Die invasive Messung des Herzzeitvolumens (HZV) sowie der intrakardialen Drücke ist eine sehr zuverlässige Methode zur Einschätzung der kardialen Pumpfunktion unter Belastung. Im Rahmen der Belastungsanpassung steigt das Schlagvolumen ohne wesentlichen Anstieg des linksventrikulären enddiastolischen Drucks. Liegt eine Kontraktilitätsstörung unter Belastungsbedingungen vor, so kann anfänglich das Herzzeitvolumen noch gesteigert werden, aber auf Kosten eines erhöhten pulmonal-kapillaren Verschlussdruckes (PCP$_m$, ⬛ Tab. 13.5).

Durch die invasive Messung der Drücke in der A. pulmonalis, in rechtem Ventrikel und Vorhof sowie in den Pulmonalkapillaren ist diese Untersuchung auch für die Beurteilung der pulmonalen Hypertonie und des Cor pulmonale (siehe ▶ Kap. 13.2.7) von großer Bedeutung. Für die sozialmedizinische Beurteilung kann der Rechtsherzkatheter-Untersuchungsbefund, wenn vorhanden, bei bestimmten Fragestellungen einen größeren Stellenwert haben als moderne nicht-invasive Methoden (Echokardiographie, Spiroergometrie, Szintigraphie).

■ **Linksherzkatheter-Untersuchung**

Die Koronarangiographie ist die Methode der Wahl, um Koronarstenosen in Lokalisation und Ausdehnung sicher zu erfassen, diese einer gezielten Intervention zuzuführen und interventionelle Therapieergebnisse im Verlauf zu überprüfen. Durch die Messung des enddiastolischen Druckes (⬛ Tab. 13.6) und die Wandbewegungsanalyse mit Hilfe der Ventrikulographie kann auch die linksventrikuläre Funktion beurteilt werden. Neben der Beschreibung der globalen Funktion sind insbesondere regionale Kontraktionsanomalien (Hypokinesie, Akinesie, Dyskinesie, Aneurysma) gut zu erfassen. Aus dem angiographischen Bild können die enddiastolischen (< 90 ml/m^2) und endsystolischen (< 35 ml/m^2) Volumina und mit deren Hilfe die Ejektionsfraktion (EF = EDV − ESV/EDV × 100) berechnet werden (siehe ⬛ Tab. 13.4).

■ **Kardio-CT (Computer-Tomographie), Kardio-MRT (Magnetresonanz-/Kernspin-Tomographie)**

Nicht invasiv lassen sich dreidimensionale Datensätze erstellen, mit deren Hilfe Anomalien der großen Gefäße, Vitien, Koronarstenosen, regionale Wandbewegungsstörungen, eine entzündliche myokardiale Infiltration und komplexe kongenitale Fehlbildungen visualisiert und differenzialdiagnostisch geklärt werden können. Durch pharmakologische Stimulation können auch Belastungsuntersuchungen zur Beurteilung myokardialer Ischämie und Vitalität durchgeführt werden. Häufig ist auch der Einsatz eines Kontrastmittels erforderlich. Die Methoden erfahren eine zunehmende Verbreitung und sind bei Vorhandensein in die sozialmedizinische Leistungsbeurteilung einzubeziehen.

13.1.3 Begutachtungskriterien

Immer zu beurteilen sind der **Myokardfaktor** (Geometrie der Herzhöhen, systolische und diastolische Funktion, Myokardnarben, globale oder regionale Wandverdickungen) und der **Koronarfaktor** (Ischämiereaktion im Belastungstest sowie ggf. Koronarmorphologie). Weitere, die Hämodynamik beeinflussende Kriterien stellen der

◘ Tab. 13.7 NYHA-Klassifikation der Herzinsuffizienz

I	Herzerkrankung ohne körperliche Leistungsein-schränkung. Alltägliche körperliche Belastung verursacht keine inadäquate Erschöpfung, Rhythmusstörungen, Luftnot oder Angina pectoris.
II	Herzerkrankung mit leichter Einschränkung der körperlichen Leistungsfähigkeit. Keine Beschwerden in Ruhe. Alltägliche körperliche Belastung verursacht inadäquate Erschöpfung, Rhythmusstörungen, Luftnot oder Angina pectoris.
III	Herzerkrankung mit höhergradiger Einschränkung der körperlichen Leistungsfähigkeit bei gewohnter Tätigkeit. Keine Beschwerden in Ruhe. Geringe körperliche Belastung verursacht inadäquate Erschöpfung, Rhythmusstörungen, Luftnot oder Angina pectoris.
IV	Herzerkrankung mit Beschwerden bei allen körperlichen Aktivitäten in Ruhe. Bettlägerigkeit.

NYHA = New York Heart Association

Rhythmus (unregelmäßig, tachykard, bradykard) und die **Klappenfunktion** bzw. das Vorliegen von Shunts dar. Gerade für die sozialmedizinische Beurteilung ist es wesentlich, welche Beschwerden ereignisorientiert angegeben werden und bei welcher Belastungsintensität diese auftreten oder aber bereits in Ruhe vorhanden sind (◘ Tab. 13.7).

Es gilt die Frage zu klären, ob noch ein normales oder bereits reduziertes Herzzeitvolumen in Ruhe und insbesondere auch unter Belastung vorliegt. Ergeben sich pathologische Befunde, so wird anhand der Beschreibung weiterer Kriterien die Ursache der gestörten Hämodynamik evaluiert. Sofern Untersuchungsergebnisse invasiver Messung der Hämodynamik vorliegen, stellen sie ein zusätzliches zuverlässiges Beurteilungskriterium der kardialen Funktion dar.

13.1.4 Sozialmedizinische Beurteilung

Grundlage für die sozialmedizinische Beurteilung des Leistungsvermögens sind Vorbefunde, Therapieverlauf und während der Begutachtung erhobene Befunde. Im Rahmen der Begutachtung ist zu beurteilen, ob es sich um eine Situation mit noch nicht abgeschlossener Diagnostik und Therapie (»Behandlungsfall« mit vorübergehender Arbeitsunfähigkeit), mit einer Leistungsminderung auf Zeit oder bereits mit einer Leistungsminderung auf Dauer handelt. Um positive Therapieeffekte einzubeziehen, kann es sinnvoll sein, die sozialmedizinische Beurteilung zu einem späteren Zeitpunkt zu wiederholen.

Die sozialmedizinische Beurteilung muss neben den physiologischen Anpassungsmechanismen und deren pathologischen Veränderungen auch die Interaktionen zwischen den an der Belastungsreaktion beteiligten Organsystemen berücksichtigen. Daher kann nicht automatisch bei Feststellung einer eingeschränkten körperlichen Leistungsfähigkeit, beurteilt anhand einer niedrigen erreichten Belastungsstufe der Ergometrie, auf eine reduzierte Pumpfunktion rückgeschlossen werden. Das erzielte Resultat könnte auch durch eine untrainierte Skelettmuskulatur oder durch eine Einschränkung der Lungenfunktion zustande gekommen sein. Nicht selten haben z. B. Patienten mit einer koronaren Herzerkrankung, die als Risikofaktor Rauchen angeben, eine begleitende Störung der Lungenfunktion (COPD), die die körperliche Belastung stärker einschränkt als die kardiale Erkrankung. Gerade diese Patienten neigen dazu, wegen der schon bei geringer körperlicher Belastung auftretenden Luftnot sich wenig zu belasten, was zu einer weiteren Atrophie der Skelettmuskulatur und somit stärkeren Einschränkung der körperlichen Leistungsfähigkeit auf dem Fahrradergometer führt. Deshalb muss bei der sozialmedizinischen Begutachtung grundsätzlich auch berücksichtigt werden, ob die Einschränkung der körperlichen Belastbarkeit nicht nur durch die Behandlung der primären Grunderkrankung (z. B. der KHK oder einer Hypertonie) verbessert werden kann, sondern ob begleitende Maßnahmen zur Therapie der Komorbidität (hier der Lungenfunktion) oder der peripheren Muskulatur dieses bewirken können. Ein kontinuierlich und richtig durchgeführtes Ausdauertraining kann durch Stärkung und Ökonomisierung der Muskulatur zu einer Verbesserung der Belastbarkeit bei unveränderter Grunderkrankung führen. Um positive Therapieeffekte einzubeziehen, kann es sinnvoll sein, die sozialmedizinische Beurteilung zu einem späteren Zeitpunkt zu wiederholen.

Eine deutliche Einschränkung der ergometrischen Belastbarkeit kann ein Indikator für eine schlechte Prognose der kardialen Erkrankung sein, darf aber nicht gleichgesetzt werden mit Einschränkungen im Berufsleben, wenn die konkrete berufliche Tätigkeit keinen körperlichen Einsatz erfordert. Deshalb müssen die diagnostischen Befunde immer mit dem beruflichen Anforderungsprofil abgeglichen werden. Auch auslösende Mechanismen der Beschwerden speziell am Arbeitslatz müssen bedacht werden, um zu einer Beurteilung der Gesamtleistungsfähigkeit am Arbeitsplatz zu kommen.

Die Wiederaufnahme der Arbeit nach akuter Erkrankung wird nicht nur durch die Pathophysiologie der Herzfunktion und die subjektive Einschätzung der eigenen Belastbarkeit bestimmt, sondern auch dadurch, dass sehr häufig die »Seele miterkrankt« ist [14]. Die Patienten haben besonders nach akuten Ereignissen ein deutlich gestörtes Selbstwertgefühl (»Was bin ich denn noch wert?«) und geraten in eine Identitätskrise, die trotz unauffälliger organischer Befunde eine schlechte subjektive Befindlichkeit bewirkt. Hierbei sind der Bereich der Familie, des erweiterten sozialen Umfeldes und die Belastungen am Arbeitsplatz mit einzubeziehen. Zur besseren Einschätzung können Belastungssimulationen unter Zeitdruck, Leistungsdruck und Untersuchung der intellektuellen Kapazität helfen. Von besonderer Bedeutung ist die Beurteilung der Krankheitsverarbeitung. Dazu müssen die Einstellung des Patienten zur Erkrankung, die Abschätzung eines krankheitsadäquaten Verhaltens und die Erfassung von Verleugnung, Aggressivität, Angst, Depression und letztlich die Akzeptanz der Erkrankung erfasst werden. Eine neurologisch-psychiatrische Begutachtung kann erforderlich sein.

13.2 Krankheitsbilder

13.2.1 Koronare Herzkrankheit

Klassifikationen und Stadieneinteilungen

Die Patienten mit einer koronaren Herzerkrankung (KHK) stellen im Rahmen der Herz-Kreislauf-Erkrankungen die größte und sozialmedizinisch bedeutendste Gruppe dar. Die multifaktoriellen Krankheitsursachen der KHK und die gleichzeitige Manifestation der Arteriosklerose in anderen Gefäßregionen (Hirngefäße, Aorta und periphere Gefäße, Nieren) stellen für die sozialmedizinische Begutachtung eine besondere Anforderung dar. Es müssen alle vaskulären Schäden in den verschiedenen Gefäßregionen diagnostisch erfasst und die vorhandenen Funktionsreserven umfassend eingeschätzt werden. Andererseits können Symptomatik und Krankheitsverlauf durch medikamentöse und invasive Therapie sowie durch die Beeinflussung von kardiovaskulären Risikofaktoren gebessert werden, was im Rahmen der Begutachtung zu berücksichtigen ist.

■ **Koronare Makroangiopathie**

Die koronare Makroangiopathie umfasst die epimuralen Koronararterien, die mittels Koronarangiographie dargestellt werden können. Bezüglich Klassifikation und Pathogenese der koronaren Herzkrankheit sowie der Pathophysiologie der Koronarperfusion kann an dieser Stelle nur auf weitere Literatur verwiesen werden. Für die sozialmedizinische Begutachtung ist es sehr wichtig, dass die unter Ruhebedingungen diagnostizierte Stenose unter körperlicher Belastung bei gestörter Endothelfunktion hämodynamisch höhergradiger wirksam werden kann. Bei noch erhaltener Endothelfunktion mit der Möglichkeit zur Vasodilatation kann eine in Ruhe diagnostizierte Stenose unter Belastungsbedingungen hämodynamisch jedoch auch von geringerer Bedeutung sein.

■ **Koronare Mikroangiopathie**

Die koronare Mikroangiopathie ist charakterisiert durch »freie Koronarien« in der Angiographie und durch eine eingeschränkte Vasodilatation während körperlicher Belastung. Die Verringerung der Koronarreserve kann insbesondere bei Hypertonikern so ausgeprägt sein, dass diese Patienten über typische pectanginöse Beschwerden klagen und signifikante ST-Streckensenkungen im Belastungs-EKG aufweisen, was im Sinne einer echten Hypoxiereaktion gewertet werden kann.

■ **Koronarspasmen**

Unter mentalem Stress kann es zu einer paradoxen Vasokonstriktion atherosklerotischer Gefäße kommen, die mit dem Ausmaß der Atherosklerose und der endothelabhängigen Antwort auf intrakoronare Gabe von Azetylcholin korreliert. Die durch mentalen Stress ausgelöste Ischämie ist oft stumm und tritt im Vergleich zur körperlichen Belastung schon bei niedrigen Herzfrequenzen auf und kann zu potentiell malignen Arrhythmien führen.

■ **Hibernating und Stunning myocardium**

Hibernating (überwinternd) oder stunned (benommen) Myocardium bedeutet, dass die Kardiomyozyten ihre Hauptfunktion, die Kontraktion, regional eingestellt haben und ihre noch vorhandene, minimale Sauerstoffzufuhr sowie ihren Energiebedarf nur noch auf die Aufrechterhaltung der notwendigsten zellulären Stoffwechselvorgänge reduzieren und damit den Zelltod vermeiden. Durch diesen physiologischen Mechanismus kann ein zuvor als avital beschriebenes Myokardareal nach Reperfusion wieder »erwachen« und die kontraktile Funktion erneut aufnehmen. Auch deshalb lassen sich hämodynamische Resultate nach Revaskularisation mittels Katheterintervention oder Bypass-Chirurgie häufig erst nach einigen Wochen abschließend beurteilen.

■ **Zirkadiane Rhythmen und Koronarinsuffizienz**

Auch zirkadiane Rhythmen spielen bei der KHK bezüglich des Auftretens von Ischämien, akuten Myokardinfarkten und plötzlichem Herztod eine Rolle. So ist das Risiko eines akuten Myokardinfarktes oder eines plötzlichen Herztodes in den frühen Morgenstunden überproportional erhöht.

■ **Akutes Koronarsyndrom**

Unter dem Überbegriff des akuten Koronarsyndroms (ACS) werden der akute Myokardinfarkt mit Elevation der ST-Strecken im EKG (STEMI), der Myokardinfarkt ohne ST-Elevation aber mit positivem Troponin-Nachweis im Labor (NSTEMI) sowie die instabile Angina pectoris, bei der trotz Angina pectoris-Beschwerden EKG und Troponin unauffällig sind, subsumiert. Auf weitere Einzelheiten zum ACS kann an dieser Stelle nicht eingegangen werden. Für die sozialmedizinische Begutachtung ist relevant, dass Herzinfarkte aufgrund der Größe der sich entwickelnden Myokardnarbe von gravierenden bis hin zu fast keinen Auswirkungen auf die Pumpfunktion des Herzens haben können. Auch nach Ausbildung einer »stabilen« Narbe kann es im weiteren Verlauf durch Remodelling-Prozesse zu einer kontinuierlichen Verschlechterung der Pumpfunktion kommen, die aber durch eine medikamentöse Therapie sowie nicht-medikamentöse, rehabilitative Maßnahmen günstig beeinflusst werden kann.

Spezifische krankheitsbedingte Beeinträchtigungen nach ICF

Die koronare Herzkrankheit manifestiert sich in der Nomenklatur der ICF (Internationale Klassifikation der Funktionsfähigkeit, Behinderung und Gesundheit; International Classification of Functioning, Disability and Health) auf der Ebene von Funktionen und Strukturen des menschlichen Organismus zum Beispiel in Form einer kardiovaskulär bedingten Minderperfusion mit Belastungsschmerzen, einer verminderten kardialen Pumpleistung mit Atemnot, von Herzrhythmusstörungen oder operationsbedingten Einschränkungen. Auch Emotionen wie phobische Ängste, Verunsicherung, Depressivität oder ein im Rahmen der Krankheitsverarbeitung eingeschränktes Selbstwertgefühl sind als mögliche Folge der koronaren Herzkrankheit zu berücksichtigen.

Einschränkungen der Aktivitäten von Personen mit koronarer Herzkrankheit können sich z. B. im Bereich der körperlichen Belastungsfähigkeit (Tragen, Bewegen und Handhaben von Gegenständen, Ausdauer, Selbstversorgung), bei der Fortbewegung (Gehstrecke, Wegefähigkeit, Treppensteigen, Bergangehen, schnelles Laufen), auf dem Gebiet der komplexen Aufgabenbewältigung am Arbeitsplatz (Umgang mit Stress, Zeitdruck, psychischen Anforderungen, Verantwortung, Schichtarbeit) oder im Bereich der Krankheitsbewältigung (fehlende Akzeptanz der Erkrankung) ergeben. Neben Defiziten sind vor allem die verbliebenen Fertigkeiten, Tätigkeiten und Ressourcen in Alltag und Beruf zu ermitteln.

Die soziale Beeinträchtigung, die möglicherweise aus einer koronaren Herzkrankheit resultiert, wird in der ICF mit der Beeinträchtigung an der Teilhabe (Partizipation) an Lebensbereichen dargestellt. Das kann zu beruflichem Abstieg, Arbeitsplatzverlust, sozialer Isolierung und Stigmatisierung oder Verlust sozialer Unterstützung führen.

Kontextfaktoren dienen der Feststellung der Rahmenbedingungen, die die gesellschaftliche Teilhabe eines Menschen fördern oder behindern. Zu den Kontextfaktoren zählen u. a. die Verfügbarkeit von Hilfsmitteln, die Beschaffenheit des Arbeitsplatzes (Geräusche, Vibration, Temperatur, Feuchtigkeit, Arbeitsorganisation), die Unterstützung durch Hilfspersonen oder der Zugang zu Dienstleistungen von Verbänden und Vereinen (z. B. ambulante Herzgruppen). Individuelle und gesellschaftliche Wertvorstellungen hinsichtlich Gesundheit, Krankheit und Leistungsfähigkeit sind als Kontextfaktoren für die sozialmedizinische Bewertung gleichfalls von Bedeutung. Hier ist in den letzten Jahrzehnten ein deutlicher Wandel bei der Beurteilung der koronaren Herzkrankheit zu verzeichnen, indem der im Einzelfall noch verbliebenen Funktionsfähigkeit als Ausdruck der funktionalen Gesundheit deutlich mehr Beachtung geschenkt wird.

Spezielle Diagnostik, Sachaufklärung

Die Diagnostik bei KHK beinhaltet in erster Linie die Evaluation einer möglichen linksventrikulären Funktionseinschränkung sowie die Detektion der belastungsinduzierten Ischämieschwelle. Dabei sollte die leistungsbezogene Diagnostik unter der aktuellen Medikation erfolgen. Im Rahmen der Begutachtung sind die Ergometrie, Spiroergometrie, Echokardiographie einschließlich Stress-Echokardiographie (mit ergometrischer Belastung) sowie das Langzeit-EKG und die 24-h-ABDM zumutbar und mitwirkungspflichtig.

▪ Anamnese

Die koronare Minderperfusion kann zu typischen Beschwerden im Sinne von Enge, Brennen und Schmerzen führen, die nicht nur im Brustkorb, sondern auch in der Hals-/Kopfregion, dem Rücken oder dem Oberbauch eher großflächig lokalisiert sind und in beide Arme ausstrahlen können. Typischerweise werden sie durch körperliche Anstrengungen ausgelöst und sistieren rasch nach Beendigung der Belastung. Außerdem sprechen sie in der Regel prompt auf Nitroglycerin an. Auslöser können aber auch emotionale Belastungen oder Kälte sein. Es gibt jedoch Patienten (z. B. Diabetiker), die trotz ausgeprägter Ischämiereaktion keine Schmerzen verspüren. Auch die kardiale Minderperfusion kann sich primär als Belastungsdyspnoe manifestieren, was allgemein das Leitsymptom bei eingeschränkter Pumpfunktion ist. Es ist wesentlich, zu klären, wie lange die Beschwerden bestehen, ob sie sich langsam entwickelt haben oder plötzlich z. B. als instabile Angina pectoris entstanden sind, wodurch sie auslösbar sind und ob sie Bezug haben zu bestimmten Tätigkeiten im Alltag oder im Erwerbsleben. Da es eine genetische Belastung gibt, ist nach vaskulären Erkrankungen in der Familie zu fragen. Auch die kardiovaskulären Risikofaktoren müssen erfasst werden. Nicht fehlen dürfen Fragen zur seelischen Verfassung und Krankheitsverarbeitung.

Die Gradeinteilung der Angina pectoris-Beschwerden kann anhand der Klassifikation der Canadian Cardiovascular Society (CCS I–IV) vorgenommen werden (◘ Tab. 13.8).

◘ **Tab. 13.8** Klassifikation der Canadian Cardiovascular Society (CCS).

I	Keine Angina pectoris bei normaler körperlicher Aktivität, Angina pectoris bei schwerer körperlicher Aktivität
II	Geringe Beeinträchtigung der normalen körperlichen Aktivität infolge Angina pectoris.
III	Erhebliche Beeinträchtigung der normalen körperlichen Aktivität infolge Angina pectoris.
IV	Angina pectoris bei geringster körperlicher Aktivität oder in Ruhe.

◘ **Tab. 13.9** Abbruchkriterien für die Ergometrie

Auftreten von Beschwerden

– Angina pectoris-Anfall
– ausgeprägte Dyspnoe
– muskuläre Erschöpfung
– Nachweis elektrokardiographischer Veränderungen
– ST-Streckensenkung über 2–3 mm
– ST-Streckenanhebung über 1 mm im Sinne einer Prinzmetal-Angina-pectoris
– gehäufte multifokale supraventrikuläre und ventrikuläre Extrasystolen in Zweier- und Dreierketten, in Salven und beim R- auf T-Phänomen
– paroxysmale Tachykardien
– Überleitungsstörungen wie AV-Block II. und III. Grades
– Erregungsausbreitungsstörungen wie z. B. Linksschenkelblock

Abnorme Blutdruckreaktionen

– Anstieg des systolischen Blutdrucks über 250 mmHg und/oder des diastolischen Blutdrucks über 120–150 mmHg (nach klinischem Bild)
– Ausbleiben eines Blutdruckanstiegs und besonders Abfall des systolischen Drucks während der ansteigenden Ergometrie

Erreichen der Ausbelastungsherzfrequenz

– 200 minus Alter in Lebensjahren
– Ausbleibender Herzfrequenzanstieg trotz Steigerung der Leistung

▪ Körperliche Untersuchung

Siehe ▶ Kap. 13.1.2.

▪ Ruhe-EKG

50–70 % der Patienten mit einer Belastungsangina weisen ein normales Ruhe-EKG auf. Das EKG dient jedoch auch dazu, frühere Myokardinfarkte zu erkennen und zu lokalisieren, den Grundrhythmus und mögliche Rhythmusstörungen zu erfassen sowie pathologische Überleitungszeiten auszumessen und erste Hinweise auf eine myokardiale Hypertrophie zu erhalten.

▪ Belastungs-EKG

Indikationen zur Durchführung eines Belastungs-EKG sind die Erkennung einer myokardialen Minderperfusion, die Erfassung belastungsinduzierter Rhythmusstörungen, die Dokumentation des Blutdruckverhaltens unter Belastung, die Klärung der hämodynamischen Relevanz weiterer Koronarstenosen sowie die Überprüfung der bisherigen Therapie (operativ, interventionell, medikamentös, Training, Gewichtsreduktion etc.). Für Einzelheiten zur Durchführung der Ergometrie, zur elektrokardiographischen Ischämiediagnostik sowie zur Befunderstellung muss an dieser Stelle auf die spezifische Literatur verwiesen werden. Abbruchgründe sind zu dokumentieren (siehe ◘ Tab. 13.9). Für die sozialmedizinische Begutachtung ist relevant, dass, wenn irgend möglich, die Ausbelastungsherzfrequenz (200 minus Alter in Jahren) erreicht wird, um ein falsch negatives Ergebnis der Ergometrie zu vermeiden. Nicht immer ist dies aufgrund von Trainingsmangel oder orthopädischen Beschwerden sowie pulmologischen Begleiterkrankungen möglich. Bei mangelnder Kooperation des zu Untersuchenden kann es ebenfalls zu Fehleinschätzungen kommen.

▪ Spiroergometrie

Die Aussagekraft der Spiroergometrie geht bei der Evaluation der KHK über das reine Belastungs-EKG hinaus. Neben der Tatsache, dass die effektive Mitarbeit des Patienten besser beurteilt werden kann, können Einschränkungen der Leistungsfähigkeit durch pulmonale Gründe erfasst und die tatsächliche Ausbelastung besser beurteilt werden (metabolische Ausbelastung anhand des respiratorischen Quotienten, Höhe der maximalen Sauerstoffaufnahme (peak VO_2), Überschreiten der anaeroben Schwelle). Auch die Güte der linksventrikulären Pumpfunktion kann unter Belastungsbedingungen anhand des Verlaufes der Kurve der Sauerstoffaufnahme [wellenförmiger Verlauf als Zeichen der Herzinsuffizienz; levelling off (Plateau) als Zeichen der ischämisch bedingten Kontraktionsstörung, Overshoot des Sauerstoff-Pulses mit Peak nach Beendigung der Belastung bei absinkender Herzfrequenz und rückläufiger Nachlast] eingeschätzt werden.

▪ Langzeit-EKG

Zur Erkennung einer Myokardischämie ist das Langzeit-EKG mit ST-Strecken-Analyse der Ergometrie grundsätzlich nicht gleichwertig. Das 24-h-EKG kann eingesetzt werden, wenn eine Ergometrie nicht möglich ist oder wenn es darum geht, eine Ischämie unter Ruhebedingungen (z. B. bei emotionalem Stress) oder während der Nacht zu objektivieren. Dabei ist von einem positiven Ischämienachweis auszugehen, wenn die Episodendauer der ST-Streckensenkung mindestens eine Minute beträgt und anschließend von mindestens einer Minute mit normalem EKG gefolgt wird. Darüber hinaus kann das Verfahren bei bekannter symptomatischer KHK zur Aufdeckung von »asymptomatischen stummen Ischämien«, zum Beispiel im Alltag oder am Arbeitsplatz, eingesetzt werden, wobei simultan eine Rhythmusüberwachung erfolgt. Einschränkend muss jedoch hinzugefügt werden, dass viele Einflussfaktoren die diagnostische Genauigkeit der Methode stark einschränken können (Lage-abhängige Änderung der ST-Strecken, technische Ableitungsqualität, Artefakte), so dass das Langzeit-EKG zur Ischämiediagnostik Einzelfällen vorbehalten bleibt.

■ Echokardiographie

Die Echokardiographie erlaubt die Erfassung einer Myokardnarbe und einer daraus gegebenenfalls resultierenden Pumpfunktionsstörung sowie konsekutiver Vitien (z. B. ischämisch bedingte Mitralklappeninsuffizienz; ▶ Kap. 13.1.2).

■ Stress-Echokardiographie

Die Stress-Echokardiographie kann physikalisch (z. B. Ergometer) oder pharmakologisch (z. B. Dobutamin) erfolgen. Sind die apparativen Voraussetzungen mit zuverlässiger Endokarderkennung und digitaler Speicherung der Bilder mit synchronisierter Darstellung der Ruhe- und Belastungsformen gegeben, die Erfahrung des Untersuchers vorhanden und vor allen Dingen die Beschallbarkeit des jeweiligen Patienten ausreichend (bei ca. 10 % der Patienten fraglich), stellt diese Methode eine Bereicherung für die Ischämiediagnostik dar. Liegt eine hämodynamisch wirksame Koronarstenose vor, so zeigt sich unter Belastung in diesem Myokardareal eine Abnahme der Kontraktilität im Vergleich zum Befund in Ruhe. Es muss einschränkend berücksichtigt werden, dass die Beurteilung des jeweiligen Befundes visuell und somit subjektiv durch den Untersucher erfolgt und deshalb eine ausreichende Erfahrung zwingend voraussetzt. Der Stress-Echokardiographie (Stress-Echo) kommt bezüglich des Ischämienachweises nahezu die gleiche Sensitivität und Spezifität beim Nachweis hämodynamisch wirksamer Koronarstenosen zu wie der Myokardszintigraphie. Allerdings weisen beide Verfahren eine geringere Sensitivität bei Stenosen des Ramus circumflexus im Vergleich zum Ramus interventricularis anterior auf. Bei Vorhandensein eines Linksschenkelblocks weist die Myokardszintigraphie im Vergleich zum Stress-Echo eine geringere Spezifität auf, wogegen auf der anderen Seite für die Myokardszintigraphie die geringere Untersucherabhängigkeit und die standardisierte Analyse spricht.

■ Myokardszintigraphie, Positronen-Emissions-Tomographie

Die Myokardszintigraphie ist eine etablierte Methode in der Ischämiediagnostik. Dabei muss berücksichtigt werden, dass bei einer Mehrgefäßerkrankung überwiegend die »limitierende Stenose« in ihrer Funktionseinschränkung als Defekt zur Darstellung kommt und dadurch weitere, weniger ausgeprägte Stenosen unterschätzt werden. Die Myokardszintigraphie kann auch vor einer geplanten Koronarintervention eingesetzt werden, um die potentielle Reversibilität der Ischämie in einem bestimmten Versorgungsgebiet zu evaluieren und die Differenzialdiagnose Narbe vs. Ischämie zu klären. Die Positronen-Emissions-Tomographie (PET) gilt als Goldstandard für den Nachweis von erhaltenem Metabolismus in einem hypokontraktilen Myokardareal. Dadurch kann die Frage beantwortet werden, ob nach einer Revaskularisation eine verbesserte myokardiale Kontraktilität in dem betroffenen Areal zu erwarten ist.

■ Computer- und Kernspin-Tomographie

Siehe ▶ Kap. 13.1.2.

■ Rechtsherzkatheter-Untersuchung

Durch die Rechtsherzkatheter-Untersuchung kann bei Patienten mit KHK festgestellt werden, inwieweit eine myokardiale Minderperfusion oder eine Myokardnarbe zu einer Beeinträchtigung der Hämodynamik in Ruhe und unter Belastung führt. Auch nach einem Myokardinfarkt ohne aktuelle Ischämie ist die Rechtsherzkatheter-Untersuchung – wenn vorliegend – von sozialmedizinischer Bedeutung, weil die Kompensationsfähigkeit des Restmyokards beurteilt werden kann und damit zuverlässige Aussagen zur Belastbarkeit möglich sind. Weitere Einzelheiten sind im ▶ Kap. 13.1.2 und in spezifischer Literatur dargestellt.

■ Koronarangiographie und Ventrikulographie

Die Katheterisierung des linken Ventrikels mit Druckmessung und Lävogramm sowie die selektive Koronarangiographie stellen unverändert den Goldstandard in der Diagnostik der Patienten mit KHK und mit Myokardinfarkt dar (▶ Kap. 13.1.2). Neben der Darstellung der Morphologie ist in der sozialmedizinischen Begutachtung der Patienten mit KHK die funktionelle Evaluation der Koronarien und des Myokards von gleich großer Bedeutung. Dabei ist eine vollkommene oder selbst eine weitgehende Übereinstimmung der Ergebnisse der Koronarangiographie und des Belastungs-EKG nicht immer zu erwarten [9, 33].

Ein falsch positiver Befund, das heißt ein pathologisches Belastungs-EKG bei unauffälligem Koronarangiogramm, ergibt sich besonders dann, wenn bereits in Ruhe vorhandene ST- und QRS-Veränderungen bei der Beurteilung nicht beachtet wurden. Es können sich allerdings mit zunehmendem Alter bei Frauen myokardiale Ischämie-typische EKG-Veränderungen ergeben trotz unauffälligem Koronarangiogramm. Eine ST-Streckensenkung im Belastungs-EKG mit pektanginöser Symptomatik, aber unauffälligem Koronarangiogramm, bedeutet jedoch nicht stets einen falsch positiven Befund, sondern kann einer Mikroangiopathie (▶ Kap. 13.1.2) entsprechen.

Krankheitsspezifische Begutachtungskriterien, Zielkriterien

Bei Patienten mit KHK, jedoch ohne Myokardinfarkt, sind die wichtigsten Kriterien der objektive Nachweis und das Ausmaß der Ischämiereaktion (Belastungs-EKG, Spiroergometrie, Stress-Echo, Rechtsherzkatheter) unter Belastung und der Bezug zur erreichten Leistung in Watt während der Ergometrie. Bis zu welcher Watt-Stufe zeigt sich kein Ischämie-Korrelat, treten keine höhergradigen Rhythmusstörungen bzw. keine pektanginösen Beschwerden auf? Die Auswirkung der Ischämiereaktion kann durch die invasive Messung der Hämodynamik sicherer objektiviert werden.

Nach einem Herzinfarkt sind die Größe der Myokardnarbe einschließlich regionaler Wandbewegungsstörungen und das Ausmaß des Remodelling-Prozesses im Sinne einer Herzvergrößerung, regionaler Wandverdickung bzw. Aneurysmabildung und eine daraus resultierende Funktionsstörung am bedeutsamsten. Hinzu kommen nicht selten begleitend vorhandene Rhythmusstörungen. Wichtig ist auch, stets zu hinterfragen, ob die Funktionsstörung durch eine interventionelle oder medikamentöse Therapie beeinflusst werden kann.

Spezifische sozialmedizinische Beurteilung
- **Beurteilung des Leistungsvermögens**

Die alleinige Tatsache, dass eine koronare Herzerkrankung vorliegt oder ein Zustand nach Myokardinfarkt besteht, muss nicht automatisch zu einer Einschränkung des Leistungsvermögens oder zu einer Minderung der Erwerbsfähigkeit führen. Abhängig von der Lokalisation und der Anzahl der Koronarstenosen, der Existenz und der Größe einer Myokardinfarktnarbe sowie daraus resultierender Herzrhythmusstörungen kann die Erwerbsfähigkeit uneingeschränkt vorhanden oder komplett aufgehoben sein. Ein weiterer wichtiger Gesichtspunkt ist, dass heute durch Standardverfahren, wie z. B. Koronarintervention und Bypass-Chirurgie, nicht selten eine komplette Revaskularisierung des Myokards erzielt und Beschwerden erheblich gelindert werden können.

Die Berliner KHK-Studie hat gezeigt [26], dass im Dreijahreszeitraum nach Rehabilitation nur 20 % der Patienten frühberentet werden mussten mit dem höchsten Anteil in der Gruppe mit Infarkt und nach Bypass-Opera-

Tab. 13.10 Beziehung zwischen ergometrischer Maximalleistung, Dauerbelastung und körperlicher Belastbarkeit

Maximalleistung bei der Ergometrie		Dauerbelastbarkeit	Körperliche Belastbarkeit
ca. 75 Watt	ca. 1 Watt/kg KG	ca. 50 Watt	leicht
> 75–125 Watt	1–1,5 Watt/kg KG	> 50–75 Watt	mittelschwer
> 125–150 Watt	1,5–2 Watt/kg KG	> 75–100 Watt	schwer
ab 150 Watt	> 2 Watt/kg KG	ab 100 Watt	schwerst

tion. Betrachtet man nur die Gruppe der Erwerbstätigen im ersten Jahr nach der Rehabilitation, so zeigt sich, dass rund 70 % in das Erwerbsleben zurückgekehrt sind. Differenziert man nach einem Sozialschichtindex, so erhöht sich die Quote auf 80 % in den höheren und erniedrigt sich auf 64 % in der Gruppe mit niedrigem Sozialschichtindex.

In der Beurteilung der Ischämiekriterien ist ganz entscheidend, auf welcher Leistungsstufe diese nachgewiesen werden. Weniger bedeutend ist die Frage, ob eine Zwei- oder Drei-Gefäßerkrankung vorliegt. Die Gradeinteilung der subjektiven Angina pectoris-Beschwerden kann anhand der Klassifikation in der Canadian Cardiovascular Society (vgl. **Tab.** 13.8, CCS I–IV) vorgenommen werden, wobei jedoch die objektiven Kriterien bei der Beurteilung überwiegen sollten.

Bei therapeutisch (medikamentös und interventionell) nicht beeinflussbarer Ischämie schon im Bereich kleiner Alltagsbelastungen (≤ 50 Watt) ist in der Regel von einer dauerhaft aufgehobenen Leistungsfähigkeit im Erwerbsleben auszugehen (**Tab.** 13.10). Liegt echokardiographisch eine normale linksventrikuläre Funktion vor, finden sich keine höhergradigen Rhythmusstörungen und treten bis 75 Watt (ca. 1 Watt/kg Körpergewicht) keine ST-Streckensenkung oder Angina pectoris auf, so ist leichte Arbeit möglich, bei ischämiefreier Belastbarkeit zwischen 75 und 125 Watt (> 1–1,5 Watt/kg Körpergewicht), ist mittelschwere und oberhalb von 125 Watt (> 1,5 Watt/kg Körpergewicht) auch schwere körperliche Arbeit prinzipiell möglich (vgl. **Tab.** 13.10). Die maximale Belastbarkeit lässt orientierende Rückschlüsse auf die zumutbare Dauerbelastbarkeit zu. Dabei müssen aber die besonderen Anforderungsprofile der jeweiligen Erwerbstätigkeit und die geistige und seelische Belastbarkeit berücksichtigt werden, zumal es unter Hyperventilation und seelischem Stress zu einer koronaren Vasokonstriktion und somit einer Zunahme möglicher Perfusionsstörungen kommen kann.

Ergeben sich Schwierigkeiten bei der ergometrischen Beurteilung der Leistungsfähigkeit, kommen als weitere

Methoden die Spiroergometrie und die Stress-Echokardiographie als duldungspflichtige sowie die Rechtsherzkatheter-Untersuchung als nicht duldungspflichtige Methoden in Betracht. Berücksichtigt werden muss weiterhin, dass es keine enge Korrelation zwischen Belastbarkeit und Pumpfunktion gibt, d. h. dass trotz hoher Belastbarkeit und nur geringer oder fehlender Ischämiezeichen eine gestörte Pumpfunktion vorliegen kann. Andererseits kann auch bei deutlich eingeschränkter Pumpfunktion eine subjektiv nicht reduzierte Belastbarkeit bestehen. In diesen Fällen müssen bei der Beurteilung die Ejektionsfraktion (vgl. ◻ Tab. 13.4), der linksventrikuläre enddiastolische Druck (vgl. ◻ Tab. 13.6) sowie die Messwerte aus weiteren ergometrischen Untersuchungen zu einem möglichst schlüssigen Bild zusammengefügt werden. In diesem Zusammenhang sei auch auf die ausführliche Leitlinie der Deutschen Rentenversicherung zur sozialmedizinischen Beurteilung der Leistungsfähigkeit bei KHK verwiesen [7].

Die Belastbarkeit eines KHK-Patienten mit und ohne Myokardinfarkt kann zusätzlich durch das Auftreten von Rhythmusstörungen (▶ Kap. 13.2.5) beeinträchtigt werden. Auf die besonders schlechte Belastbarkeit von Patienten mit KHK und gleichzeitig bestehender linksventrikulärer Hypertrophie wird in ▶ Kap. 13.2.2 näher eingegangen. Auch die Begutachtungskriterien zur Kraftfahrereignung sind zu berücksichtigen [1]. Wichtig ist, in der sozialmedizinischen Beurteilung auch auf eine gestörte Krankheitsverarbeitung mit Einschränkung des Selbstwertgefühls, Angstzuständen und Depressivität oder Konzentrationsstörung einzugehen, die die Leistungsfähigkeit deutlich einschränken kann. Hier können Wiedereingliederungsmaßnahmen oder Leistungen zur medizinischen Rehabilitation hilfreich sein.

Bei Patienten nach Koronarintervention kann der endgültige Erfolg und damit die tatsächliche Belastbarkeit gelegentlich erst im Intervall durch einen späteren, erneuten Belastungstest beurteilt werden. Dilatierte Gefäße, die bis zu diesem Zeitpunkt nicht restenosiert sind, haben eine eher geringe Rezidivwahrscheinlichkeit und »hibernating« Myokardgewebe kann sich regenerieren. Auch bei Patienten mit koronarer Mehrgefäßerkrankung und rezidivierenden Interventionen entscheiden die Höhe der erreichten Leistungsstufe, das Vorhandensein bzw. der Grad einer Ischämiereaktion und die Güte der linksventrikulären Funktion über die sozialmedizinische Beurteilung. Auch durch eine aortokoronare Bypass-Operation wird die Belastbarkeit und Leistungsfähigkeit in der Regel deutlich gesteigert (▶ Kap. 13.2.8). Durch den Einsatz der Herz-Lungen-Maschine können, in der Regel zeitlich limitiert (einige Wochen), cerebrale Minderleistungen resultieren, die je nach klinischer Ausprägung durch psychodiagnostische Tests abgeklärt werden müssen.

In einer Studie von Wolf et al. [40] wurde bei 119 männlichen KHK-Patienten, die einen Beruf mit schwerer körperlicher Arbeit (> 6 metabolische Äquivalente, MET) bis zu dem Index-Ereignis [Akutes Koronarsyndrom (ACS), Perkutane koronare Intervention (PCI), Aortokoronare Bypassoperation (ACB-OP)] ausübten, 20 Monate nach der kardiologischen Rehabilitation eine Nachbefragung durchgeführt und von n = 108 (91 %) ein kompletter Datensatz erhoben. Das mittlere Alter betrug 52 ± 8 Jahre, die linksventrikuläre Ejektionsfraktion (LV-EF) lag bei 62 ±13 % und die ergometrische Leistungsfähigkeit erreichte im Mittel 130 ± 31 Watt. 75 % der Patienten hatten einen Myokardinfarkt erlitten, bei 59 % erfolgte eine ACB-OP. Während der Nachbeobachtung wurde der frühere Beruf mit schwerer körperlicher Arbeit über einen kumulierten Zeitraum von 74 Jahren ausgeübt, im Mittel 5,4 h täglich an 5 Tagen pro Woche. Während des Follow-Up traten vier Myokardinfarkte ohne ST-Streckenhebung (NSTEMI) und ein ST-Streckenhebungs-Infarkt (STEMI) auf, drei Patienten wurden erneut einer PCI, ein Patient einer ACB-OP zugeführt. Damit lag das Risiko für ein kardiovaskuläres Ereignis in der Gruppe der schwer körperlich arbeitenden Männer nicht signifikant über dem Risiko eines Vergleichskollektivs aus der Literatur ohne schwere körperliche Arbeit (Relatives Risiko 1,3; 95 % Konfidenzintervall: 0,4–4,8). Trotz mehrerer Limitationen (retrospektive Datenerhebung, fehlende Randomisierung, kleine Patientenzahl, vereinfachende statistische Annahmen) zeigte sich in dieser Studie kein Hinweis auf eine Erhöhung des kardialen Risikos bei KHK-Patienten nach kardiologischer Rehabilitation durch Ausübung eines körperlich schweren Berufes [40].

Zusammenfassend ist festzuhalten, dass die wissenschaftliche Datenbasis zur gutachterlichen Beurteilung der beruflichen Belastbarkeit von Patienten mit KHK, nach Myokardinfarkt oder nach Bypass-Operation lediglich eingeschränkt vorhanden ist. Angesichts der hohen Prävalenz und Inzidenz der Koronarsklerose und der damit verbundenen Mortalität und Morbidität sollte auch wegen der großen volkswirtschaftlichen Bedeutung die Forschung auf diesem Gebiet intensiviert werden.

■ Medizinische Rehabilitation

Nach akutem Koronarsyndrom (ACS), d. h. nach STEMI, NSTEMI oder nach einer instabilen Angina pectoris, besteht die Indikation zur Durchführung einer kardiologischen Rehabilitation, unabhängig davon, ob eine Koronarintervention (PCI) erfolgt ist oder nicht. Bei Patienten mit stabiler koronarer Herzkrankheit ist die Rehabilitation indiziert nach PCI bei deutlichem kardiovaskulären Risikoprofil und/oder kardialer Residualsymptomatik. Auch ohne PCI ist bei stabiler KHK eine Rehabilitation indiziert, wenn die Patienten noch kardiale Symptome aufweisen (z. B. Angina pectoris oder Dyspnoe) und/oder eine erschwerte Krankheitsbewältigung vorliegt, eine signifikante Einschränkung der körperlichen und/oder psychischen Leistungsfähigkeit besteht, die soziale und berufliche Wiedereingliederung gefährdet ist und/oder ein besonderer Schulungsbedarf besteht.

13.2.2 Arterielle Hypertonie

Klassifikationen und Stadieneinteilungen

Die Höhe des Blutdruckes wird durch das Herzzeitvolumen und den peripheren Gefäßwiderstand reguliert. Deshalb sind kurzfristige Schwankungen des Blutdruckes regelhaft. Der Blutdruck zeigt eine zirkadiane Rhythmik mit den höchsten Werten am Vormittag, einem zweiten Gipfel am späten Nachmittag sowie einem Abfall der systolischen Mittelwerte um 10 bis 15 % und der diastolischen um 15 bis 20 % während der Nacht. Bei jeder neu entdeckten Hypertonie sollte prinzipiell die Frage geklärt werden, ob eine sekundäre Hypertonie (ca. 3 %) vorliegt, weil die möglichen Grunderkrankungen die Prognose und Belastbarkeit der Patienten wesentlich stärker beeinflussen können als die alleinige Blutdruckerhöhung und weil die Beseitigung dieser Erkrankungen eine Blutdrucknormalisierung zur Folge haben kann. Das kardiovaskuläre Risiko steigt nahezu linear mit dem systolischen und diastolischen Blutdruck an. Die aktuell gültigen Normwerte des Blutdruckes sind in ◘ Tab. 13.11 angegeben. Darin kommt zum Ausdruck, dass bereits im Bereich des normalen Blutdruckes ein ansteigendes kardiovaskuläres Risiko besteht und ein Schwellenwert nach dem Alles-oder-Nichts-Gesetz nicht existiert. Die arterielle Hypertonie ist unverändert mit einem Blutdruck von ≥ 140/90 mmHg definiert. Weitere Grundlagen zur Pathophysiologie der arteriellen Hypertonie können spezifischer Literatur entnommen werden (oder unter www.hochruckliga.de).

Es ist festzustellen, dass das kardiovaskuläre Risiko und die Belastbarkeit des Hochdruckkranken nicht nur von der Höhe des Blutdruckes, sondern insbesondere von begleitenden Risikofaktoren bzw. Begleiterkrankungen (z. B. Diabetes mellitus Typ 2) und den bereits vorhandenen, sekundären Organschäden bestimmt wird (z. B. linksventrikuläre Hypertrophie, Niereninsuffizienz). Die typischen, hypertoniebedingten Organmanifestationen am Herzen, den Gefäßen, der Niere und im Gehirn bestimmen ganz wesentlich die Prognose sowie das Leistungsvermögen des Patienten und müssen für die Risikostratifizierung und die sozialmedizinische Beurteilung, aber auch für die Auswahl sowie das Vorgehen bei der medikamentösen Behandlung, berücksichtigt werden [4, 15].

◘ **Tab. 13.11** Normalbereiche des Blutdrucks (WHO)

Kategorie	systolisch mmHg	diastolisch mmHg
Optimal	< 120	< 80
Normal	< 130	< 85
Noch normal	130–139	85–89
Hypertonie Grad 1 (leicht)	140–159	90–99
Subgruppe: »Borderline«	140–149	90–94
Hypertonie Grad 2 (mäßig)	160–179	100–109
Hypertonie Grad 3 (schwer)	> 180	> 110
Isolierte syst. Hypertonie	> 140	< 90

▪ Hypertensive Herzkrankheit

Im Verlaufe der arteriellen Hypertonie kommt es schon frühzeitig zu funktionellen und strukturellen Veränderungen sowohl der Herzinnenräume als auch der Koronargefäße, die unabhängig voneinander zu einer gestörten Pumpfunktion des Herzens führen und das Leistungsvermögen stark einschränken können [13]. Von besonderer Bedeutung ist in diesem Zusammenhang die linksventrikuläre Hypertrophie (LVH) [13, 35], die im Vergleich zum durchschnittlichen Risiko des Hochdruckkranken ohne LVH die kardiovaskuläre Mortalität um das 8- bis 10-fache erhöht. Die 5-Jahresrate für das Auftreten einer KHK bei Personen mit LVH ist annähernd 30 % und bei Patienten mit KHK erhöht der Nachweis einer LVH das Risiko für einen Koronartod auf das Dreifache. Darüber hinaus weisen Hypertoniker mit LVH vermehrt atriale und ventrikuläre Herzrhythmusstörungen auf und die Inzidenz des plötzlichen Herztodes ist mit LVH ebenfalls signifikant erhöht (▶ Kap. 13.2.5).

▪ Koronare Herzkrankheit

Hochdruckkranke entwickeln häufig eine KHK, die koronarangiographisch gesichert werden sollte. Eine ST-Streckensenkung im Belastungs-EKG mit pektanginöser Symptomatik, aber unauffälligem Koronarangiogramm, stellt nicht unbedingt einen falsch positiven Befund dar. Es handelt sich häufig um eine ischämievermittelte Funktionsstörung unter Belastung, die sich nicht unterscheidet von der Pumpfunktionsstörung, wie sie bei Patienten mit koronarer 2- oder 3-Gefäßerkrankung gefunden wird. Die Ursache ist bei Hypertonikern jedoch eine koronare Mikroangiopathie. Zur Objektivierung eines solchen Befundes können vorliegende Ergebnisse von Rechtsherzkatheterisierung unter Belastung, Myokardszintigraphie und ggf. auch Spiroergometrie (Plateau der O_2-Aufnahme) herangezogen werden. Das Leistungsvermögen wird dann mit dem Ausmaß der Ischämiereaktion unter Belastung beurteilt.

Herzinsuffizienz

Das Auftreten einer Herzinsuffizienz bei nicht bzw. nicht ausreichend behandelter arterieller Hypertonie ist häufig und entwickelt sich auf dem Boden einer LVH bzw. eines transmuralen Herzinfarktes. Durch die zweidimensionale Echokardiographie lässt sich sowohl das Ausmaß der Kontraktionsstörung und die Zunahme der enddiastolischen Dimension des linken Ventrikels als auch das Ausmaß einer Myokardnarbe (ggf. Stress-Echokardiographie) ausreichend beurteilen.

Atherosklerotische Gefäßveränderungen

Besonders bei gleichzeitigem Vorhandensein von Fettstoffwechselstörung, Diabetes mellitus und Nikotinabusus kommt es zu Veränderungen der hirnzuführenden Arterien. Karotisstenosen sind mittels Auskultation nicht sicher auszuschließen. Zur Diagnostik ist heute die farbcodierte Duplexsonographie die Methode der Wahl. Ein frühzeitiges Erkennen ist wichtig, weil bei höhergradigen Stenosen das Risiko eines apoplektischen Insultes um den Faktor 10 ansteigen kann.

Zerebrovaskuläre Komplikationen

In ca. 80 % handelt es sich um ischämische Insulte und nur in 15 % um intrazerebrale bzw. in 5 % um subarachnoidale Blutungen. Häufige Vorboten sind transitorische ischämische Attacken (TIA), die bei 20 bis 25 % der Patienten als Ausdruck einer generalisierten Atherosklerose vor dem Schlaganfall auftreten können [34]. Die chronische arterielle Hypertonie kann aber auch unabhängig vom Schlaganfall zu lacunären Schädigungen und Demenz führen mit gravierenden Rückwirkungen auf das Leistungsvermögen. Bei einer vermuteten neurologischen Symptomatik sollte die Diagnostik mit Hilfe des CT bzw. MRT gesichert sein (▶ Kap. 23). Neben dieser neurologischen ist aber auch regelhaft die weiterführende kardiologische Diagnostik zu berücksichtigen. So weisen etwa 60 % der Patienten mit kardioembolisch bedingtem Schlaganfall ein Vorhofflimmern auf. Insbesondere diese Arrhythmie, die häufig intermittierend auftritt, sollte unbedingt gesichert sein, weil hieraus unmittelbare therapeutische Konsequenzen resultieren können (Dauer der Antikoagulation, Antiarrhythmika, Ablation). Zum Nachweis/Ausschluss intracavitärer Thromben, eines offenen Foramen ovale oder atherosklerotischer Veränderungen im Aortenbogen, die ebenfalls Quelle einer Embolie sein können, sollte eine transösophageale Echokardiographie vorliegen.

Regelhaft sollte auch nach Schlaganfall eine ambulante 24-h-Blutdruckmessung erfolgt sein, da diese Patienten häufig nicht nur einen aufgehobenen zirkadianen Blutdruckrhythmus, sondern sogar paradoxe Blutdruckanstiege in der Nacht aufweisen, die für die Prognose der Patienten von entscheidender Bedeutung sind. Aber auch eine zu tiefe nächtliche Blutdruckabsenkung kann zur Störung der Perfusion und zu zerebralen Ischämien führen [15].

Bei Verdacht auf eine Hirnleistungsstörung hat sich der Mini-Mental-Status bewährt, der anhand eines einfachen Fragebogens eine Abschätzung der kognitiven Fähigkeiten erlaubt.

Aortenaneurysma

Eine weitere typische Hochdruckkomplikation stellt das Aortenaneurysma dar, welches je nach Lokalisation durch die transösophageale Echokardiographie oder die Oberbauchsonographie beurteilt werden kann, ergänzt durch bildgebende Verfahren wie CT oder MRT.

Schlafapnoe-Syndrom

Bei Patienten mit obstruktiver Schlafapnoe besteht häufig eine arterielle Hypertonie und nahezu die Hälfte weisen in der 24-h-Blutdruckmessung keine adäquate Nachtabsenkung auf. Auf der anderen Seite haben 10 bis 30 % der Hypertoniker gleichzeitig eine obstruktive Schlafapnoe. Derzeit ist die Beurteilung des Stellenwertes der Schlafapnoe-Diagnostik bei Hochdruckpatienten im Fluss, da eine hohe Koinzidenz beider Erkrankungen vorliegt, ohne dass immer ein kausaler Zusammenhang bestehen muss [25, 31]. Allerdings konnte in Studien gezeigt werden, dass die Behandlung der obstruktiven Schlafapnoe mit CPAP(Continuous Positive Airway Pressure)-Beatmung die nächtliche Hypertonie normalisieren kann und auch einen positiven Einfluss auf das Blutdruck-Tagesprofil hat [2]. Grundsätzlich bleibt festzustellen, dass jeder Hypertoniker gezielt nach der typischen klinischen Beschwerdesymptomatik (fremdanamnestisch berichtetes nächtliches Schnarchen mit intermittierenden Atempausen, eine auffällige Tagesmüdigkeit mit Einschlafneigung während des Tages oder die morgendliche Unausgeschlafenheit trotz ausreichender Schlafdauer) gefragt werden muss und im Verdachtsfall einer Schlafapnoe-Abklärung zugeführt werden sollte. Ein Schlafapnoesyndrom hat in diesem Zusammenahng therapeutische Konsequenzen (▶ Kap. 15).

Spezifische krankheitsbedingte Beeinträchtigungen nach ICF

Die Hypertonie manifestiert sich auf der Ebene von Funktionen und Strukturen des menschlichen Organismus in Form einer unspezifischen Symptomatik bis hin zu Beschwerden infolge der mikro-/makrovaskulären Komplikationen. Einschränkungen der **Aktivitäten** ergeben sich in Abhängigkeit vom Ausprägungsgrad der Hypertonie, z. B. für Tätigkeiten mit Tragen oder Heben von Lasten. Die **Teilhabe** an Lebensbereichen kann durch berufliche

Beeinträchtigungen tangiert sein. So setzen Berufe mit Fahr- und Überwachungstätigkeiten (wie z. B. Fahrgastbeförderung, Kontrolle komplexer Anlagen) eine gute Blutdruckeinstellung voraus. Zahlreiche umweltbedingte **Kontextfaktoren** wirken sich auf die Entwicklung und Behandlung der Hypertonie aus (Ernährung, Konsum von Nikotin und Alkohol, Bewegungsmangel).

Spezielle Diagnostik, Sachaufklärung

Die sozialmedizinische Beurteilung basiert auf einer möglichst exakten Erfassung der Blutdrucklast, die auf das Herz-Kreislaufsystem einwirkt, den auslösenden Risikofaktoren und Begleiterkrankungen sowie vor allen Dingen den bereits eingetretenen Folgeerkrankungen.

▪ Anamnese

Wichtig ist die Dauer der bestehenden Hypertonie, ob der Blutdruck krisenhaft ansteigt und ob es Hinweise für bereits manifeste Organkomplikationen gibt. Eine Angina pectoris-Symptomatik oder ein abgelaufener Myokardinfarkt weisen auf das Vorliegen einer KHK hin. Eine Belastungsdyspnoe bzw. Nykturie können Zeichen einer Herzinsuffizienz sein. Eine transitorische ischämische Attacke (TIA) oder ein früherer Schlaganfall sind wegweisend für die Beteiligung der Hirngefäße bzw. eine Affektion des Zerebrums. Grundsätzlich sollte nach dem Erfolg früher eingenommener Antihypertensiva bzw. nach unerwünschten Wirkungen gefragt und mögliche Kontraindikationen für Antihypertensiva erfasst werden. Da Antirheumatika, Steroide und Kontrazeptiva, aber auch regelmäßiger Alkoholgenuss von über 30 g/die oder stärkerer Lakritze-Konsum den Blutdruck erhöhen können, muss hiernach ebenfalls gezielt gefragt werden. Auch die Erfassung einer familiären Belastung ist wichtig.

▪ Körperliche Untersuchung

Klinische Zeichen der Links- bzw. Rechtsherzinsuffizienz sowie die Auskultation des Herzens, von Hals-, Nieren- und Inguinalgefäßen stehen im Vordergrund. Die Blutdruckmessung muss grundsätzlich bei einer Erstmessung an beiden Armen erfolgen. Folgemessungen erfolgen an der Seite des höheren Wertes. Wichtig ist die Verwendung der korrekten Manschettengröße. Besonders bei einer Orthostase-Problematik sollte der Blutdruck auch im Stehen gemessen werden. Fundoskopien sollten von einem geübten Untersucher durchgeführt werden; vorhandene augenärztliche Befunde sind zur Erfassung einer hypertensiven Retinopathie heranzuziehen.

▪ Blutdruckmessverfahren

Die Einteilung der Normwerte (◻ Tab. 13.11) mag willkürlich erscheinen, weil die Höhe des gemessenen Blutdruckes durch situative Einflüsse stark schwanken und durch Messfehler beeinflusst werden kann. Die dargestellte Klassifikation basiert auf der indirekten Messung des Blutdrucks durch den Arzt (»Gelegenheitsmessung« oder »Praxismessung«), die somit auch heute noch das wesentliche Verfahren in der Diagnostik einer arteriellen Hypertonie darstellt. Die Messung in der ärztlichen Praxis führt jedoch bei ca. 20 % der Patienten durch eine sog. »Weißkittelhypertonie« zu falsch hohen Blutdruckwerten, die außerhalb dieser Umgebung völlig normal gemessen werden. Zum anderen ist zu bedenken, dass die Blutdruckmessung in Ruhe keine Rückschlüsse auf die Werte unter körperlicher oder seelischer Belastung im Alltag oder Berufsleben erlaubt. Um diesen diagnostischen und prognostischen Unzulänglichkeiten einer isolierten Gelegenheitsblutdruckmessung durch den Arzt zu begegnen, haben sich Messungen unter häuslichen Bedingungen (Selbstmessung), während der Aktivitäten des Tages und im Nachtschlaf (ambulante 24-h-Blutdruckmessung) und die Messung während ergometrischer Leistung zu wichtigen ergänzenden Messverfahren entwickelt [4, 13, 15].

▪ Ambulante 24-h-Blutdruckmessung (ABDM)

Durch die hohe Messdichte über den Tag (alle 15 Minuten) und die Nacht (alle 30 Minuten) ist die ambulante 24-h-Messung der alleinigen Arztmessung überlegen [4, 15]. Als Normgrenze für den Tagesmittelwert (z. B. 7 bis 22 Uhr) gilt 135/85 mmHg, für das Nachtprofil 120/70 mmHg und für den 24-h-Mittelwert 130/80 mmHg. Ein Absinken des nächtlichen Blutdrucks um weniger als 10 % oder ein Blutdruckanstieg ist auffällig und sollte abgeklärt sein. Wenn der Messvorgang beginnt, sollte der Patient seine momentane Tätigkeit unterbrechen und den Arm ruhig halten. Das heißt, eine Blutdruckmessung während körperlicher Belastungen ist durch die ABDM im Gegensatz zur Ergometrie nicht zuverlässig möglich. Zwar kann man hierdurch noch ein im Vergleich zur Ruhesituation erhöhtes Blutdruckniveau erfassen, aber eben nicht den jeweils auftretenden Maximalblutdruck, da dieser in wenigen Sekunden nach Unterbrechung der Tätigkeit steil abfällt. Prinzipiell wäre es wünschenswert, dass jeder Hypertoniker zumindest einmal eine 24-h-Messung erhält, um die Tag-/Nachtrhythmik zu überprüfen. Schlaflosigkeit während der Messungen kann ebenfalls den Blutdruck ansteigen lassen. Dies ist meist mit einem Anstieg der Herzfrequenz verbunden. Dagegen haben einzelne Störungen während des Schlafes, z. B. durch den Messvorgang, keinen wesentlichen Einfluss auf den nächtlichen Blutdruckmittelwert.

Die 24-h-Blutdruckmessung im Rahmen einer Begutachtung ist immer dann unerlässlich, wenn ein Missverhältnis zwischen der Höhe des Gelegenheitsblutdruckes und dem Ausmaß der Organschäden besteht, größere Unterschiede (> 20/10 mmHg) zwischen den Blutdruckwerten bei der Selbstmessung und bei der Gelegenheitsmessung beobachtet werden, mit erhöhten Blutdruckwerten in der Nacht bzw. einem aufgehobenen zirkadianen Rhythmus zu rechnen ist oder nach krisenhaften Blutdruckanstiegen gefahndet wird.

■ Ruhe-EKG

Das EKG als Basisdiagnostik gibt mögliche erste Hinweise auf eine höhergradige Myokardhypertrophie (z. B. Sokolow-Lyon-Index, Cornell-Kriterien) und erkennt die bei Hypertonikern häufiger auftretende absolute Arrhythmie, aber ermöglicht keine Früherkennung oder Beurteilung der veränderten Geometrie und Funktion des Herzens [35].

■ Ergometrie mit Blutdruckmessung

Bei der Beurteilung des Blutdruckverhaltens während der Ergometrie handelt es sich um ein standardisiertes Testverfahren, welches reproduzierbare Blutdruckwerte gewährleistet [4, 13, 15]. Dadurch gelingt häufig eine bessere Unterscheidung zwischen Normo- und Hypertension, eine bessere Schweregradeinteilung der Hypertonie, eine standardisierte Überprüfung des Blutdruckverhaltens während sympathischer Aktivität und eine Abschätzung der prognostischen Bedeutung erhöhter Belastungsblutdrucke [27]. Eine verbesserte Therapieüberwachung sowie die Einschätzung der Belastbarkeit unter antihypertensiver Therapie sprechen für eine regelmäßige ergometrische Kontrolle des Blutdruckes. Vorliegende Befunde sollten zur Begutachtung beigezogen werden.

Für die Beurteilung des Belastungsblutdruckes hat sich der submaximale Bereich von 50 bis 100 Watt bewährt, weil dies eher einer Alltagsbelastung entspricht [4, 13, 15]. Für 20- bis 50-jährige Männer und Frauen gilt als oberer normaler Grenzwert bei 100 Watt ein Blutdruck von 200/100 mmHg. Die Beurteilung des Blutdruckes auf niedriger Leistungsstufe (z. B. 75 Watt) mit 185/100 mmHg empfiehlt sich immer dann, wenn es zu steil ansteigenden, überschießenden Herzfrequenzerhöhungen kommt bzw. wenn bei 100 Watt bereits eine Ausbelastung vorliegt, wie es besonders bei untrainierten Menschen der Fall sein kann (❑ Tab. 13.12). Ein normales Blutdruckverhalten in der Erholungsphase ist dadurch gekennzeichnet, dass in der fünften Erholungsminute (nach 100 Watt maximaler Belastung) ein Wert von 140/90 mmHg erreicht bzw. unterschritten wird.

■ Echokardiographie

Mit Hilfe der Echokardiographie können die pathologischen Folgen der arteriellen Hypertonie am Herzen (z. B. linksventrikuläre Hypertrophie, diastolische Dysfunktion, linksatriale Dilatation) in der Regel sehr gut diagnostiziert werden [3]. Die Einschränkung der linksventrikulären Füllung kann insbesondere unter Belastungsbedingungen

❑ **Tab. 13.12** Grenzwerte für Blutdruck (RR) und Herzfrequenz (HF) bei der Ergometrie

Belas-tung	20–50 J	51–60 J	61–70 J
75 Watt	RR 185/100	RR 195/105	RR 205/100
100 Watt	RR 200/100	RR 210/105	RR 220/110
	HF 125 (M)	HF 115 (M)	–
	HF 145 (F)	HF 135 (F)	–
5 min nach	RR 140/90	RR 150/90	RR 150/90

bei ansteigender Herzfrequenz und zunehmender Verkürzung der Diastolendauer zu einer erheblichen Belastungseinschränkung der Hochdruckkranken trotz normaler systolischer Pumpfunktion führen [21, 35]. Die Bestimmung weiterer echokardiographischer Parameter, wie z. B. der linksventrikuläre Muskelmassenindex nach Devereux sowie deren Normwerte, sind in der Fachliteratur ausführlich beschrieben.

Krankheitsspezifische Begutachtungskriterien, Zielkriterien

An erster Stelle ist die tatsächliche Gefäßbelastung durch den erhöhten Blutdruck zu beurteilen. Dabei sind Messwerte aus der ABDM und der Ergometrie wann immer möglich zu erheben. Das wichtigste Kriterium ist jedoch, ob bereits typische sekundäre Organmanifestationen des Hochdrucks bzw. Folgeerkrankungen nachweisbar sind, die zu einer Belastungseinschränkung führen.

Spezifische sozialmedizinische Beurteilung
■ Beurteilung des Leistungsvermögens

Für die sozialmedizinische Beurteilung der Leistungsfähigkeit und zur prognostischen Abschätzung ist die alleinige Gelegenheitsmessung des Blutdrucks während der Begutachtung, in der Praxis oder zu Hause der 24-Stunden-Messung und der Blutdruckmessung unter Ergometriebedingungen unterlegen. Für die 24-Stunden-Messung ist allerdings ein repräsentativer Tagesablauf erforderlich, d. h. im Regelfall wird sie an einem Werktag vorgenommen. Eine ABDM, z. B. stationär in einer Akutklinik oder an einem Wochenende, ist nicht verwertbar. Für die Zuordnung der Messwerte zu verschiedenen Tätigkeiten, subjektiven Erlebnissen und zur Medikamenteneinnahme ist ein Protokoll zwingend notwendig. Mit der ABDM kann im Gegensatz zur Ergometrie nicht zuverlässig der Maximalblutdruck während körperlicher Aktivität ermittelt werden. Dies muss bedacht werden, wenn es um die Beurteilung des Blutdruckes am Arbeitsplatz oder bei körperlichen Belastungen geht. Dennoch gelingt es durch die

ABDM, ein erhöhtes Blutdruckniveau während der Arbeit zu erfassen, was insbesondere auch für Blutdruckanstiege durch emotionale Belastungen gilt. So kann aus dem Nachweis einer therapeutisch schlecht beeinflussbaren situativen Hypertonie insbesondere bei Schichtarbeitern mit gestörtem Tag-Nacht-Rhythmus eine Einschränkung des Leistungsvermögens resultieren.

Belastungsinduzierte Blutdruckanstiege im Verlaufe eines Arbeitstages sind häufig und begründen zunächst keine Einschränkung des Leistungsvermögens, sondern bedürfen einer adäquaten Therapie mit regelmäßiger ergometrischer Kontrolle. Als besonders schwierig in der Beurteilung gelten Patienten, bei denen die Blutdruckeinstellung zu scheitern scheint. Die häufigste Ursache hierfür sind Compliance-Störungen. Um diesbezüglich Sicherheit zu gewinnen, sollte die kontrollierte Einnahme einer wirksamen Kombinationstherapie unter gleichzeitiger Durchführung einer ABDM erfolgen. In der Regel findet sich dann eine befriedigende Behandelbarkeit des Blutdrucks. Allerdings gibt es den schwer einstellbaren Hochdruckpatienten, der bei üblichem Dosierungsschema trotz guter Compliance unter einer 3-fach-Kombinationstherapie nicht normotensiv wird. Dann wird zunächst nach Begleiterkrankungen und besonderen Umständen zu suchen sein, die häufig bei einer schwer einstellbaren Hypertonie vorliegen (■ Tab. 13.13) und die im Rahmen der Begutachtung beachtet werden müssen.

Schwer einstellbar sind in der Regel jene Patienten, die in der ABDM eine fehlende Nachtabsenkung aufweisen. Bei dialysepflichtigen Patienten ist die Blutdruckeinstellung schon deshalb schwierig, weil die Blutdruckhöhe ganz entscheidend beeinflusst wird vom aktuellen Volumenstatus, d. h. vom jeweiligen Abstand zur letzten Dialyse. Von besonderer Bedeutung ist, dass die pharmakologische Blutdruckeinstellung bei psychischen Begleiterkrankungen im Sinne von Depression und Angststörungen mit Panikattacken häufig sehr schwierig ist und erst nach Stabilisierung der psychischen Erkrankung eine adäquate Blutdrucksenkung erreicht werden kann. Die alleinige Behandlung des hohen Blutdrucks ist hier wenig erfolgversprechend. Dies gilt auch für Patienten mit einer Alkoholkrankheit.

Bestehen bereits Organmanifestationen bzw. Folgeerkrankungen, sind diese für die sozialmedizinische Beurteilung führend und die Einschränkung des Leistungsvermögens ergibt sich aus der Schwere der jeweiligen Erkrankung. Eine linksventrikuläre Hypertrophie (LVH) ist zwar von hoher prognostischer Bedeutung, ihr alleiniges Vorliegen darf jedoch nicht als eine dauerhafte Aufhebung des Leistungsvermögens angesehen werden. Durch adäquate antihypertensive Therapie lässt sich eine effektive Rückbildung der LVH erzielen [14]. Allerdings benötigt dies je nach Ausprägung der LVH einen Zeitablauf von mehreren Jahren.

■ **Tab. 13.13** Schwer einstellbare Hypertonie

Gestörte Tag-Nacht-Rhythmik

- Diabetes mellitus (diabetische Nephropathie)
- Sekundäre Hypertonie (renovaskuläre Hypertonie)
- Ausgeprägte Gefäß- bzw. Herzhypertrophie
- Dialysepflichtigkeit
- Zustand nach Herztransplantation
- Obstruktive Schlafapnoe

Einnahme von Medikamenten

- Kortison
- Ciclosporin
- Nichtsteroidale Antirheumatika (NSAR)
- Monoaminooxydasehemmer
- Stimulantien (Weckamine, Kokain)

Psychische Begleiterkrankungen

- Depressionen
- Alkoholkrankheit
- Angstzustände (Panikattacken)

■ **Medizinische Rehabilitation**

Bei Patienten mit arterieller Hypertonie sollte eine Rehabilitation durchgeführt werden, wenn der Blutdruck unter ambulanten, häuslichen Bedingungen nicht einzustellen ist und/oder ausgeprägte Risikofaktoren vorliegen, die durch Lebensstilintervention beeinflussbar sind (z. B. Adipositas, Diabetes mellitus Typ 2, Bewegungsmangel, Rauchen), die Compliance fraglich ist, eine stressinduzierte Hypertonie vorliegt und/oder Hilfestellung bei der Krankheitsbewältigung und Stressreduktion erforderlich ist, wenn bereits Folgeschäden und/oder Endorganschäden (z. B. hypertensive Herzkrankheit) vorliegen.

13.2.3 Herzklappenfehler und Herzfehlbildungen

Klassifikationen und Stadieneinteilungen

Die Förderleistung des Herzens wird wesentlich durch eine intakte Klappenfunktion bestimmt. Vitien und Fehlbildungen spielen jedoch bezüglich ihrer Häufigkeit in der sozialmedizinischen Begutachtung im Vergleich zur Hypertonie und KHK nur eine untergeordnete Rolle. Die überwiegende Anzahl der Herzklappenfehler gilt als erworben. Die kongenitalen Vitien stellen zzt. nur einen geringeren Anteil dar, der in den nächsten Jahren jedoch zunehmen wird. Durch verbesserte herzchirurgische Operationsmethoden werden viele Kinder und Neugeborene mit kongenitalen Vitien erfolgreich operiert und haben dadurch eine wesentlich höhere Lebenserwartung. Als Erwachsene benötigen diese Patienten Zweiteingriffe (EMAH – Erwachsene mit angeborenen Herzfehlern), die zur sozialmedizinischen Begutachtung führen können.

Mitralvitien

Bei der Mitralstenose, deren Inzidenz durch den Rückgang des rheumatischen Fiebers deutlich abgenommen hat, kommt es nicht nur zu einer Abnahme des Herzzeitvolumens, sondern auch zu einer Erhöhung des linksatrialen Drucks und somit auch der Drucke im Lungenkreislauf. Dies führt langfristig zu einer Zunahme des Lungengefäßwiderstandes, was eine weitere Erhöhung des Pulmonaldruckes mit konsekutiver Zunahme der Nachlast des rechten Ventrikels zur Folge hat. Diese Kaskade führt unbehandelt zur Ausbildung einer manifesten Rechtsherzinsuffizienz. Im weiteren Verlauf kann eine verminderte linksventrikuläre Füllung jedoch die Herzinsuffizienzsymptomatik weiter verstärken, insbesondere, wenn gleichzeitig eine rheumatische Myokardschädigung besteht, wobei auftretende Komplikationen (z. B. absolute Arrhythmie, Thromboembolien) das Krankheitsbild beeinflussen können.

Bei der Mitralinsuffizienz kommt es dagegen trotz Regurgitation nicht zu einer wesentlichen Drucksteigerung im Pumonalkreislauf, wenn der linke Vorhof durch Größen- und Compliance-Zunahme als »Puffer« fungiert. Übernimmt der linke Vorhof diese Pufferfunktion nicht, kann auch eine Mitralinsuffizienz zu einer plötzlichen und klinisch schweren Linksherzdekompensation führen. Trotz der linksventrikulären Nachlastsenkung führt die transmitrale Regurgitation aufgrund des erheblichen Pendelvolumens und des kompensatorisch erhöhten Schlagvolumens zu einer Dilatation und exzentrischen Hypertrophie des linken Ventrikels. Dieser Prozess hat jedoch eine Steigerung der linksventrikulären Nachlast zur Folge und, im Sinne eines Circulus vitiosus, führt dies zu einer weiter zunehmenden Dilatation des linken Ventrikels.

Aortenvitien

Bei der Aortenklappenstenose kommt es durch die Anpassung an die Druckbelastung (erhöhte Nachlast) zur Ausbildung einer zunächst konzentrischen linksventrikulären Hypertrophie. Wenn die linksventrikuläre Hypertrophie die zunehmende Nachlast nicht mehr bewältigen kann, kommt es zu einem Anstieg der Wandspannung, zu einer Größenzunahme des linken Ventrikels (Gefügedilatation) und zur Abnahme der Auswurffraktion. Dieser Prozess wird begünstigt durch die unzureichende Kapillarisierung des hypertrophierten Myokards und die gleichzeitige Fibrosierung.

Eine hämodynamisch relevante Aorteninsuffizienz hat über viele Jahre einen günstigen Spontanverlauf, da über eine Zunahme des linksventrikulären enddiastolischen Volumens das Regurgitationsvolumen ausgeglichen wird, ohne dass es aufgrund der sich entwickelnden exzentrischen Hypertrophie des linken Ventrikels zu einer wesentlichen enddiastolischen Druckerhöhung kommt.

Erst später entwickelt sich durch eine Nachlaststeigerung und weitere Vergrößerung des linken Ventrikels eine Einschränkung der linksventrikulären Funktion. Bei kombinierten Vitien überlagern sich die verschiedenen hämodynamischen Auswirkungen und die führende Komponente entscheidet über den klinischen Verlauf.

Vorhofseptumdefekt

Der Vorhofseptumdefekt gehört zu den häufigsten angeborenen Herzfehlern. Er entsteht durch eine embryonale Entwicklungsstörung des Foramen ovale (Sekundum-Typ) oder durch einen Endokardkissendefekt (Primum-Typ). Die Pathophysiologie des Links-Rechts-Shunts auf Vorhofebene wird sowohl von der Größe des Defektes als auch vom Druckgradienten bestimmt, woraus ein deutlich gesteigerter Lungendurchfluss auf das 2- bis 5-fache resultieren kann. Im weiteren Verlauf hypertrophiert die Wand des rechten Ventrikels. Rechter Vorhof und Ventrikel passen sich der Volumenzunahme infolge des Links-Rechts-Shunts auch durch eine Größenzunahme an. Diese Anpassung wird verstärkt, wenn zusätzlich eine Fehlmündung der Lungenvenen vorliegt, die den Links-Rechts-Shunt vergrößert. Die chronische Volumenbelastung des rechten Herzens führt bei Shuntvolumina von 40–50 % zu einer Rechtsherzinsuffizienz, die durch reaktive Veränderungen des pulmonalen Gefäßbettes verstärkt wird.

Ventrikelseptumdefekt

Patienten mit einem kleinen Ventrikelseptumdefekt haben eine gute Prognose. Sehr große Defekte können schon nach Monaten zur Herzinsuffizienz und zum Tode führen. Durch den deutlich höheren Druck im linken Ventrikel kommt es je nach Defektgröße nicht nur zu einer Volumenbelastung durch den Shunt, sondern auch zu einer Druckbelastung des rechten Ventrikels und des Lungenkreislaufs. Bei sehr großen Defekten kann es deshalb sehr früh zu einer Herzinsuffizienz mit einer so starken Lungengefäßwiderstandserhöhung kommen, dass sich eine Shuntumkehr im Sinne einer EISENMENGER-Reaktion entwickelt. Auf der anderen Seite, führen kleinere Defekte zu keinen gravierenden Anpassungen bzw. Einschränkungen des Leistungsvermögens. Diese sind häufig oligo- bis asymptomatisch und werden im höheren Lebensalter zufällig entdeckt.

Pulmonalstenose

Bei der Pulmonalstenose handelt es sich in der Regel um eine angeborene Störung mit einer valvulären oder infundibulären Stenose, wobei letztere häufig mit einem Ventrikelseptumdefekt und einer reitenden Aorta (FALLOT-Tetralogie) gemeinsam auftritt. Bei der isolierten valvulären Pulmonalstenose liegt eine reine Druckbelastung des rechten Ventrikels vor. Je nach Grad der Stenose und des vorhandenen Druckgradienten entwickelt sich eine konzentrische Hypertrophie des rechten Ventrikels, die ein Leben lang kompensiert werden (geringgradige Stenose) oder aber sehr schnell zum Abfall des Herzzeitvolumens und zur Rechtsherzinsuffizienz führen kann.

■ **Trikuspidalklappenfehler**

Die Trikuspidalklappenstenose kann sowohl angeboren als auch im Rahmen einer rheumatischen Endokarditis erworben sein und bleibt häufig über lange Zeit klinisch stumm. Die isolierte primäre Trikuspidalinsuffizienz ist sehr selten (z. B. Endokarditis nach intravenösem Drogenkonsum), häufig jedoch als sekundäre Form bei anderen Krankheitsbildern, die zu einer Dilatation des rechten Ventrikels bzw. des Trikuspidalklappenringes führen (z. B. Vitien, pulmonale Hypertonie, Kardiomyopathien). Die Größe des Regurgitationsvolumens zwischen rechtem Vorhof und Ventrikel bestimmt das Ausmaß der geometrischen Veränderungen und der klinischen Symptomatik.

Spezifische krankheitsbedingte Beeinträchtigungen nach ICF

Herzklappenfehler und Herzfehlbildungen manifestieren sich auf der Ebene von Funktionen und Strukturen des menschlichen Organismus mit einer Symptomatik, die zum Beispiel bei Rechts-Links-Shunt im Zusammenhang mit einer Zyanose stehen oder bei Herzklappenerkrankungen eine Herzinsuffizienz nach sich ziehen, verbunden mit einer Einschränkung von Aktivitäten und der Teilhabe an Lebensbereichen durch geringe körperliche und psychomentale Leistungsfähigkeit. Einschränkungen im privaten Leben und bei der Erwerbstätigkeit ergeben sich neben der geringen Belastbarkeit u. a. auch aus der erhöhten Endokarditisgefahr oder der Gefährdung durch Herzrhythmusstörungen. Nach erfolgreicher operativer Korrektur ist oft eine deutlich gebesserte Teilhabe möglich. Betroffene profitieren von Kontextfaktoren, die sowohl eine umfassende Unterstützung gewährleisten als auch Raum für die Förderung einer selbständigen Lebensweise lassen.

Spezifische Diagnostik, Sachaufklärung

Die Diagnostik muss nicht nur darauf hinzielen, den jeweiligen Grad des Herzklappenfehlers bzw. der Herzfehlbildung zu erfassen. Entscheidend ist immer auch die Evaluation der links- bzw. rechtsventrikulären myokardialen Beteiligung sowie die Affektion der benachbarten Organe (z. B. Lungenstauung, intestinale Stauung).

■ **Anamnese**

Zu fragen ist nach entzündlichen Erkrankungen, insbesondere dem rheumatischen Fieber, sowie nach kardiovaskulären Risikofaktoren als möglichen Auslösern degenerativer Veränderungen. Besonders wichtig sind die Belastungstoleranz in Beruf und Alltag sowie der zeitliche Verlauf und die Entwicklung der jeweiligen Symptomatik. Aortenstenosen gehen häufig mit Angina pectoris und Schwindel bis zur Synkope einher. Allen Vitien und Fehlbildungen ist gemeinsam, dass sich eine Links- bzw. eine Rechtsherzinsuffizienz entwickeln kann mit der dann typischen klinischen Symptomatik. Gerade Mitralvitien führen häufig zu Herzrhythmusstörungen (vor allem Vorhofflimmern mit absoluter Arrhythmie), die anamnestisch erfasst werden müssen.

■ **Körperliche Untersuchung**

Im Vordergrund der Untersuchung stehen die Zeichen der Rechts- bzw. Linksherzinsuffizienz, der jeweils typische kardiale Auskultationsbefund sowie begleitende Herzrhythmusstörungen.

■ **Echokardiographie**

In der Diagnostik von Vitien haben die Echokardiographie und die Doppler-Echokardiographie in vielen Fällen die invasive Diagnostik abgelöst. Die semiquantitative Einschätzung der Klappeninsuffizienz sowie die dopplerechokardiographische Ermittlung des Druckgradienten bei Klappenstenosen stellen die wesentlichen Beurteilungskriterien der nicht-invasiven Diagnostik dar. Darüber hinaus sind die hämodynamischen Auswirkungen der Vitien auf den linken und rechten Ventrikel (Muskeldicke, enddiastolische Dimension und systolische sowie diastolische Funktion) und auf die Größe der Herzvorhöfe von großer Bedeutung. Wichtig ist auch, dass es sich um einen erfahrenen Untersucher handelt und das Strömungsprofil von möglichst verschiedenen Anschallrichtungen erfasst wird. Insbesondere vor rekonstruktiven Eingriffen ist eine exakte morphologische Beschreibung der Klappe und des Pathomechanismus des Vitiums erforderlich. Zur genauen Lokalisation des Vorhof- bzw. Ventrikelseptumdefektes eignet sich in besonderem Maße die zweidimensionale Farbdoppler-Echokardiographie. Auch kann die Größe des Shuntvolumens durch das Ausmaß der geometrischen Veränderungen abgeschätzt werden. Bei unzureichender transthorakaler Schallbarkeit sowie zur besseren Einschätzung aller Vitien und Fehlbildungen wird die transösophageale Echokardiographie mit Hilfe von Echo-Kontrastmitteln großzügig eingesetzt, insbesondere prä- und post-operativ. Weitere Einzelheiten sowie Normwerte können der einschlägigen Literatur entnommen werden (u. a. [3]). Ist die hämodynamische Relevanz eines Vitiums in Ruhe echokardiographisch nicht sicher zu beurteilen, gewinnt die Stress-Echokardiographie mit Doppler-Messungen unter Belastung halbsitzend auf dem Fahrradergometer zunehmend an Bedeutung [30].

■ **Magnetresonanztomographie (MRT)**

Die Magnetresonanztomographie hat insbesondere in der dynamischen Darstellung komplexer Vitien und kongenitaler Fehlbildungen zunehmend an Bedeutung gewonnen und kann viele methodisch bedingte Nachteile der Echokardiographie ausgleichen. Daher wird sie in der Diagnostik dieser Erkrankungen zunehmend eingesetzt.

■ **Rechtsherzkatheter-Untersuchung**

Die Bedeutung der Rechtsherzkatheter-Untersuchung in der Diagnostik von Vitien ist durch die bildgebenden Verfahren der Echokardiographie und der Magnetresonanztomographie deutlich zurückgegangen. Bei Shunt-Vitien auf Vorhof- und Ventrikelebene kann der Links-Rechts-Shunt indirekt nachgewiesen werden. Wenn durch die Bildgebung in Ruhe- und unter Belastung zum Schweregrad eines Vitiums keine eindeutige Aussage gemacht werden kann, ermöglicht das Verhalten des invasiv gemessenen Druckes unter Belastung eine bessere Einschätzung. Unverändert ermöglicht der Rechtsherzkatheter jedoch eine reproduzierbare Verlaufskontrolle (Verhalten des pulmonalen Gefäßwiderstandes, des Herzzeitvolumens und der intrakardialen Drucke), was auch besonders für den Pulmonalarterienmitteldruck bei den Shunt-Vitien gilt.

■ **Linksherzkatheter-Untersuchung**

Bei der Aortenstenose wird neben der Messung des jeweiligen Druckgradienten vor und nach der Stenose, der sehr abhängig ist von Herzfrequenz, dem Herzzeitvolumen und der jeweiligen Kontraktilität, vor allen Dingen auch die Klappenöffnungsfläche errechnet. Die Quantifizierung von Insuffizienzen (zum Beispiel an der Aorten- bzw. Mitralklappe) erfolgt durch die Beurteilung des Kontrastmittelrückflusses über die insuffiziente Klappe nach Injektion in die Aorta ascendens bzw. in den linken Ventrikel. Beim Ventrikelseptumdefekt lässt sich durch eine Kontrastmittelinjektion in den linken Ventrikel die Größe des Links-Rechts-Shunts abschätzen.

Krankheitsspezifische Begutachtungskriterien, Zielkriterien

Bei den Stenosen sind das Ausmaß der Klappenöffnungsfläche (Echokardiographie, MRT, Linksherzkatheter) und die daraus resultierenden Druckgradienten wichtig. Darüber hinaus müssen die geometrischen Veränderungen des linken bzw. rechten Ventrikels bzw. der Vorhöfe (Größenzunahme, Wandverdickung, Pumpfunktion) evaluiert werden. Bei der Mitralstenose sind Rückwirkungen auf den Lungenkreislauf (pulmonale Hypertonie, Cor pulmonale) von entscheidender Bedeutung. Bei den Insuffizienzen spricht das Ausmaß des Refluxes (Echokardiographie, Linksherzkatheter, MRT) mit der daraus resultierenden

Vergrößerung der Herzinnenräume und einer möglichen Einschränkung der Pumpfunktion die wesentliche Rolle. Bei kombinierten Vitien gilt die führende Komponente als ausschlaggebend für die Funktion. Bei den Shunt-Vitien ist das Ausmaß des Shunt-Volumens (Echokardiographie, MRT, Rechts-, Linksherzkatheter) sowie die anatomische und funktionelle Anpassung wichtig. Allen Vitien und Fehlbildungen ist gemeinsam, dass sie die Hämodynamik durch ein reduziertes Herzzeitvolumen und pathologische Druckanstiege ungünstig beeinflussen und im weiteren Verlauf Rhythmusstörungen (z. B. Vorhofflimmern) auslösen können.

Spezifische sozialmedizinische Beurteilung
■ **Beurteilung des Leistungsvermögens**

Unter konservativer Therapie haben asymptomatische Patienten mit hämodynamisch relevanter Mitralinsuffizienz eine Gesamtsterblichkeit, eine kardiale Sterblichkeit und eine kardiale Ereignisrate von ca. 22 +/−3, 14 +/−3 bzw. 33 +/−3 % nach fünf Jahren. Mit fortschreitendem Lebensalter, durch das Auftreten erster Symptome, bei Vorhofflimmern, bei eingeschränkter Ejektionsfraktion oder Vergrößerung des linken Vorhofes und/oder Ventrikels wird die Prognose deutlich schlechter. Eine operative Sanierung (Rekonstruktion, biologischer oder mechanischer Ersatz) verbessert die Prognose in der Regel erheblich mit 5-Jahres-Überlebensraten deutlich über 80 % [32, 37], Rahimtoola 2009]. Neuere Studien zum natürlichen Verlauf der Mitralstenose unter konservativer Therapie liegen nicht vor. Bei symptomatischen Patienten ist die Prognose sehr schlecht und wird durch Vorhofflimmern und thrombembolische Ereignisse weiter deutlich reduziert. Daher ist der operative Mitralklappenersatz die Methode der Wahl. In einzelnen Fällen kann jedoch auch heute noch eine percutane Mitralvalvuloplastie indiziert sein. Die Langzeitergebnisse des operativen Mitralklappenersatzes sind mit Überlebensraten von über 90 % nach 15 Jahren sehr gut [37].

Die kalzifizierende Aortenklappenstenose ist eine chronisch progrediente Erkrankung, die konservativ nicht effektiv behandelt werden kann. Darüberhinaus tritt der plötzliche Herztod signifikant häufiger bei Patienten mit Aortenstenose auf, insbesondere bei symptomatischen Patienten. Das Symptom-freie Überleben mit konservativer Therapie lag in einzelnen Studien lediglich bei 20–50 % in 2 Jahren. Sobald Symptome auftreten, kann die Prognose auf Monate beschränkt sein [37]. Daher stellen die Aortenklappenrekonstruktion oder der Aortenklappenersatz die Methoden der Wahl dar, welche die Prognose der Patienten mit relevanter Aortenklappenstenose deutlich verbessern [32, 37]. Die Ballonvalvuloplastie spielt, im Gegensatz zu pädiatrischen Patienten, nur eine untergeordnete Rolle. In jüngster Vergangenheit haben Aortenklappen tragende

Stents, die transfemoral oder transapikal über eine minimale linksthorakale Thorakotomie implantiert werden, deutlich an Bedeutung gewonnen (TAVI – Transcatheter Aortic Valve Implantation). Zurzeit werden diese Verfahren bei älteren Patienten mit Kontraindikationen für eine konventionelle Aortenklappenchirurgie mit Herz-Lungenmaschine angewandt. Daher kann die klinische Bedeutung der TAVI aktuell noch nicht abschließend beurteilt werden. Der natürliche Verlauf der Aortenklappeninsuffizienz ist ebenfalls unzureichend untersucht. In einer Studie betrug die 10-Jahres-Überlebensrate bei asymptomatischen Patienten mit echokardiographisch milder Insuffizienz 92 %. Sobald jedoch Symptome auftreten oder echokardiographisch eine fortgeschrittene Aortenklappeninsuffizienz besteht, verschlechtert sich die Prognose deutlich mit einer Mortalität von ca. 34 +/−5 % in 10 Jahren [32, 37]. Hinzu kommt, dass eine Aortenklappeninsuffizienz auch in Begleitung einer Ektasie der Aortenwurzel oder eines Aneurysma der Aorta ascendens auftreten kann, was wiederum die Prognose des Vitums erheblich beeinflusst. Daher muss die operative Sanierung der Aortenklappeninsuffizienz häufig als Kombinationseingriff mit dem Ersatz der Aorta ascendens und Reimplantation der Koronarien erfolgen. Die Prognose nach ausschließlicher Aortenklappenrekonstruktion oder singulärem Aortenklappenersatz wegen Aortenklappeninsuffizienz ist jedoch sehr gut: Überleben 10 Jahre nach Aortenklappenersatz 88 %, nach Rekonstruktion wegen bicuspider Aortenklappe 89 % [32, 37].

Neben diesen aproximativen Angaben zur Prognose ist jedoch sehr deutlich darauf hinzuweisen, dass die Intervention, die Rekonstruktion oder der Klappenersatz insbesondere die Lebensqualität und die körperliche Leistungsfähigkeit der betroffenen Patienten in der Regel erheblich verbessern. Insbesondere durch die in den letzten Jahren zunehmend angewandten rekonstruktiven Operationsverfahren können morphologische Schäden am Herzen durch einen frühzeitigen Eingriff minimiert oder eventuell sogar vermieden werden. Nach Mitralklappenersatz kann durch den Verlust des Subvalvulärapparates eine Veränderung der linksventrikulären Geometrie resultieren, mit der Folge einer reduzierten linksventrikulären Pumpfunktion. Daher wird auch hier im Rahmen der Weiterentwicklung operativer Techniken zunehmend versucht, den Subvalvulärapparat zu erhalten. Bei der Mitralstenose wird eine mögliche Funktionsverbesserung häufig begrenzt durch ein persistierendes Vorhofflimmern und gegebenenfalls durch eine rheumatische Mitbeteiligung des Myokards.

Biologische und künstliche Herzklappen können durch veränderte Strömungsverhältnisse mit zum Teil eingeschränkter Öffnungsfläche zu einer normalen Ruhe-, häufig jedoch zu einer eingeschränkten Belastungshämo-

dynamik führen. Bei stärkerer Belastung und entsprechendem Anstieg des Herzzeitvolumens bzw. Schlagvolumens kommt es zu einem Anstieg des transvalvulären Druckgradienten, d. h., die Prothese wirkt wie eine relative Stenose. Bei gleichzeitigem Anstieg der Herzfrequenz verkürzt sich die Diastolendauer, was sich zusätzlich negativ auf die linksventrikuläre Füllung auswirkt. Das Herzzeitvolumen kann nicht mehr adäquat gesteigert werden und bei einigen Patienten sogar abfallen. Die Belastbarkeit nach Mitralklappenersatz kann außerdem durch eine eventuell irreversible Erhöhung des Lungengefäßwiderstandes und eine ausbleibende Erholung der rechtsventrikulären Funktion eingeschränkt bleiben. Ergometrisch sind Patienten nach Mitralklappenersatz deshalb sehr unterschiedlich belastbar.

Bei Patienten mit Aortenstenose kann durch den Klappenersatz in mehr als 80 % der Fälle eine altersentsprechende Leistungsfähigkeit wieder hergestellt werden. Es ist also durchaus eine mittlere bis schwere körperliche Tätigkeit möglich. Demgegenüber wird bei Patienten mit Aorteninsuffizienz die postoperative Belastbarkeit sehr deutlich von der Normalisierung der linksventrikulären Funktion bestimmt. Von Gohlke-Bärwolf [16] wurde bei 1.270 Patienten mit einfachem Klappenersatz der Einfluss verschiedener Parameter auf die berufliche Wiedereingliederung untersucht. Danach waren 62 % der Patienten, die zum Zeitpunkt des Klappenersatzes 56 Jahre und jünger waren, berufsfähig, 2 % in Ausbildung, 16 % Hausfrauen, 4 % arbeitslos und nur 16 % wegen Erwerbsminderung berentet. Neben dem präoperativen beruflichen Status und dem Geschlecht sind das postoperative funktionelle Ergebnis sowie die Güte der linksventrikulären Funktion die wichtigsten Faktoren für die berufliche Wiedereingliederung. Patienten mit Mehrfachklappenersatz müssen besonders differenziert beurteilt werden.

Dysfunktionen an mechanischen Klappen sind sehr selten, hier überwiegen thrombembolische Komplikationen bei ungenügender oder schwieriger Antikoagulation. Bei Bioprothesen in Mitralposition wird jedoch nach zehn Jahren eine Dysfunktion durch Degeneration von 20 % bis 30 %, nach 15 Jahren bis 60 % angegeben. Diese Degeneration tritt häufiger und schneller bei jüngeren Patienten auf. Bei biologischen Aortenklappen ist die Degeneration geringer ausgeprägt. Die Inzidenz von Prothesendysfunktionen, Thromboembolien und Blutungskomplikationen während des ersten postoperativen Jahres bei Mitralklappenersatz beträgt 3,9 % und 12,1 % nach zehn Jahren (kumulative Re-Operationsrate 6,3 %), bei Aortenklappenprothesen 4,2 % bzw. 9,9 % (Re-Operationsrate 5,9 %). Das bedeutet, dass eine festgestellte Leistungsminderung auf Zeit besteht und die sozialmedizinische Beurteilung in festen zeitlichen Abständen (z. B. nach jeweils einem Jahr) aktualisiert werden sollte. Auch eine Prothesendokarditis mit schweren Komplikationen (septische Embolie) kann den Verlauf erheblich beeinflussen und zu einer Überprüfung der sozialmedizinischen Beurteilung führen.

Im Rahmen der verbesserten kardiologischen Diagnostik können Vorhofseptumdefekte (ASD) bereits im Säuglings- oder Kindesalter entdeckt werden. Bei Erwachsenen manifestiert sich ein ASD in der Regel nicht vor dem 40. Lebensjahr. Häufig ist Dyspnoe im Rahmen einer Vorhofrhythmusstörung das erste Symptom [39]. Nach postoperativem Verschluss und Unterbrechung des Links-Rechts-Shunts bildet sich die rechtsventrikuläre Anpassung bei Kindern nahezu komplett zurück. Auch bei Erwachsenen nimmt im Verlauf vieler Monate die Größe des rechten Vorhofes und Ventrikels ab, und die paradoxe Septumbewegung ist nicht mehr nachweisbar. Diese Rückbildung und auch die Steigerung der körperlichen Leistungsfähigkeit werden gravierend vom Zeitpunkt der Operation (bei großem Shunt möglichst früh) mitbestimmt und von der Tatsache, ob vor der Operation bereits ein erhöhter Lungengefäßwiderstand vorlag oder nicht. Die beste Prognose zeigten Patienten, die bis zum 25. Lebensjahr dem operativen Vorhofseptumverschluss zugeführt wurden. Am ungünstigsten war der Verlauf bei Patienten, die zum Zeitpunkt der Operation älter als 41 Jahre waren [39]. Nach interventionellem Verschluss des ASD mittels Schirmfilter scheint die Erholung der Patienten und die Verbesserung der körperlichen Leistungsfähigkeit nach ersten Untersuchungen etwas schneller zu erfolgen [39].

Die Mehrzahl der Patienten ist nach dem operativen Defektverschluss in ihrer Leistungsfähigkeit deutlich gebessert. Bei vorliegender Leistungsminderung auf Zeit sollte die endgültige sozialmedizinische Beurteilung ein Jahr nach Vorhof- und Ventrikelseptumverschluss möglich sein, da dann das Ausmaß der Rückbildung auf Vorhof- und Ventrikelebene beurteilt werden kann. Auch ohne operativen Verschluss sind Patienten mit kleinen Defekten normalerweise uneingeschränkt belastbar und haben eine gute Prognose. Kleine Defekte bedürfen deshalb auch keiner operativen Therapie. Bezüglich des Auftretens begleitender Herzrhythmusstörungen siehe ▶ Kap. 13.2.5.

▪ Medizinische Rehabilitation

Nach operativer Korrektur eines Vitiums besteht die Indikation zur Durchführung einer kardiologischen Rehabilitation. Dies gilt auch für neue, endoskopische oder katheterinterventionelle Verfahren ohne klassische sternale Thorakotomie (z. B. endoskopische Mitralklappenrekonstruktion, transfemorale oder transapikale Implantation eines Aortenklappen tragenden Stents (TAVI) sowie für Teiloperationen kongenitaler Vitien [z. B. bei Erwachsenen mit angeborenen Herzfehlern (EMAH)].

13.2.4 Kardiomyopathien und Herzinsuffizienz

Klassifikationen und Stadieneinteilungen

Im Vordergrund der sozialmedizinischen Beurteilung steht das klinische Ausmaß der Herzinsuffizienz auf dem Boden einer Pumpfunktionsstörung. Die Ätiologie der Kardiomyopathie hat in diesem Zusammenhang lediglich sekundäre Bedeutung. Deshalb wird die Herzinsuffizienz gemeinsam mit den Kardiomyopathien abgehandelt. Gegenwärtig gibt es mehrere, allgemein akzeptierte Einteilungen der Kardiomyopathien. Eine pathogenetisch orientierte Einteilung unterscheidet Kardiomyopathien (KM) nach ihrer makroskopischen Anatomie (◘ Tab. 13.14). Daneben ist die klinische Einteilung nach den Kriterien der New York Heart Association (NYHA; vgl. ◘ Tab. 13.7) weit verbreitet. Auch die hämodynamisch orientierte Stadieneinteilung nach Roskamm und Reindell wird noch zitiert (vgl. ◘ Tab. 13.15).

Eine relativ neue Stadieneinteilung, die von dem American College of Cardiology (ACC) und der American Heart Association (AHA) publiziert wurde, berücksichtigt insbesondere die Progression der Erkrankung (◘ Tab. 13.15). Eine Besonderheit dieser ACC/AHA-Klassifikation ist, dass die Patienten immer in dem höchsten Stadium kategorisiert bleiben, in dem sie einmal gewesen sind, selbst wenn sie zum Zeitpunkt der Evaluation in ein niedrigeres Stadium eingruppiert werden könnten [19].

Die häufigsten Ursachen einer sekundären Kardiomyopathie (KM) sind die arterielle Hypertonie (▶ Kap. 13.2.2) und die KHK (▶ Kap. 13.2.1), insbesondere im chronischen Verlauf nach Myokardinfarkt. Die KM nach Myokarditis wird in einem eigenen Kapitel abgehandelt (▶ Kap. 13.2.6). Bei Vitien kann es durch das Remodelling zu einer KM kommen (▶ Kap. 13.2.3). Auch im Rahmen von Kollagenosen und Stoffwechselerkrankungen können KM auftreten. Stets ist auch an toxische Ursachen (Alkohol, Medikamente) zu denken. Da der Verlauf der Erkrankung und die Prognose von der Genese mitbestimmt werden, sollte die Ursache der KM immer geklärt sein.

▪ Primäre Kardiomyopathien

Die primäre Kardiomyopathie ist als Herzmuskelerkrankung unbekannter Ätiologie definiert. Sie kann als dilatative oder hypertrophe Form mit und ohne Obstruktion, als restriktive oder konstriktive KM oder als arrhythmogene rechtsventrikuläre KM (ARVCM) auftreten.

▪ Herzinsuffizienz

Die Prognose der Herzinsuffizienz ist stadienabhängig sehr unterschiedlich, insgesamt jedoch vergleichbar der einer malignen Erkrankung mit einer mittleren Lebenserwartung von ca. zwei bis drei Jahren. Der Verlauf der

■ **Tab. 13.14** Klassifikation der Kardiomyopathien nach WHO/ISFC* Task Force

Kardiomyopathien

- Dilatative Kardiomyopathie (DCM)
- Hypertrophe Kardiomyopathie (HCM)
- Restriktive Kardiomyopathie (RCM)
- Arrhythmogene rechtsventrikuläre Kardiomyopathie (ARVCM)
- Nicht klassifizierte Kardiomyopathien

Spezifische Kardiomyopathien

- Ischämische Kardiomyopathie
- Hypertensive Kardiomyopathie
- Entzündliche und infektiös bedingte Kardiomyopathie
- Valvuläre Kardiomyopathie
- Schwangerschaftsassoziierte Kardiomyopathie
- Systemische Erkrankung mit Beteiligung des Herzens

* World Health Organization / International Society and Federation of Cardiology

■ **Tab. 13.15** Stadieneinteilung der Herzinsuffizienz nach ACC/AHA

Stadium A	ohne Herzerkrankung, ohne Symptome Patienten mit hohem Risiko, eine Herzinsuffizienz zu entwickeln (z. B. mit KHK, Hypertonie, Diabetes mellitus Typ 2). Aktuell noch ohne Beschwerden und ohne strukturelle myokardiale Erkrankung.
Stadium B	mit Herzerkrankung, ohne Symptome Patienten mit struktureller Herzerkrankung (z. B. Linksventrikuläre Hypertrophie, linksventrikuläre Dilatation). Aktuell noch ohne Symptome der Herzinsuffizienz.
Stadium C	mit Symptomen Patienten mit aktuellen Beschwerden der Herzinsuffizienz oder zu einem früheren Zeitpunkt mit Beschwerden, oder unter Therapie asymptomatische Patienten.
Stadium D	refraktäre Herzerkrankung Patienten mit fortgeschrittener struktureller Herzerkrankung, die trotz optimaler medikamentöser Therapie symptomatisch bleiben und weitere spezifische Interventionen benötigen (Kardiale Resynchronisations-Therapie, Kunstherz, Herztransplantation).

Erkrankung konnte in den letzten Jahren durch eine Optimierung der medikamentösen Therapie (ACE-Hemmer, Sartane, ß-Blocker, Aldosteronantagonisten, Diuretika) und durch das Ausschöpfen nicht-medikamentöser Therapieverfahren [Kardiale Resynchronisations-Therapie (CRT), implantierbarer Defibrillator (ICD), Training] deutlich verbessert werden. Unabhängig von der Ätiologie ist die Herzinsuffizienz charakterisiert durch eine zunehmende Vergrößerung des linken und/oder rechten Ventrikels und eine global herabgesetzte Kontraktilität. In den letzten Jahren ist zunehmend auch die diastolische Dysfunktion als Ursache einer Herzinsuffizienzsymptomatik erkannt worden. Diese kann einer KM vorausgehen oder als begleitende Störung hinzutreten. Die KM und die chronische Herzinsuffizienz stellen einen dynamischen Prozess dar, deren kurzfristige Kompensationsmechanismen langfristig zu einer Progression der Erkrankung beitragen. Zudem entwickelt sich eine spezifische Verringerung der Mitochondriendichte in der Skelettmuskulatur mit einer reduzierten metabolischen Kapazität, was zu einer weiteren Belastungsinsuffizienz beiträgt. Bei KM sollte prinzipiell die Indikation zur ICD und CRT Implantation bedacht werden [36].

■ **Herztransplantation**

Patienten mit fortgeschrittener, therapierefraktärer Herzinsuffizienz können durch eine Herztransplantation langfristig stabilisiert werden. Insbesondere jüngere Patienten, deren übrige Organsysteme noch gesund sind, haben dabei die beste postoperative Prognose. Heute kann von einer 5-Jahres-Überlebensrate von bis zu 75 % ausgegangen werden. Der Verlauf und die Leistungsfähigkeit der Patienten werden kurz- und langfristig von Abstoßungs-

reaktionen, einer Transplantatvaskulopathie und vom Auftreten von Infektionen bestimmt. Auch bei intaktem Transplantat ist zunächst die körperliche Belastbarkeit aufgrund der langen vorausgegangenen Immobilisation reduziert. Durch ein Ausdauertraining kann eine signifikant höhere Belastbarkeit erreicht werden. Prinzipiell sind deshalb Herztransplantierte langfristig grundsätzlich auch für mittelschwere körperliche Belastungen geeignet und sollten davon nicht generell ausgeschlossen werden. Durch subakute Abstoßungsreaktionen mit konsekutiver Fibroseentwicklung und eine koronare Transplantatvaskulopathie kann sich jedoch langfristig erneut eine Herzinsuffizienz entwickeln. Dieser Verlauf wird häufig durch die Entwicklung einer arteriellen Hypertonie ohne nächtliche Blutdruckabsenkung (Indikation für ABDM) begünstigt. Daher ist es gerade bei diesen Patienten essentiell, alle kardiovaskulären Risikofaktoren konsequent zu behandeln. Zudem können vermehrt Tumorerkrankungen, insbesondere lymphoproliferative Erkrankungen, auftreten.

Spezifische krankheitsbedingte Beeinträchtigungen nach ICF

Personen mit Kardiomyopathie bzw. Herzinsuffizienz weisen eine hohe Letalität auf und sind auf häufige stationäre Krankenhausbehandlungen angewiesen. Schädigungen von Körper**funktionen** und Körper**strukturen** äußern sich vorwiegend in Belastungs- bis hin zu Ruhedyspnoe, rascher Ermüdbarkeit und klinischen Zeichen der kardio-pulmonalen Dekompensation. Links- und/oder Rechts-herzinsuffizienz führen zur Einschränkung der körperli-chen und psychomentalen Leistungsfähigkeit. Dadurch werden **Aktivitäten** im Alltag und die **Teilhabe** an Le-bensbereichen in zunehmendem Maße beeinträchtigt. Für die Bewältigung der Krankheitsfolgen förderlich sind **Kontextfaktoren** wie eine soziale Unterstützung z. B. im Familienkreis, eine der Erkrankung adäquate Ernährung und Flüssigkeitszufuhr sowie die Compliance hinsichtlich Medikamenteneinnahme und ärztlicher Betreuung.

Spezielle Diagnostik, Sachaufklärung

Unabhängig von der Ätiologie zielt die spezielle Diagnos-tik vor allen Dingen auf die Beurteilung der klinischen Ausprägung der Herzinsuffizienz.

▪ Anamnese

Im Vordergrund steht die exakte Befragung nach Ein-schränkungen im Alltag und im Erwerbsleben durch das Kardinalsymptom Belastungsdyspnoe (NYHA-Klassifika-tion; ☐ Tab. 13.7). Da die KM häufig mit Rhythmusstörun-gen einhergehen, muss nach symptomatischen Arrhyth-mien (bradykard und tachykard), Schwindel, Prä- und Synkopen, sowie deren Bezug zu bestimmten Tätigkeiten oder Ereignissen gefragt werden. Wichtig ist der zeitliche Verlauf der Symptomatik (plötzlich auftretend, schlei-chend progredient). Auch Symptome der Rechtsherzin-suffizienz (Druck im Epigastrium, Inappetenz, prätibiale Ödeme) sowie die Familienanamnese sind wichtig.

▪ Körperliche Untersuchung

Neben der kardialen und pulmonalen Auskultation (Viti-en, Stauung, Erguss) sowie der Inspektion und Palpation des Abdomens (Hepatomegalie, Aszites) müssen alle Zei-chen der Links- und Rechtsherzinsuffizienz (obere Ein-flussstauung, Ödeme) erfasst werden. Von besonderer Be-deutung ist neben der Blutdruckmessung im Liegen und Stehen auch die Feststellung von Größe und Gewicht.

▪ Untersuchungsmethoden zur Beurteilung der links-ventrikulären Funktion

Standard in der Begutachtung ist die transthorakale Echo-kardiographie, weil mit dieser Methode die systolische und die diastolische Funktion beurteilt werden können (▶ Kap. 13.1.2). Weitere, nicht-invasive Methoden sind die Radionuklidventrikulographie (RNV) und die Ma-gnetresonanz-Tomografie (MRT). Mittels MRT können auch Hinweise auf myokardiale Erkrankungen als Ursa-che der Kardiomyopathie gewonnen werden. Die Links-herzkatheter-Untersuchung mit Lävographie ermöglicht neben der Bestimmung der Pumpfunktion auch die inva-sive Druckmessung im linken Ventrikel (▶ Kap. 13.1.2), ist

jedoch eine invasive und damit nicht duldungspflichtige Untersuchung. Im Rahmen einer Herzkatheterdiagnostik können auch Endomyokardbiopsien entnommen wer-den. Insbesondere der Spiroergometrie kommt als nicht invasiver Untersuchungsmethode unter Belastung große Bedeutung zu, weil prognostisch relevante Parameter ge-wonnen werden und die Mitarbeit des Patienten wesent-lich besser eingeschätzt werden kann (▶ Kap. 13.1.2). Die Rechtsherzkatheter-Untersuchung ermöglicht eine ge-naue Beurteilung der Hämodynamik unter Belastungsbe-dingungen (▶ Kap. 13.1.2).

Krankheitsspezifische Begutachtungskriterien, Zielkriterien

Die symptomorientierte Stadieneinteilung (NYHA, ☐ Tab. 13.7), insbesondere im beruflichen Umfeld, sowie die ob-jektive Erfassung der linksventrikulären systolischen und diastolischen Funktion und die ergometrische (spiroer-gometrische) Belastbarkeit müssen für die sozialmedizi-nische Beurteilung zu einem schlüssigen Bild zusammen-geführt werden. Passen die subjektiven Beschwerden der Patienten nicht zu den apparativen Untersuchungsergeb-nissen, kann die invasive Messung der Hämodynamik mittels Rechtsherzkatheter-Untersuchung hilfreich sein. Weitere Beurteilungskriterien sind geometrische Verän-derungen der Herzkammern, begleitende Vitien, Herz-rhythmusstörungen, der Verlauf der Grunderkrankung bei sekundären Kardiomyopathien (KM), Komorbiditä-ten, das Ansprechen auf die medikamentöse oder inter-ventionelle Therapie sowie die Krankheitsverarbeitung. Auch die seelische Belastung darf nicht unterschätzt wer-den.

Spezifische sozialmedizinische Beurteilung
▪ Beurteilung des Leistungsvermögens

Eine KM führt in der Regel zu einer deutlichen Einschrän-kung der Lebensqualität, hat eine schlechte Prognose und eine Heilung ist nahezu ausgeschlossen. Daher sind diese Patienten im Allgemeinen nur begrenzt im Erwerbsleben zu halten, wobei sitzende Tätigkeiten am ehesten in Be-tracht kommen.

Diese Entscheidungen müssen jedoch immer indivi-duell getroffen werden, da im Einzelfall Spontanverläufe sehr unterschiedlich sein können. Insbesondere nach Al-koholabstinenz oder nach ausgeheilter Myokarditis kann eine restitutio ad integrum mit normaler Pumpfunktion beobachtet werden. Darüber hinaus sollten auch neuere Therapieverfahren wie die Resynchronisation mit Hil-fe eines Herzschrittmachers (CRT) bei dilatativer Kar-diomyopathie oder die transkoronare Ablation der Sep-tumhypertrophie (TASH) bei hypertropher obstruktiver Kardiomyopathie ausgeschöpft werden. Um positive The-rapieeffekte einzubeziehen, kann es sinnvoll sein, die sozialmedizinische Beurteilung zu einem späteren Zeitpunkt zu wiederholen. Patienten mit symptomatischer Herzinsuffizienz sollten regelmäßig auf ihre Leistungsfähigkeit hin kontrolliert werden. In den NYHA-Stadien III und IV ist in der Regel von einer aufgehobenen Leistungsfähigkeit auszugehen, wogegen Patienten in den Stadien I und II geistige und leichte bis mittelschwere körperliche Arbeiten verrichten können.

▪ Medizinische Rehabilitation

Bei Patienten mit chronischer Herzinsuffizienz (NYHA II–III) und/oder bei Patienten nach Dekompensation sollte eine Rehabilitation durchgeführt werden, wenn die Optimierung (Titration) der Herzinsuffizienzmedikation weiterer Kontrollen bedarf, eine körperliche Trainingstherapie begonnen und anfänglich überwacht werden soll, ein Bedarf an Schulung und/oder Lebensstilintervention besteht, Unterstützung bei der Krankheitsverarbeitung und/oder bei der psychischen Stabilisierung notwendig ist und die Stabilisierung bzw. Verbesserung der sozialen und/oder insbesondere der beruflichen Teilhabe angestrebt wird.

13.2.5 Herzrhythmusstörungen

Atriale und ventrikuläre Herzrhythmusstörungen treten in der Regel als Folge einer kardiovaskulären Erkrankung auf und die Leistungsfähigkeit der Patienten wird häufig stärker von dem Schweregrad der kardialen Grunderkrankung bestimmt als von der Arrhythmie selbst. In der sozialmedizinischen Begutachtung darf deshalb die Rhythmusstörung nicht isoliert betrachtet werden. Sie muss immer im Kontext mit der begleitenden kardialen Grunderkrankung evaluiert werden.

Klassifikationen und Stadieneinteilungen

Herzrhythmusstörungen sind Ereignisse, die kurzfristig (Sekunden, Minuten) auftreten oder langfristig (Tage bis lebenslang) bestehen können. Sie können oligo- bis asymptomatisch verlaufen oder zu massivem Krankheitsgefühl führen und medizinisch harmlos oder lebensbedrohlich sein. Diesem breiten Spektrum muss einerseits die Diagnostik, insbesondere in der Detektion der paroxysmalen Arrhythmien, und andererseits die sozialmedizinische Beurteilung gerecht werden.

▪ Bradykarde Rhythmusstörungen

Reizbildungs- und Leitungsstörungen können auf der Ebene des Sinusknotens, der Vorhöfe, des Atrioventrikular-(AV-)Knotens und des His-Bündels auftreten. In Abhängigkeit von der Länge der Pausen sind sie von erheblicher klinischer und therapeutischer Bedeutung, da

sie Schwindel und Synkopen verursachen und zu einer Leistungseinschränkung (chronotrope Inkompetenz) bis hin zu Selbst- und Fremdgefährdung führen. In der Regel führt die richtig indizierte Implantation eines Herzschrittmachers mit adäquater Programmierung zur vollständigen Rückbildung der Symptome.

▪ Tachykarde Rhythmusstörungen

Die Konsequenzen tachykarder Herzrhythmusstörungen für das Erwerbsleben werden ganz wesentlich von der begleitenden kardialen Grunderkrankung bestimmt. Antiarrhythmika haben bisher den plötzlichen Herztod nicht relevant verhindern und atriale Tachyarrhythmien nicht dauerhaft supprimieren können. Insbesondere die proarrhythmische Wirkung der Antiarrhythmika der Klasse I muss bedacht werden. Daher besteht die wesentliche Therapieoption bei Patienten mit ventrikulären Tachykardien oder Kammerflimmern in der Implantation eines Defibrillators (ICD).

▪▪ Vorhofarrhythmien

Auch atriale Tachyarrhythmien (Vorhofflimmern, -flattern, -tachykardien) können die Hämodynamik beeinflussen. Insbesondere Vorhofflimmern ist mit einer erhöhten Inzidenz an Thrombembolien assoziiert. Intermittierende Arrhythmien lösen häufig ausgeprägte Ängste aus, die das Leistungsvermögen zusätzlich einschränken. Die Indikation zur Rhythmisierung sollte immer im Einzelfall gestellt werden und ist in erster Linie von der Symptomatik des Patienten und der Dauer der Arrhythmie, erst nachrangig von kardialen Faktoren abhängig. Bei atrialen Tachyarrhythmien haben katheterinterventionelle Ablationsverfahren einen festen Stellenwert. Ist hierdurch ein stabiler Sinusrhythmus nicht dauerhaft erreichbar, stellt die medikamentöse Einstellung der Herzfrequenz in Ruhe und unter Belastung für die meisten Patienten eine gleichwertige Alternative dar. In diesen Fällen ist eine dauerhafte Antikoagulation indiziert.

▪▪ Präexzitationssyndrome

Beim Präexzitationssyndrom können paroxysmale Tachykardien im Sinne eines Reentry-Mechanismus auftreten, deren Frequenz und damit hämodynamische Wirksamkeit von der Refraktärzeit des akzessorischen Bündels bestimmt wird. Diese Episoden sind in der Regel kurz (On-Off-Phänomen). Im Sinusrhythmus sind die Patienten in ihrem Leistungsvermögen nicht eingeschränkt. Therapeutisch steht hier ebenfalls die Katheterablation zur Verfügung.

▪▪ Ventrikuläre Rhythmusstörungen

In der Beurteilung ventrikulärer Tachyarrhythmien stehen die linksventrikuläre systolische Funktion und die

Symptomatik des Patienten sowie die kardiale Grunderkrankung im Vordergrund. Die Klassifikation von Lown findet in der klinischen Praxis zunehmend weniger Anwendung. Soll mittels Langzeit-EKG die Effektivität einer medikamentösen Therapie überprüft werden, so muss die große Spontanvariabilität von ventrikulären Herzrhythmusstörungen berücksichtigt werden. Eine effektive Unterdrückung von ventrikulären Extrasystolen sollte nur angenommen werden, wenn es zu einer mindestens 60 bis 70 %-igen Reduktion der Extrasystolen kommt. Weil die Ablation von ventrikulären Arrhythmien noch nicht fest etabliert ist, stellt die Implantation eines ICD die Therapie der Wahl dar.

Spezifische krankheitsbedingte Beeinträchtigungen nach ICF

Herzrhythmusstörungen können geringgradige bis schwerwiegende Symptome bis hin zum plötzlichen Herztod hervorrufen. Schädigungen von Körperfunktionen und Körperstrukturen bestehen in Palpitation und Schwindel, bei stärkerer Ausprägung können sie Synkopen und eine dekompensierte Herzinsuffizienz verursachen. In Abhängigkeit vom Ausmaß der Beschwerden sowie der zugrunde liegenden Erkrankung führen Herzrhythmusstörungen durch ein vermindertes körperliches und psychisches Belastungsspektrum zu Beeinträchtigungen von Aktivitäten des täglichen Lebens und der Teilhabe an Lebensbereichen. Berufliche Einschränkungen können sich ergeben, auch wenn medikamentöse oder invasive Therapiemöglichkeiten bestehen. Von großer Bedeutung ist die Auswirkung auf die Fahrtauglichkeit [1]. Förderliche Kontextfaktoren beim Umgang mit der Erkrankung sind Stressbewältigungs- und Entspannungstechniken.

Spezielle Diagnostik, Sachaufklärung

▪ Anamnese

Das exakte Erfragen von erstmaligem Auftreten, Häufigkeit, Auslöser, Zeitpunkt, durchschnittlicher Dauer, der vielfältigen Symptome der verschiedenen Arrhythmien sowie der bisherigen Therapie ist von entscheidender Bedeutung. Insbesondere Palpitationen, Schwindel, Prä- und Synkopen, evtl. mit Verletzung, eine begleitende vegetative oder psychische Symptomatik sind wichtig. Auch die Beschwerden einer vorhandenen kardialen Grunderkrankung müssen erfasst werden. Da bei psychosomatischen Störungen (z. B. Angstattacken) oft Schwindel und ein »tachykarder Puls« angegeben werden, müssen diese differenzialdiagnostisch abgegrenzt werden.

▪ Körperliche Untersuchung

Die körperliche Untersuchung orientiert sich prinzipiell an der kardialen Grunderkrankung, wobei die Auskulta-

tion einen arrhythmischen Herzschlag und die Palpation ein Pulsdefizit ergeben kann.

▪ Ruhe- und Langzeit-EKG

Da bis zu 80 % der Patienten z. B. paroxysmales Vorhofflimmern nicht wahrnehmen, hat die EKG-Diagnostik sehr große Bedeutung. Das Ruhe-EKG dient der Erkennung einer pathologischen Morphologie und der Erfassung von Überleitungsstörungen. Es genügt aber nicht bei der Abklärung von z. B. unklarem Schwindel. In diesen Fällen ist ein Langzeit-EKG über 24 Stunden oder in Einzelfällen auch über 48–72 Stunden indiziert. Damit ein Bezug der Symptome zu den aufgezeichneten Arrhythmien hergestellt werden kann, ist ein Protokoll unerlässlich. In einzelnen Fällen kann ein Ereignis-Rekorder, ein telemedizinisches EKG oder ein implantierbarer EKG-Rekorder erforderlich sein.

▪ Belastungs-EKG

Die Auslösbarkeit von Herzrhythmusstörungen durch körperliche Aktivität sollte ergometrisch überprüft werden. Bei Bradykardien in Ruhe sollte ergometrisch der Frequenzanstieg (chronotrope Kompetenz) und das Verhalten der PQ-Überleitungszeit (Wenckebach-Block) evaluiert werden. Wenn in Ruhe nachweisbare ventrikuläre Extrasystolen (VES) unter Sympathikuseinfluss sistieren, können sie als prognostisch günstig angesehen werden. Darüber hinaus können belastungsabhängige (ischämiebedingte) Schenkelblockierungen, insbesondere der Linksschenkelblock, erfasst werden.

▪ Invasive Methoden

Die elektrophysiologische Untersuchung (EPU) zur Evaluation bradykarder Arrhythmien im Bereich des Sinusknotens, des AV-Knotens und des His-Bündels hat an Bedeutung verloren. Auch die EPU zur Testung der Effektivität einer medikamentösen antiarrhythmischen Therapie bei Risiko-Patienten mit Kammertachykardie bzw. -flimmern wird als Routine nicht mehr durchgeführt. Fest etabliert ist die Ablation von AV-Knoten- und Vorhofarrhythmien. Die Ablation ventrikulärer Tachyarrhythmien muss weiter klinisch evaluiert werden.

Krankheitsspezifische Begutachtungskriterien, Zielkriterien

Wesentliche Kriterien sind die Häufigkeit und Dauer der Arrhythmie sowie die Beeinträchtigung der Hämodynamik. Bradykarde und tachykarde Rhythmusstörungen können das Herzzeitvolumen so deutlich reduzieren, dass eine adäquate Hirndurchblutung nicht mehr gewährleistet ist. In der Folge können Symptome – vom Schwindel bis hin zur Bewusstlosigkeit – auftreten. Die Wertigkeit besonders der tachykarden Herzrhythmusstörung ergibt sich aus der Art und Ausprägung der jeweiligen Grunderkrankung.

Spezifische sozialmedizinische Beurteilung

■ Beurteilung des Leistungsvermögens

Herzrhythmusstörungen können deutlich in ihrer Ausprägung beeinflusst werden, wenn die Grunderkrankung therapiert wird (z. B. Regression der linksventrikulären Hypertrophie bei antihypertensiver Therapie, Alkoholkarenz bei Kardiomyopathie). Daher steht die Behandlung der Grunderkrankung im Vordergrund. Das Ausmaß der verbleibenden Leistungsminderung ist nach Abschluss bzw. Ausschöpfung der therapeutischen Möglichkeiten zu prüfen. Eine überdauernde Leistungsminderung ist primär nicht anzunehmen. Bradykarde Störungen können durch die Implantation eines Herzschrittmachers komplett behoben werden, die Leistungsfähigkeit wird danach im Wesentlichen durch die kardiale Grunderkrankung bestimmt. Besteht jedoch eine chronotrope Inkompetenz, die nicht durch einen frequenzadaptiven Schrittmacher kompensiert werden kann, wird die körperliche Leistungsfähigkeit auf leichte körperliche Tätigkeiten zu beschränken sein. Durch mögliche Störungen des Aggregates sind aber Arbeiten mit elektrischen Schweißverfahren, Bohrmaschinen, aber auch in der Nähe von elektromagnetischen Feldern (z. B. an Transformatoren, Hochspannungsbetriebsanlagen und Induktionsöfen) zu vermeiden.

Paroxysmale Vorhofarrhythmien können trotz kurzer Dauer das Leistungsvermögen am Arbeitsplatz im Sinne einer Eigen- und Fremdgefährdung wesentlich einschränken; nicht nur aufgrund der gestörten Hämodynamik, sondern auch aufgrund der subjektiv erlebten Symptomatik mit Angst, Unruhe, Schwindel oder kurzer Sinneseintrübung. Die Rhythmisierung bei absoluter Arrhythmie kann die Leistungsfähigkeit eines Patienten deutlich bessern. In die sozialmedizinische Leistungsbeurteilung fließen hier die Effektivität und Dauer einer adäquaten Therapie und die Krankheitsverarbeitung ein.

Bei Patienten mit permanenter absoluter Arrhythmie sind die Symptomatik und die Hämodynamik unter Belastung entscheidend, leichte bis mittelschwere körperliche Arbeiten können jedoch in der Regel verrichtet werden. Gelingt es bei paroxysmalen atrialen Tachyarrhythmien nicht, dauerhaft einen stabilen Sinusrhythmus herzustellen, so ist das Leistungsvermögen für Berufe mit Absturzgefahr (Eigengefährdung) oder Fremdgefährdung (z. B. Busfahrer, Maschinenführer, Kranführer) aufgehoben.

Bei ventrikulären Arrhythmien ist die Prognose gut und das Leistungsvermögen nicht eingeschränkt, wenn die linksventrikuläre Funktion normal ist und keine kardiale Grunderkrankung vorliegt. Ventrikuläre Extrasystolen treten nicht selten unter emotionalem Stress und exogenen Noxen (Nikotin, Alkohol) auf. Sie sind in der Re-

gel hämodynamisch nicht bedeutsam und schränken die Belastbarkeit nicht ein. Bei Patienten mit ventrikulären Tachykardien oder Kammerflimmern kann durch die Implantation eines ICD eine signifikante Senkung der Mortalität erzielt werden. Die körperliche Belastbarkeit wird jedoch durch die kardiale Grunderkrankung wesentlich stärker eingeschränkt. Somit wird das Leistungsvermögen dieser Patienten an der Einschränkung der kardialen Funktion zu beurteilen sein. Hinzu kommt, dass Patienten mit ICD häufig aufgrund einer nicht bewältigten Krankheitsverarbeitung mit begleitender Depression sich nicht mehr in der Lage fühlen, weiterhin erwerbsfähig zu sein.

Bei Herzrhythmusstörungen müssen die Begutachtungsleitlinien zur Kraftfahrereignung [1] berücksichtigt werden.

■ Medizinische Rehabilitation

Da Herzrhythmusstörungen in der Regel auf dem Boden spezifischer kardialer Grunderkrankungen auftreten, gelten die Indikationen zur Rehabilitation in Analogie dazu. Besonderer Aufmerksamkeit bedürfen Patienten, die nach hochsymptomatischen Episoden atrialer Tachyarrhythmien (z. B. nach AV-Knotenablation), nach komplexen ventrikulären Rhythmusstörungen, nach Reanimation oder nach Implantation eines Cardioverters/Defibrillators (ICD) unter Angst, unzureichender Krankheitsverarbeitung oder Depressionen leiden. In diesen Fällen sollte eine Rehabilitation, evtl. mit psychokardiologischem Schwerpunkt, angestrebt werden. Insbesondere dann, wenn trotz der eigentlich beherrschten Arrhythmie die soziale und berufliche Integration gefährdet sind.

13.2.6 Entzündliche Herzkrankheiten

Klassifikationen und Stadieneinteilungen

Entzündliche Herzkrankheiten umfassen gänzlich unterschiedliche Entitäten: Endokarditis, Myokarditis, Erkrankungen des Perikards und Herzkrankheiten bei primär extrakardialen immunologischen Erkrankungen. Diesen »entzündlichen« Herzkrankheiten ist gemeinsam, dass sie sehr selten vorkommen, häufig erst spät diagnostiziert werden und nicht selten einen rasch progredienten Verlauf mit ungünstiger Prognose sowohl für den Krankheitsverlauf als auch die Teilhabe am Erwerbsleben aufweisen. Für weitergehende Angaben zu diesen Erkrankungen wird auf die Fachliteratur verwiesen.

■ Endokarditis

Die bakterielle Endokarditis betrifft vorzugsweise endovaskuläre Strukturen, insbesondere Herzklappen, aber auch endovaskulär implantierte Fremdmaterialien wie Klappenprothesen oder Schrittmacherelektroden [18]. Die

Letalität der Erkrankung ist unverändert hoch und liegt bei etwa 20 %. Insbesondere septische Embolien, die in ca. 65 % der Fälle das Zentralnervensystem (ZNS) betreffen, führen zu einer weiteren Verschlechterung der Prognose durch apoplektische Insulte und zerebrale Blutungen. In der Regel weisen Patienten mit Endokarditis lange stationäre Behandlungszeiten auf. Die lange Immobilisation in Verbindung mit einer intensiven, in der Regel mehrfachen antibiotischen Therapie führt häufig zu deutlicher muskulärer Atrophie und einem erheblichen Gewichts- und Kräfteverlust. Embolische Komplikationen oder eine kardiale Operation führen zu einer weiteren Schwächung und einer entsprechend längeren Rekonvaleszenz. Häufig wird diese Situation durch zusätzliche Organkomplikationen (Nieren-, Leberinsuffizienz) aggraviert.

■ **Myokarditis**

Als häufigste Ursache in Europa und den USA wird eine virale Genese angenommen [22]. Es wird vermutet, dass 10–40 % der Patienten mit dilatativer Kardiomyopathie als Ursache eine bislang nicht diagnostizierte chronische Myokarditis haben. Wegen der schwierigen definitiven Diagnose ist jedoch von einer hohen Dunkelziffer auszugehen. Überwiegend verläuft eine Myokarditis klinisch unauffällig und wird daher nicht oder nur zufällig diagnostiziert. Allerdings gibt es auch fulminante Verläufe, die innerhalb von wenigen Tagen zum kardialen Pumpversagen oder zu lebensbedrohlichen ventrikulären Tachyarrhythmien führen können. Die Gefahr des plötzlichen Herztodes besteht jedoch auch bei klinisch inapparenter Myokarditis ohne Linksherzinsuffizienz. Unabhängig von der Ätiologie bestimmt das Ausmaß der Herzinsuffizienz das klinische Bild.

■ **Perikarderkrankungen**

Ätiologisch tritt eine Perikarditis am häufigsten bei akutem Myokardinfarkt, Urämie oder bei Infektionen auf. Nicht selten findet man jedoch keine eindeutige Ursache. Eine Perikarditis kann mit Perikarderguss (Perikarditis exsudativa) einhergehen oder trocken (sicca) verlaufen. Häufig reagiert das Myokard entzündlich mit und es entsteht eine Peri-Myokarditis [24]. Die meisten Entzündungen des Perikards verlaufen selbstlimitierend und heilen folgenlos aus. Typische Komplikationen sind der hämodynamisch wirksame Perikarderguss oder eine Fibrosierung und Kalzifizierung bei chronischer Perikarditis (ca. 20 % der Fälle) mit der Folge einer konstriktiven Symptomatik. Durch eine ausgeprägte diastolische Füllungsbehinderung aller Herzkammern ist dann eine Steigerung des Herzzeitvolumens (HZV) nur über die Herzfrequenz möglich, was zu der häufig bereits in Ruhe vorliegenden Tachykardie führt. Da die Erkrankung unbehandelt in der Regel progredient verläuft, ist die Therapie der Wahl die operative

Perikardektomie mit dem Ziel, das Perikard möglichst vollständig zu entfernen. Die Letalität dieses Eingriffes liegt mit 15–20 % relativ hoch und auch postoperativ haben diese Patienten häufig eine deutlich protrahierte Rekonvaleszenz mit einem low-output Syndrom bei etwa 15–30 % der Patienten.

■ **Immunologische Erkrankungen**

Viele dieser Systemerkrankungen können auch kardiale Manifestationen aufweisen. Das rheumatische Fieber und die rheumatische Karditis sind autoimmunologisch vermittelte Folgeerkrankungen einer Infektion mit Streptokokken der Serogruppe A. Beispielhaft seien erwähnt: chronisch entzündliche Darmerkrankungen, rheumatoide Arthritis, Spondylitis ankylosans, REITER-Syndrom, Morbus Still, Kollagenosen (Lupus erythematodes disseminatus, Antiphospholipid-Syndrom, progressive systemische Sklerose, SHARP-, SJÖGREN-Syndrom, Dermatomyositis), Vaskulitiden (Riesenzellarteriitis, Takayasu-Arteriitis, Panarteriitis nodosa, Churg-Strauss-Syndrom, WEGENER-Granulomatose, Morbus Behçet), Löffler-Endokarditis, Endomyokardfibrose, endokardiale Fibroelastose, das Hypersensitivitäts-, Postmyokardinfarkt- und das Postkardiotomie-Syndrom [41]. Typische kardiale Manifestationen sind eine Perikarditis mit Perikarderguss oder komplizierend eine Perimyokarditis, Vitien, Erregungsleitungsstörungen sowie eine Herzinsuffizienz, die nicht selten rechtsbetont ist. Bei den Vaskulitiden können die großen Gefäße (Aorta bis 15 %) sowie die Koronarien (Panarteriitis nodosa) befallen sein. Neben der Therapie der immunologischen Erkrankung erfolgt die begleitende Therapie der kardialen Manifestation in üblicher Weise. Die sozialmedizinische Beurteilung wird hier wesentlich von der systemischen Grunderkrankung mitgeprägt.

Spezifische krankheitsbedingte Beeinträchtigungen nach ICF

Unabhängig von der Ätiologie führen entzündliche Herzkrankheiten zu vergleichbaren Schädigungen von Körper**funktionen** und **Strukturen** sowie Beeinträchtigungen von **Aktivitäten** und **Teilhabe** an Lebensbereichen. In Abhängigkeit von der jeweiligen Erkrankung steht die klinische Symptomatik einer Herzinsuffizienz oder Herzrhythmusstörungen im Vordergrund (▶ Kap. 13.2.4, ▶ Kap. 13.2.5).

Spezielle Diagnostik, Sachaufklärung
■ **Anamnese**

Alle entzündlichen Herzkrankheiten können mit einer Allgemeinsymptomatik (Müdigkeit, Schwäche, Abgeschlagenheit) einhergehen, lange bevor spezifische kardiale Beschwerden auftreten. Auf eine Endokarditis können hinweisen: Vorliegen eines Herzklappenfehlers, früheres rheumatisches Fieber, Herzklappenoperationen, endovaskuläre Implantationen, kürzlich zurückliegende diagnostische oder therapeutische Prozeduren mit Bakteriämierisiko oder ein intravenöser Drogenkonsum. Symptome der Myokarditis sind ausgesprochen variabel und reichen von Befindlichkeitsstörungen, eventuell mit thorakalen Missempfindungen oder mit Fieber und Palpitationen, über Belastungsdyspnoe bis hin zu akuter Orthopnoe. Ein protrahierter, fieberhafter Infekt ist ein ernst zu nehmender klinischer Hinweis, jedoch keinesfalls pathognomonisch. Die Perikarditis äußert sich klinisch häufig mit thorakalen, retrosternalen oder linksthorakal gelegenen unspezifischen Schmerzen, die teilweise lage- und atemabhängig sind, oft verbunden mit Fieber. Ein Perikarderguss kann sich mit Dysphagie, Schluckauf oder Heiserkeit und Husten durch den Druck des Perikards auf die anatomischen Nachbarstrukturen äußern, lange bevor Dyspnoe, Schwindel oder eine Synkope auftreten. Die konstriktive Perikarditis kann stauungsbedingt Inappetenz mit Völlegefühl sowie Symptome der Leberschädigung bis zur Kachexie verursachen. Die Anamnese der immunologischen Erkrankungen wird von der primären Organmanifestation sowie der Art der kardialen Beteiligung bestimmt.

■ **Körperliche Untersuchung**

Bei der Inspektion, Palpation und Auskultation steht die Suche nach Zeichen der Rechts- und Linksherzinsuffizienz im Vordergrund. Auskultatorisch lassen sich erste Hinweise auf ein Vitium finden. Hautveränderungen können auf immunologische Erkrankungen hindeuten. Bei der Endokarditis finden sich nicht selten kleine septische Embolien in den Interdigitalräumen oder an den Schleimhäuten. Bei Perikarderguss oder konstriktiver Perikarditis können eine Halsvenenstauung oder ein Pulsus paradoxus Hinweise auf eine hämodynamische Relevanz geben.

■ **EKG**

Das Ruhe-EKG kann Überleitungsstörungen zeigen (Verlängerung der PQ-Zeit, Schenkelblock, höhergradiger AV-Block) und erste Hinweise auf atriale oder ventrikuläre Tachyarrhythmien geben. Bei akuter Perikarditis können in über 80 % der betroffenen Personen ST-Streckenhebungen auftreten. Mit dem 24-h-Langzeit-EKG kann nach weiteren Herzrhythmusstörungen gefahndet werden. Das Belastungs-EKG oder die Spiroergometrie dienen der Überprüfung der körperlichen Leistungsfähigkeit.

■ **Echokardiographie**

Die Echokardiographie ist die entscheidende Diagnostik bei der Endokarditis. Die transösophageale Echokardiographie (TEE) ist bezüglich der Sensitivität zum Nachweis endokarditischer Vegetationen der transthorakalen Anwendung überlegen. Bei den entzündlichen Herzkrank-

heiten dient die Echokardiographie zur Evaluation der linksventrikulären systolischen und diastolischen Funktion, zur Begutachtung der Klappenfunktion sowie zur Verlaufskontrolle eines Perikardergusses. Bei konstriktiver Perikarditis kann mittels Echokardiographie die eingeschränkte diastolische Füllung nachgewiesen und eine typische Erweiterung der Vorhöfe festgestellt werden.

■ **Labor**

Der Nachweis eines Infektes mit Streptokokken der Gruppe A ist eines der Kriterien nach Jones zur Stellung der Diagnose eines rheumatischen Fiebers. Für die meisten der immunologischen Erkrankungen sind inzwischen spezifische Laborparameter erarbeitet worden, die bei der Stellung der definitiven Diagnose hilfreich sind. Für die Begutachtung sind jedoch Verlaufsparameter, die die entzündliche Aktivität oder den Grad der Remission nach einer spezifischen Therapie abschätzen lassen, von größerer Bedeutung (CRP, BSG, Leukozyten). Auch nach einer Anämie sollte zur Beurteilung der Leistungsfähigkeit gesucht werden. Laborwerte, die Struktur und Funktion innerer Organe repräsentieren und ebenfalls betroffen sein können (Leber, Niere), sind für die Begutachtung hilfreich.

■ **Weitere spezifische Diagnostik**

Bei der Myokarditis stellt die kardiale Magnetresonanztomographie (MRT) zunehmend das bildgebende Verfahren der Wahl dar. Neben der hohen Sensitivität und Spezifität zum Nachweis einer Myokarditis scheint die MRT auch zur Beurteilung des Krankheitsverlaufes geeignet. Daneben hat die Endomyokardbiopsie einen höheren Stellenwert erhalten. Durch die histologische, immunhistochemische und molekularbiologische Aufarbeitung der Proben können verschiedene Formen der Myokarditis differenziert und daraus spezifische therapeutische Optionen abgeleitet werden. Mit Hilfe der Computertomographie und der MRT kann auch bei Perikarditis ein verdicktes Perikard, welches echokardiographisch nicht immer sicher abgrenzbar ist, nachgewiesen werden. Für die Sicherung der Genese können eine Perikardpunktion sowie eine Perikardioskopie mit Biopsie erforderlich sein. Eine Rechtsherzkatheter-Untersuchung mit Belastung ermöglicht Aussagen über das Ausmaß der Herzinsuffizienz und die Einschränkung der linksventrikulären Funktion, wenn diese klinisch und mit anderen Methoden nicht ausreichend zu beurteilen waren. Bei der Pericarditis constrictiva kann eine invasive Druckmessung zur Sicherung der definitiven Diagnose hilfreich sein, wenn die Konstriktion dopplerechokardiographisch nicht eindeutig darstellbar ist (typisches »Dip-plateau-Phänomen«). Liegen Ergebnisse der invasiven Diagnostik zur Begutachtung vor, so sind diese sehr hilfreich.

Krankheitsspezifische Begutachtungskriterien, Zielkriterien

Die entzündlichen Herzkrankheiten sind bezüglich der sozialmedizinischen Begutachtung sehr heterogen. Der Myokarditis mit der sehr hohen Wahrscheinlichkeit einer restitutio ad integrum steht der unaufhaltsam progrediente Verlauf einiger immunologischer Erkrankungen gegenüber. Die Perikarditis mit ambulant gut therapierbarem Perikarderguss unterscheidet sich fundamental von der infektiösen Endokarditis mit septischen Embolien, langem stationären Krankenhausaufenthalt und hoher Letalität. Hinzu kommen die Auswirkungen einer anstrengenden und nebenwirkungsreichen Therapie der Grundkrankheit (Immunsuppression, Chemotherapie). Die Krankheitsverarbeitung ist bezüglich der »malignen« extrakardialen Grunderkrankung häufig viel schwieriger als in Bezug auf die kardiale Manifestation. Erschwerend können die Beteiligung weiterer Organe (Leber, Nieren, Lunge) und die muskuläre Dekonditionierung hinzutreten, die für die Lebensqualität und die Belastbarkeit im Alltag sowie im Erwerbsleben von größerer Bedeutung sein können als die kardiale Miterkrankung. Daher ist für die sozialmedizinische Beurteilung der entzündlichen Herzkrankheiten neben der Evaluation der kardialen Einschränkung in Ruhe und unter Belastung die Erfassung der Gesamtsituation des Patienten unter besonderer Berücksichtigung der extrakardialen Grunderkrankung von besonderer Bedeutung. In diesem Zusammenhang kann die Kooperation mit anderen medizinischen Disziplinen (Immunologie, Onkologie, Pneumologie, Nephrologie, Neurologie, Angiologie) zur Beurteilung der extrakardialen Erkrankungen und die gemeinsame sozialmedizinische Beurteilung des Patienten hilfreich sein.

Spezifische sozialmedizinische Beurteilung

- **Beurteilung der Leistungsfähigkeit**

Im Vordergrund der kardiologischen Beurteilung steht die Erfassung der subjektiven Belastbarkeit (NYHA, ◘ Tab. 13.7) sowie die objektive Evaluation der kardialen Funktion in Ruhe und unter Belastung, die Untersuchung der Herzklappen und des Perikards mit den im ► Kap. 13.1.2 beschriebenen Methoden. Die sozialmedizinische Bewertung der begleitenden Herzklappenfehler (► Kap. 13.2.3), der Herzinsuffizienz (► Kap. 13.2.4) und der Herzrhythmusstörungen (► Kap. 13.2.5) erfolgt analog zu den Empfehlungen in den genannten Kapiteln. Da viele immunologische Krankheitsbilder auch eine Schädigung der Arterien zur Folge haben, kann eine sozialmedizinische Einschätzung unter angiologischen Gesichtspunkten (Wegefähigkeit) ebenfalls notwendig sein (► Kap. 14). In allen Fällen ist der Hintergrund der extrakardialen Grunderkrankung und das Ansprechen auf eine spezifische Therapie als wesentliches Begutachtungskriterium zu berücksichtigen.

Patienten mit vollständig ausgeheilter Endokarditis, mit kleiner Vegetation und intakter Funktion der Herzklappe und des Myokards können nach ausreichender Erholung wieder in ihren alten Beruf zurückkehren und auch schwere körperliche Arbeiten gemäß der festgestellten Belastbarkeit (◘ Tab. 13.10) verrichten. Nach kompliziertem Verlauf mit apoplektischem Insult, notfallmäßiger Herzklappen-Operation und septischen Multiorgankomplikationen sowie eingeschränkter kardialer Funktion ist mit einer mehrmonatigen Rekonvaleszenz zu rechnen. Je nach Dauer des bisherigen Krankheitsverlaufes kann eine Erwerbsminderung auf Zeit resultieren. Nach längerer Rekonvaleszenz sind vielleicht wieder leichte Arbeiten möglich, je nach kardialer und neurologischer (► Kap. 23) Funktion. Die Endokarditis-Prophylaxe ist für diese Patienten wichtig [28].

Da die Myokarditis in aller Regel folgenlos ausheilt, können Patienten nach überstandener Erkrankung mit intakter linksventrikulärer Funktion ohne Perikarderguss sowie nach Rückbildung vorhandener EKG-Veränderungen oder Rhythmusstörungen und Normalisierung erhöhter Seromarker wieder uneingeschränkt in ihren Beruf zurückkehren und auch schwere körperliche Arbeiten gemäß der festgestellten Belastbarkeit (◘ Tab. 13.10) verrichten. Häufig besteht eine subjektiv eingeschränkte Leistungsfähigkeit, die mit kardiologischen Untersuchungen nicht hinreichend zu objektivieren ist. Daher kann die Rekonvaleszenz nach Myokarditis durchaus mehrere Monate betragen. Die vitale Gefährdung von Patienten mit Myokarditis durch das Auftreten ventrikulärer Tachyarrhythmien betrifft auch Patienten mit intakter linksventrikulärer Funktion. Daher ist die rhythmologische Evaluation dieser Patienten mit besonderer Sorgfalt erforderlich (► Kap. 13.2.5). Ist eine Myokarditis mittels Endomyokardbiopsie nachgewiesen, richtet sich die Beurteilung nach den Ergebnissen der Biopsie und nach der evtl. eingeleiteten spezifischen Therapie (Immunsuppression, Immunglobuline, Interferon). Mit bioptisch nachgewiesener akuter Myokarditis und in der Regel auch während der Zeit der spezifischen Therapie sind die Patienten nicht arbeitsfähig. Patienten mit bioptisch gesicherter chronischer Myokarditis sollten mittelschwere Tätigkeiten (◘ Tab. 13.10) nicht mehr verrichten. Andererseits scheint eine leichte körperliche Aktivität vertretbar, so lange keine aktiven Zeichen der myokardialen Inflammation mehr vorliegen [11]. Bei schwerem Verlauf der Myokarditis mit ausgeprägter kardialer Schädigung richtet sich die Beurteilung nach dem Ausmaß der Herzinsuffizienz (► Kap. 13.2.4).

Nach unkomplizierter Perikarditis mit resorbiertem Perikarderguss und erhaltener linksventrikulärer Funktion ohne Konstriktion sind die Patienten wieder uneingeschränkt in ihrem Beruf einsetzbar. Sie können auch schwerere körperliche Arbeiten gemäß der festgestellten Belastbarkeit (❏ Tab. 13.10) verrichten. Bei kompliziertem oder chronischem Verlauf mit Konstriktion oder nach operativer Perikardektomie richtet sich die sozialmedizinische Beurteilung nach dem Vorhandensein von Herzinsuffizienz (▶ Kap. 13.2.4), Herzrhythmusstörungen (▶ Kap. 13.2.5) sowie auslösenden Ursachen (z. B. Strahlentherapie bei M. HODGKIN) und Begleiterkrankungen.

Entzündliche Herzkrankheiten müssen abhängig von der Grunderkrankung sehr unterschiedlich beurteilt werden. Eine rheumatische Karditis mit minimaler Insuffizienz der Mitralklappe ist anders zu bewerten als ein Lupus erythematodes disseminatus, der trotz immunsuppressiver Therapie progredient verläuft. Zur sozialmedizinischen Beurteilung finden die beschriebenen Kriterien für Patienten mit Herzinsuffizienz (▶ Kap. 13.2.4), Herzklappenfehler (▶ Kap. 13.2.3) und Herzrhythmusstörungen (▶ Kap. 13.2.5) entsprechende Anwendung. Darüber hinaus muss die Therapie der extrakardialen Grunderkrankung (Chemotherapie) sowie die Gesamtsituation dieser schwerkranken Patienten mit Amputationen, pulmonaler und renaler Manifestation unter besonderer Berücksichtigung der Krankheitsverarbeitung bei limitierter Lebenserwartung mit in die Beurteilung einbezogen werden. Ggf. ist ein zusätzliches neurologisch-psychiatrisches Gutachten erforderlich.

■ Medizinische Rehabilitation

Nach akuten entzündlichen Herzerkrankungen (Endo-, Myo-, Perikarditis) besteht die Indikation zur kardiologischen Rehabilitation. Allerdings müssen die Besonderheiten der spezifischen hämatologischen, onkologischen oder immunologischen Grunderkrankungen beachtet werden, deren Mitbehandlung im Einzelfall möglich ist, wenn die Primärindikation für die Rehabilitation im kardiovaskulären Bereich liegt (z. B. Herzinsuffizienz, Vitium).

13.2.7 Pulmonale Hypertonie und Cor pulmonale

Klassifikationen und Stadieneinteilungen

Die pulmonale Hypertonie (PH) wird in eine präkapilläre und eine postkapilläre Form unterteilt. Bei der postkapillären PH besteht aufgrund einer Linksherzinsuffizienz eine pulmonalvenöse Stauung mit konsekutiver Erhöhung des pulmonalkapillären (PC) und des pulmonalarteriellen (PA) Druckes. Bei der präkapillären PH kommt es zu einer isolierten Erhöhung des PA Druckes bei normalem PC Druck. Somit ist die präkapilläre PH auf den arteriellen Teil der pulmonalen Strombahn beschränkt. Sie wird daher auch als pulmonalarterielle Hypertonie (PAH) bezeichnet. Die PAH ist mit einer Inzidenz von ca. 2–3 Fällen

---

❏ Tab. 13.16 Einteilung der pulmonalen Hypertonie (Dana-Point Klassifikation 2008)

1.	**Pulmonal arterielle Hypertonie (PAH)**
1.1	Idiopathische Form (IPAH) – Ursache unbekannt
1.2	Hereditäre Form (HPAH) – genetische Ursachen (BMPR2, ALK-1, Endoglin)
1.3	Medikamenten- und/oder toxin-assoziierte Form (APAH) – z. B. Appetitzügler und andere
1.4	Assoziert mit APAH: Kollagenosen, HIV-Infektion, portale Hypertension, angeborene Herzfehler, Schistosomiasis, chronisch-hämolytische Anämie
1.5	Persistierende pulmonale Hypertonie des Neugeborenen (PPNH)
1.6	Pulmonal venookklusive Erkrankung (PVOD), pulmonal kapilläre Hämangiomatose (PCH)
2.	**Pulmonale Hypertonie bei Linksherzerkrankungen**
2.1	Systolische Dysfunktion
2.2	Diastolische Dysfunktion
2.3	Herzklappenerkrankungen
3.	**Pulmonale Hypertonie bei Lungenerkrankungen und/oder Hypoxämie**
3.1	Chronische obstruktive Lungenerkrankung (COPD)
3.2	Interstitielle Lungenerkrankung
3.3	Andere pulmonale Erkrankungen mit gemischt restriktiv-obstruktivem Muster
3.4	Schlafapnoe-Syndrom
3.5	Erkrankungen mit alveolärer Hypoventilation
3.6	Chronischer Aufenthalt in großen Höhenlagen
3.7	Pulmonale Entwicklungsstörungen
4.	**Chronisch thromboembolische pulmonale Hypertonie (CTEPH)**
5.	**Pulmonale Hypertonie aufgrund unklarer und/oder multifaktorieller Erkrankungen**
5.1	Hämatologische Erkrankungen (myeloproliferative Erkrankungen, Splenektomie)
5.2	Systemerkrankungen (Vaskulitis, Sarkoidose u. a.)
5.3	Metabolische Erkrankungen (Glykogenspeicherkrankheiten, Schilddrüsenerkrankungen)
5.4	Andere Ursachen: Obstruktion durch Tumoren, fibrosierende Mediastinitis, Dialyse

---

pro 1 Mio. Einwohner eine seltene Erkrankung und wird häufig erst sehr spät diagnostiziert. Die Klassifikation der PH ist 2008 auf dem 4. Weltsymposium in Dana Point überarbeitet worden. Die neue Einteilung ist in ❏ Tab. 13.16 dargestellt. Die pulmonalarterielle (PAH) sowie die PH im Rahmen von Lungenerkrankungen (COPD) und

Tab. 13.17 Hämodynamische Definition der pulmonalen Hypertonie (PH) (ESC/ESR 2009)

Definition	Charakteristika	Ursachen (nach Tab. 13.16)
PH	PAPm ≥ 25 mmHg	alle
präkapilläre PH	PAPm ≥ 25 mmHg PCPw <= 15 mmHg HZV normal oder vermindert	1, 3, 4, 5
postkapilläre PH	PAPm ≥ 25 mmHg PCPw > 15 mmHg HZV normal oder vermindert	2

PAP_m = mittlerer Pulmonalarteriendruck (mmHg), PCP_w = mittlerer pulmonalkapillärer Verschlussdruck (mmHg), HZV = Herzzeitvolumen (l/min)

Tab. 13.18 Hämodynamische Graduierung der pulmonalen Hypertonie (WHO)

Schwere-grad	Ruhe		Belastung
	PAPm	R_p	PAP_m
leicht	20–29	160–319	30–39
mittel-schwer	30–39	320–639	40–49
schwer	≥ 40	≥ 640	≥ 50

PAP_m = mittlerer Pulmonalarteriendruck (mmHg)
R_p = Lungengefäßwiderstand (dyn-sec-cm³)

Tab. 13.19 Klinische Graduierung der pulmonalen Hypertonie nach WHO

I	Keine Symptome unter Alltagsbelastung
II	Normale körperliche Arbeit führt zu vermehrter Dyspnoe oder Müdigkeit, thorakalen Schmerzen oder Schwächeanfällen
III	Leichte Belastungen führen zu Symptomen
IV	Zeichen der manifesten Herzinsuffizienz, Dyspnoe kann bereits in Ruhe vorhanden sein

Herzerkrankungen (Herzinsuffizienz) treten am häufigsten auf [8, 29].

Die Dilatationsfähigkeit des Niederdrucksystems ist so groß, dass selbst Lungenflügelresektionen ausgeglichen werden und nicht zu einer Erhöhung des PA Druckes einer gesunden Lunge führen. Lässt sich eine pulmonale Hypertonie sichern, so deutet das bereits auf einen Verlust von ca. 50 % des Lungengefäßquerschnittes hin. Daher kommt es erst relativ spät im Krankheitsverlauf zu klinischen Symptomen, die direkt durch die pulmonale Hypertonie erklärt werden können oder zusätzlich zu der bereits bestehenden Einschränkung durch die Grunderkrankung (z. B. COPD) auftreten. Weitere Einzelheiten zur Physiologie des Lungenkreislaufs und zur Pathogenese der PH können der Fachliteratur und den neuen Leitlinien [10] entnommen werden.

Im Rahmen des Dana Point Kongresses wurde auch die Definition der PH geändert. Jetzt wird die manifeste PH ausschließlich durch eine Druckerhöhung in Ruhe definiert (PAPm ≥ 25 mmHg; Tab. 13.17). Ein mittlerer Druck in der Arteria pulmonalis bis 20 mmHg in Ruhe wird als sicher normal angesehen. Werte zwischen 21 und 24 mmHg (PAPm) gelten als grenzwertig. Die Definition einer pulmonalen Belastungshypertonie entfällt. Die Diagnose einer PH sollte immer durch eine invasive Druckmessung (Rechtsherzkatheter) gestellt werden. In Tab. 13.18 wird zum Vergleich noch die frühere Graduierung der PH durch invasive Druckmessung in Ruhe und unter Belastung dargestellt. Tab. 13.19 zeigt die von der WHO vorgeschlagene klinische Schweregradeinteilung der pulmonalen Hypertonie.

Der transpulmonale Gradient (TPG = PAPm – PCPw) in mmHg hilft, die postkapilläre Pulmonale Hypertonie besser einzuschätzen. Ein TPG <= 12 mmHg spricht für eine passive, ganz überwiegend linksherzbedingte Druckerhöhung. Ein TPG ≥ 12 mmHg spricht für eine zusätzliche intrinsische Beteiligung der Lungenstrombahn an der Druckerhöhung, die über die reine Linksherzinsuffizienz hinausgeht.

Lungenembolie

Die Lungenembolie ist charakterisiert durch eine plötzliche thrombotische Verlegung der Arterien der Lunge mit schlagartiger Erhöhung des Gefäßwiderstandes. Ist das Ausmaß des betroffenen Gefäßbettes groß, kann es zu einem akuten Rechtsherzversagen kommen, insbesondere bei vorgeschädigtem rechten Ventrikel. In der Regel kann der rechte Ventrikel die Widerstandserhöhung auch durch größere Gefäßverlegungen überwinden und ein ausreichendes Herzzeitvolumen (HZV) aufbauen, wobei in dieser Phase oftmals eine Dilatation des rechten Herzens nachweisbar ist. Durch Perfusionsausfälle kann es akut auch zur Hypoxie und reaktiv zur Pneumonie kommen. Der chronische Verlauf einer akuten Lungenembolie hängt davon ab, wie stark durch die endogene Fibrinolyse bzw. eine Antikoagulation das thrombotische Material abgebaut und damit der Gefäßwiderstand wieder gesenkt wird. Lungenembolien rezidiveren häufig klinisch stumm und sind eine nicht seltene Ursache für eine sich entwickelnde pulmonale Hypertonie (PH) mit der Folge eines Cor pulmonale.

■ Cor pulmonale

Das Cor pulmonale ist pathologisch anatomisch definiert durch eine Wandhypertrophie und/oder Dilatation des rechten Ventrikels als Folge einer Struktur-, Funktions- oder Zirkulationsstörung der Lunge mit PH. Eine Ausnahme bilden diejenigen Lungenveränderungen mit PH, die primär durch Erkrankung des linken Herzens oder Vitien hervorgerufen werden. Das Cor pulmonale stellt somit einen chronischen Anpassungsvorgang an die PH dar, um das HZV aufrecht zu halten. Dabei können bei langsamer Anpassung PA Drucke bis über 100 mmHg vom rechten Ventrikel kurzfristig toleriert werden. Langfristig führt diese Widerstandserhöhung zu einer Dekompensation des rechten Ventrikels im Sinne der Rechtsherzinsuffizienz bzw. in letzter Konsequenz zum Rechtsherzversagen.

Spezifische krankheitsbedingte Beeinträchtigungen nach ICF

Die verschiedenen Formen der PH führen zu vergleichbaren Schädigungen von Körper**funktionen** und Körper**strukturen** sowie Beeinträchtigungen von **Aktivitäten** und **Teilhabe** an Lebensbereichen. Im Vordergrund steht die klinische Symptomatik der Rechtsherzinsuffizienz (▶ Kap. 13.2.4).

Spezielle Diagnostik, Sachaufklärung

Die Diagnostik zielt auf eine möglichst vollständige Klärung der Grunderkrankung (z.B. COPD) sowie auf eine möglichst exakte Stadieneinteilung der pulmonalen Hypertonie (PH), wenn möglich mit invasiver Druckmessung.

■ Anamnese

Die Anamnese muss nach den vielfältigen Ursachen der PH (▣ Tab. 13.16) fahnden. Das Auftreten von Beschwerden (Dyspnoe) muss zur klinischen Schweregradeinteilung (▣ Tab. 13.18) detailliert erfragt werden. Besonders wichtig ist das Erfassen von Zeichen der Rechtsherzinsuffizienz (prätibiale Ödeme, Inappetenz, Aszites) sowie das Ansprechen dieser Symptome auf die Therapie (z.B. Diuretika). Auch die frühere und jetzige Einnahme von Appetitzüglern sowie wiederholte thorakale Schmerzereignisse mit und ohne Dyspnoe (rezidivierende Lungenembolien) sind wichtige Details.

■ Klinische Untersuchung

Die klinische Untersuchung (z.B. Auskultation, Perkussion der Lunge) zielt auf die Erkennung der Rechtsherzinsuffizienz und typischer Befunde in Frage kommender Grunderkrankungen.

■ Ruhe-EKG

Die EKG-Zeichen des Cor pulmonale mit P dextrokardiale, rechtsgerichteter Herzachse bzw. Sagittalstellung (S_I/S_{II}/S_{III}-Typ), vergrößerter R-Zacke in V1 und V2 und S-Zacke in V5 und V6 bzw. Rechtsschenkelblock sind späte Veränderungen im Verlauf der Erkrankung und unspezifisch.

■ Echokardiographie

Die transthorakale Echokardiographie ist die wichtigste nicht-invasive Untersuchungsmethode zur Evaluation der PH. Vergrößerte rechte Herzhöhlen (RA und RV), eine Trikuspidalinsuffizienz > (2,9–) 3,4 m/s oder eine paradoxe Septumbewegung lassen an eine PH denken. Darüber hinaus können kardiale Ursachen der PH (Vitien, Shunts, linksventrikuläre Dysfunktion) diagnostiziert werden. Dopplerechokardiographisch kann der systolische pulmonalarterielle Druck abgeschätzt werden. Weitere echokardiographische Parameter der PH sind ausführlich von Buck dargestellt [3, 10]. Die dopplerechokardiographische Abschätzung des pulmonalarteriellen Druckes kann die invasive Druckmessung nicht ersetzen. Die Echokardiographie ist auch geeignet, die Diagnose eines Cor pulmonale zu stellen. Andererseits kann bei nicht vorliegenden echokardiographischen Hinweisen für ein Cor pulmonale dieses nicht sicher ausgeschlossen werden, insbesondere nicht unter Belastungsbedingungen.

■ Spiroergometrie

Im Gegensatz zur Fahrradergometrie kann die Spiroergometrie auch bei der Diagnostik der PH wertvolle Zusatzinformationen liefern. Mit der Spiroergometrie kann das Ausmaß der Belastungseinschränkung besser objektiviert werden. Frühe Stadien der PH führen bereits zu charakteristischen Veränderungen im Gasaustausch, die spiroergometrisch erfasst werden können (VE/VCO$_2$ Slope und PETCO$_2$). Mit der Spiroergometrie ist auch eine Verlaufskontrolle unter Therapie sowie eine bessere Einschätzung der Prognose möglich. Kritisch betrachtet werden muss jedoch die Tatsache, dass viele Normwerte noch nicht allgemein verbindlich erarbeitet und akzeptiert sind. Außerdem weist diese Untersuchungsmethode eine größere Inter-Observer-Variabilität auf.

■ Computer- und Magnetresonanz-Tomographie

Beide Methoden dienen der Bildgebung des Lungenparenchyms, in Verbindung mit Kontrastmittel auch der Lungenstrombahn. Mittels Magnetresonanz-Tomographie (MRT) kann die rechtsventrikuläre Morphologie und Pumpfunktion sehr gut evaluiert werden. Echokardiographisch ist die Beurteilung des rechten Herzens durch die Lunge oft sehr erschwert. Auch funktionelle MRT-Untersuchungen werden zur Verlaufskontrolle und zum Therapiemonitoring bei PH zunehmend genutzt.

■ **Rechtsherzkatheter-Untersuchung**

Zur Früherkennung, Schweregradeinteilung und zur Testung vasodilatativer Therapiemöglichkeiten ist die Rechtsherzkatheterisierung in Ruhe auch heute noch die Methode der ersten Wahl. Sie wird als Goldstandard zur definitiven Diagnosestellung einer PH auch von den Fachgesellschaften gefordert. Für die sozialmedizinische Leistungsbeurteilung kann auch eine Druckmessung mit Belastung wesentliche Informationen liefern, auch wenn sie zur Diagnosestellung nicht mehr erforderlich ist.

Krankheitsspezifische Begutachtungskriterien, Zielkriterien

Als wesentliches Kriterium zur Einteilung des Schweregrades der PH gilt der mittlere PA Druck, der Lungengefäßwiderstand und das Herzzeitvolumen in der Rechtsherzkatheter-Untersuchung. Auch die Spiroergometrie und der 6-Minuten-Gehtest können die Belastungsfähigkeit einschätzen helfen. Ein wichtiges Kriterium ist darüber hinaus der Grad der medikamentösen Beeinflussbarkeit der PH.

Spezifische sozialmedizinische Beurteilung
■ **Beurteilung des Leistungsvermögens**

Die Prognose bei mittelschwerer bzw. schwerer pulmonaler Hypertonie und Cor pulmonale ist sehr schlecht. Die 5-Jahres-Überlebenswahrscheinlichkeit liegt bei nur 30 %, wenn der mittlere PAPm Druck in Ruhe > 30 mmHg beträgt und geht auf 10 % zurück bei einem PAPm Druck > 50 mmHg. Nach einer Rechtsherzdekompensation liegt die Sterblichkeit nach zwei Jahren bei 70 %. In der Regel kann man bei mittelschwerer und schwerer PH bei allen körperlich arbeitenden Personen von einer aufgehobenen Leistungsfähigkeit im Erwerbsleben ausgehen. Dies gilt besonders, wenn bereits eine Rechtsherzdekompensation aufgetreten war. Bei leichtgradiger PH ist unter Berücksichtigung der Grunderkrankung eine überwiegend geistige Tätigkeit möglich, wobei die Wegefähigkeit berücksichtigt werden muss. Gerade bei nicht körperlich tätigen Personen muss beachtet werden, dass neben der Sauerstoff-Langzeittherapie auch die Möglichkeit besteht, durch neue Medikamente (Prostanoide, Phosphodiesterase-5-Hemmer, Endothelin-Rezeptor-Antagonisten, selektive ET_A-Rezeptor-Antagonisten), die im Einzelfall sehr effektiv sein können, die Druckwerte bei der PH deutlich zu senken. Die Wirkung dieser Substanzen sollte jedoch in speziellen Zentren hämodynamisch überprüft werden.

Besonders erwähnt werden muss, dass bei der chronisch thromboembolischen pulmonalen Hypertonie (CTEPH) durch eine operative Thrombendarteriektomie

bei ca. 80 % der Patienten eine deutliche Besserung bis hin zur Heilung der PH erzielt werden kann. Für jüngere Patienten hat sich die Prognose und die Lebensqualität nach Lungentransplantation deutlich gebessert. Eine nach o. g. Kriterien festgestellte Leistungsminderung sollte bei Vorliegen dieser therapeutischen Optionen befristet werden.

■ **Medizinische Rehabilitation**

Eine Lungenembolie mit Perfusionsausfällen stellt eine Indikation zur kardiologischen Rehabilitation dar. Da die pulmonale Hypertonie und das Cor Pulmonale schwer zu beeinflussen sind und in der Regel chronisch-progredient verlaufen, sollte eine Rehabilitation durchgeführt werden zur Verbesserung der Lebensqualität (körperliche Belastbarkeit, Mobilität, Gewichtsnormalisierung), zur Verringerung der Morbidität (z. B. Exazerbationen bei COPD) und zur Verbesserung der Krankheitsbewältigung sowie insbesondere zur Prüfung der Wiederherstellung der beruflichen und sozialen Teilhabe.

13.2.8 Folgen operativer Eingriffe

Klassifikationen und Stadieneinteilungen

Die häufigste kardiale Operation ist die aortokoronare Bypassoperation (ACB-OP) gefolgt von Operationen an den Herzklappen. Auch Kombinationen dieser beiden Operationen sind chirurgischer Standard. Daneben gibt es weitere herzchirurgische Eingriffe an den großen thorakalen Gefäßen (Aortenaneurysma und Aortendissektion), Operationen am thorakoabdominellen Übergang der Aorta, Eingriffe zur Veränderung der Ventrikelgeometrie (z. B. Aneurysmektomie) und die Herztransplantation. Die Implantation eines konventionellen Herzschrittmachers (SM), eines biventrikulären Herzschrittmachers zur kardialen Resynchronisationstherapie (CRT) und die Implantation eines Cardioverter-Defibrillators (ICD) stellen weitere, kleinere operative Eingriffe dar.

Spezifische krankheitsbedingte Beeinträchtigungen nach ICF

Schädigungen von Körper**funktionen** und Körper**strukturen** sowie Beeinträchtigungen von **Aktivitäten** und **Teilhabe** an Lebensbereichen hängen von der jeweiligen Grunderkrankung ab. Das kann z. B. eine koronare Herzkrankheit sein (▶ Kap. 13.2.1), ein Herzklappenfehler (▶ Kap. 13.2.3) oder Herzrhythmusstörungen (▶ Kap. 13.2.5).

Spezielle Diagnostik, Sachaufklärung

Die postoperative Diagnostik orientiert sich an den Besonderheiten der Operation und umfasst alle im ▶ Kap. 13.1.2 beschriebenen kardiologischen Untersuchungsmethoden.

Lediglich zur Begutachtung der Wundverhältnisse werden anamnestisches Beschwerdebild, Inspektion, Palpation und apparative Verfahren wie Sonographie, konventionelles Röntgen und Computertomographie sowie Laborparameter zur Entzündungs- und Anämiekontrolle zusätzlich genutzt. Bei Verdacht auf ein Postkardiotomie-Syndrom ist die Echokardiographie die Methode der Wahl.

Krankheitsspezifische Begutachtungskriterien, Zielkriterien

Nach Operationen gelten die gleichen Begutachtungskriterien wie sie in den krankheitsspezifischen Kapiteln aufgeführt wurden. Lediglich die Beurteilung des operativen Zuganges (Sternumstabilität, Narbenheilung) muss gesondert betrachtet werden. Darüber hinaus können durch Operationen am Herzen und durch die Verwendung der Herz-Lungenmaschine kognitive Defizite auftreten, die im Rahmen eines Durchgangssyndroms nur kurzfristig bestehen, insbesondere nach embolischen Komplikationen mit neurologischen Residuen jedoch auch persistieren können. In diesen Fällen ist ggf. eine zusätzliche neurologische bzw. psychiatrische Begutachtung im Rahmen einer umfassenden sozialmedizinischen Beurteilung erforderlich (▶ Kap. 23 und 24). Auch eine protrahierte Krankheitsverarbeitung mit Ängsten und Depression ist nach herzchirurgischen Eingriffen sowie ICD-Implantation nicht selten (▶ Kap. 13.2.5).

Spezifische sozialmedizinische Beurteilung

▪ Beurteilung des Leistungsvermögens

Die sozialmedizinische Beurteilung richtet sich primär nach der kardialen Grunderkrankung. Patienten können ihre maximale Belastbarkeit schon wenige Wochen nach Operation einer Aortenklappenstenose mit guter linksventrikulärer Funktion oder erst mehrere Monate nach Mitralklappenoperation mit eingeschränkter linksventrikulärer Funktion bzw. nach Operation einer fortgeschrittenen Aorteninsuffizienz erreichen. Neben dem funktionellen Ergebnis der Operation können begleitende Herzrhythmusstörungen (▶ Kap. 13.2.5) den Krankheitsverlauf beeinflussen und die Rückkehr an den Arbeitsplatz verzögern (z. B. notwendige elektrische Kardioversion). Dies ist auch durch ein Postkardiotomie-Syndrom mit langsamer Resorption des Perikardergusses (▶ Kap. 13.2.6) sowie bei ungenügender Krankheitsverarbeitung möglich. Eine Voraussetzung für die sozialmedizinische Beurteilung ist eine vollständige Narbenheilung und die Sternumstabilität, die in aller Regel 2–3 Monate nach der Operation gegeben ist. Bis dahin sollten statische Belastungen der oberen Extremität über etwa 10 kg vermieden werden. Dies betrifft auch operative Zugänge außerhalb des Sternums. Nach endoskopischen Engriffen kann die Thoraxstabilität früher wieder hergestellt sein.

Nach Schrittmacher- (SM), CRT (kardiale Resynchronisations-Therapie) und Defibrillator-Implantation (ICD) wird empfohlen, für ca. sechs Wochen auf größere körperliche Aktivitäten und Anstrengungen zu verzichten. Auch hier ist eine vollständige Wundheilung abzuwarten. Sollten während dieser Zeit bei Patienten mit ICD adäquate oder inadäquate Schocks abgegeben werden bzw. längere Abschnitte einer antibradykarden Stimulation vorliegen, sollte dieses Intervall um ca. weitere sechs Wochen verlängert werden [17]. Die niedrige Rate an Patienten, die nach ICD-Implantation an ihren Arbeitsplatz zurückkehrt, erklärt sich jedoch eher aus der fortgeschrittenen kardialen Grunderkrankung und der erheblichen psychischen Belastung, die in die sozialmedizinische Begutachtung eingehen sollten, ggf. durch zusätzliche neurologisch-psychistrische Begutachtung. Die Gefahr elektromagnetischer Interferenzen im beruflichen Umfeld kann im Einzelfall nach ICD-, CRT- und SM-Implantation mit Hilfe der Gerätehersteller, der Berufsgenossenschaft und des Technischen Überwachungsvereins (TÜV) geklärt werden (▶ Kap. 13.2.5).

Nach operativen Eingriffen sind die Hinweise zur Fahrtauglichkeit zu beachten [1].

▪ Medizinische Rehabilitation

Eine kardiologische Rehabilitation ist indiziert nach koronarer Bypass-Operation und anderen Formen der operativen Revaskularisation, nach Herzklappenoperation, nach Operationen zur Veränderung der Ventrikelgeometrie (z. B. Aneurysmektomie), nach Herztransplantation, nach Operation der großen thorakalen und thorako-abdominellen Gefäße sowie nach interventioneller Therapie dieser Gefäße (z. B. Stent-Implantation bei Aortenaneurysma). Auch ein konservativ behandeltes Aortenaneurysma mit und ohne Dissektion stellt eine Indikation zur Rehabilitation dar. Die Implantation komplexer Herzschrittmachersysteme (CRT, ICD) stellt ebenfalls eine Rehabilitationsindikation dar.

Literatur

1 Bast 2009: Begutachtungs-Leitlinien zur Kraftfahrereignung des Gemeinsamen Beirats für Verkehrsmedizin beim Bundesministerium für Verkehr, Bau- und Wohnungswesen und beim Bundesmininsterium für Gesundheit. Berichte der Bundesanstalt für Straßenwesen, 2010. www.bast.de

2 Becker HF, Jerrentrup A, Ploch T, Grote L, Penzel T, Sullivan C, Peter JH: Effect of nasal continuous positive airway pressure treatment on blood pressure in patients with obstructive sleep apnea. Circulation 107: 68–73, 2003

3 Buck T, Breithardt O, Faber L, Fehske W, Flachskampf F, Franke A, Hagendorff A, Hoffmann R, Kruck I, Kücherer H, Menzel T, Pethig K, Tiemann K, Voigt J, Weidemann F, Nixdorff U: Manual zur Indi-

kation und Durchführung der Echokardiographie. Clin Res Cardiol Suppl 4: 3–51, 2009

4   Deutsche Hochdruckliga e.V. DHL – Deutsche Hypertonie Gesellschaft: Leitlinien zur Behandlung der arteriellen Hypertonie. www.hochdruckliga.de, 1. Juni 2008

5   Deutsche Rentenversicherung: Statistik der Deutschen Rentenversicherung (vormals VDR-Statistik) Rentenzugang 2009, Bd 178. Deutsche Rentenversicherung Bund (Hrsg). Berlin, Juli 2010

6   Deutsche Rentenversicherung: Statistik der Deutschen Rentenversicherung (vormals VDR-Statistik) Rehabilitation 2009, Bd 179, Deutsche Rentenversicherung Bund (Hrsg). Berlin, Oktober 2010

7   Deutsche Rentenversicherung: Leitlinien zur sozialmedizinischen Begutachtung – Leistungsfähigkeit bei koronarer Herzkrankheit (KHK). Deutsche Rentenversicherung Bund (Hrsg). Berlin, Januar 2010. www.deutsche-rentenversicherung.de

8   Dumitrescu D, ten Freyhaus H, Rosenkranz S: Pulmonal arterielle Hypertonie. DMW 133: 1009–1020, 2008

9   Erdmann E (Hrsg.): Klinische Kardiologie. Heidelberg: Springer, 7. Auflage, 2009

10   ESC/ERS Guidelines. Guidelines for the diagnosis and treatment of pulmonary hypertension. Eur Heart J 2009; 30: 2493–2537

11   Fletcher G et al: Exercise standards for testing and training. Circulation 104: 1694–1740, 2001

12   Franz IW: Belastungsblutdruck bei Hochdruckkranken. Diagnostische, prognostische und therapeutische Aspekte. Berlin; Heidelberg: Springer, 1993

13   Franz IW: Hypertonie und Herz. Berlin, Heidelberg, New York: Springer 1993

14   Franz IW: Herz-Kreislauferkrankungen. In: Delbrück H, Haupt E (Hrsg.): Rehabilitationsmedizin, S. 135. München: Urban & Schwarzenberg, 1998

15   Franz IW: Bedeutung, Diagnostik und Therapie der arteriellen Hypertonie. In: Franz IW (Hrsg.): Der kardiovaskuläre Risikopatient in der täglichen Praxis, S. 20. Bremen: Uni-Med, 2002

16   Gohlke-Bärwolf C, Gohlke H, Peters K, Petersen J, Eschenbruch E, Birnbaum D, Roskamm H: Welche Faktoren beeinflussen die berufliche Wiedereingliederung nach Klappenersatz? RHZ Aktuell 5: 12–14, 1990

17   Heidbuchel H, Corrado D, Biffi A et al: Ventricular arrhythmias, channelopathies and implantable defibrillators. Eur J Cardiovasc Prev Rehabil 13: 676–686, 2006

18   Horstkotte D, Piper C: Diagnostik und Therapie der mikrobiell verursachten Endokarditis. Der Internist 49: 34–42, 2008

19   Hunt SA et al: ACC/AHA 2005 Guideline update for the diagnosis and management of chronic heart failure in the adult. Circulation 112: e154–e235, 2005

20   Kroidl R, Schwarz S, Lehnigk B (Hrsg.): Kursbuch Spiroergometrie. Stuttgart: Thieme, 1. Auflage, 2006

21   Maeder MT, Kaye DM: Heart failure with normal left ventricular ejection fraction. J Am Coll Cardiol 53: 905–918, 2009

22   Magnani J, Dec W: Myocarditis. Current trends in diagnosis and treatment. Circulation 113: 876–890, 2006

23   Maisch B, Funker R, Alter P, Portig I, Pankuweit S: Dilatative Kardiomyopathie und Myokarditis. Der Internist 43 (Suppl 1): 45–54, 2002

24   Maisch B, Karatolios K: Neue Möglichkeiten der Diagnostik und Therapie der Perikarditis. Der Internist 49: 17–26, 2008

25   Martinez-Garcia MA, Roman-Sanchez P: Positive effect of CPAP treatment on the control of difficult to treat hypertension. Eur Respire J 29: 951–957, 2007

26   Müller-Fahrnow W: Die Berliner KHK-Studie. Eine empirische Untersuchung zur Versorgungsphase I–III bei koronarer Herzerkran-kung. In: Müller-Fahrnow W (Hrsg.): Medizinische Rehabilitation, S. 144. Weinheim; München: Juventa, 1991

27   Mundal R, Kjeldsen E, Sandvik L et al: Exercise blood pressure predicts cardiovascular mortality in middle aged men. J Hypertens 24: 56–62, 1994

28   Naber C et al: Prophylaxe der infektiösen Endokarditis. Der Kardiologe 1: 243–250, 2007

29   Olschewski H: Dana Point: Was ist neu in der Diagnostik der pulmonalen Hypertonie. DMW 133: S 180–182, 2008

30   Picano E, Pibarot P, Lancellotti P, Monin J, Bonow R: The emerging role of exercise testing and stress echocardiography in valvular heart disease. J Am Coll Cardiol 54: 2251–2260, 2009

31   Podszus T, Seevers H, Mayer G, Baumann G: Positionspapier »Schlafmedizin in der Kardiologie«. Kardiologe DOI 10.1007/s12181-008-0134-5, 2009

32   Rahimtoola S: The year in valvular heart disease. J Am Coll Cardiol 53: 1894–1908, 2009

33   Roskamm H, Reindell H (Hrsg.): Herzkrankheiten. Berlin; Heidelberg: Springer, 3. Auflage, 1989

34   Schrader J: Schlaganfall und Hypertonie. Der Internist 50: 423–432, 2009

35   Steinmetz M, Nickenig G: Hypertensive Folgeschäden am Herzen. Der Internist 50: 397–409, 2009

36   Stellbrink C: Kardiale Resynchronisation – wie viel mechanische Dyssynchronie und wie viel Bildgebung ist im Vorfeld notwendig? DMW 134: 763–768, 2009

37   Vahanian A et al: Guidelines on the management of valvular heart disease. Eur Heart J 28: 230–268, 2007

38   Wasserman K, Hansen J, Sue D, Stringer W, Whipp B (Hrsg.): Principles of exercise testing and interpretation. Philadelphia: Lippincott Williams & Wilkins, 4. Auflage, 2005

39   Webb G, Gatzoulis A. Atrial septal defects in the adult. Recent progress and overview. Circulation 114: 1645–1653, 2006

40   Wolf R, Habel F, Heiermann M, Jäkel R, Sinn R: Cardiac risk of coronary patients after reintegration into occupations with heavy physical exertion. Z Kardiol 94: 265–273, 2005

41   Zobel C, Müller-Ehmsen J: Immunologische Herzerkrankungen. In: Erdmann E (Hrsg.): Klinische Kardiologie. Heidelberg: Springer, 7. Auflage, 333–342, 2009

Weiterführende Literatur

Cremer P, Nagel D, Labrot B, Mucke R, Elster H, Mann H, Seidel D: Göttinger Risiko-, Inzidenz- und Prävalenzstudie (GRIPS). Berlin, Heidelberg, New York: Springer, 1991

Franz IW, Tönnesmann U, Müller JFM: Time course of complete normalization of left ventricular hypertrophy during longterm antihypertensive therapy with angiotension converting enzyme inhibitors. Am J Hypertens 11: 631–639, 1998

Gohlke H, Betz P, Roskamm H: Improved risk stratification in patients with coronary artery disease. Application of a survival function using continuous exercise and angiographic variables. European Heart J 9: 427–434, 1988

Rahn K: Leitliniengerechte Differenzialtherapie der Hypertonie. Der Internist 50: 433–441, 2009

Richter R, Gottwick M: Cor pulmonale: Interaktion mit pulmonaler Hypertonie, Schlafapnoe und Lungenerkrankungen. Der Internist 43 (Suppl 1): 519–532, 2002

Gefäßkrankheiten

Arndt Dohmen, Trudbert Layher

14.1   Allgemeines

Arterielles, venöses und lymphatisches System bilden eine funktionelle Einheit. Störungen der Durchblutung einzelner Organe werden gewöhnlich diesen zugerechnet, wie z. B. die koronare Herzkrankheit (▶ Kap. 13), die Nieren-arterienstenose (▶ Kap. 17) oder die zerebrovaskuläre Insuffizienz (▶ Kap. 23). Die Angiologie befasst sich dagegen mit den nicht unmittelbar organbezogenen Erkrankungen von Arterien, Venen und Lymphgefäßen.

14.1.1 Sozialmedizinische Bedeutung

In ◘ Tab. 14.1 sind Leistungen zur medizinischen Rehabilitation und Erwerbsminderungsrenten bei Erkrankungen der peripheren Gefäße angegeben.

Ambulante Leistungen wurden bei Gefäßkrankheiten nur wenig in Anspruch genommen.

Im Vergleich zu den Herz-Kreislauf-Erkrankungen spielen die Gefäßkrankheiten bei den stationären Leistungen für medizinische Rehabilitation eine untergeordnete Rolle, das Verhältnis ist rund 5 : 1. Vergleicht man aber indikationsbezogen die Anzahl der stationären Rehabilitationsleistungen mit der Zahl der Erwerbsminderungsrenten (EM-Renten), so liegt der Anteil der EM-Renten bei den Gefäßerkrankungen verhältnismäßig mehr als doppelt so hoch wie bei den Herz-Kreislauf-Erkrankungen. Dieses Verhältnis legt den Schluss nahe, dass die rehabilitativ-therapeutischen Anstrengungen bei kardiologischen Erkrankungen ungleich höher sind als im Indikationsgebiet Angiologie – mit allen negativen Konsequenzen für die Versichertengemeinschaft durch höhere Ausgaben für Erwerbsminderungsrenten.

14.1.2 Diagnostik, Begutachtungskriterien, Sozialmedizinische Beurteilung

Diagnostische Methoden, Begutachtungskriterien und die sozialmedizinische Beurteilung für Leistungen zur Rehabilitation oder bei Erwerbsminderung sind krankheitsbezogen in ▶ Kap. 14.2.1 bis 14.2.4 enthalten.

14.2   Krankheitsbilder

14.2.1 Erkrankungen der peripheren Arterien

Treten arterielle Durchblutungsstörungen in den Extremitäten auf, spricht man von der peripheren arteriellen Verschlusskrankheit (pAVK), in der internationalen statistischen Klassifikation der Krankheiten und verwandter Gesundheitsprobleme (ICD) der WHO wird neuerdings stattdessen der Begriff »Atherosklerose der Extremitätenarterien« verwendet.

Akute Arterienverschlüsse infolge einer Thrombose oder Embolie spielen in der sozialmedizinischen Begutachtung keine Rolle, wohl aber ihre Folgezustände im Sinne der chronischen arteriellen Verschlusskrankheit. Mit Abstand häufigste Ursache ist die Arteriosklerose, seltener sind die Thrombangiitis obliterans (Morbus Buerger), entzündliche Arterienerkrankungen, Gefäßdysplasien, traumatische Gefäßschäden und Kompressionssyndrome.

Die Symptomatik einer arteriellen Verschlusskrankheit hängt weniger von der Ursache ab als von der Lokalisation und dem Ausmaß der Durchblutungsstörung. Die ◘ Tab. 14.2 gibt hierzu einen orientierenden Überblick.

■ **Periphere arterielle Verschlusskrankheit**

Die periphere arterielle Verschlusskrankheit hat im Wesentlichen drei Ursachen:
- die Arteriosklerose,
- die Endangiitis obliterans,
- die arterielle Embolie (Morbus embolicus).

Diese Erkrankungen können als systemische, generalisierte Arterienkrankheiten unter dem Begriff der arteriellen Verschlusskrankheit (AVK) im engeren Sinne zusammengefasst werden. Um die periphere Lokalisation chronischer arterieller, endangiitischer oder embolischer Durchblutungsstörungen zu markieren, spricht man auch von peripherer AVK (pAVK). Zur Problematik der ICD-Verschlüsselung siehe ▶ Kap. 4.1.

Von der AVK sollten die entzündlichen Arterienerkrankungen abgegrenzt werden, wie sie vor allem im Rahmen von Erkrankungen aus dem rheumatischen Formenkreis auftreten. Obgleich ihre Symptomatik dem klinischen Erscheinungsbild der pAVK ähnlich ist, unterscheiden sich die verschiedenen Krankheitsbilder hinsichtlich der therapeutischen Möglichkeiten in ihren langfristigen sozialmedizinischen Auswirkungen.

Weiterhin muss bei der Betrachtung der arteriellen Durchblutungsstörungen eine heterogene Gruppe mit eher lokalisiert auftretenden Gefäßveränderungen genannt werden. Hierzu gehören z. B.
- Gefäßdysplasien,
- traumatische Gefäßschäden,
- Kompressionssyndrome.

Die AVK tritt häufig schon im berufstätigen Alter auf. Personen mit peripherer AVK haben eine reduzierte Lebenserwartung. Häufigste Todesursache sind kardiovaskuläre Komplikationen. Die Erkrankung kann bei Vorliegen von Risikofaktoren fortschreiten. Bei Patienten im Stadium II

◘ Tab. 14.1 Stationäre Leistungen zur medizinischen Rehabilitation und Rentenzugänge wegen verminderter Erwerbsfähigkeit bei Versicherten der Deutschen Rentenversicherung im Jahr 2009 mit Herz-Kreislauf-Krankheiten (1. Diagnose, ohne zerebrovaskuläre Krankheiten)

ICD-10-Nr.	Diagnose	Stationäre Leistungen zur medizinischen Rehabilitation		Erwerbsminderungsrenten	
		Frauen	Männer	Frauen	Männer
I70–79	Krankheiten der Arterien, Arteriolen und Kapillaren	911	2.907	392	1.390
I80–89	Krankheiten der Venen, der Lymphgefäße und der Lymphknoten	1.115	593	203	184
I70–89	Krankheiten von Arterien, Venen, Lymphgefäßen	2.026	3.500	595	1.574
I00–I52	Herz-Kreislauf-Krankheiten (ohne zerebrovaskuläre Krankheiten, ohne periphere Gefäßkrankheiten; ohne Interventionen)	10.981	39.065	2.013	6.519
A00–Z99	Alle Diagnosen	410.513	419.309	80.702	90.427

Quelle: Statistik der Deutschen Rentenversicherung, Band 179 (Rehabilitation 2009) und Band 178 (Rentenzugang 2009), Herausgeber: Deutsche Rentenversicherung Bund 2010

◘ Tab. 14.2 Formen der arteriellen Verschlusskrankheit

Aortenbogensyndrom	Stenose/Verschluss des Aortenbogens und seiner Gefäße bei Arteriosklerose, Arteriitis (Takayasu-Syndrom), Thrombosen, Lues. Fehlende Pulse an der oberen, normaler bis hoher Blutdruck an der unteren Körperhälfte, die über Kollateralen versorgt wird. An den Armen Schmerzen, Kältegefühl und Muskelschwäche (Armclaudicatio); im Gesicht Claudicatio der Kaumuskulatur, Nasenseptum-Nekrosen und Ischämie der Retina bis zur Erblindung; am Gehirn Ischämiesyndrome (TIA, PRIND) bis zum Schlaganfall.
Schultertyp	Betroffen sind Truncus brachiocephalicus bzw. Aa. subclavia und axillaris. Typische Blutdruckdifferenz rechts-links, rasche Ermüdbarkeit des Armes, seltener periphere Ischämie. Bei Verschluss der A. subclavia vor dem Abgang der A. vertebralis kann es zum *subclavian steal syndrome* mit Basilarisinsuffizienz kommen.
Arm-Hand-Typ	Verschlüsse der Aa. axillaris, brachialis und cubitalis sind selten, gut kollateralisiert und meist beschwerdefrei. Häufiger betroffen sind die distalen Unterarm-, Hohlhand- und Fingerarterien; dann zumeist Beschwerden i. S. e. Raynaud-Syndroms.
Aortenbifurkation (Leriche-Syndrom)	Typisch sind die fehlenden Leistenpulse, Gefäßgeräusche über dem Abdomen, Potenzstörungen, Schwäche der Beine, Claudicatio und Ruheschmerzen im Bereich von Hüften und Oberschenkeln. Bei Kollateralisierung über die Mesenterialarterien kommt es zum *mesenteric steal syndrome* mit Angina abdominalis beim Gehen.
Aortoiliakaler Typ	Betroffen sind die Aorta und die A. iliaca externa bzw. communis. Der Leistenpuls ist einseitig abgeschwächt oder fehlt ganz. Claudicatio im Bereich von Gesäß oder Oberschenkel, seltener in der Wade. Meist gute Kollateralisierung, daher nur in fortgeschrittenen Fällen trophische Störungen oder Nekrosen.
Oberschenkeltyp	Häufigste Form der peripheren AVK mit Stenose oder Verschluss der A. femoralis superficialis (meist im Adduktorenkanal) oder A. poplitea. Nicht selten ist die A. profunda femoris als wichtigstes Kollateralgefäß mit befallen. Typische Symptome sind fehlende Pulse ab der A. poplitea und eine Wadenclaudicatio, in späteren Stadien nächtlicher Ruheschmerz, trophische Störungen und schließlich Gangrän.
Peripherer Typ	Ein isolierter Verschluss der A. fibularis oder tibialis anterior ist häufig symptomlos. Bei einem Verschluss der A. tibialis posterior treten Schmerzen im Fußgewölbe und frühzeitig auch trophische Störungen auf. Charakteristisch sind kalte, pulslose Füße. Mehrgefäßverschlüsse am Unterschenkel sind meist schlecht kollateralisiert und führen häufig zur Gangrän.
Zwei- oder Mehretagenverschlüsse	Zwei- oder Mehretagenverschlüsse führen in der Regel zu schweren Durchblutungsstörungen, die operativ bzw. durch perkutane transluminale Angioplastie (PTA) angegangen werden müssen. Voraussetzung hierfür ist eine technisch einwandfreie angiographische Darstellung von Beckengefäßen, Femoralisbifurkation und Unterschenkelarterien (»run-off«).

Tab. 14.3 Stadien der pAVK nach Fontaine	
Stadium I	Beschwerdefreiheit trotz nachweisbarer Gefäßveränderung (Stenose, Verschluss)
Stadium IIa	Belastungsabhängige und reproduzierbare Missempfindungen oder Schmerzen, z. B. an den Beinen nach einer Gehstrecke über 200m (Claudicatio intermittens, sogenannte Schaufensterkrankheit)
Stadium IIb	Beschwerden bei einer Gehstrecke unter 200m
Stadium III	Ischämische Ruheschmerzen
Stadium IV	Auftreten von Gewebsläsionen in Form von Ulzera, Nekrosen, Gangrän

der pAVK nach Fontaine (siehe ☐ Tab. 14.3) fand sich über einen Beobachtungszeitraum von 2–15 Jahren eine Amputationsrate von 2–7 %, die bei Diabetikern 10–20fach höher liegt als bei Nichtdiabetikern.

▪ Die arterielle Embolie (M embolicus)

Die klinische Einteilung erfolgt analog zur pAVK. Wichtig ist die diagnostische Klärung der Emboliequelle. Direkt nach dem embolischen Ereignis sind die Symptome in der Regel sehr ausgeprägt, können sich aber mit der Zeit durch Ausbildung von Kollateralkreisläufen erheblich verringern.

▪ RAYNAUD-Syndrom

Für die sozialmedizinische Beurteilung wichtig ist die Unterscheidung zwischen dem primären und dem sekundären RAYNAUD-Syndrom.

Dem mit über 70 % am häufigsten auftretenden primären RAYNAUD-Syndrom liegen passagere und reversible Perfusionsstörungen der Akren zugrunde, die trotz weiter Verbreitung in der sozialmedizinischen Begutachtung eine eher untergeordnete Rolle spielen, da sie nicht zu bleibenden Gefäßschäden führen.

Sekundäre RAYNAUD-Syndrome sind Manifestationen verschiedener Systemerkrankungen oder äußerer Einflussfaktoren aus Arbeit und Umwelt am arteriellen Gefäßsystem, die zu organischen Arterienverschlüssen und dadurch bedingten schweren Gewebsläsionen an den Akren führen können.

▪ Entzündliche Gefäßerkrankungen (Vaskulitiden)

Vaskulitiden sind seltene Gefäßerkrankungen, bei denen häufig immunreaktiv ausgelöste Gefäßentzündungen zur Schädigung betroffener Organe führen. Prinzipiell unterscheidet man primäre Vaskulitiden von den zahlenmäßig häufigeren sekundären Vaskulitiden im Rahmen von Autoimmunerkrankungen, Infektionskrankheiten, Maligno-

men oder Intoxikationen. Die Krankheitsbilder sind bezüglich Klinik, Diagnostik, Therapie und Prognose sehr komplex. Ihre genaue Beschreibung übersteigt den Umfang einer allgemeinen sozialmedizinischen Begutachtung, weshalb bei entsprechender Fragestellung ein angiologisches Fachgutachten erstellt werden sollte.

Klassifikationen und Stadieneinteilungen

Die bekannteste Einteilung des Schweregrades von Durchblutungsstörungen bei peripherer arterieller Verschlusskrankheit (pAVK) im Bereich der Extremitäten ist nach FONTAINE benannt (☐ Tab. 14.3).

Vom Stadium IV zu differenzieren ist das komplizierte Stadium II, bei dem eine traumatische Gewebsläsion wegen arterieller Minderperfusion nicht abheilt. Bei frühzeitiger Therapie ist hier die Prognose im Allgemeinen gut.

Spezifische krankheitsbedingte Beeinträchtigungen nach ICF

Der pAVK liegt ein Sauerstoffmangel in der Muskulatur und Haut der Extremitäten zugrunde. Diese Gewebe reagieren auf ein O^2-Defizit mit Schmerzen. Da dieser Funktionsschaden mit zunehmender Muskelarbeit (Intensität und/oder Dauer) gravierendere Ausmaße annimmt, wird die entsprechende Aktivität (Gehen, Radfahren, Tragen von Lasten, Armarbeit unterschiedlicher Ausprägung) schmerzbedingt eingeschränkt. Nur zwischenzeitliche Ruhepausen verringern das O^2-Defizit, so dass auch die Schmerzen nachlassen und eine neue begrenzte Strecke wieder bewältigt werden kann.

Diese Aktivitätseinschränkungen haben wegen der verringerten Mobilität der Betroffenen gravierende Auswirkungen auf die Teilhabe am gesellschaftlichen Leben und im Beruf:

Bei der Arbeit können längere Wegstrecken in der für den Arbeitsablauf notwendigen Geschwindigkeit nicht mehr bewältigt werden, umso mehr, wenn dabei auch noch Lasten getragen werden müssen. Da die Beschwerden bei Steigungen noch verstärkt werden, sind Arbeiten auf Gerüsten oder bei erforderlichem Treppensteigen besonders kritisch.

Auch die Teilhabe am gesellschaftlichen Leben ist stark eingeschränkt. Die meisten sportlichen Aktivitäten sind entweder nur sehr eingeschränkt oder in fortgeschrittenen Stadien (ab Fontaine IIb) gar nicht mehr möglich. Sogar Tätigkeiten für den eigenen Haushalt (z. B. Einkaufen) können ohne Hilfe oft nicht mehr erledigt werden, da das Tragen der Einkaufstasche die schmerzfreie Gehstrecke zusätzlich vermindern kann.

Im Stadium III und IV nach Fontaine sind die Betroffenen bei allen Außenaktivitäten auf fremde Hilfe angewiesen. Autofahren ist nicht mehr zulässig. Im Stadium

IV können die Patienten so stark in ihren Alltagsaktivitäten eingeschränkt sein, dass Pflegebedürftigkeit droht.

Spezielle Diagnostik, Sachaufklärung

Gefäßpatienten sind häufig multimorbide. Deshalb ist auch auf andere organbezogene Manifestationen einer Arteriosklerose (Koronararterien, Hirngefäße) zu achten. Begleiterkrankungen des Stütz- und Bewegungssystems können mitunter ähnliche Beschwerden wie bei der peripheren arteriellen Verschlusskrankheit hervorrufen. Daher sollte auch auf Muskelatrophien, Koxarthrose, Gonarthrose sowie Veränderungen der Wirbelsäule und Iliosakralgelenke geachtet werden.

Anamnese. Beginn der Erkrankung (seit wann, Anfang plötzlich oder langsam); Art, Dauer und Lokalisation von Schmerzen (z. B. Gesäß, Oberschenkel, Wade, Fuß); Auftreten unter Belastung oder bereits in Ruhe; schmerzfreie Gehstrecke (abhängig vom Gehtempo); Kältegefühl; Sensibilitätsstörungen. Bei trophischen Gewebsläsionen Frage nach Auslösern (drückende Schuhe, Fußpflege, Erfrierungen) und nach dem Alter der Läsion (Tage, Wochen, Monate).

Die Wahrscheinlichkeit, an einer pAVK zu erkranken, ist bei bestimmten Krankheiten und Besonderheiten des individuellen Lebensstils deutlich erhöht. Daher muss stets nach diesen sogenannten kardiovaskulären Risikofaktoren gefragt werden: Diabetes mellitus, arterielle Hypertonie, Hypercholesterinämie, Rauchen, Adipositas und Bewegungsmangel.

Körperliche Untersuchung. Die Untersuchung wird in einem warmen Raum am entkleideten Patienten im Liegen und im Stehen durchgeführt. Zu achten ist auf Hautfarbe (Blässe, Röte, Zyanose), Hauttemperatur, Hyper- und Depigmentierungen, Haarverluste an den Extremitäten, Hyperkeratosen an den Fußsohlen, Rhagaden, trophische Störungen, Ödeme, Muskelatrophien, Störungen des Nagelwachstums, Nagelmykosen. Pulsstatus und Gefäßgeräusche geben Aufschluss über das Vorliegen und die Lokalisation einer Stenose. Eine Belastung z. B. mit zehn Kniebeugen kann vorher kaum hörbare Geräuschphänome akzentuieren, mit dem Stenosegrad korreliert nur die Geräuschfrequenz. Für die Verlaufsbeurteilung ist eine sorgfältige Dokumentation unerlässlich.

Ratschow-Probe, Faustschlussprobe und Adson-Test sind Untersuchungsmethoden, die durch bildgebende Diagnostikverfahren zunehmend an Bedeutung verlieren.

Laufbandergometer. Hier erfolgt die Messung der relativen und absoluten schmerzfreien Gehstrecke. Nach den Kriterien der Deutschen Gesellschaft für Angiologie (DGA) liegt die standardmäßige Belastung bei drei km/

◻ Tab. 14.4 Tab. Ankle-Brachial-Index (ABI)

ABI	Beurteilung
> 0,9	Normalbefund
0,75 – 0,9	Leichte arterielle Durchblutungsstörung
0,5 – 0,75	Mittelschwere arterielle Durchblutungsstörung
< 0,5	Kritische Ischämie mit Amputationsgefahr

Stunde mit 12 % Steigung. Von Vorteil ist die reproduzierbare Messung, nachteilig sind die Abhängigkeit von der Motivation und Geschicklichkeit des Patienten und die mangelnde Übereinstimmung mit dem »wirklichen Gehen« im Alltag, da Tempo, Gangart und Untergrund starr vorgegeben sind. Im Stadium FONTAINE III und IV der arteriellen Verschlusskrankheit ist der Gehtest kontraindiziert. Um objektive und reproduzierbare Angaben zu erhalten, ist alternativ zur Laufbanduntersuchung auch die Bestimmung der Gehstrecke in der Ebene mit Schrittfrequenz nach vorgegebenem Metronomtakt (120 oder 90 Schritte pro Minute) hilfreich.

Doppler-Verschlussdrucke. Die Blutdruckmessung an den Aa. radialis, ulnaris, dorsalis pedis und tibialis posterior beider Seiten mit Hilfe einer Blutdruckmanschette und einer nicht-direktionalen Ultraschallsonde ist eine einfache Standardtechnik. Voraussetzung sind normal komprimierbare Weichteile und Arterien. Bei Ödemen oder Gefäßkalk (MÖNCKEBERG-Mediasklerose bei Diabetikern, Dialyse-Patienten) werden zu hohe Verschlussdrücke gemessen. Normalerweise liegt der Knöchelarteriendruck um 10-20 mmHg höher als der systolische Druck am Oberarm. Der *Ankle-Brachial-Index* [ABI = Quotient aus (niedrigstem) Knöcheldruck und (höchstem) Oberarmdruck] ist ein Maß für den Schweregrad einer Durchblutungsstörung; vgl. ◻ Tab. 14.4. Auf eine *Belastung* mit 10 Zehenständen reagieren Gefäßgesunde mit einem maximal eine Minute lang nachweisbaren leichten Druckabfall, während es bei der pAVK zu einem mehrminütigen Abfall kommt. Eine feste Korrelation zu den FONTAINE-Stadien der pAVK besteht nicht.

Farbkodierte Duplexsonographie (FKDS). Hiermit werden Gefäßumgebung, Gefäßwand, intraluminale Strukturen und – durch Einsatz des Farbdopplerverfahrens – die Blutströmung dargestellt. Man sieht zugleich die anatomischen Veränderungen und ihre hämodynamischen Auswirkungen im arteriellen und venösen System. Da es sich um eine nicht-invasive und risikolose Methode handelt, ist die FKDS gerade für gutachterliche Fragestellungen besonders geeignet. Wie alle Utraschallverfahren ist die farbkodierte Duplexsonographie in hohem Maße abhängig von der Erfahrung des Untersuchers, gestattet jedoch eine gute Beurteilbarkeit der für die Gehstrecke wichtigen cruralen Gefäße.

Digitale Subtraktions-Arteriographie (DSA). Die radiologische Darstellung der arteriellen Strombahn nach Injektion eines Kontrastmittels erlaubt eine exakte Darstellung und Lokalisation von Stenosen, gleichzeitig bei entsprechender Indikation eine sofortige Intervention. Sie ist als invasive Methode im Rahmen einer Begutachtung nicht duldungspflichtig. Vorhandene Angiographien im Rahmen der Begutachtung müssen in jedem Falle Berücksichtigung finden. Bei fortgeschrittener Niereninsuffizienz (Kreatinin > 2,5 mg/dl) ist die DSA wegen des Risikos einer weiteren Funktionsverschlechterung der Nieren kontraindiziert.

Magnetresonanz-Angiographie (MRA). Als bildgebendes Verfahren für das arterielle System wird zunehmend die MRA eingesetzt. Die Einführung eines Katheters in das arterielle Gefäßsystem ist dabei nicht erforderlich, wohl aber eine intravenös zu verabreichende Kontrastmittelgabe. Die MRA ermöglicht eine gute Übersichtsdarstellung der peripheren Arterien, ist in der Quantifizierung von Stenosen aber der DSA nicht gleichwertig und kommt in den Aufzweigungen der Hand- und Fußarterien an ihre methodische Grenze. Bei fortgeschrittener Niereninsuffizienz besteht durch die Kontrastmittelgabe das Risiko, eine schwere Hauterkrankung – die nephrogene systemische Fibrose – auszulösen, und ist daher in solchen Fällen kontraindiziert.

Computertomographie-Angiographie (CTA). Auch die CTA kommt bei der Darstellung peripherer Arterien zunehmend zum Einsatz. Die Kontrastmittelgabe erfolgt nicht über einen arteriellen Katheter, sondern durch intravenöse Bolusgabe. Die Untersuchung erlaubt eine sehr gute Darstellung der Arteriosklerose, lässt aber gerade bei Quantifizierung von Stenosen in stark verkalkten Gefäßsegmenten zu wünschen übrig.

CO_2-Angiographie. Bei dieser Untersuchung wird die intraarterielle Gabe von CO_2 als Kontrastmittel genutzt. Dieses Verfahren erlebt in letzter Zeit eine Renaissance, da jodhaltige und gadoliniumhaltige Kontrastmittel bei Patienten mit fortgeschrittener Niereninsuffizienz nicht angewendet werden können.

Krankheitsspezifische Begutachtungskriterien, Zielkriterien

Die Beurteilung des Leistungsvermögens im Erwerbsleben richtet sich bei der arteriellen Verschlusskrankheit nach einer Reihe von Kriterien, die nur zum Teil in den FONTAINE-Stadien (◘ Tab. 14.3) erfasst sind.

Lokalisation. Der Ort einer Gefäßläsion bestimmt die Folgen, z. B. ein Mehretagen-Verschluss, Gefäßstenosen in mehreren Extremitäten, Kollateralen und Steal-Phänomene. Eine exakte Lokalisationsdiagnostik ist daher in der Angiologie unerlässlich.

Hämodynamik. Anatomische Läsionen verändern Blutströmung sowie Zu- und Abfluss eines Gefäßes, Kollateralen können ein Strömungshindernis umgehen bzw. kompensieren. Ein Gefäßschaden lässt sich nur exakt beurteilen, wenn die Perfusion durch bildgebende Verfahren bzw. Funktionsuntersuchungen abgeklärt wurde.

Gewebsschädigung. Jede Störung der Gewebsperfusion führt zu einer Gewebsschädigung und schließlich zur Nekrose. Hautläsionen, Druckstelle und Ulzerationen können das Leistungsvermögen einschränken. Muskelläsionen manifestieren sich durch Schmerz, Atrophie und Schwäche mit entsprechenden Störungen der Motorik.

Ischämiezeichen. Der Ischämieschmerz, den der Patient spürt, korreliert keineswegs immer mit dem angiologischen Gefäßstatus; so kann eine (diabetische) Polyneuropathie eine Claudicatio intermittens oder selbst einen ischämischen Ruheschmerz verschleiern.

Gehstrecke. Sie kann durch arterielle Minderperfusion, aber auch z. B. durch eine Erkrankung des Bewegungssystems limitiert sein. Die Abgrenzung erfordert eine exakte Anamnese und körperliche Untersuchung, die sich nicht nur auf den Gefäßstatus beschränkt.

Amputationen. Die Folgen hängen von der Amputationshöhe ab. Entsprechend vielgestaltig sind die Folgen. Neben dem lokalen und orthopädischen Befund (▶ Kap. 7) ist immer die Perfusion von Stumpf und kontralateraler Extremität zu berücksichtigen.

Begleiterkrankungen. Da die Arteriosklerose eine generalisierte Gefäßkrankheit ist, muss immer nach organbezogenen Durchblutungsstörungen gesucht werden, besonders im Koronarsystem (▶ Kap. 13) und an den Hirngefäßen (▶ Kap. 23).

Spezifische sozialmedizinische Beurteilung

■ Rehabilitation

Im Stadium I nach Fontaine ist die Verhinderung der Krankheitsprogredienz das vorrangige Ziel. Priorität haben Einstellung des Rauchens, Senken der Blutfettwerte, optimale Einstellung von Blutdruck und Blutzucker mit entsprechender Schulung. Allerdings besteht bei fehlender Bedrohung der Erwerbsfähigkeit in der Regel noch keine Rehabilitationsindikation.

Im Stadium II kann durch Senkung des kardiovaskulären Risikoprofils, ein intensives Gefäßtraining und durch eine Beratung des Patienten meist eine ausreichende Leistungsfähigkeit erhalten bleiben. Die aktive Mitarbeit des Patienten ist eine conditio sine qua non. Dieses Stadium der pAVK stellt eine typische Reha-Indikation dar.

Im Stadium III ist die Grenze zu interventionellem bzw. gefäßchirurgischem Vorgehen erreicht; aber auch hier kann es bei aktiver Mitarbeit des Patienten durch ein strukturiertes Gefäßtraining gelingen, den Betroffenen in ein kompensiertes Stadium II zu überführen.

■ Leistungsvermögen

Abhängig von Lokalisation und Schweregrad kann eine pAVK die Selbstversorgung, die Mobilität (Gehstrecke) und die Teilhabe an zahlreichen Lebensbereichen einschließlich des Erwerbslebens beeinträchtigen. Die konkreten Auswirkungen lassen sich individuell aus den o. g. Begutachtungskriterien ableiten, sind aber kaum zu schematisieren. Auch das Fontaine-Stadium der pAVK gibt nicht mehr als einen orientierenden Anhalt.

Die vom Probanden bei der Begutachtung angegebene beschwerdefreie Gehstrecke darf weder unkritisch als Richtmaß für die Stadieneinteilung übernommen noch mit der zumutbaren Gehstrecke gleichgesetzt werden, die mit dem Rechtsbegriff der Wegefähigkeit in Zusammenhang steht (▶ Kap. 3.1.5). Vielmehr sind die anamnestischen Angaben zur Gehfähigkeit situationsabhängig durch klinische Untersuchung, Testverfahren und medizin-technische Diagnostik zu verifizieren. In Bezug auf letztere besitzen vor allem Bedeutung: die standardisierte Gehstrecken-Testung (s. o.), die Doppler-Druckmessung mit Bestimmung des Knöchelarm-Index (ABI) und der Absolutdruck in Ruhe wie auch nach Belastung (Kniebeugen, Zehenstände) und die duplexsonographische Untersuchung. Daneben sind Begleitumstände wie Muskelstatus, Trainingszustand, Schäden des Stütz- und Bewegungssystems oder neurologische Störungen zu berücksichtigen, in Einzelfällen kann eine Spezialdiagnostik (s. o.) indiziert sein.

Eine derartige synoptische Betrachtung ist vor allem geboten bei der Festlegung der Gehfähigkeit in den Fontaine-Stadien IIa und IIb. Dabei ist zu bedenken, dass die rechtlichen Vorgaben zur Wegefähigkeit (Zurücklegung einer Gehstrecke von 500 m in bis zu 20 Minuten mit beliebigen Pausen) durchaus eine langsame Gehweise mit passageren Verzögerungen oder Kurzpausen beinhalten. Die rechtserhebliche Gehstrecke kann daher ein Mehrfaches der anamnestisch berichteten oder testmäßig ermittelten Gehstrecke betragen. In den Stadien I bis IIb ist, von sonstigen gravierenden Begleitstörungen abgesehen, in der Regel eine mindestens sechsstündige erwerbsbezogene, wenn auch teilweise qualitativ eingeschränkte, Leistungsfähigkeit gegeben.

■ Periphere arterielle Verschlusskrankheit (pAVK)

Fontaine I. Bei zufällig entdeckter und asymptomatischer pAVK stellt sich die Frage nach einer Leistungsminderung im Erwerbsleben meist nicht. Präventivmaßnahmen aber sind elementar, auch im Hinblick auf eine bereits bestehende koronare oder zerebrale Durchblutungsstörung: Gesundheitsbildung (Einstellung des Rauchens, Senken der Blutfettwerte, optimale Einstellung von Blutdruck und Blutzucker mit entsprechender Schulung) haben Priorität, um eine Progredienz zu verhindern.

Fontaine IIa. Die Gefäßstenosen oder -verschlüsse führen zu einer Minderversorgung der Muskulatur unter Belastung mit einer schmerzfreien Gehstrecke von mehr als 200 m. Ein kompensiertes Stadium II liegt vor, wenn eine gute Kollateralisation der bestehenden Gefäßveränderungen vorliegt, derzeit keine Amputationsgefahr vorhanden ist und der Patient mit der Einschränkung im alltäglichen Leben gut zurechtkommt.

In diesem Stadium der Gefäßerkrankung kann durch Senkung des kardiovaskulären Risikoprofils, ein intensives Gefäß-, v. a. Gehtraining, und durch eine gute Beratung des Patienten meist eine ausreichende Leistungsfähigkeit erhalten bleiben. Die aktive Mitarbeit des Patienten ist jedoch eine conditio sine qua non, insbesondere im Hinblick auf eine medizinische Rehabilitation. Eine intensive konservative Therapie mit den benannten Zielen muss im Vordergrund stehen. Lediglich bei Arbeitern, die längere Strecken mit Lasten gehen bzw. Lasten bergan oder treppauf tragen müssen, besteht eine Einschränkung im Hinblick auf die zumutbare Tragebelastung.

Fontaine IIb. Hier liegt die symptomlimitierte Gehstrecke unter 200 m. Wichtiger ist jedoch, dass der Patient mit der Gehstreckenverkürzung im Alltag nicht mehr zurecht kommt und entsprechenden Leidensdruck verspürt. Die Knöchelarteriendrucke liegen zwischen 50 und 70 mmHg (ausgenommen bei Mediasklerose). Duplexsonographisch, ggf. angiographisch stellen sich häufig hintereinander geschaltete Stenosen oder Gefäßverschlüsse mit fehlenden oder nur unzureichend entwickelten Umgehungskreisläufen dar.

Die Therapie richtet sich nach der Lokalisation der Gefäßveränderungen. In Frage kommen dabei in erster Linie ein konservatives Gefäßtraining, daneben eventuell auch interventionelle (Gefäßdilatation bzw. -rekanalisation) oder gefäßchirurgische Maßnahmen. Der Behandlungserfolg ist dabei abhängig von der Bereitschaft des Patienten zur aktiven Mitarbeit. Auch in diesem Stadium der Erkrankung spielt die Beratung über kardiovaskuläre Risikofaktoren und gegebenenfalls Schulung zur Lebensstiländerung eine entscheidende Rolle.

Die sozialmedizinische Beurteilung ist in diesem Stadium häufig schwierig, vor allem bei begleitenden Erkrankungen des kardiovaskulären Systems und/oder des Bewegungsapparates. Dabei ist zu berücksichtigen, ob eine Besserung der Beschwerden durch geeignete Therapiemaßnahmen erzielt werden kann.

Bei einer Gehstrecke unter 100 m sind die Reserven, die dem Patienten zur Verfügung stehen, meist so gering, dass oft nur kleine Mehrbelastungen zu einer Dekompensation und somit Gefährdung der betroffenen Extremität führen. Aber auch in diesem Stadium der pAVK kann es – die aktive Mitarbeit des Patienten vorausgesetzt – durch ein strukturiertes Gefäßtraining im Rahmen einer medizinischen Rehabilitation noch gelingen, den Betroffenen in ein kompensiertes Stadium II zu überführen und seine Leistungsfähigkeit im Erwerbsleben wiederherzustellen.

Fontaine III. Besteht eine kritische Ischämie, d.h. werden bereits Ruheschmerzen angegeben, ist eine nennenswerte Gehleistung meist nicht mehr gegeben. In diesem Fall muss der Patient schnellstmöglich einer adäquaten Therapie zugeführt werden, da in diesem Stadium bereits kleinste Verletzungen im Bereich der Akren zu Nekrosen mit drohender Amputation führen können. In diesem Stadium besteht einerseits erhöhte Schonungsbedürftigkeit, andererseits kann in vielen Fällen kurzfristig eine Besserung und Rückführung in ein günstigeres Stadium ermöglicht werden, so dass eine vorschnelle Einstufung im Sinne eines aufgehobenen Leistungsvermögens mit rentenrechtlichen Konsequenzen nicht angebracht ist. Ein anhaltendes Stadium III ohne Besserungsmöglichkeit kann jedoch, abhängig von Lokalisation des Gefäßprozesses und Symptomatik, einer weiteren Erwerbstätigkeit entgegenstehen.

Allerdings sollte nach Abschluss der Therapie in jedem Fall der medizinische Sachverhalt nochmals geprüft werden mit erneuter sozialmedizinischen Beurteilung der verbliebenen Leistungsreserven.

Fontaine IV. Ist die Durchblutung der Haut und der Muskulatur in Ruhe nicht mehr gewährleistet, kommt es, meist im Bereich der Akren (Zehen, Ferse) zu Nekrosen, bei zu-

sätzlicher Infektion zur Gangrän. Das Leistungsvermögen ist in Abhängigkeit vom Therapieerfolg zu beurteilen.

▪ Die arterielle Embolie (M. embolicus)

Die sozialmedizinische Beurteilung der Leistungsfähigkeit erfolgt analog zur pAVK und sollte erst nach einer mehrmonatigen Behandlungsphase erfolgen, da sich die Symptomatik durch Ausbildung von Kollateralkreisläufen erheblich verringern kann.

▪ Raynaud-Syndrom

Für die sozialmedizinische Beurteilung wichtig ist die Unterscheidung zwischen dem primären (70 %) und sekundären (30 %) Raynaud-Syndrom.

Im Gutachten sind einerseits Ursachen bzw. Auslöser durch berufliche Einflüsse oder Unfallschäden, andererseits Fragen nach dem Schweregrad im Hinblick auf die Einschränkung des Leistungsvermögens im Erwerbsleben zu klären.

In der Gruppe der Autoimmunerkrankungen sind die systemische Sklerodermie und das CREST-Syndrom am häufigsten mit einem sekundären Raynaud-Syndrom vergesellschaftet. Typische Ursache der Erkrankung im Arbeitsleben ist ein Vibrationstrauma (BK 2104), hervorgerufen durch längere Arbeiten mit Handgeräten, die niedrigamplitudige Schwingungen im Frequenzbereich von 40–800 Hz (Hauptfreqeuenz 100–200 Hz) übertragen. Ferner kommen als Auslöser Chemikalien wie Vinylchlorid, aromatische und aliphatische Kohlenwasserstoffe, Paraffin, Silikon, Lösungsmittel, Aniline, L-Tryptophan, Pharmaka wie Bleomycin oder Penicillamin in Betracht, die eine entsprechende Symptomatik (Scleroderma-like-disease) hervorrufen können.

Häufig bedeutet ein Raynaud-Syndrom keine relevante Einschränkung im sozialmedizinischen Sinne. Schwere und damit leistungsmindernde Krankheitserscheinungen sind meist durch Vaskulopathien im Rahmen einer Grundkrankheit bedingt. Wegen der Fülle möglicher Differenzialdiagnosen ist eine breit angelegte Diagnostik erforderlich. Funktionseinschränkungen mit sozialmedizinischen Auswirkungen ergeben sich dann, wenn akrale Perfusionsstörungen – anfallsweise oder dauerhaft – mit Schmerzen, motorischen Störungen oder trophischen Hautläsionen verbunden sind.

▪ Entzündliche Gefäßerkrankungen (Vaskulitiden)

Die Krankheitsbilder bei Vaskulitiden sind bezüglich Klinik, Diagnostik, Therapie und Prognose sehr komplex. Ihre genaue Beschreibung und sozialmedizinische Beurteilung erfordert ein angiologisches Fachgutachten.

14.2.2 Erkrankungen der Lymphgefäße

■ Lymphödem

Beim Lymphödem kommt es durch Einschränkung der Lymphtransportkapazität der Lymphgefäße zu einer Schwellung des subkutanen Gewebes mit Stau der Lymphflüssigkeit. Man unterscheidet dabei das primäre und sekundäre Lymphödem.

Primäres Lymphödem (ca. 10 % der Fälle): hereditäre Entwicklungsstörung der Lymphgefäße, die nach kongenitalen und nicht-kongenitalen sowie familiären und nicht-familiären Formen unterschieden werden. Dabei liegen Dys-, Hypo- oder Aplasien der Lymphgefäße vor, z. T. auch Ektasien der Lymphgefäße und Klappenaplasien. Ca. 85 % der Betroffenen sind Frauen, der Altersgipfel der Erstmanifestation liegt bei 17 Jahren, wobei Spätmanifestationen auch nach dem 40. Lebensjahr möglich sind (selten).

Sekundäres Lymphödem (Mehrzahl der Fälle): Durch Tumor, Trauma, Operation, Infektion, nach Bestrahlung, aber auch im Rahmen einer venösen Stauung auftretendes Lymphödem.

Prognose: Die Prognose des sekundären Lymphödems ist geringfügig günstiger als die des primären, abhängig allerdings von der Art der zugrunde liegenden Erkrankung. Die therapeutischen Maßnahmen sind bei beiden Formen nahezu identisch. Unabhängig von der Entstehung ist der Verlauf grundsätzlich progredient, in zwei Dritteln mit schubweisen Verschlechterungen. Die Erfolgsaussicht einer Therapie hängt im Wesentlichen vom Stadium des Lymphödems zu Beginn einer Behandlung ab. Dabei gilt der Grundsatz, je früher die Therapie, desto günstiger die Erfolgsaussichten.

Die konservative Therapie besteht in der komplexen physikalischen Entstauungstherapie (KPE), welche in drei Phasen erfolgt. Dabei wird in Phase I die Entstauung erreicht, in Phase II die Optimierung des Behandlungserfolges und Phase III beinhaltet die Konservierung des Behandlungserfolges. Die KPE beinhaltet Hautpflege, manuelle Lymphdrainage, Kompressionstherapie und schließlich die entstauende Bewegungstherapie. Nach vollständiger Reduktion des Ödems muss die Kompression konsequent mit nach Maß angefertigten Kompressionsstrümpfen (mindestens der Kompressionsklasse II) fortgesetzt werden, dazwischen mit Kompressionsbinden.

Während im Stadium I unter dieser Behandlung das Ödem völlig beseitigt werden kann, ist die Behandlung im Stadium II oft langwierig, da sich die fibrosklerotischen Hautveränderungen nur allmählich zurückbilden. Im Stadium III ist meist zwar eine Besserung des Lokalbefundes zu erreichen, eine vollständige Rückbildung der bestehenden Hautveränderungen ist allerdings nicht mehr möglich.

Klassifikationen und Stadieneinteilungen

Beim Lymphödem werden drei Schweregrade unterschieden:

Stadium I. Reversibles Stadium: weiche, eiweißreiche Ödeme, die gut eindrückbar sind und bei Hochlagerung abfließen.

Stadium II. Spontan irreversibles Stadium: zunehmender fibrotischer Gewebsumbau, Ödeme hart und nicht mehr eindrückbar, kein Abfluss bei Hochlagerung.

Stadium III. Elephantiasis: Pachydermie, lymphatische Hyperkeratosen, wiederholte Erysipelschübe.

Spezifische krankheitsbedingte Beeinträchtigungen nach ICF

Auch wenn die zugrunde liegende Funktionsstörung primär nicht das Venensystem betrifft, sondern die Lymphgefäße, sind die Faktoren, die den Lymphstau und die damit einhergehenden Folgen für Aktivität und Teilhabe bewirken, doch vergleichbar. Daher wird diesbezüglich auf den Abschnitt der Venenerkrankungen verwiesen (siehe ► Kap. 14.2.3). Verschlimmernd wirkt beim Lymphödem aber noch die Volumenzunahme der gesamten betroffenen Extremität, die das Gehen auch mechanisch behindert.

Spezielle Diagnostik, Sachaufklärung

Im Allgemeinen genügen für die Diagnose eines Lymphödems die Anamnese und die klinische Untersuchung. So sind beim Lymphödem im Gegensatz zum venösen Ödem die Zehen mitbetroffen und quaderförmig angeschwollen (Kastenzehen). Typisch sind die tief einschneidenden Querfalten an den Zehen. Die Dorsalfläche der Zehen ist oft warzig-rauh (Papillomatosis cutis). Das STEMMERsche Zeichen ist positiv, d. h. über den Zehen lässt sich zwischen zwei Fingern keine Hautfalte abheben.

Eine apparative Diagnostik sollte speziellen Fragestellungen vorbehalten sein. Die früher gebräuchliche Lymphographie mit öligem Kontrastmittel sowie der Farbstofftest mit Patentblau-Violett sind heute obsolet und durch die aussagekräftigere indirekte Lymphographie mit einem nichtionischen, dimeren, wasserlöslichen und jodhaltigen Kontrastmittel ersetzt. Die heute gebräuchlichste Untersuchung ist die quantitative Lymphszintigraphie.

Für die Verlaufsbeurteilung insbesondere unter entstauenden Therapiemaßnahmen ist die Volumenmessung der betroffenen Extremitäten wichtig.

Vom Lymphödem abzugrenzen ist das Lipödem. Hierfür gelten die folgenden differentialdiagnostischen Unterscheidungsmerkmale: Während das Lipödem prinzipiell symmetrisch auftritt, nur Frauen betrifft und sich überwiegend an den unteren Extremitäten manifestiert, kann das Lymphödem bei Männern und Frauen vorkommen, einseitig in Erscheinung treten und sowohl Arme als auch Beine und den Rumpf in den Krankheitsprozess einbeziehen. Charakteristischerweise sind beim Lipödem im Unterschied zum Lymphödem die Füße und Zehen sowie die Finger nicht geschwollen, dementsprechend ist das STEMMER-Zeichen, ein charakteristisches diagnostisches Kriterium für ein Lymphödem, bei Patienten mit Lipödem negativ. Bei langjährigem und ungenügend behandeltem Krankheitsprozess kann das Lipödem in fortgeschrittenem Stadium allerdings auch in ein Lymphödem übergehen.

Krankheitsspezifische Begutachtungskriterien, Zielkriterien

Bei der sozialmedizinischen Beurteilung des Leistungsvermögens sind folgende Kriterien zu beachten:

Lokalisation. Da Lymphödeme sich an oberen und unteren Extremitäten und auch asymmetrisch manifestieren können, ist die durch die Erkrankung verursachte Funktionsstörung und in ihrer Folge auch die Einschränkung bei Aktivitäten des täglichen Lebens sehr unterschiedlich ausgeprägt. Die berufliche Leistungsbeurteilung muss daher auch individuell die arbeitsplatzspezifischen Anforderungen berücksichtigen.

Grunderkrankung. Da 70 % der Lymphödeme sekundäre Manifestationen einer anderen Grunderkrankung sind, muss deren Krankheitsstadium und die dadurch verursachten Einschränkungen bei Aktivitäten und Teilhabemöglichkeiten in die sozialmedizinische Beurteilung mit einbezogen werden.

Begleiterkrankungen. Lymphödeme führen zu Aktivitätseinbußen insbesondere mit Auswirkungen auf die Mobilität der Patienten. Der darin begründete Bewegungsmangel hat oft Adipositas, metabolisches Syndrom, kardiovaskuläre Erkrankungen und auch Funktionsstörungen des Bewegungsapparates zur Folge. So entsteht ein komplexes Muster an Funktionsstörungen, dessen Auswirkungen auf Aktivitäten und gesellschaftliche Teilhabe weit über die direkten Auswirkungen des Lymphödems hinausgehen können. Eine korrekte sozialmedizinische Beurteilung muss all diese Begleiterkrankungen und ihre Folgen mit berücksichtigen.

Psychologische Aspekte. Häufig führt das Lymphödem abhängig von Schweregrad und Folgeerkrankungen zu psychischer Belastung und sozialer Ausgrenzung. Damit einhergehend entwickeln sich oft anhaltende depressive Störungen, die allein schon erhebliche Teilhabeeinschränkungen im beruflichen und privaten Bereich verursachen

können. Auch diese Aspekte sind bei der sozialmedizinischen Beurteilung angemessen zu bewerten.

Spezifische sozialmedizinische Beurteilung
- **Medizinische Rehabilitation**

Im Stadium I ist in der Regel eine ambulante Behandlung ausreichend. Diese besteht aus konsequenter Patientenschulung mit Anleitung zur aktiven Mitarbeit. Neben einer komplexen Entstauungstherapie müssen die Patienten das selbständige Bandagieren, das korrekte Anziehen des Kompressionstrumpfes sowie die sorgfältige Fußpflege zur Erysipel- und Mykoseprophylaxe erlernen und üben.

Im Stadium II und III kann eine medizinische Rehabilitation indiziert sein. Unabhängig vom Stadium kann eine solche Indikation auch bestehen bei Progredienz eines Lymphödems trotz adäquater ambulanter Therapie oder bei schwerwiegenden Begleiterkrankungen (zum Beispiel Herzinsuffizienz, pAVK, Diabetes mellitus).

- **Teilhabe am Erwerbsleben und Erwerbsminderung**

Im Stadium I ist das quantitative Leistungsvermögen im Erwerbsleben gewöhnlich nicht beeinträchtigt. Jedoch sollten langdauernde Steh- oder Sitzbelastung möglichst vermieden werden, ebenso wie Arbeiten mit besonderer Schmutzexposition bzw. besonderer Belastung durch Hitze oder Hautreizstoffen.

Im Stadium II kann die Erwerbsfähigkeit bedroht sein. Leichte bis mittelschwere Arbeiten in wechselnder Körperhaltung sind noch möglich, Arbeitsplätze mit Gefährdung durch Verletzungen, Hautreizstoffen oder Hitzebelastungen sind ungeeignet.

Im Stadium III ist das Leistungsvermögen des Patienten schwer eingeschränkt. Hier steht die Ausschöpfung aller rehabilitativen Maßnahmen im Vordergrund. Bei therapieresistenten Formen kann das Leistungsvermögen auf dem allgemeinen Arbeitsmarkt auf Dauer aufgehoben sein.

14.2.3 Erkrankungen der Venen

Etwa 20 % der Erwachsenen (w : m = 3 : 1) leiden an Krampfadern. Die Prävalenz steigt mit dem Alter. Bei den unter 30-Jährigen beträgt der Anteil der Patienten mit Varikosis 26 % und steigt auf über 70 % bei den 50- bis 60-jährigen Personen. Faktoren, die die Entstehung eines Krampfaderleidens begünstigen, sind familiäre Disposition, Alter, Adipositas, Bewegungsmangel, Schwangerschaft sowie Stehberufe. Als sekundäre Varikosis bezeichnet man Varizen, die nach einer Thrombose entstehen und als Kollateralgefäße den venösen Blutabfluss gewährleisten, der über das geschädigte oder gänzlich ausgefallene tiefe Venensystem nicht mehr in ausreichendem Maße möglich ist.

■ Varikosis

Bei der *primären Varikosis* handelt es sich um ein vorwiegend anlagebedingtes degeneratives Krankheitsbild. Eine *sekundäre Varikosis* tritt auf im Rahmen eines postthrombotischen Syndroms oder nach Verletzungen. Beide Krankheitsbilder unterscheiden sich kaum im klinischen Erscheinungsbild, wohl aber im Hinblick auf die Behandlungsmöglichkeiten und damit die Prognose.

Formen: Primäre und sekundäre Varikosis werden in vier Formen unterteilt, die häufig auch kombiniert vorkommen: Besenreiser, retikuläre Varizen, Seitenastvarizen und Stammvarizen. Am häufigsten sind die ausgeprägte Stammvarikose und die Kombination von Stammvarizen mit ausgeprägten Astvarizen, die durch die Stammvarikosis gespeist werden, mit Komplikationen verbunden.

Schweregrad: Verbreitet ist die Einteilung nach Hach, während die klinischen Folgesymptome der chronisch venösen Insuffizienz in drei Schweregraden nach WIDMER beschrieben werden, vgl. ◻ Tab. 14.5.

Lokalisation: Die tiefe Arm- bzw. Beinvenenthrombose hat in der Rentenbegutachtung eine eher untergeordnete Bedeutung, wohl aber im Rahmen von Begutachtungen von Seiten der Unfallversicherung, wenn es um Zusammenhangsfragen geht, bzw. im Schwerbehindertenrecht, wenn nach dem Grad der Behinderung gefragt wird.

■ Venenthrombosen
■■ Thrombophlebitis

Oberflächliche Phlebitiden entstehen meist als Varikophlebitis auf dem Boden eines Krampfaderleidens. Spontane Entzündungen normaler oberflächlicher Venen sind selten, sie können im Rahmen einer neoplastischen Erkrankung oder als frühes Symptom einer Vaskulitis auftreten. Im akuten Stadium besteht meist eine Arbeitsunfähigkeit von 1–2 Wochen. Unter Kompressionsbehandlung, sofortiger Mobilisation, bei Risikopatienten auch mit Heparinisierung, bildet sich das Krankheitsbild rasch zurück. Folgeschäden sind nach einer einmaligen Thrombophlebitis nicht zu erwarten.

■■ Phlebothrombose

Tiefe Beinvenenthrombosen treten auf nach längerer Immobilisierung, Operationen, Beinverletzungen, langen Autofahrten oder Langstreckenflügen. Eine Exsikkose durch mangelnde Flüssigkeitszufuhr oder forcierte Diurese erhöht das Risiko. Bei spontanen Phlebothrombosen muss vorrangig an eine Gerinnungsstörung (Thrombophilie) wie Faktor II-Mutation, Faktor V-Mutation, Protein-C- bzw. Protein-S-Mangel, AT-III-Mangel oder ein Antiphospholipid-Syndrom gedacht werden. Seltener sind Thrombosen im Rahmen einer Tumorerkrankung (Paraneoplasie) oder eines Abstromhindernisses im Abdomen bei Tumor, Venensporn, Koarktation. Insbesondere auf-

◻ Tab. 14.5 Stadien der chronisch-venösen Insuffizienz (Widmer)	
Stadium I	Reversible Ödeme, Corona phlebectatica (dunkelblaue Hautvenenveränderungen am lateralen und medialen Fußrand), perimalleoläre Kölbchenvenen, evtl. Juckreiz an der Haut.
Stadium II	Persistierende Ödeme, Purpura sowie rotbraune Hyperpigmentierung (Hämosiderose) der Haut im Unterschenkelbereich, Dermatosklerose, Lipiddermatosklerose (evtl. mit entzündlicher Rötung), Stauungsekzem mit Juckreiz und Neigung zu allergischen Reaktionen, zyanotische Hautfarbe, Atrophie blanche (depigmentierte, atrophische Hautbezirke, meist oberhalb der Sprunggelenke).
Stadium III	Floride oder abgeheilte Ulcera cruris, häufig mit sekundärer Einschränkung der Sprunggelenksbeweglichkeit mit Folge der weiteren Funktionseinschränkung der Sprunggelenksvenenpumpe.

grund der Lungenembolie als evtl. tödlicher Frühkomplikation handelt es sich bei der tiefen Venenthrombose um ein akutes Krankheitsbild, das umgehend adäquat, d.h. durch eine suffiziente Antikoagulation, behandelt werden muss. Im akuten Stadium besteht meist nur eine kurzzeitige Arbeitsunfähigkeit. Die in jedem Fall notwendige Antikoagulationstherapie ist i.d.R. zeitlich begrenzt auf 3–12 Monate. Lediglich bei rezidivierenden Thrombosen mit nicht behebbarer Ursache, wie z.B. einer Thrombophilie oder gravierendem Tumorleiden, muss sie langfristig durchgeführt werden.

■■ Postthrombotisches Syndrom

Etwa 40 % der Patienten mit einer tiefen Venenthrombose entwickeln nach einer Latenzzeit von ein bis zwei Jahren (gelegentlich aber auch sehr vielen Jahren) ein postthrombotisches Syndrom, 25 % davon ein Ulcus cruris. Die klinischen Veränderungen entsprechen der chronisch venösen Insuffizienz. Zur Abschätzung von Behandlungsmöglichkeiten und Langzeitprognose sollte die Ausdehnung der Venenschädigung mit bildgebenden Verfahren lokalisiert werden. Schließlich muss eruiert werden, ob eine Dauerantikoagulation erforderlich ist.

Klassifikationen und Stadieneinteilungen

Bei der chronisch-venösen Insuffizienz findet die Stadieneinteilung nach WIDMER Anwendung (◻ Tab. 14.5).

In den letzten Jahren wurde eine neue Klassifikation der chronisch venösen Insuffizienz entwickelt, die anders als die rein klinisch orientierte Widmer-Einteilung auch ätiologische, anatomische und pathophysiologische Gesichtspunkte des Krankheitsprozesses berücksichtigt. Zur Begründung und Planung eines differenzierten Therapiekonzepts, für das alle in dieser CEAP-(C = clinical condition, E = etiology, A = anatomic location, P = pathophysiology)-Klassifikation abgebildeten Aspekte wichtig sind, hat diese Klassifikation deutliche Vorzüge. Unter sozialmedizinischer Betrachtung ist der wesentliche Unterschied der beiden Klassifikationen, dass das Ulkus-Stadium in der CEAP-Einteilung anders als von Widmer in ein florides und ein Narbenstadium differenziert wird. Die meisten großen epidemiologischen Untersuchungen wurden allerdings auf Grundlage der Widmer-Klassifikation durchgeführt. Da auch die für gutachterliche Fragestellungen wichtigen prognostischen Bewertungen der chronisch venösen Insuffizienz im Wesentlichen nach klinischen Kriterien erfolgen, hat auch heute die seit 30 Jahren etablierte Widmer-Einteilung weiterhin einen beherrschenden Stellenwert für gutachterliche Zwecke.

Spezifische krankheitsspezifische Beeinträchtigungen nach ICF

Der Funktionsschaden, der allen venösen Erkrankungen zugrunde liegt, ist eine schwerkraftabhängige Abflussstörung des Blutes aus den Extremitäten zurück zum Herzen. Hiervon betroffen sind besonders die Beine, weil hier der hydrostatische Druck der nicht abfließenden Blutsäule in den gestauten Venen besonders hoch sein kann. Die weiteren Folgen dieser Abflussstörung sind Austritt von Flüssigkeit ins Gewebe (Ödem) und schließlich Hautschäden bis hin zum Ulcus cruris als fortgeschrittenstes Stadium der chronisch venösen Insuffizienz (CVI). Weil die Pumpwirkung der aktiven Beinmuskeln die wichtigste Antriebskraft für den Blutrückfluss ist, folgt als wichtigste Aktivitätseinschränkung für die Betroffenen, dass sie nicht länger stehen und sitzen können. Bei jahrelang bestehenden Ulzera kann es in der Folge sogar zu Beweglichkeitseinschränkungen des Sprunggelenks kommen, sodass dann – wie bei Gelenkserkrankungen – auch das Gehen schmerzbedingt eingeschränkt ist. Bei sehr ausgeprägten Verlegungen des Venensystems im Rahmen eines postthrombotischen Syndroms kann es sogar zusätzlich zu Einschränkungen des Gehvermögens über längere Strecken im Sinne einer Claudicatio venosa kommen.

Die Einschränkungen der Teilhabe am gesellschaftlichen Leben und im Beruf können in fortgeschrittenen Stadien der Venenerkrankungen erheblich sein: Arbeit mit lang anhaltender Stehbelastung ist dann trotz Kompressionstherapie nicht mehr durchführbar. Wenn zusätzlich noch das Heben und Tragen größerer Lasten erforderlich ist, werden die stauungsbedingten Beschwerden noch schlimmer. Schon langes Sitzen kann, wenn die Beine nicht hoch gelagert werden können, unerträglich werden. Das Tragen von Sicherheitsschuhen, die oft in der Höhe aufhören, in der sich die meisten venösen Ul-

zera entwickeln, kann in der vulnerablen Haut neue Ulzera provozieren. Dieser Effekt wird noch verstärkt durch vermehrtes Schwitzen in derart festen Schuhen. Ist die Stehbelastung noch verbunden mit größerer Wärme am Arbeitsplatz, werden die beschriebenen Funktionsstörungen weiter verstärkt und führen zu noch geringerer beruflicher Belastbarkeit.

Auch im gesellschaftlichen Leben kann die Teilhabe erheblich eingeschränkt sein: Veranstaltungen, die längeres Stehen erfordern, können von den Betroffenen nicht mehr besucht werden. Auch längere Reisen in Auto, Bus oder Flugzeug stellen für die Patienten große Probleme dar.

Spezielle Diagnostik, Sachaufklärung

Anamnese. Es sollte nach Krampfadern oder einer stattgehabten tiefen Beinvenenthrombose bzw. oberflächlichen Thrombophlebitiden gefragt werden, ebenso wie nach Zeichen einer chronisch venösen Insuffizienz, z. B. Ödemen, Hautekzemen an den Unterschenkeln oder einem Ulcus cruris. In der Zusammenhangsbeurteilung spielen zusätzlich stattgehabte Frakturen, Operationen oder Unfälle sowie damit einhergehende Immobilisationsphasen eine wichtige Rolle.

Körperliche Untersuchung. Die klinische Untersuchung von Patienten mit Venenerkrankungen muss sowohl in stehender wie in liegender Position durchgeführt werden, da varikös degenerierte Venen im Liegen meist kollabieren und daher nur in aufrechter Körperhaltung objektiv zu beurteilen sind. Wegen der unterschiedlichen klinischen Bedeutung wird eine intrakutane (retikuläre) von einer subcutanen Varikose unterschieden. Bei der körperlichen Untersuchung ist bereits ohne technische Hilfsmittel eine Differenzierung in Stamm- und Astvarikosis möglich.

Die klinischen Zeichen einer CVI (nach Widmer) wie Ödem, Corona phlebectatica paraplantaris, Hyperpigmentationen der Haut am Unterschenkel und Ulcus cruris müssen dokumentiert werden, wobei auch auf Hautveränderungen wie Gewebeindurationen, Atrophie blanche und Narben abgeheilter Beingeschwüre zu achten ist. Von großer Bedeutung sind auch das Bewegungsausmaß im oberen Sprunggelenk sowie Umfangsmessungen der Extremitäten. In jedem Fall muss ein arterieller Gefäßstatus erhoben werden, da eine zusätzliche pAVK je nach Schweregrad die erforderliche Kompressionsbehandlung erschweren oder gar unmöglich werden lassen kann. Das hat für die Gesamtprognose und auch für die sozialmedizinische Leistungsbeurteilung große Bedeutung. Grob orientierend sollte auch ein neurologischer Status erhoben werden.

Dopplersonographie. Die direktionale cw-Dopplersonographie dient der Einschätzung funktioneller Veränderungen im oberflächlichen und tiefen Venensystem. Die *Strömungsdiagnostik* im Liegen erfasst persistierende Okklusionen nach tiefer Venenthrombose anhand der pathologischen S- und A-Signale. Die *Refluxdiagnostik* im Stehen weist klappeninsuffiziente Venenabschnitte im oberflächlichen und mit Übung auch im tiefen Venensystem nach. Eine exakte Darstellung morphologischer Veränderungen im Venensystem erfordert bildgebende Verfahren.

Farbkodierte Duplexsonographie. Mit dieser nichtinvasiven Methode lassen sich Veränderungen im tiefen und oberflächlichen Venensystem nachweisen und die meisten gutachterlichen Fragestellungen beantworten. Sie hat außerdem den Vorteil, dass auch pathologische Veränderungen in der Gefäßumgebung, wie Baker-Zysten oder arterielle Aneurysmen, dargestellt und beurteilt werden können.

Phlebographie. Bei dieser invasiven Methode, die für den zu Begutachtenden nicht duldungspflichtig ist, ist von Vorteil, dass die erhobenen Befunde aufgrund der guten Dokumentationsmöglichkeit auch bei späteren Nachbegutachtungen jederzeit nachvollziehbar sind. Allerdings kann heute in den meisten Fällen gerade wegen der Invasivität der Methode sowie der Weiterentwicklung der duplexsonographischen Untersuchungsverfahren auf die Phlebographie verzichtet werden.

Venenverschlussplethysmographie. Die plethysmographischen Messmethoden sind volumenmessende Verfahren, mit denen ebenfalls auf nichtinvasivem Weg eine quantitative Aussage über die venöse Funktion möglich ist. Dabei sind Messungen der venösen Kapazität und des venösen Abstromes möglich.

Lichtreflexrheographie (Photoplethysmographie). Diese Untersuchung gilt als Screening-Verfahren zur Beurteilung der venösen Funktion. Dabei wird von einem Messkopf handbreit oberhalb des Innenknöchels Infrarotlicht in die Haut eingestrahlt. Die Menge des reflektierten Lichtes hängt ab von der Füllung des kutanen Venenplexus. Daraus lassen sich Rückschlüsse auf die Klappenfunktion im tiefen und oberflächlichen Venensystem ziehen. Durch einen zusätzlichen Tourniquet-Test kann die Aussagekraft der Untersuchung gesteigert werden.

Krankheitsspezifische Begutachtungskriterien, Zielkriterien

Ödemneigung: Die Ausprägung von Ödemen, deren tageszeitliche Abhängigkeit und Reversibilität sind elementar zur Beurteilung der chronisch venösen Insuffizienz, vor allem unter einer konsequenten Kompressionsbehandlung.

Unterschenkelmuskulatur: Die Muskelfaszienpumpe ist wichtig für den venösen Rückfluss, d. h. ohne eine suffiziente Muskulatur ist der Rückstrom des venösen Blutes nicht möglich und eine venöse Stauung die Folge.

Funktion der Sprunggelenke: Die Effektivität der Muskelfaszienpumpe wird beeinflusst von der Beweglichkeit der Sprunggelenke, die eine Muskelkontraktion der Wadenmuskulatur im Rahmen des Gehens erst ermöglicht.

Hautstatus: Die Hautveränderungen bestimmen den Grad der chronisch venösen Insuffizienz: Die Differenzierung einer Stauungsdermatose, evtl. -dermatitis, die Pigmentierung der Haut sowie floride oder abgeheilte Ulcera cruris sind entscheidend für die sozialmedizinische Beurteilung zu berücksichtigen.

Antikoagulation: Nach einer tiefen Beinvenenthrombose muss häufig eine Gerinnungshemmung durchgeführt werden. Bei diesen Patienten sollten Tätigkeiten mit einem erhöhten Unfall- und Verletzungsrisiko während der Antikoagulantientherapie vermieden werden.

Krankheitsspezifische sozialmedizinische Beurteilung

Wärmebelastung. Unter Wärmeeinfluss kommt es zu einem vermehrten arteriellen Blutzustrom, was bei behindertem venösem Abfluss zum Anschwellen (Ödem) der betroffenen Gliedmaße führt. Daher sind Arbeiten mit vermehrter Wärme- und Hitzeexposition möglichst zu vermeiden. Derartige Arbeitsplätze finden sich z. B. in Kraftwerken, Gießereien oder an Hochöfen.

Verletzungsrisiko. In fortgeschrittenen Stadien der chronischen venösen Insuffizienz ist die Haut in hohem Maße verletzlich. Bagatelltraumen z. B. durch drückende Schuhe oder durch leichtes Anstoßen reichen mitunter aus, um schlecht abheilende Wunden oder Ulzera auszulösen. Arbeitsplätze, an denen schweres Schuhwerk getragen werden muss, sind dann ungünstig, z. B. auf Baustellen, in der Landwirtschaft oder im Bergbau. Auch die Möglichkeit einer Verschmutzung mit Superinfektion ist zu berücksichtigen, z. B. bei Arbeiten im Klärwerk oder auf einer Müllhalde.

Sitz- und Stehberufe. Es gilt die Regel: »Liegen und Gehen ist gut, Sitzen und Stehen ist schlecht, Hocken und Knien ist noch schlechter.« Im Sitzen und Stehen behindert die Schwerkraft den Rückstrom des Blutes, im Hocken und Knien wird er zusätzlich gebremst; dagegen pumpt beim Gehen die Muskulatur das Blut nach zentral, und beim Hochlagern der Beine fließt das Blut der Schwerkraft folgend zurück. Daher sind Arbeiten im Wechsel von Sitzen, Stehen und Gehen zu bevorzugen. Wie konsequent diese Regel angewendet werden muss, hängt vom Lokalbefund und auch von der durchgeführten Kompressionstherapie ab; denn nur durch konsequentes Tragen von gut angepassten Kompressionsstrümpfen lässt sich die Progression der CVI mindern.

Chronische entzündliche Hautveränderungen, evtl. mit Ulzerationen, haben insbesondere in Berufen mit langem und anhaltendem Sitzen und Stehen meist eine mittel- bis schwergradige Leistungseinschränkung zu Folge.

Gehstrecke. Bei schlecht rekanalisierten Beckenvenenthrombosen kann eine Claudicatiosymptomatik auftreten (Claudicatio venosa).

■ **Phlebothrombose**

Nach einer ausgedehnten Phlebothrombose besteht aufgrund der im Rahmen des Reparationsprozesses auftretenden Zerstörung des Klappenapparates der Venen die Gefahr des postthrombotischen Syndromes mit all seinen Folgen bis hin zum Ulcus cruris. Bei diesen Patienten ist in Abhängigkeit von der Schwere der Symptomatik eine Leistung zur medizinischen Rehabilitation zu prüfen, um einer Progredienz der chronisch venösen Insuffizienz vorzubeugen.

■ **Postthrombotisches Syndrom**

Die sozialmedizinische Beurteilung entspricht der bei chronisch venöser Insuffizienz. Die Prognose hängt entscheidend von einer suffizienten Therapie ab, vor allem einer konsequenten Kompressionsbehandlung mit gut angepassten, halbjährlich erneuerten Kompressionsstrümpfen. Zusätzlich kann durch Venengymnastik der venöse Rückstrom verbessert und damit der Circulus vitiosus unterbrochen werden, der zu einer Verschlimmerung der chronisch venösen Insuffizienz führt. Aus diesem Grunde ist bei diesem Krankheitsbild, vor allem in der Frühphase, aber auch bei fortgeschrittenen Stadien der chronisch venösen Insuffizienz, die medizinische Rehabilitation von entscheidender Bedeutung.

■ **Chronisch venöse Insuffizienz**

Grundlage der sozialmedizinischen Beurteilung sowohl des postthrombotischen Syndroms wie auch der Varikosis ist in aller Regel die Ausprägung der chronisch venösen Insuffizienz. Darunter versteht man die Gesamtheit der klinischen Veränderungen, die im Rahmen einer chronischen Venenerkrankung auftreten können.

Aus der CVI-Klassifikation nach WIDMER (◻ Tab. 14.5) lässt sich noch keine Abstufung der Leistungsminderung ableiten. Wie bereits erwähnt, verursachen die im Stadium II und III enthaltenen Veränderungen ein weites Spektrum von Symptomen, die hinsichtlich ihrer leistungsmindernden Relevanz unterschiedlich zu beurteilen sind.

Akute bzw. stark entzündliche Komplikationen der Haut, der Subkutis sowie der evtl. bestehenden Varizen im Rahmen der CVI einschließlich eines bei CVI häufiger auftretenden Erysipels können vorübergehend Arbeitsunfähigkeit bedingen. Häufig entstehen unter den Strümpfen Pilzinfektionen der Haut, diese können zu Mischinfektionen, vor allem bei Mikrotraumen der Haut, führen. Chronische entzündliche Hautveränderungen, evtl. mit Ulzerationen, können insbesondere in Berufen mit langem und anhaltendem Sitzen und Stehen eine Leistungseinschränkung zur Folge haben. Zu bevorzugen sind Arbeiten in wechselnder Körperhaltung mit überwiegender Gehbelastung ohne Hitze-, Wärme- oder Schmutzexposition. Auch sollte keine besondere Verletzungsgefahr für die Beine bestehen.

Durch Leistungen zur Teilhabe, vor allem eine medizinische Rehabilitation in einer angiologisch orientierten Fachklinik, kann das Krankheitsbild im Hinblick auf das klinische Erscheinungs- und Beschwerdebild oft nachhaltig verbessert werden. Ziel der medizinischen Rehabilitation sollte dabei sein, die chronische Stauung und deren Folgen für das Gewebe zu beseitigen durch manuelle und maschinelle Kompressionsbehandlung, eine spezifische Venengymnastik und eine krankengymnastische Mobilisierung des häufig funktionsgeminderten Sprunggelenkes. Im Rahmen der Gesundheitsbildung sollte der Patient die Notwendigkeit und die korrekte Durchführung einer Kompression mit Binden und Strümpfen erlernen, ebenso wie die Behandlung und Pflege der erkrankten Haut. Selbstverantwortung und aktive Mitarbeit des Patienten sind für die Prognose der CVI entscheidend.

Geprüft werden muss allerdings sowohl im Rahmen der Begutachtung, vor allem aber im Rahmen einer Rehabilitation, inwieweit durch venenchirurgische Maßnahmen sich das Krankheitsbild positiv beeinflussen lässt (Exhairese der Venen, Crossektomie, Perforansligatur, Sklerosierung). Lässt sich das Venenleiden trotz aller therapeutischer Maßnahmen nicht ausreichend beherrschen, muss insbesondere bei anhaltend sitzender oder stehender Tätigkeit nach sorgfältiger Prüfung des Einzelfalles eine Leistung zur Teilhabe am Arbeitsleben (berufliche Rehabilitation) initiiert werden, entweder im Sinne einer innerbetrieblichen Umsetzung oder evtl. sogar einer Umschulung.

14.2.4 Folgen operativer Eingriffe

- **Beurteilung nach PTA und/oder gefäßchirurgischen Eingriffen**

Im Anschluss an interventionelle bzw. gefäßchirurgische Eingriffe richtet sich die Beurteilung nach den verbliebenen Funktionsstörungen. Es ist dabei im Einzelfall immer zu klären, wie sich die verbliebenen Durchblutungsstörungen bzw. Beschwerden bei den gegebenen beruflichen Umständen auswirken oder ob eine medizinische oder berufliche Rehabilitation notwendig ist. Die langfristigen Auswirkungen der interventionellen bzw. gefäßchirurgischen Therapie können zwar erst nach ca. 1 Jahr beurteilt werden, besitzen jedoch bei fehlender rentenrelevanter Einschränkung der Gehstrecke keinen negativen Einfluss auf das Leistungsvermögen auf dem allgemeinen Arbeitsmarkt. Innerhalb dieser Zeit kommt es nicht selten zu Rezidivstenosen oder gar Verschlüssen, die weitere Eingriffe erfordern können, um den Benefit der Revaskularisation dauerhaft zu erhalten. Trotz solcher sogenannter »Service-Eingriffe« sind nach 5 Jahren je nach Lokalisation 30–60 % aller Bypässe wieder verschlossen. Auch Interventionsergebnisse haben eine vergleichbare Langzeitprognose.

Aus diesen Gründen sollte vor jeder wichtigen sozialmedizinischen Weichenstellung eine möglichst aktuelle angiologische Diagnostik vorliegen, damit die zu treffende Entscheidung den tatsächlichen Gegebenheiten des Krankheitsbildes und den daraus folgenden Einschränkungen gerecht wird.

- **Amputationen**

Im Stadium IV der pAVK nach Fontaine wird nicht selten eine Amputation notwendig; dies betrifft vor allem Patienten mit Diabetes mellitus. Die Amputation schließt eine Erwerbsfähigkeit nicht prinzipiell aus, insbesondere bei Grenzzonenamputationen. Für die sozialmedizinische Beurteilung müssen auch die Auswirkungen von Begleiterkrankungen berücksichtigt werden (z. B. COPD, Herzinsuffizienz, KHK, apoplektischer Insult, Koxarthrose, Gonarthrose). Bei diesen Patienten sind Leistungen zur Teilhabe von entscheidender Bedeutung; vgl. auch ▶ Kap. 7.

Weiterführende Literatur

Alan T. Hirsch et al: ACC/AHA Guidelines for the Management of Patients With Peripheral Arterial Disease (Lower Extremity, Renal, Mesenteric, and Abdominal Aortic), 2005

Altenkämper H, Felix W, Gericke A, Gerlach HE, Hartmann M: Phlebologie für die Praxis. Berlin: de Gruyter Verlag, 1991

Bundesministerium für Arbeit und Soziales: Anhaltspunkte für die ärztliche Gutachtertätigkeit im sozialen Entschädigungsrecht und nach dem Schwerbehindertenrecht (Teil 2 SGB IX), 2008

Deutsche Gesellschaft für Angiologie, Gesellschaft für Gefäßmedizin: Leitlinien zur Diagnostik und Therapie der peripheren arteriellen Verschlusskrankheit (PAVK), 2009

Deutsche Rentenversicherung: Statistik der Deutschen Rentenversicherung (vormals VDR-Statistik) Rehabilitation 2009, Bd 179. Deutsche Rentenversicherung Bund (Hrsg). Berlin, Oktober 2010

Deutsche Rentenversicherung: Statistik der Deutschen Rentenversicherung (vormals VDR-Statistik) Rentenzugang 2009, Bd 178. Deutsche Rentenversicherung Bund (Hrsg). Berlin, Juli 2010

Diehm C, Allenberg JR, Nimura-Eckert K: Farbatlas der Gefäßkrankheiten. Berlin; Heidelberg; New York: Springer-Verlag, 1998

Diehm C: Die periphere arterielle Verschlusskrankheit – unterdiagnostiziert und unterschätzt, Cardiovascularia 1/2003, 29–30

Fritze E (Hrsg.): Die ärztliche Begutachtung. Darmstadt: Steinkopff-Verlag, 6. Auflage, 2001

Kappert A: Lehrbuch und Atlas der Angiologie. Bern; Göttingen; Toronto; Seattle: Verlag Hans Huber, 1998

Kertzendorff KW: Sozialmedizinische Begutachtung in der Angiologie, Vasomed, 1998, 4, 64–73

Marx HH, Klepzig H (Hrsg.): Medizinische Begutachtung innerer Krankheiten. Grundlagen und Praxis. Stuttgart: Georg Thieme Verlag, 7. Auflage, 1997

Neuerburg-Heusler D, Hennerici M: Gefäßdiagnostik mit Ultraschall – Lehrbuch und Atlas. Stuttgart: Georg Thieme Verlag, 1999

Rieger H, Schoop W: Klinische Angiologie. Berlin; Heidelberg; New York: Springer-Verlag, 1998

Krankheiten der Atmungsorgane

Jürgen Fischer

15.1 Allgemeines

15.1.1 Sozialmedizinische Bedeutung

Die Erkrankungen der Atmungsorgane treten nicht erst im fortgeschrittenen Alter auf, sondern können bereits Kinder betreffen. Etwa 10 % der Kinder haben ein Asthma bronchiale oder überempfindliche Atemwege. Etwa 10 bis 15 % der Erwachsenen leiden an Asthma bronchiale oder chronischer Bronchitis.

Die COPD (chronic obstructive pulmonary disease) wird nach Einschätzung der WHO von der 6. Stelle der weltweit am häufigsten zum Tode führenden Erkrankungen im Jahre 1990 auf die 3. Stelle im Jahr 2020 vorrücken. Die 1990 noch an der 1. Stelle stehenden Infektionen der Atmungsorgane werden weltweit auf die 6. Stelle zurückfallen, die Tuberkulose, wie schon 1990, auch im Jahre 2020 an der 7. Stelle verbleiben.

Knapp 5 % der Neuzugänge zur Erwerbsminderungsrente 2009 sind auf Erkrankungen der Atmungsorgane zurückzuführen (▣ Tab. 15.1). Etwa 16 % der betroffenen Männer sind jünger als 50 Jahre, bei den Frauen beträgt dieser Anteil rund 23 %. In den letzten fünf Jahren vor Beginn der Erwerbsminderungsrente hatten bei den Männern mit nicht-malignen Krankheiten rund 60 % und bei den Frauen rund 55 % keine Leistung zur medizinischen Rehabilitation erhalten. Insgesamt sind diese Zahlen besonders deshalb hervorzuheben, weil z. B. die COPD-Leitlinien die Rehabilitation als einen Bestandteil der Behandlung schon ab Stadium II vorsehen, das heißt, schon bei Vorliegen eines mittleren Schweregrades der COPD [15].

15.1.2 Diagnostik

Grundlage für die sozialmedizinische Beurteilung des Leistungsvermögens sind Vorbefunde, Therapieverlauf und während der Begutachtung erhobene Befunde. Auf vorhandene Untersuchungsergebnisse ist in der Begutachtungssituation zurückzugreifen, dies gilt insbesondere für technisch-apparative Untersuchungen.

▪ Anamnese

Durch gezielte Erhebung der Vorgeschichte und der zeitlichen Entwicklung sowie des Zeitpunkts des Auftretens von Beschwerden lassen sich Hinweise auf die Ätiopathogenese der Erkrankung finden.

Ohne eine ausführliche und detaillierte Arbeitsplatzanamnese ist eine sozialmedizinische Beurteilung bei Erkrankungen der Atmungsorgane nicht möglich. Die Beschreibung der Umgebungsverhältnisse des Arbeitsplatzes und die Beschaffenheit des dort herrschenden Mikroklimas ist ebenso von Bedeutung wie auch die Befragung zur persönlichen Lebensführung, häuslichen Umgebung, Tierhaltung und zu sportlichen Aktivitäten.

Bei Erkrankungen, deren Ursachen vielfältig sein können, wie z. B. allergisch bedingten Erkrankungen wie Asthma bronchiale, exogen allergischer Alveolitis oder Lungenfibrose, ist der Einsatz von standardisierten und z. T. umfangreichen Anamnesebögen möglich.

Wichtige Aspekte im Rahmen der Anamneseerhebung stellen im Rahmen der Familienanamnese die Fragen nach einer familiären Belastung durch Krankheiten der Atmungsorgane, atopische Diathese oder auch Tumorleiden dar.

Erkrankungen während der Kindheit, insbesondere das Vorkommen von Milchschorf, Beugenekzem, Keuchhusten und Heuschnupfen, sollten ebenso erfragt werden wie frühere Erkrankungen der Atemwege, z. B. Sinusitis, Bronchitis, Lungenentzündung, Rippenfellentzündung, Tuberkulose. Ferner sind zu erheben: Thoraxtraumen, Herz-Kreislauf-Erkrankungen, Allergien und Glaukom.

Im Rahmen der pneumologischen Erkrankungen spielt auch die allgemeine und vegetative Anamnese eine besondere Rolle, da das hier geschilderte Allgemeinbefinden Hinweise auf das Ausmaß und den Schweregrad der Erkrankung ergeben kann. Hier ist insbesondere nach Gewichtsverhalten, Nachtschweiß, Auftreten von Beinödemen, Nykturie, Schlafgewohnheiten, Schnarchen, morgendlicher Müdigkeit, spontaner Einschlafneigung am Tage (eventuell situationsbedingt), Rauchgewohnheiten früher und derzeit, sportlichen Aktivitäten früher und derzeit und der Regelmäßigkeit ihrer Ausübung zu fragen.

Bei der Berufs- und Sozialanamnese spielt die Exposition gegenüber Staub, Rauch, Nebel, Gasen, auch bei früheren Tätigkeiten und an früheren Arbeitsplätzen eine Rolle. Die Berücksichtigung von Kälte, Hitze, Nässe, Mikroklima am Arbeitsplatz sowie das Vorhandensein von Lüftungs- und Absaugvorrichtungen und Klimaanlagen können ebenso bedeutsam sein wie die Arbeitszeitgestaltung, wie Nacht- und Wechselschicht, die Anzahl und Dauer der betriebsüblichen Pausen sowie der am Arbeitsplatz herrschende Zeitdruck.

Die im Rahmen der Anamneseerhebung von den Patienten geklagten, z. T. organspezifischen Beschwerden, wie Husten, Auswurf, Atemnot, Atemgeräusche, thorakale Schmerzen sowie Hinweise auf bronchiale Überempfindlichkeit, stellen als Leitsymptome bereits wichtige Begutachtungskriterien dar.

▪ Körperlicher Untersuchungsbefund

Die Inspektion des Patienten sowie die Auskultation und Perkussion der Lunge können diagnoseweisende Anhaltspunkte bei Erkrankungen der Atmungsorgane geben.

Bei der Inspektion der Haut- und Schleimhautfarbe kann Blässe oder Rötung als Hinweis auf Reduzierung

▫ Tab. 15.1 Rentenzugänge wegen verminderter Erwerbsfähigkeit nach SGB VI bei Versicherten der Deutschen Rentenversicherung im Jahr 2009 mit Krankheiten des Atmungssystems (1. Diagnose)

ICD-10-Nr.	Diagnose	Frauen		Männer	
		Anzahl	durchschnittl. Alter in Jahren	Anzahl	durchschnittl. Alter in Jahren
C34	Bösartige Neubildung der Bronchien und der Lunge	1.124	52,9	2.250	54,4
J44	COPD	1.079	54,2	1.914	55,3
J45	Asthma bronchiale	226	52,7	170	53,2
J00–99 ohne J44–45	Sonstige Erkrankungen des Atmungssystems	475	51,9	762	53,5
Σ	**Krankheiten des Atmungssystems**	**2.904**	**53,2**	**5.096**	**54,6**
Σ	**Alle Diagnosen**	**80.702**	**49,7**	**90.427**	**50,8**

Quelle: Statistik der Deutschen Rentenversicherung – Rentenzugang 2009. Band 178, Tabelle 220. Hrsg.: Deutsche Rentenversicherung Bund, Berlin, Juli 2010

oder Vermehrung von O_2-Transportträgern gedeutet werden.

Die Ursache für eine Zyanose von Haut und/oder Schleimhaut kann in einer respiratorischen Insuffizienz verschiedener Ursachen (thorakal, pulmonal, kardial) begründet sein. Trommelschlegelfinger mit oder ohne Uhrglasnägel sind am häufigsten beim Bronchialkarzinom zu finden, kommen aber auch bei der idiopathischen Lungenfibrose, Bronchiektasen, Pleuratumoren, Mukoviszidose und Lungenabszess vor.

Hinweise auf funktionelle Einschränkungen der Atmungsorgane kann die Beurteilung von Thorax und Wirbelsäule geben. Beispiele hierfür sind Deformitäten wie Trichterbrust, Kielbrust, rachitischer Rosenkranz, Kyphose und/oder Skoliose, Gibbus, fassförmiger oder glockenförmiger Thorax. Bei der Perkussion des Brustkorbs weist ein hypersonorer Klopfschall auf eine Überblähung der Lunge, z. B. durch ein Lungenemphysem oder ein Volumen pulmonum auctum bei Asthma bronchiale, hin. Eine Klopfschalldämpfung kann auf eine Atelektase, Infiltration, Pleuraerguss oder Pleuraschwarte hinweisen. Durch die Perkussion ist ebenfalls eine grobe Abschätzung der Zwerchfellbeweglichkeit möglich.

Bei der Auskultation der Lunge ist ein abgeschwächtes Atemgeräusch für eine Überblähung der Lunge, eine Pleuraschwarte oder Atelektase typisch. Aussagekräftiger sind Nebengeräusche, die als kontinuierliche oder trockene, wie Giemen, Pfeifen oder Brummen, auftreten können. Hiervon abzugrenzen sind diskontinuierliche oder feuchte, klein- bis grobblasige Nebengeräusche. Die mit einer Obstruktion der Atemwege einhergehenden Erkrankungen, wie chronisch obstruktive Bronchitis oder Asthma bronchiale, weisen vorwiegend trockene Nebengeräusche mit einem verlängerten Exspirium auf, während für mit Infiltration einhergehende Erkrankungen wie Pneumonie oder Lungenstauung vorwiegend feuchte Nebengeräusche typisch sind.

Bei fibrosierenden Lungenerkrankungen ist häufig ein verschärftes Atemgeräusch mit diskontinuierlichen Nebengeräuschen (Sklerosiphonie) zu hören.

▪ Psychosoziale Anamnese

Hier empfiehlt sich der Einsatz von standardisierten Fragebögen, wie z. B. der HADS (Hospital Anxiety and Depression Scale) [12] zur Ermittlung von Ängstlichkeit und Depressivität, die bei Patienten mit Erkrankungen der Atmungsorgane häufig vorkommen. Ebenso sollte hier ermittelt werden, inwieweit Strategien zur Krankheitsbewältigung vom Patienten bereits eingesetzt werden.

▪ Labordiagnostik

Neben den üblichen internistischen Laboruntersuchungen müssen in Abhängigkeit von den Fragestellungen auch weitergehende Untersuchungen wie die Bestimmung des Gesamt-IgE, ggf. spezifisches IgE bei allergischen Erkrankungen und des Angiotensin-Converting-Enzym (ACE) bei Sarkoidose vorgenommen werden. Bei allergischen Erkrankungen ist die Durchführung von geeigneten Hauttests wie Scratch-, Prick-, Intrakutan- und Epikutantest notwendig.

▪ Diagnostik mittels bildgebender, endoskopischer und elektrophysiologischer Verfahren

Neben der Basis-Röntgenuntersuchung des Thorax in zwei Ebenen kann auch eine weitere Diagnostik mittels Computertomographie, Kernspintomographie, Perfusions- und Ventilationsszintigraphie zur Diagnosesicherung und zur Feststellung des Schädigungsausmaßes erforderlich sein.

Die endoskopische Untersuchung mittels Bronchoskopie mit Gewebsentnahme und/oder bronchoalveolärer Lavage mit Differenzialzytologie und Bestimmung der Lymphozyten-Subpopulation, besonders bei interstitiellen Lungenerkrankungen (exogen allergische Alveolitis, Lungenfibrose, Sarkoidose, Asbestose), kann ebenfalls in speziellen Fällen zur weiteren Abklärung erforderlich sein. Hierbei handelt es sich um invasive Maßnahmen, die nicht mitwirkungspflichtig sind.

Das Ruhe-EKG stellt eine Basis-Untersuchung dar und dient im Zusammenhang mit Erkrankungen der Atmungsorgane zum Ausschluss einer Rechtsherzbelastung. Bei Vorliegen von Herzrhythmusstörungen kann ein Langzeit-EKG erforderlich sein.

Mit der Oberbauchsonographie und Doppler-Echokardiographie können Hinweise auf eine Rechtsherzbelastung und die Pumpfunktion der Ventrikel gewonnen werden.

Bei Verdacht auf eine leistungsrelevante schlafbezogene Atmungs- und Kreislaufregulationsstörung kann eine kardiorespiratorische Polysomnographie mit Registrierung von Elektroenzephalogramm (EEG), Elektrookulogramm (EOG), Elektromyogramm (EMG), Elektrokardiogramm (EKG), Atemanstrengung, Atemfluss und Pulsoxymetrie im Nachtschlaf durchgeführt werden.

Zur Beurteilung des Ausmaßes einer Vigilanzstörung können die Durchführung einfacher Vigilanzteste und die eines multiplen Schlaflatenztestes (MSLT) oder ein multipler Wachbleibetest (MWT) erforderlich sein.

■ **Pulmonale Funktionsdiagnostik**
Hiermit wird das Ausmaß der Schädigungen von Funktionen und Struktur des Atmungssystems quantitativ erfasst. Hierzu wird die Lungenfunktion in Ruhe und/oder unter definierter körperlicher Belastung gemessen.

Neben den ventilatorischen Größen wie den statischen und dynamischen Lungenvolumina werden die Fluss-Volumen-Kurve und der Atemwegswiderstand in der Ganzkörperplethysmographie registriert.

Bei dem Verdacht auf das Vorliegen einer Diffusionsstörung kann im Einatemzug-Verfahren die Kohlenmonoxid-(CO)-Diffussion gemessen werden. In Ruhe und unter körperlicher Belastung werden die arteriellen Blutgase aus dem Kapillarblut des hyperämisierten Ohrläppchens gemessen.

Mit der Methode der Spiroergometrie werden die Ventilation und der Gasaustausch in Ruhe und unter körperlicher Belastung bestimmt. Bei weiterem Vorantreiben der Messhierarchie kann zusätzlich noch mittels einer Einschwemmkatheteruntersuchung der Pulmonalarteri-

endruck und das Herzminutenvolumen in Ruhe und unter Belastung ermittelt werden.

15.1.3 Begutachtungskriterien

Umfang und Ausmaß der Schädigung von Strukturen und Funktionen sowie die Beeinträchtigungen von Aktivitäten und Teilhabe stellen wesentliche Bausteine zur Beurteilung der Leistungsfähigkeit im Erwerbsleben dar.

■ **Leitsymptome**
Sie geben einerseits Hinweise auf das klinische Ausmaß und subjektive Empfinden des Patienten, erlauben andererseits aber auch im Rahmen der klinischen Untersuchung schon eine gewisse Graduierung der Schwere der Leistungseinschränkung.

Husten stellt eine willkürliche oder unwillkürliche heftige Entleerung der Atemluft durch die unter Druck gepresste Stimmritze dar. Es handelt sich dabei um ein Symptom bei Störungen im Bereich von Kehlkopf, Trachea und Bronchien sowie des Lungenparenchyms, der Pleura und des Zwerchfells. Auch psychogene Faktoren und extrathorakale Auslöser kommen als Ursachen in Frage.

Zum einen stellt Husten einen physiologischen Schutzreflex dar, auf der anderen Seite ist Husten jedoch als ein pathologisches Symptom zu werten. Am häufigsten ist es als ein Symptom von Erkrankungen des Bronchialsystems anzusehen. Die sogenannte tussive Clearance, die hustenbedingte Reinigung des Bronchialsystems, stellt einen Ersatzmechanismus für eine nicht mehr ausreichend funktionierende mukoziliäre Clearance dar.

Eine eingeschränkte Klärfunktion ist ein Korrelat für eine ausgeprägte Schleimhautschädigung mit Insuffizienz des Flimmerepithels und vermehrter Sekretproduktion sowie das Freilegen von Hustenrezeptoren. In Abhängigkeit von der Art des Hustens (produktiv = mit Sputumauswurf, unproduktiv oder trockener Reizhusten = ohne Sputumauswurf), Anlasshäufigkeit und Zeitpunkt des Auftretens des Hustens kann eine Beeinträchtigung im Erwerbsleben resultieren. Ebenso ist zu klären, inwieweit ein Bezug zum Arbeitsplatz oder zur Freizeit festzustellen ist. Dies kann insbesondere bei allergischen Erkrankungen oder berufsbedingten Erkrankungen von Bedeutung sein.

Der **Auswurf** ist ein Sekret der Atemwegsschleimhaut und der Nasennebenhöhlen mit Beimengungen wie Speichel, Nahrungsresten, Staub- und Rauchteilchen, Blut sowie eventuell pathogener Mikroorganismen wie Bakterien, Viren, Eiter. In Abhängigkeit von Menge, Farbe, Beschaffenheit und Zeitpunkt des Auftretens des Auswurfes kann hieraus ein Rückschluss auf das Ausmaß der Schädigung, vorwiegend der Schleimhäute, gezogen werden.

Die **Atemnot** ist definitionsgemäß eine subjektive Erfahrung einer Atmungsstörung, welche aus qualitativ unterschiedlichen Empfindungen besteht, die auch in ihrer Intensität variieren. Diese Erfahrung stammt aus Interaktionen verschiedener physiologischer, psychologischer, sozialer und Umgebungsfaktoren und kann verschiedene physiologische Reaktionen und Verhaltensweisen hervorrufen.

Verschiedene zeitliche Bezugsgrößen, wie die Dauer des Bestehens der Atemnot (besteht sie permanent oder anfallsweise?) sowie der Zeitpunkt (besteht sie ganzjährig oder saisonal, am Tage oder in der Nacht?) sind für die Ermittlung der Schädigung und für die Beurteilung von verbleibenden Aktivitäten bedeutsam. Es muss erfragt werden, ob die Atemnot auch in Ruhe oder nur unter Belastung besteht. Wenn Atemnot unter Belastung vorkommt, muss geklärt werden, ob sie schon während oder direkt nach der Belastung oder verzögert nach der Belastung auftritt. Ebenso ist das Ausmaß der Belastung festzustellen, ob sie z. B. beim Treppensteigen oder beim Spaziergang mit Gleichaltrigen auftritt und diese noch keine Atemnot aufweisen. Der Bezug zum Ort der Aktivität ist festzustellen, an dem die Belastung zur Atemnot führt, wie z. B. am Arbeitsplatz, in der Wohnung oder bei Freizeitaktivitäten.

Bei Ausübung einer definierten Belastung (z. B. Ermittlung der in sechs Minuten zurückgelegten Gehstrecke) kann von den Patienten anhand einer Borg-Skala das Ausmaß der Atemnot subjektiv definiert und in ein Zahlenmaß transformiert werden (siehe ◘ Abb. 15.1).

Atemnot ist häufig begleitet von **Atemgeräuschen**, die unterschiedliche Qualität aufweisen können. Leise

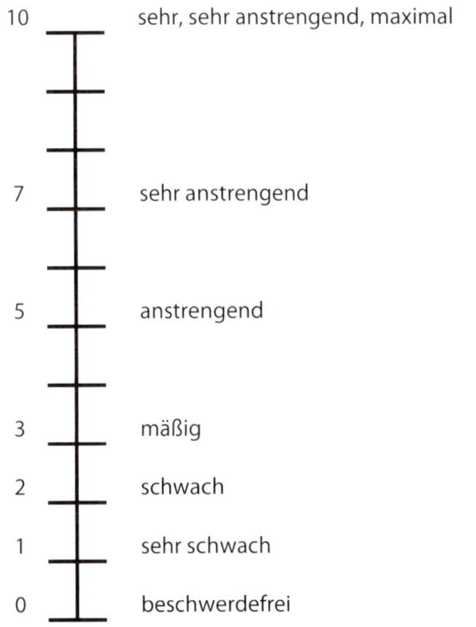
10
sehr, sehr anstrengend, maximal
7
sehr anstrengend
5
anstrengend
3
mäßig
2
schwach
1
sehr schwach
0
beschwerdefrei

◘ **Abb. 15.1** BORG-Skala zur Beurteilung des subjektiven Empfindens der Belastung

Atemgeräusche sind nur mittels Stethoskop zu auskultieren, gelegentlich kann aber auch ohne Hörhilfe schon ein giemendes Atemgeräusch als Distanzgiemen wahrgenommen werden.

Während des Schlafens kann das Auftreten von Schnarchgeräuschen festgestellt werden, die in Abhängigkeit von Alter und Geschlecht unterschiedlich häufig vorkommen können. Die Schnarchgeräusche können aber auch von Atempausen, sogenannten Apnoen unterschiedlicher Genese, unterbrochen sein und können dann bei entsprechender Frequenz aufgrund apnoeterminierender zentralnervöser Weckreaktionen zu Störungen der Vigilanz am Tage führen (siehe ▶ Kap. 15.2.7). Die Einbeziehung fremdanamnestischer Angaben ist hier erforderlich.

Die **bronchiale Überempfindlichkeit** kann als Husten oder Atemnot oder beides gemeinsam mit und ohne Vorkommen von obstruktiven Atemgeräuschen auftreten.

Die Art des auslösenden Reizes ist zu ermitteln, d. h., es ist zu klären, ob spezifische oder unspezifische Reize vorliegen und wenn ja, welche Art des Reizes die Beschwerden auslöst. Es kann auch eine Überempfindlichkeit gegen mehrere unspezifische und/oder spezifische Reize vorliegen. Eine Quantifizierung des Ausmaßes kann durch einen unspezifischen bronchialen Provokationstest vorgenommen werden.

Thorakale Schmerzen treten atemabhängig bei einer Pleuritis sicca, z. B. im Rahmen eines akuten Infektes oder einer beginnenden Pleuritis exsudativa, bei Tuberkulose oder bei pleurareizenden Tumoren, wie z. B. dem Pleuramesotheliom, auf. Differenzialdiagnostisch müssen auch belastungsabhängige Schmerzen bei koronarer Herzkrankheit abgegrenzt werden. Insbesondere nach stumpfen Thoraxtraumen oder Thoraxoperationen können noch monatelang Schmerzen bestehen. Von Veränderungen der HWS und BWS ausstrahlende Schmerzen oder durch Myogelosen im Nacken-Schulterbereich hervorgerufene Dauerschmerzen müssen abgegrenzt werden.

▪ Messbare Funktionsstörungen

Als einzelne Bausteine können verschiedene Lungenfunktions- und Leistungstests dazu beitragen, das Ausmaß der Schädigung der Strukturen der Atmungsorgane und ihrer Funktionen nicht nur qualitativ und/oder semiquantitativ über z. B. visuelle Analogskalen, sondern auch quantitativ zu ermitteln. Zusätzliche Aussagen über die Reagibilität des Bronchialsystems können durch die Applikation von pharmakodynamisch wirksamen Substanzen erlangt werden. Dieses kann einerseits ein unspezifischer und/oder spezifischer Provokationstest mit z. B. Carbachol, Metacholin oder Histamin und/oder spezifisch wirksamen Allergenen oder ein Bronchospasmolyse-Test mit β_2-Sympathomimetika oder Anticholinergika sein.

Die Bausteine zur Ermittlung eines objektiven Leistungsbildes stellen auch in Abhängigkeit von der diagnosespezifischen Fragestellung einen messmethodisch und apparativ, personell und zeitlich unterschiedlich hohen Aufwand dar.

Die kleine Spirometrie gestattet es, die Volumen-Zeit-Kurve und die Fluss-Volumen-Kurve zu registrieren. Hiermit werden vorwiegend die dynamischen Lungenvolumina und Strömungsgeschwindigkeiten nach forcierter Exspiration sowie die Vitalkapazität als statisches Lungenvolumen erfasst. Die so ermittelten Werte werden zu den Alters-, Größen- und geschlechtsabhängigen Sollwerten in Beziehung gesetzt. Lassen sich hierbei keine pathologischen Befunde ermitteln, so ist eine schwere Störung wenig wahrscheinlich. Zu berücksichtigen ist, dass diese Untersuchungen mitarbeitsabhängig sind, so dass mindestens eine Reproduzierbarkeit der zwei besten Messergebnisse für die inspiratorische Vitalkapazität (IVC) und die Ein-Sekundenkapazität (FEV_1) von 90 % erreicht werden sollte. Zur Beurteilung wird der Messwert in prozentualen Bezug zum Sollwert gesetzt. Eine Reduzierung der Werte auf weniger als 80 % des Solls ist als pathologisch zu werten.

Die Formanalyse der Fluss-Volumen-Kurve kann zusätzliche Hinweise auf funktionelle Störungen geben. Eine grobe Differenzierung in obstruktive und restriktive Ventilationsstörung ist mit der kleinen Spirometrie möglich, eine Kombination beider Störungen kann allerdings nicht ausgeschlossen werden. Die Sensitivität und Spezifität der Messwerte zur Differenzierung zwischen lungenkrank und lungengesund beträgt zwischen 80 und 90 %.

Durch zusätzliche Registrierung der statischen Lungenvolumina und des Atemwegswiderstandes kann eine Steigerung der Spezifität erzielt werden. Mit der ganzkörperplethysmographischen Untersuchung können die funktionelle Residualkapazität (FRC) entsprechend dem intrathorakalen Gasvolumen (ITGV), das Residualvolumen (RV), die Totalkapazität (TLC) und kooperationsunabhängig der Atemwegswiderstand (R_{aw}) ermittelt werden. Auch diese Messgrößen müssen zu alters-, größen- und geschlechtsabhängigen Sollwerten in Beziehung gesetzt werden [15]. Mit Hilfe der Totalkapazität ist eine objektive Differenzierung zwischen einer Lungenüberblähung (TLC > 110 % des Solls), einer normal geblähten Lunge (TLC 90 bis 110 % des Solls) und einer durch Restriktion eingeschränkt lufthaltigen Lunge (TLC < 90 % des Solls) möglich.

Bei Vorliegen einer obstruktiven Ventilationsstörung ist in jedem Fall ein Bronchospasmolysetest mit einem β_2-Mimetikum und/oder einem Anticholinergikum zu empfehlen, um das Ausmaß der Reversibilität der Obstruktion zu ermitteln.

Lässt sich bei bestehendem Verdacht auf eine Hyperreagibilität der Atemwege keine obstruktive Ventilationsstörung feststellen, so ist als nächste diagnostische Stufe ein dosisabhängiger unspezifischer Provokationstest mit Carbachol, Histamin oder Metacholin durchzuführen, um die Dosis zu ermitteln, mit der die Ein-Sekundenkapazität (FEV_1) um 20 % des Solls gegenüber dem Ausgangswert reduziert wird. Die Hyperreaktivität ist umso ausgeprägter, je niedriger die erforderliche Dosis ist, um diese auszulösen. Entsprechende Testdosimeter stehen zur Verfügung.

Besteht infolge krankhafter Veränderungen der alveolo-kapillären Membran, wie sie z.B. bei fibrosierenden Lungenerkrankungen vorkommt, der Verdacht auf eine Diffusionsstörung, so ist die Messung der CO-Diffusionskapazität im Einatemzugverfahren mit der Bestimmung des Transferfaktors (DLCO) und des Transferkoeffizienten (DLCO/VL) möglich. Auch hier ist ein Bezug auf Sollwerte erforderlich.

Die Messung der arteriellen Blutgase erfolgt aus dem hyperämisierten Ohrläppchen-Kapillarblut und gibt Auskunft über den Wirkungsgrad des Gasaustausches der Lunge und den Säure-Basen-Status des arteriellen Blutes. Der Sauerstoffpartialdruck (p_aO_2) ist abhängig von Barometerdruck, Körperposition, Gewicht und Alter. Der Kohlendioxydpartialdruck (p_aCO_2) ist ebenso wie der pH-Wert von diesen Größen unabhängig.

Die in Ruhe gemessenen Lungenfunktionsmessgrößen zeigen nicht in allen Fällen eine ausreichend gute Korrelation mit der symptomlimitierten maximalen Leistungsfähigkeit. Die Durchführung einer Belastungsuntersuchung ist daher für die Beurteilung der Leistungsfähigkeit in der Sozialmedizin bei vielen Erkrankungen der Atmungsorgane unerlässlich. Bezugsgrößen bei Belastungsuntersuchungen sind in ❏ Tab. 15.2 zu finden.

Für die definierte Leistungserfassung in der Pneumologie stehen verschiedene Belastungsverfahren zur Verfügung. Am häufigsten wird die fahrradergometrische Belastungsuntersuchung unter gleichzeitiger Messung von physiologischen Größen der Atmung, des Herzens und des Kreislaufs durchgeführt (Spiroergometrie). Das Untersuchungsprotokoll hängt wesentlich von der Fragestellung ab. Bei belastungsinduziertem Asthma bronchiale wird z.B. eine mindestens fünf Minuten dauernde submaximale Belastung gewählt, die etwa 85 % der maximalen Belastung entspricht. Die Messung der Atemstoßparameter (Peak-flow, FEV_1) oder ganzkörperplethysmographische Messung (R_{aw}) muss vor, während und bis zu 30 Minuten nach Belastung erfolgen. Für die Ermittlung des Ausmaßes von Gasaustauschstörungen unter Belastung bei chronisch obstruktiven Lungenerkrankungen oder interstitiellen Lungenerkrankungen erfolgt eine Messung der arteriellen Blutgase (p_aO_2, p_aCO_2, pH) und der kar-

◻ Tab. 15.2 Bezugsgrößen bei Belastungsuntersuchungen

Relative maximale Sauerstoffaufnahme (VO₂max)

ml/kg/min	Einschränkung
> 25	keine
15–25	leichte bis mittel-schwere
< 15	schwere

Maximal erreichte ergometrische Leistung

W	W/kg	Einschränkung
≥ 125	≥ 1,5	keine
75–125	1,0–1,5	leichte bis mittel-schwere
50–75	1,0	schwere
< 50		sehr schwere

American Thoracic Society, 1982, 1986

dialen Parameter (EKG, RR) in Ruhe und unter definierter Belastung. Die ergänzende Registrierung der Ventilations- und Gasaustauschgrößen ermöglicht in der nächsten messmethodischen Hierarchiestufe weitere Aussagen über Störungen der Sauerstofftransportkette, die durch die Untersuchungen der Hämodynamik (Rechtsherzkatheter) mit Messung des pulmonalarteriellen Druckes, der zentralvenös-gemischten Blutgase und der Messung des Herzminutenvolumens komplettiert wird. Da es sich bei der Messung der Hämodynamik um einen invasiven Eingriff handelt, ist dieser nicht mitwirkungspflichtig. Bei der spiroergometrischen Untersuchung fallen häufig über kurze Zeit eine Vielzahl von Messdaten an, die zusätzlich zu alters-, geschlechts- und belastungsstufenabhängigen Sollwerten in Beziehung gesetzt werden müssen. In der Literatur sind verschiedene Sollwertsysteme beschrieben. Ein in sich konsistentes Sollwertsystem für alle spiroergometrisch und gleichzeitig gemessenen hämodynamischen Größen ist von Rühle et al [19] vorgelegt worden. Die aktuell erhobenen Messwerte werden mit den alters- und belastungsabhängigen (Watt, VO₂) Sollwerten verglichen und daraus spezifische Störungen der Ventilation, des Gasaustausches und der Hämodynamik abgeleitet.

Die Art der Belastungsabstufung hat sich in den letzten Jahren gewandelt. Wegen der im Vergleich zur schnellen kardialen verzögert auftretenden Adaptation der Ventilation an die Belastung wurde bisher die schrittweise Steady-State-Belastung empfohlen. Untersuchungen der letzten Jahre weisen aber darauf hin, dass auch mit einer Rampenbelastung keine relevante Differenz zur Stufenbelastung auftritt. Die Dauer der Rampenbelastung sollte zwischen 8 und 12 Minuten betragen. Die Belastungssteigerung wird in Abhängigkeit von der erwarteten Maximalleistung gewählt. So wird z.B. bei einer erwarteten Maximalleistung von 150 Watt die Steigerung etwa 15 Watt pro Minute betragen, bei einer erwarteten Maximalleistung von nur 50 Watt etwa 5 Watt pro Minute. Die Rampenbelastung ist besonders gut für die Bestimmung der anaeroben Schwelle (AT) und der maximalen Sauerstoffaufnahme (V'O₂max) geeignet. Die anaerobe Schwelle ist der Bereich des Übergangs von rein aerob zu partiell anaerob laktatgedeckter Stoffwechselleistung. Sie charakterisiert objektiv und mitarbeitsunabhängig das Ausmaß der muskulären Ausdauerleistung, sofern bei der Belastungsuntersuchung Werte oberhalb der anaeroben Schwelle erreicht wurden. Ihre Bestimmung erfolgt graphisch aus dem V-Diagramm oder elektronisch aus den kontinuierlich ermittelten Daten. Die anaerobe Schwelle stellt eine Kenngröße für die Dauerleistungsgrenze dar. Die erhobenen Messwerte werden mit Sollwerten, die aus Nomogrammen zu entnehmen sind, verglichen [20]. So liegt z.B. bei untrainierten Männern die anaerobe Schwelle bei 1200 ml V'O₂, welches etwa einer Dauerbelastung von 75 Watt entspricht.

Die maximale Sauerstoffaufnahme kann als Absolutwert oder besser auf das Körpergewicht bezogen eine Einschätzung der maximalen Leistungsfähigkeit geben. Im Normalfall besteht ein linearer Bezug zwischen Belastung in Watt und der Sauerstoffaufnahme. Bei Patienten mit Erkrankungen der Atmungsorgane ist dieser aufgehoben. Bei spiroergometrischen Belastungsuntersuchungen sollte alle drei Minuten die Fluss-Volumen-Kurve registriert werden. Es kann so ermittelt werden, ob es eher zu strömungsbedingter Limitierung der Belastung – wie z.B. bei obstruktiven Atemwegserkrankungen – oder zu volumenbedingter Limitierung der Belastung – wie z.B. bei restriktiver Ventilationsstörung – kommt [11]. Zusätzlich zur Ermittlung der maximalen Sauerstoffaufnahme sollte auch ein Kriterium zur subjektiven Angabe von Atemnot als sogenannte BODE-Skala abgefragt werden (vgl. ◻ Tab. 15.4).

Neben der fahrradergometrischen Belastungsuntersuchung kann auch eine laufbandergometrische Belastungsuntersuchung durchgeführt werden. Diese Untersuchungsmethode eignet sich vorwiegend für leistungsstärkere Patienten und für sportmedizinische Fragestellungen.

Als weitere Möglichkeit zur Bestimmung der Leistungsfähigkeit kann die einfache Methode der Gehstreckenmessung (6-Minuten- bzw. 12-Minuten-Gehtest) mit gleichzeitigen Angaben zur subjektiven Symptomatik vorgenommen werden. Dieses Verfahren bietet sich vorwiegend bei schweren Funktionseinschränkungen und geringer körperlicher Belastbarkeit an.

15.1.4 Sozialmedizinische Beurteilung

Zur Beurteilung der Leistungsfähigkeit sind besonders die Anamneseerhebung und die körperliche Untersuchung sowie die Ermittlung der derzeitigen Lebensumstände im beruflichen und sozialen Bereich hilfreich. Zur Quantifizierung der Leistungsfähigkeit werden zusätzlich Funktionsteste der Atmungsorgane in Ruhe und unter körperlicher Belastung zur Beurteilung hinzugezogen. Unter Berücksichtigung beider Beurteilungsbereiche wird die mögliche Anpassung der Kontextfaktoren empfohlen, um zum längerfristigen Erhalt und/oder zur Verbesserung der verbliebenen Fähigkeiten zur Durchführung von Aktivitäten und der Teilhabe am sozialen und beruflichen Leben beizutragen.

Einschränkungen sind bei Patienten mit Erkrankungen der Atmungsorgane besonders im Bereich der Mobilität und solchen häuslichen Aktivitäten zu finden, die der Selbstversorgung, der Verrichtung von Haushaltsaufgaben und der Ausübung von Arbeit und Beschäftigung zur Sicherung des Lebensunterhaltes dienen. Bei einigen Erkrankungen kann es aber auch zur Einschränkung beim Lernen und der Wissensanwendung sowie beim Erledigen von allgemeinen Aufgaben und Anforderungen kommen. Ebenso können die Aktivitäten im und die Teilhabe am Gemeinschafts- und sozialen Leben eingeschränkt sein.

Als besonders relevante Kontextfaktoren, die sowohl umwelt- als auch personbezogen sein können, sind z.B. Produkte und Substanzen des persönlichen Gebrauchs, wie Lebensmittel, Medikamente, Therapie- und Trainingsgeräte, anzusehen. Persönliche Unterstützung und Beziehungen können für die Patienten eine besondere Bedeutung haben. Dieses können Familienmitglieder, Freunde, Bekannte, Kollegen, Hilfs- und Pflegepersonal, professionelle Personen in der medizinischen Versorgung, aber auch Tiere sein.

Soziale Einrichtungen, wie z.B. das System der sozialen Sicherung, Gesundheitsbildung und Prävention, medizinische Versorgung und rehabilitative Versorgung, Langzeitbetreuung, Beratung, der Arbeitsmarkt und Freizeit- und Sportorganisationen können die Aktivitäten und Teilhabe unterstützen und verbessern. Soziokulturelle Strukturen, wie z.B. Familie, Verwandtschaft und Gemeinschaften, sind ebenfalls hier mit einzubeziehen. Die natürliche Umwelt und die Umwelt am Arbeitsplatz und im häuslichen Bereich, wie z.B. die Geographie, Klima, Licht, Temperatur, Feuchtigkeit, Lärm, Luftqualität, Wohnraum- und Schlafzimmerausstattung sowie das Mikroklima in diesen Bereichen, spielen als Umweltfaktoren bei vielen Erkrankungen der Atmungsorgane eine besonders wichtige Rolle. Als schädigende Faktoren sind hier das inhalative Zigarettenrauchen, die Schadstoffbelastung in der Wohnung und besonders am Arbeitsplatz sowie in der Umwelt zu nennen.

15.2 Krankheitsbilder

15.2.1 Chronische Bronchitis (inkl. COPD), Lungenemphysem, Bronchiektasen

Klassifikationen und Stadieneinteilungen

Die **chronische Bronchitis** ist durch übermäßige Schleimproduktion im Bronchialbaum gekennzeichnet. Sie manifestiert sich mit andauerndem oder immer wieder auftretendem Husten mit oder ohne Auswurf. Die Erkrankung kann in eine **chronische Lungenkrankheit mit progredienter Atemwegsobstruktion (Chronic Obstructive Pulmonary Disease, COPD)** übergehen, die sich auf dem Boden einer chronischen Bronchitis und/oder eines Lungenemphysems entwickelt. Hauptsymptome sind chronischer Husten, Auswurf und Atemnot, anfangs nur unter Belastung. Die Atemwegsobstruktion ist nach Gabe von Bronchodilatatoren und Kortikosteroiden nicht vollständig reversibel.

In der »Nationalen Versorgungsleitlinie COPD« findet sich die Schweregradeinteilung in Abhängigkeit von einfachen spirometrischen Messgrößen, die nach Gabe eines Bronchospasmolytikums ermittelt werden (◘ Tab. 15.3).

Diese Klassifikation wird in Anlehnung an die GOLD-(Global Initiative against Obstructive Lung Disease)-Leitlinie der WHO erstellt, wobei das neueste Update von 2008 die Risikogruppe 0 nicht mehr aufführt, da es scheinbar nicht genügend Evidenz für den Übergang des Stadiums 0 in höhere Schweregrade gibt. Differentialdiagnostisch müssen neben dem Asthma bronchiale und der Mukoviszidose auch die Bronchiektasie und weitere pulmonale und bronchiale Erkrankungen abgegrenzt werden.

Das **Lungenemphysem** ist gekennzeichnet durch Dilatation der Lufträume distal der Bronchioli terminales infolge irreversibler Destruktion des Lungenparenchyms.

Pathologisch-anatomisch lassen sich verschiedene Formen des Lungenemphysems (zentrilobulär, panlobulär, paraseptal) unterscheiden. Exogene Ursachen, die zur Entwicklung eines Lungenemphysems führen können, sind inhalative Schadstoffe (Zigarettenrauch, Kohlestaub, Kadmium etc.). Die größte Bedeutung hat das Zigarettenrauchen infolge des Gehalts an oxidierenden Stoffen im Rauch, die direkt den α_1-Proteaseninhibitor (α_1-Pi) inaktivieren können.

Die **Bronchiektasie** stellt eine Sammelbezeichnung für die abnorme irreversible Erweiterung der Bronchien mit akuter und chronischer Entzündung im Bereich der Bronchialwand und des umgebenden Lungengewebes dar.

Tab. 15.3 Schweregrad-Einteilung der COPD	
Schweregrad	**Kriterien**
0 (Risikogruppe)	– normale Spirometrie – chronische Symptome (Husten, Auswurf)
I (leichtgradig)	– $FEV_1 \geq 80\%$ Soll – $FEV_1/VC < 70\%$ – mit oder ohne chronische Symptome (Husten, Auswurf, Dyspnoe – evtl. bei starker körperlicher Belastung)
II (mittelgradig)	– $50\% \leq FEV_1 < 80\%$ Soll – $FEV_1/VC < 70\%$ – mit oder ohne chronische Symptome (Husten, Auswurf, Dyspnoe)
III (schwer)	– $30\% \leq FEV_1 < 50\%$ Soll – $FEV_1/VC < 70\%$ – mit oder ohne chronische Symptome (Husten, Auswurf, Dyspnoe)
IV (sehr schwer)	– $FEV_1 < 30\%$ Soll – oder $FEV_1 < 50\%$ Soll mit chronischer respiratorischer Insuffizienz – $FEV_1/VC < 70\%$

Modifiziert nach der Nationalen VersorgungsLeitlinie COPD 2008 [15]

Es werden erworbene und angeborene Bronchiektasen unterschieden. Von der Form her lassen sich zylindrische, variköse und zystische Bronchiektasen unterscheiden.

Spezifische krankheitsbedingte Beeinträchtigungen nach ICF

Für die chronisch obstruktiven Lungenkrankheiten finden sich die krankheitsbedingten Beeinträchtigungen vorwiegend in der Veränderung der Funktion des Bronchialsystems und der Strukturen der Lunge. Die vermehrte Sputumproduktion, einhergehend mit Einschränkung der mukoziliären Clearance, führt zur klinischen Symptomatik von Husten und Auswurf. Die mit der chronischen und progredienten Erkrankung einhergehenden morphologischen Veränderungen des Bronchialsystems und der Lunge führen zur Atemflusslimitation, damit einhergehender vermehrter Atemanstrengung und Einschränkung des Gasaustausches und Veränderung der Atemsteuerung. Die hieraus resultierenden klinischen Symptome verursachen eine Einschränkung der Aktivitäten und der Teilhabe im beruflichen und gesellschaftlichen Leben. Die Beeinträchtigungen können in verschiedenen Bereichen von Bedeutung sein, wie der körperlichen Leistungsfähigkeit (Treppensteigen, schnelles Gehen), der Selbstversorgung und bei Aktivitäten des täglichen Lebens, beim Lernen und bei der Wissensanwendung (Schule/Beruf) sowie der Kommunikation (Publikumsverkehr, Sozialberufe).

Spezielle Diagnostik, Sachaufklärung

Die Untersuchung der Funktion der Lunge, am besten mittels Ganzkörperplethysmografie, ermöglicht es, die Schweregrade der COPD nicht nur mit mitarbeitsabhängigen Messmethoden, wie der Spirometrie, festzulegen, sondern erlaubt es auch, das Ausmaß der Lungenüberblähung, das Ausmaß des Atemwegswiderstandes und damit indirekt auch der Atemarbeit festzustellen. Die Bestimmung der arteriellen Blutgase und der CO-Diffusionskapazität ermöglichen es, die Gasaustauschverhältnisse in Ruhe zu bestimmen. Der 6-Minuten-Gehtest mit Bestimmung der arteriellen Blutgase und die Angabe der Atemnotsymptomatik vor und am Ende der Belastung gestattet eine überschlägige Einschätzung der körperlichen Belastbarkeit. Durch fahrradergometrische Belastungsuntersuchung mit Messung der Blutgase, der ventilatorischen Größen, Gasaustauschgrößen und Herzkreislaufmessgrößen gelingt eine weitere Differenzierung der Belastbarkeit und Bestimmung der sie limitierenden Messgrößen.

Zur Sachaufklärung kann eine umfassende allgemeine Anamnese und vor allem berufliche Anamnese beitragen. Hier sollten auch die Parameter abgefragt werden, die für die Beurteilung eines positiven oder negativen Leistungsvermögens erforderlich sind und als Kontextfaktoren sowohl umweltbezogen als auch personbezogen von Bedeutung sein können. Das Ausmaß der körperlichen Belastungen, besondere Gefährdungs- und Belastungsfaktoren und die geistig psychische Belastung müssen hier berücksichtigt werden.

In letzter Zeit wurde ein mehrdimensionaler Index für den Schweregrad bei COPD entwickelt. Dieser sogenannte BODE-Index beruht auf der Ermittlung des Body-Maß-Index, dem Ausmaß der obstruktiven Ventilationsstörung, der Dyspnoe und dem Ergebnis des 6-Minuten-Gehtests (siehe **Tab. 15.4**).

Krankheitsspezifische Begutachtungskriterien, Zielkriterien

Chronischer Husten und Auswurf können eine erhebliche Beeinträchtigung der Teilhabe am Berufsleben und auch in der sozialen Umwelt mit sich bringen. Hier ist aufgrund der anamnestischen Erhebung des Ausmaßes und der Häufigkeit dieser Beschwerden der Umfang der Einschränkung zu ermitteln. Besteht z.B. ganztags Husten und reichlich Auswurf, wie bei der Bronchiektasie, kann die Ausübung von Tätigkeiten in Bereichen mit Publikumsverkehr und im Lebensmittel- und Gaststättenbereich eingeschränkt sein. Wegen der Infektionsgefährdung kann dieses auch bei Arbeiten in Nässe und Kälte sowie Temperaturschwankungen der Fall sein. Atemwegs-

◨ **Tab. 15.4** BODE-Skala zur Erfassung des multidimensionalen Schweregrades der COPD

Parameter	Punkte auf der BODE-Skala			
	0	1	2	3
FEV$_1$ (% Soll)	≥ 65	50–64	36–49	≤ 35
6-Min.-Gehtest (m)	≥ 350	250–349	150–249	≤ 149
MRC* Dyspnoe (Grad)	0–1	2	3	4
Body-Mass-Index (kg/m^2)	> 21	≤ 21		

* Modifizierter Medical-Research-Council-Score:
0: Atemnot nur bei außergewöhnlicher Belastung
1: Atemnot beim Treppensteigen, Bergaufgehen
2: Atemnot bei Gehen in der Ebene
3: Muss wegen Atemnot nach 100 m anhalten
4: Atemnot beim An- und Ausziehen, zu kurzatmig, um das Haus zu verlassen
Modifiziert nach Nowak und Kroidl, 2009 [16]

◨ **Tab. 15.5** Gesicherte Effekte der pneumologischen Rehabilitation bei COPD

Effekte	Evidenzgrad
Besserung der körperlichen Leistungsfähigkeit	A
Verminderung der Atemnot	A
Besserung der krankheitsspezifischen Lebensqualität	A
Reduktion der Anzahl und Dauer von Krankenhausaufenthalten	A
Reduktion von COPD-assoziierter Angst und Depression	A
Kraft- und Ausdauertraining der oberen Extremitäten verbessert die Funktion der Arme	B
Positive Effekte eines Trainingsprogramms überdauern die Trainingsperiode	B
Lebensverlängerung	B
Atemmuskeltraining ist effektiv, insbesondere in Kombination mit einem allgemeinen körperlichen Training	C
Psychosoziale Intervention ist hilfreich	C

Nationale VersorgungsLeitlinie COPD 2008 [15]

reizende Stoffe wie Staub, Rauch, Dämpfe und Gase sollten ebenfalls gemieden werden, insbesondere, wenn neben der COPD noch zusätzlich eine bronchiale Hyperreagibilität vorliegt.

Arbeiten wie Heben, Tragen und Bewegung von Lasten können vorwiegend durch Atemnot beeinträchtigt sein.

Spezifische sozialmedizinische Beurteilung

▪ Medizinische Rehabilitation

Bei häufigen und schweren Exazerbationen einer COPD liegt Rehabilitationsbedürftigkeit vor. Bei Vorliegen einer bereits bestehenden Flusslimitation mit einem FEV$_1$-Wert unter 80 % des Solls nach Bronchospasmolyse, entsprechend einem Stadium II nach GOLD (siehe ◨ Tab. 15.3), ist eine Rehabilitationsleistung indiziert. Dieses trifft auch für Patienten mit noch bestehendem Nikotinkonsum zu. Die primäre Motivation zur Raucherentwöhnung stellt keine Voraussetzung einer Teilnahme dar.

Die Rehabilitationsleistung sollte sich neben den primären Rehabilitationszielen, wie dem Erhalt, der Verbesserung und der Wiederherstellung der Erwerbsfähigkeit, vor allem an den individuellen Therapiezielen des Patienten orientieren. Dieses ist auch das Prinzip der gemeinsamen Leitlinie zur Rehabilitation von Patienten mit COPD der medizinisch wissenschaftlichen Gesellschaften »Deutsche Gesellschaft für Pneumologie und Beatmungsmedizin (DGP)« und der »Deutschen Gesellschaft für Rehabilitationswissenschaften (DGRW)«. Diese Therapieziele werden differenziert als somatische, funktionale, psychosoziale und edukative. In der »Nationalen Versorgungs-

Leitlinie COPD« sind die auf Basis der besten Evidenz zu ermittelnden Effekte der Rehabilitation bei COPD in ◨ Tab. 15.5 dargestellt.

Die Therapiekomponenten bestehen aus umfassender strukturierter Patientenschulung, Verhaltenstraining, medizinischer Trainingstherapie, Atemphysiotherapie, Ergotherapie einschließlich Hilfsmittelberatung, Sozial- und Berufsberatung, psychologischer und psychoanalytischer Hilfe, Ernährungsberatung, Tabakentwöhnung, Entspannungstherapie, Allergie- und Luftschadstoffkarenz. Weitere persönliche Voraussetzungen für Leistungen zur medizinischen Rehabilitation werden in der Leitlinie zur Rehabilitationsbedürftigkeit bei Krankheiten der Atmungsorgane der Deutschen Rentenversicherung genannt [3].

▪ Teilhabe am Arbeitsleben

Ergänzend zur medizinischen Rehabilitation können auch Leistungen zur Teilhabe am Arbeitsleben (berufliche Rehabilitation) angezeigt sein. Diese kommen in Frage, falls bestimmte Einflüsse am Arbeitsplatz vorliegen, deren Vermeidung nicht möglich ist. Dieses können die irritative Reizung der Bronchialschleimhaut, z. B. durch Dämpfe, Gase, Stäube und nicht vermeidbares Passivrauchen, sein. Ebenso kann dies bei klimatischen Einflüssen wie Kälte, Wärme, Temperaturschwankungen, Zugluft und

◻ Tab. 15.6 Quantitatives Leistungsvermögen im Erwerbsleben bei obstruktiven Atemwegserkrankungen

Leistungsvermögen	≥ 6 h			< 3 h
	Arbeitsschwere			
Beurteilungsparameter	schwer	mittelschwer	leicht	
FEV_1 (% des Solls)	80	70–80	50–70	< 50
FEV_1 / VC (%)	> 90	70–90	40–70	< 40
R_{AW} (kPa * s/l)	< 0,35	0,35–0,5	0,5–1,0	> 1,0
Belastbarkeit (W)	> 125	75–125	50–75	< 50
Transferfaktor % Soll				< 50
O_2-Partialdruck (mmHg)				< 55
PAPm i.R. (mmHg)				> 40
Dyspnoe				schwer, in Ruhe
Rechtsherzdekompensation trotz adäquater Therapie				+
Langzeit O_2-Therapie				+

Leitlinie zur sozialmedizinischen Beurteilung der Leistungsfähigkeit bei chronisch obstruktiver Lungenkrankheit (COPD) und Asthma bronchiale [4]

hoher oder niedriger Luftfeuchtigkeit der Fall sein. Ebenso können bei Infektgefährdung, wie z. B. erhöhtes Infektionsrisiko bei Tätigkeiten im medizinischen Bereich, in Kindergärten, in der Schule oder beim Publikumsverkehr, Leistungen zur Teilhabe am Arbeitsleben erforderlich werden. Die Schwere der körperlichen Arbeit kann eine Arbeitsplatzumsetzung erforderlich machen. Arbeit unter Atemschutzmasken bedeutet eine erhöhte Last für die Ventilation, sodass auch hier Arbeitsplatzveränderungen erforderlich sein können. Ebenso können Wechselschicht oder Bereitschaftsdienste Leistungen zur Teilhabe am Arbeitsleben nach sich ziehen. Insgesamt sind sie besonders dann indiziert, wenn Symptome der COPD in Korrelation mit der Tätigkeit oder den Arbeitsbedingungen auftreten.

■ **Erwerbsminderung**

Arbeiten wie Heben, Tragen und Bewegung von Lasten können durch Atemnot beeinträchtigt sein. Die objektive Beurteilung der Leistungsfähigkeit im Erwerbsleben für Personen mit chronisch obstruktiver Lungenerkrankung (COPD) ist in ◻ Tab. 15.6 dargestellt. Weitere Informationen enthält die Leitlinie zur sozialmedizinischen Beurteilung der Leistungsfähigkeit bei chronisch obstruktiver Lungenkrankheit (COPD) und Asthma bronchiale der Deutschen Rentenversicherung [4].

15.2.2 Asthma bronchiale

Klassifikationen und Stadieneinteilungen

Das **Asthma bronchiale** ist eine chronisch entzündliche Erkrankung der Atemwege, charakterisiert durch eine bronchiale Hyperreagibilität und eine variable Atemwegsobstruktion. Bei prädisponierten Personen führt diese Erkrankung zu Symptomen, die in der Regel mit einer variablen Verengung der Atemwege einhergehen, verbunden mit einer Zunahme der Empfindlichkeit der Atemwege gegenüber einer Vielzahl von Stimuli. Die Atemwegsobstruktion ist häufig reversibel, entweder spontan oder nach Behandlung mit Beta-2-Sympathomimetika. Die bronchiale Hyperreagibilität ist durch inhalative und systemische Kortikosteroide beeinflussbar. Die Klassifikation des Asthma bronchiale erfolgt unter Berücksichtigung der Ätiologie:

- Nichtallergisches Asthma bronchiale (intrinsic)
- Allergisches Asthma bronchiale (extrinsic).

Die Schweregradeinteilung des Asthma bronchiale erfolgte bisher anhand des klinischen Krankheitsbildes und anhand einfacher, vom Patienten zum Teil selbst zu kontrollierender Funktionsparameter, wie der Peakflow-Messung und der Ein-Sekundenkapazität (FEV_1), vgl. ◻ Tab. 15.7. Diese Schweregradeinteilung ist sinnvoll bei der Erstbeurteilung des Patienten. Bei medikamentös behandelten Patienten sind besonders das Ansprechen auf die Therapie, die Therapieadhärenz des Patienten sowie Faktoren wie Jahreszeit und Lebenssituation für den aktuellen

◘ Tab. 15.7 Klassifikation der Asthmaschweregrade (Erwachsene)
(Die Anwesenheit eines der Symptome reicht aus, um einen Patienten in die entsprechende Kategorie einzuordnen)

Schweregrad	Kennzeichen vor Behandlung	
	Symptomatik	Lungenfunktion
I intermittierend	– intermittierende Symptome am Tage (< 1 x / Woche) – kurze Exazerbationen (von einigen Stunden bis zu einigen Tagen) – nächtliche Asthmasymptome ≤ 2 x / Monat	– FEV_1 ≥ 80 % des Sollwertes – PEF ≥ 80 % PBW* – PEF-Tagesvariabilität < 20 %
II geringgradig persistierend	– 1 x / Woche < Symptome am Tag < 1x / Tag – nächtliche Symptomatik > 2 x / Monat – Beeinträchtigung von körperlicher Aktivität und Schlaf bei Exazerbationen	– FEV_1 ≥ 80 % des Sollwertes – PEF ≥ 80 % PBW* – PEF-Tagesvariabilität 20–30 %
III mittelgradig persistierend	– tägliche Symptome – nächtliche Symptome > 1 x / Woche – Beeinträchtigung von körperlicher Aktivität und Schlaf bei Exazerbationen – täglicher Bedarf an inhalativen kurzwirkenden Beta-2-Sympathomimetika	– FEV_1 > 60 % – < 80 % des Sollwertes – PEF 60–80 % PBW* – PEF-Tagesvariabilität > 30 %
IV schwergradig persistierend	– anhaltende tägliche Symptome – häufige Exazerbation – häufige nächtliche Symptome – Einschränkung der körperlichen Aktivität	– FEV_1 ≤ 60 % des Sollwertes – oder PEF ≤ 60 % PBW* – PEF-Tagesvariabilität > 30 %

* PBW: Persönlicher Bestwert
Nach NVL – Asthma, 2009 [14]

Schweregrad von Bedeutung. Zur Steuerung der Therapie ist daher eine kontinuierliche Beurteilung der Kontrolle anhand des Beschwerdebildes und seiner Ausprägung erforderlich.

Es werden drei Grade der Asthma-Kontrolle
- kontrolliertes Asthma,
- teilweise kontrolliertes Asthma und
- unkontrolliertes Asthma

unterschieden. Die Beurteilung erfolgt anhand von klinisch leicht zu erfassenden Parametern (vgl. ◘ Tab. 15.8).

Spezifische krankheitsbedingte Beeinträchtigungen nach ICF

Die Beeinträchtigung von Patienten mit Asthma bronchiale im Bereich der Körperfunktionen und Körperstrukturen beinhalten die klinische Symptomatik (wie Husten, Auswurf, Atemnot) basierend auf krankhaften Veränderungen (wie eosinophile Entzündung, Dyskrinie, Schleimhautoedem und Bronchospasmus). Die Aktivitäten und Teilhabe können in verschiedenen Lebensbereichen beeinträchtigt sein. Diese sind Verminderung der körperlichen Leistungsfähigkeit, Beeinträchtigung der Kommunikation, des Lernens und der Wissensanwendung, der Selbstversorgung sowie der Aktivitäten des täglichen Lebens. Die Teilhabe am sozialen und berufli-

chen Leben wird vorwiegend durch Kontextfaktoren der Umwelt, aber auch durch persönliche Faktoren beeinflusst, wie Produkte oder Substanzen des persönlichen Gebrauchs im Allgemeinen und im täglichen Umgang am Arbeitsplatz.

Spezielle Diagnostik, Sachaufklärung

Zur Diagnostik des Asthma bronchiale lässt sich ein spezieller Algorithmus darstellen, wie dies in der »Nationalen VersorgungsLeitlinie Asthma« erfolgt ist [14]. Hier wird als Basis eine ausführliche Anamnese unter Berücksichtigung von typischen Beschwerden [wie wiederholtes Auftreten anfallsartiger, oftmals nächtlicher Atemnot und/oder Brustenge und/oder Husten mit und ohne Auswurf, pfeifende Atemgeräusche (»Giemen«)] sowie die Intensität und Variabilität dieser Beschwerden erfragt. Weiterhin wird nach besonderen Auslösefaktoren gefragt: nach Atemwegsreizen (z. B. Exposition gegenüber Allergenen, thermischen und chemischen Reizen, Rauch und Staub), Tages- und Jahreszeit der Beschwerden (wie Tag-/Nachtrhythmus), Allergenexposition, Aufenthaltsort, Tätigkeit/Arbeitsplatz, Hobbies, Auftreten während oder vor allem nach körperlicher Belastung, Zusammenhang mit Atemwegsinfektionen oder psychosozialen Faktoren. Ebenso sind Risikofaktoren, wie das Vorhandensein an-

◘ Tab. 15.8 Grade der Asthma-Kontrolle

Kriterium	Kontrolliertes Asthma (alle Kriterien erfüllt)	Teilweise kontrolliertes Asthma (1–2 Kriterien innerhalb einer Woche erfüllt)	Unkontrolliertes Asthma
Symptome tagsüber	Keine (≤ 2 x pro Woche)	> 2 x pro Woche	
Einschränkungen von Aktivitäten im Alltag	Keine	Irgendeine	Drei oder mehr Kriterien des »teilweise kontrollierten Asthmas« innerhalb einer Woche erfüllt
Nächtliche/s Symptome/Erwachen	Kein/e	Irgendein/e	
Einsatz einer Bedarfsmedikation/ Notfallbehandlung	Kein/e (≤ 2 x pro Woche)	> 2 x pro Woche	
Lungenfunktion (PEF oder FEV_1)	Normal	< 80 % des Sollwertes (FEV_1) oder des persönlichen Bestwertes (PEF)	
Exazerbation[*]	Keine	Eine oder mehrere pro Jahr	Eine pro Woche

[*] Jegliche Exazerbation in einer Woche bedeutet definitionsgemäß ein »unkontrolliertes Asthma«.
  Definition Exazerbation: Episode mit Zunahme von Atemnot, Husten, pfeifenden Atemgeräuschen und/oder Brustenge, die mit einem Abfall von PEF oder FEV_1 einhergeht.

Modifiziert nach GINA, 2008 [9]

derer atopischer Beschwerden (Ekzemerkrankungen, Rhinitis) oder eine positive Familienanamnese (Allergie und Asthma bronchiale) zu erfragen.

Bei Durchführung der körperlichen Untersuchung wird besonders auf Zeichen einer Atemwegsobstruktion geachtet. Im beschwerdefreien Intervall können diese Zeichen, wie trockene Nebengeräusche, verlängertes Exspirium, schwere Atemnot oder auch – bei schwerer Obstruktion – ein sehr leises Atemgeräusch, fehlen. Zur weiteren Sicherung der Diagnose wird eine Lungenfunktionsdiagnostik mit spirometrischen oder ganzkörperplethysmografischen Messgrößen durchgeführt und die Reversibilität auf rasch wirksame Beta-2-Mimetika geprüft. Lässt sich eine obstruktive Ventilationsstörung nicht nachweisen, erfolgt eine Untersuchung der Hyperreagibilität der Atemwege mit Hilfe eines unspezifischen bronchialen Provokationstests, z. B. mit Metacholin oder Carbachol. Ein berufsbedingtes Asthma bronchiale wird durch arbeitsplatzbezogene Stoffe verursacht. Eine ausführliche Arbeitsplatzanamnese mit Fragen nach dem zeitlichen Auftreten der Symptomatik nach Exposition, nach Zeiträumen mit Besserung der Beschwerden an arbeitsfreien Tagen sowie Peakflow-Vergleichsmessungen am Arbeitsplatz und in der häuslichen Umgebung können weitere Aufschlüsse über die Zusammenhangsfrage erbringen. Die Durchführung einer inhalativen Provokationstestung mit einem vermuteten Schadstoff kann entsprechend der gültigen Konventionen erforderlich sein.

Krankheitsspezifische Begutachtungskriterien, Zielkriterien

Das Ausmaß der klinischen, besonders auch nächtlichen Symptomatik (wie Häufigkeit und Schwere der Atemnotanfälle), die Ansprechbarkeit auf die schweregradadaptierte Therapie, der Einfluss von prophylaktischen Maßnahmen auf die Krankheitskontrolle sowie psychosoziale Kriterien (wie Ängstlichkeit und Krankheitsverarbeitung) sind bedeutsame Zielkriterien zur Begutachtung.

Das objektive Ausmaß der aktuellen Funktionseinschränkung wie die Variabilität der Funktionsmessgrößen im Zeitverlauf und zu unterschiedlichen Tageszeiten oder auch als Ausmaß der Hyperreagibilität bei fehlender dauernder Funktionseinschränkung sind als Begutachtungskriterien von Bedeutung. Zur Beurteilung der zumutbaren Arbeitsschwere ist das Ausmaß der obstruktiven Funktionseinschränkung mit ausschlaggebend, wobei auf die ◘ Tab. 15.6 zurückgegriffen werden kann. Das Vorliegen von arbeitsplatzbezogenen Belastungs- und Gefährdungsfaktoren muss ebenso ermittelt werden wie eine erhöhte Infektionsgefährdung. Das Ausmaß der körperlichen Leistungsfähigkeit kann mittels eines 6-Minuten-Gehtests oder Überprüfung der fahrradergometrischen Belastungsuntersuchung ermittelt werden.

Spezifische sozialmedizinische Beurteilung

- **Medizinische Rehabilitation**

Eine medizinische Rehabilitation der gesetzlichen Rentenversicherung ist bei Versicherten mit Asthma bronchiale ab Schweregrad II indiziert, wenn trotz adäquater ambulanter ärztlicher Betreuung beeinträchtigende körperliche, soziale oder psychische Krankheitsfolgen bestehen, die die Möglichkeiten der Teilhabe am beruflichen und Alltagsleben behindern.

Vorzeitige Rehabilitationsleistungen sind sinnvoll bei schwergradig persistierendem Asthma bronchiale. Insbesondere im Verlauf von nur teilweise oder gar nicht kontrolliertem Asthma besteht Rehabilitationsbedürftigkeit.

Die medizinische Rehabilitation wird dann therapiezielorientiert neben Optimierung der medikamentösen Behandlung mit rehabilitationsspezifischen Leistungen durchgeführt. Dazu gehören edukative, physiotherapeutische, psycho- und verhaltenstherapeutische Maßnahmen sowie Sport- und Bewegungstherapie.

Weitere persönliche Voraussetzungen für Leistungen zur medizinischen Rehabilitation werden in der Leitlinie zur Rehabilitationsbedürftigkeit bei Krankheiten der Atmungsorgane der Deutschen Rentenversicherung genannt [3].

- **Teilhabe am Arbeitsleben**

Bei besonderer beruflicher Belastung ist zu prüfen, ob und welche Leistungen zur Teilhabe am Arbeitsleben indiziert sind. Dies ist der Fall, wenn bestimmte Einflüsse sich negativ auf den Erkrankungsverlauf auswirken und nicht vermieden werden können, wie z. B. irritative Reizung der Bronchialschleimhaut durch Atemwegsreizstoffe (wie Dämpfe, Gase, Stäube), unvermeidbares Passivrauchen, klimatische Einflüsse (wie hohe oder niedrige Luftfeuchtigkeit, Kälte, Temperaturwechsel, Zugluft), Allergenexposition (z. B. Pollen oder Latex oder besondere tierische Allergene) oder erhöhte Infektgefährdung (z. B. erhöhtes Infektionsrisiko bei Tätigkeiten im Krankenhaus, Kindergarten oder beim Publikumsverkehr).

In Abhängigkeit vom individuellen Krankheitsbild können insbesondere folgende Arbeitsbedingungen solche Leistungen erforderlich machen: körperlich schwere Arbeit; Arbeit unter vermindertem Sauerstoffpartialdruck; Arbeit unter Masken; Arbeit in Wechselschicht, in Bereitschaftsdiensten oder bei Vorliegen von Publikumsverkehr.

Dies kann besonders auch bei intermittierendem Asthma bronchiale indiziert sein, z. B. wenn Symptome in engem Zusammenhang mit der Tätigkeit oder den Arbeitsbedingungen auftreten. Es ist unbedingt auch an das mögliche Vorliegen einer Berufskrankheit zu denken. Dann ist eine entsprechende Meldung an die Berufsgenossenschaft vorzunehmen.

- **Erwerbsminderung**

Bei Vorliegen eines geringeren Schweregrades und bei einem kontrollierten Asthma besteht in der Regel keine Einschränkung in Bezug auf die Arbeitsschwere und -dauer. Bei höherem Schweregrad und nur teilweise oder sogar unkontrolliertem Asthma kann eine erhebliche Einschränkung der Leistungsfähigkeit vorhanden sein. Es ist zu prüfen, ob trotz adäquater Therapie einschließlich rehabilitativer Leistungen z. B. gehäufte Arbeitsunfähigkeitszeiten vorliegen und in welchem Umfang der Betroffene noch eine Tätigkeit ausüben kann (quantitatives Leistungsvermögen). Die qualitative Leistungsfähigkeit richtet sich nach dem Ausmaß der Funktionseinschränkung.

Weitere Informationen enthält die Leitlinie zur sozialmedizinischen Beurteilung der Leistungsfähigkeit bei chronisch obstruktiver Lungenkrankheit (COPD) und Asthma bronchiale der Deutschen Rentenversicherung [4].

15.2.3 Lungenfibrose, Pneumokoniosen, Sarkoidosen, Mukoviszidose

Klassifikationen und Stadieneinteilungen

Erkrankungen des Lungenparenchyms, wie **Lungenfibrose, Alveolitis** oder granulomatöse Erkrankungen wie Sarkoidose und Pneumokoniosen werden als interstitielle Lungenerkrankungen bezeichnet. Nach der neuesten Nomenklatur wird die Bezeichnung diffuse parenchymatöse Lungenerkrankung (diffuse parenchymal lung disease, DPLD) gewählt, da bei einigen Erkrankungen die Veränderungen im Krankheitsverlauf auf die Alveolen und den peribronchialen Bereich übergreifen können. Die Schädigungsmechanismen können unterschiedlich sein. Die Ätiologie kann toxischer, infektiöser, neoplastischer oder immunologischer Art sein. Bei der idiopathischen interstitiellen Pneumonie (IIP) ist eine Ursache nicht bekannt. Bei der exogen allergischen Alveolitis handelt es sich um eine Immunreaktion vom Typ III an der Lunge nach Inhalation verschiedener organischer Noxen.

Die **Sarkoidose (Morbus Boeck)** ist eine granulomatöse Systemerkrankung unklarer Ätiologie. Die Organmanifestation findet sich überwiegend in den intrathorakalen Lymphknoten und/oder der Lunge (90 %). Andere Organe, wie Milz, Augen, Haut, A. Carotis, Myokard und Knochen, sind sehr viel seltener befallen. Histologisch können in befallenen Organen nicht verkäsende epitheloidzellige Granulome nachgewiesen werden. Die Klassifikation der Sarkoidose erfolgt nach dem Röntgenbild, wobei das Stadium I Hiluslymphome aufweist, das Lungenparenchym radiologisch aber frei ist. Die Spontan-Heilungsrate beträgt hier 60 bis 80 %. Stadium II weist radiologisch Lungenparenchymbefall und Rückbildung der Hiluslymphome auf.

Auch hier besteht noch eine Spontan-Rückbildungsrate von ca. 60 %. Das Stadium III zeigt Lungenparenchymbefall bei unauffälligen Hili und eine Spontan-Emissionsrate von ca. 30 %. Im Stadium IV finden sich radiologisch die Zeichen einer Lungenfibrose.

Unter einer **Pneumokoniose** versteht man die Ablagerung von inhalierten anorganischen oder organischen Staubpartikeln und die dadurch ausgelöste kollagene oder nichtkollagene Reaktion des Lungengewebes. Durch chemische oder Fremdkörperreize oder immunologische Reaktion entsteht im Laufe der Zeit eine Fibrose, woraus sich ein Narbenemphysem entwickeln kann, das schließlich bis zum Bild der Wabenlunge führen kann. Die häufigsten Ursachen einer Pneumokoniose im engeren Sinne sind die Inhalation von quarzhaltigen Stäuben (Silikose), Asbest (Asbestose) und metallischen Stäuben (Aluminose, Berylliose, Hartmetalllunge, Thomasphosphat-Bronchopneumopathie). Die Staublungenerkrankungen sind als berufsbedingte bronchopulmonale Erkrankungen in der Liste der Berufskrankheitenverordnung aufgeführt.

Die **Mukoviszidose oder zystische Fibrose** ist eine progrediente Multiorganerkrankung der exokrinen Drüsen. Sie wird autosomal rezessiv vererbt. Es handelt sich um eine Elektrolyttransportstörung aufgrund eines genetischen Defektes auf Chromosom 7 des mutierten CF-Gens. Im Bronchialsystem bedeutet diese Störung eine Funktionseinschränkung der mukoziliären Clearance mit Sekretverdickung und erhöhter Infektanfälligkeit.

Spezifische krankheitsbedingte Beeinträchtigungen nach ICF

Bei diesen vorwiegend das Lungengerüst betreffenden Erkrankungen sind im Wesentlichen Funktionen des Lungen- und Atmungssystems betroffen. Kardiovaskuläre Strukturen können aber ebenso wie Strukturen des Nervensystems verändert sein. Die klinische Symptomatik besteht in zunehmender, anfänglich nur unter Belastung, später auch in Ruhe auftretender Atemnot und trockenem Reizhusten. Zunehmende Zyanose, Trommelschlegelfinger und Uhrglasnägel sind Spätsymptome. Bei der Sarkoidose können auch andere Organsysteme mit ihren typischen Beschwerden, wie z. B. Sehstörungen oder Herzrhythmusstörungen, befallen sein. Ebenso können auch bei der Mukoviszidose Funktionen des Verdauungs- und Stoffwechselsystems mit ihrer typischen Symptomatik betroffen sein.

Für die Umweltfaktoren können sich arbeitsplatzspezifische Bedingungen als schädigende Faktoren herausstellen: z. B. spezifische organische und anorganische Stäube und Aerosole bei der Pneumokoniose, aber auch besondere Tierhaltungen (z. B. Vogelhalter), Raumluftbefeuchter oder landwirtschaftliche Stäube und Dämpfe.

Spezielle Diagnostik, Sachaufklärung

Neben einer ausführlichen Anamnese mit besonderer Berücksichtigung der Arbeitsplatz-, Umwelt-, Freizeit- und Medikamentenanamnese sind die klinische Symptomatik, aber auch die Röntgen- und Funktionsdiagnostik von besonderer Bedeutung. Radiologisch ergeben sich zur Schweregradbeurteilung häufig typische Veränderungen, wie z. B. bei der Sarkoidose. Diese Veränderungen müssen aber nicht in direktem Zusammenhang mit der Schwere der Lungenfunktionseinschränkung stehen. Bei den Pneumokoniosen wird die Diagnose im Zusammenhang mit einer entsprechenden Berufsanamnese durch das Röntgenbild gestellt. Die Beurteilung des Röntgenbildes sollte in Form der sogenannten ILO-Staublungenklassifikation (International Labor Office 1980) anhand von Standardfilmen erfolgen. Ergebnisse einer Lungenfunktionsdiagnostik mittels Spirometrie und ggf. Ganzkörperplethysmografie zur Beurteilung des Ausmaßes der funktionellen Störung sollten vorliegen.

Krankheitsspezifische Begutachtungskriterien, Zielkriterien

Die typische Einschränkung der Lungenfunktion besteht im Auftreten einer restriktiven Ventilationsstörung. Das heißt, neben der Verminderung der Vitalkapazität findet sich auch eine Reduzierung der übrigen mobilisierbaren und nicht mobilisierbaren Lungenvolumina, wobei der Atemwegswiderstand normal und die Dehnbarkeit der Lungen (Compliance) in Abhängigkeit vom Ausmaß der Lungenfibrosierung eingeschränkt ist. Die Atemarbeit gegen elastische Widerstände ist danach deutlich erhöht, was sich klinisch auch im Ausmaß der Dyspnoe unter Belastung und später in Ruhe ausdrückt. Die eingeschränkte Diffusionskapazität der Lunge geht mit ebenso typischem Abfall des Sauerstoffpartialdrucks unter definierter ergometrischer Belastung oder beim 6-Minuten-Gehtest einher. Die Einschränkungen der Funktion der Lunge können bis zur respiratorischen Insuffizienz auch in Ruhe und zur Entwicklung eines Cor pulmonale infolge der chronischen Hypoxämie führen. Eine Gesamtschau der wichtigsten Funktionseinschränkungen u. a. durch eine restriktive Ventilationsstörung ist in ◻ Tab. 15.9 dargestellt.

Spezifische sozialmedizinische Beurteilung
- **Medizinische Rehabilitation**

Eine medizinische Rehabilitation ist angezeigt bei Patienten, bei denen eine Chronizität der Erkrankung festzustellen ist und hierdurch nicht nur eine Einschränkung der Lungenfunktion vorliegt, sondern auch eine krankheitsbedingte Leistungseinschränkung. Ebenso können zusätzliche psychische Faktoren wie Angst oder Depression Anlass zur Durchführung einer Reha-Leistung sein. Wesentliche Bestandteile der medizinischen Rehabilita-

Tab. 15.9 Beurteilung von Lungenfunktions- und Gasaustauschwerten

Lungenfunktions-einschränkung	Obstruktion			Restriktion		
	FEV$_1$ % Soll	FRC % Soll	R$_{aw}$ (kPa*s/l)	IVC % Soll	FRC % Soll	C$_{stat.}$ (l/kPa)
keine	> 80	< 120	< 0,35	> 80	> 80	> 2,1
leichte	70–80	120–135	0,35–0,50	70–80	70–80	1,6–2,1
mittelschwere	50–70	135–150	0,5–1,0	50–70	50–70	1,2–1,6
schwere	< 50	> 150	> 1,0	< 50	< 50	< 1,2
Gasaustausch-störung	Blutgasanalyse			CO-Diffusionskapazität		
	pO$_2$ Ruhe und Belastung Soll = Grenzwert (Ulmer)		pCO$_2$ (mmHg)	Einatemzugmethode (ml/min × mmHg) % Soll		
keine	> Soll		< 45	> 80		
leichte	< 5 mmHg unter Soll		< 45–50	65–80		
mittelschwere	5–10 mmHg unter Soll		< 50–60	50–65		
schwere	> 10 mmHg unter Soll		> 60	< 50		

Nach Nowak und Kroidl, 2009 [16]

tion sind die Patientenschulung mit Aufklärung über die Ursache der Erkrankung, das Erlernen von Übungen zur Vermeidung bzw. zur Verlangsamung der Entstehung einer steroidbedingten Osteoporose, das Erlernen der Einschätzung der Belastbarkeit und ggf. das Erlernen des Umgangs mit Sauerstoffinhalation und das Wissen um ungünstige Umgebungsbedingungen wie Höhenaufenthalte und Flugreisen. Ebenso sollten atemarbeitssparende und hustenreizreduzierende Atemtechniken erlernt werden. Bei fortgeschrittener Sarkoidose und bei Pneumokoniosen kann auch begleitend eine obstruktive Ventilationsstörung bestehen. Den kombinierten Ventilationsstörungen wird dann in der Atemphysiotherapie besondere Aufmerksamkeit geschenkt. Bei bestehender Insuffizienz der Atempumpe kann zusätzlich eine nichtinvasive Beatmung erforderlich sein und während der Rehabilitation eingewöhnt und trainiert werden. Für Patienten mit schon deutlicher Hypoxämie ist eine medizinische Rehabilitation in Höhenlagen (über 1.200 m) nicht zu empfehlen. Bei Patienten mit Mukoviszidose ist Seeklima in Anbetracht der solehaltigen Luft (hyperosmolares Aerosol im Bereich der Brandungszone) günstig.

Bei beeinträchtigtem Leistungsvermögen kann bei Versicherten mit einem vorhandenen Arbeitsplatz die stufenweise Wiedereingliederung in Frage kommen.

▪ Teilhabe am Arbeitsleben
Bei Verdacht auf das Vorliegen einer Pneumokoniose ist eine Meldung an die Berufsgenossenschaft vorzunehmen.

Entsprechend muss hier auch, wie bei allen anderen diffusen parenchymatösen Lungenerkrankungen, auf die Arbeitsplatzverhältnisse bei der Wiedereingliederung Rücksicht genommen werden. Hier bietet sich die Rücksprache mit den zuständigen Betriebsärzten an. Leistungen zur Teilhabe am Arbeitsleben können den Verbleib im Arbeitsleben unterstützen.

▪ Erwerbsminderung
Die Minderung der Erwerbsfähigkeit hängt im Wesentlichen von den Einschränkungen der Lungenfunktion ab, ebenso die Einschränkung der körperlichen Leistungsfähigkeit. Begleitende Lungenerkrankungen oder auch Folgeerkrankungen (wie z. B. Cor pulmonale, Tuberkulose, Spontanpneumothorax, Bronchialkarzinom und Stauungslunge bei Linksherzinsuffizienz) können ebenfalls zu erheblicher Einschränkung der Leistungsfähigkeit führen und müssen bei der Minderung der Erwerbsfähigkeit berücksichtigt werden. Darüber hinaus kann das verbleibende Leistungsvermögen durch Arbeitsbedingungen wie Wechselschicht, Nachtschicht, Nässe, Überstunden oder Umwelteinflüsse ungünstig beeinflusst werden.

15.2.4 Lungentuberkulose und andere infektiöse Lungenerkrankungen

Klassifikationen und Stadieneinteilungen

Die **Tuberkulose** ist eine meldepflichtige Infektionskrankheit, hervorgerufen durch Tröpfcheninfektion mit Mykobakterium tuberkulosis. In Deutschland werden ca. 6.000 neue Erkrankungsfälle pro Jahr registriert, entsprechend einer Erkrankungsrate von 7,3 auf 100.000 Einwohner. Der bestehende Trend zur Abnahme der Erkrankungshäufigkeit setzte sich in den vergangenen Jahren weiter fort. Die Erkrankungsrate bei in Deutschland lebenden Menschen mit Migrationshintergrund ist mehr als fünfmal so hoch. Ersterkrankungen, die früher häufig zur Erwerbsminderungsrente führten, sind Dank der erfolgreichen Chemotherapie und der konsequenten Behandlung meistens in spätestens neun bis zwölf Monaten ausgeheilt. Die Rezidivquote liegt unter 1 %. Komorbidität mit Alkoholabhängigkeit, AIDS, Infektionen und Reaktivierungen mit multiresistenten Keimen sowie mit atypischen Mykobakterien stellen vermehrte Anforderungen an die Behandlung, kommen aber nicht sehr häufig vor. Die Hospitalisierung beträgt in den meisten Fällen heute nur noch ein bis zwei Monate, kann allerdings bei Begleiterkrankungen (wie Diabetes mellitus, Lebererkrankungen, Arteriosklerose oder Alkoholabhängigkeit) auch länger dauern.

Üblicherweise wird heute ein Patient mit Lungentuberkulose nach vier Wochen in ambulante Behandlung unter Fortführung der Chemotherapie, radiologischer und Sputumkontrolle entlassen. Außer bei Patienten mit Fieber, Hämoptoen, radiologisch erkennbarem Fortschreiten der Erkrankung, bei Fortbestehen der Ausscheidung von Tuberkelbakterien trotz korrekter Chemotherapie sowie bei Patienten mit Zeichen einer respiratorischen Insuffizienz oder pulmonalen Hypertonie besteht längstens drei Wochen nach Entlassung aus der stationären Behandlung unter ambulanter Chemotherapie wieder Arbeitsfähigkeit.

Pneumonien sind entzündliche Erkrankungen des Lungenparenchyms mit Exsudation in das Alveolarlumen. Die Ursachen für Pneumonien sind vielfältig; es werden bakterielle, virale, mykoplasmatische und mykotische Pneumonien sowie Pneumonien durch chemische und physikalische Reize unterschieden. In der Regel haben sie einen akuten Beginn und heilen vollständig aus, sie können jedoch auch tödlich verlaufen oder selten einen chronischen Verlauf mit bleibendem Gewebeumbau und Funktionsverlust der Lunge nehmen.

In seltenen Fällen kann es auch zur Abszessbildung und zur Ausbildung von Kavitationen als Hinweis auf Nekrosebildung und Einschmelzung kommen. Dieses ist häufig bei Staphylokokken-, Klebsiellen-, Pseudomonas- und anaeroben Infektionen der Fall. Hier entscheidet der radiologische Verlauf über die verbleibenden strukturellen Schäden, wie z. B. Entwicklung von Pleuraverschwartungen. Dies ist insbesondere bei zusätzlich bestehendem Pleuraerguss bzw. bei der Entwicklung eines Pleuraempyems der Fall.

Spezifische krankheitsbedingte Beeinträchtigungen nach ICF

Die Tuberkulose ist nach dem Infektionsschutzgesetz eine meldepflichtige Erkrankung. Für die Personen, die beruflich in Schulen oder Kindergärten tätig sind oder auch beruflich Umgang mit Kindern und Jugendlichen haben, wird vom Gesundheitsamt ein Berufsausübungsverbot ausgesprochen. Dieses darf unter antituberkulöser Therapie frühestens nach drei Wochen aufgehoben werden. Hierzu gibt es Empfehlungen vom Deutschen Zentralkomitee zur Bekämpfung der Tuberkulose (DZK) und vom Robert-Koch-Institut (RKI).

Bei pneumonischen Erkrankungen ist im Akutstadium der Erkrankung Arbeitsunfähigkeit gegeben. Insbesondere bestehen Einschränkungen der Aktivitäten und der Teilhabe in allen Bereichen. Bei chronischen Stadien hängt die Beeinträchtigung im Wesentlichen von der Art der Begleiterkrankungen und dem Ausmaß einer Störung der Lungenfunktion ab.

Spezielle Diagnostik, Sachaufklärung

Die spezielle Diagnostik bei Tuberkulose besteht neben dem klinischen Bild und den Röntgenbefunden im mikrobiellen Nachweis von Tuberkelbakterien, der mikroskopisch, kulturell und im Nukleinsäure-Nachweistest mittels PCR durchgeführt wird. Nach Einleitung der antituberkulösen Therapie wird bis zur Sputumkonversion der bakteriologische Verlauf beobachtet und anschließend vorwiegend die radiologische Kontrolluntersuchung bzw. Lungenfunktionsdiagnostik zur Verlaufsbeobachtung herangezogen.

Krankheitsspezifische Begutachtungskriterien, Zielkriterien

Im Rahmen der Begutachtung werden die Beeinträchtigungen durch die Erkrankung und deren Folgeschäden beurteilt. Diese können sich sowohl im Sinne einer restriktiven als auch obstruktiven oder gemischten Ventilationsstörung äußern und zur respiratorischen Insuffizienz oder pulmonalen Hypertonie führen. Ebenso können Begleiterkrankungen, wie chronische Bronchitis, AIDS, alkoholbedingte Erkrankungen oder Reaktivierungen, aber auch geringe Compliance bei der Medikamenteneinnahme eine wesentliche Rolle bei der Begutachtung spielen. Häufig hängt der Schweregrad der Folgeschäden der Erkrankung von diesen zusätzlichen Faktoren ab.

Spezifische sozialmedizinische Beurteilung

■ Medizinische Rehabilitation

Rehabilitationsleistungen sind nur dann erforderlich, wenn durch eine abgelaufene Tuberkulose eine geschädigte Lunge, z. B. mit Bronchiektasen, chronischer Bronchitis oder auch anderen Begleiterkrankungen, besteht. Bei der Pneumonie liegt häufig – oft auch bei jüngeren Patienten – nach der klinischen Genesung eine zum Teil über Monate andauernde Leistungseinschränkung vor. Hier ist eine Rehabilitationsleistung indiziert mit dem Ziel, die körperliche Leistungsfähigkeit wieder gezielt aufzubauen.

■ Teilhabe am Arbeitsleben

Berufsfördernde Leistungen sind nur selten einzuleiten, können aber bei deutlich eingeschränkter Lungenfunktion, bei besonders staubbelasteten Arbeitsplätzen, wegen möglicher Begleiterkrankungen (z. B. chronische Bronchitis) oder bei besonders ungünstigen Arbeitsbedingungen (Wechselschicht, Nachtschicht, Nässe, Überstunden oder Umwelteinflüsse) erforderlich sein.

■ Erwerbsminderung

Das verbliebene Leistungsvermögen kann durch Lungenfunktionsuntersuchungen und spiroergometrische Belastungsuntersuchung erst nach Beendigung des akuten Krankheitsgeschehens und Abschluss der Teilhabeleistungen abschließend beurteilt werden. Die Leistungsfähigkeit hängt in erster Linie von der verbliebenen kardiopulmalen Funktion ab, wobei die Beurteilungskriterien denjenigen der nicht-tuberkulösen Lungenkrankheiten entsprechen.

15.2.5 Bronchialkarzinom, Lungen- metastasen und Pleuramesotheliom

Klassifikationen und Stadieneinteilungen

Die Bronchialkarzinome machen etwa 20 % aller Karzinome des Menschen aus. Die Ätiologie ist unterschiedlich. Nur etwa 2 % der Patienten mit Bronchialkarzinom sind lebenslange Nichtraucher. Den Hauptrisikofaktor für die Entstehung eines Bronchialkarzinoms stellt in mehr als 85 % der Fälle das Zigarettenrauchen in Abhängigkeit von Menge und Dauer dar. Das Risiko, an einem Bronchialkarzinom zu erkranken, nimmt ab dem Genuss von 20 Packyears Zigaretten deutlich zu. Ein Packyear entspricht dem Genuss von 20 Zigaretten pro Tag und Jahr. Etwa 8 % der Bronchialkarzinome entstehen durch Einfluss berufsbedingter Schadstoffe, wie z. B. Arsen, Asbest, Bis(chlormethyl)-Äther, Chrom, Teer, Senfgas, Nickel, ionisierende Strahlen. Die Latenzzeiten bis zur Entwicklung eines Bronchialkarzinoms betragen zwischen 3 und 30 Jahren. Aufgrund der häufigen Asbestexposition in den 60er und 70er Jahren wird mit einer deutlichen Zunahme

des Pleuramesothelioms in den nächsten zehn bis 15 Jahren zu rechnen sein.

Der am häufigsten vorkommende Tumor ist das Plattenepithelkarzinom mit 35 bis 40 % der bösartigen Lungentumoren. Bei ca. 25 % der Fälle liegt ein kleinzelliges Bronchialkarzinom vor, welches sich durch besonders kurze Tumorverdoppelungszeiten auszeichnet und häufig bei seiner Entdeckung schon Fernmetastasen gesetzt hat. Das Adenokarzinom tritt mit 15 % etwa gleich häufig wie das großzellige Karzinom auf. Bei dieser Tumorart dominieren die Frauen mit einem Verhältnis von 6 : 1.

Die klinische Symptomatik besteht in Abhängigkeit vom Tumorstadium in Husten, Atemnot, Gewichtsabnahme, Thoraxschmerz, Hämoptysen, Leistungsabfall und Heiserkeit. Die Diagnose wird durch Röntgenuntersuchung, Bronchoskopie und Biopsie gesichert. Die Prognose des Bronchialkarzinoms ist abhängig vom Tumortyp, Tumorstadium und der damit verbundenen Operabilität. Die Überlebensrate nach fünf Jahren beträgt etwa 5 %. Kleinzellige Bronchialkarzinome werden infolge der häufig schon bei Diagnosestellung vorhandenen Fernmetastasen zytostatisch behandelt. Bei dem nichtkleinzelligen Bronchialkarzinom ist häufig ein chirurgisches und strahlentherapeutisches Vorgehen indiziert. Die alleinige Strahlentherapie wird häufig als palliative Maßnahme eingesetzt. Als Folge der Strahlentherapie muss mit einer Strahlenpneumonitis der Restlunge gerechnet werden, die wiederum zu erheblicher Funktionseinschränkung führen kann.

Spezifische krankheitsbedingte Beeinträchtigungen nach ICF

Die Beeinträchtigungen durch Karzinome der Atmungsorgane können vielfältig sein. Husten, Auswurf, Hämoptoe und Atemnot führen zur Einschränkung der Mobilität und Kommunikation sowie zu Einschränkungen der Aufgaben und Anforderungen des täglichen und beruflichen Lebens. Häusliches Leben und interpersonelle Aktionen und Beziehungen können besonders durch die psychosozialen Probleme mit der Erkrankung und der meist infausten Prognose erheblich gestört sein. Nach Diagnosestellung und Therapieeinleitung fortgesetzter Nikotinkonsum verschlechtert als wesentlicher persönlicher Kontextfaktor die Prognose der Erkrankung erheblich.

Spezielle Diagnostik, Sachaufklärung

Eine spezielle Diagnostik wird vorwiegend im Rahmen der Primärdiagnosestellung und des Staging vorgenommen. Hier kann auch eventuell aufgrund der histologischen Untersuchung eine gewisse Sachaufklärung erfolgen, wobei häufig die ausführliche und vor allem berufliche Anamnese schon wegweisend sein kann. Das Ausmaß der Begleiterkrankungen hat ebenfalls einen nicht unerheblichen Einfluss auf das Ausmaß des verbleibenden Leistungsvermögens.

Krankheitsspezifische Begutachtungskriterien, Zielkriterien

Das Ausmaß der klinischen Symptomatik stellt neben dem Allgemeinbefinden ein wesentliches Begutachtungskriterium dar. Das Allgemeinbefinden wird in Deutschland nach dem KARNOFSKY-Index oder international häufig nach dem ECOG-Status (Eastern Cooperative Oncology Group Performance Status) beurteilt. Funktionseinschränkungen als Folge der Tumorerkrankung oder der Tumortherapie betreffen die kardiopulmonale Leistungsfähigkeit. Die Folgen einer Bestrahlungstherapie können als Strahlenpneumonitis eine fibrosierende Lungenerkrankung mit ausgeprägter restriktiver Ventilationsstörung nach sich ziehen. Dies kann eine reduzierte Thoraxbeweglichkeit und häufig auch schmerzinduzierte ausgeprägte Verspannungen der Rumpf- und Thoraxmuskulatur nach sich ziehen. Psychosoziale Probleme müssen ebenfalls in die Leistungsbeurteilung mit einbezogen werden (siehe auch ▶ Kap. 10).

Spezifische sozialmedizinische Beurteilung

▪ Medizinische Rehabilitation

Nach Operation, Bestrahlung oder antineoplastischer Therapie und bei erheblichen Funktionseinschränkungen körperlicher oder seelischer Art ist eine medizinische Rehabilitation indiziert. Eine Rehabilitationsleistung sollte erst nach abgeschlossener Akutbehandlung (Operation, Strahlentherapie) vorgenommen werden. Vielfach befinden sich die Patienten nach Abschluss der Primärtherapie in einem schlechten körperlichen und psychischen Zustand, der durch die Ermittlung des KARNOFSKY-Index objektiviert wird. Bereits während der Primärbehandlung ist zu überlegen, ob eine Anschlussrehabilitation (AHB) durchgeführt werden soll. Für die Rehabilitationsfähigkeit sind die perspektivische Überlebensdauer (Tumorprognose, Allgemeinzustand, KARNOFSKY-Index), ggf. die kardiopulmonale Leistungsbreite, das Alter und das Ausmaß der therapeutischen Intervention entscheidend. Neben der medikamentösen Therapie kommt der Atemtherapie sowie der psychischen und psychosozialen Beratung besondere Bedeutung zu.

Bei beeinträchtigtem Leistungsvermögen kann bei Versicherten mit einem vorhandenen Arbeitsplatz die stufenweise Wiedereingliederung in Frage kommen.

▪ Teilhabe am Arbeitsleben

Die Arbeitsunfähigkeit durch die Erkrankung kann – auch therapiebedingt – protrahiert bestehen und damit die Rückkehr an den Arbeitsplatz erschweren. In Abhängigkeit vom Ausmaß der bestehenden Störungen können Leistungen zur Teilhabe am Arbeitsleben (vgl. ▶ Kap. 1.1.2) sinnvoll sein.

▪ Erwerbsminderung

Die Beurteilung des Leistungsvermögens orientiert sich nicht in erster Linie an der malignen Diagnose, sondern an den erkrankungs- und therapiebedingten Beeinträchtigungen. In vielen Fallen liegt in Abhängigkeit von Tumorstadium und Ausprägung vorhandener Funktionsstörungen eine Einschränkung der Leistungsfähigkeit vor.

15.2.6 Folgen operativer Eingriffe inklusive Lungentransplantation

Thoraxchirurgische Eingriffe können diagnostische oder therapeutische Gründe haben. Immer bedeuten sie aber die Verletzung der Integrität der Thoraxwand und der Pleura parietalis oder der Pleura visceralis sowie des Lungengewebes. Die Resektion von Lungengewebe kann in unterschiedlicher Ausdehnung als Keil- oder Segmentresektion, Lobektomie oder Pneumonektomie notwendig sein. Die Lungentransplantation wird als Einzellungen- oder Doppellungentransplantation mit oder ohne gleichzeitige Herztransplantation vorgenommen.

Diese Beeinträchtigungen hängen wesentlich vom Ausmaß des Funktionsverlustes ab. Postoperativ ist in jedem Fall, sei es durch Segmentresektion, Lobektomie oder Pneumonektomie, mit einer Funktionseinbuße zu rechnen, die nicht nur durch den Verlust des reduzierten Lungenparenchyms bestimmt wird, sondern auch durch die sich postoperativ entwickelnden narbigen Veränderungen der Pleura und der Thoraxwandmuskulatur. Schmerzen und Atemnot in Ruhe oder unter Belastung können die Folge sein. Dementsprechend kann die Mobilität eingeschränkt sein. Nach einer Lungentransplantation kommt es infolge der erforderlichen Immunsuppression zur Vermeidung der Abstoßungsreaktion gehäuft zu Infekten. Häufiger auftretende akute Abstoßungsreaktionen können die Langzeitergebnisse hinsichtlich Lebensqualität und Letalität erheblich beeinflussen.

Das Ausmaß der Einschränkung der Lungenfunktion kann durch die lungenfunktionsdiagnostischen Methoden wie Spirometrie, Ganzkörperplethysmografie und Blutgasanalyse in Ruhe und unter Belastung ermittelt werden. Wegen der ausgeprägten und langanhaltenden Schmerzsymptomatik nach thoraxchirurgischen Eingriffen sollte eine abschließende Beurteilung der funktionellen Veränderungen frühestens ein Jahr nach Abschluss der Operation vorgenommen werden. Zur Beurteilung des klinischen Schweregrades einer nach Lungentransplantation sich entwickelnden Bronchiolitis obliterans wird neben der progredienten Atemnot die Ein-Sekundenkapazität (FEV_1) und ihre Veränderung gegenüber dem Ausgangswert beurteilt.

■ Spezifische sozialmedizinische Beurteilung

Nach größeren Eingriffen, wie Lobektomie oder Pneumonektomie, aber auch nach Lungentransplantation, ist eine Anschlussrehabilitation (AHB) sinnvoll. Neben der medikamentösen Therapie bedarf die physikalische Atemtherapie besonderer Beachtung mit frühzeitigem postoperativen Beginn noch im Akutkrankenhaus und Fortsetzung und Intensivierung in einer pneumologischen Rehabilitationseinrichtung. Die medizinische Rehabilitation umfasst ferner physikalische Schmerztherapie (Narbenschmerz, Verspannungen, Par- und Dysästhesien), Prophylaxe der Deformierung des Thorax durch schrumpfenden Fibrothorax, Prophylaxe reaktiver Wirbelsäulendeformation, Atemgymnastik durch Ökonomisierung von Atemtechnik und Hustendynamik, dosierte körperliche Belastung und konditionierende Trainings- und Bewegungstherapie. Insbesondere bei Tumorkranken ist eine psycho-soziale Betreuung wichtig.

Eine stufenweise Wiedereingliederung bietet sich als Einstieg in das Arbeitsleben nach erfolgreicher Rehabilitation an. Nach Pneumonektomie kann meist nur noch leichte körperliche Arbeit verrichtet werden. Es entwickelt sich bei etwa 60 % der Patienten ein Cor pulmonale. Nach Lobektomie ist in der Regel die quantitative Leistungsfähigkeit nicht beeinträchtigt, allerdings entwickeln auch hier etwa 20 % der Patienten innerhalb von 10 Jahren ein Cor pulmonale, insbesondere, wenn eine entsprechende Vorschädigung der übrigen Lunge bestanden hat. Nach Lungentransplantation muss auf jeden Fall auf die hohe Infektanfälligkeit Rücksicht genommen werden. Die kardiopulmonale Funktionsdiagnostik lässt die Beurteilung der Schwere der Arbeit zu, wobei in den meisten Fällen nur noch leichte körperliche Arbeit möglich sein wird.

15.2.7 Schlafbezogene Atmungsstörungen

Die schlafbezogenen Atmungsstörungen werden nach der Internationalen Klassifikation der Schlafstörungen (ICSD-2) eingeteilt in zentrale Schlafapnoesyndrome, obstruktive Schlafapnoesyndrome, schlafbezogene Hypoventilations-/Hypoxämie-Syndrome und schlafbezogene Hypoventilation/Hypoxämie durch körperliche Erkrankungen.

Eine komplette Obstruktion der oberen Atemwege wird bei einer Dauer von mehr als 10 Sekunden als Apnoe definiert. Die Anzahl der während einer Stunde Schlaf auftretenden Apnoen und Hypopnoen wird als Apnoe-Hypopnoe-Index (AHI) bezeichnet. Verbunden mit den rezidivierend auftretenden Apnoen und den da-

mit einhergehenden O_2-Desaturationen kommt es bei Terminierung der Apnoe zu einer im EEG registrierbaren Mikroarousal-Reaktion. Die Diagnosesicherung erfolgt durch polysomnografische Erfassung des Funktionszustandes des zentralen Nervensystems, der Atmung und der Herzkreislaufparameter mittels Ableitung von EEG, EOG, EMG, Atemfluss, Atemanstrengung, Sauerstoffsättigung und EKG im Schlaflabor während des Nachtschlafes. Die Kriterien der Schweregrade sind wie folgt definiert:

- Leicht, verbunden mit leichter Schläfrigkeit am Tage oder leichter Insomie. Der größte Teil der habituellen Schlafperiode ist frei von respiratorischen Störungen. Die Apnoeepisoden sind verbunden mit geringer Sauerstoffentsättigung oder gutartigen kardialen Arrythmien.
- Mittel, verbunden mit mittelschwerer Schläfrigkeit oder mittelschwerer Insomnie. Kann verbunden sein mit mäßiger Sauerstoffentsättigung oder geringen kardialen Arrythmien.
- Schwer, verbunden mit schwerer Schläfrigkeit am Tage oder schwerer Insomnie. Der größte Teil der habituellen Schlafperioden zeigt respiratorische Störungen, schwere Sauerstoffentsättigung und mäßige bis schwere kardiale Arrythmien. Es können Anzeichen vorliegen von damit verbundenem kardialen oder pulmonalen Versagen.

Als Folge der schlafbezogenen Atmungsstörung können Störungen der Funktion des Schlafes, des Bewusstseins, der psychischen Energie und des Antriebs, der Aufmerksamkeit, des Gedächtnisses und höherer kognitiver Funktionen und die Störung der bewussten sinnlichen Wahrnehmung sowie des Herz-Kreislaufsystems vorkommen. Hierdurch ergibt sich die Einschränkung vielfältiger Aktivitäten und Teilhabe, wie Lernen und Wissensanwendung, das Übernehmen allgemeiner Aufgaben und Anforderungen, die Einschränkung der Kommunikation, des häuslichen Lebens und vor allem der allgemeinen interpersonellen Interaktionen und der Rückzug aus dem Gemeinschaftsleben.

Die schlafmedizinische Anamnese mit dem Einsatz der Epworth-Sleepiness-Scale sowie eine polysomnografische Untersuchung und ggf. der Einsatz des multiplen Schlaflatenztests (MSLT) oder Multiplen Wachbleibetests (MWT) sind nicht nur diagnoseweisend, sondern dienen auch der Festlegung des Schweregrades der Erkrankung. Normalerweise besteht die Therapie in der nasalen Überdruckbeatmung (n-CPAP), wodurch eine hohe Erfolgsrate von mehr als 80 % erreicht wird. Allerdings sollte bei Durchführung der Therapie auch die Compliance der Anwendung dieser nächtlichen Beatmungstherapie berücksichtigt werden. Objektivieren lässt sich diese durch den Nachweis von Gebrauchsstunden, die im Gerät registriert werden. Zielkriterium ist neben der Anzahl der Apnoen und dem Ausmaß der Entsättigungen auch die Einschränkung der Vigilanz am Tage. Dieses kann mit dem MSLT oder MWT oder anderen einfachen Vigilanz-Tests ermittelt werden.

- **Spezifische sozialmedizinische Beurteilung**

Durch die therapeutischen Maßnahmen (insbesondere die nasale CPAP-Therapie) kann die körperliche und geistige Leistungsfähigkeit rasch und nachhaltig gebessert werden, sodass häufig eine Erwerbsminderungsrente vermieden werden kann. Bei schon manifesten Folgeschäden oder Begleiterkrankungen bestimmen diese im Wesentlichen das verbliebene Leistungsvermögen. Die nasale Überdruckbeatmung ist nicht nur eine sehr effektive, sondern auch zumutbare Therapie. Bei Problemen mit der Akzeptanz der Therapie kann in Einzelfällen im Rahmen von Rehabilitationsleistungen versucht werden, diese mit langsamer Gewöhnung an das Tragen der Maske und eventuell psychotherapeutischer Intervention zu verbessern. Bei der häufig als Risikofaktor bestehenden Adipositas ist eine Umstellung der Ernährung dringend indiziert und kann während der Rehabilitationsleistung initiiert werden unter Begleitung entsprechender ernährungsmedizinischer Schulungsmaßnahmen.

Patienten mit schlafbezogenen Atmungsstörungen sollten auch unter der Therapie in Nachtschichten nicht mehr eingesetzt werden, da der durch die Therapie wiedererlangte zirkadiane Rhythmus hierdurch erneut gestört wird. Besteht trotz ausreichender CPAP-Therapie die Tagesmüdigkeit fort, sind andere Ursachen hierfür ausgeschlossen und bestätigen dies entsprechende Vigilanz- und Leistungstests, sind Tätigkeiten mit besonderen Anforderungen an die Aufmerksamkeit und Reaktionsfähigkeit und mit einer möglichen Eigen- und Fremdgefährdung risikoreich und sollten nicht mehr ausgeführt werden. Hier sind neben dem Führen von Fahrzeugen oder Baumaschinen das Bedienen von anderen Maschinen, Überwachungs- und Kontrolltätigkeiten sowie Arbeiten mit Absturzgefahr zu nennen. Für Berufskraftfahrer, insbesondere mit Personenbeförderung, ist nach erfolgreicher Therapieeinleitung eine engmaschige regelmäßige Kontrolle in ein- bzw. halbjährigen Abständen zu fordern.

Literatur

1   Borg GA: Psychophysical bases of perceived exertion. Med Sci Sports Exerc 14: 377–381, 1982

2   Deutsche Gesellschaft für Pneumologie: Empfehlungen zur Durchführung und Bewertung von Belastungsuntersuchungen in der Pneumologie. Pneumologie 52: 225–231, 1998

3   Deutsche Rentenversicherung: Leitlinien für die sozialmedizinische Begutachtung – Rehabilitationsbedürftigkeit bei Krankheiten der Atmungsorgane. Deutsche Rentenversicherung Bund (Hrsg.). Berlin, Januar 2010. www.deutsche-rentenversicherung.de

4   Deutsche Rentenversicherung: Leitlinien für die sozialmedizinische Begutachtung – Leistungsfähigkeit bei chronisch obstruktiver Lungenkrankheit (COPD) und Asthma bronchiale. Deutsche Rentenversicherung Bund (Hrsg.). Berlin, Januar 2010. www.deutsche-rentenversicherung.de oder www.awmf.org

5   Deutsche Rentenversicherung: Rentenzugang 2009 – Statistik der Deutschen Rentenversicherung, Band 178. Deutsche Rentenversicherung Bund (Hrsg.). Berlin, Juli 2010

6   Fischer J, Schmidt K: Obstruktive Lungenkrankheiten, in: Bundesarbeitsgemeinschaft für Rehabilitation (Hrsg.) Rehabilitation und Teilhabe. Deutscher Ärzte-Verlag, Köln 2005

7   Fischer J, Schnabel M, Sitter H: Rehabilitation von Patienten mit chronisch obstruktiver Lungenerkrankung (COPD). Pneumologie 61: 233–248, 2007

8   Fritsch J, Schwarz S: Ergospirometrie in der Begutachtung. Atemw-Lungenkrkh 25: 117–137, 1999

9   Global Initiative for Asthma (GINA). Global Strategy for Asthma Management and Prevention. Update 2009. www.ginasthma.org

10   Hermann C, Buss U, Snaith RP: Hospital Anxiety and Depression Scale – Deutsche Version: Ein Fragebogen zur Erfassung von Angst und Depressivität in der somatischen Medizin, Testdokumentation und Handanweisung. Bern: Huber, 1995

11   Kronenberger H, Fischer J: Restriktive Lungenkrankheiten, in: Bundesarbeitsgemeinschaft für Rehabilitation (Hrsg.) Rehabilitation und Teilhabe. Deutscher Ärzte-Verlag, Köln, 2005

12   Matthys H, Seeger W (Hrsg.): Klinische Pneumologie. Springer Medizin Verlag, Heidelberg, 2008

13   Mayer G, Fietze I, Fischer J, Penzel T, Riemann D, Rodenbeck A, Sitter H, Teschler H (Hrsg.): S3-Leitlinie »Nicht erholsamer Schlaf«, Somnologie 13 (Suppl. 1), 2009

14   Nationale VersorgungsLeitlinie, Asthma: www.asthma.versorgungsleitlinie.de, 2010

15   Nationale VersorgungsLeitlinie, COPD: www.copd.versorgungsleitlinie.de, 2008

16   Nowak D, Kroidl RF (Hrsg.): Bewertung und Begutachtung in der Pneumologie. Stuttgart; New York: Thieme, 2009

17   Quanjer P et al: Standardized lung function testing. European Community for Coal and Steel. Eur Respir J 6 (Suppl. 16), 1993

18   Raschke F, Fischer J: Schlafbezogene Atmungsstörungen, in: Bundesarbeitsgemeinschaft für Rehabilitation (Hrsg.): Rehabilitation und Teilhabe. Deutscher Ärzte-Verlag, Köln, 2005

19   Rühle KH, Fischer J, Matthys H: Sollwerte für die Spiro-Ergometrie. Atemw-Lungenkrkh 9: 157–173, 1983

20   Rühle KH: Praxisleitfaden der Spiroergometrie. Stuttgart; Berlin; Köln: Kohlhammer, 2008

21   Seifert U, Fischer J: Bronchial- und Lungentumore, in: Bundesarbeitsgemeinschaft für Rehabilitation (Hrsg.): Rehabilitation und Teilhabe. Deutscher Ärzte-Verlag, Köln, 2005

Krankheiten des Verdauungssystems

Christoph Reichel, Eberhard Zillessen (16.1, 16.2.1–2, 16.2.4–5);
Gerd Oehler (16.2.3)

16.1 Allgemeines

Christoph Reichel, Eberhard Zillessen

16.1.1 Sozialmedizinische Bedeutung

Bei den Rentenzugängen wegen verminderter Erwerbsfähigkeit sind im Jahr 2009 nicht-maligne Krankheiten des Verdauungssystems (ICD-10 K00–93) mit 1,9 % und bösartige Krankheiten der Verdauungsorgane (ICD-10 C15–26) mit 3,0 % beteiligt. Die am häufigsten vertretenen Diagnosen sind Rektum-Karzinom (C20), alkoholische Leberkrankheit (K70), Kolon-Karzinom (C18), gefolgt von Magen-Karzinom (C16), Pankreas-Karzinom (C25), Leber-Fibrose und Zirrhose (K74) und Morbus CROHN (CROHN-Krankheit, K50) ([13], ☐ Tab. 16.1).

Bei stationären Leistungen zur medizinischen Rehabilitation sind im Jahr 2009 nicht-maligne Krankheiten des Verdauungssystems (ICD-10 K00–93) mit 1,3 % und bösartige Krankheiten der Verdauungsorgane (ICD-10 C15–26) mit 3,2 % beteiligt. Im Bereich der medizinischen Rehabilitation sind die am häufigsten vertretenen Diagnosen bösartige Neubildungen von Kolon (C18), Rektum (C20) und Magen (C16), gefolgt von Morbus CROHN (K50), bösartigen Neubildungen des Pankreas (C25), Divertikulose (K57) und Colitis ulcerosa (K51) ([12], ☐ Tab. 16.1). Ambulante Rehabilitationsleistungen werden bei gastroenterologischen Krankheiten nur wenig in Anspruch genommen.

Eine zunehmende Bedeutung in der sozialmedizinischen Begutachtung weist die Gruppe der Patienten mit Funktionsstörungen des Verdauungssystems als Folge von therapeutischen Maßnahmen im Bereich des Gastrointestinaltraktes z. B. bei onkologisch erkrankten Patienten auf. Da sich diese Entwicklung in den ICD-basierten Zahlen, die häufig nur die Erstdiagnose wiedergeben, nicht abbildet, ist es erstrebenswert, dass die derzeitige Diagnosenverschlüsselung durch eine an funktionellen Beeinträchtigungen orientierte – ICF-basierte – Verschlüsselung ergänzt wird. Art und Ausmaß der funktionellen Beeinträchtigungen des Gastrointestinaltraktes könnten so besser abgebildet und die tatsächliche Bedeutung gastroenterologischer Expertise in der Sozialmedizin besser beurteilt werden.

16.1.2 Spezifische krankheitsbedingte Beeinträchtigungen nach ICF

Die Internationale Klassifikation der Funktionsfähigkeit, Behinderung und Gesundheit (ICF) stellt eine einheitliche Sprache für sozialmedizinische Fragestellungen dar. Im ICF-Kapitel »Mit dem Verdauungs-, Stoffwechsel und endokrinen System in Zusammenhang stehende Strukturen« werden die Strukturen der Speiseröhre, des Magens, des Darms (Dünn-, Dick- und Enddarm) sowie die Strukturen von Bauchspeicheldrüse, Leber und Gallenwegen aufgeführt. An Körperfunktionen werden Nahrungsaufnahme, Verdauungsfunktionen, Nahrungsmittelassimilation, Defäkationsfunktionen, Aufrechterhaltung des Körpergewichtes und die mit dem Verdauungssystem verbundenen Empfindungen aufgelistet [46]. Der Einsatz von ICF-basierten Assessmentinstrumenten zur transparenten Beurteilung und umfassenden Dokumentation von Funktionen des Verdauungstraktes befindet sich erst im Aufbau. Wesentliche Impulse zur Vereinheitlichung der Beurteilung von Funktionen des Verdauungstraktes auf der Basis der ICF gehen zurzeit von der gastroenterologischen Rehabilitationsmedizin aus und werden die Bedeutung dieses Faches betonen.

Für chronisch entzündliche Darmkrankheiten wird derzeit ein Core Set entwickelt [17, 29]. Auf der Basis dieser Core Set-Entwicklung könnte die Entwicklung diagnosespezifischer Assessmentinstrumente zu den einzelnen ICF-Domänen wie Aktivitäten und Partizipation vorangetrieben werden.

16.1.3 Diagnostik

Neben der häufig notwendigen Komplettierung der gastroenterologischen Diagnostik kommt der physikalisch-rehabilitativen sowie der berufsbezogenen Leistungsdiagnostik (z. B. Assessmentverfahren) bei sozialmedizinischen Fragestellungen eine zunehmende Bedeutung zu [43].

Eine sozialmedizinisch vollständige Diagnostik wird sich an den international anerkannten Diagnoseleitlinien und den Begutachtungskriterien (▶ Kap. 16.1.4) orientieren. Leitliniengerechte Diagnostik und Therapie dienen der Qualitätssicherung von klinischer Behandlung und sozialmedizinischer Begutachtung und damit dem Gleichbehandlungsgrundsatz.

So sollten neben einer genauen Erhebung des Schweregrades der Erkrankung möglichst anhand von allgemein in der Gastroenterologie anerkannten transparenten und nachvollziehbaren Scores [CHILD PUGH Score, Model of Endstage Liver Disease Score (MELD) oder CROHN's Disease Activity Index (CDAI)] auch die Ergebnisse von weitergehenden diagnostischen Verfahren zur Sicherung der Diagnose – wie zum Beispiel von endoskopischen Verfahren – für den Gutachter zugänglich sein. Ebenso sind Informationen über Therapien und deren Erfolg eine wichtige Voraussetzung für die Beurteilung von krankheitsbedingten Funktionseinschränkungen. Allerdings muss berücksichtigt werden, dass die derzeit verwendeten

◻ Tab. 16.1 Stationäre Leistungen zur medizinischen Rehabilitation und Erwerbsminderungsrenten bei Krankheiten des Verdauungssystems, Deutsche Rentenversicherung, 2009

ICD-10-Nr.	Diagnose		Stationäre Leistungen zur medizinischen Rehabilitation		Erwerbsminderungs-renten	
			Frauen	Männer	Frauen	Männer
C15–26	**Bösartige Neubildungen der Verdauungsorgane**		**12.379**	**14.263**	**1.740**	**3.334**
C16	davon:	Magen	1.674	2.377	309	580
C18		Kolon	5.365	4.973	422	623
C20		Rektum	2.504	3.491	357	764
C25		Pankreas	970	796	269	412
K00–93	**(Nicht-maligne) Krankheiten des Verdauungssystems**		**5.083**	**5.462**	**1.216**	**2.066**
K50	davon:	CROHN-Krankheit	1.303	927	263	153
K51		Colitis ulcerosa	784	880	99	106
K57		Divertikulose	804	885	37	58
K70		Alkoholische Leberkrankheit	69	156	252	820
K74		Leber-Fibrose und Zirrhose	117	123	157	263
K86		Sonstige Pankreas-Krankheiten	178	553	65	206
C15–26 + K00–93	**Summe Krankheiten des Verdauungssystems**		**17.462**	**19.725**	**2.956**	**5.400**
			37.187		8.356	
A00–Z99	**Summe aller Indikationen**		410.513	419.309	80.702	90.427
			829.822		171.129	

* Ambulante Rehabilitationsleistungen werden bei gastroenterologischen Krankheiten nur wenig in Anspruch genommen.
Quelle: Deutsche Rentenversicherung – Statistik; Rentenzugang [13], Rehabilitation [12]

Scores zwar eine aktuelle Einschätzung der Erkrankungsaktivität ermöglichen, aber nur bedingt für die Bearbeitung sozialmedizinischer Fragestellungen einsetzbar sind. Analysen der im CDAI verwendeten Parameter zum Beispiel zeigen, dass im Wesentlichen Körperfunktionen und -strukturen, im geringen Maße auch Umweltfaktoren, berücksichtigt werden.

Für die sozialmedizinische Beurteilung können Assessmentverfahren eingesetzt werden, die der standardisierten Erhebung wichtiger Komponenten wie Aktivitäten und Partizipation des Erkrankten dienen [z.B. »Arbeitsbezogenes Verhaltens- und Erlebensmuster« (AVEM)]. Dabei werden auch personbezogene Faktoren berücksichtigt. Derartige Verfahren finden in der Gastroenterologie, z.B. bei Personen mit Morbus CROHN, zunehmend Eingang [21, 32]. Zur Verwendbarkeit von Fragebögen in der sozialmedizinischen Begutachtung siehe auch ▶ Kap. 27.2.

16.1.4 Begutachtungskriterien

Die zur sozialmedizinischen Beurteilung herangezogenen Begutachtungskriterien sind die Grundlage, um die Auswirkungen gastroenterologischer Erkrankungen auf die Leistungsfähigkeit differenziert einzuschätzen. Folgende Merkmalsbereiche können zur Einschätzung der krankheitsbedingt zu erwartenden Einschränkung der Leistungsfähigkeit herangezogen werden:

1. Der objektiv feststellbare Krankheitsschweregrad (z.B. Entzündungsausmaß und -intensität, Organfunktionsminderung)
2. Das subjektiv angegebene Beschwerdeausmaß (z.B. Mattigkeit, Schmerzen, Durchfall)
3. Zusätzliche Krankheitskomplikationen (z.B. Ösophagusvarizen bei Leberzirrhose, Skleritis bei chronisch entzündlicher Darmkrankheit)
4. Krankheitsverarbeitung (z.B. negative Selbstwirksamkeitsüberzeugung).

◘ Tab. 16.2 Vier Krankheitsmerkmalsbereiche in unterschiedlicher Ausprägung bei Leberzirrhose				
	Krankheitsschwere (Scores)	**Subjektive Beschwerden (HADS)**	**Komplikation**	**Arbeitsbezogenes Coping**
keine/leicht	Child A MELD < 9 Punkte	-	z. B. Schluckstörung nach Varizenligatur	
mittel	Child B MELD ≥ 9, < 15 Punkte	leichte depressive Verstimmung und/oder Ängstlichkeit	latente Enzephalopathie (psychometrische Messung)	Risikoverhaltensmuster nach AVEM
schwer	Child B plus weitere Risikofaktoren MELD ≥ 15 Punkte	ausgeprägte depressive Verstimmung und/oder Ängstlichkeit		Risikoverhaltensmuster nach AVEM

HADS: Hospital Anxiety and Depression Scale
AVEM: Arbeitsbezogenes Verhaltens- und Erlebensmuster [21]
Child: CHILD PUGH Klassifikation
MELD: Model for Endstage Liver Disease
Modifiziert nach Tittor und Lux [44]

Neben den aufgeführten Krankheitsmerkmalsbereichen muss bei der Begutachtung deren individuelle Ausprägung berücksichtigt werden. Dies kann je nach Erkrankung rein deskriptiv, aber auch mittels standardisierter Assessment-Verfahren oder unter Verwendung von Aktivitätsscores erfolgen. ◘ Tab. 16.2 beschreibt dieses Vorgehen exemplarisch für die Situation bei der Beurteilung von Patienten mit Leberzirrhose. Auf der Grundlage dieser Vorgehensweise wurde die Pilotversion eines computergestützen Leistungsfähigkeitsmodells bzw. Expertensystems (DataEngine ADL 2.2.1998 [44]) entwickelt. Exemplarisch konnte dabei gezeigt werden, dass vermeintlich komplizierte gutachterliche und häufig intransparente Beurteilungen prinzipiell standardisiert werden können. Allerdings hat sich das Instrument in dieser Form noch nicht als praxistauglich erwiesen.

In der Praxis werden routinemäßig folgende Begutachtungskriterien herangezogen:

Mit dem Verdauungssystem verbundene Empfindungen. Aufstoßen, Sodbrennen, Völlegefühl, Übelkeit, Erbrechen, ein unangenehmer Druck oder Schmerzen im Epigastrium sind Symptome des oberen Verdauungstraktes. Sie werden von 20–30 % der Bevölkerung zeitweilig geklagt und erlauben keinen Rückschluss auf die Grunderkrankung. Kurzzeitige oder gelegentliche Beschwerden werden symptomatisch behandelt. Alarmsymptome wie starke Schmerzen, wiederholtes Erbrechen, Blutungszeichen oder Gewichtsabnahme erfordern eine weitere Abklärung. Für die sozialmedizinische Beurteilung sind Ursache, Dauer, Auslöser und Therapierbarkeit maßgebend. Je nach Auslösemechanismus dyspeptischer Beschwerden kann die physische oder psychische Belastbarkeit eingeschränkt sein. Eine mangelnde Belastbarkeit für Stress und für lange oder unregelmäßige Arbeitszeiten ist zu prüfen. Zwanghaftes Aufstoßen kann die Eignung für Publikumsverkehr einschränken.

Durchfall. Eine Diarrhö besteht, wenn zwei der drei folgenden Kriterien erfüllt sind: Stuhlfrequenz > 3/d, Stuhlgewicht > 200 g/d, Konsistenz ungeformt wässrig. Dies lässt sich durch eine Stuhlvisite objektivieren und durch die Messung von Stuhlgewicht und Stuhlfett ergänzen. Defizite von Spurenelementen, Vitaminen oder Elektrolyten kennzeichnen eine Malabsorption. Entzündungszeichen (Fieber, Blut- oder Schleimbeimengung, BSG, Blutbild, Serumeisen, Akutphase-Proteine) beschreiben die Aktivität einer entzündlichen Diarrhö. Durchfall ist nicht selten eine Folge postoperativer Veränderungen, vgl. ◘ Tab. 16.3. Angaben zur Stuhlfrequenz, Stuhlbeschaffenheit und Stuhlkonsistenz allein sind sozialmedizinisch unzureichend. Die Symptomatik ist im Hinblick auf Aktivitätseinschränkungen funktionsbezogen zu hinterfragen nach Tagesrhythmus, Störung der Nachtruhe, Vorhersagbarkeit, imperativem Stuhldrang, Unterdrückbarkeit der Defäkation, Flatulenz, störenden Darmgeräuschen, Schwäche- oder Schwindelzuständen, Auslösemomenten (z. B. Angst, Stress, Nahrungsmittel) und Dauer sowie nach einer Kombination mit den anderen hier beschriebenen Leitsymptomen [48]. Aktivitäts- und Teilhabeeinschränkungen können sich durch die Notwendigkeit ergeben, jederzeit schnell eine freie Toilette zu erreichen, was bei einer kontinuierlichen Präsenzpflicht (beispielsweise als Aufsichtsperson) oder bei Publikumsverkehr problematisch wäre.

Stuhlinkontinenz. Sie ist selbst in der Sprechstunde des Gastroenterologen das »heimliche Symptom«. Nach un-

◻ Tab. 16.3 Ursachen postoperativer Durchfälle

Operation	Pathophysiologie	Nachweis	Therapie	Prognose
Vagotomie mit Drainage-OP	*Sturzentleerung* des Magens	klinisch, evtl. röntgenologisch	häufige kleine Mahlzeiten	Besserungstendenz, Verhaltensanpassung
Magenresektion, Gastrektomie	*Früh-Dumping* infolge zu rascher Magen-Dünndarm-Passage	klinisch	häufige kleine Mahlzeiten, evtl. Umwandlungs-OP	meist gut behandelbar. Neigung zu Tachykardien und Kollaps kann bleiben
	Blind loop mit bakterieller Überwucherung	H_2-Atemtest	antibiotische Therapie	Rezidivneigung bei i. d. R. erneutem Ansprechen
	Maldigestion infolge Pankreasinsuffizienz durch aufgehobene Duodenalpassage	Steatorrhö	häufige kleine Mahlzeiten, Fermentsubstitution	oft gut behandelbar, Untergewicht und Schwäche können bleiben
Pankreasresektion	*Maldigestion* infolge Pankreasinsuffizienz, evtl. verstärkt durch aufgehobene Duodenalpassage	Pankreas-Elastase im Stuhl, evtl. Funktionsteste	Fermentsubstitution	unter Dauerbehandlung meist gut kupierbar. Oft ist die Alkoholkarenz entscheidend.
Kurzdarmsyndrom	*Malabsorption* bei Resektion von 70–80 % oder von spezialisierten Dünndarmanteilen	Anamnese, OP-Bericht	je nach Ausmaß Kost, Magensäureblockade, MCT-Fette, Pankreatin u. a., ggf. dauerhafte parenterale Ernährung	Besserung binnen zwei Jahren ist noch möglich. Leistungsvermögen oft dauerhaft eingeschränkt.
Resektion von terminalem Ileum, Valvula BAUHINI, Zökum	*Gallensäurenverlust-Syndrom* durch mangelnde Rückresorption	ex juvantibus, evtl. Steatorrhönachweis	Colestyramin, bei Steatorrhö MCT-Fette	unter Dauerbehandlung meist gut kupierbar
Hemikolektomie rechts	*Bakterielle Dünndarmüberwucherung* infolge Wegfall der Barriere mit Motilitätsstörung	H_2-Atemtest	antibiotische Therapie	Rezidivneigung bei i. d. R. erneutem Ansprechen
Kolektomie	*Ausfall der Kolonfunktion* mit Ileostoma oder ileoanalem Pouch	Anamnese, OP-Bericht, Endoskopie bei V. a. Pouchitis	Kost, Versuch mit Loperamid, medikamentöse Therapie der Pouchitis	Besserungstendenz im ersten postoperativen Jahr. Die Stuhlmenge bleibt aber vermehrt.

willkürlichen Stuhlabgängen oder Schmieren muss man routinemäßig fragen. Eine strukturierte Inkontinenzanamnese z. B. nach KELLER und JOSTARNDT ist zur Quantifizierung hilfreich, vgl. ◻ Tab. 16.4. Untersuchungsziele sind die Klärung der Pathophysiologie und der ursächlichen Krankheiten, um mögliche Behandlungsansätze zu finden [37]. Über die bei Durchfall beschriebenen Aktivitätseinschränkungen hinaus scheiden bei Stuhlinkontinenz schwere körperliche Arbeiten mit häufigem Bücken, Heben oder Tragen von Lasten aus. Sowohl der eingeschränkte Aktionsradius als auch das häufig vorhandene Schamgefühl verursachen eine Partizipationsstörung.

Bauchschmerz. Bauchschmerzen sind häufig inkonstant und bei der Untersuchung nicht reproduzierbar. Sie erfordern eine exakte Anamnese und den Versuch, die subjektiven Beschwerden mit den objektiven Befunden in Einklang zu bringen, vgl. ▶ Kap. 26. Schmerzskalen können dabei hilfreich sein. Eine konsequente Schmerztherapie ist bei der chronischen Pankreatitis, beim Morbus CROHN und beim Tumorschmerz zu fordern. Schwere oder Überkopfarbeit, Belastbarkeit für Stress oder Schichtarbeit können eingeschränkt sein. Nicht selten ist durch chronisch rezidivierenden Bauchschmerz die berufliche Belastbarkeit quantitativ begrenzt.

Gewichtsabnahme, Untergewicht, Schwäche. Das Körpergewicht in Relation zur Größe lässt sich mit dem Body-Mass-Index (BMI, kg/m^2), die körperliche Belastbarkeit mit der Ergometrie (Puls-Watt-Kapazität, PWC) quantifizieren. Wichtiger als das aktuelle Gewicht ist sein Verlauf. Bei Untergewicht ist zu klären, ob eine mangeln-

◘ Tab. 16.4 Graduierung der Stuhlinkontinenz

Symptom	0 Punkte	1 Punkt	2 Punkte
Stuhlfrequenz	> 3 pro Tag	2–3 pro Tag	0–1 pro Tag
Stuhlkonsistenz	überwiegend flüssig	überwiegend breiig	überwiegend fest
Stuhldrangregistrierung	regelhaft nicht oder zu spät	unsicher	immer rechtzeitig und sicher
Warnungsperiode	gar nicht	Sekunden	Minuten
Diskrimination (Luft, flüssig, fest)	gar nicht	unsicher	sicher
Pflegebedarf (Salben, Vorlagen)	ständig	gelegentlich	nein
Symptom	**0 Punkte**	**3 Punkte**	**6 Punkte**
Stuhlschmieren	ständig	gelegentlich	nein
Inkontinenz f. Winde	ständig	gelegentlich	nein
Inkontinenz f. dünnen Stuhl	ständig	gelegentlich	nein
Inkontinenz f. festen Stuhl	ständig	gelegentlich	nein
36–31 Punkte:	**30–24 Punkte:**	**23–12 Punkte:**	**11–0 Punkte:**
Grad 0	Grad I	Grad II	Grad III
»Komplette Kontinenz«	»Feinverschmutzung«	»Grobverschmutzung«	»Komplette Inkontinenz«

Nach Keller und Jostarndt, zitiert bei [50]

de Kalorienzufuhr oder eine Fehlverarbeitung der zugeführten Energie vorliegen. Die Höhe der Kalorienzufuhr ist aus den Angaben des Probanden oft nicht ausreichend sicher zu entnehmen und bedarf der subtilen Erhebung der Kalorienbilanz. Das Körpergewicht bzw. die mit dem Untergewicht verbundene Schwäche ist ein wesentlicher Parameter für die Beurteilung der Leistungsfähigkeit.

Vermehrte Ermüdbarkeit. Sie steht im Vordergrund bei den chronisch entzündlichen Darmerkrankungen, postoperativ nach komplizierten Verläufen, nach einer antineoplastischen Therapie oder bei chronischer Anämie mit Hämoglobin-Werten < 10 g/dl. Auch ein Eisenmangel z. B. aufgrund von Blutverlusten im Rahmen von Operationen kann für die Ermüdbarkeit ursächlich sein. Im Einzelfall sind erstaunliche Adaptationen von Ausdauer und Kraft möglich. Für die sozialmedizinische Beurteilung ist von Bedeutung, ob die Ursachen der Ermüdbarkeit vorübergehend bzw. kompensierbar oder dauerhaft bzw. nicht kompensierbar sind, sodass eine (qualitative oder quantitative) Leistungsminderung resultiert. Bei persistierender vermehrter Ermüdbarkeit kann oft mittels sportlicher Aktivitäten das Befinden der Patienten gebessert werden. Auch Patienten mit chronisch entzündlichen Darmerkrankungen mit entzündlicher Aktivität profitieren von einem angepassten Aufbautraining oder einer Eisensubstitution.

Stabilität der Bauchwand. Die Stabilität der Bauchwand nach operativen Eingriffen, bei Neigung zur Hernienbildung oder nach Anlage eines Enterostomas ist schwierig zu beurteilen. Zu beachten sind die Empfehlung des Operateurs, der Zustand der Bauchmuskulatur, der Lokalbefund und früher aufgetretene Hernien. Üblich ist die Empfehlung, nach größeren Bauchschnitten mit Durchtrennung der Bauchwand diese drei Monate lang nicht durch Anspannungen wie Heben und Tragen von Lasten zu beanspruchen [19].

16.1.5 Sozialmedizinische Beurteilung

Bei der sozialmedizinischen Beurteilung gastroenterologischer Erkrankungen sind der zeitliche Verlauf sowie Häufigkeit und Dauer von Krankheitsschüben, aber auch weitere Faktoren (z. B. Entzündungsaktivität) für die Leistungsbeurteilung relevant [8, 32]. Grundsätzlich sollen die oben aufgeführten Beurteilungskriterien transparent und nachvollziehbar dargestellt werden.

Durch Ergebnisse von Screeninginstrumenten kann die sozialmedizinische Beurteilung ergänzt werden. Hier können z. B. Fragebögen zur Erkennung besonderer beruflicher Problemlagen oder zur Feststellung des Bedarfs für berufsbezogene Behandlungsangebote in der medizinischen Rehabilitation herangezogen werden [7, 41]. Ähnliche Wege werden bereits bei psychosomatischen Fragestellungen mit einer von der Fachgesellschaft konsentierten psychosomatischen Basisdokumentation teilweise mit Erfolg beschritten. Für die Beurteilung entsprechender Fragestellungen bei gastroenterologischen Krankheiten ist die Evidenz noch zu klären.

Die Ursachen für eine Leistungsbeeinträchtigung bei Krankheiten der Verdauungsorgane können vielschichtig sein. Eine gestörte Bereitstellung von biochemischer Energie, aber auch systemische Wirkungen von Entzündungsvorgängen oder eine herabgesetzte Wahrnehmungsschwelle für intestinale Empfindungen können im Vordergrund stehen. Meistens sind mehrere leistungsassoziierte Organsysteme tangiert. Im Vordergrund der sozialmedizinischen Relevanz stehen die anamnestischen Angaben zur gastroenterologischen Symptomatik. Von nicht zu unterschätzender Bedeutung ist die Verhaltensabhängigkeit vieler Krankheiten des Verdauungssystems von Alkoholmissbrauch und Über- bzw. Fehlernährung sowie bei den chronischen Virushepatitiden eine Koinzidenz mit der i.v.-Drogenabhängigkeit.

Ein Rehabilitationsbedarf wird bei Magen-Darm-Erkrankungen häufig verkannt oder erst dann festgestellt, wenn das Leistungsvermögen in Frage steht (Rentenantrag) bzw. operative Eingriffe notwendig geworden sind.

16.2 Krankheitsbilder

16.2.1 Erkrankungen von Ösophagus, Magen und Duodenum

Christoph Reichel, Eberhard Zillessen

Refluxkrankheit. Ein wiederholter Rückfluss von saurem Mageninhalt in die Speiseröhre führt zu einer *chronischen Ösophagitis.* Der endoskopische und histologische Befund ist nach SAVARY-MILLER, MUSE, Los Angeles- oder AFP-Score zu dokumentieren. In ca. 60 % gelingt trotz typischer Beschwerden kein endoskopischer Nachweis; dann sind eine Langzeit-pH-Metrie und Ösophagus-Manometrie angezeigt. Nach Beschwerdestärke und -dauer unterscheiden sich die endoskopisch-positive und die endoskopisch-negative Refluxkrankheit nicht. Komplikationen sind die peptische Ösophagusstenose, ein Ösophagusulkus, bronchopulmonale Komplikationen und die Entwicklung eines Endobrachyösophagus (BARRETT-Syndrom) als Präkanzerose. Behandelt wird mit Protonenpumpenhemmern, im seltenen Fall der Unverträglichkeit mit H2-Antagonisten. Bei Therapieversagen oder Komplikationen gilt die laparoskopische Fundoplikatio als Standard, alternativ ist die offene Antirefluxoperation zu nennen.

Sozialmedizinisch wird die Refluxkrankheit selten relevant. Gelegentlich führen Dysphagien nach Fundoplikatio zu persistierenden Leistungseinschränkungen. Der Reflux kann durch Betätigen der Bauchpresse (Heben und Tragen schwerer Lasten) und bei Arbeiten in gebückter Haltung verstärkt werden. Häufiges Aufstoßen kann bei Publikumsverkehr belasten. Stress und ein wechselnder Tagesrhythmus (Nachtschicht) können die subjektiven Beschwerden verstärken.

Achalasie. Die Achalasie ist eine seltene neuromuskuläre Erkrankung mit fehlender Erschlaffung des unteren Ösophagussphinkters beim Schlucken. Die Inzidenz liegt bei 1/100.000 pro Jahr mit einem Manifestationsalter meistens zwischen dem 40. und 50. Lebensjahr. Typische Beschwerden sind Dysphagie, Regurgitation, Thoraxschmerzen, Gewichtsverlust und bronchopulmonale Symptome infolge Aspiration. Mit der Ösophagusmanometrie wird die Diagnose gesichert und von anderen Motilitätsstörungen abgegrenzt. Endoskopisch sollte eine mechanische Kardiastenose z. B. durch ein Karzinom ausgeschlossen werden. Therapie der Wahl war bis vor wenigen Jahren die pneumatische Dilatation des unteren Ösophagussphinkters, die in etwa 70 % erfolgreich ist. Die Injektion von Botulinustoxin hat in der Kurzzeitbeobachtung ähnliche Erfolgsraten, aber nur 30–68 % der Patienten sind nach zwei Jahren noch in der Remission. Beide Behandlungsarten können mehrfach wiederholt werden. Versagt die Dilatations- bzw. Injektionsbehandlung, kommt eine distale Myotomie nach GOTTSTEIN und HELLER in Betracht mit dem Risiko einer Refluxösophagitis.

Die Mehrzahl dieser Patienten kann von ihren Beschwerden befreit werden; bei ihnen ergeben sich sozialmedizinisch keine Einschränkungen. Bei jedem 3. bis 4. Patienten können sich Einschränkungen aus einem verminderten Kräftezustand, der Gefahr einer Regurgitation oder durch Komplikationen ergeben.

Ösophaguskarzinom. In Deutschland erkranken jährlich ca. 4.000 Menschen an einem Ösophaguskarzinom, Männer achtmal häufiger als Frauen. Risikofaktoren sind Rauchen, Konsum hochprozentiger alkoholischer Getränke und ein BARRETT-Syndrom. Altersgipfel ist das sechste Lebensjahrzehnt. Zu ca. 90 % handelt es sich um ein Plattenepithelkarzinom. Therapie der Wahl ist – wenn möglich – die Ösophagusresektion unter Mitnahme der regionalen Lymphknoten. In Abhängigkeit von der Tumorausdehnung und -histologie erfolgt eine neoadjuvante oder adjuvante Radio- bzw. Radio-Chemotherapie. Als Ersatzorgan werden der Magen oder ein Koloninterponat, selten ein Jejunuminterponat gewählt. Die relative 5-Jahres-Überlebensrate liegt unter 10 %. Das Plattenepithelkarzinom spricht auch auf eine alleinige Strahlentherapie an. Bei fortgeschrittenen Tumoren bieten Strahlentherapie, Endoprothesen (»Stents«) und die perkutane endoskopische Gastrostomie (PEG) palliative Behandlungsmöglichkeiten.

Postoperative Aktivitätseinschränkungen ergeben sich aus den Folgen der Thorakotomie, von Komplikationen an den Anastomosen, saurem Reflux oder Retention des Mageninhalts. Beschwerden bestehen in Schmerzen und Unwohlsein, Durchfall, Dyspepsie und Dysphagie. Nach Magenhochzug sind Arbeiten mit häufigem Bücken wegen der fehlenden Refluxbarriere ungeeignet. Postoperativ besteht ein hoher Rehabilitationsbedarf. Im Vordergrund stehen die Adaptation und die Optimierung der Ernährungssituation. Darüber hinaus resultiert häufig aus der belastenden Diagnose ein hoher psychoonkologischer und psychosozialer Rehabilitationsbedarf.

Reizmagen (funktionelle Verdauungsstörung). Zwei Drittel der Patienten, die wegen dyspeptischer Beschwerden den Arzt aufsuchen, leiden an einem sogenannten »Reizmagen-Syndrom«. Unter diesem Begriff ist eine ganze Reihe von Beschwerden des Oberbauchs zusammengefasst, die nicht oder nicht hinreichend durch eine organische Erkrankung erklärt werden können. In einigen Fällen ist das Reizmagensyndrom mit anderen Störungen vergesellschaftet (z. B. Reizdarmsyndrom, Refluxkrankheit oder auch mit vegetativen Symptomen wie Kopfschmerzen, Schwindel, Schlafstörungen).

Sozialmedizinisch relevante Leistungseinschränkungen ergeben sich aus dem Reizmagensyndrom nicht. Ein Teil der Patienten spricht auf eine symptomatische Behandlung mit Antazida wie Protonenpumpenhemmern an. Zugunsten langfristiger psychotherapeutischer Konzepte sollten die Patienten aber nicht auf organische Ersatzdiagnosen (»Gastritis«) fixiert werden.

Magenentleerungsstörungen. Eine verzögerte Magenentleerung kommt vor bei »Reizmagen«, Ulcus pepticum, Magentumoren, medikamentös ausgelöst (Psychopharmaka, Vagolytika) und nach einer Vagotomie. Eine gastrale Neuropathie im Rahmen der autonomen Polyneuropathie kann zudem beim Diabetes mellitus die Blutzuckereinstellung erschweren. Typische Beschwerden sind Übelkeit, Völlegefühl und Erbrechen. Die Diagnose erfolgt sonographisch, szintigraphisch oder mit dem ^{13}C-Oktanoat-Atemtest. Röntgen-Aufnahmen und Endoskopie erfassen primäre Motilitätsstörungen nicht. Die Manometrie ist bisher unzureichend standardisiert und ohne therapeutische Konsequenzen. Ist eine ursächliche Behandlung nicht möglich, kommen Therapieversuche mit Prokinetika in Betracht. Eventuell ist eine Drainageoperation erforderlich.

Die sozialmedizinischen Konsequenzen sind uneinheitlich. Sie müssen die jeweilige Grundkrankheit berücksichtigen und ergeben sich in Analogie zu ulkusbedingten oder postoperativen Störungen.

Chronische Gastritis und Duodenitis. Die nosologische Einordnung dieser Krankheitsbilder basiert auf der endoskopisch-bioptischen Diagnostik. Nach der Sydney-Klassifikation unterscheidet man neben seltenen Sonderformen wie der lymphozytären, granulomatösen, eosinophilen oder Crohn-Gastritis drei Typen:

Typ A (Autoimmungastritis): Sie führt zur Atrophie der Magenschleimhaut und zur perniziösen Anämie. Häufig sind Belegzell-Antikörper nachweisbar. Die Krankheit ist selten, noch seltener ist eine maligne Entartung.

Typ B (Erregerinduzierte Gastritis): Erreger ist in ca. 90 % der Fälle Helicobacter pylori. Betroffen sind 30–70 % der Bevölkerung. Therapie der Wahl ist die Eradikation des Erregers. Die chronische Gastritis B ist ein Kofaktor für die Ulkusgenese. Es gibt auch eine positive Korrelation zum Magenkarzinom und insbesondere den MALT-Lymphomen (vg. ▶ Kap. 9.3.7).

Typ C (Chemisch-toxisch induzierte Gastritis): Die häufigsten Ursachen sind nichtsteroidale Antirheumatika oder ein Gallereflux. Erstere führen gehäuft zu hämorrhagischen Erosionen und akuten, leicht blutenden Ulcera ventriculi sive duodeni.

Angesichts der heutigen Behandlungsmöglichkeiten kommt den meisten Formen der chronischen Gastritis aus sozialmedizinischer Sicht eine nur geringe Bedeutung zu.

Ulkuskrankheit. Mit den Protonenpumpenhemmern sowie den unterschiedlichen Eradikationsschemata beim Helicobacter pylori-Nachweis sind sehr effektive Therapieansätze vorhanden. Daher gibt es heute weniger Ulkuskranke als früher. Diese können binnen 7–10 Tagen ambulant und mit geringem Rezidivrisiko behandelt und in den meisten Fällen definitiv geheilt werden. Operiert wird nur noch in Ausnahmefällen und bei Komplikationen wie Ulkusperforation, unstillbarer Blutung, narbiger Stenose und (seltenem) medikamentös therapierefraktärem Verlauf. Das Ulcus pepticum ist als Akutkrankheit noch relevant, die chronischen Verläufe sind selten geworden. So gingen von 1990 bis 2000 die medizinischen Rehabilitationsleistungen durch die Rentenversicherung von jährlich 5.913 auf 767 zurück mit weiter abnehmender Tendenz. Im Jahr 2009 wurden noch 336 stationäre Leistungen zur medizinischen Rehabilitation auf Grund einer Ulkuskrankheit (ICD-10 K25–28) durchgeführt.

Hauptrisiko für ein kompliziertes Ulcus pepticum ist heute die Einnahme nichtsteroidaler Antirheumatika (NSAR). In einer großen Fallkontrollstudie erhöhte auch low-dose-Azetylsalizylsäure (ASS) das Risiko für eine Ulkusblutung mit einem relativen Risiko von 2,3fach (75 mg/d) bis 3,9fach (300 mg/d). Die Mehrzahl der zahlreichen Studien ergab für low-dose-ASS gegenüber Placebo jedoch keine Signifikanz. Ibuprofen und wahrscheinlich die COX-2-Inhibitoren haben das geringste Blutungsrisiko. Beim Einsatz von COX-2-Inhibitoren sind jedoch die Kontraindikationen zu beachten. Eine Ulkusprophylaxe ist mit Protonenpumpenhemmern oder in zweiter Linie mit Misoprostol möglich.

Magenkarzinom. An einem Magenkrebs erkranken in Deutschland jährlich knapp 20.000 Menschen, das sind 4–5 % aller Krebserkrankungen. Die Inzidenz ist rückläufig, Männer sind häufiger betroffen als Frauen. Histologisch überwiegen im Magen die Adenokarzinome. Eine Besonderheit stellen seltenere, von der Mucosaschleimhaut ausgehende (Mucosa assoziierte) MALT-Lymphome dar, die größtenteils zu den Non-Hodgkin-Lymphomen gerechnet werden. Die Prognose des Magenkarzinoms ist abhängig von der histologischen Zuordnung und vom Tumorstadium. Die 5-Jahres-Überlebensrate beträgt beim mukosalen Frühkarzinom über 90 %, beim fortgeschrittenen Magenkarzinom 15–20 % (zu den MALT-Lymphomen vgl. ▶ Kap. 9.3.7).

Mit Ausnahme der Non-Hodgkin-Lymphome des Magens besteht die Therapie der Wahl in der partiellen oder totalen Gastrektomie, manchmal begleitet von einer antineoplastischen Behandlung. In Abhängigkeit vom Ausmaß der durchgeführten Operation und den Korrektivmaßnahmen können funktionelle Einschränkungen auftreten: übermäßige Gewichtsabnahme, Verlust des Hungergefühls, Dysphagie und Dyspepsie, Dumping-Syndrome, Durchfall und eine Pankreasfehlregulation mit exokriner Insuffizienz sowie Steatorrhö (▶ Kap. 16.2.4). Langfristig besteht ein erhöhtes Osteoporoserisiko. Bei einer gleichzeitig adjuvant durchgeführten zytostatischen Therapie können – zeitlich begrenzt – zusätzlich Inappetenz, Übelkeit und Erbrechen auftreten.

Rehabilitationsbedarf ergibt sich aus den Störungen der Nahrungsaufnahme und -verwertung sowie unter psychoonkologischen und psychosozialen Aspekten.

16.2.2 Erkrankungen von Dünn-, Dick- und Mastdarm

Christoph Reichel, Eberhard Zillessen

▪ Malassimilationssyndrome

Parasitäre Darmerkrankungen, Morbus Whipple, HIV-Enteropathie, bakterielle Überbesiedlung des Dünndarms und die Zöliakie/Sprue können eine längerfristige Resorptionsstörung verursachen.

Zöliakie. Die Sprue ist eine Gluten-Intoleranz mit einer Prävalenz in Deutschland bei Kindern von 1 : 1.000 und bei Erwachsenen von 1 : 5.000. Leitsymptome sind Untergewicht und Durchfall, manchmal nur 1–2 voluminö-

se Stuhlentleerungen pro Tag, bei Kindern auch Wachstumsverzögerung. Erwachsene fallen oft erst durch eine Osteoporose oder Eisenmangelanämie auf. Diagnostisch entscheidend ist die Biopsie aus dem distalen Duodenum. Sensitivität und Spezifität der Gliadin-Antikörper im Serum sind wesentlich weniger aussagefähig. Retikulin- und Endomysium-Antikörper (RA, EMA) sind hingegen sehr spezifisch und sensitiv. Allerdings sollte bei negativem Befund von Gliadin-Antikörpern ein IgA-Mangel ausgeschlossen werden. Eine konsequente glutenfreie Kost beseitigt die Symptome wie Durchfall und Gewichtsabnahme und die Folgen von Ernährungsdefiziten. Bis dahin kann Arbeitsunfähigkeit bestehen. In der Regel resultiert keine langfristige Einschränkung des Leistungsvermögens. Der Aufwand für die Lebensmittelzubereitung und -beschaffung ist erhöht.

▪ Nahrungsmittelintoleranzen

Etwa 20–45 % der Bevölkerung klagen über Nahrungsmittelunverträglichkeiten. Toxische Reaktionen sind dosisabhängig und werden durch Verunreinigungen, Bakterientoxine und zahlreiche Pharmaka ausgelöst. Bei den nichttoxischen Unverträglichkeiten handelt es sich meist um einen Disaccharidase-Mangel oder eine Nahrungsmittelallergie. Nicht selten bestehen Überschneidungen mit funktionellen Darmstörungen. Auch können Nahrungsmittelintoleranzen ein Symptom psychischer Störungen wie einer Orthorexie sein. In der Regel ergeben sich aus sozialmedizinischer Sicht keine wesentlichen Leistungseinschränkungen.

Kohlenhydratintoleranz. Die häufigste Form ist der Laktasemangel, der unterschiedlich stark ausgeprägt sein kann. Typisch sind phasen- oder anfallsweise auftretende Durchfälle mit krampfartigen Bauchschmerzen. Gewichtsabnahme und Schwäche sind seltener. Bei Kohlenhydratintoleranzen können Belastungsteste (H_2-Atemtest) oder ein neuerdings auch kommerziell erhältlicher Gentest die Diagnose sichern helfen.

Nahrungsmittelallergien. Nur ca. 2–5 % aller Nahrungsmittelintoleranzen sind auf eine Allergie zurückzuführen. Häufig betroffen sind Kinder, einen zweiten Altersgipfel gibt es in der zweiten bis vierten Lebensdekade [30, 36]. Allergologische Testverfahren wie der Hauttest und auch die Messung von spezifischem IgE im Serum (RAST) haben wegen des hohen Anteils falschnegativer und falschpositiver Resultate nur begrenzte Bedeutung für die Diagnostik [5]. Immer noch spielen Anamnese, Ernährungstagebuch und eventuell eine standardisierte orale Provokation eine größere Rolle als darmspezifische Tests. Eine spezielle allergologische Biopsiediagnostik, die endoskopisch gesteuerte Darmlavage mit Messung der Mediatorenausschüt-

□ **Tab. 16.5** Definition des Reizdarm-Syndroms

Rom III Kriterien

Abdominale Schmerzen oder Unwohlsein an mindestens 3 Tagen pro Monat in den letzten 3 Monaten. Beginn vor mindestens 6 Monaten, Assoziation mit mindestens zwei der folgenden Symptome:
1. Besserung nach Defäkation
2. Auftreten assoziiert mit Änderung der Stuhlfrequenz
3. Auftreten assoziiert mit Änderung der Stuhlkonsistenz/form.

Unterstützende Kriterien

1. Stuhlfrequenz ≤ 3x / Woche
2. Stuhlfrequenz > 3x / Woche
3. Abnorme Stuhlkonsistenz (hart / klumpig)
4. Abnorme Stuhlkonsistenz (weich / wässrig)
5. Massives Pressen beim Stuhlgang
6. Imperativer Stuhlgang
7. Gefühl der inkompletten Entleerung, Schleimabgang, Blähungen.
Der Ausschluss organischer Ursachen wird vorausgesetzt.

Nach Truninger [45]

tung oder intraluminale Provokationstests haben sich nicht als Routineverfahren durchgesetzt. In der Regel lässt sich das auslösende Agens meiden. Für die Begutachtung sind diese Krankheiten selten relevant.

■ **Reizdarm**

Typisch sind der jahrelange Verlauf, die dramatische, oft bildhafte Beschwerdeschilderung, die Diskrepanz zum guten Allgemein- und Ernährungszustand, der Wechsel von Durchfall mit Obstipation, das Fehlen nächtlicher Durchfälle, das Fehlen pathologischer Laborbefunde und die Kombination mit multiplen Unverträglichkeiten und vegetativen Störungen. Die »Rom III Kriterien« (□ Tab. 16.5) erleichtern die Diagnose des Reizdarm-Syndroms (RDS). Basierend auf der vorherrschenden Stuhlkonsistenz werden vier RDS-Subtypen unterschieden: mit prädominanter Obstipation, mit prädominanter Diarrhö, gemischter Typ, unspezifischer Typ [45]. Die Assoziation mit psychischen Belastungen, Depression, Schlafproblemen und Analgetikagebrauch ist hoch. Eine sorgfältige Diagnostik sollte zügig zum Abschluss gebracht werden, um die Betroffenen nicht durch immer neue Raritätensuche auf eine organische Genese zu fixieren. Eine psychologische Exploration kann sinnvoll sein, um Auslösemomente zu finden. Ersatzdiagnosen (»Pilze«, »Allergie«) und Scheinmedikationen sind kontraproduktiv.

■ **Chronische Obstipation**

Der Übergang von der Befindlichkeitsstörung zur behindernden Krankheit ist fließend. Viele Betroffene werden zwar vielfältig beraten, aber es erfolgt oft keine kausale Diagnostik. Zunächst ist anamnestisch zu klären, ob eine

Entleerungsstörung vorliegt, da viele Menschen tägliche Stuhlentleerungen oder unrealistische Stuhlmengen erwarten. »Normal« sind drei Stuhlentleerungen pro Tag bis zu drei Stuhlentleerungen pro Woche. Die Stuhltätigkeit von 99 % aller Untersuchten liegt innerhalb dieser Grenzen. Dennoch klagt jeder dritte bis vierte Erwachsene über Obstipation, mehrheitlich Frauen. Die Symptome sind durchaus unterschiedlich: Sie reichen von nicht erfüllten Erwartungen, verbunden mit Ängstlichkeit, über Völlegefühl, Klagen über Blähungen und Flatulenz, quälende Defäkation mit Pressen bis zu Bauchschmerzen mit Tenesmen und analem Defäkationsschmerz. Eine Obstipation ist häufig Teilaspekt des Reizdarm-Syndroms oder eines noch nicht diagnostizierten kolorektalen Karzinoms. Auch nach Ausschluss dieser Krankheiten ist beim Verdacht auf Defäkationsstörungen eine weiterführende Diagnostik sinnvoll, da eine adäquate Therapie analer und rektaler Erkrankungen oder einer mangelnden Analsphinkterrelaxation (Outlet-Obstruction) die alltägliche Behinderung vermindern kann. Medizinische Rehabilitation kann hier angezeigt sein. Insbesondere wäre hier eine engere Verzahnung zwischen diagnostizierenden und behandelnden Zentren mit spezialisierten Rehabilitationseinrichtungen sinnvoll.

■ **Hämorrhoidaler Symptomenkomplex**

Zum hämorrhoidalen Symptomenkomplex gehören: Hämorrhoiden, (Peri-)Analvenenthrombose, Marisken, Anal- oder Rektumprolaps, Kryptitis und Papillitis, Analrhagaden, -erosionen oder -fissur, periproktitischer Abszess oder Fisteln. Typische Symptome sind Stuhlschmieren, Analjucken oder Analschmerz, Nässen oder Blutungen. Seitens der Patienten verhindert oft Schamgefühl die rechtzeitige Diagnose, seitens der Ärzte werden leider immer noch leichtfertige Vermutungsdiagnosen (»Hämorrhoiden«) ohne proktologische Diagnostik gestellt und unkritisch topische Medikamente verordnet. Insgesamt sind die Behandlungsmöglichkeiten gut. Für die oft quälende chronische Analfissur bietet die Injektion von Botulinustoxin eine mögliche Alternative zur Operation.

Sozialmedizinisch können Hämorrhoiden III. und IV. Grades, ein Rektumprolaps und anale bzw. perianale Fisteln bedeutsam werden, wenn operative Behandlungsergebnisse unbefriedigend geblieben sind und falscher Stuhldrang, Analschmerzen oder Sitzbeschwerden persistieren. Gefürchtetste Komplikation ist die Stuhlinkontinenz (► Kap. 16.1.4).

Zum Anus als Kontinenzorgan vgl. ► Kap. 16.1.4, zu Malignomen siehe weiter unten.

■ **Divertikulose und Divertikulitis**

Kolondivertikel sind heute die häufigste Dickdarmerkrankung. Während in den ersten 40 Lebensjahren nur

1 % der Bevölkerung Divertikelträger sind, werden es im folgenden Jahrzehnt 5 % und im Alter 30–80 %. Nur etwa 10 % der Divertikelträger werden symptomatisch, so dass man von einer Divertikel*krankheit* sprechen darf. Symptome sind dann (Unter-)Bauchschmerzen, insbesondere Tenesmen, Stuhlunregelmäßigkeiten, auch Durchfall. Die Abgrenzung zu funktionellen Störungen ist angesichts der Häufigkeit des Divertikelbefundes schwierig und die Anzahl zunächst nicht erkannter Divertikuliden dürfte hoch sein. Dies könnte eine Ursache für die relativ häufigen Operationen aufgrund akuter Komplikationen einer retrospektiv länger bestehenden rezidivierenden Divertikulitis sein. Behandlungsbedürftigkeit ergibt sich in der Regel bei Komplikationen. Dauerhafte Leistungseinbußen sind selten und meistens Folge von Komplikationen.

■ **Benigne Neoplasien**

Mit zunehmendem Lebensalter treten Veränderungen an der Dickdarmschleimhaut auf (adenomatöse Polypen, seltener Hamartome), die als Präkanzerose gelten. Sie verursachen in der Regel keine Beschwerden und können im Rahmen einer Vorsorgekoloskopie – die in Deutschland ab dem 55. Lebensjahr zu Lasten der gesetzlichen Krankenkasse in Anspruch genommen werden kann – identifiziert und bioptisch entfernt werden.

Aus sozialmedizinischer Sicht ergibt sich aus einer Polypektomie keine Einschränkung der Leistungsfähigkeit. Eine Kontrolluntersuchung nach fünf Jahren wird empfohlen.

■ **Maligne Tumoren**

Trotz der Häufigkeit des Auftretens von Darmkrebs wird die Vorsorgekoloskopie in Deutschland von nur etwa 10 % der anspruchsberechtigten Bevölkerung in Anspruch genommen. Aktuell ist Darmkrebs bei beiden Geschlechtern der zweithäufigste maligne Tumor und auch die zweithäufigste Krebstodesursache. Jährlich erkranken etwa 36.000 Frauen und über 37.000 Männer. Die Heilungsaussichten sind abhängig vom Tumorstadium bei Diagnosestellung. Im Frühstadium ist der Behandlungsansatz kurativ. Die 5-Jahres-Überlebensrate liegt derzeit zwischen 53 und 63 % [34].

Es gibt verschiedene Risikofaktoren, die die Entstehung von Darmkrebs begünstigen. Von Bedeutung ist die Lebens- und Ernährungsweise: Negativ wirken sich z. B. Übergewicht, Bewegungsmangel, häufiger Konsum von Fleisch und tierischen Fetten und ballaststoffarme Kost aus. Ebenso besteht ein erhöhtes Risiko bei langjährigem Verlauf einer chronisch entzündlichen Darmerkrankung. In etwa 10–15 % sind genetische Faktoren an der Entstehung von Darmkrebs beteiligt.

Therapie der Wahl ist die Resektion des Tumors. Je nach Tumorart, Lokalisation und Tumorstadium kann sich die chirurgische Intervention auf einen kleinen Darmabschnitt beschränken oder auch zu ausgedehnten Darmresektionen (Hemikolektomien) führen. Dabei lässt sich manchmal die Anlage eines künstlichen Darmausganges (Stoma) nicht vermeiden. Bei fortgeschrittenem Krebsleiden werden regional befallene Lymphknoten und angrenzende Strukturen entfernt. In Abhängigkeit vom Tumorstadium kann eine adjuvante antineoplastische Therapie bzw. eine Strahlentherapie erforderlich werden.

Funktionseinschränkungen können sich bei den Betroffenen aus den Folgen (▶ Kap. 16.2.5) der durchgeführten Behandlung ergeben: Sie treten insbesondere nach tiefen anterioren Anastomosen oder nach posteriorer Rektomie bei Rektumtumoren auf. Die häufigsten Spätfolgen sind urologische Komplikationen [Störungen der Blasenentleerung, Urethrastrikturen (▶ Kap. 18)] und Störungen der Sexualfunktion. Auch eine Stuhlinkontinenz kann eine Komplikation der tiefen Rektumresektion sein (▶ Kap. 16.1.4).

Aus der antineoplastischen Behandlung können funktionseinschränkende Nebenwirkungen resultieren. Die im fortgeschrittenen Tumorstadium oft eingesetzten Oxaliplatin-haltigen Chemotherapien können eine periphere Polyneuropathie zur Folge haben (▶ Kap. 23.2.5), die sich in den Monaten nach Beendigung der Therapie zwar zurückbilden können, aber nicht selten dauerhaft persistieren mit dann fehlenden therapeutischen Optionen.

Zu unterscheiden sind:

Kolorektales Karzinom. Hier gilt zumeist die Adenom-Karzinom-Sequenz. Das durchschnittliche Erkrankungsalter liegt bei rund 70 Jahren [34]. Verwandte ersten Grades haben ein erhöhtes Risiko. Außer genetischen Faktoren spielen Lebens- und Ernährungsweise eine Rolle. Als Primärprävention werden faserreiche, fleisch- und fettarme Kost sowie körperliche Bewegung empfohlen. Zu den Operationsfolgen siehe ▶ Kap. 16.2.5.

Familiäre adenomatöse Polyposis (FAP). Hereditäre kolorektale Karzinome machen ca. 5 % aller kolorektalen Karzinome aus. Die klassische familiäre adenomatöse Polyposis prädisponiert zu mulitilokulärem Kolonkariom. Risikopersonen sollten ab dem 10. Lebensjahr regelmäßig endoskopiert werden. Mit Bestätigung einer klassischen FAP ist die Indikation zu einer kontinenzerhaltenden Proktokolektomie gegeben. Je nach Operationsmethode verbleibt die Notwendigkeit einer jährlichen endoskopischen Rektum- oder Pouchkontrolle. Das Risiko für Duodenalkarzinome bei der FAP ist hoch, 10 % der FAP-Patienten versterben daran [4]. Daher wird empfohlen, ab dem 30. Lebensjahr alle drei Jahre die Papillenregion endoskopisch zu inspizieren.

Hereditäres non-polypöses Kolonkarzinom (Hereditary Non-Polyposis Colorectal Cancer, HNPCC). Hereditäre non-polypöse Kolonkarzinome treten im Median im 46. Lebensjahr und vorwiegend im rechten Kolon auf. Ab dem 25. Lebensjahr ist eine jährliche Koloskopie angezeigt. Auch extraintestinale maligne Tumoren finden sich gehäuft.

Karzinom nach Colitis ulcerosa. Patienten mit Colitis ulcerosa haben ein erhöhtes Karzinomrisiko, abhängig von Ausdehnung, Manifestationsalter, Aktivität und Dauer der Erkrankung. Mortalität und Letalität am Karzinom nach Colitis ulcerosa können durch eine regelmäßige koloskopische Überwachung gesenkt werden. Eine gleichzeitige primär sklerosierende Cholangitis erhöht das Risiko für ein kolorektales Karzinom um den Faktor drei bis fünf. Beim Morbus CROHN des Kolons ist das Risiko für ein kolorektales Karzinom zwar auch erhöht, die Datenlage für die Empfehlung eines Screening-Programms aber zu uneinheitlich.

Analkarzinom. Karzinome zwischen dem Oberrand der Puborektalisschlinge und der Linea anocutanea werden als Analkarzinome bezeichnet. Sie stellen unter den Kolonkarzinomen eine Besonderheit dar. Daran erkranken in Deutschland jährlich etwa 1.000 Menschen mit einem Altersgipfel im sechsten und siebten Lebensjahrzehnt. Überwiegend handelt es sich um Plattenepithelkarzinome. Als Risikofaktoren gelten Immunsuppression, Bestrahlung im Analbereich, chronische (Virus-)Infektionen und mechanische Beanspruchungen. Auch die Sexualhygiene ist von Bedeutung. Symptome sind peranale Blutung, Defäkationsschmerz, Fremdkörpergefühl, Obstipation oder Pruritus ani. Standardtherapie ist nicht die operative Tumorresektion, sondern eine kombinierte Radio-Chemotherapie. Damit werden stadienabhängige 5-Jahres-Überlebensraten von bis zu 90 % erzielt bei Erhaltung des Schließmuskels. Sozialmedizinisch relevant können Stuhlinkontinenz, Wundheilungsstörungen oder Durchfälle als Bestrahlungsfolge werden sowie Analschmerzen beim Sitzen. Bei weit fortgeschrittenen Tumoren kann ein Kolostoma erforderlich sein.

▪ Chronisch entzündliche Darmerkrankungen

Chronisch-entzündliche Darmerkrankungen sind nicht sehr häufig, sie können aber sozialmedizinisch bedeutsam sein wegen des frühen Manifestationsalters, der erheblichen Beeinträchtigungen und des schubweisen chronischen Verlaufs. Beim Morbus CROHN wurden Verzögerungen der Schul- und Berufsausbildung (10–23 %), krankheitsbedingte Arbeitsplatz- oder Berufswechsel (8–13 %), Reduktion der Arbeitszeit (8–24 %) und Berentungen wegen Erwerbsminderung (bis 16 %) beschrieben. Patien-

ten mit Morbus CROHN und Colitis ulcerosa waren nach Studien häufiger und länger arbeitsunfähig und arbeitslos als Patienten bzw. Rehabilitanden mit anderen gastroenterologischen und Stoffwechselkrankheiten oder andere Kontrollgruppen. Bei der Colitis ulcerosa ist die soziale Beeinträchtigung insgesamt geringer und die erfragte Lebensqualität besser als beim Morbus CROHN. Die medizinische Rehabilitation kann über die Vermittlung einer besseren Krankheitsbewältigung hierauf einen günstigen Einfluss nehmen. Die Häufigkeit und Dauer der entzündlichen Schübe kennzeichnen die Schwere der Erkrankung. Nach Möglichkeit sollte nicht während eines akuten Schubes, sondern nach dessen Abklingen begutachtet werden, um mittel- bis langfristige Aktivitätseinschränkungen zu erfassen. Dabei sind sowohl intestinale als auch extraintestinale Krankheitsmanifestationen zu berücksichtigen. Zu beachten sind außerdem die Operationsfolgen und die Nebenwirkungen einer langfristigen Behandlung mit Glukokortikoiden oder anderen Medikamenten.

Psychosoziale Faktoren haben einen großen Einfluss auf die Lebensqualität, wahrscheinlich auch auf den Krankheitsverlauf. Sie werden von den Betroffenen als nahezu gleichermaßen belastend erlebt wie die somatischen Symptome. Tabu- und Schamzonen sind häufig tangiert und in das subjektive Erleben der Patienten einbezogen. Fisteln, ein Ileo- oder Kolostoma, Stuhlinkontinenz oder Ängste vor einem schweren Verlauf, vor Kontrolldiagnostik, vor Abhängigkeit von Ärzten wie Medikamenten oder vor einem Karzinom können soziale Isolierung verursachen.

Aktivitätsindizes wie der CROHN's Disease Activity Index (CDAI) nach BEST oder der Colitis-Aktivitäts-Index (CAI) nach RACHMILEWITZ beschreiben vorrangig Körperfunktionen und Körperstrukturen sowie CED assoziierte extraintestinale Manifestationen [32]. Sie wurden als klinische Entscheidungshilfe und zur Effektivitätskontrolle für Therapiestudien entwickelt. In einer eigenen Studie korrelieren sie gut mit dem klinischen Rehabilitationserfolg, waren aber nicht mit dem berufsbezogenen Rehabilitationserfolg assoziiert. Auf der anderen Seite waren Parameter wie ein erhöhtes C-reaktives Protein und der Body Mass Index bei Morbus CROHN-Rehabilitanden mit dem beruflichen Rehabilitationserfolg assoziiert [33]. Weiterhin ist zu berücksichtigen, dass der Umsetzungsgrad von Therapieleitlinien bei Patienten mit Morbus CROHN gering zu sein scheint. Hier konnte gezeigt werden, dass Rehabilitation zu einer signifikant mehr leitliniengerechten Pharmakotherapie beitragen kann [31, 33].

Zur Erfassung von Leistungsvermögen und Rehabilitationsbedürftigkeit hat Seger [38] eine Tabelle mit fließenden Übergängen angegeben, in welche die Arbeitsunfähigkeitszeiten, Symptome, psychische, berufliche und soziale Beeinträchtigungen, Krankheitsbewältigung, Belastungen durch Diagnostik, Befunde, Entzündungs-

Tab. 16.6 Rehabilitationsbedarf und Leistungsvermögen bei chronisch entzündlichen Darmerkrankungen

Reha-Bedarf	Niedrig	Mittel	Hoch
Leistungsver-mögen	**Hoch**	**Mittel**	**Niedrig**
AU-Zeiten	Selten, kurz	Öfter und länger	Häufig, lang andauernd
Arztbesuche	Gelegentlich Hausarzt	Hausarzt, Facharzt, ggf. Krankenhaus	Häufig, in kurzen Abständen
Stuhlgang	Geformt, Frequenz normal	Breiig bis flüssig, oft blutig, 3–10mal/d	Flüssig, schleimig, eitrig, blutig, > 10mal/d
Körpergewicht	Konstant	Abnehmend	Deutlich abnehmend
Kontinenz	Erhalten	Gestört	Erheblich gestört bis aufgehoben
Abdominal-schmerz	Selten oder fehlend, im Allgemeinen erträglich	Mehrmals im Jahr kurzzeitig, deutliche Intensitätszunahme bis zur Grenze des Erträglichen	Täglich bis wöchentlich mehrfach, langanhaltend, tageszeitunabhängig, erhebliche Beeinträchtigung der Aktivität
Psychische Beeinträchtigungen	Keine oder diskrete psychische Mitbeteiligung	Deutliche Hinweise auf psychische Begleiterkrankungen	Nachgewiesene, manifeste psychogene bzw. psychiatrische Erkrankungen
Berufliche Beeinträchtigungen	Keine bzw. geringe	Nachlassende Leistungsfähigkeit, Rücksicht durch Kollegen erforderlich, erste Gespräche mit Vorgesetzten wegen nachlassender Arbeitsleistung, Arbeitsplatzumsetzung	Arbeitsplatzverlust
Soziale Beeinträchtigungen	Keine bzw. gering	Beziehungs- und Akzeptanzprobleme im Wechselspiel zur Umwelt	Wiederholte oder ständige Beziehungsprobleme im Familien-, Kollegen- und Freundeskreis
Krankheits-bewältigung	Problemlos	Probleme in der Krankheits- und Krankheitsfolgenverarbeitung und -bewältigung	Fehlende Krankheitskenntnis, -einsicht und -bewältigungsstrategien mit Problemverfestigung
Diagnostik	Keine oder gelegentlich	Öfters Kontrollen durch Hausarzt, zunehmend fachärztliche Diagnostik	Häufige, wiederholte Untersuchungen, zunehmend invasive Diagnostik
Befunde	Gering, leicht, angedeutet, in Remission	Zunehmend anormal	Ausgeprägt, hochgradig, schwer, ausgedehnt
Entzündungs-aktivität und -ausbreitung	Gering, lokal	Mäßig, multilokulär, großflächig, aber noch umschrieben	Deutlich, ausgedehnt, diffus, anatomische Grenzen überschreitend
Systemische Begleiterscheinungen	Keine bzw. geringe	Durch Therapie begrenztes Auftreten von Begleitsymptomen an Augen, Haut, Gelenken, Leber, Gallenwegen, Nieren, Blut, durch Grundleiden oder als Therapiefolgen	Heftige, schwer therapierbare Gelenkschmerzen, eingeschränkte Beweglichkeit, hartnäckige Fisteln, Stuhlinkontinenz, wechselnd häufige Adhäsionsbeschwerden
Verlauf	Stabil, in Remission	Wechselnd	Instabil
Operationsfolgen	Keine	Narben, Fisteln	Verwachsungsbeschwerden, Inkontinenz, Fisteln, schwere Resorptionsstörungen, Z. n. mehrfachen Resektionen
Stoma	Kontinente Irrigation, regelmäßige, planbare Beutelwechsel, Stuhl- bzw. Flüssigkeitsabsonderungen werden komplett aufgefangen	Fehler bzw. Teilkorrektur der Irrigation, technischen Versorgung, Stomapflege, Beutelwechsel meist vorhersehbar	Fehlende Kenntnisse der Irrigation, der technischen Versorgungsmöglichkeiten, der Stomapflege, Beutelwechsel nicht planbar, häufige Beutelwechsel wegen großer Flüssigkeitsmengen

Modifiziert nach: Sozialmedizinische Begutachtung in der gesetzlichen Rentenversicherung, 5. Auflage 1995, Seite 291 [38]

aktivität, systemische Begleiterscheinungen, Verlauf und Operationsfolgen (einschließlich Stoma) eingehen (❒ Tab. 16.6). Differenzierte Aussagen zu Leistungsfähigkeit im Erwerbsleben und Rehabilitationsbedürftigkeit enthalten die Leitlinien zur sozialmedizinischen Begutachtung der Deutschen Rentenversicherung [9, 11].

Morbus Crohn. Der Morbus Crohn beginnt am häufigsten zwischen dem 15. und 30. Lebensjahr. Krankheitseinflüsse auf die wichtige Sozialisationsphase der Verselbständigung und beruflichen wie familiären Entwicklung sind daher ausgeprägter als bei der Colitis ulcerosa. Für neue Schübe gibt es keine prädiktiven Faktoren. Das Krankheitsbild wird beherrscht durch abdominelle Schmerzen. Durchfall ist nicht obligat. Gewichtsabnahme, Fieber, Anämie und Arthritiden sind häufiger als bei der Colitis ulcerosa. Bis zu 80 % der Patienten müssen im Verlauf wegen Stenosen und Fisteln operiert werden. Infolge von Resorptionsstörungen treten häufig Gallen- und Nierensteine auf. Die mögliche Beteiligung *aller* Abschnitte des Verdauungstraktes macht es notwendig, dass initial ein vollständiger gastroenterologischer Status mit Endoskopie des Verdauungstraktes erfolgt, im Einzelfall ergänzt durch andere bildgebende Verfahren. Der physikalische abdominelle Befund (Stenosegeräusche, Abwehrspannung, Resistenzen) ist richtungweisend. Die Sonographie kann befallene Darmabschnitte, entzündliche Infiltrate und Abszesse aufzeigen. In der Kopenhagen-Studie waren im Jahr der Diagnose nur 37 % voll arbeitsfähig, nach 10 Jahren Krankheitsverlauf aber 75 % vollschichtig leistungsfähig [28]. Nach den ersten zwei Krankheitsjahren besteht eine Tendenz zum milderen Krankheitsverlauf mit weniger Hospitalisationen, seltenerer Operationsfrequenz und weniger Arbeitsausfällen [39].

Colitis ulcerosa. Das Manifestationsalter liegt bei der Colitis ulcerosa durchschnittlich später als beim Morbus Crohn. Ganz im Vordergrund stehen die Durchfälle, die im Schub blutig werden. Eine wichtige Differenzialdiagnose zu Beginn der Erkrankung sind infektiöse Proktokolitiden. Fieberschübe, Arthritiden bzw. Arthralgien, Gewichtsabnahme und Bauchschmerzen können hinzutreten. Eine Stuhlinkontinenz wird oft nur während der Durchfallperioden manifest. Serologische Entzündungszeichen (BSG, Blutbild) folgen oft erst spät. An weitere extraintestinale Symptome (Augen, Gallengänge, Haut) ist zu denken. Zum Risiko eines kolorektalen Karzinoms siehe dieses Kapitel weiter oben und zur primär sklerosierenden Cholangitis als Begleitkrankheit vgl. dieses Kapitel weiter unten. In der Kopenhagen-Studie hatten 90 % der Betroffenen über einen Beobachtungszeitraum von 25 Jahren einen intermittierenden Verlauf [22]. Für Schübe und Remissionen gab es keine prädiktiven Faktoren. Nach 10

Jahren war die Kolektomierate mit 24 % vergleichsweise hoch. Erwerbstätig waren nach 10 Jahren Krankheitsverlauf noch 93 %.

16.2.3 Krankheiten der Leber und Gallenwege

Gerd Oehler

Sozialmedizinische Bedeutung
Etwa 1,3 % der Berentungen wegen Erwerbsminderung im Jahr 2009 (N = rund 2.200, ICD-10-Nr. B15–19, C22, K70–77) betraf Personen mit einer Lebererkrankung. Insbesondere handelt es sich um Patienten mit einer fortgeschrittenen Leberzirrhose. Es wird geschätzt, dass in Deutschland 2–2,5 Millionen Menschen unter einer Leberzirrhose leiden. Gallenwegserkrankungen (ICD-10-Nr. C23–24, K80–83) führten im Jahr 2009 in weniger als 200 Fällen zu einer Rente wegen verminderter Erwerbsfähigkeit (= 0,1 % aller Renten wegen verminderter Erwerbsfähigkeit).

Leistungen zur Rehabilitation und Teilhabe werden relativ wenig in Anspruch genommen (N = rund 2.700, ICD-10-Nr. B15–19, C22–24, K70–77, K80–83 im Jahr 2009), das entspricht 0,3% aller stationären Leistungen zur medizinischen Rehabilitation).

Diagnostik
- **Anamnese**

Die Erhebung der Vorgeschichte und das Erkennen der subjektiven Symptome erfordert bei Leberkranken besonderes Geschick, da die Beschwerden häufig über lange Zeit uncharakteristisch sind und wichtige Ursachen bzw. Begleitreaktionen (Alkoholismus, Virushepatitis) von vielen Patienten verschleiert bzw. nicht im Zusammenhang mit der Leberkrankheit gesehen werden.

- **Körperliche Untersuchung**

Bei der direkten Untersuchung lassen sich in frühen Stadien außer einer vergrößerten Leber meistens keine charakteristischen Befunde erheben. In jedem Falle sind Leberhautzeichen zu beachten. Diese kennzeichnen meistens ein fortgeschrittenes Krankheitsstadium. Bei der klinischen Untersuchung lassen sich dann eine Milzvergrößerung und auch Aszites nachweisen.

- **Labordiagnostik**

Grundsätzlich können mit der Labordiagnostik folgende Fragen beantwortet werden:
- Integrität der Hepatozyten,
- biliäre Exkretion,
- hepatische Syntheseleistung,
- spezifische Kriterien.

▫ Tab. 16.7 Grading			
Grad	**Verbal**	**Analoger HAI*-Score**	**Histologische Merkmale**
1	Minimal	1–3	Geringe portale Entzündungszellinfiltration, keine oder minimale azinäre Parenchymzelluntergänge oder Entzündungszellinfiltrate, keine Grenzzonenhepatitis
2	Mild/geringgradig	4–8	Geringe oder mäßige portale Entzündungszellinfiltration, geringe, fokale Grenzzonenhepatitis, einzelne parenchymatöse Einzelzellnekrosen, keine Gruppennekrosen
3	Mäßig/mittelgradig	9–12	Erhebliche (mäßige bis schwere) portale Entzündungszellinfiltration, erhebliche Grenzzonenhepatitis, zahlreiche azinäre Einzelzellnekrosen, evtl. einzelne Gruppennekrosen, keine Brücken- oder panlobulären Nekrosen
4	Schwer/hochgradig	13–18	Schwere portale Entzündungszellinfiltration und Grenzzonenhepatitis, schwere azinäre Entzündung mit Gruppennekrosen und eventuell Brücken- und panlobulären Nekrosen

* HAI: histologischer Aktivitätsindex

▫ Tab. 16.8 Staging		
Score	**Verbal**	**Histologische Merkmale**
0	Keine Fibrose	Keine Faservermehrung
1	Milde/geringgradige Fibrose	Portale Faservermehrung, keine Septen
2	Mäßige/mittelgradige Fibrose	Inkomplette oder komplette porto-portale Fasersepten*, erhaltene Architektur
3	Schwere/hochgradige Fibrose	Septenbildende Faservermehrung mit Architekturstörung**, kein Anhalt für kompletten zirrhotischen Umbau
4	Zirrhose	Wahrscheinlicher*** oder definitiver zirrhotischer Umbau

*   unabhängig von Zahl und Breite der Septen
**   zum Beispiel porto-zentrale Septen, Verschiebung der portalen/azinären Architektur (portal-zentralvenöser Abstand)
*** zum Beispiel ohne definitiven Nachweis vollständig bindegewebig separierter Pseudolobuli, aber aufgrund indirekter Zeichen (zum Beispiel fragmentierte, »herausgebrochene« Pseudolobuli) anzunehmen
[14, 18]

Die Zellintegrität wird an Hand der Transaminasen (GOT, GPT und GLDH) erfasst. Die biliäre Exkretion wird mit Gamma-GT, alkalischer Phosphatase und Bilirubin ermittelt. Die Gamma-GT ist nicht cholestasespezifisch, sondern ein sensibler klinisch-chemischer Indikator für verschiedene Schädigungen (insbesondere auch bei Alkoholkonsum).

Die hepatische Syntheseleistung wird durch Bestimmung von Gerinnungsfaktoren, Cholinesterase und Gesamt-Eiweiß erfasst.

Spezielle Fragen werden durch Antikörper [antimitochondriale Antikörper (AMA), antinukleäre Faktoren (ANA)] abgeklärt. Die Diagnostik der Virushepatitis erfolgt mit serologischen Testverfahren zum Nachweis von Antikörpern (u. a. HA-AK IgG und IgM, HBs-Ak, HBc-Ak, HC-Ak) bzw. Antigenen (HBs-Ag, HBe-Ag). Zur Feststellung der Virusreplikation wird die Polymerase-Kettenreaktion (PCR) eingesetzt, die nicht nur den qualitativen Nachweis der Virusvermehrung, sondern heute auch das Ausmaß der Virämie (quantitative PCR) erfasst.

Alpha-Fetoprotein ist ein Marker für ein hepatobiliäres Karzinom, jedoch nicht spezifisch, d. h. ein normaler Wert schließt einen Tumor nicht aus, ein erhöhter Wert kann auch unspezifisch z. B. im Zusammenhang mit einer Leberzirrhose auftreten.

■ Leberpunktion, Leberbiopsie

Alle Methoden zur Gewinnung von Lebergewebe (»Leberblindpunktion«, sonographisch assistierte Leberpunktion, Laparoskopie und Mini-Laparoskie) sind invasive, mit einem Risiko belastete Eingriffe und daher nicht duldungspflichtig. Ungeachtet dessen ist ein möglichst aktueller histologischer Befund für die sozialmedizinische Begutachtung von entscheidender Bedeutung.

Für die feingewebliche Diagnostik von Lebererkrankungen wird ein Grading und Staging herangezogen. Das Grading beschreibt dabei die nekroinflammatorische Aktivität an Hand der Infiltration der periportalen Felder (Entzündungsgrad, ▫ Tab. 16.7). Das Staging beurteilt das Ausmaß der Leberfibrose an Hand des Fibrosierungsgrades (▫ Tab. 16.8).

■ Bildgebende Verfahren

Die Sonographie liefert wertvolle Informationen zur Morphologie der Leber. Das Vollbild der Leberzirrhose ist sonographisch hinreichend sicher zu diagnostizieren, insbesondere bei Zeichen der portalen Hypertension, d.h. Splenomegalie, portosystemische Kollateralenbildung, pathologischer Pfortaderfluss und Aszites.

Computertomographie und Magnetresonanztomographie können in der Regel keine zusätzlichen Informationen liefern. Für die Differenzialdiagnose fokaler Leberläsionen (Hämangiom, Adenom, Fokal Noduläre Hyperplasie, Leberzellkarzinom, Metastase) liefern diese Untersuchungsmethoden aber häufig richtungsweisende Hinweise.

Als neuere Methode findet das sogenannte Fibroscan Verbreitung. Es handelt sich im Prinzip um ein sonographisches Verfahren, das den Fibrosegrad und eventuell den Übergang in eine Zirrhose erfasst.

▪ Endoskopische Methoden

Die obere Intestinoskopie dient vor allem der Aufdeckung von Ösophagus- oder Magenfundus-Varizen. Auch hier handelt es sich um eine invasive Methode, die im Rahmen der Begutachtung vom Patienten nicht akzeptiert werden muss. Gleiches gilt für die Endoskopisch-Retrograde-Cholangio-Pankreatikographie (ERCP). Meistens lassen sich aber zeitnah erhobene Befunde bei der Begutachtung heranziehen.

▪ Psychometrie

Die Leistungsfähigkeit im differenzierten Beruf wird sehr häufig eingeschränkt durch die hepatische Enzephalopathie, die vor allem bei Leberzirrhose erhebliche Auswirkungen auf die Reaktionsfähigkeit und auf die Aufmerksamkeit haben kann. Im latenten Stadium finden sich bei diesen Patienten klinisch keine Auffälligkeiten. Es ist daher zu empfehlen, mit speziellen Testverfahren (Wiener Determinationsgerät, Zahlenverbindungstest, Liniennachfahrtest) eventuelle Defizite aufzudecken. Ein neueres Verfahren, die Flimmerfrequenzanalyse, ist bisher spezialisierten Zentren vorbehalten. Eine hepatische Enzephalopathie kann die Fähigkeit zum Führen eines Kraftfahrzeugs beeinträchtigen.

Diffuse Lebererkrankungen

▪ Fettleber

Die Fettleber geht mit einer weitgehend symptomlosen Lebervergrößerung einher. Bei der histologischen Untersuchung sind mehr als 50 % der Hepatozyten mit Fett weitgehend ausgefüllt. Laborchemisch findet sich meistens eine Erhöhung der Gamma-GT.

Zu unterscheiden sind eine alkoholbedingte Fettleber bzw. Fettleberhepatitis (ASH) und eine nicht-alkoholbedingte Fettleberhepatitis (NASH). Während bei der alkoholischen Fettleber der überhöhte Alkoholkonsum ätiologisch ganz im Vordergrund steht, ist die nicht-alkoholi-

sche Fettleber insbesondere eine Begleiterscheinung der Übergewichtigkeit, des Diabetes mellitus bzw. einer Fettstoffwechselstörung. Somit bestehen zwischen der Fettleber und dem metabolischen Syndrom (▶ Kap. 12.2.2) zahlreiche Überschneidungen. Bei Fettleberschäden sind Lebensstilmodifikationen – wie beim metabolischen Syndrom – der entscheidende therapeutische Ansatz.

Spezifische sozialmedizinische Beurteilung. Eine sozialmedizinisch relevante Leistungsminderung ist mit der Fettleber und auch mit der Fettleberhepatitis nicht verbunden. Sowohl der alkoholische als auch der nicht-alkoholische Fettleberschaden kann in eine Leberzirrhose übergehen. Die sozialmedizinischen Konsequenzen gleichen dann denen der übrigen Zirrhoseformen.

▪ Virusinfektionen

Als Auslöser einer infektiösen chronischen Hepatitis spielen die viralen Infektionen die größte Rolle. Während bei der Hepatitis A und E chronische Verlaufsformen nicht bekannt sind, gehen etwa 10 % der akuten Hepatitis B-Erkrankungen und 60–80 % der Hepatitis C-Fälle in chronische Krankheitsstadien über. Die Hepatitis D kann als Co- oder Superinfektion bei Hepatitis B-Infektionen vorkommen.

Die Übertragung der Hepatitis B erfolgt überwiegend durch sexuelle Kontakte, aber auch durch Kontamination mit infektiösem Blut bzw. Plasma (intravenöser Drogenabusus). Wegen der hohen Dichte an infektiösem Material in Körperflüssigkeiten ist die Übertragung relativ leicht möglich.

Es sind aktive und passive Schutzimpfungen der Hepatitis B etabliert. Leider werden die Hochrisikogruppen durch die Impfmaßnahmen häufig nicht erreicht. Durch die systematische Impfung des Gesundheitspersonals (aktive Schutzimpfung mit gentechnologisch hergestelltem Hepatitis-B-Oberflächenantigen) sind neu aufgetretene Berufskrankheiten an Hepatitis B selten geworden. Gutachterlich sind häufig Krankheitsfolgen nach länger zurückliegender Infektion zu bearbeiten.

Die akute Infektion mit Hepatitis C verläuft überwiegend klinisch unbemerkt (»kommt auf leisen Sohlen«). Die Chronifizierungsrate ist sehr hoch, ein längerfristiger Übergang in eine Leberzirrhose und auch die Entwicklung eines hepatozellulären Karzinoms ist nicht selten.

Die Hepatitis C-Übertragung erfolgt durch Blut bzw. Blutprodukte sowie durch intensiven Körperkontakt, wobei allerdings die Übertragung z.B. subpartal oder auch sexuell bei weitem nicht so häufig vorkommt wie bei der Hepatitis B.

Die chronische Virushepatitis kann zu wechselnden Transaminasenerhöhungen führen. Namentlich bei der Hepatitis C können längerfristig normale Transamina-

◻ Tab. 16.9 Bewertung der Viruslast

Hepatitis B	
Niedrige Viruslast	$< 2 \times 10^5$ Copies/ml
Mittlere Viruslast	$2 \times 10^5 – 2 \times 10^7$ Copies/ml
Hohe Viruslast	$> 2 \times 10^7$ Copies/ml
Hepatitis C	
Niedrige Viruslast:	< 800.000 IE/ml
Hohe Viruslast:	> 800.000 IE/ml

sen bestehen, obwohl bereits erhebliche morphologische Veränderungen in der Leber vorhanden sind. Aus diesem Grund gibt nur das histologische Bild der Leber eindeutig Auskunft über das Stadium einer chronischen Virushepatitis. Die Bewertung erfolgt an Hand des weiter oben beschriebenen Grading und Staging. Bei fehlender Histologie wird der Entzündungsgrad (»Grading«) näherungsweise durch die Transaminasenaktivität erfasst. Der Fibrosegrad (»Staging«) wird zunehmend im Fibroscan wiedergegeben.

Große Bedeutung – auch für die Therapieentscheidungen – hat der Nachweis der Viruslast. Zur Bewertung der Viruslast siehe ◻ Tab. 16.9. Die Viruslast wird sowohl bei der Hepatitis B (DNS) als auch bei der Hepatitis C (RNS) mittels der hochempfindlichen PCR ermittelt.

Die therapeutischen Möglichkeiten der chronischen Hepatitis B bzw. C haben sich in den letzten Jahren erheblich verbessert. Bei der Hepatitis B ist neben der Interferon-Therapie die wirksame Nucleot(s)id-Therapie eingeführt worden (Adefovir, Tenovovir, Entecavir). Bei der Hepatitis C ist weiterhin die Interferon-Ribavirin-Kombinationstherapie führend. Neuere Ansätze bemühen sich um eine responsegesteuerte Therapie, d. h. um die Variation der Therapiedauer und der Dosierung an Hand des primären Ansprechens. Die erheblichen Therapienebenwirkungen können das Leistungsvermögen der Betroffenen kurzfristig und oft auch längerfristig erheblich beeinträchtigen.

Spezifische sozialmedizinische Beurteilung. Eine chronische Hepatitis mit konstant hoher entzündlicher Aktivität (Grading 3–4) bedingt eine Leistungsminderung für körperlich mittelschwere und schwere Tätigkeiten. Neben den objektiven Parametern ist immer auch das subjektive Beschwerdeausmaß zu berücksichtigen (vorzeitige Erschöpfbarkeit, Müdigkeit, Antriebsschwäche, depressive Grundstimmung, Juckreiz). Eine Plausibilitätsprüfung kann an Hand der Darstellung von Tagesablauf, Freizeitverhalten und Prüfung der Dauerbelastbarkeit z. B. durch Spiro- und Ergometrie erfolgen. Zum Ausschluss einer psychischen Störung kann eine fachärztliche Begutachtung erforderlich werden.

In ◻ Abb. 16.1 zeigt ein Flussdiagramm die möglichen Beurteilungen der Leistungsfähigkeit bei Personen mit chronischer Hepatitis [10].

Nebenwirkungen der antiviralen Therapie sind bei der Beurteilung der Leistungsfähigkeit zu berücksichtigen. Meistens wird damit eine zeitlich begrenzte Arbeitsunfähigkeit ausgelöst.

Teilhabe am Arbeitsleben. Umschulungsmaßnahmen spielen bei der chronischen Virushepatitis oft eine große Rolle, wenn festzustellen ist, dass der Patient unter den Bedingungen einer anhaltenden Virusinfektion in der aktuellen beruflichen Situation überfordert ist. Tätigkeiten im medizinischen Bereich mit hohem Übertragungsrisiko sind auszuschließen, wenn bei Hepatitis B oder C eine Viruslast von mehr als 10^3 Copies/ml nachgewiesen wird.

▪ Autoimmune Leber- und Gallenwegserkrankungen

Hierzu zählen die Autoimmunhepatitis, die primär biliäre Zirrhose (PBC) und die primär sklerosierende Cholangitis (PSC). Die Erkrankungen gehen mit dem Auftreten erhöhter Transaminasen und spezifischer Antikörper einher.

Die chronische Autoimmunhepatitis betrifft vor allem Frauen. Häufig werden extrahepatische Manifestationen an Gelenken, Haut und Schilddrüse gefunden. Therapeutisch wird mit immunsuppressiven Medikamenten (Kortikoide, Azathioprin) behandelt. Auch die primär biliäre Zirrhose und die primär sklerosierende Cholangitis werden zu den immunologisch ausgelösten Erkrankungen des Leber-Galle-Systems gerechnet. Während die primär biliäre Zirrhose (PBC) vor allem bei Frauen auftritt, überwiegen bei der primär sklerosierenden Cholangitis (PSC) die Männer. Bei beiden Erkrankungen kommt es infolge entzündlicher Veränderungen an den kleinen (PBC) bzw. an den größeren (PSC) Gallengängen zu mehr oder weniger schwergradigen Lebererkrankungen bis hin zum Vollbild der Zirrhose. Die Behandlung der PBC und der PSC erfolgt mit Ursodesoxycholsäure. Im Endstadium ist nicht selten eine Lebertransplantation erforderlich.

Spezifische sozialmedizinische Beurteilung. Die Beurteilung der Leistungsfähigkeit richtet sich wie bei den chronischen Virushepatitiden nach dem Ausmaß der Leberschädigung und der Auswirkung der meist unspezifischen Beschwerden auf die tägliche Aktivität und die Teilhabe am Leben in der Gesellschaft.

◻ Abb. 16.2 gibt einen Überblick über die sozialmedizinische Einschätzung der Leistungsfähigkeit bei Autoimmunhepatitis.

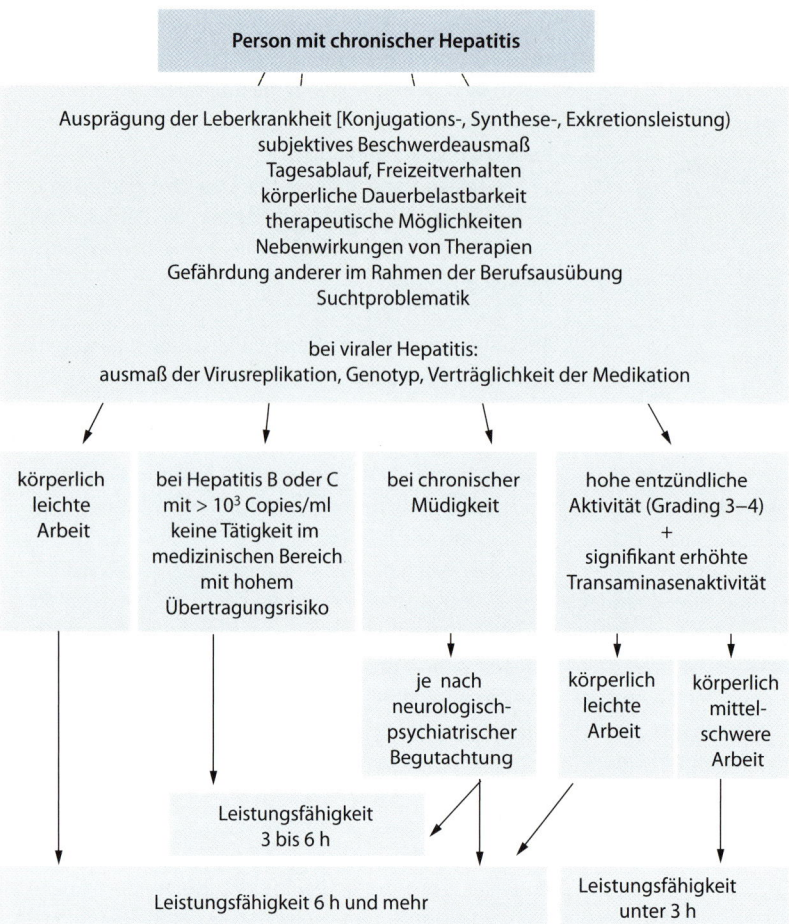

Abb. 16.1 Leistungsfähigkeit im Erwerbsleben bei chronischer Hepatitis [10] (typischer Ablauf, keine Einzelfallbeschreibung)

Medizinische Rehabilitation bei Autoimmunhepatitis. Bei den immunologisch ausgelösten Leberschäden sind Leistungen zur Rehabilitation häufig besonders wirksam. Sie dienen dann auch der Überwachung und eventuell Neugestaltung der immunsupprimierenden Therapie.

■ Leberzirrhose

Chronische Leberkrankheiten können nach langjährigem Verlauf in eine Leberzirrhose münden. Die Leber verliert ihren normalen Läppchenaufbau, es kommt zur Durchsetzung der Leber mit Bindegewebe. Äußerlich erkennbar ist ein knotiger Umbau mit zunehmendem Verlust an wirksamem Parenchym.

Durch die strukturellen Veränderungen in der Leber wird der Blutfluss über die Pfortader mehr oder weniger blockiert. Es kommt zum Pfortaderhochdruck mit gefürchteten Folgen wie Vergrößerung der Milz (Splenomegalie) und Bildung von Ösophagusvarizen. Durch Ruptur der Varizen treten lebensbedrohliche Blutungen auf. Die Blutungsgefahr aus den Varizen kann durch lokale Maßnahmen (Sklerosierung, Ligatur) und/oder medikamentös (Betablocker) reduziert werden. Die Vergrößerung der Milz wirkt sich auf das Blutbild aus (Thrombozytopenie, Leukozytopenie).

Durch die anatomischen Veränderungen der Leber kommt es zum Austritt von Flüssigkeit in den Bauchraum (Aszites).

Aufgrund der Reduzierung des wirksamen Parenchyms der Leber ist die Synthese wichtiger Proteine eingeschränkt. Hierzu zählen Cholinesterase, Albumin und Gerinnungsfaktoren. Letzteres begründet eine gesteigerte Blutungsgefahr.

Die gestörte Entgiftungsfunktion der Leber äußert sich in einer Erhöhung des Ammoniakspiegels im Blut. Dies wiederum ist einer der Gründe für die leberbedingte Einschränkung der Hirnleistung (hepatische Enzephalopathie). Es besteht aber keine strenge Korrelation zwischen der Höhe des Ammoniakspiegels und dem Ausmaß der Enzephalopathie.

Spezifische sozialmedizinische Beurteilung. Es ist allgemein üblich, die Leberzirrhose nach dem Child-Pugh-Schema in drei Stadien einzuteilen (**Tab. 16.10**).

Liegt eine kompensierte Leberzirrhose Child A vor (normale Gerinnungswerte und Serumalbumin, sowie

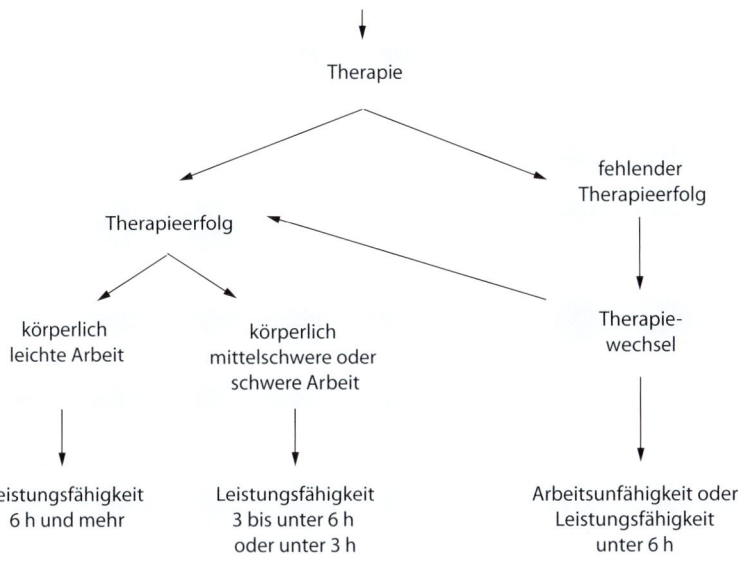

Person mit Autoimmunhepatitis

|

In Abhängigkeit von
Ausmaß von Symptomatik und Leberschädigung
Auswirkungen der Beschwerden auf Aktivitäten und Teilhabe
Nebenwirkungen und Verlauf einer immunsuppressiven Medikation
Funktionsstörungen einbezogener anderer Organe (Gelenke, Schilddrüse, Haut)

Therapie

Therapieerfolg   fehlender
                                Therapieerfolg

körperlich   körperlich   Therapie-
leichte Arbeit   mittelschwere oder   wechsel
                   schwere Arbeit

Leistungsfähigkeit   Leistungsfähigkeit   Arbeitsunfähigkeit oder
6 h und mehr   3 bis unter 6 h   Leistungsfähigkeit
                      oder unter 3 h   unter 6 h

◘ **Abb. 16.2** Leistungsfähigkeit im Erwerbsleben bei Autoimmunhepatitis (AIH) [10] (typischer Ablauf, keine Einzelfallbeschreibung)

◘ **Tab. 16.10** Schema zur Klassifizierung der Leberzirrhose nach Child [25]

Child A	Child B	Child C
Bilirubin < 2 mg/dl	Bilirubin 2–3 mg/dl	Bilirubin > 3 mg/dl
Albumin > 3,5 g/dl	Albumin 3–3,5 g/dl	Albumin < 3 g/dl
Kein Aszites	Behandelbarer Aszites	Aszites
Keine Enzephalopathie	Beeinflussbare Enzephalopathie	Enzephalopathie
Guter Ernährungszustand	Reduzierter Ernährungszustand	Schlechter Ernährungszustand

höchstens geringe Transaminasenerhöhungen) mit sonographisch nachweisbarem Pfortaderhochdruck ohne Aszitesbildung, können körperlich leichte bis mittelschwere Arbeiten ausgeübt werden. Bei der Leberzirrhose im Stadium Child B hängt das Leistungsvermögen davon ab, in wieweit eine Rückbildung in das Stadium Child A möglich ist. Bei irreversiblem Child B-Stadium und im Child C-Stadium liegt die Leistungsfähigkeit im Allgemeinen unter 3 Stunden täglich.

Es ist zu berücksichtigen, dass alkoholbedingte Zirrhosen sich unter Alkoholkarenz völlig stabilisieren können.

Für berufliche Tätigkeiten mit hoher Anforderung an die Konzentrationsfähigkeit (auch z. B. mit der Notwendigkeit, zeitlich ausgedehnt ein Kraftfahrzeug zu führen) kann die Enzephalopathie zum entscheidenden limitierenden Aspekt werden. Dabei ist zu berücksichtigen, dass frühe Stadien der Enzephalopathie (minimale Enzephalopathie) bei der klinischen Untersuchung nicht unbedingt auffallen und eventuell nur mit differenzierten psychometrischen Tests erfasst werden können.

◘ Abb. 16.3 gibt einen Überblick über die sozialmedizinische Einschätzung der Leistungsfähigkeit bei Leberzirrhose.

Medizinische Rehabilitation bei Leberzirrhose. Rehabilitationsleistungen sind in allen Zirrhose-Stadien angezeigt und sehr wirksam. Unter stationären Bedingungen gelingt es, eine angemessene Ernährung z. B. mit Kontrolle der Proteinzufuhr zu etablieren. Durch Hirnleistungstraining können bei minimaler Enzephalopathie Verbesserungen erreicht werden.

■   **Speicherkrankheiten**

Hierzu zählen die Hämochromatose und die Wilson-Krankheit (Morbus Wilson). Die Hämochromatose ist

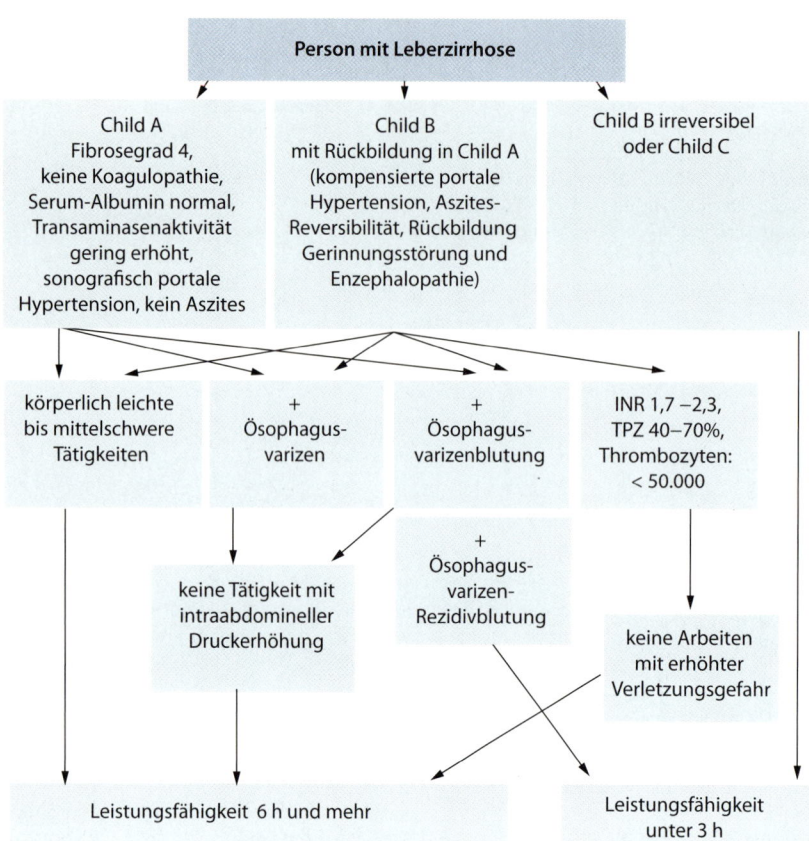

Abb. 16.3 Leistungsfähigkeit im Erwerbsleben bei Leberzirrhose [10] (typischer Ablauf, keine Einzelfallbeschreibung)

wesentlich häufiger als die Wilson-Krankheit. Bei der Hämochromatose kommt es in Folge einer gesteigerten Eisenresorption aus dem Darm zu einer Eisenüberladung der inneren Organe. Neben der Leber sind auch Gelenke, Herz und endokrine Organe betroffen. Unbehandelt entwickelt sich die Hämochromatose zur Leberzirrhose und nicht selten zum Leberkrebs. Bei der Wilson-Krankheit handelt es sich um eine Ausscheidungsstörung für Kupfer, das in der Leber, aber auch im Nervensystem abgelagert wird. Während in den Laboruntersuchungen bei der Hämochromatose die Werte für Eisen und Ferritin erhöht sind, findet man bei der Wilson-Erkrankung einen erniedrigten Gesamt-Kupferwert im Serum und eine Erhöhung des freien Kupfers.

Die Behandlung der Hämochromatose erfolgt mit Aderlässen (bei sekundären Eisenüberladungskrankheiten mit Desferal bzw. mit dem seit kurzem eingeführten, oral applizierten Desferasirox). Die Wilson-Krankheit wird mit dem Chelatbildner D-Penicillamin (bzw. bei Unverträglichkeit mit Trientine) behandelt. In der Langzeittherapie kann Zink eingesetzt werden.

Spezifische sozialmedizinische Beurteilung. Bei der Hämochromatose steigt das Risiko mit dem Ausmaß der Eisenbelastung. Im präzirrhotischen Stadium ist die Belastbarkeit für körperlich leichte und mittelschwere Arbeiten nicht wesentlich eingeschränkt.

Bei der Wilson-Krankheit sind neben der Lebermanifestation Auswirkungen auf andere Organsysteme (insbesondere auf das Zentralnervensystem) zu berücksichtigen.

Medizinische Rehabilitation bei Hämochromatose und Morbus Wilson. Rehabilitationsleistungen kommen in den verschiedenen Stadien der Speicherkrankheiten in Frage. Die spezifische Therapie kann fortgesetzt und eventuell gesteuert werden. Eine eisenreduzierte Diät ist nicht erforderlich. Bei der Wilson-Erkrankung kann eine Schulung hinsichtlich kupferreduzierter Ernährungsweise sinnvoll sein.

Lebertransplantation

Nach einer Lebertransplantation muss zunächst eine Rekonvaleszenz von mindestens sechs Monaten abgewartet werden, bevor die Leistungsfähigkeit beurteilt werden kann. Dabei sind die Leistungsfähigkeit der Transplantatleber, Komplikationen durch Abstoßungsreaktionen und Nebenwirkungen der erforderlichen Dauermedikation mit Immunsuppressiva zu berücksichtigen.

Bei komplikationslosem Verlauf können körperlich leichte bis mittelschwere Tätigkeiten verrichtet werden. Tätigkeiten mit gesteigertem Infektionsrisiko kommen nicht mehr in Frage. Während in der Frühphase (sechs Monate postoperativ) noch eine gesteigerte Infektanfälligkeit anzunehmen ist, unterscheidet sich in der Phase der Erhaltungstherapie das Infektionsrisiko nicht wesentlich von dem der Normalbevölkerung. Es besteht daher auch keine Notwendigkeit, Menschenansammlungen (Kino, Konzert, Kaufhaus) oder Fahrten mit öffentlichen Verkehrsmitteln zu vermeiden. Für die sozialmedizinische Beurteilung ist daher bedeutsam, dass die Wegefähigkeit nicht eingeschränkt ist.

Patienten mit Lebertransplantation sollten im Rahmen der Anschlussrehabilitation (AHB) rehabilitiert werden. Späterer Rehabilitationsbedarf richtet sich nach dem Verlauf im Einzelfall.

Fokale Leberläsionen

Hepatozelluläre Karzinome (HCC). In Deutschland erkranken etwa 6.000 Menschen pro Jahr an einem hepatozellulären Karzinom (HCC, Leberkrebs; Angaben der Deutschen Krebsgesellschaft), am häufigsten zwischen dem 50. und 60. Lebensjahr. Das Verhältnis Männer : Frauen beträgt 2 : 1.

Die Leberzirrhose stellt den Hauptrisikofaktor für das HCC dar; in über 90 % entsteht es in einer zirrhotisch umgebauten Leber. Deren Ursache kann vielfältig sein und z. B. auf einer chronischen Virushepatitis B und C, auf einer Hämochromatose oder auf einem nutritiv-toxischen Umbau basieren.

In Abhängigkeit von der Tumorlokalisation und -ausdehnung sowie dem Stadium der Lebergrunderkrankung kommen verschiedene Therapieansätze zur Anwendung: Bei einer nicht zirrhotischen Leber besteht die Therapie der Wahl in der Leberteilresektion. Bei nicht operablen Tumoren haben sich verschiedene minimal-invasive Verfahren der Tumor-Ablation bewährt. Sowohl die Leberteilresektion als auch manche Ablationsverfahren (perkutane Ethanolinjektion = PEI, radiofrequenzinduzierte Thermotherapie = RFITT) werden, insbesondere wenn der Tumor nicht größer als 3 cm ist, mit kurativer Zielsetzung eingesetzt. Das gilt auch für die in Einzelfällen bei HCC durchgeführte Lebertransplantation.

Als palliative Maßname wird die transarterielle Chemoembolisation (TACE, über versorgende Äste der A. hepatica propria) oder auch die medikamentöse (orale) Therapie mit Tyrosinkinase-Inhibitoren (Sorafenib) durchgeführt. Sie verlängern das Überleben allerdings nur um wenige Monate.

Die Prognose ist bei großen Tumoren schlecht, die mittlere Überlebensdauer nach Diagnosestellung beträgt ca. sechs Monate. Bei kleineren HCC beträgt die mittlere Überlebensdauer nach 1, 2 und 3 Jahren 81%, 56 % und 28 % [26].

Lebermetastasen. Lebermetastasen treten im Rahmen extrahepatischer Tumorerkrankungen auf. Sie sind die häufigste Form maligner Lebertumoren und signalisieren ein fortgeschrittenes Tumorstadium.

Die Behandlung und Prognose von Lebermetastasen hängt von deren Anzahl und Größe, von der Art und Ausbreitung des Ursprungstumors sowie vom allgemeinen gesundheitlichen Zustand des Betroffenen ab. Solitäre Metastasen sind eher selten. Sofern vorhanden, können sie in Abwesenheit weiterer Metastasen mit kurativer Zielsetzung reseziert werden. Meistens treten im Rahmen der Grunderkrankung multiple Lebermetastasen auf. Bei manchen Tumorentitäten (sehr selten, z. B. beim Hodenkarzinom) sprechen Metastasen auf eine systemische Chemotherapie an. Die übrigen vielfältigen Behandlungsmöglichkeiten von Leberfiliae (wie z. B. die Chemoembolisation, die laserinduzierte interstitielle Thermotherapie LITT oder die Kryo- bzw. Thermotherapie) führen eher zu unbefriedigenden Therapieergebnissen und haben palliativen Charakter.

Krankheiten der Gallenblase und der Gallenwege

■ Gallenwegserkrankungen

Sozialmedizinische Bedeutung haben lediglich die primär biliäre Zirrhose (PBC), die im Frühstadium als chronisch nicht eitrige destruierende Cholangitis (CNDC) auftritt, bzw. die primär sklerosierende Cholangitis (PSC). Letztere tritt gehäuft zusammen mit chronisch entzündlichen Darmerkrankungen (insbesondere Colitis ulcerosa) auf. Bei dieser Konstellation sind häufig umfassende Rehabilitationsleistungen angezeigt.

Spezifische sozialmedizinische Beurteilung. Bei PBC kann es durch Ikterus und ausgeprägten Juckreiz mit imperativem Drang zum Kratzen zu einer Einschränkung der Konzentrationsfähigkeit mit daraus folgender Beeinträchtigung der Leistungsfähigkeit kommen. Darüber hinaus gelten die Beurteilungskriterien, wie sie bei den Stadien Child A–C der Leberzirrhose genannt sind.

Für die Leistungsbeurteilung bei PSC sind vorrangig Dauer und Ausmaß der Cholestase unter Einschluss der klinischen Symptomatik zu berücksichtigen, ggf. auch die Folgen der Malabsorption. Wenn ein Pruritus therapeutisch nicht zu beeinflussen ist, dann kann – unabhängig vom Auftreten einer Leberzirrhose – eine Minderung der Dauerbelastbarkeit auch für eine körperlich leichte Tätigkeit resultieren.

■ Cholelithiasis

Im Durchschnitt haben 10–15 % der Bevölkerung Gallensteine, im 7. Lebensjahrzehnt sind es 46%. Symptomatisch werden Gallensteine bei 25 % der Träger. Gefürchtete

Komplikationen sind Verschlussikterus, eitrige Cholangitis sowie akute oder rezidivierende Pankreatitis. Die Behandlungsmöglichkeiten wie Litholyse, endoskopische oder operative Therapie sind fortgeschritten, so dass dauerhafte Leistungseinschränkungen im Erwerbsleben nur ausnahmsweise vorkommen.

■ Postcholezystektomie-Syndrom

Als Postcholezystektomie-Syndrom werden verschiedene Beschwerden zusammengefasst: Operationsfolgen, intraoperativ unbehandelte Befunde an Gallenwegen oder Nachbarorganen und trotz Cholezystektomie fortbestehende funktionelle Beschwerden. Je nach Intensität der prä- und postoperativen Diagnostik überwiegen die letzteren. Keinesfalls kann eine Leistungseinschränkung allein mit einem Postcholezystektomie-Syndrom begründet werden.

■ Funktionelle Hyperbilirubinämie

Eine Reihe angeborener Enzymdefekte führt zu unkonjugierten sowie konjugierten Hyperbilirubinämien als Folge von Glukuronidierungs- oder Exkretionsstörungen von Bilirubin. Am häufigsten ist das GILBERT-Syndrom, das 3–7 % der Bevölkerung betrifft. Es handelt sich möglicherweise nicht um ein einheitliches Syndrom. Bisher wurde ein autosomal-dominanter Erbgang mit variabler Penetranz angenommen. Pathogenetisch liegen Veränderungen der UDP-Glukuronyltransferase zu Grunde. Die Hyperbilirubinämie steigt nach Infektionen durch Fasten oder Stress, bei Frauen oft prämenstruell an. Normale Laborbefunde hinsichtlich Hämatopoese, Hämolyse und Lebererkrankungen sind typisch. Provokations- und Induktionstests sind in der Regel verzichtbar. Bilirubinwerte im Serum von 3–5 mg/dl werden selten überschritten. Es ist fraglich, ob dem GILBERT-Syndrom überhaupt Symptome zugeordnet werden können. Die Prognose ist gut, eine Therapie nicht erforderlich. Leistungsvermögen sowie Lebenserwartung entsprechen der Normalpopulation.

■ Cholangiozelluläre Karzinome

In Deutschland erkranken etwa 5.000 Menschen pro Jahr an einem cholangiozellulären Karzinom, das entspricht 0,5 % aller malignen Tumoren. Wichtigster Risikofaktor für das Gallenblasenkarzinom sind Gallensteine, für das Gallenwegskarzinom die primär sklerosierende Cholangitis. Therapie der Wahl ist die komplette operative Resektion. Sie ist aber nur in den frühen Stadien bzw. bei lokal begrenzten Tumoren (z. B. Gallenblase) möglich. Nur dann (selten, in etwa 30 % der Fälle) besteht eine kurative Zielsetzung. Im Allgemeinen erfolgt die Diagnosestellung im fortgeschrittenen Stadium, so dass diese Tumorentität prognostisch sehr ungünstig ist. Bei nichtresektablen Tumoren ist von einer mittleren Überlebenszeit von 6–8

Monaten auszugehen. Strahlentherapie und Chemotherapie sind palliative Maßnahmen.

16.2.4 Krankheiten des Pankreas

Christoph Reichel, Eberhard Zillessen

Chronische Pankreaserkrankungen sind relativ selten (Inzidenz 2–9/100.000), haben aber eine hohe sozialmedizinische Relevanz. Zusätzlich zu den in ▶ Kap. 16.1.4 beschriebenen Leitsymptomen wie Durchfall, Bauchschmerz oder Schwäche leiden an der Bauchspeicheldrüse Erkrankte oft auch unter Rückenschmerzen. Weitere Symptome ergeben sich infolge der exokrinen (s. u.) bzw. endokrinen Insuffizienz mit der Ausbildung eines insulinpflichtigen Diabetes mellitus (▶ Kap. 12.2.1).

■ Diagnostik

Bei der **klinischen Untersuchung** ist auf Mangelerscheinungen, Minderung der Muskelmasse und -kraft zu achten. Eine Kombination der chronischen Pankreatitis mit anderen toxischen Krankheiten (Polyneuropathie, Leberzirrhose, organische Hirnschäden), mit der peptischen Ulkuskrankheit und mit unfallbedingten Verletzungen ist häufig [3].

Die **Labordiagnostik** beschreibt über Fermentanstiege (Serum-Amylase, -Lipase) die Gewebsnekrosen, mittels der Bestimmung von Stuhlelastase oder Stuhlfettausscheidung die exokrine Insuffizienz. Der sensitivere Pankreozymin-Sekretin-Test kommt in der Routinediagnostik nur noch selten zum Einsatz. Orlistat, ein selektiver Lipasehemmer, kann eine Steatorrhö vortäuschen. Blutzuckerbestimmung, das HbA_1c und ein oraler Glukosetoleranztest klären die endokrine Insuffizienz. Auf einen Alkoholabusus lässt sich indirekt über die Bestimmung von Gamma-GT, Triglyceride und MCV schließen. Bei der Tumorsuche ist das CA 19-9 im Serum zwar sensitiv, aber nicht sehr spezifisch.

Die **bildgebenden Verfahren** spielen für die Artdiagnose, die Prognose, bei Komplikationen und für die Therapieplanung heute eine wesentliche Rolle: Sonographie, Spiral-CT und MRT (einschl. MRCP) haben die sensitivere ERCP für diagnostische Fragestellungen mehr und mehr verdrängt.

■ Begutachtungskriterien

Schmerzen. Rezidivierende akute Pankreatitisschübe und die chronische Pankreatitis führen zu intermittierenden und chronischen abdominellen Schmerzzuständen, die sich durch Nahrungszufuhr verstärken können. Der zeitliche Verlauf und die Intensität dieser Schmerzepisoden, welche zu häufigen Arbeitsunfähigkeitszeiten führen können, sind ein wesentliches Kriterium für die Leistungsbeurteilung.

Ernährungszustand. Der Ernährungs- und Kräftezustand ist bei der chronischen Pankreatitis häufig limitierend für das Leistungsvermögen; vgl. hierzu auch ▶ Kap. 16.1.4.

Exokrine Pankreasinsuffizenz (◻ Tab. 16.11).
Limitierend ist die Fettverdauung. Gewichtsabnahme, Schwäche, Durchfälle, Fettstühle und die Folgen einer Malabsorption fettlöslicher Vitamine wie Nachtblindheit (Vitamin A-Mangel), Osteoporose und Osteomalazie (Vitamin D-Mangel) oder seltener Gerinnungsstörungen (Vitamin K-Mangel) sind zu berücksichtigen. Eine Malalimentation nach Gastrektomie oder bei Alkoholabusus verschlechtert das klinische Bild. Die Substitution mit Pankreasenzymen muss in ausreichender Dosierung lebenslang beibehalten werden.

Endokrine Pankreasinsuffizienz. Sie manifestiert sich durch einen insulinpflichtigen Diabetes mellitus (pankreopriver D.m.), der infolge unregelmäßiger Nahrungsaufnahme und Maldigestion instabil bzw. schwierig einzustellen ist; vgl. hierzu auch ▶ Kap. 12.2.1.

■ **Sozialmedizinische Beurteilung**
Einschränkungen ergeben sich individuell aus dem Gewichts- und Kräfteverlust, durch die Schmerzsymptomatik, möglicherweise durch einen insulinbedürftigen pankreopriven Diabetes mellitus. Es können dann Tätigkeiten mit Eigen- oder Fremdgefährdung, Absturzgefahr, Fahr- und Steuertätigkeiten, Montage- und Schichtarbeit (insbesondere Dreifach-Schichtwechsel) nicht mehr ausgeführt werden. Generell sind die Einschränkungen für körperliche Arbeit häufig. Alkoholnahe Berufe wie Kellner, Gastwirt, Winzer oder Brauereiarbeiter sind zu meiden.

Eine medizinische Rehabilitation kann zur Behebung von Stoffwechseldefiziten beitragen, eine adäquate Therapie einleiten und den Patienten hierfür schulen, ein Muskelaufbautraining beginnen und das Suchtverhalten beeinflussen.

Akute Pankreatitis. Die Verlaufsformen der akuten Pankreatitis reichen vom interstitiellen Ödem mit minimalen Fettgewebsnekrosen (ödematöse Pankreatitis) bis hin zu großen, konfluierenden Nekrosen und Blutungen (hämorrhagisch-nekrotisierende Pankreatitis). Ursachen sind Alkoholabusus, Gallensteine (biliäre Pankreatitis), aber auch Schock, Trauma, Medikamente, Hyperlipidämie, Hyperkalzämie oder Infektionen. Nicht selten bleibt die Ursache ungeklärt. Die Letalität ist mit 6 % hoch; sie steigt auf 10 % im Falle steriler und auf 15 % bei infizierten Nekrosen an [23]. Die Therapie bedarf einer Abstimmung zwischen intensivmedizinischen, internistischen, endoskopischen und chirurgischen Methoden. Operati-

◻ **Tab. 16.11** Ursachen einer exokrinen Pankreasinsuffizienz

- Chronische Pankreatitis
- Z.n. akuter, ausgedehnt nekrotisierender Pankreatitis
- Pankreaskarzinom
- Stenose des Ductus pankreaticus
- Z.n. Resektionen des Pankreas
- Magen-, Duodenal- oder Gallenwegsoperationen, die zu einer pankreatikobiliären Asynchronie führen, z.B. durch eine beschleunigte Passage oder aufgehobene Duodenalpassage
- Kongenitaler Lipasemangel (sehr selten)
- Genetische Pankreatitis (Varianten im Zystische-Fibrose-Gen und andere hereditäre Pankreatitiden)
- Tropische Pankreatitis
- Mukoviszidose (Diagnose in der Kindheit)
- ZOLLINGER-ELLISON-Syndrom (Gastrinom, selten)
- Sekundär bei systemischen Erkrankungen wie Lupus erythematodes, Hypertriglyceridämie, evtl. Hyperparathyreoidismus
- Autoimmune Pankreatitis
- Idiopathische Pankreatitis

onen erfolgen zur Drainage, als Resektion oder Nekrosektomie. Die biliäre Pankreatitis erfordert eine Sanierung der Gallenwege. Die erhebliche Leistungsschwäche nach Intensiv- oder operativer Behandlung bedarf häufig einer Anschlussrehabilitation.

Sozialmedizinisch besonders relevant ist die akute alkoholtoxische Pankreatitis, da es sich hierbei in der Regel um den (ersten?) Schub einer chronischen Pankreatitis handelt. Dauerhafte Alkoholkarenz ist somit bereits ab diesem Zeitpunkt geboten und ein erstrebenswertes Rehabilitationsziel.

Chronische Pankreatitis. Die chronische Pankreatitis verläuft schleichend progredient oder in rezidivierenden akuten Schüben. Die klinisch stumme Verlaufsform wird erst durch die Pankreasinsuffizienz auffällig. In ca. 70–80 % liegt ein chronischer Alkoholabusus zugrunde, wobei keine Schwellendosis angegeben werden kann [2, 47]. Täglich 40 g Äthanol (2 Flaschen Bier) können als Ursache ausreichen. Jede vierte chronische Pankreatitis ist nicht alkoholinduziert. In letzter Zeit konnten genetische Risikofaktoren wie Varianten im Zystischen-Fibrose-Gen und seltenere Formen der hereditären Pankreatitis identifiziert werden. Weitere Ursachen können Stenosen des Ductus pankreaticus und die tropische Pankreatitis sein. Aber auch im Rahmen von systemischen Erkrankungen wie Lupus erythematodes, Hypertriglyceridämie und evtl. im

Rahmen eines Hyperparathyreoidismus kann eine akute oder chronische Pankreatitis auftreten. Die autoimmune und idiopathische Pankreatitis runden die vielschichtige Differentialdiagnose ab.

Die Malalimentation mit Eiweißmangel und die Resorptionsstörung der fettlöslichen Vitamine prädisponieren zu Osteoporose und -malazie, seltener zu Ödemen, hämorrhagischer Diathese und Nachtblindheit. Die Patienten wirken oft vorgealtert. Infolge postprandialer Schmerzen kann eine sekundäre Anorexie auftreten. Viele dieser Patienten bedürfen einer dauerhaften und ausreichenden Schmerztherapie [27]. Nach 10jähriger Beobachtung wurden nur 47 % der Patienten mit chronischer Pankreatitis schmerzfrei [24]. Alkoholkarenz hatte weder Einfluss auf die Schmerzen noch auf die Progredienz der exokrinen Insuffizienz, verzögerte aber das Auftreten einer endokrinen Insuffizienz.

Nach durchschnittlich 10jährigem Verlauf waren 15 % der Patienten arbeitslos und 25 % berentet, davon 11 % aufgrund ihrer Pankreatitis. Arbeitslose Patienten mit chronischer Pankreatitis waren zu 87 % alkoholabhängig. Wegen der hohen und frühzeitigen Gefährdung des erwerbsbezogenen Leistungsvermögens und wegen der komplexen somatischen wie psychosozialen Problematik ist der Rehabilitationsbedarf bei diesen Patienten sehr hoch [3, 35].

Pankreaskarzinom. Etwa 3 % aller Krebserkrankungen in Deutschland sind Pankreaskarzinome. Jährlich erkranken etwa 6.600 Frauen und 6.300 Männer [34]. Das mittlere Erkrankungsalter liegt mit 74 (Frauen) bzw. 67 Jahren (Männer) jeweils höher als für Malignome insgesamt. Die Überlebenszeit nach Diagnosestellung beträgt in der Regel nur wenige Monate. Als Risikofaktoren werden Rauchen und ein erhöhter Konsum an tierischen Fetten diskutiert. Die chronische Pankreatitis gilt als prädisponierende Erkrankung. Pankreasmalignome sind zu über 90 % Adenokarzinome, ganz überwiegend duktale exokrine Tumore. Deutlich seltener sind die azinären Tumore, Zystadenokarzinome und endokrinen Tumore. Ca. 70 % sind im Pankreaskopf lokalisiert. Insgesamt werden sie zumeist spät diagnostiziert und nur zu unter 5 % operativ geheilt.

Die häufigsten Symptome sind Gewichtsverlust, Schmerzen (auch Rückenschmerzen), Ikterus, Dyspepsie und eine Diabetesmanifestation. Bei resektablen Tumoren ist die Operation Therapie der Wahl. Fortschritte einer adjuvanten wie palliativen Chemotherapie sind in den letzten Jahren zu verzeichnen. Während die technischen Möglichkeiten für eine Früherkennung (Sonographie, CT, ERCP, MRCP, PET) heute weit fortgeschritten sind, fehlen geeignete Marker für ein Screening [6]. Laborchemische Tumormarker sind erst bei größeren Tumoren sensitiv, das CA 19-9 ist zudem nicht sehr spezifisch.

Sozialmedizinische Einschränkungen ergeben sich aus den Folgen der Operation, einer begleitenden Chemotherapie und den psychischen Belastungen. Wegen der sehr hohen Rezidivraten auch nach R0-Resektion sollte die erwartete Leistungsfähigkeit zurückhaltend eingeschätzt werden. Ein inoperabler Tumor bei der Erstdiagnose, das Rezidiv nach Operation oder Metastasen bereits bei der Diagnose lassen eine baldige Aufhebung des Leistungsvermögens wegen allgemeiner körperlicher Schwäche erwarten.

16.2.5 Folgen operativer Eingriffe

Christoph Reichel, Eberhard Zillessen

Vagotomie und Magenresektion. Durch pharmakologische und endoskopische Behandlungsmöglichkeiten der peptischen Ulkuskrankheit konnte die Anzahl erforderlicher Operationen des Magens deutlich reduziert werden. Die früher mit einer Vagotomie (Durchtrennung verschiedener Äste des N. Vagus) angestrebte Verminderung der Magensekretion, die zugleich häufig die Motilität der Oberbauchorgane negativ beeinflusste, wird heutzutage einfacher und besser mit Protonenpumpenhemmern erreicht.

Operative Eingriffe am Magen sind weiterhin erforderlich bei Krankheitskomplikationen wie gastrointestinaler Blutung, Perforation oder Magenausgangsstenose. Je nach Grunderkrankung und Operationstechnik können Folgeerscheinungen auftreten, die sich in Gewichtsverlust, Erbrechen, Schmerzen und verschiedenen Darmstörungen äußern.

Funktionsstörungen nach Magenresektion werden unter dem Begriff »Postresektionssyndrom« (englisch »Postgastrektomiesyndrom«) zusammengefasst, wobei der Begriff der Gastrektomie im Englischen weiter gefasst ist als im deutschen Sprachgebrauch.

Dumping-Syndrom. Das *Frühdumping-Syndrom* entsteht durch ein rasches Einströmen von Ingesta aus dem Magen in den Dünndarm mit osmotischen und Dehnungseffekten, welche Kreislauf- und hormonelle Dysregulationen auslösen. Etwa 5–30 min postprandial kommt es zu Übelkeit, Hitzegefühl mit Schwitzen, Blutdruckabfall, Tachykardie, Aufstoßen, Völlegefühl, Erbrechen und Durchfällen. Das *Spätdumping-Syndrom* entsteht durch eine Hypoglykämie, die durch kohlenhydratinduzierte überschießende Insulinsekretion ausgelöst wird. Es ist seltener und verläuft meist weniger schwer. Die Beschwerden treten 60–180 min postprandial auf: Schwächegefühl, Kaltschweißigkeit, Müdigkeit, Hungergefühl, Somnolenz und Bewusstlosigkeit. Wichtig sind häufige kleine Mahlzeiten, ferner werden Resorptionsverzögerer wie Acarbose und Guar eingesetzt, schlussendlich eine Umwandlungsoperation.

Bei unzureichend behandeltem Dumping-Syndrom treten Tachykardien und Kollapszustände auf. Daher sind Tätigkeiten mit dem Risiko der Eigen- und Fremdgefährdung (Berufskraftfahrer), auf Leitern und Gerüsten, mit Absturzgefahr, an schnell laufenden und ungeschützten Maschinen, mit besonderen Anforderungen an Konzentration, Reaktionsvermögen und Ausdauer nicht durchführbar.

Gastrektomie. Häufigster Grund für eine Gastrektomie (»totale Magenresektion«) ist ein Magenkarzinom. Ein Teil der Beschwerden ist Folge der Operationsradikalität mit Lymphadenektomie und der Entfernung benachbarter Organe oder Organteile. Die Beschwerden umfassen Appetitlosigkeit, Druck und Völlegefühl im Epigastrium, gehäuftes Luftaufstoßen, von der Nahrungsaufnahme abhängige Schmerzen, Sodbrennen, Schluckbeschwerden, Übelkeit, Erbrechen, Durchfall, Früh- und Spätdumping-Syndrom sowie Untergewicht in bis zu 90 %. Dabei haben sich nur die Häufigkeit des Dumping-Syndroms und die der galligen Ösophagitis als abhängig vom gewählten Operationsverfahren erwiesen. Die metabolischen Folgen münden in Malnutrition (20–50 %), Osteomalazie (15–30 %) und Anämie (30–60 %). Zugrunde liegen eine wahrscheinliche Pankreasdysfunktion, eine Störung des enterohormonalen Zusammenspiels, eine beschleunigte Dünndarmpassage, eine bakterielle Besiedelung des oberen Intestinaltraktes, infolgedessen eine unzureichende Resorption fettlöslicher Vitamine sowie Resorptionsstörungen für Eisen und Vitamin B_{12}. Eine sorgfältige Befunddokumentation ist erforderlich, angefangen mit dem OP-Bericht. Die obere Endoskopie ergibt oft behandlungsbedürftige pathologische Befunde. Die Beeinflussbarkeit vieler gastrektomiebedingter Beschwerden durch eine medizinische Rehabilitation ist mehrfach belegt.

Die sozialmedizinischen Einschränkungen entsprechen denen nach Magenteilresektion und betreffen vorwiegend die körperliche und zeitliche Belastbarkeit. Die Möglichkeit für die Einnahme von Zwischenmahlzeiten muss bestehen.

Folgen nach Magenresektion. Je nach operativer Entfernung oder Verlegung von Magen- oder Darmanteilen können sich Stenosen entwickeln, die zu krampfartigen Oberbauchschmerzen und schwallartigem Galleerbrechen eine halbe bis mehrere Stunden nach dem Essen führen können. Nach Magenresektion kann im Rahmen einer via falsa in die zuführende Schlinge gelangter Mageninhalt Völlegefühl verursachen, das sich nach Erbrechen von mit Galle vermischter Ingesta bessert. Nicht selten ist ein duodenogastraler Reflux nach Magenresektion, der von morgendlichem Galleerbrechen begleitet sein kann, einhergehend mit epigastrischen Schmerzen.

Verwachsungen. Jede Bauchoperation und jede Peritonitis hinterlässt Verwachsungen, die zu Schmerzen, Motilitätsstörungen, Subileus und Ileus führen können. Obwohl allgemein als Komplikation nach abdominalchirurgischen Eingriffen bekannt, gibt es bis heute keine diagnostischen und therapeutischen Standards für Verwachsungen. Der Überlappungsbereich zu somatoformen Störungen (siehe Reizdarm ▶ Kap. 16.2.2) scheint groß zu sein. Mitunter bessert eine laparoskopische Adhäsiolyse nach sorgfältiger Indikationsstellung die Beschwerden. Nur nach wiederholten oder raumgreifenden Eingriffen, nach einer ausgedehnten Peritonitis oder nach mehrfachem Ileus können sich aus sozialmedizinischer Sicht Leistungseinschränkungen ergeben.

Kurzdarmsyndrom. Ein Kurzdarmsyndrom entsteht nach Entfernung ausgedehnter (etwa 50–80 %) bzw. hochspezialisierter Teile des Dünndarms, deren Funktion nicht von anderen Darmabschnitten übernommen wird. Im Vordergrund stehen Durchfall und Gewichtsabnahme. Nach anfänglicher parenteraler Ernährung ist in den meisten Fällen eine orale Ernährung mit nährstoffdefinierten Diäten, MCT-Fetten, Magensäureblockade, Substitution von Pankreasfermenten, Glutamin und Wachstumshormonen, Cholylsarcosin und Octreotid möglich. Postoperativ beginnt man mit isotoner Sondenkost parallel zur totalen parenteralen Ernährung. Es folgt ein systematischer Kostaufbau, der während einer anschließenden Rehabilitation geleistet werden kann. Bis zu zwei Jahre postoperativ ist noch eine Besserung der resorptiven Funktionen zu erwarten, weshalb eine befristete Leistungseinschränkung sinnvoll sein kann.

Kolonresektion. Resektionen selbst großer Anteile des Dickdarms (Hemikolektomie) werden gut toleriert, solange der verbliebene Darm eine normale Resorptionskapazität aufweist. Eine Anastomoseninsuffizienz mit Fisteln oder Abszessbildung bzw. eine Stenose sind der endoskopischen oder erneuten chirurgischen Therapie zugänglich. Nach Resektion der Ileozökalklappe kann es zur bakteriellen Dünndarmbesiedlung und zum Gallensäurenverlustsyndrom kommen.

Kolektomie. Kontinenzerhaltende Kolektomien können als subtotale Kolektomie mit ileorektaler Anastomose, als totale Proktokolektomie mit ileoanaler Anastomose oder mit Ileumpouch durchgeführt werden. Das Operationsverfahren richtet sich nach der Grundkrankheit und nach den technischen Möglichkeiten. Bei der *ileorektalen Anastomose* bleibt die Kontinenz erhalten und das Risiko von

Blasen- oder sexuellen Störungen ist gering. Allerdings wird die Rektumschleimhaut nicht selten zum Ausgangspunkt erneuter Adenome bzw. Kolitisschübe. Nach Entfernung des Rektums entfällt dessen Kontinenzfunktion. Die *ileoanale Anastomose ohne Pouch* führt daher oft zu Inkontinenz und perianalen Hautproblemen. Eine Alternative ist die *ileoanale Pouch-Anastomose*, mit der die Mehrzahl der Patienten kontinent ist. Probleme sind die operative Komplikationsrate von ca. 30 %, die anfängliche Inkontinenz vorwiegend bei Nacht, lokale Komplikationen im kleinen Becken in Form von Störungen der Sexualfunktion, der Blasenentleerung und am Dünndarm sowie das Risiko der unspezifischen »Pouchitis«. Sowohl bei der Ileorektostomie als auch beim ileoanalen Pouch ist langfristig mit 4–7 Stuhlentleerungen pro Tag zu rechnen. Zur Beurteilung von Durchfällen und Kräftezustand vgl. ▶ Kap. 16.1.4.

Ileostoma und Kolostoma. Die sozialmedizinischen Einschränkungen durch ein Enterostoma werden oft überschätzt. Ein gut platziertes und gepflegtes Kolostoma führt kaum zu einer sozialen oder beruflichen Einschränkung. Am ehesten belästigen Geräusche. Es ist auch kein hygienisches Problem, da ein Stoma in der Regel sorgfältiger gereinigt und gepflegt wird als der Anus. Im Vordergrund stehen Akzeptanzprobleme, pflegerische Probleme oder lokale Komplikationen. Für die Akzeptanz spielt die Grundkrankheit eine wichtige Rolle. Während ein Patient nach kompliziertem Verlauf einer chronisch entzündlichen Darmerkrankung sich befreit fühlen kann, wird das Stoma des Tumorpatienten zum Symbol für die Lebensbedrohung. Der psychischen Belastung und der subjektiv erlebten Einschränkung der Kommunikationsfähigkeit kommt bei der Begutachtung eine erhebliche Bedeutung zu. Die medizinische Rehabilitation bietet kompetente Stomatherapie und Hilfe zur Krankheitsbewältigung an.

In der Beurteilung des Leistungsvermögens scheidet wegen der Prolapsgefahr Schwerarbeit aus, weiterhin Heben und Tragen von > 10 kg, Arbeiten in überwiegend gebückter Haltung, mit Wechselschicht, wenn dadurch Irrigationsabstände variiert werden müssen, Arbeitsplätze mit großer Hitzeentwicklung (z. B. Hochofen), wenn Schwitzen die Klebehaftung beeinträchtigt, Tätigkeiten, die die Benutzung einer Toilette über längere Zeit unmöglich machen, eventuell auch Akkord- oder Bandarbeit. Auch die Ausübung von Tätigkeiten mit Publikumsverkehr kann wegen auftretender Darmgeräusche und ggf. Gerüche eingeschränkt sein.

Operative Eingriffe an der Leber. Zu operativen Eingriffen an der Leber siehe die Abschnitte zu Lebertransplantation und fokalen Leberläsionen/malignen Lebererkrankungen in ▶ Kap. 16.2.3.

Gallenblase und Gallenwege. Als Frühkomplikationen nach operativen Eingriffen an den Gallenwegen können eine Gallengangsleckage, Blutung oder akute Pankreatitis auftreten. Residual- oder Rezidivsteine sowie Gangstrikturen bedürfen der erneuten endoskopischen oder operativen Intervention, langfristig sind sie aus sozialmedizinischer Sicht wenig relevant. Zu Bauchwandhernien siehe ▶ Kap. 16.1.4.

Postcholezystektomie-Syndrom. Hierzu werden unterschiedliche Beschwerden wie Operationsfolgen, intraoperativ unbehandelte Befunde an Gallenwegen oder Nachbarorganen und trotz Cholezystektomie fortbestehende Beschwerden gezählt, die aus sozialmedizinischer Sicht allein nicht zu einer Einschränkung der Leistungsfähigkeit führen.

Literatur

1   Allgayer H, Owen RW, Nair J, Spiegelhalder B, Streit J, Reichel C, Bartsch H: Short-term moderate exercise programs reduce oxidative DNA damage as determined by high-performance liquid chromatography-electrospray ionization-mass spectrometry in patients with colorectal carcinoma following primary treatment. Scand J Gastroenterol 43: 971–978, 2009

2   Ammann RW, Heitz PU, Klöppel G: Course of alcoholic chronic pancreatitis: a prospective clinicomorphological long-term study. Gastroenterology 111: 224–231, 1996

3   Armbrecht U: Chronische Pankreatitis: Gewichtsverlust und Leistungsschwäche – Erfahrungen aus einer spezialisierten Rehabilitationsklinik. Die Rehabilitation 40: 332–336, 2001

4   Arvanitis ML, Jagelman DG, Fazio VW, Lacery IC, McGannon E: Mortality in patients with familial adenomatous polyposis. Dis Colon Rectum 33: 639–642, 1990

5   Bischoff SC, Manns MP: Nahrungsmittelallergien. Internist 42: 1108–1117, 2001

6   Böhmig M, Wiedenmann B, Rosewicz S: Diagnostik und Staging des Pankreaskarzinoms. Dtsch Med Wschr 126: 113–116, 2001

7   Bürger W, Deck R: SIBAR – ein kurzes Screening-Instrument zur Messung des Bedarfs an berufsbezogenen Behandlungsangeboten in der medizinischen Rehabilitation. Die Rehabilitation 48: 211–221, 2009

8   Cámara RJA, Ziegler R, Bergé S, Schoepfer AM, von Känel R: The role of psychological stress in inflammatory bowel disease: Quality assessment of methods of 18 prospective studies and suggestions for future research. Digestion 80: 129–139, 2009

9   Deutsche Rentenversicherung: Leitlinien für die sozialmedizinischen Begutachtung – Stoffwechsel- und gastroenterologische Krankheiten sowie Adipositas. Deutsche Rentenversicherung Bund (Hrsg.). Berlin, Januar 2011. www.deutsche-rentenversicherung.de

10 Deutsche Rentenversicherung: Leitlinien für die sozialmedizinischen Begutachtung – Leistungsfähigkeit bei chronischen nichtmalignen Leber- und Gallenwegskrankheiten. Deutsche Rentenversicherung Bund (Hrsg.). Berlin, Dezember 2008. www.deutsche-rentenversicherung.de oder www.awmf.org

11 Deutsche Rentenversicherung: Leitlinien für die sozialmedizinischen Begutachtung – Leistungsfähigkeit bei chronisch entzündlicher Darmkrankheit (CED). Deutsche Rentenversicherung Bund

(Hrsg.). Berlin, Januar 2011. www.deutsche-rentenversicherung. de oder www.awmf.org

12 Deutsche Rentenversicherung: Rehabilitation 2009 – Statistik der Deutschen Rentenversicherung, Band 179. Deutsche Rentenversicherung Bund (Hrsg.). Berlin, Oktober 2010

13 Deutsche Rentenversicherung: Rentenzugang 2009 – Statistik der Deutschen Rentenversicherung, Band 178. Deutsche Rentenversicherung Bund (Hrsg.). Berlin, Juli 2010

14 Dries V, Odenthal M, Schirmacher P, Dienes HP: Bioptische Diagnostik der Hepatitis C: Morphologie, Molekularpathologie und klinisch-therapeutische Implikationen. Der Pathologe, 22 (6): 362–368, 2001

15 Drossman DA: The functional gastrointestinal disorders and the Rome III process. Gastroenterology 130 (5): 1377–1390, 2006

16 Friedrich K, Zillessen E: Krankheiten des Verdauungssystems. In: Verband Deutscher Rentenversicherungsträger (VDR, Hrsg.): Sozialmedizinische Begutachtung für die gesetzliche Rentenversicherung. Berlin, Heidelberg: Springer-Verlag, 6. Auflage: 370-396, 2003

17 Grill E, Ewert T, Chatterji S, Kostanjsek N, Stucki G: ICF core sets development for the acute hospital and early post-acute rehabilitation facilities. Dis Rehab 27 (7/8): 361–366, 2005

18 Ishak, KG: Chronic hepatitis: morphology and nomenclature. Modern Pathology, 7: 690–713, 1994

19 Jargon D, Friebe V, Hopt UT, Obermaier R: Risikoprofil der Rezidivprophylaxe der Narbenhernie – was ist evidenzbasiert? Zentralbl Chir 133: 453–457, 2008

20 Koop H, Schepp W, Müller-Lissner S, Madisch A, Micklefield G, Messmann H, Fuchs KH, Hotz J: Gastroösophageale Refluxkrankheit – Ergebnisse einer evidenzbasierten Konsensuskonferenz der Deutschen Gesellschaft für Verdauungs- und Stoffwechselkrankheiten. Z Gastroenterol 43: 165–194, 2005

21 Kuhli R, Grünhage F, Reuß HP, Franke W, Reichel C: Erkrankungsaktivität und arbeitsbezogenes Verhaltens- und Erlebensmuster bei Rehabilitanden mit Morbus Crohn. Phys Med Rehab Kuror 19: 169–174, 2009

22 Langholz E, Munkholm P, Davidsen M, Binder V: Course of ulcerative Colitis: Analysis of changes in disease activity over years. Gastroenterology 107: 3–11, 1994

23 Lankisch PG, Burchard-Reckert S, Petersen M, Schirren CA, Köhler H, Stöckmann F, Peiper HJ, Creutzfeld W: Morbidity and mortality in 602 patients with acute pancreatitis seen between years 1980–1994. Z Gastroenterol 34: 371–377, 1996

24 Lankisch PG, Löhr-Happe A, Otto J, Creutzfeldt W: Natürlicher Verlauf der chronischen Pankreatitis – Schmerz, exokrine und endokrine Pankreasinsuffizienz und Prognose der Erkrankung. Zentralbl Chir 120: 278–286, 1995

25 Levine JS, Klör H-U, Oehler G (Hrsg.): Gastroenterologische Differentialdiagnostik. Schattauer, Stuttgart – New York 1995

26 Llovet JM, Bustamante J, Castells A, Vilana R, Ayuso Mdel C, Sala M, Brú C, Rodés J, Bruix J: Natural history of untreated nonsurgical hepatocellular carcinoma: rationale for the design and evaluation of therapeutic trials. Hepatology 29: 62–67, 1999

27 Mössner J: Chronische Pankreatitis. Internist 41: 576–587, 2000

28 Munkholm P, Langholz E, Davidsen M, Binder V: Disease activity courses in a regional cohort of Crohn's disease patients. Scand J Gastroenterol 30: 699–706, 1995

29 Peyrin-Biroulet L, Cieza A, Sandborn WJ, Konstanjsek N, Kamm MA, Hibi T, Lémann M, Stucki G, Colombel JF: Disability in inflammatory bowel diseases: Developing ICF core sets for patients with inflammatory bowel diseases based on the international classification of functioning, disability and health. Inflamm Bowel Dis, Vol. 16, No. 1:15–22, 2010

30 Raithel M, Hahn EG, Benkler HW: Klinik und Diagnostik von Nahrungsmittelallergien: Gastrointestinal vermittelte Allergien Grad I bis IV. Dtsch Ärztebl 99: A780–A786, 2002

31 Reichel C, Streit J, Ott K, Wunsch S: Appropriateness of Crohn's disease therapy in gastroenterological rehabilitation. Digestion 82: 239–245, 2010

32 Reichel C, Streit J, Wunsch S: Linking crohn's disease health status measurements with international classification of functioning, disability and health and vocational rehabilitation outcomes. J Rehabil Med 42: 74–80, 2010

33 Reichel C, Streit J, Wunsch S: Signifikante Änderungen der Pharmakotherapie in der gastroenterologischen Rehabilitation von Patienten mit Morbus Crohn. Rehabilitation 48: 354–360, 2009

34 Robert-Koch-Institut und Gesellschaft der epidemiologischen Krebsregister in Deutschland e.V. (Hrsg.): Krebs in Deutschland 2003–2004 – Häufigkeiten und Trends. 6. überarbeitete Auflage. Berlin, 2008

35 Rosemeyer D: Anschlußheilbehandlung nach Pankreas-Operationen. Z Gastroenterol 34 (Suppl. 2): 37–40, 1996

36 Sampson HA: Food allergy. Part 1: Immunpathogenesis and clinical disorders. J Allergy Clin Immunol 103: 717–728, 1999

37 Schiller LR: Fecal incontinence. In: Sleisenger MH, Fordtran JS (Hrsg.): Gastrointestinal Disease, 934–953. Philadelphia: W. B. Saunders Comp., 5. Auflage, 1993

38 Seger W: Chronische Krankheiten des Dickdarmes, Morbus Crohn und sozialmedizinische Bedeutung spezieller Symptomkomplexe. In: Verband Deutscher Rentenversicherungsträger (VDR, Hrsg.): Sozialmedizinische Begutachtung in der gesetzlichen Rentenversicherung. Stuttgart, Jena, New York: G. Fischer, 5. Auflage, 286–300, 1995

39 Stark R, König HH, Leidl R: Costs of inflammatory bowel disease in Germany. Pharmacoeconomics 24: 797–814, 2006

40 Steer ML, Waxman J, Freedman S. Chronic pancreatitis. N Engl J Med 332: 1482–1490, 1995

41 Streibelt M: Validität und Reliabilität eines Screening-Instruments zur Erkennung besonderer beruflicher Problemlagen bei chronischen Krankheiten (SIMBO-C). Die Rehabilitation 48: 135–144, 2009

42 Stucki G, Melvin J: The international classification of functioning, disability and health: A unifying model for the conceptual description of physical and rehabilitation medicine. J Rehabil Med 39: 286–292, 2007

43 Tittor W, Lux A, Nellessen G, Grosch E, Irle H, Kleffmann A, Lampe L, Lenger R, Mösch W, Sinn-Behrendt A, Sturtz A, Tourni I: Die Relevanz eines Leistungsfähigkeitsmodells für eine einheitliche und standardisierte Leistungsdiagnostik. Die Rehabilitation 43: 209–218, 2004

44 Tittor W, Lux A: Überlegungen zur Standardisierung des leistungsdiagnostischen Vorgehens in der Rehabilitationsmedizin. Die Rehabilitation 39: 77–83, 2000

45 Truninger K: Irritable bowel syndrome. Ther Umschau 64 (4): 205–210, 2007

46 World Health Organization: Internationale Klassifikation der Funktionsfähigkeit, Behinderung und Gesundheit (ICF). DIMDI (Hrsg.), MMI Medizinische Medien Informations GmbH, 63263 Neu-Isenburg, 2005

47 Yadav D, Hawes RH, Brand RE, Anderson MA, Money ME, Banks PA, Bishop MD, Baillie J, Sherman S, DiSario J, Burton FR, Gardner TB, Amann ST, Gelrud A, Lawrence C, Elinoff B, Greer JB, O'Connell M, Barmada MM, Slivka A, Whitcomb DC; North American Pancreatic Study Group: Alcohol consumption, cigarette smoking, and the risk of recurrent acute and chronic pancreatitis. Arch Intern Med 169: 1035–1045, 2009

48 Zillessen E, Welt J: Die sozialmedizinische Bewertung des Leistungsvermögens bei Patienten mit chronisch entzündlichen Darmerkrankungen. Med Welt 45: 308–313, 1994

49 Zillessen E: Auswirkungen von Krankheiten der Verdauungsorgane auf das Leistungsvermögen. LVA Rheinprovinz Mitteilungen 93 (11–12): 420–443, 2002

50 Zillessen E: Begutachtung gastroenterologischer und hepatologischer Krankheiten. Stuttgart: Thieme Verlag, 1997

Krankheiten der Niere

Emanuel Fritschka

17.1 Allgemeines

Krankheiten der Niere sind häufig und betreffen rund 10 % der Bevölkerung. Sie sind in der Regel progressiv und gehen mit einer typischen Abnahme der physischen und psychischen Leistungsfähigkeit einher, die die Teilhabe am Erwerbsleben bedrohen.

Dieses Kapitel befasst sich mit renoparenchymatösen Erkrankungen, also mit Störungen der Nierenfunktion, welche die Harnbildung, den Wasser-, Elektrolyt- und Säure-Basen-Haushalt, die Regulation von Blutdruck (Renin, Angiotensin) und Blutbildung (Erythropoetin) sowie den Kalzium-Phosphat-Stoffwechsel (Vitamin D) betreffen. Erkrankungen der ableitenden Harnwege und die Nierentumoren folgen in ▸ Kap. 18.

Die häufigsten Ursachen für chronische Nierenerkrankungen sind Diabetes mellitus und Gefäßerkrankungen. Mit der Zunahme von chronischen Erkrankungen wie Übergewicht, Diabetes mellitus und von Gefäßerkrankungen steigen jährlich die Zahlen von terminaler Niereninsuffizienz und chronischer Nierenersatztherapie wie Hämodialyse, Peritonealdialyse und von Patienten auf der Warteliste zur Nierentransplantation.

Chronische Nierenerkrankungen im Prädialysestadium sind meist charakterisiert durch einen Abfall der Nierenleistung für mehr als drei Monate, oft verbunden mit Eiweißverlust im Urin.

Chronische Nierenerkrankungen

Eine chronische Nierenerkrankung besteht, wenn
1. ein Nierenschaden vorliegt und/oder
2. die glomeruläre Filtrationsrate (GFR) für mehr als 3 Monate weniger als 60 ml/min/1.73 m² beträgt.

Die Diagnose »Nierenschaden« erfolgt anhand
- pathologischer Veränderungen serologischer Nieren-Parameter,
- pathologischer Urinbefunde,
- auffälliger Befunde bei der Bildgebung.

Nierenerkrankungen werden heute mit abnehmender Nierenleistung (gemessen anhand der Kreatinin-Clearance) in fünf Stadien eingeteilt (▪ Tab. 17.1). Die frühere Einteilung in kompensierte oder dekompensierte Niereninsuffizienz ist inzwischen überholt.

Die Niereninsuffizienz wird oft erst in einem fortgeschrittenen Stadium der Nierenfunktionsstörung diagnostiziert. Im Stadium 3 war nach einer neueren Untersuchung nur 12 % der Männer und 6 % der Frauen bewusst, dass sie eine Nierenkrankheit hatten, im Stadium 4 wussten nur 42 % der Betroffenen von ihrer Erkrankung [4]. Die meisten Nierenerkrankungen sind progredient und weisen oft eine charakteristische Abnahme der GFR pro Jahr auf. Eine frühestmögliche Intervention ist daher an-

gezeigt, um rechtzeitig einer Verschlechterung bis hin zur Dialysepflicht vorzubeugen oder sie zu verzögern. Zahlreiche beeinflussbare Risikofaktoren, wie Bluthochdruck und Fettstoffwechselstörungen, beschleunigen zusätzlich den jährlichen Abfall der Nierenleistung.

Eine Nierenmitbeteiligung kommt nach einer Erhebung in Deutschland bei Herzerkrankungen in 23 %, bei Bluthochdruck in 23 % und bei Diabetes mellitus in 15 % vor (Daten Disease Managementprogramm Kassenärztliche Vereinigung Nordrhein 2008). Die häufigsten Ursachen für terminale Niereninsuffizienz in Deutschland sind in ▪ Tab. 17.2 aufgeführt.

Klassische Folgen von Nierenerkrankungen sind Leistungseinbußen durch anämie- und urämiebedingte muskuläre Schwäche, Belastungsdyspnoe, Überwässerung mit Oedemen, Appetitlosigkeit mit Malnutrition, polyneuropathiebedingte Schmerzen und unruhige Beine (restless legs syndrom). Psychische Störungen wie Müdigkeit, Konzentrationsschwäche und Depression sind häufig. Renale Osteopathie, Myopathie und Polyneuropathie schränken mit fortschreitender Niereninsuffizienz die Leistungsfähigkeit weiter ein.

Begleitfaktoren wie akzelerierte Atherosklerose, Hypertonie, Überfunktion der Nebenschilddrüsen, Elektrolytstörungen, Azidose, Störungen des Immunsystems und erhöhte Verletzlichkeit der Haut können das Leistungsvermögungen zusätzlich beeinträchtigen und führen letztlich zu einer erhöhten Sterblichkeit. Für Nierenkranke ist daher das Risiko, vorzeitig zu sterben, 16-fach höher als dialysepflichtig zu werden.

Die häufigsten Todesursachen von Dialysepatienten sind Herzinsuffizienz, Rhythmusstörungen und Herzinfarkt sowie Infekte, oft als Folge einer renalen Hypertonie und Linksherzhypertrophie.

Eine rechtzeitige Rehabilitationsleistung zum Erhalt der Leistungsfähigkeit im Erwerbsleben in einer darauf spezialisierten Reha-Einrichtung sollte so früh wie möglich erwogen werden. Sollte der Kreatininwert z. B. schon über 3.0 mg/dl gestiegen sein, so ist nach eigenen Untersuchungen das Risiko für eine vorzeitige Berentung und damit für das Ausscheiden aus dem Erwerbsleben in den nächsten 1.000 Tagen im Vergleich zu nierenkranken Patienten mit einem Kreatininwert noch unter 3.0 mg/dl bereits signifikant erhöht [29].

17.1.1 Sozialmedizinische Bedeutung

Mit der Verschlechterung der Nierenleistung können sich Einschränkungen bei der Arbeitsschwere, Arbeitshaltung, Arbeitsorganisation und bei der psychischen Leistungsfähigkeit entwickeln, die die Erwerbsfähigkeit bedrohen. Normale Kreatinin-Werte schließen einen Nierenscha-

◻ **Tab. 17.1** Stadien der chronischen Niereninsuffizienz in Abhängigkeit von der Kreatinin-Clearance bestimmt als glomeruläre Filtrationsrate (GFR)

		Kreatinin-Clearance GFR (ml/min/1.73 m^2)	Prävalenz in %	ICD-10
1	Nierenschaden mit normaler GFR	≥ 90	1,78	N18.1
2	Nierenschaden mit geringer GFR-Abnahme	60–89	3,24	N18.2
3	Nierenschaden mit moderater GFR-Abnahme	30–59	7,69	N18.3
4	Nierenschaden mit ausgeprägter GFR-Abnahme	15–29	0,35	N18.4
5	Terminales Nierenversagen mit Diaylsepflicht	< 15	0,25	N18.5

Quelle: National Kidney Foundation Guidelines [27], US Renal Data System [28], Coresh et al. [4]
Die GFR wurde mit der Modification of diet in renal disease (MDRD)-Formel berechnet [27].

◻ **Tab. 17.2** Diagnoseverteilung bei terminaler Niereninsuffizienz (Prävalenz)

	Diagnose	Anteil in %
1	Diabetes mellitus Typ 2	24
2	Diabetes mellitus Typ 1	4
3	Glomerulonephritis	19
4	Vaskuläre Nephropathie	17
5	Interstiitielle Nephritis	12
6	Unbekannt	10
7	Zystennieren	7
8	Verschiedene	4
9	Systemerkrankungen z. B. Kollagenosen	3
10	Hereditäre Nierenerkrankungen	1

Quelle: U.Frei, H.-J Schober-Halstenberg, Nierenersatztherapie in Deutschland 2006/2007
http://www.bundesverband-niere.de/files/QuaSi-Niere-Bericht_2006-2007.pdf [6]

den nicht aus. Nach Ausfall von 50 % der normalen Nierenfunktion können die Serum-Kreatininwerte durchaus noch im oberen Normbereich liegen. Schwere Nierenerkrankungen mit ausgeprägter Proteinurie können mit noch normalen Nierenfunktionswerten einhergehen. Die erforderlichen Interventionen setzen bei vielen Patienten oft erst bei ausgeprägten Symptomen bzw. bei fortgeschrittener Nierenschädigung ein.

Der Urinstatus sollte als Routinediagnostik bereits bei Jüngeren eingesetzt werden, um grobe Auffälligkeiten in der Urinzusammensetzung frühzeitig feststellen zu können. Die Prävalenz der Mikroalbuminurie wird für die Allgemeinbevölkerung mit 6 % bei Männern und mit 10 % bei Frauen angegeben [18]. Da Diabetiker mit über 30 %

den größten Anteil der Dialysepatienten ausmachen [6, 1], sind frühzeitige Nierenfunktionsuntersuchungen gerade bei diesen Patienten angezeigt.

Patienten mit chronischen Nierenerkrankungen haben eine deutlich erhöhte Morbidität und Mortalität, vor allem an Herz-Kreislauferkrankungen. Diese sind durch eine Reihe von Einflussfaktoren bedingt, die der Prävention und den Leistungen zur medizinischen Rehabilitation z.B. durch Schulungsmodule zugänglich sind [7, 8, 9, 10, 11, 12, 13].

Nierenkranke weisen meist ein Bündel an begleitenden Risikofaktoren auf, wie z.B. renale Hypertonie, Mikroalbuminurie, Fettstoffwechselstörungen, Störungen des Vitamin D-, Calcium- und Phosphathaushalts mit Steigerung der Gefäßsteifigkeit, Koronarsklerose und eventueller Ausbildung einer renalen Osteopathie. Weitere Störungen betreffen bei fortgeschrittener Erkrankung Wasser- und Elektrolyt- sowie Säure-Basenhaushalt und die Blutbildung (Erythropoetinmangel). Viele Patienten mit Nierenerkrankungen leiden unter begleitenden psychischen Störungen wie Depression, Müdigkeit und Störungen der Konzentration und Aufmerksamkeit, die einer besonderen Diagnostik und Therapie bedürfen.

Rehabilitationsziele liegen besonders bei frühzeitigen Reha-Leistungen in bestmöglichem und langfristigem Erhalt der physischen und psychischen Leistungsfähigkeit; sie sind abhängig vom Stadium der Nierenerkrankung, von bestehender Dialysepflicht oder von der Transplantatfunktion. Einige Rehabilitationsziele sind in ◻ Tab. 17.3 abgebildet:

Im Jahr 2009 wurden durch die Deutsche Rentenversicherung bei Nierenerkrankungen (N00–N19, N25–N29, Z49, Z94.0) 1.310 Leistungen zur medizinischen Rehabilitation und sonstige Leistungen zur Teilhabe abgeschlossen. Diese Leistungen betrafen 809 Männer und 501 Frauen. Es wurden 2009 alleine bei der Diagnose N18 (chronische Niereninsuffizienz) 1.290 Renten wegen verminderter Erwerbsfähigkeit bewilligt. Ferner wurden in 2009 66 Leis-

◘ Tab. 17.3 Rehabilitationsziele bei chronischen Nierenerkrankungen	
1	Verminderung der physischen und psychischen Beeinträchtigungen (functioning)
2	Verbesserung des positiven und negativen Leistungsbildes (activities)
3	Verbesserung der sozialen Integration (partizipation)
4	Anhebung der Lebensqualität der Patienten
5	Verhaltensmedizinische Intervention zum besseren Umgang mit der Erkrankung
6	Stärkung der Eigenverantwortlichkeit, der Motivation und der Überzeugung, die Krankheit bewältigen zu können
7	Aufbau gesundheitsförderlicher Verhaltensweisen und nierenverträglicher Ernährung
8	Stressabbau und Entspannung
9	Therapie seelischer Reaktionen auf die chronische Nierenerkrankung
10	Berufliche Rehabilitation, Leistungen zur Teilhabe am Arbeitsleben (LTA) initiieren

tungen zur Teilhabe am Arbeitsleben bei an der Diagnose N18 erkrankten Versicherten durchgeführt.

17.1.2 Diagnostik

Vom Gutachter sind aktuelle Unterlagen des Patienten zu Diagnostik, Therapie und Verlauf einzubeziehen. Der allgemeine Ablauf einer Begutachtung (▶ Kap. 5) wird bei Nierenkranken durch die folgenden speziellen Aspekte ergänzt.

▪ Anamnese

Nierenkrankheiten haben häufig eine jahrelange Vorgeschichte mit allmählich wachsender Funktionsstörung und treten oft in Kombination mit anderen Begleit- und Folgeerkrankungen auf. Im Rahmen einer sozialmedizinischen Begutachtung muss daher der Krankheitsverlauf anhand von Anamnese und Vorbefunden rekonstruiert werden. Hinweise auf eine Berufskrankheit z. B. durch Blei, Chrom, Quecksilber, Lösungsmittel oder Kohlenwasserstoffe sind vom Gutachter zu dokumentieren und dem Auftraggeber mitzuteilen.

Bei Diabetikern wird neben der Dauer der Diabeteserkrankung besonders die positive Familienanamnese für Hypertonie und für diabetische Nephropathie vermerkt. Ebenso ist das Vorhandensein einer Retinopathie als weiterer Risikofaktor von Interesse.

Familiäre Erkrankungen. Autosomal dominant oder rezessiv vererbte polyzystische Nierenerkrankungen (ADPKD, ARPKD), die juvenile Nephronophthise (autosomal rezessiv), die medulläre Nierenerkrankung (Erwachsene, autosomal dominant), eine hereditäre Nephritis (ALPORT-Syndrom) oder seltene Krankheiten wie Tuberöse Sklerose (Morbus BOURNEVILLE-PRINGLE), VON HIPPEL-LINDAU-Syndrom (in 75 % Zystennieren) oder ein FABRY-Syndrom (α-Galaktosidase-A-Mangel) sind mitunter bekannt und anamnestisch zu erfahren.

Begleiterkrankungen. Hypertonie, Linksherzhypertrophie, KHK, Arteriosklerose, Schlaganfall; Diabetes mellitus, Hyperlipidämie, Gicht; Steinleiden; Autoimmunerkrankungen (Lupus erythematodes, Morbus WEGENER, Vaskulitiden und andere Kollagenosen); Amyloidose z. B. bei Colitis; persistierende Viruserkrankungen wie Hepatitis und HIV; Streptokokkeninfektionen (Scharlach, Tonsillektomie, Zahnkrankheiten); paraneoplastische Nierenschäden, maligne Lymphome und monoklonale Gammopathien kommen als System- oder Begleitkrankheiten vor und müssen von toxischen Schäden durch Chemotherapien, Schwermetalle, Lösungsmittel, Medikamente usw. differenziert werden.

Beschwerden. Häufig sind Koliken und Makrohämaturie bei Zystennieren; Ödeme bei Eiweißverlust durch Proteinurie; extrarenale Symptome wie Knochen-, Gelenks- und Muskelschmerzen; Leistungsabfall, Müdigkeit, schlechter Appetit bei zunehmender Niereninsuffizienz; Übelkeit, gastrointestinale Beschwerden und Luftnot bei präterminaler Niereninsuffizienz. Hinzu kommen polyneuropathische Beschwerden; Erbrechen mit Elektrolytstörungen; Kopfschmerz und Sehstörungen bei Bluthochdruck; übermäßiger Durst infolge Polyurie; Nykturie, Pollakisurie; schäumender Urin; ein auffälliger Gewichtsverlauf bei Exsikkose oder Wassereinlagerung bzw. Ödemen; Kratzeffekte und Hautjucken bei Urämie oder allergischer Vaskulitis sowie Fieber bei verschiedenen Systemerkrankungen weisen auf eine Nierenkrankheit hin. Eine Belastungsdyspnoe kann bei Anämie oder Überwässerung bzw. beim reno-pulmonalen Syndrom (Morbus WEGENER) oder Asthma bronchiale mit Eosinophilie (CHURG-STRAUSS-Syndrom) auffallen.

Medikamente. Zahlreiche Medikamente können bei chronischem Gebrauch Nierenschäden hervorrufen, unter anderem Analgetika, Antirheumatika, Goldverbindungen, D-Penicillamin.

▪ Körperliche Untersuchung

Zu achten ist auf Ernährungszustand, Ödeme, Klopfschmerz der Nierenlager und Zeichen wie Sattelnase

(M. Wegener), Minderwuchs, Dysplasien, Augenschäden (Skleritis, Katarakt), Hautveränderungen (Petechien, braune Färbung bei Analgetikanephropathie), Zahnstatus, Mundsoor bei Immunsuppression, Gichttophi, Schwerhörigkeit bei Alport-Syndrom. Große Zystennieren lassen sich eventuell tasten. Erkrankungen von Herz, Kreislauf, Lunge, Gastrointestinaltrakt, Leber, Milz und Lymphknoten sowie des Zentralnervensystems und des Stütz- und Bewegungssystems im Zusammenhang mit Nierenerkrankungen müssen beachtet werden. Auf folgende renale Risikofaktoren ist besonders auch bei Diabetikern zu achten:

- Bluthochdruck
- Erhöhter Body-Mass-Index
- Tabakkonsum
- Albuminausscheidungsrate
- Hyperlipidämie – hohe LDL-Werte; – niedrige HDL-Werte
- Hyperglykämie

■ Labordiagnostik

Wichtig ist es, den Verlauf der Laborbefunde zu rekonstruieren, z. B. den Kreatininverlauf der letzten Jahre (stabil oder progredient?). Im Rahmen der sozialmedizinischen Begutachtung sollte in erster Linie auf die Ergebnisse vorangegangener Untersuchungen zurückgegriffen werden, wie sie nachfolgend aufgeführt werden.

Blut. Blutbild, Kreatinin, Harnstoff, Glukose, Kalium, Kalzium, Phosphat, Harnsäure, Blutgase, Gesamt-Eiweiß, Elektrophorese. Bei Diabetikern sind Blutzucker und HbA1c-Konzentration zusätzlich wichtig.

Typische nephrologische Laborbefunde wie Kollagenoseparameter, C3/C4, C3-Nephritisfaktor, anti-Basalmembranantikörper, IgA im Serum etc. sollten zusätzlich mitgebracht werden.

Die Nierenfunktion lässt sich über das Serum-Kreatinin nur ungenau abschätzen. Daher wird empfohlen, diese nach der MDRD-Formel in die glomeruläre Filtrationsrate (eGFR) umzurechnen (siehe ◘ Abb. 17.1). Viele Labore geben inzwischen mit dem Kreatininwert die errechnete (eGFR) nach der MDRD-Formel an [19]. Bei einem leicht erhöhten Serum-Kreatininwert von 1,4 mg/dl kann danach die GFR bereits um ca. 30–50 % vermindert sein.

Immunologie: Komplementfaktoren, ANA, ANCA, anti-Basalmembran-AK, ssDNA, Cardiolipin-Ak sind bei V. a. Systemerkrankungen und bei unklaren Glomerulonephritiden zusätzlich heranzuziehen.

Urin. *Urinstatus* (Streifentests): Nachweis von Erythrozyten und Leukozyten. *Sediment:* Geformte Urinbestandteile wie Zylinder und Kristalle.

$$\text{GFR (mg/dl)} = 186 \times \text{SerumCr}^{-1,154} \times \text{Alter}^{-0,203}$$
$$\times (1{,}212 \text{ falls schwarze Hautfarbe}) \times (0{,}742 \text{ falls Frau})$$

$$\text{GFR (µmol/l)} = 32788 \times \text{SerumCr}^{-1,154} \times \text{Alter}^{-0,203}$$
$$\times (1{,}212 \text{ falls schwarze Hautfarbe}) \times (0{,}742 \text{ falls Frau})$$

Die Formel sollte nicht bei akutem Nierenversagen verwendet werden.

◘ **Abb. 17.1** Berechnung der GFR mit der MDRD-Formel für GFR in mg/dl bei chronischer Niereninsuffizienz
Quelle: Levey AS. Ann Intern Med (1999);130(6) 461–7016
Am J Kidney Dis 2002 (39) (2 suppl 1): S1–266
Am J Kidney Dis 2008 (51)(2) 346

Quantitative Zellausscheidung, z. B. Addis-Count: Hier gilt eine Erythrozyturie über 3.000/min als pathologisch.
Phasenkontrast-Mikroskopie: Akanthozyten (deformierte Erythrozyten) bei glomerulärer Schädigung.
Bakteriologie: Uricult.
24-Stunden-Urin: Bei Steinträgern lassen sich Oxalate, Kalzium, Phosphat, Harnsäure nachweisen. Auch Schwermetalle wie Blei lassen sich im Urin nachweisen. *Proteinurie:* Eine Proteinurie ab 250 mg/24 h mit üblichen Teststreifen sollte weiter abgeklärt werden, da sie auf eine Schädigung der glomerulären Basalmembran hinweist. Eine Mikroalbuminurie besteht ab 30 mg/24 h und ist durch spezielle Teststreifen (z. B. Mikraltest, Albustix) nachweisbar. Eine Proteinurie ab 3,5 g/24 h definiert ein nephrotisches Syndrom. Die Differenzierung der Urineiweiße durch Gelelektrophorese oder Nephelometrie gibt weiteren Aufschluss über einen glomerulären bzw. tubulären Schaden. Ein Marker für tubuläre Schäden sind auch das alpha1- und das β2-Mikroglobulin.

Es besteht ein Zusammenhang zwischen systolischem Blutdruck und Albuminausscheidung, der beachtet werden sollte.

■ Bildgebende Verfahren

Sie dienen in erster Linie der klinischen Diagnostik und Therapiekontrolle und ergänzen die körperliche Untersuchung.

Nierensonographie: Nierengröße, Parenchymbreite, Zysten, Aufstau, Tumoren, Steine.
Farbduplex-Sonographie: Nachweis einer intra- oder extrarenalen arteriellen oder venösen Durchblutungsstörung.
Intravenöses Urogramm: Nachweis von Abflussstörungen.
Nierenszintigraphie: Bei einseitiger Schrumpfniere Messung der Restnierenleistung.
Angio-NMR: Nachweis einer Nierenarterienstenose z. B. bei Verdacht auf renovaskuläre Hypertonie oder Niereninfarkte. *Angiographie:* Diagnostik und Therapie (PTA, Stent) einer Nierenarterienstenose (Goldstandard).

▪ Nierenbiopsie

Bei potentiell therapierbaren Nierenkranken bzw. bei Abfall der Transplantat-Funktion durch Abstoßung oder bei Verdacht auf rekurrierende Erkrankungen sollte durch den behandelnden Nephrologen zur histologischen Diagnosesicherung und zur Abschätzung der Prognose eine Nierenbiopsie durchgeführt werden.

Bei Verdacht auf Berufskrankheiten z. B. sekundäre Glomerulonephritis bei Hepatitis C kann die Biopsie ebenfalls erforderlich sein. Eine Biopsie ist nur bei noch gut erhaltener Nierengröße möglich und sollte daher nicht zu spät durchgeführt werden. Bei funktionellen Einzelnieren ist die Biopsie wegen des Komplikationsrisikos kontraindiziert. Im Rahmen der sozialmedizinischen Begutachtung ist eine Nierenbiopsie nicht angezeigt.

17.1.3 Krankheitsbedingte Beeinträchtigungen nach ICF

Die Gesundheitsprobleme sind gekennzeichnet durch den aktuellen Status von Körperfunktionen und Körperstrukturen, Aktivitäten und Teilhabe sowie deren Beeinträchtigungen. Strukturen und Funktionen sind zu überprüfen und zu beschreiben in Bezug auf: mentale Funktionen, Sinnesfunktionen, Schmerzempfindungen, kardiopulmonale Funktionen, Funktionen des hämatologischen und immunologischen Systems, Funktionen des Verdauungssystems, des Stoffwechsels und des endokrinen Systems, Funktionen des Urogenitalsystems, des Stütz- und Bewegungsapparats sowie der Haut und Hautanhangsgebilde.

◘ Tab. 17.4 stellt häufige Störungen der physischen und psychischen Körperfunktionen bei Nierenkranken dar.

Aktivitäten und Teilhabe sind in folgenden Bereichen zu überprüfen und zu beschreiben:

Lernen- und Wissensanwendung in Bezug auf die Nierenerkrankung. Bewältigung allgemeiner Aufgaben und Anforderungen beruflich und sozial.

Mobilität einschließlich Tragen, Bewegen und Handhaben von Gegenständen, Selbstversorgung, häusliches Leben, interpersonelle Interaktionen und Beziehungen, Arbeit, Beschäftigung und Bildung, Gemeinschafts-, soziales und staatsbürgerliches Leben.

Hinsichtlich Kontextfaktoren sind insbesondere sich auf die Teilhabe günstig oder ungünstig auswirkende Einflüsse folgender Bereiche zu überprüfen und zu beschreiben: Produkte, Ausrüstungen und Technologien, natürliche Umwelt einschließlich klimatischer Faktoren. Für Nierenkranke sind dies Lebenspartnerschaften und Heimdialysetechnik mit ihren Problemen sowie Umweltfaktoren wie Kälte, Nässe und starke Temperaturgegen-

◘ **Tab. 17.4** Häufige Störungen der physischen und psychischen Körperfunktionen bei Nierenkranken

− Gestörte Entgiftungsleistung der Niere

− Störungen der Konzentrationsfähigkeit des Primärharns

− Störungen des Wasserhaushaltes

− Störungen des Mineralhaushaltes und des Vit. D Stoffwechsels

− Störungen der Elektrolytbilanz

− Verminderte Blutbildungsfunktionen

− Störungen der Blutdruckregulation

− Störungen der Funktion der Nebenschilddrüsen

− Gestörte Muskelfunktion (Schwäche, Krampfneigung, restless legs syndrom)

− Störungen der peripheren Nervenfunktionen

− Störungen der Säure-Basenfunktion

− Störungen des Appetits

− Störungen der Integrität der Haut

− Herabsetzung der Gerinnungsfunktionen einschließlich der Blutplättchen

− Störungen des Ernährungszustandes bis zur Kachexie

− Störungen des Eiweißhaushaltes

− Störungen der Immunfunktionen

− Störungen des Knochenauf- und -abbaus

− Seelische Funktionsstörungen einschließlich Depressionen

− Verminderte Aufmerksamkeits- und Konzentrationsspanne

− Verminderung der geistigen Leistungsfähigkeit

sätze, aber auch Infektionsgefährdung bei herabgesetzter Immunität.

In der Prognosebeurteilung wird der weitere Verlauf der geschilderten Gesundheitsprobleme unter Berücksichtigung der kurativ-medizinischen Versorgung eingeschätzt.

Dabei sind die Kontextfaktoren zu berücksichtigen. Als Interventionsmöglichkeiten werden medizinische, berufliche, gesellschaftliche, private und speziell auf die Kontextfaktoren abzielende Interventionen aufgeführt, die geeignet erscheinen, die Prognose zu verbessern. In Abhängigkeit von Alter und Leistungsfähigkeit sind Leistungen zur Teilhabe am Arbeitsleben zu prüfen.

Insbesondere sind hier Möglichkeiten der Prävention, der Kuration, der Versorgung mit Heil- und Hilfsmitteln, der unterschiedlichen Leistungen zur Teilhabe für behinderte Menschen, der Pflege und der Möglichkeiten des

Stadium	GFR	Nierenschaden und Funktionsverlust	Optionen	ICD-10
1	≥ 90	Nierenschaden mit normaler GFR	Kontrollen, Risikominimierung	N18.1
2	60–89	geringgradiger Funktionsverlust	Diagnostik	N18.2
3	30–59	mittelschwerer Funktionsverlust	Therapie der Komplikationen	N18.3
4	15–29	schwerer Funktionsverlust	Dialysevorbereitung	N18.4
5	< 15	Nierenversagen	Dialyse, Nierentransplantation	N18.5

◻ **Tab. 17.5** Handlungsempfehlungen bei den Stadien der Niereninsuffizienz

Quelle: [27] National Kidney Foundation. K/DOQI clinical practice guidelines for chronic kidney disease: evaluation, classification and stratification. Am J Kidney Dis 2002;39:Suppl 1:S1–S266

Engagements in Selbsthilfegruppen (z. B. Diaylseselbsthilfegruppen) zu berücksichtigen.

17.1.4 Begutachtungskriterien

Das gemeinsame Schicksal aller schweren Nierenerkrankungen ist die akute bzw. chronische Niereninsuffizienz. Die *akute* Niereninsuffizienz spielt in der sozialmedizinischen Begutachtung außer bei z. B. Berufskrankheiten (z. B. Hantavirusinfektion, Intoxikationen etc.) oder Arbeitsunfällen eine geringere Rolle und bleibt im Folgenden daher außer Betracht. Von einer *chronischen* Niereninsuffizienz spricht man, wenn die glomeruläre Filtrationsrate (GFR) länger als drei Monate unter 60 ml/min liegt oder wenn das Serum-Kreatinin länger als drei Monate über 1,5 mg/dl (Männer) bzw. über 1,3 mg/dl (Frauen) liegt [21]. Die MDRD-Formel ist für eine GFR über 60 ml/min/1.73 m^2 weniger geeignet als im Bereich unter 60 ml/min/1.73 m^2.

Kreatinin. Früher wurde die körperliche Leistungsfähigkeit allein abhängig vom Serum-Kreatinin angegeben: unter 2 mg/dl keine Einschränkung (mit Ausnahmen), bei 2–5 mg/dl leichte und mittelschwere Arbeit ganztags, bei 5–10 mg/dl nur leichte Arbeit ganztags und mittelschwere halbtags. Dieses Schema vereinfacht die komplexen pathophysiologischen Zusammenhänge und ist auch abhängig von Zahl und Ausmaß der Begleiterkrankungen.

Glomeruläre Filtrationsrate. Anhand der GFR lassen sich fünf Stadien der Niereninsuffizienz unterscheiden (◻ Tab. 17.5) [27]). Bei normaler GFR stehen als Handlungsempfehlungen im Vordergrund die Diagnose und Therapie der Grunderkrankung mit dem Ziel einer Ausheilung oder wenigstens Verlangsamung der Progression. In den Folgestadien sind die Abschätzung der Progression und die Therapie von Komplikationen das vorrangige Ziel. Bei einer GFR unter 30 ml/min müssen Vorbereitungen für eine Nierenersatztherapie (Shuntanlage) getroffen

werden. Dialysepflicht besteht ab einer GFR von 10–15 ml/min bzw. ab einem Kreatininwert von ca. 10 mg/dl in Verbindung mit einer entsprechenden Klinik.

Anämie. Die renale Anämie setzt die Kapazität des kardiovaskulären Systems herab [14, 15, 16, 17, 23]. Beginnend ab einem Hb-Wert von 14–11 g/dl sinkt die körperliche Belastbarkeit, was sich bei Werten unter 11 g/dl verstärkt. Therapeutisch wird Erythropoetin zur Erythrozytenneubildung eingesetzt mit dem Ziel, den Hb-Wert bei 11–12 g/dl zu stabilisieren. Bei Überschreiten höherer Hb-Werte ist das ebenfalls steigende Risiko für Schlaganfälle individuell zu berücksichtigen. Die Substitution mit Erythropoietin über einen Hb von 11 g/dl zur reinen Steigerung der Lebensqualität ist nicht mehr üblich.

Kardiovaskuläres System. Bluthochdruck ist der Hauptrisikofaktor für chronische Nierenerkrankungen. Eine hochdruck- und anämiebedingte Linksherzhypertrophie und -insuffizienz, koronare Herzkrankheit, Mitral- und Trikuspidalinsuffizienz sind bei Dialysepatienten häufig. Das Herzzeitvolumen ist durch Anämie, Hypervolämie und großes Shuntvolumen in Ruhe erhöht und steigt unter Belastungen unzureichend an. Daraus resultiert eine eingeschränkte kardiale Belastbarkeit, die aber auch vom Trainingszustand abhängt [11, 13, 15, 20, 21, 22, 23, 24, 25, 32]. Die spiroergometrisch erfasste kardio-pulmonale Leistungsfähigkeit von Dialysepatienten liegt etwa bei 50 % der altersgleichen gesunden Kontrollpersonen.

Malnutrition. Bei Niereninsuffizienz ab einem Kreatininwert von 3 mg/dl nehmen der Appetit und die Protein- und Energieaufnahme oft ab. Weitere begünstigende Faktoren sind Azidose, Insulinresistenz, Wachstumshormonresistenz und proinflammatorische Zytokine. Hieraus resultiert in einigen Fällen eine sog. Protein-Energie-Malnutrition (PEM). Sie wird besonders auch bei Dialysepatienten beobachtet und schränkt die körperliche Leistungsfähigkeit weiter ein.

Elektrolytstörungen. Kaliumverluste z. B. bei Analgetikanephropathie oder Diuretikaabusus können durch kaliumreiche Lebensmittel oder medikamentös ausgeglichen werden. Eine Hyperkaliämie kann durch die Nierenerkrankung, durch falsche Diät und medikamentös verursacht sein. Eine Hyperphosphatämie verschlechtert die renale Osteopathie. Ein sekundärer Hyperparathyreoidismus bedarf der gezielten nephrologischen Behandlung, eine Hypokalzämie der Vitamin-D-Substitution.

Azidose. Die Störung der renalen Säureelimination führt zur metabolischen Azidose, die eine Hyperkaliämie begünstigt und längerfristig die renale Grunderkrankung und die renale Osteopathie nachteilig beeinflusst. Die Azidose sollte medikamentös durch Bikarbonat ausgeglichen werden.

Osteopathie. Die renale Osteopathie entsteht infolge vermehrter Stimulation der Nebenschilddrüsen durch Vitamin-D-Mangel, Hypokalzämie und Hyperphosphatämie. Eine Parathormonerhöhung ist bereits ab einer GFR von 60 ml/min nachweisbar. Folgen des sekundären Hyperparathyreoidismus sind Störungen des Knochenumsatzes (Fibroosteoklasie, Typ I), der Mineralisation (Osteoidose, Typ II) oder beides (Typ III) sowie der Knochenstruktur (Spongiosaumbau, Osteopenie, Osteosklerose). Die Rarefizierung der Trabekel ist im 3D-Mikro-CT darstellbar. Die knöchernen Umbauprozesse führen bei terminaler Niereninsuffizienz zu Knochenschmerzen, Spontanfrakturen und Wirbelsäulendeformierungen. Bei schwerem sekundärem Hyperparathyreoidismus entstehen vaskuläre, periartikuläre und viszerale Kalzifikationen mit Hautulzera und Gewebsnekrosen (Kalziphylaxie), Sehnenrupturen und proximal betonte Myopathien der unteren Extremitäten. Zudem bestehen Korrelationen zwischen Störungen des Kalziumhaushaltes und der Entwicklung einer koronaren Herzerkrankung. In Einzelfällen beherrscht die Osteopathie das klinische Bild; sie sollte jedoch heute durch adäquate Prophylaxe und Therapie in den meisten Fällen vermeidbar sein.

Neuromuskuläre Faktoren. Schwere Polyneuropathien mit progredienten, von distal aufsteigenden Lähmungen werden bei Niereninsuffizienten kaum noch beobachtet. Dagegen kommen gemischt polyneuropathisch-myopathische Fälle mit einer Atrophie des Fasertyps II der Muskelfibrillen und reduzierter Muskelkraft vor. Bei der Ergometrie fällt die rasche Ermüdung der Beinmuskulatur vor Erreichen der kardiopulmonalen Leistungsgrenze auf. Als Ursachen kommen urämisch-toxische Schädigungen, gestörter Vitamin-D-Metabolismus, Hyperparathyreoidismus, Osteomalazie, reduzierte Sauerstoffversorgung bei Anämie, kardiopulmonale Einschränkungen, arterielle Verschlusskrankheit und vaskuläre Erkrankungen in Betracht. Körperliche Inaktivität und Begleiterkrankungen verstärken den Muskelabbau. Die Muskelkraft von Dialysepatienten liegt bei 50–80 % und die spiroergometrische Leistungsfähigkeit bei etwa 50 % der altersgleichen gesunden Kontrollpersonen.

Geistige Leistungsfähigkeit. Konzentrationsfähigkeit, Gedächtnisleistung und Aufmerksamkeitsspanne können messbar eingeschränkt sein. Verlangsamungen, Störungen der Reaktionszeit und der Reizschwelle sowie der Reizdiskriminierung sind ebenfalls möglich. Obwohl sich diese Befunde unter Erythropoetingabe tendenziell bessern können, sind große individuelle Unterschiede möglich [22]. Für die Beurteilung der Leistungsfähigkeit sind daher sowohl medizinische als auch psychologische Untersuchungen erforderlich [24, 26].

17.1.5 Sozialmedizinische Beurteilung

■ **Leistungen zur Teilhabe**

Leistungen zur medizinischen Rehabilitation können genutzt werden, um die Progression von Nierenerkrankungen zu bremsen [7, 8, 9, 10, 11, 12, 13, 29]. So tritt beim Diabetes mellitus 10–15 Jahre nach Erkrankungsbeginn bei 20 % (Diabetes mellitus Typ 2) bis 40 % (Diabetes mellitus Typ 1) der Patienten eine Mikroalbuminurie auf, deren Fortschreiten zur Proteinurie und Dialysepflicht führt. Indiziert sind konsequente Blutdruckeinstellung auf ca. 120/85 mmHg, diätetische Einstellung, Gewichtsoptimierung und körperliche Aktivitäten. Bei nicht-diabetischen Patienten mit bereits eingeschränkter Nierenleistung kann durch geeignete Therapie und präventive Maßnahmen im Mittel der Eintritt einer Dialysepflicht um mindestens drei Jahre hinausgeschoben werden [10, 12, 13, 30].

Der multidisziplinäre Ansatz im Rahmen eines Gesundheitstrainingsprogrammes für Nierenkranke kann nachweislich zu einer Besserung der Langzeitnierenfunktion und der renalen Risikofaktoren beitragen [8, 9, 12, 30].

Ein kontinuierliches körperliches Ausdauertraining verbessert auch bei niereninsuffizienten Menschen den aeroben Stoffwechsel und die Glukoseutilisation und verhindert den katabolen Muskelabbau. Nach eigenen Untersuchungen führt ein Herz-Kreislauftraining bereits nach vier Wochen zu einer signifikanten Zunahme der Belastbarkeit und der maximalen Sauerstoffaufnahme bei Nierenkranken im Prädialysestadium, bei Dialysepatienten und bei Nierentransplantierten [10]. Ein sechsmonatiges Nachsorgeprogramm führte bei Dialysepatienten zu einer deutlichen Rückbildung der Muskelatrophie mit einem Zuwachs an Muskelfasern des M. vastus lateralis um 29 %.

Parallel dazu nahmen die maximale VO_2 um 48 % sowie Belastungszeit (+ 29 %) und Muskelkraft signifikant zu [23, 24].

Rechtzeitige Rehabilitationsleistungen zum Erhalt der Leistungsfähigkeit im Erwerbsleben sind nicht erst bei langer Arbeitsunfähigkeit und drohender Erwerbsminderung sinnvoll [11, 14, 15, 29]. Durch Gesundheitstraining kann im Einzelfall die Teilhabe am Arbeitsleben bis zur Transplantation erhalten bleiben [12, 29]. Eine Wiederherstellung des Leistungsvermögens zumindest für Teilzeittätigkeit ist je nach Alter und Begleiterkrankungen bei vielen Dialysepatienten möglich [10]. Leistungen zur Teilhabe am Arbeitsleben sind zu erwägen, wenn die bisherigen Tätigkeiten in Nässe-, Kälte, starken Temperaturgegensätzen oder mit Infektionsgefährdungen verbunden sind.

■ **Erwerbsminderung**

Die Leistungsfähigkeit hängt ab von Alter, Trainingszustand, Dauer und Stadium der Nierenerkrankung sowie den Begleiterkrankungen.

Nierenerkrankungen ohne Dialysepflicht führen zu qualitativen Einschränkungen. Zeitweilig kann Arbeitsunfähigkeit bestehen. Nierenmissbildungen mit normaler Nierenfunktion wie Ren mobilis oder Nierenzysten ohne Abflusshindernis führen nicht zu einer Leistungsminderung. Bei schwerer Niereninsuffizienz (Kreatinin 8–10 mg/dl) ist die Leistungsfähigkeit durch die Auswirkungen der Grunderkrankung, Hypertonie, Elektrolytstörungen, metabolische Azidose, Polyneuropathie und Eiweißverluste nur noch in wenigen Fällen für leichte Tätigkeiten erhalten.

Die dialysepflichtige Nierenerkrankung führt nicht zwangsläufig zu einer Aufgabe der Berufstätigkeit. Die Arbeit eines Dialysepatienten sollte körperlich nicht schwer sein und nicht in ungünstigen Witterungsverhältnissen durchgeführt werden müssen. Tätigkeiten mit ständig wechselnden und entfernten Einsatzorten sind meistens unvereinbar mit der Dialysebehandlung.

Nach einer Nierentransplantation ist eine Stabilisierungsphase abzuwarten. Die meisten Komplikationen treten im ersten Jahr nach der Transplantation auf. Bei stabiler Transplantatfunktion können zumindest leichte körperliche Arbeiten über sechs Stunden und mehr verrichtet werden. Arbeiten mit erhöhtem Infektionsrisiko sowie Nachtarbeit sollten unter immunsuppressiver Therapie gemieden werden. Weitere Einschränkungen können sich durch fortbestehende Begleiterkrankungen, beispielsweise in Form einer schwer einstellbaren arteriellen Hypertonie oder Osteoporose bestehen.

Soziale Aktivitäten. Bei Nierenerkrankungen ohne Dialysepflicht sind Ausdauersportarten empfehlenswert. Sportarten, die mit Nässe- und Kälteexposition verbun-

den sind (Wassersport, Wintersport), sind zu vermeiden. Dies gilt auch für Dialysepatienten unabhängig davon, dass sie durch den Zeitbedarf für die Dialyse zeitlich eingeschränkt sein können. Ein hohes Maß an sozialen Aktivitäten weist auf ein erhaltenes Restleistungsvermögen hin, das im Erwerbsleben eingesetzt werden kann.

Ausbildung. Ist eine chronische Nierenerkrankung bereits bekannt, z. B. bei familiären Zystennieren, sollten Berufswahl und Berufsausbildung auf die langfristig absehbare Dialysepflichtigkeit hin ausgerichtet werden. Berufe mit mittelschweren oder schweren körperlichen Belastungen sollten nicht ergriffen werden, da früher oder später eine krankheitsbedingte Aufgabe der Tätigkeit zu erwarten ist. Leistungen zur Teilhabe am Arbeitsleben können dann in Betracht kommen.

Fahrtüchtigkeit. Wer unter einer schweren Niereninsuffizienz mit erheblicher Beeinträchtigung des Allgemeinbefindens und beträchtlicher Einschränkung der Leistungsfähigkeit leidet, ist nach den Begutachtungsleitlinien zur Kraftfahrereignung [2] nicht in der Lage, den Anforderungen zum Führen eines Kraftfahrzeuges der Gruppen 1 (Klassen A, A1, B, BE, M, L, T) und 2 (Klassen C, C1, CE, C1E, D, D1, DE, D1E und Personengastbeförderung) gerecht zu werden (http://www.fahrerlaubnisrecht. de/Begutachtungsleitlinien.htm).

Arbeitszeit. Bei chronischer Niereninsuffizienz sollte Nachtarbeit vermieden werden, insbesondere bei bestehender Komorbidität beispielsweise durch Hypertonie mit nächtlichen Blutdruckspitzen. Arbeiten unter Zeitdruck können durch rascher einsetzende Ermüdung unter bislang gut tolerierter Arbeitsbelastung erschwert sein.

In den meisten Dialyseeinrichtungen kann die Zeit der Dialysebehandlung auf die Arbeitszeiten des Patienten abgestimmt werden. Der Dialysebeginn kann auf Nachmittags- und Abendstunden oder in die Nachtstunden gelegt werden. Die Ruhephase nach Ende der Dialyse kann mit dem Nachtschlaf verbunden werden. Am Folgetag kann die Arbeit in gewohntem Umfang aufgenommen werden. Ist die Dialyse lediglich während der vereinbarten Arbeitszeit möglich, besteht für deren Dauer, die Zeit der Anfahrt zur Dialyseeinrichtung und für die nach der Dialyse erforderliche Ruhezeit Arbeitsunfähigkeit.

Arbeitsschwere. Mit zunehmender Niereninsuffizienz sinkt die körperliche Belastbarkeit, so dass leichte bis mittelschwere und später nur noch leichte körperliche Arbeiten verrichtet werden können. Das Heben und Tragen von schweren Lasten ist bei renaler Osteopathie einzuschränken. Arbeiten mit hoher mentaler Belastung oder überdurchschnittlichen Anforderungen an Dauerkonzentration oder Reaktionsvermögen werden mit zunehmender Niereninsuffizienz einzuschränken sein.

Infektionsgefährdung. Die tätigkeitsbezogene Infektionsgefährdung sollte bei allen chronisch Nierenkranken und in erhöhtem Maße bei immunsupprimierten Transplantatempfängern beachtet werden, wenn beispielsweise Arbeiten in Müllwerken, Schlachthöfen, Abdeckereien, Klärwerken oder Tierpflege sowie in der Landwirtschaft oder in Gärtnereibetrieben verrichtet werden. Diese Arbeiten gehören meistens nicht zu den körperlich leichten oder leicht bis mittelschweren Arbeiten. Außerdem schützt der professionelle Umgang mit Infektionsmaterial vor Infektionen, so dass eigentlich auch keine Einschränkungen bei immungeschwächten Personen bestehen. Allerdings kann sich durch das Tragen von persönlicher Schutzausrüstung beim Arbeiten mit biologischen Arbeitsstoffen die Arbeitsschwere erhöhen und dadurch die Belastungsgrenze erreicht oder überschritten werden. Niereninsuffiziente oder Nierentransplantierte mit stabiler Transplantatfunktion müssen durchschnittlichen Publikumsverkehr ebenso wenig meiden wie die Nutzung öffentlicher Verkehrsmittel zu Spitzenzeiten. Gelegentlich ist das passagere Tragen eines Mund-Nasen-Schutzes empfehlenswert. Die Hygieneanforderungen am Arbeitsplatz sind genauso hoch wie zu Hause.

Arbeiten in Kälte, Nässe und unter großen Temperaturschwankungen. Arbeiten in Kälte, Nässe und unter großen Temperaturschwankungen können den körpereigenen Infektionsschutz beeinträchtigen. Bei chronischer Niereninsuffizienz oder nach Transplantation sollten diese potentiellen Risikofaktoren auch während der Arbeit vermieden werden. Die mit diesen Belastungsfaktoren verbundenen Arbeiten sind meistens nicht als körperlich leichte Arbeiten einzustufen und bereits dadurch aus medizinischer Sicht bedenklich. Gefährdet sind Arbeiter im Hoch-, Tief- und Straßenbau, in der Landwirtschaft oder in der Seefahrt.

Nephrotoxische Substanzen. Eine Exposition gegenüber nephrotoxischen Substanzen kann nicht nur in der Arbeitswelt vorkommen, sondern auch im Alltag. Bekannte nephrotoxische Verbindungen sind in ◘ Tab. 17.6 aufgelistet. Bei Niereninsuffizienz können entsprechend den berufsgenossenschaftlichen Grundsätzen und anderen Vorschriften zu Arbeitsschutz und Arbeitssicherheit arbeitsmedizinische Bedenken gegen den Einsatz an Arbeitsplätzen bestehen, die mit einer Gefährdung durch nephrotoxische Verbindungen einhergehen können.

◘ Tab. 17.6 Beispiele nephrotoxischer und nierenschädlicher Verbindungen

Arzneimittel	Tubulotoxisch: Aminoglykoside (Gentamycin, Streptomycin), Amphotericin B, Cisplatin, Forscarnet, jodhaltige Kontrastmittel, Lithium Tubuloobstruktiv: Methotrexat, Aciclovir, Sulfonamide Vaskulär: Cyclosporin, Mitomycin, Thiazide, Interferon Interstitiell: Aciclovir, NSAIDs, Sulfonamide, Rifampicin, Penicillin G, Ampicillin, Allopurinol
(Schwer-)Metalle	Blei Cadmium Quecksilber Arsen Nickel, Chrom, Uran und Gold
Halogenierte Kohlenwasserstoffe	Trichlorethen Tetrachlorethen Hexachlorbutadien Chloroform Dioxine
Zytostatika	Cisplatin Methotrexat Mitomycin D
Weitere Verbindungen	Andere Lösungsmittel (Toluol, Nitroverbindungen, Perchlorethylen) Bleifreies Benzin Glykol Röntgenkontrastmittel Narkosemittel Herbizide Mykotoxine (Aflatoxin B)

Quelle: Fritschka, E., Mahlmeister, J. [9] (http://www.uni-ulm.de/nephrologie/cme186.pdf)

17.2 Krankheitsbilder

Eine Systematik der Nierenerkrankungen findet sich in ◘ Tab. 17.7. Beschrieben werden im Nachfolgenden Krankheitsbilder, die bei chronischem Verlauf zur Niereninsuffizienz, bei fortgeschrittener Niereninsuffizienz zur Dialysebedürftigkeit oder Nierentransplantation führen können. Die Diagnosenverteilung bei Nierenersatztherapie zeigt ◘ Tab. 17.2. Bei der Inzidenz führt die diabetische Nephropathie, gefolgt von Glomerulonephritis, vaskulärer Nephropathie und interstitieller Nephritis. Bei der Prävalenz ist das diabetische Spätsyndrom wegen seiner höheren Sterblichkeit dagegen unterrepräsentiert. Die Nierenersatztherapie unterliegt bei allen Nierenkrankheiten dem gleichen Vorgehen und den gleichen sozialmedizinischen Beurteilungskriterien und wird daher in ► Kap. 17.3 zusammenfassend dargestellt.

17.2.1 Glomeruläre Erkrankungen

Primäre Glomerulonephritiden (GN) werden von sekundären unterschieden, die im Rahmen von Tumoren oder Systemerkrankungen auftreten. Therapierbarkeit und Prognose sind sehr unterschiedlich. Rapid progressive Verläufe werden ebenso beobachtet wie stationäre, z. B. bei minimal change Glomerulonephritis. Glomerulonephritiden sind histologisch definiert.

Eine Nierenbiopsie ist in frühen Stadien indiziert, da nur so Therapiebedürftigkeit und spätere Rekurrenz der Erkrankung im Transplantat zu beurteilen sind. Der Verlauf lässt sich anhand von Nierenfunktion und Urinbefunden beurteilen. Charakteristisch ist das nephritische Harnsediment: Mikrohämaturie mit Akanthozyten (deformierten Erythrozyten) und eine Proteinurie unterschiedlichen Ausmaßes. Ein nephrotisches Syndrom liegt vor, wenn eine massive Eiweißausscheidung von > 3,5 g/24 h zusammen mit weiteren klinischen Symptomen wie Eiweißmangel, peripheren Ödemen und Hyperlipidämie besteht. Bei akuten Verläufen werden weitere bedrohliche Zustände wie ein renopulmonales Syndrom, z. B. beim GOODPASTURE-Syndrom, oder massive Überwässerung beobachtet.

- ■ **Spezifische sozialmedizinische Beurteilung**
Die Beurteilung des Leistungsvermögens baut auf der histologischen Diagnose, der Progressionsrate der Nierenerkrankung, der Nierenfunktion, der Blutdruckeinstellung und dem Ausmaß renaler (z. B. nephrotisches Syndrom) und extrarenaler (Herz, Kreislauf, Lunge, Skelett, Muskulatur) Komplikationen auf. Bei alleiniger Nierenerkrankung mit stabilem Verlauf und ohne wesentliche Komplikationen bleibt unter der Behandlung meist das Leistungsvermögen von sechs Stunden und mehr erhalten. Bei Notwendigkeit einer Nierenersatztherapie siehe ▶ Kap. 17.3.

17.2.2 Interstitielle Erkrankungen

Akute interstitielle Nierenerkrankungen entstehen bei bakteriellen oder viralen Infektionen (Hantavirus) oder infolge allergischer Reaktionen u. a. auch auf Arzneimittel. Nach jahrelanger Einnahme von sogenannten Mischanalgetika bzw. phenazetinhaltigen (Metabolit: Paracetamol) frei verkäuflichen Schmerzmitteln und bei chronischer Intoxikation durch Blei, Kadmium, Gold, Wismut, Thallium oder Arsen kann sich eine chronische interstitielle Nephropathie entwickeln. Selten ist die granulomatöse interstitielle Nephritis bei Morbus BOECK. Ein Sonderfall ist die hypokaliämische Nephropathie. Bei der chroni-

schen GN finden sich interstitielle Vernarbungen, welche die Prognose verschlechtern.

Kreatininanstieg, evtl. ein erhöhtes Serum-IgE, Erythrozyten, Leukozyten und selten Eosinophile im Sediment weisen zusammen mit den tubulären Proteinen (meist < 1 g/24 h) auf die Diagnose hin. Bei Infektionen positiver Urikult. Akute interstitielle Nierenerkrankungen heilen häufig folgenlos aus, können aber auch zur Dialysepflicht führen. Chronische bakterielle interstitielle Nephritiden führen in Abhängigkeit von der Grunderkrankung oft zu einer schubweisen Verschlechterung der Nierenfunktion. Behandelbare Ursachen wie Reflux oder obstruktive Uropathie (vgl. ▶ Kap. 18) sind zu beheben, solange die Proteinurie bei Erwachsenen < 1,5 g/24 h beträgt. Immunologische Erkrankungen wie der Lupus erythematodes können ebenfalls zur interstitiellen Nephritis führen. Die seltene Urogenitaltuberkulose mit »steriler« Leukozyturie erfordert eine vierfache Initialtherapie über 2 bis 4 Monate und eine zweifache tuberkulostatische Erhaltungstherapie bis zu 12 Monaten.

- ■ **Spezifische sozialmedizinische Beurteilung**
Rezidivierende Harnwegsinfektionen, Flankenschmerzen, Kopfschmerzen, subfebrile Temperaturen und Abgeschlagenheit können zu Arbeitsunfähigkeitszeiten führen. Bei einer Urogenitaltuberkulose unter tuberkulostatischer Therapie kann monatelange Arbeitsunfähigkeit vorliegen. Die Dauer der Arbeitsunfähigkeit über 12 Monate und überdauernde Beeinträchtigungen gehen in die Beurteilung des Leistungsvermögens ein. Leichte bis mittelschwere körperliche Arbeiten können über sechs Stunden und mehr verrichtet werden. Feuchtarbeiten sowie Arbeiten in Nässe, Kälte, Hitze oder unter großen Temperaturschwankungen erhöhen die Arbeitsschwere und sollten vermieden werden. Medizinische Bedenken können bei Nachtarbeit sowie bei Arbeiten unter erhöhter Infektionsgefährdung vorliegen. Die sozialmedizinische Leistungsbeurteilung richtet sich nach den Folgen der Nierenfunktionsstörung; bei Notwendigkeit einer Nierenersatztherapie siehe ▶ Kap. 17.3.

17.2.3 Tubuläre Erkrankungen

Chronische Intoxikationen mit organischen Lösungsmitteln oder Schwermetallen (Quecksilber, Blei) verursachen tubuläre Schäden. Auch nephrotoxische Medikamente wie Cyclosporin, Cisplatin oder Methotrexat kommen als Auslöser in Betracht. Selten sind die angeborenen tubulären Syndrome wie das FANCONI-Syndrom mit renalem Phosphat- und Magnesiumverlust, renal-tubulärer Azidose, Hypophosphatämie und Osteomalazie. Eine tubuläre Obstruktion entsteht bei der Myelomniere durch

◘ Tab. 17.7 Systematik der Nierenerkrankungen

	Akut	Chronisch
Glomerulär	Akute Glomerulonephritis (GN) Poststreptokokken GN GN bei anderen bakt. Infektionen, z. B. Endokarditis	Rapid progressive GN Typ I, II, III (RPGN) Nephrotisches Syndrom bei minimal change GN Fokal segmental-sklerosierende GN (FSGS) Membranöse GN Membranoproliferative GN (MPGN) IgA-Nephropathie Fibrilläre GN-immunotaktoide GN Diabetische Nephropathie (selten) Immunotaktoide GN Amyloidose
Vaskulär	Hämolytisch-urämisches Syndrom Niereninfarkt, Nierenvenenthrombose Prärenales Nierenversagen, z. B. Dehydratation, Schock Akute pulmo-renale Syndrome	Benigne und maligne Nephrosklerose Diabetische Glomerulosklerose Nierenarterienstenosen *ANCA-assoziierte Vaskulitiden:* ▬ Wegenersche Granulomatose ▬ Churg-Strauss-Syndrom ▬ Polyarteriitis nodosa ▬ Mikroskopische Polyangitis *Immunkomplexbedingte Vaskulitiden:* ▬ Purpura Schönlein-Henoch, ▬ Kryoglobulinämie, ▬ Systemischer Lupus erythematodes (SLE) *Vaskulitis durch Antibasalmembran-Antikörper*
Interstitiell	Akute interstitielle Nephritis durch Pharmaka, Infektionen Immunologische Erkrankungen, z. B. Sjögren-Syndrom	Analgetikanephropathie Chronische Pyelonephritis Granulomatöse Nephritis, z. B. bei Sarkoidose, Tbc
Tubulär	Akutes Nierenversagen (ANV)	Obstruktive Nephropathie Abstoßungsreaktion nach Transplantation Multiples Myelom Renal tubuläre Azidose (RTA)
Hereditäre Erkrankungen		*Zystische Nierenerkrankungen:* ▬ Polyzystische Nieren (ADPKP, ARPKD) ▬ Markschwammnieren ▬ Nephronophthisekomplex *Erkrankungen der Glomeruli:* ▬ Hereditäre Nephritis (Alport-Syndrom) ▬ Kongenitales nephrotisches Syndrom ▬ Fabry-Syndrom ▬ Nail-Patella-Syndrom *Erkrankungen der Tubuli:* ▬ von Hippel-Lindau-Syndrom ▬ M. Bourneville-Pringle (tuberöse Sklerose)

Ausscheidung von Leichtketten und bei der Urat-Nephropathie (Tumorlyse-Syndrom) durch Präzipitation von Harnsäurekristallen. Bei der Bleinephropathie kommt es zur verminderten tubulären Harnsäuresekretion. Die renale tubuläre Azidose (RTA) ist eine heterogene Gruppe von Störungen mit verminderter Ausscheidung von fixen Säuren bei normaler Anionenlücke. Die proximale RTA (Typ II) entsteht durch Fanconi-Syndrom, Schwermetallvergiftung, Aminoglykosidantibiotika, altes Tetrazyklin, Paraproteinämie (Myelom) und Immunerkrankungen

(SLE). Die distale RTA (Typ I, III) findet man bei Problemen der Ammoniogenese (Ketoazidose) und des NH_3-Transfers (Analgetikanephropatie) oder bei H^+-Ionen-Sekretionsdefekten (hereditäre RTA). Der Typ IV geht mit einer Hypokaliämie einher. Auch die chronische Transplantatabstoßung ist meist mit einer tubulären Schädigung verbunden.

Störungen des proximalen Tubulus führen zu Azidose, tubulärer Proteinurie und Fanconi-Syndrom. Bei Störungen des distalen Tubulus findet man eine Azidose, Hyponatriämie und Hyperkaliämie. Bei medullären Störungen ist die Konzentration des Urins vermindert. Zur Überwachung bei toxischen Schäden eignen sich tubuläre Marker wie β2-Mikroglobulin.

- **Spezifische sozialmedizinische Beurteilung**

Die Beurteilung des Leistungsvermögens richtet sich nach den Folgen des Nierenfunktonsverlusts und den damit verbundenen körperlichen und psychischen Störungen, die bereits oben beschrieben wurden. Die Ergebnisse arbeitsmedizinischer Gefährdungsuntersuchungen können die Beurteilung des Leistungsvermögens abrunden.

17.2.4 Vaskuläre Erkrankungen

Zu unterscheiden sind Mikro- und Makroangiopathien und bei letzteren die arteriellen von den venösen Erkrankungen. Mikroangiopathien im engeren Sinne sind das hämolytisch-urämische Syndrom und andere Autoimmunerkrankungen wie Sklerodermie oder Morbus WEGENER. Die Panarteriitis nodosa befällt die mittleren Arterien. Zu den Makroangiopathien zählen die Arteriosklerose mit Nierenarterienstenosen und Niereninfarkten durch Cholesterinembolien sowie die gefürchtete Nierenvenenthrombose mit großer Proteinurie. Vaskuläre Schäden sind auch Zusatzbefunde bei anderen renoparenchymatösen Erkrankungen, die mit Bluthochdruck einhergehen. Bluthochdruck ist der Hauptrisikofaktor für chronische Nierenerkrankungen. Die optimale Einstellung auf Werte unter 130/85 mmHg führt zu einem bestmöglichen Erhalt der Nierenfunktion.

Bei fast allen Nierenerkrankungen steigt der Blutdruck mit der Zeit an. Infolge eingeschränkter Natriumausscheidung mit kompensatorischer Drucknatriurese und Stimulation des Renin-Aldosteronsystems entfällt die nächtliche Blutdruckabsenkung (> 10 %). ACE-Hemmer, AT1-Rezeptorantagonisten und Renininhibitoren führen zu einer teilweise blutdruckunabhängigen Nephroprotektion. Eine angemessene Blutdruckeinstellung ist bei Nierenkranken durch eine antihypertensive Kombinationstherapie möglich, die ein Diuretikum einschließen sollte.

- **Spezifische sozialmedizinische Beurteilung**

Die Blutdruckeinstellung kann sich schwierig gestalten und die Leistungsfähigkeit beeinträchtigen. Bei ungenügender Blutdruckeinstellung sollte Nachtschichtarbeit vermieden werden, da es hierdurch zu einer Störung des Blutdrucktagesprofils kommt. Die sozialmedizinische Leistungsbeurteilung richtet sich nach den Folgen der Nierenfunktionsstörungen; bei Notwendigkeit einer Nierenersatztherapie siehe ▶ Kap. 17.3.

17.2.5 Hereditäre Nierenerkrankungen

Mit Ausnahme der autosomal dominanten polyzystischen Nierenerkrankung (ADPKD) sind hereditäre Nierenkrankheiten selten; vgl. ◻ Tab. 17.2 und ◻ Tab. 17.7.

- **Autosomal dominante polyzystische Nierenerkrankung (ADPKD)**

Sie geht einher mit großen, multizystisch veränderten Nieren, Leberzysten, arterieller Hypertonie und terminaler Niereninsuffizienz meist zwischen dem 40. und 60. Lebensjahr. Bei der ADPKD 1 (ca. 85 %) besteht ein Gendefekt auf dem kurzen Arm des Chromosoms 16 (Bildung von Polycystin, einem Membranprotein), bei der ADPKD 2 ein Defekt von Chromosom 4.

Beschwerden entstehen durch Verdrängungseffekte bei großen Zystennieren, Zysteninfekte oder Einblutungen. Extrarenale Manifestationen umfassen u. a. Kolondivertikulose, Herzklappenanomalien und Hirngefäßaneurysmen. Progostisch ungünstig sind PDK 1-Gen, junges Alter bei Diagnosestellung, männliches Geschlecht, Hypertonie mit Linksherzhypertrophie, rezidivierende Makrohämaturie und Harnwegsinfekte bei Männern.

Körperlich schwere Arbeiten, Zwangshaltung und Infektionsgefährdung durch Kälte, Nässe und Temperaturschwankungen sind zu vermeiden, ebenso Sportarten mit Körperkontakt. Bei Notwendigkeit einer Nierenersatztherapie siehe ▶ Kap. 17.3

- **Andere hereditäre Erkrankungen**

Die *autosomal rezessive polyzystische Nierenerkrankung (ARPKD)* ist eine Erkrankung des frühen Kindesalters; nur wenige Kinder erreichen das 2. Lebensjahrzehnt. Die autosomal rezessive *juvenile Nephronophthise* mit oder ohne Augenbeteiligung (Retinitis pigmentosa) ist eine der häufigsten Ursachen der Niereninsuffizienz vor dem Erwachsenenalter. Hierbei entstehen Zysten im Mark-Rinden-Grenzbereich und eine interstitielle Fibrose. Die autosomal dominante Form der *medullären zystischen Nierenerkrankung* manifestiert sich im Erwachsenenalter. Das ALPORT-*Syndrom* ist eine vorwiegend X-chromosomal vererbte hereditäre Nephritis, der eine Störung der Bildung von Typ IV-Kollagen mit Defekten der glomerulären Basalmembran zugrundeliegt. Typisch sind Mikro-, seltener Makrohämaturie, Proteinurie, Niereninsuffizienz, Innenohrschwerhörigkeit, Sehstörungen und periphere Neuropathie. Dialysepflicht wird meist im Alter von 35 Jahren erreicht.

Sozialmedizinisch sind bei diesen recht vielgestaltigen Krankheitsbildern neben den typischen Einschränkungen für Nierenkranke zusätzlich die extrarenalen Manifestationen wie Schwerhörigkeit, Katarakt, Makulaveränderungen, Retinitis pigmentosa, Polyneuropathie usw. zu

◻ Tab. 17.8 Stadien der diabetischen Nephropathie

Stadium	Albuminausscheidung (mg/l)	Kreatinin-Clearance (ml/min)	Anmerkungen
Nierenschädigung mit normaler Nierenfunktion		> 90	S-Kreatinin normal
1a. Mikroalbuminämie	20–200		Blutdruck normal oder erhöht
1b. Makroalbuminämie	> 200		Dyslipidämie, raschere Progression von KHK, AVK, Retinopathie und Neuropathie
Nierenschädigung mit Niereninsuffizienz			S-Kreatinin normal oder erhöht
2. leichtgradig	> 200	60–89	Hypertonie, Dyslipidämie, Hypoglyk-ämie-Neigung, raschere Progression von KHK, AVK, Retinopathie und Neuropathie, Anämie-Entwicklung, Störung des Knochenstoffwechsels
3. mäßiggradig	Abnehmend	30–59	
4. hochgradig		15–29	
5. terminal		< 15	

Quelle: Nationale Versorgungsleitlinie diabetische Nephropathie, 2010 [3]

berücksichtigen; vgl. hierzu die ▶ Kap. 21 und 22, 23. Bei Nierenersatztherapie siehe ▶ Kap. 17.3.

17.2.6 Nierenbeteiligung bei Allgemeinerkrankungen

Bei zahlreichen Erkrankungen sind die Nieren involviert: Diabetische Nephropathie, Plasmozytom, Leukämie, Amyloidose, obstruktive Erkrankungen (Morbus Or-MOND, Retroperitonealfibrose), chronische Virusinfekti-onen wie die Hepatitis B (membranöse GN), chronische Harnwegsinfekte und Pyelonephritiden (Schrumpfniere). Ein Abfall der Nierenleistung wird auch bei der chroni-schen Herzinsuffizienz beobachtet.

Die sozialmedizinische Beurteilung richtet sich je-weils nach der Grunderkrankung und den funktionslimi-tierenden Befunden. Oft handelt es sich um weit fortge-schrittene Krankheitsbilder mit zahlreichen Organschä-den, die sich auch durch eine Nierenersatztherapie oder Transplantation nicht mehr beheben lassen.

Diabetische Nephropathie. Die diabetische Nierener-krankung ist der häufigste Grund für eine Dialysepflicht. Durch die Deutsche Diabetesgesellschaft wurde kürzlich eine Neuklassifikation der Stadien der diabetischen Ne-phropathie vorgenommen (siehe ◻ Tab. 17.8), die sich auf die Kreatinin-Clearance anstatt auf das Serum-Kreatinin stützt.

Patienten mit diabetischer Nierenerkrankung sollten frühzeitig einer Rehabilitationsleistung zugeführt werden. Indikationen zur medizinischen Rehabilitation bestehen nach akuten stationär behandlungsbedürftigen Erkran-kungen wie größeren chirurgischen Eingriffen (Trans-plantation, Amputationen) und schweren Komplikatio-nen wie Myokardinfarkt und Schlaganfall in Form einer Anschlussrehabilitation (AHB), ferner bei ausgeprägtem Risikoprofil, bei ausgeprägten Wundheilungsstörungen oder bei besonderem Schulungsbedarf (z.B. bei ausge-prägten Complianceproblemen).

Die Rehabilitationsziele sollten unter gemeinsamer nephrologischer und diabetologischer Führung ange-strebt werden. Erstellung eines nachhaltigen und indivi-duellen Therapieplans (Insulin, Ernährung, Selbstkon-trolle, Sport), Anpassung der Medikation an den Grad der Nierenleistungseinschränkung unter Beachtung von Interaktionen. Besondere Aspekte betreffen Patienten nach Nieren-Pankreastransplantation in Hinsicht auf re-duzierten Allgemein- und/oder Ernährungszustand sowie behandlungsbedürftige Begleit- und Folgeerkrankungen, vor allem im Herz-Kreislaufsystem und am Skelettappa-rat, sowie therapiebedürftige seelische Reaktionen. Spe-zielle Schulungsprogramme (wie z.B. ein Nieren- oder Hypertonieschulungsprogramm sollen den Umgang mit dem Transplantat vereinfachen und die Transplantatüber-lebenszeit verlängern.

Generell kommt dem Gesundheitstraining bei Diabe-tikern mit Nephropathie besondere Bedeutung zu. Neben der etablierten Diabetesschulung ist zur Verbesserung der Prognose zusätzlich ein spezielles Nierenschulungs-programm zur Verbesserung des Selbstmanagements zu empfehlen. Die evidenzbasierten Module, welche von der DRV-Bund publiziert wurden [5], lassen sich so gut mit einem speziellen multidisziplinären Schulungsprogramm kombinieren, dessen medizinische, psychologische und ökonomische Langzeitwirkungen dokumentiert sind [8, 30]. Die sozialmedizinische Begutachtung entspricht der anderer Nierenkranker, wobei zusätzlich die Empfehlungen für diabetische Begleiterkrankungen (▶ Kap. 12) zu berücksichtigen sind.

17.3 Nierenersatztherapie

Die Zahl der Dialysepatienten steigt jährlich um etwa 7 %, davon sind bis zu 50 % Diabetiker; vgl. ▢ Tab. 17.2 und ▢ Tab. 17.9. In Deutschland betrug 2005 nach Angaben von Quasi Niere die Prävalenz von Dialysepatienten 769 pro Mio. Einwohner und 288 pro Mio. für Nierentransplantierte. Dies entsprach 63.427 Dialysepatienten und 23.724 Nierentransplantierten. Seit 1995 ist die Zahl der Dialysepatienten um 53 % gestiegen, die der Nierentransplantierten um 78 %. Die terminale Niereninsuffizienz ist für die Patienten ein Schicksalsschlag, der Aktivitäten und Teilhabe radikal ändert. Ein gesundheitsökonomischer Gesichtspunkt ist, dass bereits rund 50.000 Dialysepatienten in Deutschland etwa 8 % des Gesundheitsbudgets verbrauchen. Präventive Strategien zur Vermeidung oder Verschiebung des Zeitpunktes der Dialysepflicht sind daher dringend erforderlich.

17.3.1 Hämodialyse

Bei der Hämodialyse wird das Blut durch ein Kapillarsystem aus semipermeablen Kunststoffmembranen (Dialysator) gepumpt, welches von einer Elektrolytlösung mit ähnlicher Zusammensetzung wie das Plasma (Dialysat) umspült wird. Die Permeabilität der Dialysemembran sowie die osmotische und hydrostatische Druckdifferenz zwischen Blut und Dialysat bestimmen den Flüssigkeitsentzug und den Austausch niedermolekularer Substanzen. Das Blut muss mit ca. 200–300 ml/min zirkulieren, was eine arteriovenöse Fistel (Shunt) als Zugang erfordert. Das Dialysat fließt im Gegenstrom mit ca. 500 ml/min und wird in seiner Zusammensetzung dem Dialysebedarf angepasst.

Ein Standardmaß für die Reinigungsleistung der Dialyse ist der Kt/V-Wert, der das Verhältnis der Behandlungsdauer zum Umfang, in dem bestimmte Gift- und Abbaustoffe des Stoffwechsels aus dem Blut entfernt werden, beschreibt. Dabei ist K die Clearanceleistung des Dialysators, die über die Reduktion des Harnstoffgehaltes des Blutes vor und nach der Dialyse bestimmt wird, t die effektive Dialysezeit in Minuten und V das Verteilungsvolumen des Harnstoffs im Körper, das mit rund 60 % der Körpermasse angesetzt werden kann. Bei einer adäquaten Hämodialyse liegt der Kt/V-Wert über 1,2 pro Sitzung, was einem wöchentlichen Kt/V-Wert von 3,6–4,8 entspricht. Kt/V-Werte unter 1,2 werden als qualitativ unzureichend eingestuft und sind mit erhöhter Mortalität verbunden.

▢ **Tab. 17.9** Chronische Nierenersatztherapie in Deutschland

Alle Patienten in chronischer Nierenersatztherapie	Anzahl	Prävalenz pro Mio
Bestand am 31.12.2001	91.718	1.114
Gesamtzahl Diaylsepatienten	66.508	808
Hämodialyse	63.307	
Peritonealdialyse	3.201	
Transplantatnachsorge	25.210	306
Neuaufnahmen in chronische Nierenersatztherapie	**Anzahl**	**Inzidenz**
Neuaufnahmen gesamt	17.548	213
Hämodialyse	16.241	
Peritonealdialyse	1.067	$9/10^6$
Nierentransplantation	2.776	
Abgänge im Jahr 2001	**Anzahl**	**Inzidenz**
Verstorbene Patienten	12.130	

Quelle: QUASI Niere, Report 2006/7: http://www.bundesverband-niere.de/files/QuaSi-Niere-Bericht_2006-2007.pdf

Bei unzureichender Dialysequalität z.B. aufgrund von Shuntproblemen kann die Leistungsfähigkeit durch Urämietoxine herabgesetzt werden, was bei der sozialmedizinischen Beurteilung zu berücksichtigen ist.

▪ Spezielle Diagnostik

Anamnese: Grunderkrankung; Dialysebeginn, -dauer, -verfahren, -frequenz, -schicht; Shuntanlage wann und wo; dialyseassoziierte Beschwerden wie Hypotonie, Juckreiz, Polyneuropathie, Gelenksbeschwerden; Probleme mit der Trinkmenge; Stand der Transplantationsvorbereitung; Platz auf der Warteliste; Angaben zum Körpergewicht nach Dialyse (Trockengewicht). *Untersuchung:* Kratzeffekte und Einblutungen an der Haut; Shuntstenosen; Herzgeräusche; Nachweise von extraossären Verkalkungen (Herzklappen, Koronargefäße) bei Hyperphosphatämie; Überwässerungszeichen; Ernährungszustand; Pulsstatus; neurologischer Befund (Polyneuropathie). *Labor:* In der Regel bringen Dialysepatienten aktuelle Laborwerte zur Begutachtung mit, so dass eine Blutabnahme selten erforderlich ist.

▪ Spezifische Begutachtungskriterien

Allgemeinzustand: Er wird beeinflusst durch die Dauer der Dialysepflicht, durch Begleiterkrankungen, Ernährungszustand (Dialysekachexie) und körperlichen Trainingszustand. Chronische Infektionsquellen können oft behoben werden (Zahnsanierung). *Urämieparameter:* Sie werden gemäß den Richtlinien des Gemeinsamen Bundesaus-

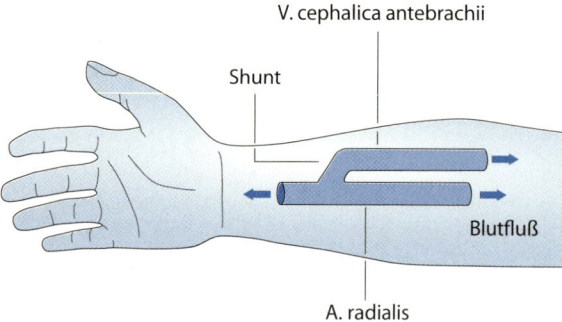

Abb. 17.2 Dialyse-Shunt (Cimino-Fistel) [33]

schuss (in Kraft getreten am: 03.10.2007) durch Wahl des Dialysators, des Blut- und Dialysatflusses und der Dialysezeit eingestellt (siehe auch http://www.g-ba.de/informationen/richtlinien/45/).

Der Kt/V-Wert korreliert mit der Mortalität der Dialysepatienten. *Komplikationen:* Hypotonie, Hypertonie und Herzrhythmusstörungen (Hyperkaliämie); schlechte Dialysequalität bei Rezirkulationsproblemen am Shunt; Überwässerung durch hohe Flüssigkeitszufuhr bei ungenügender oder fehlender Restdiurese; Probleme des Dialysezugangs nach wiederholter Shuntanlage (siehe Abb. 17.2).

Anzahl der wöchentlichen Hämodialysebehandlung, Uhrzeiten von Beginn und Ende der Dialysebehandlungen, Dauer der Ruhephase nach Dialyseende, Mobilität zwischen den Dialyseterminen, berufliche und private Reiseaktivitäten mit Nutzung von Dialyseterminen am Zielort sowie Umstellung beruflicher Aktivitäten als Dialysepatient ergeben sich aus den medizinischen Unterlagen und aus der Anamnese.

Durchschnittlich sind wöchentlich drei Hämodialysetermine über jeweils vier bis fünf Stunden notwendig. Die Dialyseeinrichtungen bieten Dialysen in den Nachmittags- und Abendstunden. Das hat für die Patienten den Vorteil, dass die Ruhephase in die Nachtstunden verlegt werden kann, so dass tags darauf die Tätigkeit wieder aufgenommen werden kann. Falls die Hämodialyse lediglich während der vereinbarten Arbeitszeit möglich ist, besteht für deren Dauer, die Zeit der Anfahrt zur Dialyseeinrichtung und für die nach der Dialyse erforderliche Ruhezeit Arbeitsunfähigkeit.

Die Verträglichkeit der Hämodialyse ist individuell unterschiedlich. Einige Patienten fühlen sich direkt nach Dialyseende relativ fit und können noch am selben Tag die Tätigkeit fortsetzen. Andere haben nach der Dialyse einen Blutdruckabfall, leiden unter Übelkeit, fühlen sich schwach und können nur an dialysefreien Tagen arbeiten. Manche Patienten können selbst an dialysefreien Tagen nicht mehr arbeiten.

Die Begutachtungsleitlinien zur Kraftfahrereignung [2] gehen davon aus, dass wer wegen einer Niereninsuffizienz in ständiger Dialysebehandlung steht nur unter besonderen Bedingungen in der Lage ist, den gestellten Anforderungen zum Führen eines Kraftfahrzeuges der Gruppe 1 (Klassen A, A1, B, BE, M, L, T) gerecht zu werden. Die Annahme, ein Betroffener könnte sich sicher beim Führen eines Kraftfahrzeuges im Straßenverkehr verhalten, setzt eine entsprechende positive Begutachtung voraus und ist außerdem mit der Bedingung einer ständigen ärztlichen Betreuung und Kontrolle verbunden. Wenn die Anforderungen in Gruppe 1 nicht erfüllt sind, liegen sie in der Gruppe 2 nicht vor. Ein positives nephrologisch-verkehrsmedizinisches Gutachten würde beispielsweise bei einem Antrag auf Kfz-Hilfe zu erwarten sein.

▪ Spezielle sozialmedizinische Beurteilung
▪▪ Leistungen zur Teilhabe

Auch Dialysepatienten können Leistungen zur medizinischen Rehabilitation wahrnehmen. Zu den Rehabilitationszielen gehören beispielsweise die Überprüfung der körperlichen Leistungsfähigkeit nach der Dialyse, die Herz-Kreislauf-Belastbarkeit, Beeinflussbarkeit der Müdigkeit in Abhängigkeit der Dialysemethode. Die Dialyseverfahren können optimiert werden, beispielsweise durch Umstellung von einer schnellen auf eine langsamere Dialyse. Arbeitstherapie und Belastungserprobung sind im Rahmen der medizinischen Rehabilitation möglich. Leistungen zur Teilhabe am Arbeitsleben, beispielsweise in Form von Berufsfindung und Arbeitserprobung, können von Dialysepatienten in Anspruch genommen werden.

▪▪ Erwerbsminderung

Für jüngere Dialysepatienten ohne wesentliche Begleit- und Folgeerkrankungen können leichte Tätigkeiten meist über sechs Stunden möglich sein, falls keine Dialysekomplikationen vorliegen. Ältere, multimorbide Patienten adaptieren sich schlechter an die Dialyse und haben eine höhere Komplikationsrate, so dass häufig eine quantitative Leistungsminderung vorliegt [32].

Der Zeitbedarf für die Dialyse von durchschnittlich dreimal pro Woche über jeweils 4 bis 5 Stunden, die Anfahrtszeit zur Dialyseeinrichtung und die Dauer der Ruhephase nach der Dialyse können mit der Arbeitszeit kollidieren, wenn die Dialyse ausschließlich während der Arbeitszeit regelmäßig an mehreren Arbeitstagen in der Woche wahrgenommen werden muss. Für eine 5-Tage-Arbeitswoche kann das tägliche Leistungsvermögen von sechs Stunden und mehr aus sozialmedizinischer Sicht nicht mehr angenommen werden. Bei Hämodialysebehandlungen in den Spät-, Abend- oder Nachtstunden muss diese Einschränkung nicht bestehen, wenn die Dialyseverträglichkeit gut ist und am Morgen nach der Dialysebehandlung keine wesentlichen Beeinträchtigungen bestehen. Dies trifft auch für Patienten zu, die eine Heimdialyse nutzen können. Zeiten der Arbeitsunfähigkeit können dem Arbeitsunfähigkeitsregister der Krankenkasse entnommen werden, das zusätzlich die Arbeitsunfähigkeitsdiagnosen enthält.

17.3.2 Peritonealdialyse

Bei der Peritonealdialyse (PD) dient das Bauchfell als Dialysator, in das ca. 2 Liter Dialysatflüssigkeit über einen Katheter instilliert und ausgelassen werden. Bei der kontinuierlichen ambulanten Peritonealdialyse (CAPD) tauscht der Patient in Eigenregie alle 4 bis 6 Stunden die Dialysatflüssigkeit aus (sogenannte Beutelwechsel). Die Wechselintervalle werden vom Nephrologen vorgegeben. Die Beutelwechsel können zu Hause wie auch bei der Arbeit vorgenommen werden. Der Flüssigkeitswechsel dauert etwa 40 Minuten. Der Patient bleibt mobil.

Die zyklisch kontinuierliche Peritonealdialyse (CCPD) ist die am häufigsten angewendete Methode der apparativen Peritonealdialyse (APD). Ein programmierbares Gerät (PD-Cycler) steuert während des Schlafs in der Nacht Flüssigkeitsvolumen, Verweildauer und Ein- sowie Auslaufzeiten der Dialyseflüssigkeit. Dabei werden 10 bis 15 Liter Dialysat umgesetzt. Am Tage werden 1,5 bis 2 Liter alle 4 bis 6 Stunden vom Patienten selbst gesteuert. Eine regelmäßige Beurteilung von Sitz, Durchgängigkeit und Infektionsschutz am Katheterausgang (Exit) durch Fachpersonal ist erforderlich. Der wöchentliche Kt/V-Wert sollte bei der CAPD über 2,0 (CCPD > 2,1) und die minimale tägliche Ultrafiltration über 1000 ml liegen.

Von Vorteil ist die einfachere Handhabung ohne fremde Hilfe (Heimdialyse). Nachteilig ist die schlechtere Dialysequalität, die durch eine längere Behandlungsdauer ausgeglichen werden muss. Die Permeabilität des Bauchfells nimmt mit der Zeit ab, so dass sich das Verfahren in der Regel nur für eine gewisse Zeit, gelegentlich als Brücke bis zur Transplantation eignet. Probleme können durch Hernien entstehen. Rezidivierende Peritonitiden sind heute zurückgegangen und im Durchschnitt alle 15–20 Monate zu erwarten. Ein erhöhter Eiweißverlust kann vorliegen. Das Serum-Albumin sollte über 3,5 g/dl liegen.

Bei der intermittierende Peritonealdialyse (IPD) wird 3 bis 4-mal wöchentlich die Peritonealdialyse unter fraktioniertem Einsatz von 30 bis 40 Liter Spülflüssigkeit in einer Dialyseeinrichtung über etwa 8 Stunden durchgeführt. Die Methode ähnelt im Aufwand der Hämodialyse. Mit der Tidal-Peritonealdialyse werden die Abläufe einer IPD modifiziert. Dabei wird nur ein Teil des Dialysat eines Waschzyklus abgelassen und durch neue Spülflüssigkeit des nächsten Waschzyklus ergänzt. Dadurch bleibt das Bauchfell während der gesamten Dialysedauer von 8 Stunden im Kontakt mit dem Dialysat.

Die nächtliche intermittierende Peritonealdialyse (NIPD) kann täglich zu Hause während des Schlafs durchgeführt werden, wobei mit dem PD-Cycler in 8 Stunden etwa 20 Liter Dialysat umgesetzt werden.

- **Spezielle Diagnostik**

Anamnese: Verfahren: CAPD, CCPD, IPD; Hygiene beim Dialysatwechsel zu Hause und am Arbeitsplatz; Probleme bei der selbständigen Durchführung, z. B. Flussprobleme beim Auslauf. Die Restnierenfunktion bleibt oft länger erhalten und ist zu erfragen. *Untersuchung:* Wie bei der Hämodialyse, zusätzlich Überprüfung der Katheteraustrittsstelle (Exit-Infektionen); korrekte Lokalisation der Katheterspitze im kleinen Becken; Umbilikal- oder Inguinalhernien; Ödeme, Pleuraerguss, Perikarderguss. *Labor:* Besonderes Augenmerk ist auf den Phosphatspiegel zu richten, da die Phosphatclearance bei der CAPD gelegentlich unzureichend ist. Eine Hyperglykämie wird durch hochprozentiges glukosehaltiges Dialysat begünstigt.

- **Spezifische Begutachtungskriterien**

Allgemeinzustand: Wie bei der Hämodialyse; zusätzlich Anzeichen für Proteinmangel durch Eiweißverlust; gelegentlich auch Adipositas, begünstigt durch kalorienreiche CAPD-Flüssigkeit. *Urämieparameter:* Der Kt/V-Wert sollte über 2,0/Woche (ohne Einrechnung der Nierenrestfunktion > 1,7/Woche) liegen und wird vom Nephrologen mitgeteilt; er hängt vom Funktionszustand des Peritoneums ab. *Komplikationen:* Peritonitis meist durch Infektionen über die Bauchdecke oder hämatogen, aber auch als Folge einer Divertikulitis oder Cholezystitis; Katheterkomplikationen durch Dislokation oder Verstopfung.

- **Spezielle sozialmedizinische Beurteilung**
- ■■ **Leistungen zur Teilhabe**

Siehe Ausführungen zur Hämodialyse.

- ■■ **Erwerbsminderung**

Die Beurteilung des Leistungsvermögens entspricht der bei Hämodialysepatienten. Überwiegend leichte körperliche Arbeiten ohne Nachtschicht können über 6 Stunden und mehr möglich sein. Schweres Heben und Tragen ist zur Prophylaxe einer Hernienbildung zu vermeiden, ebenso anhaltendes Arbeiten im Hocken. Der Beutelwechsel erfordert ein hygienisches Umfeld am Arbeitsplatz wie zu Hause. Die Anzahl der Beutelwechsel während der Arbeit und die dazu benötigte Zeit müssen gutachterlich bewertet werden. Der geschulte CAPD-Patient trägt selbst die Verantwortung für seine Behandlung und muss physisch und psychisch handlungsfähig sein. Andererseits können Partner bei eingeschränkter Selbstversorgung angelernt werden. Bei der nächtlichen CCPD, die in speziellen Fällen indiziert ist, werden die Beutel maschinell gewechselt, so dass ein Beutelwechsel während der Arbeitszeit meist entfallen kann.

17.3.3 Nierentransplantation

Nierentransplantationen werden mittels postmortaler oder Lebendspende durchgeführt. Die Transplantatniere wird in die rechte oder linke Fossa iliaca gebettet mit kurzstreckigem Anschluss des Harnleiters an die Harnblase und der Arterie und Vene an die Iliakalgefäße. Abstoßungsepisoden treten überwiegend im ersten Jahr nach Transplantation auf. Darüber hinaus hängt die Langzeitprognose entscheidend vom Blutdruckverhalten ab und wird durch chronisch überhöhte Blutdruckwerte deutlich verschlechtert. Die notwendige Langzeiteinnahme von Immunsuppressiva, insbesondere von Kortison, kann zu Komplikationen wie Infektionen oder Knochenschäden (aseptische Hüftkopfnekrose) beitragen.

Immunsuppression: Kortikosteroide, Ciclosporin A (CYA) + Mycophenolatmofetil (MMF); gelegentlich auch Azathioprin als Alternative zu MMF; alternativ Sirolimus + CYA + Kortison. Nach sechs bis neun Monaten wird bei stabiler Transplantatfunktion eine Zweierkombination angestrebt: CYA + Prednisolon, CYA + MMF, Tacrolimus + Prednisolon, Tacrolimus + MMF.

Im Einzelnen werden in der Transplantationsmedizin eingesetzt:
- **Calcineurininhibitoren** (Ciclosporin und Tacrolimus) hemmen die Aktivierung von T-Zellen.
- **Antimetabolite** (Azathioprin und Mycophenalat) hemmen die Vermehrung der T-Zellen.
- **m-TOR-Inhibitoren** (Sirolimus und Everolimus) hemmen die Vermehrung von T- und B-Zellen.
- **Antikörper** (Basiliximab, Daclizumab) gegen die Aktivierung von T-Zellen.
- **Kortison** (plasmatischer Rezeptor, Wirkung auf Lymphozyten).

Lebendspende und ABO-inkompatible Transplantationen haben in den letzten Jahren zugenommen und haben somit den Mangel an Spenderorganen etwas abgemildert.

▪ Spezielle Diagnostik
Anamnese: Ätiologie der Nierengrunderkrankung; Zeitpunkt der letzten Transplantation; Transplantatkomplikationen, Gründe der Explantation; Komplikationen durch verzögerte Funktionsaufnahme; Abstoßungsreaktionen, Infektionen, Harnabflussstörungen, Lymphozelen, Urinome, Transplantatarterienstenosen; Wechsel der Immunsuppressiva; Probleme durch die Nierengrunder-

krankung; Hypertonie; Proteinurie; rezidivierende Harnwegsinfekte. Untersuchung: Palpation des Transplantates: Konsistenz, Größe, Druckschmerz; Strömungsgeräusch über der Transplantatarterie; Störungen der peripheren Durchblutung; AVK; Temperatur. Ansonsten Untersuchung wie bei anderen Nierenkranken mit besonderem Augenmerk auf die Funktion der Hüftgelenke und andere muskuloskelettale Befunde. Psychische Verfassung. Labor: Einsichtnahme in nephrologische Laboruntersuchungen, Medikamentenspiegel der Immunsuppressiva, CMV-Serologie.

▪ Spezifische Begutachtungskriterien
Allgemeinzustand: Erholung des körperlichen und seelischen Zustandes nach der Transplantation; Ernährungszustand; Cushing-Syndrom; steroidinduzierter Diabetes; Pankreasfunktion unter Immunsuppression; Muskelatrophien; Ödeme; Belastungsdyspnoe; kardiopulmonale Belastbarkeit; Begleit- und Folgeerkrankungen; Alkohol; Osteoporose; Hüftkopfnekrosen; ausreichende Rehabilitation. Transplantatfunktion: Kreatinin-Clearance; Proteinurie, Bakteriurie; Infektionen. Transplantatsonographie: Ein Anstieg des Widerstandsindex (RI) im Verlauf weist auf einen pathologischen Gefäßwiderstand bei Abstoßungsreaktionen hin; zusätzlich Transplantatgröße und -struktur, Abflussstörungen, Lymphozelen. Immunsuppression: Therapieschema; Medikamentenspiegel im therapeutischen Bereich; Rescuetherapie bei chronischem Transplantatversagen; Insulindosierung nach Pankreas-Nieren-Transplantation oder nach einer Inselzelltransplantation; Medikamentencompliance, unkompensiert gebliebene Medikamentennebenwirkungen.

▪ Spezielle sozialmedizinische Beurteilung
▪▪ Leistungen zur Rehabilitation und Teilhabe
Eine medizinische Rehabilitation ist sowohl bei Komplikationen nach kürzlich erfolgter Transplantation wie auch bei stabilem Transplantatverlauf mit Begleit- und Folgeerkrankungen zu überlegen, um die Leistungsfähigkeit im Erwerbsleben zu erhalten. Insbesondere kommt sie in Frage bei Begleiterkrankungen wie Diabetes mellitus und/oder ausgeprägtem Risikoprofil trotz Standardtherapie, schwer einstellbarer Hypertonie, mit Folgeerkrankungen an Herz und Gefäßen, Herzinsuffizienz, Zustand nach Amputationen oder ausgeprägter psychosozialer Problematik. Die Rehabilitationsleistung sollte in einer spezialisierten Rehabilitationseinrichtung ambulant oder stationär unter nephrologischer, evtl. auch diabetologischer Leitung erfolgen [3]. Die nephrologische Rehabilitation umfasst generell den somatischen, edukativen, psychologischen und beruflich/sozialen Bereich. Die körperliche Leistungsfähigkeit lässt sich auch nach Nierentransplantation durch geeignete Trainingsprogramme und gesund-

heitsförderlichen Lebensstil deutlich steigern. Spezielle Schulungsprogramme (wie z. B. Nieren- oder Hypertonie-schulung) dienen der Beeinflussung von Risikofaktoren (auch Vermeidung von Infektionen). Die Funktionsdau-er des Transplantats kann durch angemessenes Selbstma-nagement so deutlich verlängert werden. Auch therapie-bedürftige seelische Reaktionen z. B. nach Organspende (bei Lebend- und Leichenspende) sind zu berücksichti-gen.

▪▪ Erwerbsminderung

Nach einer Nierentransplantation nimmt die körperli-che Leistungsfähigkeit bei stabiler Transplantatfunktion rasch zu. Parallel dazu geht die Anämie zurück. Erreicht wird eine Leistungsfähigkeit von ca. 70 % altersgleicher Nierengesunder. Bei stabilem Verlauf können nach einem Jahr meist leichte bis mittelschwere Arbeiten über sechs Stunden und mehr verrichtet werden. Arbeitsschwere, Arbeitshaltung und Arbeitsorganisation sollen an den Nierentransplantierten angepasst sein. Mittelschwere und schwere körperliche Arbeiten scheiden für Nierentrans-plantierte aus. Überdurchschnittlicher Publikumsverkehr und Arbeiten mit erhöhter Infektionsgefährdung sind we-gen der Immunsuppression zu vermeiden. Lasten über 15 kg sind postoperativ nicht zu heben. Kälte, Nässe und Arbeitsplätze mit Temperaturwechsel sind wie bei ande-ren Nierenpatienten zu vermeiden. Beim Bekanntwerden einer Nierentransplantation, beispielsweise im Rahmen einer Rentenkontrolle, kann etwa 12 Monate nach Nie-rentransplantation untersucht werden, ob sich das Leis-tungsvermögen stabil gebessert hat. Dabei werden neben einer Besserung von Nierenretentionswerten durch eine gute Transplantatfunktion auch die Verträglichkeit der immunsuppressiven Therapie sowie die Entwicklung von Begleitkrankheiten, hinzugetretene Neuerkrankungen und Folgen von Infektionen analysiert.

Das Leistungsvermögen nach Nierentransplantati-on bleibt bei Patienten mit multiplen Organschäden wie beim diabetischen Spätsyndrom meist quantitativ einge-schränkt.

Literatur

1　Adler AI, Stephens RJ, Manley SE, Bilous RW, Cull CA, Holmann RR, on behalf of the UKPDS Group: Development and progression of nephropathy in type 2 diabetes: The United Kingdom Prospective Diabetes Study (UKPDS 64). Kidney Int 63: 225–232, 2003

2　Bundesanstalt für Straßenwesen (Bast): Begutachtungs-Leitlinien zur Kraftfahrereignung. Berichte der Bundesanstalt für Straßen-wesen. Mensch und Sicherheit. Heft M 115. Wirtschaftverlag NW, Verlag für neue Wissenschaft, Bergisch Gladbach, Februar 2000

3　Bundesärztekammer (BÄK), Kassenärztliche Bundesvereinigung (KBV), Arbeitsgemeinschaft der Wissenschaftlichen Medizini-schen Fachgesellschaften (AWMF): Nationale VersorgungsLeitlinie

Nierenerkrankungen bei Diabetes im Erwachsenenalter – Lang-fassung. Version 1.X. 2010. Available from: http://www.diabetes.versorgungsleitlinien.de

4　Coresh J, Selvin E, Stevens LA.: Prevalence of chronic kidney disease in the United States. JAMA 2007; 298:2038–2047

5　Deutsche Rentenversicherung Bund (Hrsg.): Leitlinien für die sozialmedizinische Begutachtung – Rehabilitationsbedürftigkeit bei Stoffwechsel- und Gastroenterologischen Krankheiten sowie Adipositas, 2011, www.deutsche-rentenversicherung.de

6　Frei U, Schober-Halstenberg HJ: Nierenersatztherapie in Deutsch-land. Bericht über Dialysebehandlung und Nierentransplantation in Deutschland. Berlin: Quasi-Niere gGmbH, 2007, http://www.bundesverband-niere.de/files/QuaSi-Niere-Bericht_2006-2007.pdf

7　Fritschka E, Endlein E: Beratung von Patienten vor Dialyse und vor Nierentransplantation. In: Peter HH, Pfreundschuh M, Philipp T, Schölmerich J, Schuster HP, Sybrecht GW (Hrsg.): Klinik der Ge-genwart, S. 3.1–3.9. München; Wien; Baltimore: Urban & Schwar-zenberg, 1998

8　Fritschka E, Mahlmeister J, Liebscher-Steinecke R, Wanner C, Bir-kner B, Ellgring JH: Ein neues Gesundheitstrainingsprogramm für chronisch Nierenkranke verbessert langfristig Wissen und Com-pliance nach stationärer Rehabilitation. In: Verband Deutscher Rentenversicherungträger, VDR (Hrsg.): DVR Schriften Band 33, S. 162–164. Frankfurt am Main: VDR, 2002

9　Fritschka E, Mahlmeister J: Ein Gesundheitstrainingsprogramm für chronisch Nierenkranke. Lengerich; Berlin; Bremen; Riga; Rom; Viernheim; Wien; Zagreb: Pabst Science Publishers, 2002

10　Fritschka E, Mahlmeister J: Rehabilitation bei Patienten mit chronischer Niereninsuffizienz, Dialysepatienten und nach Nie-rentransplantation. Praevention und Rehabilitation 13 (2): 67–77, 2001

11　Fritschka E: Rehabilitation bei Patienten mit Diabetes mellitus und Nierenerkrankung. In: Hasslacher C (Hrsg.): Diabetische Ne-phropathie – Prävention und Therapie. 3. Auflage. Uni-Med Verlag AG, Bremen-London-Boston 2009, S132–136

12　Fritschka E: Reha-Maßnahmen bei chronischen Dialysepatienten und nach Nierentransplantation zur Beeinflussung des Krank-heitsverlaufs. In: Verband Deutscher Rentenversicherungträger, VDR (Hrsg.): 9. Rehabilitationswissenschaftliches Kolloquium. Individualität und Rehaprozess 13.–15. März 2000 in Würzburg, DRV Schriften, Band 20, S. 148–149. Bad Homburg: WDV Wirt-schaftsdienst, 2000

13　Fritschka E: Samtleben W: Rehabilitation bei nephrologischen Erkrankungen. In: Delbrück H, Haupt E (Hrsg.): Rehabilitationsme-dizin, S. 535–561. München; Wien; Baltimore: Urban und Schwar-zenberg, 2. Auflage, 1998

14　Huber W, Kettner A, Höffken B, Ritz E, Möllhoff G: Berufliche Rehabilitation und Begutachtung von Niereninsuffizienten. Med Welt 32: 880–883, 1981

15　Huber W, Müller T: Leistungssteigerung nach Erythropoietin bei Dialysepatienten. Nieren- und Hochdruckerkrankungen 19: 340–343, 1990

16　Huber W, Pytlik K: Zur beruflichen Rehabilitation bei chronischer Niereninsuffizienz. Arbeitsmed Sozialmed Praeventivmed 20: 104–106, 1985

17　Huber W, Tewes G: Der chronisch Nierenkranke im Erwerbsleben. In: Konietzko H (Hrsg.): Handbuch der Arbeitsmedizin. Landsberg: Ecomed, 1987

18　Jones CA: Hypertension and renal dysfunction: NHANES III. J Am Soc Nephrol 14: S71–S75, 2003

19　Jones CA: Hypertension and renal dysfunction: NHANES III. J Am Soc Nephrol 14: S71–S75, 2003

20   Kettner-Melsheimer A, Weiss B, Huber W: Physical work load capa-
     city in chronic renal disease. Int J Art Org 10: 23–30, 1987
21   Kidney Disease Outcomes Quality Initiative, K/DOQI: Clinical
     Practice Guidelines on Chronic Kidney Disease: Evaluation, Clas-
     sification, and Stratification. Part 1. Executive Summary. Work
     Group and Evidence Review Team Membership. Am J Kidney
     Diseases 30 (2 Pt 1): 17–31, 2002
22   Klang B, Clyne N: Well-Being and functional ability in uremic
     patients before and after having started dialysis treatment. Scand
     J Caring Sci 11: 159–166, 1997
23   Kouidi E, Albani M, Natsis K, Megalopoulos A, Gigis P, Guiba-
     Tziampiri O, Tourkantonis A, Deligiannis A: The effect of exercise
     training on muscle atrophy in haemodialysis patients. Nephrol
     Dial Transplant 13: 685–699, 1998
24   Kouidi E, Iacovides A, Iordanidis P, Vassiliou S, Deligiannis A, Iero-
     diakonu C, Tourkantonis A: Exercise renal rehabilitation program:
     Psychosozial effects. Nephron 77: 152–158, 1997
25   Lange H, Bode JC, Janssen J, Thüroff J, Tücke M: Ergometrische
     Untersuchungen von Dialysepatienten bei unterschiedlicher
     Hämoglobinkonzentration. In: Dittrich P (Hrsg.): Aktuelle Prob-
     leme der Dialyseverfahren und Niereninsuffizienz, S. 100–111.
     Friedberg: Bindernagel, 1975.
26   McKee DC, Burnett GB, Raft DD, Batten PG, Bain KP: Longitudinal
     study of neuropsychological functioning in patients on chronic
     hemodialysis: A preliminary report. J Psychosom Res 26: 511–518,
     1982
27   National Kidney Foundation. K/DOQI clinical practice guidelines
     for chronic kidney disease: evaluation, classification and stratifica-
     tion. Am J Kidney Dis 2002; 39: Suppl 1: S1–S266
28   Renal Data System. USRDS: 2006 annual data report: atlas of end-
     stage renal disease in the United States. Bethesda, MD: National
     Institute of Diabetes and Digestive and Kidney Disease, 2006
     (accessed 10, 2009, at http://www.usrds.org/reference_2006.htm)
29   Sabariego C, Grill E, Brach M, Fritschka E, Mahlmeister J, Stucki G:
     Incremental cost-effectivness analysis of a multidisciplinary renal
     education programme for patients with chronic renal disease.
     Disabil Rehabil. 2010; 32(5):392–401
30   Sabariego C, Grill E, Brach M, Fritschka E, Mahlmeister J, Stucki G:
     Incremental cost-effectivness analysis of a multidisciplinary renal
     education programme for patients with chronic renal disease.
     Disabil Rehabil. 2010; 32(5):392–401
31   Tews HP, Schreiber WK, Huber W, Zelt J, Ritz E: Vocational rehabi-
     litation in dialyzed patients. A cross-sectional study. Nephron 26:
     130–136, 1980
32   Wybitul K, Loeffler HD, Tilly S, Keller E: Beurteilung der Belastbar-
     keit und Leistungsfähigkeit von chronisch hämodialysepflich-
     tigen Patienten im Vergleich zu Normalpersonen. Nieren- und
     Hochdruckkrankheiten 16: 17–24, 1987
33   Schmidt, Dieter: Anlage, Komplikationen und Pflege des Shunt. 1.
     Teil: Medizinische und pflegerische Grundlagen. Die Schwester -
     Der Pfleger 39 (2000), H. 6: 482–486, 2000

Urologische Erkrankungen

Winfried Vahlensieck, Olaf Sawal, Horst Hoffmann

Dieses Kapitel stellt nur eine Auswahl der häufigsten für die Begutachtung relevanten urologischen Krankheitsbilder dar: Harnsteinleiden, Urogenitalinfektionen, Harninkontinenz, Harnblasenentleerungsstörungen, Nieren-, Harnblasen-, Prostata- und Hodentumoren. Natürlich können auch Funktionsstörungen bei anderen urologischen Erkrankungen wie z.B. nach Geschlechtsumwandlung einen Rehabilitationsbedarf oder Einschränkungen des Leistungsvermögens im Erwerbsleben auslösen. Dem Gutachter sollte es jedoch möglich sein, auch bei hier nicht aufgeführten Erkrankungen zu einer analogen Bewertung zu kommen.

18.1 Allgemeines

18.1.1 Sozialmedizinische Bedeutung

Harnsteine haben bei einer Prävalenz von 4,7 % und einer in den letzten 10 Jahren auf das dreifache angestiegenen Inzidenz von 1,47 % den Charakter einer Volkskrankheit.

Harnwegsinfektionen (HWI) treten bei ca. 10–20 % aller Frauen auf. Je nach dem Ort der Untersuchung und der Zusammensetzung des Patientenguts (Allgemeinarzt oder urologische Praxis) werden bei diesen Frauen bei 20–50 % häufige Rezidive (≥ 3-mal jährlich oder ≥ 2-mal/Halbjahr) beobachtet. Auch Angaben zum Anteil von komplizierten Infektionen schwanken je nach Untersuchung (bis zu 50 % bei ambulanten Patienten im Erwachsenenalter in der urologischen Praxis). Aus dem zunehmenden Anteil älterer Menschen an der Bevölkerung in Deutschland resultieren zunehmende sozio-ökonomische Probleme der Harninkontinenz. Blasenfunktionsstörungen mit oder ohne Harninkontinenz sind die häufigsten Alterskrankheiten in den westlichen Industrieländern. Von den in Deutschland mit einer behandlungs- oder versorgungsbedürftigen Harninkontinenz lebenden vier Millionen Menschen sind mehr als zwei Millionen älter als 60 Jahre. Neurogene Harnblasenentleerungsstörungen (NBE) können bei lumbalem Diskusprolaps (1–5 % NBE), multipler Sklerose (75 %) und anderen neurodegenerativen Erkrankungen wie Morbus PARKINSON (37–71 %), Querschnittslähmung (100 %) und Diabetes mellitus auftreten.

Prostatakarzinome stehen an erster Stelle der Krebsneuerkrankungen bei Männern (15 %, 58.570/230.500 aller Krebsneuerkrankungen 2004), Harnblasenkarzinome an 4. (9 %) und Tumoren der Nieren und ableitenden Harnwege an 6. Stelle (5 %). Hodentumoren sind die häufigsten Tumoren des Mannes zwischen 25 und 45 Jahren. Prostatakrebs stellt die dritthäufigste Krebstodesursache beim Mann dar (11.135 Tote 2004).

Harnblasenkarzinome liegen an 8. Stelle der Krebsneuerkrankungen bei Frauen (4 %, 7.340/206.000 aller Krebsneuerkrankungen 2004), Nierentumoren an 10. Stelle (3 %).

Im Jahr 2009 wurden durch die Deutsche Rentenversicherung bei urologischen Erkrankungen (C60–C68 und N20–N51) insgesamt 40.159 Leistungen zur medizinischen Rehabilitation und sonstige Leistungen zur Teilhabe abgeschlossen. Diese Leistungen betrafen 35.574 Männer und 4.585 Frauen. Davon entfielen 34.621 Leistungen auf maligne Erkrankungen bei Männern, 25.894 allein auf das Prostata-Karzinom. Es wurden 2009 bei urologischen Erkrankungen (C60–C68 und N20–N51) 1.885 Renten wegen verminderter Erwerbsfähigkeit bewilligt, davon allein 634 bei der Diagnose C61 (Bösartige Neubildung der Prostata).

18.1.2 Diagnostik

Nieren, ableitende Harnwege und Harnblase können ohne Hilfsmittel nur eingeschränkt untersucht und beurteilt werden. Im Rahmen einer Begutachtung muss man daher häufig auf die Ergebnisse technischer Untersuchungen zurückgreifen. Im Folgenden werden die für die sozialmedizinische Beurteilung relevanten Diagnoseverfahren kurz dargestellt.

- **Anamnese**

Vorerkrankungen, Operationen sowie durchgeführte Therapien und deren Folgen. Aktuelle Beschwerden: Allgemeinbefinden (Müdigkeit, Gewichtsverlust), Schmerzen, Miktionsstörungen (Frequenz, Harnstrahlqualität, Beschwerden), Hämaturie, Erektionsstörungen, Krankheitsverarbeitung; Schmerzprotokoll bei chronischen Schmerzen; Miktionsprotokoll (Miktionstagebuch) und Leidensdruckbewertung (VAS = Visuelle Analogskala 0–10) bei Harnspeicher- oder Harnentleerungsstörungen, Gebrauch von Inkontinenzartikeln am Tag und in der Nacht, Hilfsmitteln wie z.B. Penisklemmen oder Harnableitungssystemen. Situationsbedingte Beeinträchtigung in Alltag und Beruf, Kompensationsmöglichkeiten und Hemmnisse.

- **Körperliche Untersuchung**

Abdomen, Nierenlager, Genitale; digitale rektale Untersuchung/Examination (DRU, DRE); vaginale Inspektion und Palpation, Hustentest; fachrelevante neurologische Untersuchung: Analreflex, Bulbocavernosusreflex, perianale Sensibilität; Stabilität von Operationsnarben.

- **Labordiagnostik**

Blut: Diagnoseangepasste hämatologische und klinisch-chemische Laboruntersuchungen; Tumormarker: bei Hodentumoren β-HCG, AFP, LDH, PLAP, beim Prostatakar-

Tab. 18.1 1-Stunden-PAD-Test nach Empfehlung der ICS 1990

- Harnblase nicht entleeren lassen. Vorlage wiegen, einlegen.

- 15 min sitzen und 500 ml natriumarme Flüssigkeit innerhalb von 15 min trinken.

- 30 min gehen und Treppen steigen.

- 15 min Aktivität: 10 mal sitzen und aufstehen, 10 mal kräftig husten, 1 min auf der Stelle laufen, 5 mal bücken und Gegenstände vom Fußboden aufheben, 1 min die Hände unter laufendem Wasser waschen.

- Vorlage entfernen, wiegen. Harnblase leeren und die Menge notieren.

- Bei trockener Vorlage Test wiederholen.

zinom PSA, fPSA; Blutgasanalyse bei Darminterponaten im Harntrakt oder renal tubulärer Azidose; Urinstatus, Urinkultur bei pathologischem Urinstatus und/oder klinischem Infektverdacht; Urinzytologie bei (V. a.) urothelialem Karzinom; spezielle Diagnostik bei (rezidivierenden) Urogenitalinfektionen, interstitieller Zystitis, Harnsteinen und unklarer Hämaturie (z. B. Kaliumchloridtest oder Erythrozytenmorphologie).

■ **Vorlagen-(PAD)-Test**

Zur Quantifizierung einer Harninkontinenz nach den Richtlinien der International Continence Society (ICS) oder als 24-h-Vorlagentest mit Bestimmung der Tages- und Nachtportion; **Tab. 18.1.**

■ **Bildgebende Verfahren**

Sonographie: Oberbauchorgane, Nieren, Harnblase und Harnblasenwanddicke, Prostata, Restharn, Retroperitoneum, Skrotalorgane, transrektal, perineal, transvaginal; *Dopplersonographie:* Nieren-, Penis- und Hodengefäße. *Röntgen:* Leeraufnahme, Ausscheidungsurographie; Fisteldarstellung; (Miktions-)Zystographie; laterale Zystographie mit oder ohne Kettchen; Pouchographie; retrograde Urethrographie und Ureteropyelographie. *CT, PET-CT und NMR:* Lokalisationsdiagnostik bei Tumoren und Entzündungen. *Nierenszintigraphie:* Funktionelle Beurteilung des oberen Harntraktes. *Knochenszintigraphie:* Ausschluss von Knochenmetastasen, *Entzündungsszintigrafie:* bei unklaren Infektionen.

■ **Uroflowmetrie und (video-)urodynamische Untersuchung**

Bei Harninkontinenz sowie sonstigen Harnspeicher- und Harnblasenentleerungsstörungen. *Zystometrie* mit erstem und starkem Harndrang, maximaler und funktioneller Harnblasenkapazität, Detrusorfunktion während der Füllphase mit Provokationstests, Druck-Flussmessung während der Entleerungsphase; Valsalva Leakpoint Pressure; Beckenboden-EMG; Urethra-Druckprofil in Ruhe und bei Stress (Bestimmung der Drucktransmission).

■ **(Fluoreszenz-)Endoskopie**

Beurteilung der Morphologie und Funktion des Harntraktes.

18.1.3 Krankheitsbedingte Beeinträchtigungen nach ICF

Die Internationale Klassifikation der Funktionsfähigkeit, Behinderung und Gesundheit (ICF) stellt Krankheiten in einem umfassenden bio-psycho-sozialen Modell dar (siehe auch ► Kap. 4.2) und unterstützt die sozialmedizinische Betrachtung von Gesundheitsstörungen. Im ICF-Kapitel „Mit dem Urogenital- und dem Reproduktionssystem im Zusammenhang stehende Strukturen» werden die Strukturen der ableitenden Harnwege, des Beckenbodens und der Geschlechtsorgane aufgeführt. An Körperfunktionen werden Harnbildungsfunktionen, Miktionsfunktionen und mit der Harnbildung und –ausscheidung verbundene Empfindungen aufgelistet. Urologische Erkrankungen können Aktivitäten und Partizipation (Teilhabe) betreffen, insbesondere in Hinsicht auf Mobilität (z. B. bei ausgeprägter Urge-Symptomatik), Selbstversorgung (z. B. bei Notwendigkeit der Katheterisierung infolge Harnentleerungsstörung), interpersonelle Interaktionen (z. B. durch Geruchsbelästigung infolge Harninkontinenz) und Beziehungen (z. B. bei intimen Beziehungen durch Erektionsstörungen nach OP eines Prostata-Karzinoms), bei Arbeit und Beschäftigung (z. B. in Außendiensttätigkeiten bei notwendigem Beutelwechsel eines Harnableitungssystems nach OP eines Harnblasenkarzinoms) und im Gemeinschaftsleben (z. B. bei Veranstaltungen mit großem Publikum durch häufige Toilettengänge oder Geruchsbelästigung infolge Harninkontinenz). Harninkontinenz (z. B. bei Neoblase) oder Harnentleerungsstörungen, die verstärkt während der Nacht auftreten, können Störungen des Tag/Nachtrhythmus und Tagesmüdigkeit mit vermindertem Konzentrationsvermögen nach sich ziehen, die besonders für Tätigkeiten mit Verantwortung für Menschen und Maschinen relevant sein kann. Daraus können sich auch Einschränkungen der mentalen Funktionen, vornehmlich der psychischen Energie und des Antriebs ergeben. Die Ausprägung von Einschränkungen hängt auch von persönlichen und Umweltfaktoren ab.

18.1.4 Begutachtungskriterien

Harninkontinenz. Abhängig vom Ausmaß des Urinverlusts kann ein Uringeruch trotz flüssigkeitsabsorbierender Vorlagen den Patienten und seine Umgebung im Privatleben wie am Arbeitsplatz (Publikumsverkehr) beeinträchtigen. Häufig kommt es zur Ausgrenzung und sozialen Isolation. Der permanente Urinkontakt der Haut kann zu Entzündungen und Dekubitalulzera am Unterleib führen. Unvorhersehbare Harninkontinenzepisoden begünstigen Unsicherheit und Vermeidungsverhalten. Eine (postoperative) Harninkontinenz wird oft als Rückfall in die Kindheit erlebt und stört das Selbstwertgefühl z. T. massiv.

Harnentleerungsstörungen. Alle Störungen der Harnentleerung (Harnblase, Nieren, Harnleiter) können durch Harnrückstau zu aufsteigenden Infektionen und zu ein- oder beidseitigen Nierenschäden führen, wenn sie nicht behoben oder mittels geeigneter Harnableitungssysteme umgangen werden. Operative Eingriffe zur Sanierung der Entleerungsstörungen können selbst Funktionsstörungen hinterlassen. Die Funktion von Harnableitungssystemen kann zu Beeinträchtigungen im Alltag und Beruf sowie zu Komplikationen führen.

Infektionsrisiko. Anatomische Normabweichungen im Urogenitaltrakt können die Infektionshäufigkeit fördern. Allein aufgrund der anatomischen Verhältnisse lässt sich das Infektionsrisiko prospektiv nur schwer abschätzen. Retrospektiv geben dagegen die Häufigkeit und Schwere aufgetretener Infektionen und der Therapiebedarf konkrete Anhaltspunkte. Der unkritische Einsatz von Antibiotika kann durch Resistenzentwicklung zu schwieriger zu therapierenden Infektionen führen.

Chronische Schmerzen und Missempfindungen. Siehe ▶ Kap. 26. Im urologischen Bereich sind hier insbesondere die z. T. unerträglichen Schmerzen nach intravesikaler oder systemischer Chemotherapie, bei interstitieller Zystitis, chronischer Prostatitis und Genitalneuralgien, postoperativ persistierende Wundschmerzen sowie häufig rezidivierende Koliken zu nennen. Die sozialmedizinische Beurteilung von Schmerzzuständen ist extrem schwierig. Ein Schmerzprotokoll (Visuelle Analogskala = VAS) im Tagesverlauf über mehrere Tage hilft nur bei der individuellen Einschätzung der Schmerzausprägung des einzelnen Patienten und lässt keine vergleichenden Rückschlüsse auf andere Patienten zu. Weiterhin sollte, wenn Schmerzen gutachterlich in die Bewertung einfließen sollen, möglichst ein entsprechendes morphologisches Korrelat vorhanden sein.

Operationsfolgen. Je nach operativem Zugangsweg – transurethral, transureteral, pyelocaliceal, nephroskopisch, laparoskopisch, transskrotal, transperitoneal, retroperitoneal oder thorakoabdominal – können Komplikationen und Folgezustände wie Perforationen, Fisteln, Strikturen, Störungen der Harnblasenentleerung, Lymphödeme, Nervenläsionen, Funktionsstörungen des Magen-Darmtrakts, Harninkontinenz und chronische Schmerzen auftreten, deren Auswirkungen auf das Leistungsvermögen bei Persistenz im Erwerbsleben zu berücksichtigen sind.

Permanente Störungen des Elektrolyt- und Säure-Basen-Haushaltes. Permanente Störungen des Elektrolyt- und Säure-Basen-Haushaltes können sich bei Darminterponaten im Harntrakt und/oder Nierenfunktionsstörungen ergeben.

Niereninsuffizienz. Siehe ▶ Kap. 17. Hier ist insbesondere immer zu prüfen, ob die Beseitigung einer Obstruktion des ableitenden Harntrakts zu einer Verbesserung oder zumindest Stabilisierung der Nierenfunktion führen kann.

Akute oder chronische somato-psychische Belastungsreaktionen. Siehe ▶ Kap. 24.

18.1.5 Sozialmedizinische Beurteilung

Hygienische Probleme. Urologische Erkrankungen können erhebliche Probleme der Alltagshygiene nach sich ziehen: Verschmutzte Kleidung oder Wäsche; häufiger Gang zur Toilette; Verwendung von Harninkontinenzartikeln oder Urinableitungssystemen, deren Wechsel bzw. Pflege einen geeigneten Ort mit Waschgelegenheit und Abfalleimer mit Deckel erfordert. Der korrekte Gebrauch von Kontinenzartikeln verhindert häufig Geruchsbelästigungen und Hautirritationen. Die vorgeschriebenen hygienischen Anforderungen an Toiletten in Arbeitsstätten sind für den Wechsel von Kleidung oder Inkontinenzartikeln ausreichend. Für den Beutelwechsel bei Harnableitungssystemen sind keine besonderen Hygienemaßnahmen erforderlich. Eine Selbstkatheterisierung ist dagegen aufwändiger, weil sie unter sterilen Bedingungen zu erfolgen hat. Falls die Selbstkatheterisierung liegend durchgeführt werden muss, ist ein Raum mit Liege notwendig. Die durchschnittlich benötigte Zeit und die Intervalle für eine Selbstkatheterisierung sollten erfasst werden. In der Regel sind arbeitsübliche Pausen ausreichend. Imperativer Harndrang mit oder ohne Dranginkontinenz kann in Einzelfällen die Mobilität beeinträchtigen. Insgesamt können die Mobilität und Teilhabe am Erwerbsleben durch die genannten Situationen beeinträchtigt sein, z. B. bei Außendienst- und Reisetätigkeiten (Toilette), Verarbeitung von Lebensmitteln (Sauberkeit), Publikumsverkehr (repräsentatives Auftreten, soziale Akzeptanz) oder Arbeiten ohne Möglichkeit der Pause bei Bedarf zur Harnentleerung. Die Einschränkungen je nach klinischer Symptomatik bzw. Form der Harnableitung und Arbeitsbedingungen sollten präzise erfasst werden, bevor qualitative Einschränkungen in der Begutachtung festgelegt werden.

Kälte, Nässe und starke Temperaturschwankungen. Kälte, Nässe und starke Temperaturschwankungen erhöhen das Risiko aufsteigender Harnwegsinfektionen. Das Tragen der persönlichen Schutzausrüstung kann die Arbeitsschwere erhöhen und bei Harninkontinenz zusätzlich beeinträchtigen. Ebenso können diese klimatischen Bedingungen am Arbeitsplatz für Personen mit Harnableitungssystemen ungünstig sein.

Arbeitsschwere und Organisation. Alle Operationen mit Durchtrennung der Bauchdecke ziehen in der Regel für 3–6 Monate neuromuskuläre Störungen nach sich. Die Bauchdeckenbelastbarkeit für Heben, Tragen oder Bücken ist während dieser Zeit vermindert. Anschließend besteht meist (keine permanente Schwächung der Bauchdecke durch Ileumkonduit oder Pouch) eine Belastbarkeit wie vor der Operation. Dauerhafte Schäden am Muskel-Nervensystem müssen individuell beurteilt werden. Bei Harnableitungen und Darminterponaten oder nach radikaler Prostatektomie ist in der Regel das körperliche Leistungsvermögen für leichte bis mittelschwere Tätigkeiten über sechs Stunden und mehr gegeben. Eine persistierende neuromuskuläre Bauchwandschwäche oder Narbenbrüche begründen eine Einschränkung auf leichte bis gelegentlich mittelschwere körperliche Arbeiten ohne häufiges Betätigen der Bauchpresse etwa beim Bücken, Heben, Klettern, Arbeiten auf Leitern oder Überkopfarbeiten. Bei ausgedehnten Bauchwandbrüchen ist eine operative Revision anzustreben, aber nicht immer erfolgreich. Eine Neubewertung des Leistungsvermögens kann nach erfolgter Hernienrevison angezeigt sein. In Einzelfällen kann das Leistungsvermögen nach erfolgloser oder nicht möglicher Operation aufgehoben sein.

Mobilität. Die Mobilität ist nach Operationen am Urogenitaltrakt in der Regel nicht eingeschränkt. Ausnahmen sind Nervenverletzungen (z. B. Peronäusparese) oder ausgeprägte Lymphödeme der unteren Extremität. Imperativer Harndrang mit hoher Miktionsfrequenz bei verminderter Blasenkapazität und sehr starke Schmerzen können die Mobilität deutlich einschränken. Die Benutzung öffentlicher Nahverkehrsmittel ohne Toiletten kann im Einzelfall beeinträchtigt sein.

Schmerzen. Die Bewertung erfolgt je nach Ausprägung (Schmerzprotokoll). Neben den Selbstangaben können objektive Befunde wie Verhaltensveränderungen, Konzentrationsprobleme, sozialer Rückzug oder eine intensive Therapie zur Schmerzcoupierung ergänzend als Bewertungskriterien herangezogen werden. Die Fahrtauglichkeit (Arbeiten mit Lenken, Fahren und Steuern) oder konzentriertes Arbeiten können vorübergehend oder permanent durch die Einnahme von Analgetika beeinträchtigt sein.

18.2 Krankheitsbilder

18.2.1 Harnsteine

Harnsteine entstehen durch Übersättigung des Urins mit steinbildenden Bestandteilen. Ursachen sind konzentrierter Urin bei geringer Trinkmenge und/oder eine vermehrte Ausscheidung schwer löslicher Substanzen, eine verminderte Ausscheidung von Kristallisationsinhibitoren, genetische Faktoren sowie Missbildungen und Harnwegsinfektionen. Die Zusammensetzung der Harnsteine ist wie folgt: 70 % Kalziumoxalat, 12 % Kalziumphosphat und andere Infektsteine, 13 % Harnsäure, 1 % Zystinsteine, 4 % ohne Hauptbestandteil.

Konkremente bis zu einem Durchmesser von 3–4 mm gehen in bis zu 80 % spontan ab, was durch kontinuierliche Spasmoanalgesie und Bewegung gefördert wird. Tritt dies nicht auf, ist bei tiefsitzenden Harnsteinen eine Entfernung mittels Ureteroskopie möglich, bei höher sitzenden Harnleiter- oder Nierensteinen werden ESWL (extrakorporale Stoßwellen-Lithotripsie) und endoskopische Verfahren wie Ureterorenoskopie oder perkutane Nephrolitholapaxie alleine oder kombiniert eingesetzt. Offene Eingriffe wie Pyelolithotomie, Ureterolithotomie und Nephrektomie sind bei komplizierten Harnsteinleiden oder zur Beseitigung von Abflussstörungen selten erforderlich. In jedem Fall ist eine vollständige Sanierung anzustreben, da Restkonkremente und nicht abgeheilte Pyelonephritiden die Bildung von Rezidivsteinen begünstigen.

Zur Rezidivprophylaxe muss bei allen Harnsteinarten die Trinkmenge auf 2,5 l/d erhöht werden, bei Zystinsteinen bis 5 l/d. Bei Infektsteinen wird der Urin in Verbindung mit einer Infektsanierung angesäuert. Bei Kalziumoxalat-, Harnsäure- und Zystinsteinen wird der Urin durch geeignete Heilwässer, Alkalizitrate oder Bikarbonat auf einen alkalischen pH-Wert eingestellt. Diätetisch werden die Aufnahme von Kalzium und Oxalat (Kalziumsteine), Purinen (Harnsäuresteine) bzw. Proteinen (Zystinsteine) in vernünftigem Maße eingeschränkt; dabei darf die Kalziumzufuhr zur Osteoporoseprophylaxe nicht unter 1 g/d absinken (WHO-Empfehlung). Medikamentös kommen u. a. Allopurinol (Harnsäuresteine), Thiazide oder Amilorid (Kalziumsteine) und Ascorbinsäure, α-Mercaptopropionylglycin oder Captopril (Zystinsteine) zum Einsatz.

■ **Spezifische krankheitsbedingte Beeinträchtigungen nach ICF**

Siehe ▶ Kap. 18.1.3, 18.1.4 und 18.1.5.

■ **Spezielle Diagnostik, Sachaufklärung**

Siehe ▶ Kap. 18.1.2. Intensive Abklärung bei Risikopatienten (≥ 25 %) (≥ 3 Steine/3 Jahre, Infektsteine, Harnsäuresteine, Kinder, genetische bzw. Stoffwechselstörungen, Einzelniere, residuale Fragmente > 3 Monate post Therapie) gemäß S2-Leitlinien zu Diagnostik, Therapie und Metaphylaxe der Urolithiasis.

■ **Krankheitsspezifische Begutachtungskriterien, Zielkriterien**

Wird die Rezidivprophylaxe (s. u.) eingehalten, kann je nach Harnsteinleiden eine Rezidivfreiheit bei 50–80 % der Patienten oder zumindest eine starke Reduzierung der Rezidivhäufigkeit erreicht werden.

Unzureichend behandelte Harnsteine können zu Hypertonie, chronischer Pyelonephritis und Niereninsuffizienz (▶ Kap. 17) führen. Chronische Urinfisteln nach operativen Eingriffen sind selten und führen zum komplizierten Verlauf bis hin zur Nephrektomie. Chronische Schmerzen durch Nierenveränderungen und Therapie kommen in Einzelfällen vor.

■ **Spezifische sozialmedizinische Beurteilung**
■■ **Medizinische Rehabilitation**

Bei Rezidivharnsteinen und Risikoerststeinen ist eine ursächliche metabolische Abklärung vorzugsweise im Rahmen einer medizinischen Rehabilitation indiziert. Ziele sind die gezielte Patientenschulung in Hinsicht auf Trinkverhalten, Einhaltung der spezifischen Diät und Gewichtsreduktion sowie, wenn indiziert, die Einleitung einer medikamentösen Rezidivprophylaxe.

■■ **Teilhabe am Arbeitsleben**

Im Einzelfall können bei häufigen Koliken oder chronischen Dauerschmerzen die Fahreignung oder Tätigkeiten mit hoher Konzentration und Verantwortung beeinträchtigt sein. Die Arbeitsabläufe sollten eine ausreichende Flüssigkeitszufuhr von 2,5–5 l/d zur Steigerung der Diurese ermöglichen. Für häufigere Toilettengänge kann die persönliche Verteilzeit genutzt werden. Hitzearbeit sollte vermieden werden.

■■ **Erwerbsminderung**

Nach einmaliger Harnsteinbildung oder Harnsteinrezidiven mit Zeitabständen von mehreren Jahren besteht keine Einschränkung des Leistungsvermögens. Evtl. bestehende Nierenfunktionseinschränkungen sind nach ▶ Kap. 17 zu bewerten, chronisch rezidivierende Harnwegsinfektionen als Ursache rezidivierender Harnsteine nach ▶ Kap. 18.2.2 und chronische Schmerzen je nach Ausprägungsgrad (Schmerzprotokoll). Eine hohe Harnsteinrezidivrate kann gelegentlich zu psychischen Belastungsreaktionen führen.

18.2.2 Urogenitalinfektionen

Sozialmedizinisch relevant sind insbesondere Folgen schwerer Verläufe komplizierter Harnwegsinfektionen wie Pyelonephritis und Urosepsis, chronische Prostatitis und interstitielle Zystitis (IC).

Harnwegsinfektionen. Harnwegsinfektionen werden stadienangepasst antibiotisch behandelt. Ursachen komplizierter Infektionen werden operativ saniert, falls möglich.

Prostatitis. Die Prostatitis wird nach dem National Institute of Health in vier Stadien eingeteilt:
- I akute bakterielle Prostatitis,
- II chronische bakterielle Prostatitis,
- III chronisches Beckenschmerzsyndrom (III a mit Leukozyturie, III b ohne),
- IV asymptomatische Prostatitis (in der Regel nicht therapiebedürftig).

Typisch sind Schmerzen bei Bewegung, im Sitzen und bei der Miktion. Bei einer bakteriellen Prostatitis wird 4–6 Wochen lang antibiotisch behandelt (NIH Stadium I und II), bei den nicht-bakteriellen symptomatischen Formen erfolgt eine symptomatische, multimodale Behandlung unter anderem mit Schmerztherapie und Psychotherapie sowie ggf. ein antibiotischer Therapieversuch.

Interstitielle Zystitis. Die interstitielle Zystitis (IC) [auch bladder pain syndrome (BPS) oder painful bladder syndrome (PBS)] ist eine chronische Entzündung der Harnblasenwand unklarer Ursache mit einer Vermehrung von Makrophagen und Nervenendungen in der Muskelwand der Harnblase. Charakteristisch sind massive Blasenschmerzen und eine Miktionsfrequenz bis zu 100/d, was zu einem auf Miktion und Schmerz ausgerichteten Leben führen kann. Bei etwa zwei Dritteln der Patienten können die Beschwerden mit Analgetika, Myotonolytika, Schleimhautprotektiva u. a. ausreichend gelindert werden.

- **Spezifische krankheitsbedingte Beeinträchtigungen nach ICF**

Siehe ▶ Kap. 18.1.3, 18.1.4 und 18.1.5.

- **Spezielle Diagnostik, Sachaufklärung**

Siehe ▶ Kap. 18.1.2.

- **Krankheitsspezifische Begutachtungskriterien, Zielkriterien**

Rezidivierende akute unkomplizierte Harnwegsinfektionen heilen folgenlos aus, können aber bei Rezidiven immer wieder zur vorübergehenden Arbeitsunfähigkeit führen.

Chronische rezidierende Zystitiden oder Urethritiden können in seltenen Fällen eine Schrumpfharnblase, Harnstauungsnieren und Verschlussunfähigkeit der Ostien mit Refluxbildung sowie konsekutive Niereninsuffizienz auslösen.

Die chronische Pyelonephritis kann zu chronischen Schmerzen, renaler Hypertonie mit dem Risiko kardiovaskulärer Erkrankungen wie Herzinfarkt oder apoplektischer Insult und zur Niereninsuffizienz bzw. Urämie führen. In 15–20 % sind Urogenitalinfektionen (Mit-)Ursache einer Dialyse; siehe auch ▶ Kap. 17.

Häufig auftretende Rezidive bei Prostatitis können zu einer Urge-Symptomatik und zum chronischen Beckenschmerz (CPPS, chronisches Beckenschmerz-Syndrom) führen. Der Verlauf bei interstitieller Zystitis ist undulierend, 5–10 % der Patienten werden schließlich wegen einer Schrumpfharnblase zystektomiert. Zu beurteilen sind dann die Beeinträchtigungen und Komplikationen durch die Harnableitungssysteme (z. B. orthotope Ersatzblase, Blasenaugmentation oder Ileumkonduit).

- **Spezifische sozialmedizinische Beurteilung**
- **Medizinische Rehabilitation**

Blasenentleerungsstörungen, chronische Schmerzsyndrome und schwerwiegende Komplikationen wie Sepsis in Folge von Urogenitalinfektionen stellen Indikationen für eine medizinische Rehabilitation dar. Rehabilitationsziele sind Verringerung der Infektrezidivrate, Schmerzverringerung, Vermeidung von Infektharnsteinen, Niereninsuffizienz, Sepsis und Tod sowie die Verbesserung der körpereigenen Immunabwehr. Die Rehabilitation bei rezidivierenden Harnwegsinfektionen nach erfolgloser ambulanter Rezidivprophylaxe führt über 1 Jahr bei 47 % der Patienten zur Infektfreiheit. Durch eine stationäre Rehabilitation bei interstitieller Zystitis kann bei 75 % der Betroffenen eine Besserung erreicht werden, die bei 50 % auch über mehrere Monate anhält.

- **Teilhabe am Arbeitsleben**

Leistungen zur Teilhabe am Arbeitsleben können vereinzelt angezeigt sein, um einen geeigneten Arbeitsplatz zu erlangen, wenn beispielsweise die bisherige Hitzearbeit oder Feuchtarbeit aus medizinischer Sicht gemieden werden sollten.

- **Erwerbsminderung**

Bei chronisch rezidivierenden Harnwegsinfektionen ggf. mit Infektsteinbildung können auch weiterhin körperlich schwere Tätigkeiten sechs Stunden und mehr ausgeübt werden. Bei persistierenden Dauerbeschwerden können leichte bis mittelschwere Tätigkeiten über sechs Stunden und mehr verrichtet werden. Nach Zystektomie mit Harnableitung ist analog zu ▶ Kap. 18.1.3, 18.1.4 und 18.1.5 zu verfahren. Eine Niereninsuffizienz ist analog zu ▶ Kap. 17 zu bewerten. Einzelfallabhängig sind die Notwendigkeit zur regelmäßigen Flüssigkeitsaufnahme (> 2 l/d) und je nach Miktionsfrequenz zum häufigeren Aufsuchen einer Toilette zu erwähnen. Auch bei hoher Miktionsfrequenz wird durch Toilettengänge meist die persönliche Verteilzeit (10 %) nicht überschritten. Zugluft-, Nässe- und Kälteexposition sind bei Patienten mit chronisch rezidivierenden Harnwegsinfektionen zu vermeiden (Schutzkleidung).

Bei einer chronischen Prostatitis sind auch bei hoher Rezidivrate in der Regel körperlich leichte bis mittelschwere Tätigkeiten in wechselnder Körperhaltung sechs Stunden und mehr möglich. Bei die Lebensqualität wesentlich beeinträchtigenden Schmerzen beträgt die Leistungsfähigkeit unter 3 Stunden. Bei therapieresistenten psychosomatischen Störungen ist eine fachübergreifende Beurteilung (Urologe und Psychiater) erforderlich.

Bei interstitieller Zystitis muss zur Feststellung einer zumindest leichten körperlichen Leistungsfähigkeit im Erwerbsleben von sechs Stunden und mehr eine Verminderung der Miktionshäufigkeit (≤ 30/d) und der Schmerzen (in einen erträglichen Bereich) vorliegen. Hierbei sollte der Einsatz von Analgetika bei der sozialmedizinischen Beurteilung mit berücksichtigt werden. In Einzelfällen (lange Sitzungen, Lehrtätigkeit mit festem Stundenschlüssel etc.) muss auch schon bei Miktionshäufigkeiten > 8 bis ≤ 30/d auf andere Tätigkeiten verwiesen werden. Auch muss die Ausprägung von in 40 % der Fälle auftretenden Begleiterkrankungen mit berücksichtigt werden. Der Aktionsradius ist bei einer Miktionshäufigkeit von 60 und mehr/d deutlich eingeschränkt, so dass ein aufgehobenes Leistungsvermögen resultiert.

18.2.3 Harninkontinenz

Die Harninkontinenz ist eine Störung der Harnspeicher- und Harnentleerungsphase. Sie ist definiert durch das Fehlen oder die Verringerung der Fähigkeit, Urin willkürlich zurückzuhalten und den Zeitpunkt der Entleerung selbst zu bestimmen.

■ **Klassifikationen und Stadieneinteilungen**

Folgende Formen der Harninkontinenz werden unterschieden:

Belastungsinkontinenz (früher auch Stressinkontinenz) (60 %): unwillkürlicher Harnverlust bei Druckerhöhung im Abdomen (= Stress) durch körperliche Anstrengung (Lachen, Husten, Pressen und Heben schwerer Lasten) ohne Harndrang. Ursachen: Adipositas; Bindegewebsschwäche; insuffizienter Verschlussapparat nach Geburten, Operationen, Verletzungen von Harnblasenhals und/oder der Harnröhre; Medikamente (α-Blocker, Psychopharmaka); Muskelatrophie (Östrogenmangel).

Die klassische Schweregradeinteilung der Belastungsinkontinenz ist die Einteilung nach Ingelman-Sundberg, siehe ■ Tab. 18.2. Es existiert eine Reihe weiterer Einteilungen der Harninkontinenz, wobei auch Versuche unternommen wurden, die Klassifikation der Belastungsinkontinenz nach Ingelman-Sundberg und die Einteilung nach dem Umfang des Urinverlustes zusammenzuführen; Beispiel siehe ■ Tab. 18.3.

Therapie: konservativ durch Kontinenztraining, Miktions- und Toilettentraining; Elektrotherapie, Biofeedbacktherapie; medikamentös durch Hormontherapie, Duloxetin, α-Sympathomimetika. Bei persistierender Harninkontinenz Grad II–III trotz konservativer Therapie > 6 Monate bei Stressharninkontinenz oder > 1 Jahr nach Beckenchirurgie sowie bei der Harninkontinenz Grad IV ist eine operative Therapie indiziert: Injektionstechniken, ProAct, urethrale Schlingen oder alloplastischer Sphinkter beim Mann; Injektionstechniken, alloplastische transvaginale oder transobturatorische Bänder, Kolposuspension, autologe abdominal-vaginale Schlingen, Beckenbodenrekonstruktion oder alloplastischer Sphinkter bei der Frau. Operative Harnableitung bei therapierefraktären, ausgeprägten Fällen.

Dranginkontinenz (OABL) = Urge-Inkontinenz (**o**veractive **b**ladder with **l**eakage) (25 %) (bei nicht neurogener Hyperaktivität): unwillkürlicher Urinabgang mit imperativem Harndrang; sensorisch bei verminderter Reizschwelle (bereits bei geringer Harnblasenfüllung wird ein Harndrang wahrgenommen); motorisch mit ungewollten Detrusorkontraktionen durch insuffiziente hemmende Nervenimpulse. *Ursachen:* Detrusorveränderungen, Harnwegsinfektionen, Innervationsstörungen, Medika-

Tab. 18.2 Einteilung des Schweregrades der Belastungsharninkontinenz

Schweregrad	Definition
Belastungsinkontinenz I. Grades	Urinverlust beim Husten, Niesen, Pressen und Lachen
Belastungsinkontinez II. Grades	Urinverlust beim Heben, Laufen und Treppensteigen
Belastungsinkontinenz III. Grades	Urinverlust im Stehen ohne körperliche Belastung

Nach: Ingelman-Sundberg [15]

mente: β-Sympathomimetika, Obstruktion (Prostatahyperplasie, Tumor, Harnsteine), Östrogenmangel.

Therapie: konservativ durch Kontinenztraining, Miktions- und Toilettentraining; Elektrotherapie (kutan, transvaginal, intravesikal; sakrale Neuromodulation durch Harnblasenschrittmacher oder periphere Neurostimulation); medikamentös durch Hormontherapie, Anticholinergika (oral oder intravesikal); Injektionen von Botulinumtoxin; EMDA (Electromotive-Drug-Administration). Operative Harnableitung bei therapierefraktären, ausgeprägten Fällen.

Mischformen aus Belastungs- und Dranginkontinenz (15 %): *Therapie:* Je nach Schwerpunkt der Beschwerdesymptomatik individueller Therapieansatz der o.g. Formen, mit Therapie der Dranginkontinenz beginnend.

Reflexinkontinenz (bei neurogener Hyperaktivität): unwillkürlicher Urinabgang aus der Harnröhre durch Verlust der Kontrolle über den Miktionsreflex oder unkontrollierte, reflektorische Detrusorkontraktionen, ohne dass der Patient einen Harndrang empfindet. *Ursachen:* Hirnfunktionsstörungen (supraspinale Reflex-Harninkontinenz), Rückenmarkserkrankungen = upper motor neuron lesions (spinale Reflex-Harninkontinenz). *Therapie:* abhängig von den Befunden der Funktionsdiagnostik (Urodynamik), idealerweise in Inkontinenz- bzw. Kontinenzzentren.

Überlaufinkontinenz (bei chronischer Harnretention): unwillkürlicher Urinabgang bei Harnblasenüberfüllung (Harnblasendruck liegt über Harnröhrenverschlussdruck). *Ursachen:* hypoaktiver Detrusor (Medikamente: Tranquilizer, myogene Hypokontraktilität, neurogene Hyporeflexie), hyposensitive Harnblase (Alkoholabusus, Diabetes mellitus, Neurolues, Sakralmarkschaden, Urämie), subvesikale Obstruktion (benigne Prostatahyperplasie, Harnröhrenstriktur, Prostatakarzinom). *Therapie:* ursächliche Behandlung der Entleerungsstörung (z. B. operative Behebung der subvesikalen Obstruktion, Cholinergika bei hypotonem Detrusor), Harnblasenschrittmacher, steriler Selbstkatheterismus.

Tab. 18.3 Schweregrad der Belastungsharninkontinenz

Schweregrad		Anamnese	Vorlagen-Test	Urodynamik
I	sporadisch	Geringer Urinabgang im Stehen und bei der Arbeit, beim Husten, Niesen, Pressen etc.	Urinverlust: < 10 ml/h Vorlagen: ≤ 1 pro Tag	Guter bis ausreichender Harnröhrenverschlussdruck
II	belastend	Urinabgang bereits im Sitzen, beim Husten etc.	Urinverlust: ≥ 10–25 ml/h Vorlagen: 1–2 pro Tag	Pathologisches Urethradruckprofil mit überwiegend positivem Stressprofil
III	schwer	Urinabgang beim Umhergehen	Urinverlust: > 25–50 ml/h Vorlagen: 2–3 pro Tag	Pathologisches Urethradruckprofil mit verringerter Drucktransmission im Stresstest
IV	absolut	Urinabgang bereits im Liegen	Urinverlust: > 50 ml/h Vorlagen: > 4–5 pro Tag	Ein Harnröhrenverschlussdruck lässt sich nicht mehr aufbauen

Gesellschaft für Inkontinenzhilfe – heute Deutsche Kontinenzgesellschaft, abgewandelt nach Ingelman-Sundberg [15]

Extraurethrale Inkontinenz: Urinabgang aufgrund angeborener oder erworbener Umgehung des anatomisch-physiologischen Sphinkterapparates. *Ursachen:* angeboren, Beckenchirurgie, Strahlenschaden (Fistelbildung). *Therapie:* operative Rekonstruktion physiologischer Verhältnisse oder Harnableitungssysteme

Enuresis (nocturna): Einnässen im Schlaf nach dem 5. Lebensjahr während mindestens zwei Nächten im Monat ohne Tagessymptome oder Harnwegsinfektion. *Ursachen:* abnorme Trink- und Miktionsgewohnheiten, ADH-Mangel, Entwicklungsverzögerung des Zentralnervensystems, psychosozialer Stress.

Tab. 18.4 Neue DKG-Klassifikation der Harninkontinenz

	Urinverlust pro Attacke	Produkt-Kapazität	Saugvolumen pro 4 h
Tröpfel-Inkontinenz	< 50 ml	< 150 ml	150 ml
Grad 1	50–100 ml	< 300 ml	300 ml
Grad 2	100–250 ml	300–750 ml	750 ml
Grad 3	> 250 ml	> 750 ml	> 750 ml

Nach MELCHIOR und DE GEETER, Gesellschaft für Inkontinenzhilfe (GIH) – heute Deutsche Kontinenzgesellschaft 2002 [17]. Die Saugkapazität von Produkten für die Inkontinenzversorgung, Rücknässen, Hüftumfang bei Windelhosen etc. sind ergänzend zu definieren.

Aufgrund der Komplexität der verschiedenen Krankheitsbilder ist eine einheitliche Schweregradeinteilung der Harninkontinenz nur mit Abstrichen möglich. Hierbei wird in erster Linie die Menge des Urinverlustes (mittels Vorlagen-Auswiegens) als Kriterium herangezogen, sowohl für die Einteilung des Schweregrades der Harninkontinenz als auch der benötigten Produkte zur Inkontinenzversorgung (beispielhaft in ☐ Tab. 18.4). Dabei bleibt unberücksichtigt, ob unwillkürlicher Harnabgang kalkulierbar (z. B. bei Belastungsinkontinenz) oder unkalkulierbar (z. B. bei Reflexharninkontinenz) ist, was jedoch unterschiedliche Einschränkungen in Beruf und Alltag nach sich ziehen kann. Für die sozialmedizinische Beurteilung reicht die quantitative Feststellung des Urinverlustes nicht aus; die Identifizierung der Harninkontinenzform anhand der Ergebnisse der Funktionsdiagnostik ist unerlässlich, da Verlauf und Therapieoptionen stark differieren.

▪ **Spezifische krankheitsbedingte Beeinträchtigungen nach ICF**
Siehe ► Kap. 18.1.3, 18.1.4 und 18.1.5.

▪ **Spezielle Diagnostik, Sachaufklärung**
Siehe ► Kap. 18.1.2.

▪ **Krankheitsspezifische Begutachtungskriterien, Zielkriterien**
Unmittelbar im Anschluss an eine Harninkontinenzoperation liegen die Erfolgsraten um 90 % oder besser, fallen aber mit zunehmendem Abstand zur Operation ab (20–60 % Rezidive nach fünf Jahren). Die Besserungsrate der konservativen Therapie liegt nach 4–6 Monaten bei der Belastungsinkontinenz Grad I–II und bei Dranginkontinenz zwischen 50 und 80 %. Eine operativ bedingte Harninkontinenz (z. B. nach Wertheim-OP oder radikaler Prostatektomie) ist bis zum Ablauf von fünf Jahren noch zu bessern (≤1 Vorlage/d ein Jahr nach radikaler Prostatektomie: 90–95 %). Danach ist in der Regel von einer irreversiblen Schädigung des Kontinenzapparates auszugehen.

- **Spezifische sozialmedizinische Beurteilung**
- ■■ **Medizinische Rehabilitation**

Bei kompliziertem Verlauf und erheblichen Funktionseinschränkungen besteht nach Harninkontinenzoperationen eine Indikation zur medizinischen Rehabilitation. Auch in anderen komplizierten Konstellationen (z. B. anhaltende höhergradige Harninkontinenz, quälende Urge-Inkontinenz trotz adäquater Therapieversuche, Kontraindikationen gegen Erfolg versprechende Therapien) kann eine medizinische Rehabilitation indiziert sein. Mögliche psychische Beeinträchtigungen sollten Berücksichtigung finden. Die Rehabilitation beinhaltet u. a. folgende Module: Schulung im Umgang mit Hilfsmitteln (Produkte der Inkontinenzversorgung, Konen, Pessare); Optimierung der medikamentösen Therapie; Beckenbodengymnastik bei der Frau und Kontinenztraining beim Mann mit Erlernen eines Eigenübungsprogramms, Übungen zur Muskelrelaxation, Miktions- und Toilettentraining, Biofeedback bei schwerer Harninkontinenz (> 200 g Urinverlust/24h im PAD-Test); Elektrotherapie (mit Extern-, Vaginal- oder Analelektroden als Praxis- oder Heimelektrostimulationsgerät) bei unzureichender Sphinkterkontrolle.

- ■■ **Teilhabe am Arbeitsleben**

Die meisten von Harninkontinenz Betroffenen können ihre Tätigkeit weiter ausüben. Ein Arbeitsplatzwechsel kann erforderlich sein, wenn die bisher körperlich schwere oder mittelschwere Arbeit nicht mehr verrichtet werden kann.

- ■■ **Erwerbsminderung**

Urinverlust wird bei Harninkontinenz durch Arbeitsschwere und Arbeitshaltung begünstigt, die über die Bauchmuskelanspannung den intraabdominellen Druck auf die gefüllte Blase erhöhen. Bis zum Inkontinenzgrad I sind i. d. R. mittelschwere und bis zu Grad II leichte körperliche Arbeiten über sechs Stunden und mehr möglich. Die Grade III und IV sind individuell zu beurteilen, jedoch sind die Betroffenen meist nicht mehr in der Lage, Tätigkeiten des allgemeinen Arbeitsmarktes auszuführen. Art, Dauer und Ort der Tätigkeit spielen eine Rolle, z. B. bei Lebensmittelverarbeitung, Publikumsverkehr, Außendiensttätigkeiten, Heimarbeit. Auch nach guter Besserung der Harninkontinenz sollten keine körperliche Tätigkeiten mit Betätigung der Bauchpresse wie häufiges Bücken, Knien, Hocken, Überkopfarbeit, auf Leitern und Gerüsten, Hebe- und Tragearbeiten ohne Hilfsmittel über 10 kg durchgeführt werden. Werden Vorlagen benutzt, muss die räumliche und zeitliche Gelegenheit zum Vorlagenwechsel gegeben sein. Kälte und Nässeexposition sind zu vermeiden. Nach operativen Maßnahmen kann sich der Grad der Harninkontinenz bessern.

18.2.4 Harnblasenentleerungsstörungen

Harnblasenentleerungsstörungen durch eine mechanische subvesikale Obstruktion treten z. B. bei benigner Prostatahyperplasie, Harnröhrenstriktur oder Harnröhrenstein auf. Außerdem kann eine Dyskoordination zwischen Sphinkter und Harnblase (neurogen z. B. bei Multipler Sklerose oder Myelomeningozele, nicht neurogen bei anerzogenem Fehlverhalten) vorliegen. Harnblasenentleerungsstörungen bei Detrusor-Hypo- oder Akontraktilität sind entweder myogen, neurogen, psychogen oder habituell verursacht. Zur Harninkontinenz als kombinierte Harnspeicher- und Entleerungsstörung siehe ▶ Kap. 18.2.3.

Eine mechanische Obstruktion wird operativ saniert. Bei hypotonem Detrusor erfolgt der sterile Selbstkatheterismus oder die Anlage eines transurethralen bzw. suprapubischen Dauerkatheters. Bei einer Schrumpfharnblase bleibt nur die operative Harnblasenaugmentation oder Harnableitung. Als invasive Verfahren sind sakrale Neuromodulation, Sphinkterinzision, Vesikostomie, Neoblasenanlage oder eine supravesikale Harnableitung (z. B. Ileumkonduit, Pouch bzw. Ureterosigmoideostomie) zu nennen.

- **Spezifische krankheitsbedingte Beeinträchtigungen nach ICF**

Siehe ▶ Kap. 18.1.3, 18.1.4 und 18.1.5.

- **Spezielle Diagnostik, Sachaufklärung**

Siehe ▶ Kap. 18.1.2.

- **Krankheitsspezifische Begutachtungskriterien, Zielkriterien**

Durch die Behandlung wird i. d. R. eine gute Blasenentleerung bei akzeptablen Druckwerten (< 60 cm H_2O) erreicht. Bei unzureichender Harnableitung oder manuellem Auspressen der Harnblase kann der Reflux zu aszendierenden Harnwegsinfektionen bis hin zur (terminalen) Niereninsuffizienz führen.

Therapie der Wahl bei Harnblasenentleerungsstörungen, die nicht kausal zu therapieren sind, ist der sterile Selbstkatheterismus. In Einzelfällen lassen Kontraindikationen oder technische Probleme nur einen Dauerkatheter zu. Dann besteht zwar eine gute Harnblasenentleerung, allerdings können Beschwerden oder Komplikationen durch den Katheter auftreten.

Bei einer Harnableitung mittels Neoblase, Mainz Pouch I/II oder Ileumkonduit entsprechen die Krankheits- und Behandlungsfolgen den Eingriffen beim Harnblasenkarzinom (siehe ▶ Kap. 18.2.6).

- **Spezifische sozialmedizinische Beurteilung**
- **Medizinische Rehabilitation**

Eine medizinische Rehabilitation ist nach ausgedehnten Eingriffen wie Pouch oder Konduit indiziert, da viele Parallelen zum Z. n. Zystektomie wegen Harnblasenkarzinom bestehen. Als spezielle Therapieverfahren kommen je nach klinischer Situation die medikamentöse Steigerung des Detrusortonus (z. B. mit oralen Parasympathicomimetika), eine medikamentöse Tonusverminderung der Harnröhrenmuskulatur, Miktionstraining, intravesikale Elektrotherapie, Erlernen des intermittierenden aseptischen (Selbst-)Katheterismus, Dauerkatheter (am besten suprapubisch), Stomaversorgung, Stomatraining (Ileum-Konduit) und das Erlernen des Umgangs mit dem Neuromodulator in Frage. Ein manuelles Auspressen der Harnblase sollte dabei nicht erfolgen.

- **Teilhabe am Arbeitsleben**

Wenn die bisher körperlich schwere oder mittelschwere Arbeit nicht mehr verrichtet werden kann (z. B. bei suprapubischer Harnableitung, Stoma oder Neoblase) oder die geforderte Mobilität nicht mehr möglich ist (aufgrund regelmäßig notwendiger Katheterisierung) können Leistungen zur Teilhabe am Arbeitsleben angezeigt sein, um einen geeigneten Arbeitsplatz zu erlangen.

- **Erwerbsminderung**

Mit einer funktionierenden Harnableitung sind leichte bis mittelschwere körperliche Tätigkeiten sechs Stunden und mehr möglich. Bei Neoblase, Pouch, Stoma oder sakraler Neuromodulation ist meist eine Beschränkung auf leichte Arbeiten ratsam. Bei Selbstkatheterismus und Stomaversorgung muss eine entsprechende Infrastruktur auch am Arbeitsplatz vorhanden sein (siehe ▶ Kap. 18.1.4). Die Mobilität kann wegen der Harnentleerung bei Außendiensttätigkeiten eingeschränkt sein. Zu vermeiden sind Überkopfarbeiten, mehr als leichtes Heben und Tragen, häufiges Hocken, Bücken, Knien, Arbeiten auf Leitern und Gerüsten sowie eine ständige Nässe- und Kälteexposition ohne Schutzkleidung.

18.2.5 Nierentumoren

Risikofaktoren für das *Nierenzellkarzinom* sind VON-HIPPEL-LINDAU-Erkrankung, familiäres Nierenzellkarzinom (autosomal-dominant), zunehmendes Lebensalter, Übergewicht bei Frauen, verringerte Trinkmenge, erhöhter Alkoholkonsum, fettreiche und gemüse- bzw. obstarme Kost, chronisch eingeschränkte Nierenfunktion (5,8 % bei Dialysepatienten, die Nierenzysten entwickeln), Schmerzmittelmissbrauch, langjähriger Diuretika- und Laxantiengebrauch und die erworbene zystische Nierenerkrankung.

Raucher haben gegenüber Nichtrauchern ein zweifach erhöhtes Risiko, an einem Nierenzellkarzinom zu erkranken. Die Risikofaktoren für *Nierenbecken-* (7–18 % aller Nierentumoren) und *Harnleiterkarzinome* sind dieselben wie beim Harnblasenurothelkarzinom (siehe ▶ Kap. 18.2.6).

Therapie: Bei der *Tumornephrektomie wegen Nierenzellkarzinom* werden Tumorniere, Gerota'sche Fettkapsel und anhaftendes Peritoneum *en bloc* entfernt, optional auch die Nebenniere und paraaortale bzw. parakavale Lymphknoten. Hierbei kann es links zur Verletzung der A. lienalis bzw. der Milz mit Splenektomie kommen. In frühen Stadien (cT1, Tumor < 4 cm) und bei funktioneller und/oder anatomischer Einzelniere sollte eine *partielle Nephrektomie* erfolgen oder in Zentren eine *laparoskopische Tumornephrektomie oder Teilresektion*. Eine *palliative Nephrektomie* erfolgt bei fortgeschrittenem Primärtumor mit Blutung, Harnstauung, Schmerzen oder vor (Immun-) Chemotherapie. Oft ist bei Metastasierung eine Operation sinnvoll. Die *Embolisation der A. renalis* wird palliativ bei Inoperabilität angewandt. Die perkutane Radiofrequenzablation oder Kryoablation bei Tumoren < 3 cm ist noch nicht abschließend bewertbar. Eine adjuvante Chemotherapie [Bevacizumab (Antikörper) plus Interferon; Pazopanib, Sunitinib, Sorafenib (Multikinaseinhibitoren); Everolimus, Temsirolimus (mTOR-Inhibitoren)] kann beim fortgeschrittenen Nierenzellkarzinom (N+, M1) hinsichtlich des progressionsfreien Zeitraumes (PFS) erfolgreich sein. Risiken und Nebenwirkungen, welche sich durchaus negativ auf die Lebensqualität auswirken können, sollten dabei nicht unterschätzt werden.

Beim *Urothelkarzinom von Nierenbecken und Harnleiter* ist die *radikale retro- oder transperitoneale Nephro-Ureterektomie* mit Resektion einer Blasenwand-Manschette (Vermeidung von bis zu 17 % Harnleiterstumpfrezidiven) sowie retroperitonealer Lymphadenektomie das Standardverfahren. Optional wird eine *Radiotherapie* und adjuvante, ggf. induktive *Chemotherapie*, besonders bei organüberschreitenden Nierenbecken- und Harnleitertumoren durchgeführt. Organerhaltende Operationen sind die Ausnahme, v. a. bei funktionellen und/oder anatomischen Einzelnieren.

- **Klassifikationen und Stadieneinteilungen**

Die Einteilung erfolgt nach der WHO-Klassifikation, Stadium I bis IV, und beim metastasierten Nierenzellkarzinom auch nach den Motzer-Kriterien.

- **Spezifische krankheitsbedingte Beeinträchtigungen nach ICF**

Siehe ▶ Kap. 18.1.3, 18.1.4 und 18.1.5.

■ **Spezielle Diagnostik, Sachaufklärung**

Siehe ▶ Kap. 18.1.2.

■ **Krankheitsspezifische Begutachtungskriterien, Zielkriterien**

Die Fünf-Jahres-Überlebensrate beim *Nierenzellkarzinom* sinkt von 86 % (pT1–2) über 64 % (pT3 a) und 41 % (pT3 b) auf 16 % (pT4). Bei Lymphknoten- und/oder Fernmetastasen liegt sie insgesamt unter 10 %. Der nicht in die Gefäßwand infiltrierend wachsende Thrombus der Vena cava unterhalb des Zwerchfells hat ohne Metastasierung (pT3bpN0M0) eine relativ gute Prognose mit einer Fünf-Jahres-Überlebensrate bis zu 69 %.

Die Fünf-Jahres-Überlebensrate beim *Urothelkarzinom von Nierenbecken und Harnleiter* sinkt von 82–100 % (pTa) über 82–95 % (pT1), 72–86 % (pT2), 33–60 % (pT3) auf 0–38 % (pT4). Patienten mit Lymphknotenmetastasen versterben zu > 90 % innerhalb von fünf Jahren an ihrem Tumorleiden.

Nach Nephroureterektomie können temporäre Miktionsstörungen durch die Entfernung der Harnblasenmanschette mit vorübergehender Kapazitätsminderung auftreten.

■ **Spezifische sozialmedizinische Beurteilung**
■■ **Medizinische Rehabilitation**

Die Indikationsstellung zur Rehabilitation entspricht der bei anderen Tumorerkrankungen: Eine medizinische Rehabilitation ist indiziert nach Operation, Bestrahlung oder antineoplastischer Therapie unter der Voraussetzung, dass Funktionseinschränkungen körperlicher oder seelischer Art vorliegen.

Inhalte der Rehabilitation sind Ernährungsberatung bei Darmfunktionsstörungen (Obstipation, Flatulenz etc.) oder eingeschränkter Nierenfunktion (Kreatinin > 2 mg/dl); Impfung nach akzidenteller Splenektomie, gezielte Behandlung von postoperativen Miktionsstörungen und neuromuskulären Ausfällen; Behandlung von Chemotherapiefolgen; Schulungen zur Optimierung des Trinkverhaltens nach Nierenverlust; Angebot psychosozialer und psychoonkologischer Unterstützung zur Krankheitsverarbeitung und Neu-Orientierung.

■■ **Teilhabe am Arbeitsleben**

In Abhängigkeit vom Ausmaß der durch die Tumorerkrankung oder deren Therapie aufgetretenen Funktionsstörungen sind u. U. Leistungen zur Teilhabe am Arbeitsleben erforderlich, um einen Arbeitsplatz zu erhalten oder zu erlangen.

■■ **Erwerbsminderung**

Der Verlust einer Niere bleibt folgenlos, wenn die verbliebene Niere gesund ist; andernfalls wird das Leistungs-

vermögen durch die Niereninsuffizienz limitiert (siehe ▶ Kap. 17). Nach einer akzidentellen Splenektomie besteht trotz Impfung ein erhöhtes Risiko für schwer verlaufende Infektionen (OPSI-Syndrom – **o**verwhelming **p**ost**s**plenectomy **i**nfection syndrome); dann sind Kälte und Nässe zu vermeiden (Schutzkleidung). Die Operationsnarbe kann zu neuromuskulärer Bauchwandschwäche und Hernien führen (siehe ▶ Kap. 18.1.4). Miktionsstörungen infolge Resektion einer Blasenwand-Manschette bilden sich i. d. R. im Verlauf einiger Monate folgenlos zurück, bei fortbestehenden Störungen siehe auch ▶ Kap. 18.2.3 und 18.2.4. Bei einem ausgedehnten Tumor (T4) und bei Lymphknoten- oder Fernmetastasen ist der Allgemeinzustand häufig so stark reduziert, dass ein Leistungsvermögen von weniger als drei Stunden auf Dauer besteht.

18.2.6 Harnblasenkarzinom

Das Urothelkarzinom (93 % Harnblase, 3 % Harnleiter und 4 % Nierenbecken) ist nach dem Prostatakarzinom der zweithäufigste urologische Tumor. Das Urothelkarzinom ist eine Systemerkrankung des Urothels, kann also den gesamten ableitenden Harntrakt betreffen. Dem Carcinoma in situ ist besondere Bedeutung beizumessen, da es einen hohen Malignitätsgrad hat und ein hohes Rezidivrisiko im gesamten ableitenden Harntrakt beinhaltet. Risikofaktoren sind Alter, chemische Substanzen (z. B. Benzidin, Cyclophosphamid, Phenazetin und Nitrosamine), Bilharziose, chronische Harnwegsinfektionen (z. B. bei Harnsteinleiden oder Fremdkörpern wie Dauerkatheter), chronisch interstitielle Nephritis (Phenazetinniere), Geschlecht und Zigarettenkonsum. Harntransportstörungen mit verlängerter Urinverweilzeit (Restharnbildung) können zu Urothelkarzinomen führen.

Therapie: Die *transurethrale Elektroresektion (TUR) und/oder Laserkoagulation der Harnblase* erfolgt bei oberflächlichem Harnblasenkarzinom (pTa-pT1, G1-G2), mit anschließender Instillationsbehandlung (topische Zytostatika oder Immuntherapie mit BCG) bei intermediärem (multilokulär, pTa-pT1, G1-G2, > 3 cm) oder hohem (pT1, G3, Cis, rasches Rezidiv) Rezidivrisiko.

Eine *radikale Zysto-Prostato-Vesikulektomie* mit regionaler Lymphadenektomie (LA) wird bei hohem primärem Malignitätsgrad (G3) oder hoher Rezidivrate bei pT1, ab pT2 bei jedem Grading durchgeführt.

Harnableitung, meist mit Darmanteilen: Ureterocutaneostomie, Ileum-Konduit (Bricker-Blase, ileokutane Anastomose, feuchtes Urostoma analog zum Anus praeter), Mainz-Pouch I (kutaner intermittierender Selbstkatheterismus) und Mainz-Pouch II (Urin-Kot-Kloake, kontrollierte Urinentleerung über den Darm), Neoblase (z. B.

Ileumneoblase) mit kontrollierter Urinentleerung über die Harnröhre).

OP-Zugang: transurethral endoskopisch (TUR), offen chirurgisch ausschließlich abdominal.

Chemotherapie und Strahlentherapie zeigen bisher bei adjuvantem Einsatz keinen Vorteil hinsichtlich der Fünf-Jahres-Überlebensrate; bei metastasierenden Tumoren kann eine Chemotherapie (Gemcitabin und Cisplatin) palliativ sinnvoll sein. Sie führt meist zu einer Verlängerung des progressionsfreien Intervalls.

- ■ **Klassifikationen, Stadieneinteilung**

Die Einteilung der Tumorstadien erfolgt nach der TNM-Klassifikation.

- ■ **Spezifische krankheitsbedingte Beeinträchtigungen nach ICF**

Siehe ▶ Kap. 18.1.3, 18.1.4 und 18.1.5.

- ■ **Spezielle Diagnostik, Sachaufklärung**

Siehe ▶ Kap. 18.1.2.

Harnblasenkarzinome können mit beruflichen Belastungsfaktoren in Zusammenhang stehen. Der begründete Verdacht auf eine Berufskrankheit sollte dem Versicherten anlässlich der Begutachtung mitgeteilt werden. Eine Berufskrankheitenanzeige durch den behandelnden Arzt muss nach § 202 SGB VII erfolgen. Bei langjährigen Produktionsarbeiten in der Aluminiumindustrie, (petro-)chemischen Industrie, Kunststoff-, Textil-, Farb- und Druckindustrie, in der gummiverarbeitenden Industrie, beim Umgang mit Asphalt, Teer, Kohle, Koks oder mit radioaktiven Isotopen können sich Verdachtsmomente für eine berufsbedingte Karzinomerkrankung ergeben. Bei Friseuren, Kammerjägern oder Landwirten könnte ein Blasenkarzinom durch verwendete Arbeitsstoffe begünstigt worden sein. Bei berechtigtem Verdacht auf eine berufsbedingte Tumorerkrankung erfolgt ein Hinweis an den Patienten und im Gutachten an den Auftraggeber, sofern noch nicht bekannt.

- ■ **Krankheitsspezifische Begutachtungskriterien, Zielkriterien**

Prognose je nach TNM-Stadium: Bei pTa–pT2 liegt die Fünf-Jahres-Überlebensrate zwischen 75 und 100 %. Bei pT3 sinkt sie auf bis zu 25 %, bei pT4 auf 24 %. Die Prognose verschlechtert sich erheblich bei positiven Lymphknoten: bei N1 25 %, bei N3 und/oder M1 0–5 % Fünf-Jahres-Überlebensraten.

Schmerzhafte Dranginkontinenz: Bei notwendiger intravesikaler Chemotherapie bei Z. n. TUR-Blase kann es zu einer sehr schmerzhaften Dranginkontinenz kommen.

Harninkontinenz bei Neoblase tritt häufig in der Nacht auf, verstärkt durch den Mangel an sensorischem Feedback im Gehirn, Verminderung des Muskeltonus der Beckenmuskulatur nachts, erhöhte Wassersekretion der Neoblase im Vergleich zur körpereigenen Harnblase und Ausscheidung eines hyperosmolaren Urins während der Nacht, bedingt durch erhöhte ADH-Sekretion. Harnkontinenz stellt sich am Tag in 80 % nach 3–6 Monaten durch gezielte Trainingsmaßnahmen ein. Die nächtliche Harninkontinenz ist in diesem Zeitraum bei zwei Dritteln der Patienten beseitigt. Die Neoblase weist nach 3–6 Monaten in der Regel eine Kapazität von 300 ml (Speicherkapazität für 3–4 Stunden Urinproduktion) auf und kann restharnfrei entleert werden.

Hyperkontinenz bei Neoblase mit der Notwendigkeit des Selbstkatheterismus tritt bei 10–15 % der Männer und bei 50 % der Frauen mit Anstieg auf 70 % im Verlauf auf.

Mögliche Darmfunktionsstörungen sind Kurzdarmsyndrom, Durchfälle durch 50–80 cm Jejunumresektion oder Resektion von Dickdarmanteilen zur Bildung eines Pouches bzw. einer Neoblase und Defäkationsstörungen bei Mainz-Pouch II (Kot-Urin-Kloake mit Durchfällen und gehäufter Stuhlfrequenz). Die Darmschleimproduktion verursacht besonders bei Ileumneoblase eine erhöhte Infektionsrate. Da bei Darminterponaten im Harntrakt mit verlängerter Urinverweildauer (Ersatzblase, Pouch) ein gehäuftes Auftreten von Darmschleimhauttumoren zu erwarten ist, empfehlen sich ab dem dritten postoperativen Jahr regelmäßige endoskopische Kontrollen zumindest einmal jährlich.

Nierenfunktionsstörungen und Pyelonephritiden können bei postoperativen Harnstauungsnieren wie z. B. durch Harnleiterimplantationsstenosen verursacht werden.

Stoffwechselstörungen: Als wesentliche Stoffwechselstörung kann eine metabolische Azidose bei Ileumneoblase und Mainz-Pouch I bzw. II, seltener beim Ileum-Konduit, auftreten.

Infolge einer Dünndarmresektion (terminales Ileum) kann nach 2–3 Jahren ein Vitamin-B_{12}- und Folsäuremangel beobachtet werden, der substituiert werden muss.

- ■ **Spezifische sozialmedizinische Beurteilung**
- ■■ **Medizinische Rehabilitation**

Die Indikationsstellung zur Rehabilitation entspricht der bei anderen Tumorerkrankungen, vgl. ▶ Kap. 10.8.2; zur Rehabilitation der Harninkontinenz siehe ▶ Kap. 18.2.3. Patienten mit Ersatzblase oder Pouch sollen die veränderte Körperfunktion zu akzeptieren lernen. Psychosoziale/psychoonkologische Unterstützung ist (auch zur Verarbeitung der Tumorproblematik) anzubieten. Patienten mit einer Neoblase sollen den Umgang mit der Neoblase erlernen. Sie entleeren diese in 2–3stündigen Abständen im Sitzen durch Bauchpresse. Patienten mit Ileum-Konduit oder Pouch sollen erlernen, sich selbst mit dem Stomasystem bzw. durch Selbstkatheterismus zu versorgen. Sie sollen ferner durch eigenständige Beurteilung und Verlaufskontrolle lernen, sich anbahnende Komplikationen frühzeitig selbst zu erkennen. Die Stoffwechsellage (metabolische Azidose, Vitamin-B_{12}-Mangel) wird durch Alkalizitrate, Bikarbonate, geeignete bikarbonatreiche Mineralwässer und Vitamintherapie stabil eingestellt. Darmmotilitätsstörungen [Neoblase, Mainz-Pouch I bzw. II, Durchfälle, (Sub-)Ileus] sind nach ca. ein bis drei Monaten durch gezielte Ernährungsberatung und entsprechende Pharmakotherapie in der Regel beseitigt. Manchmal lösen erst im Verlauf auftretende Verwachsungen später Darmprobleme wie z. B. einen Subileus aus. Chemotherapiefolgen wie z. B. Chemozystitis werden gezielt behandelt.

■■ Teilhabe am Arbeitsleben

In Abhängigkeit vom Ausmaß der durch die Tumorerkrankung oder deren Therapie aufgetretenen Funktionsstörungen sind u. U Leistungen zur Teilhabe am Arbeitsleben erforderlich, um einen Arbeitsplatz zu erhalten oder zu erlangen; siehe auch ► Kap. 10.8.2.

Bei Urothelkarzinomen ist der Verbleib im früheren Beruf (z. B. Friseur) zu prüfen.

■■ Erwerbsminderung

Nach TUR Harnblase ohne anschließende Instillationstherapie besteht ca. sechs Wochen nach TUR in der Regel eine uneingeschränkte Leistungsfähigkeit im Erwerbsleben. Bei intravesikaler Chemotherapie kann, ausgelöst durch eine Chemozystitis, eine deutlich längere Arbeitsunfähigkeit resultieren. Bei Patienten mit Chemozystitis nach TUR sowie Instillationstherapie und Ausbildung einer Schrumpfharnblase (Kapazität 50–100 ml) mit entsprechender Beschwerdesymptomatik (Algurie, Pollakisurie) besteht ein Leistungsvermögen von weniger als drei Stunden.

Bei Neoblase, Ileum-Konduit oder Mainz-Pouch I bzw. II besteht bei normalem Krankheitsverlauf (s. o) eine Leistungsfähigkeit im Erwerbsleben für leichte körperliche Arbeiten von sechs Stunden und mehr. Mit der Wiederaufnahme der Erwerbstätigkeit kann postoperativ innerhalb von sechs Monaten gerechnet werden.

Bei Neoblase, Ileum-Konduit, Mainz-Pouch I bzw. II sollten keine körperlichen Arbeiten, die zur Erhöhung des Bauchinnendruckes (Bauchpresse) führen, wie z.B. häufiges Bücken und Knien oder Hebe- und Tragearbeiten ohne Hilfsmittel, ausgeübt werden. Arbeiten auf Leitern und Gerüsten sowie Überkopfarbeiten (dadurch erhöhte Gefahr der Harninkontinenzverstärkung bei Neoblase und Pouch sowie des Stomaprolapses bzw. vorzeitige Lösung des Auffangsystems bei Mainz Pouch I bzw. Ileum-Konduit) sollten vermieden werden. Bei Neoblase sollte

keine Nachtarbeit oder Nachtschichttätigkeit ausgeführt werden, da wegen der ungünstigen Biorhythmik die nächtliche Harninkontinenz verstärkt wird. Die bei Neoblase häufig zu beobachtende nächtliche Harninkontinenz kann durch gestörten Nachtschlaf das Konzentrationsvermögen beeinträchtigen.

Bei Ersatzblase, Ileum-Konduit und Mainz Pouch I muss in Toilettenräumen die Möglichkeit zur Entleerung, Erneuerung des Stomasystems bzw. zum Selbstkatheterismus ca. alle zwei bis drei Stunden gegeben sein (zumindest Ablagemöglichkeit und Abfalleimer mit Deckel in der Kabine – und zwar auch auf Herrentoiletten – sowie ein Waschbecken). Ein Behinderten-WC erfüllt alle diese Anforderungen. Regelmäßige Flüssigkeitsaufnahme (ca. 2,5–3 l/d) über den Tag verteilt muss bei Neoblase und Pouch möglich sein. Die üblichen Hygieneanforderungen an Toilettenräume sind ausreichend.

Bezüglich persistierender Harninkontinenz wird auf ► Kap. 18.2.3 verwiesen.

Wenn bei jüngeren Patienten durch spätere Operationen (z. B. alloplastischer Sphinkter, Bauchdeckenhernienverschluss) Leistungsfähigkeit im Erwerbsleben erwartet werden kann, ist der Zeitpunkt der Überprüfung des Leistungsvermögens anzugeben.

Bei Patienten mit Mainz Pouch II kann es in Ausnahmefällen zu therapeutisch nicht beeinflussbaren Defäkationsstörungen (Durchfällen) im halbstündlichen bis stündlichen Rhythmus, gegebenenfalls mit begleitender Stuhlinkontinenz kommen. In diesen Fällen liegt ein Leistungsvermögen von weniger als drei Stunden vor.

In den Tumorstadien T4 und/oder N+ und/oder M1 ist die Leistungsfähigkeit im Erwerbsleben in der Regel auf weniger als drei Stunden eingeschränkt. Das durchschnittliche Überleben beträgt 14–16 Monate.

18.2.7 Prostatakarzinom

In den westlichen Industrieländern ist das Prostatakarzinom (PCA) der häufigste Tumor des Mannes. Nur ein Fünftel bis ein Drittel aller Tumoren wird klinisch manifest. Risikofaktoren sind ethnische Einflüsse (schwarze Amerikaner erkranken 30 mal häufiger als Japaner), familiäre Häufung, Rauchen, fettreiche Ernährung, Übergewicht, Konsum von Milchprodukten sowie wenig Obst und Gemüse (Mangel an Phytoöstrogenen, Faserstoffen, Spurenelementen, Vitaminen, Lektinen und anderen immunmodulierenden pflanzlichen Substanzen).

Watchful waiting vor allem bei älteren Patienten mit einer Lebenserwartung < 7 Jahre und Active Surveillance bei lokal begrenztem Tumorstadium mit niedrigem Risiko (PSA < 10 ng/ml, Gleason Score < 7).

Therapie: Die *radikale Prostatektomie (RPE)* wird in den klinischen Stadien T1–T3N0M0 bei zu erwartender Mindestlebenserwartung ohne Tumor von 10 und mehr Jahren und nicht metastasiertem Stadium (cT1–3cN-0cM0), retropubisch mit regionaler Lymphknotenausräumung (LA), perineal ohne LA oder laparoskopisch (roboterassistiert) mit oder ohne LA durchgeführt. Auch Patienten mit histologisch kapselüberschreitendem PCA oder einer isolierten Lymphknotenmetastase profitieren von der RPE. Eine *Radiotherapie* erfolgt alternativ und/oder bei erhöhter Komorbidität als externe Bestrahlung, Brachytherapie mit Afterloading oder Seedimplantation mit hochselektiver Indikation, Brachytherapie plus externe Bestrahlung bei organbegrenztem Tumor, bei Lokalrezidiv oder bei Knochenmetastasen. Eine adjuvante Nachbestrahlung kann bei lokal fortgeschrittenem Tumor diskutiert werden. Eine *(intermittierende) Androgendeprivation* ist primär bei generalisiertem, lymphogen oder ossär metastasiertem Prostatakarzinom, hoher Komorbidität oder hohem Alter bzw. sekundär beim Rezidiv nach RPE oder Strahlentherapie indiziert. Eine adjuvante Androgenblockade kann bei lokal fortgeschrittenem Tumor diskutiert werden. Medikamentös werden GnRH-Analoga, GnRH-Antagonisten und/oder Antiandrogene verabreicht. Dabei sollte durch die Medikamente das Kastrationsniveau erreicht werden. Operativ erfolgt als Alternative eine subkapsuläre Orchiektomie. *Chemotherapie* (Docetaxel), Bisphosphonate, Bestrahlung, radioaktive Nuklide oder Schmerztherapie bei M1 oder refraktärem Verlauf.

- **Klassifikationen, Stadieneinteilung**

Die Einteilung der Tumorstadien erfolgt nach der TNM-Klassifikation.

- **Spezifische krankheitsbedingte Beeinträchtigungen nach ICF**

Siehe ▶ Kap. 18.1.3, 18.1.4 und 18.1.5.

- **Spezielle Diagnostik, Sachaufklärung**

Siehe ▶ Kap. 18.1.2.

- **Krankheitsspezifische Begutachtungskriterien, Zielkriterien**

Die Zehn-Jahres-Überlebensrate bei lokal begrenztem Prostatakarzinom (pT2pN0M0G 1–2) liegt nach RPE bei 75–92 %, nach Strahlentherapie bei 41–70 %. Bei G3-Tumoren besteht nach fünf Jahren eine Progresswahrscheinlichkeit von 50 %. Die Zehn-Jahres-Überlebensraten bei PCA mit organüberschreitendem Wachstum nach RPE betragen im Stadium pT3pN0M0 60 % und im Stadium pT3pN1M0 50–60 %.

Durch sofortige Nachbestrahlung oder antiandrogene Therapie bei lokal fortgeschrittenem Tumor konnte bisher keine verbesserte Überlebensrate gegenüber der alleinigen Operation nachgewiesen werden, jedoch fanden sich weniger Lokalrezidive und eine Progressverzögerung.

Unter Androgendeprivation bei lymphogen und/oder ossär metastasierten Tumoren lassen sich 43 % komplette Remissionen (PSA < 4 ng/ml) neun Monate nach Therapiebeginn beobachten. Etwa 20 % haben trotz Therapie einen Progress (Hormonunempfindlichkeit), die durchschnittliche Ansprechdauer auf den Androgenentzug beträgt 18–24 Monate, die mittlere Überlebenszeit 30 Monate.

Eine *Harninkontinenz* durch Schädigung urethraler Verschlussmechanismen und/oder Detrusorhyperreflexie tritt initial nach RPE bei 25–90 % der Patienten auf. Nach 6–12 Monaten sind noch 2–23 % der radikal prostatektomierten Patienten inkontinent, und zwar mit Anschlussheilbehandlung nach einem Jahr 5 %, ohne 19 %. *Strikturen* (auch radiogen) müssen ggf. operativ saniert werden. *Defäkationsstörungen*, selten auch Stuhlinkontinenz (7–14 %), vor allem nach perinealer RPE, bilden sich mit der Zeit durch Kontinenztraining meist zurück. Eine Harninkontinenz findet man *nach Bestrahlung* bei 0,4–12 % der Patienten. Radiogene Zystitis (12–17 %), Prostatitis, Proktitis (< 5 %) und/oder Dermatitis sind in der Regel nach 3–6 Monaten abgeklungen und nehmen selten gravierende Verläufe bis hin zum Anus praeter und/oder zur hohen Harnableitung.

Eine *Androgendeprivation* kann zu Schwäche, Anämie, androgenpriver Osteoporose, Diarrhö, Gynäkomastie, Hepatotoxizität, Hitzewallungen, Impotenz, Leistungsverminderung durch Muskelabbau, Libidoverlust, psychischen Störungen (Depressivität) und thromboembolischen Komplikationen führen.

Eine den Patienten belastende, aber für die sozialmedizinische Beurteilung nur marginal wichtige *erektile Dysfunktion* tritt nach Operation je nach Technik (Nerverhalt) bei 20–90 %, nach Strahlentherapie nach längerem Verlauf bei bis zu 50 % und unter effektiver Hormonblockade bei nahezu 100 % der Fälle auf.

- **Spezifische sozialmedizinische Beurteilung**
- - **Medizinische Rehabilitation**

Die Indikationsstellung zur Rehabilitation entspricht der bei anderen Tumorerkrankungen, vgl. ▶ Kap. 10.8.2. Die Rehabilitation der Harninkontinenz erfolgt wie unter ▶ Kap. 18.2.3 beschrieben, die Beurteilung des Operationserfolges erfolgt durch PSA-Kontrolle (rapider PSA-Abfall 4–6 Wochen postoperativ spricht zunächst für Radikalität). Bei nicht erreichter Radikalität werden weitere Therapieoptionen (z. B. Androgendeprivation oder Strahlentherapie) eingeleitet oder empfohlen.

▪▪ Teilhabe am Arbeitsleben

In Abhängigkeit vom Ausmaß der durch die Tumorerkrankung oder deren Therapie aufgetretenen Funktionsstörungen sind u. U. Leistungen zur Teilhabe am Arbeitsleben erforderlich, um einen Arbeitsplatz zu erhalten oder zu erlangen.

▪▪ Erwerbsminderung

Nach PRE ist nach Beseitigung postoperativer Funktionsstörungen eine mittelschwere bis gelegentlich schwere körperliche Tätigkeit über sechs Stunden und mehr möglich. Nach alleiniger Strahlentherapie (perkutan und/oder Brachytherapie) ohne Zusatztherapie (Androgendeprivation) ist, außer bei schwerer Strahlenzystitis bzw. -proktitis, keine Einschränkung der Leistungsfähigkeit im Erwerbsleben zu erwarten. Mit einer Wiederaufnahme der Erwerbstätigkeit kann 2–6 Monate postoperativ bzw. nach Therapieende gerechnet werden.

Patienten nach RPE sollten keine körperlichen Arbeiten verrichten, die zur Erhöhung des Bauchinnendruckes (Bauchpresse) führen, wie z. B. häufiges Bücken und Knien oder überwiegende Hebe- und Tragearbeiten. Auf überwiegende Arbeiten auf Leitern und Gerüsten sowie Überkopfarbeiten (dadurch erhöhte Gefahr der Harnkontinenzverstärkung) sollte ebenfalls verzichtet werden. Bei persistierender Harninkontinenz wird auf die Beurteilung in ▶ Kap. 18.2.3 verwiesen. Wenn bei jüngeren Patienten durch spätere Operationen (alloplastischer Sphinkter) Leistungsfähigkeit im Erwerbsleben erwartet werden kann, ist der Zeitpunkt der Überprüfung des Leistungvermögens anzugeben.

Bei einem primär generalisiert lymphogen oder ossär metastasierten Prostatakarzinom mit ausgeprägten Beschwerden und Schmerzen sowie der Gefahr von Spontanfrakturen und schlechter Prognose ist von einem aufgehobenen Leistungsvermögen auszugehen.

Bei lokalem Tumorprogress, der nicht erfolgreich mit Strahlentherapie und/oder Androgenblockade behandelt werden kann, und bei systemischem Tumorprogress ohne Ansprechen auf Androgenblockade liegt eine Leistungsfähigkeit im Erwerbsleben von weniger als drei Stunden vor.

Bei Ansprechen der Androgendeprivation kann bei 50 % der Patienten bis zu fünf Jahren der Progress verhindert werden. Die Beurteilung der Leistungsfähigkeit richtet sich in diesen Fällen auch nach der Stärke der Nebenwirkungen (allgemeine Leistungsminderung, Hitzewallungen, Muskel- und Knochenabbau, Schweißausbrüche). In der Regel sind leichte bis gelegentlich mittelschwere körperliche Arbeiten ohne zeitliche Einschränkung möglich. Es sollten keine Kälte- bzw. Nässeexposition oder große Temperaturschwankungen auftreten. Bei starken Hitzewallungen unter antiandrogener Therapie trotz Medikation (Cyproteronacetat, Medroxyprogesteron, Venla-faxin) sind gegebenenfalls Tätigkeiten mit Publikumsverkehr und Hitzeexposition auszuschließen.

18.2.8 Hodentumoren

Hodentumoren kommen typischerweise im Jugend- und frühen Erwachsenenalter vor. Risikofaktoren sind positive Familienanamnese (14 %), hohe Schulbildung, sitzende Tätigkeit, kontralateraler Hodentumor (5 %), Maldescensus testis, Hodenatrophie, intersexuelle Fehlbildung und Mumpsorchitis. Histologisch unterschieden werden Seminome und Nicht-Seminome (Teratokarzinome, embryonale Karzinome und Chorionkarzinome). Zum Zeitpunkt der Diagnose sind 49 % auf den Hoden begrenzt, 38 % haben retroperitoneale, mediastinale oder supraklavikuläre Lymphknotenmetastasen und 13 % Fernmetastasen vorzugsweise in Lunge, Leber, Knochen oder Gehirn.

Therapie: Primärtherapie ist bei allen Hodentumoren (außer bei vital bedrohlicher Metastasierung – hier erfolgt die primäre Chemotherapie) die inguinale Semicastratio (in Zentren auch organerhaltender Eingriff) mit Biopsie des kontralateralen Hodens zum Ausschluss einer testikulären intraepithelialen Neoplasie. Die retroperitoneale, wenn möglich nervenerhaltende Lymphadenektomie (RLA) erfolgt primär oder sekundär nach Chemotherapie bei Residualtumor. *Weitere Therapieoptionen sind:* Chemotherapie (Mono- oder Polychemotherapie), primär oder sekundär; Strahlentherapie (Linearbeschleuniger) parailiakal – paraaortal – parakaval (BWK 11–LWK 4), primär oder sekundär; abwartendes Verhalten (Wait and see bzw. Surveillancestrategie) im Stadium I oder im Stadium II nach RLA oder Chemotherapie (70 % der Patienten benötigen nur eine der sekundären Therapieoptionen). *Sekundäre Standardtherapie beim Seminom:* Strahlentherapie oder Surveillance (Stadium I), Chemotherapie (Stadium II oder III). *Sekundäre Standardtherapie beim Nichtseminom:* Retroperitoneale nervenschonende Lymphknotenausräumung oder Polychemotherapie oder Surveillancestrategie (letztere ebenfalls gut begründbar, verursacht aber hohe Kosten und führt zu starken Belastungsreaktionen beim Patienten) (Stadium I), Chemotherapie und RLA von Residualtumoren (Stadium II), Chemotherapie (Stadium III).

▪ Klassifikationen, Stadieneinteilung

Die TNM- und die Lugano-Klassifikation (◻ Tab. 18.5) werden neuerdings durch die Einteilung der International Germ Cell Cancer Collaborative Group (IGCCCG, 1997) ersetzt, die besser mit der Prognose korreliert (◻ Tab. 18.6). Die alten Klassifikationen werden oft parallel weiter benutzt.

■ **Tab. 18.5** Historische Lugano-Klassifikation der Hoden-tumoren

I	Tumor auf den Hoden beschränkt, keine Fernmetastasen
II	Retroperitoneale Lymphknotenmetastasen unterhalb des Zwerchfells
	II A Metastasendurchmesser < 2 cm
	II B Metastasendurchmesser 2–5 cm
	II C Metastasendurchmesser > 5 cm
III	Lymphknotenmetastasen auch oberhalb des Zwerchfells (d. h. mediastinal, supraklavikulär) sowie Fernmetastasen

■ **Speziфische krankheitsbedingte Beeinträchtigungen nach ICF**

Siehe ► Kap. 18.1.3, 18.1.4 und 18.1.5.

■ **Spezielle Diagnostik, Sachaufklärung**

Siehe ► Kap. 18.1.2.

■ **Krankheitsspezifische Begutachtungskriterien, Zielkriterien**

Stadienunabhängig werden 94 % der Hodentumorpatienten geheilt. Hodentumorpatienten sind hochmotiviert und zeigen eine gute Verarbeitung der Tumorproblematik, mit Ausnahme von Patienten, die eine Surveillancestrategie befolgen. Diese Patienten weisen die höchste psychische Morbidität (Damokles-Schwert-Syndrom) auf, da 15–30 % ein Rezidiv oder einen Progress erleiden.

Nach nicht nervenschonender RLA im Sinne der Radikalität können Ejakulationsstörungen auftreten. Eine Strahlentherapie kann zu gastrointestinalen (Ulkusinzidenz: 2–6 %), hämatologischen, kardialen (selten, entfällt bei Verzicht auf eine prophylaktische Mediastinalbestrahlung) Nebenwirkungen, Keimepithelschädigungen (in der Regel 30 Wochen nach Therapie abgeklungen) oder einer Dermatitis führen.

Nach Chemotherapie (besonders nach Cis-Platin) können gastrointestinale Störungen, Infektionen, Kardiomyopathie, Lungenfibrose, Myelosuppression, Nephrotoxizität, periphere sensorische Neuropathie (Störung der Exterozeption, insbesondere der Kälteempfindlichkeit, Kribbelparästhesien), ZNS-Schädigungen und Hochfrequenzhörverlust auftreten. Diese Schäden sind i. d. R. nach 12 Monaten abgeklungen.

Nach Chemotherapie und hier vor allem nach Hochdosisbehandlung können durch die Langzeittoxizität (ab dem 91. Tag) andauernde Einschränkungen bestehen bleiben.

Wichtige Nebenwirkungen der Chemotherapie bei Hodentumoren sind:

■ **Tab. 18.6** Prognose von Hodentumoren

»Günstige Prognose«	**58 % des analysierten Patientenkollektivs**	**Ereignisfreies Überleben 89 % Gesamtüberleben 92 %**
Nichtseminome	Gonadaler oder retroperitonealer Primärtumor und „günstige" Markerkonstellation und keine extrapulmonalen Organmetastasen	AFP < 1.000 ng/ml HCG < 5.000 U/l LDH < 1,5facher oberer Normalwert
Seminome	Jegliche Primärlokalisation und keine extrapulmonalen Organmetastasen	Normales AFP Jedes HCG, jede LDH
»Intermediäre Prognose«	**28 % des analysierten Patientenkollektivs**	**Ereignisfreies Überleben 75 % Gesamtüberleben 80 %**
Nichtseminome	Gonadaler oder retroperitonealer Primärtumor und „intermediäre" Markerkonstellation und keine extrapulmonalen Organmetastasen	AFP 1.000–10.000 ng/ml HCG 5.000–50.000 U/l LDH 1,5–10facher oberer Normalwert
Seminome	Jegliche Primärlokalisation und extrapulmonale Organmetastasen	Normales AFP Jedes HCG, jede LDH
»Schlechte Prognose«	**16 % des analysierten Patientenkollektivs**	**Ereignisfreies Überleben 41 % Gesamtüberleben 48 %**
Nichtseminome	Extragonadaler mediastinaler Primärtumor oder „ungünstige" Markerkonstellation oder extrapulmonale Organmetastasen	AFP > 10.000 ng/ml HCG > 50.000 U/l LDH > 10facher oberer Normalwert
Seminome	Keine	Keine

Nach den Kriterien der IGCCCG (International Germ Cell Cancer Collaborative Group), 1997

─ Nierenfunktionsstörungen: 100 %, i. d. R. leichte Funktionsstörung mit einer GFR > 60 ml/min und einem Kreatinin < 2 mg/dl,

─ RAYNAUD-Syndrom: 35 %,

─ Testosteronabfall: 34 %, i. d. R. erfolgreiche Substitutionstherapie,

─ persistierende sensorische Neuropathie: 31 %,

─ sexuelle Probleme: 30 %, diese können bei psychisch labilen Patienten zu akuten Belastungsreaktionen führen,

≈ Hypertonie: 24 %,

≈ erhöhtes kardiovaskuläres Risiko,

≈ Verschlechterung der Lungenfunktion,

≈ metabolisches Syndrom,

≈ Tinnitus, Hörverschlechterung,

≈ sekundäre solide oder hämatologische Tumoren (auch nach Strahlentherapie), z. B. Sarkome oder Leukämie,

≈ akute somato-psychische Belastungsreaktion.

Nach hoher Semicastratio mit anschließender Strahlentherapie und/oder retroperitonealer Lymphknotenausräumung bzw. Monochemotherapie sowie unkompliziertem Krankheitsverlauf sind die Behandlungsfolgen i. d. R. nach spätestens 3–6 Monaten abgeklungen.

■ Spezifische sozialmedizinische Beurteilung
■■ Medizinische Rehabilitation

Eine medizinische Rehabilitation ist indiziert nach Operation, Bestrahlung oder antineoplastischer Therapie unter der Voraussetzung, dass Funktionseinschränkungen körperlicher oder seelischer Art vorliegen. Behandelt werden Folgen der Strahlentherapie (gastrointestinal), Chemotherapie (Langzeittoxizität, insbesondere periphere sensorische Neuropathie) und ein Ejakulationsverlust (pharmakotherapeutisch) sowie psychoonkologische und soziale Probleme.

■■ Teilhabe am Arbeitsleben

Wenn eine bisher körperlich schwere Arbeit nicht mehr verrichtet werden kann, können Leistungen zur Teilhabe am Arbeitsleben in Frage kommen.

■■ Sozialmedizinische Beurteilung, Erwerbsminderung

Seminom: Spätestens nach drei Monaten sind mittelschwere bis gelegentlich schwere körperliche Arbeiten sechs Stunden und mehr möglich. *Nichtseminom:* Der überwiegende Teil der Patienten ist spätestens nach sechs Monaten wieder belastbar für leichte bis gelegentlich mittelschwere körperliche Arbeiten über sechs Stunden und mehr.

Bei Bauchdeckenhernienbildungen nach RLA sind mittelschwere körperliche Arbeiten nicht mehr möglich. Leichte körperliche Arbeiten, ohne häufiges Bücken, sind sechs Stunden und mehr möglich. Nach Bauchdeckenhernien und/oder komplizierten Lymphozelen mit Nachoperationen oder Wundheilungsstörungen ist häufiges Bücken, Ersteigen von Treppen, Leitern sowie häufige Überkopfarbeit zu vermeiden.

Sollte es zu Gefäß- bzw. Nervenverletzungen, kardialen Schädigungen durch Mediastinalbestrahlung oder Schädigungen durch Polychemotherapie – insbesondere durch Hochdosistherapie mit dauerhaften Folgeschäden – gekommen sein, so ist einzelfallabhängig eine interdisziplinäre Begutachtung erforderlich.

Literatur

1 Achilles W, Gundermann G, Hoffmann H, Gutenbrunner C: Das Bad Wildunger Harnstein-Intensiv-Programm – eine innovative Vorsorge- und Rehabilitationsmaßnahme für Harnsteinpatienten. Heilbad und Kurort 53: 307–310, 2001

2 AK Harnsteine Akademie der Deutschen Urologen und AK Endourologie und Steinerkrankung Österreichische Gesellschaft für Urologie (Hrsg.): S2-Leitlinien zur Diagnostik, Therapie und Metaphylaxe der Urolithiasis, AWMF 16. Februar 2009

3 Bichler KH (Hrsg.): Das urologische Gutachten. Berlin; Heidelberg; New York: Springer, 1994

4 Bundesministerium für Arbeit und Soziales (Hrsg.): Anlage „Versorgungsmedizinische Grundsätze» zu § 2 der Versorgungsmedizinverordnung, 10.12.2008

5 Das Gupta R, Fowler CJ: Sexual and urological dysfunction in multiple sclerosis: better understanding and improved therapies. Current Opinion in Neurology 15:271–278, 2002

6 Deutsche Gesellschaft für Urologie (Hrsg.): Interdisziplinäre Leitlinie der Qualität S3 zur Früherkennung, Diagnose und Therapie der verschiedenen Stadien des Prostatakarzinoms. DGU 2009

7 Duby JJ, Campbell RK, Setter SM, White JR, Rasmussen KA: Diabetic neuropathy: an intensive review. Amer J health-system pharmacy 61(2):160–73, 2004

8 Erren TC, Falaturi P, Morfeld P, Reiter RJ: Shift work and cancer: risk, compensation, challenges. BMJ (Clinical research ed.), 339: b3429–b3430, 2009

9 Ganmaa D, Li X-M, Wang J, Quin L-Q, Wang P-Y, Sato A: Incidence and mortality of testicular and prostatic cancers in relation to world dietary practices. Int J Cancer 98: 262–267, 2002

10 Gundermann G, Hoffmann H, Achilles W, Gutenbrunner C: Das Bad Wildunger Harnstein-Intensiv-Programm – ein neues Konzept für die Rehabilitation von Patienten mit rezidivierender Harnsteinbildung. In: Verband Deutscher Rentenversicherungsträger, VDR (Hrsg.): 11. Rehabilitationswissenschaftliches Kolloquium, DRV-Schriften, Band 33, S. 511–512. Bad Homburg: WDV Wirtschaftsdienst, 2002

11 Haugnes HS, Aass N, Fossa SD, Dahl O, Brydoy M, Aasebo U, Wilsgaard T, Bremnes RM: Pulmonary function in lon-term survivors of testicular cancer. J Clin Oncol 27:2779–2786, 2009

12 Haugnes HS, Aass N, Fossa SD, Dahl O, Klepp O, Wist EA, Svartberg J, Wilsgaard T, Bremnes RM: Components of the metabolic syndrome in long-term survivors of testicular cancer. Ann Oncol 18:241–248, 2007

13 Hesse A, Walsh P, Retik A, Vaughan jr E, Tiselius HG, Jahnen A: Urinary stones, diagnosis, treatment, and prevention of recurrence. Basel: Karger, 2. Auflage, 2002

14 Ikinger U: Leitfaden Urologie. Köln: Deutscher Ärzteverlag, 2002

15 Ingelman-Sundberg, A: Urinary incontinence in Women, excluding fistulas. Acta. Gy. (1951) 3:266–291

16 Kramer A, Gutenbrunner C, Schultheis HM: Untersuchungen über die Häufigkeit von Harnwegsinfektrezidiven vor und nach urologischen Kuren. Z Phys Med Baln Med Klim 19:314–319, 1990

17 Melchior H, de Geeter P (Hrsg.): GIH-Manual. Kassel: Gesellschaft für Inkontinenzhilfe (jetzt: Deutsche Kontinenzgesellschaft, DKG) 2002

18   Merseburger AS, Waalkes S, Kuczyk MA: Aktuelles zur System-
     therapie des metastasierten Nierenzellkarzinoms. Urologe A
     48(9):983–989, 2009

19   Öhrstrom M, Davidsson T, Mansson W, Wohlfahrt B, Ekelund M:
     Working capacity and well-being after radical cystectomy with
     continent cutaneous diversion. Eur Urol 49:691–697, 2006

20   Palmtag H, Goepel M, Heidler H (Hrsg.): Urodynamik. Berlin Hei-
     delberg New York, Springer, 2004

21   Reitz A, Fisang C, Müller SC: Neuromuskuläre Funktionsstörungen
     des unteren Harntraktes jenseits von Querschnittlähmung und
     multipler Sklerose – Eine Herausforderung für den Urologen.
     Urologe 47:1097–1105, 2008

22   Robert Koch-Institut in Zusammenarbeit mit der Arbeitsgemein-
     schaft Bevölkerungsbezogener Krebsregister in Deutschland
     (Hrsg.): Krebs in Deutschland 2003–2004 – Häufigkeiten und
     Trends. Saarbrücken: Robert Koch Institut, 6. Auflage, 2008

23   Rübben H (Hrsg.): Uroonkologie. Berlin; Heidelberg; New York:
     Springer, 5. Auflage, 2009

24   S-3 Leitlinie Epidemiologie, Diagnostik, Therapie und Manage-
     ment unkomplizierter bakterieller ambulant erworbener Harn-
     wegsinfektionen bei erwachsenen Patienten. AWMF-Register-
     Nr. 043/044, 2010

25   Treiber U, Zaak D (Hrsg.): Manual Urogenitaler Tumoren. Tumor-
     zentrum München. München Wien New York: W. Zuckschwerdt
     Verlag, 4. Auflage 2008

26   Vahlensieck W, Gäck M, Gleißner J, Hoffmann W, Liedke S, Otto U,
     Sauerwein D, Schindler E, Schultheis H, Sommer F, Templin R, Zell-
     ner M: Struktur- und Prozessqualität der stationären urologischen
     Rehabilitation. Urologe [A] 44:51–56,2005

27   Vahlensieck W, Naber KG: Klare Empfehlungen geben. Die wich-
     tigsten Aspekte der rezidivierenden Harnwegsinfektion der Frau.
     Urologe 45:411, 2006

28   Vahlensieck W: Die stationäre urologische Rehabilitation bei
     interstitieller Cystitis, Urologe [A] 44:41–45, 2005

29   van Kampen M, de Weerdt W, van Poppel H, de Ridder D, Feys H,
     Baert L: Effect of pelvic-floor re-education on duration and de-
     gree of incontinence after radical prostatectomy: a randomised
     controlled trial. Lancet 355: 98–102, 2000

30   Wein A, Kavoussi LR, Novick AC, Partin AW, Peters CA (Hrsg.):
     Campbell Walsh Urology. Philadelphia; London; Toronto: W. B.
     Saunders, 9. Auflage, 2006

Gynäkologische Erkrankungen

Christiane Niehues

19.1 Allgemeines

Frauen vereinbaren häufig Beruf und Familie und weisen diskontinuierliche Berufsbiografien auf. Wechselnde Aufgaben stellen als Flexibilität eine Ressource dar, können jedoch andererseits körperliche und psychische Überforderungssymptome bewirken. Viele gynäkologische Beschwerden und Funktionsstörungen sind erst vor diesem bio-psycho-sozialen Hintergrund verständlich. Dies hat sowohl Konsequenzen für die Rehabilitation als auch für das Leistungsvermögen im Erwerbsleben. Es ist sinnvoll, bei der Beurteilung der gesundheitlichen Situation Augenmerk auf die speziellen Lebensbedingungen von Frauen zu legen. Der ärztliche Gutachter wird diese Kontextfaktoren einbeziehen und im Rahmen sozialrechtlicher Vorgaben berücksichtigen.

19.1.1 Sozialmedizinische Bedeutung

Unter den gynäkologischen Erkrankungen haben die Malignome die größte sozialmedizinische Relevanz (vgl. ◘ Tab. 19.1). An erster Stelle steht das Mammakarzinom, das in der Inzidenz weiter ansteigt. Rehabilitative Leistungen sind bei Patientinnen mit Mammakarzinom etablierter Teil der Versorgungskette. Bei dieser Diagnose finden sich auch die meisten Erwerbsminderungsrenten. An zweiter Stelle, mit deutlich geringerer Inzidenz und damit Inanspruchnahme folgen die gynäkologischen Malignome: Zervixkarzinom, Korpus- und Ovarialkarzinom. Benigne gynäkologische Krankheiten mit erheblichem Krankheitswert wie Deszenzus/Harninkontinenz oder Endometriose sind bei Rehabilitation und Rente kaum repräsentiert. Verschiedene Gründe könnten für diese geringe Inanspruchnahme mitverantwortlich sein: Unterbewertung der Einschränkungen und Folgestörungen, Erfassung einer psychischen Erstdiagnose, Tabuisierung gynäkologischer Erkrankungen, Unkenntnis gezielter indikationsspezifischer Rehabilitation.

Ambulante medizinische Leistungen zur Rehabilitation werden mit 505 Fällen/Jahr insgesamt derzeit noch wenig genutzt, davon 391 mit der Diagnose C50 Mammakarzinom.

19.1.2 Diagnostik

Die gynäkologisch fachspezifische Diagnostik im Überblick:

- **Gynäkologische Anamnese**
  - Menstruation: Menarche, Zyklus, Dysmenorrhoe, letzte Periode, Menopause
  - Schwangerschaften: Geburten, Komplikationen, Fehlgeburten, Abbrüche
  - Familienplanung und Sexualanamnese
  - Medikamente: Kontrazeptiva, Hormone
  - Operationen: Gynäkologische, geburtshilfliche und abdominelle Eingriffe
  - Blasen-/Darmfunktion: Infekte, Kontinenz, Beschwerden
  - Letzte Früherkennung: Wann? Mammografie?
  - Familiäre Disposition Karzinomerkrankungen

- **Körperliche Untersuchung**
  - Abdomen, Leisten, inguinale Lymphknoten, Narben, Hernien, äußeres Genitale
  - Spekulum: Vagina und Portio, Kolposkopie, Pressversuch: Deszensus?
  - Nativpräparat, bakteriologischer Abstrich, zytologischer Abstrich
  - Palpation der Bauchdecken und des inneren Genitale vaginal und rektal, Tonus der Beckenbodenmuskulatur
  - Inspektion und Palpation der Mammae, der axillären, supra- und infraclaviculären Lymphknoten, postoperative Befunde, Narben, Ödem, Beweglichkeit Schulter

- **Labor (je nach Fragestellung)**
  - Blut: Kleines Blutbild, Ferritin, Nieren- und Leberwerte, bei entzündlichen Erkrankungen CRP, Erregernachweise; Tumormarker; Hormondiagnostik: FSH, LH, Östradiol, Progesteron, Prolaktin, DHEAS, Testosteron, TSH, T_3, T_4
  - Urin: Glukose, Eiweiß, Sediment, Bakteriologie

- **Bildgebende Verfahren**
  - Vaginalsonografie: Standardmethode zur Beurteilung der Größe, Lage und der Struktur des inneren Genitale, Zysturethralwinkel, Perinealsonografie
  - Abdominalsonografie: Nieren und ableitende Harnwege, Blasenfüllung, unklare Tastbefunde und Raumforderungen, freie intraabdominale Flüssigkeit
  - Ergänzend Abdomen-CT, MRT (Magnetresonanztomografie) bei speziellen Fragestellungen: Raumforderungen, Lymphknoten
  - Mammografie: Basisdiagnostik unklarer Mammabefunde, Früherkennung eines Mammakarzinoms (Screening), Nachsorge, bei entsprechender Indikation Galaktografie
  - Mammasonografie: Diagnostik von Drüsenveränderungen, Zysten und Knoten, Serom, Hämatom, sinnvolle Ergänzung zur Mammografie, z. B. bei drüsenreicher Brust
  - Knochenszintigrafie: Staging

◘ Tab. 19.1 Sozialmedizinische Relevanz gynäkologischer Krankheiten

Gynäkologische Krankheiten 2009, nur Frauen 1. Diagnose		Stationäre Leistungen zur med. Rehabilitation		Renten wegen verminderter Erwerbsfähigkeit	
		Anzahl	Ø-Alter	Anzahl	Ø-Alter
C50–C58	**Bösartige Neubildungen, davon:**	**55.452**	**59,6**	**4.896**	**50,8**
C50	Bösartige Neubildung der Brustdrüse (Mamma)	45.457	59,6	3.603	51,0
C51	Bösartige Neubildung der Vulva	605	63,0	55	51,1
C52	Bösartige Neubildung der Vagina	102	62,8	23	50,4
C53	Bösartige Veränderungen der Cervix uteri	1.934	51,3	395	48,1
C54	Bösartige Neubildung des Corpus uteri	3.464	63,5	140	54,5
C55	Bösartige Neubildung des Uterus, Teil n. n. bez.	202	60,5	35	50,1
C56	Bösartige Neubildung des Ovars	3.457	59,8	618	51,4
C57	Bösartige Neubildung sonst. u. n. n. bez. weibl.	212	62,5	24	52,5
C58	Bösartige Neubildung der Plazenta	19	44,4	3	41,7
D05–D07	**Carcinoma in situ, davon:**	**2.085**	**58,3**	**22**	**51,1**
D05	Carcinoma in situ der Brustdrüse (Mamma)	1.994	58,7	16	51,4
D06	Carcinoma in situ der Cervix uteri	56	46,7	2	51,0
D07	Carcinoma in situ sonst. u. n. n. bez. weibl.	35	56,6	4	49,8
D24–D29, D39, D486	**Gutartige Neubildungen u. Neubildungen unsicheren Verhaltens, davon:**	**586**	**49,8**	**9**	**52,0**
D25	Leiomyom des Uterus	341	47,7	0	0
N60–N99	**Krankheiten des Urogenitalsystems (nur weibl. Organe), davon:**	**1.073**	**45,4**	**50**	**46,4**
N70–N77	Entzündliche Krh. der weibl. Beckenorgane	132	44,8	4	42,5
N80	Endometriose	433	39,3	16	40,7
N81	Genitalprolaps bei der Frau	285	53,0	10	52,9
O00–O99	**Schwangerschaft, Geburt, Wochenbett**	**12**	**36,8**	**14**	**48,4**
Gesamt		59.208	59,2	4.991	50,8

Quelle: Statistik der Deutschen Rentenversicherung, Rehabilitation 2009, Rentenzugang 2009

═ Knochendichtemessung: Osteoporose
═ MRT Mamma: Zusatzdiagnostik vor OP und bei Nachsorge

▪ **Weitergehende Urologische Diagnostik**
Siehe ► Kap. 18.

19.1.3 Begutachtungskriterien

Kurz-, mittel- oder langfristige somatische Funktionsstörungen nach gynäkologischen Malignomen entstehen in der Regel als Folge der kombinierten onkologischen Therapie. Diese sind zu erfassen, Kriterien zur Begutach-

tung sind im entsprechenden Kapitel und im allgemeinen onkologischen Teil (vgl. ► Kap. 10) beschrieben. Hinzu kommt nach Krebsdiagnose das individuelle psychische Verarbeitungsmuster. Bei benignen gynäkologischen Erkrankungen sind wegen der erheblichen Varianz der Folgestörungen die möglichen Einschränkungen im zu begutachtenden Einzelfall genau zu erfragen, wichtige Informationen ergeben Vorbefunde und OP-Berichte.

19.1.4 Sozialmedizinische Beurteilung

Die Mehrzahl der Patientinnen mit gynäkologischen Erkrankungen und Karzinomdiagnosen werden nach einer angemessenen Rekonvaleszenz ihre Berufstätigkeit wieder aufnehmen können, vor allem wenn es sich um körperlich leichte Tätigkeiten handelt. Nach Brust- und Unterbauchoperationen sind möglicherweise körperlich schwere Tätigkeiten eingeschränkt. Wenn die Ressourcen zur Krankheitsbewältigung nicht ausreichen, kann es auch zu psychischen Beeinträchtigungen bzw. zu komorbiden psychischen Störungen wie beispielsweise einer depressiven Anpassungsstörung kommen. Gelegentlich bestimmen diese dann maßgeblich die Leistungsfähigkeit im Erwerbsleben.

19.2   Benigne Erkrankungen

Gynäkologische Funktionsstörungen und Erkrankungen stehen in engem Zusammenhang mit den biologischen Phasen. Zyklusstörungen sind zu Beginn und am Ende der reproduktiven Phase häufig. Fertilität, Schwangerschaft und Geburt bestimmen die Zeit zwischen dem 20. und 40. Lebensjahr. Infektiöse Erkrankungen der Genitalorgane betreffen sexuell aktive Frauen. Gutartige Neubildungen wie Endometriose und Myome sind östrogenabhängige Erkrankungen mit fast sicherer Ausheilung in der Menopause. Deszensus und Harninkontinenz sind ein Problem des mittleren und höheren Lebensalters. Selbst gut therapierbare gynäkologische Störungen beeinträchtigen Wohlbefinden, Körpererleben, Sexualität und Partnerschaft. Viele gynäkologische Erkrankungen neigen zu Chronifizierungen und können sich durch chronische Schmerzen, Blasenstörungen oder Juckreiz äußern. Hierzu kann auch die Durchführung von Operationen fraglicher Indikation beitragen.

19.2.1 Endometriose

Bei der Endometriose handelt es sich um eine gutartige chronisch-rezidivierende Erkrankung, von der 5–10 % aller Frauen im reproduktionsfähigen Alter betroffen sind. Symptome sind heftige Dysmenorrhoen, zyklische Schmerzen, Dyspareunie, Sterilität und Blutungsstörungen sowie Darm- und Blasenbeschwerden, Krankheitsgefühl und Erschöpfung. Durch östrogenabhängiges endometriumähnliches Gewebe an Strukturen außerhalb des Cavum Uteri entwickeln sich Zysten, Entzündungsreaktionen und nachfolgend Narben und Adhäsionen. Die Fruchtbarkeit ist durch eine Kombination ungünstiger Faktoren beeinträchtigt, ca. 40 % aller Sterilitätspatien-

tinnen haben eine Endometriose. Schon junge Mädchen können an Endometriose erkranken, nach dem Klimakterium verursachen eher die Narbenstörungen Probleme. Ein großes Problem stellt die Diagnoseverzögerung von durchschnittlich 7 Jahren dar. Häufige Folgen sind depressive Reaktionen und Hilflosigkeit im Wechsel mit Aktionismus und eine problematische Compliance. Aus andauernden Schmerzerfahrungen kann sich das Bild einer anhaltenden Schmerzstörung (siehe auch ▶ Kap. 26) entwickeln.

Da die Ursache nicht bekannt ist, sind die medizinischen Therapieoptionen symptomatisch: chirurgisch-operativ durch Laparoskopie oder -tomie und hormonell-medikamentös zur Reduktion der Östrogenwirkung bzw. Schmerzlinderung. Es ist in gemeinsamer Beratung zwischen Arzt und Patientin (Shared Decision Making) ein individueller Behandlungsplan zu finden, der sich nach den vorrangigen Zielen richtet: z.B. Symptomlinderung, aktuelle Realisierung des Kinderwunsches, Erhalt der Organfunktion, geringe Nebenwirkungen, Vermeidung erneuter Operationen.

Klassifikation und Stadieneinteilung

Es gibt sehr unterschiedliche individuelle Verlaufsformen, darunter leichte Formen ohne wesentlichen Krankheitswert sowie aktive und inaktive Krankheitsphasen. Phänomenologisch unterscheidet man eine peritoneale eher flächige Form, ovarielle und tiefe infiltrierende Endometriose sowie Adenomyose (in der Gebärmutterwand). Selten treten eine extragenitale Endometriose außerhalb des kleinen Beckens oder eine Narben-Endometriose auf. Die vorwiegend verwendete Stadieneinteilung nach AFS (American Society for Reproductive Medicine) ist reproduktionsmedizinisch orientiert und gibt nur unzureichend Aufschluss über die retroperitoneale und infiltrierende Ausbreitung und die Dynamik der Erkrankung. Stadium I und II zeigen einen geringeren Befall von Herden und Verwachsungen. In den Stadien III und IV ist die Fertilität stärker eingeschränkt und die Redizivrate deutlich größer. Die subjektiven Beschwerden korrelieren nicht immer mit dem Ausmaß der Endometriose, ausgedehnte Befunde können schmerzarm sein, kleine – vor allem frische – Läsionen heftigste Schmerzen auslösen.

Spezifische krankheitsbedingte Beeinträchtigungen nach ICF

Die Erkrankung selbst und wiederholte chirurgische Interventionen bewirken veränderte Organstrukturen, Narben oder Organverlust. Auch die medikamentöse Therapie kann ganz erhebliche psychische und körperliche Nebenwirkungen haben (z.B. künstliche Wechseljahre). Rezidivierende starke Schmerzen über Jahre schränken die Aktivitäten sowie die Teilhabe am gesellschaftlichen

Leben ein. Die Endometriose hat Einfluss auf die Belastungsfähigkeit im Alltag und soziale Kontakte. Wiederholte kürzere und längere Arbeitsunfähigkeitszeiten unterbrechen die berufliche Entwicklung. Kinderwunsch, eine erfüllte Partnerschaft und Sexualität sind schwieriger zu realisieren. Ungünstige Kontextfaktoren sind fehlendes Wissen über die Erkrankung und mangelnde Unterstützung der Betroffenen – auch im Medizinsystem.

Spezielle Diagnostik, Sachaufklärung

Die Befundbeschreibung im OP-Bericht gibt am besten Aufschluss über den Befall von Organen, Adhäsionen, narbige Befunde oder aktive Herde (histologische Sicherung?). Gezielte gynäkologische Anamnese, die körperliche Untersuchung und vaginaler Ultraschall geben wichtige Hinweise über Verdacht, Sitz und individuelle Ausprägung. Zusatzuntersuchungen (abdominaler oder rektaler Ultraschall, Blasen- oder Darmspiegelung, bildgebende Verfahren wie MRT) erweitern die Diagnostik bei entsprechender Fragestellung. Für den Gutachter gut verwertbar sind Befunde aus spezialisierten Endometriosezentren.

Krankheitsspezifische Begutachtungskriterien, Zielkriterien

- Seit wann Krankheit bekannt? Wie viele OPs, welche? Komplikationen? Wann die letzte OP, mit welchem Erfolg?
- Post-OP Bauchdeckenläsionen (siehe dort), Hinweise für Narben-/Leistenendometriose?
- Adhäsionsbeschwerden (siehe dort), Durchfälle und Krämpfe während der Menstruation, Reizdarm, bei Herden in der Darmwand: Blutbeimengungen, Krämpfe bei/nach Defäkation, Stenosesymptome, Anus Praeter
- Schmerzen Kreuzbein und Iliopsoas, Ausstrahlung in Oberschenkel und Beine
- Urologische Symptomatik: Blasenkrämpfe, Urge-Inkontinenz, verminderte Blasenkapazität, erhöhte Restharnmengen, Infekte, Niere und Harnleiter betroffen? Harnleiterschiene
- Schmerzanamnese: seit wann Schmerzen? Dysmenorrhoe, wie viel Schmerzmittel nötig, Steigerung? Welche anderen Schmerzen, welcher Charakter? Wie stark tägliche Aktivitäten beeinträchtigt?
- Hormonelle Therapie: welche, wie lange? Mit welchem kurz/längerfristigen Erfolg? Aktuelle Therapie, Verträglichkeit? Nebenwirkungen: Gewicht, Stimmung, Osteoporose, klimakterische Symptome (wie ausgeprägt?)
- Kinderwunsch: prinzipiell, aktuell, reproduktionsmedizinische Behandlung, wie erlebt? Partnerschaft und

Sexualität verändert? Familienplanung abgeschlossen?
- Erschöpfung, Müdigkeit, vegetative Symptome, mangelnde Leistungsfähigkeit: Trainingsmangel?
- Allergien, Unverträglichkeiten, häufige Infekte seit Endometriose?
- Krankheitsbewältigung: Informations- und Unterstützungsbedarf, depressive Verarbeitung, manifeste psychische Komorbidität (z. B. Anpassungsstörung), Compliance. Kontext: Medizinische Versorgung wo? Damit zufrieden? Selbsthilfegruppe, andere Unterstützungssysteme?

Siehe auch Anpassungsstörungen (▶ Kap. 24.2.5), Schmerzsyndrome (▶ Kap. 26).

Spezifische sozialmedizinische Beurteilung

Der diskontinuierliche Verlauf bei Endometriose führt zu wiederholten – auch längeren – Krankschreibungen, was nicht immer unproblematisch für die Betroffenen ist. Bei guter physischer und psychischer Konstitution sind Patientinnen nach operativen Eingriffen ohne Einschränkungen wieder am Arbeitsmarkt einsetzbar. Abdominelle Eingriffe sind nach 3 (bis 6) Monaten belastungsfähig verheilt. Mehrfachoperationen komplizieren das Bild mit jeder weiteren OP. Vor allem Narben, Adhäsionen und bewegungsabhängige Schmerzen stellen dauerhafte Folgestörungen dar, die die körperliche Arbeitsschwere auf leichte (bis mittelschwere) Tätigkeiten einschränken können. Je nach Ausprägung sollten häufiges Bücken und Zwangshaltungen vermieden werden. Hormontherapien belasten in unterschiedlichem Maß das Allgemeinbefinden und sollten in das Gesamtbild einbezogen werden. Bei langem, schwerem und komplikationsreichem Verlauf kann das Leistungsvermögen unter 6 Stunden betragen. Depressive Reaktionen in Verbindung mit chronischem Schmerz erfordern eine psychiatrische Zusatzbegutachtung.

■ Medizinische Rehabilitation

Leistungen der medizinischen Rehabilitation kommen bei drohender oder bereits eingetretener Chronifizierung – vor allem auch bei psychischer Komorbidität – in Betracht. Die medizinische Rehabilitation in einer spezialisierten Einrichtung ist in mehrfacher Hinsicht Erfolg versprechend: Ausführliche Krankheitsinformation in Schulungen, Beratung und themenzentrierte Gruppenangebote (z. B. Schmerzgruppe für Frauen) verbessern das Wissen und die Krankheitsbewältigung. Die körperlichen Folgestörungen können durch balneophysikalische Therapie gelindert werden, angepasstes Training steigert das Leistungsvermögen, Körpergefühl und Selbstvertrauen. Im zeitlichen Kontext einer medizinischen Rehabilitation kann nach eingreifenden Operationen oder stark schmerzhaften Krankheitsphasen eine stufenweise Wiedereingliederung in die berufliche Tätigkeit in die Wege geleitet werden.

■ Teilhabe am Arbeitsleben

Bei den meist jüngeren Erwerbstätigen kann eine Umorientierung auf einen leidensgerechten Arbeitsplatz sinnvoll sein: Innerbetriebliche Umbesetzung, Anpassungsqualifizierung an körperlich leichtere Tätigkeiten oder Umschulung auf Bürotätigkeiten dienen der beruflichen Rehabilitation.

■ Erwerbsminderung

Endometriose kann nach komplizierten Eingriffen und Folgestörungen (z. B. Anus praeter, urologische Probleme, persistierende Schmerzen) einen so langwierigen Verlauf nehmen, dass im Einzelfall befristet die Erwerbsfähigkeit eingeschränkt sein kann. In der Regel ist das Leistungsvermögen nicht vollständig aufgehoben. Auch eine jahrzehntelange Krankheitsgeschichte mit zahlreichen chirurgischen und hormonellen Interventionen schränkt gelegentlich das Leistungsvermögen zeitlich ein. Bei den dann über 40jährigen Frauen sind häufig internistische und orthopädische Komorbiditäten in der Begutachtung zu berücksichtigen. Auch eine psychische Komorbidität, z. B. durch chronische Schmerzsyndrome, Depressionen und Anpassungsstörungen aufgrund der Endometriose, begründen möglicherweise ein unter 3-stündiges Leistungsvermögen (siehe ► Kap. 24 und 26).

19.2.2 Uterus myomatosus, Ovarialzysten

Myome als gutartige Neubildungen kommen isoliert oder multipel bei etwa einem Drittel aller Frauen vor. Sie haben nur dann Krankheitswert, wenn sie zu Symptomen führen: zunehmende Meno-Metrorrhagien mit Anämie, Druck auf Blase und Darm. Östrogen-Gestagen-Dysbalance und Blutungsstörungen lassen sich konservativ mit hormoneller Therapie ausgleichen. Myome sind eine häufige relative OP-Indikation.

Funktionelle Ovarialzysten sind vaginalsonografisch gegenüber echten gutartigen Neubildungen wie Dermoidzysten, Endometriomen usw. gut abzugrenzen. Bei anhaltenden oder häufig rezidivierenden Unterbauchschmerzen ohne ausreichendes organisches Korrelat sollte auch an die Möglichkeit des Vorliegens einer somatoformen Störung (siehe auch ► Kap. 24.2.4) gedacht werden. Weitergehende, wiederholte und möglicherweise sogar invasive diagnostische Maßnahmen können in diesen Fällen erheblich zur Beschwerdechronifizierung beitragen.

19.2.3 Deszensus und Harninkontinenz

Das Problem der Harninkontinenz stellt sich relativ häufig bei 25–30 % aller Frauen über 50 Jahren. Wichtig sind die genaue Anamnese zur Art und Häufigkeit der Symptome und die Erfassung des Leidensdruckes vor Einleitung einer evtl. Therapie. Die Differenzierung von Urge- bzw. Drang-Inkontinenz und Stress- bzw. Senkungs-Inkontinenz ist nicht immer leicht (siehe auch ► Kap. 18), auch geht nicht jeder Deszensus mit einer Inkontinenz einher. Die Therapie der Urge-Inkontinenz ist streng konservativ. Neben der Östrogenisierung der Scheide und antibakterieller Therapie bei Entzündungen werden Medikamente eingesetzt. Die mögliche psychische Komponente bei Urge-Symptomatik sollte berücksichtigt werden.

Für leichtere Formen eines Deszensus genitalis haben trainierende Maßnahmen (einschließlich Biofeedback und Elektrostimulation) große Bedeutung, bei operativem Vorgehen sichert es einen besseren Langzeiterfolg. Ziel der Deszensuschirurgie ist die Wiederherstellung der Topographie der Organe des kleinen Beckens durch die Rekonstruktion der Faszienstrukturen des Halteapparates von Harnblase, Genitalorganen und Rektum. Bei Harninkontinenz soll ein suffizienter Urethralverschluss erreicht werden, z. B. durch TVT-Schlingensuspension *nach Ulmsten*. Die Fixation eines Prolapses und die Korrektur vaginaler Defekte sind technisch anspruchsvolle Operationen, die Langzeitergebnisse nicht immer befriedigend. Nichtresorbierbare Prolypropylennetze (*mesh*) sind aktuell verstärkt im Einsatz, jedoch mit teils erheblichen Komplikationen verbunden (z. B. vaginale Arrosionen). Kompliziert zu therapieren sind Deszensus-Rezidive.

Klassifikation und Stadieneinteilung

Bei der Stressinkontinenz unterscheidet man drei Grade: Grad I = Urinabgang bei plötzlichem abdominalen Druck (Husten, Niesen usw.), Grad II = Urinabgang bei geringer Druckerhöhung (z. B. Laufen), Grad III = Urinabgang im Stehen in Ruhe. Ausgeprägte Senkungen können zu einer Abquetschung der Urethra mit passagerem Harnverhalt führen. Abzugrenzen sind die Reflexinkontinenz (»neurogene Blase«), die Überlaufinkontinenz (z. B. auch infolge Nervenläsionen nach *Wertheim*-OP) und Harnfisteln. Als Deszensus genitalis wird das Tiefertreten der Scheide und des Uterus bezeichnet, über den Hymenalsaum hinaus als Partialprolaps, bei komplettem Vorfall vor die Scheide als Totalprolaps.

Spezifische krankheitsbedingte Beeinträchtigungen nach ICF

Das Thema Inkontinenz ist immer noch stark scham- und tabubesetzt und kann erhebliche soziale Konsequenzen nach sich ziehen. Partnerschaft und Sexualität leiden unter den Folgen, der soziale Aktionsradius wird teilweise eingeschränkt und an Toilettengänge angepasst. Nicht an jedem Arbeitsplatz kann das Problem diskret gelöst werden. Narbenstörungen, Becken- und Rückenschmerzen komplizieren den Verlauf.

Spezielle Diagnostik, Sachaufklärung

Die Anamnese zu Miktionsverhalten und Beschwerdebild gibt wichtige Hinweise. Eine Miktionsfrequenz bis zu 8mal tags und 1mal nachts ist noch normal. Zu klären sind auch nicht-gynäkologische Fragestellungen (Diuretika, Sedativa u.a.), die das Miktionsverhalten und die Vigilanz betreffen. Der aktuelle uro-gynäkologische Befund und die vorliegenden OP-Berichte sind zur Begutachtung zu nutzen.

Krankheitsbedingte Begutachtungskriterien, Zielkriterien

- Seit wann Probleme mit Senkung/Inkontinenz? Art und Dauer? Welche aktuellen Beschwerden?
- Welche Therapie? Mit welchem Erfolg? Operationen, Medikamente, Lokaltherapie?
- Durch OP Harninkontinenz verändert? Gebessert? Verschlechtert?
- OP-Komplikationen? Harnwegsverletzungen, Fisteln, Hämatome, Infektionen
- Konservative Therapien (Beckenbodentraining; Pessar), Miktionsprotokolle?
- Stuhlanamnese (Obstipation und/oder Stuhlinkontinenz)
- Vita sexualis beeinträchtigt? Durch Stenosen, durch Inkontinenz?
- Gynäkologische Untersuchung: vorderes, mittleres und hinteres Kompartiment der Vagina, Rezidivdeszensus? Reponierbar? Östrogenmangel der Vaginalhaut? Größe und Lage des Uterus, Beckenbodenkontraktion, Hustentest, Narben? Schmerzpunkte?
- Rektaler Befund, Sphinkter?
- Urodynamik, Perinealsonografie, ggf. Zusatzuntersuchungen wie Beckenboden-MRT, ggf. proktologischer Befund
- Restharn, bakteriologische Urindiagnostik
- Bauchdeckenschmerz und Adhäsionsbeschwerden (siehe dort)
- Bewegungsabhängige, langwierige Schmerzen nach Fixierung in der Kreuzbeinregion bzw. am Periost des Schambeins
- Krankheitsbewältigung, Motivation zu Verhaltensänderung? Komorbidität: Asthma, Nikotin, Adipositas, psychische Belastung

Spezifische sozialmedizinische Beurteilung

Nach einer erfolgreich durchgeführten Deszensus-Operation ist zur Sicherung des Operationsergebnisses während der Heilungsphase das Heben und Tragen von Lasten über 5 kg zunächst für 3 (bis 6) Monate zu vermeiden. Danach sind bei stabilem Befund wieder leichte bis mittelschwere Arbeiten möglich. Nach Operation eines Rezidiv-Deszensus und nach komplizierteren Eingriffen kann eine dauerhafte Einschränkung folgen. Uro-gynäkologische Zusatzbefunde oder Fachgutachten sind zu Rate zu ziehen. Meist sind leichte über 6-stündige Tätigkeiten ohne Zwangshaltungen z.B. im Bücken und ohne überwiegendes Stehen zumutbar.

Harninkontinenz ist ein Problem in der hygienischen Versorgung. Im Rahmen der betriebsüblichen Pausen und der persönlichen Verteilzeit müssen sanitäre Einrichtungen ohne Schwierigkeiten erreichbar sein. Auch das Ausmaß der Inkontinenz und die individuelle Fähigkeit des Umgangs sollten berücksichtigt werden. Bei einer Urge-Inkontinenz-Komponente ist auf Kälte- und Nässeschutz zu achten, ggf. kein Zeitdruck, keine Akkordarbeit. Zur Leistungsbeurteilung aus urologischer Sicht siehe auch ► Kap. 18.

■ Medizinische Rehabilitation

Bei kompliziertem Verlauf und erheblichen Funktionseinschränkungen besteht nach Harninkontinenz- bzw. Deszensus-Operationen eine Indikation zur medizinischen Rehabilitation, frühestens nach Abschluss der postoperativen Behandlungsphase als Anschlussrehabilitation (im sog. AHB-Verfahren). Auch in anderen komplizierten Konstellationen (z.B. anhaltende höhergradige Harninkontinenz, quälende Urge-Inkontinenz trotz adäquater Therapieversuche, Kontraindikationen gegen Erfolg versprechende Therapien) kann die Erwerbsfähigkeit bedroht und damit eine medizinische Rehabilitation indiziert sein. Mögliche psychische Beeinträchtigungen sollten Berücksichtigung finden. Durch trainierende, psychosoziale und physikalische Elemente der medizinischen Rehabilitation kann eine Verbesserung erreicht werden in Bezug auf eine Stabilisierung des Operationsergebnisses, eine Minderung der Beschwerden bzw. einen verbesserten Umgang mit verbleibenden Einschränkungen. Wichtig sind Beckenboden- und Blasentraining sowie beckenboden- und rückenschonendes Heben und Tragen, das im Rahmen einer Rehabilitation erlernt werden kann.

■ Teilhabe am Arbeitsleben

Büroarbeiten als leichte körperliche Tätigkeiten sind gut möglich. Für Reinigungsfachkräfte und z.B. in der Alten- und Krankenpflege hängt der Einsatz vom individuellen Arbeitsplatz ab. Ggf. ist eine berufliche Umorientierung erforderlich, vor allem bei Rezidivdeszensus.

▪ **Erwerbsminderung**

Die schwierigsten Fälle sind durch starke (Narben-) Schmerzen/absolute Harninkontinenz mit sozialer Isolation und depressiver Reaktion kompliziert. Hier kann das Leistungsvermögen zusätzlich zu den genannten Einschränkungen auch zeitlich eingeschränkt sein und eine Berentung begründen (siehe auch ▶ Kap. 18).

19.2.4 Entzündliche Erkrankungen der weiblichen Beckenorgane

Bis zu 15 % aller Frauen erleiden eine akute Adnexitis (PID = pelvic inflammatory disease), meist junge Frauen unter 25 Jahren. Risikofaktoren sind liegendes IUP (Intrauterinpessar), chronische Vaginalinfekte, Dauerblutungen und Z. n. Adnexitis sowie Nikotinabusus, sexuelle Aktivität mit wechselnden Partnern und Stressfaktoren. Eine rasche Krankheitsentwicklung kann zu Salpingitis und Tuboovarialabszess bis hin zu einer ausgedehnten Peritonitis führen. Die Therapie ist antibiotisch-resorptiv oder operativ (Abszesseröffnung, Spülung). Als Folgen können Adhäsionen und Unterbauchschmerzen, Fertilitätsstörungen und Tubargraviditäten auftreten mit der Gefahr eines chronisch-rezidivierenden Verlaufs.

Bei kompliziertem Verlauf und erheblichen Funktionseinschränkungen besteht nach der stationären Therapie, insbesondere operativen Eingriffen ausgedehnter Adnexitiden mit Tuboovarialabszessen oder Peritonitis eine Indikation zur medizinischen Rehabilitation, frühestens nach Abschluss der postoperativen Behandlungsphase als Anschlussrehabilitation (im sog. AHB-Verfahren). Auch in anderen komplizierten Konstellationen (z. B. anhaltende Funktionsstörungen ggf. mitbetroffener Nachbarorgane, anhaltende Schmerzsymptomatik trotz adäquater Therapieversuche) kann die Erwerbsfähigkeit bedroht und damit eine medizinische Rehabilitation indiziert sein. Mögliche psychische Beeinträchtigungen bzw. die Entwicklung einer anhaltenden Schmerzstörung sollten Berücksichtigung finden (siehe auch ▶ Kap. 24 und 26). Die medizinische Rehabilitation ist multimodular konzipiert und beinhaltet die Unterstützung der Krankheitsbewältigung, Physio- bzw. dosierte Bewegungstherapie sowie psychoedukative Anteile z. B. zur Verbesserung der Entspannungsfähigkeit, Nikotinentwöhnung u. a.

Ungünstig bei chronisch rezidivierender Adnexitis sind Arbeitsplätze in Kälte und Nässe. Je nach Ausprägung der Schmerzsymptome durch Adhäsionen sind häufiges Heben und Tragen sowie ständiges Stehen und Zwangshaltungen zu vermeiden, leichte (bis mittelschwere) Tätigkeiten sind möglich. Schwerste therapieresistente Adhäsionsbeschwerden auf dem Boden eines entzündlichen Geschehens mit z. B. Subileussymptomatik können die Leistungsfähigkeit auch zeitlich einschränken.

19.2.5 Folgen gynäkologischer Operationen und Geburtsverletzungen, Fisteln

Gynäkologische Operationen betreffen Uterus und Adnexe sowie Band- und Haltestrukturen der Genitalorgane, hierfür werden abdominale und vaginale Zugangswege gewählt. Auch bei zunehmend organerhaltenden und minimal-invasiven Operationen treten nicht zwangsläufig geringere intraabdominale Läsionen auf, Komplikationen können ebenso folgenreich sein. Die häufigsten geburtshilflichen Eingriffe sind die Sectio caesarea sowie die Versorgung geburtshilflicher Verletzungen. Die aufgeführten in hoher Anzahl durchgeführten Routineeingriffe können im Einzelfall zu intra- oder postoperativen Komplikationen wie Organverletzungen, Nachblutungen und schweren Entzündungen führen. Vorübergehend oder persistierend kann es dabei zu Funktionsstörungen der Nachbarorgane und des Hormonsystems kommen. Anhaltende schwere Beeinträchtigungen können die Erwerbsfähigkeit bedrohen.

Krankheitsbedingte Begutachtungskriterien, Zielkriterien

Die Begutachtung der Folgen gynäkologischer Operationen und Geburtsverletzungen sowie Fisteln folgt grundsätzlich den Begutachtungsempfehlungen für die beteiligten Organsysteme bzw. bei Anpassungsstörungen oder Vorliegen einer anhaltenden Schmerzstörung den ▶ Kap. 24 und 26.

▬ **Funktionsstörungen und Läsionen der Ausscheidungsorgane:** Postoperativ auftretende Darmmotilitätsstörungen sind meist vorübergehend, können im Einzelfall aber auch in einen Ileus münden. Intraoperativ sofort versorgte Darmläsionen sind meist unkompliziert, Rezidiv-Eingriffe bei Leckage und Peritonitis hinterlassen dagegen häufig ausgedehnte peritoneale Wundflächen und Adhäsionen. Vorübergehend können Blasenfunktionsstörungen (Urge-Inkontinenz, Blasenmuskel-Areflexie) auftreten, selten kann eine Blasenareflexie auch dauerhaft bestehen bleiben. Intraoperative Läsionen von Blase und Harnleiter werden i. d. R. sofort übernäht, eine vorübergehende Ureter-Schienung kann notwendig sein. Schwierig zu versorgen sind Blasen- und Ureter-Scheidenfisteln. Wie Scheiden-Darmfisteln oder Verletzungen des analen Schließmuskels können sie wiederholte operative Eingriffe nach sich ziehen. Mit jedem Folgeeingriff steigt das Risiko bleibender Struktur- und Funktionsstörungen in Form von chronisch-entzündlichen Veränderungen mit begleitender **Schmerzsymptomatik** (siehe auch ▶ Kap. 26) und Kontinenzproblemen (siehe auch ▶ Kap. 16 und 18).

- **Abdominelle Adhäsionen und Narbenaffektionen:** Abdominelle Adhäsionen sind Folge von Entzündungen, Endometriose und Operationen. Diese narbigen Verwachsungen im Bauchraum können Störungen der Darmmotilität, der Fruchtbarkeit und Schmerzen verursachen. Symptome können im Einzelnen Veränderungen des Stuhlgangs wie Obstipation, Durchfälle, spastische Stühle sein; bei schweren Verläufen können akut exazerbierend Obstruktions- und Subileussymptome auftreten. Die Schmerzen infolge intraabdominaler Adhäsionen können vielgestaltig und damit unspezifisch sein, im Zusammenhang mit der Blasen- und Darmentleerung bzw. als Blähungen oder paroxysmal einschießende abdominale Schmerzen auftreten. Hinweisend kann auch eine diffuse Druckdolenz bei der abdominalen Palpation und gleichzeitig fehlender Druckdolenz bei der vaginalen Untersuchung sein (siehe auch ▶ Kap. 26). Auch **Bauchdecken-Affektionen** können mit einer ausgeprägten Schmerzsymptomatik einhergehen, in erster Linie nach abdominalen Operationen mit Wundkomplikationen (Hämatom, Serom, Nahtdehiszenz, Infektion) oder Mehrfachoperationen mit schmerzhaften Narbensträngen und Faszienlücken, ggf. Irritation des Nervus femoralis. Kennzeichnend ist die Zunahme der Beschwerden bei körperlicher Belastung, Abnahme in Ruhe oder Rückenlage.
- **Posthysterektomiesyndrom:** Mit dem Synonym »Posthysterektomiesyndrom« ist ein Symptomkomplex nach Hysterektomie bezeichnet, der Hitzewallungen (ovarielle Durchblutungsschwankungen), Müdigkeit, depressive Verstimmung, Unterbauchschmerzen und Veränderungen des sexuellen Erlebens umfassen kann.
- **»Gynäkologischer« Rückenschmerz** bedeutet in Iliosakralgelenk, Lumbosakralregion und Iliopsoas fortgeleitete Schmerzen aus dem kleinen Becken, häufig kombiniert mit lumbalen Myogelosen und Dysbalancen (siehe auch ▶ Kap. 7 und 26).

Spezifische sozialmedizinische Beurteilung

Nach Hysterektomie ohne Komplikationen entsteht keine dauerhafte Einschränkung der Leistungsfähigkeit. Zur Sicherung des OP-Erfolges ist für ca. 3 Monate das Heben und Tragen über 10 kg zu vermeiden. Nach großen oder kompliziert verlaufenen Operationen kann das Leistungsvermögen erheblich eingeschränkt sein. Die Schwere der Komplikationen, der Behandlungs- und Heilungsverlauf und die verbleibenden Folgestörungen bestimmen das Bild. Unabhängig von der ursprünglichen Indikation

kann sich nach jeder Operation, vor allem aber nach Rezidiv-Operationen ein Schmerzbild unterschiedlichen Ausmaßes entwickeln. Die Beurteilung der Leistungsfähigkeit erfolgt nach individuellen Gesichtspunkten, wobei insbesondere die häufigen Rückenschmerzen zu berücksichtigen sind. Zwangshaltungen im Bücken, ständiges Stehen, häufiges bzw. mittelschweres Heben und Tragen sind eher ungünstig. Hinsichtlich der psychischen Komponente sind hohe Stressbelastung, Akkord-, Schicht- und Nachtarbeit bei entsprechender Schmerzverstärkung zu vermeiden. Wenn Depressivität oder Angstsymptomatik den Verlauf komplizieren, sollte die Beurteilung fachübergreifend psychiatrisch erfolgen. Die Beteiligung anderer Organsysteme benötigt ggf. orthopädische, urologische oder neurologische Kompetenz. Bezüglich der Entwicklung einer anhaltenden Schmerzstörung siehe auch ▶ Kap. 26.

■ Medizinische Rehabilitation

Bei kompliziertem Verlauf und erheblichen Funktionseinschränkungen besteht nach gynäkologischen Operationen eine Indikation zur medizinischen Rehabilitation, frühestens nach Abschluss der postoperativen Behandlungsphase als Anschlussrehabilitation (im sog. AHB-Verfahren). Auch in anderen komplizierten Konstellationen (z. B. anhaltende Funktionsstörungen ggf. mitbetroffener Nachbarorgane, anhaltende Schmerzsymptomatik trotz adäquater Therapieversuche) kann die Erwerbsfähigkeit bedroht und damit eine medizinische Rehabilitation indiziert sein. Mögliche psychische Beeinträchtigungen bzw. die Entwicklung einer anhaltenden Schmerzstörung sollten Berücksichtigung finden (siehe auch ▶ Kap. 24 und 26). Eine medizinische Rehabilitation beinhaltet einen multimodalen Therapieansatz, der die organischen Störungen und die psychische Situation gleichermaßen berücksichtigt. Sie dient u. a. der Krankheitsbewältigung und dem gezielten Trainingsaufbau, und damit auch der Vermeidung der Chronifizierung sowie der Entwicklung einer manifesten psychischen Komorbidität (z. B. einer Anpassungsstörung). Im zeitlichen Kontext einer medizinischen Rehabilitation kann nach eingreifenden Operationen oder stark schmerzhaften Krankheitsphasen eine stufenweise Wiedereingliederung in die berufliche Tätigkeit überdacht werden.

■ Teilhabe am Arbeitsleben

Abhängig vom Leistungsvermögen können Leistungen zur beruflichen Rehabilitation indiziert sein.

■ Erwerbsminderung

Nach komplizierten Eingriffen (z. B. mehrfache Rezidiv-Operationen, Anus praeter inkl. Rückverlagerung) kann die Erwerbsfähigkeit (auch befristet) eingeschränkt sein. In der Regel ist das Leistungsvermögen nicht vollständig aufgehoben und 3- bis unter 6-stündige Tätigkeiten zumutbar. Ob beispielsweise eine anhaltende Schmerzstörung, Depression oder ausgeprägte Anpassungsstörung ein unter 3-stündiges Leistungsvermögen begründet, ist durch ein zusätzliches Fachgutachten zu klären.

19.2.6 Chronischer Unterbauchschmerz/ Adhäsionsbauch

Der chronische Unterbauchschmerz kann Symptom psychischer Spannungen, von Partnerschafts- und Beziehungsproblemen sein oder auch in Zusammenhang mit früheren Traumatisierungen stehen, wobei vor allem das Fehlen wesentlicher oder ausreichend erklärender organischer Befunde hinweisend ist. Hier können die Kriterien einer der beiden Formen der anhaltenden Schmerzstörung erfüllt sein (siehe ▶ Kap. 26). Unterbauchschmerzen können zum anderen bei chronischen gynäkologischen Erkrankungen perpetuieren, z. B. bei Endometriose oder chronisch-rezidivierender Adnexitis. Die organische Schmerzcharakteristik verändert sich z. B. von zyklischem Schmerz zu Dauerschmerz. Mischbilder mit sowohl organischem als auch psychischem Befund erfordern eine interdisziplinäre Bewertung. Problematisch ist die Indikation zur Adhäsiolyse. Obstruktion und Bridenileus sind klare OP-Indikationen. Diffuse Beschwerden mit hohem psychischem Leidensdruck sprechen für eine psychosomatische Komponente. Nach einer Operation ist dann das Symptom durch Spannungsabfuhr gelindert, um nach einigen Monaten wieder aufzutreten. Nach mehreren Adhäsionsoperationen sind die morphologisch-anatomischen Strukturen im kleinen Becken oft nur noch mit großen Schwierigkeiten darzustellen *(frozen pelvis)*. Mit jeder Operation steigt das Risiko für schwerwiegende Organverletzungen.

19.2.7 Weitere gynäkologische Erkrankungen und Problemstellungen

Sterilitätsbehandlungen werden meist als sehr belastend erlebt. Zahlreiche Untersuchungen, Eingriffe und Therapien bestimmen das Leben oft über Jahre und führen bei Nichterfüllung des Kinderwunsches häufig zu schweren Trauerreaktionen. Auch habituelle Aborte und Totgeburten sind eingreifende Lebensereignisse mit nachfolgenden depressiven Verstimmungen, besonders wenn der Kinderwunsch danach weiterhin unerfüllt bleibt.

Das Klimakterium ist eine natürliche Übergangsphase zwischen dem 45. und 55. Lebensjahr. Sie ist gekennzeichnet durch nachlassende ovarielle Aktivität und unregelmäßige Blutungen. Symptome sind mehr oder weniger Hitzewallungen und Schweißausbrüche, Unruhe und Schlafstörungen, depressive Stimmungsschwankungen, Scheidentrockenheit, Miktionsstörungen und Libidoveränderungen. Psychosoziale Faktoren bestimmen diese Lebensphase stark: berufliche Neuorientierung, Bilanzierung der Partnerschaft, Familienphase, Pflege von Angehörigen. Gleichzeitig manifestieren sich vermehrt internistische und orthopädische Krankheiten. Starke vegetative klimakterische Symptome beeinflussen das psychische Befinden und organische Erkrankungen.

Bei erheblicher psychischer Beeinträchtigung kann im Einzelfall eine medizinische Rehabilitation in einer psychosomatischen Rehabilitationseinrichtung indiziert sein.

19.3   Maligne Erkrankungen

Die gynäkologischen Malignome haben unterschiedliche medizinische Relevanz je nach Lokalisation und Tumorstadium, Alter, Lebensphase und Komorbidität. Für die betroffene Frau spielt die Auseinandersetzung mit dem veränderten Körperbild nach OP vor allem beim Mammakarzinom eine große Rolle. Die Therapie von Genitalkarzinomen kann Blasen- und Darmfunktion wie auch die Vita Sexualis deutlich verändern. Adjuvante Therapien mit Radiatio und Polychemotherapie tragen neben spezifischen Nachwirkungen vor allem zu anhaltenden Erschöpfungszuständen bei. Gravierender als die körperlichen Einschränkungen sind teilweise die psychischen Folgen der Diagnose und der zumeist eingreifenden Therapie. Ängstlich-depressive Patientinnen finden besonders schwer in die veränderte Normalität zurück.

Mit der Differenzierung der medizinischen Behandlung gewinnt – ergänzend zur onkologischen Behandlungssicherheit und zur Überlebenszeit – die Lebensqualität als Kriterium für die Beurteilung des Therapieerfolges zunehmend an Bedeutung. Minimal invasive Techniken wie die Sentinel-node-OP (Wächterlymphknoten) und der Einsatz der Laparoskopie auch in der onkologischen Chirurgie sind Beispiele für schonendere operative Methoden.

19.3.1 Mammakarzinom

Das Mammakarzinom ist die häufigste Krebsneuerkrankung bei Frauen und damit von besonderer individueller und gesellschaftlicher Bedeutung. In Deutschland rechnet man zwischen 55.000 und 60.000 Neuerkrankungen/ Jahr. Bei den 50jährigen beträgt die Inzidenz z. B. über 200/100.000 Frauen, das mittlere Erkrankungsalter liegt bei 63 Jahren. Ein stark erhöhtes Risiko besteht bei etwa 5 % der Mammakarzinompatientinnen mit genetischer

Prädisposition (BRCA 1 und 2). Zusätzlich zur jährlichen Früherkennungsuntersuchung wird das Mammographie-Screening für Frauen zwischen dem 50. und 70. Lebensjahr flächendeckend eingesetzt. Die Röntgendiagnostik verlegt die Diagnose auf einen Zeitpunkt besserer Heilungschancen, erhöht jedoch die behandlungsabhängige Morbidität z. B. bei DCiS-Stadien. Über alle Stadien liegt die Fünf-Jahres-Überlebensrate bei ca. 80 %. Mammakarzinomerkrankungen können sich selbst unter Metastasierung über Jahre nur langsam progredient entwickeln, andererseits auch rasch fortschreiten.

Die histologische Sicherung wird in der Regel durch Stanzbiopsie vorgenommen. Die kurative Primärbehandlung eines Mammakarzinoms besteht dann aus Operation, Nachbestrahlung bei brusterhaltender Therapie und adjuvanter Therapie. Die Therapiestandards richten sich nach Tumorstadium, Histologie, Lymph- und Gefäßeinbruch, Grading, Resektionsstatus, Alter, Menopausen- und Rezeptorstatus, HER2-neu-Expression sowie Zusatzkriterien wie Invasionsfaktoren. Wenn möglich wird eine brusterhaltende Therapie vorgenommen (ca. 70 %), sonst weiterhin eine Mastektomie. Die Sentinel-node-OP hat in vielen Fällen die axilläre Lymphonodektomie (mit Entfernung von mindestens 10 LK in Level I und II) abgelöst. Onkoplastische Chirurgie passt sich an die individuelle lokale Situation an, z. B. durch intramammäre Drüsengewebs-Rotationslappen. Aufwändige mehrschrittige Verfahren sind Latissimus dorsi- oder transversale Rectus-abdominis-Muskellappen (TRAM), Silikonimplantate werden seltener verwandt. Die postoperative Bestrahlung von Restbrust und Tumorbett ist bei brusterhaltender Therapie obligat, die Indikation zur Nachbestrahlung anderer Regionen wird gesondert gestellt. Die Therapiefolgen, speziell das Lymphödemrisiko, hängen erheblich vom Ausmaß der Lymphonodektomie und Radiatio ab (20–30 %). **Adjuvante** Chemotherapeutika sind meist anthrazyklinhaltige Schemata (Fluorouracil, Epirubicin bzw. Adriamycin + Cyclophosphamid) auch in Kombination mit Taxanen, bei großen Tumoren und inflammatorischen Karzinomen präoperativ als neoadjuvante Chemotherapie. Als Hormontherapie werden bei prämenopausalen Patientinnen GnRH-Analoga eingesetzt, alternativ die Ovarektomie. Östrogenrezeptorenblocker (Tamoxifen) und Aromatasehemmer sind gut wirksame antiöstrogene Komponenten, deren diffenzierter prä- und postmenopausaler Einsatz überprüft wird. Antikörpertherapie mit Herceptin wird bei HER2-neu-positiven Tumoren ergänzt, meist über 12 Monate. Weitere adjuvante Therapien wie z. B. Lapatinib sind Gegenstand aktueller Forschung.

In der Palliativsituation hat die Lebensqualität bei der Wahl des Therapieregimes höheres Gewicht. Prognostisch günstig sind ein langes Intervall bis zum Auftreten von Metastasen, Knochen- gegenüber viszeralen und iso-lierten gegenüber multiplen Metastasen. Zur Anwendung kommen Zytostatika, Hormonrezeptorenblocker, Aromatasehemmer, Gestagene, Bisphophonate, spezifische Antikörper, sog. Small molecules und bei lokalen Skelettmetastasen Strahlentherapie. Wichtig ist eine sachgerechte und konsequente Schmerztherapie.

Klassifikation und Stadieneinteilung

Zur TNM- und pTNM-Klassifikation des Mammakarzinoms vgl. ◼ Tab. 19.2.

Spezifische krankheitsbedingte Beeinträchtigungen nach ICF

Krankheitsbedingt veränderte Funktionen und Strukturen sind Operationsfolgen und Narbenstörungen, Gewebsdefekte, hartnäckige Bewegungseinschränkungen im Schulter-Arm-Bereich, Schmerzen, Muskelhypotrophien und -dysbalancen, Lymphödem des Armes und der Thoraxwand. Die Radiatio hinterlässt zum Teil Hautveränderungen und Fibrosen. Chemotherapie bewirkt je nach Agens erhebliche kurzfristige Nebenwirkungen aber auch Folgeschäden, z. B. Polyneuropathie oder toxisch bedingte Herzinsuffizienz. Antihormonelle Therapien verursachen vor allem bei prämenopausalen Patientinnen teilweise heftige klimakterische Probleme. Im psychomentalen Bereich wirken sich unabhängig vom medizinischen Befund Rezidivangst und depressive Verarbeitung am stärksten aus. Störungen der weiblichen Integrität als Partnerin, Frau und Mutter beeinflussen die Lebensqualität.

Auf der Ebene der Aktivitäten sind körperliche Belastbarkeit (Heben, Tragen, Handhaben von Gegenständen, Fortbewegung), körperliche und mentale Ausdauer sowie komplexe Aufgabenstellungen (Umgang mit Stress, Zeitdruck, psychischen Anforderungen, Verantwortung, Publikumsverkehr am Arbeitsplatz) individuell sehr unterschiedlich betroffen. Unmittelbar damit verbunden ist die Teilhabe am gesellschaftlichen Leben. Bei progredienten und schweren Verläufen ist teilweise die Selbstversorgungsfähigkeit eingeschränkt. Auch im Fall von Rezidivfreiheit resultieren Einflüsse auf alle Lebensbereiche: Ausbildung, Erwerbstätigkeit, Partnerschaft, Kinderwunsch, Familie und Haushaltsführung sowie Freundschaften und Freizeit. Eine Einschränkung der sozialen Teilhabe ergibt sich z. B. aus beruflichem Abstieg oder Stigmatisierung und sozialer Isolierung.

Umweltbezogene Kontextfaktoren nach ICF sind zum einen im Lebens- und Arbeitsumfeld zu sehen. Dazu gehören z. B. Unterstützungsfaktoren, sozialer Status, die Verfügbarkeit von Heil- und Hilfsmitteln (z. B. Kompressionsbestrumpfung), aber auch der Zugang zu Dienstleistungen, Vereinen und Verbänden (z. B. Selbsthilfe). Individuelle Werte, biografischer Hintergrund und genderspezifische Rollenzuschreibungen wirken ebenfalls als

▢ Tab. 19.2 TNM- und pTNM-Klassifikation des Mammakarzinoms

Tis		Carcinoma in situ, DCIS = duktales, LCIS = lobuläres
Tis (Paget)		M. Paget der Mamille ohne nachweisbaren Tumor
T1		Tumor ≤ 2 cm im größten Durchmesser
	T1a	≤ 0,5 cm
	T1b	> 0,5 cm bis ≤ 1 cm
	T1c	> 1 cm bis ≤ 2 cm
T2		> 2 cm bis ≤ 5 cm
T3		> 5 cm
T4		Befall der Thoraxwand oder der Haut
	T4a	Befall der Thoraxwand
	T4b	Ödem, Ulzeration oder Satellitenmetastasen der Haut
	T4c	Vorliegen von T4a und T4b
	T4d	Inflammatorisches Karzinom
pT1 mic		Mikroinvasion = Eindringen von Karzinomzellen über die Basalmembran hinaus ≤ 0,1 cm
N		Klinischer Befund Lymphknoten
pN (sn)		Sentinel-Node-Biopsie, Anzahl ist anzugeben, z. B. 0/2 LK (sn)
pN		Resektion von mind. 10 LK, Anzahl ist anzugeben, z. B. 1/12 LK
pN1mi		Mikrometastasen ≤ 2 mm

	Axilla-Lymphknoten			
Mammaria-Lymphknoten	tumorfrei	1–3 LK befallen	4–9 LK befallen	≥ 10 LK befallen
tumorfrei oder nicht untersucht	pN0	pN1a	pN2a	pN3a
nur histologisch befallen	pN1b	pN1c	pN3b	pN3b
klinischer o. makroskop. Befall	pN2b	pN3b	pN3b	pN3b
	pN3c: Befall supraklavikulärer Lymphknoten			
	pN3a: Befall infraklavikulärer Lymphknoten			

MX	Fernmetastasen wurden nicht untersucht
MO	Keine Fernmetastasen
M1	Fernmetastasen: OSS, PUL, HEP etc.

Kontextfaktoren ein. Die Vorstellungen von Gesundheit und Krankheit und damit die Erwartungen an Fähigkeiten nach einer Krebserkrankung unterliegen gesellschaftlichen Normen. In der Beurteilung des Mammakarzinoms hat sich dabei ein deutlicher Wandel vollzogen. Ressourcen und verbliebenen Fähigkeiten wird als Ausdruck funktionaler Gesundheit zunehmend mehr Beachtung geschenkt.

Spezielle Diagnostik, Sachaufklärung

Zum Zeitpunkt einer Begutachtung ist die Primärbehandlung in der Regel abgeschlossen (6 bis 8 Monate). Das Gutachten zieht Bilanz des bisherigen Verlaufs, bezieht den aktuellen Befund ein und beurteilt auf dieser Grundlage die absehbare Entwicklung sowohl der Erkrankung als auch der resultierenden Einschränkungen und Fähigkeiten. Prognostische Faktoren sind dabei eingeschlossen. Für die aktuelle Einschätzung des Krebsleidens werden Befunde der behandelnden Ärzte, Krankenhäuser, Psychotherapeuten, Nachsorgedokumente und Reha-Entlassungsberichte herangezogen. Aus dem primären Staging sollten vorliegen: Röntgen-Thorax, Oberbauchsonographie, Skelettszintigraphie und die gynäkologische Untersuchung, sowie als Labor: Blutbild, Leberwerte, CEA, CA 15-3. Bildgebende Verfahren der Mamma sind: Mammographie beidseits, Mammasonographie und ggf. Magnet-Resonanz-Tomographie (MRT). Spezielle Fragestellungen werden mit geeigneten diagnostischen Verfahren abgeklärt: konventionelles Röntgen (Knochen), CT der Abdominal- oder Thoraxorgane oder MRT Schädel. Die reguläre regelmäßige Nachsorge ist auf den Lokalbefund fokussiert.

Krankheitsspezifische Begutachtungskriterien, Zielkriterien

- Bisheriger Krankheitsverlauf: Erstdiagnose sowie bisher durchgeführte Behandlungen und deren Folgestörungen, bei Rezidiven und Metastasen der Zeitraum bis zum Wiederauftreten und Art der Therapie (komplette oder partielle Remission? Non-Responder?), stationäre Aufenthalte, Tumornachsorge zuletzt wann?
- Relevante Vor- und Begleiterkrankungen, onkologische Familienanamnese
- Aktueller Allgemein- und Kräftezustand inkl. BMI, vegetative Anamnese, körperlicher Befund: Thorax- und Abdominalorgane (Lunge, Leber) und Stütz- und Bewegungsapparat (Wirbelsäule, große Gelenke, Gehstützen?), ausgeprägte körperliche Schwäche z. B. bei Metastasierung, Kachexie?
- Aktuelle Beschwerden: Art, Lokalisation, Häufigkeit und Dauer, Beeinflussbarkeit durch Medikamente? Durch Verhalten? In welchen Situationen, bei welchen Belastungen? Ausmaß der Beeinträchtigung in Alltag und Freizeit, bei beruflicher Tätigkeit
- Lymphödem (siehe auch ▶ Kap. 14.2.2 Erkrankungen der Lymphgefäße): Anzahl entfernter LK? Welche Region(en) nachbestrahlt? Rezidivtherapie? Seit wann Ödem? Belastungsabhängig? Schweregefühl, Beschwerden? Erysipel, wenn ja wie oft? Inspektion und Palpation: Brustwand, Axilla und Lymphabflussgebiete, pathologische Befunde: Narben, Verdickung, Radioderm? Kissenförmige Ödeme Handrücken, Ellenbogen, Innenseite Ober- und Unterarm, Axilla oder Thoraxwand? Armumfänge: vergleichende Umfangsmessung beider Arme (am hängenden Arm: zum Beispiel Mitte des Oberarms, gemessen in der Mitte zwischen Akromion und Olekranon; Mitte des Unterarms, gemessen zwischen Olekranon und Handgelenk, am Handgelenk und an der Mittelhand). Umfangsdifferenzen bis zu 1 cm zugunsten der dominanten Seite sind normal. Bisherige Therapie: Lymphdrainage, Kompressionsbestrumpfung? Konsequente Anwendung? Entstauungsübungen und Verhaltensregeln bekannt?
- Schulter-Arm-Bereich: anamnestisch Vorschädigungen der Schulter? Operationen? Beweglichkeit eingeschränkt seit wann? Schmerzhaft? Inspektorisch: Schon- und Fehlhaltung? Ungehindertes An- und Ausziehen? Muskelatrophien? Palpatorisch: Schmerzangaben wo genau? Messung nach Neutral-o-Methode (siehe auch ▶ Kap. 7.1.2 Bewegungssystem Diagnostik). Funktionsgriffe: Schürzen- und Nackengriff. Kraft in der Hand: z. B. gekreuzter Handgriff. Fingerbeweglichkeit, Händigkeit. Therapie: Pharmakotherapie inkl. Dosierung, physikalische Therapie, Krankengymnastik?
- Neurologische Störungen: Missempfindungen durch OP (geringgradige Parästhesien Innenseite Oberarm relativ häufig), Schmerzen, Plexusaffektionen bis zu Paresen (bei Neu-Auftreten an Tumorprogress denken), chemotherapiebedingte Polyneuropathie, Gebrauchsfähigkeit der Hände (Tastsinn), Gehfähigkeit. Rückläufig? Persistierend? Geschmack, Geruch (Maß der Beeinträchtigung? Gewichtsabnahme?)
- Ausgeprägte klimakterische Beschwerden durch Hormontherapie: Hitzewallungen, Unruhe, Schlafstörungen, Scheidentrockenheit, sexuelle Inappetenz, Blasenprobleme
- Psyche: subjektive Krankheitssicht, Bewältigungsmuster, Lebensphase, Unterstützung – stabilisierend oder dysfunktional? Depressive Symptome, Stimmungslabilität. Mangelnde Konzentrationsfähigkeit, anhaltende Erschöpfung (»Fatigue-Syndrom«) siehe auch ▶ Kap. 10.5. Anbindung an Arzt, Brustzentrum, (Krebs)Beratungsstelle (z. B. ambulante psychosoziale Krebsberatungsstellen), begleitende Psychotherapie, psychiatrische medikamentöse Behandlung? Bei ca. der Hälfte der Mammakarzinompatientinnen ist psychosozialer Unterstützungsbedarf anzunehmen.
- Andere Komplikationen/persistierende Nebenwirkungen therapeutischer Maßnahmen wie Knochenmarksdepression, kardiale Symptome, selten z. B. pulmonale oder mediastinale Strahlenfolgen

Spezifische sozialmedizinische Beurteilung

Nach Abschluss der Primärtherapie ist bei den meisten Mammakarzinompatientinnen mit einer weitgehenden Wiederherstellung der Leistungsfähigkeit zu rechnen. Vor einer Begutachtung sollte ausreichend Zeit zur Rekonvaleszenz und z. B. eine stationäre Rehabilitation nach den weitreichenden – häufig jedoch nur vorübergehenden – Folgen der Therapien abgewartet werden. So kann der erreichbare Kompensationszustand besser eingeschätzt werden. Eine noch laufende Herceptintherapie steht der Begutachtung nicht im Wege (kardiale Nebenwirkungen beachten).

Bei symptomfreien Patientinnen, die nach der Sentinel-Node-Methode operiert wurden, bestehen aufgrund der Lymphsituation keine qualitativen Einschränkungen mehr. Nach kompletter Axilladissektion und/oder Radiatio der Axilla sind wegen des Lymphödem-Risikos Arbeiten mit einer starken Beanspruchung des betroffenen Armes und der Hand zu vermeiden, vor allem im ersten Jahr nach der Therapie. Dieselben Einschränkungen gelten für leichtere Lymphödemformen **Stadium I** nach der AWMF-Leitlinie »Diagnostik und Therapie der Lymphödeme« [2] (siehe auch ▶ Kap. 14.2.2). Mit der betroffenen Extremität sollen nicht ausgeführt werden: schweres Heben und Tragen (auch zeitweise), überwiegend mittelschwere und monotone leichte manuelle Tätigkeiten, längerdauernde Überkopfarbeit und Armvorhalt ohne Möglichkeit zum Haltungs- oder Lagerungswechsel; keine starke Hitze-, Kälte- und Nässeeinwirkung und keine Tätigkeiten mit erhöhter Verletzungsgefahr (wenn nicht durch Schutzvorrichtung vermeidbar). Bei vorhandenem Lymphödem im Stadium II oder III ist auch zeitweise mittelschwere Tätigkeit nicht zumutbar, vermieden werden sollten zudem Tätigkeiten, bei denen eine abschnürende Kleidung notwendig ist oder Schulterriemen auf der Schulter der betroffenen Seite aufgelegt werden müssen [3]. Bei kontinuierlich notwendiger Armbestrumpfung mit Handschuh ist das Leistungsvermögen für manuelle Tätigkeiten eingeschränkt. Ein Thoraxwandödem tritt häufig nur passager zeitnah zur Operation auf und führt isoliert nicht zu dauerhaften Einschränkungen.

Persistierende Bewegungseinschränkungen des betroffenen Arms, Schmerzen, Narbenstrikturen und Muskelatrophien können Alltagsverrichtungen und Arbeitsabläufe stark behindern. Bei einer persistierenden Einschränkung der Schulterbeweglichkeit kann bei einem Bewegungsausmaß zwischen 90 und 180 Grad für Abduktion und Anteversion von einer Leistungsfähigkeit von sechs Stunden und mehr für körperlich leichte Tätigkeiten ausgegangen werden. Durchführbar sind Tätigkeiten mit gelegentlich bis zeitweisem Arbeiten über Schulterhöhe und mit gelegentlich bis zeitweise erforderlichem Tragen, Heben und Bewegen von mittelschweren bis schweren Lasten. Bei einem Bewegungsausmaß zwischen 90 und 45 Grad und deutlicher Einschränkung der Rotationsbewegungen können leichte Arbeiten noch durchgeführt werden, allerdings ohne jegliche Überkopf- oder Armvorhaltearbeiten und ohne Abstützung. Tätigkeiten am Schreibtisch können hiermit aber noch durchgeführt werden, da der Arm sich in einer Flexionsstellung unter 45 Grad befindet und abgelegt werden kann. Bei einem Bewegungsausmaß von maximal 45° in Anteversion und Abduktion treten bereits Schmerzen beim Ablegen des Armes auf einer Stuhllehne oder bei einer Greifbewegung nach circa 30 cm entfernt liegenden Gegenständen auf, so dass mit dem betroffenen Arm keine wesentliche Tätigkeit mehr ausgeführt werden kann. Zusätzlich vermindert ein gestörter Bewegungsablauf des Schulter-Armbereichs den Lymphabfluss und fördert damit ein Lymphödem. Bei komplexen Bildern und vorbestehender Komorbidität der Schulter ist eine orthopädische Zusatzbegutachtung sinnvoll.

Neurologische Störungen sind nach ihrer Ausprägung zu beurteilen, ausgeprägte Paresen durch Plexusaffektion können bis hin zur funktionellen Einhändigkeit führen. Bei störenden Missempfindungen der Axilla oder des Oberarmes sollten monotone Belastungen vermieden

werden. Anhaltende Schmerzen sind nach den Kriterien der Schmerzbegutachtung zu beurteilen (siehe ▶ Kap. 26). Die als Nebenwirkung zytostatischer Therapien auftretenden peripheren Polyneuropathien sind ggf. fachspezifisch neurologisch zu bewerten, vor allem wenn qualitative Einschränkungen der Kraft und Greiffunktion der Hände und die Fähigkeit zu PC-Arbeit überprüft werden sollen. Bei Neuropathien der unteren Extremitäten können die Gehfähigkeit in unebenem Gelände, die Arbeit auf Leitern etc. beeinträchtigt sein. Internistische kardiale und pulmonale Störungen sind fachspezifisch abzuklären.

Eine Metastasierung führt nicht zwangsläufig zur dauerhaften und vollständigen Leistungsminderung. Hier bestimmen Lokalisation und therapeutisches Ansprechen der Metastasen, die psychosozialen Rahmenbedingungen und Ressourcen sowie die Beschwerden durch Krankheit und Therapie das individuelle Bild.

Die subjektive psychische Belastung durch die Karzinomdiagnose ist ein wesentlicher bestimmender Faktor für die weitere Erwerbsprognose. Für Frauen hat das Mammakarzinom noch eine zusätzliche Bedeutung für das Selbstwertgefühl und das weibliche Körperbild.

▪ Medizinische Rehabilitation

Ca. 50 % der Mammakarzinompatientinnen nutzen die Möglichkeit von Rehabilitationsleistungen – mit steigendem AHB-Anteil. Zu den wichtigsten Aufgaben einer onkologischen Rehabilitation gehört die Stärkung individueller Ressourcen im salutogenetischen Sinn. Die spezifischen somatischen Therapieziele richten sich nach den vorrangigen Funktionsstörungen und können bei vielen der oben beschriebenen Einschränkungen eine Verbesserung bewirken, vor allem bei schmerzhafter Bewegungseinschränkung und Ödemen. Auch das veränderte Körperbild wird durch Wahrnehmungs- und Bewegungsübungen verbessert. Ein messbarer positiver Einfluss ist durch moderates Kraft- und Ausdauertraining auf körperliche Schwäche und depressive Stimmung nachgewiesen. Patientinnen werden in der Rehabilitation zu einer nachhaltigen Veränderung ihres Bewegungsverhaltens motiviert. Der psychoedukative Anteil der Rehabilitation umfasst Vortrags- und Schulungsprogramme zu Krankheitsinformation, Ödemprophylaxe, psychosozialer Unterstützung, gesunderhaltenden Faktoren wie Entspannung, Ernährung und Bewegung. Spezielle psychoonkologische Einzel- und Gruppentherapien und Entspannungstraining sowie Kreativtherapien sind integrativer Bestandteil zur Krankheitsbewältigung. Gruppenarbeit mit gleichbetroffenen Frauen nutzt geschlechtsspezifische Kommunikationsmuster zur gegenseitigen sozialen Unterstützung. Sozialer Isolation wird vorgebeugt. Bei ausgeprägten psychischen Störungen kann eine psychosomatische Rehabilitation indiziert sein.

- **Teilhabe am Arbeitsleben**

Bei der Mehrzahl asymptomatischer Frauen ist nicht von vornherein eine andere berufliche Tätigkeit anzustreben. Oft zeigt erst ein Arbeitsversuch die konkreten Hindernisse am Arbeitsplatz und die Grenzen der individuellen Belastbarkeit. Bestehen bereits Ödeme oder Schmerzen und Bewegungseinschränkungen des Armes, der Hand oder der Schulter oder treten sie unter Belastung neu auf, hat dies Auswirkungen auf die berufliche Tätigkeit.

Bei Büroarbeitsplätzen reichen in der Regel kurze Pausen, Lockerungs- und Entstauungsübungen. Mechanische Schreibmaschinen waren oft ein Problem, PC-Tastaturen sind es seltener. Bei neuropathischen Störungen der Hand ist die grobe Kraft möglicherweise mehr eingeschränkt als die Feinmotorik. PC-Bedienung der Maus kann auf z.B. Linkshändigkeit trainiert werden. Oft gibt es geeignete Arbeitshilfen wie eine Fönaufhängung bei Friseurinnen. Angehörige von Pflegeberufen sollten für schwere Tätigkeiten im Team arbeiten, hier könnte eine innerbetriebliche Umbesetzung – so möglich – angestrebt werden, in anderen Fällen z.B. eine Anpassungsqualifizierung für organisatorische Aufgaben. Fließbandarbeiterinnen oder Kassiererinnen belasten häufig nur einen Arm, was sich durch Veränderungen am Arbeitsplatz mitunter korrigieren lässt. Schwieriger wird es bei Köchinnen, Serviererinnen, Reinigungskräften oder Tätigkeiten im Handwerk oder in der Landwirtschaft.

- **Erwerbsminderung**

Eine zeitlich begrenzte quantitative Einschränkung des Leistungsvermögens auf 3 bis unter 6 Stunden kann durch stärkere somatische Funktionseinschränkungen oder überdurchschnittlich lang andauernde Schwäche und mangelnde Belastbarkeit begründet sein. Auch die psychomentale Belastbarkeit kann bei depressiver Verarbeitung und Anpassungsstörungen zeitlich begrenzt sein. Überprüft werden sollten zuvor therapeutische Optionen wie eine ambulante Psychotherapie, ggf. auch eine unterstützende psychopharmakologische Medikation sowie eine (psychosomatische) Rehabilitation. Tumorbedingte Schwächezustände bei fortgeschrittener Erkrankung und Metastasierung gehen mit einem dauerhaft aufgehobenen Leistungsvermögen einher. Auch schwere Lymphödeme und starke Bewegungseinschränkungen mit Schmerzen im betroffenen Arm ohne Besserungstendenz können die Leistungsfähigkeit erheblich reduzieren oder völlig aufheben, wenn weitere qualitative Einschränkungen hinzukommen.

19.3.2 Korpuskarzinom (Endometriumkarzinom)

Der Erkrankungsgipfel des Korpuskarzinoms liegt nach der erwerbsaktiven Phase über dem 70. Lebensjahr, nur etwa 15 % der Patientinnen sind prämenopausal. Die Inzidenz beträgt 20/100.000 Frauen mit ca. 11.700 Neuerkrankungen/Jahr in Deutschland. Eine diagnostische Abrasio bei Blutungsstörungen ermöglicht die meist frühzeitige Diagnose. Für die T1-Stadien wird eine Fünf-Jahres-Überlebensrate bis zu 90 % angegeben. Durchgeführt wird eine Hysterektomie mit Adnektomie beidseits und je nach Stadium pelvine oder aortale Lymphknotenentfernung. Ab T2-Stadien wird die operative Technik dem Zervixbefall angepasst. Häufig werden adjuvante Kontaktbestrahlungen des Scheidenendes angeschlossen, perkutane Radiatio der Abdominal- und Beckenregionen erfolgt bei erweiterter Indikation.

Klassifikation und Stadieneinteilung

Die Stadieneinteilung wird nach dem TNM-System vorgenommen, histologisch handelt es sich meist um östrogenabhängige, endometrioide Adenokarzinome. Prognostisch und therapeutisch wichtigstes Kriterium ist die genaue Ausdehnung (pT1 nur Korpus, pT2 mit Zervixbefall) und Myometriuminfiltration (auf Endometrium beschränkt = pT1a, unter 50 % Infiltration = pT1b, über 50 % = pT1c), weiterhin das Grading, Gefäß- und Lymphgefäßeinbruch sowie ggf. Tumornachweis in paraaortalen Lymphknoten.

Spezifische krankheitsbedingte Beeinträchtigungen nach ICF

Für erweiterte Eingriffe siehe unter Zervixkarzinom, ▶ Kap. 19.3.4.

Spezielle Diagnostik, Sachaufklärung

Siehe OP-Bericht, Krankenhausentlassbriefe, Nachsorgeberichte und aktuelle gynäkologische Untersuchung, ggf. Zusatzbefunde Proktologie, Urologie.

Krankheitsspezifische Begutachtungskriterien, Zielkriterien

- Ausmaß der Lymphknotenentfernung und parametraner Gewebsanteile? Bestimmt erheblich die postoperative Morbidität und evtl. Funktionseinschränkungen (siehe unter Zervixkarzinom, ▶ Kap. 19.3.4)
- Bauchdeckenschmerz/Adhäsionsbeschwerden: siehe ▶ Kap. 19.2.5.
- Darm- oder Blasensymptomatik, Ureter? Strahlenproktitis bzw. -zystitis?
- Vita sexualis? Scheidenverkürzung, -stenose? Hormonausfallsymptome?

- Krankheitsbewältigung, psychische Belastung?
- Komorbiditäten: Adipositas, Diabetes mellitus, Hypertonie

Spezifische sozialmedizinische Beurteilung

Nach kurativer und komplikationsfreier Behandlung wird zumeist das volle Leistungsvermögen wieder erreicht. Bei den seltener notwendigen ausgedehnten Eingriffen treffen die unter Zervixkarzinom beschriebenen Einschränkungen zu.

▪ Medizinische Rehabilitation

Rehabilitative Maßnahmen beschleunigen den Heilungsprozess, verbessern Narbenstörungen und die Krankheitsverarbeitung. Günstiger Einfluss kann auf Komorbiditäten wie Adipositas und Diabetes genommen werden, Bewegungsmangel entgegengewirkt werden.

▪ Teilhabe am Arbeitsleben

Für erweiterte Eingriffe siehe unter Zervixkarzinom, ► Kap. 19.3.4.

▪ Erwerbsminderung

Für erweiterte Eingriffe siehe unter Zervixkarzinom, ► Kap 19.3.4.

19.3.3 Ovarialkarzinom

Das Ovarialkarzinom zählt zu den malignen epithelialen Tumoren und tritt mit einer Inzidenz von 14/100.000 Frauen in der Mehrzahl postmenopausal auf, ca. 9.660 Neuerkrankungen/Jahr. Es hat von allen Genitalkarzinomen die ungünstigste Prognose, da Frühsymptome fehlen und über zwei Drittel der Fälle erst in den Stadien T3 und T4 diagnostiziert werden. Im Stadium pT1a mit günstigem Grading ist eine einseitige Adnektomie möglich. In allen anderen Stadien ist die Radikaloperation mit dem Ziel der weitestgehenden Tumorresektion notwendig (inneres Genitale, betroffener Darm, Lymphknoten, Netz). Prognostisch entscheidend ist die Größe des postoperativen Resttumors, über 2 cm beträgt die Fünf-Jahres-Überlebensrate nur ca. 10 %. Als Standard schließt sich eine adjuvante Polychemotherapie mit platin- und taxolhaltigen Substanzen für sechs Zyklen an. In der Folge kommen als Palliativtherapie andere Chemotherapeutika in Frage, dann ggf. als Monotherapien.

Borderline-Tumoren (nicht-invasive Tumoren mit potentieller Malignität) des Ovars werden nach Ausdehnung und Proliferationsgrad bewertet und behandelt. Für Keimzell- und Stromatumoren (Chorionkarzinom, malignes Teratom u. a.) sowie Ovarialmetastasen anderer Tumoren gelten eigene therapeutische Bedingungen.

Klassifikation und Stadieneinteilung

Das Stadium pT1a nach dem TNM-System beschreibt intrakapsuläres Karzinomwachstum an einem Ovar, pT1b beidseits. Ist die Ovaroberfläche erreicht (ab pT1c), muss von einer peritonealen Ausbreitung ausgegangen werden; pT2 bedeutet Lokalisation von Tumor innerhalb, pT3 außerhalb des kleinen Beckens.

Spezifische krankheitsbedingte Beeinträchtigungen nach ICF

Operationsfolgen entsprechen der Entfernung des inneren Genitale und der Größe der peritonealen Wundflächen. Die Anlage eines Anus praeter bei Darmresektion ist häufig auf Dauer, gelegentlich erfolgt auch eine Ableitung des Urins durch ein Stoma. Der Umgang mit dem Stoma muss erlernt und akzeptiert werden und stellt eine starke Irritation der körperlichen Integrität dar. Neurologische Folgeschäden nach Chemotherapie besonders an Händen und Füßen sind teilweise außerordentlich störend und behindernd. Die bedrohliche Diagnose bei fortgeschrittenem Primärbefund erfordert darüber hinaus große psychomentale Anpassungsleistungen und Umstellung der Lebensziele.

Körperliche Belastbarkeit und psychomentale Ausdauer sind nach OP und während der Chemotherapie stark eingeschränkt. Im rezidivfreien Intervall sind nach entsprechender Stabilisierung die Möglichkeiten zur Teilhabe wieder normalisiert. Je nach Verlauf besteht jedoch auch Unterstützungs- und in der Palliativsituation Pflegebedarf.

Spezielle Diagnostik, Sachaufklärung

Siehe OP-Berichte und Krankenhausentlassbriefe, gynäkologische Untersuchung, vaginaler und abdominaler Ultraschall, Tumormarker CA 12-5 als Verlaufskontrolle nach Therapien.

Krankheitsspezifische Begutachtungskriterien, Zielkriterien

- Allgemeines siehe Mammakarzinom (► Kap. 19.3.1), Krankheitsverlauf und Therapien, Prognose?
- Postoperative Folgen aufgrund der häufig ausgedehnten intraperitonealen Eingriffe, längerandauernd. Weiteres siehe unter Folgen gynäkologischer OPs, ► Kap. 19.2.5.
- Blasen- und Darmstörungen? Anus praeter?
- Seltener Lymphödeme, da eher geringe Anzahl Lymphknoten zu Stagingzwecken
- Folgen platinhaltiger Chemotherapie, z. B. Polyneuropathien

Spezifische sozialmedizinische Beurteilung

Die Wiederherstellung der Leistungsfähigkeit ist erst nach abgeschlossener adjuvanter Therapie und zusätzlicher Erholungszeit zu erwarten, hier also nicht vor Ablauf von 9 bis 12 Monaten nach Primärbehandlung. Bei günstigem Verlauf werden wieder leichte bis mittelschwere Arbeiten über sechs Stunden möglich, ggf. in Verbindung mit qualitativen Einschränkungen. Bei Polyneuropathien ist auf die Gebrauchsfähigkeit der Hände und auf Tätigkeiten ohne Absturzgefahr (Füße) zu achten.

■ Medizinische Rehabilitation

Eine spezifische medizinische Rehabilitationsleistung verbessert die körperlich-vegetative Leistungsfähigkeit, die Funktionsstörungen der Beckenorgane sowie an Händen und Füßen. Auch aus psycho-onkologischer Sicht ist Rehabilitation erfolgversprechend, siehe unter Mammakarzinom, ▶ Kap. 19.3.1.

■ Teilhabe am Arbeitsleben

Anpassungsqualifizierung an körperlich leichtere bzw. den Einschränkungen angepasste Tätigkeiten können sinnvoll sein.

■ Erwerbsminderung

Bei Tumorprogression, prolongierter Erschöpfung, mangelnder Regenerationsfähigkeit (Alter, Therapiefolgen) und inkurablem Rezidiv kann die erwerbsbezogene Leistungsfähigkeit teilweise gemindert oder aufgehoben sein.

19.3.4 Zervixkarzinom

Die Inzidenz des Zervixkarzinoms in Deutschland beträgt 15/100.000 Frauen, ca. 6.190 Neuerkrankungen/Jahr. Es gibt zwei Altersgipfel zwischen dem 35. und dem 54. und nach dem 65. Lebensjahr. Ätiologisch ist eine zuvor durchgemachte Infektion mit high-risk HPV (Human-Papilloma-Virus) erwiesen. Hier setzt die neu entwickelte Impfung für junge Mädchen vor Aufnahme sexueller Aktivitäten an. Das zytologische Screening auf Zervixdysplasien im Rahmen der Krebsfrüherkennungsuntersuchung (*Pap-Test*) hat eine hohe Sensitivität und Spezifität. Bei auffälligen Befunden erfolgt eine Abklärung mittels Biopsie oder Konisation. Bei optimalem chirurgischen Vorgehen und ohne Lymphknotenbefall ist von einer guten Prognose auszugehen (bis zu 90 % Fünf-Jahres-Überlebensrate).

In frühen Stadien ist Organerhalt oder eine einfache Hysterektomie möglich. In den Stadien T1a2 bis T2b wird je nach Ausgangshistologie eine unterschiedlich stark erweiterte Hysterektomie mit pelviner und teilweise paraaortaler Lymphonodektomie unter Mitnahme von Para-metrien und Vaginalmanschette vorgenommen (OP nach *Piver I bis III*, früher nach *Wertheim-Meigs*). Die Ovarektomie ist bei nicht östrogenabhängigem Plattenepithelkarzinom nicht erforderlich. Eine postoperative Radiatio, meist kombiniert als abdominale und vaginale Therapie, ergänzt die Operation je nach Histologie.

Bei primär nicht operablen Befunden oder bei Kontraindikationen zur Operation kann mit kombinierter vaginaler und abdominaler Radiatio als Behandlungsregime beim strahlensensiblen Plattenepithelkarzinom eine Teil- und Vollremission, sogar dauerhafte Heilung erreicht werden. Therapieregimes mit platinhaltiger Chemotherapie verbessern die Strahlensensitivität. Rezidive können operativ, strahlentherapeutisch oder systemisch behandelt werden.

Klassifikation und Stadieneinteilung

Zervixdysplasien entwickeln sich aus Vorstufen CIN I bis III (Cervicale Intraepitheliale Neoplasien) meist langsam über Jahre. 80 % der Zervixkarzinome sind Plattenepithel-, die anderen Adenokarzinome. Stadium T1 beschreibt den Befall ausschließlich der Zervix, davon T1a mit 5 mm Eindringtiefe, T1a1 bis max. 3 mm Tiefen- und 7 mm Oberflächenausdehnung, bis 5 mm Tiefe T1a2, darüber T1b. Bei T2 ist Infiltration des Umgebungsgewebes der Zervix nachgewiesen, T3 ausgedehnt auf Beckenwand und untere Scheide. Risikofaktoren sind lymphovaskulärer Befall und Grading G3.

Spezifische krankheitsbedingte Beeinträchtigungen nach ICF

Funktions- und Strukturebene sind je nach Ausdehnung der Operation wenig bis sehr stark beeinflusst: Narbenstörungen, Becken- und Rückenschmerzen, Blasen- und Darmfunktionsstörungen sowie Lymphödem der Beine und Scheidenverkürzung. Die Radiatio verstärkt vor allem das Lymphproblem und Scheidenstenosen, kann auch erhebliche Strahlenreaktionen an Blase und Darm nach sich ziehen. Chemotherapien verursachen zusätzliche kurz- oder längerfristige Schädigungen. Die psychische Anpassungsleistung erfordert eine Auseinandersetzung mit der Karzinomdiagnose sowie eine Neubewertung von Lebenszielen, Sexualität und Partnerschaft. Körperliche Ausdauer und allgemeine Leistungsfähigkeit hängen von der Therapieintensität ab, die die posttherapeutische Morbidität bestimmt. Auch wenn die Krankheitsprognose oft positiv ist, kann die Teilhabe am sozialen Leben und Erwerbsleben aufgrund der Einschränkungen einschneidend verändert sein. Vor allem die Vita Sexualis ist aufgrund der veränderten Anatomie eingeschränkt. Kontextfaktoren sind soziale Bedingungen und Lebensstil (schon bei der Entstehung des Zervixkarzinoms), individuelle und gesellschaftliche Ressourcen.

Tabuisierung gynäkologischer Themen erschweren die Krankheitsverabeitung und tragen zur Isolation bzw. zum sozialen Rückzug bei.

Spezielle Diagnostik, Sachaufklärung

Siehe OP-Berichte und Krankenhausentlassbriefe, Nachsorgeberichte, aktuelle gynäkologische Untersuchung, vaginaler und abdominaler Ultraschall, evt. Tumormarker SCC bei Plattenepithelkarzinomen, CEA/CA 125 bei Adenokarzinomen als Verlaufskontrolle nach Therapien, nur bei spezieller Fragestellung (Rezidivverdacht) bildgebende Verfahren wie MRT Becken.

Krankheitsspezifische Begutachtungskriterien, Zielkriterien

- Allgemeines: siehe auch Mammakarzinom (▶ Kap. 19.3.1), Krankheitsverlauf und Therapien
- Lymphödeme der unteren Extremitäten und/oder der Genitalregion? Seit wann? Belastungsabhängig? Reversibel? Kombination mit venöser Insuffizienz? Erysipel? Inspektion und Palpation: Ödem Bauchdecke? Mons Pubis? Beinumfänge: Messung 10 cm und 20 cm oberhalb des inneren Kniegelenksspaltes, sowie 15 cm darunter, am Unterschenkel und am Knöchel. Bisherige Therapie: Lymphdrainage? Kompressionsbestrumpfung? Compliance? Verhaltensregeln bekannt? Verträglichkeit im Genitalbereich? (siehe auch ▶ Kap. 14.2.2 Erkrankungen der Lymphgefäße)
- Blasenfunktionsstörungen (bis zu 50 %) aufgrund der Denervierung der Blase (in der Folge hohe Restharnmengen, mangelnde Sensibilität der Blase, Harninkontinenz), Harnwegsinfekte
- radiogene Darmfunktionsstörungen (Durchfälle, imperativer Stuhldrang)
- Operations- und strahlenbedingte Scheidenverkürzungen und -verklebungen?
- Bauchdeckenschmerz/Adhäsionsbeschwerden: siehe unter ▶ Kap. 19.2.5
- Klimakterische Beschwerden?
- Schwerwiegende Operations- und Strahlenfolgen: Fisteln der ableitenden Harnwege oder des Darmes mit der Scheide, Ureterstenosen?
- Psyche: Bewältigung, Unterstützungsbedarf? Partnerschaft?

Spezifische sozialmedizinische Beurteilung

Viele Patientinnen stehen bei Diagnose noch im Erwerbsleben. Nach kurativer Behandlung und ausreichend langer posttherapeutischer Erholungszeit (je nach erforderlicher Operationstechnik und evtl. Radiatio mehrere Monate) sind viele Tätigkeiten wieder zumutbar. Leichte bis mittelschwere Arbeiten ohne ständiges Stehen und ohne Zwangshaltungen (im Bücken) sind meist auch nach gro-

ßen Eingriffen möglich. Nach einer *Wertheim*-Operation bzw. *Piver II oder III*, vor allem auch bei zusätzlicher kombinierter Nachbestrahlung, ist mit erheblichen und teilweise dauerhaften Funktionseinschränkungen zu rechnen. Bei Vorliegen von Lymphödemen der unteren Körperhälfte schränkt sich das Leistungsvermögen qualitativ ein auf leichte Tätigkeiten in wechselnden Körperhaltungen, unter Vermeidung von Temperaturextremen und Nässeschutz. Bei Behandlungsfolgen wie z. B. Harn- oder Stuhlentleerungsstörungen oder Inkontinenz sowie bei Komplikationen wie Fisteln ist nach Schwere der Beeinträchtigung zu beurteilen.

▪ Medizinische Rehabilitation

Rehabilitationsleistungen sind erfolgversprechend und können sowohl die Narbenbeschwerden, die lokale Symptomatik wie auch ein Lymphödem günstig beeinflussen. Intensive komplexe entstauende Lymphtherapie mit manueller Lymphdrainage, Kompressionsbestrumpfung nach Maß und Entstauungsübungen sind indiziert, evtl. Gewichtsreduktion. Copingstrategien können eingeübt werden, individuell anzusprechen ist der Umgang mit Sexualität.

▪ Teilhabe am Arbeitsleben

Besonders körperlich einseitig stehende Tätigkeiten sind nach radikalen Beckenoperationen problematisch. Betriebliche Regelung mit Umbesetzung auf Tätigkeiten in wechselnder Körperhaltung kann z. B. bei Verkäuferinnen angestrebt werden. In anderen Fällen sind Anpassungsqualifizierung oder je nach persönlicher Voraussetzungen der Patientin eine berufliche Umorientierung indiziert.

▪ Erwerbsminderung

Ein zeitlicher Umfang von 3 bis unter 6 Stunden für leichte körperliche Tätigkeit kann bei stärkeren Lymphödemen der unteren Extremitäten dauerhaft ein realistisches Restleistungsvermögen sein. Auch rasche Erschöpfbarkeit und depressive Verarbeitung begründen u. U. ein quantitativ eingeschränktes Leistungsbild, dann jedoch zunächst befristet. Bei lokal weit fortgeschrittenen oder disseminierten Zervixkarzinomen und nicht kurativ behandelbaren Rezidiven ist in der Regel von einem aufgehobenen Leistungsvermögen auszugehen.

19.3.5 Vaginal- und Vulvakarzinom

Das Vaginalkarzinom ist mit einer Inzidenz von 0,2/100.000 sehr selten und wird wenn möglich operativ behandelt.

Beim Vulvakarzinom (Inzidenz 2/100.000) liegt der Altersdurchschnitt bei 70 Jahren, sodass rentenrelevante

Fragestellungen selten sind. Neben lokaler operativer Sanierung wird Strahlentherapie adjuvant oder alternativ zur Lymphknotenentfernung eingesetzt. Posttherapeutische Narben und Lymphödeme schränken teilweise dauerhaft längeres Sitzen ein, besonders zusätzliche Lymphödeme der Beine können das Leistungsvermögen stark beeinträchtigen oder aufheben.

Literatur

1   Albert U-S und die Mitglieder der Arbeitsgruppe »Konzertierte Aktion: Brustkrebs-Früherkennung in Deutschland«: Stufe 3 Leitlinie Brustkrebs-Früherkennung in Deutschland. Zuckschwerdt Verlag, München. Aktuelle Version einschließlich Leitlinien-Methodenreport, 2007, AWMF Register Nr. 077/001. www.awmf-leitlinien.de

2   Baumeister R, Berens von Rautenfels D, Brauer W J, Döller W, Felmerer G, Földi E, Koller M, Flaggl F, Oberlin M, Schacht V, Tiedjen K-U, Ure C, Wilting J: Diagnostik und Therapie der Lymphödeme – Leitlinie der Gesellschaft Deutschsprachiger Lymphologen. J. AWMF-Leitlinien-Register Nr. 058/001. Erstellt 08/2000, überarbeitet 04/2009

3   Deutsche Rentenversicherung: Leitlinien für die sozialmedizinische Begutachtung – Leistungsfähigkeit bei Mamma-Karzinom. Deutsche Rentenversicherung Bund (Hrsg.). Berlin, Januar 2011. www.deutsche-rentenversicherung.de

4   Ehret-Wagener B, Niehues C, Hummel B, Rau B: Die gynäkologische Rehabilitation. In: Beckermann M., Perl F. (Hrsg.): Frauenheilkunde und Geburtshilfe. CH-Basel: Schwabe AG Verlag 2004, Band 2, Kap. 17.1, 2007–2041

5   Kreienberg R, Kopp I und die Mitglieder der Arbeitsgruppe. Anhang 7: TNM- und pTNM-Klassifikation. In: Interdisziplinäre S3-Leitlinie für die Diagnostik, Therapie u. Nachsorge des Mammakarzinoms; Deutsche Krebsgesellschaft e.V., Informationszentrum für Standards in der Onkologie (ISTO) (Hrsg.). W. Zuckschwerdt Verlag GmbH Germering 2008: 207

6   Niehues C: Rehabilitation bei Endometriose. In: Keckstein J (Hrsg.): Endometriose – Die verkannte Frauenkrankheit. Würzburg: Diametric 2009; Seite 129–153

7   Robert Koch-Institut (Hrsg) und die Gesellschaft der epidemiologischen Krebsregister in Deutschland e.V. (Hrsg): Krebs in Deutschland 2003–2004. Häufigkeiten und Trends. 6. überarbeitete Auflage. Berlin, 2008

Hauterkrankungen

Norbert Buhles

20.1 Allgemeines

20.1.1 Sozialmedizinische Bedeutung

Zu den sozialmedizinisch begutachtungsrelevanten Hauterkrankungen der Erwachsenen zählen vor allem die Ekzemerkrankungen (ICD L20–L30) und die verschiedenen Formen der Psoriasis (ICD L40). Ekzemerkrankungen führten 2009 zu 2.970 Leistungen zur medizinischen Rehabilitation durch die Deutsche Rentenversicherung. Die Psoriasis stellte im gleichen Zeitraum bei 4.554 Leistungen zur medizinischen Rehabilitation die Hauptindikation. Leistungsminderung durch Ekzemerkrankungen führten 2009 zu 128 Renten wegen Erwerbminderung. Aufgrund der Psoriasis erhielten 218 Versicherte eine Rente wegen Erwerbsminderung. Bei bösartigen Neubildungen (ICD C43–C44) wurden 2.084 Leistungen zur medizinischen Rehabilitation durchgeführt und 353 Renten wegen Erwerbsminderung registriert.

Akut entzündliche Hauterkrankungen lassen sich meist therapeutisch beherrschen und führen nur selten zu leistungsmindernden Folgeschäden. Allerdings können schwere Verläufe oder chronische Entzündungen zu einer Leistungsminderung führen und zu Leistungen der gesetzlichen Rentenversicherung oder in nicht geringem Umfang der gesetzlichen Unfallversicherung (Berufsgenossenschaften, BG) führen. Berufsbedingte Ekzeme stellen nach statistischen Daten der BG etwa ein Drittel aller Verdachtsmeldungen von Berufskrankheiten. Der Umstand, dass viele Hauterkrankungen berufsbedingt sind und dadurch sich die Leistungspflicht für die BG ergibt, erklärt u. a. die verhältnismäßig geringe Zahl von Leistungen zur medizinischer Rehabilitation durch die Deutsche Rentenversicherung.

Renten wegen Erwerbsminderung durch nicht-tumoröse Hauterkrankungen kommen dann zum Tragen, wenn funktionale Einschränkungen sich an der Haut von Händen und Füßen manifestieren. Seltener sind Hauterkrankungen des gesamten Integumentes (Erythrodermie) oder unbedeckter Körperpartien durch entstellende und/oder therapieresistente Hautveränderungen mit qualitativer und quantitativer Leistungsminderung.

Arbeitsschutz und Arbeitssicherheit spielen bei der Prävention von Hautkrankheiten im Arbeitsleben eine große Rolle. Arbeitgeber stehen in der gesetzlichen Pflicht, durch geeignete Maßnahmen Hauterkrankungen im Zusammenhang mit der vergebenen Arbeit vorzubeugen, beispielsweise durch das Bereitstellen von Hautschutz und Hautschutzmitteln. Mangelhafte arbeitsmedizinische Versorgung kann ein Risiko für die Rückkehr an den bisherigen Arbeitsplatz sein, ohne dass damit gleichzeitig eine Leistungsminderung bei vermeidbaren Hauterkrankungen vorliegt.

20.1.2 Diagnostik

In der Dermatologie und Allergologie existiert eine breite Palette von Testverfahren und Funktionsproben, um Funktionsdefizite und Strukturveränderungen sowie immunologische Reaktionen der Haut diagnostizieren zu können (◘ Tab. 20.1 und ◘ Tab. 20.2). Näheres ist bei den einzelnen Krankheitsbildern nachzulesen [1]. Gerade bei langwierigen Krankheitsverläufen sollte erwartet werden können, dass für die Begutachtung die Funktionsergebnisse vorangegangener Untersuchungen bereitgestellt werden.

▪ Anamnese

Wichtig ist in der Anamneseerhebung, dass die geschilderten Symptome (bspw. Juckreiz) bezüglich ihrer Dauer und Intensität festgehalten werden. Pruritus lässt sich in ähnlicher Weise wie der Schmerz in einem Range von 0–10 gewichten. Beispielsweise kann bei nicht vorhandenen weiteren klinischen Symptomen (wie z. B. Kratzspuren) und negativen Allergietestergebnissen die Messung des Sebumgehaltes der Haut (Sebumetrie) im Bereich der Funktionsdiagnostik bei einer Sebostase (verminderter Fettschutzfilm in entsprechender Region) Juckreiz-Phämomene erklären helfen.

▪ Hautfunktionsdiagnostik

So helfen uns bei der Hautfunktionsdiagnostik u. a. folgende Tests in der klinischen Einordnung von Symptom und Befund (◘ Tab. 20.1):

Der **Alkaliresistenztest** (nach Burkhardt) konfrontiert das Hautorgan mit 0,5 normaler NaOH-Lösung über definierte Einwirkzeiten zumeist im Bereich der Innenseite des Unterarmes und gibt eine Aussage über die veranlagungsbedingte Hautempfindlichkeit. Alkalieinwirkung führt bei verminderter Hornschichtqualität infolge herabgesetzter Pufferkapazität schneller und ausgeprägter zu Hautrötung und Ekzembildung als bei gesunder Haut, d. h. die Hautoberfläche »laugt schneller aus«. Dieses Phänomen ist häufiger mit atopischer Disposition assoziiert.

Der **Nitrazingelbtest** (nach Suter) beurteilt die Barrierefunktion der Hornschicht. Trotz klinisch unauffälliger Haut bleibt nach abgelaufenen Ekzemen infolge minderwertiger Hornschicht für Wochen eine unspezifische Empfindlichkeitssteigerung der Haut bestehen. Feine Hornrisse (bevor ein Ekzem sichtbar wird) werden durch die wässrige einprozentige Nitrazinlösung sichtbar. Erneute ungeschützte Hautbelastungen bei noch vorhandener Barrierestörung führen zu Ekzemrezidiven, die erhöhte Durchlässigkeit der Hornschicht begünstigt die Entstehung von Kontaktallergien.

Der **Nikotin-Benzylester-Test** hilft uns bei der Unterscheidung von Betroffenen mit und ohne Atopie-Disposi-

◻ Tab. 20.1 Funktionsproben der Haut

- Alkaliresistenztest

- Nitrazingelbtest (nach SUTER)

- Nikotinsäure-Benzylester-Test

- Corneo-, pH-, Sebu- und Evaporimetrie

- Lichttreppe (modifiziert nach Wucherpfennig)

◻ Tab. 20.2 Allergie-Testverfahren

in vivo	in vitro
Epikutan-Test	PRIST (Gesamt-IgE)
Foto-Patch-Test	RAST (spezifisches IgE)
Prick-Test	Lymphozytentransformations-Tests
Scratch-Test	Durchfluss-Zytometrie
Intrakutan-Tests	

tion der Haut. Atopiker reagieren auf eine lokale Applikation von Nikotinsäureester mit einem primären Abblassen der Haut oder zumindest mit fehlender Hautrötung (sog. paradoxe Gefäßreaktion) über mindestens 5 Minuten.

Die Verfahren der **Corneo-, pH-, Sebu- und Evaporimetrie** sind im Rahmen der Hautschutzfilmmessung hilfreich in der Bewertung des jeweiligen Anteils an Feuchtigkeit, Säuregrad, Fettgehalt und Wasserbindungskapazität des Integumentes.

Die **Lichttreppe** (modifiziert nach Wucherpfennig) ist ein modernes und in der Diagnostik ebenso wie in der Therapieplanung (bspw. UV-Therapie) wichtiges Instrument, welches die genuine oder introgene Induktion von Intoleranzerscheinungen gegen verschiedene Sorten von UV-Licht (in der Regel wird unterteilt in UVB- und/oder UVA-Intoleranz) betroffener Patienten messen kann.

20.1.3 Begutachtungskriterien

Ursache. Aus der Ursache einer Hauterkrankung können sich für die sozialmedizinische Beurteilung rehabilitative Aspekte ergeben. Bei Gefährdung der Erwerbsfähigkeit entscheidet der Rentenversicherungsträger über die Reha-Bedürftigkeit.

Lokalisation. Die Lokalisation (bspw. in unbedeckten Regionen wie Gesicht, Hände) ist neben der Größe der veränderten Hautareale für die Begutachtung relevant, da hiermit unterschiedliche Beeinträchtigungen im Alltagsleben und im Beruf verbunden sein können.

Beeinträchtigung der Barrierefunktion. Die Haut bildet im positiven Sinne eine Barriere gegenüber schädigenden äußeren Einwirkungen wie beispielsweise Austrocknung, Infektionen, allergisierenden oder toxischen Substanzen, thermischen Einflüssen oder Nässe. Bei zahlreichen Hautkrankheiten ist die Barrierefunktion der Haut gestört, die aber durch geeignete Schutzvorkehrungen wiederhergestellt oder kompensiert werden kann [2, 7].

Pruritus. Quälender Juckreiz kann so stark ausgeprägt sein, dass die Konzentrationsfähigkeit beeinträchtigt

ist, erhebliche Schlafstörungen vorliegen und mitunter schwere psychische Belastungsreaktionen auftreten, die einzeln oder insgesamt das Leistungsvermögen nicht nur im Berufsleben beeinträchtigen, sondern besonders im Alltag. Symptomatisch weist die Haut Kratzspuren und Hautverletzungen auf, die durch Hautinfektionen kompliziert werden können.

Psychosoziale Aspekte. In der sozialmedizinischen Beurteilung des Leistungsvermögens ist in Einzelfällen zu beachten, ob bei schwerwiegenden Veränderungen des äußeren Erscheinungsbildes durch eine Hauterkrankung psychische Belastungen vorhanden sind, mit denen eine Leistungsminderung einhergeht. Die Beurteilung des Erscheinungsbildes eines Menschen liegt im Ermessen des Betrachters, die Beurteilung einer Leistungsminderung muss sich dagegen an objektiv festgestellten Funktionsdefiziten ausrichten.

Diagnoseschema und Aktivitätsindex. Für Diagnose und Befundbeschreibung von Hauterkrankungen werden teilweise krankheitsbezogene Diagnoseschemen oder Aktivitätsindizes verwendet. Mit den Aktivitätsindizes können Behandlungsstategien bestimmt und Behandlungserfolge vermittelt werden. Bei Neurodermitis wird das Severity Scoring of Atopic Dermatitis (SCORAD) angewendet. Eine Psoriasis kann nach dem Psoriasis Activity and Severity Index (PASI) eingeschätzt werden.

SCORAD: Mit dem SCORAD kann der klinischen Schweregrad einer atopischen Dermatitis festgelegt werden. Er umfasst die dermatologischen Symptome Erythem, Ödem/Papelbildung, Nässen/Krustenbildung, Exkoriation, Lichenifikation und Trockenheit, die flächenhafte Ausdehnung sowie anhand einer visuellen Analogskala Pruritus und Schlaflosigkeit als subjektive Symptome. Ein SCORAD-Index von 1 bis 25 Punkten entspricht einer leichten Form der Neurodermistis, eine mittelschwere Form liegt bei 26 bis 50 Punkten vor und ab 51 Punkten eine schwere Dermatitis.

PASI: Der Psoriasis Area and Severity Index wurde zur Dokumentation der Fläche und des Schweregrades der

Hautläsionen für Wirksamkeitsstudien von Retinoiden bei Patienten mit Psoriasis vom Plaquetyp entwickelt. Individuelle Beeinträchtigungen durch die Psoriasis werden nicht dokumentiert. Die Indizes können zwischen 0 und 72 Punkten variieren. Ein Index unter 10 Punkten entspricht einer leichten Psoriasisform. Laut S3-Leitlinie sind Patienten mit einem PASI > 10, einer BSA (»Body SURFACE AEREA«) über 10 und einem DLQI (Dermatologischer Lebensqualitätsindex) > 10 als zumindest mittelschwer erkrankte Patienten anzusehen (»rule of 10«) [8].

20.1.4 Sozialmedizinische Beurteilung

▪ Leistungsbeurteilung

Hauterkrankungen können entsprechend der Ätiologie, der Lokalisation und der Ausdehnung das Leistungsvermögen unterschiedlich beeinträchtigen. Psychische Beeinträchtigungen oder Organkomplikationen müssen berücksichtigt werden. Das Erfassen des Erkrankungsverlaufs gibt Hinweise auf Hautkrankheit fördernde und verhindernde Einflussfaktoren und auf eine therapeutische Beeinflussbarkeit. Veränderungen im Verhalten gegenüber hautschädigenden Noxen oder Gefahrensituationen sollten mit der Anamnese zu erfahren sein. Jede Beurteilung des Leistungsvermögens bei chronisch-progredienten und bei chronisch-rezidivierenden Krankheiten muss Erkrankungszeiträume in der Vergangenheit berücksichtigen. Das gilt für Hautkrankheiten ebenso, auch wenn der aktuelle Hautbefund blande sein sollte. Aktivitätsindizes sind kein gesichertes, weil nicht ausreichendes Maß für die sozialmedizinische Beurteilung des Leistungsvermögens.

Hautveränderungen in den Handinnenflächen oder an den Fingergelenken sollten besonders beachtet werden, wenn hieraus eine Beeinträchtigung der Handfunktion resultiert. Die uneingeschränkte Handfunktion ist eine wesentliche Voraussetzung, um unter den sogenannten üblichen Bedingungen des allgemeinen Arbeitsmarktes arbeiten zu können. Risse in den Handflächen können die Handfunktion für manuelle Feinarbeiten beeinträchtigen oder das Anwenden von beruflich erforderlichen Handdesinfektionslösungen erschweren. Überdurchschnittliche Verschmutzungen der Hände müssen teilweise ausgeschlossen werden. Hohe Anforderungen an die Handhygiene und Händedesinfektion bleiben bei starken Veränderungen im Handbereich oft unerreichbar, so dass Leistungen zur Teilhabe unter Umständen erforderlich werden.

Die sozialmedizinische Begutachtung wird sich bei Hauterkrankungen punktuell damit auseinandersetzen, ob Hautschutzmaßnahmen zur Verfügung stehen und genutzt werden. Es hat sich gezeigt, dass alleiniges Empfehlen von Hautschutzpräparaten bei Hautkrankheiten häufig nicht ausreicht [7]. Besser ist das Aufstellen eines individuellen *Hautschutzplans,* der die Verordnung einer Hautschutzsalbe oder das Tragen von Schutzhandschuhen umfasst sowie das Anwenden von Wasch- und Pflegemitteln, deren Verträglichkeit und Wirksamkeit individuell getestet wurde. Erst nach dem Abheilen der Hautveränderungen und einer Testung der Schutzmittel unter Arbeitskarenz kann ein Arbeitsversuch mit Hautschutz empfohlen werden, beispielsweise in Form des *tätigkeitsgeprüften Hautschutztests (TGH)* [11]. Fällt er nach mehrmaliger vollschichtiger Belastung unter (Reha-) klinischer Kontrolle normal aus, bestehen keine medizinischen Bedenken gegen einen Tätigkeitsversuch am Arbeitsplatz; fällt der Test pathologisch aus, ist die Fortsetzung der bisherigen Arbeit unter unveränderten Belastungsbedingungen in Frage zu stellen [2].

Neben dem zeitlichen, quantitativen Umfang der Leistungsfähigkeit muss das qualitative Leistungsvermögen differenziert beschrieben werden. Dazu gehören beispielsweise die beruflichen Belastungsfaktoren, die zu meiden sind, damit die Hauterkrankung und die damit verbundenen Folgen nicht oder nur in einem geringeren Umfang fortbestehen. Beispielsweise kann festgelegt werden, dass die Hautverschmutzung nur unterdurchschnittlich sein soll oder Feuchtarbeiten auszuschließen sind. Im Einzelfall wird zu beurteilen sein, ob durch Hautschutzmaßnahmen das Hantieren mit Werkstücken möglich oder beeinträchtigt sein könnte. Aus dem positiven und negativen Leistungsvermögen erhält der Rentenversicherungsträger wichtige Informationen, die bei Anträgen auf Leistungen zur Teilhabe oder auf Rente wegen Erwerbsminderung beachtet werden.

▪ Reha-Indikation

Wesentliche Kriterien für die Beurteilung des Reha-Bedarfs von Hautkranken sind neben der Ausprägung der klinischen Erscheinungsmerkmale, die für die häufigsten Reha-Diagnosen genau gewichtet werden können (SCORAD bei Neurodermitis, PASI bei Psoriasis), die Häufigkeit von Rezidiven chronischer Hauterkrankungen trotz ausreichender Therapie, von stationär behandlungspflichtigen Exazerbationen und das Vorliegen besonderer Risikofaktoren für Rezidive durch berufliche Belastungsfaktoren wie Irritantien, Allergene, Infektionsgefährdung, psychische und/oder soziale Belastungen.

Reha-Bedarf in Abhängigkeit von individuellen Faktoren sowie der beruflichen und sozialen Umstände liegt für Hauterkrankungen beispielsweise vor:
- bei chronisch-rezidivierenden Verlaufsformen mit nur kürzeren symptomfreien Intervallen,
- bei Ausdehnung auf eine größere Körperoberfläche und/oder bei Lokalisation in sichtbaren Körperregionen,

- wenn ein therapeutischer Effekt oder die Optimierung der Behandlung mit dem Ziel der möglichst vollständigen Rückbildung nur mit Mitteln der Rehabilitation zu erreichen ist,
- bei Komorbidität mit anderen Erkrankungen (bspw. Atopiesyndrom, arthritische Begleiterkrankung bei Psoriasis usw.), die auch bei weniger ausgeprägten Hauterscheinungen einen interdisziplinären Reha-Behandlungsansatz zeigen,
- bei lang andauernden oder häufig wiederkehrenden Arbeitsunfähigkeitszeiten infolge der Hauterkrankung mit erheblicher Gefährdung der Erwerbsfähigkeit.

Bei chronischen, kurativ-medizinisch behandelbaren Hauterkrankungen mit geringer Ausprägung sowie bei ambulant behandelbaren Erscheinungsbildern mit nur wenigen Schüben pro Jahr, die auf Lokaltherapie gut ansprechen, sowie bei nachgewiesener Allergie und möglicher, aber nicht erfolgter Allergiekarenz ist der Reha-Bedarf besonders kritisch zu beurteilen.

Risikofaktoren können auch bei geringer Ausprägung der Erkrankung einen Reha-Bedarf ergeben, insbesondere wenn Schulungsmaßnahmen erforderlich sind, um Faktoren, die die Ausprägung der Erkrankung negativ beeinflussen, vorzubeugen und deren Wirkung abzuschwächen.

20.2 Ekzemerkrankungen

Im angloamerikanischen Sprachgebrauch werden Ekzem und Dermatitis synonym benutzt, während im klassischen Sinne die Dermatitis für die akuten und das Ekzem für die subakuten und chronischen Formen der gleichen Entität stehen [1].

Ursachen. Ekzeme lassen sich einteilen in (1) atopisches Ekzem (Neurodermitis, endogenes Ekzem, atopische Dermatitis), (2) allergisches (Kontakt-)Ekzem, (3) toxisch-kumulatives (Kontakt-)Ekzem, (4) primär mikrobielle oder sekundär mikrobiell überlagerte Ekzeme und in das (5) (dys-)seborrhoische Ekzem. Diese Unterscheidung hat diagnostische, therapeutische und sozialmedizinische Konsequenzen. Lassen sich die Ursachen oder Auslöser eines toxischen, allergischen oder mikrobiellen Ekzems beispielsweise durch geeignete Schutzvorkehrungen oder einen Arbeitsplatzwechsel vollständig ausschalten, so ist das Problem aus der Welt. Wenn nicht, bietet die Edukation im Rahmen der Leistung zur medizinischen Rehabilitation in Kombination mit einer krankheitsphasengerechten Therapie die Chance, die Leistungsfähigkeit des Versicherten zu erhalten.

Lokalisation. Ekzeme treten bevorzugt in bestimmten Körperregionen auf. Sie können nacheinander oder phasenweise auftreten. Im Bereich des behaarten Kopfes sind scharf begrenzte (plaquesförmige) und schuppende Ekzemformen ähnlich häufig zu finden wie nässende Varianten, die häufig sekundär mikrobiell infiziert sind. Bei der Neurodermitis finden sich für jeden sichtbar eingerissene Ohrläppchen und Mundwinkel sowie hellrosafarbene massiv juckende fein lamellös schuppende Lidekzeme (Ober- wie Unterlider) bzw. bis hin zur Pustulation neigende periorbiculäre und periorale Varianten, während die (dys-)seborrhoischen Ekzeme dort als hellrosa bis gelblich und speckig glänzende, mit fettiger Schuppung einhergehende, scharf begrenzte, die Haargrenze überschreitende Veränderungen mit Lokalisation im Bereich der Stirn und der Gesichtsmitte zu finden sind.

Morphologie. Infolge unterschiedlicher Akuität, Hautstruktur und -textur entstehen verschiedene klinische Bilder: *Dyshidrotisch* aussehende Ekzeme bevorzugt im Bereich der Leistenhaut von Handflächen und Fußsohlen bzw. an dem Übergang zwischen Leistenhaut und Felderhaut. *Nummuläre* (münzförmige, flächige) Formen findet man bevorzugt an Stamm und Extremitäten. *Lichenoide* Ekzeme (polygonale kleine dermale Knötchen mit »glänzender« Oberfläche) bevorzugt an Unterarm inkl. Handgelenk bzw. Unterschenkel inkl. Sprunggelenk und Fußrücken. *Keratotisch-rhagadiforme* Bilder treten bevorzugt an den Handflächen, Fußsohlen sowie der volaren Seiten der Finger, inkl. der Fingerbeeren, sowie der plantaren Seiten der Zehen und Zehenspitzen auf.

Akuität. Aus dem klinischen Bild können Akuität und Chronizität der Ekzemerkrankung zuordnet werden: Nässende, bläschenbildende, durch Kratzspuren und Auslöffelung der Oberhaut bis hin zur Blutung (Artefakte) geprägte Hautveränderungen dürfen als (hoch-)akut eingestuft werden. Das andere Extrem ist die, meist in der Leder- und Oberhaut verdickte und grob gefältelt wirkende (lichenifizierte), meist schmutzig braun aussehende und kaum schuppende Haut. Hier handelt es sich um eine sehr starke, subjektiv (Juckreiz!) belastende, jedoch jede Akuität vermissende Chronifizierung des Ekzems. Zwischen diesen Polen finden sich scharf begrenzte, teilweise papulös streuende, teilweise rhagadiforme und hyperkeratotisch-schuppende Varianten, die man als subakut bzw. exanthematisch oder auch rezidivierend (anamnestisch) einstufen muss.

20.2.1 Konstitutionell bedingte Ekzemformen

Die konstitutionell bedingten Ekzemformen im Sinne des *endogenen* bzw. *sebostatisches* Ekzems bilden die Hauptindikationsgruppe bei den Ekzemerkrankungen für Leistungen zur medizinischen Rehabilitation der Deutschen Rentenversicherung (2009 über 2.900 Leistungen zur medizinischen Rehabilitation). Sozialmedizinisch bedeutsam ist hier, dass schubweise Verläufe mit sehr unterschiedlichen, manchmal gänzlich unbekannten bzw. nicht genau zu eruierenden Auslösern auftreten können. Bei diesen Ekzemen ist die Eliminierung aufgrund der Unkenntnis des nächsten Auslösers nicht möglich.

Das endogene Ekzem (Neurodermitis constitutionalis, atopische Dermatitis) wird zumeist aus einer familiär belasteten Disposition heraus erklärt (Neurodermitis, Asthma, Rhinitis, Nahrungsmittelunverträglichkeiten). Besonders in den ersten 30 Lebensjahren (man vergesse allerdings auch nicht den Gipfel im 3. Drittel des Lebens) treten diese chronisch rezidivierenden Hautveränderungen polytop lokalisiert, oligomorph im klinischen Bild und polygen vererbt auf. Irritationen an beruflich exponierten Hautregionen in Feucht- und Schmutzberufen können zur Erstmanifestation eines atopischen Ekzems führen.

Der rehabilitative Bedarf ergibt sich aus der Notwendigkeit zum Training bezüglich der phasengerechten (teilweise auch antimikrobiellen) Lokal- und Systemtherapie, beispielsweise in Verbindung mit der Schulung des Kratzstopps und der Verbesserung des Auslösererkennens.

Als Sonderform wird gelegentlich ein »Drei-Phasen-Ekzem« erwähnt, das auf Hornstein zurückgeht (Jahrestagung Deutsche Gesellschaft für Arbeitsmedizin [1989], Düsseldorf), der darunter die (1) atopische Hautdisposition, (2) toxisch degenerative Hautschädigungen und (3) konsekutive Entstehung von allergischen Kontaktreaktionen zusammenfasst (Erläuterung von (2) und (3) siehe unten).

Zollner et al. verweisen auf die hohe Assoziationsrate der atopischen Dermatitis zum exogen allergischen Asthma bronchiale (bis 50 %), zur Rhinokonjunktivitis (bis 80 %) und zu Nahrungsmittelunverträglichkeitsreaktionen (bis 8 % bei Kindern und bis 2 % bei Erwachsenen). In einer »Allergikerkarriere« – auch genannt »The Atopic March« – können diese assoziierten Erkrankungen zeitgleich bzw. auch zeitlich unabhängig bei der gleichen Person anzutreffen sein [14].

So wird klar, dass selbst zu unterschiedlichen Jahreszeiten bei derselben Person mit atopischer Disposition unterschiedliche Funktionsstörungen im Vordergrund stehen können. Denkbar ist bei einem Neurodermitiker mit klinisch relevanter Gräserpollenallergie im Sinne des Heuschnupfens, dass im ersten Halbjahr eines Jahres die Symptomatik des Heuschnupfens mit »Grippegefühlen«, Durchschlafstörungen, Konzentrationsschwäche, Mattigkeit, seröser oder obstruktiver Irritation der Schleimhäute der oberen Luftwege, Miterkrankung der Nebenhöhlen bis zu »Allgemeinstörungen« wie Glieder- und Kopfschmerzen relevant sind. Im Herbst kann die Neurodermitis mit ihrer gestörten Hautbarrierefunktion, dem massiven Juckreiz und daraus resultierenden Schlaf- und Konzentrationsstörungen sowie ggf. sozialem Rückzugsverhalten bei Befall der sichtbaren Haut (Gesicht, Hals) bzw. Funktionsstörungen des Greifens, des Haltens oder des Öffnens von Gefäßen bei Handekzemen relevant sein [6].

Die Barrierefunktion der Haut ist beim Ekzem strukturell gestört und ermöglicht dadurch sekundäre mikrobielle Infektionen, die die Hauterkrankung komplizieren. Am häufigsten sind bakterielle oder mykotische Sekundärerkrankungen. Fatal kann sich eine Superinfektion durch Staphylococcus aureus bei Neurodermitis auswirken. Staphylococcus aureus wirkt als »Superantigen« und löst einen erneuten Teufelskreis mit Beeinträchtigungen durch Fieberschübe, massiven Juckreiz, Lymphknotenschwellungen und in seltensten Fällen auch Septikämien aus. Akut gefährlich ist das Ekzema herpeticatum (Herpes-simplex-Virus) für Neurodermitiker.

▪ Sozialmedizinische Beurteilung

Die Aktivität und Teilhabe kann durch Juckreizkrisen, Schlaflosigkeit, Aufkratzen der Haut mit konsekutiver mikrobieller Infektion erheblich beeinträchtigt sein. Häufiges Händewaschen und zusätzliches Einwirken von Kontaktallergenen können eine Ekzemkrankheit verschlechtern. Dies muss gegebenenfalls bei Tätigkeiten in Kranken- und Pflegebereichen berücksichtigt werden, ebenso bei Tätigkeiten mit hohen Belastungen der Haut durch Staub, Öle, Wasser oder mechanischen Hautabrieb.

Die Teilhabe (Partizipation) am sozialen Leben und am Arbeitsleben kann beeinträchtigt und durch zusätzlich gefährdende Umweltfaktoren (beispielsweise Kontaktallergene) negativ beeinflusst werden mit Auslösung erneuter Erkrankungsschübe oder Erhöhung des Krankheitsschweregrades. Depressive Reaktionen können sich beispielsweise durch die kosmetische Entstellung in sichtbaren Hautarealen einstellen. Anamnestische Angaben zu einer psychiatrischen Mitbehandlung sollten nicht fehlen.

20.2.2 Allergisches (Kontakt-)Ekzem

Das allergische Kontaktekzem charakterisiert sich durch einerseits definitionsgemäße klinische Manifestation schon bei Kontakt mit unterschwellig geringen Dosen, die keine toxische Wirkung ausüben. Andererseits kann es wegen der »allergologischen Systemerkrankung« gerade bei der Kontaktsensibilisierung sehr schnell zu Streureaktionen in nicht mit den Allergenen in Berührung gekommenen Hautarealen (bis hin zu Schleimhautarealen: Schwellung der Mundschleimhaut und Zunge, Reaktion im Sinne von Konjunktivitis und Rhinitis) kommen.

Die Bereitschaft, bei Kontakt mit potentiellen Allergenen eine Sensibilisierung zu erleiden, ist genetisch geprägt. Nicht nur, dass der Gehalt an Allergenen in Materialien relevant ist, auch die Konstitution des Einzelnen ist bedeutsam. Ein klassisches Beispiel hierfür sind Euro-Münzen mit Nickelgehalt, von denen die Ein- und Zwei-Euro-Münzen zwei verschiedene Metalllegierungen im inneren Kern und im äußeren Rand enthalten. Leidet jemand an Hyperhidrosis der Hände, entsteht durch den salzigen Schweiß in Verbindung mit dem »Bi-Metall« ein galvanischer Strom. Dieses »galvanische Element« ist in der Lage, die wenigen vorhandenen Nickel-Ionen zu lösen und somit in die Haut zu transportieren, wenn häufiger und intensiver Münzkontakt (beispielsweise Kassierer) vorliegt. Tatsächlich kann eine bestehende Nickelallergie einen Hautbefund (typischerweise Handekzem) rezidivierend und nachhaltig verschlimmern. Die Konsequenz daraus ist im präventiven Sinne, die Hyperhidrosis des Betroffenen zu mindern, um das qualitative Leistungsvermögen zu verbessern. Dies funktioniert durch aluminiumhydroxidhaltige Topika und/oder Leitungswasseriontophorese [13].

Ein anderes Beispiel für die Problematik von Allergenen und deren Verstecke ist die zunehmende modische Tendenz, sich mit »Henna« tätowieren zu lassen. Die reine Hennasubstanz ist nicht allergen. Damit aber (überwiegend europäische) Urlauber sich im Orient schnell eine Henna-Tätowierung gut sichtbar auf die Haut bringen lassen können, wird zur Intensivierung dem Henna Paraphenylendiamin (PPD) hinzugefügt. Die Sensibilisierung erfolgt über diesen »Verstärker«, wie er auch aus Paraphenylendiamin-Sensibilisierungen bei Friseurinnen durch mittlerweile in Europa verbotene Haarfärbemittel bekannt ist.

Eine einmal erworbene Sensibilisierung besteht in der Regel ein Leben lang, wobei die klinische Reaktionsbereitschaft auf Allergene phasenweise sehr unterschiedlich sein kann. Beispielsweise kann in klinisch stummen Phasen selbst eine Reaktion im epikutanen Patch-Test nach zehnmaligem Abriss der Hornhaut (Stratum corneum) im Sinne der Typ-IV-Allergie falsch-negativ ausfallen.

Ekzemauslöser sind außer durch Hautkontakt per ingestationem et inhalationem möglich. Ätiopathogenetische Aufklärung ergibt sich aus dem Ergebnis der verschiedenen Allergie-Tests (▶ Kap. 20.1.1).

Aus Erfahrungen insbesondere mit fotoallergischen Patienten weiß man, dass die Ekzembereitschaft grund-sätzlich nach Kontaktsensibilisierungen persistieren kann ohne erneuten Kontakt mit dem Allergen. So können Patienten allein durch Sonnenbestrahlung (ohne Foto-Allergen) regelmäßig in den ehemals betroffenen Hautregionen neu erkranken. Das weist darauf hin, dass die Ekzemreaktion in der Karenz persistiert (Empfindlichkeitsekzem nach CARRIE).

Während bei der subtoxisch degenerativen Form des Ekzems grundsätzlich die Ekzemheilung noch möglich ist, wenn die irritative Schädigung der Epidermis durch geeignete Reha-Maßnahmen lange genug unterbrochen wurde und eine phasengerechte antiekzematöse Therapie erfolgt ist, kann dagegen die chronische kontaktallergische Variante des Ekzems trotz Allergenkarenz klinisch persistieren. Daher ist ein suffizienter tätigkeitsgeprüfter Hautschutzplan in der Phase des toxisch-degenerativen Handekzems wichtig, um ein Zwei-Phasen-Ekzem in Verbindung mit den oben genannten Folgen vermeiden zu helfen.

20.2.3 Toxisch-kumulatives (Kontakt-)Ekzem

Toxische Ekzemformen entwickeln sich nach Applikation bestimmter Konzentrationen definierter Stoffe praktisch obligat, sobald das Hautorgan diesen ausgesetzt ist. Dadurch sind die Hautveränderungen zumeist scharf begrenzt und auf die Einwirkung und Intensität der schädigenden Noxe bezogen lokalisiert. Streureaktionen finden sich praktisch nicht. Je nach Lokalisation und dort vorhandener »Hauttextur« finden sich jedoch typische klinische Bilder (Ödem, Exsudation, Vesikulation, hochrote Haut).

Die (sub-)toxisch degenerativen Ekzemerkrankungen, sogenannte Abnutzungsdermatosen, finden sich viel häufiger und sind sozialmedizinisch relevanter als die eine Akut-Therapie erfordernden toxischen Ekzemformen. Diese Ekzeme basieren auf einer Hautabnutzung bei chronischen unterschwelligen Schädigungsformen. Die insbesondere den Hautschutzfilm im Sinne der Entfettung zerstörenden Mechanismen führen langsam zum Ekzem. Dabei können bereits Leitungswasser als »Noxe«, alkalische Seifen und oberflächenaktive Stoffe die Haut schädigen. Wiederholen sich diese schädigenden Ereignisse über einen engen Zeitraum beispeilsweise infolge von Überstunden im Service oder Fehlen von Erholungsphasen durch Siebentagewochenarbeit in Saisonbetrieben, können daraus Störungen der Alkaliresistenz (◻ Tab. 20.1) entstehen. Die Reaktionsbereitschaft der Haut nimmt zu, Entzündungen heilen unvollständig ab. Die Haut regeneriert sich nicht mehr in arbeitsfreien Zeiten. Es entstehen Schuppung, artifizielle Kratzstellen und Exsudationen. Der Patient mit der Veranlagung zur Sebostase (Verminderung von Menge oder Qualität des Fettschutzfilmes) oder zur Ichthyosis oder zur Neurodermitis ist stärker anfällig. Neben Tätigkeiten mit Hautverschmutzung, mit Feuchtarbeiten oder mit häufigem Händewaschen sind auch Tätigkeiten in trockenen Arbeitsbereichen, beispielsweise in Buchbindereien, Verwaltungen und Archiven, ekzemgefährdend. Eine zusätzliche Gefahr besteht in der Entwicklung eines sekundären allergischen Kontaktekzems (Zwei-Phasen-Ekzem). Dabei werden die Allergene durch die gestörte Hautbarriere »besser« dem Immunsystem präsentiert und lösen somit eher eine Sensibilisierung aus. Typisches Beispiel hierfür ist der Friseurberuf mit seiner toxisch-degenerativen Anfangs-Dermatose und der folgenden Kontaktsensibilisierung auf Inhaltsstoffe von Shampoos und Haarfärbemitteln. Ein weiterer Gefahrenbereich ist der Krankenpflegeberuf mit häufiger Entfettung des Hautschutzfilmes durch Waschungen sowie Desinfektionsmaßnahmen und konsekutive Latexsensibilisierung über das subtoxisch-degenerative entzündliche Hautorgan.

20.2.4 Primär mikrobielle Ekzeme

Die Störung der dermo-epidermalen Schutzfunktion ist auch Ursache der *primär* mikrobiell verursachten Ekzeme »nicht-allergischer Art«, die sich bevorzugt im Bereich der (unteren) Extremitäten, aber auch am Stamm als nummuläre Formen klinisch zeigen. Die Therapie besteht in der Beseitigung der schädigenden Faktoren als Ekzemursache. Beispiele sind: Versorgung von Patienten mit stauungsbedingten Ekzemen durch entsprechende Kompressionsverbände, basistherapeutische rückfettende Maßnahmen bei Funktionsstörungen im Bereich des Hautschutzfilms.

20.2.5 (Dys-)seborrhoisches Ekzem

Während das »konstitutionell-atopische Ekzem« (▶ Kap. 20.2.1) eher bei Patienten auftritt, die eine Verminderung des Fettschutzfilmes im Gesamtanteil des Hautschutzfilmes aufweisen, befindet sich in der klassischen Vorstellung der Ekzeme das seborrhoische Ekzem am anderen Ende (d.h. mit erhöhter Sebumproduktion). Typischerweise findet sich die Lokalisation dort, wo der Sebumanteil in der Haut relativ hoch ist (Kopfbereich, vordere und hintere Schweißrinne des Stammes). Wie schon in der Einführung zu den Ekzemen erläutert, ist die klinische Ausprägung meistens »farblich zart« und speckig glänzend vorstellbar. Die moderne Zeit der »Klimaanlagen« hat zu einer gewissen Wandlung des klinischen Eindruckes geführt, so dass teilweise auch die Ekzeme bei

Patienten auftreten, die zwar offensichtlich Seborrhoiker sind, jedoch erst dann Ekzeme manifestieren, wenn diese Hautareale (bspw. durch trockene Luft) entfettet wurden ([dys-]seborrhoisches Ekzem).

20.2.6 Gewerbedermatosen

Zu den sogenannten Gewerbe- oder Berufsdermatosen werden Hauterkrankungen gerechnet, die im Zusammenhang mit einer Arbeit stehen. Demgegenüber kann man die sog. Freizeitdermatosen stellen, von denen ein Vertreter beispielsweise die Whirlpool-Dermatitis ist. Gewerbe- oder Berufsdermatosen dürfen begrifflich nicht mit dem Rechtsbegriff der »Berufskrankheit« (SGB VII) gleichgesetzt oder verwechselt werden. In der Regel ergeben sich leistungsrechtliche Konsequenzen nach der Feststellung einer »Berufskrankheit« gemäß Ziffer 5101 oder 5102 der Berufskrankheitenverordnung (BKV) für die Unfallversicherungsträger.

Der wichtigste Tatbestand für eine Berufskrankheit im Fach »Haut« liegt in der BK-Nummer 5101 (nach der in der Anlage für Berufskrankheitenverordnung [BKV vom 15.09.2002] aufgeführten Berufskrankheitenliste): »Schwere oder wiederholt rückfällige Hauterkrankungen, die zur Unterlassung aller Tätigkeiten gezwungen haben, die für die Entstehung, die Verschlimmerung oder das Wiederaufleben der Krankheit ursächlich waren oder seien können« [9].

Gewerbedermatosen führen seit ca. 10 Jahren die Liste der BK-Meldungen im berufsgenossenschaftlichen Bereich an und sind auch für andere Träger der sozialen Sicherung (GKV, DRV) aufgrund ihrer hohen Prävalenz bedeutsam. So liegt die Prävalenz der gewerblichen Handekzeme in der BRD bei mehr als 6 % [5], wobei weibliche Erwerbstätige fast doppelt so häufig betroffen sind wie männliche. Arbeitsbedingte Hauterkrankungen entwickeln sich dann, wenn der Hautwiderstand durch die Kraft der Schädigungsfaktoren überwunden wird. In der Regel entsteht der Hautschaden durch chemische, biologische, und/oder physikalische Kräfte. Dabei handelt es sich in über 90 % um Hautkontaktreaktionen. Der Rest sind solche Hauterkrankungen wie Öl- und Chlorakne, chemisch bedingte Leukoderme, Infektionen, Kontakturtikaria (Latex) oder entsprechende Streureaktionen.

Das Ausmaß der psychosozialen Probleme wird durch häufige Rezidive verstärkt. Die Einengung der manuellen Fähigkeiten, die fehlende Akzeptanz durch Kollegen oder die Firma, das Infektionsrisiko und weitere Probleme aufgrund des ggf. abstoßenden Aussehens können einen Teufelskreis der Ausgrenzung bilden.

Bekannt ist das hohe Risiko für Atopiker, an Gewerbedermatosen zu erkranken. Dieses wird durch Arbeiten im Feuchtbereich (definiert als mehr als zwei Stunden Wasser- oder Handschuhkontakt oder mehr als 20faches Händewaschen pro Schicht) zusätzlich verstärkt. Die Entwicklung eines »Drei-Phasen-Ekzems« (▶ Kap. 20.2.1) gefährdet den Verbleib im beruflichen Tätigkeitsfeld und verschlechtert die Prognose für die Teilhabe am Arbeitsleben.

Im Sinne einer tertiären Prävention können Betroffene während stationärer Leistungen zur Teilhabe mit einem suffizienten integrierten Hautschutzplan ausgestattet werden. Dieser kann als Grundlage für Leistungen zur Teilhabe am Arbeitsleben dienen. Der Erhalt des Arbeitsplatzes ist bei etwa zwei Drittel der Versicherten möglich. Ggf. ist frühzeitig eine Eignungstestung bzw. Arbeitserprobung durchzuführen. Die Realisierung solcher Projekte erfordert erfahrungsgemäß auch im dermatologischen Fach ein gut geschultes interdisziplinär arbeitendes Team (Dermatologe/Allergologe, Ergotherapeut, sozialpädagogisch-psychologisches Know-how) [2, 5, 7, 11, 13]. Schäden durch berufliche/gewerbliche UV-Expositionen (d.h. Hauttumore) rücken mehr und mehr in den gewerbedermatologischen Fokus.

20.3 Psoriasis und andere nicht-infektiöse entzündliche Hauterkrankungen

20.3.1 Psoriasis

In Deutschland haben 2 bis 3 % der Bevölkerung eine Psoriasis. Diese nicht-infektiöse Hauterkrankung ist bei beiden Geschlechtern etwa gleich häufig. Sie manifestiert sich meist im 2. und 3. Lebensjahrzehnt, kommt aber in allen Altersklassen vor. Zwei genetische Untergruppen unterscheiden sich in Manifestationsrisiko und Altersverteilung.

Die bevorzugte Lokalisation der geröteten und grob lamellös schuppenden Herde der chronisch stationären Formen sind Knie und Ellenbogengelenkstreckseiten, Kreuzbeinregion, Fingerknöchel, Nabel, Afterfalte sowie Stirn-Haar-Grenzregion. Sehr häufig zeigen die Fingernägel multiple Tüpfel und schmutzig braune Verfärbungen, das sogenannte Ölfleck-Phänomen. Diagnostisch wegweisend sind: Kerzenfleckphänomen, Phänomen des letzten Häutchens, des blutigen Taus (AUSPITZ-Phänomen) und die isomorphen Reizphänomene nach physikalischer Belastung des Hautorganes (KOEBNER-Zeichen) beispielsweise nach Verletzungen und operativen Eingriffen am Ort der Gewebe-Zerstörung [4].

Die Psoriasis gilt als häufige, durch exogene und endogene Stimuli provozierbare, akut exanthematisch oder chronisch stationär verlaufende Dermatose mit genetischer Disposition. Das klassische Bild wird als streckseitig betont, isoliert oder generalisiert auftretend, durch meist symmetrisch stark infiltrierten Schuppenherd auf scharf begrenzten erythematösen Plaques gekennzeichnet. Gelenkbeteiligung ist möglich.

Bei der Anamnese sollte auf Umstände geachtet werden, die beim Auftreten eines Krankheitsschubes bemerkt wurden. Psoriasisschübe können beispielsweise durch banale Infektionskrankheiten, Medikamente, Stoffwechselstörungen oder Stressoren ausgelöst werden. Ebenso ist auf die Darstellung der Behandlung zu achten, die sich bei akut-exanthematischen und chronisch-plaqueförmigen Psoriasisverlaufsformen unterscheidet.

Bei einer Psoriasis mit Erythrodermie und Pustulosis generalisata sowie bei einer Flächenausdehnung von mehr als 25 Prozent der Körperoberfläche ist eine akut-stationäre Behandlung angezeigt. Grob geschätzt entspricht die Handfläche etwa 1 Prozent der Körperoberfläche. Weitere Indikationen können schwere Psoriasis und internistische Erkrankungen, Psoriasis vulgaris und -arthritis, schwere Komplikationen und ambulant therapierefraktäre Formen, unzureichende ambulante Möglichkeiten, eine starke psychische und physische Behinderung durch die Psoriasis bei Aktivitäten des täglichen Lebens und die Einleitung gezielter Therapieverfahren sein [8].

Während die akut-exanthematischen Formen aufgrund der Brisanz des Krankheitsbildes in der Regel eine stationäre Akutbehandlung erforderlich machen, sind die chronisch stationären Verlaufsformen die Domäne der Rehabilitation, zumal bei diesen Formen am häufigsten auch weitere Stigmata vorzufinden sind, beispielsweise Nagelbefall, Stirn-Haargrenzen-Betroffenheit, Befall an frei getragenen Körperstellen wie Hände, retroauriculär, behaarter Kopf. Hier gilt es, Fixierungen von Partizipationsstörungen im Berufsleben entgegenzuwirken. Andererseits werden durch die berufliche Belastung bestimmte Hautregionen (Feuchtarbeit, verschmutzende und hautbelastende Tätigkeiten) »geköbnert«, d.h. eine unspezifische Hautreizung löst die typischen Hauterscheinungen einer an anderer Stelle bereits manifesten Hauterkrankung aus (isomorpher Reizeffekt). Nur ganz selten kann ein kausaler Zusammenhang zwischen Beruf und Psoriasis hergestellt werden, beispielsweise wenn sich durch die berufliche Tätigkeit die Psoriasis richtungsgebend verschlimmert hat und daher eine Berufskrankheit vorliegt.

Aufgrund der Problematik einer sicheren Krankheitsverlaufseinschätzung muss im Einzelfall davon ausgegangen werden, dass es in der Krankheitsbiographie des Betroffenen sowohl Spontanremissionen als auch Erythrodermien (Befall vom Scheitel bis zur Sohle) geben kann. In letzterem Falle kann sich daraus ein aufgehobenes Leistungsvermögen ergeben, das zeitlich befristet sein kann.

Die seronegative Gelenkbeteiligung ist mit 5 bis 12 % die häufigste Komorbidität bei Psoriasispatienten. Während für die kutanen Spielarten der Psoriasis (inklusive der pustulösen Variante [siehe unten]) die lokaltherapeutische Palette durch immer suffizientere systemtherapeutische Möglichkeiten (Fumarsäure, Methotrexat, Acitretin) ergänzt wurde, ist die Therapie der Psoriasis arthropathica weiterhin unbefriedigend. Ansätze zur Behandlung von Haut- und Gelenken bietet die Therapie mit modernen, aber nicht unumstrittenen TNF-α-Antikörpern, die als Biologika oder synonym als Biologicals, Biologics und teilweise als Biological response modifier (BRM) bezeichnet werden. Des Weiteren siehe auch *Psoriasis arthropathica* (▶ Kap. 8).

■ Pustulöse Formen

Pusteln können bei der Schuppenflechte das gesamte Integument befallen (inkl. massiver Belastung des Organismus) oder auch hartnäckige Handflächen- oder Fußsohlenprobleme auslösen. Die Psoriasis-Pustel ist definitionsgemäß steril. Die Gefährdungen der Arbeitsfähigkeit, der Störung der Fortbewegung und der Greiffunktion im Berufs- und Alltagsleben sind evident. Neben der gutachterlichen Beurteilung im Sinne der (befristeten) vollen Erwerbsminderung ist hier ein klarer rehabilitativer Ansatz vorhanden.

■ Sozialmedizinische Beurteilung

Die bei den speziellen Krankheitsbildern beschriebenen morphologisch sichtbaren Veränderungen stören die Leistungsfähigkeit je nach Lokalisation unterschiedlich. Beim Befall der Fußsohlen kann die Gehfähigkeit, beim Befall der Handflächen kann die Greiffunktion, bei exanthematischem Befall der Schlaf und in der Folge die Konzentrationsfähigkeit gestört sein. Beeinträchtigungen der Partizipation können sich der Berufsausübung (Handbefall), bei der Haushaltsführung, beim Sport (frei getragene Hautareale) und im Bereich der Selbstsicherheit (Rückzugstendenz) und der sozialen Kompetenz (Ehepartner, Familie) ergeben.

Das Leistungsvermögen für Tätigkeiten im Service und Lebensmittelbereich, bei handwerklichen, pflegerischen und körperlich schweren Arbeiten kann durch Psoriasis qualitativ wie quantitativ eingeschränkt sein. Bei absehbar langwierigen und therapieresistenten Veränderungen beispielsweise im Handbereich kann die Handfunktion soweit beeinträchtigt sein, dass eine quantitative und auch zeitlich befristete Minderung des Leistungsvermögens festgestellt werden muss. Ebenso sind schwerwiegende Hautveränderungen an den Fußsohlen zu beachten, die die Laufbelastbarkeit beeinträchtigen oder das Tragen von Sicherheitsschuhen an bestimmten Arbeitsplätzen. Die funktionalen Einschränkungen am Arbeitsplatz sollten plausibel mit den funktionalen Beeinträchtigungen im Alltag und in der Freizeit korrespondieren. Manifeste und

schwerwiegende psychische Reaktionen, unter Umständen gekoppelt mit sozialem Rückzug, können das Leistungsvermögen qualitativ und quantitativ zusätzlich oder ausschließlich beeinträchtigen.

Sozialmedizinische Bedenken können beispielsweise bestehen bei großem Publikumsverkehr oder in Bereichen, in denen hohe hygienische Anforderungen an die Haut gestellt werden. Die Indikation für eine Leistung zur medizinischen Rehabilitation ist zu prüfen.

20.3.2 Parapsoriasis-Gruppe

Diese sowohl klinisch als auch prognostisch sehr heterogenen Krankheitsbilder reichen von selbstlimitierenden, passageren, klinisch den Varizellen ähnelnden Bildern (Pityriasis lichenoides et varioliformis akuta MUCHA-HABERMANN) bis hin zu den Prä-Mykosiden (obligatorische Vorstufen des T-Zell-Lymphoms der Haut). Für die chronischen Formen und die Prä-Mykoside ergibt sich häufig ein Reha-Bedarf.

20.3.3 Weitere chronisch entzündliche Dermatosen

■ Urtikaria (Nesselsucht)

Die chronische Urtikaria (Nesselsucht) tritt häufig als chronisch rezidivierende Form auf. Dabei bedeutet chronisch in diesem Zusammenhang bereits eine Krankheitsphase von länger als sechs Wochen oder rezidivierende Quaddelschübe. Während die akuten urtikariellen Exantheme sich ätiopathogenetisch klären lassen, beispielsweise als allergische oder Intoleranzreaktionen auf Infekte, Medikamente, Nahrungsmittel, ist die Ätiologie bei der chronischen und chronisch rezidivierenden Urtikaria häufig ungeklärt. Juckreiz, Unberechenbarkeit des Auftretens der Effloreszenzen an frei getragenen Körperregionen oder Schlaflosigkeit können Aktivitäten und Teilhabe im Alltagsleben beeinträchtigen und zusätzlich das Leistungsvermögen im Erwerbsleben einschränken. Leistungen zur medizinischen Rehabilitation in dermatologischen Reha-Einrichtungen bieten die Möglichkeit, die Therapie zu optimieren, individuelle Krankheitsbewältigungsmethoden (inkl. diätetischer Ansätze) zu erlernen, sozialer Desintegration entgegenzuwirken und das Leistungsvermögen qualitativ wie quantitativ zu stabilisieren.

■ Lichen ruber planus

Diese subakut oder chronisch verlaufende entzündliche, nicht kontagiöse papulöse Hauterkrankung geht meist mit starkem Juckreiz und oft mit Schleimhautbeteiligung einher. Die Morbidität beträgt etwa 0,2 Prozent. Bei mehr als zwei Drittel der Patienten tritt sie zwischen dem 3. und 6. Lebensjahrzehnt auf. Die Ätiologie des Lichen ruber planus (L. r. p.) ist ungeklärt. Auslöser können Infekte, Autoimmunphänomene, möglicherweise auch psychische Komponenten sein.

Klinisch ist der L. r. p. durch aggregierte Papeln mit milchig weißer Zeichnung auf der Oberfläche und glänzende randständige Säume (WICKHAM-Phänomen) charakterisiert. Die exanthematische Form des L. r. p. findet sich bevorzugt an den Beugeseiten der Handgelenke und Unterarme, glutäal, in der Knöchelregion und dem Genitale. Andere Formen treten bevorzugt in der Flanken- und Abdominalregion auf. Starker Eruptionsdruck führt über das Exanthem bis hin zur sekundären Erythrodermie. Neben der Genitalschleimhaut ist auch die Mundschleimhaut mit Wangen- und Zungen-Region, vergesellschaftet mit Veränderungen des Lippenrots, betroffen (fakultative Präkanzerose). Die Behandlung des fast unstillbaren Juckreizes besonders im Genital-, Anal- und Extremitätenbereich erfordert oftmals große dermato-therapeutische Erfahrung. Die Therapie muss individuell, flexibel und krankheitsphasengerecht variiert werden.

Reha-Bedarf ergibt sich bei ausgedehntem Befall oder massivem Pruritus (Kratzstopp-Training), bei psychosomatischen Beschwerden oder nach Ausschöpfen aller ambulanten dermatologischen Behandlungen.

■ **Vaskulitiden**

Eine Vaskulitis der Haut kann isoliert oder in Kombination mit anderen Organerkrankungen auftreten. An der Haut entsteht aufgrund einer Gefäßentzündung je nach Lokalisation, Ausdehnung und Tiefe eine Purpura bis hin zum Gangrän an den Akren. Die dermatologische Behandlung umfasst systemisch verabreichte Kortikosteroide, Antikoagulantien und gegebenenfalls Immunsuppressiva. Die Behandlung wird ergänzt durch Patientenschulung, damit phasengerechte, symptombezogene und gangrän-prophylaktische Maßnahmen erlernt werden. Qualitative Einschränkungen im Leistungsvermögen können sich beispielsweise für Tätigkeiten mit Feuchtarbeit, Kälteexposition oder mit hohen hygienischen Anforderungen an die Handhygiene ergeben, ebenso für manuelles Arbeiten mit kleinen Werkstücken, die besonderes Tastgefühl erfordern.

■ **Sklerodermie**

Kutane Folgen durch Autoimmunerkrankungen finden sich bei der *systemischen Sklerodermie* von der RAYNAUD-Symptomatik bis hin zu Kalkeinlagerungen. Die *zirkumskripte Sklerodermie* zeigt sich bei schwerem Verlauf mit dermatogenen Kontrakturen und dermatogener »Einmauerung« des Skelettes bis hin zur Reduktion des thorakalen Exkursionsvermögens. In seltenen Fällen ist die Haut des Gesichts betroffen und entstellt (Sclerodermia en coup de sabre). Psychische Reaktionen sind möglich, die sich im Alltag wie im Beruf bemerkbar machen können. Im fortgeschrittenen Erkrankungsstadium mit zahlreichen Folgen ist das Leistungsvermögen auf Dauer aufgehoben.

■ **Chronisch diskoider Lupus erythematodes**

Der chronisch diskoide Lupus erythematodes ist die überwiegend kutane Variante des systemischen Lupus erythematodes. Die Erkrankung selbst bedingt eine lokale Atrophie der Haut, was neben der Änderung des äußeren Erscheinungsbildes zur verstärkten Vulnerabilität in den betroffenen Regionen führt. Es besteht eine Intoleranz gegenüber UV-Licht sowie eine Unverträglichkeit gegenüber Hitze, Kälte und Temperaturwechseln. Damit sind die wesentlichen qualitativen Einschränkungen genannt, die beachtet werden sollten. Leistungen zur medizinischen Rehabilitation können angezeigt sein, nicht zuletzt um Krankheitsakzeptanz und Therapieeinsicht zu fördern. Immunsuppressiva und Kortikosteroide haben sich bewährt, um die funktionalen Einschränkungen zu minimieren. Endzustände mit Bewegungseinschränkungen infolge der straffen Hautatrophie und trophischen Ulzerationen lassen sich dadurch zeitlich verzögern.

■ **Dermatomyositis**

Die Dermatomyositis ist eine dermatologisch-rheumatische Entzündung des Hautorganes und der Muskulatur. Die kutanen Symptome äußern sich typischerweise in einer zartrosafarbenen bis lividen Rötung und in einer Hautentzündung. Im extrakutanen (muskulären) Bereich fällt eine Muskelschwäche durch das Fehlen der Gesichtsmimik und durch ein »depressives« Erscheinungsbild auf. Die kutanen Symptome lassen sich meistens gut durch immunsuppressive Interna behandeln. Tätigkeiten mit hoher Sonnenlichteinstrahlung sollten gemieden werden, weil die Erkrankung durch eine Lichtempfindlichkeit begünstigt wird. Weitere Einschränkungen können sich gegebenenfalls durch die muskulären Funktionseinschränkungen ergeben. Sofern diese in der dermatologischen Begutachtung nicht offensichtlich sind, kann eine Fachbegutachtung empfohlen werden.

■ **Blasenbildende Erkrankungen**

Bei plötzlichem Auftreten schlaffer Blasen oder großflächiger Erosionen der Haut oder/und der Schleimhäute (Mundhöhle), die bereits durch leichten Druck am integumentalen (stammbetont) und im intertriginösen (hautfaltenbetont) Bereich entstehen, kann differentialdiagnostisch eine Autoimmunerkrankung aus der Pemphigus- und Pemphigoid-Gruppe vorliegen. In diesen Fällen ist eine dermatologische Langzeitbehandlung mit morbostatisch-immunsuppressiver Therapie zu erwarten. Reha-Bedarf kann sich bereits bei den ersten Therapieschritten im Akutbereich abzeichnen. Bei Leistungen zur medizinischen Rehabilitation werden Patienten geschult im Umgang mit neuen Systemtherapien, den Gefahren durch Komplikationen und der Prävention von mikrobiellen Sekundärerkrankungen, Narbenbildung und Schleimhautbefall.

■ **Keratosen/Ichthyosen**

Erworbene wie erbliche Palmoplantarkeratosen beeinträchtigen durch die starke Schweißsekretion bei Xerosis. Das Leistungsvermögen kann qualitativ eingeschränkt sein durch Rhagaden an Hand- und Fußsohlen, durch Sensibilitätsstörungen an den Händen und durch Greifeinschränkungen sowie Beeinträchtigung des Laufens und der Geh- und Stehsicherheit. Die Verhornungsstörungen bei Ichthyosen können durch Sekundärinfektionen oder durch degenerative und allergische Ekzematisation zu Komplikationen beim Leistungsvermögen führen. Die qualitativen Einschränkungen resultieren vor allem aus den Beeinträchtigungen der Handfunktion infolge der Strukturveränderungen und den erforderlichen Hautschutzmaßnahmen. Psychische Belastungsreaktionen sind möglich. Reha-Bedarf sollte frühzeitig geprüft werden.

20.4 Infektionsbedingte Hauterkrankungen

20.4.1 Erysipel

Das Erysipel ist eine akute Infektionskrankheit, die durch beta-hämolysierende Streptokokken verursacht wird. Ulzera, Rhagaden oder erosive Mykosen in der Haut dienen als Eintrittspforten. Die Erreger breiten sich lymphogen nicht nur in der Haut aus. Die Bakterien können im Gewebe persistieren und zu weiteren Erysipelen als zyklische Infektion führen. Rezidive und konsekutive Reduktion des Lymphabflusses führen zu bleibenden Verdickungen und Zirkulationsstörungen der Extremitäten. Gesichtserysipele können zu Komplikationen durch die Verbindung zum zentralen Nervensystem (Vena angularis mit Begleitlymphgefäßen) führen, die durch eine gezielte Antibiotikabehandlung vermeidbar sind. Unmittelbarer Reha-Bedarf ergibt sich nach der Akutbehandlung des Erysipels nicht, möglicherweise aber aus der Komorbidität (beispielsweise Diabetes mellitus).

20.4.2 Mykose

Pilzerkrankungen sind bis auf seltene (z. B. Blastomykosen) Systemerkrankungen heilbar. Beeinträchtigungen des Leistungsvermögens sind nicht zu erwarten. Ein unmittelbarer Reha-Bedarf besteht nicht, möglicherweise aber bei einer Komorbidität durch beispielsweise Neurodermitis, HIV oder Autoimmunerkrankungen. Bei Systemmykosen können schwerwiegende Hautdefekte bis hin zu tiefen ulzerösen Schleimhautgranulomen auftreten. Die Therapie ist schwierig.

20.5 Hauttumoren

Gutartige Tumoren der Haut sowie Präkanzerosen sind nicht mit nennenswerten funktionalen Problemen verbunden.

Bösartige Neubildungen der Haut (Basaliome, Karzinome, maligne Melanome, Lymphome und Sarkome) führen oftmals zu Folgen, die das Leistungsvermögen einschränken. Die Inzidenz der malignen Hauttumoren liegt bei 250/100.000 Einwohner.

Zu den häufigsten bösartigen Neubildungen der Haut zählen die *Basaliome*. Basaliome metastasieren selten, können aber durch örtlich destruktives Wachstum (»Ulcus terebrans«) zum Beispiel im Kopfbereich zu entstellenden Gewebszerstörungen führen.

Plattenepithelkarzinome (Spindelzellkarzinome) neigen vor allem in lymph- und blutgefäßreichen Regionen zur Metastasierung (Unterlippe, Genitale).

Die Zahl der Neuerkrankungen am *malignen Melanom* steigt in den letzten Jahrzehnten stetig an. Am häufigsten erkranken Personen im mittleren Lebensalter. Maligne Melanome metastasieren frühzeitig.

■ **Leistungen zur Teilhabe**

Die Indikation für die stationäre Rehabilitation von Hauttumoren und Lymphomen der Haut (bspw. Mycosis fungoides als T-Zell-Lymphom) orientiert sich an drei sozialmedizinischen Kriterien [3]:
- Defekt/Fähigkeitsstörung z. B. durch Lymphödem und Juckreiz beim T-Zell-Lymphom
- Funktionelle Störung z. B. des Gehens, des Greifens usw. nach Tumor-Exstirpation
- Soziale Desintegration, z. B. infolge Arbeitsplatzverlust, Entstellung durch tumoröse Hautveränderungen.

Neben Leistungen zur Teilhabe nach § 15 SGB VI gibt es für die onkologische Reha-Indikation darüber hinaus die Möglichkeit der Gewährung einer Nachsorge-Maßnahme nach § 31 Abs. 1 Satz 1 Nr. 3 SGB VI mit dem Ziel, die durch die Erkrankung oder die Therapie bedingten körperlichen, seelischen, sozialen und beruflichen Behinderungen positiv zu beeinflussen [12].

- **Sozialmedizinische Beurteilung**

Bei der Beurteilung der Leistungsfähigkeit sind sowohl die körperlichen als auch die seelischen Komponenten zu beachten. Ebenso zu berücksichtigen sind Begleiterkrankungen. Die Kontextfaktoren in Alltag und Berufsleben sind individuell und detailliert aufzuzeigen und Leistungen zur medizinischen Rehabilitation oder zur Teilhabe am Arbeitsleben sind zu prüfen (siehe auch ▶ Kap. 10).

Literatur

1   Altmeyer P, Bacharach-Buhles M: Springer-Enzyklopädie Dermatologie, Allergologie, Umweltmedizin. Berlin; Heidelberg; New York: Springer-Verlag, 2002

2   Buhles N: Was ist ein patientenbezogener, tätigkeitsgeprüfter Hautschutzplan? Umwelt- und berufsdermatologisches Bulletin 104: 10, 2004

3   Buhles N, Sander C: Dermato-onkologische Rehabilitation. Der Hautarzt 56: 659–664, 2005

4   Christophers E, Mrowietz U, Sterry W (Hrsg.): Psoriasis – auf einen Blick. Berlin; Wien: Blackwell Wiss. Verlag, 2002

5   Diepgen TL, Coenrads PJ: The epidemiology of occupational contact dermatitis. In: Kanerva L, Elsner P, Wahlberg JE, Maibach HI (Hrsg.) Handbook of Occupational Dermatology, S. 3–16. Berlin; Heidelberg; New York: Springer-Verlag, 2003

6   Fuchs E, Schulz KH (Hrsg.): Manuale Allergologicum. München-Deisenhofen: Dustri-Verlag Dr. Karl Feistle, 1990

7   Müller U, Buhles N: Beruf und Neurodermitis, zum Stellenwert der Hautschutzpräparate. hautnah derm 1: 94–99, 1992

8   Nast A et al: S3-Leitlinie zur Therapie der Psoriasis vulgaris. JDDG, Supplement 2: S1–S126, 2006

9   Plinske W et al: Dokumentation des Berufskrankheiten-Geschehens in Deutschland. Daten und Fakten zu Berufskrankheiten. Hauptverband der gewerblichen Berufsgenossenschaften (HVBG) (Hrsg) Sankt Augustin, 2006

10 Schmöckel C: Diagnostisches und differentialdiagnostisches Lexikon der Dermatologie und Venerologie. Bonn: CITA Verlag, 1986

11 Scholten S: Der tätigkeitsgeprüfte Hautschutzplan. Dermatosen in Beruf und Umwelt 48: 188–194, 2000

12 Szeimies RM et al: Tumoren der Haut. Stuttgart – New York, Georg Thieme Verlag, 685–690, 201

13 Wahlen M, Buhles N: Beruflich bedingtes allergisches Handekzem durch Euro-Münzen bei vorbestehender Hyperhidrosis manuum. Akt Dermatol 32: 260–264, 2006

14 Zollner TM, Boehncke WH, Kaufmann R (Hrsg.): Atopische Dermatitis. Berlin; Wien: Blackwell Wissenschaftsverlag, 2002

Augenkrankheiten

Ralph Lorenz

21.1 Allgemeines

Die Augen sind unser wichtigstes Sinnesorgan. Wir erhalten ca. 80 % aller sensorischen Eindrücke über das Sehsystem. Die visuelle Wahrnehmung umfasst verschiedene Teilleistungen wie die Fern- und Nahsehschärfe, die damit verbundene Akkomodation, das Binokularsehen bis hin zur Stereopsis, das Gesichtsfeld bzw. Blickfeld bei Augen- und/oder Kopfbewegungen, das Farbunterscheidungsvermögen sowie die Adaptation auf unterschiedliche Beleuchtungsverhältnisse.

Darüber hinaus spielen komplexe zentrale Vorgänge zur Weiterverarbeitung und Nutzung visueller Informationen eine wichtige Rolle.

Die Anforderungen an das Sehvermögen und auch dessen Belastungen sind in den letzten Jahrzehnten in unserer modernen Mobilitäts- und Informationsgesellschaft unzweifelhaft gestiegen. So sind z.B. Beeinträchtigungen des Sehens durch das sog. »office eye syndrom«, eine Form des trockenen Auges, oder Asthenopien durch latentes Schielen oder un- und falsch korrigierte refraktive Fehler erst durch die heutigen Arbeitsbedingungen am Bildschirm mitverursacht bzw. werden manifest.

Andererseits hat die rasante technologische Entwicklung aber auch zu deutlichen Verbesserungen in der Versorgung Sehbehinderter mit elektronischen Hilfsmitteln wie Bildschirmlesegeräten, Videosystemen und elektronischen Vorlesehilfen geführt und hilft auch Menschen in Ausbildung oder Umschulung durch das E-Learning [23], funktionelle Defizite auszugleichen.

Darüberhinaus ist es in der Augenheilkunde gelungen, neueste wissenschaftliche Erkenntnisse und Entwicklungen sowohl auf operativem Gebiet, aber auch in Diagnostik und medikamentöser Therapie sehr schnell in die alltägliche Behandlung umzusetzen. Beispielhaft seien hier nur die verbesserte Diagnostik bei Glaukom (Grüner Star) mittels moderner bildgebender Systeme zur Beurteilung der Nervenfaserschicht der Netzhaut und des Sehnervenkopfes [GDx zur Messung der retinalen Ganglienzellschicht, Heidelberg Retina Tomograph (HRT) zur Papillendiagnostik bei Glaukom], die Therapie des Keratokonus mittels crosslinking oder auch die Behandlung der exsudativen altersassoziierten Makuladegeneration (AMD) mittels intravitrealer Injektion von Anti-Vascular-Endothelial-Growth-Factor-(A-VEGF)Substanzen genannt. Auch die chirurgische Rehabilitation bei Katarakt (Grauer Star) durch Implantation moderner intraokularer Linsen ist inzwischen so weit optimiert, dass die postoperativen visuellen Ergebnisse z.T. die vor Erkrankung bestehende Sehschärfe übertreffen können. In diesem Zusammenhang dürfen auch die Möglichkeiten der refraktiven Chirurgie wie Laser-in-situ-Keratomileusis (Lasik), intracamerale Linse (ICL) oder refraktiver Linsenaus-tausch nicht unerwähnt bleiben. Alle diese chirurgischen Verfahren können insbesondere bei hochgradigen Refraktionsfehlern des Auges zu beeindruckenden Verbesserungen der Leistungsfähigkeit des Sehsystems führen.

Während also für Erkrankungen, die das Auge und auch seine Anhangsgebilde (extraokulare Muskeln, Lider, ableitende Tränenwege etc.) selbst betreffen, heute eine umfassende medizinische Hilfe möglich ist, gilt dies für Sehschädigungen durch Erkrankungen entlang Sehnerv, Sehbahn und übergeordneten visuellen Zentren durch Schädel-Hirn-Trauma, Hirntumore, vaskuläre Erkrankungen oder Entzündungen (MS) nur eingeschränkt.

Auch kann das Auge häufig durch Allgemeinerkrankungen wie z.B. Diabetes mellitus, Schilddrüsenfunktionsstörungen, rheumatische Erkrankungen oder systemische Infektionskrankheiten mitbetroffen sein. Hier steht neben der ophthalmologischen Therapie aber die Behandlung der Grunderkrankung im Vordergrund.

21.1.1 Sozialmedizinische Bedeutung

Laut Angaben des statistischen Bundesamtes wurden im Jahr 2007 in Deutschland 348.442 Menschen als blind oder sehbehindert nach Art der schwersten Behinderung erfasst. Vor allem sind hier ältere Menschen betroffen, die Gruppe der Erwerbstätigen stellt weniger als ein Drittel.

Nach der Statistik der Deutschen Rentenversicherung Bund gab es 2009 wegen visueller Defizite insgesamt 1.518 Neuzugänge bei Renten wegen verminderter Erwerbsfähigkeit. Ursächlich dominierend waren bei den Betroffenen die Erkrankungen der hinteren Augenabschnitte (Netz-Aderhaut, Sehnerv).

Etwa 10.000 Menschen jährlich erleiden in Deutschland eine Neuerblindung. Bei der Altersgruppe bis 39 Jahren ist die Optikusatrophie, bei den 40–79-jährigen die diabetische Retinopathie und bei den über 80-jährigen die AMD die häufigste Ursache. 70 % aller blinden Menschen sind über 60 Jahre alt. Von den ca. 35.000 Blinden im erwerbsfähigen Alter (20–60 Jahre) sind ca. 30 % berufstätig. Die wichtigsten Tätigkeitsfelder mit insgesamt 50 % der Beschäftigten sind medizinische Berufe wie Masseure und Physiotherapeuten sowie die Telekommunikation.

Im Vordergrund steht bei Augenerkrankungen die medizinische Akut- und Dauerversorgung im Rahmen der gesetzlichen Krankenversicherung (GKV). Medizinische Rehabilitationsleistungen im eigentlichen Sinne werden nur vereinzelt z.B. bei chronischer Iridozyklitis/Uveitis durchgeführt. Hier listet die GBE (Gesundheitsberichterstattung des Bundes) für 2008 insgesamt nur 509 Fälle von stationären Leistungen zur medizinischen Rehabilitation bei Krankheiten des Auges und der Augenanhangsgebilde auf. Die Hauptkosten entstehen jedoch bei der

Versorgung sehbehinderter Menschen mit vergrößernden Sehhilfen im Rahmen der Heil- und Hilfsmittelrichtlinien durch die GKV. Hilfe für sehbehinderte Kinder und berufstätige Erwachsene im Rahmen schulischer Aus- und Weiterbildung sowie Umschulungen werden durch die entsprechenden Sozialleistungsträger geleistet. Allein über die Deutsche Rentenversicherung wurden 2009 bei Erkrankungen der Augen 1.447 Leistungen zur Teilhabe am Arbeitsleben finanziert, überwiegend wegen des Diagnosekomplexes Sehstörungen und Blindheit.

21.1.2 Diagnostik

Bevor die eigentlichen gutachterlich relevanten Untersuchungen beginnen, sollte sich der Augenarzt zunächst den aktuellen Krankheitsverlauf und die damit verbundenen Probleme im täglichen Leben und ggf. bei der Berufstätigkeit schildern lassen. Erst danach muss akribisch die augenärztlich relevante Anamnese hinsichtlich der früheren Augenvorgeschichte (insbesondere Refraktionsfehler, Strabismus, alte Verletzungen), aber auch der familiären Vorbelastung (hereditäre Erkrankungen wie tapetoretinale Dystrophien) und allgemeinen Erkrankungen (Diabetes, Hypertonus, rheumatoide Arthritis) sowie neurologischen Erkrankungen (Z. n. Apoplex, MS) erhoben werden.

Danach erfolgt die äußere Inspektion des Auges zur Beurteilung der Lidsituation sowie der Lage der Bulbi in der Orbita. Die Spaltlampenmikroskopie erlaubt die Beurteilung von Bindehaut, Sklera, Hornhaut, Vorderkammer, Iris, Linse und vorderem Glaskörper und unter zu Hilfenahme eines Gonioskops des Kammerwinkels. Die Funduskopie in diagnostischer Mydriasis ermöglicht dann die Beurteilung des hinteren Glaskörpers, der Netz- und Aderhautstrukturen sowie des Sehnervenkopfes. Je nach Fragestellung sind weitere Zusatzuntersuchungen obligat bzw. fakultativ durchzuführen.

Sehschärfe – Visus

Die Prüfung der Sehschärfe für die Ferne und die Nähe ist neben der später noch zu erläuternden Gesichtsfeldprüfung die mit Abstand entscheidendste Untersuchung der Funktionsfähigkeit des Sehorgans. Da hier die bestmögliche (korrigierte) Sehschärfe erfasst werden soll, ist schon im Vorfeld auf eine exakte Prüfung der vorhandenen Sehhilfen (Fern-, Nah-, Bifokal-, Gleit-, Prismenbrille und/oder Kontaktlinsen) zu achten. Die einfache Übernahme und Akzeptanz der mitgebrachten Sehhilfen wird der gutachterlichen Anforderung nicht gerecht. Ggf. muss der Untersucher neben der objektiven Refraktion am automatischen oder manuellen Refraktometer auch eine Refraktionierung in Cycloplegie, d.h. unter Ausschaltung der Akkommodation durchführen. Hier ist natürlich auch

das Kriterium der objektiven und subjektiven Verträglichkeit von Sehhilfen zu beachten. Probleme ergeben sich beispielsweise bei hoher Ametropie, Anisometropie oder hohen auch postoperativen Astigmatismen z. B. nach Keratoplastik sowie bei Kontaktlinsenunverträglichkeit. Für die Prüfung der Sehschärfe ist somit die mon- und binokular objektiv korrekte und auch subjektiv verträgliche Sehhilfe heranzuziehen.

Mit Sehschärfe oder Visus bezeichnet man die Fähigkeit des menschlichen Auges, unter Tageslichtbedingungen zwei Objekte als getrennt wahrzunehmen (minimum separabile). Für die gutachterliche Sehschärfenprüfung muss gemäß der internationalen Normen EN ISO 8596 und 8597 – übernommen in der DIN 58220 Teil 3 (Gutachten), Teil 5 (allgemeine Sehtests) und Teil 6 (Straßenverkehr, FeV) – untersucht werden [4, 5].

Der mit ggf. notwendiger Sehhilfe ermittelte Visuswert ist die letzte gemäß den Kriterien noch erkannte Visusstufe und wird in Dezimalzahlen angegeben. Angaben wie »teilweise erkannt« oder »p, pp« für partiell erkannt sind bei der Begutachtung nicht zulässig. Die beidäugige Sehschärfe wird als die des besseren Auges und beim schwächeren Auge dessen einäugige Sehschärfe gewertet. Bei bestimmten Erkrankungen wie Schielamblyopie, Nystagmus und hohen Ametropien kann es zu großen Diskrepanzen zwischen Fern- und Nahvisus oder auch Unterschieden bei Prüfung mit Einzeloptotypen im Vergleich zur Lesesehschärfe (minimum legibile) kommen. Hier ist ein Zwischenwert zu wählen, der bevorzugt den Nahvisus berücksichtigt [DOG (Deutsche Ophthalmologische Gesellschaft)-Empfehlung 1981].

In diesen Zusammenhang fällt auch die Bestimmung der Akkommodationsbreite. Die Fähigkeit des menschlichen Auges, sich auf unterschiedliche Sehabstände, insbesondere den Nahbereich, einzustellen, verschlechtert sich naturgesetzlich mit zunehmendem Alter kontinuierlich (Duane-Kurve). Dies ist bei allen gutachterlichen Prüfungen im Nahbereich (z. B. Perimetrie, Farbtest) und nicht nur bei der Sehschärfenprüfung durch entsprechenden Zusatz von Plusgläsern zu kompensieren.

Binokularität – Motilität – Stereosehen

Unter Binokularsehen wird das Simultansehen beider Augen abgestuft nach Binokularsehen ohne Fusion, Binokularsehen mit Fusion (binokulares Einfachsehen) und Binokularsehen mit Stereopsis als höchster Qualitätsstufe zusammengefasst. Die Stereosehschärfe gehört zu den Übersehschärfen (hyperacuity) und ist im täglichen Leben vor allem beim Führen von Fahrzeugen und bei bestimmten Berufen z. B. im Bereich der Feinmechanik aber auch in der Medizin von großer Bedeutung. Auch beim »verschärften Sehtest« bei der Fahreignungsbegutachtung der Klassen C, D und Fahrgastbeförderung wird ein Stereotest verlangt. Anders als bei der Sehschärfenprüfung sind die Testverfahren nicht optimal standardisiert. Zur Anwendung kommen einfache Treffversuche wie z. B. die Begegnung zweier mit ausgestreckten Armen gehaltener Gegenstände. Für eine genauere auch in Auflösungswinkelgraden abgestufte Untersuchung werden dagegen der Titmustest (Fliege, Tiere, Ringe) mit Polarisationsbrillenvorsatz oder randomisierte Punktmuster (Randot, TNO, Lang) verwendet.

Sozialmedizinische Bedeutung haben Störungen des Binokularsehens, welche durch Störungen der Augenmuskelzusammenarbeit verursacht werden. Bei etwa 5–7 % der Bevölkerung besteht eine manifeste Form des Schielens (Strabismus). Zusätzlich lässt sich bei etwa 70 % der Bevölkerung ein latentes Schielen (Heterophorie) nachweisen. Bei den manifesten Schielformen sollte man auch im Hinblick auf die spätere gutachterliche Bedeutung zwischen dem meist erworbenen paretischen (Lähmungs-) Schielen und dem angeborenen kindlichen Schielen wie kongenitales Schielsyndrom, Mikrostrabismus, (Teil-) akkomodatives Schielen und normosensorischem Spätschielen unterscheiden. In der Begutachtung spielen dabei neben möglichen begleitenden mon- oder binokularen Sehschärfeverlusten wie der Schielamblyopie (-schwachsichtigkeit) und der Einschränkung der Stereopsis vor allem etwaige vorhandene Doppelbildwahrnehmungen eine Rolle. Doppelbilder treten vor allem beim paretischen Schielen der Erwachsenen auf, während sie beim kindlichen Schielen durch Suppression und Exklusion des Bildes des schielenden Auges eher seltener sind.

Untersucht wird zunächst gemäß den subjektiven Angaben des Prüflings nach monokularen (z. B. durch irreguläre Abbildungszustände von Hornhaut und Linse) oder eindeutig binokularen Doppelbildern, welche bei Abdeckung eines Auges verschwinden. Zur Objektivierung der Angaben dienen Prismenkompensationstests, der Abdecktest sowie die Untersuchung der Motilität im freien Raum. Entscheidend für die gutachterliche Beurteilung sind die Prüfung der monokularen Bewegungen, das Doppelbildschema in den neun Hauptblickrichtungen sowie der Bereich des binokularen Einfachsehens an der Tangentenskala nach Harms [22].

Gesichtsfeld (GF)

Neben der Prüfung der Sehschärfe ist die Untersuchung des monokularen und binokularen Gesichtsfelds die entscheidende Bewertungsgrundlage für das Ausmaß einer Sehbehinderung. Während die Sehschärfe ein Maß für die räumliche Auflösung darstellt, prüft die Perimetrie die Lichtunterschiedsempfindlichkeit des Sehsystems zentral und peripher. Die Lichtunterschiedsempfindlichkeit ist im Bereich der Zapfen der Netzhautmitte am höchsten und fällt zur Peripherie im Bereich der Stäbchen ab.

Zur gutachterlichen Beurteilung sollte ausschließlich die manuelle kinetische Perimetrie am Perimeter nach Goldmann verwendet werden. Die Gesichtsfeldaußengrenzen betragen normalerweise temporal 90°, unten 70°, nasal und oben 60°. Die heutzutage für die klinische Routine meist eingesetzte computergesteuerte statische Perimetrie bestimmt mit einem festen Raster von Prüfpunkten die Wahrnehmungsschwelle für Lichtstimuli ortsständig. Sie kann vor allem zur Darstellung relativer oder kleiner absoluter Skotome im zentralen Gesichtsfeld, welche z. B. starke Schwierigkeiten bei flüssigem Lesen verursachen, eingesetzt werden und kann die Aussagekraft der manuell-kinetischen Perimetrie zumindest ergänzen.

Während einseitige Gesichtsfeldeinschränkungen meist vom Partnerauge gut kompensiert werden, führen beidseitige Einschränkungen oder gar Fehlen bzw. komplette Amaurose des Partnerauges zu deutlich höheren Beeinträchtigungen des Sehvermögens. Besonders bedeutsam sind binokulare Ausfälle in den beiden unteren Gesichtsfeldquadranten.

Farbensehen

Farbsinnstörungen sind in der Bevölkerung relativ häufig und betreffen aufgrund ihres x-chromosomal-rezessiven Erbganges (Ausnahme: Achromatopsie, autosomal-dominant) in der Regel das männliche Geschlecht. Ca. 8 % aller Männer sind betroffen, wobei die Grünschwäche (Deuteranomalie) vor Grünblindheit (Deuteranopie), Rotblindheit (Protanopie) und Rotschwäche (Protanomalie) am häufigsten vorkommt. Erworbene Farbsinnstörungen entstehen auch monokular bei verschiedenen Erkrankungen des Sehnerven oder der Netzhaut, haben aber durch den funktionellen Schaden der Grunderkrankung eher untergeordnete Bedeutung. Als orientierende Prüfverfahren im klinischen und Praxisalltag werden die pseudoisochromatischen Farbtafeln nach Ishihara oder Velhagen sowie die Farblegetests PANEL-D-15 oder Farnsworth-Munsell 100 Hue verwendet. Die gutachterliche Untersuchung muss dagegen an Spektralfarbentestgeräten gemäß DIN 6160 [6] wie z. B. dem Anomaloskop nach Nagel oder dem Heidelberger Allfarbenanomaloskop durchgeführt werden. Aus den vom Prüfling eingestellten Mischungsverhältnissen von Rot und Grün um die Referenzfarbe Gelb zu erhalten, errechnet sich dann der Anomaliequotient (AQ) und die Einstellbreite. Der normale AQ liegt zwischen 0,7 und 1,4. Deuteranomale haben einen AQ über 1,7 und Protanomale < 0,6. Nur für letztere gibt es zumindest in der FeV ein eindeutiges Ausschlusskriterium für die Führerscheinklasse D und Fahrgastbeförderung.

Adaptation, Dämmerungssehen, Blendung

Unter Adaptation versteht man die Fähigkeit des menschlichen Sehsystems, sich auf unterschiedliche Leuchtdichteverhältnisse einzustellen. Gesteuert wird die Adaptation über die Pupillenreaktion, die photochemische Adaptation über den Auf- und Abbau der Sehpigmente in Zapfen und Stäbchen der Netzhaut sowie die neuronale Adaptation in den rezeptiven Feldern von Netzhaut und visuellem Cortex. Man unterscheidet das photopische (Tageslicht-) Sehen bei Leuchtdichten ab 10 cd/m² vom mesopischen (Dämmerungs-) Sehen bei Leuchtdichten zwischen 0,01 und 10 cd/m² und skotopischen (Nacht-) Sehen bei Leuchtdichten unter 0,01 cd/m². Unter mesopischen Bedingungen wie z. B. nächtlichem Autofahren (Leuchtdichte um 0,1 cd/m²) ist auch bei Normalsichtigen die Sehschärfe schon um die Hälfte reduziert.

Blendung entsteht durch Leuchtdichteintensitäten, die das örtliche und zeitliche Adaptationsvermögen des Sehsystems soweit beeinträchtigen, dass die visuelle Wahrnehmung gestört wird. Ursache für ein vermindertes Dämmerungssehvermögen und eine erhöhte Blendung sind generell das zunehmende Alter eines Menschen, aber auch refraktive Probleme (»falsche Brille« oder unkorrigierte Ametropien). Organische Ursachen können Trübungen der brechenden Medien wie Hornhautnarben (z. B. auch nach Lasik), eine beginnende Katarakt (aber auch eine reizfreie Pseudophakie) oder auch Netzhauterkrankungen sein.

Untersucht werden das Dämmerungssehvermögen und die Blendung für gutachterliche Zwecke ausschließlich an Geräten, die von der DOG für geeignet erachtet werden. Genannt sei hier das Mesoptometer nach Aulhorn [7, 14]. Mit diesem Gerät lassen sich z. B. die von der DOG zwar geforderten, in der aktuellen FeV aber nicht mehr zwingend vorgeschriebenen Messungen des Kontrastsehens unter Dämmerungssehbedingungen mit und ohne Blendung vornehmen.

Bei ausgeprägten Formen kann es zu sozialmedizinisch relevanten Orientierungsschwierigkeiten im Dunkeln kommen.

Kritische Würdigung der Untersuchungsergebnisse der erläuterten Tests und Untersuchungsverfahren:

Wie bei allen psycho-physischen Testverfahren beruhen die Ergebnisse der oben erläuterten Untersuchungen zum größten Teil auf den subjektiven Angaben und der Mitarbeit des Untersuchten.

Um die Validität der Untersuchungsergebnisse zu überprüfen, kann man bei zweifelhaften Angaben zur Sehschärfe z. B. eine absteigende Visusprüfung durchführen oder haploskopische Trennverfahren einsetzen, die zur Verwechslung für den Untersuchten hinsichtlich

seines geprüften Auges führen. Zusätzlich kann als objektives Verfahren der optokinetische Nystagmus oder die Ableitung visuell evozierter Potentiale (Visus-VECP) eingesetzt werden.

Bei Gesichtsfelduntersuchungen ist vor allem auf die strikte Fixationskontrolle zu achten. Darüberhinaus können Plausibilitätsfragen mit der Möglichkeit falsch-positiver oder falsch-negativer Antworten am statischen Perimeter Hinweise auf eine Simulation oder Dissimulation geben. Eine Änderung des Prüfabstands bei GF-Kontrollen im freien Raum kann ebenso zur Verwirrung des Prüflings beitragen. Auch das objektive Verhalten des Untersuchten im Untersuchungsraum kann Hinweise auf tatsächliche oder nur vorgegebene Funktionsminderungen geben.

Dagegen sind Binokularstörungen mit Doppelbildern in der Regel durch die orthoptische Untersuchung eindeutig zuzuordnen und quantitativ zu messen. Die Prismenkompensationstests sind vom Probanden meist nicht willentlich beeinflussbar. Beim Stereosehtest darf keine seitliche Bewegung erfolgen, da auch sonst monokular fälschlich positive Ergebnisse erzielt werden können.

Bei Farbflecktests werden zur Plausibilitätsprüfung auch für Farbgestörte eindeutig erkennbare Probetafeln verwendet.

Lediglich bei Störungen des Dämmerungs- und Nachtsehens muss man sich neben dem objektiven organischen Befund z. T. noch auf eingehendere elektrophysiologische Untersuchungen wie ERG (Elektroretinogramm) oder EOG (Elektrokulogramm) zur Beurteilung der Stäbchen- und Zapfenfunktion der Netzhaut stützen.

Entscheidend ist einerseits, dass die Untersuchungen strikt nach den von der DOG vorgegebenen Kriterien mit von der DOG zugelassenen Geräten durchgeführt werden [7, 14]. Zum anderen muss jede Funktionsminderung durch ein funktionelles (Amblyopie) oder morphologisches Korrelat erklärbar sein. Im Zweifelsfall müssen zusätzlich bildgebende Verfahren wie Fluoreszenzangiographie (FAG) der Netz- und Aderhaut, Okuläre Cohärenz Pachymetrie (OCP) zur Messung der HH-Dicke, Okuläre Cohärenz Tomographie (OCT) zwecks Schnittbildes der Netzhaut, Heidelberg Retina Tomograph (HRT) zur Papillendiagnostik bei Glaukom, GDx (Messung der retinalen Ganglienzellschicht), Hornhauttopographie, CT oder MRT hinzugezogen werden.

21.1.3 Beurteilungs- und Zielkriterien

Die Einteilung nach Pape [29] (◻ Tab. 21.1) und die etwas differenziertere Einteilung der WHO (◻ Tab. 21.2) erlauben die Beurteilung der Sehfunktion allein nach dem Ausmaß des Visusverlusts.

⬛ **Tab. 21.1** Stufen der Sehbeeinträchtigung (Pape)	
I	Volle Sehtüchtigkeit:
	Visus mindestens 1,0 / 0,5
II a	Gröbere einseitige Sehschädigung:
	Visus mindestens 1,0 / 0,3 und weniger oder einseitige Aphakie
II b	Mäßige beidseitige Sehschädigung:
	Bds. 0,4 – 0,9
III	Sehbehinderung:
	Bds. 0,06 – 0,3
IV	Hochgradige Sehbehinderung:
	Bds. 0,03 – 0,05
V	Blindheit oder der Blindheit gleichzustellen:
	Visus am besseren Auge 0,02 oder weniger

⬛ **Tab. 21.2** Stufen der Sehbeeinträchtigung (in Anlehnung an die WHO, Quelle: ICD-10-GM, Version 2010, DIMDI)		
Stufen	**Sehschärfe mit bestmöglicher Korrektur (in Ferne)**	
	gleich oder geringer als:	**höher als:**
0 – leichte oder keine Sehbeeinträchtigung		6/18
		3/10 (0,3)
		20/70
1 – mittelschwere Sehbeeinträchtigung	6/18	6/60
	3/10 (0.3)	1/10 (0.1)
	20/70	20/200
2 – schwere Sehbeeinträchtigung	6/60	3/60
	1/10 (0.1)	1/20 (0.05)
	20/200	20/400
3 – hochgradige Sehbehinderung	3/60	1/60 (Fingerzählen 1 m)
	1/20 (0.05)	1/50 (0.02)
	20/400	5/300 (20/1200)
4 – Blindheit	1/60 (Fingerzählen 1 m)	Lichtscheinwahrnehmung
	1/50 (0.02)	
	5/300	
5 – Blindheit	keine Lichtscheinwahrnehmung	
9	unbestimmt oder nicht näher bezeichnet	

Von Bedeutung ist zunächst die Gruppe IIa nach Pape. Der wesentliche Verlust betrifft hier das Stereosehen. Die »funktionelle« Einäugigkeit darf aber keinesfalls gleichermaßen bewertet werden wie der tatsächliche vollständige Verlust eines Auges. Zusätzlich ist auch für die Beurteilung der privaten und ggf. beruflichen Konsequenzen die Unterscheidung zwischen angeborenen und erworbenen einseitigen Visusschwächen mit fehlendem Stereosehen sinnvoll, da hier unterschiedliche Kompensationsmechanismen zum Ausgleich des Funktionsverlustes existieren.

Die mäßige beidseitige Sehbehinderung mit Visus bds. 0,4–0,9 (Gruppe IIb nach Pape) bedeutet noch keine Sehbehinderung, führt aber doch zu messbaren Einschränkungen der Leistungsfähigkeit bei den zunehmenden visuellen Anforderungen in Beruf, Straßenverkehr und Informationstechnologie auch im privaten Bereich.

Als sehbehindert werden alle Personen der Gruppe III nach Pape sowie Stufe 1 und 2 nach WHO mit einem Visus von bds. 0,06–0,3 eingestuft. Die Lesefähigkeit der Betroffenen ist dabei ohne Zuhilfenahme spezieller optischer Hilfsmittel sehr eingeschränkt. Jedoch haben sich durch Verbesserungen insbesondere auf dem Gebiet der Informationstechnologien deutlich mehr persönliche und berufliche Unterstützungsmöglichkeiten entwickelt.

Die Gruppe der hochgradig sehbehinderten Menschen (IV nach Pape, 3 nach WHO) hat nur noch ein Sehvermögen von bds. 0,03–0,05.

Als blind werden diejenigen Personen bezeichnet, deren Sehschärfe am besseren Auge 0,02 (1/50 1m-Visus) oder weniger beträgt (Gruppe V nach Pape bzw. 4 und 5 nach WHO).

Eine einer Herabsetzung der Sehschärfe auf 0,02 (1/50) oder weniger gleichzusetzende Sehbehinderung liegt bei folgenden Fallgruppen vor:

a. bei einer Einengung des Gesichtfeldes, wenn bei einer Sehschärfe von 0,033 (1/30) oder weniger die Grenze des Restgesichtsfeldes in keiner Richtung mehr als 30° vom Zentrum entfernt ist, wobei Gesichtsfeldreste jenseits von 50° unberücksichtigt bleiben,

b. bei einer Einengung des Gesichtsfeldes, wenn bei einer Sehschärfe von 0,05 (1/20) oder weniger die Grenze des Restgesichtsfeldes in keiner Richtung mehr als 15° vom Zentrum entfernt ist, wobei Gesichtsfeldreste jenseits von 50° unberücksichtigt bleiben,

c. bei einer Einengung des Gesichtsfeldes, wenn bei einer Sehschärfe von 0,1 (1/10) oder weniger die Grenze des Restgesichtsfeldes in keiner Richtung mehr als 7,5° vom Zentrum entfernt ist, wobei Gesichtfeldreste jenseits von 50° unberücksichtigt bleiben,

d. bei einer Einengung des Gesichtsfeldes, auch bei normaler Sehschärfe, wenn die Grenze der Gesichtsfeldinsel in keiner Richtung mehr als 5° vom Zentrum entfernt ist, wobei Gesichtsfeldreste jenseits von 50° unberücksichtigt bleiben,

e. bei großen Skotomen im zentralen Gesichtsfeldbereich, wenn die Sehschärfe nicht mehr als 0,1 (1/10) beträgt und im 50°-Gesichtsfeld unterhalb des horizontalen Meridians mehr als die Hälfte ausgefallen ist,

f. bei homonymen Hemianopsien, wenn die Sehschärfe nicht mehr als 0,1 (1/10) beträgt und das erhaltene Gesichtsfeld in der Horizontalen nicht mehr als 30° Durchmesser besitzt,

g. bei bitemporalen oder binasalen Hemianopsien, wenn die Sehschärfe nicht mehr als 0,1 (1/10) beträgt und kein Binokularsehen besteht.

Blind ist auch der behinderte Mensch mit einem nachgewiesenen vollständigen Ausfall der Sehrinde (Rindenblindheit), nicht aber mit einer visuellen Agnosie oder anderen gnostischen Störungen [5].

Besondere Anforderungen im Straßenverkehr, in der Arbeitsmedizin und zur Berufseignung

▪ Fahrerlaubnisverordnung (FeV)

Die Anforderungen an das Sehvermögen im Straßenverkehr werden in der Anlage 6 der FeV/FeV ÄndV [8, 10, 11] wiedergegeben.

▪ Berufsgenossenschaftlicher Grundsatz: Fahr-, Steuer- und Überwachungstätigkeiten G25

Hier wird die Eignung des Einzelnen für innerbetriebliche Tätigkeiten geregelt, um Unfälle oder Gesundheitsgefahren für die Betroffenen oder Dritte zu verhindern. Darunter fallen zahlreiche beruflich zu führende Fahrzeuge, Arbeitsplätze und Tätigkeiten [13] wie alle Kraftfahrzeuge, Gabelstapler, Kräne, Bagger, Förderbänder und Seilbahnen sowie Maschinensteuerung.

▪ Berufsgenossenschaftlicher Grundsatz: Bildschirmarbeitsplätze G37

Die Untersuchung gemäß dem berufsgenossenschaftlichen Grundsatz G37 soll allen Arbeitnehmern an Bildschirmgeräten angeboten werden. Die Auswahl der zu Untersuchenden wird in den entsprechenden Verwaltungsvorschriften BGI 504–537 sowie VBG 2005 [42] beschrieben. Die Untersuchungen sollen vor Aufnahme der Tätigkeit, danach in bestimmten zeitlichen Interval-

len aber auch jederzeit bei Beschwerden des Versicherten erfolgen. Ziel ist es, durch die entsprechenden Vorsorgeuntersuchungen und ggf. Weiterbehandlung durch den Augenarzt eine Früherkennung spezifisch ophthalmologischer Probleme wie un- oder falsch korrigierter Refraktionsfehler, beginnende Presbyopie oder dekompensierte Phorie mit folgenden asthenopischen Beschwerden zu ermöglichen. Dadurch kann dann sowohl die refraktive Versorgung der Versicherten, aber auch ggf. die Ergonomie des Bildschirmarbeitsplatzes (Bildschirmart, -größe, Arbeitsabstand, Lichtquellen etc.) verbessert und den individuellen Bedürfnissen angepasst werden. Darüber hinaus können auch notwendige Maßnahmen beim Sicca-Syndrom (Office eye syndrom) wie Verbesserung der Raumklimatisierung oder auch Umstellungen bei Kontaktlinsenträgern veranlasst werden. Dauernde gesundheitliche Bedenken kommen allenfalls dann in Frage, wenn durch Erkrankungen der Netzhautmitte nur noch ein Restgesichtsfeld von weniger als 4° erhalten ist, da dann z. B. Silbenerfassungen nicht mehr möglich sind [1]. Befristete gesundheitliche Bedenken kommen bei Erkrankungen in Betracht, die operativ oder konservativ behandelt werden können und das zu erwartende Sehvermögen die Bildschirmtätigkeit wieder ermöglicht. Hierzu gehören die Katarakt mit erforderlicher Operation, Hornhautdegenerationen vor Keratoplastik, Glaskörpereinblutungen vor notwendiger Vitrektomie, aber auch ausgeprägte Augenmuskelstörungen vor Strabismuschirurgie.

▪ Schiffs-, Flug-, und Bahnverkehr

Hier gelten eigene Gesetze, Verordnungen und Richtlinien zur Beurteilung des Sehvermögens und der Tauglichkeit. Darunter fallen das Seemannsgesetz, die Verordnung über die Seediensttauglichkeit, die Seelotsenuntersuchungsverordnung, das Binnenschifferpatent, die deutsche Fassung der JAR-FCL3 (Joint Aviation Requirements-Flight Crew Licence) sowie eine interne Konzernrichtlinie der Deutschen Bahn [22].

Sonstige berufliche Tätigkeit

Außerhalb der genannten Gesetze, Verordnungen, Richtlinien und Tauglichkeitsvorschriften gibt Pape [29, 30] eine Darstellung des Einflusses von reduzierten Sehfunktionen auf die berufliche Eignung. Es existieren jedoch keinesfalls allgemeingültige Regelungen zu den Eignungsvoraussetzungen, da sich die Anforderungen für identische Berufe je nach individueller Ausgestaltung des Arbeitsplatzes stark unterscheiden. Die Sehschärfe ist aber auch hier das wichtigste Beurteilungskriterium, so dass für eine Übersicht wiederum die Tabelle von Pape (▪ Tab. 21.1) bzw. die Einstufung der WHO (▪ Tab. 21.2) herangezogen werden kann.

Für Gruppe I nach Pape gelten allenfalls die o. g. Tauglichkeitsvorschriften als Grundlage für fehlende berufliche Eignungen oder Beschränkungen.

Für Gruppe IIa mit einer einseitigen Visusminderung ist vor allem der Verlust des Stereosehens relevant (funktionelle Einäugigkeit). Zu unterscheiden sind sicherlich die angeborene oder frühkindlich erworbene Einäugigkeit von einem erst später im Berufsleben eingetretenen Funktionsverlust. Erstere zieht geringere Auswirkungen nach sich als letztere. Zum einen spielt hier die Art des gewählten Berufs (in Kenntnis des frühen funktionellen Defizits), aber auch das Ausmaß der im jungen Alter noch besseren Akkomodation als Hilfe bei der Tiefenbeurteilung eine Rolle. Die Gewöhnung an eine spät erworbene Einäugigkeit tritt allerdings relativ schnell schon nach wenigen Wochen ein. Günstig sind hier alle beruflichen Tätigkeiten, in denen zusätzlich der Tastsinn zu Hilfe genommen werden kann. Dagegen sind Tätigkeiten, die ein gutes Stereosehen voraussetzen, wie die Bearbeitung von feinen Oberflächen z. B. als Dreher oder Werkzeugmacher, aber auch die Ausübung von Berufen wie Feinmechaniker, Zahntechniker oder Uhrmacher nur noch eingeschränkt möglich. Auch Tätigkeiten im Baugewerbe auf Gerüsten bedingen eine erhöhte Gefährdung. Jedoch gibt es hier kein eindeutiges Ausschlusskriterium, insbesondere wenn bei angeborener Einäugigkeit die berufliche Tätigkeit bisher ohne Probleme ausgeübt werden konnte. Ein genereller Ausschluss von Einäugigen aus Produktionsberufen sollte deshalb unterlassen werden. Sofern keine gesetzlichen Vorschriften dagegen sprechen, ist auch bei erworbener Einäugigkeit immer ein Arbeitsversuch auch am alten Arbeitsplatz ggf. unter verbesserten Schutzmaßnahmen für das gesunde Auge sinnvoll.

Bei Funktionsminderungen gemäß Gruppe IIb ist vor allem eine Minderung der Arbeitsgeschwindigkeit bei der visuellen Kontrolle verschiedener Arbeitsvorgänge zu erwarten. Dies ist bei der Ausgestaltung und Einrichtung des Arbeitsplatzes zu berücksichtigen. Auch die Taktzeiten z. B. in der industriellen Produktion müssen dies mit einplanen. Ansonsten sollten hier keine generellen Ausschlüsse erfolgen.

Relevante Einschränkungen ergeben sich jedoch sicherlich bei Betroffenen der Gruppe III nach Pape bzw. Stufen 1 und 2 nach WHO. Diese Personen können nicht mehr eigenständig am motorisierten Straßenverkehr teilnehmen, eine Lesefähigkeit ist nur noch mit vergrößernden Sehhilfen zu erreichen. Sie profitieren jedoch am meisten von der zunehmenden Zahl an Bildschirmarbeitsplätzen, welche individuell auf die jeweilige Sehbehinderung eingerichtet werden können. Dadurch können insbesondere Büroarbeiten im kaufmännischen Bereich oder in der Verwaltung noch ausreichend gut ausgeführt werden. Für Tätigkeiten in der industriellen Produktion

gilt dies dagegen eher nicht. Allenfalls hochstandardisierte, sich ständig wiederholende Tätigkeiten mit gröberen Werkstücken oder in der Montage mit guter taktiler Kontrolle sind noch ausübbar. Dagegen sind klassische Berufsbilder wie Gärtner, Bäcker oder auch Physiotherapeut durchaus für Menschen mit dieser Schwerbehinderung geeignet.

Für Personen mit hochgradiger Sehbehinderung bzw. Erblindung gemäß Gruppe IV und V nach Pape bzw. 3–5 nach WHO kann allenfalls noch ein Einsatz als Telefonist oder Phonotypist (unter Zuhilfenahme ggf. von Spracherkennungssoftware und BRAILLEschrift am PC) sowie als Masseur in Erwägung gezogen werden.

Einschränkungen des Gesichtsfeldes als eigenständige oder zusätzliche Behinderung sind allenfalls bei Arbeiten auf Gerüsten wie z. B. als Maurer oder auch Dachdecker oder im Rahmen der Aufsichtspflicht bei sozialen Berufen relevant. Ausfälle in der unteren Gesichtsfeldhälfte sind dabei schwerwiegender. Beidseitige konzentrische Einschränkungen auf 30° (entsprechend einer Visusminderung auf 0,3) gelten als Grenzbefund z. B. bei Erziehern oder Heimbetreuern.

Bei kongenitalem Strabismus ist vor allem die Amblyopie durch Suppression und folgende Einäugigkeit (s. o.) relevant. Das latente Schielen (Heterophorie) ist ein wesentlicher Faktor bei der Beurteilung von Asthenopie (»angestrengtem Sehen«) bei Bildschirmtätigkeiten. Hier sind den Betroffenen die vorhandenen optischen (Prismenkompensation), aber auch chirurgischen (Schieloperation) Therapiemöglichkeiten zu erläutern. Bei erworbenen Doppelbildern ist immer die Suppression und mögliche Exklusion abzuwarten.

Farbsinnstörungen sind in den allermeisten Fällen angeboren und sollten deshalb schon bei der Berufswahl berücksichtigt werden. Es gibt zwar seitens der Innungen oder Berufsgenossenschaften keine eindeutigen Ausschlusskriterien, aber bei Berufen im Malerhandwerk, der Elektrobranche, in Textil- oder Druckereiberufen ergeben sich zumindest für Protanope oder Deuteranope (Dichromaten) Einschränkungen, während Protanomale oder Deuteranomale (anomale Trichromaten) die Tätigkeiten häufig ohne Schwierigkeiten ausüben können.

21.2   Krankheitsbilder

21.2.1 Erkrankungen der vorderen Augenabschnitte

Dieses Kapitel enthält Ausführungen zu ausgewählten Augenkrankheiten mit großer Relevanz für die sozialmedizinische Begutachtung.

Sicca-Syndrom

Wiewohl das Syndrom des »trockenen Auges« – bei entsprechender Berufstätigkeit im Rahmen des »Sick Building Syndroms« auch »office eye syndrom« genannt – in der täglichen augenärztlichen Praxis eine zunehmende Bedeutung gewinnt – ca. 20 % der Patienten einer durchschnittlichen Augenarztpraxis leiden am trockenen Auge –, führt es jedoch nur in seltenen Ausnahmefällen z. B. durch die Entwicklung therapierefraktärer Epitheliopathien mit Erosionen und Hornhautnarben zu dauerhaften, auch gutachterlich relevanten visuellen Einschränkungen, z. B. auch Unverträglichkeit von Kontaktlinsen. Die Betroffenen klagen neben dem Trockenheitsgefühl auch über Brennen, Juckreiz, Druckgefühl und zum Teil auch überschießendes reaktives Tränen. Die Ursachen sind vielfältig und reichen von altersbedingten Veränderungen über hormonelle Umstellungen (Klimakterium), Medikamentennebenwirkungen (Beta-Blocker, Zytostatika) bis hin zu klimatischen Einflüssen (Klimaanlagen) und Umwelteinflüssen (Staub, Ozon). Auch internistische und vor allem rheumatische und dermatologische Grunderkrankungen (SJÖGREN-Syndrom, Lupus erythematodes, Sklerodermie) gehen häufig mit einem Sicca-Syndrom einher. Zur Diagnostik dient neben der Spaltlampenmikroskopie die Messung der Break-up-time oder auch der Schirmer-Test. Klinisch wird das trockene Auge gemäß der Klassifikation nach Höh [17] basierend auf der Anzahl und Ausprägung sog. lidkantenparalleler Falten (LIPCOF) in 4 Stadien eingeteilt. Überraschenderweise korrelieren die subjektiven Symptome der Patienten jedoch keineswegs immer mit den klinischen Befunden. So haben manche Patienten trotz ausgeprägter objektiver Sicca-Zeichen keinerlei oder nur mildeste Beschwerden und sehen keinerlei Notwendigkeit für die Verwendung von Tränenersatzmitteln, während andere Patienten mit kaum erkennbaren Befunden dramatische Symptome bis hin zu unerträglichen Schmerzen und Sehstörungen äußern. Eine subjektive Überlagerung der Symptomatik ist dann nicht immer auszuschließen. Die Beurteilung sollte sich hier deshalb allein nach dem objektiven Befund richten. Zusätzlich müssen die subjektiven Angaben des Patienten hinsichtlich seiner visuellen Funktion, seinem subjektiven Beschwerdebild, seiner Beeinträchtigung durch die nötige (Tropfen-)Therapie und ggf. sein berufliches, speziell klimatisches Umfeld mit berücksichtigt werden. Bei der großen Zahl an Therapieoptionen (neben Filmbildnern auch lokale Zytostatika, Tränenkanal-Plugs) und der Möglichkeit, das klimatische und ergonomische Arbeitsumfeld zu verbessern, erscheint eine berufliche Einschränkung jedoch eher selten gerechtfertigt. Problematisch kann ggf. der dauerhafte oder gar ausschließliche Einsatz an Bildschirmarbeitsplätzen sein, da dort durch die zusätzlich bestehende und nachgewiesene reduzierte Lidschlagfrequenz bei schweren Sicca-Syndromen tatsächlich keine stabile visuelle Leistungsfähigkeit erreicht werden kann.

Keratokonus

Bei dieser ein- oder beidseitigen häufig progredienten Form eines irregulären Astigmatismus, verursacht durch eine Störung im Kollagenstoffwechsel der Hornhaut, entstehen mannigfaltige visuelle Störungen von einfachen Bildverzerrungen und gestörtem Dämmerungs- und Kontrastsehen bis hin zur Wahrnehmung monokularer Doppelbilder und hochgradiger Visusminderung. Betroffen sind in Deutschland ca. 40.000 Menschen (0,5 Promille der Bevölkerung) mit einem gehäuften Auftreten zwischen dem 20. und 30. Lebensjahr. Die Stadieneinteilung erfolgt nach Krumeich [21] in 4 Stadien abhängig vom Hornhautradius und der Hornhautdicke. Während im Stadium 1 manchmal noch eine Brillenkorrektur möglich ist, sollten bei fortschreitendem Verlauf formstabile (harte) hochgasdurchlässige, z. T. auch spezielle Keratokonuslinsen angepasst werden. Ca. 80 % der Betroffenen kann damit geholfen werden. Problematisch sind Fälle mit schneller Progredienz auch mit häufiger Änderung der Kontaktlinsenparameter, aber auch Patienten, die unter rezidivierenden, z. T. schmerzhaften Epithelschäden leiden. Sollte dann bei beidseitiger Erkrankung keine Kontaktlinsenkorrektur möglich sein, besteht unter Umständen sofortige Fahruntauglichkeit und bei fehlender Korrekturmöglichkeit mit einer Brille zusätzlich auch eine deutliche Einschränkung hinsichtlich der beruflichen Leistungsfähigkeit. Im Tagesverlauf kann die visuelle Leistung stark schwanken, es kommt zu häufigen Reizerscheinungen mit Rötung und Tränenfluss. Bei dauerhafter Kontaktlinsenunverträglichkeit, schneller Progredienz und/oder Absinken der bestkorrigierten Sehschärfe auf < 0,3 stehen verschiedene weitere therapeutische Verfahren zur Verfügung. Ein Verfahren stellt hierbei die cross-linking Therapie mit Riboflavin und UVA-Licht zur Verbesserung und Stabilisierung des Kollagens der Hornhaut dar. Diese Methode kann aber nur bei einer Hornhautmindestdicke von 400 mm, also im Stadium 1 und 2 nach Krumeich angewandt werden und erreicht maximal eine Stabilisierung des vorliegenden Befundes. Ein weiteres chirurgisches Verfahren in diesen beiden Stadien ist die circuläre Keratotomie, die den Keratokonus ebenfalls zum Stillstand bringen kann. Im Stadium 3 kann eine tiefe lamelläre Keratoplastik mit Erhalt der innersten eigenen Hornhautschicht den Keratokonus heilen. Ab Stadium 4 ist dann nur noch die perforierende Keratoplastik möglich, welche allerdings weiterhin mit einem hohen postoperativen Astigmatismus einhergehen kann. Dies betrifft ca. 20 % der Erkrankten. Das Leistungsvermögen im Erwerbsleben orientiert sich an der funktionellen Einschränkung, also der bestmöglichen Sehschärfe mit Korrektur (vor allem

Kontaktlinse, aber auch Brille trotz nicht optimaler Korrigierbarkeit des Astigmatismus). Außerdem spielt die durchschnittlich täglich mögliche Tragezeit einer Kontaktlinse eine Rolle. Die Bewertung der Kontaktlinsenverträglichkeit ergibt sich nicht ausschließlich aus den subjektiven Angaben des Untersuchten, sondern auch aus dem objektiven augenärztlichen Befund. Entscheidend ist der aktuell mon- und binokular zu erzielende Visus. Jedoch müssen hier die oben schon erwähnten starken Visusschwankungen und ein möglicherweise zusätzlich belastendes klimatisches Umfeld in die Beurteilung der Leistungsfähigkeit mit einfließen.

Hornhauterkrankungen mit Keratoplastik

Nicht nur beim Keratokonus, sondern auch bei anderen Hornhauterkrankungen wie bullöser Epitheliopathie und Hornhautnarben unterschiedlicher Ätiologie kann durch eine Hornhautverpflanzung eine funktionelle Verbesserung erreicht werden. Ein vorher eingetrübtes oder strukturell und damit funktionell verändertes optisches Medium wird durch ein klares Transplantat ersetzt und damit per se eine bessere visuelle Funktion erreicht. Je nach Ergebnis und Refraktionsverhältnissen muss aber weiterhin mit z. T. starken Brillengläsern zum Ausgleich von sphärischen und/oder astigmatischen Brechungsfehlern oder auch Kontaktlinsen gearbeitet werden. Auch besteht in den meisten Fällen die Notwendigkeit, über einen längeren Zeitraum lokale Steroide und Tränenfilmbilder sowie systemisch auch Zytostatika zur Verhinderung einer Transplantatabstoßung einzusetzen. Die Operierten sind zumindest in den ersten postoperativen Wochen in ihrer körperlichen Belastbarkeit eingeschränkt und die visuelle Leistung stabilisiert sich häufig erst nach mehreren Monaten, auch verursacht durch instabile Refraktionsverhältnisse, welche zu Änderungen der Brillen- oder Kontaktlinsenwerte führen. Die Beurteilung der Leistungsfähigkeit sollte allein die bestmöglich erreichte Sehschärfe mit entsprechender optischer Korrektur (u. U. auch Kontaktlinse) berücksichtigen und erst erfolgen, wenn die akute postoperative Behandlungsphase beendet ist und keine gravierenden Entzündungs- und/oder Abstoßungsreaktionen mehr zu erwarten sind.

Katarakt, Aphakie, Pseudophakie

Eine meist beidseitige Trübung der Augenlinse entsteht in der Regel im höheren Lebensalter, kann jedoch auch ohne andersartige Ursachen bei jüngeren noch berufstätigen Menschen z. T. auch nur einseitig auftreten. Darüberhinaus gibt es Katarakte als Sekundärfolgen anderer ophthalmologischer und allgemeiner Grunderkrankungen wie z. B. bei chronischer Iridozyklitis, als Traumafolge oder bei länger dauernder systemischer Steroidtherapie. Eine Katarakt führt allgemein zu einer schleichenden – manch-

mal gar nicht so bewussten – Sehverschlechterung. Diese umfasst zunächst Verminderung von Kontrast- und Dämmerungssehschärfe, erhöhte Blendung bis hin zum messbaren Abfall der Sehschärfe. Die Beeinträchtigung der Leistungsfähigkeit im Erwerbsleben ergibt sich bei noch nicht operierter Katarakt aus der erreichbaren Sehschärfe mit bester Korrektur. Hier ist vor allem auf die mögliche Myopisierung bei Kernkatarakt (plötzlich wieder Lesen ohne Brille möglich) und auch eine Anisometropie bei ungleichen Linsenbefunden zu achten.

Die Indikation zur Kataraktoperation wird in der Regel ab einem Abfall der Sehschärfe auf < 0,6 gestellt, kann aber, zumal bei jüngeren Patienten mit hohen beruflichen Anforderungen an das Sehvermögen, auch schon bei noch besserem Visus durchgeführt werden.

Eine Katarakt wird heute in der Regel durch einen operativen Routineeingriff (Phakoemulsifikation) mit Implantation einer intraokularen Kunstlinse behandelt. Dies führt zu einer nahezu vollständigen restitutio ad integrum. Auch der Verlust der Akkomodationsfähigkeit spielt nur bei jüngeren Patienten und ggf. einseitiger Erkrankung eine Rolle. Durch Verbesserungen in Richtung diffraktiver oder (pseudo-) akkomodativer intraokulärer Linsen (IOL) lässt sich jedoch auch hier häufig eine optimale Lösung erreichen. Abgesehen von der frühen postoperativen Phase, in der eine lokale Tropfenapplikation erforderlich ist, gibt es später keinerlei Aktivitätseinschränkungen für die Betroffenen. Die Visusergebnisse sind im Allgemeinen ausgezeichnet – in der Regel wird noch eine leichte Brillenkorrektur für Ferne und Nähe benötigt. Eine nicht intraokular korrigierbare Aphakie ist im Gegensatz zu früher eine Rarität. Es besteht aber grundsätzlich die Möglichkeit eine, auch alte, Aphakie noch Jahre später mit einer sekundären Linsenimplantation zu korrigieren und damit das Tragen von Kontaktlinsen oder »Starbrille« mit all ihren Nachteilen überflüssig zu machen.

Iritis, Iridozyklitis

Die häufig chronisch rezidivierenden ein- oder beidseitige Entzündungen der vorderen Uvea verursachen neben Beeinträchtigungen der Sehfunktion und der Akkomodation auch starke Schmerzen und sonstige Missempfindungen wie erhöhte Blendungsempfindlichkeit und benötigen eine manchmal langfristige oder dauerhafte lokale und z. T. systemische Therapie mit steroidalen oder nichtsteroidalen Antiphlogistika. Während des akuten Schubs sind die Patienten in ihrer visuellen Leistungsfähigkeit behindert. Insbesondere bei Anforderungen an längere konzentrierte Naharbeit und sehr hellen Lichtverhältnissen im Umfeld bestehen deutliche Einschränkungen. In der Regel spricht die Erkrankung jedoch sehr schnell auf die verabreichten Antiphlogistika an. Die funktionelle Beeinträchtigung ist allein abhängig von der durch die Erkrankung eingetretenen Sehbehinderung.

Eine dauerhafte Sehschärfenminderung kann durch eine sich sekundär entwickelnde Katarakt – manchmal auch verursacht durch die lokale und systemische Steroidtherapie –, Fibrinablagerungen in der Pupille mit dauerhaften Synechierungen oder eine Ausbreitung der Erkrankung auf die hintere Uvea (s. dort) entstehen.

Bei chronisch rezidivierendem Verlauf ist es immer erforderlich, eine rheumatologisch-internistische Abklärung möglicher Begleiterkrankungen vorzunehmen, dies insbesondere bei Iritiden im Kindesalter, die häufig mit einer juvenilen idiopathischen chronischen Polyarthritis vergesellschaftet sind.

Medizinische Rehabilitationsleistungen sind bei häufig rezidivierenden Iritiden oder primär chronischen Verläufen sinnvoll (▶ Kap. 21.3.1).

21.2.2 Erkrankungen der hinteren Augenabschnitte

Glaukom

Unter Glaukom versteht man eine Gruppe von Erkrankungen, bei denen ein gegebener Augeninnendruck die Sehnervenfasern schädigt. Als Folge kommt es zu Gesichtsfelddefekten und Sehverschlechterung. Diese Definition beinhaltet weder eine exakt definierte Obergrenze für den Augeninnendruck noch das Vorhandensein von Gesichtsfelddefekten als diagnostische Basiskriterien. Das Glaukom als Erkrankung alleine bedingt noch keine Einschränkung. Klinisch unterschieden werden primäre Glaukome (POWG, Normaldruckglaukom, okuläre Hypertension) von sekundären Glaukomen (infolge anderer ophthalmologischer Grunderkrankungen oder als Arzneimittelreaktion) und gemäß der Einteilung nach Shaffer Glaukome mit weitem oder engem Kammerwinkel (Winkelblockglaukom) [41]. 4–7 % der Bevölkerung über 40 Jahren haben einen Augeninnendruck von über 21 mm Hg (okuläre Hypertension). Von diesen entwickeln jährlich 1 % ein manifestes primäres Offenwinkelglaukom (POWG). Das POWG ist die häufigste Glaukomform mit 40–70 % aller an Glaukom Erkrankten.

Die Behandlung des Glaukoms und seiner Vorstufen (okuläre Hypertension) wird gemäß den Leitlinien der European Glaucoma Society [9] durchgeführt. Die erforderliche lokale drucksenkende Dauermedikation, insbesondere mit den heute verfügbaren modernen Antiglaukomatosa, führt nicht zu relevanten Einschränkungen. In Ausnahmefällen sind lokale oder auch systemische unerwünschte Nebenwirkungen zu beachten.

Einen großen Stellenwert in der Frühdiagnostik und Verlaufskontrolle haben heute moderne bildgebende Verfahren wie die Papillentopographie mit dem HRT, die Messung der Nervenfaserschicht mit dem GDx, die stereoskopische Fundusfotografie sowie die Messung der Hornhautdicke mittels OCP zum Abgleich der applanatorisch gemessenen Druckwerte.

Eine Progredienz der glaukomatösen Schäden kann mit diesen innovativen Untersuchungsmethoden weitaus früher als erst mit der Detektion von Gesichtsfeldausfällen erkannt werden. Dadurch kann frühzeitig die drucksenkende Lokaltherapie intensiviert werden oder auch ggf. eine drucksenkende fistulierende Glaukomtherapie indiziert werden. Wichtig ist, dass alle diese therapeutischen Verfahren den Krankheitsverlauf stoppen sollen, eine funktionelle Verbesserung einmal eingetretener Schäden ist jedoch bislang nicht möglich. Die vorhandenen Schäden sind somit als dauerhaft anzusehen.

Die obigen Ausführungen betreffen die beiden häufigsten Glaukomformen, das primär chronische Offenwinkelglaukom (POWG) sowie das Normaldruckglaukom. Anders sind die z. T. sehr schmerzhaften Sekundärglaukome z. B. als Folge von retinalen Gefäßverschlüssen speziell Zentralvenenthrombosen (s. dort) oder infolge schwerster diabetischer Retinopathie (s. dort) als rubeotische Sekundärglaukome einzustufen. Therapeutisch geht es hier häufig nur noch um eine drucksenkende Therapie im Sinne einer Schmerztherapie, da keinerlei funktionelle Verbesserungen – auch bedingt durch die auslösende Grunderkrankung – mehr zu erwarten sind. Die vorliegenden starken Schmerzen bedingen anders als beim POWG für die Betroffenen eine zusätzlich Belastung über den Funktionsverlust hinaus. Als ultima ratio kann den Patienten manchmal nur eine Enucleatio bulbi als Therapie vorgeschlagen werde. Hieraus ergibt sich dann natürlich die Notwendigkeit einer Prothesenversorgung für die betroffene Seite.

Gefäßverschlüsse

Retinale arterielle oder venöse Gefäßverschlüsse, aber auch anteriore (AION) oder posteriore ischämische Optikusneuropathien (PION) entstehen häufig, aber nicht ausschließlich auf der Basis von vaskulären oder auch kardialen Grunderkrankungen. Retinale Venenverschlüsse sind nach der diabetischen Retinopathie die häufigste vaskuläre retinale Erkrankung mit einer Inzidenz von 1,1 % bei Patienten über 49 Jahren [25]. 45 % der Betroffenen sind jünger als 65 Jahre und damit noch im erwerbsfähigen Alter [16]. Die Primärtherapie stützt sich auf medikamentöse, im weitesten Sinne blutflussverbessernde, antiödematöse und Augendruck senkende Verfahren sowie die Behandlung der Risikofaktoren. Bei Ast- oder Zentralvenenverschlüssen kommt auch eine sheathotomy [26] oder eine radiäre Opticusneurotomie [27] per pars plana Vitrektomie (ppV) sowie die Anwendung von Anti-Vascular Endothelial Growth Factor(A-VEGF)- oder Triamcinolon-Injektionen in den Glaskörper in Betracht. Leider verbleiben hier häufig hochgradige Schäden in Form von Visusminderung und Gesichtfeldausfällen bis hin zur Amaurose. Auch besteht die Gefahr der Entstehung eines schmerzhaften Neovaskularisationsglaukoms, die u. U. durch eine panretinale Laserkoagulation verhindert werden kann. Die Betroffenen sind häufig funktionell einäugig und es muss alles getan werden, um ein Zweitereignis am Partnerauge zu verhindern. Hierbei spielt die enge Zusammenarbeit mit dem behandelnden Hausarzt/Internisten eine zentrale Rolle.

Entzündungen der Aderhaut und Netzhaut

Auch hier stehen abhängig von der Grunderkrankung medikamentöse und chirurgische Verfahren (ppV) als Behandlungsoptionen zur Verfügung. Bei den häufig beidseits Betroffenen, z. T. auch sehr jungen Patienten – man denke nur an die durch HIVbedingten Sekundärinfektionen – entstehen in einer Vielzahl progrediente funktionelle Beeinträchtigungen, die bis hin zur hochgradigen Sehbehinderung und auch Erblindung führen können. Die Erkrankten sind sowohl durch die Sehbehinderung selbst, aber auch durch die immer wieder notwendigen teilweise auch stationären Behandlungen in der Ausübung ihrer beruflichen Tätigkeit eingeschränkt. Therapeutisch werden hier ähnlich wie bei der vorderen Uveitis/Iridozyklitis z. T. langfristig steroidale und nichtsteroidale Antiphlogistika lokal und/oder systemisch eingesetzt, bei spezifischen Grunderkrankungen (CMV-Retinitis, Sarkoidose, Candidasepsis) auch die entsprechende gezielte Medikation. Die funktionellen Folgen sind abhängig von Ausmaß und Lokalisation der geschädigten Netzhaut und/oder Aderhautareale. Von Residuen in Form milder Glaskörperinfiltrate mit nur milder Beeinträchtigung der Bildqualität bis hin zu hochgradiger Visusminderung bei begleitendem zystoidem Makulaödem oder exsudativer Amotio retinae finden sich bei diesen Patienten alle Stadien visueller Funktionsverluste. Die Sehstörungen unterliegen jedoch starken Schwankungen je nach Ausmaß des akuten Entzündungsschubs und dem Ansprechen auf die erforderliche Therapie. So sind auch bei schwersten Verläufen einer Uveitis posterior mit Entwicklung von dichten Glaskörperinfiltraten und Cataracta complicata durch Einsatz aller medikamentösen und ophthalmochirurgischen Möglichkeiten durchaus sehr gute und langfristige stabile funktionelle Ergebnisse zu erreichen [28]. Leistungen zur medizinischen Rehabilitation werden hier ähnlich wie bei chronisch rezidivierender Iridozyklitis durchgeführt.

Diabetische Retinopathie (DR)

In Deutschland leiden ca. 5 % der Bevölkerung an Diabetes mellitus (► Kap. 12). Eine diabetische Retinopathie weisen ca. 25–35 % der Diabetiker auf. Die Prävalenz der diabetischen Retinopathie ist vor allem abhängig von der Schwere und Dauer des Diabetes und der Blutzuckereinstellung. Bei Typ-1-Diabetikern entwickelt sich nach 15- bis 20-jähriger Diabetesdauer bei 95 % der Betroffenen eine diabetische Retinopathie, bei Typ-2-Diabetikern ohne Insulinbehandlung bei ca. 50 % und bei Typ-2-Diabetikern mit Insulinbehandlung bei ca. 80 %. Als zusätzliche Risikofaktoren für die Entwicklung einer Retinopathie gelten Hypertonus, Fettstoffwechselstörungen und Nikotinabusus.

Die diabetische Retinopathie wird in eine nichtproliferative (NPDR), auf die Netzhaut beschränkte Retinopathie und eine proliferative (PDR/PDVR), den Glaskörper mitbetreffende Retinopathie sowie die diabetische Makulopathie eingeteilt. Die nichtproliferative Form wird zunächst rein strukturell gemäß der Klassifikation der DOG in mild (wenige Mikroaneurysmen und intraretinale Blutungen), mäßig (zusätzlich perlschnurartige Venen) und schwer (Blutungen in vier Quadranten und/oder perlschnurartige Venen in zwei Quadranten und/oder intraretinale mikrovaskuläre Anomalien (IRMA) in mind. einem Quadranten, 4-2-1 Regel) eingeteilt. Die proliferative diabetische (Vitreo-)Retinopathie lässt sich gemäß Kroll [19, 20] in ein Stadium A (Proliferationen entlang der hinteren Glaskörpergrenzschicht), Stadium B (umschriebene traktive Netzhautablösung im Bereich der großen Gefäßbögen) und Stadium C (traktive Abhebung der Netzhaut unter Einschluss der Makula in einem bis vier Quadranten) jeweils mit und ohne Glaskörperblutung einteilen. Die diabetische Makulopathie kann in jedem der o. g. Stadien der NPDR und PDVR auftreten und wird in ein fokales Makulaödem ggf. klinisch signifikant, d. h. visusbedrohend, ein diffuses Makulaödem und ein ischämisches Makulaödem unterschieden [19, 20].

Neben der alters-assoziierten Makuladegeneration gehört die diabetische Retinopathie zu den häufigsten Erblindungsursachen in den entwickelten Industrienationen und führt die Statistik vor allem im erwerbsfähigen Alter an. Hauptursachen des Visusverlustes sind das diabetische Makulaödem und die schwere proliferative diabetische Retinopathie. Neben milden funktionellen Beeinträchtigungen in Form von verschlechterter Dunkeladaptation oder Störungen des Kontrastsehens finden sich bei diesen Patienten alle Stadien der Sehbehinderung mit Gesichtsfeldausfällen – auch verursacht durch die häufig notwendige panretinale Laserkoagulation – bei noch gutem zentralem Visus bis hin zu hochgradigem Visusabfall durch das diabetische Makulaödem. Bei schwersten Verläufen kann es dann durch die Entwicklung einer PDVR (proliferative diabetische Vitreoretinopathie) zu traktiven Netzhautablösungen und schweren Glaskörpereinblutungen kommen. Das diabetische Makulaödem ist bei Typ-2-Diabetikern die wichtigste Ursache der hochgradigen Visusminderung, während bei Typ-1-Diabetikern die PDVR dominiert. Als wichtige Sekundärkomplikation muss bei der PDVR auch noch das rubeotische Sekundärglaukom mit erwähnt werden.

Zumindest für den Typ-2-Diabetes existiert eine Nationale Versorgungsleitlinie zu den Netzhautkomplikationen [15]. Neben Festlegungen der Untersuchungs- und Kontrollintervalle sowie der standardisierten Dokumentation und Koordination der Behandlung mit dem Hausarzt/Diabetologen wird dort die stadiengerechte Therapie der diabetischen Retinopathie erläutert. Die Laserkoagulation der Netzhaut als einziges therapeutisches Verfahren kommt bei der schweren NPDR sowie in allen Stadien der PDVR zum Einsatz – in der Regel als lockere oder dichte panretinale Laserkoagulation in mehreren Sitzungen. Beim diabetischen Makulaödem kann u. U. eine fokale oder grid-Koagulation indiziert sein. Die pars plana Vitrektomie (ppV) wird zur Behandlung der PDVR bei traktiver Netzhautablösung und Glaskörperblutungen ohne Resorptionstendenz eingesetzt. Durch die ppV lässt sich häufig noch ein verwertbares Sehvermögen erhalten, welches sich dann durch zusätzliche Zuhilfenahme vergrößernder Sehhilfen für die Betroffenen im privaten und beruflichen Leben noch nutzen lässt. Grundsätzlich haben alle Behandlungsmaßnahmen das Ziel, das Fortschreiten der Erkrankung zu verhindern oder zumindest hinauszuzögern und damit die Erblindungsrate bei Diabetikern zu senken. Allerdings muss bei allen Betroffenen langfristig eher von einer fortschreitenden Verschlechterung der visuellen Funktionen ausgegangen werden, da eine echte Heilung der Erkrankung trotz aller Anstrengungen nicht möglich ist. Dies sollte zumindest bei der Beurteilung langfristiger beruflicher Entwicklungen und Perspektiven in die Beratung gerade von betroffenen jüngeren Patienten mit einfließen. Die aktuell möglichen Tätigkeiten und Aktivitäten des Erkrankten sollten jedoch ausschließlich nach der vorhandenen visuellen Funktion eingeschätzt werden. Die Laserkoagulationen führen in der Regel nicht zu dauerhaften Beeinträchtigungen, mit Ausnahme von Einschränkungen des peripheren Gesichtsfeldes und Verschlechterung der Dunkeladaptation. Darüber müssen die Behandelten aufgeklärt werden. Ein Visusabfall nach Laserkoagulation ist dagegen meist nur vorübergehend zu verzeichnen. Nach größeren netzhautchirurgischen Eingriffen dagegen ist von einer mehrwöchigen Erholungsphase bis zur Stabilisierung der Situation auszugehen, auch abhängig von einem z. T. notwendigen Auffüllen des Glaskörperraumes mit Gas (verflüchtigt sich von selbst) oder Silikonöl (muss ggf. in einem Zweiteingriff wieder entfernt werden).

(Degenerative) Myopie

Eine Myopie findet sich bei etwa 1/3 der Weltbevölkerung. Man unterscheidet die Myopia simplex als eine Ausprägung der normalen Refraktionsverteilung mit Beginn im Schulalter und Werten bis etwa −6.0 dpt von der kongenitalen Myopie mit meist stabilen Werten und nicht progressivem Verlauf und der degenerativen Myopie mit Werten deutlich über −6.0 dpt und Achsenlängen des Bulbus über 26 mm. Letztere hat eine Prävalenz von ca. 2 % in der Gesamtbevölkerung. Die degenerative (oder auch pathologische) Myopie stellt die siebthäufigste Ursache für Erblindung in Europa dar. Bei der Entwicklung der Myopie scheinen verschiedene Mechanismen wie z. B. ein Sklerawachstum durch Deprivation oder auch negative Defokussierung eine Rolle zu spielen [39]. Bei den Betroffenen steigt die Myopie noch bis etwa zum 50. Lebensjahr an. Optische, d. h. Abbildungsprobleme ergeben sich schon ab Korrekturwerten von −8.0 und höher wegen der dadurch bedingten Bildverkleinerung und Einschränkungen des peripheren Blickfeldes durch die Art der getragenen Brillengläser. Abhilfe kann zunächst durch die Nutzung von Kontaktlinsen geschaffen werden. Während mit entsprechenden optischen Korrekturen im jüngeren Alter bei Führerscheinerwerb und in der Berufsausbildung noch keine gravierenden Probleme auftreten, kann durch das fortschreitende Längenwachstum des Augapfels eine Dehnung von Aderhaut und Netzhaut entstehen. Durch Einrisse in der Bruch-Membran am hinteren Pol kann es zu chorioidalen subretinalen Neovaskularisationen mit Einblutungen in die Makula und der Entwicklung disziformer Narben als Bild der myopischen Makulopathie kommen. Hier bestehen dann hochgradige Sehschäden hinsichtlich Verlustes der Sehschärfe auf unter 0,1, aber auch zentrale Gesichtsfeldausfälle, welche die Nutzung vergrößernder Sehhilfen sehr erschweren können. Auch das Risiko von peripherer rhegmatogener Ablatio retinae ist erhöht und die Patienten neigen zu früher Entwicklung einer Cataracta complicata. Katarakt und Netzhautablösung können mit den chirugischen Standardverfahren gut behandelt werden, wobei im Rahmen der Kataraktchirurgie durch die Auswahl der Stärke der Intraokularlinse auch eine deutlich Verbesserung der refraktiven Situation, also der später noch nötigen Korrektur erreicht werden kann. Dagegen ist die Therapie der myopischen Makulopathie mittels photodynamischer Therapie, subretinaler Makulachirurgie oder auch der zzt. noch off-label Nutzung von Anti Vascular Endothelial Growth Factor-(A-VEGF) Substanzen häufig nur mit marginalen Erfolgen bzw. der zeitlichen Herauszögerung eines weiteren visuellen Funktionsverlustes verbunden.

Funktionell finden sich Beeinträchtigungen der Sehschärfe, aber auch Beeinträchtigungen der Bildqualität. Die qualitative und quantitative Leistungsfähigkeit im

Erwerbsleben hängt in erster Linie von der vorhandenen bestkorrigierten Sehschärfe ab. Die körperliche Belastbarkeit ist entgegen z. T. noch verbreiteter anderslautender Aussagen bei degenerativer Myopie nicht eingeschränkt. So existieren keinerlei wissenschaftliche Beweise für eine höhere Inzidenz von Netzhautablösungen oder myopischer Makulablutungen durch körperliche Anstrengungen oder indirekte Traumen [12].

21.2.3 Weitere (neuro-)ophthalmologische Erkrankungen

Neben den bereits besprochenen Erkrankungen des Auges selbst existieren jedoch noch zahlreiche weitere Krankheitsbilder, insbesondere im Bereich der Orbita und des zentralen Nervensystems, die Augenmuskeln, Sehnerv, Sehbahn und die übergeordnete Verarbeitung der visuellen Wahrnehmung beeinträchtigen können. Während die Behandlung der Erkrankungsursachen meist nicht mehr zum Fachgebiet der Augenheilkunde gehört, so werden die funktionellen und morphologischen Folgen jedoch häufig erst im Rahmen spezifisch ophthalmologischer Untersuchungen erkannt und beurteilt.

Tumore des ZNS, Ischämie und Blutungen

Je nach Lokalisation der Schädigung stehen häufig Gesichtsfeldausfälle in Form von bitemporalen Hemianopsien (Hypophysenadenom) oder homonyme Hemianopsien (Apoplex) bei z. T. noch erhaltener Sehschärfe im Vordergrund. Bei entsprechend zeitnaher erfolgreicher chirurgischer Behandlung kann bei Hypophysentumoren die Hemianopsie deutlich gebessert werden, wenn noch keine absteigende Degeneration der Axone und Ganglienzellen eingetreten ist. Schwerwiegender ist dagegen ein ischämischer oder hämorrhagischer Insult im Bereich der A. cerebri posterior, wenn die Sehrinde betroffen ist und eine Rindenblindheit eintritt [24]. Da es sich hierbei meist um Dauerschäden handelt, die in der Regel keiner medizinischen oder optischen Rehabilitation zugänglich sind, haben diese funktionellen Defizite massive Konsequenzen, wenn auch das zentrale Sehvermögen mit beeinträchtigt ist. So kann es zu einem Verlust der Fahrtauglichkeit kommen, die Leistungsfähigkeit im Erwerbsleben kann aufgehoben sein. Zusätzlich können bei diesen Erkrankungen noch Störungen der Blickmotorik durch Ausfälle einzelner Augenmuskeln oder komplexer Steuerungssysteme wie z. B. die internukleäre Opthalmoplegie auftreten. Die dadurch resultierenden Doppelbilder lassen sich jedoch im Gegensatz zu den anderen funktionellen Schäden mittels optischer, z. B. prismatischer Hilfen oder auch chirurgischer Eingriffe an den Augenmuskeln bessern oder sogar beheben. Falls eine Vollokklusion erforderlich wird,

resultiert daraus allerdings eine vorübergehende Einäugigkeit, bis das Doppelbild durch Suppression und Exklusion oder auch von selbst verschwindet. Dadurch bedingte Beschränkungen bei der Führung eines Kfz oder im Beruf sind deshalb häufig nur befristet und bedürfen einer weiteren Überprüfung.

Multiple Sklerose

Eine visuelle Störung bei Menschen mit einer Retrobulbärneuritis (RBN) ist ein häufiges Erstsymptom einer Encephalomyelitis disseminata und diagnostisch wegweisend. Neben einem generellen Visusabfall und Gesichtsfeldausfällen bestehen häufig Veränderungen der Kontrastwahrnehmung und der Farbwahrnehmung als milder anfänglicher Funktionsverlust. Nicht selten sind Störungen der Augenmotorik durch inkomplette neurogene Paresen der äußeren Augenmuskeln mit Doppelbildern. Alle diese Störungen haben jedoch eine hohe Rate von Spontanremissionen oder sprechen gut auf eine hochdosierte systemische Steroidtherapie an [2]. Bei Rezidiven oder massiver Progression der Grunderkrankung kann es jedoch auch hier beispielsweise bei Befall beider Sehnerven zu hochgradigen bleibenden Sehschäden kommen, die für die Betroffenen entsprechende Konsequenzen für die Teilnahme am Straßenverkehr und ihre Erwerbsfähigkeit haben.

Endokrine Orbitopathie – M. Basedow

Die klassische ein- oder beidseitige endokrine Orbitopathie kann zu einer schweren Sicca-Problematik, aber auch zu einer komplexen Störung der Augenmotorik mit Doppelbildern führen. Die Krankheitsstadien werden strukturell und funktionell gemäß der von der Deutschen Gesellschaft für Endokrinologie abgewandelten Klassifikation nach Werner [40] eingeteilt. Stadium 1 und 2 beschreibt die nicht-infiltrative und die infiltrative Lidsymptomatik, Stadium 3 die klassische Protrusio bulbi, Stadium 4 die Beteiligung der extraokularen Muskeln, Stadium 5 schwere Hornhautschäden durch Lagophthalmus und erst Stadium 6 den Visusabfall durch Optikuskompression. Die Betroffenen sind auf alle erdenklichen Hilfen zur Stabilisierung des Tränenfilms in häufig hoher Anwendungsfrequenz bis hin zu stündlicher Applikation von Augentropfen oder -gelen angewiesen, um bleibende Schäden an der Hornhautoberfläche zu verhindern und auch die Missempfindungen und Störungen des Seheindruckes zu beheben. Um der Gefahr einer Optikuskompression zu begegnen, sind neben der klassischen Therapie des Exopthalmus wie Orbitaradiatio und/oder systemische Steroidtherapie auch chirurgische Dekompressionsverfahren vorhanden [3]. Ebenso lässt sich die Oberlidretraktion chirurgisch behandeln. Dauerhafte schwere funktionelle Schäden des Sehens außer häufig bleibenden Störungen der Okulomotorik sind aber eher selten. Die kosmetisch und psychisch manchmal belastende Entstellung der Patienten ist jedoch nicht zu unterschätzen.

Augenerkrankungen als Unfallfolgen

Pro Jahr ereignen sich etwa 300.000 (Statistik BVA) bis 760.000 (geschätzt nach Rohrbach et al [35]) Augenverletzungen in Deutschland. Die Unfälle ereignen sich im Arbeitsleben (Metall-, Chemie-, Elektro-, Bau- und Agrarberufe), bei Sport und Freizeitaktivitäten (Zahlen ansteigend), bei Hausarbeit und Heimwerken, Tätlichkeiten und im Straßenverkehr (stark zurückgegangen). Trotz aller Unfallverhütungsmaßnahmen betreffen weiterhin 12–15 % aller gemeldeten Arbeitsunfälle die Augen und ihre Anhangsgebilde und sind in 8–18 % der Fälle sogar beidseitig mit dann entsprechend schwereren Konsequenzen für die visuelle Leistungsfähigkeit. Augenverletzungen sind für ca. 7,5 % aller jährlichen Neuerblindungen verantwortlich.

Neben offenen und geschlossenen Verletzungen des Bulbus können bei schweren Traumen die Augenlider und ableitenden Tränenwege, die knöchernen Orbitastrukturen und auch der N. opticus betroffen sein. In über 90 % der Fälle handelt es sich um oberflächliche Verletzungen der Lider, Bindehaut und Hornhaut mit oder ohne Fremdkörper und leichte Contusiones, die in der Regel ohne Folgen für die visuelle Leistungsfähigkeit bleiben. Als Ausnahmen seien hier die rezidivierende Erosio corneae und selten ein Hornhautherpes als Verletzungsfolge erwähnt.

Schwere Verletzungen mit stationärer Behandlungsnotwendigkeit und bleibenden funktionellen und/oder strukturellen Schäden betreffen ca. 5–10 % der Fälle und beinhalten die schweren z. T. beidseitigen Verätzungen, stumpfe Bulbustraumen mit Berstung des Augapfels, penetrierende Verletzungen mit oder ohne intraokularem Fremdkörper sowie schwere Lidrisse mit Beteiligung der ableitenden Tränenwege. Abgesehen von den schweren Verätzungen haben alle Schäden des hinteren Augenabschnittes an Retina, Chorioidea und N. opticus sowohl hinsichtlich der klinisch-ophthalmologischen Behandlungsmöglichkeiten als auch der funktionellen Auswirkungen für die Betroffenen die größten Auswirkungen.

Die meisten schweren Schäden im Bereich der vorderen Augenabschnitte wie irregulärer Hornhautastigmatismus, dichte Hornhauttrübungen, traumatische Irisdefekte, Linsenverlust oder posttraumatische Katarakt lassen sich durch Kontaktlinsen, Keratoplastik, Linsenchirurgie und Intraokularlinsen-Implantation so behandeln, dass eine gute funktionelle Leistungsfähigkeit erhalten werden kann. Bei den schweren Hinterabschnittsschäden dagegen ist es trotz aller Fortschritte insbesondere in der Netzhautchirurgie mittels Vitrektomie häufig nicht möglich, ein verwertbares Sehvermögen zu erhalten.

Insbesondere wenn bei schwersten Contusiones oder penetrierenden Verletzungen mit oder ohne intraokularem Fremdkörper der hintere Pol des Auges unter Einschluss der Makula primär mitbetroffen ist, lässt sich zwar chirurgisch eine anatomische Stabilisierung des Bulbus erreichen, aber bleibende hochgradige Visusminderungen und Gesichtsfeldausfälle nicht verhindern oder beheben.

Auch bei den Indikationen für eine Enukleation des Auges stellt ein Trauma heute mit fast 50 % der Fälle noch vor den Glaukomen und intraokularen Tumoren den häufigsten Grund dar [35].

Die Auswirkungen auf die Erwerbsfähigkeit sind wie bei anderen Formen strikt einseitiger visueller Störungen einzuschätzen, wenn nicht zusätzlich belastende Entstellungen durch die Unfallverletzung hinzukommen. Problematischer sind natürlich die eher selteneren Fälle mit schwersten beidseitigen Verätzungen oder beidseitigen Bulbuspenetrationen oder Perforationen. Hier entwickeln sich nicht selten komplizierte Verläufe mit fortschreitendem Verlust einer vielleicht initial noch kurzfristig verbesserten visuellen Funktion. Als Beispiele seien hier Transplantateintrübungen nach Keratoplastik, Silikonölkomplikationen nach Vitrektomie oder auch fortschreitende Netz-Aderhaut- und Optikusatrophie genannt. In diesen Fällen sind alle Leistungen zur medizinischen und beruflichen Rehabilitation mit Anpassung vergrößernder Sehhilfen und ggf. beruflicher Neuorientierung erforderlich.

Augentumoren – Malignes Melanom

Das maligne Melanom ist der häufigste maligne intraokulare Tumor und kann Iris, Ziliarkörper und Aderhaut betreffen. Maligne Melanome der Aderhaut haben eine Inzidenz von ca. 6 Fällen pro 1.000.000 Einwohner pro Jahr und werden entweder als Zufallsbefund bei der Ophthalmoskopie entdeckt oder führen den Patienten aufgrund von anfänglichen Gesichtsfeldausfällen und später auch Visusverlust z. B. durch eine begleitende exsudative Amotio retinae zum Augenarzt. Unbehandelt führt das maligne Melanom nicht nur zur Erblindung, sondern kann durch Metastasierung auch letal sein. Je nach histologischem Typ (Callendar-Klassifikation) beträgt die 10-Jahres-Mortalitätsrate 10–20 % (Spindel A) bis zu 70–100 % (Epitheloidzellig) [32]. Die therapeutischen Optionen reichen von Beobachtung über lokale Exzision (Irismelanom) bis hin zur Photokoagulation/Kryokoagulation und Radiatio mit lokalen Applikatoren als Bulbus erhaltende Therapie. Falls die dadurch entstehende chorioretinale Narbe große Flächen des Augenhintergrundes einnimmt oder auch der hintere Pol mitbetroffen ist, sind bleibende funktionelle Defizite bei Gesichtsfeld und Visus zu erwarten. Bei sehr großen Tumoren oder extraokularer Ausdehnung ist eine Enucleatio bulbi bzw. Exenteratio orbitae nicht zu umgehen. Hier ist für die Betroffenen dann eine

Prothesenversorgung notwendig. Wegen der Gefahr einer Metastasierung vor allem in Leber und Lunge müssen in Zusammenarbeit mit dem Hausarzt/Internisten entsprechende Kontrollen durchgeführt werden.

21.3 Sozialmedizinische Beurteilung

Eine sinnvolle Einteilung der mit funktionellen Einschränkungen des Sehens einhergehenden Krankheitsbilder kann wie folgt vorgenommen werden:

1. Alle einseitigen angeborenen oder erworbenen Störungen sind eher unproblematisch und haben allenfalls Konsequenzen bei Tauglichkeitsvorschriften in Beruf und Straßenverkehr sowie beim Arbeitsschutz.
2. Alle beidseitigen angeborenen und z. T. progredienten Schäden bedürfen konsequenter Therapie und Frühförderung, sind aber eher selten.
3. Die größte Problemgruppe hinsichtlich persönlicher, beruflicher, sozialer und volkswirtschaftlicher Konsequenzen sind die beidseitig erworbenen und häufig progredienten Schäden.

Während nahezu bei allen Erkrankungen des Augenvorderabschnittes durch eine Vielzahl von refraktiven (optischen), medikamentösen und vor allem chirurgischen Behandlungsmöglichkeiten in den seltensten Fällen eine schwere – und dauerhafte – Beeinträchtigung der Sehfunktion zu erwarten ist, ergeben sich bei den Erkrankungen des hinteren Augenabschnittes leider nach wie vor häufig hochgradige und trotz aller verfügbaren, auch neuen Therapiekonzepte dauerhafte und/oder progrediente Schäden des Sehvermögens.

So lässt sich, wie oben dargestellt, bei hochgradigen Ametropien, Keratokonus, Keratoplastik und Katarakt durch verschiedene chirurgische Behandlungen, extra- (Kontaktlinse) oder intraokulare (HKL, VKL, ICL) optische Korrekturen ein dem Augengesunden vergleichbares visuelles Leistungsvermögen ohne zusätzliche Zuhilfenahme vergrößernder Sehhilfen erreichen. Die Betroffenen sind damit im Erwerbsleben in der Regel weder qualitativ noch – bei ggf. notwendiger Kontaktlinsenkorrektur und optimaler Anpassung mit guter Verträglichkeit – quantitativ in ihrer Leistungsfähigkeit eingeschränkt. Die Art der zugrunde liegenden Vorderabschnittsschädigung geht auch in den allermeisten Fällen nicht mit wirklich relevanten Gesichtsfeldausfällen einher, sodass auch von dieser Seite keine zusätzlichen Beeinträchtigungen bestehen.

Auch die tatsächliche oder funktionelle Einäugigkeit bei angeborenen (Amblyopie) oder erworbenen (z. B. als Traumafolge) einseitigen Schäden bedingt nur eine vergleichsweise geringe Beeinträchtigung der Leistungsfähigkeit im Erwerbsleben.

Anders ist die Situation bei den erworbenen, beide Augen betreffenden Hinterabschnittserkrankungen wie Glaukom, diabetischer Retinopathie und progressiver Myopie. Bei progredienten schweren Verläufen werden die Patienten durch den Visusverlust, die sich entwickelnden Gesichtsfeldausfälle, die immer wieder notwendigen ambulanten oder teils stationären chirurgischen Behandlungen in ihrer Leistungsfähigkeit im Erwerbsleben zunehmend eingeschränkt und können z. T. nur noch unter Zuhilfenahme vergrößernder Sehhilfen ihrer Berufstätigkeit nachgehen bzw. müssen umgeschult werden.

Eine qualitative Einschränkung der Leistungsfähigkeit ist vor allem in den Tätigkeiten und Berufen zu erwarten, die fast ausschließlich mit einem maximalen visuellen Auflösungsvermögen erfüllt werden können (Beispiel: Uhrmacher). Tätigkeiten, die mehr auf manuell-taktilen Fähigkeiten beruhen, sind dagegen häufig ohne Qualitätseinbußen zu bewältigen (Beispiel: Masseur). Auch entsprechend eingerichtete Bürotätigkeiten können von Sehbehinderten immer mehr ohne Qualitätseinbußen hinsichtlich der geleisteten Arbeit verrichtet werden. Im Einzelfall können sich durch verlangsamte Arbeitsabläufe z. B. durch die Notwendigkeit der Nutzung vergrößernder Sehhilfen oder auch durch schnellere Ermüdung wegen unsicherer Wahrnehmung von Arbeitsvorgängen und dadurch bedingter repetitiver Kontrollen und Überprüfungen der Vorgänge auch Einschränkungen der quantitativen Leistungsfähigkeit ergeben.

Hochgradig sehbehinderte oder blinde Kinder und Erwachsene erfahren Einschränkungen in vielen Bereichen. Schon die Kontaktaufnahme zwischen Sehenden und schwer Sehbehinderten ist erschwert, einerseits durch Hemmungen seitens der Sehenden, aber auch Schwierigkeiten, die Sehbehinderung als solche zu erkennen, und andererseits auf Seiten der Behinderten durch das Fehlen verwertbarer Blickkontakte beim Erkennen und Wiedererkennen von Personen sowie die fehlende Möglichkeit z. B. Gestik und Mimik des Gegenübers zu beurteilen. Die Betroffenen können meist nur unter Nutzung spezieller Hilfsmittel Zugang zu schriftlichen Informationen erreichen bzw. selbst schriftlich kommunizieren. Dies betrifft sowohl den allgemeinen Lern- und Bildungsprozess als auch ganz alltägliche Dinge wie Behördengänge und Bankgeschäfte. Die Umweltkontrolle ist bei diesen Menschen hochgradig erschwert, da diese zum allergrößten Teil über visuelle Informationen erfolgt. Beispielhaft sei hier nur die Orientierung als Fußgänger im Straßenverkehr erwähnt, welche bei Blinden fast ausschließlich über das Gehör und z. T. über den Tastsinn erfolgen muss. Die persönliche Mobilität mit Fahrzeugen ist nicht möglich, aber auch die Nutzung des öffentlichen Personennahverkehrs kann für die Betroffenen vor allem in fremder Umgebung mit größten Problemen verbunden sein.

Die psychische Belastung der Sehbehinderten auch bei bewusst erlebtem, beständig fortschreitendem Verlust der visuellen Funktionen sowie der Umgang der Bezugspersonen mit der Behinderung des Menschen sind ebenfalls nicht zu unterschätzende Einflussfaktoren für die eigene Wertschätzung und das damit verbundene Vertrauen in die eigene noch vorhandene Leistungsfähigkeit und die Bereitschaft, mit der Schädigung ggf. berufliches Neuland betreten zu müssen.

21.3.1 Medizinische Rehabilitation

Neben den beschriebenen Standardbehandlungsverfahren der akuten oder chronischen Augenerkrankungen bzw. visuellen Störungen gibt es nur wenige Bereiche, für die eine ambulante oder stationäre Leistung zur medizinischen Rehabilitation der Deutschen Rentenversicherung eingeleitet wird. Hierzu gehören fast ausschließlich die chronisch rezidivierenden Entzündungen der Gefäßhaut wie Iritis/Iridozyklitis, Uveitis posterior und Panuveitis. Mit einem ganzheitlich therapeutischen Ansatz, der auch die häufig mitbeteiligten rheumatischen Grunderkrankungen umfasst, wird versucht, die Rezidivhäufigkeit der Entzündung zu mindern, die lokale und/oder systemische Medikamentendosis zu reduzieren sowie die Betroffenen im Umgang mit ihrer Erkrankung zu unterstützen und zu stabilisieren.

Ansonsten liegt der Schwerpunkt der medizinischen Rehabilitation in der Augenheilkunde auf der Anpassung von und Versorgung der Sehbehinderten mit vergrößernden Sehhilfen. Der Anpasserfolg hängt eng mit der Höhe des Restvisus und dem noch nutzbaren Gesichtsfeld zusammen. So sind für ein normales Lesen mit Kontaktlinse oder Brillenkorrektur mindestens eine Sehschärfe von 0,4 und ein zentrales Gesichtsfeld mit einer Ausdehnung von horizontal 4° und vertikal 2° erforderlich [1]. Da mit der Stärke der Vergrößerung das Sehfeld kleiner wird, muss eine Überkorrektur unbedingt vermieden werden. Einen Anhalt für die Art der sinnvollen Sehhilfe gibt im Überblick ◻ Tab. 21.3 [36].

So ist ab einem Restvisus von 0,1–0,4 häufig die Versorgung mit überkorrigierten Lesebrillen oder Lupenbrille ausreichend, um wieder eine Lesefähigkeit in allerdings sehr nahem Betrachtungsabstand zu erreichen. Alternativ kommen bei zusätzlichen Problemen im motorischen Bereich auch Standlupen mit oder ohne Beleuchtung in Betracht. Bei Visus unter 0,1 sind dann mindestens Fernrohrlupensysteme oder elektronisch vergrößernde Sehhilfen wie Bildschirmlesegeräte erforderlich. Darüber hinaus stehen noch weitere, auch mobile Sehhilfen zur Nutzung außerhalb des privaten und beruflichen Umfelds zu Verfügung.

◻ **Tab. 21.3** Übersicht vergrößernde Sehhilfen

Sehhilfe	Sehschärfe	Vergrößerung
Verstärkte Lesebrille	0,1–0,4	1–5fach
Lupe	0,05–0,4	5–20fach
Lupenbrille	0,1–0,4	2–5fach
Fernrohrlupenbrille	0,05–0,3	2–20fach
Bildschirmlesegerät	1/50–0,1	5–30fach

Stehen Gesichtsfeldausfälle im Vordergrund, wird durch verschiedene Verfahren versucht, das verbliebene Gesichtsfeld besser nutzen zu lernen. Dazu gehören einfaches Training der Augenmuskeln, um Augenbewegungen z. B. in das blinde Halbfeld zu fördern, aber auch das sog. Sakkadentraining, um Suchbewegungen auf Lichtreize zu trainieren. Letzteres kann am Goldmann-Perimeter, aber auch computergestützt durchgeführt werden. Es existieren hierzu standardisierte Übungsmethoden wie das Reha-Sehtraining nach Paul [31] oder das Explorationstraining nach Kerkhoff und Münßinger [18]. Einen Schritt weiter geht die Visuelle Restitutions Therapie (VRT) nach Sabel [37, 38]. Hier soll die Neuroplastizität bei allein neurologisch bedingten Gesichtsfeldausfällen zur echten Restitution und nachprüfbaren Erweiterung des Gesichtsfelds genutzt werden. Durch gezielte Stimulation von Seharealen insbesondere im Randbereich des Defektes soll eine Wiederaktivierung von Neuronen erreicht werden. Psychophysische Studien zur Größe des Gesichtsfeldes, aber auch zur Lesefähigkeit und räumlichen Orientierung scheinen einen Effekt zu belegen [37, 38]. Allerdings gibt es auch Studien, die den Effekt zumindest in Frage stellen [33, 34].

21.3.2 Teilhabe am Arbeitsleben

Die Teilhabe am Arbeitsleben (berufliche Rehabilitation) beginnt mit der Frühförderung sehbehinderter oder blinder Kinder. Die beständige Überprüfung der Krankheitsentwicklung und die damit verbundene Optimierung der Sehhilfen müssen in permanenter Kooperation von Augenarzt, Optiker, Pädagogen und zuständiger Frühförderungs- und Ausbildungsinstitution erfolgen. Eine frühzeitige Beratung hinsichtlich möglicher Berufstätigkeiten erspart spätere Enttäuschungen und Fehlentwicklungen im Werdegang der Kinder.

Jedes Bundesland verfügt über entsprechende Schulen für sehbehinderte oder blinde Kinder. Beim Übergang in das Berufsleben dienen die überregionalen Berufsbildungswerke (BBW) als weitere Informationsquellen zur Berufsberatung inklusive Berufsfindung und ggf. Arbeitsplatzerprobung. Auch die Arbeitsagenturen helfen durch speziell geschulte Berufsberater für Behinderte schon an der Schnittstelle zwischen Schule und Ausbildung oder Studium.

Bei Menschen, die schon in einer fortgeschrittenen Berufsausbildung stehen oder bereits berufstätig sind, muss zunächst eine möglichst exakte Bestandsaufnahme der zugrunde liegenden Erkrankung und der noch vorhandenen visuellen Fähigkeiten erfolgen. Eine strikt einseitige Schädigung wie z. B. ein traumatischer Verlust eines Auges ist anders zu bewerten als eine zunächst einseitige Sehbehinderung z. B. bei MS, wenn auch das zweite im Moment noch gut sehende Auge bereits Schübe einer Retrobulbärneuritis (RBN) hatte. Auch die Einstufung hinsichtlich stationärem oder fortschreitendem Funktionsausfall ist wichtig. So ist z. B. ein komplikationsloser Z. n. beidseitiger Kataraktoperation gänzlich anders zu beurteilen als eine diabetische Retinopathie mit Makulabeteiligung bei einem Typ-1-Diabetiker oder eine degenerative myopische Makulopathie. Bei ersterem kann mit ziemlicher Sicherheit ein auf Jahre hinaus stabiler Funktionszustand erwartet werden, wohingegen bei letzteren ein weiterer funktioneller Verlust eher wahrscheinlich ist.

Nach Ermittlung und Anpassung bestmöglicher optischer Hilfen ggf. mit entsprechendem Vergrößerungsbedarf erfolgt die Analyse der Arbeitsplatzsituation. Grundsätzlich sollte versucht werden, eine Weiterbeschäftigung am gewohnten Arbeitsplatz zu erreichen. Dies gilt insbesondere für erworbene Einäugige ohne besondere Gefährdungen für das zweite Auge, sollten nicht Eignungs-, Rechts- oder Sicherheitsvorschriften dagegen sprechen. Bei stabiler beidseitiger visueller Störung ist zunächst zu prüfen, ob der Arbeitsplatz nicht durch entsprechende Hilfsmittel oder ergonomische Maßnahmen so umgestaltet werden kann, dass eine weitere Tätigkeit möglich ist. Dazu gehören z. B. andere Bildschirmdarstellungen, Änderung der Beleuchtungsverhältnisse, Ersatz visueller Informationen durch akustische oder taktile Wahrnehmung, Änderung und Umorganisation der Arbeitsabläufe und Arbeitsgeschwindigkeit und vor allem eine fachlich gut betreute und motivierende Wiedereingliederungsphase. Auch eine vorübergehende Umsetzung bei bestimmten Schäden wie z. B. Augenmuskelparesen, bei denen eine Suppression und Exklusion von Doppelbildern erwartet werden kann, ist zu überlegen.

Als hilfreich für die Betroffenen hat sich hierzu die Einführung von Integrationsfachdiensten (IFD) erwiesen, welche eine umfassende Beratung und Betreuung hinsichtlich technischer (Hilfsmittel, Ergonomie), finanziel-ler (Investitionszuschüsse) und personeller (Arbeitsassistenz) Hilfen bieten.

Erst bei hochgradigen Sehbehinderungen und zu erwartenden weiteren funktionellen Verlusten ist eine Umorientierung hinsichtlich der weiteren beruflichen Tätigkeit sinnvoll. Diese kann beim bisherigen Arbeitgeber oder – meist wahrscheinlicher – überbetrieblich in Berufsförderungswerken (BFW) erfolgen.

Als geeignete Berufe für Sehbehinderte listet die Arbeitsagentur z. B. Berufe in Büro, Verwaltung, kaufmännischem Bereich, der Datenverarbeitung, im Gesundheitswesen, in der Holzbearbeitung, in Hauswirtschaft, Versorgung und Betreuung, im Gartenbau, im sozialen Bereich und der Kommunikation auf. Generell sollte aber auch bei diesen Behinderten eine frühzeitige Einweisung in optische und elektronische Hilfsmittel gerade bei noch vorhandenen Sehresten erfolgen und bei entsprechender Schwere der Schädigung auch ein Orientierungs- und Mobilitätstraining sowie die Förderung lebenspraktischer Fähigkeiten angeboten werden.

21.3.3 Erwerbsminderung

Für den augenärztlichen Bereich spielen in Hinblick auf eine Einschränkung der Erwerbsfähigkeit neben den funktionellen Einschränkungen des Sehvermögens auch die geistige Leistungsfähigkeit sowie die Fähigkeit, allgemeine Arbeitsbedingungen zu erfüllen, eine Rolle. Die funktionellen Verluste der visuellen Fähigkeiten betreffen nicht nur die konkrete Verrichtung einer Erwerbsarbeit, sondern erschweren es den Betroffenen auch, den Arbeitsplatz überhaupt zu erreichen. So ist Menschen mit Sehbehinderung aus Gruppe III ff. nach Pape und WHO Stufe 1 ff. mit einem Restvisus von nicht mehr als 0,3 oder gleichwertig (Gesichtsfeldeinschränkung) die selbstständige Nutzung von Fahrzeugen im Straßenverkehr nicht mehr möglich. Bei den höheren Einstufungen ist auch die Nutzung öffentlicher Verkehrsmittel – sofern vorhanden – z. T. mit größten Schwierigkeiten verbunden bzw. kann nur mit Assistenz erfolgen. Ebenso kann eine zusätzliche ggf. krankheitsbedingte Minderung der geistigen Leistungsfähigkeit bei diesen funktionellen Defiziten die notwendige Anwendung vergrößernder Sehhilfen (optisch und elektronisch), das Erlernen neuer IT-gestützter Arbeitstechniken oder auch die Umschulung auf gänzlich neue Berufsfelder erschweren bis unmöglich machen. Auch kann es bei hochgradiger Sehbehinderung wegen ggf. notwendiger längerer und häufigerer Pausen, die über die normale Verteilzeit hinausgehen – z. B. bei konzentrierter Tätigkeit an vergrößernden Bildschirmarbeitsplätzen oder bei monotonen Kontrollarbeiten – Probleme hinsichtlich der geforderten Regelmäßigkeit einer Erwerbstätigkeit geben.

Eine Befristung von Renten wegen verminderter Erwerbsfähigkeit aus medizinischen Gründen bei Augenerkrankungen kann in Einzelfällen sinnvoll sein. Während bei den allermeisten Augenerkrankungen eine medizinische Sofort- bzw. Dauerversorgung und damit auch Etablierung eines stabilen oder zumindest funktionell nicht mehr besserungsfähigen Erkrankungszustandes durchgeführt wird, kann z. B. bei einem fortgeschrittenen beidseitigen Keratokonus während der Wartezeit auf ein Hornhauttransplantat eine befristete Berentung erforderlich sein. Auch bei entzündlichen schweren Vorder- oder Hinterabschnittserkrankungen können längere Therapie- und Heilbehandlungsphasen einer Erholung der visuellen Funktion vorausgehen. Darüber hinaus ist eine vorgesehene medizinische Rehabilitation, bei der der Umgang mit vergrößernden Sehhilfen oder anderen Hilfsmitteln für Sehbehinderte mit dem Ziel der Wiedererlangung der Erwerbsfähigkeit eingeübt wird, ein Grund für eine befristete Erwerbsminderungsrente.

Die Tatsache, dass viele hochgradig sehbehinderte oder gar blinde Menschen einer Erwerbstätigkeit nachgehen können und wollen, sowie die zahlreichen vorhandenen institutionellen Hilfen für Aus- und Fortbildung, aber auch die medizinischen und technischen Möglichkeiten zur Verbesserung der visuellen Funktionen zeigen, dass die persönliche Bereitschaft, mit einer vorliegenden Behinderung umzugehen, und insbesondere die Motivation, mögliche Hilfen anzunehmen, eine wichtige Rolle bei der individuellen Beurteilung der aktuellen Leistungsfähigkeit im Erwerbsleben spielt. Andererseits lassen sich auf dem von der Rentenversicherung definierten allgemeinen Arbeitsmarkt trotz aller Bemühungen für Sehbehinderte nicht immer entsprechend ausgerüstete und falls erforderlich in Teilzeit ausübbare Tätigkeiten finden. Dies gilt insbesondere für schon länger im Erwerbsleben stehende ältere Menschen, die von einer beidseitig progredienten Sehschädigung betroffen sind und sich häufig nicht mehr wie sehr junge Menschen auf die neue Situation einstellen können oder wollen, auch und vor allem, wenn sie die Sinnhaftigkeit schon versuchter Heil-, Rehabilitations- und Umschulungsmaßnahmen mit möglicherweise für sie frustrierendem Ausgang nicht mehr erkennen.

Grundsätzlich sollte jedoch immer der Leitsatz »Rehabilitation vor Erwerbsminderungsrente« gerade bei rein ophthalmologischen Funktionsminderungen ohne zusätzliche Behinderungen gelten.

Literatur

1 Aulhorn E: Über Fixationsbreite und Fixationsfrequenz beim Lesen gerichteter Konturen. Pflügers Arch. Physiol. 257: 318–328, 1953

2 Beck R et al: A randomized controlled trial of corticosteroids in the treatment of acute optic neuritis. N. Engl. J. Med. 326: 581, 1992

3 Boergen KP: Endokrine Orbitopathie: Symptomatik, Diagnostik, Therapie. Ther. Umsch. 47: 270, 1990

4 DIN-EN-ISO 8596 und 8597 Sehschärfeprüfung, Beuth, Berlin, Mai 1996

5 DIN 58220 Sehschärfebestimmung, Teile 3, 4 und 6, Beuth, Berlin, Mai 1997

6 DIN 6160 Anomaloskope zur Diagnose von Rot-Grün-Farbfehlsichtigkeiten, Beuth, Berlin, Februar 1996

7 DOG. Empfehlungen der Deutschen Ophthalmologischen Gesellschaft zur Qualitätssicherung bei sinnesphysiologischen Untersuchungen und Geräten. Ophthalmologe 97: 923–964, 2000

8 DOG. Empfehlung der Deutschen Ophthalmologischen Gesellschaft zur Fahreignungsbegutachtung für den Strassenverkehr 4. Auflage, 2008

9 European Glaucoma Society: Terminology and Guidelines for Glaucoma. Dogma, Savona, Dezember 2003

10 FeV: Verordnung über die Zulassung von Personen zum Straßenverkehr. Bundesgesetzblatt Nr. 55, Teil I, 1998

11 FeVÄndV: Verordnung zur Änderung der Fahrerlaubnis-Verordnung und anderer straßenverkehrsrechtlicher Vorschriften. Bundesgesetzblatt Nr. 59, Teil I, 2002.

12 Gärtner J: Netzhautablösung durch Aderhautstauung? Zur Frage der Entstehung einer Amotio retinae nach ungewohnter körperlicher Anstrengung. Klin. Mbl. Augenheilk. 166. 559–562, 1975

13 Gramberg-Danielsen B (Hrsg): Berufsgenossenschaftlicher Grundsatz G25: Fahr-, Steuer- und Überwachungstätigkeiten. In: Berufsverband der Augenärzte Deutschlands e.V. (BVA) Richtlinien und Untersuchungsanleitungen. Mayer Wagenfeld, Espelkamp, 2003

14 Gramberg-Danielsen B (Hrsg): Richtlinien und Untersuchungsanleitungen. BVA, 2003

15 Hammes H-P et al: Nationale Versorgungsleitlinie Typ-2-Diabetes, Netzhautkomplikationen www.diabetes.versorgungsleitlinien. de, Mai 2007

16 Hayreh SS et al: Incidence of various types of retinal vein occlusion and their recurrence and demographic characteristics. Am. J. Ophthalmol. 117: 429–441, 1994

17 Höh H et al: Lidkantenparallele Conjunctivale Falten (LIPCOF) und Trockenes Auge. Contactologica, 17D: 104–117, 1995

18 Kerkhoff G et al: Diagnostik zerebraler Sehstörungen. Entwicklungsgruppe Klinische Neuropsychologie, München, 1991.

19 Kroll P: Stadieneinteilung und Lasertherapie der diabetischen Retinopathie und Makulopathie, Z. Prakt. Augenheilk, 18: 171–180, 1997

20 Kroll P, Bertram G: Augenfachärztlicher Untersuchungsbogen zur Früherkennung diabetischer Augenerkrankungen, Z. Prakt. Augenheilk. 18: 351–362, 1997

21 Krumeich J, Daniel J: Lebend-Epikeratophakie und Tiefe Lamelläre Keratoplastik zur Stadiengerechten Chirurgischen Behandlung des Keratokonus (KK) I–III, Klin. Monatsbl. Augenheilk. 211: 94–100, 1997

22 Lachenmayr B (Hrsg): Begutachtung in der Augenheilkunde. Springer, Heidelberg, 2008

23 Linder R et al: Neue Perspektiven des E-Learnings für Blinde und hochgradig Sehbehinderte. GMS Med. Inform. Biom. Epidemiol. 2(3): Doc 18, 2006

24 Miller NR: Walsh and Hoyt´s Clinical Neuroophthalmology. Williams&Williams, Baltimore, 1982

25 Mitchell P et al: Prevalence and associations of retinal vein occlusions in Australia. Arch. Ophthalmol. 114: 1243–1247, 1996

26 Opremcak EM, Bruce RA: Surgical decompression of branch retinal vein occlusion via arteriovenous crossing sheathotomy. A prospective review of 15 cases. Retina. 19: 1–5, 1999

27 Opremcak EM et al: Radial optic neurotomy for central retinal vein occlusion: a retrospective pilot study of 11 consecutive cases. Retina, 21: 408–415, 2001

28 Opremcak EM: Uveitis. A clinical manual for ocular inflammation. Springer, Heidelberg, 1994

29 Pape R et al: Berufswahl und Auge. Die Berufseingliederung Sehgeschädigter. Enke, Stuttgart, 1976

30 Pape R: Sehfunktion und Berufswahl. Augenarzt, 26: 119–124, 1992

31 Paul C: Reha-Sehtraining. Therapieleitfaden für Orthoptistinnen. Diagnostik und Therapie zerebraler Sehstörungen nach erworbenen Hirnschäden, Praefcke, Ravensburg, 1995

32 Rajpal S et al: Survival in metastatic ocular melanoma. Cancer 52: 334, 1983

33 Reinhard J et al: Visuelles Restitutionstraining bei homonymer Hemianopsie, Z. prakt. Augenheilk. 25: 305–312, 2004

34 Reinhard J et al: Does visual restitution training change absolute homonymous visual field defects? A fundus controlled study, Br. J. Opthalmol. 89: 30–35, 2005

35 Rohrbach et al (Hrsg): Ophthalmologische Traumatologie. Schattauer, Stuttgart, 2002

36 Rohrschneider K in Kampik A, Grehn F: Augenärztliche Rehabilitation. Thieme, Stuttgart, 2005

37 Sabel B et al: Vision restoration therapy. Brit. J. Ohthalmol. 89: 522–524, 2005

38 Sabel B et al: Visual field recovery after vision restoration therapy (VRT) is independent of eye movements: An eye tracker study. Behav. Br. Res. 1:18–26, 2006

39 Schaeffel F: Optimierung der retinalen Bildschärfe durch visuelle Steuerung des Augenlängenwachstums beim Haushuhn (Gallus domesticus). Verhandl. Dtsch. Zoolog. Ges. 88: 320, 1995

40 Sektion Schilddrüse der Deutschen Gesellschaft für Endokrinologie: Diagnostik und Therapie von Schilddrüsenerkrankungen, Der Internist. 38: 177, 1997

41 Shields MB, Krieglstein GK: Glaukom. Springer, Heidelberg, 1993

42 VBG: Berufsgenossenschaftlicher Grundsatz für Arbeitsmedizinische Vorsorgeuntersuchungen »Bildschirmarbeitsplätze« G37 (BGI 504–37, BGG 904–37). Schriftenreihe Prävention der Verwaltungsberufsgenossenschaft BGI 785. VBG, Hamburg, 2005

21

HNO-Krankheiten

Roland Zeh

22.1   Allgemeines

22.1.1 Sozialmedizinische Bedeutung

Im HNO-ärztlichen Fachbereich sind sozialmedizinisch relevante Erkrankungen vor allem aus zwei Aspekten zu betrachten:

Zum einen kann es als Folge von meist malignen Erkrankungen im Kopf- und Halsbereich und der notwendigen Therapie zu Beeinträchtigungen der Leistungsfähigkeit kommen, z. B. mit Einschränkungen des Sprechens und der Atmung.

Zum anderen gehören hierher die Störungen der Sinnesfunktionen von Gehör und Gleichgewicht sowie des Geruchs- und Geschmackssinns, die idiopathisch auftreten können oder als Folge von Unfällen oder unterschiedlicher Erkrankungen, deren Ursache oft unbekannt ist und die kausal nicht behandelt werden können.

Zahlenmäßig am häufigsten sind die Einschränkungen des Gehörs. Je nach Definition gibt es unterschiedliche Angaben über die Prävalenz von Hörstörungen in Deutschland, das Deutsche Grüne Kreuz spricht von ca. 15 Millionen Betroffenen. Wegen Krankheiten des Ohres wurden von der Deutschen Rentenversicherung im Jahr 2009 3.366 Leistungen zur medizinischen Rehabilitation, 2.581 Leistungen zur Teilhabe am Arbeitsleben durchgeführt und 503 Zugänge bei der Erwerbsminderungsrente erfasst. Stark zugenommen hat die Zahl der Menschen mit chronischen Ohrgeräuschen (Tinnitus), bei denen häufig psychovegetative und psychosomatische Beschwerden wie Schlaf- und Konzentrationsstörungen, Erschöpfungssymptome und auch Ängste und depressive Verstimmungen im Vordergrund stehen.

Lärmschäden (oft mit Tinnitus einhergehend) gehören nach wie vor zu den häufigsten anerkannten Berufskrankheiten. Durch den konsequenten Einsatz von Lärmschutzmaßnahmen in den Betrieben ist die Zahl der berufsbedingten Lärmschäden aber rückläufig, dafür steigt die Zahl der Lärmschäden durch Freizeitlärm (siehe auch ▶ Kap. 3.1.6).

Bei Einschränkungen des Gehörs und des Gleichgewichts müssen immer die Kontextfaktoren beachtet werden, da diese die individuelle Kompensationsfähigkeit entscheidend beeinflussen. Das Ausmaß der funktionellen Beeinträchtigung kann im Zeitverlauf sowohl besser werden, z. B. durch bessere Adaptation oder verbesserte technische Hilfsmittel, es kann sich aber auch verschlechtern, z. B. durch nachlassende Konzentrationsfähigkeit im Alter, Beeinträchtigung anderer Sinnesfunktionen oder durch psychische Faktoren. Erschwerend für die Begutachtung kommt hinzu, dass objektive Messungen des Gehörs und des Gleichgewichtssinnes nur sehr begrenzt möglich sind.

Einschränkungen des Gehörs führen nicht nur zu einer Beeinträchtigung der Kommunikation, sie verändern auch den Kontakt zu den Mitmenschen, was bis zur Isolation und zum sozialen Rückzug führen kann. Dazu kommt, dass eine Schwerhörigkeit für die Betroffenen auch heute noch oft eine Stigmatisierung bedeutet, wodurch die Bereitschaft, technische Hörhilfen zu benutzen oder an rehabilitativen Leistungen teilzunehmen, meist gering ist. Daraus können wiederum psychische Auffälligkeiten und Anpassungsstörungen resultieren, die auch sozialmedizinisch relevant sein können. Sowohl für die Behandlung und Rehabilitation als auch für die Begutachtung ist es deshalb wesentlich, die psychischen und sozialen Faktoren auch zu erkennen.

Störungen des Gleichgewichtes erleben die Betroffenen meist als Schwindel und Unsicherheit, was oft zu erheblichen Einschränkungen der Mobilität und der Lebensführung führt. Auch hier sind die Kontextfaktoren bei der sozialmedizinischen Leistungsbeurteilung zu berücksichtigen. Dazu gehören die Umgebungssituation ebenso wie die individuelle Kompensation an die gestörte Gleichgewichtsfunktion und psychische Faktoren wie Angst und Depression. Wie bei den Einschränkungen des Gehörs ist die Motivation der Betroffenen der wichtigste Faktor für eine positive Erwerbsprognose.

22.1.2 Diagnostik

Anamnese und klinische Untersuchungen sind die Basis jeder ärztlichen Behandlung und auch der Begutachtung. Bei der Erhebung der Vorgeschichte sollten vor allem die vorhandenen Funktionseinschränkungen im Alltag und im beruflichen Umfeld herausgearbeitet werden. Da viele Krankheitsbilder eine jahre-, oft jahrzehntelange Vorgeschichte haben, ist auch der zeitliche Verlauf der Beschwerden relevant. Bei Hörproblemen ist zu berücksichtigen, dass sich eine Einschränkung des Hörvermögens im direkten Gespräch erst bei einem fortgeschrittenen Hörverlust auswirkt. Deshalb sollte immer nach der Kommunikation in komplexen Hörsituationen gefragt werden, z. B. in Gruppen und Geselligkeiten, bei Besprechungen, bei Störlärm und bei Telefonaten. Wichtig ist auch, ob technische Hörhilfen vorhanden sind und wie gut die Betroffenen damit zurecht kommen. Bei Störungen der Gleichgewichtsfunktion ist zu fragen nach Schwindel (ständig oder anfallsweise?), Einschränkungen der Mobilität, Tätigkeiten mit Absturzgefahr und im Gefahrenbereich sowie der Fahrtauglichkeit.

Bei der HNO-ärztlichen Untersuchung ist neben der Erhebung der Spiegelbefunde vor allem auf die Funktion der Hirnnerven zu achten und eine ausführliche klinische Gleichgewichtsprüfung durchzuführen. Die weitere kli-

◻ Tab. 22.1 Einteilung der Schwerhörigkeit

Sprachaudiometrischer Hörverlust	Grad der Schwerhörigkeit
bis 10 %	Normalgehör
10–20 %	Beginnende Schwerhörigkeit
20–40 %	Leichtgradige Schwerhörigkeit
40–60 %	Mittelgradige Schwerhörigkeit
60–80 %	Hochgradige Schwerhörigkeit
80–99 %	An Taubheit grenzende Schwerhörigkeit
100 %	Taubheit oder Taubheit mit Hörresten

In Anlehnung an Feldmann [2]

◻ Tab. 22.2 Beispiele für Kontextfaktoren

Personbezogene Kontextfaktoren	Umweltfaktoren
Motivationslage	Versorgung mit Hörgeräten und zusätzlichen technischen Hilfsmitteln
Individuelle Kompensationsfähigkeit	Raumakustik, Störgeräusche
Nonverbale Kommunikationsstrategien	Lichtverhältnisse (wegen Mundabsehens)
Konzentrationsfähigkeit	Sprechweise der Gesprächspartner
Kombinationsfähigkeit	Gesprächssituation (strukturiert – unstrukturiert, Gruppen- oder Einzelgespräch)

nische und apparative Funktionsdiagnostik ist unter den verschiedenen Krankheitsbildern beschrieben.

22.2 Krankheitsbilder

22.2.1 Schwerhörigkeit und Taubheit

Hörstörungen können eingeteilt werden nach Art der Lokalisation (Schallleitungsstörungen, Schallempfindungsstörungen, kombinierte Schwerhörigkeiten) oder nach der Ätiologie (jeweils als angeborene und erworbene Hörstörungen). Schallleitungsstörungen und kombinierte Schwerhörigkeiten können oft durch operative Maßnahmen gebessert werden. Ursache für Schallleitungsstörungen können z. B. sein: Gehörgangsentzündungen oder -stenosen, chronische Otitiden, Cholesteatome, Otosklerose sowie Tumore und Traumafolgen. Schallempfindungsschwerhörigkeiten sind einer kausalen Therapie meist nicht zugänglich. Mögliche Ursachen sind z. B. Hörsturz, Lärmschaden, Akustikusneurinom, Infektionskrankheiten (z. B. Meningitis) und Traumafolgen (Felsenbeinfraktur). In vielen Fällen handelt es sich um erbliche Belastungen oder die Ätiologie kann nicht geklärt werden.

Klassifikationen und Stadieneinteilung

Der tonaudiometrische Hörverlust wird in der Begutachtung nach der Vierfrequenztabelle von Röser berechnet. Für die Begutachtung z. B. nach dem Schwerbehindertenrecht oder bei beruflich bedingten Lärmschäden durch die Berufsgenossenschaften wird jedoch der sprachaudiometrische Hörverlust herangezogen, der nach der Tabelle von Boenninghaus und Röser (1973) berechnet wird (vgl. ◻ Tab. 22.1). Zu beachten ist, dass der ton- und der sprachaudiometrische Hörverlust meist nicht überein-

stimmen. In Anlehnung an die GdB-Bewertung empfiehlt sich auch für die sozialmedizinische Begutachtung für die gesetzliche Rentenversicherung die in Tab. 22.1 dargestellte Schweregrad-Einteilung.

Das Ausmaß des Hörverlustes ist für beide Ohren seitengetrennt anzugeben. Sofern sich anhand der genannten Tabellen ein Hörverlust von 100 % errechnet, tatsächlich aber noch ein Resthörvermögen vorliegt, das noch mit Hörgeräten versorgt werden kann, empfiehlt sich die Bezeichnung »Taubheit mit Hörresten«.

Wenn die Taubheit oder hochgradige Schwerhörigkeit bereits vor dem Spracherwerb eingetreten ist, kann der Spracherwerb stark beeinträchtigt sein. Die Artikulation ist oft nur schwer verständlich, die Sprache ist auch im schriftlichen Ausdruck oft fehlerhaft. Man spricht dann von »gehörlos« oder von prälingual ertaubt (siehe auch ▶ Kap. 22.2.3 Audiogene Sprachstörungen).

Spezifische krankheitsbedingte Beeinträchtigungen nach ICF

Nach dem Konzept der ICF steht nicht das Ausmaß des Organschadens, sondern die daraus resultierenden Beeinträchtigungen der Teilhabe im Vordergrund.

Die Störung der Organfunktion entspricht dem Ausmaß der Schwerhörigkeit (durch den Hörtest zu messen). Die Einschränkungen der Aktivität drücken sich aus in der erschwerten Kommunikation. Dadurch kommt es zu einer Einschränkung der Teilhabe in vielen beruflichen und gesellschaftlichen Situationen. Wenn Gespräche nicht mehr verstanden werden, ist eine aktive und gleichberechtigte Teilhabe nicht möglich.

Nach dem bio-psycho-sozialen Krankheitsmodell bestimmen zahlreiche Kontextfaktoren, wie groß die Einschränkungen der Teilhabe sind. Zu Beispielen für Kontextfaktoren siehe ◻ Tab. 22.2.

Die Kontextfaktoren können von Situation zu Situation stark wechseln. Wenn z. B. ein hochgradig Schwerhöriger in den meisten Situationen gut zurechtkommt, weil er gut vom Mund absehen kann, kommt es trotzdem schnell zu Problemen, wenn ein Raum abgedunkelt wird z. B. für eine Präsentation. Schwerhörige sind deshalb sehr darauf angewiesen, dass die äußeren Bedingungen hörgeschädigtengerecht gestaltet werden. Das ist jedoch nur selten der Fall und kann auch mit technischen Hilfen meist nur begrenzt ausgeglichen werden.

Spezielle Diagnostik, Sachaufklärung

Obligat sind ein Ton- und ein Sprachaudiogramm (Freiburger Sprachtest) mit Angabe von Referenzbereichen und einer entsprechenden Bewertung. Klinische Hörtests wie die Sprachabstandsprüfung sind zu ungenau und sollten nur zur Orientierung eingesetzt werden. Zur Prüfung des Sprachverstehens eignet sich auch der Oldenburger Satztest mit und ohne Störschall. Das Sprachverstehen mit Hörsystemen sollte mit Hilfe von Freifeldtests geprüft werden (Aufblähkurve und Freiburger Einsilbertest).

Bei der Bewertung von allen Hörprüfungen sollten jedoch immer zwei Dinge mit berücksichtigt werden:

1. Es handelt sich um standardisierte Situationen, bei denen sich die Probanden auf den Test konzentrieren können. Im Alltag dagegen wird schnell und undeutlich gesprochen, es ist laut und man ist oft abgelenkt. Die verfügbaren Sprachtests können den Kommunikationsstatus im Alltag und somit die Einschränkungen bei Aktivität und Teilhabe nur sehr begrenzt abbilden.
2. Hörtests sind subjektive Tests. Ob der Proband den Ton auch wirklich nicht gehört hat oder ob er ein Wort wirklich nicht verstanden hat, lässt sich nicht objektiv überprüfen. Die Ergebnisse von ton- und sprachaudiometrischen Tests sind deshalb immer kritisch zu hinterfragen. Objektive Hörtests wie Otoakustische Emissionen (OAE) oder die Hirnstammaudiometrie (BERA) haben bei der Bestimmung des Sprachverstehens keine Aussagekraft.

Die Bestimmung des Kommunikationsstatus und der Einschränkung der Leistungsfähigkeit setzt somit eine große Erfahrung auf diesem Gebiet voraus. Wichtig ist deshalb neben den audiometrischen Tests eine Erfassung des Kommunikationsstatus und der kommunikativen Kompetenzen durch die Anamnese und durch klinische Beobachtungen. Zum Kommunikationsstatus gehört neben dem gezielten Einsatz von technischen Hörhilfen auch die Beherrschung von nonverbalen Kommunikationsmethoden sowie die Konzentrations- und Kombinationsfähigkeit. Sind diese kompensatorischen Fähigkeiten nicht vorhanden, können auch eher geringgradige Hörstörungen

schon zu großen Einschränkungen der Leistungsfähigkeit führen.

Krankheitsspezifische Begutachtungskriterien, Zielkriterien

Für die Beurteilung von Hörstörungen sind neben dem Ausmaß der Hörminderung auch die Ätiologie und die Möglichkeiten eines Teilausgleiches durch technische und/oder operative Maßnahmen wichtig.

Erbliche und idiopathische Schwerhörigkeiten verlaufen oft progredient, was zu entsprechenden psychischen Belastungen der Betroffenen führt. Notwendig sind hier eine optimale Versorgung mit Hörgeräten und ggf. auch eine frühzeitige Aufklärung über die Möglichkeit eines Cochlea-Implantats (CI), um Ängste abzubauen.

Bei Schwerhörigkeiten durch **Erkrankungen des äußeren Ohrs und des Mittelohrs** haben die Patienten oft eine Vielzahl von Operationen am Ohr hinter sich. Neben lokalen Problemen mit Schmerzen und Sekretion ergeben sich oft Schwierigkeiten bei der Versorgung mit Hörsystemen. Alternativ zu den konventionellen Hörgeräten sollte hier auch eine Versorgung mit knochenverankerten Hörsystemen oder mit aktiven Mittelohr-Implantaten in Erwägung gezogen werden.

Zu den häufigsten Ursachen von Hörstörungen gehört der **Hörsturz**. Ein Hörsturz ist definiert als plötzlicher Funktionsverlust im Innenohr, meist einseitig und oft begleitet von akuten Ohrgeräuschen (Tinnitus). Die Ursache des Hörsturzes ist bis heute nicht genau bekannt, man vermutet am ehesten Durchblutungsstörungen. Auch bei zeitnaher Behandlung mit rheologischen Maßnahmen und Cortison kommt es in 10–20 % der Fälle zu bleibenden Hörverlusten bis hin zur völligen Ertaubung des betroffenen Ohrs. Das Gehör ist meist nicht nur quantitativ eingeschränkt, sondern auch qualitativ (Verzerrungen, veränderte Lautheitsempfindung etc.), so dass es oft zu deutlichen Einschränkungen der Kommunikation kommt, die mit Hörsystemen nur begrenzt ausgeglichen werden können.

Bei **sehr hochgradigen Schwerhörigkeiten oder Taubheit** sollte immer auch die Möglichkeit eines Cochlea-Implantats (CI) geprüft werden. Ein CI ist eine elektronische Hörprothese, die in ihrer Funktion die geschädigte Innenohrfunktion ersetzt. Die Erfolge mit einem CI sind heutzutage sehr gut, so dass bei den meisten Patienten zumindest in ruhigen und strukturierten Situationen wieder eine Verständigung über das Gehör möglich ist.

Auch **einseitige Hörverluste** bei normalem Gehör auf dem Gegenohr können sozialmedizinisch relevant sein, da es zu Einschränkungen des Richtungshörens und des Verstehens im Störlärm kommt. Deshalb sollten auch einseitige Hörverluste nach Möglichkeit mit einen geeigneten Hörsystem ausgeglichen werden. Sofern dies nicht möglich ist, kann ein CROS-System (CROS = Contralateral routing of signals) angepasst werden (der Schall wird von der tauben Seite auf das gesunde Gegenohr geleitet).

Spezifische sozialmedizinische Beurteilung

Die Beurteilung orientiert sich gemäß ICF nicht am Ausmaß des Hörverlustes, sondern an der Kommunikationsfähigkeit, die auch technische Hörhilfen und kompensatorische Fähigkeiten mit einbezieht. Bei der Prognose ist zu berücksichtigen, ob es sich um eine progrediente Hörstörung handelt und ob die kompensatorischen Fähigkeiten, die für die Betroffenen einen erheblichen zusätzlichen Energie- und Konzentrationsaufwand bedeuten, auch im zunehmenden Alter erbracht werden können.

Bei der Beurteilung des quantitativen Leistungsvermögens sind in den meisten Fällen noch Tätigkeiten von 6 Std. täglich und mehr in jeglicher Arbeitsschwere möglich. Vermieden werden sollten aber Nacht- und in manchen Fällen auch Wechselschichttätigkeiten aufgrund des erhöhten Konzentrationsaufwandes, den die Schwerhörigkeit in der Kommunikation mit sich bringt, weil sonst die Gefahr von Schlafstörungen und Erschöpfungssymptomen besteht. Dies gilt insbesondere dann, wenn zusätzlich zur Schwerhörigkeit auch Tinnitus besteht.

Im qualitativen Leistungsvermögen sind Tätigkeiten mit erhöhten Anforderungen an das Hörvermögen zu vermeiden, wobei dies meist nur im Einzelfall genauer definiert und beurteilt werden kann. Ungünstig sind z. B. Tätigkeiten in lauter Umgebung oder mit häufiger Kommunikation bei ungünstigen akustischen Bedingungen. Telefonate sind mit Hörhilfen meist noch möglich, aber nur in ruhiger Umgebung. Bürotätigkeiten sollten deshalb nicht in Großraumbüros durchgeführt werden (evt. LTA zur Einrichtung eines Zweiplatzbüros prüfen).

■ Medizinische Rehabilitation

Hörverluste sollten immer mit Hörsystemen ausgeglichen werden. Da aber Hörsysteme ein normales Hör- und Kommunikationsvermögen nicht wieder herstellen können, bleiben auch bei optimaler technischer Versorgung Einschränkungen bestehen. Deshalb ist das Erlernen von kompensatorischen Fähigkeiten wie Hörtaktik (Beispiele: wo setze ich mich hin, wie strukturiere ich ein Gespräch), Mundabsehen oder nonverbale Kommunikationshilfen sowie der gezielte Einsatz von technischen Zusatzgeräten wie Kommunikationsanlagen oder Telefonverstärker notwendig. Diese rehabilitativen Maßnahmen können z. B. durch Audiotherapie vermittelt werden. Die Erfahrung zeigt, dass dies in der Regelversorgung meist nur unbefriedigend geregelt ist, auch deswegen weil Audiotherapie noch wenig bekannt und keine Kassenleistung ist. Wenn wegen der Hörprobleme die berufliche Leistungsfähigkeit gefährdet ist, liegen die Voraussetzungen für eine Rehabilitationsleistung des Rentenversicherungsträgers in einer Einrichtung mit einem Therapiekonzept für schwerhörige Patienten vor.

■ Teilhabe am Arbeitsleben

Zur Sicherung der Teilhabe am Arbeitsleben stehen verschiedene Leistungen zur Verfügung. Für Betriebsversammlungen oder wichtige Besprechungen können bei schwerhörigen und gehörlosen Arbeitnehmern Gebärden- oder Schriftdolmetscher eingesetzt werden. Für Besprechungen, Vorträge, Präsentationen oder beim Besuch von Fortbildungen gibt es verschiedene Formen von Kommunikationsanlagen, wobei die Versicherten für die Benutzung solcher Anlagen unbedingt geschult werden müssen. Als Kostenträger kommen neben dem RV-Träger die Integrationsämter oder die Arbeitsagenturen in Frage. Empfehlenswert ist meist auch die Hinzuziehung des Fachdienstes für Hörgeschädigte, der flächendeckend zur Verfügung steht und meist über die Integrationsämter finanziert wird.

Bei Leistungen zur beruflichen Rehabilitation ist darauf zu achten, dass auch der Unterricht hörgeschädigtengerecht gestaltet werden muss. In einigen Berufsförderungswerken (BFW) wurden hierzu spezielle Modellprojekte für hörbehinderte Rehabilitanden eingerichtet.

■ Erwerbsminderung

Ein aufgehobenes Leistungsvermögen kann vorliegen, wenn weitere Sinnesorgane geschädigt sind, insbesondere das Sehen, so dass das geschädigte Gehör durch kompensatorische Leistungen nicht mehr ausreichend ausgeglichen werden kann. Auch zusätzliche psychische Erkrankungen oder Belastungen können dazu führen, dass keine ausreichende Leistungsfähigkeit mehr vorliegt. In jedem Fall aber sollten rehabilitative Maßnahmen sowie Maßnahmen zur Teilhabe am Arbeitsleben ausgeschöpft sein. Liegt Gehörlosigkeit vor und eine Verständigung ist nur durch Gebärdensprache möglich, kann an einem behindertengerechten Arbeitsplatz das Leistungsvermögen erhalten sein, wenn Gehörlose durch Gebärdendolmetscher oder Arbeitsassistenz (z. B. über die Integrationsämter bzw. als Leistung zur Teilhabe am Arbeitsleben durch den zuständigen Rehabilitationsträger) unterstützt werden.

22.2.2 Gleichgewichtsstörungen

Es muss zunächst unterschieden werden zwischen Schwindel und Gleichgewichtsstörungen. Schwindel ist ein subjektiv empfundenes Unsicherheitsgefühl, das als Dreh-, Schwank- oder Liftschwindel oder als unsystematischer Schwindel wahrgenommen wird. Schwindel wird meist von vegetativen Symptomen, vor allem Übelkeit, begleitet. Eine Gleichgewichtsstörung dagegen ist eine Störung der Orientierung im Raum, oft verbunden mit unsicherem Gangbild und Fallneigung.

Klassifikationen und Stadieneinteilung

Schwindel und Gleichgewichtsstörungen können vestibuläre, ZNS-bedingte, HWS-bedingte, kardiovaskuläre oder psychogene Ursachen haben. Der Schwerpunkt dieses Kapitels liegt auf den vestibulären Erkrankungen (zum Symptomenkomplex Schwindel siehe auch ▶ Kap. 27.3.1). Eine für die sozialmedizinische Beurteilung hilfreiche Stadieneinteilung gibt es nicht.

Spezifische krankheitsbedingte Beeinträchtigungen nach ICF

Schwindel und Gleichgewichtsstörungen führen zu einem permanenten Unsicherheitsgefühl, wodurch es oft auch zu psychischen Folgen wie Ängsten und unangemessener Schonhaltung kommt. Neben der Einschränkung der Mobilität kann auch das Führen von Kraftfahrzeugen erschwert oder unmöglich sein.

Nach ICF ist für die Begutachtung die Beeinträchtigung der Aktivitäten und Teilhabe maßgeblich. Diese ist durch die ängstliche Vermeidung oft erheblich gestört, insbesondere dann, wenn weitere psychische oder soziale Belastungen vorliegen.

Spezielle Diagnostik, Sachaufklärung

Bei der klinischen Gleichgewichtsuntersuchung ist die Steh- und Gehfähigkeit zu überprüfen mit dem Romberg-Test und dem Unterberger-Tretversuch sowie mit Strich- und Blindgang. Unter der Frenzel-Brille ist auf Spontan- und Provokationsnystagmus zu achten, des Weiteren bei der Lagerungsprüfung auf einen Lagerungsnystagmus.

Mit der kalorischen Prüfung (Warm- und Kaltspülung der Gehörgänge) kann eine objektive Funktionsprüfung des horizontalen Bogengangs vorgenommen werden, wobei insbesondere eine Seitendifferenz auf eine vestibuläre Schädigung hinweist. Als weitergehende Untersuchungen stehen Drehstuhl-Prüfung, Posturografie auf einer Messplatte sowie die Ableitung der vestibulär evozierten myogenen Potentiale (VEMP) zur Verfügung. Bei allen apparativen Tests ist jedoch zu beachten, dass ein pathologisches Ergebnis nicht automatisch Krankheitswert hat und zu Leistungseinschränkungen führt, da einseitige vestibuläre Schädigungen bei jüngeren Patienten oft vollständig kompensiert werden können.

Krankheitsspezifische Begutachtungskriterien, Zielkriterien

Die wichtigsten vestibulären Erkrankungen sind:

▪ Benigner paroxysmaler Lagerungsschwindel (BPLS)

Häufigste Schwindelform, die vor allem im höheren Lebensalter auftritt. Durch abgelöste Kristalle im Bogengangsapparat kommt es lageabhängig zu kurzdauernden, aber heftigen Schwindelgefühlen. Bei der Lagerungsprüfung kann die Diagnose durch Nachweis eines lageabhängigen Nystagmus gesichert werden, nach korrekter Durchführung von Befreiungsmanövern nach Semont oder nach Epley besteht meist Beschwerdefreiheit, kann in seltenen Fällen auch über längere Zeit persistieren. Der BPLS führt in der Regel nicht zu einer sozialmedizinisch relevanten Leistungseinschränkung.

▪ Vestibularisparoxysmie

Charakteristisch sind kurze, spontan, aber auch häufig in Abhängigkeit von bestimmten Kopfpositionen auftretende Drehschwindelattacken, wobei eine einseitige Hörminderung oder Tinnitus während der Attacken oder permanent auftreten kann. Es handelt sich um ein seltenes Krankheitsbild, ätiologisch wird eine neurovaskuläre Kompression, vergleichbar der Trigeminusneuralgie, angenommen.

Bei der **Neuropathia Vestibularis** kommt es zu einem akuten, meist einseitigen Funktionsverlust im Vestibularorgan, verbunden mit massiven Drehschwindelgefühlen, Übelkeit und Erbrechen. Die Symptome ähneln stark einem M. Menière-Anfall. Die Ätiologie ist unbekannt, man vermutet analog zum Hörsturz durchblutungsbedingte oder entzündliche Ursachen. Oft sind auch beide Teile des cochleo-vestibulären Systems betroffen, man spricht dann von einem Hörsturz mit vestibulärer Beteiligung. Die Therapie entspricht der des Hörsturzes. Es kann zu einer vollständigen Restitutio kommen, oft bleibt aber auch ein vollständiger oder teilweiser Funktionsverlust des betroffenen Vestibularorgans bestehen.

Schädigung des Vestibularorgans durch Trauma (Felsenbeinfraktur), lokal destruierende Prozesse (Cholesteatom, Tumoren) oder durch Akustikusneurinom. Bei **bilateraler Vestibulopathie** kann der Funktionsverlust nicht mehr durch die Gegenseite kompensiert werden, weshalb eine Gangunsicherheit, vor allem im Dunkeln, teilweise auch Oszillopsien bei Kopfbewegungen und Beeinträchtigungen des räumlichen Gedächtnisses bestehen.

▪ Morbus Menière

Beim M. Menière kommt es zu anfallsartig auftretenden heftigen Drehschwindelattacken, verbunden mit Nystagmus, Übelkeit, Erbrechen und verstärktem, tieffrequentem Tinnitus. Die Anfälle dauern Minuten bis Stunden, die Anfallsfrequenz kann sehr verschieden sein. Zwischen den Anfällen kann Symptomfreiheit bestehen, meist berichten die Betroffenen aber auch zwischen den Anfällen über eher diffusen Schwindel, Ohrgeräusche und Druckgefühl im Ohr. Charakteristisch ist oft eine Tieftonsenke im Audiogramm. Als Ursache wird ein endolymphatischer Hydrops angesehen. Es stehen verschiedene medikamentöse und operative Therapiemethoden zur Verfügung, die jedoch nicht immer zum Erfolg führen. Im Langzeitverlauf nehmen die Drehschwindelanfälle oft ab (»der MENIÈRE brennt aus«), dagegen kommt es zu einem zunehmenden innenohrbedingten Hörverlust sowie zu einem Funktionsausfall des Vestibularorgans.

Spezifische sozialmedizinische Beurteilung

Erkrankungen des Gleichgewichtsorgans haben eine hohe sozialmedizinische Relevanz, da viele Patienten längere Zeit arbeitsunfähig sind und die Erwerbsfähigkeit oft bedroht ist. Bei anfallsweise auftretenden Schwindelattacken steht meist die Angst vor dem Schwindel im Vordergrund. Für die Prognose entscheidend ist es, ob das Auftreten von Schwindelattacken durch therapeutische Maßnahmen kontrolliert werden kann. Bei Gleichgewichtsstörungen sind die zentrale Kompensation und der Abbau von Schonhaltungen entscheidend für die sozialmedizinische Prognose.

Das quantitative Leistungsvermögen ist eingeschränkt bei häufigen, nicht kontrollierbaren Schwindelanfällen. Die qualitativen Einschränkungen bei Schwindel und Gleichgewichtsstörungen umfassen vor allem Tätigkeiten mit Absturzgefahr und im Gefahrenbereich, Überkopf-Arbeiten, Führen von Kraftfahrzeugen (insbesondere Personenbeförderung) sowie sicherheitsrelevante Tätigkeiten.

- ### Medizinische Rehabilitation

Die Kompensation eines Ausfalls oder einer Schädigung des Vestibularisorgans erfolgt zum einen dadurch, dass die Gegenseite diese Aufgaben übernimmt, zum anderen übernehmen das Sehen, das propriozeptive System und auch das Gehör die Orientierung im Raum. Da es sich hier um eine Neuorganisation zentraler Verschaltungen handelt, ist mit einer Rekompensationszeit von drei bis sechs Monaten, in manchen Fällen bis zu einem Jahr zu rechnen. Durch ein spezifisches Koordinations- und Gleichgewichtstraining kann die Kompensation deutlich verbessert werden. Je früher das Training begonnen wird, desto besser die Prognose, bevor die oft angstbesetzte Schonhaltung zu einer Chronifizierung und Fixierung führt. Bei Gefährdung der beruflichen Leistungsfähigkeit sollte eine medizinische Rehabilitation durch die Rentenversicherung erfolgen. Diese sollte nicht nur ein physiotherapeutisches Behandlungsprogramm, sondern auch eine psychologische Behandlung zur Bearbeitung von Ängsten und Unsicherheitsgefühlen beinhalten.

- ### Teilhabe am Arbeitsleben

Zur Teilhabe am Arbeitsleben sollten innerbetriebliche Umsetzungen oder eine berufliche Neuorientierung auf Tätigkeiten ohne Gefährdungspotential angestrebt werden, hierzu sind auch LTA zu prüfen.

- ### Erwerbsminderung

Bei ständig auftretenden Schwindelanfällen, die medizinisch nicht kontrolliert werden können, liegt ein aufgehobenes Leistungsvermögen vor. Da im Langzeitverlauf durch Kompensation eine Besserung eintreten kann, ist eine Befristung sinnvoll.

22.2.3 Stimm-, Sprach- und Sprechstörungen

Stimmstörungen sind Störungen der Stimmbildung, die ihre Ursache in einer Schädigung der Stimmwerkzeuge oder deren falschen Gebrauchs haben.

Eine **Sprachstörung** ist eine Störung der gedanklichen Erzeugung von Sprache. Sprachaufbau und Sprachvermögen sind beeinträchtigt (siehe hierzu auch Aphasie, ▶ Kap. 23).

Eine **Sprechstörung** (Artikulationsstörung) ist die Unfähigkeit, Sprachlaute korrekt und flüssig zu artikulieren. Es ist eine Störung in der Verwirklichung lautlicher Sprechnormen. Im Gegensatz zur Sprachstörung sind hier nur die motorisch-artikulatorischen Fertigkeiten beeinträchtigt, das Sprachvermögen an sich ist jedoch intakt. Sprach- und Sprechstörung können auch gemeinsam auftreten.

Stimm-, Sprach- und Sprechstörungen haben aufgrund der überragenden Bedeutung der Kommunikation ebenso wie die Hörstörungen eine hohe sozialmedizinische Relevanz. Sie können Folge von anderen Erkrankungen sein (insbesondere durch Tumoren im HNO-Bereich) oder durch funktionelle Störungen bedingt sein.

Klassifikationen und Stadieneinteilungen

Stimmstörungen werden unterteilt in organische und funktionelle Störungen. Organische Störungen können verursacht werden durch eine Vielzahl von Erkrankungen des Larynx und des Mund-Rachenraums (Verletzungen, Verbrühungen, Verätzungen, infektiöse und nicht-infektiöse Entzündungen, gut- und bösartige Tumoren) sowie Stimmlippenlähmungen durch myopathische Störungen, periphere Nervenschädigungen (z. B. Recurrensparese) oder zentrale Störungen.

Funktionelle Stimmstörungen werden unterteilt in dyskinetische Störungen (hyper- und hypofunktionell), psychogene Störungen und Mutationsstörungen.

Bei **Sprachstörungen** unterscheidet man zwischen Sprachentwicklungsstörungen bei Kindern und erworbenen Sprachstörungen (Aphasien) nach Abschluss des Spracherwerbs. Ursache für Sprachentwicklungsstörungen sind vor allem Hörstörungen, mangelnde sprachliche Anregung, ungünstige soziale Umstände oder Intelligenzstörungen (auch Teilleistungsstörungen). Aphasien entstehen durch Schädigungen der Sprachzentren im Gehirn.

Sprechstörungen lassen sich in zwei große Gruppen unterteilen: Störungen der Bildung von Lauten und Redeflussstörungen. Lautbildungsstörungen sind z.B. Lispeln (Sigmatismus) oder Falschbildung der G-, K-, L-, und R-Laute. Eine Redeflussstörung ist eine Störung des Sprechens, welche durch Unterbrechungen des Sprechablaufs, Pausen, Wiederholungen und Einschübe gekennzeichnet ist, z.B. Stottern, Poltern.

Spezifische krankheitsbedingte Beeinträchtigungen nach ICF

Alle Stimm-, Sprach- und Sprechstörungen können zu einer Beeinträchtigung der Kommunikation und der sozialen Interaktion führen. Sprechberufe können dadurch nur eingeschränkt oder gar nicht ausgeübt werden. Zu beachten ist auch die Stigmatisierung, die mit einer fehlerhaften Sprache einhergeht und zu psychischen Belastungen führen kann. Weiterhin sind zusätzlich bestehende Beeinträchtigungen zu beachten wie Störungen der Atmung oder des Schluckens bei Erkrankungen von Larynx/Mund- und Rachenraum oder Hörstörungen.

Spezielle Diagnostik, Sachaufklärung

Die Stimm- und Sprachdiagnostik sollte durch einen Phoniater in Zusammenarbeit mit Logopäden durchgeführt werden. Bei der **Stimmdiagnostik** ist neben den Spiegeluntersuchungen und der Laryngoskopie eine Stroboskopie notwendig zur Beurteilung der Stimmbandfunktion. Der auditive Eindruck der Stimme kann unterstützt werden durch computergestützte Stimmanalysen (Erfassung elektrophysiologischer Parameter wie Grundfrequenz, Jitter etc.) und der Elektroglottographie zur Beurteilung der Stimmlippenvibration. Geprüft wird die Qualität der Stimme, die mögliche Lautstärke und Tonhaltedauer und die zeitliche Belastbarkeit. Auch die Atemtechnik und das Schluckverhalten sollten dabei überprüft werden.

Bei der **Sprach- und Sprechdiagnostik** werden verschiedene Testverfahren durchgeführt. Geprüft wird sowohl das Sprachverstehen als auch die Sprachproduktion, wobei begleitende Hörstörungen und kognitive Fähigkeiten bei der Beurteilung mit berücksichtigt werden müssen.

Krankheitsspezifische Begutachtungskriterien, Zielkriterien

Bei den **organischen Stimmstörungen** ist zu unterscheiden zwischen Folgezuständen nach Verletzungen und Erkrankungen im Hals-, Nasen- und Rachenraum (insbesondere bösartige Tumore), chronischen Erkrankungen wie Laryngitis sowie Stimmlippenlähmungen durch zentrale oder periphere Ursachen.

Bei **Karzinomen** des Larynx muss in der Regel eine Laryngektomie oder eine Teilresektion vorgenommen werden. Es bleibt ein Defektzustand nach operativer Rekonstruktion, oft mit Anlage eines Tracheostomas. Neben der gestörten Stimmbildung bestehen weitere Beeinträchtigungen durch Schluckstörungen, trockene Schleimhäute wegen fehlender Befeuchtung der Atemluft. Nach Tracheotomie kann es zu einer Verborkung der Trachea mit der Gefahr der Verlegung der Atemwege kommen. Stimmlich belastende Tätigkeiten sind nicht mehr möglich, ebenso keine körperlich schweren Tätigkeiten, keine Tätigkeiten mit Exposition inhalativer Noxen und erhöhter Infektionsgefahr wegen der Schleimhaut-Trockenheit. Die Schluckstörungen können zu erhöhter Aspirationsgefahr führen, sofern es zu keiner operativen Trennung der Luftwege gekommen ist.

Bei Defektzuständen nach Karzinomen von Nase, Nasennebenhöhlen, Pharynx und Mundhöhle ist die Stimmbildung meist nicht beeinträchtigt, jedoch die Bildung der Sprachlaute durch Veränderung des Resonanzraumes.

Ebenso wie nach Karzinomen sind Folge- und Defektzustände nach Unfällen und Entzündungen individuell zu beurteilen. Bei der **chronischen Laryngitis** kommt es zu Veränderungen der Kehlkopfschleimhaut, meist durch inhalative Noxen (Nikotin, Staub), Allergien, trockene Luft, aber auch als Folge behinderter Nasenatmung, als fortgeleitete Entzündung von Nase, Nasennebenhöhlen (NNH), Bronchien oder auch durch eine Überbeanspruchung der Stimmbänder bzw. eine falsche Stimmtechnik. Die Folge sind Heiserkeit, Reizhusten, Trockenheitsgefühl; es besteht außerdem die Gefahr der malignen Entartung. Die Symptome sind trotz Behandlung oft hartnäckig, insbesondere wenn die auslösenden Noxen weiter bestehen. Eine berufliche Neuorientierung kann erforderlich werden, wenn die Meidung der Exposition von Noxen oder Allergenen nicht anders erreicht werden kann oder bei stimmlich belastenden Tätigkeiten.

Stimmlippenlähmungen führen zur Beeinträchtigung der Stimme mit Heiserkeit; beidseitige Paresen können zusätzlich zur Luftnot führen. Die Beurteilung der Stimmbeeinträchtigung erfolgt nach den unten ausgeführten Kriterien der Dysphonie. Wenn das Stimmband in einer funktionell günstigen Stellung steht, kann die Stimme nur wenig beeinträchtigt sein, bei allerdings meist reduzierter Stimmbelastbarkeit. Bei ungünstiger Stimm-

22

bandstellung ist manchmal auch trotz intensiver logopädischer Therapie keine leistungsfähige Stimme zu erhalten, woraus eine Aphonie resultieren kann, die den Erwerb einer »Ersatzstimme« erforderlich machen kann. Bei beidseitiger Parese ist bei enger Stellung der Stimmbänder die Stimme oft nur wenig beeinträchtigt, allerdings bestehen dann Luftnot und oft ein inspiratorischer Stridor, was eine operative Korrektur notwendig machen kann. Damit wird allerdings die Stimmbildung wieder verschlechtert.

Bei **funktionellen Stimmstörungen** besteht eine fehlerhafte Stimmfunktion bei intakter Larynxanatomie. Dyskinetische Stimmstörungen mit hyperfunktioneller Dysphonie entstehen durch Überlastung der Stimme oder falsche Stimmtechnik [Vorkommen vor allem bei stark belasteter Stimme (z. B. Sänger, Lehrer, Pfarrer)]. Durch Lärmexposition kann bei permanenter Stimmüberforderung eine Dysphonie auftreten, die von einer chronischen Laryngitis begleitet sein kann. Die Stimme klingt heiser, rauh, es kann sich ein Kratzen im Hals und eine Rötung der Stimmlippenränder einstellen bis hin zur Bildung von »Sängerknötchen«. Die Therapie erfolgt mit Stimmübungsbehandlung und Atemtechniken. Bei der Beurteilung ist neben der Qualität der Stimme auch die zeitliche Belastbarkeit zu berücksichtigen, ggf. ist eine berufliche Neuorientierung oder eine Reduzierung der Sprechbelastung durch Umorganisation am Arbeitsplatz notwendig.

Bei hypofunktioneller Dysphonie liegt eine Schonhaltung beim Sprechen vor. Bei psychogener Dysphonie oder Aphonie können die Stimmlippen beim Sprechen nicht in Phonationsstellung gebracht werden. Wichtig ist hier neben der Stimmübungsbehandlung eine psychotherapeutische Diagnostik und Behandlung.

Sprechstörungen bei Erwachsenen wie Artikulationsstörungen, Stottern und Poltern können meist logopädisch behandelt werden, berufliche Einschränkungen können bei Sprech- und Kommunikationsberufen bestehen.

Audiogene Sprachstörungen: Bei einer seit der Kindheit bestehenden Hörschädigung können sowohl Sprach- als auch Sprechstörungen auftreten. Taub geborene Kinder konnten früher, als es noch keine Cochlea-Implantate (CI) gab, die Sprache nur sehr unzureichend erlernen. In vielen Fällen der jetzt erwachsenen Betroffenen liegt nicht nur eine Artikulationsstörung mit undeutlicher, schwer verständlicher Aussprache und fehlerhafter Lautbildung vor, sondern auch eine Sprachstörung mit fehlerhafter Grammatik und schlechtem Sprachverstehen (unabhängig vom Hören auch bei schriftlichen Texten). Der früher benutzte Begriff »taubstumm« sollte wegen der damit verbundenen Diskriminierung nicht mehr benutzt werden, korrekt ist hier der Begriff »praelinguale Ertaubung«, die Betroffenen selbst bezeichnen sich als »Gehörlos«. Gehörlose benutzen meist die Gebärdensprache, eine vollwerti-

ge und komplexe Sprache, die durch das SGB IX und das Antidiskriminierungsgesetz inzwischen auch politisch anerkannt ist. Für Arzt- und Behördenbesuche und für die Teilnahme am gesellschaftlichen Leben haben die Gehörlosen den Anspruch auf Hinzuziehung eines Gebärdensprach-Dolmetschers. Die Finanzierung erfolgt über die zuständigen Kostenträger (bei Arztbesuchen die Krankenkasse, bei Behördenbesuchen die jeweilige Behörde). Am Arbeitsplatz benötigen die Betroffenen z. B. bei wichtigen Besprechungen oft Gebärdensprachdolmetscher oder eine Arbeitsassistenz, die über die Integrationsämter finanziert werden können.

Bei erworbenen Hörstörungen kann es bei unzureichender Versorgung mit Hörgeräten oder CI ebenfalls zu Sprechstörungen mit fehlerhafter Artikulation kommen, hauptsächlich zu Sigmatismus, wenn die hohen Töne nicht mehr korrekt gehört werden. Die berufliche Leistungsfähigkeit wird meist mehr durch die Hörstörung und weniger durch die Sprechstörung eingeschränkt.

Spezifische sozialmedizinische Beurteilung

Bei der sozialmedizinischen Beurteilung ist vor allem die Bedeutung des Sprechens und der Sprache für die jeweiligen Berufe zu berücksichtigen, wobei vor einer endgültigen Beurteilung die therapeutischen Optionen, insbesondere die logopädische Übungsbehandlung ausgeschöpft werden sollten. Bei dauerhafter Einschränkung der Sprache und des Sprechens besteht eine erhebliche qualitative Einschränkung des Leistungsvermögens, da Sprache und Kommunikation in fast allen Tätigkeiten eine wichtige Rolle spielen. Bei sprechintensiven Tätigkeiten kommt es auch auf die zeitliche Belastbarkeit der Stimme an, weshalb für bestimmte Berufe auch quantitative Einschränkungen des Leistungsvermögens bestehen.

◾ Medizinische Rehabilitation

Nach Laryngektomie ist eine umfangreiche Stimmrehabilitation notwendig zum Erlernen einer Ersatzstimme, aber auch besonderer Atem- und Schlucktechniken. Bei der Ersatzstimme wird geschluckte Luft hochgerülpst (Ructussprache), der Stimmklang entsteht dabei am engen Oesophagusmund. Auch bei anderen organischen und funktionellen Stimmstörungen sowie bei Sprechstörungen sind medizinische Rehabilitationsleistungen sinnvoll und Erfolg versprechend, neben den Stimmübungen werden Atemtechniken, Entspannungsübungen und psychotherapeutische Verfahren eingesetzt.

◾ Teilhabe am Arbeitsleben

Zunächst sollte versucht werden, durch Umsetzung oder durch Umstrukturierung des Arbeitsplatzes eine Reduktion der Stimm- und Sprechbelastung zu erreichen. Auch der Einsatz von technischen Hilfsmitteln (z. B. Kommunikationsanlagen) sollte geprüft werden. Sollte dies nicht möglich sein, ist eine berufliche Neuorientierung notwendig. Auch eine zu hohe Staubbelastung oder zu trockene Luft am Arbeitsplatz können insbesondere nach Tumorerkrankungen eine Umgestaltung des Arbeitsplatzes oder eine berufliche Neuorientierung notwendig machen.

▪ Erwerbsminderung

Bei organisch bedingten Stimm- und Sprechstörungen handelt es sich meist um stabile Defektzustände, die eine Besserung nicht wahrscheinlich machen, die Befristung einer festgestellten Leistungseinschränkung ist deshalb meist nicht angezeigt. Dagegen sind funktionelle Stimmstörungen durch therapeutische Maßnahmen oder auch durch Veränderung der Arbeitsbedingungen beeinflussbar. Die Feststellung eines teilweise oder vollständig aufgehobenen Leistungsvermögens wird nur in wenigen begründeten Fällen angezeigt sein.

22.2.4 Geruchs- und Geschmacksstörungen

Bei schnuppernder Atmung gelangen Luftwirbel mit Riechstoffen vom Naseneingang her und beim Schlucken über den Nasenrachenraum (gustatorisches Riechen) bis in die Regio olfactoria. Vieles, was man zu schmecken glaubt, wird in Wahrheit gerochen. Über den Geschmackssinn werden nur die Qualitäten süß, salzig, sauer und bitter wahrgenommen. Bei konstanter Riechstoffkonzentration kommt es rasch zu einer Adaptation. Etwa 5 % der Bevölkerung leidet unter Geruchsstörungen. Geschmacksstörungen sind im Vergleich dazu selten.

Der Verlust der Geruchs- oder Geschmackswahrnehmung kann zu einer Einschränkung der Lebensqualität führen, da die Genussfähigkeit für Speisen und Getränke herabgesetzt ist. Dies führt jedoch nur selten und nur in bestimmten Berufen auch zu einer Einschränkung der beruflichen Leistungsfähigkeit.

Verlauf und Prognose bei Geruchs- und Geschmacksstörungen sind vor allem von der Ursache und der Grunderkrankung abhängig. Spezifische Therapiemöglichkeiten zur Behandlung der Geruchs- und Geschmacksstörungen stehen nicht zur Verfügung.

Geruchs- und Geschmacksstörungen sind mit den beruflichen Anforderungen bestimmter Berufe wie Koch oder sogenannter »Schmecker-Berufe« (für Wein, Kaffee, Tee etc.) nicht vereinbar. Sind die Geruchs- und Geschmacksstörungen irreversibel, sollten Leistungen zur Teilhabe am Arbeitsleben geprüft werden. Eine quantitative Leistungsminderung für den allgemeinen Arbeitsmarkt ergibt sich nicht.

22.2.5 Folgen operativer Eingriffe

Bei einer **Neck dissection** (radikale Halsausräumung) wird ein Teil der Halsmuskulatur (M. sternocleidomasteoideus und andere Halsmuskeln) sowie Gefäß-, Lymph- und Nervenbahnen entfernt. Dadurch kommt es zu einer Verminderung der Armkraft und zu einer Einschränkung der Thoraxstabilität. Da die entfernten Muskeln auch zur Atemhilfsmuskulatur gehören, ist auch eine veränderte Atemmechanik die Folge. Es können deshalb nur noch leichte bis max. mittelschwere Arbeiten durchgeführt werden, die keine hohe Armkraft und keine Überkopf-Arbeiten erfordern.

Bei der **Recurrensparese** (siehe auch ▶ Kap. 22.2.4 Stimmlippenlähmungen) muss unterschieden werden zwischen der ein- und beidseitigen Parese. Die einseitige Parese führt zu Veränderungen der Stimme, die logopädisch behandelt werden können. Die beidseitige Parese führt bei enger Stimmbandstellung zu Atemnot, was oft eine Tracheotomie oder eine operative Korrektur erforderlich macht. Je stärker die Stimmritze operativ erweitert wird, umso besser wird die Atmung, aber umso schlechter wird die Stimmleistung. Kann die Stimmritze nicht mehr geschlossen werden, kann das zu Problemen mit dem Hustenstoß (fehlende Reinigung der Luftröhre) und dem Schlucken führen. Neben der Stimmbeeinträchtigung besteht eine reduzierte körperliche Belastbarkeit aufgrund der Atemnot, auch der intrathorakale Druckaufbau ist gestört mit dadurch reduzierter Armkraft und Bauchpresse.

Schluckstörungen können verursacht werden durch neurologische Erkrankungen oder nach operativen Eingriffen im Luftweg und im oberen Speiseweg. Die Therapie besteht in einer »Umschulung« des Schluckaktes, der jedoch immer einer erhöhten Konzentration bedarf. Dadurch werden kleinere Mahlzeiten, längere Essens- und Pausenzeiten erforderlich. Ist damit keine ausreichende Ernährung möglich oder ist die Aspirationsgefahr zu groß, muss auf Sondennahrung über eine **Ernährungsfistel** ausgewichen werden. Hierfür werden heute Magensonden als PEG-Sonden durch die Bauchhaut gelegt, die einer regelmäßigen Pflege bedürfen. In der Regel ist beim Vorliegen einer Ernährungsfistel oder PEG-Sonde von einem aufgehobenen Leistungsvermögen auszugehen. Sollte trotzdem einer Erwerbstätigkeit nachgegangen werden, müssen längere Zeiten für die Nahrungsaufnahme und oft ein separater Raum zum Anhängen der Nährlösung zur Verfügung stehen. Außerdem muss eine intraabdominelle Druckerhöhung vermieden werden, schwere körperliche Arbeiten sind deshalb nicht möglich. Nach Bestrahlungen im HNO-Bereich kommt es oft zu einer postradiogenen Trockenheit der Schleimhäute, was ebenfalls zu Schluckstörungen führen kann. Hier ist für eine ausreichende Befeuchtung der Atemluft zu sorgen, außerdem ist ein hoher Flüssigkeitsanteil an der Nahrung notwendig.

Nach operativen Eingriffen im HNO-Bereich kommt es trotz der Erfolge der plastischen Chirurgie oft zu **Entstellungen**, was eine psychische Belastung mit sozialer Rückzugstendenz und Selbstwertproblemen mit sich bringen kann. Die Betroffenen sind beeinträchtigt bei sozialen Kontakten, also bei Tätigkeiten mit Publikumsverkehr oder in lehrenden Berufen.

Literatur

1   Boenninghaus HG, Lenarz T: HNO, 13. Auflage, Springer-Verlag, 2007
2   Feldmann H: Das Gutachten des HNO-Arztes, 6. Auflage, Thieme-Verlag, 2006
3   Stoll W, Most E, Tegenthoff M: Schwindel und Gleichgewichtsstörungen: Diagnostik – Klinik – Therapie – Begutachtung. Ein interdisziplinärer Leitfaden für die Praxis, 4. Auflage, Thieme-Verlag, 2004
4   Hesse G: Tinnitus, Thieme-Verlag, 2008

Neurologische Erkrankungen

Peter Frommelt, Ottmar Leidner (23.1, 23.2.1 bis 23.2.10, 23.2.13, 23.2.14);
Ulrich Specht (23.2.11, 23.2.12)

23.1   Allgemeines

Peter Frommelt, Ottmar Leidner

Die Begutachtung von neurologischen Patienten ist ein eigenes Kapitel in der Geschichte der Neurologie. Der 1. Weltkrieg mit der großen Zahl von Hirnverletzten und Soldaten mit einer peripheren Nervenverletzung hat zur Entstehung der modernen Neurorehabilitation geführt [37]. Goldstein [43] forderte, zur Begutachtung der Hirnverletzten folgende Aspekte zu berücksichtigen:

1. die Prognose,
2. die Herabsetzung der allgemeinen körperlichen und psychischen Leistungsfähigkeit und
3. die umschriebenen Ausfälle.

Alle drei Aspekte sollten durch ärztlich-klinische Beobachtung und durch Leistungs- und Berufsprüfungen belegt werden. Poppelreuter stellt diese Leistungs- und Berufsprüfungen detailliert dar, wobei für ihn alles messbar sein muss [36, 85]. Interessant ist dabei, dass er, wie auch Goldstein, hauptsächlich alltagspraktische Aufgaben, in der Nomenklatur der ICF auf der Ebene der Aktivitäten, stellt.

Eine wichtige Stimme für die Entwicklung einer sozialen Medizin war und ist die des Neurologen Viktor von Weizsäcker (1886–1957). Er unterschied deutlich zwischen der Krankheit selbst sowie ihren Symptomen und den Folgen für die Leistungsfähigkeit: »Die Pathologie bestimmt die Natur der Krankheit, aber nicht die Form der verbleibenden Gesundheit und nicht die Form der Verwendbarkeit der verbleibenden Funktionen« [112]. Diese Funktionsminderung könne man nicht durch klinische Tests feststellen, sondern nur in Arbeitserprobungen und, wie wir heute sagen würden, Belastungserprobungen. Seit den 60er Jahren des letzten Jahrhunderts hat sich Kurt Jochheim für eine sozial und beruflich orientierte Neurorehabilitation eingesetzt und hat die Einführung der Vorläuferversion der ICF, der ICIDH (International Classification of Impairment, Disability and Handicap) stark gefördert [51]. Die Einführung der ICF (International Classification of Functioning, Disability and Health) im Jahre 2001 unterstützte die Überleitung von Funktionen in Aktivitäten und Teilhabe am Arbeitsleben unter Berücksichtigung der Kontexte. Für die Neurorehabilitation wurde eine an die sozialmedizinische Begutachtung adaptierte ICF-Kurzform in dem Projekt »Neurologische Interdisziplinäre Leistungsbeurteilung in der Sozialmedizin – NILS« entwickelt [34].

- ### Das Phasenmodell der neurologischen Rehabilitation

Nach neurologischen Akutereignissen benötigen Patienten häufig eine langfristig angelegte Behandlung und Re-

habilitation. Um unter Berücksichtigung der Zuständigkeit unterschiedlicher Leistungsträger eine differenzierte Zuordnung von Patienten mit neurologischen Beeinträchtigungen nach einem Akutereignis zu entsprechenden Behandlungs- und Rehabilitationsphasen zu ermöglichen, wurde 1994 vom Verband Deutscher Rentenversicherungsträger (VDR) ein Konzept zur »Phaseneinteilung in der neurologischen Rehabilitation« [108] vorgelegt. Das Modell besteht aus sechs Phasen und bezieht sich auf die akut- und intensivmedizinische Behandlung (Phasen A und B), die medizinische Behandlung und Rehabilitation (Phasen C und D) sowie die Phase nachgehender Rehabilitationsleistungen und der beruflichen Rehabilitation (Phase E). Es umfasst ebenso die Phase F, in der dauerhaft unterstützende und betreuende Leistungen erforderlich sind. Ein chronologischer Ablauf wird durch diese Phaseneinteilung nicht vorgegeben. Ausgehend von Patientencharakteristika werden Behandlungs- und Rehabilitationsziele sowie daraus ableitbare Behandlungs- und Rehabilitationsaufgaben und -leistungen differenziert. Die durch die Deutsche Rentenversicherung erbrachten Leistungen zur medizinischen Rehabilitation entsprechen der Phase D und – bei positiver Erwerbsprognose – auch der Phase C, die Leistungen zur Teilhabe am Arbeitsleben der Phase E.

- ### Medizinisch-berufliche Rehabilitation (Phase II)

Für Menschen mit besonders schweren und komplexen Beeinträchtigungen z. B. wegen neurologischer Krankheiten ist häufig – auch nach einer medizinischen Rehabilitationsleistung – ein hoher medizinisch-therapeutischer Unterstützungsbedarf vorhanden, eine ausreichende Belastbarkeit für Leistungen zur Teilhabe am Arbeitsleben fraglich oder eine Eignung für angestrebte Berufsfelder unklar. Für diesen Personenkreis bietet die medizinisch-berufliche Rehabilitation eine ganz spezifische Leistung mit medizinischen und berufsbezogenen Elementen, um deren Chancen auf eine berufliche Integration abzuklären und zu erhöhen. Die medizinisch-berufliche Rehabilitation ist den Phasen D und E des neurologischen Phasenmodells zuzuordnen. Zusätzlich zu den üblicherweise im Rahmen einer medizinischen Rehabilitation erbrachten Leistungen werden insbesondere die Belastungserprobung (6 Wochen) und Arbeitstherapie (12 Wochen) angeboten, als Leistungen zur Teilhabe am Arbeitsleben vor allem Arbeitstraining, Arbeitserprobung, Berufsvorbereitung und berufliche Anpassung. Dieses spezifische Angebot wird an bestimmten Schwerpunkteinrichtungen, den »Einrichtungen der medizinsch-beruflichen Rehabilitation (Phase II)«, angeboten. Ein Verzeichnis der Einrichtungen wird vom Bundesministerium für Arbeit und Soziales herausgegeben [8].

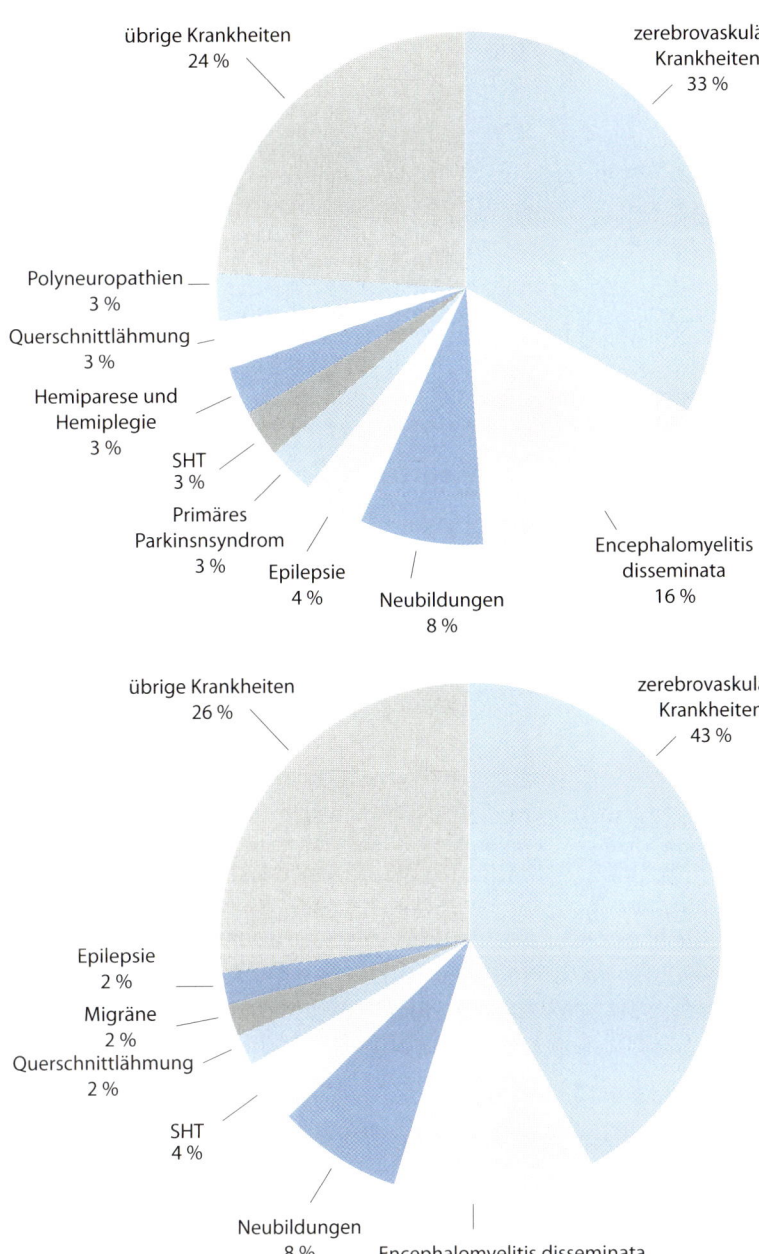

□ Abb. 23.1 Krankheitsspektrum neurologischer Krankheiten (Erstdiagnosen) bei Rentenneuzugängen wegen Erwerbsminderung 2009, ohne Renten an Bergleute wegen Vollendung des 50. Lebensjahres, n = 19.105.

□ Abb. 23.2 Krankheitsspektrum neurologischer Krankheiten bei abgeschlossenen stationären Leistungen zur medizinischen Rehabilitation Erwachsener 2009, n=37.757.

23.1.1 Sozialmedizinische Bedeutung

Die anschließenden Ausführungen folgen der Leitlinie der Deutschen Rentenversicherung zur sozialmedizinischen Beurteilung bei neurologischen Krankheiten [14].

Nach der Statistik der Deutschen Rentenversicherung [16] erhielten im Jahr 2009 wegen neurologischer Krankheiten (inklusive zerebrovaskulärer Krankheiten, Neubildungen des ZNS und Schädel-Hirn-Traumata) 19.105 Versicherte eine Erwerbsminderungsrente. Dies entspricht 11,2 % aller Neuzugänge bei Erwerbsminderungsrenten der Deutschen Rentenversicherung. Die häufigsten neurologischen Krankheiten, die zu Erwerbsminderungsrenten führen, sind die zerebrovaskulären Krankheiten, die Encephalomyelitis disseminata und Neubildungen (□ Abb. 23.1).

41.616 Leistungen zur medizinischen Rehabilitation für Erwachsene wurden 2009 aufgrund von neurologischen Krankheiten durchgeführt, sie machen gut 4 % aller durchgeführten medizinischen Rehabilitationsleistungen für Erwachsene der Deutschen Rentenversicherung aus. 91 % (n = 37.757) der Leistungen wegen neurologischer Krankheiten erfolgten 2009 stationär (□ Abb. 23.2).

Auf neurologische Krankheiten waren 2009 4.803 Leistungen zur Teilhabe am Arbeitsleben der Deutschen Rentenversicherung zurückzuführen. Am häufigsten erfolgten sie wegen einer Encephalomyelitis disseminata (17 %), zerebrovaskulären Krankheiten (15 %), Querschnittlähmung (9 %) und Epilepsie (9 %).

23.1.2 Diagnostik

Neurologische Anamnese

Die Anamnese stellt ein zentrales Element der neurologischen Begutachtung dar. Auch heute gilt, dass der Patient seine Diagnose »erzählt«, vorausgesetzt der Arzt hört genau zu. Die Erhebung sollte so offen wie möglich gestaltet und an die individuelle Situation des Versicherten angepasst werden. Die Fremdanamnese ist meist eine äußerst wertvolle Ergänzung der Erzählung des Probanden. Wie viele Patienten mit einer Hirnverletzung schildern z. B., es sei zu Hause alles in Ordnung, und wie oft vermittelt die Ehefrau ein genau entgegengesetztes Bild. Dem Betroffenen ist seine verletzungsbedingte Veränderung im Verhalten oft nicht bewusst.

Neurologische Untersuchung

Die neurologische Untersuchung gliedert sich nach der Anamnese in die Untersuchung der Hirnnerven, die Prüfung der Reflexe, die Testung der Muskelkraft und Bewegungsabläufe, die Sensibilitätsprüfung, die Erhebung der vegetativen Funktionen und die Feststellung des psychischen Befundes. In der Bewertung sollte man nicht vergessen, dass es sich um eine Momentaufnahme handelt und dass wichtige Leistungsaspekte, wie die Ermüdbarkeit, nicht erfasst werden. Die Beobachtungen von Alltagshandlungen wie das Binden der Schnürsenkel oder das Treppensteigen sind wichtige Ergänzungen der neurologischen Untersuchung. Von besonderem Interesse sind die Auswirkungen von Beeinträchtigungen im Alltag, die zum Beispiel durch Fragen zum üblichen Tagesablauf ermittelt werden können. Die neurologische Untersuchung im engeren Sinne sollte stets durch eine allgemein-körperliche Untersuchung ergänzt werden.

▪ Hirnnerven

Geprüft wird u. a. die Fähigkeit zu sehen, zu riechen und schmecken, zu hören, zu schlucken und zu sprechen. Bei der Untersuchung der Hirnnerven werden nicht nur deren Funktionen, sondern auch die der damit verbundenen Hirnstrukturen geprüft. Visuelle Funktionsstörungen beispielsweise spielen bei neurologischen Krankheiten eine bedeutende Rolle.

Für eine Reihe von Berufen werden sehr hohe Anforderungen an die visuellen Funktionen gestellt. Wenn der

◘ Tab. 23.1 Graduierung der Muskelkraft

Grad	Beschreibung
5	Normal, 100 % der Norm
4	Kraft schwächer als auf der Gegenseite, 75 % der normalen Muskelleistung. Der Muskel ist frei beweglich, kann mittelgroßen Widerstand überwinden.
3	Ungefähr 50 % der normalen Muskelkraft, der Muskel kann das Gewicht des getesteten Muskels gegen die Erdschwere überwinden.
2	Ungefähr 25 % der normalen Muskelkraft, die Bewegung ist zwar in normalem Ausmaß möglich, nicht aber gegen die Erdschwere.
1	Ungefähr 10 % der Muskelkraft, der Muskel spannt sich zwar an, seine Kraft reicht aber nicht zur Bewegung.
0	Beim Bewegungsversuch zeigt der Muskel nicht die geringsten Anzeichen einer Zusammenziehung.

Nach Janda [49]

Verdacht auf eine neurologisch bedingte Sehstörung besteht, sollte eine differenzierte Untersuchung durchgeführt werden mit u. a. Visusbestimmung, Perimetrie, Kontrastwahrnehmung, Stereosehen, Okulomotorik (▶ Kap. 21).

▪ Motorik, Gleichgewicht und Koordination

Neben der Untersuchung von Kraft und Beweglichkeit, Tonus, Trophik, Gleichgewicht sowie Koordination können bereits aus der Beobachtung der Spontanmotorik und Körperhaltung wichtige Erkenntnisse gewonnen werden.

Bei Prüfung der Kraft sollte man bei peripheren und mangels eines besseren Verfahrens auch bei zentralen Läsionen die sechsteilige MRC-Graduierung in der von Janda präzisierten Form verwenden (◘ Tab. 23.1).

Bei der Interpretation der Kraftgrade ist zu beachten, dass bei Myopathien oder anderen peripheren Läsionen eine Einschränkung in dieser klinischen Kraftmessung erst eintritt, wenn es schon zu einer fast 50 %igen Reduktion an verfügbarer Muskelmasse gekommen ist.

Eine quantitative Aussage zur Kraft erhält man mit der Dynamometrie, diese hat z. B. für die Griffkraft den Vorteil, dass Normwerte vorliegen [72]. Die Kraftprüfung hängt von der Kooperation des Probanden ab, diese sollte man auch vermerken. Zur quantitativen Prüfung der Handgeschicklichkeit eignet sich eine Aufgabe, bei der neun Holzstifte in Löcher gesteckt werden müssen (Neun-Löcher-Test) [73]. Bei einer Halbseitenlähmung ist der Motricity-Index eine einfache und neurologisch plausible Skalierung [110].

In Grenzfällen sollte die Gehfähigkeit durch den Gutachter auch überprüft werden, wobei die Zeitdauer für eine definierte Strecke gemessen und im Gutachten auch dokumentiert werden sollte (siehe Wegefähigkeit in ▶ Kap. 1.1.2).

Eine gute Übersicht über die verschiedenen Messverfahren zur Objektivierung der neurologischen Befunde gibt Masur [71].

■ **Sensibilität und Schmerz**

Für Begutachtete und Gutachter ist die Prüfung der Sensibilität der mühsamste Teil der Untersuchung. Je länger der Untersucher versucht, einen Befund zu reproduzieren, desto inkonstanter werden die Angaben. Schwierig kann die Unterscheidung zwischen genuinen und psychogenen sensiblen Störungen sein. Ein für neurologische Ausfälle atypisches Verteilungsmuster, sehr diskrepante Ergebnisse bei wiederholter Testung oder die Angabe einer völligen Anästhesie können auf Psychogenese hinweisen. Auch die Sensibilitätsprüfung mit modernen computerisierten Verfahren beruht auf einer psychophysischen Methodik und ist daher von der Kooperation des Begutachteten abhängig.

Sensibilität und Motorik sind im Alltagshandeln nicht voneinander trennbar. Gehen in unebenem Gelände, feinmechanische Arbeiten, das feine Einstellen von Drehknöpfen oder die Tätigkeit eines Kellners, all das setzt eine intakte Sensibilität voraus.

Schmerzen können bei neurologischen Krankheiten in vielfältiger Form auftreten. Sie können Folge von Fehlhaltungen und Kontrakturen, als neuropathischer Schmerz aber auch durch eine Läsion oder Dysfunktion des Nervensystems bedingt sein. Zentral bedingte neuropathische Schmerzen können zum Beispiel nach ischämischen Insulten und bei Tumoren auftreten, für neuropathische Schmerzen wegen Krankheiten des peripheren Nervensystems sei beispielhaft die diabetische Polyneuropathie genannt (vgl. ▶ Kap. 26 Schmerzsyndrome).

■ **Vegetativum**

Bei neurologischen Krankheiten kommen vegetative Störungen mit Auswirkungen zum Beispiel auf die Blasen- und Darmfunktion oder Schweißsekretion vor. Sie können für die betroffenen Personen sehr belastend sein und je nach Ausprägung und Kompensationsmöglichkeiten zu Beeinträchtigungen der Aktivitäten und Teilhabe führen.

■ **Der psychische und neuropsychologische Befund**

Zu den schwierigen Aufgaben einer gutachterlichen Untersuchung gehört die Erhebung eines psychischen Befundes (siehe ▶ Kap. 24).

Die wichtigste Forderung an einen guten psychischen Befund ist eigentlich literarischer Art: Die beschriebene Person sollte vor dem Auge des Lesers entstehen. Leider liest man nicht selten formelhafte Befunde. In der neurologischen Begutachtung geht es oft um die Frage, ob neuropsychologische Folgen einer zerebralen Erkrankung vorliegen. Dazu ist die Zusammenstellung eines kleinen diagnostischen Inventars sinnvoll. Es sind wenig aufwändige Tests gemeint, die wie eine Sonde verwendet werden, um die Gebiete zu identifizieren, in denen eine weitere Klärung erforderlich ist [99]. Der kurze Montreal Cognitive Assessment (MoCA)-Test hat den Vorteil, in autorisierter Übersetzung frei zugänglich zu sein und responsiver zu sein als die Mini Mental State Examination [32, 119].

Gutachter und Gerichte sollten die Grenzen testpsychologischer Verfahren kennen. Für die meisten klinischen Testverfahren liegen keine Untersuchungen darüber vor, inwieweit die Tests imstande sind, Alltagsleistungen zu prognostizieren. Die ökologische Validität der Verfahren, d. h. die Gültigkeit von Testbefunden für die Vorhersage von Verhalten in naturalistischen Situationen, ist also meist unbekannt [63]. Um es in den Begriffen der ICF zu formulieren: Die meisten psychologischen Tests messen auf der Ebene der Funktionen, die Korrelation zu den Kategorien von Aktivitäten und Partizipation ist unklar. Wir stehen also vor dem grundsätzlichen Problem, dass wir zwar sehr detailliert einzelne psychische Funktionen prüfen können, dass wir aber nicht vorhersagen können, wie diese sich im praktischen, z. B. beruflichen, Handeln auswirken. Ein besonderes Gewicht hat die Stellungnahme von Lezak [66], Autorin des wichtigsten Handbuchs der neuropsychologischen Diagnostik. Sie betont den diagnostischen Wert einer hypothesengeleiteten Untersuchung, weist jedoch zugleich darauf hin, dass die Funktionsfähigkeit im Alltag oft trotz subtiler Testuntersuchung nicht vorhergesagt werden kann. Festzuhalten ist, dass eine gültige gutachterliche Aussage auch ohne testpsychologische Befunde möglich ist, wenn hinreichende Beobachtungen oder andere Informationen zur Beurteilung mentaler Funktionen vorliegen.

Welche Aspekte sollten im Rahmen einer neurologischen Begutachtung in einem psychischen und neuropsychologischen Befund berücksichtigt werden?

1. *Situation der Begutachtung, Interaktion Gutachter-Begutachteter:* Kam der Begutachtete allein? Mit wem in Begleitung? Habitus, Auftreten? Wie empfand der Gutachter die soziale Atmosphäre: Kooperativ? Ablehnend?
2. *Kommunikation:* Wie sind die pragmatischen und sprachlichen Fähigkeiten des Begutachteten? Geht er auf die Fragen ein? Ist die Darstellung kohärent? Werden Nebensächliches und Wichtiges unterschieden?
3. *Dynamik der Persönlichkeit:* Wie spontan, lebhaft ist der Begutachtete? Wie viel psychische Energie/An-

triebskraft lässt er erkennen? Mutlosigkeit? Resignation?

4. *Regulation des eigenen Verhaltens:* Impulsivität? Aggressive Äußerungen? Reizbarkeit?

5. *Stimmungslage:* In welcher Stimmung befindet sich der Begutachtete? Bedrückt? Ängstlich? Euphorisch? Wichtige Frage: Liegt eine Depression vor?

6. *Einstellungen, Auffassungen, Erwartungen:* Wie sieht der Begutachtete seine eigene Person? Was erwartet er von der Zukunft? Ist er der Auffassung, zukünftige Ziele erreichen zu können? Erlebt er sich als krank? Welche Hilfen erwartet er? Wie ist sein Vertrauen in sich selbst und seine eigenen Fähigkeiten?

7. Orientierung und Gedächtnis, dazu gehören u. a.
   a. Zeitliche, örtliche und personale Orientierung
   b. Arbeitsgedächtnis; es handelt sich um einen Kurzzeitspeicher, um Handlungen oder Mitteilungen zu Ende bringen zu können, Dauer bis höchstens eine Minute. Der Begriff »Kurzzeitgedächtnis« mit einer Dauer von bis zu Stunden deckt sich nicht mit dem Begriff des Arbeitsgedächtnisses. Neuropsychologisch ist der Begriff des Kurzzeitgedächtnisses umstritten, weil unzureichend definiert.
   c. Langzeitgedächtnis; dazu gehören die unterschiedlichen Gedächtnisinhalte, wie autobiographisches, semantisches (Wissen), episodisches (Erlebtes).
   d. Prospektives Gedächtnis; also die Merkfähigkeit, die Fähigkeit, sich zukünftige Aufgaben, Termine zu merken.
   e. Prozedurales Gedächtnis; die Fähigkeit, sich nonverbal Handlungsabläufe einzuprägen.

8. *Aufmerksamkeit:* Dazu gehören u. a. Konzentration, Daueraufmerksamkeit, geteilte Aufmerksamkeit, Ermüdbarkeit.

9. *Visuell-räumliche Fähigkeiten:* Dazu gehören u. a. die Fähigkeit der räumlichen Vorstellung, des visuellen Überblicks und der Gestaltanalyse, der Abschätzung von Geschwindigkeiten und andere visuelle Leistungen, die wir beispielsweise beim Autofahren einsetzen.

10. *Exekutive Funktionen:* Der für die berufliche Prognose wohl wichtigste Funktionsbereich. Dazu gehört die Fähigkeit, die eigenen Schwächen zu kompensieren und auf die eigenen Stärken zu bauen, weiterhin Handlungsplanung, eigener Kräfteeinsatz, Fehlerkontrolle, Impulskontrolle und Taktgefühl.

11. *Umstellungsfähigkeit:* Neuropsychologisch entspricht der Begriff der Umstellungsfähigkeit am ehesten dem Teil der exekutiven Fähigkeiten. Darunter wird u. a. die Fähigkeit verstanden, die Aufmerksamkeit von etwas abzulösen und neuen Inhalten zuzuwenden, bei neuen Aufgaben die eigenen Kräfte richtig einzuschätzen und die jeweiligen Handlungsschritte zu kontrollieren und anzupassen. In der ICF finden sich mehrere Begriffe, die sich auf die Umstellungsfähigkeit beziehen.

In der Zusammenfassung sollte der Begriff des »Hirnorganischen Psychosyndroms« vermieden werden, auch wenn er in der ICD-10 enthalten ist, da diese Diagnose fälschlich suggeriert, es gebe eine feste Konstellation von Symptomen nach einer Hirnschädigung. Auch der Begriff des »Frontalhirnsyndroms« ist problematisch, da es ein weites Spektrum von neuropsychologischen Funktionsbeeinträchtigungen nach frontalen Läsionen gibt, die sich nicht unter ein Syndrom subsummieren lassen. Besonders die Veränderungen im Verhalten entgehen häufig der klinischen Untersuchung, auch der neuropsychologischen Testung, da sie sich erst in Alltagssituationen manifestieren. Daher ist eine Fremdanamnese oft unerlässlich.

Natürlich nur mit Zustimmung des Begutachteten sollte man so oft wie möglich versuchen, die Perspektive eines Angehörigen oder einer anderen Bezugsperson einzubeziehen. Es geht dabei nicht um eine objektive Schilderung, die gibt es nicht. Der Wert der Fremdanamnese liegt darin, dass durch sie das Verhalten in alltäglichen Situationen deutlich wird. Der Gutachter erfährt dabei Probleme wie Reizbarkeit nach einer Hirnverletzung, mangelnde Impulskontrolle oder Adynamie. Widder hat darauf hingewiesen, wie wichtig gerade bei der Beurteilung von Schmerzen und funktionellen Symptomen die Beschreibung des privaten Alltags sei [114]. Zur Frage der Beschwerdevalidierung wird verwiesen auf ► Kap. 27.2.

Neurologische Zusatzuntersuchungen

Der Gutachtenauftrag in der Sozialmedizin bezieht sich auf die *Funktionsfähigkeit* und nicht auf die Differenzialdiagnose oder Pathophysiologie. Die Zusatzuntersuchungen wie CT, NMR oder neurophysiologische Verfahren sind allerdings primär Methoden zur Aufschlüsselung der Pathophysiologie. Daher muss man bei der Begutachtung abwägen, ob die zu erwartende Aussage einer Zusatzuntersuchung die sozialmedizinische Beurteilung maßgeblich beeinflussen wird. Bei jedem neurologischen Gutachten eine umfassende neurophysiologische Zusatzuntersuchung durchführen zu lassen, ist sozialmedizinisch nicht begründet. Die bildgebenden Verfahren wie das kraniale CT und die MR-Tomographie geben eine Aussage zur strukturellen Schädigung. Bei bestimmten Fragestellungen kann die Bildgebung wichtige funktionelle oder prognostische Hinweise geben, so bei der Beurteilung der Krankheitsaktivität bei der Multiplen Sklerose, bei der Einschätzung der beruflichen Prognose nach einem schweren Schädel-Hirn-Trauma oder bei zerebrovaskulären Erkrankungen. Die Bewertung von Befunden der Bildgebung sollte immer in Zusammenschau mit den klinischen und anamnestischen Daten erfolgen.

Die Ergebnisse der klinischen Neurophysiologie, also die elektromyographische und -neurographische Untersuchung sowie die Ableitung evozierter Potentiale, haben ebenfalls in der sozialmedizinischen Begutachtung einen begrenzten Stellenwert. Diese Verfahren sind unerlässlich zur Diagnosestellung und zur Beurteilung des klinischen Verlaufs, z. B. bei Myopathien oder Neuropathien. In der sozialmedizinischen Begutachtung sind die Elektromyographie und -neurographie nützlich in der Einschätzung der Prognose, sie geben aber keine Aussage zur Muskelkraft oder Funktionsfähigkeit. Die neurosonographische Diagnostik der hirnversorgenden Arterien ist bei Gutachten dann von Relevanz, wenn es um die Risikoeinschätzung eines Schlaganfalls geht.

Die Ableitung eines EEGs ist bei der Beurteilung von Probanden mit Epilepsien nicht verzichtbar. Bei diffusen zerebralen Erkrankungen, wie nach einer Enzephalitis oder einer metabolischen Enzephalopathie, gibt das EEG Informationen zur generellen zerebralen Funktionsfähigkeit. Bei einigen Gutachten beobachtet man einen fast Rundum-Einsatz neurologischer Zusatzdiagnostik, der die Kosten weitaus mehr steigert als die Qualität.

23.1.3 Begutachtungskriterien

Bei der Begutachtung von Menschen mit neurologischen Krankheiten sind wesentliche Kriterien:
- die Ausprägung kognitiver, motorischer, sensorischer, vegetativer sowie psychischer Einschränkungen und Störungen,
- der Verlauf und die Prognose der Erkrankung,
- die Art und der Umfang bisheriger Therapien,
- Begleit- und Folgeerkrankungen sowie Risikofaktoren,
- die Krankheitsverarbeitung, positiv und negativ wirkende Kontextfaktoren,
- Auswirkungen der Beeinträchtigungen im Alltag.

Die Begutachtung einer Person mit einer neurologischen Erkrankung ist ein komplexer Entscheidungsprozess, der sich nicht auf Schemata oder Kriterienkataloge reduzieren lässt. Er fordert vom Gutachter, sich ein Bild des Begutachteten zu machen. Die Metapher »sich ein Bild machen« weist darauf hin, dass die porträtierte Person als ganze Person in Erscheinung tritt und nicht nur in ihren Schädigungen.

Die psychischen Aspekte neurologischer Erkrankungen können nicht von den neurologischen Symptomen getrennt betrachtet werden. Aus editorischen Gründen muss hier auf ▶ Kap. 24 verwiesen werden.

23.1.4 Sozialmedizinische Beurteilung

Die sozialmedizinische Beurteilung für die Deutsche Rentenversicherung hat zum Ziel, die Schädigungen von Funktionen und die Beeinträchtigungen von Aktivitäten in ihren Auswirkungen auf die Leistungsfähigkeit im Erwerbsleben einzuschätzen. Sie ist wesentlicher Bestandteil im Rahmen einer Leistung zur Teilhabe und eine Entscheidungsgrundlage im Rentenverfahren wegen Erwerbsminderung.

Die Behinderungsbilder bei neurologischen Krankheiten sind sehr heterogen mit unterschiedlicher Kombination, Ausbildung und Rückbildungstendenz bzw. Progredienz der Schädigungen und Beeinträchtigungen. Die Beurteilung der Auswirkung auf die Teilhabe am Arbeitsleben muss daher jeweils im Einzelfall getroffen werden. Zu berücksichtigen sind dabei auch die Kompensationsfähigkeit sowie positiv und negativ wirkende Kontextfaktoren. Ebenso ist einzubeziehen, ob vorhandene therapeutische Möglichkeiten ausgeschöpft wurden und eine Besserung durch Leistungen zur Teilhabe möglich ist.

Wenn nach der neurologischen Rehabilitation die quantitative Leistungsfähigkeit bei der Rückkehr in die Arbeit noch eingeschränkt ist, kann die stufenweise Wiedereingliederung eine wertvolle Hilfe sein, um die Arbeitszeit der Belastbarkeit anzupassen. Die zeitliche Abstufung der Wiedereingliederung sollte individuell erfolgen. Falls es einen Betriebsärztlichen Dienst gibt, sollte dieser mit Einverständnis des Versicherten in den Wiedereingliederungsplan einbezogen werden.

Wenn unter Berücksichtigung des bisherigen Verlaufs nicht sicher bestimmt werden kann, ob es sich um bleibende Beeinträchtigungen handelt oder eine Rückbildung der Symptomatik möglich erscheint, sollten Feststellungen des Leistungsvermögens zeitlich befristet erfolgen.

23.2 Krankheitsbilder

23.2.1 Zerebrovaskuläre Erkrankungen

Peter Frommelt, Ottmar Leidner

Klassifikationen und Stadieneinteilungen

Zerebrovaskuläre Krankheiten bilden eine heterogene Gruppe; in der ICD-10 werden sie unter den Schlüsseln I60–I69 kodiert. Besonders die Klassifikation der ischämischen Hirninfarkte I63 ist überarbeitungsbedürftig, da sich die Lokalisation und Größe des Infarktes nicht kodieren lassen.

Spezifische krankheitsbedingte Beeinträchtigungen

Die bei einem Schlaganfall häufig auftretenden Schädigungen der Funktionen und Beeinträchtigungen der Aktivitäten können betreffen:

1. Motorik,
2. Sinne, Sensibilität, Schmerz,
3. Kognition, Emotion, Verhalten,
4. Sprache, Sprechen, Kommunikation.

Über die Häufigkeit von mentalen Beeinträchtigungen nach einem Schlaganfall gibt ◘ Tab. 23.2 Aufschluss.

Mindestens ein Viertel der Patienten mit einem Schlaganfall entwickelt eine Depression. In einer multizentrischen Studie in Bayern bestand bei 25 % der Patienten zu Beginn der Anschlussrehabilitation (AHB) eine deutliche Depression, bei der Entlassung war diese Quote auf 11 % gesunken. Bei einer Nachuntersuchung 6 Monate nach Entlassung war die Rate der depressiven Personen auf 38 % angestiegen [80].

Einige Autoren haben sich bemüht, für bestimmte Krankheitsgruppen, wie den Schlaganfall, Kurzformen der ICF zu erstellen. Am methodisch aufwändigsten wurden diese »Core sets« von der Arbeitsgruppe Stucki ausgearbeitet [41]. Dabei werden ein »Comprehensive Core Set for Stroke« mit 130 Kategorien und »Brief ICF Core Set« mit 18 Items unterschieden.

Spezielle Diagnostik und Sachaufklärung

In der sozialmedizinischen Beurteilung wird man besonders auf die eher versteckten Beeinträchtigungen achten. Dazu gehören eine Adynamie im Verhalten, ein Verlust von Spontaneität und Freude an sozialen Kontakten. Auch einige kognitive und sprachliche Beeinträchtigungen, wie visuell-räumliche Einschränkungen oder Lesestörungen, werden leicht übersehen.

In der Regel liegen Befunde von bildgebender Untersuchung des Gehirns (besonders zur Unterscheidung zwischen Infarkt und Blutung), Duplexsonographie hirnversorgender Arterien (u.a. zum Ausschluss operationspflichtiger Stenosen) und Echokardiographie (zum Ausschluss kardioembolischer Genese mit spezifischem Handlungsbedarf) vor. Wegen der sekundärpräventiven und prognostischen Relevanz ist u. U. eine Ergänzung der Diagnostik erforderlich: »Der beste Rehabilitationserfolg kann vom nächsten Schlaganfall zerstört werden.«

◘ **Tab. 23.2** Häufigkeit von subjektiv mentalen Beeinträchtigungen 9 Monate nach einem Schlaganfall (n = 172)

Funktionen und Aktivitäten	% der Patienten
Vergesslichkeit	61
Geistige Verlangsamung	56
Mangelnde Konzentration	55
Unfähigkeit, zwei Dinge zugleich zu erledigen	53
Aphasie	32
Orientierungsstörungen	20
Bewusstseinsstörungen	7
Apraxie	6
Schwierigkeiten beim Schreiben	56
Schwierigkeiten beim Lesen	48
Schwierigkeiten beim Telefonieren	27
Schwierigkeiten mit Bankangelegenheiten	22
Schwierigkeiten, das Fernsehprogramm zu verfolgen	24

Nach Hochstenbach et al. [47]

Krankheitsspezifische Begutachtungskriterien, Zielkriterien

- **Welche Faktoren haben nach einem Schlaganfall einen Einfluss auf die Leistungsfähigkeit?**

Der klinische Verlauf im Anschluss an einen Schlaganfall ist höchst variabel und kann oft nur eingeschränkt vorausgesagt werden. Auch langfristig ist das vorhandene Besserungspotential nicht zu unterschätzen, obwohl es Hinweise gibt, dass Personen, die einen Schlaganfall erlitten haben, mit zunehmendem Alter rascher an Leistungsfähigkeit abnehmen als Gesunde.

Selbst bei kleinen Schlaganfällen bestehen noch nach Jahren bei etwa 25 % der Betroffenen funktionale Einschränkungen [106]. Die Literatur zu den Einflussfaktoren auf die berufliche Wiedereingliederung wurde von Wozniak und Kittner [118] analysiert (◘ Tab. 23.3).

Die Quote derjenigen, die vor dem Schlaganfall im Arbeitsleben standen und nach der Rehabilitation wieder in die Arbeit zurückkehren, liegt bei 41 % in der Verlaufsstudie an bayerischen Rehabilitationskliniken [80], damit entspricht sie dem Mittelwert der bisherigen internationalen Studien [12]. Eine andere aktuelle deutsche Studie fand eine Rückkehrrate von 26,7 %, wobei diese Patienten im Mittel fünf Jahre jünger als die Vergleichsgruppe waren [116].

Die Bedeutung der emotionalen Probleme für die berufliche Prognose wird durch eine andere neue Arbeit un-

◨ Tab. 23.3 Faktoren, die einen möglichen Einfluss auf die Rückkehr ins Arbeitsleben nach einem Schlaganfall haben

Mögliche Einfluss-faktoren	Korrelation mit Rückkehr in den Beruf
Art und Lokalisation des Schlaganfalls	Nicht signifikant
Alter	Nicht signifikant
Geschlecht	Nicht signifikant
Selbstständigkeit und Gehfähigkeit	Signifikant
Kognitive Störungen	Signifikant
Sprach- und Sprech-störungen	Uneinheitliche Literatur
Angestellte vs. Arbeiter	Angestellte haben größere Chancen als Arbeiter
Ausbildungsniveau	Signifikant

Nach Wozniak u. Kittner [118]

terstrichen, verbunden mit dem Hinweis, dass die psychiatrischen Symptome sich oft gut behandeln ließen [42].

Bei der sozialmedizinischen Begutachtung ist auch auf die medizinischen Komplikationen zu achten, dazu gehören die symptomatische Epilepsie und muskulo-skelettale Komplikationen, wie eine schmerzhafte Schultersteife oder Schmerzsyndrome.

■ Fahreignung

Die Begutachtungs-Leitlinien zur Kraftfahrereignung [65] gehen zunächst davon aus, dass die Fahreignung nach einem Schlaganfall aufgehoben ist. Nur wenn zwei Voraussetzungen erfüllt sind, besteht wieder eine Fahreignung für PKW der Gruppe 1 (bis 3,5 t). Diese Voraussetzungen sind: a) es besteht kein signifikant erhöhtes Rezidivrisiko, b) es bestehen keine für die Fahreignung relevanten Funktionseinschränkungen [62]. Die Beurteilung, ob relevante neurologische und/oder neuropsychologische Ausfälle vorliegen, sollte frühestens nach Abschluss einer adäquaten Rehabilitation z. B. durch einen Facharzt für Neurologie erfolgen. Bei der Frage, ob neuropsychologische Einschränkungen der Fahreignung vorliegen, kann es sinnvoll sein, eine testpsychologische Untersuchung mit einer praktischen Fahrprobe zu verbinden. Bei einigen Patienten sind Übungsfahrstunden hilfreich. Erfahrungsgemäß ist es während einer stationären Rehabilitation erheblich leichter, die zur Verfügung stehenden Kompensationsmechanismen in die Beurteilung einzubeziehen, als durch eine einmalige gutachterliche Untersuchung.

Die Begutachtungs-Leitlinien lassen bei Patienten mit Schlaganfall grundsätzlich kein Führen von Fahrzeugen

der Gruppe 2 (mehr als 3,5 t, Fahrgastbeförderung) zu. Das gilt auch nach transitorisch-ischämischen Attacken.

Entgegen einer verbreiteten Auffassung kommt die Einbeziehung von Gutachterstellen (z. B. TÜV) oder einer Verkehrsbehörde nur in sehr seltenen Ausnahmefällen infrage.

Spezifische sozialmedizinische Beurteilung

In der Begutachtung leicht unterschätzt werden:

- Die Auswirkungen auch einer leichten Ataxie im Arbeitsumfeld
- Der Einfluss der persönlichen Strategien, um mit kognitiven und emotionalen Einschränkungen umzugehen
- Der Aufwand an konzentrativer Energie durch zerebrale Sehstörungen
- Die Ausdauerminderung und Ermüdbarkeit bei kognitiven, visuellen und motorischen Leistungen
- Die Beeinträchtigung durch Störungen der visuellen Raum- und Gestaltwahrnehmung. Dies äußert sich auch in sozialen Situationen, in denen der visuelle Überblick und die rasche Erfassung einer Situation beeinträchtigt sind.
- Die Beeinträchtigung von Impulskontrolle, Willensbildung, Kreativität und Handlungsplanung. Diese Einschränkungen werden häufig erst im privaten oder beruflichen Alltag deutlich und nicht im geregelten Alltag einer Klinik.
- Das Ausmaß der emotionalen Beeinträchtigung wie affektive Instabilität, reduzierte Stresstoleranz und Depression, übrigens auch nach einer Subarachnoidalblutung ohne neurologische Komplikationen.

■ Positives Leistungsvermögen

Zur Beurteilung des Leistungsvermögens für die Anforderungen des Tätigkeitsfeldes bzw. Arbeitsplatzes sind bei Versicherten mit zerebrovaskulären Erkrankungen neben der körperlichen Beanspruchung und Arbeitsorganisation vor allem die Erfordernisse an die mentale Leistungsfähigkeit und psychische Belastbarkeit zu berücksichtigen.

Hinsichtlich der Arbeitsschwere können oft nur noch leichte bis mittelschwere Tätigkeiten bewältigt werden. In Abhängigkeit von der Ausprägung der Funktionsstörungen ist meist eine überwiegend sitzende Arbeitshaltung im Wechsel mit zeitweisem Gehen und Stehen möglich. Nur Tagesschicht, Früh- und Spätschicht sind in der Regel zumutbar.

■ Negatives Leistungsvermögen

Die nachfolgende Aufzählung gibt eine Übersicht über erwerbsrelevante Anforderungen, für die sich Einschränkungen ergeben können:

- Körperlich mittelschwere und schwere Tätigkeiten
- Arbeiten überwiegend im Stehen oder Gehen

- Nachtschicht, häufig wechselnde Arbeitszeiten
- Tätigkeiten mit besonderen Anforderungen an Konzentrationsvermögen, Reaktionsvermögen, Flexibilität
- Hohe Anforderungen an das Umstellungsvermögen
- Tätigkeiten unter Zeitdruck
- Tätigkeiten mit besonderer Verantwortung für Personen und Maschinen
- Komplexe Überwachungs- und Steuerungstätigkeiten
- Tätigkeiten, die besondere Anforderungen an das Sprech-, Sprach-, Lese-, Schreib- und/oder Rechenvermögen stellen
- Berufskraftfahren
- Überwiegende Reise- oder Außendiensttätigkeit
- Tätigkeiten mit besonderen Anforderungen an Feinmotorik und beidhändigen Einsatz
- Arbeiten in ungünstiger Haltung (z. B. Armvorhaltetätigkeiten, Überkopfarbeiten)
- Arbeiten auf Leitern und Gerüsten
- Tätigkeiten mit erhöhter Unfall- und Verletzungsgefahr, z. B. Waldarbeiter

■ Medizinische Rehabilitation

Die Voraussetzungen für Leistungen zur medizinischen Rehabilitation durch die Deutsche Rentenversicherung sind klar festgelegt: Es müssen nach einem Schlaganfall über die Akutphase hinaus Schädigungen von Funktionen mit Auswirkungen auf Aktivitäten und Teilhabe vorliegen, weiterhin muss eine positive Prognose für die Rückkehr ins Erwerbsleben bestehen [38].

Eine insgesamt eher günstige Rehabilitationsprognose ist anzunehmen bei

- isolierten lakunären Infarkten,
- rein motorischen Ausfällen,
- guter Rückbildungstendenz der klinischen Symptomatik im Verlauf,
- geringgradig ausgeprägter Schädigung von Funktionen,
- guten metakognitiven Funktionen, guter Selbstwahrnehmung,
- personbezogenen Kontextfaktoren wie Optimismus und Selbstüberzeugung der beruflichen Rückkehr,
- sozialen Kontextfaktoren wie eine unterstützende Familie und ein soziales Netz.

Ungünstige Faktoren sind

- schwere kognitive und affektive Störungen,
- schwere Aphasien,
- visuokonstruktive Störungen und ausgedehnte Gesichtsfelddefekte,
- schwere Schluckstörungen,
- therapieresistente zentrale und periphere sowie arthrogene Schmerzen,
- schwere taktile Beeinträchtigungen, z. B. nach Thalamusinfarkt,
- Tiefensensibilitätsstörungen, z. B. durch Thalamusinfarkt,
- schwere sensomotorische Schäden, insbesondere Spastizität,
- symptomatische Epilepsie mit fortbestehenden Anfällen,
- Blasen- oder Darminkontinenz,
- Multiinfarktgeschehen,
- stoffgebundene Abhängigkeitsproblematik (Alkohol, Medikamente),
- negativ wirksame personbezogene Kontextfaktoren wie vorangehender Verlust eines nahen Menschen,
- hemmende soziale Kontextfaktoren wie fehlende Freunde oder unterstützende Familie.

Häufig wird Patienten in der Akutklinik keine Rehabilitation vorgeschlagen, da die sichtbaren neurologischen Ausfälle sich zurückgebildet haben. Es gibt jedoch nur sehr wenige unter 60-jährige Patienten mit einer zerebrovaskulären Krankheit, die keine rehabilitative Hilfe benötigen.

Grundsätzlich sollte die Rehabilitation so früh wie möglich nach dem Akutereignis erfolgen.

In den ersten zwölf Wochen kann der größte Umfang der Rückbildung motorischer Ausfälle erwartet werden. Es gibt allerdings eine Reihe von Patienten, die aufgrund ihrer depressiven Niedergeschlagenheit oder einfach aus Heimweh nur kurz in der AHB bleiben wollen. Diese Patienten nehmen oft den Vorschlag gerne an, nach ein bis drei Monaten ambulanter Therapie erneut eine stationäre Rehabilitationsleistung wahrzunehmen. Vielfach ist auch die sozialmedizinische Beurteilung am Ende der AHB noch nicht abschließend möglich. Eine zweite Phase stationärer Rehabilitation nach ca. 3–9 Monaten ist häufig angezeigt und erlaubt dann oft eine wesentlich tragfähigere prognostische Aussage.

Für viele Patienten, die nach einem Schlaganfall wieder in den Beruf zurückkehren, ist es für den Erhalt ihres Leistungsvermögens indiziert, stationäre oder ambulante Rehabilitationen in kürzeren Abständen (vor Ablauf der gesetzlichen Vierjahresfrist) durchzuführen.

Für Patienten, die nach einem zerebrovaskulären Ereignis psychische Störungen wie eine depressive Anpassungsstörung entwickeln, kann eine ambulante psychiatrisch-psychotherapeutische Behandlung auch zur Stabilisierung des Leistungsvermögens notwendig sein. In Einzelfällen ist eine psychosomatisch orientierte stationäre neurologische Rehabilitation indiziert.

Zur Klärung der beruflichen Perspektive ist auch die Notwendigkeit einer Belastungserprobung oder Arbeitstherapie im Rahmen einer medizinisch-beruflichen Rehabilitation in einer Phase-II-Einrichtung in Betracht zu ziehen. Diese Leistungen dienen der Einschätzung und Verbesserung der Leistungsfähigkeit im Erwerbsleben hinsichtlich körperlicher, geistiger und psychischer Funktionen.

■ **Teilhabe am Arbeitsleben**

Wenn immer möglich, sollte man eine Tätigkeit am bisherigen Arbeitsplatz oder im gleichen Betrieb anstreben. Leider ist das oft nicht möglich, wie bei Berufskraftfahrern. Bei fehlender Fahreignung besteht die Möglichkeit, Kraftfahrzeughilfen wie die Bezuschussung von Beförderungskosten zu beantragen. Um die Rückkehr an den Arbeitsplatz zu ermöglichen, sind manchmal ergonomische Anpassungen oder technische Hilfsmittel erforderlich.

Sehr viel schwerer als die sensomotorischen Einschränkungen wiegen oft die Einschränkungen in mentalen Aktivitäten, die emotionale Belastung und die Ermüdbarkeit. Die Teilhabe am Arbeitsleben hängt entscheidend vom Kontext ab, vom Betriebsklima, von den unmittelbaren Kollegen und Vorgesetzten, von der Einstellung in der Firma einem »Schlaganfall-Kollegen« gegenüber. In anderen Bereichen der Rehabilitation, wie bei der gesetzlichen Unfallversicherung, hat es sich bewährt, dem Rehabilitanden einen »Lotsen« oder einen Coach bei der Rückkehr in die Arbeit zur Seite zu stellen, der sowohl mit dem Klienten als auch mit dem Betrieb in Verbindung steht.

Untersuchungen aus anderen Ländern zeigen, dass Formen der beruflichen Rehabilitation vor Ort, in Betrieben, erfolgreich sind [60]. Eine Umschulung mit den Anforderungen an abstraktes Lernen kommt nur für wenige Patienten mit zerebrovaskulären Erkrankungen in Frage. Die medizinisch-berufliche Rehabilitation (Phase II) hat den Vorteil, stark praktisch ausgerichtet zu sein. Für Personen mit einer Aphasie gibt es spezielle beruflich orientierte Rehabilitationsprogramme in Berufsförderungswerken (z. B. Integrierte Berufliche Rehabilitation für Aphasiker – IBRA).

■ **Erwerbsminderung**

Bei der sozialmedizinischen Beurteilung des Leistungsvermögens im Rentenverfahren ist die Schwere der anhaltenden motorischen, sensorischen, kognitiven und psychischen Beeinträchtigungen wesentlich. Die Feststellung einer befristeten Leistungsminderung wird vorgenommen, wenn wegen Art und Schwere der neurologischen und psychischen Beeinträchtigungen weitere funktionale Verbesserungen zu erwarten sind. Generell ist zu prüfen, ob rehabilitative Möglichkeiten wie Leistungen zur medizinischen Rehabilitation oder zur Teilhabe am Arbeitsleben ausgeschöpft oder ohne Aussicht auf Erfolg sind.

Zu einer quantitativen Einschränkung des Leistungsvermögens können beispielsweise höhergradige Hemiparesen bzw. Hemiplegie führen. Zu beachten sind die Steh- bzw. Gehfähigkeit, die Sitzfähigkeit und die Gebrauchsfähigkeit der Hände unter Berücksichtigung der Hilfsmittelversorgung. Paresen und ataktische Störungen können zudem das Erreichen des Arbeitsplatzes unmöglich machen.

Kognitive Beeinträchtigungen sind die Regel. Störungen der Raumanalyse, ein visuelles oder multimodales Hemineglektsyndrom oder eine Apraxie auch leichteren Grades schließen in der Regel Erwerbstätigkeit aus. Einschränkungen der Daueraufmerksamkeit und des Dauerkonzentrationsvermögens sowie eine rasche Erschöpfbarkeit führen in der Regel zu einer quantitativen Einschränkung des Leistungsvermögens.

Psychische Begleit- und Folgeerkrankungen können ebenfalls eine Minderung des quantitativen Leistungsvermögens bedingen. Entscheidend sind die Möglichkeiten der Behandlung und Beeinflussung der Störung. Eine schwerwiegende, nicht ausreichend beeinflussbare Störung kann zu einer quantitativen Leistungsminderung führen.

Nicht selten, nicht nur nach Thalamusinfarkten, leiden Patienten mit einem Schlaganfall unter zentralen Schmerzen, die derart intensiv sein können, dass erhebliche Einschränkungen in den Alltagsaktivitäten (z. B. sozialer Rückzug) vorliegen. Diese therapeutisch schwer zu beeinflussenden Schmerzen bedingen in der Regel ein quantitativ stark eingeschränktes oder aufgehobenes Leistungsvermögen.

23.2.2 Schädel-Hirn-Traumata

Peter Frommelt, Ottmar Leidner

Klassifikationen und Stadieneinteilungen

Die Inzidenz von schweren Schädel-Hirn-Traumen (SHT) liegt bei 350 pro 100.000 Einwohner, davon sind etwa 70 % leicht (Commotio) [29]. Unter den Verletzungen lassen sich umschriebene Läsionen wie Blutungen (epidural, subdural, subarachnoidal und intraparenchymal) und Kontusionen von diffusen Schädigungen unterscheiden. Häufig kommt es zu sekundären Traumafolgen durch Hypoxie oder durch Hirnödem [89]. Das Ausmaß der zerebralen Schädigung korreliert mit der initialen Komatiefe. Diese wird in der Regel mit der Glasgow-Coma-Scale (GCS) bestimmt, und es werden drei Schweregrade unterschieden:

- GCS 3–8: schweres Hirntrauma
- GCS 9–12: mittelschweres Hirntrauma
- GCS 13–15: leichtes Hirntrauma.

◻ Tab. 23.4 Dauer der posttraumatischen Amnesie (PTA) und Schweregrad des SHT

Dauer der PTA	Schweregrad (7-stufig)	Schweregrad (3-stufig)
Weniger als 5 Minuten	Sehr leicht	Leicht
5 – 60 Minuten	Leicht	
1 – 24 Stunden	Mittelschwer	Mittelschwer
1 – 7 Tage	Schwer	Sehr schwer
1 – 4 Wochen	Sehr schwer	
Über 4 Wochen	Äußerst schwer	

Nach Teasdale [101]

Wo keine Daten zur initialen Komatiefe vorliegen, kann die Dauer der posttraumatischen Amnesie herangezogen werden, die eine hohe Korrelation mit der GCS-Skalierung besitzt. Dabei wird das Ende der posttraumatischen Amnesie (PTA) erst dann angenommen, wenn eine vollständige von-Tag-zu-Tag Erinnerung einsetzt. Der Autor der GCS, Teasdale, hat die in ◻ Tab. 23.4 dargestellte Graduierung basierend auf der Dauer der PTA vorgelegt [101]:

Spezifische krankheitsbedingte Beeinträchtigungen

Schädel-Hirn-Traumata können je nach Schwere, Lokalisation und Ausmaß der Schädigung zu den unterschiedlichsten motorischen, sensorischen, kognitiven oder psychischen Störungen und Beeinträchtigungen führen. Bei den traumatischen Hirnverletzungen sind es vor allem die Beeinträchtigungen in kognitiven Funktionen und die Veränderungen im sozialen Verhalten, die sich langfristig behindernd auf die Teilhabe am privaten und beruflichen Leben auswirken. Eine der ersten Untersuchungen, die sich auf die ICIDH (Vorgängerin der ICF) bezog, zeigt deutlich diesen Schwerpunkt auf den kognitiven und Verhaltensveränderungen [105]. Die Arbeit zeigt auch, wie die Sichtweisen der Betroffenen und der Angehörigen voneinander abweichen. Die mangelnde Selbstwahrnehmung ist eines der schwierigsten Probleme in der Rehabilitation.

Es gibt eine größere Gruppe von Personen mit einem schweren SHT, die sich über Jahre hinweg in ihren Aktivitäten und der Teilhabe verschlechtern. So zeigte eine Studie, dass sich bei einer Nachuntersuchung nach 18 Jahren 32 % in ihrer Funktionsfähigkeit verschlechtert hatten, verglichen damit hatten sich 15 % verbessert [76]. Allerdings kommen andere Arbeiten nicht zu einer so negativen Langzeitprognose [31].

Ein schädlicher Gebrauch oder eine Abhängigkeit von Alkohol ist die häufigste Komorbidität bei SHT. Bei etwa 30 % aller Patienten mit einem schweren SHT wird ein erhöhter Alkoholspiegel gefunden. Weiter ist der personbezogene Kontext bei der Begutachtung zu berücksichtigen. Es ist nicht biologisch zu erklären, warum bei den unter Dreißigjährigen fast dreimal so viel Männer wie Frauen ein schweres Schädel-Hirn-Trauma erleiden. Zwischen ihrer Selbsteinschätzung und der tatsächlichen Fahrzeugbeherrschung gibt es bei jungen Männern nicht selten Diskrepanzen.

Spezielle Diagnostik und Sachaufklärung

Neurologisch ist zunächst die Frage nach dem Ausmaß der Hirnschädigung zu beantworten. Die pathophysiologisch schwerwiegende diffuse axonale Schädigung lässt sich in der Computertomographie (CT) nicht ausreichend abbilden. Bei Verdacht sollten auch diffusionsgewichtete und andere Abbildungsmodi der Magnetresonanztomographie (MRT) verwendet werden, so auch um Mikroblutungen zu erkennen. Zur Einschätzung der Prognose ist die Bildgebung mit dem CT nicht ausreichend. Ein negativer prognostischer Indikator ist das Vorliegen einer Hirnstammläsion in der MRT [88].

Das EEG hat bei der Diagnostik der posttraumatischen Epilepsie die Hauptindikation.

Bei den häufigen posttraumatischen Schwindelsymptomen sollte eine einfache Lagerungsprobe (Hallpike-Manöver) zur Frage eines paroxysmalen Lagerungsschwindels durchgeführt werden.

Unerlässlich ist eine kognitiv-neurologische und neuropsychologische Diagnostik. Damit ist eine hypothesengeleitete Kombination von quantitativen und qualitativen Untersuchungsverfahren gemeint. In der Klinik sollte diese Diagnostik durch die Beobachtungen in Alltagssituationen und bei Belastungserprobungen ergänzt werden [10].

Krankheitsspezifische Begutachtungskriterien, Zielkriterien

Folgende Befunde und Angaben aus den medizinischen Unterlagen sind von wesentlicher Bedeutung, um das Leistungsvermögen beurteilen zu können:

- Zeitpunkt der Verletzung, Schweregrad des SHT, Lokalisation und Ausmaß der Hirnschädigung,
- Ausprägung motorischer, sensorischer, kognitiver und psychischer Beeinträchtigungen,
- posttraumatischer Verlauf inkl. Komplikationen und Begleiterkrankungen bei Berücksichtigung der prämorbiden Ausgangslage: begleitende Traumata innerer Organe oder der Bewegungsorgane, posttraumatische kardiopulmonale Komplikationen, Infektionen, zerebrale Anfälle, Früh- und Spätkomplikationen wie epidurale, subdurale oder intrazerebrale Blutungen, Hypoxie, Hirnödem, Gefäßspasmen, Abszesse,

Liquorzirkulationsstörungen, posttraumatischer Schmerz.

Spezifische sozialmedizinische Beurteilung

Die Rehabilitationsprognose ist abhängig von der Schwere des Schädel-Hirn-Traumas bzw. der Ausprägung der neurologischen und vor allem auch der neuropsychologischen und psychischen Störungen.

Dauerhafte motorische Funktionsstörungen meist in Form von Hemi- und Tetraparesen finden sich fast ausschließlich nach schwerem SHT. Posttraumatisch auftretende Ataxien und Gleichgewichtsstörungen beeinträchtigen häufig sehr und sind therapeutisch schwer zu beeinflussen. Als schwerwiegende Traumafolge erweisen sich oft kognitive Störungen, die bereits bei einem leichten SHT auftreten können und bei mittelschweren und schweren SHT die Regel sind. Konzentrationsfähigkeit und Aufmerksamkeitsleistungen sind zu Beginn fast immer beeinträchtigt. Frontale Hirnschädigungen führen neben Störungen der Handlungsplanung und -kontrolle häufig zu ausgeprägten Störungen des Antriebs und der Motivation bei fehlender Problemeinsicht und vermindern dadurch die Leistungsfähigkeit in allen Lebensbereichen. Umgekehrt können auch Störungen mit Antriebssteigerung, Affektlabilität und erhöhter Aggressivität auftreten. Persönlichkeits- und Verhaltensveränderungen überdauern häufig andere Funktionsbeeinträchtigungen und bestimmen damit in vielen Fällen den Langzeitverlauf nach einer Hirnschädigung.

■ Positives Leistungsvermögen

Die Schwere eines SHT lässt keinen direkten Rückschluss auf das Leistungsvermögen des Betroffenen zu. Werden die neurologischen (Lähmungen, Koordinationsstörungen etc.) und psychischen (kognitive Störungen, Wesensveränderungen, Umstellungserschwertheit etc.) Schädigungsfolgen im Einzelfall nach ihren jeweiligen Auswirkungen auf die Teilhabefähigkeit des Probanden bewertet, ergibt sich in vielen Fällen durchaus ein positives Leistungsvermögen zumindest für leichte oder mittelschwere körperliche Tätigkeiten in Tagschicht unter Berücksichtigung des negativen Leistungsvermögens. Im Einzelfall kann das Leistungsvermögen auch deutlich über diesem Niveau liegen.

■ Negatives Leistungsvermögen

In Abhängigkeit von der Schwere und dem Ausmaß der Hirnschädigung können erhebliche Beeinträchtigungen der Aktivitäten und Teilhabe auftreten. Einschränkungen ergeben sich oft bei folgenden erwerbsrelevanten Anforderungen:

- mittelschwere oder schwere Tätigkeiten,
- Arbeiten auf Leitern und Gerüsten,
- Tätigkeiten mit erhöhter Unfall- und Verletzungsgefahr,
- Berufskraftfahren,
- vorwiegende Reisetätigkeit bzw. Außendiensttätigkeit,
- Tätigkeiten mit vorwiegendem Publikumsverkehr,
- Tätigkeiten unter erhöhtem Zeitdruck,
- Tätigkeiten mit besonderen Anforderungen an Konzentrations- und Reaktionsvermögen, Ausdauer, Umstellungs- und Anpassungsvermögen,
- erhöhte Verantwortung für Personen und Maschinen,
- Nachtschicht,
- häufig wechselnde Arbeitszeiten,
- Tätigkeiten mit besonderen Anforderungen an die Feinmotorik.

■ Medizinische Rehabilitation

Ein leichtes Schädel-Hirn-Trauma bedingt Rehabilitationsbedürftigkeit, wenn anhaltende kognitive oder emotionale Beeinträchtigungen, Schmerzsyndrome, vegetative Störungen oder Störungen der Krankheitsverarbeitung vorliegen. Bei Vorliegen zusätzlicher orthopädischer Beeinträchtigungen (neben Frakturen z. B. auch posttraumatische heterotope Ossifikationen) sollte die Behandlung möglichst in einer Klinik mit neurologischer und orthopädischer Fachabteilung erfolgen.

Nach mittelschweren und schweren Schädel-Hirn-Traumata kann im Anschluss an die akutmedizinische Behandlung eine neurologische Rehabilitation erforderlich sein, wenn Beeinträchtigungen mit Auswirkungen auf die Aktivitäten und Teilhabe bestehen, die die Erwerbsfähigkeit gefährden oder mindern und die Prognose bezüglich der Eingliederung in das Erwerbsleben als günstig einzuschätzen ist (einschließlich Patienten der Phase C).

Eine Reihe von jungen Rehabilitanden erholt sich von den motorischen Ausfällen nach einem schweren Hirntrauma sehr gut. Diese Wiederherstellung der somatischen Funktionen und eine noch inadäquate Selbsteinschätzung führen nicht selten dazu, dass sie auch von Fachkräften in ihrer beruflichen Leistungsfähigkeit überschätzt werden [92]. Eine Reihe dieser Rehabilitanden scheitert bei dem Versuch, beruflich wieder Fuß zu fassen. Dabei sind es besonders eine unrealistische Selbsteinschätzung, inadäquates Sozialverhalten und Konzentrations- und Merkfähigkeitsstörungen, die zum Scheitern führen. Für diese Personen gibt es spezielle holistische neuropsychologische Therapieverfahren, in denen die sozialen, emotionalen und kognitiven Beeinträchtigungen gleichermaßen in einer mehrwöchigen Gruppentherapie behandelt werden [55, 57].

Eine medizinisch-berufliche Rehabilitation in Phase-II-Einrichtungen, in denen Leistungen zur medizinischen Rehabilitation mit berufsorientierten Leistungen kombiniert werden, kann für Schädel-Hirn-Verletzte sinnvoll sein, bei denen schwere Leistungseinschränkungen, Lernstörungen, Störungen des Sozialverhaltens und des Arbeitsverhaltens vorliegen. Man sollte jedoch sehr kritisch prüfen, ob eine Umschulung mit den Anforderungen an theoretisches Lernen für einen Rehabilitanden mit einer Hirnverletzung geeignet ist. Besser ist es, eine berufliche Rehabilitation direkt in Betrieben zu wählen, bei der verschiedene praktische Arbeits- und Belastungserprobungen möglich sind. Ein Patient mit einer schweren Hirnverletzung lernt von einem Meister oder Anleiter in der Regel besser als aus Büchern [35].

▪ Teilhabe am Arbeitsleben

Im Rahmen einer medizinisch-beruflichen Belastungserprobung in speziellen Einrichtungen der Phase II besteht die Möglichkeit, das Leistungsvermögen und die im Berufsleben erforderlichen Grundvoraussetzungen und Kompetenzen zu erproben, zu trainieren und zu steigern. Im Einzelfall kann anschließend durch längerfristige Trainingsmaßnahmen z. B. in spezifischen beruflichen Trainingszentren das Leistungsvermögen angehoben oder wiederhergestellt werden. Die Ergebnisse aus den USA und skandinavischen Ländern zeigen, dass eine berufliche Rehabilitation direkt am Arbeitsplatz, also ohne die hier noch üblichen institutionellen Einrichtungen, erfolgreich und sogar den bisherigen institutionellen Verfahren überlegen ist [60].

In vielen Fällen ist eine berufliche Eingliederung am vorhandenen Arbeitsplatz möglich, wenn durch technische Hilfsmittel oder eine geeignete Arbeitsplatzgestaltung behinderungsbedingte Funktionsstörungen kompensiert werden können. Wichtiger noch als die technischen Hilfen ist es, dass am Arbeitsplatz von Vorgesetzten und Kollegen ein Verständnis und ein Entgegenkommen für Personen mit kognitiven und sozialen Beeinträchtigungen besteht. Dazu ist ein Case Management hilfreich, wie es auch in Deutschland zunehmend angeboten wird [100].

Durch Leistungen an den Arbeitgeber in Form von Eingliederungszuschüssen kann eine erforderliche Einarbeitung zum Aneignen der beruflichen Kenntnisse und Fertigkeiten unterstützt werden. Ist aufgrund der Leistungseinschränkungen ein Verbleib im alten Berufsfeld nicht mehr möglich, ist kritisch zu prüfen, ob eine ausreichende psycho-mentale und körperliche Belastbarkeit für längerfristige qualifizierende Maßnahmen der Aus-, Fort- oder Weiterbildung in einem geeigneten Berufsbild besteht. Wenn Qualifizierungsmaßnahmen nicht indiziert sind, kommen möglicherweise Anpassungsmaßnahmen ggf. mit Teilqualifikation in Frage.

Durch eine eingehende nervenärztliche Untersuchung, in der Regel mit neuropsychologischer Zusatzuntersuchung und Fahrprobe mit Fahrlehrer, kann geklärt werden, ob die Anforderungen zum Führen von Kraftfahrzeugen erfüllt werden können. Ist dies nicht der Fall, kommen Leistungen der Kraftfahrzeughilfe wie z. B. Zuschüsse zu Beförderungskosten in Betracht, sofern die Wegefähigkeit (siehe ▶ Kap. 1.2.1) eingeschränkt und zum Erreichen des Arbeitsplatzes die Benutzung eines Kraftfahrzeugs erforderlich ist.

▪ Erwerbsminderung

Hirnschädigungen zeigen häufig nur eine langsame Erholung. Deshalb kann selbst bei schweren neurologischen und/oder psychischen Beeinträchtigungen mit der Möglichkeit weiterer funktionaler Verbesserungen eine aus medizinischen Gründen zeitlich befristete Leistungsminderung vorliegen. Der Zeitraum eines befristeten Rentenbezugs kann für medizinische Behandlungsmaßnahmen und medizinische oder berufliche Rehabilitationsleistungen genutzt werden.

Quantitative Einschränkungen des Leistungsvermögens resultieren in der Regel aus Einschränkungen der Daueraufmerksamkeit und des Dauerkonzentrationsvermögens sowie rascher Erschöpfbarkeit. Diese Einschränkungen müssen psychometrisch möglichst valide erfasst werden, wobei im Zweifel Beschwerdevalidierungsinventarien zur Anwendung kommen sollten. Screeningverfahren allein sind nicht ausreichend. Da in der Regel die Durchführung dieser Tests mehrere Stunden in Anspruch nimmt, lassen sich auch aus dem dabei beobachtbaren Verhalten des Probanden Rückschlüsse auf Konzentrationsfähigkeit und Erschöpfbarkeit und damit auf die Dauerbelastbarkeit ziehen.

23.2.3 Spinale Traumata und Querschnittlähmungen

Peter Frommelt, Ottmar Leidner

Klassifikationen und Stadieneinteilungen

Querschnittlähmungen sind Folge von Schädigungen des Rückenmarks traumatischer und nichttraumatischer Ursache. Bei den nichttraumatischen Querschnittlähmungen unterscheidet man spinale Kompressionen und solche, die durch eine Myelitis oder eine spinale Ischämie hervorgerufen werden.

Zu den möglichen Ursachen einer spinalen Kompression gehören u. a.:

- Extradural: Bandscheibenvorfälle, Wirbelmetastasen, Empyeme, Hämatome
- Extra- und intradural: Meningeom, Neurofibrome
- Intradural-extramedullär: Tumoren
- Intradural-intramedullär: Astrozytome, Ependymome, Lipome

23

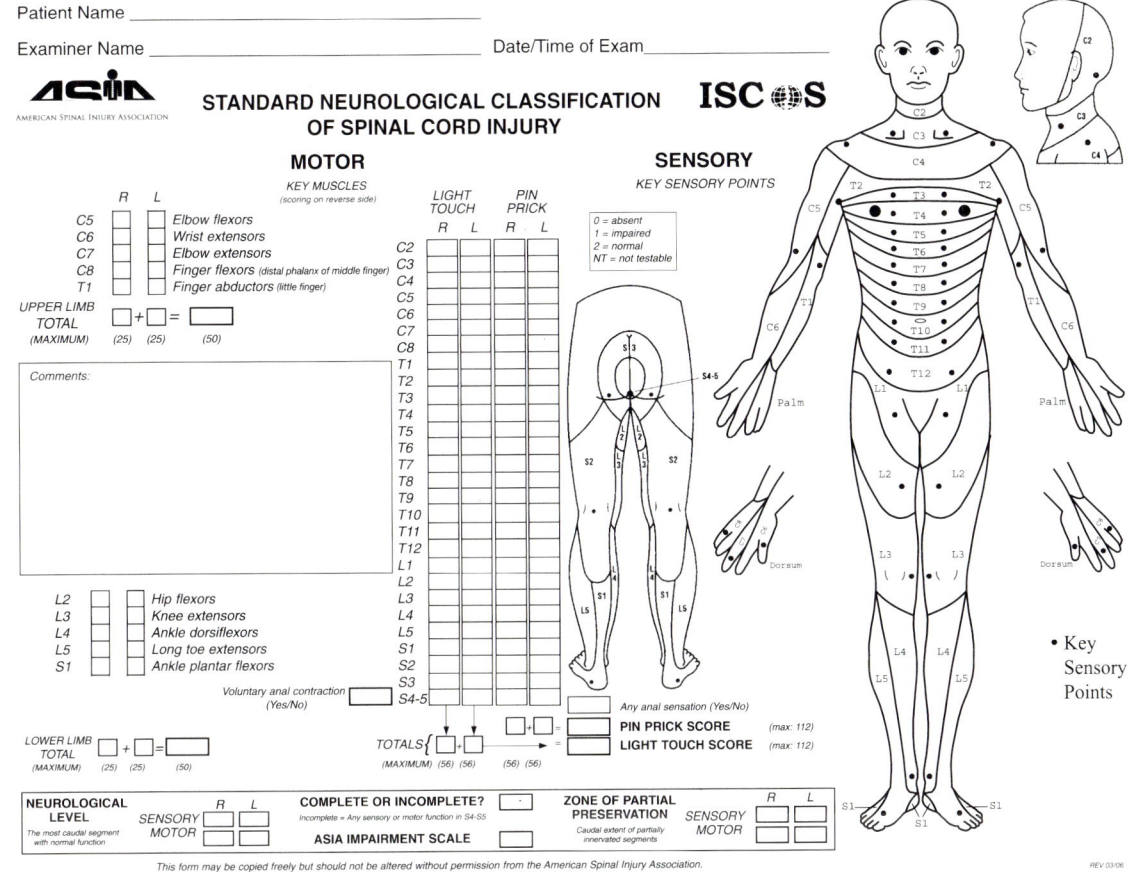

Patient Name _____

Examiner Name _____ Date/Time of Exam_____

STANDARD NEUROLOGICAL CLASSIFICATION OF SPINAL CORD INJURY

ASIA — AMERICAN SPINAL INJURY ASSOCIATION   ISC🌐S

MOTOR

KEY MUSCLES *(scoring on reverse side)*

	R	L	
C5			Elbow flexors
C6			Wrist extensors
C7			Elbow extensors
C8			Finger flexors *(distal phalanx of middle finger)*
T1			Finger abductors *(little finger)*

UPPER LIMB TOTAL □ + □ = □
(MAXIMUM) (25) (25) (50)

Comments:

	R	L	
L2			Hip flexors
L3			Knee extensors
L4			Ankle dorsiflexors
L5			Long toe extensors
S1			Ankle plantar flexors

Voluntary anal contraction (Yes/No) □

LOWER LIMB TOTAL □ + □ = □
(MAXIMUM) (25) (25) (50)

SENSORY
KEY SENSORY POINTS

LIGHT TOUCH / PIN PRICK
R L R L

0 = absent
1 = impaired
2 = normal
NT = not testable

C2, C3, C4, C5, C6, C7, C8, T1, T2, T3, T4, T5, T6, T7, T8, T9, T10, T11, T12, L1, L2, L3, L4, L5, S1, S2, S3, S4-5

TOTALS { □ + □ = }
(MAXIMUM) (56) (56)
□ + □ =
(56) (56)

Any anal sensation (Yes/No) □

PIN PRICK SCORE □ *(max: 112)*
LIGHT TOUCH SCORE □ *(max: 112)*

• Key Sensory Points

NEUROLOGICAL LEVEL	R	L	COMPLETE OR INCOMPLETE? □	ZONE OF PARTIAL PRESERVATION	R	L
The most caudal segment with normal function — SENSORY	□	□	Incomplete = Any sensory or motor function in S4-S5	Caudal extent of partially innervated segments — SENSORY	□	□
MOTOR	□	□	ASIA IMPAIRMENT SCALE □	MOTOR	□	□

This form may be copied freely but should not be altered without permission from the American Spinal Injury Association.   REV 03/06

🔲 **Abb. 23.3** ASIA-Untersuchungsschema bei Querschnittlähmungen.

Wenn eine Läsion des Rückenmarks vorliegt, resultiert eine spastische Para- oder Tetraparese, wenn die Läsion die Cauda equina betrifft, eine schlaffe Paraparese. Die Häufigkeit des spinalen Traumas beträgt 100/100.000 pro Jahr, die Inzidenz von Querschnittlähmungen 10/1 Million Einwohner. 2/3 davon sind traumatisch bedingt.

Die international verwendete Klassifikation für Querschnittlähmungen ist die der American Spinal-Injury-Association (ASIA). Im Rahmen einer European Multicenter Study of Human Spinal Cord Injury (em-sci) wurde ein deutschsprachiges Handbuch herausgegeben, um die Standardisierung der neurologischen Untersuchungen zu gewährleisten (vgl. 🔲 Abb. 23.3 und 🔲 Tab. 23.5)

Spezifische krankheitsbedingte Beeinträchtigungen

Die neurologischen Symptome können motorische, sensible und autonome Funktionen betreffen. Zu den autonomen Störungen gehören Funktionsstörungen von Blase und Mastdarm, Störungen der sexueller Funktionen und kardiovaskulärer Funktionen.

Für die Messung der Funktionseinschränkungen wird, wie auch international, der FIM (Funktionale Selbständigkeitsmessung) verwendet [33]. Zur Messung der Schmerzen bei Patienten mit einer Querschnittlähmung gibt es Empfehlungen einer Konsensus-Gruppe [7].

Spezielle Diagnostik und Sachaufklärung

Die Basis ist die klinisch-neurologische Untersuchung, wobei grundsätzlich die ASIA-Kriterien vollständig erhoben werden sollten, um eine Vergleichbarkeit der Befunderhebung zu ermöglichen. Man achte besonders auf den Hautbefund. Zu einer Diagnostik bei einer Querschnittlähmung gehört immer die Untersuchung der Blasenfunktion, in der Regel durch eine neuro-urologische Untersuchung. Die Wichtigkeit der ständigen Kontrolle der Blasenfunktion und die Verhinderung von urologischen Komplikationen kann nicht nachdrücklich genug betont werden. Eine orthopädische Untersuchung ist z. B. bei der heterotopen Ossifikation notwendig. Die Literatur belegt die große Rolle von Schmerzen in der Prognose nach einer Querschnittlähmung [13].

◘ Tab. 23.5 ASIA IMPAIRMENT SCALE	
A = komplett	In den Sakralsegmenten S4–S5 ist weder motorische noch sensible Funktionsfähigkeit vorhanden
B = inkomplett	**Sensibel** Eine sensible Funktionsfähigkeit, aber KEINE motorische Funktionsfähigkeit ist unterhalb der neurologischen Funktionsstufe bis einschließlich den Sakralsegmenten S4–S5 vorhanden
C = inkomplett	**Kraft bei mind. 50 % unter Kraftgrad 3 (< 3)** Die motorische Funktionsstufe ist unterhalb der neurologischen Funktionsstufe vorhanden und die Mehrheit der Schlüsselmuskeln unterhalb der neurologischen Funktionsstufe wurde mit weniger als Stufe 3 bewertet
D = inkomplett	**Kraft bei mind. 50 % über Kraftgrad 3 (>= 3)** Die motorische Funktionsstufe ist unterhalb der neurologischen Funktionsstufe vorhanden und die Mehrheit der Schlüsselmuskeln unterhalb der neurologischen Funktionsstufe wurde mit einer Muskelstufe von 3 oder mehr bewertet
E = normal	Motorische und sensible Funktionsfähigkeit sind normal

Den Verlauf nach einer akuten Paraplegie zeigt ◘ Tab. 23.6, wobei die Prognose einer Querschnittlähmung etwas vereinfacht dargestellt wird.

Krankheitsspezifische Begutachtungskriterien, Zielkriterien

Große sozialmedizinische Bedeutung haben die bei der Mehrzahl der Betroffenen auftretenden Schmerzen, Parästhesien, Dysästhesien und die Allodynie. Etwa 25 % aller Personen mit einer Querschnittlähmung leiden an starken Schmerzen [78]. Diese Schmerzen lassen sich selten monokausal als Folge der neurologischen Schädigung, sondern viel besser in einem bio-psycho-sozialen Modell interpretieren. Zu den drei psychosozialen Schlüsselvariablen gehören personbezogen die Einstellung und Bewertung der eigenen Schmerzen und die Coping-Strategie sowie der soziale Kontext. Als negativ hat sich in einer Reihe von Untersuchungen eine sog. katastrophisierende Haltung gezeigt [117], die durch exzessiv negative und dramatische Äußerungen bezüglich der eigenen Schmerzen gekennzeichnet ist. Unter den positiven Strategien hat sich das Durchhaltevermögen (»task persistence«) als die einzige Strategie gezeigt, die mit einer besseren Langzeitprognose korrelierte [86].

◘ Tab. 23.6 Prognose einer Querschnittlähmung	
Ausgangsphase ASIA-Grad	**Anteil der Patienten, die nach 12 Monaten in eine bessere Phase überwechseln**
A	10 % B/C
B	20 % C
	5 % D
C	45 % D
	5 % E
D	50 % E

Nach Lidal, Huyn und Biering-Sorensen [67]

Spezifische sozialmedizinische Beurteilung

Bei der sozialmedizinischen Beurteilung kommt es sehr auf die Berücksichtigung des Kontextes an: Es gibt Patienten mit hohen Querschnittlähmungen, die berufstätig sind, und es gibt Patienten mit inkompletten Paraplegien, die nicht aus einem katastrophisierenden Schmerzerleben hinausfinden und daher nicht ins Arbeitsleben zurückkehren. Obwohl die sozialen Systeme der USA und Deutschlands nicht zu vergleichen sind, gibt eine Untersuchung aus den USA, die 20.143 Patienten mit einer Querschnittlähmung einschloss, wichtige Erkenntnisse zu den Determinanten der Rückkehr ins Arbeitsleben [83]. Hier einige Ergebnisse:

- Die Beschäftigungsrate war bei den 27-jährigen mit 36 % am höchsten.
- Wer keine Arbeit hat, hat schlechte Chancen, wieder in die Arbeit zurückzukehren.
- Die Art und Höhe der Paraplegie erklärt nur einen Teil der beruflichen Prognose: 27 % der 25–30-jährigen mit einer Tetraparese waren berufstätig, 40 % in dieser Altersgruppe mit einer inkompletten Querschnittlähmung waren berufstätig.
- Je höher die Berufsausbildung, desto besser die Chance im Arbeitsleben zu bleiben.
- Die Investition in eine berufliche Qualifikation lohnt sich: Bei einer Ausbildung von 4 Jahren betrug der Zuwachs 10 Arbeitsjahre.
- Arbeitslosigkeit verringert die wahrscheinliche zukünftige Lebensarbeitszeit um 30–50 %.

Der Kontext »In Arbeit« oder »Arbeitslosigkeit« hat einen ebenso großen Einfluss auf die zukünftige Teilhabe am Arbeitsleben wie das Ausmaß der neurologischen Schäden.

Positives Leistungsvermögen

Für die meisten Personen mit Paraparese kommt nur eine überwiegend sitzende Tätigkeit in Frage. Wenn ein Proband vor dem Unfall gearbeitet hat, sollte man prüfen, ob nicht durch ergonomische Hilfen etc. der Arbeitsplatz umgestaltet werden kann. Bei motivierten Patienten und Unterstützung durch den Arbeitgeber können selbst schwer beeinträchtigte, jedoch motivierte Betroffene weiter arbeiten. Eine positive Einstellung kann helfen, u. U. schwerste Einschränkungen zu kompensieren.

■ **Negatives Leistungsvermögen**

Aufgaben mit hohen Anforderungen an die Mobilität kommen fast nie infrage. Es gibt allerdings Personen mit einer Querschnittlähmung, die erfolgreich im Außendienst tätig sind. Nicht infrage kommen Tätigkeiten, die keine Veränderung der Körperposition erlauben, keine Pausen zum Selbstkatheterisieren bieten oder die Überwindungen von Barrieren erfordern.

Bei Personen mit starken Schmerzen ist die quantitative Leistungsfähigkeit oft erniedrigt.

■ **Medizinische Rehabilitation**

Im Anschluss an die akutmedizinische Behandlung ist eine neurologische Rehabilitation in einer spezialisierten Abteilung oder einem Querschnittzentrum mit neurourologischer, orthopädischer und psychosozialer Betreuung erforderlich. Deutschland verfügt über ein gutes Versorgungssystem an Paraplegie-Zentren und jeder Patient mit einer kompletten Paraplegie sollte zunächst in einem solchen Zentrum behandelt werden. Wichtig ist von Anfang an, nicht nur die Motorik, sondern auch den persönlichen Kontext der Personen mit einer Querschnittlähmung zu berücksichtigen. Schmerz ist ein Hauptproblem. Wenn man ihn auf den Begriff des »neuropathischen Schmerzes« reduziert, übersieht man die sozialen und psychologischen Faktoren.

Bei Versicherten mit länger zurückliegenden Rückenmarkläsionen ist zu prüfen, ob durch Spastik, Gelenk- und Muskelbeschwerden sowie Kontrakturen Aktivitätsbeeinträchtigungen vorliegen, die durch eine neurologische Rehabilitationsbehandlung verbessert werden können.

■ **Teilhabe am Arbeitsleben**

Patienten mit einer frischen Querschnittlähmung, die nicht mehr im bisherigen Beruf arbeiten können, sollten in ein Zentrum eingewiesen werden, das für Paraplegie-Patienten spezialisiert ist und das gesamte Spektrum von der medizinisch-beruflichen Rehabilitation Phase II bis zur Umschulung anbietet. Wichtig ist, dass die Patienten mit chronischen Schmerzen eine psychologische Betreuung auch bis nach Rückkehr an den Arbeitsplatz erhalten können.

Es gilt die Regel: Viel in die Teilhabe am Arbeitsleben investieren, die Kosten werden durch eine längere Lebensarbeitszeit mehr als ausgeglichen.

Für das Führen von Kraftfahrzeugen der Gruppe 2 und die Fahrgastbeförderung besteht nach der Begutachtungs-Leitlinie zur Kraftfahrereignung bei relevanten motorischen Beeinträchtigungen keine Eignung.

■ **Erwerbsminderung**

Bei hohem zervikalem Querschnitt ist zwar meist von einem aufgehobenen Leistungsvermögen auszugehen, es gibt jedoch Personen, die erfolgreich im Arbeitsleben verbleiben, z. B. mit einer Arbeitsassistenz. Wenn schwere Komplikationen autonomer Funktionen vorliegen, ist in der Regel eine Erwerbstätigkeit nicht mehr möglich.

Angesichts der zahlreichen technischen Hilfsmittel, der Steuerung der Umgebung über einen Computer, stehen auch für Personen mit einer Tetraparese mehr Arbeitsmöglichkeiten zur Verfügung als noch vor Jahren. Bei der Frage der Erwerbsminderung kommt es darauf an, den Kontext genauso zu berücksichtigen wie die Schädigungen oder Beeinträchtigungen.

Quantitativ sind Personen leistungsgemindert, die an hartnäckigen Schmerzen und Missempfindungen leiden, die Dekubitalulcera aufweisen oder davon bedroht sind und Personen, die psychologisch aus der »Katastrophenreaktion« nicht herausfinden.

Personen mit einer Paraparese und erhaltener Rumpfkontrolle können sitzende Tätigkeiten verrichten. In wie weit das quantitative Leistungsvermögen bei Querschnitt im thorakalen Bereich mit Paraparese eingeschränkt ist, hängt wesentlich von der Dauer der Sitzfähigkeit und eventuellen Komplikationen ab.

23.2.4 Nicht-traumatische spinale Erkrankungen

Peter Frommelt, Ottmar Leidner

Klassifikationen und Stadieneinteilungen

Die nicht-traumatischen spinalen Erkrankungen stellen eine heterogene Gruppe von Krankheiten dar. Das Manifestationsalter, die klinische Symptomatik und die funktionalen Folgen sind sehr unterschiedlich. Daher gibt es auch keine einheitlichen krankheitsübergreifenden Assessmentinstrumente für die nicht-traumatischen spinalen Erkrankungen.

Nicht-traumatische spinale Erkrankungen:
- Hereditäre spinale Erkrankungen: spastische Spinalparalyse
- Erkrankungen der Liquorzirkulation: CHIARI-Malformationen und Syringomyelie
- Entzündliche spinale Erkrankungen: Myelitis, Abszesse
- Vaskuläre spinale Erkrankungen: spinale Ischämien, vaskuläre Malformationen
- Spinale Tumoren

- Degenerative Erkrankungen: zervikale Myelopathie
- Metabolische spinale Erkrankungen: Vit B 12-Hypovitaminosen u. a.

Spezifische krankheitsbedingte Beeinträchtigungen

Die wichtigsten Schädigungen bei spinalen Erkrankungen sind spastische Para- oder Tetraparesen, spastisch-ataktische Gangstörungen, sensible Ausfälle und sensible Reizerscheinungen sowie Störungen der Blasen- und seltener der Mastdarmfunktionen. Bei einigen Erkrankungen wie der spastischen Spinalparalyse entwickeln sich die Symptome langsam, und viele Erkrankte bleiben trotz erheblicher Gangstörungen lange im Arbeitsleben. Bei anderen, wie bei der Myelitis, kann es zu einer akuten Querschnittlähmung kommen. Häufig geschilderte Schädigungen von Funktionen und Beeinträchtigungen der Aktivitäten sind: Unsicheres Gehen mit gehäuftem Stolpern oder Stürzen, Kraftverlust beim Gehen oder Treppensteigen und sensible Missempfindungen. Bei der Syringomyelie findet man heute selten das klassische zentrale Rückenmarkssyndrom mit der dissoziierten Empfindungsstörung. Sehr viel häufiger sind sensible Reizerscheinungen und Schmerzen ohne motorische Ausfälle. Die Entstehung dieser sensiblen Symptome und Schmerzen ist ungeklärt, was nicht dazu veranlassen sollte, sie als rein psychogen zu interpretieren. Für die Schmerzen bei den nicht-traumatischen Rückenmarkerkrankungen gelten die Überlegungen, die oben zur traumatischen Querschnittsymptomatik gemacht wurden.

Spezielle Diagnostik, Sachaufklärung

Zur sozialmedizinischen Beurteilung sind die Anamnese und die klinische Untersuchung von zentraler Bedeutung. Bei der klinischen Untersuchung sollte man die Zeit für eine 10 m-Gehstrecke messen, in gewohntem Gangtempo mit üblichen Hilfsmitteln. Blasenstörungen sind hoch tabuisiert und werden dem Gutachter allenfalls dann spontan berichtet, wenn es sich um Inkontinenzformen handelt. Für die Nierenfunktion bedrohlicher sind jedoch die restharnbildenden »Hochdruck«-Störungen, insbesondere die Detrusor-Sphinkter-Dyssynergie, die nicht selten über Jahre vesikoureteralen Reflux und rezidivierende Harnwegsinfektionen hervorruft, ohne adäquater Diagnostik und Therapie zugeführt zu werden. Aktive Exploration von Starthemmung, Doppelentleerungen und Dysurie ist das anamnestische Minimalprogramm. Sexualfunktionsstörungen müssen für sozialmedizinische Begutachtung nicht eingehend exploriert werden, können aber wichtige Hinweise auf das Schädigungsausmaß und psychosoziale Folgen bringen.

Die wichtigste technische Untersuchung – sieht man von der Liquordiagnostik bei der Myelitis ab – ist die Bildgebung mit der MRT. Die neurophysiologische Diagnostik mit z. B. somatosensorisch evozierten Potentialen hat für eine Funktionsdiagnostik kaum eine Bedeutung, obwohl sie in fast allen Begutachtungen durchgeführt wird. Da spinale Erkrankungen auch die Bahnen des autonomen Nervensystems betreffen können, sollte man eine Prüfung der Blasenfunktion, mindestens durch Restharn-Bestimmung, nicht vergessen. Bei Störungen der Liquorzirkulation wie bei der Syringomyelie und der CHIARI I-Malformation sind Untersuchungen der Liquorzirkulation mit der MRT in speziellen Zentren erforderlich. Bei den spinalen Tumorerkrankungen, Gefäßmalformationen und der zervikalen Myelopathie wird man in der Regel die Neurochirurgie einbeziehen.

Eine psychologisch-psychiatrische Diagnostik zur Frage der Coping-Strategien bei Schmerzen ist bei über der Hälfte der Patienten erforderlich.

Krankheitsspezifische Begutachtungskriterien

Bei den spinalen Erkrankungen sind zunächst die Beeinträchtigungen des Gehens, Treppensteigens, der motorischen Ausdauer und des Gleichgewichts einzuschätzen. Weiter ist zu berücksichtigen, wie die Begutachteten durch Schmerzen, Par- und Dysästhesien beeinträchtigt sind und ob Blasenentleerungsstörungen vorliegen.

Spezifische sozialmedizinische Beurteilung

Da die Gehfähigkeit und alle mit der Lokomotion verbundenen Aktivitäten beeinträchtigt sein können, sollte geprüft werden, ob die Fähigkeit zum Erreichen des Arbeitsplatzes (▶ Kap. 1.2.1) eingeschränkt ist. Leicht unterschätzt werden die Beeinträchtigungen aufgrund der erhöhten neuro-muskulären Ermüdbarkeit. Einige Betroffenen können zwar kurze Strecken im Wechsel zum Sitzen ohne Schwierigkeiten gehen, sie sind jedoch nicht imstande, mehrere Stunden auf den Beinen zu stehen oder zu gehen. Eine große Schwierigkeit bieten Personen mit einer Syringomyelie und CHIARI I-Malformation, bei denen Symptome auftreten, die nicht der klassischen Syndromlehre entsprechen. Es gibt verschiedene ungeprüfte Hypothesen, die sich auf Störungen der Liquorpulsation beziehen, um die Schmerzen und schmerzhaften Missempfindungen neurologisch zu erklären. Das mit der ICF vertretene bio-psycho-soziale Modell ist am ehesten geeignet, die Schmerzen und sensiblen Missempfindungen zu erklären. Eine Reduktion auf den Begriff des neuropathischen Schmerzes wird der Komplexität der Funktionsbeeinträchtigung nicht gerecht [86]. Das quantitative Leistungsvermögen kann durch die Schmerzen/Parästhesien und durch die Immobilität verringert sein.

23

■ **Medizinische Rehabilitation**

Für viele der Patienten mit einer nicht-traumatischen spinalen Erkrankung ist die Zeitspanne von vier Jahren zwischen Rehabilitationsleistungen zu lang. Jährliche oder zweijährliche Leistungen zur medizinischen Rehabilitation sind oft notwendig, um die Mobilität zu erhalten. Die psychologische Behandlung ist genau so wichtig wie die der sensomotorischen Beeinträchtigungen. Für manche Patienten mit einer spastischen Gangstörung kann eine Hippotherapie (Reittherapie) hilfreich sein, darauf sollte ggf. bei der Auswahl der Einrichtung geachtet werden. Für Versicherte mit einer Syringomyelie sollte eine Klinik gewählt werden, die für diese Patienten spezialisiert ist.

■ **Teilhabe am Arbeitsleben**

Es ist jeweils zu prüfen, ob durch Mobilitätshilfen und durch eine innerbetriebliche Umsetzung der Arbeitsplatz erhalten werden kann. Dazu ein Beispiel: Ein Meister, der an verschiedenen Berufsschulen Schüler betreut, erhielt von der Rentenversicherung einen elektrogetriebenen Roller, auf dem er steht und fährt. Damit kann er wieder die verschiedenen Arbeitsplätze erreichen.

■ **Erwerbsminderung**

Die neuromuskuläre Ermüdung bei einer spastischen Gangstörung kann so ausgeprägt sein, dass das quantitative Leistungsvermögen auf unter sechs Stunden reduziert ist oder auch das Erreichen des Arbeitsplatzes (► Kap. 1.2.1) nicht möglich ist. Soweit die genannte neuromuskuläre Ermüdung dies erforderlich macht, sollte der Gutachter möglichst konkrete Vorschläge zur flexiblen Arbeitsgestaltung einschließlich Arbeitsorganisation und Pausenbedarf machen. Weiterhin können Blasen- und Mastdarmstörungen und chronische Schmerzen zu einer dauerhaften Minderung des Leistungsvermögens führen.

23.2.5 Polyneuropathien und periphere Nervenläsionen

Peter Frommelt, Ottmar Leidner

Klassifikationen und Stadieneinteilungen

Es gibt verschiedene Formen peripherer Nervenerkrankungen:

1. Mononeuropathien
2. Multiple Mononeuropathien (Mononeuritis multiplex)
3. Symmetrische Polyneuropathien
4. Plexopathien (z. B. traumatische Läsion des Plexus brachialis, neuralgische Schulteramyotrophie, Plexus lumbosakralis-Neuritis)
5. Radikulopathien
6. Polyradikuloneuropathien

Der zeitliche Verlauf kann unterschiedlich sein:

1. Akut, Erreichen des Erkrankungsgipfels in 4 Wochen wie beim GUILLAIN-BARRÉ-Syndrom
2. Subakut, Erreichen des Erkrankungsgipfels in 4–8 Wochen
3. Chronisch, benötigt mindestens 8 Wochen, um sich zu entwickeln

Die Ausfallerscheinungen können sein:

1. Überwiegend sensibel (z. B. bei diabetischer distal symmetrischer Polyneuropathie)
2. Rein motorisch (z. B. bei akuten axonalen Neuropathien)
3. Sensomotorisch (z. B. bei den CHARCOT-MARIE-TOOTH (CMT)-Neuropathien
4. Autonom (bei verschiedenen anderen Neuropathien, selten reine autonome Neuropathie)

Die zugrundliegende Pathologie lässt sich in drei Formen untergliedern:

- Axonale Schädigungen (z. B. bei Diabetes mellitus, Alkohol, Urämie, Mangelerkrankungen oder paraneoplastisch, toxisch oder hereditär bedingt)
- Demyelinisierende Schädigungen (Formen: GUILLAIN-BARRÉ-Syndrom, Chronisch entzündliche demyelisierende Neuropathie (CIPD), CHARCOT-MARIE-TOOTH-Neuropathie bzw. HMSN)
- Gemischte Schädigungen

Spezifische krankheitsbedingte Beeinträchtigungen

In der Kategorie der Funktionen sind die häufigsten Schädigungen:

- **sensibel**: Schmerzen, sensible Störungen in Form von Dysästhesien, Parästhesien, Lagesinnstörungen,
- **autonom**: trophische Störungen, z. B. bei diabetischer Neuropathie,
- **motorisch**: Lähmungen, Störungen der posturalen Kontrolle, ataktisch-unsicherer Gang.

In den Kategorien der Aktivitäten und Funktionen ist die Mobilität am häufigsten beeinträchtigt. Bei Schädigungen in den oberen Gliedmaßen treten entsprechende Beeinträchtigungen der Geschicklichkeit in der Verwendung von Werkzeugen oder anderen Objekten auf. Hartnäckige Schmerzen oder Missempfindungen können Personen in ihrer gesamten Leistungsfähigkeit beeinträchtigen.

Es gibt wenige Arbeiten zu den Auswirkungen von Polyneuropathien auf Aktivitäten und Teilhabe. Liedberg und Vrethem [68] fanden bei 72 % der Patienten mit einer Polyneuropathie Einschränkungen in beruflichen und häuslichen Aktivitäten. Diejenigen mit Schmerzen waren erheblich mehr beeinträchtigt.

Spezielle Diagnostik, Sachaufklärung

Entscheidend sind die Anamnese und das Bild der klinischen Untersuchung. An zweiter Stelle steht die neurophysiologische Untersuchung. »Bescheidener ist der Beitrag der Labordiagnostik« [87].

Die wichtigsten Untersuchungsinstrumente bei den Polyneuropathien sind die Ohren zum Anhören der Anamnese und die Stimmgabel zur Prüfung des Vibrationsempfindens an den Füßen.

Nicht zur Routineuntersuchung gehören Liquoruntersuchungen (außer bei akuter und rezidivierender PNP), Haut- und Nervenbiopsien und die MR-Bildgebung von Wurzeln oder peripheren Nerven. Bei Verdacht auf eine Neuroborreliose sollte eine Liquor-Diagnostik einbezogen werden. Trotz umfangreicher Diagnostik bleiben etwa 20 % aller Polyneuropathien diagnostisch ungeklärt.

Krankheitsspezifische Begutachtungskriterien, Zielkriterien

Bei der Begutachtung von Polyneuropathien und peripheren Neuropathien sollte der Gutachter prüfen, ob eine ausreichende Diagnostik zum Ausschluss von behandelbaren Ursachen durchgeführt wurde. Bei Mononeuropathien wie der des N. medianus (Carpaltunnelsyndrom) oder des N. ulnaris sollten mögliche repetitive Belastungen der Nerven am Arbeitsplatz exploriert werden. Bei der Begutachtung sollte auch geprüft werden, ob durch Hilfsmittel, wie Orthesen oder Schuhversorgungen, die Mobilität möglichst lange erhalten werden kann. Zu bedenken ist auch, dass bei schweren sensiblen und motorischen Störungen die Bedienung von Brems- und Gaspedalen im Auto eingeschränkt sein kann. Bei der Begutachtung der motorischen Ausdauer sollte man bedenken, dass die herkömmliche Prüfung der Muskelkraft mit der MRC-Gradierung (siehe ▶ Kap. 23.1.2) keine Vorhersage der Ausdauerkraft von Muskeln erlaubt. Versicherte, die ein Guillain-Barré-Syndrom klinisch ohne Ausfälle überstanden haben, bemerken oft Monate später noch Einschränkungen in der muskulären Ausdauer.

Medikamente wie Carbamazepin, Gabapentin, Pregabalin und trizyklische Antidepressiva sowie physikalische Anwendungen können die neuropathischen Schmerzen lindern. Bei chronischen Schmerzen ist eine rein somatische Behandlung unzureichend und sollte durch eine psychologische Schmerztherapie ergänzt werden. Eine Pharmakotherapie mit Opiaten ist bei neuropathischen Schmerzen nur sehr selten vertretbar, die ungewünschten Wirkungen werden oft unterschätzt [3].

Spezifische sozialmedizinische Beurteilung

Die rein motorischen oder sensiblen Funktionsschäden sind leichter zu beurteilen als die Beeinträchtigungen durch Schmerzen und Missempfindungen. Es gibt Personen mit einer hereditären Neuropathie, die trotz ausgeprägter Atrophie von Muskeln ganztags berufstätig sind. Andererseits gibt es Personen mit rein sensiblen Neuropathien, bei denen die Leistungsfähigkeit reduziert oder aufgehoben ist. In der Regel wird man bei einer Polyneuropathie oder einer Mononeuropathie von einer verminderten muskulären Leistung ausgehen, also keine schweren Arbeiten mehr zumuten. Auch Arbeiten auf Gerüsten und Leitern oder mit andersartiger Absturzgefahr kommen in der Regel nicht infrage. Das quantitative Leistungsvermögen wird a) durch die neuromuskuläre Ausdauer und b) durch die Schmerzen/Missempfindungen bestimmt. Bei einer Minderung des quantitativen Leistungsvermögens und einem vorhandenen Arbeitsplatz kann eine Reduzierung der wöchentlichen Arbeitszeit dazu beitragen, dass die Betroffenen länger im Arbeitsleben verbleiben.

Personen mit Neuropathien sind in ihrer Leistungsfähigkeit im Erwerbsleben häufig eingeschränkt in folgenden Tätigkeiten:

- Waldarbeiten und andere Arbeiten mit erhöhter Verletzungsgefahr,
- Berufskraftfahren, Bedienen von Baugeräten,
- Tätigkeiten auf dem Bau o. ä. mit unebenem Grund, Kälte und Nässe,
- Tätigkeiten, die besonderes manuelles Geschick verlangen, z. B. Dreher, auch Einschränkungen bei der Bedienung von Tastaturen.

■ Medizinische Rehabilitation

Bei akuten Polyneuropathien wie dem Guillain-Barré-Syndrom (GBS) ist nach einer akut-neurologischen stationären Behandlung meist eine Anschlussrehabilitation anzustreben [82]. Die Prognose ist zwar insgesamt günstig, dennoch gibt es protrahierte Rekonvaleszenzen mit einer stationären Rehabilitationsdauer von mehreren Monaten (und einer dann erfolgreichen Rückkehr in die Arbeit). Bei den diabetischen Neuropathien steht die Behandlung des Diabetes mellitus im Vordergrund. Liegen Beeinträchtigungen auf Grund der Neuropathie (z. B. starke Schmerzen, Gangunsicherheit, Sensibilitätseinbußen) vor, kann eine Leistung zur medizinischen Rehabilitation indiziert sein. In dem Stadium eines Diabetes mellitus, in dem die Polyneuropathien zu Schädigungen führen, muss man auch mit anderen neurologischen Komplikationen des Diabetes mellitus rechnen, wie kognitiven Beeinträchtigungen durch mikrovaskuläre zerebrale Durchblutungsstörungen. Bei alkoholtoxischen Polyneuropathien steht die Suchtbehandlung vor der neurologischen Rehabilitation. Bei Patienten mit chronischen Schmerzen/Missempfindungen ist eine Rehabilitationseinrichtung zu wählen, die über eine ausgewiesene psychologische Schmerztherapie verfügt.

◪ **Tab. 23.7** Expanded Disability Status Score (EDSS)

0.0	Normale neurologische Untersuchung (Grad 0 in allen funktionellen Systemen)
1.0	Keine Behinderung, minimale Abnormität in einem funktionellen System (ein FS Grad 1, davon ausgenommen ist Grad 1 im FS Psyche/Mentale Funktionen)
1.5	Keine Behinderung, minimale Abnormität in mehr als einem FS (mehr als ein FS Grad 1, davon ausgenommen ist Grad 1 im FS Psyche/Mentale Funktionen)
2.0	Minimale Behinderung in einem FS (ein FS Grad 2, andere 0 oder 1)
2.5	Minimale Behinderung in zwei FS (zwei FS Grad 2, andere 0 oder 1)
3.0	Mäßiggradige Behinderung in einem FS (ein FS Grad 3, andere 0 oder 1) oder leichte Behinderung in drei oder vier FS (3 oder 4 FS Grad 2, andere 0 oder 1), aber voll gehfähig
3.5	Voll gehfähig, aber mit mäßiger Behinderung in einem FS (Grad 3) und ein oder zwei FS Grad 2; oder zwei FS Grad 3; oder fünf FS Grad 2 (andere 0 oder 1)
4.0	Gehfähig ohne Hilfe und Rast für mindestens 500 m. Aktiv während ca. 12 Stunden pro Tag trotz relativ schwerer Behinderung (ein FS Grad 4, übrige 0 oder 1)
4.5	Gehfähig ohne Hilfe und Rast für mindestens 300 m. Ganztägig arbeitsfähig. Gewisse Einschränkung der Aktivität, benötigt minimale Hilfe, relativ schwere Behinderung (ein FS Grad 4, übrige 0 oder 1)
5.0	Gehfähig ohne Hilfe und Rast für etwa 200 m. Behinderung schwer genug, um tägliche Aktivität zu beeinträchtigen (z. B. ganztägig zu arbeiten ohne besondere Vorkehrungen). Ein FS Grad 5, übrige 0 oder 1; oder Kombination niedrigerer Grade, die aber über die für Stufe 4.0 geltenden Angaben hinausgehen
5.5	Gehfähig ohne Hilfe und Rast für etwa 100 m. Behinderung schwer genug, um normale tägliche Aktivität unmöglich zu machen (FS Äquivalente wie Stufe 5.0)
6.0	Bedarf intermittierend, oder auf einer Seite konstant, der Unterstützung (Krücke, Stock, Schiene), um etwa 100 m ohne Rast zu gehen. FS-Äquivalente: Kombinationen von mehr als zwei FS Grad 3 plus
6.5	Benötigt konstant beidseits Hilfsmittel (Krücke, Stock, Schiene), um etwa 20 m ohne Rast zu gehen (FS-Äquivalente wie 6.0)
7.0	Unfähig, selbst mit Hilfe, mehr als 5 m zu gehen. Weitgehend an den Rollstuhl gebunden. Bewegt den Rollstuhl selbst und transferiert ohne Hilfe (FS-Äquivalente: Kombinationen von mehr als zwei FS Grad 4 plus, selten Pyramidenbahn Grad 5 allein)
7.5	Unfähig, mehr als ein paar Schritte zu tun. An den Rollstuhl gebunden. Benötigt Hilfe für Transfer. Bewegt Rollstuhl selbst, aber vermag nicht den ganzen Tag im Rollstuhl zu verbringen. Benötigt eventuell motorisierten Rollstuhl (FS-Äquivalente wie 7.0)
8.0	Weitgehend an Bett oder Rollstuhl gebunden; pflegt sich weitgehend selbstständig. Meist guter Gebrauch der Arme (FS-Äquivalente: Kombinationen meist von Grad 4 plus in mehreren Systemen)
8.5	Weitgehend ans Bett gebunden, auch während des Tages. Einigermaßen nützlicher Gebrauch der Arme, einige Selbstpflege möglich (FS-Äquivalente wie 8.0)
9.0	Hilfloser Patient im Bett. Kann essen und kommunizieren (FS-Äquivalente sind Kombinationen, meist Grad 4 plus)
9.5	Gänzlich hilfloser Patient. Unfähig zu essen, zu schlucken oder zu kommunizieren (FS-Äquivalente sind Kombinationen von fast lauter Grad 4 plus
10.0	Tod infolge MS

Nach KURTZKE [61]

■ **Teilhabe am Arbeitsleben**

Eine besondere Gruppe unter den Patienten sind die mit einer hereditären Neuropathie. Sie können sich mit einer oft schon weitgehend atrophierten Muskulatur der Beine erstaunlich gut fortbewegen. Diese Personen sind gefährdet, ihre noch in geringem Umfang vorhandene und neurogen umgebaute Muskulatur zu überfordern. Diese und andere Versicherte mit chronischen Neuropathien benötigen eine Beratung hinsichtlich ergonomischer und Mobilitätshilfen.

Bei Fortschreiten des neuromuskulären Kraftverlusts ist an weitere Hilfen zu denken:
— Arbeitsassistenz,
— Kraftfahrzeughilfe,
— Umschulung,

- soweit möglich Umsetzung am Arbeitsplatz, ggf. verbunden mit Zusatzqualifizierung.

- **Erwerbsminderung**

Je schwerer die sensomotorischen Ausfälle, desto eher ist das quantitative Leistungsvermögen aufgehoben oder reduziert. Wenn ein Versicherter in der Postakutphase nach einem GUILLAIN-BARRÉ-Syndrom noch nicht ohne Hilfsmittel oder Hilfsperson gehen kann, so kann man von einem aufgehobenen Leistungsvermögen zunächst für einen begrenzten Zeitraum ausgehen. Wenn nach 2 Jahren keine Besserung eingetreten ist, wird man eine dauerhafte Einschränkung annehmen. Wenn bei einer diabetischen Polyneuropathie schon ein diabetisches Fußsyndrom aufgetreten ist, ist die Leistungsfähigkeit im Erwerbsleben aufgehoben (siehe ▶ Kap. 12).

Für Personen mit mittelschweren Funktions- und Aktivitätseinschränkungen und einer Minderung des quantitativen Leistungsvermögens auf 3 bis unter 6 Stunden kann bei erhaltenem Arbeitsplatz eine Reduzierung der wöchentlichen Arbeitszeit den Verbleib im Arbeitsleben ermöglichen. Zu berücksichtigen sind die Anforderungen an die freie Gehstrecke bzw. die Fähigkeit, den Arbeitsplatz zu erreichen (siehe ▶ Kap. 1.2.1).

23.2.6 Multiple Sklerose

Peter Frommelt, Ottmar Leidner

Klassifikationen und Stadieneinteilungen

Die Encephalomyelitis disseminata gilt in Nord- und Mitteleuropa als die häufigste neurologische Erkrankung des frühen und mittleren Erwachsenenalters. Die Erkrankung manifestiert sich durch vielfältige klinische Erscheinungsformen.

Bei etwa 90 % der Betroffenen findet sich zunächst ein schubförmiger Krankheitsverlauf. Bei 10 % ist der Verlauf primär chronisch-progredient; dazu gehört auch die Sonderform des progredienten zerebellären Syndroms.

Zur Dokumentation des Verlaufs ist international die KURTZKE-Skala, EDSS (Expanded Disability Status Score) gebräuchlich (◘ Tab. 23.7). Die Angaben der Grade beziehen sich auf die Untersuchung der funktionellen Systeme (FS). Die Konstruktvalidität des EDSS lässt sich anzweifeln, da Funktionen und Aktivitäten in einer Skala vermengt werden und es sich um eine Ordinal-Skalierung handelt, bei der die Abstände keinesfalls gleich sind, wie die numerischen Skalen suggerieren.

Spezifische krankheitsbedingte Beeinträchtigungen

Hervorzuheben sind unter den Funktionsstörungen die Einschränkungen in der Mobilität, dem Handgebrauch und der Blasenfunktionen. Etwa 75 % der an MS Erkrankten klagt über eine abnorme Ermüdbarkeit und bei ca. 50 % bestehen Einschränkungen in mentalen Funktionen. Bemerkenswert ist der hohe Anteil (70 %) von Patienten, die leichte oder schwere (23 %) depressive Symptome aufweisen [48]. Bei fast der Hälfte aller Patienten mit einer MS bestehen Einschränkungen in kognitiven Fähigkeiten wie der Konzentration, der Umstellung, des Gedächtnisses und in exekutiven Funktionen, dazu gehören Planung und Umsichtigkeit [45].

Unter den positiven Kontextfaktoren wurde in der Studie von Holper und Mitarbeitern bei 97 % die Unterstützung durch die Familie hervorgehoben. Am häufigsten unter den negativen Umweltfaktoren wurde die Hitze genannt.

Spezielle Diagnostik und Sachaufklärung

Grundlage ist die neurologisch-psychiatrische Anamnese und Untersuchung, die ggf. durch eine (neuro-)psychologische Einschätzung zu ergänzen ist. Die Beurteilung der Sehfähigkeit kann zusätzlich eine augenärztliche und neurovisuelle Untersuchung erforderlich machen. Zur Zuordnung von Beschwerden und Krankheitsaktivität können evozierte Potentiale, Liquordiagnostik und MRT beitragen, auch im Rahmen der neuen McDonald-Kriterien [18]. Für die Leistungseinschätzung sind sie meist entbehrlich.

Krankheitsspezifische Begutachtungskriterien, Zielkriterien

◘ Tab. 23.8 gibt eine Übersicht über die Faktoren, die den Krankheitsverlauf beeinflussen.

Weiterhin sollte man bei der Begutachtung folgende Aspekte berücksichtigen:
- Wie sind körperliche und psychische Energie und Belastbarkeit?
- Liegt eine depressive Störung vor?
- Welche Einstellungen, welche Hoffnung, welche positiven Persönlichkeitszüge bringt der Begutachtete mit?
- Liegen Einschränkungen in der Aufmerksamkeit, im Gedächtnis und im Problemlösen vor?
- Gibt es medizinische Komplikationen, z. B. von Seiten der Blasenfunktion?
- Welche fördernden oder hinderlichen Kontextfaktoren bestehen?
- Kann die Person Hitze vertragen?

Ein narrativer Zugang, bei dem der Proband mit einer MS aus seiner Sicht den Verlauf schildert, ist am ehesten geeignet, den persongebundenen Kontext und natürlich auch den Kontext von Familie und Beruf zu verstehen.

23

Tab. 23.8 Faktoren, die den Krankheitsverlauf bei Multipler Sklerose beeinflussen

Prognostisch eher günstig	Prognostisch eher ungünstig
Monosymptomatischer Beginn	Polysymptomatischer Beginn
Rein sensible Symptome	Motorische und zerebelläre Symptome
Kurze Schübe	Lang dauernde Schübe
Gute Rückbildung der Schübe	Schlechte Rückbildung der Schübe
Erkrankung vor dem 35. Lebensjahr	Späterer Beginn der Erkrankung
Keine intrathekale IgG-Produktion	Intrathekale IgG-Produktion
Initial geringe Anzahl von Läsionen im MRT	Große Anzahl von MRT-Läsionen

Nach Rieckmann und Mäurer [90]

Spezifische sozialmedizinische Beurteilung

Bei etwa 90 % der Betroffenen findet sich zunächst ein schubförmiger Krankheitsverlauf. Innerhalb von ein bis zwei Monaten bildet sich die Symptomatik bei der Mehrzahl der Schübe zurück. Ein neurologisches Defizit, das länger als 6 Monate andauert, bleibt meistens bestehen, jedoch kann bei etwa 10 % der Betroffenen auch noch nach 6 Monaten mit einer Besserung gerechnet werden. Nach einer durchschnittlichen Krankheitsdauer von 10 bis 15 Jahren gehen etwa 50 % der schubförmigen Verläufe in die sekundär progrediente Verlaufsform über.

Während die motorischen Einschränkungen offensichtlich und daher in der sozialmedizinischen Beurteilung wenig problematisch sind, lassen sich die Beeinträchtigungen durch die pathologische Ermüdbarkeit, meist als Fatigue bezeichnet, oft nur schwer erfassen. Fatigue wird definiert als ein subjektiver Mangel an physischer oder mentaler Energie, der vom Betroffenen oder einer Bezugsperson wahrgenommen wird und der mit den Aktivitäten des täglichen Lebens interferiert [56]. Nach den Erfahrungen der Autoren ist die abnorme Ermüdbarkeit die Folge einer MS, die für die Leistungsbeurteilung das größte Gewicht hat. Das Problem liegt darin, dass sie sich nicht objektiv messen lässt, sondern – wie die Definition oben beschreibt – subjektiv ist. Beide, die körperliche (»periphere«) Ermüdung – z. B. durch Wärme beim UHTHOFF-Phänomen – und die neurogene (»zentrale«), lassen sich klinisch nicht voneinander trennen. Es gibt eine Reihe von Skalen, um eine Vergleichbarkeit von Fatigue zu ermöglichen. In keiner dieser Skalen wird unterschieden, ob der Patient Schwierigkeiten hat, eine anstrengende Aufgabe zu initiieren oder ob die Schwierigkeit darin liegt, die notwendige Energie zum Erledigen einer Aufgabe aufzubringen. Eine evidenzbasierte Therapie gibt es bisher nicht [109].

Bei der sozialmedizinischen Beurteilung im Einzelfall nützen epidemiologische Daten zum Verlauf der MS wenig. Viele Betroffene möchten im Arbeitsleben verbleiben und die Ermüdbarkeit verbunden mit Nachlassen von Konzentration und Aufmerksamkeit sowie Nachlassen der körperlichen Ausdauer sind die begrenzenden Faktoren der Leistungsfähigkeit. Wenn bei einer Minderung des quantitativen Leistungsvermögens auf 3 bis unter 6 Stunden die Möglichkeit zur Reduzierung der täglichen Arbeitszeit besteht, bedeutet dies für viele Personen mit einer MS eine große Erleichterung und verlängert den Verbleib im Erwerbsleben.

▪ Positives Leistungsvermögen

Für die Beurteilung der Anforderungen des Arbeitsplatzes sind bei Versicherten mit Encephalomyelitis disseminata neben körperlicher Beanspruchung und Arbeitsorganisation vor allem die Erfordernisse an die psychomentale Leistungsfähigkeit zu berücksichtigen. Hinsichtlich der Arbeitsschwere sind abhängig vom Krankheitsverlauf leichte, in einigen Fällen auch leichte bis mittelschwere Tätigkeiten zumutbar. Die Tätigkeiten sollten in Tagesschicht vorwiegend im Sitzen und in klimatisierten Räumen ausgeübt werden.

▪ Negatives Leistungsvermögen

Die Beeinträchtigungen von Funktionen und Aktivitäten sind individuell sehr verschieden, daher lassen sich keine schematischen gutachterlichen Empfehlungen geben.

Für folgende Tätigkeiten ist das qualitative Leistungsvermögen häufig eingeschränkt:
- Körperlich mittelschwere und schwere Arbeiten,
- Arbeiten auf Leitern und Gerüsten, wenn Gleichgewichtsstörungen vorliegen,
- Arbeiten in Hitze (gelegentlich auch in Kälte oder wechselnder Temperatur),
- Tätigkeiten mit hoher psychischer Belastung (man denke an die Häufigkeit depressiver Störungen in dieser Gruppe von Probanden),
- Tätigkeiten unter ständigem Zeitdruck, dazu gehören auch Tätigkeiten, die körperlich leicht sind, wie in einem Call-Center,
- die Leistungsfähigkeit bei Berufskraftfahrern muss individuell eingeschätzt werden, es gibt Kraftfahrer mit geringen Einschränkungen und nicht wesentlich erhöhtem Unfallrisiko. Wenn es gelegentlich sensible Symptome gibt, ist dies kein Grund, die Leistungsfähigkeit zu verneinen, wenn Aufmerksamkeit und Reaktionsfähigkeit nicht eingeschränkt sind.

Tätigkeiten in Räumen mit erhöhter Temperatur oder Tätigkeiten im Freien bei Sonneneinstrahlung können zu einer Verschlechterung der körperlichen Kraft und des Sehvermögens führen (UHTHOFF-Phänomen). Daher sollte man prüfen, ob ein klimatisch ungünstiger Kontextfaktor vorliegt.

Nicht selten sind Patienten mit einer MS in ihrer visuellen Leistungsfähigkeit eingeschränkt. Bei einer Retrobulbärneuritis verbleiben oft Einschränkungen, wie ein vermindertes Kontrastsehen oder eine visuelle Ermüdbarkeit, die sich in einer einfachen Visusprüfung nicht manifestieren. Die Betroffenen sind eingeschränkt, ganztägig am Bildschirm zu arbeiten. Manchmal sind ergonomische Anpassungen hilfreich.

Das quantitative Leistungsvermögen ist häufig reduziert auf eine unter 6-stündige tägliche Arbeitszeit.

▪ Medizinische Rehabilitation

Im Krankheitsschub ist primär eine akutmedizinische ambulante oder stationäre Behandlung notwendig. Im Anschluss an einen Krankenhausaufenthalt kann eine neurologische Rehabilitationsbehandlung als Anschlussrehabilitation (AHB) erforderlich sein. Auch im schubfreien Intervall beziehungsweise bei progredientem Verlauf kommt rehabilitativen Leistungen zur Reduktion vorhandener Defizite und zum Erhalt des Restleistungsvermögens eine wesentliche Bedeutung zu [107]. Sofern eine immunmodulatorische Behandlung indiziert ist, sollte diese vor Beginn der Rehabilitationsleistung eingeleitet werden.

Die Wirksamkeit der Neurorehabilitation für Patienten mit MS ist belegt [54, 107]. Die Rehabilitation wirkt über eine Verbesserung von Kompensationsstrategien, die Vermittlung von Coping-Strategien sowie durch Training und Konditionssteigerung.

▪ Teilhabe am Arbeitsleben

Vorrangig ist zu prüfen, ob durch Hilfsmittel, Arbeitshilfen oder Gestaltung des Arbeitsplatzes ein Verbleiben am selben Arbeitsplatz oder im gleichen Berufsfeld möglich ist. Ist der Versicherte nicht mehr imstande, in seinem bisherigen Beruf zu arbeiten, so sollte zunächst versucht werden, ein verwandtes Berufsfeld zu finden. Die persönliche Neigung zu einer anderen Tätigkeit und die Selbstüberzeugung, erfolgreich eine neue Arbeit aufzunehmen, sind prognostisch günstig für den Erfolg.

Nach Möglichkeit sollen Leistungen zur Teilhabe am Arbeitsleben am Wohnort oder in Wohnortnähe erbracht werden. Aus- und Weiterbildungen können direkt in Betrieben bzw. in enger Kooperation mit diesen durchgeführt werden, die Praxisnähe ist im Sinne einer beruflichen Eingliederung vielversprechend. Wenn es nach Art oder Schwere der Behinderung oder zur Sicherung des Erfolges erforderlich ist, werden die Leistungen auch in entsprechenden Einrichtungen, wie z.B. Berufsförderungswerken, durchgeführt.

Bei Vorliegen erheblicher Gangstörungen können Leistungen der Kraftfahrzeughilfe erforderlich werden. Sollten zusätzlich Sehstörungen vorliegen, so können Beförderungshilfen im Rahmen der Kraftfahrzeughilfe in Erwägung gezogen werden. Bei MS-bedingten Sehstörungen, wie Diplopie oder vermindertem Kontrastsehen sind manchmal ergonomische Bildschirmanpassungen sinnvoll, überwiegende Bildschirmtätigkeit ist in der Regel nicht mehr möglich. Wegen der Hitzeempfindlichkeit (UHTHOFF-Phänomen) ist manchmal eine Umsetzung unumgänglich. Es sei darauf hingewiesen, dass der Arbeitgeber nach der Arbeitsstättenverordnung für ein gesundheitlich zuträgliches Raumklima zu sorgen hat.

Von großer Bedeutung für den Erhalt der Leistungsfähigkeit sind Flexibilität der Arbeitszeit, die Möglichkeit einer variablen Gestaltung der Arbeitsabläufe sowie ggf. erforderlicher Pausen. Die vorzeitige Erschöpfbarkeit ist, wie schon betont, eine kardinale Funktionseinschränkung bei der Multiplen Sklerose.

▪ Erwerbsminderung

Die epidemiologischen Daten lassen für den Einzelfall keine Prognose zur Erwerbsminderung zu.

Bei Personen mit einer Multiplen Sklerose kann die Teilhabe am Erwerbsleben oft dadurch erhalten werden, dass sie die tägliche Arbeitszeit reduzieren, wenn sensomotorische oder mentale Funktionseinbußen zu Überforderung führen. Bei einer festgestellten Leistungsminderung auf 3 bis unter 6 Stunden besteht Anspruch auf Rente wegen teilweiser Erwerbsminderung, um den Einkommensverlust auszugleichen. Das beugt oft dem Arbeitsplatzverlust vor. Psychologische Tests können Hinweise auf eine erhöhte Ermüdbarkeit geben, ihre ökologische Validität für die Ermüdbarkeit im beruflichen Alltag ist bisher nicht nachgewiesen. Die Einschätzung des quantitativen Leistungsvermögens kann nie auf einem Testwert beruhen, allerdings kann ein Testergebnis ein Mosaikstein eines gutachterlichen Gesamtbilds sein.

Nach einem MS-Schub ist oft eine Erholungsphase von Wochen oder wenigen Monaten notwendig. Unter Berücksichtigung des bisherigen Verlaufs ist bei bislang rein schubförmig verlaufener MS mit annähernd vollständigen Remissionen zu beachten, ob nicht eine vorübergehende Arbeitsunfähigkeit im Sinne des SGB V vorliegt. Eine abschließende Beurteilung des Leistungsvermögens im Erwerbsleben sollte erst erfolgen, wenn funktionale Verbesserungen nicht mehr zu erwarten sind.

23.2.7 Entzündliche Erkrankungen des Zentralnervensystems

Peter Frommelt, Ottmar Leidner

Klassifikationen und Stadieneinteilungen

Da es seit 2000 keine generelle Meldepflicht für Meningitiden und Enzephalitiden mehr gibt, sind keine aktuellen epidemiologischen Daten in Deutschland vorhanden. Bei entzündlichen Erkrankungen des ZNS wurden im Jahr 2009 849 Leistungen zur medizinischen Rehabilitation der Deutschen Rentenversicherung abgeschlossen [15].

Die infektiösen Erkrankungen des ZNS werden nach den Erregern klassifiziert: bakteriell, viral, mykotisch, parasitär. Aufgrund der Heterogenität der Erkrankungen gibt es keine für entzündliche ZNS-Erkrankungen gebräuchlichen Skalen. Virale Meningoenzephalitiden sind häufiger als bakterielle Meningitiden.

Ein besonderes Problem stellt die Neuroborreliose dar, da sie wahrscheinlich überdiagnostiziert wird. Es ist umstritten, ob es nach ausreichender Antibiotika-Therapie ein sog. »Post-Lyme-Syndrom« gibt [52]. Die Beschwerden von Patienten, die überzeugt sind, an einer chronischen Borreliose zu leiden, sind subjektiv real – nur sind sie nicht allein biomedizinisch, sondern im biographischen und sozialen Kontext zu interpretieren.

Spezifische krankheitsbedingte Beeinträchtigungen

Nach einer bakteriellen Meningitis bestehen bei bis zu einem Drittel der Betroffenen langanhaltende neurologische Ausfälle. Bei der Meningokokken-Meningitis behalten etwa 15 % der Betroffenen eine Hörminderung oder fokale neurologische Ausfälle wie eine Hemiparese oder ein Aphasie. Bei etwa einem Drittel bleiben kognitive Ausfälle, mehr noch bei den Patienten mit einer Pneumokokken- als nach einer Meningokokken-Meningitis. Die kognitiven Einschränkungen scheinen sich auch nach Jahren nicht wesentlich zu bessern [95].

Bei einer Herpes-Enzephalitis steht oft die Schädigung von Gedächtnisfunktionen im Vordergrund, oft verbunden mit einer Temporallappenepilepsie.

Eine neurologisch oder durch Tests schwer fassbare, jedoch häufige und stark beeinträchtigende Folge von Meningoenzephalitiden ist eine langanhaltende Minderung der psychischen und körperlichen Energie.

Spezielle Diagnostik und Sachaufklärung

Wenn die Probanden zur sozialmedizinischen Begutachtung kommen, ist in der Regel die Diagnostik bereits abgeschlossen. Wo Zweifel an der Diagnose bestehen oder wo der Gutachter Hinweise hat, dass ein entzündlicher Prozess, wie bei einer chronischen Meningitis, nicht abgeschlossen ist, sollte eine neurologische Diagnostik veranlasst werden. Dies gilt auch für differentialdiagnostische Fragen wie die einer Meningeosis carcinomatosa.

Bei der Frage der Neuroborreliose gibt es häufig in den Vorbefunden widersprüchliche Auffassungen und der Gutachter sollte sich bei der Übernahme einer Diagnose an den Leitlinien der Deutschen Gesellschaft für Neurologie orientieren [18].

Bei der Begutachtung der eher »weichen« Symptome nach einer Meningoenzephalitis kann die stationäre Aufnahme in eine Rehabilitationsklinik auch durch eine Belastungserprobung ein klareres Bild der Leistungsfähigkeit im Erwerbsleben ergeben als eine ambulante Diagnostik.

Krankheitsspezifische Begutachtungskriterien, Zielkriterien und spezifische sozialmedizinische Beurteilung

In den ersten beiden Monaten nach einer Meningoenzephalitis ist häufig noch keine valide sozialmedizinische Beurteilung möglich, da die Rekonvaleszenz noch nicht abgeschlossen ist. Die Begutachtung sollte besonders auf die Belastbarkeit hinzielen, die sich am besten in Arbeits- oder Belastungserprobungen feststellen lässt. Auch die neuropsychologischen Belastungstests sind methodisch fragwürdig, da die Korrelation mit realen Arbeitsbedingungen bisher nicht untersucht wurde. Auch wenn der Begriff der »Pseudoneurasthenie« in der Nervenheilkunde aus der Mode gekommen ist, beschreibt er doch treffend die Mischung aus Ermüdbarkeit, Reizbarkeit, allgemeiner Erschöpfbarkeit, die Personen nach einer Meningoenzephalitis erleben. Es gibt empirische Hinweise, dass neuroimmunologische Faktoren eine Rolle spielen – postinfektiöse Erschöpfbarkeit stellt wohl ein typisches bio-psycho-soziales Problem dar [9].

■ Medizinische Rehabilitation

Neurologisch finden sich bei den meisten Betroffenen keine fokalen Ausfälle. Man sollte jedoch gezielt die oft mindestens so gravierenden oben erwähnten »pseudoneurasthenischen« Symptome beachten. Nach Abklingen der Akutsymptomatik kann oft die Notwendigkeit für eine medizinische Rehabilitation gegeben sein.

■ Teilhabe am Arbeitsleben

Die Erfahrung zeigt, dass sich nicht wenige Patienten nach der Erholung der körperlichen Funktionen überschätzen. Daher sollte die Dauer der Arbeitsunfähigkeit nicht zu knapp bemessen werden, und Zeiträume von drei bis sechs Monaten nach dem Ereignis sind in der Regel als Rekonvaleszenz erforderlich. Die Rückkehr in das Arbeitsleben kann stufenweise erfolgen. In den ersten Monaten sollten die Probanden nicht in Nachtschichten eingesetzt werden. Bei schweren neuropsychologischen Schädigungen, wie bei einer amnestischen Störung nach einer Herpes-Enzephalitis, ist in Einzelfällen eine neuropsychologische Betreuung und Begleitung bei der Rückkehr in das Arbeitsleben erforderlich. Es kann nützlicher sein, die Neuropsychologen an den Arbeitsplatz und nicht den Versicherten zum Neuropsychologen zu schicken.

■ Erwerbsminderung

Nur bei schweren entzündlichen Erkrankungen, wie der tuberkulösen oder der Herpes-Simplex-Enzephalitis wird die Leistungsfähigkeit für das Erwerbsleben ganz aufgehoben sein. Häufig allerdings ist das quantitative Leistungsvermögen vorübergehend reduziert.

23.2.8 Parkinson-Syndrom und andere Bewegungsstörungen

Peter Frommelt, Ottmar Leidner

Klassifikationen und Stadieneinteilungen

Zu den häufigsten Bewegungsstörungen gehören primäres Parkinson-Syndrom, essenzieller Tremor und Dystonien.

Andere Parkinson-Syndrome, wie die vaskulären Parkinson-Syndrome, auch Lower-body Parkinsonism genannt, oder die verwandte Progressive Supranukleäre Blickparese (Steele-Richardson-Olszewski-Syndrom) sind in der sozialmedizinischen Begutachtung sehr selten und werden daher nicht berücksichtigt.

Primäres Parkinson-Syndrom. Vier motorische Kardinalsymptome kennzeichnen das primäre Parkinson-Syndrom:

1. Ruhetremor bei 70–90 % der Patienten,
2. Bradykinese bei 80–90 % der Patienten, dazu gehört auch die Dysarthrophonie,
3. Rigidität bei > 90 %,
4. Posturale Instabilität.

Etwa 20 % der Betroffenen erkranken vor dem 50. Lebensjahr. Das mittlere Erkrankungsalter liegt bei 50 bis 60 Jahren. Die Parkinson-Syndrome verschiedener Ätiologie verlaufen mit Ausnahme der medikamentös induzierten Formen in der Regel progredient. Die medikamentöse Therapie kann die Symptome lindern; ob der gesamte Verlauf beeinflusst wird, ist offen. In der Mehrzahl sind die Betroffenen nach 10 Jahren Krankheitsverlauf erheblich in ihrer Selbstständigkeit im Alltag beeinträchtigt. Die Lebenserwartung ist etwa 10 Jahre geringer als in der Allgemeinbevölkerung. Die Lebenserwartung eines Patienten, der mit 25–39 Jahren erkrankt, liegt bei durchschnittlich 38 weiteren Jahren [111]. Die Komplikationen im späteren Krankheitsverlauf sind motorische wie Fluktuationen und Dystonien sowie neuropsychiatrische Symptome wie Psychosen und demenzielle Entwicklungen. Diese späten Phasen sind in der sozialmedizinischen Begutachtung für die gesetzliche Rentenversicherung nur selten von Relevanz und werden daher hier nicht erörtert.

Die Prognosestudien sind recht heterogen, wobei einige prognostische Faktoren sich herausschälen lassen [70]:

- Die motorischen Befunde zu Beginn sind Prädiktoren für den weiteren Verlauf.
- Das Fehlen von Tremor zu Beginn der Erkrankung ist prognostisch eher ungünstig.
- Ein höheres Alter bei Beginn ist prognostisch ungünstiger.
- Kognitive Einschränkungen zu Beginn sind prognostisch ungünstiger sowohl hinsichtlich der mentalen als auch der motorischen Funktionen.
- Geschlecht und familiäre Vorgeschichte haben keine Bedeutung.

Dystonien. Dystonien sind gekennzeichnet durch unwillkürliche Anspannungen von Muskelgruppen, die meist zu langsamen, oft verdrehenden Bewegungen in den Gliedmaßen oder zur unwillkürlichen Anspannung von Larynx- und Pharynxmuskeln führen. Man unterscheidet auf eine Körperregion beschränkte fokale, von segmentalen mit zwei aneinandergrenzenden betroffenen Regionen und generalisierte Dystonien. Die häufigste fokale Dystonie, die zervikale Dystonie, hat eine Prävalenz von etwa 6/100.000 in der Bevölkerung. Die generalisierten idiopathischen Dystonien, die seit der Kindheit bestehen, werden oft fälschlich als spastische Störungen bezeichnet. Daher wird auch die notwendige Prüfung, ob eine Dopa-responsive Dystonie vorliegt, unterlassen. Personen mit generalisierten Dystonien sind oft schwer in ihrer Mobilität und damit in der Teilhabe am öffentlichen und Berufsleben beeinträchtigt. Leider werden viele dieser Personen trotz ihrer guten Intelligenz nicht hinreichend gefördert und unterstützt, um am allgemeinen Arbeitsleben teilzunehmen.

Eine besondere Form der Dystonien sind die aufgabenspezifischen Dystonien, die durch berufliche Beanspruchung ausgelöst werden können. Dazu gehören der Schreibkrampf oder die Musiker-Dystonien, bei denen es zu einem Verlust der Feinbeweglichkeit durch Kokontraktionen kommt.

Es gibt einige Untersuchungen zur Auswirkung einer Dystonie auf die Berufstätigkeit. Eine Arbeit von Molho et al. [77] zeigte, dass die Dystonie bei 53 % negative Auswirkungen hatte: 31 % reduzierten die tägliche Arbeitszeit, 19 % verloren ihre Arbeit. Ein negativer Prädiktor waren Nackenschmerzen. Eine lokale Therapie mit Botulinumtoxin brachte eine entscheidende Verbesserung der beruflichen Prognose. Andere Arbeiten fanden, dass diejenigen mit einer zervikalen Dystonie am meisten Schwierigkeiten hatten, im Beruf zu bleiben, die keinen sensorischen Trick (»geste antagoniste«) zur Verfügung hatten [98]. Fo-

23

kale Dystonien sprechen häufig gut auf eine – nicht duldungspflichtige – Botulinumtoxin-Therapie an.

Essenzieller Tremor. Der essenzielle Tremor gehört zu den häufigsten neurologischen Erkrankungen. Das Kennzeichen ist ein Halte- und Aktionstremor meist der Arme und des Kopfes. Bei emotionaler Anspannung nimmt der Tremor, wie andere zentrale Bewegungsstörungen, zu.

Spezielle Diagnostik, Sachaufklärung

Die klinischen Kriterien für eine Parkinson-Krankheit sind [64]:

Bradykinese (sollte geprüft werden durch tippende oder Klavierspielbewegungen der Finger, den Daumen die Fingerkuppen berühren lassen oder ähnliche schnelle Wechselbewegungen) plus zumindest ein weiteres Symptom aus der Liste:

- Rigidität,
- 4–6 Hz Ruhetremor,
- posturale Instabilität, die nicht visuell, vestibulär oder durch periphere propriozeptive Störungen erklärt ist.

Die Diagnose einer Parkinsonerkrankung ist nicht einfach zu stellen, da sie schleichend beginnt und es eine breite Differenzialdiagnose gibt. Daher sollte vor der sozialmedizinischen Begutachtung eine fachärztliche Untersuchung erfolgt sein.

Sowohl bei Parkinson-Patienten als auch bei Patienten mit Dystonie und essenziellem Tremor sind bei sorgfältiger Indikationsstellung die Erfolge von tiefer Hirnstimulation bemerkenswert. Allerdings dürfte es sich nur ausnahmsweise um Personen handeln, die wieder in die Arbeit zurückkehren.

Die Verwechslung von essenziellem Tremor und Parkinson-Tremor ist auch bei erfahrenen Neurologen möglich, da beide nicht immer lehrbuchartig erscheinen und mancher depressive Patient mit einem essenziellen Tremor sich so langsam und gebunden bewegt, dass eine Parkinson-Erkrankung möglich erscheint.

Spezifische krankheitsbedingte Beeinträchtigungen und Begutachtungskriterien

Primäres Parkinson-Syndrom.
Beim Parkinson-Syndrom prägen neben den motorischen Kardinalsymptomen Rigor, Tremor, Akinese und posturale Instabilität mit forschreitendem Verlauf zunehmend vegetative und sensorische Symptome, Schlafstörungen und kognitive Störungen das Krankheitsbild. Besonders Schmerzen, Schlafstörungen und Depressionen beeinträchtigen die Lebensqualität erheblich. Die folgende ◻ Tab. 23.9 gibt eine Übersicht über nicht-motorische Einschränkungen bei Personen mit einer Parkinson-Krankheit.

◻ **Tab. 23.9** Nicht-motorische Funktionseinschränkungen beim primären Parkinson-Syndrom

Kategorie	Symptome	Kommentare
Mentale Funktionen	– Depression (50 %) – Angst – Kognitive Funktionen (bis 50 %) – Psychose (15–40 % bei Patienten, die Parkinson-Medikamente einnehmen) – Verwirrtheitszustände	Neuropsychiatrische Symptome können die Funktionsfähigkeit in gleichem Ausmaß wie die motorischen Schädigungen beeinträchtigen. Kognitive Einschränkungen können schon früh im Verlauf auftreten.
Impuls-Kontroll-Störungen	– Zwanghaftigkeit – Pathologisches Spielen – Kaufzwang	Etwas häufiger als in der Bevölkerung
Autonome Störungen	– Dysphagie – Hypersalvation – Gastrointestinale Motilität vermindert – Blasenstörungen, Pollakisurie – Sexuelle Störungen	Schon früh können autonome Störungen auftreten.
Sensorische/Sensible Störungen	– Riechstörungen (70–100 %) – Parästhesien und Schmerzen	Riechstörungen sind ein früher Marker, bessern sich nicht unter Parkinson-Therapie.
Sonstige	– Ermüdbarkeit	

Dystonie. Bei den Dystonien ist der soziale Kontext zu berücksichtigen. Personen mit einer Dystonie stoßen häufig auf soziale Vorurteile und fühlen sich stigmatisiert. Eine Studie zur Einstellung von fremden Beobachtern ergab, dass Personen mit einer Dystonie als weniger attraktiv, weniger vertrauenswürdig und als schwach im Selbstvertrauen angesehen wurden [93].

Spezifische sozialmedizinische Beurteilung

M. Parkinson. Patienten zu Beginn einer Parkinson-Krankheit können und wollen oft im Beruf verbleiben. Ein wesentliches Hindernis sind die kognitiven und emotionalen, besonders depressiven, Beeinträchtigungen. Eine Parkinson-Erkrankung bedeutet auch eine erhöhte subjektive Anstrengung bei alltäglichen Verrichtungen, es fehlt die »Leichtigkeit des Seins«. Viele Betroffene ermüden rascher, sind von den gleichen Aufgaben, die sie vor der Erkrankung ohne Mühe erledigen konnten, erschöpft. Daher liegt oft eine quantitative Einschränkung des Leistungsvermögens vor und eine Reihe von Patienten kann den Verbleib im Arbeitsleben durch eine Reduktion der täglichen Arbeitszeit verlängern.

Essenzieller Tremor. Bei essenziellem Tremor ist vor allem die manuelle Funktionsfähigkeit eingeschränkt. Bei einem Tremor der Stimme kann ein ständiger Kundenkontakt schwierig werden.

Dystonie. Die Personen mit einer Dystonie sind eine sehr heterogene Gruppe. Bei der häufigen zervikalen Dystonie sind Überwachungs- und Steuertätigkeiten oft problematisch. Eine Dystonie ist im sozialen Kontext oft dadurch ein Problem, dass der ständig verkrampfende Körper auf stigmatisierende Reaktionen der Umwelt trifft. Ein ständiger Kontakt mit Kunden setzt ein sehr stabiles Selbstvertrauen des Betroffenen voraus. Für viele Personen mit einer Dystonie kann es hilfreich sein, Arbeitsabläufe variabel zu gestalten und ggf. Pausen einzulegen, um zu entspannen. Bei Patienten mit beschäftigungsinduzierten Dystonien, wie den Musikern oder beim Schreibkrampf, sollte man eine andere berufliche Tätigkeit erwägen, was Künstler in der Regel vor schwere Herausforderungen stellt.

■ **Medizinische Rehabilitation**

Auch wenn die motorischen Einschränkungen nur gering ausgeprägt sind, sollte frühzeitig eine Leistung zur medizinischen Rehabilitation in Erwägung gezogen werden [23]. Die ambulante therapeutische Versorgung reicht oft nicht aus, um neben den motorischen die kognitiven, emotionalen und informativen Aspekte bei der Erkrankung zu berücksichtigen. Die Diagnose der Erkrankung löst bei vielen Betroffenen Unsicherheit und Ängste aus, sich falsch zu verhalten. Personen mit neurologisch bedingten Bewegungsstörungen bedürfen des »Empowerment«, einer kognitiven und emotionalen Stärkung. Für die emotionalen und kognitiven Probleme gibt es im ambulanten Bereich für diese Personen nur ein sehr eingeschränktes neuropsychologisches Therapieangebot.

Bei der Auswahl einer Rehabilitationseinrichtung sollte darauf geachtet werden, dass ein psychoedukatives Programm, wie z.B. das von Ellgring und Mitarbeitern, angeboten wird [27].

Es gibt spezielle Therapieprogramme für Patienten mit aufgabenspezifischen Dystonien, die jedoch nicht in allen neurologischen Rehabilitationseinrichtungen angeboten werden [4]. Für Musiker mit Dystonien gibt es einige Spezialzentren in Deutschland, die zur sozialmedizinischen

Begutachtung und zur Frage der Prognose herangezogen werden können.

Eine psychosomatische Klinik sollte nur nach ausdrücklicher Zustimmung des Versicherten gewählt werden, da die Einstufung als »psychisch« oft als Kränkung und Ungerechtigkeit empfunden wird. Die Tatsache, dass sich extrapyramidal-motorische Funktionen bei emotionaler Belastung verschlechtern, ist nicht als Ausdruck einer weitgehenden Psychogenese der Symptome zu interpretieren.

Bei der sozialmedizinischen Beurteilung von Personen mit Bewegungsstörungen ist der soziale Kontext zu beachten. Bei Unverständnis von Arbeitskollegen und Vorgesetzten können sich die motorischen Funktionen emotional vermittelt erheblich verschlechtern. Das Untersuchungszimmer ist daher ein unwirklicher Kontext, man sollte nicht von dem Befund, der dort erhoben wird, ohne weiteres auf die motorischen Funktionen am Arbeitsplatz schließen.

■ **Teilhabe am Arbeitsleben**

Bei Personen mit extrapyramidalen Bewegungsstörungen sollte geprüft werden, ob ergonomische Anpassungen am Arbeitsplatz die Tätigkeit erleichtern können. Bei Einschränkungen der Mobilität sind Mobilitäts- oder Kraftfahrzeughilfen zu prüfen. Fahrzeuge der Gruppe 2 nach den Begutachtungs-Leitlinien zur Kraftfahrereignung (über 3,5 t, Fahrgastbeförderung) können in der Regel nicht mehr gelenkt werden, wenn eine gravierende extrapyramidale Symptomatik vorliegt.

Bei Dystonien geht es darum, die undifferenzierte Kokontraktion von Muskeln nicht durch Bewegungen zu provozieren. Wenn nun der kontralaterale Arm eingesetzt wird, um den betroffenen zu schonen, kann sich die Dystonie auch auf diese Seite ausbreiten.

■ **Erwerbsminderung**

Die Selbstüberzeugung des Probanden, ob er sich weiter die Arbeit zutraut, ggf. sogar trotz erheblicher Behinderung, beeinflusst wesentlich die weitere berufliche Tätigkeit. Das Konzept der Selbstwirksamkeit, self-efficacy, besagt, dass das Vertrauen in die eigene Fähigkeit, ein Ziel zu erreichen, ein entscheidender Prädiktor für die tatsächliche Zielerreichung ist [30]. Es sollte erwogen werden, ob bei einer Minderung des quantitativen Leistungsvermögens durch eine Reduktion der Arbeitszeit ein Ausscheiden aus dem Arbeitsleben verzögert werden kann.

Positives Leistungsvermögen. Allein wegen der verstärkten subjektiven Anstrengung wird in der Regel nur eine leichte Tätigkeit im Wechsel zwischen Sitzen, Stehen und Gehen möglich sein.

Negatives Leistungsvermögen. Bei Parkinson-Patienten kommen Tätigkeiten mit erhöhter Anforderung an die Mobilität und die Gleichgewichtskontrolle nicht infrage. Dazu gehören Arbeiten auf Gerüsten und auf Baugelände, auch Tätigkeiten mit hohen Anforderungen an Reaktionsvermögen, Vigilanz und an wechselnde Aufmerksamkeit, wie z. B. Berufskraftfahrer mit Fahrzeugen der Gruppe 2, Arbeit in einer Rettungsleitstelle oder Disponent in einer großen Spedition.

23.2.9 Systematrophien

Peter Frommelt, Ottmar Leidner

Klassifikationen und Stadieneinteilungen

Hier findet sich ein breites Spektrum neurologischer Erkrankungen, darunter hereditäre Krankheiten wie die Chorea Huntington oder hereditäre Ataxien (◘ Tab. 23.10). Das Erkrankungsalter und die Phänomenologie können selbst bei hereditären neurologischen Krankheiten erheblich variieren, daher sollte die Begutachtung stets den individuellen Verlauf in Betracht ziehen.

Spezifische krankheitsbedingte Beeinträchtigungen

Degenerative Systematrophien können je nach Typ, Verlauf und Schweregrad fast alle kognitiven, emotionalen, sensorischen und motorischen Funktionen und daraus resultierend alle Aktivitäten und jede Form von Partizipation betreffen [14].

Spezielle Diagnostik, Sachaufklärung

In der Regel dürfte bei der Begutachtung die neurologische Diagnostik schon vorliegen. Auf einige Besonderheiten bei der Diagnosestellung sei hingewiesen.

Degenerative Ataxien: Bei der Untersuchung ist zu prüfen, ob sich die ataktischen Störungen auch auf die Hände und die Artikulation erstrecken. Schon eine geringe Ataxie der Hände kann zu erheblichen Schwierigkeiten bei der Bedienung von Tastaturen oder bei Schreiben von Hand führen.

M. Huntington: Nicht wenige Erkrankte zeigen eine Anosognosie und sehen die Schwierigkeiten am Arbeitsplatz nicht. Daher sollte man auf eine Fremdanamnese Wert legen.

Multisystematrophie: Die Differentialdiagnose zu hypokinetisch-rigiden Bewegungserkrankungen ist nicht immer einfach. Die Diagnose wird in der Regel erst dann zu stellen sein, wenn sich die Beteiligung mehrerer Systeme schon manifestiert hat. Damit ist die Leistungsfähigkeit schon als schwer beeinträchtigt anzusehen.

Motoneuronerkrankung: Bei der Diagnose wird man eine fachärztlich neurologische Untersuchung vorausset-

◘ **Tab. 23.10** Degenerative Erkrankungen des ZNS

Hauptgruppen	Formen/Prävalenz
Degenerative Ataxien einschließlich spinozerebellärer Ataxien	− Rezessive: u. a. Friedreich-Ataxie − Spinozerebelläre Ataxien − Episodische Ataxien
M. Huntington	4–7/100.000
Multisystematrophie	4,4/100.000
Motoneuronerkrankung	3–8/100.000
Postpolio-Motoneuron-Syndrom	Ca. 40 % aller Poliomyelitis-Erkrankten
Spinale Muskelatrophien	
Spastische Spinalparalyse	etwa 3–6/100.000
Demenzerkrankungen	− M. Alzheimer − Frontotemporale Demenz − Lewy-Körperchen-Demenz

zen müssen. Die Diagnose erfordert nach internationalem Konsens die Erfüllung der sog. El Escorial-Kriterien [115].

Verläufe, wie bei dem Physiker Hawkins, der über Jahre berufstätig blieb, allerdings mit zahlreichen Hilfsmitteln und Hilfspersonen, sind in der Praxis selten, jedoch sollte man den Betroffenen durch Hilfsmittel und Assistenzpersonal die Chance geben, solange wie möglich im Arbeitsleben zu verbleiben.

Postpolio-Motoneuron-Syndrom: Der Begriff des Postpolio-Syndroms oder die neuere Formulierung »Postpolio-Motoneuron-Syndrom« bezeichnet mindestens 15 Jahre nach einer Polioerkrankung auftretende Paresen in früher manifest betroffenen und nicht-betroffenen Muskelgruppen [39]. Weitere Symptome sind eine neuromuskuläre Ermüdbarkeit und Schmerzen. Die Ursache ist ein erneuter Verlust von motorischen Vorderhornzellen, daher die Bezeichnung Postpolio-Motoneuron-Syndrom.

Spinale Muskelatrophien: Diese heterogene Gruppe von Erkrankungen mit Schwerpunkt auf den motorischen Vorderhornzellen, bei denen motorische Ausfälle, jedoch keine sensiblen oder autonomen Symptome auftreten, zeigt unterschiedliche Verläufe.

Spastische Spinalparalyse: Das klinische Merkmal dieser oft hereditären Erkrankungen ist eine langsam fortschreitende paraspastische Gangstörung.

Demenzen: In den Kriterien für die Diagnose einer Demenz ist schon definiert, dass eine Erwerbstätigkeit nicht mehr gegeben ist. Es liegen Schädigungen in mehreren kognitiven Bereichen vor, die zu Beeinträchtigungen der Alltagsaktivitäten führen. In der Differenzialdiagnose ist an die sog. »Pseudodemenz« bei schwer depressiv erkrankten Personen zu denken.

Krankheitsspezifische Begutachtung, Zielkriterien

Viele Patienten mit systemischen neurologischen Erkrankungen haben sehr gute Adaptationsstrategien entwickelt, haben eine positive Lebensphilosophie und möchten trotz Einschränkungen so lang wie möglich im Arbeitsleben verbleiben. Daher sollte man z. B. einem Versicherten mit einer spastischen Spinalparalyse und eingeschränkter Wegefähigkeit (siehe ► Kap. 1.2) durch Leistungen zur Teilhabe am Arbeitsleben dazu verhelfen, den Arbeitsplatz zu erreichen und damit im Erwerbsleben verbleiben zu können. Oft kann durch eine flexible Handhabung der Arbeitszeit, ggf. mit der Möglichkeit individueller Pausen (z. B. zum Ausruhen auf einer Liege) ein Arbeitstag bewältigt werden. Die Ermüdbarkeit begrenzt, z. B. bei Post-Polio-Motoneuron-Syndrom, die Leistungsfähigkeit oft stärker als die Einschränkung durch Paresen.

Spezifische sozialmedizinische Beurteilung

Angesichts der Heterogenität der Erkrankungen ist nur eine individuelle Betrachtungsweise möglich. Der Gutachter sollte sich u. a. folgende Fragen stellen:
- Wie ist das psychische und physische Energieniveau?
- Wie weit reicht die Mobilität?
- Wie weit geht die manuelle Geschicklichkeit?
- Wie ist die geistige Anpassungs- und Umstellungsfähigkeit?

■ Medizinische Rehabilitation

Bei den langsam progredienten Erkrankungen wie den spinalen Muskelatrophien, der spastischen Spinalparalyse und dem Postpolio-Motoneuron-Syndrom sind neurologische Rehabilitationsleistungen oft erfolgreich, um Komplikationen zu verhindern und den Versicherten zu zeigen, wie sie möglichst ökonomisch mit den verbliebenen neuromuskulären Reserven umgehen können. Bei einer Reihe von Versicherten sind auch Orthesen nützlich, daher sollte eine orthopädische Mitbehandlung möglich sein. Viele der Betroffenen benötigen Leistungen zur medizinischen Rehabilitation in kürzeren Abständen als der gesetzlichen Vierjahresfrist, um im Arbeitsleben verbleiben zu können. Eine ambulante Therapie, z. B. im Rahmen der Heil- und Hilfsmittelverordnung, kann diese komplexe Rehabilitation nicht ersetzen.

■ Teilhabe am Arbeitsleben

Bei den Versicherten sollte, auch in Abstimmung mit Arbeitsmedizinern oder dem Betriebsarzt, geprüft werden, ob durch Mobilitäts- oder Kraftfahrzeughilfen, ergonomische Anpassung oder auch durch eine persönliche Assistenz der Verbleib im Arbeitsleben langfristig ermöglicht werden kann.

■ Erwerbsminderung

Bei Erkrankungen wie der Chorea HUNTINGTON oder Demenzerkrankungen dürfte es selten Zweifel am Vorliegen eines aufgehobenen erwerbsbezogenen Leistungsvermögens geben. Bei anderen Erkrankungen lassen sich nur auf den Einzelfall bezogene Einschätzungen abgeben.

23.2.10 Krankheiten im Bereich der neuromuskulären Synapse und des Muskels (Myopathien)

Peter Frommelt, Ottmar Leidner

Klassifikationen und Stadieneinteilungen

Die Muskelerkrankungen lassen sich in folgende Hauptgruppen einteilen:
- Gruppe der Muskeldystrophien:
  - progressive Muskeldystrophien,
  - Myotonien,
  - periodische Paralysen,
  - distale Myopathien,
  - kongenitale Myopathien,
- metabolische und toxische Myopathien,
- entzündliche Muskelerkrankungen,
- Erkrankungen des neuromuskulären Übergangs.

Neben den definierten Muskelerkrankungen sind in der Begutachtung häufig unspezifische Muskelsymptome wie Muskelschmerzen und Krämpfe zu bewerten.

Die Diagnostik und Differenzialdiagnostik der Myopathien und Erkrankungen des neuromuskulären Übergangs erfordern in der Regel eine fachneurologische Untersuchung. Es gibt in Deutschland eine Reihe von Referenzzentren für Muskelerkrankungen und es gibt ein gutes Informationsangebot für Betroffene durch die Deutsche Gesellschaft für Muskelkranke (DGM). Die Muskelkraft wird nach der MRC-Skalierung (0–5) eingestuft (siehe ◘ Tab. 23.1).

Eine einheitliche Schweregradklassifikation kann es bei der Unterschiedlichkeit der Muskelerkrankungen nicht geben. Eine Orientierung zum Ausmaß der motorischen Beeinträchtigungen gibt ◘ Tab. 23.11.

Bei einer Reihe von Muskelerkrankungen können myokardiale Veränderungen auftreten. Häufig ist eine Herzbeteiligung bei der Myotonen Dystrophie, den Muskeldystrophien Typ Becker und Duchenne sowie bei den mitochondrialen Myopathien. Für die mitochondrialen Myopathien ist eine Intoleranz gegenüber Anstrengung verbunden mit Muskelschmerzen kennzeichnend.

Nicht selten werden in der Begutachtung Muskelschmerzen und Muskelkrämpfe geschildert. Auf die umstrittene Diagnose der Fibromyalgie wird in ► Kap. 7.5.3 eingegangen. Etwa 25 % gesunder Personen haben min-

23

☐ **Tab. 23.11** Ausmaß der motorischen Beeinträchtigungen (Skala von Vignos nach Berlit [6])

Behin-derungs-punkte	Motorische Leistungsfähigkeit
0	Normale motorische Aktivität
1	Normaler Gang, Behinderung beim Rennen
2	Leichte Beeinträchtigung der Körperhaltung oder des Gangs; Treppensteigen ohne Geländerhilfe
3	Treppensteigen nur mit Geländerhilfe; Schwäche im Schultergürtel, z. B. beim Kämmen
4	Gehen ohne Hilfe; Treppensteigen nicht möglich; Heben von Gegenständen über die Schulterhöhe nicht möglich
5	Gehen ohne Hilfe; Aufstehen aus dem Sitzen nicht möglich
6	Gehen nur mit Schienen und Hilfsmitteln; Anheben der Arme bis zur Horizontalen nicht möglich
7	Gehunfähig; sitzt aufrecht, Essen und Trinken selbstständig
8	Sitzt aufrecht; Essen und Trinken nicht selbstständig
9	Sitzen ohne Stütze und Hilfe nicht möglich; Essen und Trinken nicht selbstständig
10	Bettlägerig

destens einmal im Monat Muskelkrämpfe oder benignes Faszikulieren von Muskeln. Ein episodischer Muskelschmerz, besonders nach Belastung, ist ein häufiges Merkmal von Myopathien aufgrund von Störungen des Energiestoffwechsels (wie Mitochondriopathien) oder durch Ischämie (wie bei der Dermatomyositis). »Ein dauerhafter Muskelschmerz, der nicht durch Muskeltraining hervorgerufen wird, ist selten organischer Ursache« [44].

Spezifische krankheitsbedingte Beeinträchtigungen

Die krankheitsspezifischen Beeinträchtigungen bei den Muskelerkrankungen sind sehr variabel, sie reichen von okulären Funktionsstörungen bei der Myasthenia gravis bis zu Funktionsstörungen, die weit über die Muskeln hinausgehen, wie bei der Myotonen Dystrophie oder den mitochondrialen Erkrankungen. Die häufigsten Einschränkungen in den Aktivitäten bestehen in den Funktionen des Tragens, Bewegens und Handhabens und der Mobilität: Bei der Myasthenia gravis sind neben der muskulä-

ren Ermüdung die Funktionseinschränkungen abhängig von der Hauptmanifestation, bei den okulären Formen ist es die Diplopie, bei Beteiligung der oropharyngealen Muskulatur das Essen und das Trinken. Bei Personen mit einer Myotonen Dystrophie sind sowohl emotionale als auch kognitive Veränderungen häufiger als bei anderen Muskeldystrophien vorhanden. Häufig sind Apathie sowie eine stark erhöhte Ermüdbarkeit.

Die Schwerpunktsetzung der Gutachter, welche Funktionseinschränkungen von besonderer Bedeutung sind, stimmt häufig nicht mit derjenigen der Betroffenen überein. So ist aus der Sicht von Personen mit einer fazialen Parese die Unfähigkeit, lächeln zu können, oft die schlimmste Beeinträchtigung, da »die Leute denken, ich sei ganz schlechter Stimmung«.

Spezielle Diagnostik und Sachaufklärung

Die diagnostische Abklärung von Muskelerkrankungen und muskulären Symptomen sollte der Begutachtung vorausgegangen sein. Ohne eine solche Abklärung ist keine sozialmedizinische Beurteilung möglich, z. B. in Hinsicht auf eine kardiale Mitbeteiligung. Die Prüfung der Muskulatur sollte sich nicht auf die Kraftprüfung einzelner Muskelgruppen beschränken, sondern sollte auch Alltagsbewegungen prüfen: Kämmen, eine Flasche aus einem Regal über der Kopfhöhe ergreifen, den Drehverschluss einer Flasche öffnen, sich aus dem Liegen ohne Abstützen aufrichten, sich aus der Hocke aufrichten, einen Stuhl besteigen. Welche Gehstrecke ist in welcher Zeit möglich?

Krankheitsspezifische Begutachtungskriterien, Zielkriterien

Bei der Begutachtung sollten möglichst alle neurologischen Vorbefunde und evtl. internistische Befunde vorliegen.

Folgende Fragen sind an die Vorbefunde zu stellen:
- Wie lautet die genaue Diagnose und ist diese evtl. molekulargenetisch gesichert?
- Wie ist die Familienanamnese?
- Wie sind die Laborbefunde, z. B. CPK, Acetylcholinrezeptor-Antikörper?
- Wie ist der Befund der Elektromyografie und Elektroneurografie?
- Welcher kardiologische Befund liegt vor?
- Gibt es Zeichen einer systemischen Erkrankung, z. B. Mitochondriopathie?
- Ist die Frage einer exogen-toxischen Myopathie geklärt worden?
- Gibt es eine Bildgebung der Muskulatur, z. B. MRT?

In der Begutachtung wird man auf folgende Aspekte achten:
- Muskelfunktionen
- Hilfsmittel, Kompensationsstrategien

- Orthopädische Komplikationen, Kontraktionen, Einschränkungen der Gelenkbeweglichkeit
- Einschränkungen der kardialen Belastbarkeit
- Einschränkungen der Fähigkeiten, zu lernen und das Wissen anzuwenden.
- Personbezogener Kontext: z. B. Einstellungen, Resilienz, Optimismus oder Niedergeschlagenheit, Mutlosigkeit, Resignation
- Externer Kontext: Hilfsmittel, ergonomische Anpassungen, soziale Unterstützung oder auch Barrieren wie Stigmatisierung, physische Hindernisse oder Fehlen sozialer Dienste

Spezifische sozialmedizinische Beurteilung

■ Positives und negatives Leistungsvermögen

Angesichts der Heterogenität von Myopathien lassen sich keine allgemeinen Aussagen zur Leistungsfähigkeit der Betroffenen machen.

Bei Personen mit einer okulären Myasthenie kommen beispielsweise Bildschirmarbeiten nur zeitweise in Frage, bei einem Patienten mit einer Gliedergürteldystrophie kann ein Bildschirmarbeitsplatz, vielleicht auch als Tele-Arbeitsplatz, die Ideallösung sein.

Der sehr häufigen abnormen Ermüdbarkeit sollte durch die Möglichkeit von zusätzlichen Pausen Rechnung getragen werden und zum möglichst langfristigen Erhalt der Teilhabe am Arbeitsleben sollte bei gemindertem Leistungsvermögen frühzeitig an eine Reduktion der täglichen Arbeitszeit auf unter 6 Stunden gedacht werden. So ist es vielen Personen mit einer neuromuskulären Erkrankung möglich, den Arbeitsplatz zu behalten.

■ Medizinische Rehabilitation

Eine rein ambulante Therapie ist bei Myopathien oft unzulänglich, da die Therapeuten nicht hinreichend mit den speziellen Problemen der unterschiedlichen Erkrankungen vertraut sind.

Die Frage, ob man ein Widerstandstraining durchführen soll, wird kontrovers diskutiert. Die meisten Experten empfehlen ein dosiertes Krafttraining, bei dem die subjektive Belastung in dem Bereich einer deutlich fühlbaren Erschöpfung liegt. Das ist auf der 10-teiligen Borg-Skala zwischen 2 (leicht) und 3 (mäßig) [81].

Viele Versicherte haben das Bedürfnis, mehr über ihre Erkrankung und das Selbstmanagement zu erfahren. Die Rehabilitation – sei sie ambulant oder stationär – setzt ein Team voraus, das mit Muskelerkrankungen spezielle Erfahrungen besitzt. Günstig ist eine Einrichtung, in der die Fachgebiete Neurologie und Orthopädie gemeinsam vertreten sind. Häufig kann durch Anpassung von Orthesen und Gehhilfen oder die Vermittlung von ergonomischen Hilfen die Mobilität langfristig erhalten bleiben. In den letzten Jahren sind einige nützliche Mobilitätshilfen

auf den Markt gekommen, die eine schnelle Beweglichkeit auch für Personen mit sehr eingeschränkter Gehstrecke ermöglichen. Dazu gehören elektrogetriebene Roller. Ein Patient mit einer Gliedergürteldystrophie, der kaum 50 m gehen kann, ist durch eine solche Gehhilfe imstande, sich in Gebäuden schneller als ein normaler Fußgänger zu bewegen.

Myopathien erfordern auf Grund ihres progredienten Verlaufs oft vorzeitige Leistungen zur medizinischen Rehabilitation (aus gesundheitlichen Gründen Unterschreitung der in § 12 SGB VI benannten 4-Jahres-Frist).

■ Teilhabe am Arbeitsleben

Viele Patienten mit einer Myopathie sind im Vergleich zu Personen, denen die Diagnose einer Fibromyalgie zugeschrieben wird, stark gewillt, im Arbeitsleben zu verbleiben, und erhoffen sich durch die sozialmedizinische Begutachtung auch Hinweise, wie ihnen der Verbleib gelingen kann. Zu den Hilfen, die der Gutachter erwägen sollte, gehören u. a.:

- Ergonomische Arbeitsplatzhilfen; das können beispielsweise Lagerungshilfen für den Unterarm sein, um die Schultermuskulatur zu entlasten. Die ergonomische Anpassung sollte stets im Betrieb erfolgen, da selbst kleine Veränderungen Auswirkungen auf die betrieblichen Arbeitsabläufe haben können.
- Mobilitätshilfen, Kraftfahrzeughilfen
- Zusatzqualifikation, Umschulung
- Persönliche Assistenz, z. B. Arbeitsassistenz bei schwer beeinträchtigten Personen
- Telearbeitsplatz. Obwohl diese Arbeitsplätze technisch sehr gute Lösungen darstellen, können sie eine zusätzliche soziale Isolation für Personen bedeuten, deren soziale Kontakte durch die eingeschränkte Mobilität sowieso schon beeinträchtigt sind.

Durchgängig berichten Personen mit einer neuromuskulären Erkrankung, dass für sie die Einstellungen der sozialen Umwelt eine viel größere Hürde darstellen, als die physischen Kontextbarrieren. »Die physischen Barrieren waren nicht das Problem (...) Die sozialen Einstellungen waren die größten Hindernisse in meinem Leben« [1].

■ Erwerbsminderung

Das Ziel ist es, dem Wunsch des Versicherten, im Arbeitsleben zu verbleiben, solange nachzukommen, wie es ohne Gefährdung der Gesundheit möglich ist. Oft liegt eine quantitative Einschränkung des Leistungsvermögens vor. Mit einer Reduktion der Arbeitszeit kann es gelingen, den Zeitpunkt des aufgehobenen erwerbsbezogenen Leistungsvermögens hinauszuzögern.

23.2.11 Epilepsie

Ulrich Specht

Epilepsien sind häufig (Prävalenz ca. 0,5–0,8 %). Sie variieren erheblich in Bezug auf Art, Häufigkeit und Schwere der Anfälle sowie ihre Prognose. Das erschwert eine angemessene sozialmedizinische Beurteilung.

Klassifikation der Anfälle und Epilepsien

Die dichotome Anfallsklassifikation unterscheidet generalisierte Anfälle unter initialem Einbezug beider Hemisphären von fokalen („partiellen») Anfällen, siehe ◘ Tab. 23.12. Für die sozialmedizinische Beurteilung ist die Schwere von Anfällen, also Kategorien der Funktionen und Aktivitäten in der ICF, von größerer Wichtigkeit als die Pathophysiologie (s. unten).

Für Therapie und Prognose wichtiger als die Anfallsform(en) ist das Epilepsie-Syndrom. Man unterscheidet in Analogie zur Anfallsklassifikation fokale von generalisierten Epilepsien sowie bezüglich der Ätiologie idiopathische (vorwiegend genetisch determinierte) von symptomatischen (nachgewiesene zerebrale Grunderkrankung wie z. B. Malformationen, Hippocampussklerose, Schädel-Hirn-Trauma) bzw. kryptogenen (Grunderkrankung vermutet, aber nicht nachweisbar) Epilepsien [84].

Die Begriffe „zerebrales Anfallsleiden" oder „hirnorganische Anfälle» sollten aus dem Vokabular gestrichen werden. Der Begriff Epilepsie ist reserviert für Personen mit wiederholten epileptischen Anfällen. Der Begriff der psychogenen Anfälle ist mit dem Terminus »dissoziative Anfälle« präzisiert worden, da auch bei epileptischen Anfällen psychologische Auslösemechanismen vorliegen können.

Diagnostik

Entscheidender Baustein ist eine präzise Anfallsanamnese mit Fremd- und v. a. Selbstbeschreibung der Anfallsabläufe. Wesentliche apparative Untersuchungen sind das Elektroenzephalogramm (EEG), das durch den Nachweis epilepsietypischer Potentiale (z. B. Spikes, Spike-wave-Komplexe) die Diagnose stützt, und die MRT des Kopfes als wichtigste Methode zum Nachweis einer symptomatischen Ätiologie der Epilepsie. Negative Befunde bei beiden Verfahren schließen eine Epilepsie nicht aus.

Sozialmedizinische Beurteilungskriterien

Voraussetzung für die Schweregrad-Klassifikation von Anfällen nach den berufsgenossenschaftlichen Empfehlungen (BG-Information 585; [2, 14]) ist eine genaue Anfallsbeschreibung der betroffenen Person, aber auch eines Zeugen (Selbst- und Fremdbeschreibung), die ohne jeglichen Jargon mit minutiöser Detaildarstellung erfolgen sollte. Folgende Fragen sollte der Gutachter stellen:

◘ **Tab. 23.12** Vereinfachte und verkürzte Klassifikation epileptischer Anfälle [84]

1	**Fokale Anfälle**
1.1	Einfach fokale Anfälle („einfach" = Bewusstsein erhalten)
1.1.1	Mit somatosensorischen Symptomen (= Aura), z. B. Kribbeln, Geräusche, epigastrisches Unwohlsein
1.1.2	Mit motorischen Symptomen, z. B. klonische Anfälle (rhythmische Zuckungen)
1.1.3	Mit autonomen Symptomen, z. B. Schwitzen, Erröten
1.2	Komplexe fokale Anfälle („komplex" = Bewusstsein gestört)
1.2.1	Psychomotorische Anfälle (mit Automatismen: unwillkürliche Bewegungen wie Nesteln, Schmatzen)
1.3	Fokale Anfälle, die in einen generalisierten tonisch-klonischen Anfall (s. 2.3) übergehen
2	**Generalisierte Anfälle**
2.1	Absencen (Innehalten und Areaktivität für Sekunden)
2.2	Myoklonische Anfälle (bilateral-synchrone Zuckung der Arme, singulär oder in kurzen Salven)
2.3	Tonisch-klonische Anfälle („Grand mal"; zunächst Versteifung, dann Zuckungen aller Extremitäten; fakultativ Zungen-/Wangenbiss oder Einnässen)

1. Wird eine Aura (»Vorgefühl«) berichtet? Wie konstant tritt sie auf, wie lange ist sie, kann und wird sie effektiv und konsequent genutzt, um sich vor den Folgen eines Anfalles zu schützen?
2. Ist die motorische Kontrolle über Gliedmaßen eingeschränkt, z. B. durch Zuckungen oder Verkrampfungen?
3. Ist das Bewusstsein gestört?
4. Stürzt die Person?
5. Kommt es im Rahmen einer Bewusstseinsstörung – während oder nach einem Anfall – zu nicht-situationsangemessenen Verhaltensweisen, wie z. B. Greifbewegungen oder Umherlaufen?
6. Wie lange dauert es, bis die Person nach einem Anfall wieder voll einsatzfähig ist?
7. Gibt es eine feste tageszeitliche Bindung der Anfälle (z. B. nur im Schlaf oder in der ersten Stunde nach dem Aufwachen), so dass Anfälle nur außerhalb der Arbeits- und Wegezeiten auftreten?
8. Gibt es vorhersehbare und sicher vermeidbare Auslöser für Anfälle (sehr selten!)?

Durch Kombination der wichtigsten arbeitsmedizinischen Merkmale von Anfällen (1.–5.) gelangt man zu fünf in ihrem Schweregrad zunehmenden Gefährdungskategorien, denen die Anfälle einer Person zugeordnet werden können:

- 0: nur isolierte Auren
- A: nur Störung der Willkürmotorik
- B: Bewusstseinsstörung (ohne Sturz oder unangemessene Handlungen)
- C: Sturz
- D: Bewusstseinsstörung mit unangemessenen Handlungen

(Die Gefährdungskategorien werden in einem Lehr-Video mit Anfallsbeispielen erläutert [24].)

Folgende Aspekte sind bei der Einschätzung des Leistungsvermögens im Erwerbsleben weiterhin zu beachten:

▪ Protektive Faktoren

Wenn alle Anfälle eines Patienten durch eine ausreichend lange Aura eingeleitet werden und er die Aura nachweislich, zuverlässig und wirksam durch Schutzverhalten nutzt, kann die Einstufung in eine geringe Gefährdungskategorie (A oder B) erfolgen. Feste Schlafbindung und vermeidbare Anfallsauslöser sind ebenfalls protektiv nutzbar.

▪ Häufigkeit der Anfälle

Die Anfallsfrequenz wird in fünf Stufen gegliedert: „langfristig anfallsfrei« (> 5 Jahre ohne Medikation); »mittelfristig anfallsfrei«; maximal 2 Anfälle pro Jahr; 3 bis 11 Anfälle pro Jahr; 12 und mehr Anfälle pro Jahr. Als »mittelfristig anfallsfrei« gelten nicht nur Personen, die unter Medikation länger als zwei Jahre oder nach epilepsiechirurgischem Eingriff mehr als ein Jahr anfallsfrei sind, sondern – in Anlehnung an die Führerscheinregelungen (www.bast.de) – auch Personen, die länger als drei Jahre nur aus dem Schlaf heraus Anfälle hatten, und Personen, die nur (noch) Anfälle ohne Bewusstseinsstörung und ohne arbeitsmedizinisch relevante Symptome haben, also z. B. isolierte sensible Auren.

▪ Stand der Therapie und Krankheits-Selbstmanagement

Wesentliche Eignungsfragen (z. B. Entscheidung bei beruflicher Erstausbildung) sollten erst bei einem stabilen, optimierten Therapiestand entschieden und somit vertagt werden, bis der Effekt anstehender relevanter Therapiemaßnahmen (z. B. Epilepsiechirurgie) absehbar ist. Zu beurteilen ist auch das Krankheits-Selbstmanagement des Betroffenen. Etwa ein Drittel der Epilepsiepatienten zeigt keine ausreichende und somit den Therapieerfolg gefährdende Compliance bzw. Adhärenz bei der medikamentösen Therapie [97]. Auch beim Erkennen und Vermeiden individueller Anfallsprovokationsfaktoren oder der Ver-

minderung anfallsbezogener Risiken wie etwa Ertrinken (Badewanne!) oder Verletzungen benötigen viele Betroffene Unterstützung oder Beratung. Es sollte geklärt werden, ob für diese Personen eine spezialisierte medizinische Rehabilitationsleistung erforderlich ist [96].

▪ Schichtarbeit

Verschiebungen des Schlaf-Wach-Rhythmus können Anfälle begünstigen. Regelhaft ist dies bei idiopathischen generalisierten Epilepsien der Fall, so dass hier generell Nachtschichten auszuschließen sind. Bei anderen Epilepsieformen kann im Einzelfall Nachtschicht dann bejaht werden, wenn die bisherigen Erfahrungen gezeigt haben, dass ein Schlafdefizit nicht zur Anfallsprovokation führt.

▪ Psychische und kognitive Beeinträchtigungen

Auch wenn das Zerrbild der »epileptischen Wesensänderung« der Vergangenheit angehört, so ist eine psychiatrische Komorbidität – z. B. Depressionen und Angsterkrankungen – bei Personen mit v. a. chronifizierter Epilepsie häufig. Wichtig ist es, sie frühzeitig zu diagnostizieren und adäquat zu behandeln, denn sie beeinflussen die Erwerbsfähigkeitsprognose wesentlich stärker als die Epilepsie selbst. Ähnliches gilt für kognitive Leistungsstörungen. Hierbei können vorschnelle kausale Zuschreibungen („die Medikamente") vermieden werden, wenn alle vier infrage kommenden Einflussbereiche berücksichtigt werden: Lage und Ausdehnung einer Hirnläsion; Häufigkeit, Art und Ursprungsort der Anfälle (manchmal auch „nur" häufige epilepsietypische EEG-Aktivität ohne sichtbare Anfälle); die antiepileptische Medikation (Substanz, Mono- vs. Kombinationstherapie, Höhe der Dosierung); psychoreaktive oder andere psychische bzw. Persönlichkeitsfaktoren (z. B. Selbstunsicherheit, Depression).

▪ Barrieren

Mangelnder Informationsstand zusammen mit ungünstigen Einstellungen von Arbeitgebern, Angehörigen, Arbeitsvermittlern, Betriebsärzten, beratenden Diensten und auch Betroffenen selbst über berufliche Einsatzmöglichkeiten führen dazu, dass das Risiko anfallsbedingter Unfälle und deren Folgen regelhaft überschätzt werden, mit der Folge entsprechend unangemessener Restriktionen und erheblich reduzierter Beschäftigungschancen [102].

Spezielle sozialmedizinische Beurteilung
▪ Verlauf und Prognose

Epilepsien werden mit spezifischen Medikamenten in individuell zugeschnittener Dosierung behandelt, wodurch 70 bis 80 % der Betroffenen anhaltend anfallsfrei werden, häufig ohne relevante Nebenwirkungen. Abhängig vom Epilepsiesyndrom kann nach jahrelanger Anfallsfreiheit bei etwa zwei Dritteln die Medikation schrittweise abgesetzt werden. Bei pharmakoresistenter fokaler Epilepsie bietet die Epilepsiechirurgie vielfach eine erfolgversprechende Option [84].

Leider können trotz Anfallsfreiheit Funktions- und Aktivitätseinschränkungen sowie Barrieren (s. o.) verbleiben.

▪ Berufliche Möglichkeiten

Für mehr als 50 Berufe liegen in der o. g. BG-Information 585 Ausarbeitungen vor [2]. Bei den Berufen, für die keine Entscheidungspfade ausgearbeitet sind, gilt es gleichermaßen vorzugehen. Zunächst muss – wie oben skizziert – geklärt werden, welche Gefährdungen vom Anfall ausgehen (Gefährdungskategorien) und diese dann mit den Risiken der (Arbeits-)Umgebung abgeglichen werden. Es ist zu empfehlen, sich eine detaillierte Tätigkeits- und Arbeitsplatzbeschreibung zu verschaffen. Entgegen hartnäckiger Fehlinformationen ist Bildschirmarbeit für praktisch alle Epilepsiekranken möglich [103].

Manchmal sind nur bestimmte Tätigkeiten aus einem Tätigkeitsspektrum risikobehaftet. Diese sollte der Gutachter benennen. Fundierte Empfehlungen können Spezialeinrichtungen zur Epilepsierehabilitation geben.

Als Informationsquelle für die sozialmedizinische Stellungnahme ist der PESOS-Fragebogen zu Funktionen, Aktivitäten, Teilhabe und zur subjektiven Lebensqualität hilfreich. Dieser umfasst zwölf Bereiche, u. a. Arbeit, Ausbildung, Anfallsformen, Aktivitäten des täglichen Lebens, soziale Beziehungen, Stigma, epilepsiespezifische Angst [74].

▪ Spezialsituation: erster Anfall

Bei Patienten mit einem epileptischen Erstanfall ist es vordringlich, mögliche Grunderkrankungen oder Anfallsauslöser zu eruieren und nach Möglichkeit zu eliminieren. Zwischen 20 und 70 % erleiden ein Rezidiv (und haben damit eine Epilepsie entwickelt), zwei Drittel davon innerhalb eines Jahres. Bei bestimmten Befundkonstellationen kommt bereits nach einem Erstereignis eine medikamentöse Prophylaxe infrage. Sozialmedizinisch steht eine befristete Gefährdungsminderung im Vordergrund, bis die mittelfristige Prognose geklärt ist.

▪ Rehabilitation bei Epilepsie

Die drei Hauptziele der Rehabilitation von Personen mit einer Epilepsie sind:
- Stärkung des Selbstmanagements einschließlich der Kontrolle über Anfälle,
- Verbesserung der sozialen und beruflichen Teilhabe,
- Verbesserung der subjektiven Lebensqualität.

Die rehabilitativen Hilfen für Anfallskranke haben sich in den vergangenen 10–15 Jahren deutlich verbessert. Hierzu tragen v. a. Epilepsie-Ambulanzen, Schwerpunktpraxen sowie in einigen Bundesländern etablierte Epilepsie-Beratungsstellen bei (www.dgfe.info). Für verschiedene Zielgruppen wurden psycho-edukative Gruppenschulungsprogramme entwickelt, von denen „MOSES" (Modulares Schulungsprogramm Epilepsie) das am breitesten im ambulanten wie stationären Sektor eingesetzte ist [91]. Es enthält neun Module, deren Inhalte vom emotionalen Coping über Informationen zu Diagnostik, Therapie und Prognose, Selbstkontrolle von Anfällen bis zu psychosozialen Aspekten reichen.

Einige Personen mit komplexen Funktions- und Aktivitätseinschränkungen bedürfen eines Spektrums an rehabilitativer Unterstützung, die ambulant nicht durchführbar ist. Dazu gehören u. a. Versicherte, deren Leistungsvermögen reduziert oder unklar ist, oder junge Erwachsene, die aufgrund der Epilepsie in ihrer Selbstständigkeitsentwicklung verzögert sind. Eine weitere Zielgruppe sind Versicherte nach einem epilepsiechirurgischen Eingriff. Es gibt in Deutschland spezielle Zentren für die Epilepsie-Rehabilitation, die auch Leistungen zur medizinisch-beruflichen Rehabilitation einschließen. Interventionen umfassen dort neben medizinisch-epileptologischer Therapie neuropsychologische, ergotherapeutische und psychotherapeutische Angebote, Sporttherapie, soziale und sozialrechtliche Beratung sowie weitere interdisziplinäre Beratung und Schulung (www.izepilepsie.de).

▪ Erwerbsminderung

Personen mit einer Epilepsie haben prinzipiell ein normales zeitliches Leistungsvermögen. Sehr selten gibt es Anfallsmerkmale, die die Erwerbsfähigkeit infrage stellen (sofern keine realistische Chance auf Besserung besteht). Dies sind zum einen häufige Anfälle mit einem hohen peri-iktalen zeitlichen Betreuungsaufwand, z. B. infolge langer postiktaler Umdämmerung oder bei Anfällen mit erheblichem anhaltendem Bewegungsdrang. Zum anderen sind es Patienten mit hoher anfallsbedingter Gefährdung (häufige Anfälle mit Sturz und/oder Verletzungsgefahr) bzw. der regelhaften Notwendigkeit medizinischer Hilfe, z. B. bei habituellen Anfallsserien, die pharmakologisch unterbrochen werden müssen. Bei solchen Patienten sollte vor einer Berentungsentscheidung eine stationäre Klärung möglicher Therapieoptionen in einer Epilepsiefachklinik erfolgen.

Wesentlich häufiger als die Epilepsie schränken psychische und kognitive Beeinträchtigungen die Erwerbsfähigkeit ein, wobei sie erst nach adäquaten Behandlungsversuchen (z. B. Depressionstherapie, Absetzen kognitiv beeinträchtigender Antiepileptika) bzw. Rehabilitationsleistungen in die abschließende gutachterliche Beurteilung einfließen sollten.

23.2.12 Narkolepsie

Ulrich Specht

Die Narkolepsie zählt zu den Schlafstörungen; sie ist eine relativ seltene Krankheit (Prävalenz: 0,025–0,05 %). Sie beginnt am häufigsten im jungen Erwachsenenalter, die Ätiologie umfasst genetische und exogene Faktoren.

Symptomatik und krankheitsbedingte Beeinträchtigungen

Häufigstes (ca. 95 %) Symptom ist die exzessive, willentlich nicht oder kaum zur unterdrückende **Tagesschläfrigkeit** mit Sekunden bis Stunden dauernden Einschlafattacken. Sie werden meist durch Vorzeichen (z. B. Gähnen, „schwere" Augenlider) eingeleitet und treten oft in monotonen Situationen auf. Bei der **Kataplexie** (affektiver Tonusverlust; bei ca. 90 %) kommt es – ausgelöst durch eine heftige Gefühlsregung wie Lachen, Stolz oder Überraschung – zu einem plötzlichen, in der Regel bilateralen Verlust des Haltemuskeltonus für Sekunden bis wenige Minuten, bei dem Patienten stürzen können. Bei je 40–50 % kommt es beim Übergang zwischen Wachen und Schlafen zu einer Bewegungs- und Sprechunfähigkeit für Sekunden bis Minuten, die als **Schlaflähmung** bezeichnet wird, und/oder zu – meist visuellen – »hypnagogen« **Halluzinationen**. Außerhalb der klassischen Symptomtetrade sind Narkolepsie-Patienten nicht selten durch einen **gestörten Nachtschlaf** beeinträchtigt [40, 75].

Die Tagesschläfrigkeit ist die wesentliche Quelle psychosozialer Schwierigkeiten, zu denen eine erhöhte Unfallgefährdung, häufige Depressivität und Arbeitslosigkeit, Befürchtung vor dem Auftreten peinlicher Situationen, Selbstunsicherheit und sozialer Rückzug beitragen [40, 75].

Spezielle Diagnostik

Die Erstdiagnostik umfasst eine gezielte Anamnese der Kernsymptome Tagesschläfrigkeit und Kataplexie, die Symptom-Dokumentation durch Schlaffragebögen, eine Nachtschlaf-Polygraphie und ggf. zusätzlich ein multipler Schlaf-Latenz-Test (verkürzte REM-Schlaf-Latenz) sowie bei Verdacht auf sekundäre Narkolepsie eine Magnetresonanztomographie des Kopfes. Diagnoseunterstützend sind der Nachweis einer erniedrigten Hypokretin 1-Konzentration im Liquor und des Antigens DQB1-0602 aus dem HLA-System im Serum [40].

Sozialmedizinische Beurteilung

Die Narkolepsie ist eine lebenslange Erkrankung. Die Therapie ist symptomatisch. Nicht-medikamentöse („Coping»-)Maßnahmen beinhalten u. a. eine Besserung der Schlafhygiene (z. B. geplante Tagschlafphasen). Medikamentös kommen im Wesentlichen die Stimulantien Modafinil, Natrium-Oxybat (BtM-pflichtig; hilft auch bei Kataplexie) und Methylphenidat (BtM-pflichtig) zum Einsatz. Kataplexien, Schlaflähmungen unf hypnagoge Halluzinationen werden mit Natrium-Oxybat oder Antidepressiva (z. B. Clomiprazmin, SSRI) behandelt.

Qualitatives Leistungsbild: Für die sozialmedizinische Beurteilung steht die Tagesschläfrigkeit im Vordergrund. In jedem Fall zu vermeiden sind Tätigkeiten im Schichtdienst (Beeinträchtigung des schon ohnehin gestörten Schlaf-Wach-Rhythmus) sowie monotone Tätigkeiten (Verstärkung der Einschlafneigung). Bei persistierenden Kataplexien sind Sturzrisiken zu berücksichtigen, ähnlich wie für epileptische Anfälle mit Sturz beschrieben [2]. Neuropsycho- und -physiologische Untersuchungen (v. a. Tests zur geteilten Aufmerksamkeit und Vigilanz; „Maintenance of Wakefulness Test") sind für die Beurteilung der Auswirkungen der Tagesschläfrigkeit – insbesondere als Verlaufsuntersuchung – hilfreich [58]. Das gilt auch für die Einschätzung der Kraftfahrereignung. Hier wird insbesondere nach einem Verkehrsunfall eine einjährige Fahrpause empfohlen, während der eine Symptombesserung durch Medikation und Anwendung von Copingstrategien – als wichtigstem Unfall-Präventionsinstrument – zu dokumentieren ist. Bei Zweifeln in Bezug auf die Fahreignung ist eine Fahrsimulator-Untersuchung oder eine Fahrprobe mit Fahrlehrer sinnvoll. Die Fahrerlaubnis für Kfz der Gruppe 2 gilt als dauerhaft ausgeschlossen [59].

Die **quantitative Leistungsfähigkeit** ist nur selten – bei sehr ausgeprägter, therapeutisch nicht ausreichend beeinflussbarer Symptomatik – i. S. einer vollen Erwerbsminderung eingeschränkt [58]. Bei unklaren Situationen kann eine medizinische Belastungserprobung im Rahmen einer medizinischen Rehabilitationsleistung hilfreich sein. Spezifische Rehabilitationsverfahren sind nicht bekannt.

Bei gutachterlichen Fragestellungen sollte möglichst ein mit Narkolepsie erfahrener Gutachter einbezogen werden.

23.2.13 Migräne und andere anfallsartig auftretende Kopfschmerzen

Peter Frommelt, Ottmar Leidner

Klassifikationen und Stadieneinteilungen

In der Neurologie ist die Kopfschmerzklassifikation der International Headache Society (IHS) gebräuchlich. Im Internet ist die aktuelle Fassung abrufbar unter http://ihs-classification.org/de/.

◻ Tab. 23.13 zeigt die häufigsten Kopfschmerzformen.

Der Kopfschmerz vom Spannungstyp (KST) wird in drei Formen unterschieden:

- Sporadisch auftretender episodischer KST, weniger als 12 Tage pro Jahr
- Häufig auftretender episodischer KST, 12 bis 180 Tage pro Jahr
- Chronischer KST, mehr als 15 Tage pro Monat.

Die traditionelle Annahme, dass der Spannungskopfschmerz auf einer Verspannung und Ischämie der Nackenmuskulatur beruhe, findet wissenschaftlich keine Bestätigung. Man findet eine erhöhte myofasziale Schmerzsensitivität ohne strukturelle Veränderungen in Nackenmuskeln [5]. Weiterhin vermutet man als Pathomechanismus eine erhöhte zerebrale Sensitivität nozizeptiver Neurone.

Etwa 25 % der Frauen mit einer Migräne haben vier oder mehr schwere Attacken im Monat, etwa 35 % eine bis vier Attacken. Etwa 50 % aller Migräne-Attacken sind so stark, dass die Betroffenen sich hinlegen müssen. Etwa 30 % aller Personen mit einer Migräne sind durch die Attacken für einen Tag im Vierteljahr arbeitsunfähig. Personen mit Spannungskopfschmerzen in Dänemark hatten dreifach soviel Arbeitsunfähigkeitszeiten wie Personen mit einer Migräne [5].

Als trigeminoautonome Kopfschmerzen werden attackenweise auftretende Schmerzen mit autonomen Begleitsymptomen wie der Clusterkopfschmerz bezeichnet.

Die klassische Trigeminusneuralgie wird von der symptomatischen Form unterschieden.

Spezifische krankheitsbedingte Beeinträchtigungen

Eine italienische Arbeitsgruppe befragte in Rom 250 Arbeiter einer Modefirma hinsichtlich Kopfschmerzen und damit verbundener Einschränkung der Arbeitsleistung [11]. 19 % der Arbeiter hatten mehr als ein Mal im Monat Kopfschmerzen und 13 % mehr als drei Mal. 4 % waren wegen der Kopfschmerzen einmal aus der Arbeit weggeblieben. Die meisten berichteten, trotz der Kopfschmerzen in die Arbeit gegangen zu sein. Diejenigen mit einer Migräne schilderten die Einschränkungen ihrer Leistungsfähigkeit so: 50 % erlebten eine mindestens 50 %ige Leistungsmin-

◻ Tab. 23.13 Häufigste Kopfschmerzformen

Kopfschmerz	Lebenszeitprävalenz in der Bevölkerung
Idiopathische Kopfschmerzen	
Migräne ohne Aura	9 %
Migräne mit Aura	6 %
Kopfschmerz vom Spannungstyp	episodisch 66 %, chronisch 3 %
Clusterkopfschmerz und andere trigeminoautonome Kopfschmerzen	0,1 %
Andere primäre Kopfschmerzformen	5 %
Symptomatische Kopfschmerzerkrankungen	
Kopfschmerz nach Schädel-Hirn-Trauma	4 %
Kopfschmerz durch Gefäßstörungen	1 %
Kopfschmerzen bei Medikamentenübergebrauch	3 %
Kopfschmerzen durch nichtvaskuläre intrakranielle Störungen, z. B. Tumoren	0,5 %
Kopfschmerz bei Erkrankungen der Nase/Sinus	15 %
Kopfschmerzen bei Erkrankungen der Augen	3 %

Nach Evers et al. [28]

derung, 39 % eine 30–40 %ige Minderung und 44 % nur eine geringe Leistungsminderung. Am stärksten waren die Einschränkungen bei mentaler Anstrengung, 87 % schilderten sie und 50 % berichteten, dass die Interaktion mit Arbeitskollegen während ihrer Kopfschmerzattacken beeinträchtigt sei.

Spezielle Diagnostik und Sachaufklärung

»Die sorgfältige Anamnese ist Voraussetzung für die richtige Diagnose. Die neurologische und internistische Untersuchung sowie die apparativen Zusatzuntersuchungen dienen im Einzelfall nur zum Ausschluss beziehungsweise zum Nachweis von symptomatischen Kopfschmerzen« [28]. Eine Indikation zur Bildgebung des Gehirns mit einem MRT besteht dann, wenn Besonderheiten vorliegen. Dazu gehören

- Migräne oder Spannungskopfschmerzen mit atypischen Symptomen oder atypischem Verlauf,
- jede Migräne mit hemiplegischer Aura,

- Änderung des Schmerzcharakters oder der Frequenz und Stärke,
- erstes Auftreten einer Migräne nach dem 40. Lebensjahr,
- wenn Auffälligkeiten im neurologischen oder internistischen Befund vorliegen.

Hilfreich für den Gutachter sind Aufzeichnungen der Betroffenen, z. B. in Form eines Kopfschmerztagebuchs. Ein Tagebuch kann auch den »Migraineuren« helfen, Zusammenhänge zwischen Kontext und Kopfschmerz zu erkennen.

Krankheitsspezifische Begutachtungskriterien, Zielkriterien

Es besteht eine enge Beziehung zwischen dem Kopfschmerz und Depressivität oder Angst. Daher sollte der Untersucher auf die depressiven Zwischentöne achten, selten wird der seelische Schmerz als das primäre Symptom geschildert, der körperliche Schmerz gilt als legal, der seelische als illegal. In naturalistischen Studien von Personen mit unterschiedlichen Kopfschmerzen, so eine Studie mit 223 Patienten, waren 34 % frei von psychischen Störungen, bei 21 % bestand eine Depression, bei 13 % eine Angststörung und bei 32 % eine gemischte Störung aus Angst und Depression. Die Patienten mit den psychischen Symptomen litten mehr und waren mehr im Alltag beeinträchtigt [46]. Diese Zahlen entsprechen der alltäglichen klinischen Erfahrung.

Die Kriterien der IHS für den Spannungskopfschmerz sind klar definiert, und ein Kriterium ist die fehlende Verstärkung des Schmerzes bei leichter körperlicher Anstrengung, wie in der nachfolgenden Übersicht ersichtlich.

Diagnostische Kriterien des Spannungskopfschmerzes nach der Klassifikation der International Headache Society

A. Wenigstens 10 Episoden, die die Kriterien B bis D erfüllen. Maximal an 15 Tagen im Monat

B. Kopfschmerzdauer zwischen 30 Minuten und 7 Tagen

C. Der Kopfschmerz weist mindestens zwei der folgenden Charakteristika auf:
1. Beidseitig
2. Drückender, beengender, nicht pulsierender Schmerz
3. Intensität leicht bis mittel
4. Keine Verstärkung durch körperliche Routineaktivitäten wie Gehen oder Treppensteigen

▼

D. Beide folgenden Merkmale sind erfüllt:
1. Keine Übelkeit oder Erbrechen, Appetitlosigkeit möglich, bei chronischem Verlauf auch Übelkeit
2. Überempfindlichkeit gegen Lärm oder Licht, nicht jedoch beide

E. Nicht auf eine andere Krankheit zurückzuführender Kopfschmerz

---

Ein wichtiger Aspekt in der Sachaufklärung ist die Frage nach dem vorangegangenen Medikamentenkonsum. Der chronisch medikamenteninduzierte Kopfschmerz (MIKS) ist ein chronischer Kopfschmerz, der an über 15 Tagen im Monat auftritt und mit einer Einnahme von Schmerzmitteln über 15 Tage seit mindestens 3 Monaten verbunden ist. Alle Kopfschmerzmittel, Analgetika, Ergotamine, Triptane können zu einem MIKS führen. Triptane führen bei 20 % der Patienten zu einer Zunahme der Migräne-Attacken [53]. Bei der Verordnung von Medikamenten gegen Kopfschmerzen sollte darauf geachtet werden, dass an nicht mehr als 12 Tagen im Monat Schmerzmittel eingenommen werden. Der Entzug sollte nur bei günstigen sozialen Voraussetzungen und einem nicht länger als zwei Jahren bestehenden MIKS ambulant durchgeführt werden. Es ist mit erheblichen Entzugssymptomen zu rechnen.

In der sozialmedizinischen Aufklärung ist der soziale Kontext sowohl familiär als auch beruflich wichtig.

Spezifische sozialmedizinische Beurteilung
■ Positives Leistungsvermögen

Die Leistungseinbußen während Kopfschmerzen, sowohl der Migräne als auch der vom Spannungstyp, sind gut dokumentiert. Die Annahme, dass die Migräne zu stärkeren Beeinträchtigungen als der Kopfschmerz vom Spannungstyp führt, ist in der Literatur nicht bestätigt und es scheint weniger die Art des Kopfschmerzes als die Intensität die Einschränkung der Leistungsfähigkeit zu beeinflussen [104]. Kopfschmerzen gehören nicht zu den »harten« neurologischen Erkrankungen, daher ist der Begutachter manchmal geneigt, die Auswirkungen von Kopfschmerzen auf die Leistungsfähigkeit im Erwerbsleben zu unterschätzen. Die aktuelle Literatur belegt das Ausmaß von Disability bei Kopfschmerzen, so haben Personen mit einem chronischen Spannungskopfschmerz 7-fach häufiger Einschränkungen in allen Lebensbereichen als Kontrollpersonen [50]. Dort, wo sie auf ein Arbeitsklima und eine Arbeitsorganisation treffen, die bei Kopfschmerzattacken eine Reduktion der Arbeitsleistung oder einen Rückzug erlauben, können Personen mit Kopfschmerzen leichte bis schwere Arbeiten ohne wesentliche Einschränkungen verrichten. Eine Ausnahme sind Überwachungstätigkeiten ohne Vertretungsmöglichkeit. Eine flexible Arbeitszeit mit Arbeitszeitkonten stellt einen fördernden Kontext für diese Personen dar. Es sollte stets auch eine ergonomische Anpassung erwogen werden, z. B. die Möglichkeit, sich vom Lärm und der Unruhe der Umgebung abschotten zu können. Hierzu sollte ein Arbeitsmediziner oder Betriebsarzt einbezogen werden.

■ **Negatives Leistungsvermögen**

Die Trigger für Kopfschmerzen sind individuell sehr unterschiedlich. Wesentlich ist die Einstellung und Deutung der Arbeitssituation durch den Versicherten selbst. Die Wahrnehmung des Arbeitsplatzes als laut, hektisch und das Gefühl, ständig unter Druck zu stehen, wird Symptome anders beeinflussen als die Wahrnehmung von Stress als belebend und von Lärm als normale Kulisse. Das Repertoire von subjektiven Bewertungen der Arbeitssituation ist oft wichtiger als die objektiven Gegebenheiten. Bei der Einschätzung des Leistungsvermögens ist der Zusammenhang von Kopfschmerzen mit Depression zu beachten.

Das Hauptaugenmerk des Gutachters sollte darauf gerichtet sein, ob die zu begutachtende Person die notwendigen therapeutischen Hilfen erhält, die ihr ermöglichen, trotz Kopfschmerzattacken am Arbeits- und sozialen Leben teilzuhaben. Dazu gibt es neben den klassischen kognitiv-behavioralen Ansätzen aus der Richtung einer achtsamkeitsbasierten Therapie Erfolg versprechende Ansätze [79, 113].

■ **Medizinische Rehabilitation**

Leistungen zur Rehabilitation sind dort notwendig, wo die ambulante Therapie nicht ausreicht oder nicht zum Erfolg geführt hat und die Teilhabe am Arbeitsleben gefährdet ist. Zur ambulanten Behandlung gehören Pharmaka genauso wie die weitaus seltener angebotenen psychologischen Verfahren, wie kognitiv-behaviorale oder achtsamkeitsbasierte Therapien. Entspannungsverfahren sind inzwischen verbreitet verfügbar und können eine gute Ergänzung zur medikamentösen Therapie sein. Die Indikation für eine Leistung zur medizinischen Rehabilitation besteht bei chronischen Verläufen mit längerer und/ oder häufiger Arbeitsunfähigkeit, Verläufen mit ungünstiger Krankheitsbewältigung und sozialem Rückzug sowie Verläufen mit Entwicklung einer manifesten psychischen Komorbidität einschließlich eines schädlichen Medikamentengebrauchs.

■ **Teilhabe am Arbeitsleben**

Am häufigsten sind Veränderungen in der Arbeitsorganisation und im sozialen Kontext erforderlich. Eine Flexibilisierung der Arbeitszeit und die Möglichkeit, sich für eine Stunde in einem Ruheraum hinzulegen, sind eigentlich einfach umzusetzende Maßnahmen, jedoch von der Arbeitsplatzsituation abhängig. Mehr Autonomie in der Arbeitseinteilung und Arbeitszeit kann die Folgen einer Kopfschmerzerkrankung erheblich reduzieren.

Die rein physikalischen Maßnahmen, wie Reduktion des Lärmpegels oder ein Einzelbüro, können manchmal nützlich sein. Die Bedeutung der physischen negativen Kontextbedingungen wird eher überschätzt, die der sozialen Kontextbedingungen unterschätzt.

■ **Erwerbsminderung**

Vor einer Einschätzung eines verminderten quantitativen Leistungsvermögens gilt die Regel der Rehabilitation vor Rente. Ein aufgehobenes Leistungsvermögen ist selten und liegt dann vor, wenn gravierende psychische oder andere somatische Einschränkungen gleichzeitig vorliegen.

23.2.14 Hirntumoren

Peter Frommelt, Ottmar Leidner

Klassifikationen und Stadieneinteilungen

Bei Hirntumoren sind primäre, vom ortsständigen Gewebe ausgehende Tumoren von sekundären, metastasierenden Tumoren anderer Herkunft zu unterscheiden.

Die häufigsten primären Gehirntumoren im Erwachsenenalter sind in ◘ Tab. 23.14 dargestellt. 2/3 der Tumoren sind gutartig, 1/3 nimmt einen malignen Verlauf.

Aufgrund ihrer Lage im knöchernen Hirnschädel sind jedoch alle Tumorformen potentiell schädigend, da

◘ **Tab. 23.14** Relative Häufigkeitsverteilung primärer Gehirntumoren im Erwachsenenalter

Tumorhistologie	Häufigkeit (%)	Altersgipfel (Jahre)
Glioblastome	30	40–60
Astrozytome	20	30–50
Meningeome	20	40–50
Hypophysentumoren	1–10	35–40
Intrakranielle Schwannome	5–8	35–45
Zerebrale Lymphome	1–3	50–60
Ependymome	2	30–40
Oligodendrogliome	1–2	30–50
Medulloblastome	1	20–30
Tumoren der Pinealisregion	1	20–30
Plexuspapillome	0,5	20–25
Andere	Ca. 10	

Nach Schlegel [94]

das Gehirn ihrem Wachstum, sei es infiltrierend oder verdrängend, nicht ausweichen kann.

Nach der World Health Organisation (WHO) erfolgt auf histologischer Grundlage eine Klassifikation der Tumoren des Zentralen Nervensystems in vier Grade [69]:

- Grad I: benigne,
- Grad II: semibenigne,
- Grad III: semimaligne,
- Grad IV: maligne.

Die Gradeinteilung besitzt prognostische Bedeutung.

Die wichtigsten therapeutischen Prinzipien sind Operation, Bestrahlung und Chemotherapie. Je nach Tumorart und Stadium kommen Einzelverfahren oder Kombinationsbehandlungen zur Anwendung, wobei diese speziellen Tumorzentren vorbehalten sind.

Spezifische krankheitsbedingte Beeinträchtigungen

Angesichts der Variabilität von Hirntumoren lassen sich keine allgemeinen Aussagen über die Häufigkeit von bestimmten Beeinträchtigungen von Funktionen und Aktivitäten machen. Hinsichtlich der Funktionsfähigkeit ist auch das bei hirneigenen Tumoren häufige Auftreten einer symptomatischen Epilepsie zu beachten.

Zu den Funktionsbeeinträchtigungen gehören nicht nur die sichtbaren motorischen Beeinträchtigungen, sondern noch häufiger die Beeinträchtigungen psychomentaler Funktionen einschließlich Energie, Ausdauer und Affektivität. In der Regel ist die vor der Diagnose bestehende seelisch-körperliche Energie erst nach einem Jahr annähernd wieder erreicht.

Spezielle Diagnostik und Sachaufklärung

Die Diagnostik von Hirntumoren sollte vor der Begutachtung abgeschlossen sein. Bei langsam wachsenden Tumoren ist zu beachten, dass aufgrund der eindrucksvollen Plastizität des ZNS die Funktionsbeeinträchtigungen viel geringer sind, als man es nach den oft massiven Befunden in der Bildgebung erwarten würde. Da sich Ermüdbarkeit in der Untersuchungssituation nicht manifestiert, sollte danach gefragt werden.

Bei Personen mit einer symptomatischen Epilepsie sollte eine EEG-Kontrolle erfolgen und es sollte eine Einstufung des Gefährdungsgrades durch die Anfälle erfolgen (siehe hierzu ▶ Kap. 23.2.12).

Krankheitsspezifische Begutachtungskriterien, Zielkriterien

Bei der Begutachtung von Hirntumoren ist die Einschätzung der neuropsychologischen und emotionalen Beeinträchtigungen genauso wichtig wie die der neurologischen Ausfälle.

Einzubeziehen ist auch die subjektive Einschätzung. Ein Proband, der sich die Arbeit zutraut, der voller Hoffnung ist, hat objektiv größere Chancen, in die Arbeit zurückzukehren als jemand, der weniger neurologische Ausfälle hat, jedoch verbittert ist und sich sozial zurückzieht. Nicht der Tumor sollte im Mittelpunkt der Begutachtung stehen, sondern die Person, die vom Tumor betroffen ist.

Spezifische sozialmedizinische Beurteilung

Positives Leistungsvermögen

Die Beurteilung kann nur individuell erfolgen, allgemeine Richtlinien lassen sich nicht festlegen. Ein Hirntumor selbst ist auch kein Hindernis, mittelschwere Tätigkeiten zu verrichten, solange die motorischen Funktionen intakt sind. Man sollte im Rahmen einer Belastungserprobung mit dem Probanden zusammen die Grenzen der Belastbarkeit austesten. Bezüglich der besonderen Einschränkungen bei epileptischen Anfällen sei auf ▶ Kap. 23.2.11 verwiesen.

Negatives Leistungsvermögen

Die Aussagen zum positiven Leistungsvermögen lassen sich auf das negative übertragen. Eine symptomatische Epilepsie kann je nach Form zu unterschiedlichen Einschränkungen führen. Wegen der oft eingeschränkten posturalen Kontrolle, die ein multisensorischer Prozess ist, sollten Personen nach einer Hirntumoroperation in der Regel nicht in der Höhe auf Gerüsten oder Leitern arbeiten. Bei Personen mit einem Akustikusneurinom und Hörminderung kommen Tätigkeiten, die an das Richtungshören gebunden sind, z. B. an Autobahnen, nicht in Frage. Bei Personen mit einem Olfaktoriusmeningeom ist der Verlust des Geruchsvermögens ein Hinderungsgrund für eine Tätigkeit als Koch oder in einem Labor mit möglichem Gasaustritt.

Medizinische Rehabilitation

Neben Leistungen zur medizinischen Rehabilitation bei Hirntumoren nach §15 SGB VI mit dem übergreifenden Ziel einer möglichst dauerhaften Eingliederung in das Erwerbsleben können Rehabilitationsleistungen von der Deutschen Rentenversicherung auch nach §31 Abs. 1 Satz 1 Nr. 3 SGB VI für einen erweiterten Personenkreis (Rentenbezieher, Angehörige von Versicherten oder Rentenbeziehern) erbracht werden. Die onkologische Rehabilitation zielt auf die positive Beeinflussung der durch die Krankheit oder deren Therapie bedingten körperlichen, seelischen, sozialen oder beruflichen Beeinträchtigungen.

Grundsätzlich sollte bei Personen mit Beeinträchtigungen wegen eines Hirntumors bei vorliegender Rehabilitationsfähigkeit eine Rehabilitationsleistung durchgeführt werden. Eine Rehabilitationseinrichtung mit neurologischem Schwerpunkt ist angezeigt, wenn neurologische Ausfälle und neuropsychologische Defizite vorherrschen.

Nach einer Operation eines Hirntumors ist die Durchführung als Anschlussrehabilitation (AHB) möglich.

■ **Teilhabe am Arbeitsleben**

Je nach Art und Schwere der Beeinträchtigungen kommen umfassende Hilfen in Betracht, z. B. in Form einer leidensgerechten Arbeitsplatzausstattung, Mobilitäts- und Kraftfahrzeughilfen, Arbeitsassistenz, beruflichen Bildungsmaßnahmen als Fort- und Weiterbildung mit Teil- bzw. Anschlussqualifikation, sowie in begründeten Einzelfällen auch als qualifizierende Umschulung.

Im Vorfeld von Leistungen zur Teilhabe am Arbeitsleben ist aufgrund der hohen Varianz im Krankheitsverlauf von Hirntumoren oft eine weitere sozialmedizinische Überprüfung des Leistungsvermögens betroffener Personen im Rahmen von Leistungen zur medizinisch-beruflichen Belastungserprobung (Phase II) sowie Maßnahmen der Eignungsfeststellung (Berufsfindung und Arbeitserprobung) notwendig.

■ **Erwerbsminderung**

Viele Personen mit einem Hirntumor möchten unbedingt im Arbeitsleben verbleiben, daher sollte geprüft werden, ob nicht bei festgestellter Leistungsminderung durch eine Reduktion der Arbeitszeit der tumorbedingten allgemeinen Schwäche Rechenschaft getragen werden kann.

Wenn die Tumorerkrankung fortschreitet und die Funktionseinschränkungen den Alltag dominieren, ist in der Regel eine Berentung notwendig.

Literatur

1   Abresch R T, Seyden NK: Quality of life – issues for persons with neuromuscular diseases. Phys Med Rehabil Clin N Amer 1998; 9:233–248

2   Ausschuss »Arbeitsmedizin« des Hauptverbandes der gewerblichen Berufsgenossenschaften (HVBG): BG-Information: Empfehlungen zur Beurteilung beruflicher Möglichkeiten von Personen mit Epilepsie (BGI 585) (www.arbeitssicherheit.de). Carl Heymanns Verlag, Köln, 2007

3   Ballantyne J, Mao J: Opioid therapy for chronic pain. N Engl J Med 2003, 349, S. 1943–1953

4   Baur B, Fürholzer W, Marquardt C, Hermsdörfer J: Auditory grip force feedback in the treatment of Writer's cramp. J Hand Ther 2009; 22:163–170

5   Bendtsen L, Jensen R: Tension-tye headache. Neurol Clin 2009; 27:525–535

6   Berlit P: Memorix Neurologie, 4. Aufl. Stuttgart: Thieme, 2006

7   Bryce TN, Budh CN, Cardenas DD et al: Pain after spinal cord injury: an evidence-based review for clinical practice and research. J Spinal Cord Med 2007; 30:421–440

8   Bundesministerium für Arbeit und Soziales (Hrsg.): Medizinisch-berufliche Rehabilitation. Einrichtungen in Deutschland. 2010

9   Cao Y, Zhang Y, Chang DF, Wang G, Zhang X: Psychosocial and immunological factors in neurasthenia. Psychosomatics 2009; 50:24–29

10   Christensen AL: Neuropsychological expereiences in neurotraumatology. Acta Neurochir Suppl 2005; 93:195–198

11   D'Amico D, Genco S, Perini F: Work disability in migraine: an Italian experience. Neurol Sci 2004; 25:S251–S252

12   Daniel K, Wolfe CD, Busch M, McKevitt C: What are the social consequences of stroke for working-aged adults? Stroke 2009; 40:e431–e440

13   de Miguel M, Kraychete DC: Pain in patients with spinal cord injury: a review. Rev Bras Anestesiol 2009; 59:350–357

14   Deutsche Rentenversicherung: Leitlinie zur sozialmedizinischen Beurteilung bei neurologischen Krankheiten. Deutsche Rentenversicherung Bund (Hrsg.). Berlin 2010

15   Deutsche Rentenversicherung: Statistik der Deutschen Rentenversicherung: Rehabilitation 2009. Deutsche Rentenversicherung Bund (Hrsg.). Berlin 2010

16   Deutsche Rentenversicherung: Statistik der Deutschen Rentenversicherung: Rentenzugang 2009. Deutsche Rentenversicherung Bund (Hrsg.). Berlin 2010

17   Deutsche Rentenversicherung Bund: Leitlinien zur Rehabilitationsbedürftigkeit für Leistungen zur Teilhabe am Arbeitsleben. 2005. www.deutsche-rentenversicherung-bund.de

18   Diener HC, Putzki N (Hrsg.): Leitlinien für die Diagnostik und Therapie in der Neurologie, 4. Aufl., Stuttgart: Thieme, 2008

19   Donovan NJ, Kendall DL, Heaton SC, Kwon S, Velozo CA, Duncan PW. Conceptualizing functional cognition in stroke. Neurorehabil Neural Repair 2008; 2:122–135

20   Draaisma D: Die Metaphernmaschine. Stuttgart: Primus Verlag, 1999

21   Dubiel H: Tief im Hirn: Mein Leben mit Parkinson. München: Goldmann-Verlag, 2008

22   Dunbar RI, Shultz S: Evolution in the social brain. Science 2007; 317:1344–1347

23   Ebersbach G, Wissel J: Parkinsonkrankheit und Dystonie. In: Frommelt P, Lösslein H (Hrsg.): NeuroRehabilition, 2. Aufl., 2010, S. 712–738, Heidelberg: Springer-Verlag

24   Ebner A, Brandt C, Specht U, Murafi L: Epileptische Anfälle. Videoatlas zu Semiologie und sozialmedizinischer Gefährdungseinschätzung. Springer Medizin, München, 2010

25   Eissler KR: Die Ermordung von wievielen seiner Kinder muss ein Mensch symptomfrei ertragen können, um eine normale Konstitution zu haben. In: Lohmann HM (Hrsg.): Psychoanalyse und Nationalsozialismus, Bd. 17. Frankfurt: Fischer Verlag, 1984 (ursprünglich 1963), S. 159–209

26   Eissler KR: Freud und Wagner-Jauregg vor der Kommission zur Erhebung militärischer Pflichtverletzungen. Wien: Löcker Verlag, 1979

27   Ellgring H, Gerlich C, Macht M, Schradi M: Psychosoziales Training bei neurologischen Erkrankungen – Schwerpunkt Parkinson: ein Programm für die Schulung von Patienten und Angehörigen. Stuttgart: Kohlhammer-Verlag, 2006

28   Evers S, Frese A, Marziniak M: Differenzialdiagnose von Kopfschmerzen. Dt Ärzteblatt 2006; 103:A2040–3048

29   Firsching R, Haupt WF: Schädel-Hirn-Trauma. München: Urban u. Fischer, 2005

30   Flammer A: Erfahrung der eigenen Wirksamkeit. Einführung in die Psychologie der Kontrollmeinung. Bern: Huber Verlag, 1990

31   Fleminger S: Patients after a head injury face an uncerteain long-term future. Neurol Neurosurg Psychiatry 2006; 77:1105

32 Folstein M, Folstein S, McHugh P: Mini-Mental State: A practical method for grading the state of patients for the clinician. J Psychiat Res 1975, 12, S. 189–198

33 Frommelt P, de Langen EG: ICIDH und Funktionaler Selbständigkeitsindex (FIM). In: Matthesius RG, Jochheim KA, Barolin GS, Heinz C (Hrsg.): ICIDH – International Classification of Impairments, Disabilities and Handicap. Genf, Berlin: WHO, Ullstein Mosby, 1995. S. 125–142

34 Frommelt P, Grötzbach H, Überle M: NILS – Ein Instrument zur sozialmedizinischen Beurteilung auf der Basis der ICF in der Neurorehabilitation. Neurol Rehabil 2005; 11:212–217

35 Frommelt P, Grötzbach, H: Kontextsensitive Neurorehabilitation: Einführung in die klinische Neurorehabilitation. In: Frommelt P, Lösslein H (Hrsg.): NeuroRehabiliation, 2. Aufl., 2010, Heidelberg: Springer-Verlag

36 Frommelt P, Poppelreuter W: Leserbrief zum Beitrag von G.R. Fink in »Der Nervenarzt« 2003; 74:540–541. Nervenarzt 2003; 74:1137

37 Frommelt P: Geschichte der Neurorehabilitation. In: Frommelt P, Lösslein H (Hrsg.): NeuroRehabilitation, 2. Aufl. Heidelberg: Springer-Verlag, 2010

38 Frommelt P: Rehabilitation von Personen mit einem Schlaganfall. In: P. Frommelt P, Lösslein H (Hrsg.): NeuroRehabiliation, 2. Aufl., 2010, Heidelberg: Springer-Verlag

39 Fujak A, Frommelt P, Weikert E, Forst R: Das Post-Polio Syndrom. Z Orthop Ihre Grenzgeb 2006; 144:19–33

40 Gerloff C, Bassetti C, Eisensehr I, Hoegl B, Mayer G, Pollmächer T: Narkolepsie. In: Diener HC, Putzki, N (Hrsg.): Leitlinien für Diagnostik und Therapie in der Neurologie, 4. Aufl., S. 654 ff. Stuttgart: Georg Thieme Verlag, 2008 (www.uni-duesseldorf.de/AWMF/ll/030-056.htm)

41 Geyh C, Cieza A, Dickson H, Frommelt P, Omar Z, Kostanjsek N et al: ICF core sets for stroke. J Rehabil Med 2004; 44:135–141

42 Glozier N, Hackett ML, Parag V, Anderson CS, u. group, f.t.: The influence of psychiatric morbidity on return to paid work after stroke in younger adults: The Auckland Regional Community Stroke (ARCOS) Study, 2002–2003. Stroke 2008; 39:1526–1532

43 Goldstein K: Die Behandlung, Fürsorge und Begutachtung der Hirnverletzten. Leipzig: F.C.W. Vogel, 1919

44 Griggs RC, Karpati G: Muscle pain, fatigue, and mitochondriopathies. N Engl J Med 1999; 341:1077–1078

45 Haussleiter I, Brüne M, Juckel G: Review: Psychopathology in multiple sclerosis: diagnosis, prevalence and treatment. Ther Adv Neurol Dis, 2009, 2, S. 13–29

46 Heckman BD, Holroyd KA, Himawan L, O'Donnell FJ, Tietjen G, Utley C et al: Do psychiatric comorbidities influence headache treatment outcomes ? Pain 2009; 146:56–64

47 Hochstenbach J, Prigatano T, Mulder T: Patient's and relatives' report of disturbances 9 Moths after stroke: subjective changes in physical functioning,cogntiion and behavior. Arch Phys Med Rehabil 2005; 86:1587–1593

48 Holper J, Coenen M, Weise A, Stucki G, Cieza A, Kesselring J: Characterization of functioning in multiple sclerosis using the ICF. J Neurol 2010; 257:103–113

49 Janda V: Muskelfunktionsprüfung. Berlin: VEB Verlag Volk und Gesundheit, 1959

50 Jensen R, Stovner L: Epidemiology and comorbidity of headache. Lancet Neurol 2008;7:354–361

51 Jochheim KA, Matthesius RG: Zum Konzept der ICIDH und zum Stand ihrer internationalen Diskussion. In: Matthesius GH, Jochheim KA, Barolin GS, Heine C (Hrsg.): ICIDH. Genf, Berlin: WHO, Ullstein Mosby, 1995. S. 5–12

52 Kaiser R, Fingerle V: Neuroborreliose. Nervenarzt, 2009, 80, S. 1239–1251

53 Katsarava Z, Bartsch T, Diener HC: Der medikamenteninduzierte Kopfschmerz. Akt Neurol 2006; 33:28–43

54 Kesselring J, Beer S: Symptomatic therapy and neurorehabilitation in multiple sclerosis. Lancet Neurol 2005; 4: 643–652

55 Klonoff P, Watt L, Dawson K, Henderson S, Gehrels JA, Wethe J: Psychosocial outcomes 1–7 years after comprehensive milieu-oriented neurorehabilitation: The role of pre-injury status. Brain Injury, 2006, 20, S. 601–612

56 Kos D, Kerkhofs E, Nagels G, D'Hooghe M, Ilsbroukx S: Origin of fatigue in multiple sclerosis: review of the literature. Neurorehabil Neural Repair, 2008, 22, S. 91–100

57 Koskinen S, Sanna J, Sarajuri J: Prinzipien der neuropsychologischen Rehabilitation. In: Frommelt P, Lösslein H (Hrsg.): NeuroRehabiliation, 2. Aufl., 2010, S. 116–123, Heidelberg: Springer

58 Kotterba S, Orth M, Happe S, Mayer G: Begutachtung der Tagesschläfrigkeit bei neurologischen Erkrankungen und dem obstruktiven Schlafapnoesyndrom (OSAS). Nervenarzt, 78: 861–870, 2007

59 Kotterba S: Narkolepsie und Fahrtauglichkeit. In: Mayer G, Pollmächer, T (Hrsg.): Narkolepsie – Neue Chancen in Diagnostik und Therapie, S. 71–79. Stuttgart: Georg Thieme Verlag, 2007

60 Kreutzer JS, Demm SR, Tylor LA: Beschäftigung und berufliche Rehabilitation nach Schädel-Hirn-Trauma. In: Frommelt P, Lösslein H (Hrsg.): NeuroRehabiliation, 2. Aufl., Heidelberg: Springer Verlag, 2010

61 Kurtzke JF: Rating neurologic impairment in multiple sclerosis: an expanded disability status scale (EDSS). Neurology 1983; 33:1444–1452

62 Küst J: Fahreignung: In: Frommelt P, Lösslein H (Hrsg.): NeuroRehabiliation, 2. Aufl., Heidelberg: Springer Verlag, 2010

63 Lange K, Tucha L, Tucha O: Neuropsychologische Diagnostik: Ökologische Vailidität und Prognosen. In: Frommelt P, Lösslein H (Hrsg.): NeuroRehabiliation, 2. Aufl., 2010, S. 759–790, Heidelberg: Springer-Verlag

64 Lees AJ, Hardy J, Revesz T: Parkinson´s disease. Lancet 373: 2055–2066, 2009

65 Begutachtungs-Leitlinien zur Kraftfahrereignung. Berichte der Bundesanstalt für Straßenwesen, bearbeitet von Gräcmann N, Albrecht M. Bundesanstalt für Straßenwesen (Hrsg.). Wirtschaftsverlag NW, Bergisch Gladbach 2010

66 Lezak M: Neuropsychological assessment. 4th ed. Oxford: Oxford University Press, 2004

67 Lidal I, Huyn T, Biering-Sorensen F: Return to work following spinal cord injury: a review. Disabil Rehabil, 2007, 29, S. 1341–1375

68 Liedberg GM, Vrethem M: Polyneuropathy, with and without neurogenic pain, and its impact on daily life activities – a descriptive study. Disabil Rehabil 2009; 31:1402–1408

69 Louis E, Barnes L, Albert CM, Cote L, Schneier FR, Pullman SL et al: Correlates of functional disability in essential tremor. Movement Disord 2001; 16:914–920

70 Marras C, Rochon P, Lang A: Predicting motor decline and disability in Parkinson Disease. Arch Neurol 2002;59:1724–1728

71 Masur H: Skalen und Scores in der Neurologie. 2. Aufl., Stuttgart: Thieme Verlag, 2001

72 Mathiowetz V, Kashman N, Volland G, Weber K, Dowe M, Rogers S. Grip and pinch strength: Normative data for adults. Arch Phys Rehabil 1985; 66:69–72

73 Mathiowetz V, Weber K, Kashman N, Volland G: Adult norms for the nine hole peg test of finger dexterity. Occup Ther J Res 1985; 5:24–38

74 May TW, Pfäfflin M, Thorbecke R, Specht U, van Kampen N, Coban I: PESOS-Fragebogen für Menschen mit Epilepsie – Psychometrische Eigenschaften der Skalen zur Beeinträchtigung durch die

Epilepsie und zu emotionalen Aspekten der Lebensqualität. Z Epileptol 2004, 17:287–300

75 Mayer G: Narkolepsie – Taschenatlas spezial. Stuttgart: Georg Thieme Verlag, 2006

76 Millar K, Nicoll JA, Thornhill S et al: Long term neuropsychological outcome after head injury: relation to APOE genotype. J Neurol Neurosurg Psychiatry 2003; 74:1047.52

77 Molho E, Agarwal N, Regan K, Higgins DS, Factor SA: Effect of cervical dystonia on employment: A retrospective analysis of the ability to restore premorbid empoyment status. Mov Disord 2009; 24:1384–1387

78 Molton IR, Stoelb BL, Jensen MP, Ehde DM, Raichle KA, Cardenas DD: Psychosocial factors and adjustment to chronic pain in spinal cord injury: Replication and cross-vadidation. J Rehabil Res Dev 2009; 46:31–42

79 Morone NE, Lynch CS, Greco CM, Tindle HA, Weiner DK: „I felt like a new person.» The effects of mindfulness meditation on older adults withe chronic pain: qualitative narrative analysis of diary entries. J Pain 2008; 9:841–848

80 Neubauer G, Ranneberg J: Ergebnisorientierte Vergütung der neurologischen Rehabilitation. Unveröffentlichtes Manuskript. Neubiberg: Universität der Bundeswehr München, 2005

81 Noble BJ, Robertson RJ: Perceived exertion. Champaign, Il.: Human Kinetics, 1996

82 Pfeiffer G: Rehabilitation neuromuskulärer Erkrankungen. In: Frommelt P, Lösslein H (Hrsg.): NeuroRehabiliation, 2. Aufl., 2010, Heidelberg: Springer-Verlag

83 Pflaum C, McCollister G, Strauss DJ, Shavelle RM, DeVivo MJ: Worklife after traumatic spinal cord injury. J Spinal Cord Med 2006; 29:377–386

84 Pohlmann-Eden B, unter Mitarbeit von: Behne F, Brandt C, Ebner A, Füratsch N, Hoppe M, Kramme C, Lahr D, Pannek H-W, Schmitt J, Schöndienst M, Specht U, Speckmann E-J, Thorbecke R, Woermann FG: Praktische Epilepsiebehandlung. Uni-Med, Bremen, 2007

85 Poppelreuter W: Psychologische Begutachtung der Erwerbsbeschränkten. Berlin und Wien: Urban u. Schwarzenberg, 1928

86 Raichle KA, Hanley M, Jensen MP, Cardenas DD: Cognitions, coping and social environment predict adjustment to pain in spinal cord injury. J Pain 2007; 8:718–729

87 Reiners K: Klinik, Diagnostik und Differenzialdiagnose der Polyneuropathien. Klinikarzt 2007; 36:263–269

88 Reißberg S, Woischneck D, Kästner A, Baars C, Ludwig K, Klein S et al: Neuroradiologische Befunde zur Beurteilung der Prognose bei Patienten nach Schädel-Hirn-Traumen. Klin Neurorad 2003; 13:27–33

89 Rickels E: Neurotraumatologie. In: Frommelt P, Lösslein H (Hrsg.): NeuroRehabiliation, 2. Aufl., 2010, S. 616–632, Heidelberg: Springer-Verlag

90 Rieckmann P, Mäurer M: Multiple Sklerose und verwandte Krankheitsbilder. In: Wallesch CW (Hrsg.). München, Jena: Urban u. Fischer, 2005

91 Ried S, Baier H, Dennig D, Göcke K, Specht U, Thorbecke R, Wohlfarth R: Modulares Schulungsprogramm Epilepsie – MOSES. Erarbeitungsbuch, 2. Aufl., 2005, 2. edn. Bethel-Verlag, Bielefeld

92 Riggio S, Wong M: Neurobehavioral sequelae of traumatic brain injury. Mount Sinai J Med, 2009, 76, S. 163–172

93 Rinnerthaler M, Mueller J, Weichbold V, Wenning GK, Poewe W: Social stigmatization in patients with cranial and cervical dystonia. Mov Disord 2006; 21:1636–1640

94 Schlegel U: Intrakranielle und spinale Tumoren. In: Wallesch CW: Neurologie: Diagnostik und Therapie in Klinik und Praxis. München: Elsevier, 2005. S. 361–390

95 Schut ES, Westendorp WF, de Gans J, Kruyt ND, Spanjaard L, Reitsma JB et al: Community acquired bacterial meningitis in adults. Pract Neurol 2008; 8:8–23

96 Specht U, Thorbecke R: Epilepsien. In: Frommelt, P, Lösslein, H (Hrsg): Neurorehabilitation. Springer, Berlin, 2010 (im Druck)

97 Specht U: Medikamenten-Compliance bei Epilepsie. Nervenarzt 2008, 79:662–668

98 Stacy M: Epidemiology, clinical presentation, and diagnosis of cervical dystonia. Neurol Clin 2008; 26:23–42

99 Strub RL, Black FW: The mental status examination in neurology. 3rd ed. Philadelphia: F.A. Davis, 1993

100 Tate R, Strettles B, Osoteo T: The clinical practice of a community rehabilitation team for people with acquired brain injury. Brain Impairment, 2004, 5, S. 81–92

101 Teasdale GM: Head injury. Neurol Neurosurg Psychiatry 1995; 58:526–539

102 Thorbecke R, Fraser RT: The range of needs and services in vocational rehabilitation. In: Engel J Jr., Pedley TA (Hrsg): Epilepsy – A comprehensive textbook, Vol. 2., Wolters Kluwer, Lippincott Williams & Wilkins, Philadelphia, 2008, S 2253–2265

103 Thorbecke R, Specht U: Berufliche Rehabilitation bei Epilepsie. Der medizinische Sachverständige 2005, 101:22–32

104 Vadikolias et al: Headache-related work disability in young men, in: The Journal of Headache and Pain, Springer-Verlag, 2002

105 van Balen E: A disability-oriented approach to long-term sequelae following traumatic brain injury-Thesis. Nijmegen: Katholieke Universiteit van Nijmegen, 1997

106 van Wijk I, Lindeman E, Kappelle LJ, van Gijn J, Koudsaal PJ, Gorter JW et al: Fuctional status and use of healthcare facilities in long-term survivors of transient ischaemic attack or minor ischaemic stroke. J Neurol Neursurg Psychiatry 2006; 77:1238–1243

107 Vaney C, Roth R: Rehabilitation bei Multipler Sklerose. In: Frommelt P, Lösslein H (Hrsg.): NeuroRehabiliation, 2. Aufl., 2010, S. 624–674, Heidelberg: Springer-Verlag

108 Verband Deutscher Rentenversicherungsträger (VDR, Herausgeber): Phaseneinteilung in der neurologischen Rehabilitation. Rehabilitation 1995; 34: 119–127

109 Vucic S, Burke D, Kiernan M: Fatigue in multiple sclerosis: mechanisms and management. 2010, 121, S. 809–817

110 Wade DT: Measurement in neurological rehabilitation. Oxford: Oxford University Press, 1992

111 Weintraub D, Comella CL, Horn S: Parkinson's disease. Part 1 Pathophysiology, symptoms, burden, diagnosis, assessment. Am J Managed Care 2008; 14:S40–48

112 Weizsäcker Vv: Soziale Krankheit und soziale Gesundheit. 2. Aufl. (Erstauflage 1931). Göttingen: Vandenhoeck u. Ruprecht, 1955. S. 4

113 Wicksell RK, Melin L, Lekander M, Olsson GL: Evaluating the effectiveness of exposure and acceptance strategies to improve functioning and qulity of life inlongstanding pediatrc pain – a randomized controlled trial. Pain 2009; 141:248–257

114 Widder B: Kriterien zur Leistungsbeurteilung bei Schmerzpatienten. In: Suchenwirth RM, Ritter G, Widder B (Hrsg.): Neurologische Begutachtung bei indadäquaten Befunden. Stuttgart: Gustav Fischer, 1997. S. 16–25

115 Wijesekera LC, Leigh PN: Amyotrophic lateral sclerosis. Orphanet J Rare Diseas 2009; 4:3

116 Wilz G, Soellner R: Work loss following stroke. Disabil Rehabil 2009; 18:1487–1493

117 Wollaars MM, Post MW, van Asbeck F, Brand N: Spinal cord inury pain: The influence of psychologic factors and impact onquality of life. J Clin Pain 2007; 23:383–391

118 Wozniak M, Kittner SJ: Return to work after ischemic stroke: a
      methodological review. Neuroepidemiology 2002; 21:159–166
119 Zadikoff C, Fox SH, Tang-Wai DF et al: A comparision of the mini
      mental state exam to the Montreal cognitive assessment in
      identifying cognitive deficits in Parkinson's disease. Mov Disord
      2008; 23:297–98

Hilfreiche Links

www.dgsm.de (Deutsche Gesellschaft für Schlafforschung und Schlaf-
      medizin)
www.dng-ev.de (Deutsche Narkolepsiegesellschaft e.V.)

Psychische und Verhaltensstörungen

Klaus Foerster, Wolfgang Weig, Katja Fischer (24.1);
Wolfgang Weig, Katja Fischer (24.2.1, 24.2.2, 24.2.6 bis 24.2.8);
Klaus Foerster, Katja Fischer (24.2.3 bis 24.2.5)

24

Psychische und Verhaltensstörungen können sich – mehr noch als andere Erkrankungen, die primär körperliche Funktionen beeinträchtigen – auf Aktivitäten und Teilhabe der Betroffenen auswirken. Neben den krankheitsbedingten Störungen von Aktivitäten und Teilhabe kommt häufig als negativer Kontextfaktor eine ablehnende Haltung in der Gesellschaft gegenüber Menschen mit psychischen Störungen hinzu.

Dieses Kapitel enthält Ausführungen zu den psychischen und Verhaltensstörungen mit der größten Relevanz für die sozialmedizinische Begutachtung (ohne substanzgebundene Abhängigkeitskrankheiten: vgl. ▶ Kap. 25).

24.1   Allgemeines

Klaus Foerster, Wolfgang Weig, Katja Fischer

Für die Beurteilung der Leistungsfähigkeit bei psychischen und Verhaltensstörungen ist die Kenntnis der psychomentalen Anforderungen an bestimmten Arbeitsplätzen bzw. in bestimmten Berufstätigkeiten sowie von Tätigkeiten auf dem allgemeinen Arbeitsmarkt von besonderer Bedeutung. Nur dann kann der Gutachter die Frage adäquat beantworten, inwieweit die Leistungsfähigkeit des Probanden für die zuletzt ausgeübte Tätigkeit bzw. für Tätigkeiten des allgemeinen Arbeitsmarktes beeinträchtigt ist. Da der allgemeine Arbeitsmarkt in der modernen Informations- und Mediengesellschaft zunehmend durch Berufsbilder mit regelmäßiger bis fast ausschließlicher Beanspruchung psychischer Funktionen geprägt ist, hat die gutachterliche Beurteilung letzterer einen herausragenden Stellenwert erlangt.

24.1.1 Sozialmedizinische Bedeutung

Nicht nur die Arbeitsunfähigkeitszeiten, sondern auch der Anteil von Rehabilitationsleistungen und Renten wegen Erwerbsminderung im Zusammenhang mit psychischen Störungen haben in den letzten Jahren nahezu kontinuierlich zugenommen.

Im Jahr 2009 wurden nach der Statistik der Deutschen Rentenversicherung etwa 19,2 % der stationären medizinischen Rehabilitationsleistungen wegen psychischer Störungen als Erstdiagnose durchgeführt. Damit steht diese Diagnosegruppe an zweiter Stelle nach den Rehabilitationsleistungen wegen Krankheiten des Muskel-Skelett-Systems (ca. 33,3 %) gefolgt von den Neubildungen (ca. 19,1 %). Für Leistungen zur medizinischen Rehabilitation bei psychischen Störungen (ohne Abhängigkeitserkrankungen) wurden von der gesetzlichen Rentenversicherung im Jahr 2009 fast 680 Mio. Euro ausgegeben.

Bei den Erwerbsminderungsrenten führen psychische Störungen inzwischen die Statistik der Deutschen Rentenversicherung an. Im Jahr 2009 erfolgte von ca. 170.000 Neuberentungen wegen verminderter Erwerbsfähigkeit bereits etwa ein Drittel (über 56.000) wegen psychischer Störungen (ohne Abhängigkeitserkrankungen).

Parallel zu den skizzierten Entwicklungen steigt der Bedarf an psychiatrisch-psychotherapeutischen Begutachtungen. Inzwischen wird etwa ein Drittel der sozialmedizinischen Begutachtungen für die Rentenversicherungsträger wegen psychischer Störungen durchgeführt.

Die Prognose psychischer Störungen konnte unter anderem durch die Weiterentwicklung der medikamentösen Behandlungsmöglichkeiten und eine adäquatere ambulante Versorgung der Betroffenen verbessert werden, aber auch eine verstärkte Information über psychische Störungen in der Öffentlichkeit sowie die Schaffung eines patientenorientierten therapeutischen Milieus in psychiatrisch-psychotherapeutischen und psychosomatischen Einrichtungen haben dazu beigetragen.

In der medizinischen und beruflichen Rehabilitation von Versicherten mit psychischen Störungen wurden die Behandlungsmöglichkeiten erweitert, differenziert und flexibilisiert. Neue Konzepte, zum Beispiel für die Rehabilitation seltenerer, jedoch sozialmedizinisch relevanter Störungsbilder und für die Reha-Nachsorge wurden entwickelt. Derzeit stehen in der Bundesrepublik Deutschland nahezu 16.000 Behandlungsplätze für die psychosomatisch-psychotherapeutische Rehabilitation zur Verfügung. Einrichtungen der Rehabilitation bei Abhängigkeitserkrankungen sowie der Rehabilitation psychisch kranker Menschen in spezialisierten Einrichtungen (RPK), die medizinische und berufliche Rehabilitationsleistungen eng miteinander verknüpfen, ergänzen das Angebotsspektrum.

Sozialmedizinische Gutachten sind auch eine Entscheidungsgrundlage für die Bewilligung von Rehabilitationsleistungen durch den Rentenversicherungsträger – und dies nicht nur im Rahmen von Rentenantragsverfahren. Um eine entsprechende Empfehlung abgeben zu können, muss der Gutachter daher sowohl die Möglichkeiten der Krankenbehandlung, als auch das Spektrum der Leistungen zur medizinischen Rehabilitation und der Leistungen zur Teilhabe am Arbeitsleben für Versicherte mit psychischen Störungen kennen.

Ziel der Krankenbehandlung ist bei psychischen Störungen die möglichst weitgehende Rückbildung der das Erleben und Verhalten prägenden Symptomatik, verbunden mit der Erreichung eines Zustandsbildes von Kompensation und seelischer Stabilisierung.

Bei Leistungen zur Teilhabe im Sinne einer medizinischen oder beruflichen Rehabilitation steht hingegen die Auseinandersetzung mit der Erkrankung, ihren Folgen und/oder der daraus resultierenden Behinderung im Vordergrund. Beeinträchtigungen der Teilhabe sollen gemindert oder vermieden werden, indem der betroffenen Person Selbstwirksamkeitserfahrungen vermittelt werden und sie in ihrer Kompetenz zur Wahrnehmung und Nutzung vorhandener Ressourcen gestärkt wird. Der Fokus der Rehabilitation in der Rentenversicherung besteht in medizinischer, psychologischer, pädagogischer und beruflicher Unterstützung, um eine betroffene Person trotz des Bestehens einer oder gar mehrerer Erkrankungen beziehungsweise Behinderungen zu befähigen, am Erwerbsleben teilzuhaben und ein möglichst »normales« Alltagsleben zu führen.

24.1.2 Klassifikationen

Im Folgenden werden die im deutschen Sprachraum gebräuchlichsten diagnostischen Klassifikationen und diagnoseübergreifenden Instrumente zur Befunddokumentation bei psychischen Störungen sowie die bei psychischen Störungen relevantesten Komponenten der ICF (Internationale Klassifikation der Funktionsfähigkeit, Behinderung und Gesundheit, WHO, 2001) [42] vorgestellt.

Diagnostische Klassifikationen

Die diagnostische Einteilung der psychischen und Verhaltensstörungen erfolgt im deutschen Sprachraum überwiegend nach der **ICD-10-GM** [12], der deutschen Version der Internationalen statistischen Klassifikation der Krankheiten und verwandter Gesundheitsprobleme (International Statistical Classification of Diseases and Health related Problems, German Modification).

Das von der American Psychiatric Association (APA) herausgegebene **D**iagnostische und **S**tatistische **M**anual psychischer Störungen (**DSM-IV**) [1] stellt eine alternative Klassifikation dar, die mit ihrem höheren Detaillierungsgrad überwiegend für wissenschaftliche Zwecke genutzt wird. Die diagnostische Einteilung erfolgt hierbei entlang von fünf Achsen, die teilweise wiederum in mehrere diagnostische Kategorien unterteilt sind (Achse I und II).

Diagnoseübergreifende Instrumente zur Befunddokumentation

Mit Hilfe des von der **A**rbeitsgemeinschaft für **M**ethodik und **D**okumentation in der **P**sychiatrie entwickelten sog. **AMDP**-Systems [2] können anamnestische Angaben, körperlicher Befund und Psychopathologie bei Menschen mit psychischen Störungen standardisiert erfasst werden. Außerdem ist hier eine Differenzierung nach der Methode der Informationsgewinnung (Selbst- vs. Fremdeinschätzung) vorgesehen.

Die **O**perationalisierte **P**sychodynamische **D**iagnostik (**OPD-2**) [3] stellt ein weiteres diagnostisches – allerdings schulenspezifisches – Instrument dar, das aus vier psychodynamischen und einer deskriptiven Achse besteht und eine differenzierte Beschreibung der Psychodynamik eines Probanden und ihrer Auswirkungen auf Krankheitserleben und Behandlungsvoraussetzungen erlaubt.

Es existiert eine Fülle weiterer Erhebungs- und Dokumentationsinstrumente, die sich unter anderem hinsichtlich diagnostischer Spezifität und Sensitivität, Erfassungsmodus (Selbst-, Fremdrating), Durchführungsaufwand sowie Validität und Reliabilität unterscheiden (vgl. ▶ Kap. 24.1.3, Testpsychologische Untersuchungen).

ICF (Internationale Klassifikation der Funktionsfähigkeit, Behinderung und Gesundheit)

Die Auswirkungen psychischer Störungen auf einzelne psychische Funktionen, aber auch auf Aktivitäten und Teilhabe können mit Hilfe der **ICF** (International Classification of Functioning, Disability and Health) verschlüsselt und standardisiert erfasst werden (siehe auch ▶ Kap. 4.2). Bei der Strukturierung und Beschreibung eines psychischen Befundes sowie des qualitativen Leistungsvermögens im Erwerbsleben kann die Verwendung der ICF mit ihrem hohen Detaillierungsgrad durchaus hilfreich sein, in der Praxis steht einer regelhaften Verschlüsselung psychischer Zustände anhand der ICF unter anderem der damit verbundene erhebliche Aufwand entgegen. Die Möglichkeiten, mittels der ICF das quantitative Leistungsvermögen bei psychischen Störungen sowie sozialmedizinische Aussagen zur Prognose zu operationalisieren, sind trotz bestehender wissenschaftlicher Ansätze noch beschränkt. Die nachfolgende ◘ Tab. 24.1 listet die für psychische Störungen besonders relevanten Funktionen nach der ICF auf.

Die zahlreichen für die Begutachtung bei psychischen Störungen relevanten Komponenten der Aktivitäten und Teilhabe, wie beispielsweise zu Wissensanwendung und Kommunikation, sind der ICF zu entnehmen.

24.1.3 Diagnostik

Kernstück der psychiatrischen Diagnostik ist die Erhebung eines ausführlichen psychischen Befundes. Der psychische Befund beschreibt das Querschnittsbild der seelischen Verfassung des Probanden zum Untersuchungszeitpunkt und stützt sich auf die Beobachtung des Verhaltens sowie das vom Probanden berichtete Erleben. Der Befund muss in möglichst differenzierter Form erhoben und dokumentiert werden. Dies kann z. B. durch die Verwendung des Manuals zur Dokumentation psychiatrischer Befunde der AMDP (siehe ▶ Kap. 24.1.2) unterstützt werden, das

◘ Tab. 24.1 Bei psychischen Störungen besonders relevante Funktionen nach der ICF

Globale mentale Funktionen:	Spezifische mentale Funktionen:
Funktionen des Bewusstseins	Funktionen der Aufmerksamkeit
Funktionen der Orientierung	Funktionen des Gedächtnisses
Funktionen der Intelligenz	Psychomotorische Funktionen
Globale psychosoziale Funktionen	Emotionale Funktionen
Funktionen von Temperament und Persönlichkeit	Funktionen der Wahrnehmung
Funktionen der psychischen Energie und des Antriebs	Funktionen des Denkens
Funktionen des Schlafes	Höhere kognitive Funktionen
	Kognitiv-sprachliche Funktionen
	Das Rechnen betreffende Funktionen
	Mentale Funktionen, die die Durchführung komplexer Bewegungshandlungen betreffen
	Die Selbstwahrnehmung und die Zeitwahrnehmung betreffende Funktionen

Auszug aus der ICF (Stand Oktober 2005)

– wenn möglich – durch weitere Kategorien ergänzt werden sollte. Die im Arbeitskreis operationalisierte psychodynamische Diagnostik (OPD, ► Kap. 24.1.2) entwickelten Achsen stellen ein differenziertes Modell zur Erfassung relevanter psychischer Dimensionen dar, das mit dem diagnostischen System der ICD-10 kompatibel ist.

■ Anamnese

Zur Erfassung und Einordnung von psychischen und Verhaltensstörungen ist eine ausführliche Anamneseerhebung unabdingbar. Die biografische Anamnese kann primär aus den Spontanangaben entnommen werden. Häufig wird die spontane Darstellung den Anforderungen an die gutachterliche Sachaufklärung jedoch nicht genügen, so dass der Sachverständige zusätzlich gezielt und detailliert explorieren muss. Neben der Eigenanamnese kann auch die Erhebung einer Fremdanamnese weitere wichtige Aufschlüsse über die diagnostische Einordnung und auch zur Leistungsfähigkeit von Versicherten geben. Dabei sind

die jeweiligen rechtlichen Rahmenbedingungen (Schweigepflicht, Datenschutz) zu beachten. Verdeutlichung und Aggravation sowie – seltener – Simulation und Dissimulation können auch in der Begutachtung von Versicherten mit psychischen oder Verhaltensstörungen eine Rolle spielen. Die Identifikation derartiger Antwortverzerrungen stellt erhebliche Anforderungen an die diagnostischen Fähigkeiten des Gutachters (siehe auch ► Kap. 27.2).

■ Körperliche Untersuchung

Zu jeder psychiatrischen Begutachtung gehört ein körperlicher Untersuchungsbefund. Hier können sich Hinweise auf behandelbare und prinzipiell reversible körperliche Erkrankungen als Ursache für die psychischen bzw. Verhaltensstörungen ergeben.

Bei Hinweisen auf erhebliche körperliche Erkrankungen wird eine zusätzliche Begutachtung auf dem jeweiligen Fachgebiet dann erforderlich werden, wenn hieraus leistungsrelevante Ergebnisse zu erwarten sind.

■ Psychischer Befund

Der psychische Befund ist Grundlage jeder Begutachtung von Versicherten mit psychischen und Verhaltensstörungen. Ein psychiatrisches Gutachten, in dem der Abschnitt »Psychischer Befund« fehlt, ist unbrauchbar.

Die Feststellung von Einschränkungen im Leistungsvermögen ist ohne eine im Querschnittsbefund oder im Verlauf eindeutig zu beschreibende psychopathologische Symptomatik nicht begründbar.

Der psychische Befund ist in möglichst differenzierter Form zu erheben und zu dokumentieren. Hierzu gehört sowohl die Schilderung des Ersteindrucks in der Gutachtensituation als auch eine ausführliche Beschreibung der Persönlichkeit des Betroffenen, die der Individualität des Probanden gerecht werden muss und zugleich hinsichtlich der Gegenübertragung zu kontrollieren ist.

Diese deskriptive Darstellung darf keine wertenden oder deutenden Elemente enthalten und sollte dem Leser des Gutachtens eine bündige und bildhafte Vorstellung des Untersuchten vermitteln. Rein anamnestische Angaben gehören nicht zum psychischen Befund.

Folgende Bereiche sind für die Beurteilung des quantitativen und qualitativen Leistungsvermögens, der Prognose, der Behandlungs- und Rehabilitationsbedürftigkeit sowie der Rehabilitationsfähigkeit von Interesse.

■■ Bewusstsein

Das Bewusstsein kann als Zustand der Bewusstheit bezüglich des Selbst und der Umwelt definiert werden, verbunden mit der Fähigkeit zu situativ adäquaten Reaktionen. Quantitative Bewusstseinsstörungen bzw. Bewusstseinsverminderung gehen auf eine beeinträchtigte Vigilanz (Wachheit) zurück und deuten in der Regel auf eine organische Genese hin. Verschiedene Schweregrade werden unterschieden: Benommenheit, Somnolenz, Sopor und Koma. Bei den qualitativen Bewusstseinsstörungen ist die Vigilanz unbeeinträchtigt, es liegen jedoch Veränderungen im Sinne von Bewusstseinstrübung (mit mangelnder Klarheit von Denken und Handeln), Bewusstseinseinengung oder Bewusstseinserweiterung (z. B. unter Drogeneinfluss) vor. Anhaltende Bewusstseinsstörungen schließen eine Erwerbstätigkeit aus.

▪▪ Orientierung

Die Orientierung zu Zeit, Ort, Situation und zur eigenen Person ist immer zu prüfen. Andauernde Orientierungsstörungen bedingen in aller Regel eine Aufhebung des Leistungsvermögens.

▪▪ Auffassung, Aufmerksamkeit, Konzentrationsfähigkeit, Gedächtnis

Auffassung wird als Fähigkeit verstanden, Wahrnehmungen in ihrer Bedeutung zu begreifen, diese sinnvoll miteinander zu verbinden und in den persönlichen Erfahrungsbereich einzubauen. Bei der Erfassung der Aufmerksamkeit kann zwischen Fokussierung, Beibehaltung und Verschiebung der Aufmerksamkeit differenziert werden, wobei dies im Rahmen der Exploration und Verhaltensbeobachtung sowie durch zusätzliche neuropsychologische Verfahren erfolgen kann. Konzentrationsfähigkeit bezeichnet das Vermögen, sich über eine längere Zeitspanne ausschließlich mit einer bestimmten Aufgabe zu befassen und ablenkende Außenreize weitgehend auszublenden. Störungen von Auffassung, Aufmerksamkeit und Konzentration bzw. auch ein vorzeitiges Nachlassen von Aufmerksamkeit und Konzentration (rasche Ermüdung) wirken sich in der Regel auf Güte und Tempo der zu leistenden Arbeit aus. Je nach Ausprägungsgrad ergeben sich Einschränkungen der quantitativen und qualitativen Leistungsfähigkeit.

Gedächtnis bezieht sich auf die Fähigkeit der Speicherung und des zielgerichteten Abrufs von Informationen. Dabei bezeichnet Merkfähigkeit die Fähigkeit, sich neue Eindrücke über eine Zeit von ca. zehn Minuten zu merken. Bei leichten Störungen der Merkfähigkeit können von drei einmal dargebotenen und vom Probanden wiederholten Zahlen oder Begriffen nur noch eine oder zwei spontan erinnert werden. Bei schweren Merkfähigkeitsstörungen können die drei Zahlen oder Begriffe nach zehn Minuten auch mit Hilfestellung nicht mehr benannt werden. Gedächtnis meint die Fähigkeit, Eindrücke oder Erfahrungen längerfristig (länger als ca. zehn Minuten) zu speichern bzw. Erlerntes aus dem Gedächtnis abzurufen. Das Gedächtnis kann auf der Zeitachse in ganz grober Einteilung differenziert werden in Frischgedächtnis (bis etwa sechzig Minuten) und Altgedächtnis (Erinnerung an weiter zurückliegende Erfahrungen).

Gedächtnisstörungen werden bereits im Rahmen der Anamneseerhebung deutlich; dies gilt insbesondere für Störungen des Altgedächtnisses. Störungen des Frischgedächtnisses beeinträchtigen die Leistungsfähigkeit in der Regel so erheblich, dass eine Erwerbstätigkeit gar nicht mehr möglich ist. Auch auf der qualitativen Ebene können sich Einschränkungen ergeben. Zur Objektivierung können standardisierte testpsychologische Verfahren ergänzend angewandt werden, die bei entsprechenden Hinweisen eine Plausibilitätsprüfung beinhalten sollten.

▪▪ Formales Denken

Die Denkabläufe können gestört sein in Bezug auf Geschwindigkeit (z. B. Denkverlangsamung), Kontrolle (z. B. Gedankendrängen), Organisation (z. B. Inkohärenz/Zerfahrenheit) und Produktivität (z. B. Grübeln). Formale Denkstörungen sind immer ein Zeichen für eine gravierende psychische Störung und beeinflussen die kognitiven Fähigkeiten des Probanden. Sowohl bei schizophrenen Störungen als auch bei affektiven Erkrankungen können formale Denkstörungen erhebliche Einschränkungen sowohl der quantitativen als auch der qualitativen Leistungsfähigkeit nach sich ziehen.

▪▪ Inhaltliches Denken

Störungen des inhaltlichen Denkens (z. B. Wahnphänomene, Zwänge, Ängste) sind in ihren Auswirkungen auf die Leistungsfähigkeit im Einzelfall zu betrachten. Derartige Phänomene, sofern sie isoliert auftreten, müssen das Leistungsvermögen nicht zwingend beeinträchtigen. Je nach Ausprägungsgrad kann es jedoch – insbesondere bei starker affektiver Beteiligung – zu Einschränkungen der quantitativen und qualitativen Leistungsfähigkeit kommen.

▪▪ Wahrnehmung

Wahrnehmungsstörungen können sich auf einzelne oder mehrere Sinnesqualitäten (akustische, optische, taktile, olfaktorische, gustatorische) beziehen. Auf das Vorhandensein von Sinnestäuschungen wie beispielsweise akustischen Halluzinationen kann zwar oft nur indirekt via Verhaltensbeobachtung geschlossen werden, sie werden jedoch auch vom psychiatrisch weniger erfahrenen Gutachter leicht als pathologisch identifiziert. Sinnestäuschungen sind ein typisches Symptom schizophrener Störungen, treten aber durchaus auch bei anderen psychischen Störungen, vor allem bei organischen oder symptomatischen Psychosen und beim Delir auf. Illusionen unterscheiden sich von Halluzinationen dadurch, dass bei ihnen ein real existentes Objekt als etwas anderes verkannt wird, während Halluzinationen einer realen Grundlage völlig entbehren.

24

■■ Ich-Erleben

Ich-Störungen werden von den Betroffenen häufig nicht spontan berichtet und müssen bei entsprechenden Hinweisen gezielt erfragt werden. Sie beziehen sich auf ein – vom Betroffenen oft auf Außeneinflüsse projiziertes – verändertes Erleben der eigenen Identität und der Grenze zwischen Ich und Umwelt. Beispiele sind Derealisation, Depersonalisation, Gedankenausbreitung und Gedankenentzug. Solche Phänomene kommen nicht nur bei Schizophrenien vor, sondern beispielsweise auch nach schweren psychischen Traumata (Derealisation, Depersonalisation). Leichter ausgeprägte Ich-Störungen können durchaus mit der Ausübung einer einfacher strukturierten Erwerbstätigkeit ohne hohe Anforderungen an die sozioemotionale Belastbarkeit vereinbar sein, schwere Ich-Störungen schließen dies hingegen aus.

■■ Affektivität

Störungen der Affektivität, zu denen Veränderungen von Gefühlen, Stimmungen und Emotionalität sowie Einschränkungen von Schwingungsfähigkeit oder Befindlichkeit zählen, können sich sowohl auf das quantitative als auch auf das qualitative Leistungsvermögen auswirken. Das quantitative Leistungsvermögen kann insbesondere bei schwerer Depressivität, Ängstlichkeit oder erheblichen Insuffizienzgefühlen eingeschränkt sein, wobei Diskrepanzen zwischen subjektiver Bewertung und gutachterlich festgestellter Leistungsfähigkeit nicht selten sind. Bei mäßiger Ausprägung der jeweiligen Symptomatik oder beispielsweise bei hypomanischen Zustandsbildern können bereits qualitative Beeinträchtigungen des Leistungsvermögens im Erwerbsleben vorliegen. Störungen der Affektivität – z. B. im Rahmen von Zwangskrankheiten oder bei einer Agoraphobie – müssen sich nicht immer im unmittelbaren Querschnittsbefund äußern, sondern sind gelegentlich erst über eine differenzierte Längsschnittbetrachtung erfassbar.

■■ Antrieb

Das Antriebsniveau ist in der Gutachtensituation am ehesten an der spontanen Psychomotorik, dem Ausdrucksverhalten erkennbar. Störungen des Antriebs bzw. der Intentionalität manifestieren sich sowohl innerhalb als auch außerhalb der Untersuchungssituation, entsprechende Hinweise können sich aus Anamnese und Fremdanamnese ergeben. Das Vorhandensein eines ausreichenden Antriebs ist Voraussetzung dafür, dass ein Mensch überhaupt zur Erfüllung gezielter Aufgaben in der Lage ist. Bei bestimmten psychischen Erkrankungen (z. B. demenzielle Abbauprozesse, Psychosen) sind Störungen des Antriebs häufig und können eine Minderung der qualitativen Leistungsfähigkeit bedingen. Es finden sich aber auch Antriebsstörungen von derartiger Ausprägung, dass

eine Tätigkeit gar nicht erst aufgenommen werden kann und damit die Leistungsfähigkeit im Erwerbsleben aufgehoben ist.

■ Weitere relevante psychische Dimensionen

Für die Einschätzung der Leistungsfähigkeit können darüber hinaus zusätzliche Kategorien innerhalb des psychischen Befundes von Bedeutung sein.

■■ Flexibilität

Flexibilität bedeutet die Fähigkeit, sich bei wechselnden Anforderungen geistig umstellen zu können. Damit gemeint ist auch die Fähigkeit, bei Problemlösungen einen Strategiewechsel zu vollziehen. Höheres Alter allein bedingt keine Minderung der Flexibilität.

■■ Krankheitsverständnis, Selbsterleben, Sozialverhalten

Bei fast allen psychischen Störungen spielen das Krankheitsverständnis und das Selbsterleben der Betroffenen für Behandlungsmotivation und Prognose eine wichtige Rolle und müssen daher detailliert beschrieben werden. Neben dem subjektiven Krankheitserleben und der Krankheitseinsicht können auch Introspektionsfähigkeit, Psychogeneseverständnis und Veränderungsmotivation sowie – möglicherweise fixierte – Einstellungen und persönliche Grundhaltungen einen wichtigen Beitrag zur Beurteilung des Leistungsvermögens liefern. Das Gleiche gilt für die Einschätzung eines möglicherweise vorhandenen sogenannten sekundären Krankheitsgewinnes oder eine eventuell bestehende Regressionsneigung. Zu bedenken sind auch die verfügbaren persönlichen Ressourcen, beispielsweise in Form von Leistungsanspruch, Pflichtgefühl, Durchsetzungsvermögen, Selbstwirksamkeitserwartung und Konfliktfähigkeit. Das Sozialverhalten – und hier insbesondere der (anhaltende) soziale Rückzug – kann Hinweise auf eine bereits eingetretene Chronifizierung der psychischen Störung geben.

■ Testpsychologische Untersuchungen

Als Ergänzung zur Erhebung des psychischen Befundes stehen testpsychologische Verfahren zur Verfügung. Eine testpsychologische Untersuchung ist nur dann erforderlich, wenn sich aus ihrem Ergebnis zusätzliche Hinweise für die Beantwortung der gutachtlichen Beweisfragen ergeben. Im Rahmen der Begutachtung für die Rentenversicherung werden sie primär eingesetzt zur
- Evaluierung bzw. Quantifizierung bestimmter Störungsbilder,
- zur diagnoseunabhängigen Erfassung charakterlicher Grundstrukturen oder
- zur Leistungsdiagnostik.

Grundsätzlich unterschieden werden muss zwischen Selbstbeurteilungsskalen, die der Proband ausfüllt, und Fremdbeurteilungsskalen, bei denen der Untersucher anhand einer standardisierten Methode vorgeht.

Eine sinnvolle Durchführung und Auswertung testpsychologischer Untersuchungen ist immer an die Mitarbeit des Probanden gebunden. Insbesondere bei Selbstbeurteilungsinstrumenten ohne Plausibilitätskontrolle ist eine negative Antwortverzerrung auf der Basis mangelnder Mitarbeit gutachterlich nur schwer aufzudecken. Mittels des Einsatzes solcher Instrumente ist zwar eine Objektivierung im Sinne der standardisierten Erfassung von Befunden zu erzielen, nicht jedoch der Nachweis der krankheitsbedingten Genese der Befunde. In diesem Zusammenhang gewinnen Instrumente zur Beschwerdenvalidierung im Rahmen einer neuropsychologischen Untersuchung zunehmend an Bedeutung, die vor allem bei Zweifeln bezüglich vom Probanden geschilderter kognitiver Störungen, Gedächtnisprobleme oder Störungen der Wahrnehmung eingesetzt werden sollten. Beschwerdenvalidierungsinventarien sind entweder bereits integrierte Bestandteile bestimmter Testverfahren (z.B. zur Reaktionsgeschwindigkeit) oder es handelt sich um eigenständige Untersuchungen (siehe auch ▶ Kap. 27.2).

Die Auswahl der testpsychologischen bzw. apparativen Untersuchungen ist abhängig von der jeweiligen Fragestellung. Die drei primären Gütekriterien standardisierter Testverfahren – Objektivität, Reliabilität, Validität – müssen erfüllt sein. Entscheidend für die Anwendung ist die kritische Gewichtung, Interpretation und Wertung der ermittelten Testergebnisse im Zusammenhang mit den übrigen Befunden einschließlich der Beobachtung des konkreten Verhaltens in der Untersuchungssituation. Neben verschiedenen Screening-Methoden zur orientierenden Prüfung sind auch umfassende, modular aufgebaute Testsysteme im Einsatz, die z.T. an größeren Probandengruppen normiert wurden. Die meisten Verfahren liegen mittlerweile in computergestützter Version vor. Bei spezifischen Fragestellungen muss ggf. auf eine neuropsychologische Zusatzbegutachtung zurückgegriffen werden.

Eine standardisierte Befunderhebung und ein statistischer Vergleich mit unterschiedlichen Bezugsgruppen sind u.a. für folgende Bereiche möglich:

- Gedächtnis (verbale, visuell-räumliche, numerale Merkfähigkeit; Wiedererkennung-Reproduktionsleistung; Spanne des Arbeitsgedächtnisses, Langzeitgedächtnis)
- Wahrnehmung und Visomotorik
- Denk- und Problemlösefähigkeit
- Umstellungsfähigkeit als kognitiver Stil, Interferenzfreiheit, Verarbeitungskapazität, Bearbeitungsgeschwindigkeit z.B. bei geistiger Temporarbeit

- Allgemeines Wissen, verbales (= kristallines, überwiegend bildungsabhängiges) intellektuelles Leistungsniveau
- Allgemeine intellektuelle Leistungsfähigkeit
- Einstellung und Interessen, Überzeugung und Krankheitsbewältigungsstil
- Persönlichkeitsfaktoren und -strukturen, Selbstkonzept
- Angst und Depressivität

24.1.4 Begutachtungskriterien

Begutachtungskriterien für die Belange der gesetzlichen Rentenversicherung müssen in besonderem Maße die Funktionen und Aktivitäten einbeziehen, die für die Teilhabe am Erwerbsleben wesentlich sind. Eine umfassende und klar abgrenzende Darlegung der Begutachtungskriterien, ihres Zusammenwirkens und ihrer Bewertung im Einzelfall ist bei psychischen und Verhaltensstörungen im Vergleich zu somatischen Erkrankungen oft erheblich schwieriger. Zudem sind motivationale Komponenten auf Seiten des Probanden einzukalkulieren sowie erhöhte Anforderungen an die gutachterliche Kompetenz und vergleichende Objektivität bei der Einschätzung der Ausprägung der Begutachtungskriterien und des daraus resultierenden Leistungsvermögens. Die Überführung der in der Gutachtensituation verfügbaren Informationen in eine sozialmedizinische Beurteilung bleibt trotz aller Hilfsmittel die Aufgabe des fachlich und gutachterlich erfahrenen Arztes, daran haben auch ICF-basierte Assessment-Instrumente nichts Grundlegendes geändert.

Die Beurteilung der Leistungsfähigkeit anhand der Begutachtungskriterien sollte sich möglichst weitgehend aus dem psychischen Befund ableiten, der unter anderem direkt oder indirekt gewonnene Erkenntnisse über kognitive, amnestische, affektiv-emotionale, psychomotorische sowie integrative und komplexe psychische Funktionen (z.B. Umstellungsfähigkeit, Selbstwertgefühl, Motivation, Problemlösefähigkeit, Selbstwirksamkeitserwartung) beinhaltet.

Die sozialmedizinische Beurteilung der Leistungsfähigkeit im Erwerbsleben kann sich jedoch nicht nur auf den aktuellen psychischen Befund stützen, sondern muss in der Zusammenschau aller erhobenen Befunde und Informationen erfolgen. Auch Persönlichkeitsfaktoren bzw. personbezogene Kontextfaktoren spielen für die gutachterliche Beurteilung eine wichtige Rolle. Als Beispiele seien hier Aspekte der Krankheits- und Alltagsbewältigung, der sozialen Kompetenz und der sozialen Integration genannt. Psychische und somatische Komorbidität müssen selbstverständlich ebenfalls in der Beurteilung der Leistungsfähigkeit berücksichtigt werden. Die ICF kann bei der »Übersetzung« von psychischem Befund und weite-

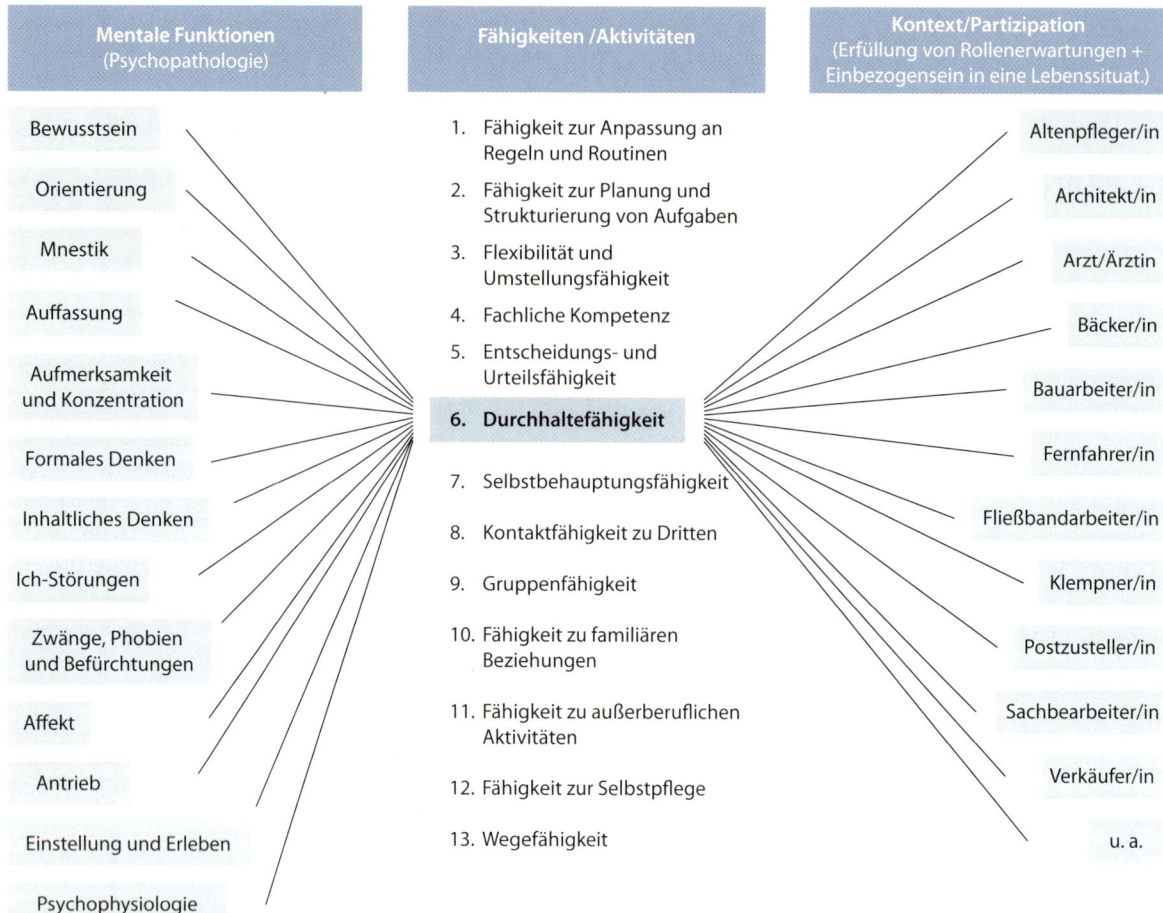

◧ Abb. 24.1 Begutachtungskriterien nach Mini-ICF-P, Linden et al. [28]

ren Informationen in Fähigkeitsdimensionen und letztlich in die Beurteilung der Leistungsfähigkeit eine wertvolle Unterstützung bieten [28].

Die Begutachtungskriterien bei psychischen und Verhaltensstörungen beziehen sich auf bedeutsame Fähigkeiten bzw. Aktivitäten, die der ◧ Abb. 24.1 zu entnehmen sind; exemplarisch wird hier die Durchhaltefähigkeit im Hinblick auf die Beeinflussung durch die individuelle Psychopathologie und hinsichtlich der Auswirkungen auf verschiedene Berufstätigkeiten dargestellt.

Die Ausprägung der Begutachtungskriterien ergibt sich zwar primär aus Anamnese und psychischem Befund, es sollten jedoch alle in der Gutachtensituation verfügbaren Informationen im Hinblick auf die Begutachtungskriterien bewertet werden.

Nicht alle der aufgeführten Fähigkeitsdimensionen sind für jede denkbare Tätigkeit auf dem allgemeinen Arbeitsmarkt gleich relevant. Während beispielsweise Durchhaltefähigkeit eine Grundvoraussetzung jeder regulären Vollzeittätigkeit darstellt, existieren durchaus Tätigkeiten, bei deren Ausübung Gruppenfähigkeit oder Entscheidungs-

und Urteilsfähigkeit nicht von ausschlaggebender Bedeutung sind. Die gutachterliche Beurteilung erfordert daher immer auch die Kenntnis der individuellen Arbeitsplatzanforderungen, um den Abgleich mit den vorhandenen Ressourcen des Probanden vornehmen zu können.

24.1.5 Sozialmedizinische Beurteilung

Maßgebend für die Beurteilung des Leistungsvermögens im Erwerbsleben ist – wie in anderen Fachgebieten auch – nicht allein die Diagnose, sondern die konkrete Symptomatik mit ihren Auswirkungen auf Alltagsgestaltung und berufliche Anforderungen. Ohne auffälligen psychopathologischen Befund ist eine Leistungsminderung meist nicht zu begründen. Sofern psychopathologische Symptome festgestellt werden, ist abgesehen von wenigen Ausnahmen (z.B. posttraumatische Belastungsstörung nach schwerem Unfall/Überfall am Arbeitsplatz) zu erwarten, dass diese sich nicht nur hinsichtlich der Teilhabe am Erwerbsleben auswirken, sondern auch mit Beeinträchtigungen in Privatsphäre und Freizeitgestaltung einhergehen. Generell gilt, dass psychische Beeinträchtigungen im Hinblick auf die Leistungen der Rentenversicherung nur dann relevant sind, wenn sie sich auf die berufliche Leistungsfähigkeit auswirken.

Die Möglichkeiten von Krankenbehandlung und Rehabilitation bei psychischen und Verhaltensstörungen müssen dem Gutachter vertraut sein, damit er sie in seine prognostische Einschätzung aufnehmen kann. Dies ist umso wichtiger, als häufig jüngere Menschen von schwer wiegenden psychischen Störungen betroffen sind. Ihre dauerhafte soziale Integration und Lebensplanung hängt unter anderem von einer suffizienten Akutbehandlung sowie einer gelungenen Rehabilitation einschließlich Nachsorge und beruflicher (Wieder-) Eingliederung ab.

Neben der medizinischen Rehabilitation stellen Leistungen zur Teilhabe am Arbeitsleben einen weiteren wichtigen Baustein im Leistungsspektrum der gesetzlichen Rentenversicherung dar. Die Auswahl der Leistung richtet sich nach individuellem Unterstützungsbedarf und Belastbarkeit des Rehabilitanden, wobei Hilfen zur Erhaltung und Erlangung eines Arbeitsplatzes wie beispielsweise Trainingsmaßnahmen und aufwändigere Maßnahmen der beruflichen Bildung (Qualifizierungsmaßnahmen, z.B. Umschulungen) mit zusammen über 55 % den Hauptanteil der Leistungen zur Teilhabe am Arbeitsleben ausmachen. Berufsvorbereitende Maßnahmen, die Förderung der Aufnahme einer selbständigen Tätigkeit (Gründungszuschuss), Leistungen an Arbeitgeber sowie Leistungen in Werkstätten für behinderte Menschen ergänzen das Leistungsangebot [11]. Bei der Entscheidung über die Bewilligung einer Qualifizierungsmaßnahme (Anpassung, Umschulung, Weiterbildung) muss bei Menschen mit psychischen Störungen die individuelle Belastbarkeit im Hinblick auf die Erfolg versprechende Durchführung stets berücksichtigt werden. Eine Umschulung ist mit relativ hohen Anforderungen an die kognitive Leistungsfähigkeit und die emotionale Belastbarkeit verbunden und setzt daher eine gute psychische Stabilisierung voraus. Sofern Leistungen zur Teilhabe am Arbeitsleben in Frage kommen, sollte möglichst auf vorhandene berufliche Erfahrungen und persönliche Ressourcen des Betroffenen zurückgegriffen werden; Hilfen zur Erhaltung und Erlangung eines Arbeitsplatzes sind hier oft sinnvoller als aufwändige Qualifizierungsmaßnahmen.

■ Verdeutlichung, Aggravation, Simulation, Dissimulation

In der Begutachtung von Menschen mit psychischen oder Verhaltensstörungen stellt sich das Problem von Verdeutlichung, Aggravation, Simulation und Dissimulation bei der Begutachtung nicht selten in besonderer Weise (siehe auch ▶ Kap. 27.2).

Bei der Verdeutlichung handelt es sich um eine häufig anzutreffende Betonung vorhandener Beschwerden durch den Probanden aus der Motivation heraus, den Gutachter von der Existenz der Beschwerden zu überzeugen.

Bei der Aggravation handelt es sich um die besondere Betonung subjektiv vorhandener Beeinträchtigungen und Beschwerden, nicht jedoch um eine bewusste Falschaussage. Aggravation ist in der sozialmedizinischen Begutachtung häufig und in der Regel ohne weiteres zu erkennen.

Bei der Simulation handelt es sich dagegen um die bewusste Vortäuschung nicht vorhandener körperlicher oder psychischer Krankheitssymptome sowie das absichtliche, gezielte Erzeugen von Krankheitserscheinungen. Wie häufig Simulationen bei Begutachtungen tatsächlich vorkommen, ist nicht bekannt. Hinweise auf Simulationen können die folgenden sein [17, 18]:

- Zwischen den häufig massiven subjektiven Beschwerdeschilderungen und dem Verhalten des Betroffenen in der Untersuchungssituation besteht eine auffällige Diskrepanz.
- Die subjektiv geschilderte Intensität der Beschwerden steht in einem Missverhältnis zur Vagheit der Schilderungen der einzelnen Symptome.
- Angaben zum Krankheitsverlauf sind nicht präzisierbar.
- Das Ausmaß der geschilderten Beschwerden steht nicht in Übereinstimmung mit einer entsprechenden Inanspruchnahme therapeutischer Hilfe.
- Ungeachtet der Angabe schwerer subjektiver Beeinträchtigungen erweist sich das psychosoziale Funktionsniveau des Betroffenen bei der Alltagsbewältigung als weitgehend intakt.
- Das Vorbringen der Klagen wirkt appellativ oder demonstrativ.
- In der Gegenübertragungssituation entsteht die Empfindung des Unechten, des Falschen.
- Die Angaben des Probanden weichen erheblich von fremdanamnestischen Informationen ab.

GLATZEL [19] nennt weitere Aspekte: In der Exploration das Ausweichen in nicht-sprachliche Ausdrucksformen, Beantwortung einer Frage mit langer Verzögerung, Wechsel des Themas durch den Patienten, Formulierung von Aussagen mit sorgfältiger Ambivalenz, möglicherweise Abbruch der Beziehung, wobei in diesem Abbruch nochmals alle »Symptome« in Wort und Gestik dramatisch zur Darstellung gebracht werden.

Seltener als Aggravation und Simulation ist die Dissimulation in der Begutachtungssituation, definiert als Verharmlosung bzw. Herunterspielen vorhandener Symptome durch den Probanden. Ursächlich liegt hier meist ein psychischer Abwehrprozess zugrunde, der der Vermeidung von Scham-, Schuld- und Angstgefühlen dient.

Auch die Sorge um den trotz einer schwer wiegenden psychischen Erkrankung noch erhaltenen Arbeitsplatz oder um den Rückhalt durch das soziale Umfeld kann dazu führen, dass Betroffene die psychische Symptomatik vor dem Gutachter zu verbergen suchen.

Auch der Begriff der »zumutbaren Willensanspannung« [18] ist im Kontext der Begutachtung bei psychischen und Verhaltensstörungen von besonderer Bedeutung. Die Frage an den Gutachter lautet hier, ob der Proband trotz der psychischen Symptomatik mit zumutbarer Willensanstrengung in der Lage ist, innerhalb von sechs Monaten (juristisch festgelegte Frist) die Hemmungen zu überwinden, die einer Arbeitsaufnahme entgegen stehen. Die Beantwortung dieser Frage ist nicht immer leicht und erfordert umfassende sowohl fachliche als auch gutachterliche Erfahrung. Wenn der Gutachter davon überzeugt ist, dass die Frage zu verneinen ist, wird eine Minderung der Leistungsfähigkeit bei dem Probanden anzunehmen sein.

24.2   Krankheitsbilder

24.2.1 Organische, einschließlich symptomatischer psychischer Störungen

Wolfgang Weig, Katja Fischer

Psychische Störungen infolge einer definierten körperlichen Erkrankung werden in Abschnitt F00–F09 der ICD-10 als *organische, einschließlich symptomatischer psychischer Störungen* bezeichnet [12]. Alle organischen psychischen Störungen beruhen auf zerebralen Funktionsstörungen, die auf hirneigene oder auf systemische Erkrankungen mit zerebraler Beteiligung zurückgeführt werden können. Letztere treten als symptomatische Störungen im Gefolge einer Erkrankung anderer Organsysteme (z. B. hepatische Enzephalopathie bei Leberzirrhose) auf. Der Anteil der organischen, einschließlich symptomatischer psychischer Störungen an allen wegen psychischer Störungen (ohne Abhängigkeitserkrankungen) von der gesetzlichen Rentenversicherung durchgeführten stationären Leistungen zur medizinischen Rehabilitation betrug im Jahr 2009 nur etwa 1 %, ihr Anteil an allen Erwerbsminderungsrenten wegen psychischer Störungen lag unter 6 %. Dieser relativ geringe Anteil dürfte einerseits in der Altersstruktur begründet sein: Vielfach sind von Störungen aus dieser Gruppe eher ältere Menschen betroffen, die bereits aus dem aktiven Erwerbsleben ausgeschieden sind. Andererseits wird eine symptomatische psychische Störung – obwohl die Erwerbsfähigkeit maßgeblich beeinträchtigend – häufig nur als Nebenbefund verschlüsselt, als »Berentungsdiagnose« findet sich dann die zugrundeliegende Krankheit, beispielsweise ein Schädel-Hirn-Trauma oder eine Leberzirrhose.

◻ **Tab. 24.2** Organische, einschließlich symptomatischer psychischer Störungen (ICD-10-GM)

F00	Demenz bei ALZHEIMER-Krankheit
F01	Vaskuläre Demenz
F02	Demenz bei andernorts klassifizierten Krankheiten
F03	Nicht näher bezeichnete Demenz
F04	Organisches amnestisches Syndrom, nicht durch Alkohol oder andere psychotrope Substanzen bedingt
F05	Delir, nicht durch Alkohol oder andere psychotrope Substanzen bedingt
F06	Andere psychische Störungen aufgrund einer Schädigung oder Funktionsstörung des Gehirns oder einer körperlichen Krankheit
F07	Persönlichkeits- und Verhaltensstörung aufgrund einer Krankheit, Schädigung oder Funktionsstörung des Gehirns
F09	Nicht näher bezeichnete organische oder symptomatische psychische Störung

Klassifikation

Nach der ICD-10 werden vier psychopathologische Syndrome unterschieden: Demenz, amnestisches Syndrom, Delir sowie Persönlichkeits- und Verhaltensstörungen; hinzu kommt eine Restkategorie anderer oder nicht näher bezeichneter psychischer Störungen (vgl. ◻ Tab. 24.2). Ausgenommen sind psychische und Verhaltensstörungen durch psychotrope Substanzen (F1); vgl. hierzu ▶ Kap. 25. Alle organisch bedingten psychischen Störungen sind primär durch ihre Psychopathologie definiert. Darüber hinaus erfordern die Diagnosen Delir, amnestische Störung und organische Persönlichkeitsstörung (Wesensänderung) den Nachweis einer adäquaten Grunderkrankung, wogegen dieser bei der Demenz und den anderen organischen psychischen Störungen einschließlich der leichten kognitiven Störung nicht zwingend und auch nicht immer möglich ist. Hier ist die Diagnose auch dann gerechtfertigt, wenn ein eindeutiger Nachweis der organischen Grunderkrankung nicht gelingt und das klinische Bild den diagnostischen Kriterien entspricht.

Spezielle Diagnostik, Sachaufklärung

Die Diagnostik organischer psychischer Störungen verläuft zweigleisig. Einerseits ist das psychopathologische Syndrom einzugrenzen, andererseits die auslösende körperliche Erkrankung nachzuweisen.

▪ Psychische Diagnostik

Eine organische psychische Störung wird nach psychopathologischen Kriterien diagnostiziert. Besondere Bedeutung kommt der Fremdanamnese zu, da entsprechende

Veränderungen etwa bei einer Demenz den Bezugspersonen häufig stärker auffallen als dem Betroffenen selbst. Von den psychopathometrischen Verfahren eignen sich der Mini Mental Status Test (MMST), der Syndrom-Kurztest (SKT) und der Uhren-Zeichentest als Screening zum Nachweis bzw. Ausschluss einer Demenz, einer amnestischen Störung oder eines Delirs. Das Strukturierte Interview für die Diagnose einer Demenz (SIDAM) und das Nürnberger Altersinventar (NAI) beinhalten eine multidimensionale Demenzdiagnostik und eignen sich zur weiteren Differenzierung der Demenz vom ALZHEIMER-Typ, der Multiinfarkt-Demenz sowie von Demenzen anderer Ätiologie. Neuropsychologische Testbatterien wie die des CERAD (Consortium to Establish a Registry for ALZHEIMER´s Disease) mit 8 Untertests erlauben eine subtilere Diagnostik. Verlaufsbeobachtung und Testwiederholung helfen bei der Diagnosesicherung und bei der Beurteilung der Prozessdynamik.

▪ Somatische Diagnostik

Psychopathologie und Psychopathometrie belegen meist hinreichend genau die organische Verursachung einer psychischen Störung. Sie besagen aber – mit seltenen Ausnahmen – nichts über die zugrunde liegende körperliche Erkrankung. Bei jedem Verdacht auf eine im engeren Sinne organisch verursachte psychische Störung ist daher eine somatische Diagnostik notwendig, die hauptsächlich neurologische (siehe ► Kap. 22) und internistische Krankheitsbilder umfasst. Umgekehrt finden sich bei Patienten mit gravierenden körperlichen Erkrankungen nicht selten organische psychische Störungen, die im Rahmen einer Begutachtung nicht übersehen werden dürfen.

Begutachtungskriterien

Bekanntlich sind Beeinträchtigungen von Aktivitäten und Partizipation zwingende Diagnosekriterien für die Demenz, das organische amnestische Syndrom und die organische Persönlichkeitsstörung. Organische psychische Störungen wirken sich in Abhängigkeit von Krankheitsstadium und -schwere mehr oder weniger stark auf alle unter ► Kap. 24.1.4 genannten Begutachtungskriterien aus.

Sozialmedizinische Beurteilung bei einzelnen Störungen

Die sozialmedizinische Beurteilung der Leistungsfähigkeit im Erwerbsleben bei organischen psychischen Störungen ist unter anderem von der Schwere und Dauer der Symptomatik, der Art der Grunderkrankung und nicht zuletzt von der Reversibilität der Funktionseinschränkungen abhängig.

▪ Demenz (F00–F03)

Die Demenz ist charakterisiert durch eine meist chronisch fortschreitende Abnahme von Gedächtnis (erst Arbeitsgedächtnis, dann Langzeitgedächtnis) und kognitiven Fähigkeiten wie Urteils- und Planungsfähigkeit, Organisations- und Informationsverarbeitung. Hinzu kommen Störungen der Affektkontrolle, des Antriebs und des Sozialverhaltens, die durch mindestens eines der Symptome emotionale Labilität, Reizbarkeit, Apathie oder Vergröberung des Sozialverhaltens gekennzeichnet sind. Auch sogenannte Werkzeugstörungen (z. B. Aphasie, Agnosie, Apraxie) können vorliegen. Eine Bewusstseinstrübung muss ausgeschlossen werden.

Für die Diagnose wird eine Beeinträchtigung der täglichen Aktivitäten durch Gedächtnisverlust und Abnahme kognitiver Fähigkeiten sowie eine Mindestdauer der Symptomatik von 6 Monaten gefordert. Zusätzliche Symptome – etwa Wahn, Halluzinationen oder depressive Verstimmung – sollen registriert werden. Dabei ist darauf zu achten, dass bei der Demenz wie auch bei anderen organisch begründeten psychischen Störungen vielfältige psychopathologische Symptome auftreten und vordergründig andere psychische Erkrankungen (wie Schizophrenie, Depression, Angststörung) imitieren können. Eine wichtige Differenzialdiagnose ist die *Pseudodemenz* bei schweren Depressionen, die durch Denkhemmung und Antriebsverminderung eine Demenz vortäuschen kann. Diagnostisch entscheidend sind die charakteristischen demenziellen Symptome, die bei den anderen Erkrankungen fehlen.

Häufigere und bekannte Ursachen sind beispielsweise: Morbus ALZHEIMER, vaskuläre Demenz, Demenz ausgelöst durch internistische und neurologische Erkrankungen (z. B. HIV, Morbus PARKINSON); schließlich verbleiben »nicht näher bezeichnete Demenzen«, womit die ICD-10 solche meint, die auf einer bisher unbekannten oder nicht andernorts klassifizierten Erkrankung beruhen.

Demenzen weisen eine sehr deutliche Altersabhängigkeit auf und sind vor Vollendung des 60. Lebensjahres selten. Die Prävalenz liegt zwischen dem 65. und 69. Lebensjahr bei etwa 1,5 % und verdoppelt sich etwa alle fünf Altersjahre. Bei über 90jährigen beträgt die Prävalenz über 30 %. Mehr als zwei Drittel der an einer Demenz erkrankten Personen sind Frauen, bedingt durch ein höheres Erkrankungsrisiko einerseits und eine längere Lebenserwartung andererseits [5]. Trotz gewisser Erfolge der neueren Antidementiva ist eine langfristig wirksame Behandlung nicht bekannt.

Bei einer leichten Demenz hängt das Leistungsvermögen stark von Kontextfaktoren ab: In einer übersichtlichen, stabilen Umgebung mit hilfreichen Bezugspersonen können alltägliche Verrichtungen und leichte Erwerbstätigkeiten ohne besondere Anforderungen an die kognitiven Funktionen oft noch selbständig ausgeübt werden.

Dagegen führen ungünstige Umgebungsbedingungen rasch zur Dekompensation. Personen mit einem hohen prämorbiden Leistungs- und Anspruchsniveau, z. B. in akademischen Berufen und in verantwortungsvollen Positionen, sind ihren Aufgaben häufig schon bei einer leichten kognitiven Beeinträchtigung nicht mehr gewachsen. Selbstbeobachtung und depressive Reaktion auf die erlebte Insuffizienz verschlechtern die Situation in einer therapeutisch kaum zu beeinflussenden Weise. In diesen Fällen kann eine Minderung des zeitlichen Leistungsvermögens für Tätigkeiten des allgemeinen Arbeitsmarktes vorliegen.

Bei mittelschwer bis schwer ausgeprägten Formen der Demenz ist von einer Aufhebung des Leistungsvermögens auf dem allgemeinen Arbeitsmarkt auszugehen. Eine Rehabilitation mit dem Ziel der beruflichen Wiedereingliederung wird hier nicht erfolgversprechend durchzuführen sein. Rehabilitationskonzepte zielen insbesondere darauf ab, durch den Erhalt der Alltagskompetenzen hinsichtlich Selbstversorgung das Eintreten von Pflegebedürftigkeit aufzuschieben.

■ Organisches amnestisches Syndrom (F04)

Hierbei treten relevante Störungen des Kurzzeitgedächtnisses auf, verbunden mit Beeinträchtigungen des Langzeitgedächtnisses bei typischerweise intaktem Immediatgedächtnis (der unmittelbaren Wiedergabe, geprüft zum Beispiel durch Zahlen nachsprechen). Andere Symptome einer Demenz sowie eine Bewusstseinstrübung fehlen. Ein objektiver und/oder anamnestischer Nachweis einer adäquaten Gehirnerkrankung, beispielsweise einer traumatischen Hirnverletzung, wird gefordert. Häufig, aber nicht immer, sind zusätzliche Merkmale wie Konfabulationen und ein Mangel an Einsichtsfähigkeit vorhanden (sogenanntes Korsakow-Syndrom). Amnestische Syndrome durch Alkohol oder psychotrope Substanzen werden gesondert klassifiziert. Die Prognose des organischen amnestischen Syndroms hängt von der Dauer des Bestehens der Symptomatik und der Grunderkrankung ab. Bei einem bereits länger bestehenden und schwerer ausgeprägten amnestischen Syndrom wird in der Regel eine dauerhafte Aufhebung des Leistungsvermögens auf dem allgemeinen Arbeitsmarkt festzustellen sein.

■ Delir (F05)

Leitsymptom des Delirs ist die Bewusstseinstrübung, d. h. eine verminderte Klarheit der Umgebungswahrnehmung, verbunden mit einer Beeinträchtigung von kognitiven Fähigkeiten, Psychomotorik und Schlaf-Wach-Rhythmus. Hinzu kommen affektive und Wahrnehmungsstörungen (v. a. optische Halluzinationen), die Symptomatik verläuft fluktuierend. Häufigste Ursache ist das Alkoholentzugssyndrom (siehe ▶ Kap. 25.2.1). Delirien können aber auch beispielsweise im Rahmen eines Schlaganfalls, bei subduralem Hämatom, akuter Pankreatitis, Medikamentenüberdosierungen und sonstigen akuten Intoxikationen auftreten.

Delirien verlaufen in aller Regel kurzfristig reversibel und haben – abhängig von der Grunderkrankung – eine eher günstige Prognose. Eine differenzierte sozialmedizinische Beurteilung ist erst nach Abklingen des Delirs bzw. bei protrahiertem Verlauf sinnvoll und richtet sich vorwiegend nach den Folgen der Grunderkrankung. Ein Delir muss in aller Regel akutstationär behandelt werden, Rehabilitationsfähigkeit ist nicht gegeben.

■ Persönlichkeits- und Verhaltensstörungen auf organischer Grundlage (F07)

Psychische Störungen, die vordergründig dem Bild einer Persönlichkeitsstörung (siehe ▶ Kap. 24.2.6) entsprechen, kommen auch bei somatisch definierten Hirnerkrankungen vor. Sie sind meist gekennzeichnet durch emotionale Labilität und inadäquaten Affekt (z. B. Euphorie), sowie Reizbarkeit oder Apathie. Denken und Sprechen sind häufig durch Umständlichkeit, Zähflüssigkeit und Begriffsunschärfe gekennzeichnet. Eine Behandlung ist nur symptomatisch durch psychopharmakologische Interventionen und angemessene Betreuung möglich. Verlauf und Prognose hängen von der Grunderkrankung ab. Organische Persönlichkeits- und Verhaltensstörungen führen weniger über eine kognitive Beeinträchtigung als über häufige soziale Konflikte zu einer nur schwer beeinflussbaren Teilhabestörung. Tätigkeiten ohne nennenswerte Anforderungen an Kommunikation, Flexibilität und Teamarbeit können mitunter noch längere Zeit ausgeführt werden.

■ Andere psychische Störungen aufgrund einer Schädigung oder Funktionsstörung des Gehirns oder einer körperlichen Krankheit (F06)

Psychopathologische Syndrome, die im Gewand anderer Störungsbilder wie Schizophrenie, affektive Störungen oder neurotische Störungen auftreten, können eine organische Ursache haben. Namentlich aufgeführt werden die Halluzinose, die katatone Störung, wahnhafte Störung, affektive Störung, Angststörung, dissoziative Störung und emotional labile (asthenische) Störungen. Die Diagnose kann hier nur durch den objektiven Nachweis einer adäquaten primären oder sekundären cerebralen Funktionsstörung gestellt werden. Wiederum werden durch Alkohol und andere psychotrope Substanzen verursachte Störungen abgegrenzt und gesondert behandelt (siehe ▶ Kap. 25).

Eine Sonderstellung im Rahmen der anderen psychischen Störungen nimmt die *leichte kognitive Störung* (F06.7) ein. Störungen des Gedächtnisses, der Aufmerksamkeit oder Konzentration, des Denkens, der Sprache und der visuell-räumlichen Funktion, die in ihrem Schwe-

regrad unterhalb der Schwelle der Diagnose einer Demenz, eines organischen amnestischen Syndroms oder eines Delirs bleiben, werden hier diagnostisch eingeordnet.
Die Beurteilung des Leistungsvermögens orientiert sich
am Ausmaß der psychopathologischen Auffälligkeiten.
Bei umschriebener Symptomatik kann hier eine Rehabilitationsleistung der Rentenversicherung in Frage kommen,
um kompensatorische Fähigkeiten zu unterstützen und
vorhandene Ressourcen im Hinblick auf den Verbleib im
Erwerbsleben zu nutzen.

24.2.2 Schizophrenie, schizotype und wahnhafte Störungen

Wolfgang Weig, Katja Fischer

Aus der Gruppe der schizophrenen, schizotypen und
wahnhaften Störungen kommt der Schizophrenie wegen
ihres Auftretens in jüngerem Lebensalter, wegen ihres
häufig chronischen Verlaufs sowie wegen der volkswirtschaftlichen Auswirkungen sozialmedizinisch die größte
Bedeutung zu. Der Anteil der schizophrenen, schizotypen
und wahnhaften Störungen an allen wegen psychischer
Störungen (ohne Abhängigkeitserkrankungen) von der
gesetzlichen Rentenversicherung durchgeführten stationären Leistungen zur medizinischen Rehabilitation lag
im Jahr 2009 zwar nur bei etwa 1,7 %, ihr Anteil an allen
Erwerbsminderungsrenten wegen psychischer Störungen
betrug jedoch immerhin etwa 14,4 %.

Klassifikationen

Die ICD-10 fasst unter F20–F29 die verschiedenen Formen der Schizophrenie mit den schizotypen und wahnhaften Störungen zusammen (vgl. ◱ Tab. 24.3). Neben
der Schizophrenie im engeren Sinne sind hier einerseits
solche psychischen Störungen definiert, die der Schizophrenie psychopathologisch ähnlich und verwandt sind,
die Diagnosekriterien der Schizophrenie jedoch nicht
erfüllen (unter anderem »unterschwellige Störungen«).
Andererseits ist hier auch die schizoaffektive Störung mit
gleichzeitig oder zumindest in derselben Krankheitsepi-
sode vorhandenen eindeutig schizophrenen wie auch eindeutig affektiven Symptomen subsummiert [12].

Der Begriff der Schizophrenie wurde von Eugen
Bleuler [6] eingeführt. Eine erste operationale Beschreibung der für die Schizophrenie charakteristischen Symptome findet sich in den »Symptomen ersten und zweiten
Ranges« bei Kurt Schneider. Traditionell wird die Schizophrenie in psychopathologisch definierte Subtypen eingeteilt. Dabei werden die *paranoide Schizophrenie* (Vorherrschen sog. »produktiver« bzw. »positiver« Symptome
wie Wahn oder Halluzinationen), die *hebephrene Schizophrenie* (vorwiegend verflachter und inadäquater Affekt)

◱ Tab. 24.3 Schizophrenie, schizotype und wahnhafte Störungen

F20	Schizophrenie
F21	Schizotype Störung
F22	Anhaltende wahnhafte Störungen
F23	Akute vorübergehende psychotische Störungen
F24	Induzierte wahnhafte Störung
F25	Schizoaffektive Störungen
F28	Sonstige nichtorganische psychotische Störungen
F29	Nicht näher bezeichnete nichtorganische Psychose

sowie die *katatone Schizophrenie* (vorwiegend psycho-
motorische Störungen wie sinnlose motorische Aktivität,
Haltungsstereotypien, Negativismus, kataleptische Starre,
Stupor) unterschieden.

Des Weiteren werden in der ICD-10 *postschizophrene
Depressionen, schizophrenes Residuum* mit vorwiegender
»Negativsymptomatik« (siehe unten) und *Schizophrenia
simplex* aufgeführt (bei der sich schleichend Persönlichkeitsveränderungen und Negativsymptomatik entwickeln,
ohne dass jemals »produktive Symptome« auftreten). Die
Aussagekraft der Einteilung in diese Subtypen ist umstritten, prädiktiver Wert und sozialmedizinische Relevanz
sind wohl eher als gering einzuschätzen. Lediglich der
Feststellung eines schizophrenen Residuums kommt in
diesem Zusammenhang Bedeutung zu.

Zusätzlich zur genannten Symptomatik finden neuerdings auch spezifische kognitive Störungen bei Schizophrenie besondere Beachtung, u. a. der sogenannten Exe-
kutivfunktionen, die das vorausschauende Planungs- und
Handlungsvermögen betreffen [31].

Spezielle Diagnostik, Sachaufklärung

Die Diagnose der schizophrenen, schizotypen und wahnhaften Störungen stützt sich auf die Psychopathologie,
wichtig ist die Abgrenzung zu organischen Hirnerkrankungen sowie substanzinduzierten Störungen. Eine sorgfältige Abgrenzung ist auch gegenüber affektiven Störungen notwendig: Definitionsgemäß sind Phänomene wie
Wahn und Denkstörungen der affektiven Störung zuzuordnen, wenn sie im Rahmen ihres Verlaufes auftreten
und in ihren Inhalten der Grundstimmung folgen (Kata-
thymie). Wegen der günstigeren Prognose affektiver Störungen ist diese Unterscheidung bedeutsam.

Die Differenzialdiagnose setzt eine sorgfältige Anamnese und körperliche Untersuchung voraus, ergänzt durch
ein EEG sowie ggf. durch laborchemische und bildgebende Diagnostik (CCT, MRT).

Begutachtungskriterien

Bei Versicherten mit schizophrenen, schizotypen und wahnhaften Störungen finden sich in unterschiedlichem Ausmaß und Dauer Störungen des Denkens, der Wahrnehmung und kognitiver Fähigkeiten sowie des Affekts und des Antriebs. Diese psychopathologischen Auffälligkeiten mit ihren Auswirkungen auf Aktivitäten und Teilhabe sind für die Beurteilung sowohl des qualitativen als auch des quantitativen Leistungsvermögens maßgeblich. Schizophrene, schizotype und wahnhafte Störungen können sich in Abhängigkeit von Krankheitsschwere und -verlauf mehr oder weniger stark auf alle unter ▶ Kap. 24.1.4 genannten Begutachtungskriterien auswirken. Auch in hinsichtlich der Grundkrankheit symptomfreien oder -armen Intervallen können durch Reaktionsbildungen der Betroffenen oder ihrer Umgebung Beeinträchtigungen der Aktivitäten bzw. der Teilhabe resultieren. Die soziale Integration und die Vermeidung emotionaler Überforderungen sowie Behandlung und Behandlungscompliance spielen für den Verlauf der meisten dieser Störungen eine wichtige Rolle.

Sozialmedizinische Beurteilung bei einzelnen Störungen

- **Schizophrenie (F20)**
- ■ **Symptomatik**

Für die Diagnose Schizophrenie spricht das Vorliegen bestimmter Symptome (siehe ◨ Tab. 24.4) kontinuierlich über mindestens einen Monat hinweg. Die sichere Beurteilung der Symptome ist schwierig und sollte dem psychiatrisch Erfahrenen vorbehalten bleiben. Falsch positive Beurteilungen kommen durch die Verkennung kulturell oder subkulturell beeinflusster Ausdrucksweisen, realer Beeinträchtigungserlebnisse, übersteigerter Affekte z.B. im Rahmen einer manischen Episode oder auch geminderter Intelligenz vor.

■ **Verlauf**

Der Verlauf der Schizophrenie ist durch verschiedene Langzeitstudien auf Kohortenebene relativ gut untersucht [30]. Die sozialen Auswirkungen der Schizophrenie folgen der altbekannten »Drittelregel«: ein Drittel ungünstige Verläufe mit Ausprägung einer schwerwiegenden Behinderung, ein Drittel wechselnde Verläufe mit zeitweiligen Krankheitsepisoden und wiederholter Rehospitalisierung, aber Aufrechterhaltung eines zumindest zeitweise ausreichenden sozialen Funktionsniveaus, ein Drittel günstige Verläufe mit nur geringer Beeinträchtigung der sozialen Teilhabe. Bereits vor der ersten klinischen Manifestation und der Inanspruchnahme spezifischer Hilfesysteme können über mehrere Jahre zunächst unspezifische Symptome bestehen (»Prodromalphase«), die nicht selten als Motivationsschwierigkeiten oder pubertäre Problema-

◨ **Tab. 24.4** Pathognomonische Symptome für Schizophrenie

1.	Eines der Merkmale:
1.1	Gedankenlautwerden, Gedankeneingebung, Gedankenentzug, Gedankenausbreitung
1.2	Kontrollwahn; Beeinflussungswahn; Gefühl des Gemachten; Wahnwahrnehmung
1.3	Kommentierende oder dialogische (bei K. Schneider auch imperative) Stimmen
1.4	Anhaltender kulturell unangemessener, bizarrer Wahn
2.	Zwei der Merkmale:
2.1	Anhaltende Halluzinationen (täglich während eines Monats)
2.2	Neologismen, Gedankenabreißen, Zerfahrenheit
2.3	Katatone Symptome
2.4	»Negativsymptome« wie Apathie, Affektverflachung
3.	Ausschlusskriterien:
3.1	Affektive Grundstörung
3.2	Organische oder substanzinduzierte Ursache

tik missdeutet werden. Der langfristige Verlauf der Erkrankung ist allerdings individuell sehr variabel und nur schwer vorhersagbar.

Als günstige prognostische Faktoren erwiesen sich
- weibliches Geschlecht,
- höheres Alter bei der Ersterkrankung (mit dem Geschlecht korreliert),
- affektive Symptome,
- situative Auslöser der Erstmanifestation [20]
- ungestörte prämorbide Persönlichkeit, gute prämorbide soziale Anpassung,
- günstige soziale Rahmenbedingungen,
- Vorliegen einer partnerschaftlichen Bindung und
- ungestörte sexuelle Entwicklung vor der Erkrankung.

Ungünstige Prognosefaktoren sind hingegen
- ein schleichender Beginn schon zu Anfang der Erkrankung,
- überwiegende Negativsymptomatik,
- akustische Halluzinationen,
- ein längeres Prodromalstadium und
- ein anhaltender Suchtmittelkonsum.

Die Prognose der Schizophrenie ist darüber hinaus getrübt durch die bei dieser Krankheit gegebene hohe Suizidgefahr. Die Suizidmortalität schizophrener Patienten liegt um das 20 bis 50fache höher als in der Allgemeinbevölkerung.

▪▪ Epidemiologie

Die Lebenszeitprävalenz der Erkrankung wird international weitgehend übereinstimmend in der Größenordnung von etwa 1% angegeben. Das durchschnittliche Ersterkrankungsalter liegt bei Männern bei 21, bei Frauen bei 26 Jahren. Das Intelligenzniveau und andere psychische oder körperliche Erkrankungen beeinflussen das Schizophrenierisiko nicht.

▪▪ Ätiologie

Ätiologie und Pathogenese der Schizophrenie sind zwar bis heute nicht vollständig aufgeklärt, jedoch erscheint ein bio-psycho-soziales Erklärungsmodell am besten zutreffend. Eine Fülle von Befunden deutet darauf hin, dass genetische Faktoren für die Entstehung der Erkrankung große Bedeutung haben. Daneben gibt es Hinweise, dass embryonale, peri- und postnatale subtile Hirnschädigungen einerseits, andererseits aber auch psychosoziale Einflussfaktoren wie eine ungünstige Familienstruktur, frühe Traumatisierungen etc. zu einer erhöhten Vulnerabilität beitragen, die sich neurobiologisch in Strukturen/Funktionen des Gehirns, aber auch psychologisch beschreiben lässt. Unter dem Einfluss äußerer Stressoren und bei Versagen von Copingstrategien kommt es dann zu akuten psychotischen Dekompensationen. Die vielfältig miteinander interagierenden Einflüsse wurden in dem »Vulnerabilitäts-Stress-Coping-Kompetenzmodell« zusammengefasst [44].

Die aktuelle biologische Forschung zu Entstehung und Verlauf der schizophrenen Symptomatik konzentriert sich vor allem auf die Ebene der Biochemie des Hirnstoffwechsels, wobei derzeit die Vorstellung eines »Ungleichgewichtes der Neurotransmitter« mit einem relativen Überwiegen des Dopamineinflusses führend ist.

▪▪ Komorbidität

Der Vorrang rein deskriptiver atheoretischer Diagnosen in der ICD-10 führt zu der Tendenz, Symptome getrennt voneinander zu sehen und viel häufiger als bisher üblich Komorbiditäten zu verschlüsseln. Die Einführung von Fallpauschalen zur Leistungsabrechnung in der Krankenversorgung hat diesen Trend dadurch verstärkt, dass die Leistungsvergütung u. a. von der Zahl der Diagnosen abhängt.

Unter Komorbidität im eigentlichen Sinn ist nur das Auftreten von zwei oder mehr unabhängigen Diagnosen zu verstehen, deren Kriterien jeweils vollständig erfüllt sind. Dabei können beide Diagnosen wirklich zufällig gleichzeitig auftreten (z. B. Schizophrenie und emotional instabile Persönlichkeitsstörungen) oder es kann ein Zusammenhang insofern bestehen, als das Vorliegen der einen Störung das Auftreten der anderen begünstigt oder beiden gleichermaßen innere oder äußere konstellierende

Faktoren zu Grunde liegen. Hiervon zu unterscheiden ist das Auftreten einer symptomatischen Störung als unmittelbare Folge oder Begleiterscheinung eines einheitlichen Krankheitsbildes, die nicht mit einer Zweitdiagnose zu bewerten ist. Schließlich sind in diesem Zusammenhang unerwünschte Wirkungen der Therapie – unerwartet und mehr oder weniger unvermeidbar oder als Folge therapeutischer Fehlentscheidungen – zu berücksichtigen. Im Fach Psychiatrie geht es dabei nicht ausschließlich um unerwünschte Medikamentenwirkungen, sondern auch um negative Effekte von Psychotherapie und um Milieuschäden bei Hospitalisierung. All das sollte differenziert beschrieben und nicht unreflektiert in Diagnosekonvolute übersetzt werden.

Bezogen auf die Schizophrenie heißt das, dass sowohl affektive Symptome im Rahmen der Schizophrenie als auch für Schizophrenie markante Symptome wie Wahn bei affektiven Störungen vorkommen und eine sorgfältige Differenzialdiagnose erfordern. Von Komorbidität kann hier keine Rede sein. Ebenso ist per definitionem die Komorbidität einer Schizophrenie mit einer organisch begründeten psychischen Störung weitgehend ausgeschlossen – die Symptome wären hier anders einzuordnen.

Dagegen kommt die Komorbidität der Schizophrenie mit schädlichem Gebrauch oder Abhängigkeit von psychotropen Substanzen, insbesondere Alkohol, Cannabis, Opiaten sowie der gemischten Einnahme verschiedener psychotroper Substanzen (Polytoxikomanie) häufiger vor, wobei in den letzten Jahren eine Zunahme beobachtet wird. Dies dürfte auf den leichteren Zugang zu Drogen, aber auch auf die Entwurzelung und Überforderung mancher Patienten in Zeiten der Deinstitutionalisierung zurückzuführen seien. Unterschiedliche Theorien über den Zusammenhang zwischen (primärer) Schizophrenie und (sekundärem) Substanzmissbrauch wurden diskutiert, etwa im Sinne eines missglückten Selbstbehandlungsversuches von Symptomen der Schizophrenie oder des Versuches der Antagonisierung der Neuroleptika. Die *Doppeldiagnose Psychose und Sucht* stellt eine schwerwiegende Komplikation der Erkrankung dar und verschlechtert die Prognose. Sie erfordert zur wirksamen Behandlung komplexe Therapieansätze unter Berücksichtigung beider Komponenten.

Auch die Komorbidität der Schizophrenie mit Persönlichkeitsstörungen wird beobachtet, wobei die Abgrenzung insbesondere bei nur diskret ausgeprägter oder fehlender schizophrener Positivsymptomatik schwierig sein kann. Auch hier ist mit zusätzlichen Komplikationen und einer Verschlechterung der Prognose zu rechnen.

▪▪ Behandlung

Neben kaum zu beeinflussenden genetischen Bedingungen und Umweltfaktoren entscheidet die frühzeitig eingeleitete, konsequent durchgeführte und optimal individuell angepasste Therapie über den Langzeitverlauf und die sozialen Auswirkungen der chronischen Krankheit Schizophrenie. Als erwiesen kann gelten, dass die konsequente medikamentöse neuroleptische Behandlung in individuell angepasster Dosierung, d.h. unter möglichst weitgehender Vermeidung relevanter unerwünschter Nebenwirkungen, die Basis jeder Schizophreniebehandlung ist. Mit Ausnahme der nach Ausschöpfung aller Strategien wie Wechsel der Wirksubstanz, Dosisanpassung und Kombinationstherapie verbleibenden relativ geringen Zahl von Nonrespondern profitieren die meisten Patienten deutlich von der neuroleptischen Therapie. Die sogenannten atypischen Neuroleptika (»Neuroleptika der zweiten Generation«) scheinen in Bezug auf Compliance und Prognose aufgrund günstigerer Wirkungs-Nebenwirkungsrelation, besserer subjektiver Verträglichkeit und günstigerer Wirkung auf die Negativsymptomatik für viele Patienten vorteilhaft, wenngleich eine absolute Überlegenheit gegenüber den Antipsychotika der ersten Generation (wie z.B. Haloperidol) nicht belegt ist. Neuroleptika wirken günstig auf die produktive, in wesentlich geringerem Umfang auf die negative Symptomatik. Durch Studien ist hinreichend belegt, dass die Kombination mit psychosozialen Therapieverfahren und zwar insbesondere einer gezielten bewältigungsorientierten Verhaltenstherapie, psychoedukativen Trainingsprogrammen, Einbezug der relevanten Bezugspersonen im Sinne einer psychoedukativ orientierten Angehörigenbetreuung sowie Soziotherapie günstigere Ergebnisse bringt als die medikamentöse Behandlung alleine. Soziotherapie wird hier nicht in dem engen Sinne verstanden, wie sie ursprünglich im SGB V als ambulantes Behandlungsangebot definiert wurde, sondern umfasst alle von sozialen Rahmenbedingungen und Alltagshandlungen ausgehenden Therapieformen, wie Milieugestaltung, Casemanagement und Ergotherapie. Dagegen konnte ein günstiger Einfluss tiefenpsychologisch orientierter Psychotherapie bei Schizophrenie nicht belegt werden [7].

▪▪ Medizinische Rehabilitation

Während früher bei schwereren Verlaufsformen der Schizophrenie langfristige oder sogar dauerhafte Hospitalisierung die Regel war, ist die mittlere Verweildauer in stationärer Behandlung während einer akuten schizophrenen Episode inzwischen auf deutlich unter 40 Tage zurückgegangen. In vielen Fällen reicht diese Zeit nicht aus, um Krankheitsbewältigung zu ermöglichen, psychoedukative Verfahren wirksam werden zu lassen und eine berufliche Wiedereingliederung vorzubereiten. Für viele Betroffene ist eine Teilhabe am Leben in der Gesellschaft, insbesondere auch an beruflicher Tätigkeit ohne besondere Rehabilitationsmaßnahmen nicht möglich.

Zur Erfüllung des komplexen Rehabilitationsbedarfs insbesondere von Menschen mit einer schizophrenen Störung wurde darüber hinaus ein eigener Einrichtungstyp – die Rehabilitationseinrichtung für psychisch kranke und behinderte Menschen (RPK) – geschaffen. In diesen Einrichtungen wird die erforderliche medizinische, berufliche und ergänzende psychosoziale Rehabilitation als einheitliche Leistung erbracht, unter Vermeidung des Wechsels von Bezugspersonen und Konzepten. Die Kosten werden je nach gesetzlicher Zuständigkeit im Einzelfall auf der Basis der Gemeinsamen Empfehlungsvereinbarung [9] von den Trägern der gesetzlichen Rentenversicherung, der gesetzlichen Krankenversicherung und der Bundesagentur für Arbeit übernommen. In der Bundesrepublik Deutschland existiert inzwischen ein Netz von RPK-Einrichtungen, das allerdings noch regionale Lücken aufweist. Die Maßnahmedauer beträgt durchschnittlich 1,5 Jahre für den gesamten Rehabilitationsverlauf. Die Rehabilitation kann in etwa 70 % der Fälle erfolgreich abgeschlossen werden im Sinne einer Verbesserung der Krankheitsbewältigung, der Ermöglichung eines selbständigen Lebens, aber auch der Vermittlung in eine angemessene berufliche Tätigkeit (http://www.bagrpk.de/auswertung/download/090205_bag_basisdokumentation_katamnese_2001_2007.pdf). Dass neben der primär anzustrebenden Eingliederung im allgemeinen Arbeitsmarkt vermehrt auch Alternativen wie Integrationsbetriebe oder besondere Werkstätten für psychisch behinderte Menschen in Anspruch genommen werden müssen, hängt weniger vom erreichten Funktionsniveau der Rehabilitationsteilnehmer ab, als vielmehr von den heutigen Gegebenheiten des Arbeitsmarktes, in dem bei struktureller Arbeitslosigkeit ein Verdrängungswettbewerb herrscht. Durch die immer noch verbreitete Stigmatisierung, die mit der Diagnose Schizophrenie verbunden ist, wird die Einstellung betroffener Menschen auch bei gegebener guter Leistungsfähigkeit nicht selten verhindert. Integrationsbemühungen bei Abschluss der Rehabilitationsleistung und langfristigen, gegebenenfalls lebenslangen psychosozialen Begleitmaßnahmen kommt hier große Bedeutung zu [40, 41].

Bei ausreichender psychischer Stabilität und Belastbarkeit, Mitwirkungsfähigkeit und Krankheitseinsicht kann die medizinische Rehabilitation von Menschen mit einer Schizophrenie auch in einer weniger spezialisierten Einrichtung (Einrichtung der psychosomatisch-psychotherapeutischen Rehabilitation) erfolgen. Diese Rehabilitationseinrichtungen müssen allerdings über einen entsprechenden Behandlungsschwerpunkt verfügen, um das erforderliche therapeutische Milieu und die entsprechenden professionellen Kompetenzen sowie die spezifischen rehabilitativen Behandlungsmodule anbieten zu können.

Darüber hinaus sind in neuerer Zeit mancherorts besondere Angebote für die Rehabilitation komorbid an Schizophrenie und Substanzabhängigkeit erkrankter Menschen entstanden.

Auskunft über Möglichkeiten psychiatrischer Rehabilitation in der jeweiligen Region erteilen unter anderem sozialpsychiatrische Verbünde und sozialpsychiatrische Dienste vor Ort sowie für die RPK-Einrichtungen auf Bundesebene die Bundesarbeitsgemeinschaft Rehabilitation für psychisch kranke Menschen (BAG-RPK, www.bag-rpk.de).

▪▪ Teilhabe am Arbeitsleben

Für die meisten Menschen mit einer Schizophrenie sind nicht zuletzt wegen ihres oft jüngeren Alters der Zugang bzw. der Erhalt der Teilhabe am Arbeitsleben ein zentrales Anliegen. Dabei ist zu berücksichtigen, dass sich der soziale Status – der infolge einer schizophrenen Erkrankung ohnehin gefährdet ist – in hohem Maße aus der Stellung im Erwerbsleben herleitet. Vor diesem Hintergrund trifft man daher einerseits bei vielen Betroffenen auf eine gute Motivation hinichtlich rehabilitativer Maßnahmen, andererseits ist aber auch mit teilweise krankheitsbedingten Fehleinschätzungen bezüglich der eigenen Belastbarkeit zu rechnen. Letztere können bei unkritischer Prüfung der Rehabilitationsfähigkeit und -prognose dazu führen, dass das avisierte Rehabilitationsziel nicht erreicht wird, verbunden mit einer erheblichen Frustration und Belastung des betroffenen Menschen. Unrealistische Teilhabe-Ziele oder Wünsche nach Umschulung sollten daher nicht einfach übernommen, sondern mit dem betroffenen Menschen und ggf. seinen Bezugspersonen detailliert erörtert werden. Günstige Rahmenbedingungen für eine Erwerbstätigkeit von Menschen mit einer Schizophrenie sind sachbezogene Tätigkeiten in einem übersichtlichen organisatorischen Rahmen ohne überdurchschnittlichen Zeitdruck, ohne häufigen Publikumsverkehr, ohne besondere Anforderungen an Kommunikation und Teamarbeit und mit ausreichenden Pausen. Reisetätigkeiten und Schichtdienst sind aufgrund der damit verbundenen Anforderungen an Flexibilität und Umstellungsvermögen eher als ungünstig zu beurteilen. Neben den RPK-Einrichtungen (s. o.) bieten auch andere Einrichtungen Leistungen der beruflichen Rehabilitation für an Schizophrenie erkrankte Menschen an, beispielsweise Berufsbildungswerke, Berufsförderungswerke, berufliche Trainingszentren und freie Initiativen.

▪▪ Sozialmedizinische Beurteilung

Die Schizophrenie ist eine schwerwiegende, meist chronisch verlaufende Erkrankung, die bei einem Großteil der Betroffenen zu deutlichen und längerfristigen Funktionseinbußen in den Bereichen kognitive Leistung, emotionale Stabilität und Kommunikationsfähigkeit führt und dadurch die soziale Teilhabe erheblich gefährdet. Die sozialmedizinische Bedeutung der Erkrankung ist hoch, was sich schon aus den enormen volkswirtschaftlichen Kosten ergibt.

Für die sozialmedizinische Beurteilung ist die Erkenntnis bedeutsam, dass die Beeinträchtigung von Aktivitäten und Teilhabe aufgrund einer Schizophrenie stärker vom Ausmaß der – oft länger andauernden – Negativsymptomatik abhängig ist, als von der vordergründig eindrucksvolleren Positivsymptomatik. Prognostische Kriterien für den Ausgang der Krankheit liegen zwar vor (s. o.), bieten aber keine ausreichende Sicherheit im Einzelfall. Einschränkungen des Funktionsniveaus müssen daher individuell ermittelt werden, wobei die ICF eine wertvolle Orientierungshilfe bieten kann. Das Ausmaß der individuellen Behinderung ist auch zeitlich variabel und stark von äußeren Faktoren wie Reaktion der Umgebung, äußere Unterstützung, angemessene Anforderungen (Überforderung wirkt sich ebenso schädlich aus wie Unterforderung) und nicht zuletzt von der Qualität der Behandlung und Rehabilitation abhängig. Daher sollte die Beurteilung in angemessenen Zeitabständen (spätestens alle drei Jahre) wiederholt werden. Eine konkret auf die Anforderungen des Erwerbslebens abgestellte handlungsorientierte Diagnostik in Form einer strukturierten Arbeitsdiagnostik oder eine Belastungserprobung an einem konkreten Arbeitsplatz können Aufschluss über das Ausmaß der beruflichen Integrationsfähigkeit bieten.

Fatal ist der Kurzschluss Schizophrenie = dauernde und vollständige Erwerbsminderung, der in der Vergangenheit zu einer fast automatischen Berentung nach Diagnosestellung führte. Ein Großteil der an Schizophrenie erkrankten Menschen bleibt langfristig auf dem allgemeinen Arbeitsmarkt oder wenigstens in speziellen »Nischen« bis hin zur Werkstatt für psychisch behinderte Menschen erwerbsfähig, wenn hinreichend auf die individuellen Möglichkeiten und Bedürfnisse eingegangen wird. Gerade für an Schizophrenie erkrankte Menschen ist der Grundsatz Rehabilitation vor Rente nicht nur volkswirtschaftlich sinnvoll, sondern im Sinne angemessener Anforderungen, Förderung basaler Fähigkeiten und Stärkung des Selbstwerterlebens in sich auch therapeutisch bedeutsam.

Unter der Voraussetzung adäquater Behandlung und günstiger Kontextfaktoren ist das quantitative Leistungsvermögen vieler an Schizophrenie erkrankter Menschen nicht gravierend reduziert. Qualitative Einschränkungen sind jedoch bei den meisten Betroffenen zu beachten (s. o. Teilhabe am Arbeitsleben).

▪ Schizoaffektive Störungen (F25)

Außer der Schizophrenie sind noch die schizoaffektiven Störungen im Rahmen der Leistungen der Rentenversicherung von größerer sozialmedizinischer Bedeutung. Als schizoaffektive Störungen bezeichnet man Krankheitsbilder mit gleichzeitigem Auftreten schizophrenietypischer Symptome und solcher, die für eine affektive Störung im Sinne einer depressiven oder manischen Episode charakteristisch sind. Unterschieden werden bipolare, rein schizodepressive und (selten) rein schizomanische Verläufe. Aufgrund der unterschiedlichen Prognose ist die Differenzialdiagnose zu schizophrenen und affektiven Störungen – beispielsweise zur postschizophrenen Depression – besonders wichtig. Den schizoaffektiven Störungen stehen einige atypische schizophrenieähnliche Syndrome wie die von Leonhard beschriebenen zykloiden Psychosen nahe.

Die Prognose schizoaffektiver Störungen ist gegenüber der Schizophrenie deutlich günstiger. Die Unterscheidung hat auch Bedeutung für die Behandlung, weil hier beispielsweise eine Phasenprophylaxe mit Lithium oder anderen Substanzen in Betracht kommt. Sozialmedizinisch ergibt sich aus der besseren Prognose ein noch größeres Rehabilitationspotential und die Feststellung eines aufgehobenen Leistungsvermögens im Erwerbsleben kommt seltener vor als bei der Schizophrenie.

▪ Anhaltende wahnhafte Störungen (F22)

Die anhaltenden wahnhaften Störungen sind seltener, therapeutisch schwer beeinflussbar und gehen mit einem chronischen Wahn oder Wahnsystem einher, die häufig nur bestimmte abgegrenzte Lebensbereiche (z. B. die Wohnungsnachbarn) betreffen. Die von dieser Störung betroffenen Menschen sind daher in den anderen Bereichen oft nicht gravierend beeinträchtigt.

24.2.3 Affektive Störungen

Klaus Foerster, Katja Fischer

Affektive Störungen sind nicht nur im Bereich der Krankenbehandlung, sondern auch in der Rehabilitation der Rentenversicherung und bei den Erwerbsminderungsrenten von großer sozialmedizinischer Bedeutung. Bei den von der Rentenversicherung im Jahr 2009 wegen psychischer Störungen (ohne Abhängigkeitserkrankungen) durchgeführten stationären Leistungen zur medizinischen Rehabilitation werden als Erst-Diagnose affektive Störungen (F30–F39) bei Männern mit 44,5 % und bei Frauen mit 50,8 % am häufigsten genannt. Auch in der Statistik der Erwerbsminderungsrenten wegen psychischer Störungen werden bei beiden Geschlechtern affektive Störungen am häufigsten als Diagnose angegeben, wobei die depressiven Störungen die weitaus größte Bedeutung besitzen. Manische Episoden spielen für die o. g. Statistiken keine Rolle, während bipolare Störungen (mit manischen und depressiven oder mehreren manischen Episoden) wiederum häufiger als Begründung für Rehabilitation und Erwerbsminderungsrente genannt werden.

◘ **Tab. 24.5** Affektive Störungen

F30	Manische Episode
F31	Bipolare affektive Störung
F32	Depressive Episode
F33	Rezidivierende depressive Störung
F34	Anhaltende affektive Störungen (Zyklothymia, Dysthymia)
F38	Andere affektive Störungen
F39	Nicht näher bezeichnete affektive Störung

Klassifikation

ICD-10 und DSM-IV klassifizieren affektive Störungen anhand der Kategorien Symptomatik, Schweregrad und Verlauf (vgl. ◘ Tab. 24.5). Die Dichotomisierung nach ätiopathogenetischen Hypothesen zwischen endogenen und neurotischen bzw. psychoreaktiven Depressionen wurde verlassen. Damit änderte sich auch die Bedeutung der Begriffe Dysthymie und Zyklothymie. Bei den bipolaren affektiven Störungen wird nach der Schwere der manischen Symptomatik eine Bipolar-I-Störung (mit leichten/mittelgradigen/schweren manischen Episoden) von einer Bipolar-II-Störung (mit lediglich hypomanischen Episoden) unterschieden. Bipolar-II-Störungen werden in der ICD-10 mit F31.8 (»Sonstige bipolare affektive Störungen«) verschlüsselt. Das Auftreten ausschließlich manischer Episoden ist selten und wird ebenfalls den sonstigen bipolaren affektiven Störungen zugerechnet. Im sozialmedizinischen Gutachten sollten ausschließlich die Terminologie und Operationalisierung der ICD-10 verwendet werden.

Spezielle Diagnostik, Sachaufklärung

Das Hauptsymptom affektiver Störungen ist eine Veränderung der Stimmung. Bei der Diagnostik der affektiven Störungen kommt daher der Erfassung der Psychopathologie die größte Bedeutung zu, wobei erst anamnestische Angaben zum bisherigen Krankheitsverlauf bzw. Gesundheitszustand die differenzierte Einordnung nach ICD-10 erlauben. Auch bei den affektiven Störungen ist die differenzialdiagnostische Abgrenzung wichtig, insbesondere zu organischen Hirnerkrankungen. Eine Depression mit entsprechendem Antriebsmangel und (temporärer) Verlangsamung kognitiver Prozesse (»Pseudodemenz«) kann als demenzielles Syndrom verkannt werden, mit möglicherweise gravierenden Folgen für Behandlung und Prognose. Ferner ist zu berücksichtigen, dass depressive Syndrome häufig als komorbide Symptome im Rahmen anderer psychischer oder auch körperlicher Störungen zusätzlich auftreten. Eine manische Symptomatik kann wiederum auch bei einem Frontalhirnsyndrom (z. B. bei einem Hirntumor oder nach einer Hirnverletzung) auftreten und ist diesbezüglich abzugrenzen. Nicht zuletzt sollte auch an das mögliche Vorliegen einer affektiven Symptomatik im Rahmen einer schizophrenen Störung gedacht werden, beispielsweise bei einer schizoaffektiven Störung oder einer postschizophrenen Depression. Wahnphänomene sind als differenzialdiagnostisches Kriterium nicht zuverlässig, da sie auch bei schweren Depressionen und Manien auftreten können, wobei die Wahninhalte hier der jeweiligen Stimmungsauslenkung entsprechen (z. B. Schuldwahn). Die Differenzialdiagnose erfordert neben einer sorgfältigen Erhebung von psychischem Befund und Anamnese eine körperliche Untersuchung, ergänzt durch ein EEG sowie ggf. durch laborchemische und bildgebende Diagnostik (CCT, MRT).

Begutachtungskriterien

Bei Versicherten mit affektiven Störungen finden sich in unterschiedlichem Ausmaß und Dauer Veränderungen der Stimmung und des Antriebs sowie Beeinträchtigungen kognitiver und kommunikativer Fähigkeiten. Affektive Störungen können sich in Abhängigkeit von Krankheitsschwere und -verlauf mehr oder weniger stark auf alle unter ▶ Kap. 24.1.4 genannten Begutachtungskriterien auswirken. Bei rezidivierend und episodisch auftretenden affektiven Störungen können das qualitative oder sogar das quantitative Leistungsvermögen durch negative Reaktionsbildungen der Betroffenen zusätzlich beeinträchtigt werden. In diesen Fällen ist eine Unterstützung zur Krankheitsbewältigung beispielsweise im Rahmen einer Rehabilitation zu erwägen. Mit Hilfe adäquater Behandlung und außerhalb akuter Episoden ist die Leistungsfähigkeit der meisten Menschen mit einer affektiven Störung jedoch nicht gravierend beeinträchtigt.

Bei der Begutachtung sind im Einzelnen folgende Aspekte zu berücksichtigen:

- **Ausprägungsgrad der Symptomatik nach ICD-10:** Bei der Feststellung der Ausprägung z. B. einer depressiven Symptomatik muss unbedingt zwischen den Angaben des Probanden und den erhobenen Befunden bzw. dem in der Untersuchungssituation beobachteten Verhalten differenziert werden. Berichtet ein Patient, dass er »depressiv« sei, so ist dies nicht unkritisch in eine Diagnose zu übersetzen, sondern anhand der diagnostischen Kriterien der ICD-10 zu überprüfen. Noch wichtiger ist die detaillierte Beschreibung dessen, was der Proband krankheitsbedingt nicht mehr vermag und wozu er noch in der Lage ist. Dies setzt eine detaillierte Anamnese und einen entsprechenden psychischen Befund voraus. Auf manische Störungen treffen im Prinzip die gleichen Grundregeln zu, nur sind die entsprechenden Begrifflichkeiten nicht in dem Maße umgangssprachlich in

Gebrauch und werden auch von Betroffenen oft nicht spontan berichtet.

- **Differenzialdiagnostische Erörterung** mit der Frage, im Rahmen welcher Situation, Erkrankung, Störung oder Persönlichkeitsauffälligkeit die affektive Symptomatik zu verstehen ist.
- **Verlauf** mit der Frage nach der Häufigkeit von Episoden, einer vollständigen oder unvollständigen Remission oder der Entwicklung einer chronifizierten Symptomatik. Patienten mit rasch aufeinander folgenden Episoden können erheblich beeinträchtigt sein, vor allem wenn ein »rapid cycling« vorliegt, d. h. wenn mindestens vier Krankheitsepisoden pro Jahr auftreten.
- **Bisherige Behandlung:** Fachärztliche und psychotherapeutische Behandlung sind hinsichtlich Behandlungsdauer und -frequenz sowie medikamentöser Maßnahmen detailliert zu erfragen und bezüglich der Berücksichtigung der einschlägigen Leitlinien zu überprüfen. Leider wird häufig – vor allem bei nicht fachärztlicher Behandlung – die erforderliche medikamentöse (z. B. antidepressive) Therapie nicht in ausreichender Dosierung und über einen ausreichend langen Zeitraum durchgeführt.
- **Suizidalität** bedeutet ein erhebliches Risiko vor allem bei depressiven Episoden bzw. Störungen. Bei unipolar verlaufenden Störungen wird von einer Suizidmortalität von 15 % bei einmal hospitalisierten Patienten ausgegangen, bei bipolar erkrankten Patienten von einer solchen von 15 bis 30 %.

Sozialmedizinische Beurteilung bei einzelnen Störungen

Depressive Störungen (F32, F33, F34.1)

Der Begriff »Depression« wird im umgangssprachlichen Sinn heute nahezu inflationär für vielfältige Befindlichkeitsstörungen gebraucht. Davon abzugrenzen ist ein *krankhaft depressiver Zustand*, der früher auch als *Melancholie* bezeichnet wurde. Nicht jede Niedergeschlagenheit, jede Verstimmung oder jedes Unwohlsein bedeutet, dass der betreffende Mensch »depressiv« ist. Auch die Trauer ist eine normale menschliche Reaktion auf einen schwerwiegenden Verlust oder Schicksalsschlag und keine Depression im psychopathologischen Sinn; es sei denn, es kommt hierbei zu einer besonders akzentuierten Ausprägung oder einem ungewöhnlichen Verlauf. Die ICD-10 unterscheidet leichte, mittelgradige und schwere depressive Episoden sowie die Dysthymia.

Psychische Symptome

Kennzeichnend für eine Depression ist die melancholische Gestimmtheit, beschrieben als »erlebte Leblosigkeit« oder als »Gefühl der Gefühllosigkeit«. Die Patienten sind in ihrer Fähigkeit zu affektiven Regungen erheblich eingeschränkt und herabgestimmt. Sie fühlen sich bedrückt, niedergeschlagen, schwermütig, resigniert oder trostlos. Typische Symptome sind Freudlosigkeit, Interesselosigkeit, Energielosigkeit und reduzierte Aufmerksamkeit. Die Patienten klagen über mangelndes Selbstwertgefühl, über eine negative Selbsteinschätzung und über Unsicherheit. Das Denken kann verlangsamt bzw. gehemmt, umständlich und mühsam sein bis hin zur Ideenarmut mit Konzentrationsstörungen. Stehen diese Symptome im Vordergrund, so kann sich bei älteren Patienten das Problem der differenzialdiagnostischen Abgrenzung zu einem demenziellen Syndrom ergeben. Häufig finden sich Ängste, oft auf das gesamte Leben bezogen. In schweren Fällen kann das Gefühl einer völligen Perspektiv- oder Hoffnungslosigkeit bestehen. Dies ist stets ein sehr ernst zu nehmendes Symptom, da es zur suizidalen Gefährdung führen kann. In ausgeprägten Fällen können zusätzlich Wahninhalte auftreten, typisch sind ein Schuldwahn oder ein Verarmungswahn.

▪▪ Somatische Symptome

Eine Depression geht mit vielfältigen körperlichen Beeinträchtigungen einher. Typisch sind Schlafstörungen, Appetitstörungen mit Gewichtsverlust, eingeschränkte oder aufgehobene Libido, rasche Ermüdbarkeit sowie Druckgefühl im Kopf, über der Brust oder über dem Leib. Das »somatische Syndrom«, auch als »vital«, »biologisch« oder »melancholisch« bezeichnet, ist in der ICD-10 folgendermaßen definiert: Interessenverlust oder Verlust der Freude, Früherwachen, Morgentief, deutliche psychomotorische Hemmung, Agitiertheit, Appetitverlust, Gewichtsverlust und Libidoverlust.

▪▪ Depressive Episode (F32)

Der Schweregrad wird anhand von Kernsymptomen und Zusatzsymptomen beurteilt: **Kernsymptome** sind gedrückte Stimmung, Interessenverlust, Freudlosigkeit, Verminderung des Antriebs mit Ermüdbarkeit. **Zusatzsymptome** sind verminderte Konzentration und Aufmerksamkeit, vermindertes Selbstwertgefühl und Selbstvertrauen, Schuldgefühle und Gefühle von Wertlosigkeit, negative und pessimistische Zukunftsperspektiven, Suizidgedanken oder Suizidhandlungen, Schlafstörungen, verminderter Appetit.

Bei einer leichten depressiven Episode liegen zwei Kernsymptome und mindestens zwei Zusatzsymptome vor. Bei einer mittelgradigen depressiven Episode sind zwei Kernsymptome und mindestens drei, besser vier Zusatzsymptome zu fordern. Bei der schweren depressiven Episode werden drei Kernsymptome und mindestens vier Zusatzsymptome verlangt, von denen einige besonders ausgeprägt sein sollten. Im Rahmen einer schweren depressiven Episode können außerdem psychotische Symptome wie Wahn, Halluzinationen und/oder depressiver Stupor auftreten.

▪▪ Rezidivierende depressive Störung (F33)

Diese Störung ist charakterisiert durch wiederholte depressive Episoden, wobei diese entsprechend der jeweiligen Ausprägung als leicht, mittelgradig oder schwer beschrieben werden (s. o.). Manische oder hypomanische Symptome treten nicht auf.

▪▪ Dysthymia (F34.1)

Hierbei handelt es sich um eine chronische, wenigstens mehrere Jahre andauernde depressive Verstimmung, die weder schwer noch hinsichtlich einzelner Episoden anhaltend genug ist, um die Kriterien einer schweren, mittelgradigen oder leichten rezidivierenden depressiven Störung (F33.–) zu erfüllen. Frühere Bezeichnungen der Dysthymia waren: depressive Neurose, neurotische Depression, depressive Persönlichkeit.

▪▪ Verlauf

Depressive Störungen verlaufen häufig in Episoden, die nach einem mehr oder weniger symptomfreien Intervall rezidivieren können. Die Dauer einzelner Episoden variiert in einer Größenordnung von Wochen bis Monaten. Angesichts dieser Schwankungsbreite ist eine Vorhersage des Verlaufs für psychopathologisch abgrenzbare Gruppen oder gar für Einzelfälle kaum möglich. Insgesamt ist die Prognose bei adäquater Behandlung jedoch gut. Die Dysthymia zeichnet sich dagegen durch über Jahre anhaltende, fluktuierende depressive Verläufe leichterer Ausprägung ohne abgrenzbare Remissionsphasen aus. Depressive Episoden und Dysthymia können auch gemeinsam auftreten. Die Verlaufsbeurteilung einer depressiven Störung erfolgt retrospektiv, wobei Beginn, Ersterkrankungsalter, Phasenzahl, Phasendauer, Intervalldauer sowie Remissionsgrad zu berücksichtigen sind.

▪▪ Epidemiologie

Depressive Störungen sind mit einer Prävalenz von 15 bis 30 % in der Erwachsenenbevölkerung neben den Angststörungen die häufigsten psychischen Erkrankungen. Frauen erkranken doppelt so häufig wie Männer.

▪▪ Ätiologie

Zumeist liegt depressiven Störungen eine multifaktorielle Genese zugrunde. Genetische Faktoren, Veränderungen auf den Ebenen der Neurotransmitter und der Hormonregulation (z. B. Schilddrüse) und psychosoziale Faktoren wirken im Sinne eines bio-psycho-sozialen Bedingungsgefüges zusammen.

▪▪ Behandlung

Bei leichterer Ausprägung der depressiven Symptomatik und guter sozialer Einbindung kann die ambulante Behandlung durch den Hausarzt ausreichend sein. Dabei kommt neben stützenden Gesprächen im Sinne der psychosomatischen Grundversorgung auch eine medikamentös-antidepressive Therapie in Betracht. Letztere ist unbedingt leitliniengerecht durchzuführen, das heißt in ausreichender Dosierung und über einen angemessen langen Zeitraum. Viele Therapieversuche scheitern an der Missachtung dieser Grundsätze und gefährden damit auch die Compliance bezüglich der Behandlung. Patienten mit einer schweren depressiven Störung, psychotischer Symptomatik, Therapieresistenz oder schwer einschätzbarer Suizidalität sollten ambulant fachärztlich oder stationär in einem Fachkrankenhaus bzw. einer psychiatrischen Fachabteilung behandelt werden. Hier kann die Therapie bedarfsgerecht durch Einzel- und Gruppenpsychotherapie, Ergotherapie, Soziotherapie, Physio- und Bewegungstherapie sowie weitere körperorientierte nichtmedikamentöse Verfahren (z. B. Elektrokrampftherapie, Lichttherapie, transkranielle Magnetstimulation) ergänzt werden.

▪▪ Medizinische Rehabilitation

Rehabilitationsbedürftigkeit kann beispielsweise bei erschwerter Krankheitsbewältigung und rezidivierenden depressiven Episoden bestehen. Auch bei der Dysthymia kann sich je nach Ausprägung und Dauer der Symptomatik Rehabilitationsbedürftigkeit ergeben, wenn die individuellen Kompensationsmöglichkeiten unter den Alltags- und beruflichen Anforderungen versagen und mehr als nur einzelne qualitative Beeinträchtigungen des Leistungsvermögens im Erwerbsleben drohen. Eine akute mittelgradige bis schwere depressive Episode schließt Rehabilitationsfähigkeit aus.

▪▪ Teilhabe am Arbeitsleben

Aufgrund der Vielgestaltigkeit depressiver Störungen sind die Auswirkungen auf die Teilhabe am Arbeitsleben nur individuell abzuschätzen. In der Mehrzahl der Fälle sind bei adäquater Therapie, niedriger Episodenfrequenz und günstiger Krankheitsbewältigung keine Leistungen zur Teilhabe am Arbeitsleben erforderlich. Sofern depressive Episoden bzw. Verschlechterungen einer Dysthymia im Kontext beruflicher Überforderung auftreten, kommen Leistungen zur Teilhabe am Arbeitsleben in Betracht. Bei entsprechender Belastbarkeit können diese auch in Form qualifizierender Maßnahmen z. B. in einem Berufstrainingszentrum (BTZ) oder einem Berufsförderungswerk (BFW) durchgeführt werden.

▪▪ Sozialmedizinische Beurteilung

Bei einer mittelgradig oder schwer ausgeprägten depressiven Symptomatik ist zunächst von Arbeitsunfähigkeit auszugehen.

Bei vollständiger Remission bestehen im Intervall zwischen zwei depressiven Episoden meist keine ausgeprägteren Beeinträchtigungen von Aktivitäten und Teilhabe, wobei die Prognose umso besser ist, je stabiler die Primärpersönlichkeit des Betroffenen ist, je weniger Episoden auftreten und je weniger schwer diese ausgeprägt sind.

Bei den rezidivierenden depressiven Störungen und bei der Dysthymia kann es jedoch zu einer qualitativen und quantitativen Einschränkung der Leistungsfähigkeit kommen. Den Aspekten der Krankheitsbewältigung, der sozialen Unterstützung sowie der Komorbidität ist hier besondere Aufmerksamkeit zu widmen. Eine Komorbidität depressiver Störungen mit anderen psychischen Störungen kann zu einer Beeinträchtigung der Leistungsfähigkeit führen, die ohne eine solche Komorbidität nicht auftreten würde.

Als Faustregel kann gelten, dass die Wiederherstellung einer vollen beruflichen Leistungsfähigkeit kaum zu erwarten ist, wenn folgende Faktoren gemeinsam vorliegen:
- mittelschwer bis schwer ausgeprägte depressive Symptomatik,
- chronifizierter Verlauf,
- erfolglose Behandlungsversuche im ambulanten und stationären Rahmen in unterschiedlichen therapeutischen Settings bei ausreichend langer und ausreichend hoher Dosierung der antidepressiven Medikation mit Wechsel des Medikamentes sowie
- erfolglose Rehabilitationsbehandlung.

▪ Bipolare affektive Störungen und Zyklothymia (F30, F31, F34.0)

Die bipolare affektive Störung ist durch wiederholte (wenigstens zwei) Krankheitsepisoden charakterisiert, in denen Stimmung und Aktivitätsniveau deutlich gestört sind, entweder in Richtung einer Manie, einer Hypomanie oder in Richtung einer depressiven Symptomatik (s. o.). Frühere Bezeichnungen waren: manisch-depressive Psychose, manisch-depressive Erkrankung.

▪▪ Manische Episode (F30.1–F30.9, F31.1–F31.21, F31.8)

Kernsymptom der Manie ist die abnorme und anhaltend gehobene expansive oder reizbare Stimmungslage. Folgende Symptome kommen hinzu: gesteigertes Selbstwertgefühl oder Größenideen, vermindertes Schlafbedürfnis, starker Rededrang, Ideenflucht und die subjektive Erfahrung des Gedankenjagens, Steigerung zielgerichteter Aktivitäten, verbunden mit psychomotorischer Unruhe. Bei manischen Zuständen können auch psychotische Symptome i. S. eines Größenwahns auftreten.

Hypomanie (F30.0, F31.0)

Leichtere Ausprägung eines manischen Zustandes. Psychotische Symptome finden sich hier nicht.

Zyklothymia (F34.0)

Bei der zu den anhaltenden affektiven Störungen gehörenden Zyklothymia liegt eine andauernde Instabilität der Stimmung mit zahlreichen Perioden depressiver und/oder gehobener Stimmung vor. Die Ausprägung der jeweiligen Stimmungsauslenkungen ist vergleichsweise gering und erfüllt nicht die diagnostischen Kriterien einer depressiven bzw. manischen Episode. Die Instabilität der Stimmung hat üblicherweise einen chronischen Verlauf. In Anbetracht der leichten Ausprägung der Symptomatik bestehen keine größeren Einschränkungen im Alltag, häufig erfolgt auch keine ärztliche Behandlung. Frühere Bezeichnungen waren: zyklothyme Persönlichkeit, zykloide Persönlichkeit, affektive Persönlichkeit.

Verlauf

Bipolare affektive Störungen treten episodisch und rezidivierend auf, beginnen meist früher und verlaufen schwerer als monopolar depressive Störungen. Die Dauer einzelner Episoden variiert in einer Größenordnung von Wochen bis Monaten. Von einem »rapid cycling« spricht man, wenn mindestens vier Episoden pro Jahr auftreten. Eine Vorhersage des Verlaufs für psychopathologisch abgrenzbare Gruppen oder gar für Einzelfälle ist kaum möglich. Die Verlaufsbeurteilung einer bipolaren affektiven Störung erfolgt retrospektiv, wobei Beginn, Ersterkrankungsalter, Phasenzahl, Phasendauer, Intervalldauer sowie Remissionsgrad zu berücksichtigen sind. Die Zyklothymia ist dagegen durch jahrelang anhaltende, fluktuierende Verläufe mit leichteren Stimmungsauslenkungen ohne abgrenzbare Remissionsphasen gekennzeichnet.

Epidemiologie

Das Lebenszeitrisiko für bipolare affektive Störungen beträgt 1 bis 2 %, beide Geschlechter sind gleich häufig betroffen. Etwa 5 bis 15 % der an einer bipolaren affektiven Störung erkrankten Menschen entwickeln ein »rapid cycling«. Unipolare Manien sind mit ca. 5 % der affektiven Störungen selten.

Ätiologie

Die Ätiologie bipolarer affektiver Störungen und der Zyklothymia folgt ebenso einem bio-psycho-sozialen Entstehungsmodell wie bei den depressiven Störungen (s. o.).

Behandlung

Die Behandlung erfolgt in Abhängigkeit von der Ausprägung der Symptomatik stationär psychiatrisch oder ambulant, wobei auch hier eine fachärztliche Behandlung vorzuziehen ist. Die medikamentöse Therapie muss häufig auch eine besondere Rezidivprophylaxe umfassen und ist entsprechend zu überwachen. Einzel- und Gruppenpsychotherapie, Psychoedukation sowie weitere Behandlungsmodule werden entsprechend dem individuellen Bedarf eingesetzt. Während (hypo-) manischer Episoden ist die krankheitsbedingt häufig herabgesetzte Compliance zu berücksichtigen.

Medizinische Rehabilitation

Rehabilitationsbedürftigkeit kann sich bei bipolaren affektiven Störungen in der Folge einer Häufung schwerer und lang andauernder Episoden ergeben, die mit einer erheblichen Gefährdung der Erwerbsfähigkeit verbunden ist. Allerdings muss in diesen Fällen die Rehabilitationsfähigkeit sorgfältig geprüft werden, um Überforderungen zu vermeiden und neuerlichen Exazerbationen vorzubeugen. Die Rehabilitation sollte in einer Einrichtung durchgeführt werden, die über einen entsprechenden Behandlungsschwerpunkt verfügt. Krankheitsbewältigung und Unterstützung beim Abgleich von Belastungen und Belastbarkeit im Alltag sowie Anleitung zum Erkennen von beginnenden Exazerbationen stehen im Mittelpunkt der Rehabilitation. Die Zyklothymia führt aufgrund der relativ leicht ausgeprägten Symptomatik nur in Einzelfällen zu Rehabilitationsbedürftigkeit.

Teilhabe am Arbeitsleben

Auch bei den bipolaren affektiven Störungen sind die Auswirkungen auf die Teilhabe am Arbeitsleben nur individuell abzuschätzen. Bei adäquater Therapie ggf. einschließlich Phasenprophylaxe, bei niedriger Episodenfrequenz und günstiger Krankheitsbewältigung sind meist keine Leistungen zur Teilhabe am Arbeitsleben erforderlich. Sofern Krankheitsepisoden im Kontext beruflicher Überforderung auftreten, kommen Leistungen zur Teilhabe am Arbeitsleben in Betracht. Diese können zunächst z. B. in Form von Trainingsmaßnahmen erfolgen, bevor umfangreichere qualifizierende Maßnahmen in Erwägung gezogen werden.

Sozialmedizinische Beurteilung

In manischen Zuständen ist Arbeitsunfähigkeit gegeben, bei schwerer Ausprägung kann in Einzelfällen sogar die Einrichtung einer gesetzlichen Betreuung zur Unterstützung bei der Regelung gesundheitlicher, finanzieller oder behördlicher Angelegenheiten notwendig werden. Damit sollen die negativen Konsequenzen erheblicher Selbstüberschätzung wie z. B. massive Überschuldung, Verlust von Wohnung oder Arbeitsplatz begrenzt werden. Dauerhafte Einschränkungen der beruflichen Leistungsfähigkeit sind in den meisten Fällen bei bipolaren affektiven Störungen nicht zu erwarten, es sei denn, es besteht ein ungewöhnlicher Verlauf mit langfristigem Persistieren der manischen bzw. depressiven Symptomatik oder ein »rapid cycling«. Letzteres ist mit einer ungünstigen Prognose verbunden und kann zur Aufhebung des Leistungsvermögens im Erwerbsleben führen.

Hypomanien können durch ihre mitreißende Antriebssteigerung und in einem günstigen Umfeld durchaus positive Züge aufweisen, führen aber auch nicht selten zu Konflikten in Partnerschaft und Gesellschaft. Sie sind in der Regel nicht mit Arbeitsunfähigkeit oder einer dauerhaften Einschränkung der beruflichen Leistungsfähigkeit verbunden.

24.2.4 Neurotische, Belastungs- und somatoforme Störungen

Klaus Foerster, Katja Fischer

In diesem Abschnitt der ICD-10 werden unterschiedliche Störungen wegen ihrer historischen Verbindung zum Neurosenkonzept zusammengefasst; vgl. ◘ Tab. 24.6. Dementsprechend erscheint hier noch das Adjektiv »neurotisch«, obwohl das Neurosenkonzept als Organisationsprinzip in der ICD-10 bekanntlich nicht beibehalten wurde. Der Anteil der wegen neurotischer, Belastungs- und somatoformer Störungen durchgeführten stationären Leistungen zur medizinischen Rehabilitation an allen medizinischen Rehabilitationen wegen psychischer Störungen (ohne Abhängigkeitserkrankungen) betrug im Jahr 2009 bei den Männern 43,5 % und bei den Frauen 41,5 %. In der Statistik der Erwerbsminderungsrenten wegen psychischer Störungen (ohne Abhängigkeitserkrankungen) beträgt der Anteil von Diagnosen aus dieser Gruppe 24,9 % und wird diesbezüglich nur noch von den affektiven Störungen übertroffen.

Klassifikation

Die ICD-10 fasst unter neurotische, Belastungs- und somatoforme Störungen im weiteren Sinne psychoreaktive Störungen zusammen, wobei solche mit überwiegender psychischer Symptomatik und solche, die sich primär in körperlichen Beschwerden äußern, unterschieden werden können. Die Einteilung erfolgt anhand der vorherrschenden Symptomatik (z. B. Phobie, Zwangsstörung) bzw. der Entstehung (z. B. Reaktionen auf schwere Belastungen und Anpassungsstörungen).

Spezielle Diagnostik, Sachaufklärung

Neurotische, Belastungs- und somatoforme Störungen sind durch jeweils typische Schwerpunktsymptome (z. B. phobische Ängste, Zwangssymptome) gekennzeichnet. Bei der Diagnostik ist daher die Erfassung der Psychopathologie wesentlich, ergänzt durch anamnestische Angaben

◘ **Tab. 24.6** Neurotische, Belastungs- und somatoforme Störungen

F40	Phobische Störungen
F41	Andere Angststörungen
F42	Zwangsstörung
F43	Reaktionen auf schwere Belastungen und Anpassungsstörungen
F44	Dissoziative Störungen (Konversionsstörungen)
F45	Somatoforme Störungen
F48	Andere neurotische Störungen

zum bisherigen Krankheitsverlauf und durch die biografische Anamnese, die zum Verständnis der Entwicklung bestimmter Störungsbilder erheblich beitragen kann, sei es aus lerntheoretischem oder aus psychodynamischem Blickwinkel. Bei den somatoformen und den dissoziativen Störungen, die durch körperliche Beschwerden ohne ausreichende, die Symptomatik erklärende körperliche Befunde gekennzeichnet sind, kann die erforderliche Abgrenzung gegenüber somatischen Krankheiten mitunter Probleme bereiten. Erschwerend kommt die vor allem bei Probanden mit einer somatoformen Störung krankheitsbedingt vorhandene und oft vehement vertretene Überzeugung vom Vorliegen einer (ausschließlich) körperlichen Ursache ihrer Beschwerden hinzu. Hier ist insbesondere vor dem übermäßigen und unkritischen Einsatz invasiver diagnostischer Verfahren zu warnen, der gravierende gesundheitliche Folgen für die Betroffenen haben kann und auch ökonomisch nicht vertretbar ist. Eine iatrogene Fixierung auf ein rein somatisch orientiertes Krankheitskonzept kann dadurch begünstigt und die Erarbeitung einer Behandlungscompliance bezüglich psychotherapeutischer Ansätze verhindert werden. Die sorgfältige Differenzialdiagnostik ist bei diesen Probanden sehr zeitaufwändig und erfordert große gutachterliche Erfahrung.

Begutachtungskriterien

Neurotische, Belastungs- und somatoforme Störungen können sich je nach typischer Symptomatik, Ausprägung und Dauer der Symptome sowie Krankheitsbewältigung und sozialem Kontext auf einzelne, mehrere oder alle unter ▶ Kap. 24.1.4 genannten erwerbsrelevanten Begutachtungskriterien bei psychischen Störungen auswirken. Während eine isolierte Spinnenphobie im Rahmen einer Bürotätigkeit kaum mit Einschränkungen der beruflichen Leistungsfähigkeit verbunden sein dürfte, kann eine anhaltende somatoforme Schmerzstörung schwerer Ausprägung zu erheblichen Beeinträchtigungen hinsichtlich der meisten Begutachtungskriterien führen, einschließlich der Fähigkeit, den Arbeitsplatz zu erreichen. In solchen

Fällen ist von einer erheblichen Gefährdung der Erwerbsfähigkeit auszugehen.

Eine vermehrte Zuwendung von Bezugspersonen kann sich gerade bei neurotischen, Belastungs- und somatoformen Störungen im Sinne eines sekundären Krankheitsgewinns symptomverstärkend auswirken und regressive Neigungen fördern. So kann beispielsweise die ständige Begleitung eines Menschen mit einer Agoraphobie durch einen Angehörigen zu einer Fixierung oder sogar Zunahme seiner Beeinträchtigungen von Aktivitäten und Teilhabe führen. Die Erhebung der sozialen Anamnese dient u. a. der Erfassung von Ressourcen und Barrieren im Hinblick auf Krankheitsbewältigung und Teilhabe am Alltags- und Erwerbsleben und sollte daher auch die Frage nach dem Umgang von Bezugspersonen mit dem betroffenen Versicherten und seiner Krankheit beinhalten.

Art und Umfang der bisherigen Behandlung können einen wichtigen Hinweis auf die Motivation und Motivierbarkeit für eine adäquate Behandlung und Rehabilitation geben. Erhebliche und anhaltende Beschwerden, die bislang nicht oder nicht adäquat behandelt worden sind, müssen differenziert betrachtet werden. Einerseits kommt dies störungsbedingt vor (wie bei den somatoformen Störungen häufig), andererseits kann auch ein sekundärer Krankheitsgewinn zugrunde liegen, sei es in Form des Erhalts persönlicher Zuwendung oder einer Existenzsicherung (Erwerbsminderungsrente).

Die früher weit verbreitete Auffassung in Fachkreisen, dass neurotische, Belastungs- und somatoforme Störungen möglichst ausschließlich psychotherapeutisch behandelt werden sollten, ist von einem polypragmatischen Vorgehen abgelöst worden, mit parallelem oder konsekutivem Einsatz von psychotherapeutischen Verfahren, medikamentöser Therapie und weiteren Behandlungselementen je nach individuellem Störungsbild und Bedarf. Für die meisten der Störungen ist eine ambulante psychotherapeutische Behandlung ausreichend.

Sozialmedizinische Beurteilung bei einzelnen Störungen

■ Phobische und andere Angststörungen (F40, F41)

Diese Störungen sind durch ausgeprägte Angstreaktionen bei gleichzeitigem Fehlen akuter realer Gefahr oder Bedrohung gekennzeichnet. Angsterkrankungen – darunter insbesondere die phobischen Störungen – gehören zu den häufigsten psychischen Störungen überhaupt. Der spontane Verlauf ist in der Mehrzahl der Fälle ungünstig. Bei der erstmaligen Diagnose zeigen die meisten Angststörungen bereits eine erhebliche Chronifizierung. Angststörungen führen zu einer hohen Inanspruchnahme des medizinischen Versorgungssystems. Psychische Komorbidität ist häufig, vor allem die Entwicklung einer depressiven Symptomatik und eines schädlichen Gebrauchs bzw. einer Ab-

hängigkeit von psychotropen Substanzen (v. a. Tranquilizer).

■■ Phobische Störung (F40)

Bei einer Phobie wird die Angst ausschließlich oder überwiegend vor einem umschriebenen Objekt oder einer umschriebenen Situation erlebt. Dabei wird hauptsächlich differenziert zwischen der Agoraphobie mit dem Auftreten der Angst beispielsweise in Menschenmengen, auf öffentlichen Plätzen oder bei Reisen (mit oder ohne begleitende Panikstörung, s. u.), der sozialen Phobie, bei der die Angst auf bestimmte soziale Situationen beschränkt ist, und den spezifischen isolierten Phobien, die auf ganz spezifische Situationen oder ein spezifisches Objekt beschränkt sind. Die Situation wird unter starker Angst ertragen oder völlig vermieden.

■■ Andere Angststörungen (F41)

Hier ist das Hauptsymptom eine Angst, die nicht auf bestimmte Umgebungssituationen begrenzt ist. Dabei ist unter anderem die Panikstörung mit heftigen, unvorhersehbar auftretenden Angstanfällen und weitgehend angstfreien Zeiträumen zwischen den Attacken von der generalisierten Angststörung zu differenzieren. Die generalisierte Angststörung wurde früher auch als »Angstneurose« bezeichnet. Sie ist durch eine generalisierte und anhaltende Angst gekennzeichnet, wobei vielfältige Befürchtungen, Sorgen und Vorahnungen das Erleben und Verhalten der betroffenen Menschen dominieren. »Angst und depressive Störung, gemischt« (F41.2) gehört ebenfalls in diese Gruppe und ist eine Störung mit gleichzeitigem Bestehen von Angst und Depression, wobei keine der beiden so stark ausgeprägt sein darf, dass eine entsprechende einzelne Diagnose gerechtfertigt ist.

Sowohl die phobischen Störungen als auch die anderen Angststörungen können episodisch auftreten oder persistieren. Angststörungen werden häufig nicht korrekt diagnostiziert und unter anderem aufgrund der oft eindrucksvollen körperlichen Begleiterscheinungen der Angst (z. B. Herzklopfen, Schweißausbruch, Zittern) nicht als psychische Störungen erkannt. Eine daraufhin ausschließlich organmedizinisch ausgerichtete Behandlung kann zur Chronifizierung beitragen.

■■ Sozialmedizinische Beurteilung

Je nach Schweregrad und Verlauf können Angststörungen erhebliche sozialmedizinische Auswirkungen haben. Spezifische Phobien sind dabei in der Regel mit deutlich geringeren Einschränkungen für die Lebensführung verbunden, während Agoraphobien und Panikstörungen als bedeutsamer anzusehen sind. Die soziale Phobie kann je nach Grad der Generalisierung ebenfalls zu erheblichen Einschränkungen führen.

Bei allen Angststörungen erhebt sich vordringlich die Frage nach der korrekten Diagnose und der konsequenten Therapie. Bei den meisten Patienten mit Angststörungen ist eine Kombinationstherapie aus verhaltenstherapeutisch orientiertem Vorgehen und Pharmakotherapie im ambulanten Setting indiziert. Stationäre Behandlungen kommen bei schweren Beeinträchtigungen und bei zusätzlicher Komorbidität in Betracht. Sofern gravierende und anhaltende Beeinträchtigungen hinsichtlich der Teilhabe am Erwerbsleben drohen oder bereits bestehen, kommt auch eine psychosomatisch-psychotherapeutische Rehabilitation seitens der Rentenversicherung in Frage. Dabei kann die Ausprägung der Symptomatik die Durchführung im stationären Setting erfordern; die Auswahl eines stärker verhaltenstherapeutischen oder psychodynamischen Rehabilitationskonzeptes richtet sich nach dem individuellen Bedarf. In Einzelfällen können auch Leistungen zur Teilhabe am Arbeitsleben erforderlich werden, beispielsweise bei bestimmten arbeitsplatzbezogenen Angststörungen, die trotz angemessener Therapie nicht ausreichend kompensiert werden können.

Die Frage nach den Voraussetzungen für die Feststellung einer zeitlichen Einschränkung der Leistungsfähigkeit lässt sich für die Angststörungen nicht generell und allgemein verbindlich beantworten, da die Erscheinungsformen sehr vielgestaltig sein können. Zu berücksichtigen sind die folgenden Parameter:

- Art, Schwere, Dauer und Verlauf (Chronifizierungsgrad) der Symptomatik
- Auslösesituationen/Generalisierung bei spezifischen Phobien
- Komorbidität
- Prämorbide Persönlichkeit

Vom sozialmedizinischen Gutachter ist zu verlangen, dass er die genannten Aspekte im Einzelnen exploriert, in seinem Gutachten darstellt und in ihrer sozialmedizinischen Relevanz bewertet. Berentungen auf Zeit sind nicht als aufschiebende »Kompromisslösung« bei gutachterlicher Unsicherheit bezüglich der Prognose anzusehen, da diese Zeit leider meist nicht für eine sinnvolle Behandlung genutzt und dadurch der Chronifizierung Vorschub geleistet wird.

■ **Zwangsstörungen (F42)**

Zwangsstörungen zählen zu den häufigen psychischen Störungen, ihr Verlauf ist in der Regel chronisch. Männer und Frauen sind gleich häufig betroffen.

Die Zwangsstörung ist charakterisiert durch wiederkehrende Zwangsgedanken und/oder Zwangshandlungen. Zwangsgedanken sind Ideen, Vorstellungen oder Impulse, die sich dem Patienten gegen seinen Willen aufdrängen und die fast immer als sinnlos und quälend erlebt werden. Inhaltlich geht es meist um aggressive Vorstellungen oder um Vorstellungen, die mit Schmutz und Verunreinigung zusammenhängen. Die tatsächliche Umsetzung eigener aggressiv getönter Zwangsgedanken wird von den Betroffenen zwar gefürchtet und nicht selten durch ritualisiertes Verhalten im Sinne von Zwangshandlungen bekämpft, kommt jedoch kaum vor. Zwangshandlungen sind sich ständig wiederholende Stereotypien, meist bezogen auf Waschen oder Reinigen, Kontrollieren, Wiederholen oder Zählen. Die Zwangshandlungen dienen dazu, Anspannung oder Angst zu reduzieren.

Differenzialdiagnostisch sind vor allem schizophrene Psychosen, depressive Störungen und organische psychische Störungen auszuschließen.

Sozialmedizinische Beurteilung. Zwangsstörungen müssen von zwanghaften Phänomenen des täglichen Lebens unterschieden werden, die weit verbreitet sind und denen kein Krankheitswert zukommt. Abzugrenzen ist auch die anankastische (zwanghafte) Persönlichkeitsstörung, die in der Regel nicht mit Einbußen hinsichtlich der Leistungsfähigkeit im Erwerbsleben verbunden ist und für bestimmte berufliche Tätigkeiten sogar prädestinieren kann. Leichtgradige Zwangsstörungen beeinträchtigen das Leistungsvermögen im Erwerbsleben ebenfalls meist nicht erheblich und können höchstens im Einzelfall zu bestimmten qualitativen Einschränkungen (z. B. hinsichtlich der Daueraufmerksamkeit) führen. Ausgeprägte Zwangsstörungen können hingegen eine quantitative Leistungsminderung bedingen, wenn die Zwangshandlungen besonders ausgeprägt sind und den Tagesablauf bestimmen oder wenn Zwangsgedanken die kognitiven Fähigkeiten (z. B. Aufmerksamkeit und Konzentration) erheblich und andauernd beeinträchtigen. Ein aufgehobenes Leistungsvermögen sollte in der Regel erst dann festgestellt werden, wenn mindestens zwei konsequente, auch stationäre Behandlungen ohne Erfolg geblieben sind, wobei die Wirksamkeit verhaltenstherapeutischer Maßnahmen am besten belegt ist, ggf. alleine oder in Kombination mit der Gabe eines selektiven Serotonin-Wiederaufnahmehemmers (SSRI). Bei entsprechender Ausprägung der Zwangsstörung und gegebener Rehabilitationsfähigkeit sollte auch eine Leistung zur medizinischen Rehabilitation in Betracht gezogen werden.

■ **Reaktionen auf schwere Belastungen und Anpassungsstörungen (F43)**
■■ **Posttraumatische Belastungsstörung (F43.1)**

Die posttraumatische Belastungsstörung (PTBS) entsteht als verzögerte oder protrahierte Reaktion auf ein belastendes Ereignis oder eine Situation außergewöhnlicher Bedrohung oder katastrophalen Ausmaßes, die bei fast jedem Menschen eine entsprechende Reaktion hervorrufen würde. Typische Merkmale sind das wiederholte Erleben des Traumas in sich aufdrängenden Erinnerungen (flash backs) vor dem Hintergrund eines Gefühls der emotionalen Stumpfheit, Gleichgültigkeit sowie der Vermeidung von Aktivitäten, die Erinnerungen an das Trauma wachrufen können. Daneben besteht ein Zustand vegetativer Übererregbarkeit. Sozialer Rückzug ist häufig. Der Verlauf ist wechselhaft, in der Mehrzahl der Fälle klingt die Störung ab und hält selten länger als 6 Monate an. Sehr selten kann es zu einem chronischen Verlauf und Übergang in eine andauernde Persönlichkeitsänderung nach Extrembelastung (ICD-10: F62.0) kommen.

Sozialmedizinische Beurteilung. Bei Vorliegen der typischen psychopathologischen Symptomatik und unter Beachtung der Vorgeschichte eines schweren Traumas ist die Diagnosestellung nicht schwer. Die Gefahr einer Retraumatisierung im Rahmen der Begutachtung ist bei Anwendung einer sensiblen und subtilen Explorationstechnik, die diese Patienten nicht unnötig belastet, nicht gegeben. Der Gutachter sollte sich bei Hinweisen auf eine PTBS nicht zur unkritischen Übernahme der Diagnose aus Vorbefunden hinreißen lassen, sondern sich immer selbst von der Symptomatik und der Erfüllung der diagnostischen Kriterien überzeugen. In manchen Fällen sind bei sorgfältiger Exploration weder ein adäquates Trauma noch die psychopathologische Symptomatik auszumachen, um die Diagnose einer PTBS zu stellen, was gerade im Hinblick auf damit möglicherweise verbundene Entschädigungserwartungen von Bedeutung sein kann. Meist bestehen bei einer PTBS nur vorübergehende qualitative Einbußen der Leistungsfähigkeit im Erwerbsleben, vor allem bei Konfrontation mit angstbesetzten Orten oder angstauslösenden Situationen. In den seltenen Fällen mit chronischem Verlauf, verbunden mit sozialem Rückzug und Antriebsmangel, kann es zu einer quantitativen Einschränkung der Leistungsfähigkeit durch eine PTBS kommen. Hier sollte durch eine medizinische Rehabilitation in einer Einrichtung mit entsprechendem Behandlungsschwerpunkt versucht werden, das Leistungsvermögen im Erwerbsleben zu erhalten bzw. wiederherzustellen, da eine Berentung den sozialen Rückzug weiter verstärken würde. Leistungen zur Teilhabe am Arbeitsleben wie beispielsweise die Unterstützung einer innerbetrieblichen Weiterqualifizierung und Umsetzung können indiziert sein, wenn die Traumatisierung arbeitsplatzbezogen erfolgt ist und ein Verbleib am bisherigen Arbeitsplatz nicht mehr möglich ist. Dies kann z.B. bei Bankangestellten im Schalterdienst nach Überfall-Ereignissen oder U-Bahn-Fahrern nach Unfällen mit Suizidanten zutreffen.

▪▪ Anpassungsstörungen (F43.2)

Anpassungsstörungen können nach entscheidenden Lebensveränderungen, nach einem belastenden Lebensereignis oder auch nach schweren körperlichen Erkrankungen oder Operationen auftreten. Die Symptomatik ist sehr variabel, meist finden sich depressive Syndrome, Ängste oder eine Mischung verschiedener Symptome wie Ängste, Sorgen, Anspannung, Ärger, depressive Störungen und Verbitterung. Bei der Diagnose zu berücksichtigen sind die folgenden Parameter: Art und Ausprägung der Symptome, belastendes Ereignis, prämorbide Persönlichkeit und Verlauf. Definitionsgemäß halten die Symptome nicht länger als 6 Monate an, abgesehen von der längeren depressiven Reaktion, die jedoch nicht länger als 2 Jahre dauert. Zu bedenken ist allerdings, dass es aus klinischer und gutachterlicher Erfahrung eine ganze Reihe von Patienten gibt, deren Symptomatik auch länger als 2 Jahre besteht und die früher in der deutschsprachigen Psychiatrie und Psychotherapie als *Entwicklungen* beschrieben wurden. Diese Verläufe sind nach ICD-10 schwer zu klassifizieren; am ehesten bietet sich an, sie nach der konkreten Symptomatik, beispielsweise als *Dysthymia* (F34.1) oder *Angst und depressive Störung, gemischt* (F 41.2), zu verschlüsseln.

Sozialmedizinische Beurteilung. In Anbetracht des in der Regel günstigen Verlaufes, der insbesondere durch ambulante Psychotherapie unterstützt werden kann, kommt es üblicherweise nicht zu einer Einschränkung der Leistungsfähigkeit. Allerdings muss mit der Möglichkeit der Entwicklung einer zusätzlichen psychischen Störung gerechnet werden, sei es eine depressive Störung oder eine Angststörung, woraus eine Einschränkung der Leistungsfähigkeit auch im quantitativen Bereich resultieren kann. Dies gilt vor allem dann, wenn schwierige Lebenssituationen nicht oder nur geringfügig veränderbar sind und die therapeutische Unterstützung bei der Bewältigung im Wesentlichen auf die Akzeptanz des Unabänderlichen beschränkt ist. Entscheidend für die sozialmedizinische Beurteilung sind Grad und Ausmaß der konkreten psychopathologischen Symptomatik, die Behandlungsanamnese sowie der Verlauf mit der Klärung, ob die Symptome chronifiziert sind. Leistungen zur Teilhabe kommen bei drohender oder bereits eingetretener Chronifizierung – vor allem auch bei psychischer Komorbidität – in Betracht.

▪ Dissoziative Störungen (F44)

Die dissoziativen Störungen wurden früher auch als hysterische Störungen bezeichnet. In Anbetracht der problematischen Bedeutung, die das Wort »hysterisch« in der Umgangssprache erhalten hat, sollte dieser Begriff im klinischen und gutachtlichen Kontext nicht mehr verwendet werden. Ätiologisch werden dissoziative Störungen (früher z. T. auch als Konversionsstörungen bezeichnet) in Verbindung mit traumatisierenden Ereignissen, ungelösten Konflikten oder gestörten Beziehungen gesehen. Symptomatologisch äußern sie sich beispielsweise durch motorische, sensorische und sensible Funktionsstörungen, durch nicht-epileptische Anfälle, durch sexuelle Begleitsymptome oder durch die Desintegration psychischer Funktionen (z. B. dissoziative Amnesie). Es besteht eine hohe Komorbidität mit Persönlichkeitsstörungen, Angststörungen und somatoformen Störungen. Der Schweregrad ist sehr variabel, der Verlauf kann episodenhaft oder chronisch sein.

■■ Sozialmedizinische Beurteilung

In Anbetracht der sehr variablen Symptomatik im psychischen und/oder körperlichen Bereich, der häufigen Kombination mit weiteren psychischen Störungen und des wechselhaften Verlaufes ist es nicht möglich, allgemein verbindliche Richtlinien anzugeben. Zu berücksichtigen sind die folgenden Aspekte: prämorbide Persönlichkeit, ggf. Vorliegen einer Persönlichkeitsstörung; Komorbidität mit sonstigen psychischen Störungen; Symptomatik; Verlauf und Behandlungsanamnese. Da die meisten Konversionsstörungen mit einer Symptomatik einhergehen, die zunächst an eine neurologische Verursachung denken lässt, vergeht oft viel Zeit mit somatischer Diagnostik und Therapieversuchen, bevor die korrekte Diagnose gestellt wird. Dazu trägt auch die krankheitsbedingt bei den Betroffenen häufig vorhandene Negierung bis Verleugnung psychischer Probleme oder Konflikte bei. Bei anhaltender massiver Ausprägung der Störung kann es zu einer dauerhaften quantitativen und qualitativen Leistungseinschränkung kommen. Eine solche Feststellung sollte allerdings immer erst nach mindestens zwei konsequenten Behandlungsversuchen in stationärem Rahmen erfolgen.

■ Somatoforme Störungen (F45)

Diese Störungen sind dadurch definiert, dass vom Patienten wiederholt körperliche Symptome beschrieben werden, verbunden mit hartnäckigen Forderungen nach medizinischen Untersuchungen, trotz wiederholter negativer Befunde und der Versicherung der Ärzte, dass die Symptome nicht körperlich begründbar sind. Frühere Bezeichnungen sind funktionelle Syndrome, psychovegetative Dystonie, psychovegetatives Syndrom oder Erschöpfungszustand.

Somatoforme Störungen sind in der allgemeinärztlichen Versorgung und in Allgemeinkrankenhäusern sehr häufig, in psychiatrisch-psychotherapeutischer Behandlung sind hingegen oft nur Fälle mit erheblicher Chronifizierung und/oder psychischer Komorbidität anzutreffen. Dies liegt unter anderem darin begründet, dass den meisten der Patienten ein psychosomatisches Krank-

heitverständnis fehlt. Bei etwa zwei Dritteln liegt eine Komorbidität mit anderen psychischen Erkrankungen vor, oft mit einer depressiven Symptomatik. Der Verlauf ist häufig chronisch, was zusammen mit dem fehlenden Psychogeneseverständnis der Betroffenen zu langen »Patientenkarrieren« mit immer wiederholten körperlichen Untersuchungs- und Behandlungsmaßnahmen führt. Die Patienten zeigen eine ausgeprägte Inanspruchnahme medizinischer Dienste, wobei sie dort nicht selten als problematisch und sogar als unangenehm erlebt werden. Differenzialdiagnostisch ist zu bedenken, dass selbstverständlich auch Patienten mit somatoformen Störungen zusätzliche körperliche Krankheiten entwickeln können, die einer entsprechenden Diagnostik und Therapie bedürfen. Verändern sich die Beschwerden oder werden neue körperliche Beschwerden geschildert, ist abzuwägen, inwieweit körperliche Untersuchungen zu wiederholen sind.

Die Behandlung von Patienten mit somatoformen Störungen ist oft schwierig und langwierig. Sie kann nur erfolgversprechend sein, wenn es gelingt, ein therapeutisches Vertrauensverhältnis aufzubauen und dem Patienten behutsam ein bio-psycho-soziales Krankheitsverständnis nahezubringen. Patienten mit somatoformen Störungen werden häufig – nicht zuletzt aufgrund der häufigen Chronifizierung mit erheblicher Beeinträchtigung der Teilhabe – in der psychosomatischen Rehabilitation behandelt, mit sehr unterschiedlichem Erfolg. Dabei sprechen folgende Faktoren für einen langfristigen Behandlungserfolg (über drei bis fünf Jahre): kein Rentenwunsch, geringe Anzahl ärztlicher Behandlungen, kürzere Zeiten der Arbeitsunfähigkeit [35].

Aus sozialmedizinischer Perspektive ist die anhaltende Schmerzstörung (F45.4) die wichtigste aus der Gruppe der somatoformen Störungen, die in diesem Buch wegen ihrer erheblichen sozialmedizinischen Bedeutung in ► Kap. 26 gesondert erörtert wird.

■■ Somatisierungsstörung (F45.0)

Für diese Störung gelten folgende diagnostische Leitlinien: (1) Mindestens zwei Jahre anhaltende multiple und unterschiedliche körperliche Symptome, für die keine ausreichende somatische Erklärung gefunden wurde; (2) hartnäckige Weigerung, den Rat oder die Versicherung mehrerer Ärzte anzunehmen, dass für die Symptome keine körperliche Erklärung zu finden ist; (3) eine gewisse Beeinträchtigung familiärer und sozialer Funktionen durch die Art der Symptome und das daraus resultierende Verhalten. Bezüglich der Symptomatik wird in den ICD-Forschungskriterien, die eine präzise Erfassung der vielfältigen Symptome ermöglichen, gefordert, dass sechs oder mehr Symptome aus der folgenden Liste vorliegen müssen, dabei Symptome aus mindestens zwei der genannten Gruppen:

- **Gastrointestinale Symptome:** Bauchschmerzen, Übelkeit, Gefühl von Überblähung, schlechter Geschmack im Mund oder extrem belegte Zunge, Klagen über Erbrechen oder Regurgitation von Speisen, Klagen über häufigen Durchfall oder Austreten von Flüssigkeit aus dem Anus.
- **Kardiovaskuläre Symptome:** Atemlosigkeit ohne Anstrengung, Brustschmerzen.
- **Urogenitale Symptome:** Dysurie oder Klagen über die Miktionshäufigkeit, unangenehme Empfindungen im oder um den Genitalbereich, Klagen über ungewöhnlichen oder verstärkten vaginalen Ausfluss.
- **Haut- und Schmerzsymptome:** Klagen über Fleckigkeit oder Farbveränderungen der Haut, Schmerzen in den Gliedern, Extremitäten oder Gelenken, unangenehme Taubheit oder Kribbelgefühl.

Undifferenzierte Somatisierungsstörung (F45.1)

Nach ICD-10 ist das Vorliegen einer solchen Störung zu erwägen, wenn zahlreiche, unterschiedliche und hartnäckige körperliche Beschwerden vorliegen, jedoch das vollständige und typische klinische Bild der Somatisierungsstörung nicht erfüllt ist. Aufgrund der Unschärfe ihrer Operationalisierung ist diese diagnostische Kategorie im Hinblick auf die Verwendung in Gutachten problematisch.

Hypochondrische Störung (F45.2)

Bei dieser Störung ist das vorherrschende Kennzeichen die beharrliche Beschäftigung mit der Möglichkeit, an einer oder an mehreren schweren und fortschreitenden körperlichen Krankheiten zu leiden, manifestiert durch anhaltende subjektive körperliche Beschwerden oder durch die ständige Beschäftigung mit der eigenen körperlichen Erscheinung. Bei der hypochondrischen Störung liegt gemäß ICD-10 der Akzent mehr auf der Krankheit und den befürchteten Folgen als auf einzelnen Symptomen wie bei der Somatisierungsstörung. Zusätzlich bestehen häufig depressive und Angst-Symptome, die ggf. als komorbide Diagnose verschlüsselt werden müssen. Abzugrenzen ist immer eine wahnhafte Störung mit Körpersymptomen. Der Verlauf ist meist chronisch und wechselhaft.

Somatoforme autonome Funktionsstörung (F45.3)

Die Symptomatik dieser Störungen bezieht sich beispielsweise auf Symptome des kardiovaskulären Systems, des oberen und/oder unteren Gastrointestinaltraktes, des respiratorischen Systems und – seltener – des urogenitalen Systems und wird von den Patienten so geschildert, als ob sie auf körperlichen Krankheiten eines Organs oder eines Organsystems beruhte. Beispiele: kardiovaskuläres System (»Herzneurose«), respiratorisches System (»psychogene Hyperventilation und Singultus«), gastrointestinales System (»Magenneurose«, »nervöser Durchfall«).

Sozialmedizinische Beurteilung

In Anbetracht der Häufigkeit, der Chronizität, der ausgeprägten Inanspruchnahme medizinischer Dienste, der psychosozialen Beeinträchtigung und des subjektiven Leidensdruckes haben diese Störungen ein erhebliches sozialmedizinisches Gewicht, unabhängig davon, wie sie letztlich bezeichnet werden. Dies ist deshalb zu betonen, weil für die sozialmedizinische Beurteilung nicht die diagnostische Zuordnung entscheidend ist, sondern Art und Ausmaß der konkreten Symptomatik und der Verlauf mit der Frage nach Chronifizierung und resultierenden konkreten Beeinträchtigungen der Teilhabe an Lebensbereichen. Bei den somatoformen Störungen liegen definitionsgemäß keine körperlichen Störungen vor, die eine Leistungsminderung bewirken könnten. Daher muss sich die Beurteilung auf die psychopathologische Symptomatik beziehen.

Testdiagnostik.

Neben der Anamneseerhebung und der detaillierten Exploration können auch testpsychologische Verfahren wie z. B. das Screening für Somatoforme Störungen (SOMS) [34] zur diagnostischen Erfassung einer somatoformen Störung beitragen. Eine Möglichkeit, den Schweregrad einer psychischen und funktionellen körperlichen Symptomatik einzuschätzen, ist die Verwendung des Beeinträchtigungsschwere-Scores nach SCHEPANK (BSS) [36]. Dabei wird die Beeinträchtigung eines Menschen als Punktwert auf einer Skala dokumentiert, die von 0 Punkten – völlig gesund und normal – bis 12 Punkte – extrem psychogen gestört – reicht. Alle erfassbaren Symptome werden danach beurteilt, inwiefern der betreffende Proband durch sie effektiv beeinträchtigt ist. Die subjektiv leidvolle und/oder objektiv registrierbare Auswirkung der Störung wird in drei Subkategorien in jeweils fünf Stufen von 0 bis 4 gewichtet:

- Körperlicher Leidens- und/oder Beeinträchtigungsgrad
- Psychischer Leidens- und/oder Beeinträchtigungsgrad
- Auswirkungen auf die sozial kommunikativen Bezüge

Eine derartig quantifizierende Darstellung allein genügt jedoch nicht, entscheidend für die Beurteilung des Leistungsvermögens sind die individuellen, konkret benennbaren Beeinträchtigungen des Probanden in Bezug auf die Teilhabe am Erwerbsleben.

Neben Art und Ausmaß der Symptome ist der Verlauf entscheidend zu berücksichtigen. Dabei sollten folgende Aspekte Berücksichtigung finden [17]:

- Psychische Komorbidität (Persönlichkeitsstörung, Problematik im Umgang mit psychotropen Substanzen, geringfügige hirnorganisch bedingte Beeinträchtigungen)

- Mehrjähriger Krankheitsverlauf bei unveränderter oder progredienter Symptomatik oder längerfristige Remission
- Ausgeprägter »Krankheitsgewinn«
- Verlust der sozialen Integration (Ehescheidung, Arbeitsplatzverlust, sozialer Rückzug)
- Unbefriedigende Behandlungsergebnisse trotz konsequent durchgeführter ambulanter und stationärer Behandlungsmaßnahmen auch mit unterschiedlichem therapeutischem Ansatz
- Gescheiterte Rehabilitationsmaßnahmen

Die Beurteilung der Leistungsfähigkeit von Probanden mit funktionellen körperlichen Symptomen ist häufig schwierig, umstritten und mit einem gewissen Ermessensspielraum belastet, wodurch auch unterschiedliche gutachterliche Standpunkte begründet werden können. Das bei allen sozialmedizinischen Begutachtungen mögliche Problem der Abgrenzung einer manifesten psychischen Störung von willentlich beeinflusster Aggravation und Simulation ist bei Probanden mit somatoformen Beschwerdebildern nicht selten und bei der Begutachtung zu berücksichtigen (vgl. ▶ Kap. 27).

Dabei sollte der sozialmedizinische Gutachter obsolete und nicht definierte Begriffe wie Rentenneurose, Begehrensneurose, Sozialneurose und ähnliche Formulierungen keinesfalls verwenden. Im Übrigen gibt es bislang keine Belege dafür, dass eine Berentung zu einer Besserung der psychopathologischen Symptomatik führt; die Ergebnisse empirischer Studien [16, 37] legen vielmehr nahe, dass die Bewilligung bzw. Versagung einer Erwerbsminderungsrente keinen Einfluss auf das Weiterbestehen der festgestellten psychischen bzw. psychopathologischen Symptome haben wird.

Eine Leistung zur medizinischen Rehabilitation ist vor allem bei den Patienten mit einer somatoformen Störung angezeigt, die trotz adäquater ambulanter Behandlung einschließlich Psychotherapie gravierende Beeinträchtigungen der Teilhabe aufweisen. Patienten mit einer somatoformen Störung ohne ausreichendes Psychogeneseverständnis und psychotherapeutische Vorerfahrung sind für eine psychosomatisch-psychotherapeutischen Rehabilitation schwerer zu motivieren. Bei erheblicher Gefährdung der Erwerbsfähigkeit durch die somatoforme Störung sollte hier versucht werden, dem Patienten eine Rehabilitation in einer Einrichtung anzubieten, die in ihrem Konzept körperliche und psychische Aspekte gleichermaßen berücksichtigt.

- **Andere neurotische Störungen (F48)**
- **Neurasthenie (F48.0)**

Sie ist definiert durch anhaltende Klagen über gesteigerte Ermüdbarkeit nach geistiger oder körperlicher Anstren-

gung, Schwindel, Schlafstörungen und weitere unspezifische Symptome, die spontan oder auch im Anschluss an belastende Ereignisse auftreten können. Es findet sich ein Überlappungsbereich insbesondere zu den somatoformen Störungen, weshalb die Abgrenzung nicht einfach ist. Die Diagnose wird selten gestellt, synonym wird der Begriff »Erschöpfungssyndrom« verwendet. Eine quantitative Leistungsminderung lässt sich mit einer Neurasthenie nicht ausreichend begründen, qualitative Beeinträchtigungen des Leistungsvermögens (z. B. Konzentrationsprobleme) kommen jedoch vor.

■■ Spezielle Syndrome

In den letzten Jahren ist eine Reihe vermeintlich neuer, moderner Beschwerdebilder, Störungen und Begriffe formuliert worden, deren Zustandekommen schädlichen Umwelteinflüssen zugeschrieben wird: Multiple Chemical Sensitivity (MCS), neuerdings bezeichnet als Idiopathic Environmental Intolerances (IEI); Sick Building Syndrom (SBS); Chronic Fatigue Syndrom (CFS); Fibromyalgie-Syndrom. Auf die Besonderheiten der sozialmedizinischen Begutachtung bei diesen sogenannten Umwelterkrankungen wird in ▶ Kap. 27 ausführlicher eingegangen. Das Fibromyalgie-Syndrom wird im ▶ Kap. 7.5.3 erörtert. Von Bedeutung sind diese Beschwerdekomplexe durch die überaus häufige Assoziation bzw. Überschneidung mit psychischen Störungen, insbesondere den somatoformen Störungen. Ungeachtet der Ursache vorhandener Beschwerden und Symptome gilt es auch hier, die daraus resultierenden Beeinträchtigungen der Teilhabe am Erwerbsleben gutachterlich differenziert darzulegen.

24.2.5 Verhaltensauffälligkeiten in Verbindung mit körperlichen Störungen und Faktoren

Klaus Foerster, Katja Fischer

Störungen aus dieser Gruppe tragen nur zu einem kleinen Teil zu den Berentungen wegen Erwerbsminderung aufgrund psychischer Störungen bei und auch ihr Anteil an den stationären Leistungen zur medizinischen Rehabilitation bei psychischen Störungen (ohne Abhängigkeitserkrankungen) ist mit 2,7 % im Jahr 2009 relativ gering. Nicht selten ergeben sich jedoch im Kontext solcher Störungen besondere gutachtliche Probleme.

Klassifikation

Von den in Abschnitt F50–F59 der ICD-10 klassifizierten Störungen (◻ Tab. 24.7) sind vor allem die Essstörungen (F50) von Relevanz für die Beurteilung der beruflichen Leistungsfähigkeit. Die übrigen Störungen aus diesem Ka-

◻ Tab. 24.7 Verhaltensauffälligkeiten in Verbindung mit körperlichen Störungen und Faktoren

F50	Essstörungen
F51	Nichtorganische Schlafstörungen
F52	Sexuelle Funktionsstörungen, nicht verursacht durch eine organische Störung oder Krankheit
F53	Psychische und Verhaltensstörungen im Wochenbett, andernorts nicht klassifiziert
F54	Psychologische Faktoren und Verhaltensfaktoren bei andernorts klassifizierten Krankheiten
F55	Schädlicher Gebrauch von nicht abhängigkeitserzeugenden Substanzen
F59	Nicht näher bezeichnete Verhaltensauffälligkeit bei körperlichen Störungen und Faktoren

pitel sind diesbezüglich kaum von Bedeutung, sie können der Tabelle 24.7 entnommen werden.

Spezielle Diagnostik, Sachaufklärung

Verhaltensauffälligkeiten in Verbindung mit körperlichen Störungen und Faktoren sind durch typische Verhaltens- und Erlebensweisen charakterisiert, die mit körperlichen Auswirkungen einhergehen oder solche zur Folge haben. Neben der Erfassung des psychischen Befundes und der spezifischen Anamnese ist bei der Diagnostik daher auch eine sorgfältige somatomedizinische Untersuchung erforderlich, insbesondere im Hinblick auf die Differenzialdiagnose körperlicher Krankheiten, denen die hier zusammengefassten Störungsbilder ähneln können. Einerseits können diese Störungen die Symptome körperlicher Krankheiten (z. B. bösartige Tumore mit Kachexie) imitieren, andererseits können sie mit zunehmender Dauer körperliche Störungen verursachen (z. B. Hormonstörungen, Refluxösophagitis, Karies). Gutachterlich ist dabei auch zu berücksichtigen, dass gerade bei Essstörungen die Symptomatik bzw. das gestörte Essverhalten häufig verheimlicht oder verleugnet werden. Hier ist eine gezielte, jedoch einfühlsame und von vorbehaltlosem Verständnis geprägte Explorationstechnik hilfreich. Die Dissimulationsneigung in Bezug auf das (extrem niedrige oder hohe) Körpergewicht vieler Betroffener darf den Gutachter nicht von der notwendigen Überprüfung desselben und der körperlichen Leistungsfähigkeit abhalten.

Begutachtungskriterien

Verhaltensauffälligkeiten mit körperlichen Störungen und Faktoren können sich je nach Symptomatik, Ausprägung und Dauer der Symptome sowie Krankheitsbewältigung und sozialem Kontext auf einzelne, mehrere oder alle unter ▶ Kap. 24.1.4 genannten erwerbsrelevanten Begutach-

tungskriterien bei psychischen Störungen auswirken. Bei chronisch verlaufender Anorexie ist nicht nur mit einem zunehmenden Verlust der körperlichen Leistungsfähigkeit, sondern auch mit mangelernährungsbedingten kognitiven Beeinträchtigungen zu rechnen.

Sozialmedizinische Beurteilung bei einzelnen Störungen

▪ Essstörungen (F50)

Die Anorexia nervosa und die Bulimia nervosa sind durch schwere Störungen des Essverhaltens gekennzeichnet. Sie haben folgende Gemeinsamkeiten:

- Vorliegen einer Körperschemastörung
- Störungen der proprio- und enterozeptiven sowie der emotionalen Wahrnehmung
- Ein ausgeprägtes Gefühl eigener Unzulänglichkeit

Zu den Essstörungen gerechnet wird außerdem die psychogene Hyperphagie mit Essattacken und Adipositas, auch bezeichnet als Binge Eating Disorder (BED). Der Begriff stammt aus den USA, wo diese Störung recht häufig diagnostiziert wird (DSM-IV: 307.50). In der ICD-10 findet sie sich allerdings nicht.

Die Adipositas ist in der ICD-10 zwar unter der Ziffer E66 in Kapitel IV (Endokrine, Ernährungs- und Stoffwechselkrankheiten) aufgeführt. Aber auch bei extremer Adipositas ist ein gestörtes Essverhalten häufig zu eruieren, ggf. verknüpft mit weiteren psychischen Auffälligkeiten bis hin zu einer manifesten psychischen Komorbidität (z. B. Depression, Persönlichkeitsstörung).

Als ätiologisch relevante Faktoren für die Essstörungen werden biologische Aspekte (Neurotransmitter, Neuropeptide), sozio-kulturelle Einflüsse (z. B. rigoroses Schlankheitsideal) und unspezifische persönliche Belastungsfaktoren diskutiert [13]. Bei der Diagnose von Essstörungen sind differenzialdiagnostisch somatische und psychische Erkrankungen auszuschließen, die mit Appetitlosigkeit und Gewichtsreduzierung einhergehen können, beispielsweise schwere, konsumierende körperliche Erkrankungen oder eine ausgeprägte depressive Symptomatik. Bei der Bulimia nervosa und der psychogenen Hyperphagie sind Erkrankungen abzugrenzen, die mit Appetitsteigerungen einhergehen können, wie etwa Diabetes mellitus oder Hyperthyreose.

▪▪ Anorexia nervosa (F50.0)

Die Hauptsymptome der Anorexia nervosa sind ein selbst herbeigeführter und aufrecht erhaltener Gewichtsverlust (z. B. durch Fasten, exzessives Sporttreiben, Laxantien- und Diuretikaabusus, induziertes Erbrechen), eine große Angst vor Gewichtszunahme und eine deutliche Störung der Wahrnehmung der eigenen Figur und des Körperumfanges. Als Grenze für das Untergewicht bei Anorexie gilt ein Body-Mass-Index (BMI) von 17,5 oder weniger (vgl. ◨ Abb. 12.1). Neben dieser diagnostischen Festlegung sind zur Bestimmung des minimalen Normalgewichts auch der individuelle Körperbau und die Gewichtsentwicklung des Probanden zu berücksichtigen. Auf der Symptomebene finden sich des Weiteren die Symptome einer endokrinen Störung im Bereich der Hypothalamus-Hypophysen-Gonadenachse, die sich bei Frauen als Amenorrhoe manifestiert. Die übrigen körperlichen Zeichen und Symptome sind dem Hungern und der daraus resultierenden Mangelernährung zuzuschreiben. Somit kann es zu ausgeprägten körperlichen Störungen kommen, beispielsweise einer Anämie, einer reduzierten Nierenfunktion, zu kardiovaskulären Störungen und zu einer Osteoporose.

Die Anorexia nervosa wird in den letzten drei Jahrzehnten zunehmend häufiger festgestellt, wobei überwiegend junge Frauen betroffen sind (Frauen:Männer = 12:1). Sie gehört zu den psychischen Störungen mit der höchsten Mortalität [13]. Aufgrund von Langzeitstudien mit Kollektiven von behandelten Patienten ergibt sich nach einem Verlauf von 10 bis 20 Jahren eine Mortalität von 10 bis 20 %. Eine Zusammenfassung dieser Studien ergab, dass sich bei der Hälfte der Patienten eine teilweise Besserung einstellt, ein Viertel der Patienten bleibt chronisch krank in ungebessertem Zustand und bei einem Viertel der Patienten klingt die Erkrankung ab [21].

▪▪ Bulimia nervosa (F50.2)

Die Bulimia nervosa ist gekennzeichnet durch Essattacken, durch Verhaltensweisen, die einer Gewichtszunahme entgegensteuern und durch eine übertriebene Beschäftigung mit dem Körpergewicht und der Figur. Die Störung kann sich nach einer Anorexia nervosa entwickeln und umgekehrt. Es gibt auch Verläufe, bei denen im Rahmen einer Anorexia nervosa zusätzlich Essattacken auftreten (bulimischer Typ der Anorexia nervosa). 90 % der Betroffenen sind Frauen. Die Patientinnen wenden meist mehrere Methoden an, um die Folgen der Essattacken zu verhindern. Am häufigsten ist selbstinduziertes Erbrechen. Daneben ist der Missbrauch von Laxantien und Diuretika häufig. Gelegentlich werden Appetitzügler oder Schilddrüsenpräparate eingenommen. Aufgrund des wiederholten Erbrechens kann es unter anderem zu Elektrolytstörungen mit körperlichen Komplikationen kommen.

Nach einer Verlaufszeit zwischen 5 und 10 Jahren weisen 50 % der ursprünglich diagnostizierten Patienten die Kriterien für eine Bulimie nicht mehr auf, während bei 20 % die Kriterien nach wie vor gegeben sind. Ein Drittel der gebesserten Patienten wird allerdings innerhalb von vier Jahren nach einer Behandlung wieder rückfällig [21]. Eine bestehende Komorbidität mit Persönlichkeitsstörungen oder Impulskontrollstörungen verschlechtert die Prognose ebenso wie regelmäßiges Erbrechen oder das gewohnheitsmäßige Verwenden von Abführmitteln.

▪▪ Psychogene Hyperphagie (Binge Eating Disorder)

Diese Essstörung geht wie die Bulimia nervosa mit Heißhungerattacken einher, allerdings ohne gegensteuernde Maßnahmen wie induziertes Erbrechen oder Laxantienmissbrauch. Diese Verhaltensstörung führt daher meist zu erheblichem Übergewicht. Bei den Patienten finden sich häufig begleitende psychopathologische Symptome, wobei depressive Symptome und sozialer Rückzug am häufigsten auftreten. Entsprechend dem Übergewicht können auch körperliche Folgekomplikationen bestehen (vgl. ▶ Kap. 12), die dazu führen, dass diese Patienten nicht vom psychiatrischen, sondern vom internistischen Sachverständigen begutachtet werden. Der Psychiater wird dann allenfalls um ein Zusatzgutachten gebeten.

▪▪ Sozialmedizinische Beurteilung

Typisch für Patientinnen mit Anorexia nervosa und auch mit Bulimia nervosa ist die subjektiv gute körperliche Leistungsfähigkeit und eine oft ausgeprägte Leistungsorientierung. Dementsprechend sind die Patientinnen häufig gar nicht oder nur rudimentär krankheitseinsichtig und demonstrieren ihre subjektiv gute Leistungsfähigkeit auch nach außen. Erhebliche Einschränkungen können sich ergeben, wenn der Body-Mass-Index bei der Anorexia nervosa deutlich unter 17,5 sinkt und/oder wenn bereits körperliche Komplikationen eingetreten sind, die ihrerseits zu einer Reduzierung der Leistungsfähigkeit führen können. Auch bei der Bulimia nervosa wird die Leistungsfähigkeit vor allem durch körperliche Komplikationen eingeschränkt.

Sowohl die Anorexie wie die Bulimie sind sehr ernsthafte Erkrankungen, die in Abhängigkeit von Gewichtszustand, körperlichen Komplikationen (z. B. Elektrolytentgleisungen), Compliance und Krankheitsbewältigung häufig einer stationären Krankenbehandlung und/oder einer Rehabilitation bedürfen. Dabei sollte ein störungsspezifisches Behandlungskonzept zum Einsatz kommen. Sinnvoll ist bei vielen dieser Patientinnen eine initiale stationäre Behandlungsphase, gefolgt von einer ambulanten Psychotherapie und der Teilnahme an Selbsthilfegruppen. Leider besteht jedoch oft eine erhebliche Ambivalenz gegenüber der Behandlung.

Bei langjährigem, chronischem Verlauf einer Anorexie oder Bulimie können sowohl die körperlichen Komplikationen wie auch Verhaltensauffälligkeiten, insbesondere ein sozialer Rückzug oder eine zusätzliche depressive Symptomatik zu Einschränkungen des Leistungsvermögens führen. Allgemein gültige Regeln lassen sich in Anbetracht der großen Variabilität der Verläufe nicht nennen. Bei der Begutachtung sind speziell folgende Aspekte zu berücksichtigen:

- Komorbidität, vor allem mit Persönlichkeitsstörungen und Impulskontrollstörungen
- Depressive Symptome
- Verhaltensauffälligkeiten (Beziehungsstörungen, Kontaktprobleme, Rückzug)

Bei entsprechendem Schweregrad der Grunderkrankung, chronischem Verlauf und zusätzlichen Komplikationen kann sowohl eine qualitative als auch eine quantitative Einschränkung der Leistungsfähigkeit resultieren.

24.2.6 Persönlichkeits- und Verhaltensstörungen

Wolfgang Weig, Katja Fischer

In der aktuellen Fachdiskussion finden Persönlichkeitsstörungen zunehmende Beachtung und es wird über eine Zunahme in der Klientel psychiatrischer Versorgungseinrichtungen berichtet. Von den im Jahr 2009 wegen psychischer Störungen (ohne Abhängigkeitserkrankungen) von der Rentenversicherung durchgeführten stationären Leistungen zur medizinischen Rehabilitation wurden bei Männern 4,9 % und bei Frauen 2,5 % mit Persönlichkeits- und Verhaltensstörungen als Erstdiagnose begründet. Persönlichkeitsstörungen wurden im Jahr 2009 in etwa 6,9 % der Fälle als Erstdiagnose in der Statistik der Erwerbsminderungsrenten wegen psychischer Störungen (ohne Abhängigkeitserkrankungen) angegeben.

Persönlichkeitsstörungen werden definiert als »dauerhafte innere Erfahrens- oder Verhaltensmuster des Betroffenen, die insgesamt deutlich von den kulturell erwarteten Normen abweichen und Leidensdruck beim Betroffenen und/oder nachteiligen Einfluss auf die soziale Umwelt hervorrufen«. Schon diese Definition weist auf eine grundsätzliche Schwierigkeit hin: Die Diagnose »Persönlichkeitsstörung« ist weniger von objektiv zu erhebenden psychopathologischen oder anderen Symptomen abhängig, sondern vielmehr von soziokulturellen Normen bzw. der Abweichung davon und vom Leidensdruck der Betroffenen in ihrer sozialen Umgebung, also letztlich von wandelbaren und im Kern höchst subjektiven Variablen. Es verwundert daher nicht, dass Reliabilität und Validität der Konstrukte zu Persönlichkeitsstörungen im Vergleich zu anderen psychiatrischen Diagnosen relativ schlecht sind. Die Grenze zu einfach auffälligem oder als störend empfundenem Verhalten, das nicht als krankhaft zu bezeichnen ist, zu exzentrischen Wesenszügen, aber auch zu kriminellem Verhalten ist schwer zu ziehen. Nicht zuletzt kann die Begrifflichkeit von totalitären politischen oder religiösen Systemen missbraucht werden, um abweichende Meinungen zu diskriminieren. Andererseits lassen Alltagserfahrungen und klinische Beobachtungen keinen

Zweifel daran, dass es Menschen gibt, die die Kriterien der Persönlichkeitsstörung erfüllen und die aufgrund ihrer Einstellungen und Verhaltensmuster in einem Ausmaß in Konflikt mit ihrer sozialen Umgebung geraten, dass der Krankheitscharakter der Störung jedenfalls bei Anlegen eines sozialen Krankheitsbegriffs offensichtlich ist.

Gesicherte Erkenntnisse zur Ursache von Persönlichkeitsstörungen liegen nicht vor. Diverse Einzelergebnisse zu genetischen Bedingungsfaktoren, eher unterschwelligen biologischen Befunden, Beeinträchtigungen in der Familiengeschichte und im sozialen Umfeld und psychischen Traumatisierungen in der Vorgeschichte ergeben kein einheitliches Bild [14].

Die Angabe der Prävalenzraten zu Persönlichkeitsstörungen in verschiedenen Studien aus den USA und aus Deutschland differiert zwischen 5 und 18 %, überwiegend wird eine etwas größere Häufigkeit bei Frauen gegenüber Männern angenommen. Nach diesen Studien tritt die Persönlichkeitsstörung in der Regel in etwa mit der Pubertät (12.–13. Lebensjahr) hervor und nimmt dann im Laufe des Lebens insbesondere ab dem 40. Lebensjahr allmählich ab, was möglicherweise lediglich als eine Abschwächung des Verhaltens, nicht als eine eigentliche Heilung der Persönlichkeitsstörung zu interpretieren ist. Auch für die einzelnen Typen der Persönlichkeitsstörungen differieren die Prävalenzangaben in relativ weiten Grenzen. Am häufigsten wurden anankastische und abhängige Persönlichkeitsstörungen mit jeweils mehr als 6 %, Borderline-Persönlichkeitsstörungen mit 4,6 % und histrionische Persönlichkeitsstörungen sowie antisoziale Persönlichkeitsstörungen mit je 3 % gefunden [8].

Klassifikationen

Grundsätzlich werden bei der Operationalisierung von Persönlichkeitsstörungen dimensionale Modelle (z. B. das »Big-Five-Modell« [38]) von kategorialen Modellen mit der Definition abgegrenzter Typen unterschieden. Das diagnostische und statistische Manual (DSM) der amerikanischen psychiatrischen Gesellschaft (APA) integriert dimensionale und kategoriale Ansätze zu Prototypen. Die ICD-10 hat sich an diesem Modell der Prototypen orientiert. Den aktuellen Stand der Klassifikation der Persönlichkeits- und Verhaltensstörungen nach ICD-10 zeigt ☐ Tab. 24.8. DSM-IV und ICD-10 sind bezüglich der in ihnen definierten Persönlichkeitsstörungen nicht vollkommen deckungsgleich.

Im DSM-IV werden die verschiedenen Persönlichkeitsstörungen in drei Cluster (Hauptgruppen) eingeteilt:

Cluster A (»sonderbare und exzentrische Personen«) umfasst die paranoide, die schizoide und die schizotypische Persönlichkeitsstörung. Gemeinsam ist diesen Störungen eine Neigung zum Misstrauen und zu paranoiden Vorstellungen, Mangel an zwischenmenschlichen Kontakten und ausgesprochene Affektarmut bis zur Gefühlskälte sowie das Auftreten von seltsamem und exzentrischem Verhalten. Die Störungen sind nicht mit der Schizophrenie zu verwechseln!

Cluster B umfasst die histrionische (früher: »hysterische«), narzisstische, dissoziale und die emotional instabile Persönlichkeitsstörung mit ihren beiden Unterformen des Borderline-Typus und des impulsiven Typus. Die zusammenfassende Beschreibung der Personen mit solchen Störungen lautet »dramatisch, emotional oder launisch«. Beschrieben werden Störungen der Impulsivität, Tendenzen zur Selbstbeschädigung, wenig ausgeprägtes Selbstwertgefühl, schneller Wechsel von Idealisierung und Entwertung von nahestehenden Personen und Probleme in der Regulierung von Nähe und Distanz zu anderen Menschen. Vor allem bei der dissozialen (oder antisozialen) Persönlichkeit besteht die Gefahr, jedwedes kriminelle Verhalten als pathologisch im Sinne einer psychischen Störung zu interpretieren und damit zu exkulpieren.

Cluster C schließlich umfasst die ängstlich-vermeidende (oder selbstunsichere), die abhängige, die anankastische (zwanghafte) und die passiv-aggressive Persönlichkeitsstörung mit dem gemeinsamen Charakter des Ängstlichen und Furchtsamen. Menschen mit derartigen Persönlichkeitsstörungen sind leicht verletzbar, andauernd angespannt und besorgt, entwickeln Gefühle von Hilflosigkeit und Abhängigkeit, neigen zu massiven Trennungsängsten, zu übermäßiger Gewissenhaftigkeit und mangelnder Flexibilität.

Diese Gruppeneinteilung ist nicht unwidersprochen geblieben. Mischungen der einzelnen Persönlichkeitsstörungen und Gruppen kommen vor und sind nach ICD-10 mit F61.0 (kombinierte Persönlichkeitsstörungen) gesondert zu verschlüsseln.

In diesem Abschnitt folgen Ausführungen zu den für die Begutachtung in der Rentenversicherung relevantesten Formen von Persönlichkeits- und Verhaltensstörungen, den spezifischen und kombinierten Persönlichkeitsstörungen, den andauernden Persönlichkeitsänderungen nach Extrembelastung und nach psychischer Krankheit sowie den abnormen Gewohnheiten und Störungen der Impulskontrolle (z. B. pathologisches Spielen).

Spezielle Diagnostik, Sachaufklärung

Die Diagnose von Persönlichkeits- und Verhaltensstörungen erfolgt in der Exploration, in der langfristigen Verhaltensbeobachtung und durch die Erhebung einer ausführlichen Anamnese mit der Herausarbeitung immer wiederkehrender Verhaltensmuster, die die entsprechende Störung erkennen lassen. Fremdanamnestische Hinweise sind oft hilfreich. Zur verbesserten Operationalisierung der Diagnose von Persönlichkeitsstörungen wurden Erhebungsinstrumente eingeführt, von denen derzeit das

◧ Tab. 24.8 Persönlichkeits- und Verhaltensstörungen	
F60	Spezifische Persönlichkeitsstörungen
F61	Kombinierte und andere Persönlichkeitsstörungen
F62	Andauernde Persönlichkeitsänderungen, nicht Folge einer Schädigung oder Krankheit des Gehirns
F63	Abnorme Gewohnheiten und Störungen der Impulskontrolle
F64	Störungen der Geschlechtsidentität
F65	Störungen der Sexualpräferenz
F66	Psychische und Verhaltensstörungen in Verbindung mit der sexuellen Entwicklung und Orientierung
F68	Andere Persönlichkeits- und Verhaltensstörungen bei Erwachsenen
F69	Nicht näher bezeichnete Persönlichkeits- und Verhaltensstörung

»Strukturierte Klinische Interview für Persönlichkeitsstörungen« (SKID-II) in Deutschland am weitesten verbreitet ist. Weitere gebräuchliche Erhebungsinstrumente sind die International Personality Disorder Examination (IPDE) und das Minnesota Multiphasic Personality Inventory 2 (MMPI-2). Bei der IPDE handelt es sich ebenfalls um ein strukturiertes Interview, sie ist das offizielle Instrument der WHO zur Diagnostik von Persönlichkeitsstörungen. Nach einem freien Einleitungsteil, der der Erfassung der individuellen Lebens- und Krankheitsgeschichte dient, folgen die strukturierten Fragen. Das MMPI-2 ist eine Selbstrating-Fragebogenuntersuchung, die auch Items zur Erfassung von Verfälschungstendenzen einschließt. Beide Verfahren sind in deutscher Übersetzung verfügbar. Die Selbsteinschätzung z. B. im Freiburger Persönlichkeitsinventar (FPI) allein ist für eine genauere differenzialdiagnostische Zuordnung nicht ausreichend.

Differenzialdiagnostisch sind Persönlichkeitsstörungen unter anderem von auf Persönlichkeit und Verhalten bezogenen Symptomen anderer Störungen, beispielsweise bei der Schizophrenie oder bei affektiven Störungen, abzugrenzen. Dies kann insbesondere bei bezüglich letztgenannter Störungen unterschwelliger Symptomausprägung schwierig sein, z. B. im Beginn einer Exazerbation oder im Rahmen eines Vorläufersyndroms bei der Schizophrenie. Wichtig ist auch die Abgrenzung von organischen Persönlichkeits- und Verhaltensstörungen (organischen Wesensänderungen), für die die Psychopathologie Hinweise liefert, die aber nur durch eine entsprechende organische Diagnostik zum Nachweis oder Ausschluss zugrundeliegender morphologischer oder funktioneller Hirnveränderungen abschließend gelingt (siehe ▶ Kap. 24.2.1).

Eigenständige Impulskontrollstörungen im engeren Sinne sind ebenfalls von symptomatischen Beeinträchtigungen der Impulskontrolle bei anderen psychischen Störungen wie der Schizophrenie, der Manie oder auch organischen psychischen Störungen zu differenzieren.

Begutachtungskriterien

Persönlichkeits- und Verhaltensstörungen können sich je nach typischer Symptomatik und Ausprägung sowie in Abhängigkeit von Krankheitseinsicht und sozialem Kontext auf einzelne, mehrere oder alle unter ▶ Kap. 24.1.4 genannten erwerbsrelevanten Begutachtungskriterien bei psychischen Störungen auswirken. Manche spezifischen Persönlichkeitsakzentuierungen oder leicht ausgeprägten Persönlichkeitsstörungen können die Betroffenen sogar für die Ausübung bestimmter beruflicher Tätigkeiten prädestinieren, während schwere unbehandelte und chronifizierte Persönlichkeits- und Verhaltensstörungen die Leistungsfähigkeit im Erwerbsleben in der Regel erheblich beeinträchtigen. Der Leidensdruck kann bei diesen Patienten unterschiedlich stark ausgeprägt sein und die Beeinträchtigungen der Teilhabe entstehen häufig nicht so sehr durch die eigentliche Symptomatik, sondern in erheblichem Maße durch die negativen Reaktionen des sozialen Umfeldes auf diese. Noch deutlicher wird die Wechselwirkung zwischen Symptomatik und sozialer Reaktion bei den Störungen der Impulskontrolle wie beispielsweise dem pathologischen Spielen und bei Störungen der Geschlechtsidentität und der Sexualpräferenz. Letztere sind zwar als Krankheiten anerkannt, besitzen jedoch teilweise auch forensische Bedeutung, z. B. die Pädophilie (ICD-10: F65.4). Im privaten Bereich fallen die Besonderheiten und Beeinträchtigungen von Menschen mit Persönlichkeitsstörungen mitunter deshalb nicht auf, weil sie komplementär strukturierte Bezugspersonen gefunden haben, die ihre Beeinträchtigungen ausgleichen. In diesem Kontext können fremdanamnestische Angaben von Bezugspersonen wertvolle diagnostische Hinweise geben.

Art und Umfang der bisherigen Behandlung können einen wichtigen Hinweis auf die Motivation und Motivierbarkeit für eine adäquate, in der Regel psychotherapeutische Interventionen einschließende Behandlung und Rehabilitation geben. Nicht selten ist das Krankheitsverständnis bei den Betroffenen nur rudimentär vorhanden und muss erst erarbeitet werden. Für die meisten der Störungen ist eine ambulante psychotherapeutische Behandlung ausreichend, die allerdings in Anbetracht des definitionsgemäß längeren Verlaufs von Persönlichkeits- und Verhaltensstörungen meist langfristig erfolgen muss.

Für Persönlichkeitsstörungen wurden in den unterschiedlichen psychotherapeutischen Schulen Behandlungsansätze entwickelt. Eine gewisse Spezifität beansprucht die kognitiv-verhaltenstherapeutische Behandlung (dialektisch-behaviourale Therapie, DBT) der Borderline-Persönlichkeitsstörungen nach LINEHAN [29]. Ein güns-

tiger Einfluss dieses Therapieansatzes konnte nachgewiesen werden. Auch medikamentöse Behandlungsstrategien brachten gewisse Erfolge. Insgesamt ist die Therapieforschung zu Persönlichkeitsstörungen noch defizitär.

Sozialmedizinische Beurteilung bei einzelnen Störungen

- **Spezifische, kombinierte und andere Persönlichkeitsstörungen (F60, F61)**

In der sozialmedizinischen Begutachtung für die Rentenversicherung spielen Persönlichkeits- und Verhaltensstörungen als Erstdiagnose zwar keine überragende Rolle, aber immerhin wurden im Jahr 2009 3.516 Personen wegen dieser Diagnosen (F60, F61) berentet. Die Zahl derjenigen, bei denen im Rentenverfahren eine Persönlichkeitsstörung als Zweit- oder Drittdiagnose genannt wird, dürfte deutlich höher sein. Die oben beschriebenen Probleme und psychosozialen Wechselwirkungen lassen pauschale Empfehlungen zur Beurteilung der Erwerbsfähigkeit von Personen mit einer Persönlichkeitsstörung nicht zu. Einschränkungen des Funktionsniveaus und Auswirkungen auf die Fähigkeit zur sozialen Teilhabe müssen individuell beurteilt werden, wobei die ICF wiederum eine gute Orientierungshilfe bietet (siehe ▶ Kap. 24.1.2). Dabei wird man davon ausgehen können, dass am ehesten bei Persönlichkeitsstörungen der Gruppe B mit unmittelbaren Auswirkungen auf die Leistungsfähigkeit zu rechnen ist, bei Störungen der Gruppe A kann eher der Konflikt mit Bezugspersonen, in der Gruppe C eher das nicht zu überwindende subjektive Gefühl der Hilflosigkeit zu Beeinträchtigungen der Erwerbsfähigkeit führen.

- **Andauernde Persönlichkeitsänderung nach Extrembelastung und andauernde Persönlichkeitsänderung nach psychischer Krankheit (F 62.0, F 62.1)**

Hierbei handelt es sich um andauernde (mindestens über zwei Jahre bestehende) und schwerwiegende Persönlichkeitsänderungen, die unmittelbar auf eine Extrembelastung (Konzentrationslager, Folter, Katastrophen, anhaltende lebensbedrohliche Situationen) oder auf eine klinisch abgeklungene schwerwiegende psychische Erkrankung in der Vorgeschichte zurückzuführen sind. Derartige Störungen sind selten, der Versuch einer Psychotherapie ist gerechtfertigt. Bei ausgeprägter Symptomatik ist die Leistungsfähigkeit auch in zeitlicher Hinsicht aufgehoben.

- **Abnorme Gewohnheiten und Störungen der Impulskontrolle (F63)**

Hierunter fallen das pathologische Spielen, die pathologische Brandstiftung (Pyromanie), das pathologische Stehlen (Kleptomanie), die Trichotillomanie (unwiderstehlicher Impuls, sich selbst die Haare auszureißen) sowie sonstige abnorme Gewohnheiten und Störungen der Impulskontrolle. Es handelt sich um eher seltene Störungen, deren Symptomatik im Extremfall jedoch den gesamten Tagesablauf der Betroffenen dominieren kann. Dann ist auch mit einer erheblichen Gefährdung der Erwerbsfähigkeit zu rechnen. Es existieren psychotherapeutische und medikamentöse Behandlungsstrategien. In den letzten Jahren wird auch ein pathologischer Gebrauch von Computer und Internet zunehmend in der Fachöffentlichkeit als eigenständige Diagnose diskutiert, wobei die Zuordnung zu den Impulskontrollstörungen oder zu den Abhängigkeitserkrankungen (siehe auch ▶ Kap. 25) noch unklar ist. Betroffen sind hiervon vor allem junge Menschen, vorwiegend Männer. Mittlerweile existieren erste Behandlungs- und Rehabilitationskonzepte für diese Störung und dem Besuch spezifischer Selbsthilfegruppen wird große Bedeutung beigemessen.

Störungen der Geschlechtsidentität (F64), Störungen der Sexualpräferenz (F65) sowie psychische und Verhaltensstörungen in Verbindung mit der sexuellen Entwicklung und Orientierung (F66) spielen für die Begutachtung im Auftrag der Rentenversicherung keine bedeutsame Rolle.

24.2.7 Intelligenzstörung

Wolfgang Weig, Katja Fischer

Unter Intelligenzstörung (vgl. ◱ Tab. 24.9) versteht die ICD-10 eine angeborene oder (früh) erworbene globale Einschränkung der kognitiven Leistungsfähigkeit im Sinne des schwierigen und in der psychologischen Forschung nicht einheitlich definierten Konstruktes der Intelligenz. Die Häufigkeit von niedriger Intelligenz und Intelligenzminderung in der Bevölkerung wird in der Literatur unterschiedlich angegeben, man geht jedoch von einer Prävalenz von bis zu zehn Prozent aus. Sie manifestieren sich in der Regel bis zum fünfzehnten Lebensjahr.

Abzugrenzen ist die *Demenz*, bei der durch ein krankhaftes Ereignis im Laufe des Lebens ein vorher höheres intellektuelles Niveau verloren geht.

Schwerere Grade der Intelligenzminderung sind i. d. R. organisch begründet. Mögliche Ursachen sind genetische (chromosomale) Aberrationen, embryonale, fetale, perinatale oder frühkindliche Hirnschädigungen, metabolische oder endokrine Störungen. In etwa 70 % der Fälle bleibt die Ätiologie unklar. Bei grenzwertig geringer Intelligenz und leichter Intelligenzminderung sind auch Normvarianten aufgrund der im Wesentlichen genetisch bedingten Verteilungskurve der Intelligenz und Milieuschäden durch frühkindliche Deprivation und geringe Förderung in Betracht zu ziehen.

◱ **Tab. 24.9** Intelligenzstörung

F70	Leichte Intelligenzminderung
F71	Mittelgradige Intelligenzminderung
F72	Schwere Intelligenzminderung
F73	Schwerste Intelligenzminderung
F74	Dissoziierte Intelligenzstörung
F78	Andere Intelligenzminderung
F79	Nicht näher bezeichnete Intelligenzminderung

Klassifikationen

Anhand des Intelligenzquotienten (IQ) unterscheidet man niedrige Intelligenz (IQ 70–84) sowie leichte (IQ 50–69), mittelgradige (IQ 35–49), schwere (IQ 20–34) und schwerste (IQ unter 20) Intelligenzminderungen. In der ICD-10 kann mit der vierten Stelle zusätzlich das Ausmaß diagnosebezogener Verhaltensstörungen kodiert werden. Eine unterschiedlich ausgeprägte Intelligenzminderung in verschiedenen Bereichen (Differenz mindestens 15 IQ-Punkte, z. B. zwischen Verbal- und Handlungs-IQ) wird als dissoziierte Intelligenzstörung bezeichnet.

Spezielle Diagnostik, Sachaufklärung

Die Diagnose kann definitionsgemäß nur aufgrund eines adäquat durchgeführten und sorgfältig normierten Intelligenztestes gestellt werden. Am bekanntesten ist in Deutschland der HAMBURG-WECHSLER-Intelligenztest, der in einer Version für Erwachsene (HAWIE) und einer für den Einsatz bei Kindern (HAWIK) vorliegt. Zur Messung des wenig sprachgebundenen abstrakt logischen Denkens hat sich der RAVEN-Matrizentest bewährt. Bei sehr niedrigem Intelligenzniveau sind diese Standardtests ungeeignet und teilweise auch nicht durchführbar, hier wurden Spezialverfahren entwickelt. Zusätzlich zur Feststellung der Intelligenzminderung, ihres Ausmaßes und ggf. ihrer Struktur ist mittels Anamnese und psychiatrischer Untersuchung nach Komplikationen und Komorbiditäten zu suchen. Psychische Komorbidität tritt bei Menschen mit einer Intelligenzminderung etwa drei bis viermal so häufig auf wie in der Allgemeinbevölkerung [4]. Diese zusätzlichen psychischen Störungen nehmen jedoch aufgrund der Intelligenzminderung eine besondere Färbung an und können diagnostische und therapeutische Probleme aufwerfen. Besonders gilt dies für die Komorbidität von Intelligenzminderung und Schizophrenie.

Eine sorgfältige körperliche Abklärung dient der Aufdeckung möglicher Ursachen und der Erfassung somatischer Komorbiditäten. Häufig ist die Kombination einer schweren Intelligenzminderung mit körperlichen, insbesondere neurologischen Erkrankungen und Behinderungen aufgrund genetischer Defekte oder von Hirnveränderungen.

Begutachtungskriterien

Intelligenzminderungen können sich je nach ihrer Ausprägung und dem Vorhandensein zusätzlicher Verhaltensauffälligkeiten und Komorbiditäten auf einzelne, mehrere oder alle unter ▶ Kap. 24.1.4 genannten erwerbsrelevanten Begutachtungskriterien bei psychischen Störungen auswirken. Die individuelle Kompensationsfähigkeit bezüglich der Intelligenzminderung hängt dabei auch von der sozialen Integration und der frühestmöglich einsetzenden und spezifischen Förderung vorhandener Ressourcen ab.

Sozialmedizinische Beurteilung

Die isolierte Intelligenzminderung ist zwar keine behandlungsbedürftige Krankheit, sie führt aber abhängig vom Schweregrad und den Anforderungen der Umgebung zu einer mehr oder weniger ausgeprägten Behinderung. Leichtere Behinderungsgrade (IQ etwa 50–80) werden dabei als Lernbehinderung, schwerere Behinderungsgrade (IQ etwa 30–55) als geistige Behinderung bezeichnet. Schwere und schwerste Intelligenzminderungen schließen eine Bildbarkeit auch in Sonderschulen aus und führen zu lebenslanger Pflegebedürftigkeit. Die bestmögliche Förderung intellektuell behinderter Menschen ohne begleitende psychische Störung ist Aufgabe der Heil- beziehungsweise Sonderpädagogik, wobei nach Möglichkeit integrative Konzepte zu bevorzugen sind.

Eine Intelligenzminderung bleibt im Wesentlichen konstant. Eine kausale Therapie ist in aller Regel nicht möglich. Durch geeignete Förderung können Trainingseffekte erzielt und vorhandene Fähigkeiten optimal genutzt werden. Im Vordergrund stehen Maßnahmen der Rehabilitation einschließlich der Sonder- oder Heilpädagogik und der Integration. Es besteht ein Versorgungssystem für intelligenzgeminderte Menschen, das sich auf die Werkstätten für behinderte Menschen und besondere Wohnformen für diesen Personenkreis stützt.

Die sozialen Auswirkungen einer Intelligenzminderung hängen vom Schweregrad, den Komplikationen und dem erreichten Rehabilitationserfolg ab: Während bei grenzwertig niedriger Intelligenz und leichter Intelligenzminderung selbständige soziale Teilhabe gelingen kann und die Beschäftigung mit einfachen Tätigkeiten auf dem allgemeinen Arbeitsmarkt denkbar ist, führen das Auftreten von nicht ausreichend beherrschbaren Komplikationen sowie mittelschwere und schwere Intelligenzminderung regelmäßig zur Hilfsbedürftigkeit. In diesen Fällen ist jedoch immer die Möglichkeit zur Eingliederung in eine Werkstatt für behinderte Menschen zu prüfen. Bei sehr schweren und schwersten Intelligenzminderungen besteht in der Regel umfassende und dauernde Pflegebedürftigkeit [33].

24.2.8 Entwicklungsstörungen

Wolfgang Weig, Katja Fischer

Unter dem Begriff Entwicklungsstörungen werden Minderleistungen in einem oder mehreren Lernbereichen (Teilleistungsschwächen) zusammengefasst, die im Kleinkindes- oder Kindesalter beginnen, auf einer Reifungsstörung des zentralen Nervensystems beruhen und einen kontinuierlichen Verlauf zeigen. Dabei ist die allgemeine Intelligenz normal. Unterschieden werden umschriebene Entwicklungsstörungen des Sprechens und der Sprache sowie umschriebene Entwicklungsstörungen schulischer Fertigkeiten wie Lese- und Rechtschreibstörungen (LRS, früher Legasthenie) oder Rechenstörungen (Akalkulie) sowie umschriebene Entwicklungsstörungen der motorischen Funktionen. Spezielle Förderprogramme für Menschen mit Teilleistungsschwächen sind von pädagogischer Seite entwickelt worden, das Wissen um derartige Störungen und die angemessene Berücksichtigung bei der Beurteilung der Leistungsfähigkeit können entlasten. Teilleistungsstörungen führen zu gewissen Einschränkungen in der Berufswahl und den zu erwartenden Fertigkeiten, darüber hinaus gehende sozialmedizinische Probleme ergeben sich nicht.

Von den Teilleistungsstörungen zu unterscheiden sind tiefgreifende Entwicklungsstörungen, insbesondere der Autismus (F84). Dabei entwickeln sich vor dem dritten Lebensjahr schwere Störungen der Sprache, der sozialen Interaktion und Kommunikation. Nach dem Stand der Forschung ist davon auszugehen, dass autistische Störungen weitgehend genetisch begründet sind. Durch Frühfördermaßnahmen und intensive ambulante und mobile Hilfen, notfalls Aufnahme in betreuende Institutionen, konnte die soziale Eingliederung gebessert werden. Frühkindlich autistische Menschen bleiben jedoch in der Regel auch im Erwachsenenalter auffällig, nur etwa zwei bis drei Prozent werden symptomfrei, etwa vierzig Prozent entwickeln leichte bis mittelschwere Auffälligkeiten. Bei den übrigen Betroffenen ist die Prognose ungünstig und sie bleiben lebenslang auf Hilfe angewiesen.

Literatur

1   American Psychiatric Association, APA (Hrsg.): Diagnostic and Statistical Manual of Mental Disorders (DSM-IV-TR). 4. Auflage (Textrevision), Washington DC, 2000

2   Arbeitsgemeinschaft für Methodik und Dokumentation in der Psychiatrie, AMDP: Das AMDP-System. Manual zur Dokumentation psychiatrischer Befunde. 8., überarbeitete Auflage; Göttingen: Hogrefe, 2007

3   Arbeitskreis OPD (Hrsg.): Operationalisierte Psychodynamische Diagnostik OPD-2. Das Manual für Diagnostik und Therapieplanung. 2. überarb. Auflage, Bern: Huber, 2009

4   Berger M: Psychische Erkrankungen. Klinik und Therapie. München: Elsevier, Urban & Fischer, 3. vollst. neu bearb. u. erw. Auflage 2009

5   Bickel H: Epidemiologie und Gesundheitsökonomie. In: Wallesch CW, Förstl H (Hrsg.): Demenzen, S. 1–15. Stuttgart, New York: Thieme, 2005

6   Bleuler E: Dementia praecox oder Gruppe der Schizophrenien. In: Aschaffenburg G (Hrsg.): Handbuch der Psychiatrie. Leipzig: Deuticke, 1911

7   Brenner HD, Hodel B, Kube G, Roder V: Kognitive Therapie bei Schizophrenen, Problemanalyse und empirische Ergebnisse. Nervenarzt 58: 72–83, 1987

8   Bronisch T, Habermeyer V, Herpertz SC: Persönlichkeitsstörungen. In: Möller HJ, Laux G, Kapfhammer HP (Hrsg.): Psychiatrie und Psychotherapie, Band 2, S. 1031–1094. Heidelberg: Springer, 2008

9   Bundesarbeitsgemeinschaft für Rehabilitation (Hrsg.): RPK-Empfehlungsvereinbarung und Handlungsempfehlungen für die praktische Umsetzung. Frankfurt/Main, Januar 2011

10 Deutsche Rentenversicherung Bund (Hrsg): Leitlinien für die sozialmedizinische Beurteilung von Menschen mit psychischen Störungen. DRV-Schriften Band 68. Berlin, Dezember 2006. www.deutsche-rentenversicherung-bund.de
In Vorbereitung: Deutsche Rentenversicherung: Leitlinien für die sozialmedizinische Begutachtung – Sozialmedizinische Beurteilung bei psychischen und Verhaltensstörungen. Deutsche Rentenversicherung Bund (Hrsg). Berlin, 2011

11 Deutsche Rentenversicherung (Hrsg.): Leistungen zur Teilhabe am Arbeitsleben (LTA) – Rahmenkonzept der Deutschen Rentenversicherung. Berlin, 1. Auflage 4/2009

12 Dilling H, Mombour W, Schmidt MH, Schulte Markwort E (Hrsg.): Weltgesundheitsorganisation: Internationale Klassifikation psychischer Störungen, ICD-10, Kapitel V (F) Forschungskriterien. Bern, Göttingen, Toronto, Seattle: Huber, 1994

13 Fichter MM: Anorektische und bulimische Eßstörungen. In: Berger M (Hrsg.): Psychische Erkrankungen: Klinik und Therapie. München: Elsevier, Urban & Fischer, 3. vollst. neu bearb. u. erw. Auflage, 2009

14 Fiedler P: Persönlichkeitsstörungen. Weinheim, Basel: Beltz, 6. vollst. überarb. Auflage, 2007

15 Fiedler P: Sexuelle Orientierung und sexuelle Abweichung. Weinheim, Basel: Beltz, 2004

16 Foerster K: Neurotische Rentenbewerber. Psychodynamische Entwicklung und sozialer Verlauf aufgrund mehrjähriger Katamnesen. Stuttgart: Enke, 1984

17 Foerster K: Begutachtung bei sozialrechtlichen Fragen. In: Foerster K, Dreßing H (Hrsg.): Psychiatrische Begutachtung. München, Jena: Elsevier, Urban & Fischer, 5. Auflage, 2009

18 Foerster K, Winckler P: Forensisch-psychiatrische Untersuchung. In: Foerster K, Dreßing H (Hrsg.): Psychiatrische Begutachtung. München, Jena: Elsevier, Urban & Fischer, 5. Auflage, 2009

19 Glatzel J: Über Simulation oder: Von den Grenzen empirischer Psychopathologie. Fund Psychiat 12: 58, 1998

20 Häfner H: Das Rätsel Schizophrenie – Eine Krankheit wird entschlüsselt, München: Beck, 3. Auflage, 2005

21 Halmi KA: Eßstörungen. In: Helmchen H et al. (Hrsg.): Psychiatrie der Gegenwart, Band 6, S. 332–353. Berlin, Heidelberg, New York: Springer, 2000

22 Hausotter W: Begutachtung somatoformer und funktioneller Störungen. München, Jena: Urban & Fischer, 2002

23 Janca A, Isaac M, Costa de Silva JA: WHO international study of somatoform disorders – background and rationale. Eur J Psychiat 9/2: 100, 1995

24 Kockott G, Fahrner EM: Sexualstörungen. Stuttgart: Thieme, 2004

25 Kapfhammer HP: Somatoforme Störungen. Nervenarzt 72: 487, 2001

26 Kurz A: Organische psychische Störungen. In: Möller HJ, Laux G, Kapfhammer HP (Hrsg.): Psychiatrie und Psychotherapie, Band 2, S. 3–12, Heidelberg: Springer, 2008

27 Leonhardt M, Foerster K: Diagnose, Differentialdiagnose und psychiatrische Begutachtung von umweltbezogenen Körperbeschwerden. Med Sach 97: 214, 2001

28 Linden M, Baron S, Muschalla B: Mini-ICF-APP – Mini-ICF-Rating für Aktivitäts- und Partizipationsstörungen bei psychischen Erkrankungen. Bern: Hans Huber, Hogrefe AG, 2009, http://www.testzentrale.ch/de/tests/tests-a-z/flexShow/testDetail/testUid/823/

29 Linehan MM: Cognitive-behavioral treatment of borderline personality disorder. New York: Guilford, 1993

30 Marneros A, Deister A, Rohde A: Affektive, schizoaffektive und schizophrene Psychosen. Eine vergleichende Langzeitstudie. Berlin: Springer, 1991

31 Möller HJ, Deister A, Schaub A, Riedel M: Schizophrene Psychosen. In: Möller HJ, Laux G, Kapfhammer HP (Hrsg.): Psychiatrie und Psychotherapie, Band 2, S. 253–356, Heidelberg: Springer, 2008

32 Möller HJ, Laux G, Kapfhammer HP (Hrsg.): Psychiatrie und Psychotherapie. Heidelberg: Springer, 2008.

33 Remschmidt H, Niebergall G: Intelligenzminderungen. In: Möller HJ, Laux G, Kapfhammer HP (Hrsg.): Psychiatrie und Psychotherapie, Band 2, S. 1103–1118. Heidelberg: Springer, 2008

34 Rief W, Hiller W, Heuser J: Screening für Somatoforme Störungen (SOMS). Bern: Huber, 1997

35 Sandweg R, Bernardy K, Riedel H: Prädiktoren des Behandlungserfolges in der stationären psychosomatischen Rehabilitation muskuloskelettärer Erkrankungen. Psychother Psychosom Med Psychol 51: 394, 2001

36 Schepank, H: Beeinträchtigungs-Schwere-Score (BSS). Ein Instrument zur Bestimmung der Schwere einer psychogenen Erkrankung. Göttingen: Hogrefe, 1995

37 Schier U: Der Langzeitverlauf sozialgerichtlich begutachteter Rentenantragsteller mit funktionellen Störungen. Med. Diss., Universität Tübingen, Tübingen, 1991

38 Tupes EC, Christal RC: Recurrent personality factors based on trait ratings. Journal of Personality, 60, 2: 225–251, 1992

39 Warnke A: Tiefgreifende Entwicklungsstörungen. In: Möller HJ, Laux G, Kapfhammer HP (Hrsg.): Psychiatrie und Psychotherapie, Band 2, S. 1151–1160. Heidelberg: Springer, 2008

40 Weig W. : Berufliche und sonstige Rehabilitationsverfahren. In: Möller HJ, Laux G, Kapfhammer HP (Hrsg): Psychiatrie und Psychotherapie, Band 1, S. 911–922, Heidelberg: Springer, 2008

41 Weig W, Schell G: Rehabilitation für psychisch kranke Menschen in Deutschland – Zur räumlichen Verteilung des RPK-Angebotes. Krankenhauspsychiatrie 16: 107–112, 2005

24

42   Weltgesundheitsorganisation, WHO: Internationale Klassifikation
     der Funktionsfähigkeit, Behinderung und Gesundheit (ICF). Hrsg.
     Deutsches Institut für medizinische Dokumentation und Informa-
     tion (DIMDI), Köln, 2004
43   Winckler P, Foerster K: Zum Problem der »zumutbaren Willensan-
     spannung« in der sozialmedizinischen Begutachtung. Med Sach
     92: 120–124, 1996
44   Zubin J, Spring B: Vulnerability – a new view of schizophrenia. J
     Abnorm Psychol 86: 103–126, 1977

Sucht und suchtähnliche Erkrankungen

Caspar Friedrich Sieveking

25.1   Allgemeines

Für das Verständnis der Entstehung und für die Behandlung der Suchterkrankungen hat sich das von ENGEL [9] postulierte und von der Rehabilitationsmedizin als Paradigma adaptierte [4] *bio-psycho-soziale Krankheitsmodell* bewährt.

Sowohl die ursächlichen Faktoren als auch die resultierenden Beeinträchtigungen einer Suchtkrankheit können sich auf allen drei Ebenen des Krankheitsgeschehens – der biologischen, der psychischen und der sozialen Ebene – manifestieren und stehen in Wechselwirkung miteinander. Dies spiegelt sich auch in der Komplexität der rehabilitativen Suchtbehandlung und der sozialmedizinischen Beurteilung von Abhängigkeitskrankheiten wieder.

Der Begriff »Sucht« wird nach wie vor sehr viel verwandt, sowohl im allgemeinen Sprachgebrauch als auch in der medizinischen Alltagssprache und in Institutionen der »Sucht«krankenhilfe. In diesem Kapitel wird der Begriff »Sucht« gleichbedeutend mit »Abhängigkeit« entsprechend der Definition der ICD-10 (▶ Kap. V, Kategorie F10–F19) [8] verwandt.

25.1.1 Sozialmedizinische Bedeutung

Die Datenlage zur Suchtproblematik ist nach wie vor unsicher, uneinheitlich und wird zunehmend kritisch beurteilt. In den Statistiken werden die Krankheitsbilder unterschiedlich definiert und voneinander abgegrenzt und die relative Häufigkeit auf unterschiedliche Grundgesamtheiten bezogen. Die Zahlen der ◻ Tab. 25.1 sind daher mit Vorsicht zu betrachten, lassen jedoch folgende Schlüsse zu:

- Suchtkrankheiten gehören zu den relativ häufigen Krankheiten. Sie sind mit hoher Morbidität und Mortalität verbunden. Sie verursachen enorme Kosten für das Gesundheitswesen und die Sozialversicherungen. Dies ist insofern besonders bemerkenswert, als bei Suchtkrankheiten im Unterschied zu den meisten anderen chronischen Krankheiten das schädigende Agens durch erfolgreiche Behandlung vollständig beseitigt werden kann und damit gewissermaßen eine kausale Behandlung der Folgekrankheiten möglich ist.
- Tabakabhängigkeit hat die höchste Inzidenz aller Suchterkrankungen, Tabak ist mehr als alle anderen Suchtmittel an der Verursachung von erhöhter Morbidität, Mortalität und Krankheitskosten beteiligt. Im Unterschied zu den Folgeschäden gilt jedoch die Tabakabhängigkeit selbst bisher nicht als Begründung für Leistungseinschränkungen, Erwerbsminderung

oder Rehabilitationsleistungen. Insofern ist ihre direkte sozialmedizinische Bedeutung gering.
- Die weitaus größte sozialmedizinische Bedeutung hat die Alkoholabhängigkeit. Aufgrund der weiten Verbreitung des riskanten Alkoholkonsums, der Toxizität des Alkohols, der häufigen Leistungseinschränkungen und der häufigen Beeinträchtigungen der Teilhabe durch unkontrollierten Alkoholkonsum ist die Alkoholabhängigkeit von allen Suchtkrankheiten weitaus am häufigsten Anlass zu einer Rehabilitationsmaßnahme. Alkoholabhängigkeit ist eine der häufigsten (bei Männern die dritthäufigste) zur Erwerbsminderungsrente führenden Diagnosen.
- Die Medikamentenabhängigkeit ist zwar etwa so häufig wie die Alkoholabhängigkeit, führt jedoch selten als Erstdiagnose zur Rehabilitation. Über sonstige Folgen existieren keine gesicherten Daten.
- Die Drogenabhängigkeit ist für die Rehabilitation und die sozialmedizinische Begutachtung eher von untergeordneter Bedeutung.
- Das Problem der Glücksspielsucht (und des pathologischen PC-Gebrauches) gewinnt offenbar an Bedeutung.
- Bei den Renten wegen verminderter Erwerbsfähigkeit muss berücksichtigt werden, dass die meist zitierten Zahlen aus der Reha- und Rentenstatistik der Deutschen Rentenversicherung nur auf die Berentungen wegen der Erstdiagnose Abhängigkeitserkrankung (z. B. ca. 7.000 Rentenzugänge wg. Alkoholabhängigkeit in 2009) Bezug nehmen. Ein weitaus größerer Teil von Berentungen erfolgt jedoch wegen typischer Begleit- und Folgeerkrankungen (z. B. bei Alkoholabhängigkeit, vgl. ◻ Tab. 25.8).

25.1.2 Diagnostik

Die ICD-10 [8] verlangt für die Diagnose eines Abhängigkeitssyndroms die Einnahme einer Substanz, die psychotrop ist und ein Abhängigkeitspotential besitzt (◻ Tab. 25.2). Damit scheiden sogenannte »nicht stoffgebundene Süchte« (wie z. B. Spielsucht) sowie Schäden durch unsachgemäße Einnahme nicht psychotroper Substanzen (wie z. B. Laxantien oder peripher wirkende Analgetika) und Psychopharmaka ohne nachgewiesenes Abhängigkeitspotential (z. B. Antidepressiva) aus der Definition der Abhängigkeit nach ICD-10 aus.

Die ICD-10 kennt keinen Unterschied zwischen legalen Suchtmitteln und illegalen Drogen. Sie unterscheidet lediglich aufgrund der chemisch-pharmakologischen Eigenschaften der Suchtmittel.

Für die sozialmedizinische Beurteilung ist von großer Bedeutung, dass die Sucht bzw. die Abhängigkeit nicht das

Tab. 25.1 Prävalenz und Folgen des Suchtmittelkonsums

	Tabak	Alkohol	Medika-mente	Cannabis	Sonstige ille-gale Drogen	Multipler Substanz-gebrauch	Pathol. Glücksspiel
Riskanter Konsum	16,6 Mio	5,9 Mio		2,4 Mio	0,6 Mio		
Abhängigkeit	3,8 Mio	1,3 Mio	1,4 Mio	0,2 Mio	0,15 Mio		0,2 Mio
Mortalität	110.000 bis 140.000	42.000 (einschl. Alk. + Tabak: 74.000)	?	?	1.500 (registrierte Rausch-gifttote)		
Krankheits-kosten €	21 Mrd	24 Mrd	?	?	?		
Leistungen der DRV zur med. Reha 2009		Ca. 32.000	Ca. 300	Ca. 1.900	Ca. 4.800	Ca. 8.300	Ca. 950

Quelle: Jahrbuch Sucht 2009 [6]; Reha- und Rentenstatistik 2009 der Deutschen Rentenversicherung

Tab. 25.2 Psychische und Verhaltensstörungen durch psychotrope Substanzen nach ICD-10 [8]

F10	Störungen durch Alkohol
F11	Störungen durch Opioide
F12	Störungen durch Cannabinoide
F13	Störungen durch Sedativa und Hypnotika
F14	Störungen durch Kokain
F15	Störungen durch andere Stimulanzien einschließlich Koffein
F16	Störungen durch Halluzinogene
F17	Störungen durch Tabak
F18	Störungen durch flüchtige Lösungsmittel
F19	Störungen durch multiplen Substanzgebrauch und Konsum anderer psychotroper Substanzen

Tab. 25.3 Klinische Erscheinungsbilder der psychischen und Verhaltensstörungen durch psychotrope Substanzen (F10–F19) nach ICD-10

F1■.0	Akute Intoxikation
F1■.1	Schädlicher Gebrauch
F1■.2	Abhängigkeitssyndrom
F1■.3	Entzugssyndrom
F1■.4	Entzugssyndrom mit Delir
F1■.5	Psychotische Störung
F1■.6	Amnestisches Syndrom
F1■.7	Restzustand und verzögert auftretende psychotische Störung
F1■.8	Sonstige psychische und Verhaltensstörungen
F1■.9	Nicht näher bezeichnete psychische und Verhaltensstörungen

einzige und auch nicht das häufigste klinische Erscheinungsbild des Suchtmittelkonsums ist (vgl. Tab. 25.3).

Je nach Pharmakologie des Suchtmittels treten häufig schädliche Folgen eines Suchtmittelkonsums auf, ohne dass es zu einer Entwicklung einer Suchterkrankung gekommen sein muss.

Die ICD-10 hat an die Stelle des Missbrauchs den Begriff des *schädlichen Konsums* gesetzt, der sich nicht am Konsummuster, sondern an den Folgen orientiert und den Nachweis einer körperlichen oder psychischen Schädigung voraussetzt (vgl. Tab. 25.4).

In Anbetracht der Vielfalt der möglichen Gesundheitsschäden durch Suchtmittelkonsum stellen sich im Rahmen der sozialmedizinischen Begutachtung generell folgende Fragen (Tab. 25.5):

Erst nach Beantwortung dieser Fragen lässt sich letztlich die sozialmedizinisch relevante Entscheidung treffen, ob die festgestellten Störungen gegebenenfalls eine aktuelle, vorübergehende Arbeitsunfähigkeit bedingen, unter Einhaltung von Suchtmittelabstinenz jedoch besserungsfähig sind, oder ob eine dauerhafte oder sogar irreversible Minderung der Leistungsfähigkeit im Erwerbsleben zu befürchten oder bereits eingetreten ist. Der sozialmedizinischen Begutachtung kommt daher in vielen Fällen eine

◨ Tab. 25.4 Kriterien des schädlichen Gebrauchs und der Abhängigkeit nach ICD-10 [8]

F1■.1 schädlicher Gebrauch

Ein Konsummuster psychotroper Substanzen, das zu einer Gesundheitsschädigung führt. Diese kann eine körperliche Störung, etwa eine Hepatitis durch Selbstinjektion von Substanzen sein oder eine psychische Störung, z. B. eine depressive Episode nach massivem Alkoholkonsum.

F1■.2 Abhängigkeitssyndrom

…irgendwann während des letzten Jahres drei oder mehr der folgenden Kriterien gleichzeitig…:
- Ein starker Wunsch oder eine Art Zwang, psychotrope Substanzen zu konsumieren.
- Verminderte Kontrollfähigkeit bezüglich des Beginns, der Beendigung und der Menge des Konsums.
- Ein körperliches Entzugssyndrom bei Beendigung oder Reduktion des Konsums.
- Nachweis einer Toleranz
- Fortschreitende Vernachlässigung anderer Vergnügen oder Interessen zugunsten des Substanzkonsums, erhöhter Zeitaufwand, um die Substanz zu beschaffen, zu konsumieren oder sich von den Folgen zu erholen.
- Anhaltender Substanzkonsum trotz Nachweises eindeutiger schädlicher Folgen

◨ Tab. 25.6 Diagnostik zur sozialmedizinischen Beurteilung von Suchterkrankungen

Diagnostik der Abhängigkeit	Anamnese des Suchtmittelkonsums; Kriterien der ICD (◨ Tab. 25.4); suchtmittelspezifische Zusatzinstrumente; biologische Marker des aktuellen bzw. chronischen Suchtmittelkonsums; Intoxikationserscheinungen, Entzugsphänomene; Verlauf der Suchterkrankung; Erfolg bisheriger Behandlungen.
Psychische Diagnostik	Psychische und Verhaltensstörungen; Komorbidität; psychosomatische Störungen; Hirnleistungsstörungen; Selbstverwirklichung und Selbstwertgefühl; Beziehungsgestaltung; Krankheitseinsicht und -verarbeitung; Motivation.
Somatische Diagnostik	Folgeschäden, bes.: innere Organsysteme, zentrales Nervensystem, peripheres Nervensystem; Begleiterkrankungen.
Soziale Diagnostik	Arbeit und berufliche Beziehungen; Familie und partnerschaftliche Beziehungen; soziale Kompetenzen.

◨ Tab. 25.5 Sozialmedizinische »Checkliste« bei Verdacht auf schädlichen Suchtmittelkonsum

- Kann es sich bei der Gesundheitsstörung um die Folge von Suchtmittelkonsum handeln?
- Lässt sich durch Eigen- und Fremdanamnese oder weitere medizinische Befunde ein gesundheitlich relevanter Suchtmittelkonsum nachweisen oder wahrscheinlich machen?
- Bestehen Hinweise auf eine Abhängigkeit?
- Handelt es sich um eine akute oder um eine chronische Gesundheitsstörung?
- Besteht eine Aussicht auf Besserung der Gesundheitsstörung durch Reduktion des Suchtmittelkonsums bzw. durch Abstinenz?
- Welche Möglichkeiten einer stufenweisen Beeinflussung des Suchtmittelkonsums sind bereits versucht worden bzw. müssen als nächstes veranlasst werden?
- Folgt daraus, dass es sich um eine besserungsfähige Leistungsminderung handeln könnte, oder ist ein Dauerzustand anzunehmen?

len Kontext, die sowohl als Entstehungsbedingungen der Suchterkrankungen infrage kommen, wie auch von ihren Folgen betroffen sein können. Dabei sind ursächliche Faktoren, Folgezustände und unabhängige Begleitumstände nicht immer eindeutig zu differenzieren. Zu untersuchen sind die verschiedenen betroffenen Organsysteme und psychischen Qualitäten, jeweils auf der Ebene der Schädigungen von Strukturen und Funktionen, der dadurch beeinträchtigten Aktivitäten sowie der eingeschränkten Teilhabe, insbesondere der Leistungsfähigkeit im Erwerbsleben. Zu beachten sind jedoch auch die zur Verfügung stehenden Kompensationsmöglichkeiten und Ressourcen.

Diagnostik der Abhängigkeit

Die Diagnostik der Abhängigkeit orientiert sich an der Anamnese des Suchtmittelkonsums, an den Kriterien der ICD-10 sowie an biologischen Markern und Symptomen (vgl. ◨ Tab. 25.6).

Psychische Diagnostik

Die psychische Diagnostik erfordert in der Regel eine fachärztliche Untersuchung. Sie ermöglicht ein besseres Verständnis der individuellen Ausprägung der Suchterkrankung, lässt Zusammenhänge psychischer und somatischer Störungen erkennen, lässt das Ausmaß psychisch bedingter Leistungsminderung beurteilen und gibt außerordentlich wichtige Hinweise auf die Grenzen der Beeinflussbarkeit der Störungen, die psychotherapeutischen Veränderungsmöglichkeiten und auf die Prognose. Bei

wegweisende Bedeutung bei der Einleitung und Durchführung notwendiger Behandlungsschritte zu.

Die Diagnostik einer Suchterkrankung betrifft nicht nur die Abhängigkeit selbst, sondern den gesamten Organismus in ganzheitlichem Sinne, d.h. diejenigen körperlichen und seelischen Gegebenheiten in ihrem sozia-

Verdacht auf Hirnleistungsstörungen sind häufig eine ausführliche testpsychologische Untersuchung und eine neurologische Untersuchung, gegebenenfalls mit bildgebender Diagnostik erforderlich.

Unter psychischer *Komorbidität* werden psychische Erkrankungen verstanden, die nicht direkte Folge des Suchtmittelkonsums sind, sondern zusätzlich zur Suchterkrankung bestehen, allerdings den Suchtmittelkonsum mehr oder weniger stark beeinflussen können, z.B. Psychosen, Persönlichkeitsstörungen, depressive Syndrome, Angststörungen oder somatoforme Störungen.

Somatische Diagnostik

Eine *körperliche Untersuchung* und eine laborchemische Basisuntersuchung (z.B. Blutbild, Leberenzyme) gehören standardmäßig zur Diagnostik einer Suchterkrankung. Die Notwendigkeit weiterer fachärztlicher Untersuchungen ergibt sich aus den anamnestisch angegebenen Beschwerden und Leistungseinschränkungen sowie aus den zu erwartenden, für das konsumierte Suchtmittel typischen somatischen Folgeschäden. Meistens wird es sich dabei um internistische und neurologische Untersuchungen handeln.

Auch die Diagnostik vermeintlich unabhängiger, z.B. orthopädischer Erkrankungen sollte in Zusammenhang mit der Diagnostik der Suchterkrankung erfolgen. Häufig gewinnen diese Begleiterkrankungen im Licht der psychischen Diagnostik einer Suchterkrankung eine völlig andere sozialmedizinische Bedeutung.

Kontextfaktoren

Die eingehende Erhebung von Kontextfaktoren ist von erheblicher Bedeutung sowohl für das Verständnis der Entwicklung und der Aufrechterhaltung einer Suchterkrankung als auch für die Beurteilung der Folgen und Leistungseinschränkungen sowie der Veränderungsmöglichkeiten. Eine wichtige Quelle dafür ist der Sozialbericht.

25.1.3 Begutachtungskriterien

Die *akute Intoxikation* (F1■.0) und die *Entzugssyndrome* (F1■.3/4) sind naturgemäß kurzzeitige, vorübergehende Störungen, die je nach Pharmakologie des Suchtmittels leichte Befindlichkeitsstörungen oder schwerere Beeinträchtigungen mit Arbeitsunfähigkeit bis hin zu vital bedrohlichen, intensivbehandlungspflichtigen Krankheitszuständen hervorrufen können. Zum Teil sind diese Störungen als diagnostischer Hinweis auf eine Abhängigkeit von Bedeutung (s.u.).

Der *schädliche Gebrauch* (F1■.1) setzt definitionsgemäß eine körperliche oder psychische Gesundheitsschä-

digung durch Suchtmittelkonsum voraus, die durchaus zu einer aktuellen bzw. dauerhaften Leistungsminderung bzw. zu eingeschränkter Partizipation führen kann, auch ohne dass ein Abhängigkeitssyndrom besteht. Das Ausmaß und die Dauer der Beeinträchtigung hängen von der Ausprägung der Folgeschäden (s.u.) ab.

Leistungsminderung durch die Abhängigkeit

Die Beurteilung des Leistungsvermögens von Suchtmittelkonsumenten hat vier Einflussgrößen zu berücksichtigen: (1) die Abhängigkeit selbst, (2) die Folgeerkrankungen, (3) die Begleiterkrankungen (Komorbidität) und (4) die Kontextfaktoren, hier insbesondere die berufstypischen und arbeitsplatzspezifischen Anforderungen an den Versicherten.

Die *Abhängigkeit* (F1■.2) an und für sich, d.h. ohne leistungsrelevante Folgeschädigung, kann zwar je nach Art des Suchmittels bei akuter Intoxikation und Steuerungsunfähigkeit sowie bei aktuellem Entzugssyndrom eine Arbeitsunfähigkeit bedingen. Sie begründet in der Regel jedoch keine dauerhafte Leistungsminderung, da von einem Abhängigen erwartet werden kann, dass er sich – mit oder ohne professionelle Hilfe – in die Lage versetzt, Abstinenz einhalten und dadurch seine Arbeitsfähigkeit wiederherstellen zu können. Die Annahme professioneller Hilfe kann von dem Versicherten mit Hinweis auf seine Mitwirkungspflicht (§ 63 SGB I, § 51 SGB V, § 125 SGB III) verlangt werden, und zwar von der Rentenversicherung im Hinblick auf drohende oder eingetretene Erwerbsminderung und von der Krankenkasse bei längerer oder wiederholter Arbeitsunfähigkeit als Folge von Suchtmittelkonsum, ebenso von den Arbeitsagenturen bei alkoholbedingt eingeschränkter Vermittelbarkeit. Solche »unter äußerem Druck« veranlassten Rehabilitationsmaßnahmen werden zumeist stationär durchgeführt und können durchaus erfolgreich sein.

Eine dauerhafte Leistungsminderung entwickelt sich zumeist erst im Zusammenhang mit dem Auftreten von Folgeerkrankungen und -störungen. Nach einer Entwöhnungsbehandlung ist – bei Fehlen leistungsrelevanter Folge- oder Begleitschäden – in der Regel von Arbeits- und Erwerbsfähigkeit auszugehen. Dies gilt ebenfalls für nicht regulär abgeschlossene Behandlungen, die durchaus auch erfolgreich sein können. Rückfälligkeit ist als erneuter Ausbruch der Symptomatik der Suchtkrankheit zu sehen und führt in der Regel zu einem weiteren Behandlungsangebot.

Abhängigkeit als Sicherheitsrisiko

In einigen Berufen ist eine Suchterkrankung unabhängig davon, ob aktuell konsumiert wird oder nicht, als Sicherheitsrisiko anzusehen, und zwar allein schon wegen der bestehenden Rückfallgefahr und der damit verbundenen verminderten Steuerungsfähigkeit. Hierzu gehören z. B. Berufskraftfahrer, Lokomotivführer oder Piloten.

Zu unterscheiden sind dabei das Sicherheitsrisiko für den Abhängigen selbst und das Risiko für die Allgemeinheit. Für die sozialmedizinische Beurteilung ist das *Risiko der Berufsausübung für den Versicherten selbst* zu beachten, das der Gutachter anhand seines Eindrucks von dessen Abstinenzfähigkeit einzuschätzen hat. Nach einer mit günstiger Abstinenzprognose abgeschlossenen Therapie und bei Fehlen sonstiger relevanter einschränkender Störungen ist davon auszugehen, dass der Suchtkranke *fähig* ist, z. B. ein Kraftfahrzeug suchtmittelfrei zu führen, und damit als Berufskraftfahrer arbeits- und erwerbsfähig ist.

Im Rahmen einer sozialmedizinischen Begutachtung für die Rentenversicherung ist das qualitative und quantitative *Leistungsvermögen im Erwerbsleben* zu beurteilen. Die Prüfung der *Eignung* und des *Risikos für die Allgemeinheit* obliegt anderen Institutionen (z. B. Arbeitgeber, Straßenverkehrsamt, TÜV, Bahnarzt, Polizeiarzt etc.). Die Kriterien der Beurteilung der *Eignung* sind in der Regel wesentlich strenger als diejenigen der Beurteilung der Fähigkeit. Sie sind von den Interessen der Allgemeinheit bestimmt.

So wird beispielsweise von den Straßenverkehrsämtern bei der Prüfung der Eignung zum Führen eines Kraftfahrzeuges ein besonderer Nachweis der Abstinenzfähigkeit verlangt [3]. Abhängige müssen in der Regel nach erfolgreicher Therapie eine einjährige Abstinenzzeit durch Nachweis einer Teilnahme an einer Selbsthilfegruppe und ärztlicher Kontrolle der einschlägigen Laborwerte glaubhaft machen.

Im Rahmen eines kommerziellen Dienstleistungsangebotes wie z. B. einer Personenbeförderung ein Höchstmaß an Sicherheit für die Allgemeinheit durch regelmäßige ärztliche Untersuchungen der Bediensteten anhand spezieller Kriterien zu gewährleisten, ist nicht Sache des sozialmedizinischen Gutachters bei der Beurteilung des Leistungsvermögens für die Rentenversicherung, sondern ist Sache des Dienstleistungsunternehmens und des von ihm beauftragten medizinischen Dienstes bzw. der Aufsichtsbehörde.

Beispielsweise lässt die Deutsche Bahn AG die Diensttauglichkeit eines Lokomotivführers durch einen eigenen ärztlichen Dienst prüfen. Wird hierbei eine Abhängigkeit festgestellt, so wird der Bedienstete in der Regel aus Sicherheitsgründen nach Durchführung einer Therapie noch für ein Jahr in einen weniger sicherheitsrelevanten Arbeitsbereich versetzt. Das heißt, er ist für diese Zeit nicht geeignet, eine Lokomotive zu führen, ist jedoch nicht dienstunfähig.

Ein aktuell abstinenter suchtkranker Berufskraftfahrer, bei dem z. B. am Ende einer Entwöhnungsbehandlung mit guter Abstinenzprognose zu rechnen ist, ist als Kraft-

fahrer arbeits- und erwerbsfähig zu beurteilen. Ist jedoch der Führerschein eingezogen und dem Betroffenen aufgrund seiner Abhängigkeit vom Straßenverkehrsamt eine Sperre auferlegt worden, so ist die vorübergehende Verweisbarkeit in eine andere Tätigkeit durch den Arbeitgeber (z. B. Tätigkeit als Beifahrer) zu prüfen.

Rückfallgefährdung durch besondere Arbeitsbedingungen

Nicht selten wird von Suchtkranken vorgebracht, sie seien zwar in ihrem Beruf leistungsfähig, die Arbeitsbedingungen seien jedoch rückfallgefährdend. Es stellt sich dabei die Frage der Arbeits- und Berufsfähigkeit.

Eine Rückfallgefährdung durch Arbeitsbedingungen kann dadurch gegeben sein, dass eine Tätigkeit mit der Einnahme von Suchtmitteln verbunden ist oder zumindest eine besondere »Griffnähe« zum Suchtmittel beinhaltet; Näheres siehe bei der Darstellung der einzelnen Suchtkrankheiten. In diesen Fällen sind je nach individuellen Gegebenheiten die Möglichkeit der Veränderung der Arbeitsbedingungen, der Verweisbarkeit in eine andere Tätigkeit oder die Hilfestellung für einen Wechsel der Berufstätigkeit durch berufsfördernde Maßnahmen zu prüfen.

Eine erhöhte Rückfallgefahr durch die Arbeitsbedingungen kann auch dadurch bedingt sein, dass ein Missverhältnis zwischen der psychomentalen Belastbarkeit einerseits und den Arbeitsanforderungen andererseits besteht. Suchtkranke weisen oft eine weniger elastische psychische und vegetative Reaktionsbereitschaft auf Stressanforderungen auf. Nicht selten bestehen bei ihnen gleichzeitig erhöhte Leistungsanforderungen an sich selbst und eine geringe Frustrationstoleranz, d. h. sie können sich eigene Fehler schlecht verzeihen und Kritik bzw. ausbleibende Belohnung und Anerkennung schlecht aushalten. In vielen Fällen wird dann versucht, das Versagensgefühl durch die Konstruktion einer »Mobbingsituation« zu mildern und eine Lösung in der medizinischen Anerkennung einer Leistungsunfähigkeit zu finden.

In einer solchen Situation zumindest tendenziell eine bessere Ausbalancierung der Fähigkeiten des Arbeitnehmers einerseits und der Arbeitsanforderungen andererseits zu erreichen, ist eine der wichtigsten Aufgaben der Rehabilitation.

Dabei gilt es, auf der Seite des Arbeitnehmers die Selbsteinschätzung der eigenen Stärken und Schwächen, die Akzeptanz der Grenzen der Leistungsfähigkeit und die Selbstsicherheit im mitmenschlichen Umgang mit Kollegen und Vorgesetzten zu bessern.

Zugleich ist jedoch auch zu prüfen, inwieweit Einfluss auf die Arbeitsbedingungen genommen werden kann und sollte, um dem durch seine Suchtkrankheit behinderten

Arbeitnehmer die Teilhabe am Arbeitsleben zu erleichtern. Dazu gehört die Überprüfung von:

■ **Arbeitsorganisation**

Es ist davon auszugehen, dass bei Suchtkranken der jahrelange Konsum psychotroper Substanzen zu einer längerfristig anhaltenden Störung der vegetativen Regulation zwischen Spannung und Entspannung im zirkadianen Rhythmus führt. Bestimmte Formen der Arbeitsorganisation wie z. B. Wechselschicht einschließlich Nachtdienst, die erhöhte Anforderungen an die psychovegetative Regulationsfähigkeit stellen, können eine erhöhte Rückfallgefahr beinhalten. Ihre Zumutbarkeit für Suchtkranke ist im Einzelfall zu prüfen. Ähnliches trifft für Tätigkeiten mit ständig wechselndem Einsatzort und häufiger Reisetätigkeit zu.

■ **Arbeitsanforderungen**

Aus ähnlichen Gründen ist gegebenenfalls individuell zu prüfen, inwieweit Anforderungen unter besonderem Zeitdruck oder mit besonderen emotionalen Belastungen (z. B. Tätigkeiten im Rettungsdienst) oder im Umgang mit Aggressivität (z. B. Tätigkeiten in Justizvollzugsanstalten oder bei der Polizei) einen Suchtkranken – auch ohne Nachweis sonstiger psychischer Erkrankungen – überfordern können und nach Möglichkeit zu mildern sind.

■ **Beziehungen am Arbeitsplatz**

Vermeintliche Mobbingsituationen, denen sich Suchtkranke am Arbeitsplatz ausgesetzt fühlen, resultieren häufig nicht nur aus Fehlleistungen der Vergangenheit, sondern auch aus gestörten zwischenmenschlichen Beziehungen, für die zum einen die Beziehungsschwierigkeiten vieler Suchtkranker, zum anderen auch Vorurteile der Kollegen und Vorgesetzten verantwortlich sind. Für den Erhalt der Leistungsfähigkeit am Arbeitsplatz kann es von entscheidender Bedeutung sein, in dieser Hinsicht auf beiden Seiten zu einer Haltungsänderung beizutragen.

Leistungsunfähigkeit aufgrund von Abstinenzunfähigkeit

Rückfälligkeit ist ein Symptom der Abhängigkeit, mit dessen Auftreten in jedem Stadium der Krankheit, zu rechnen ist. Im Allgemeinen wird auch bei rezidivierender Rückfälligkeit davon ausgegangen, dass ein Abhängiger sich gegebenenfalls durch wiederholte Behandlungsmaßnahmen in die Lage versetzen kann, Abstinenz einzuhalten und seine Leistungsfähigkeit zu erhalten. Auch wiederholte Rückfälle werden daher in der Regel – solange keine gravierenden Folge- oder Begleiterkrankungen eingetreten sind – nicht als Begründung für eine verminderte Leistungsfähigkeit im Erwerbsleben angesehen, sondern zum Anlass erneuter rehabilitativer Hilfsangebote genommen. Viele Fachkliniken verfügen über spezielle Angebote für Therapiewiederholer.

Es gibt aber auch Fälle, in denen ein Abhängiger nur bei dauernder Unterbringung in geschützter oder kontrollierender Umgebung in der Lage ist, Abstinenz einzuhalten. Zum einen trifft dies zu für Fälle mit fortgeschrittenem hirnorganischen Psychosyndrom, wobei die eingeschränkten mentalen Fähigkeiten keine ausreichende Krankheitseinsicht und Abstinenzmotivation ermöglichen, zum anderen auch für Menschen mit schweren Persönlichkeitsstörungen, bei denen trotz erhaltener intellektueller Leistungsfähigkeit und Einsichtsfähigkeit eine derart eingeschränkte Frustrationstoleranz besteht, dass auf die Regulation der emotionalen Befindlichkeit durch das Suchtmittel nicht verzichtet werden kann. In solchen Fällen ist eine Leistungsminderung im Erwerbsleben festzustellen.

Leistungsminderung durch Folge- und Begleiterkrankungen

Die Unterscheidung zwischen *Folge*- und *Begleit*erkrankungen hat erhebliche Bedeutung für die Behandlungsplanung z. B. im Rahmen der Rehabilitation, für die Prognose und für die sozialmedizinische Beurteilung.

Je nach Art des konsumierten Suchtmittels sind unterschiedliche *Folgeschäden* auf biologischer und psychosozialer Ebene zu erwarten, deren gründliche Untersuchung durch jeweils zuständige Fachärzte in vielen Fällen von erheblicher Bedeutung für die sozialmedizinische Beurteilung ist, da die Leistungsfähigkeit der Suchtkranken meistens durch das Ausmaß der Folgeschäden limitiert ist.

Die Behandlung der Folgekrankheiten besteht in der Regel vor allem in der Behandlung der Suchterkrankung selbst und hat bei erfolgreicher Behandlung, d. h. längerfristiger Aufrechterhaltung von Suchtmittelabstinenz, oftmals eine relativ günstige Prognose, denn die Ursache suchtmittelbedingter Schäden lässt sich im Unterschied zu vielen anderen Störungen vollständig beseitigen. Die spürbare Besserung der Symptome stärkt dabei die Abstinenzmotivation.

Nicht selten sind Suchtkranke zusätzlich von *Begleitkrankheiten* betroffen, die nicht in ursächlichem Zusammenhang zum Suchtmittelkonsum stehen. Auch wenn diese Krankheiten von Suchtkranken oft in den Vordergrund gestellt werden, da sie ihre Suchtkrankheit verbergen oder nicht wahrhaben wollen, sind sie doch genauestens, gegebenenfalls fachärztlich, zu untersuchen. Diese Krankheiten können je nach Ausprägung durchaus leistungslimitierend sein. Sie können auch zum Suchtmittelkonsum veranlassen und Rückfälligkeit fördern. Sie sind daher auch im Rahmen der medizinischen Rehabilitation Suchtkranker mitzubehandeln.

Begleiterkrankungen lassen sich zwar auch oft unter abstinenten Bedingungen leichter und wirksamer behandeln. Bei vielen Begleiterkrankungen verschlechtern sich jedoch auch die Symptome unter Abstinenz, da das Suchtmittel zur Unterdrückung der Symptome eingesetzt wurde bzw. die Wahrnehmung der Symptome verhinderte. In diesen Fällen ist konsequente Mitbehandlung der Begleiterkrankungen von großer Bedeutung für die Aufrechterhaltung der Abstinenz, um die Gefahr von Rückfällen als »Selbstbehandlungsversuch« zu reduzieren.

Einfluss der Kontextfaktoren

Die Arbeitsbedingungen, die familiären und partnerschaftlichen Beziehungen, die Wohnungssituation sowie die Möglichkeiten der Freizeitgestaltung und Selbstverwirklichung sind von großer Bedeutung für den Verlauf von Suchterkrankungen. Sie können sowohl als subjektive oder objektive Defizite zur Aufrechterhaltung des Suchtverhaltens beitragen wie auch als Ressourcen die Abstinenzhaltung stabilisieren.

Für die sozialmedizinische Beurteilung sind vor allem die Arbeitsbedingungen von Bedeutung. Hierbei geht es nicht nur um die Frage, inwieweit die konkreten Leistungsanforderungen am Arbeitsplatz in angemessenem Verhältnis zur Leistungsfähigkeit des Versicherten stehen, sondern auch um die Einschätzung, inwieweit die Bedingungen der Leistungserbringung rückfallfördernde Belastungen oder rückfallhemmende Ressourcen darstellen. Zufriedenstellende Arbeitsbedingungen haben einen wesentlichen Einfluss auf die Motivation im Hinblick auf Lebensmut, Abstinenzhaltung und die Bereitschaft, seine Arbeitskraft zur Verfügung zu stellen. Das heißt nicht, dass die bei Suchtkranken häufig anzutreffende fehlende Anpassungsbereitschaft bzw. Anpassungsfähigkeit den Kontextbedingungen angelastet werden soll. Der Sozialmediziner sollte sich bei der Begutachtung Suchtkranker bewusst sein, dass die Feststellung der Aufhebung der Leistungsfähigkeit im Erwerbsleben, zu der er nicht selten vom Versicherten, von Angehörigen, vom Arbeitgeber oder anderen Institutionen gedrängt wird, zwar eine medizinisch gerechtfertigte Entlastung herbeiführen kann, jedoch zugleich auch die Einschränkung der Partizipation des Betroffenen festschreibt und damit unter Umständen die Rückfallgefahr erhöhen kann. Es sollten daher immer auch die Möglichkeiten der Nutzung einer Restleistungsfähigkeit durch Einflussnahme auf den Arbeitsprozess, Feststellung einer partiellen oder zeitlich begrenzten Leistungsminderung und durch berufsfördernde Leistungen geprüft werden.

25.1.4 Sozialmedizinische Beurteilung

Bei der sozialmedizinischen Beurteilung ist zu berücksichtigen, dass das Ausmaß der Beeinträchtigung durch eine Suchterkrankung weniger durch die Abhängigkeit selbst als durch die Folgeschäden bestimmt wird. Störungen auf der Ebene der Organstrukturen und -funktionen, der Aktivitäten und der Partizipation können sowohl Ursache als auch Folge der Suchtentwicklung sein. Bei einer Abhängigkeit von Alkohol, Medikamenten oder Drogen ist die Indikation zu einer Entwöhnungsbehandlung als medizinische Rehabilitationsmaßnahme gegeben. Allerdings ist die Feststellung bereits eingetretener Schäden neben der Beurteilung der Motivation und der sozialen Begleitumstände von entscheidender Bedeutung bei der Wahl zwischen ambulanter, teilstationärer und stationärer Rehabilitation und bei der Auswahl der geeigneten Behandlungseinrichtung (◘ Tab. 25.10).

Der Erfolg der Rehabilitationsmaßnahmen bei Suchtkranken hängt wesentlich davon ab, ob es bereits während der Maßnahme gelingt, konkrete Schritte der Förderung der Teilhabe am Arbeitsleben einzuleiten. Hierzu dienen eine auf die berufliche Re-Integration ausgerichtete Arbeitstherapie, die Möglichkeit von Belastungserprobungen, die Ableistung berufsbezogener Praktika sowie die Vermittlung in eine sogenannte Adaption. Diese erfolgt in speziellen Einrichtungen, die nach erfolgter Entwöhnungsbehandlung Hilfen zur weiteren beruflichen und sozialen Reintegration bieten und damit das vor allem unmittelbar nach Entlassung aus der Therapie hohe Rückfallrisiko reduzieren.

Kritisch zu sehen ist der häufige Wunsch arbeitsloser Suchtkranker, in einen sozialen (z. B. Altenpflege oder Suchtkrankenhilfe) Beruf umzuschulen. Zwar ist das Bestreben, gerade in einem Bereich, in dem in der Vergangenheit unter Hilflosigkeit und Versagen gelitten wurde, sich zum Fachmann und Helfer zu machen, nachvollziehbar und im geeigneten Fall durchaus zu unterstützen. Auf der anderen Seite ist zu prüfen, inwieweit Suchtkranke bei der ihnen eigenen Schwierigkeit der Grenzziehung sich innerlich nicht in professioneller Weise vom Leiden der ihnen Anvertrauten abgrenzen können und sich dadurch überfordern und einer erhöhten Rückfallgefahr aussetzen.

25.2   Krankheitsbilder

25.2.1 Alkoholabhängigkeit

Klassifikation und Stadieneinteilung

Aus epidemiologischer Sicht werden die Häufigkeit und das Ausmaß von Folgeschäden der Alkoholabhängigkeit weniger vom Konsummuster und der Abhängigkeit be-

> ◘ **Tab. 25.7** Alkoholkonsum der erwachsenen Bevölkerung 2001 (18–59 Jahre)

Konsum-verhalten	Grenzwerte Männer	Grenzwerte Frauen	Anteil der Bevölkerung
Abstinenz	0 g/d	0 g/d	7–12 %
Risikoarmer Konsum	< 30 g/d	< 20 g/d	Ca. 75 %
Riskanter Konsum	30–60 g/d	20–40 g/d	10–12 %
Gefähr-licher Konsum	60–120 g/d	40–80 g/d	3–5 %
Hochkon-sum	> 120 g/d	> 80 g/d	0,5–0,9 %

Quelle: Suchtmedizinische Reihe Band 1 [5]

stimmt, sondern von der durchschnittlich aufgenommenen Alkoholmenge. Mit Blick auf die Primärprävention werden folgende Risikogruppen unterschieden:

Die wichtigsten klinischen Erscheinungsbilder (siehe ◘ Tab. 25.3) der psychischen und Verhaltensstörungen durch Alkoholkonsum, die z. T. auch ohne Abhängigkeit auftreten können, sind

- die akute Alkoholintoxikation,
- das Alkoholentzugssyndrom,
- der schädliche Alkoholkonsum und
- das Abhängigkeitssyndrom selbst.

Spezifische krankheitsbedingte Beeinträchtigungen nach ICF

▪ Akute Alkoholintoxikation

Die akute Alkoholintoxikation (F10.0) kann mit unterschiedlich schweren körperlichen und psychischen Störungen verbunden sein. Diese akuten Funktionsausfälle sind ein vorübergehender Zustand und bedingen je nach klinischem Schweregrad und zeitlichem Abstand zum Arbeitsbeginn allenfalls eine Arbeitsunfähigkeit.

▪ Alkoholentzugssyndrom

Die Symptomatik des Alkoholentzugssyndroms (F10.3 oder F10.4) kann sich äußern in vegetativen Exzitationen mit internistischen und neurologischen Störungen jeden Schweregrades, psychotischen Phänomenen und zerebralen Krampfanfällen. In der Regel sind daher bei Auftreten von Entzugserscheinungen eine Krankschreibung und die Einleitung einer angemessenen Behandlung (qualifizierte Entzugsbehandlung, medizinische Rehabilitation) erforderlich.

> ◘ **Tab. 25.8** Die wichtigsten Alkoholfolgeschäden

Leber	Alkoholische Fettleber und Hepatitis (akut, chronisch); alkoholische Leberzirrhose (kompensiert, dekompensiert), Zieve-Syndrom
Pankreas	Akute und chronische Pankreatitis
Oberer Verdauungstrakt	Zahnschäden, Schleimhautatrophie, Cheilosis, Parotitis; Pharynx- und Ösophaguskarzinome; Refluxösophagitis, Barret-Ulkus, Ösophagusvarizen, -blutung, Magenulcera, Gastritis, Mallory-Weiss-Syndrom
Herz-Kreislauf-System	Dilatative Kardiomyopathie, Herzrhythmusstörungen, Endokarditis, arterielle Hypertonie
Blutbildung	Anämie, Leukopenie, Thrombopenie
Stoffwechsel	Metabolisches Syndrom, Fettstoffwechselstörungen, Diabetes mellitus; Hämochromatose; Porphyrie
Endokrines System	Hyperöstrogenismus, sexuelle Störungen
Atemwege	Infektanfälligkeit, Tuberkulose
Bewegungsapparat	Myopathie, Dupuytrensche Kontrakturen, Osteopathie
Peripheres Nervensystem	Polyneuropathie
Zentralnervensystem	Toxische Enzephalopathie, toxische Kleinhirnatrophie, Opticusneuritis, Epilepsie
Psyche	Hirnorganisches Psychosyndrom: Intelligenzminderung, amnestisches Syndrom, affektive Nivellierung; paranoide Syndrome; affektive Störungen; Persönlichkeitsveränderungen
Embryonalentwicklung	Alkoholembryopathie

▪ Schädlicher Alkoholkonsum

Schädlicher Alkoholkonsum wird nach ICD 10 dann mit F10.1 kodiert, wenn nachweislich körperliche oder psychische Schäden oder Funktionsstörungen durch Alkoholkonsum eingetreten sind, ohne dass die diagnostischen Kriterien einer Alkoholabhängigkeit erfüllt sind.

Von allen Suchtmitteln weist Alkohol die vielfältigsten körperlichen und psychischen Schädigungsmöglichkeiten durch chronischen Konsum auf. Es gibt kaum ein Organ, eine Struktur oder eine Funktion des menschlichen Organismus, die nicht durch anhaltenden Alkoholkonsum geschädigt werden können (◘ Tab. 25.8). Die sozialmedizinische Beurteilung der Folgeschäden durch Alkoholkonsum ergibt sich aus der fachspezifischen Diagnostik der betroffenen Organsysteme und wird in den entsprechenden Kapiteln dieses Buches abgehandelt.

Die häufigsten Alkoholfolgeschäden, die auch bei abstinenter Lebensführung fortbestehen und mit dauerhafter Minderung der Leistungsfähigkeit im Erwerbsleben verbunden sein können, sind Leberzirrhose, chronische Pankreatitis, Kardiomyopathie, Blutbildungsstörungen, Stoffwechselstörungen, Krebserkrankungen, Polyneuropathie, toxische Enzephalopathie und hirnorganisches Psychosyndrom, Persönlichkeitsveränderungen.

Die Erkennung einer alkoholtoxischen Genese einer Krankheit ist von erheblicher sozialmedizinischer Bedeutung: Sie eröffnet Erfolg versprechende Behandlungsmöglichkeiten und verbessert damit in der Regel die Prognose der Erkrankung.

Die meisten Menschen mit Alkoholproblemen wenden sich allerdings nicht primär an eine Institution der Suchtkrankenhilfe, sondern suchen aufgrund von Folge- und Begleiterkrankungen jene Ärzte auf, die mit der medizinischen Grundversorgung oder der sozialmedizinischen Beurteilung befasst sind. Diesen kommt daher eine Schlüsselrolle in der Prävention alkoholbedingter Folgeschäden zu.

Die Indikation zur medizinischen Rehabilitation von Patienten mit schädlichem Alkoholkonsum, die nicht alkoholabhängig sind, richtet sich nach dem Ausmaß der psychischen und körperlichen Folgeerkrankungen. Ein fortgesetzter Alkoholkonsum trotz Aufklärung über eine bereits bekannte alkoholtoxische Schädigung ist allerdings ein Merkmal der Abhängigkeit (s. u.) und sollte zur Einleitung einer Rehabilitationsmaßnahme veranlassen.

■ **Alkoholabhängigkeit**

Die grundlegende Beeinträchtigung durch die Alkoholabhängigkeit besteht darin, dass die betroffene Person nicht mehr in der Lage ist, ihren Alkoholkonsum entsprechend ihren körperlichen, psychischen und sozialen Gegebenheiten und Anforderungen zu steuern. Dadurch kommt es zu charakteristischen körperlichen und psychischen Folgeschäden (vgl. ◘ Tab. 25.8).

Auf der Ebene der Funktionen können Störungen eintreten

- des Stoffwechsels und der Funktion der inneren Organe,
- des Denkens, der emotionalen Stabilität, des Selbstwertgefühls, der Wahrnehmungs- und Urteilsfähigkeit und der Selbsteinschätzung (sog. Ich-Strukturen).

Die Aktivitäten können gestört sein im Zusammenhang
- mit Schule, Ausbildung und Arbeit,
- mit der Selbstversorgung, der Körperhygiene und anderer Aktivitäten des täglichen Lebens,

- mit der Pflege sozialer Kontakte sowie der Nutzung medizinischer und kultureller Angebote.

Die Teilhabe ist meistens ebenfalls erheblich beeinträchtigt, und zwar
- an sozialen Beziehungen (Familie, Freunde, Bekannte),
- an Ausbildung und Arbeit,
- an angemessenen Wohnbedingungen,
- an Erholung, Freizeit und Kultur sowie am wirtschaftlichen Leben.

Die persönlichen und umweltbedingten Kontextfaktoren können zur Chronifizierung des Problems beitragen, können jedoch auch wichtige Ressourcen bei der Lösung sein.

Spezielle Diagnostik, Sachaufklärung

Die Diagnose der Alkoholabhängigkeit hat nach den Kriterien der ICD-10 (siehe ◘ Tab. 25.4) zu erfolgen. Im Wesentlichen beruht die Diagnose auf den anamnestischen Angaben des zu Begutachtenden und seiner Bezugspersonen. Glaubwürdige anamnestische Daten sind allerdings nur zu erhalten, wenn eine vertrauensvolle Gesprächsbereitschaft erreicht werden konnte, eine gewisse Einsicht des Betroffenen in die Problematik besteht und die Bereitschaft zur Kooperation gegeben ist. Da diese Bedingungen oft erst das Ergebnis einer motivierenden Therapie sind und in der Begutachtungssituation nicht vorausgesetzt werden können, sollten möglichst viele »objektive« Befunde hinzugezogen werden, auch wenn durch diese Befunde oft nur der schädliche Alkoholkonsum, nicht jedoch die Abhängigkeit nachzuweisen ist.

Zu den wichtigsten ärztlich beobachtbaren Hinweisen auf das Vorliegen einer Abhängigkeit gehört die Feststellung eines körperlichen Entzugssyndroms, insbesondere von deliranten Entzugserscheinungen und von Entzugskrampfanfällen, das Eintreten einer Toleranzentwicklung sowie fortgesetzter Alkoholkonsum trotz Nachweises schädlicher Folgen.

Einige Laborwerte, insbesondere das *Mittlere korpuskuläre Volumen* (MCV) der Erythrozyten und das *Carbohydrate Deficient Transferrin* (CDT) sowie (mit geringerer Spezifität) die γ-GT weisen auf längerfristig hochdosierten Alkoholkonsum hin und können damit auch als Beleg für die toxische Genese von Folgeschäden verwendet werden. Sie können jedoch allein nicht als Nachweis einer Abhängigkeit dienen, da die Menge des Konsums nur ein untergeordnetes Kriterium der Abhängigkeit darstellt. Die Laborwerte, wie auch das Ethylglucuronid (ETG) sind allerdings bei der Kontrolle von Alkoholabstinenz von Bedeutung.

Der einfachste und kürzeste Test ist der sogenannte CAGE-Test (◘ Tab. 25.9), der lediglich aus vier Fragen be-

◻ **Tab. 25.9** CAGE-Test zur Erfassung problematischen Alkoholkonsums

Cut down	Haben Sie (erfolglos) versucht, Ihren Alkoholkonsum zu reduzieren?
Annoyed	Haben Sie sich geärgert, weil Ihr Trinkverhalten von anderen kritisiert wurde?
Guilty	Haben Sie Schuldgefühle wegen Ihres Trinkens?
Eye-opener	Haben Sie Alkohol benutzt, um morgens »in Gang« zu kommen?

steht und als ein erster Screening-Test zur Ermittlung von problematischem Alkoholkonsum dient. Er kann z. B. in Wartezimmern von Arztpraxen, Gesundheitsämtern und anderen Einrichtungen des Gesundheitswesens ausgelegt werden und den Klienten zu einer Selbstbeurteilung anregen.

Im deutschen Sprachraum ist der von FEUERLEIN et al. [10] entwickelte MALT-Test am besten validiert. Er ist für sozialmedizinische Zwecke gut geeignet, da er neben einem Selbstbeurteilungsteil (S-Teil) mit 24 Items auch einen Fremdbeurteilungsteil (F-Teil) mit 7 Items enthält, in den medizinische Befunde des Arztes und Aussagen von Bezugspersonen eingehen können.

Krankheitsspezifische Begutachtungskriterien, Zielkriterien

Bei der Begutachtung von Alkoholabhängigkeit ist zu unterscheiden

- die Begutachtung der Alkoholabhängigkeit selbst,
- die Begutachtung der Folgeschäden des Alkoholkonsums und
- die Begutachtung von sonstigen Begleiterkrankungen.

Sofern keine Alkoholfolgeschäden eingetreten sind, bedingt die Alkoholabhängigkeit selbst in der Regel keine dauerhafte Leistungsminderung, sondern veranlasst zur Einleitung einer abstinenzorientierten Rehabilitationsmaßnahme. Bei regulärer Absolvierung einer solchen Maßnahme ist von Arbeits- und Erwerbsfähigkeit auszugehen.

Im Einzelfall können allerdings besondere Umstände der Berufstätigkeit und des Arbeitsplatzes eine Rolle spielen:

- In Berufen, in denen die krankheitsbedingte Rückfallgefahr ein besonderes Sicherheitsrisiko für den Betroffenen oder für die Allgemeinheit darstellt, können sich Einschränkungen der Partizipation des Versicherten ergeben, die für die sozialmedizinische

Begutachtung relevant sein und zu berufsfördernden Maßnahmen Anlass geben können, z. B. bei Berufskraftfahrern, Lokomotivführern, Piloten und anderen besonders sicherheitssensiblen Berufen (s. o.).

- Einige Berufe bedingen eine besondere »Griffnähe« zum Alkohol. Hierzu gehören Tätigkeiten in der Alkohol- und Getränkeproduktion und in der Gastronomie. In diesen Fällen kann aus den Arbeitsbedingungen resultieren, dass die Versicherten ihre bisherige Tätigkeit nicht mehr ohne erhöhte Gesundheitsgefahr durchführen können. Daraus muss jedoch keineswegs immer die Notwendigkeit eines Berufswechsels folgen. Gerade für Köche lassen sich erfahrungsgemäß häufig Tätigkeitsbereiche finden, in denen auf die Verarbeitung von Alkohol gänzlich verzichtet werden kann oder sogar muss, z. B. als Koch in einer Rehabilitationseinrichtung.
- Zu prüfen ist ferner, inwieweit in der Vergangenheit Alkoholkonsum und Rückfälligkeit in Zusammenhang mit einer relativen Überforderung durch die konkreten Arbeitsbedingungen standen (s. Arbeitsorganisation, Arbeitsanforderungen, Beziehungen am Arbeitsplatz), inwieweit auf diese Bedingungen Einfluss genommen werden kann oder ein Wechsel des Arbeitsplatzes angezeigt ist. Lässt sich eine solche Entscheidung mit der Abhängigkeitserkrankung begründen, resultiert daraus zwar keine Leistungsminderung, da die Leistungsfähigkeit unter anderen Bedingungen nicht eingeschränkt ist. Bei krankheitsbedingter Aufgabe eines Arbeitsplatzes lässt sich jedoch eine Sperre des Arbeitslosengeldes vermeiden.

Auch nach regulär durchgeführter Rehabilitation ist auf die Dauer mit Rückfälligkeit zu rechnen. Diese ist ein Symptom der Krankheit. Ein Rückfall bedeutet nicht, dass die Behandlung erfolglos war, sondern gibt Anlass zu weiteren Hilfsmaßnahmen, zum Beispiel einer spezifischen Wiederholungsbehandlung, die an den Ergebnissen der vorausgegangenen Behandlung ansetzt. Auch längere Abstinenzintervalle zwischen Rückfällen sind als Behandlungserfolg anzusehen und machen erneute Behandlungen gesundheitlich und wirtschaftlich sinnvoll. Erst wenn wiederholte Behandlungen mit unterschiedlichen Mitteln keine längeren Abstinenzphasen erreichen, muss eine längerfristige Abstinenzunfähigkeit mit Aufhebung der Leistungsfähigkeit im Erwerbsleben angenommen werden. In diesen Fällen kann die Einrichtung einer Betreuung bzw. die Unterbringung in einer beschützenden Einrichtung hilfreich sein.

Oftmals stehen Begleiterkrankungen im Vordergrund und sind nicht selten Anlass für einen Rentenantrag. In einer umfassenden Rehabilitationsmaßnahme kann sich dann herausstellen, dass die vermeintlich alkoholunabhängige Erkrankung doch in engem Zusammenhang zum Alkoholkonsum steht oder der Verschiebung der Problematik dient: Es kann sein, dass der Betroffene seine Suchterkrankung nicht wahrhaben will und in einen weniger schambesetzten Leidensbereich ausweicht, oder die Abhängigkeit und die Begleiterkrankungen haben die gleichen Wurzeln oder Faktoren der Chronifizierung, die durch angemessene Behandlung beeinflussbar sind, z. B. die Neigung zu Selbstüberforderung oder relative Überforderung durch überlastende Arbeitsplatzbedingungen.

Es resultiert daraus, dass auch diejenigen leistungsmindernden Gesundheitsstörungen, die nicht kausal auf Alkoholkonsum zurückzuführen sind, mit einer bestehenden Alkoholabhängigkeit in Zusammenhang betrachtet und behandelt werden müssen. Dies ist allein schon deshalb angebracht, weil viele körperliche und psychische Erkrankungen, auch wenn sie nicht durch Alkohol hervorgerufen wurden, sich unter abstinenten Bedingungen wesentlich besser behandeln lassen (z. B. Diabetes, Hypertonie, Epilepsie etc.). Im Rahmen einer solchen ganzheitlichen Behandlung kann sich gelegentlich auch eine überraschende Besserung der Prognose der Begleiterkrankungen ergeben. Umgekehrt kann eine erfolgreiche Behandlung von Begleiterkrankungen die Rückfallgefahr vermindern, wenn der Alkohol zur Linderung der Symptome der Begleiterkrankungen eingesetzt wurde.

Spezifische sozialmedizinische Beurteilung
■ Medizinische Rehabilitation

Eine medizinische Rehabilitation kann niedrigfrequent ambulant, kombiniert ambulant und stationär, ganztägig ambulant und stationär erfolgen (vgl. ◘ Tab. 25.10). Die stationäre Entwöhnungsbehandlung umfasst ein multimodales Behandlungskonzept, das neben Psychotherapie auch ärztliche, pflegerische, ergotherapeutische und bewegungstherapeutische Behandlungselemente sowie spezielle auf berufliche Reintegration zielende Maßnahmen enthält. Dieser Ansatz gilt auch für die ambulante Rehabilitation, auch wenn dort die zusätzlichen Therapieangebote nicht so umfassend sind.

Katamnestische Untersuchungen zeigen, dass abstinenzorientierte Rehabilitationsmaßnahmen bei Alkoholabhängigkeit – je nach Berechnungsmethode – in 40 bis 80 % erfolgreich sind (Abstinenz nach einem Jahr).

■ Teilhabe am Arbeitsleben

Untersuchungen haben gezeigt, dass bei Alkoholabhängigen nicht nur der fortgesetzte Alkoholkonsum zu einer zunehmenden Einschränkung der Partizipation führt, sondern dass umgekehrt die Einschränkung der Partizipation, insbesondere auch der Teilhabe am Arbeitsleben mit einer erhöhten Rückfallgefahr verbunden ist.

◘ Tab. 25.10 Indikationen für eine ambulante oder stationäre Suchtrehabilitation

Für eine *ambulante* Rehabilitation sprechen:

— ein guter Gesundheitszustand

— Abstinenzfähigkeit auch zwischen den Behandlungsterminen

— eine gute Behandlungsdisziplin

— ein stabilisierender sozialer Rahmen am Heimatort (Familie, Partnerschaft, Beruf, stabiles Wohnumfeld)

Für eine *stationäre* Rehabilitation sprechen:

— gravierende Folge- und Begleiterkrankungen

— geringe Abstinenzerfahrung bzw. vergebliche Abstinenzversuche

— eine noch mangelhaft ausgeprägte Krankheitseinsicht und Behandlungsdisziplin

— ein eher nicht abstinenzfördernder sozialer Hintergrund

Auf der anderen Seite kann eine Überforderung des Alkoholabhängigen am Arbeitsplatz ohne Rücksicht auf eingetretene Leistungseinschränkungen auch Anlass zur Rückfälligkeit geben.

Es ist im Rahmen der sozialmedizinischen Beurteilung daher nicht nur erforderlich, das negative Leistungsvermögen zu dokumentieren, sondern es ist – auch um des Behandlungsziels der Abstinenz willen – wichtig, die verbliebenen Ressourcen zu erfassen und den Rehabilitanden dabei zu unterstützen, diese auf dem Arbeitsmarkt zu nutzen.

Wenn qualitative Leistungseinschränkungen die Fortsetzung der bisherigen Tätigkeit beeinträchtigen, erfolgt daher die Prüfung von Leistungen zur Teilhabe am Arbeitsleben.

Bei schwierigen sozialen Bedingungen, insbesondere längerer Arbeitslosigkeit, Wohnungslosigkeit und fehlendem Rückhalt durch Angehörige, sind zusätzliche Rehabilitationsmaßnahmen (z. B. Adaption) zu erwägen, um Hilfestellung bei der beruflichen und sozialen Reintegration zu geben.

■ Erwerbsminderung

Bei fortgesetztem Alkoholkonsum ist mit einer rapiden Verschlimmerung der körperlichen, psychischen und sozialen Folgeschäden zu rechnen. Daraus resultiert eine ungünstige Prognose bezüglich Morbidität, Mortalität und Erwerbsminderung. Andererseits ist die Prognose alkoholbedingter Folgeschäden unter alkoholabstinenten Bedingungen relativ gut. Daher können Leistungseinschränkungen durch alkoholbedingte Folgeerkrankungen in der Regel erst nach sichergestellter Abstinenz von mindestens sechs Monaten beurteilt werden. Auch die wechselseitige Beeinflussung der Sucht und der Begleiterkrankungen ist zu berücksichtigen.

25.2.2 Drogenabhängigkeit und multipler Substanzgebrauch

Klassifikation und Stadieneinteilung

Unter dem Begriff Drogenabhängigkeit werden im deutschen Sprachraum Abhängigkeiten von illegalen Drogen zusammengefasst. Die gesonderte Betrachtung dieser Suchterkrankungen ist in den speziellen Kontextbedingungen (Beschaffungskriminalität, Subkultur), Krankheitsfolgen und Rehabilitationsmethoden begründet. Nach ICD-10 sind folgende Abhängigkeiten von illegalen Drogen zu klassifizieren: F11 (Opioide), F12 (Cannabinoide), F14 (Kokain), F15 (Stimulanzien), F16 (Halluzinogene).

Wenn die Abhängigkeit von mehreren Suchtmitteln abzugrenzen und zu identifizieren ist, sollten diese gesondert kodiert werden (z. B. F102 Alkoholabhängigkeit und F112 Opioidabhängigkeit). Die Diagnose F19 (multipler Substanzgebrauch) sollte nur gewählt werden, wenn die Substanzaufnahme chaotisch und wahllos verläuft oder wenn verschiedene Suchtmittel untrennbar vermischt werden.

Spezifische krankheitsbedingte Beeinträchtigungen nach ICF

Zum einen sind prämorbide Störungen zu beachten wie z. B. Entwicklungsstörungen, Intelligenzminderung und schwere Persönlichkeitsstörungen, die die Entwicklung der Suchterkrankung begünstigt haben können und die auch bei dauerhafter Abstinenz weiterhin die Leistungsfähigkeit beeinträchtigen können.

Zum anderen ist mit Folgeerkrankungen zu rechnen. Hierzu gehören neben somatischen Folgen wie Infektionskrankheiten (Hepatitis B und C, HIV, Tuberkulose) und Unterernährung vor allem auch psychische Schäden in Form schwerer Persönlichkeitsveränderungen. Letztlich resultiert ein Mischbild aus vorbestehenden psychischen Defiziten und suchtbedingten Persönlichkeitsveränderungen mit der Folge von Hirnleistungsstörungen, insbesondere Störungen der Wahrnehmung, der Konzentration und der Merkfähigkeit, sowie Einstellungs- und Verhaltensauffälligkeiten, Teilnahmslosigkeit und Inaktivität.

Gravierend sind die sozialen Folgen mit einer weitgehenden Beeinträchtigung der Partizipation in allen Lebensbereichen bis hin zur Straffälligkeit und Inhaftierung. Diese wiegt umso schwerer, als die jugendlichen Suchtkranken oft nicht über die Ressource der Erfahrung einer befriedigenden Sozialisation verfügen. Diese sozialen Folgen begünstigen ihrerseits den Suchtmittelkonsum und die Rückfälligkeit.

Neuerdings rückt der verbreitete Konsum von Cannabis bei Jugendlichen wieder mehr in den Blickpunkt. In den meisten Fällen handelt es sich um vorübergehenden Cannabiskonsum in Zusammenhang mit Problemen der Adoleszenz. Wenn keine psychischen oder sozialen Beeinträchtigungen aus der Kindheit bestehen, wird der Cannabiskonsum meist beim Übergang zum Erwachsenenalter eingestellt.

Die Folgeschäden durch Cannabiskonsum werden oft unterschätzt. 10–20 % der Konsumenten werden abhängig. Die weiteren psychischen Folgeschäden bestehen vor allem in der Entwicklung depressiver Störungen, eines amotivationalen Syndroms und kognitiver Störungen. Als Folgeerkrankung oder Komorbidität kommt es teilweise auch zu schizophrenen Psychosen.

Spezielle Diagnostik, Sachaufklärung

Die Diagnose wird anhand der Kriterien der ICD-10 gestellt. Zur Objektivierung der Angaben über aktuellen Drogenkonsum können laborchemische Untersuchungen aus Urin-, Blut-, Speichel- oder Haarproben durchgeführt werden. Die typischen Folgeschäden werden durch entsprechende körperliche und psychische Diagnostik erfasst.

Krankheitsspezifische Begutachtungskriterien, Zielkriterien

Grundsätzlich wird in der sozialmedizinischen Beurteilung der Drogenabhängigkeit ähnlich verfahren wie bei Alkohol- und Medikamentenabhängigen. Die Kriterien zur Beurteilung einer Leistungseinschränkung ergeben sich vor allem aus vorbestehenden und begleitenden Erkrankungen sowie aus Folgeschäden.

Spezifische sozialmedizinische Beurteilung
- **Medizinische Rehabilitation**

Die Diagnose einer Drogenabhängigkeit begründet die Indikation zu einer medizinischen Rehabilitationsmaßnahme. Die Rehabilitation Drogenabhängiger erfolgt ganz überwiegend unter stationären Bedingungen. Die sozialmedizinische Herausforderung der Drogenabhängigkeit besteht im jüngeren Alter der Konsumenten, den ungünstigeren psychosozialen Bedingungen und in der schlechteren Prognose (◘ Tab. 25.11).

- **Teilhabe am Arbeitsleben**

Dabei ist die Integration in das Erwerbsleben sehr weitgehend davon abhängig, ob es bereits in der medizinischen Rehabilitation gelingt, die Partizipation zu fördern. Dies geschieht durch Einbeziehung in Arbeits- und Lebensprojekte sowie durch Vermittlung in adaptive Maßnahmen,

Tab. 25.11 Unterschiedliche Rahmenbedingungen bei Opiat- und Alkoholabhängigen

- Der Anteil der unter 30jährigen Patienten liegt bei Opiatabhängigen über 60 %, bei Alkoholikern unter 10 %.

- Der Anteil der Patienten ohne abgeschlossene Ausbildung und der Anteil der Arbeitslosen sind bei Opiatabhängigen doppelt so hoch wie bei Alkoholabhängigen.

- Sozial eingebunden in Familie oder Partnerschaft sind mehr als doppelt so viele Alkoholiker im Vergleich zu Opiatabhängigen.

- Therapieabbrüche und Rückfälle sind bei Opiatabhängigen doppelt so häufig.

Quelle: Jahrbuch Sucht 2009 [6]

die nach Abschluss der Drogenentwöhnung die Hilfe bei der beruflichen und sozialen Reintegration zum Ziel haben und besonders bei Drogenabhängigen die Prognose entscheidend beeinflussen.

■ Erwerbsminderung

Die Schädigung durch Drogenkonsum kann die Leistungsfähigkeit im Erwerbsleben erheblich beeinträchtigen. Drogenabhängige haben jedoch altersbedingt meistens keinen Rentenanspruch bei gesundheitlich bedingter Leistungsminderung.

25.2.3 Medikamentenabhängigkeit

Klassifikation und Stadieneinteilung

Unter dem Begriff Medikamentenabhängigkeit werden die Abhängigkeitserkrankungen von jenen in der ICD-10 aufgeführten Suchtmitteln (■ Tab. 25.12) zusammengefasst, die als Arzneimittel verordnet werden. Zu beachten ist, dass zahlreiche relativ harmlose Medikamente wie z. B. Sekretolytika und einfache, peripher wirksame Schmerzmittel wie Paracetamol dadurch zu Medikamenten mit Suchtpotential gemacht werden, dass sie mit Kodein bzw. Koffein in einer Arznei kombiniert werden.

Den Hauptanteil der Medikamentenabhängigen bilden die Benzodiazepinabhängigen, gefolgt von den Schmerzmittelabhängigen, während eine Abhängigkeit von stimulierenden Medikamenten in der Suchtkrankenhilfe nur selten diagnostiziert wird. Neuerdings werden an Stelle der Benzodiazepine häufig die sog. »Z-Drugs« (Zolpidem, Zopiclon, Zaleplon) verordnet, denen ein geringeres Abhängigkeitspotential zugeschrieben wird. Es kann sich jedoch auch bei diesen Substanzen eine Abhängigkeit entwickeln und Anlass für eine Rehabilitationsmaßnahme sein.

Mit F11.2 und F15.2 werden nicht nur Medikamentenabhängigkeiten, sondern auch Abhängigkeiten von illega-

Tab. 25.12 Abhängigkeit von Medikamenten nach ICD-10

F11	Psychische und Verhaltensstörungen durch Opioide *Beispiele:* Kodein und Kombinationen mit Kodein; zentral wirksame Analgetika, z. B. Pethidin, Pentazocin, Tilidon, Levomethadon, Buprenorphin, Tramadol u. a.
F13	Psychische und Verhaltensstörungen durch Sedativa und Hypnotika *Beispiele:* Benzodiazepine (auch als Muskelrelaxantien), Barbiturate, Zopiclon u. a.
F15	Psychische und Verhaltensstörungen durch andere Stimulanzien, einschließlich Koffein *Beispiele:* Appetitzügler (z. B. Norpseudoephedrin), Psychoanaleptika, Methylphenidat, Kombinationen mit Koffein

Tab. 25.13 Leistungen zur medizinischen Rehabilitation durch die Rentenversicherung

	Alkohol	Medik. (F132)	Drogen	Mehrfach
Männer	69 %	Unter 1 %	21 %	10 %
Frauen	79 %	2 %	13 %	6 %

Quelle: Jahrbuch Sucht 2009 [6]

len Drogen der gleichen pharmakochemischen Substanzklassen klassifiziert, da die ICD-10 nicht zwischen legalen und illegalen Suchtmitteln unterscheidet (vgl. ■ Tab. 25.2)

Die missbräuchliche Anwendung von Medikamenten ohne psychotrope Wirkung, z. B. Laxantien, Diuretika, Anabolika und peripher wirksame Schmerzmittel, sowie von Psychopharmaka ohne nachgewiesenes Suchtpotential (z. B. Antidepressiva) wird nach ICD-10 nicht als Abhängigkeit diagnostiziert, sondern als »Missbrauch von Substanzen, die keine Abhängigkeit hervorrufen« (F55). Der Missbrauch dieser Substanzen steht in der Regel in Zusammenhang mit somatoformen Störungen oder Essstörungen und fällt daher in den Bereich psychosomatischer Erkrankungen (s. ▶ Kap. 24).

Die Prävalenz der Medikamentenabhängigkeit ist ähnlich hoch wie die der Alkoholabhängigkeit (vgl. ■ Tab. 25.1). Dem entspricht jedoch in keiner Weise der Anteil der Medikamentenabhängigen bei der Inanspruchnahme professioneller Hilfe (■ Tab. 25.13).

Bilden bei der Alkohol- und Drogenabhängigkeit die Männer den weit überwiegenden Anteil, so sind es bei der Medikamentenabhängigkeit die Frauen. Untersuchungen der Krankenkassen haben gezeigt, dass Benzodiazepine häufig älteren Frauen im Rahmen geriatrischer Versorgung verordnet werden. In die Rehabilitation und die so-

> **Tab. 25.14** Besonderheiten der Medikamentenabhängigkeit

- Häufige iatrogene Verursachung durch unsachgemäße ärztliche Verordnung [10]. Die Patienten gehen davon aus, dass die ärztliche Verordnung ihrer Gesundheit dient [12], und tun sich deshalb besonders schwer, die Diagnose einer Suchterkrankung zu akzeptieren.

- Entwicklung von Medikamentensucht bei Angehörigen der medizinischen Berufe, die gelegentlich – bei leichter Verfügbarkeit – Medikamente wie Alkohol oder andere Drogen einsetzen.

- Häufige Komorbidität, die zur Verordnung und Einnahme der Suchtmittel veranlasst, insbesondere Schlafstörungen, Angststörungen, Schmerzsyndrome, Persönlichkeitsstörungen, Somatisierungsstörungen.

- Low-dose-dependency, besonders bei Benzodiazepinabhängigkeit.

- Reboundeffekte beim Absetzen und besonders lang anhaltende psychovegetative Entzugssyndrome, die ähnliche Beschwerden verursachen wie die komorbide Störung, die zum Suchtmittelkonsum veranlasste.

zialmedizinische Begutachtung gelangen jedoch eher jüngere Frauen mit psychischer Komorbidität (siehe ◘ Tab. 25.14). Viele Medikamentenabhängige werden in der psychosomatischen Rehabilitation behandelt, weil eine psychische Komorbidität besteht bzw. die Abhängigkeitserkrankung nicht erkannt wird.

Spezifische krankheitsbedingte Beeinträchtigungen nach ICF

Intoxikationserscheinungen bzw. Residualeffekte durch die Einnahme lang wirksamer Substanzen werden häufig verkannt. Typischerweise treten Müdigkeit (Hangover), Konzentrationsstörungen, Beeinträchtigungen des Reaktionsvermögens und Bewegungs- bzw. Gleichgewichtsstörungen auf. Mit einer erhöhten Unfallgefahr und Verkehrsgefährdung besonders bei älteren Menschen ist zu rechnen. Diese Störungen können auch bei längerfristigem Konsum im niedrigen Dosisbereich auftreten.

Organische Folgeschäden treten vergleichsweise selten auf, häufiger psychische Folgestörungen wie z. B. Persönlichkeitsveränderungen und Hirnleistungsstörungen, die oft schwer von den primären komorbiden Störungen und den Absetzphänomenen zu unterscheiden sind.

Ein besonderes Problem der Medikamentenabhängigkeit besteht darin, dass beim Absetzen der Medikamente oft noch über einen Zeitraum von Wochen und Monaten Entzugsphänomene und Reboundeffekte auftreten können, welche die Beschwerden und Störungen, die ursprünglich zur Medikamenteneinnahme führten, wieder auftreten lassen und verstärken. Ferner kann der langzeitige Gebrauch dieser Medikamente auch zu psychischen

Veränderungen und Störungen führen, so dass letztlich ein Zustand schwerer mentaler, affektiver, psychovegetativer und schmerzhafter Beeinträchtigung resultieren kann, bei dem Ursache, Wirkung und Begleitstörungen des Medikamentenkonsums nicht mehr sicher zu differenzieren sind.

Im Vergleich zur Alkohol- und Drogenabhängigkeit hat die Medikamentenabhängigkeit in sehr viel geringerem Maße eine Einschränkung der Partizipation zur Folge. Zum einen fallen die Betroffenen selten »aus der Rolle« und werden daher seltener von der Umwelt als suchtkrank erkannt. Zum anderen ergibt sich aus der Alters- und Geschlechtsverteilung, dass für viele Medikamentenabhängige sich die Frage der Leistungsfähigkeit im Erwerbsleben nicht mehr stellt.

Spezielle Diagnostik, Sachaufklärung

Die Diagnose wird anhand der ICD-10-Kriterien (vgl. ◘ Tab. 25.4) gestellt. Jede über vier Wochen hinausgehende Einnahme von Medikamenten mit Suchtpotential muss an die Entwicklung einer Abhängigkeit denken lassen. Eine Toleranzentwicklung mit eigenmächtiger Dosissteigerung ist ein besonders deutliches Zeichen der Abhängigkeit, jedoch findet sich gerade bei den Benzodiazepinen häufiger eine Abhängigkeit im Niedrigdosisbereich (»low-dose-dependency«), die ebenfalls zu erheblichen Absetzphänomenen und Folgestörungen führen kann.

Gelegentlich kann bereits die Anamnese Hinweise auf einen zweckentfremdeten Einsatz der Medikamente ergeben, wenn zum Beispiel Schmerzmittel nicht nur bei Schmerzen, sondern auch als Rauschmittel, zur Verstärkung von Alkoholeffekten oder zur Entspannung in Konfliktsituationen und zur Leistungssteigerung eingesetzt werden.

Für die Screening-Diagnostik von Medikamentenabhängigkeit stehen Fragebogeninstrumente zur Verfügung: Severity of Dependence Scale (SDS) mit 5 Fragen [11] und der Kurzfragebogen zum Medikamentenmissbrauch (KMM) mit 11 Fragen [13].

Aufgrund der überwiegend ärztlichen Verordnung, der häufigen Niedrigdosisabhängigkeit und der selteneren organischen Folgeschäden ist oft schwer zwischen Missbrauch bzw. schädlichem Konsum und Abhängigkeit nach ICD-10 zu unterscheiden.

Zur speziellen Diagnostik bei Verdacht auf Medikamentenabhängigkeit vgl. ◘ Tab. 25.15.

Vorbestehende andere Suchtmittelprobleme, insbesondere Alkohol- und Drogenabhängigkeit, prädisponieren in besonderer Weise zur Entwicklung einer Medikamentenabhängigkeit, so dass bei diesen Personen die Verordnung von Medikamenten mit Suchtpotential in der Regel kontraindiziert ist und bei längerfristiger Einnahme dieser Medikamente von der Entwicklung einer mehrfa-

□ Tab. 25.15 Spezielle Diagnostik bei Verdacht auf Medikamentenabhängigkeit

- Anamnese des Medikamentenkonsums: Suchtpotential der Medikamente, Dosis und Dauer der Einnahme, Dosissteigerungen (nicht notwendig)

- Nachweis durch Drogenscreening

- Intoxikationserscheinungen bzw. Residualeffekte

- Absetzphänomene bzw. Reboundeffekte

- Begleiterkrankungen, die zur Verordnung von Suchtmitteln veranlassen können, insbesondere Schlafstörungen, Schmerzsyndrome, Somatisierungsstörungen, Angst- und andere psychische Störungen

- Zweckentfremdeter Einsatz der Medikamente als Rauschmittel, Aufputschmittel, Beruhigungsmittel oder zur Konfliktharmonisierung

- Psychische Störungen als Folge des langzeitigen Medikamentenkonsums

- Andere Suchtmittelprobleme, insbesondere Alkohol und Drogen

- Besondere Verfügbarkeit der Medikamente für medizinische Berufe

chen Abhängigkeit auszugehen ist. Diese Suchtkranken setzen Medikamente häufig zur Selbstbehandlung von Entzugsbeschwerden und Befindlichkeitsstörungen ein, wenn sie vermeiden wollen, durch Suchtmittelkonsum leistungsunfähig zu werden und unangenehm aufzufallen.

Krankheitsspezifische Begutachtungskriterien, Zielkriterien

Entzugssyndrome sind bei Medikamentenabhängigkeit für den Betroffenen besonders quälend und lang anhaltend. Diese Beschwerden bessern sich häufig erst im Rahmen einer langzeitigen Rehabilitationsmaßnahme.

Im Unterschied zu Alkohol- und Drogenabhängigen verhalten sich Medikamentenabhängige oft lange Zeit unauffällig und erfüllen formal ihre Leistungsanforderungen. Sie entwickeln selten suchtmittelbedingte organische Folgeschäden. Dennoch ist längerfristig mit schweren psychischen Folgeschäden und der Gefahr einer Leistungsminderung im Erwerbsleben zu rechnen, wenn nicht Suchtmittelabstinenz erreicht wird.

Spezifische sozialmedizinische Beurteilung
■ **Medizinische Rehabilitation**

Die Feststellung einer Medikamentenabhängigkeit begründet die Indikation einer medizinischen Rehabilitationsmaßnahme. Aufgrund der häufigen Komorbidität erfolgt diese überwiegend stationär.

Die Komplexität des Krankheitsbildes erfordert die interdisziplinäre Kooperation von Psychiatern, Organmedi-

zinern, Psychotherapeuten und gelegentlich Schmerztherapeuten. Dabei kann sich in der psychotherapeutischen und sozialtherapeutischen Behandlung erweisen, dass das Suchtmittel gar nicht so sehr zur Behandlung einer komorbiden Störung diente, sondern zur Linderung verleugneter psychosozialer Probleme.

Bei Einnahme von medikamentösen Suchtmitteln zur Behandlung von komorbiden Störungen ist die Prognose hinsichtlich der Leistungsfähigkeit im Erwerbsleben wesentlich von einer suffizienten alternativen suchtmittelfreien Behandlung der komorbiden Störungen abhängig.

■ **Teilhabe am Arbeitsleben**

Bei Medikamentenabhängigen besteht gelegentlich aufgrund von besonderen Arbeitsbedingungen eine erhöhte Rückfallgefahr, beispielsweise bei Angehörigen medizinischer Berufe, die am Arbeitsplatz ständig mit den von ihnen bevorzugten Suchtmitteln zu tun haben, oder Personen, die durch Schichtdienst oder angstbesetzte Tätigkeiten einer besonderen psychovegetativen Belastung ausgesetzt sind. In diesen Fällen ist die Indikation von Hilfen bzw. Leistungen zur Teilhabe am Arbeitsleben zu prüfen. Dabei ist keineswegs immer ein Berufswechsel erforderlich.

■ **Erwerbsminderung**

Auch bei längerfristiger Suchtmittelfreiheit resultiert oft ein Folgezustand mit verminderter Stresstoleranz, der zur Verminderung der Rückfallgefahr eine Anpassung der Arbeitsbedingungen und Arbeitsanforderungen erforderlich macht. Zur Feststellung qualitativer und quantitativer Leistungseinschränkungen ist eine neurologische und psychiatrische Diagnostik sowie eine eingehende testpsychologische Untersuchung nach mehrmonatiger Abstinenz erforderlich.

25.2.4 Nikotinabhängigkeit

Klassifikation und Stadieneinteilung

Rauchen ist in den Industriestaaten das größte einzelne vermeidbare Gesundheitsrisiko [1].

Nicht alle Tabakkonsumenten sind abhängige Raucher. Legt man die Kriterien der ICD-10 zugrunde, wird bei 70–80 % der Raucher eine Tabakabhängigkeit diagnostiziert [1]. Etwa 17 % der Raucher sind stark abhängig und benötigen für eine Entwöhnung im Allgemeinen professionelle Hilfe [1].

Entscheidender Wirkstoff für die Entwicklung der Abhängigkeit ist das Nikotin.

Spezifische krankheitsbedingte Beeinträchtigungen nach ICF

Der Tabakkonsum selbst führt auch bei ausgeprägter Abhängigkeit nicht zu einer Leistungsminderung, sondern wirkt zumindest bei mentalen Anforderungen in niedriger Dosis eher anregend und leistungssteigernd, in höherer Dosis beruhigend und entspannend.

Die enorme Bedeutung des Tabakkonsums für die Leistungsfähigkeit im Erwerbsleben ergibt sich aus den körperlichen Folgeschäden, vor allem Herz-Kreislauferkrankungen (Arteriosklerose, arterielle Verschlusskrankheit, koronare Herzkrankheit, zerebrale Insulte), Atemwegserkrankungen und Krebserkrankungen. Ihre Begutachtung ist in den entsprechenden Kapiteln dieses Buches dargestellt.

Spezielle Diagnostik, Sachaufklärung

Die Diagnose wird entsprechend den Kriterien der ICD-10 gestellt. Zur Beurteilung des Schweregrades der Abhängigkeit eignet sich der FAGERSTRØM-Test mit sechs Fragen [2].

Spezifische sozialmedizinische Beurteilung

- **Medizinische Rehabilitation, Teilhabe am Erwerbsleben und Erwerbsminderung**

Die Tabakabhängigkeit selbst gilt nicht als Indikation für Leistungen zur Teilhabe und begründet keine Leistungsminderung im Erwerbsleben.

Die Tabakabhängigkeit bzw. der schädliche Tabakkonsum haben über die verursachten Folgeerkrankungen eine sozialmedizinische Bedeutung, die oftmals immer noch unterschätzt wird. Immerhin gehören Angebote von Hilfen zur Tabakentwöhnung heutzutage zum Standard der stationären Rehabilitation.

Zur Behandlung der Tabakabhängigkeit existieren anerkannte Leitlinien [1, 2]. Bewährt hat sich vor allem ein standardisiertes verhaltenstherapeutisches Entwöhnungsprogramm, wobei eine zusätzliche Behandlung des Nikotinentzugs mit medikamentöser Nikotinsubstitution oder eine begleitende Behandlung mit bestimmten Antidepressiva (vor allem Bupropion) die Erfolgsaussichten der Tabakentwöhnung erhöhen.

Auch während einer Entwöhnungsbehandlung von anderen Suchtmitteln kann eine Tabakentwöhnung erfolgreich durchgeführt werden und verbessert sogar deren Prognose.

25.2.5 Pathologisches Glücksspiel und pathologischer PC-Gebrauch

Klassifikation und Stadieneinteilung

Pathologisches Glücksspiel und pathologischer PC-Gebrauch weisen Ähnlichkeiten mit Suchtkrankheiten auf, gelten aber als eigenständige Krankheitsbilder. In der ICD-10 werden sie von stoffgebundenen Abhängigkeiten abgegrenzt. F63.0 klassifiziert das pathologische (Glücks)spiel als abnorme Gewohnheit beziehungsweise Störung der Impulskontrolle. Pathologischer PC-Gebrauch ist in der ICD noch nicht explizit aufgeführt. Er wird zum Teil unter der gleichen Rubrik (F63.9) kodiert, z. T. auch als Persönlichkeitsstörung (F68.8) von suchtähnlichen Krankheiten abgegrenzt.

Durch den seit 01.01.2008 geltenden Glücksspielstaatsvertrag werden zwar die Glücksspielanbieter zu einem verstärkten Schutz der Glücksspieler verpflichtet; die gewerblichen Geldspielautomaten, die bei 80 % der Behandlungsfälle eine vorrangige Rolle spielen, fallen jedoch nicht unter das Glücksspielmonopol. Es sind vorwiegend Männer mit einem Altersschwerpunkt um 30 Jahre betroffen. Die Prävalenz für Deutschland wird auf 0,5 %, d.h. mehr als 250 000 Personen geschätzt. Durch die Verbreitung und Weiterentwicklung neuer Techniken und Medien ist mit einer weiteren Zunahme zu rechnen.

Spezifische krankheitsbedingte Beeinträchtigungen nach ICF

Typisch für die Glücksspielsucht sind eine hohe Verschuldung, erhöhte Suizidtendenz und häufige Delinquenz. Nicht selten besteht eine Komorbidität mit anderen Störungen, insbesondere Substanzmittelabhängigkeit, depressive Störungen und Persönlichkeitsstörungen. Bei Letzteren dominieren narzisstische und depressiv-selbstunsichere Störungen.

Beim pathologischen PC-Gebrauch ist zumeist das Zeitmanagement defizitär. Dabei treten negative körperliche (z.B. gestörter Schlaf-Wach-Rhythmus, Rückenbeschwerden), psychische (z.B. Essstörungen, depressive Störungen, soziale Ängstlichkeit) und soziale (Nicht-Einhalten von Pausen- und Arbeitszeiten, Arbeitsplatzverlust, völliger sozialer Rückzug) Folgen auf. Es besteht eine hohe Komorbidität mit depressiven und Persönlichkeitsstörungen sowie mit stoffgebundenen Suchterkrankungen, insbesondere Alkohol-, Tabak- und Cannabisabhängigkeit.

Spezielle Diagnostik, Sachaufklärung

Zur Screening-Diagnostik der Glücksspielsucht dient der CCCC-Questionnaire mit 4 Fragen:
- Ich kann mit dem Glücksspielen erst aufhören, wenn ich kein Geld mehr habe!

25

- Verlieren ist eine persönliche Niederlage, die ich wettmachen möchte!
- Ich denke oft an das Glücksspielen und verspüre einen inneren Spieldrang!
- Zur Geldbeschaffung habe ich schon andere Menschen belogen und betrogen!

Zum »Kurzfragebogen zum Glücksspielverhalten«(KFG) mit 20 Fragen siehe *Petry* [14].

Als Hinweis auf pathologischen PC-Gebrauch gilt eine schul- oder berufsfremde PC-Aktivität von über 30 Stunden/Woche, die Teil des überdauernden Identitätserlebens in Verbindung mit Immersionserleben geworden ist [15].

Die erweiterte Diagnostik erstreckt sich auf die Erfassung der oben genannten körperlichen, psychischen und sozialen Folge- und Begleitstörungen.

Krankheitsspezifische Begutachtungskriterien, Zielkriterien

Schweregrad der Störung, Behandlungs- und Rehabilitationsindikation sowie sozialmedizinische Beurteilungskriterien ergeben sich vor allem aus der Diagnostik der körperlichen, psychischen sozialen Folgeschäden.

Spezifische sozialmedizinische Beurteilung

■ Medizinische Rehabilitation

Die Diagnose eines pathologischen Glücksspiels begründet in der Regel eine Rehabilitationsleistung. Entsprechend den *Empfehlungen der Spitzenverbände der Krankenkassen und Rentenversicherungsträger für die medizinische Rehabilitation bei pathologischem Glücksspielen (2001)* erfolgt sie durch die Rentenversicherung, wenn die Leistungsfähigkeit im Erwerbsleben erheblich gefährdet oder bereits gemindert ist und eine positive Erwerbsprognose besteht. Die Krankenkasse ist zuständig, wenn es gilt, drohende Behinderung und Pflegebedürftigkeit abzuwenden. Eine Trennung in »Entzugsbehandlung« und »Entwöhnung«, wie sie der Sucht-Vereinbarung zugrunde liegt, erfolgt nicht. Die Rehabilitation erfolgt in einer Suchtklinik, wenn zusätzlich eine substanzbezogene Sucht vorliegt oder die Psychopathologie eher suchtähnliche Züge aufweist. Sie erfolgt in einer psychosomatischen Klinik, wenn keine substanzbezogene Sucht besteht und eine psychosomatische Komorbidität festzustellen ist.

Bei pathologischem PC-Gebrauch wird analog verfahren.

■ Teilhabe am Arbeitsleben

Sowohl pathologisches Glücksspiel wie auch pathologischer PC-Gebrauch können die Teilhabe am Arbeitsleben erheblich gefährden und einschränken. Es kann zu Lohnpfändungen bei Verschuldung, zu Nichteinhaltung von Arbeitszeiten, zu verminderter Arbeitsleistung bei körperlichen und psychischen Folge- und Begleiterkrankungen und zum Verlust des Arbeitsplatzes kommen. Dementsprechend sind oftmals Hilfen zur Wiedereingliederung angezeigt.

Beim pathologischen PC-Gebrauch wird die verantwortungsvolle Nutzung über ein Ampel-Modell (Aufteilung in gesperrte, problematische und unproblematische Seiten) geregelt, eine absolute PC-Abstinenz ist nicht zielführend.

■ Erwerbsminderung

Die Störung selbst bedingt in der Regel keine dauerhafte quantitative Minderung der Leistungsfähigkeit im Erwerbsleben. Schon aufgrund des meist jugendlichen Alters der Patienten ist von der Möglichkeit der Wiederherstellung der quantitativen Leistungsfähigkeit auszugehen, zumal sich die Teilhabe am Arbeitsleben günstig auf die Prognose der Störung auswirkt.

Qualitative Leistungseinschränkungen beinhalten Tätigkeiten und Anforderungen, die eine erhöhte Rückfallgefahr bedingen.

Literatur

1 Arzneimittelkommission der deutschen Ärzteschaft (Hrsg.): Tabakabhängigkeit, Empfehlungen zur Therapie von Tabakabhängigkeit. AVP-Sonderheft Therapieempfehlungen. Düsseldorf: nexus GmbH, 2001

2 Batra A et al: Leitlinie Tabakentwöhnung, enthalten in Schmidt [16]

3 Bundesanstalt für Straßenwesen (Hrsg.): Begutachtungs-Leitlinien zur Kraftfahrereignung. Berichte der Bundesanstalt für Straßenwesen, Heft M 115. Bremerhaven: Wirtschaftsverlag NW, Verlag für neue Wissenschaft GmbH, 2010

4 Delbrück H, Haupt E (Hrsg.): Rehabilitationsmedizin. München; Wien; Baltimore: Urban & Schwarzenberg, 1996

5 Deutsche Hauptstelle für Suchtfragen e.V. (Hrsg.): Alkoholabhängigkeit Suchtmedizinische Reihe Band 1, 2003

6 Deutsche Hauptstelle für Suchtfragen e.V. (Hrsg.): Jahrbuch Sucht 2009. Geesthacht: Neuland, 2009

7 Deutsche Rentenversicherung: Leitlinien für die sozialmedizinische Begutachtung – Sozialmedizinische Beurteilung bei Abhängigkeitserkrankungen. Deutsche Rentenversicherung Bund (Hrsg.). Berlin, April 2010. www.deutsche-rentenversicherung.de

8 Dilling H et al (Hrsg.): Internationale Klassifikation psychischer Störungen. Bern: Verlag Huber 6. Aufl. 2008

9 Engel GL: The need for a new medical model: A challenge for biomedicine. Science 196: 224–233, 1977

10 Feuerlein W, Küfner H, Ringer C, Antons K: Münchner Alkoholismustest MALT, Manual. Weinheim: Beltz, 1979

11 Gossop M et al: The Severity of Dependence Scale (SDS): psychometric properties of the SDS in English and Australian samples of heroin, cocaine and amphetamine users. Addiction, 90, 607–614, 1995

12 Jahnsen K, Glaeske G (Hrsg.): GEK-Arzneimittel-Report 2002. Sankt Augustin: Asgard-Verlag, 2002

13 Kraus L et al: Epidemiologischer Suchtsurvey 2006, Repräsen-
    tativerhebung zum Gebrauch und Missbrauch psychoaktiver
    Substanzen bei Erwachsenen in Bayern, IFT-Berichte Bd. 162,
    München, 2008
14 Petry J: Glücksspielsucht. Göttingen: Hogrefe-Verlag, 2003
15 Petry J: Im Spiel versunken und verloren. Göttingen: Hogrefe,
    2009
16 Schmidt LG et al (Hrsg.): Evidenzbasierte Suchtmedizin. Köln:
    Deutscher Ärzteverlag, 2006
17 Soyka M, Küfner H: Alkoholismus – Missbrauch und Abhängigkeit.
    Stuttgart; New York: Georg Thieme Verlag, 2008

Schmerzsyndrome

Bernhard Widder

26.1 Sozialmedizinische Bedeutung

Mit Schmerzen einhergehende Beschwerdebilder sind in Deutschland die häufigste Ursache für Rehabilitationsmaßnahmen und Berentungen wegen Erwerbsminderung. Gleichzeitig stellen sie auch die strittigsten Fälle dar. Bei rund zwei Dritteln der vor einem Sozialgericht zur Verhandlung kommenden Fälle des neurologisch-psychiatrischen Fachgebietes stehen Schmerzen im Vordergrund der Beschwerden [53], vergleichbare Verhältnisse finden sich im chirurgisch-orthopädischen Fachgebiet [29].

26.1.1 Begutachtung von Schmerzen

Für die Begutachtung von Schmerzen liegen in Deutschland umfangreiche Empfehlungen vor, die von einer interdisziplinären Expertenkommission verschiedener medizinischer Fachgesellschaften erarbeitet und publiziert wurden. Sie finden sich als S2-Leitlinie 030/102 im Online Leitlinien-Register der Arbeitsgemeinschaft der Wissenschaftlichen Medizinischen Fachgesellschaften e. V. (AWMF). Die letzte Überarbeitung stammt aus dem Jahr 2007 [54]. Die folgenden Angaben beruhen in ihren wesentlichen Aspekten auf diesen Leitlinien.

26.1.2 Auswahl von Gutachtern

Nach Einschätzung der o. g. Expertenkommission stellt die Begutachtung von Schmerzen in der Regel eine primär ärztliche Aufgabe von interdisziplinärem Charakter dar, da bei deren diagnostischer Einschätzung sowohl körperliche als auch psychische Ursachen differenziert werden müssen. Der Begriff »schmerztherapeutisches Gutachten« sollte vermieden werden, da einerseits therapeutische Anliegen mit den gutachterlichen Aufgaben nicht in Einklang zu bringen sind und andererseits die Auswahl von Gutachtern sich nicht nur am Vorhandensein der Zusatz-Weiterbildung »Spezielle Schmerztherapie« orientiert. Aus Gründen der Effizienz wird ein gestuftes Vorgehen empfohlen:

1. In einem ersten Schritt sollte durch geeignete Gutachter der Anteil der durch Schädigungen des Nervensystems und anderer Gewebearten erklärbaren Schmerzen beurteilt werden. Diese Gutachter sollten über Grundkenntnisse psychisch verursachter Schmerzen im Sinne der psychosomatischen Grundversorgung verfügen und aufgrund dieser Kenntnis Aussagen machen, ob Anhaltspunkte für eine psychische Komorbidität vorliegen.
2. Ergeben sich Hinweise auf eine solche Komorbidität, sollte der Gutachter, soweit er nicht selbst über entsprechende Kompetenz verfügt, dem Auftraggeber die Heranziehung eines psychiatrisch bzw. psychosomatisch weitergebildeten Facharztes zur Begutachtung vorschlagen. Dieser Gutachter soll zusätzlich über den aktuellen evidenzbasierten Wissensstand der Krankheitsbilder mit Leitsymptom »chronischer Schmerz« verfügen. Im Rahmen dieser Begutachtung können aufgrund ihrer speziellen Kompetenz ggf. auch Psychologen und psychologische Psychotherapeuten mit der Erstellung eines weiteren bzw. ergänzenden Gutachtens beauftragt werden (s. auch ▶ Kap. 26.3.6).

26.1.3 Begutachtung bei Migrationshintergrund

Das Verständnis von Schmerzen, ihrer Verursachung und der Umgang damit sind stark kulturspezifisch geprägt. Dabei ist zu berücksichtigen, dass Krankheit und Schmerz in anderen Kulturen teilweise in viel stärkerem Umfang als in Mitteleuropa ganzheitlich, zum Teil auch als von Gott kommende Strafe, empfunden werden, was erheblichen Einfluss auf die Bereitschaft zur »Willensanspannung« besitzt. Damit verknüpft ist in manchen Kulturkreisen nicht nur eine gewisse »Schicksalsergebenheit«, sondern auch eine passive Erwartungshaltung gegenüber dem Arzt. Auch werden Depressionen beispielsweise in bestimmten südosteuropäischen Kulturkreisen meistens als primär körperliche Störung erlebt, und der Betroffene verneint entschieden jede seelische Ursache [46, 48].

Letztlich spielt auch eine Rolle, dass Gastarbeiter der ersten Generation (Gleiches gilt für Aussiedler aus den östlichen Ländern) vor ihrer Erkrankung oft besonders leistungsbereit waren, einen hohen Arbeitseifer zeigten und ihre ganze körperliche und seelische Kraft für die soziale Besserstellung der nachfolgenden Generation bzw. der im Ursprungsland verbliebenen Angehörigen opferten. Es braucht dann relativ wenig, um dieses labile psychische Gleichgewicht zum Kippen zu bringen. So genügt häufig bereits ein Bagatelltrauma, um den Betroffenen schlagartig bewusst zu machen, dass sie jahrelang »über ihre Verhältnisse« gearbeitet und sich dabei verausgabt haben.

26.2 Nosologie

26.2.1 Definition von Schmerzsyndromen

Gemäß Internationaler Klassifikation der Funktionsfähigkeit, Behinderung und Gesundheit (ICF) wird Schmerzempfindung als »unangenehmes Gefühl, das mögliche

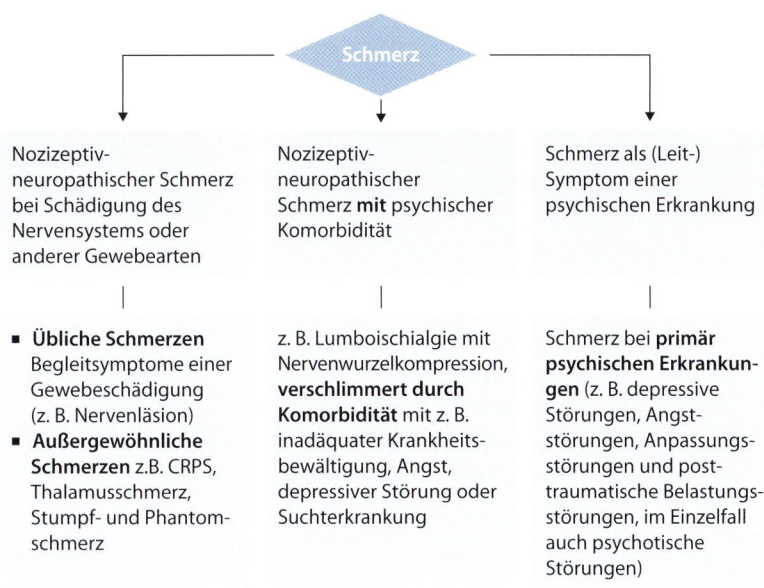

◘ **Abb. 26.1** Einteilung von Schmerzen aus gutachterlicher Sicht

oder tatsächliche Schäden einer Körperstruktur anzeigt«, beschrieben. Von einem »chronischen Schmerzsyndrom« ist zu sprechen, wenn

1. Schmerz das Leitsymptom geklagter Beschwerden ist und
2. dieser Schmerz über einen längeren Zeitraum anhaltend ist.

Zur Frage, ab wann ein »chronischer Schmerz« vorliegt, wird in der wissenschaftlichen Literatur keine klare Feststellung getroffen. Die International Association for the Study of Pain [26] geht von einer Chronifizierung aus, wenn der Schmerz über die normale Heilungszeit einer Erkrankung bzw. Schädigung hinaus besteht (»pain which has persisted beyond normal tissue healing time«), wobei die »normale« Heilungszeit etwas willkürlich mit 3 Monaten angenommen wird, andere Autoren nennen eine Schmerzdauer von 6 Monaten [60] als Kriterium. In der Qualitätssicherungsvereinbarung Schmerztherapie für die Versorgung chronisch Schmerzkranker im Rahmen der vertragsärztlichen Leistungserbringung (gem. §135 Abs. 2 SGB V) wird der Zeitbegriff ganz verlassen und chronischer Schmerz definiert als »Schmerz, der seine Warn- und Leitfunktion verloren und eigenständigen Krankheitswert erlangt hat«. In der Mehrzahl der Fälle liegt bei Begutachtungen für die gesetzliche Rentenversicherung im Rahmen von Anträgen auf Rehabilitation oder Erwerbsminderungsrente bereits eine mehrmonatige Dauer der Beschwerden vor, so dass im Falle von Begutachtungen wegen Schmerzen meist von einem »chronischen Schmerzsyndrom« auszugehen ist.

Mit Schmerzen einher gehende Krankheitsbilder finden sich in der ICD-10-Klassifikation an verschiedenen Stellen. Diese Einteilung enthält allerdings zwei Schwachpunkte:

- Die aufgeführten Diagnosen geben keine Informationen über das Ausmaß bestehender Funktionsstörungen, was in der gutachtlichen Situation von wesentlicher Bedeutung ist. Hierzu sind ergänzend die Kategorien der ICF-Klassifikation einzusetzen (s. ► Kap. 26.4).
- Die meisten ICD-10-Diagnosen beinhalten eine eindimensionale Klassifikation, wonach Schmerzen entweder als somatisch oder psychisch verursacht eingeteilt werden. Eine derartige Sichtweise ist letztlich jedoch weder für therapeutische noch für gutachtliche Belange angemessen. Mit der Einführung einer neuen Diagnose »Chronische Schmerzstörung mit somatischen und psychischen Faktoren« (F45.41) in die ICD-10-GM 2009 wurde versucht, hier Abhilfe zu schaffen – auch im Hinblick auf eine Vergütung der frühzeitig erforderlichen multimodalen Behandlung einschließlich psychotherapeutischer Interventionen (s. ► Kap. 26.2.4).

Für Zwecke der Begutachtung haben Widder et al. [55] eine vereinfachte Klassifikation vorgeschlagen, die auch in die bereits genannten AWMF-Leitlinien Eingang gefunden hat (siehe ◘ Abb. 26.1). Hierbei werden zwei Grundkategorien einer nozizeptiv-neuropathisch durch Gewebeschädigung bedingten und einer psychisch bedingten Schmerzsymptomatik sowie eine »Mischkategorie« mit Schmerzen bei somatisch-psychischer Komorbidität unterschieden. Bei Berücksichtigung dieser Einteilung ergeben sich in Bezug auf die ICD-10 die in ◘ Tab. 26.1 dargestellten Konstellationen.

26

Tab. 26.1 Zuordnung der häufigsten Schmerzsyndrome im ICD-10-System (nach Widder et al. [54])	
Beschreibung	**ICD-Diagnose**
Nozizeptiv-neuropathischer Schmerz bei Gewebeschädigung	
Üblicher Schmerz	ICD-Ziffer der Läsion
Außergewöhnlicher Schmerz	ICD-Ziffer der Läsion sowie ggf. G56.4 (Kausalgie)
Nozizeptiv-neuropathischer Schmerz mit psychischer Komorbidität	
Maladaptives Verhalten (»Fehlverarbeitung«) bei Gewebeschädigung	F45.4 (Anhaltende Schmerzstörung, s. ▶ Kap. 26.2.4)
Reaktive Depression in Folge einer Gewebeschädigung	ICD-Ziffer der Läsion und F43.2 (Anpassungsstörung), bei längerem Verlauf ggf. auch F34.1 (Dysthymie) oder F33 (Depressive Störung)
Gewebeschädigung bei psychischer Vorerkrankung	ICD-Ziffern der Läsion und der psychischen Vorerkrankung im Sinne der »Verschlimmerung«
Muskuläre Verspannungen aufgrund psychisch bedingter Stressreaktion	F54 (Funktionelles Schmerzsyndrom)
Schmerz als (Leit-)Symptom einer psychischen Erkrankung	
Schmerz im Rahmen einer depressiven Störung	F33 (Depressive Störung)
Schmerz im Rahmen einer psychoreaktiven Störung	Je nach Ursache und Ausprägung F43.1 (Posttraumatische Belastungsstörung) oder F43.2 (Anpassungsstörung)
Schmerz im Rahmen einer Angst- oder Panikstörung	F41 (Andere Angststörungen)
Schmerz als Ausdruck einer Konversionsreaktion	F44.6 (Dissoziative Empfindungsstörung), meist in gemischter Form mit anderen Symptomen (F44.7)
Schmerz im Rahmen einer Psychose	ICD-Ziffer der psychotischen Störung
Schmerz in Verbindung mit psychotropen Substanzen	Vor allem F1_.1 (Schädlicher Gebrauch) oder F1_.2 (Abhängigkeitssyndrom)

26.2.2 Nozizeptiv-neuropathische Schmerzsyndrome

Klassifikation nach der Ursache

Durch eine Schädigung des Nervensystems oder anderer Gewebearten begründete Schmerzsyndrome sind in zwei Gruppen mit jeweils typischer Ursache und typischem klinischen Bild zu unterteilen (siehe **Tab. 26.2**):

Nozizeptiver Schmerz aufgrund einer Reizung oder Schädigung der Nozizeptoren in Haut und Körpergewebe, Muskeln und Gelenken sowie in Eingeweiden. Periphere und zentrale neuronale Strukturen bleiben dabei intakt, werden bei längerer Dauer jedoch – überwiegend reversibel – sensibilisiert. Verschwindet die Schädigung, ist im Allgemeinen mit einer Restitution zu rechnen, sofern nicht psychische Einflussfaktoren für eine Aufrechterhaltung der Symptomatik sorgen.

Neuropathischer Schmerz aufgrund einer mechanischen, metabolischen, toxischen oder entzündlichen Schädigung peripherer Nerven oder zentralvenöser Strukturen. Bedingt durch Degeneration schmerzhemmender Systeme können neuropathisch verursachte Schmerzen

auch dann andauern, wenn die Schädigung ausgeheilt ist, und dann z. B. zu einem »komplexen regionalen Schmerzsyndrom« (s. ▶ Kap. 26.8.2) führen.

Klassifikation anhand der Funktionsstörung

In der Gutachtenliteratur des Sozialrechts werden aufgrund der nachweisbaren Funktionsstörungen zwei Untergruppen von Schmerzen definiert:

»Übliche Schmerzen« als regelhaftes Begleitsymptom einer Nerven- oder sonstigen Gewebeschädigung. In der Begutachtungspraxis spielen diese nur eine untergeordnete Rolle.

»Außergewöhnliche Schmerzen« stellen demgegenüber vor allem hohe Anforderungen an die Qualität der diagnostischen Abklärung, da sie ansonsten falsch eingeschätzt werden. Hierzu gehören z. B. Schmerzen nach Schädigung bestimmter Hirnstrukturen (»Thalamusschmerz«), bei Neuromen sowie nach Amputationen (»Phantomschmerz«), insbesondere jedoch auch das sog. »komplexe regionale Schmerzsyndrom« (CRPS).

◘ Tab. 26.2 Charakteristika nozizeptiv und neuropathisch verursachter Schmerzsyndrome

Ursache	Schmerzcharakter	Lokalisation	Besonderheiten
Nozizeptiv verursachte Schmerzsyndrome			
Schädigung in Knochen oder Weichteilen	Dumpf, drückend, pochend, bohrend	Gut lokalisierbar	Dauerschmerz, oft mit bewegungsabhängigem Durchbohrschmerz
Schädigung in Eingeweiden	Hell, spitz, schneidend, oft kolikartig	Schlecht lokalisierbar	Vegetative Begleitsymptome
Ischämie	Hell, pochend, intensiv	Extremitäten, auch viszeral möglich	Belastungsabhängig bzw. nach Nahrungsaufnahme
Neuropathisch verursachte Schmerzsyndrome			
Nervenschädigung	Einschießend, elektrisierend, brennend	Im Versorgungsgebiet der betroffenen Nervenstruktur	Mit neurologischen Ausfällen einhergehend, Dys-/Parästhesie, Hyperalgesie/-pathie, triggerbar
Deafferenzierungs-/ Phantomschmerz	Wie oben	Im Amputationsbereich (Organ/Extremität)	Häufig »freies« Intervall nach dem Trauma
Sympathisch unterhaltener Schmerz/ CRPS	Heiß, hell, brennend, lageabhängig	Neigung zur Ausbreitung	Mit komplexer Symptomatik einhergehend

26.2.3 Primär psychisch verursachte Schmerzsyndrome

Körperlich völlig unerklärbare Schmerzen stellen in der Gutachtensituation die Ausnahme dar. In der Regel besteht ein körperlich erklärbarer »Kern«, der das Ausmaß der geklagten Beschwerden jedoch nicht hinreichend erklärt (s. ► Kap. 26.2.4).

Darüber hinaus kann grundsätzlich jede psychische Störung mit Schmerzsensationen verbunden sein. Im Bereich depressiver Störungen wird dies durch die Begriffe der »larvierten« oder »somatisierten Depression« ausgedrückt. Aber auch Angst- und Panikstörungen sowie psychoreaktive Störungen wie posttraumatische Belastungsstörungen und Anpassungsstörungen gehen nicht selten mit körperlich nicht (hinreichend) erklärbaren Schmerzsyndromen einher. Schmerzsyndrome im Rahmen wahnhafter bzw. schizophrener Störungen sind in der Begutachtungssituation eher selten.

26.2.4 Schmerzsyndrome bei somatisch-psychischer Komorbidität

In der Begutachtungspraxis chronischer Schmerzsyndrome stellt diese Gruppe den zahlenmäßig größten und auch gleichzeitig schwierigsten Anteil dar. Meist handelt es sich dabei um primär körperlich begründbare Schmerzen, die durch psychische Faktoren verstärkt werden und unabhängig vom Verlauf der körperlichen Schädigung fortbestehen.

Anhaltende Schmerzstörung

Seit 2009 enthält die deutsche Version der ICD-10 bei somatoformen Störungen unter der Ziffer F45.4 eine Unterteilung in die »Anhaltende somatoforme Schmerzstörung« (F45.40), bei der psychosoziale Faktoren die Hauptrolle für die Schmerzsymptomatik spielen, und eine »Chronische Schmerzstörung mit somatischen und psychischen Faktoren« (F45.41), bei denen psychische Faktoren zwar gleichermaßen bedeutsam sind, jedoch nicht die ursächliche Rolle für den Beginn der Symptomatik spielen. In der ansonsten überwiegend eindimensionalen ICD-10-Klassifikation stellen die anhaltenden Schmerzstörungen insofern eine Ausnahme dar, als die Definition ausdrücklich auf den mehrdimensionalen bio-psycho-sozialen Zusammenhang verweist (siehe ◘ Tab. 26.3).

Sonstige Schmerzsyndrome mit psychischer Komorbidität

Weitere Schmerzsyndrome mit psychischer Komorbidität sind gegenüber den o. g. anhaltenden Schmerzstörungen zahlenmäßig nur von untergeordneter Bedeutung.

Reaktiv depressive Störungen. Reaktiv depressive Störungen nach schwereren Gewebeschäden gleich welcher Ursache sind diagnostisch den Anpassungsstörungen zuzurechnen. Bei sorgfältiger Exploration stellt die diagnostische Sicherung kaum je ein Problem dar, wobei die Abgrenzung gegenüber der posttraumatischen Belastungsstörung zu beachten ist.

Komorbidität von psychischer Störung und Gewebeschädigung. Das zufällige Zusammentreffen einer

☐ Tab. 26.3 Gemeinsamkeiten und Unterschiede der beiden Unterformen anhaltender Schmerzstörungen seit dem 01.01.2009 in der ICD-10-GM in Bezug auf das zugrunde liegende bio-psycho-soziale Konzept.

F45.4_ Anhaltende Schmerzstörung		
	F45.40 Anhaltende somatoforme Schmerzstörung	**F45.41** Chronische Schmerzstörung mit somatischen und psychischen Faktoren
Symptomatik	Die vorherrschende Beschwerde ist ein andauernder, schwerer und quälender Schmerz, …	Im Vordergrund des klinischen Bildes stehen seit mindestens 6 Monaten bestehende Schmerzen in einer oder mehreren anatomischen Regionen, …
Biologische Ebene	… der durch einen physiologischen Prozess oder eine körperliche Störung **nicht hinreichend erklärt** werden kann.	… die ihren **Ausgangspunkt** in einem physiologischen Prozess oder einer körperlichen Störung haben.
Psychische Ebene	Er tritt in Verbindung mit emotionalen Konflikten oder psychosozialen Belastungen auf, denen die **Hauptrolle** für Beginn, Schweregrad, Exazerbation oder Aufrechterhaltung der Schmerzen zukommt.	Psychischen Faktoren wird eine **wichtige Rolle** für Schweregrad, Exazerbation oder Aufrechterhaltung der Schmerzen beigemessen, jedoch nicht die ursächliche Rolle für deren Beginn.
Soziale Ebene	Die Folge ist meist eine beträchtlich gesteigerte persönliche oder medizinische Hilfe und Unterstützung.	Der Schmerz verursacht in klinisch bedeutsamer Weise Leiden und Beeinträchtigungen in sozialen, beruflichen oder anderen wichtigen Funktionsbereichen.

Gewebeschädigung mit hierdurch bedingtem nozizeptiv-neuropathischem Schmerz bei bereits bestehender psychischer Störung (im Sinne einer »Vorschädigung« bzw. eines »Anlageleidens«) führt häufig zu einer Exazerbation sowohl der ursprünglichen psychischen Symptomatik als auch zu einer Erhöhung des Schmerzempfindens auf ein durch die bestehende Gewebeschädigung nicht erklärbares Niveau.

Funktionelle Schmerzzustände. Hier liegt die Primärursache in intrapsychischen Vorgängen, die sekundär zu nachweisbaren muskulären Dysfunktionen und Spannungszuständen führen (Beispiel zervikales Beschleunigungstrauma, vgl. ▶ Kap. 27.3.4).

26.3   Diagnostik

26.3.1 Anamnese

Angesichts des Fehlens geeigneter technischer Messmethoden zur Quantifizierung von Schmerzen (s. ▶ Kap. 26.3.4) ist es Aufgabe des Gutachters, im Rahmen der Anamnese insbesondere Beeinträchtigungen im täglichen Leben und in der sozialen Partizipation sowie Schmerzentwicklung, Schmerzerleben und bisherige Behandlungsmaßnahmen eingehend zu erfragen (siehe ☐ Tab. 26.4).

■ **Arbeits-, Sozial- und Krankheitsanamnese**

Eine detaillierte Erfassung der persönlichen Entwicklungsgeschichte einschließlich der erlebten Gesundheitsstörungen sollte selbstverständlicher Bestandteil jeder medizinischen Begutachtung sein. Im Hinblick auf mögliche psychische Komorbiditäten kommt jedoch Fragen nach der Arbeitsbiographie einschließlich besonderer psychischer und physischer Belastungen am Arbeitsplatz, der Dauer und Begründung für Arbeitslosigkeit und Arbeitsunfähigkeit sowie der Entwicklung der familiären Situation und assoziierter Belastungen eine besondere Bedeutung zu.

■ **Schmerzanamnese**

Die Schmerzcharakteristika sowie deren Verlauf, Dauer und Abhängigkeit von bestimmten Situationen, Körperhaltungen und Tageszeiten geben wichtige Hinweise auf die Konsistenz der Beschwerden. So lassen z. B. Tag und Nacht gleich andauernde Schmerzen ohne jegliche Besserung oder Verschlechterung erhebliche Zweifel aufkommen, ob die geklagten Schmerzen tatsächlich in dieser Form vorhanden sind, ob es sich hier nicht um primär psychisch verursachte Schmerzen oder aber auch um eine negative Antwortverzerrung vor dem Hintergrund eines Rentenwunsches handelt. Gleiches gilt für die Angabe, dass die laufend eingenommenen Medikamente zu keiner – auch nicht vorübergehenden – Besserung führen. Umgekehrt sind berichtete Besserungen z. B. im Urlaub, während therapeutischer Maßnahmen und bei bestimmten Körperhaltungen wichtige Indizien für das tatsächli-

Tab. 26.4 Anamnese bei der Begutachtung von Schmerzen (nach Widder et al. [54])

Anamnesepunkt	Beurteilungskriterien
Arbeits- und Sozial-anamnese	Berufsausbildung mit/ohne Abschluss, Arbeitsbiographie, besondere psychische und physische Belastungen am Arbeitsplatz, Dauer von und Begründung für Arbeitslosigkeit und Arbeitsunfähigkeit, Entwicklung der familiären Situation und assoziierte Belastungen
Allgemeine Anamnese	Entwicklung der körperlichen und psychischen Erkrankungen aktuell und unter Einbeziehung früherer Lebensabschnitte einschließlich familiärer Belastungen – bei »kausalen« Fragestellungen außerdem Angaben zu Unfallereignissen und anderen ursächlichen Einwirkungen und zum Verlauf danach.
Spezielle Schmerzanamnese	Lokalisation, Häufigkeit und Charakter der Schmerzen; Abhängigkeit von verschiedenen Körperhaltungen, Tätigkeiten und Tageszeiten, Verlauf mit/ohne Remissionen Biographische Schmerzerfahrungen, körperliche/sexuelle Misshandlung, emotionale Vernachlässigung, chronische familiäre Disharmonie, Parentifizierung, mehrfache postoperative Schmerzsituationen, Schmerzmodell bei wichtigen Bezugspersonen
Behandlungsanamnese	Dauer, Intensität und Ergebnis bisheriger Behandlungsmaßnahmen, insbesondere Häufigkeit und Regelmäßigkeit von Arztbesuchen, Arztwechsel, Häufigkeit und Dauer der Einnahme von Medikamenten und von deren Nebenwirkungen, Intensität physiotherapeutischer Behandlungen, Einbringen eigener Bewältigungsstrategien; symptomverstärkende und -unterhaltende ärztliche Maßnahmen
Einschränkungen in den Aktivitäten des täglichen Lebens	Schlaf, Tagesablauf, Mobilität, Selbstversorgung, Haushaltsaktivitäten wie Kochen, Putzen, Waschen, Bügeln, Einkaufen, Gartenarbeit, erforderliche Ruhepausen, Fähigkeit zum Auto- und Radfahren
Einschränkungen der Partizipation in verschiedenen Lebensbereichen	Familienleben einschließlich Sexualität und schmerzbedingter Partnerprobleme; soziale Kontakte einschließlich Freundschaften und Besuche Freizeitbereich wie Sport, Hobbys, Vereinsleben, Halten von Haustieren, Urlaubsreisen Soziale Unterstützung und Qualität der Partnerbeziehung
Selbsteinschätzung	Eigene Einschätzung des positiven und negativen Leistungsvermögens (z. B. anhand der Diskussion von geläufigen Verweistätigkeiten mit geringer körperlicher Beanspruchung)
Fremdanamnese	Exploration von engen Familienmitgliedern, Freunden oder Bekannten – mit Einverständnis des Probanden

che Bestehen von Beeinträchtigungen, deren Relevanz auf diese Weise besser abschätzbar wird.

■ **Behandlungsanamnese**

Die Erfragung bisheriger und aktueller Behandlungsstrategien ist von entscheidender Bedeutung für die nachfolgende Konsistenzprüfung (vgl. ▶ Kap. 26.6.1), da es sich hierbei letztlich um den einzigen Parameter handelt, der anhand ärztlicher Unterlagen bzw. des Leistungsauszugs der Krankenkasse objektiv nachprüfbar ist. Der bisherige Verzicht auf die Nutzung jeglicher medikamentöser und nicht-medikamentöser Behandlungsangebote trotz beklagter massiver Schmerzen lässt die geschilderte Intensität letzterer nicht plausibel erscheinen. Es sollte für jedes einzelne Medikament detailliert erfragt werden, in welcher Dosierung es wie lange, wie oft und mit welchem Ergebnis eingenommen wurde. Der Abbruch einer medikamentösen Therapie bereits bei niedrigen Dosierungen nach wenigen Tagen aufgrund von geringgradigen Nebenwirkungen kann Hinweise auf das Ausmaß der Beeinträchtigung durch die dem Behandlungsversuch zugrun-

de liegenden Schmerzen geben. In ähnlichem Umfang gilt es, Arztkontakte, physiotherapeutische und psychotherapeutische Behandlungen sowie eigeninitiativ ergriffene Maßnahmen detailliert in ihrer Häufigkeit und in ihrem Nutzen zu erfassen. Da über diese Behandlungsmaßnahmen in den Akten häufig Berichte vorliegen, ergibt sich bei Diskrepanzen zwischen den schriftlichen Angaben und der persönlichen Schilderung in der Gutachtensituation die Möglichkeit, den Untersuchten damit zu konfrontieren.

■ **Aktivitäten des täglichen Lebens**

Die detaillierte Erfassung der Aktivitäten des täglichen Lebens gehört zum Standardrepertoire der Begutachtung bei Schmerzen. In jedem Falle sollten dabei die übliche Tagesstrukturierung und der Ablauf eines konkreten Tages (z. B. gestern, vergangener Sonntag) abgefragt werden. Fragebögen können die Exploration vereinfachen, ersetzen jedoch nicht die eingehende Erörterung mit dem Untersuchten, warum und seit wann welche konkreten Tätigkeiten nicht mehr möglich sind. Auch soll nicht

26

unerwähnt bleiben, dass es Probanden gibt, die sich beispielsweise mit Hilfe einschlägiger Internetseiten auf eine solche Begutachtung vorbereiten und wissen, wie die Fragen beantwortet werden müssen, um die beantragte Leistung zu erhalten. Hier kann ggf. auch die Fremdanamnese (s. u.) zur Klärung beitragen.

■ **Soziale Partizipation**

Die Exploration der Partizipation in verschiedenen Lebensbereichen gibt Hinweise auf die verbliebene Lebensqualität. Sie kann sich im Allgemeinen auf wenige Kernbereiche des Lebens konzentrieren, die auch einer fremdanamnestischen Überprüfung zugänglich sind.

Familie und Partnerschaft. Wichtige Parameter sind hier z. B. die Beschäftigung mit Kindern oder Enkeln, gegenseitige Familienbesuche sowie Familienfeiern. Der Gutachter sollte sich auch nicht scheuen, krankheitsbedingte Partnerprobleme anzusprechen. Die Reaktion des Probanden kann wichtige Hinweise darauf geben, inwieweit der Untersuchte seine Rollen in Familie und Partnerschaft noch erfüllen kann und in wieweit evtl. ein sekundärer Krankheitsgewinn vorliegt (vgl. ▶ Kap. 26.6.2).

Freizeit und Urlaub. Die Beschäftigung mit Hobbys und Vereinsaktivitäten – einschließlich möglicher Vorstandsposten – erscheint aufgrund des damit verbundenen motivationsgeleiteten Engagements von besonderer Bedeutung. Auch entsprechend vorbereiteten Probanden fällt es hier schwer, nicht vorhandene Beeinträchtigungen konsistent zu vertreten. Zur Erfassung des Freizeitbereichs gehört auch die Frage nach Haustieren und deren Versorgung. Die detaillierte Anamnese der letzten Urlaubsreisen gibt wichtige Hinweise zur Dauerbelastbarkeit (Dauer der Anreise, notwendige Pausen), zur Besserung unter therapeutischen Bedingungen (z. B. am warmen Strand) zur sozialen (Urlaub in der Gruppe) sowie zur physischen Belastbarkeit (z. B. Segelkurs, Bergwanderungen; Hitzebelastung in tropischen Ländern).

Eigenanamnese der beruflichen Leistungsfähigkeit. Die Selbsteinschätzung der beruflichen Leistungsfähigkeit führt immer wieder zu überraschenden Ergebnissen. Eine engagierte, sachgerechte und differenzierte Diskussion der verbliebenen Fähigkeiten und der bestehenden Defizite stellt ein gewichtiges Indiz dar, dass die geklagten Beschwerden tatsächlich bestehen, während bei Probanden, die jede Art von Arbeit pauschal als unmöglich ablehnen, Zweifel aufkommen. Es bietet sich im Einzelfall an, mit dem Versicherten möglichst konkret, an seinen speziellen Fall angepasste alternative Tätigkeiten zu erörtern.

■ **Fremdanamnese**

Insbesondere bei wenig kooperativen, sehr klagsamen Probanden ist der Wert der Fremdanamnese nicht hoch genug einzuschätzen. Die – selbstverständlich mit Einverständnis des zu Begutachtenden vorzunehmende – Exploration von Familienangehörigen oder Freunden ggf. auch in Abwesenheit des Probanden ist oft der einzige Weg, um Einblicke in das Alltagsleben des Betroffenen zu erhalten, und deckt Ungereimtheiten in der Schilderung von Beeinträchtigungen auf.

26.3.2 Fragebogen und Skalen

Selbsteinschätzungsskalen und Fragebogen zu bestehenden Funktionsbeeinträchtigungen gehören zu jeder Begutachtung von Schmerzen. Von Sozialgerichten wird in jüngster Zeit ausdrücklich gefordert, dass »Schmerzgutachten« derartige Selbsteinschätzungsskalen und Fragebogen enthalten. Wie auch bildgebende Befunde und Methoden der Algesimetrie sollten ihre Ergebnisse jedoch nicht unkritisch übernommen werden, sondern in der Zusammenschau mit allen übrigen Unterlagen, anamnestischen Angaben und Befunden dazu dienen, die Konsistenz, das heißt, die Schlüssigkeit der geklagten Beschwerden zu beurteilen (s. ▶ Kap. 26.6.1). Untersuchungen hierzu liegen u. a. von Chapman u. Brena [7] vor, die bei schwebenden Rentenverfahren eine erhebliche Inkonsistenz der Fragebogeneinschätzung fanden. Häuser beschrieb 2007 [20], dass Probanden mit Fibromyalgiesyndrom bei Rentenbegehren im Sozialgerichtsverfahren im Pain Disability Index (PDI) höhere Schmerzintensitäten als Patienten ohne Rentenbegehren angeben. Es ließ sich kein Zusammenhang zwischen den Ergebnissen von Fragebogen und der Rückkehr zum Arbeitsplatz bei chronischen Rückenschmerzpatienten nachweisen [35].

> Die unkritische Übernahme subjektiv von Versicherten beschriebener Beeinträchtigungen aus Fragebogen und Selbsteinschätzungsskalen kann ein Gutachten wertlos machen.

Für die Selbsteinschätzung schmerzbedingter Funktionsbeeinträchtigungen steht inzwischen eine Fülle verschiedener Fragebogen zur Verfügung, die zu einem Großteil im Internet verfügbar sind (z. B. www.drk-schmerz-zentrum.de, www.dgss.de). Die derzeit differenzierteste Form stellt der von der Deutschen Gesellschaft zum Studium des Schmerzes (DGSS) entwickelte »Deutsche Schmerzfragebogen« dar, der neben einer ausführlichen Erfassung subjektiv empfundener Schmerzparameter und

◘ Tab. 26.5 Beispiel für den Aufbau eines »Schmerz-Tagebuchs«

Aktuelle Situation (Mehrfachnennungen möglich)	Uhrzeit					Nacht-stunden
	7–9	10–12	13–15	16–18	19–21	
Schlafen, Ruhen						
Körperpflege						
Nahrungsaufnahme						
Arbeit (Beruf, Haushalt, Garten)						
Hobbies (Basteln, Stricken usw.)						
Sport, Spaziergänge						
Fernsehen, Lesen, Musik hören, Internet nutzen						
Besuche, Geselligkeit						
Einkaufen						
Arzt- und Therapeutenbesuche						
Sonstige Aktivitäten						
Schmerzstärke (0–10)						
Medikamenteneinnahme						

des Krankheitsverlaufs verschiedene standardisierte »Schmerzskalen« enthält. Allerdings genügt es auch hier nicht, die Selbsteinschätzung des Versicherten einfach zu übernehmen. Vielmehr ist es Aufgabe des Sachverständigen, im Fragebogen geltend gemachte Beschwerden und Funktionsbeeinträchtigungen konkret zu hinterfragen, sofern sich diese nicht auch schlüssig aus der Beobachtung im Rahmen der Begutachtungssituation ergeben.

Selbsteinschätzungsskalen bzw. Fragebogen lassen sich bei der Begutachtung chronischer Schmerzen im Wesentlichen auf 6 Grundformen zurückführen.

Grundformen der bei der Begutachtung von Schmerzen verwendeten Fragebogen und Selbsteinschätzungsskalen

- Fragebogen zur Schmerzlokalisation (z. B. »Schmerz-Zeichnung«)
- Fragebogen zum Schmerzverlauf (z. B. »Schmerz-Tagebuch«)
- Fragebogen zur Schmerzqualität (z. B. »Schmerz-Simulationsskala«)
- Fragebogen zur Schmerzstärke (z. B. »Numerische Rating-Skala«)
- Fragebogen zu schmerzbedingten Beeinträchtigungen (z. B. »Pain Disability Index«)
- Fragebogen zu psychischen Komorbiditäten (z. B. »Zung-Depressionsskala«)

Fragebogen zur Schmerzlokalisation

Einen schnellen Überblick sowohl über die Lokalisation als insbesondere auch über die Einschätzung von Schmerzsyndromen als eher somatisch oder psychisch bedingt gibt die Einzeichnung der geklagten Schmerzen in ein Körperschema [39]. Körperlich begründbare Schmerzzustände resultieren erfahrungsgemäß in eher »spärlichen« Einzeichnungen, die den Verläufen bzw. Versorgungsgebieten segmentaler oder peripherer Nerven entsprechen, während bei somatoformen Schmerzstörungen häufig ein symmetrisches, »buntes« Bild zahlreicher Schmerzlokalisationen dargestellt wird.

Fragebogen zum Schmerzverlauf

Zur Längsschnittbeurteilung einer Schmerzsymptomatik eignen sich vor allem sog. »Schmerz-Tagebücher«, die über den Tag hinweg die Schmerzstärke in Abhängigkeit von aktuellen Ruhe- oder Aktivitätsbedingungen und von der jeweiligen Medikation erfassen (siehe ◘ Tab. 26.5). Es erscheint sinnvoll, Probanden zu bitten, die Woche vor dem Begutachtungstermin auf diese Weise zu dokumentieren und das »Schmerz-Tagebuch« zur Untersuchung mitzubringen.

Fragebogen zur Schmerzqualität

Zur Verlaufsbeobachtung in der Schmerztherapie findet häufig die Abfrage schmerzbeschreibender Begriffe Anwendung. So unterscheidet z. B. die Schmerzempfindungsskala (SES) [16] in 24 affektiv (grausam, heftig, mörderisch, schauderhaft, scheußlich, schwer, furchtbar, unerträglich usw.) und sensorisch (klopfend, pochend, hämmernd, schneidend, reißend, stechend) geprägte Adjektive. In der gutachtlichen Situation können derartige Skalen dazu dienen, Hinweise auf Schmerzursachen, aber auch auf mögliche negative Antwortverzerrungen (vgl. ▶ Kap. 26.3.6) zu geben. Eine hohe Zahl angekreuzter »Schmerz-Adjektive« weist auf einen unkritischen Umgang mit Selbstangaben hin [33, 34].

Fragebogen zur Schmerzstärke

Die einfachste Form der Selbsteinschätzung von Schmerzen beinhaltet eine von 0 (kein Schmerz) bis 10 (maximal vorstellbarer, unerträglichster Schmerz) gehende Skala, anhand derer aktuelle, frühere, maximal-minimale und/ oder durchschnittliche Schmerzstärken angegeben werden können (sog. Visuelle Analog-Skala VAS oder numerische Rating-Skala NRS). Insbesondere in Kombination mit einem Schmerz-Tagebuch ergibt die VAS/NRS einen Überblick über die Selbsteinschätzung des Schmerzverlaufs. Aber auch in der Begutachtungssituation stellt die aktuelle Schmerzstärken-Einschätzung einen wichtigen Parameter dar, wenn diese mit der Beobachtung korreliert wird.

Fragebogen zu schmerzbedingten Beeinträchtigungen

Alle hier zur Verfügung stehenden Fragebogen versuchen in mehr oder weniger ausführlicher Form die schmerzbedingten Beeinträchtigungen im täglichen Leben zu erfassen. Am bekanntesten – und mit lediglich 7 Fragen sehr knapp – ist der Pain Disability Index (siehe ❑ Tab. 26.6). Etwas detailliertere Fragen finden sich z. B. im »MoPO-Test« (Measurement of Patient Outcome) [27]. Alternativ oder ergänzend sind Fragebogen einzusetzen, die – unabhängig von Schmerzen – ein Bild des gesamten Gesundheitszustandes bzw. der verbliebenen Lebensqualität vermitteln sollen. Am weitesten verbreitet ist hier der SF-36 Short Form Health Survey [52] mit 36 Fragen, der in einer deutschen Übersetzung vorliegt [6]. Aussagen zur Lebensqualität vermitteln z. B. die »Fragen zur Lebenszufriedenheit« (FLZ) [23].

Fragebogen zu psychischen Komorbiditäten

Als Screening-Instrument zur Identifikation depressiver Störungen sind mehrere Skalen gebräuchlich, die hinsichtlich der verwendeten Fragen erhebliche Ähnlichkeiten aufweisen. Zur Erfassung sowohl von Depressivität als auch von Angst ist die »Hospital Anxiety and Depression Scale« (HADS) einschließlich ihrer deutschen Version (HADS-D) am weitesten verbreitet [24]. Einen guten

❑ **Tab. 26.6** Auf einer 10-teiligen Skala (keine Beeinträchtigung bis völlige Beeinträchtigung) erfasste Lebensbereiche in der deutschen Übersetzung des Pain Disability Index (PDI) [12]

Lebensbereich	Definition
Familiäre und häusliche Verpflichtungen	Hausarbeit und Tätigkeiten rund um das Haus bzw. die Wohnung, auch Gartenarbeiten
Erholung	Hobbies, Sport und Freizeitaktivitäten
Soziale Aktivitäten	Zusammensein mit Freunden und Bekannten, wie z. B. Feste, Theater- und Konzertbesuche, Essen gehen und andere soziale Aktivitäten
Beruf	Aktivitäten, die Teil des Berufs sind oder unmittelbar mit dem Beruf zu tun haben; einschl. Hausfrauen(männer)tätigkeit
Sexualleben	Häufigkeit und die Qualität des Sexuallebens
Selbstversorgung	Aktivitäten, die Selbständigkeit und Unabhängigkeit im Alltag ermöglichen, wie z. B. sich waschen und anziehen, Autofahren, ohne dabei auf fremde Hilfe angewiesen zu sein
Lebensnotwendige Tätigkeiten	Tätigkeiten wie Essen, Schlafen und Atmen

Überblick über die Persönlichkeitsstruktur gibt außerdem das »Freiburger Persönlichkeits-Inventar« (FPI).

Gängige Screening-Instrumente zur Identifikation von depressiven und Angststörungen
- Allgemeine Depressionsskala (ADS)
- Beck-Depressionsinventar (BDI)
- Hamilton Depression Rating-Skala (Ham-D)
- Hospital Anxiety and Depression Scale (HADS-D)
- Zung-Depressionsskala (ZDS)

26.3.3 Klinische Befunde

■ Beobachtung

Die Beobachtung des Gangbildes und der Spontanmotorik im Rahmen der gutachterlichen Untersuchung trägt unter anderem zur Prüfung der Konsistenz der Beschwerden bei (siehe ❑ Tab. 26.7). Auch die Wahrnehmung des Verhaltens vor der Untersuchung im Warteraum und während der entlastenden Situation am Ende der Begutachtung kann diesbezüglich Hinweise geben. Erfahrungsgemäß ist es kaum möglich, ein eingeübtes und nicht auf tatsächlich vorhandenen Schmerzen basierendes Bewegungsmuster über einen Zeitraum von mehr als einer Stunde mit rasch wechselnden Fragen und Eindrücken hinweg konsistent beizubehalten, so dass hier weniger dem Erscheinungsbild selbst als vielmehr Veränderungen im Verlauf Bedeutung zukommt.

■ Erscheinungsbild

In die Hornhaut eingeschlossene Schmutzreste sowie Schwielen an Händen und auch Füßen sind lang anhaltende Indikatoren körperlicher Tätigkeit. Gleiches gilt für die Muskelmasse, die altersangepasste Hinweise auf die körperliche Aktivität gibt. Nicht zuletzt vermittelt der Zustand der Kleidung und insbesondere auch der Schuhe zusammen mit der Befragung des Kaufverhaltens einen Eindruck über die Konsistenz der gemachten Angaben.

■ Körperliche Befunde

Die körperliche Untersuchung beinhaltet einen wesentlichen Baustein der Konsistenzprüfung, wenn hierbei bspw. Lähmungen und Bewegungseinschränkungen demonstriert werden, die anhand objektiver klinischer und apparativer Untersuchungsbefunde nicht nachvollzogen werden können.

■ Psychischer Befund

Der differenzierten Erhebung des psychischen Befundes (z. B. anhand der AMDP-Dokumentation) kommt eine hohe Bedeutung zu. Die Erfassung mittels Selbstbeurteilungsskalen ist zwar hilfreich, ersetzt jedoch nicht die eingehende Exploration. Die Art der Reaktion auf Fragen, die möglicherweise als provozierend erlebt werden können (z. B. zur Partnerschaft, zur Fahrtauglichkeit oder zu möglichen Verweisungsberufen) kann Aufschlüsse über die Affekt- und Impulskontrolle geben.

26.3.4 Apparative Verfahren

Da die körperlichen Befunde bei chronischen Schmerzsyndromen gemäß der o. g. Definition das Ausmaß der Beschwerden nicht oder nicht vollständig erklären können, tragen bildgebende Verfahren (CT, MRT, PET, SPECT), neurophysiologische Untersuchungstechniken (Elektromyographie, evozierte Potentiale, Elektroneurographie) sowie Laboruntersuchungen nur wenig zur Klärung der Frage bei, ob und wie stark jemand Schmerzen empfindet und dadurch beeinträchtigt ist. Die Hauptbedeutung apparativer Untersuchungen liegt daher darin, eine relevante körperlich begründbare Störung auszuschließen. Eine Ausnahme stellen komplexe regionale Schmerzsyndrome dar, bei denen der positive Nachweis typischer Veränderungen im Nativröntgenbild, der Drei-Phasen-Szintigra-

▫ Tab. 26.7 Zu erhebende klinische Befunde

Klinische Befunde	Kriterien
Beobachtung	Gangbild vor/während/nach der Begutachtung, Spontanmotorik, Fähigkeit zum Stillsitzen, erforderliche Entlastungsbewegungen, Bewegungsmuster beim An- und Auskleiden
Erscheinungsbild	Körperhaltung, Körperpflege, Kleidung, Haartracht, Finger- und Zehennägel, Hand- und Fußverschwielung, Muskulatur, Körperbräune
Allgemeinbefund	Vor allem objektive Beweglichkeit, Druckschmerz
Neurologischer Befund	Hirnnerven, Motorik und Sensibilität, Reflexstatus, Koordination, Sprache
Psychischer Befund	Verhalten, Affektivität, Kontakt- und Rapportfähigkeit, Antrieb, Psychomotorik, formaler und inhaltlicher Denkablauf, Konzentrationsfähigkeit, Auffassungsvermögen, Wahrnehmung, Ich-Erleben, Erinnerungs- und Merkfähigkeit

phie und/oder der MRT den klinischen Befund einer solchen Störung erhärten [13].

In diesem Zusammenhang sei darauf hingewiesen, dass umgekehrt auch das Vorliegen pathologischer bildgebender Befunde letztlich keine belastbare Aussage über die Qualität und Quantität der Schmerzempfindung und die damit verbundene Funktionsstörung erlaubt.

Auch die in jüngster Zeit zunehmend eingesetzte »Quantitative Sensorische Testung« (QST) mit Applikation verschiedener sensibler Reize [4] besitzt nach derzeitigem Kenntnisstand zur Beschwerdevalidierung im Rahmen von Begutachtungen keine wesentliche Bedeutung, da auch bei diesem Untersuchungsverfahren die Möglichkeit bewusster oder unbewusster negativer Antwortverzerrungen besteht. Ob zukünftig die Ableitung **Schmerz-evozierter Potentiale** eine Objektivierung der Schmerzempfindung ermöglicht [47], ist bislang nicht abschließend geklärt.

26.3.5 Medikamentenmonitoring

Die Bestimmung des Serumspiegels der aktuell als eingenommen genannten Medikamente kann einen wichtigen Beitrag zur Konsistenzprüfung der gemachten Angaben liefern. So beschreiben Walk und Wehking [51], dass bei annähernd 40% untersuchter »Schmerzpatienten« in einer Rehabilitationsklinik keine messbaren Medika-

26

mentenspiegel der verordneten Substanzen nachweisbar gewesen sein. Nahezu alle in der Schmerztherapie und Psychiatrie relevanten Medikamente sind heute ohne größere Probleme, meist mit der Methode der Hochdruck-Flüssigkeitschromatographie (HPLC), nachweisbar, die meisten größeren Labors bieten entsprechende Bestimmungen an.

Bezüglich der Quantifizierung sind allerdings Unterschiede in der individuellen Verstoffwechselung von Medikamenten zu berücksichtigen, da genetische Mutationen zu Unterschieden in der Aktivität von CYP 450-Enzymen führen. So sagt ein nicht im therapeutischen Bereich liegender, zu niedriger Medikamentenspiegel nichts darüber aus, ob ein Medikament regelmäßig eingenommen wird oder nicht, da 5–10 % der Bevölkerung »ultrarapid metabolizer« sind [11]. Ein überhaupt nicht nachweisbarer Medikamentenspiegel im Blutserum schließt jedoch weitgehend aus, dass ein am Untersuchungstag – in Abhängigkeit von der Halbwertszeit auch am Tag zuvor – als eingenommen angegebenes Medikament auch tatsächlich eingenommen wurde.

26.3.6 Beschwerdenvalidierungstests

Vgl. ▶ Kap. 27.2.

26.3.7 Diagnosen

Gemäß den Vorgaben der Sozialrechtsprechung haben sich die gestellten Diagnosen an ICD-10-Kriterien zu orientieren, wobei für gutachtliche Belange die Funktionsstörungen an entscheidender Stelle genannt werden sollten.

26.4 Spezifische krankheitsbedingte Beeinträchtigungen nach ICF

Im Rahmen der ICF-Klassifikation liegen für Rückenschmerzen und generalisierte Schmerzsyndrome sog. »Core Sets« mit Beschränkung der Items auf 24 Körperfunktionen und -strukturen sowie 27 bzw. 29 Parameter der Aktivitäten und Partizipation vor [8, 9]. In wesentlichem Umfang entsprechen diese den Parametern, die in den Leitlinien für die Begutachtung von Schmerzen enthalten sind (siehe ◨ Tab. 26.8).

26.5 Verlauf und Prognose

26.5.1 Einflussfaktoren der Chronifizierung

Der Verlauf und die Prognose chronischer Schmerzsyndrome sind im Wesentlichen durch 3 Parameter gekennzeichnet.

Chronifizierungsfaktoren. Je mehr Kontextfaktoren für die Chronifizierung von Schmerzen erkennbar sind, umso schlechter ist im Allgemeinen die Prognose einzuschätzen (siehe ◨ Tab. 26.9).

Dauer der Symptomatik. Eine nicht unwesentliche, häufig jedoch weit überschätzte Bedeutung kommt der Beschwerdedauer und insbesondere auch der Dauer der Krankschreibung zu.

Adäquate Therapiemaßnahmen. Sind Schmerzsyndrome erst einmal chronifiziert, sind sie einer »monomodalen«, ausschließlich somatisch ausgerichteten Therapie unzugänglich und erfordern eine umfassende, psychotherapeutische Interventionen einschließende Behandlung des maladaptiven, passiven Krankheitsverhaltens (vgl. ▶ Kap. 26.7.1). Wurde bei längerer Krankheitsdauer keine geeignete »multimodale« Behandlung (u. a. physio- und psychotherapeutisch unter einem gemeinsamen ursachenorientierten Konzept mit ggf. ambulanter Weiterbehandlung) durchgeführt, ist dies gutachterlich zu berücksichtigen. Das Fehlen adäquater Therapiemaßnahmen kann einerseits Hinweise auf eine geringe Therapiemotivation des Probanden, andererseits aber auch auf iatrogen fehlgeleitete – meist einseitig somatisch orientierte – Therapieansätze geben [15, 32, 57].

26.5.2 Erfassung des Chronifizierungsgrades

Unabhängig von den o. g. Einschränkungen bezüglich der Begutachtung der Leistungsfähigkeit erscheint es insbesondere im Hinblick auf Rehabilitationsmaßnahmen sinnvoll, den individuellen Chronifizierungsgrad im Rahmen eines bio-psycho-sozialen Krankheitskonzeptes zu erfassen. In Deutschland sind hierfür zwei Verfahren gängig.

Schmerzgraduierung nach von Korff. Das durch von Korff [49, 50] inaugurierte Modell graduiert chronische Schmerzen unter Berücksichtigung von Verlaufsmerkmalen, Schmerzintensität und Schmerzbeeinträchtigung. Die Einteilung wurde von Kohlmann u. Raspe [30, 31] weiterentwickelt.

◘ Tab. 26.8 Relevante Parameter der ICF-Klassifikation zur Erfassung von Funktionsbeeinträchtigungen bei Schmerzsyndromen [8, 9]

Körperfunktionen und -strukturen	
Mentale Funktionen	Psychosoziale, psychomotorische, emotionale und höhere kognitive Funktionen; Funktionen der psychischen Energie und des Antriebs, des Schlafes, der Aufmerksamkeit, des Denkens, der Selbstwahrnehmung
Sinnesfunktionen und Schmerz	Berührungs- und Tastsinn, Sinnesfunktionen bezüglich Temperatur und anderer Reize, Schmerz
Funktionen verschiedener Systeme	Funktionen des kardiovaskulären, gastrointestinalen und respiratorischen Systems
Funktionen des Urogenital- und reproduktiven Systems	Sexuelle Funktionen
Neuromuskuloskeletale und bewegungsbezogene Funktionen	Funktionen der Gelenkbeweglichkeit, der Muskelkraft, des Muskeltonus, der Muskelausdauer und der Kontrolle von Willkürbewegungen
Aktivitäten und Partizipation	
Lernen und Wissensanwendung	Aufmerksamkeit fokussieren, Probleme lösen, Aneignen von Fertigkeiten, Entscheidungen treffen
Allgemeine Aufgaben und Anforderungen	Aufgaben übernehmen, die tägliche Routine durchführen, mit Stress und anderen psychischen Anforderungen umgehen
Kommunikation	Fähigkeit zur Vermittlung und zum Empfang von gesprochenen, schriftlichen und nonverbalen Mitteilungen, Möglichkeiten zur Konversation und Diskussion
Mobilität	Elementare Körperpositionen wechseln, in einer Körperposition verbleiben, Gegenstände anheben und tragen, Gehen, sich auf andere Weise fortbewegen, Transportmittel benutzen, ein Fahrzeug fahren
Selbstversorgung	Sich waschen, kleiden, Körperpflege durchführen, auf seine Gesundheit achten
Häusliches Leben	Waren und Dienstleistungen des täglichen Bedarfs beschaffen, Vorbereitung von Mahlzeiten, Hausarbeiten erledigen, Haushaltsgegenstände pflegen, Anderen helfen
Interpersonelle Interaktionen und Beziehungen	Komplexe interpersonelle Interaktionen, Familienbeziehungen, intime Beziehungen
Bedeutende Lebensbereiche	Eine Arbeit erhalten, behalten und beenden
Gemeinschafts-, soziales und staatsbürgerliches Leben	Gemeinschaftsleben, Erholung und Freizeit, Religion und Spiritualität, politisches Leben

◘ Tab. 26.9 Kontextfaktoren für die (weitere) Chronifizierung von Schmerzen [40, 41, 56]

Arbeitsplatzfaktoren	Geringe Arbeitsplatzzufriedenheit, anhaltende Schwerarbeit, unergonomische Arbeitsplatzgestaltung, monotone Tätigkeiten am Arbeitsplatz, geringe berufliche Qualifikation, niedriges Einkommen Konflikte mit Vorgesetzten, Kränkungserlebnisse durch Arbeitskollegen, Verlust des Arbeitsplatzes
Soziodemographische Faktoren	Alter, weibliches Geschlecht, verheirateter Familienstatus, niedriges Bildungsniveau, niedriger Sozialstatus
Somatische Faktoren	Genetische Disposition, prädisponierende Erkrankungen, degenerative Veränderungen, Dauereinwirkung biomechanischer Stressoren
Psychosoziale Faktoren	Maladaptive kognitiv-affektive Krankheitsverarbeitung (Katastrophisieren, Hilf-/Hoffnungslosigkeit), biographische Belastungen, psychische Komorbiditäten (Somatisierungsstörung, Angsterkrankung, depressive Störung), Kompensationsansprüche, Angst und angstbedingtes Vermeidungsverhalten, psychische Stressoren im familiären Umfeld
Iatrogene Faktoren	Mangelnde ärztliche Deeskalation bei ängstlichen, »katastrophisierenden« Patienten, Somatisierung und Angstförderung durch »katastrophisierende« ärztliche Beratung, fehlende oder inadäquate Medikation in der Akutphase, Förderung passiver (regressiver) Therapiekonzepte, lange, unreflektierte Krankschreibung, übertriebener Einsatz diagnostischer Maßnahmen, Überschätzen unspezifischer somatischer Befunde, Unterschätzen psychischer Komorbidität, fehlende Beachtung psychosozialer Belastungsfaktoren, Präferenz und fehlerhafte Indikationsstellung invasiver und/oder suchtfördernder Therapien, inadäquate Therapie im weiteren Verlauf

Mainzer Stadienmodell der Schmerzchronifizierung (Mainz Pain Staging System, MPSS). In den meisten deutschen Schmerzzentren ist auch das Mainzer Stadienmodell der Schmerzchronifizierung [17] etabliert. Es besitzt den Vorteil, dass die Stadienzuordnung aus einem standardisierten Patientenfragebogen ermittelt werden kann [37] und die Validität des Modells bekannt ist [38]. Allerdings ist zu berücksichtigen, dass der Chronifizierungsgrad III auch ausschließlich aufgrund der eigenen Angabe dauerhafter, multilokulärer Schmerzen, verbunden mit einem häufigen Wechsel des betreuenden Arztes, erreicht werden kann, ohne dass ausreichende therapeutische Maßnahmen erfolgt sind.

26.6 Begutachtungskriterien

In der medizinischen Versorgung gilt als selbstverständlicher Vertrauensgrundsatz, dass ein Patient, der über Beschwerden klagt, auch an solchen leidet. Tatsächlich sind vorgetäuschte Beschwerden im Behandlungssektor auch eher selten und dann am ehesten Ausdruck einer schwerwiegenden psychischen Störung. Im Rahmen von Begutachtungen spielen motivationsgeleitete Antwortverzerrungen jedoch durchaus eine Rolle. Daher wird hier eine zielgerichtete Sachermittlung gefordert, die eine sorgfältige Konsistenzprüfung von Befunden und Angaben aus unterschiedlichen Quellen einschließt. Bei einigen Gesundheitsstörungen, darunter auch der somatoformen Schmerzstörung, stellen sich Objektivierung und Validierung der subjektiven Angaben eines Probanden im Hinblick auf seine Leistungsfähigkeit besonders schwierig dar. Aus dieser Problematik darf der Gutachter jedoch nicht den Schluss ziehen, unkritisch die Bewertungen des Probanden zu übernehmen. Letzteres würde dazu führen, dass ein Proband, der sich aufgrund seiner Beschwerden nicht mehr für leistungsfähig hält, dies auch vom Gutachter – ohne Konsistenzprüfung – bescheinigt bekäme. Dies wird umso wahrscheinlicher in solchen Fällen vorkommen, in denen Probanden möglicherweise altersbedingt oder aufgrund ihrer Vorgeschichte auf dem heutigen Arbeitsmarkt keine realistische Chance auf einen neuen Arbeitsplatz haben.

Wie von Stevens u. Foerster [44] bemerkt, ist es jedoch ein fundamentaler Irrtum zu glauben, es gäbe für die Beurteilung subjektiver Angaben ohne adäquaten körperlichen Befund keine objektiven Kriterien. Diese lassen sich vielmehr aus dem Vergleich zwischen dem Umfang der Beeinträchtigungen im außerberuflichen Umfeld mit dem Ausmaß der geklagten Beeinträchtigungen im beruflichen Bereich herausarbeiten [58].

> Wer Schmerzen bei der Arbeit hat, hat diese üblicherweise auch bei anderen Aktivitäten des täglichen Lebens.

Die gutachterliche Beurteilung schmerzbedingter Funktionsbeeinträchtigungen beruht im Wesentlichen auf der Beantwortung von zwei Fragen:
- Sind die geklagten Gesundheits- und damit verbundenen Funktionsstörungen »ohne vernünftigen Zweifel« **nachweisbar** (»Konsistenzprüfung«)?
- Sind die nachgewiesenen Funktionsstörungen durch »zumutbare Willensanspannung« (zum Teil) **überwindbar** (Prüfung der willentlichen Steuerbarkeit)?

26.6.1 »Konsistenzprüfung« der geklagten Beeinträchtigungen

Im ersten Schritt hat der Sachverständige Stellung dazu zu nehmen, ob, aufgrund welcher Fakten und in welchem Umfang die vom Probanden geklagten Funktionsbeeinträchtigungen zur subjektiven Gewissheit des Gutachters bestehen. Diese Abklärung erfordert eine kritische Zusammenschau von Exploration, Untersuchungsbefunden, Verhaltensbeobachtung und Aktenlage. Zweifel am Ausmaß der geklagten Beschwerden können aufkommen, wenn die in ▸ Tab. 26.10 genannten Kriterien erkennbar sind.

> Die gutachterliche »Konsistenzprüfung« dient dazu, die vom Probanden gemachten Angaben zu Beeinträchtigungen im Alltags- und Berufsleben anhand objektiver Parameter der Untersuchung und Beobachtung zu erhärten (oder als nicht hinreichend nachweisbar abzulehnen).

Soweit aufgrund derartiger Beobachtungen eine Klärung des tatsächlichen Ausmaßes der Funktionsbeeinträchtigungen nicht möglich ist, sollte sich der Gutachter nicht scheuen, dies in seinem Gutachten klar auszudrücken. Die Unmöglichkeit einer sachgerechten Beurteilung führt im Rechtsstreit meist zur Ablehnung des Renten- oder Entschädigungsantrags, da die Beweis- bzw. Feststellungslast grundsätzlich beim Antragsteller liegt. Diese rechtliche Konsequenz darf jedoch auf das Gutachtenergebnis keinen Einfluss haben. Ebenso ist zu beachten, dass es einen Grundsatz des »in dubio pro aegroto« bei Begutachtungen nicht gibt.

□ Tab. 26.10 Hinweise auf nicht oder nicht in dem geklagten Umfang vorhandene Funktionsbeeinträchtigungen (»Konsistenzparameter«) [54]

Diskrepanz zwischen Beschwerdeschilderung (einschließlich Selbsteinschätzung in Fragebogen) und körperlicher und/oder psychischer Beeinträchtigung in der Untersuchungssituation

Wechselhafte und unpräzis-ausweichende Schilderung der Beschwerden und des Krankheitsverlaufes

Diskrepanzen zwischen eigenen Angaben und fremdanamnestischen Informationen (einschließlich Aktenlage)

Fehlende Modulierbarkeit der beklagten Schmerzen

Diskrepanz zwischen geschilderten Funktionsbeeinträchtigungen und zu eruierenden Aktivitäten des täglichen Lebens

Fehlen angemessener Therapiemaßnahmen und/oder Eigenaktivitäten zur Schmerzlinderung trotz ausgeprägt beschriebener Beschwerden

Fehlende sachliche Diskussion möglicher Verweisungstätigkeiten bei Begutachtungen zur beruflichen Leistungsfähigkeit

Diskrepanz zwischen der Medikamentenanamnese und laborchemisch bestimmten Medikamentenspiegeln

26.6.2 Prüfung der »willentlichen Steuerbarkeit«

Lassen sich Funktionsbeeinträchtigungen zur Überzeugung des Gutachters nachweisen, gilt im zweiten Schritt zu klären, ob und inwieweit die geklagten Beschwerden *bewusst* oder *bewusstseinsnah* zur Durchsetzung eigener Wünsche (z. B. nach Versorgung, Zuwendung oder Entlastung von unangenehmen Pflichten) gegenüber Dritten eingesetzt werden (»sekundärer Krankheitsgewinn«), obwohl sie willentlich zu überwinden wären, oder ob die »Schmerzkrankheit« den Lebensablauf und die Lebensplanung soweit übernommen hat, dass eine Überwindbarkeit – willentlich und/oder durch Therapie – nicht mehr möglich erscheint.

Dabei ist zu berücksichtigen, dass eine zunächst zweckgerichtet eingesetzte Schmerzsymptomatik sich im Rahmen einer Chronifizierung zunehmend verselbständigen kann und schließlich nicht mehr willentlich zu beeinflussen ist [1]. Allein die Tatsache lange andauernder Beschwerden schließt aber eine bewusstseinsnahe Steuerbarkeit nicht aus. Hinweise auf eine bestehende Steuerbarkeit der geklagten Beschwerden geben insbesondere zwei Kriterien:

- **Rückzug von unangenehmen Tätigkeiten** (z. B. Beruf, Haushalt), jedoch nicht von den angenehmen Dingen des Lebens (z. B. Hobbys, Vereine, Haustiere, Urlaubsreisen), und/oder

- **Beibehalten von Führungs- und Kontrollfunktionen** (z. B. Überwachung der Haushaltsarbeit von Angehörigen, Beibehaltung matriarchalischer/patriarchalischer Funktionen, Steuerung des Einkaufsverhaltens der Angehörigen) trotz erkennbaren Rückzugs von aktiven Tätigkeiten.

26.6.3 Gutachterliche Bewertung

Im abschließenden Schritt der gutachterlichen Würdigung sind letztlich lediglich vier Aussagen möglich:

- Der Gutachter ist davon überzeugt, dass die geklagten Funktionsbeeinträchtigungen bestehen und willentlich oder durch Therapie nicht (mehr) überwunden werden können. Bei entsprechender Schwere der Beeinträchtigungen wird er eine dauerhafte Leistungsminderung feststellen.

- Der Gutachter ist zwar davon überzeugt, dass die geklagten Funktionsbeeinträchtigungen bestehen, diese aber durch Therapie in absehbarer Zeit und in wesentlichem Umfang überwunden werden könnten. In Abhängigkeit vom Einzelfall führt dies zum Einsatz von Rehabilitationsmaßnahmen, ggf. auch zur Feststellung einer zeitlich befristeten Leistungsminderung.

- Der Gutachter ist zwar davon überzeugt, dass die geklagten Funktionsbeeinträchtigungen bestehen, diese aber willentlich in wesentlichem Umfang überwunden werden könnten. Damit ist von einem erhaltenen Leistungsvermögen auszugehen.

- Der Gutachter ist nicht davon überzeugt, dass die Funktionsbeeinträchtigungen in der geklagten oder anderen Form bestehen. In diesem Fall bleibt der Antragsteller den Nachweis für das Vorliegen der geltend gemachten Einschränkungen mit den o. g. Konsequenzen schuldig.

26.7 Sozialmedizinische Beurteilung

26.7.1 Medizinische Rehabilitation

Uni- vs. multimodale Therapie

Eine unimodale Therapie durch einen Schmerztherapeuten oder Orthopäden mag zwar bei überwiegend körperlich erklärbaren, wenig chronifizierten Schmerzzuständen sinnvoll sein. Aufgrund der regelmäßig mehrdimensionalen bio-psycho-sozialen Ursache chronischer Schmerzen ist jedoch eine multimodale Therapie unter Einbeziehung schmerztherapeutisch geschulter Psychotherapeuten und Physiotherapeuten im Rahmen einer »rehabilitativen Komplexbehandlung« sowohl bei ambulanter als auch bei stationärer Rehabilitation zu fordern. Als grundlegende Regel kann dabei gelten, dass umso mehr Kompetenz im psychotherapeutischen Bereich zu fordern ist, je mehr die geklagten Schmerzen körperlich nicht erklärbar sind. Umgekehrt ist umso mehr somatische Kompetenz zu fordern, je mehr die Beschwerden körperlich erklärbar sind und/oder noch diagnostischer Handlungsbedarf besteht. Details hierzu finden sich bei Widder u. Frisch [56].

Ambulante vs. stationäre Rehabilitation

Die Frage des stationären oder ambulanten Settings ist, sofern eine geeignete Intensität sowie ein multidisziplinärer Charakter der Behandlungsmaßnahmen gewährleistet sind, eher zweitrangig. Nach Widder und Frisch [56] sind stationäre Rehabilitationsmaßnahmen jedoch regelhaft bei folgenden Fallkonstellationen angezeigt:

- Fehlschlagen ausreichender ambulanter Maßnahmen in Form von Physiotherapie, medikamentöser Therapie einschließlich des Einsatzes von schmerzmodulierender Komedikation wie Antidepressiva und Antiepileptika sowie der Psychotherapie zur Schmerz- und Stressbewältigung,
- fehlende regionale Möglichkeiten einer geeigneten ambulanten bzw. ganztägig ambulanten Rehabilitation,
- Aufrechterhaltung des chronischen Schmerzsyndroms in erheblichem Maße durch das soziale Umfeld des Betroffenen einschließlich der iatrogenen Prägung durch einen überfürsorglichen und/oder zum »Katastrophisieren« neigenden Arzt [57],
- Erfordernis des Entzugs nach längerem Missbrauch von Opioiden und/oder auch »einfacher« Schmerzmittel,
- komplexe Schmerzsyndrome mit bereits schwerer Chronifizierung (Stadien II–III nach Mainzer Stadienmodell) und/oder spezielle Krankheitsbilder (z. B. komplexe regionale Schmerzsyndrome) sowie erhebliche psychische Komorbidität.

26.7.2 Teilhabe am Arbeitsleben

Da Schmerzsyndrome im Allgemeinen ein »Epiphänomen« einer körperlichen und/oder psychischen Störung und/oder psychosozialen Problematik darstellen, sollten Leistungen zur Teilhabe am Arbeitsleben vor allem das Ziel verfolgen, die zugrunde liegenden Störfaktoren zu beseitigen bzw. zu mindern. Hierzu sei auf die entsprechenden Kapitel verwiesen.

Ein besonderes Problem ergibt sich durch die Einnahme von Schmerzmedikamenten. Nicht selten wird von den betreuenden Ärzten geltend gemacht, aufgrund der erforderlichen Einnahme starker Schmerzmittel bestehe eine schwerwiegende Einschränkung des beruflichen Leistungsvermögens, weswegen sich »per se« eine Rückkehr in das Arbeitsleben verbiete. Dies entspricht jedoch nicht dem wissenschaftlichen Kenntnisstand, wonach nach einer ausreichend langen Aufdosierungsphase und bei konstanter Dosierung im Regelfall nur noch minimale Einschränkungen vorliegen [45].

▪ Kraftfahreignung

Während der Aufdosierungsphase von mit schwerwiegenderen zentralen Nebenwirkungen einher gehenden Medikamenten und in den ersten 14 Tagen danach besteht üblicherweise keine Kraftfahreignung. Sollten danach noch Zweifel bestehen, empfiehlt sich die Durchführung einer praktischen Fahrprobe unter Hinzuziehung eines geprüften Fahrlehrers. Verschiedene Institutionen und auch Rehabilitationseinrichtungen verfügen in jüngster Zeit auch zunehmend über Fahrsimulatoren. Testpsychologische Untersuchungen allein haben sich als nicht hinreichend zuverlässig erwiesen [19]. Soweit die Fahreignung von Fahrzeugen der Gruppe 2 (Kraftwagen > 3,5 to, Omnibusse) zu beurteilen ist, ist vom Gutachter eine verkehrsmedizinische Qualifikation zu fordern.

26.7.3 Erwerbsminderung

Qualitative Leistungseinschränkungen

Die Beurteilung qualitativer Leistungseinschränkungen bei chronischen Schmerzen richtet sich nach den zugrunde liegenden körperlichen und seelischen Beeinträchtigungen (siehe ◻ Tab. 26.11).

Quantitative Leistungseinschränkungen

Im zweiten Schritt gilt es, unter Berücksichtigung des erkennbaren positiven und negativen qualitativen Leistungsvermögens die Frage einer möglichen quantitativen Leistungseinschränkung zu klären. Diesem Punkt kommt entscheidende Bedeutung zu, da das Vorliegen »lediglich« qualitativer Leistungseinschränkungen nur unter besonderen Umständen zur Anerkennung einer Erwerbsminderung auf dem als Maßstab dienenden allgemeinen Arbeitsmarkt führt. Beweismaß ist die sachlich begründete Überzeugung, dass eine entsprechende Leistungseinschränkung vorliegt. Entsprechend der in ◻ Abb. 26.1 vorgeschlagenen Einteilung ergeben sich dabei 3 unterschiedliche Formen der Beurteilung:

Schmerz als Begleitsymptom einer Gewebeschädigung oder -erkrankung. Stehen körperlicher Befund (Organpathologie) und Befinden (Schmerz) in kongruentem Verhältnis, bestimmt die mit dem fachbezogenen Befund verknüpfte Funktionsbeeinträchtigung die Beurteilung der Leistungsfähigkeit.

▣ Tab. 26.11 Mögliche Einflussgrößen auf das positive und negative Leistungsvermögen bei Vorliegen chronischer Schmerzen

Mögliche Auswirkungen körperlicher Funktionseinschränkungen	Arbeitsschwere, Heben und Tragen von Lasten, Tätigkeiten im Stehen, Gehen und Sitzen, Tätigkeiten in Zwangshaltungen und mit häufigem Bücken, Überkopfarbeiten, Tätigkeiten in Kälte und Nässe, Erfordernis der Gebrauchsfähigkeit beider Hände
Mögliche Auswirkungen psychischer Funktionseinschränkungen (einschließlich Medikamentennebenwirkungen)	Schicht- und Akkordtätigkeiten, Publikumsverkehr, Übernahme von Verantwortung, Anforderungen an das Umstellungs- und Anpassungsvermögen sowie an das Konzentrations- und Reaktionsvermögen

▣ Tab. 26.12 Einteilung komplexer regionaler Schmerzsyndrome (CRPS) (nach Stanton-Hicks et al. [43])

CRPS	Synonyme	Auslöser
Typ I	M. SUDECK, sympathische Reflexdystrophie	Meist nach schmerzhaften Traumen der distalen Extremitäten (z. B. Quetschungen, Frakturen) ohne offensichtliche Läsion größerer Nerven
Typ II	Kausalgie	Nach partiellen, klinisch und elektrophysiologisch nachweisbaren peripheren Nervenläsionen

Schmerz bei Gewebeschädigung/-erkrankung mit psychischer Komorbidität. Besteht keine Kongruenz zwischen Befund und Befinden, ist eine quantitative Einschränkung des beruflichen Leistungsvermögens im Allgemeinen nur dann zu diskutieren, wenn gleichzeitig ausgeprägte Einschränkungen im Alltagsleben und der sozialen Partizipation trotz ausreichender und angemessener Therapie nachweisbar sind. Dabei ist auch zu prüfen, ob im Einzelfall medikamentenbedingt Leistungseinschränkungen vorliegen, die möglicherweise durch eine Therapieoptimierung behoben werden können.

Schmerz als Leitsymptom einer psychischen Erkrankung. Handelt es sich um eine Schmerzsymptomatik ohne erkennbare Gewebeschädigung oder -erkrankung, orientiert sich die Einschätzung am Schweregrad der zugrunde liegenden psychischen Erkrankung (s. ▶ Kap. 24).

26.8 Spezielle Krankheitsbilder

Im Gesamtkollektiv chronischer Schmerzsyndrome stellen chronische Rückenschmerzen den weitaus überwiegenden Anteil dar. Zu Besonderheiten deren Begutachtung sowie der Begutachtung des Fibromyalgiesyndroms sei auf ▶ Kap. 7 (Krankheiten des Stütz- und Bewegungssystems) verwiesen. Details zur Begutachtung von Kopfschmerzen finden sich in ▶ Kap. 23 (Neurologische Erkrankungen), zu chronischen Bauchschmerzen in ▶ Kap. 19 (Gynäkologische Erkrankungen). Im Folgenden soll ergänzend auf die komplexen regionalen Schmerzsyndrome hingewiesen werden, die häufig gutachtliche Probleme beinhalten.

▪ Komplexe regionale Schmerzsyndrome

Komplexe regionale Schmerzsyndrome sind in der wissenschaftlichen Literatur seit vielen Jahren unter den Begriffen wie »*Morbus SUDECK*«, »*sympathische Reflexdystrophie*«, »*Algodystrophie*« und »*Kausalgie*« bekannt. Der von der International Association for the Study of Pain (IASP) vorgeschlagene, deskriptive Terminus [43] ersetzt die bislang oft unscharf benutzten Begriffe. Gutachtlich sind die »komplexen regionalen Schmerzsyndrome« vor allem deswegen von wesentlicher Bedeutung, weil das Ausmaß der damit verbundenen Beschwerden definitionsgemäß in krassem Missverhältnis zum Schweregrad des auslösenden Ereignisses steht [3] und zumindest beim Typ I (siehe ▣ Tab. 26.12) keine Hinweise auf eine Läsion von (größeren) Nerven vorliegen. Auch hält sich die Lokalisation der Schmerzsyndrome nicht an das Versorgungsgebiet von Nerven, sondern zeigt eine Neigung zur Ausbreitung.

Die Ursache dieser komplexen Schmerzsyndrome ist bis heute nicht eindeutig geklärt [2], was für gutachtliche Belange jedoch nur von untergeordneter Bedeutung ist. Die Diagnose stützt sich im Wesentlichen auf die typische Anamnese, vor allem jedoch auf die objektiven Begleitsymptome wie ödematöse Verquellung, Hautverfärbungen, Schweißsekretions-, Temperatur- und trophische Störungen (siehe ▣ Tab. 26.13). Diese sind nicht zuletzt bei der Einschätzung motorischer Störungen von Bedeutung, die Neglect-artig imponieren können [14], bei Fehlen sonstiger charakteristischer Auffälligkeiten in der gutachtlichen Situation jedoch mit Zurückhaltung zu interpretieren sind. So sind bei schwerwiegenderen motorischen Funktionsstörungen *stets* auch trophische Störungen relevanten Ausmaßes zu erwarten (siehe ▣ Tab. 26.14). Radiologische, szinti- und kernspintomographische Untersuchungen stützen die Diagnose, ergeben jedoch nur bei Schädigungen der distalen Extremitäten typische Befunde. Komplexe regionale Schmerzsyndrome können aber auch an anderen Stellen des Körpers auftreten.

◘ Tab. 26.13 Symptomatik komplexer regionaler Schmerzsyndrome

Schmerzen	– Heftige, meist brennende oder bohrende Spontanschmerzen – Verstärkung der Schmerzen bei Bewegungen, Herabhängenlassen der Extremität, Berührungsreizen, Wärme- und/oder Kälteexposition
Sensible Störungen	– Meist keine Hypästhesie oder Hypalgesie
Motorische Störungen	– Kraftminderung insbesondere bei komplexen Bewegungen – Erhaltene Muskeleigenreflexe
Vegetative Störungen	– Distale Extremität im Vergleich zur gesunden, normal temperierten Seite um mehr als 1 °C kälter oder wärmer – Rötlich-livide oder blaß-zyanotische Hautfarbe – Gestörte Schweißproduktion (Hyper- oder Hypohidrosis) – Ödem (insbesondere bei herabhängender Extremität)
Trophische Störungen	– Gestörtes Nagel- und Haarwachstum – Hyperkeratose, Fibrosierung und/oder Atrophie der Haut – Gelenkversteifungen, Sehnenverkürzungen und/oder Muskelatrophien – Knochenstoffwechselstörung mit Demineralisation (Röntgen, Szintigraphie, MRT)

◘ Tab. 26.14 Einteilung des Schweregrades komplexer regionaler Schmerzsyndrome [3]

Grad	Symptomatik
I	Geringer Schmerz, geringe Funktionsstörung, kein hoher Analgetikabedarf, rasche Besserung bei Hochlagerung
II	Stärkere Schmerzen und Funktionsstörung, sofortige Besserung bei Immobilisation, protrahierter Verlauf
III	Ausgeprägte Schmerzen und Funktionsstörungen, keine Schmerzreduktion durch Immobilisation, ausgeprägte trophische Störungen

Literatur

1   Aschoff JC: Zur Frage der »zumutbaren Willensanspannung« bei der Überwindung eines Leidens. Ein schwieriges sozialmedizinisch-gutachterliches Problem. Versicherungsmedizin 1991; 43: 5–9

2   Baron R, Jänig W: Schmerzsyndrome mit kausaler Beteiligung des Sympathikus. Anaesthesist 1998; 47: 4–23

3   Baron R, Maier C, Ulrich W: Komplex regionale Schmerzsyndrome (CRPS) – Sympathische Reflexdystrophie und Kausalgie. In: Zenz M, Jurna I (Hrsg.): Lehrbuch der Schmerztherapie, Wissenschaftliche Verlagsgesellschaft, Stuttgart 2001, 625–634

4   Baron R, Tölle TR: Schmerz und QST: »Messen, was messbar ist«. Schmerz 2009; 23: 5–6

5   Blaskewitz N, Merten T: Diagnostik der Beschwerdenvalidität – Diagnostik bei Simulationsverdacht: Ein Update 2002 bis 2005. Fortschr Neurol Psychiat 2007; 75: 140–154

6   Bullinger M, Kichberger I, Ware J: Der deutsche SF 36 Health Survey. Übersetzung und psychometrische Testung eines krankheitsübergreifenden Instrumentes zur Erfassung der gesundheitsbezogenen Lebensqualität. Z Gesundheitswiss 1995; 1: 21–36

7   Chapman SL, Brena SF: Patterns of conscious failure to provide accurate self-report data in patients with low back pain. Clin J Pain 1990; 6: 178–190

8   Cieza A, Stucki G, Weigl M, Disler P, Jäckel W, van der Linden S, Kostanjsek N, de Bie R: ICF Core Sets for low back pain. J Rehab Med 2004; 44 Suppl: 69–74

9   Cieza A, Stucki G, Weigl M, Kullmann L, Stoll T, Kamen L, Kostanjsek N, Walsh N: ICF Core Sets for chronic widespread pain. J Rehab Med 2004; 44 Suppl: 63–8

10   Cima M, Hollnack S, Kremer K, Knauer E, Schellbach-Matties R, Klein B, Merckelbach H: »Strukturierter Fragebogen Simulierter Symptome«. Die deutsche Version des „Structured Inventory of Malingered Symptomatology: SIMS». Nervenarzt 2003; 74: 977–986

11   De Leon J: The crucial role of the therapeutic window in understanding the clinical relevance of the poor versus the ultrarapid metabolizer phenotypes in subjects taking drugs metabolized by CYP2D6 or CYP2C19. J Clin Psychopharmacol 2007; 27: 241–245

12   Dillmann U, Nilges P, Saile H, Gerbershagen HU: Behinderungseinschätzung bei chronischen Schmerzpatienten. Schmerz 1994; 8: 100–110

13   Fialka V, Schimmerl S, Schurawitzki H, Schneider B, Uher E: Vergleichende klinische, röntgenologische, szintigraphische und kernspintomographische Untersuchungen bei der sympathischen Reflexdystrophie. Wien Med Wochenschr 1991; 141: 383–388

14   Galer BS, Butler S, Jensen MP: Case reports and hypothesis: a neglect-like syndrome may be responsible for the motor disturbance in reflex sympathetic dystrophy (Complex Regional Pain Syndrome-1). J Pain Symptom Management 1995; 10: 385–391

15   Gärtner CM, Schiltenwolf M: Eingeschränkte Wirksamkeit von Opioiden bei chronischen muskuloskelettalen Schmerzen. Eine Ursachenanalyse. Schmerz 2004; 18: 506–514

16   Geissner E: Die Schmerzempfindungsskala SES – Ein differenziertes und veränderungssensitives Verfahren zur Erfassung

chronischer und akuter Schmerzen. Rehabilitation (Stuttg) 1995; 34, XXXV–XLIII

17 Gerbershagen U: Organisierte Schmerzbehandlung – Eine Standortbestimmung. Internist 1986; 27, 459–469

18 Green P, Iverson GL, Allen LM: Detecting malingering in head injury litigation with the Word Memory Test. Brain Injury 1999; 13: 813–819

19 Hannen P, Hartje W, Skreczek W: Beurteilung der Fahreignung nach Hirnschädigung. Neuropsychologische Diagnostik und Fahrprobe. Nervenarzt 1998; 69: 864–872

20 Häuser W: Rentenbegehren, selbst eingeschätzte Schmerzintensität und Behinderung von Probanden mit Fibromyalgiesyndrom. Schmerz 2007; 6: 539–544

21 Hausotter W: Fibromyalgie – ein entbehrlicher Krankheitsbegriff? Versicherungsmed 1998; 50: 13–17

22 Hausotter W, Schouler-Ocak M: Begutachtung bei Menschen mit Migrationshintergrund. Urban & Fischer, München, Jena 2007

23 Henrich G, Herschbach H: Fragen zur Lebenszufriedenheit. In: Ravens-Sieberer U, Cieza A (Hrsg.): Lebensqualitätsforschung und Gesundheitsökonomie in der Medizin. Ecomed Verlagsgesellschaft, Landsberg 2000; 98–110

24 Herrmann C, Buss U, Snaith RP: HADS-D: Hospital Anxiety and Depression Scale – Deutsche Version. Ein Fragebogen zur Erfassung von Angst und Depressivität in der somatischen Medizin. Verlag Hans Huber, Bern 1995

25 Hüppe A, Raspe H: Efficacy of inpatient rehabilitation for chronic back pain in Germany: update of a systematic review. Rehabilitation 2005; 44: 24–33

26 International Association for the Study of Pain: Classification of chronic pain. Pain 1986; Suppl 3, S1–S226

27 Jäckel W, Cziske R, Andres C, Jacobi E: Messung der körperlichen Beeinträchtigung und der psychosozialen Konsequenzen bei chronischen Kreuzschmerzen. Z Rheumat 1987; 46: 25–33

28 Kisely S, Goldberg D, Simon G: A comparison between somatic symptoms with and without clear organic cause: results of an international study. Psychol Med 1997; 27: 1011–1019

29 Kissel W, Mahnig P: Die Fibromyalgie (Generalisierte Tendomyopathie) in der Begutachtungssituation. Analyse von 158 Fällen. Schweiz Rundsch Med Prax 1998; 87: 538–545

30 Kohlmann T, Raspe HH: Die patientennahe Diagnostik von Funktionseinschränkungen im Alltag. Psychomed 1994: 6: 21–27

31 Kohlmann T, Raspe HH: Zur Graduierung von Rückenschmerzen, Ther Umsch 1994; 51: 375–380

32 Kouyanou K, Pither CE, Rabe-Hesketh S, Wesely S: A comparative study of iatrogenesis, medication abuse, and psychiatric morbidity in chronic pain patients with and without medically explained symptoms. Pain 1998; 76: 417–426

33 Leavitt F, Sweet JJ: Characteristics and frequency of malingering among patients with low back pain. Pain 1986; 25: 357–364

34 Leavitt F: Predicting disability time using formal low back pain measurement: the low back pain simulation scale. J Psychosom Res 1991; 35: 599–607

35 Lehmann TR, Spratt KF, Lehmann KK: Predicting long-term disability in low back injured workers presenting to a spine consultant. Spine 1993; 18: 1103–1112

36 Merten T: Der Stellenwert der Symptomvalidierung in der neuropsychologischen Begutachtung. Z Neuropsych 2005; 16: 29–45

37 Nagel B, Pfingsten M, Beyer A: Die Komponenten des neuen multidimensionalen Patienten-Fragebogens zur Evaluation akuter und chronischer Schmerzen (FACS). Schmerz 1994; 8 [Suppl]: 40

38 Pfingsten M, Schöps P, Wille, T, Terp L, Hildebrandt J: Chronifizierungsausmaß von Schmerzerkrankungen. Quantifizierung und Graduierung anhand des Mainzer Stadienmodells. Schmerz 2000; 14: 10–17

39 Ransford AO, Cairns D, Mooney V: The pain drawing as an aid to the psychologic evaluation of patients with low-back pain. Spine 1976; 1: 127–134

40 Schneider S, Lipinski S, Schiltenwolf M: Occupations associated with a high risk of self-reported back pain: representative outcomes of a back pain prevalence study in the Federal Republic of Germany. Eur Spine J 2006; 15: 821–833

41 Schneider S, Schmitt H, Zoller S, Schiltenwolf M: Workplace stress, lifestyle and social factors as correlates of back pain: a representative study of the German working population. Int Arch Occup Environ Health 2005; 78: 253–269

42 Sommer C, Häuser W, Gerhold K, Joraschky P, Petzke F, Tölle T, Üçeyler N, Winkelmann A, Thieme K: Ätiopathogenese und Pathophysiologie des Fibromyalgiesyndroms und chronischer Schmerzen in mehreren Körperregionen. Schmerz 2008; 22: 267–282

43 Stanton-Hicks M, Jänig W, Hassenbusch S, Haddox JD, Boas R, Wilson P: Reflex sympathetic dystrophy: changing concepts and taxonomy. Pain 1995; 63: 127–133

44 Stevens A, Foerster K: Genügt für den Nachweis einer Erkrankung die Beschwerdeschilderung? Zum Verhältnis von Beschwerden, Befund, Diagnose und Beeinträchtigung. Versicherungsmedizin 2000; 52: 76–80

45 Strumpf M, Köhler A, Zenz M, Willweber-Strumpf A, Dertwinkel R, Donner B: Opioide und Fahrtüchtigkeit. Schmerz 1997; 11: 233–240

46 Teusch L: Begutachtung von kranken Gastarbeitern. Dtsch Ärztebl 1986; 83: 3616–3618

47 Treede RD, Lorenz J, Baumgartner U: Clinical usefulness of laser-evoked potentials. Neurophysiol Clin 2003; 33: 303–314

48 Vadasz F: Funktionelle Beschwerden südländischer Gastarbeiter. Ein Beitrag zum Problem der »psychogenen« Invalidität beziehungsweise Renten-»Neurose«. Schweiz Rundsch Med 1984; 73: 375–380

49 Von Korff M, Dworkin SF, Le Resche L: Graded chronic pain status: an epidemiologic evaluation. Pain 1990; 40: 279–291

50 Von Korff M, Ormel J, Keefe FJ, Dworkin SF: Grading the severity of chronic pain. Pain 1992; 50: 133–149

51 Walk HH, Wehking E: Objektivierung von Schmerz unter besonderer Berücksichtigung der Medikamentenspiegel. Med Sach 2005; 101: 166–168

52 Ware JE, Sherbourne CD: The MOS 36-item Short-Form Health Survey (SF-36): I. Conceptual framework and item selection. Medical Care 1992; 30: 473–83

53 Widder B, Aschoff JC: Somatoforme Störung und Rentenantrag: Erstellen einer Indizienliste zur quantitativen Beurteilung des beruflichen Leistungsvermögens. Med Sach 1995; 91: 14–20

54 Widder B, Dertwinkel R, Egle UT, Foerster K, Schiltenwolf M: Leitlinie für die Begutachtung von Schmerzen. Psychotherapeut 2007; 52: 334–336

55 Widder B, Egle UT, Foerster K, Schiltenwolf M: Leitlinien für die Begutachtung von Schmerzen. Akt Neurol 2005; 32: 149–154

56 Widder B, Frisch SAL: Chronische Schmerzsyndrome. In: Bundesarbeitsgemeinschaft für Rehabilitation (Hrsg.): Rehabilitation und Teilhabe. Wegweiser für Ärzte und andere Fachkräfte der Rehabilitation. Deutscher Ärzte-Verlag, Köln 2005, 293–310

57 Widder B: Iatrogen verursachte und unterhaltene Schmerzsyndrome. In: Einhäupl KM, Weiller C, Diener HC, Busch EW (Hrsg.): Neurologie 2007. Thieme, Stuttgart 2007, 329–334

58 Widder B: Kriterien zur Leistungsbeurteilung bei Schmerzpatienten. In: Suchenwirth RMA, Ritter G, Widder B (Hrsg.): Neurologi-

sche Begutachtung bei inadäquaten Befunden. Gustav Fischer, Ulm 1997, 16–25

59 Widder B: Sichtbarmachung einer Fiktion: die neue S3-Leitlinie Fibromyalgiesyndrom. Schmerz 2009; 23: 72–74

60 Willweber-Strumpf A, Zenz M, Bartz D: Epidemiologie chronischer Schmerzen. Eine Befragung in 5 Facharztpraxen in Bochum. Schmerz 2000; 14: 84–91

26

Symptomkomplexe und ausgewählte Fragestellungen

Wolfgang Hausotter (27.1, 27.3.1 bis 27.3.4); Thomas Merten (27.2);
Ingo Fietze (27.3.5)

▪ Einführung

Wolfgang Hausotter

Im ersten Teil dieses Kapitels wird die Problematik der Begutachtung von im Einzelfall oft schwierig zu beurteilenden Symptomkomplexen aufgezeigt. Der Gutachter soll den zahlreichen und oft drängend vorgebrachten Beschwerden des Probanden gerecht werden, kann jedoch meist keine überprüfbare und nachvollziehbare körperliche Normabweichung nachweisen und in der Mehrzahl der Fälle auch keine schwerwiegende klassische psychische Erkrankung feststellen. Dementsprechend fallen die Beurteilungen oft sehr unterschiedlich aus, was zu langwierigen Kontroversen im Widerspruchsverfahren und vor dem Sozialgericht führen kann. Eine zusätzliche Problematik resultiert daraus, dass einzelne behandelnde Ärzte eine eigene »Expertenmeinung« bezüglich Ätiologie, Pathogenese und Behandlung verschiedener Symptomkomplexe vertreten, die oft erheblich von der wissenschaftlichen Medizin abweicht.

Weitere Teile dieses Kapitels beschäftigen sich mit dem wichtigen Problem der Validierung der vorgebrachten Beschwerden im Rahmen der Begutachtung sowie der Beurteilung von Schlafstörungen.

27.1   Sozialmedizinische Bedeutung

Wolfgang Hausotter

Die im Folgenden beschriebenen Symptomkomplexe sind zahlenmäßig für Rehabilitation und Erwerbsminderungsrente von eher geringer Bedeutung. Im Jahr 2009 wurde Rente wegen verminderter Erwerbsfähigkeit bei 71 Antragstellern auf Grund des Symptoms »Schwindel« (R42) anerkannt, bei 131 wegen »erhöhter Erschöpfbarkeit« (G93.3, R53), und bei 8 nach einem zervikalen Beschleunigungstrauma (S13.4). Dabei waren Männer und Frauen etwa gleich betroffen.

Die Problematik der Begutachtung liegt im Einzelfall. Die Betroffenen machen meist erhebliche Beschwerden und Leistungseinschränkungen geltend, die schwer fassbar sind, sich dem objektiven Nachweis entziehen und häufig durch ein eigenwilliges Krankheitskonzept geprägt sind. Es existieren meist unterschiedliche Krankheitsmodelle zwischen Untersucher und Proband bzw. dessen behandelnden Ärzten, Rechtsvertretern und Selbsthilfegruppen. Die häufig zugrunde liegenden seelischen Störungen werden fast stets vom Probanden verdrängt und vehement verleugnet, ein den Beschwerden entsprechendes organisches Korrelat liegt meist nicht vor, und dem Gutachter fällt es dann oft schwer, zu einer plausiblen Diagnose zu kommen, gerade wenn eine tiefergehende psychiatrische Exploration nicht gelingt. Die Nähe zu zweckgerichteten Verhaltensweisen mit offenkundigem sekundärem Krankheitsgewinn ist oft sehr augenfällig.

Die medizinische Sachaufklärung ist dabei ausgesprochen schwierig und sozialmedizinische Beurteilungen, besonders im Rechtsmittelverfahren, können beträchtlich differieren. Für die Begutachtung hat die minutiöse Schilderung von Alltagsaktivitäten eine besondere Bedeutung, lässt sie doch am ehesten eine Einschätzung der Teilhabe zu. Offenkundige Inkonsistenzen zu den geltend gemachten Leistungseinschränkungen lassen Zweifel an deren Relevanz aufkommen. Auch die tatsächlich durchgeführte Therapie sollte erfragt werden, denn daraus können Rückschlüsse auf den Leidensdruck der Betroffenen gezogen werden. Lässt sich ein ausgeprägter sozialer Rückzug und eine entsprechende Beeinträchtigung der Erlebnis- und Gestaltungsfähigkeit im Alltag plausibel machen, so wird man daraus eine relevante Leistungsminderung ableiten müssen. Die Rechtsprechung hat jedoch wegen der Simulationsnähe der Beschwerden besonders strenge Maßstäbe für die Plausibilität der sozialmedizinischen Beurteilung der Leistungsfähigkeit gefordert (vgl. ▶ Kap. 27.2).

Welche medizinische Fachrichtung ist für die Begutachtung dieser im weitesten Sinne »somatoformen« Störungen zuständig? Natürlich ist die Abklärung oder der Ausschluss einer evtl. zugrunde liegenden somatischen Störung vorrangig. Deshalb wird primär der für das jeweilige Beschwerdebild zuständige Facharzt (Orthopäde, Neurologe, HNO, Internist u. a.) betraut werden, falls nicht im Vorfeld der Begutachtung der somatische Befund bereits umfassend abgeklärt wurde. Danach sollte grundsätzlich der Facharzt für Psychiatrie und Psychotherapie mit der Begutachtung beauftragt werden. Je nach Fragestellung kommt auch die Beauftragung des Facharztes für Psychosomatik und Psychotherapie in Betracht. Eine ausschließlich organmedizinische Begutachtung bei einem offensichtlich somatoform geprägten Beschwerdebild führt unweigerlich zu einer Fehlbeurteilung.

27.2   Beschwerdenvalidierung

Thomas Merten

27.2.1 Antwortverzerrungen in der Begutachtung

Nach heute weitgehendem Konsens unter kritischen Gutachtern sind Antwortverzerrungen in der Begutachtung mit Regelmäßigkeit zu finden. Dies ergibt sich bereits aus dem in der Regel zu bejahenden sekundären Krankheitsgewinn, der einer Begutachtung immanent ist. Dieses Begehren einer Leistung ist natürlich *per se* keineswegs illegitim. Die Aufgabe des Gutachters besteht darin, Versicherte mit legitimen Ansprüchen von solchen zu trennen, deren Leistungsansprüche sachlich ungerechtfertigt sind.

In diesem Sinne kommt der Begutachtung eine äußerst wichtige regulative Funktion im System der Sozialversicherung zu.

Rolle des Gutachters

Die Rolle des Gutachters erfordert den Einsatz geeigneter Methoden zur Erzielung einer hohen Entscheidungsgüte und ist mit dem Schutz Leistungsberechtigter in zweierlei Hinsicht verbunden. Einerseits ist hier die Gewähr für den Versicherten gemeint, Leistungen zu erhalten, wenn er zu deren Empfang berechtigt ist. Andererseits geht es um den Schutz vor Leistungsmissbrauch, der aufgrund beschränkter Ressourcen zwangsläufig zu Lasten der Leistungsberechtigten und zu Lasten der gesamten Versichertengemeinschaft gehen muss (vgl. auch Fabra [12]).

Auf der Ebene der Medizin bzw. der klinischen Psychologie bedeutet dies, dass authentische Erkrankungen oder Störungen von nicht-authentischen abzugrenzen sind. Wo ein Gutachter dies nicht leistet, sei es aus weltanschaulichen Gründen, sei es aufgrund sozialpolitischer Erwägungen, sei es aufgrund eingeschränkter fachlicher Qualifikation, kann er seiner Rolle als sachverständiger und unabhängiger Berater bei der Entscheidungsfindung nicht gerecht werden.

Hiermit im Zusammenhang steht die Paradoxie des versichertenfreundlichen Gutachters. Im Gegensatz zur allgemein verbreiteten Ansicht, dies sei jemand, der kulant, großzügig und unkritisch (und damit zugleich parteilich) die Interessen einzelner Versicherter *gegen* die Versicherungen vertritt, muss es sich im korrekten Sinne dieses Wortes um einen Sachverständigen handeln, der berechtigte Interessen der Versichertengemeinschaft insgesamt nicht sachlich ungerechtfertigten Ansprüchen einzelner Personen opfert.

Grundbegriffe

Unter negativen Antwortverzerrungen (engl. *negative response bias*) wird hier das Verhalten einer untersuchten Person verstanden, den Untersucher durch ungenaue oder unvollständige Antworten oder durch die Demonstration von Symptomen oder eingeschränkten Testleistungen zu täuschen. Es werden also zu schlechte Leistungen, mehr oder schwerere Symptome präsentiert bzw. mehr oder schwerere Beschwerden geschildert, als tatsächlich vorliegen. Positive Antwortverzerrungen (Dissimulation) spielen hingegen in der sozialrechtlichen Begutachtung eine gänzlich untergeordnete Rolle.

Unter dem Begriff der »Diagnostik der Beschwerdenvalidität« (oder Beschwerdenvalidierung) verstehen wir die Überprüfung der Authentizität oder Glaubhaftigkeit der durch eine Person dargestellten Symptome, der durch sie geschilderten Beschwerden und der Ergebnisse, die diese Person in einer Leistungsüberprüfung (z. B. in psychologischen Testverfahren) erzielt.

Wenn eine Person in einer psychologischen Testuntersuchung eine unzureichende Leistungsanstrengung entfaltet und aufgrund dessen Ergebnisse erreicht, die unterhalb des Niveaus liegen, zu dem sie eigentlich bei voller Leistungsmotivation in der Lage gewesen wäre, spricht man von suboptimalem Leistungsverhalten. Suboptimale Leistungsmotivation und andere Formen negativer Antwortverzerrungen können die Ergebnisse von psychologischen und/oder medizinischen Befunden ungültig machen.

Gegenüber bedeutsamen negativen Antwortverzerrungen im oben besprochenen Sinne sind weniger schwere Verdeutlichungstendenzen abzugrenzen, die nicht als grob situationsinadäquat, in einem gewissen Sinne sogar situationsimmanent anzusehen sind und die die Gültigkeit von Beschwerdenschilderung und Befunderhebung nicht grundsätzlich in Frage stellen. Die Übergänge zu einer Aggravation sind fließend, eine exakte Abgrenzung kann im Einzelfall schwierig sein. Für solche Verdeutlichungstendenzen ist zu erwarten, dass erstens spezifische Maße zur Erkennung von negativen Antwortverzerrungen unauffällig ausfallen und zweitens es dem Gutachter gelingt, die authentischen Beschwerden oder Symptome von dieser Ausgestaltung abzugrenzen. In jedem Falle sollten im Befund diese Tendenzen beschrieben werden.

Formen und Auftretensweisen negativer Antwortverzerrungen

Negative Antwortverzerrungen treten in unterschiedlicher Form in der Begutachtung auf (vgl. ◘ Tab. 27.1). Ob es sich um eine Verdeutlichung, Aggravation oder Simulation handelt, ist häufig zunächst auf der Beobachtungsebene nicht zu klären. Gelegentlich kann eine solche Klärung im weiteren Begutachtungsverlauf erfolgen, sie muss aber oft auch aufgrund fehlender Information offen bleiben – dann sind verschiedene Hypothesen gleichberechtigt zu diskutieren. Dies sollte unter Bezug auf die objektiven Unsicherheiten in der Entscheidungsfindung im Gutachten ausdrücklich dargestellt werden, um nicht den Eindruck von Entscheidungssicherheit zu vermitteln, wo diese keineswegs vorliegt.

Solche Unsicherheiten sind mit Regelmäßigkeit insbesondere dort zu erwarten, wo die Frage der Bewusstheit von negativen Antwortverzerrungen und innerpsychischer Prozesse generell diskutiert wird, die dem Beobachter nicht direkt zugänglich sind und die allenfalls von ihm erschlossen werden können. Das betrifft also die Frage der »Bewusstseinsnähe« von Verhaltens- und Befindlichkeitsstörungen, ihrer Dynamik und der ihnen zugrunde liegenden Motivation (siehe unten).

27

◘ **Tab. 27.1** Formen negativer Antwortverzerrungen und differentialdiagnostisch relevante Störungen

Verdeutli-chung	Minder schwere Ausgestaltung oder Über-höhung in der Beschwerdenschilderung oder Symptompräsentation
Aggravation	Zielbestimmte Beschwerdenübertreibung und/oder -ausweitung; impliziert wird dabei, dass im Kern auch zum Begutach-tungszeitpunkt authentische Beschwer-den vorhanden sind
Simulation	Absichtliche, an einem Ziel ausgerichtete Vortäuschung von Symptomen oder fälschliche Schilderung von Beschwerden
Somatoforme und Konversi-onsstörungen	Psychische Störungen, in deren Mittel-punkt körperliche Beschwerden stehen, die sich nicht oder nicht hinreichend auf eine organische Erkrankung zurückführen lassen. Eine Aggravation oder Simulation muss für die Diagnosestellung ausge-schlossen werden
Artifizielle Störung / selbstmanipu-lierte Störung	Zielgerichtete Vortäuschung oder Erzeu-gung von Symptomen oder Krankheiten mit einem primären Krankheitsgewinn; werden ebenfalls als psychische Störung aufgefasst
Persönlichkeitsstörungen, die zu eingeschränkter Anstren-gungsbereitschaft, falschen Angaben oder anderem unko-operativem Verhalten führen	
Psychiatrische Erkrankungen im engeren Sinne oder psychopathologische Phänomene, die mit eingeschränkter Mitwirkung verbunden sind oder in deren Rahmen Motivati-onsprozesse selbst betroffen sind	
Situationsbedingte Faktoren, die zu unkooperativem Verhal-ten führen	

Auftretenshäufigkeit

Angaben zur Häufigkeit negativer Antwortverzerrungen in der Begutachtung schwanken beträchtlich; sie wird meist dort unterschätzt, wo Antwortverzerrungen nicht untersucht werden.

Wo mit empirisch entwickelten Methoden und kla-ren, wissenschaftlich begründbaren und nachvollziehba-ren Kriterien gearbeitet wird, stellt sich heraus, dass eine substanzielle Anzahl von Begutachteten nicht ausreichend kooperativ ist und negative Antwortverzerrungen in ei-nem solchen Ausmaß zeigt, dass eine sachgerechte Beur-teilung der Leistungsfähigkeit nicht möglich ist. Geringe oder gänzlich fehlende objektive Erkrankungszeichen sind häufig mit stärkeren Beschwerden und stärkeren gel-tend gemachten Leistungseinschränkungen gekoppelt. Je mehr Symptome auf einer subjektiven Schilderung beru-hen und schwer oder gar nicht auf der Befundebene ange-messen abzubilden sind, desto eher ist mit negativen Ant-

wortverzerrungen zu rechnen. Entsprechend sind nach heute vorliegenden Schätzungen Antwortverzerrungen in höherem Ausmaß für triviale, fragliche oder sehr leichte Kopfverletzungen, für Distorsionstraumen der Halswir-belsäule, aber auch bei geltend gemachter posttraumati-scher Belastungsstörung zu finden. Auch bei Versicherten mit Diagnosen wie anhaltende somatoforme Schmerzstö-rung, Fibromyalgie, chronisches Erschöpfungssyndrom und umweltassoziierte Erkrankungen ist die Möglichkeit negativer Antwortverzerrungen spezifisch und sachkun-dig zu untersuchen.

27.2.2 Wichtige differenzialdiagnostische Erwägungen

Unter den oben aufgezeigten Problemen verdienen zwei einer besonderen Hervorhebung und vertiefenden Dar-stellung.

Differenzierung zwischen Simulation, artifizieller Störung und somatoformer / Konversionsstörung

Diese stellt eine besondere Herausforderung deshalb dar, weil die Unterscheidung zwischen den drei Kategorien allein auf einer Beurteilung von innerpsychischen Pro-zessen beruht, die dem Gutachter nicht direkt zugänglich sind. Hier stellt sich die Frage, ob die nicht-authentische Symptompräsentation oder die inadäquate Beschwer-denschilderung und die ihr zugrunde liegende Motivati-on dem Versicherten bewusst oder nicht bewusst ist (vgl. ◘ Tab. 27.2). Diesbezügliche gutachtliche Beurteilungen sind häufig nicht ausreichend nachvollziehbar. De facto ist einzugestehen, dass in zahlreichen Fällen eine Beur-teilung kaum mit ausreichender Sicherheit erfolgen kann. In solchen Fällen sollte genau dies expliziert werden; rein spekulative Schlüsse sollten in jedem Falle vermieden werden.

Differenzierung zwischen Simulation und Aggravation

Milde Verzerrungstendenzen im Sinne einer Verdeutli-chung, wie oben beschrieben, sollten eine gutachtliche Be-urteilung nicht wesentlich behindern können. Wenn hin-gegen bedeutsame negative Antwortverzerrungen festge-stellt werden, werden diese durch Gutachter in der Regel als Aggravation beschrieben. Diese Beschreibung unter-stellt, häufig stillschweigend, dass ein realer, authentischer Kern an Beschwerden oder Symptomen zum Begutach-tungszeitpunkt vorliegt. Eine solche Annahme ist aber häufig spekulativ; der Urteilsprozess wird in den wenigs-ten Fällen expliziert und damit nachvollziehbar gemacht. Wenn nicht klar ist, ob ein solcher realer Kern vorliegt,

◼ Tab. 27.2 Entscheidungsgrundlage		
Entscheidung	**Präsentation nicht-authentischer Symptome**	**Motivation**
Simulation/Aggravation	Bewusst	Bewusst
Artifizielle Störung	Bewusst	Unbewusst
Somatoforme und Konversionsstörungen	Unbewusst	Unbewusst

muss korrekterweise von einer Simulation *oder* Aggravation gesprochen werden und die Entscheidung zwischen beiden offen gelassen werden.

27.2.3 Methoden zur Erfassung negativer Antwortverzerrungen

Konsistenz- und Plausibilitätsprüfung

Grundlage und wichtigstes Mittel zur Prüfung der Authentizität ist eine Analyse der Konsistenz und Plausibilität, die Gutachter in jedem Fachgebiet leisten können. Hierzu werden Informationen, die aus verschiedenen Quellen stammen, miteinander abgeglichen und auf Stimmigkeit geprüft. Solche Informationen können folgenden Ursprungs sein:

- Aktenlage, Vorinformationen, Erstschadensbericht
- Beschwerdenvortrag, selbst geschilderte Funktionsstörungen und Einschränkungen
- Eigene klinische Befunderhebung, Verhaltensbeobachtung
- Ergebnisse von Tests und Fragebögen
- Ergebnisse apparativer Untersuchungen
- Kenntnisse oder Angaben über das tatsächliche Funktionsniveau im Alltag
- Krankheits- und störungsbezogenes Wissen und Wissen über den üblichen zeitlichen Verlauf
- Fremdanamnestische Angaben

Konsistenz wird innerhalb und zwischen diesen Bereichen geprüft. Nicht jede Inkonsistenz ist unplausibel, nicht jede Konsistenz spricht automatisch für die Authentizität der Angaben. So wichtig die Konsistenzprüfung einerseits ist, liegt doch andererseits das Grundproblem darin, dass ihre Regeln schwer explizierbar sind, die diesbezüglichen Urteile damit gelegentlich beliebig ausfallen und nicht immer nachvollziehbar sind. Eine solide und profunde Konsistenzprüfung hängt sehr stark vom Gutachter und seiner individuellen fachlichen Qualifikation ab.

Beschwerdenvalidierungstests (BVT)

Die beste gegenwärtig verfügbare Klasse von Methoden, die eine Identifizierung negativer Antwortverzerrungen gestatten und empirisch sehr gut untersuchbar sind, wird als BVT bezeichnet. Diese Methoden wurden ursprünglich bei Wahrnehmungsstörungen eingesetzt, haben aber inzwischen eine besondere Bedeutung bei der Begutachtung geltend gemachter kognitiver Störungen erhalten. Unter bestimmten Bedingungen sind willentliche, zielgerichtete Manipulationen von Versicherten mathematisch begründet beweisbar.

Neben einzelfallexperimentellen Anordnungen, die ein Gutachter fragestellungsspezifisch einsetzen kann (vgl. dazu Merten & Puhlmann [39]), sind standardisierte Verfahren verfügbar, wie beispielsweise der TOMM (Test of Memory Malingering) oder der Amsterdamer Kurzzeitgedächtnistest. Gutachter müssen für den Einsatz von BVT gut qualifiziert sein, um Fehlklassifikationen zu vermeiden. Ältere Tests, insbesondere der auch heute noch relativ weit verbreitete Fifteen Item Test von Rey, genügen nicht mehr den Qualitätsansprüchen, die an BVT zu stellen sind.

Fragebogendiagnostik

Fragebogenergebnisse sind keinesfalls als Objektivierung von Beschwerden aufzufassen, denn sie beruhen ausschließlich auf den subjektiven Angaben des Versicherten. Es liegen jedoch spezifische Kontrollinstrumente und Skalen vor, die ähnlich wie die BVT, Angaben zur Möglichkeit negativer Antwortverzerrungen machen. Ohne den Einsatz adäquater Kontrollskalen ist die Validität von Fragebogenergebnissen prinzipiell als ungeprüft zu betrachten.

27.2.4 Darstellung im Gutachten und Beweislast

Die Darstellung im Gutachten sollte sachlich und nachvollziehbar erfolgen. Angaben zu den Beschwerden und selbst erhobene Befunde sind sorgfältig zu trennen, Interpretationen und Deutungen sind als solche klar zu kennzeichnen. Auch für psychische Störungen ist eine Beschwerdenschilderung kein Symptomnachweis. Negative Antwortverzerrungen, wenn sie festgestellt werden, können dazu führen, dass Beurteilungen zur Leistungsfähigkeit nicht getroffen werden können; eine Aggravation kann damit zum Beweisführungshindernis werden. Auch im Rentenverfahren trägt der Versicherte die Beweislast; es ist nicht Aufgabe des Gutachters, Krankheiten als nachgewiesen darzustellen, wenn diese nicht mit ausreichender Sicherheit feststellbar sind. Statt eines uniform verwandten Textbausteins »Kein Hinweis auf Simulation oder Aggravation«, sollte im Detail dargestellt werden, worauf ein solches Urteil beruht. Nur dann ist auch die Güte dieser Beurteilung erkennbar.

27.3 Beschwerdebilder

27.3.1 Schwindel

Wolfgang Hausotter

Schwindel ist eine unangenehme Verzerrung der Raum- und Bewegungswahrnehmung, verbunden mit Gleichgewichtsstörungen (siehe auch ▶ Kap. 22). Es handelt sich um ein außerordentlich häufiges, vieldeutiges, oft wenig fassbares und unspezifisches Phänomen, hinter dem sich eine Fülle sehr unterschiedlicher Krankheitsbilder verbergen kann. Neurologen, HNO-Ärzte, Internisten, Orthopäden und Psychiater befassen sich mit diesem Phänomen.

Schwindel ist nach Kopfschmerzen das zweithäufigste neurologische Symptom. Etwa 60 % der Patienten einer Allgemeinpraxis sollen über Schwindelsymptome klagen. Dabei wird in der Bevölkerung darunter oft nur ein »irgendwie komisches Gefühl« verstanden, welches sich meist sehr schwer präzise zuordnen lässt. Die Lebenszeitprävalenz für mittelstarken bis heftigen Schwindel liegt bei etwa 30 %.

Zur Erhaltung einer normalen Raumorientierung und eines stabilen Gleichgewichts bedient sich der Körper dreier verschiedener Informationsquellen:
- des visuellen Systems,
- des Vestibularapparates und
- der propriozeptiven Sensibilität über die peripheren Nerven und das Rückenmark.

Fällt eine dieser Informationsquellen aus, so gelingt meist relativ rasch eine befriedigende zentrale Kompensation und die Gleichgewichtsfunktion ist im Allgemeinen nur gering beeinträchtigt. Sind aber weitere Informationszuflüsse gestört, so ergibt sich der Eindruck von Gleichgewichtsstörungen, die der Betroffene als »Schwindel« bezeichnet. Die zentrale Verarbeitung der eingehenden Afferenzen aus den drei Informationskanälen erfolgt im Bereich des Kleinhirns und des parieto-temporalen Kortex. Dort werden die eingehenden Informationen ständig miteinander und mit früheren Bewegungserfahrungen verglichen und verrechnet. Sofern erforderlich, erfolgen entsprechende motorische Antworten mit Beeinflussung des Muskeltonus und der Körperhaltung.

Klassifikation und Stadieneinteilungen

Grundsätzlich ist die Anamnese bei der Abklärung von Schwindel von entscheidender Bedeutung. Drehschwindel, Liftgefühl sowie Lateropulsion sind als systematischer

Schwindel meist durch eine vestibuläre oder zentrale Läsion bedingt. Ungerichtetes Schwanken, Betrunkenheitsgefühl, Leeregefühl im Kopf, ein Gefühl der Benommenheit, Augenflimmern oder ein Schwarzwerden vor den Augen lassen an einen unsystematischen Schwindel unterschiedlicher Genese denken.

Die Dauer des Schwindels ermöglicht eine weitere ätiologische Zuordnung. Nur Sekunden bestehende Attacken sprechen für einen Lagerungsschwindel, eine Dauer von mehreren Minuten lässt an eine vertebrobasiläre Insuffizienz denken, ein stundenlanger Schwindel an einen Morbus MENIÈRE und ein Schwindel, der über Tage anhält, an eine Neuritis vestibularis.

Eine allgemeine Gangunsicherheit kann auf eine periphere Polyneuropathie oder eine Hinterstrangaffektion hinweisen. Sie nimmt bei Augenschluss oder in Dunkelheit bei Wegfall der optischen Kontrolle zu. Die Kombination mit Angst und Phobien oder auch ein situationsgebundener Schwindel, etwa auf Treppen und Brücken, legt einen psychogenen Schwindel nahe.

Nach der Ätiologie kann man einen vestibulären, einen zentralen und einen somatoformen bzw. psychogenen Schwindel unterscheiden, wobei ungerichtete Gleichgewichtsstörungen bei verschiedenen Allgemeinerkrankungen zusätzlich zu berücksichtigen sind.

- **Vestibulärer Schwindel**

Zum Komplex des vestibulären Schwindels siehe ▶ Kap. 22.2.2.

- **Zentraler Schwindel**

Als zentral bedingt werden sehr unterschiedliche Schwindelformen gewertet. Teils werden sie auf in der Bildgebung nachweisbare Läsionen im Bereich von Hirnstamm und Kleinhirn entzündlicher (z. B. Multiple Sklerose) oder vaskulärer Art (z. B. Hirnstamm- oder Kleinhirninsulte), teils aber auch auf eher diffuse Störungen (z. B. durch arterielle Hypertonie, Herzrhythmusstörungen, Orthostase, Anämie) zurückgeführt. Einzelne zentral-vestibuläre Schwindelformen lassen sich durch unterschiedliche Nystagmusformen (horizontal, vertikal, torsionell) differenzieren. Die »vertebro-basiläre Insuffizienz« kann als transiente ischämische Attacke des Hirnstamms aufgefasst werden, wobei mit diesem Begriff jedoch nicht selten unkritisch diagnostisch unklare, intermittierende Schwindelbeschwerden bezeichnet werden. Ein Kleinhirnbrückenwinkeltumor zeigt zu Beginn häufig uncharakteristische Schwindelsymptome. Bei der vestibulären Migräne kann Schwindel das einzige oder herausragende Symptom sein.

Viele Manifestationen des zentralen Schwindels sind klinisch unbestimmt und entsprechen mehr einem »unsystematischen« Schwindel, wobei eine globale zerebrale

Minderdurchblutung mit Gleichgewichtsstörungen anzunehmen ist.

Eine enge Verknüpfung von vaskulärer Beeinträchtigung, Sehminderung, Angst (z. B. in Form von phobischem Schwindel), Regression und Verlust von Sicherheitsgefühlen ist für den häufigen »Altersschwindel« oder die »Alterstaumeligkeit« charakteristisch.

■ Zervikogener Schwindel

Als umstritten gilt die Existenz eines »zervikogenen oder vertebragenen Schwindels«, bei dem eine Irritation der Rezeptoren für Raumorientierung, Haltungsregulation und Kopf-Rumpf-Koordination im Bereich der HWS postuliert wird. Die pathophysiologischen Kenntnisse in diesem Bereich sind immer noch mangelhaft, die Untersuchungsmethoden teilweise unspezifisch, nicht validiert und unzureichend standardisiert und es existiert eine erhebliche Begriffskonfusion, so dass von Brandt et al. [5] von einem »Glaubenskrieg« gesprochen wird. Es ist bis heute keine Schwindelform genau definiert, die auf eine HWS-Störung zurückzuführen ist. Die bislang vorgebrachten Befunde reichen im Sinne einer »evidence based medicine« nicht als Beleg für die Existenz eines HWS-Schwindels aus [19]. Gutachtlich können sich hier erhebliche Probleme ergeben, vor allem in der Unfallbegutachtung. Die vor allem von rein organmedizinisch ausgerichteten Ärzten beispielsweise nach HWS-Schleudertrauma (vgl. ▶ Kap. 27.3.4) getroffene Feststellung eines »vertebragenen Schwindels« stellt nicht selten eine Fehldiagnose dar, mit den Folgen einer Fixierung der Patienten auf eine ausschließlich somatische Beschwerdeursache, unterbleibender Diagnostik und Therapie auf psychiatrisch-psychotherapeutischem Gebiet und auf Dauer frustraner Behandlung. In letzter Konsequenz wird von den Betroffenen oft nur noch die Berentung angestrebt.

■ Somatoformer bzw. psychogener Schwindel

Ergibt sich bei der eingehenden körperlichen Untersuchung einschließlich gezielter Zusatzdiagnostik kein pathologischer Befund und sprechen psychopathologischer Befund, Persönlichkeitsstruktur, die biografische Anamnese sowie die auslösenden Begleitumstände mit psychosozialen Konfliktsituationen dafür, so ist an einen psychogenen bzw. somatoformen Schwindel zu denken. Eine weitergehende Exploration ist dann das entscheidende diagnostische Instrument.

Psychopathologische Begleiterscheinungen wie Angststörungen, Agoraphobie, Vermeidungsverhalten, depressive Symptome und vorangegangene Belastungs- und Konfliktsituationen und deren zeitlicher Zusammenhang sind zur Diagnosestellung essentiell, ebenso die Schilderung vegetativer Erscheinungen wie Herzrasen, Mundtrockenheit, Schweißausbrüche, Hyperventilation und Leeregefühl im Kopf.

Der psychogene Schwindel kann Symptom einer depressiven, phobischen, dissoziativen, Konversions-, Anpassungs- oder somatoformen Störung, einer Reaktion auf schwere Belastungen oder einer neurotischen Entwicklung sein. Im Sinne einer bizarren Leibgefühlsstörung kann er auch für eine schizophrene Psychose sprechen.

Sehr oft sind organische Auslöser des Schwindels vorausgegangen und die psychoreaktiven Störungen überschneiden sich damit in vielfacher Weise. Die ursprünglich organisch bedingte Beeinträchtigung der Lebensqualität kann u. U. zur Entwicklung oder Dekompensation psychischer Störungen unterschiedlicher Art führen.

Als Angstäquivalent kann Schwindel signalisieren, dass das seelische Gleichgewicht bedroht oder bereits dekompensiert ist. Auf den »Schwindel der Angstneurose« hatte bereits Freud hingewiesen. Schwindel kann sowohl als Affekt- als auch als Depressionsäquivalent gewertet werden. Bei allen Formen der Depression ist Schwindel als Symptom häufig. Die Klagen sind dabei stets diffus, unbestimmt und wenig präzise, oft auch eigenartig blass und wechselnd. Als Konversionsphänomen ist Schwindel im Sinne der »Übersetzung« früherer unbearbeiteter Konflikte in die Körpersprache ebenfalls nicht selten. Vielfältige Phobien sind mit der Empfindung »Schwindel« verknüpft.

■ Phobischer Schwankschwindel

Der phobische Schwankschwindel wird nach dem benignen paroxysmalen Lagerungsschwindel als zweithäufigste Schwindelursache in der Neurologie gewertet. Charakteristisch ist die Kombination eines Schwankschwindels mit einer subjektiven – nicht objektiven – Stand- und Gangunsicherheit. Es kann auch ein Benommenheitsgefühl empfunden werden. Attackenartige Verschlechterungen sind möglich. Sie können beim selben Patienten mit oder ohne erkennbare Auslöser auftreten und – jedoch nicht obligat – mit begleitender Angst kombiniert sein.

Die Erstmanifestation fällt häufig mit besonderen psychischen Belastungen oder Krankheitserlebnissen zusammen, kann aber auch als eine phobische Entwicklung nach abgeklungenem organischem vestibulären Schwindel auftreten. Die Altersverteilung wird von der Adoleszenz bis zum Senium mit einem Häufigkeitsgipfel in der vierten und fünften Dekade ohne Geschlechtspräferenz angenommen. In etwa 50 % der Fälle wird eine hohe Komorbidität mit Angst oder Panikerkrankungen sowie einer zwanghaften Persönlichkeitsstörung beschrieben.

Es gelten fünf Kriterien für die Diagnose [6]:
- Die Patienten klagen über Schwankschwindel und subjektive Stand- und Gangunsicherheit bei nor-

27

malem neurologischem Befund und unauffälligem Gleichgewichtstest.

- Der Schwindel wird als eine fluktuierende Unsicherheit von Stand und Gang mit attackenartiger Fallangst ohne Sturz beschrieben, wobei Angst und vegetative Missempfindungen nicht obligat sind.
- Die Attacken treten oft in typischen Situationen auf, die auch als Auslöser anderer phobischer Syndrome bekannt sind, wie Aufenthalt auf Brücken, Auto fahren (besonders auf Autobahnen), große leere Räume oder Menschenansammlungen in Kaufhäusern.
- Die Persönlichkeitsstruktur der Betroffenen wird meist als zwanghaft beschrieben, oft verbunden mit einer reaktiven depressiven Symptomatik.
- Der Beginn der Erkrankung kann auf eine organische vestibuläre Funktionsstörung wie eine Neuritis vestibularis zurückgehen, ebenso gut auf eine psychische Belastungssituation.

Schwindel nach einem Schädel-Hirntrauma

Schwindel wird nach einem Schädel-Hirntrauma (vgl. ► Kap. 23.2.2) häufig geklagt, wobei ein organisches Substrat zunächst sorgfältig diagnostisch abzuklären ist. Eine Perilymphfistel, eine Labyrinthkontusion, ein posttraumatischer Lagerungsschwindel u. a. sind möglich.

Häufig entstehen aber Probleme in der Begutachtung von Probanden, bei denen sich nach nur leichten Verletzungen des Kopfes oder der Halswirbelsäule keinerlei somatisches Korrelat für die geklagten Beschwerden findet, diese aber hartnäckig und mit Tendenz zur Verschlimmerung vorgetragen werden. Polypragmatische Behandlungsmaßnahmen und ein einfaches Erklärungsmodell für den Schwindel seitens des behandelnden Arztes – »kommt alles vom Unfall« – fördern eine iatrogen bedingte somatische Fixierung und darüber hinaus auch ein eventuell vorhandenes Entschädigungsbegehren, welches für die Prognose der Beschwerden erhebliche Bedeutung hat. Unter diesem Eindruck sind die Betroffenen oft für eine ergänzende psychiatrisch-psychotherapeutische Diagnostik und eine multimodale Behandlung kaum mehr erreichbar. Eine besonders vulnerable Lebenssituation zum Zeitpunkt des Unfalls kann ausschlaggebend sein, so dass – bewusst oder unbewusst – eine ausgesprochen ungünstige weitere Entwicklung angestoßen wird. Kommen dann bei langwierigem Verlauf mit unterschiedlichen gutachtlichen Einschätzungen Enttäuschungen über die materielle Entschädigung hinzu, so wird die posttraumatische Symptomatik weiter fixiert, chronifiziert und im Sinne einer narzisstischen Kränkung erlebt. Der Antrag auf Rente wegen Erwerbsminderung ist dann oft die Folge.

Spezifische krankheitsbedingte Beeinträchtigungen nach ICF

Die objektivierbare organische Gleichgewichtsstörung beeinträchtigt Aktivitäten und Partizipation im beruflichen und im privaten Bereich, soweit Tätigkeiten in größerer Höhe, auf Leitern und Gerüsten, mit Absturzgefahr und mit Anforderungen an den Gleichgewichtssinn betroffen sind. Es ist jedoch zu berücksichtigen, dass auch der psychogene Schwindel zu entsprechenden Leistungseinschränkungen führen kann, wenn die Symptomatik sehr deutlich ist und sich ausgeprägte Ängste manifestiert haben. Kontextfaktoren kommt hier besondere Bedeutung zu.

Diagnostik und Sachaufklärung

Das vieldeutige Symptom Schwindel erfordert grundsätzlich eine eingehende organische Abklärung auf allen oben genannten Fachgebieten einschließlich neurophysiologischer und bildgebender Diagnostik, wobei dem MRT u. a. zum Ausschluss einer Raumforderung im Kleinhirnbrückenwinkelbereich besondere Bedeutung zukommt. Möglichst frühzeitig sollte aber auch eine psychiatrische Exploration erfolgen, um seelische Faktoren zu erfassen. Wünschenswert ist es, dem Betroffenen von Anfang an die Möglichkeit einer seelischen Ursache als gleichwertig neben einer organischen Genese aufzuzeigen und nicht erst zuletzt, wenn man »nichts gefunden« hat. Psychosomatische Aspekte werden dann meist bereitwilliger akzeptiert, wenn sie dem Patienten nicht als »Verlegenheitsdiagnose« deklariert werden.

Begutachtungskriterien, Zielkriterien

Das Symptom Schwindel kann einerseits auf einer Schädigung von Körperstrukturen (Gleichgewichtsorgan, zentral-vestibuläre Strukturen) beruhen, andererseits aber auch Ausdruck einer Schädigung von Körperfunktionen (einschließlich psychischer Funktionen) sein. Für die Einschätzung der Leistungsfähigkeit im Erwerbsleben ist die individuelle Genese der Symptomatik nachrangig. Die Begutachtung für die gesetzliche Rentenversicherung ist daher nicht in erster Linie auf die Feststellung der Diagnose ausgerichtet, wenngleich diese im Hinblick auf prognostische Aussagen durchaus einbezogen werden muss. Vielmehr beziehen sich die Begutachtungskriterien hier vorrangig auf die Prüfung der trotz einer Gesundheitsstörung vorhandenen Funktionen und Aktivitäten, die für die Teilhabe am Erwerbsleben von Bedeutung sind. Abhängig von Art, Frequenz, Dauer und Ausmaß der Chronifizierung der Beschwerden können Beeinträchtigungen von Aktivitäten und Teilhabe durch eine Schwindelsymptomatik die Bereiche Mobilität, Selbstversorgung, häusliches Leben und interpersonelle Interaktionen betreffen. Bei einem psychogenen Schwindel sind auch Beeinträchtigungen kognitiver, affektiv-emotionaler, psychomotorischer und komplex-integrativer Funktionen häufig. Personbezogene (z. B. eine vorbestehende Gehbehinderung) und umweltbezogene (z. B. soziale Unterstützung) Kontextfaktoren können positiv oder negativ modulierend wirken (vgl. ▶ Kap. 24).

Sozialmedizinische Beurteilung

Die Begutachtung muss sich stets am Einzelfall orientieren. Schwindel kann sich von leichten Befindlichkeitsstörungen bis hin zu schwerst behindernden Beeinträchtigungen in allen Lebensbereichen manifestieren. Entscheidend sind die funktionellen Auswirkungen auf den beruflichen und privaten Alltag.

Besondere Aufmerksamkeit sollte der individuellen Nutzung der therapeutischen Möglichkeiten gewidmet werden. Hervorzuheben sind die Erfordernis einer gezielten Krankengymnastik mit Anleitung zu eigenen Übungen, die vom Arzt erfolgreich durchführbaren Bewegungsmanöver nach Brandt und Daroff gerade auch beim paroxysmalen Lagerungsschwindel und letztlich auch diverse medikamentöse Behandlungsmaßnahmen.

Entscheidend ist die kritische Bewertung aller Fakten, die den Leidensdruck und die tatsächliche Beeinträchtigung von Aktivitäten und Teilhabe transparent machen, darunter
- die hinterfragten Behinderungen im privaten Alltag und im Berufsleben,
- die durchgeführte ärztliche oder psychologisch-psychotherapeutische Behandlung einschließlich medikamentöser Therapiemaßnahmen und
- die durchgeführten ambulanten/stationären Rehabilitationsmaßnahmen.

Daraus wird man die Folgerungen für die sozialmedizinische Beurteilung ziehen. Eine schematische Beurteilung ist nicht möglich.

Die Einschätzung des qualitativen und quantitativen Leistungsvermögens richtet sich vor allem nach den Fähigkeitseinschränkungen sowohl infolge der Grunderkrankung als auch der Komorbidität (z. B. einer sekundären depressiven Anpassungsstörung). Ein Labyrinthausfall wird im Allgemeinen zentral kompensiert, bei der Menière'schen Erkrankung hängt die Beurteilung von der Attackenfrequenz ab, ein paroxysmaler Lagerungsschwindel gilt grundsätzlich als benigne, der zentrale und der somatoforme Schwindel sind in ihrer Bedeutung abhängig von den zugrundeliegenden Störungen. Schließlich wird man auch den Längsschnitt des Verlaufs berücksichtigen.

Grundsätzlich sollte versucht werden, die Angaben des Betroffenen – soweit möglich – im Rahmen der Untersuchung zu überprüfen, durch fremdanamnestische Aussagen zu ergänzen, mit den durchgeführten Therapiemaßnahmen

in Einklang zu bringen und hinsichtlich der Einschränkung der gesamten, auch außerberuflichen Gestaltungs- und Erlebnisfähigkeit zu bewerten.

Arbeiten auf Leitern und Gerüsten und in größeren Höhen mit Absturzgefahr sind auch bei psychogenem Schwindel dann nicht zumutbar, wenn die seelische Störung mit einer entsprechend starken Beeinträchtigung verbunden ist.

Beim akuten Schwindel ist Arbeitsunfähigkeit für die genannten Beschäftigungen gerechtfertigt. Man wird im weiteren Verlauf den Erfolg entsprechender Behandlungsmaßnahmen abwarten. Bei länger anhaltendem Schwindel ist nach Ausschöpfung der ambulanten Therapiemaßnahmen eine stationäre Rehabilitation in einer Klinik zweckmäßig, die auch auf seelische Aspekte des Schwindels eingehen und ein entsprechendes Behandlungsangebot machen kann. Eine Leistung zur Teilhabe am Arbeitsleben ist dann erforderlich, wenn sich der Schwindel als therapieresistent erweist, die bisherige berufliche Tätigkeit dadurch schwerwiegend eingeschränkt wird und eine solche Leistung dem Betroffenen aller Voraussicht nach den Verbleib im Erwerbsleben ermöglicht.

Bei gering bis mittelgradig ausgeprägtem Schwindel wird man leichte Tätigkeiten des allgemeinen Arbeitsmarktes unter Berücksichtigung der o. a. funktionellen Leistungseinschränkungen mehr als 6 Stunden täglich als zumutbar erachten können. Liegt ein Schwindel in schwerer Ausprägung vor, auch psychoreaktiver Genese, und ist eine erhebliche Einschränkung der Erlebnis- und Gestaltungsfähigkeit in allen Lebensbereichen plausibel zu machen, so wird man von einem aufgehobenen Leistungsvermögen ausgehen müssen. Entscheidend ist aber stets der Einzelfall mit überzeugendem Nachweis entsprechender Behinderungen gerade auch im privaten Bereich. Bei einem noch nicht chronifizierten Schwindel ist von einer zeitlich befristeten Leistungsminderung auszugehen.

Von Bedeutung ist auch die Exploration der Teilnahme am Straßenverkehr. Fährt der Proband noch Auto und kam er damit alleine zur Untersuchung, wird man der Feststellung einer Leistungsminderung sehr skeptisch gegenüberstehen. Andererseits ist die Fahrt zum Arbeitsplatz manchmal ein entscheidender Faktor für eine berufliche Eingliederung.

27.3.2 Erhöhte Erschöpfbarkeit

Wolfgang Hausotter

Beard beschrieb 1869 als »nervous exhaustion« ein Krankheitsbild mit erhöhter Erschöpfbarkeit, vorzeitiger Ermüdung und einer Fülle weiterer unspezifischer Befindlichkeitsstörungen. Es wurde in Europa als »Neurasthenie« rasch populär und hatte jahrzehntelang den Status einer »Modediagnose«.

Zwischen 1934 und 1957 wurden in den USA und in England mehrfach Erkrankungen beschrieben, die mit akuter allgemeiner Schwäche und leichtem Fieber, aber ohne neurologische Ausfälle einhergingen, wobei man damals eine »atypische Poliomyelitis« diskutierte. Ähnliche Krankheitssymptome traten zwischen 1950 und 1980 zum Teil epidemieartig auf – weshalb der Begriff »benigne epidemische myalgische Encephalomyelitis« geprägt wurde. 1984 wurden ähnliche Krankheitsbilder in der Region des Lake Tahoe in den USA beobachtet und zogen die Aufmerksamkeit der Medien auf sich. Das Epstein-Barr-Virus oder ein Herpesvirus wurden lange als Ursache angenommen, was sich später nicht bestätigte. Seit 1988 wird das Krankheitsbild von den Centers for Disease Control and Prevention (CDC) in Atlanta als »Chronic Fatigue Syndrom (CFS)« oder chronisches Erschöpfungssyndrom bezeichnet. Es hat auch in Deutschland in den letzten 10 Jahren vermehrt Aufmerksamkeit gefunden, nicht zuletzt durch die Aktivitäten entsprechender Selbsthilfegruppen und selbst ernannter »Experten«, die vehement eine organische oder externe Ursache postulieren, eine seelische Verursachung strikt ablehnen und eine psychiatrische bzw. psychotherapeutische Diagnostik und Behandlung verhindern.

Definition und Diagnosekriterien

Die Diagnose »chronisches Erschöpfungssyndrom« ist rein deskriptiv und entzieht sich einem Nachweis mit objektiven Methoden.

Die 1988 von Fukuda et al. aus den CDC publizierten Diagnosekriterien für das Chronic Fatigue Syndrom wurden 1994 etwas modifiziert [15]:

■ Hauptkriterien
Persistierende Müdigkeit oder leichte Erschöpfbarkeit für mindestens 6 Monate, welche
- nicht durch eine andere Erkrankung erklärt werden kann,
- neu aufgetreten ist,
- nicht Folge einer chronischen Belastungssituation ist,
- nicht deutlich durch Bettruhe zu beheben ist und
- so ausgeprägt ist, dass die durchschnittliche Leistungsfähigkeit deutlich reduziert wird.

■ Nebenkriterien
(mindestens vier Nebenkriterien sechs Monate anhaltend sind zu fordern)
- Halsschmerzen,
- schmerzhafte zervikale oder axilläre Lymphknoten,
- Muskelschmerzen,
- wandernde, nicht entzündliche Arthralgien,
- neu aufgetretene Kopfschmerzen,
- Konzentrations- und Kurzzeitgedächtnisstörungen,
- keine Erholung durch Schlaf,
- verlängerte (> 24 Stunden), generalisierte Müdigkeit nach früher tolerierten Beanspruchungen.

■ Definition der Neurasthenie
In der ICD-10 werden für Neurasthenie (F48.0) als diagnostische Kriterien gesteigerte Ermüdbarkeit nach geistiger Anstrengung oder körperliche Schwäche und Erschöpfbarkeit nach geringsten physischen Belastungen, zusätzlich Muskelschmerzen, Schwindelgefühle, Spannungskopfschmerzen, Schlafstörungen, Reizbarkeit und andere Befindlichkeitsstörungen aufgeführt, die sich mit den Diagnosekriterien des CFS weitgehend decken.

Es bleibt zu bedenken, dass chronische Müdigkeit eine der am häufigsten geäußerten Beschwerden in der Arztpraxis darstellt und sehr viele unterschiedliche körperliche und psychische Störungen damit einhergehen.

Epidemiologie

Betroffen von CFS sind vor allem junge Menschen im Alter zwischen 20 und 40 Jahren. Die Prävalenz wird sehr unterschiedlich angegeben, etwa 0,5 % der Allgemeinbevölkerung in Deutschland seien im Durchschnitt davon betroffen. Frauen seien etwa 1,5 bis 2 mal häufiger als Männer erkrankt [16]. Divergierende Zahlen beruhen nicht zuletzt auf den recht unscharfen diagnostischen Kriterien.

Ätiologie, Diagnostik, Therapie und Prognose
■ Ätiologie
Die Diskussion über die Ursache des CFS wird immer noch sehr kontrovers geführt. Es ist durchaus umstritten, ob es sich überhaupt um eine abgrenzbare, eigenständige Krankheit handelt.

An extremen Standpunkten wird einerseits eine rein somatische Genese vertreten, bisher vor allem gestützt auf immunologische Vorstellungen und Einzelbefunde. Eine Virusgenese wurde niemals belegt. Störungen der Hypophysen-Hypothalamus-Nebennieren-Achse, eine Imbalance der Neurotransmitter, Exposition mit Umweltgiften und neuerdings eine NO-Stoffwechselstörung werden immer wieder als Belege für eine organische Genese vorgebracht. Die moderne Neurobiologie hat ähnliche biochemische Veränderungen auch bei somatoformen und depressiven Störungen gefunden. Trotz einer Fülle von Einzelarbeiten, die den jeweiligen Standpunkt zu untermauern versuchen, besteht letztlich kein allgemeiner Konsens.

Ein psychodynamisches Krankheitskonzept wertet ganz im Gegensatz dazu das CFS als rein psychogen bedingt. Kütemeyer [32] konnte überzeugend darlegen, dass das CFS als besondere Form der Angstneurose aufgefasst werden kann, wobei sie sich auf nachvollziehbare psychoanalytische Erwägungen von Sigmund Freud 1895 bezog.

Schwäche und Fatigue können auch als symbolische Abwehrkonfigurationen interpretiert werden, die gleichermaßen Schuldentlastung, z. B. gegenüber Gewissensvorwürfen, wie Appell nach Hilfe anderer darstellen. Eine bestimmte psychische Disposition scheint eine nicht unerhebliche Rolle zu spielen, da bei vielen CFS-Kranken in der Vorgeschichte psychosomatische Störungen ausgemacht werden konnten. Die psychosomatische Sichtweise wird auch dadurch gestützt, dass häufig bei eingehender Exploration psychodynamisch relevante Faktoren aus der Biografie zu eruieren sind, die sich zwanglos zeitlich mit dem Auftreten der Symptomatik verknüpfen lassen.

Schließlich stellte Nix [42] die Frage, ob es sich hier nicht um eine willkürliche Klassifikation weit verbreiteter Beschwerden handelt, die begleitend bei organischen und häufig bei psychosomatisch erkrankten Patienten zu finden sind. Auch eine eindeutige Abgrenzung gegenüber alltäglichen Befindlichkeitsstörungen ist kaum möglich. Der Übergang zum »Burn-out-Syndrom«, bei welchem die Erschöpfung auf den beruflichen Bereich bezogen wird, ist fließend.

■ **Diagnostik**

Bei diesem ätiologisch uneinheitlichen und in seiner Symptomatik vielgestaltigen Syndrom muss sich die Diagnostik primär auf den sicheren Ausschluss einer organisch fassbaren Erkrankung stützen, wie dies auch bereits in den angeführten Diagnosekriterien gefordert wird. Neben einer eingehenden Anamnese und einer sorgfältigen internistischen und neurologischen Untersuchung ist eine umfassende Labordiagnostik einschließlich immunologischer und endokrinologischer Einzeluntersuchungen erforderlich. Der sicheren Abgrenzung gegenüber anderen Erkrankungen kommt eine ganz entscheidende Bedeutung zu, letztlich bleibt das CFS eine Ausschlussdiagnose. Danach ist nachdrücklich eine psychiatrische Untersuchung mit eingehender biografischer Anamneseerhebung zu fordern, um den Betroffenen tatsächlich »ganzheitlich« im Sinne des bio-psycho-sozialen Krankheitskonzepts gerecht zu werden.

Differentialdiagnostisch muss eine Fülle von Krankheitsbildern bzw. Ursachen erwogen werden, die mit chronischer Müdigkeit einhergehen können. Beispielsweise können ein Schlaf-Apnoe-Syndrom mit häufiger Tagesmüdigkeit (▶ Kap. 27.3.5), eine Narkolepsie (▶ Kap. 23.2.12) oder eine chronische Herzinsuffizienz (▶ Kap. 13) ein CFS nahe legen. Eine umfassende Anamnese bezüglich des Gebrauchs psychotroper Substanzen und der Einnahme von Medikamenten mit sedierender Haupt- oder Nebenwirkung ist unverzichtbar. Eine Chemotherapie oder Radiatio bei Malignomen kann ebenfalls zu erhöhter Erschöpfbarkeit führen (▶ Kap. 10 Onkologische Erkrankungen); eine durch ein Malignom selbst bedingte chronische Müdigkeit ist wissenschaftlich umstritten. Eine erhebliche vorzeitige Erschöpfbarkeit ist auch bei bis zu 70 % der an Multipler Sklerose Erkrankten zu verzeichnen und wird als »MS-Fatigue« bezeichnet. Hier ist der Nachweis der Grundkrankheit essentiell.

Es besteht eine Komorbidität von 80 % mit Depressionen, von 50 % mit Angststörungen und eine häufige Verknüpfung mit Somatisierungsstörungen, Schlafstörungen und Abhängigkeitserkrankungen.

■ **Therapie**

Therapeutisch gelten kognitive Verhaltenstherapie und gestuftes, allmählich aufbauendes körperliches Training als evidenzbasiert. Darüber hinaus werden positive Erfahrungen mit spezifischen Antidepressiva (SSRI) berichtet. Eine medizinische Rehabilitation in einer psychosomatischen Einrichtung sollte stets vor einer zu diskutierenden Berentung erfolgen.

■ **Prognose**

Zum Verlauf der Erkrankung bestehen unterschiedliche Studienergebnisse, das reine CFS wird als eine sich selbst limitierende Krankheit mit günstiger Prognose angesehen, eine Komorbidität mit somatischen oder psychischen Erkrankungen, unter anderem auch mit Alkoholabhängigkeit, verschlechtert die Prognose. Sie ist auch stark von der Dauer und der Ausprägung der Beschwerden abhängig. Einzelne Untersuchungen gehen von einer sehr viel günstigeren Langzeitprognose bei eher problematischer Kurzzeitprognose aus.

Sozialmedizinische Beurteilung

Die sozialmedizinische Begutachtung des CFS wird durch mehrere Faktoren ganz erheblich erschwert. Einerseits ist hier die Vehemenz zu nennen, mit der viele Betroffene und Selbsthilfegruppen auf einseitigen Vorstellungen zur Ätiologie der Beschwerden beharren und mit der eine rentenrelevante Leistungsminderung geltend gemacht wird. Andererseits stellen die wenig validen diagnostischen Kriterien und die oft kaum nachweisbaren und zudem nicht selten widersprüchlichen Befunde ein erhebliches Problem dar. Übereinstimmung besteht darin, dass viele Betroffene unter ihren Beschwerden erheblich leiden, eine Fülle von ärztlichen und paramedizinischen Untersuchungen über sich ergehen lassen und teilweise teuer für bestenfalls unwirksame Behandlungsmethoden (z. B. Ausleitung von Umweltgiften) bezahlen.

Für die Begutachtung gilt, dass eine organische Erkrankung sicher ausgeschlossen werden muss. Ist dies im Vorfeld nicht erfolgt, sollte zunächst ein internistisches bzw. neurologisches Gutachten eingeholt werden. Hierbei ist allerdings zu berücksichtigen, dass wiederholte Labordiagnostik mit in ihrer Aussagefähigkeit nicht allgemein anerkannten Laborparametern einer Chronifizierung der Beschwerden eher Vorschub leisten kann. Sofern kein adäquates organisches Korrelat der Beschwerden gefunden wurde, ist ein psychiatrisch-psychosomatisches Gutachten angezeigt. Die Resultate testpsychologischer Diagnostik können nur in der Zusammenschau aller Befunde gewertet werden und sind keinesfalls unkritisch zur »Objektivierung« von Beschwerden einzusetzen. Die Testdurchführung ist grundsätzlich an die Motivation und Leistungsbereitschaft des Probanden gebunden und sollte daher stets mit Symptomvalidierungstests verknüpft werden (vgl. ▶ Kap. 27.2).

Grundsätzlich gelten die Kriterien der Begutachtung somatoformer Störungen, wobei der Gutachter stets auf den Einzelfall eingehen und versuchen muss, sich mosaiksteinartig ein Bild von der tatsächlich bestehenden Leistungsminderung in allen – auch den privaten – Alltagsbereichen zu machen. Nicht die Diagnose oder Mutmaßungen zur Ätiologie, sondern plausibel zu machende überdauernde Funktionseinschränkungen sind entscheidend.

Das Leistungsvermögen bei erhöhter Erschöpfbarkeit ist sowohl intra- als auch interindividuell sehr unterschiedlich. Zwischen den Erschöpfungszuständen liegen immer wieder Phasen, in denen die Leistungsfähigkeit der Betroffenen kaum eingeschränkt ist und sie normal leben können. Diese Zeiträume sind von unterschiedlicher Dauer. Nur in wenigen Fällen wird von Dauermüdigkeit berichtet, extrem selten von ständiger Bettlägerigkeit. Der Beschreibung des Arbeitsplatzes kommt besondere Bedeutung zu, wobei leichte bis mittelschwere Tätigkeiten unter Vermeidung von überdurchschnittlichem Zeitdruck, Einzel- und Gruppenakkord, Fließbandarbeit sowie Vermeidung von Tätigkeiten mit besonderer Anforderung an die psychische Belastbarkeit ohne zeitliche Einschränkung im Allgemeinen zumutbar sind.

Eine Berentung kann nicht nur eine Entlastung, sondern auch die Grundlage für eine weitere Chronifizierung darstellen, bedingt durch die quasi amtliche Bestätigung der Krankenrolle, mit allen Konsequenzen gegenüber der Umgebung. Der Umstand, dass eine Besserung der Symptomatik den Verlust der (Zeit-)Rente nach sich ziehen kann, hat gravierende Auswirkungen auf die Therapiemotivation, sei es auf bewusster oder unbewusster Ebene. Eine Berentung sollte daher nur in begründeten Ausnahmefällen erfolgen.

Selbstverständlich müssen die Therapie- und Rehabilitationsmöglichkeiten ausgeschöpft sein, bevor dauerhafte Leistungsminderungen festgestellt werden können, und eine Beurteilung der Erwerbsfähigkeit ist im Allgemeinen unmöglich, wenn wichtige therapeutische Optionen noch nicht ausreichend zum Einsatz gekommen sind. Ein mehrjähriger Verlauf und mindestens zwei »konsequente« stationäre Behandlungsversuche seien zu fordern, bevor Erwerbsunfähigkeit anzunehmen sei [58].

Nach Konrad [29] gilt es zu prüfen, inwieweit die neurotische Symptomatik bereits die Organisation der Lebensführung, etwa die Gestaltung des Tagesablaufes übernommen hat, ob eine Einschränkung von Freizeitaktivitäten, Kontaktreduktion oder Interessenabsorption vorliegt und inwieweit eine realitätsverzerrende Wahrnehmung eingetreten ist. Defizite in der sozialen Kompetenz tangieren neben störungsbedingten Auswirkungen auf Haushaltsführung, Partnerschaft oder Familie auch den Aspekt der beruflichen Leistungsfähigkeit. Erst bei Nachweis einer derartigen psychopathologischen Entwicklung dürfte eine vollschichtige Erwerbstätigkeit nicht mehr erwartbar sein.

27.3.3 Umweltassoziierte Erkrankungen

Wolfgang Hausotter

Sogenannte »Umwelterkrankungen« sind seit dem Ende des letzten Jahrhunderts häufiger als Begründung von Anträgen auf Erwerbsminderungsrente zu verzeichnen. Sie sind durch variable Kombinationen unspezifischer Beschwerden mit Chronifizierungstendenz gekennzeichnet, die sich nicht mit einem ausschließlich toxikologisch-allergologischen Ansatz erklären lassen. Zwischen diesen diffus operationalisierten, auf Umwelteinflüsse projizierten Phänomenen wie zum Beispiel »MCS, Multiple Chemical Sensitivity« und »SBS, Sick Building Syndrom« und durch nachweisbare Umweltbelastungen (z. B. Asbest-, Dioxinbelastung) bei Exponierten verursachten und mit reproduzierbarer Symptomatik auftretenden Erkrankungen muss unterschieden werden.

Eine erhebliche Problematik besteht darin, dass bei vielen von einer »Umwelterkrankung« Betroffenen ein Krankheitskonzept anzutreffen ist, das auf ausschließlich toxikologische Ursachen in Kombination mit einer genetisch bedingten »Überempfindlichkeit« fixiert ist und das teilweise iatrogen, durch Selbsthilfegruppen und durch das gesteigerte Medieninteresse am Thema gestützt wird. Dadurch wird jedoch die Aufnahme einer adäquaten multimodalen Behandlung einschließlich psychologischer Betreuung bzw. psychotherapeutischer Behandlung in vielen Fällen verhindert und die subjektiv zunehmenden Beeinträchtigungen können zu sozialem Rückzug und letztlich zur Stellung eines Antrags auf Erwerbsminderungsrente führen.

Die »gefühlte« Umweltbelastung kann nicht als Indikator für tatsächliche schädliche Einwirkungen genommen werden. Im Vergleich zur Blütezeit der Industrialisierung ist die Bevölkerung heute deutlich wahrnehmbaren Schadstoffen wie z. B. Ruß in weit geringerem Ausmaß ausgesetzt. Das Spektrum angeschuldigter Substanzen hat sich von solchen mit eindeutig nachgewiesenem schädigendem Einfluss (z. B. Blei, DDT) zu solchen mit zumindest unklarem oder mutmaßlich schädigendem Einfluss auf die Gesundheit entwickelt. Bekanntermaßen sind es jedoch gerade die Aspekte der Unvorhersehbarkeit, Unkontrollierbarkeit und Unvermeidbarkeit, die die Ängste in der Bevölkerung vor Umwelteinflüssen schüren, nicht selten durch unsachliche Medienberichte forciert. Hinzu kommt der auch zunehmend wichtigere Aspekt der Entschädigung für vermeintlich oder tatsächlich erlittene Schädigungen.

Die resultierenden Begutachtungsprobleme sind ganz erheblich und es besteht bei vielen Gutachtern eine beträchtliche Unsicherheit in der Beurteilung. Dieser Umstand wird nicht selten ausgenutzt, indem einseitig orientierte ärztliche Experten für »Umwelterkrankungen« die alleinige Beurteilungskompetenz derartiger Krankheitsbilder für sich in Anspruch nehmen.

Eine im Jahr 2005 veröffentlichte Studie des Robert-Koch-Institutes hat sich mit Verlauf und Prognose des MCS-Syndroms befasst. Die hypothesengeleitete Datenauswertung ergab für das MCS-Phänomen kein charakteristisches Symptommuster, keinen systematischen Zusammenhang zwischen geklagten Beschwerden und angeschuldigten Noxen, keinen Hinweis auf eine besondere genetische Prädisposition der MCS-Patienten und keinen Beleg für eine eindeutige Störung des olfaktorischen Systems oder eine neurogene Entzündung. Die standardisierte psychiatrische Diagnostik (CIDI) ergab hingegen, dass Umweltambulanzpatienten signifikant häufiger unter psychischen Störungen leiden als die vergleichbare Allgemeinbevölkerung und dass die psychischen Störungen bei den meisten Patienten den umweltbezogenen Beschwerden weit vorausgehen.

Mit Umweltfaktoren in Verbindung gebrachte Erkrankungen, kritische Diskussion und Gemeinsamkeiten

Beispiele für umweltassoziierte Erkrankungen sind:
- Intoxikationen durch organische Lösungsmittel oder Schwermetalle unter Alltagsbedingungen
- Multiple Chemical Sensitivity / Idiopathic Environmental Intolerances
- Sick Building Syndrom
- Chronic Fatigue Syndrom
- Amalgamintoxikation
- Elektrosensibilität
- Tonerüberempfindlichkeit

Von den Vertretern des Konzepts der »Umwelterkrankungen« wird postuliert, dass kleinste Stoffmengen – weit unterhalb der maximalen Arbeitsplatz-Konzentrationen (MAK), wie sie in der Arbeitsmedizin definiert sind – bei bestimmten Personen Krankheitserscheinungen hervor-

rufen sollen, die insgesamt unspezifisch und wenig fassbar sind. Dabei handelt es sich ausdrücklich nicht um allergische Reaktionen. Manche Umweltmediziner zeigen sich hier sehr einseitig einem somatischen Krankheitskonzept verpflichtet und unterstützen die Patienten in ihrer Ablehnung gegenüber dem in diesen Fällen vorrangig anwendbaren bio-psycho-sozialen Krankheitsmodell. Die Patienten sehen sich meist als Opfer äußerer chemischer Einwirkungen, auch wenn allgemein gesicherte Erkenntnisse dazu fehlen und Zusammenhänge im jeweiligen Einzelfall oft noch viel weniger nachweisbar sind.

Dabei werden auch in der Umweltmedizin durchaus konträre Auffassungen vertreten. Im universitären Bereich der Hygieneinstitute und auch der großen klinischen Umweltambulanzen herrscht vor dem Hintergrund der aktuellen wissenschaftlichen Datenbasis eine kritischere Einstellung zu diesen Phänomenen vor. Im Bereich der Individualmedizin wird in vielen Einzelpraxen umweltmedizinisch orientierter Ärzte hingegen ein rein externalisierendes Krankheitskonzept unterstützt und eine entsprechend einseitig ausgerichtete Behandlung angeboten.

Die als umweltassoziiert angesehenen Erkrankungen weisen sehr viele Gemeinsamkeiten auf, vor allem bezüglich der Vielfalt und Variabilität der Befindlichkeitsstörungen:
- Vorzeitige Erschöpfbarkeit, Müdigkeit und allgemeines Schwächegefühl
- Gedächtnis- und Konzentrationsstörungen
- Kopfschmerzen
- Verschwommensehen
- Muskel- und Gelenkschmerzen
- Sensible Missempfindungen
- Schlafstörungen
- Angstgefühle
- Darmstörungen
- Atembeschwerden und vieles andere mehr

Die einzelnen Umweltsyndrome stellen letztlich nur Varianten mit einer unterschiedlichen Gewichtung der oben genannten Kernsymptome dar. Gemeinsam ist ihnen auch, dass sehr viele organische Ursachen diskutiert und enorme Mengen von Labordaten zur Erklärung herangezogen werden. Letztere sind meist widersprüchlich und werden – je nach Untersucher – unterschiedlich interpretiert. Es existieren auch keine allgemein akzeptierten Grenzwerte und Toleranzbereiche, ganz abgesehen von den oft unterschiedlichen Ergebnissen, die beim Biomonitoring dieser extrem niedrigen Substratmengen in biologischen Materialien und in der Umgebung sehr von der Qualität des Labors abhängen.

Handelt es sich bei den Betroffenen um eine Gruppe von Menschen, beispielsweise um Kollegen, die im selben Gebäude arbeiten, so können sich die den vermeintlich schädigenden Umgebungsfaktoren zugeschriebenen Beschwerden und Ängste gegenseitig verstärken (Beispiel »Sick building syndrome«). Unter Toxikopie wird das Auftreten von Symptomen verstanden, die denen einer Vergiftung gleichen, ohne dass jedoch eine relevante Gifteinwirkung nachgewiesen werden konnte. Sie drückt sich in der Angst aus, chronisch vergiftet zu werden, in typischer Form z. B. durch Amalgam.

Aus toxikologischer Sicht wird klar festgestellt, dass nicht allein das Vorhandensein einer Chemikalie zu einem Schaden führt, sondern dass es entscheidend von der Substratkonzentration und der Expositionsdauer abhängt, ob ein Schaden eintritt. Es sind auch keine erkennbaren Wirkungen zu erwarten, wenn eine Person gegenüber mehreren Substanzen exponiert ist, deren Konzentrationen jeweils unter der Wirkschwelle liegen. Damit sind Kombinationswirkungen, wie sie die Umweltmedizin als Erklärung postuliert, toxikologischerseits nicht begründbar.

Abgrenzung von psychoreaktiven Faktoren

Gerade die Abgrenzung von psychoreaktiven Faktoren ist die schwierigste Aufgabe bei der Beurteilung umweltassoziierter Krankheitsbilder. Die meisten Betroffenen lassen seelische Einflüsse nicht gelten und werden darin häufig von ihren behandelnden, umweltmedizinisch orientierten Ärzten unterstützt. Diese weisen zudem oft umfangreiche Laborergebnisse vor, deren praktische Wertigkeit unbewiesen oder zumindest schwer einzuschätzen ist. Die Erkrankten verstehen Laborwerte aber als Beweis einer körperlichen Erkrankung, auch wenn sie selbst am wenigsten in der Lage sind, deren tatsächliche Bedeutung zu erfassen.

Entsprechend schwer – bis unmöglich – ist daher auch im Allgemeinen der Zugang zu aktuellen oder zurückliegenden psychischen Konflikten, die entweder strikt verneint werden oder deren Exploration von Anfang an als unzumutbar empfunden wird. All dies lässt oft eine adäquate Exploration unter psychodynamischen Gesichtspunkten nicht zu. Damit wird ein wichtiger therapeutischer Zugang langfristig verbaut und dem Patienten Schaden zugefügt.

Wenn psychische Auffälligkeiten nicht zu übersehen sind, werden oft Ursache und Wirkung verwechselt. Die seelische Störung wird dann toxischen Umwelteinflüssen zugeschrieben, obgleich sie sich eben doch oft schon langfristig zurückverfolgen lässt. Nicht selten werden präexistente seelische Störungen auf Umwelteinflüsse projiziert, besonders wenn diese in den Medien sehr eindrucksvoll präsentiert werden. Die Betroffenen finden damit für die ihnen unerklärlichen Beschwerden eine außerpsychische Erklärung, die zudem noch körperlich und nicht mit dem Makel einer psychischen Erkrankung behaftet ist.

Das ausgesprochen vielfältige und unspezifische Beschwerdebild der Betroffenen deckt sich weitgehend mit Beschwerdelisten, die aus der Psychiatrie für depressive oder somatoforme Störungen bekannt sind, z. B.:

- Neurasthenie (F48.0)
- Somatisierungsstörung (F45.0)
- Somatoforme autonome Funktionsstörung (F45.3)
- Anhaltende somatoforme Schmerzstörung (F45.4)
- Hypochondrische Störung (F45.2)
- Angststörungen (F41)
- Wahnhafte Störungen (F22), z. B. Vergiftungswahn
- Persönlichkeitsstörungen (F60–63)
- Depressionen mit ihren vielfältigen Vitalstörungen

Organische Psychosyndrome, wie sie bei tatsächlichen Intoxikationen, etwa bei beruflicher Exposition, gefunden werden und die wissenschaftlich gut erforscht sind, finden sich im Zusammenhang mit »Umwelterkrankungen« nicht.

Einzelne Krankheitsbilder

▪ Intoxikation durch organische Lösungsmittel und Schwermetalle

Am häufigsten werden in der Umweltmedizin Einwirkungen organischer Lösungsmittel und Schwermetalle als Ursache von Befindlichkeitsstörungen geltend gemacht. Es existiert eine nahezu unübersehbare Fülle von aromatischen, auch halogenierten Kohlenwasserstoffen und organischen Phosphorverbindungen mit einer sehr breiten Verwendung als organische Lösungsmittel, Pestizide, Fungizide, Holzschutzmittel und Desinfektionsmittel. Auch PCP, Dioxin und einige Schwermetalle werden immer wieder – unter normalen Umweltbedingungen – als ursächlich für vielfältige Befindlichkeitsstörungen angesehen.

Klinisch findet sich der eingangs erwähnte »Symptompool« mit einer Fülle ganz unterschiedlicher und uncharakteristischer Beschwerden. Gerade diese wenig fassbaren Befindlichkeitsstörungen geben oft Anlass zur Begutachtung im Rentenverfahren, wenn der Betroffene sich nicht mehr in der Lage fühlt, beruflich tätig zu sein. Ein Zusammenhang mit einer relevanten Exposition gegenüber Umweltgiften ist im Einzelfall kaum je beweisbar.

▪ Multiple Chemical Sensitivity

Das Krankheitsbild der »Vielfachen Chemikalienunverträglichkeit« (VCU) bzw. der »Multiple Chemical Sensitivity« (MCS), neuerdings als »Idiopathic Environmental Intolerances« (IEI) bezeichnet, wird in den USA wie folgt definiert:

Multiple Chemical Sensitivity

»Eine erworbene Störung, die charakterisiert ist durch multiple rezidivierende Symptome, vorzugsweise an mehreren Organsystemen, die als Antwort auf nachweisbare Expositionen gegenüber vielen chemisch miteinander nicht verwandten Stoffen bei Dosen auftreten, die weit unter denen liegen, die in der allgemeinen Bevölkerung für schädigend gehalten werden. Kein einziger allgemein akzeptierter Test von physiologischen Funktionen kann nachgewiesen werden, der mit diesen Symptomen korreliert.« [47]

Eine andere Krankheitsbeschreibung geht von einer erworbenen Störung mit multiplen rezidivierenden Beschwerden aus, die in Zusammenhang mit solchen Umwelteinflüssen gesehen werden, die von der Mehrheit der Bevölkerung problemlos vertragen werden und die durch keine bekannte medizinische oder psychische Störung erklärbar sind.

Die Überempfindlichkeit erstreckt sich auf geringste Konzentrationen unterschiedlichster Chemikalien, die in Nahrungsmitteln, Konservierungsmitteln, Insektiziden, Lösungsmitteln, Farben, Duftstoffen, Kosmetika, Textilien, Möbeln, Tapeten, Fußbodenbelägen und vielen anderen alltäglichen Dingen enthalten sind. Bei minimalen Schwellenwerten dieser Substanzen sollen sich z. T. dramatische Symptome zeigen, ohne dass irgendein fassbarer Untersuchungsbefund vorliegt. Frauen sollen 2–3 mal häufiger erkranken als Männer. Hinsichtlich des Beschwerdebildes und der Beurteilung gelten die für die Intoxikation mit Lösungsmitteln angeführten Überlegungen.

Eine Komorbidität mit psychischen Erkrankungen ist häufig. Bei der überwiegenden Mehrzahl der Betroffenen liegen psychische Störungen vor. Neben psychotischen Erkrankungen mit umweltbezogenen Wahnsystemen werden Dysthymien, Persönlichkeitsstörungen, Angststörungen, somatoforme Störungen, aber auch eine Vielzahl anderer psychischer Krankheitsbilder gesehen. Ein rein somatisches Krankheitsmodell im Sinne einer »Vergiftung und Immunschwäche« wird auch hier nachdrücklich propagiert und verbaut den Zugang zu einer adäquaten Behandlung. Im somatischen Bereich ist eine solche jedenfalls in sinnvoller Form nicht möglich.

- **Sick Building Syndrom**

Laut Definition der WHO 1983 (nach Brede-Weisflog [7]) klagt ein mehr oder minder großer Personenkreis über unspezifische Beschwerden bzw. Befindlichkeitsstörungen – besonders Schleimhautreizungen von Augen, Nase und Rachen –, die vorzugsweise beim beruflichen Aufenthalt in Innenräumen von Gebäuden auftreten und sich beim Verlassen der Räume bessern oder verschwinden.

Auch Kopfschmerzen, rasche Ermüdbarkeit, Benommenheit, Konzentrationsstörungen, Schwindel, Übelkeit und Nasenbluten werden angegeben.

Bemerkenswert ist, dass vor allem der Aufenthalt in Verwaltungs- und Büroräumen – so gut wie nie in Fabrikhallen mit gewöhnlich weitaus höheren Expositionen gegenüber toxischen Substanzen – verantwortlich gemacht wird. Es ist somit ganz überwiegend eine Erkrankung von Angestellten, sehr viel weniger von handwerklich Tätigen. Es existiert kein klares ätiologisches Konzept. Wurden früher vielfältige physikalische und chemische Faktoren, vor allem Klimaanlagen und das Raumklima angeschuldigt, sieht man heute das Betriebsklima als entscheidend ursächlich an.

Eine quantitative oder gravierende qualitative Leistungsminderung im Erwerbsleben lässt sich hieraus nicht ableiten, es sei denn, es käme zu einer derart schweren seelischen Fehlentwicklung, die ihrerseits eigenständigen Krankheitswert erlangte und die Annahme einer Leistungsminderung rechtfertigte.

- **Amalgam-Syndrom**

Das Amalgam-Syndrom soll hier nur am Rande erwähnt werden. Ein Zusammenhang zwischen der Anzahl an Amalgamzahnfüllungen und der Beschwerdeintensität ist mittlerweile auch nach den Ergebnissen der Anfang 2008 veröffentlichten Münchner Amalgam-Studie [38] nicht erwiesen.

- **Elektrosensibilität**

Der Einfluss elektromagnetischer Wellen bzw. Felder auf den Menschen wird seit Jahren unter dem Schlagwort »Elektrosmog« diskutiert. Ihre ständige und selbstverständliche Gegenwart durch Funk und Fernsehen, Telefon, Notrufnetze, elektrische Leitungen, Satelliten u. a., auch im Haushalt in Form des Mikrowellenherdes ist uns heute kaum mehr bewusst, denn sie gehören zu unserem normalen Alltag. Dennoch sind einzelne Menschen davon überzeugt, genau auf diese Strahlen mit Krankheitserscheinungen zu reagieren. Besonders heftig umstritten ist dabei der Einfluss von Mobilfunk-Sendeanlagen und Handys. Ein wissenschaftlich gesicherter Beleg für eine organische Schädigung existiert bisher nicht. Die geltend gemachten Beschwerden entsprechen wiederum dem eingangs erwähnten »Symptompool«. Die Ursachenzuschreibung ist kulturellen Einflüssen unterworfen und hat sich im Laufe der Zeit gewandelt. Früher wurden eher »Erdstrahlen« und »Wasseradern« ursächlich für Beschwerden verantwortlich gemacht, während die Bedrohung in jüngster Zeit stärker auf zivilisatorische Begleiterscheinungen bezogen wird. Eine rentenrelevante Leistungsminderung liegt hier sicher nicht vor.

■ Tonerüberempfindlichkeit

Auf die Einwirkung von Tonerpartikeln aus Laserdruckern und Fotokopierern werden seitens der Patienten Kopfschmerzen, Dauerschnupfen, Atembeschwerden, Halsschmerzen, Reizhusten und Entzündungen der Nasennebenhöhlen zurückgeführt. Die aktuelle Studienlage legt nahe, dass bei Personen mit überempfindlichen Schleimhäuten der oberen und unteren Atemwege durch Tonerpartikel Irritationen ausgelöst werden können, da die Tonerstäube alveolengängig sind. Echte Allergien sind sehr selten. Ein sicherer Kausalzusammenhang zwischen diesen Emissionen und chronischen Atemwegserkrankungen oder Lungenfibrosen konnte bislang nicht nachgewiesen werden. Experimentelle Studien und Tierversuche konnten jedoch eine kanzerogene Wirkung nicht ausschließen. Die aktuelle Datenlage lässt hier noch keine abschließende Beurteilung zu. Es gibt Hinweise darauf, dass diese Feinstäube genotoxisch wirken. Zu diesem Aspekt sind noch weitere Untersuchungen erforderlich. Entscheidend ist jedoch, dass bei Beachtung arbeitshygienischer Maßnahmen sowohl die Atemwegsirritationen als auch potentielle Gefährdungen verhindert werden können [53]. Auch das Bundesinstitut für Risikobewertung (BfR) schloss 2008 gesundheitliche Beeinträchtigungen wie Schleimhautbeschwerden und Reizungen des Atemtraktes durch Emissionen aus Büromaschinen nicht aus. Schwerwiegende Gesundheitsschäden seien jedoch nach den ärztlichen Daten nicht beobachtet worden [8].

Sozialmedizinische Beurteilung

In der Begutachtung umweltassoziierter Erkrankungen gilt es, primär die uncharakteristischen Beschwerden entweder organisch zu erklären oder eine somatische Ursache auszuschließen. Daher ist auch hier die fundierte und seriöse organische Abklärung im Rahmen einer internistischen und ggf. toxikologischen Untersuchung vorrangig. Daran sollte sich eine psychiatrisch-psychosomatische Untersuchung anschließen. Häufig werden hierbei schwerwiegende seelische Störungen aufgedeckt, die durchaus eine relevante quantitative Leistungsminderung begründen können. Voraussetzung ist, dass sich der Betroffene in der Exploration öffnet und kooperiert.

Die Begutachtung muss sich stets am Einzelfall orientieren. Ausschließlich unter somatischen Aspekten wird eine zeitliche Leistungsminderung im Erwerbsleben kaum je begründbar sein, ebenso wenig ein Kausalzusammenhang mit niedriger Schadstoffexposition. Falls keine Komorbidität der MCS mit einer relevanten seelischen Störung vorliegt, lässt sich eine Leistungsminderung im Erwerbsleben nicht ableiten. Bei ausgeprägten subjektiven Beschwerden kann aber ein deutlicher sozialer Rückzug erfolgen, der sich auch auf das Arbeitsleben auswirkt, welches häufig ohnehin für das Beschwerdebild (mit-)ver-

antwortlich gemacht wird. Diese ungünstige Entwicklung kann solche Ausmaße annehmen, dass tatsächlich gelegentlich das Vorliegen einer Minderung der Erwerbsfähigkeit konstatiert werden muss.

Vor der Zuerkennung einer Erwerbsminderungsrente sollten die Möglichkeiten von Rehabilitationsmaßnahmen unbedingt ausgeschöpft werden. Die Rehabilitation ist auch bei sog. »Umwelterkrankungen« funktionsorientiert und final ausgerichtet. Das bedeutet, dass unabhängig von der angenommenen oder nachgewiesenen Ursache der Beschwerden eine multimodale Unterstützung des Copings von Funktionsbeeinträchtigungen angestrebt wird. Auf die Behandlung von Patienten mit »Umwelterkrankungen« spezialisierte Kliniken, die unkritisch die Vorstellungen ihrer Patienten hinsichtlich einer organischen Genese unterstützen und seelische Faktoren ablehnen, erfüllen nicht die Anforderungen hinsichtlich einer Erfolg versprechenden Rehabilitation. Das Beschwerdebild wird lediglich weiter fixiert und die schiere Unmöglichkeit der Vermeidung jedweder chemischen Substanzen im normalen Alltag kann letztlich zu einem endgültigen Rückzug aus dem sozialen und Berufsleben führen.

Weder eine entsprechende Diagnose noch eine umfangreiche Zusammenstellung von Laborparametern sagt etwas über die Leistungsfähigkeit des Probanden aus. Entscheidend ist, welche Teilhabestörungen festgestellt werden.

Die grundsätzlichen Probleme dabei sind:
- Die Beschwerden sind nicht objektivierbar.
- Es gibt keinen Konsens über Ätiologie und Pathogenese.
- Es liegen keine kontrollierten Therapiestudien über mögliche Therapien vor.

Im Gutachten sollen die objektiven Funktionseinschränkungen dargelegt werden. Eine ausführliche Exploration unter psychiatrischen Gesichtspunkten ist dabei stets erforderlich. Fassbare Befunde und diesbezügliche Vorstellungen der Antragsteller klaffen häufig auseinander. Diskussionen über die Diagnose mit dem Betroffenen und seiner Selbsthilfegruppe sind nicht zielführend und können die gutachterliche Untersuchung erheblich erschweren. Heftig geführte Kontroversen zwischen Medizinern mit unterschiedlichen Auffassungen zu den unter »Umwelterkrankungen« subsummierten Beschwerdebildern werden nicht selten auch vor Sozialgerichten ausgefochten. Man sollte sich hier als Gutachter keinesfalls hineinziehen lassen. Oft liegen eindeutige psychische Erkrankungen vor, die fehldiagnostiziert wurden.

Es ist zu empfehlen, die vielfältigen, mit Umweltfaktoren in Zusammenhang gebrachten Krankheitsbilder, denen zumeist ein objektivierbares organisches Korrelat fehlt, nach den Kriterien für die funktionellen bzw. somatoformen Störungen zu beurteilen. Sehr wertvoll ist es auch hier, sich minutiös den Tagesablauf von dem Probanden schildern zu lassen, um sich ein plastisches Bild von einer möglicherweise vorhandenen Leistungsminderung zu verschaffen. Die Erhebung der Fremdanamnese durch Familienangehörige ist – mit Zustimmung des Probanden – durchaus wertvoll, vor allem, wenn sie spontan ohne besondere häusliche Vorbereitung erfolgen kann.

Grundsätzlich ist es für den Gutachter erforderlich, eine sachliche Haltung zu bewahren und zu einem unvoreingenommenen Umgang mit dem Probanden zu finden. Emotionsgeladene Gegenübertragungsreaktionen hinsichtlich der Vermittlung der eigenen Überzeugungen zur Genese der Beschwerden an den Probanden sind in der Gutachtensituation zu vermeiden.

27.3.4 Zervikales Beschleunigungstrauma

Wolfgang Hausotter

Die gelegentlich noch als »Schleudertrauma« bezeichnete Distorsion der HWS bei einem Auffahrunfall hat in der kausalen Begutachtung für die Unfallversicherung durch ihre Häufigkeit enorme Bedeutung. Sofern eine entsprechende Kausalität der Schädigung ermittelt werden kann, ist die Zuständigkeit der Unfallversicherung für medizinische und eventuelle weitere Leistungen vorrangig gegeben. In der finalen Betrachtungsweise für die Rentenversicherung werden dagegen Befindlichkeitsstörungen und ggf. Funktionseinschränkungen im Hinblick auf die aktuelle Leistungsfähigkeit unabhängig von der konkreten Ursache bewertet. Als Erstgutachter sollte stets ein Orthopäde gewählt werden, um die Auswirkungen eventueller struktureller Schäden an der Wirbelsäule zu beurteilen. Werden Nervenwurzelreiz- oder Ausfallerscheinungen vermutet, ist der Neurologe auf Grund seiner Fachkompetenz und seiner diagnostischen Möglichkeiten unverzichtbar. Wird Schwindel oder Tinnitus geklagt, sollte der HNO-Arzt eingeschaltet werden. Häufig ergeben sich Diskrepanzen zwischen Art und Ausmaß der vorgebrachten Beschwerden und dem objektivierbaren Organbefund, so dass dann ein psychiatrisches Gutachten erforderlich wird. Bereits in der bahnbrechenden Publikation von Gay und Abbott [17], die »whiplash injury« auch in Europa zu einem feststehenden Begriff werden ließ, wird eine Prävalenz von 50 % für psychoneurotische Beschwerden bei den Betroffenen vermerkt.

Geltend gemachte Unfallfolgen

Schwere knöcherne und diskoligamentäre Verletzungen und eindeutige radikuläre oder medulläre Läsionen nach Schädigungen der HWS sind einfach zu erfassen, da in den bildgebenden Verfahren objektivierbar, und stellen meist keine gutachtlichen Probleme dar (vgl. ▶ Kap. 7). Sie sollen daher hier nicht näher betrachtet werden. Sie müssen jedoch bei der Beurteilung ausgeschlossen bzw. in ihren Auswirkungen auf die Leistungsfähigkeit adäquat bewertet werden. Der Begriff »Schleudertrauma« beschreibt lediglich einen Unfallmechanismus und keine ätiologisch begründete Diagnose.

Die Klassifikation nach Erdmann hat eine lange Tradition, wird aber heute zunehmend kritisch gesehen, da keine klaren Abgrenzungskriterien der Gradeinteilung bestehen. Durch die Verfügbarkeit der MRT ist auch ein Wandel in der Frühdiagnostik und der späteren Begutachtung eingetreten.

In ◻ Tab. 27.3 ist die Klassifikation der HWS-Distorsion modifiziert nach Erdmann und der Leitlinie: Begutachtung der Halswirbelsäulendistorsion nach C.J.G. Lang et al. [33] dargestellt.

Die Quebec Task Force-Klassifikation [50], die sich heute zunehmend durchgesetzt hat, unterteilt die HWS-Beschleunigungsverletzung wie folgt:

Grad I: Nackenschmerz
Grad II: Nackenschmerz, Muskelhartspann, reduzierte HWS-Beweglichkeit
Grad III: + neurologisches Defizit
Grad IV: + radiologisch Fraktur oder Dislokation

Bei etwa 15–20 % der Verletzten persistiert eine Beschwerdesymptomatik über mehr als 6 Monate und dies gerade bei leichten HWS-Distorsionen ohne strukturelle Schädigung. Ähnliches ist von leichten Schädel-Hirn-Traumen bekannt. Es wird über eine Fülle von Befindlichkeitsstörungen geklagt wie rasche Ermüdbarkeit, Tagesmüdigkeit, Schlafstörungen, Verminderung der Merk- und Konzentrationsfähigkeit, Schwindel, Ohrgeräusche, Geräuschüberempfindlichkeit, Reizbarkeit, Angst, verminderte subjektive Belastbarkeit u.a. Man spricht auch von pseudoneurasthenischen Beschwerden.

Klinisch finden sich muskuläre Verspannungen der HWS, wie sie auch bei gesunden Menschen außerordentlich häufig vorkommen, mit entsprechender Bewegungseinschränkung des Kopfes, die natürlich auch von der Mitarbeit des Untersuchten abhängt. Die neurophysiologische Zusatzdiagnostik ergibt keine Normabweichung und in der bildgebenden Diagnostik zeigen sich meist altersentsprechende degenerative Veränderungen oder die »Steilstellung der HWS«, die häufig einem Artefakt bei der Röntgenaufnahme entspricht (der Patient soll die Schultern nach unten ziehen und aufrecht stehen, um die untersten Wirbel der HWS darstellen zu können!). Es lassen sich somit keine dem Ausmaß der Beschwerden entsprechenden Befunde erheben. Daher ist es gerechtfertigt, diese persistierenden Beschwerden unter dem Aspekt funktioneller oder somatoformer Störungen zu diskutieren.

◻ Tab. 27.3 Klassifikation der HWS-Distorsion modifiziert nach Erdmann [11] und Lang et al. [33]

Kriterien	Grad I	Grad II	Grad III
Symptomatik	Schmerzen der Hals-muskulatur, Bewegungs-einschränkung	Wie bei Grad I, ohne Intervall, Schmerzen im Mundbogen, Parästhesien der Arme	Zusätzlich Insuffizienz der Hals-muskulatur möglich, Brachialgien, Armparesen
Symptomfreies Intervall	Häufig, meist > 1 Stunde	Selten, meist < 1 Stunde	Fehlt meist
Beschwerdedauer	Tage bis Wochen	Wochen bis Monate	Oft Monate, selten > 1 Jahr
Bettlägerigkeit	Meist nicht gegeben	Häufig	Sehr häufig
Dauer der Arbeits-unfähigkeit	0–4 Wochen	0–6 Wochen	Mehr als 6 Wochen
Anhaltspunkte für die MdE	Nein	Bis 10 %	Abhängig von der radikulären oder ggf. medullären Symptomatik
Neurostatus	Keine Ausfälle, evt. Bewegungseinschränkung der HWS	Keine Ausfälle, schmerzhafte Bewegungseinschränkung der HWS	Sensible und/oder motorische Reiz- und Ausfallerscheinungen
Morphologie	Distorsion, Dehnung und Zerrung des HWS-Weichteil-mantels	Zusätzlich Gelenkkapseleinrisse, Muskelzerrungen, retropharynge-ales Hämatom	Diskusblutung oder -riss, Bandrup-tur, Wirbelkörperfraktur, Luxation, Nerv-, Wurzel- Rückenmarksläsion
HWS-Röntgen	Unauffällig, evt. neu aufge-tretene Steilstellung	Evt. neu aufgetretene Steilstel-lung, kyphotischer Knick	Fraktur, Fehlstellung, Aufklappbar-keit bei Funktionsaufnahme

Es wurde eine Fülle von möglichen Ursachen der Befindlichkeitsstörungen diskutiert. Eine transiente Hirnstammdysfunktion lässt sich bei der Dauer der Crashphase von nur 1/10 Sekunde nicht als Erklärung heranziehen. Eine rein muskuläre Erklärung ist im Hinblick auf die übrigen Beschwerden nicht schlüssig. Gelegentlich zitierte »neurootologische« Befunde sind unspezifisch und finden sich auch bei ganz anderen Krankheitsbildern in ähnlicher Form. Es besteht hier auch die Gefahr der Überbewertung radiologischer Befunde, insbesondere einer postulierten Läsion der Ligamenta alaria, die heute überwiegend als Begründung derartiger Beschwerden abgelehnt wird.

Neuropsychologische Leistungsdefizite haben sich in der Spätphase nach Distorsionen der HWS und als Dauerfolgen bisher nicht sichern lassen. In der Akutphase können solche vorübergehend bestehen, allerdings unter Berücksichtigung psychoreaktiver Störungen und möglicherweise in Abhängigkeit von Medikamenten, insbesondere Schmerzmitteln zu Beginn der Beschwerden.

Es verbleiben daher seelische Störungen im weitesten Sinne als Erklärung für die nach einer HWS-Distorsion vorgebrachten Befindlichkeitsstörungen. Sie reichen von einer akuten Belastungsreaktion (F43.0), über Anpassungsstörungen (F43.2) bis hin zu einer – eher seltenen – posttraumatischen Belastungsstörung (F43.1). Somatoforme Störungen verschiedenster Art, besonders eine anhaltende somatoforme Schmerzstörung (F45.4) werden ebenso beobachtet wie dissoziative oder Konversionsstörungen (F44) und nicht zuletzt die Entwicklung körper-licher Störungen aus psychischen Gründen (F68.0), womit bereits auf das häufige Problem des Entschädigungsbegehrens und der Wiedergutmachungsvorstellungen zu verweisen ist, welches hier nicht vernachlässigt werden sollte. Auch darauf wiesen schon die ersten Publikationen zu diesem Thema hin.

Sozialmedizinische Beurteilung

Für die Rentenversicherung ist das Vorliegen einer objektivierbaren und anhaltenden Funktionseinschränkung entscheidend. Eine Verletzung der Halswirbelsäule ist nur dann bewiesen, wenn sie morphologisch, d. h. mit bildgebenden Verfahren nachgewiesen ist. Allein auf Grund der Beschwerdeschilderung oder klinischer Befunde im Sinne von muskulären Verspannungen oder einer Bewegungseinschränkung ist eine angenommene Verletzung nicht zu beweisen. Die Symptomatik nach einer HWS-Distorsion unterscheidet sich nicht von der eines Zervikalsyndroms auf degenerativer Grundlage. Für die gesetzliche Rentenversicherung ist die bestehende Funktionseinschränkung entscheidend. Frühzeitig sollte, gerade bei Fehlen manifester körperlicher Befunde, die psychische Situation abgeklärt werden.

Es ist bekannt, dass selbst Versicherte nach schweren Wirbelsäulentraumen und mit ausgeprägten degenerativen oder entzündlichen Wirbelsäulenerkrankungen ohne wesentliche Probleme beruflich wieder eingegliedert werden können, wenn der Wunsch dazu besteht. Fehlt diese Motivation und besteht ein entsprechender Krankheitsgewinn, so kann auch einer Rehabilitationsmaßnahme kein Erfolg beschieden sein. Sie ist daher nicht sinnvoll und verursacht zudem unnötige Kosten.

Nach den »Anhaltspunkten für die Begutachtung der Halswirbelverletzungen« der Deutschen Gesellschaft für Unfallchirurgie (DGU) [56] gilt:

Wenn nach einem Unfall lang dauernde Verletzungsfolgen der HWS geltend gemacht werden, sind folgende Störungen zu diskutieren:

1. Nach Verletzungen vom Quebec Typ I und II: Bei länger dauernden Beschwerden eine somatoforme Störung
2. Unfallunabhängige bandscheibenbedingte degenerative Veränderungen der HWS
3. Folgen einer knöchernen oder diskoligamentären Verletzung
4. Neurologisches Defizit (Nervenwurzelirritation, medulläre Symptomatik, neurologische Folgen einer Gefäßverletzung) entsprechend Quebec Typ III
5. Aggravation oder Simulation (unter Umständen in Kombination mit 1 bis 4)

Die Begutachtung wird sich auch hier an den Kriterien der Beurteilung somatoformer Störungen orientieren.

27.3.5 Schlafstörungen

Ingo Fietze

Klassifikationen und Stadieneinteilungen

Schlafstörungen sind eine Erkrankungsgruppe, die in einer internationalen Klassifikation, der ICSD-2, zusammengeführt sind. Die ca. 80 Schlafstörungen verteilen sich im Wesentlichen auf 6 Gruppen. In der ICD-10 sind zumindest die schlafbezogenen Atmungsstörungen (siehe ▶ Kap. 15.2.7), die schlafbezogenen Bewegungsstörungen, die Narkolepsie (▶ Kap. 23.2.12) und die Insomnie mit eigenen oder übergreifenden Diagnoseschlüsseln vertreten.

Der Nicht erholsame Schlaf (NES), wie auch in der neuen S3-Leitlinie der DGSM (Deutsche Gesellschaft für Schlafforschung und Schlafmedizin) ausgeführt, ist das klinische Leitsymptom von Schlafstörungen. Er kann aber auch Folge einer Vielzahl von äußeren und inneren, den Schlaf beeinflussenden Umständen sein. Sind derartige Einflussfaktoren als primäre Ursache ausgeschlossen, dann kann eine Schlafstörung im engeren Sinne zugrunde liegen.

Es ist daher wichtig, dass der Hausarzt oder der betreuende Facharzt, der Arbeitsmediziner oder der Gutachter auch an eine Schlafstörung denkt und Betroffene identifiziert, für die der Einsatz apparativer Diagnostik durch Spezialisten mit der Zusatzbezeichnung Schlafmedizin erforderlich ist. In den meisten Fällen kann die Diagnose auch ohne Zuhilfenahme spezifischer apparativer Diagnostik ausschließlich anamnestisch und klinisch gestellt werden. Auch die Betroffenen selbst können übrigens in vielen Fällen, soweit sie ausreichend informiert sind, durch Verhaltensänderung bereits zur Verbesserung beitragen und der Entwicklung einer manifesten Schlafstörung vorbeugen.

Spezifische krankheitsbedingte Beeinträchtigungen nach ICF

Das aus dem Nicht erholsamen Schlaf resultierende chronische Schlafdefizit oder auch die extreme Müdigkeit können im Verlauf zunächst zu beträchtlichen kognitiven, später auch physischen Einschränkungen führen. Fähigkeiten zur Planung und Strukturierung von Aufgaben, Ausdauer, Entscheidungs- und Urteilsfähigkeit und das Konzentrationsvermögen können betroffen sein. Auch körperlich anstrengende Aktivitäten werden letztendlich beeinträchtigt. Extreme Müdigkeit birgt durch Einschränkungen der Aufmerksamkeit und des Reaktionsvermögens das zusätzliche Risiko der Selbstgefährdung oder Gefährdung anderer Personen, z. B. im Straßenverkehr, und damit Beeinträchtigungen von Aktivitäten und Teilhabe.

Diagnostik, Sachaufklärung

Eine weiterführende Differentialdiagnostik und Therapie der vorliegenden Schlafstörung sollten durch einen Schlafmediziner erfolgen. Schlafmedizin ist eine Zusatzbezeichnung, die Neurologen, Psychiater, HNO-Ärzte, Internisten (meist Pneumologen) und Pädiater erwerben können. Die Versorgungsstruktur in Deutschland sieht so aus, dass es ausreichend Schlaflabore gibt, jedoch nur wenige schlafmedizinische Spezialsprechstunden. Diese sind meist an den Universitäten angesiedelt. Von einem Nicht erholsamen Schlaf Betroffene sollten an eine der Spezialambulanzen oder an schlafmedizinisch ausgebildete Internisten, Neurologen, Psychiater, HNO-Ärzte oder Pädiater überwiesen werden. Sie bahnen den Weg in ein Schlaflabor bzw. zu einer weiterführenden spezialisierten ambulanten schlafmedizinischen Betreuung oder mit einer Therapieempfehlung zurück zum behandelnden Arzt.

In Abhängigkeit von Beschwerdebild und Verdachtsdiagnose ergeben sich unterschiedliche Diagnostik- und Behandlungspfade, die im Folgenden aufgeführt sind.

- **Insomnie**

Die Insomnie ist die häufigste Schlafstörung. Mehr als 1/3 der Bevölkerung kennen gelegentliche Schlafstörungen, ca. 10 % haben sie chronisch und ca. 4 % haben eine chronisch behandlungsbedürftige Insomnie.

Die Pathogenese der Insomnie beruht auf einer Störung des zirkadianen Systems, der neuro-humoralen Schlaf-Wach-Regulation und/oder der Störung des Einflusses von Enzymen und Hormonen der Immunregulation. Wir unterscheiden nach Verlauf die akute und die chronische, länger als 4 Wochen bestehende Insomnie, sowie nach der Art die Einschlaf- von der Durchschlafstörung und dem frühzeitigen morgendlichen Erwachen. Eine chronische Einschlafstörung liegt dann vor, wenn die Einschlaflatenz mehr als dreimal in der Woche über 30 Minuten liegt, eine Durchschlafstörung, wenn mehr als dreimal pro Woche das erneute Einschlafen nach nächtlichem Aufwachen länger als 30 Minuten dauert. Morgendliches Früherwachen ist die Unfähigkeit nach zeitigem Erwachen wieder einzuschlafen.

Häufig sind Menschen von idiopathischer Insomnie betroffen, die schon als Kinder oder Jugendliche einen sensiblen/gestörten Schlaf hatten. Für den Beginn einer chronischen Schlafstörung braucht es bei diesen Personen nicht zwingend einen auslösenden Faktor. Der psychophysiologischen Insomnie liegt meist Stress als auslösender Faktor zugrunde. Aber auch hier braucht es eine besondere Empfänglichkeit für die Entwicklung einer Schlafstörung durch Stress. Prädisponierende Faktoren für die Entwicklung einer derartigen Insomnie sind jedoch bisher nicht bekannt.

Andere Formen der Insomnie sind die paradoxe Insomnie (Fehlwahrnehmung des Schlafes), die durch Medikamente bedingte Insomnie und die Insomnie durch andere somatische oder psychische Erkrankungen.

■■ Spezifische Diagnostik

Die Diagnostik der Insomnie erfolgt anamnestisch. Bei Durchschlafstörungen kann differentialdiagnostisch die Durchführung einer ambulanten Polygraphie zur Objektivierung von Atmungsstörungen und periodischer Beinbewegungen im Schlaf helfen. Zusätzlich empfehlen sich ein Schlaftagebuch und/oder eine Aktigraphie zum objektiven Vergleich von subjektiver und objektiver Schlafzeit.

Spezifische Fragebögen wie z. B. ISI (Insomnia Severity Scale), PSQI (Pittsburgh Schlafqualitätsindex) oder MMST (Mini-Mental-Status-Test), allgemeine Fragebögen zur Lebensqualität und Fragebögen zu psychiatrischen Grunderkrankungen runden die Diagnostik ab. Weiterführende Labortests (Melatonin, Orexin) oder spezifische kognitive Leistungstests haben in der Routine noch keinen Stellenwert, können bei Bedarf oder bei gutachterlichen Fragestellungen aber zum Einsatz kommen (siehe Leitlinie S3). Genetische Untersuchungen gibt es bisher nicht.

Bei anamnestischem Verdacht auf das Vorliegen einer zusätzlichen Schlafstörung (schlafbezogene Atmungsstörungen, Narkolepsie, Restless Legs Syndrom u. a.), bei auffälligem polygraphischem Befund oder bei Verdacht auf eine paradoxe Insomnie ergibt sich die Indikation für eine Untersuchung im Schlaflabor für mindestens zwei Nächte.

■■ Spezifische Therapie

Die Stufentherapie der Insomnie besteht in der Aufklärung und Umsetzung schlafhygienischer Maßnahmen, der kognitiven Verhaltenstherapie und bei Bedarf der medikamentösen Therapie. Ziel der Behandlung ist eine Stabilisierung des Schlaf-Wach-Rhythmus und die Verbesserung oder Wiederherstellung der Leistungsfähigkeit. Gelingt die Therapie, dann ist sie bis zur Stabilisierung fortzuführen und dann ggf. auszuschleichen. Kognitive Verhaltenstherapie kann ebenso effektiv sein wie die medikamentöse Therapie, nur gibt es die in den Forschungen angewandten Praktiken in der Routine kaum. Es fehlen auch Langzeit-Studien zum Verlauf nach Beendigung dieser Therapie. Einmal erfolgreich therapierte Insomnie-Patienten können jederzeit erneut in eine Phase der Schlafstörung rutschen. Schließlich gibt es Patienten, die ein Leben lang Medikamente benötigen, um ein Mindestmaß an Schlaf zu bekommen und psychische Folgeerkrankungen zu vermeiden.

Gelingt dies nicht oder nicht in ausreichendem Maße, was sehr oft der Fall ist, dann sind die Betroffenen deutlich beeinträchtigt. Es kommt zu einer Einschränkung der kognitiven und psychischen Leistungsfähigkeit, oft entwickelt sich zusätzlich eine Depression. Körperliche Folgeerkrankungen sind bisher nicht wissenschaftlich belegt, jedoch gibt es erste Hinweise auf Blutdruckanstieg, metabolische Veränderungen und sinkende Lebenserwartung.

■ Schlaf-Wach-Rhythmusstörungen

Selten ist der irreguläre Schlaf-Wach-Rhythmus, z. B. beim Autismus, oder das vorverlagerte oder verzögerte Schlafphasensyndrom. Letzteres geht über das Verhalten des Morgen- oder Abendtypen hinaus und beinhaltet die Unfähigkeit, zu normalen Zeiten (z. B. zwischen 22 und 24 Uhr) einzuschlafen. Genetisch bedingte Verschiebungen des Schlaf-Wach-Rhythmus, der sog. inneren Uhr, sind eine Ursache.

Häufiger sind das Jet Lag-Syndrom und das Schichtarbeiter-Syndrom. In Deutschland arbeiten ca. 20–22 % der Erwerbstätigen im Schichtdienst. Zirka 80 % der Schichtarbeiter kennen eine Schlafstörung oder die Tagesmüdigkeit, aber nur 4 % leiden an dem Schichtarbeiter-Syndrom, ca. 10 % der Nachtschichtarbeiter. Das Schichtarbeiter-Syndrom liegt vor, wenn eine Insomnie oder Tagesmüdigkeit besteht, die Beschwerden für mindestens einen Monat in der Schichtarbeit auftreten, ein gestörter Schlaf-Wach-Rhythmus feststellbar ist und die Beschwerden durch keine andere Erkrankung erklärt werden können. Zum klinischen Bild gehören Schlafprobleme und/oder Tagesmüdigkeit, eine Schlafzeit von nur ein bis vier Stunden mit schlechter Schlafqualität, eine Minderung der Leistungsfähigkeit und ein Anhalten der Beschwerden auch nach Beendigung der Schichttätigkeit. Assoziierte

Symptome sind zeitiges Einschlafen und morgendliches Früherwachen nach Frühschichten, Einschlafprobleme nach Abendschichten, Müdigkeit und Unachtsamkeit in der Nachtschicht und soziale Isolierung. Somatische Beschwerden betreffen das Herzkreislaufsystem und den Verdauungstrakt. Differentialdiagnostisch sind die Müdigkeit und Schläfrigkeit sowie insomnische Beschwerden u.a. abzugrenzen von anderen Schlafstörungen, schlechter Schlafhygiene, Medikamenten- und/oder Alkohol-Wirkung oder einer Depression.

▪▪ Spezifische Diagnostik

Diagnostisch werden Aktigraphie und Schlaftagebücher zur Abklärung eines gestörten Schlaf-Wach-Rhythmus angewandt, der MSLT (Multiple Schlaflatenz Test) oder MWT (Multipler Wachhalte Test) zur Abklärung pathologischer Müdigkeit und die Polysomnographie zur Abklärung einer Schlafstörung und Ausschluss zusätzlicher Schlafstörungen.

▪▪ Spezifische Therapie

Die Therapie besteht aus verhaltenstherapeutischen Maßnahmen, der Optimierung der Arbeitsbedingungen in Zusammenarbeit mit dem Betriebsarzt und auch der gezielten Behandlung mit Chronotherapeutika (Melatonin, Licht), oder schlaffördernden Substanzen.

▪ Parasomnien

Schlafwandeln und die REM-Schlafverhaltensstörung (RBD) sind die beiden wesentlichen Parasomnien. Seltener sind die Alpträume, Schlafparalyse, Enuresis nocturna, die Katathrenie oder das Essen im Schlaf.

Das Schlafwandeln ist ein bei Kindern häufiges Phänomen (17 % vom 8.–12. Lj) und im Erwachsenenalter nur noch selten (ca. 4 %). Hinsetzen im Schlaf, Aufstehen und Verrichten gewohnter Tätigkeiten wie Toilettengang und Gang zur Küche etc. können Erscheinungsformen sein. Während der Schlafwandler sich im Tiefschlaf motorisch entäußert, macht es der RBD-Patient im Traumschlaf. Hier sind die Bewegungen unkoordiniert mit einer höheren Gefahr der Selbstverletzung und der Verletzung anderer. Beiden Formen ist gemeinsam, dass soziale Unverträglichkeit, die Gefahr der Selbstverletzung oder die Verletzung des Partners/der Partnerin die Betroffenen zum Arzt führen. Selten ist der Schlaf nicht erholsam, aber oft liegen begleitende Schlafstörungen wie eine Schlafapnoe oder eine schlafbezogene Bewegungsstörung vor.

▪▪ Spezifische Diagnostik

Die Diagnosestellung erfolgt anamnestisch und mit Hilfe der Polysomnographie im Schlaflabor. Beim Schlafwandeln zeigt sich ein vermehrter Tiefschlaf mit langen einzelnen Phasen mit motorischen Entäußerungen bis hin

zum Aufstehen, bei der RBD zeigt sich vermehrte phasische und intermittierend tonische EMG-Aktivität im REM-Schlaf bis hin zu unkoordinierten Bewegungen der Extremitäten bzw. des ganzen Körpers. Bei Vorliegen einer zusätzlichen Schlaferkrankung ist diese zunächst zu behandeln. Eine Epilepsie ist auszuschließen.

▪▪ Spezifische Therapie

Eine ursächliche Behandlung gibt es nicht. Schlafhygienische Maßnahmen wie abendliche Entspannungstechniken, Vermeidung von Schlafdefizit und Verzicht auf Alkohol sind hilfreich. Die symptomatische Behandlung beider Parasomnien erfolgt medikamentös mit einem Benzodiazepin, z. B. Clonazepam. Die Länge der Behandlung ist individuell zu gestalten und das Schlafmittel wegen der Abhängigkeitsgefahr dann langsam auszuschleichen.

Zusätzlich sind die Schlaf- und Wohnbedingungen so zu gestalten, dass sich die Betroffenen nicht verletzen können.

▪ Schlafbezogene Bewegungsstörungen

Selten sind es rhythmische Bewegungen wie Schaukeln des Kopfes (head rocking) oder des Körpers (body rocking), Beinkrämpfe oder Bruxismus, die zu einem Nicht erholsamen Schlaf führen. Häufiger sind es das Restless Legs Syndrom (ca. 5 % der Gesamtbevölkerung mit Zunahme im Alter und bei Frauen) und das Syndrom der periodischen Beinbewegungen (PLMD).

▪▪ Spezifische Diagnostik

Das RLS wird anamnestisch und mit Hilfe eines Fragebogens diagnostiziert. Das PLMD ist ggf. auch polysomnographisch zu ermitteln. Ca. 80 % der RLS-Patienten haben auch ein PLMD, dieses kann aber auch isoliert auftreten.

Leitsymptome der schlafbezogenen Bewegungsstörungen sind:
1. Bewegungsdrang der Beine mit unangenehmem Gefühl in den Beinen
2. Beginn bzw. Zunahme während der Ruhezeiten oder bei Inaktivität
3. Linderung der Beschwerden durch Bewegung
4. Progression der Beschwerden in den Abendstunden oder nachts

Insomnische Beschwerden sind das häufigste sekundäre Symptom. Differentialdiagnostisch gibt es ein primäres und ein sekundäres RLS, letzteres bei Urämie, Eisenmangel, Schwangerschaft und Polyneuropathie. Einem sekundären RLS können Erkrankungen wie Rheuma, Schilddrüsen-Erkrankungen, Diabetes mellitus, Amyloidose, Rückenmarkserkrankungen, neurodegenerative Erkrankungen (PARKINSON), Vit. B12/Folsäure-Mangel, COPD und Karzinome zu Grunde liegen.

■■ Spezifische Therapie

Das primäre RLS wird medikamentös behandelt, mit L-Dopa oder Dopaminagonisten. Bei nicht-effektiver Therapie oder Augmentation können auch Psychopharmaka zum Einsatz kommen. Zusätzlich sind Verhaltensmaßnahmen möglich und der Einfluss von provozierenden Medikamenten wie z. B. SSRI, Antiemetika und Neuroleptika abzuklären. Das PLMD wird dann behandelt, wenn die periodischen Beinbewegungen Arousal-assoziiert sind und ein Nicht erholsamer Schlaf vorliegt. Die Behandlung ist analog der beim RLS. Gelegentlich muss auch der gestörte Schlaf medikamentös behandelt werden.

■ Hypersomnie

Die extreme Müdigkeit (Hypersomnie) kann Folge eines Nicht erholsamen Schlafes sein, einer Schlaf-Wach-Rhythmus-Störung, einer Schlafapnoe oder einer anderen Schlafstörung. Ist dies ausgeschlossen, sprechen wir von einer Hypersomnie zentralnervösen Ursprungs. Wir unterscheiden dabei im Wesentlichen die Narkolepsie mit und ohne Kataplexie (siehe ▶ Kapitel 23.2.12) und die idiopathische Hypersomnie mit langer oder normaler Schlafzeit. Andere Hypersomnien sind das Kleine-Levin-Syndrom, menstruationsbedingte Hypersomnien und die Narkolepsie bzw. Hypersomnie, die durch Medikamente oder auch durch andere Erkrankungen hervorgerufen werden.

Hauptbefunde der idiopathischen Hypersomnie sind eine exzessive Tagesschläfrigkeit mit mehreren Episoden von ungewolltem Einschlafen am Tage und ein erschwertes frühmorgendliches Erwachen.

Die Erkrankung beginnt meist in der Adoleszenz. Sie besteht lebenslang und führt bei moderaten bis schweren Formen zu erheblichen psychosozialen Konsequenzen im familiären Bereich, in Ausbildung und Beruf. Partnerverlust, sozialer Rückzug, schulisches und berufliches Versagen sind häufig, ähnlich wie bei der Narkolepsie.

■■ Spezifische Diagnostik

Die Diagnose einer Hypersomnie wird im Schlaflabor gestellt. Hier zeigen sich eine gute Schlafqualität mit normaler oder verlängerter Schlafzeit und im MSLT eine kurze Einschlafzeit von weniger als 8 Minuten und maximal ein SOREM (Einschlaf-REM-Periode). Weiterführende diagnostische Verfahren sind Daueraufmerksamkeitstests, neuropsychologische Aufmerksamkeitstests, die zerebrale Bildgebung und die Hypocretinbestimmung.

■■ Spezifische Therapie

Die medikamentöse Behandlung der Hypersomnie und der fakultativen Symptome sollte immer von verhaltenstherapeutischen Maßnahmen begleitet sein, wie beispielsweise ein geplantes Einlegen von Schlafepisoden vor dem Verrichten wichtiger Tätigkeiten. Die medikamentöse Therapie erfolgt hauptsächlich mit einem Stimulanz für den Tag, z. B. Methylphenidat.

Begutachtungskriterien, Zielkriterien

Die sozialmedizinische Beurteilung richtet sich nach den Auswirkungen der Schlafstörungen auf die Fähigkeiten und Aktivitäten. Hier sind besonders die kognitiven und psychischen Einschränkungen zu beachten. Zusätzlich müssen die mögliche Fremd- und Selbstgefährdung, ggf. auch die Fahrtauglichkeit bewertet werden.

Sozialmedizinische Beurteilung

Bei nicht erfolgreich behandelbaren Insomnien können sich qualitative Leistungseinschränkungen durch eine eingeschränkte kognitive Leistungsfähigkeit und Beeinträchtigungen der Stimmung, des Gedächtnisses, der Geschicklichkeit, der Reaktionszeit, des Konzentrationsvermögens und der Ausdauer ergeben. Bei ausgeprägter Tagesmüdigkeit können auch Aktivitäten mit möglichen Gefahrenquellen beeinträchtigt sein.

Sind die Symptome eines Schichtarbeiter-Syndroms nicht effektiv zu behandeln und das Schichtsystem nicht zu optimieren, ist der Betroffene aus dem Schichtdienst zu nehmen.

Bei Parasomnien und Bewegungsstörungen ist keine sozialmedizinisch relevante Einschränkung des Leistungsvermögens zu erwarten.

Narkolepsie und idiopathische Hypersomnie sind zwar selten, führen aber für die Betroffenen, insbesondere wenn die Behandlung nicht effektiv ist, meist zu einer Erwerbsminderung durch die extrem eingeschränkte Leistungsfähigkeit am Tage.

Insgesamt sind Erwerbsminderungsrenten wegen Schlafstörungen (ohne Schlafapnoe) jedoch außerordentlich selten, 2009 wurden lediglich 69 Erwerbsminderungsrenten mit dieser Hauptdiagnose (G47–G47.1 u. G47.4–G47.9) neu bewilligt. Leistungen zur Teilhabe am Arbeitsleben deswegen kommen nur vereinzelt vor.

Ein besonderes Thema stellt bei der Beurteilung von Schlafstörungen die Fahreignung dar. Nach der Fahrerlaubnisverordnung (FeV) muss jeder Verkehrsteilnehmer seine Eignung zur Fahrzeugführung selbst prüfen (§ 2 Absatz 1 FeV). In der neuen Fassung von 06/2007 wird erstmalig von einer Fahruntauglichkeit bei Schlafstörungen mit Tagesschläfrigkeit ausgegangen. Ist die Schläfrigkeit bzw. deren Ursache effektiv behandelt, dann hat eine Überprüfung der Tagesschläfrigkeit stattzufinden.

In den bisherigen Begutachtungsleitlinien zur Kraftfahrereignung [49] sind die Vigilanzstörungen bei der obstruktiven Schlafapnoe erwähnt sowie anfallsartige Bewusstseinsverluste und Kataplexien z. B. bei der Narkolepsie. Schlafapnoe und Narkolepsie sind in der Tat die wesentlichen Ursachen für die pathologische Einschlafneigung am Tage, sofern andere extrinsische Faktoren (medikamentös bedingte Müdigkeit u. a.) und ein Schlafdefizit ausgeschlossen sind. Aber auch die Bewegungsstörungen, die Parasomnien und die Schlaf-Wach-Rhythmusstörungen können eine pathologische Einschlafneigung am Tage verursachen. Eine chronische Insomnie verursacht in der Regel eine ausgeprägte Tagesmüdigkeit mit kognitivem Leistungsdefizit, jedoch ohne die Fähigkeit einschlafen zu können.

Nach den Expertenempfehlungen der AG Apnoe der DGSM [31] und des wissenschaftlichen Beirates der Deutschen Narkolepsie-Gesellschaft e.V. (DNG) [20] sind Patienten mit einer unbehandelten Tagesschläfrigkeit nicht fahrtauglich, können ihre Fahrtauglichkeit jedoch nach erfolgreicher Behandlung wiedererlangen [20, 31, 34]. Gleiches gilt für die anderen Formen von Schlafstörungen, die Müdigkeit bzw. Schläfrigkeit verursachen.

Die Bundesanstalt für Straßenverkehr (BAST) arbeitet mit der DGSM zusammen an einer Umsetzungsempfehlung zur Beurteilung und Kontrolle der Tagesschläfrigkeit.

Literatur

1 Antonin KH, Burkhard B: Die Bedeutung der Umweltmedizin aus der Sicht des Medizinischen Dienstes der Krankenversicherung (MDK). Versicherungsmedizin 55: 13–18, 2003

2 Beard G: Neurasthenia, or nervous exhaustion. Boston Med Surg J 13: 217–221, 1869

3 Berz R: Krank durch Mobilfunk? Hans Huber, Bern, 2003

4 Bornschein S, Hausteiner C, Zilker Th et al: Psychiatrische und somatische Morbidität bei Patienten mit vermuteter Multiple Chemical Sensitivity (MCS). Nervenarzt 71: 737–744, 2000

5 Brandt T, Dieterich M, Strupp M: Vertigo – Leitsymptom Schwindel. Steinkopff, Darmstadt, 2004

6 Brandt T, Dieterich M: Phobischer Attacken-Schwankschwindel, ein neues Syndrom. Münch Med Wochenschr 128: 247–250, 1986

7 Brede-Weisflog B: Das Sick-Building-Syndrom. Versicherungsmedizin 48: 170–174, 1996

8 Bundesinstitut für Risikobewertung (BfR): Gesundheitliche Bewertung von möglichen Risiken durch Druckeremissionen Nr. 014/2008 vom 31. März 2008

9 Csef H: Was sind CFS, MCS und FM? Stellenwert und Gemeinsamkeiten dreier »Modekrankheiten«. In: Vollmoeller W (Hrsg.): Grenzwertige psychische Störungen. Thieme, Stuttgart, 2004

10 Cullen MR: Multiple chemical sensitivities: summary and directions for future investigators. Occup Med 2: 801–804, 1987

11 Erdmann H: Schleuderverletzung der Halswirbelsäule. Hippokrates, Stuttgart, 1973

12 Fabra M: Psychogene Störungen nach Unfällen, Aspekte der Sozial- und Sachversicherung. In: Paul B, Peters M, Ekkernkamp A (Hrsg.): Kompendium der medizinischen Begutachtung. Bailingen: Spitta Verlag, 2003

13 Ferrari R, Russell AS, Richter M: Epidemiologie der HWS-Beschleunigungsverletzung. Orthopäde 30: 551–558, 2001

14 Foerster K: Psychiatrische Begutachtung im Sozialrecht. Nervenarzt 63: 129–136, 1992

15 Fukuda K, Straus SE, Hickie I et al: The chronic fatigue syndrome: A comprehensive approach to its definition and study. Ann Intern Med 121: 953–959, 1994

16 Gaab J, Ehlert U: Chronische Erschöpfung und Chronisches Erschöpfungssyndrom. Hogrefe, Göttingen, 2005

17 Gay JR, Abbott KH: Common Whiplash Injuries of the Neck. JAMA 152: 1698–1704, 1953

18 Grote L: Kardiovaskuläre Folgen der obstruktiven Schlafapnoe. In: Peter H, Penzel T, Peter JH (Hrsg.): Enzyklopädie der Schlafmedizin, Springer Medizin Verlag, Heidelberg, S. 605–610, 2007

19 Hamann KF: Ohrerkrankungen. In: Dörfler H, Eisenmenger W, Lippert HD, Wandl U (Hrsg.): Medizinische Gutachten. Springer, Heidelberg, 2008

20 Happe S, Beneš H, Hornyak M, Kotterba S, Mayer G, Stiasny-Kolster K et al: Begutachtung des Restless-Legs-Syndroms - Eine Konsensusempfehlung -. Der Medizinische Sachverständige 103: 152–158, 2006

21 Hausotter W: Begutachtung psychischer Störungen nach einer HWS-Distorsion. Orthopäde 39: 303–311, 2010

22 Hausotter W: Begutachtung somatoformer und funktioneller Störungen. 2. Aufl. Elsevier Urban & Fischer, München, Jena, 2004

23 Hausotter W: Chronic-Fatigue-Syndrom und Neurasthenie. Psychiatr Psychother up2date 3: 349–364, 2009

24 Hausotter W: Moderne Leiden aus kritischer Sicht. Versicherungsmedizin 53: 177–181, 2001

25 Hausotter W: Neurologische Probleme in der Umweltmedizin. Wiener Med Wschr 148: 46–51, 1998

26 Hausotter W: Umweltmedizin in der Praxis des Nervenarztes. In: Beyer A, Eis D: Praktische Umweltmedizin. Springer, Berlin, 2000

27 Hausotter W: Verkehrsunfälle aus sozialmedizinischer Sicht – Ein medizinhistorischer Brückenschlag. Swiss Surgery 3: 142–148, 1997

28 Hoffmann SO, Hochapfel G: Neurotische Störungen und Psychosomatische Medizin. 7. Aufl. Schattauer, Stuttgart, 2004

29 Konrad N: Die psychiatrisch-psychologische Beurteilung neurotischer Störungen im Rentenverfahren auf der Basis eines strukturell-sozialen Krankheitsbegriffs. Versicherungsmedizin 44: 45–49, 1992

30 Kotterba S, Müller N, Steiner G, Mayer G: Narkolepsie und Fahrtauglichkeit. Akt Neurol 31: 273–278, 2004

31 Kotterba S, Orth M, Happe S, Mayer G: Begutachtung der Tagesschläfrigkeit bei neurologischen Erkrankungen und dem obstruktiven Schlafapnoe-Syndrom (OSAS). Nervenarzt 78: 861–870, 2007

32 Kütemeyer M: Das Chronic-Fatigue-Syndrom: Eine Form der Angstneurose. Akt Neurol 18: 188–191, 1991

33 Lang CJG, Badke A, Grifka J et al: Leitlinie: Begutachtung der Halswirbelsäulendistorsion. Akt Neurol 35: 131–137

34 Leger D: The cost of sleep-related accidents: a report for the National Commission on Sleep Disorders Research. Sleep 17: 84–93, 1994

35 Leonhardt M, Foerster K (2001): Diagnose, Differentialdiagnose und psychiatrische Begutachtung von umweltbezogenen Körperbeschwerden. Med Sach 97: 214–219, 2008

36 Malleson A: Whiplash and Other Useful Illnesses. McGill-Queen's University Press, Montreal, London, 2002

27

37 Mayer G, Schulz H: Begutachtung der Narkolepsie. Der Medizinische Sachverständige 3: 92–96, 1999

38 Melchart D, Vogt S, Köhler W et al: Treatment of health complaints attributed to amalgam. J Dent Res 87: 349–353, 2008

39 Merten T, Puhlmann HU: Symptomvalidierungstestung (SVT) bei Verdacht auf eine Simulation oder Aggravation neurokognitiver Störungen: ein Fallbericht. Versicherungsmed 56: 67–71, 2004

40 Morschitzky H: Somatoforme Störungen. 2. Aufl. Springer, Wien, New York, 2007

41 Nasterlack M, Kraus T, Wrbitzky R: Multiple Chemical Sensitivity. Dtsch Ärztebl 99; A 2474–2483, 2002

42 Nix WA: Das Chronic-Fatigue-Syndrom – Ein neues Krankheitsbild? Nervenarzt 61: 390–396, 1990

43 Poeck K: Begutachtungs- und Rehabilitationsprobleme bei Halswirbelsäulenschäden – aus nervenärztlicher Sicht. Med Sach 97: 77–80, 2001

44 Poeck K: Kognitive Störungen nach traumatischer Distorsion der Halswirbelsäule? Dt Ärzteblatt 96: A 2596–2601, 1999

45 Poeck K: Wieweit können neurootologische Untersuchungen Schwindelphänomene nach HWS-Distorsion belegen? Med Sach 95: 181–186, 1999

46 Rühle K-H, Mayer G: Empfehlungen zur Begutachtung von Schlaf-Wachstörungen und Tagesschläfrigkeit. Somnologie 2: 89–95, 1998

47 Runow KD: Klinische Ökologie. 2. Aufl. Hippokrates, Stuttgart, 1994

48 Schröter F: Methodik der Begutachtung beim »Schleudertrauma« der Halswirbelsäule. Med Sach 104: 70–78, 2008

49 Schubert W, Schneider W, Eisenmenger W, Stephan E (Hrsg.): Begutachtungsleitlinien zur Kraftfahrereignung, Kommentar Kirschbaum Verlag Bonn, 2005

50 Spitzer WO, Skovron ML, Salmi LR et al: Scientific monograph of the Quebec Task force on Whiplash-Associated Disorders. Spine (Suppl.) 20: 1S–73S, 1995

51 Stadtland C, Nedopil N: Psychiatrische Begutachtung. In: Dörfler H, Eisenmenger W, Lippert HD. Wandl U (Hrsg.): Medizinische Gutachten. Springer, Heidelberg, 2008

52 Strupp M, Cnyrim C, Brandt T: Vertigo and Dizziness in Evidence-based Neurology – Management of Neurological Disorders. Ed. Candalise L. Blackwell Publishing, London, 2007

53 Suva, Abteilung Arbeitsmedizin und Abteilung Arbeitssicherheit Chemie: »Factsheet Gesundheitsgefährdung durch Laserdrucker, Kopiergeräte und Toner«, 2008

54 Thomann KD, Rauschmann M: Begutachtungs- und Rehabilitationsprobleme bei Halswirbelsäulenschäden – aus orthopädischer Sicht. Med Sach 97: 86–96, 2001

55 Thomann KD, Schröter F, Grosser V (Hrsg.): Orthopädisch-unfallchirurgische Begutachtung. Elsevier Urban & Fischer, München Jena, 2009

56 Weber M, Badke A, Hausotter W: Anhaltspunkte für die Begutachtung der Halswirbelsäulenverletzungen. Mitteilungen und Nachrichten der Deutschen Gesellschaft für Unfallchirurgie (DGU) Supplement 26: 11–26, 2004

57 Widder B, Hausotter W, Marx P, Tegenthoff M, Wallesch CW: Dauerhafte Muskelfunktionsstörung nach HWS-Schleudertrauma? Akt Neurol 29: 469–470, 2002

58 Wölk W: Zur Prüfung von Erwerbsunfähigkeit bei Neurosekranken mit Körpersymptomatik. Med Sach 91: 158–161, 1995

Medizinische Rehabilitation bei Kindern und Jugendlichen

Carl-Peter Bauer

28.1   Allgemeines

Im Kindes- und Jugendalter auftretende chronische Krankheiten bzw. Krankheitsfolgen bleiben häufig im Erwachsenenalter bestehen und können die spätere Leistungsfähigkeit im Erwerbsleben gefährden oder beeinträchtigen. Besondere Bedeutung gewinnt die Rehabilitation von Kindern und Jugendlichen durch die Tatsache, dass die Kindheit und das Jugendalter als optimale Entwicklungs- und Lernphasen für gesundheitsförderndes Verhalten und Krankheitsbewältigungsstrategien zu betrachten sind. Dadurch kann einer sekundären Chronifizierung von Krankheiten entgegen gewirkt werden. Gesundheitsrelevante Verhaltensweisen, die in diesen Entwicklungsphasen aufgebaut werden können, haben große Chancen, langfristig beibehalten zu werden.

Unter diesem Aspekt hat die gesetzliche Rentenversicherung ihre spezifischen und qualifizierten Rehabilitationsangebote für Kinder und Jugendliche ausgebaut und weiterentwickelt. So wurden im Jahr 2009 über die gesetzliche Rentenversicherung 36.254 Rehabilitationsleistungen bei Kindern und Jugendlichen durchgeführt ◻ Tab. 28.1 [5].

Als eine der Grundlagen für die Kinderrehabilitation dient heute das gemeinsame Rahmenkonzept der gesetzlichen Krankenkassen und der gesetzlichen Rentenversicherung für die Durchführung stationärer medizinischer Leistungen der Vorsorge und Rehabilitation für Kinder und Jugendliche, das 2008 neu überarbeitet und verabschiedet wurde [4]. Ergänzt wird dieses durch die Leitlinien für die Rehabilitation in der Kinder- und Jugendmedizin der Arbeitsgemeinschaft der Wissenschaftlichen Medizinischen Fachgesellschaften (AWMF) [2].

28.1.1 Rechtliche Rahmenbedingungen

Für medizinische Rehabilitationsleistungen bei Kindern und Jugendlichen mit chronischen Erkrankungen besteht eine gleichrangige Zuständigkeit durch die gesetzliche Krankenversicherung und die gesetzliche Rentenversicherung.

■ **Kinderheilbehandlungen nach § 31 Abs. 1 Nr. 4 SGB VI**

Die Rentenversicherungsträger können medizinische Rehabilitationsleistungen nach § 31 Absatz 1, Satz 1, Nr. 4 SGB VI (sonstige Leistungen) für Kinder von Versicherten, Beziehern einer Rente wegen Alters, wegen verminderter Erwerbsfähigkeit oder für Bezieher einer Waisenrente erbringen, wenn hierdurch voraussichtlich eine erhebliche Gefährdung der Gesundheit beseitigt oder eine beeinträchtigte Gesundheit wesentlich gebessert oder

◻ **Tab. 28.1** Kinder und Jugendliche in der stationären medizinischen Rehabilitation durch die Deutsche Rentenversicherung: Erstdiagnosen und Altersverteilung (Durchschnittalter) in 2009 [5]

Erkrankung	Anzahl absolut	in %	Durchschnittsalter
Chronische und nicht näher bezeichnete Bronchitis	304	0,8	5,3
Asthma bronchiale	8.267	22,8	8,0
Sonstige Krankheiten der oberen Atemwege	408	1,1	7,7
Krankheiten des Atmungssystems (ohne akute Infektionen)	2.040	5,6	4,3
Deformitäten der Wirbelsäule und des Rückens	2.033	5,6	15,0
Entzündliche Polyarthropathien	167	0,5	12,5
Sonstige Krankheiten des Muskel-Skelett-Systems/ Bindegewebes	290	0,8	16,1
Adipositas und sonstige Überernährung	7.325	20,2	13,4
Diabetes mellitus	605	1,7	11,8
Psychische und Verhaltensstörungen (ohne organische Störungen)	7.356	20,3	11,5
Krankheiten der Haut und der Unterhaut	2.994	8,3	7,3
Krankheiten des Verdauungssystems	195	0,5	13,2
Krankheiten der Niere und des Harnsystems	42	0,1	10,3
Krankheiten des Nervensystems	836	2,3	10,6
Bösartige Neubildungen	573	1,6	11,0
Sonstige Krankheiten	1.804	5,0	10,7
keine Aussage möglich	1.015	2,8	10,4
insgesamt	36.254	100	10,4

wiederhergestellt werden kann. Dem gesetzlichen Auftrag folgend können die Rentenversicherungsträger Rehabilitationsleistungen für Kinder und nicht selbst versicherte Jugendliche nur stationär erbringen.

- **Gemeinsame Richtlinien der Träger der Rentenversicherung nach § 31 SGB VI**

Für Kinderrehabilitationen konkretisieren die gemeinsamen Richtlinien der Träger der Rentenversicherung nach § 31 SGB VI (Kinderheilbehandlungsrichtlinien, KiHB-Richtlinien) die Voraussetzungen und den Leistungsumfang. Von der Rentenversicherung erbrachte Rehabilitationsleistungen für Kinder und Jugendliche sind darauf ausgerichtet, ein späteres Erwerbsleben zu ermöglichen. Als Kinder im gesetzlichen Sinne können auch Jugendliche sowie junge Erwachsene bis zum 27. Lebensjahr eingestuft werden, wenn sie sich in einer Schul- oder Berufsausbildung befinden oder wegen körperlicher, geistiger oder seelischer Behinderung außer Stande sind, sich selbst zu unterhalten.

- **Gesetzliche Regelungen durch das SGB IX**

Am 01. Juli 2001 trat das SGB IX (neuntes Buch Sozialgesetzbuch Rehabilitation und Teilhabe behinderter Menschen) in Kraft, in dem behinderte und von Behinderung bedrohte Kinder besonders berücksichtigt sind. Für die medizinische Rehabilitation von Kindern und Jugendlichen sind insbesondere folgende Regelungen des SGB IX von Bedeutung: In § 1 SGB IX (Selbstbestimmung und Teilhabe am Leben in der Gesellschaft) wird betont, dass den besonderen Bedürfnissen behinderter und von Behinderung bedrohter Kinder Rechnung zu tragen ist. Die Regelung des § 4 SGB IX (Leistungen zur Teilhabe) Absatz 3 bezieht sich auf Leistungen für behinderte oder von Behinderung bedrohte Kinder, die so geplant und gestaltet werden, dass nach Möglichkeit Kinder nicht von ihrem sozialen Umfeld getrennt und gemeinsam mit nicht behinderten Kindern integrativ betreut werden können. Dabei sollen behinderte Kinder alters- und entwicklungsentsprechend an der Planung und Ausgestaltung der einzelnen Hilfen beteiligt und ihre Bezugspersonen intensiv in Planung und Gestaltung der Hilfen einbezogen werden. In § 54 SGB IX werden Haushalts- oder Betriebshilfe und Kinderbetreuungskosten geregelt.

28.1.2 ICF (International Classification of Functioning, Disability and Health)

Die von der WHO 2001 verabschiedete ICF ist bisher für Erwachsene konzipiert [13, 15]. Eine Klassifikation speziell für Kinder und Jugendliche liegt in einer englischsprachigen Version (ICF-CY) seit 2007 vor, eine deutschsprachige Version wird derzeit vorbereitet. Bei einer solchen Kinderversion sind vor allem folgende Punkte zu beachten:

Die Beurteilung der funktionalen Gesundheit eines Kindes muss die alters- bzw. entwicklungsgemäße Normalität berücksichtigen. So muss beachtet werden, welche Aktivitäten entwicklungsentsprechend sind und in welchem Umfang sie erwartet werden können (z. B. selbstständiges Essen, Laufen, Sprechen etc.). Die Beurteilung der Teilhabe unterscheidet sich ebenfalls altersabhängig vom Erwachsenen. Teilhabe am Leben in der Gesellschaft bedeutet bei einem Kind neben der Integration in die Familie auch regelmäßige Besuche von Kinderhort, Kindergarten oder Schule (entsprechend seinem Leistungsvermögen und typgerecht). Weiterhin gehört zur Teilhabe auch ein regelhafter Freundeskreis, der das Erlernen sozialer Fähigkeiten fördert. Teilhabe am Leben in der Gesellschaft bedeutet bei einem Jugendlichen auch z. B. die Chance auf einen optimalen Schulabschluss im Hinblick auf die bevorstehende Berufausbildung.

Dementsprechend sind alters- und entwicklungsabhängige Beeinträchtigungen der Aktivitäten und Teilhabe zu bewerten, die sich besonders in folgenden Punkten zeigen:

- In der Fortbewegung, in der allgemeinen körperlichen Beweglichkeit und Geschicklichkeit
- Im Verhalten
- In der Kommunikation
- Im Bereich des Lernens und der Wissensanwendung
- Im Umgang mit Stress und Emotionen
- Ggf. in der Leistungsfähigkeit im Erwerbsleben bei Jugendlichen
- In der Selbstversorgung
- In der Mobilität (Fortbewegung in der Umgebung)
- In der Bildung und Ausbildung (Kindergarten, Schule, Berufsausbildung)
- In der Beschäftigung (Freizeit, Berufsausbildung)
- In der sozialen Integration

Dazu sind die altersabhängigen Kontextfaktoren, also alle Umwelt- und personbezogenen Faktoren, die Einfluss auf Funktionsfähigkeit bzw. funktionale Gesundheit der Person haben können, zu berücksichtigen.

28.1.3 Sozialmedizinische Bedeutung

In früheren Jahrzehnten stellten Infektionskrankheiten das größte Gesundheitsproblem im Kindes- und Jugendalter dar. Durch Prävention und verbesserte Behandlungsmethoden ist es zu einem Rückgang gekommen. Dagegen ist eine deutliche Zunahme bei chronischen Erkrankungen wie Asthma bronchiale, Allergien, Neurodermitis oder Verhaltensstörungen zu verzeichnen. Eine besondere Problematik stellt die Adipositas bei Kindern und Jugendlichen mit ihren Folgeerkrankungen dar.

Nach den Ergebnissen des Kinder- und Jugendgesundheitssurvey des Robert-Koch-Institutes aus dem Jahre 2007 (KiGGS) haben 42 % aller Kinder Zeichen einer allergischen Sensibilisierung, 15 % leiden an Übergewicht bzw. Adipositas, 13,2 % an Neurodermitis, 4,7 % an Asthma und 30 % an einer allergischen Rhinokonjunktivitis mit einem deutlichen Risiko für ein späteres Asthma bronchiale [14].

Somit besteht bei ca. einem Drittel aller Kinder inzwischen ein chronisches Gesundheitsproblem bzw. ein deutlich erhöhtes Risiko für eine chronische Erkrankung, die im Erwachsenenalter zu einem eingeschränkten Leistungsvermögen und zu vermehrten Gesundheitskosten führen kann.

Der Kinderheilkunde kommt hier eine besondere Aufgabe und der Politik eine besondere Verantwortung zu. Prävention und Rehabilitation gehen im Kindesalter ineinander über und bieten gemeinsam eine Chance, dieser Gesundheitsproblematik zu begegnen.

28.1.4 Ziele und Aufgaben der Rehabilitation von Kindern und Jugendlichen

Ziel der medizinischen Rehabilitationsleistungen für Kinder und Jugendliche der Deutschen Rentenversicherung ist es

- den Gesundheitszustand der Kinder und Jugendlichen zu verbessern
- bereits eingetretene Beeinträchtigungen der Aktivitäten weitestgehend zu reduzieren und Teilhabe – insbesondere eine spätere Erwerbstätigkeit – zu ermöglichen sowie
- dem Auftreten dauerhafter Benachteiligungen vorzubeugen.

Dabei kommt den individuellen kind- und umweltbezogenen Kontextfaktoren eine besondere Bedeutung zu. Kontextfaktoren, die sich negativ auf die Gesundheit auswirken (Barrieren), sollen minimiert bzw. abgebaut werden. Darüber hinaus sollen Schutzfaktoren (Förderfaktoren) gestärkt und aufgebaut werden, die eine angemessene Krankheitsbewältigung des chronisch kranken Kindes und Jugendlichen unterstützen und fördern. Es sollen also trotz einer Krankheit oder krankheitsbedingter Beeinträchtigungen der Aktivitäten und Teilhabe möglichst optimale Bedingungen für die körperliche, geistige und psychische Entwicklung geschaffen werden. Hierzu gehört die Unterstützung individueller Ressourcen unter Berücksichtigung der im Einzelfall vorliegenden alters-, entwicklungs- und krankheitsspezifischen Konstellation. Weiterhin zählen das Training von noch vorhandenen Funktionen und die Ausbildung neuer Fertigkeiten zur Kompensation von eingeschränkten Funktionen zu wesentlichen Bestandteilen der medizinischen Rehabilitation. Wesentliche Bestandteile der medizinischen Rehabili-

tation von Kindern und Jugendlichen sind die Anleitung und Schulung zur Selbstkontrolle und zum eigenverantwortlichen Umgang mit der Erkrankung (Krankheitsmanagement), ggf. auch unter Einbeziehung der Bezugspersonen. Zum Aufgabenspektrum der Rehabilitation gehören auch die Vermittlung von allgemeinen und medizinischen Informationen und die Beratung der Kinder und Jugendlichen hinsichtlich des Umgangs mit der Krankheit im täglichen Leben und der Berufswahl, bei der neben Neigungen und Fähigkeiten auch die gesundheitliche Eignung zu berücksichtigen ist. Von wesentlicher Bedeutung ist auch die Beratung und Anleitung der Bezugspersonen zum adäquaten Umgang mit dem Rehabilitanden und den Folgen seiner Gesundheitsstörung. Weiterhin sind ggf. erforderliche Maßnahmen im Rahmen der Nachsorge und der Berufsberatung bzw. -findung sowie diagnostische und/oder therapeutische Maßnahmen anzuregen und zu planen. Bei Jugendlichen, die vor dem Eintritt ins Berufsleben stehen, sollte eine sozialmedizinische Stellungnahme zur Leistungsfähigkeit im Erwerbsleben (medizinisch relevante berufliche Aspekte) abgegeben werden.

28.1.5 Einleitung der Rehabilitation

▪ Zugang zur Rehabilitation

Der Weg in die Rehabilitation von Kindern und Jugendlichen gemäß § 31 SGB VI führt über den Antrag des zugehörigen Versicherten bzw. Beziehers einer Rente. Der betreuende Arzt wird mit dem ärztlichen Befundbericht zum Antrag auf Kinderheilbehandlung in das Einleitungsverfahren eingebunden.

▪ Antragsprüfung und Zuweisung

Der Rentenversicherungsträger trifft die Entscheidung über Art, Dauer, Umfang, Beginn und Durchführung der Rehabilitationsleistung sowie über die geeignete Rehabilitationseinrichtung und die Mitaufnahme von Eltern bzw. Bezugspersonen. Dies gilt insbesondere für Anträge auf eine familienorientierte Rehabilitation (FOR), die eine Besonderheit in der Kinderrehabilitation darstellt. Sie kann indiziert sein bei schwerst chronisch kranken Kindern.

Als sozialmedizinische Kriterien werden die Rehabilitationsbedürftigkeit, Rehabilitationsfähigkeit und Rehabilitationsprognose geprüft.

▪ Rehabilitationsbedürftigkeit

Im Rahmen einer stationären Rehabilitation sollen Kinder und Jugendliche behandelt werden, bei denen Beeinträchtigungen der Aktivitäten und Teilhabe aufgrund einer chronischen Krankheit eingetreten sind oder bei denen dies zu befürchten ist. Die Beurteilung von Rehabilitationsbedürftigkeit erfolgt aus der zusammenfassenden Bewertung aller sozialmedizinisch relevanten Kriterien. Rehabilitationsbedürftigkeit kann z. B. angenommen werden, wenn die ambulante ärztliche Behandlung nicht ausreicht, um Schädigungen der Körperstrukturen und -funktionen mit daraus resultierenden Beeinträchtigungen der Aktivitäten und Teilhabe zu mindern oder zu beseitigen. Rehabilitationsbedürftigkeit kann auch vorliegen bei fehlender Krankheitsakzeptanz und unzureichendem Krankheitsmanagement oder wenn das soziale Umfeld einer Genesung entgegensteht.

■ Rehabilitationsfähigkeit

Die Rehabilitationsfähigkeit muss im Kindes- und Jugendalter in Abhängigkeit vom Alter gesehen werden. Generell besteht bei Kindern im Vorschulalter bei Mitaufnahme einer Begleit- (Bezugs-)person eine Rehabilitationsfähigkeit. Für Kinder ohne Begleitpersonen (in der Regel im Schulalter) müssen die allgemeinen indikationsübergreifenden Kriterien erfüllt sein wie z. B. ausreichende körperliche und psychosoziale Belastbarkeit, Voraussetzungen für eine aktive, entwicklungsgemäße Mitarbeit an der Rehabilitation sowie soziale Integrationsfähigkeit (Gruppenfähigkeit).

Keine Rehabilitationsfähigkeit im Sinne der Deutschen Rentenversicherung besteht für Kinder und Jugendliche daher bei schwerer geistiger Behinderung und/oder fehlender Gruppenfähigkeit. Generell ist bei der Einschätzung der Gruppenfähigkeit bzw. der sozialen Integrationsfähigkeit von Kindern und Jugendlichen die krankheits- und entwicklungsbedingte Variabilität und die Möglichkeit bzw. Bereitschaft zur Mitaufnahme einer Begleit- oder Bezugsperson zu berücksichtigen. Ein generelles Mindestalter als Voraussetzung für die Rehabilitationsfähigkeit besteht nicht.

Bei akuten Erkrankungen und Krankheiten mit vorrangig akutmedizinischem Handlungsbedarf liegt keine Rehabilitationsfähigkeit vor.

■ Rehabilitationsprognose

Bei der Beurteilung der Rehabilitationsprognose müssen die Schwere der (chronischen) Krankheit bzw. Behinderung sowie ihre Dauer, der bisherige Verlauf und die krankheitsaufrechterhaltenden Risikofaktoren berücksichtig werden. Eine negative Rehabilitationsprognose bei Kindern für den Bereich der Deutschen Rentenversicherung zeichnet sich durch den Bezug zum späteren Erwerbsleben dann ab, wenn eine spätere Erwerbsfähigkeit auf dem ersten Arbeitsmarkt nicht (mehr) in Betracht zu ziehen ist.

28.1.6 Besonderheiten der Rehabilitation von Kindern und Jugendlichen

■ Rehabilitationsdauer

Grundsätzlich sind bei der Durchführung stationärer medizinischer Rehabilitationsleistungen die Besonderheiten im Kindes- und Jugendalter zu berücksichtigen. Sie bedingen in der Regel im Vergleich zu Erwachsenen eine längere Rehabilitationsdauer, um die festgelegten Rehabilitationsziele zu erreichen. Daher beträgt die Dauer einer Rehabilitationsleistung für Kinder und Jugendliche mindestens 4 Wochen, je nach Indikation und Besonderheiten im Einzelfall können sie auch für einen längeren Zeitraum erbracht werden.

Es ist zu berücksichtigen, dass für Untersuchungs-, Behandlungs- und Lernprozesse bei Kindern in der Regel wesentlich mehr Zeit und Aufwand anzusetzen ist als bei Erwachsenen (z. B. Konzentration, Verständnis, Widerstand). Von entscheidender Bedeutung ist die Tatsache, dass nicht nur bei Vorliegen einer psychosomatischen Erkrankung in der Regel ein verhaltensmedizinisches Konzept anzuwenden ist. Dieses umfasst komplexe Lernstrategien mit dem Ziel, neue Fertigkeiten und Verhaltensweisen zu erlernen und Übungsphasen für deren Erprobung und Festigung sicherzustellen. Dabei wird das Rehabilitationskonzept – unter besonderer Beachtung des Bindungsverhaltens von Kindern als »Gruppenwesen« – auf altersbezogene Gruppenprozesse abgestimmt. Einen besonderen Aspekt stellt der während der Kinderrehabilitation stattfindende Schulunterricht (in der Regel ca. 2 Std. tgl.) dar, der integraler Bestandteil des Rehabilitationskonzeptes ist und in dessen Rahmen auch die Alltagserprobung stattfinden kann. Unter Berücksichtigung des für den Schulunterricht anzusetzenden Zeitbedarfes, der unterschiedlich verlaufenden Eingewöhnungsphasen (Stations- und Schulungsgruppen, Schulklasse), des für Kinder erforderlichen Freiraumes (altersgemäßes Spielbedürfnis) wird deutlich, dass bei Kindern im Vergleich zu Erwachsenen eine längere Rehabilitationsdauer anzusetzen ist. Zum anderen ist ausreichend Raum für alters- und entwicklungsgerechte Freizeitaktivitäten außerhalb der therapeutischen Maßnahmen einzuplanen, da diese Eigenaktivitäten bei Kindern und Jugendlichen für die Motivation, das Erleben der eigenen Kompetenz und im Rahmen der sozialen Indikation eine wichtige Rolle spielen und in geeigneter Weise zu fördern sind.

■ Wiederholung einer Kinderrehabilitation derselben Indikation

Für eine erneute Rehabilitationsleistung bei Kindern und Jugendlichen mit derselben Indikation kommt in der Regel eine Rehabilitationsdauer von 4 Wochen in Betracht. Hierbei sowie beim Intervall der Rehabilitationsleistungen sind entwicklungsspezifische Besonderheiten und indikationsbezogene therapeutische Notwendigkeiten zu berücksichtigen und Einzelfallprüfungen vorzunehmen.

■ Begleit- bzw. Bezugsperson

Die Mitaufnahme einer Begleitperson im Rahmen einer stationären Kinderrehabilitation kommt nur in Betracht, wenn das Rehabilitationsziel bei einem rehabilitationsbedürftigen Kind aller Voraussicht nach nicht ohne deren Anwesenheit erreicht werden kann. Dieses kann sich aus dem Alter des Kindes ergeben, z. B. bei Kleinkindern bzw. Kindern im Vorschulalter. Hier kann die medizinische Rehabilitation in der Regel nur dann effektiv durchgeführt werden, wenn die Begleitperson – in der Regel die Bezugsperson – des Kindes anwesend ist. Falls aus sozialmedizinischer Sicht bei älteren Kindern die Mitaufnahme einer Bezugsperson zur Erreichung des Rehabilitationszieles erforderlich sein sollte, ist dies besonders zu begründen. Die Indikation hierfür kann in der Krankheit oder Behinderung des Kindes liegen, wenn eine intensive Schulung und Anleitung der Bezugsperson für den krankheitsadäquaten Umgang mit dem Kind erforderlich ist. Die Bezugsperson ist in der Regel bereits mit der Erkrankung und Betreuung des Kindes vertraut und erhält durch Schulungen und Beratungen während der Rehabilitation entscheidende und spezifische Hilfsangebote für die Weiterversorgung des Kindes. Im Einzelfall entscheidet die sozialmedizinische Beurteilung über das Vorliegen einer Indikation für die Mitaufnahme einer Begleitperson, ggf. auch für einen begrenzten Zeitraum.

Vor allem bei chronischen Krankheiten von Kindern und Jugendlichen, deren Manifestation und Verlauf entscheidend durch person- und umweltbezogene Kontextfaktoren beeinflusst werden, ist eine aktive Mitwirkung der Rehabilitanden unter Einbeziehung der Bezugspersonen von ausschlaggebender Bedeutung. Schulungen von Bezugspersonen kommen in Betracht, wenn deren Mitwirkung für einen langfristigen Rehabilitationserfolg wesentlich ist.

■ Schulunterricht

Während der medizinischen Rehabilitation erfolgt eine schulische Betreuung in Form eines wissenserhaltenden Stützunterrichtes in den Schwerpunktfächern. Der Schulunterricht ist einerseits bei der organisatorischen Planung zeitlich zu berücksichtigen, andererseits ist er als »Belastungserprobung« während der Rehabilitation zu werten und kann in diesem Zusammenhang auch schulpädagogische Anregungen für die nachbetreuenden Institutionen geben.

■ Ausbildung und Beruf

Die gesetzliche Rentenversicherung richtet an die medizinische Rehabilitation von Kindern und Jugendlichen den Auftrag, nicht nur die allgemeine Leistungsfähigkeit der betroffenen Kinder und Jugendlichen zu verbessern, sondern speziell optimale Voraussetzungen für eine spätere Leistungsfähigkeit im Erwerbsleben zu schaffen. Wegen der besonderen Bedeutung beruflicher Fragestellungen im Jugendalter und der ggf. bestehenden krankheitsbedingten Einschränkungen bei der Berufswahl sind Informationen und Beratung zur beruflichen Orientierung ein wichtiger Bestandteil der Rehabilitation von Jugendlichen. Indikationsorientiert können Möglichkeiten und Grenzen der Berufswahl aufgezeigt werden, um zunächst ein Bewusstsein dafür zu schaffen, dass neben Interessen, Neigungen und Fähigkeiten auch die gesundheitliche Eignung berücksichtigt werden muss. Eine individuelle Berufsberatung für Jugendliche der Schulabgangsklassen kann auf Grundlage der in der Rehabilitationseinrichtung gewonnenen Erkenntnisse durch Berater der Agentur für Arbeit erfolgen.

28.1.7 Perspektiven der Rehabilitation von Kindern und Jugendlichen

Die positiven Effekte einer medizinischen Rehabilitation konnten bei Kindern und Jugendlichen vielfach nachgewiesen werden. Das gilt insbesondere für das Asthma bronchiale.

Aufgrund der Bedeutung der medizinischen Rehabilitation im Kindes- und Jugendalter – insbesondere als Teil eines Langzeitmanagements bei chronischen Erkrankungen – wird sie zunehmend als eigenständiger Bereich bei den Fachgesellschaften der verschiedenen Indikationsgebiete berücksichtigt. Aus diesem Grunde wurde in die Leitlinien der Deutschen Gesellschaft für Kinderheilkunde auch ein eigenes Kapitel Rehabilitation von Kindern und Jugendlichen aufgenommen [2]. Darüber hinaus ist die Kinderrehabilitation Teil der Disease-Management-Programme geworden. Bei Kindern und Jugendlichen betrifft dies das Asthma bronchiale und den Diabetes mellitus Typ 1.

Für die Weiterentwicklung der Qualität der Kinderrehabilitation sind neben dem verabschiedeten BAR-Rahmenkonzept und den AWMF-Leitlinien [2, 4] die Einführung eines einheitlichen Qualitätssicherungsprogramms durch die Rentenversicherung sowie die Entwicklung von Therapiestandards durch die Rentenversicherung in Vorbereitung. Im Rahmen dieser Entwicklungsprozesse sind auch ambulante Versorgungsstrukturen einschließlich der Nachsorge in der Diskussion.

28.2 Krankheitsbilder

Die Kinderrehabilitation umfasst prinzipiell alle chronischen Erkrankungen im Kindes- und Jugendalter. Im Folgenden werden einige sozialmedizinisch relevante Krankheitsbilder in der Kinderrehabilitation besprochen.

28.2.1 Asthma bronchiale

Klassifikationen und Stadieneinteilung

Nach den Daten der KiGGS-Studie [14] kommt das Asthma bronchiale in Deutschland mit einer Häufigkeit von 4,7 bis 7 % im Schulalter (Tab. 28.2) vor. Definiert ist das Asthma bronchiale als reversible Atemwegsobstruktion auf der Basis eines hyperreagiblen Bronchialsystems. Ursächlich für die Hyperreagibilität wird eine eosinophile Entzündung der Bronchien angesehen, die bei Kindern häufig auf eine Inhalationsallergie zurückzuführen ist. Neben der Inhalation von Allergenen können bei Kindern und Jugendlichen auch Infekte, körperliche Anstrengung, Wetterwechsel, psychische Belastungen etc. Auslöser von Exazerbationen sein. Das Krankheitsbild wird in vier Schweregrade eingeteilt. Daneben hat sich zur Verlaufsbeurteilung des Asthma bronchiale international die Bewertung in »kontrolliert«, »teilweise kontrolliert« oder »nicht kontrolliert« in Korrelation zu bestimmten Therapiestufen durchgesetzt (Tab. 28.3) und wird jetzt auch in der aktuellen nationalen Versorgungsleitlinie dargestellt [10]. Die Therapie selbst richtet sich ebenfalls nach der neuen nationalen Versorgungsleitlinie [10].

Diagnostik

Ziel der Diagnostik ist die Feststellung des Schweregrades des Asthma bronchiale und die Abklärung von Auslösefaktoren, um die Therapiestrategie festzulegen. Die Erhebung der Anamnese ist dabei von wesentlicher Bedeutung.

■ **Schweregrad**

Zur Feststellung des Schweregrades werden neben der Anamnese auch der Asthma-Control-Test [1] und die Lungenfunktionswerte in Ruhe und nach Belastung herangezogen. Zusätzlich können weitere Untersuchungen wie z. B. exhaliertes Stickstoffmonoxid (NO), inhalative Histaminprovokation sowie Cooper-Test erforderlich sein [10].

■ **Auslöser und Differentialdiagnosen**

Da das Asthma bronchiale im Kindes- und Jugendalter häufig allergisch ausgelöst wird, ist die Allergiediagnostik hier von besonderer Bedeutung. Einen weiteren Auslösefaktor kann körperliche Belastung darstellen. Deshalb ist

 Tab. 28.2 Häufigkeit des Asthma bronchiale im Kindes- und Jugendalter in Deutschland [14]

Alter	Lebensprävalenz Asthma
Gesamt	4,7 (4,3–5,1)
0–2 Jahre	0,5 (0,3–0,9)
3–6 Jahre	2,7 (2,2–3,4)
7–10 Jahre	4,7 (4,0–5,5)
11–13 Jahre	7,0 (6,1–8,2)
14–17 Jahre	7,0 (6,0–8,0)

 Tab. 28.3 Asthmakontrolle nach PRACTALL-Guidelines [12]

Ausmaß der Asthmakontrolle			
Charakteristika	kontrolliert	teilweise kontrolliert	unkontrolliert
Symptome tagsüber	keine (max. 2x/Woche)	mehr als 2x/Woche	Drei oder mehr der unter »teilweise kontrolliert« aufgeführten Angaben im Verlauf einer Woche
Eingeschränkte Belastbarkeit	keine	gelegentlich	
Nächtliche Symptome/ Erwachen	keine	gelegentlich	
Bedarf an Beta 2 Ant agonisten/ Notfallmedikation	keine (max. 2x/Woche)	mehr als 2x/Woche	
Lungenfunktion FEV1/PEF)	normal	< 80 % Sollwert bzw. persönl. Bestwert	
Exazerbationen	keine	1 oder mehr/ Jahr	

die Laufbelastung nicht nur ein Kriterium für den Schweregrad, sondern sie dient auch zur Beurteilung des Auslösefaktors »körperliche Anstrengung«. Weitere Auslösefaktoren sind Infekte, die ggf. eine Immundiagnostik erfordern. In Abhängigkeit von der Anamnese sind auch psychogene Auslöser abzuklären. Zur Differenzialdiagnostik gehört die Durchführung eines Schweißtestes sowie bei klinischem Anhalt der Ausschluss eines gastroösophagealen Refluxes.

■ **Komorbidität**

Als Komorbidität des Asthma bronchiale treten häufig ein atopisches Ekzem, eine allergische Rhinokonjunktivitis, psychische Störungen sowie eine Adipositas auf.

Therapie

Die Therapie richtet sich nach den sog. AWMF-Leitlinien der Deutschen Gesellschaft für pädiatrische Rehabilitation und Prävention und hat folgende Inhalte [10]:
— Medikamentöse Therapie
— Physiotherapie
— Sporttherapie
— Psychologische Intervention
— Patientenschulung
— Hilfen zur Krankheitsbewältigung
— Beratung inkl. Beratung zur beruflichen Orientierung der entsprechenden Altersgruppen

Indikation zur medizinischen Rehabilitation

Eine Indikation zur medizinischen Rehabilitation besteht, wenn das individuelle Therapieziel (kontrolliertes Asthma) nicht oder nur durch einen möglicherweise zu hohen Therapieaufwand (z.B. inadäquate Kortisondosis bzw. lang wirksame Beta-Mimetika etc.) ambulant erreicht werden konnte.

Häufige Faktoren hierfür sind:
— Schwere des Krankheitsbildes
— Komorbidität
— Eingeschränkte diagnostische und therapeutische Möglichkeiten vor Ort
— Unzureichende Compliance
— Psychosoziale Barrierefaktoren

28.2.2 Adipositas mit Folgeerkrankungen

Klassifikation und Stadieneinteilung

Übergewicht bzw. Adipositas ist auf ein Missverhältnis zwischen Energieaufnahme und Energieverbrauch zurückzuführen. Definiert wird Übergewicht bzw. Adipositas mittels des Body-Mass-Index (BMI). Berechnet wird er nach folgender Formel:

$$BMI = kg : m^2$$

Übergewicht liegt vor, wenn der BMI über der 90. Altersperzentile (P90 – P97) liegt und eine Adipositas bei Überschreiten der 97. Altersperzentile (P > 97). Von einer extremen Adipositas spricht man bei BMI-Werten über der 99. Altersperzentile [9, 17].

Nach den Erhebungen des Robert-Koch-Instituts (KiGG´s-Studie 2007) sind 15 % der Kinder- und Jugendlichen übergewichtig bzw. adipös (◘ Tab. 28.4 [14]).

◘ **Tab. 28.4** Verbreitung von Übergewicht und Adipositas bei Kindern und Jugendlichen in Deutschland [14]

	Übergewichtig, nicht adipös (P90 – P97) % (95 % KI)	Adipös (> P97) % (95 % KI)
3–6 Jahre	6,2 (5,4–7,1)	2,9 (2,3–3,6)
7–10 Jahre	9,0 (8,0–10,0)	6,4 (5,6–7,3)
11–13 Jahre	11,4 (10,1–12,9)	7,2 (6,1–8,3)
14–17 Jahre	8,6 (7,7–9,6)	8,5 (7,6–9,6)
Gesamt	8,7 (8,2–9,2)	6,3 (5,8–6,9)

Diagnostik

■ **Ursachen der Adipositas**

Bei der Diagnostik sind kongenitale Ursachen (z.B. PRADER-WILLI-Syndrom), erworbene Krankheiten mit nachfolgender Adipositas (z.B. Hypothyreose, CUSHINGsyndrom etc.) von der primären »alimentären« Adipositas zu unterscheiden. Bei der Diagnostik der primären alimentären Adipositas müssen die Faktoren abgeklärt werden, die zur Manifestation beigetragen haben bzw. diese weiter unterhalten (z.B. psychosoziale, nutritive, behaviorale Faktoren).

■ **Komorbidität**

Folgende Komorbiditäten sind abzuklären:
— Metabolisches Syndrom
— Orthopädische Erkrankung
— Herz-Kreislauferkrankungen
— Gastroenterologische Erkrankung
— Respiratorische Störungen
— Dermatologische Veränderungen
— Psychische Störungen

Therapie

Grundlage der Therapie sind die AWMF-Leitlinien der Deutschen Gesellschaft für pädiatrische Rehabilitation und Prävention mit folgenden Inhalten [2]:
— Reduktionskost
— Ernährungsberatung
— Medizinische Betreuung und Behandlung der Komorbiditäten
— Psychologische Betreuung
— Patientenschulung
— Sport- und Physiotherapie
— Schule und Beratung zur beruflichen Orientierung

Indikation zur stationären Rehabilitation

Eine Indikation zur stationären Rehabilitation besteht, wenn

— Übergewicht in Verbindung mit anderen Risikofaktoren und anderen Krankheiten vorliegt,
— die ambulante (leitliniengerechte) ärztliche Behandlung nicht ausreicht, um Schädigungen der Körperstrukturen und Körperfunktionen mit daraus resultierender Beeinträchtigung der Aktivitäten und Teilhabe zu beseitigen oder zu vermindern,
— Leistungen zur Krankheitsbewältigung und zur Unterstützung des Krankheitsmanagements erforderlich sind.

28.2.3 Aufmerksamkeits-Defizit-Hyperaktivitäts-Störung (ADHS)

ADHS ist weltweit die häufigste Verhaltensstörung im Kindes- und Jugendalter. Etwa 5 % der Kinder und Jugendlichen sind in der Bundesrepublik Deutschland betroffen, Jungen häufiger als Mädchen (3:1).

Von einer ADHS geht man aus, wenn sich ein Kind über einen Zeitraum von sechs Monaten oder länger in allen Lebensbereichen auffällig verhält bezüglich seiner Aufmerksamkeit, Impulsivität und Motorik. Diese Verhaltensweisen treten intelligenzunabhängig auf, werden aber oft von weiteren (komorbiden) Verhaltensweisen begleitet. Am häufigsten imponieren hierbei Störungen des Sozialverhaltens.

Die störungsimmanenten Selbstkontroll- und Kompetenzdefizite führen oft zu Schwierigkeiten in den altersrelevanten Lebensbereichen Kindergarten, Schule, Verein, Beruf. Im persönlichen Umfeld treten gehäuft Krisen mit vertrauten Personen auf. Letztere vermögen die Mischung aus selbstunsicherer, kompetenzeingeschränkter Persönlichkeit und kompensatorischem Verhalten (in Form von läppischem Verhalten, Provokation oder Selbstdarstellung) meist nur schwer auszuhalten [6, 7].

Untergruppen (Subtypen)

Die Klassifikation der ADHS geschieht nach DSM-IV oder ICD-10. Es wird in der ICD-10 unterschieden in:
— F90.0 Einfache Aktivitäts- und Aufmerksamkeitsstörung
— F90.1 Hyperkinetische Störung des Sozialverhaltens
— F90.8 Sonstige hyperkinetische Störung (vorwiegend unaufmerksamer Typ)
— F90.9 Hyperkinetische Störung, nicht näher bezeichnet

Während die meisten Betroffenen Symptome in mehreren Kernbereichen zeigen, imponiert bei einigen hauptsächlich ein hervorstechendes Muster. Daher wird im DSM-IV differenziert nach:
— 314.00 AD(H)S – vorwiegend unaufmerksamer Typus
— 314.01 AD(H)S – vorwiegend hyperaktiv-impulsiver Typus
— 314.01 AD(H)S – Mischtypus

Diagnostik

Die Diagnose einer ADHS ist Ergebnis eines hochkomplexen Vorgehens. Sie setzt sich zusammen aus einer Vielzahl einzelner Informationen, die mit den Kriterien der o. g. Klassifikationssysteme (DSM-IV oder ICD-10) abgeglichen werden müssen.

Zum Einsatz kommen dabei Fragebögen (selbst- und fremdanamnestische Einschätzungen), EEG, Psychodiagnostik (u. a. Intelligenz, Aufmerksamkeit, Ausdauer, Wahrnehmung, Konzentration, Gedächtnis), psychiatrischer Befund, körperliche und neurologische Untersuchung, augenärztliche und HNO-ärztliche Untersuchung sowie Basislabor.

Differenzialdiagnose

Im Rahmen der diagnostischen Abklärung sind phänomenologisch ähnliche psychische Störungen des Kindes- und Jugendalters wie z. B. oppositionelle Störung, Depression, einfache Aufmerksamkeitsstörung, Interaktionsstörung mit einzelnen Erwachsenen, Störungen des Sozialverhaltens, Angst- und Zwangsstörungen, Anfallsleiden oder Tic-Störungen abzugrenzen.

Außerdem ist zu berücksichtigen, dass auch altersgemäße Verhaltensweisen (Lärm und Motorik) bei sehr aktiven Kindern die Toleranz und Belastbarkeit von Erwachsenen in ähnlicher Weise fordern und teilweise deutlich überfordern.

Komorbidität

Zu den beschriebenen Kernproblemen kommen oft zusätzliche begleitende Schwierigkeiten als Primär- oder Sekundärstörung hinzu.

Insbesondere zählen hierzu:
— Oppositionelle Verhaltensstörung
— Dissoziale Verhaltensweisen
— Soziale Unsicherheit
— Mangelndes Selbstvertrauen
— Entwicklungsbeeinträchtigungen
— Angststörungen
— Depressive Störungen
— Lernstörungen und Teilleistungsschwächen
— Leistungsprobleme in der Schule
— Beziehungsprobleme mit Erwachsenen
— Ablehnung durch Gleichaltrige

Therapie

Aus dem Schweregrad der Störung, dem Grad der Chronifizierung und der Gesamtschau der psychosozialen Lebensumstände ergibt sich der individuelle Therapie- und Förderplan für das Kind und seine Bezugspersonen.

Im Setting einer stationären Rehabilitation umfasst das Programm im Einzelnen folgende Punkte:

- Verlässliche Verlaufskontrolle durch fremdanamnestische Dauerbeobachtung während 4–6 Wochen
- Temporäre Trennung von potentiellen (Stress-) Faktoren am Heimatort
- Strukturiertes Tagesangebot zur Erleichterung der Orientierung
- Klare Stationsregeln und Verstärkung angemessenen Verhaltens
- Wirkungsvolle Interaktionen und Verhaltensmodifikationen
- Stationäre Begleitung bei Modifikation der Psychopharmaka
- Psychoedukation und therapeutische Instruktionen für betroffene Eltern inkl. Kompetenzerhöhung durch Kurse zu positiver Erziehung
- Angebot strukturierter Trainingsprogramme (THOP, MKT, Strategietraining)
- Psychologisch-psychotherapeutischer Support
- Abschlussempfehlung für weitergehende, nachsorgende Maßnahmen

Dieser multimodale Ansatz in der stationären Rehabilitation ist insbesondere für Kinder und Jugendliche mit komorbiden Diagnosen (s. o.) sinnvoll und förderlich. Eine weitgehend barrierefreie Teilhabe am alterstypischen Geschehen sowie eine (Wieder-) Herstellung adäquater Leistungsfähigkeit sind Standardziele einer jeden Rehabilitation, welche gerade bei Patienten mit ADHS mit diesem ganzheitlichen Ansatz hochwahrscheinlich zu erreichen sind.

Indikation zur medizinischen Rehabilitation

Eine Indikation zur stationären Rehabilitation besteht, wenn

- das individuelle Therapieziel ambulant nicht erreicht werden kann,
- eine temporäre Trennung von häuslichen Triggerfaktoren strukturierend wirken soll.

28.2.4 Diabetes mellitus

Klassifikation

Der Diabetes mellitus ist die häufigste Stoffwechselerkrankung im Kindes- und Jugendalter. Es wird unterschieden zwischen verschiedenen Formen:

- **Diabetes mellitus Typ 1**

Diabetes mellitus Typ 1 ist eine autoimmunologische Erkrankung und die am häufigsten im Kindes- und Jugendalter vorkommende Form. Derzeit wird die Zahl der an Diabetes mellitus erkrankten Kinder und Jugendlichen unter 18 Jahren in Deutschland nach den Ergebnissen der Diabetes-Patienten-Verlaufsdokumentation der Universität Ulm (DPV 2008) mit 20.000 angegeben. Man geht von ca. 2.000 Neuerkrankungen pro Jahr aus.

- **Diabetes mellitus Typ 2**

Durch die Zunahme der Adipositas, bedingt durch einen zunehmend inaktiven Lebensstil und Fehlernährung, ist ein Anstieg der an Diabetes mellitus Typ 2 erkrankten Kinder und Jugendlichen zu erwarten. Genaue Daten über die Häufigkeit in Deutschland gibt es noch nicht. Die geschätzte Prävalenz wird in Risikogruppen (Adipositas) mit ca. 1% angegeben (AGA, Arbeitsgemeinschaft Adipositas im Kindes- und Jugendalter). Betroffen sind v. a. Jugendliche. Ursache des Diabetes mellitus Typ 2 ist eine Insulinresistenz.

- **Andere Diabetesformen**

Weiterhin gibt es andere Diabetesformen, wie z. B. Diabetes bei Pankreaserkrankungen (zystische Fibrose), MODY-Diabetes und hormonell/medikamentös bedingte Diabeteserkrankungen. Mit Diabetes assoziierte Syndrome und konnataler Diabetes sind selten.

Diagnostik

- **Diabetes mellitus Typ 1**

Für die Güte der Stoffwechseleinstellung wird der Langzeitwert (HbA1c) herangezogen. Allerdings sollten zusätzlich die Blutzuckertagesprofile zur Beurteilung berücksichtigt werden, da Blutzuckerschwankungen nicht im HbA1c abgebildet werden. Niedrige HbA1c Werte können durch nächtliche Unterzuckerungen erkauft sein. Mit Diabetes mellitus Typ 1 assoziierte Erkrankungen sollten ausgeschlossen werden. Es wird eine jährliche Kontrolle der Schilddrüsenparameter und ein Antikörperscreening zum Ausschluss einer Zöliakie und Bestimmung der Blutfettwerte empfohlen.

- **Diabetes mellitus Typ 2**

Um einen Diabetes mellitus Typ 2 frühzeitig zu erfassen, wird bei Kindern und Jugendlichen mit Adipositas permagna, einer positiven Familienanamnese oder Zeichen einer Insulinresistenz eine Überprüfung des Glukosestoffwechsels mittels oGTT empfohlen. Wichtig ist die Erfassung von Begleiterkrankungen, wie z. B. Fettstoffwechselstörungen und arterielle Hypertonie. Ein umfassendes Laborscreening sollte durchgeführt und die Blutdruckwerte kontrolliert werden.

Therapie

Die Therapie erfolgt entsprechend der AWMF-Leitlinie für die Rehabilitation in der Kinder- und Jugendmedizin [2].

■ Diabetes mellitus Typ 1

Von zunehmender Bedeutung bezüglich der Prognose der Erkrankung ist die Einführung des eigenverantwortlichen Krankheitsmanagements als wesentliches Behandlungsziel. Dies wird erreicht durch intensive Schulungsmaßnahmen und die Vermittlung von Krankheitsbewältigungsstrategien bei zentraler Mitwirkung eines vollständigen Diabetes-Teams.

Im Rahmen der Rehabilitation von Kindern und Jugendlichen haben Verhaltensübungen in Gruppen einen sehr hohen Stellenwert. Gefördert werden Motivation und Fähigkeit zum selbstständigen Umgang mit der Krankheit und Umsetzung des Gelernten im Alltag. Es kommt zu einem Erfahrungsaustausch und gegenseitigen Lernmöglichkeiten der Betroffenen, die sonst oft ohne Kontakt zu gleichaltrigen Kindern oder Jugendlichen mit Diabetes mellitus aufwachsen.

Im Einzelnen umfasst die Therapie folgende Schwerpunkte:

- Überprüfung der Stoffwechselsituation und falls erforderlich Anpassung bzw. Neueinstellung der Insulintherapie ggf. mit Insulinpumpentherapie
- Schulung inkl. Ernährungsberatung mit möglichst selbstständiger Umsetzung in den Alltag
- Sporttherapie
- Trainingstherapie zur Körperwahrnehmung mit besonderem Schwerpunkt auf Hypoglykämiewahrnehmung
- Hilfen zur Krankheitsbewältigung
- Beratung inkl. Beratung zur beruflichen Orientierung im entsprechenden Alter
- Ggf. psychotherapeutische Begleitung

■ Diabetes mellitus Typ 2

Ziel bei Vorliegen eines Diabetes mellitus Typ 2 ist die Normalisierung der Glukosewerte zur Verhinderung der durch Diabetes mellitus Typ 2 verursachten Folgeerkrankungen. Durch die Rehabilitation soll eine lang anhaltende Änderung sowohl beim Ess- als auch Bewegungsverhalten mit dem langfristigen Ziel der Gewichtsreduktion analog der Ziele bei Adipositas erreicht werden. Bei unzureichendem Erfolg ist zusätzlich eine medikamentöse Therapie mit oralen Antidiabetika oder Insulin erforderlich.

Im Einzelnen umfasst die Therapie folgende Schwerpunkte:

- Gewichtsreduktion

□ Tab. 28.5 Häufigkeit der Neurodermitis im Kindes- und Jugendalter in Deutschland [14]

Alter	Lebensprävalenz Neurodermitis
Gesamt	13,2 (12,5–13,9)
0–2 Jahre	8,7 (7,6–10,0)
3–6 Jahre	13,3 (12,1–14,7)
7–10 Jahre	15,1 (13,9–16,4)
11–13 Jahre	14,8 (13,3–16,4)
14–17 Jahre	12,9 (11,6–14,3)

- Schulung inkl. Ernährungsberatung mit möglichst selbstständiger Umsetzung in den Alltag
- Sporttherapie
- Ggf. medikamentöse Therapie
- Hilfen zur Krankheitsbewältigung
- Beratung inkl. Beratung zur beruflichen Orientierung im entsprechenden Alter

Indikation zur medizinischen Rehabilitation

Eine Indikation zur stationären Rehabilitation besteht, wenn

- die ambulante (leitliniengerechte) ärztliche Behandlung nicht ausreicht, das individuelle Therapieziel zu erreichen,
- Folgeschäden der Krankheit drohen bzw. eingetreten sind,
- Leistungen zur Krankheitsbewältigung und zur Unterstützung des Krankheitsmanagements erforderlich sind.

28.2.5 Neurodermitis

Klassifikation

Die Neurodermitis stellt eine der häufigsten chronischen Erkrankungen im Kindes- und Jugendalter dar. In Deutschland beträgt die Lebenszeitprävalenz für die Altersgruppe 0–17 Jahre 13,2 % (□ Tab. 28.5).

Die Erkrankung zählt zum sogenannten atopischen Formenkreis und dementsprechend besteht bei Kindern und Jugendlichen eine Assoziation zu nutritiven und inhalativen Allergien. Im frühen Kindesalter kann bei 30 bis 40 % der Betroffenen eine Nahrungsmittelallergie als Auslöser gefunden werden. Weitere Auslöser bzw. Triggerfaktoren werden in einer bakteriellen Besiedelung bzw. Superinfektion der Haut sowie in genetischen Faktoren (z. B. Filaggrinstörung) gesehen. Dazu können psychische Faktoren als Trigger der Erkrankung kommen [2, 8, 14].

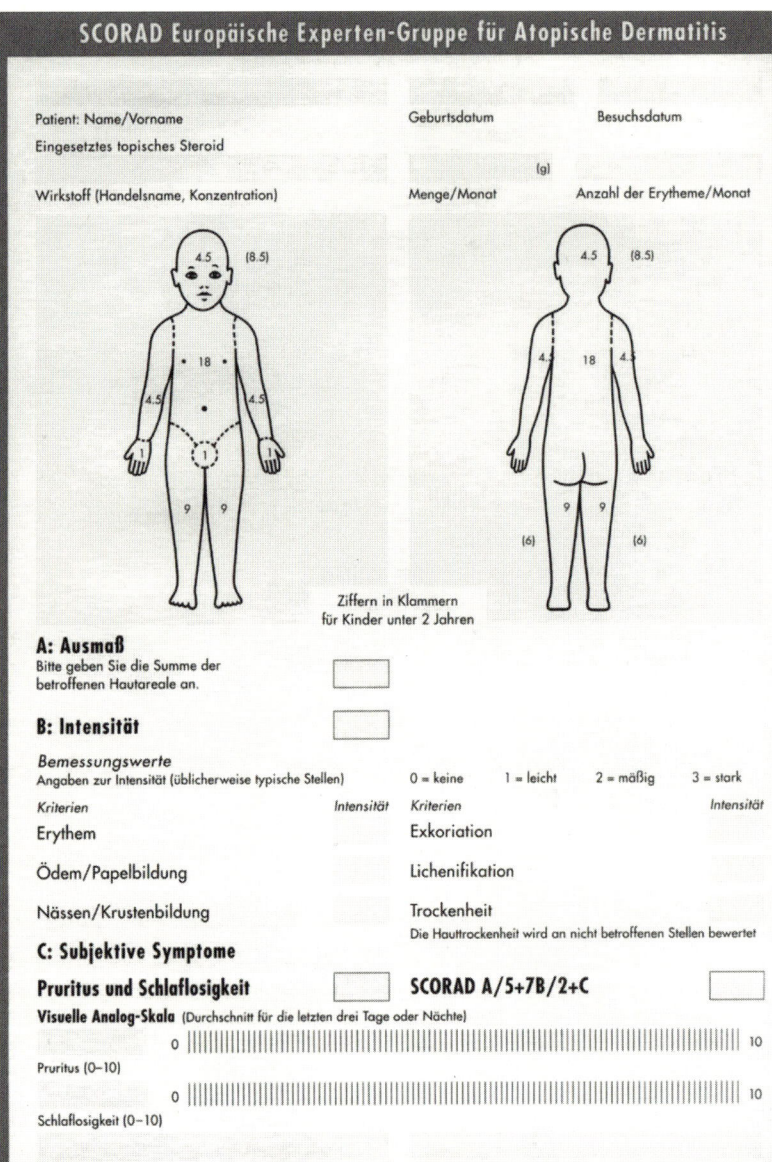

❏ **Abb. 28.1** SCORAD

Diagnostik

Die Diagnostik ist ausgerichtet an der Bestimmung des Schweregrades der Erkrankung sowie der Erfassung von Auslösefaktoren und Komorbiditäten.

Die Schweregradbestimmung erfolgt mittels eines Punktescores, der die Fläche der betroffenen Haut, den Entzündungsgrad sowie die Relevanz von Juckreiz und die Beeinträchtigung der Schlafqualität erfasst (z. B. SCO-RAD, ❏ Abb. 28.1).

Bei der Erfassung der Auslöser steht an erster Stelle die Allergiediagnostik, wobei im Kleinkindalter die Nahrungsmitteldiagnostik inkl. Provokationstestung eine spezielle Anforderung darstellt.

Als häufigste Komorbiditäten sind ein Asthma bronchiale und eine allergische Rhinokonjunktivitis abzuklären.

Therapie

Die Therapie richtet sich nach den aktuellen AWMF-Leitlinien [2] mit folgenden Schwerpunkten:
- Allergenkarenz nach Möglichkeit
- Ernährungsberatung bei Nahrungsmittelallergie
- Regelmäßige Hautpflege
- Antientzündliche Therapie (vorwiegend topisch) der Haut in Abhängigkeit vom Schweregrad
- Patientenschulung
- Psychologische Betreuung
- Hilfen zur Krankheitsbewältigung

⁇ Beratung inkl. Beratung zur beruflichen Orientierung der entsprechenden Altersgruppen

Indikation zur medizinischen Rehabilitation

Eine Indikation zur stationären Rehabilitation liegt vor, wenn

⁇ mit der ambulanten (leitliniengerechten) Behandlung das individuelle Therapieziel nicht erreicht werden konnte,

⁇ Folgeschäden der Erkrankung drohen bzw. eingetreten sind,

⁇ Leistungen zur Krankheitsbewältigung und zur Unterstützung des Krankheitsmanagements erforderlich sind.

Literatur

1   Andrew H, Liu et al: Development and cross-sectional validation of the Childhood Asthma Control Test, J Allergy clin immunol, April 2007

2   AWMF-Leitlinie für die Rehabilitation in der Kinder- und Jugendmedizin, 2009, http://www.uni-duesseldorf.de/AWMF/ll/

3   Bauer C-P et al: Langzeiteffekt der stationären Rehabilitation bei Kindern und Jugendlichen mit mittelschwerem und schwerem Asthma bronchiale, Pneumologie 2002; 56:478–485

4   Bundesarbeitsgemeinschaft für Rehabilitation – BAR (Hrsg.): Gemeinsames Rahmenkonzept der gesetzlichen Krankenkassen und der gesetzlichen Rentenversicherung für die Durchführung stationärer medizinischer Leistungen der Vorsorge und Rehabilitation für Kinder und Jugendliche, 2008, www.bar-frankfurt.de

5   Deutsche Rentenversicherung: Statistik der Deutschen Rentenversicherung Band 179, Rehabilitation 2009. Deutsche Rentenversicherung Bund (Hrsg.). Berlin 2010

6   Döpfner M, Lehmkuhl G, Steinhausen H-C: Aufmerksamkeitsdefizit- und Hyperaktivitätsstörung (ADHS), Hogrefe-Verlag, Göttingen, Bern, Toronto, Seattle, 2006

7   Döpfner M, Schürmann S, Frölich J: Therapieprogramm für Kinder mit hyperkinetischem und oppositionellem Problemverhalten THOP, BELTZ, PsychologieVerlagsUnion, 1997

8   Höger PH: Kinderdermatologie, Schattauer-Verlag, Stuttgart, New York, 2005

9   Koletzko B, Dokoupil K: Adipositas. In: Reinhardt D (Hrsg.): Therapie der Krankheiten im Kindes- und Jugendalter, Springer-Verlag, Berlin, Heidelberg, New York, 2004

10   Nationale Versorgungsleitlinie Asthma, 2. Auflage, 2009, www.asthma.versorgungsleitlinien.de

11   Petermann F, Warschburger P: Kinderrehabilitation, Hogrefe-Verlag, Göttingen, Bern, Toronto, Seattle, 1999

12   PRACTALL (PRACtising ALLergology) Consensus report, Allergy; 63: 5–34, 2008

13   Rentsch H-P, Bucher PO: ICF in der Rehabilitation – Die praktische Anwendung der internationalen Klassifikation der Funktionsfähigkeit, Behinderung und Gesundheit im Rehabilitationsalltag, Schultz-Kirchner Verlag GmbH, Idstein, 2005

14   Robert-Koch-Institut: Kinder- und Jugendgesundheitssurvey 2006 (KiGGS), Bundesgesundheitsbl-Gesundheitsforsch-Gesundheitsschutz 5/6 2007

15   Schuntermann MF: Einführung in die ICF – Grundkurs – Übungen – offene Fragen, 2. überarbeitete Auflage, Ecomed Medizin, Landsberg/Lech, 2007

16   Verband Deutscher Rentenversicherungen (VDR): Rahmenkonzept und indikationsspezifische Konzepte zur medizinischen Rehabilitation von Kindern und Jugendlichen in der gesetzlichen Rentenversicherung, 1998

17   Wabitsch M: Adipositas. In: Lentze, Schaub, Schulte, Spranger (Hrsg.): Pädiatrie, Springer-Verlag, Berlin, Heidelberg, New York, 2001

Sozialmedizinisches Glossar

Sozialmedizinisches Glossar

Der Inhalt des angefügten sozialmedizinischen Glossars stellt die unveränderte und ungekürzte Wiedergabe des Werkes »Sozialmedizinisches Glossar« dar, das in der Schrift der Deutschen Rentenversicherung, Band 81 (Auflage 2009), erschienen ist und herausgegeben wird von der Deutschen Rentenversicherung Bund. Hauptschriftleiter ist Dr. Axel Reimann. Das Sozialmedizinische Glossar wird regelmäßig aktualisiert und ist abrufbar unter www.deutsche-rentenversicherung-bund.de.

Abklärung der beruflichen Eignung Es handelt sich um eine Leistung, die im Rahmen eines Antrages auf Leistungen zur Teilhabe am Arbeitsleben zur Abklärung der beruflichen Eignung, z. B. im ▶ Berufsförderungswerk und ▶ Berufsbildungswerk erbracht wird. Sie zielt darauf mögliche Tätigkeitsfelder unter Berücksichtigung der verbliebenen Fähigkeiten und Ressourcen (u. a. auch Bildungsstand, berufliche Vorkenntnisse) zu ermitteln und zu benennen.

Die Leistungsdauer beträgt in Kombination mit einer ▶ Arbeitserprobung (Maßnahmen zur praktischen Abklärung von beruflichen Fähigkeiten) in der Regel 10 bis 14 Tage, in Zusammenhang mit einer erweiterten Arbeitserprobung für psychisch behinderte Menschen 3 bis 6 Wochen.

Absturzgefahr Absturzgefahr im arbeitsmedizinischen Sinne besteht bei einer Absturzhöhe von mehr als 1,00 m über dem Boden oder über einer anderen ausreichend breiten tragfähigen Fläche, außerdem an Öffnungen und Vertiefungen, durch die Personen abstürzen können.

Die Absturzhöhe wird bei Verkehrswegen oder Arbeitsplätzen auf Flächen bis einschl. 60 Grad Neigung erst ab der Absturzkante gemessen, ansonsten bereits vom Arbeitsplatz oder Verkehrsweg.

Das Abrutschen auf einer mehr als 60 Grad geneigten Fläche wird einem Abstürzen gleichgesetzt.

Zur Absturzgefahr wird auch die Gefahr des Hinunterfallens oder Hineinstürzens in einen Gefahrenbereich gerechnet. ▶ Eigen- und Fremdgefährdung

Adaptation Bei länger andauernden Behinderungen oder Funktionsdefiziten kann eine physiologische Anpassung (Adaptation) an das Defizit oder eine ▶ Kompensation der verloren gegangenen Funktion erreicht werden. Ebenfalls kann durch Adaptation an ein bestehendes Funktionsdefizit die zunächst bestehende Funktionseinbuße ausgeglichen werden. Bei der Begutachtung ist der vorhandene funktionelle Zustand zu beschreiben und zu berücksichtigen. Es ist nicht vom Defektzustand (z. B. einer Gliedmaßenamputation) auszugehen, sondern von der verbliebenen Gebrauchsfähigkeit. Durch Adaptation und Kompensation kann u. U. eine nahezu normale Leistungsfähigkeit im Erwerbsleben gegeben sein.

Der Begriff ist im Suchtbereich nicht mehr gebräuchlich, er ist dort durch den Begriff ▶ Adaption ersetzt worden.

Adaption Die Adaption ist ein Bestandteil der stationären / ganztägig ambulanten Rehabilitation von alkohol-, drogen- und medikamentenabhängigen Rehabilitanden. Sie findet im Anschluss an eine stationäre oder ganztägig ambulante Rehabilitation für eine bestimmte Gruppe von Rehabilitanden (insbesondere Wohnungs-, Arbeitslose oder Drogenabhängige) in einer Fachklinik für Suchtrehabilitation oder speziellen Adaptionseinrichtungen statt. Die therapeutischen Behandlungsangebote treten hier zugunsten einer Erprobung und Einübung eigenverantwortlicher Lebensführung und Anforderungen des Erwerbslebens unter realen Alltagsbedingungen zurück. Das Ziel ist die berufliche und soziale Wiedereingliederung. Adaption ist geeignet für Menschen, die in einem gewissen Maß die Fähigkeit zur eigenverantwortlichen und abstinenten Lebensführung mitbringen und weitere Trainingsmöglichkeiten für sich suchen.

AHB-Verfahren Mit dem Begriff **A**nschlussre**hab**ilitation (AHB), früher als Anschlussheilbehandlung bezeichnet, wird ein besonderes Verfahren der Renten- und Krankenversicherung zur Einleitung und Durchführung von ambulanten und/oder stationären Leistungen zur medizinischen Rehabilitation im Anschluss an einen Krankenhausaufenthalt gekennzeichnet.

Für ausgewählte Indikationen, bei denen die nahtlose, zügige Versorgung aus medizinischer Sicht besonders dringlich erscheint, wird mit diesem Verfahren der organisatorische Rahmen dafür geschaffen, dass die nach Abschluss der Krankenhausbehandlung im Einzelfall erforderlichen Leistungen zur medizinischen Rehabilitation in unmittelbarem oder in engem zeitlichen Zusammenhang (in der Regel bis zu 14 Tagen nach Entlassung aus dem Krankenhaus) eingeleitet werden können.

Das Verfahren entspricht dem gesetzlichen Auftrag zur engen Zusammenarbeit der Rehabilitationsträger sowie der möglichst nahtlosen, zügigen Einleitung von Leistungen zur medizinischen Rehabilitation. ▶ Anschlussrehabilitation

Akkordarbeit Akkordarbeit ist eine nach dem Leistungssystem mit Akkordlohn vergütete Arbeit. Im Gegensatz zum Zeitlohnsystem, in dem die Dauer der Arbeitszeit die Grundlage der Vergütung bildet, wird der Akkordlohn als Anreiz zur Erbringung einer hohen quantitativen Leistung innerhalb einer bestimmten Zeiteinheit eingesetzt. Dabei wird nach Stück- und Zeitakkord sowie Einzel- und Gruppenakkord unterschieden.

Stückakkord: Basislohn-Bemessungsgrundlage ist eine bestimmte Anzahl erarbeiteter Einheiten.

Zeitakkord: Basislohn-Bemessungsgrundlage sind Vorgabezeiten, die nach standardisierten Regeln erhoben werden.

Aktengutachten ▶ Gutachten

Aktivität Aktivität ist nach dem bio-psycho-sozialen Modell der Komponenten von Gesundheit, das der ICF zugrunde gelegt ist, die Durchführung einer Aufgabe oder Handlung (Aktion) durch einen Menschen. ▶ Aktivität, Beeinträchtigung der

Aktivität, Beeinträchtigung der Unter Beeinträchtigung der ▶ Aktivität (im Sinne der ICF) sind Schwierigkeiten zu verstehen, die ein Mensch bei der Durchführung einer Aufgabe oder Handlung hat.

Aktivitäten des täglichen Lebens »**A**ktivitäten des **t**äglichen **L**ebens« (ATL; engl. activities of daily living, ADL) ist ein Fachbegriff für Aktivitäten, die sich auf die täglichen Verrichtungen beziehen und sich aus Grundbedürfnissen des Menschen ableiten.

Zu den Grundbedürfnissen gehören Aktivitäten wie Essen, Baden, Körperpflege, An- und Auskleiden, Harn- und Stuhlkontrolle, Toilettenbenutzung, Bett- und Stuhltransfer, Mobilität, Treppensteigen.

Der Begriff ist von sozialmedizinischer Bedeutung z. B. im Rahmen der Feststellung der ▶ Rehabilitationsfähigkeit oder Pflegebedürftigkeit.

Amtsermittlungspflicht ▶ Untersuchungsgrundsatz

Anforderungen, besondere Besondere Anforderungen sind Anforderungen im Rahmen einer Tätigkeit bzw. eines Arbeitsplatzes, die über das normale Maß hinausgehen, das von einem durchschnittlich leistungsfähigen Arbeitnehmer erfüllt werden kann. Es handelt sich um einen tätigkeitsbezogenen Begriff und **nicht** um einen Begriff zur sozialmedizinischen Beurteilung der Leistungsfähigkeit im Erwerbsleben.

Anforderungsprofil, tätigkeitsbezogenes Das tätigkeitsbezogene Anforderungsprofil ist die (strukturierte) Gesamtheit aller qualitativen und quantitativen Merkmale, die zur Ausübung einer genau definierten beruflichen Tätigkeit erforderlich sind. Es umfasst sowohl die körperlichen als auch die psychomentalen Anforderungen und berücksichtigt ggf. die Eingebundenheit in eine Arbeitsorganisation. In der Arbeitswelt ist ein tätigkeitsbezogenes Anforderungsprofil das Ergebnis einer Anforderungs- bzw. Arbeitsplatzanalyse bei deren Erstellung u. U. arbeitswissenschaftliche Verfahren eingesetzt werden. Im Abgleich mit ▶ Fähigkeitsprofilen von Bewerbern kann dabei eine passgenaue Platzierung bei der Stellenbesetzung erreicht werden. Zur Feststellung des Leistungsvermögens im Erwerbsleben ist die Beurteilung der physischen und psychischen Anforderungen einer beruflichen Tätigkeit sozialmedizinisch von Bedeutung.

Anpassung ▶ Adaptation

Anschlussrehabilitation Anschlussrehabilitation ist eine ambulante und/oder stationäre Leistung zur medizinischen Rehabilitation, wenn deren unmittelbarer Anschluss an eine Krankenhausbehandlung medizinisch notwendig ist und ein ursächlicher Zusammenhang zwischen beiden Leistungsarten besteht (d. h. wenn der akutmedizinischen Behandlung im Krankenhaus und der nachfolgenden Rehabilitation dieselbe Indikation zugrunde liegt).

Der unmittelbare Anschluss gilt auch dann als gewahrt, wenn die Rehabilitation innerhalb von 14 Tagen nach Beendigung der Krankenhausbehandlung beginnt, es sei denn, die Einhaltung dieser Frist ist aus zwingenden medizinischen und/oder tatsächlichen Gründen nicht möglich; dabei soll ein Zeitraum von 6 Wochen nach Beendigung der Krankenhausbehandlung nicht überschritten werden. Zwingende tatsächliche Gründe in diesem Sinne liegen z. B. vor, wenn aus Kapazitätsgründen in der infrage kommenden Rehabilitationseinrichtung innerhalb von 14 Tagen kein Bett verfügbar ist; zwingende medizinische Gründe liegen z. B. dann vor, wenn der Beginn der Rehabilitation nach abgeschlossener Krankenhausbehandlung wegen einer neu auftretenden, behandlungsbedürftigen Erkrankung um einen Zeitraum von mehr als 14 Tagen hinausgezögert wird.

Im Übrigen gelten hinsichtlich Gegenstand, Umfang und Ausführung der Anschlussrehabilitation die Vorschriften des Sozialgesetzbuches – Neuntes Buch – (SGB IX) für Leistungen zur Teilhabe, soweit sich aus den für den jeweiligen Rehabilitationsträger geltenden Leistungsgesetzen nichts Abweichendes ergibt; die Zuständigkeit und die Voraussetzungen für die Anschlussrehabilitation richten sich – wie insgesamt bei den Leistungen zur Teilhabe – nach den für den jeweiligen Rehabilitationsträger geltenden Leistungsgesetzen (§ 7 SGB IX).
▶ AHB-Verfahren

Anzeigepflicht (Berufskrankheit) Haben Ärzte oder Zahnärzte den begründeten Verdacht, dass bei Versicherten eine Berufskrankheit besteht, haben sie dies dem Unfallversicherungsträger oder der für den medizinischen Arbeitsschutz zuständigen Stelle unverzüglich und in der für die Anzeige vorgeschriebenen Form anzuzeigen (§ 202 SGB VII).
▶ Meldepflicht (nach Infektionsschutzgesetz)

Arbeit, leichte Der Begriff »leichte Arbeit« findet im Rahmen der sozialmedizinischen Beurteilung der Leistungsfähigkeit im Erwerbsle-

ben Anwendung bei der Einteilung der körperlichen Arbeitsschwere (▶ Arbeitsschwere, körperliche).

Als leichte Arbeit werden Tätigkeiten bezeichnet wie Handhaben leichter Werkstücke und Handwerkzeuge, Tragen von weniger als 10 kg, Bedienen leichtgehender Steuerhebel und Kontroller oder ähnlicher mechanisch wirkender Einrichtungen und lang dauerndes Stehen oder ständiges Umhergehen (bei Dauerbelastung).

Es können auch bis zu 5 % der Arbeitszeit (oder zweimal pro Stunde) mittelschwere Arbeitsanteile enthalten sein.

Belastende Körperhaltungen (Zwangshaltungen, Haltearbeit) erhöhen die Arbeitsschwere um eine Stufe.

Die Einteilung der körperlichen Arbeitsschwere erfolgt in Anlehnung an die REFA-Klassifizierung. ▶ Arbeit, leichte bis mittelschwere; ▶ Arbeit, mittelschwere, ▶ Arbeit, schwere

Arbeit, leichte bis mittelschwere Der Begriff »leichte bis mittelschwere Arbeit« findet im Rahmen der sozialmedizinischen Beurteilung der Leistungsfähigkeit im Erwerbsleben Anwendung bei der Einteilung der körperlichen Arbeitsschwere (▶ Arbeitsschwere, körperliche).

Bei leichter bis mittelschwerer Arbeit ist der Anteil mittelschwerer Arbeit auf höchsten 50 % begrenzt.

Die Einteilung der körperlichen Arbeitsschwere erfolgt in Anlehnung an die REFA-Klassifizierung. ▶ Arbeit, leichte; ▶ Arbeit, mittelschwere; ▶ Arbeit, schwere

Arbeit, mittelschwere Der Begriff »mittelschwere Arbeit« findet im Rahmen der sozialmedizinischen Beurteilung der Leistungsfähigkeit im Erwerbsleben Anwendung bei der Einteilung der körperlichen Arbeitsschwere (▶ Arbeitsschwere, körperliche).

Als mittelschwere Arbeit werden Tätigkeiten bezeichnet wie Handhaben etwa 1 bis 3 kg schwergehender Steuereinrichtungen, unbelastetes Begehen von Treppen und Leitern (bei Dauerbelastung), Heben und Tragen mittelschwerer Lasten in der Ebene von 10 bis 15 Kilogramm oder Hantierungen, die den gleichen Kraftaufwand erfordern.

Auch leichte Arbeiten mit zusätzlicher Ermüdung durch Haltearbeit mäßigen Grades sowie Arbeiten am Schleifstein, mit Bohrwinden und Handbohrmaschinen werden als mittelschwere Arbeit eingestuft werden.

Es können auch bis zu 5 % der Arbeitszeit (oder zweimal pro Stunde) schwere Arbeitsanteile enthalten sein.

Belastende Körperhaltungen (Haltearbeit, Zwangshaltungen) erhöhen die Arbeitsschwere um eine Stufe.

Die Einteilung der körperlichen Arbeitsschwere erfolgt in Anlehnung an die REFA-Klassifizierung. ▶ Arbeit, leichte; ▶ Arbeit, leichte bis mittelschwere; ▶ Arbeit, schwere

Arbeit, schwere Der Begriff »schwere Arbeit« findet im Rahmen der sozialmedizinischen Beurteilung der Leistungsfähigkeit im Erwerbsleben Anwendung bei der Einteilung der körperlichen Arbeitsschwere (▶ Arbeitsschwere, körperliche).

Als schwere Arbeit werden Tätigkeiten bezeichnet wie Tragen von bis zu 40 kg schweren Lasten in der Ebene oder Steigen unter mittleren Lasten und Handhaben von Werkzeugen (über 3 kg Gewicht), auch von Kraftwerkzeugen mit starker Rückstoßwirkung, Schaufeln, Graben und Hacken.

Auch mittelschwere Arbeiten in angespannter Körperhaltung, z. B. in gebückter, kniender oder liegender Stellung können als schwere Arbeit eingestuft werden.

Belastende Körperhaltungen (Zwangshaltungen, Haltearbeit) erhöhen die Arbeitsschwere um eine Stufe.

Die Einteilung der körperlichen Arbeitsschwere erfolgt in Anlehnung an die REFA-Klassifizierung. ▶ Arbeit, leichte; ▶ Arbeit, leichte bis mittelschwere; ▶ Arbeit, mittelschwere

Arbeit, taktgebundene Taktgebundene Arbeit bezeichnet Arbeit, bei der das Arbeitstempo von außen vorgegeben wird und nicht individuell beeinflusst werden kann (z. B. Fließbandarbeit). ▶ Arbeitsorganisation

Arbeitsassistenz Die Arbeitsassistenz wird erbracht durch eine Person, die behinderte Menschen nach deren Anweisung bei der von ihnen zu erbringenden Arbeitsleistung durch Erledigung von Hilfstätigkeiten unterstützt. Sie übernimmt nicht die Hauptinhalte der Arbeitsleistung. Die Kosten für die Arbeitsassistenz können von den Rentenversicherungsträgern für längstens drei Jahre als Leistung zur Teilhabe am Arbeitsleben übernommen werden, wenn dadurch ein Arbeitsplatz erlangt und eine berufliche Eingliederung erreicht werden kann (§ 33 Abs. 8 Nr. 3 SGB IX). Bei einer länger dauernden Notwendigkeit und zur Erhaltung eines Arbeitsplatzes ist die Zuständigkeit des Integrationsamtes gegeben (§ 102 Abs. 4 SGB IX).

Arbeitsbelastung Die Arbeitsbelastung ist die Gesamtheit der erfassbaren Einflüsse im Arbeitssystem, die auf den Menschen einwirken (DIN 33400). Belastungsfaktoren bei der Arbeit ergeben sich aus zwei Einflussgrößen: Arbeitsplatzanforderungen und Arbeitsumfeld. ▶ Belastung

Arbeitserprobung Die Arbeitserprobung ist die praktische Abklärung von beruflichen Fähigkeiten im Rahmen der Leistungen zur Teilhabe am Arbeitsleben (§ 33 Abs. 4 SGB IX), die sowohl in Einrichtungen der medizinischen, medizinisch-beruflichen und beruflichen Rehabilitation durchgeführt wird. Ziel ist die Ermittlung der arbeitsrelevanten Leistungsfähigkeit und der sozialen Anpassungsfähigkeit unter Berücksichtigung einer besonderen Gefährdung durch Einwirkungen am Arbeitsplatz. ▶ Abklärung der beruflichen Eignung; ▶ Belastungserprobung

Arbeitshilfen, technische Technische Arbeitshilfen sind technische Mittel, die Arbeitssicherheit gewährleisten, Arbeiten für behinderte Menschen ermöglichen oder Arbeitsbelastungen verringern sollen (z. B. spezielle Sitze).

Technische Arbeitshilfen zur Berufsausübung werden eingesetzt, um einem Menschen mit gesundheitlichen Einschränkungen zu ermöglichen, eine Beschäftigung fortzusetzen oder einen neuen Arbeitsplatz einzunehmen. Die Förderung als Leistung zur Teilhabe am Arbeitsleben ist möglich. Wenn technische Arbeitshilfen die Arbeitssicherheit gewährleisten oder die Arbeitsbedingungen verbessern sollen, ohne dass bereits eine Erwerbsfähigkeit beeinträchtigt ist, ist hierfür der Arbeitgeber zuständig, ggf. unterstützt durch das Integrationsamt.

Arbeitsmarkt, allgemeiner Der Begriff ‚allgemeiner Arbeitsmarkt'
▰ Bezeichnet aus volkswirtschaftlicher Sicht das Zusammentreffen von Angebot und Nachfrage nach Arbeitskräften. Es wird unterschieden nach einem 1. Arbeitsmarkt, der den betriebswirtschaftlich begründeten Bedarf nach Arbeitskräften (Arbeitsplatzangebote) von Unternehmen (Arbeitgeber) mit einer Nachfrage geeigneter freier Arbeitskräfte (Arbeitnehmer) zusammenführt und einem 2. (staatlich geförderten) Arbeitsmarkt, der über arbeitsmarktpolitische Maßnahmen zusätzliche Anreize für Arbeitgeber schafft, Arbeitsplätze anzubieten, um damit einen Marktausgleich von Angebot und Nachfrage herbeizuführen.

▰ Ist in der gesetzlichen Rentenversicherung als Maßstab für die Beurteilung der Erwerbsfähigkeit eines Versicherten von Bedeutung. Nach der Rechtsprechung des Bundessozialgerichts zur Berufs- und Erwerbsunfähigkeit war unter dem Begriff »allgemeiner Arbeitsmarkt« der Arbeitsmarkt für ungelernte oder einfache angelernte Tätigkeiten mit einer Einarbeitungsdauer unter 3 Monaten zu verstehen. Diese Einschränkung gilt seit Inkrafttreten der Neufassung des § 43 SGB VI am 01.01.2001 nicht mehr. Durch die Neuregelung der Renten wegen verminderter Erwerbsfähigkeit in § 43 Abs. 1 und 2 SGB VI ab 01.01.2001 wird das zeitliche Leistungsvermögen unter den üblichen Bedingungen des allgemeinen Arbeitsmarktes maßgebliches Entscheidungskriterium. Im Bereich der gesetzlichen Rentenversicherung ist »allgemeiner Arbeitsmarkt« nun so zu verstehen, dass er jede nur denkbare Erwerbstätigkeit außerhalb einer beschützenden Einrichtung umfasst, für die auf dem Arbeitsmarkt (in einer Vielzahl von Teilarbeitsmärkten) Angebot und Nachfrage bestehen, unabhängig von ihrer qualitativen Einordnung. Allerdings sind nur solche Tätigkeiten in Betracht zu ziehen, die auf dem allgemeinen Arbeitsmarkt üblich sind.

Der allgemeine Arbeitsmarkt umfasst sowohl alle abhängigen Beschäftigungen als auch »selbstständigen« Tätigkeiten. Der Begriff ‚allgemein' soll von Sonderbereichen – wie z. B. Werkstätten für behinderte Menschen (WfbM) – abgrenzen (s. SGB IX, Rehabilitation und Teilhabe behinderter Menschen).

▰ Ist auch im SGB III von Bedeutung. Voraussetzung für Verfügbarkeit und Vermittlungsbemühungen ist, dass eine arbeitslose Person zumindest 3 Stunden täglich, bezogen auf eine wöchentliche Arbeitszeit von 5 Tagen eine zumutbare Tätigkeit unter den üblichen Bedingungen des allgemeinen Arbeitsmarktes ausüben kann und darf.

▰ Hat im Bereich der gesetzlichen Unfallversicherung (SGB VII) Bedeutung bei der Bewertung der Minderung der Erwerbsfähigkeit (MdE). In diesem Zusammenhang bedeutet allgemeiner Arbeitsmarkt das gesamte Gebiet des allgemeinen Erwerbslebens.

Arbeitsmarkt, verschlossener Der Begriff des verschlossenen Arbeitsmarktes hat in der gesetzlichen Rentenversicherung Bedeutung bei folgenden Fallkonstellationen:

1. Nach der Rechtsprechung zur konkreten Betrachtungsweise (Beschlüsse des BSG von 1969 und 1976) war für halb- bis untervollschichtig erwerbsfähige Versicherte (Recht der Renten wegen verminderter Erwerbsfähigkeit bis zum 31.12.2000) von Bedeutung, ob ihnen innerhalb eines Jahres nach Rentenantragstellung ein zumutbarer Teilzeitarbeitsplatz vermittelt werden konnte; war dies nicht möglich, so wurde der Teilzeitarbeitsmarkt als praktisch verschlossen angesehen mit der Folge, dass ein Anspruch auf Erwerbsunfähigkeitsrente bestand. Die Grundsätze dieser Rechtsprechung gelten auch für die Renten wegen Erwerbsminderung nach dem ab 01.01.2001 geltenden Recht, und zwar bei der arbeitsmarktbedingten Rente (▶ Rente, arbeitsmarktbedingte). Der Versicherte mit einem verbliebenen Leistungsvermögen von 3 bis unter 6 Stunden täglich ist in diesen Fällen nicht nur teilweise, sondern voll erwerbsgemindert.

1. Gem. § 43 Abs. 3 SGB VI besteht bei einem quantitativen Leistungsvermögen von mindestens 6 Stunden täglich für eine Erwerbstätigkeit zu üblichen Bedingungen des allgemeinen Arbeitsmarktes grundsätzlich kein Rentenanspruch. Trotz eines verbliebenen quantitativen Leistungsvermögens von mindestens 6 Std. täglich kann aber ein denkbarer Einsatz zu arbeitsmarktüblichen Bedingungen zweifelhaft und u. U. der Arbeitsmarkt als verschlossen anzusehen sein.

Der Begriff des verschlossenen Arbeitsmarktes hat sich im Zusammenhang mit der Rechtsprechung des Bundessozialgerichts (BSG) zu den sog. Katalog- und Seltenheitsfällen herausgebildet. In den dort einzeln bezeichneten Fällen wurde die Benennung einer konkreten Verweisungstätigkeit gefordert, um im Einzelfall eine möglicherweise gegebene Verschlossenheit des Arbeitsmarktes auszuschließen. Im Wesentlichen haben diese Grundsätze Eingang gefunden in den § 43 Abs. 3 SGB VI (in Kraft getreten ab 01.01.2001), und zwar durch das Merkmal der ‚üblichen Bedingungen des allgemeinen Arbeitsmarktes'.

Können selbst leichteste Tätigkeiten nur noch mit vielfältigen Einschränkungen verrichtet werden, sind Zweifel angebracht, ob dieses Leistungsvermögen noch zu den üblichen Bedingungen des allg. Arbeitsmarktes einsetzbar ist. Eine solche Fallgestaltung liegt z. B. bei einer Summierung ungewöhnlicher Leistungseinschränkungen (▶ Leistungseinschränkungen, Summierung ungewöhnlicher) oder einer spezifischen Leistungsbehinderung (▶ Leistungsbehinderung, schwere spezifische) vor. Auch sonstige Einschränkungen, z. B. das Erfordernis zusätzlicher Pausen, können eine Beschäftigung unter Arbeitsbedingungen, wie sie in Betrieben regelmäßig üblich sind, ausschließen.

In diesen Fällen muss der Rentenversicherungsträger eine konkret ausführbare Tätigkeit benennen. Für eine solche Verweisungstätigkeit müssen Arbeitsplätze in nennenswertem Umfang vorhanden sein. Die in zeitlicher Hinsicht erhaltene Erwerbsfähigkeit darf nicht an Tätigkeiten gemessen werden, die es nur sehr selten oder gar nicht gibt bzw. die nur bestimmten Personengruppen vorbehalten sind (z. B. Arbeitsplätze in Werkstätten für behinderte Menschen).

Kann eine Verweisungstätigkeit nicht benannt werden, so gilt der Arbeitsmarkt als verschlossen und es ist volle Erwerbsminderung anzunehmen.

Arbeitsorganisation Der Begriff der Arbeitsorganisation wird zum einen im Sinne der Ausgestaltung einer betrieblichen Einheit oder Organisation und zum anderen im Sinne der individuellen Fähigkeit zur strukturierten Erledigung von Arbeitsaufgaben verwendet. Hinsichtlich der individuellen Fähigkeit zur Arbeitsorganisation wird diese aber zugleich von den betrieblichen Gegebenheiten im Sinne von Vorgaben oder Freiheitsgraden beeinflusst.

Unter sozialmedizinischen Gesichtspunkten werden unter dem Begriff Arbeitsorganisation Merkmale wie taktgebundene Arbeit, ▶ Schichtarbeit und Arbeitspausen erfasst, die bei der sozialmedizinischen Beurteilung des Leistungsvermögens im Erwerbsleben bedeutsam sein können. ▶ Pausen; ▶ Arbeit, taktgebunden

Arbeitspausen ▶ Pausen

Arbeitsschutz Arbeitsschutz ist ein umfassendes präventives Konzept zur Sicherheit und zum Gesundheitsschutz für Beschäftigte in allen Tätigkeitsbereichen bei der Arbeit (persönlich, technisch, medizinisch). Der Arbeitsschutz wird geregelt u. a. über das Arbeitsschutzgesetz und das Arbeitssicherheitsgesetz.

Arbeitsschwere, körperliche Die körperliche Arbeitsschwere bezeichnet bei der sozialmedizinischen Beurteilung der Leistungsfähigkeit im Erwerbsleben ausschließlich die körperliche Belastung bei der Ausübung einer Tätigkeit. Die Arbeitsschwere wird u. a. definiert durch Kraftaufwand, Dauer und Häufigkeit der geforderten Verrichtungen. Unterschieden werden nach der ▶ REFA-Klassifizierung z. B. leichte, leichte bis mittelschwere, mittelschwere und schwere Arbeit. ▶ Arbeit, leichte; ▶ Arbeit, leichte bis mittelschwere; ▶ Arbeit, mittelschwere; ▶ Arbeit, schwere

Arbeitstherapie Arbeitstherapie ist eine therapeutische Leistung im Rahmen einer medizinischen Rehabilitation (§ 26 SGB IX).

Ziel der Arbeitstherapie ist die Förderung und Steigerung von vorhandenen oder zum Teil verloren gegangenen beruflichen Fähigkeiten und Fertigkeiten. Zum Einsatz kommen komplexe, zielgerichtete Tätigkeiten aus dem Berufsleben oder das Training einzelner Arbeitsverrichtungen.

Arbeitsunfähigkeit Nach § 92, Abs. 1, Satz 2, Nr. 7 SGB V (Richtlinie des Bundesausschusses der Ärzte und Krankenkassen über die Beurteilung der Arbeitsunfähigkeit und die Maßnahmen zur stufenweisen Wiedereingliederung [Arbeitsunfähigkeits-Richtlinie] vom 1.12.2003, Änderung in Kraft getreten am 23.12.2006) besteht Arbeitsunfähigkeit in folgenden Fällen:

Arbeitsunfähigkeit liegt vor, wenn der Versicherte aufgrund von Krankheit seine zuletzt vor der Arbeitsunfähigkeit ausgeübte Tätigkeit nicht mehr oder nur unter der Gefahr der Verschlimmerung der Erkrankung ausführen kann. Bei der Beurteilung ist darauf abzustellen, welche Bedingungen die bisherige Tätigkeit konkret geprägt haben. Arbeitsunfähigkeit liegt auch vor, wenn aufgrund eines bestimmten Krankheitszustandes, der für sich allein noch keine Arbeitsunfähigkeit bedingt, absehbar ist, dass aus der Ausübung der Tätigkeit für die Gesundheit oder die Gesundung abträgliche Folgen erwachsen, die Arbeitsunfähigkeit unmittelbar hervorrufen.

Arbeitsunfähigkeit besteht auch während einer stufenweisen Wiederaufnahme der Arbeit fort, durch die dem Versicherten die dauerhafte Wiedereingliederung in das Erwerbsleben durch eine schrittweise Heranführung an die volle Arbeitsbelastung ermöglicht werden soll. Ebenso gilt die befristete Eingliederung eines arbeitsunfähigen Versicherten in eine Werkstatt für behinderte Menschen nicht als Wiederaufnahme der beruflichen Tätigkeit. Arbeitsunfähigkeit kann auch während einer Belastungserprobung und einer Arbeitstherapie bestehen.

Arbeitslose sind arbeitsunfähig, wenn sie krankheitsbedingt nicht mehr in der Lage sind, leichte Arbeiten in einem zeitlichen Umfang zu verrichten, für den sie sich bei der Agentur für Arbeit zur Verfügung gestellt haben. Dabei ist es unerheblich, welcher Tätigkeit der Versicherte vor der Arbeitslosigkeit nachging. Versicherte, bei denen nach Eintritt der Arbeitsunfähigkeit das Beschäftigungsverhältnis endet und die aktuell keinen anerkannten Ausbildungsberuf ausgeübt haben (An- oder Ungelernte), sind nur dann arbeitsunfähig, wenn sie die letzte oder eine ähnliche Tätigkeit nicht mehr oder nur unter der Gefahr der Verschlimmerung der Erkrankung ausüben können. Die Krankenkasse informiert den Vertragsarzt über das Ende der Beschäftigung und darüber, dass es sich um einen an- oder ungelernten Arbeitnehmer handelt und nennt ähnlich geartete Tätigkeiten. Beginnt während der Arbeitsunfähigkeit ein neues Beschäftigungsverhältnis, so beurteilt sich die Arbeitsunfähigkeit ab diesem Zeitpunkt nach dem Anforderungsprofil des neuen Arbeitsplatzes.

Die Beurteilung der Arbeitsunfähigkeit setzt die Befragung des Versicherten durch den Arzt zur aktuell ausgeübten Tätigkeit und den damit verbundenen Anforderungen und Belastungen voraus. Das Ergebnis der Befragung ist bei der Beurteilung von Grund und Dauer der Arbeitsunfähigkeit zu berücksichtigen. Zwischen der Krankheit und der dadurch bedingten Unfähigkeit zur Fortsetzung der ausgeübten Tätigkeit muss ein kausaler Zusammenhang erkennbar sein. Bei Arbeitslosen bezieht sich die Befragung des Versicherten auch auf den zeitlichen Umfang, für den der Versicherte sich der Agentur für Arbeit zur Vermittlung zur Verfügung gestellt hat.

Rentner können, wenn sie eine Erwerbstätigkeit ausüben, arbeitsunfähig nach Maßgabe dieser Richtlinien sein.

Für körperlich, geistig oder seelisch behinderte Menschen, die in Werkstätten für behinderte Menschen oder in Blindenwerkstätten beschäftigt werden, gelten diese Richtlinien entsprechend.

Für die Feststellung der Arbeitsunfähigkeit bei Durchführung medizinischer Maßnahmen zur Herbeiführung einer Schwangerschaft gelten diese Richtlinien entsprechend. Sie gelten auch bei einer durch Krankheit erforderlichen Sterilisation oder einem unter den Voraussetzungen des § 218 a Abs. 1 StGB vorgenommenem Abbruch der Schwangerschaft (Beratungsregelung).

Ist eine Dialysebehandlung lediglich während der vereinbarten Arbeitszeit möglich, besteht für deren Dauer, die Zeit der Anfahrt zur Dialyseeinrichtung und für die nach der Dialyse erforderliche Ruhezeit Arbeitsunfähigkeit. Dasselbe gilt für andere extrakorporale Aphereseverfahren. Die Bescheinigung für im Voraus feststehende Termine soll in Absprache mit dem Versicherten in einer für dessen Belange zweckmäßigen Form erfolgen.

Ist ein für die Ausübung der Tätigkeit oder das Erreichen des Arbeitsplatzes erforderliches Hilfsmittel (z. B. Körperersatzstück) defekt, besteht Arbeitsunfähigkeit so lange, bis die Reparatur des Hilfsmittels beendet oder ein Ersatz des defekten Hilfsmittels erfolgt ist.

Arbeitsunfall Der Arbeitsunfall ist ein zeitlich begrenztes, von außen einwirkendes, einen Körperschaden hervorrufendes Ereignis, das der Arbeitnehmer infolge einer versicherten Tätigkeit erleidet. Dazu gehört auch der so genannte ▶ Wegeunfall (§ 8 SGB VII).

Arbeitszeit Nach dem deutschen Arbeitszeitgesetz ist Arbeitszeit die Zeit vom Beginn bis zum Ende der Arbeit ohne Ruhepausen. Die Dauer der täglichen Arbeitszeit von Arbeitnehmern wird folgendermaßen festgelegt: Die werktägliche Arbeitszeit der Arbeitnehmer darf 8 Stunden nicht überschreiten. Sie kann auf bis zu 10 Stunden nur verlängert werden, wenn innerhalb von sechs Kalendermonaten oder innerhalb von 24 Wochen im Durchschnitt acht Stunden täglich nicht überschritten werden.

Davon abweichende Regelungen sind nur in den vom Arbeitszeitgesetz festgelegten Fällen, z. B. bei Nachtarbeit (▶ Leistung) aufgrund von Tarifverträgen, bei gefährlichen Arbeiten, in außergewöhnlichen Fällen oder durch Bewilligung bzw. Ermächtigung, möglich.

Flexible Arbeitszeit Arbeitszeit wird dann als flexibel bezeichnet, wenn es möglich ist, die Dauer und/oder Lage der Arbeitszeit individuell zu verändern.

Armvorhalt Armvorhalt bezeichnet eine körperferne Armhaltung, bei der die Arme in den Ellenbogengelenken gestreckt nach vorn gehalten werden.

Die Oberarme befinden sich dabei innerhalb eines Winkels von 30 Grad unter der Horizontalen in Schulterhöhe bis 60 Grad über der Horizontalen. ▶ Zwangshaltungen

Ärztliche Schweigepflicht ▶ Schweigepflicht, ärztliche

Ärztlicher Sachverständiger ▶ Sachverständiger

Assessment, Assessmentverfahren Als Assessment bezeichnet man im Allgemeinen den Prozess der Einschätzung und Beurteilung. Assessments werden durchgeführt, um einen Ist-Zustand zu analysieren und auf der Basis dieser Analyse Entscheidungen über aktuelle und/oder zukünftige notwendige Maßnahmen/Interventionen zu treffen.

Unter Assessmentverfahren werden quantitative, standardisierte Methoden (Messinstrumente, Tests oder Skalen) verstanden, um eine Beurteilung auf eine möglichst objektive und überprüfbare Basis zu stellen. In der Sozialmedizin werden z. B. Lungenfunktion, Ergometrie,

Fragebögen und ▶ EFL als Assessments eingesetzt. ▶ Barthel-Index; ▶ ERGOS; ▶ IMBA; ▶ MELBA

Auf nicht absehbare Zeit Eine Erwerbsminderung ist grundsätzlich erst dann rentenrechtlich relevant, wenn sie »auf nicht absehbare Zeit« vorliegt (§ 43 SGB VI). Im Hinblick auf § 101 SGB VI ist hierunter ein Zeitraum von mindestens 6 Kalendermonaten zu verstehen (Rechtsprechung des Bundessozialgerichts), nach der genannten Vorschrift wird die Rente nicht vor Beginn des siebten Kalendermonats nach Eintritt der Erwerbsminderung geleistet. Bei einer Erwerbsminderung von weniger als sechs Monaten Dauer kommt es daher nicht zu einer Rentenleistung.

Im Gegensatz zum Rentenrecht wird bei der Grundsicherung für Arbeitsuchende (§ 8 SGB II) der Ausdruck »auf absehbare Zeit außerstande« verwendet. Hier spielen nur die ab Zeitpunkt der Beurteilung – in der Zukunft liegenden – Monate eine Rolle; es ist zu prognostizieren, ob innerhalb der nächsten 6 Monate mit der Wiedererlangung der Erwerbsfähigkeit gerechnet werden kann.

Aufklärungspflicht Die Pflicht zur Aufklärung des Patienten – Aufklärungspflicht – ist eine Berufspflicht des Arztes. Ärztliche Diagnostik und Behandlung erfolgen nur dann rechtmäßig, wenn zuvor der Patient über Art, Umfang, Verlauf, Risiko, Alternativen und Prognose rechtzeitig und umfassend aufgeklärt wurde und diesem Handeln zugestimmt hat. Ohne diese Einwilligung stellen invasive Diagnostik und Behandlung grundsätzlich eine strafbare Körperverletzung und einen Behandlungsfehler dar, wodurch die Haftung des Arztes auf Schadensersatz aus unerlaubter Handlung begründet wird.

Das Selbstbestimmungsrecht des Patienten, über seine Behandlung autonom zu bestimmen, ist ein zentrales Patientenrecht, das auf dem Gebot der Menschenwürde und den Grundrechten auf Leben und körperliche Unversehrtheit beruht. Man unterscheidet
- die Diagnoseaufklärung,
- die Verlaufsaufklärung über die Krankheitsentwicklung mit bzw. ohne die geplante Behandlung unter Einschluss der Erfolgs- und Misserfolgschancen und
- die Risikoaufklärung über die typischen Risiken der Behandlung sowie – unter bestimmten Voraussetzungen – über Behandlungsalternativen.

Die Aufklärung muss umso ausführlicher sein, je weniger dringlich der Eingriff und je größer die damit verbundenen Risiken sind.

Für Untersuchungsmaßnahmen bei der Begutachtung gelten Aufklärungspflichten in Hinsicht auf eventuelle Risiken und auf die Erforderlichkeit der jeweiligen Untersuchungsmaßnahme. Außerdem hat der Gutachter ggf. über Freiwilligkeit der Teilnahme an der Untersuchung, auf gesetzliche Mitwirkungspflichten und im Einzelfall über Aspekte des Datenschutzes (z. B. wenn ein Versicherter der Verwertung von Einzeltatsachen im Gutachten widerspricht) aufzuklären. Es empfiehlt sich für den Gutachter, die erfolgte Aufklärung zu dokumentieren.

Aufmerksamkeit Aufmerksamkeit beschreibt einen Zustand gerichteter Wachheit und dadurch bedingte Auffassungs- und Aktionsbereitschaft des Menschen.

Auskunftpflicht des Arztes In § 100 SGB X wird der Arzt oder ein Angehöriger anderer Heilberufe zur Auskunft verpflichtet. Im Rahmen der Ermittlungen für eine beantragte oder laufende Sozialleistung, z. B. Leistungen zur Teilhabe, Rente wegen Erwerbsminderung, benötigt der Sozialleistungsträger Informationen über den Gesundheitszustand, bzw. den Krankheitsverlauf bei einem Versicherten. Zur sachgerechten Entscheidung ist daher der Zugang zu den Unterlagen und Erkenntnissen der behandelnden Ärzte und Angehörigen anderer Heilberufe von erheblicher Bedeutung. Die medizinische Auskunftspflicht besteht nicht generell oder pauschal, sondern im Einzelfall und auf Anforderung, und zwar soweit der Sozialleistungsträger zur Erledigung seiner Aufgabe darauf angewiesen ist. Stets muss durch den betroffenen Versicherten eine Entbindung von der ärztlichen Schweigepflicht erteilt sein.

Die gleiche Auskunftspflicht ist gem. § 100 SGB X ausdrücklich auch für medizinische Einrichtungen wie Krankenhäuser und Vorsorge- oder Rehabilitationseinrichtungen festgelegt. ▶ Schweigepflicht, ärztliche

Barriere Barrieren sind Hindernisse bei der Ausübung von Aktivitäten und/oder Tätigkeiten.

Barrieren im Sinne der ▶ ICF sind ▶ Kontextfaktoren, die sich negativ auf die ▶ funktionale Gesundheit einer Person, insbesondere auf ihre Aktivitäten und Teilhabe auswirken, z. B. hohe Einstiege an öffentlichen Verkehrsmitteln für Gehbehinderte. ▶ Barrierefrei

Barrierefrei Die Nutzung von Gegenständen, Gebrauchsgütern und Objekten ist barrierefrei, wenn alle Menschen und somit auch alle Menschen mit Behinderungen sie uneingeschränkt nutzen können.

Barrierefrei nach dem Behindertengleichstellungsgesetz (§ 4 BGG) sind bauliche und sonstige Anlagen, Verkehrsmittel, technische Gebrauchsgegenstände, Systeme der Informationsverarbeitung, akustische und visuelle Informationsquellen und Kommunikationseinrichtungen sowie andere gestaltete Lebensbereiche, wenn sie für behinderte Menschen in der allgemein üblichen Weise ohne besondere Erschwernis und grundsätzlich ohne fremde Hilfe zugänglich und nutzbar sind.

Barthel-Index Der Barthel-Index (BI) ist ein im Jahr 1965 von Barthel und Mahoney eingeführtes Instrument zur Einschätzung und Messung von Selbstversorgungsfähigkeiten im Alltag von Patienten mit neuromuskulären und muskuloskelettalen Erkrankungen. Es werden Kriterien in zehn Bereichen erfasst (Essen, Baden, Körperpflege, An- und Auskleiden, Stuhlkontrolle, Urinkontrolle, Toilettenbenutzung, Bett- und Stuhltransfer, Mobilität, Treppensteigen) und mit Punkten (0, 5, 10 oder 15) bewertet. Der zu vergebene Punktwert richtet sich nach dem Grad der Selbstständigkeit. Maximal können 100 Punkte erreicht werden. Ein Punktwert von 100 bedeutet, dass ein Patient kontinent ist, selbstständig isst, sich an- und auskleiden kann, alleine von Bett und Stuhl aufstehen kann, sich waschen und baden kann, sowie auf ebenem Gelände gehen und Treppen steigen kann. ▶ Aktivitäten des täglichen Lebens; ▶ Assessment, Assessmentverfahren

Beanspruchung »Beanspruchung« ist die zeitlich unmittelbare Reaktion eines Individuums auf eine einwirkende ▶ Belastung. Im Unterschied zur Belastung ist die Beanspruchung immer an eine konkrete Person gebunden, d. h. sie ist abhängig von den individuellen Voraussetzungen der Person, einschließlich ihrer Bewältigungsstrategien. In diesem Sinn kann ein und dieselbe objektiv erfasste Belastung je nach Person zu einer unterschiedlichen Beanspruchung führen. ▶ Belastungs- und Beanspruchungskonzept

Befundbericht Ein (ärztlicher) Befundbericht für den Rentenversicherungsträger ist der Bericht eines Arztes in standardisierter Form, der nach Aktenlage, d. h. ohne aktuelle Untersuchung erstellt wird und u. a. über Diagnosen, Beschwerden, Funktionseinschränkungen und Therapie Auskunft gibt, aber keine gutachterlichen Bewertung enthalten soll und somit kein Gutachten darstellt.

Begutachtung Die Begutachtung ist allgemein der Prozess der Ermittlung und/oder Erhebung von Befunden und deren fachliche Aus-

wertung und Beurteilung durch einen Sachverständigen. Sie ist ein wesentliches Element der (sozial-)medizinischen Sachaufklärung. Das Ergebnis der (sozial-)medizinischen Begutachtung durch einen (sozial-)medizinischen Sachverständigen kann ein ▶ Gutachten oder eine sachverständige Aussage in anderer Form sein.

Behinderte Menschen Mit dem SGB IX eingeführter Begriff anstelle des bisher verwendeten Begriffs »Behinderte«. Der Begriffswechsel soll deutlicher als bisher hervorheben, dass der Mensch im Mittelpunkt der Betrachtung steht.

Nach dem SGB IX sind Menschen behindert (§ 2 SGB IX), wenn ihre körperliche Funktion, geistige Fähigkeit oder seelische Gesundheit mit hoher Wahrscheinlichkeit länger als sechs Monate von dem für das Lebensalter typischen Zustand abweichen und daher ihre Teilhabe am Leben in der Gesellschaft beeinträchtigt ist. ▶ Behinderung

Behinderung Der Begriff der Behinderung ist nicht einheitlich geregelt. Nach den Vorgaben des SGB IX ist ein Mensch als behindert anzusehen, wenn eine Beeinträchtigung der ▶ Teilhabe vorliegt. Der Behinderungsbegriff nach der ▶ ICF ist weiter gefasst und beinhaltet jede Beeinträchtigung der ▶ Körperfunktionen, ▶ Körperstrukturen, ▶ Aktivitäten und Teilhabe.

Im Sinne des SGB IX sind Menschen behindert (§ 2 SGB IX), wenn ihre körperliche Funktion, geistige Fähigkeit oder seelische Gesundheit mit hoher Wahrscheinlichkeit länger als sechs Monate von dem für das Lebensalter typischen Zustand abweichen und daher ihre Teilhabe am Leben in der Gesellschaft beeinträchtigt ist. Sie sind von Behinderung bedroht, wenn die Beeinträchtigung zu erwarten ist.

In der ICF wird jede Beeinträchtigung der funktionalen Gesundheit Behinderung genannt. Eine Behinderung ist das Ergebnis der negativen Wechselwirkung zwischen einer Person mit einem Gesundheitsproblem (▶ ICD) und den Kontextfaktoren auf die funktionale Gesundheit dieser Person, d. h. auf ihre Körperfunktionen, Körperstrukturen, Aktivitäten oder Teilhabe.

Belastung Unter »Belastung« wird die Gesamtheit aller objektiv erfassbaren Einflüsse verstanden, die von außen auf den Menschen zukommen und physisch und/oder psychisch auf ihn einwirken. Im Arbeitsprozess können solche Einflüsse beispielsweise Anforderungen aus der Arbeitsaufgabe sowie den organisatorischen, sozialen und physikalischen Arbeitsbedingungen sein.

Grundsätzlich ist der Begriff wertneutral, d. h. Belastungen sind in diesem Sinne, anders als im umgangssprachlichen Gebrauch, nicht negativ und sagen allein noch nichts über eine gesundheitliche Gefährdung aus. Eine Belastung wirkt sich nicht bei allen Menschen gleich aus. Verschiedene Menschen können durch die gleiche Belastung verschieden beansprucht werden. ▶ Beanspruchung; ▶ Belastungs- und Beanspruchungskonzept

Belastungen, inhalatorische Inhalatorische Belastungen sind Einwirkungen von Staub, Rauch, Gasen und/oder Aerosolen mit irritativer, toxischer oder allergisierender Wirkung auf die Atemwege, die auch im Rahmen der gesetzlich erlaubten Arbeits- und Schadstoffkonzentrationen belästigend, störend oder gesundheitsschädlich sein können.

Belastungs- und Beanspruchungskonzept Das Belastungs- und Beanspruchungskonzept entstammt der Arbeitsphysiologie und ist die theoretische Grundlage für arbeitsmedizinische Forschungsfragen und Vorsorgemaßnahmen sowie gutachterliche Erwägungen. Das Konzept unterscheidet zwischen objektiv erfassbaren Belastungen in der Arbeit und dessen Wirkungen auf den Menschen (Beanspruchung), d. h. verschiedene Menschen können durch die gleiche Belastung verschieden beansprucht werden.

Nach diesem Konzept sind in der sozialmedizinischen Begutachtung die Auswirkungen einer Krankheit dahingehend zu prüfen, ob bei einem Individuum im Vergleich zu anderen eine gleiche Belastung zu einer unterschiedlichen Beanspruchung führt. Hierbei wird das Ausmaß der Beanspruchung durch das individuelle Leistungsvermögen modelliert, das es zu bestimmen gilt.

Belastungserprobung Die Belastungserprobung ist eine Leistung zur medizinischen Rehabilitation (§ 26 SGB IX) und dient vor allem der Feststellung der körperlichen, geistigen und psychischen Belastbarkeit für eine spätere berufliche Bildungsmaßnahme oder Arbeitstätigkeit. Sie wird bei Bedarf zum Abschluss der medizinischen Rehabilitation überwiegend in so genannten Phase-II-Einrichtungen, aber auch in ▶ Berufsförderungswerken durchgeführt und kann eine Vorstufe von Leistungen zur Teilhabe am Arbeitsleben sein. ▶ Rehabilitation, medizinisch-berufliche (Phase II)

Berufsbildungswerk Berufsbildungswerke (BBW) sind Einrichtungen der beruflichen Rehabilitation gemäß § 35 SGB IX. Sie dienen der beruflichen Erstausbildung und Eingliederung behinderter Jugendlicher, die neben der Berufsausbildung eine begleitende ärztliche, psychologische und pädagogische Betreuung benötigen. Darüber hinaus führen Berufsbildungswerke für behinderte Jugendliche Förderungslehrgänge durch und erbringen Leistungen zur ▶ Abklärung der beruflichen Eignung und ▶ Arbeitserprobung. ▶ Berufsförderungswerk

Berufsfähigkeit im Bergbau, verminderte Eine verminderte Berufsfähigkeit im Bergbau liegt vor, wenn weder die bisher ausgeübte knappschaftliche Beschäftigung (§ 134 SGB VI) noch eine andere, wirtschaftlich im Wesentlichen gleichwertige knappschaftliche Beschäftigung, die von Personen mit ähnlicher Ausbildung sowie gleichwertigen Kenntnissen und Fähigkeiten ausgeübt wird, wegen Krankheit oder Behinderung ausgeübt werden kann (§ 45 SGB VI). ▶ Berufsunfähigkeit

Berufsfindung ▶ Abklärung der beruflichen Eignung

Berufsfördernde Leistungen zur Rehabilitation ▶ Leistungen zur Teilhabe am Arbeitsleben

Berufsförderungswerk Berufsförderungswerke (BFW) sind Einrichtungen der beruflichen Rehabilitation gemäß § 35 SGB IX. Sie erbringen Leistungen zur Teilhabe am Arbeitsleben und dienen der beruflichen Qualifizierung und Integration erwachsener Menschen mit Behinderung, die ihren bisherigen Beruf nicht mehr ausüben können und ausbildungsbegleitend eine Betreuung durch medizinische, psychologische und soziale Fachdienste benötigen. Darüber hinaus erbringen Berufsförderungswerke Leistungen zur Berufsvorbereitung, zur Abklärung der beruflichen Eignung und zur Arbeitserprobung. Im Rahmen ihrer Zuständigkeit können Leistungsträger z. B. Rentenversicherungsträger, Agenturen für Arbeit und Berufsgenossenschaften sein.

Berufskrankheit Berufskrankheit ist eine Krankheit, die in der Anlage zur Berufskrankheiten-Verordnung (BKV) im Einzelnen aufgeführt sind (sog. Listenerkrankungen) und die der Versicherte infolge einer versicherten Tätigkeit erleidet. Als Berufskrankheiten werden in diese Berufskrankheiten-Liste (nur) solche Krankheiten aufgenommen, die nach den Erkenntnissen der medizinischen Wissenschaft durch besondere Einwirkungen verursacht sind, denen bestimmte Personengruppen durch ihre versicherte Tätigkeit in erheblich höherem Grad als die übrige Bevölkerung ausgesetzt sind, § 9 Abs. 1 SGB VII. Unter den besonderen Voraussetzungen des § 9 Abs. 2 SGB VII ist eine Krankheit, die nicht in die Berufskrankheiten-Liste aufgenommen ist, wie eine Berufskrankheit anzuerkennen.

Es reicht für den Versicherungsfall (= prinzipielle Anerkennung) aus, wenn die Krankheit als solche manifest oder zumindest pathologisch-anatomisch eindeutig identifizierbar ist. Für den Leistungsfall muss außerdem Arbeitsunfähigkeit oder Behandlungsbedürftigkeit oder eine MdE von mindestens 20 % hinzukommen. Der behandelnde Arzt ist nach § 202 SGB VII verpflichtet, einen begründeten Verdacht auf Berufskrankheit an die Berufsgenossenschaft zu melden. Anzeigepflichten haben auch Betriebsarzt, Arbeitgeber und Krankenkasse, wenn Anzeichen dafür bestehen, dass Mitarbeiter an einer Berufskrankheit leiden. Erkrankte können auch selbst die Berufsgenossenschaft informieren. ▶ Minderung der Erwerbsfähigkeit

Berufsschutz Berufsschutz ist bei der Feststellung der ▶ Berufsunfähigkeit von Bedeutung und spielt daher nur noch bei der Anwendung von § 43 Abs. 2 SGB VI in der bis 31.12.2000 geltenden Fassung und ab 01.01.2001 gem. § 240 SGB VI für vor dem 02.01.1961 geborene Versicherte eine Rolle.

Berufsschutz wird aus dem qualitativen Wert des bisherigen Berufes abgeleitet, der sich nach Art und Umfang der vor Eintritt der Erwerbsminderung nicht nur vorübergehend versicherungspflichtig ausgeübten Tätigkeit und der dafür erforderlichen Qualifikation bemisst. Danach hat Berufsschutz, wer eine mindestens zweijährige Berufsausbildung erfolgreich abgeschlossen hat, diesen Beruf auch ausgeübt hat oder tarifrechtlich dem gleichgestellt war. Zur Einordnung beruflicher Tätigkeiten hat das Bundessozialgericht (BSG) ein Mehrstufenschema entwickelt. Bei der Prüfung, ob ein Rentenanspruch wegen Berufsunfähigkeit besteht, bildet der Berufsschutz die Grundlage für die Bestimmung der sozialen Zumutbarkeit alternativer Verweisungstätigkeiten und schränkt ggf. die Verweisungsbreite ein.

Berufsunfähigkeit In der gesetzlichen Rentenversicherung kann seit Inkrafttreten des Gesetzes zur Reform der Renten wegen verminderter Erwerbsfähigkeit zum 01.01.2001 ein Rentenanspruch aufgrund von Berufsunfähigkeit nur noch von denjenigen Versicherten geltend gemacht werden, die vor dem 02.01.1961 geboren wurden (§ 240 SGB VI – Rente wegen teilweiser Erwerbsminderung bei Berufsunfähigkeit). Der Begriff der Berufsunfähigkeit entspricht dabei im Wesentlichen dem Begriff des bis 31.12.2000 geltenden § 43 Abs. 2 SGB VI.

Berufsunfähig sind Versicherte, die wegen Krankheit oder Behinderung ihren bisherigen versicherungspflichtigen Beruf nicht mehr mindestens 6 Stunden täglich ausüben können und die unter Berücksichtigung ihres sozialmedizinisch festgestellten Leistungsvermögens und der Qualität ihres bisherigen Berufs (▶ Berufsschutz) nicht mehr auf eine ihren Kräften und Fähigkeiten entsprechende zumutbare berufliche Tätigkeit verwiesen werden können. Sie verfügen allerdings noch über eine nur qualitativ eingeschränkte Erwerbsfähigkeit von mindestens 6 Stunden täglich, sodass eine Erwerbsminderung gem. § 43 SGB VI i. d. F. ab 01.01.2001 nicht besteht.

Der Begriff der Berufsunfähigkeit ist auch im Bereich der privaten Berufsunfähigkeitsversicherung – die von den Lebensversicherern auch als Zusatzversicherung angeboten wird – von Bedeutung. Berufsunfähigkeit im Sinne der privaten Berufsunfähigkeitsversicherung kann vorliegen, wenn eine Krankheit, Körperverletzung oder ein Kräfteverfall ärztlich nachgewiesen ist und hieraus eine Beeinträchtigung der konkret zuletzt ausgeübten Tätigkeit voraussichtlich dauernd – mindestens aber 6 Monate ununterbrochen – von 50 % (alternativ je nach Versicherungsvertrag auch 25, 75 oder 100 %) abzuleiten ist.

Besserung, wesentliche Eine »wesentliche Besserung« bedeutet im Sinne der gesetzlichen Rentenversicherung eine nicht nur geringfügige oder nicht nur kurzzeitige Steigerung der durch gesundheitliche

Beeinträchtigungen geminderten Leistungsfähigkeit des Versicherten im Erwerbsleben. Eine wesentliche Besserung der Erwerbsfähigkeit liegt dann nicht vor, wenn

- nur eine Linderung des Leidens oder eine sonstige Erleichterung in den Lebensumständen erreicht wird oder
- volle Erwerbsminderung bestehen bleibt.

Für Versicherte in einer Werkstatt für behinderte Menschen gelten Sonderregelungen.

In der gesetzlichen Unfallversicherung ist eine wesentliche Besserung dann eingetreten, wenn die Neueinschätzung der MdE (► Minderung der Erwerbsfähigkeit) für die Unfallfolgen zu einer Verminderung um mehr als 5 % führt.

Betreuung Betreuung (im Sinne von §1896 ff BGB) ist der staatliche Beistand in Form von Rechtsfürsorge in Fällen, in denen ein Volljähriger aufgrund einer psychischen Krankheit oder einer körperlichen, geistigen oder seelischen Behinderung seine Angelegenheiten ganz oder teilweise nicht besorgen kann. Auf seinen Antrag oder von Amts wegen bestellt das Betreuungsgericht für ihn einen Betreuer. Den Antrag kann auch ein Geschäftsunfähiger stellen. Ein Betreuer darf nur für Aufgabenkreise bestellt werden, in denen die Betreuung erforderlich ist. Dazu können z.B. Gesundheitssorge, Aufenthaltsbestimmung, Vermögenssorge, Wohnungsangelegenheiten oder Vertretung vor Behörden und Gerichten gehören. Die Notwendigkeit einer Betreuung wird in vom Betreuungsgericht festgelegten Abständen überprüft.
► Geschäftsfähigkeit

Bewältigung (Coping) Alle Bemühungen und Anstrengungen kognitiver Art und im Verhalten, die ein Mensch einsetzt, um mit Stress, Schmerz, Leiden, Krankheit und Behinderung umgehen zu können. Dabei können z.B. Eigenschaften wie Belastbarkeit, Ausdauer, Willenskraft, Kompetenz, Wissen, Selbstvertrauen und Anpassungsfähigkeit sowie das Verhalten der Umgebung der Person (Familie, Freunde, Arbeitsumfeld, Krankenhaus, etc.) helfen.

Bildschirmarbeitsplatz Bildschirmarbeitsplätze sind gemäß §2 der Bildschirmarbeitsverordnung (BildscharbV) Arbeitsplätze mit Bildschirmgerät, Software und Zubehör unter Einschluss der unmittelbaren Arbeitsumgebung, die von Beschäftigten gewöhnlich bei einem nicht unwesentlichen Teil ihrer normalen Arbeit benutzt werden.

Als Bildschirmarbeitsplätze gelten nicht:
- Bedienerplätze von Maschinen, in Fahrzeugen, in Verkehrsmitteln;
- Bildschirmgeräte für die Öffentlichkeit;
- ortsveränderliche Bildschirme, die nicht regelmäßig am Arbeitsplatz eingesetzt werden, wie Laptops, Notebooks, Rechenmaschinen, Registrierkassen;
- Messwertanzeigen, die nur zur unmittelbaren Benutzung des Arbeitsmittels erforderlich sind;
- Bildschirme zur Videoüberwachung;
- spezielle Arbeitsplätze oder Behindertenarbeitsplätze, wenn der Gesundheitsschutz anders gesichert wird.

Der Arbeitgeber ist verpflichtet, Arbeitnehmer vor Aufnahme der Tätigkeit am Bildschirm sowie später in festgelegten Abständen und auf Verlangen des Arbeitnehmers auf seine Bildschirmtauglichkeit durch hierzu befugte Ärzte untersuchen zu lassen (§6 Abs.1 BildscharbV). Wenn dieses Untersuchung ergibt, dass eine spezielle Sehhilfe für die Arbeit am Bildschirmgerät notwendig ist und eine normale Sehhilfe nicht ausreicht, muss der Arbeitgeber die spezielle Sehhilfe zur Verfügung stellen (§6 Abs.2 BildscharbV).

Der Arbeitgeber hat die Tätigkeit der Beschäftigten so zu organisieren, dass die tägliche Arbeit an den Bildschirmgeräten regelmäßig durch andere Tätigkeiten oder durch Pausen unterbrochen wird, die jeweils die Belastung durch die Arbeit am Bildschirmgerät verringern (§5 BildscharbV). Bei diesen belastungsreduzierten Maßnahmen rangieren Pausenregelungen hinter der so genannten Mischarbeit, also der Unterbrechung der Arbeit durch andere Tätigkeiten. Bezüglich der Pausen sind Kurzpausen, im Sinne von bezahlten Arbeitsunterbrechungen bzw. Verteilzeiten, gemeint. Dabei werden aus arbeitswissenschaftlicher Sicht Phasen der Mischarbeit oder Kurzpausen mit einer Dauer von 5 bis 15 Minuten pro Arbeitsstunde am Bildschirmgerät empfohlen. Es handelt sich hier nicht um die im Arbeitszeitrecht geforderten Ruhepausen.

Der Bildschirmarbeitsplatz muss ergonomisch gestaltet sein. So sind ausreichender Bewegungsraum, Blendfreiheit, ergonomisch Software, Sitzmöglichkeiten, die nicht die Einnahme von Zwangshaltungen begünstigt und Auflagemöglichkeit für die Hände bei der Arbeitsplatzausstattung zu gewährleisten.

Wenn Sonderausstattungen aufgrund einer eingeschränkten Sitzfähigkeit erforderlich sind, können Leistungen zur Teilhabe durch den Rentenversicherungsträger in Betracht kommen.

Bei schwerbehinderten Menschen mit beispielsweise hochgradiger Sehstörung kann die Zuständigkeit der gesetzlichen Rentenversicherung bzw. ggf. des Integrationsamtes gegeben sein.

Bio-psycho-soziales Modell Das »bio-psycho-soziale Modell« ist ein Modell zur Darstellung der wechselseitigen Beziehungen zwischen Krankheit und Behinderung und ihren Folgen.

Gesundheit und Krankheit/Behinderung werden als Ergebnis eines Zusammenspiels und/oder gegenseitiger Beeinflussung körperlicher, psychischer und sozialer Faktoren gesehen.

Das bio-psycho-soziale Modell ist unter anderem Grundlage der
► ICF.

Dienstunfall Der Dienstunfall ist gemäß §31 Beamtenversorgungsgesetz (BVG) ein auf äußere Einwirkung beruhendes, plötzliches, örtlich und zeitlich bestimmbares, einen Körperschaden verursachendes Ereignis, das in Ausübung oder infolge des Dienstes eingetreten ist. Zum Dienst gehören auch Dienstreisen, Dienstgänge und die dienstliche Tätigkeit am Bestimmungsort sowie die Teilnahme an dienstlichen Veranstaltungen. ► Arbeitsunfall

DMP DMP (**D**isease-**M**anagement-**P**rogramm) bezeichnet eine im Bereich der gesetzlichen Krankenkassen entwickelte Organisationsform von medizinischer Behandlung, bei der die Behandlung von chronisch kranken Menschen strukturiert nach standardisierten Vorgaben erfolgt. Ziel ist die Verbesserung der Versorgung chronisch kranker Menschen.

Die Teilnahme an einem DMP ist freiwillig.

Bisher wurden strukturierte Behandlungsprogramme für Diabetes mellitus Typ 1 und Typ 2, Mammakarzinom, koronare Herzkrankheit, chronisch obstruktive Lungenerkrankungen (COPD) und Asthma bronchiale entwickelt.

DRG DRG (**D**iagnosis **R**elated **G**roups = Diagnosebezogene Fallgruppen) bilden ein Klassifikationssystem, mit dem einzelne stationäre Behandlungsfälle anhand bestimmter Kriterien (Diagnose, Schweregrad, Alter, Komplikationen, Behandlungsdauer, Entlassungsgrund, u.ä.) zu Fallgruppen zusammengefasst werden. Es werden solche Behandlungsfälle zusammengefasst, die medizinisch ähnlich und hinsichtlich des Behandlungskostenaufwands möglichst homogen sind.

Zum 01.01.2004 erfolgte die schrittweise Einführung der Abrechnung auf DRG-Basis für alle deutschen Krankenhäuser mit Ausnahme von Einrichtungen der Psychiatrie, Psychosomatik und Psychotherapeutischen Medizin (Gesetz zur Einführung des diagnose-orientierten Fallpauschalensystems für Krankenhäuser [Fallpauschalengesetz FPG] vom 23.04.2002).

EFL EFL (**E**valuation **f**unktioneller **L**eistungsfähigkeit) – z.B. nach Isernhagen – ist ein standardisiertes Verfahren zur Überprüfung der funktionell motorischen Leistungsfähigkeit im Erwerbsleben mit arbeitsplatzbezogenen Testelementen. Mit dieser Methode ist eine detaillierte Erfassung und realitätsnah eine Beurteilung der körperlichen Fähigkeiten und Defizite möglich. Das System beinhaltet Beobachtungen der gesamten körperlichen Funktionskette unter Belastung und des Verhaltens des Probanden, eine Konsistenzbeurteilung (Prüfung der Stimmigkeit im Rahmen der gesamten Testbatterie und im Quervergleich zu klinischen Befunden und Ergebnissen der Befragung) sowie eine standardisierte Berichterstattung. ► Assessment, Assessmentverfahren

Eigen- und Fremdgefährdung Bei Erkrankungen wie z.B. Anfallsleiden, Schwindel, Synkopen und Blutungsneigung können Tätigkeiten mit Unfall- und Verletzungsgefahr (z.B. auf Leitern und Gerüsten, mit Starkstrom, an Maschinen ohne geeignete Schutzvorrichtung, Tätigkeiten im Personenbeförderungsverkehr) auch bei Einhaltung der Unfallverhütungsvorschriften zur Eigen- und/oder Fremdgefährdung führen.

Bei der sozialmedizinischen Beurteilung des Leistungsvermögens im Erwerbsleben ist die konkrete Art der Gefährdung durch qualitative Einschränkungen im Einzelfall zu benennen.

In der Psychiatrie bezeichnen »Selbstgefährdung« und »Fremdgefährdung« ein selbstverletzendes bis suizidales bzw. ein hochgradig fremdaggressives Verhalten, das gemäß §1906 BGB Anlass zur Unterbringung des Patienten in einem psychiatrischen Krankenhaus sein kann. ► Unfall- und Verletzungsgefahr

Eingebrachtes Leiden Der Begriff »eingebrachtes Leiden« bezeichnet Gesundheitsstörungen/Beeinträchtigungen, die bereits bei Eintritt in das Versicherungsleben bestanden haben und somit »eingebracht« wurden.

Es gibt keinen Ausschluss aus der gesetzlichen Rentenversicherung wegen sog. eingebrachter Leiden, es sei denn, dass bereits vor Erfüllung der allgemeinen Wartezeit von 5 Jahren der Versicherte voll erwerbsgemindert war. Wenn in einem solchen Fall die volle Erwerbsminderung ununterbrochen bestanden hat, kann nach einer Wartezeit von 20 Jahren ein Anspruch auf Rente wegen voller Erwerbsminderung erlangt werden (§43 Abs.6 SBG VI). ► Voraussetzungen, versicherungsrechtliche

Entwöhnung Bei einer Alkohol-, Medikamenten- oder Drogenabhängigkeit können Leistungen zur medizinischen Rehabilitation (Entwöhnung) durchgeführt werden. Diese umfassen ärztliche, psychotherapeutische, sozial- und arbeitstherapeutische Leistungen sowie Elemente des Gesundheitstrainings. Sie können ambulant, ganztägig ambulant oder stationär durchgeführt werden. Kostenträger sind in der Regel die Rentenversicherungsträger oder die Krankenkassen. Ziele der Entwöhnung sind Abstinenz vom Suchtmittel, körperliche und seelische Stabilisierung und Wiedereingliederung in Arbeit, Beruf und Gesellschaft. ► Entzugsbehandlung

Entzugsbehandlung Bei Vorliegen einer Alkohol-, Medikamenten- oder Drogenabhängigkeit ist vor Beginn einer Entwöhnungsbehandlung der körperliche Entzug erforderlich. Dieser wird in der Regel stationär, zunehmend aber auch ambulant durchgeführt. Zuständige Kostenträger sind meistens die Krankenkassen. Neben der medizinischen Diagnostik und Behandlung der Entzugssymptomatik und der körperlichen Stabilisierung erfolgen auch motivierende Maßnahmen für eine weitere Behandlung (► Entwöhnung).

Erfolgsprognose (Reha) ► Rehabilitationsprognose; ► Reha-Motivation

ERGOS ERGOS® ist eine geschützte Bezeichnung für ein computergestütztes Arbeitsplatzsimulationssystem zur Erfassung komplexer körperlicher Funktionen und Fähigkeiten. An verschiedenen Arbeitsstationen werden Leistungsdaten aus Arbeitsaufgaben wie beispielsweise Tragen, Arbeiten im Knien oder Überkopfarbeit erfasst und mit Anforderungsdaten einer Arbeitsplatzdatenbank EDV-gestützt verglichen. Es sind Verfahren zur Erfassung komplexer Funktionen und Fähigkeiten. Sie sind diagnoseunabhängig. ► Assessment, Assessmentverfahren

Ergotherapie Ergotherapie (Beschäftigungs- und Arbeitstherapie) ist ein ► Heilmittel, durch das die Verbesserung, Wiederherstellung oder Kompensation beeinträchtigter Fähigkeiten ermöglicht werden soll. Ergotherapie begleitet, unterstützt und befähigt Menschen jeden Alters, die in ihren alltäglichen Fähigkeiten eingeschränkt oder von Einschränkungen bedroht sind, für sie bedeutungsvolle Betätigungen in den Bereichen Selbstversorgung, Produktivität und Freizeit in ihrer Umwelt durchführen zu können. Ziel der Ergotherapie ist es, dem Menschen eine größtmögliche Handlungsfähigkeit im Alltag, Lebensqualität und gesellschaftliche Teilhabe zu ermöglichen.

Erhebliche Gefährdung der Erwerbsfähigkeit Eine »erhebliche Gefährdung der Erwerbsfähigkeit« ist gem. §10 SGB VI – gesetzliche Rentenversicherung – eine der persönlichen Voraussetzungen zur Durchführung von Leistungen zur medizinischen Rehabilitation oder zur Teilhabe am Arbeitsleben. Sie liegt vor, wenn nach ärztlicher Feststellung durch die gesundheitlichen Beeinträchtigungen und die damit verbundenen Funktionseinschränkungen ohne die Leistungen zur Teilhabe innerhalb von 3 Jahren mit einer Minderung der Leistungsfähigkeit zu rechnen ist. Die Minderung der Erwerbsfähigkeit im Sinne von §10 SGB VI entspricht nicht dem Ausmaß der ► Erwerbsminderung nach §43 SGB VI. Auch in anderen Bereichen findet sich – mit jeweils unterschiedlicher Definition – der Begriff "► Minderung der Erwerbsfähigkeit".

Ermüdung Ermüdung ist die reversible Herabsetzung der Funktionsfähigkeit eines Organs oder eines Organismus, die als Folge von Tätigkeiten auftritt. Die Herabsetzung der Funktionsfähigkeit bedeutet auch eine Verringerung der Anpassungsbereitschaft in der Reaktion von Organen oder Organsystemen, wobei sowohl das Leistungsverhalten als auch die physiologischen Funktionen in Betracht gezogen werden.

Ermüdung tritt sowohl bei rein körperlicher Arbeit, wie statischer Haltearbeit, einseitiger oder dynamischer Muskelarbeit auf, aber auch bei mentaler Arbeit.

Ermüdung am Arbeitsplatz kann zum einen zu einer erhöhten Verletzungsgefährdung führen, zum anderen bei der sozialmedizinischen Beurteilung des Leistungsvermögens im Erwerbsleben den entscheidenden Aspekt für die Feststellung zeitlicher Leistungseinschränkungen darstellen.

Erwerbsbezogenes Leistungsvermögen ► Leistungsvermögen im Erwerbsleben

Erwerbsfähigkeit Erwerbsfähigkeit ist die Fähigkeit eines Versicherten, sich unter Ausnutzung der Arbeitsgelegenheiten, die sich ihm nach seinen Kenntnissen und körperlichen und geistigen Fähigkeiten im ganzen Bereich des wirtschaftlichen Lebens bietet, einen Erwerb zu erzielen (hierzu zählt nicht der sog. besondere Arbeitsmarkt, z. B. WfbM).

Erwerbsfähigkeit bedeutet im Bereich der gesetzlichen Rentenversicherung (SGB VI) die physische und psychische Leistungsfähigkeit, eine Erwerbstätigkeit unter den üblichen Bedingungen des allgemeinen Arbeitsmarktes in gewisser Regelmäßigkeit ausüben zu können.

Nach § 8 SGB II – Grundsicherung für Arbeitsuchende – ist erwerbsfähig, wer nicht wegen Krankheit oder Behinderung auf absehbare Zeit außerstande ist, unter den üblichen Bedingungen des allgemeinen Arbeitsmarktes mindestens 3 Stunden täglich erwerbstätig zu sein.

In der gesetzlichen Unfallversicherung wird bei den Versicherungsfällen Arbeitsunfall und Berufskrankheit die Erwerbsfähigkeit in Bezug auf ihre Minderung beurteilt. Diese richtet sich nach dem Umfang der sich aus den Beeinträchtigungen des körperlichen und geistigen Leistungsvermögens ergebenden verminderten Arbeitsmöglichkeiten auf dem gesamten Gebiet des Erwerbslebens (§ 56 SGB VII). ▶ Werkstatt für behinderte Menschen

Erwerbsfähigkeit, Abwenden einer wesentlichen Verschlechterung »Abwenden einer wesentlichen Verschlechterung« ist eine der in § 10 SGB VI genannten persönlichen Voraussetzungen zur Bewilligung von Leistungen zur Teilhabe bei bereits geminderter Erwerbsfähigkeit.

Im Sinne der gesetzlichen Rentenversicherung bedeutet dieses: Durch die Leistungen zur Teilhabe kann eine weitere, nicht nur geringfügige oder nicht nur kurzzeitige Verschlechterung der Erwerbsfähigkeit eines Versicherten verhindert werden. Dabei kommt es nicht auf ein rentenrechtlich relevantes Absinken der Leistungsfähigkeit an.

Erwerbsminderung In der gesetzlichen Rentenversicherung (SGB VI) ist Erwerbsminderung eine rentenrechtlich relevante Einschränkung der Erwerbsfähigkeit im Sinne des ab 01.01.2001 geltenden § 43 SGB VI.

Danach sind Versicherte teilweise erwerbsgemindert, die wegen Krankheit oder Behinderung auf nicht absehbare Zeit außerstande sind, unter den üblichen Bedingungen des allgemeinen Arbeitsmarktes mindestens 6 Stunden täglich erwerbstätig zu sein. Voll erwerbsgemindert sind Versicherte, die in gleichem Sinne nicht mehr mindestens 3 Stunden täglich erwerbstätig sein können.

Hiervon ist zu unterscheiden der Begriff der ▶ Minderung der Erwerbsfähigkeit (MdE) nach dem SGB VII – Gesetzliche Unfallversicherung –, dem Beamtenversorgungsgesetz (BeamtVG), bzw. der Grad der Behinderung (▶ GdB) und der Grad der Schädigungsfolgen (▶ GdS), die gem. SGB IX von den zuständigen Behörden festgestellt werden. ▶ Erwerbsminderungsrente

Erwerbsminderungsrente Eine Erwerbsminderungsrente kann in zwei Rentenarten geleistet werden, wenn die versicherungsrechtlichen Voraussetzungen erfüllt sind:

1. Anspruch auf Rente wegen teilweiser ▶ Erwerbsminderung (§ 43 Abs. 1 SGB VI) besteht, wenn ein Versicherter aus gesundheitlichen Gründen auf nicht absehbare Zeit (d. h. mehr als 6 Monate) nur noch weniger als sechs Stunden pro Tag (innerhalb einer Fünftagewoche) arbeiten kann und wenn Leistungen zur Teilhabe nicht erfolgversprechend sind.

Wer unter den üblichen Bedingungen des allgemeinen Arbeitsmarktes mindestens 6 Stunden pro Tag arbeiten kann, ist nicht erwerbsgemindert und erhält auch keine Rente.

Teilweise Erwerbsgeminderte (Leistungsvermögen von 3 bis unter 6 Stunden pro Tag) erhalten keinen vollen Lohnersatz, weil sie mit dem ihnen verbliebenen Restleistungsvermögen grundsätzlich noch das zur Ergänzung der Rente notwendige Einkommen erarbeiten können. Deshalb ist die Rente wegen teilweiser

Erwerbsminderung nur halb so hoch wie eine Rente wegen voller Erwerbsminderung.

Gelingt es dem teilweise Erwerbsgeminderten nicht, einen seinem Restleistungsvermögen entsprechenden (Teilzeit-) Arbeitsplatz zu erlangen, bzw. ist der Teilzeitarbeitsmarkt für ihn verschlossen, erhält er eine Rente wegen voller Erwerbsminderung (▶ Rente, arbeitsmarktbedingte).

Sonderregelungen bestehen bei teilweiser Erwerbsminderung bei ▶ Berufsunfähigkeit (§ 240 SGB VI) und verminderter Berufsfähigkeit für Bergleute im Bergbau (§ 45 SGB VI).

2. Anspruch auf Rente wegen voller Erwerbsminderung (§ 43 Abs. 2 SGB VI) besteht, wenn ein Versicherter aus gesundheitlichen Gründen auf nicht absehbare Zeit nur noch weniger als drei Stunden pro Tag (innerhalb einer Fünftagewoche) erwerbstätig sein kann.

▶ Berufsfähigkeit im Bergbau, verminderte; ▶ Voraussetzungen, versicherungsrechtliche

Erwerbsunfähigkeit Der Begriff der Erwerbsunfähigkeit ist maßgebend für eine Rente wegen Erwerbsunfähigkeit nach dem bis 31.12.2000 geltenden § 44 SGB VI. Erwerbsunfähig sind danach Versicherte, die wegen Krankheit oder Behinderung auf nicht absehbare Zeit außerstande sind, eine Erwerbstätigkeit in gewisser Regelmäßigkeit auszuüben oder mehr als geringfügiges Arbeitseinkommen (im Jahr 2000: über 630 DM) monatlich zu erzielen oder die wegen Art oder Schwere der Behinderung nicht auf dem allgemeinen Arbeitsmarkt (also z. B. nur in anerkannten Werkstätten für behinderte Menschen) tätig sein können. Ausgenommen von diesem Rentenanspruch sind Versicherte, die eine selbstständige Tätigkeit ausüben. Bestand am 31.12.2000 Anspruch auf eine Rente wegen Berufs- oder Erwerbsunfähigkeit, so besteht der jeweilige Anspruch längstens bis zur Vollendung des 65. Lebensjahres weiter, solange die für die Bewilligung maßgebenden medizinischen Voraussetzungen weiterhin vorliegen. Bei Selbstständigen, die vom Anspruch der Rente wegen Erwerbsunfähigkeit gesetzlich ausgenommen waren, kann nach dem ab 01.01.2001 geltenden Recht (43 SGB VI) ein Rentenanspruch wegen teilweiser oder voller Erwerbsminderung gegeben sein. ▶ Erwerbsminderungsrente

Evidenz Das Wort Evidenz hat im Deutschen und im Englischen abweichende Bedeutungen.

Der deutsche Sprachgebrauch lehnt sich an die lateinische Bedeutung des Begriffes evidens (augenscheinlich, offensichtlich, klar, unmittelbar einleuchtend) an und beschreibt somit einen Sachverhalt, der so offensichtlich (»evident«) ist, dass er keiner weiteren Erklärung bedarf.

Der englische Begriff evidence (Nachweis, Beweis), wie er auch im Kontext der Evidenzbasierten Medizin (EbM) verwendet wird, beschreibt hingegen Fakten und Belege, die einen vermuteten, aber nicht bewiesenen (»nicht-evidenten«) Sachverhalt erhärten oder widerlegen. ▶ Evidenzbasierte Medizin

Evidenzbasierte Medizin Evidenzbasierte Medizin (**E**vidence **b**ased **M**edicine, EbM) stützt sich ausdrücklich und nachvollziehbar auf die Ergebnisse empirischer wissenschaftlicher Forschung. Aktuelle Informationen werden systematisch aufbereitet, um dem Arzt eine Hilfestellung für die tägliche Arbeit zu geben. Die individuelle klinische Expertise des Arztes wird verbunden mit der bestmöglichen externen ▶ Evidenz. So sollen die Qualität der Behandlung kontinuierlich verbessert und unnötige Leistungen vermieden werden.

Fähigkeitsprofil Ein Fähigkeitsprofil ist die strukturierte Darstellung aller tätigkeitsbezogenen Fähigkeiten. Im Einzelfall muss ein Abgleich mit dem ► Anforderungsprofil (tätigkeitsbezogenes) erfolgen.

Faktoren, personbezogene ► Kontextfaktoren

Fehlversorgung Fehlversorgung ist eine Form der durchgeführten oder unterlassenen Versorgung, die gemäß medizinischer ► Evidenz oder nach Maßgabe der Erfahrung häufig zu einem Behandlungsschaden oder zu einem entgangenen Nutzen führt.

Dabei lassen sich folgende Konstellationen unterscheiden:
1. Die Versorgung mit Leistungen, die an sich zwar bedarfsgerecht sind, aber nicht entsprechend anerkannter Qualitätskriterien fachgerecht erbracht wurden.
2. Die Unterlassung von indizierten und an sich bedarfsgerechten Leistungen.
3. Die Versorgung mit nicht bedarfsgerechten Leistungen.

► Evidenzbasierte Medizin

Feuchtarbeit Tätigkeiten, bei denen die Beschäftigten einen erheblichen Teil ihrer Arbeitszeit Arbeiten im feuchten Milieu ausführen oder flüssigkeitsdichte Handschuhe tragen oder häufig oder intensiv ihre Hände reinigen, werden als Feuchtarbeit bezeichnet.

Fingergeschicklichkeit Fingergeschicklichkeit ist die Fähigkeit, genau koordinierte Bewegungen der Finger einer Hand oder beider Hände auszuführen, um klein dimensionierte Gegenstände zu greifen, zu halten, zu bewegen oder zu bearbeiten.

Flexibilisierung der Rehabilitation Flexibilisierung der Rehabilitation bezeichnet die Möglichkeiten individueller und differenzierter Leistungserbringung hinsichtlich der Form (stationär, ambulant) und des zeitlichen Rahmens.

Förderfaktor Förderfaktoren im Sinne der ► ICF sind ► Kontextfaktoren, die sich positiv auf die funktionale Gesundheit einer Person, insbesondere auf ihre Aktivitäten und Teilhabe auswirken.

Förderfaktoren können z. B. soziale Unterstützung oder das Vorhandensein von Hilfsmitteln wie Orthesen sein.

Früh-/Spätschicht Die Früh- und Spätschichten sind als Organisationsformen der ► Schichtarbeit Bestandteile von Zweischichtsystemen bzw. Wechselschichtsystemen mit kontinuierlicher oder diskontinuierlicher ► Arbeitszeit am Tage. Je nach Branche und Produktionsbedingungen gibt es viele Varianten von Organisationsformen der Schichtarbeit. Arbeiten innerhalb eines Zeitrahmens von 6–18 Uhr werden üblicherweise als Normalschicht bezeichnet.

Frührehabilitation Frührehabilitation im Sinne des SGB V ist die frühzeitig einsetzende rehabilitationsmedizinische Behandlung von Patienten, die wegen eines akuten Gesundheitsproblems mit schwerer Beeinträchtigung der Funktionsfähigkeit krankenhausbehandlungsbedürftig sind.

Entscheidendes Abgrenzungskriterium der Frührehabilitation zur Rehabilitation ist also der erforderliche akutstationäre Behandlungsbedarf.

Frührehabilitation wird in der Regel multiprofessionell von Fachkräften erbracht.

Sie wird in der Praxis nicht einheitlich gegliedert, in der Regel wird unterschieden zwischen geriatrischer frührehabilitativer Komplexbehandlung, neurologischer-neurochirurgischer Frührehabilitation und fachübergreifender Frührehabilitation. ► Phasenmodell der neurologischen Rehabilitation

Funktionale Gesundheit Eine Person gilt im Sinne der ► ICF als funktional gesund, wenn – vor ihrem gesamten Lebenshintergrund (Konzept der Kontextfaktoren: Umweltfaktoren und personbezogene Faktoren) –
1. ihre körperlichen Funktionen (einschließlich des mentalen Bereiches) und Körperstrukturen allgemein anerkannten (statistischen) Normen entsprechen (Konzepte der Körperfunktionen oder Körperstrukturen),
2. sie all das tun kann, was von einem Menschen ohne Gesundheitsproblem erwartet wird (Konzept der Aktivitäten) und
3. sie ihr Dasein in allen Lebensbereichen, die ihr wichtig sind, in der Weise und dem Umfang entfalten kann, wie es von einem Menschen ohne Beeinträchtigung der Körperfunktionen oder Körperstrukturen oder der Aktivitäten erwartet wird (Konzept der Teilhabe an Lebensbereichen).

Funktionsdiagnose Die medizinische Diagnose wird ergänzt um die Beschreibung des zugehörigen Funktionszustandes, z. B. koronare Herzerkrankung mit guter kardialer Funktion.

Funktionsfähigkeit Der Begriff »Funktionsfähigkeit«, wie er sich aus dem bio-psycho-sozialen Modell der Komponenten von Gesundheit ableitet, ist im Sinne der ► ICF ein Oberbegriff für ► Körperfunktionen und ► Körperstrukturen, Aktivitäten und Teilhabe. Funktionsfähigkeit bezeichnet die positiven Aspekte der Wechselwirkung zwischen einer Person (mit einem Gesundheitsproblem) und ihren Kontextfaktoren (Umwelt- und personbezogene Faktoren). Dieser Begriff umfasst alle Aspekte der ► funktionalen Gesundheit.

GdB Der Grad der Behinderung (GdB) im Sinne des Schwerbehindertenrechts (SGB IX, Teil 2: Besondere Regelungen zur Teilhabe schwerbehinderter Menschen, §§ 68 ff. SGB IX) kennzeichnet das Ausmaß einer bestehenden Behinderung mit den daraus für den behinderten Menschen in sämtlichen Lebensbereichen resultierenden Funktionsbeeinträchtigungen und deren Auswirkungen auf die Teilhabe am Leben in der Gesellschaft. In diesem Zusammenhang ist von dem Behinderungsbegriff des SGB IX (§ 2) auszugehen.

Der Begriff des GdB ist final (d. h. auf alle Gesundheitsstörungen unabhängig von ihrer Ursache) bezogen. Für die Ermittlung des GdB werden alle Auswirkungen einer länger als sechs Monate andauernden Funktionsbeeinträchtigung bemessen, die auf einem regelwidrigen körperlichen, geistigen, seelischen Zustand beruhen; regelwidrig ist ein Zustand dann, wenn er von dem für das Lebensalter typischen Zustand abweicht.

Physiologische Veränderungen im Alter werden nicht berücksichtigt.

Der Grad der Behinderung wird nach Zehnergraden abgestuft festgestellt (ab GdB 20, dann 30, 40 usw. bis 100).

Liegen mehrere Funktionsbeeinträchtigungen vor, wird der Gesamt-GdB unter Würdigung der Auswirkungen der einzelnen Funktionsbeeinträchtigungen in ihrer Gesamtheit und unter Berücksichtigung ihrer ggf. wechselseitigen Beziehungen zueinander gebildet. Näheres: »Vorsorgungsmedizinische Grundsätze«, Anlage zu § 2 der Versorgungsmedizin-Verordnung (VersMedV) vom 10.12.2008, herausgegeben vom Bundesministerium für Arbeit und Soziales (BMAS) ► Schwerbehinderung.

Aus dem GdB ist nicht auf Leistungsvoraussetzungen anderer Rechtsgebiete, z. B. das Ausmaß einer Leistungsminderung im Sinne der gesetzlichen Rentenversicherung, zu schließen.

GdS GdS bezeichnet den **G**rad **d**er **S**chädigungsfolgen. Als Schädigungsfolge wird im sozialen Entschädigungsrecht (SGB IX) jede Gesundheitsstörung bezeichnet, die im ursächlichen Zusammenhang (kausale Betrachtungsweise) mit einer Schädigung steht, die nach dem entsprechenden Gesetz zu berücksichtigen ist. Zum sozialen Entschädigungsrecht zählen heute v. a. die Ansprüche der Soldaten der Bundeswehr und der Zivildienstleistenden, der Opfer von Gewalttaten und der Menschen, die in Folge einer staatlich empfohlenen Impfung gesundheitliche Schädigungen erlitten haben. Die Auswirkungen der Schädigungen werden mit dem Grad der Schädigungsfolgen (GdS) nach Zehnergraden von 10 bis 100 bemessen. Der GdS ist ein Maß für die körperlichen, geistigen, seelischen und sozialen Auswirkungen einer Funktionsbeeinträchtigung aufgrund eines Gesundheitsschadens. Aus dem GdS ist nicht auf das Ausmaß des Leistungsvermögens im Erwerbsleben zu schließen. Dieser Begriff wird nicht im SGB VII (Berufskrankheiten und Arbeitsunfälle) verwandt. ▶ Minderung der Erwerbsfähigkeit

Gebrauchsfähigkeit der Hand Für die sozialmedizinische Beurteilung der Leistungsfähigkeit im Erwerbsleben haben Aussagen zur Gebrauchsfähigkeit der Hand bzw. der Hände besondere Bedeutung. Neben der Angabe der Gebrauchshand muss differenziert werden, ob ein Spitzgriff, eine kräftige Opposition des Daumens, ein vollständiger Faustschluss, eine Kraftentwicklung, Feinmotorik, Koordination und Tastsinn vorhanden sind. ▶ Leistungsbehinderung, schwere spezifische

Gebrechlichkeit Veralteter Begriff für »körperliche oder geistige Gebrechen« von Kindern im Sinne der Reichsversicherungsordnung (§ 1262 RVO, § 1267 RVO) und des Angestelltenversicherungsgesetzes (§ 39 AVG, § 44 AVG).

Der Tatbestand ist im Sozialgesetzbuch VI unter dem Begriff »Behinderung« neu gefasst worden.

Behinderung von Kindern und Waisen im Sinne des § 48 Abs. 4 Satz 1 Nr. 2 Buchstabe d SGB VI ist gegeben, wenn diese wegen körperlicher, geistiger oder seelischer Behinderung außerstande sind, sich selbst zu unterhalten. In diesen Fällen kann Anspruch auf Halb- oder Vollwaisenrente längstens bis zur Vollendung des 27. Lebensjahres bestehen.

Gehstrecke, zumutbar ▶ Wegefähigkeit

Gelegentlich Der Begriff »gelegentlich« findet im Rahmen der sozialmedizinischen Beurteilung des Leistungsvermögens im Erwerbsleben Anwendung in Verbindung mit bestimmten Tätigkeiten wie ▶ Heben und Tragen, Bücken oder Bildschirmtätigkeit.

Er umfasst einen Zeitumfang von bis zu 5 % der Arbeitszeit. ▶ häufig

Geschäftsfähigkeit Die Geschäftsfähigkeit ist die Fähigkeit, selbstständig wirksame rechtsgeschäftliche Willenserklärungen abgeben zu können oder zu empfangen.

Geschäftsunfähig sind Minderjährige unter 7 Jahren und Personen, die sich in einem nicht nur vorübergehenden Zustand krankhafter Störung der Geistestätigkeit befinden, der die freie Willensbestimmung ausschließt (§ 104 Bürgerliches Gesetzbuch – BGB). Für geschäftsunfähige Personen, die keinen gesetzlichen Vertreter haben, bestellt das Amtsgericht (Betreuungsgericht) einen Betreuer. ▶ Betreuung

Gesundheit, auf Kosten der Auf Kosten der Gesundheit wird eine Tätigkeit dann ausgeübt, wenn mit dieser Tätigkeit eine unmittelbare Gefahr für die Gesundheit des Versicherten verbunden ist. Dies muss vom Gutachter sehr sorgfältig und nachvollziehbar begründet werden.

Nach der Rechtsprechung des Bundessozialgerichts (BSG) zum Recht der Renten wegen verminderter Erwerbsfähigkeit ist eine auf Kosten der Gesundheit verrichtete Tätigkeit bei der Prüfung des Rentenanspruchs wegen Erwerbsminderung nicht zu berücksichtigen, sodass Erwerbsminderung ggf. anzunehmen ist.

Gesundheitsbildung Gesundheitsbildung umfasst alle Anstrengungen, durch Informationen, Aufklärung und Kompetenzbildung die Themenbereiche Gesundheit und Heilung von Krankheiten bzw. den Umgang mit Krankheiten zu vermitteln. Durch Schulungen zur Gesundheitsbildung soll auch ein wichtiger Beitrag zur Vorbeugung von Krankheiten geleistet werden.

Gesundheitsförderung Gesundheitsförderung ist ein Prozess, der Menschen dazu in die Lage versetzen soll, mehr Einfluss auf ihren Gesundheitszustand zu entwickeln und ihre Gesundheit aktiv zu verbessern.

Grad der Behinderung (GdB) ▶ GdB

Grundsicherung Der Begriff Grundsicherung wird verwendet bei der »Grundsicherung im Alter und bei Erwerbsminderung« (im Rahmen des SGB XII »Sozialhilfe«) und bei der »Grundsicherung für Arbeitsuchende« (im Rahmen des SGB II »Grundsicherung für Arbeitsuchende«).

»Grundsicherung im Alter und bei Erwerbsminderung« kann nach den Regelungen der §§ 41-46 des zum 01.01.2005 in Kraft getretenen SGB XII »Sozialhilfe (BGBl I S. 3022, Vorgängergesetz: Gesetz über eine bedarfsgerechte Grundsicherung im Alter und bei Erwerbsminderung – GSiG) geleistet werden.

Es gilt der Nachrang der Sozialhilfe (§ 2 SGB XII); Leistungen nach dem SGB XII erhält nicht, wer sich vor allem mittels seiner Arbeitskraft, seines Einkommens oder Vermögens selbst helfen kann oder die erforderliche Leistung von anderen (insbesondere Angehörige, Träger anderer Sozialleistungen) erhält. Verpflichtungen anderer bleiben unberührt.

Grundsicherung im Sinne dieses Gesetzes ist eine Leistung zur Sicherung des Lebensunterhaltes, die Personen auf Antrag erhalten können, die

— das 65. Lebensjahr vollendet haben, oder
— das 18. Lebensjahr vollendet haben und die unabhängig von der Arbeitsmarktlage voll erwerbsgemindert im Sinne das § 43 Absatz 2 SGB VI sind und bei denen es unwahrscheinlich ist, dass die volle Erwerbsminderung behoben werden kann.

Die medizinischen Voraussetzungen des § 41 Absatz 1 Nr. 2 SGB XII prüft nach § 45 Absatz 1 SGB XII auf Ersuchen des zuständigen Trägers der Sozialhilfe der nach § 109 a SGB VI zuständige Träger der Rentenversicherung. Die Entscheidung des Trägers der Rentenversicherung ist für den ersuchenden Träger der Sozialhilfe bindend.

»Grundsicherung für Arbeitsuchende« nach § 1 Absatz 2 SGB II umfasst Leistungen

— zur Beendigung oder Verringerung der Hilfebedürftigkeit insbesondere durch Eingliederung in Arbeit und
— zur Sicherung des Lebensunterhaltes (nur unter der Voraussetzung, dass die Hilfebedürftigkeit nicht anderweitig beseitigt werden kann).

Eine Leistung zur Sicherung des Lebensunterhaltes ist das Arbeitslosengeld II (§ 19 SGB II).

Leistungsberechtigt sind, sofern keine Ausschlussgründe vorliegen, vor allem erwerbsfähige Hilfebedürftige (Personen, die das 15. Lebensjahr vollendet haben und das 65. Lebensjahr noch nicht vollendet haben, die erwerbsfähig sind und hilfebedürftig sind).

Erwerbsfähig im Sinne dieses Gesetzes ist, wer nicht wegen Krankheit oder Behinderung auf absehbare Zeit außerstande ist, unter den üblichen Bedingungen des allgemeinen Arbeitsmarktes mindestens drei Stunden täglich erwerbstätig zu sein.

Die Feststellung, ob in diesem Sinne Erwerbsfähigkeit vorliegt, obliegt der zuständigen Agentur für Arbeit, ggf. unter Einbeziehung ihres Ärztlichen Dienstes.

Gutachten Allgemein sind Gutachten das dokumentierte Ergebnis einer Begutachtung durch einen Sachverständigen, in dem die Fragen des Auftraggebers begründend beantwortet werden. Der Auftraggeber selbst verfügt nicht über die spezifischen Kenntnisse und fachlichen Erfahrungen, die er für seine Aufgabenerfüllung benötigt, und beauftragt deshalb zur Sachverhaltsklärung einen entsprechend ► Sachverständigen. Wesentliches gemeinsames Merkmal eines jeden Gutachtens ist, dass es eine wissenschaftlich begründete Schlussfolgerung enthält, sodass es auch überprüft und nachvollzogen werden kann.

Ein (sozial)medizinisches Gutachten ist insofern das Ergebnis der Anwendung medizinischer Erkenntnisse und Erfahrungen durch einen (sozial)medizinischen Sachverständigen auf einen Einzelfall bezogen.

Im Bereich der Rentenversicherung sind besondere Qualitätskriterien des Gutachtens im Einzelnen formale und inhaltliche Gestaltung, medizinisch-wissenschaftliche Grundlagen, Verständlichkeit, Vollständigkeit und Transparenz und übergeordnet Plausibilität und Schlüssigkeit, Nachvollziehbarkeit und Neutralität. Eine produktbezogene Qualitätssicherung der Begutachtung (des Gutachtens) ergibt sich nur, wenn die Überprüfung der Qualitätskriterien auch für andere Sachverständige möglich ist.

Gutachten nach persönlicher Untersuchung und Befragung beinhalten hierbei erhobene und bewertete Befunde und setzen sie in Bezug zu den in den Akten vorhandenen Angaben.

Gutachten nach Aktenlage (Aktengutachten, Aktenlagegutachten), also nach einer Begutachtung ohne aktuelle persönliche Untersuchung und Befragung durch den Sachverständigen, können nur dann erstellt werden, wenn der Gutachter die Fragestellung (Beweisfragen) anhand der Aktenlage und ggf. ergänzend herbeigezogener Befunde beantworten kann.

Die qualitativen Anforderungen an Gutachten sind in allen Fällen gleich, es muss beim Sachverständigen der gleiche Grad der persönlichen Überzeugung erreicht werden, wie es bei einer Begutachtung mit persönlicher Untersuchung und Befragung möglich ist.

Ein Gutachten muss für seinen Bestimmungszweck geeignet sein und die Fragen des Auftraggebers umfassend beantworten.

Gutachter Ein Gutachter ist ein ► Sachverständiger, der für einen Auftraggeber ein ► Gutachten erstellt, mit dem er Kenntnisse und Erfahrungen vermittelt, über die der Auftraggeber selber nicht verfügt und die dieser für seine Aufgabenerfüllung (Entscheidungsfindung) benötigt.

Aus der Natur der Sache heraus können nur der Gutachter und gegebenenfalls andere Sachverständige Kraft ihrer Sachkompetenz beurteilen, welche Ermittlungen erforderlich sind, um die ihm gestellten Fragen zu beantworten.

Der ärztliche Gutachter hat die Funktion eines unabhängigen, unparteiischen und objektiven Sachverständigen zu erfüllen.

Häufig Der Begriff »häufig« findet im Rahmen der sozialmedizinischen Beurteilung des Leistungsvermögens im Erwerbsleben Anwendung in Verbindung mit bestimmten Tätigkeiten wie ► Heben und Tragen, Bücken oder Bildschirmtätigkeit.

Er umfasst einen Zeitumfang von 51 % bis 90 % der Arbeitszeit und deckt sich mit dem des anderweitig benutzten Begriffs »überwiegend«. ► Gelegentlich; ► Überwiegend

Hautbelastungen, besondere Berufliche Tätigkeiten können zu besonderen Hautbelastungen führen wie z. B. Tätigkeiten unter Einwirkung von Schmutz, toxischen Substanzen oder Lösungsmitteln sowie Tätigkeiten, die zu Hautirritationen führen, eine häufige Hautreinigung erfordern oder im feuchten Milieu stattfinden.

Bei einzelnen dermatologischen Krankheitsbildern sollten die zu Hautirritation führenden Arbeitshandlungen und Arbeitsstoffe differenziert beschrieben und bei der Beurteilung des Leistungsvermögens im Erwerbsleben bewertet werden.

Heben und Tragen Der Begriff »Heben und Tragen« bezeichnet das Bewegen von Lasten in vertikaler (Heben und Senken) und horizontaler (Tragen) Richtung ohne technische Hilfsmittel. In der sozialmedizinischen Beurteilung des Leistungsvermögens im Erwerbsleben ist nach Art, Schwere (► Arbeit, leichte; ► Arbeit, leichte bis mittelschwere; ► Arbeit, mittelschwere; ► Arbeit, schwere), Häufigkeit (► gelegentlich; ► häufig) und Dauer zu differenzieren. Dabei spielen die Körperhaltung und die Händigkeit eine besondere Rolle.

Heilmittel Unter Heilmittel versteht man ärztlich verordnete Maßnahmen der physikalischen Therapie (z. B. Krankengymnastik), der ► Ergotherapie, der Stimm-, Sprech- und Sprachtherapie und der podologischen Therapie.

Die Richtlinien über die Verordnung von Heilmitteln (so genannte Heilmittelrichtlinien) regeln die Verordnung zu Lasten der gesetzlichen Krankenversicherung.

Hilfsmittel Hilfsmittel (im Sinne von § 31 SGB IX) umfassen die Hilfen, die unter Berücksichtigung der Umstände des Einzelfalls erforderlich sind, um den Erfolg einer Rehabilitation zu sichern, einer drohenden Behinderung vorzubeugen oder eine Behinderung auszugleichen, soweit sie nicht als allgemeine Gebrauchsgegenstände des täglichen Lebens anzusehen sind. Zu Hilfsmitteln zählen z. B. Seh- und Hörhilfen, Körperersatzstücke sowie orthopädische Hilfsmittel.

Hitze Hitze ist störend hoch empfundene oder schädigende Temperatur. Die Einwirkung hängt von der Dauer und Art der Wärme (insbesondere Luftfeuchtigkeit), der Luftbewegung und der muskulären Belastung ab. Spezielle arbeitsmedizinische Vorsorgeuntersuchungen sind für kurzzeitige Belastungen ab 35 Grad CNET (CNET: korrigierte normale Effektiv-Temperatur) bei körperlich leichter Arbeit, 33 Grad CNET bei körperlich mittelschwerer Arbeit, 30 Grad CNET bei körperlich schwerer Arbeit vorgeschrieben. Bei Dauerbelastung liegt die Grenze bei 32 Grad CNET für körperlich leichte Arbeit, bei 30 Grad CNET für körperlich mittelschwere Arbeit und bei 28 Grad CNET für körperlich schwere Arbeit. ► Klimatische Bedingungen

Hochgradig »Hochgradig« ist ein häufig benutzter Begriff z. B. zur Beschreibung der Ausprägung von Krankheitsfolgen und Funktionsstörungen.

Der Begriff ist ebenso wie leicht- und mittelgradig allein nicht aussagefähig. Er ist bei der sozialmedizinischen Beurteilung der Leistungsfähigkeit im Erwerbsleben nur zu verwenden und verständlich, wenn eine exakte Beschreibung von Funktionsstörungen oder Krankheitsfolgen vorliegt bzw. ein Bezug zu Messwerten hergestellt wird. Nur in Einzelfällen ist »hochgradig« festgelegt, z. B. liegt bei »hochgradiger« Sehbehinderung eine Sehschärfe von nicht mehr als 1/20 vor. ► Mittelgradig; ► Leichtgradig

ICD ICD ist die Abkürzung für Internationale statistische Klassifikation der Krankheiten und verwandter Gesundheitsprobleme (International Statistical Classification of Diseases and Related Health Problems) der Weltgesundheitsorganisation (WHO) und dient der Verschlüsselung von Diagnosen, Symptomen, abnormen Laborbefunden, Verletzungen und Vergiftungen, äußeren Ursachen von Morbidität u. Mortalität und auch von Faktoren, die den Gesundheitszustand beeinflussen. Die ICD ist weltweit die Basis für eine vergleichbare Todesursachenstatistik.

Das Deutsche Institut für Medizinische Dokumentation und Information (DIMDI) erstellt im Auftrag des Bundesministeriums für Gesundheit (BMG) die deutsche Ausgabe (German Modification - GM) und gibt die jeweils aktuelle ICD-10-GM Version in Buchform bzw. zum Download aus dem Internet heraus (www.dimdi.de).

ICF ICF ist die Abkürzung für Internationale Klassifikation der Funktionsfähigkeit, Behinderung und Gesundheit (International Classification of Functioning, Disability and Health); sie wurde im Jahr 2001 von der WHO verabschiedet und ist die Nachfolgerin der Internationalen Klassifikation der Schädigungen, Fähigkeitsstörungen und Beeinträchtigungen, ICIDH (International Classification of Impairments, Disabilities and Handicaps) der WHO von 1980.

Die ICF ist eine Klassifikation, mit welcher ein festgestellter Zustand der funktionalen Gesundheit eines Menschen vor dem Hintergrund möglicher Barrieren, welche die Leistung oder Teilhabe erschweren oder unmöglich machen, oder Förderfaktoren, welche die Leistung oder Teilhabe trotz erheblicher gesundheitlicher Beeinträchtigungen wiederherstellen oder unterstützen, standardisiert dokumentiert werden kann.

Ein wichtiges Ziel der ICF ist es, eine gemeinsame Sprache für die Beschreibung der funktionalen Gesundheit zur Verfügung zu stellen, um die Kommunikation zwischen Fachleuten im Gesundheits- und Sozialwesen sowie den Menschen mit Beeinträchtigungen ihrer Funktionsfähigkeit zu verbessern.

Zudem stellt sie ein Verschlüsselungssystem für Gesundheitsinformationssysteme bereit. Es werden z.B. im Rahmen wissenschaftlicher Fragestellungen Datenvergleiche zwischen Ländern, Disziplinen im Gesundheitswesen, Gesundheitsdiensten sowie im Zeitverlauf ermöglicht.

Die ICF besteht aus verschiedenen Komponenten, dazu gehören ▶ Körperfunktionen, ▶ Körperstrukturen, ▶ Aktivität und ▶ Teilhabe sowie ▶ Kontextfaktoren, die sich aus Umweltfaktoren und personbezogenen Faktoren zusammensetzen. Die personbezogenen Faktoren sind wegen der weltweit großen soziokulturellen Unterschiede nicht klassifiziert. ICF-Kodes sind nur in Verbindung mit einem Beurteilungsmerkmal vollständig, der das Gesundheitsniveau angibt (z.B. den Schweregrad eines Problems); standardisierte Verfahren zur Operationalisierung der Beurteilungsmerkmale werden von der WHO derzeit jedoch noch nicht zur Verfügung gestellt.

Bei der Entwicklung des SGB IX wurde die ICF besonders berücksichtigt, beispielsweise fand der Begriff der Teilhabe Eingang in die Sozialgesetzgebung.

Für die Rehabilitation ist die ICF z.B. bei der Feststellung des Rehabilitationsbedarfs, bei der funktionalen Diagnostik, dem Reha-Management, der Interventionsplanung und der Evaluation rehabilitativer Leistungen nutzbar.

Die ICF fördert mit der Verwendung des ▶ bio-psycho-sozialen Modells der funktionalen Gesundheit die Einbeziehung der individuell wichtigen Kontextfaktoren in den Prozess der Rehabilitation und auch der sozialmedizinischen Begutachtung/Beurteilung.

Für die Sozialmedizin von besonderer Bedeutung sind insbesondere noch folgende Aspekte:

- Die ICF ist keine krankheitsspezifische Klassifikation, sondern mit ihr können auf die Funktionsfähigkeit bezogene Befunde und Symptome angegeben werden.
- Die ICF ist kein Assessmentinstrument zur Feststellung der funktionalen Gesundheit, dazu bedarf es anderer standardisierter Methoden und Instrumente zur Beschreibung und Beurteilung der Körperfunktionen/-strukturen, der Aktivitäten und der Teilhabe.
- Die ICF berücksichtigt grundsätzlich keine Krankheitsprognosen.
- Die ICF definiert die Begriffe Leistung und Leistungsfähigkeit für eine weltweit mögliche Vergleichbarkeit anders als sie in der sozialmedizinischen Begutachtung/Beurteilung Verwendung finden müssen.

Die deutsche Übersetzung von ICF steht auf der Internetseite des Deutschen Institutes für Medizinische Dokumentation und Information (DIMDI) zur Verfügung (http://www.dimdi.de). ▶ Bio-psychosoziales Modell

ICIDH ICIDH ist die Abkürzung für Internationale Klassifikation der Schädigungen, Fähigkeitsstörungen und Beeinträchtigungen (International Classification of Impairments, Disabilities and Handicaps) der WHO von 1980, Vorläuferin der 2001 von der WHO verabschiedeten ▶ ICF.

Im Freien Der Begriff »im Freien« findet Anwendung bei der sozialmedizinischen Beurteilung der Leistungsfähigkeit im Erwerbsleben in Verbindung mit Tätigkeiten, die außerhalb von temperierten Räumen oder Werkhallen und auch in ungeheizten (offenen) Hallen verrichtet werden.

IMBA IMBA (Integration von Menschen mit Behinderungen in die Arbeitswelt) ist die Bezeichnung für ein Profilvergleichs- und Dokumentationsverfahren. Es vergleicht einerseits Arbeitsanforderungen an Arbeitsplätzen und andererseits Fähigkeiten von Menschen mit Behinderungen in mehreren Merkmalskategorien, einschließlich Körperhaltung, Körperfortbewegung und Körperteilbewegung, ergänzt durch komplexe physische und psychische Merkmale, aber auch Umgebungseinflüsse, Aspekte der Arbeitsorganisation sowie Arbeitssicherheit. Benutzt werden dafür verschiedene Verfahren der Datenbeschaffung wie z.B. Anamnese, klinische Untersuchung, technische Untersuchung und psychologische Testverfahren. ▶ Assessment, Assessmentverfahren

Integrierte Versorgung Krankenkassen können Verträge über eine Versorgung ihrer Versicherten abschließen, die verschiedene Leistungssektoren umfasst und die eine interdisziplinär-fachübergreifende Versorgung beinhaltet (§140 a Absatz 1 SGB V). In den §§140 a-d SGB V sind seit 2004 die Vertragspartner und die Vertragsgestaltung, die Vergütung und die Finanzierung neu geregelt, mit dem Ziel eine bessere Versorgungsqualität zu gewährleisten. Vertragspartner auf der einen Seite sind die Krankenkassen und auf der anderen Seite die Leistungserbringer. Sie können Integrierte Versorgung (IV) vereinbaren, die entweder verschiedene Leistungssektoren übergreift (zum Beispiel Akutbehandlung / Rehabilitation / Nachsorge) oder interdisziplinär-fachübergreifend (Hausarzt / Facharzt / Akutkrankenhaus / Apotheker) gestaltet ist.

Die Rehabilitation durch die gesetzliche Rentenversicherung spielt bei einer sektorübergreifenden Versorgung eine wichtige Rolle. Oft zeigt sich bei einer ambulanten oder stationären Akutversorgung der Bedarf für eine anschließende medizinische Rehabilitation durch die Rentenversicherung. In diesen Fällen bedeuten integrierte, also aufeinander abgestimmte Versorgungsformen eine deutliche Verbesserung der Versorgungsqualität.

Kälte Kälte ist störend niedrig empfundene oder schädigende Temperatur. An Arbeitsplätzen mit stärkerer Luftbewegung und/oder hoher Luftfeuchtigkeit wird dem Körper in hohem Maße Wärme entzogen und der Kälteeffekt verstärkt. Bereits bei Temperaturen unterhalb von 15 Grad Celsius ist von Kälteeinwirkung auszugehen.

Die Möglichkeit Schutzkleidung zu tragen, ist bei der sozialmedizinischen Beurteilung des Leistungsvermögens im Erwerbsleben zu berücksichtigen. Spezielle arbeitsmedizinische Vorsorgeuntersuchungen sind an »tiefkalten« Arbeitsplätzen (ab -25 Grad Celsius) erforderlich. ▶ Klimatische Bedingungen

Klage ▶ Sozialgerichtliches Verfahren

Klassifikation therapeutischer Leistungen Die Klassifikation therapeutischer Leistungen (KTL) ist ein umfassendes Verzeichnis repräsentativer therapeutischer Leistungen für die Rehabilitationsmedizin, das eine inhaltliche Definition der einzelnen Leistungseinheiten und eine Festlegung von Mindestanforderungen der Leistungserbringung enthält. Die KTL gilt für alle Bereiche der medizinischen Rehabilitation der gesetzlichen Rentenversicherung. Sie ist ein Instrument der Qualitätssicherung und dient auch der statistischen Erfassung der therapeutischen Leistungen. Zur Dokumentation therapeutischer Leistungen im Entlassungsbericht ist die KTL verbindlich für alle Rentenversicherungsträger.

Klimatische Bedingungen Klimatische Bedingungen werden bestimmt durch Lufttemperatur, Luftfeuchtigkeit, Luftgeschwindigkeit und Wärmestrahlung. Die Beurteilung der am Arbeitsplatz auftretenden thermischen Belastung ist weiterhin abhängig von der körperlichen Arbeitsschwere (Wärmeerzeugung durch Muskelarbeit und Erhöhung des Grundumsatzes), der Expositionsdauer und der getragenen Kleidung.

Der Mensch ist in der Lage, durch verschiedene Regulationsmechanismen seine Körperinnentemperatur geänderten Klimabedingungen anzupassen. Diese Thermoregulation erfolgt über Durchblutung der Körperoberfläche, Leistung des Herz-Kreislaufsystems, Schweißproduktion und Muskelarbeit. Eine Belastung durch Klima ergibt sich, wenn die Wärmebilanz der Menschen durch die Thermoregulation nicht mehr ausgeglichen werden kann.

Klimatischen Bedingungen und Tätigkeit sollten aufeinander abgestimmt sein. Die Arbeitsstättenverordnung (ArbStättV vom 12.08.2004, Anhang Anforderungen an Arbeitsstätten nach § 3 Abs. 1, Abschnitt 3.5 Raumtemperatur) enthält den Begriff »gesundheitlich zuträgliche Raumtemperatur«, ohne diesen bisher genauer definiert zu haben.

- Die bisherigen Arbeitsstättenrichtlinien nennen folgende Mindesttemperaturwerte:
- bei überwiegend sitzender Tätigkeit 19 Grad Celsius;
- bei überwiegend nicht sitzender Tätigkeit 17 Grad Celsius;
- bei schwerer körperlicher Arbeit 12 Grad Celsius;
- in Büroräumen 20 Grad Celsius;

In Verkaufsräumen 19 Grad Celsius.

Die Raumtemperatur soll 26 Grad Celsius nicht überschreiten. ▶ Hitze; ▶ Kälte

Kompensation Kompensation bedeutet Ausgleich.

In der Medizin wird der Begriff v. a. für den Ausgleich einer mangelhaften Organfunktion durch Mobilisierung eigener funktioneller Reserven, durch Training oder durch Förderfaktoren wie z. B. Hilfsmittel und Medikamente verwendet.

Komponente Komponenten sind in der ▶ ICF die vier Teilklassifikationen:

1. Körperfunktionen und Körperstrukturen,
2. Aktivitäten und Partizipation,
3. Umweltfaktoren,
4. Personbezogene Faktoren.

Kontextfaktoren Kontextfaktoren sind im Sinne der ▶ ICF alle Gegebenheiten des Lebenshintergrundes einer Person. Sie gliedern sich in sog. personbezogene Faktoren und in sog. Umweltfaktoren.

Personbezogene Faktoren sind die Faktoren, die sich auf die betrachtete Person selbst beziehen und den spezifischen Hintergrund des Lebens und der Lebenserfüllung eines Menschen ausmachen, z. B. Altern und Lebenserfahrung. Sie umfassen Gegebenheiten, die nicht Bestandteil des Gesundheitsproblems oder Gesundheitszustandes sind. Die ICF sieht für diese Faktoren noch keine Klassifikation vor.

Umweltfaktoren bilden die materielle, soziale und einstellungsbezogene Umwelt, in der Menschen leben und ihr Leben gestalten. Sie können positiv (▶ Förderfaktoren) oder negativ (▶ Barrieren) wirken.

In der sozialmedizinischen Begutachtung ist zu prüfen, welche Kontextfaktoren einen Einfluss auf die Leistungsfähigkeit im Erwerbsleben haben. Orthesen können z. B. als Förderfaktoren angesehen werden, die fehlende Automatikschaltung im Pkw als Barriere. Personbezogene Faktoren können zusätzliche Informationen liefern.

Konzentration Als Konzentration wird die Fähigkeit bezeichnet, die Aufmerksamkeit für eine bestimmte Zeitspanne einer Tätigkeit oder einem Thema zuwenden zu können.

Körperfunktionen Körperfunktionen sind im Sinne der ▶ ICF die physiologischen (einschließlich der psychologischen) Funktionen von Körpersystemen. ▶ Schädigung

Körperhaltungen, wechselnde Der Begriff »wechselnde Körperhaltungen« bezeichnet bei der sozialmedizinischen Beurteilung der Leistungsfähigkeit im Erwerbsleben das Wechseln der typischen Körperhaltungen (Sitzen, Gehen, Stehen) bei der Arbeit. Das Erfordernis wechselnder Körperhaltungen während der Arbeit aus medizinischen Gründen ist in der Beurteilung nachvollziehbar darzustellen, ebenso die Art und Weise des Wechsels.

Körperstrukturen Körperstrukturen sind im Sinne der ▶ ICF anatomische Teile des Körpers, wie Organe, Gliedmaßen und ihre Bestandteile. ▶ Schädigung

Kraftfahreignung Die Begriffe Kraftfahreignung, Kraftfahrereignung und Kraftfahrtauglichkeit werden synonym verwendet.

Geeignet zum Führen von Kraftfahrzeugen ist, wer die notwendigen körperlichen und geistigen Anforderungen erfüllt und nicht erheblich oder nicht wiederholt gegen verkehrsrechtliche Vorschriften oder gegen Strafgesetze verstoßen hat (§ 2 Straßenverkehrsgesetz – StVG).

Die Verordnung über die Zulassung von Personen zum Straßenverkehr (Fahrerlaubnis-Verordnung-FeV vom 18.08.1998) regelt – entsprechend europäischem Recht – die Einteilung der Fahrerlaubnisklassen sowie deren Geltungsdauer und enthält detaillierte Mindestanforderungen an die Tauglichkeit der Fahrerlaubnisbewerber und Fahrerlaubnisinhaber.

Für die Beurteilung liegen »Begutachtungsleitlinien zur Kraftfahrereignung« vor, herausgegeben von der Bundesanstalt für Straßenwesen (BAST, Februar 2000).

Kraftfahrtauglichkeit ▶ Kraftfahreignung

Kraftfahrzeughilfe Die Kraftfahrzeughilfe ist eine Leistung zur Teilhabe am Arbeitsleben, die darauf zielt, gesundheitsbedingte Beeinträchtigungen der Mobilität auszugleichen. Die Kraftfahrzeughilfe umfasst finanzielle Hilfen zur Beschaffung eines Kraftfahrzeuges, die Übernahme der Kosten für die behinderungsbedingt erforderliche Zusatzausstattung sowie zum Erlangen der Fahrerlaubnis. In besonderen Fällen können auch Zuschüsse für Beförderungsdienste geleistet werden.

Versicherte haben Anspruch auf Kraftfahrzeughilfe, wenn sie wegen Art oder Schwere der Behinderung nicht nur vorübergehend auf die Benutzung eines Kraftfahrzeuges angewiesen sind, um ihren Arbeitsort, den Ort der beruflichen und schulischen Ausbildung oder eine Werkstatt für behinderte Menschen zu erreichen. Die tatsächlichen Gegebenheiten des öffentlichen Verkehrs wie z. B. schlechte Verkehrsanbindungen sind hierbei nicht zu berücksichtigen.

Kraftfahrzeughilfe wird z. B. von den Trägern der gesetzlichen Rentenversicherung, der gesetzlichen Unfallversicherung, der Kriegsopferfürsorge und der Bundesagentur für Arbeit als Leistung zur Teilhabe am Arbeitsleben (§ 33 Abs. 8 Nr. 1 SGB IX) nach Maßgabe der Kraftfahrzeughilfe-Verordnung (KfzHV) erbracht.

Krankenbehandlung Der Begriff Krankenbehandlung wird für den Bereich der gesetzlichen Krankenversicherung in § 27 SGB V definiert. Er umfasst ambulante und stationäre Leistungen, die von der Krankenversicherung als deren wesentliche Leistungen erbracht werden:

1. ärztliche Behandlung inklusive Psychotherapie;
2. zahnärztliche Behandlung;
3. Versorgung mit Arznei, Verband-, Heil- und Hilfsmitteln;
4. häusliche Krankenpflege und Haushaltshilfe;
5. Krankenhausbehandlung;
6. Leistungen zur medizinischen Rehabilitation und ergänzende Leistungen.

Bei der sozialmedizinischen Begutachtung für die gesetzliche Rentenversicherung ist zu prüfen, ob eine Krankenbehandlung im Rahmen der gesetzlichen Krankenversicherung ausreichend oder vordringlich ist.

KTL ▶ Klassifikation therapeutischer Leistungen

Lärm Lärm ist störender Schall, der zu Belästigung oder Gesundheitsstörungen führt.

Bei der Beurteilung von Lärm sind insbesondere zwei unterschiedliche Aspekte zu berücksichtigen.

Während sich die Arbeitsmedizin primär bei Gesunden um den Arbeitsschutz kümmert, ist in der Sozialmedizin die Wirkung von Lärm auf kranke oder behinderte Menschen, bei denen ggf. eine diesbezüglich erhöhte Beanspruchung (Überbeanspruchung) von Bedeutung.

Aus arbeitsmedizinischer Sicht wird bei der Abschätzung des Risikos eines Gehörschadens davon ausgegangen, dass ein solches Risiko in der Regel bei Einhaltung eines Beurteilungspegels von <85 dB (ein äquivalenter Dauerschallpegel für den 8-Stunden-Arbeitstag) nicht gegeben ist. Lärmschwerhörigkeit kann als Berufskrankheit anerkannt werden.

Aus sozialmedizinischer Sicht können auch niedrigere Lärmbelastungen krankheitsbedingt unzumutbar sein.

Leichtgradig »Leichtgradig« ist ein häufig benutzter Begriff z. B. zur Beschreibung der Ausprägung von Krankheitsfolgen und Funktionsstörungen.

Der Begriff ist ebenso wie hoch- und mittelgradig alleine nicht aussagefähig. Er ist bei der sozialmedizinischen Beurteilung der Leistungsfähigkeit im Erwerbsleben nur zu verwenden und verständlich, wenn eine exakte Beschreibung von Funktionsstörungen oder Krank-

heitsfolgen vorliegt bzw. ein Bezug zu Messwerten hergestellt wird. ▶ Mittelgradig; ▶ Hochgradig

Leistung In Abhängigkeit vom Zusammenhang der Verwendung bezeichnet das Wort Leistung verschiedene Sachverhalte.

Für die Sozialmedizin ist die von einer Person erbrachte Leistung unter den derzeitig üblichen Lebens- und Arbeitsbedingungen (▶ Kontextfaktoren) von besonderem Interesse (▶ Leistungsfähigkeit). Für die sozialmedizinische Beurteilung der Leistungsfähigkeit im Erwerbsleben ist aber nicht die tatsächlich erbrachte oder unter optimalen oder standardisierten Bedingungen maximal erbringbare Leistung von entscheidender Bedeutung, sondern die krankheits- oder behinderungsbedingte zumutbare Leistungsfähigkeit im Erwerbsleben, bei der z. B. auch krankheitsbedingte Gefährdungs- und Belastungsfaktoren im Arbeitsalltag entsprechend zu berücksichtigen sind.

Leistung im Sinne der ▶ ICF ist eine tatsächliche, real durchgeführte Aktivität und bezieht sich auf die Art und den Umfang ihrer Durchführung.

Leistung zur medizinischen Rehabilitation, vorzeitige Eine vorzeitige Leistung zur medizinischen Rehabilitation im Sinne des § 12 Abs. 2 SGB VI ist eine Leistung, die vor Ablauf von vier Jahren nach Ende der letzten durchgeführten medizinischen Rehabilitationsleistung erbracht werden soll. Sie wird nur erbracht, wenn sie aus gesundheitlichen Gründen dringend erforderlich ist.

Die individuellen Voraussetzungen müssen stets im Einzelfall geprüft werden. Es muss eine positive ▶ Rehabilitationsprognose bestehen.

Leistungen zur medizinischen Rehabilitation Zur medizinischen Rehabilitation behinderter und von Behinderung bedrohter Menschen werden die erforderlichen Leistungen erbracht, um Behinderungen einschließlich chronischer Krankheiten abzuwenden, zu beseitigen, zu mindern, auszugleichen, eine Verschlimmerung zu verhüten oder Einschränkungen der Erwerbsfähigkeit und Pflegebedürftigkeit zu vermeiden, zu überwinden, zu mindern und eine Verschlimmerung zu verhüten sowie den vorzeitigen Bezug von laufenden Sozialleistungen zu vermeiden oder laufende Sozialleistungen zu mindern (§ 26 SGB IX).

Vom Gesetzgeber sind für die Leistungsträger jeweils trägerspezifische ▶ Rehabilitationsziele festgelegt worden. Für die Zuständigkeit der Sozialleistungsträger vgl. Tabelle unter ▶ Leistungen zur Teilhabe.

Leistungen zur Teilhabe Der Begriff »Leistungen zur Teilhabe« ist durch das zum 01.07.2001 in Kraft getretene SGB IX – Rehabilitation und Teilhabe behinderter Menschen – eingeführt worden und ersetzt den Begriff »Leistungen zur Rehabilitation«.

Das in § 10 SGB I normierte soziale Recht auf Hilfe zur Selbstbestimmung und ▶ Teilhabe behinderter Menschen und von Behinderung bedrohter Menschen ist als Leitgedanke in das SGB IX und die für die Rehabilitationsträger geltenden Einzelgesetze eingegangen und somit deren integraler Bestandteil.

Leistungen zur Teilhabe sind nach der Zielsetzung des § 4 Abs. 1 SGB IX die notwendigen Sozialleistungen, um

1. die Behinderung abzuwenden, zu beseitigen, zu mindern, ihre Verschlimmerung zu verhüten oder ihre Folgen zu mildern,
2. Einschränkungen der Erwerbsfähigkeit oder Pflegebedürftigkeit zu vermeiden, zu überwinden, zu mindern oder eine Verschlimmerung zu verhüten sowie den vorzeitigen Bezug anderer Sozialleistungen zu vermeiden oder laufende Sozialleistungen zu mindern,
3. die Teilhabe am Arbeitsleben entsprechend den Neigungen und Fähigkeiten dauerhaft zu sichern oder

4. die persönliche Entwicklung ganzheitlich zu fördern und die Teilhabe am Leben in der Gesellschaft sowie eine möglichst selbstständige und selbst bestimmte Lebensführung zu ermöglichen oder zu erleichtern.

Leistungen zur Teilhabe können sein (§ 5 SGB IX – Leistungsgruppen):
- Leistungen zur medizinischen Rehabilitation;
- Leistungen zur Teilhabe am Arbeitsleben;
- unterhaltssichernde und andere ergänzende Leistungen;
- Leistungen zur Teilhabe am Leben in der Gemeinschaft.

Im Rahmen der für sie geltenden Rechtsvorschriften werden die Leistungen nach Lage des Einzelfalles durch den jeweils zuständigen Leistungsträger so vollständig, umfassend und in gleicher Qualität erbracht, dass Leistungen eines anderen Trägers möglichst nicht erforderlich werden (§ 4 Abs. 2 S. 2 SGB IX).

Die Rehabilitationsträger sind nach § 12 SGB IX im Rahmen der durch Gesetz, Rechtsverordnung oder allgemeine Verwaltungsvorschrift getroffenen Regelungen dafür verantwortlich, dass die im Einzelfall erforderlichen Leistungen zur Teilhabe nahtlos, zügig sowie nach Gegenstand, Umfang und Ausführung einheitlich erbracht werden.

Den Leistungen zur Teilhabe wird mit § 8 SGB IX ein gesetzlicher Vorrang vor Rentenleistungen eingeräumt; dies gilt auch während des Bezuges einer Rente. Dieser Vorrang besteht auch, wenn durch Leistungen zur Teilhabe Pflegebedürftigkeit vermieden, überwunden oder gemindert werden oder eine Verschlimmerung verhütet werden kann.

Sind im Einzelfall Leistungen verschiedener Leistungsgruppen (§ 5 SGB IX) oder mehrerer Leistungsträger (§ 6 SGB IX) erforderlich, so ist der nach § 14 SGB IX zuständige Leistungsträger für die Koordinierung der Leistungen verantwortlich (§ 10 SGB IX).

Die Zuständigkeit und die Voraussetzungen für die Leistungen zur Teilhabe richten sich nach den für den jeweiligen Rehabilitationsträger geltenden Leistungsgesetzen.

Für die Leistungen zur Teilhabe gelten die Vorschriften des SGB IX, soweit sich aus den für den jeweiligen Rehabilitationsträger geltenden Leistungsgesetzen nichts Abweichendes ergibt. ► Leistungen zur medizinischen Rehabilitation; ► Leistungen zur Teilhabe am Arbeitsleben

Leistungen zur Teilhabe am Arbeitsleben Leistungen zur Teilhabe am Arbeitsleben stellen den Bereich der Leistungen zur Teilhabe dar, der die Leistungen zur Erhaltung oder zur Erlangung eines Arbeitsplatzes, zur beruflichen Anpassung, Berufsvorbereitung, Fort- und Weiterbildung, Ausbildung und Qualifizierung sowie finanzielle Hilfen umfasst. Leistungen zur Teilhabe am Arbeitsleben haben mit Inkrafttreten des SGB IX begrifflich die »Berufsfördernden Maßnahmen zur Rehabilitation« ersetzt. Unter dem Begriff »► Leistungen zur Teilhabe« ist die Zuständigkeit der Leistungsträger tabellarisch dargestellt.

Leistungsbehinderung, schwere spezifische »Schwere spezifische Leistungsbehinderung« ist (ebenso wie »Summierung ungewöhnlicher Leistungseinschränkungen«, vgl. ► Leistungseinschränkung, Summierung ungewöhnlicher) ein unbestimmter Rechtsbegriff aus der Rechtsprechung des Bundessozialgerichts (BSG).

Nach § 43 SGB VI besteht bei einem quantitativen Leistungsvermögen von mindestens 6 Stunden täglich grundsätzlich kein Rentenanspruch. Dabei stellt die "schwere spezifische Leistungsbehinderung " einen von der Rechtsprechung definierten Sonderfall dar, in dem der allgemeine Arbeitsmarkt verschlossen sein kann (► Arbeitsmarkt, verschlossener). Mit dem Begriff "schwere spezifische Leistungsbehinderung" werden gemäß der Rechtsprechung des BSG die Fälle erfasst, in denen bereits eine schwerwiegende Leistungseinschränkung ein wei-

---

◘ **Tabelle 1** Zuständigkeit der Leistungsträger für die einzelnen Leistungen zur Teilhabe (Rehabilitationsträger).

Träger der Leistungen zur Teilhabe (§ 6 Abs. 1 SGB IX)	Leistungen zur medizinischen Rehabilitation	Leistungen zur Teilhabe am Arbeitsleben	Unterhalts-sichernde und andere ergänzende Leistungen	Leistungen zur Teilhabe am Leben in der Gemeinschaft
Träger der gesetzlichen Krankenversicherung	×		×	
Bundesagentur für Arbeit		×	×	
Träger der gesetzlichen Unfallversicherung	×	×	×	×
Träger der gesetzlichen Rentenversicherung	×	×	×	
Träger der Altersicherung für Landwirte	×		×	
Träger der Kriegsopferversorgung u. Träger der Kriegsopferfürsorge i. R. des Rechts der sozialen Entschädigung bei Gesundheitsschäden	×	×	×	×
Träger der öffentlichen Jugendhilfe	×	×		×
Träger der Sozialhilfe	×	×		×

tes Feld von Einsatzmöglichkeiten versperrt und berechtigte Zweifel daran bestehen, ob der betroffene Versicherte – trotz Erwerbsvermögens für körperlich leichte Tätigkeiten im zeitlichen Umfang von mindestens 6 Stunden täglich – in einem Betrieb einsetzbar ist.

Es muss dann zur Prüfung, ob der allgemeine Arbeitsmarkt verschlossen ist, eine konkrete Verweisungstätigkeit, die den geforderten Arbeitsbedingungen Rechnung trägt, benannt werden. Ist dies nicht möglich, so ist volle Erwerbsminderung (§ 43 Abs. 2 SGB VI) anzunehmen.

Eine schwere spezifische Leistungsbehinderung ist nach der Rechtsprechung z. B. in Betracht zu ziehen bei Einäugigkeit oder Einarmigkeit, Einschränkung der Gebrauchsfähigkeit einer Hand, Anfallsleiden.

Für die Prüfung, ob eine »schwere spezifische Leistungsbehinderung« in Betracht zu ziehen ist, ergibt sich folgende Vorgehensweise:

Ausgehend vom sozialmedizinisch beschriebenen Leistungsvermögen prüft die Verwaltung, ob ggf. eine schwere spezifische Leistungsbehinderung vorliegt und eine konkrete Verweisungstätigkeit zu benennen ist. Ist das nicht möglich, ist von einem verschlossen Arbeitsmarkt auszugehen. ▶ Leistungsvermögen im Erwerbsleben

Leistungsbeurteilung Die Leistungsbeurteilung bezeichnet im Allgemeinen die Beurteilung einer erbrachten ▶ Leistung.

Für die sozialmedizinische Beurteilung des »Leistungsvermögens im Erwerbsleben« bzw. der »Leistungsfähigkeit im Erwerbsleben« wird bisher üblicherweise auch verkürzt von »Leistungsbeurteilung« gesprochen.

Für die Sozialmedizin ist die von einer Person erbrachte Leistung unter den derzeitig üblichen Lebens- und Arbeitsbedingungen (▶ Kontextfaktoren) von besonderem Interesse (▶ Leistungsfähigkeit). Für die sozialmedizinische Beurteilung der Leistungsfähigkeit im Erwerbsleben ist aber nicht die tatsächlich erbrachte oder unter optimalen oder standardisierten Bedingungen maximal erbringbare Leistung von entscheidender Bedeutung, sondern die krankheits- oder behinderungsbedingte zumutbare Leistungsfähigkeit im Erwerbsleben, bei der z. B. auch krankheitsbedingte Gefährdungs- und Belastungsfaktoren im Arbeitsalltag entsprechend zu berücksichtigen sind.

Wegen der notwendigen Abgrenzung zur Bedeutung der Leistung im vorgenannten Sinne ist »Leistungsbeurteilung« deshalb ein nicht mehr zeitgemäßer Begriff für die Beurteilung des »▶ Leistungsvermögens im Erwerbsleben« bzw. der »Leistungsfähigkeit im Erwerbsleben«. ▶ ICF

Leistungsbild Für die sozialmedizinische Beurteilung des qualitativen ▶ Leistungsvermögens im Erwerbsleben wird bisher üblicherweise auch verkürzt von »Leistungsbild« gesprochen.

Für die Sozialmedizin ist die von einer Person erbrachte Leistung unter den derzeitig üblichen Lebens- und Arbeitsbedingungen (▶ Kontextfaktoren) von besonderem Interesse (▶ Leistungsfähigkeit). Für die sozialmedizinische Beurteilung der Leistungsfähigkeit im Erwerbsleben ist aber nicht die tatsächlich erbrachte oder unter optimalen oder standardisierten Bedingungen maximal erbringbare Leistung von entscheidender Bedeutung, sondern die krankheits- oder behinderungsbedingte zumutbare Leistungsfähigkeit im Erwerbsleben, bei der z. B. auch krankheitsbedingte Gefährdungs- und Belastungsfaktoren im Arbeitsalltag entsprechend zu berücksichtigen sind.

Wegen der notwendigen Abgrenzung zur Bedeutung der Leistung im vorgenannten Sinne ist »Leistungsbild« deshalb ein nicht mehr zeitgemäßer Begriff für das qualitative Leistungsvermögens im Erwerbsleben, da er eher statisch und rückwärts blickend ist.

Leistungseinschränkungen, Summierung ungewöhnlicher »Summierung ungewöhnlicher Leistungseinschränkungen« ist (ebenso wie »schwere spezifische Leistungsbehinderung«, vgl. ▶ Leistungsbehin-

derung, schwere spezifische) ein unbestimmter Rechtsbegriff aus der Rechtsprechung des Bundessozialgerichts (BSG).

Nach § 43 SGB VI besteht bei einem quantitativen Leistungsvermögen von mindestens 6 Stunden täglich grundsätzlich kein Rentenanspruch. Die "Summierung ungewöhnlicher Leistungseinschränkungen" stellt dabei einen von der Rechtsprechung definierten Sonderfall dar, in dem der allgemeine Arbeitsmarkt für einen Versicherten trotz eines Leistungsvermögens von mindestens 6 Stunden täglich verschlossen sein kann (▶ Arbeitsmarkt, verschlossener).

Gemäß der Rechtsprechung des BSG ist unter dem Begriff "Summierung ungewöhnlicher Leistungseinschränkungen" das Zusammentreffen mehrerer Einschränkungen zu verstehen, die nicht bereits von dem Erfordernis "körperlich leichte Arbeit" erfasst werden, sodass sie als "ungewöhnlich" anzusehen sind. An eine Summierung ungewöhnlicher Leistungseinschränkungen ist dann zu denken, wenn sich bei einem Versicherten mehrere Einschränkungen ergeben, die jeweils nur einzelne Verrichtungen oder Arbeitsbedingungen betreffen, zusammengenommen aber das noch mögliche Arbeitsfeld in erheblichem Umfang zusätzlich einengen können. Die Bandbreite der Einsatzfähigkeit eines Versicherten kann sich so sehr verengen, dass fraglich sein kann, ob der betroffene Versicherte – trotz eines Leistungsvermögens für körperlich leichte Tätigkeiten im zeitlichen Umfang von mindestens 6 Stunden täglich – z. B. noch in einem Betrieb einsetzbar ist. Damit stellt sich dann die Frage der möglichen Verschlossenheit des Arbeitsmarktes (▶ Arbeitsmarkt, verschlossener).

Für die Prüfung, ob eine "Summierung ungewöhnlicher Leistungseinschränkungen" in Betracht zu ziehen ist, ergibt sich folgende Vorgehensweise:

Ausgehend vom sozialmedizinisch beschriebenen Leistungsvermögen prüft die Verwaltung, ob "ungewöhnliche Leistungseinschränkungen" vorliegen, die in ihrer Gesamtheit und in ihrem Zusammenwirken einen Arbeitseinsatz zu üblichen Bedingungen des Arbeitsmarktes ausgeschlossen erscheinen lassen. Unter diesen Voraussetzungen wird die Benennung einer konkreten Verweisungstätigkeit erforderlich. Ist das nicht möglich, ist von einem verschlossen Arbeitsmarkt auszugehen. ▶ Leistungsvermögen im Erwerbsleben

Leistungsfähigkeit Leistungsfähigkeit ist abhängig vom Zusammenhang der Verwendung unterschiedlich definiert.

Bei der sozialmedizinischen Beurteilung der ▶ Leistungsfähigkeit im Erwerbsleben steht die Leistungsfähigkeit mit den funktionellen Einschränkungen durch Krankheits- oder Behinderungsfolgen vor dem Hintergrund der beruflichen Belastungs- und Gefährdungsfaktoren und deren Kompensationsmöglichkeiten im Mittelpunkt.

Die Leistungsfähigkeit im Sinne der ▶ ICF bezeichnet das maximale Leistungsvermögen einer Person bezüglich Aktivität und Teilhabe unter Test-, Standard-, Ideal- oder Optimalbedingungen. Dies soll eine weltweite Vergleichsmöglichkeit z. B. im Rahmen der Gesundheitberichterstattung schaffen.

Leistungsfähigkeit im Erwerbsleben Leistungsfähigkeit im Erwerbsleben ist gleichzusetzen mit dem Begriff ▶ Leistungsvermögen im Erwerbsleben.

Leistungsfall Der Begriff »Leistungsfall« bezeichnet im Bereich der gesetzlichen Rentenversicherung den Zeitpunkt, in dem sämtliche gesetzlichen Voraussetzungen für eine Rentenleistung erfüllt sind. Der Leistungsfall setzt den Eintritt des Ereignisses voraus, das für die Leistung vorgeschrieben ist, z. B. bei der Altersrente das Erreichen eines bestimmten Lebensjahres, bei der Erwerbsminderungsrente den Eintritt der Erwerbsminderung.

Im Feststellungsverfahren für eine Erwerbsminderungsrente kommt es darauf an, ein konkretes Datum für den Eintritt einer leistungsrelevanten Einschränkung im Erwerbsleben (Eintritt der Erwerbsminderung) zu bestimmen.

Bei der sozialmedizinischen gutachtlichen Bewertung kann dieses Datum z. B.

- ein akutes Ereignis (apoplektischer Insult, Herzinfarkt, Unfall),
- eine akute Verschlechterung des Krankheitsbildes sein.

Schwieriger ist die Festlegung eines Datums für den Eintritt der Erwerbsminderung, wenn die vorliegenden Daten keine sichere Einschätzung der medizinischen Konstellation zulassen, z. B. bei chronischen oder schleichend progredient verlaufenden Erkrankungen.

Ein Gutachter muss dann hilfsweise auf andere Ereignisse zurückgreifen, z. B.:

- Beginn der letzten Arbeitsunfähigkeit, wenn das Ausmaß der jetzigen Erkrankung bereits zu diesem Zeitpunkt vorgelegen hat;
- Datum der Berufs-/Arbeitsaufgabe aus Krankheitsgründen;
- Datum einer stationären Krankenhausaufnahme.
- Das Datum des Reha-/Rentenantrages kommt höchstens dann in Betracht, wenn –ggf. nach weiteren Ermittlungen- keinerlei andere Anhaltspunkte festzustellen sind und angenommen werden muss, dass der/die Versicherte sich selbst spätestens im Antragszeitpunkt in relevantem Umfang als erwerbsgemindert eingeschätzt hat.

Einen Sonderfall stellt die Bestimmung des § 3 der Berufskrankheiten-Verordnung (BeKV) aus dem Bereich der gesetzlichen Unfallversicherung (SGB VII) dar. Danach sind Leistungen bereits bei einer ‚drohenden' Berufskrankheit zu erbringen, wenn hierdurch die Manifestierung der Krankheit, mithin der Eintritt des Versicherungsfalles, verhindert werden kann. Reichen vorbeugende Maßnahmen nicht aus, kann ein Versicherter zur Aufgabe der gefährdenden Tätigkeit aufgefordert werden; kommt er der Aufforderung nach, kann er Übergangsleistungen beanspruchen. ▶ Berufskrankheit

Leistungsminderung Bei der sozialmedizinische Beurteilung wurde bisher üblicherweise bei einer entsprechenden Beeinträchtigung des Leistungsvermögens bzw. der Leistungsfähigkeit im Erwerbsleben auch verkürzt von »Leistungsminderung« gesprochen.

Für die Sozialmedizin ist die von einer Person erbrachte ▶ Leistung unter den derzeitig üblichen Lebens- und Arbeitsbedingungen (▶ Kontextfaktoren) von besonderem Interesse (▶ Leistungsfähigkeit). Für die sozialmedizinische Beurteilung der Leistungsfähigkeit im Erwerbsleben ist aber nicht die tatsächlich erbrachte oder unter optimalen oder standardisierten Bedingungen maximal erbringbare Leistung von entscheidender Bedeutung, sondern die krankheits- oder behinderungsbedingte zumutbare Leistungsfähigkeit im Erwerbsleben, bei der z. B. auch krankheitsbedingte Gefährdungs- und Belastungsfaktoren im Arbeitsalltag entsprechend zu berücksichtigen sind.

Zudem ist bei der sozialmedizinischen Beurteilung auch nicht primär die defizitorientierte Betrachtung der Leistungsfähigkeit (Leistungsminderung) zielführend, sondern das noch mögliche Leistungsvermögen.

Wegen der notwendigen Abgrenzung zur Bedeutung der Leistung im Sinne der ▶ ICF ist »Leistungsminderung« deshalb ein nicht mehr zeitgemäßer Begriff für die Minderung des Leistungsvermögens bzw. der Leistungsfähigkeit im Erwerbsleben. ▶ Leistungsvermögen im Erwerbsleben

Leistungsvermögen im Erwerbsleben Das Leistungsvermögen im Erwerbsleben kann in einen qualitativen und quantitativen Anteil aufgeteilt werden.

Das qualitative Leistungsvermögen ist die Zusammenfassung der festgestellten positiven und negativen Fähigkeiten, d.h. der festgestellten Ressourcen im Hinblick auf die noch zumutbare körperliche Arbeitsschwere, Arbeitshaltung und Arbeitsorganisation (positives qualitatives Leistungsvermögen) und der Fähigkeiten, die krankheitsbedingt oder behinderungsbedingt nicht mehr bestehen bzw. wegen der Gefahr einer gesundheitlichen Verschlimmerung nicht mehr zu verwerten sind (negatives qualitatives Leistungsvermögen).

Das quantitative Leistungsvermögen gibt den zeitlichen Umfang an, in dem eine Erwerbtätigkeit unter den festgestellten/beurteilten Bedingungen des qualitativen Leistungsvermögens arbeitstäglich ausgeübt werden kann, d. h. zumutbar ist.

Für die Prüfung eines Anspruchs auf Rente wegen Erwerbsminderung wird bei dem quantitativen Leistungsvermögen die Angabe aus den drei möglichen Kategorien 6 Stunden und mehr, 3 bis unter 6 Stunden, unter 3 Stunden arbeitstäglich benötigt. Die bisherigen Kategorien vollschichtig (= übliche ganztägige Arbeitszeit), halb- bis unter vollschichtig (= mindestens die Hälfte der üblichen Arbeitszeit) und zwei Stunden bis unter halbschichtig und aufgehobenes Leistungsvermögen sind nur noch in Fällen zugrunde zulegen, in denen das Leistungsvermögen nach dem bis 31. Dezember 2000 geltenden Recht der §§ 43, 44 SGB VI zu beurteilen ist.

Das Leistungsvermögen im Erwerbsleben ist für die gesetzliche Rentenversicherung gleichbedeutend mit dem Begriff Leistungsfähigkeit im Erwerbsleben.

Bei der privaten Rentenversicherung (z. B. Berufsunfähigkeitsversicherung) ergeben sich mit diesen Begriffen i. d. R. andere leistungsrechtlich relevante Inhalte.

Leitlinien Leitlinien in der Medizin sind systematisch entwickelte Entscheidungshilfen über angemessene ärztliche Vorgehensweise bei speziellen gesundheitlichen Problemen. Sie stellen den nach einem definierten, transparent gemachten Vorgehen erzielten Konsens mehrerer Experten aus ggf. unterschiedlichen Fachbereichen und Arbeitsgruppen zu bestimmten Vorgehensweisen dar. Sie sind wissenschaftlich begründete und praxisorientierte Handlungsempfehlungen. Leitlinien sind Orientierungshilfen im Sinne von »Handlungs- und Entscheidungskorridoren«, von denen in begründeten Fällen abgewichen werden kann oder sogar muss. Sie werden regelmäßig auf ihre Aktualität hin geprüft und ggf. fortgeschrieben.

Medizin, evidenzbasierte ▶ Evidenzbasierte Medizin

MELBA MELBA (**M**erkmalprofile zur **E**ingliederung **L**eistungsgewandelter und **B**ehinderter in **A**rbeit) ist ein Verfahren, mit dem vorwiegend tätigkeitsrelevante psychische Fähigkeiten einer Person mit psychischen Anforderungen an Arbeitsplätzen verglichen werden. Zum Vergleich werden insgesamt 30 Merkmale aus 5 Bereichen (kognitive Merkmale, soziale Merkmale, Merkmale zur Art der Arbeitsausführung, psychomotorische Merkmale und Kulturtechniken/Kommunikation) herangezogen, die durch Verhaltensbeobachtungen und psychometrisch ermittelte Beurteilungen erhoben werden. ▶ Assessment, Assessmentverfahren

Meldepflicht (Infektionsschutzgesetz) Meldepflicht (im Sinne des Infektionsschutzgesetzes) ist die Pflicht insbesondere des feststellenden oder behandelnden Arztes zur Meldung von speziellen (meldepflichtigen) Krankheiten und nachgewiesenen Krankheitserregern.

Meldepflichtige Krankheiten sind gemäß § 6 Infektionsschutzgesetz IfSG, Artikel 1 des Gesetzes zur Neuordnung seuchenrechtlicher Vorschriften (Seuchenrechtsneuordnungsgesetz – SeuchRNeuG) vom 20.07.2000, definiert als Infektionskrankheiten, bei denen Krankheitsverdacht, Erkrankung sowie Tod an das Gesundheitsamt zu melden sind.

Die meldepflichtigen Nachweise von Krankheitserregern sind in §7 IfSG aufgeführt. ► Anzeigepflicht (Berufskrankheit)

Minderung der Erwerbsfähigkeit Der Begriff »Minderung der Erwerbsfähigkeit« wird in verschiedenen Bereichen unterschiedlich definiert.

Im Sinne der gesetzlichen Rentenversicherung (SGB VI) ist die Minderung der Erwerbsfähigkeit eine erhebliche und länger andauernde (mehr als 6 Monate) Einschränkung der Leistungsfähigkeit im Erwerbsleben infolge gesundheitlicher Beeinträchtigungen.

Den Begriff »**M**inderung **d**er **E**rwerbsfähigkeit (MdE)« gibt es in der gesetzlichen Unfallversicherung (SGB VII), in der beamtenrechtlichen Unfallfürsorge (Beamtenversorgungsgesetz - BeamtVG) und in der Wiedergutmachung nach dem Bundesentschädigungsgesetz (BEG). »MdE« bezeichnet den Umfang einer Beeinträchtigung des körperlichen und geistigen Leistungsvermögens, soweit die Beeinträchtigung kausal auf ein schädigendes, nach dem jeweiligen Gesetz geschütztes Ereignis zurückzuführen ist. MdE ist hier auf verlorene Fähigkeiten bezogen.

Im Unterschied hierzu ist in der gesetzlichen Rentenversicherung nicht die MdE, sondern das verbliebene individuelle Leistungsvermögen festzustellen. Aus der prozentualen Höhe einer MdE kann folglich kein Rückschluss auf die Leistungsfähigkeit im Erwerbsleben oder auf das Vorliegen der persönlichen Voraussetzungen für Leistungen zur Teilhabe im Rahmen von SGB VI gezogen werden. ► GdB, ► GdS

Mittelgradig »Mittelgradig« ist ein häufig benutzter Begriff z.B. zur Beschreibung der Ausprägung von Krankheitsfolgen und Funktionsstörungen.

Der Begriff ist ebenso wie leicht- und hochgradig alleine nicht aussagefähig. Er ist bei der sozialmedizinischen Beurteilung der Leistungsfähigkeit im Erwerbsleben nur zu verwenden und verständlich, wenn eine exakte Beschreibung von Funktionsstörungen oder Krankheitsfolgen vorliegt bzw. ein Bezug zu Messwerten hergestellt wird. ► Leichtgradig; ► Hochgradig

Mitwirkung Unter Mitwirkung im sozialrechtlichen Sinne ist vor allem zu verstehen, dass derjenige, der eine Sozialleistung beantragt oder schon erhält, sich aktiv bei der Klärung des Sachverhalts beteiligt, wenn im Verwaltungsverfahren die Leistungsvoraussetzungen zu prüfen sind.

Der Sozialleistungsträger hat u.a. darauf hinzuwirken, dass jeder Berechtigte die ihm zustehenden Leistungen zügig erhält (§17 Abs.1 Satz 1 Nr.1 SGB I) und das Verwaltungsverfahren einfach, zweckmäßig und zügig durchgeführt wird (§9 SGB X). Mit diesem gesetzlichen Anliegen verknüpft ist der ► Untersuchungsgrundsatz (§20 SGB X), nach dem die Behörde verpflichtet ist, den jeweiligen Sachverhalt von Amts wegen zu ermitteln. Eine Pflicht zur Mitwirkung des/der Versicherten ergibt sich nur, wenn dies durch Rechtsvorschriften der §§60 bis 65 SGB I besonders vorgesehen ist.

Für den Bereich Sozialmedizin besonders von Bedeutung ist die Vorschrift des §62 SGB X. Danach hat derjenige, der eine Leistung beantragt oder erhält, sich ärztlichen und psychologischen Untersuchungsmaßnahmen zu unterziehen, soweit diese für die Entscheidung über die Leistung erforderlich sind; sie müssen außerdem zumutbar sein.

Auf Seiten der Antragsteller gilt auch in diesem Zusammenhang das Recht der freien Selbstbestimmung. Das bedeutet, dass
— ein Antragsteller im Einzelfall über Notwendigkeit und Risiken einer diagnostischen Maßnahme aufzuklären ist;

— vorgesehene diagnostische Maßnahmen oder Untersuchungen nur durchgeführt werden können, wenn diesen zugestimmt wurde.

In welchen Fällen Mitwirkungspflichten nach §§60 bis 64 SGB I nicht bestehen, hat der Gesetzgeber in §65 SGB I (Grenzen der Mitwirkung) festgelegt.

Ausdrücklich dürfen solche Behandlungen und Untersuchungen abgelehnt werden, bei denen im Einzelfall ein Schaden für Leben oder Gesundheit nicht mit hoher Wahrscheinlichkeit ausgeschlossen werden kann, die mit erheblichen Schmerzen verbunden sind oder die einen erheblichen Eingriff in die körperliche Unversehrtheit bedeuten.

Die unberechtigte Verweigerung erforderlicher Mitwirkungshandlungen kann – wenn die Aufklärung des Sachverhalts dadurch erheblich erschwert wird – zur Versagung oder Entziehung von Sozialleistungen führen (§66 SGB I).

Wird eine unterbliebene Mitwirkung später nachgeholt, so kann der Leistungsträger – bei Vorliegen der Voraussetzungen – die Sozialleistung bewilligen (§67 SGB I).

Mitwirkungspflicht ► Mitwirkung

Motivation des Versicherten ► Reha-Motivation

Nachgehende Leistung ► Nachsorgeleistung

Nachsorgeleistungen Nachsorgeleistungen im Sinne der gesetzlichen Rentenversicherung sind alle Leistungen zur Sicherung und Stabilisierung des Rehabilitationsergebnisses im Zusammenhang mit einer durchgeführten Leistung zur Teilhabe.

Dabei kann es sich um Leistungen z.B. in Form des Rehabilitationssports in Gruppen unter ärztlicher Betreuung oder auch um Leistungen zur Eingliederung von Versicherten in das Erwerbsleben handeln, beispielsweise die ambulante Nachsorge nach vorangegangener Entwöhnungsbehandlung.

Von einigen Rentenversicherungsträgern wurden verschiedene Konzepte zur Erbringung von Nachsorgeleistungen entwickelt, z.B. ARENA (Ambulante Rehabilitationsnachsorge der Deutschen Rentenversicherung Saarland), Curriculum Hannover (Rehabilitationsnachsorge der Deutschen Rentenversicherung Braunschweig-Hannover), INA (intensiviertes Nachsorgeprogramm zur Verbesserung der beruflichen Integration nach Herzinfarkt/Bypass-OP, Deutsche Rentenversicherung Westfalen), IRENA (Intensivierte Rehabilitationsnachsorge, Deutsche Rentenversicherung Bund), KARENA (Kardiovaskuläre Reha-Nachsorge Schleswig-Holstein).

Nachtarbeit Nachtarbeit im Sinne des Arbeitszeitgesetzes (ArbZG) ist jede Arbeit, die mehr als zwei Stunden der Nachtzeit umfasst (§2 Abs.4 ArbZG). Die Nachtzeit ist die Zeit von 23 bis 6 Uhr, in Bäckereien und Konditoreien die Zeit von 22 bis 5 Uhr (§2 Abs.3 ArbZG). ► Arbeitszeit

Nachtschicht Die Nachtschicht ist im System der ► Schichtarbeit die Arbeitsschicht, die die Kriterien der Nachtarbeit gemäß §2 Abs.3 und 4 ArbZG (mehr als zwei Stunden in der Zeit von 23 bis 6 Uhr bzw. 22 bis 5 Uhr) erfüllt. Die Nachtschicht kann dabei sowohl ein Bestandteil permanenter Schichtsysteme als auch Element eines Wechselschichtsystems sein. Die Lage, Dauer und Frequenz von Nachtschichten kann in Tarifverträgen unterschiedlich geregelt sein. ► Arbeitszeit; ► Nachtarbeit

Nahtlosigkeitsregelung Unter Nahtlosigkeitsregelung versteht man den Anspruch auf Arbeitslosengeld eines nicht nur vorübergehend Leistungsgeminderten, der keine versicherungspflichtige Beschäftigung mehr ausüben kann – somit nicht »verfügbar« ist –, bei dem aber auch verminderte Erwerbsfähigkeit (noch) nicht festgestellt wurde. Die Nahtlosigkeitsregelung überbrückt also eine Phase bis zur Klärung der Zuständigkeit zwischen Agentur für Arbeit und gesetzlicher Rentenversicherung.

§ 125 Abs. 1 SGB III gibt einem Arbeitslosen, der nach den Feststellungen der Agentur für Arbeit wegen Minderung seiner Leistungsfähigkeit mehr als sechs Monate nicht mehr in der Lage ist/voraussichtlich nicht mehr in der Lage sein wird, 15 Stunden wöchentlich unter arbeitsmarktüblichen Bedingungen zu arbeiten, einen Anspruch auf Arbeitslosengeld I.

Die Agentur für Arbeit hat den betroffenen Arbeitslosen unverzüglich aufzufordern, innerhalb eines Monats einen Antrag auf Leistungen zur medizinischen Rehabilitation oder zur Teilhabe am Arbeitsleben zu stellen (§ 125 Abs. 2 SGB III). Stellt der Arbeitslose diesen Antrag fristgemäß, so gilt er zum Zeitpunkt des Antrags auf Arbeitslosengeld (somit rückwirkend) als gestellt. Stellt der Arbeitslose den Antrag nicht, ruht der Anspruch auf Arbeitslosengeld vom Tage nach Ablauf der Frist bis zu dem Tage, an dem der Arbeitslose den Antrag auf Leistungen zur medizinischen Rehabilitation oder zur Teilhabe am Arbeitsleben nachholt, bzw. Antrag auf Rente wegen Erwerbsminderung stellt.

Die Feststellung, ob verminderte Erwerbsfähigkeit vorliegt, trifft der zuständige Träger der gesetzlichen Rentenversicherung (§ 125 Abs. 1 S. 2 SGB III).

Die Verwaltungsvereinbarung vom 14.12.2001 zwischen Bundesanstalt für Arbeit (heute: Bundesagentur für Arbeit) und dem Verband Deutscher Rentenversicherungsträger (VDR – heute: Deutsche Rentenversicherung Bund) hat zum Ziel, in Bezug auf die Nahtlosigkeitsregelung die Kooperation zwischen den beiden Sozialleistungsträgern zu verbessern, Doppeluntersuchungen zu vermeiden und bei unterschiedlicher Beurteilung des Leistungsvermögens im Erwerbsleben eine einvernehmliche Klärung herbeizuführen.

Nässe Nässe wird als ein physikalischer Umwelteinfluss definiert, der sich messtechnisch erfassen lässt und dessen Auswirkungen auf die Menschen quantitativ bewertet werden können.

Nässe spielt überwiegend bei Tätigkeiten im Freien und bei ► Feuchtarbeit eine Rolle. Unter Arbeit ► im Freien lassen sich u. a. Berufe aus der Bau-, Stein-, Erdindustrie sowie der Land-, Tier- und Forstwirtschaft zusammenfassen.

Der Begriff Nässe ist im Rahmen der sozialmedizinischen Beurteilung des Leistungsvermögens alleine nicht aussagefähig. Die sozialmedizinische Bedeutung muss im Einzelfall geklärt werden.

Partizipation ► Teilhabe

Pausen Pausen werden im Arbeitszeitgesetz (ArbZG) als Ruhepausen definiert. Sie sind Unterbrechungen der Arbeitszeit von bestimmter Dauer, in denen der Arbeitnehmer von jeder Dienstverpflichtung freigestellt ist, sich erholen und grundsätzlich frei über diese Zeit verfügen kann. Ruhepausen sind keine Arbeitszeit und werden daher nicht bezahlt. Nur im Bergbau unter Tage zählen sie zur Arbeitszeit. Nach § 4 ArbZG umfassen Ruhepausen bei einer Arbeitszeit von mehr als 6 Stunden mindestens 30 Minuten und bei einer Arbeitszeit von mehr als 9 Stunden 45 Minuten täglich. Eine Aufteilung in Zeitabschnitte von jeweils mindestens 15 Minuten ist zulässig. Bei einer Tätigkeit bis zu 6 Stunden am Tag steht dem Arbeitnehmer keine Ruhepause zu. Durch Tarifvertrag oder Betriebsvereinbarung können Regelungen, die über das ArbZG hinausgehen getroffen werden, z. B. zusätzliche oder längere (bezahlte) Arbeitsunterbrechungen oder Ruhepausen aus arbeitsvertraglicher Fürsorgepflicht.

Betriebspausen sind Arbeitsunterbrechungen, die aus technischen, organisatorischen oder sonstigen betriebsbedingten Gründen

eintreten. Die Betriebspause entspricht nicht einer Ruhepause, sondern ist der Arbeitszeit zuzurechnen, während derer der Arbeitnehmer weiterhin zur arbeitsvertraglich geschuldeten Arbeitsleistung verpflichtet ist und vom Arbeitgeber eine andere Arbeit zugewiesen bekommen kann.

Verteilzeiten (Begriff der REFA-Methodenlehre) unterscheiden sich ebenfalls von Ruhepausen. Unterschieden wird zwischen sachlichen (z. B. Rüstzeiten für das tägliche Einrichten und Aufräumen des Arbeitsplatzes, Materialbeschaffung, Datensicherung) und persönlichen Verteilzeiten (z. B. Besprechungen/ Rücksprachen in persönlichen Angelegenheiten wie Urlaub, Krankheit, Zeit zur Verrichtung persönlicher Verrichtungen wie Gang zum Waschraum, zur Teeküche). Ermittlung und Umfang von Verteilzeiten können in Tarifverträgen und Betriebsvereinbarungen festgelegt werden. Auf die Inanspruchnahme von persönlichen Verteilzeiten besteht kein Rechtsanspruch. Die Akzeptanz dieser (bezahlten) Kurzpausen, die über die Zeit zur Verrichtung der persönlichen Bedürfnisse deutlich hinausgeht, ist u. a. vom Wirtschaftsbereich und betrieblichen Faktoren abhängig.

Inwieweit die Ruhepausen oder persönliche Verteilzeit ausreichen, um krankheitsbedingt notwendige Verrichtungen, wie z. B. häufigere Toilettengänge oder Zwischenmahlzeiten, vornehmen zu können, muss dem Einzelfall entsprechend beurteilt werden.

Sollte der sozialmedizinische Gutachter Arbeitsunterbrechungen für erforderlich halten, so muss dies begründet werden, gleichzeitig mit nachvollziehbaren Angaben zu Zweck, Häufigkeit und Dauer der für erforderlich gehaltenen Pausen. ► Pausen, betriebsunübliche

Pausen, betriebsunübliche »Betriebsunübliche ► Pausen" ist ein Begriff aus der Rechtsprechung zur Bezeichnung von Unterbrechungen der Arbeitszeit, die das in einem Betrieb übliche Maß überschreiten.

Die Feststellung, ob im Hinblick auf § 43 SGB VI – Renten wegen verminderter Erwerbsfähigkeit – aufgrund der medizinisch für erforderlich gehaltenen Arbeitsunterbrechungen noch eine Erwerbstätigkeit unter den üblichen Bedingungen des allgemeinen Arbeitsmarktes ausgeübt werden kann, ist eine Rechtsfrage, die der Leistungsbereich der Rentenversicherungsträger unter Berücksichtigung der Rechtsprechung des Bundessozialgerichtes (BSG) beantwortet.

Der Sozialmediziner gibt an, zu welchem Zweck, wie häufig, wie lange und aufgrund welcher gesundheitlichen Störungen Arbeitsunterbrechungen erforderlich sind und stellt dieses nachvollziehbar dar. ► Leistungseinschränkungen, Summierung ungewöhnlicher; ► Leistungsbehinderung, schwere spezifische

Peer Review-Verfahren Das Peer Review-Verfahren ist ein Instrument der ► Qualitätssicherung, das z. B. für die Bewertung und Verbesserung der Prozessqualität in der Rehabilitation eingesetzt wird. Hierbei wird die Qualität der individuellen Rehabilitationsprozesse anhand anonymisierter Reha-Entlassungsberichte durch erfahrene und geschulte Rehabilitationskliniker des jeweiligen Fachgebietes (Peers) bewertet. Das Peer Review-Verfahren ist ein Teil der Qualitätssicherung der Rehabilitation in der gesetzlichen Rentenversicherung.

Phase-II-Einrichtung ► Rehabilitation, medizinisch-berufliche (Phase II)

Phasenmodell der neurologischen Rehabilitation Das Phasenmodell der neurologischen Rehabilitation stellt eine Einteilung der Behandlung und Rehabilitation von erwachsenen Patienten mit Erkrankungen des Nervensystems, insbesondere Schlaganfall und Schädelhirnverletzung, in sechs Phasen A bis F dar: Die Intensiv- und akutmedizinischen Behandlungsphasen einschließlich ► Frührehabilitation (Phasen A und B), die Phasen der medizinischen Rehabilitation (Phasen C und D), die Phase nachgehender und beruflicher Rehabilitationsleistungen

(Phase E) sowie die Phase, in der unterstützende, betreuende und/oder zustandserhaltende Maßnahmen durchgeführt werden (Phase F). Die Patienten müssen nicht immer alle Phasen nacheinander durchlaufen. Der Übergang von einer Phase in eine andere ist abhängig von der individuellen Symptomatik, d.h. von bestimmten Patientencharakteristika sowie von Behandlungs-/Rehabilitationszielen, -aufgaben und -leistungen, die für jede Phase definiert sind.

Die Behandlung und Rehabilitation entsprechend des Phasenmodells finden in dafür fachlich, personell und strukturell geeigneten Einrichtungen statt.

Das Phasenmodell bildet die Grundlage für die leistungsrechtliche Zuordnung der Sozialleistungsträger. Sofern in den Phasen C und D aus sozialmedizinischer Sicht eine positive Erwerbsprognose gestellt werden kann, ist ggf. als Kostenträger die gesetzliche Rentenversicherung zuständig.

Prävention In der Medizin bedeutet Prävention, dem Auftreten von Krankheiten zuvorzukommen (Primärprävention), auftretende Krankheiten möglichst frühzeitig zu erkennen und ihr Fortschreiten zu verhindern (Sekundärprävention), die Verschlimmerung bereits aufgetretener Krankheiten zu vermeiden und die Krankheitsfolgen zu kompensieren (Tertiärprävention) sowie Pflegebedürftigkeit zu vermeiden.

Primärprävention kann in unterschiedlichen Handlungs- und Themenfeldern erfolgen wie beispielsweise Bekämpfung des Bewegungsmangels, Ernährungsschulung, Vermeiden gesundheitlich riskanter Verhaltensweisen, Drogenprävention, Arbeitsplatzhygiene und Impfungen.

Wenn es bereits zu Erkrankungen gekommen ist, sind Sekundär- und Tertiärprävention erforderlich, z.B. im Rahmen der Rehabilitation.

Primärprävention ▶ Prävention

Prozessqualität ▶ Qualitätssicherung

Publikumsverkehr Das Arbeitsplatzmerkmal »Publikumsverkehr« ist durch den direkten und häufig wechselnden Kontakt mit persönlicher Begegnung von Beschäftigten mit Personen, die nicht der Arbeitsstätte zuzuordnen sind, geprägt. Bestimmte Erkrankungen und Behinderungen (z.B. Kommunikations- und Interaktionsstörungen infolge von Hör- oder Sprachstörungen oder Persönlichkeitsstörungen, unästhetisch erscheinende Hauterkrankungen oder Narben im Gesichtsbereich, Infektionsgefährdung bei Immunschwäche) können die Einsetzbarkeit eines Arbeitnehmers für den Publikumsverkehr einschränken. Bei der sozialmedizinischen Beurteilung des Leistungsvermögens sind die qualitativen Leistungseinschränkungen im Einzelfall nachvollziehbar zu beschreiben.

Qualitätssicherung Unter Qualitätssicherung werden alle Maßnahmen verstanden, die darauf abzielen, eine nach dem gegenwärtigen Kenntnisstand erreichbare Qualität und eine Optimierung von Leistungen oder Produkten zu erlangen.

Unterschieden wird zwischen Struktur-, Prozess- und Ergebnisqualität.

Strukturqualität bezeichnet die notwendigen Rahmenbedingungen wie räumliche, sächliche und personelle Ausstattung, inklusive Qualifikation, Aus-, Fort- und Weiterbildung der Mitarbeiter, Leistungsangebote und Konzepte, um die geforderten Standards der Prozess- und Ergebnisqualität zu erreichen.

Prozessqualität bezieht sich auf die Planung, die Strukturierung und den Ablauf der Leistungserbringung.

Ergebnisqualität bezieht sich darauf, in welchem Ausmaß die mit der Leistung angestrebten individuellen und generellen Ziele erreicht wurden.

Reaktionsvermögen Reaktionsvermögen ist die Fähigkeit, visuelle, akustische oder andere Wahrnehmungen rasch und in zweckmäßiger Weise zu beantworten, z.B. durch Handbewegungen, Fußbewegungen, Ausweichen des Körpers.

REFA - Klassifizierung Die REFA-Klassifizierung ist eine Klassifizierung u.a. zur körperlichen Arbeitsschwere, Arbeitshaltung, Arbeitsorganisation sowie auch zu Zeit- und Frequenzvorgaben.

Sie ist weitgehend abgestimmt mit häufig verwendeten Auslegungen aus der Arbeitsmedizin und der Arbeitsverwaltung und berücksichtigt in besonderem Maße bei der körperlichen Arbeitsschwere Obergrenzen der Belastbarkeit.

REFA ist die Bezeichnung für den früherer Reichsausschuss für Arbeitsstudien, heute Verband für Arbeitsgestaltung, Betriebsorganisation und Unternehmensentwicklung e.V. ▶ Arbeitsschwere, körperliche; ▶ Arbeit, leichte; ▶ Arbeit, leichte bis mittelschwere; ▶ Arbeit, mittelschwere; ▶ Arbeit, schwere

Rehabilitation Rehabilitation als Aufgabe der Sozialleistungsträger schließt alle Leistungen ein, die darauf gerichtet sind, eine drohende Beeinträchtigung der Teilhabe abzuwenden bzw. eine bereits eingetretene Beeinträchtigung der Teilhabe zu beseitigen, zu vermindern oder deren Verschlimmerung zu verhüten. Ziel ist die selbstbestimmte und möglichst dauerhafte Teilhabe am Leben in der Gesellschaft. Unterschieden werden medizinische, schulische, berufliche und soziale Rehabilitation.

In Deutschland regelt das am 1.7.2001 in Kraft getretene SBG IX die Rehabilitation und Teilhabe behinderter Menschen.

Begrifflich leitet sich Rehabilitation aus dem Lateinischen ab, rehabilitare bedeutet wiederherstellen/wiederbefähigen. ▶ Leistungen zur medizinischen Rehabilitation; ▶ Leistungen zur Teilhabe; ▶ Leistungen zur Teilhabe am Arbeitsleben

Rehabilitation, berufliche Der Begriff »berufliche Rehabilitation« ist im SGB IX durch den Terminus »▶ Leistungen zur Teilhabe am Arbeitsleben« abgelöst worden.

Rehabilitation, medizinisch-berufliche (Phase II) Bei der medizinisch-beruflichen Rehabilitation werden Leistungen zur medizinischen Rehabilitation mit berufsorientierten Leistungen wie ▶ Arbeitserprobung und berufsvorbereitende Maßnahmen kombiniert.

Die Durchführung der medizinisch-beruflichen Rehabilitation erfolgt in sog. Phase-II Einrichtungen, die die Verknüpfung zwischen medizinischer Akutbehandlung und Rehabilitation (Phase I) und beruflicher Eingliederung durch Leistungen zur Teilhabe am Arbeitsleben (Phase III) sicherstellen.

Die medizinisch-berufliche Rehabilitation ist insbesondere für Personen sinnvoll, bei denen z.B. schwere Leistungseinschränkungen, Lernstörungen (einschließlich Lernentwöhnung), Störungen des Sozialverhaltens oder des Arbeitsverhaltens vorliegen. Neben der Abklärung der Wiedereingliederung besteht für die Rehabilitanden ein hoher Bedarf an medizinischer und therapeutischer Unterstützung während des gesamten Leistungszeitraumes. Die Hauptindikationen sind schwere neurologische und psychische Erkrankungen sowie Mehrfachbehinderungen.

Rehabilitation, medizinisch-berufsorientierte Medizinisch-berufsorientierte Rehabilitation bezeichnet die intensivierte Einbeziehung berufsorientierender Anteile/Merkmale während einer Leistung zur medizinischen Rehabilitation.

Das Ziel der medizinisch-berufsorientierten Rehabilitation besteht darin, die spezielle berufliche Problematik des Rehabilitanden zu erfassen, angemessen zu beschreiben und dies als Basis für das weitere Vorgehen zu nutzen. Dabei ist vorrangig, die Erwerbsfähigkeit an einem bestehenden Arbeitsplatz durch ergonomische Arbeitsplatzgestaltung oder Ergotherapie wieder herzustellen bzw. zu erhalten. Wesentlich ist auch, dass Rehabilitanden, die aufgrund ihrer körperlichen, psychosozialen und beruflichen Situation besonders beansprucht sind, während der medizinisch-berufsorientierten Rehabilitation individuell angepasste Angebote der beruflichen Wiedereingliederung erhalten.

Rehabilitationsbedarf / Rehabilitationsbedürftigkeit Der Begriff Rehabilitationsbedarf wird im SGB IX zur Kennzeichnung der allgemeinen Rehabilitationsbedürftigkeit verwandt.

Rehabilitationsbedarf besteht, wenn bei Vorliegen einer gesundheitlich bedingten drohenden oder bereits manifesten Beeinträchtigung der Teilhabe über die kurative Versorgung hinaus der mehrdimensionale und interdisziplinäre Ansatz der Rehabilitation erforderlich ist, um Beeinträchtigungen der Teilhabe zu vermeiden, zu beseitigen, zu bessern, auszugleichen oder eine Verschlimmerung zu verhüten.

Die Feststellung eines Rehabilitationsbedarfs erfolgt im Rahmen der sozialmedizinischen Sachaufklärung trägerunabhängig umfassend unter Berücksichtigung aller sozialmedizinischer Aspekte. Darüber hinaus wird die leistungsrechtliche Zuständigkeit der einzelnen Rehabilitationsträger geprüft und dabei die Rehabilitationsbedürftigkeit im trägerspezifischen Sinne festgestellt.

Rehabilitationsbedürftigkeit z. B. im Sinne der gesetzlichen Rentenversicherung ist dann gegeben, wenn die Erwerbsfähigkeit des Versicherten aus medizinischen Gründen erheblich gefährdet oder gemindert ist (Vorliegen der persönlichen Voraussetzungen, § 10 SGB VI). ► Voraussetzungen, persönliche

Rehabilitationsfähigkeit Der Begriff Rehabilitationsfähigkeit bezieht sich auf die somatische und psychische Verfassung des behinderten oder von Behinderung bedrohten Menschen (z. B. Belastbarkeit, Motivation bzw. Motivierbarkeit) für die Teilnahme an einer geeigneten Leistung zur Teilhabe. ► Aktivitäten des täglichen Lebens

Rehabilitationsprognose Die Rehabilitationsprognose ist eine sozialmedizinisch begründete Wahrscheinlichkeitsaussage für den Erfolg der Leistung zur Teilhabe über die Erreichbarkeit des festgelegten ► Rehabilitationsziels
- auf der Basis der Erkrankung, des bisherigen Verlaufs, des Kompensationspotentials/der Rückbildungsfähigkeit unter Beachtung und Förderung individueller Ressourcen (Rehabilitationspotential einschließlich psychosozialer Faktoren);
- durch eine geeignete Leistung zur Teilhabe;
- in einem notwendigen Zeitraum.

Neben der Feststellung der Rehabilitationsbedürftigkeit und der ► Rehabilitationsfähigkeit ist die im Hinblick auf das Erreichen des Rehabilitationsziels positiv eingeschätzte Rehabilitationsprognose eine Voraussetzung für die Bewilligung und Durchführung einer Leistung zur Rehabilitation. ► Rehabilitationsbedarf/Rehabilitationsbedürftigkeit; ► Reha-Motivation

Rehabilitationssport und Funktionstraining Als ergänzende Leistungen nach § 44 Abs. 1 Nr. 3 und 4 SGB IX in Verbindung mit § 43 SGB V, § 28 SGB VI sind ambulanter Rehabilitationssport und Funktionstraining wesentliche Bestandteile umfassender und ganzheitlich ausgerichteter Rehabilitation und Teilhabeleistungen, die den Anspruch

behinderter, von Behinderung bedrohter oder chronisch kranker Menschen auf eine qualifizierte und wohnortnahe Nachsorge sicherstellen sollen.

Die Träger der gesetzlichen Rentenversicherung übernehmen Rehabilitationssport und Funktionstraining im Anschluss an eine von ihnen ambulant oder stationär erbrachte Leistung zur medizinischen Rehabilitation für in der Regel 6 Monate, wenn bereits während dieser Leistung die Notwendigkeit der Durchführung von Rehabilitationssport und Funktionstraining festgestellt worden ist und damit innerhalb von 3 Monaten nach Beendigung der Rehabilitationsleistung begonnen wird. ► Nachsorgeleistungen

Rehabilitationsziel Übergeordnetes Rehabilitationsziel ist die Förderung der Selbstbestimmung und der gleichberechtigten Teilhabe am Leben in der Gesellschaft für behinderte und von Behinderung bedrohten Menschen (§ 1 SGB IX).

Gesetzlich vorgegebene trägerspezifische Rehabilitationsziele richten sich nach den für den jeweiligen Rehabilitationsträger geltenden Sozialgesetzbüchern. Beispielsweise ist für die gesetzliche Rentenversicherung das Ziel, den Auswirkungen einer Krankheit oder einer körperlichen, geistigen oder seelischen Behinderung auf die Erwerbsfähigkeit der Versicherten entgegen zu wirken oder sie zu überwinden und dadurch Beeinträchtigungen der Erwerbsfähigkeit der Versicherten oder ihr vorzeitiges Ausscheiden aus dem Erwerbsleben zu verhindern oder sie möglichst dauerhaft in das Erwerbsleben wieder einzugliedern (§ 9 SGB VI).

Individuelle Rehabilitationsziele sind konkrete Vereinbarungen zwischen Rehabilitand und Rehabilitationsteam (Therapieziele), die sich auf das erwartete bzw. erreichbare Rehabilitationsergebnis unter Berücksichtigung der Konstellation des Einzelfalls beziehen. ► Leistungen zur Teilhabe

Reha-Motivation Die Reha-Motivation kennzeichnet die Bereitschaft und die Fähigkeit des Rehabilitanden, an einer Leistung zur Teilhabe konstruktiv mitzuwirken. Sie ist ein wichtiger Aspekt im Zusammenhang mit der Beurteilung der ► Rehabilitationsfähigkeit. ► Rehabilitationsprognose und Rehabilitationserfolg werden von der Motivation des Versicherten erheblich beeinflusst.

Rente wegen Erwerbsminderung ► Erwerbsminderungsrente

Rente, arbeitsmarktbedingte Eine arbeitsmarktbedingte Rente ist in der gesetzlichen Rentenversicherung eine Erwerbsminderungsrente, die nur wegen Berücksichtigung des Arbeitsmarktes als Rente wegen voller Erwerbsminderung geleistet wird. Bei einem sozialmedizinisch festgestellten Leistungsvermögen im Erwerbsleben von 3 bis unter 6 Stunden an einem Arbeitstag – bezogen auf eine 5-Tage-Woche – wäre gem. § 43 SGB VI grundsätzlich eine teilweise Erwerbsminderung anzunehmen. Steht in einem solchen Falle einem/einer Versicherten kein Teilzeitarbeitsplatz zur Verfügung oder ist er/sie arbeitslos, hat der Rentenversicherungsträger nach der Rechtsprechung des Bundessozialgerichts (BSG) die Beschäftigungsmöglichkeiten auf dem Teilzeitarbeitsmarkt zu prüfen. Ist Versicherten der Teilzeitarbeitsmarkt verschlossen (► Arbeitsmarkt, verschlossener), kann ein Anspruch auf Rente wegen voller Erwerbsminderung bestehen. Renten, die wegen verschlossenen Teilzeitarbeitsmarkts geleistet werden, sind stets zu befristen (vgl. § 102 Abs. 2 SGB VI).

Richtlinien Richtlinien sind von rechtlich legitimierten Institutionen veröffentlichte Handlungsvorschriften mit bindendem Charakter, die dem Einzelnen nur einen geringen oder keinen Handlungsspielraum einräumen, z. B. die Rehabilitationsrichtlinien des Gemeinsamen Bundesausschusses über Leistungen zur medizinischen Rehabilitation für die gesetzliche Krankenversicherung.

Die Nichtbeachtung von Richtlinien kann Sanktionen nach sich ziehen. ▶ Leitlinien

RPK Die RPK (**R**ehabilitationseinrichtung für **p**sychisch **k**ranke und behinderte Menschen) bietet schwer psychisch beeinträchtigten Menschen ein umfassendes Rehabilitationsangebot. In möglichst wohnortnahe Einrichtungen mit einem spezifischen therapeutischen Milieu werden Leistungen zur medizinischen Rehabilitation und Leistungen zur Teilhabe am Arbeitsleben im Rahmen einer integrierten Komplexleistung durch ein multiprofessionelles Rehabilitationsteam unter ärztlicher Leitung ambulant und stationär vorgehalten.

Ruhepause ▶ Pausen

Ruhezeit Ruhezeit ist die Zeit, die ununterbrochen nach Beendigung der Arbeit zu gewähren ist und nach § 5 Abs. 1 Arbeitszeitgesetz (ArbZG) mindestens 11 Stunden betragen muss, bevor eine neue erneute Arbeitsaufnahme erfolgt. Das Gesetz sieht Sonderregelungen zur Verkürzung und Unterbrechung der Ruhezeit in einzelnen Branchen wie Gesundheitswesen, Gaststätten, Verkehrsbetriebe, Rundfunk, Landwirtschaft, Tierhaltung vor.

Sachverständiger Der Sachverständige stellt spezielle Fachkenntnisse zur Verfügung, über die sein Auftraggeber nicht verfügt, die dieser aber zu seiner Entscheidungsfindung benötigt.

Er vermittelt seinem Auftraggeber – einem Gericht, einer Verwaltung, einer Versicherung, einem Gremium etc. – grundlegendes Fachwissen, stellt aufgrund seiner Sachkenntnis Fakten fest und/oder nimmt eine zusammenfassende Bewertung von bestimmten Fakten vor. Nicht der Sachverständige entscheidet (z. B. im Rentenverfahren), sondern der Auftraggeber mit seiner Hilfe. Der Sachverständige ist zu Neutralität, auch gegenüber seinem Auftraggeber, verpflichtet. Es wird von ihm erwartet, dass seine Kenntnisse dem jeweils aktuellen Stand der Wissenschaft in seinem Fachgebiet entsprechen. Stets hat sich der Sachverständige hinsichtlich der Beantwortung der an ihn gerichteten Fragen die erforderliche (Überzeugungs-)Sicherheit zu verschaffen. Ist – z. B. auf der Grundlage der verwertbaren Daten und Fakten – eine eindeutige Beantwortung der Beweisfragen nicht möglich, so muss der Sachverständige dies zum Ausdruck bringen und begründen.

Wird ein Sachverständiger durch Beweisanordnung eines Gerichts namentlich bestellt, so ist er verpflichtet, das Gutachten persönlich zu erstatten. Üblicherweise beschreibt die Beweisanordnung das Beweisthema und enthält die Fragen, zu denen der Sachverständige Stellung nehmen soll. Im gerichtlichen Verfahren hat er nicht das Gesamtergebnis der Beweisaufnahme vor Gericht zu würdigen, sondern sich auf die Bewertung der Umstände zu beschränken, auf die sich sein Fachwissen bezieht.

Bei der Feststellung der medizinischen Grundlagen für eine Entscheidung ist der ärztliche Sachverständige ein unentbehrlicher Helfer und Berater, z. B. der Verwaltung oder des Gerichts. Aufgabe des ärztlichen Sachverständigen kann z. B. sein, über den Gesundheitszustand, über Art, Ausmaß und Schweregrad von Krankheiten, Bestehen oder Nichtbestehen bestimmter Gesundheitsschäden oder Behinderungen und über ihre funktionellen Auswirkungen u. a. auf die Arbeits- und Erwerbsfähigkeit eine Aussage und Bewertung abzugeben.

In der gesetzlichen Rentenversicherung wird der sozialmedizinische Sachverständige vor allem bei der Prüfung und Feststellung der Erforderlichkeit von Teilhabeleistungen und im Rentenverfahren wegen Erwerbsminderung bei der Prüfung und Feststellung der medizinischen (persönlichen) Voraussetzungen tätig.

Nicht Sachverständiger, sondern Zeuge ist der ▶ sachverständige Zeuge.

Sachverständiger Zeuge Ein sachverständiger Zeuge bekundet Tatsachen oder Zustände, zu deren Wahrnehmung eine besondere Sachkunde erforderlich ist. Dabei ist er Zeuge und nicht Sachverständiger. Typische Beispiele für einen sachverständigen Zeugen sind der zu einem Unfall hinzugerufene Arzt, der infolge seines medizinischen Sachstandes bei seiner Zeugenaussage eine wertende Schilderung geben kann oder der Hausarzt, der über die Behandlung seines Patienten berichtet und aufgrund seiner Sachkunde dabei Diagnosen gewichtet und Funktionseinschränkungen einschätzen kann. ▶ Körperfunktionen; ▶ Sachverständiger

Schädigung Eine Schädigung im Sinne der ▶ ICF ist eine Beeinträchtigung einer ▶ Körperfunktion oder ▶ Körperstruktur.

Schichtarbeit Schichtarbeit umfasst alle Formen der Arbeitsorganisation, bei denen Arbeit entweder zu wechselnden Zeiten oder zu konstanter, aber ungewöhnlicher Zeit verrichtet wird. In der Arbeitswelt wird daher zwischen Wechselschichtsystemen und permanenten Schichtsystemen unterschieden. Bei einem Wechselschichtsystem wechseln sich die Arbeitnehmer einer Schicht meist regelmäßig in der Schichtenfolge ab (z. B. eine Woche Früh-, eine Woche Spät- und eine Woche ▶ Nachtschicht.) Bei permanenten Schichtsystemen wird der Arbeitsplatz zwar nacheinander von mehreren Arbeitnehmern besetzt, aber es findet kein Wechsel in der Schichtfolge statt (z. B. Dauer-Nachtschicht).

Für den Begriff der Schichtarbeit ist wesentlich, dass eine bestimmte Arbeitsaufgabe über einen erheblich längeren Zeitraum als die wirkliche Arbeitszeit eines Arbeitnehmers hinaus anfällt und daher von mehreren (mindestens zwei) Arbeitnehmern oder Arbeitnehmergruppen in einer geregelten zeitlichen Reihenfolge erbracht wird. Einzelne Schichten müssen sich dabei nicht unmittelbar aneinander anschließen, sie können sich auch überschneiden.

Soweit Schichtsysteme unter Einbeziehung von Nachtschichten bestehen, ist aus sozialmedizinischer Sicht ggf. die Beeinflussung der Circadianrhythmik (des tageszeitlichen Rhythmuses) im Sinne der Verschlechterung bestehender Erkrankungen wie z. B. Diabetes mellitus, Bluthochdruck und psychische Störungen oder des Auftretens neuer Gesundheitsstörungen (z. B. Schlafstörungen) zu berücksichtigen. ▶ Arbeitszeit; ▶ Früh-/Spätschicht

Schweigepflicht, ärztliche Die ärztliche Schweigepflicht ist für den Arzt als Berufspflicht in der ärztlichen Berufsordnung festgelegt. Sie umfasst alles, was der Patient dem Arzt über seinen Gesundheitszustand aber auch sonstiges Privates anvertraut hat. Die Weitergabe von Tatsachen, die dem Arzt in seiner beruflichen Eigenschaft mitgeteilt werden, darf nur im Ausnahmefall erfolgen.

Ein Recht zur Offenbarung von Geheimnissen, die dem Arzt anvertraut oder bekannt geworden sind, kann sich ergeben aus
– Gesetz;
– Entbindung von der Schweigepflicht;
– übergesetzlichem Notstand.

Die Schweigepflicht besteht auch gegenüber anderen Ärzten.

Die Verletzung der Schweigepflicht wird durch die Vorschriften der §§ 203 ff. StGB unter Strafe gestellt. In gerichtlichen Verfahren steht dem Arzt aufgrund der Schweigepflicht u. a. ein Zeugnisverweigerungsrecht zu.

Beim ärztlichen Sachverständigen wird die Schweigepflicht durch den Gutachtenauftrag modifiziert. Der Sachverständige ist nur berechtigt, seinem Auftraggeber das zu berichten, was zur Erfüllung des

Gutachtenauftrages gehört. Alles Übrige, das der/die Versicherte ihm anvertraut, unterliegt der Schweigepflicht auch gegenüber dem Auftraggeber. Im Falle einer Begutachtung liegt von Seiten der zu begutachtenden Person eine stillschweigende (konkludente) Entbindung von der Schweigepflicht für den Begutachtungsauftrag vor, die sich darin äußert, dass sie sich der Begutachtung unterzieht und ihren Mitwirkungspflichten nachkommt.

Nur soweit eine Person während der Begutachtung ausdrücklich bittet – bzw. verlangt, dass bestimmte Tatsachen nicht im Gutachten erwähnt werden sollen (z.B. Angaben über venerische Erkrankungen, frühere Unfälle, Vorstrafen) – wird eine Entbindung von der Schweigepflicht in dieser Hinsicht wieder zurückgenommen. Eine solche Rücknahme ist verpflichtend. Der Gutachter muss dann entscheiden, ob und wieweit die Erstattung des Gutachtens auch ohne Berücksichtigung dieser Tatsachen möglich ist. Er sollte den Probanden in einem solchen Falle auch darauf hinweisen, dass das Weglassen dieser Tatsachen ggf. Auswirkungen auf die Entscheidung über den Leistungsantrag haben kann, und er sollte einen solchen Hinweis auch dokumentieren. ▶ Auskunftspflicht des Arztes

Schwerbehinderung Menschen sind im Sinne des Sozialgesetzbuches (SGB IX Teil 2, Schwerbehindertenrecht, ehemaliges Schwerbehindertengesetz) schwerbehindert, wenn bei Ihnen ein Grad der Behinderung (▶ GdB) von wenigstens 50 vorliegt und sie ihren Wohnsitz, ihren gewöhnlichen Aufenthalt oder ihre Beschäftigung auf einem Arbeitsplatz rechtmäßig im Geltungsbereich des Sozialgesetzbuches haben (§2 (2) SGB IX).

Schwerbehinderten Menschen gleichgestellt werden sollen behinderte Menschen mit einem Grad der Behinderung (GdB) von weniger als 50, aber wenigstens 30, wenn sie infolge ihrer Behinderung ohne die Gleichstellung einen geeigneten Arbeitsplatz nicht erlangen oder nicht behalten können (§2 (3) SGB IX).

Ausweis für schwerbehinderte Menschen

Aufgrund der Feststellung einer Behinderung wird auf Antrag des behinderten Menschen durch die für die Durchführung des Bundesversorgungsgesetzes zuständigen Behörden ein Ausweis über die Eigenschaft als schwerbehinderter Mensch, des Grades der Behinderung sowie ggf. über weitere gesundheitliche Merkmale (z.B. außergewöhnliche Gehbehinderung) ausgestellt. Der Ausweis ist Voraussetzung für die Inanspruchnahme von Leistungen und sonstigen Hilfen, die dem schwerbehinderten Menschen nach Teil 2 des Sozialgesetzbuches IX (SGB IX) zustehen.

Schwingungen, mechanische Mechanische Schwingungen sind Bewegungen einer Masse um eine Ruhelage und sind durch Frequenz, Amplitude und Periodizität gekennzeichnet.

Mechanische Schwingungen können belästigend, leistungsmindernd oder gesundheitsschädlich sein. Die Belastung eines Menschen wird maßgeblich durch Teil- oder Ganzkörperschwingungen bedingt und kann die verschiedenen Organsysteme in unterschiedlicher Weise betreffen. Bei Überschreitung von Grenzwerten sind arbeitsmedizinische Vorsorgeuntersuchungen vorgesehen (Lärm- und Vibrations-Arbeitsschutzverordnung – LärmVibrationsArbSchV, Fassung vom 18.12.2008). ▶ Vibrationen

Sekundärprävention ▶ Prävention

SGB Das SGB (Sozialgesetzbuch) ist die Kodifikation (gesetzgeberische Zusammenfassung) des Sozialrechts der Bundesrepublik Deutschland.

Es umfasst 12 Bücher: SGB I Allgemeiner Teil, SGB II Grundsicherung für Arbeitsuchende, SGB III Arbeitsförderung, SGB IV Gemeinsame Vorschriften für die Sozialversicherung, SGB V Gesetzliche Krankenversi-

cherung, SGB VI Gesetzliche Rentenversicherung, SGB VII Gesetzliche Unfallversicherung, SGB VIII Kinder- und Jugendhilfe, SGB IX Rehabilitation und Teilhabe behinderter Menschen, SGB X Sozialverwaltungsverfahren und Sozialdatenschutz, SGB XI Soziale Pflegeversicherung, SGB XII Sozialhilfe.

Sozialdatenschutz Für den Schutz der Sozialdaten enthält das SGB X (vgl. §§67 ff.) besondere Regelungen, die personenbezogene Daten der Versicherten vor Missbrauch schützen sollen. Dabei gelten bereits Einschränkungen für die Erhebung von Daten (Erforderlichkeitsprinzip), nicht erst für Speicherung, Nutzung und die eventuelle Übermittlung.

Erhebung und Speicherung von Daten erfolgt z.B. auch bei Anamneseerhebung und Einbeziehung in ein Gutachten.

Die Daten der Versicherten unterliegen der Geheimhaltung. Durch §§67 ff. SGB X ist geregelt, in welchen Ausnahmefällen bestimmte Daten an berechtigte Dritte übermittelt, unter welchen Voraussetzungen Daten bei anderen Sozialleistungsträgern oder z.B. beim Arbeitgeber erhoben/erfragt und wie sie genutzt werden dürfen.

Sozialgerichtliches Verfahren Sozialgerichte sind in erster Linie für Streitigkeiten auf dem Gebiet des Sozialrechts zuständig. Hier sind es vor allem Rechtsstreitigkeiten zwischen dem Versicherten und seinem Sozialversicherungsträger (z.B. Träger der Rentenversicherung, der Krankenversicherung, der Pflegeversicherung). Eine Klage ist grundsätzlich erst dann zulässig, wenn zuvor ein Widerspruchsverfahren (Vorverfahren) beim zuständigen Sozialleistungsträger durchgeführt wurde. Das Verfahren vor den Sozialgerichten ist für den klagenden Bürger kostenfrei. In der Sozialgerichtsbarkeit gibt es drei Instanzen: Sozialgericht und Landessozialgericht als sog. Tatsacheninstanzen und das Bundessozialgericht als Rechtsinstanz.

Ebenso wie das Verwaltungsverfahren bei den Sozialleistungsträgern unterliegt das sozialgerichtliche Verfahren dem ▶ Untersuchungsgrundsatz (§103 Sozialgerichtsgesetz –SGG-). Das bedeutet u.a., dass allein das Gericht darüber entscheidet, welche Sachverständigen zu hören sind. Das Gericht hat auch darauf hinzuwirken, dass von den Beteiligten sinnvolle Anträge gestellt werden. Dies erleichtert die Prozessführung vor allem für Kläger, die nicht durch einen Anwalt vertreten sind. Möchte der Kläger von einem bestimmten Arzt gutachterlich untersucht werden, kann er dies beim Gericht beantragen (§109 SGG). In diesem Falle ist regelmäßig zuvor ein Kostenvorschuss vom Versicherten zu leisten. Je nachdem, ob das Gutachten für das weitere Verfahren Bedeutung gewonnen und die Aufklärung objektiv gefördert hat, kann das Gericht – in pflichtgemäßem Ermessen – aber entscheiden, dass die Kosten für das Gutachten von der Staatskasse übernommen werden.

Das Gericht entscheidet in freier Beweiswürdigung.

Das Verfahren kann durch Urteil (nach mündlicher Verhandlung) oder Gerichtsbescheid (wenn keine mündliche Verhandlung erforderlich ist) beendet werden, aber z.B. auch durch Anerkenntnis der Verwaltung, durch Klagerücknahme oder durch Vergleich, d.h. einvernehmliche Regelung zwischen den Beteiligten.

Sozialmedizinischer Dienst »Sozialmedizinischer Dienst« ist die Bezeichnung für die ärztlichen Dienste bei den Rentenversicherungsträgern.

Die Ärzte werden als ▶ Sachverständige im Verwaltungs- und Klageverfahren hinzugezogen und müssen über die dafür notwendige sozialmedizinische Qualifikation verfügen.

Im Sozialmedizinischen Dienst wird z.B. auf Anforderung durch die Verwaltung/Leistungsabteilung im Antrags- und Leistungsfeststellungsverfahren die notwendige medizinische Sachaufklärung durchgeführt und mit der sozialmedizinischen Bewertung die Grundlage für die Verwaltungsentscheidung geschaffen.

Standard Allgemein ist Standard ein breit akzeptiertes und angewandtes, formalisiertes oder nicht-formalisiertes Regelwerk, beispielsweise eine Norm.

In der Medizin entspricht Standard dem jeweiligen Stand der wissenschaftlichen Erkenntnis und ärztlichen Erfahrung, der sich bewährt hat und anerkannt ist. ▶ Leitlinien; ▶ Richtlinien

Ständig Der Begriff »ständig« findet im Rahmen der sozialmedizinischen Beurteilung des Leistungsvermögens im Erwerbsleben Anwendung bei der Einschätzung des zumutbaren zeitlichen Umfanges einer Körperhaltung (Gehen, Stehen, Sitzen).

Er umfasst einen Zeitumfang von mehr als 90 % der Arbeitszeit. ▶ Überwiegend; ▶ Zeitweise

Stress, arbeitsbedingter Arbeitsbedingter Stress ist eine emotionale, kognitive, verhaltensmäßige und physiologische Reaktion auf widrige und schädliche Aspekte des Arbeitsinhalts, der Arbeitsorganisation und der Arbeitsumgebung (Europäische Agentur für Sicherheit und Gesundheitsschutz am Arbeitsplatz, 2002). Stress ist ein Zustand, der durch hohe Aktivierungs- und Belastungsniveaus gekennzeichnet ist und oft mit dem Gefühl verbunden ist, man könne die Situation nicht bewältigen.

Aussagen in der sozialmedizinischen Beurteilung des Leistungsvermögens wie z. B. »Tätigkeiten mit erhöhtem Stress sind zu vermeiden« sind nicht hilfreich und daher zu unterlassen. Der Gutachter sollte die einzelnen Einflussfaktoren, die vermieden werden sollen, benennen (z. B. erhöhter Zeitdruck, Publikumsverkehr, komplexe oder ungewohnte Arbeitsvorgänge).

Strukturerhebung Die Strukturerhebung ist ein Verfahren zur Erfassung der räumlichen, sächlichen und personellen Ausstattung der Rehabilitationseinrichtungen und des indikationsbezogenen Leistungsspektrums einschließlich spezieller Therapieangebote für besondere Rehabilitandengruppen. Die Strukturerhebung ist ein Teil der ▶ Qualitätssicherung der Rehabilitation in der gesetzlichen Rentenversicherung.

Strukturqualität ▶ Qualitätssicherung

Stufenweise Wiedereingliederung Stufenweise Wiedereingliederung hat zum Ziel, arbeitsunfähige Versicherte, die ihre bisherige Tätigkeit nur teilweise verrichten können, »stufenweise« an die volle Arbeitsbelastung heranzuführen (§ 28 SGB IX). Die Wiedereingliederung erfolgt in Absprache zwischen Arbeitnehmer, Arbeitgeber, behandelndem Arzt, Arzt der Rehabilitationseinrichtung, dem Betriebsarzt und dem Leistungsträger.

Die Anregung der Maßnahme kann über jeden der oben genannten Teilnehmer erfolgen. Der Wiedereingliederungsplan, d. h. die Festsetzung der Belastungsstufen, der Zeitablauf sowie der Ausschluss bestimmter Tätigkeiten wird vom behandelnden Arzt nach den individuellen gesundheitlichen Bedürfnissen des Arbeitnehmers und den Gegebenheiten des Arbeitsplatzes erstellt und während der Maßnahme bedarfsgerecht angepasst. Üblicherweise erfolgt der Einstieg mit 50 % der vollen Belastung, die Maßnahme erfolgt meistens über einen Zeitraum von 6 Wochen bis zu 6 Monaten.

Während der stufenweisen Wiedereingliederung besteht weiter Arbeitsunfähigkeit. Leistungsträger ist überwiegend die Krankenkasse. Die Träger der gesetzlichen Rentenversicherung können Leistungen zur stufenweisen Wiedereingliederung von Versicherten in unmittelbarem Anschluss an eine von ihnen erbrachte Leistung zur medizinischen Rehabilitation erbringen. Dabei wird die Notwendigkeit zur stufenweisen Wiedereingliederung in der Rehabilitationseinrichtung festgestellt und das Verfahren dort eingeleitet. Zur wirtschaftlichen Absicherung des Versicherten wird ▶ Übergangsgeld gezahlt (§ 51 Abs. 5 SGB IX).

Tagesschicht Tagesschicht ist im System der ▶ Schichtarbeit die Arbeitsschicht, die in Regel zwischen 6 und 18 Uhr liegt. Arbeitsschichten innerhalb eines Zeitrahmens von 6 bis 18 Uhr werden üblicherweise als Normalschicht bezeichnet. ▶ Arbeitszeit

Tätigkeit, letzte berufliche »Letzte berufliche Tätigkeit« ist die berufliche Tätigkeit, die vor Eintritt der Erwerbsminderung zuletzt verrichtet worden ist oder zur Zeit tatsächlich noch ausgeübt wird.

Das ärztliche Gutachten für die gesetzliche Rentenversicherung und der einheitliche Entlassungsbericht in der medizinischen Rehabilitation der gesetzlichen Rentenversicherung enthalten im Rahmen der sozialmedizinischen Beurteilung des Leistungsvermögens im Erwerbsleben eine Angabe des zeitlichen Umfangs, in dem die letzte berufliche Tätigkeit ausgeübt werden kann. Dabei sollen eine tätigkeitsbezogene Berufsbezeichnung und Hinweise auf die Arbeitsbedingungen angegeben werden.

Es wird immer die zuletzt ausgeübte Tätigkeit mit Ausnahme von Arbeitsbeschaffungsmaßnahmen angegeben, auch dann, wenn zur Zeit keine Erwerbstätigkeit ausgeübt wird. Dies betrifft Arbeitslose, Sozialhilfeempfänger, Hausfrauen, Versicherte, die eine Rentenleistung wegen Erwerbsminderung erhalten, oder Versicherte, deren zuletzt ausgeübte Tätigkeit mit dem erlernten Beruf nicht übereinstimmt.

Teilhabe Teilhabe (syn. Partizipation) im Sinne der ICF ist das Einbezogensein in eine Lebenssituation.

Das Sozialgesetzbuch (SGB IX) enthält Regelungen zur Rehabilitation und Teilhabe behinderter und von Behinderung bedrohter Menschen u. a. mit dem Ziel, die gleichberechtigte Teilhabe am Leben in der Gesellschaft zu fördern. Hierzu werden Leistungen zur Teilhabe erbracht. ▶ Teilhabe, Beeinträchtigung der; ▶ Leistungen zur Teilhabe

Teilhabe, Beeinträchtigung der Unter Beeinträchtigung der ▶ Teilhabe (im Sinne der ▶ ICF) sind Schwierigkeiten zu verstehen, die ein Mensch beim Einbezogensein in eine Lebenssituation oder einen Lebensbereich hat, z. B. im Erwerbsleben.

Teilzeitarbeitsmarkt, verschlossener ▶ Arbeitsmarkt, verschlossener

Telearbeit Telearbeit ist eine Form der Arbeitsorganisation, bei der Tätigkeiten mit moderner Informations- und Kommunikationstechnik ausschließlich oder zeitweise an einem außerhalb der zentralen Betriebsstätte liegendem Arbeitsplatz (in der Regel in der eigenen Wohnung) verrichtet werden.

Dieser externe Arbeitsplatz ist mit der zentralen Betriebsstätte durch Internet- und/oder Intranet-basierte elektronische Kommunikationsmittel verbunden und kann sich theoretisch überall auf der Welt befinden.

Oftmals handelt es sich dabei um spezielle Arbeitsplätze, die im Zuge der Auslagerung solcher Tätigkeitsbereiche nur betriebsinternen Mitarbeitern zugänglich sind.

Tertiärprävention ▶ Prävention

Überforderung ▶ Stress, arbeitsbedingter

Übergangsgeld Übergangsgeld zählt zu den unterhaltssichernden und ergänzenden Leistungen zur Teilhabe. Es soll die wirtschaftliche Versorgung des Versicherten und seiner Familie sicherstellen. Im Normalfall besteht bei Leistungen zur medizinischen Rehabilitation wie bei Krankheit gegen den Arbeitgeber ein Anspruch auf Entgeltfortzahlung für sechs Wochen. Wenn dieser Anspruch durch Vorerkrankungen aber bereits erschöpft ist, zahlt der Rentenversicherungsträger während der Leistungen zur Teilhabe Übergangsgeld, wenn die übrigen Voraussetzungen erfüllt sind. Es wird auch während der Leistungen zur Teilhabe am Arbeitsleben (z. B. Weiterbildungs- bzw. Qualifizierungsmaßnahmen) gezahlt. Das Übergangsgeld wird – wie die gesetzlichen Renten – an die wirtschaftliche Entwicklung angepasst (= dynamisiert). Während des Bezugs von Übergangsgeld besteht Sozialversicherungspflicht, wobei die Beiträge vom Leistungsträger getragen werden. ▶ Leistungen zur Teilhabe am Arbeitsleben

Überkopfarbeit Überkopfarbeit ist eine Tätigkeit, bei der die Arme über Kopfhöhe angehoben werden müssen und in dieser Position mit einer oder beiden Händen Arbeiten verrichtet werden. Ein Überstrecken im Halswirbelsäulenbereich ist zur optischen Überwachung der ausgeübten Tätigkeit erforderlich (Belastung der HWS). Diesbezügliche Einschränkungen sind bei der sozialmedizinischen Beurteilung der Leistungsfähigkeit im Erwerbsleben zu beschreiben.

Überwiegend Der Begriff »überwiegend« findet im Rahmen der sozialmedizinischen Beurteilung des Leistungsvermögens im Erwerbsleben Anwendung bei der Einschätzung des zumutbaren zeitlichen Umfanges einer Körperhaltung (Gehen, Stehen, Sitzen).

Er umfasst einen Zeitumfang von 51 % bis 90 % der Arbeitszeit und deckt sich mit dem des anderweitig benutzten Begriffs » ▶ häufig«. ▶ Ständig; ▶ Zeitweise

Übliche Bedingungen des allgemeinen Arbeitsmarktes »Übliche Bedingungen des allgemeinen Arbeitsmarktes« ist ein im Jahr 2001 ins SGB VI aufgenommener Begriff. Die »Üblichen Bedingungen des allgemeinen Arbeitsmarktes« umfassen alle Elemente einer Erwerbstätigkeit. Dazu zählen sowohl die auf das Beschäftigungsverhältnis einwirkenden Rechtsnormen als auch kollektiv- oder individualvertragliche Vereinbarungen, insbesondere Dauer, Lage und Verteilung der Arbeitszeit. Üblicherweise ist dabei eine gewisse Regelmäßigkeit der Arbeitsleistung, normalerweise eine Arbeitsleistung an jedem Tag der Arbeitswoche, erforderlich. Als »üblich« gelten Bedingungen dann, wenn sie nicht selten oder nicht nur gelegentlich vorzufinden sind.

Ob im Rahmen der Prüfung eines Rentenanspruchs wegen Erwerbsminderung ein Einsatz unter den üblichen Bedingungen des allgemeinen Arbeitsmarktes denkbar ist, muss auf der Grundlage der jeweiligen sozialmedizinischen Einschätzung des Leistungsvermögens beantwortet werden. ▶ Arbeitsmarkt, allgemeiner

Umdeutung des Antrags auf Leistungen zur Teilhabe Die Umdeutung eines Antrages auf Leistungen zur Teilhabe in einen Antrag auf Rente wegen Erwerbsminderung ist vor, während und nach einer Leistung zur Teilhabe möglich. Wenn sich bereits bei der Prüfung des Antrags ergibt, dass wegen Art und Schwere der Erkrankung eine Leistung zur Teilhabe nicht erfolgreich sein kann, so gilt der ursprüngliche Antrag auf Leistungen zur Teilhabe als Antrag auf Rente – er wird »umgedeutet« (vgl.: § 116, Abs. 2, Ziff. 1 SGB VI). Stellt sich während oder nach einer Leistung zur Teilhabe aufgrund einer aktuellen sozialmedizinischen Bewertung heraus, dass doch eine rentenrelevante Erwerbsminderung verblieben ist, ist ebenfalls umzudeuten (vgl.: § 116, Abs. 2, Ziff. 2 SGB VI).

Die Versicherten können dieser Umdeutung widersprechen. Die Möglichkeit der freien Entscheidung besteht für sie aber dann nicht, wenn sie z. B. nach § 51 SGB V durch ihre Krankenkasse oder nach § 125 SGB III von der Agentur für Arbeit zum Antrag auf Leistungen zur Teilhabe aufgefordert worden sind (sog. Einschränkung des Dispositionsrechtes).

Umstellungs- und Anpassungsvermögen Umstellungs- und Anpassungsvermögen bezeichnet die Fähigkeit zum situationsgerechten Denken und Handeln bei unterschiedlichen körperlichen, psychischen und sozialen Anforderungen. Im Arbeitsprozess steigt der Grad der Anforderung an diese Fähigkeit mit wachsender Variabilität der zu erledigenden Arbeitsaufgaben.

Im Rahmen der beruflichen Neuorientierung wird diese Fähigkeit bei der Einarbeitung in bisher unbekannte Tätigkeitsbereiche abverlangt.

Umwelteinflüsse Umwelteinflüsse wie Wärme, Kälte, Lärm, Helligkeit etc. können in der Bedeutung für die Einzelperson nur in bestimmten Grenzen definiert werden. Bei der Wahrnehmung der Umwelteinflüsse handelt es sich um Empfindungen, die individuell in einem breiten Rahmen variieren können. Die Bedeutung dieser Einflussfaktoren für den zu Begutachtenden sollte, wenn sie Auswirkungen auf die Leistungsfähigkeit haben oder wenn diese zu erwarten sind, vom sozialmedizinischen Gutachter entsprechend dargestellt und bewertet werden. ▶ Im Freien; ▶ Nässe

Umweltfaktoren ▶ Kontextfaktoren

Unfall- und Verletzungsgefahr Unfall- und Verletzungsgefahr können bei bestimmten Tätigkeiten (z. B. mit Starkstrom, im Straßenverkehr, mit Absturzgefahr auf Leitern und Gerüsten) in besonderem Maße bestehen. Das Vermögen zur Verrichtung dieser Tätigkeiten kann bei einzelnen Erkrankungen (z. B. bei Epilepsie) und Behandlungen (z. B. mit Marcumar®) eingeschränkt sein. Dieses ist bei der sozialmedizinischen Beurteilung der Leistungsfähigkeit im Erwerbsleben besonders darzustellen und zu bewerten. ▶ Eigen- und Fremdgefährdung

Untersuchungsgrundsatz Der Untersuchungsgrundsatz – auch Amtsermittlungspflicht genannt – gilt für den gesamten Bereich der Sozialversicherung.

Auf einen geltend gemachten Anspruch (Antrag) hin, ist eine Behörde verpflichtet, den Sachverhalt (Leistungsvoraussetzungen) von Amts wegen aufzuklären. Nach § 20 SGB X bestimmt der Sozialleistungsträger Art und Umfang der Ermittlungen. Er ist an das Vorbringen und an die Beweisanträge der Beteiligten nicht gebunden. Für die streitigen Verfahren vor den Sozialgerichten gilt gem. § 103 SGG derselbe Grundsatz.

Der Untersuchungsgrundsatz steht im Zusammenhang mit den gesetzlichen Zielen, wonach der Sozialleistungsträger u. a. darauf hinzuwirken hat, dass jeder Berechtigte die ihm zustehenden Leistungen zügig erhält (§ 17 Abs. 1 Satz 1 Nr. 1 SGB I) und das Verwaltungsverfahren einfach, zweckmäßig und zügig durchgeführt wird (§ 9 SGB X).

Der medizinische Sachverständige klärt den medizinischen Sachverhalt auf. Er hat sich zur Beantwortung der Beweisfragen, die ihm gestellt sind, die erforderliche (Überzeugungs-)Sicherheit zu verschaffen. Bei Untersuchungen, bzw. Begutachtungen sind – vorausschauend – die Grundsätze der Erforderlichkeit und Verhältnismäßigkeit zu beachten. Grundsätzlich ist die für den Untersuchten die geringst mögliche Belastung / der geringst mögliche Eingriff in seine körperliche und seelische Sphäre zu wählen. Dabei sind auch die Grenzen der ▶ Mitwirkung, zu der ein Versicherter verpflichtet ist, zu beachten.

Das Recht der Verwaltung, Ermittlungen in eigener Zuständigkeit durchzuführen, endet in dem Augenblick, in dem Klage beim Sozialgericht erhoben ist. Von diesem Zeitpunkt an ist nur noch das Gericht für die Sachaufklärung zuständig. Anregungen hierzu können allerdings sowohl von Versicherten als auch von der Verwaltung weiterhin erfolgen.

Unwahrscheinlich Der Begriff »unwahrscheinlich« ist von besonderer Bedeutung im SGB VI:

Renten wegen verminderter Erwerbsfähigkeit werden grundsätzlich befristet, also auf Zeit geleistet. Sie werden nur dann unbefristet geleistet, »wenn unwahrscheinlich ist, dass die Minderung der Erwerbsfähigkeit behoben werden kann« (§ 102 SGB VI).

Hiervon ist dann auszugehen, wenn aus ärztlicher Sicht bei Betrachtung des bisherigen Verlaufes nach medizinischen Erkenntnissen auch unter Berücksichtigung noch vorhandener therapeutischer Möglichkeiten eine Besserung nicht anzunehmen ist, durch die sich eine rentenrelevante Steigerung der qualitativen und/oder quantitativen Leistungsfähigkeit im Erwerbsleben ergeben würde.

Die prognostische Einschätzung der Besserung bewertet die Erfolgsaussicht aller theoretisch vorhandenen Behandlungsmöglichkeiten unberücksichtigt deren Realisierung.

Verantwortung Der Begriff Verantwortung bezeichnet in Bezug auf die Arbeitswelt die Anforderung, die übertragenen Arbeitsaufgaben den Vorschriften, der Sache und den beteiligten oder betroffenen Personen entsprechend sorgfältig, eigenständig und zuverlässig ausführen zu können und die Konsequenzen des eigenen Handels überschauen und tragen zu können.

Aufgrund körperlicher und psychischer Erkrankungen können sich Einschränkungen bei der Übernahme von Verantwortung ergeben. Bei der sozialmedizinischen Beurteilung des Leistungsvermögens im Erwerbsleben sollte dabei möglichst das betroffene Verantwortungsgebiet benannt und Einschränkungen begründet dargelegt werden (z. B. Ausschluss der Übernahme von Verantwortung für Personen und/oder Maschinen).

Versicherungsfall Versicherungsfall bedeutet im allgemeinen Versicherungsrecht: Eintritt des versicherten Risikos (entsprechend den im Einzelfall geltenden Vertragsbedingungen), d.h. Verwirklichung der vom Versicherer übernommenen Gefahr, wodurch die Leistungspflicht des Versicherers ausgelöst wird.

Im Bereich der Sozialversicherung sind Versicherungsfälle z. B.:

- in der gesetzlichen Krankenversicherung: Krankheit, Mutterschaft, Tod;
- in der gesetzlichen Unfallversicherung: Arbeitsunfall, Wegeunfall, Berufskrankheit.

Im Bereich der gesetzlichen Rentenversicherung wird der Begriff nicht mehr verwandt. Bis zum Inkrafttreten des Gesetzes zur Reform der Erwerbsminderungsrenten (01.01.2001) wurde mit dem Begriff »Versicherungsfall« z. B. der Zeitpunkt des Eintritts der Berufsunfähigkeit, Erwerbsunfähigkeit, des Alters (=Altersgrenze) oder des Todes bezeichnet. Infolge der Neuerungen, die das Gesetz zur Reform der Renten wegen verminderter Erwerbsfähigkeit mit sich brachte, wird nun stattdessen der (umfassendere) Begriff »▶ Leistungsfall" verwandt.

Im Feststellungsverfahren für eine Rente wegen Erwerbsminderung empfiehlt es sich für den Sozialmediziner, bei der Festlegung eines konkreten Zeitpunktes anstelle des früheren Begriffs "Versicherungsfall" den Begriff "Eintritt der Erwerbsminderung" zu verwenden.

Versorgungsehe Mit dem Begriff »Versorgungsehe« wird eine Ehe bezeichnet, die zur Erlangung einer Hinterbliebenenversorgung geschlossen wurde.

Nach § 46 Abs. 2a SGB VI ist der Anspruch auf eine Witwen- oder Witwerrente ausgeschlossen, wenn die Ehe nicht mindestens ein Jahr

gedauert hat. Dies gilt nur dann nicht, wenn nach den besonderen Umständen des Falles die Annahme nicht gerechtfertigt ist, dass es der alleinige oder überwiegende Zweck der Heirat war, einen Anspruch auf Hinterbliebenenversorgung zu begründen. Seit 01.01.2005 gilt die Regelung des § 46 Abs. 2a SGB VI auch für eingetragene Lebenspartnerschaften.

Die rechtliche Vermutung, dass eine Ehe/Lebenspartnerschaft mit der Dauer von weniger als einem Jahr zum Zweck der Erlangung einer Hinterbliebenenversorgung geschlossen/begründet wurde, kann durch besondere Umstände (z. B. Unfalltod) widerlegt werden. Trägt der Antragsteller hierzu Gründe vor, so sind von Amts wegen Ermittlungen im Rahmen aller objektiv vorhandenen Ermittlungsmöglichkeiten durchzuführen. Ermittlungen im Bereich der privaten Lebensführung (Motivforschung) sollen vermieden werden.

Für die Widerlegung der rechtlichen Vermutung »Versorgungsehe« kommt es auf die Beweggründe beider Ehegatten/Lebenspartner an. Waren neben dem Versorgungsgedanken auch andere, objektiv beweis- und nachvollziehbare Gründe zumindest in gleichem Maße für die Eheschließung/Begründung der Lebenspartnerschaft ausschlaggebend, so reicht dies für die Widerlegung der Vermutung aus. Widerlegt ist die rechtliche Vermutung auch, wenn nur für einen der Ehegatten/Lebenspartner die Versorgungsabsicht im Vordergrund stand.

Bei Beurteilung und Prognose einer Erkrankung kommt oftmals der Auskunft des behandelnden Arztes erhebliche Bedeutung zu. Dem sozialmedizinischen Gutachter wird im Einzelfall meist die Frage gestellt, ob zum Zeitpunkt der Eheschließung/Begründung der Lebenspartnerschaft tatsächlich noch nicht vorhersehbar war, dass eine Erkrankung in absehbarer Zeit zum Tode führen würde. Stets sind die Verhältnisse zum Zeitpunkt der Eheschließung/Begründung der Lebenspartnerschaft maßgebend für die Beantwortung dieser Frage. ▶ Untersuchungsgrundsatz

Vibrationen Vibrationen sind periodische, in der Regel mittel- bis höherfrequente und niederamplitudige mechanische Schwingungen von Stoffen und Körpern. Sozialmedizinisch ist bedeutungsvoll, dass sie je nach Haltungsart über Knie, Füße, Hände, Gesäß und Rücken übertragen werden und bei andauernder Einwirkung zu Stauchungen, Segmentverschiebungen der Wirbelsäule und Durchblutungsstörungen führen können. Bei vibrationsbedingten Durchblutungsstörungen an den Händen kommt eine Berufskrankheit in Betracht. ▶ Schwingungen, mechanische

Von Behinderung bedrohte Menschen ▶ Behinderung

Voraussetzungen, persönliche In der gesetzlichen Rentenversicherung setzt die Zuerkennung einer Leistung zur Teilhabe oder einer Rente voraus, dass sowohl persönliche als auch versicherungsrechtliche Voraussetzungen erfüllt sind.

Bei Altersrenten gilt als persönliche Voraussetzung die Vollendung eines bestimmten Lebensjahrs (z. Zt. das 65. Lebensjahr), bei Renten wegen verminderter Erwerbsfähigkeit das Vorliegen einer ▶ Erwerbsminderung.

Versicherte haben für Leistungen zur Teilhabe die persönlichen Voraussetzungen (§ 10 SGB VI) erfüllt,

1. deren Erwerbsfähigkeit wegen Krankheit oder körperlicher, geistiger oder seelischer Behinderung erheblich gefährdet oder gemindert ist und
2. bei denen voraussichtlich
   a. bei ▶ erheblicher Gefährdung der Erwerbsfähigkeit eine ▶ Minderung der Erwerbsfähigkeit durch Leistungen zur medizinischen Rehabilitation oder zur Teilhabe am Arbeitsleben abgewendet werden kann,

a. bei geminderter Erwerbsfähigkeit diese durch Leistungen zur medizinischen Rehabilitation oder zur Teilhabe am Arbeitsleben wesentlich gebessert oder wiederhergestellt oder hierdurch deren wesentliche Verschlechterung abgewendet werden kann,

b. bei teilweiser Erwerbsminderung ohne Aussicht auf eine wesentliche Besserung der Erwerbsfähigkeit der Arbeitsplatz durch Leistungen zur Teilhabe am Arbeitsleben erhalten werden kann.

Für Leistungen zur Teilhabe haben auch Versicherte die persönlichen Voraussetzungen erfüllt,

1. die im Bergbau vermindert berufsfähig sind und bei denen voraussichtlich durch die Leistungen die Erwerbsfähigkeit wesentlich gebessert oder wiederhergestellt werden kann oder

2. bei denen der Eintritt von im Bergbau verminderter Berufsfähigkeit droht und bei denen voraussichtlich durch die Leistungen der Eintritt der im Bergbau verminderten Berufsfähigkeit abgewendet werden kann.

Nach §301 Abs.3 SGB VI haben auch Versicherte die persönlichen Voraussetzungen für Leistungen zur Teilhabe erfüllt, die erwerbsunfähig oder berufsunfähig (Recht vor dem 01.01.2001) sind und bei denen voraussichtlich durch die Leistungen die Erwerbsfähigkeit wesentlich gebessert oder wiederhergestellt werden kann. ► Voraussetzungen, versicherungsrechtliche

Voraussetzungen, versicherungsrechtliche Bei Renten der gesetzlichen Rentenversicherung ist – je nach Rentenart – eine bestimmte Wartezeit (Beitrags- ggf. auch Ersatz-, Anrechnungs- und Berücksichtigungszeiten) erforderlich. Bei der Regelaltersrente (ab Vollendung des 65. Lebensjahrs, §35 SGB VI), für die Renten wegen verminderter Erwerbsfähigkeit und für Renten wegen Todes gilt eine Wartezeit von 5 Jahren, bei Altersrenten für langjährig Versicherte (§36 SGB VI) und für schwerbehinderte Menschen (§37 SGB VI) 35 Jahre, bei Altersrenten wegen Arbeitslosigkeit oder nach Altersteilzeit (§38 SGB VI) 15 Jahre. Bei den Renten wegen Erwerbsminderung (§43 SGB VI) ist neben einer Wartezeit von 5 Jahren außerdem als besondere versicherungsrechtliche Voraussetzung erforderlich, dass von den letzten 60 Kalendermonaten vor Eintritt der Erwerbsminderung 36 Monate mit Pflichtbeiträgen belegt sind (sog. 3/5 Belegung).

In der gesetzlichen Rentenversicherung sind Voraussetzungen für Leistungen zur Teilhabe (§11 SGB VI) grundsätzlich entweder eine Wartezeit von 15 Jahren oder der Bezug einer Rente wegen verminderter Erwerbsfähigkeit (§43 SGB VI). Für Leistungen zur medizinischen Rehabilitation haben Versicherte die versicherungsrechtlichen Voraussetzung auch erfüllt, die

⚏ in den letzten zwei Jahren vor der Antragstellung sechs Kalendermonate mit Pflichtbeiträgen für eine versicherte Beschäftigung oder Tätigkeit haben,

⚏ innerhalb von zwei Jahren nach Beendigung einer Ausbildung eine versicherte Beschäftigung oder Tätigkeit aufgenommen und bis zum Antrag ausgeübt haben oder nach einer solchen Beschäftigung oder Tätigkeit bis zum Antrag arbeitsunfähig oder arbeitslos gewesen sind oder

⚏ vermindert erwerbsfähig sind oder bei denen dies in absehbarer Zeit zu erwarten ist, wenn sie die allgemeine Wartezeit erfüllt haben.

Leistungen zur Teilhabe am Arbeitsleben werden an Versicherte auch erbracht,

⚏ wenn ohne diese Leistungen Rente wegen verminderter Erwerbsfähigkeit zu leisten wäre oder

⚏ wenn sie für eine voraussichtlich erfolgreiche Rehabilitation unmittelbar im Anschluss an Leistungen zur medizinischen Rehabilitation der Träger der Rentenversicherung erforderlich sind.

Die versicherungsrechtlichen Voraussetzungen für Leistungen zur Teilhabe haben auch überlebende Ehegatten, die Anspruch auf große Witwenrente oder große Witwerrente wegen verminderter Erwerbsfähigkeit haben.

Voraussichtlich Der Begriff voraussichtlich wird allgemein verwendet, um eine begründete Vermutung oder Erwartung auszudrücken, soweit man eben aufgrund bestimmter Anhaltspunkte etwas voraussehen kann.

Wird der Begriff in Gesetzestexten verwendet, z.B. in §10 SGB VI (Persönliche Voraussetzungen für Leistungen zur Teilhabe), können im Rahmen der Rechtsauslegungen der zuständigen Institutionen weitere Spezifizierungen erfolgen. Im Zusammenhang mit dem §10 SGB VI wird voraussichtlich z.B. beschrieben als »Der angestrebte Erfolg einer Leistung zur Teilhabe wird mit überwiegender Wahrscheinlichkeit eintreten.«

Wechselschicht Die Wechselschicht ist Bestandteil eines Wechselschichtsystems, bei dem sich die Arbeitnehmer einer Arbeitsschicht meist regelmäßig in der Schichtenfolge abwechseln (z.B. eine Woche Früh-, eine Woche Spät- und eine Woche Nachtschicht). Wechselschicht kann z.B. auch in kürzeren Abschnitten vereinbart werden, wobei der Beginn der Arbeit über die Woche hinweg zeitlich »rollen« kann (»rollende Arbeitszeit«, »rollende Woche«).

Wegefähigkeit Der Begriff Wegefähigkeit betrifft das Vermögen eines Versicherten, eine Arbeitsstelle aufzusuchen.

Wenn einem gehbehinderten Versicherten kein Kraftfahrzeug zur Verfügung steht, ist maßgebend, ob er einen Arbeitsplatz – z.B. auch unter Benutzung öffentlicher Verkehrsmittel erreichen kann. Nach der gefestigten Rechtsprechung des BSG ist dabei maßgebend, ob – ggf. auch unter Verwendung von Hilfsmitteln (z.B. Gehhilfen) – eine Wegstrecke von viermal mehr als 500 m pro Tag in einer zumutbaren Zeit (jeweils weniger als 20 Minuten) zurückgelegt werden kann. Ist ein gehbehinderter Versicherter hierzu nicht mehr in der Lage so liegt – obwohl sein Leistungsvermögen quantitativ noch eine Erwerbstätigkeit von mind. 6 Std. zulassen würde – volle Erwerbsminderung vor.

Verfügt der Versicherte über ein eigenes Kfz, über eine gültige Fahrerlaubnis und die Fähigkeit zum Führen eines Kfz, so ist davon auszugehen, dass er einen möglichen Arbeitsplatz erreichen kann, selbst wenn ihm die geforderte Wegstrecke von viermal mehr als 500 m nicht zumutbar ist.

Der sozialmedizinische Gutachter muss im Einzelfall konkrete Aussagen zur krankheitsbedingten Einschränkung der Gehfähigkeit, ggf. zur Möglichkeit der Nutzung öffentlicher Verkehrsmittel und zur Möglichkeit der Benutzung eines Kfz machen. Von Bedeutung ist außerdem, ob der Versicherte im Besitz einer Fahrerlaubnis ist und ob er über ein Kraftfahrzeug verfügt. ► Kraftfahrzeughilfe

Wegeunfall Wegeunfall (im Sinne von § 8 (2) SGB VII) ist ein Unfall, den ein Arbeitnehmer auf dem mit der versicherten Tätigkeit zusammenhängenden unmittelbaren Wege nach und von dem Ort der Tätigkeit erleidet.

Der Wegeunfall ist eine besondere Form des ► Arbeitsunfalls.

Werkstatt für behinderte Menschen Eine Werkstatt für behinderte Menschen (WfbM) ist gemäß §136 SGB IX eine Einrichtung zur Teilhabe am Arbeitsleben und dient der Eingliederung behinderter Menschen in das Arbeitsleben. Sie bietet denjenigen behinderten Menschen, die wegen Art oder Schwere der Behinderung nicht, noch nicht oder noch nicht wieder auf dem allgemeinen Arbeitsmarkt tätig sein können, einen Arbeitsplatz oder Gelegenheit zur Ausübung einer geeigneten Tätigkeit. Aufgabe der Werkstätten ist es, behinderten Menschen eine angemessene berufliche Bildung und eine Beschäftigung anzubieten, ihre Leistungs- oder Erwerbsfähigkeit zu erhalten, zu entwickeln oder wiederzugewinnen und dabei ihre Persönlichkeit weiterzuentwickeln. Sie fördern den Übergang auf den allgemeinen Arbeitsmarkt durch geeignete Maßnahmen.

In Werkstätten für behinderte Menschen wird unterschieden zwischen Leistungen im Eingangsverfahren, Berufsbildungs- und Arbeitsbereich. Als Leistung zur Teilhabe am Arbeitsleben kann die gesetzliche Rentenversicherung Leistungen im Eingangsverfahren bis zu drei Monaten und im Berufsbildungsbereich zunächst für ein Jahr (mit der Möglichkeit einer Verlängerung) übernehmen. Das Eingangsverfahren dient der Feststellung, ob und welche Leistungen zur Teilhabe am Arbeitsleben für den behinderten Menschen in Betracht kommen. Im Berufsbildungsbereich soll die Leistungs- oder Erwerbsfähigkeit des behinderten Menschen so weit wie möglich entwickelt, verbessert oder wiederhergestellt werden, sodass ein Mindestmaß an wirtschaftlich verwertbarer Arbeitsleistung voraussichtlich erbracht werden kann.

Leistungen durch andere Sozialleistungsträger können behinderte Menschen im Arbeitsbereich einer WfbM erhalten, die ein Mindestmaß an wirtschaftlich verwertbarer Arbeitsleistung erbringen können, jedoch eine Beschäftigung auf dem allgemeinen Arbeitsmarkt oder eine Berufsvorbereitung, berufliche Anpassung, Weiterbildung oder Ausbildung nicht, noch nicht oder noch nicht wieder aufnehmen können.

Behinderte Menschen im Arbeitsbereich einer WfbM stehen in einem arbeitnehmerähnlichen Rechtsverhältnis, erhalten ein Arbeitsentgelt und zählen zum rentenversicherungspflichtigen Personenkreis. Wer bereits vor Erfüllung der allgemeinen Wartezeit von fünf Jahren voll erwerbsgemindert war und seitdem ununterbrochen voll erwerbsgemindert ist, hat nach 20 Beitragsjahren einen eigenen Anspruch auf Erwerbsminderungsrente erreicht. Sollte aufgrund einer Erkrankung oder Behinderung die Werkstattfähigkeit gefährdet sein, kann die gesetzliche Rentenversicherung Leistungen zur Teilhabe erbringen.

Wiedereingliederung, stufenweise ▶ Stufenweise Wiedereingliederung

Wunsch- und Wahlrecht Die Vorschrift des § 9 SGB IX soll für den Bereich der Teilhabe sicherstellen, dass berechtigten Wünschen behinderter und von Behinderung bedrohter Menschen hinsichtlich der Auswahl sowie der Ausführung der Leistungen zur Teilhabe entsprochen und dabei Rücksicht auf ihre persönliche Lebenssituation, geschlechtsspezifischen und religiösen Bedürfnisse genommen wird.

Zeitdruck Mit Zeitdruck wird eine im Vergleich zur Normalleistung erhöhte Anforderung von Arbeitsaufgaben, die innerhalb eines vorgegebenen Zeitrahmens zu bewältigen sind, bezeichnet.

Normalleistung ist diejenige Leistung, die von jedem hinreichend geeigneten Arbeitnehmer nach genügender Übung und ausreichender Einarbeitung ohne Gesundheitsschäden auf Dauer in der vorgegebenen Arbeitszeit erreicht werden kann.

Zeitweise Der Begriff »zeitweise« findet im Rahmen der sozialmedizinischen Beurteilung des Leistungsvermögens im Erwerbsleben Anwendung bei der Einschätzung des zumutbaren zeitlichen Umfanges einer Körperhaltung (Gehen, Stehen, Sitzen).

Er umfasst einen Zeitumfang von bis zu 10 % der Arbeitszeit.

Wird in einem Gutachten »zeitweise« angegeben, muss zumindest eine andere Körperhaltung mit »überwiegend« oder »▶ ständig« be-

wertet werden, wenn ein Leistungsvermögen von mehr als 3 Stunden täglich besteht. ▶ Überwiegend

Zeuge, sachverständiger ▶ Sachverständiger Zeuge

Zumutbarkeit ▶ Mitwirkung

Zwangshaltungen Als Zwangshaltungen werden längerdauernde Arbeiten bezeichnet, die in ergonomisch ungünstiger Körperhaltung verbunden mit statischer Muskelarbeit (z.B. ▶ Überkopfarbeit, mit ▶ Armvorhalt, Bücken, Knien, Rumpfbeugehaltung) ausgeführt werden. Die zu vermeidenden Zwangshaltungen sind bei der Beurteilung des Leistungsvermögens im Erwerbsleben nach Art, Häufigkeit und Dauer zu differenzieren und zu begründen.

Stichwortverzeichnis

Stichwortverzeichnis

A

Abhängigkeitserkrankung
– Alkohol 586
– Dauer der Rehabilitation 8
– Drogen 591
– Kriterien 582
– Medikamente 592
– Nikotin 594
– Pathologisches Glücks-
  spiel 595
– Reha-Motivation 91
– Schizophrenie 555
– Sicherheitsrisiko 585
– Vereinbarung Abhängigkeits-
  erkrankungen 8
Abklärung der berufliche
  Eignung 9
ABM (Arbeitsbeschaffungsmaß-
  nahme) 62
Abnutzungsdermatose 457
Abstinenz 583
– Leistungsunfähigkeit 585
Abstoßungsreaktion, ▶ auch
  Graft-versus-Host Disease 241
– nach Herztransplantation 311
– nach Hornhauttransplanta-
  tion 474
– nach Lebertransplanta-
  tion 382
– nach Lungentransplanta-
  tion 359
– nach Nierentransplanta-
  tion 401, 408
Achalasie 369
Achillessehnenruptur 178
Achondroplasie 194
ACC (American College of Cardi-
  ology) 310
ACR/Eular-Kriterien 201
ACS, ▶ akutes Koronarsyndrom
ADDISON-Krankheit 286
Aderhautentzündung 476
Adhäsionsbauch 440
ADHS, ▶ Aufmerksamkeits-
  Defizit-Hyperaktivitäts-
  Störung
– Komorbiditäten 651
– Subtypen 651
Adipositas 280
– bei CUSHING-Syndrom 650
– bei Diabetes mellitus
  Typ 2 271
– bei Hypothyreose 650
– bei Kindern und Jugendli-
  chen 650
– Folgeerkrankungen 280
– Lymphödem 334
– metabolisches Syndrom 271
Adnexitis 438

– chronischer Unterbauch-
  schmerz 440
affektive Störung 558
– bipolare 561
– Klassifikation 558
– Organische Ursache 552
Affektivität 546
Agency for Healthcare Research
  and Quality (AHCPR) 108
Aggravation 549, 569, 621
AGW (Arbeitsplatzgrenzwert) 54
AHA (American Heart Associa-
  tion) 310
AHB, ▶ Anschlussrehabilitation
AHCPR (Agency for Healthcare
  Research and Quality) 108
AHI (Apnoe-Hypopnoe-
  Index) 360
AIDS, ▶ auch HIV Infektionen
AIDS-definierende Erkran-
  kung 261
– Nicht AIDS-definierende
  Erkrankungen 264
Akalkulie 576
Akkomodationsbreite 467
Akkordarbeit 50
Akromioklavikulargelenksarth-
  rose 159
Aktivitäten 69, 72
– Kommunikation 72
– Leistung und Leistungsfähig-
  keit 72
– Mobilität 72
– Selbstversorgung 72
– sozialmedizinische Beurtei-
  lung 80, 107
– Tätigkeit, berufliche 72
– Untersuchung von 92
Aktivitätsdiagnostik 92
Akustikusneurinom 536
akutes Koronarsyndrom
  (ACS) 295
Algodystrophie 165, 615
Alkohol
– Abhängigkeit 586
– Entzugssyndrom 587
– Folgeschäden 587, 590
– Intoxikation, akute 587
– Konsum, schädlicher 587
Allergie
– Mehlstauballergie 55
– Nahrungsmittelallergie 371
Allergie-Testverfahren 453
Allodynie 512
ALL, ▶ Leukämie, akute lympha-
  tische 229
ALPORT-Syndrom 403
Altersrenten 14
Altersschwindel 625

Alterstaumeligkeit 625
Altersteilzeitarbeit 49
Alveolitis 354
– exogen allergische 55
– fibrosierende bei Sklero-
  dermie 212
Amalgam-Syndrom 633
AMDP (Arbeitsgemeinschaft für
  Methodik und Dokumenta-
  tion in der Psychiatrie) 543
AMDP-System 543
Amelie 194
American College of Cardiology
  (ACC) 310
American Heart Association
  (AHA) 310
American Spinal-Injury-Associa-
  tion (ASIA) 511
AML, ▶ Leukämie, akute
  myeloische 228
Amnesie, posttraumatische 508
amnestisches Syndrom 552
Ampelbewertung 111
Amputation
– Arm 156, 160
– bei arterieller Verschluss-
  krankheit 330, 339
– bei Diabetis mellitus 272,
  328, 339
– Bein 168
– Finger 166
– Fuß 185
– Hand 166
– Unterarm 162
– Unterschenkel 168
– Zehen 185
Amtsermittlung 28, 38
Amtsverschwiegenheit 34
Amyloidose
– Nierenmitbeteiligung 404
– sekundäre 206
Analkarzinom 475
– bei HIV-Infektion 264
Anämie 218
– aplastische 220
– bei malignen Systemerkran-
  kungen 225
– renale 397
– Formen und Ursachen 219
Anamnese 90
– Arbeits- und Sozialanam-
  nese 91
– biographische 91
– Situation, familiäre 91
Anfall, epileptischer, ▶ auch
  Epilepsie 529
Anfallsserie, habituelle 531
Anforderungsprofil

– der zuletzt ausgeübten
  Tätigkeit 81
– des Arbeitsplatzes 57
– des sozialmedizinischen
  Gutachtens 109, 111
Angina pectoris 295
Angststörung 552, 564, 603
– Screening-Instrumente 608
Anhaltspunkte, ▶ auch
  Versorungsmedizin-
  Verordnung 98
Ankle-Brachial-Index 329
Anknüpfungstatsachen 36
ankylosierende Spondylitis 203
Ann-Arbor-Klassifikation 235
Anorexia nervosa 570
– Langzeitfolgen 571
Anpassung, berufliche 87
Anpassungsstörung 566
Anschlussrehabilitation 8
– Inanspruchnahme 117
– Katalog der AHB-Indi-
  kationen 8
Anstrengung, zumutbare 83
antineoplastische Therapie 251
– Fatigue-Syndrom 253, 629
– Schädigungsfolgen 252
Antiphospholipid-Syndrom 209
– bei systemischem Lupus
  erythematodes 209
– Formen 209
– Entzündliche Herzkrank-
  heiten 316
Antirheumatikum, nicht stero-
  idales (NSAR) 165, 202, 206,
  305, 370, 394
– bei Spondylitis ankylo-
  sans 206
– bei rheumatischer Arth-
  ritis 202
Antrag
– Antragsannahme 12
– Antragsprinzip 20
– Antragsverfahren 12
– Aufforderung zur Reha-
  Antragstellung 13
– auf Kinderheilbehand-
  lung 646
– auf Leistungen zur Teilhabe 12, 84
– auf Renten wegen verminderter Erwerbsfähigkeit 20
– auf Rente wegen Erwerbsminderung 81
– nach § 15 SGB VI 7, 78
– nach § 16 SGB VI 78
– nach § 31 Abs. 1 Nr. 3 SGB
  VI 11, 78

Printing and Binding: Stürtz GmbH, Würzburg